böhlau

PUBLIKATIONEN DER GESELLSCHAFT
FÜR RHEINISCHE GESCHICHTSKUNDE

LXXXII

Eberhard von Groote:
Tagebuch 1815–1824

Dritter Band: Tagebuch 1817

Bearbeitet von Barbara Becker-Jákli

BÖHLAU

Gedruckt mit freundlicher Unterstützung des Landschaftsverbandes Rheinland.

LVR
Qualität für Menschen

Bibliografische Information der Deutschen Bibliothek:
Die Deutsche Nationalbibliothek verzeichnet diese Publikation in der
Deutschen Nationalbibliografie; detaillierte bibliografische Daten
sind im Internet über https://dnb.de abrufbar.

© 2025 Böhlau, Lindenstraße 14, D-50674 Köln, ein Imprint der Brill-Gruppe
(Koninklijke Brill BV, Leiden, Niederlande; Brill USA Inc., Boston MA, USA;
Brill Asia Pte Ltd, Singapore; Brill Deutschland GmbH, Paderborn, Deutschland;
Brill Österreich GmbH, Wien, Österreich)
Koninklijke Brill BV umfasst die Imprints Brill, Brill Nijhoff, Brill Schöningh,
Brill Fink, Brill mentis, Brill Wageningen Academic, Vandenhoeck & Ruprecht,
Böhlau und V&R unipress.

Alle Rechte vorbehalten. Das Werk und seine Teile sind urheberrechtlich geschützt.
Jede Verwertung in anderen als den gesetzlich zugelassenen Fällen bedarf der vorherigen schriftlichen Einwilligung des Verlages.

Umschlagabbildung: Eberhard von Groote, um 1840 (Kölnisches Stadtmuseum;
Rheinisches Bildarchiv)
Umschlaggestaltung: hawemannundmosch, Berlin
Satz: pagina, Tübingen
Druck und Bindung: Hubert & Co, Ergolding
Printed in the EU

Vandenhoeck & Ruprecht Verlage | www.vandenhoeck-ruprecht-verlage.com
E-Mail: info@boehlau-verlag.com

ISBN 978-3-412-52799-0

Für
Karin Richert (1950–2022)
Emanuel Stein (1946–2023)

Inhaltsübersicht

Einleitung in den dritten Band der Edition	9
Städtische Topografie und persönliche Netzwerke: Eberhard von Grootes Köln um 1817	15
Ein schwieriges Frühjahr	52
Tagebuch 1. Januar bis 26. März 1817	63
Grootes Alltag: Geselligkeit und Engagement	173
Tagebuch 27. März bis 23. Mai 1817	200
Reise zu Freunden nach Koblenz	270
Tagebuch 24. Mai bis 1. Juni 1817	274
Aufgaben und Projekte	285
Tagebuch 2. Juni bis 26. Juli 1817	296
Der Kronprinz in Köln	353
Tagebuch 27. Juli bis 13. August 1817	364
Exkurs. Der Besuch des Kronprinzen in Briefen, Aufzeichnungen und Berichten .	394
Hoher und höchster Besuch	410
Tagebuch 14. August bis 15. September 1817	419
„Satire", Wartburgfest und Reformationsfeier	466
Tagebuch 16. September bis 31. Oktober 1817	477
Jahresende: Offene Fragen und eine Reise nach Düsseldorf	530
Tagebuch 1. November bis 31. Dezember 1817	538
Briefe und Schriften	596
Anhang	711
Bibliografie	713
Abkürzungen	772

Dank	774
Personenregister	775
Ortsregister	841

Einleitung in den dritten Band der Edition

Eberhard von Groote, Eintrag in sein Tagebuch am 26. Februar 1817:

„Es wird mir immer klarer, […] daß das Gewirre der Zeit, die immer mehr und mehr des alten, festen u. bestehenden zertrümmert, um etwas Neues an die Stelle zu bringen, was aber nirgend passen und nirgend gedeihen will; daß dieß Gewirre immer größer wird, und am Wenigsten durch die geschäftigen Beamte recht beruhigt werden wird, die da alles mit ihren Formeln, die sie von Aussen hineinbringen, schlichten und ordnen zu können wähnen. Wehe den armen Ländern u. Völkern, wo es erst so weit gekommen ist! Alles verstrickt sich fester u. fester, bis es endlich gewaltsam sich auflöst."

Die Zeit verwirrte nicht nur den generell eher pessimistischen Eberhard von Groote, 1817 war ein Jahr, in dem die Anforderungen der Gegenwart für viele Bewohnerinnen und Bewohner des Rheinlands ein Gewirre bildeten, in das sie sich mit Unsicherheit und Zukunftsängsten verstrickt sahen. Während überkommene Werte im Schwinden begriffen waren, Traditionen sich auflösten und ganze Lebenswelten in Frage gestellt wurden, hatte sich die „Neue Zeit", auf das viele seit der Annexion durch den preußischen Staat 1815 hofften, nicht realisiert. Zwar unternahm die politische Machtzentrale in Berlin erhebliche Anstrengungen, die neuen Provinzen nach dem Muster der alten umzubauen und in den Gesamtstaat zu integrieren. Sie erließ Gesetze, schuf Behörden, setzte Finanzen und Personal ein. Doch diese „von oben" angeordneten Neuerungen wurden von den „Eingebohrenen" des Rheinlands mit Misstrauen zur Kenntnis genommen und nur widerwillig umgesetzt. Dazu trug auch bei, dass die Einlösung des Verfassungsversprechens, das Friedrich Wilhelm III. im Mai 1815 gegeben hatte und das liberale wie konservative Kreise forderten, ausblieb. Diese faktische wie gefühlte Instabilität der politisch-gesellschaftlichen Situation in den neuen Provinzen wurde durch die seit Ende 1816 herrschende Teuerungs- und Hungerkrise erheblich verschärft. Sie nahm im ersten Halbjahr 1817 verheerende Ausmaße an und brachte auch in Köln einem Großteil der Einwohnerschaft Elend und Not. Angesichts dieser Entwicklungen traten die Unterschiede zwischen den Forderungen des preußischen Staates und der rheinischen Führungsschicht immer deutlicher hervor. Die Gegner preußischer Politik formierten sich und begannen, ihre Ansprüche in Publikationen und Denkschriften öffentlich zu machen.

Groote, seit August 1816 Assessor bei der Regierung Köln, hatte durch sein Amt direkten Umgang mit den Funktionsträgern staatlicher Politik, als Angehöriger einer Familie der Kölner Oberschicht stand er überdies in Verbindung mit den einflussreichsten Protagonisten der Stadt. Zugleich aber unterhielt er Kontakte zu Vertretern der Verfassungsbewegung und zu Preußenkritikern – sowohl mit dem liberalen, noch demokratisch gesinnten Joseph Görres in Koblenz wie mit Angehörigen der gerade erst entstandenen Burschenschaftsbewegung und Vertretern des restaurativ gesinnten rheinisch-westfälischen Adels.

Die vielfältigen Veränderungen in seiner Lebenswelt nahm Groote sehr deutlich wahr. Doch während er diese Umbruchszeit zunächst als Chance für die Mitgestaltung eines national-deutschen Preußens betrachtet hatte, empfand er sie nun in wachsendem Maße als Zerstörung alter Werte und damit als Gefahr für die Zukunft. Seine eigenen politisch-gesellschaftlichen Vorstellungen waren allerdings vage und ohne klare Zielsetzung. Er fühlte sich „trübe u. zerrissen im Innern" und sah sich im Zwiespalt mit sich und seinem Umfeld.

Trotz dieses Gefühls der Orientierungslosigkeit suchte Groote – wie in den vorangegangenen Jahren – Wege, um auf administrative und politische Entscheidungen Einfluss nehmen zu können. Dies galt insbesondere für eine Reihe kulturpolitischer Fragen, die seine eigenen Interessen berührten. So konnte er innerhalb seiner Amtstätigkeit verschiedentlich Maßnahmen anregen und Stellungnahmen verfassen: Er setzte sich für die Verhandlungen mit Ferdinand Franz Wallraf zur Übergabe seiner Sammlungen an die Stadt wie für die Rückkehr der Dombibliothek ein und betrieb hartnäckig die Zusammenlegung aller von Frankreich restituierten rheinischen Kulturgüter in Köln. Mit dem für Köln endgültigen Verlust der geplanten Rheinischen Universität an Bonn, der sich seit Mitte des Jahres abzeichnete, fand er sich allmählich ab.

Neben allen diesen Aktivitäten schrieb Groote Zeitungsartikel, verfasste „politische" Gedichte und veröffentlichte, unter strikter Geheimhaltung, einen von ihm als „Satire" auf die preußische Kulturpolitik am Rhein verstandenen umfangreichen Text. Auch in den für Köln herausragenden politischen Ereignissen des Jahres, dem Besuch des Kronprinzen Friedrich Wilhelm im August und des Königs Friedrich Wilhelm III. im September, sah er für sich Gelegenheiten, Einfluss zu nehmen. Vor allem an der Planung und Durchführung des Programms für den Empfang des Kronprinzen, dem er persönlich bereits mehrfach begegnet war, beteiligte sich Groote daher engagiert. In seinen Aufzeichnungen schildert er diese ereignisreichen Tage detailliert und anschaulich.

Obgleich Groote in seinen Bemühungen einige Resultate erzielte, empfand er vor allem Enttäuschung. Er klagte über die Unbeweglichkeit der Behörden, über die Arroganz der staatlichen und die Kurzsichtigkeit der städtischen Amtsträger sowie über seine eigenen, zu geringen politischen Möglichkeiten. Immerhin aber blieb er in den offenen und unterschwelligen Auseinandersetzungen um die zukünftige Entwicklung der Stadt ein wacher Akteur, eine eigentliche Machtposition errang er jedoch nicht.

Jenseits amtlicher Aufgaben und politisch geprägter Begegnungen nahmen Grootes familiäre Pflichten, die sich auf die Verwaltung der Landgüter, auf gerichtliche Auseinandersetzungen und Erbschaftsstreitigkeiten bezogen, einen immer größeren Raum ein. Dennoch fand er Zeit, eigene Projekte zu verfolgen. Dazu gehörten in erster Linie die im Jahr zuvor begonnene Arbeit an der Edition des „Tristan", des mittelalterlichen Epos des Konrad von Würzburg, sowie Forschungen zur Geschichte Kölns. Darüber hinaus unterhielt er weiterhin eine umfangreiche Korrespondenz – etwa mit Sulpiz Boisserée, Jakob Grimm und Carl von Savigny –, widmete sich seiner vielfältigen Lektüre und nutzte die geselligen und kulturellen Möglichkeiten Kölns. Seine täglichen Einträge, in denen er den Besuch von Theateraufführungen und Konzerten vermerkte, Familienfeste, Ausflüge und religiöse Feiern, Zusammenkünfte mit Geistlichen und mit Kunstliebhabern schilderte, geben ein anschauliches Bild der vielfältigen kulturellen Veranstaltungen und „Lustbarkeiten", die sich ihm und den Angehörigen seines Kreises boten.

Groote war also auch 1817 in vielen Bereichen äußerst aktiv. Gleichwohl war es für ihn ein vor allem beunruhigendes, oft ernüchterndes Jahr, das er bis auf zwei kurze Reisen in Köln und der unmittelbaren Umgebung verbrachte. Wie ihm selbst klar wurde, war sein Lebensraum enger geworden. – Die Aussichten für die Verwirklichung eines über Köln hinausreichenden Lebensentwurfs schränkten sich ein.

Der dritte Band der Edition des Tagebuchs von Eberhard von Groote, der die Zeit vom 1. Januar bis zum 31. Dezember 1817 umfasst, folgt weitgehend der Struktur der vorangehenden Bände. Doch zusätzlich zu den chronologisch und thematisch ausgerichteten Einführungen, die einzelne Abschnitte des Tagebuchs einleiten, gibt es einen „Exkurs", der unterschiedliche Quellen zum Besuch des Kronprinzen in Köln in einer Textcollage zusammenstellt. Ein zweiter Teil des Bandes enthält Briefe und Schriften Grootes aus dem Jahr 1817.

Die Art der für die Kommentierung von Grootes Aufzeichnungen ausgewerteten Quellen blieb im Wesentlichen gleich.[1] Genutzt wurden städtische und staatliche Akten, Korrespondenzen, Texte und Erinnerungen von Zeitgenossen, zudem Zeitungsartikel, zeitgenössische Publikationen, Reisebeschreibungen und Nachlässe. Hinzu kam eine gegenüber den beiden ersten Bänden erweiterte Nutzung regionaler Adelsarchive.[2] Die der Transkription von Tagebuch, Briefen und Schriften zugrunde gelegten Regeln sind in Band 1 des Tagebuchs beschrieben.[3]

---

[1] Vgl. vor allem Groote, Tagebuch, Bd. 2, S. 10–14.
[2] Die Archive der rheinischen und westfälischen Adelsfamilien enthalten umfangreiches, oft noch nie wissenschaftlich genutztes Material. Zu den dort vorhandenen Quellen, insbesondere zu Selbstzeugnissen rheinischer Adeliger: Rößner-Richarz, Selbstzeugnisse, 2010 Gersmann, Aufbruch, S. 246–251;
[3] Groote, Tagebuch, Bd. 1, S. 35–37.

TAGEBUCH 1817

Städtische Topografie und persönliche Netzwerke: Eberhard von Grootes Köln um 1817

Stadtbild im Wandel

Die Stadt Köln,[1] in der Eberhard von Groote lebte, war recht überschaubar: Die noch mittelalterliche Stadtmauer,[2] die auf der Landseite in einem Halbrund vom Kunibertsturm im Norden bis zum Bayenturm im Süden führte, hatte eine Länge von ca. neun Kilometern, die ebenfalls mit einer Mauer geschützte Seite am Rhein entlang betrug etwa drei Kilometer. Hier, gegenüber der kleinen Orte Mülheim und Deutz, befanden sich die Hafenanlagen und die Zugänge zu den beiden „fliegenden" Schiffsbrücken. Eine Reihe eindrucksvoller Torburgen sowie eine Anzahl kleinerer Pforten durchbrachen den Mauerring und gewährten Eintritt in das Gebiet der Stadt.[3] Zu Fuß brauchte man kaum mehr als eine Stunde, um Köln zu durchqueren oder jedes beliebige innerstädtische Ziel zu erreichen. Auf diesem Areal mit seinen großen Gemüse-, Obst- und Weingärten lebten ca. 50.000 Einwohner, sodass Köln vor Aachen mit 32.000 und Düsseldorf mit 16.000 Einwohnern die größte Stadt in den Rheinlanden war. Beinahe die gesamte Bevölkerung gehörte der katholischen Kirche an, rund 1.800 Personen waren protestantisch – Mitglieder der lutherischen Gemeinde und der reformierten Gemeinden. Die 1801/02 gegründete jüdische Gemeinde umfasste etwa 200 Personen.[4]

---

[1] Aus der umfangreichen Literatur zur Geschichte Kölns Ende des 18./zu Beginn des 19. Jh.s: Müller, Köln, S. 107–128; Herres, Köln, S. 36–84; van Eyll, Wirtschaftsgeschichte, S. 165–171; Gothein, Verfassungs- u. Wirtschaftsgeschichte, S. 106–217; Matz/Vollmer, Köln, 292–329. Zur Entwicklung der rheinischen Städte Anfang des 19. Jh.s: Croon, Rheinische Städte, S. 87–97; Klersch, Reichsstadt, S. 18–29; Wolf, Stadtbild, 2010. Hinweis der Autorin: Zu vielen Themen, Orten, Gebäuden und Personen, die in den Aufzeichnungen Grootes erwähnt werden, gibt es ausführliche und grundlegende Darstellungen. Im Folgenden wird jeweils eine kurze Literaturauswahl vermerkt.

[2] Zur Geschichte der Kölner Stadtmauer vgl. den Sammelband: Meynen, Stadtbefestigungen, 2021; Kramp, 1794, S. 57–59, 107–119; Vogts, Die profanen Denkmäler, S. 59–154. Zum Stadtpanorama 1801 bis 1820 siehe etwa: Schäfke, Köln von seiner schönsten Seite, Bd. 2, S. 76–87.

[3] 1815 hatte der Buchhändler und Verleger Theodor Franz Thiriart eine großformatige Stadtkarte von Köln mit einem „Verzeichniss der Strassen, Sackgassen, Plätzen, Graben, Häfen, Thoren etc. etc." veröffentlicht, die für einen weiten Käuferkreis gedacht war. Eine Annonce in der Köln. Zeitung, Nr. 17, 30. Jan. 1817 warb: „Grundriß der Stadt Köln, gr. Kupferstich; zu haben bei Th. F. Thiriart in der Komödienstraße, Nro. 26, zu Rthlr. 2 20 Stbr." Die Kölner Adressbücher von 1795, 1797, 1798, 1813 u. 1822 wurden ebenfalls bei Thiriart publiziert.

[4] Demian, Handbuch, S. 270: „Die Einwohnerzahl von Köln beträgt, nach der Zählung von 1817, ohne das Militär, 49.279, und mit dem Militär 52.926 Seelen. Im Jahr 1819 sind dagegen 51.202 Civileinwohner und 5.407 Militärpersonen, zusammen also 56.609 Seelen gezählt worden. Der allergrößte Theil der Einwohner besteht aus Katholiken, denn zu Anfang des Jahrs 1813 zählte man hier 44.990 Katholiken, 911 Lutheraner, 967 Reformirte, und 189 Juden." Vgl. Rheineck, Rheinreise, S. 411 f.

Seit Beginn der französischen Herrschaft 1794 hatte sich das ehemals reichsstädtische Köln deutlich verändert. Radikale Umgestaltungen entstanden in erster Linie durch die Säkularisation des kirchlichen Eigentums 1802, in deren Folge eine große Zahl von Kirchen und Klöster verkauft, abgebrochen oder als Kasernen, Manufakturen und Wohnungen genutzt wurde.[5] Verbesserungen der Lebens- und Wirtschaftsbedingungen brachten die Anlegung eines Frei- und Sicherheitshafens, die Einrichtung eines zentralen Friedhofs außerhalb der Stadtmauern,[6] die Schaffung von freien Plätzen sowie Maßnahmen zur Pflasterung, Reinigung und Beleuchtung zumindest eines Teils der Straßen.[7] 1801 hatte man das Stadtgebiet in vier Sektionen[8] eingeteilt, an die man Pfarrbezirke, Gerichtsbezirke und die Organisation der Polizei anpasste und damit die Verwaltung der Stadt effektiver gestaltete. Trotz dieser Modernisierungen hing Köln weiterhin der Ruf einer rückständigen, düsteren Stadt an, der in einer ganzen Reihe von Reiseberichten auch noch in den ersten Jahrzehnten des 19. Jahrhunderts verbreitet wurde.[9]

Die Realisierung preußischer Pläne zur städtebaulichen Zukunft Kölns hatte 1815 eingesetzt und zeigte 1817 schon deutliche Wirkung. Bestimmend für das ganze folgende Jahrhundert war die Entscheidung des Staates, Köln einschließlich des rechtsrheinischen Deutz zur Festungsstadt auszubauen. Damit waren umfangreiche, schließlich sich über Jahrzehnte erstreckende Bauarbeiten zu Festungswerken, Munitionslagern und Kasernen verbunden.[10] Die riesigen Investitionen, die auch städtische Mittel in Anspruch nahmen,

---

[5] Zur Säkularisation in Köln: Deichmann, Säkularisation, bes. S. 57–108; Müller, Säkularisation, 2002; Müller, Köln, S. 283–303; Wolf, Stadtbild, S. 97–111; Oepen, Säkularisation, 2013.

[6] 1804 untersagte ein Dekret die Bestattungen in Kirchen und innerhalb von Städten. Mit der Eröffnung des Friedhofs in Melaten 1810 waren Beerdigungen für Katholiken nur noch dort erlaubt. Vgl. Stöcker, Räume, S. 57–64; Abt/Vomm, Melaten, S. 13–18; Schock-Werner, Melaten, S. 9–18; Jureczko, Die Grabmäler aus Wallrafs Zeit, 2016.

[7] B. Elkendorf: „Vor der französischen Zeit bot Cöln dem Wanderer durch die mit Schutt und Unreinigkeiten angefüllten Straßen einen dumpfen Anblick dar. Späterhin wurden zum Theil zweckmäßige Reglements über die Straßenreinigung und das Hinwegführen des Schuttes nach und nach erlassen und in Thätigkeit gesetzt" (in: Becker-Jákli, Köln, S. 71). Zu diesen Veränderungen in franz. Zeit anschaulich: Bayer, Franzosen, S. 28–32.

[8] Müller, Köln, S. 120 f. Zur Struktur der Kölner Bevölkerung mit vollständigen Personenverzeichnissen für die Sektoren der Stadt auf der Basis von Erhebungen der franz. Behörden 1800/1801: Wendels, Bevölkerungs- und Sozialstruktur, Bd. 1–3; Auswertung: bes. Bd. 1, S. 22–139.

[9] Der Brite Charles Edward Dodd, der Köln um 1816 besuchte, schilderte seine Eindrücke: „Cologne, once the Holy City, now the dirty focus of decaying Catholicism, loses all its grandeur and much of its interest, on a nearer survey. It is, beyond question, the dirtiest and most gloomy city of its size in Europe. [...] Its streets are all shabby, narrow lanes, and its places irregular open spaces, overgrown with weeds, whose dreary chasms and mouldering tenements are now and then varied by a solitary mansion, a vestige of old-fashioned splendor" (Dodd, Autumn, S. 471).

[10] Der Ausbau der Kölner Festungsanlagen stand seit 1815 unter Leitung des Generalmajors Gustav von Rauch. Zum Festungsbau in Köln in den ersten Jahren der preuß. Zeit: Wacker, Preußen, 2010; Wacker, Zeit, 2010; Kupka, Umwallung, S. 44–47; Zander, Befestigungs- und Militärgeschichte, Bd. I,2, S. 324–350, 517–563; Brog, Neue Herren, S. 65–72; Brog, Funken, S. 161–165; kurz: Piontek, Kölsch Militär, S. 43–52. Einen Überblick über die Bauarbeiten an den Festungsanlagen von 1814 bis 1818, an denen zeitweise mehrere Tausend Männer beteiligt waren, gibt eine von

trafen in Köln auf zwiespältige Resonanz. Immerhin aber erhoffte man sich vom Bau der Kasernen ein Ende der ständigen Einquartierungen,[11] die immense Belastungen für die Einwohner mit sich brachten: 1816 mussten pro Tag durchschnittlich ein General, 170 Offiziere und 2.730 einfache Soldaten sowie 267 Pferde in Privathaushalten aufgenommen werden, 1817 waren es ein General, 62 Offiziere und 1.384 Soldaten. Groote, der hin und wieder den Fortgang der „Vestungsarbeiten" besichtigte, betrachtete die Ausgaben für das Militär äußerst kritisch, vor allem da sie der Förderung von Kultur und Wissenschaft die nötigen Mittel entzogen.

Neben die staatlichen Maßnahmen traten städtische Projekte zur Erleichterung des Verkehrs und zur „Verschönerung" der Stadt, durch die zugleich Arme „auf eine nützliche Art" beschäftigt werden konnten: Einige Straßen und Plätze wurden gepflastert, die enge Markmannsgasse, die zur fliegenden Brücke nach Deutz führte, wurde erweitert und der Domplatz geebnet,[12] zudem der unter französischer Herrschaft begonnene Bau des Sicherheitshafens[13] weitergeführt. Der Statistiker und Geograf Johann Andreas Demian, der Köln um 1817 besuchte, schilderte eine sich verändernde, aber in großen Bereichen dennoch altertümliche Stadt:

> „Die Stadt ist sehr unregelmäßig gebaut, hat meistentheils enge, krumme und finstere Strassen, und nur sehr wenige Häuser, welche sich durch eine moderne, geschmackvolle Bauart, oder eine schöne Façade auszeichnen. Erst während der französischen Regierung hat Köln, besonders durch Anlegung neuer Plätze und Baumpflanzungen, ein freundlicheres Ansehen gewonnen; und auch die Preußen lassen jetzt alte verfallene Kirchen abräumen, und freundliche Plätze an ihrer Stelle anlegen. Auch die Strasse [Markmannsgasse], welche nach der Rheinbrücke führt, und kaum vier bis fünf Schritte breit war, wird gegenwärtig durch Niederreissung mehrerer Häuser erweitert. Eben so werden jetzt an vielen Häusern die gothischen, düstern Giebel und Dächer abgerissen, und geschmackvolle Façaden erbaut. Die schönsten öffentlichen Plätze sind: der mit Lindenreihen besetzte Neumarkt, oder Paradeplatz, der Heumarkt und der Altenmarkt".[14]

Rauch in Auftrag gegebene Darstellung: Dziobek, Kriegs- und Befestigungsgeschichte der Stadt Köln am Rhein, Manuskript, 1826 (HAStK, Best. 7030, Nr. 534, S. 291–294). Über die Baumaßnahmen geben die monatlichen „Zeitungs-Berichte" der Regierung Köln jeweils kurz Auskunft (GStA PK, I. HA Rep. 89, Nr. 16278). Zur Einrichtung der Zeitungs-Berichte: Herres, Erster „Zeitungs-Bericht", 2010.

[11] Die Angehörigen des Militärs wurden zur Unterkunft, oft auch zur Verpflegung auf die Einwohner einzelner Stadtsektionen verteilt. Für die Organisation der Einquartierungen war die Königliche Servis- und Einquartierungs-Deputation zuständig. Siehe etwa: Welt- u. Staatsbote zu Köln, Nr. 19, 2. Febr. 1817; Nr. 178, 8. Nov. 1817. Zur Praxis der Einquartierungen in Köln 1814 bis 1817: Zander, Befestigungs- und Militärgeschichte, Bd. I,1, S. 229–231, Bd. I,2, S. 550 f., 555. Einquartierungen im Wohnsitz seiner Familie erwähnte Groote 1816 und 1817 nicht.

[12] Zur Geschichte der Freilegung des Doms: Wirtz, Umgebung, Köln, bes. S. 15–18. Zur Gestaltung der Domumgebung: Ritter, Weyhe, S. 71 f.; hier auch eine Planskizze des Gartenarchitekten Maximilian Friedrich Weyhe.

[13] Zur Entwicklung der Kölner Häfen vom Mittelalter bis ins 18. Jh.: Plassmann, Köln, 2021; von der Reichsstadt bis in die frühe preuß. Zeit zusammenfassend: Schäfke, Aufstand, S. 84–92; einFLUSSreich, S. 25–30.

[14] Demian, Handbuch, S. 257; vgl. Schreiber, Anleitung, S. 320.

Die zahlreichen Eingriffe in das lange statisch gebliebene Stadtbild empfanden viele nicht nur im baulichen Sinne als Befreiung aus der überkommenen Enge und als Erhellung einer lange herrschenden Finsternis,[15] Groote allerdings wertete die oft rigorosen Veränderungen, trotz der Einsicht in die Notwendigkeit eines Wandels, vorwiegend als Verluste. Zu den Gebäuden, die man 1817 niederlegte, um Raum zu gewinnen, gehörte die romanisch-gotische Kirche Maria ad Gradus (Maria zu den Stufen; Maria zu den Staffeln, oft auch St. Margarethen) in unmittelbarer Nähe des Doms, deren heruntergekommene Umgebung Ernst Weyden, 1805 in Köln geboren, anschaulich beschrieb:

> „Die bauherrliche Chorrundung des Domes wird durch die fast an dieselbe von Süd nach Nord stoßende Kirche St. Maria zu den Staffeln (Maria ad Gradus) den Blicken entzogen. Hinter dieser Kirche zieht sich um den Dom sein Friedhof […]. Schauerlich düster, unheimlich, selbst am Tage, ist die ganze Umgebung der Kirche St. Maria zu den Staffeln. […] Von der großen Sporgasse und von der Trankgasse führten mehrere ausgeschlissene Stufen hinan, zum Wege an der Kirche vorbei, eine wahre Cloake".[16]

Nachdem Groote im Februar 1817 die Abbrucharbeiten an diesem Kirchenbau beobachtet hatte, notierte er: Es sei schmerzlich, solche Denkmäler, die Jahrhunderte überdauert hatten, „in unsern Herzlosen Tagen schnell zerstöhrt zu sehn."[17]

Grootes Köln war also im Wandel begriffen, die Umgestaltung betraf jedoch zunächst im Wesentlichen die kirchlichen, politischen und wirtschaftlichen Zentren der Stadt: die Umgebung des Doms, das Rathausviertel, den Neumarkt, Altermarkt und Heumarkt, die Hafenanlagen und einige wichtige Verbindungsstraßen. Während in diese Bereiche investiert wurde, waren andere Stadtviertel von den Modernisierungsmaßnahmen – auch in den nächsten Jahrzehnten – weitgehend ausgeschlossen.[18] Je mehr man sich von den „belebteren Stadttheilen" entfernte, umso „trostloser" wurde es in den „engen, unre-

---

[15] Weyden, Köln, S. 21: „Mit dem Abbruch vieler der Kirchen und Klöster fing die Stadt an, einmal ein wenig freier zu athmen, Luft zu schöpfen."
[16] Weyden, Köln, S. 22 f.
[17] Groote, Tagebuch, 21. Febr. 1817.
[18] Rosenwall, Ansichten, S. 160 f.: „Kölln ist wohl unter allen ehemaligen deutschen Reichsstädten die alterthümlichste, die größte und die häßlichste; alle auf die Kultur der Deutschen einflußreichen Epochen, von dem 15ten Jahrhunderte ab, scheinen an diese[r] Stadt erfolglos vorübergegangen zu seyn, und nur die Klosterstürmerei der Franzosen ist an den zahlreichen Ruinen ehemaliger geistlicher Gebäude erkennbar. Ueberall treten die veralteten Formen der Vorwelt hervor, die Bauart der Häuser ist noch um mehrere Jahrhunderte zurück, und giebt es hie und da auch einige neue Gebäude, so sind deren, im Vergleich der alten, deren unpassende Form das ferne Zeitalter ihrer Erbauung verräth, doch nur wenige, und selbst diese sind in einem schweren dürftigen Style erbaut. Die engen, krummen, dunkeln Straßen, sind überdieß, mit Ausnahme einiger Gegenden längs dem Flusse, und an dem Dom, und in der sogenannten breiten Straße, über allen Glauben öde und menschenleer, das Aeußere dieser Stadt kann also in keiner Hinsicht für sie einnehmen." Rosenwall, Pseudonym des Schriftstellers und Reisenden Gottfried Peter Rauschnick, besuchte Köln wohl 1815, das Vorwort in der Reisebeschreibung ist auf Juli 1817 datiert. Zu den Wohnverhältnissen in Köln Ende des 18. Jh.s, die im Wesentlichen auch Anfang des 19. Jh.s noch bestanden: Ebeling, Bürgertum, S. 111–136.

gelmäßigen, von vielen verfallenen Häusern eingerahmten Straßen".[19] In diesen Gassen an der Peripherie der Stadt herrschte das blanke Elend, denn hier lebten die Tagelöhner- und Bettlerfamilien, deren Existenz durch nichts gesichert war.[20] Seit Generationen war ihre Zahl und ihr Anteil an der Gesamtbevölkerung enorm hoch – Köln war geradezu berüchtigt für seine Bettlerscharen. Durch Missernte und Teuerung in den Jahren 1816 und 1817 zählten die städtischen Behörden schließlich im Frühjahr 1817 ca. 20.000 unterstützungsbedürftige Personen.[21]

Von den rund 270 Straßen und Gassen,[22] die Köln durchzogen, waren somit viele kaum „gangbar" und trotz aller Verfügungen der Behörden zur Straßenreinigung oft von stinkendem Unrat bedeckt;[23] Abtritte befanden sich nicht selten auch bei den Vornehmen in Hinterhöfen und Gärten,[24] ein Abwassersystem existierte nicht. Zu den häufigsten Todesursachen gehörte die „Auszehrungskrankheit"[25]; und epidemische Krankheiten wie Wechselfieber, Masern, Keuchhusten oder Scharlach kursierten immer wieder. Die Kindersterblichkeit war generell hoch, besonders hoch unter den Kindern der Armen.[26] Immer wieder, aber ohne ausreichende Wirkung, wurden präzise Verordnungen des Polizeipräsidenten zur Straßenreinigung und damit zur Verbesserung der hygienischen Verhältnisse bekanntgemacht. So hieß es in der *Kölnischen Zeitung*:

„Den sämmtlichen Einwohnern wird zur unerläßlichen Pflicht gemacht, an den dazu bestimmten Wochentagen und Stunden […] vom 20. April bis 23. September, Morgens um 7 Uhr, und vom 23. September bis 21. April, Morgens 8 Uhr, die Straßen zu kehren. […] Jedermann, dem […] die Straßenreinigung aufliegt, ist strenge gehalten, die Straße vor den Wohnungen und deren Zubehören bis auf die Mitte der Straße kehren zu lassen. Der Koth und sonstige Unrath darf nicht an der äussern, sondern muß an der innern Seite der Gasse auf Haufen zusammengekehrt werden."[27]

---

[19] Weyden, Köln, S. 27.
[20] Zur Situation der Armen in Köln zu Beginn des 19. Jh.s, insbesondere zur Verteilung ihrer Wohnorte im Stadtraum: Finzsch, Obrigkeit, S. 100–110. Zur Entwicklung der Bebauung Köln bis zur Mitte des 19. Jh.s: Kleinertz, Bau- und Bodenspekulanten, 1984.
[21] J. P. J. Fuchs, Stadtchronik (HAStK, Best. 7030, Nr. 215, Bd. I, S. 49). Zu Johann Peter Jakob Fuchs siehe S. 52.
[22] Über Anzahl und Benennung der Kölner Straßen in franz. und preuß. Zeit: Kramer, Strassennamen, bes. S. 29–93; siehe auch: Keussen, Straßennamen, 1914; Kröger, Straßenneubenennung, 2016.
[23] Vgl. B. Elkendorf, in: Becker-Jákli, Köln, S. 71; Günther, Bemerkungen, S. 26–29.
[24] B. Elkendorf: „Die Abtrittgruben bestehen aus kleinen, kellerartigen, ausgemauerten und überwölbten Gruben, aus welchen gemauerte Röhren bis zu den Abtrittsitzen aufgeführt sind" (in: Becker-Jákli, Köln, S. 65).
[25] Gemeint sind Tuberkulose, Krebs oder andere langdauernde Leiden.
[26] Zu Krankheiten in Köln um 1825: B. Elkendorf, in: Becker-Jákli, Köln, S. 125–133. Zu Krankheiten im rheinischen Adel zwischen 1780 bis 1840: Dötsch, Zur Kranken- und Totengeschichte, bes. S. 7–17; vgl. eine Tabelle zu Krankheiten und Todesursachen: S. 42–56. Eine Akte im Historischen Archiv der Stadt Köln, die sich auf die medizinische Behandlung der Familie von Groote bezieht (Medizinalverordnungen für Angehörige der Familie von Groote 1809–1820; HAStK, Best. 1042, B 85) war bis Mitte 2024, nach dem Verlust von 2009, noch nicht wieder aufgefunden.
[27] Köln. Zeitung, Nr. 61, 17. Apr. 1817.

Überall in Köln roch es nach Abfall und Mist, nach dem Qualm von Öfen und Herden, nach Brauer- und Gerbereien, in der Nähe des Hafens nach Fisch, schlammigem Wasser und feuchtem Holz. Die Betriebsamkeit der Stadt war laut, nicht nur durch den Lärm der Menschen und ihrer Tätigkeiten, sondern auch durch die vielen Nutztiere, die innerhalb der Stadtmauern lebten. Allgegenwärtig waren Pferde, die als Reit- und Zugtiere für Transporte jeder Art genutzt wurden und als Ein-, Zwei-, Drei- oder Viergespanne die zahllosen Karren, Wagen und Kutschen klappernd über die unebenen Straßen zogen.[28] Allein die Zahl der Pferde des stationierten und durchziehenden Militärs war enorm. Eberhard von Groote erwähnte diese Gerüche und Geräusche der Stadt, die ihm überall begegneten, in seinen Aufzeichnungen äußerst selten – ebensowenig notierte er Farben.[29] Über das Wetter hingegen machte er häufig Bemerkungen.

Zu den von Groote in seinen Aufzeichnungen nicht thematisierten Bereichen gehörten auch die Lebensbedingungen und Wohnverhältnisse der Unterschichten, obgleich er in seiner amtlichen Position häufig mit Fragen des „Armenwesens", also mit der behördlichen Verwaltung der „dürftigen Volksklasse", konfrontiert war und Armut in der Stadt, sowie, als Angehöriger einer Gutsbesitzerfamilie, Armut auf dem Land deutlich vor Augen hatte. Überdies war Groote mit seinem Kollegen Werner von Haxthausen befreundet, der innerhalb des Regierungskollegiums für den Fachbereich der Wohltätigkeitsanstalten und der staatlichen Armenpflege zuständig war und sich 1817 mit einer Reihe von akuten sozialen Problemen befassen musste. Für den von Joseph Görres im Mai 1817 gegründeten überregionalen Hilfsverein zur Unterstützung der von der Hungerkrise Betroffenen zeigte Groote großes Engagement, nahen persönlichen Kontakt zur armen Bevölkerung hatte Groote allerdings auf seinen vielen Wegen durch Köln wohl nicht.

Wohnsitz und wirtschaftliche Basis

Als ein wesentliches Merkmal seines täglichen Lebens fällt Eberhard von Grootes ständige Bewegung im städtischen Raum auf – einen großen Teil des Tages bis in den späten Abend war er in Köln unterwegs. Ausgangspunkt seiner Wege war der nicht weit vom Dom entfernt gelegene repräsentative „Metternicher Hof auf der Brücken" (Brückenstraße 5), in dem die Groote'sche Familie seit Herbst 1815 wohnte.[30] Seit dieser Zeit war

---

[28] Weyden, Köln, S. 32: „Gepflastert sind die Hauptstraßen; aber wie? [...] Gestürzte, unter den Lastfuhren zusammengebrochene Karrengäule sind ein gewohntes, tagtägliches Straßenschauspiel, [...] so glatt rund sind die großen abgeschliffenen Basaltsteine, so lückenhaft ist die unregelmäßige Pflasterung, zu der man zuweilen [...] viele Fuß breite Blöcke, halbe Mühlensteine und dergleichen verwandt hatte."
[29] Die Farben Rot und Blau (als Sinneseindrücke) erwähnt Groote in seinem Tagebuch 1817 je dreimal, die Farben Grün und Gelb keinmal.
[30] Die bis 2021 ausgewerteten Quellen hatten mir (B. Becker-Jákli) nur Hinweise zum Wohnsitz der Familie von Groote seit 1802 im Hessenhof in der Marzellenstr. 82 ergeben (Groote, Tagebuch, Bd. 1 u. 2, vielerorts). Erst die Nutzung von Unterlagen im Archiv der Familie Wolff Metternich zur Gracht brachten überraschenderweise Angaben zum Umzug der Grootes in den Wolff Metternicher Hof (Archiv Wolff Metternich zur Gracht, Nr. 261 u. Nr. 829).

auch die Oberpostdirektion, als deren Direktor Everhard Anton Hermann Joseph Melchior von Groote, Vater des Tagebuchschreibers, amtierte,[31] hier untergebracht. Eigentümer des Gebäudes war die Familie der Grafen Wolff Metternich zur Gracht,[32] die an Stelle des um 1660 erworbenen Stadthauses im 18. Jahrhundert einen prächtigen Neubau errichtet hatte.[33] Im September 1815 wurde der Mietvertrag zwischen „Herrn von Groote zu Kendenich" einerseits und Vikar Peter Klein, Bevollmächtigter des Grafen Maximilian Werner Wolff Metternich zur Gracht, andererseits, abgeschlossen – „mit Vorbehalt der Genehmigung der Hochfürstlich Thurn und Taxischen General Post Direction zu Francfurt":

„Herr Vicarius Klein vermiethet des Hochgedachten Herrn Grafen von Wolff Metternich eigenthümliche in Köln gelegene Haus dem Herrn Oberpostmeister, und Post Districts Commissaer zum Behuf des Oberpostamts, und zu dessen Wohnung auf sechs nacheinander folgende, am 1ten Octobris 1815 anfangende, und am 1ten Octobris 1821 sich endigende Jahre, wobey jedoch jedem Theile frey steht mit der Hälfte der Jahren von der Miethe

---

[31] Am 1. Juli 1816 wurden die in den rheinischen Provinzen bestehenden Einrichtungen der Post an das preuß. Postwesen angeschlossen, das seit 1803 unter Leitung des General-Postmeisters Johann Friedrich von Seegebarth stand. Zur Organisation der preuß. Post erläuterte 1817 ein Handbuch: „Unter dem General-Postmeister steht das gesammte Postwesen und alle Postbediente ohne Ausnahme. Das Polizei-Ministerium concurrirt, wenn die Hülfe desselben nöthig ist. Der General-Postmeister steht übrigens zu dem Könige und zu dem Staatskanzler und dem Staatsrathe, dessen Mitglied er ist, in demselbigen Verhältnisse, als die übrigen Chefs in den Ministerien des Innern und der Finanzen" (Rumpf, Der Preußische Secretär, S. 379 f.). Die Angleichung der Post in den neuen Provinzen an die Organisation in Altpreußen zögerte sich allerdings hinaus, sodass zunächst viele bestehende Regelungen in Kraft blieben. Ein einheitliches, für alle Provinzen gültiges Postgesetz wurde erst Mitte des 19. Jh.s erlassen. E. von Grootes Vater, Ev. A. von Groote, war 1816 als preuß. Oberpostmeister/Oberpostdirektor für das Kölner Oberpostamt eingesetzt worden und blieb in dieser Position bis zu seinem Tod 1820. Das Amt, dem die Regierungsbezirke Köln, Düsseldorf und Arnsberg zugeteilt wurden, war mit vielfältigen Aufgaben verbunden: Brief- und Passagierbeförderung mussten organisiert, neue Postwege geschaffen und bestehende erhalten, auf verschiedenen Strecken musste Wegegeld eingezogen werden. Vgl. Post-Taxen, Post-Routen und Korrespondenzen mit der Kölner Handelskammer ab 1814: RWWA 1–44–3. Zur Post in Köln und dem Rheinland am Anfang des 19. Jh.s: Klaes, Post, S. 243–269; Graumann, Verwaltung, S. 143–145; Müller, Köln, S. 225–227; Ditgen, Postgeschichte, S. 40–69. Siehe auch: Ueber die von 1798 bis 1822 in den Provinzen jenseits des Rheins bestandenen Privat-Posten und deren Aufhebung, 1839 (GStA PK, I. HA Rep. 103, Nr. 1224).

[32] Zur Familie Wolff Metternich zur Gracht Ende des 18./Anfang des 19. Jh.s: Wolff Metternich, Spuren, S. 94–113; für die Zeit vom Ende des 17. bis in die 1730er-Jahre mit dem Fokus auf Eleonore Maria Anna Wolff Metternich zur Gracht, geb. von Wetzhausen und ihren Sohn Franz Joseph Wolff Metternich zur Gracht: Schläwe, Gedächtnis, bes. S. 36–78, 180–189.

[33] Ein ausführliches Inventar von 1754 gibt einen präzisen Eindruck von Zimmern und Innenausstattung der Gebäude zu diesem Zeitpunkt: Inventarium Deren im Metternicher Hoff zu Cölln befundenen Mobilien d. 28ten und 29ten May 1754 (Archiv Wolff Metternich zur Gracht, Nr. 261, o. P.). Vgl. auch: Vogts, Kölner Wohnhaus, Bd. II, S. 755; Kirschbaum, Wohnbauten, Bd. 1, S. 133. Zu den Einkünften der Familie Wolff Metternich aus dem Anwesen: „Rechnungs Buch De 1810 ad 1820 über Empfang und Ausgaben Im Metternicher Hofe in Cöln von seithen Petern Klein" (Archiv Wolff Metternich zur Gracht, Nr. 829).

abzustehen, wenn drey Monate vorher von dem beliebenden Theile die Miethe aufgekündigt wird."[34]

Die Bestimmungen des Vertrags, in den die preußische Regierung 1816 eintrat,[35] geben nur wenig Einblick in die Wohnverhältnisse der Mieter, immerhin jedoch werden einige Räumlichkeiten und Nutzungen erwähnt:

> „Die Zimmer, welche Herr Vicarius Klein bewohnet nebst der daran stoßenden kleinen Küche, und zwey gewölbten Zimmern, und dem darunter liegenden Keller, die zwey oberste Speicher, so wie das ganze Hintergebäude von der kleinen Holzernen Treppe rechts angerechnet, nebst dem Gärtchen, der Haupt Keller, worinn des Herrn Grafen Wein Vorrath liegt, bleiben von der Miethe ausgenommen. – Jedoch wird dem Herrn Anmiether auf Verlangen die kleine Küche zum Gebrauch einer Wasch Küche, und der Grasplatz im Gärtchen zur Bleiche zugestanden, und im parterre des Hintergebäudes ein Pferde Stall <u>für vier bis sechs Pferde</u>, und so viel Raum für seine Wagen nöthig ist in der Remise eingeräumt."[36]

Zunächst waren lediglich Postdirektion und Briefpost in den Gebäuden angesiedelt, während die Postwagen-Expedition von Privatunternehmern an anderen Standorten in der Stadt betrieben wurde. Bald verlegte man jedoch auch die Abfertigung von Postwagen in den Metternicher Hof, der sich dadurch zu einem belebten Verkehrspunkt entwickelte. Nicht nur Post, Familie von Groote und Vikar Klein waren im Metternicher Hof untergebracht, auch Max Werner Graf Wolff Metternich zur Gracht mit seiner Familie nutzte offenbar einen Teil des Hofes als Kölner Wohnsitz. Die Grootes lebten also in engem Kontakt zur gräflichen Familie.

Da die Brückenstraße zur dritten Stadtsektion gehörte, waren ihre Bewohner Gemeindemitglieder der Hauptpfarrkirche St. Kolumba,[37] der die Groote'sche Familie seit Gene-

---

[34] Mietvertrag v. 18. Sept. 1815 (Archiv Wolff Metternich zur Gracht, Nr. 261, o. P.).
[35] Schreiben von Vikar P. Klein, Köln, 15. Okt. 1817, Adressat unklar: „Das Königl. Oberpost Amt nahm von dem Hauße unter den nemlichen Verbindlichkeiten Besitz, worunter der Fürst von Thurn und Taxis dasselbe gemiethet hatte" (Archiv Wolff Metternich zur Gracht, Nr. 261, o. P.).
[36] Die Miete betrug pro Jahr 1.300 Francs, die in vierteljährlichen Raten zu zahlen war. Alle Einquartierungen von Militär, „womit das Haus belegt werden könnte", hatte der Mieter zu finanzieren, ebenso die Mobilar- und Personalsteuer und die außerordentliche Grund- und Fenstersteuer; dagegen hatte der Vermieter „alle gewöhnliche Grund, und Fenster Steuern" zu übernehmen. Auf Kosten des Vermieters wurden vor dem Einzug des Mieters die im Haus nötigen Reparaturen vorgenommen sowie die Küche, „und die des Weissens benöthigten Zimmer geweisst". In diesem Zustand hatten die Mieter nach „verloschener Miethe Zeit" die Räume zu hinterlassen. Alle kleinen Reparaturen während der Mietzeit musste der Mieter tragen, während der Vermieter für die Unterhaltung der Dächer und jede „Haupt Reparatur des Hauses" aufkam. Sollte das Haus aufgrund der „Verwahrlosung" des Lichts oder Feuers durch den Mieter oder die „Seinigen" beschädigt werden oder abbrennen, so war der Mieter verpflichtet, diesen Schaden zu ersetzen" (Mietvertrag v. 18. Sept. 1815; Archiv Wolff Metternich zur Gracht, Nr. 261, o. P.).
[37] Hauptkirche der 1. Stadtsektion war St. Maria im Kapitol; der 2. Sektion St. Peter; der 3. Sektion St. Kolumba (mit den Unterkirchen St. Aposteln, St. Gereon, St. Maria in der Kupfergasse und St. Ursula). Hauptkirche der 4. Sektion war der Dom (mit den Unterkirchen St. Mariä Himmelfahrt,

rationen verbunden war. Eberhard von Groote suchte sie zu Gottesdiensten und anderen Anlässen auf, besuchte jedoch oft auch den Dom, Hauptkirche der vierten Sektion, die Jesuitenkirche (St. Mariä Himmelfahrt) in der Marzellenstraße, eine der Unterkirchen des Doms, darüber hinaus eine Anzahl weiterer Kölner Kirchen. Von besonderer Bedeutung für ihn wie für seine ganze Familie war „St. Gregorius am Elend", kurz „Elendskirche" genannt,[38] in der Nähe der Severinstraße.

Meist verließ Groote den Metternicher Hof am Morgen, wenn er an den Sitzungen des Regierungskollegiums teilzunehmen hatte. An den sitzungsfreien Vormittagen, an Nachmittagen oder Abenden ging er aus dem Haus, um Verwandte, Bekannte und Kollegen aufzusuchen. Oft traf er sie nicht an, musste dann umkehren und später wiederkommen, nur um sie manchmal erneut nicht vorzufinden. Er folgte förmlichen Einladungen zu Mahlzeiten und Abendgesellschaften, wurde spontan zu einem Essen eingeladen oder erledigte Gratulationsbesuche zu Namens- und Geburtstagen. Er traf Freunde in einer Gastwirtschaft und ging mit Kollegen und Bekannten am Rhein oder Neumarkt spazieren. Gelegentlich kam Besuch von auswärts, nicht selten von ihm persönlich Unbekannten, die sich mit Empfehlungsbriefen vorstellten. Unter ihnen waren auch 1817 einige prominente Personen. Groote empfing die Besucher, empfahl sie weiter oder führte sie selbst zu Mitgliedern seines Kreises und zu den Sehenswürdigkeiten der Stadt. Häufig wurden Gäste im Groote'schen Haushalt beköstigt, große Feste aber gab es hier 1817 nicht. Selten suchte Groote Handwerker oder Geschäfte auf; Friseur, Wäscherin und Schneider ließ er zu sich nach Hause kommen, Buchhandlungen und Auktionen besuchte er allerdings persönlich. Obgleich die Familie zumindest zwei Reitpferde hielt, machte Groote fast alle Wege in Köln zu Fuß. Zu den Gütern der Familie in Kendenich, Dransdorf und Walberberg ritt er jedoch, selten unternahm er reine Spazierritte, etwa in der näheren Umgebung der Stadt. Einen Wagen – eine Lohnkutsche – nutzte er nie allein, bisweilen aber zu Fahrten gemeinsam mit Familienangehörigen oder Bekannten. Damit entsprach Groote dem üblichen Verhalten:

„Die wenigen Equipagen, die in der Stadt gehalten wurden, – nur Herstadt, Mumm und Schaaffhausen hielten Luxuspferde und fuhren auch wohl vierspännig –, waren auf das Pflaster gebaut. Die gewichtigen Kasten hingen in schwerem Riemenwerk an massiven Federn oder Schwanenhälse, hatten schwerbeschlagene Räder, und wirkten Nieren, Herz und Nerven erschütternd. Fahren gehörte übrigens zu den seltenen Vorkommnissen des Lebens. Die Bürger bedienten sich bei festlichen Gelegenheiten der ungeheuren Kasten der Lohn- und Heuerkutscher, deren die Stadt siebenzehn zählt."[39]

St. Andreas, St. Kunibert und St. Martin). Zur Einteilung der Pfarreien: AK 1813, S. 17; eine Übersicht über Stadtsektionen und Pfarreien: Ebd., o. P.; vgl. auch: AK 1822, S. 17; Ennen, Pfarrsystem, 1871; Müller, Köln, S. 296–299.

[38] Zur Elendskirche siehe vor allem S. 85, 460 f., 545.

[39] Weyden, Köln, S. 32. Das Adressbuch von 1813, S. 212 nennt als „Loueurs de Carrosses" (Mietkutscher) 22 Personen, darunter zwei verwitwete Frauen; im Adressbuch von 1822 sind unter 36 Personen als Mietkutscher ebenfalls zwei Witwen vermerkt.

Die meisten Straßen, auf denen Groote unterwegs war, lagen in den „besseren" Vierteln Kölns, also im Kern der Stadt, in dem sich wichtige Institutionen, beliebte Unterhaltungsstätten wie auch die Wohnorte seiner Verwandten und Bekannten befanden. Diese Häuser,[40] von denen manche an großen, künstlerisch gestalteten Gärten lagen, waren alte Familiensitze mit einer mehrere Jahrhunderte zurückreichenden Bausubstanz oder es waren „Neubauten" aus der Mitte und dem Ende des 18. Jahrhunderts. Darüber hinaus besaßen einige Familien auch Landhäuser in der nahen Umgebung Kölns.[41] Oberpräsident Friedrich Ludwig Christian Graf zu Solms-Laubach hatte mit dem Palais in der Glockengasse 3 schon 1816 ein repräsentatives Domizil angemietet,[42] 1817 auch ein Haus in Mülheim, in dem die Familie – insbesondere Henriette zu Solms-Laubach mit ihren Kindern – vor allem den Sommer verbrachte.[43] Auch die zuziehenden hohen Regierungsbeamten bemühten sich, Wohnungen oder Häuser zu finden, die ihren Rang widerspiegelten. Die Wohnsitze der adeligen und großbürgerlichen Familien waren geräumig, mit elegantem Mobiliar ausgestattet und entsprachen den Bedürfnissen nach Komfort und Repräsentation ihrer Bewohnerinnen und Bewohner. Viele Familien besaßen zudem, aus tatsächlichem Interesse oder aus Prestigegründen, Kunstobjekte, einige ganze Kunstsammlungen und Bibliotheken. Ob die Räumlichkeiten der Grootes im Metternicher Hof so prächtig ausgestattet waren, wie Ernst Weyden die Räume der „Vornehmen" beschrieb, lässt sich nicht feststellen:

„In den Staats-Gemächern der Häuser der Vornehmen sieht man nur Luxus entfaltet in mächtigen formenreichen Kaminen, in der reichen Stukatur-Arbeit der Decken, deren manche bis ins sechszehnte Jahrhundert hinaufreichen und mitunter polychromirt sind, in den Tapeten von antwerpener Leder in Gold und Farben gedruckt, oder von Tuch mit Dessins in Gold; seltener kommen Hautelisse-Tapeten vor. Gewöhnlich sind die Prachtmöbel, die schweren Tische schön eingelegt mit kunstvoll gearbeiteten Stollen, Sessel und Stühle den

---

[40] Zu Höfen, Herrenhäusern und Reihenhäusern in Köln: Vogts, Kölner Wohnhaus, Bd. 1, S. 11–112.

[41] Vogts, Kölner Wohnhaus, Bd. 1, S. 113–128.

[42] Zu Räumen und Ausstattung des Hauses Glockengasse 3 siehe S. 129.

[43] Rudolph zu Solms-Laubach an seinen Bruder Otto, Mülheim, 24. Aug. 1817: „Wir sind sehr froh, den Sommer in Mülheim zubringen zu können, und um desto mehr, da das Haus des Herrn Bürgermeisters, bei dem wir wohnen, gerade auf den Rhein zu liegt, und wir ganz Köln übersehen können" (Privatarchiv d. Grafen zu Solms-Laubach, XVII, 204, ohne Nr.). Es handelte sich um das Stadtpalais in der Buchheimer Str. 29, das dem ehemaligen Maire von Mülheim Karl Joseph Zacharias Bertoldi, geboren 1754, gehörte. Bertoldi schrieb lange Zeit ein Tagebuch, das eine wichtige Quelle zu Alltag und sozialem Leben der rheinischen Oberschicht bildet. Die erhaltenen Bände umfassen die Jahre 1796 bis 1798 und 1802 bis Anfang 1824 (HAStK, Best. 7030, 332A/1–6. Band A/4, der die Aufzeichnungen des Jahrs 1817 enthält, war bis Mitte 2024 nicht im Original einzusehen, sodass lediglich die Mikrofilmaufnahmen genutzt werden konnten. Das Tagebuch wurde in Auszügen von J. Bendel 1925 veröffentlicht und erschien 1974 in Faksimiledruck neu). Bertoldi stand zunächst in Diensten des Herzogtums Berg, war Pächter der Mülheimer fliegenden Brücke und Hofkammerrat; unter franz. Herrschaft von 1808/09 bis 1815 amtierte er als Maire von Mülheim. Trotz erheblicher Vermögensverluste führte er auch in preuß. Zeit ein sehr gastfreundliches Haus. Anders als E. von Groote notierte Bertoldi manchmal die bei Mahlzeiten gebotenen Speisen. Zu seiner Biografie: Bendel, Köln-Mülheim, bes. S. 1–5.

Teppichen der Wände entsprechend [...] überzogen. Zimmer mit Wald-Landschaften der Gebrüder Manskirsch geschmückt, gehörten zu den Seltenheiten; moderner Luxus waren in gar wenigen vornehmen Häusern pariser Tapeten mit Landschaften und bunt knallender Figuren-Staffage."[44]

Das in diesen Wohnsitzen arbeitende Gesinde[45] – Mägde, Kammerjungfern, Pferde- und Hausknechte, Köche, Köchinnen und Küchenmädchen –, das aus dem komfortablen Alltag der Familien nicht wegzudenken war, erwähnte Groote, mit zwei Ausnahmen,[46] namentlich weder im Tagebuch noch in seinen Briefen. Diese Angehörigen der „armen Volksklasse", die in ihren Arbeits- und Lebensbedingungen völlig von ihrer Herrschaft abhängig waren, lebten in Kammern und Hängestübchen[47] im Haus ihrer Herrschaft oder in Nebengebäuden.[48] Trotz der sozialen Distanz konnte das Verhältnis der Herrschaft zu ihren Dienstboten durch ein „wohlwollendes" Verantwortungsgefühl geprägt sein, das über eine bloße Nutzung von Arbeitskraft hinausging.[49] So hatte Henriette von Groote,[50]

---

[44] Weyden, Köln, S. 47 f. Zu den Häusern und Wohnungen anderer Bevölkerungsschichten: Weyden, Köln, S. 45–55. Zum Palais der mit Groote verwandten Familie von Geyr zu Schweppenburg, Breite Str. 92/98 siehe S. 64. Speziell zu Tapisserien in den Kölner Palais: Vogts, Kölner Wohnhaus, Bd. I, S. 266–272.

[45] Über die preuß. Gesindeordnung informierte das 1816 erschienene Buch: F. W. Schuncken, Ueber die Rechtsverhältniße zwischen Herrschaften und Gesinde nach den Bestimmungen der Gesinde-Ordnung vom 8. November 1810. Gewidmet Den hohen Vorgesezten und biedern Bewohnern der mit der Preußischen Monarchie neu vereinigten Provinzen. Es wurde im Elberfelder Verlag von Heinrich Büschler, einem Bekannten E. von Grootes, gedruckt.

[46] Groote erwähnte mehrfach „meinen" oder „unsern" Peter sowie ein Mal „Anton", beides Dienstleute, Knechte der Familie von Groote.

[47] Hängestübchen: enge Räume auf Zwischenböden. Vgl. Vogts, Wohnhaus, Bd. 1, S. 85 f.

[48] B. Elkendorf räsonierte über die „Moralität" des Gesindes und dürfte damit die Ansicht der Kölner bürgerlichen wie adeligen Schichten um 1825 wiedergegeben haben: „Das Gesinde vorzüglich hat in Hinsicht seiner Moralität in den letztern 20 Jahren gewiß nicht gewonnen. Arbeitsame und treue Dienstboten werden mit jedem Tage seltner und obgleich man mit Recht denen vom Lande den Vorzug giebt, so nützt dieß nur auf kurze Zeit, indem sie auch bald von dem allgemeinen Strome hingerissen und verdorben werden" (in: Becker-Jákli, Köln, S. 123 f.). Zur Situation der Dienstboten Ende der 1790er-Jahre: Ebeling, Bürgertum, S. 129–131.

[49] Eine Berücksichtigung von Dienstboten im Letzten Willen einer Person können solche näheren Beziehungen widerspiegeln. So heißt es im 1794 erstellten Testament des Kanonikus Everhard Anton Jacob Balthasar de Groote, Großonkel des Tagebuchschreibers, der im Kanonikal-Haus an St. Gereon lebte: „meine Domestiquen, so bey mir wohnen sollen haben neben ihrem ganzen lohn noch ein ganzes Jahr lohn, [...] und meinem bey mir dermahlen wohnender bedienter Adolph Molitor wann noch bey mir wohnet, und in diensten ist vermache noch a parte wegen seinen mir in meiner schweren Krankheit tag und nacht erwiesener ohnverdroßener erzeigter guter, und treuer aufwartung Ein Hundert Fünfzig Rthlr. p. 80 alb. und meine goldene Sack-uhr; auch sollen mein bedienter und Kutschirer ganz neu in schwarz gekleidet werden [...]; wann der Herr Vicarius Herfort bey meinem absterben noch bey mir wohnt, und allso um ein anderes quartier umsehen muß, vermache demselben Hundert Rthlr. p. 80 alb., die bettstatt worinn er schlafet samt darzu gehörigem Bett, püllen küßen decken, und das leinwand schanck auf seinem schlafzimmer so er im gebrauch hat, wie auch meine drey beste schwarze Röck, oder Kleider item alle meine xxxxx Röcklingen ohne Spitzen und eines von denen sonntägigen mit kleinen Spitzen so er als Vicarius

Eberhards Mutter, offenbar persönliche und fast herzliche Beziehungen zu Mitgliedern ihres Gesindes.[51] Mitgefühl, möglicherweise auch grundsätzliches Verständnis für die Situation der Pächterfamilien, äußerte sich in Eberhard von Grootes gelegentliche Bereitschaft, ihnen in schwierigen Lebensumständen entgegenzukommen oder sich für sie einzusetzen.

Einen außergewöhnlich präzisen Einblick in die von Groote'sche häusliche Wirtschaft gibt ein Haushaltsbuch, das Henriette von Groote 1802 mit den Worten begann: „Im Nahmen der heiligen Dreifaltigkeit angefangen das Verzeichniß täglicher Außgaaben vom Jahr 1802".[52] In diesem Buch mit Halbleder-Einband und Pappdeckeln sind die kleineren, jeweils nur einige Stüber oder Reichsthaler umfassenden Ausgaben eingetragen, die direkt gezahlt wurden. Bis zu ihrem plötzlichen Tod am 27. April 1815 führte Henriette von Groote das Buch kontinuierlich selbst.[53] Danach wurden die Einträge von anderer Hand, vermutlich von einer der im Haus beschäftigten Frauen, fortgesetzt, jedoch in kürzerer Form und ohne persönliche Bemerkungen. Das Buch endet im Dezember 1816, ein daran anschließendes Verzeichnis ist nicht bekannt.

Neben den Ausgaben für den Bedarf des Haushalts, etwa Seife, „Schrübber" und „Handstauber", Bürsten, Lichter, Garn und Sticknadeln, Schuh- und Seidenband, wurde, meist im Abstand von einigen Tagen, notiert, was den weiblichen und männlichen Arbeitskräften an Stunden- oder Tageslohn, als „Traglohn", Trinkgeld oder „Angebinde" ausgezahlt wurde. Zu diesen Arbeitskräften gehörten Waschfrauen, Büglerinnen, Spinnerinnen, Strickerinnen, Weber, Fuhrleute, der „Bleichhöfer" – Besitzer eines Bleichplatzes – sowie der „Tanzmeister" einer der Töchter. In zahlreichen Vermerken ist nicht nur die erbrachte Leistung oder Funktion genannt, sondern auch der Vorname, manchmal der volle Name der Dienstleister und Dienstleisterinnen. Ein Auszug aus den Eintragungen von Henriette von Groote aus dem März 1815, kurz vor ihrem Tod, gibt einen Einblick in Hauswirtschaft und Alltag der Familie. Vermerkt sind u.a.:

„Traggeld von einem Tüpchen Butter von Kitzburg"; Trinkgeld „einer Person welche vom Hrn Caspar von Walberberg einen Brief und einiges gedörrtes obst zum Geschenk gebracht"; Trinkgeld „dem Matheis auß Geyrs Hauß welcher eine Bouteille Malaga und ein Körbchen voll Choux Brocoly als ich nicht wohl ware zum Geschenk gebracht hat"; „ein Irrdener Napf für die Hunde"; „Trinkgeld der Lehnchen auf Mylius Hauß welche Würst

---

tragen kann, nebst sechs paar fleßen Laaken, samt sechs xxxxxxxx, sechs tischtücher, vierzig Servietten sechs handtücher eine ganz neue weiße Service, für eine person Caffe Thee geschirr einschließlich, und zwei Ohmen wein" (Testament von Ev. A. de Groote, Köln, 18. Febr. 1794 (Abschnitt 17); HAStK, Best. 110G, Testamente, U 1/425/1).

[50] Maria Henriette Carolina Josepha Walburga von Groote, geb. von Becker.
[51] Vgl. Rößner-Richarz, Selbstzeugnisse, S. 19 f.
[52] Verzeichniß täglicher Außgaaben; HAStK, Best. 1042, B 62.
[53] Der letzte Eintrag in der Hand Henriette von Grootes, datiert auf den 24. Apr. 1815, nennt zwei Ausgaben: „Dem Kutscher von Frau Schüll der mich am Tag [der] Eröffnung der neuen Schul anstalt vom Jesuiten Gymnasium nach Hauß fuhr Trinkgeld", außerdem „ein Haar aufsteck Kamm von Horn für mich" (Verzeichniß täglicher Außgaaben; HAStK, Best. 1042, B 62).

gebracht hat"; „ein Näpfchen"; „Stricklohn von einem paar leinenen ungebleichten Garn unterstrümpten für mein Mann an Mariänchen Keil"; „ein stück gewebte Spize für an Carlinchens Schlafhauben"; Traggeld „einem Kendenicher Jungen welcher für dem Caspar seine Tauben einen Sack voll Futter gebracht hat"; „Taglohn für zwei Büglerinnen" „samt weißbrod und Brandwein"; „Dem Wundarzt Bette der heute die Füße von Nägeln und Hühner augen reinigte"; „Trinkgeld dem Lohnkutscher der uns bei sehr stürmisch und Regen Wetter am heil. Donnerstag in und aus St. Joan wo oratorim war gefahren".[54]

Die wichtigsten Arbeitskräfte erhielten zu Neujahr Geldgeschenke. So gab Henriette von Groote im Januar 1815 kleinere Summen: dem „Haarkräuseler Bubenheim"; „meiner Kammer Junfer Margretha Sauvage"; der „Köchin Gertrud Adolph's", der „zweiten Magd Maria Schäffers"; der „Küchen Magd Anna Krist"; dem „Bedienten Joseph Dahlen"; der „Magd, so uns täglich die Milch bringt"; dem „Mezger's Knecht" und dem „Bäckers Knecht". Geschenke gab es auch für das untergeordnete Personal der Kirchen, denen sich die Familie verbunden fühlte: dem „Hrn. Schweinem, dem zweiten Küster in unserer Pfarr", „4 Meeßen Dienern"; der „opfermanns Frau in Ste. Marien Ablaß" und dem „unter Küster Hrn. Koops, in Ste. Maria Himmelfarths pfarr".[55]

Ihren Lebensunterhalt finanzierte die Groote'sche Familie im Wesentlichen durch ihren Grundbesitz. Um 1817 gehörten ihr, jeweils mit Ländereien, u.a. die Herrensitze Burg Kendenich bei Hürth, das Wasserschloss Kitzburg in Walberberg/Bornheim, die Dransdorfer Burg in Bonn/Bornheim, des Weiteren der Zaunhof in Immendorf und Güter in Wüschheim bei Euskirchen, Neukirchen bei Grevenbroich und Berzdorf bei Wesseling. Zudem hatten sie vereinzelten Landbesitz – Ackerland, Weiden und Wald – in der Umgebung Kölns und einigen Grundbesitz in der Stadt Köln. Die Ländereien waren, teils mit dazugehörigen Gebäuden, an Pächter und Pächterinnen (Halfen, Halbgewinner) vergeben, die ihre Pacht mit Naturalien und Geldbeträgen zahlten. Angaben zu Pächtern und Pachtverträgen, zu geleisteten oder fehlenden Lieferungen enthält ein Rechnungsbuch der Familie, das vom Ende des 18. bis in die 20er Jahre des 19. Jahrhunderts reicht.[56] Die Familie besaß darüber hinaus Kapital, das in Wertpapieren (Obligationen) angelegt war, außerdem bezog Oberpostdirektor von Groote Einkünfte aus seinem Amt. Entsprechend den Aufzeichnungen Eberhard von Grootes nahmen 1817 finanzielle Fragen, etwa die Suche nach dem Nachweis von „Obligationen", sowie die Verwaltung des Grundbesitzes einen großen Teil seiner Zeit in Anspruch. Insbesondere ein Prozess, den die Familie in Zusammenhang mit ihren Verpachtungen führte, war recht zeitaufwendig. Während sein Bruder Joseph als Konsistorialassessor ein eigenes Einkommen hatte, erhielt Eberhard von Groote als Regierungsassessor kein Gehalt; er verfügte generell kaum über „flüssiges"

---

[54] Diese Angaben stammen aus der Zeit vom 4. bis 27. März 1815 und gehören zu den letzten Einträgen H. von Grootes (Verzeichniß täglicher Außgaaben; HAStK, Best. 1042, B 62).
[55] Eintragungen vom 1. bis 7. Jan. 1815 (Verzeichniß täglicher Außgaaben; HAStK, Best. 1042, B 62).
[56] Das detailreiche Rechnungsbuch der Groote'schen Familie (HAStK, Best. 1042, B 60) ist erst seit 2021 wieder zugänglich. Eine genaue Darstellung der Besitzverhältnisse der Grootes übersteigt die Möglichkeiten dieser Arbeit, sie wäre Thema eines eigenen Projekts; hier können nur einige Aspekte genannt werden. Zum Grundbesitz der Familie kurz: Spiertz, Groote, S. 160 f.

Geld, sodass er mit den Ausgaben für seine persönlichen Bedürfnisse sehr sparsam sein musste und bisweilen über unnütze Kosten klagte.

Vernetzt und verflochten

Eberhard von Grootes Status innerhalb der Stadtgesellschaft und darüber hinaus spiegelt sich in seinem differenzierten Netzwerk wider, das sich in Hinblick auf familiäre, freundschaftliche, berufliche, wirtschaftliche, politische, wissenschaftliche und kulturelle Interessen betrachten lässt. Dieses Netzwerk war vielfach verflochten, überschnitt und überlagerte sich in Teilen, denn Interessen wie Funktionen waren häufig in einer Person oder Familie gebündelt – kein Wunder bei der relativ kleinen Kölner Oberschicht. Für die Leserinnen und Leser des Tagebuchs öffnet sich der Blick auf eine Fülle von Personen, an der sich die Vielschichtigkeit der Stadtgesellschaft ablesen lässt. Das Verständnis dieser Vielfalt sollen die folgenden kurzen Skizzen der Gruppen und Zirkel, in denen sich Groote bewegte, sowie einige Bemerkungen zu den Hauptakteuren seines Umfelds erleichtern. Eine ergänzende, teils sehr anschauliche Quelle zu Grootes Netzwerk bilden die vermutlich 1815 entstandenen „Personalnotizen für die Organisation des Kölner Regierungsbezirks", in denen über 500 männliche Angehörige der lokalen und regionalen Führungsschichten verzeichnet und mit Angaben zu politischer Einstellung – vor allem zu französischer oder deutscher Gesinnung –, zu Bildung, Tätigkeit, familiärer Situation und persönlicher Moralität charakterisiert sind. Die „Brauchbarkeit" dieser Männer für die Interessen des preußischen Staates wurde dabei mit einer Skala klassifiziert.[57] Die Angaben des Verzeichnisses zu ca. sechzig Männern, die zum engeren Umfeld Grootes gehörten, werden im Tagebuch angemerkt, ebenso die in der von Solms-Laubach geführten Konduitenliste vom 20. September 1817 angegebenen Beurteilungen des Regierungspersonals.[58]

---

[57] Personalnotizen für die Organisation des Kölner Regierungsbezirks (Landesarchiv NRW R, BR 0002, Nr. 1534, Bl. 1v–90r). Das nicht datierte und nicht unterzeichnete, bis auf einige wenige Zusätze in einer Hand geschriebene Verzeichnis wurde vermutlich, zumindest größtenteils, 1815 erstellt. Zusammengetragen hatte die Informationen möglicherweise Werner Moritz von Haxthausen, der auf Vorschlag von Solms-Laubach 1815 als Organisationskommissar die zu diesem Zeitpunkt als Regierungsbezirk Köln vorgesehene Region bereiste. Die Angaben zu den einzelnen Männern stammten wohl von verschiedenen Einwohnern bzw. Funktionsträgern der Region. Durch dieses Verzeichnis besaß Solms-Laubach bei der Übernahme seines Amts in Köln im April 1816 eine Einschätzung einflussreicher und potentiell nutzbarer Männer und Familien in Köln und dem Umland. Vgl. Klein, Personalpolitik, S. 16. Spiertz datiert das Verzeichnis auf 1818 (Spiertz, Groote, S. 81 f.), dies ist allerdings unwahrscheinlich, da einige der genannten Personen 1818 nicht mehr am Leben waren und viele Aussagen sich auf einen Zustand um 1815 beziehen. Zur Rolle der lokalen und regionalen Verwaltungsbeamten zu Beginn der preuß. Zeit in den Rheinlanden, insbesondere zu ihrem politisch-gesellschaftlichen Hintergrund, ihren Netzwerken und ihrer politischen Zielsetzung: Thielen, Partizipation, S. 100–144.

[58] Fr. L. Chr. zu Solms-Laubach an K. A. von Hardenberg, Köln, 20. Sept, 1817; Verzeichnis der Angestellten der Regierung im Regierungsbezirk Köln, im Folgenden als „Konduitenliste, Köln, 20. Sept. 1817" zitiert (GStA PK, I. HA Rep. 74, Nr. 103, Bl. 202r–229r).

Familie

Eberhard von Groote war Angehöriger einer in der männlichen Linie am Ende des 16. Jahrhunderts von Gent nach Köln zugewanderten Familie, die im Laufe von 150 Jahren mehrere Bürgermeister gestellt hatte.[59] Erst Eberhard von Grootes Großvater Franz Jakob Gabriel de Groote war mit dem Titel „Edler von Kendenich" 1780 nobilitiert worden, ein Titel, der in der Familie bis heute weitergeführt wird. Die Groote'sche Familie zählte damit wie der Großteil ihrer Verwandten – Onkel und Tanten, Cousins und Cousinen ersten und zweiten Grades sowie weiter entfernte Verwandte – zum niederen Adel. Durch eine stets kluge Heiratspolitik bestanden schließlich zu vielen der wichtigsten Familien in Köln familiäre Beziehungen.[60]

Eberhard von Grootes Mutter, Henriette von Groote, geb. von Becker, zu der er eine enge emotionale Beziehung hatte, war bereits 1815 gestorben. Sein 61-jähriger Vater Everhard Anton von Groote lebte als preußischer Postdirektor mit seinen Kindern, die alle noch unverheiratet waren, in einem gemeinsamen Haushalt im Metternicher Hof. Im Oktober 1817 wurde die Oberpostdirektion in das ehemalige Posthaus, Glockengasse 25–27 verlegt, im Laufe des Jahres 1818 zog auch die Familie in diese Gebäude um. Da Postdirektor von Groote den beruflichen und familiären Anforderungen kaum mehr gewachsen war, übernahm Sohn Eberhard einen Großteil der Aufgaben, wobei ihn seine nur wenig jüngeren Brüder Joseph und Carl[61] unterstützten. Groote hatte zu seinen Geschwistern freundlich-herzliche Beziehungen und fühlte sich für sie als ältester Sohn

---

[59] Zu Geschichte und Genealogie der Familie de/von Groote bis Anfang der preuß. Zeit: Schleicher, Sammlung, Bd. II, S. 183–188; Boley, Stiftungen, Bd. 4, S. 209–227; Trippen, Familie von Groote, bes. S. 215–218, 222–224; Spiertz, Groote, S. 21–32; Klug, Familie von Groote, vielerorts; Barthelemy, Adelsfamilie von Groote, 1998; Groote, Tagebuch, Bd. 1, S. 8–14. Zu den Bürgermeistern aus der Familie de/von Groote: Deeters, Rat und Bürgermeister, S. 343–369. Letzter reichsstädtischer Bürgermeister aus der Familie war der Onkel des Tagebuchschreibers, Heinrich Joseph Anton Melchior von Groote, der diese Position von 1795 bis 1797 innehatte.

[60] Das umfangreiche erhaltene Archivmaterial zur Familie von Groote wird in verschiedenen Archiven aufbewahrt. Es ist jeweils durch ausführliche Findbücher erschlossen, in denen auch die Geschichte der Bestände erläutert wird. Große Teile des Materials befinden sich im: Historischen Archiv der Stadt Köln, Best. 1042, 1552 und 1553. Der Großteil des seit 2009 verschollenen Materials war bereits für Band 2 der Tagebuchedition wieder nutzbar, 2024 wurden noch einzelne Teile vermisst. Weitere wichtige Bestände werden als Depositum der Familie im Adelsarchiv Ehreshoven aufbewahrt und sind durch ausführliche Findbücher erschlossen: Rößner-Richarz, Archiv der Herren von Groote (Haus Londorf), Bestand: Burg Hermülheim, 2006; Rößner-Richarz, Archiv Haus Londorf (Herr von Groote), Familienbriefe 1809–1818, 2009. Darüber hinaus befinden sich Materialien im Stadtarchiv Hürth (Barthelemy, Findbuch, Adelsarchiv von Groote, 1996). Auch im Archiv der Familie von Kempis ist umfangreiches Material zu der mit ihr eng verwandten Familie von Groote vorhanden (Rößner-Richarz, Archiv Haus Rankenberg, 2003; zur Geschichte dieser Bestände, bes. S. X–XIX). Im Historischen Archiv des Erzbistums Köln finden sich Materialien zur Elendskirche und zu der mit ihr verbundenen Bruderschaft (Best. Archiv der Elendskirche A II). Zu den bisher für die Edition verwendeten Quellen, von denen auch viele für diesen Band genutzt wurden: Groote, Tagebuch, Bd. 1, S. 38–40; Bd. 2, S. 10–14.

[61] Joseph Cornelius Alois Anton von Groote u. Carolus Alexander Joseph Felix von Groote.

der Familie verantwortlich. Ihm persönlich am nächsten stand der 1791 geborene Joseph, mit dem er gemeinsam in Heidelberg Jura studiert hatte und dem er als Gleichgesinnten vertraute. Joseph war seit 1815 Mitglied des Verwaltungsrats des Kölner Schul- und Stiftungsfonds und seit Mitte 1816 Assessor beim Kölner Konsistorium, er hatte damit eine eigene berufliche Laufbahn begonnen. Der 1792 geborene Bruder Carl war 1817 bereits erwachsen, doch noch ohne konkrete berufliche Tätigkeit; er wurde zu Tätigkeiten in Familienangelegenheiten herangezogen. Der jüngste Bruder Caspar,[62] Jahrgang 1798, war 1817 noch Schüler am Marzellengymnasium. Vier Jahre älter als Eberhard von Groote war seine Schwester Caroline,[63] die eine körperliche wie geistige Behinderung hatte[64] und oft krank war; sie starb 1819. Die Schwester Wally, Jahrgang 1794,[65] war 1817 23 Jahre, Therese,[66] geboren 1800, 17 Jahre alt. Beide hatten die renommierte Privatmädchenschule der Mademoiselles Schön in der Cäcilienstr. 4 besucht, die in einem eleganten Stadtpalais, errichtet um 1775 von Franz Caspar von Herresdorf, residierte.[67] Wally war seit Langem in heiratsfähigem Alter und auch für Therese konnte bald ein passender Ehemann gesucht werden – Eberhard von Groote kam bei der Wahl seiner Schwäger eine wichtige Stimme zu.

Die einflussreichsten Verwandten Eberhard von Grootes um 1817 waren sein Onkel Cornelius Joseph von Geyr zu Schweppenburg,[68] der 1805 bis 1809 Mitglied des Munizipalrats und ab 1817 Mitglied des Stadtrats war, sein Onkel Caspar Joseph Carl von Mylius,[69] ehemals General in österreichischen Diensten; außerdem Karl Joseph von My-

---

[62] Caspar Joseph Heinrich Gregor Spoletus von Groote. Das Beiblatt d. Köln. Zeitung, Nr. 21. 1. Nov. 1817 veröffentlichte die Namen der am Gymnasium ausgezeichneten Schüler, darunter war Caspar von Groote als Schüler der Sekunda. 1818 legte er das Abitur ab (Gerhartz/Wedekind, Abiturienten, S. 3).

[63] Maria Carolina Walburga (Caroline) von Groote.

[64] 1810 forderten die franz. Behörden den Maire von Köln auf, eine Liste der vermögendsten Familien der Stadt mit Angaben zu deren unverheirateten Töchtern ab vierzehn Jahre vorzulegen. Dabei waren Angaben zu Aussehen, Bildung, Umgangsformen und voraussichtlicher Mitgift zu vermerken: Statistique personelle des chefs de famille les plus notables, 25. Sept. 1810 (HAStK, Best. 350, A 5847; auszugsweise gedr. in: Bayer, Köln um die Wende, S. 139–144). Das Verzeichnis charakterisierte Caroline von Groote: „est difformé, a l'esprit aliéné, sa conduite est très bonne". Ihre Mitgift wurde auf 6–8.000 Francs geschätzt (HAStK, Best. 350, A 5847).

[65] Maria Henrica Agnes Walburga von Groote. Zu ihr heißt es im Verzeichnis von 1810: „fort aimable, ayant reçu une éducation conforme au rang, que ses parents occupent dans la société, d'une tres bonne conduite"; Mitgift: 6–8.000 Francs (HAStK, Best. 350, A 5847).

[66] Maria Henriette Therese Clementine Walburga von Groote.

[67] Einige Briefe Henriette von Grootes an ihre Tochter Therese von Anfang 1815, während deren Aufenthalt im Institut Schön, sind überliefert und zeigen eine sehr liebevolle Mutter-Tochter-Beziehung. Siehe S. 477 f.

[68] C. J. von Geyr zu Schweppenburg (1754–1832) war in 2. Ehe mit Anna Maria Franziska von Becker (1763–1820) verheiratet, der Schwester der Mutter Eberhard von Grootes. Zur Genealogie der Familie von Geyr zu Schweppenburg: Schleicher, Sammlung, Bd. II, S. 114–116; Boley, Stiftungen, Bd. 4, S. 229–247; Klocke, Entwicklung, 1918 u. 1919; Thielen, Partizipation, S. 608.

[69] C. J. C. von Mylius (1749–1831) war in 1. Ehe mit Maria Anna Henriette Walburga von Groote (1759–1785) verheiratet, der Schwester von Everhard Anton von Groote (Vater des Tagebuchschreibers).

lius,[70] 1812 bis 1815 Senatspräsident am Appellationsgerichtshof in Düsseldorf, seit 1815 Kommissarischer Oberbürgermeister Kölns und Präsident der Kölner Handelskammer.[71] Großcousin Grootes war Franz Jakob Joseph von Herwegh,[72] seit 1814 Ratsmitglied, bis 1816 Beigeordneter der Stadt, zeitweise Präsident der städtischen Hospitalverwaltung und der Armenverwaltung. Ebenfalls nah verwandt war Groote mit Eberhard Anton Caspar von Beywegh, der 1800 bis 1813 als Departementsrat des Roer-Departements amtiert hatte.[73] Darüber hinaus pflegte Groote gesellschaftlich-freundschaftliche Kontakte zu einer Reihe von Mitgliedern der rheinischen und westfälischen Adelsfamilien, überdies zu einigen in der sozialen Hierarchie höher stehenden gräflichen Familien: der katholischen Familie Wolff Metternich zur Gracht und der protestantischen Familie zur Lippe-Biesterfeld. Dieser Teil von Grootes Netzwerk setzte sich also aus Angehörigen der „alten" Elite zusammen, die aus der reichsstädtischen Zeit stammte, die französische Herrschaft – wie die von Grootes – ohne oder mit geringen Einbußen überstanden hatte und sich nun bemühte, ihren Status unter den neuen Bedingungen des preußischen Staates zu sichern und, wenn möglich, auszubauen.[74]

Zur Sicherung und Erweiterung der sozialen Stellung gehörte ganz wesentlich eine überlegte Heiratspolitik. Groote war 1817 bewusst, dass seine Familie und sein gesellschaftliches Umfeld eine baldige Verehelichung erwarteten, Gerüchte über ihn und verschiedene Mädchen als mögliche Ehefrauen waren im Umlauf. Er selbst fühlte sich, dem depressiven Grundzug seiner Persönlichkeit gemäß, häufig von Einsamkeit, Unzufriedenheit und Zweifel an sich und der Welt gequält und empfand immer stärker Sehnsucht nach einer emotionalen und erotischen Beziehung, von der er sich sich die Lösung seiner sexuellen Bedürfnisse, die ihn mit „sündliche[r] Phantasie"[75] quälten, erhoffte. Im April

---

[70] Entfernter verwandt war E. von Groote mit K. J. von Mylius (1778–1838), der Maria Agnes Walburga Antonetta von Geyr zu Schweppenburg (1789–1872) geheiratet hatte. Sie war die Tochter von Cornelius Joseph von Geyr zu Schweppenburg (1754–1832) u. dessen 1. Ehefrau Maria Adelgunde Therese von Beywegh (1763–1789). Maria Adelgunde Therese war die Enkelin von Ferdinand Joseph von Beywegh (1688–1756) u. Maria Gabriele Ursula de Groote (1705–1770), der Großtante E. von Grootes. Über diese Beziehungen war Groote auch mit der Familie Best verwandt, da Maria Gabriele Ursula von Beywegh (1762–1823), eine Schwester von Maria Adelgunde Therese von Geyr zu Schweppenburg, geb. von Beywegh, Prof. Paul Best geheiratet hatte.
[71] General Caspar Joseph Carl von Mylius war ein Onkel von Bürgermeister K. J. von Mylius, sodass E. von Groote auch mit diesem entfernt verwandt war. Zur Familie von Mylius: Schleicher, Sammlung, Bd. III, S. 543–545, 602–611; Mylius, Geschichte, S. 257–269. Zu K. J. von Mylius: Romeyk, Verwaltungsbeamten, S. 645.
[72] Fr. J. J. von Herwegh (1773–1848) war Sohn von Everhard Joseph Melchior von Herwegh (gest. 1777); dieser war der Bruder von Eberhard von Grootes mütterlicher Großmutter Maria Ursula Walburgis von Becker, geb. von Herwegh (1726–1785).
[73] E. A. C. von Beywegh (1739–1833) war Sohn von Ferdinand Joseph von Beywegh (1688–1756) u. Maria Gabriele Ursula de Groote (1705–1770), einer Tochter von Franz de Groote (1661–1721) u. Agatha von Junckerstorff (1680–1750). Diese waren die Urgroßeltern Eberhard von Grootes.
[74] Zur Frage der Kontinuität von Verwaltungsstrukturen und ihrer Trägerschaft im Rheinland von franz. zu preuß. Zeit kurz: Schlemmer, Vernachlässigung, bes. S. 131–133; zur Entwicklung der Verwaltung in den rheinischen Kommunen: Rummel, Herrschaft, S. 158–162.
[75] Groote, Tagebuch, 2. Aug. 1817.

1817 notierte er: „Mir ist gar unbehaglich, u. schwer zu Muthe, u. ich weiß leider zu gut, was mir fehlt. Ach, es [ist] wirklich nicht gut, daß der Mensch zwischen 20 u. 40 Jahren allein ist!"[76] Anders als einige seiner gleichaltrigen Bekannten suchte er weder ein Bordell auf noch unterhielt er andere sexuelle Beziehungen.[77] Seine Sehnsüchte verstärkten sich durch einen anonymen Liebesbrief, den er am 1. Januar 1817 erhielt. Während er sich gegenüber der rasch als Ehefrau des Regierungs- und Baurats Redtel identifizierten Briefschreiberin, die er als unattraktiv empfand, geradezu beleidigend verhielt, fühlte er sich stark von Elisabeth Therese Stolzenberg, Ehefrau seines Kollegen von Stolzenberg angezogen. Es folgten Wochen emotionaler Verwirrung, in denen er seine Gefühle selbst als unmoralisch und hoffnungslos beurteilte. Zugleich beobachtete Groote auch andere Mädchen und Frauen und kommentierte ihr Aussehen und Verhalten.

Innerer und äußerer Druck drängten ihn somit, sich endlich – er war 28 Jahre alt – für eine gesellschaftlich, familiär wie persönlich „passende" Ehefrau zu entscheiden.

Geistlichkeit

Innerhalb der reichsstädtischen Gesellschaft hatten die hohen und mittleren Ränge des katholischen Klerus über erheblichen persönlichen Status wie über eine außerordentliche politisch-gesellschaftliche Machtposition verfügt. Auch einige Mitglieder der Groote'schen Familie waren aufgrund ihrer kirchlichen Ämter Teil dieser Schicht, so im 18. Jahrhundert Grootes Großonkel Everhard Anton Jacob Balthasar de Groote, Kanonikus an St. Gereon und St. Maria im Kapitol, und seine Großtante Anna Francisca Ferdinandina de Groote,[78] Äbtissin des Benediktinerinnenklosters St. Mauritius. Zwar hatte der französische Staat die Macht von Kirche und Klerus entscheidend beschnitten, dennoch war ihr Einfluss auf die Bevölkerung weiterhin kaum zu überschätzen.[79] Eberhard von Groote selbst verstand sich als gläubiger Katholik und stellte weder die Bedeutung von Katholizismus und katholischer Kirche für sich noch für die Gesellschaft generell in Frage. Versuche des preußischen Staates, in Belange der katholischen Kirche einzugreifen, lehnte er vehement ab. Wie viele andere wartete er auf ein Konkordat Preußens mit dem Papst und vor allem auf die Einsetzung eines Erzbischofs und die Re- beziehungsweise Neuorganisation des Erzbistums Köln.

---

[76] Groote, Tagebuch, 26. Apr. 1817.

[77] Zeitungs-Bericht der Reg. Köln für April, 10. Mai 1817: „Aus den öffentlichen Häusern sind im Verlaufe des Monats 9 Lustdirnen aus- und in deren Stellen 3 eingetreten. Die gegenwärtige Zahl derselben beträgt 29, worüber sorgfältig gewacht wird" (GStA PK, I. HA Rep. 89, Nr. 16278, Bl. 56r); dazu auch B. Elkendorf, in: Becker-Jákli, Köln, S. 99 f.

[78] Kanonikus de Groote (1718–1796), Äbtissin Anna Francisca Ferdinandina de Groote (1708–1779) u. Bürgermeister Franz Jakob Gabriel von Groote (1721–1792) waren Kinder von Franz de Groote (1661–1721) u. Agatha von Junckerstorff (1680–1750), den Urgroßeltern E. von Grootes. Franz Jakob Gabriel von Groote war Großvater des Tagebuchschreibers.

[79] Zur Situation der Kirche während der franz. Zeit zusammenfassend: Hegel, Erzbistum, Bd. 4, S. 475–545; während der frühen preuß. Zeit: Hegel, Erzbistum, Bd. 5, S. 27–46; Hegel, Die katholische Kirche, S. 333–339; kurz: Helbach, Erzbistum, 2013.

Um über die aktuellen Entwicklungen informiert zu sein und möglicherweise Einfluss darauf nehmen zu können, legte Groote großen Wert auf Kontakte zu den katholischen Geistlichen, die auf lokaler und regionaler Ebene die Interessen der Kirche gegenüber der neuen Obrigkeit vertraten. Zum einen waren dies Johann Hermann Joseph von Caspars zu Weiss,[80] ein Verwandter der Groote'schen Familie, der seit 1805 als Generalvikar den rechtsrheinischen Rest des ehemaligen Kölner Erzbistums leitete, und dessen Sekretär Johann Wilhelm Schmitz,[81] zum anderen die Repräsentanten der Kirche im Linksrheinischen: Martin Wilhelm Fonck, seit 1802/03 Generalvikar im neugebildeten Bistum Aachen, und der 1814 eingesetzte Generalvikar Michael Klinkenberg.[82] Darüber hinaus begegnete Groote häufig dem in Köln einflussreichen Ludwig Brouhon, Kanonikus an St. Cäcilien und St. Ursula, Präses der von Groote'schen Katechisten-Stiftung, Domprediger, seit 1812 Präses des Erzbischöflichen Priesterseminars, seit 1815 Mitglied des Stiftungsrats des Kölner Schul- und Stiftungsfonds.

Ohne definierte Machtposition – trotz einer Reihe von Ämtern – war der 1748 geborene Ferdinand Franz Wallraf, Kanonikus an St. Maria im Kapitol, Gelehrter und Kölns bedeutendster Kunstsammler.[83] Er hatte seit Jahrzehnten im Kulturleben Kölns eine herausragende Rolle gespielt und war auch Anfang der preußischen Zeit noch Mittelpunkt eines Kreises kunst- und lokalhistorisch interessierter Kölner, sein unmittelbarer Einfluss ging jedoch angesichts der Umwälzungen in Politik und Verwaltung zurück. Eberhard von Groote sah sich als Wallrafs Freund und Berater, wenngleich er wegen dessen Unentschlossenheit gelegentlich Ärger und Ungeduld empfand. Groote und Wallraf trafen sich oft, auch weil Groote, gemeinsam mit dem Maler und Kaufmann Matthias Joseph Denoël, im Sommer 1817 intensiv an der Verzeichnung der Wallraf'schen Sammlung und ihrer Aufstellung im ehemaligen Jesuitenkolleg in der Marzellenstr. 32 arbeitete.

---

[80] J. H. J. von Caspars zu Weiss (1744–1822) war Sohn von Kaspar Franz Joseph von Caspars (1699–1767) u. Maria Elise/Elisabeth von Mylius. Die Mutter von Kaspar Franz Joseph von Caspars (Großmutter von J. H. J. von Caspars zu Weiss), verheiratet mit Heinrich Jakob von Caspars zu Weiss, war Margarete de Groote, Tochter von Heinrich de Groote d. J. und Anna von Brassart. Heinrich de Groote d. J. (1629–1694) u. A. von Brassart waren die Eltern von Franz de Groote (1661–1721), der mit Agatha von Junckerstorff verheiratet war. Diese waren Eltern von Franz Jakob Gabriel von Groote (1721–1792), dem Großvater Eberhard von Grootes. Zur Genealogie der Familie von Caspars zu Weiss: Boley, Stiftungen, Bd. 4, S. 73–81. Zu von Caspars kurz: Schmitt, Generalvikar, S. 189.

[81] J. W. Schmitz wurde nach dem Tod von Caspars zu Weiss 1822 dessen Nachfolger als Kapitularvikar für die rechtsrheinischen Gebiete des ehemaligen Erzbistums Köln.

[82] M. Klinkenberg starb bereits 1822.

[83] Aus der umfangreichen Literatur zu Wallraf: Ein Buch ist ein Ort, 2024; Steckner, Wallraf, 2020; Plassmann, Wallraf, 2019: Wallrafs Erbe, 2018; Thierhoff, Wallraf, 1997; Deeters, Nachlaß, 1987; Deeters, Wallraf, Abruf 15.05.2024. Zu bildlichen Darstellungen Wallrafs: Czymmek, Wallraf im Bild, 2008. B. Beckenkamp fertigte 1812 ein Porträt Wallrafs an (Mosler, Beckenkamp, S. 30, 249). 2024 fanden in Köln in Erinnerung an den 200. Todestag Wallrafs zahlreiche Veranstaltungen statt. Vgl. Sonderbeilage der Universität zu Köln, 2023/2024; https://wallraf200.de. Anschauliche Darstellungen vieler Aspekte der Biografie Wallrafs, seines Werks und seiner Wirkung bietet das online-Projekt: Gersmann/Grohé, Ferdinand Franz Wallraf.

Keinerlei Einfluss auf weitreichende kirchliche oder städtische Entscheidungen hatte der Geistliche Gerhard Cunibert Fochem, ein enthusiastischer Kunstliebhaber und Kunsthändler, der eine der wichtigsten Gemäldesammlungen Kölns zusammengetragen hatte. Bis zu seiner Ernennung Mitte 1817 zum Pfarrer an St. Ursula war er Rektor der Groote'schen Familienkirche am Elend und stand dadurch in stetiger Verbindung zur Stifterfamilie. Eberhard von Groote sah ihn häufig, sowohl zur Regelung von Angelegenheiten der Elendskirche, als auch aufgrund ihres gemeinsamen Kunstinteresses. Dabei war Fochems Persönlichkeit nicht einfach; doch obgleich Groote ihm Gier und Kaufsucht vorwarf, hielt er an einer freundschaftlichen Verbundenheit zu Fochem fest. Häufig traf Groote auch mit Angehörigen des niederen Klerus, mit Pfarrern, Kaplänen und Vikaren, zusammen, wenn es sich um konkrete Fragen wie die Besetzung der Vikarien in Dransdorf und Walberberg handelte. Gesellschaftlichen Umgang hatte Groote zudem mit dem Pfarrer der lutherischen Gemeinde in Köln, Christian Gottlieb Bruch, der wie er selbst Mitglied der Olympischen Gesellschaft war.

Bis auf Generalvikar von Caspars zu Weiss hatten alle Geistlichen in Grootes Umfeld einen bürgerlichen Hintergrund. Sein Urteil in Hinblick auf Bildung, Einsicht und Weitsicht der ihm bekannten katholischen Geistlichkeit war insgesamt erstaunlich kritisch, zuweilen verächtlich.

Regierungskollegium

Oberste preußische Behörde und somit Verkörperung der neuen politischen Verhältnisse war die „Regierung zu Köln", an deren Spitze Graf zu Solms-Laubach stand, Präsident des Regierungsbezirks Köln und zugleich Oberpräsident der Provinz Jülich-Kleve-Berg.[84] Eberhard von Groote war seit 1816 Assessor am Regierungskollegium und gehörte der Abteilung I unter Regierungsdirektor Johann Daniel Ferdinand Sotzmann an. Er befand sich damit an der Schnittstelle zwischen Berliner Entscheidungen und ihrer Umsetzung durch die regionalen und lokalen Institutionen, sodass er stets über Diskussionen und Planungen auf staatlicher Seite informiert war.[85] Sitz der Regierung waren die Gebäude des ehemaligen Gymnasiums Montanum an der Stolkgasse/Unter Sachsenhausen. Hier

---

[84] Zur Funktion des Regierungspräsidenten in der frühen preuß. Zeit: Rombach, Regierungspräsident, S. 122–128. Zu Fr. L. Chr. zu Solms-Laubach: Herres, Köln, vielerorts; Klein, Regierungspräsidenten, S. 67 f.; Klein, Solms-Laubach, 1936; Herrmann, Solms-Laubach, 1957; Gerschler, Oberpräsidium, S. 29–32. Vgl. eine umfangreiche Akte, die amtliche Korrespondenzen aus dem Jahr 1817 enthält (Privatarchiv d. Grafen zu Solms-Laubach, XVII, 117).

[85] Solms-Laubach hatte 1816 das Gesuch E. von Grootes um eine Anstellung in staatlichem Dienst unterstützt. Fr. L. Chr. zu Solms-Laubach an das Finanzministerium, Berlin, 20. Apr. 1816: Da Groote „seine Tauglichkeit zum Staatsdienst schon in Geschäften zu viel bewiesen hat, als daß man ihm zumuthen könnte, als Referendarius anzufangen, und zu diesem Ende noch eine Prüfung auszustehen, da diese Anstellung dem Staat nichts kostet, und dieser junge und fähige Mann am besten vor einer excentrischen Richtung bewahrt und für dieses Land brauchbar gemacht wird, wenn er an kollegialischer Geschäftsbehandlung Antheil nimmt, so glaube ich, daß […] seinem Gesuch willfahrt werden könnte" (GStA PK, I. HA Rep. 151 I B Nr. 3390, o. P.).

fanden dreimal die Woche (Montag, Mittwoch und Freitag) die Sitzungen des Regierungskollegiums statt, wie auch die Zusammenkünfte des Konsistoriums. Ferner beherbergten die Gebäude „die Kanzleien, Registraturen, das Amts-Blatt und das Paß-Bureau, sodann die Regierungs-Haupt-Kasse."[86]

Zu Diskussionen und Beschlüssen im Regierungskollegium notierte Groote im Tagebuch selten Einzelheiten. Deutlichen Ausdruck aber gibt er seiner Ungeduld angesichts des nutzlosen „Geredes" im Plenum und der langwierigen Verwaltungsarbeit, die seiner Ansicht nach auf der „verfluchten Zwängung verschiedener, weit entfernter u. in ihrem ganzen Wesen durchaus verschiedener Länder unter Eine einzige Oberadministration" beruhte, wie er in einem Brief an Carl von Savigny im Januar 1817 klagte. Sich selbst dränge er nicht in den Vordergrund, erklärte er weiter:

> „Mit Recht würde es vorlaut heißen, wenn ich es wagen wollte, meine Ansichten über so manches, was vorgeht, kühner aussprechen zu wollen. Ich bescheide mich gerne, daß meine Kenntniße dahin nicht reichen."[87]

Grootes beruflicher Umgang bestand in erster Linie aus den Mitgliedern des Regierungskollegiums,[88] den Assessoren, Referendaren und untergeordneten Amtsträgern der Behörde. Das Kollegium umfasste Mitte 1817 fünfzehn Mitglieder,[89] zehn von ihnen waren bürgerlicher Herkunft, dem Adel gehörten fünf Personen an, neun Personen waren protestantisch, fünf katholisch:

Adelige Mitglieder
Ferdinand Wilhelm August Freiherr von Auer
Ludwig Philipp Wilhelm Freiherr vom Hagen

---

[86] Provinzial-Blätter, Bd. 1, Heft 1, 1817, S. 78.
[87] E. von Groote an Fr. C. von Savigny, Köln, 16. Jan. 1817. Siehe Briefe u. Schriften.
[88] Zu den Mitgliedern der Kölner Regierung: Groote, Tagebuch, Bd. 2, S. 316–318; Provinzial-Blätter, Bd. 1, Heft 1, 1817, S. 78 f.; Klein, Personalpolitik, S. 22–63. 1816 waren 16 Mitglieder des Regierungskollegiums ernannt worden: Acht „Altpreußen": Regierungsdirektor der Abteilung I Sotzmann, Regierungsdirektor der Abteilung II vom Hagen, Geheimer Regierungsrat Roitzsch, die Regierungsräte Goßler (er trat seine Stelle erst im April 1817 an), Sombart, Schlaefke, Regierungsrat und Oberforstmeister von Stolzenberg, Regierungs- und Baurat Redtel; acht „Neupreußen": Oberpräsident und Regierungspräsident Graf zu Solms-Laubach, Geheimer Regierungsrat von Caesar, die Regierungsräte von Auer, Butte, Fuchs, Gossen, von Haxthausen und Regierungs- und Medizinalrat D'hame. Zu Organisation, Tätigkeit und Personal des Kölner Oberpräsidiums: Gerschler, Oberpräsidium, S. 33–59. Zur Einschätzung aller Regierungsangestellten: Fr. L. Chr. zu Solms-Laubach an K. A. von Hardenberg, Köln, 20. Sept, 1817; Konduitenliste (GStA PK, I. HA Rep. 74, Nr. 103, Bl. 202r–229r). Diese „Nachweisung der im Regierungsbezirk Köln angestellten Beamten" war von Hardenberg angefordert worden (K. A. von Hardenberg an Fr. L. Chr. zu Solms-Laubach, Karlsbad, 22. Aug. 1817; Landesarchiv NRW R, Br 0002, Nr. 1447, Bl. 2r).
[89] Zwei der 1816 ernannten Mitglieder waren 1817 nicht mehr im Amt: von Caesar starb 1816, Roitzsch wurde versetzt. Als Nachfolger von Roitzsch traf im Sommer 1817 Regierungsrat Tryst ein.

Werner Moritz Freiherr von Haxthausen
Friedrich Ludwig Christian Graf zu Solms-Laubach
Carl Friedrich Freiherr von Stolzenberg

Protestanten:
Ferdinand Wilhelm August von Auer
Wilhelm Butte[90]
Wilhelm Christian Goßler
Ludwig Philipp Wilhelm vom Hagen
Carl Wilhelm Redtel
Friedrich Ludwig Christian zu Solms-Laubach
Ludwig Bernhard Sombart
Johann Daniel Ferdinand Sotzmann
Carl Friedrich von Stolzenberg

Katholiken:
Johann Nepomuk Konstantin D'hame
Johann Baptist Fuchs
Franz Heinrich Gossen
Werner Moritz von Haxthausen
Heinrich Joseph Tryst

Konfession ungeklärt: Carl Schlaefke

Die eigentlichen Sitzungen des Kollegiums nahmen im Allgemeinen nur wenige Stunden in Anspruch. Große Teile der übrigen Zeit verbrachte Groote jedoch mit Kollegen in informellem Rahmen zu, hauptsächlich mit den Regierungsräten von Haxthausen und von Auer, mit Regierungs- und Baurat Redtel und Regierungsrat und Oberforstmeister von Stolzenberg. Verschiedentlich vermerkte Groote Urteile über seine Kollegen, die sich auf persönliche Charakterzüge, auf Herkunft, Konfession oder politische Einstellung bezogen. So hielt er nach einem Gespräch mit seinem Vorgesetzten Sotzmann fest:

> „Er aber scheint mir schrecklich philistrig, u. nichts sehnlicher zu wünschen, als das ganze alte Preußische Wesen, in dem er wahrscheinlich groß gesäugt wurde, mit Haut u. Haaren herbeygeschleppt zu sehn."[91]

---

[90] Wilhelm Butte war protestantischer Theologe und hatte zeitweise ein Pfarramt inne.
[91] Groote, Tagebuch, 6. Febr. 1817. Solms-Laubach über Sotzmann: „Ein vorzüglicher Geschäftsmann, und hat sich um das Collegium ein großes Verdienst erworben" (Fr. L. Chr. zu Solms-Laubach, Konduitenliste, Köln, 20. Sept. 1817; GStA PK, I. HA Rep. 74, Nr. 103, Bl. 204r). Vgl. Klein, Personalpolitik, S. 55 f.

Rheinische Immediat-Justiz-Kommission

Zu Grootes beruflichem Umfeld zählten die Juristen, die als Mitglieder der 1816 eingesetzten Rheinischen Immediat-Justiz-Kommission[92] nach Köln zugezogen waren. Die Kommission, die zunächst unmittelbar dem Staatskanzler unterstand,[93] war mit der Erarbeitung des zukünftigen Rechtssystems in den Rheinlanden beauftragt und diente zugleich als vorläufige Oberbehörde der Justizeinrichtungen in den neuen Provinzen. Auch die Entwicklung der Postgesetze, insbesondere der Poststrafgesetze, wurde der Kommission Ende 1816 zugewiesen.

Neben dem Vorsitzenden Christoph Wilhelm Heinrich Sethe[94] fungierten als Kommissionsmitglieder: der frühere Appellationsgerichtsrat in Düsseldorf Moritz Friedrich Heinrich Bölling, den Groote seit langem kannte, der Bonner Bartholomäus Ludwig Fischenich, der an der alten Universität in Bonn Staatsrecht gelehrt und seit 1811 als Präsident des Aachener Tribunals der 1. Instanz amtiert hatte,[95] sowie August Heinrich Simon aus Glogau, einer der ersten preußischen Juristen jüdischer Herkunft. Groote hatte ihn 1816 während seines Aufenthalts in Berlin näher kennengelernt, wo Simon als Justizkommissar beim dortigen Kammergericht tätig gewesen war.[96] Darüber hinaus gehörten Johann Friedrich Müller aus Ehrenbreitstein und Peter Schwarz, bisher Appellationsgerichtsrat in Trier,[97] der Kommission an. Das Gremium umfasste somit fünf „Neupreußen" und einen

---

[92] Zur Konstituierung der Kommission und zu den Auseinandersetzungen um das rheinische Recht: Kabinettsorder zur Konstituierung der Kommission v. 20. Juni 1816 (in: Provinzial-Blätter, Bd. 1, Heft 1, 1817, S. 24–28). Vgl. Neigebaur, Wünsche, 1816; Wiefling, Personalpolitik, S. 44–58; Strauch, Gerichte, S. 71–73; Lademacher, Rheinlande, S. 507–512; Faber, Rheinlande, S. 118–160; Landsberg, Das rheinische Recht, 1917. Die Kommission „nahm ihren Sitz in dem ehemaligen Oettinger Hofe am Hof No. 5 und in dem daneben gelegenen Hause No. 3" (J. P. J. Fuchs, Stadtchronik; HAStK, Best. 7030, Nr. 215, Bd. I, S. 13); vgl. Vogts, Die profanen Denkmäler, S. 174. Die Gebäude waren zuvor Sitz der Handelskammer (Regierung Köln, Abt. I an K. J. von Mylius, Köln, 25. Sept. 1816; HAStK, Best. 400, A 798, Bl. 1r).

[93] Seit der Kabinettsorder vom 3. Nov. 1817 unterstand die Kommission dem Minister für die Revision der Gesetzgebung Karl Friedrich von Beyme.

[94] Sethe amtierte während der franz. Zeit als Generalprokurator am Appellationsgerichtshof in Düsseldorf und als Staatsrat im Großherzogtum Berg. Seine Frau Henriette Philippine Helene Sack war die Schwester von Johann August Sack, bis März 1816 Oberpräsident der Rheinprovinzen. Dazu: Seynsche, Revisions- und Kassationshof, S. 58 f. sowie die Erinnerungen Sethes in: Klein/Bockemühl, Weltgeschichte am Rhein, bes. S. 219–227.

[95] Fischenich, geboren 1768 in Bonn, besuchte das Gymnasium Montanum in Köln, studierte bis 1789 an der Bonner Universität Jura, ab 1792 lehrte er dort selbst. Fischenich war ein engagierter Befürworter Bonns als Universitätsstandort und der Beibehaltung des rheinisch-franz. Rechtssystems. Zu seiner Biografie: Hennes, Andenken, 1841; Teschner, Fischenich, 1968.

[96] Über A. H. Simon, ein Onkel des demokratischen Publizisten und Politikers August Heinrich Simon (1805–1860), ist bislang wenig bekannt. Ein kleiner Nachlass, der Briefe an Verwandte, vor allem an seine 2. Ehefrau, Gedichte sowie Unterlagen zu Angehörigen umfasst, befindet sich im Thüringischen Hauptstaatsarchiv Weimar. Zu Simon: Landsberg, Gutachten, S. LII.

[97] 1819 verkaufte der nun in Köln lebende Geheime Justizrat Peter Schwarz sein Wohnhaus in Trier, Simeonsgasse 1070/8 an den Advokaten Heinrich Marx, Vater von Karl Marx. K. Marx lebte dort bis 1835 (Monz, Marx, S. 257, 272; Herres, Karl-Marx-Haus, S. 20).

"Altpreußen", alle bürgerlicher Herkunft. Protestantisch waren Sethe, Bölling und Simon, katholisch Fischenich, Schwarz und Müller. Nähere gesellschaftliche wie persönliche Beziehung unterhielt Groote lediglich zu Simon, dessen jüdische Herkunft er dennoch abfällig kommentierte.

Groote, der auf eine starke Berücksichtigung des französisch-rheinischen Rechtssystems hoffte, verfolgte die unter Juristen, Politikern, Beamten und in der Presse äußerst kontrovers geführte Debatte mit Aufmerksamkeit. Optimistisch erwartete er, so in einem Brief an Carl von Savigny im Januar 1817, „daß aus den eifrigen Arbeiten der Immediatjustiz Commission etwas recht Gutes hervorgehen wird".[98] Ganz persönliche Erfahrungen mit dem Kölner Gerichtswesen, mit Anwälten, Richtern und Gerichtsangestellten, machte Groote seit 1816, da er in Belangen seiner Familie mehrere juristische Auseinandersetzungen führte.

Ein kurzer Blick auf das Rechtswesen in Köln, das sich wie überall in den Rheinprovinzen 1817 noch in einem provisorischen Zustand zwischen französischer Rechtsordnung und ersten, vom preußischen Staat eingeführten Veränderungen befand, zeigt Folgendes:[99] Die vier von der französischen Regierung geschaffenen „tribunaux de paix" in den vier Sektionen der Stadt blieben zunächst unter der Bezeichnung „Friedensgerichte" bestehen. Sie bildeten weiterhin die untersten Gerichtsinstanzen, die als Laiengerichte zur Schlichtung geringer Straf- und Zivil-Streitigkeiten und als Vorstufen eines Prozesses vor einem höheren Gericht fungierten. Das „tribunal de première instance" (Gericht 1. Instanz), das Urteile der Friedensgerichte prüfte und für schwerwiegendere Zivil- und Strafsachen zuständig war, behielt man ebenfalls bei, nun unter der Bezeichnung „Kreisgericht". Dessen Sitz war der Kölnische Hof[100] in der Trankgasse 7. Ihm war der Kölner Appellationsgerichtshof[101] übergeordnet, der in einigen Räumen des sogenannten „Spanischen Baus"[102] am Rathausplatz tagte. Das Kölner Appellationsgericht war wiederum dem Revisionshof in Koblenz unterstellt.[103]

---

[98] E. von Groote an Fr. C. von Savigny, Köln, 16. Jan. 1817. Siehe Briefe u. Schriften.
[99] Zum Kölner u. rheinischen Rechts- und Gerichtswesen Ende des 18./Anfang des 19. Jh.s: Müller, Köln, S. 180–205; Herres, Köln, S. 75–84; Strauch, Gerichte, S. 29–56, 65–69, 74 f.; Strauch, Einfluss, S. 161–172; Klein, Hardenbergs letzte Reform, bes. S. 23–55.
[100] Der Anfang des 18. Jh.s von Erzbischof und Kurfürst Joseph Clemens errichtete Kölnische oder Erzbischöfliche Hof umfasste ein repräsentatives Hauptgebäude und zwei Seitenflügel. Vgl. Vogts, Die profanen Denkmäler, S. 341 f. Mitte 1816 hatte Sethe, Präsident der eben gegründeten Immediats-Justiz-Kommission, Oberbürgermeister von Mylius zur Prüfung der Zweckdienlichkeit des Gebäudes mit einer Vermessung beauftragt (HAStK, Best. 400, A 62, Bl. 1r). Die Vermessung wurde durch J. P. J. Weyer durchgeführt, der der Stadt für „Aufnahme und Zeichnung des ersten und zweiten Stockwerks des kölnischen Hofes" eine Rechnung stellte (Bl. 6r). Seit 1816 war es Sitz des Kreisgerichts, ab 1820 des Landgerichts. 1827 wurde hier das Wallrafianum, das erste Museum für Wallrafs Sammlungen, eingerichtet.
[101] 1814/15 wurde Köln, neben Düsseldorf und Trier, Sitz eines der drei Appellationsgerichtshöfe im Rheinland.
[102] Der „Spanische Bau" am Rathausplatz wurde Anfang des 17. Jh.s errichtet; die seit dem 19. Jh. verwendete Bezeichnung bezieht sich auf ein Treffen der Spanischen Liga, eines Bündnisses der katholischen Parteien des Dreißigjährigen Krieges im Jahr 1623 (Vogts, Die profanen Denkmäler, S. 257–262). Das Gebäude wurde im 2. Weltkrieg zerstört.

Die meisten der 1817 in Köln tätigen Anwälte und Richter hatten innerhalb des französischen Rechtswesens praktiziert, einige waren bereits unter kurfürstlichen bzw. reichsstädtischen Gegebenheiten tätig gewesen und erlebten somit eine zweite Wende der rechtlichen Grundlagen. Groote und sein Bruder Joseph hatten 1809 bis 1811 in Heidelberg Rechtswissenschaften studiert, übten aber in den Jahren danach kein juristisches Amt aus.

Den bedeutendsten Juristen im Köln dieser Jahre, Heinrich Gottfried Wilhelm Daniels,[104] der im März 1817 zum Mitglied des preußischen Staatsrats und im November zum Präsidenten des Kölner Appellationsgerichtshofs ernannt wurde, kannte Groote schon länger,[105] zog ihn 1817 in Fragen eines Prozesses zu Rate und traf ihn manchmal auch in Gesellschaft. Anerkennend äußerte er sich, nachdem er mit Daniels „viel über politische Dinge" gesprochen hatte, über dessen „durchdringende[s] Urtheil".[106] Alle Juristen, mit denen Groote in diesen familiären Angelegenheiten – als Vertreter seiner Interessen wie der seiner Gegner – zu tun hatte, waren katholischer Konfession und bürgerlicher Herkunft.

Königliches Konsistorium

In unterschiedlichen Zusammenhängen begegnete Groote Amtsträgern, die konkret mit der Organisation und Administration in kirchlichen und schulischen Bereichen befasst waren. Dazu zählten die Mitglieder des im August 1816 in Köln eingesetzten Konsistoriums, einer staatlichen Behörde, die unter Vorsitz des Oberpräsidenten für die Provinz Jülich-Kleve-Berg zuständig war.[107] Mit dieser Instanz hatte der preußische Staat einen ersten Schritt zur Begründung eines landesherrlichen Kirchenregiments in den neuen Provinzen realisiert. Mitglieder der neuen Institution waren der katholische Pfarrer Jakob Poll in Neuss, die lutherischen Pfarrer Johann Wilhelm Reche[108] in Mülheim am Rhein und

---

[103] Der Appellationsgerichtshof in Trier unterstand ebenfalls dem Revisionshof Koblenz, der Appellationsgerichtshof in Düsseldorf war dem Düsseldorfer Kassationshof unterstellt. 1819 wurden diese drei Gerichte im Appellationsgerichtshof Köln zusammengelegt, für den 1824 ein großes Gerichtsgebäude am Appellhofplatz entstand.

[104] Daniels, geboren 1754 in Köln, besuchte das Gymnasium Montanum und die Kölner Universität. Er durchlief sowohl im Kurfürstentum Köln wie während der franz. Zeit außerordentlich erfolgreiche Karrieren; seit 1813 fungierte er als Generalprokurator am Appellationsgerichtshof in Brüssel. In preuß. Zeit übte Daniels, Vertreter des rheinisch-franz. Rechtswesens, großen Einfluss auf die Gestaltung der Rechtssystems in den Rheinprovinzen aus. Zu seiner Biografie, die „drei Zeitalter" umfasste, ausführlich: Reisinger-Selk, Daniels, 2008; Liermann, Daniels, 1969.

[105] Groote hatte sich 1812 bei Daniels für eine Stelle in franz. Dienst beworben (Groote, Tagebuch, Bd. 1, S. 22).

[106] Groote, Tagebuch, 7. Dez. 1817.

[107] Zur Ernennung der Mitglieder des Kölner Konsistoriums: Landesarchiv NRW R, BR 0003, Nr. 276, Bl. 3r–28v. Zu Gründung und Kompetenz der Konsistorien: Amtsblatt d. Königl. Reg. zu Köln, Nr. 18, 3. Sept. 1816, S. 135 f.; zusammenfassend: Bär, Behördenverfassung, S. 153–160; Gerschler, Oberpräsidium, S. 55–57.

[108] Reche, seit 1796 Pfarrer in Mülheim, wurde im Mai 1817 ernannt. Zu seiner Biografie: Grütjen, Erweckung, S. 87–89.

Christian Gottlieb Bruch in Köln, der reformierte Pfarrer Johann Gottlob Krafft in Köln und der erfahrene, aus Sachsen stammende protestantische Schulmann Karl Friedrich August Grashof. Dieser hatte von 1814 bis 1816 beim Generalgouvernement in Aachen als provisorischer Direktor des öffentlichen Unterrichts am Niederrhein amtiert und war 1815 zum vorläufigen Direktor des neu eröffneten Kölner Marzellengymnasiums ernannt worden.[109] Über ihn urteilte Groote in einem Brief an Sulpiz Boisserée:

> Er „ist eine verstockte Protestantische Seele, auf die auch wohl seit der Taufe, kein Tröpfchen himmlischen Thaues gekommen. So wie er nie eine andre, als eine verdrehte Figur zeigt, er mag nun stehn oder sitzen, so in seinem Reden u. Thun."[110]

Das Konsistorium hatte somit mehrheitlich protestantische und bis auf Solms-Laubach nur bürgerliche Mitglieder, von denen keines länger als einige Jahre in Köln gelebt hatte; die jüdische Gemeinde war nicht vertreten.[111] Assessoren am Konsistorium waren die beiden Katholiken Joseph von Groote[112] und Arnold Joseph Schmitz. Zur Aufgabenverteilung innerhalb des Gremiums schrieb Grashof in seinen Erinnerungen:

> „Die Angelegenheiten der römisch-katholischen Kirche, so weit sie nicht überhaupt vor das Forum der Bischöfe gehörten, […] wurden von den Oberpräsidenten speciell bearbeitet, und das Consistorium war dabei in seinen Gliedern nur eine berathende Behörde. […] Die beiden Geistlichen der evangelischen Gemeinden zu Cöln, der lutherische Prediger Dr. Bruch und der reformirte Prediger Krafft, bearbeiteten als Räthe in dem Consistorio die laufenden Angelegenheiten der evangelischen Kirche, und wechselten sich darin ab […]. Die katholischen Kirchensachen wurden von den Consistorialräthen Poll und J. von Groote und dem Consistorial-Assessor Schmitz bearbeitet."[113]

Die zunächst wenig präzise definierten Zuständigkeiten des Konsistoriums sollte eine im Oktober 1817 erlassene Dienstinstruktion klären; gleichwohl traten weiterhin Konflikte um die Kompetenzen des Konsistoriums auf, von denen auch der Schul- und Stiftungsfonds und die Groote'sche Familie betroffen waren.

---

[109] Zu Grashofs Biografie: Grashof, Aus meinem Leben, 1839; Bianco, Versuch, bes. S. 122–127; Buschmann, Schulwesen, S. 26–29; Limper, Wallraf und Grashof, 1939; Apel, Grashof, 1988; Gampp, Friedrich-Wilhelm-Gymnasium, bes. S. 76–83.

[110] E. von Groote an S. Boisserée, Köln, 2. Sept. 1817. Siehe Briefe u. Schriften.

[111] 1807 ordnete der franz. Staat die Einrichtung von jüdischen Konsistorien an, die dem Zentralkonsistorium in Paris unterstanden. Im Linksrheinischen waren Bonn, Krefeld und Trier Sitz eines Konsistoriums; die Kölner Gemeinde gehörte seit 1811 zum Bonner Konsistorium. Nach dem Abzug der Franzosen existierten die Konsistorien zunächst weiter (Müller, Juden, S. 25 f., 79 f.).

[112] Solms-Laubach beurteilte Joseph von Grootes Fähigkeiten als „gut" (Fr. L. Chr. zu Solms-Laubach, Konduitenliste, Köln, 20. Sept. 1817; GStA PK, I. HA Rep. 74, Nr. 103, Bl. 211r).

[113] Grashof, Aus meinem Leben, S. 81.

Städtische Schulkommission

Im Rahmen der Neuorganisation der Elementarschulen[114] richteten die staatlichen Behörden 1816 eine städtische Schulkommission in Köln ein,[115] der sie – unter Aufsicht des Konsistoriums – die Verwaltung des gesamten niederen und mittleren Schulbereichs übertrugen. Mitglieder des Gremiums waren der Kommissarische Oberbürgermeister Karl Joseph von Mylius, Dompfarrer Johann Michael DuMont,[116] Christian Gottlieb Bruch, lutherischer Pfarrer, Franz Joseph Seber, katholischer Geistlicher und Direktor des Marzellengymnasiums sowie Richard Benedikt Schmitz, der seit 1808 das Amt des städtischen Schulinspektors ausübte und nun am Gymnasium unterrichtete.[117] Auch in der Schulkommission gab es keine jüdischen Repräsentanten.[118] Konflikte zwischen Groote'scher Familie und Kommission entstanden 1816/17, als diese Stiftungsgelder der Familie für eigene Zielsetzungen beanspruchte.

Königliches Gymnasium

Höchste Bildungseinrichtung in Köln um 1817 war das 1815 gegründete Marzellengymnasium mit seinen beiden „Vorbereitungs-Anstalten", Karmeliter- und Jesuiten-Kollegium.[119] Die hier Lehrenden, von denen einige literarische und wissenschaftliche Werke publizierten, zählten neben Juristen, Medizinern und Geistlichen zur schmalen Schicht der akademisch gebildeten Einwohner Kölns und damit auch zu den Kreisen, in dem

---

[114] Zur Neuorganisation der Elementarschulen in Köln Anfang der preuß. Zeit: Kames, Elementarschulwesen, S. 36–73, 160–164; Kahl, Volksschule, S. 33–36.

[115] Zu Bildung und Aufgaben der Schulkommission 1816: HAStK, Best. 550, A 86, Bl. 1r–18v; insbesondere die Instruktion für die Schulkommissionen in den größern Städten des Roer-Departements v. 4. Jan. 1816 (Bl. 3r–6v). Siehe auch: Fr. L. Chr. zu Solms-Laubach an K. J. von Mylius, Köln, 5. Juli 1816 (HAStK, Best. 550, A 91, Bl. 1r u. v).

[116] Zu Johann Michael DuMont: Thielen, Partizipation, S. 605; Wegener, Leben, Teil 1, S. 69 f. B. Beckenkamp fertigte 1815 ein Porträt DuMonts an (Mosler, Beckenkamp, S. 254 f.). Im Folgenden werden Porträts, die Beckenkamp von in den Texten erwähnten Personen bis Anfang der 1820er Jahre schuf, vermerkt. Groote waren zumindest einige dieser Gemälde bekannt.

[117] R. B. Schmitz, geboren 1755 in Köln, schrieb während seiner Tätigkeit unter dem Namen Roderich Schmitz Briefe an Ferdinand August von Spiegel, dem späteren Kölner Erzbischof, in denen er scharf über Ereignisse und Personen – u.a. über seine Kollegen – in Köln berichtete (Staatsarchiv Münster, Nachlass, F. A. Graf von Spiegel). 1819 wurde Schmitz wegen Annahme von Geschenken seitens ihm unterstellter Lehrer aus seinem Amt entlassen (HAStK, Best. 550, A 86, Bl. 45r–53r). Kurz zu Schmitz: Kames, Elementarschulwesen, S. 17, 51 f.; Limper, Geschichte, S. 24 f.; Herres, Köln, S. 43 f.

[118] Nach der Aufhebung des Niederlassungsverbots für Juden in Köln 1798 bildete sich 1801/02 eine kleine Gemeinde, die erste Schritte zur Schaffung einer eigenen Schule unternahm. Erst um 1822 begann sich die städtische Schulkommission mit der Aufsicht über die jüdischen Schuleinrichtungen zu befassen (Müller, Juden, S. 68–71; Asaria, Geschichte, 170 f.).

[119] Das Karmeliter-Kollegium hatte seinen Sitz im ehemaligen Karmeliter-Kloster Am Waidmarkt/Severinstraße, das Jesuiten-Kollegium war in den beiden oberen Stockwerken des ehemaligen Jesuitenkollegiums in der Marzellenstraße untergebracht.

Eberhard von Groote verkehrte.[120] Die Besetzung der Lehrerstellen unterstand dem Innenministerium in Berlin, Vorschläge dazu brachte vor allem Grashof ein, der sich in seiner Doppelfunktion als Direktor des Unterrichtswesens und provisorischer Direktor des Gymnasiums bemühte, geeignete Pädagogen und Fachgelehrte für Köln zu interessieren. Dabei sah man sich, wie die Kölner Regierung nach Berlin berichtete, vor der Schwierigkeit katholische Kandidaten zu finden:

> „Die Gymnasien dieser Provinz leiden an einem Haupt-Uebel, welches ihre Verbesserung für den Augenblick hindert und noch lange hindern wird, so lange nicht 1) auch protestantische Lehrer an katholischen Gymnasien angestellt werden und 2) eine Rheinische Universität in voller Kraft und Thätigkeit ersteht."[121]

Dennoch waren die Pädagogen des Gymnasiums um 1817 bis auf eine Ausnahme katholisch. Als Direktor des Gymnasiums und der Kollegien berief man den Geistlichen Franz Joseph Seber, als Vizedirektor ohne Lehrverpflichtung Ferdinand Franz Wallraf; des Weiteren den Historiker und Philologen Aloys Franz Joseph Dumbeck, den Geistlichen Jacob Nussbaum, der Religion und alte Sprachen unterrichtete, R. B. Schmitz, Lehrer für deutsche Literatur und neue Sprachen, Franz Peter Cassel für Naturwissenschaften, Johann Karl Friedrich Hauff für Mathematik, Benedikt Willmann, Lehrer für alte Sprachen und Geschichte, Adolph Rudolph Joseph Heuser, Lehrer für Philosophie und Theologie, den Latinisten und Dichter Johann Dominikus Fuß und den jungen Johann Peter Balthasar Kreuser. Als Cassel, Dumbeck, Hauff und Fuß 1817 Köln verließen, um an den Universitäten in Gent bzw. Löwen zu lehren, Kreuser zum Studium nach Berlin zog, darüber hinaus zwei Lehrer starben,[122] ernannte man rasch Nachfolger: den Altphilologen und Historiker Franz Göller, den katholischen Geistlichen Heinrich Joseph Link für „alte Sprachen und das Deutsche", den protestantischen Mathematiker und Physiker Georg Simon Ohm[123] sowie Franz Walter.[124] Die beiden Letzteren stellten sich Ende Dezember 1817

---

[120] Zur preuß. Bildungspolitik zusammenfassend: Düwell, Schul- und Hochschulwesen, S. 471–475. Zur Entwicklung des Marzellengymnasiums: Gampp, Friedrich-Wilhelm-Gymnasium, 2019; Klinkenberg, Marzellengymnasium, 1911 (Sammelband); Limper, Dreikönigsgymnasium, S. 49–63; vgl. auch: Deeters, Schule, 2020. Zu Lehrplan, Lehrern und Schülern der höheren Schulen: Seber, Einladungsschrift, jeweils für die Jahre 1816, 1817 u. 1818. Zu den Lehrern des Gymnasiums: Bianco, Versuch, S. 140 f.; Gerhartz/Wedekind, Abiturienten, S. 3, 54 f.; Wegener, Leben, Teil 2, S. 55–114. Die Gymnasiallehrer wurden, auch von Groote, als Professoren bezeichnet.

[121] Zeitungs-Bericht der Reg. Köln für Januar, 9. Febr. 1817 (GStA PK, I. HA Rep. 89, Nr. 16278, Bl. 10r). Groote empfand diese Beurteilung im Zeitungs-Bericht, den er mitunterzeichnete, als „unangenehm" (Groote, Tagebuch, 20. Febr. 1817).

[122] 1817 starben die Lehrer Strung und Klein (Bianco, Versuch, S. 164; E. von Groote an S. Boisserée, Köln, 2. Sept. 1817. Siehe Briefe u. Schriften).

[123] Ohm kam auf Rat seines Freundes Göller von Bamberg nach Köln, obwohl ihm dieser die Stadt selbst als wenig anziehend schilderte: „Also: die Stadt ist für uns aus dem schönen Bamberg Kommende von unbeschreiblich düsterem Eindruck. [...] Aber der Mensch ist ein Tier der Gewohnheit; es läßt sich auch hier eingewöhnen. Die Einwohner sind gutmütig, gefällig, zutraulich" (Fr. Göller an G. S. Ohm, Köln, 20. Sept. 1817; in: Schnippenkötter, Ohm, S. 93 f.). Die Gegeben-

mit einem Antrittsbesuch bei Eberhard von Groote vor, wonach dieser notierte: „Sie sind etwas kraß".[125] Franz Göller hatte, kurz nach der Ankunft in Köln Mitte September, seinem Freund Ohm die Lehrer des Gymnasiums geschildert:

> „Es sind wirklich an 20 Lehrer angestellt. Die Besten sind aber fort. Die Gründe sind diese: Hauff, ehemals Professor in Marburg, Ihr Vorgänger, ein äußerst unruhiger Kopf, der nirgends gut tut, auch in Augsburg nicht, wegen Streitigkeiten über die physikalischen Vorrichtungen. Dumbeck, mein Vorgänger, dessen Zimmer ich jetzt bewohne (jetzt in Löwen, Hauff geht nach Gent) war zu burschikos. Er gefiel sich hier nie! – An Reibungen fehlt es nicht. Sie treffen uns aber nicht, wenn wir sie nicht veranlassen. Die übrigen Kollegen sind zwar meistens unbedeutend, aber doch alle unter sich einig, wie mir Direktor Seber versichert."[126]

Groote war mit allen Lehrer des Gymnasiums bekannt und traf einige von ihnen in unterschiedlichem Rahmen häufiger, eine engere Verbindung hatte er lediglich zu dem Naturwissenschaftler jüdischer Herkunft Franz Peter Cassel, mit dem er schon in den vorangegangenen Jahren nähere Bekanntschaft geschlossen hatte.[127]

Schul- und Stiftungsfonds[128]

Über Jahrhunderte hinweg hatten die Kölner Bildungseinrichtungen zur Ausbildung von Schülern und Studenten private Stiftungen erhalten. Am Ende der Reichsstadtzeit hatte sich ein erhebliches Vermögen angesammelt, das jedoch in eine Vielzahl einzelner Schulfonds und Studienstiftungen mit unterschiedlichen Zwecken und unterschiedlichen Anlagearten aufgesplittert war. Dieses gesamte Vermögen zog der französische Staat ein, hob die Stiftungszwecke auf und übertrug die Vermögensverwaltung einer speziellen Kommission. Anfang 1815 ersetzten die preußischen Behörden die französische Kommission durch eine neue Verwaltungseinrichtung: den Schul- und Stiftungsfonds (später:

---

heiten am Gymnasium beschrieb Göller jedoch sehr positiv (S. 94 f.). Zu Ohms Tätigkeit in Köln: Hauser, Ohm, S. 52–55; Kölnischer Geschichtsverein, Ohm, 1939.

[124] Fr. Walter, ebenfalls von Göller empfohlen, unterrichtete 1818 als Hilfslehrer in den unteren Klassen des Gymnasiums Geschichte, Geographie, Religion und Latein (Seber, Einladungsschrift, 1818, S. 27 f.).

[125] Groote, Tagebuch, 27. Dez. 1817.

[126] Fr. Göller an G. S. Ohm, Köln, 20. Sept. 1817 (in: Schnippenkötter, Ohm, S. 95). Die Beziehung des Gymnasiums zum Konsistorium charakterisierte Göller optimistisch: „Gegen das Konsistorium sind wir so gestellt, daß nicht die geringste Empfindung des Unmutes und der Unterworfenheit entsteht: von blindem Gehorsam keine Ahnung. Die Räte sind ausgesuchte, wissenschaftliche Leute: drei Protestanten und ein sehr trefflicher, aufgeklärter katholischer Geistlicher" (S. 95).

[127] Groote, Tagebuch, Bd. 1, S. 46. 1814 hatte Cassel bei einem Kölner Verlag anonym eine pathetisch-patriotische und franzosenfeindliche Schrift veröffentlicht: Die Worte eines Deutschen am linken Rheinufer. 1817 publizierte er: Lehrbuch der natürlichen Pflanzenordnung, Frankfurt a. M. 1820 erschien im Verlag M. DuMont-Schauberg sein Werk: Morphonomia botanica, sive observationes circa proportionem et evolutionem partium plantarum.

[128] Zum Schul- u. Stiftungsfonds in franz. und preuß. Zeit: Ahrends, 200 Jahre, S. 58–71.

Gymnasial- und Stiftungsfonds) mit zunächst provisorisch ernannten Mitgliedern,[129] unter ihnen auch Angehörige der von Groote'schen Familie. Die neue Institution umfasste zwei Gremien – Verwaltungsrat und Stiftungsrat –, deren vordringlichste Aufgabe es war, die ursprünglichen Stiftungen aus reichsstädtischer Zeit zu rekonstruieren und den Verbleib der Stiftungsgelder zu klären. Ende 1816 traten nähere Regelungen in Kraft, die das Konsistorium zur Oberbehörde des Schul- und Stiftungsfonds bestimmten, sodass es nun für die Stellenbesetzung wie für eine generelle Aufsicht über die Institution zuständig war.[130] Die beiden Gremien des Schul- und Stiftungsfonds, die jeweils zehn Personen umfassen sollten, setzten sich Anfang der preußischen Zeit allein aus katholischen Honoratioren und Amtsträgern Kölns zusammen:[131]

Mitglieder 1817[132]

Verwaltungsrat
Dirigent:

Franz Adolph Joseph von Nagel zur Gaul	1817 Mitglied des Stadtrats
Dr. Franz Anton Bachem	Jurist, kath. Geistlicher
Franz Joseph Bartmann	Kaufmann, 1817 Mitglied des Stadtrats
Wilhelm Heinrich Boecker	kath. Geistlicher
Dr. Haaß[133]	Jurist
Johann Michael DuMont	kath. Geistlicher
Joseph Adolph Nückel	Jurist
Adolph Rudolph Joseph Heuser	Lehrer am Marzellengymnasium
Abraham Schaaffhausen	Bankier, Kaufmann, 1817 Mitglied des Stadtrats
Michael Schenk	Jurist
Franz Joseph Seber	kath. Geistlicher, Direktor des Marzellengymnasiums

---

[129] Johann August Sack, Dienstinstruktion für den Verwaltungs-Rath des Schulen- und Stiftungs-Fonds zu Köln, 28. Jan. 1815 (in: Bianco, Versuch, S. 644–658); Sack, Dienstinstruktion für den zur Vertretung der einzelnen Fundationen des Kölner Stiftungsfonds neu eingesetzten Stiftungs-Rath (in: Bianco, Versuch, S. 659–665).

[130] Eine Abschrift der Bestimmungen des Konsistoriums für den Verwaltungsrat des Schul- und Stiftungsfonds v. 9. Okt. 1816 findet sich im Stadtarchiv Hürth, Best. 3.01 (Adelsarchiv von Groote, Nr. 1022, Bl. 3r–13).

[131] Bis auf die Stelle des Rendanten waren alle Ämter ehrenamtlich. Als geborene Mitglieder galten der Direktor des Gymnasiums und ein hochrangiger katholischer Geistlicher; ein Mitglied konnte der Stadtrat vorschlagen.

[132] In der ersten Zeit nach der Gründung fanden, auch aufgrund von Todesfällen, mehrere Neubesetzungen statt, die sich nicht genau nachvollziehen ließen, die Identität einzelner Personen blieb daher unklar. Vgl. Bianco, Versuch, S. 132–135; Ahrendt, 200 Jahre, S. 68 f.

[133] Vermutlich: Johann Baptist Haas/Haaß.

Joseph von Groote	Jurist, Assessor am Konsistorium Köln[134]
Johann Christian Bochem	Rendant[135]

Stiftungsrat
Dirigent:

Everhard Anton von Groote	Oberpostdirektor
Ferdinand Franz Wallraf	kath. Geistlicher, Gelehrter
Heinrich Joseph Caspar von und zum Pütz	kath. Geistlicher
Hermann Joseph Kramer	Jurist
Ludwig Brouhon	kath. Geistlicher, Präses des Priesterseminars
Peter Klein	kath. Geistlicher, Vikar[136]
Johann Philipp Heimann	Kaufmann

Die Leitungsgremien des Schul- und Stiftungsfonds, bezogen auf diese hier genannten Mitglieder, umfassten also u.a. sieben katholische Geistliche, mehrere Juristen, zwei Lehrer des Gymnasiums, drei Kaufleute – unter diesen mit A. Schaaffhausen und J. Ph. Heimann zwei der vermögendsten Kölner Unternehmer – sowie Oberpostdirektor von Groote. Zum Adel zählten vier Personen, drei Mitglieder hatten einen Sitz im Stadtrat. Dass die Grootes in beiden Gremien vertreten waren, überrascht nicht, da die Familie seit dem 17. Jahrhundert in Köln eine Reihe großer und kleiner Stiftungen gegründet hatte, so vor allem die Groote'sche Stiftung Fundatio pro Catechistis/Fundatio theologicae Jacobi de Groote senioris) von 1655[137] zudem Stiftungen und Zustiftungen für die Familienkirche St. Gregorius am Elend.[138] Seit 1816 war Eberhard von Groote gemeinsam mit seinem Vater und seinen Brüdern mit der komplizierten Aufgabe befasst, Zweck und Vermögen dieser Stiftungen nachzuweisen und den Verbleib der Stiftungsgelder zu klä-

---

[134] Bianco, Versuch, S. 134 erwähnte irrtümlich einen Austritt Joseph von Grootes.

[135] R. B. Schmitz (alias Roderich Schmitz) an F. A. von Spiegel, Köln, 21. Jan 1816: „Bochem, Einnehmer bey der Studien Administration, ein thätiger, fähiger Mann, Chef-de-Bureau bey dem vormaligen französischen Empfänger Thiriart. Verheirathet" (Staatsarchiv Münster, Nachlass F. A. Graf von Spiegel).

[136] In: Groote, Tagebuch, Bd. 2, S. 605 wurde irrtümlich der Geistliche Heinrich Josef Klein als Mitglied des Stiftungsrats genannt.

[137] Die Stiftung von Jacob de Groote d. Ä. (Fundatio pro Catechistis/Fundatio theologicae Jacobi de Groote senioris) finanzierte zwei theologische Professuren und die Ausbildung von Katechisten. Vgl. die Stiftungsurkunden vor allem im: Historischen Archiv des Erzbistums Köln, Best. Archiv der Elendskirche zu Köln, A II, Nr. 2, Nr. 3 u. Nr. 84.

[138] Zu den Stiftungen der Familie von Groote zusammenfassend: C. von Groote: von Groote'sche Familienstiftung Am Elend zu Köln, Stiftungsgeschichte der Familie von Groote, 2022 (unveröffentlicht). Siehe auch: Spiertz, Groote, S. 276–281; Schoenen, Studienstiftungen, S. 259–264; Boley, Stiftungen, Bd. 4, S. 216–220; Trippen, Familie von Groote, S. S. 209–211, 214 f.; Klug, Familie von Groote, S. 8, 12–15. Unterlagen zu den Groote'schen Stiftungen und den diesbezüglichen Reklamationen befinden sich im Landesarchiv NRW R, AA0635, Nr. 1284 –II. Zu einzelnen Stiftungen der Familie und den entsprechenden Quellen siehe S. 85, 105 f., 450.

ren. Desweiteren setzte sich die Familie dafür ein, die Verwaltung der Stiftungen wiederzuerlangen und somit über die Nutzung entscheiden zu können. Mehrfach kam es in diesem Zusammenhang zu Auseinandersetzungen mit Konsistorium und städtischer Schulkommission, die Einblick in die Groote'schen Stiftungsdokumente, Mitsprache in der Verwaltung der Fonds und Gelder aus den Stiftungen einforderten. Ein größerer Konflikt ergab sich 1816/17 aus der Weigerung der Grootes, dem Einsatz von Kandidaten des Priesterseminars als Lehrer an den neugegründeten Sonntagsschulen zuzustimmen.

Städtische Verwaltungselite

Unter französischer Herrschaft war die reichsstädtische Verfassung Kölns beseitigt und durch die französischen Munizipalverfassung ersetzt worden. Im Rahmen dieser Ordnung ernannte der Staat die Bürgermeister, Beigeordneten und Stadträte, wobei die alten Eliten trotz der politischen und gesellschaftlichen Umbrüche ihre Machtpositionen im Wesentlichen behielten. Dies änderte sich auch in den ersten Jahren preußischer Herrschaft nicht, da die Bestellung der hohen städtischen Ämter in Händen des Staates blieb, der diese Ämter weiterhin aus dem elitären Kreis katholischer Kaufleute, Produzenten und Landeigentümer besetzte.[139] Die soziale Struktur des Stadtrats als katholische Oligarchie änderte sich also zunächst wenig. Protestantisch waren 1817 lediglich vier Mitglieder des Rats: die Kaufleute Friedrich Peter Herstatt von der Leyen, Georg Heinrich Koch, Johann Hermann Löhnis[140] sowie Clemens August Selner, Besitzer des Gasthauses Kaiserlicher Hof; ein jüdisches Ratsmitglied gab es nicht.[141]

In den Jahren 1816 und 1817 erwähnte Eberhard von Groote zahlreiche persönliche Begegnungen mit Oberbürgermeister, Beigeordneten, Beamten und Stadträten; er war also mit einem Großteil der höchsten städtischen Amtsträger bekannt, mit einigen überdies verwandt.

1817 amtierten:
Kommissarischer Oberbürgermeister und Präsident der Handelskammer 1815 bis 1819
Karl Joseph von Mylius, Jurist, katholisch

Erster Beigeordneter 1815 bis 1841
Franz Rudolph Johann Nepomuk von Monschaw, katholisch

---

[139] Zur Entwicklung der gesellschaftlichen Strukturen in franz. und preuß. Zeit: Müller, Köln, bes. S. 249–273; Mettele, Bürgertum, S. 68–90; Looz-Corswarem, Elite, 1985; Frank, Eliten, S. 69–86; Herres, Köln, 97–101, 352–382.
[140] Der Kaufmann Johann Hermann Löhnis wurde 1817 Ratsmitglied; er starb am 28. Nov. 1817. Todesanzeige in: Köln. Zeitung, Nr. 191, 30. Nov. 1817.
[141] Zu den Kölner Munizipal- und Stadträten von 1800 bis 1846 vgl. vor allem Deres, Rat, S. 53–78. Zu den Mitgliedern des Rates von 1815 bis 1845, ihren familiären und gesellschaftlichen Verflechtungen, ihren Ämtern und ihrem Einkommen siehe eine Aufstellung in: Thielen, Partizipation, S. 600–624, hier auch Literatur u. Quellen; siehe auch: S. 502–507.

Beigeordneter für Angelegenheiten der Polizei bis März 1817
Friedrich Peter Herstatt von der Leyen, Kaufmann, Seidenfabrikant, protestantisch

Beigeordneter für Finanzen und Bauten bis März 1817
Philipp Jacob Riegeler, Kaufmann, katholisch

Beigeordneter für Finanzen und Bauten ab März 1817
Caspar Joseph Langen, Textilfabrikant, katholisch[142]

Darüber hinaus erwähnte Groote in seinem Tagebuch 1816/17 berufliche, familiäre oder gesellschaftliche Begegnungen mit sechzehn der 37 Ratsmitglieder, die in dieser Zeit amtierten.[143] Vierzehn dieser sechzehn Männer waren als Kaufleute Angehörige des Wirtschaftsbürgertums, darunter die Protestanten Friedrich Peter Herstatt von der Leyen und Georg Heinrich Koch. Sechs der von Groote genannten Ratsherren gehörten dem Adel an, mit dreien – Cornelius Joseph von Geyr zu Schweppenburg, Franz Jakob Joseph von Herwegh und Maximilian Joseph von Kempis[144] – war er verwandt.

Wirtschaftsbürgertum

Bereits in französischer Zeit war die Bedeutung der Bankiers, Großkaufleute, Großgrundbesitzer und Manufakturinhaber für Ökonomie, Verwaltung und Politik der Stadt erheblich angewachsen, nun unter preußischer Regierung begannen sie ihren Einfluss weiter auszubauen, indem sie zunehmend städtische Ämter und Funktionen in der Organisation der Wirtschaft übernahmen. Insbesondere als Mitglieder der Handelskammer und des Handelsgerichts[145] übten sie entscheidenden Einfluss auf die Kölner Politik aus. Einen

---

[142] Zeitungs-Bericht der Reg. Köln für März, 10. Apr. 1817: Die Beigeordneten Riegeler und Herstatt von der Leyen erhielten die von ihnen beantragte Entlassung. Nachfolger Riegelers wurde C. J. Langen, das Amt Herstatts blieb unbesetzt, da die Polizeifunktionen, die er ausgeübt hatte, von der städtischen Verwaltung auf die königliche Polizeidirektion übergegangen waren (GStA PK, I. HA Rep. 89, Nr. 16278, Bl. 38v). Vgl. Köln. Zeitung, Nr. 34, 1. März 1817; J. P. J. Fuchs, Stadtchronik; HAStK, Best. 7030, Nr. 215, Bd. I, S. 57.

[143] Groote erwähnt in seinen Aufzeichnungen 1816/17: Heinrich Joseph Mathias Dumont, Gottfried Joseph von Gall, Cornelius Joseph Geyr zu Schweppenburg, Friedrich Peter Herstatt von der Leyen, Franz Jakob Joseph von Herwegh, Maximilian Joseph von Kempis, Georg Heinrich Koch, Johann Alois Leven, Peter Engelbert Ludowigs, Jacob Johann Nepomuk Lyversberg, Johann J. Müller, Franz Adolph Joseph von Nagel zur Gaul, Franz Christoph Neumann, Philipp Jacob Riegeler, Johann Abraham Anton Schaaffhausen, Johann Jakob Hermann von Wittgenstein. Bis auf vier Mitglieder (Herstatt von der Leyen, Koch, Löhnis u. Selner) waren 1816/17 alle Ratsherren katholisch.

[144] Zur Familie von Kempis: Draaf, Geschichte, 1993; Steimel, Köln, S. 139 f.; Spiertz, Groote, vielerorts. Das umfangreiche Archiv der Familie von Kempis, das sich im Haus Rankenberg, Bornheim-Brenig, befindet, ist durch ein ausführliches Findbuch erschlossen (Rößner-Richarz, Archiv Haus Rankenberg, 2003). Vgl. auch: Rößner-Richarz, Selbstzeugnisse, S. 9, 12, 22.

[145] Zur Entwicklung der Handelskammer in franz. und zu Beginn der preuß. Zeit: Soénius, Selbstverwaltung, 2009; Müller, Köln, S. 211–219; Pohl, Wirtschaftsgeschichte, S. 143–146, van Eyll, Wirtschaftsgeschichte, S. 237–239.

hohen Anteil an der Kölner Unternehmerschaft hatten protestantische Familien, von denen einige schon im reichsstädtischen Köln erfolgreich gewesen war – damals noch nicht als Bürger, sondern als geduldete Beisassen.[146] Zu den finanzkräftigsten Wirtschaftsbürgern, denen Groote in unterschiedlichen Zusammenhängen begegnete, zählten die katholischen Familien Schaaffhausen, Lyversberg, Mertens-Schaaffhausen und Heimann[147] sowie die protestantischen Familien Herstatt, Huyssen, Moll und Mumm.[148] Die von Grootes waren nicht in der Handelskammer vertreten, da die Familie Ende des 18. und zu Beginn des 19. Jahrhunderts nicht im Handel tätig war.

Wesentlich schwieriger als für Protestanten waren wirtschaftlicher Erfolg und sozialer Aufstieg für Juden.[149] Einzig die Familie des aus Bonn zugezogenen Bankiers Salomon Oppenheim zählte um 1817 zum Kreis der vermögendsten Einwohner Kölns,[150] allerdings gehörte sie nicht zum gesellschaftlichen Umfeld der Grootes. Zu einer großen Gesellschaft bei dem vermögenden Johann Philipp Heimann, zu der auch Graf und Gräfin zu Solms-Laubach und Mitglieder der Familie von Geyr zu Schweppenburg erschienen, notierte Groote in bemerkenswerter Aufzählung: „Es ist im Ganzen kraß, wie natürlich, Juden u. gemeines Pack fehlen nicht."[151]

Militär

Während der Monate, in denen Groote 1815 am Feldzug der Alliierten gegen Napoleon teilnahm, hatte er einige der hohen preußischen Militärs näher kennengelernt, darunter als bedeutendste Persönlichkeiten General Graf Neidhardt von Gneisenau, der bis Mitte 1816 als Kommandant der preußischen Truppen am Rhein in Koblenz stationiert war, Gneisenaus Stabschef Carl Philipp Gottfried von Clausewitz und General Johann Adolph von Thielmann, Kommandant des III. Armeekorps, dem Groote zugeteilt war. Freundschaftlich waren Grootes Beziehungen zu Oberstleutnant Carl Graf von der Groeben, der nun ebenfalls dem Generalkommando in Koblenz angehörte, zu Major Heinrich Wilhelm Gerhard von Scharnhorst, dem Adjutanten Gneisenaus, zu Theodor Ferdinand

---

[146] Die rechtliche Gleichstellung erhielten Protestanten in Köln 1797/98 (Becker-Jákli, Protestanten, S. 101–108).

[147] Johann Friedrich Carl Heimann war vor seiner Heirat vom Protestantismus zum Katholizismus konvertiert.

[148] Vgl. eine Liste der vermögendsten Bürger Kölns (Liste des négocians et commercants les plus distinguées), veröffentlicht von der Chambre de Commerce, 10. Sept. 1810; gedr. in: Pohl, Wirtschaftsgeschichte, S. 138–142. Zur Religionszugehörigkeit der Kölner Unternehmer: Becker-Jákli/Müller, Religionszugehörigkeit, 1984.

[149] Zum Vergleich der Integration von Juden und Protestanten zusammenfassend: Küntzel, Fremde, S. 201–212.

[150] Salomon Oppenheim, geboren 1772 in Bonn, gründete dort 1789 ein Waren- und Bankgeschäft, das er um 1800 nach Köln verlegte. Geschäftlich sehr erfolgreich gehörte er bald zu den vermögendsten Kölner Bürgern und zu den Gründern und Förderern der jüdischen Gemeinde. 1822 wurde er als erster Jude in die Kölner Handelskammer aufgenommen (Teichmann, Mehr als eine Bank, S. 12–24; Effmert, Sal. Oppenheim, S. 112–134).

[151] Groote, Tagebuch, 2. Febr. 1817.

von Stosch und zu August von Netz, mit dem er 1815 und 1816 einige Reisen unternommen hatte. 1817 spielten diese Verbindungen für Groote keine große Rolle mehr. Gneisenau, den Groote Anfang 1816 als Unterstützer der Interessen Kölns hinzugezogen hatte, war von seinem Posten zurückgetreten und hatte Koblenz verlassen; Thielmann war Ende 1815 zum Kommandierenden General in Westfalen mit Sitz in Münster ernannt worden und auch die übrigen militärischen Bekannten Grootes waren aus seinem Gesichtskreis weitgehend verschwunden. Lediglich einige von ihnen sah er wieder, als er im Mai 1817 nach Koblenz reiste. Thielmann traf er bei dessen kurzem Aufenthalt in Köln, Clausewitz, Ferdinand Wilhelm Carl von Schack und Carl Ferdinand Heinrich von Roeder begegnete er als Adjutanten des Kronprinzen im August. Mit Gneisenaus Nachfolger in Koblenz Karl Georg Albrecht Ernst von Hake und dem Ersten Kommandanten von Köln Friedrich Albrecht Gotthilf von Ende[152] gab es 1817 keine näheren Kontakte. Gesellschaftliche Begegnungen mit Mitgliedern der in Köln stationierten Regimenter erwähnte Groote, dessen Haltung gegenüber dem preußischen Militär generell sehr skeptisch war, selten. Für ihn selbst kam eine militärische Karriere nicht in Frage. Als ihm sein Kollege Regierungsrat Goßler als zukünftige Laufbahn das „Militair Fach" vorschlug, notierte er, dazu habe er „keine Lust".[153] Dieser Einstellung entsprechend versuchte er im Sommer 1817 die Einziehung als Landwehroffizier zu verhindern.

Kunstszene

Eberhard von Groote war durch sein starkes Interesse an Kunst und Kunstgeschichte Teil der eng verflochtenen Kölner Kunstszene, die nicht nur Künstler und Händler umfasste,[154] sondern als Sammler und Auftraggeber auch eine Anzahl vermögender Wirtschaftsbürger. Ein formeller Zusammenschluss der in Köln tätigen Maler, Bildhauer und Kunstliebhaber als Verein oder Gesellschaft existierte um 1817 nicht,[155] die Verbindungen unter-

---

[152] Zu den Kompetenzen des Stadtkommandanten: Zander, Befestigungs- und Militärgeschichte, Bd. I,1, S. 253–256; von Ende war seit März 1815 Kommandant, seit März 1816 Erster Kommandant von Köln. Zu seiner Biografie: Ebd., S. 256–261.

[153] Groote, Tagebuch, 6. Juli 1817.

[154] Zur Kölner Kunstszene im frühen 19. Jh.: Berghausen, Verflechtungen, 1995; Krischel, Kölner Maler, S. 247–252; Krischel, Rückkehr, S. 95–106; Kronenberg, Entwicklung, S. 126–135; Mettele, Bürgertum, S. 176–185; Schäfke, Kunsthaus, 20–26; Blöcker, Ausverkauf, 2002; Deichmann, Säkularisation, S. 109–150, 155–280; Firmenich-Richartz, Die Brüder Boisserée, Bd. 1, S. 21–42. Vgl. auch die zeitgenössischen Reiseführer, die Kölner Künstler und Sammlungen vorstellten, etwa: Schreiber, Anleitung, S. 338–341; Chézy, Malerkunst, 1818; Smets, Taschenbuch, S. 81 f.; Demian, Statistisch-politische Ansichten, S. 317–320; Demian, Handbuch, S. 282 f.; Demian, Geographisch-statistische Darstellung, S. 98. Zu Kölner Kunstsammlungen in Reiseführern: Steckner, Kölner Sammlungen, S. 169–171. Die seit 1816 mit Louis Mertens verheiratete, später bedeutende Kunstsammlerin und Archäologin Sibylle Mertens-Schaaffhausen, die 1817 20 Jahre alt war, traf Groote mitunter im Kreis seiner Bekannten. Mit Salomon Oppenheim, der in diesen Jahren mit der Sammlung von Gemälden begann, vermerkte Groote keine Begegnung.

[155] In Düsseldorf gründete sich Ende 1816/1817 eine „Gesellschaft zur Beförderung der Künste und Gewerbe", die sich Wallraf mit einem Schreiben vorstellte (Brief an F. Fr. Wallraf, Düsseldorf, 4. Mai 1817; HAStK, Best. 1105, A 4, Bl. 127).

einander waren jedoch auch ohne institutionelle Form vielfältig und eng. Groote notierte 1816/17 in seinen Tagebuchaufzeichnungen Begegnungen mit 28 in Köln lebenden bildenden Künstlern, Kunstsammlern und Kunsthändlern:[156]

Balg, Jakob	Domänen-Rentmeister, Sammler
Benedikt Beckenkamp	Maler
Engelbert Cremer	Fabrikant, Sammler
Matthias Joseph Denoël	Kaufmann, Maler, Schriftsteller, Sammler
Wilhelm Ludwig Düssel	Glaser, Restaurator, Sammler
Heinrich Joseph Matthias DuMont	Fabrikant, Sammler
Gerhard Cunibert Fochem	kathol. Geistlicher, Sammler, Händler
Maximilian Heinrich Fuchs	Maler, Architekturzeichner, Restaurator
Caspar Bernhard Hardy	Maler, Wachsbossierer
Werner Moritz von Haxthausen	Regierungsrat, Sammler
Friedrich Peter Herstatt von der Leyen	Kaufmann, Bankier, Sammler
Franz Jakob Joseph von Herwegh	Sammler
Peter Joseph Imhof	Bildhauer
Franz Katz	Maler, Zeichenlehrer
Peter Engelbert Ludowigs	Kaufmann, Sammler
Johann Jakob Nepomuk Lyversberg	Kaufmann, Sammler
Everhard Oswald von Mering	Sammler
Paul Mestrum	Zeichner, Kupferätzer
Johann Joseph Müller	Bierbrauer, Kaufmann, Sammler
Abraham Schaaffhausen	Kaufmann, Sammler
Johannes Anton Joseph Scheiffgen	kath. Geistlicher, Sammler
Heinrich Schieffer	Kaufmann, Tuchfabrikant, Sammler
Johann Georg Schmitz	Buchhändler, Verleger, Sammler
Johann Daniel Ferdinand Sotzmann	Regierungsdirektor, Sammler
Thomas Jacob Tossetti	Kaufmann, Sammler
Ferdinand Franz Wallraf	kath. Geistlicher, Gelehrter, Sammler
Christian Waltzer	Maler, Vergolder
Johann Peter Weyer	Architekt, Sammler
Engelbert Willmes	Maler, Kopist, Händler
J. B. Nicolaus Zimmermann	Maler, Kopist, Restaurator, Sammler

Wichtigste Bezugspersonen in diesem fast ausschließlich bürgerlichen Kreis der Kunstfreunde waren für Groote Wallraf, Denoël, Fochem, Haxthausen, Fuchs und Lyversberg. Groote selbst kaufte hin und wieder Bücher, sehr selten jedoch Gemälde, da er nicht über die nötigen Finanzmittel verfügte.

---

[156] Berücksichtigt sind hier neben Kölner Künstlern nur die Kölner, die Kunstobjekte in größerem Rahmen sammelten, nicht die Eigentümer naturwissenschaftlicher oder bibliophiler Sammlungen. Nähere Angaben zu den einzelnen Mitgliedern der Kunstszene sind im Tagebuch annotiert.

Ein kurzer Seitenblick: Vom Besuch William Turners, einem der bedeutendsten zeitgenössischen Künstler, der sich im August 1817 zweimal kurz in Köln aufhielt, erfuhr Groote nichts, Namen und Werke des 42-jährigen Turners waren ihm allerdings mit Sicherheit unbekannt. Einige heute berühmte Werke Turners mit Kölner Motiven entstanden aus Skizzen, die er 1817 bei diesem ersten Aufenthalt am Rhein anfertigte.[157]

Kontakte über Köln hinaus

Bereits in den vorangegangenen Jahren hatte sich Eberhard von Grootes soziales Netzwerk durch seine Teilnahme am Feldzug gegen Napoleon, durch Reisen und Buchprojekte weit über das Kölner Umfeld hinaus entwickelt. Vor allem bei seinem mehrmonatigen Aufenthalt in Berlin 1816 hatte er neue Kontakte geknüpft, war Staatsmännern begegnet, hatte Literaten, Wissenschaftler, Künstler und Angehörige des Hochadels sowie Mädchen und Frauen des Adels und der bürgerlichen Oberschicht kennengelernt. Selbst mit dem Kronprinzen Friedrich Wilhelm hatte er bei einer ihm persönlich gewährten Audienz gesprochen. Groote war damit einer der wenigen Kölner mit dieser Breite von Verbindungen zu einflussreichen preußischen Persönlichkeiten. Im Jahr 1817 konnte er seine Kontakte nicht im selben Maß erweitern, da er nur zwei kurze, private Reisen nach Koblenz und Düsseldorf unternahm. Immerhin traf er interessante Besucher, die mit unterschiedlichen Zielsetzungen nach Köln kamen: Amtsträger aus Berlin, Mitglieder des Düsseldorfer Regierungskollegiums, Anhänger der Verfassungsbewegung und Vertreter der adeligen Standespolitik, Schriftsteller und Gelehrte – oft auch weibliche Mitglieder ihrer Familien. Politisch-gesellschaftliche Höhepunkte des Jahres 1817 waren für Groote wie für die Stadt Köln die Besuche des Kronprinzen im August und des Königs Friedrich Wilhelms III. im September. Groote war vor allem an den Planungen für den Empfang des Prinzen intensiv beteiligt.

Zu Grootes Alltag gehörte seine rege Korrespondenz, beinahe täglich verfasste er einen oder mehrere Briefe. Ein Großteil betraf finanzielle und familiäre Belange und bezog sich auf sachlich-pragmatische Themen. Innerfamiliäre Briefe entstanden 1817 nur wenige, da Groote sich meist in Köln aufhielt. Mit überregional einflussreichen Bekannten wie Carl von Savigny, Christian Peter Wilhelm Beuth und Karl Friedrich Schinkel versuchte er in Verbindung zu bleiben, ein Briefwechsel fand mit ihnen jedoch nur selten statt. Persönliche und politische oder kulturpolitische Bedeutung hatte für Groote die Korrespondenz mit Sulpiz Boisserée, Friedrich Wilhelm Carové, Joseph Görres und Max von Schenkendorf, von wissenschaftlich-germanistischen Interessen war Grootes Verbindung mit Jakob Grimm, Georg Friedrich Benecke und Friedrich Heinrich von der Hagen geprägt. Nur ein Teil dieser Briefwechsel ist erhalten.

---

[157] Turners Reise von 1817 führte von London über Belgien und Köln nach Mainz und zurück über Köln nach Rotterdam und Dordrecht (Wilton, Turner Abroad, S. 29, 37–39; Powell, Turner in Deutschland, S. 25–34).

Ein schwieriges Frühjahr

Not und Teuerung

Der Kölner Stadtsekretär Johann Peter Jakob Fuchs[158] begann seine Chronik der Stadt Köln für 1817 mit dem knappen Satz: „Zu Anfang des Jahres 1817 dauerte die durch Mislingen der Erndte im Jahr 1816 entstandene große Theurung der Lebensmittel noch fort".[159] Damit hatte er das drängendste Problem dieser Monate benannt, denn die durch den Ausfall der Ernten im Sommer und Herbst 1816 bedingte Lebensmittelknappheit entwickelte sich zu einer Hungerkrise, die schließlich in den Rheingebieten ihren Höhepunkt vor der neuen Ernte im Frühsommer 1817 erreichte.[160] Weder Korn- noch Kartof-

---

[158] Johann Peter Jakob Fuchs, 1782 als Sohn von Regierungsrat Johann Baptist Fuchs geboren, war Jurist, seit 1815 Stadtsekretär, seit 1819 Leiter des Stadtarchivs; er verfasste eine Stadtchronik/Chronik der Stadt Köln (HAStK, Best. 7030, Nr. 215, Bd. I; Eintragungen zu 1817: S. 45–80) sowie eine Topographie der Stadt Köln (HAStK, Best. 7030, Nr. 231, Bd. 1–4). E. von Groote, der sich von Fuchs häufig in der Suche nach städtischen Akten beraten ließ, brachte ihm eine große Wertschätzung entgegen. Zu J. P. J. Fuchs: Personalnotizen, 1815: „Fuchs. Sohn. Gerichtsschreiber beim Appellhoff. Sehr geschickt und als wohldenkender redlicher, wahrhaft deutscher Mann, allenthalben sehr geachtet" (Landesarchiv NRW R, BR 0002, Nr. 1534, Bl. 5v). Siehe auch: Wegener, Leben, Teil 1, S. 156 f.; Krahnke, Archivar, 2011; Johann Peter Jakob Fuchs, Gedenken, 1956; Herres, Köln, S. 7 u. vielerorts; Klein, Personalpolitik, S. 30–33. Zur Einstellung von Fuchs Ende 1815 vgl. seine Personalakte (HAStK, Best. 400, 3371, Bl. 1r–6r). Fuchs war verheiratet mit Maria Theresia Josepha Walburga Plasman; AK 1822: Ehrenstr. 4.
Die Aufzeichnungen von Johann Peter Jakob Fuchs werden im Folgenden häufig als Quellen zur Geschichte Kölns herangezogen.

[159] J. P. J. Fuchs, Stadtchronik (HAStK, Best. 7030, Nr. 215, Bd. I, S. 45. Über die Situation des Handels in Köln berichtete die Handelskammer für Januar, Köln, 31. Jan. 1817: „Der Geschäftsgang im Lauf des ersten Monats dieses Jahres zeichnet sich aus durch eine allgemeine Stille und Muthlosigkeit. Sie herrscht nicht nur bei uns, sondern ganz Europa scheint davon ergriffen zu seyn" (RWWA 1–15–1, Bl. 29r). Ähnlich lauteten die folgenden Berichte, so der Handelsbericht für März, Köln, 31. März 1817: „Zu unserm Bedauern sehen wir uns genöthigt, auch in diesem monatlichen Bericht die Klage über den schlechten und undankbaren Geschäftsgang zu erneuern. Als Hauptursache des Uebels betrachten wir die ausserordentliche Theurung der unentbehrlichsten Lebensmittel, die in allen Ständen Einschränkungen jeder Art veranlaßt, und die Befriedigung vieler Bedürfniße unterdrückt. So lange die Ursache besteht, wird die Wirkung nicht fehlen und demnach sehen wir in den ersten Monaten auch keine wesentliche Besserung vor" (RWWA 1–15–1, Bl. 37r). Die wichtigsten Aussagen in den Berichten der Handelskammer wurden in die monatlichen Zeitungs-Berichte der Regierung Köln aufgenommen (GStA PK, I. HA Rep. 89, Nr. 16278; für 1817: Bl. 1r–190v). Zum Beginn der Krise in Köln: Groote, Tagebuch, Bd. 2, bes. S. 318–323.

[160] Zur Krise 1816 und 1817 in Köln: Herres, Köln, S. 56–60; Gothein, Verfassungs- u. Wirtschaftsgeschichte, S. 169–173; Schwarz, Armenwesen, S. 59–66; Dorn, Armenpflege, S. 116–128; Mettele, Bürgertum, S. 132–138; Finzsch, Obrigkeit, S. 104–109, 315–318, hier auch zur Verteilung der Armen im Stadtgebiet um 1816. Vgl. die Korrespondenzen, Berichte, Beratungsprotokolle und Anordnungen in Hinblick auf die Hungerkrise in den Rheinprovinzen ab Sept. 1816 bis Anfang 1818: Landesarchiv NRW R, BR 0002, Nr. 570 bis Nr. 575. Während der gesamten Krise musste die Verpflegung der in Köln stationierten und der Köln passierenden Militärangehörigen sowie die

felvorräte waren vorhanden, die Saat des Wintergetreides war in vielen Regionen verdorben und Aussichten auf schnelle Besserung der Lage zeigten sich nicht. Stetige Kälte, Regen und Unwetter[161] ließen auch die Hoffnung auf gute Ernten im Sommer schwinden.[162] Erste Hilfsmaßnahmen durch Regierung, Stadtverwaltung, kirchliche Einrichtungen und private Initiativen, die Ende 1816 eingesetzt hatten, erwiesen sich als unzureichend und verbesserten das Elend der „dürftigen Klasse" nur wenig. Angesichts der sich dramatisch zuspitzenden Situation sandte die Berliner Regierung Ende 1816 den Wirklichen Geheimen Rat Wilhelm Anton von Klewitz in die Rheinprovinzen, um den Umfang der notwendigen Hilfeleistungen, speziell des Getreidebedarfs, festzustellen.[163] Anfang Januar 1817 konnte Klewitz die Ergebnisse seiner Bestandsaufnahme bekanntgeben:[164]

„Des Königs Majestät hatten zur Unterstützung der Rhein-Provinzen mit Brodkorn mir befohlen, den fehlenden Bedarf auszumitteln. Nach Abrede mit den Königlichen Ober-Präsidenten sah ich deshalb diese Länder selbst, unterhielt und berieth mich mit vielen ihrer Einsassen und Eingebohrnen, mit Kreisbehörden, und mit den Königlichen Regierungen zu Koblenz, Köln, Trier, Aachen, Düsseldorf und Kleve. Meine Bereisung ist jetzt vollendet. Der fehlende Bedarf ist groß, – größer zwar als der beträchtliche Ankauf des Königs von Roggen in den Ostsee-Häfen; – aber nicht zu groß für die vereinte Fürsorge des Königs und der Nation!"

Die umfangreichen staatlichen Hilfen durch Ankauf von Getreidelieferungen, vor allem von Getreide aus den Ostseehäfen, waren „insbesondere für die Bedürftigeren" bestimmt und sollten „in den letzten Monaten vor der Erndte", zur Zeit der höchsten Not,

---

Versorgung ihrer Pferde gesichert werden. Zur Krise in den Rheingebieten auch: Thielen, Partizipation, S. 119–126.

[161] Das Amtsblatt d. Königl. Reg. zu Köln publizierte an jedem Monatsende eine Statistik zur Wetterbeobachtung; auch die Zeitungs-Berichte der Regierung Köln informierten über das Wetter (GStA PK, I. HA Rep. 89, Nr. 16278).

[162] Zum jährlichen Lebensmittelverbrauch der Kölner Bevölkerung Anfang der 1820er-Jahre schrieb B. Elkendorf in seiner Topographie: Schätzungsweise werden „15.600 Zentner Weitzenmehl und Backwerk, 103.000 Roggenmehl, 13.000 Zentner Graupe, Grütze, Gries etc., 1.200 Zentner frischer und getrockneter Südfrüchte, 800 Zentner Häringe, 3.000 Zentner Kaffee, 11.800 Zentner Zucker, 3.400 Zentner Reis, 5.800 Zentner Stockfische, 2.480 Stück Ochsen, 3.600 Stück Käse, 16.400 Stück Kälber, 7.300 Stück Schweine, 9.500 Stück Schafe und Ziegen und 3.000 Zentner ausgeschlachteten Fleisches, welches vom platten Lande eingeführt wird, consumirt." Elkendorf fügte hinzu: „in Cöln ißt und trinkt man gut" (in: Becker-Jákli, Köln, S. 89).

[163] Zur Tätigkeit von W. A. von Klewitz im Rheinland u. Köln ab Nov. 1816 bis März 1817: Landesarchiv NRW R, BR 0002, Nr. 570, 571 u. 572. Vgl. Köln. Zeitung, Nr. 194, 5. Dez. 1816; Groote, Tagebuch, Bd. 2, bes. S. 320 f.; Bass, Hungerkrisen, S. 139–142; zu Klewitz' Biografie: Schmitz, Vorschläge, S. 395, u. vielerorts; Herzfeld, Klewiz, 1926.

[164] W. A. von Klewitz, An die Bewohner der Königlich-Preußischen Rhein-Provinzen, Koblenz, 9. Jan. 1817 (in: Amtsblatt d. Königl. Reg. zu Köln, Nr. 3, 21. Jan. 1817, S. 17 f.; veröffentlicht auch in: Welt- u. Staatsbote zu Köln, Nr. 8, 14. Jan. 1817 u. in: Köln. Zeitung, Nr. 8, 14. Jan. 1817. Der Text wurde zudem als einzelne Bekanntmachung gedruckt (Landesarchiv NRW R, BR 0002, Nr. 570, Bl. 302r, 303r).

"gänzlich zur Stelle" sein. In besonderer Weise hob Klewitz die bereits erfolgten Hilfsmaßnahmen durch freiwillige Vereine und die Initiativen Einzelner zur Bewältigung der Krise hervor und fügte hinzu:

> "Sorgt nun auch jeder wohlhabendere Hausvater für seinen Bedarf, schafft der Handelsstand auswärtiges Getreide zum Verkauf herbei, wird jede irgend mögliche Korn-Ersparung nach aussen und innen beachtet; so werden wir mittelst der vereinten Kraft des Königs und der Nation glücklich durch diese Zeit der Noth hindurch gehen, und desto inniger verbunden dastehen für die Zeiten des Glücks!"

Konkret forderte er die Bevölkerung auf, "durch Mischungen von Gerste, Hafer, Erdtoffeln etc. mit Roggen zum Brodbacken" und "durch den Genuß von nicht frischem Brod, und auf andre mannichfaltige Weise", den Verbrauch von Getreide einzuschränken.[165] Zum Dank für seine Bemühungen gab man Klewitz kurz vor seiner Abreise aus Köln ein Abschiedsfest, an dessen Organisation auch Eberhard von Groote beteiligt war, darüber hinaus verfasste er für diese Ehrung einen Liedtext und einen "Prolog".

Die Kölner Armen warteten also im Januar auf größere staatliche und städtische Hilfsmaßnahmen, die jedoch nur schleppend vorangingen.[166] Für die Verteilung der Unterstützungen in Köln waren die Ende 1816 gebildete städtische Central-Unterstützungs-Kommission und die ihr unterstellten Pfarrverpflegungs-Kommissionen zuständig.[167] Zunächst hatte man auf die Austeilung von Brotgetreide bzw. Brot gesetzt, als dieses sich stetig verteuerte, wich man auf Kartoffeln aus, die den Bedürftigen zu "einem geringen Preise" verkauft wurden.

> "Und so", berichtete die Kommission, "wurden von Anfang Dezember [1816] an für 18.350 Individuen wöchentlich 4 Pfund Kartoffel per Kopf zum Preise von ¼ Stüber per Pfund verabfolgt, und dadurch, nicht allein den Armen eine wichtige directe Erleichterung gegeben, sondern auch auf dem hiesigen Markte der Preis dieses nothwendigen Nahrungsmittels

---

[165] Klewitz schloss: "Ich gehe jetzt, dem Könige, meinem Herren, und Seinem Staats-Ministerium Bericht zu erstatten; Seine Weisheit und väterliche Sorgfalt wird über die ferneren Maßregeln entscheiden. Ich gehe, die Dankbarkeit und Liebe Seiner Rhein-Bewohner, ihre eifrigen Bestrebungen, zu Seinem wohlthätigen Zwecke mitzuwirken, die Verdienste der freiwilligen Vereine an Seinem Throne niederzulegen; sie werden Seinem Königlichen Gemüthe die reinste Freude gewähren!" (W. A. von Klewitz, An die Bewohner der Königlich-Preußischen Rhein-Provinzen, Koblenz, 9. Jan. 1817; in: Amtsblatt d. Königl. Reg. zu Köln, Nr. 3, 21. Jan 1817, S. 18).

[166] Zur Situation im Frühjahr 1817: Zeitungs-Berichte der Reg. Köln für Jan., Febr., März u. Apr. 1817 (GStA PK, I. HA Rep. 89, Nr. 16278, Bl. 1r–64r); J. P. J. Fuchs, Stadtchronik (HAStK, Best. 7030, Nr. 215, Bd. I, S. 45 f.). Anfang Februar sandte der König eine Botschaft nach Köln, in der er besonders für die "Beihülfe der vermögendern Klassen" dankte (in: Amtsblatt d. Königl. Reg. zu Köln, Nr. 7, 18. Febr. 1817, S. 69); Zeitungs-Bericht der Reg. Köln für Januar, 9. Febr. 1817 (GStA PK, I. HA Rep. 89, Nr. 16278, Bl. 15r).

[167] Am 1. Juni 1817 legte die Kommission einen gedruckten Kassen- u. Arbeitsbericht vor: "An die Stadtkölnische Bürgerschaft" (J. P. J. Fuchs, Materialien zur Stadtchronik, HAStK, Best. 7030, Nr. 219/2, o. P.); am 15. Okt. 1817 beendete sie ihre Tätigkeit. Zur Zusammensetzung der Kommission: Thielen, Partizipation, S. 123.

an einer mittelmäßigen Höhe erhalten. Seit dem 3ten Dezember [1816] bis zum 25ten März [1817] sind auf diese Weise 879.274 Pfund Kartoffel verabfolgt worden."[168]

Schließlich ging man, als kaum noch Kartoffeln zu beschaffen waren, zur regelmäßigen Verteilung von Suppen über:[169]

> „Am 8ten März geschah die erste Suppenvertheilung. Die anfänglich nur im Kleinen gemachten Versuche hatten einen vollkommenen Erfolg; man überzeugte sich, daß diese eine gesunde und wohlschmeckende Nahrung darbietenden Suppen [...] zum Preise von 2 ¼ Stüb. die Maaß, oder die Portion zu 1 ⅛ Stüb. angeschafft werden konnten. Statt der nunmehr konsumirten Erdäpfel, ließ die Unterstützungs-Kommission daher Suppen für ihre Rechnung verfertigen, und vertheilte anfänglich etwa 10.000 Portionen unentgeltlich; darauf aber wöchentlich über 30.000 zu ¼ Stüber per Portion."[170]

Auch für den Verkauf von Brot in den Läden wurden im Frühjahr 1817 Maßnahmen gegen den Preisanstieg getroffen. Ab März ließ der neueingesetzte Kölner Polizeipräsident Struensee die Brotpreise jeweils für einige Tage festlegen und in den Zeitungen bekanntmachen.[171] Zugleich wurde eine Überwachung der Brotqualität angeordnet: Die Bäcker sollten „bei Vermeidung der strengsten Ahndung", für die „nach den Durchschnitts-Marktpreisen" festgesetzte Taxe, „ein Schwarzbrod von reinem Roggen-Mehl" liefern. Das gebackene Brot war auf der „obern Rinde" „mit einem Zeichen zu versehen", „wovon die näheren Nachweisungen zu jedermanns Einsicht bei den Polizei-Kommissarien offen" lagen. Außerdem musste in den Bäckerläden eine „gehörig geeichte Wage nebst dem nöthigen Gewichte" aufgestellt werden, um das Brot auf Wunsch der Käufer „vorzuwägen."[172]

---

[168] Bericht der Central-Unterstützungs-Kommission, 1. Juni 1817: „An die Stadtkölnische Bürgerschaft" (J. P. J. Fuchs, Materialien zur Stadtchronik; HAStK, Best. 7030, Nr. 219/2, o. P. Dazu: J. P. J. Fuchs, Stadtchronik; HAStK, Best. 7030, Nr. 215, Bd. I, S. 48 f).

[169] B. Elkendorf: „Früherhin erhielten die Armen nur Brod. Im Nothjahr 1817 aber sah man die Nothwendigkeit ein, dem Beispiele anderer Städte zu folgen und eine Dampfkochanstalt einzurichten. Man muß gestehen, daß die hiesige einen nicht geringen Grad der Vollkommenheit erreicht hat, indem sie einerseits dem Zweck gänzlich entspricht, andererseits hinsichtlich der Einrichtung ökonomische Vorzüge darbietet" (in: Becker-Jákli, Köln, S. 78).

[170] Bericht der Central-Unterstützungs-Kommission, 1. Juni 1817: „An die Stadtkölnische Bürgerschaft" (J. P. J. Fuchs, Materialien zur Stadtchronik; HAStK, Best. 7030, Nr. 219/2, o. P.). Vgl. J. P. J. Fuchs, Stadtchronik; HAStK, Best. 7030, Nr. 215, Bd. I, S. 50 f.

[171] Siehe etwa: Welt- u. Staatsbote zu Köln, Nr. 41, 13. März, Nr. 43, 16. März u. Nr. 45, 20. März 1817. Das Amtsblatt d. Königl. Reg. zu Köln veröffentlichte monatlich eine Statistik zu den Preisen wichtiger Nahrungsmittel. In einem Druckblatt mit dem Titel „Polizei der Lebensmittel" ließ Struensee am 14. März 1817 die Bestimmungen zu Herstellung und Verkauf von Brot veröffentlichen (Landesarchiv NRW R, BR 0002, Nr. 572, Bl. 19v–20r). Über die Preisentwicklung informierten die Zeitungs-Berichte der Regierung Köln ausführlich (GStA PK, I. HA Rep. 89, Nr. 16278).

[172] Verordnung des Polizeipräsidenten Struensee, 15. März 1817 (in: Köln. Zeitung, Nr. 43, 16. März 1817).

Eine ganze Reihe von Broschüren, Büchern und Zeitungsartikeln[173] gab zur Bewältigung der Lebensmittelknappheit mehr oder weniger praktikable Empfehlungen, wie man Lebensmittel – etwa mit Moos – strecken oder durch bisher nicht genutzte Frucht- und Fleischsorten ergänzen könne. Anfang Februar schlug ein Artikel der *Kölnischen Zeitung* den „Armenversorgungs-Anstalten" die Sammlung von Knochen vor, um daraus „Gallerte" und Fett auszukochen:[174] Das Sammeln der Knochen, hieß es, „wäre in Städten am leichtesten durch arme Kinder zu bewerkstelligen, die einen leichten Korbwagen von Haus zu Haus zögen und sich die zurückgelegten Knochen ausbäthen."[175] Überdies könne man u.a. das Fleisch von Füchsen, Wölfen, Adlern, Geiern, Eulen oder Raben verwerten. Da diese Vorschläge in der Bevölkerung Unruhe hervorriefen, sah sich die städtische Armenverwaltung veranlasst zu erklären,

> „daß zur Bereitung der Gallerte, nur die in Privat-Häusern eingesammelten Knochen, nach vorhergegangener, sorgfältiger und mehrmaliger Reinigung gebraucht, und ausserdem, zur Anfertigung der Suppe selbst, nur mehligte und nährende Substanzen, als: Gerste, Graupen, Reis etc. und Gemüse, als: gelbe Rüben, Sellerie, Erdäpfel, Zwiebel etc. verwendet werden, wovon sich viele Personen, geist- und weltlichen Standes durch Augenschein und Prüfung überzeugt haben."[176]

Für Aristokratie und höhere Beamtenschaft, für Gutsbesitzer und wohlhabende Kaufmannsfamilien bedeutete die Teuerung keine größere Einschränkung; der Lebensstil der Grootes und ihres gesellschaftlichen Umfeldes wurde von der Nahrungsmittelknappheit kaum berührt, da diese Familien sich kontinuierlich gut versorgen konnten – mit Früchten, Gemüse und Fleisch von ihren Landgütern, mit Wild durch die Jagd oder mit hochwertigen Nahrungs- und Luxuswaren in Kölner Geschäften. So hatte die Konditorei Maus auf dem Heumarkt Nr. 1720 auch 1817 immer ein umfangreiches Angebot zur Verfügung. Für 20 Stüber erhielt man hier ein Pfund italienische Maronen, für 40 Stüber ein

---

[173] Vgl. Literaturangaben dazu im Beiblatt d. Köln. Zeitung, Nr. 6, 30. März 1817: „J. C. Bayrhammer, Erinnerungen an nahrhafte Pflanzen, welche im Brode genossen, einen Theil des Brodkorns ergänzen, und in ganz Europa theils wild wachsen, theils als Gemüse und Futterkräuter in großer Anzahl gebaut werden, Nürnberg 1817". Beiblatt d. Köln. Zeitung, Nr. 16, 31. Aug. 1817: „In allen Buchhandlungen (in Köln bei DüMont u. Bachem) ist für 14 Stüber zu haben: Die kleine aber gefüllte Vorrathskammer für alle, die sich zur Zeit der Theurung und des Mangels ehrlich zu ernähren wünschen. Wie auch Mittel und Vorschläge für die, welche helfen können und wollen. Nebst Anweisungen und Winken zur Eröffnung nicht unbedeutender Erwerbsquellen für die Armen, als Erleichterungsmittel der Noth und des Mangels. Von J. H. Voß, Schullehrer zu Strombach bei Gummersbach."

[174] Köln. Zeitung, Nr. 21, 6. Febr. u. Nr. 22, 8. Febr. 1817. Bei dem Verfasser handelte es sich vermutlich um den Mathematiker und Lehrer am Marzellengymnasium; 1817 wurde er zum Professor für Physik an die Universität in Gent berufen. Nahmer nennt als Verfasser des Artikels Johann Dominikus Fuß, ebenfalls Lehrer am Marzellengymnasium (Nahmer, Beiträge, 1. Teil, S. 45 f.).

[175] Köln. Zeitung, Nr. 22, 8. Febr. 1817.

[176] Beilage zu Nro. 25 der Köln. Zeitung, 13. Febr. 1817; vgl. Welt- u. Staatsbote zu Köln, Nr. 25, 13. Febr. 1817.

Pfund Parmesan-Käse, für 80 Stüber „Chocolade mit doppelter Vanille"; außerdem waren zu haben: „Sardellen, bester Sago, Makaroni, Suppenteige, Kapern, Bamberger Schmalzbutter, bittere und süße Orangen, Mallaga-Zitronen, Pariser Wachslichter, wie auch Schwarz- und Rotwild."[177] Auch Weine waren nicht knapp; das ganze Jahr über standen deutsche wie ausländische Weine in großen Mengen zum Verkauf: Rheinweine, Moselweine oder Weine aus Bordeaux, Burgund, Malaga oder Madeira in „Bouteillen" und ganzen Fässern.[178]

Karneval in der Hungerkrise

Entsprechend dieser Möglichkeiten zeigt Eberhard von Grootes Tagebuch für das gesamte Jahr eine Abfolge von Familienfesten, Feiern mit Freunden und Kollegen, großen und kleinen Gesellschaften, bei denen getrunken, üppig gegessen, getanzt und unter Einsatz von Geld Karten gespielt wurde. Insbesondere in den Wochen von Ende Januar bis Mitte Februar, einschließlich Aschermittwoch, fanden beinahe jeden Tag Feste und Maskenbälle statt[179] – es war Karnevalszeit und Karneval wurde nun nach den Einschränkungen der traditionellen „Fastnachts-Lustbarkeiten" während der französischen Herrschaft und den letzten Kriegsjahren erneut in größerem Maße gefeiert. Schon 1815[180] und 1816[181] hatte es wieder Maskierte auf den Straßen und attraktive Angebote in den luxuriösen Kölner Vergnügungsstätten gegeben.

Wie zuvor reichsstädtische und französische Obrigkeiten versuchten auch die preußischen Behörden das Verhalten der Bevölkerung während der Karnevalstage mit strikten Anordnungen zu reglementieren. Eine Bekanntgabe des Polizeipräsidenten Struensee im Februar 1817 machte die wichtigsten Vorschriften publik:

„§ 1 Die Maskeraden auf den öffentlichen Straßen sind blos an den dreien Faschingstagen, nämlich am 16., 17. und 18. dieses Monats erlaubt.
§ 2 Es sind jedoch durchaus alle Maskeraden verboten, welche für Gegenstände der öffentlichen Achtung, für Religion, gute Sitten, so wie für obrigkeitliche oder Privatpersonen beleidigend, oder auch nur anstößig sind.
§ 3 Eben so ist es den maskirten Personen untersagt, auf den Straßen, Bällen, Redouten oder sonstigen Tanzböden bewaffnet zu erscheinen, die Ehrbarkeit durch Aeußerungen oder

---

[177] Welt- u. Staatsbote zu Köln, Nr. 3, 5. Jan. 1817; vgl. Köln. Zeitung, Nr. 21, 6. Febr. 1817. Die Kölner Adressbücher von 1813 und 1822 verzeichnen als Adresse von Konditor Maus: Unter Hutmacher 27.
[178] In den lokalen Zeitungen erschienen oft ausführliche Anzeigen zum Weinangebot.
[179] Zum Kölner Karneval Ende des 18. bis zum Beginn des 19. Jh.s: von der Bank/Brog/Leifeld, Freiheit, S. 95–104; Euler-Schmidt/Leifeld, Rosenmontagszug, S. 16–30; Brog, Zoch, S. 33–60; Frohn, Narr, S. 34–37.
[180] Vgl. Annoncen in: Köln. Zeitung, Nr. 20, 4. Febr., Nr. 21, 5. Febr. 1815.
[181] Vgl. Annoncen in: Der Verkündiger, Nr. 215, 18. Febr.; Nr. 217, 25. Febr. 1816; Welt- u. Staatsbote zu Köln, Nr. 32, 25. Febr.; Nr. 33, 27. Febr. 1816. Groote hatte sich in der Karnevalszeit 1816 auf der Reise nach Berlin befunden.

Gebährden zu verletzen, Streitigkeiten zu verursachen, oder sonst auf irgend eine Weise sich ruhestörend zu betragen."[182]

„Masken" waren beliebt und konnten in verschiedenen Kölner Läden ausgeliehen oder gekauft werden. „Bei Demoiselle Imhoff, in der Laurenzstraße" waren „Domino's zu verleihen und schöne Masken zu haben",[183] „bei Buchbinder Heyden oben Marktpforten" (Obenmarspforten) standen „alle Sorten feiner venetianischer Masken, so wohl im Uebersatz als auch stückweis im billigsten Preise" zum Verkauf.[184] Eine Verkleidung auf den Straßen oder auf einem Ball zu tragen, war indes nicht kostenlos, da zugunsten der städtischen Armenverwaltung spezielle Abgaben, als eine Art Luxussteuer, entrichtet werden mussten. Die polizeiliche Verfügung ordnete an:

„Alle maskirten Individuen, sie mögen sich auf den Straßen zeigen, oder auf Bällen, oder an andern der öffentlichen Lustbarkeit gewidmeten Orten erscheinen wollen, sind verbunden, sich mit einer von der hiesigen Wohlthätigkeits-Verwaltung auszufertigenden Karte zu versehen, für welche zum Besten der Armen 1 guter Groschen 11 Pfennig gezahlt werden."[185]

Während die Angehörigen niedriger Einkommensschichten in einfachen Wirtshäusern und Bierstuben tranken und tanzten, für Arme auch das kaum möglich war, feierten die gesellschaftlichen Eliten Kölns in elegant ausgestatteten Einrichtungen privater Unternehmer, die Räumlichkeiten für Konzerte, Feste, Bälle und Aufführungen aller Art zur Verfügung hatten. Die beliebtesten dieser Veranstaltungsorte, die auch Eberhard von Groote besuchte, waren bei Johann Peter Lempertz, Weinzäpfer und Kaffeeschenk auf dem Domhof 9,[186] bei Richard Lieber, Wirt und Weinzäpfer in der Komödienstr. 34, bei Johann Joseph Jäger, Weinzäpfer in der Ehrenstr. 20 („Jäger'scher Saal" oder „neuer Kuhberg" genannt),[187] bei Leonard Sittmann, Weinzäpfer, dem „Alten Kuhberg" an der

---

[182] Welt- u. Staatsbote zu Köln, Nr. 24, 11. Febr. 1817.
[183] Welt- u. Staatsbote zu Köln, Nr. 27, 16. Febr. 1817. Vgl. AK 1822: Catharina Imhoff, Papier- u. Parfümerie-Händlerin, Breite Str. 23.
[184] Köln. Zeitung, Nr. 20, 4. Febr. 1817.
[185] Welt- u. Staatsbote zu Köln, Nr. 24, 11. Febr. 1817. Das Ergebnis der Einnahmen gab die städtische Armenverwaltung nach Karneval bekannt: „Indem wir den Herren Abonnenten der Redoute auf dem Domhof und auf der Ehrenstraße für die uns zum Besten der Armen eingehändigten Geschenke von resp. Fr. 309, 57 Cent. und Fr. 232 hiemit in deren Namen danken, versichern wir zugleich, daß deren verhältnißmäßige Vertheilung an die Pfarr-Verpflegungs-Kommissionen nach dem Willen der edeln Geber erfolgen soll" (in: Welt- u. Staatsbote zu Köln, Nr. 31, 23. Febr. 1817). Vgl. Köln. Zeitung, Nr. 31, 23. Febr. 1817.
[186] Zur Geschichte des Gebäudes Domhof 9 bzw. 7/9: Merlo, Haus, S. 68–70. Das Gebäude, in dem Groote viele Veranstaltungen besuchte, wurde 1779/80 gebaut und zunächst nach dem Besitzer Ehl als „Konzertsaal bei Ehl" bezeichnet (Buck/Vogelsang, Theater, S. 176). AK 1797: „Ballhaus von Joh. Ehl", Nr. 2587/9. Einige Jahre später kam es in den Besitz von Peter Lempertz (AK 1813: cafetier-limonadier, Place Charlemagne 9/Am Domhof 9).
[187] Im Saal des Gebäudes Ehrenstr. 20 sind seit 1778 Konzertveranstaltungen belegt. Ende des 18. Jh.s führte die Weinhändlerin „Anton Cremer seel. witwe" das Etablissement (AK 1797), einige Zeit später ging es in den Besitz von Johann Joseph Jäger über (Buck/Vogelsang, Theater, S. 176).

Schnurgasse / Vor den Siebenburgen 5.[188] Zudem fanden auch im Schauspielhaus in der Komödienstraße große Veranstaltungen statt. Sie alle warben im ganzen Jahr, insbesondere aber in den Karnevalstagen, für ihre Angebote. Richard Lieber zeigte am 16. Februar 1817 an:

> „Heute Sonntag und die darauf folgenden Karnevalstage schöne Tanzmusik. Zugleich bemerke ich, daß ich mich veranlaßt finde, auf Verfügung der Armen-Verwaltung, beim Eingang anstatt wie sonst 24 Stbr., wofür eine Bouteille Wein gegeben wird, jetzt 27 Stbr. nehmen zu müssen, welche zum Besten der Armen bestimmt sind. Uebrigens bleiben die Preise der Weine wie gewöhnlich."[189]

Bei Lieber wurde 1817 auch der „israelitische Karneval", das Purimfest, gefeiert, zu dem der Veranstalter Max Heller, Mitglied der jüdischen Gemeinde, in der *Kölnischen Zeitung* inserierte:

> „Da heute den 2. März der israelitische Karneval einfällt, so wird Unterzeichneter mit obrigkeitlicher Bewilligung im Saale des Hrn. R. Lieber in der Komedienstraße, einen großen Masken-Nachtsball zu geben die Ehre haben. Der Eingangspreis ist à Person 15 Stbr. u. Anfang 7 Uhr. Max Heller."[190]

Feste im Rahmen der stilvollen Veranstaltungsräume waren bei der bürgerlichen Oberschicht wie bei adeligen Familien und höheren Militärs sehr beliebt; Groote zählte anlässlich eines Maskenballs bei Sittmann mehr als hundert Kutschen, in denen die Gäste angefahren waren.[191] Auch private Feste wurden gerne – und nicht nur an Karneval – veranstaltet und mit erheblichem Aufwand organisiert.

Henriette zu Solms-Laubach, die den Kölner Karneval 1817 zum ersten Mal erlebte, schrieb an ihren Sohn Otto in Berlin:

> Es gab „hier eine solche Menge von Gesellschaften Bällen und Thé dansants daß man gar nicht zu sich selbst kommen konnte; vorige Woche und vor einigen Tagen waren derselben 2 die sehr hübsch ausfielen und wobei <u>ich</u> sogar auch einige Tänze mittanzte wie du von Herrn von Freysleben, Adjutanten des General von Zastrow hören wirst, der auch dabei war, [...]. Künftigen Montag als am Tage vor Fastnacht, wird bei uns ein Thé Dansants gegeben, ich

---

[188] AK 1813: Leonard Sittmann, cabaretier, rue Théophanie 5/Vor den Siebenburgen. Der Alte Kuhberg war einer von sieben Gutshöfen an der Straße Vor den Siebenburgen.

[189] Köln. Zeitung, Nr. 27, 16. Febr. 1817. Weitere Annoncen in: Welt- u. Staatsbote zu Köln, Nr. 26, 15. Febr. 1817.

[190] Köln. Zeitung, Nr. 35, 2. März 1817. Vermutlich handelte es sich bei Max Heller um Meyer Heller, zu dem die „Nachweisung Sämmtlicher im Stadtkreise Köln wohnenden jüdischen Glaubensgenossen v. 19. Apr. 1817" vermerkt: Handelsmann, Datum des letzten Patents 1. Sept. 1813, 60 Jahre alt, seit 12 Jahren in Köln, Zuzug aus Bonn; gebürtig in den „hiesigen Provinzen", wohnhaft Hosengasse (HAStK, Best. 400, A 793, Bd. 1, Bl. 28v); AK 1813: Maximilien Heller, fripier (Trödler), Rue Ste. Agathe 29/An St. Agatha 29.

[191] Groote, Tagebuch, 19. Febr. 1817.

fürchte nur daß der Raum unseres Speiße Sals sehr beschränkt für die Gesellschaft sein wird; wie viel gäbe ich darum wenn ihr die lezten 8 Tage das Carnevals hier hättet sein können [...]. In den lezten 3 Tagen vor Fastnacht ist es hier wie in Italien, alles läuft masquiert und in komischen Gruppen auf den Straßen herum, und vornehmere Gesellschaften kommen masquirt zu ihren Bekannten und machen verschiedene Ueberraschungen."[192]

Anschaulich schilderte Groote die Vorbereitung für das von Henriette zu Solms-Laubach erwähnte Maskenfest, das am Montag, den 17. Februar im Wohnsitz der Familie zu Solms-Laubach, Glockengasse 3, stattfinden sollte. Mehrere Tage lang war Groote gemeinsam mit seinen Freunden Matthias Joseph Denoël und Joseph Adolph Nückel damit beschäftigt, ein Fastnachtsspiel zu schreiben und es in ihrem gesellschaftlichen Zirkel einzustudieren, um es schließlich vor eben diesem Kreis aufzuführen,[193] wobei die Rollen des in kölnischer Mundart verfassten Spiels von Bürgerlichen wie Adeligen übernommen wurden. Die drei Autoren griffen aktuelle Themen auf: Sie kommentierten ironisch die französischen Manieren einiger Zeitgenossen und spotteten über einen in England vorgetragenen Wunsch nach der Beteiligung von Frauen an politischer Macht. Sie ließen aber auch, geradezu gesellschaftskritisch, einen der Spieler als Kölner „Kappesbauer" auftreten, der von der Obrigkeit verlangte, die Interessen seines Standes zu berücksichtigen und die im Rahmen des Festungsbaus enteigneten Bauern endlich zu entschädigen.[194] Das Spiel endete mit einer Zusicherung des Vertrauens in die preußische Obrigkeit.

Die Kluft zwischen der städtischen Oberschicht und den Tausenden von Armen in Köln war also immens. Während 18.350 Arme wöchentlich 4 Pfund Kartoffeln pro Person für 1 Stüber (¼ Stüber pro Pfund) erhielten, zahlte man 40 Stüber für ein Pfund Parmesankäse bei Konditor Maus oder 30 Stüber an Karneval für den Zutritt zu einem Festsaal. Die Regelung der sozialpolitischen Maßnahmen – Art und Umfang der Hilfe für die Armen –

---

[192] H. zu Solms-Laubach an ihren Sohn Otto in Berlin, Köln, 14. Febr. 1817 (Privatarchiv d. Grafen zu Solms-Laubach, XVII, 199, Nr. 19). Das Ehepaar zu Solms-Laubach hatte vier Söhne: Otto, geboren 1799, Reinhard, geboren 1801, Rudolph, geboren 1803, Georg, geboren 1805 sowie Tochter Ottilie, geboren 1807. Die Söhne lebten nur zeitweise bei ihren Eltern.

[193] M. J. Denoël/E. von Groote/J. A. Nückel: „Wohlweislich durchdachter Verbesserungs-Plan", Februar 1817. Siehe Briefe u. Schriften. Das Maskenspiel wurde am 17. Febr. 1817 zwei Mal aufgeführt; zuerst vor einer größeren Festgesellschaft im Olymp, anschließend am Wohnsitz der Familie zu Solms-Laubach.

[194] Die staatliche Entschädigung für die seit 1815 beschlagnahmten Grundstücke ging nur sehr schleppend voran. Dazu: Zeitungs-Bericht der Reg. Köln für April, 10. Mai 1817 (GStA PK, I. HA Rep. 89, Nr. 16278, Bl. 54r). Im Fastnachtsspiel wurde überdies der Anspruch der Kappesbauern betont, den „Dreck" auf den Straßen Kölns zur Düngung der Gärten und Felder nutzen zu können. Vgl. J. P. J. Fuchs, Stadtchronik: Auf einer dem König bei seiner Anwesenheit in Köln eingereichten Vorstellung um Zahlung für die eingezogenen Ländereien, hatte „S. Majestät unterm 28. Sept. zu antworten geruht, daß der Finanz Minister angewiesen worden sey, die Zahlung der gebührenden Entschädigung nach Möglichkeit zu beschleunigen". Die Grundstücke hatten, stellte Fuchs fest, durch den „außerordentlich vielen Dünger, den sie [die Gärtnersleute] zum Theil in den Straßen der Stadt zusammen hohlten und aus den Abtritten erhielten, den Grundstücken einen großen Werth verliehen" (HAStK, Best. 7030, Nr. 215, Bd. I, S. 74 f.).

bestimmten die staatlichen, städtischen und kirchlichen Funktionsträger, mithin diejenigen, die wie Eberhard von Groote und seine Familie wirtschaftlich privilegiert waren.

Konflikte um Erbschaft und Pächter

1816 hatte Eberhard von Groote als ältester Sohn, unter Mithilfe seiner Brüder, die Regelung der Familienangelegenheiten, darunter mehrere langwierige Auseinandersetzungen, in die Hand genommen. Einer dieser Konflikte hatte seinen Ausgangspunkt in einer zwei Jahrzehnte zurückliegenden Erbschaft: Kanonikus an St. Gereon und St. Maria im Kapitol Everhard Anton Jacob Balthasar de Groote (1718–1796), „Großoheim" Eberhard von Grootes, hatte ein Testament hinterlassen,[195] in dem er eine Anzahl von religiösen und wohltätigen Stiftungen verfügte, darüber hinaus aber für seinen erheblichen persönlichen Besitz das „Erstgeburts Recht" in der männlichen Linie einrichtete. In dieses Recht setzte er seinen Neffen Everhard Anton von Groote (1756–1820),[196] den ältesten Sohn seines einzigen Bruders Franz Jakob Gabriel von Groote (1721–1792) und Vater des Tagebuchschreibers ein. Auch sämtliche Familienpapiere – ein umfangreicher Bestand an Dokumenten – vermachte Kanonikus de Groote diesem Erben und verbot allen übrigen Familienangehörigen, sich Unterlagen aus dem Dokumentenbestand anzueignen. Damit waren die jüngeren Geschwister des Erstgeborenen benachteiligt: Heinrich Joseph Anton Melchior von Groote (1762–1823), in der Familie als „der Bürgermeister" bezeichnet; Clara Catharina Rudolphina Walburgis von Groote (1752–1811); sowie die Erben von Maria Anna Henriette Walburga von Groote (1759–1785), die 1781 Caspar Joseph Carl von Mylius (1749–1831), in der Familie „der General" genannt, geheiratet hatte und schon früh verstorben war. 1811, nach Jahren ohne Klärung der Erbschaftsfrage, starb Clara Catharina von Groote unverheiratet. Sie hatte ebenfalls Everhard Anton von Groote, ihren ältesten Bruder, als alleinigen Erben eingesetzt, eine Bestimmung, die von den unberücksichtigten Verwandten nicht akzeptiert wurde. Bereits 1816 hatte Eberhard von Groote begonnen, sich Klarheit über die Grundlagen dieses Konflikts zu verschaffen, 1817 unternahm er große Anstrengungen, um endlich zu einem Abschluss zu gelangen. Zur Unterstützung ihrer Interessen zogen beide Parteien juristische Hilfe hinzu: Die Familie

---

[195] Testament von Everhard Anton Jacob Balthasar de Groote, Köln, 18. Febr. 1794 (HAStK, Best. 110G, Testamente, U 1/425/1). Das Testament wurde also nur wenige Monate vor der Besetzung Kölns durch die Franzosen unterzeichnet; mit der franz. Herrschaft waren viele der Bestimmungen nicht mehr durchführbar.

[196] Kanonikus de Groote, Köln, 18. Febr. 1794, Abschnitt 34 verfügte: Es solle „meines schon seelig verstorbenen lieben Herren Bruders Maria Frans Jakob Gabriel Edelen von Groote des heiligen Römischen Ritter der Herrlichkeit Kendenich und hiesiger Stadt Köllen Bürger Meistern ältester Sohn Everhard Anton Herman Joseph Melchior von Groote Oberpost Meister dahier mein Vetter und pätter ohne an meiner verlaßenen Erbschaft oder sonstens das geringste dieshalben abzug zu leiden solches Erstgeburts Recht, und güter anzutretten und sich in Possession zu setzen, und für seine Descendenten zu erneuern, und zu bestättigen verbunden seyn" (HAStK, Best. 110G, Testamente, U 1/425/1). Pätter: Patenkind; der Begriff Vetter wurde oft in einem weiten Sinne gebraucht.

von Everhard Anton von Groote verpflichtete den Anwalt Johann Joseph Gadé, die Gegenpartei Johann Jacob Sitt. Zum großen Ärger Eberhard von Grootes schleppten sich die Verhandlungen ohne wirkliche Fortschritte hin – sie sollten schließlich noch über zwanzig Jahre andauern.[197]

Parallel zu diesen Angelegenheiten verlief eine Auseinandersetzung, die Groote im Namen seiner Familie mit Paul Engels, „Burghalbwinner zu Kendenich", führte. Da Engels seine Vertragspflichten über längere Zeit nicht erfüllt hatte, kündigten ihm die Grootes die Pacht und vergaben den Hof stattdessen Ende 1816 an den Bauern Peter Joseph Klein. Doch die Übertragung der Pacht vollzog sich nicht problemlos, denn Engels hatte mit jüdischen Händlern aus Kendenich und Umgebung – von Groote durchgängig als „die Juden" bezeichnet – einen Kontrakt über den Verkauf seines Viehs geschlossen, sodass diese nun das Vieh als ihr Eigentum reklamierten und gegen einen anderweitigen Verkauf protestierten. Die Groote'sche Familie führte daraufhin am Kölner Kreisgericht einen Prozess „gegen die Juden", der im Dezember 1817 noch nicht beendet war. Als rechtliche Vertreter in diesem Konflikt beauftragte Groote die Juristen Joseph Adolph Nückel und Michael Schenk. Doch der neue Pächter Klein befand sich selbst in einer schwierigen Lage und war – vermutlich wegen des Verstosses gegen seine Militärpflicht – von einer Gefängnisstrafe bedroht. Während des ganzen Jahres unterstützte Eberhard von Groote Klein in seiner Auseinandersetzung mit den Behörden, die sich bis Ende 1817 hinzog.

---

[197] Vgl. eine zusammenfassende Stellungnahme „sämmtlicher Erben v. Groote" zu diesem Erbschaftsstreit an das erzbischöfliche Generalvikariat Köln, Köln, 25. März 1839 (AEK, Best. GVA Köln überhaupt 31, o. P.). Dort auch ein beglaubigter Auszug aus dem Testament des Kanonikus de Groote. Dazu: Spiertz, Groote, 280 f.

|A 1/10–20; 25r| **Tagebuch 1. Januar bis 26. März 1817**

Den 1. Jänner [1817].

Mit Kopfschmerzen stehe ich auf, nehme mein Frühstück, gehe in die Kirche, u. als ich eben nachher die Schwestern u. den Vater zum neuen Jahr bewillkomme, erhalte ich mit der petite poste[198] einen höllisch verkeilten[199] Brief von einer hiesigen Frau, die mich bey Solms oft will gesehn haben, u. mir auf heute nachmittag 4 Uhr bey Haxthausen,[200] wo sie Besuch zum neuen Jahr machen will, rendez vous giebt.[201] Ich denke lang hin und her, und schwanke zwischen den

---

[198] petite post, vermutlich: Postdienst innerhalb der Stadt. Matthias, Darstellung des Postwesens, Bd. 2, S. 63: „Keine Postexpedition ist verbunden, Briefe aus der Stadt an Einwohner in derselben Stadt zur Bestellung anzunehmen. Dagegen kann [...] das Postamt oder der Postwärter geschehen laßen, daß der Briefträger solche Briefe von den Absendern zur Besorgung gegen Entrichtung des gewöhnlichen Bestelldreiers übernimmt; jedoch darf in keinen Fall Porto gefodert und genommen werden." Im Folgenden wird zu Vorschriften der preußischen Post das Eberhard von Groote und seinem Vater sicherlich bekannte Handbuch zitiert: W. H. Matthias, Darstellung des Postwesens in den Königlich Preussischen Staaten, Berlin 1812–1817, Bd. 2: Post-Gesetze- und Verordnungen, Berlin 1816.

[199] verkeilt, Umgangssprache, Studentensprache: verliebt.

[200] W. von Haxthausen nutzte um 1817 wahrscheinlich zwei Wohnsitze in Köln: Zum einen das Haus Hohe Str. 53 in der Stadtmitte, Eigentum der mit ihm verwandten Familie von Bettendorf, in dem er schon länger gewohnt hatte; zum andern den Brempter Hof /"Die Siegburg" am Bayenturm, Bayengasse/Bayenstraße 27. Ende des 18. Jh.s hatte dieses Gebäude der Familie von und zum Pütz gehört, daher auch Pützisches Haus am Bayen oder Pützischer Hof. Um 1816 war es im Besitz der Witwe Fernandine Heereman von Zuydtwyck, einer Schwester W. von Haxthausens. Vgl. Schaden, Bei Haxthausen, S. 205; Vogts, Kölner Wohnhaus, Bd. II, S. 751; Abb.: Bd. I, S. 171; Vogts, Die profanen Denkmäler, S. 419. Klein, Haxthausen, S. 169: Der Brempter Hof „war damals das einzige Haus, das noch auf der Rheinmauer stand. Auf allen Kölner Stadtansichten, vom Rhein her gesehen, auf denen der Bayenturm abgebildet ist, ist auch die Siegburg erkenntlich mit ihrem vorspringenden Erker. Der ganze Hof war eine umfangreiche Gebäudegruppe, der große Gärten und Ländereien von insgesamt 9 Morgen einschloß. Zwischen dieser Wildnis und dem damals schon verfallenen Gemäuer hauste Werner von Haxthausen mit seinem Freund, dem Juristen Ernst Leist, dem späteren Geheimen Oberrevisionsrat in Berlin und einem Diener."

[201] Der nicht unterzeichnete Brief, den Groote lebenslang aufbewahrte, lautet: „Montag den 30ten December 1816. Obschon es sehr gegen den Anstand meines Geschlechts ist, so sprich[t] doch mein Gefühl ganz unumschränkt zu Ihnen. Wir sahen uns schon sehr oft in Gesellschaft und wenn mich meine allzugroße Freundschaft zu Ihnen nicht trügt, so glaube ich so glücklich zu seyn von Ihnen bemerkt zu werden, besonders bemerkte ich dies in der letzten Gesellschaft bei der Gräfin Solms. [Vermutlich ist die Feier zum Geburtstag der Gräfin zu Solms-Laubach gemeint: Groote, Tagebuch, Bd. 2, 23. Dez. 1816, S. 408]. Sie glauben nicht, wie sehr mich da der Zwang drückte, welchem ich mir nothun muste, um meine Gefühle nicht laut werden zu lassen. Schon lange bewunderte ich Sie im Stillen und kämpfte mit Pflicht und Liebe, allein unmöglich war es mir, Sie Theurer Mann, aus meinem Herzen zu verdrängen, schon lange sehnte ich mich nach einer Unterredung mit Ihnen allein vergebens; am Neujahrstag fahren wir Besuch machen, um 4 Uhr werden wir bei H. von Haxthausen seyn. Sollte es Ihnen denn nicht möglich seyn, auch da zu seyn? Ich würde denn ein[en] Vorwand finden um zu Fuß nach Hause zu gehen und Sie hätten dann die Güte sich mir zum Begleiter anzubieten. Ich hoffe, das Sie meinen Wünschen willfahren und sich

zwey Regierungs Räthinnen, der hübschen v. Stolzenberg[202] u. der dicken Redtel.[203] Ich ziehe Joseph in das Geheimniß, und dieser entscheidet ganz für die Letztere. Ich nehme mir vor, alles anzuwenden, um diese Geschichte heraus zu bringen. Der Brief ist klar u. mit unverstellter Hand, doch anonym geschrieben. Erst gegen 12 Uhr gehe ich aus, u. zwar ans Haus der Redtel,[204] doch ohne Sie zu finden. Ich gehe zu Geyr,[205] wo ich die Schwestern finde. Nach Tisch kommt

zur bestimmten Stunde einfinden werden, ich werde Ihnen denn mündlich sagen, wie theuer Sie mir sind. Ganz die Ihrige" (Archiv Haus Londorf, Herr von Groote, Familienbriefe, 1.1., Nr. 006).

[202] Elisabeth Therese Stolzenberg, geb. Dufour war seit 1811 mit Carl Friedrich von Stolzenberg verheiratet. Dieser war Sohn der Schauspielerin Marie Magdalene Charlotte Kramann. Sie war zunächst Mätresse, seit 1784 Ehefrau des Markgrafen Friedrich Heinrich von Brandenburg-Schwedt. 1786 wurde sie nobilitiert und erhielt den Namen von Stolzenberg, ihr illegitim geborener, aber als legitim anerkannter Sohn wurde ebenfalls in den Adel erhoben. Zu C. Fr. von Stolzenberg: Klein, Personalpolitik, S. 56 f.

[203] Zur Biografie Frau Redtels konnte nichts Näheres ermittelt werden;. Nicht einmal Vor- und Geburtsname ließen sich zweifelsfrei feststellen; auch in der Personalakte von Carl Wilhelm Redtel aus der Zeit seiner Tätigkeit in Potsdam ab 1818 ist ihr Name nicht genannt (Brandenburgisches Landeshauptarchiv, Rep. 2A Regierung Potsdam I Pers. Nr. 4434).

[204] Die Wohnung des Ehepaars Redtel in Köln ließ sich nicht feststellen.

[205] Die Familie von Cornelius Joseph von Geyr zu Schweppenburg und Anna Maria Franziska von Becker wohnte im Geyr'schen Palais, Breite Str. 92/98). Das 1753 errichtete Palais enthielt: „im Erdgeschoß eine Dienerwohnung, ein Vestibül, einen Nebeneingang, einen Flur, einen Saal, zwei große und vier kleinere Zimmer, zwei Kabinette, zwei überwölbte Räume (Archiv und Kontor), Küche, Waschküche, Remisen und Ställe, im ersten Obergeschoß einen Saal, sechs Wohnzimmer und sechs Kabinette, im zweiten Obergeschoß einen Saal, sieben Zimmer und fünf Kammern" (Vogts, Kölner Wohnhaus, Bd. I, S. 54). Nach einer Schätzung während der franz. Zeit gehörte es mit einem Wert von 20.000 Francs zu den drei wertvollsten Kölner Wohngebäuden (Vogts, Kölner Wohnhaus, Bd. I, S. 346 u. Bd. II, S. 754). Kirschbaum, Wohnbauten, S. 280: Die Wohn- und Nebengebäude lagen „direkt an der Straße, während sich dahinter ein weiträumiger Garten anschloss [...]. Das Corps de logis, ein nahezu quadratischer Bau mit einem polygonalen Risalit auf der Gartenseite, war mittig zwischen zwei langen, L-förmigen Seitenflügeln platziert. Diese verliefen parallel zu den Seitenwänden des Wohnhauses und bildeten damit zwei passagenartige Zugänge zum rückwärtigen Hof aus, von denen der östliche eine Kutscheinfahrt enthielt. Die Straßenfassade des zweieinhalbgeschossigen, siebenachsigen Corps de logis war architektonisch äußerst schlicht gestaltet." Sie nahm „die traditionelle Form der Kölner Wohnhäuser mit gerade abschließenden Wallmauern (Flabesmauern) auf und unterschied sich von anderen Kölner Adelsbauten aus der gleichen Zeit, deren Fassaden risaliert und mit Giebeln oder Lukarnen bekrönt waren. Gegen die noch schlichteren Bürgerhäuser hob sich das Geyrsche Palais durch den reichen Hausteinschmuck ab, der insbesondere die Mittelachse der Fassade maßgeblich bestimmte." Zur Ausstattung: Creutz, Kölner Wohnhaus, S. 127–130. Hier auch Abbildungen der Innenausstattung: Gartensaal mit eleganter Stuckverzierung der Decke und Tapisserien aus Aubusson, die „Darstellungen in reicher Parklandschaft, Schäferszenen und Spiele" zeigten (S. 127) sowie Sitzmöbel mit Tapisseriebezügen (S. 128); Abb. auch in: Satzinger, Repräsentation, Nr. 675–677. Das Gebäude wurde um 1832 an den preuß. Staat verkauft, bis 1911 als Oberzolldirektion genutzt und 1912 niedergelegt. Vgl. zum Gebäude: Groote, Tagebuch, Bd. 2, S. 48; Vogts, Die profanen Denkmäler, S. 426–428; Kirschbaum, Wohnbauten, S. 280–282; Müller, Köln, S. 257; Ebeling, Bürgertum, S. 121. Verzeichnisse der 1766 im Palais vorhandenen Gemälde und ihres Schätzwertes sind überliefert (Wolthaus, Ahnengalerien, S. 454 f.). Zur Genealogie der Familie von Geyr

Wallraf u. Redtel[206] zu mir, um zu überlegen, wie dem GeheimenRath v. Klewitz von der Stadt ein ordentliches Fest veranstaltet werden könne.[207] Ich verwünsche die ganze Geschichte, u. sorge die Herrn nur los zu werden, da es bald 4 ist. Wallraf muß ich versprechen, bald mit ihm nachher zum Bürgermeister zu gehn. Ich renne nun zu Haxthausen,[208] finde ihn aber nicht, sondern nur den Regierungs Sekretar |25v| Poppey[209] in seinen Zimmern, der mir fast in ähnlichen Verrichtungen dort zu seyn scheint. Er macht sich allerley zu thun, läßt sich Visitenkarten kommen, die er beschreibt, guckt nach jedem Wagen u. dergl. Es wird mir fast lächerlich; allein, ich halte es aus bis 4 ½, wo ich dann endlich zu Wallraf hin muß. Wir rufen noch bey Kreuser[210] u. Fuchs[211] da,[212] finden aber keinen von

---

zu Schweppenburg, ihrem Besitz Müddersheim und Schweppenburg und ihrer Bildnissammlung: Wolthaus, Ahnengalerie, S. 177–187, 226–229, 344–357, 440–445, 586–618. Dazu auch: Klocke, Entwicklung, 1918 u. 1919. Ich danke Dela von Boeselager und Martin Wolthaus für ihre Hinweise und Erläuterungen.

[206] Carl Wilhelm Redtel, ein Schüler Karl Friedrich Schinkels, war seit 1814 Landbaumeister in Halberstadt, seit 1816 Regierungs- und Baurat in Köln. Hier war er für eine Reihe von Bauten zuständig; so wurde das Gebäude des ehemaligen Montanergymnasiums nach seinen Entwürfen zum Sitz der Kölner Regierung umgebaut. 1818 wurde er zum Oberbaurat nach Potsdam versetzt, wo er bis Anfang der 1850er Jahre tätig war. Zu Redtel: Klein, Personalpolitik, S. 58 f.; Hagspiel, Lexikon, Bd. 3, S. 1514.

[207] Wallraf wurde in einem Schreiben vom 1. Jan. 1817 aufgefordert, Klewitz im Jesuitenkolleg, in dem bereits Teile der Wallraf'schen Sammlung aufgestellt waren, zu erwarten. Das Schreiben ist ohne Unterschrift: „Worum ich Sie belangen wollte Lieber Hr. College, wäre der gute Dienst, den Sie am Morgigen Tage leisten könnten, wo Seine Excellenz der Königliche Geheime Rath Hr. von Klewitz, welcher heut abend zwischen 6 ad 7 wiederangekommen ist und – welcher in Düsseldorff, Elberfeld, Sohlingen etc. und zu Achen so sehr befeiert und wegen seiner emsigen Vorsorge für diese Provinz und sonstigen guten Anschläge dazu festiglich belobt und in prosa und Versen bexxxx worden ist – Morgen um etwa 10 ad 11 Uhr nach dem Jesuit. Gymnasio, Kirche und Collegium hinkommen wird" (HAStK, Best. 1105, A 23, Bl. 23r u. v).

[208] Zu W. von Haxthausen: Klein, Solms-Laubach, S. 36–38; Klein, Bemühungen, S. 370–374; Klein, Haxthausen, 1954; Klein, Personalpolitik, S. 14–19, 40–46; Beusch, Standespolitik, S. 44 f. u. vielerorts; Spiertz, Groote, S. 302–304 u. vielerorts; Schaden, Haxthausen, 1995; Renger, Gründung, S. 47–50; Wegener, Leben, Teil 2, S. 35–38; Schupp, Kettenbrüder, bes. S. 360–362. Vgl. eine Beurteilung Haxthausens: „Anfänglich fehlte es ihm an practischer Uebung, ich muß ihm aber das ehrenvolle Zeugniß geben, daß er, besonders seit 6 Monaten so beträchtliche Fortschritte gemacht hat, daß er unbezweifelt ein sehr brauchbarer Rath werden wird" (Fr. L. Chr. zu Solms-Laubach, Konduitenliste, Köln, 20. Sept. 1817 (GStA PK, I. HA Rep. 74, Nr. 103, Bl. 204r). Im „Verzeichniß der von dem ehemaligen Gouvernement des Mittel und Nieder Rheins noch unangestellten gebliebenen Personen" (um 1815), heißt es zu Haxthausen, er beschäftige sich „nur mit dem Phantom der Ritterschaft und des Mistizismuß" und seine „Einmischungen" bewiesen, „daß er durchaus gar keine Geschäfts Kentniße hat" (GStA PK, VI. HA Nl Hardenberg K. v. H. Nr. 13 ½, Bl. 74v–75r).

[209] Friedrich Wilhelm Poppey, Regierungs-Sekretär, Maximinenstr. 19 (Verzeichnis der 1819 in Köln wohnhaften evang. Christen; Archiv der Evangelischen Kirche Köln, 01-4,1); AK 1822: Gereonstr. 63.

[210] Der 1795 in Köln geborene Johann Peter Balthasar Kreuser war seit 1815 Hilfslehrer am Marzellengymnasium.

[211] Maximilian Heinrich Fuchs, Maler, Architekturzeichner und Restaurator, war eng mit Wallraf und

beyden, begegnen Denoël,²¹³ den wir mit zum Bürgermeister schleppen; dieser aber ist auch nicht da. Wir gehn nun zu Graf Solms, wo der Dr. Sotzmann ist. Dort überlegen wir von neuem, was zu thun, u. ich erhalte Auftrag, zu Herrn Bürgermeister zu gehn, u. mit ihm das nähere zu besprechen. Deshalb muß ich zu Biermann²¹⁴ an die Holzpforte,²¹⁵ wo wir wieder mit Zuziehung des Herrn v. Monschaw²¹⁶ u. v. Wittgenstein²¹⁷ lange deliberiren,²¹⁸ bis ich Auftrag erhalte,

---

S. Boisserée verbunden. Bekannt ist er vorallem durch seine Zeichnungen für das von S. Boisserée veröffentlichte Domwerk: Ansichten, Risse und einzelne Theile des Doms von Köln, dessen erster Band 1821 erschien. Vgl. AK 1813: peintre en tout genre; Rue des Etoiles 64; AK 1822: Maler, Sternengasse 64; J. P. J. Fuchs, Topographie: „In dem Hause No. 6100/64 [Sternengasse] wohnte früher, und später in dem Hause 6109/29 der Decorations Maler Max Hein. Fuchs. Derselbe restaurirte zugleich alte Gemälde. Unter der Leitung der Herrn Wallraf u. M. J. de Noël hat derselbe viele neue Decorationen im hiesigen Schauspielhaus und manche Bilder zu festlichen Beleuchtungen bei Anwesenheit hoher Herrschaften und unter der Leitung des H. Sulpiz Boisserée mehrere Zeichnungen zu dem großen Werke über den Cölner Dom ausgeführt" (HAStK, Best. 7030, Nr. 231, Bd. 4, S. 328). Siehe auch: Krischel, Kölner Maler, S. 249 f.; Thierhoff, Wallraf, S. 88 u. vielerorts; Merlo, Künstler, Sp. 252–254.

²¹² Satz sic.

²¹³ Matthias Joseph Denoël war Kaufmann, Maler, Schriftsteller, Kunstsammler und Mitbegründer der Olympischen Gesellschaft; ab 1828 amtierte er als erster Kurator des Wallrafianums. Personalnotizen, 1815: „Denoel, Math. Joseph. Waaren Makler, an diesem jungen Mann ist das Kunst Talent zum Malen, welches er schon zu einem hohen Grad gebracht und mit historischen Kenntnissen und durch Reisen bereichert hatte, unterdrückt worden. Als Makler stellt er daher Nichts vor, aber als Kunstkenner bleibt er schätz- und brauchbar" (Landesarchiv NRW R, BR 0002, Nr. 1534, Bl. 45v). Vgl. auch: Ennen, Zeitbilder, S. 284–294; Merlo, Künstler, Sp. 185–187; Blökker, De Noël, 1995; Skwirblies, De Noël, 2013; Müller, Köln, S. 352 f.; Thielen, Partizipation, S. 604; Böhm, De Noël, 1977 u. 1980; Bayer, DeNoël, 1915; Wegener, Leben, Teil 1, S. 237–240 u. vielerorts.

²¹⁴ Der Jurist und Seifenfabrikant Johann Philipp Biermann wohnte Am Holzmarkt 73.

²¹⁵ Vom Holzmarkt gelangte man durch die Holzpforte/Holzmarktpforte in der Stadtmauer zum Rheinufer. Zur Produktion seiner Fabrik: Denoël, Uebersicht der Ausstellung, Teil 1. Personalnotizen, 1815: „Biermann. Philipp. vorheriger Advocat, nun Rentier. Ist nicht mit der Zeit fortgeschritten, doch zu Verwaltungs Geschäften nützlich zu gebrauchen, er ist redlich und bieder" (Landesarchiv NRW R, BR 0002, Nr. 1534, Bl. 41r).

²¹⁶ Zu Franz Rudolph Johann Nepomuk von Monschaw vgl. Personalnotizen, 1815: „v. Monschau. Beigeordneter des Cöllner Bürgermeisters. Sehr deutsch und rechtschaffen, auch von gutem biederen Character, doch ohne besondere Fähigkeiten und dem Vernehmen nach im Publico nicht allgemein geliebt, wozu sein etwas herbes Benehmen Anlaß geben mag, mit welchem er meist seine, oft wohlgemeinten doch nicht immer genug überlegten Entschlüsse durchsetzet. Im ganzen unbedeutend." Zusatz: „Bataillons Chef der Bürgermilitz. Besizt höchst mittelmäßige Fähigkeiten, etwas roh" (Landesarchiv NRW R, BR 0002, Nr. 1534, Bl. 7r u. v). Zur Geschichte der Familie von Monschaw: Monschaw, Familie, 1920 u. 1921.

²¹⁷ Der Jurist, Kaufmann und Bankier Johann Jakob Hermann von Wittgenstein, verheiratet mit Maria Theresia von Haes, zählte zu den einflussreichsten Kölner Bürgern. Nach dem Jurastudium in Köln und Göttingen war er zunächst Syndikus der Stadt Köln. Ab 1790 amtierte er als Bürgermeister Kölns, 1803 bis 1814 als Maire, bis 1815 erneut als Bürgermeister. Personalnotizen, 1815: „v. Wittgenstein. Privat, ehemaliger Bürgermeister in Cölln. Ein Mann von vielen Einsichten und Kenntnissen, der übrigens auch sehr gute Eigenschaften hat, doch sehr schwach ist und sich leicht,

mit Herrn Dumont[219] u. Herrn Dr. Schmitz[220] zu einer Feyer im morgigen Conzert zu conferiren; u.s.w. Dieß geschieht; allein, nach langem hin u. herreden mit diesen Herrn, wird entschieden, es sey zu Allem zu spät, es könne also nur noch ein Lied, etwa in der melodie: God sef. de King[221] etc. gesungen werden, welches ich machen soll. Nach diesem hin u. her rennen, komme ich gegen 8½ nach Haus. Joseph ist auch gar nicht aus gewesen. |26r|

Den 2. Jänner [1817].

Ich bin gleich früh dabey, ein Lied zum Conzert zu entwerfen. Bald aber kommt schon Wallraf, u. nach ihm Prof. Kräuser, letzterer mit Gedichten, die er zur Präsentation für den Frauenverein[222] und für die Stadt[223] gemacht hat. Auch

besonders von seinem eiteln Weibe leiten läßt. Er war vor der französischen Regierung Bürgermeister, in welcher Stelle er ungefähr 1808 wieder eingesezt wurde. Napoleon hat ihn bei seinen Durchreisen besonders und vor vielen andern hervor gezogen und schien seinen Umgang zu lieben. [...] Die schlechten eigennüzigen undeutschen Gesinnungen seiner engsten Verbindungen, seine Schwäche, die Hoffnung einer glänzenden Zukunft, geschmeicheltes Ehrgefühl, haben nun wirklich in ihm eine große Vorliebe für das Napoleonische System erzeugt. Die hiesigen Bürger – die, mit seltener Ausnahme, von jeher die Franzosen haßten, und sich unter ihrem Druck höchst unglücklich fühlten – bemerkten dies mit sichtbarem Unwillen und fanden sich dadurch zu mancher, auch häufig ungerechten Beschuldigungen und zu einem entschiedenen Haß gegen ihn und überhaupt gegen die städtische Verwaltung veranlaßt [...]. Bei besserer, vorsichtiger gewählter Umgebung würde er ein guter Verwalter gewesen sein. [...] Durchaus Franzos, und beim Bürgerstand verhaßt" (Landesarchiv NRW R, BR 0002, Nr. 1534, Bl. 13r–14v). Vgl. Wedel, Wittgenstein, S. 9–23; Mettele, Bürgertum, S. 79 u. vielerorts.

[218] deliberieren, hier: überlegen, diskutieren.

[219] Im Folgenden ist nicht immer klar, ob sich Groote auf den Drucker, Verleger und Herausgeber der Kölnischen Zeitung Marcus DuMont bezieht oder auf dessen Bruder Heinrich Joseph Matthias DuMont, Tabakfabrikant- u. händler. Letzterer war 1817 Mitglied des Stadtrats. Personalnotizen, 1815: „Dumont. Henri. Tabacks Fabricant. Intrigant, ungebildet, ganz Franzos, daher nicht empfehlbar" (Landesarchiv NRW R, BR 0002, Nr. 1534, Bl. 47r). Marcus DuMont war seit 1805 mit Katharina Schauberg verheiratet; im Nov. 1816 zogen zunächst Druckerei und Zeitungsexpedition in das Haus „Unter Golden-Wagen", Hohe Str. 133, einige Zeit später wurde auch der Wohnsitz der DuMonts hierher verlegt. Zum Verlag DuMont-Schauberg in den ersten Jahrzehnten der preuß. Zeit: Nahmer, Beiträge, 1. Teil, S. 29–84; Weinhold, Verlag, S. 75–84. Zu M. DuMont auch: Ennen, Zeitbilder, S. 300–305; zu Marcus und Katharina DuMont: Nahmer, Beiträge, 1. Teil, S. 17–21; Wegener, Leben, Teil 2, S. 223 f.

[220] Der Arzt Dr. Franz Palmatius Schmitz hatte 1816 Walburga Gertrudis Schülgen, eine Nichte der Brüder Boisserée, geheiratet. Zu seiner Biografie: Braubach, Cassel und Schmitz, S. 364–375; Steinberg, Haas, S. 123, 154 f.

[221] God Save the King, seit Anfang des 19. Jh.s britische Nationalhymne.

[222] Mitglieder des 1814 in Köln gegründeten Vaterländischen Frauenvereins waren Frauen des Adels und der bürgerlichen Oberschicht. Zu Gründung des Vereins, seinen Zielen und Leistungen bis 1818: Reder, Frauenverein, S. 54–68; Mettele, Bürgertum, S. 120–123. Solms-Laubach stattete dem Frauenverein am 22. Dez. 1816 gemeinsam mit seiner Frau Henriette einen Besuch ab und würdigte damit dessen Arbeit. Wallraf verfasste zwei Gedichte zu diesem Anlass, zum einen: „Die Erscheinung der Erlauchten Frau Ober-Präsidentinn, Reichsgräfinn Henrietta von Solms-Laubach

Redtel kommt, u. so wird hin u. her gesprochen, wie die Festlichkeiten eingerichtet werden sollen.²²⁴ Uebrigens wird Herr v. Klewitz heute nicht in Wallrafs

im edeln FrauenVerein zu Cöln, am Vorabend ihrer Geburtsfeier / 22. Dez. 1816." Die 1. Strophe dieses Gedichts lautete: „Schwesterliche Sterne kränzen / Eine Schwester, sie umglänzen / Ihr das Haupt mit reichen Strahlen; / Und gefeiert erscheint ihr Licht" (HAStK, Best. 1105, A 158, Bl. 48r). Zum anderen: „Der Gegenwart Sr. Erlaucht des Herrn Grafen, Ober-Präsidenten, im edeln FrauenVerein zu Cöln am 22. Dezemb. 1816." 1. Strophe: „Im Heiligthum der Leier, / Wo Lust an Pflicht sich reiht, / Sey auch Dein Nam uns theuer / Und Dir ein Lied geweiht" (HAStK, Best. 1105, A 158, Bl. 48v).

²²³ Die beiden Gedichte Kreusers, jeweils mit „Kr" unterzeichnet, erschienen auf der Titelseite der Köln. Zeitung, Nr. 2, 4. Jan. 1817, eingebettet in einen Artikel: „Köln, 3. Januar. Se. Exzell. der königl. preuß. wirkliche geheime Rath, Herr von Klewiz, erzeigte gestern der hiesigen musikalischen Gesellschaft die Ehre, mit Höchstdero Frau Gemahlinn dem wöchentlichen Liebhaberkonzert beizuwohnen. Zwischen den beiden Abtheilungen des Konzerts ward in dankbarem Gefühl für des Königs Liebe zu seinem Volke vom Orchester mit Abwechslung aller frohen Stimmen der Anwesenden, ein für diese Gelegenheit verfertigtes Lied abgesungen [Autor dieses Liedes war Groote]. Die Vorsteherinnen des hiesigen Frauenvereins überreichten Sr. Exzellenz folgendes Gedicht [Autor: Kreuser]: Schüchtern nach der Väter Sitte / Nahet Dir der Frauen-Schaar, / Legt geschämig zarte Bitte / Für die armen Brüder dar. / Auf den kühnen Mann sie bauen, / Der vollbringt, was Er beginnt; / Drum wir harrend nach Dir schauen, / Frauen deutsch und mildgesinnt!" (1. Strophe). „Trost schon haben wir empfangen, / Als wir Dich nur angeschaut. / Nicht vergebens wir verlangen, / Haben fest auf Dich gebaut. / Deutscher reichet gern die Hände, / Fühlet gerne Lust und Pein; / Drum den Jammer von uns wende, / Mögest unser Vater seyn!" (4., letzte Strophe). Bei Spiertz, Groote, S. 324 ist das Gedicht als vermutlich von Groote verfasst eingeordnet. Das zweite Gedicht Kreusers wurde Klewitz von den städtischen Vertretern im Saal des Marzellengymnasiums übergeben. Köln. Zeitung, Nr. 2, 4. Jan. 1817: „Heute den 3. Jan. besuchten Se. Exzellenz unsern großen schönen ehemaligen Universitäts-Saal, und wurden daselbst von dem Oberbürgermeister, Fhrn. von Mylius, in Begleitung mehrerer Stadträthe und einiger Mitglieder des Studienvorstands empfangen." Im Gedicht hieß es: „Dir der höchste Name werde, / Den ein Deutscher geben kann; / Und auf weiter Vatererde / Heiß' ein kräft'ger, deutscher Mann! […] Zeiten gehen, Zeiten kommen; / Doch das Herrliche besteht: / Der für's Höchste angeglommen, / Hat des Lichtes Born erspäth." Bei seiner Gründung 1814 hatte der Frauenverein u.a. folgende Mitglieder: Maria Charlotta Heereman von Zuydtwyck, geb. von Eltz-Rübenach (ihr Wohnsitz Gereonstr. 12/18 war einige Jahre Treffpunkt des Vereins), Dorothea Christiana Modeste zur Lippe-Biesterfeld, geb. von Unruh, Maria Franziska Hirn, geb. Pleunissen, Elise Mumm, geb. Heydweiler, Fernandine Heereman von Zuydtwyck, geb. von Haxthausen, Sophia Schüll, geb. von Rappard, Maria Agatha von Herwegh, geb. von Weise, Anna Maria Blanchard, geb. Epmundi, Maria Henriette Caroline von Groote, geb. von Becker (E. von Grootes Mutter), Maria Theresia Lucie Schaaffhausen, geb. de Maes, Maria Katharina Ignatia Foveaux, geb. Scholl, Mathilde Clementine Marie Wolff Metternich zur Gracht, geb. von der Wenge zur Beck, Maria Agnes Klara von Geyr zu Schweppenburg, geb. Hendrickx. Vgl. Köln. Zeitung, Nr. 57, 24. April 1814; Reder, Frauenverein, S. 56 f.

²²⁴ Vgl. K. J. von Mylius an die Ratsmitglieder, Köln, 2. Jan. 1817: „Ich habe die Ehre, Ihnen von der Ankunft Seiner Excellenz des wirklichen Königlich Preußischen Geheimrathes, Herrn von Klewiz, in hiesiger Stadt andurch die Anzeige zu machen. Ich habe bereits um die Erlaubniß gebethen, die hiesigen Verwaltungen vorstellen zu dürfen: Se. Excellenz haben sich aber vorbehalten, näher zu bestimmen, ob und wann sie die Verwaltungen bey sich empfangen wollen, wovon ich Ihnen nähere Nachricht geben werde" (HAStK, Best. 400, A 156, Bl. 1r). Kurz darauf erfolgte die Benachrichtigung durch den Beigeordneten Ph. J. Riegeler, Köln, 2. Jan. 1817: „Aus Auftrag des

Sammlung etc. kommen, u. mit dem Gedicht braucht daher nicht geeilt zu werden. Doch lasse ich einen Schreiber von dem Bürgermeister Amt holen u. Papier zum Abschreiben, |:3 Fr.:||:−12:|[225] u. da Wallraf etc. zu u. abgeht, komme ich fast nicht zum Liede.[226] Nach 1 Uhr ist jedoch alles fertig, u. ich schicke es in die Druckerey. Herr Herstadt[227] wird noch vom Bürgermeister geschickt, wegen des Prologs zum Theater für morgen. Ich bin gar nicht Sinns ihn zu machen; doch Herstadt besteht darauf u. will mir nachher einen von der Theaterdirektion[228]

Herrn Oberbürgermeister beeile ich mich Sie zu benachrichtigen daß S. Excellenz der Geheimrath Hr. v. Klewitz die Verwaltungen Morgen früh neun Uhr empfangen wird, der Hr. Oberbürgermeister läßt Sie also bitten, sich um besagte Stunde im Kaiserlichen Hofe einzufinden, wo er die Ehre haben wird Sie S. Excellenz vorzustellen" (HAStK, Best. 400, A 156, Bl. 1v). Vgl. die Einladung an die Vertreter verschiedener Einrichtungen der Stadt zur selben Gelegenheit, aber für „ein viertel von neun" (Bl. 2r, 4r, 5r).

[225] Eine wichtige Veränderung im Alltag der Bewohner in den neuen Provinzen betraf die Zahlungsmittel. 1817 war der Geldverkehr in den rheinischen Provinzen noch durch den Umlauf verschiedener Währungen und Geldsorten sehr kompliziert. Die staatlichen Behörden drängten daher auf die baldige Einführung der preußischen Währung: 1 Taler preußisch Courant umfasste 24 Gute Groschen, ein Guter Groschen 12 Pfennige. Nachdem man zu Anfang des Jahres die ausschließliche Verwendung dieser Währung im Geldverkehr mit Behörden und öffentlichen Kassen verfügt hatte, erwartete man staatlicherseits eine rasche allgemeine Akzeptanz. Zunächst jedoch wurde in vielen Bereichen weiterhin vor allem mit franz. Geld (Franc, Sol/Sou, Denier/Centime) oder mit Reichstaler, Albus und Stüber u.a. gerechnet. Grootes Notizen zeigen, dass er persönliche, kleinere Ausgaben in franz. Währung berechnete und bezahlte, für andere oder umfangreichere Geschäfte häufig die preußische Währung nutzte. Gelegentlich nennt er zudem Zahlungsmittel wie Laubtaler oder Friedrichsd'or. Vgl. zur Entwicklung der Zahlungsmittel in Köln kurz: van Eyll, Wirtschaftsgeschichte, S. 260.

[226] Dieses von Groote verfasste Lied, das wohl als Einzelblatt gedruckt war, ist nicht überliefert. Allerdings liegt die Rechnung für den Druck vor: E. von Groote an K. J. von Mylius, Köln, 17. Jan. 1817: „Euer Hochwohlgeboren, beehre ich mich, in der Anlage die, von Herrn Du Mont Schauberg mir zugestellte Note, über die Druckkosten des bey Anwesenheit S. E. des Herrn Geh. Rth v. Klewitz im Liebhaber Konzerte vertheilten Liedes, und eine andere über die Velin-Papier und Schreibekosten der beyden S. Ex. überreichten Gedichte, mit der Bitte vorzulegen, die darin vermerkte Summe von Rthl. 11 Stbr. 4 auf eine städtische Kasse anweisen zu wollen. Cöln den 17. Jänner 1817. v. Groote Regierungsassessor" (HAStK, Best. 400, A 156, Bl. 6r); in der Anlage: Rechnung von M. DuMont-Schauberg, 16. Jan. 1817 (Bl. 8r).

[227] Der protestantische Bankier und Seidenfabrikant Friedrich Peter Herstatt von der Leyen war von 1815 bis 1817 Beigeordneter des Bürgermeisters, 1817 bis 1826 Mitglied des Kölner Stadtrats. Seit 1801 war er mit seiner Cousine Friederike von der Leyen verheiratet. Zur Familie Herstatt: Nicke, Herstatt, 1885; Becker-Jákli, Protestanten, vielerorts; Thielen, Partizipation, S. 610 f. Zur Verbindung der Familien Herstatt u. von der Leyen: Kriedte, Taufgesinnte, S. 481–484. Personalnotizen, 1815: „Herstadt. Banquier, Beigeordneter des Cöllner Bürgermeisters. Wohlhabend, von sehr gutem Herzen und Willen, mehr deutsch als Französisch, ohne besondern Geist zu haben; etwas ängstlich in seinen Unternehmungen; im Ganzen unbedeutend und bloß ein guter, ruhiger, fried liebender Bürger. [...] Als Adjunct besitz [er] sehr mittelmäßige Kenntnisse, etwas stolze Rohheit, aber als Banquier mag er über das Schicksaal der Staatspapiere die beste Auskunft geben können" (Landesarchiv NRW R, BR 0002, Nr. 1534, Bl. 7v u. 48v).

[228] Bei dieser „Theater-Direktion" handelte es sich um einen locker verbundenen Kreis Kölner Theaterliebhaber. Siehe S. 442, 480 f.

schicken, um mit ihm über das aufzuführende Stück zu reden. Nach Tisch kommt der Schauspieler Busch u. Wallraf, der bey uns gespeist hat, schickt zu Solms, um wegen des Stücks anzufragen. Dieser entscheidet nicht, und wir wählen vorläufig Müllners Schuld.[229] Allein, wegen des Prologs können wir nicht einig werden. Wallraf übernimmt halb u. halb ihn zu machen, allein, ich sehe schon, daß es nicht geschehen wird. Mir ist noch ziemlich wohl zu Muthe, u. ich schreibe in etwa 2 Stunden 6 Stanzen in octavem Reim[230] u. renne nach 6 wieder zu ihm. Er schreibt, hat aber noch gar nichts zu Stande, will auch nicht vom |26v| Fleck; ich lese ihm meine Stanzen, die ihm sehr gefallen, u. wir schicken diese Herrn Vespermann,[231] u. gehn in's Conzert.[232] Dort ist fast der Theil 1 zu Ende. Von den Frauen Hirn[233] u. v. Zuydtwyck[234] wird Herrn v. Klewitz Kräusers Gedicht präsentirt, welches Er sehr gut aufnimmt, u. gleich mit dem Theil 2 wird mein Lied gedruckt herumgereicht, u. gesungen. Herr Plenchmacher singt, obschon nicht schön, vor, u. das ganze Publikum in Choro nach. Es wird ziemlich wohl aufgenommen. Frau v. Klewitz[235] erklärt dem Herrn Bürgermeister, daß sie die Schuld nicht gerne sehen würde,[236] u. dieser übernimmt, sie abzubestellen, was mir insoweit leid ist, da mein Prolog noch am besten dazu passen würde. – Ich versichre mich im Conzert fast augenscheinlich, daß der bewußte Brief, den

---

[229] Das Trauerspiel Die Schuld von Adolph Müllner wurde 1813 in Wien uraufgeführt und erschien 1816 als Druck. Groote hatte das Stück im April 1816 gelesen (Groote, Tagebuch, Bd. 2, 4. Apr. 1816).

[230] oktaver Reim, hier: Strophen mit acht Versen.

[231] Der Schauspieler A. Wilhelm Vespermann spielte seit 1816 als Mitglied der Schauspieltruppe von Caroline Müller mehrfach im Kölner Theater. Sein Rollenfach umfasste vor allem „Bösewichter" (Heyden, Theater, S. 15). Vgl. die Theaterzettel zu Aufführungen in Köln und Düsseldorf aus den Jahren 1815 bis 1817 (Universitäts und Landesbibliothek Düsseldorf, Sammlung Theaterzettel).

[232] Der 3. Januar war ein Donnerstag. Das Konzert zu Ehren von Klewitz wurde im Kölner Schauspielhaus in der Komödienstraße aufgeführt, an einem Tag, an dem regulär die Abonnementskonzerte bei Richard Lieber in der Komödienstr. 34 stattfanden.

[233] Maria Franziska Hirn war Witwe des Unternehmers Johann Baptist Hirn, der eine Firma zur Tuchfabrikation am Filzengraben 12 geführt hatte. Nach dessen Tod 1805 hatte Heinrich Schieffer, Sohn von Maria Franziska Hirn aus 1. Ehe, die Firmenleitung übernommen. J. B. Hirn war Sammler von Glasgemälden; die Sammlung, zu der M. J. Denoël einen Katalog verfasste, wurde 1824 verkauft. Zur Familie und Firma Hirn: Müller, Köln, S. 269, 279; Klersch, Reichsstadt, S. 182; Roth-Wiesbaden, S. 80 f.; Täube, Dunkel, S. 31; Berghausen, Verflechtungen, S. 150.

[234] Gemeint ist entweder Fernandine Heereman von Zuydtwyck, geb. von Haxthausen oder ihre Schwägerin Maria Charlotta Heereman von Zuydtwyck, geb. von Eltz-Rübenach. Beide Frauen waren 1817 verwitwet.

[235] Karoline Henriette Augusta von Klewitz, geb. Rumpff.

[236] Bei Müllners Schauspiel handelt es sich um ein verwickeltes und düsteres Familiendrama. J. Fr. Benzenberg, der wenig später eine Aufführung in Berlin sah, schrieb an A. W. A. Neidhardt von Gneisenau, Berlin, 24. Febr. 1817: „Diese Woche wurde Die Schuld von Müllner gegeben. Das Stück macht einen ungemein ernsten und erfreulichen Eindruck auf's Gemüt. Gleich von Anfang geht es in den großen tragischen Charakter und es ist so wie die griechische Tragödie durchaus adeliger Natur. Der Mensch wird nicht einzeln genommen, sondern im Zusammenhange der Gesellschaft – und so in die Mechanik der Welt verwickelt" (in: Heyderhoff, Benzenberg, S. 71).

ich gestern erhielt, von der Räthinn Redtel ist, u. ärgere mich eigentlich darüber, weil sie in der That nicht hübsch ist. Zudem ist die v. Stolzenberg sehr fidel, u. ich rede u. schimpfe viel mit ihr, welches die Redtel wohl ärgern mag; allein, ich kann ihr nicht helfen. – Die v. Auers[237] gehen morgen weg. – Zu Haus wird noch manches über mein Lied gesprochen.

Den 3. Jänner [1817].

Früh lese ich Joseph meinen Prolog, dem er gefällt. Dann gehe ich in die Sitzung, u. von da schnell noch zu Vespermann, ein Paar Worte im Prolog zu ändern. Aus der Regierung, wo ich den Dienern[238] das festgestellte Trinkgeld gegeben habe, |:Fr. 15:| gehe ich zu Dumont, wo Wallraf den Artikel über das, was Herr v. Klewitz bis jetzt hier gethan, schreibt, u. nicht damit fertig werden kann.[239] Morgen sollen |27r| nur Kräusers Gedichte, das, welches die Frauen überreichten, u. das, welches Klewiz heute von den Herrn des Stadtraths erhielt,[240] eingerückt, mein Prolog aber für übermorgen aufgehoben werden.[241] Ich bleibe da bis gegen 2 Uhr. Nach Tisch erhalte ich 6 Loge Billets von der Direktion, deren ich Wallraf, der bey Solms speist, eins schicke. Ich lade die Schwestern ein, mit ins Theater zu kommen. – Auch von Beuth erhalte ich einen Brief,[242] der mir schreibt, daß

---

[237] Vermutlich die Eltern von Grootes Kollegen Regierungsrat von Auer, Carl Albrecht Wilhelm und Charlotte Friederike von Auer, die nicht in Köln lebten. Regierungsrat von Auer hatte vor seiner Ernennung zu dieser Position als Präfekturrat amtiert. Vgl. Klein, Personalpolitik, S. 22 f., 49 f., 53 f. Siehe: „Verzeichniß der von dem ehemaligen Gouvernement des Mittel und Nieder Rheins noch unangestellt gebliebenen Personen" (um 1815): „Der Präfektur Rath von Auer hat gar nichts, was ihn zur Anstellung berechtigte geleistet und ist nur in Rücksicht seines Vaters angestellt" (GStA PK, VI. HA Nl Hardenberg K. v. H. Nr. 13 ½, Bl. 75r).
[238] Das „Diener-Personale" an der Kölner Regierung umfasste Kastellan, Botenmeister, Aufwärter, Ofenheizer und mehrere Kanzleidiener (Provinzial-Blätter, Bd. 1, Heft 1, 1817, S. 81).
[239] Ein Artikel Wallrafs über Klewitz' Tätigkeit ließ sich nicht nachweisen.
[240] Köln. Zeitung, Nr. 2, 4. Jan. 1817.
[241] Im Beiblatt d. Köln. Zeitung, Nr. 1, 5. Jan. 1817 erschien: E. von Groote, „Prolog bei der Anwesenheit Seiner Excellenz des Königlich Preußischen wirklichen Geheimen Raths Herrn von Klewiz im Theater zu Köln am 3. Januar 1817." Siehe Briefe u. Schriften. Vgl. auch: Spiertz, Groote, S. 324. Beginnend auf der Titelseite neben Grootes Prolog erschien ein 23strophiges Gedicht von Ferdinand Schubert (1. Strophe): „Zum neuen Jahre 1817. / Heut ist's verbothen die Wünsche zu sparen / Im ganzen germanischen Reich; / Denn länger schon als seit tausend Jahren / Blieb sich die Sitte gleich. / Drum ungenirt! Und ein jeder sage, / Wobei er vielleicht auch nichts denkt. / Es wird bekanntlich, an diesem Tage, / Verzeihung der Thorheit geschenkt."
[242] Matthias, Darstellung des Postwesens, Bd. 2, S. 69 f.: „Die Post-Ordnung [...] befiehlt zwar, daß Briefe und Pakete Zwei Stunden nach ihrer Ankunft mit der Post ausgehändiget werden sollen, in großen Städten aber, wo mehrere bedeutende Course zusammentreffen, läßt sich solches nicht jedesmal so pünktlich bewirken. [...] Jeder Correspondent muß daher auf die Localität Rücksicht nehmen, und kann nicht verlangen, daß ihm [...] seine Briefe, Gelder oder Poststücke vorzugsweise ausgehändiget werden sollen. Ferner steht zwar jedem Correspondenten frei, die Briefe welche Vormittags eingehen, bis 6 Uhr Abends, und die des Nachmittags oder Abends und in der

mein Wagen noch immer unverkauft bey ihm stehe.[243] Gegen 6 Uhr gehe ich mit den Schwestern, Joseph u. Caspar in's Theater, wo Vesperman den Prolog nur schlecht spricht, u. ihn nicht einmal gut memorirt hat. Die beyden kleinen Stücke, die folgen, sind auch langweilig. Doch hält v. Klewiz u. dessen Frau, bey denen die Gräfinn Solms, der Bürgermeister, dessen Frau u. Bruder[244] in der Loge[245] sind, bis zu Ende aus. Ich gebe Herrn Dumont den Prolog noch im Theater, zum einrücken in die Zeitung.

Den 4. Jänner [1817].

Der Rektor ist lang bey mir. Ich gebe ihm Beuths Brief.[246] Gegen 10 kommt die Regierungs Räthin Redtel, die mit den Schwestern zu Wallraf gehn will. Ich finde Sie unglücklicher Weise allein im Speisesal, u. sie scheint wohl einiger Maaßen Freyens vorgeben zu wollen, klagt über ihren Mann, usw. Bald aber kommen die Schwestern. Ich bleibe still bey meinen Sachen. Gegen Mittag kommt Caspar Heinrich Pilgeram[247] von Kitzburg,[248] wegen eines Streites über eine kleine Ecke

---

Nacht angekommenen bis um 12 Uhr Mittags am folgenden Tage, entweder selbst aus dem Postcomtoir in Empfang zu nehmen, oder durch Abgeschickte abholen zu laßen."

[243] Der Brief von Christian Peter Wilhelm Beuth an E. von Groote ließ sich nicht nachweisen. Groote hatte 1816 für seine Reise nach Berlin einen Wagen in Köln gekauft und ihn vor der Abreise von Berlin nach Heidelberg bei Beuth zum Verkauf untergestellt.

[244] Henriette zu Solms-Laubach, geb. von Degenfeld-Schönburg, Karl Joseph von Mylius mit Ehefrau Maria Agnes Walburga Antonetta, geb. von Geyr zu Schweppenburg sowie Major Eugen Franz Alois von Mylius.

[245] Aufgrund von Beschreibungen – Abbildungen existieren wohl nicht – lässt sich die Raumaufteilung des Kölner Theaters rekonstruieren: „Der Innenraum bildete ein spitz zulaufendes Oval, an dessen Verjüngung sich die Bühne befand, davor der Orchestergraben. Die Zuschauer verteilten sich auf Parterre und drei Stockwerke. Es gab Logen im ersten und zweiten Stock zu beiden Seiten des Parterre, im zweiten Stock über dem Eingang befand sich die Galerie mit den Ehrenlogen, der dritte Stock bildete die billigste Platzkategorie. Das Raumkonzept war dem höfischen Barocktheater entlehnt, obwohl es sich um ein städtisches Theater handelte" (Buck/Franke, Köln, S. 60; S. 63: Skizze des Theaterraums).

[246] G. C. Fochem war seit einiger Zeit mit Chr. P. W. Beuth bekannt. Ende 1816 hatte dieser an den Bildhauer Christian Daniel Rauch geschrieben: „Ein Pfarrer in Cöln [Fochem], der auch sammelte, und sich das Ansehen eines Kunstfreundes gab, der nur von der Kunst lebe, schrieb mir: ‚Kauft Ihre Regierung meine Sachen nicht: so gehn sie nach Bayern, wo ich einen unbändigen Preis dafür bekommen kann, der mich ewig glücklich machen wird, oder sonst ins Ausland'. Ich schrieb ihm, ein Mann wie er, kann nichts besseres thun, als seine Sachen sobald als möglich mit Dukaten vertauschen, und riethe ihm sehr dazu" (zit. in: Firmenich-Richartz, Die Brüder Boisserée, Bd. 1, S. 308).

[247] Caspar Heinrich Pilgram war „Burghalbwinner auf der Kitzburg". Vgl. zu seinem Pachtkontrakt vom 28. Jan. 1817 das Rechnungsbuch der Familie von Groote. Danach hatte Pilgram zu liefern: „40 Mltr. Roggen, 10 Mltr. Weitzen, 10 Mltr. Haber und 15 Mltr. Gerste. 1 feistes Schwein, 1 dito Kalb, 2 Paar Enten, 6 Paar Hahnen, 60 ℔ Butter, 200 Eier, 225 Schub Karren Mist, 1.000 ℔ Heu". Die Lieferung dieser Güter wurde am 19. Febr. 1818 bestätigt; es unterzeichnete C. v. Groote, d.h. Carl oder Caspar von Groote (Rechnungsbuch der Groote'schen Familie; HAStK, Best. 1042, B 60,

Busch oberhalb der Mühle, die ein Mann prätendirt.[249] Ich gebe ihm darüber aus der Charte[250] Aufschluß, wonach der Mann Unrecht hat. – Nach Tisch schreibe ich einiges in Regierungs Sachen, u. gehe gegen 7 Uhr zum Olymp.[251] Regierungs Rath |27v| Redtel hat zu mir geschickt, den Prolog zu haben, den Er Klewitz nachschicken solle. Ich schicke deshalb zu Dumont, um die morgige Zeitung zu haben; diese ist aber noch nicht fertig, u. wird erst um 11 Uhr geschickt. Im Olymp lese ich ein Stück aus den wöchentlichen Nachrichten von Büsching über einen Kölnischen Künstler, der im XIII. Jahrhundert in Pisa arbeitete.[252]

Den 5. Jänner [1817]. Sonntag.

Die Zeitungen hat der Briefträger angenommen, von dem ich sie erst gegen 9 erhalten kann, u. sie Redtel noch schicke. Gegen 10 ½ gehe ich in [die] Columba Kirche,[253] wo das Fest mit großer Musik gehalten wird.[254] Der fürchterliche

---

S. 220).
[248] Zum Wasserschloss Kitzburg in Walberberg/Bornheim vgl. Clemen, Kunstdenkmäler der Stadt und des Kreises Bonn, S. 388 f.: „Freiadeliges kurkölnisches Burghaus", das 1671 von Franz Egon zu Fürstenberg erworben wurde, der es an die Herren von Quentel verkaufte. „Von diesen kam sie 1757 durch Kauf an die Herren von Becker, im J. 1784 durch Heirat der Erbtochter Maria Henriette Karoline mit Everhard Anton von Groote an die Herren von Groote. [...] Die Burg ist im Anf. des 18. Jh. vollständig neu aufgeführt und in der Mitte des 19. Jh. wiederum umgebaut worden. Die ursprüngliche Anlage [...] zeigt einen ganz regelmässigen Grundriss. Das viereckige Herrenhaus liegt auf einer kleinen Insel, die von Osten wie von Norden an die langgestreckte Vorburg mit den Wirtschaftsgebäuden anstösst, durch eine Brücke mit einfacher steinerner Balustrade zugänglich. Die Balustrade ist um die ganze Insel herumgeführt. An den Ecken kleine Pavillons, an der Südostecke die einfache viereckige flach gedeckte Hauskapelle vom J. 1753." Siehe auch: Otzen, Burgen, S. 54 f.; Dehio, Rheinland, S. 200. Die Kitzburg ist heute in Besitz der Familie von Canstein.
[249] prätendieren: Anspruch erheben.
[250] Um welche Grundstückskarte es sich handelte, ist unklar.
[251] Zur Olympischen Gesellschaft (Olymp) siehe S. 179 f.
[252] Fr. von Raumer, Gewisheit eines hochberühmten Deutschen Künstlers aus Köln in Italien im dreizehnten Jahrhundert, in: Büsching, Wöchentliche Nachrichten, 1. Jg., Wonnemonat/Mai 1816, S. 241–248. Der Artikel Raumers bezieht sich auf einen Bildhauer aus Köln, der die Kanzel in der Kirche St. Andrea in Pistoia geschaffen habe. Die Kanzel wird heute Giovanni Pisano zugeschrieben. Groote war Abonnent und regelmäßiger Leser der Zeitschrift, die ihm jeweils durch seinen Bekannten Johann August Zeune aus Berlin zugeschickt wurde.
[253] Die Familie von Groote hatte traditionell eine enge Beziehung zur Kirche St. Kolumba, der sie mehrfach Schenkungen übereignete; so schenkte Jacob de Groote d. J. 1677 der Kirche die Skulptur „Muttergottes mit Kind" von Jeremias Geisselbrunn (C. von Groote/von Groote'sche Familienstiftung Am Elend zu Köln, Stiftungsgeschichte der Familie von Groote, S. 11). Verschiedentlich trugen die Familien von Groote und von Geyr gemeinsam zur Ausstattung der Kirche bei. Ferrier, St. Columba, S. 35 f.: „Der marmorne Hochaltar, welcher auf Kosten der Familien v. Geyr und v. Groote nach einer von dem Bildhauer Hellmond entworfenen Zeichnung 1703 erbaut wurde, entspricht dem Geschmacke der damaligen Zeit und ist mit einigen geschmacklosen Engelfiguren versehen. Die oben genannten Familien schenkten 1776 das auf dem Altare befindliche Tabernakel, an welchem sich auch ihr Wappen befindet. [...] Die Kirche besitzt eine herrliche

74 Januar 1817

Sturm dieser Nacht hat den Kirchen u. Häusern viel Schaden gethan; manche dieser sind verdorben, einige Mauern eingestürzt. Auch im Dom ist einiges an Dächern, Thüren u. Fenstern verdorben.[255] Bey Herrn MedicinalRath Merheim, der bey Madame Boisserée wohnt,[256] ist eingebrochen u. gestohlen worden. – Abends gegen 5 Uhr gehe ich zu v. Engelberg,[257] honoris ergo,[258] weil wir doch morgen mit ihr bey dem General Mylius essen werden. Um 6 ½ fahren wir zu

gothische Monstranz, welche auf Kunstausstellungen vielfach bewundert und im Anfang des 18. Jahrhunderts durch Angehörige der Familien v. Geyr und v. Groote durch Brillanten bereichert wurde. Bei dem Anrücken der Franzosen brachte ein Glied der Familie v. Geyr dieselbe bei Zeiten nach Arnsberg in Sicherheit." Vgl. auch: Mering/Reischert, Bischöfe, Bd. 1, S. 434; Merlo, Kölner Kunst- und Alterthumsfreunde, ihre Sammlungen und Stiftungen (HAStK, Best. 7030, Nr. 248, Bl. 67r u. v).

[254] Am 6. Januar wird das Fest der Erscheinung des Herrn (Epiphanie) begangen wie auch das Fest der Heiligen Drei Könige.

[255] Solms-Laubach schrieb an seine Mutter Elisabeth Charlotte, die auf dem Familiensitz in Laubach lebte: „Heute Nacht war hier ein wahrer Orkan, der viel Schornsteine in die Straßen gejagt, u. selbst von meinem Haus ein 30 ℔ schweres Stück Blei heruntergerißen hat. Wenn während dieses Sturms Feuer ausgekommen wäre, hätte man alles in Gottesnamen brennen laßen müßen, u. ich dachte bei stark tönender Aeolsharfe oft an die Heimath, wo es öfters als in der hiesigen Gegend brennt. Des Sturms Gewalt war so gros, daß er im Sicherheitshafen an schweren, eisern Ankern liegende Holländer Schiffe losriß" (Fr. L. Chr. zu Solms-Laubach an E. Ch. zu Solms-Laubach, Köln, 5. Jan. 1817; Privatarchiv d. Grafen zu Solms-Laubach, XVII, 106, Nr. 359). Am selben Tag schrieb H. zu Solms-Laubach an ihren Sohn Otto in Berlin: „Den Herrn von Klewitz und seine Frau hatten wir zu 3 verschiedenen mahlen hier, jedes mahl mehrere Tage, von hier aus reißten sie nach Düsseldorf u. Kleve und zuletzt nach Aachen, überall wurde er mit Gedichten und Lobgesängen als ein Bothe des Trostes, begrüßt; auch hier geschah' dasselbe in dem Liebhaber Konzert, und in dem Theater und es schien ihm sehr wohlzugefallen. So lange Herr von Klewitz hier war, spreißte er immer bei uns und 2 Tage hindurch waren der Ober President von Ingersleben und Herr v. Vincke so wie die Presidenten von Düsseldorf und Aachen hier, so daß wir einige große Gastmahle hatten, so wie auch sehr zahlreiche Abendgesellschaften, izzt ist Hr. von Klewitz wieder nach Koblentz gereißt wo hin ihm der Vater in einigen Tagen folgt, und dann tritt ersterer sogleich seine Rükreise nach Berlin an" (Privatarchiv d. Grafen zu Solms-Laubach, XVII, 199, Nr. 8).

[256] Medizinalrat Daniel Karl Theodor Merrem wohnte 1816 Auf dem alten Markt 44. 1817 könnte er, entsprechend der Bemerkung Grootes, eine Wohnung bei Witwe Josephine Boisserée, geb. von Uphoff bezogen haben (AK 1813: Johannisstr. 39; AK 1822: Frankenplatz 1 u. 3). Solms-Laubach schrieb über Merrem, der trotz seiner Jugend eine große medizinische Erfahrung erworben hatte: „Ein vorzüglicher Geschäftsmann welcher baldige Verbesserung seiner Lage verdient" (Fr. L. Chr. zu Solms-Laubach, Köln, 20. Sept. 1817; Konduitenliste; GStA PK, I. HA Rep. 74, Nr. 103, Bl. 211r). 1816 hatte Merrem einen Aufsatz veröffentlicht, in dem er das Gesundheitswesen in der franz. Zeit äußerst negativ bewertete, die ersten Maßnahmen der preuß. Behörden skizzierte und vor allem eine strenge Kontrolle der Medizinalpersonen, ihrer Ausbildung und Fähigkeiten forderte (Merrem, Die Verwaltung der Medizinalpolizei im General-Gouvernement vom Nieder- und Mittelrhein, 1816). Anfang 1817 wurde der 1. Band der von Merrem herausgegebenen, bei DuMont und Bachem verlegten Medizinischen Jahrbücher der Herzogthümer Jülich, Cleve und Berg angekündigt (in: Beiblatt d. Köln. Zeitung, Nr. 5, 16. März 1817). Zu Stellung und Tätigkeit Merrems: Gerschler, Oberpräsidium, S. 57; Klein, Personalpolitik, S. 51 f.; Becker-Jákli, Köln, S. 190 u. vielerorts.

[257] Die Witwe Catharina Elisabeth von Engelberg, wohnhaft Schildergasse 49, stammte aus der Familie von Mylius. J. P. J. Fuchs, Topographie: Das Haus Schildergasse 49 „gehörte dem Herrn von

Schaaffhausen,[259] wo ich mich an einer Art von großer Parthie[260] sehr langweile. Die Frl. v. Hagen[261] scheinen in Romanen u. Comödien verweichlicht, denn die Nerven müßen ihnen gar bloß an der frostigen Oberfläche liegen, da sie so empfindsam u. weinerlich sind: Das ist meine Liebhaberey nun gerade nicht. Der Graf Solms sagt mir etwas Freundliches über meine Gedichte u. glaubt, es sey nun alles gut zu Ehren der Stadt abgelaufen. Wir kommen noch ziemlich früh nach Hause. |28r|

Den 6. Jänner [1817].

Für Carl schreibe ich den Betrag, der auf dem Haus Zur Badstub[262] haftenden Grundfahr[263] aus den alten Schreinsfüßen,[264] damit er den Zinsrückstand gegen die Wohlthätigkeits Verwaltung reklamire. Ich kaufe etwas Schnupftabak, |:—4

Engelberg, welcher sein Vermögen dem hiesigen Waisenhause, die Nutznießung davon seiner Frau, einer geborenen v. Mylius hinterlies" (HAStK, Best. 7030, Nr. 231, Bd. 4, S. 158). Zum Haus Schildergasse 49/51: Vogts, Kölner Wohnhaus, Bd. I, S. 101 f.; Vogts, Die profanen Denkmäler, S. 544.

[258] honoris ergo: um der Ehre willen.

[259] Der Bankier Johann Abraham Anton Schaaffhausen wohnte Trankgasse 25, in einem Palais, das während des 18. Jh.s der Familie zu Salm-Reifferscheidt-Bedburg gehört hatte, daher wurde er auch Salm'scher Hof genannt. Es war glanzvoll ausgestattet und zählte nach einer Schätzung in franz. Zeit mit einem Wert von 18.000 Francs zu den acht teuersten Häusern Kölns (Vogts, Kölner Wohnhaus, Bd. I. S. 346). Zum Haus auch: Vogts, Kölner Wohnhaus, Bd. II, S. 623; Sachse, Dyck, S. 41 f.; Kirschbaum, Wohnbauten, S. 274; Groote, Tagebuch, Bd. 2, S. 60. Zur Gemäldesammlung Schaaffhausens: Kier/Zehnder, Lust und Verlust II. Corpus-Band, S. 42–51. Personalnotizen, 1815: „Schaafhausen. Banquier. Kaufmann, im strengsten Sinne des Wortes, sehr geschickt, thätig, voll Kenntnisse, ein ganzer Finanzier, dabei aber rechtschaffen. Widmet sich auch gern anderen, ihm von der Regierung aufgetragenen Geschäften und Commissionen, die er mit der strengsten Rechtlichkeit ausführt. Hat vielen Scharfsinn und Verstand und weiß alle ihm vorliegenden Geschäfte schnell und gut zu leiten. Er hat indessen den Namen, französisch zu sein. Dies mag aber mehr aus Eigennutz, als aus wahrhafter Anhänglichkeit der Fall sein. Auch wird seine natürliche Rechtschaffenheit dem Staate unter allen Verhältnissen gegen jede nachtheilige Handlung seiner Seits sicher stellen, deren er durchaus unfähig ist. Bei dem handelnden Publico steht er in großer Achtung und hat sehr viel Gewicht auf die laufenden Geschäfte des Platzes, indem sich fast jeder nach seinen Unternehmungen richtet. Bei den nicht handelnden vornehmern Einwohnern ist er wegen seines muntern und geraden Umganges gern gesehen. [...] Präsident des Handels Tribunals, ein tadelloser, empfehlungswerther Mann" (Landesarchiv NRW R, BR 0002, Nr. 1534, Bl. 14v–15r). Zur Biografie Schaaffhausens kurz: Steidele, Geschichte, S. 17–21; Thielen, Partizipation, S. 619; Pohl, Wirtschaftsgeschichte, S. 103 f.

[260] Partie eines Kartenspiels.

[261] Töchter von Regierungsdirektors Ludwig Philipp Wilhelm vom Hagen und seiner Frau Christiane Friedericke Caroline, geb. Winzler. Zu vom Hagen vgl. Fr. K. vom u. zum Stein an Fr. L. Chr. zu Solms-Laubach, Koblenz, 24. Jan. 1816: „Er ist ein Jugend Freund von mir, ein braver, offener und geschickter Mann: schat nur, daß er periodisch sehr an Kopfgicht leidet" (in: Klein, Regierungspräsidenten, S. 68). Zur Biografie vom Hagens: Klein, Regierungspräsidenten, S. 68–70.

[262] Zum Haus Badstub sind nur wenige, für die Zeit nach 1800 wohl keine Dokumente erhalten. Vgl. HAStK, Best. 160, A 6, Aufschrift auf dem Aktendeckel: „betr. die Stiftung Jacobi de Groote

Sls:| u. gehe zur Regierung, wo wir in pleno sitzen. Mir ist recht wohl, und ich treibe einen sonderbaren Spaß. Ich sitze zwischen Herrn v. Stolzenberg und Regierungs Rath Redtel, mit denen ich beym Schluß der Sitzung abwechselnd rede, da uns, was Butte und v. Auer vorgetragen, nicht eben sehr interessirt. Zum Scherz sage ich zu v. Stolzenberg, „Da es so sehr spät wird (es war fast 2 ½), so will ich in ihrem Namen einen zärtlichen Brief an Ihre Frau schicken, worin sie sich entschuldigen, daß Sie heute so spät kommen." Er lehnte diesen Antrag freundlich u. scherzend ab; Redtel aber hört es, u. sagt in seiner Unschuld, wenn ich doch schreiben wolle, so könne ich eben so wohl an Seine Frau schreiben. Das hatte ich eigentlich bezweckt, u. ich fange also an zu schreiben, bedaure nehmlich in Redtel's Namen, daß er ihrer freundlichen Bitte vom 30. vorigen Monats, wodurch sie Ihn aufgefordert habe, heute am 3 König Tage ja nicht später als um 4 Uhr zu ihr zu kommen, des allerhöchsten Dienstes wegen nicht habe willfahren können; daß aber ausser den Geschäften auch noch eine allerliebste Frau, welche gegen dem Regierungs Gebäude wohne, ihn immer hinhalte, u. nicht ziehn lasse, daß er ihr aber, wenn ihr künftig ja die Zeit lang falle, seinen lieben Collegen, den Assessor Eberhard v. Groote zur Unterhaltung |28v| empfehle, der schon Mittel finden werde, Ihr die Stunden zu kürzen, u.s.w. Redtel weigert sich zwar, den Brief zu unterschreiben, nimmt ihn aber zu sich u. verspricht ihn zu besorgen. – Ich möchte die Physionomie der Frau sehn, wenn er ihr den Brief wirklich giebt, – die wird meinen, des Teufels zu werden.

Zu v. Mylius[265] komme ich erst gegen 3, u. man hat schon halb abgegessen. Es sind viele Leute da; ausser den unsern, Frau v. Engelberg, Bürgermeister v. Mylius mit Frau u. Bruder, Herr v. Monschaw, Präses Seminarii,[266] Pastor v. Gereon,[267] Herr Arndts u.a. – Nach Tisch sagt mir der Bürgermeister v. Mylius noch einiges Verbindliche über die Gedichte im seinem u. der Stadt Nahmen. – Carl Geyr, der ebenfalls da ist, konsultirt mich wegen seinen Fundationen, wegen welcher er in nicht geringer Schwulität zu seyn scheint.[268] Mehrere dazu gehörende Höfe sollen verkauft seyn. Ich rede ihm ernstlich in's Gewissen.

Junioris über eine Rente von 10 Gulden gut von Gold und Gewicht, haftend auf dem Hause, genannt Badstub in der Schottgasse, jetz Berlich No. 4643."

[263] Grundfahr, Far, Fahr, Fahrrente: auf Grundstücken oder Häusern liegende Belastung, Abgabenpflicht.

[264] Schreinsfuß: Eintrag in ein Schreinsbuch.

[265] 6. Januar ist Namenstag des Heiligen Caspar, das Festessen bei General Caspar Joseph Carl von Mylius fand also zu seinem Namenstag statt. AK 1797: Aufm Rathausplatz 1992/9; AK 1822: Auf dem Gereonsdriesch 13. General von Mylius war seit 1767 Besitzer von Schloss Reuschenberg (heute in Leverkusen gelegen), wo er mit seiner Familie lebte.

[266] Ludwig Brouhon, seit 1812 Präses des Erzbischöflichen Priesterseminars. Kurz zu seiner Biografie: Mering/Reischert, Bischöfe, Bd. 1, S. 217.

[267] Vermutlich: C. J. Hirschmann, Pfarrer an St. Gereon.

[268] Vermutlich: Carl Theodor von Geyr zu Schweppenburg, 1801 als Sohn von Joseph Heinrich Emanuel von Geyr zu Schweppenburg u. Maria Agnes Klara Hendrickx geboren. Die Familie von Geyr

Uebrigens ist der Abend nicht weniger langweilig als der gestrige. Zu Haus ist wieder eine Zitation[269] wegen Kendenich[270] eingereicht worden, worin der Advocat Kramer[271] behauptet, wir haben unsre Sache nicht am Kreisgericht anbringen können, da sie an das Vergleichsbüreau (Friedensgericht)[272] gehöre. –

---

zu Schweppenburg, die neben anderen Stiftungen und Schenkungen 1740 eine umfangreiche Armenstiftung gegründet hatte, stand um 1817, ähnlich wie die von Grootes, vor dem Problem, ihre Stiftungen und deren Vermögen zu rekonstruieren. Auskünfte gegenüber den Behörden über die Armenstiftung gab 1817 Cornelius Joseph von Geyr zu Schweppenburg, der Großonkel von Carl von Geyr zu Schweppenburg. Vgl. die Korrespondenz im Jahr 1817: HAStK, Abt. 22, Stiftungen, 2/201.

[269] Zitation, hier: Vorladung vor Gericht. Sie betraf die Auseinandersetzung der Familie von Groote mit ihrem langjährigen Kendenicher Pächter Paul Engels, dem sie Ende 1816 die Pacht aufgekündigt hatte, da er seit Jahren mit der Ablieferung der vertraglich festgelegten Abgaben im Rückstand war. Siehe die Abrechnungen mit Paul Engels von 1810 bis 1815, in denen die Differenzen von geforderten und erbrachten Leistungen vermerkt sind (Rechnungsbuch der Familie von Groote; HAStK, Best. 1042, B 60, S. 75–82; S. 77 u. 78 fehlen im Buch). Pächter des Anwesens von 1798 bis 1809 war Christian Engels, möglicherweise der Vater von Paul Engels (S. 54–73). Zu den Auseinandersetzung mit Paul Engels bis 1821: Archiv Haus Rankenberg, Herr von Kempis, Nr. 625.

[270] Die 1766 von Franz Jakob Gabriel von Groote erworbene „Herrlichkeit Kendenich" – Wasserschloss, Ländereien sowie die mit dem Besitz verbundenen Fischerei- und Jagdrechte – erbte nach seinem Tod 1792 der älteste Sohn Everhard Anton von Groote, der Vater des Tagebuchschreibers. Nach dem Tod von Ev. A. von Groote erbten seine beiden Kinder, Therese und Joseph jeweils eine Hälfte von Burg Kendenich. Als Therese 1821 Philipp Johann Josef von Kempis heiratete, erwarb dessen Vater Maximilian Joseph von Kempis für seinen Sohn den Joseph von Groote gehörenden Teil des Anwesens. 1964 gingen Burg und Ländereien aus dem Besitz der Familie von Kempis auf die Stadt Hürth über. Zu einer Nutzung durch die öffentliche Hand kam es nicht, 1978 übernahm das Areal ein privater Investor, der in den Gebäuden Wohnungen bauen ließ. Vgl. Klug, Herrlichkeit Kendenich, 1972; Klug, Die restaurierte Burg Kendenich, 1984; kurz: Faust, Stadt Hürth, S. 31; Faust, Geschichte, S. 34 f. Dazu Rosellen, Geschichte, S. 382–412; Meynen, Wasserburgen, S. 24–27; Spiertz, Groote, S. 159. Siehe auch die Sammlung von Dokumenten: „Specificatio derer zu der Herrschaft Kendenich gehörige Schriften", 1767 (HAStK, Best. 1553, A 4, o. P.).

[271] Es handelt sich vermutlich entweder um den Juristen Johann Balthasar Kramer, Advokat und Anwalt am Appellationsgerichtshof, Schildergasse 99 (AK 1822) oder um Hermann Joseph Kramer, in franz. Zeit Richter am tribunal de 1ère instance (AK 1813), seit 1815 Mitglied des Stiftungsrats des Schul- und Stiftungsfonds, wohnhaft An den Dominikanern 14. Ob sich die folgenden Vermerke in den Personalnotizen, 1815 auf diese Personen beziehen, ließ sich nicht klären: Der Advokat Kramer stamme „aus einer Juden-Familie", sein Großvater sei „noch Jude" gewesen. Er sei mit dem Richter Kramer befreundet und daher gefährlich (Landesarchiv NRW R, BR 0002, Nr. 1534, Bl. 31r). Zu Richter Kramer: „Ein erbärmlicher Jurist und unmoralischer Ehemann, so wie sein Vetter, der avoué Kramer wegen Schlechtigkeiten vom französischen Justiz Minister seiner Zeit destituirt, nichts desto weniger aber vom Tribunal als Advocat zugelassen worden, so stehet dieser Richter in dem gerechten Verdacht, mit seinem Vetter zu colludiren wenigstens hat er nie die Bescheidenheit gehabt, sich incompetent zu erklären, wenn sein Vetter vor ihm plaedirte" (Landesarchiv NRW R, BR 0002, Nr. 1534, Bl. 38r u. v).

[272] Friedensgerichte (tribunaux de paix), zuständig für Bagatellfälle, gab es in jeder der vier Stadtsektionen. Die Verhandlungen fanden meist in der Privatwohnung des jeweiligen Richters statt.

Den 7. Jänner [1817].

Ich entwerfe den Anfang zu einem lateinischen Briefe an den Pastor Ernst, u. gehe zu Dr. Nückel[273] wegen der Zitation. Er ist schon darauf vorbereitet, u. will die Sache einleiten. Von ihm gehe ich auf die Bürgermeisterey, wo ich lang warten muß, biß es Herrn Imhof[274] gefällt, mit mir auf das Archiv[275] zu gehn. Als ich endlich die 4 Bände Farraginem Geleny erhalte, |29r| schreibe ich aus denselben für Herrn Ernst,[276] bis gegen 1 Uhr. Nach Tisch reite ich mit Joseph aus, auf dem

---

[273] Joseph Adolph Nückel wohnte 1817 vermutlich im Haus seines 1814 verstorbenen Vaters Johann Caspar Nückel, Unter Goldschmied 5 (AK 1813); AK 1822: Advokat u. Anwalt am Appellationsgerichtshof in Köln, Unter Goldschmied 48. Personalnotizen, 1815: „Nückel. Advocat. Wenn sich die Jurisprudenz in täglichem Umgange mit Lustdirnen gründlich erlernen und practisch ausführen läßt, dann müssen wir diesem Manne unter allen Advocaten den Vorzug geben. Obendrein ist er ein gemachter Falheur und kühn. Er weiß die Leute glaubend zu machen, als verstünde er mehr als sein seeliger Vater, der im vorigen Jahre mit dem Ruhm des gelehrtesten und redlichsten Rechtsgelehrten zu Grabe gegangen, und den unsere Stadt noch mit Recht bedauert. Führt er so fort, so wird er schlecht enden; denn ist einmal der gute Ruf der von seinem braven Vater zurückgelassenen Schreibstube davon gegeben und verschwunden, dann hört die Täuschung von selbst auf. Was ihn jetzt noch hält, ist seine Geschäftsverbindung mit Schenke." Nückel sei jedoch „noch jung und bildsam" (Landesarchiv NRW R, BR 0002, Nr. 1534, Bl. 34v). Die Dokumente zur Familie Nückel (HAStK, Best. 1490) waren Anfang 2024 noch nicht einsehbar.

[274] Der Buchhändler und Buchdrucker Johann Arnold Joseph Imhoff, geboren 1756, war zugleich als Stadtarchivar tätig und damit für die im städtischen Archiv im Rathaus verwahrten Akten und Dokumente zuständig. Adresse 1817: Laurenzstr. 2018/38. Personalnotizen, 1815: „Imhoff. Registrator beim Stadtamte. Ein braver und bejahrter Mann, der seinem Geschäfte vollkommen gewachsen ist, übrigens aber nie mit dem Publico in Berührung stand" (Landesarchiv NRW R, BR 0002, Nr. 1534, Bl. 9v). Siehe Schmitz, Privatbibliotheken, S. 355; Wegener, Leben, Teil 1, S. 59; Müller, Köln, S. 324.

[275] Zum Archiv der Stadt einige Jahre später, unter der Leitung von Archivar J. P. J. Fuchs: „Das damalige Archiv, so wie es der Obersekretär Fuchs anlegte", umfasste „das Hauptarchiv im Erdgeschoß des Rathausturmes, das kleine Syndikatsarchiv im Gewölbe neben der Wendeltreppe im ersten Stock des Rathauses, das Syndikatsarchiv über dem großen Saale, das Archiv der französischen Verwaltungsperiode, das Archiv im Winterzimmer, das Archiv in der Freitags-Rentkammer im Erdgeschoß des Turmes und das Archiv der Mittwochs-Rentkammer neben der goldenen Kammer im Erdgeschoß des Rathauses" (Johann Peter Jakob Fuchs zum Gedenken, S. 40). Vogts, Die profanen Denkmäler, S. 244: Im Erdgeschoss des Turmes befand sich die „alte Registratur"; sie bestand „aus 54 Aktenkästen, deren Vorderseiten mit Temperamalerei aus der ersten Hälfte des 16. Jh., teilweise später erneuert, versehen" waren. Die Malereien zeigten Embleme „wie Tiara, Bischofsmütze, Krone u.a., die auf den Inhalt der Schriftstücke Bezug" hatten. Siehe auch: Deeters, Bestände, S. 12; Hansen, Historisches Archiv, S. 135 f.

[276] Simon Peter Ernst amtierte seit 1787 als Pfarrer in Afden (heute ein Ortsteil von Herzogenrath), zugleich war er als Historiker tätig; u.a. verfasste er eine umfangreiche Geschichte Limburgs. E. von Groote unterstützte ihn bei seinen Forschungen und recherchierte seit Ende 1816 in den Farragines Gelenianae, einem Kompendium der Brüder Johannes und Aegidius Gelenius zur Kölner Geschichte (Groote, Tagebuch, Bd. 2, 9. Dez. 1817, S. 440). Das fast vollständige Werk befindet sich im Historischen Archiv der Stadt Köln, Best. 1039. Vgl. Deeters, Bestände, S. 193 f.; Knipping, Farragines, 1893; Ennen, Zeitbilder, S. 262 f. sowie Briefe von S. P. Ernst an E. von Groote; HAStK, Best. 1552, A 15/1–2. Personalnotizen, 1815: „Ernst. Pastor. auf der Aften. Soll

Pferd des H̲e̲r̲r̲n̲ Bürgers, welches sich anfänglich sehr wild gebährdet, doch nachher nicht sehr muthig ist. Wir reiten nach Merheim auf einen Hof der Schulverwaltung,[277] welcher durch den Wind gelitten hat. Nachher kehren wir zur Stadt zurück. Wir wollen zu Solms gehn. Mir aber fällt ein, daß ich H̲e̲r̲r̲n̲ v. Stolzenberg die damals verfaßte Schrift über die Rechte der Gutsbesitzer an ihrer Jagd u. Fischerey Gerechtsame[278] versprochen hatte, u. ich gehe daher, sie ihm zu bringen.[279] Er ist nicht da, sondern mit dem Grafen etc. bey Lippe zu Tisch.[280]

---

der gelehrteste seines Standes sein, er bewieß die Zuverlässigkeit des Französischen Eides, wodurch er viele Feinde gewann, übrigens soll er durchaus nicht Französisch gesinnt und ein sehr braver und rechtschaffener Geistlicher sein" (Landesarchiv NRW R, BR 0002, Nr. 1534, Bl. 69r).

[277] Es handelte sich offenbar um einen Hof im linksrheinischen Merheim. Eine Auflistung der dem Schul- und Stiftungsfonds „zugehörige[n] Güter" nennt einen „sogenannte[n] Spielplatz bei Merrheim" (Welt- u. Staatsbote zu Köln, Nr. 18, 1. Febr. 1817).

[278] Seit 1816 gab es von Seiten des rheinischen Adels Initiativen zur Wiederherstellung des adeligen Jagdrechts, das während der franz. Herrschaft aufgehoben war. Vgl. die an den König gerichtete „Allerunterthänigste Bitte der Gutsbesitzer des ehemaligen Erzstifts Köln, und des Herzogthums Jülich um Wiedereinsetzung in die ihren Gütern anklebigen Jagd und Fischerei Gerechtsame", Köln, 10. Juni 1816. Der Antrag führte aus: „Vor der französischen Bemächtigung waren die Jagden in den hiesigen Landen entweder Landesherrliche oder Privatjagden. Letztere haften seit undenklichen Zeiten als ein vollkommenes Eigenthum an unsern Gütern. [...] Durch die französischen Gesetze, welche keine Jagdgerechtsame auf fremden Gründen anerkannten, sondern nur auf dem eigenen Boden die Befugniß zu jagen gestatteten, ginng uns jenes Eigenthumsrecht verloren. [...] Nach Aufhebung des provisorischen Zustandes glauben wir Euer Königlichen Majestät unsere desfallsigen Wünsche allerunterthänigst vortragen zu dürfen. So weit die deutsche Sprache waltet, besteht das Jagdrecht der Gutsbesitzer. Es ist auf altdeutsches Herkommen, Sitte und Art gegründet; und wir dürfen hoffen, daß Euer Königliche Majestät uns nicht von dem Vortheil ausschließen werden, den die Gutsbesitzer aller übrigen Provinzen genießen. Wir erlauben uns in tiefster Ehrfurcht noch die Bemerkung, daß das Bestehen der bisherigen Jagdverfassung ein fortdauerndes Denkmahl der französischen Unterjochung seyn, und diese dem übrigen Deutschland so fremdartige Gestaltung den Rheinländern das Ansehen geben würde, als seyen sie keine ächte Preußischen Provinzen, sondern nur ein von Frankreich losgerissener Strich Landes." Unter den ca. fünfzig Unterzeichnern waren: Maximilian von Rolshausen, Maximilian Werner Wolff Metternich zur Gracht, Johann Wilhelm von Mirbach-Harff, Emmerich Joseph Raitz von Frentz, Clementina Freifrau von Gymnich, geb. Gräfin von Velbrück, Ludwig Joseph von Spies-Büllesheim, Cornelius Joseph von Geyr, Ev. A. von Groote zu Kendenich, Nicolaus von Roth, Franz Graf von Spee (GStA PK, I. HA Rep. 74, Nr. 2493, Bl. 36r–39v). Vgl. eine Abschrift der Eingabe: GStA PK, I. HA Rep. 87 D Nr. 4954, Bl. 7r–8r). Siehe auch die von J. W. von Mirbach-Harff am 10. Juli 1816 beim Oberpäsidenten zu Solms-Laubach eingereichte ausführlichere Petition: „Denkschrift über die in dem ehemaligen Kurfürstenthum Köln und im Herzogthum Jülich den Gutsbesitzern zustehende Jagd- und Fischerei Gerechtsame" (Landesarchiv NRW R, BR 0002, Nr. 1090, Bl. 1r–16r); dazu: Beusch, Standespolitik, S. 68 f., 72 f. Groote war im Herbst 1816, vermutlich in Bezug auf diese Denkschriften, mit einem Gutachten zu den Jagdrechten des Adels beauftragt worden. (Groote, Tagebuch, Bd. 2, 8. Okt. 1816, S. 364).

[279] Die Familie von Stolzenberg wohnte 1817 wohl am Neumarkt 27, dem Wohnsitz der Familie von Krauss. Vgl. das Verzeichnis der 1819 in Köln wohnhaften evang. Christen; Archiv der Evangelischen Kirche Köln, 01–4,1.

[280] Als Gastgeber dieses Essen kommen in Frage: a) Wilhelm Ernst Graf zur Lippe-Biesterfeld und seine Frau Dorothea Christiana Modeste von Unruh, wohnhaft Hohe Str. 47. Vgl. J. P. J. Fuchs, Topo-

Bey seiner Frau sind mehrere Offiziere u. eine Offiziersfrau u. Fl. Kraus.[281] Sie ist sehr guter Dinge, u. freundlich, u. zieht mich mit dem Briefe auf, den Redtel ihr gezeigt hat. Sie glaubt natürlich, es sey ein bloßer Schwank von mir u. ahndet die Veranlassung nicht. Später kommt Stolzenberg, v. Haxthausen, die beyden Solms Roedelheim.[282] Später auch der Herr Ober Präsident[283] u. v. Auer. Es wird gespielt.[284] Die Stolzenberg ist noch immer wie Feuer u. Pulver; sie könnte einen

---

graphie: „In dieser Straße [Hohe Straße] wohnen Gewerbetreibende mancherlei Art Handwerker, Krämer, Kaufleute; in No. 6008/47 war das große Handels- und Banquierhaus von Meinerzhagen, welches bedeutende Bleiberge in der Eifel besaß und einen großen Handel mit Glasur Erz betrieb. Die letzte Tochter dieses Hauses verehelichte sich mit einem Grafen zur Lippe Bisterfeld; da die Ehe ohne Kinder war, so setzte die überlebende Gräfin die Neffen ihres Mannes, Wilhelm Ernst u. Johann Carl Grafen zur Lippe zu Erben ihres großen Vermögens und der Bleiberge ein. Durch ein Familien Uebereinkommen gingen die Bleiberge an den ältern Bruder und dessen Kinder über" (HAStK, Best. 7030, Nr. 321, Bd. 2, S. 143). b) Johann Carl Graf zur Lippe-Biesterfeld und seine Frau Bernhardine Agnete Klara Luise von Sobbe, wohnhaft am Blaubach 30 im Lippe'schen Palais, das sie 1810 erworben hatten. Das Palais bestand aus einem um 1750 errichteten Neubau, in den ältere Teile einbezogen waren. 1785 hatte es Sigismund Graf zu Salm-Reifferscheidt-Bedburg gekauft, daher auch als Palais Salm-Reifferscheidt oder Salm-Bedburger Hof bezeichnet. Nach einer Schätzung in der franz. Zeit gehörte es mit einem Wert von 16.000 Fr. zu den zwölf teuersten Häusern in Köln. Das Gebäude wurde 1893 abgebrochen (Kirschbaum, Wohnbauten, S. 278 f.; Vogts, Die profanen Denkmäler, S. 423 f; Vogts, Kölner Wohnhaus, Bd. I, S. 346, Bd. II, S. 566, 568–571, 649 f., 752; Mosler, Beckenkamp, S. 70). Zur Stellung der Grafen zur Lippe in der Region kurz: Klueting, Reichsgrafen, S. 24–26.

[281] Vermutlich: Maria Anna Francisa von Krauss, Tochter von Ignaz von Krauss und Sibylla Gudula Johanna Coomans; sie heiratete Ende 1817 Regierungsrat Ferdinand Wilhelm August von Auer.

[282] Vermutlich: die Brüder Carl Friedrich Ludwig (Carl) zu Solms-Rödelheim, geboren 1790, und Friedrich Ludwig Heinrich Adolf (Fritz) zu Solms-Rödelheim, geboren 1791, Söhne von Volrath Friedrich Carl Ludwig Graf zu Solms-Rödelheim und Sophie Philippine Charlotte zu Solms-Laubach. Zur Familie Solms-Rödelheim: Busch, Herrschen durch Delegation, 2008; zu den Familien Solms-Rödelheim, Solms-Braunfels, Solms-Laubach und verwandten Familien siehe die ausführliche Darstellung mit Stammtafeln (in: Solms-Laubach, Geschichte, 1865).

[283] Solms-Laubach fuhr am nächsten Tag nach Koblenz. Kurz zuvor hatte er geschrieben: „Uebermorgen, den 8. reise ich abermals nach Koblenz, um mit Herrn von Klewitz u. dem Kollegen Ingersleben, die lezten Beschlüße wegen dem Approvisionnement [Versorgung] der Rheinprovinzen zu nehmen. In den jezzigen Zeiten, ist kein größerer Gewinn als der der Zeit selbst, u. so freue ich mich, daß wir, unter kleinen Masregeln, u. theilweisen Unterstüzzungen, schon bis in den Januar gekommen sind. Kommt nun die wahre Zeit der Noth, der März oder April, so haben wir schon große Mittel um solcher zu begegnen, u. können ihr also ruhig entgegensehen" (Fr. L. Chr. zu Solms-Laubach an E. Ch. zu Solms-Laubach, Köln, 5. Jan. 1817; Privatarchiv d. Grafen zu Solms-Laubach, XVII, 106, Nr. 359). In einem Brief aus Koblenz an seine Kinder heißt es: „Herr von Klewitz hat es übernommen, der Ueberbringer dieses Briefes zu seyn. Er wird Euch sagen, daß er mich gesund verlaßen hat. Seine Sendung wird die Rheinprovinzen vor Mangel schüzzen, u. bald allgemein als eine große Wohlthat des Königs anerkannt werden" (Fr. L. Chr. zu Solms-Laubach an seine Kinder, Koblenz, 10. Jan. 1817; Privatarchiv d. Grafen zu Solms-Laubach, XVII, 119, ohne Nr.). Siehe das Protokoll zur Zusammenkunft in Koblenz vom 9. Jan. 1817 (Landesarchiv NRW R, BR 0002, Nr. 570, Bl. 316r–318r). Aus Köln nahm auch Regierungsdirektor Sotzmann an der Sitzung teil.

[284] Auf vielen privaten Gesellschaften wurde mit Einsatz von Geld gespielt. Vgl. B. Elkendorf: „Oef-

warm machen. Ich spiele mit Ihr, Haxthausen u. der Kraus, u. verliehre. |:5.4:| Die Drey Grafen Solms[285] aber lassen viel Geld hinten. Wir bleiben bis nach 11. Joseph ist auch zu Solms nicht gelangt, da die Gräfinn Degenfeld[286] noch gar nicht wohl ist.

Den 8. Jänner [1817].

Früh kommt der Rektor, Herr Präses, Vicar Klein, u.a. zum Glückwunsche.[287] Dann aber gehe ich aus, um nicht den ganzen Morgen hingehalten zu seyn, da viele Leute kommen. Ich schreibe u. lese auf dem Bürgermeisteramt wieder in den Manuscripten Gellenii bis 1 Uhr, |29v| gehe dann zu v. Beywegh[288] per

---

fentliche Hazardspiele sind hier keine. Die wenigen spielsüchtigen Cölner pflegen während des Sommers einen Abstecher nach Aachen zu machen, um ihre Sparpfennige dort auf die Altäre des Pharos und des Bierebis zu opfern. Heimliche Hazardspiele kommen selten zu Stande und man hört wenig von großen Gewinnsten oder Verlusten. [...] Die Lieblingsspiele der höheren Stände bestehen in Boston, Whist, Ecarté, Schach, Trictac, Picquet u.s.w." (in: Becker-Jäkli, Köln, S. 97).

[285] Gemeint sind wohl Oberpräsident zu Solms-Laubach und zwei Mitglieder der Familie zu Solms-Rödelheim.

[286] Vermutlich: Luise Charlotte Polyxene Gräfin zu Degenfeld-Schönburg, geb. zu Erbach-Erbach, seit 1797 mit Friedrich Christoph Graf zu Degenfeld-Schönburg verheiratet. Dieser war Bruder von Henriette zu Solms-Laubach, geb. zu Degenfeld-Schönburg.

[287] Der 8. Januar ist Namenstag von Eberhard/Everhard. Der Name Eberhard spielte und spielt in der Groote'schen Familie eine große Rolle; E. von Groote war nach seinem Paten und Großonkel Kanonikus Everhard Anton Jacob Balthasar de Groote genannt worden. Auf dem Areal der Familienkirche zum Elend stand eine an die Kirche angebaute, dem Heiligen Everhardus geweihte Kapelle, in der sich ein Porträt des Kanonikus de Groote, gemalt 1786 von Johann Jacob Schmitz, befand. Dargestellt war, so Rahtgens, „ein länglicher Kopf mit kurzer Perücke; Beffchen und Orden vor der Brust. Daneben das Groote'sche und Junkersdorf'sche Wappen und die Bezeichnung: Natus 1718, 11. Septembris. J. J. Schmitz pinxit 1786" (Rahtgens, Elendskirche, S. 323). Kanonikus de Groote hatte testamentarisch für diese Kapelle eine aufwendige Namenstagsfeier bestimmt: „Stifte und Fundire hiermit zu Ewigen tagen um in Festo S. Everhardi als meines Nahmens Patronen, so fallet den achten Januarii zu halten ein Solemnes Patrocinium am Elendt in dasiger meiner Nahmens Capelle mit seegens Meß". Es folgten Angaben zu den an der Messe Beteiligten und ihrer Entlohnung: Ministranten, Kantoren, Mitglieder der Bruderschaft sowie ein Bläser, ein Organist und ein Offermann (HAStK, Best. 110G, Testamente, U 1/425/1, Abschnitt 20). Offenbar wurde diese Feier um 1817 nicht mehr abgehalten. Die Everharduskapelle wurde im 2. Weltkrieg zerstört und nicht wieder aufgebaut.

[288] Grootes Verwandter Eberhard Anton Caspar von Beywegh hatte ebenfalls Namenstag. Beywegh war verwitwet, seine Frau Maria Ursula Helena von Geyr zu Schweppenburg war bereits um 1800 gestorben. Personalnotizen, 1815: „v. Beywegh. Eberh. Privat. Sehr alt, blos Weltmann, reich, rechtschaffen, doch französisch und unbrauchbar. Wittmann ohne Kinder. [...] Ein Mann von Kopf, edler Denkart, vermögend, nur zu alt, daher ausser der Pflicht mehr thätig zu sein" (Landesarchiv NRW R, BR 0002, Nr. 1534, Bl. 18v). Beywegh wohnte in der Hohe Str. 113, einem um 1700 gebauten Haus, das seiner Familie seit 1750 gehörte. Das zweistöckige Gebäude hatte eine schlichte Fassade mit einem kleinen Mittelportal und einer Toreinfahrt, Rundbogenfenstern im Erdgeschoss und einen großen Saal. Der Hofbereich war zu einem eleganten, geometrisch angelegten Garten gestaltet (Vogts, Kölner Wohnhaus, Bd. II, S. 558, 772; Bd. I, S. 116 f.; hier auch

Carte,²⁸⁹ u. nach Hause. Nachher kommt Prof. Hamm²⁹⁰ u. später v. Herwegh²⁹¹ u. v. Wittgenstein. Ich ende meinen Brief an Pastor Ernst. Joseph ist ausgeritten, u. geht zur Comedie, wo Fiesco von Schiller²⁹² gegeben wird.

Am Abend gegen 7 Uhr entsteht ein Brand in der Achterstraße, wobey eine Oehlmühle abbrennt, welche einem gewißen Geir²⁹³ gehört. Ich gehe hin, kann aber nicht weiter kommen als zum Catharinenplatz,²⁹⁴ da das Militair alles besetzt hat. Ich gehe zum Rektor,²⁹⁵ u. um 9 nach Hause.

Abbildungen). Vorbesitzer war die Familie von Geyr zu Schweppenburg, daher wurde es auch Geyr'sches Haus genannt.

[289] Groote gab eine Gratulationskarte ab.

[290] Jakob Hamm: Domkapitular und ehemals Lehrer für Kirchenrecht an der Kölner Universität. Eberhard und Joseph von Groote hatten vor dem Beginn ihres Studiums in Heidelberg Privatvorlesungen Hamms besucht.

[291] Franz Jakob Joseph von Herwegh wohnte mit seiner Frau Maria Agatha von Weise Obenmarspforten 7. Personalnotizen, 1815: „v. Herwegh. Franz. Privat. Wohlhabend, ächt deutsch, von umfassendem Verstande und Kenntnissen, hat den vortrefflichsten Character, viel Bildung, ist gerade und rücksichtsloos, doch sehr bescheiden im Geschäfte und Vortrage – fest und beharrlich in seinen einmal überdachten Entschlüssen. Scheut Nichts, wo es auf Recht Thun und Pflicht ankommt. Hat die ungetheilteste Liebe, Achtung und das größte Zutrauen des ganzen Publicums für sich, dem er gern mit eigener Aufopferung und Gefahr nützlich ist. Ein Mann über alle Kritik erhaben, der nur den Fehler hat, daß er bißher mit einer seltenen und unerklärlichen Beharrlichkeit in dem Grundsatze bestand, kein öffentliches, am wenigsten ein besoldetes Amt übernehmen zu wollen. Doch hat er seit langer Zeit mit einer, ganz ausgezeichneten Thätigkeit die Leitung milder Anstalten übernommen. Auch ist er zum Troste der Stadt, Mitglied des Gemeinde-Raths. Schade, wenn dieser Mann nicht [in] einen höhern, ihm angemessenern Wirkungskreis träte. [...] Ein moralisch guter, kenntnißvoller, redlicher, daher durchaus brauchbarer Mann" (Landesarchiv NRW R, BR 0002, Nr. 1534, Bl. 15v). Vgl. auch: Thielen, Partizipation, S. 611.

[292] Welt- u. Staatsbote zu Köln, Nr. 4, 7. Jan. 1817: „Theater-Anzeige. Mittwoch den 8. Januar 1817 wird zum Vortheil des Unterzeichneten aufgeführt: Fiesko oder die Verschwörung zu Genua. Ein großes Trauerspiel in fünf Aufzügen, von F. v. Schiller. Zu der Darstellung dieses Meisterwerkes des unsterblichen Dichters ladet seine hohen Gönner und Freunde ergebenst ein, Köln den 7. Januar 1817. A. W. Vespermann, Mitglied des hiesigen Theaters." Ebenso in: Köln. Zeitung, Nr. 4, 7. Jan. 1817.

[293] AK 1822: Amandus Geyr, Ölmüller, Severinstr. 70.

[294] Catharinenplatz: An St. Katharinen.

[295] Rektor G. C. Fochem wohnte Am St. Katherinengraben 3, in einem Haus, das seit langem dem jeweiligen Amtsträger zur Verfügung stand. J. P. J. Fuchs, Topographie: „Die Kirche zum Elend hat ihren eigenen Rector, der in der Nähe derselben eine freie Wohnung hat, und aus den Einkünften der Kirche besoldet wird" (HAStK, Best. 7030, Nr. 231, Bd. 1, S. 256). Mering/Reischert, Bischöfe, Bd. 1, S. 237: „Unmittelbar hinter der Kirche befindet sich die bescheidene Wohnung des zeitlichen Rektors der Kirche, der den regelmäßigen Gottesdienst darin zu besorgen hat. In dieser letztern werden die Portraite der Stifter und mehrer Mitglieder der Familie aufbewahrt." Eine um 1910 entstandene Ansichtskarte zeigt das Rektorat als eingeschossigen Bau mit steilem Dach, der, etwas versetzt, östlich der Kirche an die Straße Am St. Katharinengraben angrenzte. Näheres über diesen Wohnsitz, in dem Fochem einen großen Teil seiner Gemäldesammlung und seiner Bücher untergebracht hatte, ließ sich nicht ermitteln. Rathgens vermerkte 1916 in der Wohnung des Rektors „zwei Bildnisse auf Leinwand": ein Porträt des Rektors Heinrich Neuendorf, gestorben 1797, sowie ein Porträt Rektor Fochems (Rathgens, Elendskirche, S. 325).

Den 9. Jänner [1817].

Ich sitze eben bey meinen Sachen, u. habe meinen Brief an Pastor Ernst gesiegelt, als gegen 10 die Frau des Christian Marx[296] von Kendenich die Nachricht bringt, daß dort in die Burg gestiegen, u. Früchte gestohlen seyen. Ich überlege den Casus mit dem Vater u. Joseph, u. wir entscheiden, daß Joseph u. ich nach Godorff [Godorf][297] u. Immendorf[298] reiten, die Halfen aufzubiethen, daß sie morgen Früh nach Kendenich kommen u. alles wegbringen. Wir lassen Bürgers Pferd kommen, u. reiten hin. Bey Klein in Godorf halten wir recht ordentlich Mittag, reiten dann nach Immendorf, u. nachdem alles bestellt ist, nach Kendenich. Man glaubt, daß einstweilen nur 19 Faß Weitzen gestolen sey. Die Diebe sind mit einer Leiter, wovon ein zerbrochener Sproß noch da lag, auf den Damm gestiegen, dann durch das Fenster neben der Brücke, welches zum Theil entzwey geschlagen ist, u. am Saal wieder heraus, wo noch viel Frucht |30r| gestreut ist. Wir sagen, daß morgen alles weggebracht werden soll, gehn noch zu Christian Marx, der wieder sehr an einem Auge leidet, trinken etwas Bier im Dorf, |:– 6 Sl.:| |:–4–:| u. reiten dann wieder nach Cöln, wo wir gegen 6 Uhr ankommen. Im Conzert[299] ist es nicht sehr voll. Ich treffe noch Anstalten, daß hinreichende Säcke zusammen geholt werden, weil keiner auf dem Lande soviele hat.

Den 10. Jänner [1817].

Es kommt ein Knecht von Kendenich die Säcke abzuholen, die ihm aber alle zu schwer sind. Peter[300] geht daher mit ihm, doch kommen sie erst gegen 8 ¼ auf den Weg. Gegen 9 reite ich auf dem Schimmel auch wieder nach Kendenich, wo der Halfen Klein[301] u. seine u. die Immendorfer Karren schon zum Theil geladen

---

[296] Christian Marx hatte, mit Vertrag vom 6. Apr. 1813, u.a. „ein Stückchen im Weingarten" und mehrere Morgen Ackerland in Kendenich gepachtet. Die Abrechnungen mit ihm bis 1821 finden sich im Rechnungsbuch der Familie von Groote (HAStK, Best. 1042, B 60, S. 212). Im Jahr 1817 vermerkt das Rechnungsbuch Ablieferungen von Marx am 23. Sept. u. 19. Nov. 1817. Zu den Weinbergen in Kendenich: Faust, Geschichte, S. 43–45.

[297] Pächter der Familie von Groote in Godorf ließen sich bisher nicht identifizieren.

[298] Zum Besitz der Familie von Groote in Immendorf siehe S. 228 f.

[299] Groote besuchte am Donnerstag, 9. Jan. 1817 vermutlich die Veranstaltung bei R. Lieber, Komödienstr. 34, für die er wohl ein Abonnement hatte. Welt- u. Staatsbote zu Köln, Nr. 5, 9. Jan. 1817: „Da heute Donnerstag den 9. die erste Abonnements-Redoute ihren Anfang nimmt, so mache ich dieses denen Herren bekannt, welchen allenfalls die Abonnements-Liste nicht zugekommen ist. R. Lieber, in der Komedienstraße." Ähnlich: Köln. Zeitung, Nr. 4, 7. Jan. 1817. Als Redouten wurden Konzerte und Bälle, offenbar bisweilen auch andere Veranstaltungen bezeichnet.

[300] Peter: Dienstmann, Knecht der von Grootes; den Nachnamen nannte Groote nicht.

[301] Die Familie von Groote hatte Ende 1816 mit Peter Joseph Klein einen Pachtvertrag als „Burg Halbwinner zu Kendenich" geschlossen, der die von ihm geforderten Lieferungen festlegte: „Debet laut Pachtbrief vom 28. 9bris 1816: jährlich termino Martini [11. November] 100 Mltr. Roggen, 20 Mltr. Weizen, 30 Mltr. Gerste, 18 Mltr. Hafer, 1 Mltr. Erbsen, 1 Mltr. Rübsamen, 1 Mltr.

sind. Es fehlt noch an Leinschnüren für die Säcke, die ich holen lasse. |:—4:| Nun wird noch vollends gemessen u. geladen, u. wir führen auf 2 Karren von Immendorf, 3 von Godorf, u. einem Wagen mit 3 Pferden von Kendenich 27 Mltr. Gerste, 25 Mltr. Weitzen u. 2 Mltr. Haber nach Köln.[302] Ich bin gegen 1 wieder da. Die Karren kommen gegen 3 und werden expediert.[303] —
Von Aachen sind nun wegen des Gereonischen Capitals[304] gedruckte Memoires[305] zum unterschreiben, u. die Aufforderung gekommen, ein Zertifikat des Bürger-

Wicken, zwei fette Schwein a 160 ℔, ein Hammel oder 4 rh., 100 ℔ Butter, 100 Maß Milch, 150 Bauschen Roggen Stroh, 150 Bauschen Weizenstroh, 10 Paar junge Hahnen, 2 Kälber und 200 Eier und 3 Wagen Heu a 3.000 ℔ jeder" (Rechnungsbuch der Familie von Groote; HAStK, Best. 1042, B 60, S. 289). Zu Klein vgl. auch die Pachtabrechnungen der folgenden Jahre (S. 290 f.).

[302] Wo das Getreide in Köln gelagert wurde, ob möglicherweise in einem Gebäude des Metternicher Hofs, ließ sich nicht feststellen.

[303] Im Jahr 1817 musste Groote wie alle Bewohner der Rheinlande die Abschaffung weiterer überlieferter Gewohnheiten akzeptieren, da die staatlichen Behörden – entsprechend der Einführung der preußischen Währung – auch eine zügige Angleichung der Maße und Gewichte an die Bestimmungen in den alten Provinzen forderten. Nach einer Reihe von vorbereitenden Regelungen begannen die konkreten Schritte dazu mit einer Verfügung der Kölner Regierung vom 25. Juli 1817: „Hiernach soll nun mit dem 18. August d. J. die Berichtigung und Stempelung der Maße und Gewichte beim Eichamte Köln ihren Anfang nehmen. Von diesem Tage an ist das vorläufig im Metrieschen Hause auf der Trankgasse [Trankgasse 9] eingerichtete Eichamt, mit Ausschluß der Sonn- und Feiertage, […] für Jedermann, der eine Stempelung seiner Maße und Gewichte verlangt, offen." Zum Direktor der Eichungs-Kommission wurde Regierungs- und Baurat Redtel ernannt (in: Amtsblatt d. Königl. Reg. zu Köln, Nr. 30, 5. Aug. 1817, S. 283–285, hier S. 285). Die neuen Maßeinheiten für Waagen aller Art, Waagebalken, Gewichte, metallene und hölzerne Hohlmaße, Glasflaschen und Längenmaße wurden kurz darauf detailliert angegeben: „Vorschriften wegen der Eichung der Maße u. Gewichte" vom 14. Aug. 1817 (in: Amtsblatt d. Königl. Reg. zu Köln, Nr. 32, 19. Aug. 1817, S. 308–311). Gedruckte Tabellen gaben Beamten und Bevölkerung die Grundlagen der Umrechnung vor. Vgl. etwa: Köln. Zeitung, Nr. 65, 24. Apr. 1817: „Anzeige für die Königl. Preuß. Regierungs-Beamten, als auch für Kommunal-Offizianten. Bei Heinr. Rommerskirchen dahier ist so eben angekommen: Maaß- und Gewichts-Vergleichungstabellen, oder Vergleichung der Berliner, Brandenburger oder rheinländischen duodezimal und dezimal Längen-, Flächen- und Körpermaaße; des Berliner Schiff-, Handels-, Schlächter-, Salz-, Krämer- und Apotheker-Gewichts; des Berliner Getreide-, Bier-, Wein-, Brennholz-, Steinkohlen- und Torfmaaßes, mit dem alten und neuen französischen Maaße und Gewichts". Siehe auch: „Instruktion für die Eichungs-Kommission im Departement der Königl. Regierung zu Köln", Berlin, 14. Dez. 1816 (Beilage zur Nro. 51 des Amtsblatts d. Königl. Reg. zu Köln, 30. Dez. 1817, S. 1–8).

[304] Gereonisches Capital, auch Gereonische Erbschaft: Vermutlich bezieht sich dies auf die Erbschaft von Kanonikus Ev. A. de Groote. In seinem Testament, Köln, 18. Febr. 1794 (Abschnitt 19) vermachte er die Hälfte der „Kaufschillinge" von seinem „Canonicalhaus dahier in St. Gereon" der Elendskirche: „und sollen aus diesem geldt in Specie sechs silberne Leuchtern auf den hohen Altar am Elendt mit meinem waapen und Nahmen et cum die obitus gemacht werden, sollten aber aus diesem geldt keine Sechs proportionirte Kirchen-Leuchtern können angeschaft werden, so soll das übrige hierzu aus meinem Silberwerk genohmen werden, im Falle aber, daß noch geldt sollte überschiessen, so soll dieses für Silberwerk. Leinwandt oder andere Zierrath der Kirchen verwendet werden." Darüber hinaus bestimmte der Kanonikus (Abschnitt 22), dass 300 Reichstaler aus einem Kapital, das er bei der Freitagskammer der Stadt stehen hatte, entnommen und als spezielles Kapital für eine sonntägliche Elf-Uhr-Messe an St. Gereon angelegt werden sollte. Falls dies an St. Gereon nicht realisiert werden könne, so sollten die 300 Reichstaler „bey dem Capitali

meister Amts aufzubringen, daß das Elend[306] bestehe und Bestand habe zur Französischen Zeit.[307] Jene sollen von allen Kirchmeistern unterschrieben werden. – Um 7 gehe ich daher zum Rektor, dem ich die Memoires bringe; dann zu |30v| Simon,[308] wo RegierungsRath Sombart,[309] Gervasi, Mühlfels,[310]

---

bleiben, und aus diesem Interesse Zwey und fünfzig Meßen Jährlichs am Elendt gelesen werden, so aber als dann zu vertheilen in die täge wann das Hochwürdige guth ausgestellet ist, als in Festis S. Gregorii, Michaelis, Dedicationis gebettstägen etc. etc." (HAStK, Best. 110G, Testamente, U 1/425/1).

[305] Es handelte sich wohl um ein Formular oder eine Art Merkblatt, zugesandt vom Generalvikariat in Aachen.

[306] Auf dem Areal der Groote'schen Elendskirche An St. Katharinen hatte sich seit dem Mittelalter der „Elendige Friedhof"/ „Elendsfriedhof" befunden, auf dem Arme und Fremde bestattet wurden; zumindest seit Anfang des 16. Jh.s gab es hier eine Kapelle. Schenkungen, Stiftungen und Zustiftungen der Familie de Groote für Friedhof und Kapelle begannen nach der Mitte des 17. Jh.s, so ließ Jacob de Groote d. J. die Kapelle in den 1670er Jahren erweitern. Mitte des 18. Jh.s finanzierten Eberhard von Grootes Großvater Bürgermeister Franz Jakob Gabriel von Groote und dessen Bruder Kanonikus de Groote einen Kirchenbau in barocken Formen. Zur Elendskirche und den Stiftungen der Familie von Groote für die Kirche vom 17. bis ins 20. Jh.: C. von Groote/von Groote'sche Familienstiftung Am Elend zu Köln, Stiftungsgeschichte der Familie von Groote, S. 7, 11, 16, 18. Siehe auch: Mering/Reischert, Bischöfe, Bd. 1, S. 235–248; Rathgens, Elendskirche, 1916; J. P. J. Fuchs, Topographie (HAStK, Best. 7030, Nr. 321, Bd. 1, S. 253–256); Klug, Familie von Groote, S. 19–26; Busch, Andachts-Buch, S. VII–XII. S. XII: „Dieser Wohlthätigkeits-Sinn [der Groote'schen Vorfahren] ging auch auf die spätern Nachkommen über, denn im Jahre 1806 wurden von dem Herrn Ober-Post-Direktor Everhard von Groote, als Hochangeborner Provisor der Kirche und Stiftung, die beiden Seiten-Altäre von Marmor, aus der ehemaligen Karthaus, von der Dompfarrkirche angekauft, und manche andere nöthige Verbesserungen unternommen und angeordnet." Die Schriftstellerin Amalie von Helwig-Imhof schilderte in ihrer 1812 veröffentlichten Erzählung: „Der Gang durch Cöln", wie der erste Kölner aus der Familie de Groote, der Zuwanderer Nicolaus de Groote aus Gent, 1580 den Elendsfriedhof kennenlernte. Sein Begleiter erklärte ihm, als sie am Friedhof vorbeikamen, dieser Ort „ist allein für Arme, so zu keinem Kirchsprengel gehören, auch für namlose Fremdling', die allhier versterben in Dürftigkeit, da eine Brüderschaft sie denn hier bestattet aus Barmherzigkeit und um Gotteswillen" (S. 161). Dieser Eindruck begründete, so die Erzählung, das spätere Engagement der Familie. Die Familiengeschichte der Grootes hatte A. von Helwig-Imhof in Heidelberg erfahren, wo sie seit 1810 lebte, dem Kreis um die Brüder Boisserée angehörte und die Studenten Eberhard und Joseph von Groote kennenlernte. Den zukünftigen Erfolg des Zuwanderers sah Helwig-Imhof bereits bei seiner Ankunft in Köln vorgegeben: „Herr Nikolaus aber stand still, und weidete sich an der herrlichen Lage der Stadt, für sich bedenkend, wie viel Nutzen man mit klugem Sinne ziehen könnt' aus der trefflichen Gelegenheit, und viel Gut's gewinnen, als er die mancherlei Schiffe sah im Port; denn er begriff das Weltliche aus der Maaßen wohl, und gewann jeder Sach' gleich ihre nutzbare Seit' ab mit gutem Verstand und ehrsam löblichem Bestreben" (Helvig, Der Gang durch Cöln, S. 155). Die Erzählung endet: „Herr Nikolaus de Groote aber hat gelebt in Cöln mit seiner Frauen von dem Jahr unsres Heils 1580 bis zu 1613, da er seelig verstorben; ist auch sein Stamm nicht erloschen, sondern blüht annoch allda in Ansehn und löblichem Wandel. Deß sey Gott die Ehre in Ewigkeit, Amen!" (S. 178). Vgl. Wegener, Leben, Teil 1, S. 175–177.

[307] Groote musste im Rahmen der Rekonstruktion des Stiftungsvermögens gegenüber den Behörden die durchgängige Nutzung der Kirche auch unter franz. Herrschaft nachweisen.

[308] Groote besuchte Regierungsrat August Heinrich Simon, der mit seiner Frau Mariane Isabella Char-

Eckendal,³¹¹ Boeking u. seine Frau³¹² sind. Wir sind bis gegen 11 Uhr zusammen.

Den 11. Jänner [1817].

Ich lese in dem Theil 2 der Kunstgeschichte v. Fiorillo,³¹³ die mir der Rektor geliehen. Gegen 10 ½ kommt er selbst u. bringt mir die von den Präfekten der Bruderschaft³¹⁴ van der Poll u. Ostgens³¹⁵ unterschriebenen Formulare der Mé-

lotte Wilhelmine, geb. Rhode ein gastfreundliches Haus führte, während des Jahres 1817 sehr häufig. Wöchentlicher Besuchstag bei Simon war Freitag, Simons Wohnsitz in Köln konnte nicht festgestellt werden. Simon, der aus einer jüdischen Familie stammte, wurde 1816 von seinem Kölner Kollegen Regierungsrat Roitzsch – u.a. wegen seiner Herkunft – beleidigt. Simon schrieb daraufhin an Solms-Laubach: „Ich schäme mich nicht zu bekennen, daß ich nicht als Christ geboren, sondern selbst ständig – nach dem Tode meiner achtungswerthen Eltern als Jüngling – das Christenthum gewählt habe, und dem Evangelio gefolgt bin. Ich bin, wie ich wohl sagen darf, seitdem ein guter wahrer Christ. Alle meine Geschwister xxxx bekennen das Evangelii. Zwey meiner Brüder sind im Kampfe für das Vaterland, der eine als Landwehr Officier in Frankreich, zum Kreutze bereits vorgeschlagen, der andere als freywilliger Garde Cosack, auch im Besitz der Achtung seiner Vorgesetzten und Cameraden, schon bey Lützen gefallen. Juden und Judenthum sind mir fremd geworden, und gerade meine innigsten Freunde sind die größten Judenhasser. Niemandem verdenke ich es über jenes frühere Verhältniß factisch zu sprechen. Aber verächtlich hat sich nie jemand über mich äußern dürfen, und soll es nicht" (A. H. Simon an Fr. L. Chr. zu Solms-Laubach, Köln, 9. Okt. 1816; Privatarchiv d. Grafen zu Solms-Laubach, XVII, 115, Bl. 44v–45r). Weitere behördliche Korrespondenz zur Affäre Roitzsch: Privatarchiv d. Grafen zu Solms-Laubach, XVII, 115.

³⁰⁹ Zu Ludwig Bernhard Sombart: Klein, Personalpolitik, S. 58.

³¹⁰ Ludwig von Mühlenfels, der aus der Region Stralsund stammte, studierte nach den Befreiungskriegen in Heidelberg Jura, wo er in der Organisation der Burschenschaft aktiv war. Nach seiner Promotion 1816 erhielt er eine Stelle beim Staatsprokurator am Kreisgericht Köln. Mühlenfels setzte sich für die Verfassungsbewegung ein und warb 1817 für eine Eingabe an den Deutschen Bundestag. Zu Mühlenfels: Herres, Köln, S. 72; Arndt, Nothgedrungener Bericht, 1. Teil, S. 153–155.

³¹¹ Daniel Georg von Ekendahl, geboren 1792 in Schweden, studierte dort Geschichte, Sprachen und Staatswissenschaften. Nach seiner Teilnahme an den Befreiungskriegen war er in Frankfurt a. M. als Gymnasiallehrer tätig; ab 1825 lebte er in Weimar. Ekendahl veröffentlichte eine Vielzahl von Übersetzungen, historischen und staatsrechtlichen Schriften. Groote hatte Ekendahl Ende 1816 durch L. von Mühlenfels kennengelernt (Groote, Tagebuch, Bd. 2, 14. Dez. 1816, S. 403).

³¹² Vermutlich: der Unternehmer Louis Boecking und seine Frau Elisabeth Wilhelmine von Eicken.

³¹³ Johann Dominicus Fiorillo veröffentlichte 1815 den 1. Band seiner Geschichte der zeichnenden Künste in Deutschland und den vereinigten Niederlanden, der Köln ein eigenes Kapitel widmete (S. 389–423).. Groote las diesen ersten Band 1816. Der 1817 erschienene 2. Band umfaßte die Kapitel: Ueber den Zustand der zeichnenden Künste in Niedersachsen, Westphalen und den Ostsee-Ländern; Ueber den Zustand der zeichnenden Künste in den Preußischen Staaten vor ihrer Vereinigung in eine Monarchie sowie Geschichte der Mahlerei in Deutschland und den vereinigten Niederlanden im funfzehnten und sechszehnten Jahrhundert. Bis 1820 publizierte Fiorillo zwei weitere Bände. Zu Fiorillos Bedeutung für die Kunstgeschichte seiner Zeit: Schrapel, Fiorillo, 2004; Niehr, Ästhetische Norm, 1997.

³¹⁴ In Verbindung mit der Kirche am Elend bildete sich Ende des 17. Jh.s eine religiöse Bruderschaft,

moires. Ich schreibe diese Formulare ab, da sie mir merkwürdig scheinen, schreibe noch einige Zeilen dazu, lasse inzwischen auch auf dem Bürgermeisteramt das Certifikat hohlen, welches Herr Riegeler[316] ausfertigt, u. schicke alles wieder an Herrn Haamann[317] nach Aachen ab.
Nach Tisch bleibe ich still bey meinen Sachen, bis ich mit den Schwestern, Joseph u. Carl gegen 6 Uhr zum Ball fahre.[318] Es ist da ziemlich leer, u. ich unterhalte mich nicht sonderlich. Vor 11 Uhr ist alles zu Ende.

Den 12. Jänner [1817]. [Sonntag].

Carl ist auf eine Treibjagd,[319] eine andere hält Schaaffhausen, wobey Stolzenberg, v. Auer, die beyden Solms Roedelheim etc. Ich lese in der Kunstgeschichte

---

die sich der „Erzbruderschaft" in Rom anschloss. 1821 veröffentlichte der 1817 als Nachfolger von Rektor Fochem eingesetzte Johann Ludwig Theodor Busch ein Andachts-Buch für die Bruderschaft, in der er neben speziellen Gebeten auch „Geschichte, Regeln und Abläße" der Vereinigung darstellte (Busch, Andachts-Buch zum Gebrauche der römischen Erzbruderschaft für die Seelenruhe der Verstorbenen in der Kirche am Elend in Köln. Gedruckt bei J. G. Schmitz an den Minoriten, Köln 1821). Die Kölner Bruderschaft erhielt am 23. Sept. 1685 aus Rom die „Erste Einverleibungs-Bulle", die 1744 erneuert wurde (S. X). Schutzpatronin der Bruderschaft war „die allerseligste Jungfrau und Gottesgebährerinn Maria", daher sollte die „Verbrüderung bis zu ewigen Zeiten den Namen führen: ‚Erzbruderschaft der H. Maria von der Hülf. (S. Mariae de Suffragio).'" Ziel der Bruderschaft, der, als „Schwestern" auch Frauen angehörten, war es, „durch Gebeth und sonstigen guten Werke die in dem Fegfeuer leidenden Seelen zu befreien; so soll jeder Verbrüderte täglich einen Bußpsalm, oder fünf Vater unser, oder sonst etwas Beliebigen zum Troste der Verstorbenen bethen, oder auch einem H. Meßopfer beiwohnen" (S. 100 f.). Zur Kleidung, die „alle Vorsteher, Beamte und Diener der Bruderschaft" bei allen Versammlungen zur tragen hatten: S. 102 f. Vgl. Oepen, Bruderschaften, S. 65–67; Ikari, Wallfahrtswesen, S. 168–177; Spiertz, Groote, S. 352–356. Zur sozial sehr heterogenen Mitgliedschaft der Vereinigung um 1817 siehe Liber confraternitatis BMV de suffragio in ecclesia St. Gregori Magni (Historisches Archiv des Erzbistums Köln, Best. Archiv der Elendskirche zu Köln, A II, Nr. 18; siehe auch: Nr. 19). Zur Geschichte der Bruderschaften in Köln u. dem Rheinland: Oepen, Bruderschaften, 2000; Oepen, Frömmigkeit, 2002.

[315] Die hier genannten Präfekten der Bruderschaft ließen sich nicht eindeutig identifizieren.
[316] Personalnotizen, 1815: „Riegeler. Beigeordneter des Cöllner Oberbürgermeisters. Früher Kaufmann, sehr rechtschaffen, brauchbar und besizt vollkommen das öffentliche Vertrauen; ist so, wie seine ganze Familie ächt Deutsch gesinnt, äussert sich jedoch wenig über politische Meinungen und verhält sich überhaupt sehr stille. Doch ungemein thätig in seinem Geschäfte. Er führt als Beigeordneter das Finanzwesen der hiesigen Gemeinde, das unter der vorigen Verwaltung seinen Credit merklich geschwächt hat" (Landesarchiv NRW R, BR 0002, Nr. 1534, Bl. 7r).
[317] Haamann/Haemann: vermutlich ein Beschäftigter beim Aachener Generalvikariat.
[318] Wo dieser Ball am Samstag, den 11. Jan. 1817 stattfand, ist unklar. E. von Groote erwähnte in den folgenden Wochen öfters Bälle am Samstag, jedoch nicht den Veranstaltungsort (18. Jan., 25. Jan., 1. Febr., 8. Febr., 15. Febr.). Entsprechend den Konzerten gab es auch für Bälle Abonnements.
[319] Amtsblatt d. Königl. Reg. zu Köln, Nr. 4, 28. Jan. 1817, S. 31: „Dem Publikum, und insbesondere den Jagd-Inhabern und Pächtern, wird hierdurch bekannt gemacht, daß die kleine oder niedere Jagd mit dem 5. Februar d. J. geschlossen ist. Die betreffenden Beamten werden hierdurch angewiesen, genau darauf zu wachen, daß die bestehenden Gesetze, in Bezug der Hägezeit des Wild-

u. gehe um 11 in den Dom, wo sehr viele Leute, u. große Musik ist. Nachher gehe ich mit Joseph, v. Münch[320] und v. Oettinger[321] am Rhein spaziren.[322] Der kleine v. Loë[323] speist bey uns. Nach Tisch gehe ich mit den Schwestern an den Rhein bis zum Hafen.[324] Ich gehe einen Augenblick zum Bürgermeister v. Mylius,[325]

---

prets, genau befolgt werden, und ist jede Kontravention dagegen uns zur Anzeige zu bringen, um die gerichtliche Untersuchung und Bestrafung verfügen zu können. Köln, den 21. Januar 1817."

[320] Franz Theodor von Münch-Bellinghausen war 1817 Referendar bei der Kölner Regierung, ab 1818 Assessor, später Regierungsrat. Vgl. seine Prüfungsakte 1818 (GStA PK, I. HA Rep. 125, Nr. 398); AK 1822: Obenmarspforten 21.

[321] August Joseph Ludwig von Oettinger war ebenfalls Referendar bei der Kölner Regierung. Vgl. seine Prüfungsakte, 1821–1824: GSTA PK, I. HA Rep. 125, Nr. 356.

[322] B. Elkendorf: „Das Spatzierengehen gehört nicht zu den Hauptneigungen der Cölner, nicht sowohl, weil es ihnen an Lust dazu gebricht, sondern vielmehr weil ihnen die Mittel abgehen, dieses Bedürfniß zu befriedigen. Der von den wohlhabenden Einwohnern bewohnteste Theil der Stadt liegt am entferntesten von den Thoren. Das basaltne Pflaster ist in den engen Straßen und da, wo die Passage sehr stark ist, äußerst glatt geschliffen und daher sowohl bei trockener als nasser Witterung sehr unbequem für die Fußgänger, daher selten der Entschluß genommen wird, sich vor das Thor hinaus zu wagen. Die Promenaden innerhalb der Stadt sind nicht sehr einladend" (in: Becker-Jákli, Köln, S. 94).

[323] Der kleine Loë: Maximilian von Loë, geboren 1801, Sohn von Edmund Gerhard Anton Aspherus von Loë-Imstenraedt u. Marie Alexandrine von Merveldt, hatte das Kölner Gymnasium besucht und begann im Nov. 1817 ein Studium in Heidelberg. Vgl. Toepke, Matrikel, 5. Teil, S. 142. Er war der jüngere Bruder von Franz Carl von Loë und Friedrich Karl Alexander Clemens von Loë. Zur Familie von Loë Ende des 18./Anfang des 19. Jh.s, bes. zu Edmund Gerhard Anton von Loë: Schönfuß, Edmund Freiherr von Loë, 2015; bes. zu Marie Alexandrine von Loë: Langbrandtner, Alexandrine von Loë, 2015. Zur Genealogie der Familie von Loë um 1800: Langbrandtner, Übersicht, 2015. Zu Maximilian von Loë: Romeyk, Verwaltungsbeamten, S. 611.

[324] Demian, Ansichten, S. 312: „Bei der Markmannsgassenpforte ist der sogenannte Freihafen, wo ehedem Schiffe und Gut frei waren, welche Begünstigung aber in den lezten Zeiten der französischen Regierung nach und nach so beschränkt wurde, daß sie endlich ganz aufhörte. Jezt ist er der gewöhnliche Landungsplatz der in Köln ankommenden Schiffe, weil sich hier das große Warenlager befindet, dessen innere Einrichtung besehen zu werden verdient." Zu den Kölner Hafenanlagen und Gebäuden am Hafen: J. P. J. Fuchs, Topographie (HAStK, Best. 7030, Nr. 231, Bd. 1, S. 311–336). Die monatlichen Zeitungs-Berichte der Regierung Köln enthielten jeweils eine Statistik der in Köln angekommenen und abgefahrenen Schiffe (Zeitungs-Berichte der Reg. Köln, 1817; GStA PK, I. HA Rep. 89, Nr. 16278). Ebd., Bl. 4r: Angaben für Januar 1817: „Schiffe sind im Ganzen seit dem 1ten hier angekommen: zu Berg 55, zu Thal 121, zusammen 176. Abgefahren sind: zu Berg 73, zu Thal 55; Total 128." Vgl. auch: J. P. J Fuchs, Stadtchronik; Statistik der Schifffahrt für 1817 (HAStK, Best. 7030, Nr. 215, Bd. I, S. 61); Müller, Geschichte, S. 217 f.; Herres, Köln, S. 26 f.

[325] Die Familie von Oberbürgermeister von Mylius wohnte, wahrscheinlich seit 1816, in der Machabäerstr. 17, dem ehemaligen Haus des Grafen von Hompesch. Einen Eindruck des Gebäudes gibt ein Inserat, das Ende 1815 in der Köln. Zeitung erschien: „Das auf der Machabäerstraße dahier, No. 2874 (Neue No. 17), gelegene gräflich von Hompeschische Haus ist mit oder ohne Möbilien gegen angenehme Bedingnisse auf ein oder mehrere Jahre zu vermiethen. – Dasselbe ist auch zu verkaufen, wozu solches in Hinsicht seiner neuern Bauart, dessen Zustandes, weitschichtigen Raumes, der vielen und meistens tapezirten Zimmern und Sälen im untern Hauses-Theile und obern Stockwerken, Straßen- und Gartenwärts, der Küchen, Kellern, Speichern, Pferdsställen,

dem ich unter andern auch von unsern Geschäften mit dem |31r| General sehr deutlich rede. Er will mit diesem deshalb reden. Ich hole die Schwestern bey Schwester Caroline bey den Ursulinerinnen ab,[326] u. wir gehn in den Dom, wo wieder viele Menschen u. gute Musik ist. Ich gehe von da nach Hause, u. lese noch etwas. Die Brüder kommen erst spät.

Den 13. Jänner [1817].

Wir werden zu Herrn v. Beywegh auf morgen zum Tisch eingeladen. Von xxxxx xxxx xxxxxxx[327] und Einladungen zur Wolfsjagd, da die Wölfe bis in das freye Feld herunterkommen.[328] Der Rektor besucht uns, u. schimpft in seiner müßigen Unbehaglichkeit wieder viel gegen Regierung, Militair, etc. Ich gehe zur Sitzung, wo Klewizens Bekanntmachung wegen seiner Mission u. Untersuchung in den hiesigen Provinzen vorkommt.[329] Wegen der Dienstpflicht, in wieweit persönlich oder durch Remplaçants verrichteter Dienst zur Französischen Zeit[330] von der-

---

Remisen, des wohl angelegten Gartens und aller erforderlichen und dienlichen Bequemlichkeits- und Vergnügens-Einrichtungen sich jedem Lusttragenden bestens empfiehlt, wobei der Ankäufer ausgedehnte Zahlungsfristen erwarten kann" (in: Köln. Zeitung, Nr. 208, 24. Dez. 1815). Nach einer Schätzung in der franz. Zeit gehörte es mit einem Wert von 18.000 Francs zu den acht teuersten Häusern Kölns (Vogts, Kölner Wohnhaus, Bd. I, S. 346).

[326] Grootes 1785 geborene Schwester Caroline wurde, wohl aufgrund ihrer Behinderungen, im Kloster der Ursulinen betreut. Im Haushaltungsbuch der Familie von Groote verzeichnete Henriette von Groote Zahlungen und Geschenke an die dortigen Schwestern. So vermerkte sie am 1. Jan. 1815 Geldgeschenke zu Neujahr: an die „Mere Prefette", die beiden „Lehrerinnen", die „Sch[r]eiben Meistrin", an die „Aufwart Leyschwester", die „Aufgängerin", das „Aufwart Mädchen". Zudem erhielt Caroline ein Geldgeschenk, „um im Kloster einen Kaffee zu geben" (Verzeichniß täglicher Außgaaben; HAStK, Best. 1042, B 62). Das Kölner Kloster der Ursulinen, gegründet 1639, wurde während der Säkularisation nicht aufgelöst, da der Orden eine Mädchenschule unterhielt. Klostergebäude, Ursulinenkirche St. Corpus Christi und Schule lagen bzw. liegen an der Machabäerstraße. Zur Geschichte der Schule Ende des 18./Anfang des 19. Jh.s: Heddrichs, Geschichte, S. 94–97. Ch. E. Dodd schrieb 1818 in seiner Reisebeschreibung: „I visited a Convent inhabited by about half a dozen Ursuline Nuns, in a retired quadrangle, where they appeared to lead a tranquil and easy life. It is, I believe, the only one which remains für women above the lower orders. The superior, a portly middle-aged lady, was at first disposed to be haughty and incommunicative, but relaxed, on a few civil speeches, into an easy affability. The convent had once contained three times the number of nuns – but the French had stripped it of its treasures; and the remaining few live narrowly on some small funds which had escaped" (Dodd, Autumn, S. 473).
[327] Mehrere Worte sind unleserlich.
[328] Zeitungs-Bericht der Reg. Köln für Februar, 9. März 1817: „Die Wölfe nehmen in hiesigen Gegenden zu; bei Alfter, Kreis Bonn wurden deren fünf auf einmal erblickt. Sobald die Witterung günstigen Erfolg verspricht, werden Jagden gegen diese Thiere von mehrern Seiten unternommen werden" (GStA PK, I. HA Rep. 89, Nr. 16278, Bl. 26v–27r).
[329] W. A. von Klewitz, An die Bewohner der Königlich-Preußischen Rhein-Provinzen, Koblenz, 9. Jan. 1817.
[330] Während der franz. Herrschaft konnten zum Wehrdienst einberufene Männer zur Ableistung des Dienstes einen Remplaçant, einen Ersatzmann, stellen. 1807/08 finanzierten E. von Grootes Eltern

selben ausnimmt u. dergl. zur Sprache kommt; wobey man aber nichts zu entscheiden weiß. Ich lese in dem Heft 1 des Journals von Sand[331] u. Zumbach[332] über Justitzwesen.[333] – Nach Tisch lese ich in meiner Kunstgeschichte. – Ich

    für ihn einen Stellvertreter, 1811 sorgten sie sich vor allem um die mögliche Einziehung ihres Sohns Joseph (Groote, Tagebuch, Bd. 1, S. 15; Gersmann/Langbrandtner, Im Banne, S. 145–149).

[331] Johann Gottfried Alexander Maria Hubert von Sandt, geboren 1786, war zunächst am Appellationsgerichtshof in Düsseldorf tätig, seit 1816 amtierte er als Generaladvokat am Appellationsgerichtshof in Köln. Personalnotizen, 1815: „v. Sandt. Staats Procurator. Sehr Deutsch, fähig, gewandt in jedem Geschäfte, bieder, rechtlich, und hat das vollkommne Zutrauen aller Behörden, für jenes des Publicums ist er noch nicht genug bekannt. [...] Ich will wohl glauben, daß dieser junge Mann es wohl um die Justiz meint, und gern das Gute wirken will, was in seiner Macht steht. Aber überzeugen kann ich mich nicht, daß es ein junger Mann in der Practik und Erfahrung den hohen Zweck eines General-Advocaten soll erreichen können, der in Nichts geringerm besteht, als den Ober Appellationshoffe und die Justiz Vertheidiger immer im Auge zu halten, ihre Handlungen, hinsichtlich des Rechts sowohl, als der Moralität genau zu beobachten, und in Fällen, wo der Staat, wo das Interesse der Minderjährigen und der Vaterlandsvertheidiger zur Sprache kommt, dem Appellhoff den Gang, den er halten, die Gesetze, die er befolgen muß überzeugend vor Augen halten. Ich kann mich hierbei aber auch irren. Uebrigens ist das Betragen dieses Beamten in moralischer Hinsicht seinem Stande durchaus entsprechend." In anderer Hand: „Sich selbst unbewußt von seinen Freunden abhängig, und durch den Zauber der Gesellschaft und das Zureden seiner Freunde und Bekannten bestechlich" (Landesarchiv NRW R, BR 0002, Nr. 1534, Bl. 3v). Zur Biografie Sandts: Gier, St. Claren, S. 137–144. Procureur: Staatsanwalt; Vertreter des Staates bei Gericht.

[332] C. A. Zumbach, Jurist, schriftstellernder Anhänger der Aufklärung und revolutionärer Ideen, amtierte seit 1814 am Kreisgericht in Köln. 1817 erschien im Verlag H. Rommerskirchen: C. A. Zum Bach, Ideen über Recht, Staat, Staatsgewalt, Staatsverfassung und Volksvertretung, mit besonderer Beziehung der letzten auf die preussischen Rheinprovinzen. Zu Zumbach: Wegener, Leben, Teil 1, S. 120–124, 272–274; Müller, Köln, S. 353 f.; Faber, Rheinlande, S. 134, u. vielerorts. Personalnotizen, 1815: „Zumbach. Oberrichter beim Kreisgericht. Dessen politische Denkart zweifelhaft, übrigens unbedeutend, er arbeitet als General Secretaire auf der Kreisdirection, man hört aber nicht viel von ihm. Scheint eine bessere Anlage zu einem Theater Regisseur, denn zu einem Richter eines Civil-Tribunals zu haben. Er hat schon mehrere Comödien geschrieben und ohne Beifall aufführen lassen. Comödienschreiben ist sein Lieblingsgeschäft, und ich glaube, man würde dann seinen richterlichen Beifall am ersten erzwingen, wenn man nach dem Beispiel des in Reimen erschienenen Code Napoleon auch sein memoire in Versen und in der Form eines Monologs einkleiden wollte; denn bei einem gewöhnlichen Pledage sieht man ihm die Verlegenheit des Sitzens an; seine Jurisprudenz ist sehr mittelmäßig, durchaus nicht cultivirt. Zu begreifen ist es nicht, wie dieser Mensch den Richter, zugleich den General Secretair bei der Direction und nebenher noch dann den Ballettißen, Comödienschreiber und Censor gespielter Comödien machen kann; indeß läßt sich daraus hernehmen, daß er dabei kein guter Richter sein kann" (Landesarchiv NRW R, BR 0002, Nr. 1534, Bl. 4v–5r).

[333] Niederrheinisches Archiv für Gesetzgebung, Rechtswissenschaft und Rechtspflege, hrsg. v. J. G. von Sandt u. C. ZumBach, Bd. 1 (in Kommission bei DüMont u. Bachem), Köln 1817. Der 435 Seiten umfassende Band beginnt mit der Bekanntmachung der Immediat-Justiz-Kommission v. 13. Sept. 1816, der Königlichen Kabinetts-Ordre vom 20. Juni 1816 sowie einem Kommentar zur 1816 erschienenen Flugschrift von J. D. F. Neigebaur: Die Wünsche der neuen Preussen bei der zu erwartenden Justiz-Reform in den Rheinländern; und zu welchen Erwartungen die ernannte Immediat-Justiz-Commission berechtigt?, Verlag H. Rommerskirchen, Köln 1816. Zur Rolle des Niederrheinischen Archivs in der Auseinandersetzung um das rheinische Recht: Faber, Rheinlande, S. 133–136; Wiefling, Personalpolitik, S. 57.

habe, um einige Wachsflecken auszumachen, ½ Glas EaudeCologne holen lassen.³³⁴|:–Sols 10:|– Gegen 7 Uhr gehe ich die Frau v. Geyr³³⁵ zu besuchen u. hole die Schwestern daselbst ab.

Den 14. Jänner [1817].

Ich lese in dem Rheinischen Archiv für Gesetzgebung Heft 1 u. später in der Kunstgeschichte; gehe später zum Vater, u. mit diesem zu v. Beywegh, wo wir zu Mittag gebeten sind. Ich |31v| unterhalte mich wohl mit Herrn v. Herwegh u. Beywegh, v. Mylius, bleibe bis gespielt wird, |: 1 Fr. 1:| u. begebe mich dann nach Hause, wo ich an die Dümlersche Buchhandlung in Berlin schreibe, u. diese sowohl um ihre eigne als um die Berechnung der Herren Weiß u. Reimer über unsre Taschenbücher bitte.³³⁶ Dümmler hat deren 25, Weiß 6 u. Reimer 75 zu berechnen; dieß müßte, falls alles verkauft wäre, bloß zu Rth. 1, 16 GG das Exemplar, eine Summe von Rth. 170, GG 16 eintragen.

---

[334] Eau de Cologne. Kölnisch Wasser hatte in Köln Anfang des 19. Jh.s bereits eine lange Tradition; es wurde von einer ganzen Anzahl verschiedener Produzenten hergestellt und als „Wunderwasser", Geheimmittel und Medizin gegen zahlreiche Leiden verkauft. Nachdem ein franz. Gesetz 1810 verfügte, die Bestandteile jedes als Medizin angebotenen Mittels offenzulegen, gingen die Produzenten dazu über, das Eau de Cologne als Parfum, Erfrischungs- und Reinigungsmittel anzubieten. Um 1817 gehörte die Firma „Johann Maria Farina dem Jülich-Platz gegenüber" zu den erfolgreichsten Kölnisch-Wasser-Herstellern. Gerning, Rheingegenden, S. 194: „Dermalen sind dreyzehen Verfertiger desselben hier, worunter J. M. Farina für den ächtesten gehalten wird. Von diesem künstlichen Heilwasser gehen allein jährlich 1.500 bis 2.000 Centner in Kisten nach und über Frankfurt a. M." Zur Geschichte des Eau de Cologne: Schäfke, Oh! De Cologne, 1985; Eckstein, Cologne, 2013; Soénius, Melissengeist, S. 320 f.

[335] Groote und seine Schwestern besuchten ihre Tante Anna Maria Franziska von Geyr zu Schweppenburg, geb. Becker. Zu ihrem Mann Cornelius Joseph von Geyr zu Schweppenburg vgl. Personalnotizen, 1815: „v. Geyer. Cornel. Jos. Privat. War ehedem General Einnehmer der sämtlichen Curcöllnischen Provinzen, welche Stelle er durch das Einrükken der Franzosen verlor, und daher biß auf die heutige Stunde ein treuer Anhänger der alten Cur- und Stadtköllnischen Regierungs Verfassung ist. In der Hoffnung, daß durch den glücklichen Wechsel der politischen Ereignisse im J. 1812 [1814] der Status quo hergestellt, und er so in seine vormalige Verhältnisse wieder eingesezt würde, bewarb er sich beim Einzuge der Alliirten um die hiesige Einnehmerstelle, die er dann auch erhielt. Er fand jedoch bald, daß er für dies Geschäft, das mit vielem Fleisse und großer Anstrengung geführt werden muß, wegen seines etwas vorgerückten Alters und gewohnter bequemer feiner Lebensart, nicht mehr xx tauglich sei, und legte sie deshalb, nach einer vier monatlichen Amtsführung wieder nieder. Er ist sehr rechtschaffen, reich und allgemein geachtet. Besondere Geschäftsfähigkeiten kennt man nicht an ihm, doch ist er ein einfacher, schlichter Mann, der sein großes Vermögen selbst, und gut verwaltet. Hängt übrigens in seinem Urtheil über die Welt etwas von der Meinung anderer, zum Theil aber auch von seinem Interesse ab, das er sehr zu lieben scheint. Sein ältester Sohn, etwa 20 Jahr alt, verspricht sehr viel, und ist jezt auf der Universität zu Heidelberg. [...] Ein guter, vermögender Familien Vater, nicht ohne Kenntnisse" (Landesarchiv NRW R, BR 0002, Nr. 1534, Bl. 17v–18r).

[336] Groote hatte 1816 den Berliner Buchhandlungen von Ferdinand Dümmler und Georg Andreas Reimer sowie der Kunsthandlung von Gaspare Weiß Exemplare des Taschenbuchs für Freunde altdeutscher Zeit und Kunst, das er mit Fr. W. Carové veröffentlicht hatte, in Kommission gegeben (Groote, Tagebuch, Bd. 2, vielerorts).

Den 15. Jänner [1817].

Ich lese in dem Fiorillo. Dann nehme ich die Briefe des Stein[337] u. des xxxxxx xxxx von Transdorf[338] mit, um sie Herrn v. Stolzenberg zu zeigen, der sich auch sehr über die Fidelität dieser Leute freut, u. glaubt, wir würden wohl Sonnabend heraus auf die Jagd können.

Ich gehe noch zu Nückel, wegen der Expertise zu Kendenich,[339] höre aber, daß diese nicht früher als nach dem Urtheil des Appellhofes vorgenommen werden kann. Wir sitzen in Pleno bis gegen 2 ½. Nach Tische rede ich manches mit Joseph über unsre Sachen, u. gehe später zum Vater, den ich besonders bitte, mit mehr Strenge gegen Schulz u. seine übrigen Postbeamte durch zu fahren.[340] –

---

[337] Jacob Stein war als Burghalbwinner (Halfe) in Dransdorf Pächter der Familie von Groote. 1817 vermerkte das Rechnungsbuch der Familie zur Ablieferung des J. Stein: „Zwei fette Schweine a 160 ℔ jedes. 1 Kalb. 100 ℔ Butter. 100 Eyer. 12 Paar Tauben. 5 Paar junge Hahnen sind geliefert". Darüber hinaus war J. Stein zur Lieferung von 90 Malter Roggen verpflichtet (Rechnungsbuch der Familie von Groote; HAStK, Best. 1042, B 60, S. 193). Ein weiterer Pächter am Ort war Peter Oster, „Weingärtner zu Transdorf". Er zahlte am 28. Jan. 1817 „in Abschlag 40 Rthr" einer bestehenden Schuld (S. 188).

[338] Burg Dransdorf und umgebende Ländereien waren an „Halfen" verpachtet. Nachdem der Ort Dransdorf zunächst zum Kurfürstentum Köln gehört hatte, war er in franz. Zeit Teil des Rhein-Mosel-Departements und seit 1815 Teil der Oberbürgermeisterei Bonn im Regierungsbezirk Köln. Um 1817 lebten ca. 220 Personen im Ort. Die Burg, deren Geschichte wohl in das 12. Jh. zurückreicht, kam Ende des 17. Jh.s in Besitz der Familie von Junckerstorff, nach der Heirat von Agatha von Junckerstorff und Franz de Groote 1704 in den Besitz der Familie de Groote. 1742 ließ Franz de Groote eine neue Burg als nüchternen Backsteinbau errichten. Zwei noch erhaltene steinerne Wappen am Portal der Burg erinnern an die damaligen Eigentümer. Anders als die Verfasserin (B. Becker-Jákli) bisher annahm, ergab sich aus nun zugänglichen Akten, dass Ev. A. von Groote die Burg Dransdorf mit ihren Ländereien nicht von seinem Vater Franz Jacob Gabriel von Groote, gestorben 1792, erbte, sondern 1796 von seinem Onkel Kanonikus Ev. A. de Groote. In dessen Testament, Köln, 18. Febr. 1794 (Abschnitt 34) erklärte dieser, ihm gehöre der „Ritterbesitz Dransdorff mit allingen darzu gehörigen Recht und gerechtigkeiten nichts davon ausgenohmen so wie ich daran 1751 den 23ten Januarii gerichtlich geerbet bin, und dermahlen besitze samt denen darinn befindlichen und darzu gehörigen allingen Mobilien" (HAStK, Best. 110G, Testamente, U 1/425/1). Die Verzeichnisse der Dokumente zum „Rittersitz Transdorf", die sich 1796 im Nachlass des Kanonikus de Groote befanden, geben Hinweise vor allem zur Wirtschaftsgeschichte des Anwesens. Vgl. auch ein Inventar des Dransdorfer Gutes vom 13. Febr. 1796 (HAStK, Best. 1553 A 4, o. P.). Zur Burg gehörte die Kapelle St. Antonius (siehe S. 450). Die Burg blieb im Besitz der Familie, bis sie um 1863, nach dem Tod von Carl Alexander von Groote, Bruder des Tagebuchschreibers, an den Kölner Gymnasial- und Stiftungsfonds überging. In der Folgezeit wurde die Burg verpachtet, 1954 erwarb sie die Stadt Bonn. Seit 1973 wird das Gebäude von der städtischen Musikschule Bonn-Dransdorf genutzt. Zur Geschichte der Burg und des Ortes Dransdorf: van Rey, 850 Jahre, 1988; Clemen, Kunstdenkmäler der Stadt und des Kreises Bonn, S. 267 f. Zur Verbindung der Familie von Groote mit Dransdorf: Maaßen, Geschichte, S. 253–259.

[339] Expertise, hier: Begutachtung, Schätzung. Da die Kendenicher Pacht neuvergeben werden sollte, wurde der Zustand und Wert des Kendenicher Gutes geschätzt.

[340] Welche Probleme genau es im Kölner Oberpostamt gab, wird nicht deutlich. Doch traten generell Schwierigkeiten im Postwesen der neuen Provinzen auf, da die gesetzlichen Regelungen noch nicht festgelegt waren. Ende 1816 hatten die preuß. Behörden der Immediat-Justiz-Kommission

Später gehe ich zu Herrn Präses,[341] der auf morgen mit Bruder Caspars Professoren[342] u.a. zu Tisch gebeten wird. Mit ihm rede ich auch noch manches über unsre jetzigen Verhältniße, u. bald, nachdem ich gegen 7 nach Haus komme, kommt Halberg[343] zu mir, u. bleibt bis gegen 9 Uhr. Er erzählt von einer Geschichte, die unser RegierungsRath Haxthausen mit M. v. Weichs[344] in Bonn gehabt |32r| haben soll, u. wo er sich sonderbar herausgezogen, doch ohne sich zu schlagen. Mit Weichs wäre diese Vorsicht wohl nicht nöthig gewesen. – Spät lese ich noch in Wilhelm Meister[345] bis nach Mitternacht.

---

auch die Beratung über die Postgesetze, insbesondere über die Poststrafgesetze, die zukünftig in den Rheinprovinzen gelten sollten, zugewiesen (GStA PK, I HA Rep. 103, Nr. 1226, Bl. 1r–78v). Seitdem forderten die Berliner Behörden eine rasche Klärung der Frage. Vgl. Generalpostamt an die Immediat-Justiz-Kommission, Berlin, 27. Jan. 1817, Abschrift: „Nach den uns aus jenen Provinzen zukommenden Nachrichten, erreichen die Post Defraudationen dort den höchsten Gipfel, und sind gar nicht zu übersehen. Das Bedürfniß, diesem eingerißenen Unwesen, durch Einführung der preußischen Post Straf Gesetze endlich ein Ziel zu setzen, wird mit jedem Augenblicke dringender." Man forderte daher eine Benachrichtigung darüber, „wieweit die Conferenzen in Betreff der Einführung der Post Straf Gesetze vorgerückt sind, so wie um möglichste Beschleunigung dieser, für die Königliche Casse so wichtigen Sache" (Bl. 83r). Die Behörden drängten während des ganzen Jahres immer wieder auf Resultate.

[341] L. Brouhon wohnte im Erzbischöflichen Priesterseminar, Domhof 45, einem 1747/49 errichteten Gebäude, in dem das Seminar bis 1827 untergebracht war. Zur Geschichte des Gebäudes: Kempkens, Dompfarrkirche, Teil I, S. 153–160, 175–177; Abb.: S. 157; Teil II, bes. S. 130 f.

[342] Caspar von Groote besuchte die II. Klasse des Marzellengymnasiums (Seber, Einladungsschrift, 1817, S. 27; Universitäts- und Stadtbibliothek Köln).

[343] Der weitgereiste Schriftsteller Karl Theodor Maria Hubert von Hallberg-Broich, ein Original mit ungewöhnlichem Lebensstil, den E. von Groote seit längerem kannte, hielt sich öfters in Köln auf. Personalnotizen, 1815: Hallberg-Broich sei zwar „mit Eifer Deutsch und durchaus rechtschaffen, dabei aber Sonderling" und werde „deshalb mit Gleichgültigkeit angesehen" (Landesarchiv NRW R, BR 0002, Nr. 1534, Bl. 25r). Vgl. die behördliche Korrespondenz zu und mit Hallberg-Broich von Mitte 1816 bis Anfang 1818 (GStA PK, I. HA Rep. 151 HB Nr. 2365).

[344] Vermutlich: Maximilian Friedrich von Weichs zu Rösberg. 1817 gehörte der Familie von Weichs der Weichser Hof in Bonn am Viereckplatz und der Weichser Hof in Köln in der Weberstraße (Kirschbaum, Wohnbauten, S. 163–166; Vogts, Kölner Wohnhaus, Bd. II, S. 806).

[345] J. W. von Goethe, Wilhelm Meisters Lehrjahre, 1795. Groote hatte das Werk, das ihn „unbeschreiblich ergötzte", schon 1809 gelesen. E. von Groote an S. Boisserée, Köln, 30. Juli 1809: „Das herrlich verschlungene Gewebe, die trefflich gezeichneten Charactere Wilhelms, Werners, Philinens u.s.w., der schlichte, dabey äußerst interessante Stoff des Ganzen, dann die angenehmen Täuschungen, Ueberraschungen, die lebendige Zeichnung und Darstellung, verbunden mit der großen Lieblichkeit und Leichtigkeit des Stiels und noch unendlich vieles, was sich nicht beschreiben läßt, entzückten mich himmlisch, so daß ich gestehen muß, daß mich nie etwas so ganz hingerissen, nie etwas so in sich verwickelt, und mit einer bezaubernden Kraft in mir gewirkt hat wie dieser Roman" (HAStK, Best. 1018, A 118).

Den 16. Jänner [1817].

Ich schreibe an v. Savigny.[346] Gegen 10 kommt Wallraf, wegen seiner Geldvorschüße bey der Regierung.[347] Nachher gehe ich Herrn Poll noch aufzusuchen, der sich bey uns hat entschuldigen lassen, dann Hallberg, u. endlich Duqué[348] wegen meines zu schneidenden Nicolo[349]; ich finde aber niemand. Vor Tisch kommt Hallberg noch zu mir. Ich siegle meinen Brief[350] u. schicke ihn weg. Dann essen

---

[346] E. von Groote an Fr. C. von Savigny, Köln, 16. Jan. 1817. Siehe Briefe u. Schriften.

[347] Am 24. Dez. 1816 hatte Wallraf Groote aufgesucht, um „wegen allerley Dingen" mit ihm zu reden (Groote, Tagebuch, Bd. 2, S. 409). Vermutlich wurde dabei ein Schreiben besprochen, das Wallraf zwei Tage später an Solms-Laubach sandte. Der Brief führte detailliert Wallrafs bisherige Kosten für den Umzug der Sammlungen von seiner Wohnung in der früheren Dompropstei zum ehemaligen Jesuitenkolleg in der Marzellenstraße. Nach einer kurzen Schilderung der Bedeutung der Sammlungen für Köln und die Rheinlande bezog sich das Schreiben auf die Entscheidung, die Solms-Laubach 1816 getroffen hatte. Dieser, so Wallraf, habe verfügt, die „Sammlungen in einer zusammenhängenden Folge von Zimmern aufgestellt zu sehen. [...] Se Exzellenz haben daher im verfloßenen Sommer die Lokale und Zimmer jenes Gebäudes [des ehemaligen Jesuitenkollegs] besichtigt" und aus den „zu dem Zweck best geeigneten großen und hohen Säle und Zimmern" neun größere und kleinere Räume „auf dem ersten Stocke des Gebäudes einsweilen ausgewählt, wo die Sammlung jener Kunstschätze gegen weitere Gefahr und Degradation ihres Werthes bewahrt und schon für jetzt dem Verlangen der Einheimischen und Fremden nicht ganz ungenießbar bliebe." Die Umsetzung dieser Anordnung aber, führte Wallraf aus, habe ihm bisher erhebliche Kosten verursacht: Handwerkliche Hilfe hatte er durch drei Arbeiter erhalten, die jeder täglich 25 Stüber erhielten, einem „alten Bedienten" zahlte er pro Tag 20 Stüber. Hinzu kamen u.a. Ausgaben für Tragbahre, Leitern, Stricke, Bindfaden, Nägel, Hammer, Latten, Bretter, Balken, Staubbesen und Wische; für schwere Objekte musste ein Fuhrmann bestellt werden. Für seine eigene tägliche Anwesenheit und Arbeit wollte Wallraf nichts berechnen, sollte man ihm aber einen Zuschuß „zuzutheilen die Gewogenheit haben", so hielt er zwei Reichstaler pro Tag als angemessen. In Betracht zu ziehen sei auch, „das zwey schöne theure Gemälde auf Tuch durch Unvorsichtigkeit oder Zufall mit Löchern beschädiget und 3 auf Panneel durch Herabfallen voneinander gestücket sind"; für diesen Schaden wollte er „wenigstens je 22 Rthl. an Zuschlägen" erhalten. Darüberhinaus sei er „wegen dem fast täglichen Heranströmen" aus- und inländischer Zuschauer genötigt, einen ständigen „Gehülfen und Aufseher" beizubehalten, dem er „Quartier und 3 ad 5mal p. Woche Kost und einige Belohnung" gebe. Dieser habe täglich die „Gemälde Zimmer" zu reinigen und die Gemälde, „wo nöthig, abzustäuben." Aufgrund dieser Ausgaben, so Wallraf, sei eine Zahlung „von wenigstens 80 Rthlr" keine „überflüssige Wohlthat" (F. Fr. Wallraf an Regierung Köln u. Fr. L. Chr. zu Solms-Laubach, Köln, 26. Dez. 1816; Landesarchiv NRW R, BR 0002, Nr. 405, Bl. 23r–25r); vgl. kurz Deichmann, Säkularisation, S. 289 f. Dem Schreiben waren Rechnungsbelege beigefügt. Bereits im Aug. 1816 hatte Wallraf für seine Auslagen 80 Rtlr. erhalten, im Jan. 1817 überprüfte Regierungsrat Redtel die neuen Forderungen. Schließlich wurden Wallraf 20 Rtlr. zugestanden. (Bl. 31r u. v). Diese Entscheidung, die an Wallraf gesandt wurde, trägt den Vermerk „mundirt und abgegangen 15. Januar" (Abschrift, Bl. 32r), sodass Wallraf davon wohl am 16. Januar erfuhr. Vgl. zu diesen Vorgängen: HAStK, Best. 1105, A 69, Bl. 6r–25r.

[348] Johann Gerhard Ducqué, Cachet-Schneider (Stempelschneider); AK 1797: Schildergasse 5839/65. Ducqué war wohl auch Kunstsammler und -händler (Krischel, Rückkehr, S. 99).

[349] Niccolo: besonderer Schliff eines Schmucksteins, bei dem die oberste Schicht des Steins so dünn geschliffen wird, dass darunter liegende Schichten durchschimmern.

[350] Matthias, Darstellung des Postwesens, Bd. 2, S. 61: „Ein verschlossener Brief enthält bekanntlich

Januar 1817

wir in lustiger Gesellschaft: der Professor Cassel,[351] Wallraf, Dumbeck,[352] Schmitz, Fuss[353] u. Doctor Seber, Brouhon, Pastor Frangenheim[354] etc. zu Mittag. Zwischen dem Präses Brouhon u. Wallraf entsteht Streit über das Geckexxxxxxx der ehemaligen Prozession, u. es wird von beiden seiten krass, vom Präses mehr als krass in lateinischen Redensarten geschimpft. – Zum Schluß singt Dumbec einige schwäbische Lieder aus Hebel.[355] – Abends ist das Conzert[356] recht besucht. Bey einer jagdparthie, die heute die drey Grafen Solms, Stolzenberg, Auer u. Freysleben gemacht, soll wieder ein Schwein geschossen worden seyn.[357] Die Frau v. Stolzenberg ist wieder äußerst freundlich u. liebenswürdig.

---

die schriftliche Mittheilung einer Nachricht oder eines Verlangens; dies macht das Wesen eines Briefes aus, dessen Zweck dahin geht, daß nur der bezeichnete Empfänger den Inhalt lesen soll. Ob der Brief mit Siegellack, Leim, Mundlack (Oblate), oder Wachs verschlossen, oder bloß zugenähet ist, bleibt dem Postwesen ganz gleichgültig. Jeder verschlossene Brief gehört ausschließlich zur Bestellung mit der Post, oder durch Expresse unter Beobachtung der gesetzlichen Vorschriften."

[351] Zu Franz Peter Cassel: Braubach, Cassel und Schmitz, S. 334–364; Bianco, Versuch, S. 163 f.; Napp-Zinn, Botanik, S. 128, 132. Wegener, Leben, Teil 1, vielerorts.

[352] Aloys Franz Joseph Dumbeck hatte nach seinem Studium in Heidelberg kurz an einem Gymnasium in Berlin unterrichtet. Für das Lehramt in Köln empfahl ihn S. Boisserée an Wallraf. Zu Dumbeck: Limper, Geschichte, S. 25 f., 30; Hamberger, Das gelehrte Teutschland, Bd. 17, S. 460; Wegener, Leben, Teil 2, S. 55 f. Zu Dumbecks Unterricht am Marzellengymnasium meldeten die Wöchentlichen Nachrichten im Mai 1817 unter der Rubrik „Förderung der Kenntniß Deutscher Vorzeit": „Herr Professor Dumbeck liest zu Köln auf dem Gymnasium über das Lied der Nibelungen, nach Zeune's Ausgabe" (Büsching, Wöchentliche Nachrichten, 2. Jg., Wonnemond/Mai 1817, Stück 70–74, S. 351).

[353] Der Latinist und Dichter Johann Dominikus Fuß arbeitete bis 1815 an der Bibliothèque Impérial und dem Cabinet des Antiques in Paris (Limper, Geschichte, S. 25). 1817 erschien beim Verlag H. Rommerskirchen in Köln: Fuss, Roma. Elegia Augusti Guilielmi Schlegel; im selben Jahr wurde er an die Universität in Lüttich berufen.

[354] Johann Friedrich Frangenheim, seit 1803 Hauptpfarrer an St. Kolumba, wurde am 18. Jan. 1817 zum Dirigenten des Schulvorstandes der 3. Stadtsektion ernannt (HAStK, Best. 550, A 91, Bl. 53r). Er wohnte im Pastoralhaus der Kirche (Ferrier, St. Columba-Pfarre, S. 58; Bayer, Franzosen, S. 110).

[355] Johann Peter Hebel, einer der Begründer der Alemannischen Mundartdichtung, hatte 1803 eine sehr erfolgreiche Gedichtsammlung publiziert: Allemannische Gedichte. Für Freunde ländlicher Natur und Sitten, Karlsruhe 1803. Bereits 1814 vertonte der Kirchenmusiker Martin Vogt einige der Gedichte. Möglicherweise sang Dumbeck, der aus Mingolsheim bei Karlsruhe stammte, somit mit dem Alemannischen vertraut war, Lieder aus Vogts Veröffentlichung.

[356] Vermutlich: Abonnement Grootes für das Donnerstagskonzert am 16. Jan. 1817 bei R. Lieber, Komödienstr. 34.

[357] Über diese Jagd berichtete Solms-Laubach seiner Mutter: „Die Wölfe bringen mich auch manchmals aus Köln. Noch vorgestern bin ich ihnen nachgezogen, wir waren aber nicht so glücklich wie am 7. Dec. [1816]. Sobald es noch Schnee u. Kälte giebt, werden wir 5 Stunden von hier eine große Wolfsjagd in einem Walde haben, wo sie schon seit 14 Tagen mit Pferdefleisch gefüttert u. gekirrt werden. Die Rüdelheimer [Solms-Rödelheimer] xxxxx sind heute wieder auf die Wolfsjagd werden aber bei dem warmen Wetter, wohl unverrichteter Sache u. wohl ermüdet nach Hause kommen, sintemal sie gestern jedoch nicht länger als 11 Uhr, getanzt haben, denn nach altreichsstädtischer, selbst von den Franzosen nicht abgebrachter Sitte, fangen die Bälle um 6 Uhr an u.

Die Redtel scheint sich zu ärgern, daß ich dieß finde. Ich bin wieder in meinem gewöhnlichen Uebermaaß unwohl u. habe Kopfweh, u. der Teufel gewinnt mir einen Lauf ab, trotz der 30 Stb., die ich ihm habe entgegen stellen lassen.[358] ∼
Der Teufel hole die Einsamkeit; sie ist schon an sich ein Hauptlaster. – |: 1.10 :| –
|32v|

Den 17. Jänner [1817].

Ich bin früh bey Joseph, zu welchem der Pachter Klein wegen seiner Arrestgeschichte,[359] u. Denoël kommt, um nach der Aufstellung der Wallrafschen Sachen zu fragen.[360] Nach der Sitzung sage ich Herrn v. Auer wegen der Geschichte, die Werner v. Haxthausen mit v. Weichs in Bonn gehabt hat; ich habe Werner selbst darum gefragt, der aber nichts davon wissen wollte. Auer will ihr näher nachforschen.
Ich erhalte einen Brief von Carové aus Heidelberg;[361] den eingeschlagenen Brief, den Klein von Frau v. Harff mitnahm, schicke ich dieser zu. Abends kommt v. Haxthausen u. will wissen, wie ich seine Händel mit v. Weichs erfahren, scheint aber zu wünschen, daß die Sache verborgen bleibe. Ich gebe ihm nur zu verstehn, daß ich sie genau weiß. Später gehe ich zu Stolzenberg, den ich aber weder zu Haus noch im Casino[362] noch beym Grafen Solms antreffen kann. Es ist wüstes Wetter, u. ich gehe nach Haus.

---

nehmen um 11 Uhr ihr Ende"(Fr. L. Chr. zu Solms-Laubach an E. Ch. zu Solms-Laubach, Köln, 19. Jan. 1817; Privatarchiv d. Grafen zu Solms-Laubach, XVII, 106, Nr. 361). Am 10. Jan. 1817 hatte er an seine Kinder geschrieben: „Ein einzigesmal war ich diesen Winter auf der Jagd, am 7. December, u. war so glücklich den starken Wolf zu erlegen. Er wog 80 Pf., war männlichen Geschlechts, hatte von der Nasenspitze bis zu Ende der Ruthe 5 Schu vier Zoll Länge, u. war 1 Schu 10 Zoll hoch. Er gehört zu der schwärzlichen Wolfsgattung, welche gewöhnlich in den Ardennen hauset. Die Wölfe laufen dümmer an wie die Füchse, bleiben alle Augenblick stehen, u. trollen, so lang sie keinen Wind bekommen, oder beschoßen sind, wie ein großer Fleischerhund. Ich laße den Isegrim ausstopfen, und sende ihn in perpetuam rei memoriam [zur dauernden Erinnerung] nach Gonterskirchen. Sobald es Schnee giebt, worauf wir doch noch hoffen, werden wir den Wölfen, deren wohl noch 30 in der Gegend von Köln sind, einen Besuch abstatten" (Fr. L. Chr. zu Solms-Laubach an seine Kinder, Koblenz, 10. Jan. 1817; Privatarchiv d. Grafen zu Solms-Laubach, XVII, 119, ohne Nr.). Mitte Februar schickte H. zu Solms-Laubach ihren Söhnen in Berlin das Bild eines Wolfskopf, das ihr Sohn Rudolph in Köln „nach dem ausgebalgten Wolf" gezeichnet hatte (H. zu Solms-Laubach an Otto in Berlin, Köln, 14. Febr. 1817; Privatarchiv d. Grafen zu Solms-Laubach, XVII, 199, Nr. 19).

[358] Groote hatte wohl eine Spende von 30 Stüber gemacht.

[359] Die „Arrestgeschichte" von Peter Joseph Klein, Pächter der Familie von Groote in Kendenich, zog sich schließlich bis Ende 1817 hin. Wahrscheinlich hatte Klein gegen seine Militärpflicht verstossen, sodass ihm eine Gefängnisstrafe drohte. Die Grootes unterstützten ihren Pächter in seiner Auseinandersetzung mit den Behörden.

[360] 1816 hatten Groote und Denoël mit der Aufstellung der Wallraf'schen Sammlung im ehemaligen Jesuitenkolleg begonnen, im Laufe des Jahres 1817 setzten sie diese Arbeit fort.

[361] Der Brief Carovés vom Jan. 1817 ließ sich nicht nachweisen. Eine Anzahl der Briefe von Carové an E. von Groote befinden sich in: HAStK, Best. 1552, A 10/1–24.

[362] Bei der von Groote „Casino" genannten Örtlichkeit handelte es sich vermutlich um die Räume der

Den 18. Jänner [1817].

Früh schreibe ich an v. Stolzenberg, um zu wissen, wie es mit der Jagd werden soll. Der Brief trifft ihn auch nicht zu Haus. Ich lese ruhig zu Haus, bis gegen 11 Stolzenberg u. Fritz Roedelheim[363] zu mir kommen, u. mit mir abreden, morgen früh nach Dransdorf zu reiten, u. dort zu jagen. Ich schicke daher, um Pferde, Urlaub, etc. alles in Ordnung zu haben. Nach Kendenich schreibe ich, damit Paulus am Dienstag hereinkommt, u. die 42 Malter Roggen, die noch da liegen, hier her geschafft werden. Das Wetter ist äußerst trübe u. regnerisch, u. ich fürchte für morgen.

Auf dem Ball sind viele Menschen. |:7 Sls:| Ich tanze mit der Redtel eine Ecossaise,[364] ausser diesem aber tanzt |A 1/11–21; 1r| niemand mit ihr. Den letzten Walzer tanze ich mit der v. Stolzenberg, wobey einem wirklich warm werden kann. Ich halte sie für ein gutes Weib, die aber gerne einen Hof um sich haben, u. von jungen Männern gesucht u. bemerkt seyn will. v. Haxthausen geht mich sehr wegen seiner Geschichte mit v. Weichs an. Er will wissen, wer mir gesagt, daß er sie gehabt, u. besonders, daß Weichs sich Schimpfreden erlaubt haben soll. Ich lasse mir die Sache von ihm erzählen, u. da er sich in ganz vortheilhaftes Licht stellt, so sage ich ihm nur, wenn alles sich so verhalte, so könne er ruhig seyn, so mehr, da gewiß niemand die Sache weiter in Anregung bringen würde. Von seiner besondern Tüchtigkeit in solchen Dinge habe ich nicht Grund viel zu halten.[365]

Den 19. Jänner [1817]. Sonntag.

Frühe lese ich in Fiorillo, gehe dann mit Joseph in den Dom, u. nachher mache ich mit ihm u. von Oettinger einige Besuche, überall per Carte. Zu Haus hat der Vater die Besoldungsliste der Postbeamten[366] durch Herrn Mittag[367] erhalten. Er

---

Casino-Gesellschaft „bei Herrn Wirz", Neumarkt 8/10, im Hackeneyscher Hof (Vogts, Die profanen Denkmäler, S. 360, 519 f.) und nicht um das Offizierskasino in der preuß. Kaserne am Neumarkt 2 (S. 515).

[363] Friedrich Ludwig Heinrich Adolf (Fritz) Graf zu Solms-Rödelheim war 1816/17 Referendar bei der Regierung in Münster; im Sept. 1817 trat er als Premier-Lieutenant in die preuß. Armee ein.

[364] Ecossaise: schottischer Tanz im 2/4 Takt.

[365] Der Vorfall um W. von Haxthausen und von Weichs ließ sich nicht klären.

[366] Vgl. „Verzeichniß der Postbedienten, Besoldungen, Zulagen auf Lebenszeit und Vergütungen auf Postschreiber und Hausmiethe in den Königlichen Preuß. Rhein-Provinzen", o. D. [vermutlich 1817] (GStA PK, I. HA Rep. 103, Nr. 1239, Bl. 27r–32r). Demnach erhielt Oberpostdirektor Ev. A. von Groote seit dem 1. Jan. 1817 jährlich 2.000 Rtlr.; Oberpost-Kommissar Schultz jährlich 1.000 Rtlr. und „als Beigeordneter des Ober Post Direktor" zusätzlich 100 Rtlr. (Bl. 28v). Das Gehalt der sechs im Verzeichnis aufgeführten Kölner Unterbeamten der Post betrug zwischen 800 und 600 Rtlr. pro Jahr (Bl. 28v).

[367] Mittag war bis ca. Mitte 1816 als Postkommissar in Düsseldorf tätig, von wo aus er im Auftrag des preuß. Staates eine Bereisung der bergischen Region unternahm, um das dortige Postwesens zu prüfen. 1816 wurde er zum Post-Organisations-Kommissar in Koblenz ernannt und amtierte dort

selbst ist leidlich, doch alle Unterbeamten schmälich darin bedacht, u. alle im höchsten Grade ungehalten. Schulz soll so in Wuth seyn, daß Er gleich Uebermorgen nach Coblenz reisen will, um sich mit Mittag zu besprechen. Ich habe die Godesberger Banksache nochmahl nebst den Akten zur Revision erhalten.[368] Abends fahre ich mit den Schwestern zu Mylius, zur Gesellschaft. |1v|

Den 20. Jänner [1817].

Ich gehe frühe zu v. Schoenwald,[369] mit ihm wegen Carl zu reden, der morgen am Militair-Conseil[370] erscheinen muß. Er glaubt nicht, daß er große Gefahr habe. Joseph erscheint heute, u. wird gleich frey gesprochen.[371] Dann gehe ich wegen meines Siegels zu Duqué, den ich aber so krank finde,[372] daß er wohl schwerlich je noch ein Wappen schneiden dürfte.

---

von 1816/17 bis 1838 als Oberpostdirektor. Vgl. zu Mittag: GStA PK, I. HA Rep. 103, Nr. 1235, o. P.; Bär, Geschichte, S. 197; Kalender für den Regierungs-Bezirk Koblenz, 1817, S. 20. Ende 1816 hatten die Berliner Behörden beschlossen, der Immediat-Justiz-Kommission in Fragen des Postwesens ein „qualificirtes Subjekt" zur Seite zur stellen. Zur Suche dieses „Subjekts" wurde auch das Kölner Oberpostamt aufgefordert (Generalpostmeister J. Fr. von Seegebarth an das Oberpostamt Köln, Berlin, 14. Okt. 1816, Entwurf; GStA PK, I. HA Rep. 103, Nr. 1226, Bl. 52 r). Ein von Ev. A. von Groote und Schultz unterzeichnetes Schreiben an das Generalpostamt in Berlin vom 22. Nov. 1816 erklärte: Es sei nicht möglich gewesen, jemanden mit genügender Kenntnis des preuß. Postwesens und zugleich der rheinischen Landesverfassung „hier auszumitteln". Am geeignetsten aber, so das Schreiben, „würde unstreitig der Postmeister Mittag in Coblenz seyn; dieser ist schon längere Zeit in den hiesigen Provinzen und hat bei Ausübung seines Organisations-Geschäfts vielfache Gelegenheit gehabt, die hiesige Landes-Verfaßung näher kennen zu lernen" (GStA PK, I. HA Rep. 103, Nr. 1226, Bl. 73r). Die Behörden beschlossen jedoch im Dez. 1816, Oberpost-Kommissar Schultz zum Berater der Justiz-Kommission zu ernennen. Generalpostamt an Schultz, Berlin, 17. Febr. 1817, Abschrift: Ihm sei „alles dasjenige, worauf es ankömmt", an die Hand zu geben, in Erwartung, dass er das Nötige veranlassen und dem Generalpostamt Bericht erstatten werde (GStA PK, I. HA Rep. 103, Nr. 1226, Bl. 87r u. v). Schultz hatte damit gegenüber Oberpostdirektor Ev. A. von Groote eine Aufwertung seiner Position erreicht, eine Situation, die in der Folgezeit zu Konflikten führte. Zu Stellungnahmen und weiterer Korrespondenz zwischen Behörden, Immediat-Justiz-Kommission und Schultz bis Ende 1817: GStA PK, I. HA Rep. 103, Nr. 1226, Bl. 88r–180r.

[368] Groote hatte bereits im Dezember 1816 einen Bericht an das Finanzministerium und das Innenministerium über die Spielbank in Godesberg erstellt, in den folgenden Monaten musste er sich erneut mit diesem Thema befassen. Zu den Verhandlungen um die Spielbank von 1814 bis 1818: Landesarchiv NRW R, AA 0635, Nr. 67; Landesarchiv NRW R, BR 0002, Nr. 1037.

[369] Ludwig Schoenwald/Schönwald war seit 1816 Assessor bei der Regierung Köln.

[370] Militair-Conseil, hier: Kommission der preuß. Armee für die Wehrpflicht.

[371] Wieso der 26-jährige Joseph von Groote vom Militärdienst freigesprochen wurde und der 25-jährige Carl von Groote eine Freisprechung erwartete, ist unklar. Der Zeitungs-Bericht der Reg. Köln für Januar, 9. Febr. 1817 stellte fest: „Die Revision der Dienstpflichtigen, behufs des zu stellenden Ersatzes beim stehenden Heer ging befriedigend von Statten" (GStA PK, I. HA Rep. 89, Nr. 16278, Bl. 9v).

[372] Zeitungs-Bericht der Reg. Köln für Januar, 9. Febr. 1817: „Die herrschende Krankheits-Constitu-

Nun gehe ich noch zu Dr. Gadé,[373] mit dem ich abspreche, daß Er Dr. Sitt[374] heute kategorisch wegen der Meinung des Generals abfragen soll, weil wir wissen wollen, wo wir mit unsern Sachen daran sind.[375] – Nach der Sitzung finde ich zu Haus einen Brief von Pastor Ernst, ohne weitere Anfrage, einen andern von der Frau Obristinn v. Clausewitz,[376] welche bey Beckenkamp[377] das Portrait Gneisenaus, welches Quinceau in Paris malte,[378] zweymal kopirt haben will, worüber ich mich erkundigen soll; dann ein Schreiben von Boisserée aus Heidelberg mit allerley Notizen, woraus hervorgeht, daß sie noch nicht wissen, woran sie sind.[379]
|:–4 Sls:||:1 Fr., 1 S.:|

Der Vater hat an Mittag tüchtig u. ordentlich geschrieben,[380] welches Schultz morgen mitnehmen soll. Gadé schreibt mir, daß Sitt seine Vollmacht zu sehn

---

tion war, wie im ganzen verflossenen Jahre, catharralisch-rheumatisch; doch neigte sie sich in dem letzten Drittel des Monats Januars zum nervösen Character über" (GStA PK, I. HA Rep. 89, Nr. 16278, Bl. 8v).

[373] Der Jurist Johann Joseph Gadé, wohnhaft in der Höhle 14, vertrat die Familie von Groote in ihrem Erbschaftsstreit mit verschiedenen Verwandten. Personalnotizen, 1815: „Gade. Advocat. Ein feiner tiefdenkender Jurist, nur zu weilen bitter, wie Galle in seinen Ausdrücken und fast unversöhnlich und rachsüchtig. Daran mag aber seine körperliche Constitution (denn er trägt einen tüchtigen Buckel) das Ihrige zu beitragen, […] französisch." In anderer Hand: „Höchst unzuverläßig, indem er sich unredlicher Mittel zur Erreichung seines Zweckes erlaubt" (Landesarchiv NRW R, BR 0002, Nr. 1534, Bl. 33r u. v).

[374] Der Jurist Johann Jacob Sitt, wohnhaft St. Marienplatz 7 (AK 1822) vertrat die Gegenpartei. In den Personalnotizen, 1815 wird „Sitt. Advocat" wie der Advokat Kupper charakterisiert: „Ist in jeder Hinsicht zu empfehlen, ein braver gründlicher Jurist, ein unermüdeter Arbeiter, zum Versöhnen und Ausgleichen geneigt, mäßig im Anschlag seiner Arbeiten, treu und von exemplarischem Lebenswandel, liegt er keinem Tadel unter und genießt die allgemeine Achtung" (Landesarchiv NRW R, BR 0002, Nr. 1534, Bl. 33v–34r).

[375] Ausführlich zu den Auseinandersetzungen innerhalb der Familien von Groote und von Mylius: siehe S. 61 f.

[376] Marie Sofia von Clausewitz, geb. Gräfin von Brühl war seit 1810 mit Carl von Clausewitz verheiratet. Das Ehepaar, mit dem Groote 1815 bekannt wurde, war eng mit General von Gneisenau befreundet. Dieser hielt sich seit Ende 1816 bis zu seiner Berufung in den Staatsrat im Frühjahr 1817 vorwiegend auf seinem Besitz Erdmannsdorf auf.

[377] Der Porträt- und Historienmaler Benedikt Beckenkamp, geboren 1747 in Ehrenbreitstein, lebte seit 1787 in Köln. Zu Biografie und Werk ausführlich: Mosler, Beckenkamp, 2003; Mosler, Beckenkamp, Abruf 21.05.2024; Moses, Beckenkamp, 1925. Vgl. zu Beckenkamps Selbstporträts: Mosler, Beckenkamp, S. 100–103, 230; zum Porträt von Anna Maria Beckenkamp, geb. Zipperlin, mit der Beckenkamp seit 1786 in 2. Ehe verheiratet war: Ebd., S. 107, 230 f.

[378] General Neidhardt von Gneisenau hatte sich 1815 in Paris von François-Josèphe Kinson/Kinsoen, einem flämischen Porträt- und Historienmaler, porträtieren lassen (Groote, Tagebuch, Bd. 1, S. 183, 247). Beckenkamp sollte nun im Auftrag des Ehepaars von Clausewitz zwei Kopien des Porträts anfertigen. Zu diesen heute als verschollen geltenden Kopien: Mosler, Beckenkamp, S. 259 f.

[379] S. Boisserée hatte am 15. Jan. 1817 an Groote geschrieben (Boisserée, Tagebücher, Bd. I, S. 376). Das Schreiben ist nicht nachgewiesen.

[380] Das Schreiben Ev. A. von Grootes an Oberpostdirektor Mittag in Koblenz ließ sich nicht ermitteln.

verlangt habe, die er ihm mit Verlangen, sich nun in 24 Stunden zu erklären, zugeschickt habe. Ich schreibe an v. Hallberg,[381] um ihn vorläufig mit dem, was zwischen mir u. v. Haxthausen vorgefallen, zu benachrichtigen.

Den 21. Jänner [1817].

Ich gehe genau die Akten über den Brunnen u. die Bank von Godesberg durch, weil der Bericht wieder |2r| verändert werden soll. – Später schreibe ich an Dr. Nückel, daß unsre Sachen gegen Paul Engels v. Kendenich, der nicht gekommen ist, weiter geführt werden. Dann gehe ich zu Frau v. Geyr Henrix, deren Namenstag ist.[382] Es sind daselbst nicht sehr viele Leute. Nach Tisch kommt der Rektor, dem ich wegen der bey Beckenkamp zu bestellenden Copien nach Gneisenau's Bild für Frau v. Clausewitz rede. Er verlangt, ich solle augenblicklich schreiben, daß er sie für 4 Louisd'or per Stück machen wolle. Ich schreibe an Frau v. Clausewitz, u. bleibe allein zu Haus sitzen, was schon nichts taugt, denn der Teufel hat immer sein Spiel dabey. ~ |:1.10:| Später kommt v. Loë. Er spricht manches von seiner Schwester Julie,[383] die recht interessant zu seyn scheint. Er bleibt bey uns zum Nachtessen.

Den 22. Jänner [1817].

Ich gebe den Brief an die Frau v. Clausewitz zur Post,[384] u. lese in Fiorillo. Ich bin mit Joseph auf heute zu Herrn v. Caspars gebethen. Paul Engels von Kendenich kommt, u. erbietet sich, die Früchte mit seinen Pferden hierhin zu fahren, u. Morgen wieder zu kommen, u. mir zu unterschreiben, daß er von der von Dr. Kramer eingereichten Zitation gar nichts wisse. Auch der Halfen Klein kommt noch, wegen allerley Sachen.

---

[381] Der Brief Grootes an K. Th. M. H. von Hallberg-Broich, ca. 20. Jan. 1817, konnte nicht nachgewiesen werden.

[382] Der 21. Januar ist Namenstag der Heiligen Agnes. Es handelte es sich also um Glückwünsche zum Namenstag von Maria Agnes Klara von Geyr zu Schweppenburg, geb. Hendrickx, Witwe des 1814 verstorbenen Joseph Heinrich Emanuel von Geyr zu Schweppenburg. Sie wohnte im Geyr'schen Palais, Breite Str. 92/98.

[383] Juliane (Julie) von Loë, geboren 1797, war die Tochter von Edmund Gerhard Anton Aspherus von Loë-Imstenraedt u. Marie Alexandrine von Merveldt.

[384] Matthias, Darstellung des Postwesens, Bd. 2, S. 67 f.: „Von der Ablieferungs- oder Aufgabezeit der Briefe, Gelder und Pakete auf die Post. In der Post-Ordnung […] ist zwar im Allgemeinen die Zeit vorgeschrieben, in welcher die Postcomtoirs für Jedermann offen seyn sollen, jedoch versteht sich wohl von selbst, daß der bestimmte Zeitraum und der unbeschränkte Zutritt nicht überall als Regel ohne Ausnahmen […] Statt findet. Ferner befiehlt die Post-Ordnung […], daß während der Abfertigung und des Aufmachens der Posten, Niemand die expedirenden Postofficianten stöhren, sondern die Beendigung der Postgeschäfte abwarten soll. […] Nach der Observanz und den Gesetzen müssen Briefe spätestens Eine Stunde, Pakete und Gelder aber Zwei Stunden vor dem Abgange einer Post, und wenn diese des Morgens abgeht, Abends vorher auf die Post geliefert werden."

In der Plenarsitzung kommt hauptsächlich der Bericht über Fabriquen u. die Zahl der Arbeiter in denselben von Herrn v. Mylius[385] vor, worin immer gesagt ist, wie es sich vor u. wie es sich nach Abzug der Franzosen verhalten habe.[386]

---

[385] Vgl. Personalnotizen, 1815: „v. Mylius. Commissarischer Oberbürgermeister auch Präsident beim Appellhoff zu Düsseldorff. Rechtschaffen, einsichtsvoll, sehr thätig, strenge und gewissenhaft in Verwaltung des ihm anvertrauten Geschäfts. [...] Seine häufigen Geschäfte erhalten ihn in stetem Nachdenken und ist dadurch oft im Umgange mit Menschen so zerstreut, daß er leicht die gewöhnlichsten Höflichkeiten ausser Acht läßt und deshalb oft für stolz gehalten wird. Seine Freunde haben ihn auf diese Gewohnheit aufmerksam gemacht, die er dann auch xxx seinen Functionen beim hiesigen Bürgermeister Amte merklich zu verbessern scheint. Bei alledem ist er ein treuer, gewissenhafter, sehr brauchbarer Beamter, der – möge seine politische Denkart sein, wie sie wolle – den ihm anvertrauten Posten zum wahren und einzigen Vortheil des Staates verwaltet und das ihm geschenkte Zutrauen in allen Fällen verdienen wird. Er ist übrigens im hiesigen Publico noch zu wenig bekannt, um zu demselben eine allgemeine Stimmung für, oder gegen sich zu haben. Indessen ist es keinesweges seine Absicht, bei der ihm jezt provisorisch aufgetragenen städtischen Verwaltung zu bleiben, sondern vielmehr wieder eine obere Stelle im Justizfache nach zu suchen. [...] Ein talentvoller redlicher Mann, voll guten Willens, wird bei mehrern Local Kenntnissen seinen Posten ausfüllen" (Landesarchiv NRW R, BR 0002, Nr. 1534, Bl. 6r u. v). Vgl. Thielen, Partizipation, S. 617 f.

[386] Es handelte sich wahrscheinlich um den Bericht von Oberbürgermeister von Mylius, den die Regierung Köln Ende 1816 angefordert hatte: „Da uns daran gelegen ist, in den Besitz von zuverlässigen Notizen über die Industrie und den Handel unsers Regierungs Bezirkes gesetzt zu werden, so beauftragen wir Sie, sich unter der Hand, und mit Vermeidung aller zu specieller Nachforschungen, welche den Verdacht erregen könnten, als läge denselben eine finanzielle Absicht zu Grunde, jedoch so genau als möglich, über den Betrag der Ackerprodukte und der Fabrikate in Ihrem Verwaltungs-Bezirke und über den Gang des Austausches derselben sowohl gegen das Inn- als Ausland, zu unterrichten, und das Resultat baldmöglichst zu unsrer Kenntniß zu bringen" (Regierung Köln an K. J. von Mylius, Köln, 4. Nov. 1816; HAStK, Best. 400, A 3580, Bl. 2r). Im Auftrag von Mylius holte der Rat der Gewerbeverständigen Anfang 1817 Angaben der einzelnen Fabrikanten ein und legte sie, gegliedert nach Produkten, vor. Dabei wurde im Vergleich zur Situation in franz. Zeit gelegentlich auf eine negative Entwicklung seit der Zugehörigkeit zu Preußen verwiesen (Bericht des Präsidenten der Gewerbeverständigen an K. J. von Mylius, Köln, 6. Jan 1817, Bl. 8r–15r). So hieß es etwa zum „Coton Gewerb": „In diesem Gewerb werden noch ungefähr sieben hundert Arbeiter beschäftigt. Vor dem Einzug der Alliierten war der Hauptabsatz nach ganz Frankreich und Italien, und es wurden dermalen ungefähr vier tausend Arbeiter beschäftigt (Bl. 11r). Zum „Seidengewerb": Es „werden jetzt noch ungefähr hundert dreißig Arbeiter in diesem Gewerb beschäftigt. Vor dem Einzug der Alliirten war der Absatz nach ganz Frankreich und Deutschland, und es wurden ungefähr zwey hundert sechzig Arbeiter in diesem Gewerb beschäftigt" (Bl. 11v). Mylius reichte den Bericht am 14. Jan. 1817 bei der Regierung ein. Diese anwortete, sie habe mit großem Interesse „das ausserordentlich starke Sinken der Fabriken ersehen. Wir wünschen indessen, um diesen wichtigen Umstand gründlich beurtheilen zu können, noch darüber unterrichtet zu werden, wie und nach welchen Grundsätzen Sie bei Ausmittelung der Resultate, welche in der quaestionirten Nachweisung aufgestellt worden, zu werke gegangen sind. Uebrigens ist es keinesweges questionsmäßig, daß die Vergleichungen zwischen dem frühern und dem jetzigen Fabriken-Verkehr der hiesigen Stadt, nach den Zeiträumen: vor und nach dem Abzuge der Franzosen, ausgemittelt und angegeben worden; es würde vielmehr geeigneter gewesen seyn, wenn solches nach einer sechsjährigen Durchschnitts-Epoche geschehen wäre" (Regierung Köln, Abt. II an K. J. von Mylius, Köln, 11. Febr. 1817; HAStK, Best. 400, A 3580, Bl. 26r). Zum gesamten Vorgang: HAStK, Best. 400, A 3580, Bl. 2r–31v. Der 1811 gegründete Rat

Solms ist wüthend darüber |2v| u. sagt u.a., man solle diesen Bericht an den Mann auf St. Helene[387] schicken, um ihm einen frohen Tag zu machen; er würde gewiß noch ein Kreuz der Ehrenlegion dafür schicken, wenn er noch eines habe, etc. – Ich komme erst nach 2 ½ zu Herrn v. Caspars, der aber selbst nicht da ist, da des großen Wassers wegen die Brücke ist abgefahren worden.[388] Es sind da die Consistorial Räthe Grashof[389] u. Poll,[390] Herr Dr. Gadé, Pastor aus Gereon Herr Hirschmann, etc. Wir werden einig, Herrn v. Caspars auf Montag in Deutz zum Tisch einzuladen, u. alle in corpore[391] dahin zu gehn. Mit Gadé rede ich auch über unsre Sachen mit dem General Mylius u. gehe nachher mit ihm nach Haus, u. nicht wieder aus.

Den 23. Jänner [1817].

Paulus Engels läßt mich umsonst warten, u. schickt nur 7 Mlt. Früchte. Ich arbeite den Bericht wegen des Godesberger Spielbank-Kontrakts zum drittenmal aus, weil der Dr. Sotzmann noch manches hineingebracht wissen will. Nach Tisch arbeite ich still für mich; auf dem Conzert[392] läßt sich ein Harmonika-Spieler hören. – Mit ist trüb zu Muthe. Ach, die gute Zeit geht ungeliebt vorüber! |3r|

---

der Gewerbeverständigen war für Angelegenheiten zuständig, die Handwerker und Produzenten betrafen, 1817 wurde er in seiner Funktion von der preuß. Regierung bestätigt (van Eyll, Wirtschaftsgeschichte, S. 238; Milz, Grossgewerbe, S. 87–89.

[387] Napoleon war im Okt. 1815 auf die unter Verwaltung Großbritanniens stehende Insel St. Helena verbannt worden.

[388] Wo dieses Treffen innerhalb Kölns stattfand, ist unklar. Generalvikar von Caspars hatte Amts- und Wohnsitz in Deutz, in einem Hintergebäude des Gasthofes „Zum grünen Baum". Um nach Köln zu kommen, musste er die „fliegende" Schiffsbrücke, die Deutz mit Köln verband, nutzen. Anlegestelle in Deutz war am Haus vor St. Heribert, in Köln vor der Markmannsgasse. Da der Rhein Hochwasser hatte, konnte Caspars an dem geplanten Treffen nicht teilnehmen. Zur Deutzer fliegenden Brücke: Groote, Tagebuch, Bd. 2, 29. Aug. 1816, S. 341; Müller, Geschichte, 222 f.; Signon, Brücken, S. 29–33.

[389] Solms-Laubach schrieb über Grashof: er sei „Vorzüglich, eben so gründlich als fleißig" (Fr. L. Chr. zu Solms-Laubach, Konduitenliste, Köln, 20. Sept. 1817; GStA PK, I. HA Rep. 74, Nr. 103, Bl. 210r).

[390] Über den katholischen Konsistorialrat Jakob Poll urteilte Solms-Laubach: „Ein wohldenkender aufgeklärter Mann, der den Schwachen kein Aergerniß giebt, aber Misbräuchen, welche andere mit der Religion selbst verwechseln, kräftig entgegen würkt" (Fr. L. Chr. zu Solms-Laubach, Konduitenliste, Köln, 20. Sept. 1817; GStA PK, I. HA Rep. 74, Nr. 103, Bl. 210r).

[391] in corpore: gemeinsam.

[392] Vermutlich: Abonnement für das Konzert am Donnerstag, den 23. Jan. 1817 bei R. Lieber.

Den 24. Jänner [1817].

Früh schon kommt Wallraf, der mir den Brief von Lützenkirchen von Frankfurt bringt, den ich ihm abbegehrt habe, wegen der Städelschen Geschichte, worüber Fuchs an Boisserée geschrieben, die nun unruhig sind, u. wissen möchten, was im Publiko verlaute.[393] Dann kommt der Rektor, dem der Kunsthändler Weiss von Berlin geschrieben, wegen seinen Gemälden, u. dem er, wie er sagt, impertinent geantwortet. Endlich kommt noch ein Herr Bianchi von Godesberg, der zwar mit Herrn v. Plotho[394] in Verbindung steht, allein, doch hinter dessen Rücken die Spielbank pachten zu wollen scheint. Ich bescheide ihn, er müsse bei der Regierung schriftlich einkommen. – Paul Engels kommt wieder nicht, u. ich übergebe das von ihm zu unterschreibende an Carl. In der Regierung übergebe ich meinen Spielbank Bericht an Herrn Dr. Sotzmann. Wir sind bald fertig. Ich erhalte einen Brief von Halberg,[395] dem es lieb zu seyn scheint, aus der Haxthausen u. Weichs Geschichte gelassen zu seyn, übrigens, was er gesagt, mit Wappen u. Eisen vertheidigen zu wollen versichert. Ich bleibe bis gegen 6 Uhr still zu Haus, will dann Mühlfels besuchen, den ich nicht finde. Auf dem Neumarkt[396] treffe ich Fritz Solms, der zu Stolzenberg geht. Später kommt noch Wallraf wieder zu mir, der Lützenkirchens Brief gern gleich |3v| zurückhaben will, weil er ihn beantworten will. Ich schreibe deshalb noch diesen Abend an Boisserée wegen des Briefs, wegen uns u. wegen St. Appollinaris.[397]

---

[393] Zum Hintergrund dieser Notiz: Der Maler Peter Joseph Lützenkirchen, der seit 1810 in Frankfurt a. M. lebte, hatte Groote über die Stiftung von Johann Friedrich Städel an die Stadt Frankfurt informiert u. behauptet, Boisserées hätten ihre Sammlung ebenfalls angeboten. M. H. Fuchs hatte diesen Brief gesehen und seinen Inhalt in Köln an einige Personen weitergegeben. In einem Brief, der S. Boisserée am 16. Januar erreichte, wies Fuchs auf die Behauptung von Lützenkirchen hin. S. Boisserée, Tagebücher, Bd. I, 16. Jan. 1817, S. 376: „Brief von Fuchs ärgerliche Klatscherei von Lützenkirchen als hätten wir uns in Frankfurt angetragen." S. Boisserée wünschte von Groote Auskunft über den ganzen Vorgang und schrieb am 17. Jan. 1817 an Groote sowie an Fuchs (S. Boisserée, Tagebücher, Bd. I, 17. Jan. 1817, S. 376). Vgl. E. von Groote an S. Boisserée, Köln, 25. Jan. 1817. Siehe Briefe u. Schriften. S. Boisserée, Tagebücher, Bd. I, 6. Febr. 1817, S. 378: „Brief von Groote." Zum Verständnis dieses Zusammenhangs auch: E. von Groote an Fr. C. von Savigny, Köln, 16. Jan. 1817. Siehe Briefe u. Schriften. Zu Lützenkirchen: Giesen, Lützenkirchen, 1927.

[394] Es gab mehrere Bewerber um die Genehmigung zum Betreiben der Spielbank in Bonn; Plotho – möglicherweise Rittmeister Karl Christoph Friedrich Wilhelm von Plotho – hatte schon 1814 die Rechte zur Führung der Spielbank beantragt. Zu den Verhandlungen um die Spielbank von 1814 bis 1818: Landesarchiv NRW R, AA 0635, Nr. 67; BR 0002, Nr. 1037. Zur Geschichte der Spielbank und des „Brunnens" in Godesberg kurz: Wuerst, Bonn, S. 117 f.; Wiedemann, Geschichte Godesbergs, S. 548 f.

[395] Der Brief von K. Th. M. H. von Hallberg-Broich an E. von Groote, konnte nicht nachgewiesen werden.

[396] Zur Geschichte des Neumarkt und seiner Entwicklung bis um 1825: Der Neumarkt in Köln, 1825. Vgl. auch: Vogts, Die profanen Denkmäler, S. 512–522.

[397] Groote berichtete S. Boisserée über die mögliche Rückholung einer Reliquie des Heiligen Apollinaris (E. von Groote an S. Boisserée, Köln, 25. Jan. 1817). Siehe Briefe u. Schriften. Die Brüder

Den 25. Jänner [1817].

Es werden nun fortwährend Früchte von Kendenich gebracht, aber Paul Engels kommt nicht. Ich lese noch in Fiorillo, u. sende meinen Brief an Sulpitz Boisserée ab. |:Fr. 1:| Nach Tisch lasse ich mir die Haare abschneiden, u. lese, bis gegen 5 Uhr Mühlenfels zu mir kommt. Ich ziehe mich aber bald an, u. gehe, da die Schwestern nicht mit wollen, mit Joseph zum Ball. Alles sieht groß auf wegen meinen abgeschnittenen Haaren.[398] Es dauert etwas lange, weil Kinderball ist. Um 11 ½ sind wir zu Haus zurück.

Den 26. Jänner [1817]. Sonntag.

Nach der Dommesse gehe ich mit von Münch und von Oettinger unsere Visiten machen, bey Mylius, bey Bianco,[399] bey GerichtsRath Pelzer.[400] Joseph ist bey General v. Mylius zu Tisch gebethen, und will nachher zu Heymann[401] in große

---

Boisserée u. Karl Friedrich von Reinhard hatten 1807 gemeinsam die Propstei St. Apollinarisberg bei Remagen gekauft.

[398] Groote passte sich an seinen neuen Status als Staatsdiener äußerlich rasch an: Er ließ sich das lange Haar schneiden, das er – um seine patriotisch-deutsche Gesinnung zu demonstrieren – seit Ende 1815 zur „altdeutschen Tracht" getragen hatte. Vermutlich hatte Groote sich auch von dieser Tracht getrennt. Er verhielt sich damit so, wie Johanna Schopenhauer es für Studenten 1816 vorhergesagt hatte: „Wenn sie einmal Accessisten, Kanzellisten, Kandidaten oder so etwas werden, giebt sich der Spaß von selbst" (Schopenhauer, Ausflucht, S. 147; vgl. Groote, Tagebuch, Bd. 2, S. 30).

[399] Gemeint ist entweder Franz Joseph von Bianco, 1817 Referendar bei der Regierung Köln, oder dessen Vater Johann Anton Jakob von Bianco; AK 1822: Friesenstr. 45. Franz Joseph von Bianco war später Sekretär/Rendant im Verwaltungsrat des Schul- und Stiftungsfonds. Anfang der 1830er-Jahre veröffentlichte er eine Darstellung der Kölner „gelehrten Unterrichts-Anstalten", verbunden mit einer umfangreichen Quellensammlung: Versuch einer Geschichte der ehemaligen Universität und der Gymnasien der Stadt Köln, so wie der an diese Lehr-Anstalten geknüpften Studien-Stiftungen, Köln 1833.

[400] Theodor Peltzer, Appellations- u. Landgerichtsrat; AK 1822: Gereonstr. 13.

[401] Vermutlich: Johann Philipp Heimann, Sohn von Johann Friedrich Carl Heimann u. dessen erster Frau Christine Martini. Personalnotizen, 1815: „Heimann. Sohn. Kaufmann. Präsident bei der hiesigen Handelskammer sehr rechtschaffen, thätig und brauchbar, wird für französisch gehalten. Die allgemeine Stimme über ihn ist nicht laut, doch mehr für als gegen ihn, wenigstens ist er ein guter, rechtlich denkender Mann, der dem Staate, dessen Unterthan er ist, aus Liebe für das Land gern nützlich und nie schädlich sein wird" (Landesarchiv NRW R, BR 0002, Nr. 1534, Bl. 20r). J. Ph. Heimann und seine Frau Klara Anna Therese Kertell erwarben Mitte 1816 von Franz Karl Joseph zu Hohenlohe-Waldenburg-Schillingsfürst ein eindrucksvolles Palais in der Trankgasse 9 (AK 1797: Trankgasse 2408). Zu J. Fr. C. Heimann vgl. Personalnotizen, 1815, Bl. 19v: „Heimann, Vater. Kaufmann. Thätig und unverdrossen in seinem Geschäfte, das er mit Vortheil leitet, übrigens aufbrausend und heftig, doch im ruhigen Zustande sehr gutmüthig und gerecht. Wurde zu Anfang der französischen Zeiten und nachher für sehr französisch gehalten, hat aber jezt, seit der Ankunft der Alliirten das Gegentheil gezeigt und war gar in der lezten Krisis in den Niederlanden unschlüssig, die hiesigen Lande zu verlassen, wenn die Franzosen biß an den Rhein vor gedrungen wären. Der Ruf über seine politischen Gesinnungen ist nicht fest und entschieden, die sich wohl

Gesellschaft, wozu ich aber nicht Lust habe. Der Vater giebt mir die vom Consistorio an den StiftungsRath zum Bericht gesandten Akta über die Katechistenstiftung, zur Relation.[402]

eigentlich, wie bei den meisten Kaufleuten, nach dem kaufmännischen Interesse richten mögen. Er steht mit dem Herrn Justus Gruner in vertrauter Freundschaft. Als Mitglied des hiesigen Gemeinderaths hat er einigen Einfluß auf die Städtische Verwaltung." In derselben Hand: „Beide, Vater und Sohn (Friedrich Carl und Philipp Heimann) sind die intrigantesten, daher auch gefährlichsten Menschen in der Stadt, tragen Kleider mit vielfarbigtem Futter um gleich allen Monarchen zur Hand sein zu können. Justus Gruner, dessen Frau mit der Familie seines französischen Schwiegersohns von weitem verwandt ist, ist ihnen der theuerste Verwandte, um durch ihn noch eine Danalis [Vorteil?] zu erwischen, die bei den Franzosen fehlgeschlagen, sonst sind es die pfiffigsten Kaufleute". Vgl. auch: Thielen, Partizipation, S. 609 f. B. Beckenkamp fertigte um 1792 Porträts von J. Fr. C. Heimann und dessen erster Frau Anna Christina Martini an sowie um 1806 ein zweites Porträt von J. Fr. C. Heimann und ein Porträt seiner zweiten Frau Maria Susanna Trombetta (Ost, Bildnisse, S. 267–272; Mosler, Beckenkamp, S. 98 f., 218 f., 236).

[402] Relation, hier: Bericht, Vortrag. Der Auftrag, den Groote von seinem Vater erhielt, stand in folgendem Zusammenhang: 1816/17 begann man in Köln mit der Neuorganisation der Sonntagsschulen, die sich während der franz. Zeit aufgelöst hatten. Zu den ersten Maßnahmen bis Febr. 1817 vor allem: HAStK, Best. 400, A 594 u. Best. 550, A 1113, Bl. 1r–46r; Kames, Elementarschulwesen, S. 42–47. Sonntagsschulen waren als Ergänzung des öffentlichen, im Wesentlichen aus Pfarrschulen bestehenden Elementarschulwesens gedacht. Sie sollten Kinder der „ärmern Klasse" im Alter von 6 bis 12 Jahren unterrichten, von denen ein Großteil an den Werktagen zum „Broterwerb", z.B. in Fabriken, arbeitete. Um 1817 gab es in Köln ca. 5.600 „unvermögende Kinder". Zur Realisierung der Sonntagsschulen wollten die Behörden u.a. Gelder einer Groote'schen Stiftung nutzen. Diese 1655 von Jacob de Groote d. Ä gegründete Stiftung (Fundatio pro Catechistis/Fundatio theologicae Jacobi de Groote senioris), deren Unveränderlichkeit der Stifter festgelegt hatte, war der Finanzierung von zwei theologischen Professuren sowie der Ausbildung von sieben Katechisten (Katecheten, Theologiestudenten) gewidmet. Diese wurden jeweils einer von sieben Kölner Pfarren zugewiesen und hatten dort Religions- und Schulunterricht zu erteilen. J. de Groote legte zudem die Unveränderbarkeit der Stiftungsbestimmungen fest. Da eine reguläre Verwaltung der Stiftung unter franz. Regime nicht möglich war, übergab Ev. A. von Groote, als amtierender Verwalter, 1807 die Administration der Stadt. Ende 1816 jedoch entschloss sich die Familie, die Verwaltung zurückzufordern. Die Behörden begannen nun, ohne die Verwaltungszuständigkeit geklärt zu haben, die Stifterfamilie für eine zumindest vorläufige Nutzung der Stiftungsgelder zu gewinnen. Die Verhandlungen schlugen sich in einer umfangreichen Korrespondenz und in ausführlichen Gutachten nieder, unter denen sich einige Schriftstücke (meist Entwürfe) von der Hand Eberhard von Grootes befinden. (Vgl. dazu vor allem die Unterlagen des Schul- u. Stiftungsfonds/Gymnasial- und Stiftungsfonds: HAStK, Best. 155A A 96/1 u. A 96/8). Zum Verlauf des Diskussion: Mitte 1816 ordnete Solms-Laubach in einem Schreiben an die kurz zuvor gegründete städtische Schulkommission die „Niedersetzung einer Kommission" an, „welche die Errichtung von Sonntag- und Abend-Schulen hieselbst überhaupt, und die Verwendung der bestehenden Stiftungen für diesen Zweck insbesondere zum Gegenstand ihrer Berathungen machen, und denselben soweit führen soll, daß ich im Stande bin, eine definitive Entscheidung darüber zu erlassen." Zum Vorsitzenden der Kommission wurde Konsistorialrat Grashof ernannt (Fr. L. Chr. zu Solms-Laubach an die städtische Schulkommission, Köln, 12. Aug. 1816; HAStK, Best. 550, A 1113, Bl. 6r). Am 13. Nov. 1816 fand eine Sitzung Statt, in der E. von Groote die Interessen seiner Familie vertrat und dabei die der Familie entzogene Verwaltung der Stiftung zurückverlangte (Groote, Tagebuch, Bd. 2, 13. Nov. 1816, S. 384). Am 14. Nov. 1816 erläuterte die Groote'sche Familie in einem Schreiben an das Konsistorium die Inhalte der Ka-

Ich gehe später auf den Neumarkt, u. daselbst mit Graf Carl zur Lippe, Simon u. Eckendal eine Zeitlang auf u. ab, dann zu Stolzenberg, welche aber zu Heymann fahren. Nun ist es mir fast |4r| leid, daß ich mich habe entschuldigen lassen. Die Art, wie man mit dem kleinen Max bey Stolzenberg umgeht, fällt mir auf. Wenn er unartig ist, wird er mit unerbittlicher Strenge weggejagt in eine andre Stube. Sein Vater heißt ihn dann Er, und er muß ihm berichten, was er den Tag über unrecht gemacht hat. Die Frau ist wirklich recht hübsch u. angenehm. Die ganze Familie aber ächt Berlinsch in Kotzebues Geschmack,[403] von dessen Schriften man auch immer einige Bände als LieblingsLektüre dort liegen sieht. – Abends arbeite ich an meiner Relation, u. es wird mir fast schwer, das Ganze in eine gute Ordnung zu bringen.

---

techistenstiftung und betonte das Recht der Familie auf deren eigenständige Verwaltung (Groote, Tagebuch, Bd. 2, S. 385). Am 20. Nov. 1816 erklärte das Konsistorium gegenüber der städtischen Schulkommission, man habe gemeinsam mit dem Vertreter der Familie in der Sitzung vom 13. November beschlossen, „daß über eine Wiederherstellung dieser Stiftung in ihrem ursprünglichen Sinne nur erst nach Wiederbesetzung des bischöflichen Stuhles mit den obersten Landesbehörden verhandelt werden könne, daß es aber für den Augenblick nothwendig sei, von den wirklich flüssigen Einkünften dieser Stiftung für den Unterricht [...] an den Sonn- und Feiertagen sogleich den angemessensten Gebrauch zu machen" (Konsistorium Köln an die städtische Schulkommission, Köln 20. Nov. 1816; HAStK, Best. 550, A 1113, Bl. 20r–22r, hier Bl. 20r). Das Konsistorium ging somit davon aus, dass die Familie von Groote der vorläufigen Verwendung von Stiftungsgeldern für die Sonntagsschulen zugestimmt hatte. In Hinblick auf die Verwaltung der Stiftung erklärte das Konsistorium einige Wochen später, es seien vor einer Entscheidung weitere Erläuterungen seitens der Stiftungsfamilie und des Schul- und Stiftungsfonds notwendig (Konsistorium Köln an den Verwaltungsrat des Schul- und Stiftungsfonds, Köln, 13. Dez. 1816; HAStK, Best. 155A, A 96/1, S. 191r). Zur Überprüfung der rechtlichen Situation bestellte der Schul- und Stiftungsfonds zwei Gutachten: zum einen vom Dirigenten des Verwaltungsrats, dem Juristen Franz Adolph Joseph von Nagel zur Gaul (als Referenten), der sein Gutachten am 12. Dez. 1816 einreichte: „Denk-Schrift zur Aufklärung der Geschichtlich und Rechtlichen Verhältniße der von Grootischen Stiftung pro catech." (S. 195–222), zum andern von dem Juristen Franz Anton Bachem (als Korreferenten), ebenfalls Mitglied des Verwaltungsrats. Bachem reichte sein Gutachten am 21. Jan. 1817 ein (S. 223–242). Groote las das Schriftstück Nagels wohl am 13. Dez. 1816 (Groote, Tagebuch, Bd. 2, 13. Dez. 1816, S. 402), die Schrift Bachems erhielt er vermutlich am 26. Jan. 1817.

[403] Die Schauspiele des Schriftstellers, Dramatikers, Verlegers und Politikers August Friedrich Ferdinand von Kotzebue gehörten zu den meistgespielten Stücken seiner Zeit. Auch in Köln wurde eine Reihe von Kotzebues Stücken aufgeführt. Aufgrund seiner Kritik am politischen Liberalismus sahen die Anhänger der Verfassungsbewegung, Burschenschaftler und reformorientierte Kreise in ihm einen einflussreichen Gegner, dessen Werke man als seicht und bedeutungslos einstufte. Auf dem Wartburgfest im Okt. 1817 wurde die von ihm 1814 veröffentlichte Geschichte des Deutschen Reiches verbrannt. 1819 wurde Kotzebue von dem Burschenschaftler Karl Ludwig Sand ermordet. Für E. von Groote und seinen Bruder Joseph waren Kotzebues Werke der Inbegriff literarischer Banalität und politischer Reaktion. Zu Leben und Werk Kotzebues vgl. den Sammelband: Košenina/Liivrand/Pappel, Kotzebue, 2017; Meyer, August von Kotzebue, 2005; Kaeding, Kotzebue, 1988; Meyer, Verehrt, 2005.

Den 27. Jänner [1817].

Frühe kommt der Schneider, dem ich meine grauen Militairsachen zum verändern gebe. Ich arbeite noch an der Relation, u. ebenso in der Sitzung, wo wenig interessantes vorkommt. Nach Tische gebe ich den Schwestern meine Virginia,[404] welche sie begehrt haben, u. lese zu Haus bis gegen 6 Uhr, wo ich mit Joseph zu Harff[405] in Gesellschaft gehe. Es sind daselbst Solms, Auer, Stolzenberg etc. etc. ziemlich viele Leute. Die schöne Frau v. Stolzenberg kommt erst später, u. scheint sehr munter. Ich spiele mit Jette v. Geyr,[406] Auer u. Fritz Roedelheim u. verliere etwas. |:6 Sls:|

Der Graf Solms theilt uns zur Nachricht mit, daß Herr v. Nagel auf sein Verwenden vom König den rothen Adler[407] erhalten, u. daß der Maler Scheefer,[408] den der Graf lange unterhalten, heute am Miserere[409] gestorben ist. |4v|

---

[404] E. von Groote hatte 1812 ein Drama verfasst (Virginia. Römisches Trauerspiel), das nie veröffentlicht wurde (Groote, Tagebuch, Bd. 1, 15. Apr. 1815, S. 54; Spiertz, Groote, S. 54 f.).

[405] Sitz der Familie von Harff zu Dreiborn in Köln war der Harffer Hof, Johannisstr. 59, den Franz Ludwig von Harff zu Dreiborn 1784 gekauft hatte. Nach seinem Tod 1814 lebte hier seine Witwe Clara Elisabeth sowie vermutlich Sohn Clemens Wenceslaus Philipp Joseph u. Tochter Elisabeth Antonia (Betty) von Harff zu Dreiborn. Diese heiratete 1825 Werner von Haxthausen. Zum Harffer Hof kurz: J. P. J. Fuchs, Topographie; HAStK, Best. 7030, Nr. 231, Bd. 2, S. 187; Vogts, Kölner Wohnhaus, Bd. II, S. 774; Vogts, Die profanen Denkmäler, S. 484. Eine Schätzung in franz. Zeit führt den Harffer Hof unter den zehn Häuser mit einem Wert von 12.000 Francs auf (Vogts, Kölner Wohnhaus, Bd. I, S. 346). Vgl. Bayer, Köln um die Wende, S. 143. Zur Bildnissammlung der Familie Harf/Mirbach-Harff: Wolthaus, Ahnengalerien, S. 238 f.

[406] Maria Henriette Konstantine Walburga von Geyr zu Schweppenburg (Jette) war Grootes Cousine. Vgl. Statistique personelle des chefs de famille les plus notables, 25. Sept. 1810; hier heißt es zu ihr wie zu ihrer Schwester Maria Antoinette Josephine Caroline Henriette (Nette): „bien faite, aimable, ayant reçu une éducation soignée, d'une bonne conduite." Beide Schwestern hatten, so das Verzeichnis, eine Mitgift von 15.000 Francs zu erwarten (HAStK, Best. 350, A 5847; Bayer, Köln um die Wende, S. 142).

[407] Der Rote Adlerorden war der nach dem Schwarzen Adlerorden zweithöchste preuß. Staatsorden; er wurde seit 1810 in drei, seit 1818 in vier Klassen verliehen. Zu den Ordensverleihungen in diesen Tagen in Berlin: Welt- u. Staatsbote zu Köln, Nr. 16, 28. Jan. 1817. Personalnotizen, 1815: „v. Nagel. Privat. Ein Mann, der sich in dem hohen Alter von 70 Jahren noch ganz und mit seltener Fähigkeit den Geschäften widmet. Ein Gelehrter im ausgebreitetsten Sinne, streng rechtschaffen und unermüdet. Er ward früher als Landstand nach Düsseldorff, Cleve und Arnsberg berufen und hat daselbst mit Auszeichnung gearbeitet. Er war ehedem Oberamtsmann zu Hoekerswagen, Amt Wipperfürth und wohnte in der Grafschaft Mark auf seinen dasigen Gütern, und kennt daher die Preuß. Verfassung, für die er auch stets eine besondere Vorliebe hatte. [...] Vielleicht zum Landrathe sehr brauchbar" (Landesarchiv NRW R, BR 0002, Nr. 1534, Bl. 16r u. v). Vgl. Thielen, Partizipation, S. 618.

[408] Das Sterberegister vermerkt: Heinrich Schaeffer, Maler, starb am 26. Jan. 1817, ledigen Standes, 45 Jahre alt; Geburtsort Laubach, wohnhaft in Köln, Brückenstraße 23, reformierter Konfession; er verstarb an „Leibes Verstopfung". Während der Krankheit wurde er durch einen Arzt betreut (HAStK, Best. 541S, R 156 Köln I 1817).

[409] Miserere, medizinisch: Erbrechen von Kot etwa bei Darmverschluss.

Den 28. Jänner [1817].

Ich fahre gegen 7 Uhr mit dem Vater, Carl u. Caspar nach Kitzburg. In Wesslingen [Wesseling] nehmen wir einen Schnaps, u. ein Kitzburger Pferd zum Vorspann. Zu Kitzburg zahlen die kleinen Pachter ihre Pacht pro 1816 u. den trocknen Weinkauf[410] für eine neue Pachtung. Auch die Halfensleute erhalten neue Pachtzettel, wofür Carl pro Expeditione[411] sich Rth. 8 bezahlen läßt.[412] Dann essen wir, gehn auf das Haus u. in den Garten, wo viel an Mauern u. Dämmen, Fenstern u. Dächern verdorben ist. Es bedarf grosser Reparatur. Auch die Mühle u. den neuen Bau daselbst besehen wir, und fahren dann nach Cöln zurück, wo wir erst nach 8 Uhr ankommen. Joseph ist zum Ball.[413]

Den 29. Jänner [1817].

Ich gehe die Acta der Fondatio pro Catechistis ein wenig durch, u. Herr Rektor kommt. Er hat Briefe von Boisserée, die ihn einladen, bald nach Heidelberg zu kommen,[414] weil sie ihn [korrekt: weil er sie] nicht lange mehr da finden würde. Die Plenarsitzung währt nicht lange, weil viele nach Siegburg auf die Jagd wollen. Auch ich werde mit den Brüdern dazu gebethen, gehe aber nicht mit, weil es regnerisch u. trüb ist, u. ich außerdem mancherley zu thun habe. Auch die Brüder wollen nicht mit. Zu Haus finde ich Herrn Louis) Boecking bey Joseph, wo über die Reise nach Bonn zum Ball auf nächsten Samstag[415] überlegt wird. Herr Präses u. der kleine Loë essen bey uns. Nach |5r| Tische schreibe ich an meinem Berichte über die Fondatio pro Catechistis weiter, u. bleibe daran bis in den Abend. Joseph hat den Zeitungsbericht über die Decoration des Herrn v. Nagel mit dem rothen Adler Orden zurecht geschrieben.[416] Ich gehe gar nicht aus. –

---

[410] Trockener Weinkauf: eine Form der Pachtzahlung, bei der statt tatsächlich Wein als Pacht zu zahlen, die Pacht in Geld entrichtet wurde.

[411] pro expeditione, hier: für die Ausstellung.

[412] Das Rechnungsbuch der Familie von Groote hält für den 28. Jan. 1817 die Verpachtung von ca. 11 Morgen Land fest, das „auf der Kitzburg, auf dem sogenannten Aeckerchen und unter den Bäumen" gelegen war. Es wurde an dreizehn Pächter (elf Männer und zwei Frauen) für „12 nacheinander folgende Jahre" vergeben. Zahlbar war die Pacht „termino Nat. Christi", also jeweils am 24. Dezember (HAStK, Best. 1042, B 60, S. 225).

[413] Vermutlich besuchte J. von Groote am Dienstag, 28. Jan. 1817 die „Dienstags-Redoute" im Jäger'schen Saal in der Ehrenstr. 20.

[414] S. Boisserée, Tagebücher, Bd. I, 23. Febr 1817, S. 382: „Brief an Fochem."

[415] Möglicherweise handelte es sich um einen Ball in der um 1790 errichteten Redoute in Godesberg.

[416] J. von Groote schrieb für die Köln. Zeitung, Nr. 17, 30. Jan. 1817: „Köln, 29. Jan. Unter den am Krönungs- und Ordensfeste zu Berlin ernannten Rittern des rothen Adlerordens, dritter Klasse, lesen wir mit innigster Freude auch den Namen des jetzigen Dirigenten der hiesigen Schul- und Stiftungsfonds, Freiherrn von Nagel zur Gaul. Ein jeder, dem es bekannt ist, wie dieser würdige und gelehrte Greis vor der französischen Usurpation als Mitglied der vormaligen bergischen Landstände mit treuem Eifer und freimüthiger Offenheit zum Besten seines Vaterlandes arbeitete; wie er in der unglücklichen franz. Zeit, als er sich überzeugt hatte, daß jedes Einzelnen Streben nach

Den 30. Jänner [1817].

Ich fahre bald fort, an meinem Bericht zu arbeiten, u. gehe, nachdem ich [ihn] ungefähr entworfen, alle Aktenstücke noch einmal sorgfältig durch. Nach Tisch kommt Herr Brassert zu uns, der mir einige Alterthümchen, gute Steine etc. zeigt.[417] Abends ist das Conzert[418] sehr besucht, weil die Frau Schieffer u. Frau Schülgen[419] ein Doppel-ClavierConzert spielen. Es wird ziemlich spät. Hedeman[420] ist zum Abschied bey mir, – er geht nach Wetzlar.

Den 31. Jänner [1817].

Ich habe den Bericht soweit fertig, daß ich ihn dem Vater vortrage, der im Ganzen auch wohl damit einverstanden ist. In der Sitzung kommt nichts von Wichtigkeit vor, als daß man Grund zu haben scheint, mit der Verwaltung des für den Landrath in Lechenich fungirenden Rittmeister Baersch[421] nicht zufrieden

---

einer glücklichern Verfassung an den Klippen des rohen Despotismus scheitern mußte, in tadel- und makelloser Zurückgezogenheit nur für das Wohl seiner Familie lebte; wie er jetzt wieder nach wieder errungener Freiheit in unserer Stadt, die ihn seit einigen Jahren als Bürger und Mitglied ihres Gemeinderaths ehrt, seine rastlose und uneigennützige Thätigkeit in einem Alter von fünf und siebenzig Jahren der sehr wichtigen und ausgebreiteten Verwaltung der Schul- und Stiftungsfonds aufopfert, – wird die Gnade Sr. Maj. des Königs, welche Allerhöchstdieselben, durch diese Auszeichnung unseres allgemein geachteten Mitbürgers, der ganzen Stadt angedeihen zu lassen geruhet haben, mit den innigsten und wärmsten Gefühlen der Dankbarkeit anerkennen." Der Artikel ist nicht unterzeichnet.

[417] Gerhard Anton Brassart war Inhaber eines Geschäfts für Antiquitäten und naturhistorische Objekte in der Marzellenstr. 76 (AK 1813, 1822). Er besaß eine Mineralien-Sammlung und beschäftigte sich „auch mit Ausstopfen der Thiere", er hatte „immer eine beträchtliche Anzahl derselben käuflich an Liebhaber zu überlassen" (Heinen, Begleiter, 1808, S. 234).

[418] Donnerstagskonzert bei R. Lieber in der Komödienstr. 34.

[419] Vermutlich: Katharina Theresia Schülgen geb. Boisserée.

[420] Lieutenant Hedemann wurde 1816 zum Ingenieurdienst kommandiert. Während er sich in Köln aufhielt, lernte er E. von Grootes Schwester Wally kennen und machte einen Heiratsantrag, den die Familie entschieden ablehnte (Groote, Tagebuch, Bd. 2, 21. Dez. 1816, S. 407).

[421] Solms-Laubach hatte den Rittmeister und Historiker Georg Friedrich Bärsch 1816 als Polizeidirektor für Köln vorgeschlagen, sodass Bärsch in Erwartung dieser Anstellung nach Köln zog. Zu seinen Erfahrungen in Köln: Bärsch, Erinnerungen, S. 102–110. 1816 wurde er zum Kommissarischen Landrat im Kreis Lechenich ernannt, wo er bis 1818 amtierte. Bärsch schrieb in seinen Memoiren: „Die Geschäfte [in Lechenich] fand ich in der größten Verwirrung. Eine Registratur war gar nicht vorhanden, ich mußte sie erst anlegen [...]. Vor allem suchte ich mit der Geistlichkeit in ein gutes Vernehmen zu kommen, umsomehr weil ich der einzige Evangelische im Kreise war. [...] Das freundliche Verhältniß zur katholischen Geistlichkeit im Kreise war mir von großem Werthe, denn es fehlte nicht an Denunciationen und Verdächtigungen gegen mich. Das lag wohl besonders darin, daß ich der Unterdrückung der ärmeren Einwohner des Kreises durch die Wohlhabenden, mit aller Kraft entgegen trat" (Bärsch, Erinnerungen, S. 115). Solms-Laubach urteilte über Bärsch: „Bei guter Qualification und großer Thätigkeit handelt er zu weilen nicht überlegt genug" (Fr. L. Chr. zu Solms-Laubach, Konduitenliste, Köln, 20. Sept. 1817; GStA PK, I. HA Rep. 74, Nr. 103, Bl. 214r). Vgl. Romeyk, Verwaltungsbeamten, S. 338 f.

zu seyn. Nach Tisch ist Herr Rektor bey uns, mit dem wir mancherley über die Stiftungen reden. Um 6 Uhr fahre ich mit den Schwestern zu Geyr, wo große Gesellschaft ist. Die Stolzenberg finde ich noch immer recht hübsch u. interessant. Meine Parthie ist schlecht, u. ich verliere etwas. |: 1–7 :| Graf Solms sagt mir, daß eben der Polizey |5v| Direktor v. Struense angekommen sey.[422] Auch daß er in den ersten trocknen Tagen nach Bonn auf die Jagd wolle. Die Jäger von Siegburg sind zurück, u. wollen sich trotz dem vielen Regen noch ziemlich wohl unterhalten haben. Carl hat inzwischen schon viel von meinem Berichte in's Reine gebracht. –

Bey unserer Rückkunft nach Haus erfahren wir, daß der Polizeykommissar Schoening[423] den wahrscheinlichen Mörder des jungen Koenen[424] entdeckt habe.

---

[422] Köln. Zeitung, Nr. 19, 2. Febr. 1817: „Köln, 1. Febr. Der königl. Polizei-Präsident der Stadt Köln, Herr Struensee, ist in unserer Mitte angekommen." Amtsblatt d. Königl. Reg. zu Köln, Nr. 8, 25. Febr. 1817, S. 78: „Seine Majestät der König haben in Anerkennung der Wichtigkeit der hiesigen Polizei-Verwaltung Allergnädigst beschlossen, nach dem Vorgange der größern und wichtigern Städte in den andern Provinzen für die Polizei-Verwaltung der Stadt Köln, ein eigenes Polizei-Präsidium errichten zu lassen, und mittelst Allerhöchstselbst vollzogenen Patents vom 8. Nov. v. J. den seitherigen Magdeburgischen Polizei-Direktor Struensee zum Polizei-Präsidenten allhier ernannt, an welchen zugleich nach der Allerhöchsten Königlichen Verordnung wegen verbesserter Einrichtung der Provinzial-Behörden von 30. April v. J. § 38 die landräthlichen Funktionen für den hiesigen Stadtkreis übergehn." Das Polizeipräsidium befand sich zunächst in der Peterstr. 45, im Mai 1817 wurde das um 1808 errichtete Haus in der Schildergasse 84 Sitz der Polizei. Vgl. Abb. in: Hachenberg, Entwicklung, S. 133; Vogts, Kölner Wohnhaus, Bd. II, S. 607; Vogts, Die profanen Denkmäler, S. 546.

[423] Polizei-Kommissar Albin Joseph Schoening wurde im Herbst 1817 zum Polizei-Inspektor in der „ausübenden Polizei" ernannt (Amtsblatt d. Königl. Reg. zu Köln, Nr. 41, 21. Okt. 1817, S. 377); er war zuständig für die 3. u. 4. Stadtsektion (Provinzial-Blätter, Bd. 1, Heft 1, 1817, S. 93). Vgl. Hachenberg, Entwicklung, S. 58 f.; Personalnotizen, 1815: „Schoning. Polizei Commissarius. Ein sehr tüchtiger, gewandter und in aller Hinsicht brauchbarer Polizei Beamter; hatte wohl früher den Ruf, französisch zu sein, ist aber streng in Erfüllung seiner Pflichten ohne jedoch hart oder ungerecht zu sein. Der Herr General Gouverneur Sack war ihm mit Grund sehr geneigt und hatte ihn als Kreis-Polizei Inspector nach Cleve ernannt. Da diese Stelle aber mit seinen hiesigen Verhältnissen nicht paßte, so nahm er sie nicht an, und blieb daher mehrere Monathe unthätig, biß er nun wieder seit einiger Zeit in seine vorige Stelle zurückgetreten ist, in welcher er sich durch seinen gewöhnlichen Diensteifer, und treues, rechtschaffenes Betragen die Achtung aller Oberbehörden gewinnt, so wie er auch von den Bürgern geliebt und geachtet wird" (Landesarchiv NRW R, BR 0002, Nr. 1534, Bl. 10r).

[424] Peter Anton Fonck, Kaufmann und Unternehmer aus Goch, hatte sich nach seiner Heirat mit der Kölnerin Maria Catharina Jacobina Foveaux 1809 in Köln niedergelassen. Um 1815 war er in Geschäftsbeziehung zu dem Krefelder Kaufmann Franz Schröder getreten, mit dem es bald zu Konflikten kam. Im November 1816 sandte Schröder den jungen Kaufmann Wilhelm Cönen zu Verhandlungen mit Fonck nach Köln. Nach dem 9. November wurde Cönen vermisst, am 19. Dez. 1816 seine Leiche am Rheinufer bei Friemersheim aufgefunden. Die Köln. Zeitung, Nr. 6, 11. Jan. 1817 berichtete: „Köln, 10. Jan. Der am 19. Dez. v. J. bei Friemersdorf, unfern Uerdingen, vom Rhein angeschwemmte Leichnam ist durch eine Menge Zeugen nicht nur an der Kleidung, sondern auch an den Gesichtszügen und sonstigen zuverläßigen Merkmalen für die Person des Wilh. Coenen von Creveld, eines hoffnungsvollen und allgemein als rechtschaffen geachteten jungen

Er habe auf einen Faßbinder Verdacht gehabt, diesem zwei Leute zugeschickt, die sich in einer Weinschenke zu ihm gesetzt, ihm heimlich den Wein ausgetrunken, um mit ihm Händel zu bekommen. Dieß gelang, u. nach einigem Wortstreit warfen die beiden dem Faßbinder vor, willst du es mit uns auch etwa machen, wie mit dem Koenen, sey nur ruhig, wir wissen alles. Dieser sey bey der unerwarteten Äußerung ganz bleich geworden, u. habe geschwiegen; die beyden aber haben sich still an ihn gemacht, u. ihm gesagt, wenn er 6 Bouteillen Wein geben wolle, so würden sie schweigen. Dazu verstand er sich. Ein bald nachher zutretender Gensd'armes habe sich zu den beyden gesetzt, u. nach einigen zweydeutigen Ausdrücken ebenfalls zu verstehen gegeben, daß er um die Sache wisse. Einer der ersten, welche die Bestürzung des Faßbinder bemerkte, habe ihn bedeutet, auch der Gensd'armes würde schweigen, wenn er ihm einen Laubthaler[425] gebe. Dieß that der Faßbinder sogleich. Ein bald hinzutretender Gensd'armes aber arretirte |6r| ihn, u. beyde führten ihn gefangen weg. Ein andrer Mensch soll ebenfalls noch im Verdacht, u. schon eingezogen seyn.[426] –

Mannes, anerkannt worden, und aus den an seinem Körper wahrgenommenen äußern und innern Verletzungen haben die untersuchenden Aerzte gefolgert, daß er eines gewaltsamen Todes gestorben sey." Leiter der kriminalistischen Untersuchung des Falles war Generaladvokat J. G. von Sandt, der vor allem Fonck verdächtigte. Als Grund des Mordes vermutete man auch in der Öffentlichkeit, Fonck habe seine Geschäftsbücher gefälscht und eine Aufdeckung verhindern wollen. Eine Prüfung von Foncks Büchern durch die Beauftragten des Handelsgerichts, Johann Hermann Löhnis und von Sandt, wurde am 20. Jan. 1817, ohne Nachweis eines Betruges, vorgelegt. Dennoch ließ man den Verdacht gegen Fonck nicht fallen. Gleichzeitig geriet auch der bei Fonck beschäftigte Fassbinder Christian Hamacher in den Blick der Behörden. Polizeikommissar Schöning ließ Hamacher am 30. Jan. 1817 in die Weinstube „Kümpchen" locken, um ihn dort betrunken zu machen und zu einem Geständnis zu provozieren. Hamachers Äußerungen an diesem Abend wurden als solches interpretiert, Hamacher daraufhin festnommen. Als Mittäter kam zu diesem Zeitpunkt Gerhard Joseph Ulrich, ebenfalls Fassbinder, in Verdacht. E. von Groote verfolgte den Fortgang der Untersuchungen mit großem Interesse. Zu Löhnis vgl. Personalnotizen, 1815: „Löhnis. Herrmann Kaufmann. Ein wohlhabender Mann, hat den Ruf, brav, Deutsch und sehr rechtschaffen zu sein. [...] Ein sehr kluger, bescheidener, redlicher und thätiger Kaufmann. Ein durchaus tadelloser und kenntnißreicher Mann, braver Gatte, Vater und Freund" (Landesarchiv NRW R, BR 0002, Nr. 1534, Bl. 15r u. v).

[425] Laubtaler, Lorbeertaler: Bezeichnung des franz. Écu aux lauriers, einer im 18. Jh. in Frankreich geprägten Silbermünze, die auch in deutschen Territorien lange verbreitet war.

[426] In den folgenden Monaten und Jahren entwickelte sich der Mordfall Fonck zu einem der spektakulärsten Kriminalfälle dieser Zeit, der ein riesiges Echo in der regionalen und nationalen Presse fand. 1822 fand der Prozess gegen Fonck am Rheinischen Appellationsgerichtshof in Trier statt, Fonck wurde zum Tode verurteilt, das Urteil jedoch durch den König aufgehoben. Aus der umfangreichen Literatur: Reuber, Mordfall, 2002; Herres, Köln, S. 80 f.; Kreuser, Ueber Peter Anton Fonk, gedr. beim Verlag Bachem, Köln 1821; Peter Anton Fonk, Der Kampf für Recht und Wahrheit, 1. u. 2. Heft, Koblenz 1822; Brewer, Peter Anton Fonck und seine Vertheidiger, bei M. DuMont-Schauberg Köln 1823; Peter Anton Fonck. Eine getreue und vollständige Darstellung, Braunschweig 1823.

Den 1. Februar [1817].

Die von Woltman übersetzten Werke des Tazitus[427] unterhalten mich. Ich gehe zum Vater, noch einiges in meinem Berichte zu ändern, der schon beynahe in's Reine gebracht ist. Nachher kommt der Franz Saam mit seinem künftigen Schwiegervater Brandt von Walberberg, um wegen der künftigen Verpachtung der Mühle mit uns zu reden.[428] Wir halten dem ersten seinen unordentlichen Lebenswandel ernstlich vor, u. die ganze Sache wird dahin gestellt, daß die nöthigen Reparaturen etc. der Mühle untersucht, darüber von Sachverständigen ein Etat aufgenommen, u. nachher weiter gesehen werden soll, wie u. unter welcher Bedingung man dem Saam die Mühle verpachten könne, wofür Brandt eine gerichtliche Caution u. Hypothek stellen soll. –
Joseph sieht meinen Bericht durch, u. ist sehr damit zufrieden u. einverstanden. Nach Tisch schreibe ich an Ober Baurath Schinkel,[429] u. fahre mit den Schwestern nachher zum Bal, der sehr lustig ist. Therese schlägt sich zum Schluß einen Fuß um, was sie sehr schmerzt. – Einiges Zuckerwerk. |:1 Fr.:|

Den 2. Februar [1817]. Sonntag.

Früh vergleiche u. verbessere ich Carls Abschrift meines Berichts, u. lese die Schiedsrichterliche Denkschrift in Sachen Fonck u. Schroeder.[430] |6v| Dann kommt Herr v. Rolshausen zu mir, und spricht mir in seiner gewöhnlichen brausenden Hitze von seinem Sohn, welcher in Berlin ist.[431] Ich schreibe noch einige Zeilen an Friedrich Schinkel u. gehe in den Dom, nachher mit Joseph zu Herrn v. Nagel,[432] ihm wegen des Ordens Glück zu wünschen. Der Alte ist noch immer sehr regsam u. thätig, u. hat neuerdings wieder eine große Denkschrift über die Verfassung der ehemalichen Landstände geschrieben.[433] Auch über alle neuern

---

[427] Tacitus, Werke. Deutsch mit Abhandlungen u. Anmerkungen von Karl Ludwig von Woltmann, 6 Bde., Berlin 1811.

[428] Das Rechnungsbuch der Familie von Groote gibt an: „Franz Saam. Debet laut Pachtbrief vom 22ten May 1817 auf 9 nacheinander folgende Jahre von der Mühle zur Kitzburg und dem dazu gehörigen Land jährlich termino Martini 20 Mltr. Roggen und 42 ℔ Butter." Franz Saam kam diesen Verpflichtungen in den Jahren 1817 bis 1820 nach (HAStK, Best. 1042, B 60, S. 300).

[429] Das Schreiben Grootes konnte nicht nachgewiesen werden. Zu den Begegnungen und Reisen Grootes mit K. Fr. Schinkel 1816: Groote, Tagebuch, Bd. 2, vielerorts. Groote war an einer weiteren Beziehung zu Schinkel sehr interessiert, auch um durch ihn über die Berliner Verhandlungen mit den Brüdern Boisserée informiert zu sein.

[430] Möglicherweise gab es bereits eine gedruckte Version der Schrift. Das Urteil des Schiedsgerichts vom 20. Jan. 1817 mit ausführlicher Darstellung der Untersuchung erschien 1822 in: Peter Anton Fonk, Der Kampf für Recht und Wahrheit, 1. Heft, S. 69–87.

[431] Maximilian Felix von Rolshausen hatte sich 1816 an E. von Groote mit der Frage gewandt, auf welche Universität er seinen Sohn Georg Karl Friedrich von Rolshausen schicken sollte. Die Entscheidung fiel schließlich für Berlin; Groote schrieb für G. K. Fr. von Rolshausen einen Empfehlungsbrief an Fr. C. von Savigny (Groote, Tagebuch, Bd. 2, 28. Sept., 5. Okt. 1816, S. 358, 363).

[432] AK 1813: Fr. A. J. von Nagel zur Gaul, Schildergasse 70.

[433] 1803 hatte Fr. A. J. Nagel zur Gaul anonym eine Aktensammlung zur Verfassung des Herzogtums

Zeitbegebenheiten, die Verhandlungen des Bundestags,[434] u.s.w., weiß Er ganz genau bescheid. Nach Tisch lese u. schreibe ich noch etwas, bringe alle zum Bericht gehörenden Sachen dem Vater zurück,[435] u. gehe zu Heyman junior, wo große Gesellschaft ist. Es ist im Ganzen kraß, wie natürlich, Juden u. gemeines Pack fehlen nicht. Graf u. Gräfinn Solms u. Carl Roedelheim[436] kommen erst spät. Ich spiele mit Frau Essingh,[437] Jette Geyr u. Carl Geyr, u. zwar ziemlich unterhaltend durch die Abwechslung des Spiels. |:–Sls. 10:|

Den 3. Februar [1817].

Der Rektor ist früh wegen einer nachzusuchenden Erlaubniß zur Collekte für die Bruderschaft bei mir; er will deshalb an die Regierung schreiben.[438] Der Prediger

---

Westfalen herausgegeben, zwischen 1803 und 1819 verfasste er eine rechtsgeschichtliche Darstellung zur niederrheinischen Verfassungs- und Sozialgeschichte (Beusch, Standespolitik, S. 126 u. vielerorts).

[434] Der Deutsche Bund (Bundestag, auch Bundesversammlung), in dem die Mitgliedstaaten durch Gesandte repräsentiert waren, trat Ende 1816 zum ersten Mal an seinem Sitz in Frankfurt a. M. zusammen. Über die Verhandlungen der Versammlung berichtete die deutsche Presse kontinuierlich; auch in den Kölner Zeitungen erschienen gelegentlich Artikel darüber. In Grootes Aufzeichnungen finden sich zu diesem Thema kaum Äußerungen.

[435] Die Relation, die Groote im Auftrag seines Vaters erarbeitet hatte, war vor allem eine detaillierte Stellungnahme zu den juristischen Gutachten von Nagel zur Gaul und Bachem: „Gutachtlicher Bericht über die Relatio und Correlatio, die De Grootesche Fundatio pro Catechistis betreffend, Köln, 3. Febr. 1817" (HAStK, Best. 155A A 96/1, S. 251–272). Die Stellungnahme schloss: „Nach dieser übersichtlichen Darstellung der Sache, glauben wir zum Schluß folgendes Resultat vorlegen zu können: Zur schnellsten, sichersten, und zweckmäßigsten Wiederherstellung der fundatio de Grootiana pro catechistis in allen ihren Theilen wird die künftige, ganz im Sinne des Stifters, von den de Grootischen Familien Inspectoren versehene Verwaltung derselben, unter der höchsten Oberaufsicht des Hochlöblichen Consistorii hieselbst, das kürzeste, und wirksamste, wo nicht einzige rechtliche Mittel seyn. Ita salvo meliori Ev. Groote Decernens" (S. 271 f.). Vgl. den Entwurf zur eingereichten Schrift: HAStK, Best. 155A, A 96/8, S. 29–40. Auf der letzten Seite des Entwurfs (S. 40) ist vermerkt: „Bey dem hochl. Stiftungsrath vortragen u. überreicht, den 3. Febr. 1817. Abgefaßt von E. von Groote, Reg. Ass."

[436] Carl Friedrich Ludwig (Carl) Graf zu Solms-Rödelheim war 1815 in preuß. Militärdienst, dann in einer Verwaltungsausbildung bei dem Bruder seiner Mutter, Oberpräsident zu Solms-Laubach, in Köln.

[437] Möglicherweise: Anna Sophia Essingh, geb. Tils/Giels, Witwe des 1807 verstorbenen Kaufmanns Hermann Joseph Essingh; Adresse Neumarkt 37 (AK 1822); oder um deren Schwiegertochter Catharina Walburga Essingh, die seit 1815 mit dem Kaufmann Karl Johann Theodor Essingh verheiratet war. Dieser war, wie sein Bruder Anton Joseph Essingh, Kunstliebhaber und Sammler. Die große Sammlung von Gemälden, Glasmalereien und Büchern, die A. J. Essingh zusammengetragen hatte, wurde 1865/1866 beim Auktionshaus J. M. Heberle/H. Lempertz versteigert. Zur Biografie und Sammlung A. J. Essinghs: Schäfke, Kunsthaus, S. 158–163; Kier/Zehnder, Lust und Verlust II. Corpus-Band, S. 414–443; Wolff-Wintrich, Glasmalereisammlungen, S. 349; Berghausen, Verflechtungen, S. 154 f. Zu Karl Johann Theodor Essingh: Thielen, Partizipation, S. 606.

[438] G. C. Fochem an die Kölner Regierung, Febr. 1817: „Die hiesige von Grootesche Familienkirche war seit undenklichen Jahren in dem ungestörten Besitz, zweimal im Jahr (vor der h. Fastenzeit,

Bruch[439] schickt um Beytrag für die Olympische Gesellschaft; das Ding kostet doch etwas viel. |:Fr. 6:| In der Sitzung |7r| kommt nichts besonderes vor. Nach Tisch geht der Vater zu der Sitzung im StiftungsRath,[440] wohin er meinen Bericht wegen der Catechistenstiftung mit nimmt. Ich gehe zu Dr. Elkendorf,[441] wobey Herr Norrenberg, nunmehr in Frechen angestellt, u. Herr Degreck[442] ist, welche beyde in breiten Redensarten sich, wie mir scheint, des Aufsehns wegen, über medizinische Gegenstände unterhalten. Ich sehe bey Elkendorf ein schönes Werk auf Pergament in Querfolio sauber gemalt u. geschrieben, welches die Aufzeichnung u. die Wappen aller im adlichen Stifte zu St. Marien aufgeschworenen Fräuleins enthält. Es kommen da die ältesten, ehrwürdigsten Geschlechter vor.[443]

---

und vor dem Feste Aller Heiligen) eine Stadtkollekte zur Verherrlichung Ihres Gottesdienstes halten zu dürfen. Dieses Einsammeln freiwilliger Gaben wurde um so nothwendiger, je drückender das eiserne Franzosen-Joch für alle katolischen Gotteshäuser war, und je weniger diese daher im Stande waren, die zum Kultus erforderlichen Kosten zu erschwingen. Diese fatale Lage dauerte so lange, bis am unvergeßlichen 18ten October [18. Okt. 1813: Völkerschlacht bei Leipzig] ganz Deutschland durch die siegreichen Waffen der verbündeten hohen Monarchen von diesem schrecklichen Drucke nicht nur in politischer, sondern auch in religiöser Hinsicht befreit wurde. Wer kann die Wonne beschreiben, die an diesem großen Jahrestage mein Inneres überströmt? Wer ist aber auch im Stande, den Schmerz zu erklären, der mein Herz zerriß, als ich erfuhr, daß im Jahr 1816 an eben diesem Tage der von mir zum Einsammeln der milden Beiträge für meine Kirche ausgesendete von Polizeiwegen angehalten, das Gesammelte ihm abgenommen, und dem Wohlthätigkeits Amt zugesendet wurde!" Fochem bat, da er „als geistlicher Vorstand der besagten Kirche die Pflicht habe, das beste derselben zu besorgen", um Genehmigung dieser traditionellen Kollekte (HAStK, Best. 400, A 137, Febr. 1817, Bl. 2r). Er wurde daraufhin beauftragt, die jährlichen Einkünfte und Ausgaben der Kirche nachzuweisen und dem Konsistorium vorzulegen (Entwurf eines Schreibens an Fochem, Köln, 24. Febr. 1817, ohne Unterschrift; HAStK, Best. 400, A 137, Febr. 1817, Bl. 5r).

[439] Christian Gottlieb Bruch, seit 1803 Pfarrer der Kölner lutherischen Gemeinde, seit Mitte 1816 Mitglied des Kölner Konsistoriums, gehörte der Olympischen Gesellschaft an. Zu seiner Biografie: Wegener, Leben, Teil 1, S. 155, 232 f.; Mering/Reischert, Bischöfe, Bd. 1, S. 327; Becker-Jákli, Protestanten, vielerorts; Becker, Elitenpolitik, S. 125 f., vielerorts.

[440] Im Verwaltungs- und Stiftungsrat (Gremien des Schul- u. Stiftungsfonds) war Joseph von Groote Mitglied des Verwaltungsrats, Ev. A. von Groote Dirigent (Vorsitzender) des Stiftungsrats. Die „Kanzlei", d.h. das Bureau des Schul- und Stiftungsfonds, befand sich im ehemaligen Jesuitenkolleg in der Marzellenstraße.

[441] Zum Kreis um Groote gehörte auch sein Altersgenosse Dr. Bernhard Elkendorf, ein Schüler Wallrafs und vielseitig gebildeter Mediziner, der in Paris studiert hatte, sich für die Geschichte Kölns interessierte und in kleinem Umfang Bücher und Kunstobjekte sammelte. Vgl. Mering, Peterskirche, 1835, S. 37: „Die Vasen in Marmor befinden sich dermalen im Besitz eines hiesigen Kunstfreundes, des Hrn. Dr. Stadt- und Kreisphysici Elkendorf." Zur Biografie Elkendorfs: Becker-Jákli, Köln, bes. S. 249–265.

[442] AK 1822: Peter Degreck, ausübender Arzt, Unter Käster 10. Degreck war ebenfalls historisch sehr interessiert. In den 1830er Jahren veröffentlichte er eine umfangreiche Schrift zu Aegidius und Johannes Gelenius, mit deren Werk sich auch Groote befasste (DeGreck, Leben und Wirken von Aegidius Gelen, aus Kempen, dem letzten Historiographen des Erzstiftes Köln, mit Bezug auf seinen Bruder Johann, General-Vikar in Köln, und ihr Zeitalter, Köln 1835).

[443] Es handelte sich um das in rotes Leder gebundene, mit eingepresster Goldverzierung prachtvoll

Dann sehe ich mehrere andere sehr gute Bücher, u. nehme zwey der neuesten Schriften von Schubert[444] u. ein Manuscript altdeutscher Poesie mit, welches Wallraf gehört. Ich lese nun zu Haus in diesen Sachen, bis gegen 5 ½, wo ich in's Theater gehe.|: Fr. 1, Sl. 2 :| Kättchen von Heilbronn wird ziemlich gut gespielt.[445] Ich gehe mit Joseph, der auch da war, nach Haus. Wally hat auf Mittwoch Leute zu Tisch gebethen. Mein Bericht hat Beyfall gefunden.[446] – Ich erhalte einen Brief v. Levin v. Wenge vom 29ten. |: 7 Sls :|

Den 4. Februar [1817].

Ich mache meinen Brief an Schinkel fertig. Am Tribunal, wohin ich gegen 10 Uhr gehe, wird unsre Sache gegen Engels bloß für nächsten Dienstag auf die Rolle gebracht,[447] aber nicht plaidirt. Dem Dr. Sitt sage ich, daß ich wegen seines Zögerns unsre Sache gegen Mylius ans Tribunal gebracht, da ich sie nun, wegen den vom Consistorio geforderten Urkunden von Stiftungen, nicht länger habe aufhalten können. |7v| Diese Erklärung scheint ihm gar nicht zu gefallen. Huissier[448] Grass[449] geht morgen wieder nach Kendenich, um zu sehn, daß in der Execution ordentlich fortgefahren wird. – Zu Haus finde ich des Paulus Schwester [gestrichen: Clara] von Kendenich, der ich über ihre Sachen, über das Stehlen daselbst u.s.w. ernstlich rede. – Nachher kommt noch Herr Offerman von Bergheim, der über die Preußischen Einrichtungen bitter, u. wie es scheint, mit

---

ausgestaltete Wappenbuch des Stiftes Maria im Kapitol 1500–1796. Es wird heute im Historischen Archiv der Stadt Köln aufbewahrt (HAStK, Best. 295, 169A). Wie Elkendorf in den Besitz dieses Buches kam, ist nicht belegt, doch hatte seine Familie enge Verbindung zu Stift und Pfarre: Der Vater Elkendorfs, Franz Anton Elkendorf, war Sakristan an St. Maria im Kapitol, sein Onkel Bernard Claren war dort als Geistlicher tätig. B. Elkendorf wohnte 1817 bei Bernard Claren, Marienplatz 15. Vgl. Becker-Jäkli, Köln, S. 260. Zur Verbindung der Boisserées zu Fr. A. Elkendorf: Deichmann, Säkularisation, S. 188.

[444] Groote entlieh die Bücher: Gotthilf Heinrich Schubert, Ansichten von der Nachtseite der Naturwissenschaft, Dresden 1808 und Derselbe, Altes und Neues aus dem Gebiet der innren Seelenkunde, Bd. 1, Leipzig 1817. Der Mediziner, Zoologe und Mineraloge Schubert verknüpfte in seinen Werken Naturwissenschaft mit mystischen und naturphilosophischen Ideen und befasste sich mit Magnetismus, Somnambulismus und Hellsehen. Sein 1814 publiziertes Werk Die Symbolik des Traums hatte großen Einfluss auf die Entwicklung von Psychologie und Psychoanalyse.

[445] Heinrich von Kleist, Käthchen von Heilbronn, 1810. Welt- u. Staatsbote zu Köln, Nr. 18, 1. Febr. 1817: „Theater-Anzeige. Montag den 3ten Februar wird zum Vortheil der Mad. Köhler aufgeführt: Das Kätchen von Heilbronn, oder die Feuerprobe, ein großes Ritter-Schauspiel in 5 Akten. Die Dekoration der brennenden und einstürzenden Burg ist ganz neu vom Theatermahler Lövens gemahlt." Ebenso in: Nr. 19, 2. Febr. 1817. Lövens war Theatermaler in Düsseldorf (Heyden, Theater, S. 27).

[446] Bericht vom v. 3. Febr. 1817; siehe S. 113, 123.

[447] auf die Rolle bringen: auf die Tagesordnung setzen.

[448] Huissier: Gerichtsbote, Gerichtsvollzieher, Gerichtsbeamter.

[449] Heinrich Grass war Gerichtsbeamter beim Kölner Kreisgericht und beim ehemaligen Douanentribunal (Amtsblatt d. Königl. Reg. Köln, Nr. 25, 1. Juli 1817, S. 250).

vielem Grund klagt. – Nach Tisch kommt Arends[450] etc. Ich gehe erst Abends spät aus, u. zwar wegen dem gar schönen Wetter zu Stolzenberg, den ich aber nicht finde, da er mit mehreren andern bey Lippe seyn soll. – Ich arbeite nun noch zu Haus.

Den 5. Februar [1817].

Schon früh werde ich etwas unangenehm durch einen Brief des Hauptmann v. Reiche aus Münster überrascht, der mein Dienstpferd aus der vorigen Kampagne reklamirt. Ich weiß mir dabey nicht zu helfen, als daß ich gleich an v. Seydewitz[451] schreibe, um ihn zu fragen, ob ich dagegen nicht meine Ansprüche, auf Gratifikationen, die während meiner Anwesenheit in Paris mehrmals ertheilt worden, u. wovon ich nichts erhalten, geltend machen könne.[452] Dann gehe ich in die Sitzung, wo unter anderm über das Gesuch des Herrn v. Mylius um seine Entlassung,[453] über die enormen Einrichtungen u. Forderungen des Polizeypräsidenten, u. sonst Interessantes vorkommt. Es währt bis nach 2 Uhr; wo ich mit v. Haxthausen u. Arends zu uns nach |8r| Haus gehe. Es wird schon gegessen. v. Auer kommt noch etwas später, u. wir sind ganz munter zusammen. Abends spät fahre ich noch mit v. Haxthausen zu v. Herwegh, wo des Namenstags wegen große Gesellschaft ist.[454] Am meisten überrascht mich ein kleines Madonnen-

---

[450] Arendts/Arends: Christian Arndts/Arnds, geboren 1789 in Arnsberg, war seit Apr. 1816 in Köln als Regierungs-Sekretär und Referendar beschäftigt. Er ist nicht identisch mit dem von Groote öfters erwähnten „armen Arns", „armen J. Arns", für den sich Groote einsetzte.

[451] Groote hatte Friedrich Ferdinand Leopold von Seydewitz, der seit 1816 als Regierungsrat in Magdeburg amtierte, auf dem Feldzug 1815 kennengelernt.

[452] 1815 hatte Groote für seinen Dienst als Freiwilliger aus eigenen Mitteln in Köln ein Pferd gekauft; ein zweites wurde ihm von der Armee gestellt, wahrscheinlich genehmigt von August Friedrich Ludwig von Reiche, Stabschef im I. preuß. Armeekorps. Beide Pferde brachte er nach seiner Entlassung aus dem Militärdienst nach Köln. Möglicherweise handelte es sich bei dem hier genannten Hauptmann von Reiche um Jobst Christoph Ernst von Reiche, 1816 Oberkriegskommissar beim Generalkommando in Münster.

[453] Mit der Schaffung eines staatlichen Polizeipräsidiums 1816 unter Leitung von Georg Carl Philipp Struensee wurde die städtische Polizeigewalt aufgehoben und damit die Befugnis des Oberbürgermeisters erheblich beschränkt. Nach einem ersten Gespräch mit Struensee am 4. Febr. 1817 beantragte Mylius seine Entlassung aus dem Amt des Kommissarischen Oberbürgermeisters. K. J. von Mylius an Fr. L. Chr. zu Solms-Laubach, Köln, 15. Febr. 1817: „Euer Excellenz haben den Gründen die mich bestimmt haben um Entlassung von meinem hier kommissionsweise übernommenen Amte zu bitten bereits mündlich Gerechtigkeit wiederfahren lassen, und ich darf mithin wohl hoffen, bald in meine früheren, weniger lästigen Dienstverhältnisse zurück treten zu können" (Landesarchiv NRW R, BR 0002, Nr. 1449, Bl. 30r–31v; hier Bl. 30r). Vgl. Herres, Köln, S. 65. Mylius hatte ab 1812 als Senatspräsident am Appellationsgerichtshof Düsseldorf im Großherzogtum Berg amtiert und diese Position aufgegeben, als er im Mai 1815 zum Kommissarischen Oberbürgermeister Kölns ernannt wurde. Zu dem andauernden Konflikt zwischen von Mylius und den preuß. Behörden siehe S. 141, 186, 437, 451, 534 f.

[454] Der 5. Februar ist der Festtag der Heiligen Agatha und daher Namenstag von Maria Agatha von

bild, welches unten in einem Zimmer hängt, u. aller Wahrscheinlichkeit nach vom Meister des Dombildes ist.[455] – Wir fahren dann noch zu v. Zuydtwyck, wo ebenfalls ziemlich viele Leute sind. Ich übernehme später die Karten der Jette Geyr, die etwas verliert, |: Fr. 1 :| u. gehe mit Haxthausen, den beyden Solms u. Freysleben nach Haus. –

Den 6. Februar [1817].

Ich gebe meinen Brief an v. Seydewitz zur Post. Gegen 10 kündigt mir der Vater den Transdorfer Halfen an, dem ich versprochen habe, zu v. Stolzenberg zu führen. Inzwischen kommt noch der Halfen Klein, der wieder zu Kendenich gewesen ist, u. deshalb allerley Besorglichkeiten hat. Auch der Huissier Grass kommt, der Gestern zu Kendenich gewesen ist. Der Status der Früchte ist nur noch sehr gering, an Roggen etwa 9 Mlt. Der Transdorfer Halfen kommt, u. ich gehe mit ihm; allein, wir finden den Oberforstmeister nicht, der zu einer Fuchsjagd ist. Seine kleine Frau steht im Hausflur, der Halfen geht weg, u. ich hin zu ihr, sie zu grüßen. Sie zeigt mir freundlich ihre Blumenflor, einige Miniaturbilder, u. dergl. – u. wie der Mensch nun ist – war ich doch halb in sie vergafft – u. finde sie nun gar nicht reitzend, u. manches auszusetzen. Bald geht sie mit der kleinen Kraus aus zu allerley Verrichtungen |8v| in der Stadt. Ihrem Mann, sagt sie, sey die Abendluft durchaus verboten, u. sie werde wohl darum wenig mehr ausgehn. Er scheint Leberkrank zu seyn. – Ich gehe nun wieder zum Vater, noch mit dem Transdorfer zu reden. Gegen 1 ½ gehe ich mit Joseph zu v. Geyr, wo viele Leute sind. v. Mylius, General u. Bürgermeister, die beyden jungen v. Geyr, Beywegh, Haxthausen, Auer, Münch etc. Ich sitze neben v. Haxthausen u. unterhalte mich im Ganzen gut genug.

Nach Tisch gehe ich recht ex propositio[456] den General an, u. mache ihm warm! Ich sage ihm z.B. alles, was ich dem Dr. Sitt noch neulich vorgeworfen, und was doch eigentlich nur Ihm galt. Er spricht wieder viel von der Kälte meines Vaters, von persönlichen Zusammenkünften, die vermieden würden etc. Ich sage ihm,

---

Herwegh, geb. von Weise, seit 1800 verheiratet mit Fr. J. J. von Herwegh, dem Großcousin E. von Grootes.

[455] Stephan Lochner, Die Muttergottes in der Rosenlaube, um 1440–42. Seit wann Fr. J. J. von Herwegh Eigentümer des Bildes war, ist unbekannt, als Vermächtnis gelangte es nach seinem Tod 1848 an das Wallraf-Museum. Heute gehört es im Wallraf-Richartz-Museum & Sammlung Corboud zu den beliebtesten Werken des Mittelalters. Zu Herwegh als Sammler: Deichmann, Säkularisation, S. 237–239. Groote erkennt richtig, dass der Maler dieses Bildes auch der Maler des Dombildes (Altar der Stadtpatrone/Dreikönigsaltar) ist. Der Name Stephan Lochner war Anfang des 19. Jh.s noch nicht bekannt. Zu Stephan Lochner: Hauschild, Lochner, 2021; Corley, Maler, S. 169–221; Zehnder, Katalog, S. 212–239 sowie den Sammelband: Zehnder, Lochner, 1993; hier bes. Baudin, Aspekte u. Wolfson, „Vor Stefan Lochner", S. 101–106. Zum Gemälde Muttergottes in der Rosenlaube: Krischel, Lochner, 2006; Zehnder/Kühn, Katalog, S. 223–234.

[456] ex propositio: mit Absicht, vorsätzlich.

daß zu letztern mein Vater, durch Erfahrung abgeschreckt, sich nicht verstehen würde, – u. da Er verlangt, ich solle mich dazu hinstellen, versichre ich ihm, daß dieß nicht geschehen werde, da ich nicht Lust habe, [mir] eine Verantwortlichkeit aufzubürden, die mir leicht zu groß werden könne, da ich die Geschäfte nicht genug kenne. Ich treibe ihn aber in meiner vielleicht etwas zu großen Heftigkeit dahin, daß er mir a) verspricht, in Zeit von zweimal 24 Stunden seine Vollmachten unterschrieben zu produziren, b) sich willig erklärt, einen Theil des aufgekündigten Capitals noch stehen zu lassen, wenn er von meinem Vater darum freundschaftlich ersucht werde. Dabey bleibts einstweilen. – Ich fahre mit v. Beywegh ins Conzert.[457] |9r|

Dort erwische ich den Director Sotzman, u. da es mir heute doch einmal darum ist, so gehe ich mit ihm über unsre städtischen Verhältniße los, u. zeige ihm, wie das Volk, u. wie auch v. Mylius in seinen Berichten oft recht habe, wenn sie sich gegen die neuen Einrichtungen vernehmen lassen, wenn ich auch die Art nicht billigen möchte. Er aber scheint mir schrecklich philistrig, u. nichts sehnlicher zu wünschen, als das ganze alte Preußische Wesen, in dem er wahrscheinlich groß gesäugt wurde, mit Haut u. Haaren herbeygeschleppt zu sehn. Sogar über die Justitzkommission ärgert er sich, u. behauptet: das gehe viel zu langsam, u. man schließe sich lang nicht treu genug an das Preußische Landrecht an. Ach, warum möchte uns Gott nicht lieber ein Paar Männer wie Stein[458] u. Gneisenau[459] gönnen, die vermittelnd für diese armen Länder auftreten, damit ihnen nun nicht das letzte noch, was sie an alter Liebe u. Gutmüthigkeit übrig behielten, in dem schroffen und kalten Treiben einer berechnenden Regierung zu Grunde gehe! – Ich fahre mit Vater u. Schwestern nach Haus.

---

[457] Donnerstagskonzert am 6. Febr. 1817 bei R. Lieber.
[458] S. Boisserée schrieb an J. W. von Goethe, Heidelberg, 14. März 1817 über Fr. K. vom und zum Stein, der ihn im Frühjahr 1817 besucht hatte: „Minister Stein kam von Stuttgart und brachte einen Abend und Morgen bei uns zu. Ein so von Grund aus gescheidter und geistreicher Mann erscheint einem doch in dieser verwirrten, grauen Welt recht wie ein leuchtender Stern" (in: S. Boisserée, Briefwechsel, Bd. II, S. 164).
[459] Zur politischen Haltung Gneisenaus vgl. A. W. A. Neidhardt von Gneisenau an J. Fr. Benzenberg, 17. Febr. 1817: „Sogleich nach unserm ersten Einrücken in Paris war der günstigste Zeitpunkt zur Erteilung einer Verfassung und ich habe damals sehr dringend dazu geraten. Voraussehend, daß unserm Staate Provinzen zufallen müssen, die mit den alten Ländern in keiner Homogenität standen, sah ich eine Verfassung als das einzig mögliche Band an, um Haltung in diesen Landschaftsbündel zu bringen. [...] Wäre dies geschehen, so hätten auf dem Kongreß zu Wien die Dinge eine ganz andere Wendung genommen und unsere politische Unabhängigkeit wäre auf lange gesichert, denn eine Nation, mit einer Verfassung ausgerüstet, kann das Doppelte lebendiger und toter Streitkräfte, die moralischen ungerechnet, entwickeln als eine Nation gleicher Größe ohne Verfassung. So aber stehen wir in verhängnisvoller Unentschlossenheit und beobachten den heimlichen Krieg des Jakobinismus gegen die bestehende Gewalt, gleichsam ein unterirdischer, ein Minenkrieg, langsam vorschreitend, mit Explosionen drohend. Möge die Weisheit der Verwaltung standhaft dasjenige behaupten, was sie nicht aufgeben darf, und aufgeben, was der Grundfesten entbehrt" (in: Thiele, Gneisenau, S. 328 f.).

Den 7. Februar [1817].

Schuberts Altes u. Neues unterhält mich, bis es zur Sitzung Zeit ist. Nach dieser fange ich einen Brief an v. Netz an. Nach Tisch ist Herr Rektor bey uns, der uns wieder einen Kosakenwallach[460] anbringt zum Kaufen. Er schmäht und schimpft wie gewöhnlich, vielleicht aus Langweile, gegen Preußen. Ich vollende meinen Brief, u. lese wieder für mich, gehe aber nicht mehr aus. Joseph kommt spät beym Essen, halb verdrießlich, halb langweilig nach Haus. – |9v|

Den 8. Februar [1817].

Ich siegle meinen Brief an v. Netz[461] in welchem ich ihm a) wegen der Pferdegeschichte b) wegen meines Siegelringes geschrieben habe. Dann bleibe ich ruhig lesend zu Haus, da es wüstes Wetter ist.[462] Ich entwerfe einen Brief an den General von Mylius wegen unserer Geschäfte, u. lese auch nach Tisch still auf meinem Zimmer. Ich erhalte gewaschene seidene Strümpfe.[463] |:Fr. 1:| Um 6 fahre ich mit den Schwestern zum Ball, der recht lustig ist u. bis gegen 11 U. währt.

Den 9. Februar [1817]. Sonntag.

Ich lese das Manuscript von Wallraf,[464] das ich von Elkendorf erhielt, zu Ende. Nach der Messe im Dom finde ich mich mit den Herrn Bruno Cassinone, Molinari[465] u. meinem Bruder Joseph bey Dr. Nückel, wo wir lustig ein Glas Wein

---

[460] Kosakenwallach, auch Don-Pferd: Pferd der Donkosaken. Vermutlich handelt es sich um einen Wortwitz.
[461] Der Brief an Grootes Freund A. von Netz ließ sich nicht nachweisen.
[462] Welt- u. Staatsbote zu Köln, Nr. 24, 11. Febr. 1817: „Köln vom 10. Februar. Vorgestern Abends 8–9 Uhr bemerkte man hier eine sonderbare Erscheinung, die nicht wenige Menschen in Verlegenheit setzte. Der Himmel wurde auf einmal röthlich erhellt wie von einem Brande. Die Glut schien auf einige Augenblicke zu erlöschen, und sich wieder zu entzünden. Am 22. Dez. wurden zu Pesth, am 18. Jan. zu Wien, und am Ende vorigen Monats zu Paris ähnliche Naturmerkwürdigkeiten gesehen." Siehe auch: Köln. Zeitung, Nr. 25, 13. Febr. 1817.
[463] Elkendorf, Topographie: „Leinene, kattunene und baumwollene Kleidungstücke werden gewöhnlich erst mit schwarzer Seife in heißem Wasser gewaschen, dann in einer Lauge von sogenannter spanischer nochmals gereiniget und alles zwar durch Hülfe der Hände und nicht, wie dieß unter andern in Frankreich der Fall ist, mittelst Klopfens durch hölzerne Brettchen, wodurch die Stoffe viel schneller verschleißen. Zur Reinigung feinerer Wäsche, als da sind: Hauben, Halstücher, feiner Hemden u.s.w., bedienen sich die Bemittelten meist nur der Spanischen Seife. Die Wäsche wird gewöhnlich durch Bügeleisen geplättet, da das Mangeln noch sehr wenig üblich ist" (in: Becker-Jákli, Köln, S. 72). Zum Wäschewaschen in Köln in vormoderner Zeit: Wagner, Waschen, S. 141–148.
[464] Um welches Manuskript es sich handelt, ist unklar.
[465] Möglicherweise: Tobias Molinari, Kaufmann, verheiratet mit Maria Henrietta Friederike Cassinone, der Schwester von Bruno Johann u. Anton Franz Cassinone; oder Jacob Hermann Joseph Molinari,

zusammen trinken.⁴⁶⁶ Nach Tisch bringe ich den Brief an v. Mylius in's Reine. Haxthausen hat bey uns gegessen. Wir sind zu den beyden Herrn v. Geyr⁴⁶⁷ zu einer Herren Gesellschaft gebethen. Ich gehe noch Herrn v. Rolshausen zu besuchen, den ich aber nicht finde. Dann bleibe ich noch eine Zeitlang in der Columbakirche, u. gehe gen 6 ½ zu Geyr. Wir rauchen⁴⁶⁸ daselbst mit Roth,⁴⁶⁹ Haxthausen, Lippe etc., während die andern spielen, u. nachher wird lustig gegessen, getrunken, gesungen, ein schöner Kammerbesen pussirt,⁴⁷⁰ bis gegen |10r| 2 Uhr in der Nacht, wo alles nach Haus zieht.

Kaufmann. Die Familien Cassinone, Molinari und Foveaux waren eng verwandt: Der Kaufmann Tilman Peter Joseph Pius Cassinone (gest. um 1806), Eigentümer der Firma Peter Joseph Cassinone, war Ehemann von Maria Johanna Ludovika Louise Foveaux. Zu zwei Töchtern der Familie Cassinone gab das von den franz. Behörden eingeforderte Verzeichnis (Statistique personelle des chefs de famille les plus notables, 25. Sept. 1810) Informationen: Maria Henrietta Frederike Cassinone, geboren 1787, und Maria Josepha Henriette Louise Cassinone, geboren 1791. Zur älteren Schwester hieß es: „très bien faite, aimable, sans être jolie; fort bien élévée, d'une bonne Conduite. Catholique de réligion"; ähnlich lautete die Beschreibung der jüngeren Schwester. Die von ihnen zu erwartende Mitgift wurde auf 5–6.000 Francs geschätzt (HAStK, Best. 350, A 5847; Bayer, Köln um die Wende, S. 141). Maria Henrietta Frederike Cassinone hatte 1812 Tobias Molinari geheiratet. Der Bruder von Maria Johanna Ludovika Luise Foveaux, Heinrich Joseph Foveaux, war in 1. Ehe mit Anna Clara Hermana Molinari verheiratet. Aus dieser Ehe stammten Franz Foveaux, geboren 1787, und Maria Catharina Jacobina Foveaux, geboren 1789. In 2. Ehe war Heinrich Joseph Foveaux mit Maria Katharina Ignatia Scholl verheiratet. Töchter aus dieser Ehe waren Maria Aloysia Ludovika/Luise Franziska Foveaux, geboren 1794, und Henriette Katharina Stephanie Foveaux, geboren 1805. Zur Familie Cassinone: Küntzel, Fremde, bes. S. 42 f., 78, 84 f.; Thielen, Partizipation, S. 603 f.; zur Familie Molinari: Küntzel, Fremde, S. 40, 81, 156 f.

[466] Elkendorf, Topographie: „Daß ein Lieblingsgenuß der Cölner das Trinken ist, habe ich schon früher erwähnt und füge ich noch hinzu, daß Cöln hinsichtlich des Weintrinkens den zweiten Rang der Städte am Rhein bekauptet, indem es nur der kleinen Stadt Bingen verhältnißmäßig den Vorrang einräumen muß. [...] Die sich von Jahr zu Jahr vermehrende Anzahl von Bierbrauereien [...] spricht schon allein dafür, daß auch die Anzahl der Biertrinker mehr und mehr zunimmt" (in: Becker-Jäkli, Köln, S. 99).

[467] Cornelius Joseph Geyr zu Schweppenburg und möglicherweise einer seiner – noch jungen – Söhne oder sein Neffe Hermann Maximilian Joseph von Geyr zu Schweppenburg, der in Wesseling wohnte.

[468] Elkendorf, Topographie: „Das Tabakrauchen ist hier sehr üblich. Es wird indessen mehr als ein angenehmer Zeitvertreib angesehen als daß es besonders viele leidenschaftliche Raucher oder Liebhaber von großen Sammlungen selbst gerauchter Meerschaum-Pfeifen hier gäbe. Die Sitte zu Rauchen dehnt sich beinahe auf alle Gesellschaften der Männer aus und selbst in den großen Sonntags-Kaffee-Gesellschaften, zu welchen die Frauen mitgenommen werden, raucht man oft so stark, daß ein Nachbar den andern vor Tabaksdampf zu erkennen Mühe hat. Solche Fälle ausgenommen, wird das Rauchen in Gesellschaft der Damen als eine Unart betrachtet" (in: Becker-Jäkli, Köln, S. 98).

[469] Möglicherweise: von Roth, Appellationsrat am Kassationshof in Düsseldorf (Mindel, Wegweiser, S. 27).

[470] Kammerbesen, Hausbesen, Besen, in der Umgangsprache, Studentensprache: Hausfrau, Ehefrau, Frau, Mädchen.

Den 10. Februar [1817].

In der Sitzung ist nicht viel zu thun. Nach Tische trage ich dem Vater vor, was ich gestern Abend noch mit General v. Mylius besprochen, der mir versichert, seinem Advokaten alle nöthigen Vollmachten etc. gegeben zu haben, – u. reite dann aus. Der Schimmel ist ziemlich wieder im Stande.
Nun lese ich noch etwas zu Haus, u. fahre um 6 mit Schwestern u. Bruder zu v. Chissel[471] zum thé dansant.[472] Hier werde ich bald von Dr. Nückel benachrichtigt, daß ich zu einer Masquerade gezogen sey, wobey Frau Coomans,[473] Frl. v. Harff, Madame Mertens,[474] Denoël etc. sind, u. welche Montag zu Solms kommen soll.[475] Es wird in etwas beschränkem Raum lustig getantzt u. getrunken bis gegen 3 Uhr, wo wir müde nach Haus kehren.

---

[471] Johann Nicolaus Franz Xavier von Ghisel und Joanette von Ghisel (wohl seine Schwester) bewohnten das Haus Hohe Pforte 11. J. P. J. Fuchs, Topographie: Das Haus Hohe Pforte 11 „war Eigenthum und Wohnhaus des Bürgermeisters Everard J. M. von zum Pütz, welcher zwei Töchter hinterlies wovon eine mit dem Herrn von Ghisel die andere mit dem Herrn v. Leykam verehelicht war. Der Sohn des H. v. Ghisel [Johann Nicolaus Franz Xavier von Ghisel] bewohnte selbst während geraumer Zeit dies Haus" (HAStK, Best. 7030, Nr. 231, Bd. 2, S. 127).

[472] Elkendorf, Topographie: „Der Tanz gehört zu den Lieblings-Belustigungen der Cölner. Die vielen Bälle, Redouten, Thés dansants so wie die Menge der besuchten öffentlichen Tanzsäle im Winter sowohl als bei den Kirchweihen im Sommer liefern hievon den Beweis" (in: Becker-Jákli, Köln, S. 96). Carl Wilhelm Grote, ein Bekannter Wallrafs in Coesfeld, vermerkte in seinen Fragmenten 1818 über das Rheinland, S. 222: „Der gesellschaftliche Zustand bedarf mancher Verbesserung. In den Familienzirkel war, namentlich im vorigen Jahre, die Vergnügungssucht eingerissen. Wie vertrug sich dies mit dem Nothstande? Die hüpfenden Thees der Franzosen waren ganz besonders an der Tagesordnung, mancher und mehr noch manche haben sich zu Tode gehüpft."

[473] Catharina Franzisca Coomans, geb. Daniels, war mit Johann Mathias Coomans verheiratet. E. von Grootes Bruder Caspar, geboren 1798, heiratete 1831 in 1. Ehe Luise Pauline Coomans, nach deren Tod 1840 ihre Schwester Gudela Christine Coomans, beides Töchter des Ehepaars Coomans. Personalnotizen, 1815: „Coomanns. Mathias. Rentner. Ist unter aller Kritik" (Landesarchiv NRW R, BR 0002, Nr. 1534, Bl. 41v).

[474] Sibylle Mertens, Tochter von Abraham Schaaffhausen und dessen erster Frau Maria Anna Giesen, hatte 1816 den Kaufmann Joseph Ludwig (Louis) Mertens geheiratet, der die Geschäftsführung im Bankhaus seines Schwiegervaters übernommen hatte. Louis und Sybilla Mertens waren im August 1816 in das der Familie Schaaffhausen gehörende Haus in der Trankgasse 25/21 gezogen. Zur Biografie von Sybille Mertens-Schaaffhausen: Puls, Mertens-Schaaffhausen, 2021; Wittich/Kockel: Mertens-Schaaffhausen, 2006; Steidele, Geschichte, 2012; Steidele, Mertens-Schaaffhausen, 2007; Houben, Rheingräfin, 1935; Blöcker, Antikensehnsucht, 1995; Kier/Zehnder, Lust und Verlust II. Corpus-Band, S. 404–413; Fabbri, Mertens-Schaaffhausen, Abruf 15.05.2024. Vgl. Personalnotizen, 1815: „Mertens. Louis. Großhändler, ein wackerer deutscher, und feiner, daher brauchbarer Kaufmann, nur, wie es heißt, zu weilen etwas wucherisch" (Landesarchiv NRW R, BR 0002, Nr. 1534, Bl. 42r).

[475] Denoël erklärte: „Die Frau Gräfinn von Solms-Laubach äußerte den Wunsch einige Masken in den Karnavalstagen bey sich im Hause zu sehen, um einen Begrif von der kölnischen Fastnacht sich machen zu können; auf Betreiben der Frau von Harf und Madame Schaafhausen kam nun folgende Posse in den letzten Tagen vor Fastnacht zu Stande, die eigentlich nur als Fragment oder Skizze eines beßer gerundeten und vollständigern Ganzen betrachtet werden muß, weil die Kürze der Zeit kaum zuließ, daß das Wenige ordentlich geschrieben und memorirt wurde. Herr Eberhard

Den 11. Februar [1817].

Um 10 gehe ich zu Dr. Nückel u. an das Appellgericht, wo Paul Engels mit seinem Advocat; der aber wieder ein Urtheil nicht ausgelöst hat, weshalb die Sache wieder bis Donnerstag ausgesetzt werden muß.[476]
Wir gehen nun bald zu Frau Mertens, wo Frau Coomans schon ganz in ihrer Rolle als Stimmmeisterinn,[477] wahrhaft witzig ist. Es wird das Personale vorläufig besprochen, das leider zu zahlreich u. heterogen ist. Man wird einig, Herrn Michels[478] noch zu begehren, den Nückel u. ich einzuladen gehen. |10v| Allein, er kann erst morgen nach Tisch zu uns treten, da er noch für Maskerade zum Ball bey Herrn Schug[479] in Brühl zu arbeiten hat. Nach Tisch gehe ich bald wieder zu Mertens. Denoël treffe ich, der aber zu machender Hochzeitgedichte wegen, bald wieder nach Haus geht.[480] Ich setze mich mit Nückel zusammen, die ersten Dis-

---

von Groote und Doctor Nückel haben einen nicht geringen Antheil an den Ideen u. der Bearbeitung der Posse" (Denoël, Meine Poeterei; HAStK, Best. 1078, A 1, Bl. 123v).

[476] Vgl. J. D. F. Neigebaurs negative Darstellung der rheinischen Justiz in seiner 1816 veröffentlichten Schrift Die Wünsche der neuen Preussen, S. 51: „Daß aber die Justiz-Verfassung jetzt hier sehr schlecht ist, wird beinahe einstimmig gefühlt. Die Friedensrichter sind meist ohne alle Rechtskenntnisse, und behandeln entweder ihr Amt als Nebensache, oder verwalten es mit Leidenschaft. Dazu kommen noch die Menge Winkel-Consulenten, welche die Friedensrichter zulassen, und die oft ihre nächsten Verwandten sind. Von den Gerichten erster Instanz wird auch wenig Gutes gerühmt; man glaubt, daß nur diejenigen Richter geworden sind, die als Advocaten sich nicht getrauten, ihr Glück zu machen; daß eben die Präsidenten- und Staats-Procurator-Stellen in Paris käuflich waren, weiß man allgemein." S. 52 f.: „Wer hat nicht schon gesehen, daß Prozesse zu mehreren Monaten von einer Sitzung zur andern vertagt wurden, weil der eine Advocat der Sache verreist war, und das Tribunal gern gefällig wartete. Man wende nicht die dagegen vorhandenen Maaßregeln ein, sondern man gehe auf die Gerichtsschreibereien selbst, und frage, warum die oder jene Sache so lange in der Rolle steht, ehe sie plaidirt wird; oder vielmehr nicht in die Rolle gebracht wird, bis der Termin zum Plaidoyer nach der Convenienz der Advocaten anberaumt ist."

[477] Stimmmeister: Amtsträger in reichsstädtischer Zeit, die Aufsichts- und Ordnungsfunktionen ausübten.

[478] Matthias Michels, geboren 1775 in Köln, studierte an der Kölner Universität, absolvierte dann eine Kaufmannslehre. Um 1800 machte er sich selbstständig und baute eines der wichtigsten Unternehmen der Region im Woll- und Tuchhandel auf. 1800 heiratete er Anna Maria Josepha Simons; wohnhaft um 1817: An der Rechtschule 22. Zu seiner Biografie: Dahmen, Michels, S. 171–177; van Eyll, Wirtschaftsgeschichte, S. 207; Thielen, Partizipation, S. 616; Deres, Kölner Rat, S. 70.

[479] Johann Caspar Schug, Pädagoge und Gründer der Olympischen Gesellschaft, unterrichtete seit 1803 als Lehrer an der privaten Schule der Brüder Johann Joseph und Gerhard Joseph Schumacher. 1812 wurde die Schule nach Brühl verlegt. Vgl. Wegener, Leben, Teil 1, S. 151 f., 263 f.; [Bruch], Andenken, 1819; Ennen, Zeitbilder, S. 290 f., 296.

[480] Denoël schrieb ein Gedicht zur Hochzeitsfeier von Maria Alexandrine Barbara Heereman von Zuydtwyck, Tochter von Theodor Joseph Ludwig Heereman von Zuydtwyck und Maria Charlotta von Eltz-Rübenach, die am 12. Febr. 1817 den niederländischen Politiker Karl Frederik Joseph van Keverberg heiratete. Denoël machte mehrere Entwürfe zu diesem Gedicht (in: Denoël, Meine Poeterei; HAStK, Best. 1078, A 1, Bl. 123r), darunter das Fragment: „Erlaubt, Verehrte, daß in Eurer Mitte / den Brautgesang ein Neuling unternimmt, / Am Wonnetag nach alter deutscher Sitte / begeistert seine schwache Leyer stimmt. / Vermag er auch das Höchste nicht zu bringen / So wagt

positionen zu schreiben, allein, es kommt, wegen zu großer Menge der Personen, nicht viel zu Stande. Ich gehe später zu Herstadt,[481] wo sehr große Gesellschaft, u. die Stolzenberg wieder zum verführen schön ist. Ich spiele mit Mademoiselle André,[482] Frau Salm,[483] u. Frau Solms. Gegen 10 ist alles zu Ende, u. ich freue mich, doch einmal wieder etwas früher zur Ruhe zu kommen. Viel Vergnügen macht den Leuten die Heyrath des Landrath v. Spiess u. der Frl. Caroline v. Frentz.[484]

Den 12. Februar [1817].

Ich gehe die eingegangenen Berichte des Stiftungs Raths über unsre Fundatio pro Catechistis[485] noch einmal durch, u. finde sie matt, nichts mehr sagend als

---

er's doch, – da ihm die Kraft gebricht, / Nach Würde Eure Tugend zu besingen; – / So gut er's kann, sein hochzeitlich Gedicht." Ein weiterer Entwurf war in Hexametern verfasst: „Skizze zu einem andern Gedichte bei der nämlichen Gelegenheit, wozu mich mein Freund F. namens der beiden Dles F. aufforderte. Am Vorabend der Hochzeit entworfen" (S. 123r u. v). Vermutlich waren Heinrich Joseph Foveaux und zwei seiner Töchter gemeint. Die schließlich vorgetragene Version wurde gedruckt: „Empfangt, Vermählte, aus der Unschuld Hand, / Im Bilde meinen Wunsch zu Eurem Leben, / Dem Blumenringe ähnlich sey das Band, / Womit der Himmel segnend Euch umgeben. / Durch Erb- und Seelen-Adel Euch verwandt, / Soll's fester Euch und enger stets umweben; / Und Eurem Stamm durch immer grüne Lenze / erblüh'n in Sprossen einst die schönsten Kränze!", unterzeichnet mit „H." (HAStK, Best. 1192a, A 479).

[481] Fr. P. Herstatt von der Leyen wohnte Hohe Pforte 25–27. Das Haus wurde 1813 um- bzw. neugebaut (Vogts, Kölner Wohnhaus, Bd. II, S. 771; Abb.: S. 553 u. 602; Vogts, Die profanen Denkmäler, S. 477 f.). Zur Geschichte des Hauses: Nicke, Herstatt, S. 36 f., 48–50; Müller, Köln, S. 126 f.

[482] Mademoiselle André: Angehörige der protestantischen Unternehmerfamilie Andreae, vermutlich eine Schwester von Karl Christian Andreae.

[483] Vermutlich eine Angehörige der Familien Salm-Reifferscheidt-Dyck/Salm-Reifferscheidt-Dyck-Krautheim.

[484] Ludwig Joseph Fortunatus von Spies-Büllesheim heiratete am 15. Apr. 1817 Caroline Anna Huberta Raitz von Frentz zu Schlenderhan auf dem Wasserschloss Kellenberg, das der Familie der Braut gehörte. Sie brachte auch das Herrenhaus Hall in die Ehe. Zur Biografie von L. J. F. Spies-Büllesheim: Aders, Lebenserinnerungen, 1955; Romeyk, Verwaltungsbeamten, S . 759 f.

[485] Es waren mehrere Stellungnahmen beim Schul- und Stiftungsfonds eingegangen. Der Stiftungsrat, das 2. Gremium des Schul- und Stiftungsfonds, sandte dem Verwaltungsrat am 10. Febr. 1817 ein Votum zu der Groote'schen Eingabe vom 3. Febr. 1817. Die Schrift war von mehreren Mitgliedern des Stiftungsrats unterzeichnet, nicht aber von Ev. A. von Groote, der Vorsitzender des Gremiums war. Das Schreiben stellte fest, man sei nicht in der Lage, die strittige Frage zu entscheiden: „Der Stiftungs Rath, der nur den Zweck zu berücksichtigen hat, dem es gleichgültig seyn kann, wer die Verwaltung der Degrootischen Stiftung führe, vorausgesetzt daß der Wille des Stifters erfüllt und die Sonntagsschulen wieder in den Gang gestellt werden, enthalte sich um so mehr jeder voreiligen Einmischung als er die Verdienste der Familie de Groote wegen ihrer vielen frommen Stiftungen, zum Besten der Studien und des öffentlichen Wohls zu ihrer Ursache hat und auch die Verlegenheit nicht verkennt, worin der Schulfond durch Entziehung der Verwaltungs Gebühren der Stiftungen bey den zu großen ihm aufgebürdeten Ausgaben gerathen würde und überläßt die Entscheidung der höhern und höchsten Staats Behörde" (HAStK, Best. 155A A 96/8,

mein großer Bericht. Doch müssen sie eingesandt werden. Heute um 11 ist die Trauung des Frl. v. Zuydtwyck mit Herrn v. Keverberg, in der Gereonskirche. Wir sitzen in pleno. Es rollen viele Wagen bey dem Regierungs-Gebäude vorbey zur Kirche. Gleich nach Tische, nachdem ich |11r| dem Vater nochmal die Sachen über die Catechisten empfolen habe, damit sie von ihm und noch einem Mitglied des Collegiums gezeichnet werden, gehe ich zu Herrn Michels, u. mit ihm zu Mertens; dort ist nur leider niemand als Salm u. Mirbach;[486] Michels giebt einen neuen Plan zu dem Maskenspiel, der wohl gefällt, doch nicht genug für die vielen Mitglieder berechnet ist. Ich trage den unsern nochmal lebhaft vor; allein, wir gehn alle wieder auseinander, ohne daß etwas beschlossen ist. Ich ziehe mich schnell an, u. fahre mit Joseph u. den Schwestern zu v. Zuydtwyk. Wir werden Herrn v. Keverberg, einem großen, ziemlich fürnehm aussehnden Mann, der wohl mehr als 40 Jahre haben mag, vorgestellt. Bald nach dem Thee geht das Tanzen los. Die v. Stolzenberg ist in völligem Schmuck, wunderhübsch, u. da ich mehrmals mit ihr tanze, wird mir's wahrhaft heiß. Sie hat eine Manier, es einem anzuthun. Auch an andern hübschen Tänzerinnen fehlt es nicht, obschon die Gesellschaft nicht zu groß, u. wirklich ausgesucht ist. Nach 11 schleicht sich das Brautpaar weg, welches zu einigem Gekicher Anlaß giebt. Die Braut ist immer für den großen alten Mann, im braunen Hofrock mit Brillantknöpfen, noch hübsch genug. – Mir thun die Füße zum Schreien weh, weil ich zu kurze Schuhe angezogen habe. – Frau Mertens sagt mir, daß Denoël später noch zu ihr gekommen, u. zur Ueberlegung unserer Masken, zu Michels gegangen sey. Nach dem Cotillon,[487] etwa 1 ½ Uhr ist alles vorbey, und jeder schiebt sich weg. |11v|

S. 43–46, hier 45 f.). Die ersten Sonntagsschulen wurden im Febr. 1817 eröffnet; dazu die Bestimmungen der städtischen Schulkommission: Errichtung der Sontags-Schulen in Cölln, o. D. (Ende 1816/Anfang 1817, Abschrift; HAStK, Best. 400, A 594, Bl. 1r–8v; gedr. in: Apel/Klöcker, Schulwirklichkeit, S. 231–238). Hier wurde die Groote'sche Katechisten-Stiftung als vorbildhaft erwähnt. Zur weiteren Organisation der Sonntagsschulen bis Ende 1817: HAStK, Best. 550, Nr. 1113.

[486] Ludwig/Louis Wilhelm Joseph Hubert von Mirbach-Leers war ein Verwandter von Johann Wilhelm von Mirbach-Harff, Eigentümer von Schloss Harff und engagierter Vertreter der rheinisch-westfälischen Adelsinteressen gegenüber dem preußischen Staat. 1817 besuchte J. W. Mirbach-Harff Köln zu familiären, gesellschaftlichen und politischen Treffen. Im Folgenden wird dieses Tagebuch gelegentlich als Quelle herangezogen. J. W. von Mirbach-Harff traf am 12. Febr. 1817 in Köln ein und wohnte in den folgenden Tagen vermutlich im Gymnicher Hof, Neumarkt 1/3. In seinem Tagebuch notierte er: „Abends bei Gymnich geblieben. Louis Spies als Bräutigam gesehen" (Archiv von Mirbach-Harff). Im Gymnicher Hof lebte seine Verwandte Clementina von Gymnich, geb. von Velbrück, Witwe des 1806 verstorbenen Clemens August Ferdinand von Gymnich. J. W. von Mirbach-Harffs Mutter war Augusta Maria Elisabeth von Mirbach-Harff, geb. von Velbrück-Lanquit (gest. 1814). Zur Biografie von J. W. von Mirbach-Harff, seit 1840 Graf von Mirbach-Harff, kurz: Küsters, Mirbach-Harff, bes. S. 5–8, 16–21. Zur rheinischen Linie der Familie von Mirbach-Harff: Mirbach, Freiherren, S. 50–52.

[487] Der Cotillon, häufig der Höhepunkt und wie hier Abschluss eines Festes, war eine Art Tanzabfolge, in der verschiedene Contretänze und Tanzspiele aneinandergereiht wurden.

Den 13. Februar [1817].[488]

Gegen 10 gehe ich, Dr. Nückel zu treffen, da heute unsre Sache am Tribunal gegen Engels entschieden werden soll. Es wird lang, ehe die Sache vorkommt; als es aber soweit ist, erklärt der Advocat des Engels, er stehe von der Appellation ab. Ich ärgere mich, über die schreckliche Willkührlichkeit, womit die Advokaten ihren Partheyen, Kostenaufwand zu machen im Stande sind, ohne daß diese sich dagegen sichern können. So ist auch nun Engels, der dem Advocaten wahrscheinlich gar keinen Auftrag dazu gegeben hat, in allen Kosten der Appell[489] kondemnirt[490] worden. Nachher gehe ich mit Nückel u. Denoël, der zu uns gekommen ist, zu Madame Mertens, wo Frau v. Harff, Mirbach etc. Wir deliberiren nur wenig über unsere Sachen, u. die Frauen schließen uns in ein Zimmer, wo wir an dem Text zum Maskenspiel schreiben sollen. Dieß paßt uns nicht, wir machen unsre Disposition, u. schleichen durch das Fenster davon. Ich gehe mit Denoël zu Herrn Michels, der sich zu Allem nochmal bereit erklärt, u. heute nachmittag zu mir zu kommen verspricht. Nach Tisch kommt bald Denoël, u. wir gehn an die Arbeit. Spät erst gegen 5 Uhr kommt auch Nückel, u. wir schreiben nun gleich nach einander mehrere Szenen zurecht, trinken, essen u. rauchen dabey. Auch erhalte ich von Coblenz das Portrait Gneisenaus, u. ein kleines Bild in Eichen von ihm, welches |12r| Alles Frau v. Klausewitz mir zuschickt, um ersteres durch Beckenkamp copiren zu lassen. Wir sitzen bis nach 9 Uhr zusammen, u. haben so schon Einiges zu Stande gebracht. Bruder Joseph war mit den Schwestern bey Herwegh.[491]

---

[488] Am 13. Febr. 1817, Weiberfastnacht, fanden mehrere Veranstaltungen statt. Vgl. Annoncen in der Beilage zu Nr. 25 der Köln. Zeitung, 13. Febr. 1817: „Unterzeichneter hat die Ehre, einem geehrten Publikum anzuzeigen, daß er mit der Bewilligung hoher Obrigkeit die ehemals gehabte Erlaubniß wieder erhalten hat, heute Donnerstag, den 13. Febr., an dem sogenannten Weiber-Fasching, großen maskirten Nachtsball halten zu dürfen, wozu er die Herren Abonnenten der Redouten, so wohl als seine übrigen Freunde hiermit höflichst einladet. Den Herren Abonnenten werden ihre Karten zugeschickt werden; sonst ist der Eingangspreis, gegen Karten, die auch den Tag hindurch bei ihm zu haben sind, à Person 30 Stbr., der Anfang um 9 Uhr. Richard Lieber in der Komedienstraß". Ebd.,: „Mit Erlaubniß hoher Obrigkeit heute Donnerstag den 13. Febr. 1817 großer maskirter Nachtsball, bei J. P. Lempertz auf'm Domhof, Anfang 8 Uhr. Der Eingang ist die Person ein Franken."

[489] Appell, Appellation: Berufung.

[490] kondemnieren: verurteilen.

[491] J. W. von Mirbach-Harff in seinem Tagebuch, Donnerstag, 13. Febr. 1817: „Heut morgen Spies, Emerich u. Adolf Frenz bei mir. Nachher mit ihnen zu Bethmann. Roth u. Van der Ley allda. Nach Tisch Louis Mirbach hier. Abends zu Hause geblieben, Unterredung mit der Tante. Es ward angesagt, daß um halb 6 Uhr Leerodt gestorben sey" (Archiv von Mirbach-Harff).

Den 14. Februar [1817].

Ich erwarte meine Mitarbeiter bis gegen 9 ½ Uhr. Dann kommt Denoël, aber übel gestimmt. Es kommt wenig zu Stande. Nach 10 Uhr gehe ich Herrn Michels zu bescheiden, daß er zu Denoël, ihm zu helfen, kommen möge. Er will sich aus allerley Gründen von unserer Gesellschaft ausschließen. Doch verspricht Er, Herrn Denoël zu helfen. Gegen 12 ½ Uhr, nach der Sitzung gehe ich nach Haus zurück, u. finde die beiden Herrn noch, die sich berathen, aber gar nichts aufs Papier gebracht haben. Nückel ist gar nicht gekommen. Ich schreibe ihm, u. melde Frau Mertens, daß die Sache schlecht stehe. Nach Tisch kommt Nückel, bald nach ihm Herr Poppey. Wir trinken Kaffé[492] zusammen. Endlich kommt auch Denoël. Wir nehmen die Arbeit wieder vor, u. bringen gegen 10 Abends, nachdem wir in mehreren Deputationen das Fertige zu der, bey Mertens versammelten Gesellschaft schicken, das Ganze ziemlich zum Schluß.[493] Doch sitzen wir an der Anordnung noch bis um Mitternacht, u. freuen uns, wenigstens soweit gekommen zu seyn. |12v|

Den 15. Februar [1817].

Ich schreibe frühe die Ganze Geschichte in's Reine. Denoël kommt nach 9 Uhr. Wir feilen noch hier u. da, u. kommen gegen 12 Uhr zu Mertens, wo die erste Vorlesung u. Probe gehalten wird. Doch geht alles noch ledern und hölzern ins Werk. Mit v.d. Leyen[494] werde ich einig, daß er mir einige Kleider schicken will. Ich memorire noch etwas von unserer Rolle, und wir kommen gegen 4 Uhr wieder bey Mertens zusammen, wo bis gegen 5 wieder, so gut es gehn will, Probe

---

[492] Handelsbericht für Januar, Köln, 31. Jan. 1817: „Die Preise der Colonialwaaren, namentlich Zucker und Caffe, behaupten sich in England fast höher als auf dem Continent. Die Spekulanten jenes Landes haben sich der Vorräthe von Caffe bemeistert, und es wird sich nun zeigen, wer es am längsten aushalten kann, ob diese oder die Consumenten. Es sollen viele Caffe-Ladungen durch die Stürme verunglückt, auch wenige Zufuhren zu erwarten seyn, da die Pflanzer mehr Nutzen bei Zucker finden" (RWWA 1–15–1, Bl. 29r).

[493] Es sind zwei handschriftliche Versionen des Stücks überliefert: 1. eine ausführliche Form in der Handschrift Grootes: E. von Groote/M. J. Denoel/J. A. Nückel, Verbesserungs-Plan / Worinnen ausführlich man lesen kann / Wie und auf was Weis und mit welchen Manieren / Ein neu Regiment wieder ein ist zu führen (siehe Briefe u. Schriften). 2. Eine von Denoël geschriebene Fassung, die eher einen Entwurf darstellt und mehr Mundartliches enthält (in: Denoël, Meine Poeterei; HAStK, Best. 1078, A 1). Gedruckt wurde das Fastnachtspiel in einer dritten Version, die von den beiden handschriftlichen abweicht (in: Bayer, DeNoël, S. 239–247). Groote hatte zuvor bereits zwei Fastnachtspiele verfasst: Der Exstudent und der Papiermüller, 1812. Aufgeführt am Fastnachtsmontage und -dienstage in mehreren großen öffentlichen Gesellschaften zu Cöln a/Rh. (HAStK; Best: 1552, A 60/2; gedr. in: Spiertz, Groote, S. 334–341) und Sauersüßes Gesprächlein zwischen dem ehrsamen Rathsherrn, Herrn P. Blomenberg […] und der wohlachtbaren Frauen H. Haetzgens, 1813 (HAStK, Best. 1552, A 60/3). Zur Bedeutung Denoëls als Mundartdichter: Wegener, Leben, Teil 1, S. 179–201.

[494] Friedrich Peter Herstatt von der Leyen.

gehalten wird. Dann eile ich, mich anzuziehn, u. fahre mit den Schwestern zum Ball, der sehr voll ist. Das Beste ist ein Cottillon, den ich mit der v. Stolzenberg tanze. Viele Menschen bleiben zum Nachtessen.[495] Nach 11 Uhr aber fahre ich mit den Schwestern nach Haus, u. begebe mich bald zu Bett, weil ich Halsschmerzen habe.

Den 16. Februar [1817]. Sonntag.

Es war ein fürchterliches Wetter in der Nacht. Der Sturm hat mir einige Fenster zerschlagen. Blitz und ein schrecklicher Donnerschlag hat die Nacht durchbebt.[496] Ich stehe Zeitig auf; die Luft bleibt einige Zeit ganz heiter. Ich gehe zur Kirche, u. lasse mir nachher mehrere Sachen bey Herrn v. Klespé[497] holen, die ich zur Maskerade brauchen will. |: 2 Fr. :| Auch eine Perücke bekomme ich, u. da der Vater selbst die Sachen, welche er hat, mir nicht gern borgen zu wollen scheint, so lasse |13r| ich mir ziemlich alles andersher zusammen bringen. Auch im Theater bespreche [besorge?] ich für den Nothfall noch eine Perücke. Bey Mertens fehlen wieder viele; einige Rollen, besonders von Frau Coomans u. Frl. Harff, sind schon ganz gut memorirt und gesprochen. Wir bleiben bis gegen 11 ½ zusammen u. gehn dann, uns Masken zu besorgen. |: 3 Fr., 10 :|

Der Vater mit den Schwestern ist bey v. Mylius (Bürgermeister) zu Tisch gebethen, dessen Frau nun eben ihre entbindung von einer jungen Tochter ansagen

---

[495] Zu diesem Ball notierte J. W. von Mirbach-Harff, Samstag, 15. Febr. 1817: „Abends um 6 Uhr zum Bal. Alda die beiden Grafen Solms Rödelheim, den Oberjustizrath Simon und H. von Stolzenberg kennengelernt. Schwer drückte mich die Last und Langeweile dieses Bals, worauf ich mich sehr isoliert sahe, und fand, daß meine ehemaligen Bekannten mich sogar fremd begegneten. Alles zog sich in die Länge. Die Bereitung des soupes, und das Abfahren nach demselben. Gegen 3 Uhr kam ich mit Spies nach Hause" (Archiv von Mirbach-Harff).

[496] Zeitungs-Bericht der Reg. Köln für Februar, 9. März 1817: „Die Witterung im Monate Februar war meistens regnerisch, man zählte nur wenige heitere Tage. In der Nacht vom 15ten auf den 16ten war ein Gewitter, dann die Nacht vom 20ten auf den 21ten, und eben so die Nacht vom 23ten auf den 24ten Sturmwind, auch am 27ten gegen Mittag heftiger Sturmwind, begleitet von Blitz, Donner, Hagel, Schnee und Regen. Die beiden Gewitter vom 16ten und 27ten haben an verschiedenen Orten in die Kirchthürme eingeschlagen" (GStA PK, I. HA Rep. 89, Nr. 16278, Bl. 16r).

[497] Reiner Joseph Anton von Klespé, geboren 1744, amtierte am Ende der reichsstädtischen Zeit als Bürgermeister; in dieser Funktion war er Mitglied der städtischen Abordnung, die im Okt. 1794 die Schlüssel der Stadt Köln an die franz. Armee übergab (Kramp, 1794, S. 29–39). Von 1804 bis 1814 war Klespé Unterpräfekt des Arrondissements Köln; wohnhaft Obenmarspforten 13. Zur Biografie Klespés: Haehling von Lanzenauer, Klespe, 1917. Groote lieh sich von Klespé wohl einige alte Kleidungsstücke und Requisiten aus. Vgl. Weyden, Köln, S. 48 f.: Familienstücke wurden mit einer „rührenden Pietät" aufbewahrt, daher gab es in „jedem echtkölnischen Bürgerhause die ‚Rumpelkammer' […]. Im bunten Durcheinander sind hier Erzeugnisse der letzten Jahrhunderte aufgestapelt, defect gewordene Möbel, Kleidungsstücke aller Arten, Hüte, Hauben, Perücken, hochabsätzige Mulen oder Pantoffeln, wenn auch mottenzerfressen, bis zu den ‚Reihlievern' aus Fischbein".

läßt.⁴⁹⁸ Die Meinigen fahren doch hin. Salm, Myrbach u. v.d. Leyen kommen zu mir, meinen Anzug zu besehen. Es wird noch mancherley eingerichtet u. besprochen. Es sind große Essen, bey Harff, Rodius,⁴⁹⁹ Nückel etc., die unserem Maskenspiel noch großen Nachteil thun werden. Nach Tisch kommt Denoël zu mir; und wir studiren unsre Rollen noch etwas, u. gehn dann zu Nückel, ihn zu bereden, daß er auch seine ordentlich lerne.⁵⁰⁰ Er hat viele Leute bey sich zu Tisch, u. nachher kommt sein Bruder⁵⁰¹ mit anderen, u. geben eine Maskenvorstellung, die nicht ganz übel ist. Später gehe ich noch mit Denoël zu Frau Coomans, die ganz in ihrer Rolle ist, u. sehr gut spielt. Dann gehe ich nach Haus, u. nicht mehr aus, weil ich sehr müde bin. Meine Brüder gehen noch zum Nachtsball.⁵⁰²

Den 17. Februar [1817].

Ich bringe frühe noch all mein Kostüm in Ordnung, u. gehe zur Regierung, wo aber nichts zu thun ist. Lerodt wird begraben,⁵⁰³ welches hätte angesagt |13v| werden sollen, was aber nicht geschehen ist. Bei Mertens finde ich schon alles in Thätigkeit, an den Kleidern arbeitend. Nach und nach kommen so viele, daß wir Probe halten können, die gut ausfällt. Später gehe ich mit Denoël zu Maler

---

⁴⁹⁸ Am 16. Febr. 1817 wurde Henriette Eugenie von Mylius als viertes Kind von Karl Joseph von Mylius und Maria Agnes Walburga Antonetta von Geyr zu Schweppenburg geboren.

⁴⁹⁹ Vermutlich ist die wohlhabende lutherische Familie des Fruchthändlers Johann Christian Rhodius und seiner Frau Anna Sara Helene Moll gemeint, die in Mülheim, Wallstr. 100 wohnte. Die Familie hatte mehrere Söhne und Töchter. Zu ihrem Wohnsitz vgl. Clemen, Die Kunstdenkmäler des Kreises Mülheim am Rhein, S. 246: Das Haus war „ein ganz einfacher zweigeschossiger Bau von sieben Achsen mit grosser zweiseitiger Freitreppe, aus der Zeit um 1770. Fenster und Thüren mit Segmentgiebeln, ganz in den Formen der späten oberitalienischen Paläste. Im Innern noch interessante Stuckdekorationen."

⁵⁰⁰ Joseph Adolph Nückel übernahm im Fastnachtsspiel die Rolle des Kappesbauern Jan Flittorf.

⁵⁰¹ J. A. Nückel hatte mehrere Brüder.

⁵⁰² Am 16. Februar fanden zwei Maskenbälle statt: Zum einen bei L. Sittmann; vgl. Welt- u. Staatsbote zu Köln, Nr. 26, 15. Febr. 1817: „Mit Erlaubniß hoher Obrigkeit habe ich die Ehre anzuzeigen, daß Carnavals Sonntag den 16ten und Dienstag den 18ten Februar großer maskirter Nachtsball statt haben wird. Außer den Herrn Abonnenten ist an der Casse die Person 3 Franks. Die Herren Abonnenten können ihre Karten bei Unterzeichnetem oder bei Herrn Baumann, in der Sterngasse, abholen lassen. L. Sittmann, im neuen Saale an der Schnurgasse." Zum anderen im Jäger'schen Saal in der Ehrenstr. 20; vgl. Welt- u. Staatsbote zu Köln, Nr. 26, 15. Febr. 1817: „Die Redouten-Gesellschaft im Jäger'schen Saal auf der Ehrenstraße hält, mit Erlaubniß hoher Obrigkeit, künftigen Sonntag den 16. Februar ihren maskirten Nachtsball. Auch den Nicht-Abonnirten ist auf diesen Tag, gegen Erlegung von 3 Franken, der Eingang gestattet. Karten hierzu können sowohl bei den Kommissarien der Gesellschaft als Abends im Lokal in Empfang genommen werden. Man bittet übrigens so viel wie möglich maskirt zu erscheinen. Der Anfang ist Punkt 10 Uhr. Das Armen-Büreau wird Jemand in das Vorhaus des Hrn. Jäger mit Mascarad-Karten beordern."

⁵⁰³ Am 13. Febr. 1817 starb Maximilian Karl Hubert Franz Theodor von Leerodt zu Leerodt, geboren 1787. Es handelt sich vermutlich um von Leerodt, Referendar bei der Kölner Regierung.

Fuchs, wo wir den Titelzettel groß schreiben u. Malen.[504] Dann fahre ich bald mit Mirbach nach Haus, hole da noch alles zusammen, was ich brauche, u. gehe zu Mertens zu Tisch zurück. Die Coomans u. Nückel sind immerfort in ihrer Rolle, u. es wird viel tolles Zeug getrieben. Nach Tisch spielt die Coomans den Maitrier[505] ganz vortrefflich. Wallraf ist angesagt, daß wir nach 6 zum Olymp kommen wollen, da er mich aber auf der Straße anruft, u. dieß als eine besondere Vergünstigung ansehn zu wollen scheint, die er uns erlaubt, so mache ich ihn herunter, u. er wird ordentlicher. Ich ziehe mich bald zu Haus an, fahre zu Denoël, wo ich Weste u. Rock wechsle, hole Nückel ab, und fahre zu Mertens, wo die Damen noch nach und nach fertig werden. Es wird noch eine allgemeine Probe gehalten, die gut ausfällt, u. wir fahren zum Olymp, |: Wagen 7.10 :| wo viele Herren u. Frauen zusammen sind.[506] Wir spielen recht ordentlich u. gestalten gut. Nun gehts zu Solms, wo auf den obern Zimmern[507] alles zusammen ist. Die Aufführung geht ganz gut,[508] u. wir demaskiren uns bald nachher. Es wird lustig

---

[504] Der Titelzettel ist nicht überliefert.

[505] Maitrier: Meister, hier: Stimmeister. Catharina Franzisca Coomans spielte die Frau des Stimmeisters Blaffet.

[506] Groote hatte Wallraf benachrichtigt: E. von Groote an F. Fr. Wallraf, Köln, 17. Febr. 1817: „Carissime. Eine komische Maskengesellschaft möchte gerne die Erlaubniß haben, auf dem Wege zum Grafen Solms der Olympischen Gesellschaft aufzuwarten; theils um sich von den Unsterblichen nach Würde beurtheilen zu lassen, theils zur vorläufigen eigenen besseren Uebung. Die Gesellschaft ersucht Sie also ergebenst zu sorgen, daß bestimmt: zwischen 6 und halb 7 eine erhebliche Zahl der Himmlischen gegenwärtig sey, um der Sterblichen armes Thun und Treiben zu schaun. risum teneatis! [Könnt Ihr Euch des Lachens erwehren?]" (HAStK, Best. 1105, A 7, Bl. 182r).

[507] Zu Räumen und Ausstattung des Hauses Glockengasse 3 vgl. Fr. L. Chr. zu Solms-Laubach an K.A. von Hardenberg, Köln, 16. Sept. 1816, Entwurf (Landesarchiv NRW R, BR 0002, Nr. 77, Bl. 10 f.); vgl. Groote, Tagebuch, Bd. 2, S. 351; Vogts, Die profanen Denkmäler, S. 453 f.; Kirschbaum, Wohnbauten, S. 279 f. Abb. des Gebäudes in: Vogts, Kölner Wohnhaus, Bd. II, S. 563. Dazu auch: J. P. J. Fuchs, Topographie: „Das fragliche Hauß in der Glockengasse bewohnte Herr Maria Franz Jacob Gabriel von Groote Herr zu Kendenich und Bürgermeister der freien Reichsstadt Cöln [...]. Sein Nachfolger im Amte sein Sohn Heinrich Jos. v. Groote bewohnte dasselbe Hauß ebenfalls. In der franz. Zeit errichtete hier der Kaufmann Peter Anton Fonk von Goch nachdem er eine Tochter des hiesigen Tabakfabrikanten H. Foveaux zur Frau genommen, in jenem Haußse, das er bewohnte, eine Bleiweisfabrick ein. Im Jahr 1814 war hier das Quartier des Russischen Stadtkommandanten von Klemmer. Am 12. April 1816 bezog dies Hauß der Herr Reichsgraf Friedrich zu Solms Laubach als Ober Präsident der Provinz Jülich Cleve und Berg, er endigte hier sein zum Wohl dieser Provinz so thätiges Leben am 24. Febr. 1822" (HAStK, Best. 7030, Nr. 231, Bd. 2, S. 25 f.).

[508] Eines der im Maskenspiel angesprochenen Themen bezog sich auf einen, kurz zuvor in der Köln. Zeitung erschienen Artikel über eine Forderungen nach politischen Rechten für Frauen: „Großbritannien. In der Versammlung des Klubs von Hampton sprach Hr. Philipps (wahrscheinlich im Rausch) für die Gerechtsame der Weiber. Er will, daß auch sie in den Volksversammlungen mit zu Rath sitzen sollen. ,Hatten wir nicht, sagte er, eine Königinn Elisabeth, eine Königinn Anna? [...] Ist nicht ein Weib bestimmt, einst unser Monarch zu seyn, den Zepter zu führen, und das Diadem zu tragen? Frauen sollten regieren, und nicht bei Volkswahlen mitstimmen können? Ihr stellet die Weisheit unter dem Bilde der Minerva dar, ihr bethet die Göttin der Freiheit an, und legt die Frauen in Fesseln, als wären sie Sklavinnen, bloß zum Strumpfflicken geschaffen. Wird nicht die Gerech-

getanzt, u. mit unter noch in den Rollen fortgespielt, da wir die Kostüme anbehalten. Denoël ist |14r| sehr seelig, u. nachher er sich bey dem schönen Büffet, was später aufgetragen wird, recht gütlich gethan, wird er äußerst amüsant u. tanzt wacker zu. Die v. Stolzenberg ist wirklich zum verführen, u. ich bin zu ihr heftig hingezogen, obschon ich weiß, daß sie besonders bey Tage, weder durch Jugend, noch eigentliche Schönheit wirklich reitzend ist, u. sehe, daß sie doch, was sie mir etwa zu gönnen scheint, auch andern gestattet. Aber um die schöne, liebe, lose, süße, schmerzliche Liebe! Wer kann nun los von Banden, die er sich nicht selbst angelegt, und deren Gewalt ihm ein tiefes Geheimniß ist. Wohl dem! welchem das Schicksal die Liebespfade zu einem richtigen, wohl erreichbaren Ziele angewiesen! Mir wird es so wohl nicht werden! Wir kommen spät erst gegen 4 ½ nach Haus, u. freuen uns der Ruhe.[509]

Den 18. Februar [1817].

Denoël kommt um 11, da ich kaum angezogen bin, und holt seine Kleider ab. Später gehe ich aus, finde Dr. Nückel, mit dem ich zu Mertens u. Schaffhausen gehe. Es ist alles wohl und munter. Nach Tisch gehe ich gleich mit den Schwestern aus, die Masken auf den Straßen zu sehen. Wir wollen zu Stolzenberg gehen, die wir aber nicht finden. Wir gehen noch weit herum. Es ist groß Gedränge, aber wenige Masken. Auf den Straßen ist kaum durchzukommen. Später schreibe ich ein kleines ερωτικόν[510] auf, das mir eben durch den Kopf geht, und gehe wieder aus. Ich treffe v.d. Leyen, mit dem ich, seine Maskenkleider zu sehn, einen Augenblick |14v| in sein Haus gehe. Dann gehe ich nochmal zu Stolzenberg, wo Janson[511] ist. Ich bleibe da, u. nach und nach kommen Auer, die beiden Solms, Koskoul, der Hauptmann Freysleben, u. der Graf Solms. Wir bleiben redend zusammen, u. später kommt die Gräfinn nach u. die Obristinn Koskoul. Vor zehn Uhr gehe ich weg.

v. Stolzenberg wollen zum Maskenball nicht kommen, wohl aber alle übrigen.[512] Ich gehe bald mit Caspar u. Karl hin, |: Fr. 3 :| und es kommen bald einige Mas-

---

tigkeit selbst als Weib dargestellt? O Weib, Weib! Wer Engelsköpfe malen will, malt einen schönen Frauenkopf" (Köln. Zeitung, Nr. 19, 2. Febr. 1817). Vgl. M. J. Denoël/E. von Groote, [J. A. Nückel], Wohlweislich durchdachter Verbesserungs-Plan. Siehe Briefe u. Schriften.

[509] J. W. von Mirbach-Harff schrieb an diesem Montag, 17. Febr. 1817 in sein Tagebuch: „Morgens um 10 Uhr holten mich Emerich u. Adolph Franz ab zu den Exequien für Leerod in Gereonskirche. Von da zum Schreiner Gießen. Dann kam die Familie von Zudwig und Keverberg hier zu Mittag. Abends Bal bei Gr. Solms. Alda den Oberst Koschkus kennen gelernt" (Archiv von Mirbach-Harff).

[510] Erotikon, hier: Liebesgedicht. Das Gedicht ist nicht überliefert.

[511] Rittmeister Janson war Adjutant des Generalmajors von Ende.

[512] Am 18. Februar fanden zwei Maskenbälle statt. Zum einen im Theater: „Heute Dienstag den 18. Februar großer maskirter Nachtsball im Schauspielhause. Eingangs-Billete zu 3 Franken die Person, sind vorläufig bei Hrn. Dussault, auf'm Heumarkt Nro. 40, und Abends an der Kasse zu haben. Anfang halb 11 Uhr" (in: Welt- u. Staatsbote zu Köln, Nr. 28, 18. Febr. 1817). Zum anderen bei L. Sittmann (Annonce, in: Welt- u. Staatsbote zu Köln, Nr. 27, 16. Febr. 1817 (siehe oben); ähnlich in:

ken, die interessant genug sind, doch aber bald erkannt werden. Endlich auch v. Stolzenberg u. seine Frau in rothen Dominos,[513] die ich aber gleich auf der Stelle erkenne, was ich Ihr durch einen Händedruck zu verstehen gebe, der nicht unerwidert bleibt. Ich gebe ihr bald einige Karmelle, u. Sie demaskiren sich später. |:–9 St.:| Es werden noch einige Späße gemacht, bis gegen 2 Uhr, wo die meisten nach Haus gehn.

Den 19. Februar [1817].

Die Ruhe thut mir sehr wohl, bis gegen 10 ½. Dann kommt bald der Halfen Klein, der nun in einiger Verlegenheit ist, weil er genau termino Cathedro[514] abziehn soll, u. doch wohl sieht, daß wir bis dann mit Kendenich noch nicht ganz im Reinen seyn werden. Ich schicke ihn zu Nückel. Ich bringe meine Sachen in Ordnung, und fange an, dem Herrn Bürgermeister DeGroote in Pesch[515] zu schreiben, um ihn dort zu halten. Gegen 12 kommt Halberg. Gestern Abend hat Graf Solms viel von ihm gesprochen. Halberg war bey ihm gewesen, um für sich und seine Frau Pässe nach Schweden, Norwegen u. Daennemark unterzeichnen zu lassen. Der Graf hat viel mit ihm |15r| gesprochen, und scheint ihn als einen sonderlichen, doch gescheuten und festen Mann zu schätzen. Dieß alles sagte der Graf Gestern bey v. Stolzenberg öffentlich, so wie auch, daß der StaatsKanzler im Maerz, der König wahrscheinlich im May zu erwarten sey. – Halberg versicherte mir auf Ehre, Er habe neuerdings an den StaatsKanzler geschrieben, es verwundern sich alle Leute sehr, daß mir das Eiserne Kreuz nicht geworden sey, da alle überzeugt seyen, daß ich es verdient habe. So sagte er mir noch mancherley. Nach Tisch reite ich mit Joseph, Öttinger, DeNoël, deClair, nach dem Kuhberg bey Sittmann,[516] wo über Hundert Wagen sind. Auch die Gräfliche

---

Köln. Zeitung, Nr. 27, 16. Febr. 1817. J. W. von Mirbach-Harff, Tagebuch, Dienstag, 18. Febr. 1817: „Geschlafen bis gegen Mittag. Die Frenzen u. Louis Spies speißten bei uns. Als sie um 6 Uhr hinweg waren, ginng ich auf mein Zimmer. Lelens geht heut Abend zu Herweg, und von da auf den Nachtsbal. Ich habe dort keinen Besuch gemacht" (Archiv von Mirbach-Harff).

[513] Welt- u. Staatsbote zu Köln, Nr. 25, 13. Febr. 1817: „Bei Federhen, auf der Hochstraße Nro. 71, sind zu den bevorstehenden Maskenbällen sehr schöne seidene Domino's zu verleihen, so wie auch die dazu gehörigen Masken in billigen Preisen zu haben."

[514] cathedra petri: Petri Stuhlfeier ist ein Fest der katholischen Kirche am 22. Februar, das an die Einsetzung des Apostel Petrus in das Bischofsamt erinnert. Dieses Datum war traditionell ein jährlicher Zahltag für Pächter und ein Tag für den Abschluss von Pachtverträgen. Im Rechnungsbuch der Familie Groote (HAStK, Best. 1042, B 60) taucht dieser Tag häufig als Zahltag ihrer Pächter auf, ebenso die Termine Martini (11. November: St. Martinstag) und Navi Christi (24. Dezember: Christi Geburt).

[515] Heinrich Joseph Anton Melchior von Groote (in der Familie Bürgermeister de Groote genannt) und seine Frau Maria Walburga Adelgunde von Herresdorf besassen die Wasserburg Haus Pesch (heute in Zülpich gelegen). Haus Pesch wurde Anfang des 18. Jh.s als Backsteinbau mit zwei Stockwerken errichtet; um 1755 erwarb es Franz Joseph Ignaz von Herresdorf, 1792 kam es in den Besitz der Familie von Groote, der es noch heute gehört.

[516] Der Ball fand also am Aschermittwoch, 19. Febr. 1817, statt. J. W. von Mirbach-Harff, Tagebuch,

Familie Solms, v. Stolzenberg etc. etc. sind alle da. Einige unangenehme Auftritte giebt es, weil ein kassirter[517] Offizier, der wegen einer Ehrensache infam erklärt ist,[518] sich immer wieder zwischen die Offiziere des 18. Regiments, bey dem er stand, drengt, wodurch er schon mehrmals zu Spektakel Anlaß gegeben. Dießmal war es wieder so, und er wurde hinaus gewiesen, durch einige junge Leute aber, die seine Parthie zu halten scheinen, wieder hinein geführt. Dadurch waren nun die Damen sehr geängstigt, alles will weg, und obschon dieß nur nach und nach u. sehr langsam geschehen kann, so giebt es doch eine Störung, so daß man eben so unordentlich wieder abfährt, wie man gekommen ist. Wir begleiten den Wagen der Gräfinn bis an ihr Haus, u. nachher noch die v. Stolzenberg bis auf den Neumarkt. – Äußerst gespannt ist alles, durch die Nachricht, daß auf mehrere Bekenntniße des Faßbinders, der, wie einige sagen, vergiftet, nach andern wenigstens sehr krank, |15v| seyn soll, u. seinen Beichtvater verlangt hat, heute Herr Fonk am hellen Tage mit Polizey Wache in das Kriminalgefängniß[519] gebracht ist. Der InstruktionsRichter[520] hat darauf angetragen, und der Polizey-President dem Grafen Solms davon offizielle Anzeige gemacht. So stehen also die Sachen bis nun.[521]

Aschermittwoch, 19. Februar: „Nachmittags zog alles zu Wagen zu Fuß und zu Pferde auch nach Sittmann. Hier wurde Kaffe getrunken. Abendts brachte ich mit den beiden Grafen Friedrich u. Carl Solms zu, und speiste mit ihnen zuhaus, Rud. Nesselrode u. Spiess Maubach im Kaisl. Hof" (Archiv von Mirbach-Harff).

[517] kassieren, hier: entlassen.

[518] infam erklären: für ehrlos erklären.

[519] Am 19. Febr. 1817 wurde P. A. Fonck verhaftet.

[520] Ein Instruktionsrichter (Untersuchungsrichter) war mit der Vorbereitung eines Prozesses beauftragt. Zunächst war Erich Heinrich Verkenius in dieser Funktion für den Mordfall Cönen zuständig, am 12. Februar ersetzte man ihn durch Appellationsgerichtsrat Ferdinand Joseph Effertz. Zu Verkenius: Personalnotizen, 1815: „Verkenius. Instructions Richter. Hat sich durch treue Amtsführung, so wie durch seine, überall erprobte Rechtschaffenheit stets die allgemeine Achtung zu erhalten gewußt. Über seine polytische Denkart äussert er sich wenig, es wäre sich deshalb näher zu erkundigen. [...] Ein wackerer redlicher Mann, der seine Studien mit Nutzen vollendet hat. Ich hätte für ihn gewünscht, er wäre mit dem Amte eines Instuctions Richters verschont worden. Er würde dann seine Zeit auf Fortsetzung seiner Studien haben anwenden können und bei den Civil-Sitzungen manchen Nutzen haben stiften können" (Landesarchiv NRW R, BR 0002, Nr. 1534, Bl. 4r). E. H. Verkenius gehörte zu den bedeutendsten Vertretern des Kölner Musiklebens in der 1. Hälfte des 19. Jh.s; er war Mitbegründer der erneuerten Domkapelle 1808, der Musikalischen Gesellschaft 1812 und des 1818 zum ersten Mal stattfindenen Niederrheinischen Musikfestes (Klösges/Müller-Oberhäuser, Musikaliensammlung, S. 496–502; Gehring, Trommelschlag, S. 117–121). AK 1822: Verkenius, Landgerichtsrat, Unter Fettenhennen 11.

[521] Christian Hamacher war am 16. Febr. 1817 vom städtischen Depot (Polizeigefängnis, Munizipalgefängnis im Rathaus) in das Arresthaus gebracht worden, wo man ihn zunehmend unter Druck setzte. Im März wurde Hamacher mehrfach von J. G. von Sandt verhört, seine Aussagen wertete man als Geständnis. Demnach hatte Hamacher angegeben, den Mord an Cönen gemeinsam mit Fonck begangen und die Leiche Cönens mit Hilfe seines Bruders, des Fuhrmanns und Maurers Adam Hamacher, im Rhein versenkt zu haben (Reuber, Mordfall, S. 36–42). Zum Kölner Arresthaus vgl. Elkendorf, Topographie: „Das im Westlichen Theile der Stadt, nahe am Neumarkt und

Um 6 Uhr sind wir nach Haus zurück, u. obschon noch viele ins Theater, andere zu v. Zuydtwyck, wo die letzte Mittwochs-Gesellschaft[522] ist, andere noch später zum Maskenball bey Liber wollen, so bleiben wir still zu Haus. Ich mache meinen Brief an den Bürgermeister fertig.[523]

Den 20. Februar [1817].

Den Brief übergebe ich dem Vater zur Besorgung, dann gehe ich Mirbach zu besuchen, dem ich aber auf der Straße begegne; mit ihm gehe ich zu v. Roth, den wir auch nicht zu Haus finden. Ich kaufe etwas Schnupftabak, |:–Sls 4:| u. gehe mit Herrn Denoël, dem ich eben begegne, bis zum Regierungsgebäude, wo wir in pleno sitzen. Das Merkwürdigste, was da vorkommt, ist der Zeitungsbericht vom Monat Januar, der zur Unterschrift vorliegt, um an den König u. die Ministerien abgeschickt zu werden. Unangenehm ist darin die, wahrscheinlich vom Consistorio herrührende Äußerung, daß an den hiesigen katholischen Gymnasien durchaus protestantische Lehrer müßten angestellt werden, weil man keine katholischen haben könne. Dann aber kommt man darin verschiedene Mal auf die Nothwendigkeit einer zu errichtenden Universitaet zurück.[524] Auch über

---

beinahe in ihrer Mitte gelegene ehemalige Clarissenkloster wurde gleich nach der Säkularisation zu einer Anstalt für Gefangene eingerichtet. Dasselbe besteht aus einem Vorder-Gebäude nach der Schildergasse zu, drei Flügel-Gebäuden aus zwei Etagen bestehend und einem im Garten desselben befindlichen, ebenfalls zwei Etagen hohen Gebäude und ist mit einer Ringmauer von ungefähr 23 bis 24 Fuß Höhe umgeben. [...] Verschließbare Räume sind 86 vorhanden" (in: Becker-Jákli, Köln, S. 58).

[522] Welche Mittwochsgesellschaft gemeint ist, ließ sich nicht klären.

[523] Für Donnerstag, den 20. Jan. 1817 notierte J. W. von Mirbach-Harff in sein Tagebuch: „Heut Morgen schrieb ich an Romberg. ginng nachher zu Prof. Walraf, den ich nicht fand und zu Max Loo [Loë]. Dann nach hause u. schrieb dieses. Den Nachmittag machte ich Besuch bei Buschman. Emerich war nach Bonn, und die Damen ginngen ins Theater. Ich ginng mit Frau u. Fräul. v. Buschman und Edmund Frenz zuerst zur Frau v. Hagen u. später bei Frau von Herweg" (Archiv von Mirbach-Harff).

[524] Zeitungs-Bericht der Reg. Köln für Januar, 9. Febr. 1817: „Die Gymnasien dieser Provinz leiden an einem Haupt-Uebel, welches ihre Verbesserung für den Augenblick hindert und noch lange hindern wird, so lange nicht 1) auch protestantische Lehrer an katholischen Gymnasien angestellt werden und 2) eine Rheinische Universität in voller Kraft und Thätigkeit ersteht. [...] Eine gänzliche Stockung aller gründlich wissenschaftlichen Bildung in diesen Provinzen seit der französischen Periode hat auch selbst die bessern Köpfe zu einer Einseitigkeit und Oberflächlichkeit gebracht, in der sie als Lehrer an höheren Schulen nicht brauchbar sind; das katholische Ausland, selbst um weniges reicher, verschließt uns seine Hülfsquellen. Sollen daher die katholischen Gymnasien dieser Provinz für den Augenblick kräftig gehoben werden, um künftig Jünglinge für die Universität vorzubereiten, so müssen protestantische Lehrer aus dem Ostpreußischen zu Hülfe kommen und die grammatische und logische Gründlichkeit hierher verpflanzen. Sollen für die Folge auch katholische Lehrer dasselbe leisten können und diese Werbungen jenseit des Rheins und der Weser und bei andern Confessions-Verwandten unnötig machen, so muß eine Rheinische Universität in großem Style und liberalem Sinne sobald als möglich erstehen. So und nur so kann die Finsterniß verscheucht werden und ein volles Licht an seine Stelle treten" (GStA PK, I. HA Rep. 89, Nr. 16278, Bl. 10r–10v). Der Bericht wurde von Groote mitunterschrieben.

einige andere Gegenstände |16r| wird mit ziemlicher Freimüthigkeit geredet. Da der Graf u. einige Räthe zu Herrn Herstadt zu Tisch gebethen sind, so schließen wir die Sitzung gegen 2. Nach Tisch reite ich bald aus, nach Melaten hin, u. lese dann Steffens: neueste Zeit,[525] bis in die Nacht hin, ohne auszugehn.[526]

Den 21. Februar [1817].

Ich schicke noch einige Maskensachen weg, und lese bis Mittag in Steffens weiter, dessen Buch wirklich sehr vortrefflich geschrieben ist. Gegen 5 Uhr gehe ich zu Haxthausen, ihn zu fragen, ob er heut Abend bey Simon seyn wird, allein, ich finde ihn nicht. Nun wollte ich zum General v. Mylius wegen unserer Sachen gehn, allein, er begegnet mir im Wagen, u. macht Visiten.
Nun gehe ich die Maria adGradus Kirche zu sehen, mit deren Abbrechung man schon ziemlich weit gekommen ist.[527] Schmerzlich ist es immer, aus was immer

---

[525] Heinrich Steffens, Die gegenwärtige Zeit und wie sie geworden mit besonderer Rücksicht auf Deutschland, 2 Theile, Berlin 1817. Die programmatische Einleitung zum ersten Band schließt: „Es ist zwar unleugbar, daß je gesunder, in sich gegründeter ein Staat, je fester seine nationale Gesinnung, desto geringer die Neigung, sich nach außen zu vergrößern. Dieses Streben ist unter allen Umständen als eine Krankheitsäußerung zu betrachten. Aber Staaten müssen wie einzelne Menschen für ihre Vergangenheit büßen. Wenn wir eine weit in die Zukunft hineingreifende Hoffnung begründen wollen, wie möchte solches möglich seyn, ohne die Vergangenheit zu erkennen? Ja nur diese, in ihren großen mächtigen Formen, vermag die Zukunft zu deuten. Wir behaupten, daß alle Hoffung einer, wenn auch nicht durchaus friedlichen, dennoch geordneten und heitern Zukunft, auf Deutschland beruht, und seine große Bedeutung soll durch eine gedrängte geschichtliche Uebersicht, welche die wunderbaren Wege Gottes, die, seit Jahrhunderten verfolgt, jetzt offen und kundig werden wollen, in großen Zügen zu erkennen giebt, sich dem Verständigen entfalten" (S. 5 f.).

[526] J. W. von Mirbach-Harff, Tagebuch, Donnerstag, 20. Febr. 1817: „Ich habe mir Auszüge aus J. Paul gekauft worinn ich heut Morgen laß. Um 10 Uhr zum Grafen Solms. Von da zu den jungen Grafen, und dann zu Frau von Stolzenberg. Nachmittags Besuch bei Leerode. Dann kam Emerich zu mir. Abends zu hause. Brief von Halberg" (Archiv von Mirbach-Harff). Am 22. Febr. 1817 reiste Mirbach-Harff zu seinem Besitz, Schloss Harff, ab. Das Wasserschloss Harff, das auf Bauten des 14. Jh.s zurückging, wurde 1972 im Rahmen des Braunkohleabbaus gesprengt.

[527] Die romanisch-gotische Kirche St. Maria ad Gradus (Maria zu den Stufen, oft auch St. Margarethen genannt), die auf dem Hügel zwischen Domchor und Rheinufer stand, wurde 1817 abgebrochen. Zeitungs-Bericht der Reg. Köln für Januar, 9. Febr. 1817: „Die Abbrechung der den schönsten Theil des Dom-Gebäudes verhüllenden Ueberreste der ehemaligen Collegiat-Kirche St. Maria ad gradus hat nach der Genehmigung des hohen Ministerii bereits begonnen. Der Ertrag der Bau-Materialien, nach Abzug der Kosten, worauf die Dom-Kirche Anspruch hat, wird einen ansehnlichen Theil der Reparaturen am Dom decken und gewährt dieser Abzug zugleich den Vorteil, daß er in dieser Jahreszeit viele sonst brodlose Arbeiter beschäftiget" (GStA PK, I. HA Rep. 89, Nr. 16278, Bl. 10v). Der Bericht ist von Groote mitunterzeichnet. In zahlreichen Zeitungsannoncen bot der Kölner Bauinspektor Ludwig Carl Friedrich Buschius Abbruchmaterialien des Gebäudes zum Verkauf an. Köln. Zeitung, Nr. 37, 6. März 1817: „Freitag den 7. d. M., Vormittags 9 Uhr werden durch die Unterzeichneten eine Partie Schiefer, Eichen und Blei, Bauholz, Bretter, Fenster, Thüren und eine Menge sehr schöner Steinplatten, so wie auch verschiedenes Stein-Material von

für einem Zweck solche alten Denkmäler, die 5–7–8 Jahrhunderte haben vorübereilen gesehen lassen, u. unversehrt blieben, nun in unsern Herzlosen Tagen schnell zerstöhrt zu sehn. Ach, mir scheint, es giebt nur Eine, kurze, rasche Blüthezeit der Völker u. des Lebens: es ist die der Entwicklung und des aufkeimenden Gemüthes aus dem rohen Chaos zur Liebe und frommen Andacht und Sittlichkeit übergehend. Alles frühere ist der Thierheit nahe verwand, Instinktmäßig, unhistorisch, alles spätere schon die Periode der sündlichen Erkenntniß, somit des Stolzes und des Verderbnisses. Bey keinem der bekannten Völker aber dürfte jene schöne Zeit der Blüthe u. des göttlichen Frühlings, der Zeugung u. der Empfängniß, jenes Mysterium der göttlichen Liebesschöpfung länger |16v| als durch 3 Jahrhunderte sich erhalten haben, vielleicht nicht einmal so lang. – Ich gehe später noch mit Dr. Nückel wegen der Kendenicher Geschäfte zu reden, u. dann wieder zu Haxthausen, der zu Simon kommen wird. Auf dem Wege besuche ich den Herrn Rektor, der mit seinem barmherzigen Bruder[528] ruhig bey einem Gläschen sitzt. Er erzählt mir die heimliche Beerdigungsgeschichte seiner Mutter,[529] u. wir reden noch von sonst allerley. Dann gehe ich zu Simon, wo ein Herr Schieffer u. v. Haxthausen. Es wird mancherley über die verwickelte Geschichte von Fonck gesprochen, u. über die dahin einschlagenden Prozeduren. Wir bleiben bis gegen 11 Uhr zusammen, wo ich durch die stürmische Nacht nach Haus eile.[530]

---

der hiesigen Kirche Mariae ad Gradus, öffentlich an die Meistbiethenden verkauft werden." Unterzeichnet von A. Schmitz, Kirchmeister, Balg, Königlichem Rentmeister, u. Buschius, Bauinspektor. Vgl. auch: Köln. Zeitung, Nr. 46, 22. März 1817; Welt- u. Staatsbote zu Köln, Nr. 180, 11. Nov. 1817. Zum Abbruch der Kirche: HAStK, Best. 400, A 4260. Zur Geschichte der Kirche und dem Verbleib ihrer Ausstattung: Arntz/Neu/Vogts, Die Kunstdenkmäler der Stadt Köln, Ergänzungsband (1937), S. 5–28. Vgl. auch: Lambert, St. Maria ad gradus, 1995; Klother, St. Maria ad Gradus, bes. S. 398–401.

[528] Dieser barmherzige Bruder ließ sich nicht identifizieren.
[529] Apollonia Gertraude Fochem, geb. Baumann, die bei ihrem Sohn im Rektorat, Am St. Katharinengraben 3 wohnte, starb am 18. Febr. 1817 an der „Auszehrung" im Alter von 78 Jahren. Aus welchem Grund ihre Bestattung geheim war, ist nicht klar. Möglicherweise wurde sie, da sie die Mutter des Rektors der Elendskirche war, auf dem dortigen Kirchhof bestattet, obwohl Beisetzungen seit 1810 ausschließlich auf dem neueingerichteten Melatenfriedhof erlaubt waren. Offenbar hatte die Bestattung bereits stattgefunden, während man die Trauerfeier erst am 22. Februar durchführte. Die Familie von Groote, die ihre Angehörigen seit langem auf dem Areal der Elendskirche beisetzte, hatte nach 1810 noch zwei Familienmitglieder beigesetzt. 1811 wurde hier die Großtante E. von Grootes, Clara Catharina Rudolphina Walburgis de Groote, 1815 seine Mutter, Henriette von Groote, heimlich beerdigt. Vgl. ein Verzeichnis der Bestattungen im 17. u. 18. Jh., mit einer Anmerkung zu diesen beiden heimlichen Beisetzungen (HAStK, Best. 1553, A 9).
[530] Während der Nächte patrollierten 24 Nachtwächter durch Köln, deren Tätigkeit durch ein von Oberbürgermeister von Mylius am 22. Nov. 1816 erlassenes Reglement bestimmt war. Zu ihren Aufgaben gehörte die Zeitangabe: „Sobald die Stunde schlägt, hat der Nachtwächter dieselbe jedes Mahl an dem Orte, wo er sich befindet, nach einem vorläufigen Zeichen, welches er mit der Klapper zu geben hat, mit lauter Stimme deutlich und zwar auf folgende Art auszurufen: ‚Zehn ist

Den 22. Februar [1817].

Der Halfen Klein kommt schon wieder, den ich aber an Dr. Nückel verweisen muß. Gegen 10 gehe ich in's Elend,[531] wo viele Leute zum Begräbniß der Frau Fochem versammelt sind. Von da will ich zum General v. Mylius gehn, allein, Er ist auf's Land gefahren, Pferde zu besehn. Ich gehe zu dem Grafen Solms, mit ihm zu Rittmeister Janson, der uns zu sich holt, u. eine Flasche Bischof[532] zum Besten giebt. Es wird lebhaft von allerley Kriminalfällen gesprochen, u. dann abgeredet, Abends ins Haenneschen[533] zu gehn, wohin viele Leute, Solms,[534]

die Uhr, die Uhr ist zehn.' Gleich nachdem die Stunde ausgerufen ist, hat der Nachtwächter das Zeichen mit der Klapper zu wiederholen" (HAStK, Best. 400, A 360, Bl. 25v).

[531] Vgl. eine Beschreibung des Kirchenbaus von 1916, die im Wesentlichen dem Zustand der Elendskirche, wie Groote sie sah, entsprach Ewald/Rahtgens, Die kirchlichen Denkmäler (1916), S. 317 f.: „Einschiffiger gewölbter Backsteinbau mit Dachreiter, i. L. [vermutlich: im Lichte, lichtes Maß] 27,4 m lang, 9,5 m breit, in den Jahren 1765–71 ausgeführt; ein charakteristisches Beispiel des späten rheinischen Rokoko. Über einem glatten, von zwei Portalnischen im Westen und Süden unterbrochenen Unterbau von 1,65 m Mauerstärke erhebt sich ein schlichter Oberbau, nur durch hohe rundbogige Nischen mit vortretenden Pilastern gegliedert. [...] Das Ganze ist ausgeführt in Backstein [...], nur die Schmuckformen und Gesimse sind aus weissem Sandstein. Das nach Westen abgewalmte Dach trägt einen schlichten Dachreiter auf dem Anfallspunkt des Walms. Im Giebel über der Westseite die beiden von Groote'schen Wappen. Das ansehnliche Westportal wird von Pilastern mit Konsolen und Totenköpfen statt Kapitälen flankiert."

[532] Elkendorf, Topographie: „Punsch wird häufig und besonders im Winter bei fröhlichen Zirkeln getrunken. Derselbe wird gewöhnlich aus Thee, Rum oder Arak und Zitronensaft bereitet. Nicht minder häufig und beliebt ist bei solchen Veranlassungen Bischof, ein warmes Getränk, welches gewöhnlich aus rothem Weine und der bekannten Bischofessenz bereitet wird" (in: Becker-Jákli, Köln, S. 88). Köln. Zeitung, Nr. 27, 16. Febr. 1817: „Bei Konditor J. Firmenich oben Marktpforten ist zu haben Punsch-Syrup, die Flasche zu 72 Stbr., Jamaika-Rhum, die Flasche zu 50 Stbr., Champagner, die Flasche zu 100 Stbr., Bishop-Essenz, für 5 Bouteillen Wein, 24 Stbr., dito für 3 Bouteillen Wein, 18 Stbr., Beste Bamberger Schmalzbutter, pr. Pf. 27 Stbr."

[533] Das Stockpuppentheater von Johann Christian Winters, Vorläufer des heutigen Hänneschen-Theaters, befand sich um 1817 in der Lintgasse. Vgl. Elkendorf, Topographie: Wir haben „ein beliebtes Puppentheater, welches, obgleich das Lokal sehr elend ist und die Zugänge schmutzig sind, dennoch eines starken Besuchs sich erfreut und zwar, weil die sprechenden Personen besonders in den Zwischenspielen die Begebenheiten des Tages, mit sarkastischem Witze ausgeschmückt, im Cölnischen Dialect vortragen" (in: Becker-Jákli, Köln, S. 95 f.). Zur Geschichte des Hänneschens: Kemmerling, He wed Hännesche gespillt, 2017. Zum Verhältnis des Hänneschen-Theaters zur preuß. Obrigkeit: Kramp, Ampmann, 2015. Um 1817 bot auch das Marionetten-Theater eines Herrn Gram Aufführungen. Köln. Zeitung, Nr. 31, 23. Febr. 1817: „Marionetten-Theater auf dem Heumarkt. Morgen Sonntag: Das Reich der Todten oder ich glaube alles. Sonntags wird zweimal gespielt; der Anfang ist um 3 Uhr." Köln. Zeitung, Nr. 31, 23. Febr. 1817: „Auf dem Heumarkt wird Sonntag und Montag zum letzten Mal gespielt. Sonntag 2 Mal, um 3 und um 6 Uhr Abends, Hirlanda die thriumpfirende Unschuld; den Montag die Schlacht bei Waterloo oder der Sieg der Deutschen, und das große Dankfest der hohen verbündeten Mächte, ein Schauspiel in 3 Aufzügen. Dabei wird Caspar seinen Dank abstatten. Herr Gram bittet um geneigten Zuspruch." Köln. Zeitung, Nr. 79, 18. Mai 1817: „Herr Gram macht bekannt, daß er heute den 18ten aufführt: Die Pfalzgräfinn Genoveva, und Montag: Die Brandschatzung, bei Herrn Lempertz aufm Domhof. Anfang Abends 7 Uhr. Preis 12, 8 und 4 Stbr."

[534] Ottilie zu Solms-Laubach schrieb an ihre beiden Brüder in Berlin, Köln, 15. Febr. 1817: „Wir sind

Stolzenberg, Harff etc. kommen sollen. Nach Tisch, wo sich leider Bürgermeister deGroote wieder einfindet, der meinen Brief wahrscheinlich nicht erhalten hat, lese ich die Fortsetzung des juristischen Journals von Sandt u. Zumbach. Herr v. Anstel kommt, wegen eines Buchs der Regierungs Bibliothek;[535] später rede ich mit Joseph noch allerley über unsre Sachen, u. gehe dann die Solms und Janson abzuholen. Ich finde nur Letzteren, u. gehe mit ihm in die Linkgasse [Lintgasse], |:1 Fr., 10:| wohin bald der Oberpräsident mit Frau u. Kindern, Stolzenberg, v. Harff, Schaaffhausen, General Mylius, Struensée, Auer, Fr. Solms, u. später v.d. Leyen, M. Geyr, v. Prang, u. der Goeschen,[536] der in Paris bey Phuel[537] u. nun in Aachen bey der Regierung ist, kommen. Die Stolzenberg ist immer reitzend, aber kokett mit mehrern, u. darum nur verführender. Wir |A 1/11–22; 17r| bleiben in den komischen Vorstellungen der Genovefa u. des Dr. Faust bis nach 9 Uhr, wo alles nach Haus zurückkehrt.[538]

Den 23. Februar [1817]. Sonntag.

Ich lese in dem Journal weiter. Dann verführt mich weder Andacht noch Protestantismus in die Protestantische Kirche[539] zu gehn, sondern Sie, die ich noch

---

vor einiger Zeit mit dem Vater im Marionetten Theater das Kölner Hänneschen genannt gewesen, welches uns einen sehr angenehmen Abend verschaffte; doch des Abends als wir wieder nach Hause fuhren, ereignete sich folgender kleiner Unfall: wir begleiteten nämlich die Regierungsräthin Redtel nach Hause in unserem Wagen; als wir ihrer Wohnung nahe kamen, sah ich in der Dämmerung etwas auf dem Vordersitz liegen, ich griff zu, und wußte nicht, was es war; wir kamen an das Haus, ließen uns Licht bringen und was erblickten wir – – eine todte schwarze Katze. Nun wie gefällt Euch dies, nicht wahr das ist drollig?" (Privatarchiv d. Grafen zu Solms-Laubach, XVII, 116, ohne Nr.).

[535] Am Sitz der Kölner Regierung gab es eine eigene Bibliothek.
[536] Görschen/Goeschen hatte an den Kriegen 1814 und 1815 als freiwilliger Jäger teilgenommen, seit Ende 1815 war er Regierungsrat in Aachen (Konduitenliste der Regierung Aachen 1816/17; Landesarchiv NRW R, BR 0001, Nr. 2232, Bl. 9v–10r).
[537] Ernst Heinrich Adolf von Pfuel war 1815 Kommandant von Paris (Groote, Tagebuch, Bd. 1 u. 2, vielerorts). Siehe auch: Zander, Befestigungs- und Militärgeschichte, Bd. I,1, S. 262–265.
[538] In die Aufführung des Hänneschen am 22. Febr. 1817 wurde eine von M. J. Denoël verfasste Szene eingefügt, die das Anrecht Kölns auf eine Universität thematisierte. Denoël erklärte dazu: „Als am 29. Januar 1817 Se Exzellenz der Herr Graf von Solms Laubach das Hänneschens Theater mit seiner Person beehrte, auch zwey Regierungs räthe mit ihren, u. noch vielen andern Damen der nämlichen Vorstellung beywohnten, wurde folgendes einem Dialog zugesetzt, den Hänneschen mit seinem Vater Niklas u. dem Recktor einer Universität geführt, u. wobey Letzter dem Hänneschen ein Rezept zu einem Gelehrten gereicht hatte" (in: Denoël, Meine Poeterei; HAStK, Best. 1078, A 1, Bl. 121r). Denoël irrte sich mit dem angegebenen Datum.
[539] Antoniterkirche auf der Schildergasse. J. P. J. Fuchs, Topographie: „Damals [1802] machten die reichen Antoniter geltend, daß ihr Institut ursprünglich zur Pflege der Kranken bestimmt, als solches den Gesetzen der Aufhebung nicht unterliegen könne. Da sie aber sich keineswegs der Krankenpflege mehr widmeten, so konnte ihre Reclamation nicht berücksichtigt werden. Nach der Aufhebung wurde das Kirchengebäude nebst den schönen dabei gelegenen Häusern für den protestantischen Gottesdienst hergegeben. Nach einer kostspieligen Restauration unter der Lei-

nicht in der Kirche sah. Es ist etwas sonderbares mit solcher Leidenschaftlichkeit: sie treibt u. quält immerfort, ins ungewisse hin. Und doch ist Sie nicht da; auch wußte ich selbst nicht, warum ich Sie da suchen sollte: wußte ich doch von ihr selbst, daß Andacht ihre Schwäche nicht sey, und daß Sie erst einmal in der Kirche war, seit sie hier ist. Es sind daselbst die Gräfinn Solms mit ihren Kindern u. die Frl. v. Hagen sehr aufmerksam, auf die wahrhaft schöne Predigt, die Herr Prediger Kraft[540] über das Leiden hält. Ich gehe von da in den Dom, u. dann mit v. Münch u. Joseph zu v. Frenz, die noch immer hier sind. Der Adolph, Husarenoffizier, ist ein eiteler, gezierter Geselle.[541] Nach Tisch arbeite ich stille hin, bis nach 6, wo ich zu v. Wittgenstein[542] gehe. Es ist da große Gesellschaft, obschon sich die Gräfinn Solms, wegen der Kindtaufe bey Simon,[543] u. viele andere, wegen eines Soupers bey Zuydtwyck, haben entschuldigen lassen. Es ist im Ganzen ledern da.

---

tung des Professor Wallraf, wozu die Geldmittel collectirt worden, wurde (1805) der erste protestantische Gottesdienst am Sonntag Rogate 19. Mai gehalten" (HAStK, Best. 7030, Nr. 231, Bd. 1, S. 18). Vgl. Hermle, Antoniterkirche, 2019; Becker-Jákli, Antoniterkirche, 1984; Mering/Reischert, Bischöfe, Bd. 1, S. 326 f.; Sommer, Baugeschichte, 1984; Wolf, Stadtbild, S. 101–103; Zur Neugestaltung des Kircheninneren, an der Wallraf mitgewirkt hatte, vgl. Köln. Zeitung, Nr. 120, 21. Mai 1805: „Ueberraschend für alle war die Ansicht der künstlichen und geschmakvollen Einrichtung des neueröffneten Tempels. Seine schwere gothische Gewölbe und deren Seitenmauern, welche ehedem auf 8 loßen Pfeilern und so vielen Sattelbogen ruheten, erschienen nunmehr nach einer kühnen […] Wegraumung vier solcher Säulen, durch die neuen ründlichen doppelt so großen Bogensprengungen und durch ihr neues symmetrisches Fensterlicht geräumiger, freier und einladender. […] Die prächtige hohe Kanzel mit ihrer Doppeltreppe im Augenpunkte der Kirche, und der Kommuniontisch, beide mit bequasteten Gewändern überdekt, dann die Stühle der Vorsteher auf dem mit weiß und schwarzem Marmor gepflasterten Chorboden mit ihren goldnen Verzierungen […] sind vortrefflich angeordnet und mit weisem Reichthume verzieret." Dazu: Steckner, Wallraf, S. 176–180; Kretzschmar, Seiten, bes. S. 193 f.; Ewald/Rahtgens, Die kirchlichen Denkmäler (1916), S. 94–101.

[540] Johann Gottlob Krafft war seit 1814 als reformierter Pfarrer in Köln tätig (Becker-Jákli, Protestanten, vielerorts; Becker, Elitenpolitik, S. 135 f.).

[541] Adolf Carl Hubert Raitz von Frentz zu Schlenderhan, geboren 1797, Sohn von Franz Carl Anton Johann Raitz von Frentz zu Schlenderhan u. Maria Franziska Agnes Antonetta von Nagel zur Gaul, war 1817 Sekonde-Lieutenant bei der Landwehr.

[542] Die Familie von Johann Jakob Hermann von Wittgenstein und Maria Theresia von Haes wohnte im Wittgenstein'schen Hof in der Trankgasse (AK 1813: Trankgasse 9, Ak 1822: Trankgasse 6. Die Hausnummerierungen in der Trankgasse wechselten stark). Es handelte sich dabei um ein imposantes, dreistöckiges Eckhaus, das um 1726 errichtet worden war (Vogts, Kölner Wohnhaus, Bd. II, S. 561 f.; Wedel, Wittgenstein, S. 21; Thielen, Partizipation, S. 623 f.).

[543] Taufbuch 1817; Archiv der Evangelischen Gemeinde Köln Antoniterstraße: „Am 23sten Februar Abends 7 Uhr taufte der H. Kollege Bruch in aedibus parentum [im Haus der Eltern] am 22. Jan. c. Abends 9 Uhr, das Eheleuten, H. August Heinrich Simon, Oberlandesgerichtsrath u. dessen Ehegattinn Mariane, Isabelle, Charlotte, Wilhelmine geb. Rhode, gebohrene Söhnlein, dem in der h. Taufe die Nahmen beigelegt wurden Wilhelm Heinrich Friedrich Werner. Pathen: 1) Frau Gräfinn von Solms-Laubach. 2) Frau Präsidentinn von Koenen. 3) Freyfrau von Haxthausen, 4) Madame Breuer, 5) Jungfrau Emilie Prittwitz. 6) H. Oberlandesgerichtspräsident Sethe. 7) H. Ober-Appellationsrath Boelling. 8) H. Präsident Fischenich. 9) H. Regierungsrath, Baron von Haxthausen."

Den 24. Februar [1817].

Ich schreibe an v. Hallberg, daß er die Anlagen zu seinem Curriculo vitae[544] nicht erhalten könne, da sie nach Berlin gegangen sind. Mirbach kommt zu mir, und sagt mir, daß er morgen weg will. |17v| Auch weiß er zufällig, daß bey v. Stolzenberg heute Abend Gesellschaft seyn soll, wohin v. Harff, Schaaffhausen etc. kommen. Nun quält es mich schon gleich wieder, daselbst nicht eingeladen zu seyn, u. glaube, es geschehe mir ein Unrecht. Das ist doch das arme Menschenkind! Was braucht jenen Leuten etwas daran zu liegen, ob ich hin komme oder nicht! – Ich gebe meinen Brief zur Post, u. finde beym Vater Modells[545] zu Quittungen für von Frankreich zu erhebende Stadtkölnische Obligationen aus der Erbschaft des Herrn canonicus deGroote, von denen ich nie etwa gehört noch gesehn. Der Vater behauptet eben sowenig darum zu wissen, obschon Joseph nachher behauptet, es seyen schon vor meiner Rückkunft aus Berlin ähnliche Modelle geschickt, aber unberührt gelassen worden. Es ist arg, wie einige Leute sich um allerley Geschäfte bekümmern wollen, u. garnicht einmal mehr wissen, ob sie einen Brief erhalten haben oder nicht.

Auch in der Sitzung wird mir wegen jener Gesellschaft nichts gesagt, was ich fast erwarten zu können glaubte. So täuscht den Menschen nur die Leidenschaft. Wir sitzen bis spät nach 2 Uhr. Nach Tisch gehe ich zu General v. Mylius, u. finde ihn wieder nicht. – Elkendorf sagt mir, Klein[546] sey mit De Rhon aus Paris über London hier auf der Rückreise nach Heidelberg passirt, habe sich eine Stunde hier aufgehalten, befinde sich sehr wohl, u. habe mit Geld, welches er in London für verkaufte Musik erhalten haben soll, manche alte Schulden bezahlt. |18r|

Ich gehe nach Haus, u. lese bis nach 7 Uhr. Nun aber plagt michs doch hin u. her, u. läßt mir keine Ruhe, ich ziehe mich noch an u. gehe zu v. Stolzenberg mit meinem gewöhnlichen: audaces fortuna juvat.[547] Und wirklich, wie ich mir gedacht, so ist es. Es ist eine zierliche Gesellschaft da zusammen, die v. Stolzenberg sitzt scherzend u. lachend neben der Parthie, Fritz Roedelheims und meine Erscheinung ist weder auffallend noch unpassend, Alle begrüßen mich freundlich,

---

[544] Curriculum vitae: Lebenslauf.
[545] Modell, hier: Formular, Vorgaben.
[546] Bernhard Klein, 1793 als Sohn des Dommusikers Peter Klein geboren, leitete bereits um 1808/09 musikalische Aufführungen im Dom. Nach einem Aufenthalt in Paris 1812/13 führte er diese Tätigkeit weiter und nahm zudem an Liebhaberkonzerten teil. 1816 hielt er sich einige Zeit in Heidelberg auf, gab mehrere Konzerte in Köln und vertonte Grootes Gedicht Mädchenklage. 1817 überlegte man in Köln, ihn als Gesangslehrer am Domchor anzustellen; zur Vorbereitung für dieses Amt sollte er sich von Karl Friedrich Zelter in Berlin in die Methodik des Gesangsunterrichts einführen lassen, wobei ihn die Stadt finanziell unterstützte. J. P. J. Fuchs, Stadtchronik: 1817 wurde „dem jungen Tonkünstler Bernard Klein für zwei Jahre ein jährlicher Betrag von 100 Thlr. zu seiner Ausbildung in Berlin vom Stadtrathe aus städtischen Mitteln zugestanden" (HAStK, Best. 7030, Nr. 215, Bd. I, S. 79). Im Febr. 1818 zog Klein nach Berlin, wo er beruflich reüssierte. Zu B. Klein: Kaufmann, Ungedruckte Briefe, 1935.
[547] audaces fortuna juvat: den Mutigen hilft das Glück.

besonders v. Stolzenberg, der ruhig beym Spieltisch sitzt. Aber mir ist es trotz allem dem sehr unheimlich da. Sie macht mir von weitem einiges daher, daß sich die Gesellschaft diesen morgen zufällig so zusammen verabredet habe, etc., was gar nicht einmal wahr ist, da Mirbach schon um 8 darum wußte, und fährt fort, mit Fritz Rödelheim zu schäckern, den sie vorzieht, und der, gerade wegen seines Weggehns, ihr doppelt interessant zu seyn scheint. Wer weiß, ob nicht Er vielleicht allein oder mit v. Auer, gestern den ganzen Abend bey ihr zubrachte. – Doch mir wird's sonderbar da zu muthe. Ich begreife es sehr wohl, daß wie bey tausend jungen Weibern in ihren Verhältnissen, es hauptsächlich nur die Sucht, sich zu unterhalten, verpaart mit etwas Eitelkeit das ganze Gewebe ihrer Handlungsweise ist. – Mag seyn, – was habe denn ich gewollt? dummes Zeug, was zu nichts führen kann! Dießmahl war ich froh wegzukommen, u. werde ungebethen mich gewiß nicht wieder hindrängen. – Die Fr. Krauss ist sehr hübsch u. angenehm in ihrem Benehmen, nur auch vielleicht schon durch etwas zuviel Schmeicheley eitel geworden. Die Mutter[548] der v. Stolzenberg will nach Berlin, u. die Ihrigen im Anfang des Sommers in Ems wiederfinden. Sie hat gehört, der Schauspieler Paulman[549] habe mehrere ächte Schawls,[550] und bittet mich, darüber Erkundigung einzuziehn, da sie ihrer Tochter einen kaufen will. – Das ganze Völkchen ist ächt Berlinisch, u. in literarischer Hinsicht fest an seinen Repräsentanten Kotzebue angelehnt. – Mir können Sie gleichgültig seyn. – |18v|

Den 25. Februar [1817].

Schon früh kommt der Halfen Klein, der in großer Verlegenheit ist, da er seinen Hof räumen muß, und die Leute zu Kendenich, wohin er gestern einen Theil seiner Früchte gebracht hat, noch keine Anstalten zum Wegziehn treffen. Ich schicke ihn zu Dr. Nückel, der diese Sache leider nur zu fahrläßig betreibt. Er kommt bald zurück, u. sagt, Nückel verlange den Etat der von Kendenich abgelieferten Früchte, den ich ihm so gut als möglich durch Carl machen lasse. Dann

---

[548] Mutter von Elisabeth Therese Stolzenberg, geb. Dufour war Anna Elisabeth Frege, verwitwete Dufour, geb. Favreau. Sie hatte 1814 in 2. Ehe den Bankier Christian Gottlob Frege geheiratet, der 1816 starb. Die Familien Frege und von Stolzenberg waren also verwandt.

[549] C. L. Fr. Paulmann vom Theater in Riga, der auf das Bühnenfach „erste Intriganten" spezialisiert war, spielte 1816/17 für die Theatergruppe von Caroline Müller. Vgl. Welt- u. Staatsbote zu Köln, Nr. 16, 28. Jan. 1817: „Theater-Anzeige. Freitag den 31. Jan. wird zum Vortheil des Hrn. Paulmann, zum ersten Male gegeben: Tilly, oder der Sturm von Magdeburg, vaterländisches Schauspiel in 5 Abtheilungen. C. Müller." Welt- u. Staatsbote zu Köln, Nr. 51, 30. März 1817: „Theater-Anzeige. Montag den 31ten März wird [...] aufgeführt: Gustav Wasa, ein großes historisches Schauspiel in 5 Akten von Kotzebue. Herr Lebrun wird den Gustav Wasa und Herr Paulmann den König Christian als Beschluß seiner hiesigen Gast-Darstellungen geben. C. Müller." Zum Theater in Köln 1817 siehe S. 133, 177.

[550] Anfang des 19. Jh.s waren in Europa kostbare Seiden- und Kashmir-Shawls aus Indien, der Türkei oder Persien beliebt, sie waren allerdings sehr kostspielig.

gehe ich selbst zu Nückel an das Tribunal u. bald mit ihm nach Haus. Morgen geht ein Huissier nach Kendenich, um das Nöthige wegen der Räumung u. wegen des Verkaufs zu bewerkstelligen. Klein, der so wie gestern, auch heute wieder mit circa 40 Pferden Früchte u. Sachen hinbringen läßt, will bis morgen da bleiben. Ich gehe nun noch zum General v. Mylius, den ich zum viertenmal wieder nicht finde. Zu Haus bitte ich Caspar bey Herrn Paulman wegen der Schawls nachzufragen, u. obschon dieser uns gar nicht kennt, schickt er die Schawls doch augenblicklich hierhin, u. ich stelle sie der Frau GeheimRath Frege zu. Auch schreibe ich an den General wegen unsern Sachen, u. schicke ihm den Brief nebst den von Koerfgen[551] gekommenen Papieren. Dann sitze ich stille zu Haus u. lese in Steffens schönem Buche. Mit ist schauerig und unwohl, u. ich bin froh, nicht mehr ausgehn zu dürfen.

Den 26. Februar [1817].

Ich lese bis nach 9 u. gehe dann zu v. Stolzenberg wegen der Schawls zu fragen. Sie haben ihnen nicht gefallen, u. sie meinen, wenn sie dieselben für sehr geringes Geld kaufen könnten, so möchten sie sich wohl dazu entschließen. Ich gehe mit v. Stolzenberg zur Sitzung, wo die Geschäftsverhältnisse, wie sie zwischen v. Mylius und dem Präsidenten Struensee zu Protokoll gefaßt sind,[552] |19r| das Wichtigste sind, was zum Vortrag kommt. Der Bürgermeister mag in modo[553] wohl Unrecht haben, und die Ungehaltenheit verdienen, welche der Graf Solms in höchstem Grade gegen ihn äußert. Daß er aber die bisherigen Rechte der Stadt u. ihres Bürgermeisters besonders gegen den Polizeipräsidenten in Schutz nimmt, der nach allem Anschein ein barscher, grober, eingebildeter Preuße ist,

---

[551] Johann Wilhelm Koerfgen fungierte seit 1816 als Bevollmächtigter der Staatsgläubiger des ehemaligen Roer-Departements in Aachen.
[552] Zur Auseinandersetzung zwischen Oberbürgermeister und Polizeidirektor vgl. J. P. J. Fuchs, Stadtchronik: „Der im vorigen Jahre zum Polizei Präsident ernannte H. Struensée trat Anfangs des gegenwärtigen Jahres seine Amtsverrichtungen an; worin diese eigentlich bestehen sollten war weder durch die Gesetzgebung noch durch eine Allerhöchste Bestimmung festgesetzt worden. Durch ein Uebereinkommen zwischen dem Oberbürgermeister Frhr. v. Mylius und dem Polizei-Präsidenten sollte hierüber das Nähere festgesetzt werden; allein bei der großen Verschiedenheit der Ansichten und bei der Protestation des Erstern gegen die Trennung der polizeilichen Gewalt von der städtischen Verwaltung konnte das gewünschte Uebereinkommen nicht Statt finden, die Regierung theilte daher ein provisorisches Ressort Reglement mit, das aber nicht veröffentlich wurde, wofür mancherlei irrige Ansichten über beiderseitige Amts Befugniße entstanden; es sprach sich unter andern sehr laut die Furcht aus, daß der Polizei Behörde auch die Zuerkennung der Strafe eingeräumt werde, und vorzüglich, daß Stockschläge als Polizeistrafe eingeführt werden könnten. [...] Es dürfte demnach für die Stadt nichts zweckmäßiger seyn als die Trennung der Polizei Gewalt wieder aufzuheben, wodurch die Stadt des letzten Restes von Rechten verlustig wurde, deren sie sich 17 Jahrhunderte lang erfreut hatte, und der Bürgerschaft dann das Recht zu ertheilen, ihre Obrigkeit selbst zu wählen" (HAStK, Best. 7030, Nr. 215, Bd. I, S. 55–57).
[553] in modo: in gewisser Weise.

kann man ihm nicht verargen, u. wird selbst von manchen Mitgliedern der Regierung gebilligt. Es wird mir immer klarer, was Steffens so schön ausführt, daß das Gewirre der Zeit, die immer mehr und mehr des alten, festen u. bestehenden zertrümmert, um etwas Neues an die Stelle zu bringen, was aber nirgend passen und nirgend gedeihen will; daß dieß Gewirre immer größer wird, und am Wenigsten durch die geschäftigen Beamte recht beruhigt werden wird, die da alles mit ihren Formeln, die sie von Aussen hineinbringen, schlichten und ordnen zu können wähnen. Wehe den armen Ländern u. Völkern, wo es erst so weit gekommen ist! Alles verstrickt sich fester u. fester, bis es endlich gewaltsam sich auflöst. –
Ich gehe nach der Sitzung, die bis 3 ½ dauert, zu Herrn Paulmann, der nur für jeden der Schawls 80 Friedrichd'or fordert. Dieß wird den Damen v. Stolzenberg wohl zu viel seyn. Nach Tisch kommt Herr Rektor zu uns, der Briefe von Sulpitz Boisserée hat, worin dessen baldige Ueberkunft gemeldet wird. Ich gehe auf ½ Stunde zu den Schwestern, u. dann ruhig wieder auf mein Kämmerlein. – Gestern Abend haben die jungen Grafen Solms ein Abschiedsfest gegeben,[554] welches bis gegen 3 gewährt hat. Heute geht die Gesellschaft zu Obristlieutenant v. Koschkol. Ich bin nirgend hin gebethen worden, u. es ist mir auch schon Recht so – es könnte nichts nutzen. – |19v|

Den 27. Februar [1817].

Frühe schon erhalte ich einen Brief von General Mylius, worin er mir sagt, er könne meine Anfragen nicht schriftlich beantworten, sondern wolle entweder hierher kommen, oder ich solle zu ihm kommen. Ich schreibe ihm, ich würde ihn bis Mittag erwarten, da ich zu thun habe; komme er dann nicht zu mir, so werde ich nach Tisch zu ihm kommen.
Es entsteht schreckliches Wetter, großer Sturm, u. Donner u. Blitz.[555] Denoël kommt zu mir, u. ist noch immer voll von unserer wohlgelungenen Maskengeschichte. Nachher kommt der General zu mir. Ich bringe ihn mit dem Vater zusammen, u. das Resultat unserer Verhandlung ist, daß er von den Obligationen, von denen Herr Koerfgen von Aachen schreibt, so wenig weiß wie wir, daß

---

[554] Vermutlich die Brüder Carl Friedrich Ludwig (Carl), Graf zu Solms-Rödelheim, und Friedrich Ludwig Heinrich Adolf (Fritz), Graf zu Solms-Rödelheim.

[555] Welt- u. Staatsbote zu Köln, Nr. 28, 18. Febr. 1817: „Köln den 17. Februar. Gestern Nacht schreckte uns abermals ein um diese Jahrszeit ungewöhnliches Naturereigniß. Hoch in den Lüften wüthete ein fürchterlicher Sturm, häufige Blitze erleuchteten am nördlichen Himmel die nicht sehr dunkle Nacht; plötzlich gegen 4 Uhr Morgens ward es stockfinster; Schneegestöber und Hagelschlossen vom Wirbel gedreht, klirrten heftig an die Fenster, ärger wüthete der Sturm; es war als hätten sich die Elemente bekämpft. Auf einmal war die Nacht von einem starken Blitze erhellt, welchem ein heftiger majestätischer Donnerschlag folgte, der den Sturm verscheucht und die kämpfenden Elemente zur Ruhe gebracht zu haben schien." Ähnlich: Köln. Zeitung, Nr. 28, 18. Febr. 1817.

er daher die Formulare zur Autorisation des Körfgen, seine 3 % für die Liquidation zu beziehen, nicht unterzeichnen will; besonders da der Bürgermeister deGroote sie schon unterschrieben hat, der doch auf die Erbschaft des Canonici deGroote verzichtet hat. Es soll also Körfgen geschrieben werden, daß er Auskunft über die Capitalien geben, die Prozente aber immerhin berechnen solle. Wegen des abzulegenden Capitals von Rth. 5.000, werden wir einig, daß einstweilen 2.000 Rth. abgelegt werden sollen. Ueber die Auseinandersetzung der übrigen Sachen aber, erklärt Mylius kurzum, er könne dazu den Dr. Sitt nicht bewegen, habe auch nicht Lust dafür, große xxxxxxxx Rechnungen zu bezahlen, kurzum er besteht wieder auf dem alten Satz, wir sollen die ganze Sache gegen eine bestimmte Summe übernehmen; ich erkläre ihm, daß dieß nicht geschehen könne, was aber die Advokaten betreffe, so stehe ich ihm dafür, daß ich sie in Thätigkeit bringen wolle. Er meint, das möge ich nur thun, |20r| u. nun steht mein Vorsatz fest, die Sache ehestens ans Tribunal zu bringen, daß sie dort entschieden werde. Hiermit scheidet v. Mylius wieder von uns.

Es ist auf morgen der Verkauf des Viehes etc. zu Kendenich öffentlich angezeigt.[556] Da ich aber bis an den Abend still sitze u. arbeite, schickt Christian Marx eine Ladung, die ihm der Huissier Pullem[557] mit vielem Lärm und Drohung zu Kendenich insinuirt hat, wodurch die Juden das Vieh als ihr Eigenthum reklamiren, u. gegen den Verkauf protestiren. Der Huissier Gras ist eben bey mir, um mir über den noch vorräthigen Bestand der Sachen in Kendenich nachricht zu geben. Ich gehe zu Nückel, der die Einstellung des Verkaufs für nöthig hält, mich aber ersucht, morgen früh gleich zum President Blanchard[558] zu gehn, um den Advocaten der Gegenparthey schon auf übermorgen en referé[559] zitiren lassen zu

---

[556] Köln. Zeitung, Nr. 33, 27. Febr. 1817: „Freitag den 28. Februar, Morgens zehn Uhr, werden auf der Burg zu Kentenich, die den Geschwistern Engels zugehörigen Pferde, Kühe, Rinder, Schweine, ein Stier und drei Wagen, öffentlich verkauft und dem Meistbiethenden gegen baare Zahlung zugeschlagen werden."

[557] Pullem war Gerichtsvollzieher beim Kreisgericht und beim ehemaligen Douanentribunal Köln (Amtsblatt d. Königl. Reg. Köln, Nr. 25, 1. Juli 1817, S. 250).

[558] Der Jurist Johann Wilhelm Blanchard, Professor an der Kölner Universität, seit 1792 verh. mit Anna Maria Epmundi, wurde 1803 Präsident des Kölner Tribunals; 1817 war er Präsident des Kölner Kreisgerichts; AK 1813: Place de la Métropole 1/Domkloster 1. Personalnotizen, 1815: „Blanchard. Präsident des Kölner Kreisgerichts. Genießt durch seine umfassenden Kenntnisse, strenge Rechtlichkeit und biedere Denkart das vollkommenste Zutrauen und die Achtung des Publicums. Er ist eingeborener Cöllner. [...] Ein vollkommner Jurist, thätig in seinem Präsidenten-Amte. Nur wäre zu wünschen, er ließe sich weniger von Familien Causaltionen leiten und hätte weniger Umgang mit einem ExCanonicus Odenthal, welcher der Bruder des Stiefvaters seiner Frau ist, denn dies sezt ihn oft in den Verdacht einer unwillkürlichen Beschränktheit seiner Meinungen" (Landesarchiv NRW R, BR 0002, Nr. 1534, Bl. 3r). 1820 wechselte Blanchard an den Rheinischen Revisions- und Kassationshof in Berlin, 1831 wurde er zum Staatsrat ernannt (Bianco, Die alte Universität Köln, S. 637 f.; Bianco, Versuch, S. 139).

[559] en referé, hier wohl: zu einem Eilverfahren.

können.⁵⁶⁰ So bleibt die Sache einstweilen. – – Bey den Schwestern sind die v. Geyr. –

Den 28. Februar [1817].

Ich gehe früh zum Presidenten, der gegen mein Ansuchen nichts zu erinnern hat. Ich spreche ihm auch vorläufig über unser Geschäft gegen v. Mylius. Zu Haus finde ich den Huissier Gras, der mir noch einige zur Berechnung gegen Engels nöthige Papiere bringt. Dann sind die Kirchmeister von Merheim hier, die wegen ihrer Frühmesse gerne Bescheid hätten, deren Stiftung zu der Erbschaftsmasse des Canonici de Groote gehört.⁵⁶¹ Wir verweisen sie an den Landrath Gymnich,⁵⁶² der an das Consistorium darüber berichten muß. Auch Herr Bürgers⁵⁶³ ist hier, der die früher schon von Herrn Körfgen geschickten Formulare wegen derselben Capitalien bringt, die ich ihm abgefordert habe. Auch diese sind nicht unter- |20v| zeichnet, weil keiner wußte, was Zülcher⁵⁶⁴ eigentlich aus den Obligationen gemacht habe. –
Ich gehe nun zur Sitzung, wo ich an Körfgen ein Schreiben entwerfe. Ich erhalte noch einen Brief von Frau von Klausewitz wegen der Copien des Portraits von Gneisenau. Nach Tisch gehe ich bald an die Berechnung wegen Engels, woran ich bis spät zu thun habe. Während dem kommt der Huissier Pullem, der noch eine Ladung auf Montag bringt, worin auf Einstellung der Exekution angetragen wird, weil Engels, alles, was er bey der gegenseitigen Berechnung noch schuldig sey, baar bezahlen wolle. Dieß wird vielleicht zu neuen Weitläufigkeiten

---

⁵⁶⁰ Zur Bedeutung der Gerichtspräsidenten in der Gerichtspraxis vgl. Neigebaur, Wünsche, S. 52: „Man weiß recht gut, daß, wer den Präsidenten für seine Meinung eingenommen, auch den Prozeß schon ziemlich gewiß gewonnen hat; […]. Man weiß ferner recht gut, wie oft die Präsidenten die Richter anfeinden, die verschiedener Meinung zu seyn wagen."

⁵⁶¹ Vermutlich ist die im 13. Jh. erstmals erwähnte Kirche St. Stephanus an der Schmiedegasse im linksrheinischen Merheim gemeint. Ende des 18. Jh.s war sie Pfarrkirche und dem Kölner Gereonsstift inkorporiert. Im Testament des Kanonikus Ev. A. de Groote, Köln, 18. Febr. 1794 findet sich keine Erwähnung einer Messstiftung für Merheim, jedoch ein Legat für dortige Kranke und Hausarme (HAStK, Best. 110G, Testamente, U 1/425/1, Abschnitt 16).

⁵⁶² Landrat des Landkreises Köln war seit 1816 Johann Gottfried Gymnich, seit 1808 mit Elise Auguste Marie Gräfin von Geldern verheiratet; Wohnsitz: Breite Str. 118. Personalnotizen, 1815: „Ein eifriger deutscher, brauchbarer und braver rechtschaffner Geschäftsmann, durch seine Heirath mit einer Gräfinn Geldern wohlhabend, doch dem Vernehmen nach, wenig Ordnung in seinem Häuslichen. […] Besizt juristische Kenntnisse, ist aber zum Arbeiten zu faul, gefällt sich besser auf Nebenwegen und macht Schulden. Da er eine Gräfinn von Geldern geheurathet hat, so ist das, von seinem Schwiegervater jährlich ziehende Gehalt beinahe die einzige Quelle seines Unterhalts. Er intriguirt gern und ist daher das Factotum bei dem Kreisdirector" (Landesarchiv NRW R, BR 0002, Nr. 1534, Bl. 18v–19r). Vgl. Romeyk, Verwaltungsbeamten, S. 489 f.

⁵⁶³ Vermutlich: Johann Joseph Bürgers, Friedensrichter des 4. Kölner Stadtbezirks.

⁵⁶⁴ Joan Peter Zülcher, Ende des 18./Anfang des 19. Jh.s Notar in Köln; er war auch für die Familie von Groote tätig. Vgl. Eintrag im Rechnungsbuch der Familie von Groote; HAStK, Best. 1042, B 60, o. D., o. P.

Anlaß geben. Klein war hier, der nun schon zwey Nächten zu Kendenich geschlafen hat. Es waren zum Verkauf mehr als 100 Menschen dort versammelt, die sehr unzufrieden waren, daß alles wieder eingestellt wurde. Ich arbeite noch bis Spät an unsrer Berechnung, lasse auch den Dr. Nückel noch rufen, um mit ihm darüber zu reden. Alles muß nun auf Montag ausgesetzt bleiben. – Der Graf Metternich[565] ist hier.

Den 1. Maerz [1817].

Klein kommt gegen 9 Uhr, u. hat gestern Abend einen Befehl von Procureur Haas[566] erhalten, sich in 3 Tagen wegen seines früheren Correktionallvergehens[567] im Arresthaus einzufinden. Ich verspreche ihm, deshalb mit v. Sandt zu reden, wohin ich alsbald gehe; dieser will an Haass das nöthige zur Zurücknahme des Befehls gleich erlassen. Inzwischen schreibe ich an Haaß u. schicke ihm den Brief durch Klein zu, u. schreibe dann an Koerfgen in Aachen, wegen unserer Obligationssachen, welches der Vater (mit Mühe) sammt den Formularen zeichnet, |21r| und abschickt. Der Moedder[568] Lammertz kommt, u. sagt, daß er den Engels von Kendenich gesehn, der ihm wegen seines abgelieferten Roggens gefragt u. nicht habe glauben wollen, daß dieser nur 56 Mtlr. betrage. Wir sehn aber nach, was nach dem Büchlein des Christian Marx in Kendenich ist geladen worden, u. dieß stimmt genau. – Klein kommt mit Antwort von Haass, der von der Zurücknahme des Befehls nichts wissen will. Ich schreibe also wieder an v. Sandt, dieser aber verlangt, Klein solle mit einer Vorstellung an ihn einkommen. Ich mache ihm dieselbe nach Tisch, u. komme nun endlich zu einiger Ruhe. Abends bin ich [in] der Olympischen Gesellschaft, wo aber nicht viel Neues zu hören ist. Nach dem Nachtessen schreibe ich noch an Herrn v. Reiche nach Münster.

---

[565] Maximilian Werner Graf Wolff Metternich zur Gracht war in 1. Ehe mit Maria Franziska von der Wenge zur Beck verheiratet; in 2. Ehe heiratete er 1805 deren Schwester Mathilde Clementine Marie von der Wenge zur Beck.
[566] Hermann Joseph Haas, geboren 1782. Personalnotizen, 1815: „Haas. Procureur. Dieser junge Mann ist fleissig und rechtschaffen und von einer tadellosen Amtsführung, aber auch hier muß ich die nämliche Bemerkung machen, die ich von dem General Advocaten beim Appellhoff machte" (Landesarchiv NRW R, BR 0002, Nr. 1534, Bl. 39r). Der Verfasser der Personalnotizen bezieht sich auf seine Charakterisierung von Johann Gottfried von Sandt (siehe S. 90). Zur Juristen- und Ärztefamilie Haas/Haass, und zur Biografie einzelner Mitglieder: Beckmann, Bewegung, 2011; Steinberg, Haas, 2007.
[567] Correktionalvergehen: strafbare Handlung.
[568] Mödder, Müdder: städtischer Fruchtmesser. AK 1813: Nicolas Lammertz, „mesureur de grains", Rue de l'Aigle 57/Eigelstein 57.

Den 2. Maerz [1817]. Sonntag.

Gegen 8 ½ besucht mich Graf Metternich, der sich in Düsseldorf wohl gefallen zu haben scheint.[569] Ich schreibe meinen Brief an v. Reiche in's Reine, u. gehe nach der Messe im Dom mit Joseph zu Herrn Beckenkamp[570] wegen einiger Bestellungen rücksichtlich des für Frau v. Clausewitz zu kopirenden Portraits v. General Graf Gneisenau. Es speisen bey uns Herr v. Caspars, die Herren Poll u. Grashof u. Brouhon, u. lassen sich recht wohl seyn. Der Halfe Klein kommt wieder, der noch immer wegen seines Arrest keinen Bescheid hat. Ich rede mit Herrn Poll darüber, der den Herrn Fischenich konsultiren will. Abends führe ich die Schwestern zu Frau v. Herwegh, wo ich zufällig erfahre, daß bey v. Stolzenberg Gesellschaft ist. Ich gehe auf dem Neumarkt spaziren, u. ärgere mich doch |21v| über die Sonderbarkeit des Volks, daß sie mich nicht zu sich laden. Allerley Gedanken drängen sich mir dabey durch den Kopf, allein, der eigentliche Grund, warum ich mich mit dem eigentlichen Völkchen[571] des Tages nicht so recht zusammenstellen kann, ist mir dunkel. Sie haben eine eigene Art zu seyn, die mir von jeher fremd gewesen ist. Abends revidiere ich noch einmal unsere Rechnung mit Paul Engels, worin einiges versehen ist, weshalb ich sie noch umschreiben muß. Ich erhalte Briefe von Dümmler, u. von Netz, der mir seine Verlobung anzeigt. So habe ich zu thun bis in die Nacht.

Den 3. Maerz [1817].

Ich gehe gegen 9 zu Nückel, ihm die verbesserte Berechnung vorzulegen. Graf Metternich reitet wieder weg. Haxthausen kommt später ihn noch zu sehn. Um 10 Uhr gehe ich an das Tribunal, wo gegen 11 unsere Sache gegen Engels plaidirt, und der Urtheilsspruch auf morgen verschoben wird. Max, Gertrud von Kendenich u. der Londorfer Halfen,[572] auch Klein sind da. Nückel spricht mit großem Feuer. Dann gehe ich gegen 11 ½ zur Sitzung, wo eine Brotprobe von halb Moos u. halb Roggen aus dem Bergischen vorgezeigt wird.[573] Nach der

---

[569] Maximilian Werner Wolff Metternich zur Gracht hielt sich mit seiner Familie auch 1816 häufig in Düsseldorf auf. Am 4. Dez. 1816 notierte Groote die Abreise des Grafen mit seiner Familie nach Düsseldorf (Groote, Tagebuch, Bd. 2, S. 396).

[570] B. Beckenkamp wohnte in der St. Georgsstr. 1 (AK 1813, 1822).

[571] Satz sic.

[572] Die Identität des Londorfer Halfen ließ sich bislang nicht klären.

[573] Welt- u. Staatsbote zu Köln, Nr. 62, 19. Apr. 1817: „Nothzeit. Mooskonsumtion und Saatkartoffeln betreffend. Der Druck unserer ausserordentlichen Zeit wird mit jedem Tage lastender und allgemeiner; […]. Von der Huld unseres guten Vaters in Berlin haben wir zwar eine Menge Getreide erhalten, das jetzt in Anwendung steht, und durch die Beiträge der Vermögendern seine wohlthätigen Wirkungen erweitert; groß ist die Hülfe […]. Aber auch der Bedarf und die Noth sind groß, und durch die vorhandenen Mittel kann letztere kaum halb gemildert werden. […] Aber wie helfen? Ich weiß es. Es giebt zwei ausserordentliche Mittel, deren schleunige und nachdrückliche Anwendung einen sichern Erfolg verspricht. Das erste ist: Ungesäumte und allgemeine Anwen-

Sitzung bringe ich dem Dr. Nückel noch einige Bemerkungen zu der am Kreisgericht einzureichenden Conklusion, u. arbeite nach Tisch für mich bis nach 6 U., wo ich mit den Schwestern zu Graf Solms gehe. Es sind da die Herrn Carl u. M. v. Geyr. Der Graf kommt spät und spricht |22r| noch mit großer Kunde über die Türken, deren Gebräuche und Charakter etc. Die vielseitigen Kenntnisse dieses Mannes sind wahrhaft zu bewundern.

Den 4. Maerz [1817].

Nach einer schwülen, stürmenden Nacht,[574] die dieß auch für mich physisch u. moralisch war, stürmt wildes Feuer auch noch früh in mir, und versengt mich. ∼ – Herr Rektor kommt u. ich rede mit ihm wegen der Taschenbücher etc. |:1.10:| Dann gehe ich ans Kreisgericht, wo allerley Sachen vorkommen, ein langes Zeugenverhör, ein Judeneid[575] u.s.w. Das Urtheil in unserer Sache aber wird lange delibrirt,[576] u. endlich doch auf morgen ausgesetzt, weil Kramers Rechnung nicht ad acta[577] gegeben ist. Nach Tisch kommt der Pachter Hintzen von Holz,[578]

---

dung der Moose zum Brodbereiten, sowohl von den allenthalben gebildeten Hilfsvereinen unter das an die Dürftigen zu vertheilende Brod, als auch von einzelnen Haushaltungen unter ihren eigenen Bedarf. [...] Geh', Unglücklicher! auf unsere Berge, und sammle Moos, und nähre dich reichlich! [...] Der Reiche klagt über die vielen Ausgaben und die Allmosen, die er spenden muß, und überfüllt seinen Magen an der reichlich besetzten Tafel. Aber weg mit dem Ueberflusse! Er ist dem Dürftigen eine traurige Erscheinung in seiner Noth, die ihn unzufrieden mit der Welt und der Vorsehung macht." Unterzeichnet: J. H. Voß, Arombach, 3. Apr. 1817.

[574] Solms-Laubach berichtete seiner Mutter: „Heute Nacht hatten wir hier abermals ein Gewitter; das 6te in diesem Jahr. Jedes Gewitter ist mit einem Orkan verbunden, wie er nur immer in den Antillen wüthen kann, so, daß Dächer abgedekt werden u. die Schornsteine ihren Plaz verlaßen. In die Kirchthürme zu Blatzheim u. Kerpen hat der Bliz eingeschlagen, [...] sowie in die Abtei Siegburg. Wahre Feuerkugeln hat man hier u. in Düßeldorf gesehen. Die alte Kirche von St. Cunibert, hier am Rhein gelegen, hat am 27. v. M. auch etwas gestöhrt. Einen der vordern Thürme hat der Wind ganz gebogen, so daß er abgetragen werden muß." Weiter heißt es: „Frühkartoffeln, u. alle Gemüsesamen, sind hier gepflanzt und gesaet, u. wenn kein April u. Mayfrost kommt, so wird vor Johanni geerndtet. Die Theurung nimmt bei uns wieder zu, weil die naße Witterung der Saat schadet. Wird es trokken, [...] so wird aber bald die Aussicht zu einer guten Erndte, u. die Ankunft unserer Zufuhr aus der Ostsee, die Preise sinken machen. Schlimm ist es, daß alle Gewerbe still liegen, u. daß es an Geld überall fehlt, um die Arbeiten zu lohnen, welche man gern anordnen möchte" (Fr. L. Chr. zu Solms-Laubach an E. Ch. zu Solms-Laubach, Köln, 4. März 1817; Privatarchiv d. Grafen zu Solms-Laubach, XVII, 106, Nr. 358). Welt- u. Staatsbote zu Köln, Nr. 36, 4. März 1817: „Den 27. Febr. um drei Viertel vor 12 Uhr Mittags schlug das Gewitter in den 250 Fuß hohen Kirchthurm zu Kerpen unterhalb des Knopfes und zündete. Um 1 Uhr brach Rauch und Flamme aus". Vgl. auch einen Bericht im: Amtsblatt d. Königl. Reg. zu Köln, Nr. 10, 11. März 1817, S. 97.
[575] Was hier mit einem vor dem Kreisgericht geleisteten „Judeneid" gemeint ist, ließ sich nicht klären.
[576] delibrieren: beratschlagen.
[577] ad acta: zu den Akten.
[578] Vermutlich ist der Ort Holz/Alt-Holz bei Jüchen gemeint. Dortiger Pächter der Familie von Groote war Johan Hintzen, der entsprechend seinem Pachtvertrag v. 5. März 1817 verpflichtet war, zu

der in Angst, sein Land werde verkauft, durchaus einen neuen Pachtbrief haben will, obschon seine Pacht noch ein Jahr dauert. Woher jenes Gerücht kommt, weiß keiner, aber viele Leute wollen Länderey kaufen.

Dem President Blanchard schicke ich zum Beleg unserer Rechnung, Christs Marx geführtes Büchlein über die Früchte zu Kendenich. Mit den Schwestern fahre ich um 6 in die Gesellschaft zu Geyrs. Dort rede ich mit Herrn v. Sand wegen des Pachters Klein, u. er versichert mir, der Verhaftungsbefehl werde einstweilen zurückgenommen werden. Die Familie v. d. Lundt[579] benimmt sich sehr linkisch. Ich spiele mit der Frl. v. Harff, mit Jettchen Geyr u. Herrn v. Auer u. verliere. |: 3.9 :|

Den 5. Maerz [1817].

Ich richte den Pachtbrief für den Wüschemer Pachter ein.[580] Karl macht den für den Hinzen zu Holz fertig. |22v| Ich erhalte ein freundliches Schreiben von Grimm[581] in Kassel, |: –1–4 :| welcher wegen einiger ihm dunkeln Worte im Tristan anfragt.[582] Denoël kommt noch auf einen Augenblick zu mir. Wir gehn zusammen etwas Tabak kaufen, |: 4 Stb. :| u. dann an's Tribunal. Dort wird bald die Sentenz[583] zu unserer Sache gegen Paul Engels so gesprochen: daß in der Exekution laut früherem Urtheil fortgefahren werden soll. – Ich eile nun zur Sitzung, wo über die Theurung, Fruchtsperre[584] etc. manches Interessante vorkommt.[585]

Martini außer einer Geldsumme 80 Pfund Butter und 13 Stein Flachs zu liefern (Rechnungsbuch der Familie von Groote; HAStK, Best. 1042, B 60, S. 283). Der Ort Holz wurde durch den Braunkohleabbau beseitigt.

[579] Friedrich Wilhelm Kellermeister von der Lund wurde im Febr. 1816 zum zweiten Kommandaten in Köln ernannt. Er und seine Frau Ulrike Philippine von Gersdorff hatten Anfang 1817 zwei Kinder.

[580] Langjähriger Pächter der Familie von Groote in Wüschheim, heute ein Teil von Euskirchen, war 1817 Franz Anton Wery. Rechnungsbuch der Familie von Groote: „Abrechnung mit Franz Anton Wery Halbwinner in Wüschem pro 1817. Debet gemäß Pachtbrief vom 9ten May 1817 auf 12 städte Jahre von 85 Morg. 3 Viert. Ackerland, 19 Morg. 1 Viert. Wiesen jährlich termino Martini 30 Mltr. Roggen 34 Mltr. Haber. 60 ℔ Butter und ein feistes Schwein von 160 Pfund oder statt des letzten Artikels 25 rt. […] Der trockene Weinkauf ist mit 100 Rthr. am 9ten May 1817 berichtiget worden" (HAStK, Best. 1042, B 60, S. 158–165; hier S. 164).

[581] Das Schreiben J. Grimms an E. von Groote vom 28. Febr. 1817 ließ sich nicht nachweisen. Vgl. E. von Groote an J. Grimm, Köln, 18. März 1817. Siehe Briefe u. Schriften.

[582] J. Grimm hatte Ende 1816 mit der Arbeit an seiner Deutschen Grammatik begonnen, die 1819 erschien. J. Grimm an Fr. C. von Savigny, Kassel, 27. Febr. 1817: „Diesen Winter über bin ich recht fleißig gewesen und habe besonders die Grammatik der ältesten deutschen Sprachdenkmäler durchgenommen und manches überraschende gefunden. Außerdem habe ich in den altgermanischen Gesetzen und Urkunden fortgefahren und meine Ansichten vielfach erweitert, berichtigt oder beßer angelegt" (Universitätsbibliothek Marburg, Nachlass Fr. C. von Savigny, Ms. 784/101; vgl. Schoof/Schnack, Briefe, S. 256).

[583] Sentenz, hier: Urteil.

[584] Fruchtsperre: Verbot der Ausfuhr von Lebensmitteln, insbesondere von Getreide. Seit Herbst 1816 wurde in den rheinischen Behörden die Anordung von Fruchtsperren als Maßnahme gegen die

Auffallend ist mir u. Andern ein Circulare des Oberpräsidiums an alle Mitglieder der Regierung, wodurch wir aufgefordert werden 1. unser Lebensalter, 2. unsere Dienstzeit, 3. unsere früheren Dienstverhältniße, 4. unser Diensteinkommen, 5. ob wir Liegendes oder Capitalvermögen besitzen, anzugeben.[586] Der Zweck davon ist nicht zu erfahren.

Lebensmittelknappheit diskutiert und schließlich, auch angesichts ausländischer Sperren, veranlasst. Vgl. die Korrespondenz zu Fruchtsperren, dem Verbot des Branntweinbrennens und anderen Maßnahmen von Sept. 1816 bis Anfang 1817 (Landesarchiv NRW R, BR 0002, Nr. 570 u. 571). Zu Beratungen von Oberbürgermeister, Stadtrat u. weiteren Angehörigen der wirtschaftlichen Führungsschicht über die Anlegung eines Kornvorrats von April bis Sept. 1817: HASTK, Best. 400, A 461. Siehe auch: Amtsblatt d. Königl. Reg. zu Köln, Nr. 18, 6. Mai 1817; Zeitungs-Bericht der Reg. Köln für März, Köln, 10. Apr. 1817 (GStA PK, I. HA Rep. 89, Nr. 16278, Bl. 34v).

[585] Im Frühjahr 1817 fanden in den rheinischen Behörden zahlreiche Beratungen zur Hungerkrise statt. Korrespondenzen, Berichte und Tabellen dazu: Landesarchiv NRW R, BR 0002, Nr. 571, 572. Regierungsrat Butte hatte Anfang des Jahres in den von ihm herausgegebenen Provinzial-Blättern, Bd. 1, Heft 2, 1817, zwei Artikel zur Teuerungskrise veröffentlicht, die möglicherweise in der Sitzung v. 5. März zur Sprache kamen: Einleitung zu den künftig zu liefernden Abhandlungen: über Theurung, Mangel, Getreide-Handel, Frucht-Sperre und verwandte Gegenstände im Allgemeinen, sodann insbesondere: über das am Rhein und in Westphalen instehende Mißjahr 1816 auf 1817; sowie Meine Ansicht, betreffend die Vervollständigung der in den Rhein-Provinzen und in Westphalen zur Verhütung des Mangels theils angekündigten und theils getroffenen Anstalten. Diese Ausgabe der Provinzial-Blätter wurde in der Beilage zu Nr. 25 der Köln. Zeitung, 13. Febr. 1817 angekündigt.

[586] Welches Zirkular Groote hier meinte, ist unklar. Generell erhob der preuß. Staat auch in den Rheinprovinzen genaue Informationen über seine Beamten. Vgl. eine Verfügung, unterzeichnet von Finanzminister von Bülow und Innenminister von Schuckmann, an den Regierungspräsidenten in Aachen, Berlin, 28. März 1817. (Das entsprechende Schreiben an die Regierung Köln ließ sich nicht ermitteln). Die Anweisung verlangte präzise Angaben: „Um die Personal-Verhältnisse der obern Offizianten bei den Regierungen und in den Provinzen durch Ausfertigung der Patente dergestalt reguliren und sicher stellen zu können, daß dabei niemand benachtheiligt werde, ist eine Uebersicht aller Personal-Verhältnisse bei allen Regierungen zugleich ein nothwendiges Erforderniß." Gefordert wurden vier Listen: „nemlich a) von den Mitgliedern des Präsidii, b) von den Oberforstmeistern und Räthen, die Mitglieder des Kollegii sind, c) von den Landräthen, d) von den Räthen zweiter Ordnung, als Rechnungs-Räthen, Hofräthen, Medicinal-Räthen pp". In den Listen waren die wichtigsten Daten zur Person einzutragen sowie Angaben zu den eventuell vorhandenen „Patenten", also Anstellungsdokumenten. Auch ein Verzeichnis der Assessoren war „mit Bemerkung des Datum[s] ihres Examinations-Attestes, oder quo dato sie als Assessoren mit Erlaß des Examens, oder ob sie als solche mit Vorbehalt des Examens angestellt worden anzuhängen" (Landesarchiv NRW R, BR 0001, Nr. 47, Bl. 2r u. v). Im Juni 1817 drängte von Hardenberg zur Abgabe von bereits angeforderten Verzeichnissen. Vgl. die Bekanntmachung in der Köln. Zeitung, Nr. 107, 6. Juli 1817: „Durch meine Verfügung vom 26sten Oktober 1814 sind sämmtliche Provinzialbehörden aufgefordert worden, mir monatlich ein Verzeichniß der im Laufe des Monats etatsmäßig oder gegen Diäten bei ihnen angestellten Beamten einzureichen. Die Behörden, welche mit diesen Verzeichnissen im Rückstande sind, werden hierdurch angewiesen, solche sofort an mich einzureichen […]. Künftig dürfen die Verzeichnisse nur vierteljährig an mich eingesandt werden. Berlin den 24. Juni 1817." Zu einem weiteren von Hardenberg angeforderten Verzeichnis siehe S. 440 f.

Wir kommen erst gegen 3 ½ nach Haus. Joseph ist nach Kitzburg geritten. Der Vater speist beym Pastor [von] Sankt Columba. Das Wetter war über Tag heiter, Abends regnet es wieder. Ich rede Abends noch mancherley mit dem Vater u. gehe nicht mehr aus.

Den 6. Maerz [1817].

Ich schreibe mehrere Regierungssachen zurecht. Herr Rektor ist lang bey mir. Ich arbeite fort bis Mittag. Gleich nach Tisch gehe ich zu Elkendorf, der über dem Bericht[587] über den Selbstmord der Mademoiselle Schmitz[588] an den Minoriten arbeitet. Er leiht mir mehrere Bücher. Herrn Gadé trage ich ein ernstliches Schreiben, wegen |23r| unserer Geschäfte mit dem General [vor]. Dann fange ich an, für Grimm die Parallelstellen aus der Handschrift des Tristan auszuschreiben, u. gehe Abends in's Conzert.[589] Die v. Stolzenberg bleibt mir trotz aller Unartigkeiten interessant genug. Ich rede ziemlich viel mit ihr, u. sie scheint fast, einiges wieder gut machen zu wollen. –

---

[587] Elkendorf befasste sich im Auftrag von Stadt oder Regierung mit einem Gutachten zum Tod von Ambrosia Schmitz. Erst nach der Ernennung zum Kölner Stadtphysikus 1819 war er grundsätzlich für forensische Aufgaben zuständig.

[588] Ambrosia Schmitz, geboren in Köln, ledig, katholisch, 33 Jahre alt, wohnhaft Breite Str. 2, starb am 5. März 1817 durch Suizid „nach der Niederkunft" (Sterbetabelle pro 1817; HAStK, Best. 540 A 16). Zeitungs-Bericht der Reg. Köln für März, 10. Apr. 1817: „Die Tochter einer Wittwe und Gastgeberin zu Coeln Namens Ambrosina Schmitz, 32 Jahr alt, ein Mädchen von untadelhaftem Rufe und die Stütze ihrer Mutter, befand sich, ohne daß es Jemandem im Hause bekannt war, im Stande der Schwangerschaft und am 5ten März Morgens der Entbindung nahe. Die Mutter war augenblicklich abwesend, Weiber aus der Nachbarschaft wurden herbeigerufen, die Unglückliche gebar ein gesundes Knäbchen, und nahm einige Minuten später, um die Schande nicht zu überleben, von den Weibern unbemerkt, Gift. Sogleich nach dem Geständniß ihrer That wurde der städtische und bürgerliche Hospital-Wundarzt Kerp herbeigerufen; da die p. Schmitz aber die Hülfe desselben verschmähete, und erst gegen Abend von Schmerz überwältigt, Gegenmittel nahm, so konnte die Wirkung des Gifts nicht mehr entkräftet werden und der Tod erfolgte nach einem langen Kampfe, von den schrecklichsten Convulsionen begleitet am andern Morgen gegen 9 Uhr. Erst Nachmittags wurde der ganze Vorgang der Polizei von dem Wundarzt Kerp gemeldet und darauf die gerichtliche Behörde zur weitern Veranlassung hiervon in Kenntniß gesetzt. Zufolge des visum repertum [Todesbescheinigung] geschahe die Vergiftung durch Arsenik. Die Art, wie die Selbstmörderin dasselbe erhalten, konnte nicht ausgemittelt werden. Das Kind ist gesund und einer Nährmutter übergeben. Als sein Vater wird der gewesene Staabsarzt Becker, der sich gegenwärtig als ausübender Arzt zu Bergheim befindet, angegeben" (GStA PK, I. HA Rep. 89, Nr. 16278, Bl. 41r u. v). Der Wundarzt Dr. Franz Joseph Engelbrecht Kerp, wohnhaft Johannisstr. 24, gehörte zu den bedeutenden Kunstliebhabern und Gemäldesammlern Kölns. In den Aufzeichnungen Grootes taucht er weder 1816 noch 1817 auf. Zu Biografie und Sammlung Kerps: Blöcker, Docter, 1995.

[589] Vgl. Welt- u. Staatsbote zu Köln, Nr. 32, 25. Febr. 1817: „Liebhaber-Konzert. Das auf künftigen Donnerstag den 27ten d. angekündigte Liebhaber-Konzert im Saale von H. Lempertz auf dem Domhof wird erst am Donnerstag der künftigen Woche, den 6. März stattfinden."

Ein Herr v. Olfers aus Münster, der in Berlin Medizin studirte, ist nun zu der Preußischen Legation nach Brasilien als Sekretar bestimmt[590] u. war hier, mich zu besuchen; ich sehe ihn im Conzert.

Den 7. Maerz [1817].

Ich suche frühe einiges in den Kendenicher Papieren nach, u. gehe gegen 9 zu Olfers, dem ich eine Adresse gebe, um den Rektor zu besuchen.[591] Haxthausen kommt auch zu ihm. Letzteren reitzt Olfers Glück, nach Brasilien reisen zu können, gar sehr; er erklärt sich gleich, mit ihm tauschen zu wollen, da seine jetzige Existenz doch ein recht ledernes Leben sey. Ich glaube, daß ihm damit ganz Ernst ist. Ich gehe mit ihm zur Regierung, wo ich erfahre, daß der Graf Solms und mehrere Präsidenten, zum StaatsRath nach Berlin reisen müssen.[592] Bald nach Tische gehe ich zu Duqué, der mir hat sagen lassen, er sey nun wieder wohl, und könne meinen Siegelring machen. Seine letzten Arbeiten gefallen mir zwar gar nicht, da er aber sehr verspricht, auf meinen Stein ganz besondern Fleiß verwenden zu wollen, so überlege ich mit ihm, wie er ihn machen soll, u. lasse ihn ihm da. Dann gehe ich zu Olfers in den Kaiserlichen Hof,[593] wo viele Leute zu Tisch sind. Der Direktor v. Hagen thut sich an Champagner gütlich. |23v|

---

[590] Groote hatte den Mediziner und Naturwissenschaftler Ignaz Franz Werner Olfers 1816 in Berlin kennengelernt. Olfers war 1816 zum Legionssekretär der preuß. Gesandtschaft in Rio de Janeiro ernannt worden.

[591] Groote gab Olfers also einen Empfehlungsbrief an G. C. Fochem.

[592] Solms-Laubach wurde wie alle anderen Oberpräsidenten nach Berlin berufen. Welt- u. Staatsbote zu Köln, Nr. 46, 22. März 1817: „Berlin vom 11. März. Der Staatsrath wird am Ende dieses Monats eröffnet, und das deshalb erlassene Reglement ehestens publizirt werden. Die ausgezeichnetsten Männer werden darin vereinigt. Die sämmtlichen Oberpräsidenten sind bereits einberufen, und sollen am 24. d. M. hier eintreffen, um den Berathschlagungen des Staatsraths über das bevorstehende Abgaben-Gesetz und das ganze neue Abgaben-System beizuwohnen. Wie es heißt, wird die Anzahl der Mitglieder im Staatsrath bis auf einige Sechszig steigen. In Abwesenheit des Königs präsidirt der Fürst Staatskanzler in demselben. Die königl. Prinzen und die Minister sind Mitglieder des Staatsraths." Ebenso: Köln. Zeitung, Nr. 46, 22. März 1817. Am 11. März 1817 schrieb Solms-Laubach an seine Mutter: „Jezt bin ich wieder die Hexe am Bändl. Der König versammelt gegen den 24.–25. d. alle Oberpräsidenten auf ganz kurze Zeit in Berlin, um über verschiedene Gegenstände ihre Ansichten zu hören, u. so muß ich dann auch dahin aufbrechen. Da die Gelegenheit nicht leicht so wieder kommt um ihre Kinder zu sehen, so wird meine dikke Hänschen [Ehefrau Henriette von Solms-Laubach] mich begleiten, u. wir werden am 17ten Frankfurt passiren. Die Rückreise geht über Laubach u. Utphe, u. wir werden wenigstens 6–8 Tage dort u. bei Ihnen, beste Mutter, bleiben. Mir kommt jezt die Reise höchstens zur Unzeit indem unendlich viel zu thun ist, u. nun alles auf den Stutz [plötzlich] fertig werden soll. Leben Sie wohl, beste Mutter, u. erhalten Sie Ihre Liebe u. Gnade dem treuen Alten" (Fr. L. Chr. zu Solms-Laubach an E. Ch. zu Solms-Laubach, Köln, 11. März 1817; Privatarchiv d. Grafen zu Solms-Laubach, XVII, 106, Nr. 357). Utphe: Landgut der Familie zu Solms-Laubach in der Nähe von Schloss Laubach.

[593] Das renommierte Hotel Kaiserlicher Hof wurde 1794 in der Breite Str. 36 in einem Gebäude eröffnet, das um 1720 von der mit den Grootes verwandten Familie von und zum Pütz errichtet worden war. Ende des 18. Jh.s hatte es der Protestant Clemens August Selner gekauft, der dort

Ich gehe bald mit Olfers zu Wallraf, wo wir dessen Sachen sehn. Haxthausen kommt zu uns, u. wir gehn nachher zu Lieversberg,[594] dann zu Dr. Cassel, der sich über Olfers Bekanntschaft zu freuen scheint. Später zeige ich Olfers einiges von meinen Sachen, u. wir gehn zu Simon, wo großes Conveniat[595] ist. Es ist Blanchard mit Frau u. Tochter, u. mehrere andere Richter da, auch Kraeuser, der wie gewöhnlich ziemlich vorlaut ist. Wir bleiben bis gegen 11 u. gehn dann noch zu Haxthausen rauchen bis 12 ½. –

---

einen Gasthof einrichtete. Selner war von 1814 bis 1820 Mitglied des Stadtrats. Zum Kaiserlichen Hof: Vogts, Kölner Wohnhaus, Bd. II, S. 754; Ferrier, St. Columba-Pfarre, S. 21.

[594] Mitte Februar hatte J. W. von Mirbach-Harff in seinem Tagebuch einen Besuch der Sammlung Lyversberg vermerkt: „Samstag 15. Heut Morgen früh kam Louis Mirbach zu mir. Um 10 Uhr ginng ich zu Haxhausen, und von da zu H. Liversberg. [eineinhalb Zeilen durchgestrichen] Beim Eingang links ein großes Gemälde, eine Kreuzigung, gemalt von von Deik, sehr schöne Lucas Cranach, Das Leiden Christi in 8 verschiedenen Gemälden. Oberhalb dieser noch eine Kreuzigung, einem großen Gemälde. Der Saal oben enthält die neuen Gemälde, theils aus der Italienischen, deutschen u. flammänschen Schule. Die bedeutendsten darunter sind ein Kreuztragender Christus, ein heiliger Franciscus, 4 Mohren von v. Deik, eine Landschaft von xxxxx eine Handzeichnung von van Deik. Diese Sammlung ist von großem Interesse, an alten deutschen Gemälden ein wahrer Schaz. Es ergreift einen ein inniges Gefühl, wenn man in diesen Saal tritt und der Blick auf die schönglänzenden Goldgründe, die mannichfachen lebendigen Farben, und die reichen prächtigen Gewänder fällt, auch allen gestalten von Innigkeit, rührender Andacht, und Gemüthliger Frömmigkeit. Nur Schade, daß man nicht mit mehr Ruhe und Zeit sich den Genuß dieses Anblicks verschaffen kann, daß sich dadurch, daß man in einer Stunde alles und soviel sehen muß, die Eindrücke verwischen indem in der Erinnerung ein verworrenes xxxx entsteht. Hr. Lyversberg selbst ist ein äusserst gefälliger Mann, der den Fremden nie zum Uebergehen von einem Bilde zum andern treibt, sondern sehr gefällig abwartet, bis man selbst die Bilder verläßt. Seine Sammlung fing er mit dem Ankauf der 8 Gemälde das Leiden Christi vorstellend an, welches er aus der Carmeliter Frauenbrüder Kirche ankaufte. Diese alten Gemälde hatten damals so wenig werth, daß sehr viele und Walraf selbst über diesen Ankauf spotteten. Waren aber diese Gemälde damals weniger schön als jezt? Und kann ein wahrer gefühlvoller Kenner des Schönen von einer Zeit oder einer augenblicklichen Mode abhängen? Liversberg hat in seinem Hause eine Gothische Kapelle eingerichtet. Sie ist gothisch bemalt, alle Wände mit solchen Bögen und halben xxxxxxx gezeichnet. Auf einer Art von xxxx sind solche Mahlereien auf Rahmen angebracht, wie Fenstermalereien. Diese Rahmen stellt er vor die Fenster, wodurch die Glasmalereien sehr täuschend nachgeahmt werden, und zugleich über die ganze Kapelle ein sehr mistisches Dunkel verbreiten. Aber im Ganzen gefällt mir die Kapelle doch nicht besonders, weil die Wandmalereien zu sehr den [eine halbe Zeile durchgestrichen] Theaterwänden ähnlich sind" (Archiv von Mirbach-Harff). Personalnotizen, 1815: „Leversberg. Kaufmann. Sehr rechtschaffen und deutsch, voll des besten Willens, doch in den Jahren und scheint keine besondern Fähigkeiten zu haben. [...] Ein gleich biederer, deutscher und redlicher Geschäftsmann von mittelmäßigen Kenntnissen" (Landesarchiv NRW R, BR 0002, Nr. 1534, Bl. 22r). Die Familie von Mirbach-Harff besaß selbst eine große Bildnissammlung. Vgl. Wolthaus, Ahnengalerien, S. 432–440.

[595] Conveniat: Zusammenkunft.

Den 8. Maerz [1817].

Für Grimm schreibe ich an den Parallelstellen des Tristan. Gegen 9 Uhr kommt Olfers, u. wir gehen zu Wallraf, mit ihm bald in das Collegium, u. zu seinen Sammlungen bis gegen 12 Uhr. Es ist schändlich Wetter,[596] u. ich bin sonderlich hypochondrisch gestimmt,[597] recht wie wenn der Teufel sein Spiel mit mir treiben will, was ihm dann auch gelingt. ∼ – Nach Tisch lese und schreibe ich noch etwas, bis vor 7 U. Olfers wieder zu mir kommt. |:1.10:| Ich gebe ihm Briefe an Schenkendorf u. Boisserée u. wir gehn gegen 8 zu Haxthausen, wo viele Herren zusammen sind. Es wird mächtig über den Mythos u. dergl. disputirt, woran Haxthausen, Dumbeck, Cassel, Simon u. andere hauptsächlich Theil nehmen. Nachher hält Haxthausen noch eine lange Rede über die Beschaffenheit der Erde, wahrscheinlich nach Steffens. Wir sind recht lustig zusammen, bis gegen 1 ½ Uhr, wo noch Caffée[598] getrunken wird. Ich geleite dann Olfers nach Haus. –

Den 9. Maerz [1817]. Sonntag.

Da heute die Verkaufsanzeige wegen Kendenich |24r| wieder nicht in der Zeitung steht, gehe ich gegen 9 Uhr zu Dr. Nückel, der eine Menge leerer Entschuldigungen macht, da doch gewiß seine Nachläßigkeit die Sache solange hinhält.[599] Nach der Messe im Dom gehe ich mit Joseph, v. Münch, v. Oettinger, die Nahmenstags Visitten zu machen,[600] zu v. D'hame, v. Anstel, v. Geyr, v. Kempis, v.

---

[596] Zeitungs-Bericht der Reg. Köln für März, 10. Apr. 1817: „Im Monat März herrschte eine sehr abwechselnde Witterung. Zwölf Tage waren heiter, 19 trübe und zwar meistens regnerisch, zum Theil auch mit Schnee, Hagel und Wind" (GStA PK, I. HA Rep. 89, Nr. 16278, Bl. 33r).

[597] Der von Groote für sein Selbstgefühl häufiger verwendete Ausdruck „Hypochondrie" war Anfang des 19. Jh.s wenig definiert, im Allgemeinen umfasste er vor allem Depressionen und Angstzustände. Im Beiblatt d. Köln. Zeitung, Nr. 3, 9. Febr. 1817 war im „Verzeichniß neuerer Bücher, welche in der DüMont u. Bachem'schen Buchhandlung in Köln zu haben sind", angekündigt: „Beschreibung, ausführliche, einer mehrere Jahrelang gedauerten hartnäckigen Hypochondrie, wie diese endlich ohne den Gebrauch innerer Arzneien ganz gründlich ist gehoben worden."

[598] Zu den Preisen für die Kolonialwaren Kaffee und Zucker siehe den Handelsbericht für April, Köln, 30. Apr. 1817: „Die Colonial-Produkte behaupten ihre Preise in den Seehäfen besser noch als auf dem festen Lande, wo man zwar für den Bedarf sich sichert und kein Spekulationsgeist sich zeigt. Würde dieser sich äussern, so möge eine Erhöhung in Caffe und Zuker statt finden, da im Ganzen die Vorräthe nicht gros und vielseitig behauptet wird, daß die Pflanzer bei den jezigen Preisen keinen Vortheil finden" (RWWA 1–15–1, Bl. 41r).

[599] Die beiden Juristen J. A. Nückel und M. Schenk waren in der Folgezeit sehr beschäftigt: Am 8. März 1817 übertrug ihnen das Konsistorium „die Gemeinsame Führung der Klagen der Kirchen- und Schulvorstände der vor hiesigem Kreisgerichte und Oberappellationshofe ressortirenden [zugehörigen] Stadt- und Landkreise" (Konsistorium Köln an K. J. von Mylius, Köln, 8. März 1817 (HAStK, Best. 400, A 4012, Bl. 1r).

[600] Der 8. und 9. März sind Namenstage für eine Reihe von Heiligen u.a.: Franziska und Johann Nepomuk. Man gratulierte also wohl: Johann Nepomuk Konstantin D'hame, Anna Maria Franziska von Geyr zu Schweppenburg, Maria Franziska Walburga von Kempis, Franz Rudolph Johann

Monschaw, v. Krauss u. v. Nagel. Wir gehn noch einen Augenblick bey v. Stolzenberg hinein. Es ist große Gesellschaft bey Solms, wohin wir nicht gebethen sind, wahrscheinlich, weil die Schwestern erst so kurz da waren. Nach Tisch kommt der Halfen Klein, der wegen des verzögerten Auszugs nach Kendenich sehr in Verlegenheit ist. Ich schicke ihn zu Dr. Nückel. Dann gehe ich, für die Frau v. Klausewitz 12 □ Fuß grundirtes Maler-Tuch bey Avanzo[601] zu holen, u. schreibe nun zu Haus an Sie. Spät, gegen 7 kommt Nückel u. Grass, u. wir reden wegen Kendenich ab, daß morgen Grass mit einem Gend'armes hinaus soll, um die alten Pächter zum Abzug zu nöthigen, u. den Verkauf anzukünden.[602] – All dieß Zeug hat viel Unangenehmes. Ich bleibe still zu Haus und schreibe an die Frau v. Clausewitz.

Den 10. Maerz [1817].

Bald nach 9 Uhr gehe ich zur Gensd'armerie[603] u. fordere beim Obristen einen reitenden Gensd'armen, der mir aber abgeschlagen wird, weil ein solcher nur auf eine |24v| schriftliche Requisition gegeben zu werden pflegt. Ich gehe, dieß Nückel zu sagen, der mir begegnet; er will Grass davon benachrichtigen, damit dieser laut dem Urtheil einen fordere. In der Sitzung ist nichts neues. Ich gebe daselbst die Beantwortung der Fragen, welche uns vom Oberpräsidio durch eine Signatur[604] vorgelegt wurden, ein. Nach Tisch sende ich das Tuch für die Frau v. Clausewitz nebst Brief ab, u. gehe dann zu Duqué, der aber die Zeichnung auf meinen Onyx noch nicht gebracht hat, und überhaupt wieder unwohl scheint.

Nepomuk von Monschaw; Maria Franziska Angela von Monschaw; Maria Anna Francisca von Krauss, Maria Franzisca Nicoletta von Nagel zur Gaul.

[601] AK 1822: Dominicus Avanzo, Kupferstichhändler, Altermarkt 2. Welt- u. Staatsbote zu Köln, Nr. 83, 25. Mai 1817: „In der Kunsthandlung der Gebrüder Avanzo, am Altenmarkt-Eck Nro. 2 in Köln, findet man ein auserlesenes Assortiment der schönsten und besten Kupferstiche berühmter Meister, alle Sorten von Landkarten und alle zur Maler- und Zeichenkunst gehörige Artikeln, als Farben aller Qualität, ächter chinesischer Tusch, Pinseln, Elfenbein, Gummi-elastique, Bleistifte, Pariser Kreide und Zeichenpapiere von allen Farben; Strick- und Stickmuster, wahrhafte Neapolitanische Violin- und Guittarren-Saiten bester Qualität, approbirte Barometer, Thermometer, Wein-, Bier- und Branntweinwaagen, wie auch eine auserlesene Wahl von allerhand Quincaillerie-Waaren. Von allem diesem versprechen sie die billigsten Preise und prompte Bedienung." Zu Avanzo kurz: Kronenberg, Entwicklung, S. 127.

[602] Die am 28. Februar ausgefallene Versteigerung in Kendenich wurde erneut angekündigt. Welt- u. Staatsbote zu Köln, Nr. 40, 11. März 1817: „Donnerstag den dreizehnten dieses Monats, Morgens zehn Uhr, sollen auf der Burg zu Kentenich die den Geschwistern Engels zugehörigen Pferde, Kühe, Rinder, ein Stier und Schweine, dann einige Wagen öffentlich verkauft und den Meistbietenden gegen baare Zahlung zugeschlagen werden."

[603] Zunächst blieb die franz. Organisation der Gendarmerie als Gouvernementsmiliz weitgehend bestehen, seit Ende 1816 war sie den Bezirksregierungen unterstellt. Erst mit der Neuorganisation der Gendarmerie in ganz Preußen 1820/21 wurde die rheinische Gouvernementsmiliz aufgelöst und der preuß. Gendarmerie angeglichen (Gerschler, Oberpräsidium, S. 113–115; Hachenberg, Entwicklung, S. 24 f.).

[604] Signatur hier: Anordnung, Verfügung.

Abends gehe ich in's Theater, |:1.2:| wohin ich leider zu früh komme, da es erst um 6 ½ anfängt. Es wird Kaspar der Thoringer gegeben,[605] den Herr Christel[606] recht gut spielt.[607] Die Schwestern waren mit Joseph bey Monschaw,[608] von wo sie erst ziemlich spät zurückkommen.

Den 11. Maerz [1817].

v. Münch schickt, um den Band II. des Rheinischen Merkurs[609] und unsre Wappen[610] zu haben, welches ich ihm beides schicke. Der Rektor kommt zu mir, der nach Aachen schreibt, damit man ihm einige Chorbücher, u.a., welches er von Herrn v. Aussem[611] erhalten hat, unter meiner Adresse schicke. Ausserdem hofft er, bald auch noch andere Sachen Manuskripte etc. zu erhalten. Ich lese fort in dem Band I. von Steffens, u. untersuche noch die Kendenicher Briefschaften. – Auch nach Tisch gehe ich nicht aus; spät, gegen 6, schickt der Huissier Grass von Kendenich einen Boten, um mir anzuzeigen, daß ein Pferd von Kendenich, welches zum Militärdienst gebraucht worden sey, in Deutz stehe, wo es nicht verabfolgt wurde, weil der Knecht nicht bezahlen könne. Ich treffe also Anstalten, den Knecht, |25r| welcher mit dem Boten zugleich gekomken ist, morgen nach Kendenich zurückzuschicken, das Pferd aber durch den Boten in Deutz abholen zu lassen, damit aller Unterschleif[612] verhüthet werde. –
Uebrigens kann ich nicht läugnen, daß ich, u. wir alle überhaupt nun ein gar einförmiges Leben führen. Ein Tag schiebt sich wie der andere grau vorwärts, u. ist durch nichts bezeichnet, als durch die kleinen Geschäfte, die darin betrieben werden. Heute z.B. war ich nicht vor der Hausthüre. Hauptmann Eckendal war

---

[605] Joseph August von Törring-Seefeld, Kaspar der Thorringer. Ein vaterländisches Ritter-Schauspiel in 5 Aufzügen, gedr. 1785. Seit dem Ende der Befreiungskriege waren „vaterländische", d.h. deutsch-patriotische Schauspiele, auch im Rheinland sehr beliebt.
[606] Schauspieler Karl Christel; vgl. Theateranzeige in: Köln. Zeitung, Nr. 46, 22. März 1817.
[607] Die Köln. Zeitung, Nr. 39, 9. März 1817 hatte für den 10. März ein anderes Stück angekündigt: „Die diebische Elster oder der Schein trügt. Schauspiel in 3 Abtheilungen, von Carl Lebrün."
[608] Der Beigeordnete Franz Rudolph Johann Nepomuk von Monschaw und seine zweite Frau Maria Ursula Carolina von Erlenwein hatten ihren Wohnsitz von 1803 bis 1829 in der Hohe Str. 81, dort, „wo die Hohestraße am engsten" war (J. P. J. Fuchs, Topographie; HAStK, Best. 7030, Nr. 231, Bd. 2, S. 144). Zuvor hatten sie im Haus der Familie Rheingasse 949/Nr. 24 gewohnt (Monschaw, Familie, S. 306 f.; Vogts, Kölner Wohnhaus, Bd. II, S. 791; Bd. I. vielerorts).
[609] Vermutlich bezog sich Groote auf Ausgaben des Anfang 1816 verbotenen Rheinischen Merkur, den J. Görres herausgegeben hatte, nicht auf den seit Juli 1816 in Offenbach erscheinenden Neuen Rheinischen Mercur.
[610] Welche Wappen gemeint sind, ist unklar.
[611] Der 1744 in Mülheim am Rhein geborene Hermann Isaac von Aussem, Besitzer einer Färberei in Drimborn, hatte eine umfangreiche Sammlung von Kunstobjekten und Antiken, die zeitweise in Aachen gezeigt wurde, zusammengetragen. Vgl. Beschreibung einiger im Kabinette des verstorbenen Hermann Isaac van Aussem, auf dessen Gute Drimborn bei Aachen befindlichen Alterthümer, 1925.
[612] Unterschleif: Betrug.

vor Tisch bey mir, u. geht nach Münster zu Thieleman als Hofmeister.[613] Jener scheint unglücklich zu seyn, u. hat Gott weiß wie, die Lust oder den Muth verloren, in sein Vaterland zurückzukehren. –
Noch will ich eines Traumes erwähnen, den ich in der letzten Nacht hatte, eines der wenigen, deren ich mich seit Jahren morgens beym Erwachen erinnern konnte. Denn selbst nicht ein einzelnes Traumbild pflegt mir erinnerlich zu bleiben, da ich doch in früher Jugend manche schöne Träume hatte, die man hätte [be]schreiben können. – Ich träumte mich nehmlich an einem festlichen Morgen in einer schönen Kapelle. Alle die Meinigen, auch fremde Frauen und Männer, knieten hübsch, aber gar nicht prächtig angethan umher; daß ich heyrathen sollte, war eine ausgemachte Sache, eben so, daß dieß unmittelbar nach der Messe, die eben gelesen wurde, geschehen solle. Ueber meine Braut schien auch alles einverstanden zu seyn; nur ich war es nicht. Es war mir, als müßte ich mich mit der trauen lassen, die sich nach der Messe mit mir auf den Altar knieen würde; allein, ob dieß die kleine Julie v. Loë, die nicht weit |25v| von mir kniete, oder aber die Nette v. Wenge, die auch in der Gesellschaft war, seyn würde, schien mir zweifelhaft. Sehr verliebt war ich eigentlich in die erste, und sie gefiel mir in ihrem niedlichen weißen Gewand u. Schleyer, wie sie nicht weit von mir kniete, gar zu wohl. Allein, weder Sie, noch die übrige Gesellschaft schien daran nur entfernt zu denken; vielmehr nahm man als ausgemacht an, daß ich die Wenge heirathen würde, die aber immer noch nicht sichtbar war. Als aber nach der Messe ich mich dem Altar näherte, u. die Wenge sich aus der Ferne rasch hinzudrängte, die Loë aber langsam aufstand, u. jener nur als Brautführerinn folgen zu wollen schien, war mir schlecht zu Muthe, – und ich erwachte, ohne den Ausgang der Sache abzuwarten. – –

Den 12. Maerz [1817].

Peter geht mit dem Bothen nach Deutz, um bey dem Wirth zum weißen Pferd, das Kendenicher Pferd abzuholen. Ich gehe zum Vater, um dort an den Huissier Grass, den ich noch in Kendenich anwesend glaubte, zu schreiben. Bald aber kommt er selbst, u. erzählt uns, wie er endlich gestern die alten Pächter mit Ernst u. Strenge habe wegweisen müssen, u. wie Klein nun mit Sack u. Pack eingezogen sey. Es ist traurig, daß solche Auftritte geschehen müssen, u. doch sind sie im einzelnen Falle unvermeidlich, um größerem Uebel abzuhelfen. – Ich gehe noch zu Nückel, um ihn zu fragen, ob ers für nöthig hält, den Huissier Grass anzuweisen, daß selbst im Falle einer neuen Appell mit dem Verkauf auf unsere Ver-

---

[613] E. von Groote war im Feldzug 1815 als Freiwilliger dem III. preuß. Armeekorps unter Kommandant Johann Adolph von Thielmann zugeteilt. Dieser war Ende 1815 zum Kommandierenden General in Westfalen mit Sitz in Münster ernannt worden, wo er Anfang 1816 eintraf und ein reges gesellschaftliches Leben führte. Mit seiner Frau Wilhelmine Charpentier hatte er elf Kinder. Vgl. Vincke, Tagebücher, vielerorts.

antwortung fortgefahren werden soll. |26r| Er hält dieß nicht dafür, und verspricht mir, dieß dem Grass auch noch mündlich zu sagen. – Unsre Sitzung in Pleno währt bis gegen 2 ½. Durch das Berliner Intelligenz Blatt erfährt Herr v. Hagen, daß Er zum Vizepräsident unserer Regierung ernannt sey.[614] Nach Tisch gehe ich zu Gadé, der mir den Entwurf zur Klage gegen den General v. Mylius wegen unseren Theilungssachen mitgiebt. Herrn Duqué finde ich in voller Arbeit über meinem Onyx, den er schon im Umriß zugeschliffen hat. Ich hoffe, daß er gut werden soll. Ich gehe noch einen Augenblick zu Heberle,[615] um einige Bücher anzusehen, die mir aber nicht behagen.
Zu Haus rede ich mit dem Vater wegen der Klage gegen Mylius, der aber glaubt, es würde rathsam seyn, jenen nochmal darüber zu benachrichtigen. Bey Coomans[616] sind ziemlich viele Leute zur Gesellschaft. Ich spiele in einer ziemlich gleichgültigen Parthie u. verliere. |: –10 Sl. :| Dann will v. Roth, der da ist, durchaus die Jagdgerechtsame der Gutsbesitzer durch Graf Solms, der nach Berlin geht, dem StaatsKanzler wieder vorbringen lassen. Er spricht darüber viel mit Solms, der im Ganzen auch einverstanden scheint, u. ich übernehme es, die nöthigen Vorstellungen dazu zu machen. Die v. Stolzenberg ist auch da, u. ich läugne nicht, daß ich sie noch immer hübsch genug finde. – Aber mir ist unwohl.

---

[614] L. Ph. W. vom Hagen wurde am 22. Febr. 1817 zum Kölner Regierungsvizepräsidenten ernannt. Welt- u. Staatsbote zu Köln, Nr. 41, 13. März 1817: „Berlin vom 6. März. Des Königs Majestät haben den Regierungs-Direktor, Geheimen Regierungsrath, Freiherrn von Hagen bei der Regierung in Köln zum Regierungs-Vize-Präsidenten zu ernennen geruhet." Ebenso in: Köln. Zeitung, Nr. 41, 13. März 1817. Zur Ernennung: Landesarchiv NRW R, BR 0002, Nr. 1436, Bl. 65r. Nach der Trennung des Amts des Oberpräsidenten vom Amt des Regierungspräsidenten durch die Instruktion zur Geschäftsführung der Regierungen vom 23. Okt. 1817 wurde vom Hagen Kölner Regierungspräsident (Klein, Regierungspräsidenten, S. 68–70).

[615] Welt- u. Staatsboten zu Köln, Nr. 15, 27. Jan. 1817: „Bücherversteigerung bei J. M. Heberle in Köln. Montag den 24. Februar und 21 folgende Tage. Das Verzeichniß dieser mehrere tausend Bände starken Sammlung, enthaltend meist vorzügliche und viele seltene Werke, ist bei mir, in der Apostelnstraße Nro. 30, für 8 Stüber zu haben." Der aus Düsseldorf stammende Johann Mathias Heberle ließ sich um 1798 in Köln nieder, wo er zunächst mit den Geschäftspartnern Gebr. Mennig eine Druckerei führte. Einige Jahre später firmierte er als Drucker und Antiquitätenhändler unter der Adresse Apostelnstr. 30 (AK 1813), bzw. Alte Mauer bei Aposteln Nr. 30 (AK 1822). Zu Heberle vor allem: Schäfke, Kunsthaus, S. 12–19 u. vielerorts; Kronenberg, Kunsthandel, S. 129 f.; Wegener, Leben, Teil 2, S. 238.

[616] Das Ehepaar Johann Mathias Coomans und Catharina Franzisca, geb. Daniels lebte im repräsentativen Palais Glockengasse 30/32, den Johann Friedrich Franz von Beywegh um 1760 hatte errichten lassen. Zur Innenausstattung gehörte eine Anzahl prächtiger Gobelins, die Waldlandschaften mit Tieren und Vögeln zeigten und von Bändern mit Blattwerk, Blumen und Früchten gefasst waren. Ebenfalls im Haus wohnte H. G. W. Daniels mit seiner Familie. Nach dessen Tod 1827 wurde das Gebäude Eigentum des preuß. Staates. Zunächst war es Sitz des Polizeipräsidiums, dann des Reichsvermögensamts, danach verschiedener Behörden. 1937 wurde es abgebrochen. Vgl. eine Fotografie des Hauses Glockengasse 30 als Polizeipräsidium, in: Hachenberg, Entwicklung, S. 134; Lauing, Geschichte, S. 155. Zum Gebäude: Vogts, Kölner Wohnhaus, Bd. I, S. 116 f., 346 u. Bd. II, S. 764); Vogts, Die profanen Denkmäler, S. 455; J. P. J. Fuchs, Topographie (HAStK, Best. 7030, Nr. 231, Bd. 2, S. 24).

Den 13. Maerz [1817].

Carl u. Joseph gehn früh mit Carl Solms u. v. |26v| Stolzenberg auf die Schnepfenjagd nach Bensberg. Ich arbeite früh an jenem Berichte; dann kommt Herr Prof. Wallraf, um zu fragen, ob es rathsam sey, daß er persönlich nochmal dem Grafen Solms noch einige unserer Städtischen Angelegenheiten empfele; ich bejahe dieß natürlich; dann kommt der Rektor, u. beyde reden nun viel über die Fehler, welche nach ihrer Meinung der Preußische Staat mache. Wallraf geht zum Grafen, der Rektor bleibt noch lange. Ich beendige meine Schreiben, u. gehe, Sie v. Roth zu bringen. Dieser begegnet mir u. wir gehn zu v. Haxthausen u. Ernst Lippe, die wir nicht treffen, dann zu Carl Lippe, wo auch Ernst, u. wir gehn die Schreiben durch, die im Ganzen gebilligt werden. Wir bleiben nicht lang. An unserm Haus kommt Haxthausen. Wir gehn noch zu uns, um die Schreiben durchzusehn, v. Haxthausen will einiges geändert wissen. Dieß mache ich nach Tisch, obschon mir immer noch nicht wohl ist. Roth u. später v. Haxthausen kommen gegen 6 Uhr zu mir, u. reden u. raisonniren bis gegen 7 ½ Uhr. Dann gehe ich noch ins Conzert,[617] wo eine fremde Sängerinn singt. Haxthausen hat die Papiere zur letzten Revision |27r| mitgenommen. Heute war grosses Essen bey Solms, wo die Mitglieder der Justiz Commission, auch Auer, Haxthausen, u.a. waren. Morgen wird es ähnlich so bey Carl Lippe seyn. Sonntag soll dem neuen Vizepräsidenten vom Hagen ein Diner gegeben werden, bey dem ich Ehrenhalben auch seyn muß, obschon mich das Geld reut, was dazu verwandt wird.

Unser Peter kommt mit dem Schimmel erst spät von Kendenich, u. hat auf demselben einen Theil des Kaufgeldes mit gebracht. Grass soll ich morgen erwarten, um den Ausgang zu hören.

Den 14. Maerz [1817].

Es wird von den Juden noch eine Appell wegen der in Kendenich verkauften Geräthe und Vieh eingelegt, und uns durch Pullem insinuirt.[618] Gut ist es, daß dieß post festum[619] kommt, und wir nun Zeit haben, die Sachen zu Ende zu bringen. Haxthausen kommt, um mich zu Graf Lippe abzuholen, wo er aus meinem Bericht wegen der Jagdgeschichten an den StaatsKanzler, begleitet mit seinen Zusätzen, vorliest. Das Ganze geht dann zum Abschreiben, u. soll, wo möglich, dem Grafen heute noch überreicht werden.[620] Die Plenarsitzung dauert

---

[617] Abonnement zum Donnerstagskonzert, 13. März 1817.
[618] Insinuiert, hier wohl: ausgehändigt, ausgestellt.
[619] post festum: im Nachhinein.
[620] Groote bereitete also die Eingabe einer Reihe von Gutsbesitzern bezüglich ihrer Jagdrechte vor sowie ein entsprechendes Begleitschreiben von Solms-Laubach. In der Eingabe an Finanzminister von Bülow, Köln, 14. März 1817 hieß es: „Euer Exzellenz erlauben wir uns in der Anlage die Vorstellung, welche wir an des Königs Majestät schon im verflossenen Jahre gelangen ließen, ferner die darauf erfolgte Gnädigste Resolution und endlich die zufolge der leztern neuerdings an

nicht lange; der Graf nimmt Abschied und geht schon früher weg. Haxthausen nimmt bey mir noch die Liste derer mit, welche jene Vorstellung unterschreiben sollen, und geht zu Graf Carl Lippe, wo der Graf Solms und die ImmediatKommission speisen. Nach Tisch schreibe ich an Carové einen philosophischen Brief,[621] und dann noch an Beuth[622] wegen meines Wagens und sonst allerley, mit einem Einschlag an Reimer wegen der Taschenbücher. |:1.2:| Endlich noch an Netz, |:1.2:| ebenfalls wegen des Wagens, u. der andern Geschichten, seiner Verlobung, meines Steins etc. wegen. |27v|
Von Berlin habe ich das December Heft der wöchentlichen Nachrichten erhalten.[623] Die Schwestern sind mit Joseph bey dem Bürgermeister von Mylius, ich

---

des Fürsten Staats Kanzlers Durchlaucht eingereichte Bitte um Wiedereinsetzung in unsere ehemalige Jagd und Fischerey Gerechtsame ganz ergebenst vorzulegen. Die Gründe welche wir für unser Gesuch in den Anlagen weiter ausgeführt haben laßen uns hoffen, daß Ew. Exzellenz mit der Billigkeit und Statthaftigkeit desselben einverstanden, geruhen werden, es huldreichst zu unterstützen." Unter den ca. 30 Unterzeichnern waren von Roth, Carl von der Lippe, von Bourscheidt, Ernst von der Lippe, Eberhard Anton Caspar von Beywegh, Friedrich Herstatt von der Leyen, von Mirbach-Harff, verwitwete Freifrau von Harff, Freifrau von Gymnich, geb. von Velbrück, Johann Mathias Coomans, von Mylius, Cornelius Joseph von Geyr sowie Ev. A. von Groote (GStA PK, I. HA Rep. 87 D Nr. 4954, Bl. 67r–68r). In seinem Begleitschreiben zu dieser Petition, das Solms-Laubach einige Wochen später während seines Aufenthalts in Berlin bei von Bülow einreichte, unterstützte er den Antrag der Gutsbesitzer in begrenztem Maße, urteilte aber generell: „Die Regulirung des Jagdwesens überhaupt muß indeß wohl bis zu dem so sehr ersehnten Zeitpunkt ausgesezt bleiben, wo die Arbeiten der Immediat Justiz Commission vollendet, und die künftigen Verhältniße der Rheinprovinzen definitiv bestimmt seyn werden" (Fr. L. Chr. zu Solms-Laubach an L. Fr. V. H. von Bülow, Berlin, 20. April 1817; Bl. 66v). Vgl. einen ähnlichen Briefentwurf von Solms-Laubach an K. A. von Hardenberg, Berlin, 20. Apr. 1817 (Landesarchiv NRW R, BR 0002, Nr. 1090, Bl. 18r u. v). Eigenhändige Schreiben oder Briefentwürfe von E. von Groote zu diesem Thema ließen sich in den Akten nicht auffinden.

[621] Das Schreiben Grootes an Fr. W. Carové, Köln, März 1817 ließ sich nicht ermitteln.

[622] Offenbar war Grootes Wagen, der bei Beuth in Berlin stand, noch nicht verkauft. Der Brief Grootes an Chr. P. W. Beuth, Köln, März 1817 ist nicht nachgewiesen.

[623] Büsching, Wöchentlichen Nachrichten, 1. Jg., Christmonat/Dezember 1816, Stück 49–52, S. 353–419. Stück 52 enthielt die von Büsching stammenden Beiträge: Drei Siegel eines Nibelung, Steinbild im alten Rathhause zu Breslau und Jahresschluß. Im Artikel Jahresschluß führte Büsching aus: „Ein nunmehr jähriger Ueberblick liefert einen Beweis von dem, was ich zu geben wünsche und wie ich es zu liefern gedenke. Ist auch die Masse der gelieferten neuen Nachrichten, der neuen Entdeckungen, der zuerst versuchten Zusammenstellungen, der Beschreibungen, Sagen, Lieder, Sitten, Gebräuche u.s.w. in den mehr als zweihundert einzelnen Aufsätzen nicht geringe und glaube ich, mich dieser nicht armen Ausbeute freuen zu dürfen, so erkläre ich doch auch unverholen, daß ich für die mannigfachen Mängel, die meinem Unternehmen noch zur Last fallen, nicht blind bin, sondern sie sehr wohl anerkenne. [...] So kann sich vielleicht das eigentliche Fach der Geschichte über eine zu kärgliche Behandlung in diesen Blättern beschweren, und ich kann es im Ganzen nicht läugnen. Aber soll Kunst-Geschichte und Geschichte der Gelehrsamkeit nicht auch zu ihr gezählt werden können? Für beide ward wenigstens einiges gethan. Im neuen Jahre hoffe ich, [...] besonders auch für die geschichtliche Seite sorgen zu können und vor allen wird mein Augenmerk dahin gerichtet sein, einen weitern Blick auf Sitten, Denkungsart, Gebräuche und überhaupt das Leben Deutschlands in den Jahrhunderten des Mittelalters zu eröffnen. Vielfach

aber ende meine Briefe und den ersten Band von Steffens neuster Zeit, und gehe nicht mehr aus. – An den General v. Mylius habe ich heute wegen unserer Sachen geschrieben, er soll sich erklären, ob er mit der Maaßregel, einen Index ad hoc[624] vom Kreisgericht zu verlangen, einverstanden sey. Von Kendenich waren heute mehr als 13 Leute hier, welche alle noch kleinere u. größere Forderungen an Paul Engels haben wollen. Die Juden haben das Geld des Verkaufs in Arrest legen lassen, bis zu Entscheidung der Sache, u. so also mußten die Leute für's Erste ungehört wieder abziehen.

Den 15. Maerz [1817].

Ich schicke meine Briefe weg. v. Hagen verlangt den Bericht wegen der Godesberger Spielbank zur Einsicht, u. ich schicke deshalb auf die Registratur u. dann zu Sotzmann, um die Akten zu haben. Grass kommt, und nach dem Protokoll ergiebt sich, daß der Verkauf zu Kendenich rein Fr. 3.614 eingetragen; Joseph übernimmt [es], ihn heute noch in Brühl einregistriren zu lassen. Herr Rektor war gestern u. heute hier, in voller Seeligkeit, wegen mehrerer Bilder, die er zu erhalten hofft. So geht in allerley kleinen Beschäftigungen der Morgen hin. Nach Tisch gehe ich zu Ducqué, der nun schon ziemlich weit mit meinem Stein gekommen ist. Allein, es ist mir recht leid, ihn ihm gegeben zu haben, denn die Arbeit wird nur höchst mittelmäßig, wo nicht schlecht. – Dr. Nückel finde ich nicht zu Haus, er ist auf die Jagd. Ich arbeite noch |28r| etwas zu Haus, u. lese im Olymp Abends den Schluß des Band I von Steffens neuester Zeit vor,[625] worüber von

---

zerstreut sind noch alle Vorarbeiten dazu; wir haben bis jetzt nur immer eine Kriegsgeschichte Deutschlands gehabt, wir haben nur die Kaiser und Fürsten betrachtet, dem Leben des Volks haben wir nur zu wenig einen aufmerksamen Blick geschenkt und es entfloh daher oder verbarg sich uns. Aus den verschiedensten Quellen das Zerstreute gesammelt, ohne Betrachtungen und Nutzanwendungen, nur als frisch sprudelnde Quelle selbst, wechselnd durch alle Jahrhunderte gehend, soll hier im kommenden Jahre das Leben der Deutschen, in einzelnen Zügen und in gesammelten Massen, dargestellt werden [...]. Der Folgezeit wird es gewis dann an einer geübten Hand nicht fehlen, welche die hier wechselnden Gestalten in eine gehörige Reihenfolge bringt und ein großes Gemälde des Deutschen Volks-Lebens entwirft" (S. 406–408). Als Abonnenten der Nachrichten sind 1817 u.a. aufgeführt: „Herr Prof. Zeune zu Berlin"; „Ebbo de Groote zu Köllen".

[624] Index ad hoc: Verzeichnis für diesen Augenblick, aktuelles Verzeichnis.

[625] Steffens, Die gegenwärtige Zeit, Bd. 1, S. 278 endet: „Der Catholicismus ist keinesweges sinnlos, wenn auch geschichtlich zurückgedrängt, er verbirgt in sich die fröhliche Zuversicht einer vergangenen Zeit. – Ja der lebendige Keim hat sich eben durch den Kampf durch äußeres Widerstreben erhalten. Es ist wahr jene innere Zwietracht, die in allen Momenten des Daseins thätig, das früher äußerlich Verbundene sonderte, deren tiefste Aeußerung die Reformation war, brachte das Reich dem Untergange nahe; aber wie in Frankreich das innerlich Getrennte, äußerlich scheinbar Vereinigte auch äußerlich zerfiel in den letzten furchtbaren Zeiten; so will das äußerlich Getrennte, innerlich wahrhaft Vereinigte sich in Deutschland auch äußerlich vereinigen, nicht durch äußere Veranstaltung, nicht durch irdische Klugheit, vielmehr aus der Tiefe des erwachten nationalen Gemüths wollen die alte Kirche und die neue Gehorsam und Freiheit, Vergangenheit und Zukunft, in dem sie sich verstehen, sich wechselseitig durchdringen".

mehreren der Herrn geurtheilt wird, es sey zu allgemein, zu unstät, zu flatternd geschrieben. Goebel geht darüber ganz fort.

Der 16. Maerz [1817]. Sonntag.

Ich lese das Leben Alfred des Großen von Stollberg.[626] Um 9 kommt Klein von Kendenich, der sich noch über einiges Nöthige Raths erholt; im Ganzen aber froh ist, nun soweit eingerichtet zu seyn. Nach der Messe im Dom setze ich den Denoël auf ein Glas Schnaps, |:–14 Sls:| und gehe auf den Neumarkt, wo v. Geyr u. viele Leute spaziren. Um 2 Uhr hole ich noch etwas Schnupftabak |:–4 Sl.:| u. gehe zu dem Gastwirth Grandy,[627] wo die Membra der Regierung versammelt sind, zu dem Essen, welches dem Vicepraesident vom Hagen gegeben wird. Ausserdem sind noch Graf Carl Lippe, Struense u. Friedrich Herstadt da. Es wird prächtig gegessen u. getrunken, viel geredet, gesungen etc. Herr Schlaefke[628] weiht einen Kranz zur Feyer des Festes, wobey er seine Formel vergessen hat, und abliest. v. Hagen scheint eine solche essende u. trinkende Huldigung sehr hoch aufzunehmen, – uns wird sie wahrscheinlich ein schmäliches Geld kosten. Für die Armen wird gesammelt,[629] – ich gebe für mich 3, nachher für Schoenwald noch 3 Fr., die wahrscheinlich im Lauf[630] bleiben. |:6 Fr.:| Die übrige Rechnung wird erst kommen. – Abends gehn wir zu Frau von Harff, wo ich mit Fr. v. Coschkul, Burscheidt[631] u. Redtel spiele, u. verliere. |:2.6:| Ich komme mit ziemlich schwerem Kopf nach Haus und bin froh, daß das Gewühl zu Ende ist, was doch eigentlich für mich nichts taugt. Ueberhaupt wäre es wohl Zeit, daß man sich um etwas reeles bewürbe, da bis jetzt immer der Ausgaben viel, des Einkommens wenig ist. |28v|

Den 17. Maerz [1817].

Ich erhalte nochmal die Godesberger Spielakten und die wegen des Leichentransports in Bonn[632] zurück. Erstere, weil man gerne dem v. Plotho die Bank zuschustern wollte, u. glaubt, das würde nicht gelingen, wenn man ihn in Berlin als Rittmeister genannt finden würde. – Die andern, wegen Bemerkungen des Consistorii. Die erstern gebe ich an Herrn v. d. Hagen ab, über die anderen wird

---

[626] Friedrich Leopold zu Stolberg, Leben Alfred des Grossen, Königes in England, Münster 1815.
[627] Louis Granthil, Traiteur, Obenmarspforten 26 (AK 1813).
[628] Zu Regierungsrat Carl Schlaefke kurz: Klein, Personalpolitik, S. 62.
[629] Zum Vergleich: Der Preis für vier Kilogramm Schwarzbrot war für die Zeit vom 20. bis 22. März 1817 auf 1 Franc, 64 Centimes festgesetzt (Brod-Preis der Stadt Köln; in: Köln. Zeitung, Nr. 45, 20. März 1817).
[630] im Lauf bleiben, hier: nicht zurückgezahlt werden.
[631] Vermutlich: Johann Ludwig von Bourscheidt, Besitzer des Gutes Burgbrohl. In Köln gehörte der Familie der Bourscheider Hof, Weyerstr. 2 (Vogts, Wohnhaus, Bd. II, S. 806; AK 1822).
[632] Akten hierzu wurden bislang nicht aufgefunden.

Bericht verlangt, von Graf Belderbusch.[633] Dr. Nückel verspricht mir, unsre Sache am Appellhof, wo möglich noch vor Ende der Woche vorzubringen. Der Huissier Grass holt den einregistrirten Kendenicher Kaufakt wieder ab.

Nach Tisch kommt der Schmied Frohn von Dransdorf, um wegen seines Sohns, der in der Aushebung gefordert ist, sich Raths zu erholen; ich schicke ihn an Schoenwald. – Dann kommt Herr Fouveaux,[634] der erfahren hat, daß Joseph etwas von der baldigen Befreyung seines Schwiegersohns Fonck[635] wissen soll, allein, es war dieß nur ein unverbürgtes Gerücht. Er erzählt uns mit großer Lebhaftigkeit manches, was sich in der ganzen verwickelten Geschichte zugetragen hat.[636] – Nachher erhalte ich die Chorbücher von Herrn v. Aussem für den

---

[633] Anton Maria Karl Graf von Belderbusch war von 1805 bis 1816 Maire/Bürgermeister von Bonn, seit Mai 1816 Kommissarischer Landrat in Bonn, 1818 wurde er zum Landrat ernannt (Romeyk, Verwaltungsbeamten, S. 352 f.).

[634] Zu Heinrich Joseph Foveaux vgl. Personalnotizen, 1815: „Fouveau. Heinrich. Kaufmann und Taback Fabricant. Von entschiedenem deutschen Sinn und wünscht aus wahrem Patriotismus deutsch zu sein und zu bleiben, wobei er einiges [eigenes] Interesse garnicht berücksichtigt. Ein guter, rechtschaffener Familien-Vater und durchaus ehrlicher biederer Mann, der allgemein geliebt und geachtet wird. Ungeachtet er keine großen und besondern Fähigkeiten hat, könnte er dennoch durch seinen einfachen und schlichten Verstand, mannigfaltige Erfahrung und vielen Einfluß auf das Publicum dem Lande nützlich sein, wenn ihm in seinem Ansehen und Familien Verhältnissen angemessener Wirkungs Kreis angewiesen würde. Er scheint jedoch zu einer öffentlichen Rolle wenig geneigt zu sein und sein, schon etwas herangerücktes Alter in Ruhe genießen zu wollen. Er ist sehr wohlhabend. [...] Als kenntnißvoller Fabricant, durchaus redlicher, deutscher Mann, als guter Gatte, Vater und Freund ist er allgemein bekannt, hat reele Verdienste um das Stadtwohl" (Landesarchiv NRW R, BR 0002, Nr. 1534, Bl. 20r u. v). Zu seiner familiären Vernetzung: Thielen, Partizipation, S. 607.

[635] Der Mordverdächtige P. A. Fonck war mit Maria Catharina Jacobina Foveaux verheiratet, Tochter von H. J. Foveaux und dessen 1. Ehefrau Anna Clara Hermana Molinari. Fonck war also mit zwei einflussreichen Kölner Kaufmannsfamilien verwandt. In der 1823 erschienen Schrift, Peter Anton Fonck. Eine getreue und vollständige Darstellung, reflektiert der Verfasser die Auswirkungen der Anschuldigungen auf Foncks Ehefrau, die in den Verdacht der Mitwisserschaft geriet: „Es ist vornämlich ihr stiller, ruhiger Sinn und eine tiefe Innigkeit, wodurch sie sich auszeichnet. [...] Diese Stille ist in einem tiefen und klaren Gemüthe gegründet, und mit großer Besonnenheit und reifer Ueberlegung, mit einem hellen Blick und verständiger Umsicht vereinigt. Man hat, unvermögend, ihre Redlichkeit zu verdächtigen, sie gern als eine gutmüthige, wenig gebildete, leicht- und abergläubige Frau dargestellt: aber alle, die sie kennen, schreiben ihr einen klaren Verstand, ein richtiges Urtheil und jene Bildung des Geistes zu, deren Töchter von guter Erziehung sich erfreuen, und ihre Briefe bestätigen dieß. [...] Ihr Glaube war es, der sie aufrecht erhielt, als das Unglück hereinbrach, und der sie an einem glücklichen Ausgang der Sache nicht zweifeln ließ; und ein Zeuge erzählt den Geschwornen, er habe sie am Tage der Hausuntersuchung, am 20. März 1817, besucht und sehr beunruhigt zu finden geglaubt, allein sie sey völlig ruhig und in guter Stimmung gewesen, und habe gesagt, sie verlasse sich auf Gott und ihres Mannes Unschuld, von welcher sie überzeugt sey, weil er an jenem verhängnißvollen Abende nicht von ihrer Seite gekommen" (S. 299 f.). Zur Genealogie der Familien Molinari und Fonck: Boley, Stiftungen, Bd. 3, S. 55–59; Schoenen, Studienstiftungen, S. 466–481.

[636] H. J. Foveaux unterstützte seine Tochter in ihrer Loyalität. Am 20. Mai 1817 schrieb er an den inhaftierten Fonck: „So eben schickt mir [...] unsere und Ihre gute Netta Ihren gestrigen Brief,

Rektor von Aachen, und schreibe an Jakob Grimm in Cassel.[637] Dann lese ich in Alfreds Leben von Stollberg, u. gehe nicht mehr aus, und sehe niemand mehr bey mir. Es ist nicht zu läugnen, daß dieß isolirte Leben, weder aus gutem Grund herrühren kann, noch zu etwas Gutem führt. Allein, es wird bey mir mehr und mehr zur Gewohnheit, die ich selbst mißbillige. Max v. Loë, der übermorgen nach Wissen[638] will, kommt spät noch zu uns, um einen von uns zu bereden, ihn zu begleiten; was aber wohl schwerlich geschehen wird.

Den 18. Maerz [1817].

Den Rektor erwarte ich umsonst hier. Ich schicke |29r| meinen Brief an Jakob Grimm ab, und lese das Leben Alfreds des Großen zu Ende. Diese Art meiner jetzigen Beschäftigung, wo ich planlos lese, was mir eben vor kommt, kann schwerlich viel helfen, und doch wird es mir so schwer, eine eigenthümliche, bedeutende Richtung zu gewinnen. Ich gehe nun noch zu Ducqué, der zu meinem großen Verdruß meinen Stein so schlecht macht, daß ich mir vornehme, gar nicht mehr hin zu gehn, u. ihm den Stein lieber lasse, als viel noch dafür zu zahlen, da es mir sehr leid ist, daß der schöne Stein so ganz verdorben ist. Ich gehe mit Haxthausen, der mir eben begegnet, u. sehe bey ihm einige schlechte auf Tuch gemalte alte Bilder u. Steinformen.[639] Mit ihm gehe ich noch zum Archivar Müller u. in das Regierungs Gebäude;[640] dann nach Haus. Nach Tisch kommt v. Loë wieder, der morgen weg will, u. mir u. Joseph sehr zusetzt mit zu reisen. Allein, wie sehr ich auch wohl Unsache hätte, dieß anzunehmen, hält mich doch manches davon ab. Abends lese ich in Schuberts Nachseite der Naturwissenschaften u. sonstiges u. sitze u. träume wieder vor mich hin ohne aus zugehn.

---

durch Hrn. von Sandt besorgt; ich sehe aus ihren beigefügten Zeilen, daß sie meines Trostes bedarf, und ihren Kummer über Ihre Leiden besänftigen muß. […]; sie plagt mich unablässig, mich bald hier bald dort zu verwenden; sie hat mir eine Petition entworfen, welche sie eingeben will; doch es macht mir oft die härteste Quaal, sie so leiden zu sehen" (in: Peter Anton Fonck. Eine getreue und vollständige Darstellung, S. 301 f.).

[637] E. von Groote an J. Grimm, Köln, 18. März 1817. Siehe Briefe u. Schriften.

[638] Schloss Wissen am Niederrhein bei Weeze ist seit 1461 in 16. Generation im Besitz der Familie von Loë. Es wird heute als Hotel, Forst- und Gutsbetrieb geführt. Zu Schloss Wissen und Familie von Loë: Frede/von Loë, Mauern im Strom der Zeit, 2015; kurz: Herzog, Burgen, S. 148–151; zur Bildnissammlung der Familie: Wolthaus, Ahnengalerien, S. 150–161, 331–344, 548–586.

[639] Auch W. von Haxthausen hatte erst vor kurzem mit dem Kauf von Kunstwerken begonnen und zunächst vor allem Werke aus säkularisierten Kölner Kirchen, u.a. aus St. Gereon, St. Severin, St. Ursula, sowie aus der Region Euskirchen und Maria Laach angekauft. In den folgenden Jahren trug er eine große Sammlung mit Schwerpunkt altdeutscher und altniederländischer Gemälde zusammen (Schaden, Bei Haxthausen, 1995; Deichmann, Säkularisation, S. 264–269; Kier/Zehnder, Lust und Verlust, Katalogteil, S. 571–574; Kier/Zehnder, Lust und Verlust II. Corpus-Band, S. 290–319).

[640] Vermutlich: Johann Friedrich Müller, Geheimer Sekretär und Kanzlei-Inspektor (Provinzial-Blätter, Bd. 1, Heft 1, 1817, S. 80).

Den 19. Maerz [1817]. Mein 29ter Geburtstag.

Ich werde heute 28 Jahre alt, und sehe trüb und unfroh in mein Leben hin. Kein bedeutender Plan, keine tüchtige Arbeit, keine rechte Liebe und wenig angeregtes Leben trage ich in mir, und stehe unmuthig auf der Bahn, weil mich kein großes Ziel reitzt. Gott, lieber Gott, der mir so oft in den seeligen Träumen meiner Jugend nah war, wende deine Hand nicht von mir, daß ich öde und kalt auf dieser Welt stehe, und nichts habe, woran ich mich halte. Lieber gieb mir schnellen Tod, um den ich dich oft schon gebethen. Herr, wie du willst; – dir hab ich mich ergeben! |29v|

Früh gehe ich in die Kirche, dann kommt der Vater, Geschwister, Herr Nussbaum, mir Glück zu wünschen. Herr Rector nimmt die Chorbücher in Augenschein, und eilt bald wieder weg. Klein kommt noch, wegen der zu zahlender Contribution nachzufragen, wozu Er aufgefordert ist.[641] Aus der Sitzung, die bald aus ist, bringe ich v. Haxthausen mit, u. wir essen fidel zusammen, da der Vater auf Schnepfen[642] u. Rheinwein[643] setzt.[644] Nachmittag kommt Frau v. Geyr u. ihre Kinder, mit denen ich später zu v. Mylius gehe, wo Beywegh ist. Sie setzen sich zum [gestrichen: Spiel] Boston,[645] worin Jette ihre Mutter u. den

---

[641] Welche Kontribution Pächter Peter Joseph Klein zahlen sollte, ist unklar.
[642] Rezepte zu Schnepfen aus dem Jahr 1806: „Schneppen zuzurichten. Man nehme den Schneppen Koth heraus, salze und spicke sie, reibe sie inwendig mit Gewürz Nägerle und Muskatblüte, dann binde man sie in Speck ein und brate sie am Spiese oder in der Bratpfanne, nachdem hacke man den Koth recht klein und gebe ihn in zerschmolzener Butter, drücke von einer halben Zitrone den Saft darzu und salze es, dann nehme man etliche Schnitten geröstet Weisbrod und streiche den Koth darauf, lege es auf eine zinnerne Schüssel, und wenn die Schneppen gebraten sind, so lege man sie auf die Schnitten, begieße sie mit der Sauce, und tische sie auf" (Die Cölner Köchinn, S. 70). Schnepfen-Pastete: „Wenn die Schnepfen rein geputzt sind, so nehme man sie aus, lege sie über Nacht in halb Wein und Weinessig in einen Topf, reibe sie inwendig mit gestossenen Gewürz und Salz, und lege sie in eine zinnerne Schüssel, mache Mehl in Butter braun, gieße von dem Wein und Essig, worinnen sie gebeitzt haben, darzu; gebe Maurachen (Morcheln), Schampions, Kapern, fein geschnittenen Speck, Salz, kleine Zwiebeln, Schalotten, Pfeffer, etwas von einer Pomeranze, grüner Zitrone und einigen Lorbeerblätter darzu; lege dieses alles zu den Schnepfen in die Schüssel, und gieße so viel Sauce darzu, daß die Schüssel bis an den Rand voll wird, nehme das Eingeweide sammt dem Treck und die Lebern, lasse es in heisser Butter braten, wenn es kalt ist, hacke man es in Nierenfette mit etwas Kalbfleisch und Champions, thue Eyer klein geschnittene Zitronenschaalen, fein gehackte Zwiebeln, einen in Milch geweichte und wieder ausgedrückte Semmel, gestossenen Pfeffer, Muskatblüthe und Salz darzu, hacke alles durch einander, fülle die Schneppfen damit, und richte sie so in die Pastete, bestreiche sie mit dem Gelben von Eyern, und bringe sie im Backofen, die übrige Sauce kann man warm mit Gewürz und Zitronensaft auf den Tisch geben" (S. 57 f.).
[643] Zeitungs-Bericht der Reg. Köln für April, 10. Mai 1817: „Die Bebauung des Weinstocks ist ebenfalls noch sehr zurück; überdieß sind durch den vorjährigen kalten Sommer und den früh eingetretenen Frost nicht alle Reben zeitig geworden. Der arme Weinbauer blickt ängstlich auf seine in 5 Jahren keiner reichlichen Frucht theilhaftig gewordenen Weingärten hin" (GStA PK, I. HA Rep. 89, Nr. 16278, Bl. 49v).
[644] Jemanden auf etwas setzen: zu etwas einladen.
[645] Boston: ein im 19. Jh. sehr beliebtes Kartenspiel, das nach der amerikanischen Stadt benannt war.

Beywegh unterrichtet. Ich gehe von da noch zu v. Hagen, wo die Schwestern u. v. Frentz u. Buschmann[646] sind. Ich langweile mich bey den empfindelnden Mädchen, u. bey den kleinen Spielen, die gespielt werden. |:1–10:| Mein einsames Leben macht mich wirklich stumpf für die Gesellschaft, und zur Sünde aufgereitzt, in der mich selbst heute, wo ich doppelt rein sein sollte, der Böse mich noch fängt. – ~~

Den 20. Maerz [1817].

Ich erhalte einen zweyten Brief von Reiche aus Münster, worin er mich wiederholt wegen der Rth. 50 tritt, wenn ich nicht die Rth. 50 bey der Einnahme von Paris erhalten hätte.[647] Ich schlage deshalb mein Tagebuch nach, wo aber jene Rth. 50 richtig vom 9. July 1815 verzeichnet stehn.[648] Joseph kommt zu mir, dem ich, nachdem wir den Schneider Braumann abgefertigt, über jene Sache, u. überhaupt aus meinen Aufzeichnungen aus Paris, einiges |30r| vorlese, was ihn sehr unterhält. Ich entwerfe nun ein, in einiger Zeit erst abzusendendes Antwortschreiben an Reiche, worin ich ihm anzeige, jene 50 Rth. freylich erhalten zu haben, daß ich aber glaube, es seyen ähnliche Gratifikationen später gegeben worden, von denen ich nichts erhalten. Im äußersten Falle aber würde ich mich doch an die GeneralCommission[649] wenden, um von jener Erstattung befreit zu werden. Ich arbeite nun still für mich, u. wir gehn erst sehr spät zu Tisch, weil der Vater und Joseph in der Prüfung des Abituriens Euler sind, die lange währt.[650]

---

[646] Anton Ignaz von Buschmann, Rendant und Land-Rentmeister bei der Regierungs-Hauptkasse (Provinzial-Blätter, Bd. 1, Heft 1, 1817, S. 81) war mit Elisabeth Augusta Raitz von Frentz zu Schlenderhan verheiratet. Richard Benedikt Schmitz (alias Roderich Schmitz) an den späteren Bischof von Köln, F.A. von Spiegel, Köln, 21. Jan. 1816: „Kreis-Einnehmer H. v. Buschmann, Sohn eines vormaligen Kays. Oestr. Beamten, der vor etwa 30 Jahren ein ansehnliches Haus in Cöln machte; wegen finanz-zerrüttungen in die Erbstaaten zurück kehrte, wo sein Sohn, der jetzige Kreis-Einnehmer in militärdienste trat, nach einigen Jahren Erlaubniss erhielt, seine Stelle zu verkaufen; mit seinem Gelde in Cöln Handlung (vorzüglich in Wein) trieb, seines guten Rufs wegen die Einnehmers-stelle erhielt, und sich nach einer standhaften Liebe von vielen Jahren, mit dem Fräulein von Frenz, so er aus Mangel an Stiftmässigem Adel, bey lebzeiten ihrer Eltern, nicht erhalten konnte, vermählte" (Staatsarchiv Münster, Nachlass F. A. Graf von Spiegel, Nr. 346). Personalnotizen, 1815: „v. Buschmann in Coelln. Kreis Einnehmer. Landtagsfähig. Ein durchaus rechtschaffener sehr milder fleißiger, braver Mann. Seine Kenntnisse, sein vortrefflicher Character sind allgemein anerkannt" (Landesarchiv NRW R, BR 0002, Nr. 1534, Bl. 51r).

[647] Satz sic.

[648] Groote, Tagebuch, Bd. 1, 9. Juli 1815, S. 131: „Ich erhalte durch ein schnelles Wort von Reiche die 50 Thl., welche als Kriegsunkosten-Entschädigung allen Subaltern Offizieren gegeben werden."

[649] Zur General-Kommission in Münster: Bär, Behördenverfassung, S. 452–454. Wieso sich Groote an diese Institution wenden wollte, deren Fachgebiet sich auf die Regulierung gutsherrlicher Verhältnisse, auf Flurbereinigungen und bäuerliche Verhältnisse bezog, ist unklar.

[650] Joseph Mathias Euler, geboren 1795, war der erste Schüler, der das Gymnasium nach der neuen Prüfungsordnung in mündlichem und schriftlichem Examen beendete, und zwar mit dem „Zeug-

Nach Tisch gehe ich zu Denoël und Dr. Nückel, die ich beyde nicht finde. Mit Elkendorf gehe ich zu Haxthausen, wo auch Kreuser; woselbst wir abreden, morgen zusammen zu Simon zu gehn. Dann gehe ich noch zu v. Auer, mit dem ich auch über allerley Dinge unterrede, bis gegen 8 Uhr, wo ich nach Haus gehe.

Den 21. Maerz [1817].

Ehe ich in die Sitzung gehe, kommt ein Regierungs Bothe, der die Berechnung des neulich dem Herrn v. Hagen gegebenen Mittag Essens bringt. Es ist für diese Zeit wahrlich viel zu viel. |: Fr. 27, Sls 8 ¼ :| Die Sitzung ist ziemlich früh zu Ende. Nach Tisch reitet Joseph nach Kendenich. Gegen 5 kommt Herr Rektor zu mir, der in voller Erwartung mehrerer neuer Bilder ist. Später kommt v. Mühlenfels, mit dem ich gegen 7 zu v. Haxthausen gehe, woselbst Kassel, Elkendorf, Kreuser,[651] Eckendal zusammen kommen, u. von wo wir halb 7 zu Simon gehn. Dort sind die Mitglieder der Immediat Commission, die beyden Boeking[652] u. u. u. Wir bleiben bis gegen 11 Uhr zusammen. Es wird viel in Philosophie u. naturhistorischen Dingen geredet, wo Haxthausen seinen Steffens u. Schubart gut behalten hat. Mir wird es immer unheimlich bey den absprechenden frevelhaften Behauptungen. |30v|

---

nis der unbedingten Tüchtigkeit" (Limper, Geschichte, S. 36). Vgl. das Protokoll der mündlichen Prüfung (Landesarchiv NRW R, BR 0003, Nr. 18, Bl. 3r–6r). An der Prüfung nahmen sowohl Vertreter des Konsistoriums, des Schul- und Stiftungsfonds wie des Gymnasiums teil. Einer der Unterzeichner des Protokolls war Ev. A. von Groote (Bl. 6r).

[651] J. P. B. Kreuser, bisher Hilfslehrer am Marzellengymnasium, wurde im Frühjahr 1817 durch die Prüfung für die untere und mittlere Abteilung eines Gymnasiums als „anstellungsfähig" anerkannt (Amtsblatt d. Königl. Reg. zu Köln, Nr. 16, 22. Apr. 1817, S. 156). Vgl. Zeitungs-Bericht der Reg. Köln für April, 10. Mai 1817: Am 10. u. 11. Apr. 1817 wurden „von der hiesigen wissenschaftlichen Prüfungs-Commission" erste Prüfungen „für Candidaten des höhern Schulamts" durchgeführt (GStA PK, I. HA Rep. 89, Nr. 16278, Bl. 61r). 1817 ging Kreuser nach Berlin, um alte Sprachen und Literatur zu studieren, nach seiner Rückkehr erhielt er eine Anstellung am Marzellengymnasium. In der Folgezeit war Kreuser zudem als Schriftsteller, Lyriker und Historiker tätig (Wegener, Leben, Teil 2, bes. S. 71–92, 298 f.; Bartsch, Kreuser, S. 178–180). Elkendorf, Topographie: „Kreuser (Johann), Gymnasiallehrer, ist ein talentvoller und gewandter Schriftsteller; nur scheint er sich nicht immer Stoffe zu wählen, welche ihm angemessen sind. Seine neuern Leistungen auf dem Gebiete der Dichtkunst sind von Übelwollenden Recensenten mit einer zu absichtlichen Härte beurtheilt worden, als daß man diesem Urtheile beipflichten könnte" (in: Becker-Jákli, Köln, S. 118).

[652] Möglicherweise Louis/Ludwig Boecking und sein Bruder Richard Bernhard Boecking. Dieser war Fabrikant in Monschau, von Mai 1816 bis 1824 Landrat in Monschau (Romeyk, Verwaltungsbeamten, S. 362).

Den 22. Maerz [1817].

Joseph kommt zu mir und redet manches, was in Kendenich noch nöthig scheint. Nach 12 kommen die beyden v. Frentz. Inzwischen lese ich in Schuberts Nachtseite der Naturwissenschaft. Daß setze ich auch nach Tisch fort, bis gegen 6 Uhr, wo ich gehe, Dr. Nückel aufzusuchen, ohne ihn zu treffen. Ich gehe nun auf dem Neumarkt noch einigemal hin u. her, u. später zum Olymp, wohin Herr Hüssen[653] den Dr. Goebel[654] von Düsseldorf u. noch einen andern Verwandten bringt. Wegen jenem geht Dr. Cassel, mit dem Goebel früher einmal eine Art von Injurienprozess gehabt hat, aus der Gesellschaft weg; Fuchs u. andere werden von seiner Gegenwart xxxxxxirt, u. kommen deshalb nicht hinein. Wir sehen daselbst Stereotyptafeln.[655]

Den 23. Maerz [1817]. Sonntag.

Goebel wollte heute früh zu mir kommen; mir ist lieb, daß er ausblieb. Ich lese Schubarts Nachtseiten der Natur Wissenschaften zu Ende; gegen 9 ½ kommt noch Herr Rektor, der aber von seinen erwarteten Sachen noch nichts erhalten hat. Nach der Messe im Dom gehe ich zu Nückel, der mir sagt, es sey unsere Sache gegen die Juden auf Mitwoch am Appellhof festgesetzt, u. die Expertise könne gegen das Ende der Woche vorgenommen werden. Vor Tisch war der Pachter der 8 Morgen Land zu Bertsdorf [Berzdorf][656] zu Haus u. hat seinen Pachtzettel eingereicht; ich hab den Mann nicht gesehn. Das Land ist seit 1809 neu verpachtet,[657] u. Herr Bodenstaf[658] hat ad dies Vitae[659] den Genuß davon; übrigens ist die Entdeckung des Eigenthumsrechts daran eine ganz angenehme Entdeckung. Mittags bin ich bey Herrn v. Beywegh, wo xx Fr. u. Major v. Mylius, Frau Best mit ihrer Tochter,[660] u. Jette Geyr. Wir sind dort recht lustig,

---

[653] Der Kaufmann u. Textilfabrikant Johann Friedrich Huyssen war Mitglied der Olympischen Gesellschaft. Vgl. zu ihm: Wegener, Leben, Teil 1, S. 159; Becker-Jákli, Protestanten, S. 146, 246–248; Klersch, Reichsstadt, S. 182.

[654] Johann Karl Ludwig Goebel war seit 1800 mit Johanna Maria Theodora Huyssen, Schwester von J. Fr. Huyssen, verheiratet. Goebel war wohl kein formell aufgenommenes Mitglied des Olymps, obwohl ihn Huyssen schon 1813 vorgeschlagen hatte (Wegener, Leben, Teil 1, S. 163 f.).

[655] Stereotyptafeln: Platten mit festen Lettern, die einen wiederholten Druck ermöglichen.

[656] Berzdorf ist heute ein Stadtteil von Wesseling.

[657] 1809 war die Pacht an Peter Breuer in Berzdorf gegangen (HAStK, Best. 1196, Urkunden, U 4; bei der Inventur im Historischen Archiv der Stadt Köln um 1980 war diese Urkunde nicht mehr vorhanden).

[658] Johann Josef Domenicus Bodenstaff, Ende des 18. Jh.s Fiskalrichter, Ratsherr, Appellationskommissar (Deres, Rat, S. 22). Bodenstaff wurde 1772 durch Jakob de Groote, Herr zu Kendenich, zum Gerichtsschreiber der Herrschaft Berzdorf ernannt (HAStK, Best. 1196, Urkunden, U 3; bei der Inventur um 1980 war diese Urkunde im HAStK nicht vorhanden).

[659] ad dies vitae: auf Lebenszeit.

[660] Die Familien von Beywegh, Best und von Geyr zu Schweppenburg waren nah verwandt. Maria

u. essen, wie gewöhnlich recht schön.⁶⁶¹ Nach Tisch gehn viele nach Columba in die Predigt des Herrn Kaerp,⁶⁶² welcher großen Zulauf hat. Die |31r| kleine Best ist eigentlich gar hübsch, u. zierlich in ihrem Wesen. Man könnte sich in sie verlieben. Das wäre aber ein besonderer Casus; Walburga heißt sie, wie die, die mir damals bestimmt war; u. nichts ist sicherer, als daß ich sie nur zur Frau haben dürfte, um das geringe, was die erstere noch bey v. Beywegh voraus haben mag, völlig auf die Bestische zurückzuziehen. Das wäre ein sonderbares Changement de decoration.⁶⁶³ – Nachher gehe ich zu v. Stolzenberg, wo der Mann an Erkältung unwohl ist, u. zu Haus bleiben muß, die Frau mit v. Auer gar lieblich und geheimnißvoll thut, sich um mich wenig bekümmert, was mir schon recht ist, u. endlich zum Theater eilt, wo Wurm zum erstenmal spielt.⁶⁶⁴ Sie holt Frau v. Harff ab; v. Auer aber eilt bald nach. Ich bleibe bey dem siechen Mann, u. seinem kleinen Knaben noch eine Zeitlang, die beyde das Aussehn haben, als seyen sie äußerst schwach u. dürften wohl nicht alt werden. Der 4jährige Knabe scheint äußerst reitzbar u. empfindlich.⁶⁶⁵ Nachher kommt Solms Roedelheim noch zu uns, der morgen mit Stolzenbergs Jäger zur Jagd will; er bittet mich, auch Carl

---

Walburga Best, geboren 1801, war die Tochter des Mediziners und Professors an der Kölner Universität Paul Best u. seiner Frau Maria Gabriele Ursula von Beywegh. Sie heiratete 1818 den Regierungssekretär Carl Klenze. Vgl. J. P. J. Fuchs, Topographie: Johann Friedrich Franz von Beywegh, „verehelicht mit Agnes Walb. zum Pütz, wurde im J. 1777 zum Bürgermeister erwählt und starb 7. July 1790. Er hatte einen Sohn, welcher frühe gestorben und hinterließ eine Tochter, welche mit dem berühmten Arzt Paul Best verehelicht war. Dieser Bürgermeister wohnte aber in der Glockengasse im Hause No. 30, das v. Beyweghsche Haus auf der Hohestraße [Nr. 113] wurde bewohnt von dem Herrn Everard Anton Caspar von Beywegh, welcher mit 94 Jahren seines Alters am 15. Sept. 1833, der Letzte dieses Geschlechts, starb. Durch diesen Sterbefall kamm das fragliche Haus an seine Nichte, die Frau des Senats Präsidenten beim Rheinischen Appellationshof Freiherr Carl von Mylius, früher Commissarischer Oberbürgermeister hiesiger Stadt. Die Frau von Mylius ist eine Tochter erster Ehe des Freiherr Cornil Jos. von Geyr, dessen Ehegattinn eine geb. von Beywegh war" (HAStK, Best. 7030, Nr. 231, Bd. 2, S. 147). Die Familien von Beywegh und von und zum Pütz waren auch mit den von Grootes verwandt. Zu P. Best: Napp-Zinn, Botanik, S. 125–127.

⁶⁶¹ Zu einem Kölner Festessen siehe Weyden, Köln, S. 52 f.: Bei großen, festlichen Gelegenheiten „hatte ein Koch oder eine Kochfrau das Regiment in der Küche, was sich sonst die Hausfrau unter keiner Bedingung nehmen ließ. In jeder däftigen Familie befand sich auch ein geschriebenes Kochbuch, denn selbst die Conditorwaare ist hausbacken, in keiner ordentlichen Haushaltung fehlt die Tortenpfanne, die Bunteform, das Waffeleisen, Muhzeroll, Muhzeröllche und Mändelchesform. [...] Gilt es nun ein Festgelage, einen Gelegenheitsschmaus, dann geht es hoch her, – berühmt ist die kölnische Köchin, die kölnische Küche, schmackhaft und däftig, und eines guten Trunkes befleißigt man sich nicht minder."

⁶⁶² Mathias Wilhelm Kerp war seit Mitte 1816 Kaplan an St. Kolumba (Ferrier, St. Columba-Pfarre, S. 59).

⁶⁶³ Changement de decoration: Änderung der Dekoration/des Umfelds. Der Sinn der hier von Groote notierten Überlegungen ist unklar.

⁶⁶⁴ Welt- u. Staatsbote zu Köln, Nr. 47, 23. März 1817: „Theater-Anzeige. Montag den 24ten März: Die Sängerin auf dem Lande, worin Herr Wurm den Mareo als zweite Gastrolle giebt. C. Müller."

⁶⁶⁵ Max, Sohn des Ehepaars Stolzenberg, geboren 1813, starb 1885.

dazu einzuladen. Ich gehe bald mit ihm weg, u. auf dem Weg spricht er von Stolzenbergs Kränklichkeit, u. wie leid ihm dieß sey, da er keinen lieberen Freund hier habe als ihn.[666] Der kleine Max v. Stolzenberg hatte seinem Vater in unserer Gegenwart zwey Rehgeweihe, die eben da lagen, scherzend an den Kopf gehalten, u. gesagt, nun bist du ein Hirschchen, Vater. Solms griff dieß wieder auf, als wir allein waren, u. meinte, er würde jeden vor's Messer nehmen, der sich dergl. zu Schulden kommen lasse, worauf Max deute. Inzwischen sey es wahr, Stolzenberg sey ein schwacher ausgelebter, wenn gleich nicht alter Mann, u. sein Knabe sehe eben so aus; u. traurig sey es für die Frau, beyde vielleicht früh verlieren zu müssen. Was er damit wollte, ob er ihr ziemlich freyes Wesen, besonders mit seinem Bruder u. nun mit Auer dadurch rechtfertigen wolle, war mir nicht recht klar, u. ich ließ es hin gehn. –

Bey Haxthausen, wohin ich gebethen war, fand ich Sotzmann, den Präsident Fischenich, |31v| Simon, Boelling, Mühlenfels, Butte, Kraeuser, Elkendorf, etc. zu den Discussionen über unsere künftige gelehrte Gesellschaft versammelt. Allein, Haxthausen war unwohl, u. erst spät vereinigte man sich dahin, daß a) alle, welche noch nicht zu dem neuen Journalzirkel gehören, sich dazu sollten aufnehmen lassen; zu diesen gehörte auch ich. b) Es solle die Gesellschaft sich alle 14 Tage am Mittwoch versammeln, u. einstweilen für die Verhandlungen keine bestimmte Form haben. c) Bey Butte soll das Lokal angewiesen seyn. d) Die Aufnahmen nur per unanimio.[667] Da es Haxthausen nicht wohl ist, bleiben wir nur bis gegen 10. Nach dem Nachtessen rede ich mit dem Vater u. Joseph noch lang wegen unserer Sache gegen v. Mylius, etc.

Den 24. Maerz [1817].

Joseph u. Carl gehen zur Jagd mit Carl Solms. Der Vater kommt zu mir, u. scheint mir die Ausstellung der neuen Wechsel an den General v. Mylius auftragen zu wollen. Allein, das scheint mir ein rein persönliches Geschäft, u. ich rathe ihm, dieß selbst zu besorgen, wozu er sich auch versteht. Er spricht nun noch viel über seine Postsachen, daß Schultz ein benachbartes Postamt, vielleicht Neuwied, suche, über unsere Güterverhältniße etc. etc. Ich mache mich zur Sitzung fertig. Der Rektor kommt noch, und behauptet noch immer, er werde seine Sachen verkaufen und seine Reise nach Rom antreten,[668] wozu er sich dann den Maler Koester[669] von Heidelberg mitnehmen wolle. Ich erhalte einen Brief von

---

[666] Auch Fr. L. Chr. zu Solms-Laubach war mit Stolzenberg befreundet (Klein, Personalpolitik. S. 56 f.).
[667] per unanimio: mit Einstimmigkeit.
[668] Fochem hatte zum Ärger Grootes immer wieder neue Pläne für zukünftige Tätigkeiten. Erst 1837 reiste Fochem tatsächlich nach Rom. Vgl. Stein, Pfarre, S. 106.
[669] Der Maler und Restaurator Christian Philipp Koester lebte in Heidelberg und restaurierte dort seit 1814 Gemälde der Boisserée'schen Sammlung. Ausführlich zu Biografie und Werk Koesters: Rudi, Koester, 1999.

Seidewitz vom 10. laufenden Monats aus Magdeburg, |:–17½:| worin er mir nichts wichtiges schreibt, als worüber ich ihn befragt, nehmlich, daß ihm, wie den übrigen Offizieren, wirklich bey der zweiten Anwesenheit des Armeekorps III in Paris, 50 Rth. ausgezahlt |32r| worden seyen. Ich habe nun also wieder Stoff, die Pferdegeschichte bey v. Reiche in die Länge zu ziehen. Ich schreibe die Klage gegen v. Mylius nach Gadés Entwurf zurecht, und schicke sie letzterem wieder zu, daß sie gleich erhoben werde. Nach Tisch hole ich aus dem Archiv die nöthigen Papiere, u. entwerfe ein Schreiben an die Schulkommission, worin ich das zur fundatio Theologicae Jacob de Groote junioris gehörende Capital von Rth. 3.000, wovon 1796 die letzten Zinsen bezahlt sind, sammt allen Rückständen fordere und aufkündige.[670] Dann entwerfe ich noch einiges zur definitiven Berechnung mit Paul Engels. Die Jäger kommen gegen 7 Uhr zurück. Ich rede lang mit Joseph über unsere Sachen. – Für Handschuh zu waschen. |:–7 Sls.:|

Den 25. Maerz [1817].

Gegen 8 ½ gehe ich in die Kolumba Kirche, u. nachher, da es regnet, schon gleich wieder nach Haus. Ich bringe jene Schrift an die Schulkommission, damit sie gleich revidirt und expedirt werde. Nachher gehe ich noch auf das Archiv,[671] nachzuweisen, zu welchem speziellen Theil obiger Fundation das fragliche Capital gehöre; allein, dieß findet sich nicht, da es schon 1778 angelegt wurde. Vor Tisch kommt noch Herr General Vikar v. Caspars zu mir, der noch wegen einiger seiner Sachen zu reden hat. Nach Tisch gehn wir in das Schulkollegium,[672] wo dem zur Universität zu Entlassenden Mathias Euler von Jülich,[673] von Seber u. dem jungen Grashof[674] eine Rede gehalten; auch hielt er selbst eine, alles recht feyerlich. |32v|

---

[670] Dieses um den 24. März 1817 verfasste Schreiben Grootes an die städtische Schulkommission ließ sich nicht nachweisen.
[671] Vermutlich das Archiv der Familie von Groote.
[672] Köln. Zeitung, Nr. 48, 25. März 1817: „Ankündigung. Ein verehrtes Publikum beehre ich mich zu der Entlassungs-Feier, die heute den 25. dieses, Nachmittags 3 Uhr, in dem großen Saale des Jesuiten-Kollegiums begangen wird, ergebenst einzuladen. Köln, den 25. März 1817. Der Direktor des Gymnasiums, Seber."
[673] J. M. Euler besuchte wenige Wochen später die Boisserées in Heidelberg. S. Boisserée, Tagebücher, Bd. I, S. 387, 16. Apr. 1817: „Student Euler von Jülich, Vetter/Neffe von Hofrat Jungbluth in Köln, empfohlen durch Bernhard und Direktor Seber. Elender Zustand des Cöln. Gymnasiums; man läßt die Professoren alle nach Braband ziehen." Nach dem Studium in Heidelberg war Euler als Gerichtsschreiber am Kölner Landgericht tätig.
[674] K. Fr. A. Grashof und Dorothea Luisa Brüder, die seit 1797 verheiratet waren, hatten 1817 fünf Kinder, ein weiteres Kind wurde 1818 geboren. Hier ist vermutlich gemeint: Carl Grashof, geboren 1799; 1817 war er Schüler der I. Klasse des Marzellengymnasiums (Seber, Einladungsschrift, 1817, S. 27; Universitäts- u. Stadtbibliothek Köln), 1818 machte er Abitur (Gerhartz/Wedekind, Abiturienten, S. 3). Er wurde Gymnasiallehrer in Düsseldorf. Sein Bruder Julius Grashof besuchte 1817 die III. Klasse. (Seber, Einladungsschrift, 1817, S. 27; Universitäts- u. Stadtbibliothek Köln).

Nachher geht Dr. Cassel mit mir nach Haus, wo wir manches über die Schuleinrichtung, Universität, etc. reden. Prof. Nussbaum verlangt, heimlich mit mir zu reden, u. hat von Prof. Willman[675] gehört, Kraeuser solle neulich bey Haxthausen sehr ungebührlich von christlichen Dingen geredet haben, u. hat deswegen sich in einer Professoral-Conferenz sehr deutlich vernehmen lassen, wobei Seber[676] redlich beygestimmt. Kraeuser fühlte sich getroffen, und hat ihn zu Rede gestellt, ob ich ihm dieß etwa verrathen. Nussbaum hat dieß verneint, u. ihm nur gesagt, ich habe geäußert, Kraeuser rede oft etwas zu vorlaut. Wahrscheinlich hatte Kraft, oder einer der beyden Schieffer[677] jenes ausgesagt. Cassel bleibt bis nach 7 Uhr. Ich wollte Herrn Wurm spielen sehn, nun ist's mir aber zu spät, und ich bleibe ruhig zu Haus, u. lese im Heldenbuch.[678]

Den 26. Maerz [1817].

Beym Vater ist mein Schreiben wegen des Capitals bey der Schulverwaltung schon abgeschrieben u. wird weggeschickt. Am Tribunal hat Dr. Nückel unsre Sache gegen die Juden doch nicht auftragen lassen, u. sie bleibt nun bis nach den Osterferien ausgesetzt; auch wegen der Expertice zu Kendenich ist nichts geschehen. In der Sitzung kommt meist nur langweiliges Zeug vor; sie währt bis

---

[675] B. Willmann, geboren 1783 in Köln, übersetzte und veröffentlichte 1808 gemeinsam mit Marcus DuMont den Code de Commerce; seit 1814 unterrichtete er an einem Gymnasium in Lüttich (Wegener, Leben, Teil 2, S. 70 f.; Limper, Geschichte, S. 26). Elkendorf, Topographie: „Willmann (Benedict), Dr. der Rechte und Oberlehrer am hiesigen Gymnasium, zeichnet sich als deutscher Übersetzer, als Philologe und Aesthetiker vorzüglich aus. Seine Verdeutschung der französischen Gesetzbücher ist in den Händen aller Juristen und wetteifert mit denen des Staatsraths Daniels und des Prof. Erhard um den Vorrang. [...] Die Ansichten, welche er in Verbindung mit seinem Freunde und Kollegen Dr. Dilschneider im Kommentar zur Seber'schen Mustersammlung deutscher Gedichte niedergelegt hat, sind eben so tief durchdacht als richtig, neu und mit dem freien Genius der Poesie im Einklange. Seine kleinern Aufsätze und Gedichte in Zeitschriften und Almanachen gefallen wegen ihrer blühenden, das Gewöhnliche verschmähenden, meist überraschenden Darstellung und seine Epigramme und Satyren verfehlen nie ihren stets edeln und höhern Zweck" (in: Becker-Jákli, Köln, S. 120).

[676] Elkendorf, Topographie: „Seber (Franz Joseph), Dr. der Philosophie und Theologie" wirkte als Direktor des Gymnasiums „durch seine Anthologie aus deutschen Klassikern höchst wohlthätig auf die Bildung der Jugend" und erwarb sich durch „seine streng philosophischen Programme in schriftstellerischer Beziehung" „ungetheilten Beifall", „welchen er in Hinsicht seiner Amtsführung bei allen Cölnern im höchsten Grade genoß" (in: Becker-Jákli, Köln, S. 119). R. B. Schmitz (alias Roderich Schmitz) an F. A. von Spiegel, Köln, 26. Mai 1817: „Der Director Seber entspricht in ansehung seiner Kenntnisse, seiner unparteiischen Freundlichkeit und seiner Liebe zur Arbeit der Erwartung die man von einem wackern Vorsteher eines Gymnasiums haben kann" (Staatsarchiv Münster, Nachlass F. A. Graf von Spiegel). Seber veröffentlichte 1817 in der DuMont u. Bachem'schen Buchhandlung: Sammlung von Mustern deutscher Dichter für Gymnasien. Vgl. Buchankündigung und Rezension, in: Beiblatt d. Köln. Zeitung, Nr. 18, 5. Okt. 1817. Zu Fr. J. Seber: Limper, Geschichte, S. 27 f.; Wegener, Leben, Teil 2, vielerorts.

[677] Möglicherweise: Heinrich und Johann Baptist Schieffer, Teilhaber der Tuchfabrik J. B. Hirn.

[678] Heldenbuch: Handschrift oder Druck aus dem 14. bis 16. Jh. mit Sammlungen heldischer Epen.

nach 2 Uhr. Nach Tisch gehe ich mit dem Vater u. Joseph ein Schreiben von den Kindern des General Mylius[679] durch, was diese an Herrn Dr. Sitt wegen unserer Sachen, u. dieser durch Dr. Gadé abschriftlich an uns geschickt hat. Es berührt die auseinanderzusetzenden Gegenstände, doch einseitig u. verdreht und spricht auch von Verwerfung des Compromisses wegen Transdorff. Ich schreibe an Gadé, dem ich jenes Schreiben wieder zustelle, er solle Dr. Sitt einen kurzen bestimmten Termin setzen, u. wenn er diesen, wie zu erwarten steht, wieder nicht einhalten werde, die gerichtliche Klage anbringen. Ich gehe nun zu Düssel,[680] um für Pistor die farbigen Gläser zu haben,[681] die ich ihm schicken und zugleich wegen der hiesigen Postwirthschaft, nach dem Wunsche des Vaters, schreiben will. Ich gehe noch einmal an den Rhein, u. dann nach Hause, wo ich auch still lesend bleibe.

---

[679] Caspar Joseph Carl von Mylius hatte mit Maria Anna Henriette Walburga de Groote drei Kinder: Sophia Albertina, geboren 1782, sowie die 1784 geborenen Zwillinge Clara Salesia und Eberhard Gereon. Auch die Interessen dieser Kinder spielten im Erbschaftskonflikt der Familien von Groote und von Mylius eine Rolle.

[680] Der hier genannte Verkäufer war ein Mitglied der Glaser-, Glasschleifer- und Spiegelmacherfamilie Düssel. Wilhelm Düssel, geboren 1765, war zudem Sammler und Händler von Glasmalereien; seine Sammlung gehörte zu den bedeutendsten der Region (Wolff-Wintrich, Glasmalereisammlungen, S. 348 f.; Roth-Wiesbaden, Geschichte, S. 77; Krischel, Rückkehr, S. 98 f.; Täube, Dunkel, 2007).

[681] Carl Philipp Heinrich Pistor, den Groote 1816 in Berlin kennengelernt hatte, war Geheimer Postrat und vortragender Rat im Generalpostamt, außerdem Mechaniker, Erfinder und Hersteller wissenschaftlicher Instrumente. Groote kaufte also für Pistor Glasmalereien, gleichzeitig nutzte er diese Verbindung, um Pistor Probleme des Kölner Oberpostamts vorzutragen.

Grootes Alltag: Geselligkeit und Engagement

Theater

Den Frühling 1817 verbrachte Eberhard von Groote weiterhin in Köln. Obgleich er selbst über die Langeweile und Ziellosigkeit seines Lebens klagte, war sein Alltag außerhalb seiner beruflichen Tätigkeit durchaus abwechslungsreich, da er kulturell-geselligen Veranstaltungen wie Theateraufführungen und Konzerten einen nicht geringen Teil seiner Zeit widmete.[1] Allerdings war das „Theaterwesen" in Köln Anfang des 19. Jahrhunderts im Vergleich zu dem in anderen deutschen Städten recht unterentwickelt. Das 1783 aufgrund einer privaten Initiative errichtete Schauspielhaus in der Komödienstraße[2] hatte die bis dahin wechselnden, unzureichenden Spielorte ersetzt, doch es war nur ein einfacher Bau und um 1817 in einem schlechten Zustand. Anfang der 1820er-Jahre stellte Bernhard Elkendorf fest:

> „Im nordoestlichen Theile der Stadt, in der Comödienstraße, liegt das Cölner Theater, nemlich ein hinter einer von Backsteinen erbauten geschmacklosen Façade gelegenes, mit zwei Reihen von Seitenlogen versehenes, aus blosen Brettern errichtetes elendes Gerüste, welches höchstens 800 bis 900 Menschen zu fassen im Stande ist und an den Tagen, wo gespielt wird, wegen Feuersbrunst immer eine besondere Aufmerksamkeit erfordert."[3]

Die Innengestaltung des Gebäudes war 1805/06 in zeitgemäßem Geschmack erneuert worden, finanziert durch einige Theaterenthusiasten und ausgeführt – unter Mitwirkung Wallrafs – von den Kölner Malern Matthias Joseph Denoël und Maximilian Heinrich Fuchs.[4] Der Zuschauerraum, kommentierte die *Kölnische Zeitung*,[5] war nun in „zwei muntere[n] Farben, Gelb und Weiß mit ihren leichten Brechungen" gehalten und bot vor allem klassizistische, aus der antiken Mythologie stammende Motive sowie Elemente „in egyptischem Geschmack". „Die neue Einfassung der Bühne" werde, so der Artikel, „durch sparsame weiße Basrelieven dem Auge wohlthuen und die oft unvermeidliche Langeweile der Harrenden angenehm beschäftigen". Es gab viel zu betrachten:

---

[1] Seinem Bruder Joseph versicherte Groote, „überhaupt kein entschiedener Theater Freund" zu sein (Groote, Tagebuch, Bd. 2, S. 455).

[2] Zur Entwicklung des Kölner Theaters und Musiktheaters vom 18. Jh. bis in die 1820er-Jahre: Merlo, Geschichte, S. 177–198; Vogts, Die profanen Denkmäler, S. 358 f.; Müller, Köln, S. 365–368; Grempler, Schauspielhaus, S. 47–60; Gutknecht, Ein neues Haus, S. 79–92; Buck/Franke, Köln, S. 60–64; Mettele, Stadttheater, S. 81–86; Buck/Vogelsang, Theater, S. 174–178; Switalski, Wandlungen, S. 81–83.

[3] Elkendorf, Topographie, in: Becker-Jákli, Köln, S. 57 f.

[4] Zur geplanten Gestaltung: Köln. Zeitung, Nr. 172, 2. Sept. 1805. Siehe Denoëls ausführliche Erläuterung der vielen Zierelemente: Übersicht der im Ball-Saale des Schauspielhauses befindlichen allegorischen Figuren (in: Bayer, DeNoël, S. 220 f.); vgl. Denoël, Meine Poeterei (HAStK, Best. 1078, A 1, Bl. 19r). Denoëls Vater Johann Heinrich Denoël war Miteigentümer des Schauspielhauses (von der Bank/Brog/Leifeld, Freiheit, S. 99).

[5] Köln. Zeitung, Nr. 172, 2. Sept. 1805.

"Beim Eingange in den Saal ist der Kopf des Janus zu sehen, Zukunft und Vergangenheit andeutend, von der Ringelschlange Unendlichkeit umgeben. Ihm zur Seite erscheint der Helm der Minerva mit ihren Attributen, den Eulen, und dem Schlangenstab Merkurs, begleitet von Hahnen, dem Bilde der Wachsamkeit. Dann folgt das Fruchthorn der Ceres mit den geflügelten Drachen und auf der anderen Seite der Dreizack Neptuns zwischen zwei Delphinen. […] Über der Szene schwebt als Plafond, von Wolken umgeben, das Thema des Ganzen – der Eintracht Bild – die Harmonie."[6]

In diesem Ambiente erlebten die Besucherinnen und Besucher Lust- und Trauerspiele, Opern, Singspiele und Possen, Deklamationen und Mimische Darstellungen recht unterschiedlicher Qualität. Ein festes Ensemble hatte Köln nicht; das Publikum wurde stattdessen von wechselnden Schauspielergruppen unterhalten, die sich in ihrer Struktur nicht von denen der reichsstädtischen und französischen Zeit unterschieden.[7] Von 1814 bis Mitte 1817 trat in Köln vor allem die Wandertruppe der Prinzipalin Caroline Müller[8] auf, die ein ambitioniertes Programm offerierte, in der Saison 1816/17 etwa *Fiesko oder die Verschwörung zu Genua* von Friedrich Schiller und Mozarts *Die Hochzeit des Figaro*.[9] Mit der Gruppe gastierten mitunter überregional renommierte Künstlerinnen und Künstler. So konnte im Mai 1817, als besonderer Höhepunkt der Saison, die berühmte Sängerin Anna Pauline Milder-Hauptmann verpflichtet werden,[10] die Groote schon 1816 im Berliner Schauspielhaus erlebt hatte.[11]

Die unter den Kölner Theaterliebhabern umstrittensten Aufführungen des Jahres 1817 waren die Gastspiele des bekannten Schauspielers Albert Ferdinand Wurm im Monat März. Um ihn zu sehen, besuchte Groote das Theater an zwei aufeinander folgenden

---

[6] Der Verkündiger, Nr. 355, 23. Febr. 1806 (zit. in: Bayer, DeNoël, S. 212). Vgl. eine Zeichnung des Theaterinnenraums in: Buck/Franke, Köln, S. 63. Smets, Taschenbuch, S. 81: „Das Schauspielhaus ist von innen mit altrömischen Emblemen geschmackvoll decorirt und führt auf der Aussenseite die Inschrift: Ludimus effigiem vitae" (Wir spielen ein Abbild des Lebens).

[7] Es waren Spielgruppen, die mit zwanzig bis dreißig Personen von Stadt zu Stadt zogen, abhängig von der Zulassung durch die jeweiligen Behörden.

[8] Caroline Müller, geb. Vogel, war bis 1813 in Augsburg als Schauspielerin vor allem im Rollenfach „Mütter" tätig, anschließend leitete sie Schauspielgruppen, mit denen sie u.a. in Augsburg, Straßburg, Düsseldorf und Köln auftrat. C. Müller war in Köln nicht unumstritten. Vgl. Beiblatt d. Köln. Zeitung, Nr. 17, 17. Nov. 1816: Es könne nicht „gutgeheißen werden, daß Madame Müller durch die Nachläßigkeit, womit sie doch, im Ganzen genommen, das hiesige Theater behandelt, eine Geringschätzung an den Tag legt, die unsere Stadt nicht verdient. An keinem Orte kann das Theater besser gedeihen, als hier, da das Publikum nicht nur hinreichend Sinn hat für das Schöne der dramatischen Kunst, sondern auch zahlreich genug ist, die Ausführung desselben zu unterstützen."

[9] Welt- u. Staatsbote zu Köln, Nr. 55, 6. Apr. 1817: „Theater-Anzeige. Morgen Montag den 7ten April, auf Verlangen mehrerer Theaterfreunde: Die Hochzeit des Figaro. Große Oper in 4 Akten, von Mozart. C. Müller."

[10] Welt- u. Staatsbote zu Köln, Nr. 81, 22. Mai 1817.

[11] H. zu Solms-Laubach schrieb an ihren Sohn Otto in Berlin, Köln, 4./5. Jan. 1817: Zwar gebe es ein Theater in Köln, an ihm sei aber „leider nicht viel", „da nur einige gute Schauspieler dabei, die andern aber sehr schlecht sind" (Privatarchiv d. Grafen zu Solms-Laubach, XVII, 199, Nr. 8).

Abenden.[12] Eines der gezeigten Stücke war die 1812/13 verfasste „Posse" *Unser Verkehr*,[13] ein Stück, das die beginnende gesellschaftliche Emanzipation der jüdischen Bevölkerung verspottete und damit das 1812 verabschiedete preußische Emanzipationsgesetz hämisch kommentierte. 1815, als das Königliche Schauspiel Berlin eine Präsentation mit Wurm in der Hauptrolle des jüdischen Händlers Jakob geplant hatte, war schon im Vorfeld der Aufführung vor der judenfeindlichen Tendenz gewarnt und von jüdischer Seite Einspruch erhoben worden, sodass die Regierung die Aufführungen verbot. Nachdem sich daraufhin ein geradezu gesellschaftspolitischer Aufruhr entwickelt hatte, gab die Obrigkeit dem Druck nach und genehmigte das Stück mit einigen Änderungen. *Unser Verkehr*, mit Wurm in der Hauptrolle, wurde zu einem Triumph. In den folgenden Jahren und Jahrzehnten übernahmen viele deutsche Bühnen die „Posse" in ihr Repertoire und trugen damit zur Akzeptanz antijüdischer Stereotype in der Bevölkerung bei.[14] Die Verbreitung des Stücks war von scharfer Kritik aus den Reihen der Emanzipationsfreunde begleitet, die sich in Artikeln, Gegenstücken und Flugschriften gegen Judenfeindlichkeit und für ein aufgeklärtes Theater einsetzten. Für Wurm, der die Rolle des Jakob mit „jüdischem Akzent" und reißerischem Klamauk spielte, wurde das Stück zu einem Erfolg, der seine Reputation in der „komischen" Darstellung von Juden festigte.

Die Aufführung der „Posse" in Köln fand zu einem Zeitpunkt statt, als die Behörden gerade begannen, die für die jüdische Bevölkerung in den Rheinprovinzen geltenden Gesetze neu zu regeln und man auch in Köln erste Maßnahmen zu Einschränkung und Kontrolle der jüdischen Einwohner einleitete.[15] Das Stück war also sehr aktuell und wurde von einem Teil des Kölner Publikums mit Interesse erwartet.[16] Schon nach Wurms ersten Auftritten war in der *Kölnischen Zeitung* ein begeisterter Artikel zu lesen,

> „Herr Wurm erfreut seit einigen Tagen das hiesige Publikum durch sein herrliches komisches Talent. Von diesem hat er in den wenigen bis jetzt Statt gefundenen Vorstellungen so mannigfache Beweise gegeben, daß wir es für überflüssig halten, seinem so allgemein verbreiteten Ruf unser schwaches Lob anzuhängen. Mit Dankbarkeit gestehen wir, daß er vollkommen die Kunst inne hat, den Zuschauer in heitre Stimmung zu versetzen und selbst dem Ernsthaftesten unwiderstehliches Lachen abzugewinnen."[17]

---

[12] An diesen beiden Abenden wurden insgesamt vier Stücke gezeigt.

[13] Karl Borromäus Alexander Sessa, Unser Verkehr (auch: Die Judenschule), uraufgeführt 1813. Die „Posse" war in Breslau nach zwei Aufführungen verboten worden. Zur Entwicklung des Genres „Judenposse" und jüdischer Rollen: Neubauer, Judenfiguren, S. 98–112; Denkler, „Lauter Juden", 1988.

[14] Vgl. Schmidt/Weigel, Unser Verkehr, 2014; Neubauer, Judenfiguren, S. 113–130.

[15] Näheres zur Politik gegenüber der jüdischen Bevölkerung in diesen Monaten siehe S. 288–292.

[16] Einige Wochen zuvor hatte ein kurzer Artikel in der Köln. Zeitung, Nr. 28, 18. Febr. 1817 auf das „ausserordentliche Talent" Wurms und den „ungeheuren Beifall", den seine Darstellungen überall erhielten, hingewiesen und gemeldet, dass die „hiesige Theater-Direktion" mit Wurm in Verhandlung über einen Auftritt in Köln stehe. Siehe auch: Köln. Zeitung, Nr. 46, 22. März 1817: Die Theater-Direktion meldete, sie habe den Künstler „für eine Reihe von 5 bis 6 Gast-Vorstellungen" engagieren können. Sein erstes Auftreten in Köln werde am 23. März stattfinden.

[17] Köln. Zeitung, Nr. 50, 29. März 1817. Im Tagebuch notierte Groote, dieser Artikel sei „für Herrn-Wurm und gegen das hiesige Publikum" geschrieben (Groote, Tagebuch, 29. März 1817).

Als Verfasser des Artikels vermutete man, so Groote, den Schriftsteller und Sekretär bei der Kölner Regierung Franz Elsholtz.[18] Eine Entgegnung folgte am nächsten Tag durch den Leiter des städtischen Finanzbüros und Sekretär der Handelskammer Johann Heinrich Frambach, einem Anhänger republikanischer Ideen und eines freiheitlichen Gesellschaftskonzepts:

> „Herr Wurm hat seit einigen Tagen auf der hiesigen Bühne Vorstellungen gegeben, und weder durch sein Spiel, noch durch die Auswahl der Stücke, worin er aufgetreten ist, die Erwartungen befriedigt, die ihm nach den glänzenden Ankündigungen bei dem hohen Preise, zu welchem er bedungen ist, nothwendig vorausgehen mußten. Wir gestehen offenherzig, daß wir seinen Trivialitäten keinen Geschmack abgewinnen können, und daß wir nicht begreifen, wie demjenigen der Name Künstler beigelegt werden kann, der allenfalls die Gabe besitzt, einen Juden und Berliner Kellner nachzuahmen. Das hiesige Publikum hat bei dieser Gelegenheit abermals bewiesen, daß ihm ein besserer Sinn beiwohnt, und daß ihm […] die Art, wie Herr Wurm seine Rollen behandelt, keineswegs behagen kann."[19]

Groote, der diese Artikel las, ohne in seinen Aufzeichnungen eine eigene Einschätzung des Stücks zu notieren, kannte die Autoren persönlich, die beide dem Kreis der bürgerlichen, an Literatur und Theater interessierten und schriftstellernden Kölner angehörten.

Im Herbst 1817 löste sich die Müller'sche Gesellschaft auf,[20] stattdessen machte sich ihr bisheriges Mitglied Joseph Derossi mit einem Teil der Gruppe selbstständig. Von September bis Ende Oktober 1817 bot er Aufführungen in Köln, in denen er als besondere Attraktion mehrere Gastspiele mit dem bekannten Schauspieler Ferdinand Esslair[21] vom

---

[18] Der Berliner Fr. Elsholtz hatte dieses Amt seit 1816 inne. 1820 veröffentlichte er im Verlag J. P. Bachem den Reiseführer Wanderungen durch Köln am Rhein und seine Umgegend. Elsholtz blieb nicht lange in Köln, reiste in den folgenden Jahren durch Europa und war schriftstellerisch tätig; 1827 wurde er Leiter des Hoftheaters in Gotha.

[19] Köln. Zeitung, Nr. 51, 30. März 1817. Groote nannte J. H. Frambach als Autor des anonymen Artikels (Groote, Tagebuch, 30. März 1817). Der protestantische Publizist, Verleger und Dramatiker Frambach, der sich seit 1801 für die Einrichtung eines deutschsprachigen Theaters in Köln einsetzte, amtierte von 1807 bis 1821 als Leiter des Finanzbüros der Stadt Köln, ab 1816 bis zu seinem Tod als Sekretär bei der Kölner Handelskammer (Wegener, Leben, Teil 1, S. 115–119, 248 f.; Merlo, Geschichte, S. 191–194; Müller, Köln, S. 362, 365, 367).

[20] C. Müller war daraufhin nicht mehr als Prinzipalin tätig, sie war jedoch weiter als Schauspielerin aktiv; von 1819 bis 1821 trat sie am Theater in Trier auf. Anfang 1818 wurden Teile ihres Besitzes in Köln versteigert. Köln. Zeitung, Nr. 29, 19. Febr. 1818: „Am 24. des l. Monats Februar, Vormittags 10 Uhr, wird dahier auf dem Altenmarkt ein der Schauspiel-Direktorinn Carolina Müller zugehöriger und gegen dieselbe wegen schuldiger Patent-Steuer in Beschlag genommener Reisewagen von Amtswegen meistbietend versteigert werden; welcher vorläufig im hiesigen königl. Regierungsgebäude in Augenschein genommen werden kann". Einige Wochen darauf wurden auch „die der Schauspieler-Direktorin Carolina Müller zugehörigen, und gegen sie in Beschlag genommenen Theater-Effekten öffentlich versteigert" (Köln. Zeitung, Nr. 55, 5. Apr. 1818).

[21] Vgl. eine „Theater-Anzeige" von J. Derossi in: Köln. Zeitung, Nr. 141, 4. Sept. 1817. Zu Ferdinand Esslair, der vor allem Helden und Charakterrollen spielte: Klingemann, Eßlair, 1822; Chézy, Eßlair, 1824.

Stuttgarter Hoftheater präsentierte. Unter diesen Aufführungen war auch August Wilhelm Ifflands Schauspiel „Dienstpflicht",[22] ein Bühnenstück, in dem erneut eine jüdische Hauptperson auftritt. Allerdings ist dieser „Handelsjude" Baruch, den Esslair verkörperte, positiv charakterisiert – als ehrlicher, wohltätiger Mann, der die betrügerischen Pläne christlicher Intriganten vereitelt. Groote notierte nach dem Besuch der Aufführung abfällig: Esslair habe gut gespielt, „soviel das Stück es zuläßt".[23]

Währenddessen konkretisierten sich die Bemühungen von Seiten der Kölner Theaterfreunde um eine Verbesserung des „Theaterwesens". Mit dem Ziel, eine feste Organisation und damit eine langfristige Lösung zu erreichen, hatte sich „eine Theater-Direktion", wiederum als bürgerliche Initiative, gebildet, die im Sommer 1817 begann, mit den Behörden über mögliche Maßnahmen zu verhandeln.[24] Eberhard von Groote war mit diesen Plänen befasst – nicht aus eigenem Interesse, sondern im Auftrag seines Vorgesetzten.

Musik

Auch das Kölner Musikleben[25] basierte zu Beginn des 19. Jahrhunderts weitgehend auf dem privaten Engagement bürgerlicher Dilettanten und Musikliebhaber. Ihre Initiativen versuchten schon während der französischen Herrschaft, die Verluste aufzufangen, die durch die Aufhebung der meisten Klöster und die Einziehung der kirchenmusikalischen Stiftungen[26] entstanden waren. Nicht nur viele Kirchenorchester hatten ihre finanziellen

---

[22] A. W. Iffland, Dienstpflicht, Schauspiel in fünf Aufzügen, Grätz 1796. Zur „Dienstpflicht": Denkler, „Lauter Juden", S. 151. Möglicherweise wurde auch das Schauspiel „Der Jude" (The Jew) von Richard Cumberland in Köln gezeigt; Merlo nennt für den 28. Febr. 1817 eine Aufführung mit Carl Ludwig Friedrich Paulmann in der Rolle des Juden Sheva (Merlo, Geschichte, S. 197). Das Schauspiel, in dessen Mittelpunkt der edle jüdische Geldverleiher Sheva steht, hatte nach der Uraufführung 1794 in England eine große positive Resonanz erzielt. Zu Cumberland: Newman, Cumberland, 1919. Die Angabe Merlos ließ sich weder durch einen Theaterzettel noch eine Zeitungsannonce belegen. Groote erwähnt das Stück nicht. Verbürgt ist eine Aufführung am 11. März 1818 in Düsseldorf mit Paulmann als Sheva (Theaterzettel-Sammlung der Universitäts- und Landesbibliothek Düsseldorf). Zu A. Wurm in der Rolle des Sheva bei einer Aufführung in Dresden am 2. Juli 1818: Abend-Zeitung (Dresden), Nr. 166, 14. Juli 1818.

[23] Groote, Tagebuch, 15. Sept. 1817. Derossi und seine Gesellschaft traten in der Wintersaison 1817 in Düsseldorf auf. Zu J. Derossi in Düsseldorf: Füllner, Theater, S. 181–185.

[24] 1817 bestand diese Initiative im Wesentlichen aus einem kleinen Kreis von Theater-Enthusiasten, der sich im Herbst 1817 erste Strukturen gab.

[25] Vgl. zur Geschichte der Musik in Köln am Ende des 18. u. zu Beginn des 19. Jh.s den Sammelband: Jacobshagen/Steinbeck/von Zahn, Musik, 2010; hier auch Biografien und Literatur. Siehe auch: Jacobshagen, Musik, 2012; Mettele, Bürgertum, S. 102–107; Müller, Köln, S. 368–374; Wehsener, Orchester, S. 10–26; Uebersicht der musikalischen Anstalten zu Cöln am Rhein (in: Allgemeine musikalische Zeitung, Nr. 52, 27. Dez. 1815; gedr. in: Jacobshagen, Strukturwandel, S. 52–60).

[26] Auch die Groote'sche Familie hatte eine Musikstiftung gegründet: „Die Musik bey der Kreuzbrüderkirche war eine Stiftung der degrootischen Consular-Familie, welcher Cöln in ehemaligen Zeiten viele wohlthätige Anstalten zu verdanken hatte. Die Anzahl und die Besoldung des Chores

Grundlagen verloren, selbst die berühmte Domkapelle löste sich um 1805 auf.[27] Doch schon kurz darauf bildete sich zur Fortsetzung der Dommusik eine vorwiegend aus Laienmusikern bestehende Gesellschaft, die bald komplexe Werke aufführte.[28] Bei mehreren Aufführungen der Gesellschaft war Groote 1817 anwesend: Am Karfreitag präsentierte sie Joseph Haydns *Die sieben letzten Worte*,[29] im August gab sie zu Ehren des Kronprinzen im Dom ein Chorkonzert „nach Haydn's, Mozart's und Naumann's treflichen Kompositionen",[30] im November führte sie Mozarts Requiem auf.[31] Auch in einer Reihe von Kirchen wurde nun wieder auf hohem Niveau musiziert. Groote erwähnte u.a. Musik, die er in St. Kolumba, St. Alban und in der Jesuitenkirche (St. Mariä Himmelfahrt) gehört hatte.[32]

Musiziert wurde zudem im Familien- und Freundeskreis der Kölner „besseren Stände", da Musikunterricht in adeligen und bürgerlichen Schichten Teil der Erziehung war. Darüber hinaus bildete sich eine Anzahl von Zusammenschlüssen wie die 1812 gegründete Musikalische Gesellschaft, in denen Musikliebhaber für Musikliebhaber musizierten, beides in erster Linie Angehörige des mittleren und höheren Bürgertums. Die Allgemeine musikalische Zeitung stellte schon 1815 fest:

„Endlich so fehlt's in Cöln auch nicht an kleinen Cirkeln, wo der Tonkunst vorzüglich gehuldigt wird, da Klavier und Gesang beynahe in jedem guten Hause einen nothwendigen

---

war mittelmässig. Er stand unter der Aufsicht eines Capitularen der Canonie, und war zu einigen Messen und alldonnerstägigen Completorien verpflichtet" (Uebersicht der musikalischen Anstalten, 1815, Sp. 864); vgl. J. P. J. Fuchs, Topographie (HAStK, Best. 7030, Nr. 231, Bd. 4, S. 168 f.). Dazu auch: Spiertz, Groote, S. 281; Wehsener, Orchester, S. 10, 25. Das Kloster zum Hl. Kreuz wurde 1802/03 aufgelöst, Kirche und Gebäude wurden 1808 niedergelegt. Zu Kirche und Kloster: Kempkens, Hl. Kreuz, 2003/2004; Krischel, Antwerpen, S. 8–21; Arntz/Neu/Vogts, Die Kunstdenkmäler der Stadt Köln, Ergänzungsband (1937), S. 214–220. Die Verwaltung des Kapitals der Groote'schen Musikstiftung ging vorerst an die Kirche St. Kolumba über. Siehe S. 212, 542.

[27] Zur Dommusik Anfang des 19. Jh.s: Gehring, Trommelschlag, S. 114–128; van Elten, Dommusik, 2016; zur Bedeutung Wallrafs für Dom- und Kirchenmusik in Köln: Niemöller, Wallraf, 2010; Wallraf, Kirchenmusik, 1805/1818.

[28] Uebersicht der musikalischen Anstalten, 1815, Sp. 869: „Die nämlichen Dilettanten, welche die Dommusik erhalten, pflegen ebenfalls seit einigen Jahren am grünen Donnerstage ein Passionsoratorium aufzuführen. Im Jahr 1810 und 1811 war es Grauns Tod Jesu, im Jahr 1812 Beethovens Christus am Oelberg, im Jahr 1813 Händels Messias, und 1814 Bergts Christus, durch Leiden verherrlicht. Ausser diesem werden am Charfreytage jedesmal Haydns sieben Worte in der Domkirche aufgeführt".

[29] Joseph Haydn, Die sieben letzten Worte unseres Erlösers am Kreuze, 1787.

[30] J. P. J. Fuchs, Stadtchronik (HAStK, Best. 7030, Nr. 215, Bd. I, S. 66).

[31] W. A. Mozart, Requiem in d-moll (KV 626), 1791.

[32] Gottesdienste in der seit 1805 von den protestantischen Gemeinden genutzten Antoniterkirche konnten zunächst nur zu besonderen Gelegenheiten musikalisch begleitet werden; erst ab 1815 zeigten sich erste Schritte zur Bildung eines eigenen Chors. Bei dem Gottesdienst in der Antoniterkirche zur Reformationsfeier am 31. Okt. 1817, bei der Groote anwesend war, sang ein Kinderchor. Zur Geschichte der Musik in den Kölner protestantischen Gemeinden: Miller, Anfänge, 2010. In der 1802 eingerichteten Synagoge gab es noch keinen festangestellten Kantor, bis 1824 Isaak Offenbach, Vater von Jacques Offenbach, als Kantor bestellt wurde.

Theil der Erziehung ausmachen. – Mehrere der Liebhaber, die sich für die Musik am thätigsten verwenden, haben unter sich noch eine wöchentliche Vereinigung gestiftet, wo Quartette und Quintette der vorzüglichsten Meister ausgeführt werden."[33]

Manche der Konzerte fanden regelmäßig an bestimmten Wochentagen statt, etwa bei Richard Lieber in der Komödienstraße oder bei Johann Peter Lempertz auf dem Domhof, sodass Abonnements für die Aufführungen angeboten werden konnten.

Eberhard von Groote war kein aktives Mitglied einer musizierenden Gruppe; er war weder wirklicher Musikenthusiast noch Musikkenner. Immerhin dilettierte er im Flötenspiel, sang im Freundeskreis, besuchte Konzerte und hörte gerne Kirchenmusik, während er offenbar an Opern und Singspielen weniger Interesse hatte.[34] Im Frühjahr 1817 unterhielt er ein Abonnement für Konzerte, die jeweils donnerstags stattfanden, besuchte aber auch andere Aufführungen. Bei diesen Veranstaltungen musizierten meist Laien, doch es wurden für kurze Gastspiele auch bekannte Berufsmusiker und -musikerinnen wie der Cellist Bernhard Romberg[35] engagiert – ihn hatte Groote ebenfalls bereits 1816 in Berlin erlebt. Grootes Urteile über das jeweils Gehörte waren nicht differenziert, er beschränkte sich auf kurze Bemerkungen wie: es sei „große" oder „hübsche" Musik, „schlechte" oder „elende" Musik geboten worden.[36]

Gesellschaften, Vereine, Zirkel

Anfang des 19. Jahrhunderts begann in Deutschland die Blütezeit des Vereins, einer noch relativ neuen und im Wesentlichen von bürgerlichen Schichten geprägten Organisationsform.[37] In Köln gab es um 1817 bereits einige dieser freien Zusammenschlüsse unterschiedlicher Zielsetzung. Persönlich engagiert war Eberhard von Groote lediglich in der 1806 gegründeten Olympischen Gesellschaft, der er 1814 beigetreten war. Im „Olymp" traf sich vor allem samstagabends ein kleiner Kreis in Wallrafs Wohnsitz, der ehemaligen Dompropstei.[38] Es waren Zusammenkünfte in lockerer Atmosphäre, in denen sich einige der literatur- und kunstinteressierten Kölner um den zur „Ikone" gewordenen Wallraf gruppierten. Die Abende wurden mit Vorträgen, Diskussionen, Humoresken und dem Austausch von Neuigkeiten gestaltet, zudem fanden hin und wieder Feiern in größerem Rahmen mit geladenen, auch weiblichen Gästen statt. Eine dieser Feiern war 1817 die Aufführung eines unter Mitwirkung Grootes verfassten Fastnachtsspiels.[39] Groote besuchte den „Olymp" meist zwei bis drei Mal im Monat und trug manchmal selbst vor.

---

[33] Uebersicht der musikalischen Anstalten, 1815, Sp. 871.

[34] Über die Musikerziehung in der Familie von Groote: Gersmann/Langbrandtner, Im Banne, S. 197 f.

[35] Köln. Zeitung, Nr. 72, 6. Mai 1817.

[36] Militärmusik, d.h. Musik der in Köln stationierten oder durchziehenden Truppen, erwähnt Groote lediglich einmal (Groote, Tagebuch, 2. Juli 1817).

[37] Zum Entstehen der ersten Vereine in Köln: Mettele, Bürgertum, bes. S. 90–109.

[38] Zur Olympischen Gesellschaft: Spiertz, Groote, S. 125–129; Deeters, Wallraf, S. 72; Wegener, Leben, Teil 1, S. 150–177; Giesen, Groote, S. 34–39; Ennen, Gesellschaft, 1880; Euler-Schmidt/Leifeld, Rosenmontagszug, S. 13–16.

[39] Siehe Briefe u. Schriften.

Definierte kulturpolitische Ziele hatte der „Olymp" nicht, doch verstanden sich zumindest einige seiner Mitglieder als Bewahrer kölnischer Tradition und Kultur, zu denen auch der kölnische Dialekt gerechnet wurde. Insbesondere Denoël[40] setzte sich durch seine mundartlichen Gedichte und Possen für die Wertschätzung des Kölnischen ein. Von Groote sind, bis auf das 1817 gemeinsam mit Denoël und Nückel entstandene Fastnachtsspiel, für diese Zeit keine Mundarttexte belegt, wie er überhaupt in seinen Aufzeichnungen, bis auf seltene einzelne Wörter, nie kölnischen Dialekt verwandte.

Insgesamt sind lediglich 24 reguläre Mitglieder des „Olymps" über die Jahre seiner Existenz bekannt, von denen um 1817 schon einige ausgeschieden waren.[41] Grootes Aufzeichnungen von 1816/17 vermerken namentlich – bei den Zusammenkünften in Wallrafs Wohnung oder in anderem Rahmen – Begegnungen mit vierzehn der Mitglieder:

Christian Gottlieb Bruch	Pfarrer der lutherischen Gemeinde
Wilhelm Butte	Regierungsrat; protestantischer Theologe
Franz Peter Cassel	Naturwissenschaftler, Lehrer; katholisch
Matthias Joseph Denoël	Maler, Kaufmann, Schriftsteller, katholisch
Marcus Theodor DuMont	Verleger, Buchhändler; katholisch
Johann Peter Fuchs	Stadtsekretär; katholisch
Johann Marcus Heimsoeth	Jurist; katholisch
Johann Friedrich Huyssen	Kaufmann; protestantisch
Franz Katz	Maler, Zeichenlehrer; katholisch
Georg Heinrich Koch	Kaufmann; protestantisch
Johann Gottlob Krafft	Pfarrer der reformierten Gemeinde
Abraham Schaaffhausen	Bankier, Kaufmann; katholisch
Ferdinand Franz Wallraf	Gelehrter; katholischer Geistlicher[42]

Alle diese Mitglieder waren wirtschaftlich und beruflich erfolgreich; Schaaffhausen und Huyssen zählten zu den finanzkräftigsten Unternehmern Kölns, ersterer amtierte zudem als Stadtrat. Acht Mitglieder waren 1817 zwischen 28 und 37 Jahre alt, gehörten also derselben Generation an wie Groote. Fünf Mitglieder waren Protestanten, darunter drei Theologen, einziger katholischer Geistlicher in der Gesellschaft war Wallraf. Mit Butte gehörte dem Kreis erstmals ein hoher preußischer Funktionsträger an; aus adeliger Familie stammte lediglich Eberhard von Groote.[43]

---

[40] Über die Entwicklung der Mundartdichtung im Kreis um Wallraf und Denoël: Wegener, Leben, Teil 1, S. 179–227.

[41] Da nur für einige Jahre Protokolle der Olympischen Gesellschaft überliefert sind, lassen sich die jeweils aktiven Mitglieder nicht präzise bestimmen. Zu den bekannten Mitgliedern: Wegener, Leben, Teil 1, S. 150–178.

[42] Mitglieder, mit denen Groote 1816/17 keine Begegnung vermerkte, die er aber kannte, waren der protestantische Arzt Goswin Friedrich Peipers u. der katholische Kaufmann Peter Anton Fonck.

[43] Elkendorf erwähnt in seiner Topographie auch gelehrte Gesellschaften: „Die hier bestehenden Gelehrten-Gesellschaften sind Lesevereine, unter denen der ‚Cölnische Leseverein', welcher im Jahre 1815 unter den Lehrern des Gymnasiums sich gebildet hat, der älteste ist" (in: Becker-Jákli, Köln, S. 116).

Auf einem größeren Kreis beruhte die um 1812 entstandene Kölner Casino-Gesellschaft,[44] die „durch den Adel und die ersten Civil-, Militär-Beamten und Kaufleute" besucht wurde und zeitweise über zweihundert Mitglieder umfasste. Anders als der „Olymp" hatte sie keinerlei „gelehrten" Anspruch, stattdessen bot sie „Abendunterhaltung durch Lectüre, Gesellschaftsspiele, Rauchen, Trinken und wechselseitige Gespräche",[45] und kam damit dem Bedürfnis der städtischen Mittel- und Oberschicht nach Entspannung und nach informeller Kontakt- und Geschäftspflege entgegen. Groote notierte eine Zugehörigkeit zur Casino-Gesellschaft nicht ausdrücklich, aber er suchte gelegentlich die Räumlichkeiten der Gesellschaft am Neumarkt auf und nutzte dortige Angebote, so vor allem die ausliegenden Zeitungen.

Einen Versuch zur Gründung einer in der Zielsetzung anspruchsvolleren literarischen Gesellschaft hatte es bereits Anfang 1816 geben. Als Präses dieses Vereins fungierte Franz Joseph Seber, als Sekretär Aloys Franz Joseph Dumbeck, Ehrenmitglieder waren Konsistorialrat Grashof und Ernst Moritz Arndt, der in dieser Zeit in Köln lebte.[46] Zumindest seit Anfang 1817 zeigte der Verein, der in Grootes Aufzeichnungen nicht erwähnt wird, keine Aktivität mehr. Im Frühjahr 1817 vermerkte Groote jedoch Ansätze einer neuen Initiative, diesmal zur Bildung einer „gelehrten Gesellschaft" mit wohl eher wissenschaftlichem und juristischem Schwerpunkt. Zu den Interessenten, die in der Wohnung Werner von Haxthausens zusammenkamen, um erste Regeln festzulegen, zählten die Regierungsräte Butte und Sotzmann sowie die Mitglieder der Immediat-Justiz-Kommission Boelling, Fischenich und Simon; darüber hinaus der Hilfslehrer am Marzellengymnasium Kreuser und der Mediziner Elkendorf.[47] Vier Wochen später wurde „ein ganz neuer, aber nur enger Journalzirkel besprochen";[48] weitere Zusammenkünfte erwähnte Groote 1817 nicht.

Während zahlreiche bürgerliche wie adelige, katholische wie protestantische Kölner im gesellschaftlichen Umfeld Grootes Mitglieder der Kölner Logen waren, gehörte er selbst keiner Loge an, zeigte aber mitunter Interesse an der Freimaurerei und ihren ihm geheimnisvoll erscheinenden Mysterien.[49]

---

[44] Zur Casino-Gesellschaft: Mettele, Bürgertum, S. 98–101; Effmert, Sal. Oppenheim, S. 42; Wegener, Leben, Teil 1, S. 178.

[45] Elkendorf, Topographie, in: Becker-Jákli, Köln, S. 97.

[46] A. Fr. J. Dumbeck an S. Boisserée, Köln, 23. Apr. 1816 (in: Wegener, Leben, Teil 2, S. 56); vgl. Groote, Tagebuch, Bd. 2, S. 70. Georg Friedrich Bärsch, der im Sommer 1816 nach Köln zog, erinnerte sich: „Der literarische Verein zu Köln nahm mich am 28. Juli 1816 zum Mitgliede auf und manche angenehme Stunde habe ich in diesem Vereine, dessen Lesesaal sich im dritten Stockwerke des Jesuiten-Kollegiums befand, zugebracht. Dr. Dumbeck war damals Sekretair, mein vieljähriger Freund, der Justizrath Dr. Johann Baptist Haaß und Dr. Cassel, ein ausgezeichneter Naturforscher, waren unter andern Mitglieder dieses Vereins" (Bärsch, Erinnerungen, S. 109 f.). 1817 verließen Dumbeck, Cassel und Bärsch Köln.

[47] Groote, Tagebuch, 23. März, 2. u. 19. Apr. 1817.

[48] Groote, Tagebuch, 2. Mai 1817.

[49] Vgl. E. von Groote an S. Boisserée, Köln, 18. Nov. 1817S. Siehe Briefe u. Schriften.

Lektüre

Lesen war für Groote seit seiner Jugend ein wichtiger Teil des Alltags. Seine Lektüre suchte er entsprechend seinen weitgefächerten Interessen gezielt aus, las aber auch Publikationen, die zufällig seine Neugier erregt hatten. Einen großen Teil seiner täglichen Lektüre bildeten, neben historischen Darstellungen und belletristischen Werken, vor allem Zeitungen und Zeitschriften. Dabei stand ihm eine beträchtliche Auswahl zur Verfügung, denn die deutsche Zeitungslandschaft hatte seit Ende der napoleonischen Kriege einen deutlichen Aufschwung genommen. Überregional ausgerichtete, in ganz Deutschland gelesene Presse nahm an Bedeutung zu, neue Zeitungen informierten über aktuelle Ereignisse und politische Auseinandersetzungen, neugegründete Fachzeitschriften stellten Entwicklungen in unterschiedlichen wissenschaftlichen Disziplinen vor. Das breite Spektrum der zeitgenössischen Presse spiegelte damit den politischen, gesellschaftlichen, kulturellen und wissenschaftlichen Diskurs dieser Zeit wider.[50]

Aus Grootes Notizen zu seiner Zeitungslektüre ergibt sich Folgendes: Regelmäßig las er die im Verlag Marcus DuMont-Schauberg viermal wöchentlich erscheinende *Kölnische Zeitung* sowie ihr zweimal im Monat veröffentlichtes *Beiblatt*;[51] in beiden Blättern publizierte Groote 1817 eigene Texte. Marcus DuMont, der 1815 und 1816 Grootes Bücher verlegt hatte, gehörte zu Grootes engerem Freundeskreis, mehrfach arbeiteten beide gemeinsam an Artikeln für DuMonts Zeitungen. Anzunehmen ist, dass Groote auch den *Welt- und Staatsboten zu Köln*[52] und den *Verkündiger*[53] las, ebenso Zeitungen aus der Region wie das *Bonner Wochenblatt*[54] und die *Düsseldorfer Zeitung*.[55] Mit Sicherheit gehörte das wöchentlich erscheinende *Amtsblatt der Königlichen Regierung zu Köln*,[56]

---

[50] Ausführlich über die Entwicklung der Presse Ende des 18./Anfang des 19. Jh.s im Rheinland und in Westfalen: Kurzweg, Presse, 1999; hier auch Kurzbiografien der in dieser Region tätigen Herausgeber. Zur Presse in Köln in dieser Zeit: Blunck, Pressewesen, 1966; Müller, Köln, S. 357–365; Herres, Köln, S. 69–71. Siehe auch: Faber, Rheinlande, S. 348–367; Wegener, Leben, Teil 2, S. 115–241.

[51] Köln. Zeitung, Nr. 43, 16. März 1817: „Diese Zeitung erscheint wöchentlich viermal: Dinstags, Donnerstags, Samstags und Sonntags. Jeden Monat werden ihr zwei Stücke eines für geschichtliche und andere Aufsätze, manchfaltige Notizen und literarische Anzeigen bestimmten Beiblattes beigefügt."

[52] Welt- und Staatsbote zu Köln: erschien ab 1816 im Verlag von Johann Georg Schmitz. Vgl. Nr. 1, 2. Jan. 1816: „Diese Zeitung erscheint Sonntags, Dienstags, Donnerstags und Samstags. Der Preis für das ganze Jahr ist 4 Rthlr. mit vierteljähriger Vorausbezahlung." Vgl. Wegener, Leben, Teil 2, S. 238–241.

[53] Der Verkündiger: erschien seit 1800 im Verlag von Johann Mathias Heberle u. Gebr. Mennig bzw. Witwe Mennig (Schäfke, Kunsthaus, S. 15; Wegener, Leben, Teil 2, S. 238–241). Eine Überlieferung des Jahrgangs 1817 konnte nicht nachgewiesen werden; lediglich in einer Akte des Historischen Archivs der Stadt Köln fand sich ein Exemplar aus diesem Jahr.

[54] Erwähnt wird im Tagebuch nur das Bonner Wochenblatt; es erschien unter diesem Namen ab 1814, verlegt bei Peter Neusser, Bonn.

[55] Die Düsseldorfer Zeitung, verlegt bei Johann Gottfried Bögeman, Düsseldorf: erschien von 1814 bis 1823.

[56] Amtsblatt der Königlichen Regierung zu Köln: erschien ab 23. Apr. 1816, gedr. bei M. DuMont-Schauberg. Zu Einführung und Bedeutung der Amtsblätter: Gerschler, Oberpräsidium, S. 70–72.

das Verordnungen und Informationen der Berliner und Kölner Regierungsbehörden enthielt, zu seinem Lesestoff. Zumindest hin und wieder las Groote überregionale Zeitungen: die *Berlinischen Nachrichten*, das *Oppositions-Blatt*,[57] die *Magdeburgische Zeitung*,[58] die *Nemesis*,[59] das beliebte Unterhaltungsjournal *Morgenblatt für gebildete Stände*[60] und die *Rheinischen Blätter* aus Wiesbaden.[61] Für letztere verfasste Groote 1817 einen Aufsatz über das Postwesen in den Rheinprovinzen, der Anfang 1818 veröffentlicht wurde.[62] Auch die Lektüre der in Brüssel erscheinenden Zeitung *Le Vrai libéral*[63] erwähnte Groote. Häufig las er das 1817 bis 1819 von den Kölner Juristen Gottfried Alexander von Sandt und Carl Anton Zumbach edierte *Niederrheinische Archiv für Gesetzgebung, Rechtswissenschaft und Rechtspflege,* das sich insbesondere der Diskussion um die Neuorganisation des rheinischen Rechtswesens widmete und dabei, ganz im Sinne Grootes, den rheinischen Gesichtspunkt vertrat.[64] Beide Herausgeber kannte Groote persönlich: von Sandt war Generaladvokat am Kölner Appellationshof, Zumbach Richter am Kölner Kreisgericht. Eine weitere Zeitschrift wurde Anfang 1817 von einem Kollegen Grootes gegründet: Regierungsrat Wilhelm Butte, Staatswissenschaftler und Statistiker, initiierte als „neue vaterländische Zeitung" die monatlich erscheinenden *Provinzial-Blätter für die Preussischen Länder am Rhein und in Westphalen*.[65] Sie waren als „ein Magazin alles vorzüglich Wissenswerthen des westlichen Theils der Monarchie" konzipiert und sollten

> „helfend eingreifen in den zur nothwendigen Aufgabe bestehenden Zweck der organischen Ineinsbildung aller Theile des Einen Preußens unter der nicht minder nothwendigen Bedingung, daß jedem Theile das Eigenthümliche erhalten werde, was seine Einzelnheit (Individualität) ausmacht."[66]

Eine persönliche Verbindung hatte Groote überdies zu dem Physiker, Astronomen und Publizisten Johann Friedrich Benzenberg,[67] einem engagierten Vertreter des Verfassungs-

---

[57] Oppositions-Blatt oder Weimarische Zeitung: erschien von Januar 1817 bis 1820 in Weimar.
[58] Magdeburgische Zeitung: erschien von 1717 bis 1944 in Magdeburg.
[59] Nemesis. Zeitschrift für Politik und Geschichte: erschien von Januar 1814 bis Oktober 1818 in Weimar.
[60] Morgenblatt für gebildete Stände: erschien von 1807 bis 1865 in Stuttgart und Tübingen. Es hatte verschiedene Beilagen, u.a. seit 1807 das Intelligenz-Blatt, seit 1816 das Kunst-Blatt und seit 1817 das Literatur-Blatt. Groote las vermutlich mitunter auch diese Blätter.
[61] Die Rheinischen Blätter: erschienen 1816 bis 1820 in Wiesbaden. Bis 1819 von dem liberalen Publizisten Johannes Weitzel herausgegeben, waren sie zunächst kritisch gegenüber der preuß. Politik in den Rheinprovinzen eingestellt.
[62] E. v. Groote, Über das preußische Postwesen, in: Rheinische Blätter, Nr. 4 u. Nr. 5, 6. u. 8. Jan. 1818.
[63] Le vrai liberal; journal philosophique, politique et littéraire: erschien 1817 bis 1821 in Brüssel.
[64] Die beiden umfangreichen Bände des Niederrheinischen Archivs von 1817, die „in Kommission bei DüMont u. Bachem" erschienen, enthielten u.a. Beiträge zur Neuordnung des rheinischen Justizsystems sowie Informationen über aktuelle Rechtsprobleme.
[65] Die Provinzial-Blätter, verlegt bei Th. F. Thiriart, erschienen lediglich 1817; zu ihrer Gründung: Faber, Rheinlande, S. 432–434.
[66] Provinzial-Blätter, Bd. 1, Heft 1, 1817, S. 4.
[67] E. von Groote hatte J. Fr. Benzenberg 1815 in Paris kennengelernt. Dieser hatte, noch in Paris,

gedankens, der 1817 maßgeblich an der Herausgabe des in Hamburg erscheinenden *Deutschen Beobachters* tätig war und Groote im Mai 1817 eine Mitarbeit vorschlug.[68] Kontinuierlich las Groote die von Johann Gustav Gottlieb Büsching 1816 gegründete Zeitschrift *Wöchentliche Nachrichten für Freunde der Geschichte, Kunst und Gelahrtheit des Mittelalters*.[69] Ebenfalls eine Neugründung war die vor allem naturwissenschaftlich ausgerichtete Zeitschrift *Isis oder Enzyclopädische Zeitung*, die von Lorenz Oken, Naturwissenschaftler und Naturphilosoph in Jena, ediert wurde.[70] In ihr veröffentlichte Groote im Herbst 1817 eine „Satire" über die Errichtung der rheinischen Universität.[71] Darüber hinaus las er die *Heidelbergischen Jahrbücher der Litteratur*[72] und die *Jenaische Allgemeine Literatur-Zeitung.*[73]

Durch seine Zeitungslektüre war Groote also über die aktuellen Ereignisse und Debatten informiert. Allerdings unterstand die Presse fast in allen deutschen Ländern einer strengen staatlichen Kontrolle, in Preußen nahm sie im Zuge der Restauration seit 1816 deutlich an Schärfe zu.[74] Oberster Zensor der in Köln erscheinenden Zeitungen war der Ende 1816 ernannte Polizeipräsident und Landrat des Stadtkreises Köln Struensee.[75] Ihm mussten Artikel vor dem Druck vorgelegt werden, bei brisanten Themen wurden Solms-Laubach oder die vorgesetzten Behörden in Berlin hinzugezogen. Gegenüber Marcus DuMont machte Struensee seinen rigorosen Standpunkt schon kurz nach Amtsantritt deutlich, indem er erklärte, eine Veröffentlichung von Verfügungen der Behörden dürfe ausschließlich von den Behörden, nicht aber „von den Zeitungsschreibern und deren Unwissenheit über die Tatsachen und ihre Motive ausgehen". Überhaupt seien „Nachrichten über die Verwaltung oder den Zustand des Preußischen Staats für die Provinzialzeitungen in der Regel nicht geeignet".[76] Unter der stetigen Beobachtung durch staatliche Organe versuchten Publizisten und Verleger – auch Marcus DuMont – sich Raum für kritische Meinungsäußerungen freizuhalten und Anweisungen zu umgehen. Aufsehen erregte die Ausgabe der *Kölnischen Zeitung* vom 4. Mai 1817, die mit leerer Titelseite

---

seine Schrift Wünsche und Hoffnungen eines Rheinländers publiziert. In den folgenden Jahren befasste sich Benzenberg in vielen Publikationen mit der Verfassungsfrage (Baum, Benzenberg, bes. S. 99–177, 199–229; Faber, Rheinlande, S. 92–95 u. vielerorts). Siehe auch Benzenbergs Korrespondenz von 1816 bis Ende 1817 (in: Heyderhoff, Benzenberg, S. 32–9).

[68] Groote, Tagebuch, 1. Mai 1817. Deutscher Beobachter oder privilegirte hanseatische Zeitung: erschien von 1815 bis 1819 in Hamburg.

[69] Wöchentliche Nachrichten: erschienen von Anfang 1816 bis 1819.

[70] Isis oder Encyclopädische Zeitung: erschien von 1816/17 bis 1850.

[71] E. von Groote, Die Universität in den preußischen Rheinprovinzen. Siehe Briefe u. Schriften.

[72] Heidelbergische Jahrbücher der Litteratur/Literatur: erschienen von 1808 bis 1872.

[73] Jenaische Allgemeine Literatur-Zeitung: erschien von 1804 bis 1841 in Jena. Ob Groote zumindest gelegentlich den Neuen Rheinischen Mercur las, der seit 1. Juli 1816 in Offenbach erschien, ließ sich nicht klären.

[74] Kurzweg, Presse, S. 185–196; Kruchen, Zensur, S. 3–27. Zur preuß. Zensur ab 1819 umfassend: Holtz, Zensurpaxis, 2015.

[75] Struensee löste Werner von Haxthausen im Amt des Zensors ab.

[76] Zit. in: Herres, Köln, S. 69–71. Struensee versuchte auch Veröffentlichungen, die sich für die Beibehaltung des franz. Rechts in den Rheinlanden aussprachen, zu verhindern.

erschien, um so auf die obrigkeitliche Zensur hinzuweisen, die den Druck eines vorgesehenen Artikels blockiert hatte.[77] Groote erwähnte das Ereignis in seinen Aufzeichnungen nicht, vermerkte aber in Zusammenhang mit einem Artikel in der *Kölnischen Zeitung* über den Besuch des Kronprinzen Eingriffe des Polizeipräsidenten und des Oberpräsidenten.

Nachdem Verlagswesen, Buchdruck- und Buchhandel in Köln am Ende der reichsstädtischen Zeit und in den französischen Jahren an Bedeutung verloren hatten, zeigte sich seit dem Umbruch 1814 eine Aufwärtsentwicklung.[78] Der Verleger Friedrich Perthes, der Köln 1816 besucht und hier auch Groote kennengelernt hatte, urteilte optimistisch:

> „Köln wird ohne Zweifel der Mittelpunkt des deutschen Buchhandels für das linke Rheinufer werden; es ist ein gar reges Leben unter den fünfzigtausend Menschen, und der hier herrschende Sinn für Alterthümer und Kunst wird bald auch der deutschen Literatur Raum verschaffen: Männer wie Wallraf, de Groote, Haxthausen und auch Graf Solms-Laubach üben einen guten Einfluß und die Errichtung der neuen Universität, mag sie nun nach Bonn oder Köln kommen, wird von großer Bedeutung sein."[79]

Angesichts des vielseitigen Sortiments der Kölner Verlage und Buchhandlungen, für das durch Annoncen und Rezensionen in den lokalen Zeitungen kontinuierlich geworben wurde, hatte Groote[80] prinzipiell Zugang zu sämtlichen aktuellen Buchpublikationen.[81] Doch auch über diesen Bereich wachten die Behörden: In ihren Zeitungs-Berichten meldete die Kölner Regierung – allerdings nur sporadisch – die in Köln verlegten politischen Schriften nach Berlin.

Grootes Buchlektüre umfasste Werke zu politischen und historischen Themen, philosophische und naturwissenschaftliche Publikationen sowie belletristische Bücher. Groote selbst empfand seine Art des zu wenig zielgerichteten Lesens als Ausdruck einer fehlen-

---

[77] Herres, Köln, S. 71 f.; Salchert, Mut zur Lücke, in: Kölner Stadtanzeiger, 4. Mai 2017.
[78] Zu Buchhandel und Verlagswesen in Köln Ende des 18./Anfang des 19. Jh.s: Müller, Köln, S. 341–357.
[79] Perthes, Friedrich Perthes, Bd. 2, S. 134. Weiter schrieb er: „Du Mont Schauberg ist ein unterrichteter, verständiger und angesehener Mann, bekannt und befreundet mit vielen Gelehrten und Beamten; Imhof und Heberle haben ein bedeutendes antiquarisches Geschäft." Perthes hatte auch eine Gesellschaft bei DuMont besucht: „Nachdem wir heute die Wallraf'sche Sammlung kölnischer Alterthümer, aus welcher ich sehr Vieles gelernt haben würde, wenn ich mehr gewußt hätte, besichtigt hatten, waren wir zu Mittag mit Professor Wallraf, Regierungsrath v. Haxthausen, Rittmeister Bärsch und einem Herrn de Groot bei dem Buchhändler DuMont Schauberg, einem sehr unterrichteten und vielfach gebildeten Mann. Schnell gingen einige Stunden in lebhafter Unterhaltung hin" (S. 88).
[80] Gegenüber Carl von Savigny sprach Groote allerdings Anfang 1817 über die große „Mangelhaftigkeit" des Kölner Buchhandels (E. von Groote an Fr. C. von Savigny, Köln, 16. Jan. 1817). Siehe Briefe u. Schriften.
[81] Gelegentlich besuchte Groote Buchauktionen, auf denen oft große Konvolute anboten wurden. Vgl. eine Liste der Buchauktionen in Köln Anfang der preuß. Zeit, in: Rupp, Bibliothek, S. 113 f.

den Perspektive. Im März notierte er, nachdem er ein Buch über das Leben Alfreds des Großen beendet hatte:

„Diese Art meiner jetzigen Beschäftigung, wo ich planlos lese, was mir eben vor kommt, kann schwerlich viel helfen, und doch wird es mir so schwer, eine eigenthümliche, bedeutende Richtung zu gewinnen."[82]

Politik – Hoffnung und Enttäuschung

In Grootes Gefühlen der Ziellosigkeit und Unsicherheit spiegeln sich die enttäuschenden politischen Entwicklungen dieser Monate wider.[83] Ein erster offener Konflikt zwischen der Stadt Köln und den preußischen Behörden entstand bereits Anfang 1817 mit der Einschränkung der städtischen Souveränität durch die Übertragung der Polizeigewalt auf den Staat und die Einsetzung von Struensee als Polizeipräsident. Auseinandersetzungen zwischen Oberbürgermeister von Mylius als Vertreter Kölner Interessen und den staatlichen Behörden waren nun unausweichlich,[84] umso mehr als sich der „Altpreuße" Struensee generell als Anhänger zentralistischer Strukturen zeigte. Gespräche zwischen von Mylius und Struensee zur Klärung der jeweiligen Amtsgeschäfte führten, wie Fuchs in seiner Stadtchronik festhielt, „bei der großen Verschiedenheit der Ansichten und bei der Protestation des Erstern gegen die Trennung der polizeilichen Gewalt von der städtischen Verwaltung" zu keinem „Uebereinkommen", lediglich zu einem „provisorischen Ressort Reglement".[85] In der folgenden Zeit erklärte Mylius mehrfach, aufgrund der Beschneidung städtischer Rechte von seinem Amt zurücktreten zu wollen.[86] Eberhard von Groote äußerte sich zu diesen Vorgängen unterschiedlich, neigte jedoch wohl eher den Vertretern der Stadt zu.

Im Frühjahr 1817 zog ein nationales Ereignis die Aufmerksamkeit auch der rheinischen Öffentlichkeit auf sich: In Berlin wurde am 30. März der neugegründete Staatsrat in sein Amt eingeführt.[87] Am 8. April berichteten Kölnische Zeitung und Welt- und Staatsbote[88]

---

[82] Groote, Tagebuch, 18. März 1817; ähnlich: 7. Mai 1817.

[83] Zum Verhältnis des Rheinlands zu den neuen Machthabern um 1817: Herres, Und nenne Euch Preußen, S. 123–131; Herres, Köln, S. 53–73.

[84] Über diesen Konflikt und die Neuorganisation der Polizei am Anfang der preuß. Zeit: Hachenberg, Entwicklung, S. 39–66; Lauing, Geschichte, S. 46–49; Herres, Köln, S. 65; Gothein, Verfassungs- u. Wirtschaftsgeschichte, S. 126 f.

[85] J. P. J. Fuchs, Stadtchronik (HAStK, Best. 7030, Nr. 215, Bd. I, S. 56).

[86] Zu den Gesuchen von Mylius im Jahr 1817: HAStK, Best. 400, A 3376, Bl. 1r–10r; GStA PK, I. HA Rep. 77, Tit. 444 Nr. 3 Bd. 1, o. P.; hier die Dokumente vom 31. März bis 12. Dez. 1817. Mylius trat im Aug. 1819 vom Amt des Kommissarischen Oberbürgermeisters zurück.

[87] Aus der umfangreichen Literatur zur Verfassungsfrage in den Rheinlanden bis Anfang der 1820er-Jahre: Schmitz, Vorschläge, S. 161–234; Herres, Köln, S. 60–64, 69–72; Hansen, Das politische Leben, S. 632–652; Gerschler, Oberpräsidium, S. 54 f., 66–70; Faber, Rheinland, S. 263–302. Zu den wichtigsten Akteuren vor allem: Schmitz, Vorschläge, S. 389–400.

[88] Köln. Zeitung, Nr. 56, 8. Apr. 1817; ähnlich: Welt- u. Staatsbote zu Köln, Nr. 56, 8. Apr. 1817 u. Nr. 57, 10. Apr. 1817; vgl. auch: Amtsblatt d. Königl. Reg. zu Köln, Nr. 15, 15. Apr. 1817, S. 131–141.

nicht nur über die Berliner Feierlichkeiten, sie publizierten auch die gesetzlichen Anordnungen zu Zusammensetzung und Kompetenz des neuen Gremiums.[89] In ihnen war die Machtposition des Königs unmissverständlich bestimmt:

> „Die Gutachten des Staatsraths und die entworfenen Gesetze und Verordnungen, sind ohne Ausnahme Unserer Bestätigung unterworfen, und erhalten für die ausübenden Behörden nur dann Kraft, wenn Unsere Sanktion erfolgt ist."[90]

Zwar waren zur Eröffnung des Staatsrats am 30. März alle Oberpräsidenten Preußens, also auch Solms-Laubach, nach Berlin beordert worden, sie waren indessen keine regulären Mitglieder. Darüber hinaus war unter den auf Dauer berufenen Mitgliedern des Staatsrats lediglich der Jurist Daniels[91] ein direkter Vertreter des Rheinlands. Der Staatsrat entpuppte sich somit als ein beratendes Gremium, in dem Aristokratie, Militär und Ministerialbürokratie dominierten, der Monarch letzte entscheidende Instanz war. Gneisenau, nun Mitglied des Staatsrats, schilderte seinem ehemaligen Stabschef Carl von Clausewitz am 7. April die Situation in Berlin:

> „Die Sachen hier liegen in einer tiefen Verderbtheit; die Administration ist höchst schlecht, obgleich meist redliche Menschen darinnen sind. Um fünfzig Prozent wohlfeiler könnte man sie doppelt so gut haben. Stellen sind in Menge geschaffen worden, um Familien sich zu verbinden. Und wenn nun nicht nach Grundsätzen, sondern nach Personenverhältnissen fortgewirtschaftet werden muß, wie es das Ansehen hat, so ist unter allen Personen, die [...] das Staatskanzleramt im Auge haben, Hardenberg dennoch nur der einzige, der solches

---

[89] Die Verordnung wegen Einführung des Staatsraths vom 20. März 1817 legte fest: „Der versammelte Staatsrath ist für Uns die höchste berathende Behörde; er hat aber durchaus keinen Antheil an der Verwaltung. [...] Die Einwirkung der künftigen Landesrepräsentanten bei der Gesetzgebung, wird durch die, in Folge Unserer Verordnung vom 22sten Mai 1815 auszuarbeitende Verfassungsurkunde näher bestimmt werden" (in: Gesetz-Sammlung, 1817, Nr. 7, S. 67–74, hier S. 68). Vgl. Köln. Zeitung, Nr. 56, 8. Apr. 1817. Als Vertreter der Provinzen im Rat waren nur die Oberpräsidenten vorgesehen, diese aber lediglich, wenn sie dazu besonders berufen wurden (S. 69). 1817 traf dies auch für die Oberpräsidenten der Rheinprovinzen Solms-Laubach und Ingersleben zu. In der Verordnung über die zu bildende Repräsentation des Volks vom 22. Mai 1815 hieß es: „§ 1. Es soll eine Repräsentation des Volks gebildet werden. § 2. Zu diesem Zwecke sind: a) die Provinzialstände da, wo sie mit mehr oder minder Wirksamkeit noch vorhanden sind, herzustellen, und dem Bedürfnisse der Zeit gemäß einzurichten; b) wo gegenwärtig keine Provinzialstände vorhanden, sind sie anzuordnen. § 3. Aus den Provinzialständen wird die Versammlung der Landes-Repräsentanten gewählt, die in Berlin ihren Sitz haben soll" (in: Gesetz-Sammlung, 1815, Nr. 9, S. 103). Vgl. Die preußische Verfassungsfrage, S. 22 f. Der Rheinische Provinziallandtag wurde erst 1823 realisiert. Die seit 1810 erscheinende Gesetz-Sammlung für die Königlichen Preußischen Staaten war das amtliche Verkündungsblatt für die Gesetze des Staats (Gerschler, Oberpräsidium, S. 70–72). Beilage zu Nr. 25 der Köln. Zeitung, 13. Febr. 1817, Annonce: „Die Gesetzsammlung, welche künftig einer jeden Behörde etc. nothwendig wird, kann, sowohl für die frühere Zeit, als auch für das laufende Jahr, beim Ober-Postamte hieselbst anbestellt werden."

[90] Köln. Zeitung, Nr. 56, 8. Apr. 1817; vgl. Welt- u. Staatsbote zu Köln, Nr. 57, 10. Apr. 1817; Amtsblatt d. Königl. Reg. zu Köln, Nr. 15, 15. Apr. 1817, S. 135.

[91] Die Ernennung von H. G. W. Daniels zum Staatsrat erfolgte einige Monate später.

Wesen mit Staatsklugheit zu führen versteht. Aber das verruchte Gesindel, das sich an ihn drängt und das er sich zu verbinden, sich verbunden meint."[92]

Immerhin begründete eine gleichzeitige Kabinetts-Order[93] eine Kommission, die sich gemäß dem „Verfassungsversprechen" vom 22. Mai 1815 „mit der Organisation der Provinzial-Stände, der Landes-Repräsentanten und der Ausarbeitung einer Verfassungs-Urkunde" befassen sollte. Da sich das Gremium aus Mitgliedern des Staatsrats, die der König selbst auswählte, zusammensetzte und ihre Vorschläge nur mit Zustimmung des Königs realisiert werden konnten, waren wirkliche Reformen kaum zu erwarten. Daran änderte auch die Anweisung des Königs nichts, die Kommission solle sich „zuerst mit der Zuziehung der Eingesessenen aus den Provinzen beschäftigen", also in den verschiedenen Landesteilen Informationen und Stellungnahmen ermitteln.[94]

Ob Hardenberg, der nun auch als Vorsitzender des Staatsrats und der Kommission amtierte, in der Lage sein würde, sich gegen die zunehmend restaurative Politik durchzusetzen, wie viele, unter ihnen Groote, hofften, war mehr als unsicher. Seine Rede bei der Eröffnung des Staatsrats, ebenfalls in den Kölner Zeitungen publiziert, endete mit einer sehr vagen Formulierung liberaler Grundsätze:

> „Der Preußische Staat muß der Welt beweisen, daß wahre Freiheit und gesetzliche Ordnung, daß Gleichheit vor dem Gesetze und persönliche Sicherheit, daß Wohlstand des Einzelnen so wie des Ganzen, daß Wissenschaft und Kunst, daß endlich, wenn's unvermeidlich ist, Tapferkeit und Ausdauer im Kampfe für's Vaterland, am sichersten und besten gedeihen, unter einem gerechten Monarchen."[95]

Für Eberhard von Groote waren die Ernennungen zu Staatsrat und Kommission eine persönliche Ernüchterung, da er Ende 1815 bis Mitte 1816 die Möglichkeit gesehen hatte, selbst als Repräsentant Kölns an der angekündigten „Versammlung" teilnehmen zu können. Seine Hoffnung auf eine entsprechende politische Rolle verwirklichte sich in diesen Monaten nicht.

---

[92] A. W. A. Neidhardt von Gneisenau an C. von Clausewitz, 7. Apr. 1817 (in: Thiele, Gneisenau, S. 331).

[93] Die Kabinets-Ordre vom 30. März 1817, wegen Ausführung der nach der Verordnung vom 22. Mai 1815 zu bildenden Repräsentation des Volks, wurde sowohl in der Köln. Zeitung, Nr. 56, 8. Apr. 1817 wie im Welt- u. Staatsbote zu Köln, Nr. 56, 8. Apr. 1817 publiziert. Vgl. Die preußische Verfassungsfrage, S. 24.

[94] Aus dem Kreis der ca. 20 Mitglieder der Kommission zur Vorbereitung einer Verfassung war Groote u.a. mit General von Gneisenau, Fr. C. von Savigny, H. G. W. Daniels, Friedrich von Schuckmann, Johann Albrecht Friedrich Eichhorn und Friedrich August von Staegemann bekannt. Mehrfach hatte er Staatskanzler von Hardenberg persönlich die Interessen Kölns und des Rheinlandes vogetragen.

[95] Köln. Zeitung, Nr. 56, 8. Apr. 1817; Welt- u. Staatsbote zu Köln, Nr. 56, 8. Apr. 1817.

Kulturpolitisches Engagement

Enttäuschungen blieben auch in anderen von Groote seit Jahren verfolgten Projekten nicht aus. Insbesondere sein Einsatz für die Errichtung einer Universität in Köln schien umsonst gewesen zu sein. Definitive Aussagen von Seiten der staatlichen Behörden gab es im Frühjahr und Sommer 1817 zwar noch nicht, stattdessen verbreiteten sich widerstreitende Gerüchte.[96] So hieß es zum einen, Berlin habe sich für Bonn entschieden, zum anderen, Köln könne noch auf eine Universität hoffen. An Sulpiz Boisserée schrieb Groote im Januar 1817, er fürchte, die Universität

> „ist für uns verloren, u. zwar für immer verloren, durch die unermüdeten Verwendungen des hiesigen Militairs, des krassen Generals Ende, u.a., die natürlich bey dem soldatisch gesinnten Könige eher, als jeder Andere Gehör finden."[97]

Kurz darauf nutzte Denoël, wohl gemeinsam mit einigen seiner Freunde, den Besuch des Oberpräsidenten und anderer Honoratioren im Kölner Hänneschen-Theater,[98] um das Thema in Form eines Scherzes anzusprechen. In das präsentierte Puppenspiel ließ Denoël eine kurze Szene einfügen, in der Hänneschens Eltern, Niklas und Mariezebell, das Recht der Stadt zu einer Universität propagierten:

> „Niklas:
> Wat han sich de Hähren auch Möh angedohn,
> De Universiteet soll eesch noher andre Stadt gohn,
> Evver küt de noh Köllen, dat es mer een Levven
> Ich mösch uus dem Rippet [Gürteltasche] 'ne Gölden dröm gevven.
> Mariezebell:
> Dat wöhr auch et Rächte noch vör suh een Stadt
> De hett er joh luhter söns auch ein gehat."[99]

Groote, der die Aufführung besuchte und als Freund Denoëls mit Sicherheit über dessen Plan informiert war, notierte im Tagebuch zwar die Namen einiger Anwesender, nichts jedoch zu deren Reaktion.[100]

Über die abseits der Öffentlichkeit von Behörden und Politikern geführten Diskussionen zum Standort der Rheinischen Universität war Groote offenbar trotz seiner vielen

---

[96] Zur Entwicklung der Universitätsfrage Ende 1816 bis Ende 1817: Renger, Gründung, S. 50–72; Pabst, Universitätsgedanke, S. 72–75; Klein, Bemühungen, S. 379–383; Klein, Solms-Laubach, S. 116–121; Bezold, Geschichte, S. 47–59.
[97] E. von Groote an S. Boisserée, Köln, 25. Jan. 1817. Siehe Briefe u. Schriften.
[98] Groote, Tagebuch, 22. Febr. 1817.
[99] Denoël, Meine Poeterei (HAStK, Best. 1078, A 1, Bl. 121r u. v); vgl. Bayer, DeNoël, S. 239.
[100] Solms-Laubach hatte sich in einem Schreiben vom 20. Jan. 1817 bei Innenminister von Schuckmann für eine baldige Entscheidung der Universitätsfrage eingesetzt. Schuckmann antwortete am 13. Febr. 1817, erst nach einem Besuch des Königs, des Staatskanzlers und Schuckmanns selbst in den Rheinprovinzen werde eine Entscheidung getroffen (Renger, Gründung, S. 51).

Kontakte nichts Näheres bekannt. Vermutlich erfuhr er nicht, dass Klewitz nach seinem Aufenthalt in Köln gegenüber den Berliner Behörden ein recht abträgliches Bild der Stadt zeichnete;[101] ebenfalls unbekannt war Groote wohl die Denkschrift, die Ernst Moritz Arndt dem Staatskanzler Ende April in Berlin vorlegte.[102]

In den vorangegangenen Jahren hatte sich Eberhard von Groote für zwei große private Kunstsammlungen engagiert: für die Sammlung der Brüder Sulpiz und Melchior Boisserée und ihres Freundes Johann Baptist Bertram, die sich seit 1810 in Heidelberg befand, sowie für die Sammlung Wallrafs in Köln.

Im Sommer 1816 hatte Eberhard von Groote Karl Friedrich Schinkel nach Heidelberg begleitet, wo er an dessen Verhandlungen mit den Brüdern Boisserée über einen Ankauf ihrer Gemäldesammlung durch den preußischen Staat beteiligt war. Zwar hatte das Resultat der Gespräche eine baldige Einigung in Aussicht gestellt, doch Anfang 1817 schien wieder alles offen zu sein. Verärgert schrieb Groote im Januar an Carl von Savigny, er sei „an Boisserées wieder ganz irrig geworden" und „über den Ausgang des ganzen Geschäfts" lasse sich „noch gar nichts bestimmtes sagen".[103] Wenige Tage später riet er Sulpiz Boisserée: Falls man in Berlin die Entscheidung weiter hinauszögere und es schließlich zu keinem Ankauf käme,

> „so möchtet Ihr Euch nur immer trösten, denn in jeder Hinsicht würdet ihr doch nicht gewinnen, u. so gut Ihr es in Heidelberg hattet, schwerlich trotz allem Glanz in Berlin es je finden; das mögt Ihr nur kühn glauben."[104]

Groote hatte sich also beinahe mit der Möglichkeit abgefunden, dass die Sammlung Boisserée weder nach Köln noch nach Berlin gelangen würde; bis zum Ende des Jahres hegte er indes noch zeitweise Hoffnung – zumindest in Hinblick auf einen Ankauf für Berlin.[105]

---

[101] Bezold, Geschichte, S. 48 f.; Renger, Gründung, S. 56.

[102] Hardenberg hatte Arndt zu einer Stellungnahme aufgefordert, in der sich dieser, wie bereits zuvor, rigoros gegen Köln aussprach (Bezold, Geschichte, S. 49–51; Renger, Gründung, S. 53 f.). Groote, der Arndt bereits mehrfach begegnet war, traf ihn im Sommer 1817 in Köln wieder. Zu Arndt vgl. etwa den Sammelband Alvermann/Garbe, Arndt, 2011; Braubach, Arndt, 1977.

[103] E. von Groote an Fr. C. von Savigny, Köln, 16. Jan. 1817. Siehe Briefe u. Schriften. Groote wusste nicht, dass der preuß. Finanzminister von Bülow am 5. Jan. 1817 eine Stellungnahme gegen den Ankauf der Sammlung abgegeben hatte (Wolzogen, Schinkel's Nachlaß, Bd. 2, S. 175 f.); K. Fr. Schinkel erhob dagegen Einspruch (S. 203 f.).

[104] E. von Groote an S. Boisserée, Köln, 25. Jan. 1817. Siehe Briefe u. Schriften.

[105] Zur Diskussion um die Sammlung Boisserée während des Jahres 1817: S. Boisserée, Briefwechsel, Bd. I, 336–343, Bd. II, S. 158–205; S. Boisserée, Tagebücher, Bd. 1, S. 375–476. Siehe auch: S. Boisserée an seinen Bruder Bernhard Boisserée in Köln, Heidelberg, 27. Nov. 1817 (HAStK, Best. 1018, A 34). Vgl. eine Auswahl von Quellenpublikationen und Literatur zur Sammlung Boisserée und ihren Gründern: Wolff, Briefwechsel, 2008; Heckmann, Sammlung, 2003; Braunfels, Boisserée, 1970; sowie den Sammelband: Gethmann-Siefert, Sammlung Boisserée, 2011, darin vor allem: Weitz, Sammlung, S. 61–84; Fleischhauer, Boisserée, S. 64–73. Zu den Brüdern Boisserée und J. B. Bertram im Kontext der „altdeutschen Sammelmode der Romantik": Krüger, Frühe

Erfreulicher entwickelten sich die Verhandlungen mit Wallraf, da sich im Jahr 1816 endlich eine Lösung abgezeichnet hatte, die eine Übergabe der Sammlungen an die Stadt Köln vorsah. Im Rahmen dieses Plans hatte man einen Teil der Gemälde im ehemaligen Jesuitenkolleg in der Marzellenstraße untergebracht, zu einem Vertrag mit der Stadt war es allerdings nicht gekommen. Gleichwohl schrieb Groote im Januar 1817 optimistisch an Savigny: „Wallraf scheint freylich nunmehr besser gestimmt als je, seine Sachen zum Besten der Stadt hinzugeben, u. öffentlich aufzustellen."[106] Als Wallraf wenig später ernstlich erkrankte, wandte sich Groote mit einem drängenden Brief an Solms-Laubach in Berlin. Es müsse nun rasch alles getan werden, so Groote, „was zur Sicherung und würdigen Anordnung der vielen Schätze förderlich seyn kann". Vielleicht sei es Solms-Laubach möglich, durch seine Kontakte in der Hauptstadt endlich einen Beschluss herbeizuführen.[107] Kurz darauf,[108] ehe eine Antwort des Oberpräsidenten eintraf, entschlossen sich Groote und Denoël, das von den Behörden schon seit langem geforderte Verzeichnis der Wallraf'schen Gemäldesammlung fertigzustellen,[109] um ihren Umfang und Wert endlich zu klären und eine Übernahme durch die Stadt vorzubereiten. Grundlage des Katalogs war dabei ein „Inventar", an dem Groote gemeinsam mit Wallraf und dem Juristen Johann Daniel Ferdinand Neigebaur schon 1814/15 gearbeitet hatte – damals im Auftrag von Generalgouverneur Johann August Sack.[110]

In den folgende Wochen gelang es Groote und Denoël unter erheblichen Mühen, die Gemälde Wallrafs von ihren verschiedenen provisorischen Standorten in das Jesuitenkolleg zu transportieren, dort zusammenzustellen und in einem Katalog zu erfassen. Dieser war beinahe fertig, als Groote am 22. Mai das Antwortschreiben von Solms-Laubach aus

---

Sammler, bes. S. 88–135; Deichmann, Säkularisation, S. 118–129 u. vielerorts. Siehe auch: Colonia. Ein Unterhaltungsblatt für gebildete Leser, 1. Jan. 1818.

[106] E. von Groote an Fr. C. von Savigny, Köln, 16. Jan. 1817. Siehe Briefe u. Schriften.

[107] E. von Groote an Fr. L. Chr. zu Solms-Laubach, Köln, 21. Apr. 1817, Entwurf (HAStK, 1553, A 1, Bl. 45r–46r).

[108] Groote, Tagebuch, 2. und 3. Mai 1817.

[109] Vgl. Innenminister von Schuckmann an Fr. L. Chr. zu Solms-Laubach, Berlin, 3. Mai 1816: „Das unterzeichnete Ministerium hat bisher wegen der Erwerbung der Wallraffschen Kunst und Naturalien Sammlung in Cölln Privat Verhandlungen pflegen laßen und fertigt Euer Hochgeboren anliegend das eingesandte Verzeichniß derselben zu. Da dieses jedoch nicht vollständig, da ferner auch wahrscheinlich ist, daß dieselben Stücke in dem deutschen und in dem französischen Verzeichniß, also doppelt vorkommen, so wird es nöthig sein, zuvörderst ein völlig zuverlässiges Inventarium derselben zu besorgen. Das Ministerium wünscht, daß Euer Hochgeboren auf die Ihnen am dienlichsten scheinende Weise nach genommener Verabredung mit dem Professor Wallraff dieses veranstalten laßen, dann über die Bedingungen der Abtretung mit diesem unterhandeln, und mit Einsendung des Inventarii demnächst gutachtlich über die letztern berichten, und dabei auch über das Locale die Aufstellung und die Beaufsichtung der Sammlung Vorschläge machen. Zur Bearbeitung dieser Angelegenheit empfiehlt dasselbe Euer Hochgeboren den dazu geschickten Regierungs Director Sotzmann" (Landesarchiv NRW R, BR 0002, Nr. 405, Bl. 37r). Dem Schreiben waren zwei Verzeichnisse der Wallraf'schen Sammlung – auf Deutsch (Bl. 39r–49r) u. auf Französisch (Bl. 51r–76v) – beigelegt.

[110] Groote, Tagebuch, Bd. 1, S. 45; Bd. 2, S. 33–35.

Berlin, datiert auf den 7. Mai, erhielt.[111] Solms-Laubach bezweifelte darin Wallrafs Bereitschaft zu Verzeichnungsarbeiten, denn, meinte er pessimistisch, wenn man Wallraf dazu „in gesunden Tagen" nicht habe bringen können, was würde es „also in kranken damit gehen können?" Er unterstrich jedoch die Bedeutung eines Verzeichnisses für die Übernahme der Sammlung:

> „Obgleich ich überzeugt bin, daß der Staat ohne Katalog bei dem Kauf der Walraffischen Sammlung nur gewinnen kann (denn große Kunstschäzze ruhen auch ihm selbst [Wallraf] unbewußt, unter Staub u. Moder) so halte ich es doch der Würde des Königs angemeßen keine Kazze im Sak, sondern nach bestimmtem Anschlag zu kaufen."

Zugleich wurde Groote mit weiteren Verhandlungen beauftragt, in denen er Wallraf deutlich machen solle, „daß es besser sey," seine Sammlungen „jezt loszuschlagen," statt sie seinen Verwandten, „die sämtlich keine Kunstkenner" seien, zu vererben; dabei könne Groote Wallraf mit der Aussicht auf „ein öffentliches Anerkenntniß seiner Verdienste" motivieren. Mitte Juni konnte Groote dem Oberpräsidium mitteilen, dass das Gemäldeverzeichnis fertig sei „und nur noch eine genaue Revision und Anordnung desselben im Einzelnen" fehle.[112] Dieses von Groote und Denoël im Sommer 1817 erstellte Verzeichnis[113] umfasste ca. 1.000 Gemälde und bedeutete einen entscheidenden Schritt für die Übertragung der Sammlung an die Stadt nach Wallrafs Tod einige Jahre später.[114]

---

[111] Fr. L. Chr. zu Solms-Laubach an E. von Groote, Berlin, 7. Mai 1817 (HAStK, Best. 1553, A 1, Bl. 48r u. v).

[112] E. von Groote an Oberpräsidium Köln, Köln, 14. Juni 1817 (Landesarchiv NRW R, BR 0002, Nr. 405, Bl. 33r). Siehe Briefe u. Schriften. Irrtümlich auf 4. Juni 1817 datiert in: Deichmann, Säkularisation, S. 291.

[113] Vgl. Verzeichnis der Wallraf'schen Gemäldesammlung, handschriftlich von E. von Groote: HAStK, Best. 1105, A 56. Zu den Katalogen der Sammlung: Plassmann, Virtuelle Ordnungen, 2018; Thierhoff, Wallraf, S. 139–150.

[114] Über den Kunstsinn der Kölner und Kölnerinnen äußerte sich der Kölner Mediziner Johann Jakob Günther 1824: „Besonders aber zeichnet sich Köln von jeher durch seinen hervorstechenden Kunstsinn, namentlich für Ton- und Maler-Kunst, vorzüglich für leztere aus; nicht nur hat es hierin bekanntlich die größten Künstler aufzuweisen, sondern selbst unter der Masse trifft man hier auf Menschen, welche in derselben mehr richtigen Sinn verrathen, als man billigerweise bei ihnen voraussezen könnte" (Günther, Bemerkungen, S. 36). Günther publizierte viel im medizinisch-wissenschaftlichen Bereich, als Kunstsammler war er nicht aktiv; im Umkreis E. von Grootes taucht er nicht auf. Zu seiner Biografie: Becker-Jákli, Köln, S. 265–270. Fiorillo, Geschichte, Bd. 1, 414 f. bemerkte zur Kunstliebe in Köln: „Der alte Kunstsinn scheint sich hier länger erhalten zu haben, als irgendwo sonst; die meisten dieser Bilder, selbst aus schon späteren Zeiten, sind auf Goldgrund, auf Holz gemahlt; bisweilen ist auf das Holz eine Leinwand geleimt, und auf diese wieder ein Gipsgrund getragen, welches die Farben besonders dauerhaft erhält; die Farbenpracht ist fast in allen bewunderungswürdig; das Blau durchaus Ultramarin und auch andere Farben, nach Verhältniß, die köstlichsten und glänzendsten. Die meisten dieser Gemählde sind jetzt freilich zerstreut oder nur in Privatsammlungen aufgestellt, deren es hier mehrere bedeutende in ganz verschiedenen Fächern giebt."

Ein weiteres Projekt, für das sich Groote seit 1815 engagierte, betraf die aus dem Rheinland geraubten und zum Teil durch seinen eigenen Einsatz aus Frankreich zurückgeführten Objekte. Als Assessor bei der Regierung versuchte er nun, vor allem die Nachforschungen nach den restituierten Handschriften, Bücher und Urkunden voranzutreiben und dabei seine Vorgesetzten für die Unterstützung seiner Ziele zu gewinnen. In zwei Berichten,[115] die er im Auftrag von Solms-Laubach Ende 1816 verfasste, regte er an, diejenigen Akten des ehemaligen Generalgouvernements, die sich auf restituiertes Kulturgut bezogen, aus Aachen nach Köln kommen zu lassen, um eine „Nachweisung" der Objekte erarbeiten zu können, darüber hinaus aber auch die Objekte selbst aus den „benachbarten Regierungen", insbesondere aus Aachen und Düsseldorf[116] anzufordern.[117] Aachen war jedoch lediglich bereit ein „General-Akten-Repertorium" zu senden, nicht aber die Akten, sodass es Groote nicht möglich gewesen war, mehr als einen Auszug aus diesem Repertorium zu erstellen.[118] Etwa parallel zu Grootes Engagement bemühte sich der Trierer Bibliothekar Johann Hugo Wyttenbach[119] um Rückgabe der aus Trier stammenden Handschriften, korrespondierte darüber mit Groote und wandte sich schließlich im Dezember 1816 direkt an Solms-Laubach.[120]

Angesichts der wirtschaftlichen Krise geriet das Problem der restituierten Objekte allerdings in den Hintergrund des behördlichen Interesses. Erst im März 1817 antwortete Solms-Laubach auf Wyttenbachs Schreiben mit der Mitteilung, er würde Wyttenbach „mit Vergnügen" die von ihm zurückverlangten Bücher zugeschickt haben,

> „wenn solche hier vorfindlich wären. Erst vor einiger Zeit habe ich in Erfahrung gebracht, daß sich dieselben zu Düsseldorff befinden; ich habe solche von daher verlangt, und werde

---

[115] E. von Groote, Bericht, die Bildung einer Central Kommission für Kunst und Alterthum in den Rheinprovinzen betreffend, Köln, 6. Nov. 1816 (Landesarchiv NRW R, BR 0002, Nr. 404, Bl. 56r–58v; gedr. in: Groote, Tagebuch, Bd. 2, S. 531–534). E. von Groote, Die von dem Herrn Bibliothekar Wyttenbach in Trier zurückgeforderten Bücher betreffend (Bericht), 31. Dez. 1816 (Landesarchiv NRW R, BR 0002, Nr. 404, Bl. 69r–70r; gedr. in: Groote, Tagebuch, Bd. 2, S. 538–539). Entwurf zu diesem Schreiben: HAStK, Best. 1553, A 1, Bl. 56r u. v. Quarg, Handakten, S. 155 datiert diesen Entwurf irrtümlich auf Frühjahr 1818.

[116] Generalgouverneur J. A. Sack hatte die restituierten Objekte vor allem in Aachen, dem Sitz des Generalgouvernements, festgehalten, einiges jedoch nach Düsseldorf geschickt (Braubach, Verschleppung, bes. S. 132–146). Zur Politik der preuß. Behörden in Bezug auf die Zukunft der restituierten Bücher und Handschriften aus den Rheinlanden: Savoy, Kunstraub, S. 399–404.

[117] E. von Groote [Oberpräsident Fr. L. Chr. zu Solms-Laubach] an Regierungspräsident J. G. A. von Reiman, Köln, o. D. [Nov. 1816], Entwurf (Landesarchiv NRW R, BR 0002, Nr. 404, Bl. 62r). Vgl. Groote, Tagebuch, Bd. 2, S. 325 f.). Reiman war seit März 1816 Regierungspräsident in Aachen (Poll, Reiman, 1967; Romeyk, Verwaltungsbeamten, S. 684).

[118] Auszug aus dem Generalakten-Repertorio, welches sich in der Registratur der Regierung zu Aachen befindet, o. D. [Nov. 1816], Entwurf (HAStK, Best. 1553, A 1, Bl. 38r). Vgl. Groote, Tagebuch, Bd. 2, 13. Dez. 1816, S. 402, 326.

[119] Zu J. H. Wyttenbach: Laufner, Wyttenbach, 1982; Klupsch, Wyttenbach, 2012.

[120] J. H. Wyttenbach an Fr. L. Chr. zu Solms-Laubach, Trier, 10. Dez. 1816 (Landesarchiv NRW R, BR 0002, Nr. 404, Bl. 68r u. v). Vgl. Groote, Tagebuch, Bd. 2, S. 412.

sehr gern Euer Wohlgebohren von der sichern Aussicht, sie der dortigen Bibliothek restituiren zu können, in Kenntniß setzen."[121]

Zugleich richtete Solms-Laubach eine Anfrage an die Düsseldorfer Regierung:

„Dem Vernehmen nach befinden sich fast alle von Paris zurückgekommenen Kunstschätze und Alterthümer noch verpackt in Düsseldorff, und sollen sich darunter mehrere Gegenstände, welche nach Trier, und Coeln gehören, oder doch für diese Städte nur von besonderem Interesse sind, vorfinden."[122]

Die Düsseldorfer Behörde wurde aufgefordert, die Objekte nach Köln zu schicken, und der Archivar der Aachener Regierung Peter Joseph Holzmacher angewiesen, endlich die gewünschten Akten des ehemaligen Generalgouvernements einzusenden.[123]

Im Briefwechsel der beteiligten regionalen Behörden – Oberpräsidium und die Regierungen Köln, Aachen, Trier und Düsseldorf[124] – wurde schließlich deutlich, dass der Hauptteil der Objekte tatsächlich in Düsseldorf lagerte. Die dortige Regierung teilte dem Oberpräsidium Ende März 1817 mit, man habe im April 1816 von Aachen „drei Kisten gezeichnet Rheinisches Archiv" erhalten, mit dem Auftrag, diese „einstweilen bis zur höheren Bestimmung des Orts wo das Rheinische Archiv errichtet werden soll, aufbewahren zu laßen." Diese Kisten befänden sich „mit andern, welche Werke der Kunst enthalten, auf der hiesigen Bibliothek deponirt." Doch „ohne höhere Weisung" sah man sich nicht ermächtigt, die Kisten zu öffnen und eine Verteilung des Inhalts vorzunehmen.[125] Entsprechend der Verwaltungshierarchie war das Oberpräsidium nun gezwungen, sich um eine „Autorisation" durch das Innenministerium zu bemühen.

---

[121] [Fr. L. Chr. zu Solms-Laubach] an J. H. Wyttenbach, Köln, 9. März 1817, Entwurf, ohne Unterschrift; muniert 13. März, abgeschickt 14. März 1817 (Landesarchiv NRW R, BR 0002, Nr. 404, Bl. 71r).

[122] Fr. L. Chr. zu Solms-Laubach an Regierung Düsseldorf, Köln, 10. März 1817, Entwurf (Landesarchiv NRW R, BR 0002, Nr. 404, Bl. 71v–72r).

[123] Fr. L. Chr. zu Solms-Laubach an P. J. Holzmacher, Köln, 10. März 1817, Entwurf: (Landesarchiv NRW R, BR 0002, Nr. 404, Bl. 72r–72v). Holzmacher antwortete, die gesuchten Akten seien bei der General-Tilgungs-Kommission in Aachen deponiert worden (P. J. Holzmacher an Oberpräsidium Köln, Aachen, 18. März 1817; Landesarchiv NRW R, BR 0002, Nr. 404, Bl. 74r). Zur Anforderung der Akten wandte sich Regierungsdirektor vom Hagen, als Vertreter von Solms-Laubach, umgehend an die Kommission, Köln, 21. März 1817, Entwurf (Landesarchiv NRW R, BR 0002, Nr. 404, Bl. 74v).

[124] Vgl. vor allem: Landesarchiv NRW R, BR 0004, Nr. 643, Bl. 1r–11v; BR 0002, Nr. 404, Bl. 71r–104r.

[125] Regierung Düsseldorf an Oberpräsident Fr. L. Chr. zu Solms-Laubach, Düsseldorf, 27. März 1817 (Landesarchiv NRW R, BR 0002, Nr. 404, Bl. 80r). Ziel des preuß. Staates war die Archivierung der aus vorfranz. und franz. Zeit stammenden Akten der Rheingebiete und ihre Konzentrierung in staatlichen Archiven, die an die neuen Verwaltungsstrukturen angelehnt werden sollten. Da diese Strukturen 1815/16 noch nicht feststanden, hatte man viele der zurückerhaltenen Dokumente und Schriften in Kisten gepackt und sie zum Teil als für das Rheinische Archiv oder die Rheinischen Archive bestimmte Akten gekennzeichnet. Zur Archivierung der vorpreuß. wie der entstehenden preuß. Akten wurden zunächst Regierungsarchive in Aachen, Düsseldorf, Köln, Koblenz, Trier und Kleve eingerichtet. Dazu kurz: Flach, Urkunden, S. 377–379. Zur Diskussion um den zukünftigen

Da Solms-Laubach Mitte März zur Versammlung des Staatsrats in Berlin gereist war, erreichte ihn das Düsseldorfer Schreiben nicht mehr in Köln, er wurde aber brieflich über die weitere Entwicklung der Angelegenheit informiert. Eberhard von Groote, der meinte, im Aufenthalt von Solms-Laubach in der Hauptstadt eine Chance zur raschen Lösung des Problems zu erkennen, schrieb ihm am 21. April,[126] „durch ein einziges Wort" „am rechten Orte" könne Solms-Laubach die Genehmigung erlangen, alle in Aachen und Düsseldorf gelagerten Bücher und Manuskripte „zur näheren Untersuchung, u. würdigen Benutzung" nach Köln zu bringen. Er verwies zudem auf die aus Trier stammenden Schriften, die „mit so vielem Rechte" von dort zurückgefordert würden. Noch bevor Grootes Brief in Berlin eintraf, hatte sich Solms-Laubach schon an Innenminister von Schuckmann gewandt und erläutert:

> „Um der Stadt Trier das ihr unbezweifelt zustehende Eigenthum nicht länger zu vorenthalten, und das bey längerm Verpacktbleiben leicht mögliche Verderben dieser interessanten Sachen zu verhüten, bitte ich Euer Excellenz, um geneigte Verfügung um jene Gegenstände nach Köln bringen, die dort unter Aufsicht des Regierungs-Assessors de Groote, welcher die Reclamation derselben von Frankreich eingeleitet hat, sondern zu laßen, unbezweifeltes PrivatEigenthum an die rechtmäßigen Eigenthümer zurück zu geben, und die übrigen einstweilen in Kölln verwahren u. in dem Jesuiten Collegio aufstellen zu laßen."[127]

Am 1. Mai antwortete Schuckmann,[128] man habe die Regierung in Düsseldorf angewiesen, „die in ihrer Verwahrung befindlichen, mit der Aufschrift Rheinisches Archiv bezeichneten drei Kisten der Regierung in Coelln zu übersenden". Darüber hinaus sei angeordnet worden, die Kisten

> „unter Aufsicht des Assessors de Groote zu öfnen, diejenigen davon, die unbezweifeltes Privateigenthum sind, den Eigenthümern zurückzugeben, die übrigen aber aufzubewahren, und ein Verzeichniß derselben anher einzureichen, worauf das Weitere verfügt werden wird."

Überdies habe man die Düsseldorfer Regierung beauftragt,

> „die übrigen auf der dortigen Bibliotheck befindlichen Kisten, welche Kunstsachen enthalten möchten, unter guter Aufsicht öfnen zu laßen, und ein Verzeichniß der darinn befindlichen Gegenstände einzureichen."

Standort eines geplanten Archivs ab Mai 1816: Landesarchiv NRW R, BR 0002, Nr. 421. Im Sept. 1816 war Holzmacher nach Köln gereist, um ein geeignetes Gebäude für das Archiv zu ermitteln (Landesarchiv NRW R, BR 0002, Nr. 421, Bl. 11r–15r).

[126] E. von Groote an Fr. L. Chr. zu Solms-Laubach, Köln, 21. Apr. 1817, Entwurf (HAStK, 1553, A 1, Bl. 45r–46r).

[127] Fr. L. Chr. zu Solms-Laubach an Fr. von Schuckmann, Berlin, 23. Apr. 1817, Entwurf (Landesarchiv NRW R, BR 0002, Nr. 404, Bl. 83v).

[128] Fr. von Schuckmann an Fr. L. Chr. zu Solms-Laubach, Berlin, 1. Mai 1817 (Landesarchiv NRW R, BR 0002, Nr. 404, Bl. 84r).

Am 15. Mai wurde Groote von Sotzmann über diese Verfügung informiert, am 18. Mai wurde sie ihm ausgehändigt und am folgenden Tag trug er dem Regierungskollegium die Entscheidung des Innenministers vor.[129] Das Kollegium beschloss daraufhin, die drei Kisten aus Düsseldorf nach Köln kommen zu lassen und gleichzeitig beim Innenministerium eine Ausweitung der Anordnung auf alle restituierten – in Aachen wie Düsseldorf – verwahrten Objekte zu beantragen. Groote entwarf beide Schreiben und unterzeichnete sie am 21. Mai.[130] In dem Schreiben, das Groote von Solms-Laubach am folgenden Tag erhielt,[131] wurde er angewiesen, eine Stellungnahme zur Frage der restituierten Objekte zu erarbeiten und sie Solms-Laubach nach dessen Rückkehr in Köln vorzulegen. Außerdem erklärte Solms-Laubach, er habe die Frage der Trierer Schriften in Berlin angesprochen.

Statt auf die Rückkunft des Oberpräsidenten zu warten, verfasste Groote in Absprache mit Sotzmann die gewünschte Stellungnahme sofort und schickte sie an Solms-Laubach nach Berlin,[132] den sie dort offenbar erst Anfang Juli erreichte.[133] In seinem Brief berichtete Groote über den bereits an Schuckmann gesandten Antrag, alle in Frage kommenden Gegenstände aus Aachen und Düsseldorf nach Köln zu senden, und legte Solms-Laubach nahe, diesen Wunsch beim Ministerium vorzutragen. Denn man beabsichtige doch, betonte er, „die Conzentrirung alles, nunmehr Herrenlos gewordenen, selbst ursprünglich nicht in Köln gewesenen wissenschaftlichen Apparats, hierselbst".[134] Groote sprach damit sein Ziel an – in dem er sich mit dem Oberpräsidenten einig glaubte – Köln zu einem Zentrum von Wissenschaft und Kunst zu entwickeln, entweder durch eine Universität, der eine „Kunstanstalt" und ein Museum angegliedert würden, oder, sollte man sich gegen eine Universität in Köln entscheiden, durch die Schaffung eines in Köln ansässigen Rheinischen Museums als Provinzialmuseum.[135] Während Solms-Laubach im Juli 1816 noch für Universität und ein Antikenmuseum in Köln votiert hatte,[136] erwähnte

---

[129] Groote, Tagebuch, 15., 18. u. 19. Mai 1817.
[130] Groote, Tagebuch, 21. Mai 1817. Die beiden Schreiben ließen sich bisher nicht nachweisen.
[131] Antwortschreiben auf Grootes Brief vom 21. Apr. 1817: Fr. L. Chr. zu Solms-Laubach an E. von Groote, Berlin, 7. Mai 1817 (HAStK, Best. 1553, A 1, Bl. 48v–49r).
[132] E. von Groote an Fr. L. Chr. zu Solms-Laubach, Köln, 24. Mai 1817 (Landesarchiv NRW, BR 0002, Nr. 404, Bl. 86r–87v). Siehe Briefe u. Schriften. Vgl. den Entwurf, o. O., o. D.: HAStK, Best. 1553, A 1, Bl. 47r u. v.
[133] Vermerk von Fr. L. Chr. zu Solms-Laubach, Berlin, 3. Juli 1817 (NRW, BR 0002, Nr. 404, Bl. 86r).
[134] E. von Groote an Fr. L. Chr. zu Solms-Laubach, Köln, 24. Mai 1817 (Landesarchiv NRW R, BR 0002, Nr. 404, Bl. 86v). Siehe Briefe u. Schriften.
[135] Die Einrichtung einer „Kunstanstalt" und eines „Rheinischen Museums" wurde als Mittel zur Entwicklung von Wissenschaft und Kunst in den Rheinprovinzen diskutiert. Zur Kunstpolitik des preuß. Staates nach 1815: Holtz, Kultusministerium, bes. S. 405–431; Schulz, Erwartungen, S. 39–43; Savoy, Kunstraub, bes. S. 383–404; Mölich, Kulturpolitik, 1995. Zur Diskussion um Universität und Museum: Ehrhardt, Kunstmuseum, S. 13–25; Renger, Gründung, S. 35–60.
[136] Fr. L. Chr. zu Solms-Laubach, Denkschrift, 23. Juli 1816; vgl. Bezold, Gründung, S. 42–44; Klein, Bemühungen, S. 377; Ehrhardt, Kunstmuseum, S. 16; Groote, Tagebuch, Bd. 2, S. 109. Zur Entwicklung der Idee eines Kunstmuseums in Köln ausführlich: Kier, Museum, 1998, zur Situation um 1817: ebd., S. 17.

er in seiner Antwort an Groote vom 7. Mai, die Groote am 22. Mai erreichte, die Standortfrage der Universität nicht, erklärte jedoch:

> „Daß ich das rheinische Musäum lieber heute u. morgen errichtet sähe, als später, werden Ew. Hochwohlgeb. nicht bezweifeln, auch wäre die Sache schon vorbereitet, wenn meine unvermuthete Reise nach Berlin nicht dazwischen gekommen wäre. Noch ist unterdeßen nichts verloren."[137]

Konkreter ging Solms-Laubach auf ein Rheinisches Museum – und seine mögliche Gründung in Köln – nicht ein; mit großer Wahrscheinlichkeit war ihm eine für Köln auch in dieser Beziehung nachteilige Entwicklung bekannt. Denn die Berliner Behörden hatten bereits 1816 Interesse für die seit kurfürstlicher Zeit in Düsseldorf bestehende Akademie der schönen Künste und die dortige Bildergalerie gezeigt und begonnen, die Möglichkeit ihrer grundlegenden Neuorganisation konkret ins Auge zu fassen.[138] Mit der Prüfung dieses Plans waren in Düsseldorf der Architekt und Professor an der Akademie Karl Friedrich Schäffer[139] und Regierungsrat Delbrück, den Groote 1816 kennengelernt hatte, befasst. Schäffer hatte im Auftrag der Düsseldorfer Regierung im Februar 1817 einen Bericht über den Zustand von Kunstakademie und Galerie sowie ein ambitioniertes Konzept zur Reformierung der Akademie, Errichtung eines „Academischen Central-Museums" und einer Polytechnischen Schule eingereicht, und dabei die Gründe, die für Düsseldorf als Standort sprachen, ausführlich dargelegt.[140] Als Groote Delbrück bei dessen Besuch in Köln im April 1817 traf, wurde er von ihm wohl nicht, oder zumindest nicht näher, über die Düsseldorfer Konkurrenz zu seinen eigenen Vorstellungen informiert. Er konnte daher noch auf eine Entscheidung für Köln hoffen.

Grootes dringender Wunsch, die restituierten Schriften in Köln zusammenzutragen, beruhte vor allem auf seinem eigenen Interesse an mittelalterlichen Manuskripten und germanistischer, historisch-literarischer Forschung, dem er auch 1817, soweit es ihm zeitlich möglich war, nachging. In erster Linie bedeutete dies eine Weiterarbeit an seinem 1816 begonnenen Tristan-Projekt – der Edition des Tristan von Gottfried von Straßburg. Nachdem Groote 1815 und 1816 mehrere Manuskripte des Tristan gekauft oder wenigstens eingesehen hatte, konnte er Ende 1817 aus der Bibliothek in Heidelberg eine weitere Version des Gedichts ausleihen, um sie in seine Analysen einzubeziehen. Neben

---

[137] Fr. L. Chr. zu Solms-Laubach an E. von Groote, Berlin, 7. Mai 1817 (HAStK, Best. 1553, A 1, Bl. 48v).

[138] Vgl. zum Folgenden die entsprechende Korrespondenz 1816/17: Landesarchiv NRW R, BR 0004, Nr. 1524, Bl. 32r–136r.

[139] Karl Friedrich Schäffer war seit 1805 als Professor der Architektur an der Düsseldorfer Kunstakademie tätig.

[140] K. Fr. Schäffer an Regierung Düsseldorf, Abt. I, Düsseldorf, 23. Febr. 1817: „An die hochlöbliche Königliche Regierung zu Düsseldorf. Der Profeßor und Architect Schaeffer überreicht hier einen Plan zur Vervollkommung der hiesigen Academie der Künste und zur Errichtung einer Polytechnischen Schule (Landesarchiv NRW R, BR 0004, Nr. 1524, Bl. 53r–115r). Vgl. einen früheren Bericht Schäffers an die Düsseldorfer Regierung, Düsseldorf, 18. Dez. 1816; Bl. 43r– 48r).

einer vergleichenden Tristan-Edition hatte sich Groote zur Erstellung eines sich darauf beziehenden Wörterbuches, eines „Apparats", entschlossen, an dem er während des ganzen Jahres arbeitete. In seinem Tagebuch vermerkte Groote kaum etwas zu seiner inhaltlichen Tätigkeit „am Tristan", doch er korrespondierte darüber mit Jakob Grimm, Joseph Görres, Georg Friedrich Benecke, Friedrich Heinrich von der Hagen und Sulpiz Boisserée.

In seinem Schreiben an Solms-Laubach vom 24. Mai sprach Groote ein weiteres ihn schon lange beschäftigendes Thema an. Endlich, forderte er, sollten Maßnahmen zum Schutz historischer Denkmale und Kunstobjekte getroffen werden, und verwies auf seinen Ende 1816 verfassten Entwurf zu einer „CentralKommission für Kunst und Alterthum in den Rheinprovinzen".[141] Diese Kommission könne, so Groote, eine „erste Grundlage" zu dem geplanten Rheinischen Museum bilden, denn als letzter, entscheidender Schritt zu dessen Realisierung sei lediglich „eine offizielle Autorisation zur Constituirung derselben" nötig.[142] Wie notwendig ein staatlicher Schutz war, sah Groote in seinem Kölner Umfeld: Vielfach wurden hier Altertümer und Kunstobjekte aus Unwissenheit zerstört oder auf dem überregionalen Kunstmarkt verkauft. Gegenüber Carl von Savigny hatte Groote im Januar 1817 geklagt, dass gerade die Eigentümer der bedeutenden Sammlungen wie Fochem und Lyversberg ihre Objekte in absehbarer Zeit verkaufen könnten, es sei daher dringend notwendig, „diesem Heillosen Wesen" Einhalt zu gebieten.[143]

Tatsächlich hatte der Handel mit „alten" Kunstobjekten, die nun als historisch und kunsthistorisch wertvolle Kulturgüter geschätzt wurden, in den vorangegangenen Jahren erheblich zugenommen.[144] Dabei spielte der wachsende Tourismus, der kaufkräftige Reisende an den Rhein brachte, eine nicht unerhebliche Rolle.[145] Der Jurist Jacob Haas,

---

[141] E. von Groote, Bericht, die Bildung einer Central Kommission für Kunst und Alterthum in den Rheinprovinzen betreffend, Köln, 6. Nov. 1816 (Landesarchiv NRW R, BR 0002, Nr. 404, Bl. 56r–58v; gedr. in: Groote, Tagebuch, Bd. 2, S. 531–534; Feldmann, Anfänge, S. 235–240); vgl. auch: Groote, Tagebuch, Bd. 2, S. 323–326. Dem Schreiben vom 24. Mai 1817 legte Groote eine Abschrift seines Berichts vom 6. Nov. 1816 bei (Landesarchiv NRW R, BR 0002, Nr. 404, Bl. 88r–91v).

[142] E. von Groote an Fr. L. Chr. zu Solms-Laubach, Köln, 24. Mai 1817 (Landesarchiv NRW R, BR 0002, Nr. 404, Bl. 87r). Siehe Briefe u. Schriften.

[143] E. von Groote an Fr. C. von Savigny, Köln, 16. Jan. 1817. Siehe Briefe u. Schriften. Zur Entwicklung der Denkmalpflege in Köln und der Region: Fraquelli, Denkmalpflege, bes. S. 201–204; Ruland, Kulturpflege, 1965; Klein, Anfänge, 1957; Firmenich, Denkmalpflege, 1966; Clemen, Denkmalspflege, S. 3–44; Rave, Kunstpflege, bes. S. 181–192. Zu den Grundzügen der preuß. Denkmalpflege: Hoffmann, Romantik, S. 11–31. Trotz seiner Kritik am Ausverkauf der Kunst erwarb Groote 1817 von dem Kölner Glasermeister Düssel „bunte Scheiben", also historische Glasmalereien, um sie seinem Bekannten Carl Philipp Heinrich Pistor in Berlin zu schicken (Groote, Tagebuch, 26. März 1817).

[144] In einem Schreiben an Hardenberg hatte sich Solms-Laubach Ende 1816 für eine gesetzliche Regelung eingesetzt, um den drohenden Ausverkauf der Kölner Kunst zu verhindern (Fr. L. Chr. zu Solms-Laubach an K. A. von Hardenberg, Köln, 16. Nov. 1816, Entwurf; Landesarchiv NRW R, BR 0002, Nr. 404, Bl. 65r–66v).

[145] Grootes Kollege Elsholtz beklagte 1820 in seinem Reiseführer den Verkauf von Kunstwerken, der

ein Altersgenosse und Bekannter E. von Grootes, schilderte die Kölner Situation in seinen Erinnerungen:

„Es muß ein Fieber der Lieblosigkeit selbst in Cöln für diese seine Schätze bestanden haben. Dazu kam die begehrliche Gier in späterer Zeit nach den alten Pergamentbüchern, die von den Buchbindern schon in den ersten Zeiten dieses Vandalismus für Spottgeld zum Zwecke ihres Gewerbes erworben worden waren. Es waren lange Zeit hindurch einige Reste von Gemälden der deutschen Schule in Privathänden und herrlich illustrirte Gebeth- und Kirchen-Bücher mit diesen zugleich ein Gegenstand des Handels. Ein Kaufmannshaus, Bemberg, trieb quasi Handel mit gemalten Kirchenfenstern; vieles, sehr vieles davon gieng nach England; auch die frommen Leute in Cöln waren hie und da Liebhaber und sammelten mit der Selbsttröstung, daß, wenn sie auch solches Kirchengut an sich brachten, es sonst in die noch unberechtigteren Hände hätte fallen können."[146]

Trotz der Projekte und Aufgaben, mit denen Groote befasst war, entschloss er sich im Mai zu einer Reise nach Koblenz, hauptsächlich um Görres und Schenkendorf zu treffen. Kurz bevor er die Reise am 24. Mai antrat, folgte er, äußerst widerwillig, dem staatlichen Aufruf, sich für die Landwehr registrieren zu lassen.

---

durch die vielen auswärtigen Besucher verstärkt werde: „Uebrigens wird von Fremden, besonders von Engländern, welche sich häufig hier einfinden, gemaltes Glas gesucht, um in auswärtigen Kunstsammlungen zu prangen. […] Die Alterthums-Krämerei, durch solche Antiquitäten-Jäger geweckt, ist hier auch ziemlich im Schwunge" (Elsholtz, Wanderungen, S. 30 f.). Über die Domfenster schrieb er: „Diese Glasmalereien sind eine der größten und merkwürdigsten Zierden des Domes und ich glaube nicht, daß noch irgendwo dergleichen in so großer Menge, so gut erhalten und so trefflich benutzt vorhanden sind. Es sollen Engländer hier gewesen seyn, welche den Werth eines einzigen dieser Fensterbogen auf 20.000 Rthlr. geschätzt und die Summe dafür gebothen haben" (Elsholtz, Wanderungen, S. 29 f.). Zum Verkauf von Glasmalereien aus Kölner Kirchen: Steckner, Wallraf, S. 298–304. Zu Glasmalereien aus Deutschland in englischen Sammlungen u. Kirchen: Williamson, Most Valuable, bes. S. 111–115; Henry, Glasmalereien, 1997; Wolf, Stadtbild, S. 108 f. Zu Romantik, Reisen und Kunst am Rhein: Tümmers, Rheinromantik, S. S. 39–51. Über die Darstellung des Rheinlands in der englischen Reiseliteratur: Stader, Reiseliteratur, 1973.
[146] J. Haas, in: Cardauns, Aus dem alten Köln, S. 71 f.

|A 1/12–23; 1r| **Tagebuch 27. März bis 23. Mai 1817**

Den 27. Maerz [1817].

Ich lese still Schelvers Geheimnisse des Lebens[147] nochmal durch, u. sende Dr. Gadé den Brief, den ich gestern noch schrieb. Gegen Mittag kommt der Transdorfer Halfen mit Stroh u. Heu. Es scheint bey ihm eine feste Idee geworden zu seyn, daß Einer von uns zu Bonn Landrath werden müße. Er eilt sehr [schnell] wieder weg. Nach Tisch gehe ich zu Glasermeister Düssel, um einige bunte Scheiben für Herrn Geheim Rath Pistor zu holen, an den ich zugleich wegen mehrerer Postsachen gelegentlich schreiben soll. Ich erhalte die Scheiben, u. gehe in die Auktion zu Herrn Hansen,[148] wo ich einige kleine Bücher kaufe. Dann gehe ich in's Theater, |:1 Fr., 2:| um Herrn Wurm in dem Lustspiel, Er mengt sich in Alles[149] zu sehen, wo er auch wirklich ächt komisch ist. Die Schwestern haben den Abend bey der Gräfinn Degenfeld zu gebracht. –

---

[147] Franz Joseph Schelver, Von dem Geheimniße des Lebens, Frankfurt a. M. 1815. Groote hatte im Dezember 1816 mit der Lektüre des Buchs begonnen. Er kannte Schelver, der an der Universität in Heidelberg lehrte, aus seiner Studienzeit. Schelver, Arzt und Botaniker, hatte sich mehr und mehr dem Mesmerismus und einer romantischen, spekulativen Naturbetrachtung zugewandt, die sich in seiner Sprache widerspiegelte. Im Vorwort seines Werks heißt es: „Nicht dem Geschöpfe gehört der Schöpfer, sondern ihm gehört das Geschöpf an; – Nicht der Art und Weise gehört das Leben, sondern dem Leben gehören seine Arten und Weisen. Das große Reich des Daseyns, zahllos und unermeßlich in Art und Gegenart, ist ja die sinnliche Offenbarung des schaffenden Lebens; nur dieses lebt wahrhaftig, und die vorhandenen Geschöpfe sind die wechselnden Züge seines unsterblichen Athems" (ebd., S. 4 f.).

[148] Es handelte sich um eine Auktion des Kölner Vikars, Buchhändlers und Auktionators Johann Caspar Hansen, der verschiedenste Objekte: Gemälde, Bücher, Möbel, optische Geräte, Textilien etc., versteigerte und dazu Verzeichnisse (Kataloge) verkaufte. Die von Groote besuchte Auktion wurde im Welt- u. Staatsboten zu Köln, Nr. 47, 23. März 1817 angekündigt: „Montag den 24. März und folgende Tage wird auf der Burgmauer im Parnaß, Nro. 7, unter der Direktion des Vikar und Antiquar Joh. Caspar Hansen, eine Sammlung auserlesener meist sauber gebundener Bücher aus allen Fächern in den vorzüglichsten Sprachen, worunter mehrere aus den ersten Druckzeiten, auch seltene und sehr schätzbare Ausgaben befindlich sind, sodann eine große Sammlung von mehr als achttausend alter und rarer Kupferstiche und Holzschnitte, wie auch Musikalien, Mineralien, Conchilien und andere Kunstsachen, Abends um 5 Uhr verkauft werden; das Verzeichniß ist allda, wo man auch Bestellungen annimmt für 6 St. zu haben. Daselbst ist auch eine große Sammlung von schönen Gemälden, Mineralien, Naturalien und andern Kunstsachen, wie auch Büchern, Musikalien etc. täglich stückweis aus der Hand zu haben." Ähnlich: Köln. Zeitung, Nr. 47, 23. März 1817. Zu Hansen kurz: Kronenberg, Entwicklung, S. 129. Grootes Kollege Franz Elsholtz beschrieb das Angebot der Kölner Altkäufer und Trödler, „vor deren Kramläden man häufig als Aushängeschilder, allerlei Spielereien, Scherben, Vasen, Münzen, Schießgewehre aus den Zeiten ihrer ersten Erfindung, ferner allerlei wunderbare Bilder aufgestellt siehet, denen mindestens das Verdienst der Jahre nicht abzugehen scheint, wenn sie sonst keins haben. – Solche Bilder sind gewöhnlich Darstellungen von Heiligen und deren Wunderthaten" (Elsholtz, Wanderungen, S. 33).

[149] Welt- u. Staatsbote zu Köln, Nr. 49, 27. März 1817: „Theater-Anzeige. Heute Donnerstag den 27ten März: Er mengt sich in Alles; Herr Wurm den Herrn von Plumper. Hierauf folgt: Der Sänger

Den 28. Maerz [1817].

Seit einiger Zeit fährt mir das Blut so gewaltig in den Kopf, daß ich ein beständiges Sausen in den Ohren habe, so daß ich fast nicht höre. Dieß macht mich zum Arbeiten sehr unaufgelegt. Ich lese bis zur Sitzung Schelvers Büchlein zu Ende. In demselben wird alles gar sehr in die Länge gezogen, u. über allerley Dinge, wo man keine festen Prinzipe hat, lange hin u. her gesprochen. Ich schreibe den Entwurf zu meinem Briefe an Herrn Pistor daselbst, den ich zum Theil dem Vater nach Tische vorlese. Dann arbeite ich noch etwas bey mir, und gehe nach 6 nochmal in's Theater, |:–1.2:| wo Herr Wurm in Lügner und in Unser Verkehr auftritt. Es ist voll da, und ich rede viel mit Herrn v. Herwegh. Obschon es erst nach 9 zu Ende ist, gehe ich doch noch zu Herrn Simon durch den schönen, mondhellen Abend, wo ich gegen xxxxxxxx meinen Begriff von Zahl vertheidige u. nachher mit ihm, Dr. Elkendorf u. meinem Bruder nach Haus gehe. Es sind ziemlich viele Herrn des Appellhofs u. der Justiz Commission da. Mir aber ist gar gespannt im Innern, u. das Blut fährt mir noch immer gewaltsam |1v| in den Kopf. Ich bin fast zu aller Arbeit unfähig, und sehr getrieben und unruhig. Mir wird stets der alte, wenn auch frevelhafte Wunsch wieder neu, daß Gott durch eine Krankheit meine Kräfte zu mehr Ruhe und Gleichgewicht bringen möge.

Den 29. Maerz [1817].

Ich öffne die Augen, schon zur Sünde, und mir ist noch unwohler als gestern. ~~ Ich schreibe meinen Brief an Herrn Pistor zurecht. |:1.10:| Später kommt Herr Denoël, wegen des Aufsatzes in der Kölnischen Zeitung,[150] der für Herrn Wurm und gegen das hiesige Publikum, wie es heißt, von Elzholtz ziemlich frech geschrieben ist, u. einen andern aus Rom, der über Gau u. Mosler,[151] ziemlich

---

und der Schneider; Herr Wurm den Schneider. Morgen Freitag den 28ten März: Unser Verkehr; Herr Wurm den Jakob. Vorher: Der Lügner und sein Sohn; Herr Wurm den Herrn v. Krack". Es handelte sich um die Stücke: Salomo Friedrich Schletter, Der Dienstfertige, oder Er mengt sich in Alles, Ein Lustspiel in drei Aufzügen, uraufgeführt 1781; Friedrich Johann von Drieberg, Der Sänger und der Schneider, Singspiel, 1814; Der Lügner und sein Sohn. Eine Posse in einem Aufzuge nach Jean-François Collin d'Harleville; frei bearbeitet von Franz August von Kurländer. Zur „Posse" Unser Verkehr siehe S. 174 f.

[150] Köln. Zeitung, Nr. 50, 29. März 1817.

[151] Welt- u. Staatsbote zu Köln, Nr. 68, 29. Apr. 1817: „Zwei Rheinländer, die von der preussischen Regierung Stipendien haben, erwecken zu Rom die Aufmerksamkeit der Reisenden durch manche glückliche Nachforschung. Der eine, ein Architekt, Gau, aus Köln, hat über die alte Baukunst vortreffliche Entdeckungen gemacht. Zu Pompeji verfertigte er Zeichnungen, die ungleich mehr Vertrauen einflößen, als die von Maigny [Mazois]. In Rom hat er über den alten Grundriß der Stadt auf dem Kapitol, wichtige Beobachtungen gemacht, z.B. daß dieser Marmor-Grundriß aus Fragmenten von zweien und von ganz verschiedenem Maaßstaab zusammengesetzt ist; auch hat er entdeckt, daß der Janusbogen aus Stücken des sogenannten Sonnentempels erbaut ist. – Der andere, ein Maler Moseler, arbeitet an Blättern der alten Kölner Meister, welche zu Frankfurt am

günstig urtheilt, zu reden. Er scheint gegen ersteren schreiben zu wollen. Wir reden noch über Mancherley. – Später werde ich schriftlich von v. d. Hagen auf Dienstag nach Deutz zu Mittag geladen.[152] Dann kommt Herr Rektor, der auch bey uns zum Essen bleibt. Nach Tisch lese ich dem Vater meinen Brief vor, der ihn auch billigt und abschicken will. Später geben die Schwestern mir und Joseph, mit dem ich mich noch lange über die Verhandlungen des Wohlthätigkeitsbüreau gegen den Assessor Schmitz[153] unterhalten habe, auf Silberstramin gestickte Beutelchen zum Geschenk.

Nun wollte ich noch ad + gehen,[154] allein, Denoël kommt nochmal, mit einem inserendum in die Zeitung, was ich mit ihm durchgehn, feilen u. zurechtschreiben muß.[155] Nun wird es zu spät; ich gehe noch zu Dr. Nückel, den ich nicht finde, kauf Taback, |:1.8:| und erhalte zu Haus meinen ausgebesserten Regenschirm zurück. |:1.4:| Dann mache ich mich fertig, zum Olymp zu gehn. Dort lese ich die interessante Kriminal-Geschichte, welche unter Friedrich dem Großen in Berlin

---

Main bei Wenner herauskommen, mit einer interessanten historischen Einleitung." Franz Christian Gau, geboren 1790 in Köln und Schüler Wallrafs, studierte ab 1810 in Paris; von 1818 bis 1820 bereiste er Ägypten und Nubien (Kramp, „Style Gautique", hier bes. S. 136–142; Kramp, Köln/Nil, 2013). Karl Josef Ignatz Mosler, geboren 1788 in Koblenz, lebte von 1816 bis 1819 in Rom; 1818 kündigte der Verlag J. Fr. Wenner an: „C. Mosler, Altdeutsche Gemälde von Cöllnischen und Niederrheinischen Meistern, aus vorzüglichen Sammlungen" (in: Beilage zu No 186 der Frankfurter-Ober-Postamts-Zeitung, Kunst-Nachrichten, 5. Juli 1818). Das Buch Moslers erschien allerdings nie. Zu Moslers Werk: Deichmann, Säkularisation, S. 169–173, 301 f.

[152] Smets, Taschenbuch, S. 85: „Deutz ist der Lieblingsort der Köllner, während Sommer und Winter; eine ansehnliche Schiffbrücke führt hinüber und reinliche Gasthöfe und kühle Lauben am Ufer des Rheines empfangen die Lustwandelnden. Aber es ist auch die Aussicht von hier nach Kölln ein wahrer Genuß: im Halbmonde liegt das deutsche Rom vor den erstaunten Blicken, zu beiden Seiten von gewaltigen Mauerthürmen begrenzt, in den mannigfaltigsten Formen erheben sich die Thürme der Stadt und unter diesen ragt hervor das kolossale Christenhaus – der Dom!" Demian, Handbuch, S. 284 f.: „Köln gegenüber, am rechten Ufer des Rheins, liegt das Städtchen Deutz, wohin die […] fliegende Brücke führt. Es zählt 1.986 Einwohner, deren Hauptnahrung in Feld- und Gartenbau, Handwerken, Fabriken und Handel besteht. Am wichtigsten ist der Rebs- und Gemüsebau. Die Fabriken liefern Stück-Sammet, Sammetband, Seife und Spielkarten."

[153] Gegen den 1816 zum Konsistorial-Assessor ernannten Arnold Joseph Schmitz, der zuvor in der städtischen Wohltätigkeitsverwaltung tätig gewesen war, wurden Anfang 1817 Anschuldigungen der unredlichen Amtsführung laut. Solms-Laubach beauftragte eine Überprüfung der Vorwürfe. Der von W. von Haxthausen im Sept. 1817 eingereichte „Bericht über die Untersuchung der hiesigen Wohlthätigkeitsverwaltung", ergab keinen Nachweis eines Fehlverhaltens von Schmitz, allerdings eine generell nachlässige Aktenführung der bisherigen Verwaltung (Landesarchiv NRW R, BR 0002, Nr. 1426, bes. Bl. 13r–15v). A. J. Schmitz war Sohn des Knopfmachers Johann Peter Schmitz (Sterbeurkunde, 1841; HAStK, Best. 541S, R 483, Nr. 352). Kames vermutete irrtümlich, A. J. Schmitz sei Sohn des Schulinpektors Richard Benedikt Schmitz (Kames, Elementarschulwesen, S. 52, 161).

[154] Die Vermerke „ad +", die Groote mehrfach notiert, wurden von der Bearbeiterin (B. Becker-Jäkli) bisher als Symbol der Kommunion verstanden. Es handelt sich jedoch wohl zumindest in einigen Fällen um Hinweise auf die Beichte.

[155] Inserendum, hier: Inserat, Anzeige. Dieses Inserendum von Denoël ließ sich weder in der Köln. Zeitung, in deren Beiblatt noch im Welt- u. Staatsboten zu Köln belegen.

verhandelt wurde, u. welche in |2r| der letzten Lieferung des Rheinischen Archivs für Gesetzgebung steht,[156] zu allgemeiner Zufriedenheit der Anwesenden vor. – Abends schreibe ich ein Sonett: Reue.[157]

Den 30. März [1817]. Sonntag.

Die heutige Kölnische Zeitung enthält eine scharfe Replik gegen den Aufsatz von Elzholz wegen Wurm, von Frambach.[158] Mit Klein, der gegen 9 ½ kommt, gehe ich, wegen der in Kendenich noch vorzunehmenden Expertise zu Dr. Nückel, der auf dieselbe morgen am Tribunal antragen, u. sie wo möglich auf nächsten Sonnabend bestimmen lassen will. Zu Nückel kommt der Rheinkommissar Nolden u.a., welche noch ein gedrucktes Pasquill auf Wurm haben, welches alsbald schon in aller Händen ist.[159] Es ist nicht ohne Witz geschrieben. Nach der Messe im Dom gehe ich zum Vater, der mir ein altes Heftchen giebt, welches die Sta-

---

[156] Anonym, Ein sehr interessanter Kriminal-Prozeß in Preußen, unter König Friedrich dem Großen, mit Anwendung der Jury. – Hier als Scherflein für die Beibehaltung der Geschworenen-Anstalt (in: Niederrheinisches Archiv für Gesetzgebung, Rechtswissenschaft und Rechtspflege, Bd. 1, Heft 23, 1817, S. 241–269).

[157] Der von Groote notierte Titel des Sonetts „Reue" (so auch bei: Giesen, Groote, S. 139) wurde von Spiertz, Groote, S. 324 irrtümlich als „Rous" gelesen.

[158] Köln. Zeitung, Nr. 51, 30. März 1817 (Anonym). Siehe S. 176. Zu Johann Heinrich Frambach vgl. Personalnotizen, 1815: „Secretär im Büreau des Beigeordneten Riegeler. Leitet unter Herrn Riegeler das Finanzwesen der Gemeinde Cölln, ist sehr geschikt, thätig und brauchbar, hat aber vielen und vertrauten Umgang mit bekannt französischgesinnten. Er hat den Ruf, bestechlich zu sein, und sich aus seinem Geschäfte einen nicht ganz erlaubten Nutzen zu zu eignen, wodurch der also nicht in öffentlichem Vertrauen steht. Seine gespikte Feder und mehrjährige Praxis macht ihn beim hiesigen Bürgermeister-Amte beinah unentbehrlich, wo er unter gehöriger Aufsicht sehr nützlich sein könnte. Er hat drei kleine Kinder ohne andere Nahrungsquelle und es ist immer viele Rücksicht auf seine Familien Verhältnisse genommen worden" (Landesarchiv NRW R, BR 0002, Nr. 1534, Bl. 8r).

[159] Das Pasquill, eine Spottschrift, gegen Wurm konnte nicht ermittelt werden. A. Wurm erklärte zu seinem Interesse an jüdischen Rollen: „Daß ich meine Nachahmungsgabe auch auf das Kopiren jüdischer Eigenthümlichkeiten richtete, wird Niemand auffallen, der es weiß, welchen reichhaltigen Stoff der Charakter dieser Nation, er mag in äußern Beziehungen stehen, in welchen er immer wolle, dem Komiker darbietet. Es waren mir schon von früher Jugend an, diese Kopien nicht mißlungen. Auch in Berlin war das Studium des Komischen in den Charakterzügen der Juden meine Lieblingsbeschäftigung gewesen. […] In Gesellschaften mußte ich häufig im jüdischen Dialekt Gedichte von Schiller etc. rezitiren, in jüdischer Manier Arien singen etc. Selbst vornehme Juden, die sich gar zu gern das Ansehn von Freigeistern (?) geben wollten, luden mich in ihre Zirkel ein, um sich dort zur Unterhaltung und Aufheiterung der Gäste persifliren zu lassen. Ich nahm solche Einladungen häufig an, um neue Bemerkungen zu sammeln […]. Aber es entging mir nicht, welche grimmige Gesichter sie mir beim Weggehn schnitten und wie erzwungen ihr Lachen und ihr Beifall war" (Albert Aloysius Ferdinand Wurm's Leben und Thaten, in: Der Freimüthige für Deutschland. Zeitblatt der Belehrung und Aufheiterung, Nr. 22, 30. Jan.; Nr. 23, 1. Febr.; Nr. 24, 2. Febr.; Nr. 25, 3. Febr. 1819. Hier: Nr. 25, 3. Febr. 1819). Zu Wurms „jüdischer" Sprache: Neubauer, Judenfiguren, S. 125–130.

tuten einer lustigen wöchentlichen Gesellschaft enthält, die von mehreren DeGroote, Jabach, Caspars, Beywegh, etc. ist gehalten worden 1696–97.[160]
Nach Tisch gehe ich zu Denoël, bey dem Herr Lyversberg ist.[161] Ich sehe seine Kupferstiche, Handzeichnungen, Holzschnitte,[162] etc. u. gehe dann mit ihm aus, in die Kupfergaß,[163] in den Dom, u. an St. Margaretha,[164] wo wir die fast nie-

---

[160] Die Schrift konnte nicht ermittelt werden.

[161] Jakob Johann Nepomuk Lyversberg war ein Onkel M. J. Denoëls.

[162] Denoël besaß eine umfangreiche Sammlung von Antiken, Gemälden und kunstgewerblichen Objekten. Die Sammlung ging nach Denoëls Tod 1849 an seine Witwe, die sie entsprechend dem Testament Denoëls der Stadt Köln überließ.

[163] Die um 1630 aus den Niederlanden nach Köln geflüchteten Karmeliterinnen ließen sich im Bereich der Kupfergasse nieder, wo sie zunächst eine kleine Kirche (Laurentinische Kapelle) errichteten. Diese wurde in die 1715 erbaute Barockkirche St. Maria in der Kupfergasse integriert. Aus dem 17. Jh. stammt auch die Holzstatue der „Schwarzen Muttergottes", die bis heute Ziel von Wallfahrten ist. Nach der Aufhebung des Klosters in der Säkularisation nutzte man die Kirche als Pfarrkirche. (Näheres zur Säkulation der Kirche notierte C. J. von Geyr zu Schweppenburg, in seinem Journal; zit. in: Gersmann/Langbrandtner, Im Banne, S. 208 f.). Im Zweiten Weltkrieg wurde sie stark beschädigt und in der Nachkriegszeit wieder aufgebaut. An zwei Stellen des Gitters der Laurentinischen Kapelle befindet sich noch heute das Wappen der Familie von Groote und erinnert so an ihre Zuwendungen. Vgl. Mering/Reischert, Bischöfe, Bd. 1, S. 357 f.: „Die Seitenwände der Kapelle sind von Holz und nach Außen mit schönen und kunstreichen Bildhauer-Arbeiten [...] versehen, welche sich hier vortrefflich ausnehmen. Das Gitterwerk in Eisen, welches die beiden Seitengänge neben der Kapelle in die Kirche abschließt, ist mit dem de Grooteschen Wappen versehen und wurde von dieser Familie dahin geschenkt. Die drei Altäre in der Kirche sind ebenfalls aus Holz in Schnitzwerk und in artistischer Beziehung wohl zu beachten. Dieselben sind von einem kölnischen tüchtigen Bildhauer, Namens Imhof, im vorigen Jahrhundert verfertigt, aber leider, nach dem Geschmacke der damaligen Zeit, allzu sehr mit Zierrathen überladen." Vgl. eine Beschreibung des Hochaltars von 1911: „1715 zugleich mit der Kirche geweiht. Der Aufbau Holz, marmoriert bemalt. Vor dem Postament ein tempelförmiges Tabernakel, von zwei Engeln im Relief angebetet. Hierüber von Pilastern und gewundenen Säulen flankiert in einer Nische die im Verhältnis sehr kleine Figur des h. Joseph mit dem Jesuskind und Engeln, oben die Taube in einer Strahlenglorie" (Rahtgens, Die kirchlichen Denkmäler (1911), S. 181). Siehe auch: Kaiser, PilgerOrte, S. 156–159.

[164] Die Kirche St. Maria ad Gradus wurde auch St. Margarethen genannt. J. W. von Mirbach-Harff beschrieb in seinem Tagebucheintrag vom 16. Febr. 1817 einen Spaziergang „durch die kleinen engen Gassen, am Rand des Dohmhofs vorbei, nach der Margrethenkirche." „Ich fand", vermerkte er, „diesen Plaz den man sonst über eine Treppe bestieg, mit Brettern vernagelt, kam aber doch hinauf durch das Haus des Küsters. Aber oben auf dem Plaz war ich wieder zwischen Bretterwänden eingesperrt, und sah die Kirche halb schon im Ruin. Sie ist eine der ältesten der Stadt, das Dach ist schon abgetragen, und ernst starren die noch stehenden Säulen und durchschnizten Bögen nach dem stürmischen Himmel empor. Die Franzosen haben sie durch Entziehung des Unterhaltungsfonds in den Zustand gebracht, daß sie nun nicht mehr wieder[her]zustellen ist, sie soll also niedergerissen, und in Verbindung mit dem untern Plaz nach dem Rheine hin zum Spaziergang gemacht werden. Ich hoffe man wird einzelne Säulen und Bögen als pittoreske Denkmäler stehen laßen, und sie durch passende Bepflanzung zu einem schönen Bilde für die Nachwelt anwenden. Wird durch die Aufräumung die ganze Masse des Doms recht sichtbar, und wird der ganzen Anlage ein ernster passender Charakter gegeben, so kann dieser Spaziergang schön werden" (Archiv von Mirbach-Harff). Über die Situation nach dem Abbruch siehe Smets,

dergerissene Kirche betrachten. – Nachher gehe ich noch, da Denoël ins Theater[165] geht, auf den Neumarkt, daselbst einige Zeit mit Herrn x Schieffer. v. Auer kommt von Frau Stolzenberg, deren Mann noch mit Carl Solms auf die Jagd ist, u. gehet zu Schaaffhausen, wo er, wie er sagt, zur Gesellschaft gebethen ist. Ich will später noch zu v. Stolzenberg gehn, werde aber nicht angenommen, weil die Frau, wie der Bediente versichert, schon seit mehrern Tagen krank ist. Ich gehe also nachhaus, begegne auf dem Weg Herrn Louis Boeking, der mit |2v| mir geht, und bis nach 8 bey mir sitzen bleibt. Das Leben ist und bleibt doch hier für mich nun äußerst langweilig, u. ich kann mir wahrlich selbst keine Rechenschaft geben, ob davon die Schuld in mir, oder aussen liegt. –

Den 31. Maerz [1817].

Früh schon erhalte ich einen Brief von dem ehemaligen Lieutnant, jetzt Regierungs Assessor Dieterici von Potsdam, welcher bey seinem Examen eine Ausarbeitung über die Zünfte in Deutschland gemacht hat, die, wie er mir schreibt, auf Verlangen des Herrn StaatsRaths Schmedding gedruckt werden soll.[166] Er will nun von hier noch verschiedene Aufschlüße u. nachweisungen haben, die ich ihm ex propriis[167] nicht geben kann, sondern worüber ich mit Wallraf u. Fuchs conferiren muß. – Ich gehe an's Kreisgericht, wo aber noch nichts zu thun ist. Nach der Sitzung gegen 12 ½ ist alles schon zu Ende, ich höre aber, daß auf die Expertise erkannt worden ist, welche wohl noch diese Woche vorgenommen werden soll. Bald nach Tisch kommt v. Halberg zu mir u. stellt mir seine in Mannskleidern ihn begleitende Frau erst scherzweise als seinen ältesten Sohn vor, nachher aber spricht er von ihr als seiner Frau.[168] Er hat nun wirklich seine Reise nach

---

Taschenbuch, S. 83 f.: „An der Rückseite des Dom's liegt der Platz, Margarethenkloster genannt [Auf St. Margarethenkloster an Maria ad Gradus]; von hier hat man eine schöne Aussicht auf den Rhein. Die Margarethenkapelle [hier: St. Maria ad Gradus] die auf diesem Platze stand und eins der ältesten Denkmäler aus der ersten Christenzeit war, wurde abgerissen und aus ihrem Schutte erhebt sich jetzt unmerkbar eine Säule mit dem preußischen Adler – was soll diese Säule wohl bedeuten?" Heute steht eine Säule, die Teil eines Säulengangs zwischen Dom und St. Maria ad Gradus war, auf dem Domherrenfriedhof und damit im Bereich ihres früheren Standorts. Zur Orientierung: Die eigentliche St. Margarethen-Kapelle/St. Margrieten befand sich westlich des Doms hinter der Straße Unter Fettenhennen.

[165] Welt- u. Staatsbote zu Köln, Nr. 50, 29. März 1817: „Theater-Anzeige. Sonntag den 30. März: Don Juan. Herr Reilhmer [Reitmeyer] den Don Juan; Herr Humsius [Hunnius], vom Düsseldorfer Theater den Leporello. C. Müller."

[166] Groote hatte Karl Friedrich Wilhelm Diederici, der zum Hauptquartier von Generalfeldmarschal Blücher gehört hatte, 1815 in Paris kennengelernt und ihn 1816 in Berlin wiedergetroffen. Nach Kriegsende wurde Diederici Assessor bei der Regierung in Potsdam. Die hier erwähnte Publikation des bald bedeutenden Staatswissenschaftlers und Statistikers Dieterici ließ sich nicht nachweisen. K. Fr. W. Dieterici war Sohn des Berliner Verlegers Wilhelm Dieterici, der 1812–1817 das Handbuch: W. H. Matthias, Darstellung des Postwesens druckte.

[167] ex propriis, hier: aus eigenem Wissen.

[168] K. Th. M. H. von Hallberg-Broich war seit 1811 mit Elisabeth Caroline von und zu Olne verheiratet.

Norwegen angetreten. Er schimpft wie immer über die Regierung u. alles, was ihm hier nicht gefällt, und denkt, in etwa 6 Monaten wieder hier zu seyn; so zieht er ab; die Frau sagte nicht ein Wort, sie trug langes, herabhängendes Haar, einen grauen Flaus-Ueberrock,[169] Stiefel u. eine schwarze Tuchmütze. Der Mann ist mit seinem ganzen Wesen sonderbar genug! Ich lese Wilhelm Meister, Band 2. u. Dumbecs Gauen,[170] die wohl recht gelehrt, aber auch mit großer Arroganz geschrieben sind. Uebrigens versitze ich den Abend wieder ganz einsam. |3r|

Den 1. April [1817].

In der gestrigen Auktion hat mir Caspar ein Büchlein über den Ursprung allen Ritus u. Ceremonien[171] gekauft. |: Stb. 15 :| Ich lese die Bekenntniße einer schönen

---

Über die mit seiner Frau unternommene Reise durch das nördliche Europa veröffentlichte er: Reise durch Skandinavien: Dänemark, Schweden, Norwegen im Jahr 1817, Leipzig 1818; in Kommission bei H. Rommerskirchen Köln. In dieser Reisebeschreibung schilderte Hallberg auch kurz Köln und Bonn (S. 6–8). Eine äußerst negative Rezension des Buchs erschien in: Ergänzungsblätter zur Jenaischen Allgemeinen Literatur-Zeitung vom Jahre 1823, Nr. 25, Sp. 197–200, hier Sp. 197–199: „Dem Vf., der, wie mehrere hin und wieder in diesem Werke hingeworfene Äusserungen andeuten, bereits verschiedene Länder Europas bereiset hat – kam die Idee, auch einmal zu sehen, wie der Mensch auf rauhen Felsen und Klippen, in ewigem Eis und Schnee, im kalten Norden, sein Fortkommen findet, welche Regierungsverfassung ihn erfreut u.s.w., und er machte sich demnach, diesen Zweck zu erreichen, nach oben genannten Ländern, in Begleitung seiner Gattin, wie wir ziemlich in der Mitte des Werkes gelegentlich erfahren, auf den Weg. [...] Über alle diese durchreisten ansehnlichen Strecken, Städte und Länder, wird nun auf gemeldeten 208 Octavseiten kurz, gleichsam im Fluge, wie die Reise selbst ging, gar Mancherley, jedoch grösstentheils längst Bekanntes, mitgetheilt, und zwischen Allem dem ist vielfach ein politisches Räsonnement eingewebt, dessen, wenn wir so sagen dürfen, Düsternheit deutlich die Verstimmung unseres Vfs. über manche neuere Einrichtungen, Gestaltungen und Anordnungen zeigt, und dem Leser häufig das unerfreuliche Bild eines Mannes giebt, der durch oft zu stark gefärbte Gläser sieht. [...] Uns scheint, daß der Hr. Freyh. von Hallberg-Broich hinsichtlich seines politischen Glaubensbekenntnisses, zu jener transrhenanischen Menschen- und Adels-Classe gehört, welcher nur darum jetzt Alles nicht recht ist, weil es, wofür Gott zu danken, nicht ist, wie sie es wollen, d.h. wie es war in jenen schönen Tagen, wo der Herr Ritter Alles, der Fürst wenig, und das Volk gar nichts war". Zu Hallbergs Biografie: Egan-Krieger, Weitsicht, bes. S. 49–62; zur Genealogie der Familie Ende des 18. bis Anfang des 19. Jh.s: Oidtman, Die Familie von Hallberg, S. 240–242.

[169] Flaus, auch Flausch, Fries: dickes Mischgewebe aus Wolle und Baumwolle.

[170] Groote las möglicherweise einen Vorabdruck: (Aloys) Franz Joseph Dumbeck, Geographia pagorum vetustae Germaniae cisrhenanorum, erschienen bei G. Reimer, Berlin 1818; gedr. bei Fr. Th. Thiriart in Köln. Dumbeck widmete die Schrift Fr. L. Chr. zu Solms-Laubach. Vgl. eine Rezension in: Göttingische gelehrte Anzeigen, 2. Bd., Göttingen 1822, S. 1361 f.: „Das Jünglingswerk verdient ihren Preis, den Preis der Hoffnung und Aufmunterung, daß ihr gelungene Mannesarbeit folge." Dumbeck erhielt 1817 eine Professorenstelle an der Universität in Löwen. Köln. Zeitung, Nr. 44, 18. März 1817: „Der Doktor der Weltweisheit, A. Fr. J. Dumbeck, bisher Professor der Geschichte, griechischer und altdeutscher Literatur am hiesigen Gymnasium, wird seinem Rufe gemäß als ordentlicher Professor der Universität zu Löwen bis den 1. April d. J. dahin abgehen." Vgl. seine Abschiedsanzeige: „Der Dr. Dumbeck nimmt bei seinem wirklichen Abgange von Köln Gelegenheit, sich dem Andenken seiner Freunde zu empfehlen" (Köln. Zeitung, Nr. 52, 1. Apr. 1817).

[171] Möglicherweise: Gregorius Rippel, Alterthum, Ursprung und Bedeutung aller Ceremonien, Ge-

Seele von Göthe,[172] und nachher in Dumbecs Gauen bis gegen Mittag. In der Kölnischen Zeitung steht ein Aufsatz unter dem Titel: Etwas über die freyen deutschen Städte,[173] der mich im innersten ärgert u. gegen den ich wohl losfahren werde. Vor 1 Uhr gehe ich zu Vater u. Schwestern, u. fahre mit den Damen v. Hagen zugleich nach Deutz, wo ich Herrn General Vikar v. Caspars besuche. Er redet über seine geistlichen Angelegenheiten, doch zu verworren, u. ich kann nicht wohl klug daraus werden. – Nach zwey Uhr gehe ich in den Garten von Breit,[174] wo sich nach u. nach nun das ganze Regierungs Collegium, und viele andere Herrn u. Frauen der Stadt versammeln, so daß einige 50 Menschen erscheinen. Es wird noch ein Stündchen geredet, u. sodann geht Alles zu Tisch, der auch gerade voll wird. Es wird recht ordentlich aufgetragen, meine Nachbaren sind Kuhfuß[175] u. v. Plotho, welcher letztere mir schon gleich zu Anfang einen Teller mit den vollen MaderaGläsern über den Leib stößt. Ich treibe mich viel umher, besonders bey den Frl. vom Hagen, den einzigen Mädchen, die da sind, u. die viel dummes Zeug reden u. sentimentalisiren. Nach Tisch bleiben wir noch lang im Garten, u. fahren erst gegen 8 ½ mit der Brücke in schönem Mondschein zurück. Es war überhaupt ein recht schöner Tag. Kurz ehe wir aus dem Garten gehn, fällt mir General v. Ende gerade vor die Füße, als ob er vom Schlag gerührt wäre; es war nur Schwindel, von dem er nachher nichts wußte. Er wird aber wohl nicht lang mehr mitgehn. – Beym Thor hält v. Hagen noch eine entsetzliche Strafpredigt mit fühlbaren Gebärden,[176] gegen einen unglücklichen Menschen,

---

bräuchen und Gewohnheiten der H. Catholischen Kirchen. Der Ersterscheinung 1723 folgten im 18. Jh. weitere Ausgaben. Es handelt sich allerdings nicht um ein „Büchlein", sondern um ein mehr als 600 Seiten umfassendes Werk in Oktav.

[172] J. W. v. Goethe, Bekenntnisse einer schönen Seele. Sechstes Buch des Romans Wilhelm Meisters Lehrjahre, Frankfurt/Leipzig 1795.

[173] Köln. Zeitung, Nr. 52, 1. Apr. 1817. Der Artikel auf der Titelseite: „Etwas über die freien deutschen Städte" äußerte die Ansicht, dass der Status der Freien Stadt, den der Wiener Kongress 1815 vier Handelsstädten in Deutschland (Bremen, Frankfurt a. M., Hamburg, Lübeck) zugestanden hatte, für das Wohlergehen der übrigen deutschen Territorien von Nachteil sei. Der Artikel schließt: „Es ist eine Aufgabe von der höchsten Wichtigkeit, Mittel und Wege zu ersinnen, wie der Handel der freien Städte zum Vortheile Deutschlands einzurichten sei."

[174] Der Wirt Anton Breidt betrieb in Deutz lange einen beliebten Gasthof, der um 1810 von dem Notar Karl Windeck als Nachfolger übernommen wurde (Brendel, Köln-Mülheim, S. 183, 199). Köln. Zeitung, Nr. 54, 5. Apr. 1817: „Beim Vergnügen auch Wohlthaten. Bei einem am ersten April in dem Windeck'schen Hause gehaltenen freundschaftlichen Mittag-Mahle, wurden von den anwesenden Menschenfreunden zum Besten der hiesigen Haus-Armen sechs und vierzig Rthlr. 12 Stbr. gesammelt; Namens der Armen wird dafür der schuldigste öffentliche Dank gezollet. Deutz, den 3. April 1817." Bertoldi, Tagebuch, 1. Apr. 1817: Das Wetter war „überaus schön und warm", als die Regierungsräte dem neuen Vizepräsidenten „bei Windeck in Deutz" ein Essen gaben. Insgesamt vermerkte Bertoldi, den man ebenfalls eingeladen hatte, als Gäste 57 Herren und Damen, wobei das Essen „ausgesucht" war und „4 Gattungen von Wein, Caffe und Liqueur" geboten wurden (HAStK, Best. 7030, 332A/4, Bl. 148r).

[175] Kuhfuß war Rechnungsrat und Dirigent bei der Regierung Köln.

[176] fühlbare Gebärden: Prügel.

der das Thor öffnete |3v| und ein Trinkgeld forderte. Er wollte ihn arretirt, kassirt etc. wissen. – Nach dem Abendessen rede ich mit Joseph noch lang über unser Fundationswesen. Ein Zettel von Huissier Grass meldet mir, daß ich die Kendenicher Gelder bey ihm könne abnehmen lassen.

Den 2. April [1817].

Ich mache Anstalten, das Geld zu empfangen. Ich schicke früher noch zu Dr. Nückel, um zu erfragen, ob die Rechnung des Huissiers, die sich auf 264 Fr. beläuft, nicht zu hoch ist. Er läßt mir sagen, nein, u. so schicke ich auch zu Grass, der alsbald mit meinem Peter [kommt], u. bringt mir 529 Thl. zu Fr. 5,80, macht Fr. 3.068,20. 50 5 Frankstücke = 250; 15 doppelte Franks = 30; Münze 1.60. [Gesamtsumme:] 3.349,80. Schon hat er von der ganzen Summe seine Gerichtsgebühren abgehalten mit 264,21. Der ganze Erlös des Verkaufs betrug 3.614,01. Welche obige Summe ich gegen Quittung empfange, und bis zur gänzlichen Entscheidung der Sache aufbewahren werde.

Ich habe angefangen, etwas gegen einen Aufsatz der Kölnischen Zeitung in No. 52 über die freien deutschen Städte, den ich sehr abgeschmackt finde, zu schreiben, u. arbeite zum Theil auch in der Plenarsitzung noch daran. Nach dieser gehe ich noch mit v. Auer u. v. Stolzenberg hier u. dort herum. Nach Tisch fabrizire ich dem Laubfrosch eine neue Leiter, u. nehme |4r| mich nachher ordentlich zusammen, um zur + zu gehn. Dieß geschieht auch mit großer Sammlung gegen 6 ½. Ich gebe dem Herrn Linartz[177] für seine manchmalige Bemühung ein kleines Präsent, |:12 Fr.:| u. gehe nachher, meine Pfeife zu holen nach Haus, wo ich Herrn Sieger[178] finde, u. dann zu Herrn RegierungsRath Butte, wo ich zu der neuen Gesellschaft zum ersten mal gehe. Es sind daselbst ausser Ihm u. mir Herr Kraft, Fischenich, Simon, Boelling, Elkendorff, Mühlenfels, Kraeuser, Eckendahl, u. später Haxthausen; Butte trägt erst eine Einleitung zu seiner Arithmetik des Lebens vor;[179] nachher wird wacker disputirt, u. zwar theils nach Schellingschen, theils nach Fichteschen Prinzipien. Dieß währt bis nach 11 Uhr. –

---

[177] Groote besuchte die Messe in St. Mariä Himmelfahrt (Jesuitenkirche), die seit 1803 als Pfarrkirche (Unterkirche der Dompfarre) genutzt wurde. Kaplan der Kirche war Heinrich Josef Linnartz. Zum Kircheninnenraum siehe: Köln und seine Merkwürdigkeiten, 1818, S. 81 f.: Die Jesuitenkirche „zeichnet sich wirklich durch die Schönheit und Eleganz ihrer Bauart aus; sie ist mit schwarzen und weissen Marmor-Tafeln geplattet, und nimt sich unter den Kirchen Köllns vorzüglich gut aus. In dieser Kirche ist manches zu bewundern: die Kanzel mit schöner Bildhauer-Arbeit, die Monstranz, die durch ein Uhrwerk ohne Hülfe des Priesters sich dem Volke zeigt; die Kommunionbank, ein Meisterstück einzig in seiner Art, aus weissem fleischfarbigem gesprenkeltem Marmor. Hier betrachte man die herrlichen Ausarbeitungen, das Lamm, die Trauben, die Blätter, kurz alles, man sollte leicht auf den Gedanken kommen, als hätte dies alles einst der Natur angehört, und sey durch Kunst nur versteinert worden." Siehe auch: Gerning, Rheingegenden, S. 208; Deeters, Kirche, 2011; Bellot, Jesuitenkirche, 2015; Rahtgens, Die kirchlichen Denkmäler (1911), S. 125–166.

[178] Franz Werner Sieger, katholischer Geistlicher.

[179] W. Butte, Grundlagen der Arithmetik des menschlichen Lebens, nebst Winken für deren Anwen-

Den 3. April [1817].[180]

Ich stehe gegen 5 ½ auf u. gehe ad + zur Kirche, was auch alles in großer Ordnung geschieht. Nachher schreibe ich noch an obenberührtem Zeitungsartikel, bis gegen 10 ½ Uhr, wo ich in den Dom gehe, und noch einen Theil der Messe u. Ceremonien sehe. Dann gehe ich mit Joseph an den Rhein, zum Rektor, den wir nicht finden, u. auf den Neumarkt. Dort spazirt Frau v. Krauss[181] mit ihrer niedlichen Tochter, zu denen auch bald Frau v. Stolzenberg kommt. Letztere begleite ich bis zu Frau v. Hagen. Mittags ist Herr Sieger bey uns, der, wie mir scheint, innerlich gar nicht wohl seyn muß. Gegen 4 gehe ich in den Dom zu den Metten,[182] hole nach 6 die Schwestern ab, u. gehe mit ihnen zu dem Oratorium in St. Johan,[183] welches mich recht sehr erbaut. |: xxxx –12 Sls. :| Kor-

---

dung auf Geographie, Staats- und Natur-Wissenschaft, Landshut 1811. Butte, ein produktiver Publizist, hatte bereits eine Reihe von Schriften zu Geografie, Statistik und Bevölkerungspolitik publiziert; etwa: Politische Betrachtung über die großen Vortheile, welche die von Frankreich ausgegangene Verwüstung Europas in der besseren Zukunft gewähren kann und soll, Leipzig 1814; Ideen über das politische Gleichgewicht von Europa mit besonderer Rücksicht auf die jetzigen Zeitverhältnisse, Leipzig 1814 sowie Erinnerungen an meine teutschen Landsleute, welche versucht seyn sollten aus Europa zu wandern, Köln 1816. Anfang 1817 gründete Butte die Provinzial-Blätter für die Preussischen Länder am Rhein und in Westphalen. Welt- u. Staatsbote zu Köln, Nr. 3, 5. Jan. 1817: „Neue vaterländische Zeitschrift. So eben hat die Presse verlassen: Provinzial-Blätter für die preuss. Länder am Rhein und in Westphalen. – Großherzogthum Niederrhein, Herzogthümer Jülich, Cleve, Berg; Provinz Westphalen. – Erstes Heft. 93 S. in 8. Herausgegeb. von Wilhelm Butte (Reg. Rath zu Köln.)." Der Inhalt des 1. Bandes, 1. Heft umfasste u.a.: I. Nähere Erklärung über den Zweck, Inhalt und Geist der Provinzial-Blätter (S. 3–12); II. „Ueber die jetzige Volks-Stimmung in den preuss. Rhein-Provinzen" (S. 12–21). Die Redaktion des Blattes befand sich „an den Dominikanern Nro. 1, Eingang an der Thomas-Aquin'straße zu ebener Erde". 1817 schrieb Butte zur Teuerungskrise: Einleitung zu den künftig zu liefernden Abhandlungen: über Theurung, Mangel, Getreide-Handel, Frucht-Sperre und verwandte Gegenstände im Allgemeinen, sodann insbesondere: über das am Rhein und in Westphalen instehende Mißjahr 1816 auf 1817 (in: Provinzial-Blätter, Bd. 1, 2. Heft, Köln 1817, S. 97–114). Solms-Laubach charakterisierte Butte: „Ein Mann von ausgezeichneten Kenntnißen, aber bis jezt kein praktischer Geschäftsmann" (Fr. L. Chr. zu Solms-Laubach, Konduitenliste, Köln, 20. Sept, 1817; GStA PK, I. HA Rep. 74, Nr. 103, Bl. 204r). Zu Butte: Faber, Rheinlande, S. 63, 272, 350; Renger, Gründung, S. 206 f.; Klein, Personalpolitik, S. 39 f.

[180] Der 3. Apr. 1817 war Gründonnerstag, an dem in der katholischen Kirche an die Feier des letzten Abendmahls Jesu gedacht wird.

[181] Sibylla Gudula Johanna von Krauss, geb. von Coomans war die Witwe des 1815 verstorbenen Ignaz von Krauss; sie wohnte Neumarkt 27/Ecke zur Thieboldsgasse (Vogts, Kölner Wohnhaus, Bd. II, S. 787). Das Ehepaar hatte mehrere Töchter.

[182] Mette bezeichnet eigentlich einen Gottesdienst am frühen Morgen oder in der Nacht, nicht eine Messe am Nachmittag.

[183] Köln. Zeitung, Nr. 52, 1. Apr. 1817: „In der diesjährigen Feier des Grünen-Donnerstags (in der Kirche zu St. Johann auf'm Domhof, Abends 6 Uhr), ist das Oratorium: Der Tod Jesu, nach Graun's vortrefflicher Komposition gewählt." Die Pfarrkirche St. Johann Evangelist, ein barocker Bau von 1747, befand sich an der Südseite des Doms. Sie wurde 1828/29 niedergelegt (Arntz/Neu/Vogts, Die Kunstdenkmäler der Stadt Köln, Ergänzungsband (1937), S. 48–52; Kempkens, Dompfarrkirche, Teil I, bes. S. 133–140, 167–175).

tüm[184] von Düsseldorf, mit dem Regierungs Rath Delbrück[185] ist nach Tisch angekommen u. auch da. |4v|

Den 4. April [1817][186]

Ich schreibe bis gegen 10 an meinem Zeitungsaufsatz. Klein kommt, u. da er sich bey Dr. Nückel befragt hat, daß das Urtheil noch nicht fertig ist, wird einstweilen die Expertise bis zum Dienstag verschoben. Ich gehe in den Dom,[187] wo Delbrück sehr aufmerksam den Ceremonien nachsieht; nachher erklärt ihm Wallraf noch manches darüber, u. mit diesem gehen wir nebst Joseph, Kortüm u. dem Kreiseinnehmer Müller in die Jesuiten, um Wallrafs sachen zu sehn,[188] bis nach 1 Uhr. Die Schwestern kommen nun erst mit Herrn Nussbaum von der Römerfarth[189] zurück. Nach Tisch gehe ich mit Joseph, neue Hüthe zu kaufen, |: Fr. 24 :|

---

[184] Der Protestant Karl Johann Wilhelm Kortüm, von 1813 bis 1827 Direktor des Lyzeums, bzw. Gymnasiums in Düsseldorf, war ein engagierter Reformer des Schulwesens. Groote hatte ihn im Dez. 1816 in Köln kennengelernt.

[185] Der Philosoph, Pädagoge und Historiker Johann Friedrich Ferdinand Delbrück, geboren 1772 in Magdeburg, war protestantisch. Seit 1809 hatte er an der Universität in Königsberg gelehrt, 1816 wurde er zum Regierungs- u. Schulrat in Düsseldorf ernannt, 1818 an die Universität in Bonn berufen. Sein Bruder Johann Friedrich Gottlieb Delbrück war seit 1800 Erzieher des Kronprinzen Friedrich Wilhelm und auch Johann Friedrich Ferdinand Delbrück unterrichtete zeitweise den Kronprinzen und dessen Schwester Prinzessin Charlotte. Vgl. Renger, Gründung, S. 105, vielerorts. 1816/17 war Delbrück als Mitglied der Düsseldorfer Regierung damit befasst, eine Neuorganisation der dortigen Akademie der Künste und der Gemäldegalerie zu prüfen. Das Düsseldorfer Projekt stand dem Wunsch Grootes, in Köln eine Kunstanstalt und ein Rheinisches Museum zu gründen, entgegen. Ob Delbrücks Engagement Groote bekannt war, läßt sich aus seinen Aufzeichnungen nicht ersehen. Zu Delbrücks Jahren in Düsseldorf 1816 bis 1818: Nicolovius, Delbrück, S. 21–29.

[186] Der 4. Apr. 1817 war Karfreitag.

[187] Rosenwall, Ansichten, S. 171 beschriebt seine Eindrücke an einem Karfreitagabend im Dom, nachdem er den traditionellen Gottesdienst zum Gedenken an die Kreuzigung Christi versäumt hatte: „Ich fand, als ich hinkam, schon die ganze Kirche finster, und nur der schwache Schein von einigen Lampen, die an dem sogenannten heiligen Grabe brannten, machten das grauenvolle Dunkel in dem menschenleeren Tempel sichtbar. Tiefe Stille herrschte in den weiten Hallen, die weißgrauen Pfeiler schimmerten gespensterartig durch die Finsterniß, und der matte Lichtglanz, der aus der Grabkapelle ausströmte, leuchtete gleich einem einzelnen Stern am bewölkten Himmel."

[188] In den Gebäuden des ehemaligen Jesuitenkollegs waren bereits Teile der Wallraf'schen Sammlung aufgestellt.

[189] Römerfahrt: Nach katholischem Ritus wird an Karfreitag, dem Todestag Christi, ein Kreuzweg mit vierzehn Stationen begangen. Möglicherweise hatten Grootes Schwestern und der Geistliche J. Nussbaum an der Kreuzwegprozession der Elendskirche teilgenommen, die jedes Jahr von der dortigen Bruderschaft durchgeführt wurde (Busch, Andachts-Buch, S. 20–45; Ikari, Wallfahrtswesen, S. 177). Es gab allerdings auch eine Römerfahrt, bei der man vierzehn Kirchen in Köln besuchte: „Dom, Alban, Marien, Georg, Johann, Elend, Achterstraß, Severin, Schnurgasse, Mauritz, Aposteln, Gereon, Ursula, Aller Heiligen" (Busch, Andachts-Buch, S. 44). M. W. Kerp, Kaplan an St. Kolumba, veröffentlichte 1823 im Verlag M. DuMont-Schauberg: Betrachtungen und Ge-

u. von da in die Jesuiten, wo Bensberg[190] eine hübsche Musik von Winter[191] aufführt. Von da gehn wir mit Delbrück u. Kortüm in St. Ursula,[192] Gereon,[193] Aposteln[194] u. Columba,[195] wo Herr Nussbaum predigt. Alsbald aber gehn wir in

bethe über das Leiden und Sterben Jesu Christi. Als Andachtsübungen zunächst zum Gebrauche bei der sogenannten Römerfahrt, Köln 1823.

[190] Der 1780 geborene Kölner Karl Joseph Bensberg war Sänger, Violinist, Kapellmeister und Gesanglehrer. Vgl. Welt- u. Staatsbote zu Köln, Nr. 156, 30. Sept. 1817: „Gesang-Schule. Am 14. Oktober beginnt ein neuer Sing-Kursus, welcher dreimal die Woche, nämlich: Dienstag, Donnerstag und Samstag, von eilf bis zwölf Uhr, vorgetragen wird. Diejenige welche an diesem Kursus Theil zu nehmen wünschen, werden ersucht, sich zeitig bei mir einschreiben zu lassen. Carl Bensberg, Lehrer der Singkunst." Zu K. J. Bensberg: Niemöller, Musiker, S. 260 f.

[191] Köln. Zeitung, Nr. 53, 3. Apr. 1817: „Die Erlösung des Menschen, Cantate von Winter, wird Freitag, Nachmittags um vier Uhr, in der Jesuitenkirche Statt finden." Peter von Winter war ein bedeutender zeitgenössischer Komponist und Kapellmeister.

[192] Die im 12. Jh. errichtete Kirche St. Ursula hatte in den folgenden Jahrhunderten umfangreiche Änderungen, u.a. gotische Erweiterungen im 13. Jh., barocke Umgestaltungen des Innenraums und der Ausstattung Mitte des 17. Jh.s erfahren. Bekannt war sie vor allem wegen ihrer Reliquien. Demian, Handbuch, S. 268 f.: „Die Kirche zu St. Ursula ist besonders durch die Legende von dieser Heiligen, einer vornehmen Brittin, merkwürdig [...]. Die Geschichte davon sieht man im Chor der Kirche abgemalt, und die Köpfe der 11.000 Jungfrauen (nämlich nach der abergläubischen Fabel), werden in der sogenannten goldenen Kammer, welche sich rechts beym Eingang der Kirche befindet, aufbewahrt". Der britische Besucher Dodd schilderte seine Eindrücke: „Following through mazes of dirty lanes, we came to the church of St. Ursula – a fair dame, who is said to have landed, after a shipwreck, at Cologne, with eleven thousand virgins in her suite. [...] The church, a respectable Gothic edifice, is entirely lined with their bones, or some others equally good, arranged carefully in glass cases round the walls; while, in one distinguished cabinet, called the Golden chamber, you are shown, through a window, the skulls of a select few of the number. A picture in the choir represents St. Ursula, a bulky lady, surrounded by her virgins in white, landing at the port of Cologne" (Dodd, Autumn, S. 480 f.). Zur Goldenen Kammer in St. Ursula: Urbanek, Vermehrung, 2014; Schommers, Reliquiare, S. 221–235, 335–342. Zu Geschichte und Architektur: Stein, Pfarre, S. 108–158 (Stein war von 1838 bis 1849 Pfarrer der Kirche). Vgl. auch: Bock/Höltken, St. Ursula, 2014. Zum großen Zyklus der St. Ursula-Legende in der Kirche: Bergmann, Kammer, S. 214 f; Opitz, St. Ursula, S. 420–425.

[193] Zur Gereonkirche vgl. Fiorillo, Geschichte, Bd. I, S. 399 f.: Die Vorkirche steigt „gleich einem griechischen Tempel in einem geräumigen Dekagon empor, das ringsum mit Säulen geschmückt ist, die bis in die Kuppel steigen; [...]. Die Säulen sind mit dem schönsten Lazurblau gefärbt, und mit breiten Goldbanden bis zu den Gesimsen umwunden. Aus diesen laufen die lazurblauen Rippen des Gewölbes, in der Mitte desselben, in eine glänzende Sonne zusammen; [...] und die helle Decke selbst, gleicht dem heitern Himmelsgewölbe; es ist wie dieses mit unzähligen silbernen Sternen besäet." Siehe auch: Demian, Handbuch, S. 263 f.; D'hame, Geschichte, 1824; Fraquelli, Die romanischen Kirchen im Historismus, Bd. 1, S. 173–218; Bellot, St. Gereon, bes. S. 33–38, 44–49; Schäfke, Kirchen, S. 78–109.

[194] Schreiber, Anleitung, S. 330: „Die Apostelkirche, bey dem Neumarkte, ist gleichfalls ein herrliches, altdeutsches Gebäude aus dem 11ten oder 12ten Jahrhundert. Man hat es aber, zum Theil, durch einige moderne Schnörkel verunstaltet." Fiorillo, Geschichte, Bd. I, S. 395 f.: Den Eingang der St. Apostelkirche „bildet ein einzelner, mächtiger, schwerer Thurm; das Chor ist durch drei halbe Rotunden gebildet, über die sich drei Giebel erheben; zwei Thürme stehen über der mittlern Rotunde am Ende des Chors. Und über allen dreien erhebt sich eine sechseckige doppelte Kuppel. Es ist ein Gebäude von mehreren künstlich verschlungenen Gebäuden." Zu Geschichte und Ar-

den Dom, wo wir auch guten Platz bekommen, u. wo vor dem Lichtkreuze die 7 Worte unvergleichlich schön aufgeführt werden.[196] Delbrück ist ganz entzückt. – Abends schreibe ich den Schluß meines Aufsatzes, über den ich vorläufig diesen Morgen mit Herrn Dümont geredet habe, der sich auch zur Aufnahme willig

---

chitektur der Kirche: Mering/Reischert, Bischöfe, Bd. 1, S. 279– 300; Ewald/Rahtgens, Die kirchlichen Denkmäler (1916), S. 102–162; Fraquelli, Die romanischen Kirchen, Bd. 1, bes. 68 f.; Stracke, St. Aposteln, 1995; Schäfke, Kirchen, S. 38–55;

[195] Die Kirche St. Kolumba befand sich Anfang des 19. Jh.s zwar in einem schlechten baulichen Zustand, dennoch war ihre Architektur und ihre Ausstattung mit Altären, Chorgestühl, Skulpturen und Gemälden beeindruckend. (Ewald/Rahtgens, Die kirchlichen Denkmäler (1916), S. 194–230; Ferrier, St. Columba-Pfarre, 1878; Hegel, St. Kolumba, 1996; Bellot, St. Kolumba, 1995). Eine besondere Bedeutung hatte die St. Kolumbakirche für die Groote'sche Familie in Hinblick auf ihre Musikstiftung für die Kreuzbrüderkirche, da die Verwaltung des Stiftungskapitals nach der Säkularisierung der Kreuzbrüderkirche formell an St. Kolumba übergegangen war. Auch Verbleib und Nutzung dieser Stiftung versuchte die Familie zu klären. Im Herbst 1816 hatte sich das Kölner Konsistorium, dem Joseph von Groote als Assessor angehörte, an Oberbürgermeister von Mylius gewandt: „Bekanntlich bestand bei dem ehemaligen Kreuzbrüderkloster dahier eine de Grootesche Stiftung zur Unterhaltung der Kirchenmusik, wovon nach Aufhebung des Klosters die hiesige Pfarrkirche von St. Columba den sehr ansehnlichen Fonds in Verwaltung genommen hat, der jedoch späterhin zu einer Kontestation [Anfechtung] von Seiten der Domkirche Veranlassung gegeben, welche von der zeitlichen Oberbehörde nicht entschieden worden. Damit der Wille des Stifters aufs zweckmäßigste erfüllt werden könne, fordern wir Sie auf binnen Vierzehn Tagen die Stiftungsurkunde und sämtliche vorfindliche Akten, samt einer genauen Nachweisung des Fonds mit ausführlichem Berichte von den Vorständen der Dom- und Kolumba-Kirche einzufordern, und mit Ihrem Gutachten uns vorzulegen" (Konsistorium an K. J. von Mylius, Köln, 29. Okt. 1816; HAStK, Best. 400, A 4111, Bl. 1r u. v). Wenige Tage später beauftragte Mylius die Vorstände von Dom- und Kolumbakirche mit einer entsprechenden Auskunft (K. J. von Mylius an die Vorstände der Dom- und Kolumbakirche, Köln, 4. Nov. 1816, Entwurf; HAStK, Best. 400, A 4111, Bl. Bl. 3r). Am 22. Nov. 1816 reichte Mylius dem Konsistorium die erhaltenen Berichte mit Angaben über die Groote'sche Stiftung ein. Allerdings, erklärte er, fehle die Stiftungs-Urkunde. Das Konsistorium antwortete daraufhin: „Was die de Grootische Musikstiftung bei den ehemaligen Kreuzbrüdern betrifft, so hoffen wir bald im Besitz sämtlicher dahin gehöriger Akten zu sein, um darauf das Erforderliche veranlassen zu können" (Konsistorium, unterzeichnet von Solms-Laubach, Grashof und Assessor A. J. Schmitz, an K. J. von Mylius, Köln, 7. Dez. 1816; HAStK, Best. 400, A 4111, Bl. 4r). Für die Groote'sche Familie bedeutete dies die Notwendigkeit, Unterlagen zu ihrer Musikstiftung vorzulegen (Groote, Tagebuch, Bd. 2, 18. Nov. 1816, S. 387). In der Folgezeit forderte Mylius nicht nur Kolumbakirche und Dom zur Einsendung der vom Konsistorium gewünschten Informationen auf, sondern beauftragte alle Kölner Kirchenvorstände, Berichte über möglicherweise vorhandene Musikstiftungen einzureichen. Vgl. Korrespondenz, Berichte und Verzeichnisse von Ende 1816 bis Anfang 1818: HAStK, Best. 400, A 4111, Bl. 6r–59r. Einige Monate später berichtete der Vorstand der Kolumbakirche an K. J. von Mylius, Köln, 18. Apr. 1817: „Unstrittig" gehöre der Fonds der Groote'schen Stiftung für die Kreuzbrüderkirche zu St. Kolumba, allerdings reklamiere man ihn „seit mehreren Jahren", wobei Domainen-Verwaltung und der Kirchenrat der Dompfarre „Schwierigkeiten" machten, die noch nicht behoben seien (HAStK, Best. 400, A 4111, Bl. 39r).

[196] Die letzten sieben Worte, eigentlich sieben Sätze, die Jesus am Kreuz sprach. Das Laien-Orchester am Dom führte seit Jahren am Karfreitag das Oratorium Joseph Haydns Die sieben letzten Worte unseres Erlösers am Kreuze von 1787/1796 auf (Uebersicht der musikalischen Anstalten zu Cöln am Rhein 1815, Sp. 869).

erklärte, obgleich der Aufsatz in Nr. 52 seines Blatts, wie er sagt, von einem Mitarbeiter desselben sey, auf den er viel zu halten scheint.

Den 5. April [1817].

Herr Rektor Fochem ist lang bey Joseph. Im Dom finde ich wieder Herrn Delbrück, den alle Zeremonien bey der Weihe des Wachses und Wassers[197] sehr zu interessiren scheinen. Ich arbeite nachher noch bis Mittag |5r| an meinem Zeitungs-Artikel. Nach Mittag reite ich aus, arbeite dann noch etwas, gehe gegen 7 U. in St. Marien im Capitol, wo das Auferstehungsfest gefeyert wird, u. dann zu Wallraf, wo aber alles finster u. also heute keine Gesellschaft ist. Ich gehe also still nach Haus. Abends beym Nachtessen kommt Haxthausen noch zu uns, mit dem wir uns in lebhaftem Gespräch bey einer Pfeiffe bis nach 11 Uhr unterhalten. Gegen 5–6 war Delbrück bey mir.[198]

Den 6. April [1817]. Ostertag.

Früh schon arbeite ich noch über meinem Aufsatz und gehe gegen 10 in den Dom, wo aber weder der Dienst sehr feyerlich, noch das Auditorium sehr glänzend ist.[199] |:–12 Sls:| Nachher gehn wir mit Dr. Nückel zu v. Gall,[200] wo wir mit

---

[197] Nach katholischem Ritus wird in der Osternacht, der Nacht von Karsamstag auf Ostersonntag, die Osterkerze, die für Christus als Licht der Welt steht, und das Wasser, das zu Taufen und anderen Segnungen verwendet wird, geweiht.

[198] Am 5. April schrieb Solms-Laubach aus Berlin an seine Mutter „Endlich, beste Mutter, komme ich dazu, Ihnen von hier zu schreiben, wo ich meiner Zeit noch weniger Meister als in Köln bin, u. den ganzen Tag in Dienst u. Höflichkeitspflichten, u. am Schreibtisch zubringe. [...] Wie lang unser Aufenthalt dauern werde, kann ich leider! heute noch nicht bestimmen. Hoffentlich sind wir mit dem Ende dieses Monats, mit der Arbeit fertig, u. länger als den halben May, kann unser Aufenthalt nicht dauern. Bei der Rückreise hoffe ich 8 Tage zu Hause ausruhen zu können, worauf ich mich herzlich freue, so wie auf die Restauration im Herbst, welche für mich die Badezeit bleibt. Die Eröffnung des Staatsraths, die Ernennung einer Commission für die Ständeversammlung, u. eines Ausschußes für die Neuverfaßung der Monarchie, sind wichtige Ereignißen, auf deren Folgen die allgemeine Erwartung gespannt ist. Es ist zu wünschen, daß geschehe, was der König hofft, dessen redlicher Wille auch in diesen Zeiten nicht verkannt werden kann" (Fr. L. Chr. zu Solms-Laubach an E. Ch. zu Solms-Laubach, Berlin, 5. Apr. 1817; Privatarchiv d. Grafen zu Solms-Laubach, XVII, 106, Nr. 355). Zu den politischen und gesellschaftlichen Aktivitäten der nächsten Monate in Berlin vgl. das Tagebuch von Friedrich Ludwig von Vincke, Oberpräsident der Provinz Westfalen, der ebenfalls Ende März 1817 zur Gründung des Staatsrats gekommen war (Vincke, Tagebücher, S. 310–347).

[199] Rosenwall schilderte eine Ostersonntagmesse im Dom: „Am ersten Feiertage wohnte ich im Dome einem Hochamte bei, dessen prachtvolle Feier auf mich einen tiefen Eindruk machte. Der Chor war mit schönen gewirkten Tapeten behängt, die Szenen aus der Passionsgeschichte darstellten, zu denen Rubens die Zeichnung entworfen haben soll; der Hochaltar strahlte von dem reichsten Schmukke, und die Priester waren mit den kostbarsten Gewändern angethan. Welche Welt von Gefühlen erregten die Himmelsmelodien Mozards in meiner Brust, da sie mit unaussprechlichem

den beyden Mädchen,[201] die nun diese Woche heirathen sollen, Scherz treiben; nachher auf den Neumarkt. Nach Tisch bleibe ich noch lange bey dem Vater und dem Herrn Vicar Klein, welcher bey uns gegessen hat. Erst um 7 verlasse ich mein Zimmer, u. gehe zu v. Stolzenberg, wo die Frau allein noch unten ist, während sich die Uebrigen alle zum Thee bey v. Krauss versammelt haben. Sie macht mir die Entdeckung der seltsamen Krankheit ihres Knaben bekannt, der wahrscheinlich etwas Krätze[202] hat, worüber sie sehr betuttelt ist. Uebrigens ist sie

---

Wohllaut durch das majestätische Gewölbe wogten! Bald rauschend wie der Sturmwind, wenn er die empörten Meereswogen himmelan schleudert, und der hundertjährigen Eiche Wipfel bricht, bald säuselnd wie der West, wenn er den Thau im Blumenkelche küßt; […] nun, bei der Opferung, der weinende Ton der Flöte, der bis zu dem sanftesten Gelispel verklingt, dann bei der Wandelung, der Trompeten schmetterndes Getöse, das sich in eine Triumphhymne auflöset: denke Dir dieß Alles von einem starkbesetzten Orchester mit vollendeter Kunstfertigkeit vorgetragen, in einem Lokale, das durch seine erhabene Würde so ganz dazu geeignet ist, das Gemüth zu religiösen Gefühlen zu stimmen" (Rosenwall, Ansichten, S. 172 f.).

[200] Der Jurist Gottfried Joseph von Gall war von 1814 bis 1826 Mitglied des Stadtrats; wohnhaft Unter Goldschmied 48. Personalnotizen, 1815: „v. Gall. Privat. Gut, rechtschaffen doch alt, eigensinnig und französisch, im ganzen wenig brauchbar. […] Nur bei Spital- und Armen-Anstalts-Verwaltungen brauchbar" (Landesarchiv NRW R, BR 0002, Nr. 1534, Bl. 21v).

[201] Elisa Gertrud Benigna von Gall, Tochter von G. J. von Gall, heiratete am 9. April den Juristen Joseph Adolph Nückel, Sohn des Juristen Johann Caspar Nückel. M. A. Bingel heiratete am selben Tag den Juristen Johann Joseph Minderjahn. Anna Lucia Philippina Walburgis von Kempis, geb. Herwegh, die spätere Schwiegermutter E. von Grootes, schrieb an ihren in Heidelberg studierenden Sohn Philipp: „Weißt du schon daß wir mehrere Bräute, unter den jungen Frauenzimmern von deiner Bekanntschaft haben? unter andern, die jüngste Frln v. Beissel, welche den general adjudanten von Tannenberg heyrathen wird, dann wird auch die Frln Sophie v. Wittgenstein, den Hrn v. Mengershausen, Ehemaliger Husaren Offizier in hannövrischen Diensten, und wie man sagt, bald heyrathen; ich weiß nicht, ob er gerade, während deiner anwesenheit in Godesberg auch da ware, ich habe Ihn dort kennen lernen, da er anfangs sehr häufig sich da aufhielt; er soll ein beträchtliches Vermögen besitzen; nach vollbrachter Trauung, heißt es, würden die jungen Leute nach einem Landgute, in der Gegend von Crefeld, wie ich glaube, gehen, wo sie auch künftig Ihren beständigen auffenthalt nehmen werden. Die dritte bekannte Braut endlich, und die mich am meisten interreßirt, ist, die Frln v. Gall, Ihr Vater hat nun zulezt doch seine Einwilligung zu Ihrer Verbindung mit Hrrn Nückel gegeben; sie ware vor einigen Tagen des Abends bey uns, sahe so gut aus; ware so munter und so recht seelenvergnügt, daß sie jeden, der sie kennt, zu dem Wunsche zwingt, daß sie sich in Ihren Erwartungen nicht betrogen finden möge; ich nehme herzlichen antheil an Ihrem Schicksal, sie ist ein vorzüglich gutes, liebes Mädchen, die glücklich zu werden verdient" (Archiv Haus Rankenberg, Best. Burg Kendenich, Nr. 854, o. D., vermutlich April/Mai 1817; der Brief ist nicht vollständig). Vgl. die Heiratsannonce von Anna Sophia Leopoldine Antoinette von Wittgenstein u. Karl Albert Adalbert von Mengershausen (in: Welt- u. Staatsbote zu Köln, Nr. 26, 15. Febr. 1817 u. Köln. Zeit., Nr. 25, 13. Febr. 1817). Zu Anna Lucia Philippina von Kempis: Draaf, Geschichte, S. 59, 61.

[202] Elkendorf, Topographie: „Chronische Ausschläge, besonders Krätze und Flechten, gehören zu den nicht selten vorkommenden Krankheiten und zwar am meisten bei der ärmern Volksklasse, wie dieß beim unreinlichen, engen Zusammenleben nicht zu verwundern ist. Auch kommen dann und wann Fälle vor, wo durch mit der Krätze behaftete Mägde bei wohlhabenden Familien erst den Kindern der Ausschlag, dann von diesen den Erwachsenen mitgetheilt wird" (in: Becker-Jákli, Köln, S. 132).

schlangenartig wie immer u. alle. Nun gehe ich zu Redtel, wo Herr Butte bey der Frau allein ist. Später kommt Redtel mit Sotzmann, u. einem Regierungs Rath Klinger von Düsseldorf. Wir bleiben unterhaltend zum Thee zusammen bis gegen 9 ½. – |5v|

Den 7. April [1817].

Ich vollende meinen Aufsatz u. schicke ihn gegen 10 an Dumont. Er ist größer als ich erwartet hatte, u. füllt fast 3 Briefbogen.[203] Joseph ist nach Düren geritten, wo heute Ball seyn soll. Caspar ist mit großer Studentengesellschaft, die dem nach Heidelberg gehenden Euler[204] das Geleit geben, heute früh gen Godesberg gezogen. Ich gehe zur Kirche, dann zu Nückel, den ich nicht finde, endlich auf den Neumarkt, wo große Parade ist.[205] Von da gehe ich noch eine Weile nach Haus, und gegen 1 zur Brücke, um nach Deutz zu fahren,[206] wo ich mit Simon u. mehrern Mitgliedern der JustitzKommission essen soll. Mit Herrn u. Frau Redtel u. RegierungsRath Klinger fahre ich im Nachen über. |:–Sls. 6:| Auch Oettinger u. v. Münch sind in Deutz. Ferner kommt die Familie Andreae,[207] u.

---

[203] Dieser Aufsatz Grootes, den er am 7. April an M. DuMont schickte, ließ sich weder in der Köln. Zeitung noch in deren Beiblatt nachweisen.
[204] Toepke, Matrikel, 5. Teil, S. 130: Am 7. Apr. 1817 begann J. M. Euler aus Jülich, „elternlos u. großjährig", ein Jurastudium.
[205] Der Neumarkt diente dem Militär als Exerzier- u. Paradeplatz. Dazu: Zander, Befestigungs- und Militärgeschichte, Bd. I,2, S. 643–645. Elkendorf, Topographie: „Der einzige, schöne, geräumige, offene Platz, der Neumarkt oder Paradeplatz genannt, ist sowohl an Sonn- als Werktagen wie die meisten übrigen Plätze vom Militär besetzt und schon allein wegen des an trocknen Tagen beim Exerciren rundum erregten Staubes nicht zu benutzen" (in: Becker-Jákli, Köln S. 94).
[206] Rosenwall zum zweiten Ostertag in Köln: „Der zweite Feiertag war ein allgemeiner Freudentag, und ich begegnete nur gepuzten fröhlichen Menschen, die sich außerhalb der finstern Stadtmauern erlustigen wollten. […] Auch ich folgte dem Menschenstrome, da ich so gern froh mit den Fröhlichen seyn mag, doch fand ich mich in meiner Hoffnung, eine rein menschliche Freude daselbst zu genießen, betrogen. Allenthalben stieß ich auf unmäßige Schwelgereien und auf die Ausbrüche einer wilden, ungeregelten Lust; Haufen von Trunkenen, aus den heisern Kehlen sinnlose Lieder gröhlend, begegnete ich, Andre sah ich im Streit begriffen, der mit Faustschlägen endigte, und die Gesitteten sahen gleichgiltig drein, und hatten nur Sinn für die vollen Flaschen, mit denen sie wie mit einer Pallisadenreihe umgeben waren" (Rosenwall, Ansichten, S. 173 f.).
[207] Die lutherische Familie Andreae war Anfang des 18. Jhs. von Köln nach Mülheim übergesiedelt, wo sie ungehindert durch die Kölner restriktiven Zunftregeln ihre Seiden-, Samt- und Leinenproduktion betreiben konnte. Mit bis zu 1.500 Webern als Beschäftigte ihrer Firma gehörte die Familie Andreae bald zu den vermögendsten Vertretern der Frühindustrialisierung in der Region. Die Familie besaß in Mülheim an der Freiheitstr. 40 „ein „schlichtes zweigeschossiges", Mitte des 18. Jh.s errichtetes Wohnhaus (Zum goldenen Berg). Vogts, Wohnungskunst, S. 160 f.: „Das Andreaesche Haus hat einen ganz bürgerlichen Charakter. Mit seiner guten, geschmackvollen Ausstattung an Decken, Türen, Treppen bis ins oberste Dachgeschoß hinein erweckt es in besonderem Maße den Eindruck der Gediegenheit und eines behaglichen Wohlstandes, der Eigenschaften, die das bürgerliche Leben dieser Zeit kennzeichnen. […] Besonders hübsch ist das von einem Umgang mit leichtem eisernem Gitterwerk umgebene achteckige Lusttürmchen auf dem zeltförmig kon-

Rodius²⁰⁸ hin, zu uns aber Koenen, Pelzer, u.a. mit ihren Damen. Auch Elkendorf u. Kraeuser, welcher letzte in seiner halben Besoffenheit bald sehr albernes Zeug zu schwätzen anfängt. – Nach Tisch gehe ich zu Herrn v. Caspars, wohin die Unsrigen u. v. Geyrs kommen, zum Glückwunsch zu seinem Namenstag.²⁰⁹ Dann kehren wir in den Garten zurück, wo ich mit Frau Coomans, Cassinones, Nückel, etc. noch viel Spaß habe. Es sind inzwischen noch v. Mylius u.a. hin gekommen, um welche ich mich wenig kümmre. Der Präsident Koenen hat unsre ganze Zeche berichtigt, wird sie aber, wie mir Simon versichert, auf jeden Einzelnen repartiren.²¹⁰ Simon u. Elken- |6r| dorf gehen nachher noch mit mir nach Haus, um die Berlinische Zeitung zu lesen, worin heute die ganze Eröffnung des StaatsRaths steht. Dann lese ich später des Wilhelm Meisters Band 2 ganz zu Ende.

Den 8. April [1817].

Ich lese die Gauen v. Dumbeck, u. gehe gegen 9 Uhr zu Huissier Grass, den ich aber nicht finde. Ich gehe zu Nückel, der mir versichert, jenem die ganze Sache übergeben zu haben, um die Expertise einzuleiten. Ich gehe nun nach Haus, u. arbeite für mich bis Mittag. Auch schreibe ich an den Kriegs Commissar v. Reiche nach Münster. Nach Tisch bleibe ich wieder ruhig auf meinem Stübchen bis gegen 6, wo ich gehe, Wallraf aufzusuchen. Ich finde ihn nicht, sondern Cassel, mit dem ich spaziren gehe, mich recht gut unterhalte, und nachher à la

---

struierten Mansardendache [...]. Das Äußere des Hauses ist sehr schlicht; sein einziger Schmuck ist die feingeteilte Tür mit ihren klassizistischen Schnitzereien und den Emblemen des Handels auf den Türfüllungen, über der als Schlußstein das Andreaesche Wappen [...] angebracht ist." Abb.: Ebd, S. 160–162. Vgl. Clemen, Die Kunstdenkmäler des Kreises Mülheim am Rhein, S. 245 f.; Bendel, Köln-Mülheim, S. 179 f. Zur Familie Andreae: Philipp, Christoph Andreae, 1986; Schmidt, Großkaufleute, S. 59–66; Schmidt, Glaube, S. 73–75. Zu den Lebensbedingungen der in der Firma Andreae beschäftigten Arbeiter und Arbeiterinnen: Reiberg, Lage, S. 11–13, 23. Groote hatte bei Andreae 1816 Samtstoff für Karoline Juliane Neidhardt von Gneisenau gekauft.

²⁰⁸ Johanna Theresia Rhodius, Tochter von Johann Christian Rhodius u. Anna Sara Helene Moll, heiratete 1818 Karl Christian Andreae, Teilhaber der Firma Andreae. Beide Familien gehörten der lutherischen Gemeinde in Mülheim an. Zum Ort Mülheim siehe: Elsholtz, Wanderungen, S. 92 f.: „Mülheim ist ein zierlich gebauter, freundlicher Ort, wo mehrere der reichsten Kaufleute wohnen, deren Häuser unter den nettesten großer Städte Platz nehmen dürften. Die Stadt verdankt ihren zeitigen Wohlstand besonders dem Handelssystem der vorigen Regierung, dessen Beschränkungen mehrere Einwohner Kölns und andrer überrheinischer Orte entflohen, um durch den Smuggel-Handel aus selbigem Vortheil zu ziehen. So wie aber damals für verfolgte Spekulanten, so soll Mülheim in jener Zeit, als die Religions-Toleranz in der Stadt Köln noch nicht so ausgeübt wurde wie jetzt, eine Zuflucht für verfolgte Protestanten gewesen seyn." Zur Wirtschaftsstruktur und den frühindustiellen Produktionsstätten in Mülheim: Reiberg, Lage, 1979. Siehe auch: Looz-Corswarem, Köln und Mülheim, 1984.

²⁰⁹ Der 7. April ist der Namenstag des Heiligen Hermann von Steinfeld, Namenstag hatte also Johann Hermann Joseph von Caspars zu Weiss.

²¹⁰ repartieren: einzelne Beträge zuteilen.

belle allianze[211] gehe, ein Glas Wein zu trinken. |:–2.10:| Auf dem Walle begegnen mir die kleine Best[212] u. die Magd der Frau Best, welche sich von einem jungen Menschen führen lassen. Ich muß hierüber, so wie über die Privatwanderungen dieser Leute in die Comödie einmal den Herrn Brouhon in Kenntniß setzen, damit es nicht zu toll werde. Um 9 ½ bin ich wieder zu Haus. Joseph soll erst morgen zurückkommen, Caspar u. seine lustige Gesellschaft, die vielleicht etwas laut geworden sind, u. weil man die langhaarigen Knaben für Mädchen angesehn, vor Bonn |6v| von Gensd'armen angehalten u. aufgeführt worden seyn. Dieß ist ein ächtes Studentenabentheuer.

Den 9. April [1817].

Meinen Brief an v. Reiche gebe ich zur Post, u. gehe schon um 8 Uhr bey Dr. Nückels Hause vorbey, wo er mit seiner Braut u. das Minderjahnsche BrautPaar mit der dazu gehörenden Gesellschaft eben in Wagen steigen, und zum Rathhaus[213] fahren, zur Civiltrauung. Ich gehe in den Dom, wo in der Peschkapelle,[214] die verschlossen ist, wie es scheint, Anstalten zur Trauung gemacht werden. Ich warte unten im Dom; Herr Essing u.a. kommen, u. laden mich ein, durch das Pfarrhaus in die Peschkapelle zu gehn, um der Ceremonie zuzusehn. Wir begeben uns auf das Doxal,[215] u. bald kommt die ganze Gesellschaft an, die Bräute ganz einfach weiß gekleidet, die Männer schwarz; u. nun erscheint auch der Pfarrer bald, u. nimmt die Trauungen mit Würde eine nach der andern vor. In der Kirche sind zwey Frl. v. Hagen, sonst keine bekannte Zuschauer. Alle scheinen vergnügt, fast möchte ich sagen, die Mädchen mehr als die Männer. Herzlich und

---

[211] Im Haus Komödienstr. 8 befand sich die Weinwirtschaft der Geschwister Blankenheim Zur Belle Alliance, „wo sich Abends viele angesehene Leute zur gemeinsamen Unterhaltung zu versammeln pflegten" (J. P. J. Fuchs, Topographie; HAStK, Best. 7030, Nr. 231, Bd. 4, S. 184).
[212] Maria Walburga Best, geboren 1801.
[213] Schreiber, Anleitung, S. 334 f.: „Das Rathhaus. Es hat ein schönes Portal von Marmor, das aus einer doppelten, über einander gesetzten Arkade besteht, die obere von Römischer, die untere von Corinthischer Art. Schöne Basreliefs schmücken die Zwischenräume. Das Uebrige des Gebäudes verdient weniger Lob. Von dem sonderbar gestalteten Thurm hat man eine herrliche Aussicht über die Stadt und Gegend. Im Hauptgebäude, eine Treppehoch zur Rechten, ist der große Saal der einst so mächtigen Hanse, mit altdeutschen steinernen Bildern. [...] Im Erdgeschoß ist ein räumiger Saal, die Muschel genannt, mit schönen Gobelins, in welche mehrere Wouvermannsche Landschaften recht kunstreich gewirkt sind." Zu Geschichte und Architektur des Rathauses: Vogts, Die profanen Denkmäler, S. 159–254; Mühlberg, Bau- und Kunstgeschichte, 1994, sowie den Sammelband: Geis/Krings, Das gotische Rathaus, 2000.
[214] St. Maria im Pesch stand auf einem Areal, das an das nördliche Querschiff des Doms angrenzte. Die Geschichte der Kapelle reicht zumindest bis ins 12. Jh. zurück; um 1500 wurde ein Neubau errichtet. 1843 brach man das Gebäude ab, um Raum für die Fertigstellung des Doms zu schaffen. Zur Peschkapelle: Arntz/Neu/Vogts, Die Kunstdenkmäler der Stadt Köln, Ergänzungsband (1937), S. 71–73; ausführlich: Hardering, St. Maria im Pesch, bes. S. 193–195.
[215] Doxale: Lettner, Chorgitter. Das Doxale in St. Maria im Pesch war vermutlich mit einer Empore verbunden. Ich danke Klaus Hardering für seine Erläuterungen.

rührend ist der heiße Kuß, den sich beym Austritt aus der Kirche, die Liebenden in dem zierlichen stillen Pfarrgarten ertheilen, u. ich kann nicht läugnen, daß er auch mich seltsam bewegte. – Alles fährt nun nach Haus zurück, u. Nückel führt seine Braut heute noch gen Godesberg, dann nach Frankfurt u.s.w., Minderjahn die Seine nach Eschweiler zu seinen Eltern.[216] Ich wünsche Ihnen alles Glück.[217] Dann nehme ich meine Akten, u. gehe zur Plenarsitzung. Es wird dort sehr langsam vorgetragen, u. nur ein Mittagessen bey General Ende, wozu mehrere der Collegen geladen sind, nöthigt, die |7r| Sitzung nach 2 zu schließen. – Taback. |: –4 Sls :| – Ich eile nach Haus, u. Haxthausen kommt bald, um mich zu bereden, mit ihm u. andern nach Deutz zu fahren, was ich aber ablehne, um nicht den ganzen Nachmittag zu verderben, u. auch des schlechten Wetters wegen. Er bleibt also auch, u. wir essen zusammen, u. unterreden uns nachher noch lange über die Verfassung des StaatsRaths, u.s.f. – Nachher gehe ich Herrn Präses Brouhon u. Herrn Prof. Wallraf aufzusuchen, die ich aber beyde nicht finde. Letzterer speißt bey Graf Lippe. Ich finde den jungen Grashof[218] auf der Straße, der mir sagt, daß das Abentheuer der Studenten vor Bonn eigentlich von dem Säbel hergerührt, den Euler getragen. Der betrunkene Gensd'armes sey übrigens zur Strafe gezogen worden. v. Mühlenfels habe sich besonders der Sache sehr lebhaft angenommen. Ich gehe nun zu Regierungs Rath Delbrük, der von Bonn zurück gekommen, u. wie es scheint, sich zu der zu haltende Prüfung mit den Professoren, welche licentiam docendi[219] erhalten sollen, vorbereitet. Ich bleibe gegen ½ Stunde bey ihm, u. er giebt mir beym Weggehn sein Gespräch über Poesie, welches er 1809 bey Reimer in Berlin herausgegeben hat,[220] wo bey er mir viel Verbindliches sagt. Es scheint überhaupt ein gelehrter, und recht freundlicher, umgänglicher Mann zu seyn. Ich lese dieß Buch gleich, mit vielem Vergnügen. – Joseph kommt gegen 7 von Düren zurück. Ich gehe nicht mehr aus. –

Den 10. April [1817].

Es ist stürmisches Schneewetter, u. ich lese beym Ofen,[221] wozu man wieder Zuflucht nehmen muß, Delbrücks Buch zu Ende. – Der Knabe von Ducqué soll

---

[216] Die Eltern von J. J. Minderjahn, der Advokat Hyazinth Heinrich Mathaeus Minderjahn und seine Ehefrau Anna Maria Fell, lebten in Eschweiler.

[217] Welt- u. Staatsbote zu Köln, Nr. 57, 10. Apr. 1817: „Unsere am 9. d. vollzogene eheliche Verbindung, haben wir die Ehre unsern Freunden hiermit anzuzeigen. Joseph Adolph Nückel. Elisa Nückel, geb. von Gall." S. Boisserée, Tagebücher, Bd. I, 20. Apr. 1817, S. 387: „Nüchel neu verheiratet mit der kleinen Base von Gall." Köln. Zeitung, Nr. 57, 10. Apr. 1817: „Wir haben die Ehre, Freunden und Bekannten unsere eheliche Verbindung anzuzeigen, Köln, den 9. Apr. 1817. J. J. Minderjahn. M. A. Minderjahn, geb. Bingel."

[218] Einer der Söhne von Karl Friedrich August und Dorothea Luisa Grashof.

[219] licentia docendi: Lehrerlaubnis.

[220] [J. Fr.] Ferdinand Delbrück, Ein Gastmahl. Reden und Gespräche über die Dichtkunst. In der Realschulbuchhandlung Reimer, Berlin 1809.

[221] Elkendorf, Topographie: „Das Haupt-Brennmaterial der Stadt besteht in Gries und Steinkohlen.

gestern hier gewesen seyn, u. gefragt haben, ob er mir den geschnittnen Stein bringen, oder ich ihn holen wolle. Ich werde darauf |7v| gar nicht antworten, sondern, da der gute Stein doch einmal verdorben ist, was mich recht verdrießt, so werde ich nur sorgen, mit dem Manne auf die beste Weise auseinander zu kommen. Ich möchte nur gar nicht mehr davon hören oder sehen. In der Zeitung ist von meinem Aufsatz noch nichts. Später lese ich noch in Dumbec's Gauen, u. gehe vor Tisch zu Joseph, mit ihm über einige unserer Sachen zu reden. Nachher kommt der Wüschheimer Halfen, dessen neuen Pachtbrief ich entwerfe, und übrige Abrechnung ich halten lasse. Die Erhöhung seines Pachtquantums beläuft sich auf 5 Mltr. Korn, 4 Mltr. Hafer u. 60 ℔ Butter. Nachdem dieß vollendet ist, übergebe ich dem Vater, der an Herrn v. Haysdorf[222] nach Paris schreiben will, einen kleinen Brief, worin ich diesen bitte, mir bey Oberlin in der Bibliothek den Schwabenspiegel[223] in Manuscript für circa Fr. 20 zu kaufen, den ich damals in Paris sah. Ich gehe nun zu Gadé, den ich wegen unserer Sachen mit Mylius treibe, die er mir auch die andere Woche ernstlich anzugreifen verspricht. – Dann gehe ich zu Wallraf, den ich wieder nicht finde, dann zu Herrn Präses Brouhon. Bey diesem finde ich den RegierungsRath Delbrück, u. nachdem wir eine Weile da waren, will der Präses, wir sollen zum Abendbrot bleiben, u. so bleiben wir bey einem guten Glas eilfer [Eifler] Moselwein bis nach 11 Uhr. Ich rede dem Präses wegen der Bestischen,[224] welches ihm ebenfalls sehr sonderbar und verkehrt vorkommt.

Holz wird durchgängig nur für die Bäckereien und zum Anzünden der Oefen und Feuerherde gebraucht. Man kann annehmen, daß Cöln etwa jährlich nur 10 à 12.000 Pferde-Karren Brennholz verbraucht, wo man dagegen den Bedarf an Gries und Steinkohlen aller Art jährlich auf etwa 600.000 Zentner berechnet. Torf wird nur sehr wenig verbraucht und zwar nur durch die hiesigen Gemüse-Gärtner, welche zur Winterzeit ihr Zugvieh damit zu beschäftigen suchen, ihren Bedarf an Torf herbei zu hohlen. [...] Das gewöhnliche Gries zum Heitzen der Oefen und für den Bedarf der Küchen sowie die Steinkohlen, welche dabei verbraucht werden, liefern uns die Bergwerke der Ruhr. [...] Das Brennholz liefern uns die benachbarten Wälder so wie die Wälder der Mosel, des Rheins und der Duisburger Wald" (in: Becker-Jákli, Köln, S. 65 f.).

[222] Heinrich Werner von Haysdorf, der bereits für die Thurn und Taxis'sche Post tätig gewesen war, übernahm offiziell am 1. Jan. 1817 die Leitung der Aachener Oberpostdirektion („Verzeichniß der Postbedienten, Besoldungen, Zulagen auf Lebenszeit und Vergütungen auf Postschreiber und Hausmiethe in den Königlichen Preuß. Rhein-Provinzen", o. D. (vermutlich 1817); GStA PK, I. HA Rep. 103, Nr. 1239, Bl. 27r). Vgl. Quadflieg, Spaziergänge, Heft 2, S. 11 f.

[223] Als Groote 1815 in Paris bei dem Bibliothekar und Buchhändler Georg Jeremias Oberlin Handschriften des Tristan und des Muskatblut kaufte, sah er ein Exemplar des Schwabenspiegels (Groote, Tagebuch, Bd. 1, 20. Sept. 1815, S. 201). Der Schwabenspiegel, ein juristisches Werk, entstand um 1275. Das Historische Archiv der Stadt Köln besitzt ein Exemplar aus der Handschriftensammlung Wallrafs (HAStK, Best. 7010, 327). Vgl. Mitteilungen des Historischen Archivs der Stadt Köln, Bd. XX, S. 106.

[224] Siehe Groote, Tagebuch, 8. Apr. 1817.

Den 11. April [1817].[225]

Gegen 9 kommt Prof. Wallraf zu mir, welcher |8r| gehört hat, daß ich mehrmals vergebens bey ihm war. Ich stelle ihn wegen der Geschichte der Zünfte zu Rede, worüber Dieterici Auskunft haben will. Allein, ausser einiger Literatur darüber kann er mir nichts sagen, u. verweist mich an Fuchs auf dem Bürgermeisteramte. Dann redet er bald wieder von seinen eigenen Sachen. – Bey der Regierung trage ich die Sache wegen der Bank zu Godesberg vor, u. ärgere damit den v. Hagen einiger Maaßen. – Es ist sehr stürmisches Schneegestöber, weshalb ich wohl nicht zu Simon, sondern zu v. Geyr gehen werde, wohin wir gebethen sind. – Ich spiele dort mit S. v. Mylius,[226] Klenze u. v. Brandt[227] u. verliere etwas. |: Fr. 1 :| –

Den 12. April [1817].

Ich schreibe meine Antwort an Dieterici zurecht, dem ich leider über seine Fragen keine sehr genaue Auskunft geben kann. Ich suche lang nach dem Gesetz im l. J.,[228] welches von dem, Köln ertheilten Jus rom. spricht, ohne es zu finden. Auch Prof. Hamm, den ich darum fragen lasse, kennt es nicht. – Ich untersuche die Wüschheimer Papiere, u. finde, daß von jenem Hofe ehemals weit höhere Pacht gegeben wurde. Nach Tisch setze ich meine Untersuchung über jenes Gesetz, obwohl vergeblich, fort, u. lese nachher in Dumbecks Buch. Ich habe den Regierungs Rath Delbrück ersucht, mit mir in den Olymp zu gehn, u. hole ihn um 7 dahin ab. – Wallraf weiß mir jenes Gesetz anzugeben, es ist L. 8. § 2. D. de Censibus.[229] Mit Herrn Sekretar Fuchs unterhalte ich mich über das, was von unserm Zunftwesen in unserm Archive[230] liegt. Es sind dort keine Urkunden über das 12. Jahrhundert hinaus, ueberhaupt aber kann über Einzelnes nur durch theilweise Durchgehung der vielen Aktenstücke etwas gefunden werden. Daher kann ich Dieterici einstweilen nichts anderes schreiben. |8v| Die Unterhaltung ist übrigens im Olymp ganz angenehm.

---

[225] Handschriftliche Ergänzungen im Kölner Adressbuch 1797, S. CIII vermerken: „Die ersten Balken zu der Dach Reparation auf dem Dom Chor, welche bis zum Febr. 1818 dauerte, wurden in der Kirche selbst durchs Dach am 11t. April 1817 heraufgezogen."

[226] Möglicherweise: Sophia Albertina von Mylius, eine Cousine E. von Grootes.

[227] Carl Klenze war Regierungs-Sekretär, Joseph von Brandt Referendar bei der Kölner Regierung. Vgl. die Prüfungsakte Brandts 1819–1821 (GStA PK, I. HA Rep. 125, Nr. 697).

[228] l. J.: ließ sich nicht sicher auflösen.

[229] Vgl. „Paulus libro secundo de censibus (D. 50, 15, 8, 2)": „In Germania inferiore Agrippinenses iuris Italici sunt". Ich danke dem Institut für Römisches Recht der Universität Köln für Hinweise.

[230] Unser Archiv, hier: das städtische Archiv.

Den 13. April [1817]. Sonntag.

Ich gebe den Brief an Dieterici zur Post. Der Hauptmann Eckendal hat sein Examen bestanden, u. geht heute mit dem Postwagen[231] nach Münster ab. Er kommt Abschied zu nehmen. Die Schwägerinn Simons[232] soll mit dem nehmlichen Wagen[233] nach Berlin abgehn. Denoël will wegen Wallrafs Sachen um 10 Uhr zu mir kommen. Ich gehe deshalb um 9 in [die] St. Columba Kirche, u. erwarte ihn nachher; allein, er kommt nicht. Ich gehe noch in den Dom, wo aber alles zu Ende ist, dann mit Joseph, Elkendorf, Kraeuser noch auf den Neumarkt. Nach Tisch kommt Frau v. Geyr u. die Ihrigen. Jette reist morgen nach Kellenberg zu v. Spiess Hochzeit ab. – Nachher gehe ich zu Elkendorf, der auf einige Flaschen Markobrunner[234] setzt. Dann bald nachher zu v. Stolzenberg, wo, wie es scheint, v. Auer wirklich mit der von Krauss in Sponsalien[235] begriffen ist. – Prosit. – Bey der v. Stolzenberg scheint so etwas gut geschützt u. gefördert zu werden. Ihr Mann kommt mit Graf Roedelheim bald vom Diner bey Harff, u.

---

[231] Die Postwagen waren um 1817 für die Passagiere noch sehr unbequem, sie hatten keine wirksame Federung und boten wenig Schutz vor der Witterung. Gepäck und Pakete wurden oft ohne ausreichende Bedeckung offen, etwa auf dem Dach der Passagierkabine, transportiert. Zur Entwicklung der Postwagen, Post- und Reiseutensilien vom Ende des 18. bis Mitte des 19. Jh.s vgl. den Sammelband: Beyrer, Zeit der Postkutschen, bes. S. 137–234. Vgl. eine Annonce: „Am 15. d. M. werden [...] in Köln vier Postwägen, welche für sechs Personen im Innern und für drei im Kabrioler Platz haben, gegen baare Zahlung versteigert. Diese Wägen sind im Innern gut ausgeschlagen und gepolstert, sanft und bequem" (in: Köln. Zeitung, Nr. 4, 7. Jan. 1817).

[232] Mariane Isabella Charlotte Simon, geb. Rhode, Ehefrau von A. H. Simon, hatte am 13. Apr. 1817 ihren 32. Geburtstag; möglicherweise war deshalb ihre Schwester zu Besuch. Simon schrieb seiner Frau zu diesem Tag ein Gedicht (1. Strophe): „An Mariane, Köln, am 13. April 1817, ihrem Geburtstage. Sieh' in Eile, / Gleich dem Pfeile / Floh' dahin auch dieses Jahr! / Viele Freuden, / Viele Leiden, / Lust u. Schmerzen / bracht es dar, / Ach es wandte / Uns vom Lande / Unsrer lieben Heimath ab! / In die neue / Folgst du treue / Deines Heinrich's Wanderstab" (Landesarchiv Thüringen-Hauptstaatsarchiv Weimar, 6–97–0117; Nachlass A. H. Simon, Nr. 5, S. 44). Mariane Simons war, wie Simon in seinen Erinnerungen schrieb, ungern nach Köln gezogen: „Im July 1816 ward ich von Berlin zur damals neugebildeten Immediat-Justiz-Organisations-Kommission in Köln berufen. Am 3. August des nämlichen Jahres reisten wir mit 4 Kindern dorthin ab. Die Trennung von lieben Freunden ward Mariannen, die seid dem 12t. Jahre in Berlin heimisch war, schwer. Aber doch ging sie muthig mit, meine Freude an der mir eröffneten schönen Wirksamkeit mit voller Seele theilend. Auch am Rhein fanden wir liebe Freunde; dennoch folgten wir im Dez. 1818 sehr gern dem damals ergangenen Rufe zur Rückkehr nach Berlin" (ebd., S. 73 f.).

[233] Matthias, Darstellung des Postwesens, Bd. 2, S. 11: „Plätze und Reihefolge im Postwagen. Die Post-Ordnung befiehlt, [...] daß der Rang der Reisenden keinen Unterschied machen dürfe, sondern die Passagiere in der Ordnung und Reihefolge, wie sie sich zur Fahrt gemeldet haben, und nach den Nummern im Personenbuche eingeschrieben sind, die Plätze im Postwagen einnehmen sollen. Haben sich mehrere Personen zu gleicher Zeit gemeldet und einschreiben laßen, so behaltigen diejenigen den Vorzug, welche sich beim Abfahren zuerst einfinden, und entweder selbst, oder durch Andere für sich einen Platz auf dem Postwagen besetzen oder mit Gepäck belegen laßen."

[234] Marcobrunn: Weinlage im Rheingau.

[235] Sponsalien, hier: Verlöbnis.

geht zum Theater[236] wieder weg. Auer geht auch fort, wahrscheinlich aber mit den Frauen später noch in's Theater;[237] ich ziehe mit ihm ab, u. wollte noch zu v. Haxthausen, den ich nicht finde. v. Cols[238] begegnet mir schon zum 2–3ten Mal, u. geht nun mit mir. Er will, ich soll mit ihm in's Theater, ich begleite ihn hin, gehe dann aber nach Haus, wo ich in Okens *Isis*[239] lese.

---

[236] Welt- u. Staatsbote zu Köln, Nr. 58, 12. Apr. 1817: „Theater-Anzeige. Da Madame Sessi, eine der berühmtesten Sängerinnen unsers Zeitalters, bei ihrer Rückreise von London nach Wien, sich gegenwärtig in Düsseldorf befindet, wo sie den 11ten dieses eine Vorstellung gegeben hat, so habe ich sie bewogen, um den würdigen Kunstverehrern in Köln einen Beweis meiner Aufmerksamkeit zu geben, daß sie auch Sonntag den 13ten dieses in Köln eine Vorstellung giebt, und zwar Pygmalion, Opera Seria in 2 Akten, Musik von Cimarosa. C. Müller." Ähnlich: Köln. Zeitung, Nr. 60, 15. Apr. 1817. Zu den berühmten Sängerinnen Marianne Sessi und Angélica Catalani vgl. einen Artikel im Beiblatt d. Köln. Zeitung, Nr. 10, 25. Mai 1817.

[237] Der Besuch des Theaters gehörte für die wohlhabenden Einwohner zu den häufigsten Vergnügungen. Vgl. einen Brief von Anna Lucia Philippina von Kempis an ihren Sohn Philipp, in dem sie ihren Alltag schilderte: „Du wünschest, zu vernehmen, wie ich lebe, und es ist billig, daß ich dir zum Danck, für deine, mir mitgetheilte Tags ordnung, auch die meinige erzähle; daß ich diesen winter etwas mehr ausgehe, wie sonst, wirst du wißen; und auch daß wir im Theater abonnirt sind, welches mir, obschon es nicht vorzüglich gut ist, doch oft sehr angenehme unterhaltung gewährt; es wird 4mahl die woche gespielt, sonntags, montags, Mittwochs, und Freitags, und wenns nicht gerade ganz alte, oder dumme stücke, und wir nicht zur gesellschaft, bey einem von unserer Familie eingeladen sind, wo wir nicht absagen können, ohne daß es übel aufgenommen wird, so versäumen wir keine Vorstellung; dann gehe ich dienstags abends, mit deiner Schwester, und Wilhelminen, zu Madame Löhnis, wo Musick gemacht wird, und die Frauenzimmer sich abwechselnd im Klavier, oder Guitarre spielen, üben, diese abende bringe ich auch sehr angenehm zu, denn es ist einem ganz wohl sich bey dieser sehr achtungswerthen, lieben Familie, zu befinden. Donnerstags ist Konzert, wo ich gar nicht, und deine Schwester nicht oft hingehn; nun bliebe, bis jezt, der samstag übrig, wo gewöhnlich die Klärchen Hilgers zu uns kame, doch da die vorige woche, die redouten angefangen haben, so fällt Ihr Besuch an dem Tage weg; auch dahin geht die Fränzchen selten, weil sie sich vorgenommen hat, nicht zu tanzen, da es ihrer gesundheit schädlich ist, und das blose zuschauen, nicht sehr unterhaltend ist, zumahl für ein junges Mädchen, die dieses Vergnügen liebt" (Archiv Haus Rankenberg, Best. Kendenich, Nr. 854, o. D., vermutlich April/Mai 1817; der Brief ist nicht vollständig).

[238] Möglicherweise: Friedrich Hugo Joseph von Coels, seit Mai 1816 Landrat in Blankenheim. Er war Stiefsohn von Johann Jakob Hermann von Wittgenstein. Zu ihm: Konduiten Liste der Land-Räthe der Regierung zu Aachen für das Jahr 1816/17 (Landesarchiv NRW R, BR 0001, Nr. 2232, Bl. 15v–16r); Personalnotizen, 1815 (Landesarchiv NRW R, BR 0002, Nr. 1534, Bl: 12v–13r); Romeyk, Verwaltungsbeamten, S. 396 f.

[239] Annonce im Beiblatt d. Köln. Zeitung, Nr. 5, 16. März 1817: „An alle deutsche Buchhandlungen (in Köln an DüMont und Bachem, Rommerskirchen – in Koblenz an Heriot, Hölscher) ist heute versandt: Isis oder encyclopädische Zeitung, herausgegeben von Oken. 45. Heft für 1817. (Preis des Jahrgangs von 192 Stück in 4 oder 12 Monatsheften, 6. Thlr. oder 8 Rthlr.)". Zum Inhalt führte die Anzeige u.a. auf: „Ueber den Bundestag"; Vorlesung-Kataloge der Universitäten Freiburg und Tübingen"; „Neue Meerschnecken und Meerwürmer"; Vertheidigung der Universität Freiburg gegen ihre Regierung"; „Eine Kupfertafel, vorstellend die Anatomie des gemeinen Meerwurms".

Den 14. April [1817].

Es ist mir eingefallen, ich könnte mit einer Abschrift der Tischreden u. Tagesbegebenheiten des Hauptquartiers des 3ten Corps, welche ich damals aufschrieb, u. die recht interessant sind, dem alten General |9r| Thielmann[240] einen Spaß machen, u. kaufe ein kleines Büchlein dazu, um sie darein zu schreiben. |: 1–16 :| Dann gehe ich zu Dr. Schenck[241] u. an's Tribunal, um wegen unserer Expertise in Kendenich das Nähere zu hören. Die Vereidung des Experts ist auf Mittwoch festgesetzt. – An Koerfgen werden noch Vollmachten wegen seiner 3 % geschickt, die er von dem Landständischen Capital aus der Gereonischen Erbschaft zu ziehen hat. – Nach der Sitzung gehe ich zu v. Caspars, wo großes Essen ist. Die Frau v. Engelberg u. die Frau v. Mylius machen meine schlechte Unterhaltung aus. Sie sind, wie alles Mylius Zeug, gemeines Alltagspack, auf geringfügigen Erwerb u. hirnlosen Genuß bedacht, übrigens von der niedrigsten Art. – Gadé erinnere ich wegen unsern Sachen, u. fahre gegen 6 ½ mit Vater u. Schwestern wieder nach Haus, wo ich in Okens *Isis* fortlese.

Den 15. April [1817].

Joseph reitet nach Kitzburg. Ich bereite mein Büchlein zur Abschrift der Tischreden, u. beginne die Reinschrift derselben. Zu Mittag sind die v. Geyr, Herr v. Caspars und Präses Seminarii bey uns. Gegen Abend suche ich Haxthausen vergebens auf, bringe Elkendorf sein Heft der *Isis* zurück, u. gehe zu Beckenkamp, den ich antreibe, die bisher noch nicht angefangenen Portraite des Generals Gneisenau, endlich zu machen. – Ich gehe noch zum Rektor, der Besuch von Herrn Kapellan Scheiffgen[242] hat, u. mir erzählt, er habe mehrere neue Bilder gekauft. Bey Ihnen bleibe ich bis gegen 9 Uhr u. lese später noch in Schlegels deutschem Museum.[243]

---

[240] Groote hatte während des Feldzugs 1815, so vermerkte er im April 1815, drei Tagebücher nebeneinander verfasst: eines für des Hauptquartier, eines für das „allgemeine Thun und Treiben" und eines für sich persönlich (Groote, Tagebuch, Bd. 1, S. 31). Nur das private Tagebuch ist überliefert. Welche seiner Aufzeichnungen Groote 1817 für die Zusammenstellung nutzte, ist unklar; der Verbleib seiner Schrift für Thielmann ist unbekannt. Eine Anfrage bei der Familie von Thielmann 2023 war erfolglos.

[241] Der Jurist Michael Schenk wohnte 1813 Rue Large 138/Breite Str. 138; AK 1822: Apostelnstr. 3. Personalnotizen, 1815: „Schenck. Advocat. Der ausgebildete Rechts Kenntnisse und eine schöne Declamation besitzt, aber leider hat er – nämlich Nückel – auch diesen in seinen Vergnügungs Schwindel hineingezogen, so daß dessen schwache Physik würklich schon leidet" (Landesarchiv NRW R, BR 0002, Nr. 1534, Bl. 34v). Vgl. auch: Thielen, Partizipation, S. 620; Deres, Kölner Rat, S. 73.

[242] Johann Anton Joseph Scheiffgen, ab 1812 Kaplan an Groß St. Martin, anschließend an St. Maria im Kapitol, war Gemälde- und Büchersammler. Seine Gemäldesammlung wurde 1847 versteigert (Schmitz, Privatbibliotheken, S. 358).

[243] Friedrich Wilhelm Schlegel (Hg.), Deutsches Museum, 4 Bände, Wien 1812–1813.

Den 16. April [1817].

Das Wetter ist äußerst stürmend und regnerisch. Allein, in mir ist die innere Gluth wieder aufs Höchste gestiegen, u. regt u. bäumt sich, u. bricht sündlich alle Fessel durch. ∼ |9v| Ich schreibe bis gegen 10 an den Tischreden. Dann kommt Delbrück noch zu mir, der heute wieder fort will. Ich gehe ans Tribunal, wo die drey Sachverständige sind, den Eid zu leisten, um am nächsten Dienstag die Expertise vorzunehmen. In der Plenarsitzung geht viel Zeit langweilig an allerley Controllsachen hin. – Gestern Nachmittag kam der Junge von Ducqué, u. brachte mir den geschnittenen Stein, wofür er 6 Laubthlr. verlangt. Er ist, wie zu erwarten war, sehr schlecht, vom innern Wappenschilde fast nichts zu erkennen. Ich gebe ihm den Stein wieder mit, und lasse dem Alten bedeuten, ich wolle denselben gar nicht haben, er könne ihn behalten, und da ich glaube, daß er sich Mühe genug damit gegeben, allein, es nicht besser habe machen können, so wolle ich ihm seinen Tagelohn bezahlen. Darauf ging der Junge wieder ab. –
Nach Tische schreibe ich noch an den Tischreden fort, weil ich sie gerne zum Geburtstag des General Thielmann, der am 27. dieses Monats einfällt,[244] in Münster haben möchte. – Ich lese nach Tische in Schlegels deutschem Museum, bis gegen 6 v. Mühlenfels zu mir kommt, mit dem ich gegen 7 zu Butte gehe. Der größte Theil der Gesellschaft kommt heute nicht zusammen, weil Simon nicht wohl, die übrigen der Immediatkommission verhindert seyn sollen. Wir bleiben mit Haxthausen, Kraeuser, Elkendorf u. Butte bis gegen 12 Uhr zusammen.

Den 17. April [1817].

Ich schreibe frühe an meinen Tischreden für Thielmann weiter. Gegen 11 kommt Herr Dumont-Schauberg, mich wegen einiger Stellen in meinem Aufsatz über die |10r| freyen deutschen Städte zu fragen, welches er wahrscheinlich gegen den Verfasser des ersten Aufsatzes gerichtet glaubt, wie es auch eigentlich ist. Ich ändere nur wenig, u. es scheint, er will den Aufsatz nun doch drucken.[245] – Joseph bleibt bis spät im Consistorio.[246] Ich schreibe nach Tisch noch einiges, bleibe aber nachher bey dem schlechten Schneewetter stille bey meinen Büchern zu

---

[244] Johann Adolph von Thielmann wurde am 27. Apr. 1765 in Dresden geboren.
[245] Ein Artikel Grootes zum Thema der freien Städte ließ sich nicht nachweisen.
[246] In diesen Wochen befasste sich das Konsistorium, und damit auch Joseph von Groote, mit einer Reihe schwieriger Aufgaben: Nachdem im Sommer 1816 Verhandlungen zwischen Kölner Regierung und Stadt über die dringend notwendige Neuorganisation des Kölner Armenwesens begonnen hatten, war das Konsistorium mit einem Gutachten zur Reform beauftragt worden; am 21. Apr. 1817 war es fertiggestellt. Im April erhielt das Konsistorium zudem eine Anweisung des Innenministeriums, Vorschläge zur Einteilung der protestantischen Gemeinden im Regierungsbezirk Köln in kirchliche Kreise einzureichen. Am 17. Mai schlug das Gremium die Einteilung in zwei reformierte Kreise und einen lutherischen Kreis vor, dieser Vorschlag wurde am 14. Juli 1817 vom Innenministerium genehmigt (Becker-Jákli, Protestanten, S. 164–16; Magen, Kirchenkreis, S. 5–16).

Haus, u. lese im Band II des deutschen Museums von Friedrich Schlegel recht interessante Sachen.[247]

Den 18. April [1817].

Mit der Abschrift der Tischreden wird fortgefahren. Gegen 9 Uhr kommt der Pachter Klein, dem ich ansage, daß am Dienstage den 22. April die Expertise zu Kendenich vorgenommen werden wird. Er hat noch Manches zu bereden wegen seinen Sachen, u. will uns die dortige Hafer u. Kleesaame abkaufen. Ich mache mich zur Sitzung fertig. – Diese ist ziemlich bald zu Ende.[248] Nach Tische schreibe ich noch einiges, und lese dann in Schlegels Museum. Gegen 6 Uhr kommt Mühlenfels, um zu fragen, ob ich zu Simon gehe. Er geht sich anzuziehen, u. kommt bald wieder; wir begegnen v. Haxthausen, der uns in seinem Hause zu warten bittet. Bald gehn wir zusammen zu Simon, wo Boelling, Sethe, Kraft, etc. Es ist recht unterhaltend da, und ich erzähle Manches von Paris. Von Simon begehre ich vergebens die beyden Tacitus[249] wieder, er braucht sie noch. Nach 11 gehen wir nach Haus zurück.

Den 19. April [1817].

Ich schreibe früh noch an den Tischreden, bis gegen 11 ½ Mühlenfels zu mir kommt, mich zu Haxthausen abzuhohlen, dem wir zum Nahmenstag Glück wünschen wollen.[250] |10v| Ich lese ihm noch einige lustige Anekdoten aus den Tischreden vor, u. wir gehen gegen 12 U. zu v. Haxthausen, wo auch Elkendorf u. Kraeuser. Wir reden manches über unsre Gesellschaft bey Butte, den Journal-Zirkel, u.s.w. Dann geht Haxthausen mit mir nach Haus, zu Tisch. – Als er nach 3 zur Armenverwaltung geht,[251] schreibe ich meine Tischreden, welche mich fast langweilen, hintereinanderfort zu Ende, u. ebenfalls den Brief an den General v. Thielmann dazu, u. gehe nachher in die JesuitenKirche ad +; dann nach Haus

---

[247] Fr. W. Schlegel (Hg.), Deutsches Museum, Bd. 2, Wien 1812. Der Band (Heft 7 bis Heft 12) enthielt u.a. die Aufsätze: Ueber das Nibelungen-Lied von A. W. Schlegel; Nachricht von der Breslauer Gemäldesammlung von J. G. G. Büsching (Heft 7); das Gedicht Der Abschied von A. W. Schlegel (Heft 8); Beschreibung altdeutscher Gemälde. Fragmente aus einem Briefwechsel, von A. von Hellwig (Heft 11).

[248] Auf den 18. Apr. 1817 ist das Schreiben der Regierung Köln, Abt. I an Oberbürgermeister von Mylius datiert, das dem Stadtrat erlaubte, jüdischen Antragstellern „vorläufige Erlaubnisscheine zum Handel" auszufertigen (HAStK, Best. 400, A 793, Bl. 32r). Siehe S. 290.

[249] A. H. Simon hatte sich im Dezember 1816 „einen Tacitus" von Groote geliehen (Groote, Tagebuch, Bd. 2, 24. Dez. 1816, S. 409).

[250] Der 19. April ist der Namenstag des Heiligen Werner, es war also der Namenstag von Werner von Haxthausen.

[251] W. von Haxthausen war innerhalb des Regierungskollegiums der Bereich der Armenverwaltung zugewiesen (Klein, Personalpolitik, S. 42).

zurück, u. da Wallraf hat ansagen lassen, er sey nicht wohl, u. es sey deshalb keine Gesellschaft bey ihm, so lese ich in dem Museo u. gehe in dem schlechten Wetter nicht mehr aus.[252] Heute wurde Herr Pater Anastasius Weitz[253] begraben, u. der alte Heinius starb.[254]

---

[252] Zeitungs-Bericht der Reg. Köln für April, 10. Mai 1817: „Die Witterung war in den ersten 8 Tagen des Monats April, dann am 13ten, 21ten, 23ten und 28ten hell; an den übrigen Tagen trübe, abwechselnd mit Regen, Schnee, Hagel und Wind; lezterer wehete in den hellen Tagen aus O.S.O., zuweilen N.O, – in den trüben aus W. oder W.S.W., meistens aber aus W.N.W." (GStA PK, I. HA Rep. 89, Nr. 16278, Bl. 47r).

[253] Der Karmelitermönch Johann Peter Weitz (Pater Anastasius a Sancta Rosa), geboren 1753, hatte an der Universität in Bonn gelehrt. Welt- u. Staatsbote zu Köln, Nr. 62, 19. Apr. 1817: „Daß der Hochgelehrte Herr, J. P. Anastasius Weitz, S. S. Theologieae Doctor et Examinator Sinodalis, am 16. April, mit den H. Sakramenten versehen, im 64ten Jahre seines Alters, das Zeitliche mit dem Ewigen verwechselt hat, zeigen hiermit seinen Freunden an die Verwandten des Verstorbenen." Weitz war ein Freund der Familie von Groote. Zwei väterlich-beratende Briefe von Weitz an die in Heidelberg studierenden Brüder Eberhard und Joseph von Groote sind erhalten. J. P. Weitz, Köln, 9. Dez. 1809: „Bleiben sie bei ihrem Fleis, Religion und gottesfurcht, entfernt von aller gefährlichen gesellschaft, geniessen sie ihren Erholungsfrieden bey Music Freunden. Einsweilen bitte ich den allerhöchsten, daß er alle gefahr an leib und seele von Ihnen entferne, bis ich das Vergnügen wiederum habe sie wiederum als gebildete Männer in dem Cirkel der ihrigen zu verehren" (HAStK, Best. 1552, A 54/1). J. P. Weitz, Köln, 22. April, o. J.: „Die Zeit ist nun da, daß die liebende Mama, erst die Monathe, dann die Wochen, und endlich die Täge zehlt, um ihre gelehrten Söhne wiederum zu umarmen. Ich sehne mich selbsten nach diesem augenblicke, um mich für den abschieds schrecken durch das gehaltvolle Willkomen zu entschädigen. Leben sie glücklich an leib und seele nach dem Wunsch Ihres theilnehmenden Dieners J. P. Weitz" (Nr. 54,2). Dazu kurz: Spiertz, Groote, S. 44 f.

[254] Johann Peter Heinius, geboren um 1735 als Sohn von Peter Heinius u. Anna Elisabeth van Geel, wohnte in der Hohe Str. 136. Er starb unverheiratet am 19. Apr. 1817 (HAStK, Best. 540 A 16, Sterbetabelle pro 1817). Welt- u. Staatsbote zu Köln, Nr. 64, 22. Apr. 1817: „Sanft entschlummerte heute früh um 4 Uhr Herr J. P. Heinius an einer Schleim-Krankheit, im 83ten Jahre seines thätigen gemeinnützigen Lebens zu einem bessern hinüber. Kölns Einwohner verlieren an ihm einen ihrer rechtschaffensten Mitbürger; wir seine Verwandten und alle, die in näherer Verbindung mit ihm lebten, einen aufrichtigen, väterlichen Freund und Wohlthäter. Viel Thränen werden um ihn vergossen. Sein Andenken wird Jedem, der ihn kannte, gesegnet bleiben. Möge es mehr durch stille Theilnahme, als durch Beileidsbezeugungen geehrt werden. Sanft ruhe die Asche des Edeln! Köln den 19. April 1817. J. G. H. v. Ammon, zugleich im Namen der übrigen nächsten Verwandten." Johann Georg Heinrich von Ammon war der Sohn von Georg Friedrich von Ammon und Marie Elisabeth Heinius, die wohl eine Schwester des J. P. Heinius war. Heinius, reformierter Konfession, im reichsstädtischen Köln nur als Beisasse, nicht als Bürger qualifiziert, war Alleininhaber einer Firma, die Bankgeschäfte betrieb; er verfügte 1810 über ein Kapital von 1 Million Francs und gehörte damit zu den reichsten protestantischen Einwohnern Kölns (Becker-Jákli, Protestanten, S. 123, 145). Personalnotizen, 1815: „Heinius. Kaufmann. Ein ehrwürdiger Greis, sehr reich, deutsch, nicht mehr brauchbar" (Landesarchiv NRW R, BR 0002, Nr. 1534, Bl. 20v). J. P. Heinius wurde am 22. April, Vormittags 11 Uhr „unter ansehnlicher Begleitung" auf dem protestantischen Friedhof, dem „Geusenfriedhof" außerhalb der Stadtmauern (heute in Köln-Lindenthal), beerdigt (Begräbnisregister 1814–1823; Archiv der Evangelischen Gemeinde, Antoniterstraße); eine Beisetzung auf dem städtischen Melatenfriedhof war Protestanten erst ab 1829 gestattet.

Den 20. April [1817]. Sonntag.

Ich übersehe meine Tischreden nochmal, u. lese in Schlegel's Museum bis gegen 10 Uhr. Dann gehe ich in den Dom, wo Gebeth, u. eine schöne Messe gehalten wird. Nachher gehe ich mit Joseph auf den Markt; Vater und Schwestern speisen bey v. Geyr. Gegen 5 Uhr gehe ich, den Sekretar Fuchs aufzusuchen, u. da ich ihn nicht finde, zum alten Wallraf, der gestern früh eine Art von Anfall zum Nervenschlag gehabt, nun aber fast ganz wieder wohl ist. Es kommt der Rektor Fochem, Denoël u. Firmenich[255] zu ihm, u. ich bleibe bis gegen 7 Uhr. Nachher gehe ich noch zu v. Geyr, wo ich aber niemand finde; sie sind bey v. Mylius. |11r| Ich gehe also gegen 7 ½ nach Haus und nicht mehr aus. Ich lese weiter im Museum.

Den 21. April [1817].

Der Vater kommt mir wegen der Falkenlust[256] zu sagen, daß sie Herr Riegeler zwar gekauft, aber der Hand der Regierung wieder angetragen habe. Ich frage dort den Herrn RegierungsRath Gossen,[257] der nichts davon weiß, der aber behauptet, der erste Verkauf der Domaine sey null u. nichtig, u. könne umgestoßen werden. Ich schreibe in der Sitzung an Graf Solms, der nach seinem Briefe, gewiß bis zum halben May in Berlin bleiben wird. Ich schreibe ihm wegen Wallraf, wegen der Kunstgesellschaft, u. besonders wegen der Pariser Bücher u. Urkunden,[258] u. gebe den Brief gleich ab, daß er in das Paquet gebracht werden

---

[255] Johann Laurenz Firmenich. Personalnotizen, 1815: „Firmenich. Advocat. Ein ganz mittelmäßiger Jurist, weiß aber seine Caden [Fälle?] fast wörtlich auswendig, durch seine vielen Gesichtsgrimassen weiß er sich das Ansehen eines wichtigen Mannes zu geben, der mitleidig und mit Verachtung auf andere herunter blickt. Aber eben dieses und sein Charlatan mäßiges Plaediren gewinnt ihm die Classe von Kurzsichtigen im Besonderen die Kaufleute, denen es Freude macht, wenn er im Handels Tribunal, wie ein Besessener seinen Vortrag hinschreit, statt declamirt, und seinen Gegner kaum zu Worte kommen läßt. [...] Uebrigens ist er reich und daher sein Reitpferd" (Landesarchiv NRW R, BR 0002, Nr. 1534, Bl. 32v–33r).

[256] Das barocke Jagdschlösschen Falkenlust bei Brühl, errichtet um 1730 von Kurfürst Clemens August, wurde nach 1794 Domänengut, d.h. Eigentum des franz. Staates. Vermittelt durch Sulpiz Boisserée kaufte es 1807 Christine Reinhard, Frau des franz. Diplomaten Karl Friedrich Reinhard. 1817 erwarb Johann Gerhard von Carnap das Schlösschen, der bis 1825 Eigentümer blieb (S. Boisserée, Briefwechsel, Bd. 1, S. 41; Wündisch, Schicksale, 1956; Hansmann, Falkenlust, S. 136–140; Meynen, Wasserburgen, S. 16). Falkenlust ist heute Eigentum des Landes Nordrhein-Westfalen. Vgl. Bärsch, Erinnerungen, S. 110, wohl irrtümlich, zu den Besitzverhältnissen: „Boisserée [Bernhard] führte mich nach Falkenlust mitten im Park von Brühl, welches ihm und dem Grafen Reinhard gemeinschaftlich gehörte." Nach Blöcker, Antikensehnsucht, S. 284 war Falkenlust zeitweise Eigentum von Abraham Schaaffhausen, nach Wündisch, Geschichte, S. 23 war ein „Bürger Schaafhausen" um 1800 Mieter des Schlosses. Ein Kauf durch den Kölner Philipp Jacob Riegeler ließ sich nicht belegen.

[257] Zu Franz Heinrich Gossen: Klein, Personalpolitik, S. 36–38.

[258] E. von Groote an Fr. L. Chr. zu Solms-Laubach, Köln, 21. Apr. 1817, Entwurf (HAStK, 1553, A 1,

möge.²⁵⁹ – Es scheint, daß ich morgen allein in Kendenich der Expertise beywohnen werde, da der Vater nicht Lust hat, Joseph aber lange im Consistorio sitzen zu müßen erwartet. – Zu Hause finde ich ein Schreiben von Koerfgens Sachwalter aus Aachen, der den Empfang der begehrten Vollmachten anzeigt. Nach Tisch packe ich die abgeschriebenen Tischreden u. den Brief an Thielmann zusammen zum wegschicken, lasse mir Taback holen, u. die gekauften Bücher aus der Auktion bey Hansen, lese bis nach 7 in dem Museo, u. gehe mit Joseph auf den Markt, u. von da mit Herrn Cassinone²⁶⁰ auf dem Heumarkt²⁶¹ spaziren. Abends bringt Caspar die Nachricht, daß in der Sache mit Fonck, durch einen eingezogenen Fuhrmann neue Entdeckungen gemacht seyn sollen.²⁶² |11v|

Den 22. April [1817].

Gegen 7 ½ reite ich ab nach Kendenich. Auf dem Pfade von Effern [Efferen] hole ich Herrn Decker von Melaten ein. Nicht lange nach uns kommen Rolshoven²⁶³ u. Zauns-Halfen²⁶⁴ zu Fuß an. Ersterer weigert sich, vor vorgenommener Ex-

---

Bl. 45r–46r). Groote unterstrich in diesem Brief die Rechte Triers auf Wiedererstattung der geforderten Handschriften. Vgl. dazu die Stellungnahme von Grootes Kollegen Regierungsreferendar von Brandt: „Es wird daher zuvörderst höhere Entscheidung hierüber ein zu holen seyn, deren günstiges Resultat um so weniger zu bezweifeln ist, als dieselbe Regierung, welche der Stadt Danzig und der St. Peterskirche zu Cöln ihre Kunstschätze restituirt hat, auch der Stadt Trier ihr Eigenthum nicht vorenthalten wird" (von Brandt an Fr. L. Chr. zu Solms-Laubach, Köln, 12. Apr. 1817 (Landesarchiv NRW R, BR 0002, Nr. 404, Bl. 81v).

²⁵⁹ Grootes Brief wurde einem für Solms-Laubach in Berlin bestimmten Paket beigefügt.

²⁶⁰ Die Witwe Maria Johanna Ludovika Louise Cassinone, geb. Foveaux wohnte am Heumarkt 43/49, vermutlich gemeinsam mit den Söhnen Anton Franz und Bruno Johann Franz Cassinone und zumindest einer Tochter. Das Haus Heumarkt 43 gehörte zu den zehn Häusern in Köln, die während der franz. Zeit auf einen Wert von 12.000 Fr. geschätzt wurden (Vogts, Kölner Wohnhaus, Bd. I, S. 346. Vgl. Vogts, Die profanen Denkmäler, S. 449).

²⁶¹ Weyden, Köln, S. 25: „Im Allgemeinen hat der […] Heumarkt den Charakter der Wohlhäbigkeit, einzelne Prachtgiebel neben bauschönen aber verfallenen alten Façaden aufzuweisen, und seit 1730 in seiner Mitte das Börsengebäude. Eine altherkömmliche Staffage des Heumarktes sind am Nordende die Bänke der ‚Altruyscher' oder Schuhflicker". Siehe auch: Wagner, Geschlechter, Bürger, 2017; Vogts, Die profanen Denkmäler, S. 454 f.

²⁶² Zur Entwicklung des Falles Fonck: Am 20. März hatte eine Durchsuchung von Foncks Haus in der Follerstraße stattgefunden, am 16. April wurden die „Geständnisse" Christian Hamachers erstmals protokolliert, am 17. April widerrief er seine Aussagen und wiederholte den Widerruf in der folgenden Zeit mehrfach. Am 21. April wurde sein Bruder Adam Hamacher unter dem Verdacht der Mittäterschaft verhaftet.

²⁶³ Rolshoven: Experte aus Meschenich, der im Rahmen der Auseinandersetzung um die Pacht in Kendenich herangezogen wurde (Groote, Tagebuch, Bd. 2, 28. Dez. 1816, S. 411).

²⁶⁴ Die Familie von Groote war Besitzer des Zaunhofs in Immendorf (heute: Köln-Rodenkirchen, Immendorfer Hauptstr. 29), der um 1817 an Joan Zaun und Margarethe Forst verpachtet war (Rechnungsbuch der Familie von Groote; HAStK, Best. 1042, B 60, S. 201–203). Die Abschrift eines Vertrags von 1808 listet die Verpflichtungen der Halfen auf: „14. April 1808 pfachtete Joan Zaun und Margaretha Forst den zu Immendorff Canton Bruel Mairie Rondorff dem Herrn von

pertise etwas zu essen oder zu trinken, damit die Gegenparthey uns nichts anhaben könne. Wir bringen bis gegen 12 ½ im Felde zu, besehen dann noch das Haus des Christian Marx, welches gesunken ist, u. andere Häuser im Dorf, wo das Wasser oft 8 Fuß hohe Kellern füllt, u. überlegen, wie dem Christian Marx ein anderes Stück Land für das, welches bey seinem Haus liegt, u. oft durch überfahrten beschädigt wird, gegeben werden könne. Im Hofe schreibe ich nun an Scholl[265] in Hürth u. an die Wittwe Rey[266] in Kendenich, welche von Paul Engels Heu gekauft haben, welches im Hofe lag und uns gehörte. Herr Decker taxirt es zu Rth. 8 pr. ℔ 1.000; es sind etwa 2.500 ℔ abgeholt. – Dann gehen wir, unsre Früchte in der Burg zu sehn. Ich verkaufe unsre Haber daselbst, welche schlecht ist, alle per Malter zu Rth. 4 an Klein. Für 32 ℔ Kleesamen hat Klein ebenfalls pr. ℔ 18 Stb., Rth. 9, Stb. 36 zu bezahlen. Wir halten einen angenehmen Mittag zusammen, wozu noch Carl u. Hennekens kommen. Nachher rede ich mit Klein wegen des noch zu pachtenden Langen Bendens, u. wegen der Wasserleitung, so wie wegen der vorzunehmenden Bauten u. Reparationen.|12r|Herr Rolshoven entwickelt viele technische Kenntniße, u. hat inzwischen das Gutachten der 3 Sachverständige zu Papier gebracht. Den Schimmel habe ich beschlagen lassen, u. so reiten Herr Decker u. ich gegen 6 Uhr zurück.|: Stb.–18 :|Zu Haus will der Vater eben die Schwestern bey Geyr abholen, wohin ich ihn begleite, u. noch einiges zum Lachen gebe. Die Jette scheint mir recht gut zu seyn. Joseph ist bey Frau v. Geyr Wassenaer, die heute niedergekommen,[267] auf morgen zu Gevatter gebethen.

Groote zugehörigen Hoff samt allen appertinentien auf zwölf nacheinander folgende Jahren – welche cath. petri [22. Febr.] 1808 anfangen. Pfächter liefert Jährlichs tno. Martini [11. Nov.] 75 Mltr. Roggen und 5 Mltr. Haber alter Kölnischer maaß – so dan tno. Andreae [30. Nov.] ein feistes Schwein ad 160 ℔ und um Ostern ein feistes Kalb – und ist gehalten Jährlichs etwelche Fuhren zu thuen, wie auch hundert Bauschen Stroh zu liefern. Auch übernimmt pächter alle grund- und fenstersteuer fort alle sonstige Intzug, und künftige real- und personal kriegs- und sonstige Lasten. – Verspricht ferner die Hofesgebäuden in Tach und Fach zu halten – Bei einem Hauptbau werden Verpfächtern den arbeitslohn bezahlen, und die Materialien anschaffen, pfächter aber die arbeitsleute beköstigen, und alle nöthige beyfuhren ohnentgeldlich thuen" (HAStK, Best. 1042, B 60, o. P., ohne Unterschrift). Die heutigen Hofbauten wurden in den 1870er Jahren errichtet. Zur Geschichte des Hofs vgl. ein Verzeichnis der ihn betreffenden Dokumente (HAStK, Best. 1553 A 4, o. P.). Siehe auch: Spiertz, Groote, S. 159; Rosellen, Geschichte, S. 357.

[265] Der Arzt Karl Adam Joseph Scholl war von 1809 bis 1817 Bürgermeister in Hürth (Faust, Geschichte, S. 50 f.; Steinberg, Haas, S. 118).

[266] Witwe Johanna Maria Rey, geb. Correns, Tochter von Jakob Correns und Anna Margaretha Coenen. Sie war zeitweise (1792) Pächterin des Frentzenhofs in Kendenich. Anfang 1816 hatte der Besitzer Franz Ludwig Karl Anton Graf Beissel von Gymnich „den Kirchengarten" des Hofs an die Kirchengemeinde Kendenich verkauft (Jansen, Schloß Frens, S. 76). Mitglieder der Familie Correns hatten in der Kölner Region verschiedene Ämter inne, so wurde der Großneffe von J. M. Rey, Franz Carl Correns, 1817 zum Oberförster und Forstmeister in Brühl ernannt.

[267] Clementine Auguste Henrike von Wassenaer war seit 1802 mit Hermann Maximilian Joseph von Geyr zu Schweppenburg verheiratet. Näheres zu dem am 22. Apr. 1817 geborenen Kind ließ sich nicht ermitteln. Zu Geburten und Todesfällen im April 1817 vgl. Zeitungs-Bericht der Reg. Köln für April, 10. Mai 1817, Bl. 58v: „Geboren wurden zu Cöln 160 Kinder, worunter 16 unehelich;

Den 23. April [1817].

Ich revidire unsre gestrigen Verhandlungen, und bringe das Protokoll der Sachverständigen zur weiteren Einleitung an Dr. Schenck. In der Sitzung trage ich das Gutachten des Polizey Präsidenten wegen der Qualifikation des p. Wisslberg zur SpielbankKonzession in Godesberg vor.[268] Es sind dort 3 junge kaumgeworfene Wölfe von einer Frau aus der Gegend von Kaerpen [Kerpen] hingebracht.[269] – Das Schreiben nebst dem Büchlein der Tischreden habe ich an Thielmann zur Post gegeben. – Nach Tisch kommt Prof. Hamm wegen verschiedener Angelegenheiten zum Vater. Joseph ist heute zur Kindtaufe bey Geyr, an Stelle des Herrn Schaetz. Die Schwestern gehn zur Gräfinn Degenfeld. Nach 7 Uhr gehe ich zu Wallraf, der wieder ziemlich wohl ist, u. wo ich Denoël u. Dr. D'hame finde. Nach dem Nachtessen rede ich noch lange mit Joseph über die öffentlichen Geschäfte, u. wir theilen uns wechselseitig unsre Bemerkungen über das viele Schlechte und Dumme Zeug mit, was in Berlin, in Beziehung auf unsre hiesigen Provinzen gemacht wird. |12v|

Den 24. April [1817].

Ich erhalte ein Schreiben von Herrn Scholl in Hürth, der sich erbiethet, die von Engels gekauften ℔ 1.000 Heu zu erstatten, wenn sie uns wirklich gehörten. Ich schreibe ihm, daß mir diese Erklärung bis zu unserer definitiven Berechnung gegen Engels genüge, u. dem Christian Marx, daß er dem Klein die ihm verkaufte Haber vormessen solle. – Ein Sohn aus dem Bräuers Hof[270] zu Kendenich kommt, u. giebt an, daß zwar Heu aus dem Burghof zu Kendenich mit seinen Karren abgeholt worden sey, dieß aber Kleeheu gewesen, u. von Engels gleich wieder an andere Leute verkauft worden sey. –
An Kaspar bezahle ich für 6 in Auktionen gekaufte Bücher. |:7.11:| – Von Kanonikus Sidow[271] erhalten der Vater, Joseph u. ich Einladungsschreiben zu einem wegen dem Bürgermeister deGroote bey Herrn Scholaster[272] Zum Pütz,[273] über ein zu verkaufendes Stück Land zu haltenden Familienrath.[274] Ich weiß nicht, ob

---

gestorben sind 136 Individuen, worunter 4 todtgeborne Kinder" (GStA PK, I. HA Rep. 89, Nr. 16278, Bl. 59v).

[268] Unterlagen zu diesem Vorgang konnten nicht ermittelt werden.

[269] Amtsblatt d. Königl. Reg. zu Köln, Nr. 12, 25. März 1817, S. 112: „Wegen der bedeutenden Vermehrung der Wölfe und der dringenden Nothwendigkeit, selbige zu vertilgen", wurden die bisherigen Prämien für „Erlegung und Einlieferung der Wölfe" erhöht. Für eine alte Wölfin wurden 12 Rtlr., für einen alten Wolf 10 Rtlr., für einen jungen Wolf 8 Rtlr. und für einen ungeborenen Wolf 1 Rtlr. gezahlt. Um „Unterschleife" zu verhindern, sollten „die erlegten Wölfe jedesmal ganz und nicht bloß deren Bälge vorgezeigt" werden (Verfügung vom 17. März 1817).

[270] Breuershof, auch Orsbecker Hof, in Kendenich. Zu seiner Geschichte: Jansen, Schloß Frens, S. 75 f.

[271] Franz Theodor von Sydow, Kanonikus an St. Aposteln (AK 1797).

[272] Scholaster: katholischer Geistlicher, Leiter einer Stiftsschule.

[273] Heinrich Joseph Caspar von und zum Pütz, Kanonikus und Scholaster an St. Severin.

[274] Die Familien von und zum Pütz und de/von Groote waren verwandt. E. von Grootes Großmutter

diese Einladung angenommen werden kann, da in der Formalität gefehlt zu seyn scheint, u. wir zeigen dieß durch ein Schreiben dem Kanonikus Sidow an. Dieser kommt Abends noch zum Vater, u. redet mit seiner stammelnden Sprache viel über die Verhältniße des Bürgermeisters deGroote, produzirt Vollmachten von ihm und seinen Söhnen,[275] u. versichert, sich dessen Geschäfte mit voller Zustimmung des Scholasters zum Pütz, annehmen zu wollen. Wegen des Familienraths verspreche ich ihm, mit dem FriedensRichter Willmes[276] nähere Absprache zu nehmen. |13r|

Den 25. April [1817].

Vor der Sitzung gehe ich zu Willmes,[277] der zwar übrigens in den Formalitäten, die der Familienrath erfordert, durch die gestrige Einladung nicht gefehlt zu seyn glaubt, allein, den Bürgermeister DeGroote noch für interdizirt[278] hält. Dieß ist aber nicht der Fall, u. er ist deshalb gesetzlicher Vormund seiner minderjährigen Kinder, muß also als solcher zum Familienrath berufen, oder durch einen speziell Bevollmächtigten dabey vertreten werden. Dieß gebe ich dem Willmes zu bedenken, u. gehe zu Merlo,[279] um mich über die wirklich aufgehobene Inter-

---

Maria Ursula Columba de Groote, Ehefrau von Franz Jakob Gabriel von Groote, war Tochter von Johann Caspar Joseph von und zum Pütz u. Maria Theresia von Daemen. Um welche Angelegenheit es sich hier handelte, ließ sich nicht klären.

[275] Heinrich Joseph Anton Melchior von Groote u. Maria Walburga Adelgunde von Herresdorf hatten fünf Söhne und eine Tochter – Cousins u. Cousine E. von Grootes; mehrere der Kinder waren 1817 minderjährig.

[276] Vermutlich handelt es sich um Johann Benedikt Willmes, geboren 1743 in Schmallenberg; er besuchte die Kölner Universität, übernahm dort nach der Promotion eine Professur und war als Syndikus der Reichsstadt Köln tätig. In franz. Zeit amtierte er als Richter an einem der Kölner tribunaux de paix, in preuß. Zeit am Kreisgericht (Seibertz, Beiträge, Bd. 2, S. 241 f.; Wegener, Leben, Teil 1, S. 119). J. B. Willmes veröffentlichte 1817: Vortrag der Unterschiede zwischen den vormaligen, nachher französischen Rechten, und dem Königl. Preuß. Landrechte, bei Schmitz Cölln 1817. Vgl. Köln. Zeitung, Nr. 39, 9. März 1817 sowie eine Anzeige des Buches in der Köln. Zeitung, Nr. 95, 15. Juni 1817. J. B. Willmes war Vater des Malers Engelbert Willmes und des Schriftstellers Peter Ludwig Willmes.

[277] J. P. J. Fuchs, Topographie: „Von den Professoren der ehemaligen Universität bewohnte das Haus No. 8 zuletzt, der Professor des Criminalrechts und Stadt Syndicus, nachheriger Friedensrichter Benedict Willmes unentgeldlich vermöge Rathschluß vom 4. Hornung 1785 bis zu seinem am 1. März 1823 erfolgten Absterben, nach welchem seine Familie dasselbe noch einige Jahre benutzte" (HAStK, Best. 7030, Nr. 231, Bd. 2, S. 299). An der Rechtschule 8 waren die Gebäude der ehemaligen Kronenburse (Haus der drei Kronen), die auch ein Wohnhaus umfassten (Arntz/Neu/Vogts, Die Kunstdenkmäler der Stadt Köln, Ergänzungsband (1937), S. 381).

[278] interdiziert: entmündigt, hier vermutlich: ausgeschlossen.

[279] Der Notar Nikolaus Merlo wohnte Unter Fettenhennen 15. Hermann Cardauns, geboren 1847, ein Verwandter der Familie Merlo, erinnerte sich an das „Merlo-Haus": „Es hatte eine ganz schmale Front, war aber sehr tief, mit einem geplatteten Gang und einem nach dem Gäßchen gehenden Quergängelchen, einem Miniatur-Höfchen und einem Gärtchen nach dem Margaretenkloster, im Erdgeschoß nur ein einziges ordentliches Zimmer. Die oberen Etagen waren nicht viel schöner,

diktion noch gewisser zu überzeugen. Jacob deGroote ist da, um ebenfalls auf Sydow eine Vollmacht auszustellen. Die aufgehobene Interdiktion ist richtig, Merlo aber sagt mir im Vertrauen, daß Sydow selbst tief in Schulden stecke, mithin von seiner Verwaltung nicht viel Gutes zu erwarten stehe. – In der Sitzung kommt mein Brief an Graf Solms, den der unvorsichtige Botenmeister in ein Paquet an den Procureur von Mühlheim [Mülheim][280] gelegt hat, wieder an; der Dr. Sotzmann giebt mir ihn u. er geht nun erst mit dem Paquet nach Berlin ab. – Nach Tisch schreibe ich an Sydow, wegen obiger Sachen. – Mir ist gar unbehaglich, u. schwer zu Muthe, u. ich weiß leider zu gut, was mir fehlt. Ach, es [ist] wirklich nicht gut, daß der Mensch zwischen 20 u. 40 Jahren allein ist! – Gegen 7 kommt Mühlenfels, der aber so wenig wie ich Lust hat, zu Simons zu gehn. Ich gehe noch ein wenig in der Stadt umher, u. bald wieder nach Haus, da es gar unfreundlich Wetter ist. |13v| Joseph war bey Simons, wo aber ausser ihm, nur Haxthausen u. Boecking war. Spät drängt sich mir wieder alles aus den Schranken, u. die Gewalt des Schlechten ist stärker, als mein Wille. ∼

Den 26. April [1817].

Ich schreibe zum 4–5ten Mal den verfluchten Bericht wegen der Bank in Godesberg zurecht, u. denke, es soll nun wohl das letzte mal seyn. – Der Vater kommt, wünscht, ich solle selbst mit Herrn zum Pütz wegen den Sachen des Bürgermeisters DeGroote einmal zu reden suchen, nimmt den Brief an den Canonikus Sydow mit, u. klagt sehr über den Unfug, der immer noch im Postamt getrieben wird. Ich lese nun bis gegen Mittag, wo Herr Rektor kommt, der mir schon mehrere von seinen Sachen abgegeben hat,[281] gewiß mehr, um wieder etwas

---

aber wie haben wir in diesem Haus, einem würdigen Seitenstück zu der anstoßenden uralten Rommerskirchen'schen Buchhandlung gespielt und getollt!" (Cardauns, Aus dem alten Köln, S. 15). Notar Merlo war Vater des 1810 geborenen Stadthistorikers, Sammlers und Schriftstellers Johann Jacob Merlo. Dessen bedeutendstes Werk ist das beim Verlag J. M. Heberle erschienene Lexikon: Nachrichten von dem Leben und den Werken Kölnischer Künstler, Bd. 1 u. 2, 1850/1852. Zum Haus Unter Fettenhennen 13/15: Vogts, Kölner Wohnhaus, Bd. II, S. 438, 760. Eine anschauliche Beschreibung der Gebäude an und um die Straße Unter Fettenhennen findet sich bei: Weyden, Köln, S. 144–149.

[280] Vermutlich: Oppenhoff, Procureur in Mülheim am Rhein. Der Ort war bis 1819 Sitz eines Kreisgerichts, das dem Appellationsgerichtshof in Düsseldorf unterstand.

[281] Groote erhielt von Fochem gelegentlich Gemälde, Bücher und andere Objekte. Zur Sammlung Fochems vgl. Chézy, Malerkunst, S. 357 f.: „Die Sammlung des Rektors Fochem in Cöln gäbe wegen ihrer klassischen Einheit zu einem eignen Werke Stoff, und ist mir nicht gegenwärtig genug, um über sie ausführlich zu sprechen. Hemmelink's, van Eyk's, Scoreel's, Holbein's, Albrecht Dürer's und unzählige andre herrliche Meisterwerke schmücken sie, und es ist ein wunderbarer Einklang in dieser Fülle. Viel andere Kunstwerke sind noch im Besitz des geistreichen Sammlers, unter denen das Gebetbuch der Maria von Medicis, mit Vignetten von Hemmelink, ein Schatz von hohem Werth, ein Wunder von Fleiß, Zartheit und Lieblichkeit ist. Wer jemals so glücklich war, in Cöln das Haus dieses würdigen Kunstfreundes zu besuchen, und dort mit der Herzlich-

Neues an die Stelle zu erhalten, als weil ihm die alten nicht gefielen. Er hat schon von Herrn v. Mering[282] u.a. Einiges für großes Geld neuerdings angekauft. Er bleibt bey uns zu Tisch. – Abends gegen 7 Uhr gehe ich zu Wallraf, wo aber noch keine Versammlung ist.[283] Später kommt Herr Sekretar Fuchs, dann Herr Goebel auf einen Augenblick hin, u. wir reden über unsre Kölnischen Sachen. Gegen 9 Uhr gehe ich mit Fuchs fort.[284]

Den 27. April [1817]. Sonntag.

Ich lese Schuberts Naturwissenschaft noch einmal durch, bis gegen 9 ½ Klein von Kendenich kommt, u. mir das Geld für den gekauften Hafer u. Kleesaamen bringt. Ich rede mit ihm wegen der vorzunehmenden Verbeßerungen im Hof zu Kendenich, worüber er wieder allerley neue Ansichten hat, weshalb wir auch die Sache verschieben, bis wir einmal wieder in Kendenich selbst alles überlegen |14r| können. Auch den Zimmermeister Stotzem von Fischenich hat er bey sich, mit dem ich aber einstweilen nur im Allgemeinen reden kann. Auch hat er 10 Mltr von unserm Weitzen in der Burg zu Rth. 17 verkauft.
Ich gehe später in den Dom, u. dann an den Rhein, wo die Prozession zum Theil auf dem Wasser fährt.[285] Haxthausen, de Claire von Bonn,[286] u.a. sind da, mit

---

keit aufgenommen zu werden, die so wohlthätig auf den Fremden wirkt, wird ein erfreuliches Andenken dieser Anmuth und Liebenswürdigkeit des Besitzers dieser Sammlung mitnehmen, und sich wieder dahin sehnen, wo der Kunst unsrer Väter ein so schönes Heiligthum gestiftet ist."

[282] Zu Everhard Oswald von Merings Sammlung vgl. Chézy, Malerkunst, S. 356 f.: „In seiner reichen Sammlung besitzt Freiherr von Mehring in Cöln einige Bilder aus der ältesten Zeit von Gehalt, und einen kleinen ganz köstlichen van Eyk, die Madonna mit dem Kinde, nebst mehreren schönen altdeutschen Bildern; überhaupt verdient diese Sammlung die Aufmerksamkeit der Künstler, wegen ihrer vielen und köstlichen Gemälde von wackern Italienern und Flamändern. Ein Blumenstück mit Narzissen und Rosen, von Schmetterlingen und Käfern umflattert, von einem alten spanischen Meister, gehört zu den schönsten und kunstreichsten Bildern, die ich jemals gekannt. Dieser Meister führte den Namen El Labrador, und ich habe noch nirgend ein Bild von ihm angetroffen, denn seine Werke sind äußerst selten." Chézy vermerkte zu Mering: „ein braver Mann von altadelicher Abkunft, reich, abgemagert und genau" (Chézy, Unvergessen, S. 324).

[283] Samstagstreffen der Olympischen Gesellschaft.

[284] Solms-Laubach schrieb an diesem Tag aus Berlin an seine Mutter: „Heute glaubte ich schon abgereist zu seyn, es geht aber hier, wies bei allen wichtigen Geschäften u. Veranlaßungen geht, es wird immer mehr Zeit gebraucht, als in der vorläufigen Berechnung angenommen wurde, u. so geschieht es dann, daß ich jezt im Grund nur so viel mit Gewißheit sagen kann: Vor dem 1. Jun. verlaße ich Berlin, ob aber am lezten May, oder am 24., darüber kann ich nichts bestimmen. Herzlich froh will ich seyn, wenn die Pferde an dem Reisewagen gespannt seyn werden, u. ich hoffe immer, daß ich es werde möglich machen können, zwischen hier u. Köln, eine Rast von 8 Tagen in Laubach zu machen. Im Juli u. August wird es lebhaft in Köln. Der StaatsKanzler, die Minister, der König selbst kommen hin. Ich freue mich darüber, so beschwerlich es mir auch persönlich seyn wird" (Fr. L. Chr. zu Solms-Laubach an E. Ch. zu Solms-Laubach, Berlin, 26. Apr. 1817; Privatarchiv d. Grafen zu Solms-Laubach, XVII, 106, Nr. 354).

[285] Am 3. Sonntag nach Ostern (Jubilate) wird nach katholischer Tradition Gott für die Schöpfung

denen ich einige Zeit dort spaziere. – Bey uns ist Schwester Wally nicht wohl, von Verkältung. Nach Tisch gehe ich in Columba u. in den Dom, dann zu Herrn Gadé, der mir sagt, der General v. Mylius sey selbst bey ihm gewesen, um unsere Sachen zu beginnen, u. er werde mit Dr. Sitt sprechen, damit künftigen Samstag angefangen werde. Ich gehe noch zum Rektor, dessen neue Bilder nicht ausserordentlich sind; einige der älteren, z.B. die Unbefleckte Empfängniß, welche neu überfirnißt ist, ist dafür desto schöner. Er hat Wallraf besucht, u. ihn sehr schwach gefunden. – Gegen 8 Uhr gehe ich nach Haus zurück, u. besuche die Schwester Wally, welche noch nicht gut ist. – –

Den 28. April [1817].

Es gehn mir dichterische Ideen im Kopf herum, und ich beginne das Lied: Glückliche Zeichen,[287] nach August Wilhelm Schlegels Abschied.[288] Dem Vater bringe ich das Geld für den Hafer, und gehe bald zur Sitzung, die aber schnell zu Ende ist, da mehrere Räthe nicht da sind. Nachher gehe ich zu Herrn Scholaster Zumpütz, dem ich wiederhole, was ich an Sydow geschrieben, u. der mir nun auch nichts weiter zu sagen weiß. Er glaubt, ein neues Interdikt sey das beste, was gegen den Bürgermeister DeGroote angefangen u. nachgesucht werden könne. Nach Tisch reite ich aus, fast um die ganze Stadt, bey den Vestungsarbeiten her;[289]

---

gedankt; zu diesem Fest fand die Deutzer Gottestracht statt. Welt- u. Staatsbote zu Köln, Nr. 64, 22. Apr. 1817: „Künftigen Sonntag den 27. April dieses wird zu Deutz die Gottestracht aufs feierlichste gehalten werden, wobei die ganze Prozession von oben bis unterhalb Deutz in großer Pracht, mit dem hochwürdigen Gut, in vielen großen und kleinen verzierten Fahrzeugen den Rhein herunter defiliren wird. Die prächtigste Musik wird diese Feierlichkeit für die Zuschauer um desto mehr erhöhen. Bei dieser Feierlichkeit empfiehlt sich mit preiswürdigen Weinen und allen möglichen Erfrischungen seinen Freunden und Gönnern bestens J. Wilhelm Eckart, zum Prinzen Karl." Vgl. auch: Köln. Zeitung, Nr. 65, 24. Apr. 1817.

[286] Franz Bernhard Wilhelm de Claer, Domänenrat und Rentmeister in Bonn.

[287] Das Gedicht Glückliche Zeichen wurde im Musenalmanach aus Rheinland und Westfalen, 1823, S. 151 f. veröffentlicht (Spiertz, Groote, S. 327; Giesen, Groote, S. 141). Siehe Briefe u. Schriften. Wie das Gedicht „Der Abschied" von A. W. Schlegel war es fünfstrophig, jede Strophe hatte sieben Zeilen.

[288] Schlegels Gedicht „Der Abschied" las Groote in: Fr. W. Schlegel, Deutsches Museum, Bd. 2, Heft 8, S. 179 f. Die letzte Strophe lautet: „Die sich treu und innig meynen / trennet weder Land noch Meer. / Drum verzage nicht so sehr! / Einst ja wird der Tag erscheinen, / Wo ein seliges Vereinen / Macht von allem Weh gesund / Leuchtende Augen und den süßen Mund" (S. 180).

[289] Demian, Handbuch, S. 251 f.: Köln „wird von einer hohen mit 80 Thürmen versehenen Mauer eingeschlossen, um welche sich ein bastionirter Erdwall mit einem Graben zieht; am stärksten sind die Hauptthore befestigt. Jetzt werden von den Preußen rings um die Stadt, von einem Rheinufer zum andern, detaschirte, selbstständige Forts, oder sogenannte Montalembert'sche Thürme, errichtet. Den Anfang hat man mit der Erbauung des Forts oberhalb der Stadt, an der Heerstrasse nach Bonn, gemacht." Auf seinen Wegen durch die Stadt begegnete Groote mit Sicherheit bisweilen Gruppen von Sträflingen, die u.a. zu Arbeiten an den Festungswerken herangezogen wurden. Der Kölner Jurist Jacob Haas, ein Bekannter Grootes, berichtete über die frühen preuß.

der Landrath Gymnich reitet eben zu |14v| der allgemeinen Patrouille aus, die in der Nacht auf dem Lande u. in der Stadt soll gehalten werden;[290] er ladet mich ein, mit zu reiten, wozu ich aber nicht Lust habe. – Zu Haus schreibe ich von meinen Liedern noch Einiges zurecht, und lese dann in Schuberts Nachtseite der Naturwissenschaft bis spät am Abend.

Den 29. April [1817].

Die Lust zum Dichten greift mich schon gleich früh wieder so, daß ich mehrere, zu einer Reihe gehörende Sonette hintereinander schreibe,[291] u. spät nachher erst anderes treibe u. lese. Der Vater bringt mir ein Schreiben des VerwaltungsRaths der Schulen, welche sich weigern, das verlangte Kapital der Fundatio Jacob deGroote junioris herauszugeben,[292] worauf ihnen aber schon geantwortet werden soll. – Zu Tische sind die beyden Frl. Mylius, Jette Geyr, u. Frl. Alb. v. Heinsberg;[293] u. wir sind recht munter zusammen, laden nach Tisch die Frau v. Geyr in einem scherzenden Brief in Versen zum Thee ein, und ich bin genöthigt, den Abend bey der Gesellschaft zuzubringen. Spät kann ich nur wenig mehr thun. Ich kann mir den Wunsch nicht versagen, Jette Geyr, oder ein Weib, was Ihr an Charakter u. Herzensgüte gleicht, zur Frau zu haben.[294]

Jahre in Köln: Sträflinge trugen nicht mehr, wie zuvor, eine eiserne Kugel an einem Bein, „sondern an jedem Beine oder dem Fuße einen eisernen Ring, welche beiden Ringe sodann durch eine an dieselben geschmiedete Kette verbunden waren. So wurden diese Unglücklichen zu Dutzenden und Zwanzigen durch die Straßen an die von ihnen zu verrichtenden Arbeiten auf den Befestigungswällen oder wo sonst geführt, und sie hatten ihren Verbleib auf den Thorthürmen. Man hörte dieses Kettengerassel von weitem, wenn sie herankamen, und ich wich diesen Bildern menschlichen Leidens wie ich nur konnte aus, zumal unter denselben mir Klienten begegnen konnten und begegneten, welche ich vor den Assisen vertheidigt hatte, denn die Kettenstrafe war auch auf gewisse Criminalverbrechen, begangen von Civilpersonen, in den französischen Gesetzen, welche beibehalten waren, verhängt" (in: Cardauns, Aus dem alten Köln, S. 75).

[290] Vermutlich handelte es sich um eine Aktivität der Kölner Bürgermiliz. Zeitungs-Bericht der Reg. Köln für März, 10. April 1817: „Eine rühmliche Erwähnung verdienen die Dienste, welche die Bürger Miliz oder der Landsturm fortwährend der öffentlichen Sicherheit leisten. Durch ihre unermüdeten Streifzüge sind Diebstähle vereitelt, entsprungene Verbrecher ergriffen und die nächtlichen Besuche der Bettler auf einsamen Höfen vermindert worden. Auch der Thätigkeit der Polizey-Wachtmeister und Gensdarmen werden von mehreren Seiten ehrenvolle Zeugnisse ertheilt" (GStA PK, I. HA Rep. 89, Nr. 16278, Bl. 39v).

[291] Die Sonette sind nicht überliefert.

[292] Dieses Schreiben des Verwaltungsrats des Schul- und Stiftungsfonds an E. von Groote konnte nicht ermittelt werden.

[293] Möglicherweise: Albertina Francisca von Heinsberg, geboren 1777, Tochter von Eugen Ignaz von Heinsberg u. Maria Anna Josepha von Mylius; sie blieb unverheiratet.

[294] Grootes Cousine Maria Henriette Konstantine Walburga (Jette) von Geyr zu Schweppenburg heiratete 1833 Oberrevisionsrat Ernst Leist.

Den 30. April [1817].

Früh lasse ich mir die Haare beschneiden. Dann erhalte ich einen Brief von Reiche aus Münster, der mir verspricht, zwar nicht in Grund von mir nicht bezogener Gratifikationen, wohl aber wegen meiner Verdienste um die Kunstsachen in Paris, auf die Stundung der Rth. 50 für |15r| mein DienstPferd anzutragen. – Nun gehe ich zu Schenk, den ich am Kreisgericht finde, u. der mir sagt, das Gutachten der Sachverständigen sey schon an [den] Greffir zur Expedition. Klein sey damit unzufrieden, allein, Er habe ihm gerathen, nichts dagegen vorzunehmen, weil dieß nur durch eine neue Expertise geschehen könne, die ihm auf jeden Fall viele Kosten verursachen würde. – Bey der Regierung ist nichts thun, was von den Schlingels von Bothen wieder nicht angesagt ist. Es wird vermuthet, es sey Buß u. Bettag, was gar nicht ist, u. deshalb ist keine Sitzung. – Bey Joseph suche ich einiges in meinen alten Papieren zusammen. Louis Mirbach kommt. Er hat seine Schwester hier in Pension gebracht. Er bittet mich, mit ihm Haxthausen zu besuchen. Auf meine Frage, woher er diesen kenne, antwortet er so unbestimmt, daß ich fast vermuthe, er sey dem ☆ beygeschrieben.[295]

Ich geleite ihn zu Schoen.[296] Redtel begegnet mir, u. sagt, daß 100.000 Thl. zum Wegebau, 10.000 Thl. zur Räumung der Markmannsgasse, 5.000 Th. zur Ver-

---

[295] Gemeint ist die Mitgliedschaft in einer Freimaurerloge. W. von Haxthausen ist für das Jahr 1820 (Freimaurer-Jahreszählung 5820) als aktives Mitglied der Kölner Loge St. Johannis zum vaterländischen Verein verzeichnet, Mirbach findet sich dort nicht vermerkt. Vgl. Namen-Verzeichniß, 5820/1820; Dotzauer, Mitglieder, S. 212–231 sowie das Verzeichnis der rheinischen adeligen Freimaurer 1765–1815, in: Braun, Wurzeln, S. 257–265. Elkendorf, Topographie: „An eigentlichen Freimaurern fehlt es durchaus nicht, vielmehr sind deren in den letzten zehn Jahren scharenweise zum Licht geführt worden, wohl aber fehlt es an solchen, die auf längere Zeit an den sogenannten Arbeiten Geschmack finden" (in: Becker-Jákli, Köln, S. 97).

[296] Die Schwester Louis Mirbachs besuchte die „Unterrichts-Anstalt" der Mademoiselles Schön in der Cäcilienstr. 4, einem eleganten, von Bürgermeister Franz Caspar von Herresdorf um 1775 errichteten Palais. Das Haus „hatte im Erdgeschoß im Mittelbau neben dem Vorhaus drei, im östlichen Flügel zwei Zimmer und einen Gartensaal, im westlichen Flügel Wirtschaftsräume; im Obergeschoß im Mittelteil vier Zimmer, im Ostflügel eine Küche mit vier Kammern, im Westflügel eine Küche mit fünf Kammern, darüber Speicher" (Vogts, Kölner Wohnhaus, Bd. I, S. 54; Abbildung: S. 50 f.); vgl. Vogts, Die profanen Denkmäler, S. 437; J. P. J. Fuchs, Topographie (HAStK, Best. 7030, Nr. 231, Bd. 1, S. 167 f.). Demian, Ansichten, S. 316: „Weibliche Erziehungs- und Unterrichtsanstalten haben die Frau Hermans, die Frau Müller und die Geschwister Schön. Der Unterricht in den beiden ersteren Anstalten ist beschränkter, als in lezterer, welche sich nebstdem durch Eleganz der inneren Einrichtung auszeichnet und auf die meist bemittelten Familien berechnet ist." 1817 besuchte auch die zehnjährige Ottilie zu Solms-Laubach, Tochter des Oberpräsidenten, das vornehme Insitut. Ottilie an ihren Bruder Otto in Berlin, Köln, 27. Sept 1817: „Ich gehe jetzt zur Mamsell Schön, die eine Mädchen-Schule hat, und lerne sehr gerne bei ihr; um 8 Uhr des Morgens gehe ich hin, und bleibe dort bis zwölf Uhr; ich lerne da: Französisch, Deutsch, Rechnen und Geographie. Wenn ich nach Hause komme, beschäftigt sich die Mutter mit mir" (Privatarchiv d. Grafen zu Solms-Laubach, XVII, 116, ohne Nr.). H. zu Solms-Laubach an ihren Sohn Reinhard in Berlin, Köln, 12. Okt. 1817: „Ottilie geht nun des Morgens in eine sehr gute Mädchen Schule wo ihrer nicht so viele sind, und wo sie einen trefflichen Unterricht genießt, die übrige Zeit suche ich sie so viel wie möglich zu beschäftigen" (Privatarchiv d. Grafen zu Solms-Laubach, XVII, 199, Nr. 14).

schönerung der Stadt zugewiesen seyen.²⁹⁷ – Ich ordne nun vor und nach Tische meine Sachen, u. verbrenne vieles Ueberflüßige. Mülenfels schreibt mir, daß er krank sey, u. daß ich ihn bey Butte entschuldigen möge. Haxthausen ist nach OberCassel zum Geburtstag der Gräfinn Lippe.²⁹⁸ Bey Butte finde ich niemand unserer Gesellschaft. Ich gehe zu Mühlenfels, der über Brustkrämpfe²⁹⁹ klagt, zu ihm kommt später der kleine Dr. Haass³⁰⁰ und wir bleiben bis gegen 9 Uhr zusammen.

Den 1. May [1817].

In der Nacht gegen 3 ¼ war hübsche Nachtmusik auf dem Hof, welche von dem jungen Haag veranlaßt zu seyn schien; auch die Almenreder,³⁰¹ der junge Lan-

---

²⁹⁷ K. Fr. Schinkel hatte nach seinem Aufenthalt in Köln im Sommer 1816 bei den Berliner Behörden Berlin Vorschläge eingereicht, die eine Freistellung des Doms von den ihn umgebenden Bauten sowie die Schaffung von Grünanlagen und einer Promenade entlang der Stadtmauer vorsahen (Herres, Köln, S. 20; Groote, Tagebuch, Bd. 2, S. 314). Zu den Baumaßnahmen im Jahr 1817 vgl. J. P. J. Fuchs, Stadtchronik: Nach den umfangreichen Arbeiten für das Militär konnten 1817 dem „Comunalwesen mehr Zeit" gewidmet werden. „Die öffentlichen Arbeiten auf dem Heumarkt, auf dem Altengraben und Entenpfuhl wurden sonach begonnen. Das Straßenpflaster in der Sternengasse, an der linken Seite des Neumarkts, zwischen der Krebs- und Streitzeuggasse, diese um den Weg zum künftigen Posthause gehörig fahrbar zu machen, wurde angelegt. Zur Verschönerung der Stadt ward die Ebenung des Domplatzes und die Bepflasterung des Agrippaplatzes bei S. Maria in Cap. mit vieler Thätigkeit betrieben" (HAStK, Best. 7030, Nr. 215, Bd. I, S. 59).
²⁹⁸ Dorothea Christina Modeste Gräfin zur Lippe-Biesterfeld, geb. Unruh war am 29. Apr. 1781 geboren. In Oberkassel, heute zu Bonn gehörig, befindet sich das Lippesche Landhaus, ein im Stil des Barock erbautes Jagd- und Lustschlösschen, das der äußerst vermögende protestantische Kölner Johann Gerhard von Meinertzhagen hatte errichten lassen. Seine Tochter Elisabeth Johanna heiratete 1770 Friedrich Wilhelm zur Lippe-Biesterfeld und brachte das Landhaus mit in die Ehe. Es blieb über 200 Jahre im Besitz der Familie. Vgl. den Sammelband: Arlt, Landhaus, 1982.
²⁹⁹ Zeitungs-Bericht der Reg. Köln für April, 10. Mai 1817: „Die herrschende Krankheits-Constitution war wie in dem ersten Viertel dieses Jahrs katharralisch-rheumatisch. Natürliche Menschenpocken wurden zu Cöln nicht beobachtet, wohl aber herrschten Masern unter den Kindern" (GStA PK, I. HA Rep. 89, Nr. 16278, Bl. 59r).
³⁰⁰ Vermutlich: Dr. Johann Baptist Haas, geboren 1790. Er hatte wie Groote und Ludwig von Mühlenfels in Heidelberg Jura studiert (Toepke, Matrikel, Teil 5, S. 65). Personalnotizen, 1815: „Haas. Advocat. Der Bruder des Procureurs Haas, ein junges, eben von der Universität Heidelberg zurückgekommenes Männchen, der voll guten Willen ist, auch schon von der neuen Schul Direction sich hat zum Interims Professor anstellen lassen, und auch als solcher, sein frisch auf der Universität geschriebenes Collegium abließt, ohne Commentaire und eigne Zusätze, der aber noch keine Praxis hat, als die er von seinem Nachbar Gade für eine bestimmte Sache entlehnt, die er zu weilen für diesen plädirt" (Landesarchiv NRW R, BR 0002, Nr. 1534, Bl. 35r). Die Familie Haas wohnte wie der Jurist Gadé in der Straße In der Höhle.
³⁰¹ Gemeint sind Mitglieder der Familie Almenräder: Der Musiker Johann Conrad Almenräder war seit 1809 als Lehrer an der Elementarschule der protestantischen Gemeinden angestellt. Seine drei Söhne Carl Wilhelm, Johann Heinrich und Johann Jakob Almenräder waren ebenfalls Musiker und wie ihr Vater Gründungsmitglieder der 1812 entstandenen Musikalischen Gesellschaft. Ihre Schwester Wilhelmine Almenräder heiratete Karl Friedrich August Bruch, Sohn des lutherischen

gen,³⁰² u.a. waren dabey. Der Rektor kommt zu mir, u. ist von seinem neuen Bilde, welches er von Mering erstanden hat, äußerst eingenommen. |15v|
Ich entwerfe ein Antwortschreiben an die Schulkommission, wegen des Capitals von Rth. 3.000 ex fundatione Jacob deGroote junioris. Nach 10 gehe ich zu den Schwestern, wo schon viele Leute versammelt sind, Wally Glück zu wünschen. Später gehe ich mit Joseph zu Frau v. Mylius, ebenfalls zur Gratulation,³⁰³ welches allerdings langweilige Geschäfte sind. – Nach Tisch erhalte ich einen Brief von Benzenberg,³⁰⁴ welcher mich zum Mitarbeiten am Hanseatischen Beobachter in Hamburg³⁰⁵ auffordert, wovon er mir mehrere Exemplare zur Uebersicht zustellt. Es kommt darin einiges interessante vor. – Ich erhalte mehrere reparirte Scheermesser zurück. |:–13:| Bald muß ich schon die Schwestern wieder zu v. Mylius begleiten, wo musizirt und getanzt wird, was aber alles hinreichend langweilig ist. Abends bespreche ich mit Joseph noch manches unserer Sachen.

Den 2. May [1817].

Dem Vater übergebe ich das Antwortschreiben an die SchulKommission, der es auch gleich mundiren u. abgehen läßt.³⁰⁶ Denoël kommt zu mir, um mich zu Wallraf abzuholen, wo endlich wieder einmal zur Anordnung seiner Sachen abzuholen [geschritten wird]; allein, ich muß zur Sitzung. Dort theile ich Butte, Haxthausen u. Dr. Sotzmann den Artikel des Hanseatischen Beobachters mit, welcher Benzenbergs Erklärung über seinen Einfluß auf die Rückgabe der Agarschen Güter [enthält].³⁰⁷ Auch nehme ich mir von da Rudlers Sammlung der |16r|

Kölner Pfarrers Bruch; aus dieser Ehe stammte der Musiker Max Christian Friedrich Bruch (Jacobshagen, Strukturwandel, S. 51; Niemöller, Musiker, S. 256 f.; Miller, Anfänge, S. 142 f.; Becker-Jákli, Protestanten, S. 127 f.)

³⁰² Vermutlich Karl Langen, Flötist, Sohn des Kölner Flötisten Franz Joseph Langen (Niemöller, Musiker, S. 293). Weyden, Köln, S. 143: „Jede Zeit hat für ihre Dilettanten ihr Mode-Instrument, in meiner Kindheit war es in Köln die Flöte, weil Köln in dem Musiker Franz Jos. Langen einen höchst ausgezeichneten Flöten-Virtuosen besaß. Der wackere Künstler erhielt einen Ruf nach Paris, gab ihm aber keine Folge."

³⁰³ Der 1. Mai ist der Namenstag der Heiligen Walburga. Groote gratulierte seiner Schwester Wally sowie Maria Agnes Walburga Antonetta von Mylius, Ehefrau von Karl Joseph von Mylius.

³⁰⁴ Der Brief von J. Fr. Benzenberg an E. von Groote konnte nicht nachgewiesen werden.

³⁰⁵ Deutscher Beobachter oder privilegirte hanseatische Zeitung. J. Fr. Benzenberg war 1817 Mitherausgeber des Beobachters; vgl. Ausführungen Benzenbergs zu dieser Tätigkeit: Heyderdorff, Benzenberg, S. 83–85. Von Januar bis April 1817 veröffentlichte Benzenberg mehrere programmatische Artikel im Beobachter, u.a.: Ueber den Adel; Ueber Verfassung; Ueber Gesetzgebung; Ueber politisches Leben und Regsamkeit in Deutschland. Einige Jahre zuvor hatte er eine Schrift zum Kölner Dom publiziert: Der Dom in Cöln, Dortmund 1810; Neuauflage, Düsseldorf 1816. Die darin enthaltenen Kupferstiche stammten von Ernst Carl Thelott, der 1815 auch für das von Groote und Carové herausgegebene Taschenbuch für Freunde altdeutscher Zeit und Kunst gearbeitet hatte. Zu Benzenberg und dem Kölner Dom: Steckner, Wallraf, S. 227–233.

³⁰⁶ Das Schreiben Grootes an die städtische Schulkommission ließ sich nicht nachweisen.

³⁰⁷ Jean Antoine Michel Agar, von 1806 bis 1808 Finanzminister im Großherzogtum Berg, erhielt

französischen Verordnungen,³⁰⁸ u.a. Materialien zur Beantwortung des Briefs von Graf Beissel³⁰⁹ über die Schaafschweid Gerechtsame zu Kendenich mit. – Nach Tisch kommt bald Denoël, mich zu Wallraf abzuholen. Der Alte ist nicht zu Haus u. soll bey Hardy seyn. Allein, auch dort sind wir lange, u. reden mit dem alten, tauben Mann,³¹⁰ ehe Wallraf kommt, mit dem wir nun auch noch bis fast

---

1807 Schloss Morsbroich in Anerkennung seiner Leistung als Geschenk. Der preuß. Staat annektierte den Besitz zunächst, gab ihn aber kurz danach an Agar zurück. J. Fr. Benzenberg: „Erklärung. Im Beobachter ist öfter die Rede von der Kommende Morschbroch gewesen, die der ehemalige Finanzminister Agar als Morgengabe vom Großherzog Joachim Murat erhalten. Da man mir vom Rheine schreibt, daß mein Name in dieser Sache vielfach genannt werde, indem man glaube, daß ich einigen Antheil daran habe, daß sie ihm zurückgegeben worden, so will ich den ganzen Hergang erzählen, in so fern er mir bekannt ist" (in: Deutscher Beobachter, Nr. 518, 18. Apr. 1817). Im Folgenden beschrieb Benzenberg den Vorgang ausführlich. Dazu auch: Beusch, Standespolitik, S. 73–75.

[308] Der Jurist François Joseph Rudler amtierte von 1797 bis 1799 als Kommissar der franz. Regierung in den besetzten Ländern an Rhein, Maas und Mosel. In dieser Zeit führte er entscheidende Verwaltungsreformen ein, etwa die Einteilung der Region in Departements und die Schaffung von Zivilstandsregistern. Die von ihm erlassenen Gesetze erschienen als Druck und in Sammelbänden.

[309] Franz Ludwig Karl Anton Graf Beissel von Gymnich, seit 1816 Landrat für den Kreis Bergheim, war bis 1819 Besitzer des Frentzenhofs in Kendenich, der sich an der heutigen Frentzenhofstraße/In der Mulde) befand. Sein Wohn- und Amtssitz war Schloss Frens in Ichendorf, Stadt Bergheim. Ausführlich zu Schloss und den Familien der jeweiligen Besitzer: Jansen, Schloß Frens, 2008. Zur bedeutenden Porträtsammlung der Familie Beissel von Gymnich im Schloss: Wolthaus, Ahnengalerien, S. 161–177, 674–699. Zur Familie Beissel von Gymnich: Weber, Erftstadt-Gymnich, S. 283–287. Personalnotizen, 1815 zu Fr. L. K. A. Beissel von Gymnich: „Ein ausgezeichnet braver allgemein geachteter Mann von der besten Gesinnung – deutsch, rechtlich, ausgebildet, offen, reich, sehr beliebt" (Landesarchiv NRW R, BR 0002, Nr. 1534, Bl. 60v). Ähnlich Solms-Laubach: „Weniger Geschäftsmann, als in seinem Kreise von Ansehn, rechtlich und wohlmeinend" (Fr. L. Chr. zu Solms-Laubach, Konduitenliste, Köln, 20. Sept. 1817; GStA PK, I. HA Rep. 74, Nr. 103, Bl. 214r). Vgl. Romeyk, Verwaltungsbeamten, S. 350 f.

[310] Ch. E. Dodd berichtete über seinen Besuch bei Hardy und dessen Kunstwerke: „They were a collection of small wax models of characteristic figures, such as personifications of Misery, Avarice, Opulence, etc., coloured and executed with a truth and expression which I could not have imagined the wax capable of exhibiting. The artist, equally original with his performances, was an old paralytic canon of the cathedral, the Herr Canonicus Hardy, whom we found lodged, with a housekeeper nearly equally aged, in a little wretched tenement. His study was littered with a few mass books, and tomes of Latin theology, half buried under pallets and brushes, mathematical instruments, and fragments of statues, bespeaking the old divine's dilettanti pursuits. The Canon, a little emaciated figure, with a countenance bespeaking genius, crowned by a nightcap, received us at first with an irritable impatience, stammering out ‚Non, Messieurs – je demande pardon – les figures sont toutes vendues – je suis bien faché – mais je n'en ai plus.' A little flattery, however, soon drew forth one, and then another, and then a third, till the old gentleman [...] became anxious to make the housekeeper bring forth his whole stock, which were ranged in his comfortless bed-room." Zu Werk und Person Hardys: D'hame, Beschreibung, S. 358–370; Krischel, Hardy, 1993; Puls, Hardy, 2018; McDaniel-Odendall, Wachsbossierungen, 1990 (hier Werkverzeichnis, S. 101–237); Köln. Zeitung, Nr. 129, 14. Juli 1817. Eine große Sammlung von Wachsarbeiten Hardys besaß der Kaufmann Leonhard Joseph Oettgen, Malzmühle 5. Vgl. Wallraf: Drei Gruppen, in einer alabasterartigen festen Wachsmasse, ausgemeisselt von der Hand unseres cölnischen

gegen 6 Uhr da bleiben müssen. Dann gehen wir mit ihm nach Haus, u. besprechen im Allgemeinen mit ihm den Plan unsrer künftigen Arbeiten, womit er auch ziemlich zufrieden ist, u. er bescheidet uns auf morgen früh 9 Uhr. Er ist ziemlich wieder hergestellt, u. spricht recht viel.

Gegen 8 Uhr eile ich nochmal nach Haus und dann zu Simon, wo eine ziemlich zahlreiche Gesellschaft ist. Es wird dort ein ganz neuer, aber nur enger Journal Zirkel besprochen, dem aber besonders von RegierungsRath Butte widersprochen wird. Bölling u. Fischenich sind nicht da. Wir reden von sehr vielen Sachen, bis gegen 11 Uhr, wo Haxthausen noch mit Elkendorf u. Schieffer nach Haus geht, wahrscheinlich Bibetum.[311] Mir ist etwas hypochondrisch, u. unwohl, u. finde mich noch stets in der Gesellschaft jener fremden, zusammengekommenen Männer etwas sehr fremd. Gegen Mitternacht gehe ich zur Ruhe. |16v|

Den 3. May [1817].

Ich schicke zu Gadé, um fragen zu lassen, ob heute die Untersuchung unsrer alten Erbschafts papiere[312] anfangen werde, allein, er bescheidet mich, Sitt sey wieder verhindert. – Gegen 10 Uhr kommt Denoël, mich zu Wallraf abzuholen. Allein, wir richten nicht viel da aus, da der Alte Theils wieder in unzähligen Planen bestrickt ist, theils die neuen Cataloge nicht mit den alten NNo. überein-

---

Kunst-Nestors, des Herrn Domvicars B. C. Hardy. Im Besitze des Herrn xxxx Oetgen, erschienen im Verlag H. Rommerskirchen, Köln 1816. B. Beckenkamp fertigte 1808 ein Porträt Hardys an (Mosler, Beckenkamp, S. 73, 243 f.).

[311] Vermutlich bibitum: um zu trinken.

[312] Die meisten Dokumente aus der Groote'schen Familiengeschichte waren 1817 im Besitz des Vaters von Eberhard von Groote. Kanonikus de Groote hatte in seinem Testament, Köln, 18. Febr. 1794, Abschnitt 33 (HAStK, Best. 110G, Testamente, U 1/425/1) bestimmt, dass die Unterlagen der Familie de Groote, die sich in seinem Besitz befanden, an seinen Neffen Everhard Anton von Groote fallen sollten, „da ihme, und seinen Kindern als Senior Familiee alle Notitie gebühret." Diese Papiere, die er „mit großer und Vieler mühe, und Kösten" zusammengetragen hatte, umfassten Unterlagen „so wohl von der Familie als Fundationen, manuscribten und sonstigen Collecten sie seyen gedruckt oder geschrieben". Kanonikus de Groote bedachte seine Neffen und Nichten und deren Kinder mit verschiedenen Objekten (Abschnitt 29); so hinterließ er Eberhard von Groote und dessen Geschwistern: „Maria Caroline von Groote die vier Spiel-leuchtern, Frans Jacob von Groote meinen silbernen tisch bestehend in dreyzehn Stück, so bey Hrn Grafen von Fuggert seel. gekauft […]. Everhard Anton von Groote [der Verfasser des Tagebuchs] meinem pätter für eine taufen-gab die vier silberen, so genannte Tirinen, worinn man am tisch die frembde wein setzet, samt meiner goldenen Garnitur bestehend in Zwey schuh- und zwey kleinen hosen schnallen haltz-schloß- und schnallen samt hembder knöpfger […]; Joseph Cornelius von Groote drey spiel von meinen silbernen quadrillen doosen […]; Carl Alexander von Groote die übrigen drey spiel-doosen […]; den drey Kindern von Mariengen Mylius seel. als Everhard, worüber patt bin, meine silberne Caffe-Kanne milch Kanne die Zwey zucker Schalen samt löffelger, und zubehörigem großen Caffe-brett oder tisch und den beyden töchteren als Sophia und Clärgen Jeder zwey paar silberne Spielleuchtern, so alle acht egal geschweift seynd, und des Herren Bürgermeistern von Groote seinem Sohn meine große silberne thee oder waßer Maschine."

stimmen. Nun gehen wir noch über den alten Graben, die dortigen Anlagen zu sehn.[313] Dann zu Brauer Reusch,[314] wo ein Paar gute italienische Bilder, ein Johann Baptist u. eine Madonna in Carrachis[315] Manier hangen. – Denoël ruft[316] bey Schugt[317] in der Schmierstraß an, wo die Frau über die eben erhaltene Nachricht von des Schauspieldirektor Schirmers Tod weint.[318] – Nach Tisch schreibe ich wegen der Schaafschweit zu Kendenich dem Graf Beissel. Ein junge v. Einatten[319] kommt, u. sieht mich für Carl an, den er genaue kennt. Er will Nachricht über Abgang der Feldpost haben. Der Teufel quält mich schon wieder, u. ich gebe ihm nach. ~~

Gegen 7 ½ gehe ich zur olympischen Gesellschaft, wo viel über die Badener LandesEinwohner, die sich von dem Großherzog verkauft glauben, u. nach America gehen,[320] geredet wird. Butte, Schaaffhausen, Fuchs, Denoël u. Bruch

---

[313] Während des Ausbaus der Stadt Köln zur Festung fanden an den Gräben, dem Areal entlang der Stadtmauern, umfangreiche Arbeiten statt. Zum Alten Graben, der von der Gereonstraße zum Entenpfuhl reichte, vgl. J. P. J. Fuchs, Stadtchronik: „Der alte Graben ist ein Theil jenes Grabens der um die erste nördliche Stadterweiterung (Niederich suburbium inferius) führte; und sind hier Reste der Mauer die das Niederrich einschloß noch vorhanden. Hier wohnten ehedem fast ausschließlich der Wasenmeister und Abtrittreiniger mit seinen Leuten und der Scharfrichter die man ehedem auch die unehrlichen Leute nannte" (HAStK, Best. 7030, Nr. 215, Bd. I, S. 11 f.).

[314] Der Bierbrauer Heinrich Adolph Reusch wohnte Sachsenhausen 49. Vgl. zu ihm: Thielen, Partizipation, S. 619; Deres, Kölner Rat, S. 73.

[315] Agostino Carracci (1557–1602) oder Annibale Carracci (1560–1609), ital. Maler u. Kupferstecher.

[316] Anrufen, hier: anfragen.

[317] AK 1822: Joseph Anton Schugt, Schlosser u. Mechanikus, Komödienstr. 19 (Schmierstraße). J. P. J. Fuchs, Topographie: Joseph Anton Schugt „war ein ausgezeichneter Mann in seinem Fache, er hatte unter vielen andern von ihm erfundenen Arbeiten auch eine Kunstdrechselbank verfertigt. Er war ein besonderer Freund der Musik, und hat auch mehrere Verbesserungen am Waldhorn angebracht" (HAStK, Best. 7030, Nr. 231, Bd. 4, S. 185). Zu einer Erfindung Schugts, die 1817 dem König vorgestellt wurde: Denoël, Uebersicht der Ausstellung, Teil 2; Krischel, Rückkehr, S. 100.

[318] Friedrich Schirmer, der mit seiner Truppe bis zum Sommer 1816 zeitweise in Köln auftrat und sich erfolglos für eine Entwicklung des „Theaterwesens" in der Region einsetzte, war der größte Konkurrent der Gesellschaft von Caroline Müller. Zu seinen Überlegungen und Anträgen: Landesarchiv NRW R, BR 0002, Nr. 963, Bl. 6r–9v. Vgl. auch: „Das Repertoire des deutschen Schauspiels unter Direktion von Friedrich Schirmer" (Bl. 1r–36r). Nach Schirmers plötzlichem Tod versuchte seine Witwe, die Schauspielerin Sophie Schirmer, die Theatergesellschaft in Aachen weiter zu führen. Nach Köln kehrte sie nicht mehr zurück. Welt- u. Staatsbote zu Köln, Nr. 76, 13. Mai 1817: „Todes-Anzeige. Den am 29ten April 1817 auf der Reise von Amsterdam nach Aachen erfolgten plötzlichen Tod des Schauspieldirektors Friedrich Schirmer, zeigen wir allen theilnehmenden Freunden mit der Nachricht an, daß die Wittwe des Verstorbenen dessen Geschäft und alle von ihm zu erfüllenden Verpflichtungen übernimmt. Aachen den 10. Mai 1817. Sophie Schirmer und deren Kinder." Im Aachener Intelligenz-Blatt, Nr. LIII, 3. Mai 1817 hieß es: „Auf der Rückreise von Amsterdam nach Aachen starb zu Cleve den 29ten April, nach dreitägigem Leiden, an den Folgen der heftigsten Erkältung unser theurer Gatte und Vater, Friedrich Schirmer, königl. preuß. privilegirter Theaterunternehmer, an seinem 51sten Geburtstage [...] "; unterzeichnet von Madame Schirmer und weiteren Angehörigen.

[319] Vermutlich ein Mitglied der Familie von Eynatten.

[320] Zeitungs-Bericht der Reg. Köln für April, 10. Mai 1817: „Mehr als 5.000 Ausländer, worunter

sind da.³²¹ – Joseph war in Kendenich u. hat das Nähere wegen verschiedener Reparaturen besprochen. – Karl ist, Gott weiß cur, quomodo, ubi,³²² in der Gegend von Düren.

*Den 4. May [1817]. Sonntag.*³²³

Während ich noch unsre Kendenicher Sachen nachsehe, kommt Klein von da, und bringt für alle dort noch vorräthig gewesenen Früchte, nehmlich 27 Mlt. Weitzen, 6 Mlt. 13 Viertel Saame, zusammen pr. 17 Rth. 574, 49 ¾ Stbr. |A 1/12–24; 17r| u. hält mich nachher mit allerley Planen u. Ueberlegungen bis gegen 11 ½ hin, so daß ich kaum noch zur Kirche komme. – Everhard v. Geyr soll wieder hier seyn. Ich gehe mit Caspar noch einen Augenblick auf den Neumarkt, wo die beyden Münch,³²⁴ Brandt, Oettinger, etc. sind. Joseph speißt bey v. Geyr Hendrickx. Ich erhalte einen Brief von Netz nebst einem Schuldschein von 20 Friedrichd'or u. Nachrichten wegen meines Wagens, die mir nicht sehr lieb sind. Ich gehe noch einige Zeit in die Columba Kirche, wo das WalburgenFest³²⁵ feyerlich begangen wird. Dann zu v. Haxthausen, wo Major v. Mylius. Von dort nehme ich das Manuscript von Wigolais³²⁶ mit. Zu Haus finde ich Frau v. Geyr,

---

mehrere zahlreiche Familien, aus Frankreich, Würtemberg, der Schweitz, größtentheils aber aus Baden auswandernd, sind, mit ihren Auswanderungsscheinen auf America lautend versehen dem Rheine herunter bei Cöln vorübergezogen. Auch aus einem Theil des Bergischen, das zu unserm Regierungs-Bezirk gehört, fanden während des April-Monats einige Auswanderungen statt. Über das Schicksal dieser, den vaterländischen Boden verlassenden Menschen auf der Seereise sowohl als in dem fremden Welttheile, wo sie eine bessere Zukunft suchen, sind verschiedene Gerüchte im Umlauf" (GStA PK, I. HA Rep. 89, Nr. 16278, Bl. 51v). Beiblatt d. Köln. Zeitung, Nr. 9, 11. Mai 1817: „Eine große Menge Auswanderer, die von verschiedenen Gegenden des Rheins nach der neuen Welt ziehen wollten, und von jedem Hülfsmittel entblößt in den holländischen Häfen keine Gelegenheit zur Ueberfahrt finden, kommen jetzt in dem traurigsten und bedaurungswürdigsten Zustande in die Heimath zurück." Das Problem der Auswanderer und Rückkehrer beschäftigte die Behörden der Rheinprovinzen das gesamte Jahr 1817; siehe die betreffende Korrespondenz: Landesarchiv NRW R, BR 0002, Nr. 489.

[321] Johann Friedrich Bruch, Neffe des Pfarrers Bruch, war 1812/13 zu Besuch in Köln; er erinnerte sich: Die Olympische Gesellschaft „bestand aus gebildeten und kunstliebenden Kaufleuten und Künstlern. Mein Onkel war der einzige Geistliche, der daran Antheil nahm. Bei einer Tasse Thee und einer Pfeife Taback, der nach der damaligen Sitte des Landes aus weißen irdenen Pfeifen geraucht wurde, besprach man sich hier frei über Literatur und Kunst. Jedes Mitglied brachte von literarischen Neuigkeiten und Kunstproducten mit, was ihm in die Hände gefallen war; Wallraf stellte gewöhnlich etwas von seinen Schätzen auf und gab Anekdoten zum Besten. Auch die Verhältnisse des Tages gab Stoff zum Gespräch – es war wirklich ein sehr interessanter Verein, der bis zum Tode Wallrafs fortdauerte" (Bruch, Kindheit- und Jugenderinnerungen, S. 63).

[322] cur, quomodo, ubi: warum, wie, wo.

[323] Am 4. Mai 1817 ließ Marcus DuMont als Protest gegen die Zensur die Titelseite der Köln. Zeitung, Nr. 71 leer erscheinen.

[324] Regierungsreferendar Fr. Th. von Münch-Bellinghausen und Regierungsreferendar Johann Münch. Vgl. die Prüfungsakte von J. Münch 1818–1826 (GStA PK, I. HA Rep. 125, Nr. 3408).

[325] 1. Mai: Namensfest der Heiligen Walburga.

[326] Es handelte sich um die Pergamenthandschrift: Wirnt von Gravenberg, Wigalois, der Ritter mit

Jette u. Nettchen, die aber bald nach Haus gehn. Zurückgekommener Wagen. Ich schreibe nun an Benzenberg,[327] Lieblein, u. v. Netz. Es ist vom General Postamt die Entscheidung für das Haus in der Glockengaße[328] gekommen.

dem Rade, aus dem 13. Jh. Sie war Eigentum von Fr. J. Lieblein/Liebelein, Domänenempfänger in Bergheim, bei dem sie Groote Anfang 1816 gesehen hatte. Lieblein lieh sie widerwillig an Solms-Laubach aus, der sie offenbar an Haxthausen weitergab. In dem hier erwähnten Brief an Lieblein schlug Groote vermutlich einen Kauf der Handschrift vor. Lieblein starb am 17. Aug. 1817. Seit 1817 war die Handschrift im Besitz Eberhard von Grootes, der sie schließlich der Stadt Köln vermachte. Sie wird heute im Historischen Archiv der Stadt Köln aufbewahrt (Best. 7020, Handschriften W*, Nr. 6). Zu den Handschriften, Büchern und Drucken, die Groote der Stadt Köln testamentarisch überließ: Spiertz, Groote, S. 290–293. Sie befinden sich heute im Historischen Archiv der Stadt Köln (Handschriften) und in der Universitäts- u. Stadtbibliothek Köln (Bücher und Drucke).

[327] Der Brief Grootes an J. Fr. Benzenberg ließ sich nicht nachweisen.

[328] Bereits 1816 hatten die Berliner Behörden eine Verlegung des Kölner Oberpostamtes vom Metternicher Hof in der Brückenstraße in ein größeres Gebäude geplant, das für diesen Zweck vom Staat angekauft werden sollte. Generalpostmeister von Seegebarth schlug als neuen Standort der Post das Peipers'sche Haus in der Glockengasse 25–27 vor, das dem protestantischen Arzt Goswin Friedrich Peipers und seiner Frau Johanna Catharina Hoddick gehörte. Daraufhin beauftragte Hardenberg Solms-Laubach, sich „unter der Hand nach dem Werth desselben zu erkundigen" und seine Eignung zu prüfen (K. A. von Hardenberg an Fr. L. Chr. zu Solms-Laubach, Berlin, 22. Nov. 1816; Landesarchiv NRW R, BR 0002, Nr. 1092, Bl. 1r). Solms-Laubach wies Baurat Redtel an, unauffällig „über die Brauchbarkeit des Gebäudes zur Post" und über „dessen Werth Notizen einzuziehen" (Fr. L. Chr. zu Solms-Laubach an C. W. Redtel, Köln, 6. Dez. 1816; Bl. 1r). Schon zwei Tage später reichte Redtel einen ausführlichen Bericht ein (C. W. Redtel an Fr. L. Chr. zu Solms-Laubach, Köln, 8. Dez. 1816; Bl. 2r–4v), in dem er erklärte: „Das Peiperssche Haus in der Glocken Gasse ist für 15.000 hiesige, oder 12.500 rh. preuß. Courant, allenfalls auch für 12.000 rh verkäuflich"; dies sei „bey dem gegenwärtigen hohen Werth der bewohnbaren Gebäude Cölns, hiermit nicht zu theuer bezahlt". – „Es ist durchaus im baulichen Stande u. besitzt weiter keinen Fehler, als daß die untere Etage, da sie ebenfalls nicht aus der Erde herausgebauet ist, u. der Fußboden niedriger wie die Straße läuft, wahrscheinlich sehr feucht seyn wird. [...] Die Vereinigung des Büreau der fahrenden Posten, mit allen seinen Packkammern, mit dem der reitenden Posten, erfordert bestimmt ein viel geräumigeres Locale, als die untere Etage des Peiperschen Hauses, wenn man den Hof nicht xxxxx mit Remisen verbauen will, darzubieten vermag. – Der Hof selbst ist nichts weniger wie groß u. besitzt keine Stallgebäude; die Glockenstraße, besonders dieser Theil derselben, liegt ganz ausser der Direction der Hauptverbindungsstraßen der Stadt, oder der nächsten Communication von einem Thore zum andern, und fast an einem Ende derselben, wie dies der anliegende Plan nachweiset; – endlich ist die Straße gerade auf dieser Stelle so enge, daß ein Wagen sie völlig versperrt, u. die Einfahrt mit den langen Postwagen u. 4 Pferden platterdings unmöglich, wenn nicht jedesmal der Wagen mittelst der Winde heraus gehoben wird." Redtel stellte jedoch fest, „ daß sich gegenwärtig kein Privathaus in Cöln befindet, welches verkäuflich u. besser geeignet wäre". Daher schlug Redtel den Kölnischen Hof in der Trankgasse 7 vor, ein Gebäude, das als ein „königl. Domain Gebäude" bereits im Besitz des Staates war und „alle mögliche Erfordernisse eines guten Postlocals" besäße. Zu diesem Zeitpunkt war der Kölnische Hof Sitz des Kreisgerichts. Solms-Laubach schloss sich dem Gutachten Redtels im Wesentlichen an (Solms-Laubach an K.A. von Hardenberg, Köln, 12. Dez. 1816, Entwurf; Landesarchiv NRW R, BR 0002, Nr. 1092, Bl. 6r–7v). Dem Schreiben an Hardenberg ließ er den bei dem Kölner Verleger Thiriart 1815 gedruckten Stadtplan von Köln mitsenden, auf dem das Peipers'sche Haus und der Kölnische Hof „mit rother u. grüner Dinte" vermerkt waren (Bl. 2r). Zur Post in der

Den 5. May [1817].

Ich sende meine Briefe an Liebelein u. Benzenberg ab. Die Transdorfer Pachterinn ist bey dem Vater. Von der Sitzung habe ich mich entschuldigen lassen, gehe mit Denoël zu Wallraf, wo wir an dem GemäldeKatalog in dem Jesuiten-Colleg bis Mittag arbeiten. Dann gehe ich noch in die Sitzung, wo Regierungs Rath Gossler zuerst ist.[329] Ich sehe dort meinen Bericht an das Ministerio des Innern[330] wegen Godesberg durch, wo etwa 6 Linien ausgelassen sind; doch sind sie von geringerem Belang; Bianco hätte besser kollationiren[331] sollen. Joseph ist nach Wallberberg geritten. Gleich nach Tisch kommt Denoël wieder, u. wir arbeiten neuerdings mit Wallraf bis gegen 8, wo ich noch mit Denoël zu Sotzmann gehn will, der aber Gesellschaft hat. Vater u. Schwestern sind bey v. Geyr gewesen. Ich

---

Glockengasse: J. P. J. Fuchs, Topographie: Die Glockengasse, „die von St. Columba bis zur Pützgasse viele große angesehene Häuser enthält ist seit einem Jahrhundert sehr belebt durch die Post welche hier ihr Geschäftslokal hat. Der Fürst von Thurn und Taxis der gemäß einer Uebereinkunft mit dem hiesigen Rath gegen eine jährliche Abgabe auch das Postregal in hiesiger Stadt ausübte kaufte das hier gelegene Königseggische Haus No. 4823½/25 und 4824/27 im J. 1709. Ließ den zur Pützgasse No 4823½ gelegenen Theil für die Briefpost, den andern Theil für die Wohnung des Oberpostmeisters einrichten. Dies Hauß verlor seine Bestimmung in der französ. Zeit wurde als Domain veräußert, kamm an die Handelsleute Charlier und Remy welche hier eine sehr ansehnliche Seidenfabrick errichteten, die aber nach einigen Jahren wieder ihr Ende erreichte. Das Hauß wurde gerichtlich verkauft, kamm in die Hände eines Privatmannes der es seit der Vereinigung mit der Preuß. Monarchie der Generalpost Direktion überließ, und so ist dies Gebäude seiner frühern Bestimmung wieder gegeben" (HAStK, Best. 7030, Nr. 231, Bd. 2, S. 22). Vgl. Ditgen, Postgeschichte, S. 63; Abb. der Fassade des Posthauses Glockengasse 25–27 (aquarellierte Zeichnung, 1833): ebd., S. 134. Seit Anfang des 18. Jh.s, sowie während der franz. Zeit, befand sich die fahrende Post in der Glockengasse 13, die von Mitgliedern der Familie Pauli geleitet wurde. J. P. J. Fuchs, Topographie: Nicht weit von den Häusern Nr. 25 u. 27 „liegt die Wohnung des Poststallmeisters oder die fahrende Post welche hier wo sich mehrere Landstraßen durch kreuzen von bedeutendem Umfange ist. Diese ist das Hauß No. 4971/13 welches ehemals der Hof der Familie von Fürstenberg war. Dies ist wohl das geräumigste Hauß in der Glockengasse und größtentheils in seiner ursprünglichen Bauart des 15t. Jahrhunderts noch erhalten" (HAStK, Best. 7030, Nr. 231, Bd. 2, S. 23). Neben der Zentrale der Post in der Glockengasse gab es weitere Standorte für den Postwagenverkehr. Zur Geschichte der Post Ende des 18./Anfang des 19. Jh.s im Rheinland u. in Köln: Stephan, Geschichte, S. 428–432, 663–667; Ennen, Geschichte, 1873; vom 18. Jh. bis in preuß. Zeit: Ditgen, Postgeschichte, S. 40–69. Zur Postmeister-Familie Pauli: Schwering, Vor den Toren, S. 33–37; Monschaw, Familie, S. 309.

[329] Wilhelm Christian Goßler war im April 1816 zum Geheimen Regierungsrat in Köln ernannt worden, trat diese Stelle aber erst ein Jahr später an, da er sie seiner bisherigen Position als Präfekt in Halberstadt nicht angemessen fand (Klein, Personalpolitik, S. 57).

[330] Grootes Bericht über die Spielbank an das Ministerium des Innern vom 28. Apr. 1817 ist bislang nicht nachgewiesen. Zur Entscheidung über die Verpachtung der Spielbank erklärte das Polizei-Ministerium an die Regierung Köln, Berlin, 18. Juni 1817 (Abschrift): Man habe den Fall dem König zur Entscheidung vorgelegt, dieser habe mit Kabinets-Order vom 12. Apr. 1817 bestimmt, „daß das Verbot der Hazardspiele auch für den Bade-Ort Godesberg bestehen solle" (Landesarchiv NRW R, BR 0002, Nr. 1037, Bl. 2v). Dazu auch: Fr. L. Chr. zu Solms-Laubach an Finanzminister von Bülow, Berlin, 21. Juni 1817, Entwurf (Landesarchiv NRW R, BR 0002, Nr. 963, Bl. 33r).

[331] kollationieren, hier: eine Abschrift mit dem Original vergleichen.

lese noch etwas in dem Gedichte Ossians.³³² – Auf Morgen bin ich bey Herrn v. Caspars zu Deutz zu Tisch gebethen. |17v|

Den 6. May [1817].

Mit den Briefen an Netz gehe ich zu Joseph, der sich daran erfreut; den meinigen schicke ich ab; |:–18:| u. zeige ihm auch den an Graf v. Beissel, wegen den Schaafen zu Kendenich. Da Denoël sehr lange bleibt, so gehe ich allein zu Wallraf. Dort sind zwey krasse Kerle von Frankfurt, mit denen sich Wallraf herumplagt;³³³ wir arbeiten in den Jesuiten bis gegen 12 Uhr; zu Haus finde ich Graf u. Gräfinn Westphal, die mit Haxthausen das Haus besehen,³³⁴ um es für nächsten Winter zu miethen; allein, es scheint ihnen nicht zu gefallen.

Ich fahre nach Deutz, wo ich in der hochwürdigen Tischgesellschaft bey Herrn von Caspars mich zum Theil langweile, u. nachher mit Herrn Canonicus Luninghausen³³⁵ gegen 4 Uhr wieder zurückkehre. |:–6:| Ich gehe wieder in die Jesuiten, wo auch wieder bis spät um 7 Uhr gearbeitet wird. Ich will noch den Everhard v. Geyr besuchen, finde ihn aber nicht. Ich habe mir in dem Durchzug der kalten Jesuitenzimmer eine ordentliche Erkältung zugezogen u. befinde mich schlecht. Nach Tisch wiederholt mir Joseph noch einen Theil von Nückels Erzählung über seine Brautnacht. Ich bin froh, zu Bette³³⁶ zu kommen.

---

³³² Bei „Ossians Dichtung" handelt es sich um ein angeblich altgälisches Epos, von dem man annahm, es sei von einem gälischen Sänger Ossian verfasst worden. Tatsächlicher Autor war James Macpherson, der das Epos 1762/63 veröffentlichte und behauptete, er habe die Gedichte in Schottland gesammelt. Obwohl bereits kurz nach der Veröffentlichung der Verdacht auftauchte, sie seien Fälschungen, fanden sie weite Verbreitung und wurden lange Zeit als Originale gefeiert. „Ossians Gesänge/Ossians Gedichte" erschienen in mehreren deutschen Übersetzungen. Groote las vermutlich eine gerade erschienene Bearbeitung, die von Arnauld de la Perière, einem seiner Kollegen bei der Kölner Regierung, stammte. Am 6. Febr. 1817 hatte der Verleger H. Rommerskirchen annonciert: „Die Gedichte Ossians. Englisch und deutsch. Neue Verdeutschung von J. F. Arnauld de la Perière, königl. Regierungs-Sekretär. 3 Bände in klein 8vo." Weiter hieß es: „Die Gesänge Ossians erscheinen an den Ufern des Rheins noch einmal in einer freien, zwanglosen und den Freunden des Barden gefälligen Sprache. [...] Der Uebersetzer, ein gebohrner Preusse, war als Jüngling Britanniens Fahnen verpflichtet, fand in dem letzten Kriege, für seines Vaterlandes Rettung, auf so manchem stürmischen Zuge mit den Britten, in Fingals begeisternden Worten der Kraft, Muth, und wenn äußere Umgebung seinem Geiste und seiner Laune nicht zusagte, in diesen Gesängen Erheiterung. [...] Der erste Band dieses Werkes [...] ist unter der Presse, und wird in Zeit von vier Wochen erscheinen" (in: Welt- u. Staatsbote zu Köln, Nr. 21, 6. Febr. 1817).
³³³ Wallraf erhielt häufig angekündigten oder nicht angekündigten Besuch von Auswärtigen, die seine Sammlungen sehen wollten.
³³⁴ Vermutlich: Joseph Clemens Graf von Westphalen zu Fürstenberg und Elisabeth Anna von Thun u. Hohenstein, die den Metternicher Hof in der Brückenstraße besichtigten. Die Familien von Westphalen und von Haxthausen waren verwandt.
³³⁵ Carl Anton Joseph von Lüninckhausen, Kanonikus an St. Maria im Kapitol.
³³⁶ Elkendorf, Topographie: „Die Bettstellen sind durchgängig von Holz, bei den armen Bewohnern von Tannen, Forlen- oder Kiefernholz und nur selten mit Oelfarbe überstrichen. Bei den Wohlha-

Den 7. May [1817].

Denoël kommt frühe. Bey Wallraf finden wir den Herrn v. Keverberg, Gouverneur von Antwerpen.³³⁷ Während Wallraf mit diesem in den Jesuiten umhergeht, wirtschaften wir in seinem Hause, u. ordnen u. inventarisiren seine Bilder. Später gehe ich noch in die Sitzung, die auch bis 2 ½ währt. In den Verordnungen über die Siegel, wird bestimmt, daß die Stadt wieder ihr altes Freyes Reichsstädtisches |18r| brauchen darf. Ich esse mit Joseph allein zu Mittag, der von der Wolfsjagd bey Koenigsdorf kommt, wo 2 Wölfe gesehn, aber keiner geschossen wurde. Nach Tisch gehe ich wieder in das Jesuiten-Colleg, mit Denoël zu arbeiten. Wallraf kommt nicht hin, weil er mit v. Keverberg bey Zuydtwyck speist. Letzterer läßt ein Taschenbuch³³⁸ bey uns hohlen, u. bezahlt es nicht. Nach 7 Uhr gehe ich noch in's Conzert von Romberg,³³⁹ |: Fr. 3 :| wo ausserordentlich viele Leute sind. Ich habe das Volk, besonders das fürnehmere, lange nicht gesehn, u. es langweiligt mich fast, mit ihm zu reden. Ueberhaupt möchte ich wünschen, daß mir mein Wirkungs Kreis fester und sicherer bestimmt würde, denn dieß Leben in ungewißer Beschäftigung quält mich unsäglich. – Abends nach Tisch erzähle ich noch Joseph, was ich von Redtel heute früh gehört, daß nehmlich die Sache zwischen v. Auer u. der v. Krauss näher zur Erklärung gekommen, u. daß vielleicht alles schon aufs Reine gebracht seyn würde, wenn nicht Auer fest erklärt hätte, er würde nicht darein willigen, die Kinder katholisch zu erziehen. Natürlich kann dann die Ehe nicht vor dem katholischen Pfarrer, u. nicht ohne Ausschließung des katholischen Theiles von allen katholischen Heilsmitteln vollzogen werden.³⁴⁰

---

benden sind sie von Eichen, Nußbaum, Kirschbaum oder Eschenholz und bei den Reichen von Mahagoniholz. Die zur Verhütung des Ungeziefers so zweckmäßigen eisernen und um das Rosten zu verhindern, mit Firnis überzogenen Bettstellen sind hier noch wenig gebräuchlich, nur fängt man jetzt an, [...] sie in dem hiesigen Arresthause einzuführen. Das Bettwerk besteht bei den Armen aus losem Stroh mit einem Stroh oder Heusack, groben Leintüchern und wollenen Decken, bei Bemittelten aus Strohsäcken, wollenen Matrazen, Federbetten Leintüchern und wollenen Decken, bei Wohlhabenden aus Heu- und Strohmatrazen darüber Federbetten und Matrazen aus Pferdehaaren, ferner Leintücher, wollenen Decken und wattirten Kattundecken. Die Kopfkissen sind meistens mit Federn angefüllt. Die Reichen bedienen sich der Eiderdunen und seidener Decken" (in: Becker-Jákli, Köln, S. 67).

[337] Karl Ludwig Wilhelm Joseph van Keverberg war von 1815 bis 1817 Gouverneur der Provinz Antwerpen, 1817 bis 1819 Gouverneur der Provinz Ost-Flandern; 1811 heiratete er Sophie Louise Franziska von Loë, die 1814 starb.

[338] Groote/Carové, Taschenbuch für Freunde altdeutscher Zeit und Kunst, Köln 1815.

[339] Köln. Zeitung, Nr. 72, 6. Mai 1817: „Konzert von Bernhard Romberg, königl. Preuß. Kapellmeister, Mittwoch den 7. Mai, Abends halb 7 Uhr, im Lemperzschen Saal. Erster Theil. Sinfonie. Arie, von Mozart. Großes Militär-Konzert, fürs Violoncell, komponirt und gespielt von B. Romberg. Zweiter Theil. Variationen fürs Violoncell über russische Volkslieder. Gesangstück. Capricio: fürs Violoncell über schwedische Nationallieder gesetzt und gespielt von B. Romberg." Groote hatte bereits 1816 in Berlin mehrere Konzerte des berühmten Cellisten B. Romberg besucht.

[340] Regierungsrat F. W. A. von Auer war protestantisch (Becker-Jákli, Protestanten, S. 201), die Familie von Krauss katholisch. Nach den Bestimmungen der katholischen Kirche mussten die Kinder

Somit glaubt man, daß das Ganze sich wieder zerschlagen dürfte. – Carl ist zurückgekommen. – Im Conzert sehe ich Everhard v. Geyr zuerst wieder. Graf Westphal sagt mir daselbst, daß er für nächsten Winter bey v. Eck auf dem Neumarkt[341] Quartier gemiethet habe. – Von Zeune erhielt ich heute die Wöchentlichen Nachrichten vom Mond Januar 1817.[342] |18v|

Den 8. May [1817].

Beym Vater werden Peipers Bedingungen seines Hausverkaufs in's Reine geschrieben, um nach Berlin zu gehn. Er selbst schreibt den Brief an Herrn v. Beissel ab, der auch heute noch weg geht. Denoël bleibt lange aus. Wallraf schreibt für das Consistorium die Inschrift der Kupfertafel in Aldenberg [Altenberg][343] ab, ich kopiere seinen Bericht dazu. Nun arbeiten wir in dem Jesuiten-Colleg bis Mittag. Zu Haus finde ich ein Schreiben, worin Nückel u. Schenk fragen, ob von Klein die Expertise angenommen sey. Ich antworte ihnen gleich, daß ich jenes bejahen zu müßen glaube, weil Klein mit Beackerung des begutachteten Feldes angefangen habe. – Dem Vater überliefere ich die Rth. 574, Stb. 48 ¾, die ich von Klein aus den verkauften Früchten erhielt. –

---

aus einer konfessionell gemischten Ehe katholisch erzogen werden. Der katholische Konsistorialrat Poll hatte im Konflikt um diese Eheschließung vermittelt (Klein, Personalpolitik, S. 50).

[341] Vermutlich: Familie von Heck, Neumarkt 4800/6.

[342] Büsching, Wöchentliche Nachrichten, 2. Jg., Wintermonat/Januar 1817, Stück 53–57. Diese Stücke mit insgesamt 80 Seiten begannen mit dem Artikel: „Titurel und die Pfleger des heiligen Grales, oder Schionatulander und Sigune. Ein Auszug des altdeutschen Gedichtes von Wolfram von Eschenbach." Die Wöchentlichen Nachrichten erschienen von nun an monatlich, der bisherige Titel wurde jedoch beibehalten.

[343] Ende April hatte das Kölner Konsistorium eine von Grashof, Poll und Joseph von Groote unterzeichnete Anfrage an Wallraf geschickt und um die Überprüfung eines lateinischen Textes gebeten, der sich auf einer inzwischen verschwundenen „ehernen Stiftungstafel" im Altenberger Dom befunden habe. Man wünschte Hinweise auf den Verbleib der Tafel zu erhalten, „damit wir darauf unsere weitern Maasregeln zur Wiedererhaltung und Rückgabe derselben in die Kirche zu Altenberg begründen können." Dem Brief lag eine Kopie der Inschrift bei (Konsistorium Köln an F. Fr. Wallraf, Köln, 30. Apr. 1817; HAStK, Best. 1105, A 109, Bl. 43r). In seiner Antwort gab Wallraf Auskunft über eine Grabplatte im Altenberger Dom, die sich auf „Wichbold oder Wicbold", Bischof von Kulm bezog (F. Fr. Wallraf an das Konsistorium, Köln, 8. Mai 1817; Bl. 39r–41r). Keller, Altenberg, S. 26 verweist auf „das Denkmal eines Geistlichen von vorzüglichem gothischem Kunstwerth, im Chor der Kirche. Es besteht in einer Messingplatte, worin Bild und Schrift eingegraben ist. Sie bedeckt das Grab des Wichboldus Episcopus Culmensis 1395." Zuccalmaglio, Altenberg, S. 151 f. gibt an: Das Grabmal des Bischofs Wichbold trug „eine starke Messingplatte", „worauf des Bischofs Bild in Lebensgröße schön gravirt" war. Nach dem Brand der Gebäude, hieß es weiter, wurde die Platte „für altes Kupfer von Dieben verkauft. Ein Abdruck von diesem Kunstwerke findet sich im Museum zu Cöln." Kurz vor der Zerstörung der Grabplatte hatte Denoël einen Abdruck hergestellt (Clemen, Die Kunstdenkmäler des Kreises Mülheim am Rhein, S. 40 f.; Börsch-Supan/Paffrath, Altenberg, S. 42).

Früh um 9 Uhr war die Jungfer Schneiders bey mir, um etwas Näheres wegen dem, in dem annullirten Testamente der Tante Clara,[344] ihr vermachten Legat von Rth. 300 zu hören. Der Vater läßt mich allein mit ihr unterhandeln. Sie sieht ein, daß Sie das Ganze nicht erhalten kann. Ich sage ihr zu, mit Herrn Praeses Seminarii zu reden, wo sie künftigen Sonntag das Nähere erfahren soll. – Gleich nach Tisch kommt Denoël. Er will im Kaffeehaus Kaffe trinken, worauf ich ihn setze. |: Sls–16 :| Wir arbeiten bey Wallraf bis gegen 7 Uhr, u. gehen dann an die Münze,[345] wo Denoël auf Maytrank[346] setzt. – Mich hat die Erkältung rasch tief gefaßt, u. mit ist nicht wohl. Abends spät ist noch Gewitter mit Donner u. Blitzen. |19r|

Den 9. May [1817].

Mein Catharr hat sich noch verstärkt u. ich habe Kopfschmerzen dabey.[347] Denoël kommt frühe, um mich zu Wallraf abzuholen. Doch gehe ich erst noch zu Dr. Nückel, um ihm wegen unserer Kendenicher Sachen einiges zu sagen. Auch Er ist der Meinung, daß Klein durch die Beackerung der fraglichen Grundstücke, die Expertise anerkannt habe. Wir arbeiten nun in dem Jesuiten Colleg bis Mittag, jedoch nicht viel, weil Wallraf keine Ruhe hat, u. uns auf die höchsten

---

[344] Clara Catharina Rudolphina Walburgis de Groote, gestorben 1811, war die unverheiratete Schwester von Ev. A. von Groote, dem Vater des Tagebuchschreibers. Jungfer Schneiders hatte als Kammerjungfer für sie gearbeitet (Verzeichniß täglicher Außgaaben, März 1814; HAStK, Best. 1042, B 62. Clara de Groote war eine der Erben ihres Onkels Kanonikus de Groote.

[345] Weyden, Köln, S. 16: „Unterhalb des späteren Hafens sehen wir ein paar Häuser am Ufer, einen wahren Prachtbau für uns, das jetzige „Mummsche Gut" mit seinem weiten Garten eine Weinschenke, ein Sonntags-Vergnügungsort für die Bürger, die einen Spazirgang nach der „Münz" machten."

[346] Elkendorf, Topographie: „Noch verdient ein Lieblingsgetränk während der Monate April, Mai und Juni Erwähnung, nemlich der Maitrank, welcher aus Melisse (melissa offic.), schwarzen Johannistraubenblättern (ribes nigr.), Waldmeister (asperula odor.), Menthe (mentha crisp.), etwas Salbei (salvia offic.), Zucker, Zimmt, Zitron und weißem Wein bereitet wird" (in: Becker-Jákli, Köln, S. 99). In den Zeitungen wurde der Maitrank durch Annoncen angezeigt. Vgl. Welt- u. Staatsbote zu Köln, Nr. 71, 4. Mai 1817: „Unterzeichneter empfiehlt sich von heute an seinen Freunden mit recht gutem Maitrank aufzuwarten. J. C. J. Gymnich, im Weinberg Nro. 28."

[347] Elkendorf, Topographie: „Die durchgängige Krankheitsconstitution [in Köln] ist wohl die catarrhalisch-rheumatische, bald mit gastrischen, bald mit entzündlichen und selten mit nervösen Beimischungen vergesellschaftet. Catarrhalische, rheumatische Fieber, Lungenentzündungen, Schnupfen, Husten, Zahn-, Hals-, Brust- und Augenentzündungen, überhaupt ein gereizter Zustand der Schleime absondernder Oberflächen, besonders der Respirations-Werkzeuge, beschäftigen hier je nach der Jahreszeit häufig die Ärzte. Catarrhen werden, wie an andern Orten so auch hier, sehr oft vernachläßigt, geben manchmal zu gefährlichen Verwachsungen der Lungen Veranlassung oder werden bei Individuen mit schwacher Organisation der Luftwege und des Bronchialsystems, verbunden mit großer Reitzbarkeit oft als Folge eines ungeregelten Lebens, nicht selten habituell und alsdann den Übergang in Schleimschwindsucht oder phthisis trachiales bildend" (in: Becker-Jákli, Köln, S. 130).

Gänge u. Zimmer nöthigt, wo noch alte Gemälde stehen. – Ich gehe noch zur Sitzung, wo aber wenig Interessantes vorkommt. –
Nach Tisch kommt der Pachter von Transdorf, der uns anzeigt, daß mit dem Auszurottenden kleinen Walde bey Transdorf auch etwa 5–7 Morgen unserer Grundstücke zum Cavallerie-Exerzierplatz abgemessen worden seyn, u. daß es für uns wohl am vortheilhaftesten seyn dürfte, das Stück Waldes, welches stehen bleibt, dafür zur Entschädigung zu erhalten. Joseph geht, darüber mit v. Stolzenberg zu reden, der eben nach Bonn will, u. alles in Augenschein zu nehmen verspricht. Denoël kommt gleich nach Tisch wieder, u. nun geht das Aufschreiben bey Wallraf wieder an, obschon er mit Vorzeigen u. Untersuchen unendlich vieler Sachen, uns wieder von dem eigentlichen Zwecke entfernt hält. Spät finde ich noch den gedruckten Theuerdank[348] bey ihm, den er mir auch zu leihen verspricht. Wir gehen noch mit ihm an den Rhein, wo er wieder unendliches zu bemerken hat. Mir aber ist's lieb, nach Haus zu kommen, da ich sehr Kopfschmerzen habe. Die Unsrigen kommen erst gegen 10 Uhr aus der Gesellschaft von Chissels wieder.

Den 10. May [1817].

Mir ist wieder ziemlich wohl. Denoël kommt schon gegen 9 Uhr u. wir arbeiten in allen Malerschulen bey Wallraf im Haus, bis gegen 12 Uhr – (Lacritze).[349] |: Sls 4 :|︱19v︱ Nach Tisch wird im obersten Stockwerk bey Wallraf gearbeitet, u. alles aufgezeichnet, was sich daselbst in den verschiedenen Zimmern zerstreut findet. Auch entdecke ich daselbst noch mehrere schöne Manuscripte, zum theil wieder aus der alten Blankenheimer Bibliothek, wovon ich die Geschichte des Königs Pontus[350] (Handschrift auf Papier 4 defect) mit nach Haus nehme. Merkwürdig ist auch der gedruckte Theuerdank, mit illuminirten Holzschnitten, u. ein altes gedrucktes Wörterbuch, welches altdeutsche Wörter mit lateinischem Text enthält. fol.[351] Nach 6 U. gehe ich zum Präses Seminarii, finde ihn aber nicht. Ich

---

[348] Die Abenteuer des Ritters Theuerdank, in Auftrag gegeben von Kaiser Maximilian I., erschienen erstmals 1517 im Druck: Die geuerlicheiten vnd eins teils der geschichten des loblichen streytparen vnd hochberümbten helds vnd Ritters herr Tewrdannckhs, Nürnberg 1517.
[349] Möglicherweise nahm Groote Lakritze als Arznei gegen seinen Katarrh ein. Lakritze wird aus der Süßholzwurzel gewonnen und u.a. bei Entzündung der Atemwege und bei Magenbeschwerden verwendet.
[350] Pontus und Sidonia, 1476. Die Handschrift aus dem Besitz Wallrafs befindet sich im Historischen Archiv der Stadt Köln (Best. 7020, Handschriften W*, Nr. 30). Auf Blatt 1r ist vermerkt: „ad Biblioth(ecam) / Ferdi. Wallraf / Prof. Colon." Darunter: „Dis ist Konnig pontus / buch von gallisse lant." Die Initiale D am Anfang zeigt das Wappen der Familie von Manderscheid, die zeitweise im Besitz von Burg Blankenheim war.
[351] Groote sah vermutlich das Werk: Glossarium Germanicum Continens Origines Et Antiquitates Linguae Germanicae Hodiernae, gedr. 1727 (Universitäts-u. Stadtbibliothek Köln, Signatur WAIV35). Ich danke Christin Schwabe für ihre freundliche Auskunft.

kaufe Tabak³⁵² |:1.2:| u. gehe nach Haus, u. von dort nach 7 wieder zum Präses, den ich ersuche, der Jungfer Schneiders Rth. 150 anzubiethen, um zu hören, ob sie sich damit begnügen will. Später gehe ich zur Olympischen Gesellschaft, wo über das Kölnische Wappen,³⁵³ u. andre Städtische Sachen recht interessant geredet wird. – Ich lade Wallraf auf Morgen zu uns zu Tisch.

Den 11. May [1817]. Sonntag.

Bey dem nassen u. kühlen Wetter ist mir noch nicht wohl. Ein Brief des Herrn v. Haisdorf meldet mir, daß Oberlin in Paris, die Handschrift des Schwabenspiegels nur für Fr. 48 zu lassen bereit sey, dieß ist mir aber zu viel. – Nach der Messe im Dom, woselbst die schöne Frl. Ammon³⁵⁴ war, gehe ich mit Joseph zu dem Herrn Geheimen Regierungs Rath Gossler, der ein freundlicher alter Mann ist.³⁵⁵ Auch v. Auer kommt zu ihm. Nachher holen wir Denoël ab, der mit Wallraf bey uns ißt. Er will morgen vielleicht nach Brühl. – Dann gehe ich später zu v. Stolzenberg, die aber bey der Gräfinn Degenfeld ist; u. zu Beckenkamp, der die beyden Copien des Portraits von General Gneisenau fast vollendet hat. Die erste ist recht gut, die andere weniger. Der Rektor hat ein neues Bild, eine große Kreuzigung.³⁵⁶ Auch seine andern Bilder, die wir schon für verkauft hielten, sind, nur in neuen

---

[352] Köln. Zeitung, Nr. 62, 19. Apr. 1817: „Der beliebte Portorico-Tabak in blauen Tutten ist anjetzo wieder in der Rheingasse, No. 11, à 48 Stbr. pr. Pf. zu haben."

[353] Das Wappen der Reichsstadt Köln wurde mit der franz. Besetzung abgeschafft, 1811 erhielt Köln ein napoleonisches Wappen. Am 22. Dez. 1817 genehmigte der preuß. Staat den linksrheinischen Städten, wieder ihre alten Wappen zu führen (Steuer, Wappen, S. 119–123).

[354] Die sechzehnjährige Clara Henriette Wilhelmine Franziska (Jette) von Ammon war mit ihren Eltern Johann Georg Heinrich von Ammon u. Berhardine Henriette Friederike von Oven sowie mit Geschwistern zu Besuch in Köln. Die Familie von Ammon war weitverzweigt, einige ihrer Mitglieder lebten in Köln, Kleve, Münster und Düsseldorf. J. G. H. von Ammon amtierte lange als Kriegs- und Domänenrat in Kleve, wo neun seiner elf Kinder geboren wurden. Vgl. Thielen, Partizipation, S. 548.

[355] W. Chr. Goßler war Jahrgang 1756. Vgl. zu ihm Fr. L. Chr. zu Solms-Laubach, Konduitenliste, Köln, 20. Sept. 1817: „Ist erst seit dem April d. J. hier, hat sich aber bereits als ein eben so fleißiger als geschikter Geschäftsman gezeigt" (GStA PK, I. HA Rep. 74, Nr. 103, Bl. 204r).

[356] Zu den Gemälden in Fochems Sammlung gibt es nur wenig Literatur. 1821 beschrieb der Kunsthistoriker Gustav Friedrich Waagen drei Gemälde „aus der altniederländischen Schule, welche sich früher im Besitz des Hrn. Pfarrers Fochem zu Kölln befanden". „1. Die Gefangennahme Christi von Hans Hemling. […] Das Bild gehörte einst als Flügel zu einer größeren Composition, von welcher das Hauptgemälde, ohne Zweifel eine Kreuzigung, wahrscheinlich verloren gegangen ist. Den anderen Flügel, dessen innere Seite die Auferstehung Christi, die äußere St. Johannes den Evangelisten grau in grau vorstellt, besitzen die Herren Boisserée. […] 2. Bild mit Flügeln von Johann Schoorel." Dessen Aussenseiten, so Waagen, zeigten grau in grau eine Verkündigung, das Mittelbild eine Kreuzabnahme. Auf der Innenseite der Flügel war St. Veronika und Josef von Arimathia zu sehen. Das 3. Bild, ebenfalls mit Flügeln, schrieb Waagen „Martin Hermskerck" zu. Auf der Außenseite der Flügel waren St. Petrus und St. Stephan grau in grau dargestellt, das Mittelbild zeigte St. Sebastian, die Innenseiten der Flügel St. Rochus und St. Hieronymus (in: Morgenblatt für

Rahmen, wieder da. Er |20r| begleitet mich, u. geht in die Stadt Maynz.[357] Ich gehe noch zu v. Geyr, wo der Vater u. die Schwestern sind. Wir machen dummes Zeug daselbst. – Mir ist noch unwohl.

Den 12. May [1817].

Ich schreibe an die Frau v. Klausewitz wegen der Kopien. Everhard v. Geyr kommt mir zu sagen, daß er übermorgen mit Daniels nach Berlin gehn wird,[358] u. will Briefe haben.[359] – Der Vater bringt mir einen Brief von Transdorf, wegen des einzutauschenden Stück Busches für die Länderey, welche zum Exerzierplatz weggenommen wird, und ein Anschreiben des Consistorii wegen der Vicarie zu Walberberg.[360] Ich gehe zur Sitzung, da Denoël wohl nicht kommt. – Dort lasse

---

gebildete Stände, Kunstblatt, Nr. 96, 29. Nov. 1821, S. 383 f.). Zur Sammlung auch: Deichmann, Säkularisation, S. 159–161 u. vielerorts; Blöcker, Ausverkauf, S. 384 f.

[357] Der Gasthof Stadt Mainz/Mainzer Hof, Glockengasse 14–20 war eines der besten Kölner Hotels. J. P. J. Fuchs, Topographie: „In der Nähe des Posthaußes sind nun zwei ansehnliche Gasthöfe entstanden. Der Mainzerhof der fahrenden Post gerade gegenüber ist aus drei Häusern allmählich entstanden [...]. Er ist der besuchteste der Stadt. Etwas vom Posthauß entfernter liegt der Wiener Hof No. 4606/6–4607/6, der bey Ankunft der Alliirten anfangs ein Kaffehauß und sich allmählig zu einem ziemlich besonders von Akademikern besuchten Gasthof emporgebracht hat" (HAStK, Best. 7030, Nr. 231, Bd. 2, S. 23).

[358] Köln. Zeitung, Nr. 68, 29. Apr. 1817: „Ein öffentliches Blatt enthält Folgendes: ‚In der Sektion der Justiz fehlt noch ein Mitglied des Staatsrathes, und es wird in dem Namens-Verzeichnisse bemerkt, daß dieses Mitglied aus den Rheinlanden seyn würde. Man nennt jetzt den Professor Daniels, den Uebersetzer des franz. Gesetzbuches, als das Mitglied, welches aus den Rheinlanden in die Sektion der Justiz erwartet wird. Da Daniels ein Mann von ausgebreiteten Kenntnissen, der lange in großen Verhältnissen in Paris lebte, und dort bei den wichtigsten Angelegenheiten der Gesetzgebung zu Rathe gezogen wurde, [...] so verspricht man sich von seinem Eintreten in den Staatsrath ungemein viel Gutes'". Fast identisch: Welt- u. Staatsbote zu Köln, Nr. 68, 29. Apr. 1817. Die Köln. Zeitung, Nr. 73, 8. Mai 1817 berichtete, dass Daniels von seinem bisherigen Amtssitz Brüssel nach Köln gekommen war. Von Köln aus reiste er, nun in preuß. Dienst, nach Berlin, begleitet von E. von Geyr zu Schweppenburg. Die Köln. Zeitung, Nr. 89, 5. Juni 1817 meldete die Ernennung Daniels' zum Mitglied des Staatsrats. J. P. J. Fuchs, Stadtchronik: „Zum Mitgliede des Staatsrathes wurde für die Rheinprovinzen ernannt Herr Gottfried Wilhelm Daniels General Prokurator bei dem obersten Gerichtshofe zu Brüssel, und zugleich zum Präsidenten des in seiner Vaterstadt Cöln errichteten Appellationsgerichtshofes. Dieser verdienstvolle Mann war einst mit großer Auszeichnung Professor der Rechtswissenschaft bei der Akademie zu Bonn unter der kurfürstlichen Regierung bis zur Ankunft der Franzosen im J. 1794, dann entfernt von Aemtern, immerfort der Wissenschaft und dem Forschen ergeben bis zur gänzlichen Vereinigung des linken Rhein Ufers mit Frankreich, ward er durch seinen Ruf selbst, der Ruhe, die er liebte, entzogen. Kayser Napoleon berief Herrn Daniels nach Paris" (HAStK, Best. 7030, Nr. 215, Bd. I, S. 53 f.).

[359] Empfehlungsbriefe zur Knüpfung von Kontakten in Berlin.

[360] In Zusammenhang mit ihrem Besitz in Walberberg – der Kitzburg und umgebende Ländereien – hatte die von Groote'sche Familie ein Mitspracherecht für die Besetzung der auf ihrem Land bestehenden Vikarie an der Walberberger Pfarrkirche St. Walburga. Für diese Stelle waren im 17. u. 18. Jh. größere Stiftungen (Quentelsche Stiftung und Voisbroichsche Stiftung) begründet wor-

ich mir die Akten über den Exerzierplatz vorlegen, u. sehe, daß wir in den Anschlägen[361] zu demselben auch wegen des zu verlierenden Landes bemerkt stehen; ich nehme die Akten mit nach Haus. Hier finde ich einen Zettel von Frau v. Clausewitz, welche mir ihre Ankunft hierselbst im Rheinberg[362] anzeigt. Ich gehe nach Tisch hin, finde sie und ihren Mann; letzterer geht bald zu General v. Ende, u. ich mit der Frau zu Wallraf, den wir nicht sprechen können, in die Jesuiten, in den Dom, an den Rhein u. sonst. Abends bleibe ich bey ihnen zum Thee, wozu der Obrist, General Ende, u. v. Haxthausen kommt. Ich gehe gegen 9 ab, u. muß zu Haus noch an der neuen Berechnung gegen Paul Engels arbeiten, die morgen am Tribunal vorgelegt werden soll.

Den 13. May [1817].

Ich arbeite frühe die Berechnung fertig, u. gebe sie an Carl zum Abschreiben. Dann gehe ich wieder zur Frau v. Clausewitz u. während der Obrist bey der Immediat Kommission ist, |20v| gehen wir zu Wallraf, u. zu Beckenkamp. Mit letzterens Arbeit ist sie wohl zufrieden, besonders mit der ersten Copie. Gegen 11 sind wir wieder zu Haus. Sie speist allein, da der Obrist mit der Immediat Commission in Deutz ißt. In der Stadt Maynz ist die Gräfinn Plettenberg[363] u. Nette v. Wenge angekommen, auf ihrer Durchreise durch Schwaben. Sie waren nur einen Augenblick bey den Schwestern u. gehn zu v. Harff zu Tisch. Nach dem Essen kommt Everhard v. Geyr,[364] der schon heute mit Daniels nach Berlin abgeht; ich

---

den. Groote war nun damit befasst, ihren Bestand zu rekonstruieren. Siehe vor allem: Pfarrarchiv von St. Walburga, Walberberg, Nr. 383, Nr. 529 u. Nr. 530.

[361] Anschläge, hier: Entwürfe.

[362] Demian, Ansichten, S. 331: „Die vorzüglichsten Gasthöfe in Köln sind gegenwärtig der kaiserliche Hof auf der Breitstrasse; die Stadt Prag auf dem Neumarkt; die Stadt Mainz in der Klöckergasse, der fahrenden Post gegenüber; der weisse Thurm auf der Breitstraße; die Krone aufm Heumarkt; der heilige Geist auf dem Thurnmarkt und der grosse Rheinberg bei dem Markmannsgassenthor, an der Anfahrt zur fliegenden Brücke."

[363] Möglicherweise: Bernhardine Antonia von Plettenberg-Lenhausen, geb. Droste zu Vischering, Witwe von August Joseph von Plettenberg-Lenhausen.

[364] Anna Lucia Philippina von Kempis schilderte ihrem Sohn Philipp im Juni 1817 die neuesten gesellschaftlichen und familiären Ereignisse in Köln: „Daß der junge v. Geyr, mit dem jezigen Hrrn StaatsRath Daniels nach Berlin, abgereißt ist, weißt du gewiß schon, dies war eine sehr erwünschte gelegenheit für ihn; er wird vermuthlich ein jahr dort zubringen, wenn es ihm indeßen gar nicht da gefiel, so soll er, (wie mir seine Mutter sagte) nach 2 monathen, mit Hrrn Daniels zurückkehren. Du wirst ebenfalls wißen, daß der junge Herr Clemens v. Beissel in Meiningen, wo er die Forstwissenschaft studirte, an den Folgen einer Erkältung gestorben ist, ein sehr trauriger Fall für seine Eltern und Geschwister. Die junge Frau von Spieß, geborene Caroline v. Frentz, ist seit ohngefähr 14 Tagen in Mülheim eingezogen. Die jüngste Frln v. Beissel, hat am Fronleichnamstage den Major v. Tannenberg geheirathet. Am Pfingstabend, gegen ½ neun Uhr, hatte ich noch ganz unerwartet den Besuch vom Hrrn Lieutenant, Heinrich v. Hilgers, er sieht sehr gut aus. und empfiehlt sich dir bestens, ich lud ihn auf den Sonntag zu Mittag ein, welches er aber ausschlug, da er schon bey Nückel zugesagt habe; Von ihm hörte ich auch, daß die junge Madame Nückel zu Bette liege, und

gebe ihm Briefe an Savigny,³⁶⁵ Schmedding, u. einen von Wallraf an Graf Solms.³⁶⁶ Nun gehe ich wieder, die v. Clausewitz abzuholen, u. zu Fochem, wo wir dessen schöne neuen Sachen sehn. Um 5 führe ich Sie nach Hause. Wallraf begegnet mir, u. während ich bey ihm stehe, kommt Nette Wenge mit der Gräfinn Plettenberg u. den v. Kettler,³⁶⁷ welche alle den Abend bey uns zu bringen sollen, wozu auch Wallraf, Haxthausen, u. die v. Klausewitz gebethen sind. Alles kommt gegen 7 U. zusammen, doch geht die Gräfinn Plettenberg schon früh wieder weg, weil sie noch mit Herrn Bürgermeister von Mylius wegen Geschäften zu reden hat. Gegen 10 führe ich die Nette Wenge nach der Stadt Maynz zurück.

---

viel an Krämpfen leide, übrigens aber, obschon sehr schwach, dennoch ganz munter sey, wovon ich mich auch selbst überzeugte, da ich sie xxxxx Tage besuchte. [...] Die Familie v. Haagen, ist seit länger als 14 Tagen, in Plittersdorff; sie haben das Hauß von Hrrn Schaaffhausen daselbst, für den ganzen Sommer gemiethet. [Das Anwesen Auerhof in Plittersdorf, Godesberg, hatte Abraham Schaaffhausen 1807 erworben]. Madame Mertens, geborene Schaaffhausen, ist vor ein paar Tagen, glücklich, mit einer Tochter entbunden worden. [...] Hier ist die Theurung und daher die Armuth unbeschreiblich groß, ein 8pfündiges Brod kostet 42 stüber, ein Pfund Fleisch 12–14 bis 15 stüber; wir müssen hoffen, daß Gott uns eine gesegnete Erndte schicken werde, sonst wird das Elend über aller [Maaßen?] seyn" (Archiv Haus Rankenberg, Best. Kendenich, Nr. 641, 6. Juni 1817).

³⁶⁵ Dieser Brief Grootes an Savigny ließ sich nicht nachweisen. A. H. Simon gab Daniels ebenfalls einen Brief an Savigny, datiert vom 13. Mai 1817, mit: (Ohne Anrede) „Der treffliche Mann welcher Ihnen hochverehrtester Freund diese Zeilen überreicht ist längst von Ihnen als derjenige erkannt, der uns angehört, und uns noth thut. Obgleich ich nun während der kurzen Zeit seines Beysitzes ebenfalls Gelegenheit gehabt habe, ihn auch aus unmittelbarer Kentniß innigst verehren zu lernen; so wäre es doch unbescheiden etwas zu seinem Lobe hinzuzufügen, nachdem der Ruf so laut für ihn gesprochen hat, und Sie ihn nun dort haben. Während der kurzen Zeit welche pp Daniels hier zubringen konnte, ist er so gütig gewesen, täglich unsern Conferenzen beyzuwohnen. Sie sind hauptsächlich dazu angewandt worden die wichtigsten Anfragen einer speciellen Diskussion zu unterwerfen. Wenn es erlaubt ist einen Gegenstand herauszuheben welcher Ihnen vorzüglich interessant seyn dürfte; so erwähne ich die Idee des pp Daniels über den höchsten Justizhof. Mit einer geringen Modification, über welche ich mir noch vorbehalte mich gegen Sie auszusprechen, wäre auf diese Weise in Ihrem Sinne das Institut verwirklicht; durch welches, ohne neue Gesetzbücher, das stille Fortschreiten der Gesetzgebung mit innerer Nothwendigkeit äußerlich werden kann, und die Aufgabe [...] auf eine minder willkührliche und künstliche Weise, u. mehr naturgemäß gelöst" (Universitätsbibliothek Marburg, Nachlass Fr. C. von Savigny, Ms. 725/1300). Fr. C. von Savigny an J. Görres, Berlin, 14. Juni 1817: „Daniels ist hier, und zeigt sich als höchst tüchtiger Geschäftsmann, dabey so offen und gerade, daß man ihm von Herzen gut seyn muß. Ich halte ihn für einen großen Gewinn" (in: Fink-Lang, Briefe, Bd. 3, S. 450 f.).

³⁶⁶ Wallrafs Brief an Solms-Laubach ist nicht nachgewiesenen. Vgl. die Antwort: Fr. L. Chr. zu Solms-Laubachs an F. Fr. Wallraf, Berlin, 21. Juni 1817 (HAStK, Best. 1105, A 19, Bl. 31r–32r). Daniels antwortete Wallraf am 24. Juni 1817.

³⁶⁷ Die Familien von Ketteler und von der Wenge waren verwandt. Vermutlich waren hier die beiden Schwestern – Töchter von Clemens August Franz von der Wenge zur Beck u. Maria Ludovica von Eynatten – zusammen: Antoinette (Nette) von der Wenge zur Beck, geboren 1790, und Franziska Clementine Maria von Ketteler, geb. von der Wenge zur Beck, geboren 1778, seit 1801 mit Maximilian Friedrich von Ketteler verheiratet.

Sie will bis zum Herbst bey ihrer Schwester in Tannheim[368] bleiben. v. Clausewitz will auch morgen vor Tisch weg.

Den 14. May [1817].

Ich sehe die Akten durch, u. entwerfe ein Schreiben an den Graf Belderbusch in Bonn, wegen unserer Grundstücke bei Transdorf, welche man zum Exerzierplatz ziehen will. Denoël kommt, u. wir gehn mit Wallraf in die Jesuiten, u. setzen unsere Arbeit in der deutschen Schule fort. Allein, wir werden vielfach gestört, u. nach 12 gehe ich zur Sitzung, die aber auch nicht gar zu lang dauert. Nach Tisch schreibe ich den Brief |21r| an Graf Belderbusch zurecht, u. lese in Schubert, bis gegen 7 Uhr. Ich erhalte einen etwas philistrigen Brief von xxxxxx. |:1 Fr.:| Dann gehe ich zu v. Haxthausen, den ich nicht finde, ebenso zu Elkendorf u. Mühlenfels, um wegen der Butteischen Gesellschaft zu fragen, endlich zu Butte selbst, wo ich erfahre, daß nichts zu thun ist. Ich gehe nun am Eigelstein heraus an den Rhein, rede mit Leuten aus dem Baadischen, welche nach America wollen, |:–10:| u. gehe nach Haus zurück, wo eben Goerres, mit Frau u. Kind, Tieck u. Burgsdorpf[369] angekommen sind. Sie sind wohl u. munter, letzte zwei wollen nach London, u. alle bleiben zum Abendessen, u. ich führe sie gegen 12 Uhr nach Haus. Lichtspäne. |:–10:|.

Den 15. May [1817]. X [Christi] Himmelfarth.

Ich gehe nach 7 zur Kirche, dann schon bald zu der Coblenzer Gesellschaft, u. mit ihr zu Wallraf, in dessen Haus wir lange besehen, was er alles hat. Ich schicke den Brief an v. Belderbusch ab. Wir gehn statt in das Jesuiten Colleg in den Dom, zur großen Messe, wo wir bis zum Credo bleiben. Nun ziehn wir auf den Heumarkt, wo wir die Prozession aus St. Marien[370] sehn, dann zu Lieversberg, wo wir

---

[368] Marie Sophie von der Wenge zur Beck, geboren 1777, Schwester von Franziska Clementine Maria und Antoinette von der Wenge zur Beck, war verheiratet mit Martin Richard von Schaesberg zu Kerpen, Lommersum und Tannheim/Tübingen.

[369] Köpke, Tieck, Erster Theil, S. 371 f.: Anfang Mai 1817 begannen der Schriftsteller und Übersetzer Ludwig Tieck und sein Förderer Wilhelm Friedrich von Burgsdorff eine Reise und „nahmen ihren Weg durch das nördliche Deutschland nach den Rheingegenden und den Niederlanden, die Denkmäler der alten Kunst wurden zunächst Gegenstand der Betrachtung, soweit es die Eile verstattete. [...] In Koblenz verweilten sie bei Görres, der auch der altdeutschen Kunst lebte. Er besaß nicht unbedeutende Sammlungen, mit denen er seine Wohnung geschmückt hatte, und hielt es für Pflicht den Dichter der ‚Genoveva' zur Kapelle der heiligen Genoveva bei Andernach zu führen, die sammt der Quelle beim Volke im Rufe heilbringender Kraft stand. Wichtiger war es für Tieck Max von Schenkendorf kennen zu lernen, den Dichter der Freiheitskriege, dessen schönes lyrisches Talent er achtete. Görres begleitete sie nach Köln, dem deutschen Rom, wo sie mit Walraf, Grote und andern Alterthumsforschern bekannt wurden." L. Tieck war Autor von: Leben und Tod der heiligen Genoveva. Ein Trauerspiel, 1799.

[370] Prozession zu Christi Himmelfahrt an St. Maria im Kapitol.

die altdeutschen Bilder u. Kapelle[371] sehn, endlich noch zu einigen Prospekten, die Fuchs bey Fouveaux[372] u. Heymann[373] gemalt hat, u. endlich bey uns zu Tisch, wo sich die ganze Gesellschaft wieder recht wohl seyn läßt. Nachher sehn wir unsern Lebrun[374] an, u. gehn mit Wallraf in die Jesuiten Kirche u. Colleg, wo

---

[371] Der Kaufmann J. J. N. Lyversberg hatte sich in seinem Haus Heumarkt 10/Ecke Börsengäßchen um 1807 eine neugotische Scheinkapelle einrichten lassen, die M. H. Fuchs nach Entwürfen von M. J. Denoël ausmalte. Zu Lyversberg und seiner Gemäldesammlung: Catalog der Lyversberg'schen Gemälde-Sammlung in Cöln, 1837, der nach seinem Tod von Denoël für die Versteigerung verfasst wurde. Ebd., S. 1: „Die Gemälde-Sammlung des verstorbenen Herrn J. Lyversberg hat bereits seit längern Jahren einen allgemeinen, wir möchten sagen: einen europäischen Ruf erworben; der Verewigte sammelte sie mit der Liebe eines echten Kunstfreundes in seiner Vaterstadt, in Deutschland, Frankreich und den Niederlanden, und brachte mitunter, galt es die Aneignung irgend eines namhaften neuen Zuwachses, nicht unbedeutende Opfer". Der Catalog führt 148 Gemälde auf. Da das finanzielle Ergebnis der Auktion den Erben nicht ausreichend erschien, kam kein Verkauf zustande; ein Großteil der Sammlung blieb im Familienbesitz und wurde 1971 im Kölner Auktionshaus Lempertz versteigert. Vgl. den Katalog der Sammlung Jakob Johann Lyversberg, Lempertz Auktion 516, 1971 sowie Kier/Zehnder, Lust und Verlust, Katalogteil, S. 575–589; Kier/Zehnder, Lust und Verlust II. Corpus-Band, S. 210–231; Deichmann, Säkularisation, S. 130–132, 155–159; Schäfke, Kunsthaus, S. 236–240. Zur Geschichte der Sammlung auch: Vogts, Gemäldesammlung, 1961; Möllendorff, Bildtopographien, Bd. 1, S. 230–241; Förster, Kunstsammler, S. 90 f.; Mädger, Lyversberg, 1995; Wagner, Leben rund um den Heumarkt, S. 131.

[372] Die Köln. Zeitung, Nr. 129, 14. Juli 1817 meldete einen Besuch des Kronprinzen bei Herrn Foveaux am 9. Aug. 1817, um „die von unserem Künstler Hrn. Fuchs gemalte, täuschende Perspektive zu besehen." Der Tabakfabrikant und -händler Ludwig Joseph Foveaux, wohnhaft Ecke Malzbüchel/Rheingasse 2, starb am 12. Sept. 1817 (HAStK, Best. 540 A 16, Sterbetabelle pro 1817); in den folgenden Monaten wurde sein Besitz in mehreren Auktionen versteigert, darunter war auch dieses von M. H. Fuchs gemalte Bild, dessen Verbleib unbekannt ist. Welt- u. Staatsbote zu Köln, Nr. 180, 11. Nov. 1817: „Anzeige. Ein von unserm vaterländischen Maler Herrn Fuchs vor einigen Jahren verfertigtes großes perspectivisches Gemälde, dem der Beifall aller Kunstkenner zu Theil geworden, steht in der Behausung des sel. Herrn Ludwig Foveaux am Malzbüchel dahier aus freier Hand zu verkaufen." Siehe auch: Köln. Zeitung, Nr. 168, 21. Okt. 1817: „Die Meubeln-Versteigerung im Fouveaux'schen Sterbhause dahier, am Malzbüchel No. 938, wird heute und die folgenden Tage, um die gewöhnlichen vor- und nachmittägigen Stunden, fortgesetzt (ausser Freitag und Samstag, wo nicht verkauft wird). An den Nachmittagen wird besonders verkauft, nämlich: heute (Dinstag) Bettwerk, Bettladen, Teppiche etc.; Mittwoch: eine Pendul-Uhr, Haus-Uhr, Kanapre's, Wandleuchter, Spiegel etc.; Donnerstag: Leinwand, Bettwerk, Kommoden etc. Montag Nachmittags: verschiedene Kupferstiche und Gemälde, sodann mehrere deutsche und französische Bücher [...]. Am nämlichen Tage (Montag), Abends um 6 Uhr, werden die vorgefundenen Weine, als Champagner, Bordeaux, Burgunder, Rheinwein, Scharzberger, in Fässern und Bouteillen, versteigert. Merlo, Notar." Ähnlich: Welt- u. Staatsbote zu Köln, Nr. 171, 26. Okt. 1817. Zur Familie Foveaux: Pries, Aufstieg, 2017.

[373] Auch der Verbleib des von M. H. Fuchs „bey Heimann" gemalten Prospekts ließ sich nicht klären.

[374] Charles Lebrun, Die Familie Jabach, 1660; Lebrun porträtierte den in Paris lebenden, aus Köln stammenden Bankier und Sammler Everhard IV Jabach, seine Frau Anna Maria de Groote und ihre vier Kinder. Es gab ursprünglich zwei Fassungen des Bildes, ein Original, das zunächst in Paris blieb, und eine wohl kurz danach angefertigte Kopie. Die Geschichte der beiden Bilder ist kompliziert: Die Kopie des Bildes wurde an die Familie de Groote nach Köln gegeben und hing dort Ende des 18. Jh.s im Palais Glockengasse 3, dem Wohnsitz der Grootes. Letzte von Groote'sche Bewohner

wir auch bis Abend bleiben. Dann gehn wir zu v. Haxthausen, wo Simons schon sind, auch Sotzmann, Elkendorf u. Kraeuser hinkommen, u. wo wir wieder bis Mitternacht bleiben, u. dann die Gesellschaft wieder singend nach Haus begleiten. Sotzmann sagt mir, daß ein Reskript[375] von Berlin gekommen, u. mir zu geschrieben sey, wegen Ueberbringung aller von Paris gekommenen Sachen aus

---

des Hauses, bis zu Beginn der franz. Zeit, war die Familie von Heinrich Joseph Anton Melchior von Groote, die während der folgenden Jahre auf ihrem Landsitz Haus Pesch lebte; die Familie des Tagebuchschreibers flüchtete ins rechtsrheinische Exil. Bildeigentümer waren zu dieser Zeit – als Erben des 1792 verstorbenen Franz Jakob Gabriel von Groote – die Geschwister Everhard Anton von Groote, Heinrich Joseph Anton Melchior von Groote; Clara Catharina Rudolphina Walburgis von Groote sowie Caspar Joseph Carl von Mylius, Witwer von Maria Anna Henriette Josepha von Groote. Bislang ging die Verfasserin (B. Becker-Jákli) davon aus, dass das Gemälde 1802, nach der Rückkehr der Familie von Everhard Anton von Groote nach Köln, in ihrem nunmehrigen Wohnsitz Marzellenstr. 82 aufbewahrt wurde (Groote, Tagebuch, Bd. 2, S. 353). Tatsächlich aber befand es sich auch nach dem Verkauf des Palais' in franz. Zeit an P. A. Fonck weiterhin in der Glockengasse 3. Anfang 1811 dachten die Eigentümer an den Verkauf des Bildes, für das der Kunsthändler Artaria in Mannheim Interesse gezeigt hatte. Ev. A. von Groote schlug seinem Schwager C. J. C. von Mylius, wohnhaft auf Schloss Reuschenberg, vor, dem Interessenten das Bild für einen Preis von 3.500 Gulden anzubieten. Er wies daraufhin, „daß das Gemählde in dem dermahligen Fonckischen Hauße füglich nicht länger bleiben kann, und ich schon mit meinem Schwager Geyr [Cornelius Joseph von Geyr zu Schweppenburg] wegen einem Platz wo dasselbe hingestellt werden könnte geredet habe. Fonck hat das Hauß nun mehro ganz zum Handel mit Frucht und Kleesaamen, und zu seiner Bleyweiß Fabrick eingerichtet, selbst die besten Zimmern bleiben nicht verschont, der Staub ist also sehr stark, und dem Gemählde äuserst schädlich, es scheint also rathsam zu seyn jede Gelegenheit zur Veräusserung zu benutzen" (Ev. A. von Groote an C. J. C. von Mylius, Köln, 20. Jan. 1811, Entwurf; HAStK, Best. 1553, A 2, o. P.). In der Antwort von C. J. C. von Mylius an Ev. A. von Groote, Reuschenberg, 20. Jan. 1811, hieß es: Es solle „gewis nicht gesäumet werden, daß das gemälde, durch die freundschaftliche güte des Hrn von Geyr in dessen Behausung an einen ort übersetzet werde, wo es vom Verderben bewahrt werde, welches wir nicht nur unserm Vortheil, sonderen auch selbst der Kunst schuldig sind – dan es ist ein trefliches gemälde, welches mir noch alle Kenner [...] versichert haben" (HAStK, Best. 1553, A 2, o. P.). Der Verkauf kam nicht zustande; ob das Gemälde tatsächlich in das Geyr'ische Haus in der Breite Str. 92/98 gebracht wurde, läßt sich aus der Akte nicht ersehen. Um 1817 befand es sich offenbar im Metternicher Hof in der Brückenstraße und wurde wohl Anfang/Mitte 1818 mit dem Umzug der Familie von Groote in die Gebäude Glockengasse 25–27 mitgenommen. Als Ev. A. von Groote 1820 starb, wurde das Gemälde am Wohnsitz seines Sohnes Eberhard, der 1818 Maria Franziska Walburga von Kempis geheiratet hatte, Glockengasse 9 aufbewahrt und konnte dort von Interessenten besichtigt werden. 1836 wurde es in einer Versteigerung verkauft und gelangte 1837 an die Königlichen Museen in Berlin (Baumeister, Familienbild, S. 200–202). Es verbrannte im 2. Weltkrieg. Das Original des Gemäldes in Paris hatte nach dem Tod von Everhard IV Jabach 1695 der älteste Sohn Everhard V Jabach geerbt, der in Köln im Jabacher Hof, in der Sternengasse lebte. Das Gemälde blieb dort, bis es 1791/92 an den Schweizer Christian von Mechel verkauft wurde. In der Folge wechselte es mehrfach den Besitzer; schließlich war sein Verbleib unbekannt. 2014 tauchte es in London wieder auf und wurde 2015 vom Metropolitan Museum in New York erworben, wo es sich heute befindet. Zum Schicksal der beiden Bildversionen: Baumeister, Familienbild, 1938; Spiertz, Groote, S. 25 f.; Lüttichau, Le Brun, 2018; Teplitzky, Porträts, S. 100 f.; Schopenhauer, Ausflug, S. 206–211. Zur Familie Jabach etwa: Merlo, Familie Jabach, 1861.

[375] Reskript, hier: Verfügung, amtliches Schreiben.

Aachen u. Düsseldorf hierhin.[376] Das ist mir lieb. Uebrigens ist mir gar nicht, wie mir seyn sollte, um die Gesellschaft recht zu genießen. – |21v|

Den 16. May [1817].

Ich gehe schon früh wieder zur Gesellschaft in den weißen Thurm, u. bald mit ihnen in die ApostelKirche, u. St. Caecilien[377] u. St. Peter. Hier müßen wir lang warten, ehe wir den Rubens sehn können,[378] weil eben eine Messe anfängt. Nun

---

[376] Vgl. Fr. von Schuckmann an Fr. L. Chr. zu Solms-Laubach, Berlin, 1. Mai 1817 (Landesarchiv NRW R, BR 0002, Nr. 404, Bl. 84r).

[377] Die Kirche St. Cäcilien nahe des Neumarkts, erbaut im 12. Jh. und in der Folgezeit vielfach verändert, wurde bis 1802 vom Damenstift St. Cäcilien genutzt. Mering, Peterskirche, S. 62 f.: „Nach der Aufhebung des Caecilienstifts war die Kirche lange geschlossen und man fürchtete das Schicksal, das mehre ihrer Schwestern schon erfahren hatten, entweder in eine profane Werkstätte verwandelt zu werden oder gar endlich in Schutt und Trümmer zu verfallen, als die Freigebigkeit Napoleons sie ihrer ursprünglichen Bestimmung wiedergab, indem er Kirche und das Caecilienklostergebäude der Stadt zum Gebrauche der siechen und kraftlosen Armen schenkte, von diesem Augenblicke an wird die Kirche zum Gottesdienste des Bürgerspitals gebraucht." Zu St. Cäcilien: Fraquelli, Die romanischen Kirchen, Bd. 1, bes. 124 f.; Schäfke, Kirchen, S. 56–65; Firmenich, St. Peter und St. Cäcilien, S. 18–23; Ewald/Rahtgens, Die kirchlichen Denkmäler (1916), S. 163–193.

[378] In der Anfang des 16. Jh.s errichteten Kirche St. Peter befand (und befindet) sich das Gemälde von P. P. Rubens, Die Kreuzigung des Petrus. Es wurde 1795 von den franz. Besatzern nach Paris verschleppt, 1815, auch durch das Engagement E. von Grootes, nach Köln zurückgebracht. Der englische Pfarrer Henry Barry, der Köln 1822 besuchte, berichtete: „Die Peterskirche ist eine der einfachsten und schlichtesten in Deutschland. Sie wird besonders aufgesucht wegen des wunderbaren Rubensbildes der Kreuzigung Sankt Petri, das, was Kunst angeht, das Meisterwerk des großen und vielleicht unerreichten Malers ist. [...] Die Kreuzigung des heiligen Petrus mit dem Kopf nach unten ist wahrscheinlich ins Reich der Fabel zu weisen, wenigstens hörte ich nie von einer zuverlässigen Autorität, auf der sie beruhen könnte. Die scheinbar große Schwierigkeit des Werks verschwindet, wenn wir bedenken, daß die Hauptgestalt in umgekehrter Stellung ausgeführt worden sein muß. Ich stand vor dem angeblichen Original und fühlte mich schon versucht, die Komposition und sogar die Ausführung und das Kolorit im stillen zu verurteilen, als der Küster lächelnd hinter den Altar ging, das Gemälde auf einem Zapfen drehte und das großartige Original erscheinen ließ, das mich die gemutmaßten Schwächen sogleich vergessen ließ. [...] Ich wunderte mich nicht mehr über die langen Pilgerfahrten, die viele unternehmen, um ein einziges Bild zu schauen" (Barry, Excursion, S. 207 f.). Um 1785 ließ man einen Wendemechanismus am Hochaltar der Peterskirche einbauen, sodass das Rubensbild gedreht und damit dem Blick entzogen werden konnte. 1797, während das Gemälde in Paris war, stellte der Kölner Maler Johann Jacob Schmitz eine Kopie des Bildes her, das anstelle des Originals auf dem Altar gezeigt wurde. Nach der Rückkehr des Bildes brachte man es auf dem Wendelbaum an und konnte so zwischen Original und Kopie wechseln. Zur Geschichte des Gemäldes: Groote, Tagebuch, Bd. 1 u. 2, vielerorts; Mennekes, Rubens, S. 7–11; Hanstein, Kreuzigung, 1996; Firmenich, St. Peter und St. Cäcilien, S. 2–18; Schlimbach, Bilder, 2015; Ennen, Kreuzigung, 1873; Mering/Reischert, Bischöfe, Bd. 1, S. 193–195; Zu Wallrafs Initiativen für ein Rubensdenkmal in Köln: Vey, Zeugnisse, S. 99–106. Zur Kirche St. Peter: Mering/Reischert, Bischöfe, Bd. 1, S. 190–193; Sporbeck, St. Peter, bes. S. 187–191; Roessle, St. Peter, 2005. Vgl. den umfassenden Sammelband: Pufke, Kreuzigung Petri, 2022; darin vor allem: Büttner, Kreuzigung; Pawlik, Annäherung.

gehn wir in den Dom, u. bleiben dort vor dem Bilde[379] u. bey dem Reliquiarium[380] sehr lange. Goerres untersucht alles wieder bis ins Kleinlichste. Nach 12 Uhr gehn wir noch zu St. Marien in Capitolio[381] u. von da nach Haus. Haxthausen kommt nach der Sitzung zu uns u. sucht seinen Bruder,[382] der von Bonn hier ist.

---

[379] Stephan Lochner, Altar der Stadtpatrone/Dreikönigsaltar/Dombild, um 1445. Zum Dombild: Groote, Tagebuch, Bd. 1 u. 2, vielerorts. Ausführlich: Lang, Altar der Stadtpatrone, 2021; Krischel, Meisterwerk, 2015; Baldus, Anmerkungen, 2010; Schmid, Altar der Stadtpatrone, 1997; Lauer/Schulze-Senger/Hansmann, Altar, 1987. Über die Wertschätzung des Dombildes seit Beginn des 19. Jh.s schrieb der Kölner Kunsthändler u. Kunsthistoriker Anton Engelbert D'hame 1821: „Das Kunstbild wurde endlich bei der ersten Friedensruhe nach der hohen Domkirche hingebracht, wo der geschickte Zeichner und alte Gemälde-Hersteller, Maximilian Fuchs, dessen Beschädigungen heilte, und ihm die alte Sauberkeit sammt einer neuen Vergoldung seiner Zierrathen wiedergab. Dort wurde es in einer der sieben, den hohen Chor umgebenden Capellen hier über dem Altar errichtet. […] Es ist eines der Denkmäler des alten Cölns, welches diese so lang unwürdig vergessene, und zur Unehre und zum Ingrimm des deutschen Genius, der Ungunst und selbst den unbilligsten Verläumdungen ephemerischer Reisebeschreiber preis gewordene, aber im Kerne von altem Geist und alter Kunst noch immer sich gleiche Stadt, wieder zu Ehren hebt. Es scheint, daß Deutschland erst wiederum Deutsch werden mußte, um sich und die erste seiner Mutterstädte für Religion, Wissenschaft und Kunst wieder finden und erkennen zu lernen" (D'hame, Beschreibung, S. 185). Vgl. auch: Ebd., S. 213–216; Wallraf, Das berühmte Gemälde, 1815. Zu diesem Text Wallrafs: Juraschek-Eckstein, Crossover Rubens, 2015.

[380] Dreikönigenschrein. Schreiber, Anleitung, S. 324–326: „Hinter dem Hochaltare ist die im Jonischen Styl aus Marmor aufgeführte Kapelle der heil. drey Könige […]. Der ganze Reliquienkasten war rings herum, nach dem Geschmack des zwölften Jahrhunderts, mit Bogenkrümmungen und darunter stehenden kleinen Säulen verziert, welche wegen der kunstreichen alten Emaille-Arbeit allgemein bewundert wurden. […] Sämmtliche Gesimse, Bänder, Einfassungen und selbst die mehresten andern Flächen über den Bildern waren mit einer Menge kostbarer Edelsteine und Perlen und 226 Griechischen und Römischen geschnittenen Steinen verziert; […]. Als im J. 1794 das Kölnische Domkapitel nach Arensberg in Westphalen auswanderte, nahm es […] auch diesen Sarg mit. Im J. 1804 wurde derselbe nach Köln zurückgebracht, jedoch in einem sehr veränderten Zustande. Die Bildnereyen waren zerquetscht und verbogen, oder abgelöst und verloren. […] Inzwischen that man in Köln alles mögliche, um den Reliquienkasten wieder, nach seiner alten Form, zu restauriren, was denn auch unter Aufsicht des Prof. Wallrafs geschah." Ironisch bemerkte der Brite Dodd, Autumne, S. 477: „To trace the journey of these precious skulls from Judea to their present abode, has hitherto puzzled all but the believing Catholics of Cologne". Zur Geschichte des Schreins von 1794 bis zur Rückkehr nach Köln 1804 und den anschließenden Restaurierungen: Kemper, Goldschmiedearbeiten, Bd. 1, S. 63–101; Boecker, Ueberbringungs- und Wiedereinführungs-Geschichte, 1810; Lauer, Schrein, 2006; Gronau, Domkapitel, 1994. Zur Verehrung der Heiligen Drei Könige: Beer/Metje/Straub u.a., Könige, 2014; sowie den Sammelband/Katalog: Becks/Deml/Hardering, Caspar – Melchior – Balthasar, 2015.

[381] Schreiber, Anleitung, S. 328: „Die St. Marienkirche im Kapitol ist in dem Bezirke, in welchem vormals das Kapitol der Römer gestanden, weswegen die Anhöhe noch jetzt Kapitolsberg heißt. Plectrudis, die Gemahlin Pipins und Mutter Karl Martels, hat dieses Stift errichtet und die Kirche gebaut. Ihr steinernes Bild ist hinter dem Chor, an der Straße, eingemauert". Zur Kirche vgl. Rheineck, Rheinreise, S. 399 f.; Rahtgens, Die kirchlichen Denkmäler (1911), S. 177–276; Fraquelli, Die romanischen Kirchen, Bd. 1, S. 269–318; Hagendorf-Nußbaum, St. Maria im Kapitol, bes. S. 114–128; Schäfke, Kirchen, S. 126–145.

[382] Moritz Maria Elmerhaus von Haxthausen wohnte in Bonn.

Ich schicke zu Lieversberg u. Fochem, u. wir gehn gleich nach Tisch zu diesen hin, wohin uns Denoël und Fuchs begleiten. Auch die Arbeit von Imhof in Goedeckes Garten[383] an den Statuen für den Minister Stein[384] beschauen wir. Tieck versichert, je mehr Bilder er hier, u. gerade von den kostbarsten ansehe, desto mehr werde er an den Namen der Meister u. den Schulen, die er bis dahin glaubte nachweisen zu können, wieder irre.[385] – Wir gehen später zu Simon, wo ziemlich viele Leute zusammenkommen, u. bleiben dort bis gegen 11 Uhr, gehn dann noch in den weißen Thurm, um Tieck u. Burgsdorf, die zurück gefahren, noch Glück zur Reise zu wünschen. – Diesen morgen Chokolade.[386] |:3.10:| Auf morgen haben wir mit Goerres u. Simon[387] verabredet, in Deutz zu es-

---

[383] Der protestantische Unternehmer Johann Jacob Goedecke war Großhändler sowie Besitzer einer Zuckersiederei und einer Stärkefabrik. Wahrscheinlich lag sein Garten an einer der beiden Adressen, die das Adressbuch 1813 angibt: Mathäistr. 9 (Mathiasstraße) und Am St. Katharinengraben 58. Zu Goedecke: Verzeichnis der 1819 in Köln wohnhaften evang. Christen; Archiv der Evangelischen Kirche Köln, 01–4,1; Klersch, Reichsstadt S. 182. Personalnotizen, 1815: „Goedecke, Jacob. Großhändler und Handlungsrichter. Als Handlungsrichter ist er nicht empfehlbar, weil er alles dem Greffier überläßt; er gehört übrigens zu der Classe derer, während der Franzosenzeit empor gekommenen Kaufleute, deren Kenntnisse oft wenig Delicatesse bewährt" (Landesarchiv NRW R, BR 0002, Nr. 1534, Bl. 48r).

[384] Die Modelle der Figuren wurden im Sept. 1817 in der dem König präsentierten Ausstellung gezeigt. Denoël, Uebersicht der Ausstellung, Teil 2: „Unter den plastischen Kunstwerken reden wir zuförderst von den vier Modellen zu den neun Fuß hohen allegorischen Figuren welche der hiesige Bildhauer Herr Pet. Jos. Imhoff für Se. Excellenz den Herrn Minister vom Stein verfertigte. Diese Modelle sind nach der Angabe des Herrn Prof. Wallraff und der Zeichnung unseres bekannten Malers Herrn M. H. Fuchs, im altdeutschen Style dargestellt, zu der innern Verzierung eines im nämlichen Style zu Nassau errichteten Thurmes bestimmt, an dessen Aussenseiten die großen aus rothem Sandstein gehauenen Bilder angebracht werden sollen. Sie stellen die Einigkeit, Stärke, Religion und Tapferkeit vor, und werden als würdige Monumente der Zeit an dem Orte ihrer Bestimmung mit den großen Ereignissen unserer Tage zugleich die heutige Kunststufe auf die Nachwelt übertragen." Das Anfang des 17. Jh.s errichtete Stein'sche Stadtschloss in Nassau erhielt Mitte des 18. Jh.s zwei barocke Flügel. Minister Fr. K. vom und zum Stein hatte 1815/16 als Denkmal der Befreiungskriege einen achteckigen neogotischen Turm anbauen lassen, für den die Figuren (Flachreliefs) von Imhoff bestimmt waren (Custodis, Preußen, S. 22 f.). Ich danke dem Geschichtsverein Nassau für seine Auskünfte.

[385] L. Tieck befasste sich in seinem Werk häufig mit Geschichte, Bedeutung und Wirkung der bildenden Kunst.

[386] Elkendorf, Topographie: „Hier in Cöln, wie überhaupt in Deutschland, wird das aus Cacaobohnen, Zucker und gewürzhaften Zusätzen bereitete warme Getränk weit weniger genossen als in Frankreich und Spanien. Der gewöhnlichen Chocolade, deren sich die Gesunden bedienen, wird Zimmt und Vanille zugesetzt, der Gesundheits-Chocolade aber nur ein kleiner Theil Zimmt. Letztere wird ziemlich häufig von Kranken hier gebraucht. Nicht viele Einwohner beschäftigen sich übrigens mit der Fabrikation der Chocolade. Man sieht aber auch oft auf den wohlfeilen Preis und müßen alsdann, um ihn stellen zu können, schlechte Sorten von Cacaobohnen, Zimmt und Vanille genommen werden" (in: Becker-Jákli, Köln, S. 89).

[387] J. Görres an Fr. C. von Savigny, Koblenz, 30. Apr. 1817 über den zur Immediat-Justiz-Kommission berufenen A. H. Simon: „Seine Sendung und was damit zusammenhieng war nach einer langen Reihe von Misgriffen und Verkehrtheiten wieder das Erste Zweckmäßige Passende. Er wird sich

sen.[388] – Goerres lobt Kraeuser, u. versichert, dieser gefalle ihm besser als Dumbeck.[389]

Den 17. May [1817].

Klein von Kendenich kommt zu mir, wegen allerley, was in Kendenich noch zu besorgen ist. Er geht, mit dem Vater darüber zu reden, u. ihn zu bitten, bald einmal hin zu kommen. Noch kommt der Rektor, von Goerres, zu mir. Ich begegne letztern schon mit v. Haxthausen[390] auf der Straße, dann auch Wallraf, der zur Milder Hauptman in den Kaiserlichen Hof geht.[391] Wir gehn in Wallrafs altdeutschen Saal in dem Collegio, wo wir lang bleiben, ferner zu Kreuser, wegen einigen Büchern, dann nach |22r| Deutz, wo Simons, Sethe, Boelling, etc. zusammenkommen. |:–8:| Auch Auer, Stolzenbergs, Solms, etc. sind da. Wir sind sehr angenehm dort. Ich übernehme die Kneipe, die eigentlich pro person |:7–16:| macht, allein, ich erhalte einstweilen [gestrichen: nichts von Haxthaus. und] von dem Prof. Kreuser zu wenig. |:3–:| Wir gehn zusammen zu uns gegen 8 Uhr. Die Schwestern u. Vater sind nicht da, u. kommen auch nicht. Wir trinken Thee, u. bleiben bis gegen 11 Uhr zusammen. Denoël brachte mir mündlich u. schriftlich eine Einladung zu Schaaffhausen, wo die Milder Hauptmann singt, allein, ich gehe nicht hin. Tieck u. v. Burgsdorf fuhren heute früh ab.[392]

---

darum über die Aufnahme nicht beklagt haben, die er hier gefunden. Er ist ein wohlmeynender gescheidter Mann, und hat sich seither wie ich höre in Cöln immer zu den Wohlmeynenden und Gescheiden gehalten" (in: Fink-Lang, Görres. Briefe, Bd. 3, S. 172).

[388] Henry Barry schilderte eine Gastwirtschaft in Deutz: „In Deutz fanden wir einen entzückenden kleinen öffentlichen Garten am Flußufer, von hohem Rhododendron umgeben, wo Tische aufgestellt waren im Schatten von Reben, die üppig am Geländer rankten und mit schönen Trauben bedeckt waren. Die Musik einer Militärkapelle, die den ganzen Nachmittag die gefälligsten Walzer spielte, brachte Leben in den Garten. Die Haupterfrischungen waren Kaffee, Rheinwein und Limonade. Das anständige Benehmen der versammelten Leute – der Garten war angefüllt mit verschiedenen Gesellschaften – die Gemütlichkeit und die Klugheit der Gesichter waren wohltuend anzusehen" (Barry, Excursion, S. 190).

[389] Lediglich ein Brief von J. Görres aus diesen Tagen in Köln ist bekannt: J. Görres an den württembergischen Kultusminister K. A. von Wangenheim, Köln, 16. Mai 1817 (in: Fink-Lang, Görres. Briefe, Bd. 3, S. 182–184). Das Schreiben befasst sich mit Görres' beruflicher Zukunft und erwähnt den Aufenthalt in Köln nicht.

[390] Über W. von Haxthausens Beziehung zu J. Görres: Klein, Haxthausen, S. 179 f.

[391] Die Sängerin Anna Pauline Milder-Hauptmann war einige Tage zuvor in Köln eingetroffen und logierte im Kaiserlichen Hof in der Breite Straße. Köln. Zeitung, Nr. 77, 15. Mai 1817: „Köln, den 14. Mai. Madame Milder-Hauptmann, rühmlich bekannt als eine der ersten Sängerinnen Deutschlands, ist hier angekommen und wird vermuthlich dieser Tage ein Konzert geben."

[392] Vgl. zur Fortsetzung der Reise: „Weiter ging es nach Brüssel, Mecheln, Antwerpen, Gent und Brügge. Es waren zum Theil die Kunstwanderungen seines Sternbald, welche Tieck zwanzig Jahre später nachholte. In diesen Städten war noch das alte deutsche Leben in ursprünglicher Fülle zu Hause. Hier gab es Kathedralen, Bilder von Eyck, Hemlink, Rubens. [...] Von Calais gingen sie über den Kanal. Am Morgen des 29. Mai sahen sie die Küste von England" (Köpke, Tieck, Erster Theil,

Den 18. May [1817]. Sonntag.

Ich erhalte ein Schreiben von Graf Belderbusch in Bonn, der mit der Grundentschädigung beym Exerzierplatz in Bonn völlig einverstanden ist, dann das Ministerial Reskript von Schuckmann, welcher anzeigt, daß die Düsseldorfer Regierung angewiesen ist, die mit der Aufschrift Rhein-Archiv versehenen Kisten, die unter meiner Einleitung in Paris reklamirt wurden, zurück zu geben.[393] Ich gehe in die Kirche, u. zu Goerres. Mit diesem gehe ich bald zu Willmes,[394] den wir nicht finden, dann zu Fuchs, den wir ebenfalls nicht finden, wo wir aber die Goerres gehörenden, noch unrestaurirten Bilder sehen.[395] Er hat eine Coena,[396]

S. 372). Das Beiblatt d. Köln. Zeitung, Nr. 14, 27. Juli 1817 meldete: „Der Dichter Ludwig Tieck befindet sich seit Kurzem in London und wird von den englischen Dichtern ausgezeichnet behandelt. Er hofft von seinem dortigen Aufenthalt eine gute Ausbeute für sein großes Shakespearsches Werk mit nach Deutschland zu bringen."

[393] Fr. von Schuckmann an Fr. L. Chr. zu Solms-Laubach, Berlin, 1. Mai 1817 (Landesarchiv NRW R, BR 0002, Nr. 404, Bl. 84r). Solms-Laubach vermerkte am Seitenrand, die Regierung Köln sei zu informieren, sodass diese das „Weitere baldigst" veranlassen könne.

[394] Der Maler, Kopist, Kunstsammler und -händler Engelbert Willmes wohnte gemeinsam mit anderen Familienmitgliedern an der Rechtschule 8, dem Gebäude der ehemaligen Kronenburse. Vgl. Christian Samuel Schier 1822: „Ein schöner heiterer März-Nachmittag, der das Gemüth so recht für die Freuden der Kunst und Natur empfänglich machte, wurde verwendet um die Gemälde-Sammlung des hiesigen Malers und Gemäldesammlers Herrn Engelbert Willmes zu beschauen. Bei Erblickung des alterthümlichen, ehemaligen Stadt-Hauses, das er bewohnt, fielen mir die rauhen Muscheln ein, in denen köstliche Perlen enthalten sind. Die Sammlung enthält gegen fünfhundert Darstellungen, verschiedenen Werthes und mancherlei Schule" (Schier, Kunstwanderungen, S. 143). 1867, im Katalog zur Versteigerung der Sammlung Willmes, schrieb J. J. Merlo zu dessen Tätigkeiten und Charakter: „Ernstlicher und nachhaltiger" als Willmes' Fähigkeiten als Maler, „waren seine kunstgeschichtlichen Studien, so dass er sich allmählig von der practischen Künstlerwirksamkeit mehr und mehr lossagte und ein eifriger Sammler wurde, zugleich die mercantilische Richtung erfassend. Seine Kennerschaft und Erfahrenheit auf dem Gebiete der verschiedenen älteren Malerschulen war nicht gering anzuschlagen, und er genoss in dieser Beziehung ein wohlbegründetes Ansehen. Häufig machte er Reisen, um bedeutenden Auctionen beizuwohnen, vor Allem aber blieb Paris der Ort, den er besonders oft und gerne besuchte, um gediegene Kunstwerke aufzukaufen und dann mit reicher Beute nach Köln zurückzukehren. So blieb sein Haus mit Gemälden gefüllt, die, wenn auch verkäuflich, sich stets wieder rasch ersetzten. [...] Bei den älteren Kölner Sammlern war Willmes durch seine Zuverlässigkeit und Rechtlichkeit eine sehr beliebte Persönlichkeit [...]. Auch durch seine geselligen Eigenschaften, durch sein arglos-freundliches und gemüthvolles Wesen war er seinen Freunden lieb und werth; von den vielen Reisen hatte er eine reiche Auslese der verschiedenartigsten Erlebnisse im Andenken behalten, durch deren Mittheilung in seiner gemüthlichen und originell-ansprechenden Weise er den Freundeskreis zu unterhalten und zu erheitern wusste" (in: Schäfke, Kunsthaus, S. 172 f.). Zu E. Willmes: Merlo, Künstler. Sp. 965 f.; van der Heyden, Willmes, 2013; Deichmann, Säkularisation, S. 258–260; Krischel, Kölner Maler, S. 251 f.

[395] M. H. Fuchs restaurierte Bilder für Görres, der begonnen hatte, Gemälde und Handschriften zu sammeln. Vgl. E. von Groote, Tagebuch, Bd. 2, S. 303. J. Görres berichtete seiner Frau Maria Katharina Görres, Trier, 26. Aug. 1816 von seiner Reise, auf der er auch „Bilder erjagt" hatte. In Trier hatte er sich überzeugt, „daß doch Alles gar sehr ausgeleert ist. Indeßen wer sucht, der findet. In Pfalzel habe ich dem Stiftsaltare nachgespürt, und ihn endlich gefunden bey einem Schuster in

welche ganz der gleicht, welche ich in Rotterdam kaufte.[397] Wir gehn nun in den Dom, wohin auch v. Haxthausen kommt, u. wo wir während der Messe bleiben. Nachher gehn wir zu Beckenkamp, wo wir einige Bilder, u. die fertigen Portraits des Generals Gneisenau sehn. Der Rektor kommt, und weigert sich, seine, noch nicht hergestellten Gemälde zu zeigen. Wir gehn zu Zimmermann,[398] den wir nicht finden, |22v| dann zu Haxthausen, wo wir dessen viele, meist unbedeutenden Bilder sehn. Wir essen bey ihm, wobey aber nur Simon noch zu uns kommt, die früher weggeschickten Kreuser u. Elkendorf aber bald wieder kommen, nachdem sie anderwärts gegessen haben. Bey Tische fängt wegen der Weigerung des Rektors, diesen Morgen bey Beckenkamp seine Bilder zu zeigen, u. auf Veranlassung des auf einem Bilde wahrscheinlich trüglich hingeschriebenen Wortes Kalf,[399] welches Kreuser dem Rektor zu Schuld legt, Haxthausen ein xxxxxxxxxx xxx von Kreuser u. Elkendorf an, von dem Rektor wahrhafte Schlechtigkeiten, u. aus der Luft gegriffenes Zeug zu erzählen. Ich widerspreche ihnen, allein, sie treiben es immer höher, bis ich endlich in innerem Grimm mich nicht mehr fasse, in eine fieberhafte Wuth gerathe, u. in einem Strom von Perioden ihnen eine

---

der Wiege, und auf den Stühlen herum, wo hinein er die Bilder verarbeitet, daß noch Köpfe und Arme, die noch nicht abgeseßen und abgewiegt waren, da und dort heraussahen. Einen Laden fand ich noch als Fensterladen, den ich ausgehoben, Christus im Tempel wieder gefunden, freylich übel traktirt. Dann vier brav geschnittene kleine Basreliefs, Auferstehung, Ölberg etc. von diesem Altare, alles zusammen für 6 Franken" (in: Fink-Lang, Görres. Briefe, Bd. 3, S. 136). Am 5. Sept. 1817 schrieb Görres seiner Frau: „In Alttrier habe ich dir eine alte elfenbeinerne römische Haarnadel, einen römischen Breylöffel und dazu noch eine Hand voll Geld alles für einen Franken gekauft" (in: Fink-Lang, Görres. Briefe, Bd. 3, S. 138).

[396] Coena: Abendmahl, hier: Darstellung des letzten Abendmahls Christi.

[397] Vgl. Groote, Tagebuch, Bd.1, 11. Dez. 1815, S. 268. Unter den 1815 von Groote genannten Bildern, die er in Rotterdam sah und von denen er einige kaufte, ist kein Abendmahl aufgeführt.

[398] J. B. Nicolaus Zimmermann, Maler, Restaurator, Kopist und Sammler; AK 1822: Blindgasse 4; vgl. Merlo, Künstler, Sp. 1108 f.; Deichmann, Säkularisation, S. 252–254. Seine umfangreiche „Sammlung von Gemälden, Emaillen, alten Waffen, Ritter-Harnischen, Antiken etc." wurde 1833 versteigert (Sammlung Zimmermann, 1833).

[399] Anfang des 19. Jh.s vermutete man die Existenz eines Malers Kalf oder Philipp Kalf, dem man das Dombild zuschrieb. Smets, Taschenbuch, S. 79: Im Dom, „links vom Dreikönigen-Chörchen sieht man das vortreffliche Bild, das im Jahr 1410 der köllnische Meister Philipp Kalf für seine Vaterstadt malte; wer es anschaut mit Liebe für Kunst und Glauben, der ruft aus: hier ist Himmel! Mit Recht nennt es Carové die Blüte und Frucht altdeutscher Kunst." Fiorillo über den Maler des Dombildes: „Und der Name dieses glücklichen Meisters ist unbekannt! So war es die Art jener altdeutschen Zeit; weiß man ja doch auch den Namen des Mannes nicht, der das Wunderwerk des Domes entwarf; denn nicht die Eitelkeit trieb jene Alten, sondern die Liebe zum Werk." Fiorillo glaubte jedoch, ihn als einen „Meister Wilhelm" identifizieren zu können (Fiorillo, Geschichte, Bd. I, S. 417 f.) D'hame, Beschreibung, S. 218 f.: „Der Zuname Kalf […] ist nicht mehr zu verläugnen: nun klebt man noch an der Undeutlichkeit des Vornamens. Man will ihn Pauls (woran aber das P. fehlet), Augst, Augustin oder gar Wilhelm lesen, weil ein braver Cölnischer Maler Wilhelm jener in alten Zeit-Nachrichten, die auch Herr Prof. Fiorillo in seinem neuen Werke angeführt hat, noch vorkömmt […]. Allein ich bleibe beim Cölnischen Philip Kalf, bis man mich einer andern Lesart überzeugen wird." Über die Zuschreibung des Dombildes: Wolfson, Lochner, bes. S. 101–106.

moralische Lektion halte, die sie sich wahrhaftig nicht erwartet hatten. Ich habe mich aber darüber so erhitzt, daß ich mit den Zähnen knirsche, u. hinaus gehe vom Tische in den Garten. Haxthausen kommt mir nach, u. bringt eine Menge von Entschuldigungen vor, daß er dergleichen vom Rektor mehrmahls gehört, daß selbst Goerres darum wisse, u.s.w. Ich aber fahre fort, ihm, selbst vor der hinzukommenden Frau Goerres, den Text zu lesen, worauf ich in den Speisesaal zurückkehre. Alle sind wie die geprügelten Hunde, u. wedeln u. lecken an mir herum, denn ihr großes Unrecht sehen sie wohl ein. Goerres spricht wenig u. schabt an einem übermalten Bilde.[400] Ich gehe auf einen Augenblick |23r| nach Haus, rede auf der Straße mit Nückel, der der Gegenparthey unsre Expertise mitgetheilt hat; kehre dann zu Goerres zurück u. wir gehn an den Rhein spaziren, wobey ich meist immer mit Goerres rede, besonders über Schulwesen, u. dergl. Wir gehn zum Thee zu Elkendorf, wo wir auch bey gutem Wein bis gegen 12 Uhr bleiben, wo wir in großem Jocus[401] Goerres nach Haus bringen. Mit diesem habe ich früher ernstlich über den Tristan geredet, u. er forderte mich dringend zur Herausgabe desselben auf. – Wir scheiden von den guten Goerres, u. besonders scheint Elkendorf, der gar seelig ist, froh zu seyn, nach Haus zu kommen.

Den 19. May [1817].

Klein von Kendenich kommt, bringt ein Kalb, u. holt Leyen[402] für auf die Kendenicher Burg ab. Der Rektor kommt, um mit mir wegen einer in Berlin [von] einem seiner Freunde erhaltenen Erbschaft zu reden; ich rathe ihm, deshalb an den dortigen Oberbürgermeister Baerensprung[403] zu schreiben. Ich sage dem Rektor im Allgemeinen, was gestern vorgefallen, u. er verspricht mir, sich bescheiden dabey zu benehmen. Der alte Ducque bringt meinen geschnittenen Stein wieder, an dem Er noch gearbeitet, aber wenig gebessert hat. Ich gebe ihm, um ihn los zu werden, 2 Laubthaler |: Fr. 6:| u. behalte den Stein, der mir recht leid thut, weil er verdorben ist. – Ein Brief vom Halfen zu Transdorf meldet, daß circa 7 Morgen von unserm Land zu dem Exerzierplatz genommen werden. In der Sitzung, wohin ich gegen 11 Uhr komme, mache ich deshalb unsern Bericht an die Königliche Regierung.[404] Dorthin nehme ich auch das Reskript von

---

[400] S. Boisserée an J. W. von Goethe über einen Besuch von J. Görres in Heidelberg, Heidelberg, 7. Nov. 1816: „Er hat seit einem Jahr auch altdeutsche Gemälde zu sammeln angefangen und treibt sein Wesen mit gewaltigem Eifer, so daß er sogar selbst restauriert!" (in: S. Boisserée, Briefwechsel, Bd. II, S. 144). Zu Ziel und Methoden der Restaurierung von Gemälden Anfang des 19. Jh.s gibt eine Darstellung von Chr. Ph. Koester, der auch für die Gebrüder Boisserée arbeitete, Aufschluss: Koester, Ueber Restauration alter Oelgemälde, 1827 bis 1830); vgl. Rudi, Koester, S. 101–133.
[401] Jocus: Scherz.
[402] Leye, Leyen: Schiefer, Schieferplatte.
[403] E. von Groote war dem Berliner Bürgermeister Friedrich Wilhelm Leopold von Baerensprung 1816 in Berlin begegnet.
[404] Dieser Bericht ließ sich nicht ermitteln.

Schuckman mit. Es kommt |23v| dorthin der Polizeyrath Guisez,[405] um über die große Brotnoth in der hiesigen Stadt Vortrag zu halten.[406] Er erhält den Auftrag, die Fruchtwucherer zu zwingen, einen Theil ihrer Früchte auf den Fruchtmarkt zu bringen.[407] Ich trage über das Reskript des Ministers des Innern,[408] wegen der in Düsseldorf befindlichen 3 Kisten sub Titulo Rhein. Archiv vor, u. es wird entschieden, die Kisten kommen zu lassen, allein, auf Ausdehnung des Reskripts auf die Bücher u. Handschriften in Düsseldorf u. Aachen beym Minister anzutragen.[409] Ich schreibe diese beyden Briefe. Er wird fast 3 Uhr, ehe ich aus der Sitzung komme. Joseph reitet nach Kendenich. – Um 7 Uhr gehe ich in das Conzert, wo die Milder Hauptmann singt.[410] |: Fr. 3 :| Es ist sehr voll u. warm da. Der Gesang will nicht viel bedeuten.

Den 20. May [1817].

Der Teufel quält u. zwingt mich schon früh im Bette. ∼ Ich gebe mich an die Untersuchung der Walberberger Vikariestiftung, um dem Consistorio zu antworten.[411] Gegen 9 kommt Denoël, u. wir gehn zu Wallraf, mit ihm in seine

---

[405] Johann Nepomuk Wilhelm Josef Guisez, seit 1817 Polizeirat in Köln und Stellvertreter Struensees (Hachenberg, Entwicklung, S. 57, 71). Vgl. eine kurze Liste, o. D. (1815/16), ohne Unterschrift, darin zu Guisez: „Polizey Inspektor Guizes ist auch erst seit 6 Monaten angestellt, versieht seinen Dienst mit vielem Eifer u. Thätigkeit, obgleich ihm durch die jetzige Verfassung sehr die Hände gebunden u. er kein hinreichendes Personal unter sich hat" (Landesarchiv NRW R BR 0002 Nr. 1534, Bl. 84r). Vgl. Romeyk, Verwaltungsbeamten, S. 488 f.

[406] Zeitungs-Bericht der Reg. Köln für Juni, 13. Juli 1817: „Aus den Rechnungen der hiesigen Zentral-Unterstützungs-Kommission ergiebt sich, daß bis zum 31. März c. 1138.785 Pfund Kartoffeln, 294.918 Portionen Suppe und 516.544 Pf. Brod zu wohlfeilen Preisen unter die Dürftigen vertheilt worden sind. Um die Austheilung der Suppen noch einige Monate fortsetzen zu können, haben die Pfarr-Verpflegungs-Kommissionen eine neue Kollekte veranstaltet. Zur Sicherung des allgemeinen Bedarfs sind von Seiten der Stadt etwa 5.000 Malter Roggen angeschafft worden" (GStA PK, I. HA Rep. 89, Nr. 16278, S. 70r–71v). Der Zeitungs-Bericht der Reg. Köln für Mai 1817 ist in den Akten nicht vorhanden.

[407] Fuchs berichtete in seiner Stadtchronik über die Unstimmigkeiten zwischen städtischen und polizeilichen Maßnahmen: „Wie nachtheilig die Trennung der Polizei von dem hiesigen Oberbürgermeister Amt sey, hat sich unter andern im Monat Juni bei Gelegenheit der zur Sicherung des Fruchtbedürfnißes getroffenen Maasregeln mehrmal bewährt. Während die Stadt sich ansehnlicher Vorräthe von Früchten versichert hatte, waren von der Polizei wieder anderweitige Verabredungen mit Fruchthändlern, wovon die Stadt nichts wußte, getroffen worden, aus welchem Mangel an Uebereinstimmung die Stadt einen bedeutenden Schaden erleiden wird" (J. P. J. Fuchs, Stadtchronik (HAStK, Best. 7030, Nr. 215, Bd. I, S. 56).

[408] Fr. von Schuckmann an Fr. L. Chr. zu Solms-Laubach, Berlin, 1. Mai 1817 (Landesarchiv NRW R, BR 0002, Nr. 404, Bl. 84r).

[409] Die beiden Schreiben: Regierung bzw. Oberpräsidium Köln, verfasst von Groote, an die Regierung Düsseldorf und an das Innenministerium, ca. 20. Mai 1817 sind bisher nicht belegt.

[410] Köln. Zeitung, Nr. 78, 17. Mai 1817: „Konzert von Mad. Milder-Hauptmann, Montag den 19. Mai, im Saale des neuen Kuhbergs auf der Ehrenstraße. Billete sind vorläufig zu haben im kaiserlichen Hofe."

[411] Das Schreiben Grootes an das Konsistorium Köln ist bisher nicht nachgewiesen.

Sammlung im Colleg, wo wir bis 11 ½ arbeiten.[412] Denoël scheint ermüdet von seiner Reise nach Brühl, u. kommt nach Tisch nicht, obschon er mirs versprochen. Haxthausen trete ich um die Fr. 7, Stb. 16; er schickt mit nur Fr. 6 u. läßt sagen, er habe keine Münze. Man muß sich vor ihm hüthen, denn Joseph ist er von der Reise nach Siegburg Rth. 5 an Verzehrkosten schuldig geblieben. Dieß ist gar unangenehm. – Nach Tisch untersuche ich noch ferner die Walberberger Akten, u. mache den Bericht ans Consistorium. Ich erhalte ein Scheermesser |:–Stb. 6:||24r| zurück. Abends gehe ich an den Rhein, und von da noch zu einem kleinen Spaziergang. Spät kommt die Gräflich Metternichsche Familie[413] bey uns an, wovon ich aber niemand mehr sehe.

---

[412] Ende 1816 hatte ein Schreiben Wallrafs an die Kölner Regierung die Arbeiten geschildert, die seit Aug. 1816 für den Umzug seiner Sammlung unternommen worden waren (F. Fr. Wallraf an Regierung Köln u. Fr. L. Chr. zu Solms-Laubach, Köln, 26. Dez. 1816; Landesarchiv NRW R, BR 0002, Nr. 405, Bl. 23r–27r). Aus dieser Schilderung wird die Situation, in der Groote und Denoël nun tätig waren, deutlich. Das Schreiben führte aus, wie man die Räumlichkeiten im Jesuitenkolleg vorgefunden hatte: „Mehrere dieser angewiesenen Zimmer waren aber noch wirklich entweder als Schulauditorien mit Öfen, Kaminen und festgeklammerten Bänken und Pulten, andere als Wohnstuben oder Schlaf Zimmer mit Hausrath besetzt und auch wegen Gefahr von Brand etc. vorher zu sichern. Die Aufräumung dieser Plätze wurde dann auf Befehl unternommen. Mehrere Thüren mußten aufgebrochen, an Schlössern und Schlüsseln etc. geändert oder andere Reparationen deswegen unternommen werden. So wurden nun die Gemälde, fast 1.160 an der Zahl aus ihren verschiedenen, selbst entlegenen Plätzen nach dem Collegium hingebracht, nach Klassen abgetheilt, vom Staube gereiniget, und obwohl die Mehrsten ohne Rahmen, bis auf den Boden tief hingehangen oder erst noch hingestellt, selbst die Gänge damit besetzt, so gar noch etwa Hundert wegen ihrer Größe oder auch aus anderen Ursachen daselbst noch keinen Platz finden konnten" (Bl. 26r). Weiter hieß es: „Ich (Wallraf) bestellte nun drei Träger, und einen überall gegenwärtigen vertrauten Aufseher, der auch selbst seine Hände dabey niemals müssig trug, beim Auf und Abladen der Bilder, gemäß überkommener Instruktion verfahren, die Sachen an ihre Plätze weisen etc. mußte. – Mit diesen drey Trägern, deren einer ein Schreiner Bursche war, finng die Arbeit den 12ten des Augustmonaths an. Eine ganze Woche lang dauerte die Ausleerung der Zimmer und Stuben, das Austragen der Öfen, Bänke Lehrstühle und deren Aufstellung in andern Lokalen, und die Reinigung der neuen Stuben, der Säle und großen Gänge etc. Das Sortiren und Aufhängen der hingebrachten Bilder währte dann etwa sieben Wochen, welche auch wegen wiederhohlten Abänderungen sich nöthig machten" (Bl. 26v).

[413] Familie Metternich: Maximilian Werner Graf Wolff Metternich zur Gracht und seine 2. Ehefrau Mathilde Clementine Marie von der Wenge zur Beck. Möglicherweise wurden sie von ihren Kindern begleitet: Levin Wilhelm Anton, geboren 1811; Ignaz, geboren 1813, Maximilian Felix, geboren 1814. Mathilde Clementine Marie Wolff Metternich war bei ihrem Besuch in Köln schwanger; am 16. Okt. 1817 wurde der Sohn Friedrich geboren (Wolff Metternich, Spuren, S. 110). Einige der Familienmitglieder wurden 1793 von B. Beckenkamp porträtiert (Wolff Metternich, Spuren, S. 107–111). Johann Christoph Rincklake schuf um 1801 ein Porträt von Mathilde Clementine Marie von der Wenge mit den Kindern ihrer kurz zuvor, wohl im Kindbett, verstorbenen Schwester (Wolff Metternich, Spuren, S. 111). Im Archiv der Familie Wolff Metternich ist die Aufstellung eines Teils der Kleidung überliefert, die Mathilde Clementine Marie von der Wenge 1805 in die Ehe mitbrachte: „Verzeichniß der Kleidungsstücke, so der Freyfräulein Mathilde von Wenge bey ihrer Verheyrathung mit dem H. Grafen von Wolff Metternich von ihrem H. Vater zu ihrer

Den 21. May [1817].[414]

Früh kommt schon Herr Rektor, dann Herr Denoël. Ich gehe zu Metternich hinüber,[415] die recht wohl u. vergnügt aussehn, u. mich freundlich grüßen. Nachher werde ich abberufen zu einem Herrn Broegelman von Düsseldorf oder Elberfeld,[416] der mir ein Schreiben von Herrn Regierungs Rath Delbrück bringt, u. mit seiner Schwägerinn die vorzüglichsten hiesigen Kunstwerke zu sehen wünscht.[417] Ich gebe ihm einen Zettel an den Rektor, u. schütze die Sitzung vor, um ihn los zu werden. Ich gehe zu Wallraf, u. wir arbeiten im Collegio frisch, bis gegen Mittag. In der Plenarsitzung unterzeichne ich die schon mundirten und im Ganzen nicht veränderten Schreiben wegen der Handschriften u. Documente nach Düsseldorf u. an den Minister des Innern, u. spreche mit Redtel ab, morgen nach Tische nach Kendenich zu reiten. Gleich nachmittag holt mich Denoël wieder ab, u. wir vollenden nun rasch noch das Verzeichniß altdeutscher Bilder in dem Colleg. Ich gehe mit Denoël gegen 7 auf den Neumarkt, wo wir Herrn Cassinone antreffen; mit beyden gehe ich in die sogenannte Lungensucht,[418] wo wir Maytrank trinken, u. etwas essen. |:3 Fr.:| Ich erzähle von den Reklamationsgeschichten in Paris, u. |24v| bleiben bis gegen 9 ½. Abends schreibe ich noch

---

Aussteuer mitgegeben worden sind: „Leinwandt. 50 Hemder / 50 Sacktücher / 50 Nachtshalstücher / 14 Unterröcke / 14 Nachts Leibchen / 18 Paar Taschen / 24 Paar leinene Strümpfe / 6 Paar seidener Strümpfe / 4 Negligées / 3 Morgenshauben mit Spitzen / 12 Nachtshauben / 1 Großes Halstuch. / Kleider: 3 Seidene Kleider / 2 Kammertuchner Kleider / 1 von Harnisch Mouselin / 2 Tägliche Kleider / 1 Silbern gesticktes / 1 Schwarzes / 6 Paar Handschuhe / 3 Paar Schuhe / 1 Chemisettchen / 1 Tuch zum Kopfputz / 2 Paar von Tull / 1 schwarze Schürze und 1 schwarz Halstuch. Eine ganze Rolle Band für Hauben und Nachtsleibchen. 12 Ellen weiss, 6 Ellen roth u. blau Band" (Archiv Wolff Metternich zur Gracht, Nr. 196, o. P.).

[414] Am 21. Mai 1817 beriet der Stadtrat in einer besonders anberaumten Sitzung über die Vergabe der „Juden-Patente". Siehe S. 290 f.

[415] Die Familie Wolff Metternich zur Gracht wohnte in Köln vermutlich in Teilen des „Metternicher Hofs auf der Brücken", Brückenstr 5. Vgl. eine Aufstellung des Besitzes der Familie Mitte des 18. Jh.s: Wolff Metternich, Spuren, S. 87– 93; zum Kölner Anwesen: Kirschbaum, Wohnbauten, S. 133; zum Metternicher Hof in Bonn: Ebd., S. 122–148.

[416] Vermutlich: Friedrich Wilhelm Brügelmann, Kaufmann, Textilfabrikant; er gründete 1820 in Köln eine Blechwarenfabrik, später das Textilunternehmen F. W. Brügelmann Söhne (Rüther/Martinsdorf, Brügelmann, S. 22–26).

[417] Ein von Delbrück an Wallraf gerichteter Empfehlungsbrief für Brögelmann ist erhalten. Delbrück bat Wallraf, „dem Überbringer" des Briefes das Glück zu gewähren, „Ihre Bekanntschaft zu machen u. Ihre weltberühmten Kunstschätze in Augenschein zu nehmen. Der sich dieses Glück wünscht, ist Herr Brögelmann aus Elberfeld, welcher mit einer von seinen Muhmen, der verwitweten Frau Brögelmann aus Comford, morgen von hier nach Köln reisen will" (J. Fr. F. Delbrück an F. Fr. Wallraf, Düsseldorf, 17. Mai 1817; HAStK, Best. 1105, A 4, Bl. 32r u. v).

[418] Lungensucht: wahrscheinlich ist ein Lokal gemeint. Möglicherweise handelte es sich um die Alexianer-Anstalt-Brauerei auf dem Mauritiussteinweg. Der Volksmund nannte die Alexianer auch „Lungenbrüder« nach einem „Haus zur Lunge", in dem sie ihren Sitz hatten (Arntz/Neu/Vogts, Die Kunstdenkmäler der Stadt Köln, Ergänzungsband (1937), S. 128–132).

die Antwort auf die Anfrage des pp. Consistorii, ob man Seminaristen zu den Sonntagsschulen anstellen solle,[419] negative.[420]

Den 22. May [1817].

Beym Vater werden die Schreiben an das Consistorium, u. das an die Regierung wegen der Entschädigung zu Transdorf mundirt u. abgeschickt. Auch schreibe ich an Herrn Canonicus Luninkhausen, der mir angezeigt hat, Herr v. Caspars habe vom Ministerio den Auftrag erhalten, katholische Lehrer für nach Düsseldorf vorzuschlagen; meine Meinung heißt, öffentliche Aufforderungen, in den hiesigen u. Düsseldorfer Zeitungen u. Amtsblättern, an alle Männer, die sich zu solchen Stellen qualifizirt glauben, ergehen zu lassen. Wir arbeiten bis Mittag bey Wallraf. Die Meinigen sind von der Reise nach Kendenich durch das Regenwetter abgehalten worden. Denoël, den ich dazu gebethen, kann nicht wohl, weil heute Theater ist, wo die Milder Hauptmann in der Schweitzerfamilie die Emmeline[421] giebt. Redtel wünscht aus dem nehmlichen Grunde, daß wir erst morgen hin reiten. Deshalb reite ich auch nicht hin. Ich erhalte einen Brief von Graf Solms wegen Wallraf, wegen des Kunstvereins und wegen der Pariser Sachen in Düsseldorf,[422] was er aber irrig gegriffen hat. Ich |25r| gehe nun nach

---

[419] Konsistorium Köln (unterzeichnet von Grashof u. Poll) an Ev. A. von Groote, Köln, 19. Mai 1817: Der Delegierte der Familie von Groote (also Eberhard von Groote) habe zwar auf der Sitzung vom 13. Nov. 1816 eine Verwendung von Mitteln der Groote'schen Katechistenstiftung für den Einsatz von Seminaristen in den Sonntagsschulen abgelehnt, man frage dennoch an, „ob in den Fällen, wo andere Lehrer nicht zu haben sind, und ohne dadurch den Forderungen der Stiftung für die Dauer etwas zu vergeben, es mit Euer Hochwohlgeborn Zustimmung gestattet werden dürfte, daß einstweilen der Unterricht in den Sonntagsschulen durch Mitglieder des hiesigen bischöflichen Seminarii ertheilt werde, und erbitten uns darüber Ihre bald gefällige Erklärung" (HAStK, Best. 155A A 96/8, S. 75 f.).

[420] Vgl. das Schreiben des Inspektors der de Groote'schen Familienstiftungen (abgefasst u. geschrieben von E. von Groote im Namen seines Vaters) an das Konsistorium Köln, Köln, 22. Mai [1817] (HAStK, Best. 155A A 96/8, S. 77 f.). Siehe Briefe u. Schriften.

[421] Emmeline ist die weibliche Hauptfigur des Stücks Die Schweizer Familie, Singspiel von Joseph Weigl (Musik) und Ignaz Franz Castelli (Libretto), 1809 in Wien uraufgeführt mit Anna Milder als Emmeline. Welt- u. Staatsbote zu Köln, Nr. 81, 22. Mai 1817: „Madame Milder-Hauptmann hat, auf allgemeines Verlangen, sich entschlossen, heute Donnerstag den 22. Mai, als Emmeline in der Schweizer-Familie aufzutreten, welches einem verehrungswürdigen Publiko hierdurch bekannt gemacht wird. Herr Burgmüller, von Düsseldorf, wird die Oper dirigiren. Der Eintrittspreis ist in den Logen 64, Parterre 32, Gallerie 16 Stüber." Der Komponist und Dirigent August Franz Burgmüller war seit 1812 städtischer Musikdirektor in Düsseldorf; zu seiner Biografie: Nagel, Stationen, 2004.

[422] Fr. L. Chr. zu Solms-Laubach an E. von Groote, Berlin, 7. Mai 1817 (HAStK, Best. 1553, A 1, Bl. 48r–49r). Darin wurde Groote angewiesen: „Wenn ich nicht irre sind die Acten über diese Materie in den Händen des H. Reg. Dir. Sotzmann, oder wenigstens können solche Ew. Hochwohlgeb. durch H. Sotzm. bekommen. Erbitten Sie Sich diese Acten u. bearbeiten Sie den Gegenstand demnächst nach Ihrer Ansicht, um mir das Ganze bei meiner Rükkehr nach Köln vorlegen zu können. Ich werde dann während der Anwesenheit des Staatskanzlers die Genehmigung

Tisch zu Herrn Apotheker Heiss,[423] wo das Experiment mit der brennbaren Luft wiederholt wird,[424] wodurch wahrhaft eine ungeheure Hitze hervorgebracht wird, so daß Stahl, Messing, Silber, Asbest, Kristall, ja Diamanten theils schmelzen, theils verfliegen. Allein, das Experiment endigt, nachdem die Rindsblase fast zur Hälfte geleert ist, durch eine entsetzliche Explosion, die Luft entzündet sich in der Blase, u. indem sie platzt, entsteht ein Schlag, wie ein Kanonenschuß, wodurch jedoch kein weiterer Schaden geschieht, als daß alle Sachen vom Tische geworfen, zwei Wände eines gläsernen Mykroskopgehäuses zerschmettert, u. alle Anwesende auf eine Zeitlang fast taub werden. Damit sind die Versuche zu Ende. Denoël fährt mit Schaaffhausen nach der Kitzburg [Kitschburg],[425] Wallraf bleibt noch, Herr Prosector Jaeckel, Brassert, Dumont, Hauff gehn weg, so wie ich mit Herrn Lieversberg. Zu Haus finde ich den Herrn Jungnyckel, welcher als Turnmeister hierhergesandt,[426] u. mir ein Schreiben von Prediger

zu erhalten suchen. Die Trierer Seltenheiten habe ich, nach erfolgter Verweigerung der Regierung zu Düßeldorf, bei dem Minister des Innern xxxx, u. zwar mit allen dort verwahrten, früher bei dem General-Gouvernement deponirten Sachen. Ich sehe täglich der Entschließung entgegen. Erfolgt solche nicht, so wird in 8 Tagen ein Moratorium ergehen" (Bl. 48v–49r).

[423] Georg Friedrich Heis, Apotheker u. Mineraloge; AK 1822: Hohe Str. 12. Sein 1806 geborener Sohn Eduard Heis gehört zu den bedeutenden deutschen Mathematikern und Astronomen des 19. Jh.s.

[424] Das Beiblatt d. Köln. Zeitung, Nr. 8, 20. Apr. 1817 hatte über die Entdeckung des Engländers Newman berichtet und in Nr. 9, 11. Mai 1817 den ersten Versuch bei Heis ausführlich beschrieben: „Die von dem Engländer Newmann bekannt gemachte Entdeckung, mittelst einer Mischung von Oxygen- und Hydrogen Gas, durch Zusammenpressen einen Feuerstrahl hervorzubringen, dessen Hitze alle bekannten Temperaturen übertrifft [...], ist von dem hiesigen Herrn Apotheker Heis in Gegenwart einiger naturforschenden Freunde zur Zufriedenheit dargestellt worden. Der Apparat war ganz einfach. Ein gleichförmiger, mechanisch angebrachter Druck stieß durch eine messingene, nach unten gebogene Haarröhre die Luft aus der gefüllten Rindsblase heraus, und ohne die mindeste Gefahr zu befürchten, konnte man in stiller Ruhe jedem Versuche beiwohnen." Das zweite Experiment am 22. Mai, bei dem Groote anwesend war, verlief nicht in „stiller Ruhe".

[425] Zur Kitschburg, dem Landhaus der Familie Schaaffhausen, siehe S. 462.

[426] Solms-Laubach, der sich wie Grashof für die Gründung von Turn- und Schwimmanstalten einsetzte, hatte sich wegen entsprechender Einrichtungen in Köln bereits 1816 an das Innenministerium gewandt, das ihn im April 1817 an Friedrich Ludwig Jahn, Mittelpunkt der Turnbewegung, verwies. Vgl. auch: Fr. L. Chr. zu Solms-Laubach an die städtische Schulkommission, Köln, 4. Juni 1816, sowie deren Antwort v. 16. Juli 1816 (HAStK, Best. 550, A 216, Bl. 1r v u. 2r). Im Okt. 1816 schlug Jahn für Köln den aus Frankfurt a.d. Oder stammenden Rittmeister Jungnickel vor, der daraufhin in Köln als Regierungsreferendar angestellt wurde. Jungnickel bemühte sich während der folgenden Jahre in Köln und der Region um die Einrichtung von Turnplätzen und um Turnunterricht in Schulen (Düding, Nationalismus, S. 60, 63, 66; 110 Jahre Kölner Turnerschaft, S. 12–14). Zeitungs-Bericht der Reg. Köln für Juli, 12. Aug. 1817: „Die hiesige Turnanstalt gewinnt immer mehr den Beifall des Publikums und die damit zu verbindende Schwimmschule deren Einrichtung in der Nähe von Deutz beinahe vollendet ist, wird sehr bald als wohlthätig anerkannt werden, da in diesem Sommer, wie in den vorherigen, mehrere Unglücksfällte sich ereignet haben" (GStA PK, I. HA Rep. 89, Nr. 16278, Bl. 98v–99r). Auch die beiden bei ihren Eltern lebenden Söhne des Oberpräsidenten traten 1817 den Turnern bei. Georg zu Solms-Laubach an seinen Bruder Reinhard in Berlin, Mülheim, [Aug.?] 1817: „Es ist nun in Köln auch ein Turnplatz angelegt worden, und obgleich wir, wie du wissen wirst, hier [in Mülheim] wohnen, so besuchen wir ihn doch alle Mittwoch und Samstag, und es sind schon

Schultze[427] bringt, der mir seine nahe Verheyrathung anzeigt. Der Turnmeister scheint ein wackerer Mensch zu seyn, u. sein Geschäft mit aller Liebe zu ergreifen. Caspar u. Grasshof[428] schließen sich an ihn an. – Ich reite noch nach der Kitzburg, wo ich Schaaffhausen u. die Gesellschaft lange nicht finden kann. Ich gehe in dem Garten u. Hause herum, worauf viel verwandt, u. noch immer gearbeitet wird. – Alles eilt zum Theater. Ich lasse mir bald mein Pferd wieder vorführen, |:–12:| und reite nach der Stadt zurück, gehe auch nicht mehr aus. |25v| Spät erhalte ich noch eine Signatur des Herrn v. Hagen, worin die vor längst verlangte Nachweisung, über Alter, Dienstalter, Gehalt, etc., welche ich längst eingereicht habe, nochmal monirt wird.

Den 23. May [1817].

Denoël kommt früh, u. wir gehn zu Wallraf u. arbeiten bis Mittag in dem Colleg. In der Sitzung sehe ich das monirte Zirkular ein, u. finde, daß es doch ein anderes ist, als ich geglaubt, u. wohl auf Ausfertigung der Patente[429] Bezug haben mag. Ich schreibe mir die Fragen daraus ab. Mit Dr. Sotzmann berede ich nachher den Brief des Grafen, u. er ist auch der Meinung, daß ich gleich wieder schreiben u. zugleich nochmals wegen Wallrafs u. der Aachener u. Düsseldorfer Sachen erinnern solle. Nach Tisch reite ich gleich zu Redtel, hole ihn u. v. Auer ab, u. wir reiten lustig nach Kendenich, wo wir Caffee u. Wein trinken, Garten, Haus u. Hof, u. was neu gebaut wird, ansehn, ich den Schimmel beschlagen lasse, |:–12:| u. dann gegen 7 wieder wegreiten. Ich schreibe zu Haus noch die Beantwortung des Circulares, u. fange den Brief an den Grafen an.[430]

---

etliche 50 Turner darauf. Auch lehrt Herr Jungnickel, der Turnlehrer, schwimmen, welches wir aber nicht mit lernen. Wir haben jetzt wieder viele Kaninchen, obgleich ein Marder sie uns diesen Winter alle bis auf zwei gefressen hatte. Vor einigen Tagen waren alle Turner, ausgenommen wir, weil wir die Erlaubnis dazu nicht hatten, in Altenberg, wo sie die Nacht in einer Scheuer schliefen" (Privatarchiv d. Grafen zu Solms-Laubach, XVII, 204, ohne Nr.). Rudolph zu Solms-Laubach an seinen Bruder Otto in Berlin, Mülheim, 24. Aug. 1817: „Endlich sind wir, wie du es schon lang gewünscht hast, Turner geworden, und verstehen schon manches am Reck, Baaren, u.d.g.m." (Ebda., ohne Nr.). Zur Diskussion um das Turnen: Köln. Zeitung, Nr. 84, 27. Mai u. Nr. 94, 14. Juni 1817; Beiblatt d. Köln. Zeitung, Nr. 11, 8. Juni 1817. Mit dem Verbot der Turnbewegung in Preußen 1819 endete Jungnickels Tätigkeit in Köln. Elkendorf, Topographie: „Die hiesige Turnanstalt, welche unter der Leitung des Regierungs-Referendars Jungnickel vor ungefähr 7 Jahren hier bestand, ist wegen der damit verbundenen Zweckwidrigkeiten zugleich mit den übrigen Turnanstalten im Preußischen Staate zum Wohl der öffentlichen Ruhe aufgehoben worden" (in: Becker-Jákli, Köln, S. 110). Die Turnsperre in Preußen dauerte bis 1842.

[427] Vermutlich handelte es sich um den Brigadeprediger Dr. Schultze, mit dem sich Groote 1815 während des Feldzuges angefreundet hatte.

[428] Einer der Söhne von K. Fr. A. Grashof und Dorothea Luisa Brüder.

[429] Patent hier: Urkunde der Einstellung in ein öffentliches Amt.

[430] E. von Groote an Fr. L. Chr. zu Solms-Laubach, Köln, 24. Mai 1817 (Landesarchiv NRW R, BR 0002, Nr. 404, Bl. 86r–87v). Siehe Briefe u. Schriften. Vgl. den Entwurf, o. O., o. D.; HAStK, Best. 1553, A 1, Bl. 47r–47v.

Reise zu Freunden nach Koblenz

1816 hatte Eberhard von Groote zwei Reisen nach Koblenz unternommen: Im Februar hauptsächlich, um General von Gneisenau für eine Unterstützung der Kölner Interessen zu gewinnen, im August in Begleitung von Karl Friedrich Schinkel zu Gesprächen und Besichtigungen. Die Reise im Mai 1817 war wahrscheinlich beim Besuch der Familie Görres in Köln wenige Tage zuvor überlegt worden, diesmal mit dem Ziel, gemeinsam mit Werner von Haxthausen einige Freunde und Bekannte, insbesondere Görres und Schenkendorf, zu treffen. Am 24. Mai nachmittags machten sich Groote und Haxthausen zu ihrer „Fußreise" auf und gingen „wohlgemuth" in Richtung Bonn. Dort kehrten sie bei Werner von Haxthausens Bruder, Moritz Maria Elmerhaus von Haxthausen und dessen Ehefrau Sophie Louise Albertine von Blumenthal ein,[1] um dort zu übernachten. Am nächsten Morgen setzten sie die Wanderung über Oberwinter und Remagen bis nach Laach fort, am Tag danach ging es zur Genoveva Kapelle in Fraukirch und schließlich – trotz Grootes wunder Füße – „ziemlich rasch" bis Koblenz,[2] wo sie bei Schenkendorf und seiner Frau Henriette Elisabeth Dittrich „festes Quartier" bezogen.

In den folgenden Tagen traf Groote u.a. mit Carl von Clausewitz, Heinrich Wilhelm Gerhardt Scharnhorst und Carl von der Groeben zusammen, die er im Feldzug 1815 kennengelernt hatte, und die nun bei den preußischen Truppen des Rheinkommandos stationiert waren. Sie hatten zum Kreis um General von Gneisenau gehört, der Mitte 1816 das Rheinkommando aufgegeben hatte. Groote begegnete auch einigen hohen preußischen Beamten, etwa dem Direktor bei der Koblenzer Regierung Franz Edmund Joseph von Schmitz-Grollenburg[3] und dem exzentrischen Juristen und Schriftsteller Karl Hartwig Gregor von Meusebach.[4] Zudem besuchten Groote und Haxthausen die Ge-

---

[1] Moritz Maria Elmerhaus von Haxthausen, 1803 bis 1807 Landrat in Brakel; Bruder Werner von Haxthausens. Zumindest von 1825 an wohnte die Familie am Viereckplatz (heute im Bereich des Bertha-von-Suttner-Platzes), wo ihn seine Nichte Annette von Droste-Hülshoff 1828 und 1830 besuchte.

[2] Zu Koblenz vgl. Demian, Handbuch, S. 197: Die Bevölkerung der Stadt „belief sich um die Mitte des Jahrs 1817, mit Ausnahme des Militärs und der Fremden, auf 10.286 Seelen, worunter sich 9.668 Katholiken, 292 Lutheraner, 98 Reformirte und 228 Juden befanden." Ebd., S. 199: „Coblenz ist der Sitz des kommandirenden Generals der Provinzen Niederrhein und Jülich, Kleve und Berg, des Ober-Präsidenten, des Consistoriums und des Medicinal-Collegiums der Provinz Niederrhein, der Regierung und des Tribunals erster Instanz für den Coblenzer Regierungsbezirk, eines Handelsgerichtes, eines Friedengerichtes, und eines Ober-Postamtes." Siehe auch: Demian, Gemälde von Koblenz, S. 3–36. Zu den Behörden in Koblenz Anfang der preuß. Zeit: Bär, Geschichte, S. 11–15.

[3] Fr. E. J. von Schmitz-Grollenburg war seit 1816 Regierungsdirektor bei der Regierung in Koblenz; im Aug. 1817 wurde er zum Regierungsvizepräsidenten in Trier, im Mai 1818 zum Regierungspräsidenten ernannt.

[4] K. H. G. von Meusebach amtierte 1814 als Chef des Tribunals in Trier, ab 1815 war er am Kassationshof in Koblenz tätig, 1819 wurde er Oberrevisionsrat am Rhein. Revisions- und Kassationshof in Berlin. Meusebach, literarisch und künstlerisch äußerst aktiv, besaß eine große Büchersamm-

mäldesammlungen des Grafen von Eltz-Kempenich,[5] des Grafen von Renesse und des Generals Friedrich Karl Ferdinand von Müffling;[6] letzteren kannte Groote ebenfalls aus dem Krieg, da Müffling 1815 als Militärgouverneur von Paris amtiert hatte.

Wichtigste Gesprächspartner Grootes in Koblenz waren seine persönlichen Freunde Schenkendorf und Görres. Während Schenkendorf,[7] der als Dichter der Befreiungskriege überregionales Ansehen genoss, nach langem Bemühen um eine Anstellung im Verwaltungsdienst im April 1817 zum Regierungsrat in Koblenz ernannt worden war, hatten sich für Görres noch keine klaren beruflichen Aussichten ergeben. Nach dem Verbot des Rheinischen Merkurs Anfang 1816 und seiner Entlassung aus dem Unterrichtswesen befand er sich in einer langwierigen gerichtlichen Auseinandersetzung mit dem preußischen Staat; zugleich stand er als prominenter Vertreter politischer und gesellschaftlicher Reformen und als scharfer Kritiker der preußischen Politik in den Rheinprovinzen im Blick der Öffentlichkeit.[8]

Es überrascht, dass Groote keinerlei Diskussionen politischen Inhalts erwähnte, weder in seinen Begegnungen mit Militärs und Beamten noch im Zusammensein mit Görres und Schenkendorf, in wieweit es also zwischen ihnen zu offenem Austausch über politische Ansichten kam, bleibt unklar.[9] Groote hielt zu seinem letzten Abend in Koblenz fest:

„Bey Goerres ist es Abends wieder nicht recht, wie es sollte, u. es wird so wenig Interessantes gesprochen, wie gestern Abend, woran vielleicht die zu gemischte Gesellschaft schuld ist."

Doch es gab andere Themen in den Unterhaltungen mit Görres. Wichtig waren Groote vor allem Gespräche über die Bedeutung „altdeutscher" Gemälde und Handschriften, beides Forschungsbereiche, mit denen sich auch Görres seit einiger Zeit befasste. Ende 1816 hatte er einige Wochen in Heidelberg verbracht und in der dortigen Bibliothek mittelalterliche Handschriften studiert. Aus diesen Studien waren im Frühjahr 1817 die *Altteutschen Volks- und Meisterlieder*[10] entstanden, die nun als Görres neueste Veröffentlichung vorlagen.

---

lung. Zu Meusebachs Rolle in der Koblenzer Gesellschaft: Schwartz, Leben, Bd. 2, S. 182–198; zu Biografie, Werk und Lebenswelt Meusebachs ausführlich und detailreich: Lückoff, Aus dem Leben, 2020.

[5] Zum Eltzer/Eltz-Kempenicher Hof: Michel, Kunstdenkmäler, S. 173–176.

[6] Smets, Taschenbuch, S. 51: „Ansehnliche Gemäldesammlungen findet man in der Lucas'schen Familie, beim Grafen Eltz, beim Kaufmann Dietz, im Böresheimer-Hofe und beim General-Lieutenant v. Müffling". Zu Hermann Joseph Dietz: Thielen, Partizipation, S. 578 f.

[7] M. von Schenkendorf wurde im April/Mai 1817 zum Regierungsrat bei der Regierung in Koblenz ernannt. Zur Biografie Schenkendorfs: Spiertz, Groote, S. 307–311; Klein, Personalpolitik, S. 19–21; Wegener, Leben, Teil 2, vielerorts; Hagen, Schenkendorf's Leben, 1863.

[8] Fink-Lang, Görres, S. 165–182. Vgl. Görres' Briefe an Freunde und Politiker im Jahr 1817 (Fink-Lang, Görres. Briefe, Bd. 3, S. 139–224).

[9] Auch als Görres mit seiner Familie Mitte Mai 1817 zu Besuch in Köln war, vermerkte Groote keine politischen Gespräche, sondern lediglich Unterhaltungen über historische, kunsthistorische Themen und über das Schulwesen.

[10] J. Görres (Hg.), Altteutsche Volks- und Meisterlieder aus den Handschriften der Heidelberger Bibliothek, Frankfurt a. M. 1817. Das Buch wurde im „Verzeichniß neuerer Bücher, welche in der

Für Görres selbst stand in diesen Tagen jedoch ein völlig anderes und ganz aktuelles Projekt im Fokus seiner Tätigkeit – die Planung des „Hülfsvereins Coblenz".[11] Der Anstoß zu seiner Gründung war von einem Neuwieder Bürger ausgegangen, der angesichts der Hungerkrise angeregt hatte, eine Lotterie zu organisieren, um „mit dem Ertrag überall zu helfen, wo die Noth am dringendsten erscheine." Zugleich hatte er „zwanzig Karolin in Gold" und zur Verlosung ein ganzes Konvolut an mehr oder minder wertvollen Gegenständen und Kuriositäten gesandt.[12] Görres, der erklärte, er habe es für „sündlich gehalten, gemächlich am Tisch zu schreiben, während draussen Hunger und Elend alle Menschenhülfe in Anspruch nimmt",[13] griff die Idee auf, gewann weitere Unterstützer und bereitete Ende Mai die erste öffentliche Bekanntmachung vor, die zu Geld- und Sachspenden sowie zum Kauf und Vertrieb von Losen auffordern sollte. Auch Groote und Haxthausen kamen zu einem Treffen bei Görres, bei dem man „über die Verloosung der aus Neuwied gekommenen Sachen"[14] und über den Aufruf[15] beriet. Groote war bereit, sich in Köln für den Hilfsverein zu engagieren und wurde damit Teil einer Initiative, die sich innerhalb weniger Wochen weit über die Region hinaus verbreitete.

Am 31. Mai machten sich Groote und Haxthausen auf die Rückreise; sie bestiegen eine „Wasserdiligenze"[16] und fuhren auf ihr von Koblenz nach Bonn.[17] Hier besichtigten sie

---

    DüMont u. Bachem'schen Buchhandlung in Köln zu haben sind", angezeigt (in: Beiblatt der Köln. Zeitung, Nr. 14, 27. Juli 1817). Görres berichtete W. Grimm von seinem Aufenthalt in Heidelberg, „wo ich neun Wochen ununterbrochen in den alten Büchern gearbeitet, daß mir die Augen stumpf wurden und die alten Worte und Redensarten mir Tag und Nacht vor den Ohren flimmerten. [...] Ich hätte wohl einige Monathe länger bey ihr [der Handschriftensammlung] bleiben sollen, inzwischen ließ es sich dasmal nicht so einrichten, und ich mußte intensiv ersetzen was extensive sich nicht erreichen ließ. Ich habe eine Sammlung recht schöner Volkslieder daraus gemacht, die bis in die ältesten Zeiten reicht, die zur nächsten Messe erscheinen soll" (J. Görres an W. Grimm, Koblenz, 15. Jan. 1817; in: Fink-Lang, Görres. Briefe, Bd. 3, S. 143). Dazu auch: J. Görres an den Frankfurter Buchhändler und Verleger Friedrich Wilmans, Koblenz, 7. Jan. 1817 (in: Fink-Lang, Görres. Briefe, Bd. 3, S. 139 f.); vgl. J. Görres an J. Grimm, Koblenz, 1. Mai 1817 (in: Fink-Lang, Görres. Briefe, Bd. 3, S. 180).

[11] Zum Hilfsverein: Fink-Lang, Görres, S. 174 f. Die Aufrufe und Rechenschaftsberichte des Vereins vom 30. Mai, 2. Juni, 13. Juni, 5. Juli und 15. Aug. 1817 sind gedr. in: M. Görres, J. von Görres, Gesammelte Schriften, Bd. 3, S. 397–437.

[12] Hilfsverein Koblenz, 30. Mai 1817 in: M. Görres, J. von Görres, Gesammelte Schriften, Bd. 3, S. 398.

[13] J. Görres an J. Grimm, Koblenz, 7. Juni 1817 (in: Fink-Lang, Görres. Briefe, Bd. 3, S. 190).

[14] Groote, Tagebuch, 30. Mai 1817.

[15] Aufruf des Hilfsvereins, Koblenz, 30. Mai 1817 (in: M. Görres, J. von Görres, Gesammelte Schriften, Bd. 3, S. 397–400).

[16] Die Wasserdiligence fuhr jeden Morgen von Mainz über Koblenz nach Köln. Schreiber, Anleitung, S. 493: „Dies ist eine artige Jacht, wo man sich recht bequem auf dem Verdecke aufhalten kann. Die Person zahlt bis Coblenz 6 Franken, bis Cölln 12. Sind Wind und Wetter günstig, so kommt man in einem Tage zeitig nach Coblenz, und in 2 bis 2 ½ Tagen nach Cölln". Zur Entwicklung der Wasserdiligencen im Bereich Kölns von 1814 bis 1821 (Korrespondenzen und Regelungen): RWWR 1–30-10, Bl. 82r-100r. Zu Wasserdiligencen und Passagierfahrten auf dem Rhein kurz: Schneider, Schiffahrtsort, S. 26–30.

[17] Die Schifffahrt von Koblenz nach Bonn – vor allem mit Blick auf die Geschichte der Region –

die umfangreiche Antiken-, Gemälde- und Münzsammlung des Kanonikus Franz Pick,[18] sowie die kleine Gemäldesammlung des Verlegers Peter Neusser, der allerdings nach dem Urteil Grootes „ausser einem altdeutschen Portrait der Maria Stuwart nicht viel gutes" hatte. Während Haxthausen in Bonn blieb, wanderte Groote allein nach Dransdorf,[19] um sich über den Zustand des Grundstücks seiner Familie zu informieren, das vom preußischen Militär zur Anlage eines Exerzierplatzes beschlagnahmt worden war. Am folgenden Tag traf Groote in Bonn[20] wieder mit Haxthausen zusammen und wanderte mit ihm über Wesseling nach Köln, wo sie am frühen Abend ankamen. Unter den Briefen, die zuhause auf ihn warteten, war auch die lang erwartete „Anzeige, wegen den Düsseldorfer Kisten".[21]

---

beschrieb J. I. von Gerning in seinem Reiseführer von 1819: Die Rheingegenden von Mainz bis Cölln, S. 166–177.

[18] Franz Pick, geboren 1750 in Bonn, war seit 1784 in Köln als Hauskaplan und Privatsekretär des Dompropstes Franz Wilhelm Graf von Oettingen-Baldern tätig. Durch diesen, der Eigentümer eines umfangreichen Raritätenkabinetts war, lernte Pick Wallraf kennen, mit dem er ab 1789 in der ehemaligen Dompropstei lebte. Wie Wallraf begann Pick Sammlungen anzulegen, wobei beide lange Zeit befreundet waren, allmählich aber zu Rivalen und Gegnern wurden. 1805 verließ Pick die Dompropstei und zog nach Bonn, 1816/17 fanden Pick und Wallraf zu einer versöhnlichen Beziehung. Nach Picks Tod 1819 erwarb die Bonner Universität einen Teil seiner Münzsammlung. Zu Fr. Pick: Thierhoff, Wallraf, S. 102–114, vielerorts; Spiller, Pick, 1967.

[19] Dransdorf liegt „fünfviertel Stunden" von Bonn entfernt (Smets, Taschenbuch, S. 68).

[20] Ausführlich zu Stadt und Kreis Bonn Anfang der preuß. Zeit: Körschner, Topographie, 1988.

[21] Groote, Tagebuch, 1. Juni 1817.

|A 1/12–24; 25v| **Tagebuch 24. Mai bis 1. Juni 1817**

Den 24. May [1817].

Denoël kommt nicht. Ich schreibe meinen Brief zurecht, u. lasse von Carl das erste Projekt zu dem Kunst- u. Wissenschafts Verein hierselbst als Anlage zu dem Briefe an Solms abschreiben.[22] Die Beantwortung des Circulares schicke ich ab, |26r| u. später die Briefe an Sotzman zur Einsicht. Haxthausen kommt, um nochmals wegen der Fußreise nach Coblenz zu fragen. Lippe geht nicht mit, wie er früher wollte. Er aber will heute noch nach Bonn. Ich bin wohl gesonnen mit zu gehn, u. treffe meine Anstalt dazu. Ich gehe später zu Chissels zum Gratuliren,[23] u. mit v. Auer, um mich zur Landwehr aufschreiben zu lassen,[24] wobey ich, wie ich höre, Hauptmann werden soll. Ich gehe von Chissels noch mit Joseph zu v. Haxthausen, der fest zu der Reise nach Coblenz entschlossen ist. Wir essen, u. ich schicke nach Tisch noch einen Brief an Beckenkamp, um das Originalportrait von Gneisenau nach Coblenz zurückzuschicken. Nach Tisch ziehe ich mich an, u. gehe zu v. Haxthausen, der noch allerley zu thun hat, so daß wir erst kurz vor 4 U. wegkommen. Wir gehen wohlgemuth auf der Straße fort, u. holen viele theils aus Holland, theils aus Cöln mit zurück kehrende Leute aus Baden u. dem Stiegsgau, deren Elend unbeschreiblich zu seyn scheint.[25] In Wesslingen treffen wir den

---

[22] E. von Groote, Bericht, die Bildung einer Central Kommission für Kunst und Alterthum in den Rheinprovinzen betreffend, Köln, 6. Nov. 1816 (Landesarchiv NRW R, BR 0002, Nr. 404, Bl. 56r–58v; gedr. in: Groote, Tagebuch, Bd. 2, S. 531–534; vgl. auch: S. 323–326. Siehe den 1817 vermutlich von Carl von Groote abgeschriebenen Bericht v. 6. Nov. 1816: Landesarchiv NRW R, BR 0002, Nr. 404, Bl. 88r–91r.

[23] Der 24. Mai ist u.a. Namenstag von Johanna. Es wurde wohl Joanette von Ghisel, der Schwester von Johann Nicolaus Franz Xavier von Ghisel, gratuliert.

[24] Die Registrierung im Stadtkreis Köln erfolgte: „Für die aus dem Jahren 1790 und 1789 gebornen Landwehrpflichtigen Donnerstag den 22. d., für die aus den Jahren 1788 und 1787 gebornen Freitag den 23. d., für die aus den Jahren 1786 und 1785 gebornen Samstag den 24. d., und endlich für die aus dem Jahre 1784 gebornen Dinstag den 27. d." (Köln. Zeitung, Nr. 80, 20. Mai 1817). Da Groote 1789 geboren war, hätte er sich am 22. Mai registrieren lassen müssen; F. W. A. von Auer war Jahrgang 1786, er musste sich also am 24. Mai melden. In der Aufforderung zur Registrierung hieß es weiter: „Kein Unterschied des Standes findet hier Statt, Verheiratete, Wittwer oder Unverheiratete, die bereits im Kriegsdienst Gestandenen, oder welche sonst einen Befreiungsgrund für sich anführen können, alle müssen persönlich erscheinen und sich einschreiben lassen."

[25] Wenige Tage später machte die Regierung Köln, Abt. I, eine Entscheidung des niederländischen Königs bekannt, die ab dem 15. Juni 1817 nur noch solchen Auswanderungswilligen das Betreten niederländischen Territoriums erlaubte, für deren Kosten während ihres dortigen Aufenthalts gebürgt wurde (Köln. Zeitung, Nr. 86, 31. Mai 1817). J. P. J. Fuchs, Stadtchronik: „Der Auswanderer nach America sind im Laufe des Monats Mai noch viele hier angekommen. Auf dem Hafen Commissariat haben sich deren 1.290 gemeldet, meist Badener und Würtemberger, auch einige Schweizer, Elsaßer und Naßauer. Ungefehr 400 bis 500 dieser Unglücklichen sind wieder hier ausgestiegen und in ihre Heimath zurückgekehrt, weil die Nachrichten aus Holland höchst kläglich lauten. – Die Badener stimmen in ihren Aussagen dahin zusammen, daß sie von der Regierung auf

Referendar Münch u. Mühlenfels, welche nach Godesberg wollen. Wir gehn[26] mit ihnen zusammen bis Bonn,[27] wo Haxthausen u. ich bey dessen Bruder[28] einkehren. Dieser rückt uns gleich mit seinen Gemälden zur Haut, wovon er nicht viel Ordentliches hat. Seine Frau giebt uns Thee[29] u. nur Butterbrot, womit auch das |26v| Abendessen zu Ende ist. Wir gehen bald zu Bette; ich habe mir durch einen drückenden Schuh den rechten Fuß etwas aufgegangen. – Viele arme Badener auf der Landstraße. |:–12:|

25. May [1817]. Kloster Lach. Abends. Pfingsttag.

Wir ziehen, da es früher regnet, erst gegen 6 ½ Uhr aus Bonn, nachdem wir Kaffee getrunken haben. Dann gehn wir auf der Straße nach Andernach fort, nachdem wir in Oberwinter eine Zeitlang in der Kirche[30] gewesen, u. in Remagen gegessen haben. v. Haxthausen zahlt einstweilen aus. Wir gehn von Remagen bis vor Synzig [Sinzig], wo wir rechts abgehn, u. über Aarendal [Ahrenthal], Franken, Sissen [Niederzissen], wo der Mineralquell ist,[31] Waldorf u.s.f. nach Laach gehn, wo ich ziemlich müde u. mein Bein etwas wund ist. Es sitzen dort lustige Kartenspieler zusammen, worunter ein Pastor von Niedermennig. Wir gehn an

---

jede nur mögliche Weise zur Auswanderung ermuntert werden, daß man von den Kanzln America als das gelobte Land preise und selbst Soldaten ohne Bedenken entlaße, wenn sie erklären auswandern zu wollen" (HAStK, Best. 7030, Nr. 215, Bd. I, S. 62).

[26] Seit Kurzem gab es die Möglichkeit zweimal täglich mit dem Postwagen nach Bonn zu fahren. Köln. Zeitung, Nr. 49, 27. März 1817: „Vom 1. April l. J. an, wird der in Köln auf der Hochpforte abgehende Paulische Postwagen zweimal des Tages von Köln nach Bonn abfahren, so wie der von Bonn nach Köln abfahrende Wagen ebenfalls in Bonn zweimal des Tages nach Köln abfahren wird. Die Abfahrtsstunden sind Morgens um sechs, und Nachmittags um zwei Uhr."

[27] Dodd, Autumne, S. 470: „Bonn is a compact little town, white, cleanly, and cheerful in spite of its antiquity. The light Gothic Cathedral is a graceful strucure, and the old Electoral Palace presents a handsome white facade towards the seven mountains, which close the picturesque view through the avenues of the palace gardens." Smets, Taschenbuch, S. 65 f.: „Bonn ist klein, hat aber viele reinliche und selbst ansehnliche Häuser; das Churfürstliche Residenzschloß, in welchem sich zur franz. Zeit ein Lyceum befand, dient jetzt zum Gymnasium; der nahe dabey liegende englische Garten ist ein traulicher Aufenthalt und soll besonders wegen der, von dort zu genießenden, schönen Aussicht nicht übergangen werden; [...]. Oeffentliche Plätze in der Stadt sind der Münsterplatz, der Markt, der Vierecksplatz und der Egidius- oder Römerplatz". Zu Bonner Sammlern: „Der Graf Belderbusch, so wie die Hrn. Canonicus Pick, Dr. Crevelt und Fabrikant Falkenstein besitzen ansehnliche Gemälde-, Alterthum's- und Mineralien-Sammlungen; Hr. Mayer ist ein fleißiger und vielseitig gebildeter Miniatur- und Landschaftsmaler" (S. 66).

[28] Moritz Maria Elmerhaus von Haxthausen, verh. mit Sophie Louise Albertine von Blumenthal.

[29] Handelsbericht für Juni, Köln, 30. Juni 1817: „Von Thee ist überall viel Vorrath und der Preis billig" (RWWA 1–15–1, Bl. 47r). Handelsbericht für Juli, Köln, 30. Juli 1817: „Thee ist bei gutem Vorrath unverändert" (Bl. 49r).

[30] Die St. Laurentiuskirche, errichtet im 11. Jh. und in den folgenden Jahrhunderten erweitert, erhielt um 1500 einen gotischen Chor mit Sterngewölbe. Um 1865 brach man das Gebäude bis auf den Chor ab und ersetzte es durch Bauten in neugotischem Stil.

[31] Sauerbrunnen in Niederzissen: Mineralquelle mit hohem Eisenanteil.

den See,³² ich lese Werner Haxthausen einige Liebeslieder vor, u. nachdem der Pfarrer uns bey Tisch mit allerley Urtheilen über das Consistorium, das alte Kloster Lach, die kostbare Bibliothek daselbst gesprochen u. sich wieder zur Carte gesetzt hat, gehn wir gegen 10 zu Bette. Mein Fuß ist schlimmer. Wir badeten um 4. |27r|

Coblenz, den 26. May [1817]. Coblenz.

Wir sehn den See u. die schöne Landschaft von Lach an und gehn nun bey Niedermennig vorbey nach Frauenkirch [Fraukirch]. Dort beten bey der Heiligen Genoveva viele Leute, u. setzen sich horchend an das Loch hinter dem Hochaltar.³³ In Ochtendung nehmen wir ein kleines Frühstück, u. mir thut die Ruhe sehr wohl, weil meine Füße mich äußerst schmerzen. Wir gehn von dort gegen 2 Uhr wieder weg, u. zwar ziemlich rasch bis Coblenz.³⁴ Wir erfragen Schenkendorf,³⁵ u. faßen bey ihrer freundlichen Aufnahme gleich festes Quartier.³⁶ Die Sophie Goerres ist die erste, die wir von unsern Bekannten sehn, u. sie

---

[32] Smets, Taschenbuch, S. 58: „Der Laacher See, der einen Flächeninhalt von fast 1.323 Morgen hat, ist als der eingestürzte Krater eines Vulkans zu betrachten. Der Rand des See's ist mit einem Sande eingefaßt, den der Magnet an sich zieht; die Tiefe soll stellenweise mehr als 214 Fuß betragen; [...]. Trauriger Schutt ist nun die dabei liegende, sonst wegen ihrer Hospitalität so berühmte Abtey, wo sich ein Flügel des Hauptgebäudes, eigens zur Aufnahme für Fremde, nach beliebiger Zeit des Aufenthalts, und ein anderer zur Verpflegung der Armen und Kranken befand".

[33] Groote hatte die spätromanische Wallfahrtskirche Fraukirch bereits im Sommer 1816 gemeinsam mit K. Fr. Schinkel besucht. Er sah noch den Kirchenbau mit Seitenschiffen, die um 1830 abgebrochen wurden. Der Ort ist mit einer Legende um die Pfalzgräfin Genovefa verknüpft, die in einer Höhle hinter dem Altar Schutz gefunden haben soll.

[34] Demian, Handbuch, S. 185 f.: „Coblenz hat nächst Mainz die schönste Lage am Rhein. Zwar kommt die hiesige Gegend jener von Mainz in Hinsicht der Ausdehnung, Mannigfaltigkeit und Pracht bey weitem nicht gleich, dafür aber herrscht in den Umgebungen von Coblenz mehr Erhabenheit, und die Gegend erscheint mehr in großen und kühnen Formen. Welch ein herrlicher, majestätischer Anblick, wenn man den Rhein herabschifft, und sich nun der heitern, freundlichen Stadt nähert." Siehe auch: Der Regierungsbezirk Coblenz nach seiner Lage, Begränzung, Größe, Bevölkerung und Eintheilung, samt einem doppelten Ortschafts Verzeichniße, Koblenz 1817.

[35] Schenkendorf und Groote hatten seit 1816 ein freundschaftliches Verhältnis. 1816 schrieb Schenkendorf an G. Fr. Bärsch, er habe einen „Kasten im von Groote'schen Hause stehen", in dem sich Privatbriefe und Schriften befanden (M. von Schenkendorf an G. Fr. Bärsch, Karlsruhe, 11. Juni 1816; in: Bärsch, Erinnerungen, S. 106).

[36] Schenkendorf war Ende 1816 nach Koblenz gezogen, zunächst allein, dann folgten seine Frau Henriette Elisabeth und deren Tochter Henriette nach. Schwartz, Leben, Bd. 2, S. 180: Schenkendorf „bewohnte hier anfangs in der Karthause, welche stets sein Lieblingsort blieb, ein einzelnes Zimmer und freute sich der herrlichen Aussicht, die es gewährte; nachher wohnte er eine Zeitlang in einem Hause mit Görres, zuletzt in dem jetzt unter dem Namen Belle-Vue bekannten schönen Hause am Rhein." Der Kalender für den Regierungs-Bezirk Koblenz, 1817, S. 17 vermerkt als Wohnsitz Schenkendorfs: Entenpfuhl 508. Zu Schenkendorfs Leben in Koblenz, das zunehmend von schwerer Krankheit geprägt war: Hagen, Schenkendorf's Leben, S. 219–229; Bärsch, Erinnerungen, S. 105–107.

rennt gleich, uns bey den Ihrigen anzukündigen. Abends gehn wir hin. Es kommen der zur Immediatkommission bestimmte Schwarz von Trier mit seiner Frau,[37] Meusebachs,[38] Eichhorn[39] etc. Man will uns, wenigstens Mich, dort im Quartier behalten u. hat schon alles dazu bereitet. Allein, ich darf wegen Schenkendorf nicht bleiben. Die Sophie drängt sich gar sehr zu mir an, u. ich kann mir nicht versagen, ihr scheidend ein Paar Küsse zu geben. Abends sitzen wir noch lange mit Schenkendorf zusammen.

Coblenz, den 27. May [1817].

Es wird lang, ehe ich mit meinem Anzug fertig werden kann, meines wehen Fußes wegen. Ich lasse mir einen Schuster kommen, kann aber seine Stiefel nicht brauchen. Wir gehn gegen Mittag zu Clausewitz[40], die wir nicht finden, dann zu Scharnhorst, der äußerst gut ist, auch zu Carl Groeben, der mit seiner Frau, Schwiegermutter[41] u.a. gar freudig u. herzlich zusammenlebt. Er soll nach Breslau als Chef des Generalstabs.[42] Noch gehn wir zu General Müfling, wo Haxthausen eine Bekannte aus England findet.[43] Wir werden dort auf morgen zu Mittag gebethen. Später gehn wir noch zu Goerres, wo wir alte Handschriften[44]

---

[37] Appellationsgerichtsrat Peter Schwarz aus Trier wurde erst 1817 der Immediat-Justiz-Kommission zugewiesen.

[38] Karl Hartwig Gregor von Meusebach, der eng mit dem Ehepaar von Clausewitz befreundet war, spielte im Koblenzer gesellschaftlichen Leben eine wichtige Rolle (Schwartz, Leben, Bd. 2, S. 182–192). Zu Meusebachs Frau Ernestine von Witzleben und Frauen ihres Kreises: „Frau von Meusebach vereinigte mit einem gebildeten Geiste das edelste Herz und war eine musterhafte Gattin und Mutter, nahm auch lebhaften Antheil an den wissenschaftlichen und literarischen Betrebungen des Gatten, der zu ihrem auf Geschmack und richtiges Gefühl gegründeten Urtheile großes Vertrauen hatte" (S. 183). „Zur Verschönerung des Lebens in Coblenz trug auch ein ansehnlicher Kreis gebildeter und liebenswürdiger Frauen bei, mit welchen Frau von Clausewitz freundschaftlich verkehrte". Zu ihnen zählten: Rosa Eichhorn, geb. von Nell aus Trier, Gräfin Selma Thusnelda von der Groeben, Emma von Jasmund, geb. Blumenbach, Henriette Elisabeth von Schenkendorf, geb. Dittrich und ihre Tochter Henriette sowie Caroline Schulze, geb. Rößler (S. 185 f.). Zum gesellschaftlichen Leben in Koblenz um 1817: Bärsch, Erinnerungen, S. 101 f.; vgl. auch: Hagen, Schenkendorf's Leben, S. 226 f.

[39] Ambrosius Hubert Eichhorn, Staatsprokurator beim Landgericht in Koblenz und Gründer des Musikinstituts Koblenz, war mit Rosa Johanna von Nell verheiratet. Zur Familie Nell: Thielen, Partizipation, S. 592 f.

[40] Carl und Marie von Clausewitz wohnten im sogenannten von Hontheim'schen Haus in der Koblenzer Neustadt. Zum gesellschaftlichen Leben des Ehepaars von Clausewitz in Koblenz: Schwartz, Leben, Bd. 2, S. 172–200.

[41] Carl von der Groeben hatte 1816 Selma von Dörnberg geheiratet, Tochter von Julie von Dörnberg, geb. von Münster-Meinhövel und Wilhelm Kaspar Ferdinand von Dörnberg. Am 16. Juni 1817 wurde Georg Reinhold, das erste Kind von C. und S. von der Groeben geboren.

[42] Carl von der Groeben wurde im Mai 1817 zum Stabschef des VI. preuß. Armeekorps in Breslau ernannt.

[43] Zu W. von Haxthausens Aufenthalt in England: Klein, Haxthausen, S. 164.

[44] Das Ehepaar Görres besaß mehr als 70 Handschriften, vor allem aus dem Trierer Kloster St. Ma-

u. Bilder ansehn. Nach Mittag kommt zu Schenkendorf Lange,[45] der etwas zu patzig geworden zu sein scheint. Auch Scharnhorst speist dort. – Ich habe mein Ziegenhainer Pfeiffenrohr zu machen gegeben.[46] Nach Tisch gehn wir zu Schmitz Grollenberg, u. zu Clausewitz. Diese will mir Geld für Kölnisch Wasser nach Cöln geschickt haben.[47] Alles geht zum |27v| Conzert der Milder Hauptmann. Wir zu Goerres, wo wir lustig bleiben bis gegen 11.

Den 28. May [1817]. Coblenz.

Haxthausen geht bald nach dem Frühstück aus, allerley Künstler u. Sammler zu besuchen. Ich bleibe bis Mittag zu Haus, bis der Schuster kommt u. mir Stiefel bringt, die ich brauchen kann, u. behalte.|:Fr. 27:| Wir fahren bald zu Müffling,[48] wohin auch Groeben kommt, der dort ebenfalls, wie überall, von Zärtlichkeit fast getödtet wird. Es wird ein sehr zierliches Mittagmal aufgetragen, u. in Hannövrischer Art gelebt.[49] Der General, der erst seit kurzem von Paris zurück ist,[50] erzählt von dem jetzigen Zustand der Museen, wie alles wieder ausgefüllt u. sehr schön geputzt u. geziert sey.[51] Auch die Antikensäle sind wieder geöffnet, u. die

---

ximin. Maria Katharina Görres hatte sie durch ihre Großeltern Johann Claudius von Lassaulx und Anna Katharina Sarbourg erhalten (Franz, Handschrift, S. 8 f.).

[45] Der protestantische Altphilologe und Pädagoge Johann Friedrich Heinrich Lange, ein Anhänger von Jahns Turnbewegung, Teilnehmer an den Freiheitskriegen und Freund Schenkendorfs, war seit 1816 Regierungs- und Schulrat in Koblenz. Schenkendorf hatte für Lange 1814 das Gedicht „Das Lied vom Rhein" geschrieben (in: Schenkendorf, Max von Schenkendorf's sämmtliche Gedichte, S. 174–176).

[46] Ziegenhainer: knotige, zum Teil auch gedrehte Stöcke vom Holz des Korneliuskirschbaums, genannt nach dem Ort Ziegenhain bei Jena. Der Ziegenhainer Stock wurde Anfang des 19. Jhs. zu einem Symbol der Studentenschaft. Groote hatte sich im Juli 1816 in Heidelberg einige Stöcke bzw. Pfeifenrohre gekauft.

[47] Groote hatte für Marie von Clausewitz bereits 1815 Eau de Cologne besorgt, das sie 1816 bezahlte (Groote, Tagebuch, Bd. 2, 7. Febr. 1816, S. 76). Elkendorf, Topographie: Das Eau de Cologne „besteht aus einer Mischung von Weingeist mit Orangenblütenoehl (Neroli), petit Grains, Bergamotte, Cedra, Citron, Limette, Portugal oder portugiesischer Orange, Rosmarin, Lavendel und Extrait de Bouquet" (in: Becker-Jákli, Köln, S. 70).

[48] General von Müffling war seit 1815 mit der kartographischen Aufnahme der Rheinlande betraut. In seinen Memoiren heißt es: „Ich brachte die Sommer der Jahre 1816, 1817 und 1818 in Coblenz zu, wo ich die Aufnahmen leitete, mit meinen Gehülfen die Winkel der Hauptdreiecke zwischen dem Rhein und der Sternwarte Seeberg auswählte und mit einem Reichenbachschen Kreise multiplicirte. Die Winter von 1816 und 1817 brachte ich mit dem Herzog von Wellington in Paris zu, wo sich bereits im Frühjahr 1818 der Congreß von Aachen vorbereitete" (Müffling, Aus meinem Leben, S. 281). Ende 1818 fand in Aachen ein Gipfeltreffen europäischer Monarchen zur Bekämpfung demokratischer Bewegungen statt. Zur Biografie Müfflings: Behr, Müffling, S. 9–34.

[49] Hannöverische Art, hier vermutlich: ausgiebig, vorzüglich.

[50] Müffling in seinen Memoiren: „Meiner Bestimmung gemäß blieb ich bei der Occupations-Armee in Frankreich zurück, und zwar, im Hauptquartier des Herzogs von Wellington, welcher der Einladung des Königs Ludwig XVIII. gemäß den Winter von 1815–1816 in Paris zubrachte, wo noch mancherlei zu ordnen war, was diese Armee betraf" (Müffling, Aus meinem Leben, S. 279).

[51] Welt- u. Staatsbote zu Köln, Nr. 68, 29. Apr. 1817: „Den schaulustigen Parisern und der großen

Diana steht an ihres seeligen Bruders Stelle.[52] Nachher fahren wir zu Herrn Maeusebach, der ein komischer alter Mann ist,[53] u. bringen den Abend mit Goerres bey Schenkendorf zu. Ich war bey der Frau Lange.[54]

Den 29. May [1817]. Coblenz.

Goerres hat uns sein Buch der Volks- u. Meistersänger geschenkt. Ich zeige Scharnhorst, der zu uns kommt, die Zueigung an ihn darin, der nicht wenig darüber erschreckt.[55] Ich hole meinen Stock zurück, |:1–2:| u. gehe mit Haxthausen zu Goerres, wo wir die von Neuwied gekommenen auszuspielenden Sachen[56] u.a. den Kollar sehn, u. versuchen.[57] Später gehn wir zu dem Consistorial

---

Menge der sich hier aufhaltenden Fremden sind die seit einigen Wochen wieder geöffneten Musäen der Gemälde und Alterthümer ein wahrer und würdiger Genuß [...]. Meisterwerke, besonders aus den italienischen, niederländischen und französischen Schulen, die in dem Napoleonischen Musäum keinen Platz mehr fanden, waren noch in den königl. Schlössern zerstreuet. Diese wurden nun zusammengetragen, und, theils mit den noch vorhandenen Meisterwerken des Musäums, theils mit von der Regierung neuerlich angekauften, und den dem Könige von den auswärtigen Fürsten vor zwei Jahren geschenkten, vereinigt. Durch diesen Zusammenfluß ist die Lücke, welche der große Abgang der von den Alliirten, dem Pabste und den italienischen Fürsten, zurückgenommenen Kunstwerke gelassen hatte, an Zahl vielleicht ganz, an Werth zum größten Theile ersetzt. Die Zweckmässigkeit, der Geschmack und die Pracht der Aufstellung in der herrlichen Gallerie des Louvre, ersetzt das Uebrige. Die Zahl der Gemälde aus allen Schulen ist mehr als Eilfhundert. [...] Von großer und strahlender Schönheit, nach ihrem äussern Glanze, wie nach dem innern Gehalte, sind ferner die 16 Säle der antiken Statuen, Büsten, Basreliefs, Denk- und Grabmäler des Alterthums, zusammen 350 Stücke. [...] Immer ist und bleibt die Betrachtung dieser Sammlungen ein hoher und einziger Genuß in Paris, so wie sie selbst, in dieser Schönheit und Vollständigkeit, das erste Musäum von Europa genannt werden dürfen."

[52] Welt- u. Staatsbote zu Köln, Nr. 68, 29. Apr. 1817: „Aber auch Frankreich besaß, ehe die italienischen Kunstschätze als Beute nach Paris verschleppt wurden, in den königl. Schlössern und Gärten treffliche antike Statuen, z.B. die herrliche Diana von Fontainebleau. Sie ist es, die nun den Platz ihres göttlichen Bruders, Apollo von Belvedere, und, wie man behauptet, von demselben griechischen Künstler Praxiteles gearbeitet, einnimmt, und wie er vordem aller Augen auf sich zieht." Zu den in Deutschland geraubten antiken Statuen: Savoy, Kunstraub, S. 367–379.

[53] Karl Hartwig Gregor von Meusebach, geboren 1781, war 36 Jahre alt.

[54] Juliane Wilhelmine Lange, geb. Wetzel war seit 1813 mit Johann Friedrich Heinrich Lange verheiratet.

[55] Die Widmung, die Görres seinem Buch voranstellte, lautet: „Seinem wackern Freunde dem Major W. von Scharnhorst zugeeignet vom Herausgeber". Scharnhorst fürchtete wohl dadurch als naher Freund des umstrittenen Görres zu erscheinen.

[56] Zu diesen Objekten gehörten u.a.: eine alte Pistole, eine Kornwage, ein Pfeifenkopf, eine Tabaksbüchse aus Zinn, sowie aus dem Besitz „eines nordamerikanischen Wilden": Streitaxt, silberner „Nas- und Ohrring", „zwei Paar neue bundverzierte Schuhe", ein „Beutel zum Rauchtaback" und eine Leibbinde; des weiteren eine Halsschnur, der „Backenzahn eines Mammuth, für den in England neun Guineen geboten waren" und eine „Riesenmuschel aus dem stillen Meere" (Hülfsverein in Coblenz, Koblenz, 30. Mai 1817; in: M. Görres, J. von Görres, Gesammelte Schriften, Bd. 3, S. 398 f.).

[57] Kollar, hier: Leibbinde.

Assessor Schultz, der viel schwätzt, u. zu ein Paar Glaser wegen alter Scheiben, sehn aber nicht viel. Wir essen bey Groeben, die mir aber fast zu zärtlich, rührerig u. weinerlich sind. Es wird aus dem Hochzeitbecher,[58] den ihm Schenkendorf gegeben, getrunken.[59] Bey dem Grafen Rense[60] sehn wir mit Groeben einige gute alte Portraits, u. gehn nachher zu Goerres, mit diesen in den Botanischen Garten spaziren. Der Gärtner Way[61] daselbst will wissen, daß Ingersleben an den RegierungsRath Wehler[62] geschrieben, Köln habe noch viel Hoffnung zu Universitaet, Gneisenau treibe die Sache, u. solle für Bonn gestimmt werden.[63] |28r|

---

[58] Schenkendorf hatte zur Heirat von Carl von der Groeben und Selma von Dörnberg 1816 ein Gedicht verfasst: „Seinem ältesten Freunde, Karl Grafen von der Gröben, als er sich mit dem Fräulein Selma von Dörnberg vermählte. 8. Juli 1816" (in: Hagen, Schenkendorf's Gedichte, S. 412–418).

[59] C. von der Groeben besuchte im Juni 1817 die Brüder Boisserée in Heidelberg. S. Boisserée, Tagebücher, Bd. I, 28. Juni 1817, S. 411: „Graf Carl Gröben bringt ein paar Zeilen von Schenkendorf; zarter weicher Mensch". Vgl. M. von Schenkendorf an S. Boisserée, 23. Juni 1817: „Seinen ältesten und besten Freunde Karl Grafen v. d. Gröben, Obristleutnant und Chef des Generalstabes von Schlesien, Schwiegersohn des Generals Dörnberg, sendet mit tausend herzlichen Grüßen zu den Freunden nach Heidelberg Max Schenkendorf" (HAStK, Best. 1018, A 289). Schenkendorf, der sich im Sommer 1814 in Heidelberg aufhielt, dichtete: „Die altdeutschen Gemälde. An Sulpiz und Melchior Boisserée von Kölln. Heidelberg im Juli 1814". In der 2. und 5. Strophe hieß es: „Mir winkt ein alter schöner Saal, / zwei Brüder haben ihn gebaut, / Da hab' ich in dem reinsten Strahl / Mein Vaterland geschaut. [...] Was frommer Fleiß und keusche Kunst / Gepflegt in alter deutscher Welt, / ward hier nach Gottes Rath und Gunst / Gerettet aufgestellt" (in: Hagen, Schenkendorf's Gedichte, S. 302 u. 303).

[60] Das Palais von Clemens Wenzeslaus Graf von Renesse-Breitbach befand sich am Fruchtmarkt/Florinsmarkt. Zur Präsentation seiner umfangreichen Gemälde- und Antikensammlung hatte er Gebäude des St. Florins-Stifts erworben. 1816/17 kaufte die Stadt das Haus, um es abzubrechen (Bär, Geschichte, S. 146, 175; Michel, Kunstdenkmäler, S. 509); somit sah Groote die Gebäude kurz vor der Niederlegung. Zur Gemäldesammlung: von Eltester, Renesse'sche Sammlung, Schuermans, Renesse'sche Sammlung, 1876.

[61] Der Koblenzer botanische Garten wurde in franz. Zeit angelegt. Vermutlich traf Groote ein Mitglied der Familie Weyhe (auch Wey oder Weyh). Neben der mit ihr verwandten Familie Lenné war sie die bedeutendste Gärtner- und Gartenarchitektenfamilie im Rheinland. Peter Joseph Lenné d. Ä. amtierte seit 1811 bis zu seinem Tod 1821 als Direktor des botanischen Gartens in Koblenz; Lennés Neffe Maximilian Friedrich Weyhe war von 1801 bis 1803 in Köln tätig, wo er den Botanischen Garten, den Wallraf zeitweise leitete, neu gestaltete. Danach arbeitete Weyhe als Gartenarchitekt vor allem in Düsseldorf. Groote war ihm 1816 in Köln bei Gesprächen mit K. Fr. Schinkel begegnet (Groote, Tagebuch, Bd. 2, 25. Sept. 1816, S. 357). Zu M. Fr. Weyhes Tätigkeit in Köln: Ritter, Weyhe, S. 41–44, 69–77. Vgl. auch: Thielen, Partizipation, S. 573.

[62] Möglicherweise: Wahlert, Regierungsrat bei der Regierung Koblenz.

[63] Satz sic. Vgl. A. von Arnim an J. Görres, Berlin, 26. März 1817: „Ich vermuthe, daß Dir eine Stelle an der neuen Universität angetragen wird, die nach aller Wahrscheinlichkeit jetzt in Bonn errichtet wird, da allmälig alle gegen Cöln sich erklären. Bei der schönen Lage von Bonn und der Wohlfeilheit des Orts im Vergleich mit Cöln ist ein Zusammenströmen von Studenten größer als in Heidelberg schon wegen der Menge Inländer zu erwarten" (in: Binder, J. von Görres, Gesammelte Schriften, Bd. 2, Freundesbriefe, S. 519; Fink-Lang, Görres. Briefe, Bd. 3, S. 439).

Wir gehn noch weiter auf der Maynzer Straße, wo viele Ausgewanderte sind. Abends gehn wir zu Lasseaux,[64] wo artige Mädchen,[65] die Unterhaltung aber im Ganzen sehr schwach u. ledern ist. Auch Goerres ist nicht bey Laune, Haxthausen noch weniger. – Wir wecken vorbeygehend Scharnhorst noch im besten Schlaf auf.

Den 30. May [1817]. Coblenz.

Die vorgehabte Reise nach Nassau[66] wird wohl wegen des ewigen Regens unterbleiben. Nach dem Frühstück gehe ich zu Goerres, um ihn deshalb zu fragen; er will auch nicht hin. Mit ihm rede ich noch Manches, über die alte Poesie, u. er liest mir einige neuaufgefundene Stellen aus dem Titurel vor.[67] Dann wird noch über die Verloosung der aus Neuwied gekommenen Sachen gesprochen, worüber Goerres einen Artikel in die Zeitung hat setzen lassen. Mittags sind wir bey Schenkendorf mit Scharnhorst. Vor Tisch holen wir mit Goerres noch Groeben ab, u. gehen in die Gemälde-Sammlung des Grafen v. Eltz,[68] woselbst die schöne nackte Frau, angeblich von Dominichino,[69] u. andere zum Theil recht schöne, Niederländische u. Italienische Sachen sind. – Nach Tisch gehn wir noch einige Besuche zu machen, finden aber niemand. Der ConsistorialRath Schultze[70] hat mit uns gegessen, u. bleibt nachher noch lang bey uns. Ich gebe den Frauen Unterricht im Federschneiden. Ehe wir zu Goerres gehn, mache ich mit Scharn-

---

[64] Der Besuch galt wohl der Familie von Johann Claudius von Lassaulx und seiner Frau Anna Maria Müller. Lassaulx, ein Cousin von Maria Katharina Görres, war seit 1812 Kreisbaumeister in Koblenz, seit 1816 preuß. Stadt- und Bezirksbau-Inspektor. Das Ehepaar hatte 1817 mehrere Töchter und Söhne.

[65] Smets, Taschenbuch, S. 52: „Die Einwohner von Koblenz sind höflich, zurvorkommend, gerad und gemüthlich; die Jugend zeichnet sich durch rasches, feuriges Wesen aus; die Frauenwelt ist wohl gebildet und hat viel Idyllenhaftes an sich, daher mehr Natur- als Kirchenreligion."

[66] Möglicherweise war an eine Besichtigung des von Johann Claudius von Lassaulx 1815/1816 entworfenen neuen Turms am Stein'schen Schloss in Nassau geplant oder man dachte an eine Begegnung mit Friedrich Karl vom und zum Stein, der sich in diesen Tagen in Nassau aufhielt; am 26. Mai hatte er von dort ein kurzes Schreiben an Görres geschickt (Fink-Lang, Görres. Briefe, Bd. 3, S. 446).

[67] Wolfram von Eschenbach, Titurel, entstanden vor 1217. Über seine literarischen und literaturwissenschaftlichen Arbeiten vgl. J. Görres an W. Grimm, Koblenz, 15. Jan. 1817: „Hätte ich Lust größere Dichtungen herauszugeben, ich würde mich zunächst an den Titurel machen, da hängt noch eine Krone, und es sind zwey merkwürdige Manuskripte oben [in der Heidelberger Bibliothek]" (in: Fink-Lang, Görres. Briefe, Bd. 3, S. 143).

[68] Die umfangreiche Gemäldesammlung des Grafen von Eltz-Kempenich befand sich im Eltzer Hof in der Firmungstraße. Vgl. Lang, Reise, S. 159: „Ein großes und reiches Gemäldekabinett, in welchem sich als Hauptstück eine Badende von Domenichino vorzüglich auszeichnet."

[69] Domenichino (1581–1641), italienischer Maler.

[70] Der evangelische Theologe Johannes Karl Schulze war im März 1816 zum Konsistorial- u. Schulrat in Koblenz ernannt worden. 1818 berief man ihn in das Ministerium der geistlichen-, Unterrichts- u. Medizinalangelegenheiten nach Berlin.

horst u. Schenkendorf schnell noch einen Spaziergang an die Vestungswerke,[71] und wir gehn bis an die Minengänge. Bey Goerres ist es Abends wieder nicht recht, wie es sollte, u. es wird so wenig Interessantes gesprochen, wie gestern Abend, woran vielleicht die zu gemischte Gesellschaft schuld ist. Wir haben inzwischen Billets zur Wasserdiligenze holen lassen, u. nehmen Abschied, obschon Alle |28v| wünschen, daß wir länger bleiben möchten, besonders Goerres, damit wir die Verloosungsbillets mitnehmen könnten. Allein, es geht nicht an. Ich packe zu Haus noch etwas, u. wir begeben uns gegen Mitternacht zur Ruhe.

Den 31. May [1817]. Transdorf.

Nach 5 Uhr schicken wir uns zur Reise an.[72] Haxthausen hat von Lasseaux mehrere alte Bilder bekommen,[73] die wir mit in's Schiff nehmen. Dort ist die Gesellschaft nicht sehr angenehm. Ein großer, gemeiner, geschwätziger Handlungsreisender führt das Wort, wobey ihn ein dummes, äußerst naseweises Kaufmannssöhnchen unterstützt. Schiffe, welche Früchte geladen haben, u. von Ersterem visitirt werden, halten uns bey Breysich [Breisig] ziemlich lang auf. Noch ist ein Engländer bey uns, der mit uns in Linz zu Mittag speist. Haxthausen schleppt daselbst auch einen Apotheker an, den er als einen guten Chemiker kennen will. Wir sitzen nachher mit dem Engländer auf dem Vordeck, allein, es ist sehr kalt.

In Bonn steigen wir aus, schicken aber den Bedienten mit den Sachen nach Cöln. Wir gehn zu Mauritz Haxthausen, welcher mit mehrern sich im Pistolschießen übt. Dann gehe ich mit Werner zu Pick, dessen Sachen wir sehn,[74] dann zu

---

[71] Demian, Handbuch, S. 189: „Während die Franzosen Coblenz in Besitz hatten, sind blos die Wälle, welche sich an der südlichen Seite der Stadt befanden, geebnet und in Gärten verwandelt worden; auch hat man die sogenannte alte Stadt theils durch Niederreissung einiger alten Gebäude, theils durch Anlegung neuer Alléen zu verschönern gesucht. Jetzt wird Coblenz von den Preußen neubefestigt, die Hauptwerke werden jedoch auf der Carthause und jenseits der Mosel, auf dem Petersberg, angelegt, weil diese Höhen nicht nur die nach Coblenz führende Heerstraßen, sondern auch die Stadt selbst beherrschen."

[72] Groote und Haxthausen nutzten wahrscheinlich eine reguläre Postkutsche. Ab Anfang Juli 1817 verkehrten Postkutschen mehrmals pro Woche von Koblenz nach Köln. Amts-Blatt d. Königlichen Regierung zu Coblenz, Nr. 32, 11. July 1817, S. 211: „Es werden vom 1. July d. J. wöchentlich viermal bequeme, in Riemen hängende Postkutschen zwischen hier und Cölln, und zweimal wöchentlich zwischen hier und Mainz coursiren. Sie sind nicht nur allein zur Beförderung von Personen bestimmt; es können auch damit Gelder und Pakete versandt werden. Die Abgangs-Tage hier sowohl als zu Cölln, sind: Montag, Mittwoch, Freitag und Samstag, Morgens 5 Uhr, und kommen des Abends um 8 Uhr an".

[73] Vermutlich erhielt Haxthausen von Johann Claudius von Lassaulx Gemälde für seine Sammlung (Deichmann, Säkularisation, S. 268).

[74] Nach einem Besuch bei Kanonikus Pick in Bonn 1815 beschrieb Goethe dessen Sammlung: „Dieser heitere, geistreiche Mann hat alles und jedes was ihm als alterthümlich in die Hände kam, gewissenhaft gesammelt, welches schon ein großes Verdienst wäre; ein größeres aber hat er sich er-

Falkenstein,[75] den wir nicht finden, u. zu einem Buchbinder Neusser,[76] der ausser einem altdeutschen Portrait der Maria Stuart nicht viel gutes hat. Nun gehe ich allein nach Transdorf. Stein[77] ist auf die Jagd, kommt aber bald. Ich bespreche mit ihm die Entschädigung wegen der 7 Morgen, die zum Exerzierplatz genommen werden u. mancherley, u. gehe nach dem Nachtessen, gegen 11 Uhr zu Bette. |29r|

Den 1. Juny [1817]. Cöln. Sonntag.

Nach der Messe, die ein Geistlicher von Bonn für den abwesenden Vikar liest, gehe ich mit dem Stein an den zum Exerzierplatz bestimmten Busch. Es ist schade um denselben. Das Holz ist schon verkauft u. in Loose vertheilt. Es scheint nicht mehr möglich, eine Abänderung zu machen. In Bonn gehe ich zu Haxthausen u. mit Werner bald auf den Weg nach Köln. Stein sieht uns vorbeygehn, und bringt

---

worben, daß er [...] ein Chaos von Trümmern geordnet, belebt, nützlich und genießbar gemacht hat. Ohne sein Haus [...] durchwandert zu haben, kann man sich hievon keine Vorstellung machen." Porträts „von sehr verschiedenem Kunstwerth", „Kupferstiche und Münzen, nach Jahren und Ländern geordnet, Geräthschaften aller Art waren zierlich zusammengestellt." In einer „würdig errichteten Scheinkapelle" gab es „bunte alte Glasfenster", die „düsteres Licht" verbreiteten, „geschnitzte Betschemel und Pulte, ein völlig hergestellter Altar, auf demselben Reliquienkasten mit getriebenen Silberfigürchen geziert, mit Emaille reichlich bedeckt; ferner Crucifixe und Leuchter, alle älteren Ursprungs, nach Form und Materie an jenen heiligen Prachtkasten erinnernd, der in dem Cölnischen Dom die Gebeine der drey Könige verwahrt." Auf der Gartenterrasse „sieht man, unter freyem Himmel, verschiedene architectonische Theile und Glieder, Säulen und Gesimmstrümmer, so wie manche Zieratreste, zu Ruinen gruppirt, Inschriften zierlich eingemauert, halberhabene Arbeiten wohl vertheilt, große gebrannte Gefäße als Denkmale aufgestellt, und, mit wenigen Worten, hie und da, wahrhaft-rege, patriotische Gesinnungen ausgedrückt" (Goethe, Ueber Kunst und Alterthum, 1. Heft, S. 31–35). Zur Biografie Picks: Spiller, Kanonikus, 1967; Kaufmann, Canonicus, 1870. Zu Picks Aussehen: „Nach Angabe seiner Verwandten war er ein Mann mittlerer Größe, von ehrwürdigem Äußern und freundlichem Ausdrucke. Sein Haar trug er nicht gepudert, es hing lang und schlicht in deutscher Weise herab" (Kaufmann, Canonicus, S. 17).

[75] Demian, Handbuch, S. 244: Man findet in Bonn „einige kleine Gemälde-Sammlungen, worunter die von Falkenstein und Belderbusch die vorzüglicheren sind".

[76] Der Bonner Buchhändler und Buchdrucker Peter Neusser verlegte seit 1816 das Bonner Wochenblatt. Durch seine Heirat 1801 mit Catharina Rommerskirchen war er Mitinhaber der Bonner Druckerei Rommerskirchen geworden sowie Schwager des Buchhändlers und -druckers Heinrich Rommerskirchen in Köln. Ausführlich zu beiden Biografien: Wenig, Buchdruck, S. 86–95, 143–156, 185–193. Die von E. von Groote heftig angegriffene Denkschrift Die Ansprüche und Hoffnungen der Stadt Bonn von Ph. J. Rehfues war Ende 1814 (anonym) bei P. Neusser erschienen, ebenso die Schrift von Grootes Freund Karl Ruckstuhl Prolog auf die Errichtung eines Turnplatzes von 1817. P. Neusser war auch Gemäldesammler; 1818 wurden Gemälde aus seinem Besitz in einer Versteigerung angeboten. Vgl. auch: Clemen, Kunstdenkmäler der Stadt und des Kreises Bonn, S. 212.

[77] Jacob Stein, „Burg Halbwinner in Transdorf", hatte 1816 und 1817 „richtig geliefert": „zwei fette Schwein. ein Kalb. 100 ℔ Butter. 100 Eyer, 12 paar Tauben. 5 Pahr junge Hahnen" (Rechnungsbuch der Familie von Groote; HAStK, Best. 1042, B 60, S. 193).

uns das Bönnische Wochenblatt, wo die Bekanntmachung steht, daß alle Betheiligte sich bis zum 9. dieses wegen Entschädigung für, zum Exerzierplatz gezogene Ländereyen melden sollten.[78] – Bald kommt uns Mauritz nach geritten, u. bringt uns das bey ihm niedergelegte Geld von Groeben für Mumm,[79] welches wir vergessen hatten. Wir gehn lustig fort bis Wesseling, wo wir Geyr besuchen u. bey ihm zu Mittag bleiben.[80] Seine Frau[81] ist nicht da, aber eine Schwester von Aachen. Gegen 4 Uhr gehn wir wieder weiter, begegnen Bourscheidt auf dem Weg nach Burgbroel [Burgbrohl], u. kommen gegen 7 U. in Köln an. Simon wollten wir besuchen, finden ihn aber nicht. Zu Haus ist nur der Vater, mit dem ich eine Zeitlang rede. Später gehe ich mit Joseph zu Geyr, wo die Schwestern sind. Wegen der Noth ist eine Aufnahme des hiesigen Getreides gemacht worden. Zu Haus finde ich Briefe, die irrig an mich gegeben sind, da sie an Caspar de Groote von Pesch gehören. Auch ist Geld von v. Clausewitz für Eau de Cologne angekommen. Dann eine Anzeige, wegen den Düsseldorfer Kisten, die in meiner Gegenwart geöffnet werden sollen.[82] |29v| Leider ist die Düsseldorfer Regierung angewiesen, alle ausser den mit: Rheinisches Archiv bezeichneten Kisten, selbst zu inventarisiren. Auch Briefe v. Graf Beissel wegen Kendenich.

---

[78] Bonner Wochenblatt, Nr. 280, 1. Juni 1817: „Der Oberbürgermeister der Stadt Bonn. Auf den Grund der Verfügung der Königlichen Hochlöblichen Regierung zu Köln vom 26ten April d. J. gemäß welcher für das hiesige Kavallerie-Garnison-Regiment ein Exerzierplatz in der Gegend des Tannenbusches angelegt werden soll, wozu der Platz von der höhern Behörde festgesetzt und bestimmt, auch bereits durch den Geometer an Ort und Stelle mit Pfählen bezeichnet worden ist; […]. Es ist jedem Betheiligten gestattet, während diesem Zeitraume Einsicht des Planes zu nehmen, und überhaupt diejenigen Einwendungen schriftlich einzubringen, welche er gegen die Verfügung zu machen hat, deren aber nach dem 8ten Juny keine mehr angenommen werden. […] Gegenwärtige Bekanntmachung wird an dem Stadthause zu Bonn, an den Kirchthüren, so wie in der Gemeinde Dransdorf angeheftet, außer dem öffentlich verkündigt, und jedem der Betheiligten mitgetheilt werden. Bonn, den 31ten May 1817."

[79] C. von der Groeben wollte vermutlich bei einem der Weinhändler der Familie Mumm gelieferte oder noch zu liefernde Weine bezahlen.

[80] Hermann Maximilian Joseph von Geyr zu Schweppenburg wohnte mit seiner Familie im repräsentativen Haus Mariengarten, Dorfstr. 20 (heute Kölner Str. 40). Er hatte das Haus von seinem 1789 gestorbenen Onkel, dem Kölner Domherrn Maximilian Heinrich von Geyr zu Schweppenburg, geerbt und umgebaut. 1821 wurde er zum Bürgermeister von Hersel/Wesseling ernannt (Drösser, Wesseling, S. 251). Personalnotizen, 1815: „v. Geyer. Maxmil. Privat. Vetter des vorbenannten [Cornelius Joseph von Geyr], dessen Gesinnung deutsch ist, sehr rechtschaffen, doch ohne besonderen Fähigkeiten, liebt das Landleben und hält sich gewöhnlich mit seiner Familie zu Weselingen auf, einem kleinen, ihm von einem Oheim zugefallenen Gute. […] Mag wohl mehr Lust, als Talente zur Landwirthschaft haben. Es wäre zu wünschen, daß er zu einem Landrathe die Fähigkeiten des alten Herrn v. Nagel zu Cölln hätte." In anderer Hand: „Guter Ruf und vermögend" (Landesarchiv NRW R, BR 0002, Nr. 1534, Bl. 18r).

[81] Clementine Auguste von Geyr zu Schweppenburg, geb. von Wassenaer.

[82] Vermutlich handelte es um das Schreiben von L. Ph. W. vom Hagen, in Vertretung des Oberpräsidenten Solms-Laubach, an die Kölner Regierung vom 20. Mai 1817, das offiziell über die Entscheidung Schuckmanns v. 1. Mai 1817 informierte und die Regierung aufforderte, das Ergebnis, einschließlich des erstellten Verzeichnisses, möglichst bald einzureichen (Landesarchiv NRW R, BR 0002, Nr. 404, Bl. 84v, Entwurf).

Aufgaben und Projekte

Kulturpolitische Bemühungen

Als Groote aus Koblenz zurückkehrte, fand er „eine Anzeige" vor, die in Hinblick auf die in Düsseldorf gelagerten Objekte bereits bekannte Anordnungen enthielt: Die genannten drei Kisten sollten nach Köln gesandt werden, alle anderen Kisten mit restituiertem Kulturgut hatten in Düsseldorf zu verbleiben. In der Sitzung vom 2. Juni beschloss das Regierungskollegium daraufhin, die Ankunft der drei Kisten aus Düsseldorf und die Entscheidung aus Berlin über eine Ausweitung der Genehmigung, um die man im Mai gebeten hatte, abzuwarten. Tatsächlich wurde Groote am 18. Juni darüber informiert, dass ein neues Ministerialreskript eingetroffen sei,[1] laut dem alle aus Paris zurückerhaltenen Objekte von Aachen wie von Düsseldorf nach Köln geschickt werden sollten. – Vermutlich hatten weitere von Solms-Laubach in Berlin vorgetragene Anfragen zu diesem Ergebnis geführt.[2] Wenige Tage danach nahm Groote die angekündigten drei Kisten aus Düsseldorf in Empfang.[3] Am 21. Juli konnte er, nachdem ihm die in Düsseldorf bereits vorhandene Verzeichnisse („Cataloge") zu den Inhalten zweier Kisten zugestellt worden waren, – das dritte Verzeichnis erhielt er erst am 6. September[4] – Regierungsrat Sotzmann eine zunächst noch unvollständige Liste übergeben.[5] Daraufhin legte die Regierung Köln dem Oberpräsidium nahe:

„Da wir nehmlich in Gemäßheit eines Ministerial-Rescripts vom 5tn Juny d. J. ausser den 3 benannten Kisten, ferner noch angewiesen sind, auch alle übrigen, aus Paris zurückge-

---

[1] Groote, Tagebuch, 18. Juni 1817. Es handelte sich wohl um das im Schreiben der Regierung Köln, Abt. I an Oberpräsidium Köln, Köln, 21. Juli 1817 erwähnte Ministerialreskript v. 5. Juni 1817 (Landesarchiv NRW R, BR 0002, Nr. 404, Bl. 92r).

[2] Fr. L. Chr. zu Solms-Laubach hatte auf Grootes Schreiben vom 24. Mai 1817 notiert: „Es ist nach dem Antrag H. Ass. de Groote an das M. d. I. zu berichten u. darauf anzutragen, daß alle in D.dorf u. Achen verwahrten u. früher bei dem Gen. Gouv. deponirte Sachen nach Köln gebracht werden. Berlin am 3. Jul. 1817" (Landesarchiv NRW, BR 0002, Nr. 404, Bl. 86r). Auf demselben Blatt vermerkte Regierungsreferendar Chr. Arndts, der sich mit Solms-Laubach in Berlin befand: „Dieser Antrag ist schon früher gemacht worden und vor Kurzem vom Ministerio des Innern genehmigt worden. Die Acten sind nach Köln übersandt worden, um dem Reg. Assessor de Groote den Auftrag zu ertheilen, die Sonderung vorzunehmen. Was in diesem Schreiben von Verhandlungen bey der Regierung gesagt ist, davon ist mir nichts bekannt und existiren hier auch nicht die mindesten Voracten. Bis zur Einsicht der in Köln befindlichen Voracten des Oberpräsidio und wie es hieraus zu vermuthen ist, der Regierung xxxxxx deshalb die Sache wohl beruhn müssen" (Bl. 86r u. v).

[3] Groote, Tagebuch, 20. Juni 1817. Groote empfahl dem Kollegium, auch das Verzeichnis der dritten Kiste anzufordern. Vgl. Regierung Köln, Abt. I an Regierung Düsseldorf, Ph. von Pestel, Köln, 30. Juni 1817 (Landesarchiv NRW R, BR 0004, Nr. 643, Bl. 8r).

[4] Groote, Tagebuch, 6. Sept. 1817.

[5] Groote, Tagebuch, 21. Juli 1817.

kommen, aus den Rheinprovinzen geraubte wissenschaftliche Gegenstände enthaltenden Kisten aus Düsseldorf und Aachen hier in Empfang zu nehmen, und deren Verzeichnung resp. Aufbewahrung oder Restitution an die unbezweifelbaren Eigenthümer einzuleiten, so wird hierin im Einzelnen nicht wohl etwas verfügt werden können, bevor nicht das zu Erwartende angelangt, und durch vollständige Verzeichniße eine allgemeine Uebersicht des Ganzen aufgestellt seyn wird".[6]

Am 25. Juli entschied Solms-Laubach in Bezug auf alle in Düsseldorf und Aachen noch zurückgehaltenen Kulturgüter lediglich: „Die Ankunft der Kisten ist abzuwarten".[7] Aufgeschoben wurde auch die Rückgabe der Trierer Handschriften an die dortige Bibliothek. Im Auftrag seines Vorgesetzten hatte Groote Anfang Juli Wyttenbach mitgeteilt, man müsse sich in Trier „einstweilen gedulden."[8] Als jedoch der Aachener Regierungspräsident von Reiman im August in Köln erwartet wurde, plante Solms-Laubach, ihn zur Beschleunigung der Angelegenheit persönlich darauf anzusprechen und erteilte Groote den Auftrag, ein entsprechendes Schreiben aufzusetzen.[9] Groote, der bereits Ende 1816 einen „Auszug aus dem Generalakten-Repertorio"[10] erstellt hatte, fertigte rasch ein Verzeichnis an, beantragte aber gleichzeitig, endlich die Akten selbst aus Aachen nach Köln schicken zu lassen.[11] Überdies, heißt es im Textentwurf Grootes, seien die Regierungen „von Aachen, u. von Düsseldorf um Uebersendung aller fraglichen Gegenstände zu ersuchen."[12] Nach der kurz darauf erfolgten Anweisung des Oberpräsidenten an die Aachener Regierung[13] schickte diese schließlich Anfang September zumindest die „geforderten General-Acten des vormaligen General-Gouvernements" nach Köln,[14] am

---

[6] Regierung Köln, Abt. I, unterzeichnet von Sotzmann u. Sombart, an Oberpräsidium, Köln, 21. Juli 1817 (Landesarchiv NRW R, BR 0002, Nr. 404, Bl. 92r).
[7] Fr. L. Chr. zu Solms-Laubach, Köln, 25. Juli 1817, Vermerk (Landesarchiv NRW R, BR 0002, Nr. 404, Bl. 92r).
[8] E. von Groote an J. H. Wyttenbach, Köln, 5. Juli 1817. Siehe Briefe u. Schriften.
[9] Groote, Tagebuch, 12. Aug. 1817.
[10] „Auszug aus dem Generalakten-Repertorio, welches sich in der Registratur der Regierung zu Aachen befindet", o. D. [Nov. 1816], Entwurf (HAStK, Best. 1553, A 1, Bl. 38r).
[11] E. von Groote an Fr. L. Chr. zu Solms-Laubach, Köln, 13. Aug. 1817 (Landesarchiv NRW R, BR 0002, Nr. 404, Bl. 93r).
[12] E. von Groote an Fr. L. Chr. zu Solms-Laubach, Entwurf, ohne Unterschrift, o. D. (12./13. Aug. 1817; HAStK, Best. 1553, A 1, Bl. 56r u. v, hier 56v). Dieser Passus fehlt in Grootes ausgefertigtem Schreiben an Solms-Laubach vom 13. Aug. 1817.
[13] Fr. L. Chr. zu Solms-Laubach an Regierung Aachen, Köln, 15. Aug. 1817, Abschrift (Landesarchiv NRW R, BR 0002 Nr. 404, Bl. 95r).
[14] Vgl. „Nachweisung der gewünschten beigefügten Aktenstücke", o. D. (Landesarchiv NRW R, BR 0002, Nr. 404, Bl. 100r). Die Nachweisung enthält in Tabellenform die Angaben: „Wegen Wiederherstellung der von den Franzosen weggenommenen Alterthümer" (6 Blätter); „Wegen der von den Franzosen mitgenommenen Archive vom Roerdepart., und deren Zurückerstattung" (41 Blätter); „Verschiedene von Paris zurückgekommene Verhandlungen des Rördept., Manuscripte u. Bücher betr." (28 Blätter); „Die von der Franz. Regg. zu reklamirenden Papiere, Plane u. Zeichnungen betr." (59 Blätter); „Die von der Franz. Reg. zu reklamirenden Kunst Sachen betr." (33 Blätter); „Die von den Franzosen nach Paris gebrachten Kunst- u. Wissenschaftlichen Gegenstände (Provinz Grosherzogthum Niederrhein)" (210 Blätter); „Die von den Franzosen nach Paris gebrachten Kunst u. Wissenschatlichen Gegenstände (Prov. Cleve, Berg)" (233 Blätter).

25. September konnte Groote sie einsehen. Von einer Zusammenlegung aller in Düsseldorf und Aachen lagernden restituierten Gegenstände in Köln war jedoch keine Rede mehr.

Auch die langgehegten Hoffnungen auf die Errichtung einer Universität in Köln schwanden. Zwar schrieb Solms-Laubach Mitte Juni aus Berlin beruhigend an Wallraf, dass die Entscheidung über die Universität noch nicht getroffen sei,[15] und noch am 24. Juli, zurück in Köln, äußerte er sich in einem Gespräch mit Groote darüber,

„was er den Ministern über die Universität gesagt, u. wie er immer noch für Köln gestimmt, die Minister gebethen habe, wenn sie Bonn wählen würden, u. es nachher schief gehe, ihn ausser Verantwortlichkeit lassen sollten".[16]

Gleichwohl war Solms-Laubach zu diesem Zeitpunkt bewusst, dass der Fokus der Berliner Ministerialbeamten inzwischen auf Bonn gerichtet war. Auch der neuernannte Staatsrat Daniels beurteilte die Situation pessimistisch. In einem Schreiben an Wallraf erklärte er, er habe sich in Berlin für Köln als Standort eingesetzt, verzweifle aber „beinahe" am Erfolg seiner Bemühungen.[17]

Wenige Tage nach der Lektüre dieses Briefs beschloss Groote, sich noch einmal schriftlich, und zwar „satyrisch", zur Universitätsfrage zu äußern. Anlass war ein in der Zeitschrift *Isis* unter dem Titel *Luftsteine* erschienener Artikel. Er berichtete über Steine, die bei Bonn vom Himmel gefallen seien und interpretierte diese Erscheinung als Omen für die Errichtung der Rheinischen Universität in Bonn.[18] Der Artikel, den Joseph von Groote „beym Nachtessen" vorlas,[19] erläuterte:

„So sehr Köln in Hinsicht auf Alter, Rang, Gebäude, besonders Kirchen, Kunstsachen Anspruch auf eine Universität hat; so wenig wäre einer solchen günstig die Größe, der Handel, die flache Lage, die Anwesenheit vieler Soldaten und vieler Regierungsleute. Bonn dagegen besitzt alles, was man für eine Universität von der ganzen Erde zusammentragen könnte. Eine himmlische Lage am Ausgang des Rheingebirgs, anmuthige, begeisternde Nachbarschaft, mäßige Größe, regelmäßige Gassen und Häuser, zu Hörsälen und Sammlungen brauchbare Gebäude, überdieß das Schloß, schon ein botanischer Garten, keine Garnison, keine Regierung, kein Handel, [...] endlich mitten in der Stadt der edle Bürgersinn zur Aufnahme und Pflege der wissenschaftlichen Anstalten und zum freundlichen Willkommen der Lehrer, und zur billigen Bewirtung der Lernenden."

---

[15] Fr. L. Chr. zu Solms-Laubach an F. Fr. Wallraf, Berlin, 21. Juni 1817 (HAStK, Best. 1105, A 19, Bl. 31r u. v).
[16] Groote, Tagebuch, 24. Juli 1817.
[17] H. G. W. Daniels an F. Fr. Wallraf, Berlin, 24. Juni 1817 (HAStK, Best. 1105, A 4, Bl. 22r).
[18] Luftsteine; in: Isis, Stück II, Nr. 25, Sp. 195 f. Hauptargument des ironischen Textes war: Da in Bonn bereits „mehrere tüchtige Mineralogen" lebten, sei einer Universität als Zentrum geologischer, generell naturwissenschaftlicher Studien der Boden bereitet.
[19] Groote, Tagebuch, 6. Juli 1817.

Binnen zehn Tagen hatte Groote einen ausführlichen Artikel fertiggestellt und konnte ihn am 16. Juli an Lorenz Oken in Jena, den Herausgeber der Isis, absenden. Dabei stellte Groote sicher, dass er nicht als Absender zu erkennen war. Der Artikel, der von einem antijüdischen Grundton durchzogen ist, wurde schließlich im September 1817 anonym publiziert.[20]

Antijüdische Maßnahmen in Köln

Eberhard von Grootes antijüdische Einstellung tritt in seinen Aufzeichnungen immer wieder unübersehbar zu Tage. Sein Misstrauen gegenüber Juden und Personen jüdischer Herkunft, seine Furcht vor deren vermutetem Einfluss auf Politik und Gesellschaft entsprach der Einstellung seines Umfelds und stand in Übereinstimmung mit den behördlichen Maßnahmen gegenüber der jüdischen Bevölkerung, die seit dem Frühjahr 1817 auch in Köln eingeleitet wurden.[21] Ein näherer Blick auf diese Entwicklungen zeigt Folgendes:

1797/98 hatte der französische Staat die vollständige Gleichstellung von Protestanten und Juden in den eroberten Rheinlanden verfügt, schränkte den Status der Juden 1808 allerdings durch ein neues Gesetz wieder erheblich ein. Dieses Gesetz, das auf zehn Jahre gelten sollte, begrenzte vor allem Niederlassungsrecht und wirtschaftliche Tätigkeit, da nun erneut behördliche Genehmigungen – ein „Judenpatent" oder ein „vorläufiger Erlaubnisschein"[22] – gefordert wurden und Juden einen Wohnungswechsel von einem Departement zum anderen untersagte, außer sie wollten Ackerbau betreiben. Gegenüber dem Dekret von 1808 legte das in Preußen seit 1812 geltende „Judenedikt" liberalere Regelungen fest;[23] die rheinischen Juden hofften deshalb zu Beginn der preußischen Herrschaft auf eine Aufhebung des französischen zugunsten des preußischen Gesetzes. Die zunehmenden restaurativen Tendenzen im preußischen Staat wirkten sich jedoch auch in der Politik gegenüber den jüdischen Einwohnern und Einwohnerinnen aus. Im September 1816 verfügte Innenminister von Schuckmann die vorläufige Beibe-

---

[20] E. von Groote, Die Universität in den preußischen Rheinprovinzen, in: Isis, 1817, Nr. 173 u. 174. Siehe Briefe u. Schriften. Vgl. Spiertz, Groote, S. 91–95.

[21] Zur Situation der Juden in Köln und dem Rheinland in franz. und zu Beginn der preuß. Zeit vgl.: Zittartz-Weber, Religion, S. 45–108; Zittartz, Neuzeit, S. 129–140; Müller, Köln, S. 308–312; Müller, Geschichte, S. 11–68; Schulte, Rechtslage, S. 95–98; Schulte, Betätigung, S. 125–131; Hahn, Dekret, 1967; Kober, History, S. 179–200. Seit 1815 wurde die Einführung neuer staatlich-administrativer Strukturen für die jüdischen Gemeinden in den Rheinprovinzen diskutiert, 1817 entstanden Stellungnahmen verschiedener Behörden. Im Aug. 1817 legte der protestantische Konsistorialrat Bruch im Auftrag der Kölner Regierung ein Gutachten für die zukünftige Organisation des jüdischen Kultuswesens vor (Landesarchiv NRW R, BR 0002, Nr. 763, Bl. 89r–92v). Zur Diskussion 1817 im Bereich des Kölner Oberpräsidiums über diese Neuorganisation vor allem: Landesarchiv NRW R, BR 0002, Nr. 763, Bl. 73r–119r.

[22] Décret concernant les juifs, v. 17. März 1808; in: Daniels, Handbuch, Bd. V, Art. 1–27, S. 336–341. Das Gesetz wurde als Schändliches Dekret (décret infâme) bekannt. Vgl. Molitor, Juden, S. 91 f.

[23] Edikt, betreffend die bürgerlichen Verhältnisse der Juden in dem Preußischen Staate v. 11. März 1812; in: Gesetz-Sammlung, 1812, Nr. 5, S. 17–22.

haltung der Bestimmungen von 1808 in den Rheinlanden, zugleich wurde die Immediat-Justiz-Kommission beauftragt, Vorschläge für eine zukünftige Regelung zu erarbeiten.

In Köln wie in anderen Teilen der Rheinlande hatte man nach dem Abzug der Franzosen die Vorschriften von 1808 wenig beachtet, sodass eine Anzahl von Juden ohne obrigkeitliche Genehmigung, in einem informellen Status der Duldung, nach Köln ziehen und Handel oder Gewerbe ausüben konnten. Diese Situation begann sich Anfang 1817 zu ändern, da die Behörden nun eine genaue Erfassung und, zunächst gründend auf das Dekret von 1808, eine strikte Reglementierung der jüdischen Einwohner in die Wege leiteten. Einbezogen in diesen Vorgang waren in Köln: Regierung und Polizeidirektion, Oberbürgermeister und Stadtrat, Polizeibeamte und Sektionsvorstände, Handelskammer und jüdische Gemeinde. Innerhalb des Regierungskollegiums war die Abteilung I, der Eberhard von Groote angehörte, für diesen Bereich zuständig. Groote war somit immer über die entsprechenden Diskussionen und Entscheidungen informiert, nähere Aufzeichnungen von seiner Seite sind darüber jedoch nicht überliefert. Aufgrund des Prozesses, den er und seine Familie „gegen die Juden" in der Region um Kendenich führten, war sein Interesse an der Entwicklung allerdings groß.

In einem ersten Schritt zur Erfassung der jüdischen Einwohner wandte sich die Kölner Regierung am 10. April 1817 mit einer Anweisung an Polizeipräsident Struensee,[24]

> „sämtliche hier wohnende jüdische Glaubensgenossen vor sich zu fordern, solche über ihren Vor- und Zunahmen, Geburtsort, Alter, über den Zeitpunkt ihrer Ansiedelung in den diesseitigen Provinzen, überhaupt und in der hiesigen Stadt insbesondere, so wie über ihren Nahrungserwerb und über das Datum ihres lezten Juden-Patents zu vernehmen, und über Alles dieses eine genaue und vollständige Liste anzufertigen."

Diese Liste, hieß es weiter, hatte Struensee an Oberbürgermeister von Mylius zu schicken, mit der Aufforderung, sie einem „eigends zu versammelnden Gemeinde-Rath" vorzulegen. Der Rat sollte „durch Stimmenmehrheit" vermerken, welchen Juden der Aufenthalt in Köln erlaubt sei und – unter „Angabe der Gründe" –, welche abzuweisen seien. Die Stellungnahme des Rats war wiederum dem Polizeipräsidenten einzureichen, der sie „den Vorstehern der hiesigen jüdischen Synagoge" mitteilen sollte, damit diese „über die Aufführung und die Rechtschaffenheit" der Personen die „erforderlichen Zeugnisse" erteilen konnten. Die Ergebnisse der Untersuchungen sollte Struensee der Regierung vorlegen, die daraufhin „das Erforderliche" veranlassen wollte.

Die Regierung hatte damit das Procedere in der Frage der „Juden-Patente" festgelegt, die Realisierung der Vorgaben, so zeigten die folgenden Monate, ging allerdings nicht einfach vonstatten. Als Übergangslösung genehmigte die Regierung am 18. April Mylius,

---

[24] Regierung Köln, Abt. I, unterzeichnet von Sotzmann u. Auer, an C. Ph. G. Struensee, Köln, 10. Apr. 1817, Abschrift für Oberbürgermeister von Mylius (HASTK, Best. 400, A 793, Bl. 20r u. v). In diesem Schreiben verwies die Regierung auf „den Bericht des Herrn Oberbürgermeisters Praesidenten von Mylius vom 3t. d. M. [3. April], wovon Sie Sich das Konzept nebst den betreffenden Akten wollen aushändigen lassen" (Bl. 20r). Dieser Bericht liegt den Akten nicht bei.

denjenigen Juden, die 1808 in Köln ansässig gewesen waren und „eine untadelhafte Aufführung" gezeigt hatten, „vorläufige Erlaubnißscheine zum handeln" auszustellen;[25] der Stadt war dadurch zunächst ein eigener Handlungsspielraum zugestanden. Einige Tage später, am 21. April, schickte Struensee ein Verzeichnis „sämmtlicher" in Köln wohnender „jüdischer Glaubensgenossen" mit Angaben zu 42 Männern[26] an von Mylius,[27] der die Liste daraufhin dem Stadtrat vorlegte. Der Rat beauftragte den Oberbürgermeister, sich „Auskunft über die Moralität der Individuen" zu verschaffen und zwar durch „die Polizei Commissarien, Viertelsmeister und die Handelskammer".[28] In den folgenden Tagen bemühte sich die städtische Behörde darum, die geforderten Auskünfte einzuholen.[29] Von besonderem Gewicht war die Antwort der Handelskammer, deren Präsident von Mylius selbst – in Personalunion mit dem Oberbürgermeisteramt – war.[30] Das Schreiben teilte „die genannten jüdischen Männer in drey Classen" ein, denen jeweils „ein unbedingtes", „ein mehr beschränktes" Recht oder aber „gar kein Recht" auf eine Patentierung zuerkennen sei. Ferner erklärte die Handelskammer, es schiene überhaupt

> „zweckmäßig, dem Ueberhandnehmen der Juden, die bei ihrer großen Fruchtbarkeit wie üppiges Schlingkraut allenthalben sich festsezen, auf eine kräftige Weise entgegenzuarbeiten".

Es möchte daher „besonders heilsam seyn", Art. 16 des Dekrets von 1808 anzuwenden und das Ansiedlungsrecht der Juden zu beschränken.[31] In einer eigens anberaumten Sitzung Mitte Mai[32] folgte der Stadtrat der Klassifizierung der Handelskammer,[33] in der

---

[25] Regierung Köln, Abt. I, unterzeichnet von Sotzmann u. Sombart, an K. J. von Mylius, Köln, 18. Apr. 1817 (HAStK, Best. 400, A 793, Bl. 32r).

[26] „Nachweisung Sämmtlicher im Stadtkreise Köln wohnenden jüdischen Glaubensgenossen", Köln, 19. Apr. 1817, unterzeichnet von Struensee (HAStK, Best. 400, A 793, Bl. 26r–31r). Woher Struensee, der erst seit Kurzem im Amt war, diese Namenliste erhalten hatte, ist nicht angegeben, möglicherweise stammte sie von Mylius.

[27] C. Ph. G. Struensee an K. J. von Mylius, Köln, 21. Apr. 1817 (HAStK, Best. 400, A 793, Bl. 25r u. v).

[28] Protokoll der Ratssitzung v. 26. Apr. 1817 (HAStK. Best. 410, A 1). Viertelsmeister: die Vorsteher der vier Sektionen der Stadt.

[29] Siehe die entsprechende Korrespondenz (HAStK, Best. 400, A 793, Bl. 35r–47v) sowie die Anfrage: K. J. von Mylius an die Handelskammer, Köln, 28. Apr. 1817 (RWWA 1–40–3, Bl. 217r). Letztere war eine Abschrift der „Nachweisung Sämmtlicher im Stadtkreise Köln wohnenden jüdischen Glaubensgenossen" beigelegt, die Mylius von Struensee mit Datum 19. Apr. 1817 erhalten hatte (Bl. 208).

[30] Handelskammer an K. J. von Mylius, Köln, 13. Mai 1817 (HAStK, Best. 400, A 793, Bl. 46r–47r); vgl. den Entwurf des Schreibens (RWWA 1–40–4, Bl. 1r–2r). Ich danke Clemens von Looz-Corswarem für seine Hinweise.

[31] Handelskammer an K. J. von Mylius, Köln, 13. Mai 1817 (HAStK, Best. 400, A 793, Bl. 46v). Eine Wiederholung dieses Passus findet sich in: Handelskammer an K. J. von Mylius, Köln, 13. Nov. 1817 (Bl. 87r u. v); vgl. den Entwurf des Schreibens: RWWA 1–40–4, Bl. 75.

[32] Einladung zur Sitzung am 21. Mai: K. J. von Mylius an die Mitglieder des Rats, Köln, 20. Mai 1817: „Ich habe die Ehre, Sie hierdurch zu benachrichtigen, daß der Stadtrath sich Morgen 11 Uhr

Zuordnung einzelner Personen stimmten die beiden Gremien jedoch nur teilweise überein. Nachdem Struensee die Stellungnahme des Rats an die Regierung Köln weitergegeben hatte, forderte diese von Oberbürgermeister und Stadtrat am 17. Juni[34] zusätzliche Angaben und brachte überdies verschärfte Maßnahmen gegen die jüdische Bevölkerung zur Sprache: Es stelle sich die Frage, so das Schreiben, ob „nicht alle außer den früher patentirten hergezogenen Juden, in sofern sie die vorstehende Bedingung nicht erfüllen, von hier fortgewiesen werden müßen." Damit war eine mögliche Ausweisung jüdischer Einwohner und Einwohnerinnen Kölns ins Auge gefasst. Auf einer weiteren Sitzung am 7. Juli[35] stimmte der Rat diesem Vorschlag zu und erklärte zudem, man müsse für die Juden im Umland ebenfalls „Maasregeln" treffen, „um dieselben von Betreibung alles Gewerbes in hiesiger Stadt auszuschliessen."[36]

Doch die Kölner Regierung war nicht zufrieden. Am 5. August verlangte sie in scharfem Ton von Struensee[37] die Präzisierung der bisher eingereichten Verzeichnisse sowie eine spezielle Liste derjenigen Juden, die durch den Oberbürgermeister einen vorläufigen Erlaubnisschein erhalten hatten.[38] Nachdem von Mylius ein entsprechendes Verzeichnis an Struensee gesandt hatte, legte dieser es am 25. September der Regierung vor. Die Behörde genehmigte – „vorbehaltlich einer nähern Entscheidung wegen Ertheilung der Patente" – die vorläufige Zulassung für alle genannten Männer;[39] eigentliche Patente in der Form, wie sie das Dekret von 1808 vorgesehen hatte, vergaben die Behörden aller-

---

versammeln wird, um über die den Juden zu ertheilende Patente zu berathschlagen, und ersuche Sie, bei dieser Sitzung sich einfinden zu wollen" (HAStK, Best. 400, A 793, Bl. 48r).

[33] Protokoll der Ratssitzung v. 21. Mai 1817, Abschrift (HAStK, Best. 400, A 793, Bl. 49r–50v); Protokoll der Ratssitzung v. 21. Mai 1817 (HAStK, Best. 410, A 1); Begleitschreiben: K. J. von Mylius an C. Ph. G. Struensee, Köln, 29. Mai 1817, Entwurf (HAStK, Best. 400, A 793, Bl. 51r–52r).

[34] Regierung Köln, Abt. I, unterzeichnet von Sotzmann u. Sombart, an K. J. von Mylius, Köln, 17. Juni 1817 (HAStK, Best. 400, A 793, Bl. 53r u. v).

[35] K. J. von Mylius an die Ratsmitglieder, Köln, 24. Juni 1817, Einladung zur Sitzung, „um die Ertheilung der Patente an die dahier wohnenden Juden von neuem zu berathschlagen" (HAStK, Best. 400, A 793, Bl. 54r).

[36] Protokoll der Ratssitzung v. 7. Juli 1817, Abschrift mit Unterschriften von Mylius und 17 Ratsmitgliedern (HAStK, Best. 400, A 793, Bl. 56r–57v); vgl. das kurze Begleitschreiben: K. J. von Mylius an Regierung Köln, Abt. I, Köln, 12. Juli 1817, Entwurf (HAStK, Best. 400, A 793, Bl. 58r) sowie das Protokoll der Ratssitzung v. 7. Juli 1817 (HAStK, Best. 410, A 1).

[37] Regierung Köln, Abt. I an C. Ph. G. Struensee, Köln, 5. Aug. 1817, Abschrift, gezeichnet von Sotzmann u. Goßler (HAStK, Best. 400, A 793, Bl. 65r–66r).

[38] Mit Nachdruck erklärte die Regierung: „Die hiesige Ortsbehörde" hätte sich an die Vorschriften des Dekrets halten „können und müßen". Es sei nun dringend notwendig, „diesen Unregelmäßigkeiten durch strenge Befolgung gesetzlicher Vorschriften ein Ende zu machen und für die Zukunft vorzubeugen" (Regierung Köln, Abt. I an C. Ph. G. Struensee, Köln, 5. Aug. 1817, Abschrift (HAStK, Best. 400, A 793, Bl. 65r u. v).

[39] Vgl. C. Ph. G. Struensee an K. J. von Mylius, Köln, 25. Sept. 1817 (HAStK, Best. 400, A 793, Bl. 72r u. v) sowie anliegend: „Namentliches Verzeichniss der im Stadt-Kreise Cöln wohnenden jüdischen Glaubens-Genoßen, welchen vorläufig Erlaubnißscheine zum Handeln ausgefertigt werden sollen" (Bl. 74r–77r). Das Verzeichnis führt 33 Männer auf.

dings auch während der folgenden Monate nicht. In dieser restriktiven Haltung konnten sich die Kölner Behörden auf eine am 5. September erlassene Verfügung des Innenministers stützen, die bestimmte, vorerst „die Verhältnisse der in den neuen Provinzen sich befindenden Juden in eben der Lage zu belassen, in welcher sie bei der Occupation angetroffen worden sind".[40] Insgesamt war die Situation der in Köln lebenden Juden 1817 also wieder unsicherer geworden: Sie unterlagen der Überprüfung durch Nachbarn und Geschäftspartner, waren in ihrer Niederlassungsfreiheit und Berufsausübung eingeschränkt; selbst eine Ausweisung mussten sie befürchten.

Groote allerdings sah in der anhaltenden Diskussion um den rechtlichen Status der jüdischen Bevölkerung eine Chance für den Prozess seiner Familie. Denn da der Besitz eines Patents Bedingung für die Rechtsfähigkeit einer Person war, wurde ein Jude ohne Patentierung nicht als klagende Partei vor Gericht zugelassen. Eberhard von Groote notierte im Dezember 1817: „aber lustig wäre es, wenn man den Juden die Einrede machen könnte, daß sie nicht patentisirt waren."[41]

Familienangelegenheiten

Weder diese Auseinandersetzung der Grootes mit „den Juden" noch ihre Erbschaftsstreitigkeiten mit General von Mylius ließen sich in den folgenden Monaten beilegen. Hinzu kam eine Reihe anderer Probleme, mit denen sich Eberhard von Groote befassen musste: Strittige Weiderechte auf dem Groote'schen Landbesitz, Konflikte mit Konsistorium und städtischer Schulkommission um die Groote'schen Stiftungsgelder sowie Schwierigkeiten im Nachweis von Vikariestiftungen in Walberberg. Überdies wurde Fochem zum Pfarrer an St. Ursula ernannt, sodass eine Neubesetzung der Rektorenstelle an der Elendskirche notwendig war. Nach der Prüfung einiger Bewerber wurde das Amt Ende Juli/Anfang August an den aus Barmen stammenden Geistlichen Johann Ludwig Theodor Busch vergeben. Die enge, sachlich bedingte Verbindung Fochems zur Familie von Groote war dadurch beendet, die freundschaftlichen Kontakte zu Eberhard von Groote blieben jedoch bestehen.

Zusätzliche Arbeit brachten im Frühsommer die Vorbereitungen für den Umzug des Oberpostamtes und damit auch der Familie. Die Berliner Behörden hatten bereits 1816 die Verlegung der Königlich Preußischen Postdirektion vom Metternicher Hof in der Brückenstraße, in dem seit 1815 Direktion und Wohnung der Grootes untergebracht waren, in besser geeignete Bauten geplant. 1817 fiel die Entscheidung für die Gebäude in der Glockengasse 25–27, in denen sich der Sitz des Thurn und Taxischen Oberpostamts befunden und Everhard Anton von Groote mit seiner Familie bis zur Emigration 1794 gelebt hatte. Gemäß der behördlichen Anordnung sollte in den Gebäuden nicht nur die Postdirektion untergebracht werden, sondern auch die Wohnungen des Postdirektors

---
[40] Reskript vom 5. Sept. 1817 (in: Michaelis, Rechtsverhältnisse, S. 11).
[41] Groote, Tagebuch, 11. Dez. 1817. Das Dekret vom 17. März 1808 bestimmte in Art. 10: „Tout acte de commerce fait par un juif non patenté sera nul et de nulle valeur" (in: Daniels, Handbuch, Bd. V, S. 337).

und des 1816 nach Köln beorderten Postkommissars Schulz. Zwischen beiden Postbeamten gab es bereits seit längerem Unstimmigkeiten, die sich in der Frage der Wohnungsaufteilung zu heftigen Auseinandersetzungen ausweiteten. Umbau und Einrichtung der Gebäude dauerten schließlich bis zum Herbst, der Umzug der Familie von Groote zog sich noch bis 1818 hin.

Hoffnung auf ein Ende der Not

Währenddessen hatten sich Nahrungsmittelknappheit und Teuerung im Frühsommer 1817 noch keineswegs abgeschwächt. Die Vorräte waren aufgebraucht, die vom Staat angekündigten Getreidelieferungen verzögerten sich.[42] Die Regierung Köln musste deshalb feststellen, dass der „Nothstand der ärmern Volksklasse" im Juni „nicht allein auf seiner Höhe" blieb, sondern „noch gesteigert" wurde.[43] Gleichzeitig habe „die öffentliche und Privat-Wohlthätigkeit" „nicht nachgelassen", überdies bestehe „gegründete Hoffnung zu einer gesegneten und frühen Erndte".[44] Tatsächlich entspannte sich die Situation während des Monats Juli deutlich,[45] da nun das „Königliche Ostsee-Unterstützungs-Getreide" geliefert wurde, die Kornpreise „fast um die Hälfte fielen" und der Brotpreis „bedeutend" niedriger wurde. Die Kölner Behörde erklärte:

> „Wenn nun gleich die Preise der übrigen Lebensmittel sich fortwährend in einer unverhältnißmäßigen Höhe erhielten, und in manchen Gegenden [...] die Kartoffeln fast um keinen Preis zu haben waren, so scheint doch bei dem Reichthum der Felder und der gespendeten Hülfe an Brodkorn die Zeit der allgemeinen Noth überstanden zu seyn."[46]

Einberufung zur Landwehr

Unabhängig von der wirtschaftlichen Situation begann der preußische Staat im Frühjahr 1817, seine Gesetze zur Bildung einer Landwehr[47] in den Rheinprovinzen umzusetzen.

---

[42] Am 10. Juli 1817 berichtete die Köln. Zeitung, Nr. 109, auf ihrer Titelseite über eine Anordnung des Königs vom 17. Juni 1817: „Des Königs Majestät haben wegen der, ungeachtet der von Allerhöchstdenselben zeitig verordneten großen Kornankäufe, dennoch durch Verspätung der Zufuhr in den Rheinprovinzen und Westphalen steigenden Korn-Noth die strengste Untersuchung der ganzen Angelegenheit, und die Ausmittelung jeder Schuld hierbei, zur schärfsten Ahndung befohlen."

[43] Zeitungs-Bericht der Reg. Köln für Juni, 13. Juli 1817 (GStA PK, I. HA Rep. 89, Nr. 16278, Bl. 65r–65v). Vgl. die Protokolle der Ratssitzungen im Juni und Juli 1817 (HAStK, Best. 410, A 1).

[44] Zeitungs-Bericht der Reg. Köln für Juni, 13. Juli 1817 (GStA PK, I. HA Rep. 89, Nr. 16278, Bl. 66v). Vgl. den Bericht der Central-Unterstützungs-Kommission vom 1. Juni 1817 „An die Stadtkölnische Bürgerschaft" (J. P. J. Fuchs, Materialien zur Stadtchronik; HAStK, Best. 7030, 219/2, o. P.).

[45] Zeitungs-Bericht der Reg. Köln für Juli, 12. Aug. 1817 (GStA PK, I. HA Rep. 89, Nr. 16278, bes. Bl. 82r–84v). Der Bericht ist von Groote mitunterzeichnet.

[46] Zeitungs-Bericht der Reg. Köln für Juli, 12. Aug. 1817 (GStA PK, I. HA Rep. 89, Nr. 16278, Bl. 82v).

[47] Während der Befreiungskriege hatte Preußen das stehende Heer durch die Bildung einer Landwehr ergänzt, die nach Ende der Kriege beibehalten wurde. Die Organisation der Landwehr im

Das Amtsblatt der Regierung Köln veröffentlichte am 25. März und 6. Mai konkrete Regelungen zur Gestellung für die Landwehr,[48] wenig später wurde in den lokalen Zeitungen zur Registrierung der Jahrgänge von 1784 bis 1795 aufgerufen. Die betroffenen Männer hatten sich

> „in dem Gebäude der ehemaligen Unterpräfektur auf dem Domhofe persönlich einzufinden, um sich in die hiezu bestimmten Register einschreiben zu lassen, und die über ihre Verhältnisse erforderlichen Aufklärungen zu geben."[49]

Eberhard von Groote, der zur Jahrgangsgruppe 1789/90 gehörte, erfuhr bei seiner Registrierung, dass er zum Hauptmann ernannt werden sollte; seine Versuche, diese Ernennung zu verhindern, blieben erfolglos. Überdies war zu seinem großen Ärger das Tragen einer speziellen Uniform vorgeschrieben. Sie war, so eine königliche Verfügung, der Uniform des stehenden Heeres angelehnt, um „die Landwehr auch im Aeussern mit dem stehenden Heere so innig zu verbinden, wie es dem Wesen ihrer Organisation nach seyn muß". Daher sollte „die ganze Infanterie, sowohl des stehenden Heeres, als der Landwehr, rothe Kragen und Aufschläge erhalten"; zur Unterscheidung der „Armee-Korps und Regimenter" voneinander mussten die Uniformen jedoch mit verschiedenen, „farbigen Patten und Schulterklappen" versehen werden.[50] Widerwillig ließ Groote seine alte Uniform aus dem Feldzug 1815 zur „jetzt nöthigen" umändern und nahm in den folgenden Wochen mehrfach – gelangweilt – am Exerzieren der Kölner Landwehr teil. Am 4. Juli wurde er gemeinsam mit anderen Landwehroffizieren General von Hake, dem Nachfolger Gneisenaus, als Kommandant der Rheinarmee, vorgestellt.

Regierungsbezirk Köln entsprechend der Landwehr-Ordnung vom 21. Nov. 1815 (gedr. in: Lange, Geschichte, S. 252–265) wurde, wenigsten in Teilbereichen vom Militärstandort in Münster durchgeführt, sodass Groote zur Vertretung seiner Angelegenheit mit dortigen Militärangehörigen in Kontakt war. Ich danke Dirk Ziesing für seine Hinweise. Zur Entwicklung der Landwehr 1815 bis 1819: Lange, Geschichte, S. 213–309; Bräuner, Geschichte, 2. Halbband, S. 52–71. Im Nov. 1815 war der Kommandant von Köln, Generalmajor von Ende, auch zum Landwehr-Inspekteur ernannt worden. Er übernahm damit die Organisation der Landwehr im Regierungsbezirk Köln, zudem war er Divisionskommandant der Landwehr in den Regierungsbezirken Köln und Aachen (Zander, Befestigungs- und Militärgeschichte, Bd. I,1, S. 257).

[48] Vgl. Amtsblatt d. Königl. Reg. zu Köln, Nr. 12, 25. März, S. 111; Nr. 18, 6. Mai 1817, S. 172 f. Die Landwehr war in zwei Aufgebote geteilt: E. von Groote gehörte zum 1. Aufgebot, das sich auf alle 26- und 32-jährigen Männer, die bereits Wehrdienst geleistet hatten, bezog. Das 2. Aufgebot betraf alle bisher nicht eingezogenen 21- bis 32-jährigen Männer.

[49] Köln. Zeitung, Nr. 80, 20. Mai u. Nr. 81, 22. Mai 1817.

[50] Verfügung v. 25. März 1817 (in: Köln. Zeitung, Nr. 80, 20. Mai 1817; auch in: Lange, Geschichte, S. 293–294, hier S. 292); vgl. detaillierte Angaben zu den Kölner Regimentern: Ebd., S. 297. Die Uniformierung der Landwehr nach diesen Vorschriften konnte 1817 nicht durchgängig realisiert werden; bereits 1818 erfolgten neue Einteilungen der Regimenter mit neuen Uniformelementen (Bräuner, Geschichte, 2. Halbband, S. 64–66).

Aufgaben und Projekte

Eigene Pläne

Während Grootes Arbeit „am Tristan" in den Sommermonaten in den Hintergrund seiner Tätigkeiten geriet, beschäftigte ihn ein neues Projekt. Seit Erscheinen des von ihm und Carové Ende 1815 veröffentlichten *Taschenbuchs für Freunde alter Zeit und Kunst* hatte Groote mehrfach über eine Fortsetzung nachgedacht. Am 15. Juni 1817, während eines Ausflugs im Freundeskreis, wurde ihm „die Idee lieb u. ernst", als „zweyten Jahrgang" des Taschenbuchs eine „kleine Topographie von Cöln" zu schreiben, in der er „Merkwürdigkeiten" – vor allem Relikte antiker Bauten – verzeichnen und erläutern wollte. „Merkwürdigkeiten" und „Alterthümer" gab es in Köln fast in jeder Straße und auf jedem Grundstück. Für die einheimischen Kölnerinnen und Kölner gehörten sie zum gewohnten Stadtbild, über ihre Geschichte und ehemalige Bedeutung war jedoch wenig bekannt. Für Reisende wie den Verleger Perthes waren die Baureste „aus allen Zeiträumen" beeindruckend. Die Kölner lebten, schrieb er, „auf Trümmern und Steinen von anderthalb Jahrtausend", sodass man „mit einigen Schritten die alte Geschichte von der Römer Zeiten an" durchwandern könne.[51] Für Stadtbewohner wie für Besucher konnte daher eine Topographie, wie sie Groote im Sinn hatte, interessant und nützlich sein. Topographien, das heißt Darstellungen eines Ortes oder einer Region unter bestimmten thematischen Gesichtspunkten, etwa dem der Beschreibung historischer, kunsthistorischen und/oder natürlicher „Merkwürdigkeiten" oder auch der medizinischen Gegebenheiten als „medizinische Topographien",[52] wurden Anfang des 19. Jahrhunderts sehr populär, denn sie ergänzten die ebenfalls immer beliebter werdenden Reisebeschreibungen. Grootes Projekt entsprach also sowohl dem zeitgenössischen Markt wie seinem persönlichen Interesse. In den folgenden Monaten wanderte er, wann immer er Zeit hatte, durch Köln, suchte Reste antiker Bauten auf, recherchierte in historischen Werken und erhielt von Wallraf die Zusage einer Mitarbeit.[53] Diese Recherchen vermerkte er bis Anfang Oktober.

---

[51] Perthes, Friedrich Perthes, Bd. 2, S. 87.
[52] Die Regierung Köln beauftragte einige Jahre später die als Amtsärzte (Physiker) eingesetzten Mediziner ihres Bezirks mit der Anfertigung von medizinischen Topographien. B. Elkendorf, ab 1819 erster Stadtphysikus von Köln, reichte die von ihm erstellte Topographie der Stadt Köln 1824/25 ein (Elkendorf, Topographie; in: Becker-Jákli, Köln, S. 18–154).
[53] Groote, Tagebuch, 6. Sept. 1817.

|A 1/12–24; 29r| **Tagebuch 2. Juni bis 26. Juli 1817**

Den 2. Juny [1817].

Der Rektor kommt, mich wegen der Reise zu fragen, u. ich erzähle ihm davon. Dann mache ich mich zur Sitzung fertig. Auch Denoël kommt, der sich inzwischen meistens mit einer neuen Anordnung der Wallrafschen Bilder im Collegio u. Ueberbringung anderer aus dessen Hause beschäftigt hat. Ich gehe mit ihm, doch nicht zu Wallraf, sondern in die Sitzung, wo ich die Schreiben von Düsseldorf u. dem hiesigen Ober Präsidio vortrage,[54] worauf beschlossen wird, sowohl die 3 angekündigten Kisten, als die Bescheidung des Ministeriums zu erwarten. – Noch dekretire[55] ich an Graf Belderbusch, daß er sich erkundige, ob auf der Bank in Godesberg wirklich die Sätze so gering angenommen werden, daß sich Handwerker u. Bauern ruiniren. – Graf Beissel hat geschrieben, daß er Dienstag nach Cöln komme, u. Mittwoch nach Kendenich zu gehn wünsche, welches der Vater auch annimmt. – Nach der Sitzung gehe ich zu Nückel, wegen unsern Sachen. In der letzten Appel ist Herr Kramer en defaut[56] kondemnirt[57] worden. Engels hat mit den Juden von einem früheren Urtheil appellirt, welches die künftige Woche vorkommen, u. die Sache hoffentlich beschließen wird. Nückels Frau ist krank im Bette, dieß hindert ihn gar nicht, mich zu ihr zu führen.

Gleich nach Tisch kommt Denoël; ich zahle an Farina[58] die 240 Fr. von Frau v. Clausewitz gegen Quittung, und nun gehe ich mit Denoël zu Wallraf, u. ins Colleg, wo inzwischen schon manches angeordnet ist. Wir |30r| fahren mit Anordnen u. Aufhängen der Bilder fort. Werner Haxthausen kommt mit dem Major Mylius hin, u. giebt mir die Note von unseren Reise Kosten, welche sich auf die geringe Summe von Rth. 9, Stb. 7 ½ belaufen. Wir arbeiten bis gegen 7 ½,

---

[54] Welche Schreiben Groote vortrug, ist unklar.
[55] Dekretieren: anordnen.
[56] en défaut, hier: wegen eines Fehlers; wegen eines Verstosses.
[57] condamniert worden: verurteilt worden.
[58] Mitglied der Familie Farina, Inhaber der Kölnisch Wasser Firma Johann Maria Farina (Küntzel, Fremde, S. 78 f., 85 f.; Kuhlmann, Eau de Cologne, S. 50). Ein Produkt des Unternehmens wurde im Sept. 1817 in der Kölner Gewerbeausstellung gezeigt und dem König überreicht. Denoël, Uebersicht der Ausstellung, Teil 1: „Ueberflüßig wäre der Versuch, dieses bei gehöriger Kunde zum Theil als Heilmittel anwendbare, dann zur Verdünnung und Reinigung der Luft so vorzüglich geschätzte Produkt hiesiger Erfindung noch preisen zu wollen, da seine Wirkung, das Nützliche mit dem Angenehmen verbindend, so bekannt und sein Ruf so allgemein verbreitet ist; wir reden daher bloß von dem recht niedlichen, mit silbernen Zierrathen geschmückten Kästchen von Ebenholz, und dem darin enthaltenen Kristallfläschchen, worin Herr Carl Farina am Jülichsplatz, Sohn des vielgenannten Erfinders J. M. Farina, die Probe seines Industrie-Erzeugnisses ausgestellt hatte, und welches von der huldvollen Güte Sr. Majestät einer hohen Bestimmung würdig gefunden ward. Werde des Kästchens duftender Inhalt recht oft zum bescheidnen Erinnerer an seine Vaterstadt!" Zur Geschichte der Firma Farina: Eckstein, Cologne, 2013; Schäfke, Oh! De Cologne, 1985.

u. ich gehe noch mit Wallraf, in dessen Hause, einen Aufsatz im Morgenblatt zu sehn, worin die Bettendorfsche Sammlung in Aachen gegen die Wallrafsche gar sehr herausgestrichen wird.[59] – Ich gehe nach Haus. Die Schwestern sind beschäftigt, meine u. meiner Brüder Wäsche zu vervollständigen, was auch Noth that. – Ich habe ein unerträgliches Jucken über den Körper, welches wohl von der Hitze der Reise herrühren muß.

Den 3. Juny [1817].

Es ist schon wieder Regenwetter. Denoël kommt nicht. Ich lasse meine Sachen von Haxthausen holen, u. schicke ihm meinen Antheil an den Reisekosten. |: Fr. 25 S. 11 ½ :| Dann lese ich die Vorrede zu den Meisterliedern von Goerres durch.[60] Später kommt Graf Beissel, mit dem wir die morgige Reise nach Kendenich, wegen der Schaftrift[61] u. der Torfgruben, verabreden. Nach Tisch gehe ich mich

---

[59] Morgenblatt für gebildete Stände, Kunst-Blatt, Nr. 10, 1817, S. 40: „Vom Nieder-Rhein. Den 22. Januar 1817. In Cölln und Aachen sind im vergangnen Jahre zwey sehr bedeutende Kunstsammlungen aufgestellt worden. Am ersten Orte hatte der Professor Walraff, in den stürmischen Zeiten der französischen Revolution, wo die Kunstwerke zu retten ein großes Verdienst war, größtentheils aus den, damals sehr gemißhandelten, Kirchen so viel es möglich war zu sammeln gesucht. Seit der Zeit hatte er mit seltner Aufopferung und regem Kunstsinn fortgefahren zu sammeln. Allein erst durch den preußischen General Gouverneur Sack, und den jetzigen Ober-Präsidenten ward der verdienstvolle Walraff unterstützt, und in Stand gesetzt, seine reiche Sammlung zu ordnen, und in einem ehemaligen Kloster aufzustellen. Ungeachtet unter der großen Menge von Gemählden sehr viel Schlechtes gefunden wird; so ist doch das Ganze wegen mehrerer Gemählde aus der ersten Zeit der deutschen Mahlerey für die Geschichte der Kunst sehr merkwürdig; und für die Geschichte der Stadt Cölln von lokaler Wichtigkeit. Ausgewählter ist die, obgleich aus mehr als 1.500 Gemählden bestehende, Sammlung des Handlungs-Tribunals-Richters Bettendorff zu Aachen, die vor kurzem noch in Brüssel und an mehrern Ort[en] zerstreut war, und jetzt erst zum erstenmal aufgestellt ist. Man traut seinen Augen kaum, solche Kunstschätze im Besitz eines Privat-Mannes zu sehen; wenn man die Meisterwerke eines Rafael, Titian, Dominichino, Leonardo da Vinci u.a.m. bemerkt, und besonders den Reichthum, der sich dort aus der niederländischen Schule findet, wovon nur die unsterblichen Arbeiten der Rubens, van Dyk, Teniers und Wouvermann genannt werden dürfen. Auch die deutsche Schule zeichnet sich durch Dürer, Hollbeine und Kranache aus. […] Auch vom Hemmling und van Eyck, welche jetzt an der Tages-Ordnung sind, finden sich schöne Bilder". Zur Sammlung Bettendorf: Huyskens, Gemäldesammlung, 1928.

[60] J. Görres (Hg.), Altteutsche Volks- und Meisterlieder, 1817. Die Vorrede (Einleitung) umfasst S. I–LXIV. Görres zur Bedeutung des Studiums mittelalterlicher Literatur, S. III f.: „Seit ein großes verhängtes Unglück die Zeit aus ihrer Selbstvertiefung und Selbstabgötterey herausgeschreckt, wendet sich, indem sie eine bessere Zukunft zu gründen sucht, mehr und mehr ihr Blick mit Liebe gegen eine ferne Vergangenheit zurück, in der sie ihr besseres Selbst wieder zu erkennen sucht. Nirgend aber spricht dies Selbst sich in ganzer Eigenthümlichkeit so scharf und klar und gediegenen Gepräges aus, als eben in der lyrischen Poesie, die wie Pulsschlag und Athemzug Zeichen und Maaß des innersten Lebens ist". J. Grimm an J. Görres, Kassel, 18. Juni 1817: „Ihre Meisterlieder hat mir Carove zugesandt und ich hoffe sie bald lesen zu können; in die Einleitung habe ich geblickt und gesehen, wie sie aus der provenzalischen Poesie meine Ansicht der deutschen Form erweitert" (in: Binder, J. von Görres, Gesammelte Schriften, Bd. 2, Freundesbriefe, S. 534 f.); vgl. Fink-Lang, Görres. Briefe, Bd. 3, S. 451.

[61] Trift: Weide oder Weg, auf dem das Vieh zur Weide getrieben wird.

wegen der auf unsern, u.a. Fruchtspeichern angelegten Siegeln zu erkundigen, u. der Polizey Commissar Schoening sagt mir, daß diese Maaßregel von der Regierung gebothen, nun aber überflüßig sey, da jeder sich verbindlich gemacht, einen Theil der Früchte zur Disposition der Regierung liegen zu lassen; die Siegel könnten also unverzüglich abgenommen werden. Zu Haus habe ich mit Joseph eine lebhafte Diskussion, weil man im Consistorio anfängt, unsre Weigerung, die Stiftungsurkunde u. andere Fundationspapiere auszuliefern, übel zu verstehn. Dieß gilt mir nun gleich, u. ich werde deshalb doch nicht nachgeben. Ich gehe noch einige Zeit ins Collegium, wo Denoël noch mit aufhängen der Wallrafschen Bilder be- |30v| schäftigt ist, wobey der alte Herr aber viel unnöthige Störung macht. Ich bin sehr unnütz dabey, u. gehe nach Haus zurück. Ich lese im Wigalois bis spät.

Gegen 8 ½ kommt Haxthausen, mit dem ich noch auf dem Neumarkt spaziere, woselbst auch Auer mit der v. Krausseschen Familie sich lieblich ergeht. Haxthausen ißt bey uns zu nacht. – Butte ist zurückgekommen.[62]

Den 4. Juny [1817].

Der Vater reist mit Joseph nach Kendenich, u. holt den Graf Beissel im weißen Thurm ab. Ich soll nach der Sitzung nach kommen; allein, Butte wird lang perorieren,[63] u. das Wetter setzt sich wieder zum regnen. Herr Rektor besucht mich noch vor der Sitzung, u. giebt mir die Rechnung des Herrn Beckenkamp wegen der 2 Copien nach General Gneisenaus Portrait. In der Sitzung trägt wirklich Butte fast allein vor; allein, seine wiederholte Behauptung, daß er nach Holland zurück müße, wozu auch alles vorbereitet sey, wird von Hagen u. einigen andern verworfen; Sotzmann ist krank u. nicht da. Butte ärgert sich sehr, dringt aber nicht durch. Mir scheint selbst seine Reise nöthig, u. daß die blose Sucht, nur alles geschehene Aktenmäßig zu haben, wenn auch weiter nichts mehr geschieht, jene bestimmt, Butte hier zu behalten, damit er seine Berichte schreibe. Gegen 2 eile ich nach Haus, esse etwas, u. reite nach Kendenich, wo ich den Vater, Graf Beissel u. Joseph beym Kaffée finde. Die Torfgruben sind untersucht u. es ist bestimmt worden, daß dieß Jahr, wegen des überall stehenden Wassers, keine Arbeit |31r| daran möglich sey. Auch hat man mit einer Tochter von xxxxxx Kalscheuern[64] gesprochen, u. insinuirt, daß Sie die Schaafe nicht behalten dürfe, da die Schaaftrift unsrer Höfe xxx sey. Wir gehn noch in den Garten u. in's Haus,

---

[62] Butte war nach Holland gereist, möglicherweise in der Angelegenheit der von Holland erhobenen Rheinzölle (Transitabgaben), die seit dem Wiener Kongress zu den umstrittensten wirtschaftspolitischen Themen gehörte und 1817 heftig diskutiert wurde (Schwann, Geschichte, Bd. 1, S. 375–389; Gothein, Rheinschiffahrt, S. 64–108; Bennemann, Rheinwissen, S. 35–41; Strauch, Entwicklung, S. 66–71; Herres, Köln, S. 50 f.).
[63] perorieren: mit Nachdruck, ausführlich reden.
[64] Vermutlich: Tochter eines Pächters.

u. sehn uns alles an. Dann reist die Gesellschaft wieder weg, u. ich rede mit dem Halfen noch wegen allerley Verbesserungen. Dann reite ich wieder weg, u. bin gegen 8 zu Haus zurück. |:12:|

Den 5. Juny [1817]. Sollemnitas Sanctissimi[65]

Frühe schon besucht mich Denoël. Später kommt Lange[66] von Düsseldorf zu Joseph u. zu mir. – Unser Schimmel scheint gestern etwas gelitten zuhaben, u. ist in übeln Umständen. Wir lassen Gargnon[67] dazu rufen. Ich gehe in St. Columba, dann in den Dom, wo ich Lange mit Frau u. Kind wiederfinde. Wir lassen uns die besten Sachen, Bilder, Bücher, Silber u. Steine der Kammer,[68] so wie das Monument der 3 Könige[69] zeigen, u. gehn nun an den Rhein, wo nach Mühlheim zu sehr viel Volkes geht.[70] Wir trinken u. [essen] etwas am Thürmchen,[71] u. sehn u.

---

[65] Der katholische Festtag Fronleichnam wird als Sollemnitas Sanctissimi Corporis et Sanguinis Christi bezeichnet: Festtag des Leibes und des Blutes Christi, abgekürzt Corpus Christi. Groote kürzt die Bezeichnung mit SS ab.

[66] Johann Friedrich Heinrich Lange und Juliane Wilhelmine Lange, geb. Wetzel.

[67] AK 1822: Benedict Garneron, Tierarzt, Neumarkt 8.

[68] Elsholtz, Wanderungen, S. 51 f.: Die Schatzkammer des Domes „birgt nicht allein Schätze, die ihres baaren Werthes wegen so heißen können, nein! sie enthält auch Kunst-Schätze, die mir jenen unendlich vorzuziehen scheinen. Als solche nenn' ich zuerst 12 in Elfenbein geschnittene Basreliefs, verschiedene Gegenstände aus der Geschichte Jesu darstellend, welche so herrlich gearbeitet sind, daß man von ihrem Anblicke zur innigsten Bewunderung hingerissen wird. […] Man sieht, unter mehreren künstlich gearbeiteten Monstranzen, hier besonders eine, welche von wahrhaft bewundernswerthem Reichthum und herrlicher Arbeit ist. […] Unter dem Sehenswerthen nenn' ich […] an Reliquien zwei Ringe der Kette, mit welcher der heilige Petrus gefesselt war und der Knopf seines, nach der Versicherung meines geistlichen Führers, zu Trier aufbewahrten Stabes." Die Schatzkammer befand sich hinter der an der Nordseite des Doms gelegenen großen Sakristei (D'hame, Beschreibung, S. 305). Zur Geschichte des Domschatzes in franz. und preuß. Zeit zusammenfassend: Wild, Schicksal, 1994; zur Schatzkammer ausführlich: Becks/Lauer, Schatzkammer, 2000.

[69] Monument der 3 Könige: Groote und seine Begleiter standen vor dem Dreikönigenmausoleum in der Achskapelle des Domchors. Errichtet im 17. Jh. war es ein beeindruckender barocker Bau, in dem man den Reliquienschrein der Heiligen Drei Könige durch vergitterte Fenster betrachten konnte. Das Mausoleum wurde 1889 abgebrochen. Ausführlich: Deml, Dreikönigenmausoleum, 2003.

[70] Zur Gottestracht auf dem Rhein vor Mülheim: Bendel, Gottestracht, 1915. Impressionen dieses Ereignisses gibt Elsholtz, Wanderungen, S. 87–96: „Wir gehen an der Stadtmauer entlang, [an] der hart am Ufer liegenden herrlichen Cuniberts-Kirche vorüber und gelangen […] an das Fährhaus, wo eine fliegende Brücke, der bei Deutz ähnlich, zur Ueberfahrt nach Mülheim bereit liegt. […] Es ist nämlich eine uralte Sitte, daß am Fronleichnamstage eine große Prozession aus der Stadt Mülheim Morgens um 10 Uhr sich in Bewegung setzt, zu einem der Thore hinaus zieht, das Weichbild der Stadt umwandert, dann oberhalb derselben […] sich auf die bereitstehenden Fahrzeuge begibt und den Rhein hinunter schwimmt, bis jenseits der Stadt, wo sie wieder ausgeschifft wird." Die Abfahrt der Prozession verkündet, so Elsholtz, ein Kanonenschuß, „und von der fliegenden Brücke, welche auf der Mitte des Flusses die Anker geworfen und unbeweglich liegt, wird aus Böllern und Gewehren geantwortet. Nun erblicken wir buntgeschmückte, mit vielen Wimpeln

hören der kanonirenden Prozession zu.⁷² Gegen 1 gehn wir nebst Herrn Fochem nach Haus zurück, wo wir die Langes erwarten. Ich erhalte von Netz einen Brief nebst der ersten Rate von 25 Rth. – Nach Tisch fahren wir nach Deutz, wo unter andern vielen |31v| Leuten auch die hübsche Frl. Ammon ist. Wir bleiben bis gegen 7 ½, wo Frau Lange nach Haus, Lange u. Joseph zu Grashof,⁷³ u. ich ebenfalls nach Haus, u. nicht mehr aus gehe. – Heute früh schickte ich einen Brief an Levin v.d. Wenge u. schrieb heute Abend an Frau v. Clausewitz, der ich die

---

und Bändern behangene Nachen pfeilschnell daher fliegen; ihre Mannschaft in weissen Anzügen schwingt bunte Fahnen durch die Luft; andere Nachen mit Zuschauern begleiten sie; doch immer dichter und dichter drängen sich die Schiffchen". Dann naht „das Fahrzeug, welches die Priester trägt mit dem Allerheiligsten. Dasselbe ist mit einem rothen Baldachin überdeckt, und von einer blühenden Orangerie-Hecke umgeben, […]. Unterhalb der Stadt tritt die Procession wieder an's Land". In Mülheim sind alle Wirtshäuser „weit geöffnet, alle bis an die Pforten gefüllt". Das Volk strömt „den bereiteten Mahlzeiten, den vollen Flaschen, den beginnenden Tänzen entgegen, um sich ihrer zu freuen und zu jubeln die Nacht hindurch, bis an den grauenden Morgen. Fürwahr! ein rauschendes und fröhliches Religions-Fest, vom Anfang bis zum Ende." Zur Mülheimer fliegenden Brücke: Müller, Geschichte, S. 223; Signon, Brücken, S. 34–36.

[71] Köln und Bonn mit ihren Umgebungen, 1828, S. 260: „Ein anderer von den Kölnern, namentlich an Sonntagen, viel besuchter Ort ist das sogenannte Thürmchen zur schönen Aussicht unterhalb der St. Cunibertskirche. Man hat hier eine recht schöne Aussicht den Rhein hinunter, die namentlich durch das hart am Rheine gelegene Städtchen Mülheim, das mit seinem Kirchthurme und Häusern gleichsam im Rheine zu stehen scheint, gehoben wird. Auch die vom Eigelsteiner Thore längs des Sicherheitshafens nach dem Thürmchen führende Pappelallee, gehört zu den angenehmsten Umgebungen Kölns."

[72] Bertoldi notierte in seinem Tagebuch zum 5. Juni 1817: Das Wetter war „gut und warm, nur Morgens was trüb, welches viele Menschen von Köln zurückgehalten, wodurch wohl mehr als dausend Menschen weniger, als voriges Jahr hier gewesen." Wie schon zur Gottestracht 1816 gab Bertoldi ein aufwendiges Gastmahl; unter den 21 Gästen waren u.a.: von Wittgenstein, Dechant Dumont, Wallraf und Polizeirat Guisez. „Der Tisch war auf mehrere eingerichtet, und bestand aus einem Breiten [Tisch] oben, und den 2 schmalen [[Tischen] seitwärts, wodurch 33 hätten sitzen können. An Speisen hatten wir eine braune Sago- und eine weise Mackaronen-Suppe; – braunes und weises Rind Fleisch – zweierley Pastätger – die Suppen mit Maronen und einem Erdapfels Auflauf ausgewechselt – zu Gemüser Möhren, Blumen Kohl […] Kolraven […] – Sauerkraut mit Spek vermängt in einer Pastät – Zuschlag: geraucher Salm, ausgebackene Hühner, weise Würstger, Schinken, geraucht Fleisch – Ragouen: Lamsbug, Gehirn mit Eyer und Petersilie, Sach, Tauben. Rindfleisch [mit] zubehör: Mayrätig, Sardellen, Botteln, Radisen. – Zweiter Auftrag: Braten, Karpfen, Lamm, Reh-Rücken. – Gelée: Aal und Schrut – Backwerk: aufgelegte Tart, xxxxx, Brodkuchen, und 2 Schüssel von diversen xxxxxx – Kompotte Renigloden, Pflaumen, Quitten, Apricosen – Gremen: Fanilgreem, und Bunschgele – 2 Schüssel Spargel – 2 dito Krebs – 2 dito Forellen – 2 dito Kopfsalat" (Bertoldi, Tagebuch, 5. Juni 1817; HAStK, Best. 7030, 332A/4, Bl. 150v–151r). Bertoldi wohnte im Palais Zum goldenen Lämmchen, Freiheitstr. 36 (Vogts, Wohnungskunst, S. 156 f.); Abbildung des prächtigen Portals, mit der Darstellung einer Putte, die mit einem Lämmchen spielt: Ebd., S. 151. Auch das Haus Buchheimer Str. 29 gehörte Bertoldi; siehe S. 24, 385.

[73] Grashof wohnte mit seiner Familie 1817 vermutlich Am Gereonskloster 14 (Verzeichnis der 1819 in Köln wohnhaften evang. Christen; Archiv der Evangelischen Kirche Köln, 01–4,1), spätestens ab 1822 im Gebäude der ehemaligen Kommende des Deutschen Ordens, Severinstr. 148–162 (später Nr. 225). Zur Kommende: Arntz/Neu/Vogts, Die Kunstdenkmäler der Stadt Köln, Ergänzungsband (1937), S. 113–115.

Rechnungen beylege, die sich im Ganzen auf 254 Fr., 8 Sls. belaufen. Der Pferdearzt war beym Schimmel, u. hat ihn zur Ader gelassen, u. Medizin gegeben. – Eine Scheere. |:Stb. 16:|

Den 6. Juny [1817].

Der Schneider kommt, wegen mehrern alten Sachen.[74] Der Roßarzt giebt dem Schimmel arzney, u. findet ihn besser. Ich schicke meinen Brief mit den Rechnungen an Frau v. Clausewitz. Dann gehe ich Lange u. dessen Frau abzuholen, die aber schon mit v. Haxthausen bey Lieversberg sind. Ich führe sie von da in's Capitol[75] u. zum Rektor, wo ich Herrn Artaria von Mannheim[76] finde. Dieser bewundert besonders die Schönheit des Buchs mit den Miniaturen.[77] Der Rektor führt ihn in unser Haus, den Lebrun[78] zu sehn. Langes haben weder Sinn noch Kenntniß von den Bildern, u. wollen bald nach Haus zurück. Wir sollten bey

---

[74] Schneiderrechnungen aus der Familie von Groote sind wohl nicht erhalten, dagegen findet sich im Nachlass Wallrafs unter den an ihn gerichteten Rechnungen auch eine Rechnung des Schneiders Mathias Mertens, in der alle 1817 für Wallraf ausgeführten Arbeiten aufgelistet sind. Sie enthält für Juni und Juli 1817 folgende Angaben: 17. Juni „eine West und Hoß verbeßert mit dem Lein" (24 Stüber); 23. Juni „einen stofenen Rock maß gemacht" (50 Stüber) und „zwey Hossen verbessert" (20 Stüber); 14. Juli „Neue Knöpf an einen Rock gemacht mit den Knöpf" (50 Stüber), und „einen Über-Rock verbessert mit dem Leinen Duch" (21 Stüber); 26. Juli „zwey schwarze Röck verbessert mit dem Leinen Duch" (50 Stüber); 28. Juli „einen schwarzen Rock gemacht" (2 Reichstaler), „eine Hoß gemacht (50 Stüber), [zwei Begriffe sind unleserlich] (36 Stüber), „für Rockxx und Hossen Knöpf" (1 Reichstaler), „4 ½ ehl Leinen Duch (1 Reichstaler, 48 Stüber) und „eine under Hoß gemacht" (21 Stüber). Für alle Arbeiten während des Jahres forderte Mertens insgesamt 16 Reichstaler, 15 Stüber (HAStK, Best. 1105, A 34, Bl. 38r). 1816 betrug die Jahresrechnung des Schneiders an Wallraf insgesamt 11 Reichstaler, 4 Stüber (Bl. 37r). Ich danke Max Plassmann für seine Hinweise.

[75] St. Maria im Kapitol.

[76] Artaria & Fontaine, Buchhandlung, Musik- u. Kunstverlag in Mannheim.

[77] Es handelte sich um das Fochem gehörende um 1515/20 entstandene Flämische Stundenbuch der Maria von Medici, das Fochem 1815 Goethe und Fr. K. vom und zum Stein bei ihrem Besuch in Köln gezeigt und das K. Fr. Schinkel 1816 bewundert hatte. Im 17. Jh. gehörte es nachweislich Maria von Medici, die 1642 in Köln starb. 1832 wurde es nach England verkauft und befindet sich heute in der Bodleian Library in Oxford. Der Buchmaler wird als „Meister der Davidszenen im Breviarium Grimani" bezeichnet.

[78] Zum Sujet des Jabach'schen Familienbildes: Mering, Peterskirche, S. 35 f.: „In dem Jabachschen Hause befand sich ehemals das unter dem Namen des Jabachschen Bildes bekannte von Carl le Brün um das Jahr 1661 verfertigte Gemälde. Der Senator Jabach sitzt in einer würdigen Haltung vor eine Büste der Minerva, um ihn liegen die Attribute verschiedener Künste. Ihm zur Seite hält seine Frau, eine geborne de Groote, ein kleines Kind, welches auf einem rothen Kissen liegt. Der Mutter zur linken stehen zwei bereits erwachsene Töchter, die eine ein etwas blasses Kind, die andere von Gesundheit strahlend. Hinter beiden etwas erhaben, steht ein kleiner Bube voller Feuer und Leben mit seinem Steckenpferde und neugierig nach dem umschauend, was im Zimmer vorgeht. Etwas entfernt sitzt im Hintergrunde der Maler leBrün, der in dieser Familie viele Freundschaft genoß, an seiner Staffelei. Auch alles Beiwerk auf diesem Gemälde ist schön und wohl geordnet."

Haxthausen essen; allein, Joseph hat so wenig Lust dazu als ich, u. wir lassen absagen. Gegen 4 Uhr gehn wir aber hin, u. finden daselbst ausser Langes, Kraft, Simon u. dessen Frau. Gegen 5 geht alles nach Haus. Ich gehe den Muscatplut durch, um für Haxthausen geistliche Lieder darin anzumerken, u. um 7 ½ kommt Mühlenfels zu mir, mich zu Simon abzuholen. An Haxthausens Hause kommt dessen Bruder Mauritz eben von Bonn |32r| an, der uns zu Simon begleitet; dort ist großer Cirkel, denn ausser mehreren der gewöhnlichen Gesellschaft sind noch Ammons da, deren liebliche Tochter in ihrer Anmuth allgemein bewundert wird, u. die Frau des Polizeipräsidenten[79] u. der Dr. Schwarz von Trier, Mitglied der Justiz Kommission. Auch Louis Boeking kommt hin und wiederholt mir seine Einladung auf übermorgen zu einer Maytrankparthie auf der Mühle.[80] – Wir bleiben bis gegen 11. Lange nimmt Abschied u. kehrt morgen nach Coblenz zurück.

Den 7. Juny [1817].

Der Roßarzt giebt dem Schimmel Klystire, findet ihn aber besser. Der Mödder zeigt an, daß von der Regierung über die 12 Malter für die Stadt zu 18 Rth. disponirt sey, u. diese heute gegen Schein des Commissar Schoening abgeholt werden würden. Ich gehe zur Regierung, wo aber wieder nichts zu thun ist. – Wallraf baut an seinem Altar für morgen zur Prozession. Am Tribunal rede ich mit Nückel u. Schenck wegen der Sache contra Engels, die wohl definitive in nächster Woche entschieden werden wird. Ich gehe zu Herrn Consistorial Rath Poll, wegen der Walberberger Vicarie u. Catechistensachen, u. verständige mich ziemlich mit ihm. Zu Haus lese ich im Wigalois, u. den Aufsatz von Ruckstuhl in der Nemesis über den deutschen Sprachpurismus.[81] – [einige Worte sind durchgestrichen] Cassel geht sicher nach Gent.[82] – Abends gehe ich in die Jesuiten

---

[79] Friederike Struensee, geb. von Laurenz, Ehefrau des Polizeipräsidenten Struensee.
[80] Welt- u. Staatsbote zu Köln, Nr. 206, 27. Dez. 1817 „Da ich nunmehr meine Oelmühle eingerichtet habe, so empfehle ich mich außer dem Mahlen von Farbstoffen und Materialwaaren auch zum Oelschlagen und kann bei der zweckmäßigen Einrichtung der Oelmühle prompte Bedienung versprechen. Altenburg zwischen Köln und Rodenkirchen. L. Böcking."
[81] Carl Ruckstuhl, Von der Ausbildung der Teutschen Sprache, in Beziehung auf neue, dafür angestellte, Bemühungen (in: Nemesis, 1816). Über den Zusammenhang von Volk und Sprache schrieb Ruckstuhl: Unter den Eigentümlichkeiten eines Volkes „zeichnet sich aber die Sprache dadurch aus, daß die Seele und das Leben des Volkes sich in ihr vorzüglich ausgebildet hat. Denn wenn wir auf das Wesentliche gehen, so finden wir die Seele eines Volkes in dem Kreise von Ideen, den es besitzt. Sobald aber der Lebensfunke eine Idee erweckt, so wird sie dadurch an das Tageslicht gezogen, daß sie die Gestalt des Wortes als ihres Leibes annimmt. Demnach frommet sehr dem Geiste der Zeit, daß mit der Wiederbelebung unserer Nationalkraft die Wichtigkeit der Teutschen Sprache anerkannt und erhoben wird, indem man ihr Alterthum und Wachsthum historisch erforscht, ihre Ausbildung und Bereicherung mit Ernst und Eifer unternimmt und führt, und ihre Würde gegen ausländische Sprachen bekauptet" (ebd., S. 338).
[82] 1817 ging Cassel als Lehrer für Naturgeschichte an die neu gegründete Universität Gent, wo er

Kirche ad + u. von da zu Wallraf in die olympische Gesellschaft, wo viele Mitglieder sind.

Den 8. Juny [1817]. Sonntag

Ich gehe frühe vor 6 wieder zur Kirche, obgleich ich gar heimlich aufgeregt bin, u. eher eine Dytirambe[83] als einen Hymnus singen könnte. Es ist ganz schwüles Regenwetter. Dennoch geht Joseph nach Walberberg. Gegen |32v| 10 ½ Uhr gehe ich in den Dom, wo des Regens wegen die Prozession bloß durch die Kirche zieht. Haxthausen, Gossen, viele Offiziere begleiten sie. Wallraf ärgert sich, daß aus seinem Altar nichts wird, zu dem er große Anstalten getroffen.[84] Graf Lippe E. u. andere sind im Dom, u. ich gehe lang mit ihnen umher. – Bey Tische sollte die Tante deGroote von Pesch bey uns seyn, sie ist aber unwohl, u. es kommt bloß ihre Tochter Jette. Ich hatte den Vater u. die Schwestern gebethen, morgen zu der Veranschlagung der Grundstücke zum Exerzierplatz nach Transdorf zu fahren, worauf Therese[85] sich kindisch freut. – Nachher gegen 4 gehe ich in die Columba-

---

Direktor des botanischen Gartens und Rektor der Universität wurde. 1817 publizierte er das Lehrbuch der natürlichen Pflanzenordnung, Frankfurt a. M. 1817. J. P. J. Fuchs, Stadtchronik: „Es war sehr zu bedauern, daß dieser in seinem Fache ausgezeichnete Lehrer die hiesige Lehr Anstalt verlies, wozu ihn die hiesigen Verhältniße mögen veranlaßt haben. Ueberhaupt wird über Zerrüttung des hiesigen Gymnasium vom Publikum geklagt. Der guten Absicht der K. Regierung ungeachtet, ist es unverkennbar, daß das Gymnasium und die beiden Kollegien, wie sie dermal organisirt sind, bei weitem den Anforderungen nicht entsprechen, und daß hier eine baldige Abhülfe unumgänglich nöthig ist" (HAStK, Best. 7030, Nr. 215, Bd. I, S. 78). Cassels Abschiedsanzeige in: Köln. Zeitung, Nr. 103, 29. Juni 1817: „Bei meiner Abreise nach Gent empfehle ich mich meinen lieben Mitbürgern zu geneigter Erinnerung, so wie ich meinerseits diese werthe Stadt und ihre biedern Bewohner nie vergessen werde. Köln, den 28. Juni 1817. Dr. Cassel, Prof. an der Universität zu Gent."

[83] Dithyrambe: ekstatisches Chorlied aus dem altgriechischen Dionysoskult.

[84] Der 8. Juni 1817 war der erste Sonntag nach Fronleichnam. An diesem Tag sollte traditionell eine große Prozession durch Köln, eine der wichtigsten religiösen Veranstaltungen des Jahres, stattfinden. An ihrem Weg wurden üblicherweise vier Altäre aufgebaut und aufwendig geschmückt: an der Markmannsgasse, auf dem Waidmarkt, dem Neumarkt und an der Machabäerstraße (Schlierf, Gottestracht, S. 158). Aufgrund des Wetters konnte die Prozession 1817 nur im Dom durchgeführt werden. Wallraf, der sich generell für die Ausgestaltung der Prozessionen engagierte, hatte einen der Altäre am Prozessionsweg geplant. Da man mit Organisation und Ablauf der Prozession bereits seit einigen Jahren unzufrieden war, wurde in der Folgezeit „der Versuch einer Vervollkommnung" unternommen, an dem Wallraf maßgeblich beteiligt war. 1818 konnte er Regeln zu einer Neuorganisation vorlegen: Vorschlag zur Errichtung der stadtkölnischen Prozession. Dazu: Köln. Zeitung, Nr. 84, 26. Mai 1818; Schlierf, Gottestracht, S. 160–172.

[85] Groote hatte zu seiner elf Jahre jüngeren Schwester Therese eine herzliche Beziehung. 1810 hatte er der Zehnjährigen aus seinem Studienort geschrieben: E. von Groote an Th. von Groote, Heidelberg, 3. Dez. 1810: „Liebe Therese! [...]. Ich war recht betrübt als Mama mir schrieb du wärest nicht mehr meine wilde, muntere Therese wie ich dich verlassen habe, u. du fangest an stiller u. vernünftiger zu werden. Das laß dir nur nicht einfallen, denn dann mag ich dich nicht. Mädchen können nichts schlimmeres thun als vernünftig u. ruhig werden, nein, es ist eben recht wenn sie

Kirche, woselbst keine Predigt, wohl aber ein gar liebliches Mädchengesichtchen ist, die mich oft erröthend anschaut. Nachher begegne ich wieder Lippe, Haxthausen etc., die eben zu Boecking auf die Mühle wollen, wohin auch ich geladen bin. Ich wollte noch zu Dr. Sotzman, den ich aber nicht finde. Ich kaufe Tabak, |:−15:| u. gehe längst den Rhein allein nach der Mühle. Lippe etc. fährt hin. Es kommen daselbst nach u. nach gegen 40 Personen zusammen, u. es wird Maytrank getrunken u. nachher sehr anständig zu Nacht gegessen. Als die Damen weg sind, bleiben noch einige 15 Junge Leute zum singen u. trinken, wobey freylich die französischen Saulieder, die die Kaufmannsphilister wohl verstehn, das schlechte sind. Nach Mitternacht wandern wir zur Stadt zurück. Die Nacht ist nach starkem Gewitterregen recht angenehm.

Den 9. Juny [1817].

Der heutigen Sitzung wohnten der jetzige Landrath von Trier Perger, u. Kreisdirektor Rehfuß,[86] als Beauftragter von Coblenz, bey, beyde wegen des zu er-

---

gar nicht vernünftig, sondern recht toll, und wild sind. Die dumme Vernünftigkeit mögen sie doch nur den Jungens ganz allein überlassen, u. es ist gewiss genug wenn diese über alten gelehrten Büchern u. Gott weiß was all für Zeug liegen, u. endlich doch nichts mehr lernen, als daß sie das was sie gerade gerne wüßten, niemals erfahren werden. Daß du nun anfangs ein bischen betrübt warest, wie wir weggingen, das will ich dir allenfalls wohl verzeihen, allein du sollst nur jetzt wieder recht froh u. lebendig seyn, u. so muß ich dich wieder haben, wenn ich wieder zu dir komme" (Archiv Haus Rankenberg, Best. Kendenich, Nr. 854). Vgl. auch: E. von Groote an Th. von Groote, Paris, 28. Aug. 1815 (Archiv Haus Rankenberg, Best. Kendenich, Nr. 854; vollständig gedr. in: Spiertz, Groote, S. 78).

[86] Der vielgereiste und schriftstellerisch erfolgreiche Ph. J. Rehfues wurde von Groote als einer der wichtigsten Kontrahenten im Streit um den Universitätsstandort eingeschätzt. 1814 zum Kreisdirektor in Bonn ernannt, veröffentlichte Rehfues im selben Jahr die deutsch-patriotische Schrift: Reden an das deutsche Volk sowie eine Stellungnahme für den Universitätsstandort Bonn: Die Ansprüche und Hoffnungen der Stadt Bonn. 1815 war er als Delegierter Bonns im besetzten Paris tätig, wo Groote mit ihm zusammentraf. 1816 wurde der Kreis Bonn aufgeteilt; Rehfues übertrug man die Liquidationsgeschäfte des alten Kreises Bonn gegenüber Frankreich sowie die Organisation der Getreideverteilung von Köln aus, sodass er sich mehrere Monate lang in Köln aufhielt. 1818 wurde Rehfues zum Kurator der neugegründeten Bonner Universität ernannt. Zu Rehfues: Faber, Rheinlande, S. 23–25 u. vielerorts; Stein von Kamienski, Kuratoren, S. 532–537. Rehfues über seine Tätigkeit während der Hungerkrise an J. Fr. von Tscharner, Bonn, 4. Mai 1823: „Bei solchen Calamitäten sucht man die Männer, die sich unter schwierigen Umständen zu helfen wissen. Ich hatte schon ein Jahr früher mehrere hohe Behörden vergebens auf die Annäherung des Unglücks aufmerksam gemacht und hatte wie natürlich tauben Ohren gepredigt. Als der Jammer da war, erinnerte man sich meiner, und so wurde mir die Leitung des Verproviantirungs-Geschäfts der Provinz Niederrhein übertragen. Diese Arbeit ist nicht die kleinste meines Lebens gewesen und dennoch besser als die übrigen gelungen. Ich sage nichts von den Belobungen, die ich erhalten. Niemand, als ich selbst, konnte die Schwierigkeiten ermessen, welche ich zu überwinden hatte. Dem Freund darf ich es bekennen, dass ich in diesem Geschäft alles geleistet habe, was nur immer möglich war. Wäre ich ein halbes Jahr früher dazu berufen worden, ich hätte wahrlich das meiste Unglück verhindert" (in: Kaufmann, Rehfues, S. 454 f.). Auf einem der Reliefs am Denkmal Fried-

wartenden Getreides. Es wurde viel hin u. hergestritten, über das, was zu erwarten sey, u. immer nicht kommt, u. über |:A 1/13–25; 1r:| die Vertheilung desselben,⁸⁷ worüber Butte natürlich wieder, vielleicht recht gut, aber so lange sprach, daß nachher nur noch einiges der wichtigsten Sachen berührt werden konnte. Perger versprach, mich zu besuchen. – Aus der nöthigen Reise nach Transdorf ist nichts geworden, weil der Vater zu umständlich ist, u. sich zu nichts entschließen kann. – Joseph ist von Walberberg zurückgekommen. – Mit dem Schimmel geht es ziemlich gut. Den Nachmittag u. Abend bleibe ich stille allein zu Haus, u. lese den Wigaloys. – Perger kommt nicht. Ich suchte ihn in dem Gasthof auf, allein, ich hörte, daß er gleich nach Tisch nach Holland abgereist sey, u. in 14 Tagen zurückzukommen denke.

Den 10. Juny [1817].

Die Schwestern kommen zufällig früh zu mir, u. unterhalten sich sehr über v. Netzens Liebes u. Verlobungsgeschichte, die sie mich ihnen aus seinen Briefen vorzulesen bitten. Die Sitzung der Abtheilung I ist, der vielen aufgehäuften Sachen wegen, auf heute festgesetzt. Ich suche Nückel am Tribunal auf, um zu hören, ob heute unsre Sache am Appellhofe vorkommen wird. Allein, dieß ist nicht der Fall. Ich sage ihm, daß Paul Engels sich geäußert, er wünsche, die Vollmacht v. den Juden zurück zu haben, um die Appell niederschlagen zu können, u. er hält dafür, daß dieß am besten sey, um die Sache ganz zu Ende zu bringen. In der Sitzung kommen fast wieder nichts als Unterstützungssachen vor, lauter Aktenmäßiges Zeug, wodurch niemand gebessert wird, allein, das Gerede darüber dauert bis um 3 ¼ Uhr. Joseph kommt aus dem Consistorio noch später. Nach Tisch sind von Geyr u. deGroote v. Pesch bey den Schwestern. Gegen Abend gehe ich zum Praeses Seminarii wegen der Jungfer Schneiders. Er spricht von 250 Rth., die sie verlange, u. will, da mir dieß zuviel scheint, |1v| nochmal mit ihr reden, u. mich bescheiden. Ich gehe an den Rhein, u. mit dem Maler Willmes, den ich dort finde, spazieren. Er erzählt mir zuerst, von falschen

---

rich Wilhelms III. auf dem Kölner Heumarkt ist Rehfues zwischen Minister vom Stein zum Altenstein und Friedrich Ernst Daniel Schleiermacher dargestellt.

⁸⁷ Zeitungs-Bericht der Reg. Köln für Juni, 15. Juli 1817: „Die Zufuhr des Königl. Ostsee-Unterstützungs-Getreides nahm in dem Lauf dieses Monats ihren Anfang, erfolgte jedoch leider für das Bedürfniß nicht reichlich genug. Für die Königl. Regierungen zu Achen, Köln, Koblenz und Trier kamen in diesem Monat nur 11 Schiffe zusammen mit 891 Last hier an. Nach der von diesen Regierungen getroffenen Vereinigung über die möglichst gleichheitliche Vertheilung der Ladungen von hier aus, [...] fielen unserm Regierungsbezirk hievon 205 Last oder 11.480 Scheffel zu, welche sogleich unter die bedürftigen Städte und Kreise vertheilt wurden. Vergleicht man dies mit dem Quantum von 1.916 Wispel oder 45.984 Scheffel, welche wir vor der Erndte erhalten sollten, so ergiebt sich daß wir in dem Monat Juny den vierten Theil davon erhalten haben und daß da im Monat July in dem größten Theil unsers Regierungsbezirks schon die Erndte eintritt, das meiste Ostsee-Getreide zu spät ankommen wird" (GStA PK, I. HA Rep. 89, Nr. 16278, Bl. 66r u. v).

Münzen, die man diese Nacht in der Schildergaße aufgehoben, u. eine lange Geschichte, daß einer seiner Vettern in Westphalen eine Tochter des letztverstorbenen König von Preußen vor etwa 10 Jahren entführt u. geheirathet habe, etc.

Den 11. Juny [1817].

Ich schicke den Peter zu Paul Engels, um ihn hierhin zu bescheiden. Unsre Sitzung soll heute um 9 U. wieder anfangen. Allein, es wird doch 10, ehe Sotzmann kommt. Bald nachher kommt auch v.d. Hagen und das Plenum fängt an. Butte ist bald wieder bey seinen Unterstützungssachen, u. da ihm der Director vorwirft, er beendige seine Berichte nicht, u. es seien seit seiner Rückkunft erst 2 No. von ihm expedirt worden, wird er endlich äußerst böse, u. zieht in einer gewaltigen Rede los, worin er sogar vom Niederlegen seiner Stelle etc. spricht. Sotzman bleibt äußerst kalt dabey. – Baersch in Lechenich (pro Landrath) wird mit Androhung von Entlassung in eine hohe Strafe genommen, weil er eine Verfügung der Regierung nicht vollzogen hat.[88] – Wir sitzen wieder bis gegen 3. Herr Rector ist bey uns zu Tische. – Nachher bringt mir der Vater das Wöchentliche Nachrichten Heft vom May 17 dieses Jahres[89] mit einem Zettel von Zeune; dann ein elendes Taschenbuch, Mnemosyne,[90] welches der berliner Wohlthätigkeits Verein zum Debitium zu Rth. 1, GG. 16 hierher gesandt hat. Es enthält nichts als Stellen aus Dichtern von 1740–60. |2r| Abends gehe ich zu Wallraf, mit ihm wegen seiner Sachen zu reden, u. ihn zu bitten, daß er seine Bedingungen zur Uebertragung seiner Sammlungen niederschreibe, um sie dem Grafen zu schicken; dieß verspricht er auch. Der Präses Seminarii war hier, mir zu sagen, daß sich die Jungfer Schneiders mit Rth. 200 begnügen wolle.

Den 12. Juny [1817].

Schon gegen 9 kam Klein von Kendenich zu mir, mit dem ich wegen der zu bezahlender Saam- u. Baukosten u. wegen der Pachtung des Landes rede. Bald darauf kommt Paul Engels. Ich stelle ihm vor, wie er sich von den Advokaten u. Juden am Narrenseil herumführen lasse, u. er versichert, nichts so sehr zu wün-

---

[88] G. Fr. Bärsch in seinen Memoiren: „Gerne gebe ich zu, daß ich mich oft von meinem Eifer hinreissen ließ, manchen Fehler beging, nicht immer besonnen genug und vorsichtig war. Zu rasch suchte ich manche Verbesserung durchzusetzen und beachtete dabei nicht genugsam die Form, stieß dadurch nach oben und nach unten an. Das kümmerte mich aber nicht, ich ging kräftig und unverdrossen meinen Weg fort, überließ die Geschäfte nicht den Untergeordneten, sondern griff überall persönlich ein. Mit Lust widmete ich mich den Geschäften meines Amtes, scheute keine Opfer, keine Anstrengung" (Bärsch, Erinnerungen, S. 116).
[89] Büsching, Wöchentliche Nachrichten, 2. Jg., Wonnemond/Mai 1817, Stück 70–74.
[90] Mnemosyne. Taschenbuch des Andenkens, Erstes Heft, Berlin 1817, zum Besten der Armen. Vgl. eine Rezension im Morgenblatt für gebildete Stände, Literatur-Blatt, Nr. 1, 1817, S. 2 f.

schen, als seine Vollmacht zurück zu haben, u. aus ihren Händen zu kommen. Ich nehme also Stempelpapier,[91] schreibe darauf diese Erklärung, die er auch, nebst dem Herrn Rektor, der eben hinzukommt, u. dem Klein, unterschreibt; er trinkt seinen Schnaps, redet lustig noch einiges über Kendenich, u. dergl., u. so ist also unser ganzer Prozeß zu Ende. – Lacrymas Schütz[92] bringt mir eine Charte von Sulpitz Boisserée;[93] ich schicke ihn weg, bis ich mit meinen Sachen zu Ende bin, und er holt mich gegen 11 U. wieder ab. Ich finde ihn fast eben so unausstehlich wie seinen Bruder, den Rechnungsrath, der nun Regierungs Rath in Magdeburg sein soll.[94] Ich führe ihn zu Wallraf in die Jesuiten, u. mache, daß ich ihn bald wieder los werde, da er weder etwas zu verstehn, noch angenehm zu seyn scheint. Er ist Haxthausen's Haus gerannt, der ihm |2v| auch versprochen hat, ihn nachher abzuholen. Somit wäre ich ihn für heute los. Bey uns zu Tische sind Frau v. Groote von Pesch, Frau u. Jette Geyr, Praeses Seminarii, u. Haxthausen. Letzterer geht gegen 5 Uhr Schütz abzuholen u. nach Deutz zu führen. Ich lese den Wigolais zu Ende, und gehe spät noch aus, sage Nückel von dem Verzichtungsakt des Paul Engels, u. finde am Rhein Herrn v. Frens u. dessen Tochter Lotte. Später gehe ich noch zu v. Geyr, von wo die Schwestern eben weg wollen. Wir gehen noch eine Zeitlang in den Garten, wo es gar angenehm ist. Vor 9 U. gehe ich noch auf den Neumarkt, wo v. Auer mit der von Krauss Familie wieder in traulicher Unterhaltung spaziert.

---

[91] Die in vielen Bereichen vom preuß. Staat erhobenen Stempelgebühren waren direkte Steuern; 1817 galten im Wesentlichen die Regelungen von 1814. Stempel-Papier hatte einen behördlichen Aufdruck und war für offizielle, juristische Vorgänge notwendig. Ein Verzeichnis von 1814 gab die geltenden Bestimmungen an (in: Bonati, Auszüge, S. 54). Siehe Amtsblatt d. Königl. Reg. zu Köln, Nr. 3, 21. Jan. 1817, S. 25. Eine Annonce im Beiblatt d. Köln. Zeitung, Nr. 12, 22. Juni 1817 warb für ein in der DuMont-Bachemschen Buchhandlung erhältliches Handbuch, das in Hinblick auf die Stempelgesetze „nicht nur die sämmtlichen Gesetzeskörper und Instruktionen vollständig und genau, sondern auch die bis zur neuesten Zeit darüber ergangenen, anderweitigen Bestimmungen gehörigen Orts beigefügt, enthält, und sich daher vorzugsweise zum amtlichen und überhaupt zuverläßigen Gebrauche für Jedermann eignet." Vgl. Rumpf, Die Stempelgesetze der Preußischen Monarchie, Berlin 1817.
[92] Lacrimas-Schütz oder Schütz-Lacrimas: Der Jurist und Schriftsteller Christian Wilhelm von Schütz war Verfasser des Schauspiels Lacrimas, 1803. Vgl. J. Görres an W. von Haxthausen, Koblenz, 11. Juni 1817: „Schütz wird bey dir seyn, es läßt sich schon ein verständiges Wort mit ihm reden, und ob er gleich ganz verschämt sich als Berliner hat erklären müßen, läßt sich doch bey ihm raisonabel über Großlithauen [Görres' ironische Bezeichnung für Preußen] ausziehen. Er schreibt auch geistreicher als er spricht" (in: Fink-Lang, Görres. Briefe, Bd. 3, S. 193).
[93] In den Tagebüchern S. Boisserées ist für Ende Mai/Anfang Juni 1817 keine Karte an E. von Groote vermerkt.
[94] Groote hatte Karl August von Schütz 1815 in Paris, wo dieser mit der Reklamation von Kulturgut befasst war, kennengelernt und ihn 1816 in Berlin wiedergetroffen. K. A. von Schütz war um 1817 nicht Regierungsrat in Magdeburg, sondern seit 1815/16 in verschiedenen Kommissionen im Bereich Steuer- und Finanzwesen für die preuß. Regierung tätig.

Den 13. Juny [1817].

Früh schreibe ich an Zeune u. an v. Netz wegen meiner Wagenangelegenheit, u. gebe den Brief zur Post; |:−18:| ebenso das Heft der wöchentlichen Nachrichten an Fallenstein[95] in Düsseldorf. Nun gehe ich gegen 10 zu Gadé, der immer noch nicht vom Fleck zu bringen, u. nun verspricht, unsre Sachen morgen zu beginnen, wenn es Herrn Sitt recht ist, den ich darum belangen soll. Ich gehe zur Jungfer Schneiders, die ich auf morgen zu mir bescheide; dann zu Nückel, der über die Verzichtleistung des Engels auf die weitere Prozessführung herzlich lacht. – Bald nachdem die Sitzung angefangen, bricht bey der Maria zur Ablaßkirche[96] Feuer aus, ich eile hin, es ist in einem kleinen Convent, ich schleppe heraus, was noch zu retten ist, u. arbeite |3r| an Pumpe und Eimer, bis der Brand gelöscht.[97]

Wir sitzen noch bis gegen 2 ½. Es ist äußerst warm u. schwül. Nach Tisch lese ich Büschings wöchentliche Nachrichten, u. schreibe an das Oberpräsidium, damit Herrn Denoël ein kleiner Fonds zur Disposition für die Anordnung der Wallrafschen Sammlungen gestellt werde.[98] Gegen Abend gehe ich noch aus an den Rhein, da es aber sehr gewitterhaft aussieht, so kehre ich bald nach Haus zurück, u. schreibe noch einiges an einer angefangenen Dichtung. – Vor der Sitzung fand ich heute Morgen die Gräfinn Degenfeld, mit den Gräfinnen Erbach[99] im Dom,

---

[95] Georg Friedrich Fallenstein, seit 1816 Sekretär bei der Regierung in Düsseldorf (Mindel, Wegweiser, S. 25), war wie Groote 1817 Abonnent von Büschings Wöchentlichen Nachrichten. Zu Fallensteins Biografie: Gervinus, Fallenstein, 1854. Fallenstein war Großvater des Soziologen Max Weber.

[96] Die mittelalterliche Kirche St. Maria Ablass, bis 1804 vom Damenstift St. Ursula genutzt, wurde 1808 abgebrochen; erhalten blieb die mit ihr verbundene Maria-Ablass-Kapelle (Arntz/Rahtgens u.a., Die kirchlichen Denkmäler (1934), S. 125–136). Die Kapelle am Maria-Ablass-Platz ist heute den Heiligen Konstantin und Helena geweiht.

[97] Die am Ende der Reichsstadtzeit noch sehr unzureichenden städtischen Regelungen zur Brandbekämpfung wurden unter franz. Herrschaft durch die Einsetzung eines Corps Pompiers und eine den vier Stadtsektionen entsprechende Organisation entscheidend verbessert. Die franz. Regelung blieb bis in die 1830er-Jahre bestehen. Jeder Sektion war eine Kompanie von Feuerwehrmänner zugeteilt, die Brandspritzen, Ledereimer und Leitern in speziellen Depots unterstellten; Feuerwachen auf mehreren Kirchtürmen alamierten bei einem Brand die Bevölkerung mit Sturmglocken. Am Brandort waren Nachbarn und Hinzukommende verpflichtet, sich an der Löschung zu beteiligen: Eimer wurden ausgeteilt, eine Zweierreihe gebildet und Wasser von Brunnen oder privaten Wasserreservoirs zur Feuerspritze transportiert (Neuhoff, Feuer, S. 36–45). Groote verhielt sich also, wie es die städtischen Regelungen verlangten.

[98] E. von Groote an Oberpräsidium Köln, Köln, 14. Juni 1817 (Landesarchiv NRW R, BR 0002, Nr. 405, Bl. 33r u. v). Siehe Briefe u. Schriften. Am 4. Juli 1817 forderte L. Ph. W. vom Hagen die Regierungs-Hauptkasse auf, „an den Hrn Regierungs-Assessor von Groote dahier fünfzig rh. pr. Courant zum Behufe der Aufstellung der Wallraf'schen Gemähldesammlung im Jesuiten-Collegio dahier gegen Quittung auszuzahlen, und als Vorschuß einstweilen zu verrechnen" (Bl. 34r). Die Anweisung wurde von Groote gegengezeichnet.

[99] Die Familien zu Erbach-Erbach, Degenfeld-Schönburg, zu Erbach-Schönburg, zu Solms-Laubach und zu Solms-Rödelheim waren eng verwandt. Vermutlich handelte es sich hier zum einen um

u. Haxthausen bey ihnen. Ich geleitete sie ins JesuitenColleg, holte ihnen Wallraf, u. ging mit Haxthausen zur Sitzung. Ein kleines, schwarzes Mädchen in dieser Gesellschaft war ziemlich hübsch. –

Den 14. Juny [1817].

Die Nacht war wild u. stürmisch. v. Schütz kam wieder zu mir, auf den ich wirklich fast vergessen hatte. Er war ziemlich in der Stadt herum gewesen, u. wollte noch zu Wallraf u. Haxthausen. Ich glaubte, ihn später noch sehen zu können, obschon er heute weg will. – Dann kam die Jungfer Schneider, der ich gegen Quittung ein für allemal Rth. 200 auszahle, als das Legat der seeligen Tante. – Ich sende zu Sitt, Gadé u. Bürgers, um sie heute bestimmt um 3 Uhr hierhin zu bringen. – Das Schreiben an das Präsidium sende ich weg.
Mich greift eine seltsame Lust zu meinen Dichtungen, u. ich schreibe bis gegen Mittag an meinen Jahreszeiten.[100] Dann bringe ich noch alles zu unser nachmittägigen Conferenz im Saale in Ordnung. Nach Tisch kommen bald die bevollmächtigten Rechtsgelehrten zusammen, u. wir beginnen die vorläufige Sonderung der Papiere, wobey sich findet, daß gegen ²/₃ ganz fremde, zu unsern |3v| Erbschaften gar nicht gehörende Sachen sind, die wir deswegen ganz trennen. Wir führen dieß Geschäft fort, bis gegen 7 Uhr. Gegen 8 gehe ich noch zu Wallraf, wo die kleine Olympische Gesellschaft recht lebhaft war. Herr Consistorialrath Poll war heute Morgen noch bey uns, um uns seine Einladung, morgen auf den Stockheimer Hof zu fahren, zu wiederholen u. uns mit den Einrichtungen dieser Parthie bekannt zu machen. Sie soll um 8 Uhr beginnen. Brief. u. Büchlein von v.d. Wenge.[101]

Den 15. Juny [1817]. Sonntag.

Gegen 7 gehe ich in St. Columba Kirche; um 8 zu Joseph, wo wir die übrigen erwarten, die erst gegen 8 ½ kommen, nehmlich Grashof u. Gossen. Am Rhein ist Poll mit den Frauen, u. Auer zu Pferd. Wir fahren über, |:–4:| u. auf ziemlich

---

Dorothea Luise Marianne Gräfin zu Erbach-Fürstenau, geb. von Degenfeld-Schönburg (1765–1827), Schwester von Henriette zu Solms-Laubach, geb. von Degenfeld-Schönburg. 1786 hatte sie Christian Carl zu Erbach-Fürstenau (1757–1803) geheiratet; zum anderen um Ferdinande Sophie Charlotte Gräfin zu Erbach-Schönburg, geb. zu Solms-Rödelheim (1793–1859), Tochter von Volrath Friedrich Carl Ludwig zu Solms-Rödelheim (1762–1818) u. Sophie Philippine Charlotte zu Solms-Laubach (1771–1807). Ferdinande Sophie Charlotte war seit 1815 mit Maximilian Graf zu Erbach-Schönburg (1787–1823) verheiratet.

[100] Das Gedicht Jahreszeiten ist nicht überliefert (Spiertz, Groote, S. 324).
[101] Am 14. Juni 1817 verkauften der „Medizinä Doktor Herr Goswin Friedrich Peipers und dessen Ehegattin Johanna Catharina Hoddick" vor dem Notar Nikolaus Merlo das von ihnen bewohnte Haus in der Glockengasse an Oberpostmeister E. A. von Groote, dem Vertreter des Generalpostamts in Berlin (Welt- u. Staatsbote zu Köln, Nr. 111, 13. Juli 1817). Siehe S. 338.

schlechten Wegen nach Stockheim,[102] wo wir gegen 12 Uhr ankommen. Wir spazieren in Feld u. Busch umher, bis gegen 1 Uhr. – Ueber Weg ist mir die Idee lieb u. ernst geworden, eine kleine Topographie von Cöln, als zweyten Jahrgang des Taschenbuchs zu schreiben, in welchen Plan ich mich ganz vertiefe. Wir essen recht lustig zu Mittag, wobey 3 benachbarte Bürgermeister, u. ein Steuer Controlleur. Es wird viel, auch in Geschäften, hin u. her geredet, u. um 7 Uhr fahren wir zurück, wobey ich mich zu den Frauen setze. – Joseph ist nicht wohl. Die Brücke muß bestellt werden. Gegen 10 ½ kommen wir nach Haus zurück.

Den 16. Juny [1817].

Der Vater klagt, daß Schulz mit Buschius[103] sich mit der Einrichtung des Hauses in der Glöckergaß befassen, was ihm nicht angenehm sey. Ich rede des- |4r| halb in der Sitzung mit Redtel, der an Buschius schreibt, daß er sich nicht in Sachen mische, wozu er nicht Auftrag habe. – Gestern Abend fand ich ein Schreiben von Werkmeister[104] Namens Reiche von Münster, nebst einem Einschlag der 4. Division des Minist(erium des Kriegs,[105] worin mir nicht nur die Erstattung des Pferdes erlassen, sondern auch ein ausgezeichnetes Lob wegen meiner Geschäftsführung in Paris ertheilt wird, unterzeichnet von Ribbentrop u. Jacobi.[106] – Nach der Sitzung finde ich zu Haus ein Schreiben des Consistorii an meinen Vater, worin man ihm ziemlich bitter seine Aeußerungen in Betreff der Catechistischen Stiftung verweist, nehmlich wegen des langen Verschubs der Sache, u. der Erklärung über die Besetzung der Lehrerstellen mit Seminaristen.[107] Gilt gleich, –

---

[102] Welcher Ort gemeint ist, ließ sich nicht sicher feststellen.
[103] Ludwig Carl Friedrich Buschius. Vgl. Welt- u. Staatsbote zu Köln, Nr. 54, 5. Apr. 1817: „Buschius, Bau-Inspektor von Köln, Marzellenstraße Nro. 24." Solms-Laubach über Buschius, der zuständig war „für die Königlichen Gebäude in Coeln incl. Militair Gebäude und für sämmtliche Königliche Schlösser": „Besitzt viel Talent und Fleiß, ist aber mit der nothwendigen GeschäftsKenntniß noch nicht ganz vertraut" (Fr. L. Chr. zu Solms-Laubach, Konduitenliste, Köln, 20. Sept, 1817; GStA PK, I. HA Rep. 74, Nr. 103, Bl. 225r). Zu Buschius: Hagspiel, Lexikon, Bd. 1, S. 290 f.
[104] Werkmeister, hier möglicherweise ein Familienname.
[105] Die Abteilungen des Kriegsministeriums waren in Divisionen untergliedert.
[106] Groote hatte 1815 in Paris näheren Kontakt sowohl zu Friedrich Wilhelm Christian Ribbentrop, Generalintendant des preuß. Heers, wie zu Kriegskommissar Jacobi.
[107] Konsistorium Köln, unterzeichnet von Grashof und Poll, an Ev. A. von Groote, Köln, 13. Juni 1817. Das Konsistorium bezog sich darin auf sein Schreiben an die Groote'sche Familie vom 19. Mai 1817 und die darauf erfolgte Antwort vom 22. Mai 1817. Man habe dem Antwortschreiben der Familie entnommen, so das Konsistorium, dass es in besonderen Fällen gestattet sei, Kandidaten des Priesterseminars zum Unterricht an den Sonntagsschulen heranzuziehen. Die von der Familie geäußerten Bedenken in Hinblick auf ihre Rechte könnten völlig ausgeräumt werden, hieß es weiter, da es sich nur um eine provisorische Regelung handele. Das Konsistorium wies zudem Forderungen der Familie zur „Zuziehung der bischöflichen Behörde" zurück und erklärte, die „indirekte Beschwerde" der Familie über eine Verzögerung sei nicht gerechtfertigt. Grund der Verzögerung sei, „daß sowohl die Wichtigkeit des Gegenstandes eine Übereilung desselben" nicht zulasse; überdies werde das zuständige Ministerium die Angelegenheit „vor Besetzung des

es wird schon Gelegenheit geben, dieß wieder zu entgelten. – Ich habe mein Gedicht in Terzinen, Die Erde u. der Mensch,[108] geendigt. – Am Mittwoch soll die Feyer des 18. Juny[109] zu Deutz mit Fresserey zu Fr. 5 für das Essen u. Fr. 5 für die Armen begangen werden. Ich bin froh, daß mir die Liste gar nicht zugekommen.
Paul Engels kommt, mir zu sagen, daß er mit den Handwerksleuten in Kendenich gesprochen, u. sie beschieden, wenn unsre Sachen hier ausgemacht wären, sie zu benachrichtigen, u. mit ihnen zu mir zu kommen, damit wir mit Ihnen rechnen. Eben so wünscht er, daß wir die Taxe wegen Saam u. Baulohn, mit Zuziehung von Klein, unter uns gütlich abmachen. – Abends gehe ich an den Rhein, von da aber zum Pfaffenthor,[110] |4v| von wo ich meine Messungen des alten Römischen Kölns nach Schritten bis zum Thurm an St. Claren,[111] und bis zum Thurm im Loch [am Laach], von da aber bis zur hohen Straße beginne. – Herr Sieger begegnet mir und will uns morgen besuchen. – Ich habe mich schon in den Plan zur Topographie von Cöln ganz hineingedacht, und lasse mir zum ersten Entwurf davon gleich Papier holen, |:–9:| worauf ich auch den ersten Eingang Abends noch beginne. Und doch hat der Teufel gar gewaltig sein Spiel mit mir und alle meine Spekulationen retten mich vor ihm nicht. ∽ Herr Rektor war noch spät bey uns, u. brachte Erdbeeren u. Kirschen.

Den 17. Juny [1817].

Früh schon arbeite ich an meinem Projekt über Köln. – Christian) Marx zu Kendenich schickt, wegen der Erbsen zu Kendenich, die er gerne hätte; ich schreibe ihm die Bedingungen. Gegen 10 gehe ich, den Dr. Nückel aufzusuchen, finde ihn aber weder am Appellhof noch am Kreisgerichte. Schenk versichert

---

bischöflichen Stuhles" nicht entscheiden (HAStK, Best. 155A A 96/8, S. 79–83). Vgl. auch: Konsistorium Köln an die städtische Schulkommission, Köln, 13. Juni 1817, unterzeichnet von Grashof und Poll: „Nachdem der Familien Inspektor der von Grootischen Katechisten-Stiftung sich darüber geäußert hat, in wie fern die Alumnen des bischöflichen Seminarii für die zu eröffnende Sonntags-Schulen einstweilen in Anspruch genommen werden mögen: so finden wir uns veranlaßt, im Allgemeinen die Erlaubniß dahin zu ertheilen, daß in den Fällen, wo die Pfarrschullehrer behindert, oder nicht geeignet sind, den Unterricht an den Sonntagsschulen zu ertheilen, welches jedoch durch die resp. Schulvorstände und durch die Prüfungs-Kommission constatirt werden muß". Durch diese Praxis würden für die Zukunft keine Ansprüche begründet, falls „die gedachte Stiftung wieder in ihre ursprüngliche Verfassung zurückkehren, oder durch höhere Entscheidung eine andere Bestimmung gewinnen würde" (HAStK, Best. 550, A 1113, Bl. 74r u. v).
[108] Grootes Gedicht Die Erde und der Mensch ist nicht nachgewiesen (Spiertz, Groote, S. 324).
[109] Gedenkfeier für die Schlacht bei Belle Alliance/Waterloo am 18. Juni 1815.
[110] Pfaffentor, Pfaffenpforte, Porta paphia, Nordtor: römisches Stadttor an der Straße Unter Fettenhennen/Ecke Burgmauer; 1826 abgebrochen.
[111] Turm am Clarissenkloster St. Claren: „Römerturm", Ecke St.-Apern-Straße/Zeughausstraße; römischer, mit Mosaik verzierter Rundturm im Nordwesten der Stadtmauer (Schäfer, Befestigungen, S. 60–63; Spiegel, Im Schutz, S. 10–16).

mich, die Sache gegen Engels komme heute noch nicht vor. – Am Mittag kommt die Gräflich Metternische Familie hier an, zu der ich nach Tisch mit dem Vater hinüber gehe. Die Gräfinn fährt gegen 5 nach Dormagen, um morgen nach Wissen zu kommen, wo die Luise Loë ihrer Niederkunft nahe ist;[112] der Graf kehrt nach Gracht[113] zurück.

Ich bin unheimlich in mir gestimmt. Werner Haxthausen kommt zu mir, u. sagt, daß er Briefe von seinem Bruder August habe, der den Schelmofcky herausgeben wolle.[114] Er nimmt den Muscatplut mit, wegen der geistlichen Lieder. Ich sollte ihn gegen 8 zum Spaziergang abholen, nachdem ich aber einen Augenblick am Rhein war, mir Tabak geholt hatte, |:1.8:||5r| und ihn nun abholen wollte, war er nicht mehr da. Ich ging über den Bach u. alte Mauer zum Griechenthor,[115] wo ich

---

[112] Am 20. Juni 1817 wurde auf dem Familiensitz Schloss Wissen Maximilian August von Loë als Sohn von Maria Louise von Loë, geb. Wolff Metternich zur Gracht u. Friedrich Carl von Loë geboren. Clemens August Wolff Metternich zur Gracht aus Mähren an seinen Vater Maximilian Werner Graf Wolff Metternich zur Gracht, Napajedel [Napajedla], 10. Juli 1817: „So eben erhalte ich einen Brief von Vicarius Klein, worin er mir die glückliche Niederkunft meiner Schwester berichtet, welche Freude ich darüber habe kann ich dir nicht beschreiben, wenn ich doch nur recht bald etwas von ihrem weiteren Wohlseyn erfahre, denn sonst werde ich für meine gute Schwester, die ohne hin bis jetzt von keiner zu starken Gesundheit war, in nicht geringen Sorgen leben; Louise sich als Frau zu denken war schwer, als Mutter ist es mir noch nicht möglich geworden" (Archiv Wolff Metternich zur Gracht, Nr. 261, o. P.). Im Archiv der Familie Wolff Metternich zur Gracht ist eine Aufstellung erhalten: „Verzeichniß der neuen Kleidungsstücke, so die Gräfinn Marie Louise von Wolff-Metternich bey ihrer Verheyrathung mit dem Freiherrn Friedrich von Loe zu Wissen aus ihrem aelterlichen Hause erhielt. Brautkleid 1, Ballkleid mit Unterkleid 1, für den zweyten Tag ein Rosa seidenes Kleid 1 [diese drei Kleider waren „von Paris"], blau seidenes Kleid 1, noch 3 seidene Kleider 3, Robe de Chambre 1 von Paris, drey seidene Unterkleider 3, Wattirter Überrock 1 von Paris. Weisse Kleider. Zwey sehr schön gestickte Kleider 2, Perkalen Kleider garnirt 8, Ein weisses gason Kleid 1, Morgen Kleider garnirt und von verschiedener Art 12. Bunte Kleider. Kleider von Herkott 4, ein rothes Nessel Kleid 1, Merinou Kleid 1, Englisch Nessel Kleid 1, Chemisetten hoch am Halse von Batiste 3, batisten Chemisetten rundum garnirt 3, Nesselne Kragen auf Überröcken und Chemisetten 4, garnirte Chemisetten 4, Nachtshauben garnirt 12, detto einfache 12, garnirte Nachts Jacken 12, detto gestickte von Perkall 6, Röcke 6, Nachtshalstücher 24, detto mit garnirten Krägen 12, Hemder 50, Leinene Sacktücher 50, Detto von Batiste 24, baumwolle Strümpfe 48 Paar, Seidene detto 12 Paar, Unterröcke von Dimitti 12, Detto von Perkal 12, große leinene Tücher 24, Corsettes 3, Swal 1, ein klein seidnes Halstuch 1, Schleyer von Tull 1, Kragen von Blonde 1, Blonden Ruche 1, Blonden à la Vierge 1, Leinene Ruche 1, Nadel Kissen Überzüge 6, Kammtaschen 6, Handschuhe 3 Dutzend, Paar Schuhe 20, Stiefeln 1 Paar, Kämme, Haarbürsten, Zahnbürsten, Nadeln, Band von jeder Farbe Ein Stück. Gracht, den 14ten May 1816" (Archiv Wolff Metternich zur Gracht, Nr. 196, o. P.).

[113] Zu Schloss Gracht, Besitz der Familie Wolff Metternich siehe S. 446 f.

[114] August von Haxthausen studierte 1815 bis 1818 in Göttingen: 1817 edierte er eine Neuausgabe des Romans von Christian Reuter: Schelmuffskys warhafftige curiöse und sehr gefährliche Reisebeschreibung zu Wasser und Lande, 2 Teile 1696/97. Vgl. A. von Haxthausen, Schelmuffskys Wahrhafftige Curiöse und sehr gefährliche Reisebeschreibung zu Wasser und zu Lande, 1817.

[115] Griechentor, Griechenpforte, Stadttor im Südwesten Kölns, das sich neben einem römischen Rundturm befand; es wurde um 1856 abgebrochen (Vogts, Die profanen Denkmäler, S. 60 f.; Schäfer, Befestigungen, S. 69).

wirklich noch den Rest eines alten Thurms entdeckte, der mit eben solchen Verzierungen geschmückt ist, wie der an St. Claren u. also ungezweifelt den Südwestlichen Eckpunkt der alten Römerstadt ausmacht. Ich untersuchte auch noch die alte Mauer von da bis an den Neumarkt,[116] wo ich Cassel und Willmann fand, mit denen ich eine Weile da spazirte. Sie sind beide mit dem Benehmen des Ministeriums gegen die hiesigen Professoren sehr unzufrieden. – Heute erhielt ich den Brief der Schulverwaltung, worin man sich ernstlich gegen die Ablage des Capitals von Rth. 3.000, u. die Erstattung des Zinsenrückstandes zu setzen scheint.[117] – Auf morgen sind wir zu v. Geyr gebethen, ein Grund mehr, um mit Ehren bey der Fresserey in Deutz vorbeyzukommen.

Den 18. Juny [1817].

Mir ist schwül u. schwer zu Muth; das ist meine Schuld. Ach Gott! Warum ist dein Erdenleben oft so schön, u. oft so trüb, beydes zum Theil durch deiner Menschen freyes Können. Glückseelige Blume, die du keimst, u. blühest u. welkst, u. stirbst ohne dein Zuthun! –
Ich stelle zu meinem Plan Untersuchungen in der Chronik in Gellen[118] u. Tacitus an. In der Sitzung wird mir erst von v. Auer, dann auch von Sotzmann gesagt, daß nicht nur die Frachtbriefe der 3 Kisten von Düsseldorf angekommen, sondern auch ein neues Ministerialreskript, laut dessen wir alle von Paris gekommenen Sachen von Aachen u. Düsseldorf bekommen.[119] Das Plenum wird beschleunigt, u. nur durch einen Streit von Haxthausen gegen D'hame[120] u.a. aufgehalten, da man über die Zahl der künftig zur Direction des Armenwesens zu ziehenden Mitglieder uneins ist. Jener will 5, diese 12.[121] |5v|

---

[116] Vgl. die Beschreibung eines Gangs entlang der Reste der römischen Stadtmauer um 2021: Schäfer, Befestigungen, S. 49–92.
[117] Eine Korrespondenz hierzu von Juni bis Ende 1817 ließ sich nicht ermitteln.
[118] Gellen: Gelenius.
[119] Wahrscheinlich handelte es sich um das im Schreiben der Regierung Köln, Abt. I an Oberpräsidium Köln, Köln, 21. Juli 1817 erwähnte Ministerialreskript v. 5. Juni 1817 (Landesarchiv NRW R, BR 0002, Nr. 404, Bl. 92r).
[120] Solms-Laubach beurteilte D'hame äußerst negativ: Er ist „ein höchst nachläßiger Decernent, u. man kann ihm unmöglich, wenn er sich nicht ändert, das Medicinal Fach laßen" (Fr. L. Chr. zu Solms-Laubach, Konduitenliste, Köln, 20. Sept. 1817; GStA PK, I. HA Rep. 74, Nr. 103, Bl. 205r). Vgl. Klein, Personalpolitik, S. 50 f.
[121] Die Auseinandersetzung zwischen Regierungsrat von Haxthausen und Medizinalrat D'hame betraf die Neuorganisation des städtischen Armenwesens, die Mitte 1816 in die Wege geleitet worden war. Im März 1817 hatte die Kölner Regierung W. von Haxthausen mit Prüfung der bestehenden Wohlfahrtsinstitutionen sowie mit Vorschlägen zu ihrer Reform beauftragt, wobei eine Annäherung an die in den alten preuß. Provinzen geltenden Regelungen gewünscht wurde. Auf der Grundlage dieser Untersuchung und nach intensiven Diskussionen zwischen Regierung, Konsistorium und Stadt wurde von Mylius am 6. September angewiesen, einen detaillierten Entwurf für die Neuorganisation einzureichen. Die kurz darauf von diesem vorgelegte Ordnung trat

Gegen 2 eilt alles zum großen Essen nach Deutz; ich zu Geyr, wo man schon bey Tische ist. Nachher kommen von Monschaw zum Caffe.¹²² Gegen 5⅙ gehe ich mit dem Vater weg, lese zu Haus noch etwas nach, u. kehre mit ihm gegen 8 dahin zurück. Da von Geyrs niemand zum Feuerwerk¹²³ will, geht der Vater mit den Schwestern, Joseph u. mir hin, zum Steinischen Garten.¹²⁴ Es währt bis gegen 9 ½ Uhr, ehe es angeht, u. ist klein, aber recht hübsch. Blüchers Namen in blauer Feuer Schrift brennt gegen ¼ Stunde recht schön, ebenso das letzte Monument. Es wird Mitternacht, ehe wir mit dem Nachtessen fertig sind.

Den 19. Juny [1817].

Die Wärme drängt alles hervor; ich kanns vor innrer Glut kaum aushalten, u. ergebe mich dem bösen Feind. ∽ Dann betreibe ich meine Forschungen in Gellen. Gegen 9 kommt Herr Rektor, u. bleibt ziemlich lang. Er hat, wie er versichert, einen Theil seiner Bilder weggeschickt, weil ein Circular des Bürgermeisters an die Pfarrer ergangen sein soll, worin sie aufgefordert werden, nachzuweisen, welche Bilder in ihren Kirchen gewesen, u. daraus verkauft worden.¹²⁵

---

nach einer erneuten Modifikation 1818 in Kraft. Bereits am 18. Dez. 1817 genehmigte die Regierung die von städtischer Seite für die Armenverwaltung vorgeschlagenen Mitglieder (Schwarz, Armenwesen, S. 55–66; Finzsch, Obrigkeit, S. 104–108; Dorn, Armenpflege, S. 116–120; Mettele, Bürgertum, S. 132–138).

¹²² Handelsbericht für Juni, Köln, 30. Juni 1817: „Von Colonial-Waaren war Caffe der beliebte[ste] Artikel und selbst die Spekulanten ergriffen denselben zu hohen Preisen, wodurch ein abermaliges Steigen von circa 10 % entstanden ist, das man noch nicht am Ziele glaubt" (RWWA 1–15–1, Bl. 47r).

¹²³ Köln. Zeitung, Nr. 95, 15. Juni 1817: „Mittwoch den 18. Juni, als am Tage der glorreichen Schlacht bei Belle-Alliance, großes Feuerwerk bei P. J. Ditges im Steinischen Garten. Der Subscribtionspreis ist 1 Franken."

¹²⁴ Demian, Ansichten, S. 332: „Die vorzüglichsten Lustgärten Kölns sind der alte Kuhberg in der Schnurgasse, der Steinsgarten ebenfalls in der Schnurgasse, der Webersche Garten bei St. Gereon, und noch einige andere." Eine Beschreibung des Gutes Steinscher Garten bietet eine „Wiederverkaufs-Anzeige" von Anfang 1818: Das Hauptgebäude bestand „aus einem Vorhaus, zwei Küchen und neun Zimmern, und im ersten Stock aus einem großen Tanzsaal und drei großen Nebenzimmern, fort aus andern acht Zimmern, anhabend ferner aufm ersten Speicher eben so viele Domestiken-Zimmer. Dieses Gut hat ferner an sich einen großen Hof, ein aus einem Vorhaus, drei Zimmern, zwei Ställen und Remisen, fort Speichern bestehendes Hinterhaus, dessen Einfahrt auf das sogenannte Martinsfeld ausgehet, wie auch einen beinahe 80 Aren großen, und durch ein eisernes Gitter von dem gesagten Hof abgeschlossenen Garten, wovon ungefähr 50 Aren zu einem Oekonomie-Garten, welcher auch ungefähr 170 feine Obstbäume verschiedener Art enthält, und wovon der Rest zu einer Weinschenke nach englischer Art eingerichtet, mit Kastanien-Bäumen und sonstigen Gestäuden bepflanzet, und an der Spitze mit einer schönen Terrasse geziert ist". Hinzu kamen „sieben gewölbte Keller, wovon der größte 40 Fuder zu fassen fähig" war (in: Köln. Zeit, Nr. 2, 3. Jan. 1818). Grundriss des Hofs: Vogts, Wohnhaus, Bd. 1 (1966), S. 29. Vgl. Vogts, Die profanen Denkmäler, S. 546; Kleinertz, Bau- und Bodenspekulanten, S. 148 f.; Klersch, Reichsstadt, S. 195 f.

¹²⁵ K. J. von Mylius an alle Kölner Kirchenvorstände, Köln, 8. Juni 1817, Entwurf: „Die vielen Verän-

Nachher arbeite ich ungestört in meinen Kölnischen Forschungen. Nach Tisch kommt der Rektor wieder. Elkendorf hat ihm einen impertinenten Brief geschrieben, in welchem Er ihm sagt, wenn er sich je noch unterstände, über seinen Lebenswandel, seine Aufführung, u. dergl. zu reden, so würde er von alle dem Gebrauch machen, was er von ihm wisse u.s.w. Der Rektor konsultirt mich deswegen, u. ich schicke ihn zu dem Pastor Claren, bey dem Elkendorf wohnt, um diesen deshalb zu Rede zu stellen. Gegen 5 kommt Herr Appellations Rath Schwarz zu mir, der von Trier hierher gekomen ist. Dieser Mann gefällt mir äußerst wohl u. er bleibt lange bey mir. Wir reden über die Römischen Alterthümer in diesen und |6r| den Trierer Gegenden. Nach 7 fahre ich nach Deutz |:–2:| u. gehe in ein Rheinbad,[126] worin ich lange bleibe und welches mir sehr wohl thut.[127] |:–16:| Dann kaufe ich noch etwas Zunder, |:–4:| u. gehe dann wieder herüber, auf den Neumarkt, u. nach Haus. Die Schwestern sind mit Joseph in

---

derungen welche die hiesigen Kirchen unter der französischen Regierung mehr oder weniger erlitten, haben auch ihre Wirkung auf die in denselben befindlichen Kunstgegenstände und sonstige Merkwürdigkeiten wovon unsere Kirchen so reich waren, sehr nachtheilig geäußert. Viele derselben wurden verschlept, mehrere in dem Jesuiten Collegium zusammen gebracht um dort aufgestellt zu werden, andere von Kirchenvorständen veräußert. Es ist mir daran gelegen so weit es noch geschehen kann nicht nur über das Entkommene sondern auch über das wirklich vorhandene zuverlässige Nachricht zu erhalten. Ich ersuche Sie daher ein Verzeichniß der in Ihrer Kirche oder in jenen welche in Ihrem Pfarrsprengel gelegen waren vorfindlich gewesen oder noch vorhandenen Kunst Gegenständen anzufertigen". Das Schreiben listete auf, welche „Gattung der Kunstsachen" zu berücksichtigen waren: Gemälde, Altarblätter, Wandgemälde, Bildhauerarbeiten, Grabmäler, Glasmalereien, sonstige Kunstsachen sowie die Namen der Meister „in so weit diese angegeben werden können." Darüber hinaus sollte vermerkt werden, ob die Gegenstände vorhanden, entkommen oder veräußert worden waren, wann dies geschehen war, für welchen Preis sie verkauft und wozu das Geld verwendet wurde und wo sie sich zur Zeit befanden. Der Text endete mit der Bemerkung: „Ich empfehle Ihnen übrigens die möglichste Sorgfalt für Erhaltung der noch vorhandenen Kunstsachen an" (HAStK, Best. 400, A 218, Bl. 1r–2r). Die Akte enthält Antworten einiger Kirchenvorstände.

[126] Elkendorf, Topographie: „Die meisten Flußbäder werden von der hiesigen Jugend im Freien oberhalb und unterhalb der Stadt und an dem rechten Rheinufer unterhalb Deutz genommen. An diesen Stellen hat der Rhein ganz flache Ufer, so daß die Badenden bis auf eine weite Strecke in dem Strome sich bewegen können, bevor das Wasser ihnen unter die Arme spült. Die gefährlichen Stellen sind durch Warnungstafeln bezeichnet" (in: Becker-Jákli, Köln, S. 73 f.). Zur Entstehung der Rheinbäder kurz: Weber, Baden, S. 150–152). Es gab auch eine private Badeanstalt in der St.-Apern-Straße; vgl. Köln. Zeitung, Nr. 100, 24. Juni 1817: „Gesundheits-Bäder zum englischen Garten in der Apernstraße in Köln. Um dem Wunsche vieler schätzbaren Freunde immer mehr zu entsprechen, habe ich die Ehre, hiemit anzuzeigen, daß ich meine bisher mit so ermunterndem Beifall täglich besucht werdenden Bäder nun auch mit einem neuen ganz nach der Angabe der Herren Aerzte eingerichteten Tropfbade vermehrt habe. Die Nützlichkeit desselben bedarf keiner Empfehlung, da die heilsame Wirkung eines solchen Bades, welche sich an so vielen mit mehreren Krankheiten behafteten Personen bewährt hat, allgemein bekannt ist. Ferd. Zimmermann."
[127] Vgl. die Schrift des Kölner Mediziners J. J. Günther: Etwas über den Werth des warmen Badens, nebst einigen Bemerkungen über das Luftbad, vorzüglich in Hinsicht auf die physische Erziehung, Frankfurt a. M. 1804. Zum Baden in Köln Anfang der preuß. Zeit: Weber, Baden, S. 149–155.

dem Conzert auf der Breitstraß gewesen, wo die 4 fremden Sänger sangen.[128] Der Rektor hat ansagen lassen, daß er Pastor ad St. Ursulam geworden.[129]

Den 20. Juny [1817].

Der Rektor kommt schon früh wieder hierhin. Den Pastor Claren hat er nicht gefunden, will aber heute Morgen wieder hingehen. In der Sitzung erfahre ich, daß des Herrn Regierungs Rath Schlaefkes Frau diese Nacht am Schlag gestorben; der gute Mann soll sehr daraus seyn. – Ich erhalte den Frachtbrief, der von Düsseldorf gekommenen 3 Kisten, u. das Reskript, daß wir die andern Sachen von Aachen u. Düsseldorf auch erhalten sollen. Ich entwerfe alsbald die Schreiben dahin. Zu Haus ist Wallraf, der ein schönes messingenes Venusbild hat, unter welchem das Jabachsche Wappen;[130] er hat es gebracht, um es uns zu zeigen. Von Coblenz habe ich von Goerres die Loose erhalten; Briefe, die ich deswegen nach Elberfeld an Laar, nach Jülich an Frau Clave,[131] nach Düren an den Obristlieutnant Schetz, nach Aachen an Herrn Huber, zu schreiben habe, nehmen mir fast den ganzen Nachmittag weg. Gegen 7 gehe ich zu dem Conzert der 4 Sänger, im Kuhberg, welches recht schön ist,|:2.4:|u. bis gegen 10 U. dauert. Bey Cassinonis ist daselbst eine Frau Bolognaro Crevenna[132] aus Frankfurt, die ich aber nicht kenne. Ich gehe mit Joseph, Dr. Schmitz, Lauterborn, u. Herrn Dumont xxxxx an Aposteln zurück. Der Abend ist gar schön.

Den 21. Juny [1817].

Ich expedire noch einige meiner Briefe; auch einen |6v| an Goerres.[133] Es kommen schon mehre Geistliche Herrn, die sich zur Rektorstelle melden. Dann werden mir die 3 Kisten gebracht, wofür ich einstweilen den Traglohn vom Rhein her bezahle. |:– 2 Fr.:| Ich öffne 2 davon, in welchen, ausser dem Luxemburgum Romanum[134] aus Trier, u. den Büchern über Laach, wenig von den besseren

---

[128] Vermutlich ist der Jäger'sche Saal in der Ehrenstraße, eine Verlängerung der Breite Straße, gemeint. Dort wurde in diesen Tagen mehrmals ein Vokalkonzert von Sängern aus Wien gegeben. Vgl. Köln. Zeitung, Nr. 100, 24. Juni 1817.
[129] Gerhard Cunibert Fochem wurde am 17. Juli 1817 als Nachfolger des verstorbenen Pfarrers Franz Martin Stirtz zum Pfarrer an St. Ursula ernannt.
[130] Die Statuette der Badenden Venus von Giambologna war zu einem Petschaft mit dem Wappen der Familie Jabach umgearbeitet. Sie befindet sich heute im Museum für angewandte Kunst, Köln (Inventar-Nr. H 494). Ich danke Roland Krischel für seine freundliche Hilfe. Das Wappen wurde der Familie Jabach 1621 verliehen; Abb. in: Voß, Jabach, S. 7.
[131] Josepha Maria Theresia Walburga Clavé de Bouhaben, geb. von Münch-Bellinghausen war seit 1813 mit Alexander Clavé de Bouhaben verheiratet, dieser amtierte 1813/14 als Maire von Jülich.
[132] Eine Angehörige der Fabrikanten- und Kaufmannsfamilie Bolongaro-Crevenna in Frankfurt a. M.
[133] Dieser Brief Grootes an J. Görres ist nicht nachgewiesen.
[134] Der Trierer Bibiothekar Wyttenbach und die Regierung Trier verlangten seit Monaten die Rückgabe

Sachen ist;[135] diese sind also noch in Düsseldorf oder Aachen. Vor Tisch kommt Haxthausen mit Coels u. wollen, daß ich mit ihnen zum Canonicus Sydow gehe, der Bilder haben soll. Wir gehn hin u. finden ihn nicht, wir gehn noch bis zum Griechenthor. Nach Tisch bringt uns der Vater einen Entwurf über unsere künftige Wohnung, worin sich Schulz mit Beyhülfe von Buschius soviele Zimmer gewählt hat, daß uns offenbar viel zu wenig Platz bleibt. Dieß muß noch geändert werden. – Es kommt Visser zu uns, den wir sonst wohl bey Klein sahen. Er ist weitumher, u. mehre Jahr in America gewesen. Nun will er sich in Europa wieder niederlassen, weiß aber noch nicht wo. Ich packe meine Kisten, der Ordnung wegen, wieder zusammen. Abends ist im Olymp nicht viel.

Den 22. Juny [1817]. Sonntag.

Ich gehe bey Zeiten zur Kirche in Alban,[136] muß aber dort warten, bis zur Musik Messe, die gegen 10 anfängt.[137] Ich studire in des Wiltheim Luxenburgum Romanum, worin recht interessante Sachen. Denoël kommt nicht, wie er versprochen, vor 10, sondern erst gegen 11. Wir wollten zu Sotzmann, allein, wir bleiben bey einem Altar in der Alban Pfarre bey [einem] armen verrückten Schuster oben Marktpforten [Obenmarspforten] halten, der sich für einen Propheten hält. – Wir kommen deshalb zu Sotzmann nicht. – Nach Mittag gehe ich in die |7r|

---

dieses Werks. So hatte die Regierung Trier die Kölner Regierung am 16. März 1817 aufgefordert, „das von den hiesigen Gelehrten so sehr vermißte Luxemburgum romanum Wilthemii M.S. mit vielen Zeichnungen" zurückzugeben, und erklärte, „daß jenes schätzbare Werk – welches, da es von den Trierischen Alterthümern handelt, nur in Trier an seinem Ort seyn kann – von dem gelehrten Trierischen Erzbischof Hontheim der hiesigen Bibliotheck förmlich legirt wurde" (Landesarchiv NRW R, BR 0002, Nr. 404, Bl. 75r). Vgl. die Antwort aus Köln vom 28. März 1817, Entwurf (Bl. 75v) sowie Regierung Düsseldorf an Regierung Trier, Düsseldorf, 22. März 1817, Entwurf (Landesarchiv NRW R, BR 0004, Nr. 643, Bl. 4r). Siehe auch: Regierungspräsident in Trier D. H. von Delius an Regierungspräsident in Düsseldorf Ph. von Pestel, Trier, 10. Apr. 1817 (Bl. 1r) und Regierung Düsseldorf an D. H. von Delius, Düsseldorf, 26. Apr. 1817, Entwurf (Bl. 2r u. v). Der Jesuit, Archäologe und Historiker Alexander Wiltheim verfasste im 17. Jh. ein grundlegendes Werk zu den römischen Funden in Luxemburg, Trier und der Eifel: „Luciliburgensia sive Luxemburgum Romanum; hoc est Arduennae veteris situs, populi, loca prisca, ritus, sacra, lingua, viae consulares, castra, castella, villae publicae, iam inde a Caesarum temporibus Urbis adhaec Luxemburgensis incunabula et incrementa investigata atque a fabula vindicata". Vgl. Hetzrodt, Nachrichten, S. 111; Keuffer/Kentenich, Verzeichnung, S. 11; Braubach, Verschleppung, S. 137 f. Ich danke der Wissenschaftlichen Bibliothek Trier für die freundliche Auskunft.

[135] Zu den Schriften aus Trier: E. von Groote an J. Görres, Köln, 6. Juli 1817. Siehe Briefe u. Schriften.
[136] Die Kirche St. Alban am Quatermarkt, deren Anfänge auf das 12. Jh. zurückgehen, war nach der Säkularisation Pfarrkirche und Sukkuralkirche von St. Maria im Kapitol. Vgl. Mering/Reischert, Bischöfe, Bd. 2, S. 245–248; Ewald/Rahtgens, Die kirchlichen Denkmäler (1916), S. 1–19. Nach der fast völligen Zerstörung im Zweiten Weltkrieg blieb die Ruine als Gedenkstätte für die Toten der Weltkriege erhalten.
[137] Am 22. Juni wird der Namenstag des Heiligen Alban gefeiert, daher fanden in der Kirche St. Alban feierliche Gottesdienste statt und eine Prozession führte durch die Pfarre.

Predigt in St. Columba, u. dann zu v. Ammon, wo Herr Sethe, u. ein Appellations Rath. Die junge Ammon ist schön, wie eine aufgehende Rosenknospe. Wir gehn in den Garten an St. Gereon,[138] u. ich unterhalte mich viel mit ihr. Im garten wandeln wir zwischen schönen Rosen, warten einen köstlichen Gewitterregen unter dem Pavillon ab, u. kehren gegen 9 in die Stadt zurück. Die Schwestern, u. viele Leute sind in Deutz gewesen.

Den 23. Juny [1817].

Der Rektor kommt zeitig, u. spricht viel mit mir über die Elendsfundationen, u. die Besetzung der Rektorstelle, wozu sich schon viele gemeldet haben. Ich gehe noch die Handschriften über Trier u. Luxemburg durch. In der Sitzung finde ich meine Schreiben nach Aachen u. Düsseldorf schon signirt. Redtel sagt mir, Sotzmann sey sehr erfreut gewesen, als er ihm meine Aeußerung mitgetheilt, ich wolle mich gerne zu den Communalsachen qualifiziren. – Nach Tisch, wo der Rektor bey uns war, gehe ich gegen 5 zu Redtel, den ich nicht finde, ebenso um 7 wieder. Ich wollte mit ihm, meines Vaters Auftrag zu Folge, in das neue Posthaus gehn. Ich gehe zum Präses, wegen des Elends, der aber noch wenig darüber angeben kann. – Ich bin zeitig zu Haus, wo aber der böse Feind mich Abends spät noch besucht, und in seiner Gewalt mich befestigt. ～ Ich habe manches aus den Trierer Handschriften exzerpirt. – |7v|

Den 24. Juny [1817].

Klein kommt, wegen Kendenicher Angelegenheiten. Ich schicke zu Sitt u. Gadé, die heute nachmittag kommen wollen. Auch zu Redtel, der mich vor Mittag erwartet. Ich schreibe an Graf Beissel wegen der Kendenicher Schaafgeschichte. Klein kommt zurück, u. sagt mir, daß unsre Sache gegen Engels heute am Appellhof vorkomme. Ich gehe gegen 10 hin, finde dort auch Dr. Sitt u. Gadé, die sehr über die Hitze klagen, u. deswegen dispensirt seyn wollen, heute zu mir zu kommen, wogegen ich protestire. Es währt bis gegen 12 U., ehe unsre Sache vorkommt. Es wird aber nichts entschieden, weil behauptet wird, die bloße Präsentation des Entsagungs Akts des Engels reiche nicht hin, sondern er müsse diesen entweder seinem bisherigen Bevollmächtigten durch einen Huissier insi-

---

[138] J. P. J. Fuchs, Topographie: Am Gereonshof „liegt das schöne Dechanei Gebäude […]; zu diesem Gebäude gehörte ein großer Garten, welcher fast den ganzen Raum zwischen der Spieser- u. Steinfeldergasse einnahm, in demselben lag die uralte Kapelle des h. Quintus, wovon noch eine Ruine übrig ist. Das ganze wurde als französ. Domain an Herrn Fried. Carl Heimann verkauft, von diesem ging unter Preuß. Herrschaft das Eigenthum an den Reg. Medizinal Rath Dr. Merhem über, welcher den an die Steinfeldergasse gränzenden Theil des schönen Gartens zu Baustellen verkaufte" (HAStK, Best. 7030, Nr. 231, Bd. 2, S. 1 f.); vgl. Kleinertz, Bau- und Bodenspekulanten, S. 148, 156–158.

nuiren, oder am Gerichtshof selbst präsentiren. Letzteres werden wir wohl thun lassen. –
Ich gehe nun zu Redtel u. mit ihm in das Posthaus. Die Frau Peipers ist sehr freundlich, u. zeigt uns das Haus nach unsrer Willkühr. Schultz ist noch nicht da, allein, mit einigen Umständen bequemt sich auch die Frau desselben, uns ihre Wohnung zu zeigen, u. wir gehn überall durch u. in den Garten, bis Schultz kommt. Dieser ist ziemlich barsch, u. will von andern Planen, als die er mit Buschius gemacht, nichts wissen. Redtel erklärt sich ziemlich bestimmt mit ihm. Mir ist so viel klar, daß für beyde Haushaltungen weder Raum noch Bequemlichkeit da ist, u. wir daher sehr unangenehm wohnen werden. Schultz giebt zu verstehn, |8r| wenns nicht anders angehe, so würde er auf eine abgesonderte Wohnung in Berlin antragen. Das möchte er thun. –
Bald nach Tisch kommt Sitt, mit dem ich das großelterliche Theilungsprotokoll[139] durchgehe, woraus erhellt, daß von dieser Erbschaft bis auf die Gartenländerey, die auf Rth. 2.000 angeschlagen ist, alles in Ordnung sey. Gadé läßt sagen, er komme nicht, er sey nicht wohl; wahrscheinlich ist ihm zu warm. Der jetzige Besitzer des von Mylius, aus der Gereonischen Erbschaft gekauften Weinguts kommt, u. will gerne die Erklärung haben, daß dieß Gut von uns völlig frey gegeben sey, u. daß keine Forderungen mehr darauf haften. Mylius hat ihm dieß längst unterschrieben. Wir lassen uns einstweilen nicht darauf ein, da uns das Gut nichts angeht, sondern von Mylius conferirt[140] werden muß. – Später kommt Redtel zu uns, u. spricht mit dem Vater über die Einrichtung des neuen Hauses. Er glaubt, man müsse in ernstlichen Berichten streng durchzugreifen suchen. Er ist selbst auch der Meinung, daß alles Zusammenwohnen sehr unangenehm seyn müsse. – Während des Gewitters trinken wir Selterwasser u. Wein,[141] u. später gehe ich mit Redtel aus. Das Gewitter überrascht uns von neuem, u. wir kehren in eine Kneipe ein, u. fangen wieder an zu trinken. |:3.5:| Dann gehn wir auf den Domhof, u. sehn, was dort gearbeitet worden.[142] Ebenso an Margare-

---

[139] Welches Teilungsprotokoll bezüglich der Großeltern Grootes, Franz Jakob Gabriel u. Maria Ursula von Groote, gemeint ist, ist unklar.
[140] Konferieren, hier möglicherweise: übertragen.
[141] Handelsbericht für Juni, Köln, 30. Juni 1817: „Nach Wein in geringen Sorten war mehr Frage. Den neuesten Berichten von der Mosel zu Folge hat man günstigere Aussichten für die Weinlese" (RWWA 1–15–1, Bl. 48r u. v).
[142] Groote verweist hier auf Arbeiten zur Neugestaltung des Domplatzes. Den Zustand des Domplatzes (Auf dem Domhof) vor den Veränderungen schilderte Weyden in düsteren Farben: „Wellenförmig läuft der Platz von West nach Ost jäh ab, fußhohes Rietgras [...] und Unkraut überwuchern im Sommer die ganze Fläche, von einer Cloake durchzogen, deren ewiger Inhalt nichts weniger, als Weihrauch. In der südwestlichen Ecke droht unheilverkündend das Criminal-Gefängnis, die „Hacht", ein schauerlicher Bau, dessen düsteres grauenhaftes Aeußere von den Gräueln erzählt, welche derselbe in seinen Verließen [...] birgt. [...] Haarsträubende Erzählungen knüpfen sich an diese schaurigen Stätten wie an die Geschichte des Domhofes selbst. Ihrer Schauerlichkeit entspricht aber auch die Umgebung des Platzes. Das neben der Kirche St. Johann gelegene Seminar-Gebäude, [Priesterseminar] auf der anderen Seite, fast neben der Hacht, das Official-Ge-

then, wo noch viel zu thun. Ich gehe spät, nach 9 noch mit Redtel durch den Gewitterregen nach Haus, wo sein Schwager, u. wir rauchen u. trinken, u. bleiben in Erzählung über Cöln, den letzten Feldzug, u. die Geschichten in Paris, bis nach 11 zusammen. Es regnet noch, u. die Luft kühlt sich sehr ab.

Den 25. Juny [1817].

Ich entwerfe das Antwortschreiben an die Schulverwaltung |8v| ziemlich derb.[143] Später kommt v. Münch u. bringt mir einen Assessor Lille von Coblenz, einen artigen Mann, der auch Dichter seyn soll. Er kennt Goerres u. die Uebrigen. In pleno schreibe ich den Entwurf zu dem Bericht an die General Postdirektion, um Schultz aus dem Posthaus zu bringen. Gegen 2 finde ich zu Haus bey Tisch den Consistorial Rath Poll, Herrn Pastor Fochem, u. Kapellan Kaerp; man ist recht fröhlich und munter. Poll ist mit mir einverstanden, daß man sich von der Schulkommission nichts müsse nehmen lassen. – Mit Sombart habe ich frühe gesprochen, ob es nicht Mittel gebe, mich von der Offizierstelle bey der Landwehr zu befreyen; er glaubte, General Ende könne dazu wirken. Ich will zu diesem gehn, finde ihn aber nicht. Auch treffe ich Jungnickel nicht zu Haus. Ich begegne Frau v. Geyr etc., mit denen ich zu Frau deGroote gehe, die morgen weg will. Im Conzert singen die 4 Sänger auf der Ehrenstraße wieder recht gut.[144] |: 1.13 :| Auch v. Ammon sind da, u. Jette ist wieder gar hübsch. Wir bleiben bis gegen 10. – Ich spreche mit Ende, der mir versichert, auf die Wahl der Offiziere, wozu ich übrigens (leider) alle Hoffnung habe, nicht einwirken zu können. – Auf morgen sind wir von Pastor Fochem zu seinem Einführungsschmaus in den Weißen Thurm gebethen.

Den 26. Juny [1817].

Die Schwestern sind mit Carl u. Caspar zu Fuß nach Kendenich. Ich übergebe dem Vater das Schreiben an den SchulverwaltungsRath. Dann setze ich meine

---

richt mit der Thomas-Capelle [...] und neben der Kirche zum heiligen Geist das Ehl'sche so genannte Ballhaus [um 1817 Vergnügungsstätte Lempertz] ausgenommen, umtrauern verfallene Gademen oder Hütten, morsche hölzerne, von Schuhflickern oder Altruyschern bewohnte Barakken, an deren Bedachungen ein Mann mit der Hand reichen kann, die ganze Süd- und Ostseite [...]. In einer Stadt wie Köln, konnte man sich nichts trostloser Vernichtenderes denken, als den Dom in seiner Trauer, nichts Bettelhafteres als den damaligen Domhof" (Weyden, Köln, S. 24 f.).

[143] Das Schreiben Grootes ließ sich nicht ermitteln.

[144] Köln. Zeitung, Nr. 100, 24. Juni 1817: „Auf Begehren mehrerer Freunde der Tonkunst werden die hier anwesenden Sänger aus Wien eine 2te und letzte Vokal-Abendunterhaltung im Saale zum Kuhberg auf der Ehrenstraße Mittwoch den 25. dieses M. geben. Man bemerkt dabei, daß es schade wäre, diesen seltenen Genuß zu versäumen. – Der Anfang ist um 7 Uhr Abends. – Die Anschlagzettel zeigen das Nähere an. – Eine Harmonie von Blas-Instrumenten füllt die Zwischenräume."

Untersuchung über die Luxemburger Bücher fort. Denoël kommt, und sagt mir zu meiner großen Verwunderung, daß das AbschiedsEssen für Dr. Cassel nicht heute sey, wie ich glaubte, sondern schon gestern Abend gewesen sey, daß aber wenige Membra gegenwärtig waren. Mir ist es inzwischen recht leid, nicht da gewesen |9r| zu seyn. Der Assessor Lille wollte mich wieder besuchen, bleibt aber aus. Gegen 1 U. gehe ich mit dem Vater u. mit Joseph zum Einführungsessen des Herrn Fochem in den weißen Thurm.[145] Ich sitze bey dem Pastor Dumont u. Herrn Rentmeister Balg,[146] gegen Herrn Poll über. Mit den geistlichen Herrn, auch mit den etwas entfernter sitzenden Pastor aus St. Johan u. Präses Seminarii [rede ich] sehr lebhaft über unser Fundationswesen. Inzwischen ist der Präfekt Bergrath bald berauscht, und hält nun in lauter gutem Willen für das Elend große Reden und Tiraden, so daß er endlich herausgebracht u. gebethen werden muß zu schweigen. Das Hochwürdige Pastoralkollegium schwätzt theils aus Eitelkeit, theils aus ächter Dummheit viel ungeschektes Zeug.[147] Der neue Pastor freut sich mit uns, das Volkchen alles so recht kühl betrachten zu können.[148] Es zeigt sich besonders bey denen, die der Wein zum reden stimmt, daß es weniger gesundes Judizium, als Eitelkeit und Prätention ist, was sie gegen uns, unsre Kirche u. Stiftungen aufbringt. Es sind meist Alltagsmenschen. Großen Beyfall erhält ein Abschiedsschreiben der Präfekten der Elendsbruderschaft[149] an ihren scheidenden Rektor, welches Herr Pastor aus Lyskirchen[150] gemacht hat. Es wird gedruckt herum gereicht,[151] und ist in der That mit viel Liebe u. Sinn verfaßt.

---

[145] Fochem wurde am 26. Juni 1817 offiziell in sein neues Amt als Pfarrer an St. Ursula eingeführt.

[146] Solms-Laubach beurteilte Domainen-Rentmeister Jacob Balg: als „tüchtig, in seinem Geschäft sehr bewandert, arbeitet mit Anhänglichkeit und Diensteifer – hat das öffentliche Zutrauen" (Fr. L. Chr. zu Solms-Laubach, Konduitenliste, Köln, 20. Sept. 1817; GStA PK, I. HA Rep. 74, Nr. 103, Bl. 217r). Balg wurde um 1821 von seinem Amt suspensiert (Schäfke, Kunsthaus, S. 23).

[147] Elkendorf, Topographie: „Sehr zu bedauern ist es, daß die durchgängig katholische Geistlichkeit hier noch bei Weitem nicht auf ihrer wahren Höhe steht und hinter dem größten Theile der gebildeten Layen zurückgeblieben ist. Dadurch kommt es dann auch, daß das Volk mehr auf das Äußere als auf die innere Bedeutung des Gottesdienstes hält, und daß überhaupt der Einfluß der Geistlichen auf das Volk sich wenig in Lehre, aber bis zum Überfluß in kirchlichen Acten offenbart" (in: Becker-Jákli, Köln, S. 120).

[148] Satz sic.

[149] Zu den Vorstehern (Präfekten) der Bruderschaft vgl. Busch, Andachts-Buch, S. 102: „Es soll auch jährlich aus den frömmsten und eifrigsten Mitgliedern einer gewählt werden, der als Vorsteher das Wohl der Bruderschaft befördere; Anderen mit besonderen Tugendbeispielen vorleuchte und durch seine öftere Gegenwart und Mittheilnahme den Gottesdienst verherrliche."

[150] Johann Gottfried Müller war von 1809 bis 1820 Pfarrer an St. Maria Lyskirchen.

[151] „Die Vorsteher der Romanischen Erzbruderschaft zum Troste der Verstorbenen in der dem H. Gregor dem Großen verehrten von Grootischen Familien-Kirche am Elend, zum Glückwunsche ihrem bisherigen Rektor, Herrn Gerard Cunibert Fochem, am Tage Seiner Einführung als Pfarrer bei St. Ursula in Köln am Rhein, – 26. Juni 1817. Gedruckt bei M. DuMont-Schauberg" (HAStK, Best. A 110, Nr. 8). Vgl. einen Auszug aus dieser Schrift über das Wirken Fochems: „Sie setzten dem von Ihrem würdigen Vorgänger begonnenen Werke die Krone auf, in dem Sie a) Kirche und Bruderschaft zum möglichsten Flor brachten; Sie erreichten den innern und äussern Zweck der Verbrü-

Unvermuthet mache ich die Entdeckung, daß der junge Dumont,[152] den ich sonst nur so zuweilen im Olymp sah, mir äußerst gewogen ist, u. mich wahrhaft achtet, u. zwar meines Faustes[153] wegen, den er nicht nur gelesen zu haben [erklärt], sondern oft vorgelesen und sogar an Freunde u. Bekannte, die dafür große Empfänglichkeit hätten, in Lüttich verschenkt habe. Er sagt mir viel Erfreuliches darüber, u. ich freue mich über diese Entdeckung umso mehr, je unerwarteter sie mir |9v| ist, und je angenehmer der Mann mir früher schon gewesen, ehe ich ihn näher kannte. Er bittet mich, ihn zu besuchen, was ich auch gerne thun will. – Wir bleiben bis gegen 8 zusammen, u. dann gehe ich noch einige Straßen durch, begegne Denoël, u. gehe gegen 8 ½ noch zu Ammon, denen ich in meiner Fidelität allerley über Paris u. sonst vorsage. Es sind herzlich gute Menschen. – Zu Haus sind inzwischen Schwestern u. Brüder wieder angekommen, u. haben sich auf ihrer Fußreise gut unterhalten.

Den 27. Juny [1817].

Ich lasse die 3te Düsseldorfer Kiste, welche die Urkunden enthalten soll, eröffnen. Es befinden sich in derselben nichts als die Cartons mit den Urkunden aus den Trierer Klöstern. – Ich schreibe in der Sitzung die beyden Berichte an das Consistorium über das fragliche Capital von Rth. 450, welches aus der Gereonischen Erbschaft nach Merheim reklamirt wird, u. über die Vikarie von Walberberg zurecht.[154] Nach Tisch durchlese ich eine Menge der alten Urkunden u. dazu gehörenden Bücher; gehe gegen 5 zu Cassel u. Lille, die ich beide nicht finde; dann zu Schwartz, die sehr betrübt sind, weil sie Nachricht von Trier haben, daß eins ihrer 3 Kinder gestorben. Ich gehe zu Simon, hoffe dort v. Ammons zu sehn, was aber nicht der Fall ist. Es ist wieder alles ziemlich getrennt

---

derung, indem Sie den Gebrauch der Hh. Sakramente, die sorgfältige Pflege der armen und kranken Verbrüderten, die Verbesserung ihrer Sitten und Verbannung der Mißbräuche als Hauptzweck aufstellten, und b) strenge Ordnung beim äussern Gottesdienste herstellten, so wie niedliche und dem erhabenen Gegenstande angemessene Geräthe diesem an sich ehrwürdigen Tempel anschafften, wodurch er unter den ersten der Stadt den Rang behaupten kann. [...] Mehreres mögten wir sagen, doch genüge dies Ihren neuen Pfarrkindern, um ihren Hirten – Vater – Lehrer – Freund zu kennen. So wandern Sie denn hin zur neuen Bestimmung, zum heiligen Ziele, umschattet durch göttlichen Segen; [...]. Mögen Ihnen freudig die Glocken jenes alten Tempels das Willkommen entgegen hallen: denn Ihr Sinn für Alterthum und Kunst wird auch diese ehrwürdigen Hallen, dem Kölner wie dem Fremden merkwürdig, mit neuem Glanze ausrüsten. – Möge Ihnen vorzüglich die Jugend Rosen streuen, sie hat Ursache, es zu thun; [...]. Sie werden diese lebendigen Originale aus der größten Meisterhand eben so zu würdigen wissen, wie die Gemälde der Kunst, die Ihren Geist entzücken, und die Ihren neuen Tempel zum Stolze der Kölner erheben werden."

[152] Vermutlich der Jurist Johann Anton Albert DuMont, geboren 1790.
[153] E. von Groote, (Faust's) Versöhnung mit dem Leben. Meinen Jugendfreunden zum Andenken gewidmet, gedr. bei M. Dumont, Köln 1816 (Groote, Tagebuch, Bd. 2, vielerorts).
[154] Diese Berichte Grootes ließen sich nicht ermitteln.

da. Bey meiner Rückkehr gegen 11 ½ kommt eben eine Staffete[155] an den Vater von Mittag; sie enthält aber nur etwas über Postrouten.[156]

Den 28. Juny [1817].

Ich erhalte einen Teil der Cataloge über die von Düsseldorf geschickten Kisten.[157] Meine schreiben an das Consistorio werden mundirt, u. weggeschickt. Für ein Paquet von Carové sollte ich Rth. 1, GG 1 zahlen, das |10r| ist mir zu viel, u. ich lasse es zurücklaufen. Ich erhalte ein Schreiben von Obrist-Lieutenant Grollmann,[158] laut welchem ich Offizier der Landwehr geworden bin, u. mich heute um 3 im Haus des Herrn Hausmann[159] an Andreas einfinden soll. Ich schreibe,

---

[155] Eilige, amtliche oder private Schreiben wurden häufig durch Stafetten befördert. Matthias, Darstellung des Postwesens, Bd. 2, S. 96: „Da der Zweck einer Staffettensendung dahin geht, schleunigst Nachrichten mitzutheilen, ehe sie nach dem gewöhnlichen Laufe der Posten dahin gelangen können: so muß auch die Beförderung des Briefes oder Schreibens durch Staffetten weit schneller als durch die reitende Post geschehen, zumal jene in ihrem Fortkommen durch keine schwere Last, wie die des Felleisens ist, behindert wird."

[156] Diese Ankündigung zu Postrouten von Postkommissar Mittag in Koblenz wurde in der Köln. Zeitung, Nr. 103, 29. Juni 1817 veröffentlicht: „Mit Anfang des künftigen Monats Juli wird Morgens vier Uhr von Köln auf Koblenz eine fahrende Post am Montag, Mittwoch, Freitag und Samstag abgehen. An den beiden ersten Tagen steht diese Post in Verbindung mit dem Wagen nach Mainz, und mit der am Donnerstag nach Trier abgehenden Personen-Post. Am Freitag steht sie in Verbindung mit der Paket-Post nach Trier, und am Samstag mit der Personen-Post nach Trier. An denselben Tagen und Stunden wird von Koblenz ein Wagen abgehen, welcher an den zwei erstern Wochentagen mit dem Wagen von Trier und Mainz, und an den zwei letztern ebenfalls mit den Wagen von Mainz und Trier in Verbindung steht. Köln, den 29. Juni 1817. Königl. Preuß. Oberpostamt."

[157] Die Regierung in Trier hatte die Düsseldorfer Regierung am 27. Mai darum gebeten, ihr Verzeichnisse der in Düsseldorf vorhandenen Trierer Objekte zu schicken (Landesarchiv NRW R, BR 0004, Nr. 643, Bl. 5r). Düsseldorf antwortete dem Trierer Regierungspräsidenten von Delius am 20. Juni 1817 (Entwurf), daß man die bisher in Düsseldorf deponirten drei Kisten mit der Aufschrift Rheinisches Archiv nach Köln schicken wolle; zugleich sandte man die Abschrift der dazu in Düsseldorf vorhandenen Verzeichnisse (Landesarchiv NRW R, BR 0004, Nr. 643, Bl. 6r). Regierung Düsseldorf an Regierung Köln, Düsseldorf, ca. 22. Juni 1817, Entwurf: „Euer K. H. Regierung beehre ich mich anliegend eine Abschrift der Verzeichniße des Inhalts der gestern durch Schiffer Ibel nach Coeln spedirten drei Kisten das Rheinischen Archiv enthaltend mitzutheilen" (Bl. 6r u. v). Die Verzeichnisse waren allerdings nicht vollständig.

[158] Johann Karl Heinrich von Grollmann war um 1817 Oberstleutnant und Kommandeur des 1. Bataillons im 3. Rheinischen Landwehr-Regiment, das im Regierungsbezirk Köln stationiert war. Ich danke Dirk Ziesing für seine Hinweise. Als Mitglied der „Landwehr-Inspection im Regierungs-Bezirk Cöln" war Grollmann auch für die Beschaffung von Räumlichkeiten für das Militär zuständig. So beauftragte er die Stadt im Mai 1817, Räume für sein Bataillon zur Verfügung zu stellen: „zur Aufbewahrung von 800 Paar Schuhen, 800 Paar Beinkleidern, 800 Montierungen und 800 Dienstmützen", wobei er genügend Platz forderte, da „die Mützen entweder hängen oder einzeln liegen müßen, damit sie nicht die Form verlieren" (J. K. H. von Grollmann an K. J. von Mylius, Köln, 22. Mai 1817; HAStK, Best. 400, A 2602, Bl. 1r).

[159] Conrad Hausmann, 1817 Sekretär der Steuerregistratur; AK 1822: städtischer Angestellter, An-

daraus könne nichts werden, weil ich andern Conferenzen beywohnen müsse. Nach Tisch läßt mir Sitt sagen, er könne nicht kommen, obschon er mir gestern erst noch zugesagt; Gadé kommt gar nicht, u. ich nehme daher Veranlassung an beyde derb zu schreiben. Ich bin verdrießlich über diese dummen Zögerungen, der Böse benutzt diese Gelegenheit, u. setzt mich zum 3–4–5 Mal bald nacheinander Schachmatt. ～ Unter den Handschriften sind einige sehr Alte, z.B. von Dagobert anno 640.[160] Unsre Olympische Gesellschaft besteht Abends nur aus Wallraf, Bruch, Denoël u. mir; ich bringe dahin einige der alten Urkunden mit.

Den 29. Juny [1817].

Ich sende an die Advokaten Sitt u. Gadé Briefe, weil ich ihrer ewigen Entschuldigungen müde bin. Auch sende ich ein höfliches Dankschreiben an v. Reiche nach Münster. Ich gehe noch einige der Handschriften durch. Im Dom ist große Messe von Bethofen.[161] Wir gehn mit Ammons heraus. |:6 Sls:| Ich eile noch auf den Neumarkt, um dort den Obristen Grollmann zu finden, ich fingire, an seinem Haus gewesen zu seyn, u. er versichert, der Adjudant habe es ihm schon gemeldet. Daher kommen Lügen! Der General Ende wünscht mir freundlich Glück zu meiner Wahl als Offizier. Jungnickel ist auch dort, schon in Uniform, u. scheint sich des Exerzierens sehr annehmen zu wollen. Mittags ist Wallraf bey |10v| uns; als er aber nach Tisch die Documente u. Bücher sehn will, kann er vor Schlaf nicht aushalten, u. geht weg. Er hat ein Schreiben von Graf Solms, was aber nicht viel bestimmtes enthält, namentlich nichts von der Universitaet.[162]

---

dreaskloster 5. Vgl. Personalnotizen, 1815: „Haussmann. Angestellt unter Frambach. Wenige, oder keine Fähigkeiten, französisch und dem Rufe nach bestechlich und eigennützig, die öffentliche Meinung wider sich, der Gemeinde mehr nachtheilig, als nützlich" (Landesarchiv NRW R, BR 0002, Nr. 1534, Bl. 9r).

[160] Möglicherweise ist Dagobert I. gemeint (um 610–639). Die von Groote genannte Urkunde ließ sich nicht identifizieren.

[161] Der 29. Juni ist Namenstag des Apostels Petrus, Schutzheiliger des Kölner Doms. Das Patronatsfest wurde mit einem Hochamt, einer „großen Messe", begangen und durch eine Kirmes (Fest der Kirchweihe) gefeiert. Welt- u. Staatsbote zu Köln, Nr. 103, 29. Juni 1817: „Heute Sonntag den 29ten Juni, wie auch Montag und Dienstag, bei Gelegenheit der Dom-Kirmes, Tanzmusik bei Joh. Pet. Lempertz, auf dem Domhof." Elkendorf, Topographie: „Unter die gewöhnlichen Volksfeste Cölns gehören die Kirmessen (Kirchweihen) und der Carneval. Jede Pfarrkirche feiert ihre eigene Kirchweihe und da die wenigsten auf einen Tag zusammen treffen, so giebt es hier die Sommermonate hindurch beinahe jede Woche eine Kirmesse zu feiern. Der Kirchweihsonntag ist gewöhnlich der Festtag nicht nur für die betreffenden Pfarrbewohner, sondern auch für einen großen Theil der übrigen Cölner besonders aus der geringern Volksklasse. Der darauf folgende Montag und Dienstag wird aber auch von den meisten Pfarrbewohnern noch gefeiert. Die Feierlichkeit besteht hauptsächlich in einer großen Prozession durch den Pfarrbezirk, die Belustigung in Tanz, Schmausereien, Trinkgelagen und kleinen Illuminationen am Abend" (in: Becker-Jákli, Köln, S. 92 f.).

[162] Fr. L. Chr. zu Solms-Laubach an F. Fr. Wallraf, Berlin, 21. Juni 1817. Solms-Laubach antwortete auf das Schreiben Wallrafs, das dieser ihm am 13. Mai durch Daniels nach Berlin geschickt hatte. Wallraf hatte darin offenbar die Frage der rheinischen Universität angesprochen, worauf Solms-

Um 5 gehe ich wieder in den Dom, wo hübsche Musik ist aus verschiedenen Compositionen. – Wir gehn wieder mit Ammons zurück, u. zwar nach Haus, wo Joseph einiges der Correspondenz mit dem Consistorio, über unsre Stiftungen, durchsieht. Wir wollten dann Ammons wieder abholen, hören aber, daß sie in Deutz seyn sollen. Wir fahren hin, allein, mit der selben Brücke kehrt alles von da zurück, u. wir hören, daß v. Ammons gar nicht da waren. Wir gehn mit Nückel, Müller etc. noch eine Zeitlang spazieren.

Den 30. Juny [1817].

Wallraf kommt Früh zu mir ans Bett, u. hat ein Schreiben von Daniels.[163] Es enthält gute Urtheile über das dortige Treiben, aber wenig Tröstliches wegen der

---

Laubach ihm nun mitteilte, dass die Entscheidung über den Standort „bis zur Ankunft Sr. Maj., des Staats Kanzlers, des Min. des Innern in den Rheinprovinzen ausgesezt" sei, und versicherte, in der Prüfung der Angelegenheit werde „kein Argument pro et contra übergangen". Wallraf hatte zudem um eine Unterstützung für den 91-jährigen C. B. Hardy gebeten. Solms-Laubach erklärte, dass diesem „unbedenklich" ein Vorschuss bewilligt werden könne. Er denke, „daß Hardy vielleicht dem König vorgestellt, oder, wenn dieses seine Kräfte nicht zulaßen sollten, dem Könige doch wenigstens seine früheren und jezzigen Kunstwerke, gezeigt werden könnten." Solms-Laubach sprach außerdem auch Wallraf selbst an: „Ob Sie, bester Herr Professor, für die Aufstellung Ihrer Kunstschätze, neue Vorschüße bedürfen, davon sagen Sie nichts. Sollten Sie im Fall seyn, solche zu wünschen, so wenden Sie Sich nur an Herrn Reg. Direktor Sotzman, welcher das Weitere veranlaßen wird. Nach meiner im künftigen Monat erfolgenden Rückkunft werden diese Vorschüße berichtigt. Daß Ew. Wohlgeb. Gesundheit nicht allein hergestellt ist, sondern daß Sie Sich verjüngt haben, wird mir von mehrern Correspondenten bestättigt. Erhalten Sie jezt die Sache in so gutem Wege, hüten Sie Sich vor allzu angestrengter Arbeit, und widmen Sie Ihre Arbeitsstunden hauptsächlich der Aufstellung der Kunstschätze, deren Erhaltung man Ihnen allein zu danken hat. Auch sehr freue ich mich darauf das Museum in seinem jezzigen Zustand zu sehen, u. eine Entdekkungreise in's Jesuiten Collegium anzustellen, wo ich gewiß viele, mir bisher unbekannte Sachen finden werde." Und weiter: Wenn der Kronprinz „in den ersten Tagen des Augusts nach Köln kommt, u. er einen so warmen Antheil an unseren Kunstschäzzen nimmt, so wäre sehr zu wünschen, daß bis dahin alles so gut es gehen will, geordnet u. eingerichtet sey, u. ich ersuche Ew. Wohlgeb. hierüber mit Herrn Reg. Dir. Sotzman, u. Herrn Reg. R. Redtel zu reden. Meine Frau trägt mir viele Empfehlungen an Ew. Wohlgeb. auf, u. ich freue mich Sie bald wieder zu sehn" (HAStK, Best. 1105, A 19, Bl. 31r–32r).

[163] Wallraf hatte Daniels zur Berufung in den Staatsrat gratuliert und ihn zugleich beschworen, als Mann, der „in Cöln gebohren, erzogen und in seinen Wissenschaften begründet" worden war, in Berlin die Kölner Interessen – vor allem das Recht Kölns auf eine Universität – zu vertreten und die Vorurteile gegen Köln zu widerlegen. „Ich", so Wallraf, „und mit mir alle Patrioten Cölns sehen daher in Ihnen einen Engel für uns an Frid. W. Thron, einen Retter unseres alten Ruhms (F. Fr. Wallraf an G. H. W. Daniels, o. D. [Mai 1817], Entwurf; HAStK, Best. 1105, A 4, Bl. 21r u. v). In seinem Antwortbrief riet Daniels, man solle in den Gesprächen mit Schuckmann, die man bei dessen Besuch in Köln über die Universität führen werde, einige Aspekte berücksichtigen, da sie „am meisten auf ihn Eindruck zu machen" schienen: „1. Köln hatte eine viel [bedeutendere] Universität [als Bonn], und selbst unter den Franzosen ward dort eine Centralschule errichtet; 2. die Stadt hat bis jetzt fast nur immer von neuen Leiden u. Aufopferungen gehört, sie verlor ihre Unmittelbarkeit, und zuletzt noch den Stapel, nimmt man ihr auch noch die Universität, so kann

Universität u. dergl. Der alte Herr ist grimmig über all das Erbärmliche Wesen. Mehrere Gedanken, die ich darüber äußere, muß ich ihm gleich im Bett niederschreiben, weil er glaubt, er wolle sie in der nun zu vollendenden Schrift über die Universität[164] benutzen. – Auf sein Anrathen schreibe ich an Pastor Ernst wegen den Handschriften u. Dokumenten. – Carl geht zur Kirmes nach Kendenich, u. nimmt den Brief an die Geschwister Pilgram nach Kalscheuern wegen der Schaaftrift mit. Herr v. Caspars ist einen Augenblick beym Vater, u. ladet mich auf morgen zu sich ein. Klein kommt, meist immer in Angst, daß er eingezogen werden könnte. – In der Sitzung trage ich bey dem Director Sotzmann darauf an, daß unverzüglich nach Düsseldorf wegen der nicht |11r| gekommenen Verzeichniße der 3ten Kiste geschrieben werde.[165] Nachher, gegen 12 gehe ich zu Bürger-

---

dies wohl keinen guten Eindruck auf die Einwohner machen. 3. In Bonn ist alles was der Universität angehörte, Bibliothek, Instrumente u.s.w. verschwunden. Dort ist, wie ich glaube nicht einmal mehr eine Buchdruckerei, viel weniger Buchhandel. 4. Was Köln hievon noch aufweisen kann, wird man der Stadt doch wohl nicht abnehmen wollen, und es nach Bonn zu verlegen. Ein Gleiches gilt von so vielen Stiftungen. Mündlich werde ich Ihnen von dem gegenwärtigen Zustand der Sache nähere Nachricht geben. – Der Kronprinz scheint den Rhein herunter reisen zu wollen, [...] auf Köln freut er sich wirklich. Daß er sehr viel auf Sie hält, brauche ich Ihnen nicht zu sagen" (H. G. W. Daniels an F. Fr. Wallraf, Berlin, 24. Juni 1817; HAStK, Best. 1105, A 4, Bl. 22r–23v, hier Bl. 23r). Zu diesem Brief: Klein, Bemühungen, S. 382. Daniels hatte 1804 im Auftrag der Kölner Handelskammer eine Schrift zur Verteidigung des Stapelrechts verfasst: Ueber das Stapelrecht zu Kölln und Mainz, Kölln 1804; die Schrift wurde 1812 erneut veröffentlicht. Vgl. Wagner, Alles bleibt anders, S. 69–73. Siehe auch: H. G. W. Daniels an K. J. von Mylius, Berlin, 12. Juni 1817 (HAStK, Best. 1075, A 8, Bl. 53r–54v).

[164] F. Fr. Wallraf, Denkschrift in Bezug auf die Gründung einer Rhein-Universität. An dieser Schrift arbeitete Wallraf seit 1815; sie blieb unvollendet. Veröffentlicht in: Richartz, Ausgewählte Schriften, S. 224–283. Vgl. Groote, Tagebuch, Bd. 1 u. 2, vielerorts; Savoy, Kunstraub, S. 241–242; Deeters, Wallraf, S. 88; Fiegenbaum, Universitätsdenkschrift, 2016.

[165] Regierung Köln, Abt. I, unterzeichnet von Sotzmann und Auer, an Regierung Düsseldorf, Ph. von Pestel, Köln, 30. Juni 1817: „Euer Hochwohlgeboren danken wir ergebenst für die gefällige Uebersendung mittelst Schreibens vom 20ten v. M. der Verzeichniße über die uns bereits zugekommenen Manuscripte und Documente. Nach gedachtem Schreiben sollten diese Verzeichnisse über den Inhalt der sämmlichen drey Kisten das Rheinische Archiv enthaltend erstrecken, wirklich gehen sie aber nur auf 2 dieser Kisten, auf diejenigen nemlich, welche die Manuscripte, und die, welche die Trierische Urkunden enthält. Euer Hochwohlgeboren ersuchen wir daher ergebenst auch das Verzeichniß der dritten, größtentheils mit Kölnischen Incunabeln angefüllten Kiste im Falle ein solches angefertigt ist, uns zugehen lassen zu wollen" (Landesarchiv NRW R, BR 0004, Nr. 643, Bl. 8r). Antwort der Regierung Düsseldorf an Regierung Köln, Düsseldorf, 16. Juli 1817, Entwurf: „Die Einer Hochl. Königl. Regierung unter dem 6ten v. M. übersendeten drei Kisten mit der Aufschrift Rheinisches Archiv waren uns übergeben worden um sie uneröffnet aufzubewahren. Wir konnten uns also durch den Augenschein nicht überzeugen, ob die Verzeichniße welche ich unter dem 20ten v. M. mitzutheilen mich beehrte, mit dem Inhalt der Kisten übereinstimmten. Da dieses wie ich aus dem gefälligen Schreiben vom 30. v. M. ersehe der Fall nicht ist so habe ich auf der Registratur hiesiger Regierung weitere Nachforschungen veranlaßt. Der Erfolg ist gewesen daß man ein Verzeichniß De livres provenant de plusieures bibliotheques de la rive gauche du Rhin restitués par la Bibliothèque du Roi, aufgefunden hat. Indem ich Euer Königl. Hochl. Regierung eine Abschrift dieses Verzeichnißes mittheile wünsche ich daß daßelbe

meister v. Mylius, des Majors¹⁶⁶ wegen, finde aber nur die Frau zu Haus. Bey uns ist der Pastor von Urbach¹⁶⁷ u. Schulrath Hirsch,¹⁶⁸ ein recht guter u. gescheuter Mann. – Mir ist eigentlich recht unwohl, was Gott bessre. Ich gehe erst gegen 6 Uhr aus, auf den Neumarkt, wo aber das Exerziren schon vorbei ist. Dann zum Rektor, mit dem ich über unsre Elendsachen noch einiges rede. Von da bin ich gegen 7 ½ wieder zurück, u. exzerpire noch Einiges aus den Büchern der Wilthemior. Brief an Pastor Ernst.

Den 1. July [1817].

Ich gehe frühe vor 6 auf den Neumarkt, um dem Exerziren beyzuwohnen. Es sind damit meist Offizire aus der Linie¹⁶⁹ beschäftigt, die neugewählten sind noch ohne Uniformen. Gegen 8 gehe ich weg, u. finde zu Haus den Halfen von Transdorf. Er hat uns nichts bedeutendes zu sagen. Ich treffe die nöthigen Anstalten, um meine Uniform zur Landwehr in Ordnung zu bringen. – Mittags kommt Herr Pastor Fochem zu uns, der nach Tisch die alten Bücher durchsieht. Meister Führer¹⁷⁰ kommt u. verspricht mir, meine alte Uniform ganz gut zur jetzt nöthigen umzuschaffen. Unser Schimmel ist wieder hier, u. scheint sich ziemlich wohl zu befinden. Ich bin leider schon zu früh auf den Neumarkt, da das Exerziren erst um 5 wieder anfängt. Ich bleibe dabey, bis nach 6 ½, u. da die Schwestern noch ein wenig ausgehn zu wollen scheinen, gehe ich mit ihnen, wobey uns aber der Regen erwischt.¹⁷¹

Den 2. July [1817].

Ich gehe wieder gegen 7 auf den Exerzierplatz, wohin dießmal auch General Ende kommt, u. die Musik zuerst hinführt. Es wird zum Theil das ganze Bataillon exerzirt, weil man es dem General Hacke |11v| vorzuführen denkt. Vor 9 gehe ich weg, arbeite noch etwas an meinen Sachen, u. Denoël kommt zu mir, von dem

---

mit dem Inhalt der 3ten Kiste obengedachter Kisten übereintreffen möge" (Landesarchiv NRW R, BR 0004, Nr. 643, Bl. 9r; hier auch der Entwurf eines Schreibens, das offenbar nicht versandt wurde (Bl. 8v).
[166] Vermutlich: Major Eugen Franz Alois von Mylius, Bruder von Oberbürgermeister K. J. von Mylius.
[167] Urbach, auf der rechten Rheinseite gelegen, ist heute ein Stadtteil von Köln.
[168] Möglicherweise: Friedrich Hirsch, Pädagoge, seit 1803 Inspektor der Elementarschulen im Bergischen Land, später Oberschulinspektor.
[169] Offizier aus der Linie, hier vermutlich: Linieninfanterie, Mitglieder der Infanterie.
[170] Vermutlich einer der Schneider: Matthias Führer, Unter Goldschmied 25 (AK: 1813), Johann Wilhelm Führer, Jülichplatz 3 (AK 1822) oder Vincent Führer, Breite Str. 14 (AK 1813 u. 1822).
[171] Zeitungs-Bericht der Reg. Köln für Juni, 15. Juli 1817: „Die im May eingetretene warme und fruchtbare Witterung dauerte im Juny fort. Zwar kündigte sich dieser Monat mit Kühle und Regen an; aber bald erheiterte sich der Himmel, die Luft ward trocken, und die Wärme nahm mit jedem Tage zu. Der Regen fiel selten und sparsam" (GStA PK, I. HA Rep. 89, Nr. 16278, Bl. 65r).

ich höre, daß die Fruchtpreise sinken, indem sie schon auf Rth. 15 stehen sollen. In der Sitzung wird das ganze Reglement wegen den Civiluniformen[172] vorgelesen, wobey das Beste ist, daß man gar nicht gezwungen ist, sich eine anzuschaffen.[173] – Die Regierung von Trier bittet sich schon die Trierer Handschriften u. Dokumente aus. Ich rede mit Sotzmann, u. es soll Ihr geschrieben werden, daß dieß nur auf dem ordentlichen ruhigen Wege geschehen könne, sie müße sich also einstweilen gedulden. Nach Tisch kommt der junge Fuchs zu mir, mit dem ich die Bücher u. Documente durchgehe. Später gehe ich doch wieder zum Exerziren, wo es hübsch zu sehn, wie v. Auer mit seiner Trauten hinter Blumenvorhängen durchguckt. Gegen 7 gehe ich zu v. Geyr, wo die Gräfinn Degenfeld, Frau Redtel etc. Doch fahren diese bald nach Mülheim zurück, u. ich mache mich auch still weg. – Von Mylius bleiben mit meinen Schwestern noch da. Mich treibt wie in alten Tagen, die längst verblühten, eine junge Liebe bey Fenstern vorbey, u. da sich nichts zeigt, bey Gärten u. auf Spaziergängen u.s.f., aber alles vergebens. Joseph soll mit den v. Geyrischen nach Kendenich seyn. Auf meinem Zimmerchen fand ich heute ein Paketchen mit Rth. 50, welche mir der Vater laut einem kleinen Zettel zur Reparatur meiner Garderobe bey Ankunft der hohen Herrschaften hierselbst schenkt. Des soll er Dank haben, u. sie sind mir schon ganz recht. Ich erhielt auch heute wieder ein Heft von Zeune.[174]

---

[172] Seit 1804 galt in den preuß. Provinzen das „Reglement wegen der unmittelbar angeordneten Civil-Uniformen für die Provinzial-Landes-Collegia" v. 14. Febr. 1804 (Landesarchiv NRW R, BR 0002, Nr. 1422, Bl. 1r–4r). Vgl. Bringemeier, Priester- und Gelehrtenkleidung, S. 112–115. Schon seit einiger Zeit hatte es auch in den alten Provinzen „Gerüchte" über eine Änderung dieser Bestimmungen gegeben, seit Anfang 1817 versuchten die Behörden im Rheinland, diese Frage zu klären. Da man mit einem baldigen Besuch des Königs und höchster Staatsbeamter rechnete, wollte man sich auf mögliche neue Anforderungen an die Amtskleidung vorbereiten, wobei man die dadurch entstehenden Kosten sehr kritisch sah. Vgl. die Korrespondenz ab 29. Jan. bis 29. Juni 1817 (Landesarchiv NRW R, BR 0002, Nr. 1422, Bl. 5r–21r). Nachdem Friedrich Wilhelm III. am 7. Febr. 1817 eine neue Regelung „über die Rangverhältnisse der Civil-Beamten" erlassen hatte, regelte eine Kabinetsorder vom 20. Juni 1817 die Angleichung der Uniformen an diese neuen Ränge (Friedrich Wilhelm III., Kabinetsordre v. 20. Juni 1817 an K. A. von Hardenberg, Abschrift (Bl. 10r–13r). Die Kleidungsvorschriften, die zwischen regulärer Uniform und einer weniger aufwendigen Interims-Uniform unterschieden, bezogen sich auf alle Beamten: Staatskanzler, Ministerialbeamte, Regierungsräte, Landräte, Assessoren und Referendare. Einzelne Elemente der Uniform – etwa Stoffart, Farbe, Kragen, Stickereien, Hutform, Epauletten, Degen oder Knöpfe – wiesen auf den Rang und die Behörden- und Provinzzugehörigkeit des Trägers hin. Zu den neuen Regelungen: K.A. von Hardenberg an die Oberpräsidenten, Glienicke, 22. Juni 1817, Abschrift (Bl. 9r).
[173] Groote bezieht sich auf eine Bestimmung, die schon im Reglement von 1804 enthalten war: § 2 „Jeder, der zu dieser neuen Uniform berechtigt ist, soll solche nur bey feyerlichen Gelegenheiten, besonders aber bei Gelegenheit der Reisen Sr. Königlichen Majestät zu tragen verbunden, sonst aber es in seine Wahl gestellt seyn, entweder diese Uniform oder gewöhnliche Civil-Kleidung nach seinem Gefallen zu tragen" (Reglement wegen der unmittelbar angeordneten Civil-Uniformen für die Provinzial-Landes-Collegia v. 14. Febr. 1804).
[174] Zeune schickte Groote aus Berlin erneut ein Heft von Büschings Wöchentliche Nachrichten; ver-

Den 3. July [1817].

Es ist mir so trübe zu Muth, daß ich zum Exerzieren nicht gehen mag. Ich soll an Redtel schreiben, daß er |12r| bey uns zu Tisch komme. Hof[175] kommt, u. ich muß für die Olympische Gesellschaft ein xxxx beytragen. |:Fr. 6:| – Später kommt v. Below[176] zu mir, u. bleibt bis gegen 12. Ich verspreche ihm, ihn später abzuholen. Mittags speist Jette Geyr bey uns, deren Eltern auf dem Land sind. Nach Tisch treffen sich der Pastor Fochem u. Präses Brouhon bey uns, u. sind über die Wahl des neuen Rektors, in der Person des Herrn Becker, Kapellan zu Lyskirchen,[177] ziemlich einig. Es wird berathen, diesen Mann dafür zu gewinnen. Abends sehe ich die Landwehrkompagnie No. I, welche auf dem Minoriten Platz revidirt wird, u. gehe später zu Below, mit ihm zu Redtel, den wir nicht finden, u. nach Deutz, in den Windeckschen Garten, wo wir etwas trinken, |:Fr. 3:| u. Below mir über die letzten Geschichten in Berlin viel erzählt. Untersuchung gegen Bülow.[178] Die Staatspapiere halten sich nur, weil die Juden für hohe Prozente dieselben halten. Handel mit den Juden wegen der französischen Contributionen um hohe Prozente.[179] Verwendung der den Ostpreußischen Provinzen bestimmten Entschädigungsgelder für das Getraide am Niederrhein, was wir nicht erhalten u.s.w. Ich erzähle Below dafür von dem hiesigen linkischen Benehmen, wovon ihm aber das beste Bild gegeben wird, als wir nachher auf der Brücke v.d. Hagen, Butte u. Rehfues finden, deren Unterhaltung, wovon jede Periode mit: „aber erlauben sie mir einmal," anfängt, uns sehr amusirt. Ich begleite Below bis an den Kaiserlichen Hof zurück. General Hacke ist angekommen, der uns morgen um 8 sehn will.

Den 4. July [1817].

Vor 8 gehe ich auf den Neumarkt, wo das einfallende Regenwetter uns schlecht behagt. Es sind die Landwehren aufgepflanzt, u. die gewählten Offizire theils mit, theils ohne Uniform gegenwärtig. Ich gehöre zu den letztern.[180] Wir werden

---

mutlich: 2. Jg., Brachmond/Juni 1817, Stück 75–78. Das Heft beginnt mit einem Aufsatz: Ueber das Geschichtliche in unserer Altdeutschen Dichtung vom Lohengrin (S. 353–361).

[175] Hof war Aufwärter der Olympischen Gesellschaft.

[176] E. von Groote hatte Gustav Friedrich Eugen von Below 1816 in Berlin kennengelernt.

[177] Anton Josef Becker, Kaplan an St. Maria Lyskirchen.

[178] Ludwig Friedrich Viktor Hans von Bülow, Cousin von Staatskanzler von Hardenberg, war seit 1813 preuß. Finanzminister. 1817 kam es in der Berliner Regierung zu heftigen Auseinandersetzungen um Bülows Pläne zu weitreichenden Steuerreformen.

[179] Frankreich hatte in den eroberten Ländern immense Kontributionen – von Preußen mehrere Hundert Millionen Taler – eingezogen und damit die Staaten völlig ausgeplündert und auf lange Zeit verschuldet. Nach dem Sieg der Alliierten wurde versucht, von Frankreich Rückzahlungen oder Entschädigungen zu erreichen. An den finanzpolitischen Maßnahmen dieser Zeit waren auch Banken jüdischer Eigentümer beteiligt. Zur preußischen Finanzpolitik in den Jahren nach 1807: Schissler, Finanzpolitik, 1982.

[180] Zeitungs-Bericht der Reg. Köln für Juni, 13. Juli 1817: „Überall ist die Aushebung und Formation

nach der Revue dem General vorgestellt, der uns in Gemeinplätzen u. Redensarten etwas vor sagt, u. sind nun fertig. Ich finde bey ihm |12v| Scharnhorst u. Stosch. Beyde aber sind so hingehalten im edeln Kamaschendienst,[181] daß ich gar nichts von ihnen habe. Sie müssen nach Jülich, Düsseldorf etc. u. kommen nicht zur Ruhe.

Gegen 10 ½ bin ich zur Sitzung fertig. Dort sind wir wieder bald fertig, weil die Unterstützungsgeschichten aufhören.[182] Zu Haus finde ich Herrn Pastor Fochem; Redtel soll kommen, u. läßt sich bis gegen 2 erwarten. Nachher kommt der Sattler Lutz,[183] dem der Vater immer noch meine Wagenreparatur u. den Coffer zur Berliner Reise nicht bezahlt hat. Er nimmt den alten Koffer zu Rth. 4 wieder an, und ich muß ihm nach seiner Rechnung noch herausgeben, |: Fr. 27.4 :| wobey er sich übrigens irrt, weil er auf seinem Papier gegen 12 Rth. berechnet hat. Allein, seine Arbeit war gränzenlos schlecht, und ich sehe mich daher nicht verpflichtet, ihm vor zu rechnen, sondern gebe ihm, wie er verlangt, u. lasse ihn gehn. Später wollte ich zu v. Ammon gehn, allein, ich finde sie nicht. Ich hole Below ab, gehe mit ihm zu Redtel, bey dem wir bis gegen 8 bleiben, u. führe ihn dann zu Simon, wo er recht willkommen zu seyn scheint. Wir werden dahin auf morgen zu Tisch gebethen; Simon war heute nicht wohl, u. die Gesellschaft geht früher als sonst auseinander. Below ist ein recht angenehmer Mann.

Den 5. July [1817].

Ich schicke an Fallenstein die Wöchentlichen Nachrichten mit einem Zettel wegen des Januar-Hefts. Dann schreibe ich an Wyttenbach in Trier,[184] um den Brief Below mit zu geben, u. einen Brief an v. Ribbentrop, worin ich ihm für die günstige Erwähnung meiner Dienstleistung in Paris danke. Nach 11 kommt Below, u. wir |13r| gehn in den Dom, dann zu Lyversberg, wo wir dessen Bilder, u. das wirklich recht schöne gemalte Buch sehn, welches er vor kurzem aus der Gegend von Luxenburg erhalten hat. Wir gehen nun noch um den Bayenthurm[185] herum, u. zu Simon, der erst gegen 2 aus der Sitzung kommt. Wir essen dort mit

---

der Landwehr ersten Aufgebots mit Ruhe und Ordnung von Statten gegangen und beendigt worden, ob sie gleich tief in die bürgerlichen und Familien-Verhältnisse eingriff, welche bei der Unzulänglichkeit lediger junger Leute nicht immer geschont werden konnten. Überhaupt war dies Geschäft in einem Lande, wo die Landwehr-Verfassung bisher größtentheils unbekannt gewesen, um so schwieriger, als es nicht leicht in einem ungünstigeren Zeitpunkt fallen konnte und in der Ausführung beeilt werden mußte" (GStA PK, I. HA Rep. 89, Nr. 16278, Bl. 76v–77r).

[181] Gamaschendienst: stumpfsinniger Militärdienst.
[182] Aufgrund guter Ernte und noch zu erwartenden guten Erträgen wurden die staatlichen und städtischen Unterstützungen allmählich verringert. Zur Ernte vgl. den Artikel: „Ist denn alle Noth vorbei?" (in: Beiblatt d. Köln. Zeitung, Nr. 15, 17. Aug. 1817).
[183] AK 1797: Franz Lütz, Sattler, Unter Fettenhennen 3.
[184] E. von Groote an J. H. Wyttenbach, Köln, 5. Juli 1817. Siehe Briefe u. Schriften.
[185] Bayenturm: Anfang des 13. Jh.s errichteter südlicher Eckturm der mittelalterlichen Stadtmauer.

v. Haxthausen. Vor 4 muß ich weg, weil Sitt u. Gadé zu uns kommen. Zu Haus bringe ich auch mit diesen einige recht gute Sachen zu Stande.

Gegen 7 kommt Below wieder, u. wir gehn zu Bollerstaedt, den wir nicht finden, dann zu Schaafhausen, wo er einmal gewohnt,[186] endlich an den Rhein u. da General Hacke wieder angekommen, zu Scharnhorst u. Stosch bis gegen 9 Uhr. Ich führe Below[187] nach Haus u. nehme von ihm Abschied, da er morgen weg will.[188]

Den 6. July [1817]. Sonntag.

Below schickt noch Briefe zur Post, u. das Kölnische Wasser, welches Scharnhorst zu Coblenz für ihn aufheben soll. Ich schicke es letzerm mit einem Briefe an Goerres,[189] wegen der Trierischen Sachen. Den Brief an Ribbentrop gebe ich heute zur Post. Ich bin fertig, in den Dom zu gehn. Nachher gehe ich mit Joseph zu Ammons. Jette ist in ihrem apfelgrünem Kleide recht hübsch, einige gar liebliche Formen verleiten mich zu fürwitzigen Blicken. – Im Dom war nur Messe ohne Leviten, die Musik gut. Nach Tische gehe ich noch Einiges der wöchentlichen Nachrichten durch u. gehe später in die Jesuiten, wo Kirchweih,[190] u. in den

---

[186] Abraham Schaaffhausen hatte mit seinen Eltern Johann Wolter Schaaffhausen u. Maria Sibylla Knaben, die 1817 bereits verstorben waren, Am Mühlenbach 4 gewohnt. AK 1797: Unter Karbender auf der Bach 83. Im Adressbuch 1822 ist an der Adresse Mühlenbach 4 Therese Schaaffhausen, Ehefrau Abraham Schaafhausens, verzeichnet. Ich danke Angela Steidele für ihren Hinweis.

[187] Below unternahm eine Reise in dienstlichem Auftrag, bei der er statistische Angaben zu Bevölkerung und Wirtschaft u.a. aus den Akten des Oberpräsidiums in Köln ermitteln sollte (G. Fr. E. von Below an L. Ph. W. vom Hagen, Köln, 4. Juli 1817, Landesarchiv NRW R, BR 0002, Nr. 1183, Bl. 3r u. 4r sowie Berlin, 20. Nov. 1817, Bl. 7r.

[188] Bertoldi, Tagebuch, 6. Juli 1817: Heute war „von dem General – Grafen von Hache [Hake] – große revue jenseit des Rheins [linksrheinisch] so wohl von dem Kölnisch Militaire, als der hiesigen Landwehr. Erstres, das 18te Linien-Regiment manövrirte superb und hat auch den Nahmen, am schönsten zu manöveriren. – Letztere hat gar wenig gemacht, weil sie erst seit 8 Tagen zu exerciren angefangen. Daher sagte ihr der General, daß, wenn er wieder käme, sie weiter gekommen zu seyn hätte, wäre aber für die kurze Zeit zufrieden. Alle neue Landwehr officiere waren heut en uniforme, welche vom Mstr Söhngen gemacht worden. – Von Hache mit Begleitung passirte hier den Rhein, und ritt über Deutz nach Köln zurück" (HAStK, Best. 7030, Nr. 332A/4, Bl. 152r). Söhngen war Schneidermeister in Mülheim.

[189] E. von Groote an J. Görres, Köln, 6. Juli 1817. Siehe Briefe u. Schriften. Die Mitgabe von Briefen an einen Reisenden, um das Porto zu sparen, war strikt verboten, jedoch nicht selten. Matthias, Darstellung des Postwesens, Bd. 2, S. 194: „Will Jemand z.B. besonderer Ursachen wegen, sich eines Reisenden, Fuhrmanns oder Schiffers zur Bestellung seines Briefes oder postmäßigen Pakets bedienen: so muß er es dem Post- oder Postwärteramte seines Orts anzeigen, und das Porto entrichten; wird dies unterlaßen, so sind Beide, der Absender und der Besteller, gleich strafwürdig."

[190] Siehe Annoncen im Welt- u. Staatsboten zu Köln, Nr. 107, 6. Juli 1817: „Unterzeichneter wird bei der heute einfallender Jesuiten-Kirmes, wenn das Wetter es erlaubt, seiner geehrtesten Gesellschaft eine niedliche Gartenbeleuchtung geben, wobei ich mich bestreben werde dieselben mit

Dom, dann will ich Visser aufsuchen, finde aber sein Haus nicht. Ich gehe zum Dr. Sotzmann. Ich rede mancherley mit ihm, über die Administration im Allgemeinen, dann über meine künftigen Dienstverhältniße. Er sagt, er habe früher nicht geglaubt, daß ich mich den öffentlichen Geschäften ernsthaft widmen wolle. Nun er dieß aber wisse, will er mich dem Geheimrath Gossler zu dem Communalwesen, insoweit es auf die einzelnen Referat- |13v| verhältnisse Bezug hat, zutheilen. Er schlug mir früher das Militair Fach vor, wozu ich aber keine Lust habe. Wir reden dann noch von manchen andern Gegenständen. Er lobt das Manuscript von der Insel Helena als ein ganz unvergleichliches Werk.[191] Wir trinken etwas zusammen, u. erst nach 8 gehe ich weg, u. spaziere bis 9 in der Stadt umher. – Beym Nachtessen giebt uns Joseph den Aufsatz aus der *Isis* zum Besten, worin durch das Mährchen des Steinregens zu Bonn, auf die Bestimmung zur künftigen Universität geschlossen wird.[192] Ich fasse daraus den Entschluß, den von Haxthausen früher entworfenen Plan, diese ganze Angelegenheit satyrisch zu behandeln, ins Werk zu setzen.

Den 7. July [1817].

Ich gehe v. Okens *Isis* durch; der Teufel sitzt dabey. ⁓ In die Sitzung nehme ich für Sotzman Goerres neues Buch[193] u. 3 Hefte der Wöchentlichen Nachrichten

---

allen Gattungen Weinen, Maitrank und übrigen Erfrischungen aufs billigste zu bewirthen. J. C. J. Gymnich, an den Dominikanern Nro. 28." „Heute Sonntag den 6ten Juli, bei Gelegenheit der Jesuiten-Kirmes und zum Beschluß der Dom-Kirmes, Tanzmusik bei Joh. P. Lempertz, auf dem Domhof."

[191] Gemeint ist die fingierte Autobiografie Napoleons, die 1817 in deutscher Übersetzung erschien. Köln. Zeitung, Nr. 85, 29. Mai 1817: „In der Spitz'schen Buchhandlung in Köln, auf dem Steinwege No. 4, ist erschienen und für 36 Stüber zu haben: Manuskript, welches von St. Helena auf unbekannte Weise herübergekommen ist. Verdeutscht von Dr. F. M. Willmann. Wenn auch beim Eingange dieses Manuskriptes uns nicht gleich die Versicherung des englischen Herausgebers entgegenkäme, daß Napoleon Buonaparte es selbst geschrieben habe, so müßte man durch den Geist, der es durchweht, und durch die freie, von einer eigenthümlichen Kraft beseelten Sprache verleitet werden, dasselbe einem Geiste zuzuschreiben, der mit jenem dieses Gewaltherrschers in der seltensten Erscheinung zusammenträfe. [...] Dieses Werkchen ist in geschichtlicher Hinsicht eines der merkwürdigsten Erzeugnisse unserer Zeit, und wird auch selbst als Bruchstück noch die künftigen Jahrhunderte wie ein Torso des Herkules, wie Reste von der Hand des Eroberers von Asien tief ansprechen." Das Interesse an Napoleon war generell groß. Im Welt- u. Staatsboten erschien seit Ende 1816 die Artikelserie: Bonaparte in St. Helena, die auf einer Publikation von Dr. William Warden beruhte, dem Schiffarzt Napoleons auf der Überfahrt nach St. Helena. Er hatte seine Gespräche mit dem ehemaligen Kaiser publiziert: Napoleon Buonaparte auf St. Helena; oder Briefe, geschrieben am Bord des brittischen Linienschiffs Northumberland und aus St. Helena, Frankfurt 1817. Die Serie im Welt- u. Staatsboten war „ein gedrängter Auszug aus dem Büchlein" (Welt- u. Staatsbote zu Köln, Nr. 201, 17. Dez. 1816).

[192] Luftsteine, in: Isis, 1817, Nr. II, Stück 25, Sp. 195 f. Einige Zeit später meldete die Zeitschrift: „Der Steinfall von Bonn ist ein Mährchen" (Isis, 1817, Nr. II, Stück 32, Sp. 225 f.).

[193] J. Görres (Hg.), Altteutsche Volks- und Meisterlieder, 1817.

mit. Ich gehe zu Meister Führer,[194] den ich wieder nicht finde. In der Sitzung versuche ich, einen satyrischen Aufsatz über die Rheinische Universität für die *Isis* zu schreiben. Nachmittag sitze ich bey meinen Sachen, bis spät, kaufe etwas Tabak, |:1.8:| u. dämmre noch etwas umher, u. setze mich zu Wallraf, der mir unter andern die Historia trevirensis in 5. B. fol.[195] zeigt, in welcher die ganze Limburger Cronik vorkommt. Er hat einen hübschen neuen geschnittenen Stein mit einem Löw.

Den 8. July [1817].

Ich durchgehe noch die Trevirensia, um das nöthige für Pastor Ernst zu exzerpiren. Von Dr. Fallenstein erhalte ich einen Brief aus Düsseldorf, dem noch mehr Hefte der Wöchentlichen Nachrichten fehlen als mir. Gegen Mittag gehe ich zu Meister Führer, um des Vaters Veranlassung zu Folge, meine Garderobe in Ordnung zu bringen, u. lasse mir Maaß zu Rock, Weste u. Hosen nehmen. Die Luxenburgensia etc. beschäftigen mich sehr; ich gehe erst um 7 ½ ein wenig an den Rhein, werde aber |14r| bald vom Regen zurück getrieben. Es ist ein Schreiben vom Consistorio eingegangen, worin uns angezeigt wird, daß auf unsre Veranlassung, auch Herr v. Mylius aufgefordert worden sey, zu sorgen, daß die Obligation der Merheimer Frühmeße aufgefunden werde. Der Vater glaubt, es könne uns dieß noch mehr mit v. Mylius spannen; mir ist es schon recht. – Abends fange ich an, den Faust von Klinger,[196] den mir Joseph geliehen, zu lesen.

Den 9. July [1817].

Meinem alten Grundsatz zu Folge, fällt mir ein, es sey besser, bey der Kleidergeschichte einen Rth. mehr zu geben, u. also nicht das gestern ausgesuchte mindere, sondern das theurere blaue Tuch bey Meister Führer zu nehmen; allein, da ich zu ihm gehe, hat er das ausgesuchte schon weggeschickt zum xxxxx, u. er glaubt, ich würde mit meiner Wahl ganz zufrieden seyn. In der Sitzung schreibe ich an der Satyre über die Universität für Ockens Blatt weiter fort, u. ärgere mich

---

[194] Das Haus des Schneiders Führer ähnelte vielleicht den Läden, die der Verleger Perthes nach seinem Kölnbesuch im Juli 1816 – romantisierend – beschrieb: „Nach der Gasse zu haben die meisten Häuser unten ein Geschäftslocal und nur ein dunkles Stübchen; oben sind Waarenspeicher und große Räume ohne Fenster, jetzt oft Wirthschaft für Fledermäuse und Eulen. Geht man aber über die Hausflur nach hinten zu, so findet man hübsch ausgebaute geräumige Zimmer, in welchen die Familie still ländlich wohnt und aus denen sie gewöhnlich in große Gärten treten kann, die oft zwischen altem mit Epheu und anderen Rankengewächsen überzogenen Gemäuer angelegt sind" (Perthes, Friedrich Perthes, Bd. 2, S. 87).

[195] Johann Nikolaus von Hontheim, Historia Trevirensis diplomatica et pragmatica, 3 Bde, Augsburg 1750, sowie Prodromus Historiae Trevirensis diplomaticae et pragmaticae exhibens origines Trevericas, 2 Bde, Augsburg 1757. Zu Hontheim: Franz, Hontheim, Abruf 5. Juni 2024.

[196] Friedrich Maximilian Klinger, Fausts Leben, Thaten und Höllenfahrt, Leipzig 1791.

neben an, über v.d. Hagen, der mit seiner dummen Uniformgeschichte, wozu er gar den Schneider hat hinkommen lassen, mehrmals den Vortrag unterbricht. Ich bleibe mit mehrern andern bey dem Vorsatz, mir keine Uniform anzuschaffen. – Zu Haus finde ich das von Heidelberg nun zurückgekommene Paquet von Carové. Es war ganz gut, daß ich es zurückschickte, denn es enthält ausser ein Paar Zeilen von Carové nur dessen Heftchen über das Burschen Wesen,[197] u. zwey große Briefe an seinen Vater, u. soll 8 GGr. kosten;[198] diese schiebe ich mit den Briefen dem alten Carové auf den Hals. – Nachmittags arbeite ich an den Trierer Sachen für Ernst, u. gehe erst spät aus, wo ich auf dem Rheinufer[199] erst xx Boeking, dann Moll,[200] Zahn[201] u. Dufay[202] finde, mit letztern 3 gehe ich über die Gräben bis zum Neumarkt; von da mit Joseph, den ich treffe, nach Haus. Auer geht in seiner Blüthezeit mit seinem Mädchen, dort zwischen den duftenden Lindenblüthen. – Heut gab mir Haxthausen die schöne Anzeige IV. von Goerres Hülfsverein.[203] |14v|

---

[197] Fr. W. Carové, Erster Vortrag am 28. Februar 1817 bei Darstellung eines Verfassungs-Entwurfs für eine allgemeine Burschenschaft zu Heidelberg, Heidelberg 1817.

[198] Matthias, Darstellung des Postwesens, Bd. 2, S. 130: „Vom Brief-Porto. a. Bei der reitenden Post. Die reitende Post war ursprünglich nur zum Befördern der einfachen Briefe bestimmt, und das Gewicht eines einfachen Briefes auf höchstens Ein Loth festgesetzt. In der Folge entstanden Ausnahmen, und daher entscheidet itzt die Brief- oder Lothtaxe nach dem Gewichte, das heisst, das Postgeld für einen Brief wird nach der Schwere desselben abgeschätzt. [...] b. Bei der fahrenden Post. Briefe bis 1 Loth am Gewicht werden für das einfache Briefporto befördert, bei schwereren, welche geschriebene Sachen, Acten, Documente enthalten, tritt die Actentaxe ein; gedruckte Schriften, Beilagen ohne Werth, Rechnungen etc. werden wie Victualien austaxiert."

[199] Zur Entwicklung des Kölner Rheinufers Anfang des 19. Jh.s kurz; Sardemann, Rheinufer, S. 23–25.

[200] Möglicherweise: Conrad Jacob Moll, protestantischer Kaufmann. Vgl. Personalnotizen, 1815: „Moll, Conrad. Materialist. Dessen politische Gesinnungen waren zu französischer Zeit nicht ganz entschieden, seit dem Einzuge der Allirten aber entschieden Deutsch. Übrigens ein streng-rechtschaffner Mann, der als Mitglied der Handels Kammer mit vieler Wärme sich dem Wohl der Gemeinde annimmt und daher das öffentliche Zutrauen mit vollem Rechte genießt. [...] Ein sehr brauchbarer Mann in Handlungsangelegenheiten, zeigt in allem einen richtigen Blick und raisonirt consequent; nur Egoist und etwas französischer Denkart" (Landesarchiv NRW R, BR 0002, Nr. 1534, Bl. 21r). Oder Johann Jacob Moll, Kaufmann, Bruder von Conrad Jacob Moll. Vgl. Deres, Kölner Rat, S. 71.

[201] Conrad Zahn: protestantischer Kaufmann in Köln.

[202] Der protestantische Großhändler Daniel Jean Dufais/Dusais, Mitinhaber der Firma J. J. Schüll (Bekker-Jákli, Protestanten, S. 148; Pohl, Wirtschaftsgeschichte, S. 142.

[203] Haxthausen hatte gerade eine Anzahl Exemplare des neuesten Berichts des Hilfsvereins (Nr. IV, 5. Juli 1817; in: M. von Görres, J. von Görres, Gesammelte Schriften, Bd. 3, S. 412–425) von Görres erhalten. Vgl. J. Görres an W. von Haxthausen, Koblenz, 7. Juli 1817: „Hier mein lieber Haxthausen Nro IV vertheile sie gehörig, aber nicht blos in Cöln, sondern überall hin, wo ihr Lose gesendet habt. [...] Bist Du recht fleißig mit den Losen gewesen, so kannst du noch mehr erhalten. Ich habe den Rheinstädten nun schon die Quittung für ihre künftigen Beyträge geschrieben, von Cöln ists noch dünn gekommen, doch scheinen die Leute auch gar wenig von der Sache zu wissen" (in: Fink-Lang, Görres. Briefe, Bd. 3, S. 199). Aufrufe des Hilfsvereins und Berichte über ihn erschienen

Den 10. July [1817].

Ich fange gleich früh wieder an der Satyre fortzuschreiben, u. ende sie gegen Mittag. Dann ende ich auch den Brief an Ernst. Die beyden Machdgen Engels von Kendenich kommen, mich wegen ihrer dort noch stehenden Sachen zu befragen, ich rathe ihnen, so gut ich weiß, u. schicke sie zu Dr. Nückel. – Nach Tisch kommen gegen 4 Sitt, später Gadé u. wir bleiben bis gegen 7 zusammen bey unsern Geschäften mit Mylius, worüber ziemlich die Hauptpunkte festgestellt werden. – Später reite ich aus, u. freue mich, daß unser Schimmel wieder so weit hergestellt ist. Später giebt es ein gewaltiges Gewitter, welches sich von mehreren Seiten zusammenzuziehen scheint.[204] Es soll auf dem Holzmarkt, doch ohne großen Schaden, eingeschlagen haben, u. währt bis tief in die Nacht. Dem Schiffer Ibel[205] habe ich heute seine Fracht der 3 Kisten von Düsseldorf mit Thl. 2, Ggr. 10 bezahlt, u. schreibe gleich an die Regierung, um mein Geld, zusammen Thl. 2, Ggr. 23, d. 2 wiederzuerhalten.

Den 11. July [1817].

Als ich frühe bey meinen Arbeiten sitze, kommt Prof. Link,[206] um sich zur Rektorat am Elend zu empfehlen. In der Sitzung empfange ich 50 Thl. für die Aufstellung der Wallrafschen Sammlungen, die ich nachher gleich Denoël bringe, der sie zur Bewahrung gegen Quittung übernimmt. Er ist auf Morgen von Haxt-

---

in der Köln. Zeitung, Nr. 109, 10. Juli; Nr. 112, 15. Juli; Nr. 113, 17. Juli; Nr. 121, 31. Juli; Nr. 150, 20. Sept. 1817.

[204] Köln. Zeitung, Nr. 110, 12. Juli 1817: „Köln, 11. Juli. Gestern Abends gegen 9 Uhr hatten wir hier ein fürchterliches Gewitter. Der Blitz traf das ehemalige Armenhaus. Nachdem er durch die Spitze des Daches eingedrungen war, zersplitterte er einen aufrecht stehenden Balken, fuhr durch eine Mauer, folgte einer Ofenröhre in den Rauchfang, dann diesem in das Erdgeschoß, wo er durch die Mündung eines Ofens herausfuhr, einen vor demselben liegenden Hund erschlug, und von vier in dem Zimmer befindlichen Menschen nur Einen beschädigte, keinen tötete." Zeitungs-Bericht der Reg. Köln für Juli, 12. Aug. 1817: „Die Witterung war im Monat July mehrentheils angenehm und fruchtbar, doch weit weniger trocken, als im Juny. Man zählte nur 10 helle Tage, die übrigen waren theils trübe, regnerisch, und zuweilen fiel der Regen in starken Güssen herab. [...] Unter den Gewittern war das, welches am 10ten Abends über die Stadt Köln wegzog, das stärkste" (GStA PK, I. HA Rep. 89, Nr. 16278, Bl. 82r).

[205] Josef Ibel war einer der Düsseldorfer Schiffer, die eine Schiffsverbindung zwischen Düsseldorf und Köln unterhielten (Demian, Handbuch, S. 362). Vgl. Regierung Düsseldorf an Regierungspräsident in Trier D. H. von Delius, Düsseldorf, 20. Juni 1817, Entwurf: Man berichtete, daß die bisher in Düsseldorf deponirten drei Kisten mit der Aufschrift Rheinisches Archiv nach Köln geschickt würden und sandte die Abschrift der dazu vorhandenen Verzeichnisse mit. (Landesarchiv NRW R, BR 0004, Nr. 643, Bl. 6r). Regierung Düsseldorf an Regierung Köln, Düsseldorf, ca. 22. Juni 1817, Entwurf: „Euer K. H. Regierung beehre ich mich anliegend eine Abschrift der Verzeichniße des Inhalts der gestern durch Schiffer Ibel nach Coeln spedirten drei Kisten das Rheinischen Archiv enthaltend mitzutheilen" (Bl. 6r u. v).

[206] Heinrich Joseph Link war seit 1817 Lehrer am Marzellengymnasium (Bianco, Versuch, S. 164).

hausen eingeladen, mit ihm u. August nach Aldenberg zu fahren, hat aber nicht Lust dazu. Vor Tisch wird der Vater ziemlich lange hingehalten, da eine Prinzess von Braunschweig auf der Post passirt.[207] Nachher reitet Joseph nach Bonn; ich schreibe einen großen Brief an Carové, dem ich auch die 2 begehrten Taschen Bücher schicke. Gegen 7 wollte ich zu Ammon gehn, in der Hoffnung, daß sie etwa mit zu|15r|Simon gingen. Allein, ich höre, daß Sie in ihrem Garten sind. Ich gehe bis gegen 8 nach Haus. Metternich kommen von Wissen zurück. Ich gehe zu Ammons in den Garten, kann aber mit der schönen Jettchen nur wenig reden, da mich der alte Ammon zu sehr zu unterhalten bemüht ist; ich gehe mit ihnen bis nach Haus zurück; dort noch einen Augenblick zu Metternich, die morgen vor 8 nach Gracht wollen.

Den 12. July [1817].

Ich besuche Metternichs noch, u. geleite sie bis zum Wagen. Dann gebe ich das Paquet an Carové zur Post,[208] u. fange an, meine Universitätsschwite[209] ins Reine zubringen, worüber ich auch den ganzen Morgen beschäftigt bleibe. Diese selbständige Arbeit erquickt mich innerlich sehr, da ich leider zu solcher eigentlichen Geistesschöpfung nur selten mehr komme. Nach Tisch lese ich einige Abschnitte in Klingers Faust; Wallraf kommt, mich wegen eines Reskripts zu konsultiren, welches, wie er gehört haben will, Prof. Heuser[210] erhalten haben soll, u. worin diesem der Titel ältester Professor beygelegt werde. Wallraf ist sehr aufgebracht darüber, erkundigt sich aber auf mein Anrathen näher, u. hört, daß sich die Sache gar nicht so verhält, worauf er sich dann auch beruhigt. Auch Denoël kommt, mit der Zahlungsanweisung der Hälfte dessen, was die Stadt Wallraf

---

[207] In Köln trafen häufig Amtsträger, Angehörige der Aristokratie oder des Militärs ein, meist jedoch nur für einen kurzen Aufenthalt. So notierte der Welt- u. Staatsbote zu Köln, Nr. 133, 21. Aug. 1817: „Köln vom 20. August. Unter den vielen angesehenen Fremden, welche seit einigen Tagen hier angekommen sind, bemerkt man den Prinzen und die Prinzessin von Oranien, den Herzog Bernard von Sachsen-Weimar, General in Niederländischen Diensten, den Erbprinzen von Weimar, den königl. preuss. Kriegsminister v. Boyen, den russ. Fürsten Baratinsky, und den russ. General Suwaroff."

[208] Zu den gesetzlichen Vorschriften für die Versendung von Paketen: Matthias, Darstellung des Postwesens, Bd. 2, S. 65 f.

[209] Schwite, hier: Erzählung, lustige Geschichte.

[210] Der Theologe und Altphilologe Adolph Rudolph Joseph Heuser, geboren 1760, unterrichtete am Ende der reichstädtischen Zeit am Kölner Laurentianer Gymnasium, in franz. Zeit lehrte er an der Kölner Sekundarschule als „Prof. der Logik und der alten Literatur", Wallraf lehrte dort als „erster Professor der schönen Wissenschaften" (Bianco, Versuch, S. 106, 165, 171). 1817 hielt Heuser verschiedene akademische Kurse, für die er öffentlich warb. Vgl. Köln. Zeitung, Nr. 173, 30. Okt. 1817: „Am 10. Nov. wird der gewöhnliche propädeutische Kursus der Logik eröffnet, dem sich um Ostern gleich der andere Kursus der Metaphysik anschließen wird. Die Vorlesungen sind täglich Nachmittags von 4 bis 5, ausser dem Donnerstage. Alle die daran Theil nehmen, lassen sich vorläufig bei mir einschreiben."

giebt, nehmlich auf 400 Fr. Wallraf unterschreibt die Quittung, Denoël holt das Geld, zieht davon aber gleich wieder Rth. 72 ab, für allerley Anschaffungen, die Frau Dumont[211] für Wallraf gemacht hat. Ich arbeite noch an meiner Satyre, u. gehe später zum Olymp, wo die Gesellschaft recht unterhaltend ist. Schaaffhausen erzählt Handelstribunalsgeschichten,[212] von Heymann, von allerley Juden etc. recht interessant. |15r|

Den 13. July [1817]. Sonntag.

Ich schreibe noch an meiner Universitäts Satyre, bis gegen 9 Klein von Kendenich zu mir kommt; diesen beauftrage ich, von den Geschwistern Pilgram, welche immer nichts von sich hören lassen, Kunde einzuziehen. Die Landwehroffiziere sind um 10 zu Obrist Lieutenant Grollmann beschieden; ich denke, das soll mit einer kurzen Visite abgemacht seyn. Allein, er liest uns die Reglements über Kleidung, Schnitt, Farbe, Knöpfe etc. etc. vor, welches 6 kleingeschriebene Bogen sind, die er überdieß noch mit seinen Bemerkungen begleitet.[213] Dann kommen noch Nachträge, wegen der Erhebung der Stimme beym Commandiren u.s.w. So wird es Mittag, ich gehe noch in den Dom, aber aller Dienst ist vorbey. Mit Nückel gehe ich nach Haus, wo bey dessen Frau eine Familie Müller ist. Wir trinken eins; ich soll mit auf den Neumarkt gehn, mache mich aber abseiten. Abends gehe ich gegen 5 in den Dom, dann nach Deutz, wo auch der Vater mit

---

[211] Katharina DuMont versorgte Wallraf in vielen praktischen Dingen: Sie „ließ sich es nicht nehmen, von Zeit zu Zeit den Versuch zu machen, ob nicht wenigstens Wallraf's Schlaf- und Wohnzimmer von dem chaotischen Durcheinander freigehalten werden könne. Doch wo sie heute aufgeräumt, gestäubt und gesäubert hatte, lag morgen wieder der bunteste Haufen von Büchern, Bildern, Mineralien und Raritäten. [...] Je mehr seine Sammlungen anwuchsen, desto geringer wurde die Sorgfalt, die er auf die Pflege seines Körpers und auf die Erhaltung seiner Gesundheit verwandte. Um ihn nicht zum Opfer einer ungeregelten Lebensweise werden zu lassen, zog ihn das Ehepaar DuMont mehrere Jahre hindurch täglich an seinen Mittagstisch" (Ennen, Zeitbilder, S. 304).

[212] Abraham Schaaffhausen amtierte 1801 bis 1824 als Präsident des Handelstribunals bzw. Handelsgerichts. Der Handelskammer und damit wohl auch dem Handelsgericht war im Sept. 1816 als Sitz „der obere Theil" des Maitrié'schen Hauses in der Trankgasse zugewiesen worden. AK 1813: Wohnsitz von Louis Maitrié, Rue des Francs 9/Trankgasse 9. Vgl. Regierung Köln, Abt. I an K. J. von Mylius, Köln, 25. Sept. 1816 (HAStK, Best. 400, A 798, Bl. 1r u. Bl. 2r–4r).

[213] Die Vorschriften waren sehr detailfreudig, so hieß es etwa: „Was die Stickerey auf dem Kragen betrifft, so soll solche die bisherige bleiben, jedoch mit dem Unterschied, daß sie nicht wie jetzt um den untern Saum des Kragens laufe, sondern auf der entgegengesetzten Seite wo der Kragen unter dem Haar sich unter dem Hals schließt, ihn einfaßen, der auf die Schultern stoßende Theil des Kragens unten herum aber ohne Stickerey bleiben solle. Der Kragen selbst bleibt unverändert und richtet sich übrigens die Farbe der Epauletts und Knöpfe auf welchen letztern das Wappen der Provinz angebracht sein muß, nach der Stickerey" (Friedrich Wilhelm III., Kabinetsordre v. 20. Juni 1817 an K. A. von Hardenberg, Abschrift (Bl. 12v–13r). In Berlin wurden Probeuniformen und Muster für die Epauletten in Auftrag gegeben, an die regionalen Behörden wurden Musterzeichnungen versandt (Bl. 14r–18r). Die Musterzeichnung für die Stickerei an der Uniform für Assessoren: Bl. 18r.

den Schwestern, u. viele Andere Leute. Es kommt starker Regen, u. wir kehren bald nach Haus zurück.²¹⁴ |:4 S.:|

Den 14. July [1817].

Ich lese Klingers Faust zu Ende. Gegen 9 ½ gehe ich zu Geyr, Jette Glück zu wünschen.²¹⁵ Tabak. |:4–:| Dann in die Sitzung, die durch Minoles²¹⁶ Ankunft gestört wird, u. bald zu Ende ist. Den ganzen Nachmittag bringe ich damit hin, meinen Universitäts Aufsatz ganz ins Reine zu bringen. Joseph kommt gegen 5 Uhr wieder. Ich gehe spät aus, u. lese Werner Haxthausen meinen Aufsatz, der ihm sehr wohl gefällt; er geht zum Abendessen zu Henrich Schieffer. Abends lese ich noch ein Paar Scenen aus Göthes Natürlicher Tochter.²¹⁷ Ich bin auf Morgen mit Carl bey Geyr zu Tisch gebethen. |16r|

Den 15. July [1817].

Frühe kommt Wallraf, wegen allerley Dingen. Dann Pastor Fochem, der wegen seiner Ursula Kirche,²¹⁸ und dann wegen des zu ernennenden Rektors manches

---

[214] Im Welt- u. Staatsboten zu Köln, Nr. 111, 13. Juli 1817 erschien unter dem Titel „Anzeigen. Tilgung der gesetzlichen Hypotheken" ein Auszug aus dem Register des Kölner Kreisgerichts. Die Anzeige machte den Kaufvertrag bekannt, der am 14. Juni 1817 vor dem Notar N. Merlo zwischen dem Ehepaar Peipers und Oberpostmeister Ev. A. von Groote – „stipulirend für das königlich-preussische General-Postamt" – bezüglich der in der Glockengasse 25–27 gelegenen Gebäude „mit Garten und allen Zubehören" geschlossen und damit „Seiner Majestät, unserm allergnädigsten Landesherrn Friedrich Wilhelm III., König von Preussen, zum Behuf des hiesigen Postdienstes" verkauft worden war. Darüber hinaus wurde formell auf den „Hinterlegungs-Akt" verwiesen, mit dem der Vertrag am 28. Juni 1817 vor dem Kreisgericht „einregistrirt" worden war, um so nicht bekannte, möglicherweise auf dem Areal liegende „gesetzliche Hypotheken" ermitteln zu können.

[215] Groote gratulierte seiner Cousine Maria Henriette Konstantine von Geyr zu Schweppenburg zum Namenstag der Heiligen Henriette am 12. Juli.

[216] Vermutlich: Alexander Bertram Joseph Minola, katholischer Geistlicher, Pädagoge und Historiker, seit 1812 Lehrer am Bonner Gymnasium. 1816 war in Köln die 2. Aufl. des 1804 veröffentlichen Werks von Minola erschienen: Kurze Uebersicht dessen, was sich unter den Römern seit Jul. Cäsar bis auf die Eroberung Galliens durch die Franken am Rheinstrome Merkwürdiges ereignete.

[217] J. W. von Goethe, Die natürliche Tochter, Trauerspiel; uraufgeführt 1803 in Weimar; gedr. 1803.

[218] In seinem 1831 verfassten Lebenslauf schrieb Fochem über die Pfarre St. Ursula: „Eine Pfarre, deren sittliche Verwilderung, deren Beschwerniße und geringen Einkünfte ich genau kannte; eine Pfarre, bey welcher meine beyden letztern Vorgänger nebst der Einbuße ihres Vermögens, der Erste – Herr Birkenbusch vor Verdruß an der Gelbsucht starb und dem Andern – Herrn Stirz – factisch vor Kummer das Herz zerriß. Dem allem ungeachtet bin ich doch dem Rufe gefolgt, weil ich mich von oben berufen ansahe; mich höhere Zwecke dazu bestimmten; über dieß meinen höchsten Vorgesetzten in allem zu folgen gewohnt ware, und – ich muß es gestehen – im kräftigsten Alter und bei der mir angebornen lebhaften Phantasie diesen Schritt als eine Stufe zur weiteren Beförderung betrachtete. Das spornte mich nun; ich ginng nach meiner damals gewohnten Weise muthig und rasch ans Werk, und beschafte unter Gottes Beystand durch meine geringen

mit uns beredet. – Ich mache mit dem Vater den Plan, meinen Aufsatz durch Herrn v. Haysdorf in Frankfurt datirt nach Jena zu schicken, worauf er auch eingeht. – Für die Musik bey der Landwehr unterzeichne ich ein Circular; Fr. 12. Vor Mittag ist Denoël bey mir. Ich gehe mit Carl zu v. Geyr,[219] wo auch Herr v. Caspars u. Herr u. Frau v. Mylius, Bürgermeister sind. Die Gesellschaft ist ganz unterhaltend. Wir kommen gegen 6 nach Haus zurück, u. das Regenwetter[220] dauert den ganzen Abend fort. Doch gehe ich später zu v. Ammon, wo der dicke Herr aus Rotterdam Abschieds Visite macht, u. bald weggeht. Ich bleibe dort bis vor 9. U. u. erzähle manches von Paris, Blücher etc. – Der Vater redet nun mit v. Caspars, der ihm ganz zu Vertrauen scheint, wegen dem, was wir von letzterem künftig zu erwarten haben. Ich erfuhr vor kurzem erst, daß Wally das bedeutendste Stück aus seiner Hinterlassenschaft, nehmlich Fettweiß [Vettweiß], erhalten soll. Der Alte Herr will mehrere fromme Stiftungen auf dieß Gut anweisen, die aber nicht von der Besitzerinn, sondern von dem Inspektor der deGrootischen Fundationen sollen verwaltet werden.[221] Ausser dem besagten Gute, mag das Vermögen wohl so sehr bedeutend nicht seyn.

Den 16. July [1817].

Ich mache den Aufsatz, nebst einem Schreiben, alles von Frankfurt her datirt, fertig, u. übergebe es dem Vater, der es nach Frankfurt an Herrn Postkommissar Herrn v. Haysdorf schickt, um es weiter zu besorgen; an diesen lasse ich auch alles senden, was von Jena deshalb kommen wird. – Von den pp. Pilgram erhalte ich einen Brief, worin sie|16v|zur Schaaftrift sich für berechtigt halten, u. sich gar auf Rudeler berufen. Ich muß ihnen wieder schreiben. Herr Marcus Dumont kommt zu mir, will wissen, daß ich etwas Geschichtliches über Köln schreibe, u. fragt, ob dieß nicht mit der Sammlung aller kleinen historischen Notizen über Cöln, von Wallraf, Classen,[222] Hildesheim[223] u.s.w., die er nun in 3 Heften her-

---

Bemühungen und eine merkliche Einbuß meines Vermögens alles, was der Pfarre und Kirche abging" (G. C. Fochem, Köln, 4. Juli 1831; Historisches Archiv des Erzbistums Köln, Best. GVA I, Nr. 3541, o. P.). Zu Pfarrer Franz Martin Stirtz: Stein, Pfarre, S. 105.

[219] Cornelius Joseph von Geyr zu Schweppenburg hatte am 15. Juli Geburtstag.

[220] Zeitungs-Bericht der Reg. Köln für Juli, 12. Aug. 1817: „Der häufige Regen hat das Gedeihn der Sommerfrüchte, so wie der Spät-Kartoffeln befördert, in einigen Gegenden aber die Bearbeitung der leztern etwas verspätet, auch hin und wieder die Garten-Gewächse niedergedrückt und theilweise der Heu Erndte geschadet, indessen auf die Getreide Erndte keinen nachtheiligen Einfluß gehabt, da Wind und wohlthätige Sonnenblicke die Felder wieder trockneten, und die Arbeiten der Schnitter begünstigten. Mit Ausnahme der Berggegenden ist man mit der Erndte bereits stark vorgeschritten, und backt schon neues Brod. Sie fällt im Ganzen ergiebig aus" (GStA PK, I. HA Rep. 89, Nr. 16278, Bl. 83v).

[221] Vgl. das ganz anders lautende Testament von Johann Hermann Joseph von Caspars zu Weiss, Köln, 18. März 1822 (in: Urkundenbuch, Bd. 1, S. 167–169).

[222] Der Jurist, Historiker und Schreinsschreiber der Stadt Köln Matthias Classen, war 1816 gestorben (Ennen, Zeitbilder, S. 267 f.).

[223] Franz Carl Joseph von Hillesheim, Jurist, Professor an der Kölner Universität, Domkapitular und

ausgeben will, vereinigt werden könne. Ich lehne dieß ab. Er giebt mir 2 Bände seines Mercurs,[224] will, ich soll ihm ein Gedicht auf die Ankunft des Kronprinzen in die Zeitung rücken, u. redet noch mit dem Vater wegen des Zeitungsstempels,[225] worüber er ein Schreiben von Hardenberg hat.[226] In der Sitzung heißt es, daß die Gräfinn Solms wohl den 18., der Graf den 22., 23. dieses Monats kommen dürfte.[227] Es ist wüstes, stürmendes Regenwetter. Nach Tisch beginne ich die Inventarisirung der Kölner alten Drucke etc., die von Düsseldorf kamen, u. gehe auch Abends nicht mehr aus. Die Berliner Zeitung meldet die Vertheilung des Luisenkreuzes an Frauen diesseits der Elbe; hier Frau v. Zuydtwyck, Frau Hirn, Frau Mumm, Gräfinn Lippe, Frau Sethen,[228] Frau v. Ammon.[229]

Kanonikus an St. Aposteln. Er galt als einer der besten Kenner der Kölner Geschichte. 1791 veröffentlichte er: Sätze und Fragen aus der Cöllnischen Kirchen- und Staatshistorie, aufgestellt zu akademischen Vorlesungen" (Ennen, Zeitbilder, S. 268 f.); zu seiner Biografie: Stelzmann, Hillesheim, 1951.

[224] Vermutlich: Mercure du Département de la Roër, von 1810 bis Ende 1813, hrsg. v. M. DuMont, gedr. bei Johann Georg Schmitz (Müller, Köln, 364 f.).

[225] Zu den entsprechenden Vorschriften vgl. Bonati, Auszüge, S. 62: Zeitungs-Stempel: „1. jedes einzelne im Vierteljahr zuerst erscheinende Exemplar muß mit dem 6 Gr. Stempel versehen seyn. 2. Fremde Zeitungen sind einem Werthstempel von 8 Gr. vierteljährig unterworfen. 3. Den Betrag ziehen die Postämter vierteljährig ein, gegen Aushändigung eines besondern dazu angefertigten Stempelpapiers à 8 Gr. 4. Hierauf bemerkt das Postamt den Inhaber der Zeitung und den Zeitraum an." Siehe auch: Rumpf, Stempelgesetze, S. 122. Als die preuß. Behörden 1814 die Einführung der Zeitungs-Stempel in den neuen Provinzen anordneten, erhoben die Zeitungsverleger Marcus DuMont und Johann Georg Schmitz Einspruch, da die Gebühren eine Erhöhung der Zeitungspreise bedeutet hätten (Nachmer, Beiträge, 1. Teil, S. 39 f.).

[226] Nach einer erneuten Eingabe DuMonts erklärte Staatskanzler von Hardenberg die Einführung der Zeitungs-Stempel in den neuen Provinzen bis zu einer geplanten Neuregelung in ganz Preußen für ausgesetzt. Die vorläufige Regelung bestimmte: „Für jetzt sind nur diejenige dortige Zeitungen dem Stempel wieder unterworfen worden, welche in andere Königliche Provinzen, deren eigene Zeitungen der Stempel-Abgabe unterliegen, ausgeführt werden, und diese Maaßregel ist der gegen letztern zu beobachtenden Billigkeit gemäß. Überdem aber ist die Stempel-Abgabe für die aus den Rheinprovinzen in das übrige Einland gehende Zeitungen auf den Satz von 6 Gr. für das Vierteljahr mit einer besondern Begünstigung bestimmt, da solche eigentlich gleich den ausländischen Zeitungen mit der Abgabe von 8 Gr. für das Quartal hätten belegt werden müssen. Diese Einrichtung kann nicht nach dem von Ihnen unterm 9ten v. M. gemachten Antrage wieder aufgehoben oder suspendirt werden, und Sie werden bei derselben um so weniger die besorgten Nachtheile erfahren, als Ihr Debit in dortiger Provinz selbst und im Ausland vor der Hand ferner abgabefrei verbleibt" (K. A. von Hardenberg an [Marcus DuMont], Berlin, 9. Juli 1817; in: Nahmer, Beiträge, 1. Teil, S. 40). Eine einheitliche Regelung des Zeitungsstempels für ganz Preußen wurde 1822 eingeführt.

[227] Die Köln. Zeitung, Nr. 112, 15. Juli 1817 meldete die Abreise von Solms-Laubach aus Berlin für den 8. Juli, ebenso der Welt- u. Staatsbote, Nr. 112, 15. Juli 1817.

[228] Henriette Philippine Helene Sethe, geb. Sack.

[229] Die lokalen Zeitungen brachten ebenfalls Meldungen über die Ordensverleihung. Der Welt- u. Staatsbote zu Köln, Nr. 113, 17. Juli 1817 berichtete über die Verleihung des Luisenordens an 61 Frauen in Preußen, u.a. erhielten ihn die „Ehegattin des Ober-Landesgerichts-Präsidenten Seethe zu Köln", die „Wittwe des Kaufmanns Hirn zu Köln", die „Gräfin E. zu Lippe, geb. v. Sobbe zu

Den 17. July [1817].

Ich gehe einiges meiner Aufzeichnungen aus Paris wieder durch, gebe mich aber bald neuerdings an die Vollendung meines Inventars unserer alten Drucke. Ein Schreiben der Regierung von Aachen sagt, daß wir von dort nichts mehr zu erwarten haben, nur der Codex aureus[230] sey noch da, den sie auch nicht schicken würden. Pastor Fochem kommt, u. bleibt zu Tische. Nachher schreibe ich zurecht, was Butte aus den Akten wissen muß, um die Trierer, die an ihn wegen ihrer Sachen schrieben, zu benachrichtigen,[231] u. lese in dem Archiv [durchgestrichen: Justitz Com] der Gesetzgebung von Sandt. Ich erhalte einen Brief von Goerres,[232] welcher unwillig ist, daß er von Cöln nicht mehr für den Hülfsverein erhält.[233] Abends will ich deshalb Haxthausen sprechen, finde ihn aber nicht. |A 1/13–26; 17r| Mit Bruno Cassinone, dem einzigen Bekannten, den ich auftreiben kann, gehe ich bis gegen 9 auf dem Heumarkte spazieren. Abends geht mir die Idee durch den Kopf, auf Verlangen des Marcus Dumont ein kleines Gedicht zur Ankunft des Kronprinzen, u. zwar in Terzinen zu schreiben, welches ich auch fast vollende.[234]

Den 18. July [1817].

Mein Gedicht gefällt mir ziemlich wohl, u. ich bringe es ins Reine. Ein Brief des Konsistorii erklärt uns, daß man mit unsern letzten Vorschlägen wegen der Vikarie zu Walberberg einverstanden ist. In der Sitzung gebe ich den Brief von Goerres an Sotzmann, und rede mit Haxthausen, ob und wie man es anfangen

---

Kleve", die „Frau von Zuydtwyck, geb. v. Eltz-Rübenach zu Köln", die „Ehegattin des vormals bergischen Staatsraths v. Ammon" in Düsseldorf, die „Ehegattin des Kaufmanns Mumm, geb. Heydweiler zu Köln". Ähnlich: Köln. Zeitung, Nr. 113, 17. Juli 1817.

[230] Zur „Odyssee" des Codex aureus quatuor evangeliorum (Ada-Handschrift) ab 1794, der 1818 nach Trier zurückkehrte: Groß, Schicksal, 1952; hier auch zur Rolle Grootes und Wyttenbachs. Groote hatte den geraubten Codex in Paris aufgespürt und dessen Restitution erreicht (Groote, Tagebuch, Bd. 1, vor allem 22. Aug. u. 13. Sept. 1815, S. 173, S. 194 f.). Vgl. auch: Nolden, „Das Goldene Buch", S. 12 f.

[231] Zum Standpunkt der Kölner Regierung: E. von Groote an J. H. Wyttenbach, Köln, 5. Juli 1817. Siehe Briefe u. Schriften.

[232] Ein Schreiben von J. Görres an E. von Groote, abgesandt einige Tage vor dem 17. Juli 1817, ist nicht nachgewiesen.

[233] Die Köln. Zeitung, Nr. 112, 15. Juli und Nr. 113, 17. Juli 1817 hatte in zwei Teilen eine Bekanntmachung des Hilfsvereins veröffentlicht, in dem über die Ausweitung seiner Tätigkeit und die große Unterstützung aus vielen Teilen Deutschlands berichtet wurde. Während die Großzügigkeit der Bewohner verschiedener Orte und Regionen detailliert dargestellt wurde, hieß es zu Köln und Bonn nur: „Köln, selbst 18.000 Bedürftige in seinen Mauern umschließend, hat sich bemüht, der eigenen Armuth Einiges abzudarben, um es der im Gebirge zuzuwenden, und Bonn in gleicher Weise."

[234] E. von Groote, Seiner Königlichen Hoheit dem Kronprinzen von Preußen, bei Seiner Ankunft in Köln a. R. den 6. August 1817 (in: Köln. Zeitung, Nr. 125, 7. Aug. 1817). Siehe Briefe u. Schriften.

soll, den Anforderungen desselben genug zu thun. Bloß für 4 Monate sind doch in und für hiesige Stadt 70.000 Fr. zusammengebracht worden, also hat es doch an gutem Willen nicht gefehlt. – v.d. Hagen verlangt die Verzeichniße der Aachener Kisten durch meine Signatur.[235] Nach Tisch lese ich noch etwas in dem Justitzarchiv, u. gehe mit v. Haxthausen,[236] der sehr darüber entrüstet ist, daß der Buchhändler Schmitz[237] seine ganze Gemäldesammlung an einen Berliner

---

[235] Vgl. L. Ph. W. vom Hagen an Regierung Köln, Köln, 14. Juli 1817: „erlaube ich mir die ergebenste Anfrage, ob die von Düsseldorf übersandten, mit der Aufschrift: Rheinisches Archiv bezeichneten Kisten von dem Herrn Regierungs-Assessor de Groote nunmehr gesondert worden sind, und bitte ich eventualiter um gefällige Mitteilung des in meinem Schreiben vom 20ten Mai d. J. erbetenen Verzeichnisses" (Landesarchiv NRW R, BR 0002, Nr. 404, Bl. 85r).

[236] Vgl. W. von Haxthausen an J. Görres, Köln, 18. Juli 1817: „Liebster Görres! Wenn ich bisher nicht antwortete, so war es weil ich hoffte, dir etwas besseres erwiedern zu können. Groote wird dir schreiben, wie schwer uns hier zu Muthe ist. Solms kommt Dienstag zurück, Daniels ist schon hier. Von der Constitution, von allem Andern keine Rede. Die Universität wird wohl nach Bonn kommen. Meine Collecten werden von allen Seiten zurückgewiesen, die Loose habe ich endlich nach Westphalen verwiesen; dort sind sie angenommen und du sollst nächstens das Geld erhalten, kannst auch noch 100 senden; ich will sehen, sie unterzubringen. So traurig dieses für uns Kölner scheinen muß, so wenig darfst du vergessen, daß die Stadt gegen 42.000 Einwohner, in gewöhnlichen Zeiten ein Vierttheil Arme, zum Theil sind diese auf nicht mehr vorhandene Stiftungen und aufgehobene Klöster von der Natur und Geschichte angewiesen worden, in den lezten harten Jahren ist von ihnen gegen die Hälfte der ganzen Bevölkerung ernährt worden. […] Die hiesige Polizei hat die Einrückung einiger Worte in die Zeitung, wodurch zur Annahme von Loosen aufgefordert werden sollte, verwehrt, weil alle Lotterien verboten seien, und die höhere Autorisation fehle. Ich habe Schmitz-Grollenburg gebeten, mir die nöthigen Weisen und Verweise darüber zu geben. Wie herrlich sich dein Unternehmen bewährt, so erfreulich und schmerzlich zugleich ist der Gedanke, Deutschland in solcher Noth und nur durch die Noth vereint zu fühlen. Wenn ich gestimmt wäre zu Eitelkeit, so würde ich dir sagen, daß alle Straf- und Armenanstalten zu meinem Ressort bei der Regierung gehören, und daß ich es mit Hülfe meiner Collegen in allen übrigen deutschen Provinzen bei Regen und Wind dahin bringen werde, meinen Wirkungskreis also auszuarbeiten, daß alle Bewohner, welchen diese Wohlthat noch nicht zu theil geworden nach und nach theils in die Gefängnisse und Zwangsarbeit in Zuchthäusern, theils in den Irren- und Waisenhäusern Armen und Invalidenanstalten untergebracht, und hinlänglich erzogen gebessert und verpflegt werden. Wohin ich selbst mich bette oder gebettet werde, ist ungewiß, wahrscheinlich aber auch ins Zucht- und Irrenhaus, wo ich ein dienender Bruder der Verirrten, und Fremden sein mögte, der selbst ihrer Einer geworden ist. Ich grüße euch alle viel 1.000 mal In Treue" (in: Fink-Lang, Görres. Briefe, Bd. 3, S. 459 f.).

[237] Der Buchhändler, Buchdrucker und Verleger Johann Georg Schmitz, Herausgeber des Welt- u. Staatsboten zu Köln, An den Minoriten Nro. 4556/17 war Eigentümer einer bedeutenden Sammlung, die Gemälde, Kupferstiche, Möbel und Bücher umfasste. Seine Kunst- und Büchersammlung wurde 1846 im Auktionshaus J. M. Heberle/H. Lempertz versteigert. Vgl. Catalog des Kunst-Nachlasses, 1846. Zu Schmitz: Zehnder, Gemälde, 1995; Kier/Zehnder, Lust und Verlust, Katalogteil, S. 546–549; Kier/Zehnder, Lust und Verlust II. Corpus-Band, S. 320–341; Schmitz, Privatbibliotheken, S. 365; Blöcker, Ausverkauf, S. 380. Im Catalog des Kunst-Nachlasses hieß es, Schmitz könne neben Wallraf, den Gebrüdern Boisserée und Bertram „würdig" genannt werden, „denn auch ihm verdanken wir die Erhaltung vieler Kunstschätze, die durch Aufhebung der Klöster der Verschleppung und theilweisen Zerstörung anheimgegeben, in ihm einen kenntnissreichen Beschützer fanden" (in: Schäfke, Kunsthaus, S. 39).

Sacchi[238] verkauft hat, zu Simon, wo es recht unterhaltend ist. Wir gehen gegen 11 in dem schändlichsten Regenwetter nach Haus.

Den 19. July [1817].

Ich schreibe die Briefe an die pp. Pilgram zu Kalscheuern, an v.d. Hagen, wegen der Düsseldorfer Sachen, u.a. zurecht, u. lese in dem Archiv der Gesetzgebung. v. Münch bringt mir das Geld, welches seine Schwester für 40 Billets gelöst; die übrigen 11 hat Herr v. Kempis[239] übernommen, u. wird sie mir bezahlen lassen.

---

[238] Vermutlich: Lorenzo Sacchi, Kunsthändler in Berlin. Vgl. einen Brief des Schriftstellers und Sammler Johann Isaak Gerning an F. Fr. Wallraf, Frankfurt, 11. Juli 1817: „Verehrter Herr und alter Freund! Nur zwey Zeilen, daß dieser Tage ein feiner Italiano Namens Sacchi dort erscheinen und auf alte Bilder (für Berlin) Jagd machen wird. Halten Sie oder vielmehr die Liebhaber, der redliche Fochem (den ich herzl. grüße) pp nur auf gute Preiße, denn er kann sie zahlen. Freyl. nicht Preiße à la Boisserée. Bald, in 3 bis 4 Wochen komme ich selbst und hoffe noch etwas zu finden oder doch zu bewundern" (HAStK, Best. 1105, A 7, Bl. 109r). Gerning veröffentlichte 1819 eine Reisebeschreibung, in der die Sammlung Wallrafs kurz erwähnt wird: „Eine lebendige Merkwürdigkeit [in Köln] ist nun der liberale Professor Wallraf, welcher seine Kunst- und Alterthums-Sammlungen der geliebten Vaterstadt (die früher ihm keinen Platz einräumte) patriotisch vermacht hat" (Gerning, Rheingegenden, S. 212). Weiter hieß es: Durch die Aufhebung der Kirchen und Klöster „ward Cölln in den beyden letzten Jahrzehenden, eine reichhaltige Fundgrube von alten Gemälden, die meist unerkannt in üblem Zustande trauerten. Von dasigen geschickten Künstlern, durch Auf- oder Anfrischen, mit blendenden Farben hergestellt, kamen sie dann wieder ins Leben und gingen auch in alle Welt, das alt-neue Kunst-Evangelium der allein beseeligenden Ur-Niederländischen Cöllner-Schule zu verkündigen" (S. 195). Ironisch warnte Gerning vor Fälschungen: „Nicht zu gedenken anderer Bilder, die für Kunstpinsel neuaufgepinselt wurden und mit neuen Abdrücken aufgestochener Kupferstiche zu vergleichen sind. Man hüte sich dabey zugleich vor welschen Kunsttrödlern und ihren aufgetupften Gemälden, womit sie so gern die Bilder süchtigen guten Teutschen, ihrer Kunstunkunde und Dummheit heimlich spottend, leichthin täuschen wollen!" (S. 195 f.). Generell urteilte er: „Wohl schwärmerisch und einseitig hat man bisher in unserm lieben teutschen Land, etwas Kunstabgötterey, Marktschreierey und Egoismus mit dergleichen alten, oft neubemalten, Bildern getrieben" (S. 196); man habe sich vor einer Kunst verneigt, „die doch meist mittelmäßig" sei (S. 197). Zu Gerning kurz: Deichmann, Säkularisation, S. 236 f.

[239] Maximilian Joseph von Kempis, bald Schwiegervater Eberhard von Grootes, war Sohn des kurfürstlichen Rats Johann Reiner von Kempis und Maria Theresia von Francken-Sierstorpff. Seit den 1780er-Jahren bis 1793 war er ebenfalls im Dienst des Kölner Kurfürsten. Nach Aufgabe seines Amtes zog er von Bonn nach Köln und heiratete Anna Lucia Philippina von Herwegh, Tochter von Bürgermeister Everhard Joseph Melchior von Herwegh und Anna Franziska von Hilgers. Einen Einblick in die Vermögensverhältnisse dieses Ende des 18. Jh.s sehr vermögenden Ehepaars gibt der detaillierte Ehekontrakt von 1793 (HAStK, Best. 1042, Nr. 43; die Akte war bis Anfang 2024 noch nicht aufgefunden, es existiert jedoch eine Abschrift). In diesem Kontrakt hatte sich M. J. von Kempis verpflichtet, „ein geräumiges gutes Wohnhaus" in Köln aus seinem Vermögen zu kaufen und seine Frau „mit dran schreinen zu lassen". 1794 kaufte er für sich und seine Frau das Haus Glockengasse 9, das seit 1699 im Besitz der Familie von Geyr zu Schweppenburg gewesen war. Das Ehepaar von Kempis bekam zwei Kinder: Philipp Johann Josef und Maria Franziska Walburga. In Köln übernahm M. J. von Kempis eine Reihe von politischen und gesellschaftlichen Aufgaben, so amtierte er 1797 als Präsident der Munizipalverwaltung, von 1815 bis zu seinem Tod 1823 als

Der Rektor kommt, u. glaubt einen tauglichen Seminaristen zur Rektor |17v| Stelle gefunden zu haben. Joseph ist nach Walberberg wegen der Jagdverpachtung. Nach Tisch sehe ich die Register der Trierer Urkunden nochmal durch, um zu finden, was uns etwa noch dienen könnte. Abends erhalte ich meine Sachen vom Schneider, u. gehe in die Olympische Gesellschaft, welche ziemlich unterhaltend ist. Abends nach Tisch rede ich noch mit Joseph über die Art, die Fahrrenten auf den Häusern[240] hierselbst, durch neue bordereaux[241] zu führen. Graf u. Gräfinn Solms sollen heute Abend wieder gekomen seyn.[242]

Den 20. July [1817]. Sonntag.

Ich gehe gegen 7 U. auf den Neumarkt bis gegen 8, dem Exerzieren beyzuwohnen. Dann in die St. Apostelkirche, u. nach Haus, später zu Wallraf, der mir mancherley Plane über seine Sachen mittheilt, die er im Fall die Universität nach Bonn kommt, der Stadt zu überlassen denkt. Im Dom sind v. Ammons, u. mit ihnen die verheyrathete Tochter Kamphausen[243] von Düsseldorf; ich gehe mit ihnen in die Jesuiten Kirche, dann nach Haus, wo ich das Portrait von Jettchen,[244]

Mitglied des Stadtrats (Draaf, Geschichte, S. 57–61; Thielen, Partizipation, S. 613; Deres, Rat. S. 48). Vgl. Personalnotizen, 1815: „v. Kempis. Maxim. Privat. Ein thätiger, sehr einsichtsvoller, erfahrener Geschäftsmann, gut deutsch und rechtlich. Deutlich, offen und gebildet in seiner Sprache und Handlungsweise, überhaupt sehr brauchbar. Doch etwas Sonderling, und daher, so wie wegen seiner bekannten, wenigen Religions Grundsätze, nur als tauglicher Geschäftsmann, nicht aber als Bürger ganz allgemein geliebt und geschäzt. Er hat einen sehr viel versprechenden Sohn, der jedoch noch sehr jung und kränklich ist" (Landesarchiv NRW R, BR 0002, Nr. 1534, Bl. 16r). B. Beckenkamp fertigte 1822 Porträts von Anna Lucia Philippina und Maximilian Joseph von Kempis an (Mosler, Beckenkamp, S. 89, 268 f.) Zu Porträts von Angehörigen der Familien von Kempis und von Groote: Kempis, Ölporträts, 1916; Zur Bildnissammlung der Familie von Kempis, die sich heute auf Haus Rankenberg, Bornheim-Brenig befindet: Wolthaus, Ahnengalerien, S. 198–227, 477–548. Ich danke Thomas von Kempis für die Möglichkeit zur Besichtigung der Gemäldesammlung.

[240] Far, Fahr, Fahrrente, Grundfahr: auf Grundstücken oder Häusern liegende Belastung, Abgabenpflicht.

[241] Bordereaux, hier vermutlich: Verzeichnisse, Listen.

[242] Fr. L. Chr. zu Solms-Laubach an E. Ch. zu Solms-Laubach, Köln, 20. Juli 1817: „Am 18. um 5 Uhr, beste Mutter, war ich schon in Frankfurt. Um 4 Uhr reiste ich von dort ab, und kam Abends um 10 Uhr in Wiesbaden an, wo ich bis um 1 Uhr mit Herrn von Otterstedt conferirte u. in der Nacht nach Rüdesheim abfuhr. Um 6 Uhr früh fuhr ich Gestern am 19. von Rüdesheim in einem bedekten Nachen bei ungünstigem Wind ab, u. war nichts desto weniger um 8 u. ½ Uhr, zwei stunden vor meiner zu Lande reisenden Frau hier. Ich traf alles gesund und wohl an, Ottilie etwas gewachsen, u. werde nun sehen, wie ich mich in's Reine arbeiten werde, welches unterdeßen doch nicht so viel Mühe kosten wird" (Archiv der Grafen zu Solms-Laubach, XVII, 106, Nr. 343).

[243] Elisabeth Bernhardine Johanna (Elise) Camphausen, geb. von Ammon, war Tochter von Johann Georg Heinrich von Ammon u. Bernhardine Henriette Friederike von Oven, 1815 hatte sie den Kaufmann Johann Wilhelm Gerhard Camphausen geheiratet.

[244] B. Beckenkamp, Porträt der Clara Henriette Wilhelmine Franziska (Jette) von Ammon, 1817. Das Bild, das sich heute in Privatbesitz befindet, zeigt das junge Mädchen in Halbfigur. Sie trägt ein

u. das des einen Ammon,[245] welches letzte besser gelungen ist, von Beckenkamp gemalt sehe. Mittags ist der Präses bey uns, den wir nachher wegen der Rektorstelle gehörig konsultiren. Gegen 9 ½ gehe ich ad St. Columbam, dann zu Meister Führer wegen einigem, was an meinen Sachen zu ändern ist; endlich mit v. Haxthausen nach Deutz, |:4 S.:| wohin auch die Schwestern mit dem Vater kommen. v. Ammons sind wieder da, gehen aber früher weg. Es kommt noch Madame Coomans mit ihren Töchtern, u. Mademoiselle Fouveaux hin, die nachher von Herrn v. Sandt von der Brücke geführt wird, was Herrn Fouveaux aufzufallen scheint |18r| wegen der Fonckschen Sache, welcherhalb Sandt von jenen gehaßt wird.[246]

Den 21. July [1817].

Der Rektor ist früh bey mir. Ich gehe zu Herrn v. Herwegh, wegen des von Hittorf gekauften Hauses Badstub,[247] finde ihn aber nicht. Ich gehe zu Herrn Dumont, ihm mein Gedicht für die Ankunft des Kronprinzen zu zeigen; dieß gefällt ihm sehr, u. er will das von Schubert[248] eingesandte (unbedeutende) Sonett weglassen. In der Sitzung gebe ich Herrn Dr. Sotzmann die Akten u. Inventarien der Düsseldorfer Sachen.[249] Der Kronprinz soll nun, wie es heißt,

---

hellrotes Kleid mit viereckigem Ausschnitt und gerüschten Ärmeln; Halskette und Haarschmuck sind aus Perlen (Mosler, Beckenkamp, S. 258 f., Abb.: S. 109). Jette von Ammon, geboren 1801, heiratete 1822 Louis/Ludwig Anton Friedrich von Hymmen.

[245] Gemeint ist hier offenbar das Porträt eines männlichen Mitglieds der Familie Ammon. Anders bei: Mosler, Beckenkamp, S. 259. Der Verbleib des Gemäldes ist unbekannt.

[246] P. A. Fonck war Schwiegersohn von Heinrich Joseph Foveaux, J. G. von Sandt vertrat die Anklage gegen Fonck.

[247] Das Haus Badstub, auf dem Berlich Nr. 4643 wurde von Franz Alexander Hittorff, Vater des Architekten Jakob Ignaz Hittorff, in der Folge wohl nicht bewohnt. Vgl. Welt- u. Staatsbote zu Köln, Nr. 57, 10. Apr. 1817: „Ich beehre mich einem hochzuverehrenden Publikum die pflichtmäßige Anzeige zu machen, daß ich meine Wohnung von der Wollküche auf's Römer-Triesch, neben der Kirche zum H. Gereon in Nro. 6, verlegt habe. Hittorff." AK 1822: Fr. A. Hittorff, Gereonsdriesch Nr. 6.

[248] Ferdinand Schubert, geboren 1788 in Pommern, war von 1816 bis zu seinem Fortzug nach Bonn 1822 Registrator bei der Regierung Köln. Er publizierte eine Reihe von deutsch-patriotischen Gedichten im Beiblatt d. Köln. Zeitung, häufig unterzeichnet mit dem Kürzel F./Fr. Sch., sowie in der 1818 gegründeten Zeitschrift Colonia. Ein Unterhaltungsblatt für gebildete Leser. 1820 veröffentlichte er die Schrift: Geschichte, Religionsgrundsätze und staatsbürgerliche Verhältnisse der Juden. Ein Noth- und Hülfsbüchlein für die gegenwärtige Zeit, Cöln bei M. DüMont-Schauberg 1820. Zu seiner Biografie: Wegener, Leben, Teil 2, S. 117, 224.

[249] Vgl. Regierung Köln, Abt. I, unterzeichnet von Sotzmann u. Sombart, an Oberpräsidium Köln, Köln, 21. Juli 1817: „Der Aufforderung vom 20ten May und 14ten l. M. zufolge, beehren wir uns Einem Hochlöblichen Oberpräsidio die Verzeichniße des Inhalts der von Düsseldorff hierher gesandten 3 Kisten mit der Bitte vorzulegen, dieselben nach genommener Einsicht unserm Regierungs Aßeßor de Groote wieder zugehen lassen zu wollen" (Landesarchiv NRW R, BR 0002, Nr. 404, Bl. 92r). Bei einer nicht datierten Liste in der Handschrift Grootes mit der Überschrift:

sicher bey seiner Anwesenheit unsren Sitzungen beywohnen. Nach der Sitzung gehe ich zu Herrn Bodenstaff, wegen der Länderey zu Bertsdorf, worüber er aber keine weitern Aktenstücke hat. Ich gehe nochmal zu Herrn v. Herwegh, u. finde ihn wieder nicht. Nach Tisch lese ich in den Trierer Annalen,[250] u. um 5 kommt Gräfinn Metternich, Fritz Loë, mit seiner Schwester Julie. Ich kann nicht läugnen, daß diese mir noch gefällt, u. ich freue mich wohl, sie zu sehn. Sie eilen sehr, u. fahren gegen 6 schon nach Gracht ab. Abends gehe ich noch zu v. Geyr, wo Mde. Clave, Herwegh etc. Ich gehe mit v. Mylius Bürgermeister u. v. Herwegh im Garten, dann später noch mit Joseph u. Casper auf den Neumarkt.

Den 22. July [1817].

Sollte ich nicht jammern, daß die schöne Zeit der Jugend u. des Jahres so langweilig und ohne allen Reitz Tag um Tag vorübereilt, u. kaum eine Spur ihres Daseyns zurückläßt! |18v| Ich traure wahrhaft jeden Morgen u. jeden Abend darum. Was soll das lange Leben! Wenige wahrhaft seelige Tage wiegen 50 solcher schaaler Jahre auf. Ach, ich habe sie wenigstens gelebt u. genossen eine solche seelige Zeit; aber wehe der Armen, die sie nie kannten, u. nie kennen werden, u. die mir vielleicht sehr nahe stehn, u. sich stets traurig abhärmen!
Ich gehe noch einiges meiner Trierer Annalen durch, u. bald kommt Wallraf, noch immer im Aerger wegen Prof. Hauff, der sich mit Unrecht mancherley anmaßt. Ueberdem kommt erst der Seminarist, den der Präses u. der Rektor uns empfohlen; allein, er gefällt mir so wenig wie dem Vater. Er ist ein durchaus willenloser hingegebener Mensch, der uns vorspricht, wie ein alter Tröster aus

---

„Verzeichniß der Bücher welche sich in der von Düßeldorf hierhin gesandten, mit No. 10 bezeichneten Kiste befinden" dürfte es sich um einen Entwurf zum Inhaltsverzeichnis einer der Kisten handeln (HAStK, Best. 1553, A 1, Bl. 50r–52r). Die in diesem Verzeichnis genannten ca. 75 Schriften sind z.T. mit Provenienzen (z.B. Domstift Aachen, Kloster Himmerod) und dem Druckort versehen. Vgl. auch: Regierung Köln, Abt. I, unterzeichnet von Auer, Haxthausen und Fuchs, an Oberpräsident Solms-Laubach, Köln, 5. Sept. 1817: „Zur völligen Beendigung des von Einem Königlichen hohen Ministerium des Innern uns aufgetragenen Inventarisationsgeschäfts der aus Paris zurückerhaltenen Bücher, Handschriften und Dokumente, ersuchen wir Ein hochlöbliches Oberpraesidium ergebenst um Rücksendung der, zufolge verehrlicher Signatur vom 14ten July letzhin, am 24ten ejusd. vorgelegten Inhaltsverzeichnisse über die aus Düsseldorff hierhin abgegebenen 3 Kisten." Anmerkung dazu am Rand des Schreibens von Solms-Laubach, 6. Sept 1817: „Das verlangte Verzeichniß ist der K. Regier. sogleich zu übersenden" (Landesarchiv NRW R, BR 0002, Nr. 404, Bl. 98r).

[250] Groote las vermutlich Annalen, die sich in den aus Düsseldorf nach Köln gesandten Kisten befanden. Dass es sich dabei um die im 9. u. 10. Jh. entstandenen Annales Sancti Maximini Trevirensis handelte, die sich seit Anfang des 10. Jh.s bis zur Säkularisation in Trier befanden, ist eher unwahrscheinlich. Diese Handschrift war zeitweise Eigentum von J. Görres, wurde von seinen Erben verkauft und gelangte über verschiedene Stationen schließlich 1990 wieder nach Trier. Sie wird heute in der Wissenschaftlichen Bibliothek der Stadt Trier aufbewahrt (HS 2500). Zur Geschichte von Handschriften aus dem Kloster St. Maximin: Franz, Handschrift, S. 7–10.

dem 17. Jahrhundert u. ausser dieser gränzenlosen Resignation weder Kenntniße noch Talent zu haben scheint. Er verlangt nur, wir sollen Almosen geben u. Messen lesen lassen u. das Uebrige würde sich dann alles von selbst finden u.s.w. Er scheint mir nur zu ganz mönchischem Gehorsam, nicht aber zu einer Stelle zu taugen, wo er selbständig wirken soll. – Noch kommt Js. Moll,[251] mich wegen seinem Bruder zu konsultiren, welcher studiren, u. einstweilen Privatstunden haben will. Ich führe ihn herum zu Wallraf, der ihn an Willmann, Schmitz, Strung, Heuser etc. verweist. Wallraf bleibt bis gegen 11. Nachher versuche ich den Anfang zu dem Status der Vikarienverwaltung zu Walberberg zu machen; allein, es fehlen viele Belege. |19r|
Nach Tisch gehe ich noch das letzte der Trierer Sachen durch, u. nach 7 aus, einsam an den Rhein, dann bis an den Hafen,[252] wo ich Kräuser, Mühlenfels u. Eckendahl finde, die ins Breite raisonniren. Zu Haus ist auch Pastor Fochem, mit dem ich aber wegen des Seminaristen nicht reden mag. Doch schildere ich diesen Joseph nachher. – Sulpitz Boisserée empfal mir heute einen Herrn v. Münchhausen[253] durch eine Adresse.[254] Da dieser aber weder selbst zu mir kommt, noch mir sagen läßt, wo er wohnt, so kann ich mich nicht weiter um ihn bekümmern.

Den 23. July [1817].

Fochem kommt früh wieder zu mir. Ich rede mit ihm wegen des Seminaristen, u. er will sich in den Tod verwundern, wie der Präses diesen Mann hat empfehlen können. – Er will nun wieder Rth. 40 haben, um die Zinsen des für das Taschenbuch aufgenommenen Capitals zu zahlen.[255] Es wäre wohl zu wünschen, daß diese unangenehme Angelegenheit endlich beendigt wäre. Meister Führer kommt, um noch einiges an meiner Uniform zu ändern. |:–S. 16:| Ich erhalte einen Brief von Carové,[256] der übrigens die versprochene Anweisung für die 2

---

[251] Möglicherweise: Isaac Moll, geb. 1792, Kaufmann; Sohn von Conrad Jacob Moll.
[252] Groote konnte einen regen Schiffsverkehr am Hafen beobachten. Zeitungs-Bericht der Reg. Köln für Juli, 12. Aug. 1817: „Die Bergschiffahrt war eben so wie im vorigen Monate sehr lebhaft, die Thalschiffahrt aber nur gering. Es sind große Ladungen von Stückgütern bestehend in Kaffe, Zucker, Farbeholz, französischer und andere fremden Weinen, Talg, Taback, getrockneten Fischen, Pfeffer, Droguerien und anderen Waaren zugeführt worden. Auch war der Transport von Getreide und Salz sehr bedeutend" (GStA PK, I. HA Rep. 89, Nr. 16278, Bl. 84v). „Am 24. [Juli] wurde ein hier neu gebautes Schiff, der Löwe genannt, 6.900 Centner ladend, glücklich vom Stapel gelassen" (Bl. 86v).
[253] Möglicherweise: Friedrich Wilhelm von Münchhausen, Theaterdirektor in Würzburg, mit dem S. Boisserée bekannt war.
[254] Adresse, hier: Empfehlung.
[255] Offenbar hatte Fochem das von Groote und Carové 1815 herausgegebene Taschenbuch für Freunde altdeutscher Zeit und Kunst finanziell unterstützt.
[256] Fr. W. Carové an E. von Groote, Heidelberg, 19. Juli 1817: „Lieber Ebbo! Hätte nicht mit Unrecht auf dich schmollen können, daß du meinen Brief so lange unbeantwortet gelassen. Thue es aber nicht, weil es angenehmer ist verzeihen als zeihen. Und zum Zeichen, daß ich Wahrheit rede,

Taschen Bücher nicht schickt. Ich schreibe aber deshalb an dessen Vater, dieser aber ist in Aachen im Bad. In der Sitzung sage ich Graf Solms, daß bey uns auf der Post ein großer Ballen mit gemalten Scheiben steht, den der Glaser Düssel an den Prinz Carl v. Preußen[257] sendet. Ein anderer Ballen mit Gemälden plum-

---

schreibe ich dir umgehend, wie ich mich deines Auftrages angenommen. So eben komme ich nämlich von Creuzer, bei dem ich mich der Handschriften wegen Raths erhohlt. Er gab mir folgende Resolution du müssest dich, um deinen Zweck mit Gewißheit zu erreichen, in einem Schreiben an das Großherz. Badische Ministerium des Innern wenden, demselben deine Gründe u. Ansprüche auseinandersetzen, – dieses Schreiben in ein Schreiben an den hiesigen Senat (sub Tit. des jetzigen Prorektors Hofraths Zacharia) einschließen, u. hierher spediren. Er wolle dann dein Gesuch bei dem Senat unterstützen und zweifle nicht am Erfolg. – Grimm, der auch eine HS. mit nach Cassel genommen, hat denselben Weg einschlagen müssen. – Deine Besorgnüß, daß unsere neue Burschenordung keinen Eingang finde, ist glücklicherweise ungegründet. Die hiesige Burschenschaft besteht bereits aus 150 Mitgliedern u. erhält täglich Zuwachs, selbst aus den Landsmannschaften. Auch zu Jena, Gießen, Tübing, Halle u.a. sind solche Burschenschaften errichtet, alles geht dem Lichte, dem Besseren zu. – Vor einigen Tagen hat die hiesige Burschenschaft dem geliebten Jenaer Paul Fr. Richter, der seit 14 Tagen hier ist, einen Fackelzug gebracht, bei welchem ich die Freude hatte, die Anrede zu halten. Die nähere Beschreibung des Fackelzuges habe ich heute zum Morgenblatt geschickt, worin du sie finden wirst. Gerne überreichte ich dem herrlichen Manne unser Taschenbuch, wenn ich nicht die 2 erhaltenen Exemplare schon längst versagt hätte. Daß du den Tristan herausgeben willst, freut mich, da deine Liebe zu dem Gedichte mir Bürge für Fleiß und Vollständigkeit ist. Deine Liebesgedichte möchte ich gerne lesen. Wärest du nicht geneigt, sie alle, od. doch einige davon in den Frühlingskränzen, die jetzt als poetische Quartalschrift zu Göttingen herauskommen wird, einrücken zu lassen? Du könntest dich dann nur auf meinen Freund Baron P. von Hornthal Dr. jur. in Göttingen den Herausgeber, wenden. – Daß ich zur Zeit [Papier ist beschädigt] nichts ausführliches schreibe, kömmt daher, daß ich meine ganze Zeit darauf wende, zur Zeit ein xxx durch die That Rechenschaft von meiner Zeit ablegen zu können. Art longa, vita brevis. Ich studire mit immer sicherem Genuße das System Hegel's, oder vielmehr das System der Wahrheit. Hätte auch gerne von dir vernommen, daß du dich der Speculation von Neuem hingäbest, und deine Erkenntniß nicht als etwas Fertiges betrachtetest. Noch ich werde ich dir das „Auf zum Kampf" in die Ohren schreien; denn weil du kannst, darum mußt du fechten, und wo du nicht dein Leben einsetzest, wird es dir nicht gewonnen seyn." Fortsetzung des Briefs am oberen Blattrand: „Von Tieck und seinem Reiseplan hätte ich gerne ein Mehreres gehört, so wie von unserer Universität. Doch du hattest dir den Raum verschrieben wie auch ich, und ich schließe darum, wie du es thatest, obgleich ich noch so Manches dir zu sagen hätte. Klein, wirst du nun schon wissen, ist mit Hrn. Dc. xxx in Frankfurt. Die Boisserée sehe ich selten. Meine einzigen Besuche sind bey Hegel und wöchentlich eine Akademie bei Thibaut, wo ich mitsinge. Grüße mir Alle Lieben und halte mich lieb wie ich Dich. Dein Fr. Wilhelm" (HAStK, Best. 1552, A 10/24). Groote hatte 1816 in der Heidelberger Bibliothek eine Handschrift des Tristan gesehen, die er für sein Editionsprojekt ausleihen wollte. In den folgenden Monaten bemühte sich Groote, das Manuskript als Leihgabe zu erhalten.

[257] Prinz Carl von Preußen, dritter Sohn von Friedrich Wilhelm III. und Königin Luise, war früh ein kunstbegeisterter Sammler. Zu seiner Biografie: Rothkirch, Carl von Preussen, 1981. Auch Prinzessin Wilhelm (Marianne von Preußen) hatte Interesse an Kölner Glasmalereien. M. von Preußen an F. Fr. Wallraf, Berlin, 24. Aug. 1817: „Erlauben Sie mir einmal wieder Herr Professor mich in Ihr Andenken zurück zu rufen, zugleich nochmals Ihre gefällige Güte in Anspruch zu nehmen die Sie mir schon so oft bewiesen haben. Ich wünschte dem Prinzen eine Freude zu machen, indem ich ihm ein pendant zu einer bunten Scheibe verschaffen mögte". Da „es an unserm lieben Rhein

birt[258] Principalité D'anvers [Antwerpen] enthält Gemälde. Wir sind ziemlich früh fertig, u. ich gehe mit Graf Solms, den die Hühner Augen drücken, u. Redtel langsam durch den Regen nach Haus. Ich mußte nolens volens doch anstandshalber zum morgigen Diner unterschreiben; die übrigen übernehmen auf Vorschlag des Herrn v. Hagen jeder noch 3–4 |19v| Gäste mit zu bringen, wofür ich mich hüthe, da mir schon das Geld leid thut, welches ich für mich selbst da verzehren muß. Nach Tische schreibe ich an Goerres,[259] u. schicke zu v. Haxthausen, daß er mir auch sein für die Loose eingenommenes Geld schickt. Später kommt Kraeuser zu mir, ich lese ihm einige Gedichte, er schwätzt viel, erhält aber trotz alles Drehens u. Wendens, weder den Wigolais noch den Goerres (Mythengeschichten),[260] u. zieht wieder ab. Ich spaziere noch eine Stunde umher, u. mache Abends noch die an Meister Führer zu zahlende Schneiderrechnung fertig.

Den 24. July [1817].

Schon zeitig kommt Prof. Lynck wieder, um sich zum Rektorat zu empfehlen. Dann schickt mir Haxthausen das Geld, Fr. 300, die ich mit dem, was ich habe, 225, im ganzen also Fr. 525, einpacke und zur Post nach Coblenz abgebe.[261] Ich schicke das Geld an Meister Führer, |:Fr. 167, S. 15:| wobey noch Rth. 5, Stb. 5

---

dergleichen giebt", hoffte sie auf die Erfüllung ihres Wunsches und legte Bänder mit den genauen Maßen für die gewünschte Scheibe bei. Diese Größe, schrieb sie, wäre „eins der Haupterfordernißes, das andre würde sein, daß es ein heiliger Gegenstand wäre. Könnte es ein Hl. Georg sein so würde es mir das liebste sein. Zum Preis würde ich gern 4 oder 5 Friedrichs d'or bestimmen. Recht herzlich sollte mich freuen, wenn Sie mir dergleichen fänden – u. im voraus schon bin ich sehr dankbar wenn Sie sich darum in Cöln bemühen wollen – schicken Sie sie mir alsdann nur grade zu mit der Post. Durch die Kurprinzeß von Hessen erfuhr ich daß Sie leider krank waren; ich hoffe dieser Brief trifft Sie wieder bei völlig hergestellter Gesundheit an. Ich darf noch nicht viel schreiben, da ich in Wochen mich befinde, u. übermorgen einen kleinen Waldemar werde taufen laßen. Leben Sie denn wohl, vergeben Sie mir meine dreiste Bitte – mit Achtung Ihre Freundin" (HAStK, Best. 1105, A 15, Bl. 162r–163v). Vgl. Welt- u. Staatsbote zu Köln, Nr. 128, 12. Aug. 1817: „Am 2. d. M., zwischen 6 und 7 Uhr Morgens, wurde I. k. H., die Prinzessin Gemahlin des Prinzen Wilhelm von Preußen glücklich von einem Prinzen entbunden. Dieses frohe Ereigniß ward der Residenz durch Abfeuerung des im Lustgarten aufgestellten Geschützes, angekündigt."

[258] Plumbirt: verplombt, versiegelt.
[259] E. von Groote an J. Görres, Köln, 24. Juli 1817. Siehe Briefe u. Schriften.
[260] J. Görres, Mythengeschichten der asiatischen Welt, Heidelberg 1810.
[261] Gelder, die zum Versand aufgegeben wurden, mussten im Postamt sicher aufbewahrt werden. Matthias, Darstellung des Postwesens, Bd. 2, S. 69: „Es ist eine Pflicht der Postbeamten, in besondern Fällen Gelder und Werthstücke nicht bis zum Abgange der Post zurück zu weisen, sondern, wenn solche in der Nacht im Posthause verbleiben müssen, sie in einem sichern Behältniß zu verschließen, ober bei großen Summen einen Wächter anzunehmen. Die Kosten können bei diesem seltnen Falle um so weniger von Belang seyn, da bekanntlich ein tüchtiger Geldkasten vorhanden, die Poststuben mit festen sichern Fensterladen versehen seyn, und in der Nacht Jemand in der Stube selbst, oder doch nahebei seinen Aufenthalt haben muß."

nicht einbegriffen sind, die er noch für die Weißen Uniformhosen haben muß. Ein Brief von v. Netz meldet mir dessen Ankunft in Schlesien. Geld habe ich erst im October wieder von ihm zu erwarten, u. wahrscheinlich nicht mehr als eine vierteljährige Rate. So wird schnell ausgegeben, u. schwer u. mühsam etwas erworben. –

Da nun die öffentliche Bekanntmachung der Loterieloose für den Hülfsverein in Coblenz gestattet ist, wünschte ich auch ankündigen zu können, daß deren auf der Postdirektion hierselbst zu haben seyen. Allein, aller Vorstellung ungeachtet, will der Vater dieß den Postoffizialen, die am Schalter stehn, nicht zumuthen, u. die Ankündigung nicht gestatten,[262] wenn er gleich keinen Grund |20r| dafür anführt, und es klar nur Indolenz u. Kraftlosigkeit von seiner Seite ist, etwas nicht thun zu wollen, was aus dem gewöhnlichen Gang der Dinge nur ein Haarbreit heraustritt. Alles soll von selbst gehen, alles dem Schicksal überlassen bleiben, nichts durch Selbstthätigkeit zum Ziele gefördert werden. Dieß ärgert mich um so viel mehr, da er aller schönen Aufforderungen u. Ankündigungen ungeachtet, die er gelesen u. gehört hat, selbst nicht einmal ein einziges Loos nahm. Ich werde etwas bitter über diese unzeitige Schwierigkeitsmacherey. – Ueberhaupt möchte wohl in dieser schweren Zeit des wahrhaft rückwirkenden u. Geben u. Nehmen erquickenden Guten in unserm Hause etwas zu wenig geschehen seyn. Was öffentlich verlangt, oder gar gesetzlich beygetrieben wurde, hat man wohl gegeben u. Anstands wegen oder gezwungen geben müssen. Aber so recht aus der Fülle der Liebe, mit eigener Entbehrung, aus der wahren Lust des Wohlthuns wurde vielleicht nur wenig gegeben, – vielleicht so lange die Mutter todt ist – nur wenig –. Ach möchte es der Himmel nicht einst schwer rächen, – oder möchte ich nur irren! – Ich mache mich zurecht, zu dem Diner in Deutz; fahre mit Regierungs Rath Gossler, Herrn Schmitz, v. Herwegh u.a. hin, |:S. 4:| u. es versammelt sich eine Gesellschaft von circa 50 Personen.[263] Es wird munter gespeist, u. zur Gesundheit des Grafen getrunken. Dieser redet nach Tisch viel über die Verhältnisse in Berlin, über das, was er den Ministern über die Universität gesagt, u. wie er immer noch für Köln gestimmt, die Minister gebe-

---

[262] Statt den Verkauf der Lose bei der Postdirektion zu ermöglichen, konnte man sie in der Folgezeit bei der Buchhandlung DuMont u. Bachem kaufen. Köln. Zeitung, Nr. 121, 31. Juli 1817: „Zu der Verloosung, welche der Hülfsverein in Koblenz mit den zur Unterstützung der Armen ihm gegebenen Gegenständen nächstens vornehmen läßt, sind Loose zu 1 Rthlr. Berg. bei den Unterzeichneten zu haben, und zugleich das Verzeichniß dieser Gegenstände einzusehen. DüMont und Bachem."

[263] Bertoldi, Tagebuch, 24. Juli 1817: „Ich aber war Mittags zu Deutz, wo die RegierungsRäthe dem von Berlin retournirten Oberpraesidenten Grafen von Solms ein Bewillkomms Essen gegeben. Da selbe sich vereinbart, daß jeder von ihnen auch einen guten Freund mitnehmen könnte, so wurde ich vom Vicepraesident v. Hagen als sein Gast eingeladen, und das Essen war nicht nur sehr ausgesucht, sondern dauerte bis 7 Uhr zu, wo ich fortfuhre, die übrigen aber bis fast die letzte Brücke mit dem Oberpraesident geblieben, und ließen darauf in Köln der Frau Oberpraesidentinn noch bis 11 Uhr in ihrem Hauß Musique machen" (HAStK, Best. 7030, Nr. 332A/4, Bl. 153r).

then habe, wenn sie Bonn wählen würden, u. es nachher schief gehe, sie |20v| ihn ausser Verantwortlichkeit lassen sollten. Rehfues steht dabey, u. bringt seine Bonmots zwischen den Zähnen redend an.[264] Ich kann den Kerl nicht leiden. Es wird für die armen Bergbewohner gesammelt.[265] |:–1.10:| – Was die ganze Geschichte kostet, werden wir erst künftig, u. wahrscheinlich noch früh genug erfahren. Auf dem Rückweg gegen 8 ½ Uhr spricht der Graf noch von der Art der Präsentationen bey Ankunft des Königs u.s.w. Ich habe einen Brief v. Netz aus Schlesien, |:–S. 1, Fr. 1:| worin er mir seine Reise dahin, seine Quittung, über die an Zeune u. Beuths Bedienten gezahlten Gelder u. endlich die Nachricht mittheilt, daß er zwar die künftige Rata meines Geldes zahlen wolle, von der ganzen Summe für den Wagen aber, die ich verlangt hatte, schreibt er nichts.

Den 25. July [1817].

Der Rektor ist früh bey uns. Er besteht darauf, die Louisd'or 5 zu haben; ich kann sie ihm nicht geben. Später schickt er uns einen Herrn Busch zu, der sich zum Rektorat meldet. Er gefällt uns sehr gut, ein junger, bescheidener, sehr anständiger Mann. – In der Sitzung schreibe ich den Entwurf des Briefs an die Schulverwaltung, weil heute der Zinstermin ist. Dann suche ich später Nückel auf, ohne ihn zu finden, u. hole meinen Ziegenhainer beym Drechsler[266] wieder ab. Der Brief wird nach Tisch expedirt; ich arbeite bis gegen 6 in den alten Annalen, u. gehe dann zu v. Ammon. Jettchen reist morgen nach Cleve ab. Es kommen mein Bruder Joseph u. v. Haxthausen noch hin. Ein Mensch, der in Englischen Diensten gewesen, ist da, u. hat eine Anweisung, die ihm noch einen Antheil an englischen Prisen-Geldern[267] sichert. Haxthausen spricht mit ihm, die Frau |21r| v. Ammon interessirt sich sehr für ihn. Ich schicke ihn endlich mit einem Briefe an pp. Sombart. Spät nach 8 geht Joseph zu v. Geyr zum Souper, ich zu Simon, wo v. Mylius, u. viele Herren. Es wird viel hin u. her über Göthe[268] u.

---

[264] zwischen den Zähnen redend, vermutlich: unterdrückt ärgerlich redend.

[265] Vermutlich sind die von der Hungerkrise besonders betroffenen Bewohner der Eifel, Westfalens und anderer Mittelgebirge gemeint. Doch auch „für die nothleidenden Schweizer" wurden in dieser Zeit Gelder gesammelt (Köln. Zeitung, Nr. 86, 31. Mai 1817).

[266] Anzahl der Drechsler in Köln 1813: 14 tourneurs (AK 1813, S. 248 f.); 1822: 26 Drechsler (AK 1822, S. 322 f.).

[267] Prisengeld, eigentlich: Beute, die Seefahrer für sich behalten konnten; hier wohl in einem allgemeineren Sinn verwendet.

[268] Möglicherweise diskutierte man über die einige Wochen zuvor erschienene Schrift Goethes, Ueber Kunst und Alterthum in den Rhein- und Mayn-Gegenden, 2. Heft, Stuttgart 1817. Dazu: J. W. von Goethe an S. Boisserée, Jena, 27. Mai 1817 (in: S. Boisserée, Briefwechsel, Bd. II, S. 172). Groote hatte 1816 das erste Heft mit großem Ärger gelesen, und auch der von Johann Heinrich Meyer (oder von Meyer gemeinsam mit Goethe) in diesem zweiten Heft verfasste Aufsatz: Neu-deutsche religios-patriotische Kunst (S. 5–62) dürfte Groote nicht entsprochen haben. Der Text beginnt: „Gegenwärtig herrscht [...] bey vielen wackern Künstlern und geistreichen Kunstfreunden eine leidenschaftliche Neigung zu dem ehrenwerthen, naiven, doch etwas rohen Geschmack in wel-

Schiller geredet, wobey Kraeuser wieder recht das seine thut. Wir bleiben bis nach 11.

Den 26. July [1817].

Fochem kommt schon zu mir ans Bett; er freut sich, daß der Herr Busch uns wohl ansteht. Ich lasse noch das Nöthige zu meiner Uniform putzen. Der Mensch, welcher gestern bey v. Ammon war, kommt noch ein Paar mal zu mir, da ihm pp. Sombart gesagt hat, es müsse seinetwegen von der Regierung nach Hannover geschrieben werden. Ich schicke ihn wieder zu Haxthausen, daß die Vorstellung an die Regierung solle gemacht werden, der aber ist nach Düsseldorf gefahren. Gott weiß, mit wem u. wozu. Der arme Kerl muß sich also gedulden. Er scheint sehr arm zu seyn u. eine ehrliche Haut, ich gebe ihm etwas. |:1.10:| [eineinhalb Zeilen sind durchgestrichen]
Ich habe Lust, altes Zeug zu verkaufen, kann aber damit nicht zurecht kommen. Nach Tisch gehe ich zu Obrist Lieutenant Grollmann, den ich nicht finde, höre auf dem Bureau, daß morgen nichts ausserordentliches seyn wird. Ich gehe noch zu Herrn Pflug, um dessen Haus für Herrn Appellations Rath Schwarz[269] zu besehn. Von unsren Rechtsgelehrten sehe ich wieder niemand. Auch später werde ich mit den abzugebenden Kleidern wieder nicht fertig, u. gehe spät gegen 8 in den Olymp, von wo wir gegen 10 zurückkommen, u. zu Haus finde ich niemand von den meinigen mehr auf. Heut erhielt ich einen Brief u. Geld für 25 Loosen von Laar in Elberfeld. |21v|

---

chem die Meister des vierzehnten und funfzehnten Jahrhunderts verweilten. Diese Neigung wird allerdings in der Kunstgeschichte merkwürdig bleiben, da bedeutende Folgen daraus entstehen müssen; allein von welcher Art sie seyn werden, bleibt zu erwarten. Ob, wie Begünstiger jenes neu hervorgesuchten alten Geschmacks hoffen, die Kunst auf solche Weise sich wieder erheben werde? ob ihr ein frommer Geist, neue Jugend, frisches Leben einzuhauchen sey? oder, wie die Gegner befürchten, ob man nicht vielmehr Gefahr laufe den schönen Styl der Formen gegen Magerkeit, klare, heitere Darstellungen gegen abstruse, trübsinnige Allegorien umzutauschen und das Charakteristische, Tüchtige, Kräftige immer mehr zu verlieren?" (S. 7 f.). Vgl. auch: S. Boisserée an K. Fr. Schinkel, 29. Juni 1817 (in: Wolff, Briefwechsel, S. 111, 430–432).

[269] Um welches Haus es sich handelte, konnte nicht geklärt werden. Peter Schwarz, Mitglied der Immediat-Justiz-Kommission, der von Trier nach Köln zog, wohnte 1822 in der Schildergasse 66 (AK 1822).

Der Kronprinz in Köln[1]

Vorbereitungen

Bereits seit Monaten hatte man in Köln den Besuch eines hochrangigen Vertreters des preußischen Staates erwartet, ein Besuch, der als Symbol für das Interesse Preußens und seines Herrscherhauses an den neuen Provinzen gewertet werden konnte und Köln die Möglichkeit bot, sich als politisches, kulturelles, wirtschaftliches und kirchliches Zentrum der Region darzustellen. Immer wieder hatten Gerüchte das baldige Eintreffen von Innenminister von Schuckmann, Staatskanzler von Hardenberg, des Kronprinzen Friedrich Wilhelm oder des Königs selbst angekündigt. Im Mai 1817 schrieb Solms-Laubach an seine Mutter:

> „Bei uns wird es im Sommer sehr unruhig werden. Es kommt der König, der Kronprinz, der StaatsKanzler u. der Minister des Innern, u. so wird es mit Geschäften u. Aufwartung wechseln, bis in die ersten Tage im Tage September. Jette [Henriette zu Solms-Laubach] jammert über den Verlust des Sommers, ich kann ihr aber nur rathen sich mit mir zu trösten, u. geduldig zu ertragen, was nicht geändert werden kann. Was mich am Ende am Meisten beruhigt, ist die Hoffnung, daß unser Treiben, nicht ganz umsonst seyn wird."[2]

Doch erst im Juli 1817 wurden konkrete Reisepläne bekannt.[3] Am 12. Juli meldete die *Kölnische Zeitung*, der Kronprinz werde am 23. Juli in den Rheinprovinzen eintreffen und

---

[1] Zum Besuch des Kronprinzen: Herres, Denkschrift, S. 84 f.; Herres, Köln, S. 60 f.; Patent, Die Hohenzollern in Köln, S. 35–42; Deichmann, Säkularisation, S. 291–296; Gerschler, Oberpräsidium, S. 52, 245; Gothein, Verfassungs- u. Wirtschaftsgeschichte, S. 114–116.

[2] Fr. L. Chr. zu Solms-Laubach an E. Ch. zu Solms-Laubach, Berlin, 27. Mai 1817 (Privatarchiv d. Grafen zu Solms-Laubach, XVII, 106, Nr. 353).

[3] Zur Reise des Kronprinzen durch die Rheinprovinzen vor allem: Landesarchiv NRW R, BR 0002, Nr. 127, Bl. 1r–17v. Bl. 1r: „Anweisung von Friedrich Wilhelm III. an Kronprinz Friedrich Wilhelm, Potsdam, 6. Mai 1817", Abschrift. Vgl. auch die Anweisungen in Hinblick auf die Besichtigung der Truppen und der Festungen in den Rheinprovinzen, sowie die Reiseroute. Zu Köln hieß es: „Besichtigung von Coelln, hauptsächlich in der Beziehung, wie weit die Befestigungsarbeiten sowohl in Coelln als bey Deutz gediehen sind" (Bl. 2r). Am 18. Mai 1817 ließ Hardenberg eine Abschrift dieser Anweisungen an Fr. L. Chr. zu Solms-Laubach schicken (Bl. 2v). Weitere Instruktionen folgten einige Wochen später: „Es wird aber auf jeden Fall nöthig seyn, daß Seiner Königl. Hoheit dem KronPrinzen durch die betreffenden OberPräsidenten, ein, den ganzen Zustand des Landes und die Civil-Administration umfaßender Bericht mit einer möglichst vollständigen statistischen Uebersicht bei der Ankunft in den Provinzen vorgelegt werde. Ich ersuche Ew. Hochgeborn ergebenst, hierzu in Absicht Ihres OberPräsidial-Bezirks schleunigst die nöthigen Einleitungen zu treffen, und halte es auch für zweckmäßig, daß in diesem Berichte, wovon ich mir baldmöglichst eine Abschrift erbitte, auf die sonstigen Merkwürdigkeiten des Landes, auf Kunstgegenstände und Natur Schönheiten pp. noch besonders aufmerksam gemacht werde" (K. A. von Hardenberg an Fr. L. Chr. zu Solms-Laubach, Glienicke, 17. Juni 1817; Landesarchiv NRW R, BR 0002, Nr. 127, Bl. 14r). In den folgenden Wochen war Solms-Laubach damit befasst, die gewünschten Informationen von Seiten der verschiedenen Behörden der Provinz zusammenzutragen. Die Beiträge

auch der Staatskanzler sei zu erwarten;[4] drei Tage darauf konnte der *Welt- und Staatsbote* Genaueres mitteilen:

> „Unser geliebter Kronprinz ist von des Königs Maj. beauftragt worden, die drei westlichen Provinzen der Monarchie im Laufe dieses Sommers zu bereisen, von den Verhältnissen derselben sich zu unterrichten und Allerhöchstdemselben darüber Bericht zu erstatten. Se. kön. Hoh. werden dem Vernehmen nach, schon ehester Tage von hier [von Berlin] abgehen […]. In Erfurt, Koblenz, Aachen, Köln, Düsseldorf, Wesel, Münster, Minden, Halberstadt, Magdeburg etc. dürfte Se. kön. Hoh. ein oder mehrere Tage verweilen […], indem man überhaupt die Dauer der Abwesenheit Sr. k. H. auf etwa zwei Monate anschlägt."

Zu den Aufgaben des Prinzen während dieser Reise hieß es:

> „Die Oberpräsidenten der Provinzen werden dem Kronprinzen ein allgemeines Verwaltungs-Tableau ihrer Departements vorlegen, welches die Bevölkerung und den Flächen-Inhalt der einzelnen Kreise und ihrer Hauptorte, die vorzüglichsten Gegenstände der Produktion und Fabrikation, den Abgaben-Betrag und die vorzüglichsten Merkwürdigkeiten der Natur und der Kunst darstellt. Alles dieses wird den künftigen Herrscher treuer Unterthanen in den Stand setzen, die Bedürfnisse und Wünsche derselben zeitig kennen und würdigen lernen, und die Nation schätzt sich glücklich, in dem hoffnungsvollen Prinzen das Organ zu verehren, welches den allgemeinen Ausdruck treuer Anhänglichkeit und ächt deutschen Sinnes zu dem Thron des Erlauchten Vaters bringen wird."[5]

Am 17. Juli schließlich berichtete die Zeitung kurz:

> „Berlin vom 10. Juli. Dienstag den 8. d., Vormittags, sind Se. königl. Hoheit der Kronprinz, in Begleitung des wirklichen Geheimen Legationsraths Ancillon und des Obersten von Schack, von hier nach dem Rheine abgereiset."[6]

Solms-Laubach, der sich seit März mit seiner Frau in Berlin aufgehalten hatte, reiste nun mit ihr nach Köln zurück, allerdings nicht ohne dem Familiensitz in Laubach einen kurzen Besuch abzustatten;[7] er traf am 18. Juli in Köln ein,[8] als sich Friedrich Wilhelm bereits in

---

 der einzelnen Behörden wie die daraus entstandene Übersicht bilden aufschlussreiche Quellen zum Zustand der Provinz im Jahr 1817 (Landesarchiv NRW R, BR 0002, Nr. 127). Vgl. als Resultat der Recherchen: Uebersicht der merkwürdigsten statistischen Verhältniße, Kunst und Naturegenstände des Oberpräsidial-Bezirkes von Jülich, Kleve und Berg, Köln, 5. Aug. 1817 (Landesarchiv NRW R, 0002, Nr. 127, Bl. 162r–177v; statistische Beilagen Bl. 181r–184r).

[4] Köln. Zeitung, Nr. 110, 12. Juli 1817.
[5] Welt- u. Staatsbote, Nr. 112, 15. Juli 1817.
[6] Welt- u. Staatsbote, Nr. 113, 17. Juli 1817. Ähnlich: Köln. Zeitung, Nr. 113, 17. Juli 1817.
[7] H. zu Solms-Laubach schilderte ihrem Sohn Otto ausführlich die strapaziöse Rückreise über Brandenburg, Magdeburg, Kassel, Gießen bis Laubach und schließlich bis Köln. Zur letzten Etappe der Rückreise schrieb sie: „Am 18ten früh 3 Uhr reißte ich von L.bch ab mit den beiden Jungens u. Bulle. Der Vater war den Abend zuvor nach Frankf. gefahren, ich nahm den Weg über Weilburg, wir kamen den ersten Tag nur bis Montabauer, wo wir übernachteten." Am nächsten Tag fuhren

Mainz befand.[9] Kaum wurde dessen geplantes Ankunftsdatum, der 5. oder 6. August, in Köln bekannt, begannen konkrete Überlegungen zu seinem Empfang. An den umfangreichen Vorbereitungen beteiligten sich eine ganze Reihe von Institutionen und Personen, mit dem Ziel, ihre jeweiligen oder auch gemeinsamen Interessen gegenüber dem Repräsentanten der Monarchie möglichst wirkungsvoll zu inszenieren. Oberpräsident und Regierungspräsident zu Solms-Laubach und das Kölner Regierungskollegium mussten – in Konkurrenz zu den anderen Städten der prinzlichen Reiseroute – ihre Kompetenz zum Ausdruck bringen; Oberbürgermeister von Mylius und Stadtrat waren Wortführer städtischer Belange; die Repräsentanten der Handelskammer unter ihrem Präsidenten von Mylius vertraten die Interessen der Wirtschaft; katholische Kirche und protestantische Gemeinden bemühten sich, ihre Präsenz und ihre Ansprüche hervorzuheben. Ziel der kunst- und geschichtsbegeisterten Kölner schließlich war es, dem Prinzen die Bedeutung Kölns als Stadt der Kunstsammlungen und historischen Denkmale vor Augen zu führen und ihn für die Bewahrung gefährdeter Bauwerke wie den Kölner Dom und die ehemalige Abteikirche in Altenberg zu gewinnen. Inmitten dieser Interessensgruppen nahm Groote eine wichtige Rolle ein. Aufgrund seiner Aufzeichnungen und einer Anzahl anderer Quellen können die Ereignisse recht genau nachgezeichnet werden: durch ausführliche – von den Behörden beeinflusste – Zeitungsartikel der lokalen Presse,[10] durch den Zeitungs-Bericht der Kölner Regierung für August,[11] die Chronik von Stadtsekretär Fuchs[12] und das Tagebuch des ehemaligen Mülheimer Maires Karl Joseph Zacharias von Bertoldi.[13] In besonderer Weise eindrucksvoll sind Briefe des 21-jährigen Kronprinzen,[14]

---

sie über Godesberg weiter und „kamen des Abends 11 Uhr hier an, und wie staunte ich als ich den Vater aus seinem Bette rufen hörte ‚ich bin auch schon da!' Ich glaubte ihn noch in Frankf.; er war am Morgen um 6 Uhr von Rüdesheim zu Wasser weggefahren und Abends 8 Uhr schon in Kölln eingetroffen!" (H. zu Solms-Laubach an Otto, Köln, 4./5. Aug. 1817; Privatarchiv d. Grafen zu Solms-Laubach, XVII, 199, Nr. 9). Die beiden jüngeren Söhne Georg und Rudolph hatten mit ihrem Erzieher Bulle einige Zeit in Laubach verbracht. Eine detaillierte Aufstellung der Reisekosten des Ehepaars zu Solms-Laubach (Reise nach Berlin u. zurück nach Köln) findet sich in: Privatarchiv d. Grafen zu Solms-Laubach, XVII, 117, Nr. 126.

[8] Die Ankunft von Solms-Laubach in Köln meldete die Köln. Zeitung, Nr. 116, 22. Juli 1817: „Köln, 21. Juli. Seit vorgestern Abends erfreut sich unsre Stadt der glücklichen Wiederkunft S. E. des hochverehrten Herrn Oberpräsidenten, Grafen zu Solms-Laubach, in ihrer Mitte."

[9] Zur Ankunft des Kronprinzen in Mainz am 17. Juli 1817: Welt- u. Staatsbote, Nr. 116, 22. Juli 1817.

[10] E. von Groote arbeitete wohl an einer Reihe von Artikeln mit, die in der Köln. Zeitung erschienen, der jeweilige Umfang seines Anteils lässt sich nicht bestimmen. Deutlich ist jedoch, dass der zusammenfassende Text zum Besuch des Kronprinzen (in: Köln. Zeitung, Nr. 128, 12. Aug. 1817) im Wesentlichen von Groote stammte.

[11] Zeitungs-Bericht der Reg. Köln für August, 9. Sept 1817 (GStA PK, I. HA Rep. 89, Nr. 16278, Bl. 110v). Ob Groote an diesem Zeitungs-Bericht mitarbeitete, ließ sich nicht feststellen.

[12] Allerdings nutzte Fuchs für seine Darstellung in erster Linie die Artikel der lokalen Zeitungen.

[13] K. J. Z. von Bertoldi, Tagebuchaufzeichnungen zur Geschichte von Mülheim a. Rh., 1814–1821 (HAStK, Best. 332A/4; auszugsweise gedr. in: Bendel, Köln-Mülheim, 1925).

[14] Nicht alle Briefe des Kronprinzen an Friedrich Wilhelm III. von dieser Reise sind erhalten, auch ein in Köln verfasster Brief existiert nicht mehr. Vgl. die Edition der überlieferten Briefe: Kaufmann, Anfänge, 1928.

die er während der Reise an seinen Vater Friedrich Wilhelm III.[15] und an seine Schwester Charlotte[16] schrieb.

Eine Auswahl von Quellen wird nach dieser kurzen Einführung und der entsprechenden Tagebuchsequenz in einer speziellen Text-Collage präsentiert.[17] Bei allen diesen Quellen, bis auf einen Brief, handelt es sich um Texte männlicher Mitglieder der adeligen und bürgerlichen Führungsschichten; die Frage, was die Ereignisse für die ganz überwiegende Mehrheit der Einwohner und Einwohnerinnen Kölns bedeuteten, muss offenbleiben. Soweit „das Volk" in den Quellen auftaucht, erscheint es als eine nicht näher definierte Gruppe, deren Verhalten im Interesse des jeweiligen Autors beschrieben und interpretiert wurde.

Eberhard von Groote, der auf Aufforderung von Marcus DuMont schon seit Mitte Juli an einem Gedicht zur Ankunft Friedrich Wilhelms schrieb,[18] wurde bald mit umfangreichen Aufgaben betraut. Am 27. Juli hatte Werner von Haxthausen berichtet, man mache in Düsseldorf „große Anstalten" für den Empfang des Kronprinzen und plane dabei eine große Ausstellung, in der Gemälde aus Privatbesitz sowie die seit 1815 in Düsseldorf aufbewahrte Sammlung von Gipsabgüssen antiker Skulpturen gezeigt werden sollten. Daraufhin, notierte Groote, beschloss Solms-Laubach, dem Kronprinzen in Köln „ähnliches" zu bieten und beauftragte Groote mit der entsprechenden Organisation.[19] Bereits am nächsten Tag nahm Groote an Besprechungen mit Mylius und anderen Repräsentanten der Handelskammer teil, bei denen erste Entscheidungen zu einer Kunstausstellung getroffen wurden. Als Standort wählte man – naheliegend – das ehemalige Jesuitenkolleg, in dem schon ein Großteil der Wallraf'schen Sammlung aufgestellt war; die Präsentation der Gemälde aus Privatbesitz sollte im großen „Prüfungssaal" des Gebäudes stattfinden. In den folgenden Tagen war Groote vielfältig beschäftigt, da die Ausstellungsräume umgestaltet und dekoriert, Gemäldebesitzer aufgesucht, Leihgaben ausgewählt und in das Jesuitenkolleg transportiert werden mussten. Die Groote'sche Familie stellte für die Ausstellung zwei Gemälde zur Verfügung. Darüber hinaus war Groote bei den Beratungen für die Feierlichkeiten im Dom präsent und begutachtete zudem die Fortschritte, die Maximilian Heinrich Fuchs und Matthias Joseph Denoël in der Anferti-

---

[15] Kronprinz Friedrich Wilhelm an Friedrich Wilhelm III., Jülich, 12. Aug.; Aachen, 13. Aug., 1817 (GStA PK, BPH Rep. 50 J Nr. 1210, Bd. 1, Bl. 111r–114v).

[16] Kronprinz Friedrich Wilhelm an Charlotte von Preußen, Köln, 7. Aug. 1817 (GStA PK, BPH Rep. 50 J Nr. 1210, Bd. 1, Bl. 104r u. v); Aachen, 16. Aug. 1817 (Bl. 105r u. v); Wesel, 18. Aug. 1817 (Bl. 106r–107v.); Münster, 24. Aug. 1817 (Bl. 107v). Prinzessin Charlotte hatte am 13. Juli 1817 den russischen Großfürsten Nikolaus Pawlowitsch, später Zar Nikolaus I., geheiratet. Zu ihrer Biografie: Butenschön, Preußin, 2011. Zu den Reisen des Kronprinzen im Rheinland und seine Briefe an seine Schwester Charlotte: Schnütgen, Königshaus, 1942.

[17] Mit Sicherheit sind in Nachlässen und Privatarchiven weitere Beschreibungen der Ereignisse in Köln durch Augenzeugen vorhanden. Im Rahmen dieser Edition waren die dazu notwendigen umfangreichen Recherchen jedoch nicht möglich.

[18] Groote, Tagebuch, 16., 17. u. 21. Juli 1817.

[19] Groote, Tagebuch, 21. Juli 1817. Fr. L. Chr. zu Solms-Laubach an K. J. von Mylius, Köln, 30. Juli 1817: „Die Ankunft des Kronprinzen wird am 5ten 8. erfolgen, ob aber Vor- oder Nachmittags, ist mir bis jetzt unbekannt" (HAStK, Best. 400, A 157, Bl. 1r).

gung eines riesigen Bildes der „Colonia" machten. Das Bild sollte bei der von der Kölner Handelskammer geplanten und finanzierten Rheinillumination einen aufsehenerregenden Höhepunkt bieten – auch als Trägerin einer politischen Botschaft.[20]

Mitten in die komplizierten Vorbereitungen fiel der Geburtstag Friedrich Wilhelms III., sodass auch an diesem Tag, den 3. August, Feierlichkeiten durchzuführen waren.[21] Der zentrale Festakt Kölns fand in Anwesenheit von Solms-Laubach, des Regierungskollegiums und anderer Honoratioren im Dom statt, anschließend gab es Feiern im Marzellengymnasium und im Gürzenich.

Nach der Geburtstagsfeier[22] wurde die Zeit zur Arbeit an den vorgesehenen Präsentationen knapp. Am 4. August, äußerst kurzfristig, beschloss man noch, dass bei dem geplanten Besuch des Kronprinzen in Altenberg ein Baumeister eine Standrede in „Knittelversen" halten sollte. Es gelang Groote gemeinsam mit Denoël, dieses Gedicht rechtzeitig fertigzustellen.[23] Am 5. August, der Kronprinz war gerade in Bonn angekommen, trat der Stadtrat zu einer außerordentlichen Sitzung zusammen, um über den Empfang des Prinzen an der Stadtgrenze zu beraten.[24] Oberbürgermeister von Mylius wies dabei daraufhin,

„daß durch die französische Cerimonien Vorschriften bey Ankunft des Regenten, dessen Empfang durch den Bürgermeister und den gesammten Stadtrath, bey Ankunft eines Prinzen von dem regierenden Hause dessen Empfang durch den Bürgermeister und dessen Beigeordnete an dem Stadt-Thor vorgeschrieben, für den Empfang des Kronprintzen aber nicht[s] bestimmt sey, es gebe daher zu überlegen, ob es nicht angemeßen sey, eine Deputation aus der Mitte des Stadt-rathes zu ernennen, welche mit ihm und den beiden Beigeordneten an dem Severins thor S. K. H. bewillkommten."

---

[20] Vgl. kurz: Protokolle der Sitzungen des Handelskammer-Vorstandes, 2. u. 16. Aug. 1817 (RWWA 1–12–10, S. 142 f.). In den Akten der Handelskammer Köln sind kaum Quellen zu diesem Ereignis vorhanden; wie die hohen Kosten finanziert wurden, ist daher nicht nachzuvollziehen. Belegt ist, dass die ober- und niederrheinischen Gilde-Schiffer Beiträge „zum Behuf des dem Kronprinzen von Preussen gegebenen Festes" leisten mussten, die nur widerwillig gezahlt wurden und nur mühsam eingezogen werden konnten. Vgl. RWWA 1–35–3, Bl. 119, Bl. 121 u. Bl. 125).

[21] Von Trier, einer Station seiner Reise durch die Rheinprovinzen, gratulierte der Kronprinz seinem Vater im Vorhinein und berichtete zugleich über seine Erlebnisse: Friedrich Wilhelm an Friedrich Wilhelm III., Trier, 25. Juli 1817 (in: Kaufmann, Anfänge, S. 15–19).

[22] Der Kronprinz gab in Koblenz zu Ehren seines Vaters ein Diner: „An Ihrem Geburtstage, lieber Papa, gab ich einen großen Fraß bey mir im Garten" (Friedrich Wilhelm an Friedrich Wilhelm III., Koblenz, 5. Aug. 1817, in: Kaufmann, Anfänge, S. 21).

[23] Denoël/Groote, Standrede, dem Kronprinzen von Preußen gehalten zu Altenberg am 10. August 1817. Siehe Briefe u. Schriften. Vgl. kurz: Bayer, DeNoël, S. 194.

[24] Vgl. K. J. von Mylius an die Stadträte, Köln, 4. Aug. 1817: „Die Herrn Stadträthe werden ersucht sich Morgen um 11 Uhr zu einer außerordentlichen Sitzung zu versammeln um über die bey Ankunft S. königl. Hoheit des Kronprinzen v. Preußen zu treffendde Maasregeln sich zu berathschlagen" (HAStK, Best. 400, A 157, Bl. 7r).

Nachdem man als Empfangskomitee die Stadträte Franz Adolph Joseph von Nagel zur Gaul, Abraham Schaaffhausen, Franz Jakob Joseph von Herwegh und Maximilian von Kempis bestimmt hatte, überlegte der Rat, so das Sitzungsprotokoll,

> „ob es nicht angemessen sey, Seiner Königl. Hohheit die Wünsche hiesiger Stadt in verschiedener Hinsicht vorzutragen. Der Stadtrath fand dieses allerdings angemessen, unter diese Gegenstände rechnete man die Erhaltung der Universität – die Beybehaltung des Umschlag-Rechtes – die Wieder Vereinigung der Polizey mit der administrativen Gewalt – die Rückgabe der jenseits [des] Rheins gelegenen Gütern, welche früherhin hiesigen frommen Stiftungen und Armen-Anstalten gehörten."[25]

Beauftragt mit dem Verfassen der Schrift wurden die Räte Schaaffhausen, Franz Joseph Bartmann, Peter Engelbert Ludowigs, Bernhard Boisserée und Adolph Steinberger,[26] die „Chefs der Administrationen" sowie als Repräsentanten der Handelskammer „Herr Heimann".[27] Groote erwähnte diesen Beschluss nicht, obgleich er in diesen Tagen mit Mylius und anderen Beteiligten zusammentraf.

Gemeinsam mit Honoratioren aus Bonn empfing Solms-Laubach den Kronprinzen bereits bei dessen Ankunft in Godesberg, von wo dieser nach Bonn begleitet wurde.[28] Am 6. August abends reiste der Kronprinz von dort ab; an seine Schwester Charlotte schrieb er:

> „Bonn ist recht ein Ort, wo Dir's gefallen würde. xxxx u. Gegend! Ein göttlichs Schloß in der Stadt, ein deliziöses andres dicht vor'm Thor, enfin! Das 7 Gebirg immer im Auge, die Götterluft des Rheinthals! ich war weg. Nach dem schönen Schloß wird wahrscheinlich die Universitaet kommen. Das ist auch ganz gut, wenn nur Papa sich die Zimmer reservirt, die um einen kleinen hängenden Garten angebracht sind, so ist alles jut. – Wir besahen am Morgen alles, u. fuhren über das prächtige u. traurige Schloß Brühl nach Köln."[29]

---

[25] Protokoll der Sitzung des Stadtrats vom 5. Aug. 1817 (HAStK, Best. 410, A 1). Vgl. Herres, Denkschrift, S. 84 f. Einige Tage zuvor hatte die Stadt Trier dem Kronprinzen eine Denkschrift überreicht. Friedrich Wilhelm an Friedrich Wilhelm III., Trier, 25. Juli 1817: „Der Rath hier hat mir einnige sogenannte Beschwerden gegeben, die ich habe versprechen müssen Ihnen zufließen zu lassen, welches ich durch den Canal der reitenden Post unterthänigst thue" (in: Kaufmann, Anfänge, S. 19).

[26] Zur Biografie des Juristen und Politikers Johann Adolph Steinberger: Thielen, Partizipation, S. 622; Herres, Köln, S. 109 f. u. vielerorts.

[27] Vermutlich: Johann Friedrich Carl Heimann, Vizepräsident der Handelskammer, seit 1814 Mitglied des Stadtrats.

[28] Zum Aufenthalt des Kronprinzen in Bonn am 5. und 6. Aug. 1817: Bonner Wochenblatt, Nr. 290, 10. Aug. 1817. Der Text ist fast identisch mit einem Artikel in der Köln. Zeitung, Nr. 127, 10. Aug. 1817.

[29] Kronprinz Friedrich Wilhelm an Charlotte von Preußen, Wesel, 18. Aug. 1817 (GStA PK BPH Rep 50 J Nr. 1210 Bd. 1, Bl. 106r). Zu Schloss Augustusburg in Brühl, errichtet in der 1. Hälfte des 18. Jh.s durch die Kölner Kurfürsten vgl. Demian, Ansichten, S. 337: Das Schloss zu Brühl steht „fast noch ganz in seiner vormaligen Pracht und Herrlichkeit da. Es ist im französischen Styl erbaut, was wohl die hauptsächlichste Ursache seyn mag, dass es von den Franzosen unzerstört und verschont blieb." Aus der umfangreichen Literatur: Hansmann, Augustusburg, 2002.

In höchster Eile, während sich der Prinz mit seiner Entourage[30] bereits auf dem Weg nach Köln befand, wurden hier die letzten Vorbereitungen getroffen. Der Prinz kam spät „ganz in der Stille" in Köln an und zog sich sofort in den Gasthof Zum heiligen Geist zurück.[31] Groote hielt am Ende dieses Tages fest: „Die abzuhohlenden Bilder bey Schmitz so wie für die Putzung des Gemäldesals muß ich erst morgen besorgen. Ich bin von der langen Arbeit recht müde."[32]

Organisierter Aufenthalt

Am nächsten Morgen, den 7. August, präsentierte die Titelseite der *Kölnischen Zeitung* Grootes Gedicht: *„Seiner Königlichen Hoheit, dem Kronprinzen von Preußen, bei Seiner Ankunft in Köln a. R. den 6. August 1817."*[33] Entsprechend des für den Prinzen vorgesehenen Programms wurden ihm vormittags bei einem Empfang in seinem Gasthof die Regierungsbeamten, unter ihnen Groote, und andere Honoratioren formell vorgestellt.[34] Wohl bei dieser Gelegenheit übergab Oberbürgermeister von Mylius im Namen der Stadt die vorbereitete Denkschrift,[35] die als erstes das Verfassungsversprechen des Königs von 1815 und den Wunsch nach der baldigen Einrichtung einer Provinzialvertretung thematisierte.[36] Weitere Forderungen bezogen sich auf die Rückgabe der „Polizey-Gewalt" an die Stadt, auf die Errichtung der Universität in Köln sowie auf Regelungen des Zolls, auf

---

[30] Frühzeitig hatten die Berliner Behörden Angaben zu Gefolge und Dienerschaft des Kronprinzen bekannt gegeben; es umfasste elf Personen: „Geheimer LegationsRath Ancillon nebst 1 Bedienten, 1ter Adjutant Oberst v. Schack nebst 1 Bedienten, 2ter Adjutant Major v. Roeder nebst 1 Bedienten, Feldjäger Keenitz. Dienerschaft Sr. Königlichen Hoheit: 1 Kammerdiener, 1 Lakey, 1 Garderobier, 1 Vorreiter" (Gefolge und Dienerschaft Seiner Königlichen Hoheit des KronPrinzen, o. D.; Landesarchiv NRW R, BR 0002, Nr. 127, Bl. 15r).

[31] Welt- u. Staatsbote zu Köln, Nr. 125, 7. Aug. 1817.

[32] Groote, Tagebuch, 6. Aug. 1817.

[33] Köln. Zeitung, Nr. 125, 7. Aug. 1817. Das Gedicht ist signiert mit „–ßß–" , eine Unterschrift, die Groote bei Zeitungsartikeln mehrfach verwendete.

[34] K. J. von Mylius an Fr. L. Chr. zu Solms-Laubach, Köln, 6. Aug. 1817 (Abschrift): „Euer Exzellenz habe ich die Ehre anliegend das Verzeichniß der Sr. Königl. Hoheit dem Kronprinzen vorzustellender städtischen Beamten mit der Bitte gehorsamst einzureichen, mich von der Stunde wann die Präsentation statt finden wird hochgefälligst benachrichtigen zu wollen" (HAStK, Best. 400, A 157, Bl. 8r). Vgl. das Verzeichnis, Entwurf (HAStK, Best. 400, A 157, Bl. 9r–10r). Am nächsten Tag wurden die Eingeladenen gebeten, sich um 10 Uhr im Rathaus zu versammeln (K. J. von Mylius an die jeweiligen Personen, Köln, 7. Aug. 1817, Entwurf (HAStK, Best. 400, A 157, Bl. 10r).

[35] „Wünsche und Bitten der Stadt Cöln, Seiner königlichen Hoheit dem Kron-Prinzen von Preussen vorgetragen bei Seiner Anwesenheit in Cöln. August 1817", Abschrift (Landesarchiv NRW R, BR 0002, Nr. 127, Bl. 199r–205v). Vgl. eine weitere Abschrift in: HAStK, Best. 400, A 157, Bl. 39r–43v. Diese weitere Version war von Mylius, den Beigeordneten von Monschaw und Langen sowie den Stadträten von Nagel, von Kempis, von Herwegh und Schaaffhausen unterzeichnet. Zur Denkschrift vom August 1817 im Vergleich zur Denkschrift vom 11. Sept. 1817 für den König: Herres, Denkschrift, 2010.

[36] Zur Diskussion um eine Verfassung in den Jahren seit 1815: Herres, Köln, S. 60–64; Herres/Holtz, Rheinland, S. 127–129; Herres, Und nenne Euch Preußen, S. 123–131; Schmitz, Vorschläge, S. 161–217; Lademacher, Rheinlande, S. 487–507.

die Rheinschifffahrt, auf Steuern und Kasernenbau. Groote äußerte sich in seinen Aufzeichnungen zur Übergabe der Denkschrift nicht. Bald nach dem Empfang besuchte der Kronprinz die Gemäldeausstellung im Jesuitenkolleg, u.a. begleitet von Solms-Laubach, Wallraf, Groote und dem Berliner Kunsthistoriker Aloys Hirt.[37] Über diesen war Groote äußerst verärgert, da er zu den präsentierten Bilder mit „Effronterie u. Anmaßung den Exegeten" mache, was „kaum zu ertragen" sei.[38] Der Kronprinz schrieb später ironisch an seinen Vater:

> „Den berühmten Hofrath Hirth haben wir zu Coblenz getroffen nachher zu Cöln, von da sind wir zusammen bis hierher gereist, von wo er seine Reise nach Brabant fortsetzt. In Köln hat man ihn fast gemordet, weil er ein anti Gothiker ist."[39]

Spätnachmittags besichtigte Friedrich Wilhelm den Dom ohne offizielles Programm, „in Kochnitow", wie er selbst schrieb, abends nahm er an den dort für ihn vorbereiteten Feierlichkeiten teil. Am 8. August musterte er Militärkompanien, ließ sich einige Festungsanlagen zeigen und besuchte die Gemäldesammlung im Haus von Kaufmann Lyversberg am Heumarkt. Am Abend fand ein großer Ball statt, den die Stadt zu Ehren des Prinzen veranstaltete. Am folgenden Tag war Friedrich Wilhelm bei einer Sitzung des Regierungskollegiums präsent, bei der Groote über ein vom ihm bearbeitetes Thema vortrug; anschließend besuchte der Prinz erneut die Gemäldeausstellung im Jesuitenkolleg. Abends erwartete ihn ein grandioses Spektakel – eine Illumination des Rheins. Inmitten von Feuerwerk, „zauberhafter Beleuchtung" und bengalischen Flammen wurden ihm die Wünsche Kölns unübersehbar vor Augen geführt: Man hatte sie in riesiger Schrift als Schlagworte „Wissenschaft, Kunst, Universität – Handel, Schifffahrt, Stapel" der Colonia-Figur beigegeben.[40] Am 10. August nahm der Prinz an einem protestantischen Gottesdienst in der Antoniterkirche teil und besuchte danach zum dritten Mal den Dom – wieder ohne offizielles Programm. Es folgte ein Dejeuner bei Solms-Laubach in dessen Landhaus in Mülheim und schließlich die geplante „Parthie" nach Altenberg. An beidem nahm Groote auf persönliche Einladung durch Solms-Laubach teil.

Der Altenberger Dom und die Gebäude der ehemaligen Abtei[41] hatten die Jahre seit der Säkularisation zwar im Wesentlichen überstanden, waren aber Ende 1815 durch

---

[37] Aloys Hirt lehrte seit 1810 an der Berliner Universität, war Mitinitiator der Bauakademie und der Berliner Museen. Zu seiner Biografie und Bedeutung vgl. den Sammelband: Sedlarz, Hirt, 2004.
[38] E. von Groote an S. Boisserée, Köln, 18. Aug. 1817. Siehe Briefe u. Schriften.
[39] Friedrich Wilhelm an Friedrich Wilhelm III., Aachen, 13. Aug. 1817 (GStA PK BPH Rep 50 J Nr. 1210 Bd. 1, Bl. 112v). Vgl. auch: Kaufmann, Anfänge, S. 30.
[40] In einem Brief an seine Schwester Charlotte zeichnete Friedrich Wilhelm eine winzige Skizze der Figur (Wesel, 18. Aug. 1817; GStA PK, BPH Rep. 50 J Nr. 1210, Bd.1, Bl. 107r). Zum Besuch Napoleons 1804 hatte Köln ebenfalls eine aufwendige Beleuchtung des Rheins organisiert (Bayer, Franzosen, S. 118–121; Müller, Geschichte, S. 67–73).
[41] Zur Geschichte der ehemaligen Abtei und des Doms in Altenberg Anfang des 19. Jh.s: Clemen, Kunstdenkmäler von Altenberg, S. 13 f.; Börsch-Supan/Paffrath, Altenberg, S. 32–46, 109–134; Zurstraßen, Säkularisation, 2002; Zurstraßen, Altenberg, S. 15–17.

einen Großbrand schwer beschädigt worden. Bereits 1816 hatte sich Solms-Laubach für den Wiederaufbau der Abteikirche eingesetzt, unterstützt von Karl Friedrich Schinkel, der in seiner Funktion als preußischer Oberbaurat im August 1816 die Gebäude mit Solms-Laubach, begleitet auch von Groote, besichtigt hatte.[42] Seitdem waren erste Maßnahmen zu einer provisorischen Sicherung der Gebäude erfolgt, für die Wiederherstellung waren jedoch umfangreiche finanzielle Hilfen durch den Staat notwendig.

Die von Groote und Denoël in naivem Ton gedichtete Standrede,[43] die der Kölner Zimmermann Anton Meyer „schlecht", wie Groote fand, vortrug, thematisierte die Zerstörung Altenbergs und seine baldige Rettung durch „fromme" Herrscher. Zur Erinnerung an seinen Besuch und als Hinweis auf die erwartete Förderung überreichte man dem Kronprinzen eine von Maximilian Heinrich Fuchs angefertigte Zeichnung, die die Abtei Altenberg nach dem Brand zeigt.[44] Am 11. August, nach Besichtigung des ehemals glanzvollen Jagdschlosses in Bensberg, fuhr der Prinz nach Jülich,[45] der nächsten Station seiner Reise, ab.

Schon gegen Ende des prinzlichen Besuchs setzte seine politische Deutung ein, an der sich auch Groote beteiligte. Gemeinsam mit Marcus DuMont arbeitete er an einem Zeitungsartikel zum Aufenthalt des Prinzen, den sie, wie die Zensurregeln vorschrieben, Polizeidirektor Struensee zur Genehmigung vorlegten. Nachdem dieser den Text aufgrund der Bedeutung des Themas an Solms-Laubach weitergegeben hatte, konnte der Artikel – mit einigen Änderungen – am 12. August in der *Kölnischen Zeitung* und im *Welt- und Staatsboten* erscheinen.[46] Auf der Titelseite der Zeitung war zudem das Gedicht Grootes „An des Kronprinzen von Preußen Königliche Hoheit zum Abschiede von Köln" zu lesen.

Inzwischen waren in Köln weitere Gedichte zum Prinzenbesuch publik geworden.[47] Max von Schenkendorfs Gedicht *Unserm geliebten Kronprinzen zum Abschiede von Coblenz am 5. August, 1817* war ein gefälliger Text in romantischer Bildsprache, dessen letzte Strophe auf eine blühende Zukunft verwies:

„O schau' den Rosenschimmer,
Der auf den Bergen glüht,
Und um die hehren Trümmer
Gesunkner Schlösser zieht!

---

[42] Groote, Tagebuch, Bd. 2, 29. Aug. 1816, S. 340 f.
[43] Denoël/Groote, Standrede dem Kronprinzen von Preußen zu Altenberg gehalten am 10. August 1817. Siehe Briefe u. Schriften.
[44] M. H. Fuchs, Die Abtei Altenberg nach dem Brand von Süden, 1817. Siehe S. 371 f.
[45] Köln. Zeitung, Nr. 130, 16. Aug. 1817.
[46] Köln. Zeitung, Nr. 128, 12. Aug. 1817. Siehe Briefe u. Schriften. Ein langer Artikel zum Besuch des Kronprinzen erschien am selben Tag auch im Welt- u. Staatsboten zu Köln, Nr. 128, 12. Aug. 1817.
[47] Auch in Bonn hatte man dem Kronprinzen ein Gedicht überreicht: Huldigungs-Willkommen Seiner Königlichen Hoheit dem allverehrten Kronprinzen Preußens bei seiner Durchreise, Verlag Neusser, Bonn 1817. Verfasser war der Bonner Gymnasiallehrer und Dichter Karl Moritz Kneisel. Ich danke dem Bonner Stadtarchiv für diesen Hinweis.

Der Krummstab war verschwunden,
Des alten Segens Pfand,
Nun blüht er, aufgefunden,
In milder Fürstenhand."[48]

Anders ausgerichtet war der im Kölner Verlag H. Rommerskirchen veröffentlichte „Rheingruß" von Ernst Moritz Arndt,[49] über den sich Groote entsetzte, da die „ganze Tendenz des Machwerks" sei, den Kronprinzen „von seiner Liebe zum Alterthum u. dessen Kunst abzumahnen u. in das Gewühl der gegenwärtigen u. kommenden Zeit zu stürzen".[50] Tatsächlich warnte Arndt im *Rheingruß* vor mystischer Verklärung der Vergangenheit:

„Tief ist die alte Zeit versunken,
Verronnen ewig ist ihr Lauf.
Du blase denn den zarten Funken
Der neuen Zeit zu Flammen auf;

Du banne mit dem Herrscherworte
Die graue Zauberei zurück
Und öffne kühn die Sonnenpforte
Zum jungen Tage jungen Glück."[51]

Am 12. August beschloss Groote ein Gegengedicht zu schreiben, das am 17. August anonym unter dem Titel „Die Versuchung" im *Beiblatt der Kölnischen Zeitung* erschien.[52] Es schildert die Verlockung des Prinzen durch einen Verführer, der ihm eine neue Welt verspricht, wenn er bereit sei, den Glauben alter Zeiten aufzugeben, und feiert den Prinzen, der dieser Verlockung widersteht.

Der Besuch des Kronprinzen änderte an den politischen Spannungen in der Bevölkerung der Rheinlande nichts. Während die schlimmsten Auswirkungen der Lebensmittelknappheit mit einer in Teilen guten Ernte Mitte 1817 überwunden waren,[53] artikulierten sich Kritiker der preußischen Restauration – wie Grootes Freund Görres – immer offener. Die Begeisterung des „Volks", von der die Zeitungen berichteten, beruhte im Wesentlichen auf einer organisierten Feststimmung. Insofern war das Urteil der Kölner Regierung

---

[48] In: Schenkendorf, Max von Schenkendorf's sämmtliche Gedichte, S. 298–300; hier S. 300; Hagen, Schenkendorf's Gedichte, S. 399–401, hier S. 400 f.
[49] E. M. Arndt, Rheingruß dem Kronprinzen von Preussen bei Seiner Anwesenheit in Bonn und Köln in den ersten Tagen des August; gedr. in: Parent, Die Hohenzollern in Köln, S. 40–42. Vgl. Gothein, Verfassungs- u. Wirtschaftsgeschichte, S. 115.
[50] Groote, Tagebuch, 10. Aug. 1817.
[51] Zwei Strophen aus Arndt, Rheingruß (in: Parent, Die Hohenzollern in Köln, S. 41).
[52] E. von Groote, Die Versuchung, in: Beiblatt der Köln. Zeitung, Nr. 15, 17. Aug. 1817; gedr. in: Parent, Die Hohenzollern in Köln, S. 36 f. Siehe Briefe u. Schriften.
[53] Vgl. etwa: Beiblatt der Köln. Zeitung, Nr. 15, 17. Aug. 1817.

über den Einfluss des Kronprinzenbesuchs auf die Bevölkerung um einiges zu optimistisch:

> „Die Anwesenheit Seiner Königlichen Hoheit des Kronprinzen hat auf die Stimmung und das Vertrauen der Einwohner in den Rheinprovinzen sehr vortheilhaft gewirkt. Leutseligkeit und einsichtsvolle Aufmerksamkeit haben Höchstdemselben alle Herzen gewonnen."[54]

---

[54] Zeitungs-Bericht der Reg. Köln für August, 9. Sept 1817 (GStA PK, I. HA Rep. 89, Nr. 16278, Bl. 110v).

|A 1/13–26; 22r| **Tagebuch 27. Juli bis 13. August 1817**

Den 27. July [1817]. Sonntag.

Joseph u. Carl sind nach Düren zur Kirmes. Ich gehe gegen 7 auf den Neumarkt, wo das Exerzieren mich schrecklich langweilt.[55] Wallraf kommt gegen 8 u. ich gehe mit ihm fort. Er geht zu Solms, weil Hardy sehr krank ist,[56] u. kommt dann wieder zu mir, u. bleibt bis gegen 9 ½. Vor der Messe im Dom gehe ich noch zu Dr. Nückel, wegen den Kendenicher Sachen. Nachher geht Herr Brewer mit mir, unser Bild zu sehn. Nach Tisch will ich ausreiten, aber Peter ist heraus. Anton sattelt gegen 4 Uhr, u. ich reite zu Schaaffhausen nach Kitzburg [Kitschburg], u. freue mich den Schimmel wieder so gut zu sehn. In Kitzburg kommen auch Herr u. Frl. v. Chissel an, wir werden unten in die schönen Stuben geführt u. gemeldet. Auguste Schaaffhausen[57] kommt auch zu uns. Da es aber regnerisch aussieht, u. man uns gar zu lange warten läßt, so reite ich unter dem Vorwand, nach meinem Pferde zu sehn, schnell nach der Stadt zurück; auf dem Wege begegne ich v.d. Westen u. Beyweg u. v. Kempis, die zu Schaaffhausen fahren. Wir waren also wohl zu früh gekommen u. hatten die Toilette gestört. Ich ziehe mich nun bald an, u. gehe zu Sotzmann.[58] Es wird erst Thee getrunken, dann statt dessen etwas

---

[55] Zeitungs-Bericht der Reg. Köln für Juli, 12. Aug. 1817: „Die sonntäglichen Übungen der Landwehr fanden, ohngeachtet der dringenden Feldarbeiten in der Erndtezeit überall statt. Wenn nicht überall die Landwehrmänner sich mit solcher Willigkeit zu diesen Übungen einfinden, als wohl zu wünschen wäre und bei veränderten Umständen geschehen würde, so glaubt man die Ursache unter andern in der Wahl des dazu bestimmten Tages zu finden. Der Landmann betrachtet nämlich den Sonntag als den Tag der Ruhe nach vollbrachter wöchentlicher Arbeit und versäumt an diesem Tage nicht gern die Frühmesse, welche den Haupttheil seines Gottesdienstes ausmacht, von deren Beiwohnung ihn aber das Exerciren abhält, zumal wenn er, wie das häufig der Fall ist, einen weiten Weg bis zum Exercir Platze zu machen hat" (GStA PK, I. HA Rep. 89, Nr. 16278, Bl. 91v–92r).

[56] Wallraf setzte sich 1817 mehrfach für eine finanzielle Unterstützung Hardys durch die Kölner Regierung ein (vgl. HAStK, Best. 1105, A 147, Bl. 61r–75r). Wenige Tage nach seinem Besuch bei Solms-Laubach schrieb er an diesen einen ausführlichen Brief über Leben und Werk Hardys (F. Fr. Wallraf an Fr. L. Chr. zu Solms-Laubach, Köln, Aug. 1817, 2 Entwürfe: „Ein Wort zur höchsten letzten Gnade für den einst so berühmten Kunstnestor in Cöln am Rhein" (HAStK, Best. 400, A 147, Bl. 64r–67v). Während der Vorbereitungen zum Besuch des Königs in Köln antwortete ihm Solms-Laubach, eine finanzielle Unterstützung für Hardy werde möglich sein; überdies wünsche er, daß einige von Hardys Arbeiten, „in dem Wohnzimmer Sr. Majestät des Königs aufgestellt" würden (Fr. L. Chr. zu Solms-Laubach an F. Fr. Wallraf, Köln, 29. Aug. 1817; HAStK, Best. 1105, A 147, Bl. 68r). Vgl. McDaniel-Odendall, Wachsbossierungen, S. 238–239a.

[57] Margarete Auguste Schaaffhausen, geboren 1802 war die Tochter von Abraham Schaaffhausen u. Maria Theresia de Maes. Sie heiratete 1821 Joseph von Groote, den Bruder Eberhard von Grootes.

[58] Taufbuch, Archiv der Evangelischen Gemeinde Köln: „Am 27. July Nachm. 5 Uhr taufte der H. Kollege Bruch in aedibus parentum [im Haus der Eltern] das den Eheleuten, H. Regierungsdirektor Johann Daniel Ferdinand Sotzmann und dessen Ehegattinn Dorothea Margaretha Rhode am 15. Mai, Morgens 9 ½ Uhr gebohrene Söhnlein mit den Nahmen Friedrich Carl Franz. Pathen: 1) der Herr Ober-Präsident, Friedrich Graf zu Solms-Laubach. 2) Madame Hirn, Wittwe, kathol. Conf.,

Wasser in einem Waschbecken hingestellt, Bruch hält eine Rede, u. tauft dann das Kind, wobey Graf Solms Gevatter steht. Es wird dann für die Protestantischen Armen gesammelt, welcher Spaß, da ich nichts anderes habe, mich schon wieder Thl. 1 kostet. |:3.18:| Mit Solms rede ich mancherley. Er besteht darauf, die Uniformen müßten vor Ankunft des Königs fertig seyn. In Düsseldorf werden, wie Haxthausen, der eben von da kommt, sagt, große Anstalten für den Empfang des Kronprinzen gemacht, die Gypse[59] aus |22r| gepackt, die Gemälde aller Sammlungen in ein großes Lokal zusammengebracht, u.s.w. Solms wünscht nun sehr, hier ähnliches zu sehn, u. beauftragt mich speziell damit.[60] Bey Tische sitze ich bey Frau Simon. Es wird unmäßig aufgetragen; dann bey aufgehobenem Tische mit den häßlichen u. dicken Weibern getanzt. Gegen 3 erst gehe ich mit Gymnich nach Haus, wobey er mir von seinen Mädchen Geschichten erzählt. – Meinen Regenschirm konnte ich bey Sotzmann nicht wieder finden.

Den 28. July [1817].

Ich habe etwas Kopfschmerzen. Früh erhalte ich einen Brief von Boisserée,[61] |:16 Sls:| wegen Hirt,[62] u. um uns zu sondiren, über das, was hier vorgeht. Ich mache mich fertig, zu Mylius wegen der Ausstellung für den Kronprinzen u. zur Sitzung

---

von hier. 3) Frau Regierungsräthinn Redtel. H. Diakonus Hochstaetter assistirte." Adresse 1819: Sachsenhausen 1 (Verzeichnis der 1819 in Köln wohnhaften evang. Christen; Archiv der Evangelischen Kirche Köln, 01–4,1).

[59] Zur Sammlung von Gipsabgüssen antiker Skulpturen in Düsseldorf siehe S. 443, 533.

[60] Ende Juli hieß es in einem Schreiben von Solms-Laubach an den Oberbürgermeister: „Mit Vergnügen habe ich in Erfahrung gebracht, daß Euer Hochwohlgebohren darauf Bedacht sind, um Sr. Königlichen Hoheit dem Kronprinzen den Genuß einer Vereinigung mehrerer hier vereinzelten Kunstschätze zu verschaffen, solche in einem Local zu sammeln. Je angenehmer Sr. Königlichen Hoheit diese Veranstaltung seyn wird, je mehr beeile ich mich Euer Hochwohlgebohren und dem Löblichen Gemeinderath dafür meinen Dank abzustatten und Sie zu ersuchen, diese schöne Idee in Ausführung zu bringen, und nach Möglichkeit dahin zu würken, damit die vorzüglichsten Gemälde welche einzeln unbemerkt bleiben würden, auf diese Weise Sr. Königlichen Hoheit dem Kronprinzen bekannt werden können" (Fr. L. Chr. zu Solms-Laubach an K. J. von Mylius, Köln, 30. Juli 1817 (HAStK, Best. 400, A 157, Bl. 1r). Die Formulierung legt nahe, dass Mylius bereits eine Kunstausstellung für den Kronprinzen geplant hatte.

[61] S. Boisserée, Tagebücher, Bd. I, 24. Juli 1817, S. 416: „Brief an Groote"; 25. Juli 1817, S. 417: „Brief an Groote." Der Brief ließ sich nicht nachweisen.

[62] Aloys Hirt hatte kurz zuvor die Boisserée'sche Sammlung in Heidelberg besucht. Dazu schrieb S. Boisserée an J. W. von Goethe, Heidelberg, 1. Aug. 1817: „In Bezug auf unsere Kunstbemühungen haben wir kürzlich eine ganz merkwürdige Erscheinung erlebt. Der wohlbekannte Hofrath Hirt kehrte, aus Italien kommend, bei uns ein. Wie im vorigen Herbst Hummel und Buri [vgl. Groote, Tagebuch, Bd. 2, S. 369], so trat auch er anfangs mit den tollsten Widersprüchen gegen unsere Ansicht der altdeutschen Kunstgeschichte auf; ja, er schalt jene, daß sie sich hatten überwinden lassen" (in: S. Boisserée, Briefwechsel, Bd. II, S. 184). Sarkastisch schilderte Boisserée Hirts Auftreten und Meinungen (S. 184–186). Vgl. auch: S. Boisserée, Tagebücher, Bd. I, 18. Juli 1817, S. 415. In einem Schreiben vom 28. Juli 1817 informierte K. Fr. Schinkel S. Boisserée über die

zu gehen; dort finde ich Herrn Merkens[63] u. Herrn Koch,[64] die ebenfalls wegen den Festlichkeiten bey Anwesenheit der großen Herrn sich besprechen. Wir werden dahin einig, daß im Prüfungssaal des Gymnasii eine Kunstausstellung statt haben solle, u. gehe hin, um den Platz zu besehn. Dieß dauert bis gegen 1 U., u. nachdem alles wohl überlegt ist, gehe ich noch ans Regierungs Gebäude, wo aber Niemand mehr ist. Zu Haus speist Herr Fochem mit uns, dem ich nachher den Brief von Boisserée lese, über den er sich wegen einiger Ausdrücke ärgert. – Doch disponire[65] ich ihn ziemlich, einiges seiner Sachen zur Ausstellung herzugeben. Ich schreibe an den Obrist Lieutenant Grollmann, zur Beantwortung der Frage, ob ich gegen meine Wahl zum Officier nichts einzuwenden habe; an Frau v. Ammon wegen des armen Arns; u. an Graf Metternich wegen des Jagdhundes. – Spät am Abend reite ich aus, u. bin immer noch unwohl und satanisch aufgeregt. Nach dem Nachtessen ist mir noch unwohler, u. der Teufel reitet mich. ∼

|22v|

---

weitere Verzögerung in der Entscheidung über den Ankauf der Gemäldesammlung: „Hätten wir damals", so Schinkel, „in der von mir zuerst in Antrag gebrachten Art abschließen können, so wäre alles längst in bester Ordnung und Sie selbst genössen schon die Früchte davon. [...] Der Augenblick war damals so sehr günstig, jetzt ist so viel Staatswirtschaftliches dazwischen gekommen, daß schwer ein solcher Gegenstand ins Leben zu bringen ist". Er riet Boisserée, falls er bei der Reise des Königs und der Minister an den Rhein etwas für die Beschleunigung der Angelegenheit tun könne, so solle er es nicht unterlassen (HAStK, Best. 1018, A 295, Bl. 10v; gedr. in: Wolff, Briefwechsel, S. 113 f.). Schinkel war im Laufe des Jahres 1817 mit umfangreichen Projekten beschäftigt, darunter mit dem Neubau des Berliner Schauspielhauses, das am 19. Juli durch einen Brand zerstört wurde. Dazu zusammenfassend: Zadow, Schinkel, S. 120–129; Trempler, Schinkel, S. 140–153.

[63] Der Protestant Peter Heinrich Merkens, seit 1810 Mitglied der Handelskammer, gehörte bereits 1817 zu den bedeutendsten Unternehmern Kölns. Zunächst im Warenhandel tätig richtete er seine Tätigkeit zunehmend auf das Bankgeschäft aus und spielte in den folgenden Jahrzehnten insbesondere im Aufbau des Versicherungswesens und in der Finanzierung der Dampfschifffahrt eine wichtige Rolle. Seit 1801 war er mit Elisabeth von Coels, Stieftochter von Johann Jakob Hermann von Wittgenstein, verheiratet. Personalnotizen, 1815: „Merkens. Großhändler und bei der Handlungskammer. Aus seinem Nichts (er war Kinder Informator, entführte des Bürgermeister v. Wittgenstein seine Tochter) auf den Flügeln des Französischen Glücksgeistes emporgehoben, ist er der würdige Spießgesell und Busenfreund der Hrn Heimann, Vater und Sohn" (Landesarchiv NRW R, BR 0002, Nr. 1534, Bl. 43v). Zur Biografie von P. H. Merkens: Schwank, Merkens, 1973; Grupe, Merkens, 1953.

[64] Georg Heinrich Koch, protestantischer Kaufmann, seit 1813 Mitglied der Handelskammer. Vgl. Wegener, Leben, Teil 1, S. 162; Thielen, Partizipation, S. 613; Becker-Jákli, Protestanten, S. 123, 141; Personalnotizen, 1815, Bl. 43v: „Koch. Großhändler. Ganz deutsch, rechtlich und geschäzt, über seine Fähigkeiten wäre sich näher zu erkundigen. Ein in jeder Hinsicht empfehlungswürdiger Mann" (Landesarchiv NRW R, BR 0002, Nr. 1534, Bl. 21r).

[65] disponieren, hier: bestimmen.

Den 29. July [1817].

Wallraf u. Denoël kommen früh zu mir. Es wird über unsre Anstalten geredet, u. die Eigenthümer von Gemälden werden aufgezeichnet, damit man sie ersuchen könne, sie herzugeben. Dann gehn wir zusammen wieder zum Herrn Bürgermeister, mit ihm, Lange[66] u. Weyer[67] in die Jesuiten, wo die nöthigen Anstalten zur Ausstellung besprochen, u. gleich ins Werk gesetzt werden. Wallraf hält uns in den Jesuiten bis gegen 12 ½. Ich hole meinen Stock vom Drechsler, u. bezahle, was er mir gemacht. |:1 Fr. 7:|
Von v.d. Hagen erhalte ich die Rechnung wegen Deutz, die über 20 Fr. beträgt. Zu Haus ist Gräfinn Metternich u. Julie Loë angekommen, u. eilen in der Stadt umher in allerley Verrichtungen. Zu Tisch sind bey uns Herr Pastor von Kendenich[68] u. Herr Sieger. Letzterer schafft manche der noch nöthigen Papiere für die Walberberger Vicarieberechnung bey, die wir nicht finden konnten. Nach Tisch kommen die Advocaten Sitt u. Gadé. Ich bringe einige Zeit bey Metternichs hin, u. die kleine Loë gefällt mir recht wohl. Ich dränge die Damen sehr, zur Ankunft des Kronprinzen in die Stadt zu kommen. – In den Untersuchungen der Erbschaftssachen sind wir ziemlich glücklich, finden das Rentbuch von Zülcher u. die Obligation der Frühmess von Merheim; letztere ist nicht anweislich zu diesem Zweck bestimmt, wird aber doch wohl dem Hohen Consistorio dafür überwiesen werden. Gegen 7 ½ reite ich wieder aus, bis gegen Mühlheim. Das hier kantonirende[69] 18. Regiment ist heute aufgebrochen. Bürger thun zum Theil die Wache. – Ich erhielt heute den andern Theil von Arnaulds Uebersetzung Ossians, u. das Werk kostet 10 Fr. |23r|

Den 30. July [1817].

Vor der Sitzung gehe ich mit v. Münch in den Prüfungssaal, wo die Schreiner fleißig beschäftigt sind. In der Sitzung trägt der Graf Solms neuerdings auf die Beschaffung der Uniformen an, u. er scheint darauf ernstlich zu bestehn. Nach Tisch bringe ich mit Herrn Sieger die Uebersicht der Walberberger Vicarien-Rezeptur[70] ganz in Ordnung. Dann fahre ich Abends mit dem Vater u. den Schwe-

---

[66] Caspar Langen, Beigeordneter für Finanzen und Bauten, Kaufmann und Tuchfabrikant.
[67] Johann Peter Joseph Weyer war seit Mai 1816 als Gehilfe des Kölner Stadtbaumeisters Peter Schmitz tätig, 1822 wurde er dessen Nachfolger. Weyer prägte das Stadtbild Kölns während seiner Amtszeit ganz entscheidend. In diesen Jahrzehnten legte er eine bedeutende Kunst- und Antikensammlung an, die 1862 durch das Auktionshaus J. M. Heberle/H. Lempertz versteigert wurde. Zu Leben und Werk Weyers: Schäfke, Weyer, Bde. 1 u. 2, 1993; Schäfke, Kunsthaus, S. 148–157; Adenauer, Weyer, 1993; Fraquelli, Schatten, S. 29–46, 65–69; Kier/Zehnder, Lust und Verlust, Katalogteil, S. 557–570; Kier/Zehnder, Lust und Verlust II. Corpus-Band, S. 444–535; Krischel, Privatgalerie, 1995; zuletzt: Hagspiel, Lexikon, Bd. 3, S. 2088–2091.
[68] Peter Philipp Jacobi, von 1815 bis 1845 Pfarrer in Kendenich (Rosellen, Geschichte, S. 410).
[69] kantonierendes Regiment: untergebrachtes Regiment.
[70] Rezeptur, hier vermutlich: Rechnungslegung.

stern zu Wasser nach Mühlheim, wo wir die Gräfinn Solms nicht zu Haus finden. Louis Boecking wartet Ihrer auch im Garten, u. wir bleiben zusammen, bis die Damen kommen. Dann bleiben wir bis gegen 8, u. fahren mit Boecking, der einen Korbwagen am Rhein stehn hat, nach Cöln zurück. Joseph kommt von Düren zurück.

Den 31. July [1817].

Frühe schon kommt Prof. Wallraf zu mir, wegen allerley Einrichtungen zu den Feierlichkeiten. Klein kommt zu mir, der auch die endliche Beyseitigung unseres Prozesses gegen Engels wünscht. Später gehe ich aus, u. zwar gleich, mir Schnallenschuhe zu bestellen.[71] Herr Dumont, den ich wegen des Gedichtes sprechen wollte, ist in Godesberg. Ich finde Wallraf in den Jesuiten. Im Prüfungssal wird nicht gearbeitet, sondern von den Tischlern alles zu Haus bereitet. Wir gehn zum Herrn Bürgermeister, mit ihm u. Heymann, Merkens etc. bald auf das Eisen Kaufhaus,[72] das Nähere wegen der Rheinillumination zu besorgen, welche ordentlich betrieben zu werden scheint. Auch Denoël ist da, der mit uns zu Tisch geht. Nachher gehn wir zu Thiriart wegen Tapeten,[73] dann in den Prüfungssaal, endlich wieder in's Kaufhaus, noch einiger Einrichtungen wegen. Nun ist es Zeit |23v| zu dem Glockengießen in den Steinischen Garten zu gehn.[74] Ich kaufe etwas

---

[71] Das Adressbuch von 1813 führt 304 Schuhmacher (Cordonniers et Bottiers) auf (S. 186–190); das Adressbuch von 1822 verzeichnet 309 Schuhmacher (S. 382–386).

[72] Eisenkaufhaus: Im Fest-, Kauf- und Lagerhaus Gürzenich am Quatermarkt wurden auch Eisen- und Eisenwaren gelagert.

[73] Der Buchdrucker und Verleger Thiriart betrieb auch einen Tapeten- und Teppichhandel. Köln. Zeitung, Nr. 93, 12. Juni 1817, Annonce: „Bei Theod. Fr. Thiriart in der Komedienstraße, No. 24, sind neuerdings angekommen und zu den billigsten Preisen zu haben: 1) Tapeten von allen Gattungen im neuesten Geschmack; 2) Fuß- und Tisch-Teppichen von Tournay von verschiedenen Arten [...] nebst niedlichen und großen Borduren, wie auch sehr reichen Mustern, nach welchen Bestellungen gegeben und angenommen werden können". Personalnotizen, 1815: „Thyriard vormaliger Empfänger bei der Schulverwaltung in Coelln. Hat den Ruf gehabt, sehr französisch zu sein und ist im Publico um so weniger noch geachtet, da sich in seiner Cassen Verwaltung verschiedene bedeutende Irrthümer und Fehler entdeckt haben, über die er sich, so viel man weis, noch nicht hat rechtfertigen können. Er ist dadurch seiner Stelle entsetzt worden und wird jezt in verschiedenen Commissionen beim Stadtamte, als z.B. bei der Städtischen Festungsbau-Commission und a. m. verwandt, deren Geschäft ist die Register der zum städtischen Contingent auszubietenden Schanzarbeiter zu führen" (Landesarchiv NRW R, BR 0002, Nr. 1534, Bl. 23r).

[74] Köln. Zeitung, Nr. 110, 12. Juli 1817: „Indem wir unsern edlen Freunden für die Beiträge zum Umgusse unsrer Kirchenglocken innigen Dank abstatten, zeigen wir an, daß die Formen der drei neuen Glocken im Lokal des Steinischen Gartens beinahe vollendet zu sehen sind. Den Tag des wirklichen Gusses werden wir näher bestimmen. Der Kirchenvorstand von St. Maria in Lyskirchen." Köln. Zeitung, Nr. 121, 31. Juli 1817: „Heute Donnerstag den 31. Juli werden im Steinischen Garten die 3 Kirchenglocken für die Pfarre in Lyskirchen, Nachmittags zwischen 4 und 5 Uhr, gegossen. Der Kirchenvorstand von Lyskirchen." Ebd.: „Ich Endesunterzeichneter zeige hiermit dem geehrten Publikum an, daß heute Donnerstag den 31. Juli, bei Gelegenheit des

Tabak, |: S. –14:| u. wir gehn hin, wo Entree bezahlt wird, |: 1–4:| wofür man ein Billet auf eine Flasche Wein etc. erhält. Es sind da viele Leute. Von dem eigentlichen Guß der Glocke aber, der gegen 6 U. statt hat, sehn der Hitze u. des Gedrängs wegen, nur Wenige etwas. Wir gehn später in den neuen Kuhberg, wo Herr v. Kempis etc., u. wo wir mit Fochem, Denoël u. Mestrum[75] das Nöthige zur Decoration besprechen. Auch Herr Bürgermeister kommt, der bey Mering war, wo er wegen der Gemälde nichts ausrichtete. Ich gehe mit ihm noch mal hin,[76] allein, der alte Narr[77] glaubt, der König würde zu ihm kommen, u. schlägt uns alles ab, indem er sagt, er reise Morgen zu seinem Bruder nach Andernach, u. könne niemand seine Sachen anvertrauen. Er giebt uns, da es regnet, einen Weiß seidnen Regenschirm mit rothen Blumen, u. einen Bedienten mit, |: –4:| u. er ist u. bleibt ein Narr. Zu Haus versuche ich, ein Lied für die Königliche Geburtstags-

---

Gusses der 3 Kirchenglocken für die Pfarre in Lyskirchen, Abends große Garten-Illumination und mit wohlbesetztem Orchester Ball ist. Köln, den 31. Juli 1817. P. J. Ditges im Steinischen Garten." Es wurden die Glocken Maria, Maternus und Nikolaus gegossen (Krombholz, St. Maria Lyskirchen, S. 226).

[75] Paul Mestrum war Dekorateur, Zeichner und Kupferätzer (Krischel, Rückkehr, S. 96; Merlo, Künstler, Sp. 591 f.).

[76] Everhard Oswald von Mering wohnte bis 1800 im Jabacher Hof, Sternengasse 25, erwarb dann das Haus Severinstr. 162/218 (zunächst: Gegen den Karmelitern Nr. 100, seit 1813 Severinstr. 162, später Nr. 218). Errichtet wurde das Haus 1769 von Maria Anna Franziska von Monschaw als eines der prächtigsten Palais' der Stadt; in den 1790er-Jahren zählte es zu den zehn Kölner Häusern, die auf 12.000 Fr. geschätzt wurden. Monschaw, Familie, S. 297 f.: Eine Abbildung der Hausfassade zeigt „einen vornehmen, ruhigen einstöckigen Bau im Stil Louis XV. mit Mansardendach, an dem das in der Mitte der Fassade angeordnete Portal mit den beiden den Balkon tragenden Figuren und der Giebelaufbau, den früher das Familienwappen schmückte, besonders reich entwickelt sind, beiderseits der Eingangs- wie der Balkon-Tür je drei hohe Fenster mit verzierten Steinumrahmungen." Im Erdgeschoss befanden sich ein Vestibül, eine Haupt- und eine Nebentreppe, beide in der Hausmitte, sowie sieben Räume, darunter die Küche, ein großer achteckiger Gartensaal, hinter dem Haus Remise, Stall und ein „im englischen Stil angelegter Garten." Das Interieur war mit „gemalten, goldgemusterten und seidenen Tapeten" ausgestattet, die Türen hatten geschnitzte Supraporten (Vogts, Kölner Wohnhaus, Bd. I, S. 346; Bd. II, S. 574–578; Abb.: S. 576–578; Vogts, Die profanen Denkmäler, S. 551–553). Die sehr vermögende Maria Anna Franziska von Monschaw, Tochter von Heinrich von Monschaw und Maria Elisabeth von Helman, blieb unverheiratet. Als sie 1794 vor den Franzosen aus Köln flüchtete, übergab sie das Haus ihrem Neffen Peter Joseph von Monschaw, Sohn ihres einzigen Bruders Johann Heinrich Joseph von Monschaw u. Maria Catharina Regina von Bentzel zu Sternau (Monschaw, Familie, S. 304, 310). Dieser verkaufte das Haus nach dem Tod seiner Tante 1800 an Ev. O. von Mering. Die Familie von Mering lebte mit ihrer Gemäldesammlung somit in einem repräsentativen Ambiente. Ein Jahr nach dem Tod Ev. O. von Merings 1820 wurde seine Sammlung von Engelbert Willmes im Haus Severinstr. 162/218 versteigert. Das „Verzeichniß über die nachgelassene Kunstsammlung des verstorbenen Freiherrn Everhard Oswald von Mering zu Köln" nennt über 300 Gemälde sowie Kupferstiche, Glasmalereien, Gobelins und Schnitzereien (Krischel, Kölner Maler, S. 252, 261; Krischel, Rückkehr, S. 102, 111).

[77] Schinkel, der Mering 1816 in Köln kennengelernt hatte, nannte ihn einen „großen Narren" (K. Fr. Schinkel an S. Boisserée, Köln, 26. Sept. 1816 (in: Wolff, Briefwechsel, S. 83).

feyer am Sonntag zu schreiben, um das mich Herr Henr. Dumont gebethen hat. – Die Haare habe ich mir schneiden lassen. |: 1–8 :|

Den 1. August [1817].

Herr Fochem u. Wallraf sind frühe wieder bey mir; letzterer vertraut mir, daß Dumbeck wahrscheinlich wieder hier Collegien lesen würde, wenn wir die Universität erhielten. Ich bringe das Lied ziemlich zu Ende, u. gehe in die Sitzung, welche bis gegen 1 ½ währt. Ich gehe noch in den Prüfungssaal, wo noch nicht |24r| gearbeitet wird. Nachmittag ist mir noch gar nicht recht. Wallraf hat bey uns gegessen, geht aber früh weg. Gegen 3 gehe ich zu Wallraf in den Prüfungssal, wohin seine Alterthümer gebracht werden,[78] dann in den Dom, wo sich ihm ein Westphälischer Herr v. Brenken[79] vorstellt, dann zum Bürgermeister, von wo ich dem Herrn Heinrich Dumont[80] das Lied schicke. Endlich gehn wir in den Dom, wohin nach u. nach Redtel, Denoël, Herr Leven,[81] der Bürgermeister u.a. zusammenkommen. Gegen 7 versuchen wir die Beleuchtung mit Fackeln, die sich aber nicht besonders ausnimmt, nur einzelne Punkte zeigen sich gut. Wir bleiben bis gegen 9 Uhr. Abends regt sich in mir der Böse Feind, der mich bewohnt in allen Muskeln, u. wirft mich hin. ~~

Den 2. August [1817].

Zwey Mädchen, die in einer weit über die Nachbargärten liegenden Stube wohnen, u. die ich mit dem Fernrohr betrachten kann, regen meine sündliche Phantasie noch mehr. Ach Gott, der Mensch geht immer am Rande des Bösen, u.

---

[78] Wallraf verwahrte auch in den folgenden Jahren eine Vielzahl von Kunstgegenständen in seinem Wohnhaus. Barry, der ihn dort 1822 besuchte, notierte: „Dr. Wallraf kam aus einem Zimmer rechter Hand im Erdgeschoß heraus mich zu begrüßen angetan mit einem losen Morgenrock und einer Nachtmütze auf dem Kopf, die er höflich abnahm, auf meine Bitte aber wieder aufsetzte. Seine ganze Erscheinung war verehrungswürdig und fesselnd. Nachdem er meinen Empfehlungsbrief gelesen hatte, führte er mich sogleich in sein Zimmer, und ohne weiteres zeigte er mir verschiedene Antiken und besonders Bilder aus der Zeit der späten griechischen Kaiser von höchst feiner Ausführung, dazu glänzend erhalten. Sie waren mit einer Art von Klapptüren versehen, die die Bilder auf den Innenseiten vor Verletzungen schützten. Er hatte eine unendliche Menge von kleinen Altertümern, einige in Spanschachteln, andere lose unter Sofas und in verschiedenen Teilen des Zimmers. Einige dieser Altertümer wurden in Köln gefunden, zum Teil sogar in seinem eigenen Garten ausgegraben" (Barry, Excursion, S. 198 f.).

[79] Vermutlich: Franz Joseph von und zu Brenken oder dessen Sohn Friedrich Carl Dominik von und zu Brenken.

[80] Heinrich Joseph Matthias DuMont, älterer Bruder des Verlegers Marcus DuMont, zählte zu den erfolgreichsten Tabakfabrikanten und -händlern Kölns; 1817 bis 1827 war er Mitglied des Stadtrats.

[81] Der Kaufmann Johann Alois Leven, Kirchmeister des Doms, war 1814 bis 1832 Mitglied des Stadtrats (Thielen, Partizipation, S. 615; Deres, Rat, S. 68).

stürzt sich unendliche Mal willkührlich frevelnd hinein. Was mag es eigentlich mit solch einem Machwerk sollen? – Ein Vers im obigem Lied ist um x xxxx zu kurz, u. ich muß an Dumont die Verbesserung schicken.
Dann schreibe ich einiges von Regierungs Sachen zurecht u. mache mich zur Sitzung fertig, welche aber erst gegen 11 ½ beginnt. Graf Solms zeigt uns an, daß der Kronprinz um einen Tag später ankommen wird;[82] dann wird wieder viel über die Uniformen raisonirt. v. Münch sagt mir, daß v. Grollmann meine neuliche schriftliche Erklärung an v. Ende geschickt habe, der sie an die Regierung abgeben wolle. Das ist mir schon ganz recht. Nach der Sitzung gehe ich noch in den Prüfungs- |24v| sal, der fast ganz fertig ist. Nach Tische reitet Joseph wieder nach Düren, um morgen bey Herrn v. Roth zu seyn. Ich erhalte gewaschene seydne Strümpfe. |: 1.17 :| – Dann schreibe ich die Entwürfe zu dem Bericht ans Konsistorium wegen der Frühmeß zu Merheim, u. zur Präsentation eines neuen Rektors ans Generalvikariat. Gadé kommt allein, u. hält eine baldige Verzeichnung der aus beyden alten Erbschaften[83] ungetheilt gebliebenen Posten, und eine persönliche Zusammenkunft mit dem General für unvermeidlich.
Gegen 6 gehe ich zur Frau Dumont.[84] Dumont hat mich wirklich so inkognito gelassen, daß ich mich erst legitimiren muß, um das eben fertig gesetzte Lied zu sehn. H. Dumont hielt das einmal einsylbig gebrauchte Wort: Mauer für unstatthaft, u. hatte gesagt, er werde die Verbesserung desselben schicken. Ich mache sie selbst, u. soll in einer Stunde ein fertiges Exemplar haben. Ich gehe in den Prüfungssaal, u. zu Wallraf zum Olymp. Dort hin bringt Fuchs die Zeichnung der kolossallen Colonia zur Rheinbeleuchtung,[85] u. eine Zeichnung der Altenberger Kirche.[86] Ueber erstere raisonnirt Herr Hüssen sehr dumm. Ich gehe bald, das

---

[82] Fr. L. Chr. zu Solms-Laubach an K. J. von Mylius, Köln, 2. Aug. 1817: „Euer Hochwohlgebohren benachrichtige ich in Gefolge einer so eben erhaltenen Mittheilung, daß Se. Königliche Hoheit der Kronprinz erst am 5ten d. M. Früh, etwa um 8 Uhr von Coblenz abreisen, und also erst am 6ten d. M. hieselbst eintreffen werden" (HAStK, Best. 400, A 157, Bl. 2r).

[83] Zu den Erbschaften von Kanonikus de Groote und Clara Catharina Rudolphina Walburgis de Groote siehe S. 61 f.

[84] Josepha Henrietta Maria Sophia DuMont, geb. Reynier war die 2. Ehefrau von Heinrich Joseph Matthias DuMont. Am 16. Juli 1817 war die Tochter des Ehepaars, Maria Sophie Franziska DuMont, geboren worden. Die Familie wohnte In der Höhle 21/23.

[85] Die Zeichnung der Colonia wurde von Denoël angefertigt. Vgl. die Beschriftung der Zeichnung: „Matthias Joseph de Noël, Allegorische Figur der Colonia; Bleistift, Tusche und Deckfarbe, 58 x 37,6 cm (Blatt). Betitelt: Decorations-Gemaelde zur Feier der Anwesenheit Sr. Königl. Hoheit des Kron-Prinzen von Preussen in Cöln am Rhein im August 1817, zu Deutz aufgestellt. Bezeichnet: Erfunden und gezeichnet von M. I. De Noel in Cöln" (Stiftung Preußische Schlösser u. Gärten Berlin-Brandenburg GK II (5) 2318b). Die Zeichnung befindet sich heute im Schloss Charlottenhof (Park Sanssouci), im Empfangszimmer des Prinzen, wo sie, gefasst in einem goldfarbenen Rahmen, über dem Kamin präsentiert ist. Ich danke Claudia Sommer, Graphische Sammlung Potsdam, für ihre Hinweise.

[86] M. H. Fuchs, Die Abtei Altenberg nach dem Brand von Süden, aquarellierte Zeichnung, 1817. Sie befindet sich heute in: Potsdam, Stiftung preuß. Schlösser und Gärten Berlin-Brandenburg; GK II

Lied zu holen. H. Dumont, der nicht wußte, daß ich die Verbesserung gemacht hatte, hatte eben die ihm zugesandten Exemplare mit großem Zorn zurückgeschickt, u. das Ganze für Makulatur erklärt. Ich setze nun mein Vu & approuvé[87] unter ein Exemplar, u. kümmre mich weiter nicht drum. Spät geht noch der ganze Olymp in den Dom, wo Herr Leven einen neuen Versuch zur Beleuchtung veranstaltet hat. Wallraf macht viele unnütze u. effektlose Plane. Ich folge gegen 10 der Einladung des Herrn Leven, u. wir verzehren tête à tête ein Abendessen, u. bleiben bis nach 11. |25r|

Den 3. August [1817]. Sonntag.

Früh verkünden die Glocken die Feyer des Tags.[88] Ich kümmere mich einstweilen um nichts. Herr Rektor ist lange bey mir und wir besprechen Manches. In den Anzeigen der *Isis* soll stehen: Mönch v. C. nimm dich vor der *Isis* in Acht![89] Gegen 11 gehe ich in den Dom, wohin bald Graf Solms[90] mit dem Regierungs Collegio kommt. Es ist Messe u. Tedeum. Von da gehn wir noch in den Prüfungssal, wo Seber u. der junge Schmitz[91] zwei langweilige Reden halten,[92] die bis nach 1 dauern.[93] Nachher schreibe ich noch einiges zurecht, u. gehe gegen 5 ½ in den

---

(5) 745. Vgl. Börsch-Supan/Paffrath, Altenberg, S. 36; Abb. der Zeichnung: S. 40 f. S. 95: Die Zeichnung erscheint „künstlerisch nicht sehr bemerkenswert, in der Nervosität des Strichs und der Zusammenballung von Licht und Schattenmassen auch etwas altertümlich im Stil. Wichtig ist das Blatt jedoch, weil es die einzig bekannte Zeichnung von dieser Phase des Verfalls der Abtei ist. Dach und Dachstuhl sind verschwunden. Über dem südlichen Seitenschiff an Langhaus und Chor fehlen ebenfalls die Dächer. Der Giebel des südlichen Querhauses ist eingestürzt. Auch der Westgiebel hat seine Spitze verloren. Von den Klostergebäuden steht nur die westliche und die südliche Außenmauer der Neuen Abtei in der Höhe des Erdgeschosses."

[87] Vu et approuvé: gesehen und genehmigt.
[88] Friedrich Wilhelms III. wurde am 3. Aug. 1770 in Potsdam geboren.
[89] Diese Angabe ließ sich nicht belegen.
[90] H. zu Solms-Laubach, die sich noch im Mülheimer Landhaus aufhielt, schrieb an ihren Sohn Otto, 3./5. Aug. 1817: „Hier in Mühlheim ist es ganz allerliebst, die Lage ist einzig schön und wir leben da so friedlich und vergnügt daß es mit fast leid ist, wenn wir durch einen Besuch beunruhigt werden" (Privatarchiv d. Grafen zu Solms-Laubach, XVII, 199, Nr. 9).
[91] Vermutlich: Friedrich Joseph Schmitz, geboren 1788, 1817 Hilfslehrer am Gymnasium (Seber, Einladungsschrift 1817, S. 26).
[92] Köln. Zeitung, Nr. 122, 2. Aug. 1817: „Unterzeichneter macht einem verehrten Publikum bekannt, daß der 3. d. Morgens nach dem feierlichen Gottesdienste im Dom der Geburtstag seiner Majestät unsers Königs im großen Saale des Jesuiten-Kollegiums werde gefeiert werden, wozu dasselbe hiermit ergebenst eingeladen wird. Köln, den 1. August 1817. Seber, Direktor."
[93] Köln. Zeitung, Nr. 124, 5. Aug. 1817: „Gestern feierten wir den Geburtstag unsers allverehrten Monarchen. Am Vorabende schon hatte das Geläute aller Glocken die Annäherung des frohen Festes bezeichnet, dessen Beginn in der Frühe auch wieder durch Artilleriesalven von den Wällen und das Geläute von den Thürmen verkündigt ward. Um halb zwölf Uhr war feierlicher Gottesdienst in der Domkirche, welchem alle geist- und weltliche Autoritäten beiwohnten. Nach abgesungenem Te Deum begaben sich dieselben nach dem festlich geschmückten Saale des Jesuiten-Kollegiums, wo die Morgenfeier durch der Würde des Tages angemessene Reden beschlossen

Dom, dann später zum Präses des Seminariums, wohin auch Herr Busch kommt. Dieser scheint wohl zum Rektor sich am besten zu eignen, u. wird nächsten Sonntag im Elend[94] den Dienst halten. – Ich bin gegen 7 ½ wieder zu Haus u. gehe nicht mehr aus.

Den 4. August [1817].

Ich übergebe dem Vater die Briefe an General v. Mylius wegen der Merheimer Obligation, u. den an das General Vicariat zu Aachen, wegen des Rektors am Elend, den er dem Präses Seminarii mittheilen soll. Herr Rektor ist bey mir. Die von Gracht[95] wünschen Nachricht von den hiesigen Feyerlichkeiten zu haben, wovon ich ihnen so viel als möglich Auskunft gebe. Dann gehe ich mit Herrn Rektor zum Bürgermeister, der uns aber wegen des Sals in den Jesuiten nichts sagen kann. Wir gehn selbst hin, u. finden, daß noch nichts da gemacht ist. Ich gehe |25v| nun in die Sitzung, u. nachher wieder zum Herrn Bürgermeister; mit ihm u. Herrn Lange zu Herrn Weyer, der verspricht, den Saal noch heute fertig zu liefern. Mit dem Bildertransport könne daher gleich angefangen werden. Ich lasse dieß Herrn Rektor sagen. Nach Tisch gehe ich zu Liber,[96] wo die Figur gemacht, nehmlich 50 Fuß Papier aneinander gepappt werden. Wallraf stellt seine Antiken[97] auf in dem Colleg, endlich kommen die Anstreicher gegen 4 ½ u.

---

wurde. Ein Freudenmahl vereinigte die öffentlichen Behörden und angesehensten Bürger der Stadt im hiesigem Gesellschaftshause [Gürzenich], und nie mag wohl ein Toast mit herzlicherer Zustimmung begleitet worden seyn, als der, worin der Wunsch für das Wohl unsers geliebten Herrschers und seines erhabenen Fürstenhauses ausgesprochen wurde." Zeitungs-Bericht der Reg. Köln für August, 9. Sept 1817: „Das Allerhöchste Königl. Geburtstagsfest ist überall, namentlich in Köln und Bonn mit der freudigsten Theilnahme gefeiert worden" (GStA PK, I. HA Rep. 89, Nr. 16278, Bl. 110v). Vgl. in der Köln. Zeitung, Nr. 123, 3. Aug. 1817, Titelseite, ein Gedicht Ferdinand Schuberts: Festgesang am Geburtstag Seiner Majestät des Königes von Preußen den 3. August 1817. Es beginnt: „Freude! kränze mich heut mit den Blüten der Flur, / Denn des Königes Tag kündigt das Morgenroth; / Diesem Tage verdanket / Seinen Vater das Vaterland. / O, des hohen Gefühls! Ihm zu gehören, Ihn / Mein zu nennen!" Auch W. von Haxthausen verfasste zu diesem Tag ein Gedicht: Dem Könige. Am 3ten August 1817. 1. und 2. Strophe: „Welchem Volke der Alte der Tage / Zeuget daß es Sein Eigen sei: / Dem verleiht er nach Seinem Herzen / Einen König der Satzung treu. / Chor: Einer allein ist Gut im Himmel. / Welchem König der Alte der Tage / Gnädig sein Antlitz gewendet hat: / Dem vertrauen die ewigen Wächter / Seinen Beschluß in der Heiligen Rath. / Chor: Einer ist unser aller Lehrer" (Universität- und Landesbibliothek Münster, Nachlass K. Schulte-Kemminghausen, Kapsel 86,32). Welt- u. Staatsbote zu Köln, Nr. 123, 3. Aug. 1817, Annonce: „Heute Sonntag den 3ten August 1817, wie auch Montag und Dienstag, bei Gelegenheit der Martins-Kirmes und des Geburtstages unseres verehrten Königs, Ball bei Joh. Pet. Lempertz, auf dem Domhoff Nro. 9."

[94] Johann Ludwig Theodor Busch sollte am nächsten Sonntag, 10. Aug. 1817 eine Probepredigt in der Kirche zum Elend halten.
[95] Familie Wolff Metternich zur Gracht.
[96] Gastwirt Richard Lieber, Komödienstr. 34.
[97] Die Antikensammlung Wallrafs umfasste nach seinem Tod 1824 italienische „Marmorantiken",

die Arbeit beginnt rasch. Später kommen auch die ersten Bilder von Fochem. Die Rame des Kitzburger Bildes[98] geht auseinander u. ich lasse sie wieder zurecht machen. |:–12 S.:| Ich unterhalte mich mit einem Briefe von Ocken,[99] den ich erhielt, nebst den Anzeigen des Inhalts des Hefts VIII.[100] Er schreibt, der Aufsatz über die Universität sey zu kühn u. zu derb, die Preußischen Minister haben ihm ohnehin eine Bremse auf die Nase gesetzt, er müße die Erlaubniß haben zu mildern etc. Mit dem zweiten Bildertransport kommt der Rektor selbst mit. Wir setzen alles zurecht. Gegen 7 kommt noch Redtel, mit dem ich in den Saal von Liber gehe, wo Fuchs arbeitet. Wir wollen später im Dom zur Beleuchtung wieder zusammenkommen. Ich eile zu Geyr, wo Geburtstagsfest ist.[101] Dort theile ich Haxthausen Okens Brief mit, der der Meinung ist, es müsse gleich wieder geschrieben werden, und |26r| zwar zu ändern erlaubt werden, doch so, daß das Ganze nicht zu sehr gemildert werde etc. Ich rede noch manches mit v. Mylius über die Einrichtungen, u. gehe nachher um 9 noch in den Dom, allein, es ist schon alles zu Ende.

Es soll noch eine Zimmermannsrede in Knittelversen gemacht werden, die vor dem Kronprinzen in Altenberg gehalten werden soll. Redtel hat mich darum

---

„vaterländische Alterthümer" aus Köln und dem Rheinland, Gemmen, Kleinbronzen und Keramiken (Löwenstein, Sammlungen, S. 35–37). Vgl. Noelke, Altertumssammlung, 1995; Naumann-Steckner, Wallraf und die Antike, 2018; Pletz, Antikensammlung, 2016. In Bezug auf diese Sammlungsbereiche enthielt Wallrafs Bibliothek eine Vielzahl wissenschaftlicher Werke. Zu Wallrafs Bibliothek: Hoffrath, Wallrafs Bücher, 2018; vgl. den Sammelband: Bonnemann, Gelehrsamkeit, 2006; darin bes.: Golsch, Systematik, S. 49–60; Quarg, Wallraf, S. 24–39. Die Büchersammlung Wallrafs befindet sich in der Universitäts- und Stadtbibliothek Köln; seit 2018 wurde dort ein Projekt zur Restaurierung der „restaurierungsbedürftigen" Bücher der Sammlung durchgeführt, das 2023 beendet war. Zum 200. Todestag Wallrafs fand 2024 im Historischen Archiv der Stadt Köln die Ausstellung statt: Ein Buch ist ein Ort. Wallrafs Bibliothek für Köln. Vgl. zur Ausstellung Ein Buch ist ein Ort, 2024.

[98] Clemen nennt 1905 drei Gemälde auf der Groote'schen Kitzburg: Ein Triptychon von Herri met de Bles: „Im Mittelbild Anbetung der Könige in offener Landschaft mit Ruinen. In der Mitte thront die Madonna. Der älteste König bringt kniend seine Gabe dar, hinter ihm der Mohrenfürst. Links vorn der dritte Magier, zur Seite ihr Gefolge. In der Höhe drei Engel in schillernden Gewändern. Auf dem rechten Flügel: die drei Helden überbringen David das Wasser aus der Zisterne von Betlehem, auf dem linken: der thronende Salomon empfängt die Königin von Saba." Außerdem: „Grosses Stilleben in der Art des Weenix, mit Geflügel, totem Reh, Krebsen, zur Seite ein Knabe mit Hund. Ein zweites Jagdstück mit toten Hasen, Enten und Hühnern" (Clemen, Kunstdenkmäler der Stadt und des Kreises Bonn, S. 389).

[99] Der Briefwechsel zwischen Oken und Groote ist nicht nachgewiesen.

[100] Die Ausgabe der Isis, 1817, Nr. VIII beginnt mit Stück 131, einem Bericht über die „Versammlung der helvetischen Gesellschaft der Naturwissenschaften zu Bern" im Okt. 1816 und endet mit Stück 151, mit einem Artikel „Ueber die Bedeutung der Schädelknochen."

[101] Maria Anna Franziska von Geyr zu Schweppenburg, geb. von Becker, geboren am 4. Aug. 1763, hatte Geburtstag. Sie war die 2. Ehefrau von Cornelius Joseph von Geyr zu Schweppenburg und die Schwester von Eberhard von Grootes Mutter, also seine Tante mütterlicherseits.

belangt. Der Meister Meyer[102] sollte darum heute Abend noch zu mir kommen, allein, er blieb aus.

Den 5. August [1817].

Ich schreibe gleich tüchtig an Ocken, u. gebe dem Vater den Brief. Um Acht Uhr sollen die Bildertransporte wieder an gehn. Kreuser holt das teutsche Museum[103] von Elkendorf. Wir beginnen ernstlich die Arbeiten im Prüfungssal, wobey wir auch bis Mittag verweilen. Um 10 gehe ich zum Bürgermeister, u. mit Herrn Lange zu Tossetti,[104] der uns nicht nur alle seine Sachen mit größter Bereitwilligkeit zeigt, sondern auch gleich alles zusagt, was wir haben wollen. Der Rektor ißt bei uns. Nachher gehe ich mit ihm zu H. Dumont, um auch bey ihm Bilder auszusuchen. Den ganzen Nachmittag wird fortgefahren mit Aufhängen. Nach 8 bespreche ich noch mit Marcus Dumont wegen der Musik im Dom,[105] u. wegen meines Gedichts, welches in die Zeitung soll. Ich gehe nach Haus. Nach dem Nachtessen kommt noch Denoël, mit dem ich die in Altenberg zu haltende Baumeister-Rede zu machen anfange,[106] wobey wir bis nach 11 Uhr verweilen. Er geht wieder, um an seiner 50 Fuß hohen Figur mit Fuchs die ganze Nacht zu malen. |26v|

Den 6. August [1817].

Gleich um 6 Uhr gehe ich wieder in den Saal, wo Pastor Fochem schon ist; wir arbeiten bis gegen 8. Dann gehe ich mit Wallraf, bey Herwegh Bilder abzuholen, u. frühstücke ein wenig zu Haus. Dann fahren wir weiter fort; Wallraf aber

---

[102] Vermutlich: Anton Mayer, Zimmermeister, Streitzeuggasse 12 (AK 1822).
[103] Vgl. Fr. W. Schlegel (Hg.), Deutsches Museum, 4 Bände, Wien 1812–1813.
[104] Der Kaufmann Thomas Jacob Tosetti, wohnhaft am Elogiusplatz 5, hatte eine große Gemäldesammlung zusammengetragen, die 1830, nach Tosettis Tod 1825, versteigert wurde; den Auktionskatalog verfasste M. J. Denoël. Eine kurze Beschreibung der Sammlung in: Köln und Bonn mit ihren Umgebungen, 1828, S. 94 f. Zu Tosetti und seiner Sammlung: Berghausen, Verflechtungen, S. 152 f.; Krischel, Rückkehr, S. 103; Schäfke, Kunsthaus, S. 24 f.; Deichmann, Säkularisation, S. 249 f. Personalnotizen, 1815: „Tossetti Theodor [richtig: Thomas] Jacob. Großhändler und Spediteur. Ein Mann ohne Tadel und von reichhaltigen Kenntnissen" (Landesarchiv NRW R, BR 0002, Nr. 1534, Bl. 44r).
[105] Marcus DuMont, einer der Gründer der Niederrheinischen Musikfeste, zählte zu den begabtesten Musikern und engagiertesten Musikfreunden Kölns. Er spielte mehrere Instrumente und trat als Sänger auf (Niemöller, Wallraf, S. 80 f.). Weyden, Köln, S. 143: „Mit welcher Andacht habe ich im Dom-Chore oft der so milden und doch so metallreichen Tenor-Stimme des Herrn Marcus DuMont gelauscht, welche, selbst der entzückendste Ausdruck seelenvoller Andacht, die Seele dergestalt hinriß, daß man auf den Schwingen seines Gesanges getragen, im andächtigen Entzücken Alles um sich her vergaß. Sein ‚Herr nicht mein, Dein Wille geschehe' in Graun's ‚Tod Jesu' klingt mir noch, ein Nachhall der seligsten Minuten, in allen Fibern der Seele wider."
[106] Denoël/Groote, Standrede dem Kronprinzen von Preußen zu Altenberg gehalten am 10. August 1817. Siehe Briefe u. Schriften. Vgl. Bayer, DeNoël, S. 194.

verlangt viele Abänderungen, worüber die Arbeiter fast unruhig werden. Viele Leute besuchen uns in dem Saal, mehr als uns lieb ist. Auch Hirt kommt oft. Nach 1 Uhr wollte ich noch zur Plenarsitzung gehn, begegne aber dem Dr. Sotzmann, der schon von da kommt. Es ist nichts neues; wir werden uns aber wahrscheinlich morgen um 10 bey Carové versammeln,[107] um dem Prinzen vorgestellt zu werden.[108] Nach Tisch eile ich gleich wieder in den Saal, wo wir auch ununterbrochen bis gegen 8 arbeiten, und ziemlich zu Ende kommen. Bey Schmitz wählen wir noch einige, uns angebotene Bilder. Dann gehe ich, für die Säuberung des Saals zu sorgen, finde aber auf dem Stadthaus niemand mehr.

Am Rhein ist alles Prachtvoll vorbereitet. Ich gehe mit v. Brandt u. Elzholz etwas umher. Am Geist[109] kommen die Gepäckwagen des Kronprinzen an.[110] Er selbst sollte, wie es hieß, heute nicht kommen.[111] Ich gehe noch zu Denoël u. Fuchs, die

---

[107] Johann Philipp Carové, Inspektor u. Haupteinnehmer des Rheinschifffahrts Oktroi, wohnhaft Thurnmarkt 42 (AK 1822), war Vater von Grootes Freund Fr. W. Carové.

[108] Vgl. eine Einladung von K. Fr. A. Grashof an die Mitglieder des Konsistoriums, Köln, 6. Aug. 1817, Zirkular: „Sämtliche Herren Räthe und Assessoren des K. Konsistorii werden hiedurch benachrichtigt, daß Se. Königl. Hoheit der Kronprinz von Pr. heute Abend hieselbst eintreffen, und morgen die Mitglieder der xxx Kollegien zu einer noch näher zu bestimmenden Stunde demselben vorgestellt werden. Die geistlichen Räthe werden in ihrer Amtstracht erscheinen, [die] übrigen, insofern sie nicht etwa Uniform haben, in schwarzer Kleidung, dreieckigem Hute u. xxxxx, in welchem Falle ein Degen getragen wird" (Landesarchiv NRW R, BR 0003, Nr. 274, Bl. 4r; das Dokument ist stark beschädigt). Grashof bezieht sich auf die in den Vorschriften für Ziviluniformen vorgesehene schlichte Interims-Uniform. Das Schreiben ist auch von J. von Groote unterzeichnet.

[109] Der Gasthof Heiliger Geist befand sich auf dem Thurnmarkt am Hafen.

[110] Der Kronprinz wurde von Militärs und anderen Funktionsträgern begleitet, ein eigener Koch zählte nicht dazu. Somit mussten für ihn alle Mahlzeiten durch das Personal der jeweiligen städtischen und staatlichen Obrigkeiten ausgerichtet werden. Vgl. Westphalen, Tagebücher, S. 357.

[111] Kronprinz Friedrich Wilhelm an seinen Vater Friedrich Wilhelm III. in einem Brief aus Jülich, 12. Aug. 1817: „Um 8 landeten wir gegenüber Königs Winter, u. fuhren mit Solms nach Godesberg, wo wir soupirten, u. dann nach Bonn. Da war ein Ball bereitet!! Ich denke es recht gut zu machen, mich gleich dahin zu verfügen, u. – siehe da, alle Damen hatten sich schon wieder davon begeben, weil sie an mir verzweifelten. Sie kamen aber bald wieder an, nachdem sie wörtlich mit Austrommeln benachrichtigt worden, daß ich anküme. Ich schlief im prächtigen Haus v. Belderbusch [Böselager Hof, früher Clemenshof], und am andern Morgen besah ich die schöne Landwehr Comp., das prächtige Schloß nebst dem von Poppelsdorf, welches mir ungemein gefiel. Das Bonner Schloß ist fast das schönste welches ich kenne; sonst hasse ich entsetzlich die großen Schlösser, aber in diesem, wenn einige Vergoldungen weg wären, wohnte ich gleich. Es sind Gallerien in Petersburger Maßstab drin, u. es liegt, man kann nicht schöner. Zur Universität (wenn sie nach Bonn soll) ist dies Schloß sehr schön, nur würde ich unmaßgeblich vorschlagen, Sich selbst die Zimmer um einen gewissen hängenden Garten, vis à vis von Poppelsdorf, im Herkommens Fall zu reserviren" (GStA PK BPH Rep. 50J, Nr. 1006, Bd. 1, Bl. 111v, 114r); vgl. Kaufmann, Anfänge, S. 24 f. E. von Groote an S. Boisserée, Köln, 18. Aug. 1817: „Der Kronprinz [...] hat für unsre Universität dadurch die Hoffnung sehr belebt, daß er behauptet, u. an den König berichtet hat, das einzige wahrhaft schöne, u. für ein etwaiges Residenzschloß zu erhaltende Gebäude sey in Bonn, die andern Schlösser seyen gleichgültig. Somit fiel Bonns Hoffnung sehr". Siehe Briefe u. Schriften. Zur Bau- und Nutzungsgeschichte des Bonner Schlosses vgl. den Sammelband: Satzinger, Schloß, 2007.

ihre Figur fast fertig haben. Zu Haus kommen schon die Einladungen zum Fest der Handelskammer am Rhein, an noch festzusetzendem Tage, an.
Die Ankunft des Prinzen ist zwischen 7–8 erfolgt. Mein Bruder Joseph hat ihn von Brühl her zu Pferde |27r| begleitet. – Die abzuhohlenden Bilder bey Schmitz so wie für die Putzung des Gemäldesals muß ich erst morgen besorgen. Ich bin von der langen Arbeit recht müde.

Den 7. August [1817].

Der Rektor kommt früh, u. wir gehn nach 8 in die Gemäldeausstellung, wohin bald noch einige Bilder von dem Buchhändler Schmitz gebracht werden. Nachdem diese aufgestellt sind, gehe ich nach Haus. Es ist noch mancherley zu thun. Gegen 10 ½ Uhr gehe ich aber ganz patent mit Joseph, wir holen den Assessor Schmitz ab, u. gehn in den Geist, wo schon die verschiedenen Corporationen versammelt sind.[112] Wir werden bald vorgestellt, der Prinz aber unterhält sich nur mit v. Hagen, u. den Consistorial Räthen Grashof u. Poll. Nachher eilen wir nach Haus, uns einzukleiden. Metternichs sind angekommen. Mein Gedicht in der heutigen Zeitung thut gute Wirkung. Ich gehe später zu Klausewitz, den ich beym Prinzen mit Schack u. Roeder schon gesehen habe. Bey Ihm höre ich nach einer Weile, daß der Prinz ausfahre, die Gemäldesammlungen zu sehn. Ich eile hin, u. wirklich rollt er schon über den Heumarkt. Ich komme mit Fochem zugleich in dem JesuitenColleg an, wo der Prinz eben abgestiegen ist, u. Wallrafs Alterthümer sieht. Wir gehn in unsern Sal, sehn dort nochmal alles nach, der Graf Solms kommt, u. wir werden von ihm dem Prinzen nochmal vorgestellt, wobey Fochem sich wegen seines geringen Costüms entschuldigt. Der Prinz kommt bald in unsern Saal, wo er sich besonders bey den alten Bildern, u. bey Fochems |27v| Buch sehr lange aufhält. Zu mir spricht er sehr freundlich, u. erinnert sich, mich in Berlin jedoch mit einem Schnurrbart gesehen zu haben. Er bleibt bis gegen 2 u. fährt, nachdem ich ihm einen Schlüssel zum Sal überreicht habe, zum Grafen Solms zu Tisch. Nach Mittag gehe ich mit Fochem, der bey uns gegessen hat, bald wieder in unsern Bildersal, um wegen der Verschließung alles zu besorgen. Es kommen viele Leute dahin, unter andern Frau v. Harff u. Metternichs. Sie sehn die Bilder, u. da Herr Berkenkamp uns die Vermuthung äußert, der Prinz würde in den Botanischen Garten[113] kommen, gehen wir dahin,

---

[112] Einladung von L. Ph. W. vom Hagen an F. Fr. Wallraf, Köln, 7. Aug. 1817: „Beehre ich mich im Auftrage des Herrn Ober-Präsidenten Excellenz ganz ergebenst zu ersuchen, Sich bei der heute um 10 ¾ Uhr im Gasthofe zum Heil. Geist statt findenden Vorstellung bei Sr. Königl. Hoheit dem Kronprinzen gefälligst einfinden zu wollen" (HAStK, Best. 1105, A 8, Bl. 8r).
[113] Zum Kölner Botanischen Garten vermerkte Wilhelm Joseph Heinen 1808: „Die gute Ordnung und Schönheit des botanischen Gartens, wozu der ehemalige Jesuiten, und der nahe dabei gelegene, vorhin zum Maximinenkloster gehörige Garten umgeschaffen wurde, verdankt man der rastlosen Thätigkeit, und tiefen Kenntnissen des vor kurzem christlich verstorbenen Doctor Stoll, ehemali-

allein Hoheit kommt nicht. Der Fürst Salm kommt hin, u. langweilt uns in seiner Landwehr Major Uniform[114] mit französischen Redensarten. Wir gehn weg, um zu Madame Mertens zum Thee zu gehn; meine Schwester u. Joseph finden wir im Dom, wo vieles Volk versammelt ist, weil der Prinz eben dort hinein gegangen ist. Ich gehe von Mertens bald zu sehn, ob es möglich ist, in den Dom zu kommen, u. gelange an das kleine Pförtchen des Domkrans im Augenblick, wo die Küste-

---

gen Professor der Naturgeschichte an der Centralschule. Unter seiner Leitung und Anordnung erhoben ihn die beiden schätzbaren Gärtner, die H. H. Weihe und Berkenkamp zu einem so hohen Grade der Vollkommenheit, daß er jetzt als eine der ersten Merkwürdigkeiten, die Cöln darzubieten hat, angesehen werden darf. Ein gedrucktes Verzeichniß über die darin cultivirten Pflanzen, die sich bereits auf mehr als 4.000 belaufen, und nach dem lineischen Sexualsistem geordnet sind, erhöhet dessen Brauchbarkeit. Das darinn befindliche große Treibhaus ist schön im Jonischen Stile erbauet, und trägt die Inschrift: Naturae vegetanti, auch nach der Angabe des Herrn Proffessor Wallraf" (Heinen, Begleiter, 232 f.). Maximilian Friedrich Weyhe war von 1801 bis 1803 für den Kölner Botanischen Garten tätig, sein Schwager Wilhelm Anton Berkenkamp führte seine Arbeit weiter. 1816 publizierte Berkenkamp ein neues Pflanzenverzeichnis: Catalogus Plantarum Horti Botanici Coloniensis, Colonia Agrippina 1816 (Ritter, Weyhe, S. 41–44, 69 f.; Steckner, Wallraf, S. 189 f.; Bauer/Kohls, Köln, S. 20 f.). Der Jurist Jacob Haas, ein Bekannter E. von Grootes, erinnerte sich an den Botanischen Garten während seiner Zeit als Schüler um 1805: „Ich kann nicht beschreiben, welche süßen Abende ich oft in dem Garten, abends nach 6 Uhr, wo die Vorlesung vorbei war, und bis 7 Uhr, wo derselbe geschlossen wurde, erlebt habe. Wenn ich da, mit Freunden oder auch allein, an einer Stelle, wo sich unter höher gewachsenen Bäumen Bänke zum Sitzen befanden, saß, der tiefblaue Himmel über uns, die umgebenden Gebäude, namentlich das Gymnasialgebäude, früher Jesuitenkloster, dessen nördliche Façade nach dem Botanischen Garten hinsah und noch besteht, an dessen östlicher Seite sich aber noch ein bedeutender Theil des Gebäudes befand, über welchem das Observatorium für astronomische Beobachtungen, sattelartig auf dem Dache errichtet, stand, im rothen Schein der sinkenden Sonne, und dem Fluge der dadurch vergoldeten, unter dem Azur in hoher Luft schwimmenden Schwalben folgte, so waren das Augenblicke des schönsten reinsten Genusses, besonders wenn das Geläute der Glocken des Domes und der noch näher liegenden Jesuitenkirche die Seele feierlich stimmte" (in: Cardauns, Aus dem alten Köln, S. 69).

[114] Joseph Fürst zu Salm-Reifferscheidt-Dyck, der sich 1817 freiwillig zur Landwehr gemeldet hatte, war zum „Bataillons-Commandeur im Aufgebot der Rheinischen Landwehr" ernannt worden. Am 19. Mai 1817 hatte ihm Prinz Wilhelm von Preußen zu dieser Position gratuliert. Vgl. Schläwe, Transkription: Brief des Prinzen Wilhelm von Preußen, 1817. Joseph zu Salm-Reifferscheidt-Dyck zählte zu den einflussreichsten adeligen Persönlichkeiten im Rheinland und war zudem ein bedeutender Botaniker. Zu seiner Biografie: Braun/Schläwe/Schönfuß, Netzbiographie – Joseph zu Salm-Reifferscheidt-Dyck; Sachse, Dyck, 2005; Keferstein, Joseph zu Salm-Reifferscheidt-Dyck, 2009. In den 1790er Jahren ließ Joseph zu Salm-Reifferscheidt-Dyck das Palais Salm'scher Hof, Eigelstein 37 bauen, das nach einer Schätzung in der Franzosenzeit mit einem Wert von 18.000 Francs zu den acht teuersten Wohngebäuden Kölns gehörte. Er und seine Familie wohnten dort allerdings nicht lange; das Anwesen wurde ab 1804 vermietet. Von 1816 bis 1822 bewohnte es der Generaladvokat J. G. von Sandt. Das Gebäude wurde 1932 abgebrochen (Vogts, Kölner Wohnhaus, Bd. I, S. 346; Bd. 2, S. 597 f., 759; Wagner, Eigelstein, S. 148). Über die Beziehung der Familie zu Salm-Reifferscheidt-Dyck zur Stadt Köln: Sachse, Dyck, S. 41 f.; Wunderlich, Studienjahre, S. 22–46. Zu Familie zu Salm-Reifferscheidt-Dyck, Schloss Dyck und der Porträtsammlung der Familie: Wolthaus, Ahnengalerien, S. 130–141, 236 f., 415–425. Ich danke Martin Wolthaus für seine Hinweise.

rinn[115] einige Leute hineinläßt, u. ich schlüpfte mit hinein. Der Prinz kommt eben aus dem 3 König Chor, sieht die Fenster an,[116] u. will nun noch auf die äußere Gallerien. Esser[117] u. Schwarz[118] u. Emans[119] gehn mit uns hinauf. Anxillon[120] wird oben gleich schwindlich u. geht wieder fort. Hirt muß bleiben u. wird vom Prinzen viel gequält.[121] Der Prinz eilt |28r| über alle Dächer weg, schreibt auf der untern Gallerie dieß Zeichen auf einen Schieffer ☥ u. geht auch auf die neuere Gallerie, allein, es wird dunkel darüber, so daß es fast gefährlich ist. Er geht bald wieder hinab, u. fährt fort. Der Dom bleibt geschlossen. Ich suche meine Gesellschaft wieder auf, u. da der Prinz, wie er sagte, in ½ Stunde wieder kommen will, führe ich alles heimlich in den Dom, wo zur Beleuchtung u. Musik alles veranstaltet wird.[122] Er kommt leider, ehe wir ihn bemerken, u. geht zu früh in den

---

[115] Küsterin war Anna Sibylla Emans, geb. Schwend, seit 1801 Ehefrau des Domküsters Mathias Emans, „welchem sie", heißt es auf ihrem Totenzettel von 1852, „51 Jahre und 1 Tag als treue Gattin und bei Ausschmückung des Gotteshauses als sorgsame Helferin zur Seite stand" (Totenzettelsammlung der Universitäts- u. Stadtbibliothek Köln).

[116] Zu den Domfenstern vgl. Fiorillo, Geschichte, Bd. I, S. 411 f.: „Die Zwischenräume der Säulenreihen im Dom füllen hier, rund um den vollendeten Bau, hochaufsteigende Glasfenster, die mit den schönsten Farben und Bildern prangen. [...] Im 14ten und 15ten Jahrhundert hatte die Glasmahlerei es im Glanze der Farben und in der Komposition der Gemählde zu einem hohen Grade der Vollendung gebracht, und in dem erhabenen Chor dieser Kirche hat sie in den Fenstern Meisterwerke aufgestellt, welche die Blüthe dieser Kunst bezeugen. In drei Fenstern von ungeheurer Größe der äußern umherlaufenden Mauer, strahlt die ganze Geschichte Christi im schönsten Lichte; daneben erscheinen Wappen und Ritter in der brennendsten Farbenpracht." Demian, Handbuch, S. 261: „Die Wände des Chors sind mit Hautelißß-Tapeten behangen, wozu Rubens die Zeichnungen lieferte, und die großen Fenster des Chors enthalten vortreffliche Glasmalereien, worunter sich auch die Wappen alter adelicher Patrizierfamilien von Köln, die sich in den Kriegen mit den Erzbischöfen ausgezeichnet haben, befinden."

[117] Möglicherweise ist der Dachdecker Wilhelm Heinrich Esser gemeint, der, so S. Boisserée, Erfahrungen mit Arbeiten am Dom hatte (S. Boisserée an K. Fr. Schinkel, 11. Okt. 1816; in: Wolff, Briefwechsel, S. 86); vgl. auch: S. 533.

[118] Domkaplan, Domschatz-Kustos Albert Gereon Schwarz.

[119] AK 1822: Mathias Emans, Küster in der Domkirche, wohnhaft Auf der Litsch 4. Sein Totenzettel von 1853 vermerkt: „Seine Ernennung als Küster erfolgte zuerst an der Pfarrkirche zu St. Paulus hierselbst am 28. Februar 1799, demnächst an der hiesigen Domkirche am 9. Juli 1803. [...] Er war ein guter Christ, treuer Gatte, zärtlicher Vater, von großer Herzensgüte und Milde, im Amte durch rastlose Thätigkeit, Würde und Pflichttreue ausgezeichnet" (Totenzettelsammlung der Universitäts- u. Stadtbibliothek Köln).

[120] Zu Johann Peter Friedrich Ancillon, einem einflussreichen Gegner der Verfassungsideen: Schmitz, Vorschläge, S. 390 f. u. vielerorts.

[121] Kronprinz Friedrich Wilhelm an seine Schwester Charlotte, Köln, 7. Aug. 1817: „Denk Dir Hirth ist hier. – Wir gehen eben zusammen in den Dom. Er legt sich [Dir] 1.000 Mal zu Füssen, spricht ich solle Dir etwas von einem Shawl sagen – God bless you" (GStA PK, BPH Rep. 50 J Nr. 1210 Bd. 1, Bl. 104v).

[122] Oberbürgermeister von Mylius hatte Dompfarrer DuMont mitgeteilt, dass „dem sichern Vernehmen nach" der Kronprinz den Dom abends besichtigen werde und hatte um formelle Genehmigung ersucht, bei dessen Besuch „Beleuchtung u. Musik daselbst" veranstalten zu können (K. J. von Mylius an J. M. DuMont, Köln, 7. Aug. 1817, Abschrift; HAStK Best. 400, A 157, Bl. 14r).

Chor, ehe er die eigentlich projektirten Lichteffekte genossen hat. Ich finde Wallraf, u. wir gehn den Prinzen wieder heraus zu führen, was auch gelingt. Die Chorthüren werden geschlossen, die Musik geht fort, u. der Prinz freut sich sehr über das herrliche Schauspiel. Er bleibt nachher noch im Chor bis gegen 10 Uhr. Ich gehe noch einige Zeit durch die Beleuchtung. Alles wundert sich über meine Freymüthigkeit u. über die Freundlichkeit, womit mich der Prinz behandelt. Haxthausen kommt zu großer Verwunderung von Solms gar nicht vor. Zu Haus essen Metternichs bey uns zu Nacht. Haxthausen kommt auch, u. wir bleiben bis gegen 1 zusammen.

Den 8. August [1817].

Roeder schickt früh, um das gestern im Dom aufgeführte Agnus Dei für den Prinz zu haben; ich schicke deshalb an Marcus Dumont, der mir die gestochene Partitur der Naumanschen Messe[123] schickt, die ich Roeder anzeige, daß er |28v| sie haben könne. Ich eile nun umher, mache die Standrede für Meyer, die er in Altenberg halten soll, fertig, renne in den Saal zu Denoël, sie ihm zu bringen, dann zu Leversberg, zu dem der Prinz nach Tisch kommen soll, hole zu Haus meine Akten, gehe zum Grafen, der mir versichert, der Prinz werde gegen 5 zu Lieversberg gehn, gehe zur Sitzung, die bis gegen 1 dauert, u. dann zu Tisch.[124] Nachher gehe ich mit Fochem in unsern Bildersal, wo alles in guter Ordnung ist, u. gehe zu Lieversberg, wo ich um 5 gerade mit dem Prinzen zugleich ankomme. Er fragt huldreich, wie mir die Parthie im Dom bekommen, u. ist sehr freundlich. Er geht durch alle Säle u. in die Kapelle. Hirt raisonnirt viel. Er behauptet, an den Bildern, die im 14. Jahrhundert gemalt sein sollen, sey nichts. Das Dombild, die Eikschen Bilder, u. dergl., die wir für aus jener Zeit hielten, seyn nicht älter als aus dem 15. Jahrhundert. Uebrigens versichert er nichts zu wissen, u. eile deshalb zur Quelle im Niederland, wo die Bilder mit Dokumenten belegt seyen. Wir trinken, nachdem der Prinz weg ist, mit Hirt noch einige Flaschen Rheinwein, nachdem das Gewitter aufgehört hat, u. ich eile nach Haus, mich zum Balle anzuziehn.[125] Der Wagen läßt uns lange warten. Endlich fahren wir nach 8 durch

---

[123] Zu den von Johann Gottlieb Naumann komponierten Messen: Bemmann, Kirchenmusik, S. 127–165.

[124] Der Kronprinz besichtigte am 8. August Vormittags das Militär und gab danach zu Mittags ein Essen für die Honoratioren der Stadt, zu dem Groote nicht eingeladen war. Das Essen fand in der Kölner Freimaurer Loge zu den Heiligen Drei Königen statt, da im Gasthof Zum Heiligen Geist nicht genügend Platz vorhanden war (Bertoldi, Tagebuch, 8. Aug. 1817; HAStK, Best. 7030, Nr. 332A/4, Bl. 154v). Sitz der Loge war um 1817 vermutlich das Haus Glockengasse 4972/17 (Fuchs, Topographie; HAStK, Best. 7030, Nr. 231, Bd. 2, S. 23).

[125] Die kleine gedruckte an J. P. J. Fuchs gerichtete Einladungskarte zum Ball ist erhalten: „Einladung für Herrn Fuchs, General-Sekretär zum Balle, den die Stadt Köln die Ehre haben wird, am 8ten August 1817 im Sittman'schen Garten Sr. Königlichen Hoheit dem Kronprinzen von Preussen zu geben. Man versammelt sich um 8 Uhr Abends" (HAStK, Best. 400, A 157, Bl. 19r).

die erleuchteten Straßen, u. der Ballsal ist schon ziemlich besetzt. Der Prinz kommt bald, tanzt 5–6 Polonnaisen, mit Frau Hirn, Schaaffhausen, Gräfinn Solms, Frau v. Harf u.a., wobey immer |29r| ein Adjutant vor ihm her tanzt. Dann folgt ein Walzer, den ich mit Julie Loë tanze. Meine Erwartung, sie einmal bey den macherley Gelegenheiten recht zu beobachten, wird nicht sehr befriedigt; sie scheint eine bange beschränkte Natur zu seyn. Nun folgt eine Ecossaise. Dem Prinzen gefällt, wie er mir sagt, die Musik, welche intonirt, nicht. Er verlangt andre, u. engagirt Frl. v. Harff. Mich heißt er vortanzen, welches ich auch in gutem Glück, das mich in diesen Tagen gar nicht verläßt, fideliter thue. Ich tanze ihm die 60 Paar lange Colonne hindurch flott vor. Und eben so wieder hinauf. Er unterhält sich zu allgemeiner Verwunderung fast ausschließlich mit mir, u. fragt nach dem Namen u. Verhältnißen vieler Damen. Nachher soupirt er bald mit einigen Damen u. fährt bald nachher weg. Haxthausen stellte sich gerade unter den Prinzen in der Kolonne, allein, dieser kümmert sich gar nicht um ihn, obschon er mich auch um ihn fragte. Als mehre Ingenieur Offiziere bey ihm vorbey tanzten, sagte er scherzend zu mir, alle Ingenieur Offiziere tanzen einer wie der andere, haben Sie das auch hier schon los? Ich bejahte es, u. er fuhr fort, die Kerls müssen bey ihren Canonen einen u. denselben Tanzmeister haben, der sie nach der nehmlichen Schnur tanzen läßt. – Als er weg war, tanzte ich noch mit Mademoiselle Cassione deutsche Quadrille[126] u. mit Frl. Auer einen Walzer, u. nun war es Alle. Der Ball wurde leer, u. wir fuhren auch bald nachher weg. Die Adjudanten ver- |30v|[127] langten oft, lauter präsentirt zu werden. Ich mußte fast daraus schließen, als ob sie mit dem Prinzen bald auf längere Zeit hier seyn wollten. Gott gebe es.[128]

Den 9. August [1817].

Ich schicke dem Prinzen durch Roeder die Partitur der Messe, wofür er mir 8 Fl. Rhein. schickt. Ich schreibe noch ein Andenken von der Musikdirektion[129] hinein, u. setze das Zeitungsblatt ans Agnus Dei, welches mein Lied enthält. Roeder kommt bald selbst, u. geht mit dem Rector zu Lieversberg etc. Auch Hirt kommt u. rühmt unser Bild sehr. Ich erhalte von Max Schenkendorf Briefe,[130] u. viele Exemplare seines Abschiedsgedichts an den Kronprinzen. Ich gehe zur Sitzung, wohin der Kronprinz gegen 10 ²/₃ kommt. Er will, es solle nach dem Journal[131]

---

[126] Quadrille: Kontratanz mehrerer Paare, der sich von Frankreich aus in verschiedenen Versionen in ganz Europa verbreitete.
[127] Die Tagebuchseiten 29v und 30r sind unbeschrieben.
[128] Zeitweise tauchte im Rheinland das Gerücht auf, der Kronprinz würde als Gouverneur einer Provinz an den Rhein kommen.
[129] Musikdirektion: Die Musikaufführungen im Dom wurden von Musikliebhabern präsentiert, die sich informell in einer „Gesellschaft" organisiert hatten. Ihre Leitung nannte sich „Direktion", ähnlich der gleichzeitigen „Theaterdirektion".
[130] Diese Briefe sind nicht nachgewiesen.
[131] Journal, hier: Tagesordnung.

vorgetragen werden. Allein, darauf hat man sich nicht bereitet. Es wird daher allerley über die Nullitäten des Verkaufs von Falkenlust,[132] über Steuerwesen, Städteordnung, Statistik, den Gebrauch der Schlösser, Gefangenenanstalten, Casernen[133] etc. vorgetragen. Ich rede ganz frey u. ohne alle Vorbereitung über die Bank von Godesberg, u. die Art, wie der Verlust, der den Armen aus der Aufhebung derselben erwächst etc., ersetzt werden solle. Grashof spricht über Schul- u. Kirchenwesen, u. über die Nothwendigkeit mehrer katholischen Räthe. Poll sagt gar nichts. Der Prinz fährt nachher in's Jesuiten Colleg.[134] Ich eile mit, u. komme mit ihm an. Da ich |31r| in der Eile mit meinem Fuße anstoße, sagt er theilnehmend, da haben sie sich wohl höllisch weh gethan; ich hatte es aber nicht, was mir lieb war. Wir gehn in Wallrafs Sälen umher. Der Graf Solms ist sehr freundlich. Ich rede mit ihm wegen morgen, u. er ladet mich nach Mühlheim zum Dejeuner, u. zur Parthie nach Altenberg ein. Hirt raissonirt viel über Wallrafs Bilder. Da ich dem Prinzen sage, dieß seyn die zur Universität bestimmte Gebäude, sagt er, ich weiß es wohl, kommt sie aber nicht her, so stirbt Wallraf vor Aerger. Gegen 2 Uhr fährt er zu General Ende zu Tisch.
Wir gehn noch zu Katz,[135] wo Hirt sich über die schönen Bilder wundert. Ich gehe dann zu Dumont, dem ich den Plan mit der morgigen Dommusik mittheile, u. dann das Lied von Schenkendorf u. die Fl. 8 schicke. Zu Haus speist Herr v. Caspars bey uns. Nach Tisch ruhe ich ein wenig, Haxthausen kommt, u. geht zu

---

[132] Nullität: Ungültigkeit.

[133] In der von Mylius dem Kronprinzen überreichten Denkschrift hieß es: „Mit großer Dankbarkeit hat die Gemeinde gesehen, was unter ihrer Mitwirkung bereits für den Casernenbau geschehen ist; die Vollendung dieses Baues wird vom höchstem Interesse dann seyn, wenn die Garnison bei dereinstigem Rückmarsch der in Frankreich stationirten Truppen noch vermehrt werden sollte. Das völlige Casernirung Sistem ist eine für den Genuß häuslichen Friedens so nothwendige Bedingung, daß die Stadt sich von Euer Königlichen Hoheit bekannter höchst liberaler Gesinnung gewiß die möglichste Beförderung dieser Angelegenheit versprechen darf" („Wünsche und Bitten der Stadt Cöln, Seiner königlichen Hoheit dem Kron-Prinzen von Preussen vorgetragen bei Seiner Anwesenheit in Cöln. August 1817", Abschrift (Landesarchiv NRW R, BR 0002, Nr. 127, Bl. 203v).

[134] Vgl. eine Einladung an die Maler B. Beckenkamp, M. J. Denoël, Fr. Katz und M. H. Fuchs, Köln, 9. Aug. 1817: „Der Herr Professor Walraf hat mich beauftragt Sie zu benachrichtigen, daß des Kronprinzen Königl. Hoheit heute zwischen 12 und 2 Uhr seine Kunstsammlung in dem Jesuiten Collegium in Augenschein nehmen werden. Der Herr Professor wünscht einige hiesige Künstler dort S. K. Hoheit vorstellen zu können, und läßt Sie daher bitten, sich zu diesem Ende um besagte Stunde und an besagtem Orte einfinden zu wollen" (HAStK, Best. 400, A 157, Bl. 20r).

[135] Franz Katz, Maler, Zeichenlehrer und Kunstsammler. Vgl. Welt- u. Staatsbote zu Köln, Nr. 59, 13. Apr. 1817, Annonce: „Montag den 14ten dieses fängt der Sommer-Kursus meines Zeichen-Unterrichts an. Katz, wohnhaft Am Hofe Nro. 24." Zu Fr. Katz vgl. Merlo, Künstler, Sp. 477 f.; Städtisches Gymnasium, S. 111–116; Krischel, Kölner Maler, S. 250 f.; Schäfke, Kunsthaus, S. 21; Deichmann, Säkularisation, S. 255–258. Katz war mit der Miniaturmalerin und Zeichnerin Karolina von Uphoff verheiratet (Merlo, Künstler, Sp. 478); möglicherweise war sie eine Schwester von Josephine Boisserée, geb. von Uphoff. Vgl. S. Boisserée an K. Fr. Schinkel, Heidelberg, 14. Aug. 1816: Josephine Boisserée „ist eine liebenswürdige Frau, und als Miniaturmalerin eine schätzenswerte Kunstfreundin" (in: Wolff, Briefwechsel, S. 71).

Graf Metternich, der allein zu Haus ist, rauchen. Ich schreibe schleunig diese Notizen auf, u. gehe zu Dumont etc. meine Einrichtungen zu treffen. Im Dom ist Herr Emans, mit dem ich alles bespreche. Katz wartet noch immer des Prinzen, allein, umsonst. Ich gehe an den Rhein u. bis auf die Hohe Pforte, doch ohne vom Prinzen etwas zu entdecken. Redtel kommt mit seiner Frau, die sich, mehr noch als Er, darüber ärgert, daß Er, u. überhaupt die Regierungs Räthe nicht zu den Diners beym Prinzen, bey Ende, etc. gezogen würden. Ich gehe wieder an den Rhein zurück. Alles drängt sich schon zu dem |31v| Freyhafen. Die Schwestern kommen mit Joseph und dem Vater hin. Ich eile nach Haus, nehme den großen Huth etc. u. gehe auch in den Freyhafen, wo ich lange mit Sombart, Herrn v. Beywegh u.a. rede, bis es dunkel ist. Nun gehe ich in das Haus der Hafenkommission,[136] wo alles schon zum Empfang des Prinzen bereit ist. Nur schweben Alle, besonders Denoël u. Fuchs, in großer Angst, weil die große Colonia zu Deutz immer nicht fertig werden soll. Der Zimmermann soll ein Schlingel seyn, u. zu spät angefangen haben, die Figur aufzurichten. Gegen 9 Uhr kommt der Prinz, grüßt die Gesellschaft freundlich, u. geht auf den Balcon. Es sind nur Herrn in den Zimmern, die Damen oben hoch. Das Feuerwerk beginnt, u. die zuweilen erleuchtete Colonia ist immer noch ohne Kopf. Nach dem ganz hübschen Feuerwerk haben sich nach und nach die schönen Schiffe, welche im Hafen aufgefahren sind, prachtvoll illuminirt; inzwischen aber ist der Prinz vom Balcon getreten, u. es wird ihm der, 2 Flaschen haltende Roemer, voll alten Rheinwein präsentirt, u. als er trinkt, wird das Lied: am Rhein, am Rhein[137] vierstimmig gesungen. Er ist äußerst gerührt davon, wendet sich zu mir um u. sagt: der Kopf wird mir ganz toll. Inzwischen wird zu allgemeiner Freude die Colonia fertig, u. präsentirt sich hinter den bengalischen Flammen u. den mit brennenden Teertonnen gefüllten Schiffen ganz ausserordentlich schön. Der Jubel ist unbeschreiblich, der Prinz steht unbeweglich auf dem Balcon, u. sieht über den Prachtvoll erleuchteten Strom hin. Endlich kommen |32r| auch die Damen herunter, das Fest belebt sich immer mehr, der köstlichste alte Wein stimmt die Lust

---

[136] Nur eine begrenzte Auswahl von Honoratioren wurde in das Hafenkommissariat eingeladen. Vgl. eine blanko Einladungskarte, um im „Rheinkommissariat, im Freihafen, dem Feste zu Ehren Sr. Königlichen Hoheit, dem Kronprinzen, beizuwohnen. Die Königl. Handelskammer". Die Karte ist mit der Darstellung des preuß. Adlers vor den Spitzen von Schiffsmasten und über dem Kölner Wappen geschmückt (HAStK, Best. 400, A 157, Bl. 46r). „Sitz des Rhein- oder Hafen Commissariats" war seit Errichtung des Freihafens das ehemalige „Versammlungslokal der zur Fischerzunft gehörigen Personen, wozu auch die Schiffer gehörten". Die Feier für den Kronpinzen fand im „großen Saale" des Kommissariats statt (J. P. J. Fuchs, Topographie; HAStK, Best. 7030, Nr. 231, Bd. 1, S. 323).

[137] Achte Strophe des Rheinweinliedes von Matthias Claudius, erschienen 1777 im Wandsbecker Bothen, vertont durch Johann André: „Am Rhein, am Rhein, da wachsen unsre Reben; / Gesegnet sey der Rhein! / Da wachsen sie am Ufer hin, und geben / Uns diesen Labewein." Zur Bedeutung der Rheinmetaphorik in politischen und literarischen Kontexten: Tümmers, Die patriotische Rheinromantik, 1992; Haberland, Gegend, 1992. Zum Rhein als deutschem Mythos: Münkler, Mythen, S. 389–410.

bis zum Uebermaaß. Pollac hat den Rhum, die Colonia fertig gebracht, u. die von den Deutzern verwehrte Beleuchtung, mit Kraft u. Gewalt durchgesetzt zu haben. Es wird wieder getrunken; Wallraf hat dem Prinzen inzwischen alles, was da zu sehn war, ausführlich geschildert, u. kam bis zum alten, hier üblichen Toast: Allav Coellen, worauf der Prinz den Pokal nochmal ergreift, und unter dem Zuruf der ganzen Gesellschaft, den Toast Allav Coellen ausbringt. Nun geht es in's Weite. Alles ist für Entzücken ausser sich. Der Bürgermeister bringt des Prinzen, u. dann des Königs Gesundheit aus, u. alles stößt mit hundert Gläsern darauf an. Gegen Mitternacht entfernt sich der Prinz, wonach nun auch andere Leute, Bürger etc. der Stadt mit ihren Kindern u. Frauen durch die Säle ziehn, während jeder Allav Kölln trinken muß. Die Mädchen erklären laut ihre Liebe zum Prinzen. – Vater u. Schwestern gehn gegen 1 fort, ich etwas später mit Wallraf. Die Nacht ist sehr dunkel, doch ohne Regen. Der Martinsthurm[138] steht auf dem Prachtvollen Schwarz herrlich beleuchtet. – Roeder, der mir sehr gut ist, und dem, wahrscheinlich Obrist Lieutenant Grollmann, gesagt hat, ich habe mich gegen die Landwehr geweigert, sage ich deutlich, wie diese Sache sich verhält, u. mache ihm zugleich von dem erbärmlichen Grollmann eine Schilderung, die ihm auch sehr einleuchtet. Auf dem Wege nach Haus, sage ich Wallraf, wie übel Poll sich in der Sitzung benommen, u. bey der guten Gelegenheit gar nichts gesagt. |32v|

Den 10. August [1817].

In der Nacht habe ich noch versucht, etwas zum Abschied an den Prinzen nieder zu schreiben, allein, es gelang nicht recht. Uebrigens war mir während dieser ganzen Zeit sehr wohl, u. es ging mir alles sehr gut von Statten. Der Graf Solms hat mich zur heutigen Parthie nach Altenberg, u. bey sich zum Dejeuner eingeladen. Früh eile ich in den Dom, wo schon die nöthigen Thüren geschlossen, u. die Stühle für den Prinzen an die großen Sacristey gesetzt sind. Ich eile wieder nach Hause, u. ende daselbst ein kleines Abschiedsgedicht an den Prinzen in acht Terzinen, u. gehe wieder in den Dom. – Ich halte mit Redtel und Wallraf Wache an den Thüren, um den Prinzen zu empfangen. Haxthausen kommt, vom Grafen Solms geschickt, um zu fragen, wo der Prinz anfahren soll. Ich lasse ihn zwar bitten, entweder an der großen Hauptthüre oder am Domhof anzufahren. [gestrichen: allein, er fährt doch] – Nach dem Credo geht der Prinz, der schon gleich unzufrieden war, nicht auf die obere Gallerie gehen zu können, mit einem Adjudanten hinauf, und bleibt bis zum Ende der Messe. Während diesem schreibe ich in Wittgensteins Hause mein Gedicht zurecht, nebst einem Briefe an Dumont, den ich in dessen Hause abgebe, während der Prinz nach Hause fährt. Ich

---

[138] Die Kirche Klein St. Martin hatte man nach der Säkularisation abgebrochen, lediglich der Turm, der nun als Glockenturm für Maria im Kapitol genutzt wurde, blieb erhalten (Bayer, Franzosen, S. 203).

eile nach Haus, nehme Pfeife etc., u. sehe daselbst Denoël, Haxthausen etc., die speisen, um bald nach Altenberg zu reisen. Ich renne ans RheingaßThor,[139] woselbst die hübschen Schiffe bereitstehn, um den Prinzen nach Mühlheim zu führen. Bald gehe ich auch ins Gasthaus, wo Redtel, |A 1/14–27; 1r| Graf Carl Lippe, u.a. warten, bis der Prinz kommt. Nun fahren wir schnell mit vollen Segeln nach Mühlheim, wo wir von der Brücke u. vom Ufer mit Canonenschüssen begrüßt werden. Es kommen weißgekleidete Mädchen, u. die verschiedenen Beamte, um dem Kronprinzen zu Salutiren. Er ist sehr gut und aufgeräumt, u. nach einer Weile, setzt man sich zum prachtvollen Frühmal hin.[140] StaatRath Anxillon, der im Schiff nicht fahren mochte, kommt etwas später. Ausser dem Prinzen u. seinen Adjudanten etc. sind Graf Solms mit den Gräfinnen, der Landrath Spieß, Lieutenant Martens, noch ein Major, u. ich zu Tische. Hirt ist unausstehlich. Er schimpft über die Gegend des Rheins zwischen Maynz u. Coblenz, u. manche andre. Indem ich ihm Brotabdrücke von meinem Petschaft u. Siegelrings schicke, u. dadurch veranlaße, daß er u. der Prinz, beyde sehen will, erklärt er das erste für eine xxxxxxxxxarbeit, nach einer Docia, im Vatican zu Rom, das andere für eine xxxxx. Er hat überhaupt Lust, recht paradox zu seyn. Der Prinz ist sehr munter, nennt den Graf Solms meist spaßhaft: Illustrissime! u. spricht mich mehrmals an z.B. (gerade wie Goetze):[141] Sagen sie mal, Groote, woher waren die Gewänder, welche die Geistlichen im Dom heute trugen? Ich sagte, daß sie von Clemens August[142] geschenkt seyen. Er glaubte, sie kommen von einem Kaiser her. Ich aber sagte ihm, daß dieß die mit Perlen gestikten seyen, die der Bischof

---

[139] Das Rheingassentor, ein Turmbau mit rundbogigem Durchgang, führte von der Rheingasse zum Rheinufer. Es wurde 1884 abgebrochen.

[140] Das Frühstück fand in dem von der Familie zu Solms-Laubach gemieteten Palais, Buchheimer Str. 29 statt. Errichtet von K. J. Z. von Bertoldi um 1780 war es der imponierendste Wohnsitz in Mülheim. Vogts, Wohnungskunst, S. 157–160: „Das eigentliche Wohnhaus, an dessen Fassade vor allem der prächtige Mittelrisalit mit der reichprofilierten Tür, dem von Putten getragenen Balkon, dem vasenbekrönten Giebel auffällt, ist von bescheidenem Umfang; ehemals schlossen sich aber an beiden ‚geräumige Flügel', Wirtschafts- und Stallgebäude sowie nach rückwärts [...] ein großer Garten an." Eindrucksvoll war „der Hauptraum der Wohnung", ein großer, hoher Saal im Obergeschoss, der mit Wandspiegeln und antike Gottheiten darstellenden Stuckreliefs geschmückt war. An „Feinheit der Zeichnung und Stimmungsreiz" standen ihm, so Vogts, „die Decken und Wandgliederungen des geräumigen Treppenhauses, des Speisesaals im Erdgeschosse und des neben dem Saal gelegenen Kabinetts" wenig nach. Besonders hervorzuheben waren „das reiche schmiedeeiserne Gitter der Treppe, die elegante Form der Vasen der Treppenhauswände, die bis ins Mansardengeschoß hinein ihre hübschen Stuckverzierungen und ihre reichen Gesimse haben, die Fensterwand des Treppenhauses mit einer lebendigen Christusdarstellung, die kostbaren, goldbedruckten Ledertapeten des Speisezimmers, die hübschen Puttengruppen der Supraporten, der gefällige, mit schmiedeeisernem Zierart versehene Ofen des Saales"; Abb.: S. 152–159. Siehe auch: Clemen, Die Kunstdenkmäler des Kreises Mülheim am Rhein, S. 246; Kier, Denkmälerverzeichnis Mülheim, S. 100 f. Das Hauptgebäude ist unter derselben Adresse bis heute erhalten.

[141] Vermutlich: August Wilhelm Goetze, den Groote in Berlin kennengelernt hatte.

[142] Clemens August amtierte von 1723 bis 1761 als Kölner Kurfürst und Erzbischof.

von Aachen halb dorthin genommen,[143] wo sie ganz verwahrlost, u. fast zu Grunde gerichtet worden. „Ne, wirklich?" ist sein gewöhnlicher Verwunderungs-Ruf. |1v|[gestrichen: Gegen 3] Auch von den Nonnen auf Nonnenwerth spricht er mit großem Interesse.[144] Gegen 3 fahren wir fort, u. zwar mit dem Prinzen, Graf Solms, Anxillon, u. Schack, mit Obrist Clausewitz, Roeder, Spiess, u. ich mit Redtel, Hirt, Graf Lippe u. Himmen.[145] Es geht sehr rasch, jeder Wagen mit 4 Pferden. Der Prinz steigt einmal zum pissen aus, u. rennt dazu gewiß über eine Schußweite fort. Auf halbem Wege schickt uns mein Bruder einen Gensd'arm entgegen, mit einem Briefchen, um uns einzuladen, über die nur ½ Stunde entfernte Geselinus Kapelle zu fahren, woselbst große Wallfarthen versammelt seyen.[146] Allein, der Prinz will gleich nach Altenberg. Dort kommen wir nach einem Spaziergang von einer kleinen halben Stunde an, u. werden von den Zimmerleuten, die den gezierten Baum[147] tragen, empfangen. Meyer hat meine Standrede nicht auswendig gelernt, und liest sie, aber schlecht, ab. Dann gehn wir in der Kirche, im zerstörten Kreuzgang, u. in den Nebengebäuden, wo die wunderbaren Spinn und Tuchscherrmaschinen[148] im Gang sind, umher. Der Prinz versichert, wenige schönere Kirchen gesehn zu haben. Besonders gefallen ihm auch die Fenster sehr wohl. Wir gehn nun bald wieder über den Berg zurück, u. setzen uns, nachdem wir etwas Wein u. Kuchen verzehrt haben, in die Wagen, u. fahren sehr rasch über Mühlheim nach Deutz zurück. Ich sitze auf dem Rückweg mit Roeder, Spiess, Haxthausen u. Himmen zusammen, u. wir sind recht lustig. Joseph, Denoël, u.a. reiten bey dem Wagen des Prinzen, Lieutenant Martens ist mit seiner eiteln Ziererey unausstehlich. Wir fahren mit großem Volkszulauf nach Cöln zurück. Auf der Brücke sind Wallraf, der Vater, die Schwestern, u.a. |2r|

---

[143] Nach der Auflösung des Kölner Erzbistums 1802 wurde das Bistum Aachen eingerichtet, als dessen Leiter ernannte die franz. Regierung Bischof Marc-Antoine Berdolet.

[144] Kronprinz Friedrich Wilhelm an seine Schwester Charlotte, Aachen, 16. Aug. 1817: „Nach Bonn bin ich über Neu Wied zu Wasser gefahren. – Alle Chicanen die man auf dem Wasser an mir ausgelassen hat, ist nicht möglich zu erzählen, sowohl auf dem Rhein als auf der Mosel. – Als wir bey NonnenWerth vorbeyfuhren, stand die alte Äbtissinn u. alle Nonnen, am Ufer u. winkten mit weissen Tüchern" (GStA PK, BPH Rep. 50 J Nr. 1210, Bd. 1, Bl. 105v).

[145] Vermutlich: Louis/Ludwig Anton Friedrich von Hymmen, seit 1816 Landrat des Siegkreises, ab 1820 Landrat in Bonn (Romeyk, Verwaltungsbeamten, S. 547).

[146] Die Gezelinkapelle (heute in Leverkusen-Alkenrath) trägt den Namen des in der Region verehrten seligen Gezelinus von Schlebusch, der vermutlich im 12. Jh. lebte. Eine möglicherweise bereits im 14. Jh. errichtete Kapelle war Mittelpunkt von Wallfahrten. Der heutige Bau entstand 1868 (Läufer, Gezelinus, 1986).

[147] Gezierter Baum: für das Richtfest geschmückter Baum.

[148] 1819 kaufte die Lenneper Firma Frantz & Sohn Hasselkus, die hier schon länger tätig war, verschiedene Gebäude der Abtei für ihre Tuchfabrik an. Zeitungs-Bericht der Reg. Köln für März, 10. Apr. 1817: „Die zu Altenberg in der Bürgermeisterei Odendahl, Kreis Mülheim, neu angelegte Spinnerei des Kaufmanns Hasselkus von Lennep, ist nunmehr in Thätigkeit getreten" (GStA PK, I. HA Rep. 89, Nr. 16278, Bl. 38v).

Mit Haxthausen u. Redtel gehe ich noch mit zu Roeder hinein. Der Prinz speist allein zu Nacht. Es fehlt die Mappe, welche die, dem Prinzen überreichte Zeichnung von Altenberg enthält. Roeder erhält das Gedicht Arndts auf die Anwesenheit des Prinzen in Cöln u. Coblenz,[149] welches theils solche Worte, theils solche Zusammenstellungen enthält, daß ich gleich schon bey der ersten Strophe, als ich sie vorlesen will, nicht mehr weiter kann, da ich das Zeug gar nicht verstehn kann.[150] Die ganze Tendenz des Machwerks aber, den Prinzen nehmlich von seiner Liebe zum Alterthum u. dessen Kunst abzumahnen, u. in das Gewühl der gegenwärtigen u. kommenden Zeit zu stürzen, scheint mir am abgeschmacktesten u. frevelhaftesten, u. ich wäre wohl geneigt, dieß irgend auszusprechen. Obrist Clausewitz verlangt wiederholt meine Berechnung, wegen der Portraits von General Gneisenau. Wir gehn nun noch zu Solms, wo wir auch die Mappe nicht finden, wohl aber in der Post, wo sie in der Kalesche[151] zurückgeblieben ist. Zu Haus finde ich mein Gedicht schon hübsch abgedruckt in 4 Exemplaren.[152] Ich sende sie an Clausewitz, sammt der Mappe, u. der Rechnung. Haxthausen geht mit zum Nachtessen. Clausewitz läßt mir sagen, er würde Alles berichtigen. Ich bin sehr müde, u. gehe gegen 11 zu Bette. Der Prinz will morgen um 8 nach Benzberg [Bensberg].[153]

Den 11. August [1817].

Gegen 7 ½ gehe ich an den Rhein. Der Bürgermeister ist mit den Adjunkten[154] im Rheinberg,[155] weiß zwar schon, daß der Prinz nach Benzberg will, fährt aber

---

[149] E. M. Arndt, Rheingruß dem Kronprinzen von Preussen, bei Seiner Anwesenheit in Bonn und Köln in den ersten Tagen des Augusti, Köln 1817.

[150] E. M. Arndt, Rheingruß, erste zwei Strophen: „Sey, Heldenjüngling, sey willkommen! / Gegrüßt von jedem stolzen Wahn, / Kommst Du den Rhein hinabgeschwommen, / Ein edler, königlicher Schwan. / Es braust die Kraft in Deinen Flügeln / Gleich dessen, den der Leierfürst / Hoch von der Erde niedern Hügeln / Gelocket zum Olympusfirst" (in: Parent, Die Hohenzollern in Köln, S. 40).

[151] Kalasche/Kalesche: eine leichte Kutsche mit hochklappbarem Verdeck, gezogen von einem Zugpferd.

[152] E. von Groote, An des Kronprinzen von Preußen Königliche Hoheit zum Abschiede von Köln, den 11. August 1817 (in: Köln. Zeitung, Nr. 128, 12. Aug. 1817). Siehe Briefe u. Schriften. Das Gedicht erschien auch als einzelne Druckschrift.

[153] Köln und Bonn mit ihren Umgebungen, 1828, S. 215 f.: „Landeinwärts, drei starke Stunden von Deutz, erhebt sich auf einem waldigen Sandsteinfelsen das Schloß Bensberg, das man auf dem Rheine schon in einer beträchtlichen Entfernung erblickt, und das auch zu Lande bereits in der Entfernung von einer Stunde einen wunderbaren Effect gewährt. Dieß Schloß erbaute Kurfürst Johann Wilhelm von der Pfalz im Jahre 1710 im italienischen Geschmack. Das Hauptgebäude hat zwei große Flügel, die Säle zeichnen sich durch schöne Stuckaturarbeit aus [...]. Vom Belvedere der Kuppel erblickt man in einem Umkreise von 18 bis 20 Meilen eine der mannichfaltigsten, blühendsten, angebautesten und städtereichsten Landschaften von Europa, in deren Mitte der Rhein majestätisch dahinfließt." Die Gebäude waren 1817 in desolatem Zustand; in den Jahren 1819 bis 1832 wurden sie als Militärlazarett genutzt.

[154] Adjunkte: Beigeordnete des Oberbürgermeisters.

[155] Gasthof Der große Rheinberg am Markmannsgassentor.

doch hin, ihm noch ein Kompliment zu machen. |2v| Ich gehe, da ich wohl merke, daß es noch zu frühe ist, schnell nach Haus zum Frühstück, nachher wieder zurück, wo ich Clausewitzens Bedienten begegne, der mir über die 150 Fr. in 5 Fr. stücken, noch obenein, um die Louisd'or im laufenden Preis zu 24 Fr. voll zu machen, noch 4 ½ Fr. geben will. Allein, ich nehme nur 150 Fr. u. gehe nun an den heiligen Geist, wo der Prinz eben einsteigt. Redtel, mit dem ich glaubte, auch nach Bensberg fahren zu können, ist schon früher hin geritten. Ich gehe mit dem Prinzen auf die Brücke, u. er spricht immer noch sehr freundlich mit mir. Da die Brücke nicht gleich da ist, muß er ziemlich lang warten. Himmen kommt zu uns. Im Wagen sind ausser dem Prinzen, nur Graf Solms, Clausewitz u. Roeder. Als die Brücke kommt, der Prinz hinauffärth, u. nun gleich die Polizey das übrige Volk wegjagt, wird der Prinz zornig, u. putzt die Polizeydiener derb aus. Auf der Brücke sieht er vergnügt nach der schön beleuchteten Stadt hinüber. Herr Windeck biethet sich an, nachher ein Frühstück zu bereiten. Ich beurlaube mich, zahle bey Windeck, was ich für das neuliche Mittagsessen noch schuldig bin, |:20.4:| u. kehre nach Cöln zurück. Dort ist Wallraf bey uns, wegen der zu verfassenden Zeitungsartikel über die Anwesenheit des Prinzen. Ich bringe meine Geldgeschichte in Ordnung, gebe Joseph, was er vorgeschossen hat, u. mache mich zur Sitzung fertig. Ich gehe zu Marcus Dumont, wo Wallraf noch ist, u. nehme noch 1 Exemplar meines Gedichts mit, da ich das letzte an Roeder gegeben. Ich verspreche Dumont, den Versuch zur Abfaßung des Zeitungsartikels zu machen.
In der Sitzung zeigt mir Haxthausen die schlechten, von |3r| Dumont ihm gegebenen, nicht aufgenommnen Gedichte. Ich bleibe nachher bis gegen 2 ½ in dem Sitzungssal, u. vollende nach diesen Notizen meinen Artikel, wonach ich zu Herrn Dumont zurückgehe. Wallraf hat nichts geschrieben, sitzt da, u. schläft. Ich frage, ob Denoël etwas gebracht, was auch nicht geschehen. Dumont meint nun, ich habe auch nichts gemacht, und ist eben auf dem Punkt, unwillig zu werden. Ich heiße ihn sich beruhigen, u. wir gehen nun meinen Aufsatz durch, der mit einigen geringen Aenderungen, ganz gebilligt wird.[156] Wallraf hat hier und da Einwendungen, die aber nicht beachtet werden können. Ich gehe nach 3 nach Haus, esse schnell, u. höre, daß eben die Pferde an den Heiligen Geist geschickt wurden, die Meinigen aber mit vielen Andern auf dem Neumarkt der Abreise des Prinzen warten. Ich gehe an den Geist, wo der Vater bey den Postknechten steht. Es heißt, der Prinz sey noch drüben, u. noch gar nicht in Deutz angekommen. Ein Polizeydiener aber, der nehmliche den Seine Hoheit diesen Morgen auf der Brücke so herunter machte, versichert, er sey schon eine Stunde zurück, u. ein Mann, der am Rheine steht, sagt, der Prinz sitze mit mehrern Offizieren im heiligen Geist am Fenster nach dem Rhein zu. Ich gehe also in das

---

[156] Der Artikel über den Aufenthalt des Kronprinzen in Köln, der am 12. Aug. 1817 in der Köln. Zeitung, Nr. 128, erschien, wurde also im Wesentlichen von Groote verfasst.

Gasthaus auf Roeders Stube, der sich meiner Ankunft freut, da er noch 1 Stunde Zeit zu haben versichert, und gerne nochmal in unsern Bildersal gehen wollte. Wir gehn eine kurze Weile hin, ich erhalte den Schlüssel zurück, u. wir gehn nun wieder in den Heiligen Geist, setzen uns traulich zusammen, bis der Prinz reisen will. Aus dem offenen Wagen sieht Er mich noch, winkt mir, und sagt in seiner raschen Weise: „Aber Herr Jesus, |3v| Groote, wo wohnen Sie denn?" Ich sage ihm, daß ich bey meinem Vater in der Postdirektion wohne, und er erwidert, daß Er in diesen Theil der Stadt wohl gar nicht gekommen seyn müsse, indem Er das Haus nicht gesehen. Anxillon sitzt neben dem Prinzen, u. reicht mir bey demselben her mit einem aire de protection[157] die Hand, indem Er sagt: Vielen Dank, lieber Groote, für Ihre schönen Lieder. Der Prinz fällt gleich, mit seiner etwas spöttelnden Art, ein: „Herr Jesus ja – dero Gesang;" legte die Hände auf der Brust zusammen, u. sagte: „ich bin entzückt"; dann fragte er noch: Aber glauben Sie denn, daß der König in dem Hause der Frau von Zuydtwyck wohnen wird? Ich antwortete, daß man es wünsche u. die Frau v. Zuydtwyck es sich zur Gnade rechnen würde. Er sagte: Ich glaub es nicht, er thuts gewiß nicht. Endlich sagte ich noch: Es bleibt also doch dabey, daß Ew. Hoheit im September zu uns zurückkehren? Er erwidert: Ja, aber thun sie nur, als wenn Sie es gar nicht wüßten. – Dann fährt er fort, mit seinem gewöhnlichen: Ich empfele mich Ihnen! – Vor dem Thor haben sich viele Leute, Männer u. Frauen, Reihen weise aufgestellt, um dem Prinzen Lebewohl zu sagen. 8 junge Leute begleiten denselben, ausser den Landwehren, zu Pferde, bis an die Weide.

Ich gehe zu Dumont, wo wir den Zeitungsartikel, der fast schon gesetzt ist, korrigiren. Struensée hat die Stelle, worin von der guten Ordnung, welche ohne alle Störung durch den guten Geist des frohen Volkes ohne besondere Polizeiliche Maaßregeln sey beybehalten worden, dahin geändert, daß durch besondere Polizey |4r| Maaßregeln alles Unglück sey verhüthet worden. Ich laße diese Stelle, setze aber die obige mit geringer Aenderung dennoch hinzu. Wallraf kommt, u. will noch einiges geändert u. eingeflickt haben, allein, wir machen es kurz. Später unterhalten wir uns noch Lang auf der Straße mit Herrn Consistorial Rath Bruch, der uns sagt, wie sich der Prinz in seiner Kirche benommen, u. von der Störung, die dort durch einen Hund vorgefallen. Im Artikel ist die Protestantische Kirche nur mit Einem Worte berührt, was die Herrn vielleicht ärgern wird. Ich sage Bruch noch, wie sehr uns Alle das Gänzliche Schweigen Polls in der Plenarsitzung befremdet u. verdrossen habe.[158] – Abends bey Tische unterhält uns das sonderbare Machwerk des Rheingrußes an den Kronprinzen von Moritz Arndt. Besser ist ein Gedicht aus Bonn von unbekanntem Autor.[159]

---

[157] air de protection, hier vermutlich: wohlwollende Geste.
[158] Man hatte offenbar von Konsistorialrat Jakob Poll erwartet, Anliegen des Konsistoriums vorzutragen.
[159] Auch in Bonn hatte man zu Ehren des Kronprinzen einen Ball gegeben: „Ein passendes Gedicht mit der Aufschrift: Huldigungs-Willkommen, Seiner Königlichen Hohheit dem allverehrten Kron-

Den 12. August [1817].

Ich lese frühe die Zeitung durch, u. die Schilderung der letzten Tage freut mich.[160] Der Transdorfer Halfen bringt den Geldanschlag für das Land, welches uns für den Exerzierplatz genommen werden soll. Ich schreibe deshalb gleich an den Landrath Belderbusch u. an den Bürgermeister von Bonn.[161] An Fochem, der übrigens heute wieder allerley Quersprünge im Kopf hat, gebe ich die 24 Laubthaler, die Beckenkamp noch zu bekommen hat, wobey er auch noch Geld für die Kasten verlangt, was ich aber selbst gar nicht erhielt, u. also nicht geben kann. Denoël kommt auch, wir reden u. freuen uns noch Lange über die Vorfälle der letzten Tage. Denoël korrigirt seine Abschrift der Altenberger Standrede, u. alles geht weg. Ich bin bey Mylius zu Tisch geladen. |4v|
Nach 12 Uhr gehe ich zu General v. Mylius, wo Clara, deren Namenstag heute ist,[162] wieder ziemlich wohl ist. Der General spricht mir wegen der Merheimer Frühmess-Sache, u. hat deshalb an den Vater geschrieben; die Unterschrift will er den Advocaten überlassen. Nun gehe ich gegen 1 zum Bürgermeister v. Mylius (Schnupftaback). |:–4 S.:| Es sind da erst Herr v. Kempis u. Pastor Dumont. Nach u. nach kommen v. Monschaw, Lange, Heymann, Haxthausen, Wallraf, Denoël, u. der Graf Solms. Der Tisch ist äußerst lebhaft, es wird viel der vorigen Tage gedacht, aus dem großen Roemer getrunken, u. besonders von Solms Wallraf beschuldigt, daß er nicht für die Universität schreibe, u. nicht seine Sammlungen aufstelle u. verzeichne, u. deshalb Schuld sey, wenn uns die Universität verloren gehe. Es wird am Ende fast zu laut u. toll. Ich bemerke dem Grafen, daß es unangenehm sey empfunden worden, daß Poll neulich nicht vorgetragen; das bewegt ihn. – Er übernimmt den Schlüssel der Gemäldeausstellung, den der Prinz hatte. Die Betheiligten der Sammlung sollen von v. Mylius zur Berathung berufen werden, wie es damit gehalten werden soll. – Graf Solms will, ich solle wegen der von Aachen zu sendenden General-Akten wegen den Reklamationsgegenständen an Ihn schreiben,[163] da Herr v. Reimann nächster Tage zu ihm komme.

---

prinzen Preußens, von Bonns Bewohnern ehrfurchtsvoll gewidmet, wurde Seiner Königlichen Hoheit durch den Ober-Bürgermeister Eilender überreicht, und Abdrücke desselben auf dem Balle unter die Anwesenden vertheilt" (Bonner Wochenblatt, Nr. 290, 10. Aug. 1817).

[160] Köln. Zeitung, Nr. 128, 12. Aug. 1817.

[161] Seit 1816 war Peter Joseph Eilender Kommissarischer Oberbürgermeister Bonns, 1817 wählte der Bonner Stadtrat Caspar Oppenhoff in dieses Amt. Die preuß. Regierung erkannte die Wahl jedoch nicht an und ernannte stattdessen Johann Martin Joseph Windeck.

[162] Clara Salesia von Mylius, Tochter von Caspar Joseph Carl von Mylius und Maria Anna Henriette Walburga de Groote, Cousine E. von Grootes.

[163] E. von Groote an Fr. L. Chr. zu Solms-Laubach, Köln, 13. Aug. 1817: „Eurer Exzellenz beehre ich mich, in der Anlage das Verzeichniß der in Aachen befindlichen Generalakten, deren die hiesige Kön. Regierung zur Aufstellung der von Einem Hohen Ministerium geforderten genauen Nachweisung aller aus Paris i. J. 1815 zurückgekommenen Gegenstände der Kunst und Wissenschaft, nothwendig bedarf, mit der gehorsamen Bitte vorzulegen, die Uebersendung jener Aktenstücke an uns, bey der Kön. Regierung in Aachen gefälligst veranlassen zu wollen" (Landesarchiv NRW R,

Gegen 6 gehen Haxthausen, Wallraf, Denoël u. ich spaziren. Allein, Wallraf, der etwas stark getrunken, ist gar nicht zu behandeln, u. disputirt gegen alles. Lange stehn wir an der Maria ad Gradus Kirche, u. nachher an dem Rhein. Denoël bleibt mit Wallraf zurück, u. ich rede mit Haxthausen noch viel über allerley Plane. Später gehn wir zu v. Ammon, wo aber nur der eine alte Herr, die Frauen bey v. Auer. Wir wollten zu Carl Lippe, wo auch niemand ist. Wir gehn also zu mir, ich lasse Taback[164] holen, |:–12:| u. wir bleiben bis nach dem Nachtessen zusammen. |5r|

Bey Mylius wurde sehr gegen Arndts Gedicht losgezogen. Simon u. Consorten sollen es vortrefflich finden. Auch Solms erklärt sich ganz dagegen, u. findet das von v. Schenkendorf am besten.[165] Wallraf erklärte die meinigen für die gelungensten. Haxthausen, Denoël, u. Ich vereinigen uns, jeder solle in seiner Art gegen Arndt zu Felde ziehen. Mir klingt es schon durch den Kopf, wie ich dieß machen werde, u. schreibe abends etwas davon nieder.

Den 13. August [1817].

Mein Gedicht gegen Arndt beschäftigt mich. Dann schreibe ich wegen der Aachener Akten an den Grafen Solms. In der Sitzung[166] ist zum ersten mal der

---

BR 0002, Nr. 404, Bl. 93r). Beiliegend in der Hand Grootes: „Nachweisung der in der ehemaligen Generalgouvernements-Registratur zu Aachen befindlichen Aktenfaszikel die von den Franzosen i. J. 1815 reklamirten Gegenstände der Kunst u. Wissenschaft in den Rheingegenden betreffend". Sie führt folgende Aktentitel auf: „– Wegen Wiedererhaltens der von den Franzosen weggenommenen Alterthümer; – Wegen der von den Franzosen mitgenommenen Archive vom Roerdepartement u. deren Zurückerstattung. – Verschiedene von Paris zurückgekommene Verhandlungen des Roerdepartements, Manuskripte, u. Bücher betreffend; – Die von der franz. Regierung zu reklamirenden Papiere, Plane und Zeichnungen betreffend. – Die von der franz. Regierung zu reklamirenden Kunstsachen betreffend." (Bl. 94r). Fr. L. Chr. zu Solms-Laubach schrieb an die Regierung Aachen, 15. Aug. 1817, Entwurf: „Es ist von Seiten des Königl. Ministerii des Innern, eine genaue Nachweisung aller aus Paris im Jahr 1815 zurückgekommenen Gegenstände der Kunst und Wißenschaft verlangt, zu deren Aufstellung die in der Anlage verzeichneten General-Acten des dortigen ehemal. General-Gouvernements erforderlich seyn mögten. Eine p. Regierung ersuche ich daher, mir diese Acten auf einige Zeit gefälligst zukommen zu laßen" (Bl. 95r). Die Akten, die sich in Aachen bei der General-Tilgungs-Kommission befanden, wurden am 5. Sept. 1817 von Aachen nach Köln gesandt.

[164] Handelsbericht für Juli, Köln, 30. Juli 1817: „Tabak ist ohne Veränderung und scheint sich auf den jetzigen Preisen zu behaupten" (RWWA 1–15–1, Bl. 49v). Handelsbericht für August, Köln, 30. Aug. 1817: „Von Taback sind die Anfuhren nicht gros und die Preise ohne Veränderung" (RWWA 1–15–1, Bl. 51v).

[165] M. von Schenkendorf: „Unserm geliebten Kronprinzen zum Abschiede von Coblenz am 5. August 1817." Erste Strophe: „Nun laß dein Schifflein gleiten / Hinab den lieben Fluß, / Im hellen Klang der Saiten / Vernimm den Scheidegruß. / Die Segel sollen schwellen / Vom kühlen Morgenwind, / O traget sanft ihr Wellen, / Das frohe Heldenkind!" (in: Schenkendorf, Max von Schenkendorf's sämmtliche Gedichte, S. 298; Hagen, Schenkendorf's Gedichte, S. 399).

[166] Möglicherweise wurde auf dieser Sitzung oder bereits bei dem privaten Treffen der Honoratioren

Justiziarius Trist.[167] Nachher gehe ich zu Dumont, der mir sagt, daß aus unserm Zeitungsartikel, wovon Struensee einen Correkturbogen an Solms geschickt, dieser selbst seinen Namen überall, wo er vorgekommen, u. auch noch hier u. da etwas gestrichen.[168]

Gegen den Aufsatz über das öffentliche gerichtliche Verfahren, den er aus der Berliner Zeitung hat aufnehmen müssen,[169] ist ein Anderer eingegangen, u. er sagt, wenn dieser gestrichen würde, wolle er sich gleich an die Regierung wenden.[170] Von meinem letzten Gedichte soll ich noch einige Exemplare erhalten; wenn ich aber, ohne diesen zu nennen, gegen Arndt schreiben wolle, solle es in seiner Zeitung aufgenommen werden. In die Sitzung hat mein Vater mir schreiben lassen, daß er mit Geyrs u. den Schwestern nach Kendenich wolle, u. ladet

---

am Vortag die Idee einer Gewerbeausstellung besprochen, die man bei den bevorstehenden Besuchen des Innenministers von Schuckmann und des Königs zu präsentieren dachte. Am 13. Aug. wandte sich von Mylius sowohl an Solms-Laubach wie an den Rat der Gewerbeverständigen mit dem Vorschlag zur Organisation einer Gewerbeausstellung, die den Minister „mit den hiesigen Fabrikaten bekannt" machen und dessen „besondere Aufmerksamkeit auf diesen wichtigen Gegenstand" lenken sollte. Es schiene „nicht unzweckmäßig eine Ausstellung aller hiesigen Fabrikate in einem geeigneten Lokal, allenfals im Kaufhauß Gürzenich, zu veranstalten (K. J. von Mylius an Fr. L. Chr. zu Solms-Laubach, Köln, 13. Aug. 1817, Entwurf; HAStK, Best. 400, A 159, Bl. 1r). Ähnlich: K. J. von Mylius an den Rat der Gewerbeverständigen, Köln, 13. Aug. 1817, Entwurf (Bl. 2r u. v).

[167] Heinrich Joseph Tryst, Nachfolger des versetzten Regierungsrats Roitzsch, traf erst im Sommer 1817 in Köln ein. G. Fr. Bärsch in seinen Erinnerungen, S. 109: „Ebenso angenehm als belehrend für mich war der Umgang mit dem Regierungsrathe Heinrich Joseph Tryst. Er war ein Mann von den ausgebreitetsten Kenntnissen fast in allen Fächern des menschlichen Wissens, dabei von seltener Herzensgüte und immer zu Mittheilungen bereit."

[168] M. DuMont bezieht sich auf den im Wesentlichen von Groote verfassten Artikel zum Besuch des Kronprinzen, der am 12. Aug. 1817 in der Köln. Zeitung, Nr. 128 erschien. Siehe Briefe u. Schriften.

[169] Köln. Zeitung, Nr. 128, 12. Aug. 1817: „Die kürzlich in Elberfeld erschienenen Bemerkungen über das öffentliche mündliche Verfahren vom königl. preuß. Appellationsrath Schram in Düsseldorf, sprechen laut den Wunsch der Rheinländer aus, die dort noch Statt habende französische Gerichts- und Justiz-Verfassung recht bald mit der preußischen zu vertauschen. Der Verfasser, der selbst französischer Richter war, und mit der franz. Justiz-Verfassung praktisch vertraut ist, stellt die großen Mängel derselben, und besonders das Gefährliche und die Nachtheile des öffentlichen Verfahrens und der Geschwornen-Anstalt, die Nachtheile derselben für eine gründliche Rechtspflege so überzeugend und lichtvoll dar, daß jeder, der in Provinzen reiset, wo diese Ueberbleibsel der fremden Herrschaft noch nicht vertilgt sind, diese bündige Schrift lesen sollte, um das Blendwerk näher kennen zu lernen, was diejenigen damit treiben, die wünschen, daß [...] die Richter nur chinesische Pagoden, die Advokaten und Geschwornen aber alles seyn mögen." Der Artikel, der unterzeichnet ist: „Berl. Zeitung", war ein Auszug aus einem Text in den Berlinischen Nachrichten, Nr. 93, 5. Aug. 1817. Ein mit dem Artikel der Köln. Zeitung fast identischer Text erschien im Welt- u. Staatsboten zu Köln, Nr. 128, 12. Aug. 1817, allerdings ohne einen Hinweis auf die Berliner Zeitung.

[170] In Folge dieses Artikels veröffentlichte die Köln. Zeitung in den nächsten Wochen weitere Stellungnahmen (Köln. Zeitung, Nr. 129, 14. Aug.; Nr. 136, 26. Aug.; Nr. 137, 27. Aug. 1817). Sie lösten innerhalb der Kölner staatlichen Behörden einen Konflikt aus.

mich u. Haxthausen dazu ein. Wir essen daher gegen 1 U. schnell etwas, u. fahren mit hin, obschon das Wetter erst schlecht ist. Wir gehn dort nach Fischenich in Daniels Haus,[171] u. nehmen eine xxxxx ein, u. fahren in hübschem Wetter[172] |5v| spät wieder zurück, wobey Haxthausen allerley Aventuren aus England erzählt.[173] Spät bin ich so über alles Maaß angeregt u. überreitzt, daß ich mich gar nicht zu halten weiß, u. der Böse endet schnell eine, etwa 10 Tägige Lebensperiode, die zu meinen schönsten, lange verlebten, gehört. ~

---

[171] 1807 ersteigerte H. G. W. Daniels den Fronhof in Fischenich, der bis zur Säkularisation 1802 dem Stift Maria im Kapitol gehört hatte. 1811 kaufte er die Wasserburg Metternich, die bis dahin im Besitz der Familie von und zum Pütz war (Klug, Familie von Groote, S. 41; Klug, Daniels, S. 18).
[172] Zeitungs-Bericht der Reg. Köln für August, 9. Sept. 1817: „Die Witterung war im Anfang des gedachten Monats warm, späterhin aber, nachdem einige Gewitter statt gehabt, häufig regnerisch und kalt. Es fanden 9 ganz helle Tage und 22 gemischte, in welchen Sonnenschein mit Regen abwechselte, statt" (GStA PK, I. HA Rep. 89, Nr. 16278, Bl. 100r).
[173] W. von Haxthausen hatte sich um 1810 im Königreich Westfalen an antifranz. Plänen beteiligt; nach deren Scheitern floh er und hielt sich zeitweise in London auf (Klein, Haxthausen, S. 164; Kier/Zehnder, Lust und Verlust II. Corpus-Band, S. 291).

Exkurs. Der Besuch des Kronprinzen in Briefen, Aufzeichnungen und Berichten

Der Besuch des Kronprinzen war für Köln ein außergewöhnliches Ereignis, das sich in verschiedenen Quellen niederschlug. Augenzeugen hielten ihre Eindrücke in privaten Aufzeichnungen fest, die Presse, insbesondere die lokalen Zeitungen, berichteten detailliert. Eberhard von Groote war nicht nur an den Vorbereitungen des Besuchs beteiligt, er war zudem Hauptautor eines ausführlichen Artikels, der nach Abreise des Prinzen die Ereignisse zusammenfasste und politisch wertete.[1] Die folgende Auswahl von Texten bettet Grootes Tagebuchnotizen in einen größeren Kontext ein und fügt seiner Darstellung eine Reihe anderer Aspekte hinzu.

Bonner Wochenblatt, Nr. 290, Sonntag, 10. August 1817

Bonn am 6. August. Seit gestern Abend haben wir das Glück, Seine Königliche Hohheit den Kronprinzen von Preußen in unserer Mitte zu besitzen. – An der Grenze unseres Kreises, durch Seine Exzellenz den Herrn Oberpräsidenten Grafen zu Solms-Laubach, den geheimen Oberbergrath Grafen von Beust, den Landrath Grafen von Belderbusch, bewillkommt, von einer Gruppe junger Frauenzimmer aus Königswinter mit Lorbeer, und Eichenlaub bekränzt, geruhten Seine Königliche Hohheit den Ehrenwein anzunehmen, und begaben sich nach kurzem Aufenthalte zu Godesberg, nach Bonn, wo der Herr Oberbürgermeister mit dem Gemeinderathe Höchstdieselben am Stadtthore erwarteten. Die Stadt war beleuchtet; zahlreiches und freudiges Volk wogte durch die Straßen; vom Vivatrufen erschollen die Lüfte! – Die Beleuchtung der fliegenden Rheinbrücke gewährte einen überaus schönen Anblick. Seine Königliche Hohheit geruhten bey dem Grafen von Belderbusch abzusteigen, den Feierball mit Höchstihrer Gegenwart zu beehren, und sich die öffentlichen Behörden und Beamten, das Offizierkorps der Landwehr, und jenes der städtischen Bürgergarde vorstellen zu lassen. […] Heute Abend [6. August] um 6 Uhr nach der Tafel, sind Seine Königliche Hohheit nach Köln abgereist, begleitet von den Seegenswünschen und dem Rufe aller Bewohner Bonns: Heil unserem vielgeliebten Könige! / Heil seinem erhabenen Sohne!

Welt- und Staatsbote zu Köln, Nr. 125, Donnerstag, 7. August 1817

Köln vom 6. August. Heut Abend kam unser geliebter Kronprinz ganz in der Stille hier an, und nahm im Gasthofe zum heiligen Geiste sein Absteigquartier. Wir werden das Glück haben, Seine königliche Hoheit einige Tage in unsern Mauern zu besitzen.

---

[1] Dieser Artikel (in: Köln. Zeitung, Nr. 128, 12. Aug. 1817) wird hier, in zwei Teilstücken, vollständig wiedergegeben.

Karl Joseph Zacharias von Bertoldi, Tagebuch, Mittwoch, 6. August 1817

Historisches Archiv der Stadt Köln, Best. 7030, 332A/4, S. 154r

Indessen kame diesen Abend der Kronprinz von Preußen – Friedrich Wilhelm – von Bonn in Köln an, und stiege im Geist ab; wo er auch zum erstenmal voriges Jahr logirt, und es waren die Häuser auf dem Thurn Markt mit Lichter an den Fenstern erhellet; zu Deutz aber beleuchteten der Herr Notair Windeck, und Gastwirth Eckart ihre Gärten, welches einen sehr schönen Eindruck, so wohl auf die Augen als das Herz Seiner Königlichen Hoheit machten, und ihm seiner Aeußerung gemäß sehr gefallen.

Kölnische Zeitung, Nr. 126, Samstag, 9. August 1817

Köln, 8. August. Seine Königliche Hoheit der Kronprinz sind bei Ihrer Ankunft am 6. dieses [Monats] Abends im Gasthofe zum Geist abgestiegen, um der schönen Aussicht zu genießen, welche dieser Gasthof auf den herrlichen Rheinstrom darbietet. Gestern [7. August] wurden Seiner Königlichen Hoheit die hiesigen Behörden vorgestellt. Die übrige Zeit Ihres bisherigen Aufenthalts brachten Höchstdieselben mit Besichtigung der Merkwürdigkeiten unserer Stadt, besonders des Doms, der Kunstsammlung des Herrn Professors Wallraf, und einer durch freiwillige Vereinigung mehrerer kunstliebenden Einwohner im Gebäude des vormaligen Jesuiten-Gymnasiums veranstalteten Gemälde-Ausstellung zu. Noch spät am gestrigen Abend besuchten Seine Königliche Hoheit, zum zweitenmal an diesem Tage, den Dom, während das majestätische Innere dieses unvergleichbaren Tempels durch eine zweckmäßige, perspektivisch berechnete Erleuchtung noch mehr hervorgehoben war, und von der musikalischen Gesellschaft, die sich seit vielen Jahren, zur Verherrlichung des sonntäglichen Gottesdienstes in demselben, vereint hat, einige Chöre nach Haydn's, Mozart's und Naumann's trefflichen Kompositionen vorgetragen wurden. Heute [8. August] wohnten Seine Königliche Hoheit der Parade des hiesigen Militärs bei und geruheten nachher die Behörden nebst einigen Angesehenen der Stadt bei einem Mittagsmahle zu vereinigen. Die Stadt gibt heute Seiner Königlichen Hoheit zu Ehren einen großen Nachtsbal.

Karl Joseph Zacharias von Bertoldi, Tagebuch, Donnerstag, 7. August 1817

Historisches Archiv der Stadt Köln, Best. 7030, 332A/4, Bl. 154r–154v

Heut wurden dem Kronprinzen die kölnischen Behörden vorgestellt, und er besuchte hierauf die Wallrafische Gemählde Sammlung in den Jesuiten, wo zugleich die übrigen Gemählde Besitzer Kölns die ihrigen in dem großen Saal des Gymnasiums auch hinbringen und aufstellen ließen, weil höchst derselbe ein äußerst großer Freund der Künste und des Schönen ist. Das alte erhabene Gebäude des Dohms scheint Er vorzüglich in afection genommen zu haben, indem er schon gestern gleich bey seiner Ankunft dahin gefahren, und heut abend abermal, wo dann dieser im inneren Chor durch eine perspectivisch berechnete Erleuchtung hervorgehoben war, und wo von der Musicalischen Gesellschaft einige Chöre von Hayden, Mozart, und Naumann vorgetragen wurden. Allen übrigen aber war für solche Zeit der Tempel geschlossen, und Keiner wurde eingelassen, weil Er allein seyn wollte.

Kommissarischer Oberbürgermeister Karl Joseph von Mylius an Major Friedrich Wilhelm Kellermeister von der Lund, 2. Festungskommandant von Köln, Köln, Donnerstag, 7. August 1817

Historisches Archiv der Stadt Köln, Best. 400, A 157, Bl. 11r (Abschrift)

Da die Stadt die Ehre haben wird Morgen am 8ten dieses, Abends acht Uhr Seiner Königlichen Hoheit dem Kronprinzen von Preussen im Sittmann'schen Garten einen Ball zu geben, so bitte ich Euer Hochwohlgeboren, zur Beibehaltung guter Ordnung eine Militärwache an besagtes Lokal gefälligst beordern zu wollen.

Der Kommissarische Oberbürgermeister Karl Joseph von Mylius an den Polizeipräsidenten Georg Carl Philipp Struensee, Köln, Donnerstag, 7. August 1817

Historisches Archiv der Stadt Köln, Best. 400, A 157, Bl. 11r (Abschrift)

Da bey der Anwesenheit Seiner Königlichen Hoheit dem Kronprinzen von Preussen die hiesige Stadt die Ehre haben wird Morgen um acht Uhr Abends im Sittmannschen Garten einen Ball zu geben, so ersuche ich Euer Hochwohlgeboren in polizeilicher Hinsicht die zweckmäßig scheinenden Maasregeln gefälligst treffen zu wollen; den Festungs Commandant Major von der Lund habe ich bereits ersucht eine Militärwache an besagtes Lokal beordern zu wollen.

Kölnische Zeitung, Nr. 127, Sonntag, 10. August 1817

Deutz, 8. August. Gleich bei seiner Ankunft in Köln wurde Seine Königliche Hoheit der Kronprinz durch die niedliche Beleuchtung der, Ihrem Wohnzimmer gegenüber, an hiesigem Ufer liegenden Gärten der Herren Notar Windeck u. Wilhelm Eckhart von der herzlichen Verehrung bezeugt, die sich im Einklang auf beiden Rheinufern bei Höchstihrer Anwesenheit ausspricht. Heut hatte Deutz die nie zu vergessende Freude, Seine Königliche Hoheit den Kronprinzen in Begleitung der hohen Generalität in seiner Mitte zu besitzen. Froh und mit ungeheucheltem Herzensausdruck scholl Höchstdenselben ein jubelndes Lebehoch entgegen. Seine Königliche Hoheit nahmen mit besonderer Aufmerksamkeit die Gegend der zukünftigen Befestigungen, und die dahier neu angelegte Königliche Artillerie-Werkstätte bis in ihren kleinsten Abtheilungen in Augenschein, und geruheten darauf, in dem Garten des Notar Windeck die herrliche Ansicht der Stadt Köln und des merkwürdigen Doms zu genießen, und ein ländliches Frühstück einzunehmen. Der Eindruck, den dieser hohe Besuch bei allen Einwohnern machte, bleibt eine unvergeßliche Wonne.

Welt- und Staatsbote zu Köln, Nr. 126, Samstag, 9. August 1817

Köln vom 8. August. Wo sich der Kronprinz nur zeigt, da hört und sieht er den öffentlichen Ausdruck ungeheuchelter Liebe und Verehrung. Jeder sucht sein Antlitz, und alle freuen sich des freundlichen Blickes, des bescheidenen anspruchslosen Benehmens und der herrlichen blühenden Jugendkraft des geliebten König-Sohnes, des künftigen Herrschers. In aller Herzen ist der Wunsch laut, Seine königliche Hoheit auf längere, wenigstens auf einige Zeit des Jahres in unserer Mitte, an den Gestaden des herrlichen Rheinstroms, bei den so anziehenden Denkmälern grauer Vorzeit weilen zu sehen, wozu die noch vorhandenen Schlösser vormaliger Herrscher des Landes so schöne Gelegenheit darbieten. Denn nur durch nähere Berührung lernt ein Fürst die Bedürfnisse und Wünsche seines Volkes näher kennen.

Gestern Morgen [7. August] gab der Prinz den Militär- und Zivil-Behörden Audienz, und erkundigte sich bei allen aufs Genaueste nach den Bedürfnissen und Wünschen des Volkes. Abends besah Höchstderselbe das Innere des hiesigen Doms, dieses prächtigen, leider! unausgeführten Denkmals deutscher Kraft, Größe und Frömmigkeit; das Innere des hohen Chors war nur mit einem Sterne, die Säulengänge aber ganz beleuchtet. Von Liebhabern wurden mehrere Kantaten ausgeführt; das Ganze machte bei feierlicher Stille eine schöne und feierliche Wirkung. Seine königliche Hoheit schienen sich an diesem heiligen und hehren Feste sehr zu vergnügen, denn Höchstdieselben weilten von 7 bis 10 Uhr im Tempel.

Im großen Saale des Jesuiten-Kollegiums hatte man dem Prinzen eine andere Art schönen und geistigen Genusses vorbereitet. Der ganze Saal war von oben bis unten mit prächtigen Gemälden, meist aus der deutschen Schule, behängt, welche von Privat-Besitzern dorthin geschickt waren; von Schönheit und Glanz geblendet, findet das Auge hier nicht den Ruhepunkt, wo es weilen soll. In Nebensälen hatte Herr Professor Wallraff seine kostbare Gemäldesammlung, Antiken und Seltenheiten aufgestellt. – Viel ist noch gerettet worden aus jener stürmischen, räuberischen Zeit; zu diesem kommen noch herrliche Kabinette mehrerer Privat-Leute, welche der Prinz zu sehen geruhet hat. Könnte nicht das noch Vorhandene in Eines gesammelt, an einem öffentlichen Platze geordnet aufgestellt, und auf diese Weise Köln, die Wiege einst deutscher Kunst und Größe, wieder die Wiege künftiger Kunst und Größe werden?

Heute Morgens [8. August] musterte der Prinz die hiesige Besatzung; Seine königliche Hoheit schienen mit der Haltung aller Truppengattungen äusserst zufrieden zu seyn. Morgen [9. August] werden Seine königliche Hoheit einer Plenar-Sitzung der Regierung beiwohnen. Heut Abend giebt die Stadt dem Prinzen zu Ehren einen Ball, und morgen Abend auf dem Rheine eine große Beleuchtung und Feuerwerk.

Karl Joseph Zacharias von Bertoldi, Tagebuch, Freitag, 8. August 1817

Historisches Archiv der Stadt Köln, Best. 7030, 332A/4, Bl. 154v

Heute wohnten Seine Königliche Hoheit der Kölnischen Militaire Parade bey (obgleich er gar kein Freund von Militaire Übungen und des Militair selbst ist) – und Hochdieselbe gaben dannach in der Loge (weil im Geist kein Raum dazu war, der Geists-Wirth aber doch alles besorgt und geliefert hat) den Behörden und einigen Angesehenen der Stadt ein Mittags Mal, wogegen die Stadt Ihm einen glänzenden Nachtsbal gegeben, dem Er bis nach 12 Uhr beygewohnt, und wo Er auch getanzt und recht munter sich gezeigt. – Ich brachte diesen Tag auf der Isenburg [...] zu, und kam abends wieder nach Mülheim.

Welt- und Staatsbote zu Köln, Nr. 128, Dienstag, 12. August 1817

Köln den 11. August. Seine königliche Hoheit unser geliebter Kronprinz besahen vorgestern [9. August] die hiesigen Kasernen, die Festungswerke, Lazarethe und andere öffentliche Anstalten, und äußerten darüber ihre Zufriedenheit. Der Ball, den die Stadt dem verehrten Prinzen zu Ehren am verwichenen Freitag [8. August] gab, beehrte Höchstderselbe mit seiner Gegenwart. Was Köln schönes und glänzendes hat, war bei diesem Feste zu sehen. Für den Prinzen war in einem eigenen Zimmer Tafel, welche mit Gold servirt wurde. In diesem Zimmer waren zwei Zeichnungen aufgehängt, welche der hoffnungsvolle Sohn des Herrn Sittmann, Eigenthümer des Ballsaales, verfertigt hatte und welche dem Prinzen äußerst gefielen. Seine königliche Hoheit ließen den Jüngling gleich am andern Tage zu sich kommen, bezeugten ihm in den schmeichelhaftesten Ausdrücken ihre Zufriedenheit, belobten seine Arbeit und ermunterten ihn zu fleißigem Fortschreiten in der Kunst, wozu er so viel Talent an Tag legt. Man hat Grund zu glauben, daß der junge Sittmann, auf Verwenden des Prinzen, in die Akademie zu Berlin werde aufgenommen werden.

Kölnische Zeitung, Nr. 126, Samstag, 9. August 1817

Köln, 8. August. [...] Für den morgigen Abend [9. August] veranstaltet der Handelsstand ein auf dem Rheine abzubrennendes Kunstfeuer, Beleuchtung des Hafens und der Schiffe. – Hoffentlich werden wir uns noch mehrere Tage der Anwesenheit Seiner Königlichen Hoheit erfreuen, und wirklich, diese Anwesenheit ist ein wahres Fest für Köln zu nennen: der zahlreiche, freudige Andrang der Menschen, die Seiner Königlichen Hoheit auf jedem Schritte jubelnd entgegen eilen, der Wetteifer, womit jeder die zur Feier Höchstihres Aufenthalts getroffenen Anstalten zu befördern sucht; die jeden Abend von den Einwohnern erneuerte Beleuchtung der Häuser bezeugen es. So herzlich als allgemein sind diese Ausdrücke der Freude; denn alle Herzen sind hingerissen, einstimmig in Verehrung und Vertrauen, durch die herablassende Huld und Freundlichkeit des allgeliebten Kronprinzen.

Annonce, in: Welt- und Staatsbote zu Köln, Nr. 126, Samstag, 9. August 1817

Heute Samstag den 9ten August, zur Verherrlichung des Festes, bei Anwesenheit Seiner königlichen Hoheit des Kronprinzen von Preussen, freyer Ball bei Richard Lieber, in der Komedienstraße. Anfang 8 Uhr.

Annonce, in: Kölnische Zeitung, Nr. 127, Sonntag, 10. August 1817

Bei Heinrich Rommerskirchen ist so eben erschienen: Teutscher Rheingruß an den Kronprinzen von Preußen, bei Seiner Anwesenheit in Bonn und Köln, in den ersten Tagen des Augusts; geklungen aus Oberkassel von E. M. Arndt. 1 Bogen in klein 4to. Preis 6 Stbr.

Annonce, in: Kölnische Zeitung, Nr. 127, Sonntag, 10. August 1817

Heute Sonntag den 10. August Tanzmusik bei Richard Lieber in der Komedienstraße.

Welt- und Staatsbote zu Köln, Nr. 128, Dienstag, 12. August 1817

Köln, den 11. August. […] Das Fest, welches vorgestern [9. August] der hiesige Handelsstand und die Schiffergilde dem Kronprinzen zu Ehren veranstaltet hatte, ist gewiß das prächtigste, was Köln je gegeben und gesehen hat. Beschreiben läßt es sich schwerlich, man muß es mit eigenen Augen gesehen haben. Die in der Mitte des Hafens gelegene Rotonde, die Salzstube genannt, war zum Empfange des Prinzen prächtig eingerichtet. Von dem Balkon der Rotonde sollte und konnte der Prinz das Ganze übersehen. Er war gleichsam der Mittelpunkt, auf den sich alles bezog. Schon seit 5 Uhr Abends drängte man sich in den Hafen, wo eine unzählige Menge des Schauspieles harrte, das da gegeben werden sollte. Je mehr es Abend ward, destomehr schwärzte sich der Himmel mit düstern Wolken, und drohte den gehofften Genuß zu vereiteln. Schon war es finstere

Nacht, schon fielen einige Tropfen Regen, die Menge ward beinahe ungeduldig, als ein schallendes Vivat die Ankunft des Kronprinzen im Hafen ankündigte; kaum war der Prinz eingetreten in das zu seiner Aufnahme bestimmte Gebäude, als zum nämlichen Thore heraus sich eine Taube erhob, und das auf einem Plattschiffe mitten auf dem Rheine bereitete Feuerwerk anzündete. Raketen stiegen in die Luft, und erhellten mit niederfallenden Leuchtsternen den schwarzbewölkten Himmel. Sterne glänzten, und Feuersonnen prangten und erhellten vor sich hin den großen und hellen Wasserspiegel; Kanonen donnerten, Pauken- und Trompetenschall mischte sich in den Jubelruf des Volkes. Alle Stücke des Feuerwerkes gelangen vollkommen, und jedes neue Stück überraschte die freudetrunkene Menge. Am schönsten nahmen sich aus die Kornähre mit unterliegender Garbe, das eiserne Kreuz, die Adlerorden und der von einer Strahlensonne umglänzte Namenszug unseres verehrtesten Königs Friedrich Wilhelm in Brillantfeuer. Der letzte Stern war verloschen, und es war wieder Nacht.

Der Kronprinz, der dem Feuerwerk auf dem Balkon zugesehen, trat zurück in den Saal, wo ihm der Ehrenbecher, gefüllt mit dem edlen Safte rheinischer Rebe, kredenzt ward. Gesundheiten wurden ausgebracht dem Vater des Vaterlandes, dem Kronprinzen, der königlichen Familie. Ein Musikchor stimmte das Lied an: „Heil dir im Siegerkranz!" Indessen hatte man ihm eine Überraschung vorbehalten. Nach beendigtem Feuerwerk hatten sich zehn der grössten holländischen Schiffe in einer berechneten Entfernung vom Ufer in einen in der Mitte geöffneten Halbkreis vor Anker gelegt, und in einem Nu standen dieselben mit Mast, Segel und Tauwerk in einem blendenden Brillantfeuer. Der ganze Wasserspiegel glänzte in Regenbogenfarben; kaum konnte das Auge den flimmernden Brand ertragen. Die Schiffbrücke fuhr auf und nieder, und glich einem brillantenen Throne. Man glaubte in eine Feenwelt versetzt zu seyn. Im Hintergrunde des offen gelassenen Raumes lag ein Plattschiff mit Theertonnen und andern Brennmaterialien gefüllt in vollen Flammen und stellte das Schauspiel eines auf der See brennenden Schiffes dar. Der Kronprinz erschien wieder auf dem Balkon, überrascht solch Schauspiel zu sehen, als von der entgegengesetzten Rheinseite Agrippina, die Stifterin Kölns, den Königssohn begrüßte, und die überraschte Menge den Geliebten hoch leben ließ. Links und rechts grüßte der Prinz das Volk und als er wieder eingetreten, forderte er den Becher, dankte und trank auf Kölns Wohl, mit dem Ausdrucke: Allaf Köln! Dieser Ausdruck brachte die Gesellschaft in den lebhaftesten Enthusiasmus und der Chor stimmte das Lied an: „Am Rhein, am Rhein!" doch genug von dem Feste; es ehrte den, den es ehren sollte, es ehrte die Stadt die es gab.

Kölnische Zeitung, Nr. 128, Dienstag, 12. August 1817

Verfasser: Eberhard von Groote/Marcus DuMont, mit einigen Anpassungen an die Zensurauflagen

Köln, 11. August. Seit undenklichen Jahren sah unsere Stadt keine so wahrhaft frohe, innige, aus dem eigensten Leben und Fühlen des Volkes sich entfaltende Feste in ihrer

Mitte, als diejenigen, welche in den schönen Tagen der Anwesenheit Seiner Königlichen Hoheit des Kronprinzen hierselbst gefeiert wurden. Schon der erste Anblick des jungen, freundlichen Prinzen regte in jedem Herzen die Erwartung, daß Er gütig und wohlwollend das aufnehmen würde, was Ihm wohlmeinend und treu geboten wurde. Der Erfolg übertraf alle Erwartungen weit; denn von dem ersten Tage, wo Seine Königliche Hoheit die einzelnen Kollegien und Behörden, so wie die Offizierkorps und die vornehmsten Bürger der Stadt und der Nachbarschaft, mit welchen Sie sich auf das freundlichste zu unterhalten geruhten, empfingen, wo Sie nachher die, aus den schönen Sammlungen der Herren Fochem (nunmehrigen Pastors zu St. Ursula), Tossetti, v. Herwegh, Schmitz, Willmes, DüMont und Müller zu wahrer Ehre der Stadt veranstaltete große Gemäldeausstellung, so wie die Sammlung alter römischer Monumente und Bildwerke des Herrn Professors Wallraff besuchten, bis fortwährend in der ganzen Zeit Ihres fernern Aufenthalts, hatte die Stadt sich Ihrer gleichen Freundlichkeit und Huld zu erfreuen.

Den ersten Mittag [7. August] Ihrer Anwesenheit in Köln speisten Seine Königliche Hoheit bei dem Herrn Oberpräsidenten. Den nämlichen Tag besuchten Höchstdieselben noch den Dom, stiegen sogar bis auf die äussern und innern Gallerien des hohen Chors, und wohnten Abends in dieser erhabenen Kirche einer, bei effektreicher Beleuchtung aufgeführten Musik bei. Am folgenden Tage sahen Seine Königliche Hoheit die Kölnischen Landwehrbataillons, besuchten die Festungswerke von Köln und Deutz mit vieler Aufmerksamkeit, und gaben sodann ein großes Mittagsmahl im Lokal des Kasino[2] auf dem Neumarkt, wozu die ersten Autoritäten und vornehmen Militär- und Zivilpersonen geladen waren. Nach diesem fuhren Höchstdieselben zum Hause des Herrn Lyversberg, um dessen schöne Sammlungen altdeutscher und neuerer Bilder, so wie die von den Herren Denoel und Fuchs gemalte Kapelle zu besehen, bei welcher Gelegenheit Sie sich mehrere der hiesigen Künstler vorstellen ließen.

Ganz vorzüglich huldreich und gütig benahmen sich Seine Königliche Hoheit bei einem glänzenden Balle, welcher Höchstdemselben von der Stadt im Sittmann'schen Saale gegeben wurde. Sie tanzten selbst mehrere Polonaisen, und ungeachtet der Schwüle des Gewitterabends, eine Ecossaise, zu welcher sich gegen 50 Paare vereinigt hatten. Die ganze Gesellschaft war durch Ihre Gegenwart begeistert und jeder Blick freudevoll auf Sie gerichtet.

Am 9. August präsidirten Seine Königliche Hoheit einer Plenarsitzung der Königlichen Regierung, und begaben sich darauf in das Jesuiten-Kollegium, wo Höchstdieselben die Gemäldesammlungen des Herrn Professors Wallraf mit großem Interesse, besonders für die Werke der alten Kölnischen Malerschule ansahen, und nahmen sodann das Mittagsmahl bei dem Herrn Generalmajor v. Ende ein.

Nach dem mehrmal wiederholten Zeugniß Seiner Königlichen Hoheit selbst aber ward alles, was man von Pracht und Größe sehen kann, durch die wahrhaft zauberhafte Beleuchtung des hiesigen Hafens übertroffen, welche von der Handelskammer veran-

---

[2] Vermutlich: Saal der Casino-Gesellschaft im repräsentiven Gebäude des Hackeneyschen Hofes, Neumarkt 8/10 (Vogts, Die profanen Denkmäler, S. 520).

staltet war. Der Abend war dunkel und still. Seine Königliche Hoheit begaben sich gegen 9 Uhr auf den Balkon des Hafen-Kommissariats, während in letzterm sich eine große Gesellschaft der vornehmsten Männer der Stadt versammelt hatte. Das Fest begann mit einem wohlberechneten, geschmackvollen Feuerwerk, welches auf der Mitte des Rheins auf einem Schiffe abgebrannt wurde. Sodann wurden die im Hafen schön gruppirten Schiffe auf das glänzendste erleuchtet, allein immer stand noch die von den Herrn Denoel und Fuchs kolossal gemalte Colonia, auf welche sich das Ganze als Zielpunkte richtete, unvollendet. Plötzlich aber erschien das 50 Fuß hohe Bild in seiner hohen Vollkommenheit und wurde von bengalischen und andern hellen Flammen prächtig erleuchtet. In bittender Stellung erhob Colonia die rechte Hand zum Himmel, und hielt den Schlangenstab Merkurs in der linken. Zu ihren Seiten standen zwei Terinen, mit den Inschriften: Wissenschaft, Kunst, Universität – Handel, Schifffahrt, Stapel. Es war ein würdiges Symbol von Kölns Wünschen und auf Königliches Wort gegründeten Hoffnungen, und stand bedeutungsvoll in seiner erhabenen Majestät.

Seine Königliche Hoheit geruhten das im Kleinen gezeichnete Bild zum Andenken von den Künstlern anzunehmen, und nachdem man das vaterländische Lied: Am Rhein, am Rhein etc. angestimmt hatte, tranken Sie aus einem großen Römer, mit dem freundlichsten Ausdruck des tiefsten Gefühls, auf Kölns Wohl. Aber auch später, nachdem Sie unverwandt die herrliche Erleuchtung gesehen, in deren äusserstem Punkte die hohe Colonia noch immer als gehaltreiches Emblem stand, und nachdem Sie manches gewichtige Wort, welches der verehrte Professor Wallraf Ihnen von Kölns Vergangenheit und merkwürdiger Geschichte sagen durfte, huldreich und theilnehmend angehört hatten, griffen Sie nochmal zum großen Pokal, und brachten zu einstimmigem Jubel aller anwesenden älteren und neueren Bewohner Kölns, den alten volksthümlichen Toast: Aalaf Coeln (alles lobe Köln) aus, welcher von tausend Stimmen bis in die fernste Stadt, wohin er mit dem Sprachrohr gerufen wurde, sich wiederholte, und neuerdings nun für lange Zeit das Losungswort wurde. So schloß sich in herzlichster, allgemeiner Freude der frohe, unvergeßliche Tag. Das Volk wogte die ganze Nacht in ungeheuren Massen durch den erleuchteten Freihafen, wobei besonders bemerkt zu werden verdient, daß durch die zweckmäßig getroffenen Vorsichtsmaßregel jedes Unglück verhütet, durch die freudige unbefangene Stimmung der jubelnden Menge aber auch von selbst jede störende Unordnung fern gehalten war.

Karl Joseph Zacharias von Bertoldi, Tagebuch, Samstag, 9. August 1817

Historisches Archiv der Stadt Köln, Best. 7030, 332A/4, Bl. 154v–155r

|154v| Heute Abend veranstaltete der Kölnische Handelsstand ein auf dem Rhein abgebranntes Feuerwerk mit Beleuchtung des Hafens und mehrerer Holländischer Schiffe. Es war wirklich diese Veranstaltung so schön, und kostspielig, daß sie im ganzen 18000 Franken gekostet haben soll, und der Prinz nicht genug seine Freude und Wohlgefallen darüber ausdrücken konnte, nachdem Er auf einmal aus dem Haus der sogenannten

ehemaligen Schiffers Zunfft (wo refractements [rafraîchissements] und Weine allerley Gattung praesentirt worden) sie zu sehen bekamen. Es war nämlich der Mühlengassen Krahnen zum ersten sehr brilliant beleuchtet und von diesem aus schlossen sich in einem Zirkel eines halben Mondes etwa 12 der größten holländischen Schiffe bis nahe an der Anfahrt der Rhein Brücke. Ein Schiff war schöner und reicher als das andere von der Wasser decke an bis an das Oberste der Masten, und an allen Seilern mit großen Leuchten, Lampen, und farbigten Gläsern beleuchtet, welches den herrlichsten doppelten Schein ins Wasser warf. In der Mitte der Schiff Reihe war eine Brücke angebracht, wo das Feuerwerk abgebrannt worden, und Trompeten und Pauken spielten von Zeit mit und darnach weiter. Die Fliegende Brücke, die wirklich einem Fehtempel gliche, und die mit farbigten Gläsern allerley Gattung in der Mitte der Masten den Nahmens Zug des Prinzen angebracht [hatte], machte zur rechten Seite den Schluß, senkte sich aber beym Überfahren von Köln nach Deutz bald in der Mitte, bald links, bald rechts der beleuchteten Schiffe, und gewährte einen ganz zauberischen Anblick, wobey auf der selben immer aus den kleinen xxxxxxx Kanöncher gefeuert wurde. Das Deutzer Rhein Ufer von dem dasiegen alten Kirch Thurm an bis am Ende der Abtey Mauer brannten von 12 zu 12 Schritt Theertonnen, an dem alten Kirchen Thurm aber war eine grau und schwarz gemahlte Figur (Colonia vorstellend, welche so groß, daß ein Zeh zwölf Zoll lang war), angebracht, und um diese zu beleuchten, brannte ein |155r| xxxxxx auf dem Rheine schwimmendes altes Moseler Schiff mit Theertonnen angefüllt zusammen, welches einen überaus auffallenden effect machte, und nach Köln hinüber strahlte. An diesem Bild schlossen sich nun die Beleuchtung der Windeckischen, Eckartischen Gärten, und Deutzer Häuser an dem Rhein, welches alles zusammen genommen, bezaubernd schön war, und die Freude und Zufriedenheit des Prinzen aufs Höchste gebracht hat. Er hat sich dem Bürgermeister und den auf der Schiffer Zunfft anwesend gewesenen Kaufmannschafts Gliedern in so herzlich und gnädigen Ausdrücken darüber geäußert und seinen Dank erklärt, daß alle Kölner Ihn, und Er alle Kölner an sich gezogen, […]. Gott seegne dieses noch mehr für die Folge. Circa halb 12 Uhr Nachts verliesen er die Zunfft und fuhren in dem Wagen des Oberpräsidenten Grafen v. Solms-Laubach von diesem begleitet durch den Hafen nach dem Geist, und eine xxxx des unzähligen Volkes begleitete Ihn durch ein ununterbrochenes Vivat Rufen. O wenn die Großen bedenkten, wie wenig es Sie kostet, die Herzen der Unterthanen an sich zu ziehen, und sich mit diesen froh und enger zu machen, wie könnten sie dann wohl öffters so handeln, wie sie handelen und sind!!!!

Kölnische Zeitung, Nr. 129, Donnerstag, 14. August 1817

Mülheim am Rhein, den 11. August 1817. Auch uns Mülheimern war nach langem Sehnen das große Glück zu Theil, die künftige Hoffnung unseres theuren Vaterlandes, Preußens allverehrten Kronprinzen in unserer Mitte zu sehen. – Peter Brenner, Amsterdamer Beurtschiffer, war der auserlesene Mann, der mit Beihilfe vier anderer Beurtschiffer uns gestern [10. August], ungefähr um halb zwei Uhr nach Mittag, von Kölns Ufern in seinem geschmackvollen Jachtschiffe den erhabenen Urenkel Friedrichs des Großen zusteuerte. – Allgemeinen Jubel erregte seine Ankunft. – Hätten wir seine wonnevolle Gegenwart länger genießen können! Gegen vier Uhr reisete dieser Durchlauchtigste Prinz von hier nach Altenberg, und von da noch am nämlichen Abend nach Köln zurück. Ewig unvergeßlich bleibt uns dieser Tag. – Gottes Engel leiten Seine Schritte!

Georg zu Solms-Laubach an seinen Bruder Reinhard in Berlin, Mülheim, [August?] 1817

Privatarchiv der Grafen zu Solms-Laubach, XVII, 204, o. Nr.

Der Kronprinz war auch hier in Mülheim, und frühstückte in unserm Haus. Den Nachmittag fuhr er mit dem Vater, und einigen andern Herrn nach Altenberg, wo eine sehr schöne Kirche ist, welche fast wie der Dom in Köln gebaut ist.

Kölnische Zeitung, Nr. 128, Dienstag, 12. August 1817

Verfasser: Eberhard von Groote/Marcus DuMont, mit einigen Anpassungen an die Zensurauflagen

Am 10. August besuchten Seine Königliche Hoheit die protestantische Kirche und dann den Dom, wo Sie, um ungestörter zu seyn, während des feierlichen von einer der schönsten Kompositionen von Haydn begleiteten Amtes, auf die innere Gallerie des hohen Chors stiegen. Nach diesem fuhren Sie nach Altenberg. Vor dieser, nach dem unglücklichen Brande bald wieder hergestellten, schönen gothischen Kirche wurde eine Standrede nach altem Brauch von dem Zimmermann gehalten. Seine Königliche Hoheit bewunderten die Schönheit dieses Gebäudes, und bedauerten sehr, daß der Kreuzgang, das Dormitorium und mehrere Fenster durchaus zerstört sind. Die Kirche selbst aber wird für den Gottesdienst auf öffentliche Kosten wieder hergestellt. Auch die Spinnereien und Tuchscheerereien des Herrn Hasselkuß, welche in dem Klostergebäude eingerichtet sind, fanden Seine Königliche Hoheit Ihrer Aufmerksamkeit werth.

Heute [11. August] früh um 8 Uhr, fuhren Höchstdieselben zu dem, zwei Meilen entlegenen Schlosse Bensberg, kehrten gegen 2 Uhr von da zurück, und setzten Ihre Reise sodann weiter nach Jülich und Achen fort. Unvergeßlich werden diese Tage noch lange für Köln bleiben. Möge die huldreiche Güte, mit welcher der königliche Prinz sich zu Jedem herabließ; möge zugleich die laute, ungeheuchelte Liebe und die herzliche Zuneigung, die Er bei allen Volksklassen für sich erregte, das sichere Pfand kommender glücklicher Zeiten werden!

Karl Joseph Zacharias von Bertoldi, Tagebuch, Sonntag, 10. August 1817

Historisches Archiv der Stadt Köln, Best. 7030, 332A/4, Bl. 155r–155v

Der Kronprinz kam diesen Morgen mit einem Schiff von Köln, welcher „begleitet von seinen 2 Reise Gefährten beym Oberpraesidenten v. Solms dejeunirt, und um 4 Uhr aus Solms Garten nach Aldenberg gefahren, um die dasige Kirche zu besehen. Er fuhre mit Grafen v. Solms in einer 4 sitzigen Birusch, und eine 2tere mit Landrath v. Spies etc., welche auch mit dejeunirt hatten. Bey höchster Ankunft, wo Ihm bey der Anfahrt ein Weg in den Weiden zum Solms Garten gemacht war, wurden ihm die hiesigen Tribunals- und Stadtraths- sodann Kirchenrath Glieder durch xxx v. Spies vorgestellt, auch die Geistlichkeit [...]. Abends halb 8 Uhr retournirten die Reisenden von Altenberg durch Mülheim, und Deutz nach Köln, wo der Prinz beym Bürgermeister v. Milius speisete. –

Gestern hieße es in Köln, und alles war auch darauf eingerichtet, daß der Prinz um 10 Uhr des andern Tags von Köln abfahren würde, und von allen kölnischen Botger, sodann xxxxxxxx und einem Kanonir Schiff umgeben nach Mülheim begleitet werden sollte. Allein, der Prinz ist, nachdem er vorher in der Protestantischen Kirche erwartet worden, und auch gewesen ist, nachher noch in [den] Dom gefahren, wo er einem katholischen Hochamt beyzuwohnen gewünscht, erst um halb 12 von Köln an den Hafen abgeschifft, und alle die übrigen Anstalten und Begleitungen sich verbethen, so fuhr er [an] der hiesigen Brücke vorbey, ohne daß man es gewußt, weil man das erste kleine Böthgen, worinn er war, als den versprochenen Aviso Nachen angesehen. Zufällig war es, daß man von der Brücke zu schießen angefangen, sonst wäre er ohne alle Ehrenbezeugung und daß einer ihn gewahrsamt hätte, angekommen. Die Brücke war um das Geländer herum mit 4 Oleander und 6 Granat Bäumen geziert, und auf jedem Ruder sowohl als auf jedem Mast wehete die Preußische Flacke. – Die Ankunfft, wie gesagt, war so unvermerkt, daß keine 100 Leute auf der Straße und an Solms Garten gewesen, viel weniger großes Vivat gerufen.

Kölnische Zeitung, Nr. 129, Donnerstag, 14. August 1817

Nachtrag zur Beschreibung der Festlichkeiten des Aufenthalts Seiner Königlichen Hoheit des Kronprinzen in Köln. Seine Königliche Hoheit haben am 9., nachdem Sie das Mittagsmahl bei dem Herrn General-Major v. Ende eingenommen, das Kabinet von Wachsfiguren, meistens von der Arbeit unseres Künstler-Nestors, Herrn Vikarius Hardy, bei Herrn Oetgen in Augenschein genommen, und sich von da zu Herrn Foveaux begeben, die von unserem Künstler Herrn Fuchs gemalte, täuschende Perspektive zu besehen. Bei der Beleuchtung des Hafens und der Schiffe am nämlichen Abend machte die fliegende Brücke, welche deren Eigenthümer, Herr Evers, aufs glänzendste in Flammenschmuck gehüllt hatte, eine vortreffliche Wirkung, indem sie, auf- und abfahrend, durch ihre Bewegung ein eigenes Leben in den Zauber der ganzen Lichtmasse goß.

Friedrich Albrecht Gotthilf von Ende, Generalmajor der Kavallerie, Inspekteur der Landwehr und Kommandant von Köln, in: Kölnische Zeitung, Nr. 129, Donnerstag, 14. August 1817

Seine Königliche Hoheit der Kronprinz haben in Bonn die zweite Kompagnie des ersten, und in Köln die erste und zweite Kompagnie des zweiten Kölnischen Landwehr-Regiments gemustert, und die höchste vollkommenste Zufriedenheit über deren Zustand, Haltung, Dressur etc. auf die gnädigste Weise zu erkennen gegeben. Indem ich dieses zur öffentlichen Kenntniß bringe, halte ich mich zugleich verpflichtet, hiermit öffentlich zu bezeugen, daß die beiden Landwehr-Regimenter hiesigen Regierungs-Bezirks sich bei allen Gelegenheiten, sowohl bei der sonntäglichen, als bei der im Frühjahr Statt gehabten Uebung und letzten Zusammenziehung, auf die lobenswertheste Weise stets benommen, und durch guten Willen, Folgsamkeit und Gelehrigkeit sich in der Art ausgezeichnet haben, daß ich dem Augenblick mit Zuversicht entgegen sehen darf, wo Seine Majestät der König befehlen werden, einen Theil derselben zu sehen. Köln, den 13. August 1817.

Welt- und Staatsbote zu Köln, Nr. 128, Dienstag, 12. August 1817

Köln, den 11. August. […] Heute um 5 Uhr Abends reiste der geliebte Prinz, begleitet von dem Segen der Einwohner von hier nach Jülich ab. Eine Abtheilung der reitenden Bürgermilitz des Landkreises und viele hiesigen jungen Leute, begleiteten den hohen Reisenden durch ein Spalier von Einwohnern, die sich vor dem Thore versammelt hatten, um den Scheidenden noch einmal zu sehen und zu grüßen.

Kronprinz Friedrich Wilhelm an König Friedrich Wilhelm III., Jülich, Dienstag, 12. August 1817

GStA PK, BPH Rep. 50J, Nr. 1006, Bd. 1, Bl. 114r–114v

Von Bonn aus „fuhren wir nach dem Schloß Brühl, welches recht in Ihrem Gendre ist, sehr groß, eine ungeheure marmorne Treppe, sonst im Styl vom Neuen Palais, in einer flachen wüsten häßlichen Gegend. – Wir schliefen zu Köln. Da hatten sie, 3 große Säle u. 7 große Zimmer in den Jesuiter Gebäuden, ganz voll Bilder u. Antiken gefüllt; prächtige Sachen unter vielen Schofel. Da mußte ich denn den 1ten Tag gleich hin, sah aber kaum die Hälfte, denn die Cour Schneidereyen der Behörden nahmen mir viel Zeit, ich dinirte bey Solms. Nach Tisch, als ich mich etwas geruht, ging ich In Kochnitow in den Dom, besah mir's äußerlich u. innerlich u. ging dann zu Haus mich umkleiden, um abermals offiziell hineinzugehen, gegen 9 Uhr. Da war der Chor durch einen einzigen Stern illuminirt. Es war Orgel-, Vocal- u. Instrumental Musik. Ich habe in meinem Leben nichts immenseres gesehen, als den Anblick dieses Gebäudes bey diesem Licht. – Am andern Morgen war Parade u. dann zog ich bis zu Tisch in der Festung umher, diesseit u. jenseit des Rheins. Ich gab der guten Stadt ein großes Gelage, besah nach Tisch die Lieversbergsche Bilder Gallerie u. wurde am Abend von der guten Stadt mit einem Balle beunglückt. Ein herrlicher Bedienter begoß mir beym Souper die Hosen mit Kirschsauce, so daß ich mit dem besten Prätext entfloh.

Kronprinz Friedrich Wilhelm an König Friedrich Wilhelm III., Aachen, Mittwoch, 13. August 1817

GStA PK, BPH Rep. 50J, Nr. 1006, Bd. 1, Bl. 112r–112v

Sonnabend Morgen [9. August] in Köln, wohnte ich auf Graf Solms Wunsch, einer Sitzung der Regierung bey. Auch zu Koblenz hatte mich schon der Ingersleben dazu gebracht. Nachher besuchte ich die 8 noch übrigen Gemächer des Museums, spies bei Ende u. fuhr nach Tisch mit ihm in einigen Militär Gebäuden, Lazareth, Casernen, Gießhaus, Arsenal etc. umher; auch bey einigen Curiositaeten der Stadt. Abends gab mir die Kaufmannschaft ein prächtiges Fest. Illumination des Freyhafens, großes FeuerWerk etc. Ich habe nie etwas Schöneres gesehen. Gegenüber in Deutz stand gemahlt, u. sehr schön gemalt, die Figur der Colonia, 50 Schuh hoch, von bengalischem Feuer erleuchtet! Sonntag Morgen [10. August] ging ich in die evangelische Kirche, die sehr hübsch ist, u. dann in kochnitow in den Dom, wo ich von der Gallerie en cachette [im Geheimen] das feyerliche Amt des Lorenz Festes, u. die Musik hörte. Nachher fuhren wir mit Solms etc. zu Wasser nach Mühlheim, wo wir bey der Gräfinn speisten, u. dann nach der alten Abtey Altenberg fuhren, wo eine göttliche Kirche, u. schöne Ruinen des kürzlich verbrannten Klosters sind. Es war die Gruft der Herzoge von Berg. – Montag Früh [11. August] fuhr ich mit Solms nach dem ungeheuren, aus Marmor gebauten, traurigen u. öden Schloß Benzberg, aßen inter nobis zu Köln, u. fuhren nach Tisch nach dem traurigen Jülich.

Kronprinz Friedrich Wilhelm an seine Schwester Charlotte, Wesel, Montag, 18. August 1817

GStA PK, BPH Rep 50 J, Nr. 1210, Bd. 1, Bl. 106r–107r

Wir besahen [in Bonn] am Morgen alles, u. fuhren [am 6. August] über das prächtige u. traurige Schloß Brühl nach Köln. – Wie man mich da fêtirt u. gequält hat das geht in's Weite – Alle Kunst Schätze von Wallraf, Fochem etc. waren in 10 Sälen der Jesuiter Gebäude aufgestellt. Diese besah ich am 1ten Morgen, u. ging nach Tisch in den Dom als Mensch u. um 9 Uhr noch mal als UnMensch. Hirth wohnte im selben Hause mit uns u. begleitete uns überall. – Da im Dom war das schönste Schauspiel von der Welt. Ein grosser illuminirter Stern war das einzige Licht, u. schwebte hoch im Chore. Das ungeheure Gewölbe schimmerte nur im Nebel oben. Dabey wurde eine Messe von Naumann aufgeführt, die ich mir habe geben lassen. – Es waren wirklich unaussprechliche Augenblicke. Mein ganzes Wesen war bey Dir, beste Charlotte, u. ich war am Heulen. Das müssen wir auch zusammen sehen!!! Am andern Vormittag besah ich die Festung, GemäldeSammlung, und ganz Abends auf einem grossen StadtBall, von dem mich ein Bedienter (durch Begießen meiner 3ièmes [Hosen] mit Kirsch-Sauce) befreite. Am Sonnabend wohnte ich einer Regierungs Sitzung bey, besah das Museum, wo Hirth u. Wallraf entsetzlich zankten, speiste beym Comandanten, fuhr an den Magasinen Zeughaus etc. umher, u. besuchte Abends ein PrachtFest welches mir die Kaufmannschaft gab. Erstlich war's ein schönes Feuer Werk auf dem Rhein, u. dann die allerprächtigste Illumination aller Schiffe. Diese Schiffe mit 1.000 Lampions u. oft mir 3 Reihen Laternen an Festons erleuchtet, standen perspektivirt bis nach Deutz, auf dem rechten Ufer, wo die sehr schön gemalte Bildsäule der Colonia, 50 Schuh hoch, von Demant Feuer beleuchtet, stand!!!!!![3] Es war zu toll!

Am Sonn-Tag ging ich früh in die evangelische Kirche, u. dann in den Dom zum Hoch Amt. Es war Lorenz Tag, u. das Amt sehr feyerlich u. die Musik sehr schön. – Zu Mittag fuhren wir zu Wasser nach Mühlheim, wo uns Solms bewirthete, u. dann nach der alten Abtey Altenberg in einem tiefen Thal, wo die Gruft der alten Herzöge v. Berg ist. Eine göttliche Kirche, u. Scheiben! Montag sahen wir das Schloß Benzberg, was ganz aus Marmor gebaut, aber sehr öde, traurig u. groß ist. Eine schöne Aussicht. – Nach Tisch fuhren wir nach Jülich, wo ich bis zum andern Abend blieb, entsetzlich viel zu thun hatte, u. mich gräßlich ennuyirte.

Kölnische Zeitung, Nr. 129, Donnerstag, 14. August 1817

Seine königliche Hoheit der Kronprinz sind den 11. Abends um 9 Uhr in Jülich angekommen. Höchstdieselben wollten den 12. dort verweilen und den 13. in Achen eintreffen.

Kronprinz Friedrich Wilhelm an Friedrich Ludwig Christian zu Solms-Laubach, Wesel, 20. August 1817

Landesarchiv NRW R, BR 0002, Nr. 127, Bl. 209r

Mein lieber Herr Graf! Ungern verlaße Ich heute die schönen Provinzen des lieben Rheinufers, deren Bewohner sich auf eine Meinem Herzen wohlthuende Weise beeifert haben, Mir ihre Ergebenheit gegen den König Meinen Vater zu beweisen. Ich habe überall eine Anerkennung der Vorsorge und des Eifers wahrgenommen, mit welchem Sie und die Behörden Ihres Oberpräsidialbezirks die wohlwollenden und väterlichen Absichten Seiner Königlichen Majestät ins Werk zu setzen streben, und es gereicht Mir daher zu einem ganz besondern Vergügen, Ihnen Herr Graf, den Präsidenten, Behörden und Bewohnern

---

[3] Kronprinz Friedrich Wilhelm zeichnete in seinem Brief ein winziges Bild der Colonia-Figur (ebd., Bl. 107r).

Ihres Bezirks Meine Freude darüber zu erkennen zu geben, der Ich mit besonderer Hochachtung und wohlwollen verbleibe des Herrn Grafen sehr wohlgeneigter Freund Friedrich Wilhelm KronPrinz. Wesel den 20. August 1817

Friedrich Ludwig Christian zu Solms-Laubach an Kronprinz Friedrich Wilhelm, Köln, 14. September 1817

Landesarchiv NRW R, BR 0002, Nr. 127, Bl. 238r–239r, Abschrift

Durchlauchtigster Kronprinz Gnädigster Herr.

Euer Königlichen Hoheit haben am 20ten vorigen Monats gnädigst geruht, mir die höchste Zufriedenheit über das von Höchstdenenselben bemerkte Bestreben der Landesbehörden auszudrücken, die unserer Verwaltung anvertraute Provinz, nach den väterlichen Absichten Seiner Königlichen Majestät zu behandeln, und so allmälig, das nur von der Zeit zu erwartende Werk, der innigen Vereinigung mit der alten Monarchie zu vollenden. Je schmeichelhafter diese gnädigste Aeußerung für uns ist, und je mehr sie uns aufmuntern wird, mit aller Kraftanstrengung nach dem uns gesetzten Ziel zu ringen, je inniger ist unser Dank gegen Seine Königliche Majestät daß Allerhöchstdieselben Euer Königlichen Hoheit beauftragt haben, die Rheinprovinzen zu bereisen, um von Höchstdenenselben über deren Zustand unterrichtet zu werden, nachdem es die Umstände nicht zugelassen haben, daß Seine Majestät Selbst Sich hier aufhalten konnten. Euer Königliche Hoheit hohe Person, die Art wie Sich Höchstdieselben über das Land gegen dessen Bewohner geäußert haben, die richtige Auffaßung ihrer Eigenthümlichkeit, und die allgemeine Ueberzeugung, daß, was Euer Königliche Hoheit sagen, aus dem Herzen gesprochen, und keine Redensart ist, hat alle Herzen gewonnen, und ein unauslöschliches Andenken in den Gemüthern der Rheinländer hinterlassen. Bei jeder Veranlassung spricht sich diese Gesinnung aus, und der Ort, wo Euer Königliche Hoheit am Drachenfels ausgeruht haben, so wie der Pokal, aus welchem Höchstdieselben in alter Mundart auf das Wohl dieser alten Stadt getrunken haben, würden noch in spätester Zeit durch die Tradition bekannt bleiben, wenn auch beides zu Grund gehen sollte. Keine Nachricht wird allgemeinere Volksfreude verbreiten als diese, daß Euer Königliche Hoheit bald wieder die Rheinprovinzen besuchen werden.

Ich habe die Gnade mich in tiefster Ehrfurcht zu nennen Euer p.p. (unterzeichnet) F. Ch. zu Solms-Laubach, Coeln am 14. Septembris 1817.

Hoher und höchster Besuch

Nach der Abreise des Kronprinzen wartete man in Köln auf den Besuch des Königs.[1] Zunächst jedoch trafen zwei preußische Politiker ein, die sich einen persönlichen Einblick in die Situation der Rheinprovinzen verschaffen wollten, und, dessen war man sich in Köln bewusst, für die Zukunft der Stadt von entscheidender Bedeutung waren. Als erster kam Karl vom Stein zum Altenstein am 24. August für einige Tage in die Stadt, im Oktober kehrte er zu einem zweiten Aufenthalt zurück.[2] Anlass seiner Besuche war ein Auftrag, den er im Juli erhalten hatte: Nach der Gründung der Verfassungs-Kommission im März 1817 hatte am 7. Juli ihre erste – und letztlich auch einzige – Sitzung stattgefunden. Auf ihr wurde beschlossen, Kommissare in die Provinzen zu senden, um „Nachrichten über alte Verfassungen" zu sammeln und die Meinung „verständiger Männer" zu hören. Altenstein wurde als einer dieser Kommissare zur Bereisung von Westfalen und den Rheinprovinzen bestimmt.[3] Am 24. Juli hatte Altenstein Solms-Laubach von seiner baldigen Ankunft benachrichtigt, die Vorbereitung von historischem und statistischem Material gefordert und Gespräche mit Eingesessenen angekündigt, zugleich aber strikte Geheimhaltung seiner Mission angeordnet. Ob Eberhard von Groote von dieser Mission Altensteins, dem er 1815 in Paris und 1816 in Berlin begegnet war, bereits im August wusste, ist daher fraglich.[4] Nun konnte Groote ihn Mitte August bei der Besichtigung der Wallraf'schen Sammlung erneut, wenn auch nur kurz, persönlich sprechen.

Am 29. August, kurz nach der Abreise Altensteins, traf Innenminister von Schuckmann in Köln ein, der zu diesem Zeitpunkt noch die Ressorts Kultus und Öffentlicher Unterricht vertrat. Eines der Ziele seiner Reise durch die Rheinlande war es, die Frage des Universitätsstandorts endlich offiziell zu klären. Anders als Altenstein war Schuckmann – ein „Erzphilister" hieß es in zeitgenössischen Urteilen – ein Vertreter der Restauration,[5] Gegner rheinischer Sonderinteressen und romantisch-mystizistischer Schwärmerei.[6] In dem für ihn vorbereiteten Programm[7] absolvierte Schuckmann u.a. einen Besuch des

---

[1] Zur Bedeutung der Reisen preuß. Monarchen von Beginn bis zur Mitte des 19. Jh.s ausführlich: Huch, Zwischen Ehrenpforte, S. 27–210.

[2] Gerschler, Oberpräsidium, S. 68–70; Hömig, Altenstein, S. 139 f. Zur Persönlichkeit Altensteins urteilte Justus von Gruner in einem Brief an J. Görres, Bern, 1. Dez. 1817: „Er [Altenstein] ist ein reines treues Gemüth, religiöser als man sie bei uns zu finden pflegt, voll redlicher Absichten und besten Willens, ohne Partheygeist und rücksichtslos der erkannten Warheit folgend. Äußeres und Vortrag ziehen nicht an. Aber der Kern in der unscheinbaren Hülle lohnt ihn zu suchen" (in: Fink-Lang, Görres. Briefe, Bd. 3, S. 485).

[3] Zur Reise Altensteins: Stern, Verfassungsfrage, S. 62–72; zu seiner Rolle in der Verfassungsdiskussion kurz: Schmitz, Vorschläge S. 389 f.

[4] Die Köln. Zeitung berichtete erst im September über die Sitzung der Kommission am 7. Juli 1817 und den Auftrag Altensteins (Köln. Zeitung, Nr. 146, 13. Sept. 1817).

[5] A. von Arnim an J. Görres, Berlin, 21. Okt. 1817: „Wenn Du Schuckmann kennen gelernt hast, so kennst Du auch das Miserabelste in unserem Staate, die tiefste Note, und wenn Du Dich mit dem verträgst, so wirst Du bald der beste Patriot sein" (in: Fink-Lang, Görres. Briefe, Bd. 3, S. 474).

[6] Zu Schuckmanns Haltung in der Verfassungsfrage: Schmitz, Vorschläge, S. 397 u. vielerorts.

[7] Vgl. ein Protokoll des von Schuckmann in Köln absolvierten Programms, 2. Sept. 1817, ohne Unterschrift (HAStK, Best. 400, A 158, Bl. 2r u. v).

Doms, ein Diner bei Solms-Laubach, eine Sitzung des Regierungskollegiums sowie die Besichtigung der Gemäldesammlung im Jesuitenkolleg.[8] Oberbürgermeister von Mylius nutzte die Gelegenheit, um erneut auf die Interessen der Stadt hinzuweisen und überreichte Schuckmann die Denkschrift, die man zuvor dem Kronprinzen übergeben hatte.[9] Groote, der Schuckmann aus Berlin kannte, traf ihn bei verschiedenen Gelegenheiten, sprach ihn aber nicht an, da er, wie er notierte, „nicht eben wußte, was ich ihm sagen sollte."[10] Insgesamt war man in Köln nicht unzufrieden mit Schuckmanns Reaktionen auf wirtschaftliche Forderungen, in Hinblick auf die Universität aber sah man sich enttäuscht.[11]

Tatsächlich war die Entscheidung für Bonn inoffiziell bereits gefallen. Im Juli hatte der im Innenministerium für den Bildungsbereich zuständige Johann Wilhelm Süvern, beauftragt von Hardenberg, ein Gutachten zur Standortfrage der Rheinuniversität vorgelegt,[12] in dem er dezidiert für Bonn plädierte. Die gerade von Groote so sehr betonte Bedeutung Kölns aufgrund seiner Geschichte und seiner Kunstwerke war darin zum Argument gegen die Stadt geworden. Als stetige Umgebung, hieß es in Süverns Gutachten, würden „diese Dome des Mittelalters, diese Darstellung von lauter Legenden und heiligen Geschichten" nichts anderes bewirken, als Universität, Professoren und Studierende in einen „schwächlichen trüben Mystizismus zu versenken". Abfällig urteilte Süvern auch über die wissenschaftliche Ausstattung Kölns; die Bibliothek des ehemaligen Jesuitenkollegs, die dortigen physikalischen Instrumente und den Botanischen Garten nannte er unbedeutend.[13] Da Schuckmann das Votum für Bonn durch seine Reise-

---

[8] Mylius lud einige Stadträte zum Empfang des Ministers ein; Köln, 2. Sept. 1817: „Die Herrn Stadträthe von Herwegh, von Nagel, von Kempis, Koch, Löhnis, von Geyr werden gebeten heute gegen Mittag bey dem Empfang S. Excellenz des Ministers vom Innern auf dem hiesigen Rathhauß gegenwärtig zu seyn" (HAStK, Best. 400, A 158, Bl. 1r).

[9] Am 19. Aug. 1817 sandte Mylius eine Abschrift der dem Kronprinzen überreichten Denkschrift an Solms-Laubach (Landesarchiv NRW R, BR 0002, Nr. 127, Bl. 199r–205v) und erklärte: der Stadtrat habe die Anwesenheit des Kronprinzen „benutzen zu müssen geglaubt, um diesem einige Wünsche" vorzutragen, „durch deren Erfüllung das Wohl hiesiger Gemeinde vorzüglich befördert werden dürfte"; der Rat habe „hierzu eine eigne Commission aus ihrer Mitte mit Zuziehung der Präsidenten mehrerer hiesigen Verwaltungbehörden ernannt." Die Denkschrift enthielt, so Mylius, „meist Gegenstände, „die schon einzeln und ausführlich behandelt, gehörigen Orts vorgetragen worden sind". Zuletzt bat er darum, „die Anträge der hiesigen Gemeinde höchsten Ortes hochgeneigt unterstützen zu wollen" (Bl. 198r); vgl. den Entwurf zu diesem Schreiben: HAStK, Best. 400, A 157, Bl. 66r u. v). Vermutlich erwartete Mylius, dass Solms-Laubach die Denkschrift an Minister von Schuckmann weiterreichen würde.

[10] Groote, Tagebuch, 31. Aug. 1817.

[11] Laut Protokoll der Sitzung v. 6. Sept. 1817 teilte Mylius dem Stadtrat mit, „daß er S. Excellenz dem Herrn von Schuckman Minister des Innern die nemliche der vom Stadtrath geäußerte Wünsche vorgetragen habe, und von ihm im Allgemeinen vorzüglich aber in Hinsicht des Transit-Handels und Freyhafens, sowie auch der Verwendungen bey den Regierungen von Holland und Frankreich der Fabricken wegen die beruhigendste Zusicherung erhalten" (HAStK, Best. 410, A 1).

[12] J. W. Süvern, Promemoria v. 27. Juli 1817; auszugsweise veröffentlicht in: Sybell, Gründung, S. 453–460; vgl. Bezold, Geschichte, S. 53–56; Renger, Gründung, S. 56–59; Pabst, Universitätsgedanke, S. 73 f.

[13] J. W. Süvern, Promemoria v. 27. Juli 1817 (zit. in: Bezold, Geschichte, S. 55).

eindrücke bestätigt sah, entsprach sein am 29. Oktober 1817 vorgelegter Bericht weitgehend dem Gutachten Süverns.[14]

Nach der Abreise des Innenministers stand die auf den 10./11. September angekündigte Ankunft Friedrich Wilhelms III. bevor.[15] Die städtischen Vorbereitungen für seinen Empfang hatten schon Mitte August begonnen, als Oberbürgermeister von Mylius vorschlug, die für den Kronprinzen organisierte Gemäldeausstellung für den König bestehen zu lassen. Mit einem Schreiben vom 16. August lud er die Organisatoren der Ausstellung Wallraf, Groote und Denoël sowie alle Leihgeber von Gemälden zu einer Besprechung ein, um die „deshalb zweckdienlichsten Maasregeln" zu klären.[16] Etwa gleichzeitig hatte Mylius die Idee vorgetragen, für die bevorstehenden Besuche Schuckmanns und des Königs eine Ausstellung aller Kölner „Fabrikate" im Gürzenich zu organisieren.[17] Die Zeit war jedoch für die Realisierung einer so ambitionierten Veranstaltung bis zum Eintreffen Schuckmanns zu knapp, sodass man sich in einer Besprechung bei Mylius am 23. August, an der wieder Groote und Denoël teilnahmen, entschloss, bis auf die Ankunft des Königs zu warten, um ihm eine große „Manufacturausstellung" im Gürzenich und einen „Zug der Gewerbe" präsentieren zu können.[18] Da es allerdings zu Unstimmigkeiten unter den Gewerbevertretern kam,[19] entschied man am 6. September, auf eine Parade zu verzichten und sich auf eine kleinere Gewerbeausstellung im Rathaus zu beschränken. Zum Organisator dieser ersten Kölner Gewerbeausstellung wurde Denoël ernannt, der die Präsentation in den folgenden Tagen gemeinsam mit dem Rat der Gewerbeverständigen vorbereitete.[20]

---

[14] Zum Besuch Schuckmanns und seiner Entscheidung für Bonn: Bezold, Geschichte, S. 56 f.; Sybell, Gründung, S. 416; Klein, Bemühungen, S. 382.

[15] Zeitweise rechnete man in diesen Tagen auch mit einer Rückkehr des Kronprinzen nach Köln, um hier seinen Vater zu treffen.

[16] Entwurf der Briefe: K. J. von Mylius an F. Fr. Wallraf, E. von Groote u. M. J. Denoël, Köln, 16. Aug. 1817 (HAStK Best. 400, A 157, Bl. 61r u. v).

[17] Vgl. K. J. von Mylius an den Rat der Gewerbeverständigen, Köln, 13. Aug. 1817, Entwurf (HAStK, Best. 400, A 159, Bl. 2r u. v). Vgl. auch: K. J. von Mylius an Oberpräsidenten Fr. L. Chr. zu Solms-Laubach, Köln, 13. Aug. 1817, Entwurf (HAStK, Best. 400, A 159, Bl. 1r). In Düsseldorf hatte bereits 1811 eine große Gewerbeausstellung stattgefunden, für den Besuch des preuß. Königs wurde 1817 eine ähnliche Schau organisiert.

[18] Groote, Tagebuch, 23. Aug. 1817. Vgl. den Aufruf vom 25. Aug. 1817, der in 200 Exemplaren gedruckt wurde: „An die Kölnischen Fabrick-Inhaber, Kunst-Arbeiter und Handwerker", in dem Mylius um Teilnahme an der geplanten Ausstellung warb (HAStK, Best. 400, A 159, o. P.). Vgl. den Entwurf, datiert 25. Aug. 1817 (Bl. 5r–6v). Am selben Tag forderte Mylius vier Stadträte auf, gemeinsam mit dem Rat der Gewerbeverständigen sowie mit Wallraf, Denoël und Baumeister Weyer über eine entsprechende Ausstellung zu beraten (K. J. von Mylius an die Stadträte M. von Kempis, Fr. J. J. von Herwegh, H. J. M. DuMont und Fr. P. Herstatt von der Leyen, Köln, 25. Aug. 1817, Entwurf (Bl. 3r–4v).

[19] Groote, Tagebuch, 3. Sept. 1817.

[20] Zu den umfangreichen Vorbereitungen in Köln für den Besuch des Königs und zu seinem Aufenthalt vgl. die Korrespondenzen und Berichte in den Akten: HAStK, Best. 400, A 159 und Landesarchiv NRW R, BR 0002, Nr. 127. Generell zu den notwendigen Vorbereitungen für einen Besuch des Königs: Huch, Zwischen Ehrenpforte, S. 489–491.

Auch ganz praktische Maßnahmen, die für eine Anzahl von Kölnerinnen und Kölner erhebliche Belastungen bedeuteten, mussten getroffen werden, denn, anders als der Kronprinz, reiste der König mit einer größeren Gruppe hoher Funktionsträger in Militär, Verwaltung und Politik, unter ihnen Prinz Carl von Mecklenburg-Strelitz, Kriegsminister von Boyen, einige Generäle, Geheime Kabinettsräte und Geheime Räte.[21] Da die gesellschaftlich hochrangigen Begleiter des Königs in die Häuser adeliger und vermögender Bürger einquartiert werden sollten,[22] informierte Solms-Laubach Ende August den Oberbürgermeister über diese Personen und ließ sich von Mylius die Zuordnung zu den Kölner Gastgebern vorlegen. Der König selbst mit seinem Leibarzt Johann Wilhelm Wiebel und einem Geheimen Kämmerer sollte im Palais Heereman-Zuydtwyck in der Gereonstraße 12/18 logieren, im Wohnsitz von Cornelius Joseph von Geyr zu Schweppenburg in der Breite Straße wurde Obrist von Witzleben untergebracht, bei Oberbürgermeister von Mylius in der Machabäerstraße Geheimrat Schell, bei Abraham Schaaffhausen in der Trankgasse Flügeladjutant Malachowski, bei Freifrau von Harff in der Johannisstraße Graf von Kanitz. Die von Groote'sche Familie blieb offenbar ohne Einquartierung.

Zum Gefolge des Königs zählten auch Dienstleute und Köche. Küchenmeister Eckert, der für die Verpflegung des Monarchen und seines näheren Umfelds verantwortlich war, forderte im Voraus die Bereitstellung von Lebensmitteln, Küchengeräten und Tafelzeug an, ein Auftrag, den Solms-Laubach ebenfalls an den Oberbürgermeister zur Erledigung weitergab.[23] Die geäußerten Wünsche waren umfangreich:

„Es wird ersucht, folgendes mit Lieferanten in der Art, vorläufig zu besprechen, daß auf nachstehende Provisionen der Küchenmeister Eckert rechnen könne, sie zu bekommen, wenn er sie nötig hat, und daß er den wirklichen Bedarf auch sogleich bezahlen könne. Ein Stück Rindfleisch von 20 ℔ / Ein halbes Kalb / An Federvieh: 3 junge Puten / 2 Gänse / 6 Kapaunen / 4 Enten / 12 Hüner / 6 Rebhüner / Ein Rehbock / Fische / Einige junge Hasen / Gartengewächs, wo möglich, junge Schoten."

---

[21] Die Köln. Zeitung, Nr. 146, 13. Sept. 1817 zählte einige der Begleiter des Königs auf. Vgl. Landesarchiv NRW R, BR 0002, Nr. 127, Bl. 220r.

[22] Fr. L. Chr. zu Solms-Laubach an K. J. von Mylius, Köln, 25. Aug. 1817 (HAStK, Best. 400, A 159, Bl. 7r) und anliegend: „Namentliches Verzeichniß des Gefolges Sr. Majestät des Königs, so wie es der Service-Commission von dem Quartiermachenden Fourier angegeben worden", Abschrift (Bl. 8r). K. J. von Mylius an Fr. L. Chr. zu Solms-Laubach, Köln, 28. Aug. 1817: „Euer Excellenz habe ich die Ehre, anliegend eine Nachweise der für das Gefolge Sr. Majestät des Königs angewiesenen Quartiere [...] einzureichen. Die Hauseigenthümer sind alle gehörig benachrichtigt, und haben sich gern zur Aufnahme verstanden. Sollten allenfalls durch Krankheiten, Sterbefälle oder Kindbetten Abänderungen mittlerweile veranlaßt werden, so werde ich nicht ermangeln, Euer Excellenz hievon die schuldige Anzeige zu machen" (Landesarchiv NRW R, BR 0002, Nr. 127, Bl. 219r); siehe auch: Bl. 212r, 220r sowie HAStK, Best. 400, A 159, Bl. 12r.

[23] Fr. L. Chr. Solms-Laubach an K. J. von Mylius, Köln, 1. Sept 1817, anliegend eine Anforderung der Lebensmittel und Utensilien, die der Königlichen Küche zur Verfügung gestellt werden sollten (HAStK, Best. 400, A 159, Bl. 19r u. 20r u. v).

Außerdem wurde angeordnet,

> „folgende Tafelzeuge, Tafel- und Küchen Geräthe im Hause Sr. Majestät zum Gebrauch des Küchenmeisters Eckert bereit halten zu lassen. Tische und Stühle, wo möglich Rohrstühle / 2 große Terrinen / 24 kleine Schüsseln / 4 Dutzend Suppenteller / 12 dito flache Teller / 60 Bestecks / 4 Tafel Laken / 8 Dutzend Servietten / 4 dito Weingläser / 3 dito Champagner Gläser / 3 dito Wasser Gläser / Küchengeschirr, Kasserrole und Kessel. Trocknes Holz und Holzkohlen. Auch wird ersucht, 2 gute Köche anzuweisen, daß sie bei Ankunft des Küchenmeisters Eckert, sogleich durch ihn beschäftigt werden können."[24]

Eine große Belastung für die Einwohnerschaft bedeutete auch die, während des Anwesenheit des Königs angeordnete Verlegung von zusätzlichem Militär in die Stadt. Die Servis-Deputation der Truppen ließ daher in den Kölner Zeitungen ankündigen:

> „Da die erwartete Anwesenheit des Königs Majestät die Zusammensetzung mehrerer Truppenkorps in hiesiger Stadt auf kurze Zeit veranlaßt, und den Herren Offizieren sowohl als Gemeinen Quartier gegeben werden muß, so benachrichtigen wir unsere Mitbürger hievon, damit sie sich darnach einrichten können. Köln den 30. August 1817."[25]

Währenddessen war der erwartete Monarch schon lange unterwegs. Im Juli hielt er sich in Karlsbad auf, reiste Anfang August über eine Reihe von Zwischenstationen nach Koblenz und Trier,[26] und von dort nach Paris. Ende August ging seine Reise über Brüssel

---

[24] Landesarchiv NRW R, BR 0002, Nr. 127, Bl. 29r. Vgl. das Begleitschreiben des Hofmarschall-Amtes an Fr. L. Chr. zu Solms-Laubach, Berlin, 1. Juli 1817 (Bl. 28r u. v). Siehe zu den Vorbereitungen für einen Besuch des Königs Informationen, die L. von Vincke, Oberpräsident der Provinz Westfalen, der Regierung in Arnsberg am 17. Juni 1817, mitteilte, nachdem er sich nach den Gepflogenheiten des Königs erkundigt hatte: „Der König verläßt beim Pferdewechsel pp. den Wagen nicht; Erfrischungen lediglich von Obst, Milch, Kaffee sind angenehm; die Mahlzeit wird bloß einmal nach der Ankunft im Nachtquartier eingenommen und durch den gleich nachher wieder aufbrechenden und vorausreitenden königlichen Küchenmeister und Küchenwagen besorgt, daher keine Vorsorge weiter deshalb nötig ist als Beschaffung der dem ersteren erforderlichen und bar bezahlten Viktualien. Der König führt sein eigenes Bette mit sich; er schläft ungern in Zimmern mit Hautelisse oder seidenen Tapeten; ein Zimmer mit freier hübscher Aussicht ist immer zur Wohnung zu bestimmen. Von der wenig zahlreichen Begleitung müssen der Kammerdiener und der Garderobier, der Generalstabs-Chirurgus Wiebel und Geheime Kämmerier Timm notwendig in der Wohnung des Königs Majestät Quartiere erhalten. Bei der Ankunft empfangen lediglich die ersten Beamten und der Hauswirt den König beim Aussteigen, die Landes- und übrigen Lokalbehörden sind in der Wohnung versammelt, der König pflegt eine Stunde nachher dieselben vorzulassen. Bei längerem Aufenthalt desselben ist ein Ball die schicklichste Gelegenheit, Allerhöchstdemselben die vorzüglichsten Einwohner bekanntzumachen, einige derselben pflegen auch zur Tafel gezogen zu werden" (in: Huch, Zwischen Ehrenpforte, S. 490). Ganz ähnlich: (vermutlich Fr. L. Chr. zu Solms-Laubach) an Ph. von Pestel, Berlin, 27. Juni 1817, Entwurf (Landesarchiv NRW R, BR 0002, Nr. 127, Bl. 18r–19v).
[25] Welt- u. Staatsbote zu Köln, Nr. 139, 31. Aug. 1817 u. Köln. Zeitung, Nr. 139, 31. Aug. 1817.
[26] Zum Aufenthalt des Königs in Koblenz u. Trier: Bericht des Oberpräsidenten K. H. L. von Ingersleben an Staatskanzler K. A. von Hardenberg, Koblenz, 14. Aug. 1817 (in: Huch, Zwischen Ehrenpforte, S. 491–493).

und Waterloo zurück in die Rheinlande, wo er u.a. Aachen, Köln und Düsseldorf aufsuchte.[27]

Bei seinem kurzen Aufenthalt in Trier am 11. August war ein Ereignis eingetreten, das auch auf Köln erheblichen Einfluss hatte: Der Trierer Stadtrat überreichte dem Monarchen eine Denkschrift, die nicht nur einige begrenzte Wünsche der Bürgerschaft vortrug, sondern sich deutlich auf das Verfassungsversprechen des Königs bezog und weitreichende freiheitliche Forderungen an den preußischen Staat stellte.[28] Am 23. August veröffentlichte die Kölnische Zeitung diese Petition,[29] sodass sie auch die Kölner Leserschaft erreichte. Als wichtigste Grundsätze, die man von einer „künftigen Konstitution" erwartete, nannte die Schrift:

„Unbeschränkte Freiheiten in Ausübung des Handels und der Gewerbe – Entfernung des Feudal-Systems – gleiche Vertheilung der Staats- und öffentlichen Lasten – Gleichheit aller Staatsbürger vor dem Gesetze und dem Richter – Trennung der Gewalten – Unabhängigkeit des Richteramts – Oeffentlichkeit des gerichtlichen Verfahrens – Urtheil durch das Geschworenen-Gericht in dem Kriminal-Prozesse u.s.w."

Angesichts dieses Ereignisses beantragte Mylius in der Ratssitzung vom 6. September,[30] ob dem König, die Wünsche, die man sowohl dem Kronprinzen wie Schuckmann überreicht hatte, ebenfalls vorzulegen seien, „und ob noch andre, mehr in das allgemeine Intereße eingreifender Gegenstände angerügt werden sollten"; denn „von vielen Seiten" sei der Wunsch geäußert worden, „der Stadtrath möge sich den Wünschen des trierischen Magistrats anschließen."[31] Die daraufhin formulierte Denkschrift[32] folgte den Trierer Forderungen und verwies ausdrücklich auf diese „Uebereinstimmung mit den von unseren Brüdern geäusserten Wünschen".

---

[27] Friedrich Wilhelm III. traf am 9. Sept. 1817 in Aachen ein und reiste von dort über Jülich nach Köln.

[28] „Adresse, welche der Magistrat der Stadt Trier Sr. Majestät dem Könige von Preußen im Monate August d. J. zu überreichen die Ehre hatte" (in: Niederrheinisches Archiv für Gesetzgebung, Rechtswissenschaft und Rechtspflege, Bd. 2, Heft 4, Nr. 52, 1817, S. 326–328). Vgl. „Anrede des Bürgermeisters von Trier an den König während des Aufenthalts desselben zu Trier im August 1817" (in: Die preußische Verfassungsfrage, S. 26–28). Kurz dazu: Rh. Blätter, Nr. 136, 26. Aug. 1817. Siehe auch: Thielen, Partizipation, S. 123.

[29] Köln. Zeitung, Nr. 134, 23. Aug. 1817. Der Welt- u. Staatsbote zu Köln, Nr. 138, 30. Aug. 1817 berichtete unter dem Titel „Trier vom 20. Aug." über die Vorgänge und bot einen Auszug aus der Rede des Trierer Magistrats, in dem die Forderungen der Stadt zitiert wurden.

[30] K. J. von Mylius, Einladung der Stadträte zur Sitzung am 6. Sept. 1817, um 5 Uhr (HAStK, Best. 400, A 159, Bl. 25r u. v).

[31] Protokoll der Sitzung des Stadtrats vom 6. Sept. 1817 (HAStK, Best. 410, A 1). Vgl. K. J. von Mylius an die Stadträte, Köln, 9. Sept. 1817: „Ich habe die Ehre Sie hierdurch zu benachrichtigen, daß der Stadtrath sich Morgen 9 Uhr versammeln wird, um die Adresse an des Königs Majestät zu unterschreiben, und ersuche Sie, bei dieser Sitzung sich einfinden zu wollen" (HAStK, Best. 400, A 159, Bl. 26r).

[32] Die Denkschrift vom 11. Sept. 1817 ist gedruckt und kommentiert in: Herres, Denkschrift, 2010. Siehe auch: Aus der Denkschrift des Stadtraths von Köln, dem Könige am 11. Sept. 1817 in dieser Stadt überreicht (in: Die preußische Verfassungsfrage, S. 28–30). Vgl. Thielen, Partizipation, S. 132 f.

Die Ankunft des Königs[33] erwartete man in Köln nun für den 10. September nachmittags; wegen einiger Verzögerungen traf er jedoch erst am Abend ein und nahm sofort, ohne sich die vorbereiteten Festlichkeiten präsentieren zu lassen, im Sitz der Familie von Heereman-Zuydtwyck Logis. Am nächsten Morgen erschien die *Kölnische Zeitung* mit einem Gedicht Grootes auf der Titelseite, gewidmet „Seiner Majestät dem Könige von Preußen",[34] den es als „Adler" feierte und ihm eine Orientierung an Zukunft wie Vergangenheit zusprach:

„An Deutschlands lang getrübtem Himmelsbogen
Ist ein Gestirn, ein wunderbares Bild
Aus dunkeln Wolken klar hinaufgezogen,
Und Kampf und wilde Fehde sind gestillt.
Ein Adler ist dem Waffenklang entflogen,
Und lugt von seinen Höhen ernst und mild;
Er hebt zu dem Gestirne seine Blicke
Schaut vorwärts, schaut nach dem, was war, zurücke." (Erste Strophe).

Am Vormittag dieses Tages hatte das Regierungskollegium sich vorbereitet, den König zu einer Sitzung zu empfangen, doch er erschien nicht, da er auf dem Neumarkt, Altermarkt und Heumarkt Revuen des Militärs abhielt. Danach besichtigte er, in raschem Durchgang, die Gewerbeausstellung im Rathaus, die Gemäldesammlung im Jesuitenkolleg und den Dom. Bei einem der offiziellen Termine dieses Tages fand Mylius Gelegenheit, dem König die städtische Denkschrift zu überreichen.

Konzept und Inhalt der Gewerbeschau schilderte Denoël vier Wochen später ausführlich in zwei Folgen des *Beiblatts der Kölnischen Zeitung*.[35] Die Präsentation sollte, erklärte Denoël,[36] „Sr. Majestät und deren hoher Umgebung" nicht nur eine „richtige Ansicht von der Bedeutsamkeit unseres städtischen Gewerb- und Kunstfleißes" verschaffen, sondern zugleich auf „große, auf Erfahrung beruhende, staatswirthschaftliche Vorkehrungen" aufmerksam machen, die „durch die neuen Zeitereignisse" notwendig geworden seien. Denoël führte aus:

---

[33] Zum Besuch des Königs: Herres, Köln, S. 62 f.; Parent, Die Hohenzollern, S. 39–43; Deichmann, Säkularisation, S. 296 f.; Gothein, Verfassungs- u. Wirtschaftsgeschichte, S. 116 f.

[34] E. von Groote, Seiner Majestät dem Könige von Preußen Friedrich Wilhelm III. beim Besuch in den Rhein-Provinzen. (Köln, den 10. September 1817.), in: Köln. Zeitung, Nr. 145, 11. Sept. 1817. Siehe Briefe u. Schriften. Am 11. Sept. 1817 erschien auf der Titelseite der Kölner Zeitung Der Verkündiger, Nr. 378 das Gedicht: Seiner Majestät Unserm Verehrten Monarchen und Könige Friedrich Wilhelm III, bei Allerhöchstdero Ankunft zu Köln am Rhein Den 10ten September 1817; unterzeichnet von Melchior Wolf. Diese Ausgabe des Verkündigers findet sich in: HAStK, Best. 400, A 159, Bl. 64.

[35] M. J. Denoël, Uebersicht der Ausstellung von Kölnischen Industrie- und Kunst-Erzeugnissen, welche während der Anwesenheit Sr. Majestät des Königs auf dem hiesigen Rathhause Statt hatte (in: Beiblatt d. Köln. Zeitung, Teil 1, Nr. 19, 12. Okt. 1817; Teil 2, Nr. 20, 19. Okt. 1817).

[36] Denoël, Uebersicht, Teil 1, Nr. 19, 12. Okt. 1817.

„Von diesem Standpunkte aus betrachtet, bildete unsere Ausstellung weniger eine Sammlung von Prachtwerken kostbaren Gehalts, als vielmehr einen Verein aller, in's bürgerliche Leben zunächst eingreifenden Erwerbzweige, wobei dem geringsten Handwerker kein minderer Antheil gebührte, als dem Fabrikanten und Künstler, weil alle dasselbe Bedürfniß theilen."

Die „Theilnahme", die der König „bei der Beschauung der auf dem Rathhause ausgestellten Kunstprodukte" äußerte, habe, formulierte die *Kölnische Zeitung* am 13. September[37] vage, in Köln „den besten Eindruck hervor gebracht".

Über die städtische Denkschrift berichteten *Kölnische Zeitung* und *Welt- und Staatsbote* in sehr ähnlichen Artikeln. In der *Kölnischen Zeitung* hieß es, die Eingabe habe in „allgemeiner Beziehung" genauso wie die Trierer Adresse

„um Entfernung des Feudal-Systems, um gleiche Vertheilung der Staats- und öffentlichen Lasten, um Gleichheit aller Staatsbürger vor dem Gesetz und dem Richter, um Trennung der Gewalten, um Unabhängigkeit des Richteramtes, um Oeffentlichkeit des gerichtlichen Verfahrens, um Beibehaltung des Geschwornen-Gerichts in dem Kriminal-Prozesse, und endlich um Gewährung einer dem Zeitgeiste angemessenen ständischen Verfassung" gebeten,[38]

in „besonderer Beziehung",

„um Befreiung des Handels von den Fesseln, die demselben in Holland durch die Transit-Zölle auf dem Rheine angelegt werden; um Vollendung der Kasernen, Errichtung einer Universität, Zusammenberufung des Departemental-Rathes, Rückerstattung der auf dem rechten Rheinufer verlorenen Güter u.s.w."[39]

Eine unmittelbare Reaktion des Königs auf die Übergabe der Adresse ist nicht überliefert. Groote erwähnte das Ereignis in seinen Aufzeichnungen nicht.

---

[37] Köln. Zeitung, Nr. 146, 13. Sept. 1817.

[38] Köln. Zeitung, Nr. 146, 13. Sept. 1817; vgl. Welt- u. Staatsbote zu Köln, Nr. 146, 13. Sept. 1817. Das Beiblatt d. Köln. Zeitung hatte zwei Wochen zuvor ein „Signalment des sogenannten Zeitgeistes" veröffentlicht: „Derselbe ist, wie es verlautet, großer, kolossaler Statur, hat eine freie und dreiste Stirn, große blitzende Augen, langes unbeschnittenes Haar, langen Bart, und einen nervigten Gliederbau. – Er spricht frei von der Leber weg, schreitet mächtig daher, und soll gepanzert und schuß- und stichfest seyn, weshalb er nur mit großer Uebermacht zu bändigen. – Zudem spricht er alle Sprachen, und wirft mit seltsamen Redensarten um sich, eifert gegen Tyrannei, Geistesdruck, Preß- und Frohnzwang, Lehnswesen, angebohrne Privilegien et caetera. – Sein drittes Wort ist: Freiheit, Volksthum und dergleichen Galimathias [wirres Geschwätz]" (Beiblatt d. Köln. Zeitung, Nr. 16, 31. Aug. 1817). Vgl. einen identischen Text im Beiblatt d. Köln. Zeitung, Nr. 1, 5. Jan. 1817.

[39] Köln. Zeitung, Nr. 146, 13. Sept. 1817; ähnlich Welt- u. Staatsbote zu Köln, Nr. 146, 13. Sept. 1817. Letzterer hatte zwei Tage zuvor versichert: „Wenn die Verheißung landständischer Verfassung bis jetzt noch nicht in Erfüllung gegangen, so wissen wir sehr wohl, daß das Gute Zeit und Weile bedarf und nichts übereilt werden müße, was dauerndes Glück schaffen soll. Daß aber die Verheißung in Erfüllung gehen werde, hegen wir die Zuversicht zu dem, der sie machte" (Welt- u. Staatsbote zu Köln, Nr. 145, 11. Sept. 1817).

Am 11. September war der Aufenthalt des Königs in Köln beendet. Nach einem formellen Mittagsmahl im Palais Zuydtwyck, an dem etwa fünfzig Honoratioren teilnahmen, fuhr der König nach Düsseldorf weiter.⁴⁰ Einige Tage später berichtete Henriette zu Solms-Laubach ihrem Sohn Otto über die vergeblichen Vorbereitungen für den Empfang des Königs im Amts- und Wohnsitz des Oberpräsidenten, Glockengasse 3:

> „Um 3 Uhr machte sich Seine Majestät auf den Weg nach Düsseldorf. Dein Vater begab sich ebenfalls dorthin, und so endete dieser Tag, für den man so große Vorbereitungen getroffen hatte, vor allem in unserem Haus, das innen und außen geschmückt worden war, denn wir hatten gehofft, dass der König kommen würde, um einen Ball mit seiner Anwesenheit zu beehren, zu dem wir bereits eine große Anzahl von Gästen eingeladen hatten. […] Schon 8 Tage vor seiner Ankunft hatten wir mit den Vorbereitungen für diesen großen Tag begonnen, hatten die schönsten Pflanzen aus dem botanischen Garten ausgeliehen und unser Haus mit vielen Orangenbäumen geschmückt; alles sah prächtig aus, unter anderem war die ganze Treppe mit Blumen und Lampen in verschiedenen Farben versehen, ebenso die Wände des Korridors."⁴¹

Eberhard von Groote fasste sein Urteil über den Besuch des Monarchen prägnant zusammen: „Es war heute im Ganzen doch ein langweiliger Tag, wo nichts war, wie es sollte, u. der König vollends durch seine Eile alles verdarb."⁴² Der König selbst drückte kurz darauf in einer Kabinettsorder an die Oberpräsidenten zu Solms-Laubach und von Ingersleben seine Zufriedenheit aus:

> „Obwohl Ich Mich nur kurze Zeit in den Rheinprovinzen habe aufhalten können, so hat doch Alles was Ich in diesem sehr interessanten Theil meiner Staaten gesehen und von dem darin vorherrschenden guten Sinn vernommen habe, Mich sehr erfreulich angesprochen und Meine besondere Zufriedenheit erhalten. Ich behalte es Mir vor, zu gelegener Zeit länger unter Meinen neuen Unterthanen zu verweilen und beauftrage Sie hierdurch, ihnen dies, so wie Mein Wohlwollen zu erkennen zu geben. Den Gesuchen um Abstellung des vielfältig angezeigten Mißverhältnisses, in welches die Fabriken mit den Nachbarstaaten gerathen sind, werde ich nach Möglichkeit entsprechen, und mein Augenmerk auch auf andere gegründete Vorstellungen richten."⁴³

---

⁴⁰ Friedrich Wilhelm III. hielt sich am 11. und 12. September in Düsseldorf, am 14. in Münster auf, wo er mit dem Kronprinzen zusammentraf, und reiste weiter über Kassel, Erfurt und Wittenberg, bis er am 21. September Potsdam erreichte. Zur Reiseroute des Königs 1817: Huch, Zwischen Ehrenpforte, S. 227 f. Vgl. auch die Schilderungen von Carl von Malachowski, einem Teilnehmer der Reise (Malachowski, Erinnerungen, S. 168–181).

⁴¹ H. zu Solms-Laubach, Köln, 14. Sept. 1817 an Sohn Otto in Berlin (Privatarchiv d. Grafen zu Solms-Laubach, XVII, 199, Nr. 12).

⁴² Groote, Tagebuch, 11. Sept. 1817. Zwei Wochen später sandte Mylius eine Abschrift der dem König übergebenen Kölner Adresse an Solms-Laubach mit der Bitte, „um hochgefällige Verwendung zur Erfüllung dieser Wünsche" (K. J. von Mylius an Fr. L. Chr. zu Solms-Laubach, Köln, 26. Sept. 1817 (Landesarchiv NRW R, BR 0002, Nr. 127, Bl. 256r–261v). Vgl. den Entwurf zum Begleitschreiben: HAStK, Best. 400, A 159, Bl. 77r.

⁴³ Friedrich Wilhelm III. an K. H. L. von Ingersleben und Fr. L. Chr. zu Solms-Laubach, Münster, 14.

|A 1/14–27; 5v| **Tagebuch 14. August bis 15. September 1817**

Den 14. August [1817].

Ich gehe unsere laufenden Fundationsgeschäfte durch, u. bringe an Carl, was gleich wegen der Frühmeß zu Merheim expedirt werden muß. In der Zeitung ist der Artikel gegen die Berliner, derb aufgenommen.[44] – Mir ist, natürlich, trübe u. zerrissen im Innern zu Muthe; – wiederholt sich doch nach jeder schönen Lebenszeit der Fall im Paradiese! – Der Rektor kommt, u. sagt mir, er wolle Montag nach Aachen. Später, wo ich nicht recht noch zu meinen Arbeiten kommen kann, kommt Haxthausen und bringt mir Reimer von Berlin;[45] mit ihm kommt Mühlenfels. – Reimer schimpft über mancherley, Justitzpflege, König

---

Sept. 1817 (Amtsblatt d. Königl. Reg. zu Köln, Nr. 37, S. 349; Landesarchiv NRW R, BR 0002, Nr. 127, Bl. 242r, Abschrift; HAStK, Best. 400, A 159, Bl. 74r). Vgl. Huch, Zwischen Ehrenpforte, S. 496.

[44] Der mit „Ein Kölner" unterzeichnete Text in der Köln. Zeitung, Nr. 129, 14. Aug. 1817 nahm den zuvor erschienenen Artikel über das mündliche öffentliche Gerichtsverfahren (Köln. Zeitung, Nr. 128, 12. Aug. 1817) zum Anlass, sich polemisch mit der Berichterstattung der Berliner Zeitungen über die Wünsche der Rheinländer auseinanderzusetzen: „(Eingesandter Artikel.) Es ist eine auffallende Erscheinung, daß seit einiger Zeit, die Wünsche des Volkes am Rheine gegen das mündliche öffentliche Verfahren, in den Zeitungen an der Spree sich abspiegeln sollen, während auch kein Schatten solcher Wünsche in den Rhein selbst fällt; noch auffallender ist es, daß, ehe und bevor die Rheinländer gewisse Flugschriften, welche angeblich ihre Wünsche erhalten, zu Gesicht bekommen haben, die Berliner Zeitungen schon diktatorisch entscheiden, daß selbige die wahren Wünsche der Rheinländer aussprechen. [...] Der Wunsch der Rheinländer, in Ansehung des öffentlichen Verfahrens sowohl als mancher anderer trefflichen Institute, hat sich für deren absolute oder modifizirte Beibehaltung schon durch mehrere unpartheiische und würdige Stimmen verlautbaret, und so lange man das Volk selbst nicht fragen wird, spricht es sich auf eine passive Weise unzweideutig genug dafür aus, indem niemand aus dem Volke über die Oeffentlichkeit der gerichtlichen Verhandlungen Klage führt, wohl aber Viele über kostspielige Rechtspflege sich beschweren."

[45] Groote hatte den Buchhändler und Verleger G. A. Reimer 1816 in Berlin kennengelernt. Im Juli 1817 hatte Reimer die Boisserées besucht, zur selben Zeit, als Jean Paul und Alois Hirt in Heidelberg waren (S. Boisserée, Tagebücher, Bd. I, 18. Juli 1817, S. 415). Zu Reimer in den Jahren 1815 bis 1819: Reimer, Passion, S. 124–135. Reimer trug in diesen Jahren „altdeutsche Tracht" und langes Haar. Ernst Ludwig von Gerlach notierte 1817 in sein Tagebuch: „Der kleine Georg Reimer, dem die altdeutsch wachsenden Haare so in die Augen hängen, daß er nichts anderes tut, als sie sich aus den Augen zu schütteln" (E. L. von Gerlach, 19. Mai 1817, in: Schoeps, Aus den Jahren, S. 230). Das Beiblatt d. Köln. Zeitung, Nr. 15, 17. Aug. 1817 hatte unter Angabe der Rhein. Blätter gemeldet: „Jean Paul Friedrich Richter befindet sich gegenwärtig in Mainz, und soll im Begriffe seyn, eine Rheinreise bis Köln oder Koblenz zu machen. Es freuet uns, daß der ausgezeichnete Schriftsteller, der treffliche Mensch und Deutsche seine Landsleute am schönsten, deutschen Strome und die herrliche Natur in seiner Nähe kennen lernt, wenn er sie zum erstenmal sehen sollte. Er findet hier zahlreiche Verehrer und Freunde, die es mit der ganzen Wärme und Aufrichtigkeit sind, die besonders in dem Charakter des Rheinländers liegen." Groote erwähnt die Erwartung von Jean Pauls Besuch in: E. von Groote an S. Boisserée, Köln, 2. Sept. 1817. Siehe Briefe u. Schriften.

etc. Er will mit Wernern heute noch nach Brühl, dann hierhin zurück. Er wohnt mit Frau[46] u. Kindern bey Simons. Nach Tisch sehe ich einiges der laufenden Sachen noch durch. Denoël kommt, lobt auch ganz aufrichtig meine Gedichte, als das beste, was er bey Gelegenheit der Anwesenheit des Kronprinzen hier gesehn, u. redet noch Mancherley über diese Tage. Gegen 7 ½ gehe ich an den Rhein, wo ich den Vater finde. Der Kronprinz soll noch in Jülich[47] [auf] der Kölner Wohlseyn getrunken haben. Mir ist gar matt und unheimlich zu Muthe. So ist doch des Menschen Leben ein ewiges Ebben u. Fluten zwischen Kraft u. Schwäche, Gut u. Bös! |6r|

Den 15. August [1817]. Mariä Himmelfahrt

Ich gehe gegen 7 zur Kirche.[48] Dann revidire ich die abgeschriebenen Aktenstücke über unsre Streitigkeit wegen den 3.000 Rth. mit der Schulverwaltung nebst dem Bericht an das Consistorium u. lasse das ganze abgehn. Klein kommt, dem ich wegen seiner Bittschrift, die an den Kronprinzen gerichtet war, nun aber dem Könige übergeben werden soll,[49] das Nöthige rathe. Auch der arme Arns war wieder hier. Er hat seine Supplik an den Ober Präsidenten abgegeben, u. nichts weiter gehört. Inzwischen hat er Arbeit. Ich schicke ihn zu Sombart. An der Regierung ist nichts zu thun. |: 1 xxxxx :||: 4 :||: –6 :| In den Dom bringt Marcus Dumont zu meiner großen Verwunderung die Nantchen Kléhe, die, wie ich nachher erfahre, einen Herrn Dumont von Maynz geheirathet hat.[50] Auch Reimer, Arndt etc. kommen mit Haxthausen, und wir gehn nachher mit der ganzen Gesellschaft, woran fast die ganze Dumont Familie sich anschließt, in die Ausstellung im Colleg. Henrich Dumont setzt mir zu, ich solle mit ihm nach Haus zu

---

[46] Wilhelmine Reimer, geb. Reinhardt war seit 1800 mit G. A. Reimer verheiratet. Das Ehepaar bekam 16 Kinder.
[47] Köln. Zeitung, Nr. 130, 16. Aug. 1817: „Am 11. d., Abends 9 Uhr, trafen Se. königl. Hoheit der Kronprinz von Preußen in Jülich ein und stiegen im Gasthofe zu den 3 Königen ab. Am andern Morgen musterten Se. k. Hoheit die Truppen und besahen die Festungswerke, nachdem zuvor die Zivil-Autoritäten Audienz erhalten hatten. Nach eingenommenem Mittagsmahl setzten Hochsie, gegen 6 Uhr Abends, Ihre Reise nach Achen fort".
[48] Groote besuchte entweder die nahe liegende St. Mariä Himmelfahrtskirche oder aber die Familienkirche zum Elend. Hier wurde das Fest in besonderer Weise gefeiert. Busch, Andachts-Buch, S. 52: „15. Aug. Fest der Himmelfahrt Mariä; Haupt-Titular- und Schutzfest unsrer Erzbruderschaft; dieses Fest wird laut einer von Sr. päbstl. Heiligkeit Benedikt XIV. unter dem 1. Sept. 1745 ausgefertigten Bulle, mit vollkommenem Ablaße und 13stündigem Gebethe gefeiert. Morgens um halb 6 Uhr ist die Erste Messe, während welcher der Rosenkranz gebethen wird; um halb 10 ist vor dem Kreuze auf deme Kirchhofe, nach vorhergegangener Absingung des Veni Creator Spiritus, die Wahl eines neuen Bruderschafts-Vorstehers".
[49] Der Kendenicher Pächter Peter Joseph Klein wollte eine Bittschrift einreichen, in der sein Fall dargestellt war.
[50] Anna Maria Klehe, geboren 1794, hatte am 14. Dez. 1816 in Frankfurt a. M. den Mainzer Tabakhändler Johann Friedrich DuMont, einen Verwandten der Kölner Familie DuMont, geheiratet.

Tisch gehn. Mir ist gar unwohl, denn ich habe starke Coliquen. Wir gehn noch zu Rommerskirchen,[51] wo ich nochmals Arndts Gedicht kaufe. |:–6–:| Dann gehe ich noch bis gegen ½ nach Haus und nun zu Henrich Dumont, wo sich Wallraf, Pastor Dumont, u. der größte Theil der hiesigen u. Maynzer Familie zum Tisch versammelt. Ich kann vor Leibweh fast nichts essen. Nach Tisch gehn wir zum weißen Haus.[52] Die Frauen sind sehr gut. Der kleine Hans, u. die andern. Die Kléhe erinnert sich mit Lust der Jahre 1810, 1811. Gegen 9 kehren wir nach Haus zurück, u. ich begebe mich still zur Ruhe. |6v|

Den 16. August [1817].

Mir ist etwas besser, doch nehme ich Rhabarber.[53] Früh kommt Fochem, später Wallraf zu mir, jeder so der eingewurzelten Neugier wegen. Ich bringe mein Lied, die Versuchung,[54] gegen Arndt in's Reine, u. gehe wegen Fochems Sachen zu Herrn Fuchs auf die Bürgermeisterey, der mich auch deshalb bescheidet. Ich gehe noch in die Jesuiten, wo Wallraf mit Fremden ist. Dann gehe ich zu Haxthausen, lese ihm das Lied, u. gehe, da es ihm sehr wohl gefällt, gleich noch zu Marcus Dumont, den ich aber nicht mehr finde, da er auch zu Haxthausen ist. Er begegnet mir, und da ich ihm ebenfalls das Lied gelesen, u. er damit einverstanden ist, richtet er gleich ein, daß es noch in's morgige Beyblatt gerückt werde. Dann gehn wir zu Haxthausen[55] zurück, wo Reimers, Simons, Bachem[56] etc. etc. Die Altpreußen scheinen mir wegen der Lieder doch etwas aufsäßig; das thut

---

[51] Die Buchhandlung von H. Rommerskirchen befand sich Unter Fettenhennen 13, neben dem Haus von Notar Nikolaus Merlo. Zur Geschichte des Hauses als Sitz einer Buchdruckerei und Buchhandlung: Merlo, Buchhandlungen, 1876; zur Buchhandlung Rommerskirchen bes. S. 46–54, 57.

[52] Gasthof Der weiße Turm auf der Breite Straße (Demian, Ansichten, S. 331).

[53] Getrocknete Rhabarberwurzel wird als abführende bzw. zusammenziehende Arznei bei Darm- und Verdauungsbeschwerden verwandt.

[54] Grootes Gedicht: Die Versuchung erschien im Beiblatt d. Köln. Zeitung, Nr. 15, 17. Aug. 1817; gedr. in: Spiertz, Groote, S. 137–139. Siehe Briefe u. Schriften.

[55] Vgl. W. von Haxthausen an J. Görres, Köln, 16. Aug. 1817: „Citissime. Citissime. Dienstag den – ich habe keinen Kalender – reisen wir, Simon mit Familie, Reimer mit Familie, Arndt und noch einige von hier nach Bonn, Godesberg, die 7 Berge etc. Mittwoch, ich glaube es muß der 20. sein – kommen wir in Lach an. Entweder mußt du mit Frau und Kindern, und Max Schenkendorf mit Frau Dienstag schon mit uns die Berge besteigen, oder doch sicher den folgenden Tag in Lach eintreffen. Dieses lezte ist unerläßlich. Wir fahren zusammen auf dem Wasser, steigen auf und unter die Erde." A. H. Simon fügte dem Brief hinzu: „Herzliche Grüße den guten Goerres Leuten und Schenkendorfs. Kommt, kommt ja! Mit Liebe Simon" (in: Fink-Lang, Görres. Briefe, Bd. 3, S. 462).

[56] Johann Peter Bachem gründete 1815 mit Marcus DuMont die DuMont-Bachem'sche Buchhandlung, Brückenstr. 4585/8), die zugleich einen Zeitungs- und Buchverlag umfasste. Daneben betrieb Bachem seit 1816 eine Leihbibliothek in der Herzogstr. 4. 1818 trennen sich die Partner; Bachem gründete die Firma J. P. Bachem, Verlag und Buchhandlung, mit Leihbibliothek und Lesekabinett für Zeitungen, auf der Hohe Straße (Müller, 200 Jahre J. P. Bachem, S. 12–18). Obgleich Groote häufig mit DuMont zusammentraf, erwähnt er dessen Geschäftspartner J. P. Bachem kaum.

aber nichts, u. wird wohl noch ärger kommen. Arndt sieht mir während des ganzen Essens wie das Götzenbild aus, das ich im Liede reden lasse.[57] Sein Sohn kommt.[58] Ich sitze bey Reimer u. Dumont. Es wird scharf getrunken. Nach Tisch wird noch ordentlich geredet, woran der Bürgermeister v. Mylius, der auch bey Tisch war, lebhaft Antheil nimmt. Später gehn Arndt u.a. noch zum alten Mumm.[59] Ich mag nicht mitgehn, sondern gehe zu Dumonts auf das Bollwerk am Holzthor.[60] Was aus der Tischgesellschaft wird, weiß ich nicht. |7r|
Auf dem Bollwerk sind lange nur die Frauen. Marc u. Mut. Dumont,[61] mit ihrer maynzer Baase u. den Kindern. Später kommt Mut. Dumont mit dem Maynzer, allein, bald vertreibt uns Sturm u. Gewitter. Ich gehe noch zu Marcus Dumont, um die Korrektur des Liedes zu sehn. Es nimmt sich gut aus. Die Frau Marc u. Henrich Dumont kommen zu Wagen hin. Das Gewitter ist arg, wir bleiben beym Thee bis gegen 10 ½ zusammen. Die Frauen sind sehr brav u. fromm u. reden unter andern von Fochem als ihrem Beichtvater. Der Regen ist stark. Die schöne Frau Henrich Dumont erwartet lange einen Wagen umsonst. Ich begebe mich still nach Haus.

Den 17. August [1817]. Sonntag.

Früh erhalte ich die Zeitung, u. in deren Beiblatt läuft nun schon die Versuchung durchs Publikum. [gestrichen: Ich gehe zur Kirche] Wallraf kommt, mir wegen des Liedes Glück zu wünschen. Später kommt auch Fochem. Im Dom kommt Laar zu mir. Mit Boeking und Denoël gehe ich in die Ausstellung. Denoël hat das Lied auch schon gesehn, u. sich darüber gefreut. Er hat das von Arndt gestern im Olymp vorgetragen, u. scheint neuerdings Lust zu haben, es zu parodiren. In der Ausstellung ist Dr. Sotzmann und dessen Frau. Er fragt mich, ob ich den, dem Grafen Solms vielfältig empfohlenen Kaufmann Ludowigs[62] wohl ein Mann sey,

---

[57] „Da stand ein heidnisch Bild, / Das war noch unzerbrochen / Vom Christen-Speer und Schild. / Dem öffnete der Böse / Den lang verschlossnen Mund, / Da that's in stolzer Größe / Die Frevelworte kund: ...". 7. Strophe aus dem Gedicht Grootes Die Versuchung. Siehe Briefe u. Schriften.

[58] Carl Moritz Arndt, genannt Carl Treu, geboren 1801, war Sohn aus der 1. Ehe E. M. Arndts. Dieser hatte sich im April 1817 in Berlin mit Anna Maria Schleiermacher, einer Schwester des Theologen Schleiermacher, verlobt, die er am 18. Sept. 1817 heiratete. Köln. Zeitung, Nr. 158, 4. Okt. 1817: „Die gelehrte Schwester des berühmten Professors und Predigers, Herrn Schleiermacher, dessen Verdienste um den vormaligen Berliner Landsturm jedem Patrioten unvergeßlich sind, ist mit dem als Schriftsteller und Politiker gleich berühmten Herrn Ernst Moritz Arndt ein Ehebündniß eingegangen."

[59] Weingroßhändler Elias Mumm, wohnhaft Mühlenbach 14 (AK 1813, 1822). Zur Familie Mumm vgl. Personalnotizen, 1815: Mumm. Elias. Weinhändler. Mumm Jacob, Weinhändler, Mumm, Philipp. „Alle drei Männer, denen sich der Staat mit Sicherheit anvertrauen kann; Jacob Mumm hat unter ihnen aber wohl den richtigsten Blick und bekennt sich zu einer reinen Philosophie" (Landesarchiv NRW R, BR 0002, Nr. 1534, Bl. 42r).

[60] AK 1822: Johann Anton Albert DuMont, Gerichtsschreiber am Landgericht, Bollwerk 1.

[61] Für welche der DuMont'schen Frauen diese Abkürzungen stehen, ließ sich nicht klären.

[62] Peter Engelbert Ludowigs, Kaufmann, Inhaber der Firma Johann Heinrich Pleunissen u. P. E. Lu-

den man bey den Consultationen über die SteuerVerfassung zu Rathe ziehen
könne.⁶³ Ich verspreche ihm, mich näher darüber zu erkundigen. – Nachher
wollten wir noch gehn, der Frau Sibille Mertens zum Namenstag |7v| Glück zu
wünschen;⁶⁴ allein, sie begegnet uns schon auf der Straße. Ich gehe nun mit
Joseph noch zu Regierungs Rath u. Justitziar Tryst, wo wir schöne alte Bücher
sehn, die wirklich merkwürdig sind.⁶⁵
Nach Tisch kommt gegen 4 ½ Laar wieder zu mir, der in die Ausstellung will. Ich
führe ihn hin; er hat für manches Sinn; ich lese ihm dort versprochener Maaßen
einige meiner Lieder. Er versichert, auch Hüssen habe sich über meine früheren
u. über die Versuchung gar sehr gefreut. Wir fahren nachher mit vielen, den
Schwestern, Geyrs etc. nach Deutz, |:4:| wo Reimer, Haxthausen, Simon u.a.
gegessen haben. Ich trinke mit Laar eine Flasche Wein.⁶⁶ |:24:| – Der Dr. Fallen-
stein aus Düsseldorf, dessen ich mich nur noch dunkel erinnere, ist auch da, u.
glaubt, mir ein Paar Handschriften abschwätzen zu wollen, woraus aber nichts
werden kann. Bey der Rückkehr fängt es an zu regnen. Ich komme ganz von
Reimers, etc. ab. Bey ihnen war auch Arndt,⁶⁷ der mich aber gar nicht ansieht.
Uebrigens rede ich weder mit ihm noch mit Andern von den Gedichten; obgleich
all das Volk mich verwunderlich anschaut. Wir bringen noch die Frau v. Geyr
nach Haus, u. bleiben noch bis 8 ½ dort sitzen. Mir ist immer noch nicht recht
wohl, u. deshalb freue ich mich, still zu Haus bleiben zu können, während die
Berliner Gesellschaft wahrscheinlich noch bei Simons oder Haxthausen zusam-
menbleibt. |8r|

*Den 18. August [1817].*⁶⁸

Ich schreibe an Sulpitz Boisserée,⁶⁹ dem ich alle Zeitungen u. hier für den Kronprinzen gedruckte Sachen mitschicken werde. Dann gehe ich gegen 9 ½ zu Nük-

---

dowigs. Ludowigs war seit Mitglied des Stadtrats; er starb Anfang 1819. AK 1822: Agnes Ludowigs, Witwe; vor St. Martin 7. Vgl. Thielen, Partizipation, S. 615.

⁶³ Satz sic.

⁶⁴ Der 17. August ist Namenstag der Heiligen Sibylle.

⁶⁵ Vgl. E. von Groote an J. Grimm, Köln, 4. Dez. 1817. Siehe Briefe u. Schriften. Zu H. J. Tryst: Klein,
Personalpolitik, S. 61 f.; Wohnsitz Trysts: Domkloster 8 (AK 1822).

⁶⁶ Handelsbericht für August, Köln, 30. Aug. 1817: „Der Weinstock verspricht auch dieses Jahr
wenig und vorzüglich wird es an rothem Wein fehlen, den uns Frankreich liefern muß" (RWWA
1-15-1, Bl. 52v).

⁶⁷ E. M. Arndt hielt sich in Erwartung eines Lehrstuhls an der Universität Bonn im Rheinland auf.
Arndt, Erinnerungen, S. 322: „Im Frühling des Jahrs 1817 ward in Berlin, im Sommer am Rhein
gelebt, an dessen Gestaden ich mich im Herbst 1817 in Bonn ansiedelte, der künftigen Universität
wartend, an welcher ich lehren sollte." Zu Arndt in den Jahren 1815 bis 1818: Ennen, Arndt,
S. 20–25.

⁶⁸ Am 18. Aug. 1817 traf der englische Maler William Turner auf seiner ersten Rheinreise in Köln ein.
Er hatte London am 10. August verlassen, sich in Brüssel und Waterloo aufgehalten und war über
Aachen nach Köln gelangt. Schon am folgenden Tag setzte er seine Reise, in weiten Strecken zu

kel, allein, wie ich schon früher befürchtete, sind nun die Ferien so nahe, daß unsre Sachen gegen Engels gar nicht mehr entschieden werden können, bis nach denselben. – Bey Marcus Dumont höre ich, daß die Nachricht über Napoleons Entwischung von Helena sich bestättigt.[70]
Ich nehme daselbst noch einige Exemplare des Abschiedslieds u. der Versuchung mit, kaufe dann bey Rommerskirchen noch eins der Arndtischen Rhein Grüße, dem ich auch den Prämium Preiß für die bey ihm gedruckte Uebersetzung von Ossian bezahle, |: Fr. 12.6:| u. gehe in die Sitzung, wo in Abwesenheit des Herrn Director Sotzmann dem Herrn GeheimenRath Gossler vorgetragen wird. Ich höre von Sombart, daß General Hacke wegen meiner u. vieler anderer Weigerung, Offiziers zu werden, an die Regierung geschrieben hat, was mir schon ganz Recht ist, damit die Sache zur Sprache kommt. Nachher begegnet mir Reimer, der in unserem Hause die 28 Thl. für die 16 verkaufte Taschen Bücher abgegeben hat. Ich rede mit ab, mir die übrigen alle hierhin zurück zuschicken. Um 4

Fuss, entlang des Rheins bis Koblenz und schließlich bis Mainz fort, von wo er am 26. August, meist per Boot, zurückreiste. Am 29. u. 30. Aug. befand er sich wieder in Köln. Seine Reise stimmte also in einigen Strecken mit der Reiseroute überein, die Groote fast genau ein Jahr zuvor mit K. Fr. Schinkel unternommen hatte (Groote, Tagebuch, Bd. 2, 8. bis 21. Aug. 1816, S. 292–311) sowie mit Grootes Ausflug nach Koblenz Ende Mai 1817. Am 31. August reiste Turner über Aachen und Dortrecht nach England zurück. Während seiner Reise trug Turner einen aktuellen englischen Reiseführer mit sich: Charles Campbell, The Traveller's Complete Guide Through Belgium & Holland: Containing Full Directions for Gentlemen, Lovers of the Fine Arts, and Travellers in General: with a Sketch of a Tour in Germany, London 1817. Die kurzen, manchmal fehlerhaften Beschreibungen der Kölner Sehenswürdigkeiten in diesem Buch umfassen zehn Seiten (S. 141–151) und widmen sich dem Dom, einigen Kirchen, dem Rathaus, der Fliegender Brücke, dem Handel und der Produktion. Als wichtige Kunstsammlung wird die Sammlung Boisserée erwähnt und zwar so, als befänden sie sich noch in Köln (S. 147), sowie Lebruns Gemälde Die Familie Jabach – mit der falschen Standortangabe Jabacher Hof in der Sternengasse. Weiter heißt es: „Many other individuals in Cologne also possess several rare productions of the pencil in unknown periods. The collection of prints belonging to M. le Professor Wallraff is extremely rich. M. Waller's pictures are equally curious; and at the house of M. Hardi [...] microscopes, electrical apparatus, optical instruments, and waxen figures that mostly represent the passions personified, and other chefs d'oeuvre, are to be found open to the inspection of the curious" (S. 147). Unklar ist, wer mit M. Waller gemeint war. Möglicherweise kannte Turner zudem den Reiseführer von Joseph Mawman: A Picturesque Tour Through France, Switzerland, on the Banks of the Rhine, and Through Part of the Netherlands in the Year 1816, London 1817; zu Köln finden sich hier nur kurze und negative Bemerkungen (S. 370–372). Während seiner gesamten Reise fertigte Turner neben einigen schriftlichen Notizen eine große Anzahl Bleistiftskizzen von Landschaften, Gebäuden und Orten an, die er nach seiner Rückkehr nach England zu Aquarellen ausarbeitete. Auch bei seinen beiden Aufenthalten in Köln entstanden Zeichnungen: so etwa am 19. Aug. 1817 eine Skizze von Groß St. Martin, Ende August Skizzen des Doms und des Rathauses (Powell, Turner in Deutschland, S. 25–34, 214–219, Abb.: S. 129–141; Powell, Turner und der Rhein, 1992; Wilton, Turner Abroad, S. 29 (Reiseroute), 37–39; Abb.: Nr. 16–22). Zur bildlichen Darstellung des Rheins und der Rheinlandschaften seit dem 17. Jh. vgl. den Sammelband Wilhelm/Zehnder, Der Rhein, 2002. Ich danke Mario Kramp für seine Hinweise.

[69] E. von Groote an S. Boisserée, Köln, 18. Aug. 1817. Siehe Briefe u. Schriften.

[70] Gerüchte über eine Flucht Napoleons von St. Helena gab es immer wieder.

wünschten v. Geyrs u. Haners in die Ausstellung zu gehn. Ich übertrage es Joseph, sie zu begleiten. Vor 4 kommt Elkendorf mit einem Prof. Grimm aus Weinheim, der die Kindermährchen herausgegeben hat,[71] u. mir einen Brief von Carové, nebst einer Anweisung auf seinen Vater für 30 Fr. schickt, wofür ich ihm noch 1 Buch schicken soll. Ich schicke die beiden bald in den Dom, gehe auf das Bürgermeisteramt, wo zu unserer Conferenz Fochem, Herwegh, dann Tossetti, Dumont, Müller, Wallraf u. Schmitz |8v| zusammenkommen.[72] Es wird im ganzen festgesetzt, Engelbert Willmes mit der Inspektion der Ausstellung, die bis zu des Königs Ankunft bleiben soll, zu beauftragen, sie täglich zu gewissen Stunden zu öffnen, und gewisse Sicherheitsmaaßregeln zu treffen.[73] Nach diesem ende ich zu Haus meinen Brief, den Grimm mitnehmen will. Ich suche diesen im Dom wieder auf, allein, da es später geworden, als ich es wünschte, so fand ich ihn nicht mehr. Allein, Simons, Reimers, Haxthausen, Pleve, Mühlenfels, etc.

---

[71] Der in Weinheim lebende Schriftsteller und Pädagoge Albert Ludwig Grimm – nicht verwandt mit den Brüdern J. u. W. Grimm – hatte 1808 das Buch Kindermährchen veröffentlicht; zu seinen 1817 erschienenen „Geschichten aus der heiligen Schrift" vgl. eine Annonce der Schmitzschen Buchhandlung im Welt- u. Staatsboten zu Köln, Nr. 77, 15. Mai 1817: „Grimm, A. L., Geschichten aus der heiligen Schrift für Knaben und Mädchen. 2 Bände mit vielen Holzschnitten, gr. 12. Heidelberg. 2 Rthlr. 58 Stbr."

[72] Mylius hatte die Organisatoren der Gemäldeausstellung für den Kronprinzen Groote, Denoël und Wallraf angeschrieben (HAStK Best. 400, A 157, Bl. 61r u. v). Zudem schrieb er alle Leihgeber an. Vgl. den Entwurf dieser Einladung an: „die HerrnFochem, Pastor, Tosetti, von Herwegh, Stadtrat Müller, Buchhändler Schmitz, H. Dumont", Köln, 16. Aug. 1817: „Euer [Hochgeboren] danke ich im Namen der hiesigen Gemeinde für die zuvorkommende Bereitwilligkeit womit Sie zu der bey der Anwesenheit S. Königl. Hoheit des Kronprinzen veranstalteten Gemälde Ausstellung mehrere Bilder hergegeben, und dadurch beygetragen haben S. K. Hoheit einen angenehmen Kunstgenuß zu gewähren. Da wir nun auch binnen Kurzem von der Gegenwart S. K. Majestät beehrt werden dürften, so wünschte ich dass daran die einmal zustande gekommene Ausstellung erhalten zu können, und bin so frei Sie zu bitten Ihre Gemälde einstweilen in dem Lokal worin sie dermal aufgestellt sind zu belassen, damit aber zur Erhaltung der Gemälde die nöthige Sorgfalt verwendet wird, und dem Publikum der Besuch dieser Sammlung gestattet werden könne, so ersuche ich Sie sich Montag den ... [18.] l. M. nachmittags um 4 Uhr auf dem hiesig. Stadthause einfinden zu wollen um mit den zu dieser Konferenz gleichfalls eingeladenen Hrn. Walraf, deGroote und Denoel die deshalb zweckdienlichsten Maasregeln zu verabreden" (HAStK, Best. 400, A 157, Bl. 60r u. v).

[73] K. J. von Mylius, 20. Aug. 1817: „Nach genommener Rücksprache mit den Eigenthümern der Gemälden welche bey der Anwesenheit S. Königlichen Hoheit des Kronprinzen von Preußen in dem grossen Prüfungs Saal des Jesuiten Collegiums dahier aufgestellt worden beschließt unterzeichneter Commissarische Oberbürgermeister wie folgt: 1. Herr Wilmes Mahler dahier wird zum Aufseher der im grossen Prüfungs Saal des Jesuiten Collegiums aufgestellten Gemälde Sammlung hiermit ernannt, und sollen demselben die Schlüssel zu diesem Saale übergeben werden. 2. Derselbe wird darauf wachen, daß den Gemälden keine Beschädigung zugefügt, der besagte Saal immer sauber und wohl verschlossen gehalten werde, er wird die zur sichern und guten Aufbewahrung der Gemälden ihm nöthig scheinenden Vorrichtung als bald in Vorschlag bringen. 3. Der Aufseher wird täglich zwei Stunden Morgens und zwei Stunden Nachmittags dazu widmen Fremden und Einheimischen welche sich deshalb bey ihm melden werden diese Gemälde Sammlung zu zeigen" (HAStK, Best. 400, A 157, Bl. 67a r u. v).

sind da. Sie sehn das Bild, die Reliquien, etc. u. steigen dann auf den Thurm. Haxthausen geht anderwärts, u. während Reimer mit seiner Frau u. Bachem noch etwas kaufen wollen, u. ich mit Reimers Schwägerinn u. Simon nach letzteres Hause zu wandle, fängt dieser an, über Arndts Lied zu reden, es entsetzlich zu loben, u. die Versuchung zu verdammen.
Obschon mir unwohl zu Muthe ist, nehme ich mich dennoch zusammen, sage, wie ich Arndts Werk ganz verdammen müsse, u. wie in der ganzen Stadt nur Eine Stimme dagegen, wie der Adjudanten des Prinzen, Graf Solms, alle hiesigen bedeutenden Männer sich daran geärgert, wie ich es selbst ganz unpoetisch, ja, in diesem Augenblick höchst übel angebracht finde u.s.w. Von Allem diesem giebt Simon nichts zu, benimmt sich aber übrigens nach diesem Streit, der bis an sein Haus dauert, wieder ziemlich freundlich. Wie kann ein Jude, ein berliner Jude, u. wenn auch getaufter berliner Jude hier ein kompetentes Urtheil haben, wo es sich von einer Grundidee handelt, die durch die ganze christliche Vorzeit alle |9r| frommen u. gelehrten Männer beschäftigte, die nehmlich: giebt es ein anderes Heil, als in dem Glauben u. der Liebe der Väter, dem sich die Menschen der Gegenwart fromm u. demüthig anschließen, ohne durch frevelhaftes Beginnen u. gewaltsames Eingreifen in die Gegenwart sich der Gräul eines Faust's schuldig zu machen? –
Bey Simons ist Herr Elias Mumm, um Reimers zu besuchen. Auch Arndt kommt. Nachher kommt auch Reimer u. die ganze Gesellschaft wieder zusammen, sind aber der morgigen Abreise wegen sehr beschäftigt. Ich nehme daher bald von ihnen Abschied, u. gehe mit Haxthausen fort. Dem hat, wie mir scheint, Simon schon von unserm Streit gesagt, allein, wie gewöhnlich, hat er auch hier wohl wieder auf beiden Schultern getragen, indem er darauf hinzudeuten scheint, daß er persönlich sich nicht in die Sache mischen wolle, u. gegenüber Simon äußerte, er habe nachgegeben, daß viel Gutes in dem Gedicht von Arndt sey.[74] Eine miserable Zucht von Menschen, ein willenloses Conglomerat von allen Welttheilen, allein, ohne Charakter und ohne Willen! –
Ich gehe nun noch zu Grimm in den Rheinberg, der es sehr bedauert, mich nicht mehr gesehn zu haben, der aber die Briefe an Boisserée u. das Taschenbuch an Carové besorgen will. Da Simons u. Haxthausen etc. wahrscheinlich mit Reimers bis nach Coblenz gehn, so bin ich noch nicht entschlossen, ob ich die für Schenkendorf schon fertig liegenden Gedichte (etc. bey Anwesenheit des Cronpinzen) gleich abschicken soll oder nicht. Ich erhielt heute einen Brief von Below u. einen von Wyttenbach u. Clotten aus Trier.|:–12:| Wyttenbach scheint sich nun wegen seiner Sachen zu beruhigen. Ich erhielt auch heute Abend die Verzeichniße von hier.[75] |9v|

---

[74] Satz sic.
[75] Welche Verzeichnisse „von hier" Groote meinte, ist unklar.

Den 19. August [1817].

Ich mache dennoch die Sachen für Schenkendorf fertig, schreibe einen kleinen Brief dazu u. lege die noch übrigen Rth. 27 für den Hülfsverein mit in das Paket. – Mir ist gar müde u. trüb zu Muthe, u. ich möchte immer nur schlafen. Der Rektor kommt, u. freut sich, daß heute in seinem Pfarrhause die Siegel abgenommen werden sollen.[76] – Bald kommt auch der junge Ley von Werl, der sich mir angesagt hat. Sein Antrag geht dahin, daß ich ihm möchte behilflich sein, hier bey der Regierung eine Subalterne Stelle zu erhalten. Er ist weder im Felde gewesen, noch hat er studirt, u. es wird schwer sein, hinreichenden Grund zu finden ihn durchzusetzen. Ich mache mehrere Arbeiten für die Regierung fertig. – Nach Tisch ist mir noch unwohler. Ich kann zu wenig ordentlichem kommen. Lese u. schreibe Verschiedenes bis nach 7, wo ich an den Rhein, u. von da mit Franz Cassinone nach Cunibert[77] hin gehe, wo die Kirche bey [dem] ersten Kaevelarer Andachts Abend,[78] schön erleuchtet ist.

Den 20. August [1817].

Es geht ein Schreiben des Bürgermeisters von Bonn wegen der zum ExerzierPlatz bey Transdorf genommenen Grundstücke ein. Dem Schuster schicke ich das Geld für die neuen Schnallschuhe. |:Fr. 7:| Der Vater ist bey mir, u. spricht mir u.a. von der bemerkten Neigung der Schwester Wally zu dem jungen v. Rolshausen.[79] Ich theile ihm meine Ansicht darüber mit, daß ich nehmlich dieß nur

---

[76] Vermutlich: Das Pfarrhaus von St. Ursula wurde nach Renovierungsarbeiten wieder zugänglich und bewohnbar.

[77] Schreiber, Anleitung, S. 330: „Schön und groß und von trefflicher Perspective ist die Kirche des heil. Cuniberts, nah am Rheine. Der Altar ist nach dem Muster des Altars in der Peterskirche zu Rom erbaut. Die Pforte hat eine schöne Einfassung, im Styl des 11ten Jahrhunderts. Die einst wegen ihrer antiken Zierrathen so merkwürdige Tumba des heil. Cunibert ist unter der Französenherrschaft schmählich verstümmelt worden. Eine große, antike Opferschaale von farbigem Sardoncarniol, mit einem kostbaren Stein, wurde von unwissenden Goldschmieden zerschlagen, und der Stein um ein Spottgeld an einen Polen verkauft." Zu St. Kunibert: Ewald/Rahtgens, Die kirchlichen Denkmäler (1916), S. 231–313; Kempkens, St. Kunibert, bes. S. 299–309; Fraquelli, Die romanischen Kirchen, Bd. 1, bes. S. 222 f.

[78] Mitte des 17. Jh.s entstand in Verbindung der Pfarre St. Kunibert mit dem nahegelegenen Kapuzinerkloster die Kevelaer Wallfahrtsbruderschaft. In einer jährlichen Wallfahrt mit einigen hundert Teilnehmern, die vom 19. bis 24. August stattfand, zog die Kölner Bruderschaft nach Kevelaer, das sich zum wichtigsten Marienwallfahrtsort am Niederrhein entwickelte (Kaiser, PilgerOrte, S. 114–123; Ikari, Wallfahrtswesen, S. 157–168).

[79] Vermutlich: Georg Karl Friedrich von Rolshausen, 1817 Student in Berlin. Gesellschaftlicher Status wie Besitz der Familie von Rolshausen – sie besaß das prachtvolle, um 1760 errichtete Lustschloss Türnich – übertraf die Situation der von Groote'schen Familie um einiges. 1818 heiratete G. K. H. von Rolshausen Franziska Henrica von und zu Franckenstein; 1850 verkaufte er das Schloss an die Familie von und zu Hoensbroech, in deren Besitz es noch heute ist (Meynen, Wasserburgen, S. 104–109; Staatz, Kerpen-Türnich, 1996).

für eine Neigung halten müsse, die sich einseitig, ohne besondere Veranlassung bey ihr erzeugt hat, ohne auf Erwiderung rechnen zu können. – Ich schreibe wegen der Sachen des verstorbenen Lieblein[80] an den Posthalter von Bergheim. Es ist keine Plenarsitzung. Ich find im |10r| Saale nur den GeheimenRath Gossler, der so wie ich, umsonst gekommen ist. Ich gehe zum RechnungRath Kuhfuß, dem ich wegen des jungen Ley von Werl spreche. Er hat ihn verwiesen, sich direkt an die Regierung zu wenden, glaubt aber, daß mit ihm nicht viel anzufangen sey. Auch frage ich ihn, wegen meines Geldes wegen des Düsseldorfer Kistentransports, u. er sagt, die Anweisung liege schon bey der Kasse. Ich gehe dorthin, u. erhalte endlich meine Thl. 2, GGr. 22, d. 7 wieder. Ich gehe noch zum Prof. Hamm, der wegen der Bertsdorfer Länderey, die Dr. Horst gern haben möchte, wegen des Halfen Klein und s.w. fragt.

An unserm Hause begegne ich dem Vater, der mit Joseph zu Herrn General Vicar v. Caspars zu Tisch geht. Es war nebst ihm, nur Einer von uns gebethen, und ich hatte abgesagt, weil ich nicht glaubte, so früh aus der Sitzung zu kommen. Nun aber beredet der Vater mich, mit hinzugehn. Es sind da der Pastor von Nideggen, Herr Hirschmann, Pastor Gereonis, u. ein Examinator, u. wir sind ganz angenehm dort. Als wir gegen 5 zurückkommen, passirt eben Herr v. Vrints Treuenfels[81] hierdurch nach Frankfurth. Mir ist aber bey Tische noch unwohler geworden; ich kann durchaus nichts thun, lege mich aufs Bette, und gehe spät nach 7 zu Denoël,[82] bey dem u. dessen Mutter[83] ich bis nach 9 bleibe. Er ärgert sich noch immer über Arndts Gedicht, das er theilweise parodirt hat.[84] Von der Handelskammer hat er eine schöne Goldene Repetiruhr für seine gehabte Mühe zum Geschenk erhalten.[85] Wir reden noch viel von den Feyerlichkeiten, u. nachher

---

[80] Welt- u. Staatsbote zu Köln, Nr. 131, 17. Aug. 1817: „Der königliche Rentmeister des Kreises Bergheim, Herr Franz Joseph Lieblein, 41 Jahre alt, ist nicht mehr; er starb heiteren Geistes, mit den heiligen Sakramenten erbaulich vorbereitet, am 14. August 1817, Morgens 6 Uhr. Er wird dem frommen Andenken seiner Freunden bestens empfohlen." Ebenso: Köln. Zeitung, Nr. 131, 17. Aug. 1817.

[81] Vermutlich: Carl von Vrints-Treuenfeld, der als Oberpostmeister des Fürsten von Thurn und Taxis in Frankfurt a. M. amtierte. Die Familie von Vrints-Treuenfeld war mit der Familie von Vrints-Berberich eng verwandt, mit der wiederum Eberhard von Groote durch seine Mutter eine verwandtschaftliche Beziehung hatte (Groote, Tagebuch, Bd. 2, S. 329).

[82] M. J. Denoël wohnte gemeinsam mit seiner verwitweten Mutter in der Königstr. 2; Abb.: Vogts, Kölner Wohnhaus, Bd. II, S. 492; Blöcker, De Noël, S. 459. Vgl. J. P. J. Fuchs, Topographie: „In dem […] Hause No. 923 (2) ist Herr Math. Jos. DeNoel, der um kölnische Kunst und Geschichte sich große Verdienste erworben hat, zwar nicht geboren, allein er bewohnte dasselbe von seiner Kindheit bis zu seiner im J. 1842 statt gehabten Verheirathung mit der Wittwe des Assessor Brewer, geb. v. Haupt, wo er zu dieser in das Haus Trankgasse No. 5 zog" (HAStK, Best. 7030, Nr. 231, Bd. 2, S. 266). Peter Andreas Breuer/Brewer, verheiratet mit Anna Maria Juliane von Haupt, starb 1841.

[83] Maria Helena Denoël, Tochter des Baumeisters und Steinmetz Nikolaus Krakamp, hatte den Kölner Kaufmann Johann Heinrich Denoël geheiratet, der 1812 starb.

[84] Eine Parodie Denoëls auf Arndts Gedicht ließ sich nicht nachweisen.

[85] Dem Hafenkommissar bewilligte die Handelskammer „für seine Bemühung bei dem Feste für den

noch von der Geschichte des Major Nazemer mit der Mademoiselle Falkenstein aus Bonn, wobey Denoël als Freund in Falkensteins Hause mit eine bedeutende Rolle gespielt hat.[86] Ich gehe im |10v| Regen nach Haus. Herr Fochem hat inzwischen einen großen Kasten mit xxxx Büchern zu uns geschickt, die früher nach Leipzig geschickt waren.

Den 21. August [1817].

Mir ist noch immer gar hypochondrisch. Ich arbeite an den Sachen der Walberberger Vicarie für das Consistiorium. Wallraf kommt, u. hat wieder unzählige Ideen, ohne daß er etwas von Bedeutung zu sagen hätte. Ich kann fast nichts ordentliches thun, so leidend bin ich innerlich. Auch selbst in jenen Sachen für's Consistorium bringe ich nichts Rechtes zu Stande. Nach 4 gehe ich in die Auktion.[87] Mehrere Sachen, die ich gerne haben möchte, kommen gar hoch. Ich kaufe endlich nur die Beschreibung von Prag.[88] |:–17:| Auf dem Rückweg begegne ich dem Anton Sandt von Düsseldorf,[89] der die beiden Frauen v. Ammon auf den Neumarkt führt, u. gehe still nach Haus.

Kronprinzen ein Geschenk von zehn Louisd'or" (Protokoll der Sitzung des Handelskammer-Vorstandes, 16. Aug. 1817; RWWA 1–12–10, S. 143).

[86] Am 4. Febr. 1815 hatte sich Sibilla Falkenstein, Tochter des wohlhabenden Bonner Ehepaars Heinrich und Gertrud Falkenstein, von dem bei ihrer Familie einquartierten, verheirateten preuß. Major von Natzmer entführen lassen. Das Liebespaar plante, nach der Scheidung Natzmers zu heiraten; bis zu ihrer Großjährigkeit wollte Sibilla Falkenstein getrennt von ihrer Familie leben. Ihre Angehörigen ergriffen jedoch sofort familiäre und rechtliche Maßnahmen, gegen die sich die junge Frau wehrte. Schließlich waren in diesen Konflikt lokale und regionale Behörden sowie General von Thielmann als militärischer Vorgesetzter Natzmers einbezogen. Im März 1815 hatte sich Sibilla Falkenstein in das Kölner Kloster der Ursulinen geflüchtet, von wo aus sie sich an Generalgouverneur Sack wandte. Zu diesen Ereignissen: Landesarchiv NRW R, AA 0635, Nr. 168). E. von Groote, der selbst zum Armeekorps unter von Thielmann gehörte, hatte 1815 von dem Skandal Kenntnis (Groote, Tagebuch, Bd. 1, 6. Mai 1815, S. 77).

[87] Groote besuchte entweder eine Auktion bei Buchhändler Heberle oder Buchhändler Cornelius Urban Imhoff-Schwartz. Welt- u. Staatsbote zu Köln, Nr. 131, 17. Aug. 1817: „Bücherversteigerung bei J. M. Heberle in Köln, in der Apostelnstraße Nro. 30. Morgen Montag und die folgenden Tage, Abends 6 Uhr." Welt- u. Staatsbote zu Köln, Nr. 134, 23. Aug. 1817: „Heute den 23. August der sechszehnte Bücherversteigerungstag, worunter eine große Anzahl Prachtwerke mit sehr schönen Kupferstichen versteigert werden, bei Imhoff-Schwarz". Zu den frühen Bücherversteigerungen bei Heberle: Schäfke, Kunsthaus, S. 18 f.

[88] Möglicherweise: Jaroslaus Schaller, Kurzgefaßte Beschreibung der königl. Haupt- und Residenzstadt Prag für die Ausländer, Durchreisende, und alle diejenigen, welche sich mit allen darinn befindlichen sehenswürdigen Merkwürdigkeiten geschwind bekannt machen wollen, Prag 1798.

[89] Franz Anton Hubert von Sandt aus Deutz hatte wie Groote in Heidelberg Jura studiert (Toepke, Matrikel, 5. Teil, S. 12), 1817 amtierte er als Advokat und Anwalt am Appellationsgerichtshof in Düsseldorf, dort wohnhaft: Breitestr. 1058 (Mindel, Wegweiser, S. 52). Er war der jüngere Bruder von J. G. von Sandt, Generaladvokat am Appellationsgerichtshof in Köln.

Den 22. August [1817].

Die Aufstellung der Berechnung der Vikariestiftung von Walberberg macht mir noch viel zu thun. In der Sitzung präsidirt wieder Herr Geheim Rath Gossler, da Sotzmann noch bey den Conferenzen wegen des Steuerwesens ist.[90] Nach Tisch bringe ich die Vicariesachen ziemlich in Ordnung; auch geht noch ein Schreiben an das Generalvicariat wegen der einstweiligen Deservitur[91] des Herrn Busch am Elend ab. Ich nehme meine Arbeiten für die Topographie von Cöln wieder vor; allein, Vicar Klein, der wegen eines Briefs, worin die Gräfinn Schaesberg dem OrdensKapitel für den Louisenorden danken[92] u. ihren Taufnahmen angeben soll, zu mir kommt, hält mich bis gegen 7 Uhr hin. –|: Heute nachmittag besorgte ich die 2 Copien nach General Graf Gneisenaus Porträt auf der Wasserdiligence.:| Mir ist noch sehr trüb |11r| und unheimlich zu Muthe, u. ich gehe an den Rhein, von da auf den Neumarkt, u. bin gegen 8 ½ wieder zu Haus u. kann mich nicht recht in mir finden. (Tabak.) |:–14:|

Den 23. August [1817].

Die Zeitungen melden die Ankunft des Königs in Paris.[93] Der Vater übernimmt noch einige, bey dem Geistlichen Herrn Mohr[94] für die Vicarie zu Walberberg nachzuholende Sachen, zu berichten. Der Präsident von Mylius kommt, mit mir über die, für den König, der am 11. kommenden Monats eintreffen soll, einzurichtende Feierlichkeiten zu reden. Er will deshalb heute Morgen noch eine Zusammenkunft veranstalten. Wäre mir nur erst wieder besser zu Muthe. Allein, des Menschen Leben ist nichts als ein unstetes Hinfluthen wechselnden Schick-

---

[90] Während dieser Wochen wurde die Organisation zur Erhebung der direkten Steuern im Jahr 1818 vorbereitet. Vgl. die betreffende Verordnung der Regierung Köln, Köln, 11. Aug. 1817 (in: Amtsblatt d. Königl. Reg. zu Köln, Nr. 32, 19. Aug. 1817, S. 306 f.). Diese Arbeiten waren kompliziert, da zum Teil neue Grundlagen festgesetzt werden mussten, zudem Anfang 1817 für den öffentlichen Geldverkehr die preuß. Währung eingeführt worden war. In der Vorbereitung waren die Heberollen für Grund-, Personal- und Mobiliarsteuer, für Tür- und Fenstersteuer zu prüfen bzw. neu zu erstellen und damit Steuerbeträge festzusetzen, eine Tätigkeit, mit der Bürgermeister, Steuerverteiler und Steuerempfänger befasst waren. Vgl. dazu die Korrespondenzen und Verordnungen von 1816 u. 1817: Landesarchiv NRW R, BR 0002, Nr. 1120. Hier die Verfügung zur Steuererhebung für 1817 durch die Regierung Köln, Abt. II, Köln, 6. Sept. 1816, Bl. 7r–8v.

[91] Deservitur: Verwaltung einer Stelle. Ich danke Joachim Oepen für seine Auskunft.

[92] Vgl. die Berichte zur Verleihung des Luisenordens in: Welt- u. Staatsbote zu Köln, Nr. 113, 17. Juli 1817 u. Köln. Zeitung, Nr. 113, 17. Juli 1817.

[93] Rh. Blätter, Nr. 132, 19. Aug. 1817: „Paris, vom 12. August. Das Gerücht sagt, eine sehr hohe Person, die unter dem Namen eines Grafen Ruppin reiset, werde in vier oder fünf Tagen zu Paris erwartet." Rh. Blätter, Nr. 134, 23. Aug. 1817: „Paris, vom 16. August. Der Hr. Graf Ruppin (Se. Maj. der König von Preußen) ist diesen Abend in Paris eingetroffen, und bei dem preußischen Gesandten abgestiegen." Friedrich Wilhelm III. hielt sich vom 16. bis 30. Aug. 1817 inkognito in Paris auf, bevor er über Brüssel, Aachen und Jülich nach Köln reiste.

[94] Der katholische Geistliche Mohr war Rentmeister der Familie von Bourscheidt.

sals; das beste, was er kann u. thut, hängt von äußeren Einwirkungen ab. Gegen 12 läßt mich der Oberbürgermeister v. Mylius wieder rufen, u. es wird auf dem Amthaus von Ihm, Herrn Lange, Herrn Denoël, Herrn Weyer u. anderen die Einrichtung des Kaufhauses Goerzenich [Gürzenich] zur Manufacturausstellung besprochen. Denoël hat sich mit dieser Idee schon sehr vertraut gemacht. Nach Tisch um 2 Uhr gehe ich zu Denoël wieder hin, ihn zum Kaufhaus abzuhohlen. Weyer ist schon da. Denoël läßt sich lang erwarten, endlich kommt er mit Lyversberg. Dieser hat die Rheinischen Blätter, welche einen satyrischen Artikel über die Verfassung der Justiz in den Rheinprovinzen enthalten.[95] Denoël hat noch wohin zu gehn. Ich gehe mit Weyer auf das Kaufhaus. Ich sehe den großen Saal zum ersten Mal. Er ist wirklich ausserordentlich, u. ich erstaune darüber.[96] Denoël bleibt aus. Gegen 5 U. gehn wir wieder weg; u. ich lese zu Haus im Gellen.

Spät gegen 7 kommt der Rath Schlosser von Frankfurt[97] mit seiner Frau[98] zu mir, u. wir unterhalten uns lang. Er will morgen noch hier bleiben u. übermorgen

---

[95] Die Rh. Blätter enthielten in diesen Tagen mehrere Artikel zur Diskussion um das Rechtssystem in den Rheinprovinzen, vor allem zu der besonders strittigen Frage des öffentlichen mündlichen Gerichtsverfahrens. Vermutlich meinte Groote hier die Artikel: Kampf des Justizwesens (in: Rh. Blätter, Nr. 132, 19. Aug. u. Nr. 133, 21. Aug. 1817).

[96] Der Gürzenich am Quatermarkt wurde im 15. Jh. sowohl als Fest- und Tanzhaus wie zur Lagerung von Waren errichtet, mit dem wirtschaftlichen Niedergang Kölns nutzte man ihn vor allem als Magazin. Erst in den 1820er-Jahren setzte eine Wiederbelebung des Gürzenich als Ort repräsentativer Veranstaltungen ein, Mitte des 19. Jh.s wurde er umgestaltet und erweitert. E. von Groote sah das Gebäude also noch vor diesen Veränderungen. Der beeindruckende Festsaal mit zwei riesigen, prachtvoll verzierten Kaminen, den Groote bewunderte, befand sich im Obergeschoss. Schreiber, Anleitung, S. 335: „Das große, ehemalige Kaufhaus Gurzenich, jetzt Waaren- und Waghaus. Es hat einen Saal von ungeheurem Umfang, in welchem mehrere Reichstage gehalten wurden. Kaiser Maximilian gab mehrere Feste in diesem Saal." Vgl. Weyer, Sammlung, S. 12–18. S. 17: „Das Haus, dessen Erdgeschoß noch zum Lagerhause dient, zeigt eine regelmäßige, der Kunst seines Jahrhunderts angemessene Bauart. Es hat eine Länge von 175 und eine Breite von 70 Fuß rheinisch. Der Tanzsaal, der eine Höhe von 24 Fuß hat, nimmt den ganzen ersten Stock ein, durch welchen jedoch in der Mitte eine Reihe von hölzernen Pfeilern durchgeht." Zu Geschichte und Bau bis Mitte des 19. Jh.s: Pfotenhauer, Gürzenich, S. 11–35; Gechter/Schütte, Ursprung, S. 165–168. Vgl. auch: De Noel, Beschreibung, 1828; Schopenhauer, Ausflug, S. 200–205; Merlo, Haus Gürzenich, 1885; Vogts, Die profanen Denkmäler, S. 278–301.

[97] Johann Friedrich Heinrich Schlosser, „Rat Schlosser", geboren 1780, Jurist, Schriftsteller, Kaiserlicher Rat, war 1812 vom Protestantismus zum Katholizismus konvertiert. Seit 1815 engagierte er sich in den Verhandlungen um eine neue Verfassung für die Stadt Frankfurt, insbesondere setzte er sich für die Rechte der katholischen Minderheit ein; zudem war er Gegner einer Trennung von Justiz und Verwaltung. 1816 hatte er eine entsprechende Schrift veröffentlicht: Ueber das Verhältniss der Justizverwaltung zu dem Ganzen der öffentlichen Verwaltungszweige in Frankfurt, Frankfurt a. M. 1816. Zu J. Fr. H. Schlosser: Beusch, Standespolitik, S. 94 f. u. vielerorts. Die Stadt Frankfurt, der auf dem Wiener Kongress 1815 der Status einer „Freien Stadt" zugesprochen worden war, gehörte dem Deutschen Bund an. Sie erhielt im Herbst 1816 nach heftigen Auseinandersetzungen eine neue, in vielem allerdings restaurative Verfassung. Während Protestanten und Katholiken nun zur „christlichen Gesamtheit der Bürgerschaft" erklärt wurden, waren die Rechte der jüdischen Einwohner eingeschränkt. Vgl. etwa: Schwemer, Geschichte, S. 216–288.

nach Remscheidt [Remscheid]. |11v| Nach 8 gehe ich noch in den Olymp, wo Huisens alter Schwiegervater.[99] Nachher überlege ich mit Denoël u. Wallraf noch lange die Auszierung des Saals auf dem Kaufhaus. Ich bin auf morgen bey Dr. Nückel zu Tisch gebethen.

Den 24. August [1817]. Sonntag.

Ich gehe nach 9 zu Haxthausen, der gestern Abend von seiner Reise von Coblenz zurückgekommen ist. Er hat mir einen Brief von Bibliothekar Haase[100] aus Paris gebracht, der sich meiner freundlich erinnert, u. Herrn Tieck,[101] welcher nun schon wieder auf der Rückreise begriffen ist, dem ich empfal, dieses als Antwort mitgegeben.[102] Es sind zwar nichts als flache Complimente. Uebrigens ist Haxthausen mit der Gesellschaft von Reimer, Simons etc. in Lach [Laach] mit Schenkendorf u. Goerres zusammengewesen; in Ober Cassel war Arndt, u. es soll dort dessen Lied sehr vertheidigt, meines aber sehr getadelt worden sein. Er glaubt, Nebe[103] solle dagegen schreiben. Ich gehe zu Schlossers, wohin bald auch Haxthausen folgt, doch nicht lang bleibt. Ich gehe mit ihnen in den Dom, dann in die Ausstellung, wohin der Minister Altenstein[104] kommt, dem ich mich vorstelle u. ihm, ehe Wallraf kommt, einen Theil der Bilder zeige. Dann begleite ich Schlos-

---

Groote kannte Johann Friedrich Heinrich Schlosser, der 1816 Köln besuchte, bereits länger (Groote, Tagebuch, Bd. 2, 21. Sept. 1816, S. 354; 475. Grootes Erwähnung der Brüder Schlosser ist etwas verwirrend, da er offenbar die Vornamen der beiden Brüder Christian Friedrich Schlosser (geb. 1782) und Johann Friedrich Heinrich Schlosser (geb. 1780) verwechselt.

[98] Sophie Charlotte Johanna Du Fay war seit 1809 mit J. Fr. H. Schlosser verheiratet.

[99] Johann Friedrich Huyssen war mit Katharina Friederike Laar, Tochter von Heinrich Wilhelm Laar u. Christina Friederika Vorster, verheiratet.

[100] Groote hatte Karl Benedikt Hase, Bibliothekar und Konservator in der Abteilung für Manuskripte an der Nationalbibliothek in Paris, 1815 mehrfach getroffen.

[101] Tieck und Burgsdorff besuchten Ende August 1817 Boisserée in Heidelberg. S. Boisserée, Tagebücher, Bd. I, 23. Aug. 1817, S. 424: „Tieck und Burgsdorf – mäkelnde kalte hochmütige und doch wieder weiche Natur, ein durchaus störender Mensch ausgebrannt, blasé, langweilt sich gleich. Hat nirgends Ruhe. Tieck hingegen immer sinnig zart angenehm fein beweglich gemütvoll".

[102] Satz sic.

[103] Vermutlich: Johann Neeb, Professor an der alten Universität Bonn. Im Frühjahr 1817 sprach er sich in einer Schrift dezidiert für Bonn als Universitätsstandort aus (Einige Worte über den Rangstreit der Städte Köln und Bonn um den Sitz einer Universität für die Preußischen Rheinlande, 1817.

[104] H. zu Solms-Laubach an ihren Sohn Otto in Berlin, Mülheim, 25. Aug. 1817: „Seit der Abreise des Kronprinzen, lebten wir hier recht ruhig und angenehm, aber nicht so der gute Vater, der in der Stadt die ganze leztere Woche gewaltig geplagt war, indem die Presidenten von Düsseldorf, Kleve u. Aachen, in Kölln waren und täglich Konferenzen mit ihm hatten, auch ist der Minister von Altenstein seit einigen Tagen in Kölln und ehestens kömt auch Herr von Schuckmann von Wisbaden aus, dahin, dann will mich der Vater auf einige Tage in der Stadt haben, um den Herrn Minister gehörig bewirthen und honoriren zu können, und so wird die Unruhe fortdauern bis zu der Ankunft des Königs die den 11ten Sept. erfolgen soll" (Privatarchiv d. Grafen zu Solms-Laubach, XVII, 199, Nr. 11).

sers nach Haus, gehe selbst noch eine Zeitlang zu mir, u., dann zu Nückel, wohin Wallraf erst noch später kommt. Es sind da eine Frau Meister aus Wiesbaden, Rittmann,[105] Daniels, Corschillgen, Müller, Schenk u.a. Von |12r| letzterem höre ich, daß morgen oder übermorgen wieder unsre Sache contra Engels am Appellhofe vorkommen soll. Wir essen ganz angenehm zusammen, wobey aber Wallraf vor Müdigkeit einschläft. Nach Tisch gehn wir an das Thürmchen, wo, der Kevelarer Prozession wegen,[106] viele Menschen sind. Wir trinken Kaffee[107] im v. Gallischen Gut, u. gehn dann nach der Prozession mit Schlossers in die Cunibert Kirche, die schön erleuchtet ist. Dann gehen wir noch zu v. Haxthausen, trinken dort Thee u. gehn mit Schlossers in deren Gasthaus. Sie wollen morgen fort. Haxthausen geht noch mit uns nach Haus. In der Anzeige V. des Hülfsvereins zu Coblenz wird die hiesige Polizey sehr mitgenommen.[108]

Der 25. August [1817].

Nach einer aus mancherley Gründen erschöpften Nacht, gewinnt der Böse überdieß mir noch eine Wette ab. ⁓ Dann schreibt mir der RegierungsRath Redtel, er sey krank u. ich solle doch den hier anwesenden Geheimen Ober Baurath

---

[105] Wohl einer der Juristen: Franz Rittmann oder dessen Sohn Ferdinand Rittmann. Personalnotizen, 1815: „Rittmann. Advocat. Ist ein guter Jurist und eleganter Redner im deutschen und Französischen, aber er ist durchaus untreu in Aufstellung seiner Proceß-Geschichte und Anführung seiner Berichte. Sein Betragen ist ganz unmoralisch, ganz des Advocatenstandes unwürdig. Bei dem schönsten Verdienst macht er Schulden und zu einem ärgerlichen Beispiel für seine erwachsenen Söhne, lebt er mit einer Maitresse. Er ist einer der abgesetzten Richter bei damals erfolgter Reorganisation des Departements Tribunals. Sein Vater, ehemaliger Notär, hatte auch nicht den besten Ruf!" (Landesarchiv NRW R, BR 0002, Nr. 1534, Bl. 31r u. v).

[106] Traditionell kehrte die Kevelaer Wallfahrtsbruderschaft am 24. August aus Kevelaer nach Köln zurück.

[107] Handelsbericht für Juli, Köln, 30. Juli 1817: „Caffe bleibt bey fortwährend steigenden Preisen begehrt. Geringere Zufuhr einerseits und grösserer Bedarf andrerseits flössen den Spekulanten Zutrauen ein, unter denen Manche ihre Waare noch nicht zu Markte bringen wollen, überzeugt, daß sie später höhere Preise erzielen werden. Zucker ist auch gestiegen und scheint sich trotz der nicht unbedeutenden Zufuhren roher Waare auf dem jetzigen Stand behaupten zu wollen. Thee ist bei gutem Vorrath unverändert. Unter den Gewürzen sind Pfeffer und Zimmt sehr gefragt und 10 à 15 % gestiegen" (RWWA 1–15–1, Bl. 49r). Dass die Preise mancher Waren möglicherweise auch von den Aktivitäten von Piraten abhängig waren, zeigt ein Vermerk im Handelsbericht für Juni, Köln, 30. Juni 1817: „Von welchem Einflus die Unruhen in Brasilien so wie die Seeräubereien der Barbaresken, welche sich bis in den Canal vorwagen, auf unsern Handel seyn werden, läßt sich noch nicht berechnen" (RWWA 1–15–1, Bl. 47v).

[108] V. Anzeige des Hülfsvereins Coblenz, 15. Aug. 1817 (in: M. Görres, J. von Görres, Gesammelte Schriften, Bd. 3, S. 425–437). Zur Kölner Polizei hieß es: „Ueberall haben die Behörden willig und begünstigend eingegriffen, nur die wachsame Polizei in Köln hat Anstoß an dem Gesetz genommen, das jede fremde Lotterie verbietet, und die Anzeige derselben aus der streng gehüteten Zeitung ausgeschlossen, später jedoch von oben Gründe angenommen und sich bedeuten lassen" (S. 429).

Funck[109] zu Lyversberg führen. Ich schreibe an diesen, u. lade ihn ein, um 12 mit mir zu gehn, was er auch thun will. Ich gehe noch zu Herrn Dumont, um ihn auf die Ankündigung V des Hülfsvereins zu Coblenz aufmerksam zu machen, u. wegen der Ankündigung der Loose zu erinnern.[110] In der Sitzung halten die Vorträge über die neue Instruktion für die Truppenaushebung[111] pro 1817 lange auf. Ich gehe daher nach 12 zu Lyversberg, uns anzukündigen, dann in den Rheinberg, wo ich den pp. Funck, einen großen, derben, aber schon etwas ältlichen Mann finde. Er geht mit mir zu Lyversberg, sieht sich die Bilder und |12v| die Kappelle schnell an, ohne von beydem eben besondere Kenntniß zu verrathen, u. ruft nur zuweilen aus, was mag Schinckel hier nicht eine Freude gehabt haben, u. so gehn wir bald wieder weg. Ich verlasse den Herrn, u. gehe nach 1 in die Sitzung zurück. Mein Nachbar daselbst, der Justitziar Triest, scheint sich über die Art der Geschäfte u. Vorträge schrecklich zu langweilen. Wir sitzen noch bis gegen 3 u. ich esse ganz allein. Es ist eine große Jagdparthie in Bensberg, wo aber nichts geschossen worden seyn soll. Nückel läßt mich zu sich bitten, da morgen unsre Sache contra Engels zuerst auf der Rolle ist. Ich gehe hin, gebe ihm die nöthigen Ausweisen, u. gehe dann zu Herrn Präses Brouhon, ihm zum Namenstag Glück zu wünschen.[112] Dorthin kommt später Herr Consistorial Rath Poll, dem ich wegen unsren Fundationssachen rede. Er ist nicht wohl gewesen u. hat deshalb manches müssen liegen lassen. Nach 8 komme ich nach Haus zurück, u. bleibe auf meinem Kämmerlein.[113]

---

[109] Franz Ernst Theodor Funk gehörte seit 1816 der preuß. Oberbaudeputation an; er befasste sich u.a. mit Strombau und Schiffbarmachungen an Oder, Elbe, Lippe und Rhein.

[110] Der Aufruf V des Hilfsvereins konnte weder in der Köln. Zeitung noch in deren Beiblatt oder im Welt- u. Staatsboten zu Köln nachgewiesen werden.

[111] Vgl. die Verfügung der Regierung Köln v. 26. Aug. 1817, in: Köln. Zeitung, Nr. 143, 7. Sept. 1817: „Es soll im Laufe des Monats Oktober d. J. zur Aushebung des Ersatzes für das stehende Heer geschritten werden, wogegen die Entlassung einer gleichmäßigen Anzahl der bisher im Dienst gestandenen Soldaten zur Kriegs-Reserve erfolgt. Zu dieser Entlassung werden, nach Vorschrift des Gesetzes vom 3. Septbr. 1814, hauptsächlich diejenigen Leute bestimmt, welche 3 Jahre gedient haben, und nicht etwa freiwillig länger dienen wollen; demnächst diejenigen, welche, in Berücksichtigung besonderer bürgerlichen Verhältnisse, von uns zur wirklich nothwendigen Entlassung in die Kriegs-Reserve den Regimentern designirt werden."

[112] Groote gratulierte am 25. August, dem Namenstag des Heiligen Ludwig, Ludwig Brouhon.

[113] Am 25. August informierte Oberbürgermeister von Mylius vier von ihm ausgewählte Stadträte über seine Planung zum Besuch des Königs: „Unserm Monarchen, der durch manches Königl. Wort und große Aufopferungen in dem letzten Jahre bereits bewiesen hat wie theuer ihm die Bewohner dieser Gegend sind", müsse man huldigen, indem man ihn „mit unsren Bedürfnissen bekannt" mache. „Als zweckmäßig habe ich daher erachtet eine Ausstellung von dem jenigen zu veranstalten was der Gewerb- und Kunstfleiß Cöllnischer Bürger zu leisten im stande ist. Am 13. d. M. habe ich bereits den Rath der Gewerbverständigen hievon unterrichtet und denselben ersucht alle hiesigen Fabrick Inhaber nicht nur, sondern auch andre ausgezeichnete Handwerker und Kunstarbeiter in dieser Ausstellung, welche am schicklichsten auf dem Großen Saale des Kaufhauß Gürzenich statt finden kann, Antheil zu nehmen zu vermögen. Ueberhaupt wäre jeder der irgend ein merkwürdiges Produkt des Cölnischen Kunstfleißes besitzt dringend einzuladen das-

Den 26. August [1817].

Ich schreibe wegen des armen Arns. Als ich gegen 9 ½ zu Nückel gehe, ist er schon am Tribunal. Dort wird die Sache auf Morgen zum plaidiren ausgesetzt. Ich gehe nun zu Fochem, den ich in seiner Kirche[114] mit Werkleuten am Altar beschäftigt finde. Sonderbar hat er die Hostie der Monstranz, die Ciborien[115] etc. auf ein einfaches Corporal[116] offen auf die Nebensubsellien[117] gelegt, mit einem unscheinbaren Lichte dabey. Ich zeige ihm den Brief, den wir von dem General Vicariat aus Aachen erhalten haben, u. der unsre Präsentation eigentlich weder genehmigt, noch abschlägt. Er glaubt, es müsse gleich Duplikando wieder geschrieben werden. Ich sehe sein Haus ganz an. Es ist schlecht u. für seine Bilder wenig Platz.[118] |13r|

Zu Haus schreibe ich gleich den Brief an das General Vikariat u. gebe ihn zum abschreiben. Mir ist immer noch sehr toll u. dumm zu Muthe. Gegen 5 gehe ich in die Auktion, wo ich mehre medizinische u.a. Bücher durchsehe, u. nachher

---

selbe zur Ausstellung herzugeben. Jedem auszustellenden Fabrikat wäre eine kurze Notiz beyzufügen, worin ausser Namen und Wohnort des Fabrikanten auch die Anzahl der Arbeiter welche er beschäftigt, der Arbeitslohn Herkunft und Preise der Urstoffe, die Preise der verfertigten Waren, die Absazorte, der Umfang der Fabrik, die Zeit wo dieselbe begonnen, die eingetretenen Veränderungen, ob sie vortheilhaft oder nachtheilig auf den Gang der Fabrik gewirkt haben, und wie allenfals zur Verbesserung oder zum Aufkommen der Fabrik oder des Gewerbes geschehen müßte, zu bemerken wäre. [...] Ich ersuche Sie sich zu dem Ende täglich auf dem Rathhauß versammlen und sich mit dem Rath der Gewerbverständigen, den HH. Walraff, Denoel und dem Stadtbaumeister Weyer über das zur Ausführung dieser Idee Erforderliche berathen, und mich von dem Resultat in Kenntniß setzen zu wollen" (K. J. von Mylius an die Stadträte M. von Kempis, Fr. J. J. von Herwegh, H. J. M. DuMont und Fr. P. Herstatt von der Leyen, Köln, 25. Aug. 1817, Entwurf; HAStK, Best. 400, A 159, Bl. 3v–4v).

[114] Zu verschiedenen Schenkungen der Familie de Groote für die Kirche St. Ursula: Schommers, Reliquiare, S. 335 f., S. 205; Stein, Pfarre, S. 137. Vgl. HAStK, Best. 1553, A 8.
[115] Ziborium: Gefäß, in dem die geweihten Hostien im Tabernakel aufbewahrt werden.
[116] Korporal: kleines Tuch, das der Priester vor der Wandlung auf das Altartuch legt, um darauf die Hostienschale zu stellen.
[117] Subsellien: im Halbkreis angeordnete Sitze für die Geistlichen.
[118] In seinem 1831 verfassten Lebenslauf wies Fochem auf die Verbesserungen hin, die er während seiner Amtstätigkeit für die Pfarre St. Ursula erreicht hatte: „Vor allem sehr schöne Schulgebäude – ein damals fehlendes Küsterhaus – eine nahe bei der Kirche gelegene Wohnung für den Herrn Kaplan – ein prachtvolles Pfarrhaus – ich reinigte die Kirche selbst von einem Schmutze von einem Unrath und Wuste, der ins unglaubliche ging; ich besorgte der [Kirchen] Fabrik durch die besondere Gnade Unsers Königs Majestät eine nahmhafte Vermehrung ihres Einkommens" (G. C. Fochem, Köln, 4. Juli 1831; Historisches Archiv des Erzbistums Köln, Best. GVA I, Nr. 3541, o. P.). Stein, Pfarre, S. 74 f.: Der Pfarrer von St. Ursula mußte viele Jahre hindurch in verschiedenen Häusern zur Miethe wohnen," und erst 1822 wurde „das Haus Nr. 17 auf dem Eigelstein als Pfarrhaus für die Ursulapfarre angekauft". „Die frühere Wohnung des Pfarrkaplan, unter sechszehn Häusern Nr. 30" wurde verkauft und für den Erlös das frühere Schulhaus an St. Ursula [...] als Kaplanei angekauft".

Schlossers Büchlein über Ständeverfaßung 1817[119] u. Tiedemann, Anatomie des Gehirns kaufe.[120] |:4.5:| Ich gehe von da nach Haus u. lese.[121]

---

[119] Groote las offenbar eine Schrift von Christian Friedrich Schlosser, dem jüngeren Bruder von Johann Friedrich Heinrich Schlosser. Wie dieser war er zum Katholizismus übergetreten und engagierte sich in der Frankfurter Verfassungsfrage. Vgl. die Veröffentlichung von Chr. Fr. Schlosser 1816: Ueber Staatsverfassung und Staatsverwaltung. Aus dem Französischen von Fiévée übersetzt und mit Anmerkungen begleitet, Erstes Bändchen, Frankfurt am Main 1816. Es handelt sich um eine Übersetzung und Bearbeitung der 1815 publizierten Schrift von Joseph Fiévée. 1817: Ständische Verfassung, ihr Begriff, ihre Bedingung, Frankfurt am Mayn 1817. Die Schrift wurde 1817 mehrfach von Kölner Buchhändlern angezeigt. Vgl. Annonce der Buchhandlung Johann Georg Schmitz, in: Welt- u. Staatsbote zu Köln, Nr. 51, 30. März 1817; Annonce der DuMont und Bachem'schen Buchhandlung, in: Beiblatt d. Köln. Zeitung, Nr. 6, 30. März 1817. Zu Chr. Fr. Schlosser: Beusch, S. 87 f. u. vielerorts; Weitz, Adel, S. 85–88 u. vielerorts.

[120] Friedrich Tiedemann, Anatomie und Bildungsgeschichte des Gehirns im Foetus des Menschen: nebst einer vergleichenden Darstellung des Hirnbaues in den Thieren, Nürnberg 1816. Groote war dem Mediziner und Physiologen Tiedemann 1816 in Heidelberg begegnet.

[121] Zur weiteren Auseinandersetzung über das rheinische Gerichtswesen in der lokalen Presse siehe einen Text in der Köln. Zeitung, Nr. 136, 26. Aug. 1817, unterzeichnet mit „Auch ein Kölner". Er knüpfte an den Artikel der Zeitung über das mündliche Gerichtsverfahren (Nr. 128, 12. Aug. 1817) an und unterstützte dessen Stellungnahme. Am 28. Aug. veröffentlichte die Köln. Zeitung, Nr. 137 unter dem Titel „An den Herrn ‚Auch ein Kölner'" und mit der Unterschrift „Ein Rheinländer" eine Kritik des Textes vom 26. Aug. 1817. Inzwischen hatte sich die Immediat-Justiz-Kommission eingeschaltet, die Aufklärung über die Artikel in Nr. 128 und 137 der Köln. Zeitung forderte, da deren Thema in den Tätigkeitsbereich der Kommission eingriffe. Verleger M. DuMont erläuterte der Kommission am 27. Aug. 1817 daraufhin, „daß die Art von Gährung, welche der in die Kölnische Zeitung No. 128 aufgenommene Artikel aus der Berliner Zeitung, über das öffentliche mündliche Verfahren, hervorgebracht hat, und welche so manchfach in Zeitungen des In- und Auslandes sich äussert, keineswegs mir beigemessen werden kann." Er gab an, das Einrücken des Artikels aus den Berlinischen Nachrichten Nr. 93 (vom 5. Aug. 1817) sei ihm durch den Kölner Polizeipräsidenten befohlen worden und zitierte das an ihn gerichtete Schreiben Struensees vom 11. Aug. 1817. Überdies, so DuMont, habe er auch den in der Köln. Zeitung, Nr. 136 erschienenen Artikel (Unterschrift: ‚Auch ein Kölner') auf Anordnung des Polizeipräsidenten in die Zeitung aufgenommen. DuMont erkärte sich bereit, die Originale der Anweisungen Struensees vorzulegen (Landesarchiv NRW R, Gerichte Rep. 0416, Nr. 71, Bl. 78r u. v). Empört über das autokratische Vorgehen Struensees forderte die Kommission Ende August die Kölner Regierung auf, solches Verhalten zu unterbinden (Immediat-Justiz-Kommission an Regierung Köln, Köln, 28./29. Aug. 1817, Entwurf; Landesarchiv NRW R, Gerichte Rep. 0416, Nr. 71, Bl. 79r–83v). Als keine Reaktion erfolgte, wandte sich die Kommission am 26. Sept. 1817 erneut an die Regierung (Bl. 84r), die wenige Tage später ausweichend antwortete: Man habe den Polizeipräsidenten bereits „zur unverzüglichen Erklärung aufgefordert"; da man bisher ohne Antwort geblieben war, habe man sie „heute in Erinnerung gebracht"; nach Eingang einer Antwort werde man sich über den Gegenstand äußern (Regierung Köln, Abt. I an Immediat-Justiz-Kommission, Köln, 30. Sept. 1817; Bl. 85r). Das Schreiben war von Sotzmann und E. von Groote unterzeichnet, dieser war also über den Konflikt sowohl als Mitglied des Regierungskollegiums wie durch seine Zusammenarbeit mit M. DuMont informiert. Weitere Korrespondenz enthält die Akte nicht; die Angelegenheit wurde offenbar nicht weiter verfolgt. Vgl. Faber, Rheinlande, S. 136 f.

Den 27. August [1817].

Der Vater kommt früh, mir wegen verschiedener Sachen zu reden; auch bringt er das neueste Exemplar der Rheinischen Blätter, worin über das Preußische Postwesen u.a. derb gesprochen wird.[122] Später gehe ich ans Tribunal; da aber unsre Sache um 11 Uhr noch nicht vor ist, gehe ich weg in die Plenarsitzung, ohne die Entscheidung abzuwarten. Mit Sitt u. Gadé rede ich aber wegen unsrer Sache. In der Sitzung kommt wegen der Jagdgerechtsame, wegen der Rückkehr des Oberbürgermeisters zu der juristischen Parthie,[123] die Nothwendigkeit, den SicherheitsHafen zu vollenden[124] u.a. vor. Der Graf fährt jedoch schon um 1 ½ weg. Ich hoffte, noch Nückel irgend zu finden, um wegen der Sache zu reden, aber umsonst. Zu Haus sind Graf u. Gräfinn Metternich angekommen u. speisen bey Gymnich.[125] Ich lese nach Tisch Schlossers Schrift zu Ende. Begrüße die Gräf-

---

[122] Groote bezog sich auf einen kurzen, ironischen Artikel der Rh. Blätter, Nr. 135, 24. Aug. 1817: „Zur Geschichte gründlicher Regenerationen und Organisationen, wodurch an die Stelle französischer Leichtfertigkeit und Oberflächlichkeit ächte deutsche Solidität gesetzt wird, gehört folgende neue Einrichtung der Briefpost einer Stadt. Die Taxe der Briefe bleibt die nemliche, statt vier Angestellten treten aber acht Angestellte ein, die Briefträger wurden verschrieben [sic] aus der Ferne. Die Briefe kommen nicht mehr durch reitende, sondern durch Fußboten, man erhält sie gegen Abend, statt daß man sie vorher am frühen Morgen bekam. Dagegen werden jetzt die Adressen vorher sorgfältig in ein eignes Register eingeschrieben."

[123] Nachdem der Kommissarische Oberbürgermeister von Mylius im Frühjahr um Entlassung aus seinem Amt und um Wiedereinsetzung in seine frühere Position als Präsident des Appellationsgerichtshofes in Düsseldorf nachgesucht hatte, holte die Kölner Regierung eine Stellungnahme der Immediat-Justiz-Kommission über die rechtlichen und verwaltungsmäßigen Lösungsmöglichkeiten ein. Entsprechend dem Gutachten Sethes lehnte die Kommission den Antrag im August ab. Die Regierung informierte Mylius, darüber, „daß Ihr nachgesuchter Zurücktritt für jezt nicht Statt finden könne" und forderte ihn „zur schleunigen Erklärung" auf, „ob Sie Ihrem gedachten Entlassungs-Gesuche nichts destoweniger inhäriren" (Regierung Köln, Abt. I an K. J. von Mylius, Köln, 27. Aug. 1817; HAStK, Best. 400, A 3376, Bl. 1r). Vgl. Entwurf zu einer Antwort: K. J. von Mylius, Anfang Sept. 1817 (Bl. 1r–2v). Zum Verlauf des Konflikt zusammenfassend: Herres, Köln, S. 64–67.

[124] Demian, Ansichten, S. 312: „Um die große Menge von Schiffen, welche selbst im Spätjahre und Winter, wenn der Rhein noch vom Eise befreit ist, in Köln ankommen, vor den Anfällen einer stürmischen Witterung zu schützen, ist in den lezten Jahren der französischen Regierung an dem unteren Ende der Stadt, bei dem sogenannten Thürmchen, ein Sicherheitshafen angelegt worden. Derselbe ist aber noch nicht ganz fertig, ob er gleich schon über 700.000 Franken gekostet hat; er kann 70 und noch mehr Schiffe, wenn sie nicht zu groß sind, aufnehmen, wofür per Zentner nur 1 Centim bezahlt wird. Auch wird man hier in Kriegszeiten die Schiffe gegen alle feindlichen Unternehmungen sichern können." Zum Bau des Sicherheitshafens in franz. und zu Beginn der preuß. Zeit kurz: Bauer, Rhein, S. 31–38; Schäfke, Aufstand, S. 97–100.

[125] Die Familie Wolff Metternich zur Gracht speiste bei Mitgliedern der Familie von Gymnich, die im 1582 erbauten Gymnicher Hof am Neumarkt 1/3, am Eingang zur Schildergasse, wohnten. Zum Gebäude: Kirschbaum, Wohnbauten, S. 273 f.; Vogts, Kölner Wohnhaus, Bd. I, S. 158; Weber, Erftstadt-Gymnich, S. 280; Abb.: S. 277. Um 1817 wohnten im Gymnicher Hof Clementina von Gymnich, geb. von Velbrück, Witwe des 1806 verstorbenen Cl. A. F. von Gymnich, sowie wohl auch zeitweise dessen Schwester, die unverheiratete Stiftsdame in Neuss Johanna Maria Mag-

liche Familie, u. gehe später aus, rede mit Adjunkt Lange, wegen den Städtischen Sachen, kaufe Lichtspäne. |:–6:| Suche Nückel wieder umsonst auf, u. gehe zu Ammons bis 9 U. Ich erhielt heute einen Brief von Laar. Der Kronprinz soll bald zurückkommen. Brief nach Aachen wegen dem Elend. –|13v|

Den 28. August [1817].

Ich bin frühe dabey, aus der Cronic von Köln die etwa brauchbaren Notitzen über das Kaufhaus Gürtzenich etc. zu exzerpiren, u. überhaupt auf die Feyer der Feste bey Anwesenheit des Königs zu denken. Später kommt Wallraf, und bringt mehrere Blätter deutscher Lapidarinschriften, die er im obigen Saal im Kaufhaus anbringen will. Er geht sie mit mir durch, u. ich muß sie in's Reine bringen. Darüber wird es Mittag, Wallraf bleibt bey uns; auch Jacob DeGroote von Pesch speist bey uns. Nach Tisch will Wallraf die Inskriptionen vollenden, fällt aber darüber, wie gewöhnlich, in den Schlaf. Ich beendige sie, so gut ich kann, wonach Er weg geht. Ich vollende auch meine Notitzen aus Gellen u. der Cronik, u. da ich gegen 7 etwas ausgehn will, kommt an unserm Hause Denoël u. Franz Cassinone, gehn mit mir herein, sehn Wallrafs Arbeit an, u. wir bleiben angenehm redend bis gegen 9 U. zusammen. Abends lese ich noch den armen Heinrich in der Müllerschen Sammlung.[126]

Den 29. August [1817].

Ich gehe meine Akten zum Vortrag durch. Bald nach 8 kommt schon Dr. Nückel mit Nollen, welche zu wissen wünschen, wie es mit der Longericher Jagd, die sie früher gepachtet haben, werde gehalten werden, u. ärgern sich, daß der Land-Rath Gymnich sie wahrscheinlich angeführt, da er ihnen immer gesagt, die Jagd werde wieder verpachtet, was nun nicht geschehen soll. Dann soll ich mit Nückel ans Tribunal gehn, wo unsre Sache gegen die Juden heute erst vorkommen soll. Ich bringe Herrn Pollack[127] meine holz. Pfeiffe, den Deckel zu befestigen, kaufe etwas Tabak, |:–3:| gehe an den Appellhof, von wo ich noch, weil es etwas lang wird, an den Regierungs Direktor Sotzmann |14r| schreibe, daß ich zur gehörigen

---

dalena Felicitas von Gymnich (1755–1825), Tochter von Karl Otto Ludwig Theodatus von Gymnich u. Katharina Elisabeth Maria von Franckenstein. Sie hatte ihre sieben Geschwister als letzte dieses Familienzweigs überlebt und 1806 von ihrem Bruder den Gymnicher Hof und Schloss Gymnich (heute zu Erftstadt gehörig) geerbt (Herzog, Burgen, S. 74–77). Ihren gesamten Besitz vermachte sie ihrem Großneffen Maximilian Felix Wolff Metternich zur Gracht, geboren 1814, der so die Linie Wolff Metternich-Gymnich gründete (Weber, Erftstadt-Gymnich, S. 288–290; Wolff Metternich, Spuren, S. 110; Wolthaus, Ahnengalerien, S. 187).

[126] Die Myllersche/Müllersche Sammlung enthält auch die Geschichte des Armen Heinrich: Dies ist von dem armen Heinriche (in: Christoph Heinrich Myller, Samlung deutscher Gedichte aus dem XII., XIII. und XIV. Jahrhundert, Berlin 1784–1787).

[127] Möglicherweise: Matthias Pullack, Schreiner, Mariengartengasse 1 (AK 1813).

Zeit nicht in die Sitzung kommen könne; es wird nur Eine Sache vorgenommen, worüber sodann von 10 ½ bis nach 12 ½ deliberirt wird, dann soll nur noch Eine Sache plaidirt werden, u. es bleibt also für unsere Sache keine Zeit mehr übrig, die mithin bis nach den Ferien verwiesen wird. Es ist mithin nun seit 4 Tagen diese Sache verschoben, viel Zeit darauf verpasst worden u. nun kommt sie doch erst nach 2 Monaten vor. Es ist dieß ein Uebelstand, der mich recht ärgert, da ich ebenfalls fast 2 Morgen darüber verdorben habe. – In der Sitzung der Regierung trage ich nun noch einiges vor, und komme erst gegen 2 ¼ nach Haus. – Nach Tische kommt Herr Präses Seminarii, uns einen Brief zu zeigen, den er fast gleichen Innhalts mit dem unseren von Herrn General Vicar Fonck erhalten hat. – Er fährt immer noch fort, über die Inquisition gegen den hiesigen Fonck zu schimpfen,[128] u. spricht dann noch manches. Ich gehe nachher wieder an meine Arbeiten u. zwar beginne ich meine Vorarbeiten zu der kleinen Topographie von Köln wieder ernstlich. Abends gegen 7 wollte ich zu v. Haxthausen gehn, der, wie mir Redtel sagt, nicht wohl sey. An den 4 Winden[129] begegnet mir Herr Ober Appellations Rath Schwarz, ladet mich ein, mit zu Simon zu gehen; wir besuchen erst v. Haxthausen, der wirklich auf dem Sopha liegt u. etwas Fieber hat, u. gehn dann zu Simon, wo aber nur wenige sind. Klenze erzählt allerley aus den letzten Kriegen in Spanien, wo er war. Wir gehn gegen 11 nach Haus.

Den 30. August [1817].

Früh werden wir eingeladen, zwischen 10–11 in den weißen Thurm zu kommen, um dem Minister Schuckmann vorgestellt zu werden.[130] Nachher soll das Consistorium Vortrag haben. Wallraf ist lange bey mir, u. redet über seine Inschriften etc. Als ich mich anziehn will, kommt Louis Boeking u. assistirt meiner Toilette. |14v| Als ich vor 11 in den weißen Thurm komme, werde ich gleich zum Minister geführt, bey dem schon Graf Solms, u. mehre Räthe sind. Jeder wird, wie Er eben ankommt, vorgestellt. Gegen 11 werden wir entlassen; ich stehe noch mit Haxthausen beym Landrath Gymnich auf der Straße, als von Auer u. Stolzenberg

---

[128] Generalvikar Martin Wilhelm Fonck war ein Onkel des Mordverdächtigen P. A. Fonck. Früh gab es den Verdacht, Generalvikar Fonck habe seine Kontakte innerhalb der katholischen Kirche zum Vorteil seines Neffens genutzt (Reuber, Mordfall, S. 28).
[129] An den vier Winden liegt an der Ecke Hohe Straße/Brückenstraße.
[130] Welt- u. Staatsbote zu Köln, Nr. 139, 31. Aug. 1817: „Köln den 30. August. Gestern sind Se. Exz. der Geheime Staatsminister des Innern, Freiherr von Schuckmann, von Berlin hier eingetroffen." Zeitungs-Bericht der Reg. Köln für August, 9. Sept. 1817: „Gegen Ende des Monats trafen auch Se. Excellenz des Herrn Ministers des Innern auf Ihrer Reise zur Inspicirung der Provinzial-Behörden und Institute in den Rheinprovinzen in dem hiesigen Regierungs Bezirk ein. Mit froher Erwartung wurde auch der Ankunft Sr Königl. Majestät Allerhöchstselbst entgegengesehen, und dabei nur bedauert, daß es der noch bestehende Mangel an aller Provinzial-Repräsentation für den Augenblick schwer macht, die Stimmung und Wünsche des Publikums auf eine zuverläßige Weise zu erkennen und an den Tag zu legen" (GStA PK, I. HA Rep. 89, Nr. 16278, Bl. 110v–111r).

angefahren, u. also zu spät kommen, um dem Minister noch vorgestellt zu werden, der schon zur Consistorialsitzung gefahren ist. Wir gehn noch zu Geyr, wo nur Fl. Nettchen ist. Haxthausen ist noch gar nicht wohl. Joseph kommt gegen 2 aus dem Consistorium und ist im Ganzen mit den Aeußerungen des Ministers sehr zufrieden. Er soll sich sehr liberal geäußert haben, auch inbetreff unsrer jenseitigen Schul- und Kirchengüter[131] etc. Niebuhr soll nun Instruktionen haben.[132] – Poll war krank u. nicht in der Sitzung. Ich bleibe nun bey meinen Sachen, bis gegen 5 Herr Mohr, Rentmeister des Herrn v. Bourscheidt, kommt, wegen der Berechnung des ehemaligen Vicars zu Walberberg. Es muß an diesen geschrieben werden. Er freut sich, von mir Nachricht über die alte Stammburg Bourscheid im Luxenburgischen zu erhalten.[133] Dann wollte ich noch ad + gehn, allein, ich werde manchfach hingehalten u. komme zu spät. Ich gehe noch zu v. Haxthausen, wo der Bürgermeister v. Mylius. Dieser will von Beybehaltung seiner Stelle nichts wissen. Ich sage ihm, daß ich auf diesen Fall Herrn Sekretar Fuchs für den besten Bürgermeister halte. Er will von Schuckmann bey Solms bemerkt haben, daß die Universität nach Bonn komme.[134] Elkendorf u. Schieffer kommen zu Haxthausen. Später gehe ich in den Olymp, wo ein Pfarrer Wilsen aus Darmstadt, der in London war. Mit Denoël gehe ich nachher |15r| noch zu Dethomis auf das Caffeehaus,[135] wo wir ein Glas Punsch trinken, u. über unser Städtisches Wesen, namentlich über die Besetzung der Bürgermeisterstelle manches reden.[136]

---

[131] Das Kölner Konsistorium setzte sich für die Rückgabe des rechtsrheinischen Besitzes öffentlicher Einrichtungen ein, der während der Franzosenzeit beschlagnahmt worden war. Fr. A. J. von Nagel zur Gaul, Präsident des Verwaltungsrats des Kölner Schul- und Stiftungsfonds, überreichte Minister von Schuckmann eine gedruckte Schrift, in der die Rückgabe dieser Güter gefordert wurde. Bei dieser Schrift handelte es sich vermutlich um den anonymen, wohl von ihm selbst verfassten Text: Auflösung der Rechtsfrage, ob den geistlichen und weltlichen öffentlichen Anstalten und Gemeinden der einen Rheinseite Entschädigung für diejenigen Güter und Einkünfte gebühre, welche sie auf der andern Rheinseite ehemals besessen haben?, gedr. beim Verlag DuMont, Köln 1816. Vgl. Nahmer, Beiträge, 1. Teil, S. 38.

[132] Groote hatte den Althistoriker Barthold Georg Niebuhr 1816 in Berlin kennengelernt; dieser wurde im selben Jahr zum preuß. Gesandten beim Vatikan ernannt. Niebuhr war bevollmächtigt, in Rom für den preuß. Staat die Verhandlungen mit dem Papst über die Neuorganisation der katholischen Kirche in Preußen zu führen. Vor allem die Katholiken im Rheinland warteten ungeduldig auf Ergebnisse dieser Verhandlungen. Zu einer Übereinkunft kam es 1821 durch die Bulle De salute animarum, in der die Diözesen auf preuß. Gebiet neugeregelt wurden und Köln wieder einen Bischofssitz erhielt.

[133] Groote hatte die Burg Bourscheidt bei Erpeldingen an der Sauer (heute zu Luxemburg gehörend) im April 1815 als Angehöriger der preuß. Armee besucht (E. von Groote, Tagebuch, Bd.1, 21. u. 28. Apr. 1815, S. 60 u. 66 f.).

[134] Vgl. Bezold, Geschichte, S. 56.

[135] Carl De Thomis, Schokoladenfabrikant, Kaffeehaus, Gülichsplatz 2 (AK 1813; AK 1822).

[136] Gegen Ende Aug. 1817 traf in Köln eine Anordnung Hardenbergs ein, in der er für seine baldige Reise in die Rheinlande eine detaillierte Personalliste anforderte. K.A. von Hardenberg an Fr. L. Chr. zu Solms-Laubach, Karlsbad, 22. Aug. 1817: „Ich wünsche ein Verzeichniß von sämtlichen bei der

Den 31. August [1817]. Sonntag.

Einladung auf heute zu Mittag bey Solms. Müller kommt mit dem Theater Direktor Schaefer[137] u. ich schicke Sie zu Sotzmann. Ich mache mehrere Arbeiten für die Regierung, u. gebe den Brief an den Vicar Hembach[138] zu expediren. In den Dom kommt Schuckmann mit Geheimrath Bernauer allein. Er scheint nur am Tackt winken zur Musik, u. der hübschen Größe des Chors sich zu ergötzen. Ich gehe nachher einen Augenblick mit H. Dumont in die Ausstellung, wo der Präsident Koenen. Dann gehe ich bald nach Haus, u. reite gegen 1 U. aus bis weit um das Schaaffhausensche Gut, u. am Severinthor hinein. Ziehe mich dann an, u. gehe mit Joseph zu Solms, wo die ganze Regierung, ausser Butte u.

---

dortigen Regierung und den übrigen Verwaltungs-Behörden des dortigen Regierungs-Departements angestellten Personen, namentlich den Land Räthen, Forst- und Steuer-Beamten, mit Bemerkung ihres jetzigen Dienst Einkommens, ihrer Qualifikation und Dienstführung, zu erhalten. Außerdem bedarf ich einer Nachweisung von den jezt im dortigen Regierungs-Departements vacanten Stellen und denjenigen, aus den RheinProvinzen gebürtigen Individuen, welche sich zu deren Besetzung eignen. Ew. Hochgeborn ersuche ich, beide Pieçen schleunigst anfertigen zu laßen, und dergestalt in Bereitschaft zu halten, daß ich solche bei meiner Ankunft vorfinde. Ich hoffe, in den ersten Tagen des Monats September c. dort einzutreffen, behalte mir aber vor, Ew. Hochgeboren hierüber noch eine nähere Benachrichtigung zugehen zu laßen" (Landesarchiv NRW R, BR 0002, Nr. 1447, Bl. 2r). Solms-Laubach notierte seine entsprechenden Anweisungen am 27. Aug. 1817, wobei er sich die Bewertung der führenden Beamten und der in den Rheinprovinzen geborenen Personen selbst vorbehielt (Randnotiz, Bl. 2r). Die daraufhin erstellte Konduitenliste unterzeichnete Solms-Laubach am 20. Sept. 1817 und sandte sie nach Berlin (GStA PK, I. HA Rep. 74, Nr. 103, Bl. 202r–229r). Eine zweite Version der Konduitenliste, einschließlich eines speziellen Verzeichnisses „des beim Land-, Wasser- und Straßenbau im Regierungsbezirk Köln angestellten Personals" findet sich: Landesarchiv NRW R, BR 0002, Nr. 1447, Bl. 4r–32r.

[137] Franz Schäfer, Direktor einer Schauspielgruppe, hatte sich Anfang August 1817 um die Spielerlaubnis in Köln für die Wintersaison ab 1. Okt. 1817 beworben. Er bat nun um rasche Antwort und erklärte, er habe sich „in eine bedeutende Correspondenz" gesetzt, um in Köln ein weites Spektrum an Bühnenstücken bieten zu können. Seiner Gruppe sei es möglich, eine Auswahl aus 120 Opern und die neuesten „Schau- Trauer- und Lustspiele" zu präsentieren und verfüge zudem über eine gute Garderobe. Das Schreiben enthielt eine Liste der bei Schäfer beschäftigten Schauspieler und Schauspielerinnen mit Angabe der jeweiligen Rollenfächer (Fr. Schäfer an K. J. von Mylius, Mainz, 5. Aug. 1817, Abschrift; HAStK, Best. 400, A 650, 5r–6v). Der von Fr. Schäfer in diesem Brief als „Theater Cassirer" bezeichnete Herr Müller war ein Mitglied der Kölner „Theater-Intendantur".

[138] Servandus Hembach, ehemaliger Franziskanermönch, hatte Ende 1816 beim Konsistorium um eine Anstellung nachgesucht, wobei er sich auf ein Mitglied der Groote'schen Familie berief (Ausgefüllter Vordruck, 21. Dez. 1816; Landesarchiv NRW R, BR 0003, Nr. 502, Bl. 21r. Generalvikar von Caspars wies in einer Stellungnahme auf den „unordentlichen" Lebenswandel Hembachs hin und erläuterte: „So sehr ich nun selbst wünschte, diesen Mann brauchen zu können, so bedenklich finde ich es aber auch vor erhaltenen Beweisen einer aufrichtigen Besserung demselben eine ständige Versorgung anzuvertrauen. Um ihn nicht ganz hilflos zu lassen, habe ich ihm unter Einschärfung eines erbaulichen und empfehlungswürdigen Betragens auf ein volles Jahr die Erlaubniß ertheilt andern Seelsorgern aushelfen zu dürfen" (J. H. J. von Caspars zu Weiss an Oberpräsidium Köln, Lesung des Datums unsicher: um den 26. Dez. 1816; Bl. 22r). Die Dokumente zu diesem Vorgang sind schwer beschädigt und kaum lesbar.

Haxthausen, sich sammelt. Sotzmann sagt mir, er habe Müller u. Schaefer zum Polizeipräsidenten geschickt, der sie aber sehr unhöflich entfernt habe, weil er von dem Gesuch des Schaefer noch nicht gewußt. Der Minister erzählt über Tisch viele französische Anekdoten, von der Anwesenheit der Franzosen in Berlin. Ich mache mich weder an ihn noch an Bernauer besonders heran, weil ich nicht eben wußte, was ich ihm sagen sollte, u. mir auch nicht recht wohl ist. Ich rede nachher noch mit der Gräfinn, die wirklich eine gar angenehme Frau ist. Ich sende nachher noch die Theaterakten nebst meiner Expedition wegen des Schaefer an den Director,[139] u. gehe an den Rhein, wo ich mit Beywegh rede, der mir |15v| unter andern sagt, daß die Montagne française,[140] wo sich der König laut der Zeitungen mit einer Dame zusammengefunden habe, eine Art von Schlittenfarth auf Russische Weise sey. Die Gräfinn Solms hatte mir schon bemerkt, daß er in Berlin in den Hofgesellschaften die unächte Tochter der Pappenheim[141] u. die Tochter des Sächsischen Gesandten, eine Französinn, gar sehr ausgezeichnet habe, u. sich zu den jungen Mädchen allein an einen Tisch zu setzen pflege, mit dießen spaße, so daß dieselben sich oft würklich Freyheiten gegen ihn herausnehmen, die sich nicht eben schicken. Mit Cassinone, deren Mutter nach Aachen ist, gehe ich nach Haus,[142] u. da auch Molinaris hinkommen, bleibe ich bey ihnen zum Nachtessen u. wir treiben allerley Scherz bis gegen 11 Uhr.

Den 1. Septembris [1817].

Ich erhalte einen Brief u. die Anzeige vom Hülfsverein V von Goerres.[143] Dieser glaubt auch, vom Minister erfahren zu haben, daß die Universität nach Bonn

---

[139] Überlegungen zu einer grundlegenden Organisation des Kölner Theaters hatte es mehrfach gegeben. Eine 1816/1817 ohne feste Struktur entstandene Gruppe aus „gebildeten Einwohnern" erhoffte sich unter preuß. Herrschaft endlich reale Chancen zur Entwicklung eines anspruchsvollen „Theaterwesens". Bemühungen dieser Theaterliebhaber führten in den nächsten Monaten zu einer konkreten Stellungnahme der Kölner Regierung und der zumindest vorläufigen Gründung einer „Theater-Intendanz. Regierungsdirektor Sotzmann war als Leiter der Regierungsabteilung 1 mit diesen Maßnahmen, für die Groote Zuarbeiten zu leisten hatte, befasst.
[140] Franz. Gebirgstruppen (Infanterie de montagne) waren mit Schlitten ausgestattet. Die Bemerkung hat offenbar einen satirischen Inhalt.
[141] Helmine Lanzendorf war Pflegetochter von Lucia Anna Wilhelmine Christina Gräfin von Pappenheim, Tochter des Staatskanzlers von Hardenberg.
[142] Haus der Familie Cassinone, Heumarkt 43/49.
[143] J. Görres an E. von Groote, Koblenz, 30. Aug. 1817: „Beyliegend eine Anzahl Exemplare von V für diejenigen, die sich darum intereßiren. Die Sendung ist darin verzeichnet, und hat so viel betragen als gedruckt steht, und nicht ganz so viel als aufgeschrieben war, weil im Zählen bey Euch ein Irrthum vorgegangen war. Sie haben mir den Sortenzettel geschrieben, ich kann ihn aber jetzt gerade nicht finden. Das Letzte von Elberfeld ist noch nicht aufgenommen, weils erst einige Tage angekommen. Wenn ich früher über Cöln einiges Ehrenrührige gesprochen, so wollte ich damit nicht Mangel an Wohlthätigkeit meynen, nur Mangel an allgemeinem Sinn im Philisterium, das freylich gut thäte, wenn eine Universität mit ein paar tausend Studenten einrücken könnte und

komme. Um 9 ½ gehe ich zur Sitzung, wohin bald der Minister mit dem Grafen u. Herrn Bernauer kommt. Es wird mancherley vorgetragen. Fuchs[144] ist sehr langweilig. Arns ist wieder da. Ich trage über die Pariser Sachen, die Gypse in Düsseldorf,[145] die verlorenen Gegenstände[146] etc. vor.– Nachher gehe ich noch mit Redtel, die schadhafte Mauer am Haus Herrigers[147] an St. Maria ad Gradus zu besehen. – Joseph u. Carl sind auf die Jagd. Der Vicar Hembach war hier, u. kommt morgen wieder. – Ich antworte auf Laars Brief. Später gehe ich zu Denoël, der mit der Anordnung des Zugs der Gewerbe beschäftigt ist. Auf dem Kaufhaus ist auch alles beschäftigt mit Weißen u. putzen. Denoël geht um 7 zur Conferenz |16r| auf den Platz,[148] wohin ich auch kommen, u. Wallraf mit bringen soll. Dieser ist, wie [ich] höre, noch im Jesuiten Kolleg. Ich gehe hin. Der Mini-

---

den alten Staubsack ausklopfen. Schuckmann schien mir ganz entschieden zu seyn, und um auf Trostgründe für die knieende Colonia zu sinnen die rechts den Stapel links die Universität haben will. Er meynte, es sey doch unerhört, daß eine Universität den Stapel begehre, und die Kaufmannschafft sey sehr großmüthig, daß sie den gelehrten Herren den eignen Vortheil hingäben, die doch nichts damit zu machen wüßten weil es nicht schicklich sey für Philosophen und Theologen sich mit Versendungen abzugeben. Nun das wird sich finden. Gott befohlen" (in: Fink-Lang, Görres. Briefe, Bd. 3, S. 204 f.). Vgl. ein kurzes Schreiben am selben Tag von Görres an W. von Haxthausen, Koblenz, 30. Aug. 1817 (in: Fink-Lang, Görres. Briefe, Bd. 3, S. 205 f.).

[144] Zu Regierungsrat Johann Baptist Fuchs: Klein, Personalpolitik, S. 46–49, 52 f. Personalnotizen, 1815: „Fuchs. Hoffrath. Sehr ehrwürdig, allgemein geschäzt, verdienstvoll, ächt Deutsch und brauchbar." In anderer Hand: „Hat früher in Wetzlar, dann beim Reichshofrathe in Wien gearbeitet; war dann bei der Chur Cölnischen Regierung angestellt, wo er sich die höchste Achtung des Churfürsten, wie des ganzen Landes erworben. Seine Kenntnisse des römischen Rechtes, des Landrechts, und der französischen Verfaßung. Seine genauen Kenntnisse des Landes, und aller Verhältnisse, seine administrativen Kenntnisse, und die Achtung aller seiner Mitbürger eignen ihn zu einer der höchsten Stellen bei der neuen Regierung" (Landesarchiv NRW R, BR 0002, Nr. 1534, Bl. 18v). Die Autobiografie von J. B. Fuchs, die von der Kindheit bis zur Tätigkeit als Regierungsrat reicht, ist eine der wenigen erzählenden Selbstzeugnisse aus dem Köln dieser Zeit (Fuchs, Erinnerungen, 1912). B. Beckenkamp fertigte 1805 Porträts von J. B. Fuchs und seiner Frau Sabina Marie Antoinette an (Mosler, Beckenkamp, S. 87 f.).

[145] Groote hatte an dieser in Düsseldorf aufbewahrten Sammlung von Gipsabgüssen antiker Skulpturen besonderes Interesse, da er 1815 in Paris an ihrer Herstellung und Versendung beteiligt gewesen war. Am 9. Aug. 1817 hatte Regierungspräsident Pestel in Düsseldorf seinen Amtskollegen Reiman in Aachen nach Unterlagen zur Gipssammlung gefragt, da man in Düsseldorf „30 Kisten mit Gips-Abgüßen von den im Pariser Museo befindlich gewesenen Antiken" verwahre, jedoch über keine Inhaltsverzeichnisse verfüge. In Aachen etwa vorhandene Verzeichnisse bat er ihm so schnell als möglich zusenden (Landesarchiv NRW R, BR 0004, Nr. 643, Bl. 17r u. v). Vgl. das Antwortschreiben Reimans an Pestel, Aachen, 16. Aug. 1817 (Bl. 11r u. v). Dem Schreiben war ein Verzeichnis der Gipssammlung in franz. Sprache beigelegt: „Platres antiques qui se trouvent chez Getti, Mouleur du Musée Hôtel d'Angiviller, rue de l'Oratoire, à Paris" (Bl. 13r–15v). Näheres zur Abguss-Sammlung siehe S. 533.

[146] Verlorene Gegenstände: die nicht restituierten bzw. die im restituierten Kulturgut noch nicht identifizierten Objekte.

[147] Vermutlich: Haus des Kaufmanns Johann Joseph Herrger; AK 1813: Coline du Palais 2/Am Domhügel/Auf der Litsch.

[148] Platz, hier: Rathausplatz, Rathaus.

ster, Graf Solms etc., die eben von v. Mylius kommen, sind bey ihm[149] u. zwar oben hoch auf dem Observatorium. Sie kommen erst herab, da es fast dunkel ist. Ich rede noch mit Bernauer über unsre Kunstschätze, und Sachen, u. wir gehn noch durch die schon fast finstern Bibliothekzimmer.[150] Dann fährt der Minister weg, u. ich gehe mit Wallraf auf den Platz, wo aber niemand mehr ist. Zu Haus kommt Joseph vergnügt von der Jagd zurück. – Mich plagt der Böse noch erwachend, nachdem er mich letzte Nacht im Schlafen hinreichend gequält hatte. ~

---

[149] Schuckmann besuchte Wallrafs Sammlungen. K. Fr. A. Grashof an F. Fr. Wallraf, o. O, o. D. (vermutlich 2. Sept. 1817): „Se. Excellenz der Herr Minister des Innern wird gegen 11 Uhr zu Ew. Wohlgebohren kommen; ich ersuche Sie, ihn bei sich gefälligst erwarten zu wollen" (HAStK, Best. 1105, A 7, Bl. 156r). Ein weiteres Treffen fand etwas später am Tag statt. H. G. W. Daniels an F. Fr. Wallraf, 2. Sept. 1817: „Wollen Sie als alter Collega, mir die Ehre schenken heute um 3 Uhr bei mir zu Mittag zu speisen. Sie treffen dort den Minister von Schuckmann, den Herrn Ghrath Bernauer, den Herrn Oberpräsidenten und unter den übrigen wenigsten einige Bekannte. Ich war an Ihrem Hause, aber vergeblich. Es bedarf keiner Antwort, genug wenn Sie die Einladung annehmen und um 3 Uhr erscheinen" (HAStK, 1105, A 4, Bl. 24r). Siehe auch: Ennen, Zeitbilder, S. 256. Vgl. einen Überblick über den Besuch Schuckmanns: „Heute am 2. September 1817 erschien auf dem hiesigen Gemeinde Hauß S. Ex. der Herr Minister des Inneren v. Schuckmann in Begleitung eines Secretairs, und wurde dort von dem Herrn Oberbürgermeister Frhr. v. Mylius dem Beigeordneten Hr. v. Monschaw, dem Hr. Stadtrath v. Nagel Präsident der Verwaltung des Schul- u. Stiftungs fonds, dem Hr. Stadtrath von Herwegh Präsident der Spitalverwaltungs Commission, dem Hr. Stadtrath Frhr. v. Geyr Mitglied der Armenverwaltung in dem Zimmer des Hr. Oberbürgermeisters empfangen. Nachdem man sich über mehrere die Stadt betreffende Angelegenheiten unterhalten und dem Hr. Minister die Berathschlagung des Stadtraths über die S. K. Hoheit dem Kronprinzen vorzutragende Wünsche und Bitten der Cölner, so wie die Denkschrift des Hr. Oberbürgermeisters über die Errichtung der Rheinischen Universität, die Denkschrift der Handelskammer über die Schiffarth, den Handel auf dem Rhein und den Stapel, so wie die gedruckte Abhandlung des Hr. v. Nagel wegen Zurückgabe derjenigen Güter welche die hiesigen öffentlichen Anstalten auf dem rechten Rhein Ufer durch den Reichs Deputations Regeß [Regress?] verloren haben, mitgetheilt hatte, besah S. Ex. in obiger Begleitung den alten Raths Saal im Thurm, den hanseatischen Saal, die französische Archiv, die Syndikats Bibliothek und dort die Chronologisch geordneten Privilegien der Hansa. – Uebrigens haben S. Exzellenz in Cöln acht Tage verweilt und im weissen Thurm logirt. Haben einer Sitzung bey der Königl. Regierung beigewohnt, alle öffentliche Anstalten, Schulen, Spitäler p.p. in genauen Augenschein genommen ohne sich über Fortdauer der bestehenden oder künftig zu treffenden Einrichtungen geäußert zu haben." Der Text ist nicht unterschrieben (HAStK, Best. 400, A 158, Bl. 2r u. v).

[150] Zur Bibliothek des Jesuitenkollegs bzw. des Gymnasiums Ende des 18. u. zu Beginn des 19. Jh.s: Schmitz, Gymnasialbibliothek, S. 84–89; Bianco, Versuch, S. 175–182; Demian, Ansichten, S. 318. Heinen, Begleiter, 1808, S. 229 f.: „Die Bibliothek, die sich im untern Stocke des ehemaligen Jesuiten-Gebäudes [...] befindet, ist schön gelegen, aber nicht geräumig genug. Die Gestelle sind von Eichenholz und braun angestrichen; dabei aber in einem alten Geschmacke mit Zierrathen überladen; sie sind mit einer Gallerie umgeben, wovon man die Bücher herabnehmen kann, ohne eine Leiter zu gebrauchen. Diese Sammlung ist aus den Bibliotheken der drei Gymnasien, der juristischen Facultät, und der aufgehobenen Klöster gebildet. Man hat sie mit den besten neuern in die Staatswissenschaft und Gesetzgebungskunde einschlagenden Schriften, mit vielen physikalischen, und den kostbaren Natur-historischen Kupferwerken [...] und den besten französischen Belletristen, die als Hülfsmittel zum Unterricht nöthig sind, merklich bereichert, weil der alte Vorrath nur weniges enthielt, das den Professoren brauchbar seyn konnte. Sie enthält, die unaufgestellten Bücher mitgerechnet, über 60.000 Bände."

Den 2. Septembris [1817].

Ich schreibe früh an Sulpitz Boisserée,[151] dem ich eine Menge Dinge nachhole, die ich im letzten Briefe unberührt gelassen hatte. Ich gebe diesen u. den Brief an Laar zur Post. |: 8 ¼ S :| Der Teufel hat seinen Muth noch nicht an mir gekühlt, u. wirft mich nochmal zur Erde. ∾

Vor Tisch arbeite ich noch an meinen Materialien zur Topographie von Cöln. Nachher kommt Herr Vicar Hembach, der uns auch ohne Anstand die nöthigen Quittungen unterschreibt, u. ich mache die Berechnung u. den Brief ans Consistorium fertig, um abgeschickt zu werden. Dann arbeite ich noch zu Haus, bis gegen 6. Kaufe etwas Eau de Cologne |:–12:| u. fahre nach Deutz hinüber zum Baden,[152] |: 1–2 :| was mir auch ganz wohl thut. Nachher gegen 8 gehe ich noch mit Kräuser auf den Neumarkt, wo er mich über manches wegen seines Aufenthalts in Berlin befragt.[153] |16v| Abends ist auch Carl nach Haus zurück, hat aber heute nichts mehr geschossen. – Versuch zum Gedicht für den König. –

Den 3. Septembris [1817].

Ich arbeite mit Lust an den Kölnischen Sachen, u. mache mich fertig zur Plenarsitzung; allein, es wird nur bey der Abtheilung gesessen, u. zwar nicht sehr lange. Ich rede halb u. halb ab, mit v. Haxthausen morgen nach Gracht zu reiten, allein, da er sich nachher nicht mehr darum bekümmert, gehe ich auch meines Wegs. Zu Haus hat Herr Arens besuch gemacht, u. erzählt noch manches von seinem Examen etc.[154] Nach Tisch arbeite ich mit Lust wieder weiter. Später

---

[151] E. von Groote an S. Boisserée, Köln, 2. Sept. 1817. Siehe Briefe u. Schriften. Dazu: S. Boisserée, Tagebücher, Bd. I, 13. Sept. 1817, S. 467. In seinem Brief schrieb Groote, dass Lyversberg bereit sei, seine Sammlung für eine erhebliche Summe zu verkaufen. Vgl. ein Schreiben von S. Boisserée an J. W. von Goethe, Heidelberg, 24. Sept. 1817: „Am Niederrhein und in Köln finden sich häufig Kunsthändler ein, welche alles, was sie von alten Sachen habhaft werden können, um schweres Geld aufkaufen und nach Berlin bringen. Kaufmann Lieversberg steht wegen seiner Sammlung, für die er 100.000 holländische Gulden fordert, mit dem Kronprinzen der Niederlande in Unterhandlung" (in: S. Boisserée, Briefwechsel, Bd. II, S. 191). Boisserée gab damit Informationen, die er kurz zuvor von Groote erhalten hatte, an Goethe weiter.

[152] Groote nutzte das Eau de Cologne wahrscheinlich für sein Bad. Eine Werbung der Firma „Johann Maria Farina, in Köln, dem Jülichs-Platze gegenüber" vom 1. Jan. 1818 erklärte zu dem von ihr hergestellten Kölnisch Wasser, es nehme „unter allen sowohl einfachen als vermischten Wohlgerüchen den ersten Rang" ein, „und bildet einen der vorzüglichsten Bestandtheile der Toilette der feinern Welt um so mehr, da es, beim Waschen oder nach dem Bade gebraucht, ausserordentlich belebt; nur muß man sich hüten, wenn man sich damit einreibet, dem Feuer oder Lichte nahe zu treten, weil sein flüchtiger und brennbarer Geist sich leicht entzündet. Es dienet ferner, läßt man es in siedendem Wasser abdampfen, bei allen möglichen Verunreinigungen des uns umgebenden Luftkreises nicht nur als das angenehmste, sondern auch als ein der Gesundheit unschädliches Verbesserungsmittel derselben" (RWWA 33–39–3).

[153] J. P. B. Kreuser ging kurz darauf zum Studium nach Berlin.

[154] Chr. Arndts hatte Solms-Laubach, der seine Fähigkeiten sehr positiv bewertete, im Frühjahr 1817

kommt Denoël, der mir erzählt, wie die Meister u. Zunftgenossen sich auf dem Rathhause über den vorzunehmenden Zug u. die Ausstellung der Fabrikate so entzweyt haben, daß nun wohl aus dem Ganzen nichts würde. Wir gehn zusammen in v. Geyr's Garten; dann noch über die hohe Straße, [wo uns] Wallraf begegnet, der von dem Diner bey Herstadt kommt, u. beschäftigt ist mit dem, was der Minister gesagt u. gethan hat. Auch Dr. Schmitz kommt dazu, u. schimpft nach gewohnter Weise. Ich mache mich bald los von ihnen, u. gehe nach Haus. (Taback.) |:–14:|

Den 4. Septembris [1817].
Frühe lasse ich um 6 U. satteln, u. will nach Gracht reiten. Haxthausen läßt mir sagen, er sey zum Gehen fertig, ich möge ihn abholen. Ich aber laße ihm antworten, ich möge nicht gehn, er solle mit reiten. Darauf läßt er nichts mehr sagen, ich frühstücke u. sitze auf. |A 1/14–28; 17r| Allein, an der Hausthüre begegnet er mir, u. da er sein Pferd in Bonn hat, u. auch nicht gleich eins haben kann, so entschließe ich mich endlich, mit ihm zu Fuß zu gehn. – Er vertraut mir, daß v. Brenke, u. v. Scholemmer[155] eben nach Westphalen zusammen abgereist wären, u. daß, wie ihm Brenke gesagt, Schorlemmer wohl die Julie v. Loë heyrathen würde. Wir gehn durch Kendenich, wo C. DeGroote mit den Landwehren. Einige Wände für das Posthaus in Cöln liegen beynah fertig gezimmert im Hofe. Wir gehn durch den Wald im schönsten Morgenlicht nach Gracht, wohin wir gegen 10 kommen.[156] Die Damen sind nur da u. empfangen uns sehr freundlich;

---

nach Berlin begleitet. Dort beantragte er die Zulassung zu einem juristischen Examen, um sich einen beruflichen Aufstieg zu ermöglichen. Vgl. die Akte der Ober-Examinations-Kommission zu Chr. Arndt (GStA PK, I. HA Rep. 125, Nr. 198). Er absolvierte die Prüfung und wurde „zum Regierungs Rath für qualificirt erachtet" (Ober Examinations Commission, Berlin, 6. Aug. 1817; ebd., o. P.). Kurz darauf kehrte er nach Köln zurück.

[155] Mitglied der westfälischen Adelsfamilie von Schorlemer, die mit der Familie von und zu Brenken verwandt war.

[156] Schloss Gracht (heute in Erftstadt-Liblar) ist ein beeindruckendes Wasserschloss, das seit dem 16. Jh. im Besitz der Familie Wolff Metternich zur Gracht war. Während der Franzosenzeit wurde das Gebäude zeitweise als Lazarett genutzt und befand sich um 1816 in einem renovierungsbedürftigen Zustand. Verzeichnisse von Anfang 1795 führen die von den Franzosen aus dem Schloss abtransportierten Objekte auf. Erst 1805 kam die Familie Wolff Metternich wieder in den Besitz ihrer Güter (Gersmann/Langbrandtner, Im Banne, S. 64 f.). Levin Wilhelm Anton Wolff Metternich zur Gracht, Sohn von Maximilian Werner Wolff Metternich zur Gracht und Mathilde Clementine Marie von der Wenge zur Beck, ließ Anfang der 1850er Jahre einen neuen Hauptbau errichten. 1957 kaufte die Gemeinde Liblar das Anwesen, danach wechselten die Besitzer mehrfach, Ende 2018 wurde es erneut verkauft. Zu Schloss Gracht: Wolff Metternich, Spuren, S. 192–209; Kirschbaum, Wohnbauten, S. 132–148; Herzog, Burgen, S. S. 72 f.; Boebé, Schloß Gracht, 1990; Jung, Gartenanlagen, 2011; Meynen, Wasserburgen, S. 126–131; Schloss Gracht, 1976; Hormisch, Garten, 2003. Zu dem außergewöhnlich reichen Archiv der Familie Wolff Metternich zur Gracht vgl. das Findbuch, insbesondere die Einleitung: Rößner-Richarz, Archiv Graf Wolff Metternich zur Gracht, S. I–IX). Zu Familie Wolff Metternich zur Gracht, Schloss Gracht und der dortigen Bildnis-

der Graf ist auf die Jagd. Es wird manchfach geredet u. gelacht, daß Schorlemmer u. Brenke einen Jungen Wolf mitgenommen, den v. Haxthausen seinem Bruder schickt, u. der die guten Herrn leicht auffressen könne. Julie v. Loë erröthet darüber, merkt den Spaß, hält sich aber recht gut dabey. Nach Tisch gehe ich zu dem Archivar Wallraf in's Archiv, wo manche bedeutende alte Familiendokumente sind. Vor 6 kommt der Graf;[157] wir wollten wieder nach Cöln, u. nehmen Thee; allein, v. Haxthausen läßt sich leicht bereden, da zu bleiben, u. ich mag dieß auch nicht ablehnen, obschon es mir nicht lieb ist. Die Unterhaltung ist inzwischen nicht sehr lebhaft. Echo im Garten. Nach Tisch gegen 11 zieht alles sich zurück.

---

sammlung: Wolthaus, Ahnengalerien, S. 236 f., S. 425–431. Carl Schurz, 1829 als Enkel des Burghalfen von Schloss Gracht geboren, schrieb in seinen Memoiren: „Die Burg war der Stammsitz des Grafen von Wolf-Metternich. Aber sie war nicht sehr alt – wenn ich mich recht erinnere, zwischen 1650 und 1700 erbaut –, ein großer Komplex von Gebäuden unter einem Dach, an drei Seiten einen geräumigen Hof umgebend; hohe Türme mit spitzen Dachkappen und großen eisernen Wetterfahnen an den Ecken; ein ausgemauerter, breiter, stets gefüllter Wassergraben rings umher; darüber eine Zugbrücke in einen engen gewölbten Torweg führend; in der Mauer über dem schweren, mit breitköpfigen Nägeln beschlagenen Tor das Wappenschild der gräflichen Familie [...]. Das große Gebäude enthielt die Wohnung des Pächters, sowie die Ställe, Scheunen, Kornspeicher und die Bureaus der gräflichen Rentmeisterei. An der vierten offenen Seite des Quadrats führte eine zweite Brücke über den Graben nach einem kleineren, aber weit eleganteren Gebäude auf etwas erhöhtem Grunde, welches der Graf mit seiner Familie im Sommer bewohnte. Dieses hatte ebenfalls seinen Turm, sowie niedrigere, eine Kapelle und Wohn- und Wirtschaftsräume enthaltende Flügel und war auch auf allen Seiten von Wasser umgeben. Man nannte dies ‚das Haus'. Eine andere Zugbrücke verband ‚das Haus' mit einem etwa 60 Morgen großen Garten, ‚der englische Garten' genannt, welcher etwa zur Hälfte im Versailler Stil mit geraden Kieswegen und gelegentlichen Labyrinthen angelegt, mit hohen beschnittenen Hecken, griechischen Götter- und Nymphenbildern, Springbrunnen und Teichen verziert und von Pfauen und Perlhühnern bevölkert war. Eine große Orangerie, deren Bäume in Kübeln im Sommer reihenweise paradierten, bildete einen besonderen Schmuck. Die andere Hälfte bestand aus schattigen Baum- und Gebüschanlagen mit hier und da einem Sommerhäuschen oder Pavillon. Alles dies zusammengenommen hieß im Volksmunde ‚die Burg', und mein Großvater war im Dorfe und weithin in der Umgegend als ‚der Burghalfe' bekannt" (Schurz, Lebenserinnerungen, Bd. I, S. 3 f.).

[157] Carl Schurz in seinen Erinnerungen: „Das damalige Stammhaupt des gräflichen Hauses Wolf-Metternich [Maximilian Werner Wolff Metternich zur Gracht] war [...] eine stattliche Gestalt, sechs Fuß hoch und noch ungebeugt von den Jahren, Haupthaar und Backenbart silberweiß. Er war auch ein guter Herr, ‚ein Edelmann vom alten Schlage', stolz darauf, alte Diener und alte, wohlhabende und zufriedene Pächter zu haben. Die Pachtzinse waren billig, und gab es einmal schlechte Ernten, so zeigte sich der Graf zu einer Ermäßigung bereit. Waren die Ernten besonders reichlich, so freute er sich über seiner Pächter Wohlstand und schraubte die Pachtzinse nicht hinauf. [...] Im ganzen war die gräfliche Familie dem Burghalfen und den Seinigen stets höchst liebenswürdig gewesen. Die alte Gräfin [Mathilde Clementine Marie Wolff Metternich zur Gracht] galt zwar für stolz, aber auch dies verhinderte nicht, daß man ohne besondere Förmlichkeit miteinander verkehrte" (Schurz, Lebenserinnerungen, Bd. I, S. 34 f.).

Den 5. 7bris [Septembris 1817].

Wir stehn früh um 4 auf; von Frl. Julie nehme ich einen Brief nach Oesterreich mit. Wir nehmen |17v| Frühstück, spendiren Trinkgeld |: 3–18 :| u. gehn durch den kühlen Morgen nach der Stadt zurück, wo wir gegen 8 ankommen. Die Landwehren exerziren auf dem Neumarkt; allein, ich höre nicht, daß auch ich dazu aufgefordert wäre. Ich grüße zu Haus die Meinigen, sage Metternichs auf morgen Abend an, u. ziehe mich um. Herr v. Haysdorff wird Sonntag von Paris u. Aachen eintreffen. – In der Sitzung fehlen Gossler, Auer, D'hame, Butte, u. wir sind mithin bald fertig. Nachher gehe ich noch mit Haxthausen zu Herrn Poll, wegen der Supplik des Klein, dann zu Buschius, wegen des Arresthauses auf St. Johannsstraße.[158] Haxthausen bildete sich ein, Metternichs kämen heute noch, u. wollte deshalb mit mir nach Haus, bis er sich besinnt, daß sie erst morgen kommen. Nach Tisch arbeite ich an meinen Sachen. Denoël kommt, u. wir reden über unsre Städtischen Angelegenheiten; er geht später in's Theater, wo ein Indianer equilibristische Künste macht.[159] Ich reite später noch aus, die Landwehren kommen vom Exerziren in die Stadt zurück. – [eine halbe Zeile ist gestrichen]

---

[158] Zeitungs-Bericht der Reg. Köln für August, 9. Sept. 1817: Da sich im Arresthaus am Neumarkt eine Infektionskrankheit ausgebreitet hatte, war „die Verlegung eines Theils der Gefangenen aus demselben in ein anderes Lokal dringend nothwendig. Hierfür wurde auf Veranstaltung des Königl. Ober-Präsidii das sonst zur Zuckerfabrik verwendete Gebäude des hiesigen Kaufmanns Herstatt von der Leyen angekauft und nachdem die nothwendigsten Vorbereitungen darin getroffen waren, wurden am 31. August 115 Individuen dorthin abgeführt" (GStA PK, I. HA Rep. 89, Nr. 16278, Bl. 106v). Die Zuckerraffinerie von Johann Jakob Herstatt, gestorben 1811, hatte sich in der Johannisstr. 64 befunden (AK 1813).

[159] Köln. Zeitung, Nr. 1817, Nr. 143, 7. Sept. 1817: „Ein Schauspiel einzig in seiner Art ergötzte vorgestern auf eine überraschende Weise die Augen eines, nur zu wenig zahlreichen Publikums in hiesigem Theater, wir meinen nämlich das Spiel des berühmten Indianers. Wenn auch das fortdauernd Unterhaltende eines richtig vorgetragenen Drama's oder eines schön gesungenen Singspiels mehr geeignet ist, während einigen Stunden Sinn und Geist in Anspruch zu nehmen, so verdient doch die Gewandtheit und Fertigkeit dieses ausserordentlichen Equilibristen den ehrenvollsten Platz unter den bloß körperlichen Kunstübungen, [...]. Unglaublich wird es mancher finden, daß jemand eine Art von Sonnenschirm mit einzelnen losen Stäbchen, Federkielen u.s.w. bloß vermittelst der Zunge und der Lefzen locker zusammensetzt, in seiner Richtung erhält, und dann wieder bis zum letzten Stückchen nach und nach auseinander nehmen könne, daß man ferner durch ein aufm Munde stehendes Blasrohr ein Dutzend Vögel, kreisförmig auf einer auf der Nase schwebende Vogelstange gesteckt, herabblasen könne, ohne daß die verschiedenen Bewegungen einiger beschäftigten Gesichtsmuskeln mit der nothwendigen Ruhe der übrigen in Widerspruch gerathen und das Ganze stören. [...] Wer übrigens das Spiel der schwebenden Ballen und Messer, den verschlungenen Degen u.s.w. für gewöhnliche Taschenspielerstückchen zu halten versucht seyn sollte, wird sich in der heutigen zweiten Vorstellung angenehm überrascht finden, wozu wir dem Künstler in recht vielen Zuschauern Ermunterung zu einer dritten Vorstellung wünschen." Eine Liste der Künstler, die 1817 eine behördliche Genehmigung zu Auftritten erhalten hatten, findet sich in: Amtsblatt d. Königl. Reg. zu Köln, Nr. 43, 4. Nov. 1817, S. 385.

Den 6. Septembris [1817].

Ich fühle mich gar müde u. unlustig, etwas zu thun. Wallraf kommt zu mir, u. erzählt, wie es ihm mit dem Minister des Innern ergangen, u. wie er ihm tüchtig über Cöln geredet; er verspricht mir, künftigen Winter ordentlich mit mir über eine Beschreibung Cölns zu arbeiten. v. Mylius ladet mich schriftlich um 11 U. aufs Rathhaus ein, wegen den Anstalten für den Empfang des Königs. Herr v. Kempis, Herr Dumont, Weyer, u. Denoël kommen noch dazu.[160] Die kleinere Ausstellung wird nun im Rathhaus statt haben; doch hat das Ganze keinen rechten Trieb. Heute Mittag ist Graf Metternich angekommen. |18r| Gegen 5 kommt auch die übrige Familie. Ich bleibe bey meinen Arbeiten. Von Düsseldorf erhalte ich noch das Verzeichniß der Inkunabeln, welche in der 3ten Kiste waren. Abends gehe ich zu Metternich, sie mit mir später zu den Schwestern; Haxthausen kommt, u. bleibt zum Nachtessen, wobey wir ganz angenehm zusammen sind bis nach 11. Auch Graf Westphal kommt noch dazu. – Ich bin mit Haxthausen darüber sehr einig, daß Schorlemmer wegen der Julie Loë nicht eben sehr zu beneiden sey; sie ist ein todtes, beschränktes, ängstliches Geschöpfchen.[161]

Den 7. Septembris [1817]. Sonntag.

Gegen 8 ½ sind Metternichs zur Abreise fertig. Haxthausen kommt noch zu uns; die Damen fahren fort; wir begleiten den Grafen zu Fuß bis vor die Stadt. Nach der Messe im Dom gehe ich in die Gemäldeausstellung, von da mit Willmes in dessen Haus, wo ich ein schönes Gemälde sehe von v. Dyck,[162] das er im Niederland gekauft. Zu Haus ist Herr v. Haysdorf von Aachen, mit seinem Sohne[163] u. einem Sekretar Scholtz angekommen. Wir unterhalten uns über Mittag gut über die Merkwürdigkeiten von Paris, woher jene Herrn eben kommen. Sie reisen bald nach Tisch wieder ab nach Frankfurth. Später kommt der Generalvikar Klinkenberg[164] mit Herrn Präses, u. seinem Wirthe Cadak.[165] Er sagt allerley über die geistlichen Angelegenheiten, unter andern, daß der Vicar von

---

[160] Auf den 4. Sept. 1817 datiert: K. J. von Mylius an einige Honoratioren: „Die Herrn von Monschaw, Langen, von Kempis, H. Dumont, Herstadt von der Leyen, Walraff, E. Degroote, Denoel werden ersucht heute um Mittag sich auf dem Rathhauß einfinden zu wollen um über die zum Empfang S. Majestät zu treffende Anstalten zu berathschlagen" (HAStK, Best. 400, A 159, Bl. 24r).

[161] Juliane (Julie) von Loë heiratete 1820 Nikolaus Zichy von Zich.

[162] Vgl. Schier in seiner Beschreibung der Gemäldesammlung von E. Willmes: „Aus alt-teutscher Schule gedenken wir noch eines Kniegemäldes, einen Rathsherrn darstellend, von van Dyk und eines kleineren Stückes, nämlich eines mit Geflügel zum Markte ziehenden Bauers von Snyers" (Schier, Kunstwanderungen, S. 147).

[163] Vermutlich: Heinrich Werner von Haysdorf und sein Sohn Karl Heinrich Franz Xaver von Haysdorf.

[164] Michael Klinkenberg war seit 1807 neben Martin Wilhelm Fonck 2. Generalvikar in Aachen, 1803 bis 1807 hatte er als Pfarrer an St. Mariä Himmelfahrt amtiert.

[165] Möglicherweise: Franz Josef Carduc/Charduck, Tuchhändler, Unter Hutmacher 25 (AK 1813; AK 1822).

Transdorf weg müße, u. er den Pastor von Walberberg[166] dahin zu setzen denke, wogegen ich protestire.[167] – Später arbeite ich noch über meinen Sachen, bis gegen 7, wo ich in die equilibristischen Vorstellungen des Indianers in das Theater gehe. |:–1.4:| Es ist voll da; der Kerl spricht ein sonderbares Kauderwelsch, macht aber ausserordentliche Sachen. Die Frau v. Stolzenberg ist wieder da. |18v|

Den 8. 7bris [Septembris 1817].

Ich bringe mein Gedicht für den König in Ordnung. – Diese Nacht um 1 ½ störte mich Haxthausens Bedienter aus dem Schlaf, mit einem Briefe von ihm, wodurch er mich ersuchte, für Graf Westphalen Pferde zu beschaffen. Ich weise ihn weg, weil ich dazu in der Nacht nichts thun kann. Tolles, selbstsüchtiges Volk. – Klein von Kendenich kommt, wegen seiner Bittschrift. Ich weise ihn an Poll. Ich gehe in St. Columba, u. von da in die Sitzung, wo das Colleg in Pleno versammelt ist. Graf Solms ersucht mich, ihm ein Verzeichniß der bedeutendsten Sehenswürdigkeiten zu machen, was er dem König vorlegen könne. Ich übergebe ihm dieß noch in der Sitzung. – Tabak. |:–2:| – Es kommen besonders die tollen, verückten Vorstellungen des v. d. Leyen an die Regierung vor,[168] worüber förmlich votirt

---

[166] Pfarrer von Walberberg war von 1815 bis 1818 Johann Jakob Becker.

[167] Zur Dransdorfer Burganlage gehört auch die Kapelle St. Antonius. 1575 erstmals erwähnt, geht sie wohl auf einen romanischen Bau zurück; der heutige kleine Turmaufsatz wurde erst Anfang des 20. Jh.s errichtet (van Rey, 850 Jahre, S. 12; Clemen, Kunstdenkmäler der Stadt und des Kreises Bonn, S. 268). Ähnlich wie das Vorschlagsrechts für die Vikariatsstelle in Walberberg konnte die von Groote'sche Familie dem Generalvikariat in Aachen auch einen Kandidaten für die Besetzung der Priesterstelle an St. Antonius empfehlen. Eine besondere Bindung zur Kapelle hatte Kanonikus de Groote, Großonkel des Tagebuchschreibers und bis zu seinem Tod 1796 Eigentümer der Burg Dransdorf. Er hatte in seinem Testament (Abschnitt 26) bestimmt: „auf meinem Burg-hause zu Dransdorff in dasiger Capelle für mich und meine Familie eine wöchentliche Meß, wofür hiermit vermache und assignire einschließlich pro pane, vino et lumine [für Brot, Wein und Licht] Zwölf Rthlr pr. 80 alb. Nota: die Paramenta werden ex Fabrica Capellae [aus dem Vermögen der Kapelle] angeschaft, den tag aber laße ich dem priester frey, sollte aber in der woche ein Heiliger tag einfallen, so solle diese Meß auf denselben gelesen werden, absonderlich wann dann keine andere Meß sollte in Dransdorff gelesen werden; dabey soll der priester eine Stunde halten, wann die mehreste Leuthe können davon mit profitiren, und diese anhören. auch soll er gehalten seyn, nach der Meßen mit dem Volck drey Vatter unser, und Ave Maria samt dem Versen, alle abgestorbene Seelen ruhen etc. zu betten. Diese Zwölf Rthlr. p 80 alb. hat der priester jährlichs gegen quittung und schein vom Burg-Halbwinner und weingärtner zu Dransdorff, daß diese meßen alle wochen samt dem gebett richtig geschehen, vom Zeitlichen Herren Receptoren der DeGrootischen milden Stiftungen zu empfangen; die an- und absetzung aber des priesters zu diesen Meßen, soll Jederzeit seyn und bleiben bey dem Zeitlichen Herrn des Burg-Hauses Dransdorff" (Testament von Kanonikus Ev. A. de Groote, Köln, 18. Febr. 1794; HAStK, Best. 110G, Testamente, U 1/425/1). Zur Verbindung der Familie von Groote mit Dransdorf: Maaßen, Geschichte, S. 253–259.

[168] Vgl. Gustav Franz von der Leyen, Das Geschwornen-Gericht, die Mängel und Nachtheile desselben, nach der bestehenden Anordnung im Criminal-Prozesse; nebst Vorschlägen, wie man dieser Anstalt mehr Würde und Zuverlässigkeit geben könne. Aus eigenen Erfahrungen dargestellt von G. F. von der Leyen. Gutsbesitzer zu Palmersheim, und oftmaligem Mitgliede der Jury zu Coblenz,

wird, ob sie dem Staatsprokurator sollen übergeben werden. Ich stimme dafür, daß es nicht geschehe, weil der Mensch nur als Narr zu betrachten. Der Graf ist auch dieser Meinung. Doch sind majora[169] gegen uns. – Dann kommt noch von dem Exerzierplatz bey Bonn die Rede, der nun schon als höchst unzweckmäßig geschildert wird, obschon der ganze Wald niedergehauen ist. – v. Mylius wiederholt die Bitte seiner Entlassung, u. trägt auf Pension an, weil man ihm seine Präsidentenstelle in Düsseldorf nicht wiedergeben wolle oder könne.[170] Nach dem essen, 4 Uhr, gehe ich, die Schwestern zu grüßen, dann vollende ich mein Gedicht, u. gehe später auf das Rathhaus, wo man in voller Arbeit an der Fabrikatausstellung ist. Herr Kremer spricht mir vieles von den Fortschritten |19r| seiner Porzellanfabrik.[171] Ich gehe nun zu Balg, der die ganze Sammlung alter Bücher von dem verstorbenen Lieblein in Bergheim gekauft haben soll,[172] finde

---

Cöln, gedruckt bei Th. F. Thiriart 1817. G. Fr. von der Leyen, der durch seine häufigen Beschwerden, Eingaben und Schriften bekannt war, galt als unrealistischer Querulant (Faber, Rheinlande, S. 149 f.).

[169] Majora, Maiora: Mehrheit.

[170] Mylius reichte Anfang Sept. 1817 erneut um seine Entlassung ein und wünschte zugleich, sein vorheriges oder ein vergleichbares juristischen Amt zu erhalten (HAStK, Best. 400, A 3376, Bl. 1r–2v, Entwurf). K. J. von Mylius [an Fr. L. Chr. zu Solms-Laubach], Köln, 21. Sept. 1817: „Euer Excellenz erlaube ich mir in der Anlage eine Eingabe an des Justizministers Excellenz gehorsamst mit der Bitte zu übermachen, dieselbe an ihre Bestimmung hochgefällig gelangen zu lassen, und durch Ihr xxx vermögendes Fürwort unterstützen zu wollen, der ich voll Dankbarkeit für die mir desfalls bereits geäußerten gütigen Gesinnungen ehrerbietigst bestehe Euer Excellenz gehorsamster Diener Mylius" (Landesarchiv NRW R, BR 0002, Nr. 1449, Bl. 32r). Siehe auch: Fr. L. Chr. zu Solms-Laubach an Justizminister von Fr. L. von Kircheisen, Köln, 22. Sept. 1817, Entwurf (Bl. 33r).

[171] In der Gewerbeausstellung wurden Produkte aus der Porzellanfabrik Engelbert Cremers gezeigt. Denoël, Uebersicht der Ausstellung, Teil 1: „Die Fabrik des als Chemiker längst bekannten Herrn E. Cremer macht, ausser der Fayence und dem Steingut, […] auch das durchsichtige Pozelan nach Pariser Art. Hiervon, so wie von seiner Nachahmung des durchsichtigen Pariser Biscuit, hat Herr Cremer gelungene Proben zu Stande gebracht, die mit Beifall in der Ausstellung gesehen worden sind. Für diese Sorten indessen eine Fabrik zu errichten, könnten ihm nur günstigere Aussichten Ermunterung und Möglichkeit bieten; denn auch diese Fabrik ist durch die jetzigen Verhältnisse so in ihrem Wirkungskreise gehemmt, daß sie jetzt kaum den vierten Theil ihrer vorigen Arbeiter zählt, und ihre Produkte nun das Magazin füllen, da sonst der Vorrath hinter den häufigen Forderungen zurückblieb." Cremer war auch Sammler und hatte eine große Kollektion von Kunstobjekten, Glasmalereien, Büchern u.a. zusammengetragen (Krischel, Rückkehr, S. 102 f.; Wolff-Wintrich, Glasmalereisammlungen, S. 350; Schmitz, Privatbibliotheken, S. 364 f.; Berghausen, Verflechtungen, S. 153 f.). Personalnotizen, 1815: Engelbert Cremer, „Fabricant in Fayence und physicalischen Instrumenten. Ist ein achtenswerther Künstler in Verfertigung physicalischer Instrumente und ein thätiger Fabricant, aber er ist ein unruhiger, mißvergnügter Kopf und schlechter Ehegatte" (Landesarchiv NRW R, BR 0002, Nr. 1534, Bl. 46v).

[172] Der Königliche Domänen-Rentmeister Jakob Balg, Gereonstr. 49, kaufte die Sammlung des Rentmeisters Franz Joseph Lieblein im Sept. 1817. Darunter war auch der Druck: Tristan chevalier de la Table Ronde, nouvellement imprimé à Paris, Paris ca. 1504, den Groote, als Balgs Sammlung 1821 bei J. M. Heberle versteigert wurde, erwarb (Spiertz, Groote, S. 168). Zu Balg: Deichmann, Säkularisation, S. 241–244; Schäfke, Kunsthaus, S. 23; Schmitz, Privatbibliotheken, S. 362. B. Beckenkamp fertigte um 1820 ein Porträt Balgs an (Mosler, Beckenkamp, S. 265).

ihn aber nicht. Nun gehe ich ins Conzert von Spohr,[173] |:–3 Fr.:| welches ziemlich besucht ist. Marcus Dumont spricht mich wegen des Gedichts an den König an, u. ich sage ihm zu, übermorgen näher mit ihm darüber zu reden. Wir ärgern uns über den General u. die Offiziere, die gewöhnlich die Fourage verkaufen u. in

---

[173] Die Organisation des Konzerts von Ludwig Spohr in Köln hatte der Musikalien- und Instrumentenhändler Peter Joseph Simrock, Schildergasse 22 übernommen. Die Schwierigkeiten bei der zeitlichen Festlegung des Konzerts zeigen die folgenden Briefe. L. Spohr an P. J. Simrock, Aachen, 27. Aug. 1817: „Zufolge Ihres gütigen Anerbiethens, daß Sie sich des vorläufigen Arrangements eines Concerts in Cölln gefälligst unterziehen würden, bin ich so frey, Ihnen zu melden daß ich den 4ten oder 5ten September in Cölln einzutreffen gedenke und daß es mir daher sehr angenehm seyn würde, wenn das Concert den 7ten, 8ten oder spätestens den 9ten stattfinden könnte. Ich ersuche Sie daher, wenn sonst kein Hinderniß im Wege steht, einen von diesen Tagen auszuwählen und nun bald möglichst die Subscriptionsliste cirkuliren zu lassen. Da es indessen auch ein möglicher Fall wäre, daß wir zu einem längeren Aufenthalt in Lüttich, wohin wir morgen reisen, veranlaßt würden, so bitte ich Sie, das Concert in Cölln nicht früher in den Zeitungen oder durch Affiches anzukündigen, bis ich Ihnen noch einen 2ten Brief aus Lüttich geschrieben habe" (Beethoven-Haus Bonn, Sign. NE 241,6). L. Spohr an P. J. Simrock, Aachen, 29. Aug. 1817: „Verschiedener Gründe wegen haben wir die Reise nach Lüttich für jezt ganz aufgegeben und werden erst im Winter dorthingehen wenn wir von Amsterdam über Brüssel nach Calais reisen werden. Wir würden daher, statt dieses Briefes, gleich selbst nach Cölln gekommen seyn, wenn nicht eine Unpäßlichkeit meiner Frau uns hier noch zurückhielte. Da diese aber nicht von Bedeutung ist, so werden wir sicher nächsten Montag den 1ten Sept. reisen können und Abends bey Ihnen eintreffen. Ich wünschte daher, daß das Concert in Cölln um noch einige Tage früher stattfinden könnte, etwa Mittwoch den 3ten oder Donnerstag den 4ten und ersuche Sie, es auf einen von diesen Tagen wenn sonst kein Hinderniß im Wege steht, gefälligst zu bestimmen und so bald wie möglich öffentlich anzukündigen" (Beethoven-Haus Bonn, Sign. NE 241,7). L. Spohr an P. J. Simrock, Aachen, 31. Aug. 1817: „Was werden Sie sagen, daß ich Sie seit einigen Tagen nun schon mit dem dritten Briefe incommodire? Aber leider gebietet es die Nothwendigkeit. Mit der Genesung meiner Frau geht es nämlich nicht so schnell wie ich gehofft hatte und der Arzt verbiethet es durchaus, schon morgen zu reisen; am Donnerstag oder Freitag werden wir daher nicht nach Cölln kommen können. Um allso sicher zu gehen, daß das Concert nicht zum 2ten mal verschoben werden muß, bitte ich Sie ergebenst es gleich auf Montag den 8ten September festzusetzen" (Beethoven-Haus Bonn, Sign. NE 241,8). Köln. Zeitung, Nr. 139, 31. Aug. 1817: „Köln, 30. August. Der als einer der ersten Violinvirtuosen Deutschlands berühmte Kapellmeister Spohr wird mit seiner Gemahlinn, einer ebenfalls rühmlich bekannten Meisterinn der Harfe, am 1. oder 2. Sept. hier eintreffen, und am 3. Konzert geben." Köln. Zeitung, Nr. 143, 7. Sept. 1817: „Konzert von L. Spohr, Kapellmeister aus Wien, Montag den 8. Septbr., Abends 7 Uhr, im großen Saale an der Ehrenstraße. Erster Theil. 1) Ouverture von Beethoven; 2) Arie von Mozart; 3) Violin-Konzert in Form einer Gesang-Scene, komponirt und gespielt von Spohr. Zweiter Theil. 4) Ouverture aus der Oper: Alruna, von Spohr; 5) Sonate für Harfe und Violin von Spohr, gespielt von seiner Frau und ihm; 6) Potpourri für Violin und Piano-Forte von Spohr, gespielt von ihm, und begleitet von seiner Frau. Der Eingangspreis ist 3 Franken für die Person. Billets sind in der Schildergasse, No. 22, Abends an der Kasse zu haben." Spohr schrieb am 9. Sept. aus Köln an einen Freund, er liege wegen „Unpäßlichkeit im Bette" (L. Spohr an Carl Friedrich Peters, Köln, 9. Sept. 1817; New York Public Library, Sign. MNY Spohr, JPB 06–57, box 1, folder 9). Ottilie zu Solms-Laubach an ihren Bruder Reinhard in Berlin, Köln, 13. Sept. 1817: „Vor ein paar Tagen hörten wir den Herrn Spohr und seine Frau im Konzerte, er spielt die Violine sehr hübsch und sie die Harfe" (Privatarchiv d. Grafen zu Solms-Laubach, XVII, 116, ohne Nr.).

dem Sack stecken, u. nun alle Menschen um Pferde zu leihen ansprechen, da sie in größter Verlegenheit sind, und zur Revue[174] keine bekommen können.

Den 9. 7bris [Septembris 1817].

Ich schreibe mein Gedicht in Ordnung, u. gehe an meine Arbeit über die Stadt Cöln. Gegen Mittag nehme ich die Papiere über die Collation[175] des Rektorats am Elend, u. gehe zum General Vicar Klinkenberg, dem ich deshalb, so wie über die Sachen wegen der Vicarie zu Walberberg u. Transdorf ernstlich rede. Nach Tisch gehe ich mit dem Vater in das neue Posthaus, u. sehe unsere künftigen Wohnungen an; die Zimmererarbeit ist beynahe fertig. Als wir zurückkommen, ist Joseph eben aus dem Consistorio wieder zurück; ich rede mit ihm über unsre laufenden Geschäfte, u. da er noch mit den Zimmerleuten wegen den zu machenden Ställen reden will, gehn wir in das Haus zurück, u. sehen alles nochmal durch. – Beym Grafen Solms sind eben am Thor Graf Waldeck[176], Graf Lippe u. Carl Roedelheim; sie gehn zum Indianer ins Theater. – Auch den Major Holleben, der sonst beym Leibregiment war, jetzt beym Schützenbataillon, habe ich hier gesehen. Als |19v| ich nicht lange zu Hause bin, kommt Moritz Haxthausen, ist voll von meinem Streit mit Arndt, sagt, wie er sich deshalb mit der Gräfinn Lippe gezankt, läßt sich meine übrigen bey Gelegenheit der Anwesenheit des Kronprinzen gemachten Gedichte vorlesen, u. speist mit uns zu Nacht.

Den 10. 7bris [Septembris 1817].

Ich gehe mein neues Gedicht u. einige alte, wegen der Universität geschriebener Sachen nochmal durch, u. werde mit den Uebrigen auf morgen Abend zu Solms eingeladen.[177] Dann gehe ich zu Dumont, der an dem Gedichte ein Paar gar zu herbe Stellen verbessert haben möchte. Ich gehe in die Sitzung, bessre dieß, u. gehe nachher zu ihm zurück. Es wird in der Sitzung die Nachricht mitgetheilt, daß der König erst um Mittag aus Aachen fahre.[178] Dann wird es getadelt, daß

---

[174] Revue, hier: Militärparade vor dem König.
[175] Collation, Kollationsinstrument: Besetzung einer geistlichen Stelle.
[176] Vermutlich: Karl Graf zu Waldeck und Pyrmont, ein enger Verwandter der Familien zu Solms- Laubach und zu Solms- Rödelheim.
[177] Solms-Laubach lud eine Reihe von Honoratioren ein, „sich heute Abend 5 Uhr, in dem Hause des Herrn Pfarrer zu St. Gereon zu versammeln um S. Königlichen Majestät bey Ihrer Ankunft vorgestellt werden zu können" (Fr. L. Chr. zu Solms-Laubach an einige Stadträte, Köln, 10. Sept. 1817; HAStK, Best. 400, A 159, Bl. 32r, 45r u. 46r). Dieses Treffen kam nicht zustande, die Stadträte wurden daraufhin für den 11. September um 9 Uhr morgens zur Versammlung bei dem Pfarrer von St. Gereon eingeladen (K. J. von Mylius an die Stadträte, Köln, 10. Sept. 1817; Bl. 41r; vgl. auch: Bl. 42r). Schließlich wurden sie benachrichtigt, dass auch diese Audienz nicht stattfinden könne (Bl. 49r). Pfarrer an St. Gereon war von 1803 bis 1840 Johann Michael Joseph Aldenkirchen. AK 1813: Rue Jean de Weert 3/Am Klingelpütz 3; AK 1822: Gereonsdriesch 2.
[178] Über den Besuch des Königs in Aachen berichtete das Morgenblatt für gebildete Stände, Nr. 231,

einige Sachen, die bey der Regierung vorgekommen, schnell zur Kunde des Publikums gekommen seyn; u. doch redete noch vorgestern Graf Solms gleich nach dem Pleno laut in Gegenwart seines Vetters[179] über die Berichte des v. d. Leyen, die gerade zu jenen gehören sollen!! – Dumont ist nun mit dem Gedichte wohl zufrieden, u. es soll gleich gesetzt werden. Bey Tische hören wir nun, daß ein neuer Courrier[180] die Nachricht gebracht, der König würde in Jülich übernachten. Ich gehe gegen 4 Uhr wieder zu Dumont hin, um die Correktur zu sehn. Dann gehe ich auf das Rathhaus, wo nun die Ausstellung schon recht ordentlich geworden. Ich rede mit dem Maler Fuchs wegen Herstellung unsres großen Bildes, u. er geht deshalb mit mir nach Haus, |20r| verspricht auch, es sobald zu machen, als es in dem andern Hause an Ort u. Stelle seyn werde.[181] Ich wollte ins Theater gehn, wo Esslair in der Schuld den Oirendur[182] spielt; allein, es ist nun

---

26. Sept. 1817 ausführlich: Nachdem die Ankunft des Königs für den 9. August bekannt geworden war, zog ihm eine Menge Menschen entgegen „und eine Menge Suppliken wurden ihm vor der Stadt schon in den Wagen geworfen. […] Zwischen 5 und 6 Abends kam der König an. […] Sehr wohl sah der König aus, er war heiter, munter und aufgeräumt; speißte mit seinen Ministern, zeigte sich dem Volke auf dem Balkon einigemale und dankte für den Freudensruf, womit man ihn grüßte. […] In einer Stunde war die schönste Illumination, wie aus einer Feenwelt, entstanden. Das Rathhaus erschien in einer Verklärung, die man selten sieht. […] Das Bild des Königs glänzte in einem Transparent, vorn am Eingange auf der steinernen Treppe. […] Schöner noch war die Illumination an dem Brunnen, der mitten auf dem Markte vor dem Rathhause am Fuße Carl des Großen aus den Mäulern von 4 Delphinen das Wasser 12 Fuß hoch hervorspritzt. Dieser Brunnen war mit einigen Tausend Lampen so illuminirt, daß das Ganze einen Feuerberg vorstellte und das Wasser in tausend Goldstrahlen dem Auge des Zuschauers begegnete. […] Ein kostbarer Ball war auf der schönen neuen Redoute veranstaltet. Aachens elegante Welt versammelte sich daselbst. Der König beehrte ihn mit seiner Gegenwart." Morgenblatt für gebildete Stände, Nr. 232, 27. Sept. 1817: „Den folgenden Morgen sieben Uhr erschienen schon die Minister vor dem Könige. Um acht Uhr stand die Landwehr, die 2.600 Mann ausmachte, auf dem Kapuziner-Graben unter den Linden und Akazien in Reih und Glied. Um halb neun Uhr kam Hake und musterte die Kompanien. Um neun Uhr war der König da." Wenig später besuchte der König den Dom, fuhr von dort „nach dem Rathhause und von da in das Kunstkabinett, welches die Merkwürdigkeiten von Aachen […] enthält. Endlich besah er auch die kostbaren Gemählde, welche einige Liebhaber besitzen. Ganz einfach war er gekleidet, blos Stern, Hut und Federbusch zeichneten ihn aus. Ohne alle Ceremonie fuhr er in einem offenen Wagen mit zwey Pferden. Jedermann konnte ihn sehen und hat ihn gesehen. Als er gespeist hatte, fuhr er in seinem Reise-Wagen, mit Postpferden bespannt nach Jülich, wo er die Nacht zubrachte und dann über Cölln und Düsseldorf nach Berlin reiset".

[179] Möglicherweise ist ein Mitglied der Familie zu Solms-Rödelheim oder zu Solms-Braunfels gemeint.

[180] Zur Postbeförderung durch Kuriere: Matthias, Darstellung des Postwesens, Bd. 2, S. 44–50.

[181] Das Gemälde von Charles Lebrun Die Familie Jabach sollte also in das Haus Glockengasse 25–27 gebracht und dann von M. H. Fuchs restauriert werden.

[182] Hauptperson des Dramas Die Schuld von A. Müllner war Hugo, Graf von Oerindur. Vgl. eine Rezension in der Köln. Zeitung, Nr. 147, 14. Sept. 1817: „Schon in zwei Rollen, dem Hugo in der Schuld und dem Tell im Schauspiele gleichen Namens, ist Herr Eßlair, Regisseur der königl. württembergischen Schauspiele, aufgetreten, und hat durch die Vortrefflichkeit seiner Darstellungen beurkundet, daß der Ruf, der ihm vorangeht, sehr wohl begründet, und er Meister in seiner Kunst ist. Von allen Schauspielern, die jemals hier dem Fach der Helden- und Charakterrollen vorgestan-

schon zu spät. Ich gehe zu Moritz Haxthausen, u. wollte mit ihm Graf Ernst Lippe besuchen, der aber nicht da ist. Auch kann ich nicht erfahren, wo General Thieleman wohnt. Unter dem Vorwand, diesen aufzusuchen, gehe ich nach 7 Uhr von Haxthausen weg, auf Gereonsstraße zu, u. als ich vor dem Zuydtwyck'schen Hause[183] bin, wo mehre Damen, General Mylius, u.a. am Fenster stehn, kommt gerade ein Courrier angefahren. Ich frage den Postknecht, der mir versichert, er sey nur ¼ Stunde vor dem König aus Bergheim gefahren. Ich renne daher zu Graf Solms, ihm die Nachricht zu bringen. Dieser ist furios, ruft gleich alles zusammen, zieht sich an, u. weil die Gräfinn den Wagen ebenfalls am Zuydwyck'schen Hause hat, läuft er zu Fuß hin. Ich eile auf das Bürgermeister Amt, wo niemand der Herrn ist, schicke zu v. Mylius, gehe zu v.d. Hagen, v. Monschaw, Struensée, die alle nicht da sind, auch zu v. d. Lund, u. endlich auf den Neumarkt, wo wenige der Herrn im Cassino sind. Ich sage ihnen, daß der König komme, man läßt sich aber nicht aus der Ruhe bringen, u. ich setze mich zu den Herrn hin, rauche eine Pfeife, u. bleibe dort bis gegen 9. Nun gehe ich noch mit Herrn Moll Sohn auf Gereonsstraße, wo Herr v. Mylius gut erleuchtet hat. Am Zuydtwyck'schen Hause ist es sehr ruhig; der König soll sich gleich zurückgezogen haben.[184] – Zu Haus ist der Vater ärgerlich, daß ihn der Königliche Post-

---

den haben, gebührt ihm der erste Preis, und gleich bewundernswerth sind die große Kraft und Wahrheit, die er in Scenen der höchsten Leidenschaft entwickelt. Es scheint uns Pflicht, das Publikum auf den Genuß, den dieser seltne Künstler gewährt, aufmerksam zu machen. Zugleich behalten wir uns vor, in einem der nächsten Blätter sein Spiel ausführlicher zu zergliedern."

[183] Das Palais Zuydtwyck, Gereonstr. 12 (zeitweise Nr. 18) wurde um 1758 von Johann Balthasar Joseph von Mülheim errichtet, seit ca. 1775 war es im Besitz der Familie Heereman von Zuydtwyck. Es enthielt „im Erdgeschoß des Hauptteils eine Bibliothek mit Archiv, einen Saal, ein Vorhaus mit Treppenhaus, zwei Speisezimmer, eine Küche, eine Nebentreppe, ein Bedientenzimmer, ein Bügelzimmer und zwei Wohnzimmer, im Obergeschoß acht Zimmer" (Vogts, Kölner Wohnhaus, Bd. I, S. 54, Grundriss: S. 52; vgl. auch: Vogts, Kölner Wohnhaus, Bd. I, S. 121, Bd. II, S. 572–575, 763 u. vielerorts; Vogts, Die profanen Denkmäler, S. 450–453; Kirschbaum, Wohnbauten, S. 279 f.; Abb.: ebd., Nr. 189 u. 190). Das Palais war nach einer Schätzung während der franz. Zeit mit einem Wert von 24.000 Francs das teuerste Wohnhaus in Köln (Vogts, Kölner Wohnhaus, Bd. I, S. 346). Mitte 1817 wohnten im Palais Fernandine von Haxthausen, Schwester von W. von Haxthausen und Witwe des 1810 verstorbenen Engelbert Anton Alois Heereman von Zuydtwyck; außerdem Maria Charlotta Heereman von Zuydtwyck, geb. von Eltz-Rübenach, Witwe des 1813 verstorbenen Theodor Joseph Ludwig Heereman von Zuydtwyck. Das Palais wurde 1824 vom preuß. Staat erworben, der es dem neu eingesetzten Kölner Erzbischof von Spiegel als Residenz zur Verfügung stellte. Das Gebäude war bis 1943 Sitz der Kölner Erzbischöfe.
[184] Köln. Zeitung, Nr. 146, 13. Sept. 1817: „Köln, 12. Sept. Wir haben das Glück gehabt, unsern allverehrten König in unsrer Mitte zu besitzen. Se. Majestät wurden bereits am 10. d. Nachmittags erwartet. Viele hiesige Einwohner waren theils in Wagen, theils zu Pferde und zu Fuß hinausgeströmt, dem erlauchten Regenten auf dem Wege nach Achen entgegen; doch da gegen 4 Uhr die Nachricht sich plötzlich verbreitet hatte, Se. Maj. würden die Nacht in Jülich verweilen und erst am andern Morgen eintreffen, so war jeder in die Stadt zurückgekehrt und die Anstalten unterblieben, die zu einem glänzenden Empfange, zu einer großen Beleuchtung der altdeutschen Gereons-Kirche, aller öffentlichen und Privatgebäude etc. etc. für den Abend getroffen waren. Um so unerwarteter war es daher, als es gegen halb 9 Uhr Abends auf einmal hieß, der König sey

meister Fitzer[185] nicht besucht hat, u. daß ihm nicht die Bestellung aller Pferde übertragen ist. Ich kann ihm nicht bergen, daß |20v| mir beydes sehr natürlich scheine, da ersterer zuviel beym u. für den König zu thun haben werde; die Bestellung der Pferde aber, ausser den Postpferden, nicht von ihm, sondern vom Polizeypräsidium abhängen müsse. Er läßt sich aber schwer bescheiden. Hefte von Zeune[186] u. Brief.

Den 11. Septembris [1817].

Früh schon kommt das Circulare der Regierung zum Unterschreiben, laut dessen wir um 9 alle auf der Regierung, u. zwar in Pontificalibus[187] erscheinen sollen. Ich bin sowohl als Joseph entschlossen, gar nicht hin zu gehn. Gegen 9 kommt schon Fitzer, um die Pferde für den König, der um 3 wieder weg will, zu bestellen. Später gehe ich mit Joseph aus, u. zwar nach dem Jesuitenkolleg, wohin, wie es heißt, der König um 10 kommen will.[188] Von 8 ½ bis neun sieht er die Truppen auf dem Neumarkt, alten Markt u. Heumarkt. Wallraf sitzt bey seinen Sachen, den König zu empfangen. Es kommen viele Offiziere, da es uns aber zu lang wird, gehn wir mit Herrn Leven, ein Glas Wein zu trinken. Der König ist in der Ausstellung auf dem Rathhaus.[189] Wir sehn ihn vorbeyfahren,

---

angekommen. Wirklich waren Se. Majestät eingetroffen und in dem für Sie eingerichteten von Zuydwick'schen Hause abgestiegen, wo noch am nämlichen Abend Se. Excellenz der Herr Ober-Präsident vorgelassen wurde und auch die Dame des Hauses die Ehre hatte, vorgestellt zu werden." Welt- u. Staatsbote zu Köln, Nr. 145, 11. Sept. 1817: „Köln vom 10. Sept. Der König kömmt! so schallt's von Munde zu Munde, und harrend drängt sich die Menge auf dem Wege, den er kommen soll, dem Ersehnten entgegen. Ist es Neugierde, was sie treibet, den Mächtigen zu sehen, zu sehen den König? Oder ist es Sehnsucht, zu sehen den, der da kommen soll, Wünsche zu befriedigen, Noth zu verscheuchen, und Glück zu bereiten? Ja, dies ist es, und der Zweck Seines Kommens ist es auch. Mit eigenen Augen zu sehen, Selbst zu prüfen, zu hören Seines Volkes Wünsche, seinen Bedürfnissen abzuhelfen, kömmt Er."

[185] Oberpostmeister Pfitzer, der zur Begleitung des Königs gehörte, hatte man Quartier bei Caspar Heinrich Bemberg, Brücke 5081/Brückenstr. Nr. 7 zugewiesen (HAStK, Best. 400, A 159, Bl. 12r), in unmittelbarer Nähe zum Wohnsitz der Grootes. Zu Bemberg hieß es in den Personalnotizen, 1815: „Bemberg. Caspar, gewesener Kaufmann und Rentier. Ein redlicher Mann, doch zu alt, um zweckmäßig sein zu können" (Landesarchiv NRW R, BR 0002, Nr. 1534, Bl. 45v).

[186] Vermutlich: Büsching, Wöchentliche Nachrichten, Ausgaben von Juli/August 1817.

[187] in pontificalibus: in festlicher Kleidung.

[188] Vgl. K. J. von Mylius an F. Fr. Wallraf, o. D.: „Ich ersuche Sie mein lieber Herr Professor! An den Jesuiten diesen Morgen sich aufzuhalten, und zum Empfang S. M. bereit zu seyn – da Allerhöchst dieselben wahrscheinlich noch vor Tisch gegen 11–12 Uhr dahin kommen werden" (HAStK, Best. 1105, A 10, Bl. 83r).

[189] Denoël berichtete einige Wochen später ausführlich über die Ausstellung: Uebersicht der Ausstellung von Kölnischen Industrie- und Kunst-Erzeugnissen, welche während der Anwesenheit Sr. Majestät des Königs auf dem hiesigen Rathhause Statt hatte (in: Beiblatt d. Köln. Zeitung, Teil 1, Nr. 19, 12. Okt. 1817; Teil 2, Nr. 20, 19. Okt. 1817). Die präsentierten Objekte waren in einzelnen Abteilungen aufgestellt. So umfasste die Abteilung „Produkte von Manufakturen und Fabriken"

nach dem Jesuiten Colleg.[190] Ich gehe wegen Kleins Petition zu Poll. Die Ganze Regierung u. das Consistorium ist um 10 entlassen worden, weil der König sie nicht sehen will. So hätten wir also nicht nur die Unbequemlichkeit des Ankleidens, sondern, was mehr ist, die 100 Thl. gespart, die die Uniform kosten sollte, u. haben doch nun so viel wie die Andern. – Poll hat die Vorstellung an Grashof gegeben,[191] bey dem einer aus dem Gefolge des Königs wohnt, der sie gewiß zu besorgen versprochen hat. Ich gehe nun noch an das Colleg, wo der König |21r| schon die Ausstellung, das Antiquarium,[192] Wallrafs Sammlungen etc. durch laufen ist, schnell noch in die Kirche[193] geht, dann in [den] Wagen steigt, u. zu

---

u.a. Leder- und Textilwaren, Hüte, Seife, Kölnisch Wasser, Tabak und Siegelwachs, Porzellan und Spiegel sowie Bergwerk-Produkte. Weitere Abteilungen zeigten Erzeugnisse, unterteilt nach dem verarbeiteten Material: Produkte von Tischlern, Sattlern, Zinngießern, zudem Blecharbeiten und Musikinstrumente, Verbesserungen oder Erfindungen. Schließlich präsentierte man Werke einiger in Köln lebender Künstler: Werke des Bildhauers Peter Joseph Imhoff, Wachsbossierungen von C. B. Hardy, Werke von Denoël und J. P. J. Weyer. Selbst Kunststickereien von Frauen waren zu sehen: Drei größere Stickarbeiten, darunter ein sehr eleganter Ofenschirm, „worauf die Blumen flach eingewirkt erschienen". Sie „ließen von dieser Kunstarbeit nichts zu wünschen übrig, und gewannen dadurch doppelt an Interesse, daß sie einer Frauenzimmerhand ihre Schöpfung verdankten, dessen Namen uns die Bescheidenheit vorenthalten hat. Dem so rühmlich bekannten Frauenzimmer-Institut der Dem. Schön, unter deren Augen die niedlichsten Kunsterzeugnisse dieser Art hervorgehen, hat Köln die Vervollkommnung dieser dem andern Geschlechte so anpassenden Beschäftigung, vorzüglich zuzuschreiben". Denoël endete seine Darstellung mit dem Hinweis: „Wir glauben [...] die städtische Behörde auf die Wiederholung solcher Ausstellungen aufmerksam machen zu müssen, die alljährlich zu einer bestimmten Epoche und an einem passenden Orte veranstaltet, ausser der allgemeinen Aufmunterung noch die Möglichkeit herbeiführen dürften, daß dieselben vielleicht einst durch zahlreiche Konkurrenz den Karakter einer Messe annehmen und zu den nützlichsten Folgen in merkantilischem Betracht leiteten" (Denoël, Uebersicht der Ausstellung, Teil 2).

[190] Köln. Zeitung, Nr. 146, 13. Sept. 1817: Am Morgen des 11. Septembers „begaben sich Allerhöchstdieselben in Begleitung einer zahlreichen Generalität, so wie des Herrn Ober-Präsidenten, nach dem Neumarkt und hielten Revüe über die versammelten Truppen der Garnision und der Landwehr, deren guter Haltung die Allerhöchste Zufriedenheit zu Theil ward. Hierauf nahmen Sie die Festungswerke, so wie die Arsenal-Werkstätte, in Augenschein, und geruheten auch hierüber Ihre Zufriedenheit zu erkennen zu geben; ferner die Domkirche (wo Allerhöchstdieselben von einem allgemein geachteten Kölner, dem Herrn Kanonikus Boecker, ein Exemplar der von ihm herausgegebenen Beschreibung dieses prachtvollen Gebäudes und Geschichte der darin aufbewahrten alterthümlichen Schätze sehr huldreich anzunehmen geruhten), das Kollegium der Jesuiten nebst der daselbst befindlichen Gemälde-Gallerie und dem Kabinet des Hrn. Prof. Wallraff, sodann die von dem Hrn. Ober-Bürgermeister in dem Stadthause veranstaltete Ausstellung der hiesigen Kunst- und Industrie-Gegenstände, die Se. Majestät mit sichtbarem Wohlgefallen und unter wiederholter Versicherung von Allerhöchstdero Zufriedenheit und kräftigstem Schutze betrachteten." Ähnlich: Welt- u. Staatsbote zu Köln, Nr. 146, 13. Sept. 1817.
[191] Pächter Peter Joseph Klein versuchte eine Petition an den König übermitteln zu lassen.
[192] Antiquarium, hier: Ausstellung von Antiken, vor allem die Antikensammlung Wallrafs.
[193] C. von Malachowski berichtete über die Besichtigung des Doms: „Bei dem Besuche des Doms wurde er [der König] von der Geistlichkeit empfangen, deren Sprecher ihn anredete: Eurer Majestät erlauchte Vorfahren haben den Bau dieses großen Denkmals in der Vorzeit begonnen,

seinem Hause zurückfährt.[194] Wir bleiben noch bey Wallraf in den Sälen. Später wird er gerufen, mit Zimmerman, dessen Copie nach dem Dombild[195] der König kaufen wolle, zu diesem zu kommen. Wallraf geht zum Hause des Königs, Zimmermann zu erwarten. Da dieser aber zu lang bleibt, kommt er noch zu uns zu Tisch. Der König speist an einer Tafel von etwa 50 Couverts. General v. Mylius soll sehr vorlaut zu ihm gesprochen haben; Frau v. Harff aber, da sie gehört, daß der König wieder weg wolle, sich vor ihn gestellt, u. gesagt haben: Euer Majestät machen der ganzen Stadt durch ihre Eile großen Verdruß, wir hätten gehofft, Sie wenigstens 24 Stunden hier zu besitzen. Der König kümmerte sich nicht darum. Früher aber soll sie laut gerufen haben, so daß die Offiziere es hörten: Man sollte ihm die Räder entzweyschlagen u. dergl. dummes Geschwätz. Gegen 3 Uhr fährt der König nach Düsseldorf ab.[196] Ich gehe mit Wallraf aufs Rathhaus in die

---

Allerhöchstdenenselben ist die Ehre vorbehalten, es in der beabsichtigten Pracht und Herrlichkeit zu vollenden. Bitte recht sehr, erwiderte lächelnd der König, habe nicht die Ehre, mit den hohen Kurfürsten von Köln verwandt zu sein – ich hätte es gewünscht, daß sie mir einen recht schönen fertigen Dom hinterlassen hätten, anstatt der Mühe und der Kosten des Ausbaues" (Malachowski, Erinnerungen, S. 179).

[194] Am 1. Okt. 1817 stellte das Oberpräsidium Köln dem Königlichen Kämmerer das während des Besuchs des Königs vorgelegte Trinkgeld an den Polizei-Serganten Zipp und das Geld für den Lohnkutscher Nakatenus – insgesamt 2 ½ Friedrichsd'or – in Rechnung (Landesarchiv NRW R, BR 0002, Nr. 127, Bl. 255r, Entwurf).

[195] Denoël, Uebersicht der Ausstellung, Teil 2: „Ausser den wiederholt aus Auftrag des königlich-preußischen Hauses und anderer hohen Personen durch Herrn Ben. Beckenkam verfertigten großen Kopien hat auch Herr J. B. Nic. Zimmermann die beiden Haupt-Figuren desselben, nämlich die Maria mit dem Kinde auf'm Schoos, im kleinern Maßstab zweimal ausgeführt. Eine dieser Nachbildungen war bei der Ausstellung zu sehen. Se. Majestät hatten das Urbild im Dom in Augenschein genommen, und fanden sich in der Wiederholung desselben von Herrn Zimmermann so angesprochen, daß Sie sich den Besitz derselben zu verschaffen geruhten" Vgl. J. B. N. Zimmermann an F. Fr. Wallraf, Köln, 27. Sept. 1817: Rechnung auf 315 Francs, Kosten u.a. für das „mit Wachstuch, und allem zum Transport erforderlichen Zubehör wohlversehenen und dem hiesigen Herrn Königl. Polizeypraesidenten und Landrath Struensee zur Versendung überreichten Verschlages" (HAStK, Best. 1105, A 23, Bl. 81r). Zu den von Beckenkamp angefertigten Kopien oder Teilkopien des Dombildes für Mitglieder des preuß. Königshauses und private Auftraggeber: Mosler, Beckenkamp, S. 113–157.

[196] Köln. Zeitung, Nr. 146, 13. Sept. 1817: „Se. Majestät kehrten darauf in das von Zuydwick'sche Haus zurück, wo nach vorheriger Präsentation die vornehmsten Militär- und Zivil-Personen die Ehre hatten, zur königlichen Tafel gezogen zu werden. Gegen drei Uhr, nach aufgehobener Tafel, reiseten Seine Majestät von hier über Deutz nach Düsseldorf ab, begleitet von den Segnungen der ergebenen Kölner." Bertoldi notierte am 10. Sept. 1817 in sein Tagebuch: „Heut abend sollte auch der König von Preußen in Köln ankommen, auf wessen Empfang man vorbereitet war, und viele Ihm entgegen gefahren. General xxxx aber kame zurück, und meldete, daß der König nicht käme, sondern zu Gülich übernachtete. Indessen hat Höchstderselbe die Kölner dran bekommen, indem Er noch abends 9 Uhr ganz still angekommen, und in dem Ihm bereiteten Logis – bey Frau v. Zuidwick – angefahren, und sich alles übrige verbothen." 11. Sept. 1817: „Und hielte der König diesen Morgen Revue in Köln, besah die in aula theologica von verschiedenen Kölnischen Besitzern aufgestellten Gemählde, und jene des Wallrafs in den Exjesuiten, und empfinge die verschiedenen Authoritäten, auch honoratiores von der Stadt, wovon Er mehrere zur Tafel mitgezogen. –

Ausstellung, wo ich den Geheimen Cabinets Rath Albrecht[197] finde, der die ausgestellten Sachen sehr genau betrachtet, u. manches sehr lobt. Er kauft von Esser einen Huth.[198] Ich bleibe bis nach 5 Uhr da, während viele Menschen aus u. ein gehn. Ich glaubte, v. Geyrs bey v. Mylius Bürgermeister zu treffen. Allein, dieser ist allein zu Haus, u. ich bleibe lang bey ihm, u. rede von unsern Städtischen Sachen recht unterhaltend mit ihm. Seine Frau kommt erst gegen 7/8. Ein Paket, was Herr v. Herwegh noch an den Cabinets Rath Albrecht besorgt zu haben wünscht, nehme ich mit, u. da man auf der Post |21v| vermuthet, es würden diese Nacht noch Courriere an den König durch gehn, gebe ich es daselbst ab. – Es war heute im Ganzen doch ein langweiliger Tag, wo nichts war, wie es sollte, u. der König vollendes durch seine Eile alles verdarb.[199] Der Teufel macht sich meine Schlendrigkeit zu Nutz u. bringt mich zum Bösen. ~~

Nachmittags 1 Uhr fuhre Er von Köln wieder ab, versprechend bey Seiner künftigen Anwesenheit länger zu bleiben, und passirte mit 4 Wagen in seinem Gefolg hierdurch nach Düsseldorf. – Auch auf der hiesigen Brücke folgten Graf Solms, und noch 4 bis 6 andre Wagen xxxx nach" (Bertoldi, Tagebuch, 10. u. 11. Sept. 1817; HAStK, Best. 7030, Nr. 332A/4, Bl. 157v). Da es Bertoldi nicht gelungen war, den König zu sehen, ließ er anspannen und fuhr ihm nach Düsseldorf nach. Auch andere entschlossen sich, nach Düsseldorf zu fahren; unter ihnen war H. zu Solms-Laubach, die ihrem Sohn Otto kurz darauf von diesem Ausflug berichtete (H. zu Solms-Laubach an Otto, Köln, 14. Sept. 1817 (Privatarchiv d. Grafen zu Solms-Laubach, XVII, 199, Nr. 12). Vgl. auch: Georg zu Solms-Laubach an seinen Bruder Otto, Köln, datiert 20. Dez. 1817 (allerdings früher geschrieben): „Der König war vorige Woche hier und wir hatten in unserm Hause alles mit bunten Lämpchen illuminirt und mit Blumen bestreut, denn der Vater wollte ihm einen Ball geben. Allein er hielt hier nur eine Parade und reiste um Mittag nach Düsseldorf ab, wo man große Anstalten zu der Illumination des Hofgartens machte, und die Mutter mit noch einigen anderen Damen fuhr daher hin. Allein im Rückweg kamen sie in ein Gewitter, und da die Pferde sehr warm waren, und lange an der Brücke warten mußten wurde das eine sehr gefährlich krank, nun aber wird es wieder besser" (Privatarchiv d. Grafen zu Solms-Laubach, XVII, 204, ohne Nr.).

[197] Der Geheime Kabinettsrat Daniel Ludwig Albrecht, 1817 zum Mitglied des Staatsrats ernannt, war ein enger Vertrauter Friedrich Wilhelms III.

[198] Denoël, Uebersicht der Ausstellung, Teil 1: „Die Hutfabrikation zählt in Köln zwölf Fabrikanten, die die Zahl ihrer Arbeiter auf ein Drittel herabsetzen, also um zwei Drittel verringern mußten, obwohl ihre Produkte, deren wir hier von jeder Klasse für den Gebrauch beiderlei Geschlechts von Herrn Wilhelm Esser et Comp. ausgestellt, zu bewundern Gelegenheit hatten, sowohl an Feinheit als Leichtheit in jedem Fabrikate dieser Art es mit dem Auslande nicht nur aufnehmen, sondern es ihm zuvorthuen." Welt- u. Staatsbote zu Köln, Nr. 99, 22. Juni 1817: „Unterzeichnete haben die Ehre bekannt zu machen, daß es ihnen nach vieler Mühe und Arbeit gelungen ist, wasserfeste Herren-Hüthe zu verfertigen, welche sie sowohl im Großen als auch einzeln abgeben. Diese Hüthe nehmen keine Nässe an, und widerstehen vorzüglich dem Regen, da sie gegen alles Wasser undurchdringlich sind, daher sie besonders den reisenden Herren vorzüglich zu empfehlen sind. Auch werden auf häufiges Verlangen, die feinen Hüthe, welche unten auf dem Rand mit weiß, grau und grün sind, in bester Güte und neumodischer Form bei ihnen verfertigt, und zu billigsten Preisen verkauft. Wilhelm Esser et Comp., am Mal[z]büchel Nro. 52 in Köln". Zur Firma Ernst: Kramp, Unter Gottes Gnaden, S. 128 f.

[199] Zeitungs-Bericht der Reg. Köln für September, 9. Okt. 1817: „Die Ankunft Seiner Majestät in Cöln im Anfange des Monats September, der man mit Sehnsucht entgegengesehen hatte, erregte eine allgemeine Freude unter den hiesigen Einwohnern, und war ihnen daher Allerhöchstderselben schnelle Abreise um so schmerzlicher. Übrigens hat die Theilnahme an dem Gewerbfleiß von Köln,

September 1817

Den 12. 7bris [Septembris 1817].

Von Kitzburg werden Baumaterialien hier abgeholt. Ich sende die an Fallenstein von Zeune gekommenen Sachen ab. Ich gehe mit Herrn v. Herwegh wegen des Briefs zu reden; er aber ist nicht da. Ich gehe, im neuen Posthaus die Arbeit anzusehn, die jedoch nur langsam vorwärts geht. Tabak. |:–4:| Bey Dumont erhalte ich die Zeitungen, welche mein letztes Gedicht enthalten,[200] u. höre, daß er in der nächsten eine Uebersicht dessen, was der König hier gethan, u. was ihm überreicht worden ist, geben will.[201] Ich gehe noch zu Pastor Fochem, der in seiner Kirche mit Aufstellung seines Altarblatts, das restaurirt worden, beschäftigt ist.[202] Ich rede manches mit ihm, wegen des Elends, über Klinkenberg etc. Sein Capellan war abwesend, deshalb durfte er nicht heraus. In der Sitzung fällt nichts besonders merkwürdiges vor. Nachher schicke ich an Herrn v. Herwegh den Brief, der nicht abgegangen, zurück. Herr Fochem speist bey uns; u. wir reden nachher noch über den Bau an des Rektorats am Elend,[203] den wir Montag

die Allerhöchstdieselben bei der Beschauung der auf dem Rathhause ausgestellten Kunstprodukte äußerten, und der Inhalt des Allerhöchsten Cabinetsschreibens in No. 37 unseres Amtsblatts den besten Eindruck hervorgebracht, und nebst der Überzeugung von dem Ungrund der eine bevorstehende Veränderung der Landes-Herrschaft ankündigenden Gerüchte in allen Herzen die Hoffnungen befestigt, daß der zeither so sehr zurückgekommenen Fabriken in den Rhein Provinzen ein nachdrücklicher Schutz, so wie der Seiner Majestät von dem Stadtrath von Köln in einer bei Allerhöchstderselben Anwesenheit übergebenen Vorstellung vorgetragenen Wünschen die möglichste Berücksichtigung werde zu Theil werden" (GStA PK, I. HA Rep. 89, Nr. 16278, Bl. 130r). Zu seinem Abschied schenkte der König den „Stadt-Armen" vierzig Napoleon d'or, die der städischen Armenverwaltung zur Verteilung übergeben wurde. Vgl. die entsprechenden Schreiben vom 13. bis 26. Sept. 1817 (HAStK, Best. 400, A 159, Bl. 50r–58r).

[200] E. von Groote: Seiner Majestät dem Könige von Preußen Friedrich Wilhelm III. beim Besuch in den Rhein-Provinzen (Köln. Zeitung, Nr. 145, 11. Sept. 1817). Siehe Briefe u. Schriften.

[201] Köln. Zeitung, Nr. 146, 13. Sept. 1817. J. Görres urteilte über die Besuche von Kronprinz und König im Rheinland: J. Görres an J. von Gruner, Koblenz, 4. Sept. 1817: „Wir haben nun so zum Theil unsere Herrschafften hier gesehen, sie mögtens wohl alle gerne besser machen, wenn sie nur in der Welt ein Mittel dafür wüßten, vor dem sie sich nicht fürchteten. Der Kronprinz war hier, das ist ein junges, frisches Blut, der, weil er sich natürlich genommen, nichts Verzwicktes an sich hat, und ein noch unverdorbenes Naturell gezeigt, den Leuten recht wohl gefallen. Um Geschäffte hat er sich weiter nicht bekümmert, als in der Form nöthig war, ich denke er meynt, der Bleymantel werde ihm früh genug umgethan, und er wolle jetzt seiner Jugend genießen was ich ihm eben auch nicht übel nehmen kann. Der König ist sodann gekommen, der hat eine unselige Weiße in Verlegenheit und Scheu die Leute von sich abzustoßen und aus falscher Popularität sich höchst unpopulär zu machen. In Kleinigkeiten hat er viel guten Willen zu helfen bezeugt, im Großen ist nichts geschehen" (in: Fink-Lang, Görres. Briefe, Bd. 3, S. 207).

[202] Mering/Reischert, Bischöfe, Bd. 1, S. 169: „Auch die übrigen Gemälde [der Kirche St. Ursula], als namentlich die Platte im Hauptaltare, den Tod der Kirchen-Patronin vorstellend, von Cornelius Schütt, ein Vesperbild von Herrgotts, die Taufe Christi und eine Nachbildung des raphaelischen Erzengels Michael, wie der heiligen Familie, verdienen beachtet zu werden." Vgl. Demian, Handbuch, S. 269. Zu Umbauten und Restaurierungen von St. Ursula seit Beginn des 19. Jh.s ausführlich: Fraquelli, St. Ursula, bes. S. 134–136. Siehe auch: Arntz/Rahtgens u.a., Die kirchlichen Denkmäler (1934), S. 1–105; Künstler-Brandstädter, St. Ursula, 1996; Opitz, St. Ursula, bes. 408–416.

[203] Entsprechend den Aufzeichnungen Grootes wurde das Rektorat 1817 renoviert und umgebaut,

früh besehen wollen. Nachher arbeite ich ruhig an meinen Sachen. Die Schwestern gehn mit Joseph in das neue Haus, um noch einige Einrichtungen zu treffen. Abends gehe ich noch eine kurze Zeit aus.

Den 13. Septembris [1817].

Als ich über meinen Materialien zur Kölnischen Topographie sitze, kommt Wallraf, der sich wieder mit einem Preuß. Geheimen Rath Jebers geschleppt hat. Der alte Herr geht sehr müßig umher, u. haschet nur nach äußerer Gelegenheit seine Sachen zu zeigen, u. seinen Tag hinzubringen. |22r| Denoël kommt u. hat den Plan, in einer eigenen Bekanntmachung über die hiesige Manufakturausstellung zu reden,[204] u. auf das Bedürfniß u. die Vortheile der Einzelnen aufmerksam zu machen. – Sotzmann schickt mir das Luxenburgum Romanum u. andere Bücher zurück. Vor Tisch kommt noch Herr Schaaffhausen, um mit mir wegen seines Sohnes[205] zu reden, den er als Freywilligen nach Minden schicken will. Ich verspreche ihm einen Brief an Herrn Rothert[206] daselbst. Er wünscht, daß ich morgen zu ihm auf den Mittag nach Kitzburg komme. Nach Tisch schreibe ich jenen Brief, lese u. arbeite bis gegen 6, gehe dann ad + in die Jesuitenkirche, von da zu Balg, den ich wieder nicht finde; auf der Breiten Straße begegnet mir Joseph mit Gervasi, der über seine sonderbaren Lebensschicksale spricht, u. wirklich ein interessanter, aber schwer zu ergründender Mensch ist. Ich gehe noch in den Olymp, wo ich mich über Goebels arrogante, u. doch höchst gemeinen trivialen Aeußerungen, so wie über Hüssens anmaßende Urtheile, die doch nur in der Elle stecken, ärgere. – Abends erzählt Joseph, wie der König in Düsseldorf bis andern Tags 1 Uhr geblieben, im Jägerhaus[207] gewohnt, die Ausstellung besehn, mit den Truppen u. dem Volk sehr zufrieden gewesen, ein großes Dejeuner gegeben, wozu er fast jeden, der ihm vorgestellt wurde, eingeladen, u. wie den Tag seiner Abreise, der prächtige Ball gegeben worden sey, den er vorigen Tags nicht annehmen wollte etc. Sit![208] –

---

    das Rechnungsbuch der Kirche zum Elend enthält jedoch lediglich zwei Einträge dazu; es vermerkt im Okt. 1817: Der Anstreicher Moll erhält für „den hintern und vordern Giebel an der Rektorat am Elend zweimahl anzustreichen 31 rh. 48 stb." „An Joh. Jos. Heukeshoven Jun. für während dem Jahr 1817 am Elend verfertigte Arbeit" 61 Rthl. u. 47 Stüber (Historisches Archiv des Erzbistums Köln, Best. Archiv der Elendskirche zu Köln A II, Nr. 26).

[204] Denoël, Uebersicht der Ausstellung, Teil 1 u. 2, 1817.
[205] Vermutlich: Franz Carl Schaaffhausen, 1801 als ältester Sohn Abraham Schaaffhausens geboren. Minden wurde wie Köln zu einer preuß. Festungsstadt ausgebaut und war daher Standort preuß. Militärs.
[206] Groote hatte den Polizeikommissar Rothert 1816 in Minden besucht.
[207] Schloss Jägerhof wurde Mitte des 18. Jh.s im Stil des Rokoko als prachtvolles Jagd- und Lustschloss des Kurfürsten Carl Theodor errichtet. In franz. Zeit wurden die Gebäude als Lazarett genutzt, 1811 zu einem Besuch Napoleons renoviert. Nach 1815 bis gegen Ende des 19. Jh.s war es Residenz von Angehörigen der Hohenzollern. Nach einer weiteren wechselvollen Geschichte ist Schloss Jägerhof seit 1987 Sitz des Goethe-Museums Düsseldorf.
[208] Sit: es sei.

Den 14. Septembris [1817]. Sonntag.

Joseph reitet nach Walberberg. Ich arbeite bis zur Dommesse über meinen Sachen. Nach dieser gehe ich zu Mertens in die Trankgaß, ihnen zu sagen, daß ich zu Schaaffhausen hinaus nach Kitzburg gehe. Sie haben Lust mit zu gehn, ich gehe daher noch nach Haus, u. wir geben uns |22v| auf dem Neumarkt rendezvous. Zu Haus speist der Vater nur mit Wally u. Caspar: Joseph ist nach Walberberg, Carl bey Heneckens, ich gehe zu Schaaffhausen. Auf den Neumarkt kommt nur Herr Mertens, seine Frau fährt mit andern hinaus. Es ist sehr heiß, u. wir kommen gegen 1 ½ bey Schaaffhausen an. Es ist gar hübsch da.[209] Herr Schaaffhausen empfängt uns, hat aber noch viel mit seinen Briefen zu thun. Wir gehn zu den Frauen, u. haben dann ein ganz angenehmes Mittagessen, wobey Frau Mertens erzählt, wie alles in Düsseldorf sehr schön gewesen, besonders die Beleuchtung im Thiergarten, u. wie sie mit der Gräfinn Solms, Frau u. Frl. v. Harff sich bey Anton v. Sandt haben behelfen müssen. Nach Tisch gehe ich mit Schaaffhausen in den Garten, später fahren wir auf dem See, um nach den Fischnetzen zu sehn, worin sich ein schöner Hecht gefangen, u. um auf wilde Enten zu lauern, deren aber keine da sind.
Erst gegen 7 gehn wir zur Stadt zurück. An dem Schaafthor[210] ist eine Frau toll geworden,[211] u. schreit in ihrem Haus sehr. Sie hat früher immer behauptet,

---

[209] Die Kitschburg war ein großes Anwesen mit mehreren Gebäuden im westlichen Umland Kölns zwischen Dürener und Aachener Straße. Mitte des 18. Jh.s umfasste das Areal, neben landwirtschaftlich genutztem Terrain, ein zweigeschossiges Haupthaus inmitten einer eindrucksvollen Gartenanlage mit Wasserläufen, Alleen, Zierpflanzenbeeten und Fischteich. In den 1780er-Jahren kam es durch ein Legat in den Besitz des Kölner Priesterseminars. In der Säkularisation als kirchliches Gut enteignet, waren Gebäude und Park um 1810 in schlechtem, vernachlässigtem Zustand. 1811 kaufte Abraham Schaaffhausen das Anwesen und ließ 1814/15 nach Plänen des Düsseldorfer Architekten K. Fr. Schäffer einen Um- und Neubau errichten. Es entstand ein komfortables, an klassizistischen Formen orientiertes Landhaus. Beschreibungen der Innengestaltung ließen sich bisher nicht finden. Vogts erwähnt eine, vielleicht von Josef Hoffmann entworfene „pompejanische" Ausmalung eines als „Napoleonsälchen" bezeichneten Raumes (Vogts, Kölner Wohnhaus, Bd. I, S. 126, 270; Müller, Geschichte, S. 128). Hoffmann, der 1812 starb, war ein enger Freund Wallrafs, der gute Kontake zu Schäffer hatte. Zu J. Hoffmann: Thierhoff, Wallraf, S. 79–81 u. vielerorts; Breidenbend, Wallraf, 2018; Straus-Ernst, Hoffmann, 1925. Das Gartengelände des Landhauses wurde möglicherweise von Maximilian Friedrich Weyhe gestaltet (Ritter, Weyhe, S. 74). E. von Grootes Bruder Joseph heiratete 1821 die Erbin des Gutes, Margarete Auguste Schaaffhausen. Ende des 19. Jh.s kaufte die Stadt Köln das Terrain, um 1900 wurde das Gebäude zum Stadtwaldrestaurant umgebaut (Dürener Str. 285). Heute ist nur noch ein Rest des ehemaligen Anwesens, das Gärtnerhaus, erhalten. Zur Geschichte der Kitschburg vor allem: Schwering, Vor den Toren, S. 39–47, hier auch verschiedene Abbildungen. Vgl. auch: Vogts, Kölner Wohnhaus, Bd. I, S. 128; Müller, Köln, S. 128.

[210] Schaafentor: Tor im Westen der Stadtmauer; abgebrochen 1882.

[211] Zur Behandlung von seelisch und geistig Kranken im städtischen Bürgerhospital, dem ehemaligen Cäcilienkloster in der Nähe des Neumarkts vgl. Demian, Ansichten, S. 328 f.: „Wahnsinnige" und „gefährliche Wahnsinnige" waren in einem gesonderten Gebäude untergebracht, „wo die Unglücklichen in kleinen Gemächern, neben einander liegen, gleich wie die wilden Thiere in den

Nachts komme ihr ohnlängst gestorbener Mann zu ihr. Ich gehe nun einen Augenblick nach Haus, u. dann noch zu Solms, wo Frau v. Harff, Madame Frege, Stolzenberg, Redtel mit ihren Frauen, Präsident Schmitz Grollenburg u. v. Hagen, General v. Ende, Auer u. Haxthausen. Ich muß nolens volens spielen, mit der v. Stolzenberg, Frau Redtel, Auer, u. verliere.|:2.13:| Der Graf versichert, der König sey in Düsseldorf gerade gewesen [wie] hier, u. sey überall sehr schnell durchgegangen. Die Abwesenheit u. Krankheit Hardenbergs,[212] den er zu sprechen wünsche, sey daran Schuld gewesen. |23r| Indessen sey dieser nun wieder ziemlich wohl, und werde noch wohl kommen. In Düsseldorf sey alles recht schön gewesen,[213] u. man habe den projektirten Ball, da ihn der König ausgeschlagen, am Tage seiner Abreise gehalten.

Den 15. Septembris [1817].
Früh um 6 kommt Pastor Fochem,[214] u. wir gehn in die ElendsRektorat, die fast fertig u. recht hübsch geworden. Sie hat ein ganz neues Ansehn gewonnen. Dann

---

Menagerien, so dass sie sich ohne Mühe hören und sprechen können. Es scheint überhaupt, dass man sich hier zu wenig Mühe gebe, diese unglücklichen Geschöpfe wieder herzustellen, und ihnen ihr Elend möglichst zu erleichtern, da doch die Menschlichkeit [...] erfordert, für die Hülflosesten unter allen Kranken nicht weniger zu thun, als für andere. In Ketten sah ich keine von diesen Unglücklichen, so wie man sich auch keines andern üblichen Zwangsmittels, z.B. des Spannkittels und Spannstuhls bedient. Ein Beweis, dass hier die Wahnsinnigen noch nicht mit dem höchsten Grade der Wuth befallen sind, und also nicht so ganz unheilbar wären." Vgl. Thurnburg, Fürsorge, S. 57–61.

[212] Staatskanzler von Hardenberg, mit dessen Reise durch die Rheinprovinzen man schon seit 1816 gerechnet hatte, schob sie aus gesundheitlichen Gründen erneut auf. In seinem Tagebuch notierte er in dieser Zeit immer wieder starke Beschwerden: Husten, Unwohlsein, Schwäche, die Anwendung von Blutegel und Brechmitteln. Am 7. September traf Hardenberg in Pyrmont ein, wo er sich in den folgenden Wochen einer Kur unterzog. Vgl. das Tagebuch Hardenbergs von Juli bis Dez. 1817 (Stamm-Kuhlmann, Hardenberg, S. 836–843); Köln. Zeitung, Nr. 141, 4. Sept. 1817.

[213] Bertoldi, der dem König von Mülheim aus nachgefahren war, traf gegen 9 Uhr Abends in Düsseldorf ein. „Als wir circa halb 11 am Jäger Hof spatzirend ankamen, war der König daselbst schlafen. Der Hofgarten aber, so wie die Stadt illuminirt, doch durch die gräßlichen Gewitter Regen von 6 bis 8 Uhr meistens ausgelöscht, und der Bal war zurückbestellt bis Morgen. – Die Freude und Jubel war dadurch uns gstöhrt". Am nächsten Morgen [12. September] „um 7 Uhr hielte der König auf der Golzheimer Haide revue von etwa 2.000 Mann Infanterie, sodann etwas Cavallerie, und Artillerie. Der König ritte ein nicht so sehr schönes als best zu gerittenen weißen Engländer von starken Körperbau. Allerhöchstderselbe äußerte sich ganz zufrieden mit dem manövre, und endigte selbigiges circa 10 Uhr, wo Er von da aus in die Stadt fuhre um diese und die Anlagen, so dann die Gallerie, und Caserne zu besehen. [...] – Hierauf fuhren er durch die Stadt nach dem Jägerhof, zeigte sich dort vom Balcon dem Volk, ließe die Authoritäten mit der Geistlichkeit zur Audienz vor, zogen verschiedene davon, wie in Köln, zur Tafel, speiste 1 Stund lang, und fuhre um 2 Uhr mit dem Versprechen, wie in Köln, wieder ab. [...] Gott segne und erhalte Allerhöchstihn: denn Er soll ein recht sehr guter Mann seyn, und ein gefühlvolles Vater Herz für seine Unterthanen haben. Darum bethen wir für Allerhöchstihn, damit Er lebe und uns beglücke" (Bertoldi, Tagebuch, 11. u. 12. Sept. 1817; HAStK, Best. 7030, Nr. 332A/4, Bl. 158r u. v).

[214] Fochem forderte in diesen Tagen seine Leihgaben zur Kunstausstellung zurück. G. C. Fochem an

gehn wir in die Lyskirchen Kirche,[215] wo in der Rundeke nach der Rheinseite die Restaurirte große holzerne Maria aus Walldorf[216] aufgestellt ist. Im Innern sind viele Leute, wegen des Maternusfests.[217] – Vor der Sitzung um 10 kommt der Präsident Schmitz Grollenburg[218] zu mir, im Auftrag des Prof. Goerres, Charten von mir zu verlangen. Ich weiß nicht, was dieß seyn kann. Er bleibt bis nach 11 u. wir reden von vielen Dingen. In der Sitzung sagt mir Haxthausen, den ich frage, daß er Goerres Charten von Persien etc. versprochen u. sie ihm schicken wolle.[219]

K. J. von Mylius, Köln, o. D. [ca. 15. Sept. 1817]: „Wünsche zum Wohl unserer Vaterstadt in Hinsicht der stattgehabten Kunstausstellung sind nun erfüllt. So gerne ich mein geringes Scherflein dazu beigetragen habe; so sehr fühle ich aber auch jetzt das Bedürfniß, Euer Hochwohlgeboren unterthänigst zu bitten, mich doch recht bald wieder in den Besitz meiner Kunstprodukte zu setzen; indem das Lokal, worinn sie aufbewahret sind, gar zu feucht ist, und die längere Entbehrung des Genusses derselben mir allzu hart seyn würde. Euer Hochwohlgeboren werden mich unendlich verpflichten, wenn ich von der Zeit der Ablieferung derselben zuvor in Kentniß gesetzt werde, damit ich meinen Schreiner zu gehöriger Aufsicht hinschicken könnte" (HAStK, Best. 400, A 159, Bl. 76r).

[215] Zu St. Maria Lyskirchen: Rathgens, Die kirchlichen Denkmäler (1911), S. 286–314; Opitz, St. Maria Lyskirchen, bes. S. 175–181; Fraquelli, Die romanischen Kirchen, Bd. 1, S. 319–349; umfassend: Krombholz, St. Maria Lyskirchen, 1992.

[216] Die sogenannte Schiffermadonna, entstanden Anfang des 15. Jh.s, stammt wohl aus dem im 12. Jh. gegründeten Kloster der Zisterzienserinnen in Walberberg, das im 15. Jh. aufgelöst, in ein Männerpriorat umgewandelt und Ende des 16. Jh.s vom Kölner Jesuitenorden übernommen wurde. Seit wann die zwei Meter hohe Madonnenfigur sich in Maria Lyskirchen befindet, ist nicht geklärt. Sie war außerhalb des Chors, in einer „Nische im zugemauerten Apsisfenster", aufgestellt (Krombholz, St. Maria Lyskirchen, S. 162). Heute steht sie in einer Nische an der westlichen Mauer.

[217] Das Fest des Heiligen Maternus, des ersten historisch belegten Kölner Bischofs, wird um den 13. September gefeiert, St. Maria Lyskirchen war ein Mittelpunkt dieser Verehrung (Krombholz, St. Maria Lyskirchen, S. 21–23). Jakob de Groote d. J. hatte sowohl Gottesdienste in der Elendskirche wie Messen zu Ehren des Heiligen Maternus in Maria Lyskirchen gestiftet. Dazu: Busch, Andachts-Buch, S. 53: „Am ersten Montage, nach dem Festtage des H. Bischofs Maternus, wird, um von Gott die Abwendung aller epidemischen Krankheiten für Stadt und Vaterland zu erflehen, ein Bittgang nach der Pfarrkirche St. Mariä in Lyskirchen feierlichst abgehalten; wo dann auch gemäß Bestimmung der Hochseligen Stifter eine weisse Wachskerze geopfert wird. An diesem Tage wird des Morgens um 7 Uhr die gewöhnliche Segens-Messe in unsrer Kirche gehalten; nach dieser wird, unter Absingung des Veni Creator Spiritus, der Segen gegeben; das H. Sakrament wird reponirt; der Zug begibt sich auf den Weg, und singt [...]." S. 59: „Dieser Gesang wird fortgesetzt während des Eintritts in Lyskirchen, so wie auch während der Verehrung der Reliquien des H. Maternus. Hierauf gibt der zeitl. Herr Rektor den Segen unter Absingung des ‚Wir bethen an'; dann begibt er sich auf die Kanzel, und hält eine kurze, dieser Handlung entsprechende Rede". Nach der Messfeier kehrte die Prozession zur Elendskirche zurück (S. 66 f.). Vgl. Ikari, Wallfahrtswesen, S. 169 f.

[218] Regierungs-Direktor von Schmitz-Grollenburg war am 12. Aug. 1817 zum Regierungs-Vize-Präsidenten in Koblenz ernannt worden (Köln. Zeitung, Nr. 130, 16. Aug. 1817).

[219] Ende Aug. 1817 hatte Görres Haxthausen erinnert: „Vergeße mir die persischen Karten nicht" (J. Görres an W. von Haxthausen, Koblenz, 30. Aug. 1817; in: Fink-Lang, Görres. Briefe, Bd. 3, S. 206). Der Zusammenhang ist folgender: Görres arbeitete an einer Sammlung persischer Sagen, die 1820 veröffentlicht wurden: J. Görres, Das Heldenbuch von Iran aus dem Schah Nameh des Firdussi, in zwei Bänden, Berlin (im Verlag G. Reimer) 1820. Das Werk war mit „zwei Kupfern und

Auch wolle er mich um 4 abholen, um mit Solms in die Ausstellung zu gehn. Nach Tisch kommt Fochem, wegen einiger Geschäfte beym Vater, u. sagte, eben sey ein spanischer Graf bey ihm gewesen, der sich sehr freygebig gegen die Armen bewiesen. Ich arbeite nun in meinen Sachen, da Haxthausen nicht kommt, bis nach 6, u. gehe dann, Eßlair zu sehn in die Dienstpflicht,[220] die er, soviel das Stück es zuläßt, gut spielt. |:1.4:| Abends spricht der Vater von Briefveruntreuungen, die auf der Post durch Goetze[221] vorgefallen, u. wir ermuntern ihn, hier nach Pflicht u. Eid streng durchzugreifen.[222] Bey dem lockern Leben, was diese Burschen führen, ist es fast nicht möglich, daß sie ehrlich sind. – |23v|

---

einer Charte" ausgestattet. Zu den von ihm verwandten Landkarten und der erstellten Karte vgl. Görres' Erläuterungen in: Heldenbuch, S. XIII u. XIV. Dazu auch: Fink-Lang, Görres. Briefe, Bd. 3, S. 206.

[220] Zum Schauspiel „Dienstpflicht" siehe S. 177.

[221] Arnold Götze, Ober-Post-Sekretär, Breite Str. 111 (AK 1822). Götze erhielt um 1817 ein Gehalt von 600 Rtlr. (Verzeichniß der Postbedienten, Besoldungen, Zulagen auf Lebenszeit und Vergütungen auf Postschreiber und Hausmiethe in den Königlichen Preuß. Rhein-Provinzen, o. D., vermutlich 1817; GStA PK, I. HA Rep. 103, Nr. 1239, Bl. 28r–29r.

[222] Im „Postmeister-Eyd" hieß es: „Als gelobe und schwöre ich zu Gott, daß Sr. Königl. Majestät ich treu, gehorsam und gewärtig seyn, Dero Nutzen befördern, Schaden aber nach meinem Vermögen warnen und abwenden; Insonderheit das mir anvertraute Amt treulich und gebührlich verwalten, für die richtige Beförderung der Post, der Briefe, Gelder und Paquete Sorge tragen, die vorgeschriebene Post-Taxe genau beobachten, die Einnahme getreu berechnen, denen Befehlen Sr. Königl. Majestät, auch Dero General-Post-Amts, gehorsamen, überhaupt die Post-Ordnung und Post- auch Cassen Edicte überall befolgen, und mich dergestalt betragen will, wie es einem getreuen und fleißigen Postmeister wohl anstehet und gebühret. So wahr mir Gott helfe durch Jesum Christum" (Eid des Postmeisters in Trier, Franz Niclas von Steffen, 18. Apr. 1817, gedr. Formular; GStA PK, I HA Rep. 103, Nr. 470, Bl. 15r). Das Original des entsprechenden, von Ev. A. von Groote geleisteten Eids ließ sich nicht ermitteln.

„Satire", Wartburgfest und Reformationsfeier

Am 16. September hielt Groote zum ersten Mal die Exemplare der Zeitschrift *Isis* in Händen, in denen sein „satirischer" Artikel über die Standortsuche für die rheinische Universität und, damit verbunden, über die preußische Politik in den neuen Provinzen generell veröffentlicht war.[1] Nachdem er ihn am 15. Juli abgeschickt und im August mit dem Herausgeber der *Isis*, Lorenz Oken, über eine Abmilderung des Textes, der Oken „zu kühn u. derb" war, korrespondiert hatte, füllte die Darstellung nun zwei ganze Ausgaben der Zeitschrift.

Man habe, erklärte der Artikel, in Berlin nun endlich eine Lösung der Universitätsfrage gefunden und nannte als Informanten dieser Nachricht einen „unserer israelitischen Correspondenten in Berlin", der wiederum auf einen „Glaubensgenossen", dem „es nicht an Einfluß fehle", verwiesen habe. Dieser Glaubensgenosse habe sich entschlossen, einen „christlichen Plan zu der christlichen und wo möglich universalen Universität zu entwerfen", durch den das Problem einfach gelöst werden konnte. Die Universität sollte nicht an einem Ort, sondern aufgeteilt auf vier Städte realisiert werden: Jurisprudenz sollte man in Kleve ansiedeln, „Gottesgelahrtheit" in Düsseldorf und Heilkunde in Neuwied. Über Standort und Inhalt der vierten Fakultät, der Philosophie, konnte man, so der Text, noch nichts bestimmen, weil „der Jude"

> „über Dinge, die, wie Philosophie, ihm zu erhaben waren, bey seiner Nachspürung am Orte, wo man alles weiß, nicht verstand, wovon die Rede war, so tief er auch die Nase in alle Acten stecken, und so scharf er auch aufhorchen mochte auf alles, was verhandelt wurde."

Zur Begründung der Aufteilung führte Groote Überlegungen an, in denen er tatsächlich diskutierte und imaginierte Argumente zu einem grotesken Ganzen verband. Dem preußischen Staat wies er dabei eine prinzipielle Ignoranz gegenüber der rheinischen Geschichte zu und setzte dessen Unfähigkeit, im Bereich der Kulturpolitik sinnvolle Entscheidungen zu treffen, in Zusammenhang mit dem Einfluss eines Juden, den er – wie in einer antijüdischen „Posse" – mit gängigen Stereotypen kennzeichnete. Der Artikel nennt keinen Namen, doch bezog sich die Figur dieses „Juden" vermutlich auf den Mediziner Johann Ferdinand Koreff, dem Groote 1816 in Berlin einige Male begegnet war. Koreff, jüdischer Herkunft und zum Protestantismus konvertiert, befand sich als Leibarzt und Vertrauter des Staatskanzlers von Hardenberg in einer informellen, einflussreichen Stellung, die in weiten Kreisen heftige Kritik und antijüdische Angriffe hervorrief.

---

[1] E. von Groote, Die Universität in den preußischen Rheinprovinzen. Siehe Briefe u. Schriften. Die Isis hatte in dieser Zeit eine Auflage von ca. 650 Exemplaren. Ausführlich zu Grootes Artikel unter dem Aspekt „Kritik am ‚altdeutschen Bilderleben'": Heckmann, Sammlung, S. 330–334. Heckmann übersieht die grundsätzlich satirische Ausrichtung des Textes und interpretiert ihn als ernsthaften Beitrag zur zeitgenössischen Debatte.

Groote hielt seine Autorenschaft geheim, lediglich einige Personen waren informiert, genoss es, die Reaktionen seines Umfelds auf die Schrift zu beobachten, fürchtete sich jedoch zugleich vor der Entlarvung. Tatsächlich blieb der Verfasser des Artikels bis 2007 unbekannt, erst in der Biografie Grootes von W. Spiertz wurde er identifiziert.[2]

Das allgemeine politische Klima in den Rheinlanden hatte sich trotz der hohen Besuche seit dem Sommer nicht verbessert; im Gegenteil, der Disput um die Verfassungsfrage wurde zunehmend hitziger, wobei sich eine breite Skala politisch-gesellschaftlicher Konzepte zeigten, die von der Restauration altständischer Strukturen über verschiedene Formen eines Kompromisses zwischen Tradition und „zeitgemäßer" Anpassung bis hin zu antimonarchisch-demokratischen, „jakobinischen" Entwürfen reichte. Mitte September konnte die *Kölnische Zeitung* die baldige Ankunft Altensteins als Deligierter der Verfassungs-Kommission[3] und ihres Vorsitzenden von Hardenberg melden. Dieser hatte, so der Artikel,[4] in einer Sitzung der Kommission ausführlich dargestellt, „wie das Verfassungswerk zu begründen sey" und dabei erläutert,

> „daß die Verfassungen sich aus der Lage der Gesellschaft in geschichtlicher Weise entwickeln, und daß daher eine genaue Kenntniß des Vorhandenen und dessen, was vorhanden gewesen, das erste sey, mit dem man beginnen müsse."

Die Delegierten der Kommission sollten deshalb in den preußischen Provinzen „Nachrichten über die alten Verfassungen sammeln", mit „verständigen Männern" reden, um deren Meinung zu hören, und im Herbst 1817 die Ergebnisse ihrer Reisen dem Staatsrat in Berlin zur Beratung vorlegen. Mit diesem Auftrag kam Altenstein im September und Oktober nach Köln; am 7. Oktober gelang es Groote, zu einer Privataudienz zugelassen zu werden, in der er u.a. über „Universitaet u. Kunstanstalt" sprechen konnte[5] – er hatte sich also als einer der „verständigen Männer" präsentiert.

Konkrete Anzeichen zur Vorbereitung einer Verfassung waren allerdings auch in der Folgezeit nicht zu erkennen. General von Gneisenau, Anhänger der Reformpartei und Mitglied des Staatsrats, schrieb Ende September desillusioniert an seinen Freund Carl von Clausewitz:

> „Mit der Verfassung ist es nicht einem einzigen im Ministerio Ernst. Verheißen will man, hinhalten, selbst täuschen, um Zeit zu gewinnen. Man fühlt wohl, daß die Verständigen und Tüchtigen in der Nation eine gerechte Form verlangen, unter welcher sie beherrscht sein

---

[2] Spiertz, Groote, S. 91–95. Unbekannt war Groote als Autor z.B.: Renger, Gründung, S. 56; Pabst, Universitätsgedanke, S. 73; Wolff, Briefwechsel, S. 426 f., Anm. 307. Heckmann vermutete L. Oken als Verfasser des Artikels (Heckmann, Sammlung, S. 330).

[3] Zu dieser, durch die Kabinets-Ordre vom 30. März 1817 vom König gegründeten Kommission siehe S. 188.

[4] Köln. Zeitung, Nr. 146, 13. Sept. 1817. Die Rede Hardenbergs ist gedr. in: Schmitz, Vorschläge, S. 404–406; vgl. Gerschler, Oberpräsidium, S. 68 f. Dieser Artikel in der Köln. Zeitung schloss sich unmittelbar an den ausführlichen Bericht über den Besuch des Königs an.

[5] Groote, Tagebuch, 7. Okt. 1817.

wollen, und daß man der unzähligen, unausgeführten und halb wieder aufgehobenen Ministerialverfügungen endlich überdrüssig ist, und eine öffentliche Beratung über Gesetzvorschläge verlangt".[6]

Einige Wochen später äußerte er sich über die Haltung der Bevölkerung zur Verfassungsfrage und über die Schwäche der Regierung:

„Von der Verfassung spricht in den großen Städten jedermann; nur wenige wissen, was sie meinen. In der Provinz ist wenig die Rede davon; was man da wünscht, ist lediglich die Befreiung von der Furcht vor neuen Abgaben. Jakobinerstimmen lassen sich hie und da vernehmen, doch meist nur in der Hauptstadt; stille Wünsche nach einer Revolution, wenn man dabei an Ansehen, Macht und Reichtum gewönne, mögen wohl in mancher Brust wohnen und könnten wohl durch Ereignisse laut werden, wenn die Regierung der Weisheit ermangelte, zu geben, was der Zeit gebührt, und mit Kraft zu verweigern, was unangemessen gefordert würde."[7]

Während dieser Wochen stand Groote in brieflichem Kontakt mit Görres, der sich von Koblenz aus für eine groß angelegte Kampagne zur Forderung einer Verfassung engagierte.[8] Im August hatte Görres dem Verleger Perthes mitgeteilt:

„Es ist im Werke den Bundestag wenn er wieder zusammenkömmt, aus allen Theilen Teutschlands mit Adressen um endliche Ausführung des Art. 13 zu beschießen. Der achtzehnte Oktober soll der Tag der Unterzeichnung gleichzeitig an allen Orten seyn, und bis dahin die Sache verschwiegen bleiben. Es kann nicht schaden, wenn sich so einmal die Masse rührt und ruft und stampft, und einige Ungeduld laut werden läßt, damit sie erfahren, daß es den Leuten Ernst um die Sache ist".[9]

Bis Ende des Jahres war Görres damit befasst, Unterstützung für sein Vorhaben zu organisieren. Beim Koblenzer Stadtrat fand er keine Zustimmung zu der von ihm formulierten Denkschrift an den König, stattdessen sandte die Stadt Koblenz am 18./20. Oktober eine eigene Denkschrift nach Berlin.

---

[6] A. W. A. Neidhardt von Gneisenau an C. von Clausewitz, Erdmannsdorf, 29. Sept. 1817 (in: Thiele, Gneisenau, S. 335).
[7] A. W. A. Neidhardt von Gneisenau an J. von Gruner, Erdmannsdorf, 22. Okt. 1817 (in: Thiele, Gneisenau, S. 338).
[8] Zu Görres' Engagement in diesen Wochen vgl. seine Briefe von August bis Ende Dezember 1817: Fink-Lang, Görres. Briefe, Bd. 3, S. 201–224. Siehe auch: Fink-Lang, Görres, S. 175–178; Böhn, Verfassungsfrage, 1982; Herres, Köln, S. 63 f.; Faber, Rheinlande, S. 273–294; Bär, Geschichte, S. 20–23.
[9] J. Görres an Fr. Perthes, Koblenz, 15. Aug. 1817 (in: Fink-Lang, Görres. Briefe, Bd. 3, S. 202). Artikel 13 in der 1815 auf dem Wiener Kongress verabschiedeten Bundesakte verpflichtete die Mitgliedsstaaten des Deutschen Bundes zur Verabschiedung einer landständischen Verfassung. Der Artikel war allerdings vage gefasst: „Art. 13. In allen BundesStaaten wird eine landständische Verfassung statt finden" (in: Schluß-Acte des wiener Congresses, S. 151).

Inzwischen war eine überregionale Bewegung entstanden, die ihre Wünsche nicht „stille" in sich trug, sondern öffentlich proklamierte.[10] Seit 1815 hatten sich an verschiedenen deutschen Universitäten neben den traditionellen studentischen Landsmannschaften „Burschenschaften" gegründet, die sich als neue Art studentischer Organisation verstanden. Zu den Bestrebungen der Burschenschaften – zumindest eines Teils ihrer Mitglieder – zählten demokratisch-liberale Forderungen wie die Abschaffung des Feudalsystems und des Obrigkeitsstaates, die Bildung eines deutschen Nationalstaates und vor allem die Einführung einer Verfassung. Eingebettet waren diese Forderungen in eine idealisierte, geradezu mystische Idee des „Deutschthums" und „Volksthums", die wiederum auf glorifizierten Vorstellungen einer germanischen und mittelalterlichen Welt beruhten, sowie auf einem pathetisch überhöhten Verständnis des Christentums. Hinzu kamen oft franzosenfeindliche und antijüdische Züge.

Drei Aktivisten des „Burschenwesens", Friedrich Wilhelm Carové,[11] Ferdinand Walter und Ludwig von Mühlenfels, gehörten 1817 zu den engen Freunden Grootes. Carové hatte in Heidelberg 1816 ein Philosophiestudium begonnen, wurde Schüler Hegels und enthusiastischer Vertreter der neuen Burschenschaften, für die er Anfang 1817 einen Satzungsentwurf vorlegte.[12] Diese Druckschrift schickte er Groote Anfang Juli.[13] Walter, befreundet mit Carové und Hegel, hatte seit 1814 in Heidelberg studiert und gehörte zu den Gründern der dortigen Burschenschaft. Mühlenfels hatte ab 1815 in Heidelberg ein Jurastudium absolviert und sich ebenfalls für die neue Studentenorganisation eingesetzt. Nach seiner Promotion wurde er 1817 beim Staatsprokurator in Köln angestellt und zählte bald zum Kreis der Juristen, mit denen sich Groote häufig traf. Durch diese Freunde sowie weitere Studenten in seinem Umfeld[14] war Groote im Herbst 1817 über die von den Burschenschaften geplante Kundgebung auf der Wartburg im Großherzogtum Sachsen-Weimar-Eisenach wohl gut informiert.[15] An Grimm schrieb er Anfang Dezember:

> „Auf der Wartburg hätte ich wohl seyn mögen. Um aber dort irgend mitwirken zu können, hätte es wohl einer genaueren Kenntniß des jetzigen deutschen Universitätswesens bedurft, als ich sie mehr habe, nachdem ich schon 6 Jahre von da weg bin."[16]

---

[10] Zu Burschenschaften und Wartburgfest etwa: Asmus, Burschenschaften, 1992; Schröder, Gründung, 1992; Münkler, Mythen, S. 301–327.

[11] Vgl. den von Carové 1818 der Universität Heidelberg bei seinem Promotionsantrag eingereichten Lebenslauf (in: Nicolin, Hegel, S. 87–89) sowie seine Beurteilung durch Hegel (S. 89–91). In seinem Lebenslauf erwähnt Carové auch das 1815 gemeinsam mit E. von Groote edierte Taschenbuch für Freunde altdeutscher Zeit und Kunst.

[12] Fr. W. Carové, Erster Vortrag am 28. Februar 1817 bei Darstellung eines Verfassungs-Entwurfs für eine allgemeine Burschenschaft zu Heidelberg, Heidelberg 1817.

[13] Groote, Tagebuch, 9. Juli 1817.

[14] Fr. F. von Ammon sowie die Kölner Ph. von Kempis und Ev. A. von Geyr zu Schweppenburg (ein Cousin Grootes) studierten in Heidelberg. Auch mit J. B. J. Steingaß, der 1817 in Jena, und M. von Loë, 1817 Student in Heidelberg, war Groote bekannt. Er selbst war 1809, während seines Studiums in Heidelberg, dem „Corps Rhenania zu Heidelberg" beigetreten (Spiertz, Groote, S. 46).

[15] Die Jenaer Burschenschaft hatte am 11. Aug. 1817 zum Treffen auf der Wartburg eingeladen.

[16] E. von Groote an J. Grimm, Köln, 4. Dez. 1817. Siehe Briefe u. Schriften. J. Grimm hatte ihn

Das Treffen auf der Wartburg, an dem rund 450 Studenten, ehemalige Studierende und einige Professoren teilnahmen, fand am 18. Oktober statt – am vierten Jahrestag der Völkerschlacht bei Leipzig und kurz vor dem 300. Jahrestag der Reformation.[17] Die *Kölnische Zeitung* berichtete, in der gekürzten Version eines in der *Magdeburgischen Zeitung* erschienenen Artikels, am 9. November[18] auf der Titelseite über den Verlauf der Feier:

„Den 18. früh wurde das Fest förmlich eingeläutet; nach 8 Uhr versammelte sich Alles auf dem Markt, von wo aus man sich in feierlichem Zuge mit Musik nach der Wartburg begab. Dort wurden Lieder gesungen, Reden gehalten und nachher an mehrern großen Tafeln gemeinschaftlich gespeiset. [...] Nachmittags ging der Zug zur Stadt zurück, um dem Gottesdienste beizuwohnen. Abends wurden einige dreißig Bücher öffentlich verbrannt. Unter andern haben die Musensöhne dabei auch einen Militärzopf den Flammen geopfert."[19]

Carové, der zu den Redner zählte, brachte in seinem Vortrag das starke Sendungsbewusstsein der Burschenschaften zum Ausdruck:

„Der neuerwachte volksthümliche Geist, der neubelebte Sinn für Freiheit und Recht hat hier uns zusammengeführt. [...] Es hegt unser Volk das gerechte Vertrauen, daß die Jugend, die den äusseren Feind geschlagen, auch den innern, den verderblichsten Feind auszurotten sich feuerigst bestreben werde. [...] Jenes Vertrauen und diese Hoffnung haben wir zu rechtfertigen vor Gott und unserm Volke; wir haben uns zu bewähren als Deutschlands wiedergeborene Söhne, als die ächten Stammhalter des neuen und reineren Volksgeistes."[20]

---

gefragt, warum er nicht an der Kundgebung teilgenommen hatte (J. Grimm an E. von Groote, Kassel, 6. Nov. 1817; Brüder Grimm-Museum Kassel, Gr. Slg. Autogr. 722).

[17] Zu den Teilnehmern gehörte auch L. Oken, der kurz nach dem Wartburgfest einen ausführlichen Artikel veröffentlichte: Der Studentenfrieden auf der Wartburg (in: Isis, 1817, Nr. XI u. XII, Stück 195). Diese Ausgabe der Isis wurde beschlagnahmt und die Zeitschrift, die generell unter Beobachtung der Obrigkeit stand, für kurze Zeit verboten.

[18] Köln. Zeitung, Nr. 179, 9. Nov. 1817. Vgl. Magdeburgische Zeitung, Nr. 130, 30. Okt. 1817. Groote las den Artikel in der Magdeburgischen Zeitung (Groote, Tagebuch, 5. Nov. 1817).

[19] Unter den verbrannten Büchern waren Werke von A. von Kotzebue, der Code Napoléon sowie das Buch des jüdischen Publizisten Saul Ascher, Die Germanomanie. Skizze zu einem Zeitgemälde, Berlin 1815, eine Untersuchung der Verbindung von „Deutschthum" und Judenfeindlichkeit in den Diskussionen dieser Zeit. 1818 veröffentlichte Ascher eine kritische Analyse des Wartburgfests und der Burschenschaften: Die Wartburgs-Feier mit Hinsicht auf Deutschlands religiöse und politische Stimmung, Leipzig 1818.

[20] Fr. W. Carové, Rede gehalten am 19ten October 1817 zu denen, auf der Wartburg versammelten, deutschen Burschen durch Friedr. Wilh. Carové, der Philosophie Beflissenen auf der hohen Schule zu Heidelberg, Eisenach 1817. Auf dem Titelblatt war als Motto vermerkt: „Der Hochschüler in der Burschenschaft, Die Burschenschaften im Volke, die Völker in Gott!" Vgl. Carové, Drei Reden gehalten an die Burschenschaft zu Heidelberg, Eisenach 1817; Carové, Entwurf einer Burschenschafts-Ordnung und Versuch einer Begründung derselben, Eisenach 1818. Siehe auch die kurz nach dem Fest erschienene Schrift: Frommann, Burschenfest, 1818.

Das in *Magdeburgischer* und *Kölnischer Zeitung* fast beschaulich beschriebene Treffen hatte weitreichende Folgen. Obgleich die Versammlung weder ein eigentlich politisches Konzept noch konkrete Maßnahmen vorgestellt hatte, erzielte das Wartburgfest eine enorme Resonanz in Politik und Öffentlichkeit. Für die restaurativen Kreise Deutschlands wurde es innerhalb kurzer Zeit zum Symbol der Bedrohung alles Bestehenden. Die preußischen Obrigkeiten, darunter der König selbst, fürchteten nun Aufstand, Revolution und einen sich ausbreitenden „Jakobinismus". Statt politisch-gesellschaftliche Liberalität in den deutschen Territorien zu stärken, förderte das Wartburgfest den Einfluss reaktionärer Kräfte. Zu diesem Klima bemerkte Gneisenau im Dezember 1817:

> „Die Wartburger Begebenheit hat die Gemüter sonderbar gegeneinander aufgeregt. Die Partei der Obskuranten, der krassen Aristokraten, der ehemals bonapartisch gesinnten, hat durch ihre Einflüsterungen den König argwöhnisch gemacht. Alles, selbst das Gleichgültigste, wird in ein verdächtiges Licht gestellt; die heilsamsten Institutionen, z.B. die Landwehr, als Insurrektionsmittel verschrien; der Ausbruch einer Revolution als ganz nahe drohend geschildert."[21]

Auch auf anderer Seite verstärkten sich Forderungen an den Staat. Denn nach den einschneidenden Veränderungen während der französischen Jahre befand sich der rheinische und westfälische Adel mit dem Anschluss der Rheinlande in einem unbestimmten und ungesicherten Status.[22] Schon 1815 hatten Mitglieder der Adelsfamilien begonnen, die Interessen ihres Standes – vor allem die Wiederherstellung ihrer ehemaligen Eigentums- und Rechtsverhältnisse, darunter auch ihre „Jagdgerechtsame" – gegenüber der preußischen Monarchie zu vertreten, wobei man sich vielfach auf das Verfassungsversprechen des Königs stützte. Johann Wilhelm von Mirbach-Harff,[23] der sich mit Energie für eine gemeinsame Politik der regionalen Aristokratie einsetzte, hatte die Ansprüche des Adels Ende 1816 in einer Petition an den König formuliert:[24] Ziel sei es, „das ächte teutsche Ritterthum zum besten unseres Königs wieder hergestellt und geachtet zu sehen". Demokratische Ideen waren in diesen Forderungen nicht berücksichtigt:

---

[21] W. A. Neidhardt von Gneisenau an A. Gibsone, Berlin, 19. Dez. 1817 (in: Thiele, Gneisenau, S. 339). Ähnlich: W. A. Neidhardt von Gneisenau an C. von Clausewitz, 23. Dez. 1817 (in: Thiele, Gneisenau, S. 340).

[22] Zur adeligen Verfassungsbewegung im Rheinland von 1815 bis 1818 und den beteiligen Personen: Thielen, Partizipation, bes. S. 127–144; Weitz, Adel, S. 63–146; Weitz, Denkschrift, 1971; Beusch, Standespolitik, S. 40–172; Faber, Rheinlande, S. 208–220; Lademacher, Rheinlande, S. 487–498. Zum Grundbesitz des Adels in den Regierungsbezirken Aachen, Köln, Düsseldorf u. Kleve um 1817 bis 1822/23 vgl. eine Aufstellung in: Weitz, Adelslandschaft, S. 348–354.

[23] Zu J. W. von Mirbach-Harff, seit 1840 Graf von Mirbach-Harff: Beusch, Standespolitik, vielerorts; Weitz, Adel, S. 68 f., vielerorts; Küsters, Mirbach-Harff, bes. S. 5, S. 16–21.

[24] „Vorstellung der Ritter und Gutsbesitzer der Rheinprovinz an den König um Berücksichtigung des Adels und dessen landesconstitutionsmäßiger Verfassung bei der bevorstehenden Organisation der Rheinprovinz", Ende 1816 (Beusch, Standespolitik, S. 70 f.).

> „Das gute Volk weiß und erkennt noch gar zu gut, wie ruhig und glücklich es unter der alten Verfassung und unter den alten Herzögen von Jülich, Cleve und Berg gelebt hat. Das Volk fühlt noch die Folgen der unseligen Freiheit und Gleichheit [...]. Es ist schändlich und schädlich dem guten Volk in den Rheinprovinzen eine Stimmung anzudichten, die es nie gehabt hat, und welche nur in den demokratischen Köpfen unzähliger Scribenten ihren Ursprung findet."[25]

In den darauf folgenden Monaten fanden im Kreis um Mirbach-Harff und Friedrich Carl vom und zum Stein[26] intensive Beratungen mit Politikern, hohen Beamten, Angehörigen des Adels und Vertretern unterschiedlicher Verfassungskonzepte statt, um eine programmatische Denkschrift gemeinsamer Forderungen einreichen zu können. Im August 1817 wurde diese Schrift, an der neben Mirbach-Harff vor allem auch Christian Friedrich Schlosser aus Frankfurt a. M. und der Kölner Jurist Franz Adolph Joseph von Nagel zur Gaul[27] beteiligt waren, vorläufig fertiggestellt.[28] Zur Klärung des weiteren Vorgehens kam es im Sommer und Herbst zu zahlreichen Treffen, darunter auch zu Zusammenkünften in Köln. Mit allen Teilnehmern dieser Verhandlungen in Köln war oder wurde Groote bekannt, notierte aber nur gelegentlich eine persönliche Einschätzung. So bemerkte er, nachdem er Mirbach-Harff im Oktober in der Wohnung Haxthausens begegnet war, Mirbach-Harff habe „nicht ohne Kenntniß" „über die Zeitverhältniße" gesprochen.[29] Nach einem Gespräch mit Werner von Haxthausen, der stark in die Initiativen des Adels eingebunden war, schrieb Groote, Haxthausen habe „wieder viel über Verfassung" geredet.

> „Ich kann nicht läugnen, daß mir die projektirte Manier mit heimlicher Berufung von Gutgesinnten u. Sammlung von Unterschriften, Entwerfung von Proklamationen, was man alles will, gar zu revolutionair aussieht, besonders für jemand, wie Er und ich, die dazu weiter gar nicht berufen sind u. am Ende doch nicht verstehn, wie so etwas gemacht werden soll."[30]

Kurz nach dem Wartburgfest wurde in ganz Preußen der Beginn der Reformation im Jahr 1517 gefeiert.[31] Der 300. Jahrestag war nicht nur eine Feier der protestantischen – lutherischen und reformierten – Kirchen und Gemeinden, es war vor allem eine Feier des

---

[25] Zit. in: Beusch, Standespolitik, S. 71.
[26] Zur Begegnung von Mirbach-Harff und vom Stein in Köln kurz: Groote, Tagebuch, Bd. 2, S. 366. Zu Steins Rolle in der Verfassungsfrage: Schmitz, Vorschläge, S. 398 u. vielerorts. Vgl. die Korrespondenz Steins im Jahr 1817; in: Freiherr vom Stein, Briefe, Bd. 5, S. 605–689.
[27] Zur Rolle von Fr. A. J. von Nagel zur Gaul: Beusch, Standespolitik, S. 126 u. vielerorts.
[28] „Denkschrift – die Verfassungs-Verhältnisse der Lande, Jülich, Kleve, Berg und Mark betreffend – ueberreicht im Namen des ritterschaftlichen Adels dieser Provinzen" (Gersmann/Langbrandtner, Im Banne, S. 268 f.; Beusch, Standespolitik, S. 156–170).
[29] Groote, Tagebuch, 12. Okt. 1817.
[30] Groote, Tagebuch, 14. Okt. 1817.
[31] Zur Politik des preuß. Staates gegenüber den protestantischen Gemeinden: Gerschler, Oberpräsidium, S. 178–180; Bär, Behördenverfassung, S. 153–169; Goebel, Kirchengeschichte, S. 417–424; Faber, Rheinlande, S. 350–367; Becker-Jákli, Protestanten, S. 164–169; Wittmütz, Preußen, S. 134–140.

preußischen Staates und des Königs, der als Landesherr auch das Kirchenregiment über die protestantischen Kirchen ausübte. Konkrete Maßnahmen zur Realisierung dieses Staats- und Kirchengedankens in den Rheinlanden hatten 1816 mit der Einführung der Konsistorialverfassung eingesetzt, weitere Schritte erfolgten 1817 mit der Einrichtung des Synodalsystems, in deren Folge im Bereich des Kölner Konsistoriums mehrere Kreissynoden entstanden, die lutherische wie reformierte Gemeinden im Links- und Rechtsrheinischen umfassten.[32]

Dem zentralistischen Kirchengedanken entsprachen auch die Bestrebungen Friedrich Wilhelms III., durch die Union der lutherischen und reformierten Konfessionen Preußens eine einheitliche evangelische Staatskirche zu schaffen. Anlass zur Propagierung dieser Absicht bot das bevorstehende Reformationsjubiläum. Nachdem der König seinen Wunsch zur Union in mehreren Kabinettsordern formuliert hatte,[33] ließ er Anfang Oktober einen entsprechenden Aufruf in der Presse bekannt machen.[34] *Kölnische Zeitung* und *Welt- und Staatsbote zu Köln* veröffentlichten ihn am 16. Oktober auf ihren Titelseiten.[35]

Groote war über Planungen der Reformationsfeier nicht nur durch Diskussionen im Regierungskollegium informiert, er erfuhr überdies durch seinen Bruder Joseph, Assessor am Konsistorium, die Details der dortigen Beratungen. In seinen Aufzeichnungen erwähnte Groote die Feierlichkeiten nur kurz und in ironischem Ton;[36] allerdings nahm er wie Solms-Laubach und andere Mitglieder des Regierungskollegiums an dem von lutherischer und reformierter Gemeinde gemeinsam gefeierten Festgottesdienst in der Antoniterkirche teil.[37]

Inmitten dieser vielfältigen politischen Ereignisse gelangen Groote nur wenige Fortschritte in seinem Bemühen um die Vereinigung der restituierten Kulturgüter in Köln. Anfang September hatte die Aachener Regierung nach der strikten Aufforderung von

---

[32] Die Kölner protestantischen Gemeinden gehörten nun zur Kreissynode Mülheim am Rhein, die am 27./28. Aug. 1817 zusammentrat. Siehe: Protokoll der 1. Kreissynode (in: Venderbosch, Protokolle, S. 3–8); Magen, Kirchenkreis, S. 17–21, 88–92. Da die Synodalverfassung in eklatantem Gegensatz zur Tradition der Gemeinden im Rheinland mit ihrer weitgehenden Selbstverwaltung stand, war die Beziehung zwischen rheinischem Protestantismus und preußischem Staat in den folgenden Jahren und Jahrzehnten durch scharfe Konflikte geprägt.

[33] Vgl. Kabinettsorder v. 7. Febr. u. 1. März 1817; Schuckmann an Konsistorium Köln, Berlin, 3. Juni 1817 (Landesarchiv NRW R, BR 0003, Nr. 144, Bl. 4r–5r); Schuckmann, „Cirkularschreiben an die evangelische Geistlichkeit der Preuß. Monarchie", Berlin, 30. Juni 1817 (Archiv der evangelischen Kirche Köln, 21–6,1, o. P.; Landesarchiv NRW BR 0003, Nr. 144, Bl. 1r u. v).

[34] Kabinettsorder v. 27. Sept. 1817, vom Innenministerium veröffentlicht am 8. Okt. 1817. Siehe S. 526 f.

[35] Köln. Zeitung, Nr. 165, 16. Okt. 1817; Welt- u. Staatsbote zu Köln, Nr. 165, 16. Okt. 1817.

[36] Groote, Tagebuch, 30. u. 31. Okt. 1817.

[37] Die Kölner protestantischen Gemeinden berichteten dem Konsistorium wenige Tage nach der Feier über deren Ablauf: „Gehorsamster Bericht über die Feier des Reformations Jubiläi in der Gemeinschaftl. Evangel. Kirche zu Cöln am Rhein" (Gemeinden an Konsistorium Köln, Anfang Nov. 1817, Abschrift; Archiv der evangelische Kirche Köln, 21–6,1, o. P.). Vgl. den Zeitungs-Bericht der Reg. Köln für Oktober, 10. Nov. 1817 (GStA PK, I. HA Rep. 89, Nr. 16278, Bl. 154r).

Seiten des Oberpräsidenten[38] endlich die „geforderten General-Acten des vormaligen General-Gouvernements" nach Köln geschickt,[39] Groote erhielt sie jedoch erst am 25. September,[40] zusammen mit einem Schreiben Solms-Laubachs. Dieser beauftragte ihn, über den Inhalt der Akten

> „weiteren Vortrag zu erstatten, um auf dessen Grund einen ausführlichen Bericht an das Königliche Ministerium des Innern über die Vertheilung der von Frankreich reclamirten Gegenstände angeben zu können. Bei Aufstellung der Grundsätze muß von dem Gesichtspuncte ausgegangen werden, daß, indem das Eigenthum der Privaten möglichst geschont wird, die höhern Rücksichten auf Kunst u. Wissenschaft dennoch nicht unbeachtet bleiben."[41]

Damit waren die von Groote gewünschten Aachener Akten in seinen Händen, restituierte Handschriften und Drucke aus Aachen waren dagegen noch nicht geliefert worden. Erst am 17. November konnte Groote notieren: „Bey der Regierung sind meine Aachener Kisten angekommen. So ist fast des Guten zu viel auf einmal, u. ich weiß kaum, wohinaus."[42] Er ließ die Kisten zu sich nach Hause bringen und schrieb seinen Freunden Sulpiz Boisserée[43] und Joseph Görres[44] begeisterte Briefe über das, was er in den Kisten entdeckte.

Aus Düsseldorf waren lediglich die drei Kisten mit Aufschrift „Rhein. Archiv" sowie die dazugehörenden Verzeichnisse angelangt. Weitere dort lagernde Kunstobjekte hielt man zurück,[45] wobei man sich auf die Anweisung von Innenminister von Schuckmann vom 1. Mai 1817 stützen konnte.[46] Auch auf ein Schreiben an die Düsseldorfer Regierung, das Groote am 26. September verfasste, um weitere Manuskripte und Dokumente anzufordern,[47] blieb ohne gewünschtes Resultat. Immerhin konnte er anhand der ihm vorlie-

---

[38] Fr. L. Chr. zu Solms-Laubach an Regierung Aachen, Köln, 15. Aug. 1817, Abschrift (Landesarchiv NRW R, BR 0002, Nr. 404, Bl. 95r).

[39] Am 2. Sept. 1817 schickte die Regierung Aachen die geforderten General-Akten, die restituierten Objekte betreffend, nach Köln (Landesarchiv NRW R, BR 0002, Nr. 404, Bl. 101r).

[40] Groote, Tagebuch, 25. Sept. 1817.

[41] Fr. L. Chr. zu Solms-Laubach an E. von Groote, Köln, 20. Sept. 1817, Abschrift; abgegangen 24. Sept. 1817 (Landesarchiv NRW R, BR 0002, Nr. 404, Bl. 101v). Zwei Wochen später erhielt Groote noch nachträglich ein Verzeichnis über „alte Stadt-Achensche Urkunden", das er ebenfalls für seine Aufstellung auswerten sollte. Vgl. Regierung Aachen an Fr. L. Chr. zu Solms-Laubach, Aachen, 22. Sept. 1817 (Bl. 102r).

[42] Groote, Tagebuch, 17. Nov. 1817.

[43] E. von Groote an S. Boisserée, Köln, 18. Nov. 1817. Siehe Briefe u. Schriften.

[44] E. von Groote an J. Görres, Köln, 20. Nov. 1817. Siehe Briefe u. Schriften.

[45] Vgl. Regierung Düsseldorf an Fr. L. Chr. zu Solms-Laubach, Düsseldorf, 27. März 1817 (Landesarchiv NRW R, BR 0002, Nr. 404, Bl. 80r).

[46] Schuckmann teilte Solms-Laubach mit, man habe die Düsseldorfer Regierung angewiesen, „die übrigen auf der dortigen Bibliotheck befindlichen Kisten, welche Kunstsachen enthalten möchten, unter guter Aufsicht öfnen zu laßen, und ein Verzeichniß der darinn befindlichen Gegenstände einzureichen" (Fr. von Schuckmann an Fr. L. Chr. zu Solms-Laubach, Berlin, 1. Mai 1817; Landesarchiv NRW R, BR 0002, Nr. 404, Bl. 84r).

[47] Groote, Tagebuch, 26. Sept. 1817. Das Schreiben ließ sich nicht ermitteln.

genden Akten und Objekte die „Nachweisung" zumindest eines Großteils der restituierten Schriften Mitte Dezember abschließen und am 19. Dezember „nochmal ins Reine" schreiben.[48] Der Bericht[49] enthält vier Verzeichnisse: Nr. I umfasst die Inhalte der drei aus Düsseldorf gelieferten Kisten, Nr. II Handschriften und Drucke, die aus Aachen nach Köln geschickt worden waren, Nr. III und IV ebenfalls Urkunden und Handschriften aus Aachen. Die Verzeichnisse listen bibliografische Angaben auf und vermerken, soweit möglich, Angaben zur ursprünglichen Herkunft der Schriften. Zur Frage der Restitution an ehemalige Eigentümer stellte Groote grundsätzlich fest, „daß bestehenden Instituten, Corporationen u. Collegien zugehörende Gegenstände auch diesen obrückgegeben werden müßten." Zugleich bat er um Anweisung, wie weiter verfahren werden sollte, denn bislang war in Hinblick auf eine Rücksendung der Objekte an die ehemaligen Eigentümer nichts beschlossen worden. Daher hatte Groote schon am 18. Oktober Bibliothekar Wyttenbach in Trier wissen lassen: „selbst mit dem besten Willen würde ich nicht darauf antragen dürfen, die aus trierischen u. luxenburgischen Klöstern, Abteyen, etc. herrührenden Gegenstände an die Stadtbibliothek von Trier abzugeben".[50]

Eberhard von Groote bemühte sich nicht nur um die in Aachen und Düsseldorf aufbewahrten Kulturgüter, er versuchte zudem auf die Rückkehr anderer aus Köln stammender Kulturobjekte einzuwirken – auf die Rückkehr der Bibliothek des Kölner Domkapitels.[51] 1794, kurz vor der Besetzung Kölns durch die französische Armee, hatte das Domkapitel entschieden, Domschatz, Dombibliothek und Domarchiv auf rechtsrheinisches, noch kurfürstliches Gebiet in Sicherheit zu bringen. Ein Teil der in zahllose Kisten verpackten Objekte konnte im westfälischen Arnsberg untergebracht werden, das der letzte Kölner Kurfürst und Erzbischof als seinen vorläufigen Sitz bestimmt hatte. Vieles aber wurde sofort oder in den folgenden Jahren weiter transportiert, sodass die Sammlungen des Doms schließlich weit verstreut lagerten, oft ohne Nachweise ihres Inhalts oder ihres Standorts. Die Dombibliothek, der als bedeutendster Bestand rund zweihundert mittelalterliche Handschriften angehörten, blieb im Kloster Wedinghausen bei Arnsberg. Nach der Säkularisierung des Kurfürstentums Köln gelangte Arnsberg an den Großherzog Ludwig I. von Hessen-Darmstadt, der die Schätze der Dombibliothek nach Darmstadt transportieren ließ, um sie seiner Bibliothek einzuverleiben.[52] Als Westfalen 1815 an Preußen fiel, galt die Dombibliothek als verschwunden.[53]

---

[48] Groote Tagebuch, 19. Dez. 1817.

[49] Der Bericht konnte bislang nur als Entwurf aufgefunden werden. E. von Groote an: Ein Königl. Hohes Staatsministerium des Cultus u. des öffentlichen Unterrichts in Berlin, ohne Unterschrift, o. O., o. D. [Dez. 1817]; HAStK, Best. 1553, A 1, Bl. 54r–55v. Siehe Briefe u. Schriften. In Quarg, Handakten, S. 155 ist der Bericht auf Herbst 1817 datiert.

[50] E. von Groote an J. H. Wyttenbach, Köln, 18. Okt. 1817. Siehe Briefe u. Schriften.

[51] Zur Geschichte der Dombibliothek in franz. und preuß. Zeit ausführlich: Frenken, Schicksal, 1868. Vgl. Lehmann, Schicksal, 1994; Plotzek, Geschichte, S. 15–64; Finger, Dombibliothek, 2002; Quarg, Catalogus, 2002.

[52] Landgraf Ludwig von Hessen-Darmstadt besaß seit 1805 bereits die große Kunstsammlung des Kölner Barons von Hübsch, der sie ihm aus Enttäuschung über das Desinteresse der Stadt Köln an seinen Objekten vererbt hatte. Zur Biografie des Barons von Hübsch, zu seiner schillernden Persönlichkeit wie zu Bedeutung seiner Sammlung: Gersmann, Von „Honvlez" zum „Baron von Hübsch", 2020; Jülich, Honvlez, 1995.

Mitte 1816, kurz nach seinem Amtsantritt, begann Solms-Laubach mit Nachforschungen zu ihrem Schicksal.[54] Bereits Mitte des Jahres teilte er Wilhelm von Humboldt mit, er habe „zuverlässige" Nachrichten, dass die Bibliothek in Darmstadt sei.[55] In den nächsten Monaten erwies es sich indes als äußerst schwierig, die ursprünglichen Bestände der Dombibliothek, die Umstände ihres Verbleibs seit 1794 und vor allem die rechtlichen Grundlagen zu klären, um eine Reklamation gegenüber Hessen-Darmstadt einleiten zu können. Während des Jahres 1817 setzte Solms-Laubach seine Bemühungen fort, in die inzwischen neben Generalvikar Fonck auch verschiedene preußische Behörden sowie Staatskanzler von Hardenberg einbezogen waren. Wieviel Groote von diesen Recherchen wusste, wird aus seinen Aufzeichnungen nicht deutlich, dass er zumindest im Verlauf des Jahres 1817 davon erfuhr, ist sicher. Als sich Solms-Laubach im Oktober auf seinem Sitz in Laubach und damit in der Nähe von Darmstadt aufhielt, drängte ihn Groote, sich für „die Rückgabe der hiesigen Dombibliothek, welche noch immer in Darmstadt steht", einzusetzen.[56] In einem Gespräch Grootes mit Solms-Laubach Ende Oktober erklärte dieser optimistisch: „auch gehe in Darmstadt alles vorwärts mit der Dombibliothek; er selbst aber werde erst nächsten Monat hin gehn, u. wolle dann das Werk noch zu beschleunigen suchen."[57] Es dauerte allerdings noch einige Jahrzehnte, bis die Handschriftensammlung des Doms nach Köln zurückkehrte.

---

[53] Dagegen war ein Großteil des Domschatzes bereits seit 1804 wieder in Köln.

[54] Zur Klärung des Verbleibs der Dombibliothek vgl. die Korrespondenzen und Berichte 1816/1817: Landesarchiv NRW R, BR 0002, Nr. 1583, Bl. 1r–90v, sowie Nr. 1642.

[55] Fr. L. Chr. zu Solms-Laubach an W. von Humboldt, Köln, 25. Juli 1816, Entwurf: „Lang wußte man nicht, wohin die hiesige Dombibliothek gekommen war […]. Sie befindet sich, wie ich zuverläßig weis, in Darmstadt auf der Bibliothek" (Landesarchiv NRW R, BR 0002, Nr. 1642, Bl. 3r). Vgl. die Antwort: W. von Humboldt an Fr. L. Chr. zu Solms-Laubach, Frankfurt a. M., 28. Juli 1816 (Bl. 4r). Siehe auch: S. Boisserée an seinen Kölner Freund Franz Palmatius Schmitz, Heidelberg, 14. Juli 1816. In diesem Schreiben bat er Schmitz, Oberpräsident zu Solms-Laubach „eine vertrauliche Eröffnung" zu machen. „Es betrifft die kölnische Dombibliothek und einige von den kölnischen Handschriften. Meine antiquarischen Forschungen haben mich nämlich nach vielen vergeblichen Bemühungen endlich auf die Spur dieser Schätze geführt. Sie befinden sich in Darmstadt auf der Bibliothek. […] Da jetzt sämmtliche diesseitige Länder des ehemaligen Churfürstenthums Köln von Darmstadt an Preußen übergehen, so halte ich es für meine Pflicht, die Sache zur Kunde des Oberpäsidenten zu bringen, damit im Fall er noch nicht davon unterrichtet seyn sollte, die nöthigen Schritte gethan werden können" (in: S. Boisserée, Briefwechsel, Bd. I, S. 308 f.).

[56] E. von Groote an Fr. L. Chr. zu Solms-Laubach, Köln, 6. Okt. 1817 (Privatarchiv d. Grafen zu Solms-Laubach, XVII, 117, Nr. 171). Siehe Briefe u. Schriften. Entwurf zu diesem Schreiben: HAStK, Best. 1553, A 1, Bl. 53r.

[57] Groote, Tagebuch, 29. Okt. 1817. Zu den Bemühungen, die in den Monaten Nov. u. Dez. 1817 unternommen wurden, um den Verbleib des kurkölnischen Archivs zu ermitteln vgl. Landesarchiv NRW R, BR 0002, Nr. 420, bes. Bl. 1r–25v. Zur Klärung der Lage wurde auch Anton Joseph Wallraf befragt, der Anfang Juli 1794 seine Tätigkeit als Archivar des Domarchivs begonnen hatte. Kurz nach Amtsantritt hatte ihn das Domkapitel mit der Verpackung sowie der Organisation des Abtransports von Domarchiv, Dombibliothek und Domschatz in rechtsrheinisches Gebiet beauftragt, um so die Objekte vor den anrückenden franz. Truppen in Sicherheit zu bringen. Im September 1816 verfasste A. J. Wallraf auf Anordnung von Solms-Laubach einen Bericht zu seinen Kenntnissen über den Verbleib der Dombibliothek (A. J. Wallraf an Fr. L. Chr. zu Solms-Laubach, Köln, 18. Sept. 1816; Landesarchiv NRW R, BR 0002, Nr. 1642, Bl. 7r–8r). Zu J. A. Wallraf: Lehmann, Schicksal, S. 154; Oepen, Schicksal, S. 160; Wild, Schicksal, S. 146.

|A 1/14–28; 23v| **Tagebuch 16. September bis 31. Oktober 1817**

Den 16. Septembris [1817].

Ich erhalte die Düsseldorfer Verzeichniße zurück vom Ober Präsididium. Wir sind zu Herrn v. Geyr, dessen Namenfest ist,[58] zu Tische geladen. Um 11 sollte ich mit Fochem gehn, die von Balg angekaufte Liebleinsche Manuscripte u. Büchersammlung zu sehn. Allein, Fochem soll auf Anzeige des Grafen Solms den Minister Humbold erwarten, der seine Kirche u. sein Buch sehn will.[59] Ich erhalte durch den Vater meinen Schwang[60] über die Universität in der *Isis*, 2 Blätter voll.[61] Haysdorf hatte sie schon früher, u. zwar mit Okens uneröffneten Brief, an den Vater geschickt, dieser aber sie an Haysdorf, der nur ein Couvert darum geschlagen hatte, in seiner Unbeholfenheit zurückgeschickt. Nun aber ist alles noch gut abgelaufen, u. ich freue mich darüber. Von Fochem gehe ich zu Geyr, dem Oheim Glück zu wünschen; daselbst hatte Jette ihrem Vater das Bild des Herrn Canonicus Meevis[62] zum Präsent gemacht. – Von da gehe ich noch zu Herrn Präsident Schmitz-Grollenberg, den ich aber nicht finde, nach Haus mich anzukleiden, u. dann zu Geyr; ich begegne Simon, bey dessen Frau nachher fremde, zum theil hübsche Damen sind. Ich gehe nun zu Geyr zu Tisch, wo es ganz angenehm ist. Wir gehn nachher zu Schoen[63] in die Pension zur Prüfung.

---

[58] Der 16. September ist der Namenstag des Heiligen Cornelius. Es war also der Namenstag von Cornelius Joseph von Geyr zu Schweppenburg.

[59] Wilhelm von Humboldt war auf seiner Reise von Frankfurt a. M. nach London kurz in Köln, wo er das Flämische Stundenbuch der Maria von Medici sehen wollte. Ob er Fochem und die Kirche St. Ursula tatsächlich besuchte, ist unklar. Humboldt schrieb von Köln aus an vom Stein, ging aber nicht auf seinen Aufenthalt in der Stadt ein (Köln, 16. Sept. 1817; Vereinigte Westfälische Adelsarchive, Cap. C.I S 1137,06 / Nachlass Freiherr vom Stein).

[60] Schwang, hier: Schwank.

[61] E. von Groote, Die Universität in den preußischen Rheinprovinzen (in: Isis, 1817, Nr. X, Stück 173, Sp. 1377–1384 u. Stück 174, Sp. 1385–1392). Siehe Briefe u. Schriften.

[62] Vermutlich: Kanonikus Rudolph Maevis, wohnhaft Am Andreaskloster 13 (AK 1822).

[63] Die siebzehnjährige Therese (Maria Henriette Therese Clementine Walburga) von Groote war möglicherweise noch Schülerin in der „Unterrichts-Anstalt" der Mademoiselles Schön, Cäcilienstr. 4. Im Archiv der Familie von Kempis, in die Therese später einheiratete, sind einige Briefe erhalten, die Therese im Frühjahr 1815 als Schülerin der Anstalt von ihrer Mutter Henriette von Groote erhielt (Archiv Haus Rankenberg, Best. Kendenich, Nr. 854). H. von Groote starb plötzlich am 27. Apr. 1815 (Groote, Tagebuch, Bd. 1, 3. u. 5. Mai 1815, S. 72–77). Vermutlich bewahrte Therese von Groote diese Briefe in Erinnerung an ihre Mutter auf. Drei der bisher unveröffentlichten Briefe werden hier ausführlich wiedergegeben. H. von Groote an Th. von Groote, Köln, 10. März 1815: „Liebe! ich habe heut morgen ein wenig geschwärmt, ware also nicht zu Hauß, als dein gekrabels ankam. ich schicke dir also jezt das begehrte nämlich Hexen bänd; auch erhälts du zugleich die zu Kendenich zurück gelaßen Sacktücher, Pomade, rosen waßer etc. Das Kreuzchen, der lieben Frize gehörend werde ich in dieß briefchen einschlagen damit es nicht verlohren gehe; du hättest auch wohl gestern daran denken konnen es mitzunehmen. nun woltest du noch gern wißen wohin wir heut morgen spaziert, aber daß schickt sich nicht daß kleine mädchen alles wißen wollen. doch dießmahl will ich's noch sagen. erst in Ste Marien im Capitol wo heut St. Hermann Joseph fest

Eine Dlle Pelzer von Aachen singt und spielt sehr hübsch Klavier. Auch sehe ich einige der schriftlichen Ausarbeitungen der Damen, die nicht übel sind. Eine Mademoiselle Nasselbach von Aachen,⁶⁴ die übrigens nicht hübsch ist, scheint einiges Talent zur Erfindung u. Darstellung zu haben; die Gräfinn Solms u. manche Damen der Stadt sind auch da. Wir lachen viel |24r| mit Madame Comanns u. führen sie u. ihre Töchter nachher nach Haus.

Den 17. Septembris [1817].

In der Nacht vor 2 werde ich durch großen Lärm u. Läuten aufgeweckt. Durch das Fenster kann ich in Flammen sehn, als ob es in der Glockengaß wäre. Ich eile hin, u. wirklich brennt es bey Comanns.⁶⁵ Es sind schon viele Leute da, die Gefahr ist nicht sehr groß, da nur ein alleinstehender Schuppen brennt; die Spritzen sind schon zur Hand. Der Polizeypräsident mit einem großen Knittel.⁶⁶ Graf Solms in der Reihe, reicht Wasser. Herr Comanns wehrt dem Hause, daß niemand hineinkomme. StaatsRath Daniels im NachtKamisol.⁶⁷ Gegen 3 ist alles gelöscht.⁶⁸ Der Brand soll durch Diebe, die das Bley vom Dach stehlen wollten,

---

gefeyert wird. dann bei Schuller aufm Heumarkt, dann durch die Buden aufm Alten markt nach Hauß, und nun ist es ¼ über eins und der Vater noch nicht zu Hauß. lebe wohl". H. von Groote an Th. von Groote, Köln, 21. März 1815: „Liebe Theure! So kann man nicht wissen waß man von einem tag zum andern bedarf! du woltest durchauß nichts geschickt haben; und nun fehlt es schon am ersten tag. und zwar am nöthigsten. Dich vergessen abzuholen – o daß denk nur nicht! gestern war ich im garten und besuchte deine Veilchen. Caspar ist heut auf Kendenich und Brühl mit einigen Gespielen. – ich habe die ganze stube voll leinwand welches ich in ordnung bringen muß ach mögte es zum einpacken nach K. sein, doch du köntest ja nicht mit gehn, also nicht vollkommen wäre die Freude! Aber, als nur die vacanz zeit! Lebe wohl liebe anbei das verlangte – dein mütterchen in größter eile." H. von Groote an Th. von Groote (ohne Datierung): „Von Hauß 12 ¼ Uhr mittags. Liebe Therese! Wir waren entschlossen, Wally und ich (ungeacht des unvergleichlichen Koth's) dich heut morgen zu besuchen, allein, als wir aus der Kirche gehn wolten, regnete es so sehr, daß unser Vorhaben auch zu wasser wurde. ich hätte dich gern gesehn; um so lieber, da ich das morgen wohl nicht werde können. denn wir sind auf den Mittag eingeladen zu Geyr, der Vater, Walbourg, und ich, und werden vielleicht, von da, zu Harf gehn den Abend zubringen, ich und du werden also für morgen auf die Freude uns zu sehn verzichten müssen bis Donnerstag. ist des Vater's Geburtstags-tag dann mag's du es wieder einbringen; doch bis dahin sehe ich dich hofentlich noch, wenn es das Wetter erlaubt. […] es geht auch noch anbei ein sauberer strumpf, der sich bei deiner schmüzigen Wäsche gefunden und nicht dein gehört. Lebe wohl Liebelchen dieß wünscht deine dich zärtlich liebende Mutter. Vater und Geschwister, besonders Walbourg grüssen dich."

⁶⁴ Möglicherweise: Mademoiselle Hasselbach, eine der Töchter von David Hasselbach und Veronika Keller in Aachen: Marie Helene, geboren 1799, Marie Louise, geboren 1802 oder Sophie Wilhelmine, geboren 1803.

⁶⁵ H. G. W. Daniels wohnte mit seiner Familie in der Glockengasse 30/32, ebenso die Familie seiner Tochter Catharina Franzisca Coomans, Ehefrau von Johann Mathias Coomans.

⁶⁶ Knittel, Knüttel: Knüppel.

⁶⁷ Nachtkamisol: Nachthemd, Nachtjacke.

⁶⁸ Köln. Zeitung, Nr. 150, 20. Sept. 1817: „Unterzeichneter hält es für Pflicht, jedem, der bei der

entstanden seyn. Wir gehn noch zu den Frauen herauf, die sehr erschreckt, doch in ihren weißen Nachtgewändern recht hübsch sind. – Ich habe gestern meinen Calender mit 6 Coblenzer Billets u.a. verloren. Ich suche ihn im Mainzer Hof, wo ich eine Charte für Herrn v. Grollenberg herausgenommen hatte, u. bey Geyr, wo ich Jettchens gestern entwandte Briefe in den Arbeitstisch zurückschiebe.[69] Ich höre, daß mein Calender da ist. Nun gehe ich zur Sitzung. Auer wünscht, ich solle Morgen mit seinen Eltern in die Ausstellung gehn. Wir sitzen bis gegen 3. Um 4 gehe ich mit Fochem zu Balg, wo wir die Sachen von Lieblein sehn. Es sind merkwürdige Juristische Manuscripte dabey; von altdeutschen Dichtungen nichts; ein französischer Tristan gedruckt, in Prosa fol., u. 2 Bände Lancelot du Lac französisch,[70] kleines folio gedruckt. |24v| Wir bleiben bis gegen 6. Es soll wieder brennen, in der Sternengasse.[71] Ich gehe mit Schultz, der mir begegnet, hin, allein, es war nichts. Später bleibe ich über meinen Sachen zu Haus.

Den 18. 7bris [Septembris 1817].

Ehe ich ausgehe, kommt Wallraf, dem ich Okens Blätter zeige, weil er schon darum weiß. Dann gehe ich gegen 10 aus, u. weil mir v. Auer sagen läßt, die Seinigen kämen zu Ammon, gehe ich dort hin. Sie kommen bald, mit Frl. Kraus. Wir gehn in die Ausstellung, wo schon vieles abgenommen u. weggebracht ist. Wallraf hält uns bey seinen Alterthümern u. Gemälden bis gegen 12 ½ auf. Zu v. Ammon sollen heute Frl. Louise[72] u. die Schwägerinnen aus Düsseldorf zurückkommen. – Zu Haus erhalte ich ein Schreiben des General Vicariats aus Aachen, daß Busch seine Dimissoriale[73] schicken solle, um Rektor zu werden. Ich belange ihn, diese zu besorgen. Der Pachter Hinzen von Holz berichtet, er müße auf hohen Befehl einige Bäume am Wege abhauen; ich schreibe ihm, wie dieß geschehn soll. – Auch schreibe ich an den Bevollmächtigten des Körfgen in Aachen wegen der Landständischen Obligation von Rth. 450. Vom Consistorium erhal-

---

gestrigen Feuersbrunst ihm zu Hülfe geeilet, sein Eigenthum beschützt und zur Abwendung aller Gefahr auf irgend eine Weise beigetragen, oder andere dazu aufgemuntert hat, insbesondere den bei der Feuer-Löschungs-Anstalt angeordneten Beamten und Gehülfen seinen lebhaftesten Dank zu erstatten, und öffentlich zu bezeugen, wie sehr er mit allen seinen Angehörigen hiedurch gerührt sey. Köln, den 18. Septbr. 1817. Coomans." Ebenso: Welt- u. Staatsbote zu Köln, Nr. 149, 18. Sept. 1817.

[69] Groote hatte offenbar bei einem vorangegangenen Besuch Briefe von Jette von Geyr heimlich mitgenommen.

[70] Lancelot du Lac (Lanzelot vom See) ist eine Gestalt in den Geschichten um König Artus.

[71] Zeitungs-Bericht der Reg. Köln für September, 9. Okt. 1817: „Außerdem ist zu Köln im Laufe des Septembers mehrmals Feuer ausgebrochen, ohne jedoch bei den guten Löschungs-Anstalten daselbst und der zweckmäßig verwendeten Hülfe, irgend bedeutenden Schaden stiften zu können" (GStA PK, I. HA Rep. 89, Nr. 16278, Bl. 127r).

[72] Luise Agnes Margarete von Ammon, geboren 1791, Tochter von Johann Georg Heinrich von Ammon u. Berhardine Henriette Friederike von Oven.

[73] Dimissiorale, hier wohl: Entlassungschein aus der Kirchengemeinde, in der Busch zuvor tätig war.

ten wir die Bescheidung, welche man an die Schul Commission erlassen hat, wegen der verweigerten Zahlung der Zinsen u. Capital von Rth. 450. Bis gegen 6 ½ bleibe ich an meinen Sachen. Haxthausen kommt wegen des Aufsatzes in der Isis. |25r| Dann gehe ich an den Rhein, kaufe etwas Tabak, |:1.8:| und da Dr. Schmitz an seinem Hause[74] steht, dessen Schwiegermutter heute gestorben ist,[75] bleibe ich lang bey ihm stehn, während Er über manche der Preußischen Einrichtungen klagt. Joseph kommt zu mir; mit ihm gehe ich später bey Ammons vor, die aber nicht da sind, dann auf dem Neumarkt, bis gegen 9 U.

Den 19. 7bris [Septembris 1817].

Ich rede mit dem Vater über einige der zu erlassenden Schreiben. Bey Joseph ist der Secretar Klenze, um mit ihm auf morgen eine Jagd zu bereden. Ich sage zu, mit von der Parthie zu seyn. Die verschiedenen Schreiben gehn ab. Dumont gebe ich die in die Zeitung zu rückende Anzeige, wegen der Coblenzer Loose. In der Sitzung sind mir Sotzmann[76] u. Gossler besonders freundlich; Ersterem richte

---

[74] Dr. Franz Palmatius Schmitz und seine Frau wohnten in der Hohe Str. 134 (AK 1813, 1822).
[75] Katharina Theresia Schülgen, geb. Boisserée, wohnhaft Achterstr. 10, starb am 17. Sept. 1817 im Alter von 48 Jahren an „Nervenfieber" (HAStK, Best. 540 A 16, Sterbetabelle pro 1817). Ihre Tochter Walburga Gertrudis Schülgen hatte 1816 Fr. P. Schmitz geheiratet. K. Th. Schülgen war Schwester von Sulpiz und Melchior Boisserée, Ehefrau des Kaufmanns Adam Joseph Schülgen. Auf ihrem Totenzettel heißt es: „Bethet für die Seele der Wohlgebornen Frau Catharina Theresia Schülgen, gebornen Boisserée. Sie verschied am 17. September 1817 Nachmittags um halb vier Uhr, durch die Leiden eines sechswochentlichen Kranken-Lagers entkräftet, gestärkt durch die Heilsmittel der christkatholischen Kirche, im 48ten Lebensjahre, im 27ten ihrer gesegneten Ehe. Gottes unendliche Erbarmung gebe Ihr die Ruhe und Wonne der ewig Glückseligen. Die Exequien werden gehalten am 9 Uhr: Montag den 22ten in st. Severin. Dinstag den 23ten in st. Marien. Mittwoch den 24ten in der Kupfergaß. Donnerstag den 25ten in st. Georg." Todesanzeigen in: Welt- u. Staatsbote zu Köln, Nr. 150, 20. Sept. 1817; Köln. Zeitung, Nr. 150, 20. Sept. 1817. S. Boisserée, Tagebücher, Bd. I, 27. Sept. 1817, S. 465: „Melchior gibt mir die Briefe, worin Bernhard und Boecker den Tod der guten Schwester Schülgen anzeigten. […] Erinnerungen aus den Kinder-Jahren und an die Schwester Schülgen – gerade in dieser Krankheit. Seltsames Zusammentreffen. Vor vier Jahren, als ich in Frankfurt krank war, starb der Bruder Wilhelm; jetzt am 17. September die Schwester." Vgl. S. Boisserée an B. Boisserée, Heidelberg, 15. Okt. 1817; HAStK, Best. 1018, A 34. Zu Gemälden, die über Adam Joseph Schülgen in die Sammlung Boisserée gelangten: Deichmann, Säkularisation S. 176–178. Bertoldi notierte in seinem Tagebuch am 18. Sept. 1817: „Starbe gestern Madame Schulgen in der Achter Straß. Gott gebe der würdigen Frau das ewige Licht" (HAStK, Best. 7030, 332A/4, Bl. 159r). Zeitungs-Bericht der Reg. Köln für September, 9. Okt. 1817: „Es haben sich im Laufe des Monats September keine gefahrvollen Krankheiten geäußert. […] In anderen Orten und Gegenden unseres Regierungs Bezirks sind Blattern und Ruhrkrankheiten ausgebrochen, […]. Sonst herrschten Katharren, Rheumatismen, Gicht und Diarrhöen. […] Gestorben sind 152, worunter 7 todtgeborne Kinder" (GStA PK, I. HA Rep. 89, Nr. 16278, Bl. 127v–128r).
[76] Groote war in diesen Wochen damit befasst, Sotzmann bei der Organisation des „Theaterwesens" zu unterstützen. Am 19. Sept. 1817 teilte die Kölner Regierung Polizeipräsident Struensee und Oberbürgermeister von Mylius mit, dass man „zur zweckmäßigen Einrichtung des hiesigen Thea-

ich ein, daß er morgen die Kupferstiche in der Bibliothek[77] sehn kann. Nach Tische arbeite ich über meinen Kölnischen Sachen; bis gegen 6, wo der General Advocat v. Sandt zu mir kommt, mir zu sagen, daß durch eine Königliche Kabinettsordre von Münster, Klein von Kendenich ganz begnadigt sey.[78] Er bleibt noch lange bey mir, u. wir reden von mancherley. Später bringe ich Dumont 54 Loose,[79] u. gehe zu Simon, wo aber ausser Kreuser u. Eckendal nur der Prediger

---

terwesens" eine Zusammenarbeit mit der Regierung in Aachen „in der Wahl einer und derselben Schauspieler Gesellschaft" vereinbart hatte. Polizeipräsident und Oberbürgermeister wurden beauftragt, „gemeinschaftlich eine Commission" zu ernennen, und ihr „die Intendantur des hiesigen Theaters" zu übertragen." Diese Intendantur sollte entsprechend behördlich vorgegebener Bedingungen durch „Bekanntmachung in den gelesensten Zeitungen" zur Bewerbung von Schauspielergruppen auffordern und schließlich eine Wahl treffen. In Hinblick auf die Bewerbung von Schauspieldirektor Franz Schäfer wurde vermerkt: „Dem p. Schaefer haben wir heute bekannt gemacht, daß er von Ihnen Bescheidung zu erwarten habe" (Regierung Köln, Abt. I, unterzeichnet von Sotzmann und Butte, an G. C. Ph. Struensee und K. J. von Mylius, Köln, 19. Sept. 1817, Abschrift; HAStK, Best. 400, A 650, Bl. 3r u. v; Bl. 4r u. v). Binnen kurzer Zeit wurde die Intendantur (Mitglieder: Johann Mathias Coomans, Friedrich Peter Herstatt von der Leyen, Heinrich Joseph Matthias DuMont, Georg Heinrich Koch und als Sekretär des Gremium Johann Heinrich Frambach) bestellt. Die Bemühungen in den folgenden Monaten um eine Realisierung der Pläne blieben jedoch erfolglos, ein Vorschlag der Intendantur zur Errichtung eines Theatergebäudes auf dem Areal der ehemaligen Augustinerkirche wurde vom Kölner Stadrat im Dez. 1817 abgelehnt. Vgl. die Korrespondenz von Sept. bis Dez. 1817: HAStK, Best. 400, A 650, Bl. 7r–25r. Die Zeitungs-Berichte der Regierung resümierten den Stand der Dinge: Zeitungs-Bericht der Reg. Köln für September, 9. Okt. 1817: „Um die fehlerhafte Einrichtung des hiesigen Theaterwesens zu verbessern, und der Stadt für die Zukunft eine tauglichere Schauspielertruppe, als sich bisher hier einzufinden pflegte, zu verschaffen, ist aus den gebildeten Einwohnern eine Theater Intendantur bestellt worden. Eine Verbindung mit Aachen, durch welche ein gemeinschaftliches Theater für beide Städte, und zwar in der Art entsteht, daß Köln während des Winters, Aachen dagegen zur Sommers- und Badezeit die Truppe übernimmt, wird dem beabsichtigten Zwecke besonders förderlich seyn" (GStA PK, I. HA Rep. 89, Nr. 16278, Bl. 125v–126r). Der Bericht ist von Groote mitunterzeichnet. Zeitungs-Bericht der Reg. Köln für Oktober, 10. Nov. 1817: „Der aus gebildeten Mitgliedern der Stadtgemeinde von Köln bestehenden Theater-Intendantur, ist es bis jezt nicht gelungen, der dasigen Bühne eine gute Schauspieler Gesellschaft, so sehr auch dieselbe gewünscht wird, für die eintretende Winterszeit zu verschaffen, und es ist, da bei dem schon herannahenden Ende des Jahrs die wandernden Truppen ihre Winter Niederlassungen gewählt, auch die erst vor Kurzem von hier geschiedene mittelmäßige Schauspieler Gesellschaft und ihre Vorgängerinn im vorigen Winter, ihr Fortkommen hier nicht gefunden haben, mit Grund zu vermuthen, daß die große Stadt Cöln das Vergnügen eines vollständigen Theaters für diesen Winter wird entbehren müssen. Eine durch die Verbindung mit Aachen und bei nun um so mehr angespornten Bemühungen der Theater Intendantur zu hoffende zweckmäßigere Einrichtung des hiesigen Theaterwesens wird für die kommenden Winter Erfolg verschaffen" (GStA PK, I. HA Rep. 89, Nr. 16278, Bl. 144v–145r).

[77] Zur grafischen Sammlung im Jesuitenkolleg: Bellot, Auge und Verstand, S. 120–142; Spengler, Sammlung, 1995.

[78] Eine königliche Kabinettsorder konnte auch Personalverhältnisse des Militärs betreffen. Vermutlich wurde die Order, die sich auf ein Vergehen Kleins gegen den Militärdienst bezog, aus Münster nach Köln weitergeleitet oder vom Oberpräsidium der Provinz Westfalen erlassen worden sein. Ich danke dem Stadtarchiv Münster für seine Hinweise.

[79] Am nächsten Tag wurde in der Köln. Zeitung geworben: „Zu der Verloosung, welche der Hülfs-

Bruch ist u. seine Frau.⁸⁰ Es ist ziemlich langweilig; wir bleiben bis gegen 9 ½. Zu Hause freuen sich die Meinigen sehr wegen Kleins Begnadigung. –

Den 20. Septembris [1817].

Wir frühstücken gegen 7 Uhr etwas; Klenze u. Elzholz kommen, u. wir gehn zur Jagd. – Schnaps. |: –8 :| – Klenze schießt bey Meschenich einen Haasen, wir finden ziemlich viel, ausserdem wird aber nur noch ein |25v| Huhn geschossen. Wir gehn nach Kendenich, woselbst schon ein Brief des Prof. Hamm die Nachricht von Kleins Begnadigung gemeldet hat. Er selbst aber weiß es noch nicht. Auch mein Brief kommt, worin ich dem Klein eine ordentliche Bußpredigt gehalten habe. Er kommt endlich aus dem Felde, u. ist sehr erfreut; von einer 16 monathlichen Gefängnißstrafe befreit zu werden, ist auch keine Kleinigkeit. Wir essen u. trinken etwas; Elzholz will nicht mehr weiter, sondern bleibt liegen. Wir ziehen gen Wessling, und begegnen auf dem Felde den jungen Hennekens mit Hund u. Flinte, was uns etwas sehr undelikat vor kommt. Er versichert, uns aufgesucht zu haben, zugleich aber will er uns schon den ganzen Morgen gesehn haben, u. kam doch nicht zu uns. Er zieht seines Weges weiter. Wir gehn bis Wessling zu Max v. Geyr, wo wir noch nach kollationiren.⁸¹ Es ist dort die Mademoiselle Hermans aus Köln⁸² mit Gräfinn Montaigny,⁸³ die recht fidel ist. Besonders mit Geyrs alter Schwester wird viel Jocus getrieben. Auch v. Brang ist da. Wir bleiben bis nach 6 u. ziehn unsrer Straße weiter nach Koeln. Am Thor besteigen wir noch eine Retour. Der Präsident des Appellhofs Koenen soll gestorben seyn.⁸⁴

---

verein in Koblenz mit den zur Unterstützung der Armen ihm gegebenen Gegenständen nächstens vornehmen läßt, sind Loose zu 1 Rthlr. Berg. bei den Unterzeichneten zu haben. Die Zahl der Gewinnste ist auf 600 vermehrt worden. Die Ziehung wird ehestens angezeigt werden. DüMont und Bachem" (Köln. Zeitung, Nr. 150, 20. Sept. 1817).

⁸⁰ Katharina Charlotta Bruch, geb. Umscheiden.

⁸¹ kollationieren, hier wohl: frühstücken.

⁸² Möglicherweise: Maria Anna Hermanns, Vorsteherin einer Erziehungs-Anstalt für junge Frauenzimmer, Johannisstr. 41 (AK 1822).

⁸³ Vermutlich: Maria Anna Josepha Antonetta (Marianne) von Montigny, geb. van der Maesen, seit 1816 mit Franz Ludwig Eugen von Montigny verheiratet.Vgl. Romeyk, Verwaltungsbeamten, S. 638.

⁸⁴ Leonard Koenen, seit 1815 Präsident des Appellationsgerichtshofs in Köln, starb am 20. Sept. 1817. Köln. Zeitung, Nr. 152, 23. Sept. 1817: „Heute Morgens um fünf Uhr starb an den Folgen einer Krankheit des Herzens Herr Leonard Könen, Präsident des Ober-Appellations-Hofes von Köln, im 47. Jahre seines Lebens; der edelste Mensch, der beste Gatte und Vater, der treueste Freund, der Wohlthäter seiner Feinde, der vielseitig wissenschaftlich gebildete Mann ohne Anspruch, mit kindlichem Gemüthe, der gerechte Richter, der mit hellem Blicke, mit reifem Urtheile das menschenfreundlichste Herz verband; der gewissenhafte Staatsdiener, der mit Aufopferung seiner Gesundheit die schweren Pflichten seines Amtes erfüllte bis in seinen Tod. Er hinterläßt eine trostlose Wittwe und sechs in Schmerzen versunkene Kinder, die alle noch lange der leitenden Hand und des Beispiels des Vaters bedurft hätten. Seine Asche ruhe sanft, sein Andenken wird geheiligt fortleben in tausend Herzen. Köln, den 20. Sept. 1817. Die öffentliche Liebe und Hoch-

Den 21. Septembris [1817].

Früh betreibe ich meine Sachen. Wallraf kommt, u. hat mancherley zu reden. Denoël hat gestern im Olymp die Beschreibung über die hiesigen Gewerbe vorgelesen, die gedruckt werden soll. Im Dom |26r| finde ich Schlosser u. seine Frau. Sie gehn nachher zu Wallraf in's Collegium. Ich suche Ammons, die mich haben zu sich bitten lassen, vergebens auf; sie sollen nach Brühl seyn.[85] Zu Haus erhalte ich die Dimmissoriales u. andre Papiere von Herrn Busch, die nach Aachen sollen geschickt werden. Dann die von dort verlangte Original Landständische Obligation von Rth. 450. Der Saydenfaden von Walberberg[86] ist da, von einem Bönnischen, mit Untersuchung des dortigen Schulwesens beauftragten Commissar geschickt, um sich über die Originalpapiere, die zur Voisbrochschen Stiftung[87] gehören, zu erkundigen. Er findet es auf mein Anrathen besser zu sagen, daß sich diese Papiere in Walberberg nicht vorfinden, wo sodann das weitere den Herrn überlassen bleiben mag. – An den LandRath Gymnich geht das Schreiben wegen der Schaaftrift in Kendenich ab. Zu Tisch kommt Prof. Wallraf zu uns. Nachher um 3 kommen Schlossers, unser Bild zu sehn u. bleiben dabey u. bey den Handschriften u. Urkunden bis gegen 5 ½. Später gehn wir aus, u. an den Rhein um dem Bayenthurm am Severinsthor[88] hinein. Schlosser erzählt mir viel über die schlechte Verfassung u. elenden Geist, der in Frankfurth herrsche; über

---

achtung." Vgl. Sterbetabelle pro 1817 (HAStK, Best. 540 A 16). Koenen war mit Anna Elisabeth Dentgen verheiratet. Siehe auch eine kurze Biografie in: J. P. J. Fuchs, Stadtchronik; HAStK, Best. 7030, Nr. 215, Bd. I, S. 77 f. J. G. von Sandt erinnerte in seiner Rede zur Eröffnungssitzung des Kölner Appellationshofes am 4. Nov.1817 ausführlich an die Verdienste von L. Koenen; die Rede wurde 1818 veröffentlicht (von Sandt, Rede, S. 7–10). Eine negative Beurteilung von Persönlichkeit und beruflichem Verhalten Koenens findet sich in: Personalnotizen, 1815 (Landesarchiv NRW R, BR 0002, Nr. 1534, Bl. 26r–28r). So heißt es über Koenen, „daß er sich wohl mit Geld nicht bestechen läßt, aber als schwach hat er sich in mehrern Fällen bewiesen. In Lüttich [wo Koenen am Appellationsgericht tätig war] beherrschte ihn des hiesigen Advocaten Gadé in Lüttich verstorbener Bruder, der bei dem dortigen Appellhoff Avoué war, in einem so hohen Grade, daß man sich oft genöthigt sahe, ihn zu desavuiren. Busenfreunde, wie sie waren, gingen sie Arm in Arm auch oft dahin, wo Anstand sie nicht hätte erscheinen lassen müssen. [...] Hier in Coelln beherrscht ihn der noch lebende hiesige Gadé noch weit stärker, denn dieser hat Verstand und juristische Kenntnisse, was dem Lütticher Gadé abging, der aus einem Belletristen bei Errichtung des Appell Hofes mit einemmale als Avoué und juristischer Dumkopf aufgetreten ist. [...] Als Präsident eines Ober-Justizhofs hat Herr Coenen auch überhaupt gar keine dazu gehörige Erziehung, keine Präsentation und feine Sitten" (Bl. 27v–28r).
[85] Möglicherweise handelte es sich um den Ausflug, über den Ottilie zu Solms-Laubach am 27. Sept. 1817 an ihren Bruder Otto in Berlin schrieb: „Vor ein paar Tagen waren wir in Brühl auf der Cirmes mit einer Gesellschaft wo wir in der Phasannerie ein herrliches Nachteßen einnahmen, und wo wir uns vergnügten" (Privatarchiv d. Grafen zu Solms-Laubach, XVII, 116, ohne Nr.).
[86] Vermutlich: Johann Seidenfaden, Rendant der Pfarrgemeinde Walberberg, bewirtschaftete den dortigen Klosterhof.
[87] Conrad Voisbroich, Pfarrer in Walberberg, hatte 1725 eine Vikariatsstiftung für Walberberg begründet. Dazu vor allem: Pfarrarchiv St. Walburga, Walberberg, Urkundenbuch, Nr. 530.
[88] Severinstor: mittelalterliche Torburg im Süden Kölns.

Massenbach,⁸⁹ u.s.w. Auch freute er sich sehr über meinen Streit mit Arndt, den er nicht leiden kann. Es begegnet uns im Mondschein noch Simon, den Schlosser von der Universität her kennt,⁹⁰ u. beredet uns, noch mit ihm nach Haus zu gehn, wo wir bis nach 9 zum Thee bleiben. Schlosser |26v| kann diesen übrigens auch nicht sonderlich leiden. Ich führe Sie nach Haus. Haxthausen ist immer noch nicht wieder da. Wir haben Schlosser u. Simon auf morgen zu Tisch gebethen.

Den 22. 7bris [Septembris 1817].

Bis zur Sitzung arbeite ich über meinen Sachen für die Topographie. Das Schreiben an das General Vicariat in Aachen geht ab. Dann gehe ich zu Gadé, u. rede auf dem Wege mit Regierungs Rath Butte wegen der nach Trier zu sendenden Sachen. Das Gerücht verbreitet sich, Mylius werde an des verstorbenen Präsidenten Koenen Stelle treten. Gestern schon wollte es auch verlauten, die Vestungsarbeiten seyn eingestellt. Butte soll es im Olymp gesagt haben. Schlosser versicherte, in Cleve rede man ernstlich von Abtretung eines Theils dieser Provinzen.⁹¹ Gadé ist nicht da, ich schreibe ihm wegen unsrer Sachen. – Ich wollte wegen der Obligation zu RegierungsRath Fuchs⁹² gehn, er kommt an seinem

---

⁸⁹ Christian Karl August Ludwig von Massenbach, bis 1806 preuß. Offizier, von 1816 bis 1817 Mitglied der Württembergischen Ständeversammlung, propagierte in verschiedenen Schriften eine parlamentarische Verfassung, lehnte daher den Verfassungsentwurfs von Seiten des Königs von Württemberg ab. 1817 wurde er aus Württemberg ausgewiesen und während seines Aufenthalts in Frankfurt a. M. an Preußen ausgeliefert. Dort verurteilte man ihn 1819 wegen Landesverrats zu Festungshaft. Im Welt- u. Staatsboten zu Köln, Nr. 143, 7. Sept. 1817 erschien ein langer Artikel zur Affäre Massenbach; im Beiblatt d. Köln. Zeitung, Nr. 17, 21. Sept. 1817 kündigte die DuMont und Bachem'sche Buchhandlung die Publikation an: „Massenbach, den Thronen, Pallästen und Hütten Teutschlands. Was ist ein konstitutionelles oder gesetzmäßiges Fürsten- oder Königthum? Was für eine Stellung gebührt dem Adel in den neu zu konstituirenden Staaten Teutschlands? Von der Verwaltung der Volkshülfegelder in den neu zu konstituirenden Staaten Teutschlands. 3 Hefte. Mit dem Steinabdruck des Bildes einer konstitutionellen Monarchie. Gr. 8."
⁹⁰ J. Fr. H. Schlosser hatte 1799 ein Jurastudium in Halle begonnen, A. H. Simon studierte dort seit Ostern 1799 (A. H. Simon, Erinnerungen; Landesarchiv Thüringen-Hauptstaatsarchiv Weimar, 6–97–0117; Nachlass A. H. Simon, Nr. 5, S. VII).
⁹¹ Zeitungs-Bericht der Reg. Köln für September, 9. Okt. 1817: „Schon vor der Ankunft Seiner Majestät hatte sich bei einem Theile des Publikums zu Cöln das Gerücht verbreitet: ,die hiesigen Provinzen würden an Holland abgetreten werden; [...] Nassau würde gegen das Herzogthum Luxemburg und eine baare, bedeutende Geldsumme an Preußen vertauscht werden u.v.m." Das die Abtretung an Holland betreffende Gerücht hielt sich, so der Bericht, „hie und da in den untern Ständen, wo überhaupt dergleichen Gerüchte weit mehr als bei dem gebildeten Theile des Publikums Eingang finden, fortwährend aufrecht, und ist sogar durch Nachrichten aus Berlin noch mehr verstärkt worden. Die Lokal-Behörde sucht diesem Gerüchte kräftigst entgegen zu wirken" (GStA PK, I. HA Rep. 89, Nr. 16278, Bl. 130v–131r).
⁹² Johann Baptist Fuchs wohnte um 1817 Unter Goldschmied 40; aufgewachsen war er im Haus seiner Eltern, Severinstr. 214, das er in seinen Erinnerungen detailliert schilderte. Diese Darstellung des von seinem Vater, dem Holzhändler Jakob Fuchs, 1769 errichteten Gebäudes ist eine seltene zeitgenössische Beschreibung eines Kölner großbürgerlichen Hauses. Hier ein Ausschnitt: „Die

Haus, u. ich gehe mit ihm. Er glaubt, es werde wegen der Zinsenzahlung keine Schwierigkeit haben. Die Sitzung ist schnell zu Ende, weil viele fehlen. Ich bringe die Liebleinsche Bibliothek zur Sprache.[93] Dann gehe ich in die Prüfung,[94] u. setze mich zum Geheimen Rath Gossler.[95] Die Prüfung scheint mir nicht eben sehr ehrenvoll.[96] Noch gehe ich von da mit Joseph in unser neues Haus, wo die

---

vordere Façade, im elegantesten französischen Stil gebaut, hat vier Stockwerke, jedes von sechs Fenstern. An der Erde ein schönes großes Vorhaus, rechts beim Hereinkommen zwei hochgestochene, schön tapezierte Zimmer mit eichener Lamperie. Links etwas tiefer eine majestätische italienische Treppe bis auf den Speicher, wodurch man von unten herauf das innere Dach sehen kann. Unter dieser Treppe sind Speisevorratskammern angebracht. Gartenwärts ein großer Saal neben der Treppe mit schönem französischem, mit Kupferplatten unten und seitwärts belegtem Kamin von Marmor. Die Wände sind bemalt mit meines Vaters Holzhandels- und Floßgeschichte. Neben demselben ein Gang, der zum Garten führt, daneben ein recht nettes Domestiken-Zimmer, mit einem Eingange in die demselben zur Seite gelegene große Küche, worin auf'm Spülstein Regen- und Brunnenwasser zu finden, die übrigens mit Kochgerätschaften jeder Art reichlich angefüllt war." [...] Im ersten Stock betrat man straßenwärts „einen großen Saal in Gips und mit den kunstreichsten bas reliefs, mit schönem Frankfurter Spiegel, mit einer reichen eichenen Lamperie und mit den modernsten Gardinen versehen. [...] Gartenwärts gab es zwei nebeneinander gelegene große Schlafzimmer mit wirklich prächtigen Betten, Spiegeln und Vorhängen. [...] Zwischen dem ersten und dem zweiten Stock war ober dem Domestikenzimmer eine Hangstube, die sehr angenehm war, weil man von da aus das ganze Haus und auch den Garten übersehen konnte. Neben dieser Hangstube über der Küche her war's Comptoir, in welchem ein kleiner Gang zu einem reinlichen Abtritt führte [...]. Im dritten Stock waren straßen- und gartenwärts drei Zimmer, nämlich ein kleiner Saal und zwei Kabinette und ein sehr breiter Gang. Seitwärts über dem Nebenhaus waren noch drei Zimmer für Domestiken. [...] Nun ging es auf die Speicher, deren drei übereinander waren. Der erste ging über's ganze Haupthaus, war mit außerordentlich langen Borden gedielt [...]. Hier ließen sich 2.000 Malter Korn aufspeichern. [...] Hinter dem Hause befindet sich ein geräumiger Steinweg, der vor dem Saal einen Grasplatz bildet und vor der Küche die Abtritte und eine Regenpumpe enthält. Dann folgt ein großer, mit guten Obstbäumen besetzter Garten, der [...] an den v. Monschauischen Garten anstößt und am Ende Stallungen für vier Pferde und zwei Brunnen von Regen- und Pützwasser und eine Waschküche hatte" (Fuchs, Erinnerungen, S. 175–177; Abb.: S. 174–176; vgl. Vogts, Kölner Wohnhaus, Bd. II, S. 591–593; hier Grund- u. Aufriss; Vogts, Die profanen Denkmäler, S. 551.

[93] Vermutlich berichtete Groote über den Verkauf der Bibliothek Fr. J. Liebleins an J. Balg.

[94] Prüfungen im Marzellengymnasium. Seber hatte dazu eine „Einladungschrift" veröffentlicht, die einen Aufsatz von ihm enthielt: Von der Religion als der höchsten Angelegenheit der Schulen überhaupt, so wie der gelehrten Schulen insbesondere (S. 1–18); außerdem Angaben zum Lehrplan des vorangegangenen Jahres, zu Lehrern und Schülern der einzelnen Klassen. Köln. Zeitung, Nr. 149, 18. Sept. 1817: „Unterzeichneter hat die Ehre, ein verehrtes Publikum zu den am 22. und 23. dieses Monates im großen Saale des Jesuiten-Kollegiums zu haltenden Finalprüfungen des Gymnasiums ergebenst einzuladen. Sie nehmen Vormittags um 9 Uhr und Nachmittags um 3 Uhr ihren Anfang. Dieser Einladung muß ich noch beifügen, daß der Nachmittag des 23. d. zu Redeübungen bestimmt ist. Den Beschluß des Schuljahres macht am folgenden Tag, d.i. am 24. d., Vormittags ein Hochamt und Te Deum. Köln, den 17. Septbr. 1817. Der Direktor des Gymnasiums, Seber."

[95] Die Söhne des Regierungsrats Goßler, Hermann und Theodor, waren Schüler der siebenköpfigen I. Klasse des Gymnasiums, gemeinsam mit Carl Grashof. Caspar von Groote besuchte die II. Klasse (Seber, Einladungsschrift, 1817, S. 27).

[96] Zeitungs-Bericht der Reg. Köln für September, 9. Okt. 1817: „Die Prüfungen der Zöglinge des

Arbeit sehr schwach geht. Schulz hat schon schlechte Affischen[97] über die Bureaus gemacht. – Bald kommt nun unsre Gesellschaft zusammen, u. wir sind über Mittag recht vergnügt. Wallraf aber muß zu Solms |27r| gehn, wo der Minister Altenstein ist. Schlosser giebt dem Simon einige mal eins ab, wenn er mit gar zu modern protestantischen Ideen angezogen kommt.[98] Wir gehn später noch an den Rhein nach Mühlheim zu, am schönen Mondscheinabend. Schlosser sagt mir noch viel über die traurigen Verhältniße in Frankfurt; auch, was ich nicht wußte, daß Friedrich Schlegel noch immer streng katholisch, ja voll Hass gegen die Protestanten sey. Vom Pabste habe er den Orden der Ritterschaft Christi erhalten,[99] etc.

Wir gehn nun in die Stadt zurück, u. ich will später noch zu Solms mit Schlosser. – Ammons sind wieder nicht da. Ich gehe zu Geyr, die zum Theil morgen schon auf's Land gehen.[100] Mit Schlosser gehe ich dann zu Solms, der auch nicht da ist; dann mit ihm und Wallraf zu mir nach Haus, wo wir in traulichem Gespräche Thée trinken. Ich schenke ihm meine Gedichte bey Gelegenheit des Kronprinzen u. des Königs, worüber er sich sehr zu freuen scheint. Gegen 9 ¼ geht er zu seiner Frau zurück. – Karl hat heute zufällig auf Josephs Zimmer eine Flinte in die Hand genohmen, die los brannte, als er sie wieder hinsetzen wollte. Es geschah kein Unglück dadurch. Wally aber wurde durch den Knall so erschreckt, daß sie sich einbildete, es habe sich jemand verletzt oder gar erschossen, u. darüber ihre

---

hiesigen Gymnasiums am Schlusse des Schuljahres haben freilich den traurigen Einfluß bestätigt, den die fortwährenden Störungen des Unterrichts in demselben durch den Abgang und den Tod mehrerer Lehrer, auf ein geordnetes und gleichmäßiges Fortschreiten der Zöglinge in allen Fächern ihrer Schulstudien gehabt haben. Wir müssen es gestehen, daß wir in keinem Stück uns befriedigt gefunden haben, und erkennen darin um so mehr und um so dringender die Nothwendigkeit, daß dem unsichern Treiben der ältern und hier gebildeten Lehrer, welche die Nachbaren [benachbarten Länder] uns gelassen haben, durch tüchtige Männer von außen her abgeholfen werde" (GStA PK, I. HA Rep. 89, Nr. 16278, Bl. 137r). Der Bericht ist von Groote mitunterzeichnet.

[97] Affiche, hier wohl: Ankündigung, Aushang.

[98] Der im Herbst 1817 nach Köln gezogene protestantische Historiker und Theologe Karl Dietrich Hüllmann schrieb über die Beziehung von Katholiken und Protestanten in Köln: „Mit den katholischen Herrn ist gut auszukommen: bei den Layen von Erziehung bemerkt man keine Verschiedenheit von den Evangelischen; von den Geistlichen sind nicht Wenige im Stillen aufgeklärt, nur dürfen sie ihr Licht nicht leuchten lassen. Gegen uns Evangelische sind sie fast alle duldsam und gut; blos den Katholiken wollen sie keine Freiheit im Denken gestatten" (K. D. Hüllmann an J. G. Scheffner, Köln, 7. Nov. 1817; in: Warda, Briefe, S. 377).

[99] Fr. von Schlegel, Sohn eines protestantischen Pfarrers, konvertierte 1808 während seines Aufenthalts in Köln zum Katholizismus. 1815 erhielt er den päpstlichen Orden der Christusritter. In den folgenden Jahrzehnten wurde er ein Verfechter katholischer Interessen.

[100] Landsitz der Familie von Geyr zu Schweppenburg war Schloss Müddersheim in Vettweiß bei Düren. Der mittelalterliche Vorgängerbau kam Anfang des 18. Jh.s in den Besitz von Rudolph Adolph von Geyr zu Schweppenburg, der an seiner Stelle um 1720 eine Wasserburg mit imposanter Vorburg errichten ließ. Das Anwesen ist bis heute im Besitz der Familie (Herzog, Burgen, S. 68 f.).

MagenZufälle bekam, worüber sie den ganzen Tag unwohl war, u. den Arzt konsultirte. Diese Reitzbarkeit ist traurig.

Den 23. Septembris [1817].

Bis nach 9 arbeite ich an meiner Topographie. Dann gehe ich zu v. Ammons, die weiter nichts wollen, als wegen dem armen Arnds sprechen, dem ich aber |27v| nicht helfen kann, wenn nicht sein Geld aus England ankommt. Frl. Louise ist in Cöln unglücklich, vermuthlich weil sie sich in Düsseldorf tüchtig den Hof machen läßt von Ihrem v. Himmen,[101] was sie hier nicht kann. Schlossers finde ich schon nicht mehr; sie sind mit Wallraf. Nückel finde ich nicht. Beym Minister Altenstein lasse ich eine Charte. Dann gehe ich nach Haus an meine Arbeit zurück. Mir ist schon unruhig u. unbehaglich zu Muthe. Ich arbeite auch nach Tisch fort, u. gehe dann nochmals zu Schlossers, die ich wieder nicht finde. Ich gehe nun zu Denoël, der mir Stücke aus seiner Beschreibung der Manufakturausstellung vorliest. Ich komme in dem Wisch auch vor, bey Gelegenheit des Petrusbildes. Gegen 8 gehe ich nach Haus zurück. Spät in der Nacht treibe ich noch mit dem listigen Teufel Unfug. ~

Den 24. Septembris [1817].

Ich arbeite früh. Arends kommt, dem ich nicht helfen kann. Dann Klein, uns wegen unsrer Verwendung für ihn zu danken. Dann Herr Schlosser, der mir noch manches über Frankfurth, über die Verletzungen des Postsiegels, etc. spricht. Ich gehe mit ihm bis an Rommerskirchens Haus, wo er Arndts Rheingruß kauft. Meine Gedichte auf den König u. den Kronprinz habe ich ihm geschenkt. In der Sitzung Läste- |28r| rung des Grafen gegen den General Vicar Fonck, der auf den Antrag des Ministeriums durch Graf Solms, daß ein Dankfest für die Erndte gehalten werden soll, geantwortet hat, es sey nicht gut, solche Ceres,[102] u. Orgien

---

[101] Luise Agnes Margarete von Ammon heiratete am 8. Nov. 1817 Karl Franz Johann von Hymmen.
[102] Aufgrund der guten Ernte hatte das Kölner Konsistorium unter Vorsitz von Solms-Laubach am 5. Aug. 1817 beim Innenministerium ein Erntedankfest für die Provinz Jülich-Kleve-Berg beantragt. Das Ministerium genehmigte dies am 25. Aug. 1817 (Landesarchiv NRW R, BR 0002, Nr. 747, Bl. 3r; Amtsblatt d. Königl. Reg. zu Köln, Nr. 37, 23. Sept. 1817, S. 352). Als Tag der Feier wurde der erste Sonntag im Oktober festgesetzt. Zugleich wurde Solms-Laubach angewiesen, die katholischen Behörden zu befragen, ob ein jährliches Erntedankfest eingerichtet werden solle. Während Generalvikar von Caspars zustimmte und lediglich einen späteren Termin vorschlug (Landesarchiv NRW R, BR 0002, Nr. 747, Bl. 4r), sprach sich Generalvikar Fonck dagegen aus, da er befürchtete, eine größere allgemeine Feier könne Anlass „zu heidnischen Ceres- und orgischen Festen" bieten. Fonck riet, das Fest jährlich an einem vom König bestimmten Datum lediglich als Gottesdienst zu feiern (M. W. Fonck an Fr. L. Chr. zu Solms-Laubach, Aachen, 13. Sept. 1817; Bl. 5r u. 16. Sept. 1817, Bl. 5r). Solms-Laubach berichtete beides an das Innenministerium, wobei er sich selbst für eine feste Einrichtung des Festes aussprach. Das Ministerium entschied sich für ein

Feste zu feyern!!! worüber der Graf sich ärgert. Nach Tisch kommt der Rektor Busch, für das Anniversarium[103] Geld hohlen.|:−1-10:| Dann gehe ich gegen 4 zu Schlosser. Haxthausen ist da. Wir gehn in St. Marien,[104] dann auf das Kaufhaus,[105] an den Rhein u. bey uns zum Thee, wo niemand als Schlossers u. Haxthausen bey uns sind. Sie bleiben in traulichem Gespäche bis gegen 9 u. wir nehmen herzlichen Abschied von ihnen. Haxthausen speist bey uns zu Nacht. Morgen soll ein Convivium Clericale[106] gehalten werden. Schlosser hat mir 2 seiner, an den Bundestag eingereichten Druckschriften geschenkt.[107] Ein Kasten mit Taschenbüchern ist von Reimer angekommen, wofür ich 105 GGr. bezahlen

jährliches Fest, das nur als Gottesdienst begangen werden sollte (Fr. von Schuckmann an Fr. L. Chr. zu Solms-Laubach, Berlin, 13. Okt. 1817 (Bl. 9r). Siehe die Korrespondenz während des Jahrs 1817 über die Einrichtung eines Erntedankfestes: Landesarchiv NRW R, BR 0003, Nr. 197, Bl. 2r–28v. Vgl. Gerschler, Oberpräsidium, S. 178.

[103] Welche Gedenkfeier gemeint ist, ist unklar. Patrone der Kirche am Elend sind Papst Gregorius der Große (Namenstag 3. Sept.) und Erzengel Michael (Namenstag 29. Sept.), besonders verehrt wurde auch die Märtyrerin Thekla (Namenstag 23. Sept.). Busch, Andachts-Buch, S. 68, führt als Feiern in der Elendskirche im September auf: „22. Sept. Um 4 Uhr Nachmittags wird wegen der morgigen Festfeier die Komplet, mit sakramentalischem Segen, gesungen. 23. Sept. Fest der H. Jungfrau und Erzmarterinn Thekla; dieses wird, um von Gott eine glückselige Sterbstunde und die Abwendung aller schädlichen, epidemischen Krankheiten von Menschen und Vieh zu erflehen, mit 7 Jahren und 7 Quad. Ablaß, auf folgende Art gefeiert. – Des Morgens um 6 Uhr ist die Erste H. Messe mit sakramentalischem Segen, nach welcher auch das hochwürdigste Gut zur öffentlichen Anbethung, bis nach der feierlichen Hochmesse, die um 10 Uhr anfängt, ausgestellt bleibt. Um drei Uhr Nachmittags wird die Kirche wieder geöffnet, und um 4 Uhr nach dem sakramentalischen Segen die Thekla-Andacht feierlichst, mit einer Lobrede, abgehalten; nach dieser ist die musikalische Komplet, welche mit dem Te Deum laudamus beschlossen wird. An diesem Tage wird auch das Thekla-Brot gesegnet und ausgetheilt; doch kann man dieses auch in vorfallenden Nöthen das ganze Jahr hindurch in der Sakristey erhalten. 29. Sept. Fest des H. Erzengels Michael, zweiten Patrons unsrer Kirche; dieses wird mit vollkommenem Ablaß und 13stündigen Gebethe gefeiert. Die übrigen Andachtsübungen sind wie an dem Festtage der H. Thekla." Rechnungsbuch der Elendskirche, 22. Sept. 1817: „An Herrn Rector Busch pro festo Sta. Thecla 2 rh. 15 stber" (Historisches Archiv des Erzbistums Köln, Best. Archiv der Elendskirche zu Köln, A II, Nr. 26). Ein weiterer Gedenktag erinnerte an den 15. Sept. 1771, den Tag der Kirchenweihe. In seinem Testament stiftete Kanonikus de Groote ein „Solemnes Anniversarium" für sich und seine Familie in der Elendskirche, ein spezieller Tag hierfür ist nicht angegeben (Testament von Kanonikus Ev. A. de Groote, Köln, 18. Febr. 1794 (Abschnitt 21); HAStK, Best. 110G, Testamente, U 1/425/1).

[104] St. Maria im Kapitol oder St. Maria Lyskirchen.
[105] Kaufhaus und Festhaus Gürzenich.
[106] Convivium Clericale: geistliches Gastmahl, Gastmahl der Kleriker.
[107] Bei einer der Schriften handelte es sich um: J. Fr. H. Schlosser, Geschichtliche und rechtliche Darstellung der in dem Fürstlich-Lippe-Detmoldischen Lande rechtmäßig und vertragsmäßig bestehenden, jedoch dem Lande willkührlich vorenthaltenen Landständischen Verfassung und der pflichtmäßigen aber vergeblichen Schritte der Landstandschaft die Wiederherstellung derselben herbeyzuführen. – Der Hohen Deutschen Bundesversammlung mit angehängter Bitte ehrerbietigst überreicht von dem Bevollmächtigten der Landstände von Ritterschaft und Städten des Fürstenthums Lippe-Detmold, Frankfurt a. M. 1817. Die zweite Schrift war möglicherweise: J. Fr. H. Schlosser (Hg.), Actenmäßige Darlegung eines in der katholischen Kirchen- und Schul-Commission zwischen denen Herrn Director Senator von Guaita und sämmtlichen übrigen Mitgliedern

soll. – Der Landrath Gymnich verweist unsre Klage wegen der Kalscheurer Schaaf [Trift] bey Kendenich an die Justitzbehörde.

Den 25. Septembris [1817].

Schon früh werden mir nebst Signatur des Ober Präsidenten die Generalakten der Pariser Reklamationen zugeschickt,[108] in denen ich zu meiner großen Freude die lang gesuchten Handschriften entdecke, die noch in Aachen stehn. Ich sitze in diesen Akten bis um Mittag, |28v| u. gehe dann noch zu Herrn Pastor Fochem, ihm in der 8va Glück zu wünschen.[109] Ich begegne Schaeffer von Düsseldorf, der viel tolles Zeug schwätzt, u. mich morgen besuchen will. Fochem ist recht munter, u. fährt nach Rothenkirchen [Rodenkirchen]. Mittags sind die Herren Poll, Grashof, Seber, Delbrück, Hamm, Haxthausen bey uns.[110] Die Gesellschaft ist

---

derselben eingetrettenen Vorganges die Einrichtung und innere Leitung des zerrütteten hiesigen katholischen Gemeinde-Schulwesens betreffend, Frankfurt a. M. 1816.

[108] Vgl. Regierung Aachen, Abt. I an Fr. L. Chr. zu Solms-Laubach, Aachen, 2. Sept. 1817: Man ermangele nicht, „auf das geehrte Schreiben vom 15ten v. M. beikommend die geforderten General-Acten des vormaligen General-Gouvernements, betreffend die von Frankreich restituirten Gegenstände der Kunst, mit dem Ersuchen ganz ergebenst zu übersenden, und solche nach gemachtem Gebrauche, bald möglich gefälligst remittiren zu wollen, indem nicht allein wir, sondern namentlich auch die Königl. General Tilgungs Commission derselben oft bedürfen" (Landesarchiv NRW R, BR 0002, Nr. 404, Bl. 101r). Vgl. Fr. L. Chr. zu Solms-Laubach an E. von Groote, Köln, 20. Sept 1817 (Bl. 101v).

[109] 8va: Der 24. September ist Namenstag des Heiligen Gerhard, Groote gratulierte Gerhard Cunibert Fochem im nachhinein, aber noch „innerhalb der Oktav" – innerhalb von acht Tagen.

[110] Die hier gesellig zusammen treffenden Pädagogen, Geistlichen und Regierungsbeamte waren im laufenden Jahr wie in den Jahren darauf mit einem Problem befasst, in dem soziale, ökonomische und bildungspolitische Aspekte verknüpft waren: dem Problem der Kinderarbeit und der sogenannten Wirkschulen. Mit der frühindustriellen Entwicklung hatte die Zahl der in Fabriken arbeitenden Kinder der „ärmeren Klasse" stark zugenommen. Eine staatliche Reglementierung und behördliche Aufsicht über die Arbeitsbedingungen in den Fabriken gab es jedoch ebenso wenig wie eine Aufsicht über die von Fabriken als private Einrichtungen betriebenen Wirkschulen. Die wachsende Ausbeutung von Kindern für die industrielle Produktion, das dadurch bedingte Fehlen einer elementaren Schulbildung und religiösen Erziehung wurde den Behörden zunehmend bewusst. Grashof hatte die Kinderarbeit in Fabriken bereits 1815 angeprangert. Im Rahmen preuß. Schul- und Sozialpolitik trat das Thema 1816/17 auch in den Blick der Behörden im Rheinland. Einen ersten Schritt unternahm die Düsseldorfer Regierung, indem sie Ende 1816/Anfang 1817 Regierungsrat Delbrück mit einer Erkundungsreise durch die Region beauftragte, um die Situation in Fabriken und Wirkschulen zu prüfen. In seinem Bericht vom 7. Febr. 1817 legte er dar: „Dem Fabrikherrn kann es einerlei seyn, ob er täglich 100 Kinder 6 Stunden beschäftigt, oder 50 Kinder 12 Stunden. Wenn daher die Kinder zu übermäßiger Arbeit angezogen werden, so mag dieses meist von der Gewinnsucht der Eltern herrühren." Um die Kinder und ihre „geistige Bildung" nicht verwahrlosen zu lassen, sollte sich der Staat, so Delbrück, als „Vormund" der Kinder betrachten, die konkrete Maßnahmen aber den Ortsgeistlichen anvertrauen (Auszug aus dem Reisebericht des Herrn Regierungs Raths Delbrück vom 7. Febr. 1817; HAStK, Best. 550, A 1190, Bl. 15r–16r). In Köln hatte im Juni 1817 der Rat der Gewerbeverständigen, also eine wirtschaftliche Institution, die Diskussion über die Reglementierung der Wirkschulen begonnen. „Um den häufigen Klagen", so

recht munter, geht aber bald wegen einiger Examina auseinander. Nachher gehe ich noch zu Sotzmann, ihn wegen des Briefs an den Minister des Innern wegen der Achener Generalakten zu fragen, u. da dieser schon mundirt u. abgegeben ist, weist er mich an Canzley Inspektor Müller. Auch der hat ihn nicht mehr, sondern zur Post gegeben, wo ich ihn aus dem Paket glücklich noch zurück erhalte.[111] – Ein badischer Hauptmann Althans bringt mir einen Brief von Aloys

---

das Schreiben, „welche von den Wirkschulhaltern über die Unordnungen der bei ihnen arbeitenden Kinder, und von den Eltern der letztern über die Wirkschulhalter geführt werden, möglichst abzuhelfen," reichte man bei Oberbürgermeister von Mylius einen Vorschlag für eine neue Wirkschulen-Ordnung ein, die im Wesentlichen auf früheren, in den 1790er-Jahren bestehenden und prinzipiell noch gültigen Regeln beruhte (Rat der Gewerbeverständigen an K. J. von Mylius, Köln, 9. Juni 1817; HAStK, Best. 550, A 1190, Bl. 6r–7r, hier 6r). Einige Wochen später sandte Mylius den Vorschlag mit Bitte um Prüfung an die Kölner Regierung, Abt. I. Mylius unterstützte zwar den Antrag, bemerkte aber, dass noch ein Artikel hinzugefügt werden müsse, „wodurch den Wirkschulhaltern zur Pflicht gemacht wird, die ihre Schule besuchenden Kinder zugleich zum Besuch der Sontagsschule ihrer Pfarre soviel möglich anzuhalten" (K. J. von Mylius an Regierung Köln, I. Abt., Köln, 13. Juli 1817, Abschrift; HAStK, Best. 550, A 1190, Bl. 10r–11v, hier Bl. 11v). Auf eine Anfrage der Kölner Regierung in Düsseldorf nach den dortigen Erfahrungen, erklärte die Düsseldorfer Regierung am 1. Sept. 1817, man sei noch zu keinem Ergebnis gekommen (Bl. 14r u. v). Zur Information legte man einen Auszug aus dem Bericht Delbrücks vom 7. Febr. 1817 bei (Bl. 15r–16r). Während Mylius noch auf eine Reaktion der Kölner Regierung auf sein Schreiben wartete, wies Hardenberg am 5. Sept. 1817 die Oberpräsidenten der preuß. Provinzen an, Gutachten über die Lage der Fabrikarbeiter, insbesondere der in Fabriken arbeitenden Kinder zu erstellen und Vorschläge zur Verbesserung der Situation einzureichen. Solms-Laubach beauftragte daraufhin W. von Haxthausen, Referent für den Fachbereich Armenwesen, mit einem entsprechenden Projekt, an dem dieser in den folgenden Monaten arbeitete. Aufgrund der Arbeit Haxthausens konnte Solms-Laubach im Juni 1818 einen detaillierten Bericht einsenden (gedr. in: Kuczynski/Hoppe/Waldmann, Umfrage, S. 29–45). Vgl. Kastner, Kinderarbeit, S. 13–17; Klein, Personalpolitik, S. 42 f.; Apel/Klöcker, Schulwirklichkeit, S. 213 f. Erst Ende November erhielt Mylius von der Kölner Regierung eine Anweisung zugesandt: Regierung Köln, Abt. I, unterzeichnet von Sotzmann und Auer, an K. J. von Mylius, Köln, 26. Nov. 1817: „In dem uns, mittelst Ihres Berichts vom 13. July c. [...] eingereichten Entwurfe einer neuen Werkschulen Ordnung ist dieser wichtige Gegenstand zu wenig gründlich behandelt, als daß wir mit der Genehmigung derselben der Stadt und den aermeren Klassen der hiesigen Einwohner, welchen diese Einrichtung nützen soll, einen wirklichen Vortheil zu sichern glauben dürften" (HAStK, Best. 550, A 1190, Bl. 12r). Die Regierung forderte daher die Vorlage einer neuen, von Stadtrat, Armenverwaltung und Rat der Gewerbeverständigen gemeinsam erarbeiteten Ordnung (Bl. 12r–13r). Dem Schreiben wurden Auszüge aus der Stellungnahme der Düsseldorfer Regierung zu diesem Thema und aus dem Reisebericht Delbrücks angefügt (Bl. 14r–16r). Siehe auch: K. J. von Mylius an den Rat der Gewerbeverständigen, Köln, 8. Dez. 1817, Abschrift (Bl. 18r–19r). Vgl. eine Äußerung Denoëls im Oktober 1817 zur Kinderarbeit: „Es ist doppelt zu bedauern, daß die übrigen Spinnereien in Köln alle eingingen, weil dieser Gewerbzweig mehr als irgend ein anderer geeignet ist, Industrie und Arbeitsamkeit in der großen Menge unbeschäftigter Menschen bei der Erziehung gleichsam einzuflösen, indem schon Kinder von 8 Jahren dabei gebraucht werden können, ja es auch so leicht ist, das Lesen-, Schreiben- und Rechnen-Lernen mit der andern Arbeit zu verbinden" (Denoël, Uebersicht der Ausstellung, Teil 1).

[111] Vermutlich handelte es sich um ein Schreiben, das durch die Zusendung der Akten aus Aachen überholt war, sodass Groote seine Absendung verhinderte.

Schreiber,[112] und will unsre Merkwürdigkeiten sehn. Er scheint kein übler Mensch zu seyn, sitzt lang bey mir, u. will andern Tags wieder kommen.

Den 26. Septembris [1817].

Der Böse läßt von mir nicht ab. ⁓ O wohl dem, der sich ihm nimmer ergab! Nach dem ersten Fall ist er jedes künftigen Sieges gewiß! – Althans kommt nicht. Ich gehe meine Akten noch durch, u. gebe in der Sitzung gleich ein Schreiben an die Düsseldorfer Regierung an, um die Handschriften u. Dokumente zu erhalten.[113] – Wallraf war lange bey mir; er sagte, es gehe mit dem alten Hardy sehr schlecht, u. schreibt deshalb an den Graf Solms.[114] In dem Regierungs Sale pumpt Haxthausen mich um |29r| 40 Rth. an, die er mir mit dem ersten 8bris [October] wieder geben will. Er muß sehr in der Klemme seyn, da er auf diese 4 Tage noch borgen will. Allein, höchst toll finde ich es, daß er sich an mich wendet, da er weiß, daß ich keine einzige EinkommensQuelle habe. Er soll überhaupt Schulden machen, u. viel unnöthig Geld verthun. Ich traue ihm nicht, u. lehne sein Ansuchen kurz ab. – Nach Tisch kommt Schaeffer doch nicht, wie er doch gesagt. Ich schicke zu Carové wegen der 30 Fr. für seinen Sohn; er läßt mir sagen, er werde das Geld morgen schicken. Von General Advokat v. Sandt wollte ich ein Buch haben, das er mir versprochen. Er ist nicht da. Ich öffne den Brief, der mit den Taschen Büchern gekommen; es sind nur 2 Linien[115] von Reimer, darin noch 2 Briefe an Simon u. Haxthausen, die ich letzterem schicke. Ich habe nun die

---

[112] Groote hatte 1816 das im selben Jahr erschienene Buch von Aloys Schreiber, Anleitung auf die nützlichste und genußvollste Art den Rhein von Schafhausen bis Holland [...] zu bereisen, gekauft und gelesen.
[113] Dieses Schreiben ließ sich nicht nachweisen. Aus Aachen hatte man inzwischen ein Urkundenverzeichnis nachgereicht, das Groote jedoch erst am 7. Oktober erhielt. Regierung Aachen an Fr. L. Chr. zu Solms-Laubach, Aachen, 22. Sept. 1817: „Als Nachtrag zu unserm Schreiben vom 2t. d. M. beehren wir uns Ew. Hochgeboren in der Anlage ein vom hiesigen Stadt-Archivar Meyer angefertigtes Verzeichniß der von Paris hieher zurückgekommenen alten Aachenschen Urkunden ganz ergebenst zu überreichen, und bitten, uns dasselbe demnächst mit den Acten gleichfalls gefälligst zurücksenden zu wollen" (Landesarchiv NRW R, BR 0002, Nr. 404, Bl. 102r); vgl. darunter den Vermerk, Köln, 6. Okt. 1817: Das Verzeichnis aus Aachen solle Assessor von Groote vorgelegt werden. L. Ph. W. vom Hagen in Vertretung des Oberpräsidenten an E. von Groote, 7. Okt. 1817, Abschrift: „Unter Beziehung auf mein Schreiben vom 20. v. M. in Betref der von Frankreich restituirten Kunstschätze und Alterthümer, erhalten Sie nachträglich in der Anlage ein uns von der Königl. Regierung in Achen unterm 22. v. M. mitgetheiltes Verzeichniß über mehrere von Paris zurückgekommene alte Stadt-Achensche Urkunden, um solches bey Ihrem Vortrage über den künftigen Gebrauch der von Frankreich zurück erhaltenen Gegenstände dieser Art, den ich sehnlichst erwarte, zu benutzen" (Bl. 102v).
[114] Am selben Tag wies Solms-Laubach Wallraf 400 Francs zur Unterstützung Hardys an (Fr. L. Chr. zu Solms-Laubach an F. Fr. Wallraf, Köln, 26. Sept. 1817; HAStK, Best. 1105, A 147, Bl. 70r). Schon am 18. Jan. 1817 hatte Solms-Laubach Wallraf mitgeteilt, dass er 150 Francs an Hardy überwiesen hatte (Bl. 62r).
[115] Linien, hier: Zeilen.

Akten ganz durch gedroschen, u. gehe ins Theater, |:–1–2:| wo Esslair den Leycester in Maria Stuart sehr gut spielt; auch Madame Schiele als Maria ist ganz gut. Graf Solms reiste heute Abend nach Laubach ab.

Den 27. Septembris [1817].

In der Nachbarschaft soll bei einem Goldschmied eingebrochen sein, durch ein Loch in seinem Goldkasten.[116] Ich glaubte, es seye heute das Anniversarium im Elend, allein, es ist wieder abbestellt. Das Wetter ist gar wüste.[117] Ich sitze bey meinen Sachen, allein, es kommt erst Prof. Hüllmann,[118] der sich bey den Trie-

---

[116] Zeitungs-Bericht der Reg. Köln für September, 9. Okt. 1817: „Zu Köln wurden 10 [Diebstähle] verübt, 2 mit Einbruch, von welchen der eine auf der gangbarsten Straße der Stadt nahe an dem Punkte, wo alle vier Reviere [Stadt- und zugleich Polizeisektionen] zusammenstoßen, zur Nachtzeit in dem Laden eines Goldarbeiters geschahe, und mancherley Gold-Arbeiten, im Gesammtwerth von 700 rhr, welche aus dem Kasten durch eine mittelst eines Bohrers gemachte Oeffnung entwendet wurden, zum Gegenstand hatte. Noch ist man den Thätern nicht auf der Spur, hat jedoch dazu zweckmäßige Maasregeln getroffen" (GStA PK, I. HA Rep. 89, Nr. 16278, Bl. 124v). Auf den Straßen Kölns patrouillierten Nachtwächter, die vor Feuer und Diebstahl warnten. K. J. von Mylius, Dienstanweisung an die Nachtwächter v. 22. Nov. 1816: „Stößt der Nachtwächter auf Personen, von denen er diebische Absichten vermuthet, so hat er diese von weitem zu verfolgen und zu beobachten, um sich zu überzeugen, in welches Haus sie einkehren" (HAStK, Best. 400, A 360, Bl. 26r). Vgl. Hachenberg, Entwicklung, S. 63 f.

[117] Zeitungs-Bericht der Reg. Köln für September, 9. Okt. 1817: „Der Monat September zeichnete sich durch eine anhaltend schöne Witterung aus, und nur am Schlusse desselben waren einige nasse und stürmische Tage. Man zählte 21 schöne und heitere, 9 theils heitere, theils gemischte, theils Regentage" (GStA PK, I. HA Rep. 89, Nr. 16278, Bl. 118r).

[118] Das Innenministerium hatte K. D. Hüllmann schon Ende 1816 eine Anstellung bei der rheinischen Universität in Aussicht gestellt, woraufhin dieser nach Köln zog, um die Eröffnung der Universität – die er sich für Bonn erhoffte – abwartete. Währenddessen hielt er auf Wunsch von Solms-Laubach Vorlesungen. Vgl. Fr. L. Chr. zu Solms-Laubach (ohne Adressat, vermutlich an Grashof), Köln, 24. Sept. 1817: Durch geschichtliche Vorlesungen von Prof. Hüllmann in Köln könne „ein Licht in den Rheinprovinzen" angezündet werden, „welches mit der Aufhebung der Universität Bonn [1798] erloschen ist". Er fügte hinzu: „Funken in der stygischen Nacht zu erwecken, ist auch ein Verdienst, und dieses bescheidne Theil soll man uns wenigstens nicht nehmen" (Landesarchiv NRW R, BR 0002, Nr. 402, Bl. 1r u. v). Hüllmann erklärte sich zu Vorlesungen bereit, allerdings wünschte er keine öffentliche Ankündigung: „Es kann sich indessen die Sache von selbst bilden, da mir der Buchhändler du Mont mitgetheilt hat, dass eine Gesellschaft von Männern aus den gebildeten Ständen jene Vorträge wünsche" (Bl. 2r). K. D. Hüllmann an J. G. Scheffner, Köln, 17. Febr. 1818: „Ich halte nämlich seit etwa 4 Monaten Vorträge – nicht über Geschichte, sondern über Staatswirthschaft, für 10 junge Männer, die grösstentheils von der Regierung sind: Assessoren, Referendarien, Sekretarien, auch einige Doctores p." (in: Warda, Briefe, S. 379). Zugleich forschte er in Kölner Archiven zur mittelalterlichen Stadtgeschichte. Zu diesen Forschungen: Krahnke, Archivar, S. 65–67. 1818 veröffentlichte Hüllmann beim Verlag DuMont und Bachem seine Arbeit: Ursprünge der Besteuerung. Nachdem Altenstein im Dez. 1817 Hüllmanns Ernennung zum Professor in Bonn beantragt hatte, siedelte er Anfang 1818 nach Bonn über, im Okt. 1818 wurde er zum ersten Rektor der Universität ernannt (Ditsche, Hüllmann, 1968; Renger, Gründung, S. 74 f., vielerorts).

rischen Dokumenten etc. lange unterhält. Dann kommt Frau u. Frl. v. Hagen, das Haus zu sehn. |29v| Nachher Obrist v. Weise,[119] der sich nun in Cöln förmlich niederlassen zu wollen scheint, endlich noch der Regierungs Rath Ritz aus Aachen, von dem ich erfahre, daß die Reklamationssachen in Aachen bey der Abtheilung II.[120] betrieben werden, u. deswegen die I. über das, was noch dort ist, gar nichts weiß.[121] Er selbst hat den Tristan,[122] u. einige andre Sachen davon bey sich, verspricht mir aber zu sorgen, daß alles schleunigst geschickt werde. Das sind mir ganz willkommene Nachrichten.

Nach Tisch bleibe ich still bey meinen Sachen, und zwar schreibe ich einen Bogen, der in meiner Kölnischen Chronik fehlt,[123] u. auch in der, welche unter den Pariser Büchern ist, nur geschrieben ist,[124] ab. Gegen 7 ½ gehe ich in den Olymp, wo Schäffer ist,[125] der viel tolles Zeug mit großer Kälte sagt. – Denoël hat einen neuen Witz für die Preußischen Rhein Provinzen, nehmlich Le père & le fils sont passés ici, quand est-ce que viendra le St. esprit?[126] Ich gebe eine Idee zur Carickatur an, man solle nehmlich den König von Preußen auf dem Schlitten der Montagnès français tout de suite durch die Rhein Provinzen nach Berlin fahrend vorstellen. Schäffer umarmt mich, wegen der Gedichte für den Kronprinz. Er will morgen noch manches besehn, u. auch zu mir kommen.

---

[119] Vermutlich: Obrist Caspar Joseph Hubert von Weise. Er heiratete 1820 die Kölnerin Maria Clara von Hilgers.

[120] Zu den Mitgliedern der Aachener Regierung vgl. die „Konduiten-Liste der Mitglieder der Regierung zu Aachen für das Jahr 1816/17" (Landesarchiv NRW R, BR 0001, Nr. 2232, Bl. 7r–12r). Peter Ludwig Wilhelm Ritz war seit 1816 Regierungsrat bei der Regierung in Aachen: „Ein junger Mann von Kopf, nicht ohne Kenntnisse, freimüthig, fleissig, und verspricht mit wachsender Erfahrung recht viel für den Dienst" (Bl. 10Av–11r).

[121] Die Schreiben aus Aachen an Solms-Laubach vom 2. Sept. u. 22. Sept. 1817 sind allerdings von der Regierung Aachen, Abt. I unterzeichnet (Landesarchiv NRW R, BR 0002, Nr. 404, Bl. 101r, 102r).

[122] Um welchen „Tristan" aus Aachen es sich handelt, ist unklar. Zu den von Groote genutzten Tristan-Exemplaren: Spiertz, Groote, S. 164–174.

[123] Groote vermerkte 1816 „ein Manuscript, einen Theil der Kölnischen Chronik, welches Willmes gehört" (Groote, Tagebuch, Bd. 2, 12. Sept. 1816, S. 348). Welche Chronik gemeint ist, konnte nicht geklärt werden.

[124] Möglicherweise bezieht sich Groote auf eine Schrift, die er im Dez. 1817 im „Verzeichniß der Bücher welche sich in der von Düsseldorf hierhin gesandten, mit No. 10 bezeichneten Kiste befinden" vermerkt. An 2. Stelle des Verzeichnisses (Entwurf) führt er auf: „Ein vollständiges Exemplar der Chronik von der h. Stadt Köln, von 1499, mit schwarzen Holzschnitten. Led. Band. Fol." (HAStK, Best. 1553, A 1, Bl. 50r). Es handelte sich also um ein Exemplar der Koelhoffschen Chronik: Die Chronica van der hilliger Stat van Coellen, von Johann Koelhoff d. J. aus dem Jahr 1499. Zur Chronik: Höhlbaum, Geschichte, 1890; Henn, Welt- und Geschichtsbild, 1987; Die Cronica van der hilliger stat van Coellen, 1876.

[125] K. Fr. Schäffer hatte seit Jahren Kontakte zu Wallraf und der Olympischen Gesellschaft (Wegener, Teil I, Leben, S. 158, 175; Vogts, Kölner Wohnhaus, Bd. II, S. 607). Vgl. K. Fr. Schäffer an F. Fr. Wallraf, Düsseldorf, 6. Juli 1817: Er bezeichnet Wallraf als „Mein lieber Vater" und „Vater der alten herrlichen Stadt Cölln" und nennt sich Wallrafs Sohn (HAStK, Best. 1105, A 17, Bl. 40r). Siehe Schäffers Briefe an Wallraf von 1807 bis 1819 (HAStK, Best. 1105, A 17).

[126] Der Vater und der Sohn sind hier vorbei gekommen, wann kommt der Heilige Geist?

Den 28. 7bris [Septembris 1817]. Sonntag.

Ich schreibe jenen fehlenden Bogen der Chronik fertig. Der Sattler Lutz kommt u. langweilt mich mit unsinnigem Zeug. Ich sagte ihm neulich, daß er sich damals verrechnet habe; deswegen fragt er nun nach; allein, ich weise ihn ab, da seine Arbeit |30r| war wirklich zu schlecht. Hauptsächlich kommt er wohl, weil er an den Vater noch Geld zu fordern hat, und um sich zu neuer Arbeit zu empfelen. In den Dom kommt spät Schaeffer, Wallraf, H. Dumont, Fuchs, u. wir gehn zusammen, zu einer Frau in der Klöckergaße, welche gestickte Bilder macht, französisches Zeug.[127] – Dann gehn wir zu v. Mehring, der uns nicht eben sehr freundlich empfängt, sondern uns viel verrücktes Zeug von sich und seinen Bildern vorsagt. Ich bin froh, wieder weg zu kommen. Schaeffer u. Wallraf gehn mit Dumont. Fuchs verspricht mir, morgen früh wegen des großen Lebrun zu kommen, u. zu sehn, wie dieser, u. die dazu gehörende Rahm, am besten in Stand zu setzen sey. In den Blättern steht heute wieder wunderliches Zeug. Im Morgenblatt wird die Justitzverfassung in den Rheinprovinzen derb angegriffen, und es kommen sogar Persönlichkeiten vor, u. es wird von einzelnen Fällen, wie von der Fonckschen Geschichte gesprochen.[128] In diesem Geschmier scheint Neigebauer[129] wieder zu spucken. In den Rheinischen Blättern wird das Buch über

---

[127] Welt- u. Staatsbote zu Köln, Nr. 156, 30. Sept. 1817, Annonce: „Madame Mourot, von Metz, erste Künstlerin in gestickten Gemälden, sowohl in Seide als Chenille, welche bei ihrer Durchreise nach dem Haag einigen ausgezeichneten Personen dieser Stadt ihre kostbare Sammlung gestickter Gemälde gezeigt hat, wurde von diesen ersucht, dieselben hier öffentlich auszustellen, um die hiesigen Frauenzimmer und Kunstliebhaber dieses Anblickes genießen zu lassen. Diese Ausstellung wird während acht Tagen in dem Hause des Herrn Volmerange, in der Glockengasse Nro. 10, von Morgens 9 Uhr bis Mittag, und von 2 bis 6 Uhr Nachmittags Statt haben. Die Person zahlt 30 Stüber. Man wird sich überzeugen, welche Beschwernisse diese Dame zu überwinden gehabt, bis sie ihre Kunst zu einer Vollkommenheit gebracht, die bis jetzt ihres Gleichen nicht hat."

[128] Welches Morgenblatt Groote hier meinte, ist unklar. Der Artikel konnte weder im Morgenblatt für gebildete Stände noch im Literatur-Blatt des Morgenblatts nachgewiesen werden.

[129] Der Jurist, Schriftsteller und „Altpreuße" J. D. F. Neigebaur war seit 1816 am Oberlandesgericht in Kleve tätig; 1815 hatte Groote mit ihm an einer Verzeichnung der Wallraf'schen Sammlung gearbeitet. 1816, kurz nach der Einrichtung der Immediat-Justiz-Kommission, veröffentlichte Neigebaur beim Verlag H. Rommerskirchen anonym: Die Wünsche der neuen Preussen bei der zu erwartenden Justiz-Reform in den Rheinländern; und zu welchen Erwartungen die ernannte Immediat-Justiz-Commission berechtigt? Neigebaur spricht sich in seiner Schrift zwar für einen Prozess der Anpassung von franz. und preuß. Rechtswesen aus, betont jedoch dabei die Nachteile des franz. Justizsystems und charakterisiert die Praxis des Gerichtswesens im Rheinland sowie die Fähigkeiten der in ihm tätigen Juristen äußerst negativ. Aus seiner Analyse, so Neigebaur, „ergiebt sich die Leichtigkeit, mit welcher aus dem allgemeinen Landrecht alles entfernt werden kann, was den hiesigen Begriffen zuwider ist, und wie leicht es zur Einführung in die K. P. Rhein-Provinzen geschickt gemacht werden kann. Unverändert würde es bei der Richtung, die der Nationalgeist [...] genommen, das höchste Mißfallen erregen; besonders alles, was Bezug auf das Feudalwesen hat" (Neugebaur, Wünsche, S. 48 f.). Neigebaur machte detaillierte Vorschläge für die Arbeit der Justiz-Kommission und endete seine Schrift: Wenn die Kommission diese Vorschläge berücksichtige, werde sie „den Dank der ganzen Nation," erhalten, „welche nun mit Ruhe der Einführung der

Verfassung in diesen Provinzen herunter gemacht, welches ein gewisser Führer geschrieben hat.[130] Er sagt unter andern, es sey das Volk hier so stumpf, so schwach, so irreligiös, so verdorben, daß ihm nur durch tüchtige Polizeybeamte aus den alten Provinzen aufgeholfen werden könne. Der Vrai liberal endlich enthält einen Brief aus Köln, wo aber die Preußische Verwaltung dieser Provinzen wirklich zum theil aus besseren Ansichten herunter gemacht wird.[131] – Nach Tisch gehe ich mit Joseph zu Schaaffhausen auf Kitzburg. |30v|
Als wir hin kommen, ist man noch am Essen. Die Damen v. Harff, der dumme Polizeypräsident Struensée u. seine Frau, v. Prang, v. Sandt u.a. sind da. Frau v. Harff sagt mir nachher, daß Frau v. Kettler u. Frl. Thresette bey ihr waren. Letztere solle sich gar nicht zu ihrem Vortheil geändert haben, doch sey sie noch rasch u. kühn, mehr, als es ihr wohlanstehe. Es ist mir leid für die gute Familie, sagte sie, besonders für ihre brave Schwester Nette, das verstand ich! – Man setzt sich nach Tisch gleich wieder zur Parthie u. deswegen gehn wir, nachdem wir den schönen, noch nicht vollendeten Saal[132] gesehen haben, mit Prang in die Stadt zurück. Ammons sind nicht da. Ich wollte H. Dumont besuchen, wo ich hoffte, Schaeffer noch zu finden. Allein, Ersterer begegnet mir am Neumarkt, u. ich gehe mit ihm zur Gesellschaft daselbst, wohin Schaeffer kommen wollte, aber nicht kommt. Ich bleibe bis 9 Uhr. Joseph u. Carl wollen morgen jagen.

---

verheissenen neuen Staatsverfassung entgegen sehen wird, von welcher erst eine durch Volks-Repräsentanten aus dem Volke selbst hervorgehende Gesetzgebung zu erwarten ist, die eine Vollkommenheit erreichen dürfte, deren menschliche Unternehmungen nur fähig sind" (S. 59). Kurz darauf erschienen Gegenschriften, z.B.: Anonym, Einige Worte über die von einem Pseudo-Neu-Preußen herausgegebenen Wünsche bei der zu erwartenden Justiz-Reform in den Rheinländern, Köln, in Kommission bei DüMont und Bachem 1816. Anonym, Die Wünsche und Hoffnungen der neupreussischen Staatsbürger in dem Großherzogthume Niederrhein und in den Herzogthümern Jülich, Cleve und Berg, bei Gelegenheit der für die Rhein-Provinzen verordneten Königlichen Immediat-Justiz-Commission. – Ein Seitenstück zu der jüngst erschienenen Schrift: „Die Wünsche der neuen Preussen bei der zu erwarteten Justiz-Reform in den Rheinländern. Von einem Rheinländer, Köln, bei H. Rommerskirchen 1817. Vgl. auch: [Neigebaur], Statistik der Preußischen Rhein-Provinzen, in den drei Perioden ihrer Verwaltung. Von einem Preußischen Staatsbeamten, Köln, bei H. Rommerskirchen, 1817. Zur Rolle Neigebaurs: Faber, Rheinlande, S. 137–143.

[130] Die Rh. Blätter, Nr. 153, 25. Sept. 1817 referierten und kommentierten ironisch das „Büchlein": Führer, Einige Worte über die im nunmehrigen Großherzogthume Niederrhein bisher bestandene französische Polizeiverwaltung. Der Artikel endet: „denn wer das Büchlein gelesen hat, nimmt ihm [dem Autor] nichts übel und macht höchstens einen ‚Fingerzeig' nach der Gegend des Kopfes, wo das Gehirn liegt."

[131] Le Vrai libéral; journal philosophique, politique et littéraire.

[132] Möglicherweise verweist Groote hier auf das „Napoleonsälchen" mit „pompejanischer" Ausmalung.

Den 29. 7bris [Septembris 1817].

Fuchs kommt, und besieht den Rahmen zu unserm Bilde, u. will mir den Vergolder Walzer[133] schicken. In der Sitzung habe ich nicht viel zum Vortrag, es werden mir aber, da alle Räthe schnell weg gehn, zum erstenmal eine Menge Mund.[134] vorgelegt, die ich, blos mit dem Direktor zeichne. Nach Tische gehe ich bald zu Regierungs Rath Fuchs, dem ich das Cassabuch der Transdorfer Vicarie bringe, allein, er ist nicht da. Ich gehe zu Gadé, der leider unsre Geschäfte zu gering ansieht, um sie mit rechtem Fleiß zu betreiben. Ich gehe von ihm wieder zu Fuchs, |31r| der das Buch zu sich genommen, u. wieder ausgegangen ist. Ich besuche nun Prof. Hüllmann,[135] und da er nicht da ist, dessen Frau, die sich noch so ziemlich hier zu gefallen scheint, übrigens ziemlich manierlich, aber nicht hübsch ist. Hüllmann soll auf dem Rathhause alte Stadturkunden ansehn.[136] Später gehe ich in das Theater, |: 1–2 :| wo Wallensteins Todt, wieder ziemlich gut gegeben wird. Esslair den Wallenstein.[137] Es sind viele Leute da. – Der Vater und

---

[133] AK 1822: Christian Waltzer, Maler, Vergolder, Lackierer, Haus-Nummerirer der Stadt Köln, Mariagartenkloster 6. Welt- u. Staatsbote zu Köln, Nr. 140, 2. Sept. 1817, Annonce: „Bei Maler Christ. Waltzer, in dem ehemaligen Mariengartenkloster ist zu haben der beste Oel Copal-Firnis, welcher nach mehr als 30 Jahren durch Kunst und Fleiß von ihm verfertigt und durch gelieferte Arbeit erprobt ist, und daher zum Firnissen, Lackiren aller möglichen Gegenstände, sowohl im Innern als in der Luft und Feuer gebraucht werden kann; die Probe davon wird die beste Empfehlung seyn, und aus diesem Grunde wird solcher auch in der kleinsten Quantität verkauft. Die Bouteille der geringsten Gattung kostet 75 und 90 Stbr. Auch sind auf vorherige Bestellungen alle mögliche andere Firnissen im billigsten Preise zu haben." Vgl. Krischel, Rückkehr, S. 98.

[134] Abkürzung „Mund.": Groote wurden Schriftstücke zur Mundierung vorgelegt.

[135] K. D. Hüllmann und seine Frau Marie wohnten in der Straße In der Höhle/Höhlenstraße: K. D. Hüllmann an J. G. Scheffner, Köln, 7. Nov. 1817: „Ja in der Hölle wohnen wir, in einer der engsten Strassen der sogenannten heiligen Stadt Cöln; denn es ist hier sehr schwer, unterzukommen, da man auf das Vermiethen nicht eingerichtet ist. Einige Entschädigung ist, dass wir einen Weinkeller unten haben" (in: Warda, Briefe, S. 378). Generell urteilte Hüllmann: „Im Ganzen scheinen hier die Menschen fromm und gutmüthig, bei der gehörigen Lockerheit, Fröhlichkeit, und Lebenslust. Es scheint ihnen in ihrem Käfig ganz behaglich zu seyn. Aber ein solcher ist wahrlich die ganze alte Colonia, im Einzelnen, wie im Allgemeinen: jenes, weil die meisten Strassen, wenigsten die, im Innern der Stadt, enge sind; dieses, weil es eine, mit hohen Mauern und Wällen umgebene, Festung ist. Und hat man sich durch den Verhack der vielen feuchten Strassen durchgearbeitet, und gelangt vor das Thor, so ist man zwar dem Stockfischgeruche entgangen, der, als ein endemischer Duft, die Stadt durchzieht (und wogegen das berühmte Cölner Wasser von dem unsterblichen Farina erfunden zu seyn scheint,) aber man wird keines Baumes, keines einzigen Gartens, gewahr; es eröffnet sich ein fruchtbares, reiches Gemüse-Feld; die äusserste Schildwache steht an der Spitze eines Heers von Kohlköpfen" (in: Warda, Briefe, S. 376 f.).

[136] Hüllmann teilte seinem Freund mit, er habe bereits einiges in der kurzen Zeit seines Aufenhalts in Köln vollbracht, „besonders in dem Archiv des alten, merkwürdigen Rathhauses, und in dem, des Gerichtshofes. In jenem sind einige, für die Handelsgeschichte wichtige, Urkunden, die noch nicht gedruckt sind. [...] Die Bereitwilligkeit der, dabei angestellten Beamten, ist gross, wie man überhaupt überall eine gute Aufnahme findet, wenn es auch sonst an Misvergnügen nicht fehlen mag" (K. D. Hüllmann an J. G. Scheffner, Köln, 7. Nov. 1817; in: Warda, Briefe, S. 376).

[137] Fr. von Schiller, Wallensteins Tod. Trauerspiel in fünf Aufzügen, Uraufführung 1799 in Weimar.

die Schwestern wünschen morgen nach Kendenich zu gehn. Die Jäger kommen erst aus dem Wirthshaus spät in der Nacht nach Haus.

Den 30. 7bris [Septembris 1817].

Aus dem Spaziergang nach Kendenich wird nichts, weil das Wetter zu wüst ist. Ich gehe bey Zeiten an meine Sachen, u. lasse mir von Sandt das Buch holen, welches er mir versprochen. Es ist Securis ad radicem posita.[138] Dann erhalte ich die Fr. 30 von Carové, welche er mir für die 3 Taschen Bücher schickt, u. gehe nun zu Fuchs, der erst einen attest verlangt, daß die Transdorfer Capelle noch besteht, u. noch Dienst darin ist etc. Ich gehe zu Nückel, der mir eigentlich nichts von Bedeutung zu sagen hat. Auf dem Bürgermeisteramte kann ich den Attest nicht bekommen, muß also noch schreiben. Zu Haus ist Herr Sieger, mit dem ich nach Tisch lange die verlorene Bürdschen. Schuldverschreibung suche, aber umsonst. Es schickt jemand einen Menschen mit einem Briefe aus dem Kaiserlichen |31v| [elf einhalb Zeilen sind durchgestrichen] Hofe, der mich sprechen will. Ich gehe hin, es ist der General Thielmann mit seiner Frau u. Schwägerinn u. 2 Söhnen.[139] Er scheint sich sehr zu freuen, mich wieder zu sehn, entschuldigt sich, daß er mir wegen des überschickten Tagebuchs nicht geschrieben, fragt nach allen seinen hiesigen Bekannten; ich bleibe bey ihm, während er speist, dann fährt er aus zu Ende. Wallraf, Frau von Harff, und ich gehn nach Haus, mit dem Versprechen, ihn morgen wieder zu besuchen. – Heute habe ich die angekommenen Taschenbücher holen lassen; ein Theil derselben ist durch die schlechte Verpackung, und noch größere Verwahrlosungen auf den schändlichen Preußischen Postwagen ganz durchnäßt und verdorben. Inzwischen muß ich dafür GGr. 105 Porto bezahlen, wovon ich mir aber für ein Paquet |32r| für Haxthausen GGr. 20 wieder bezahlen lasse.[140] Das Geld nehme ich von den Fr. 30 von Carové.

Esslair trat im Sept. 1817 mehrfach in Köln auf. Welt- u. Staatsbote zu Köln, Nr. 152, 23. Sept. 1817: „Theater-Anzeige. Auf vielfältiges Verlangen, daß Herr Eßlair noch die Rolle des Carl Moor in den Räubern geben möchte, hat der Unterzeichnete denselben dazu aufgefordert. Herr Eßlair, um dem kunstliebenden Publikum seine hohe Achtung zu bezeugen, willigte ein nach Köln zurückzukehren, und Mittwoch den 24. Sept. in den Räubern aufzutreten. Derossi."

[138] Peter Anton Bossart, Securis ad radicem posita, oder Gründtlicher Bericht Loco libelli, Warin der Statt Cöllen am Rhein Ursprung und Erbawung klär- und umbständtlich vorgestellt, auch ferner angewiesen ist, wasmassen dieselbe darsieder biß ins fünffte Saeculum in der Römischen Kayseren Beherrschung gestanden, Bonn 1687.

[139] Vermutlich begleiteten Thielmann seine beiden ältesten Söhne Franz und Karl von Thielmann; vgl. Petersdorff, Thielmann, S. 309 f.

[140] Die Bevölkerung empfand die Portokosten generell als zu hoch. Die Handelskammer beklagte sich 1817 mehrfach über die hohen Portokosten, so etwa bei Oberbürgermeister von Mylius, Köln, 15. Apr. 1817 (Landesarchiv NRW R, BR 0002, Nr. 1107, Bl. 21r–29v) und bei Oberpräsident zu Solms-Laubach, Köln, 25. Apr. 1817 (Bl. 20r u. v). Handelsbericht für Oktober, Köln, 29. Okt. 1817: „Ueber das allzu hohe Briefporto dauern die Klagen fort; nicht minder drückend findet man das Geldporto. Beides stört den Verkehr" (RWWA 1-15-1, Bl. 56v). Handelsbericht für Dezember,

Den 1. Octobris [1817].

Mit Joseph berichtige ich einiges wegen der Taschenbuch-Berechnung, u. gehe dann zur Sitzung, wo das merkwürdigste ist, wie vom Hagen den Canzleyinspektor Müller heruntermacht, wegen des aus Händen gegebenen Hauptetats. Nachher gehe ich zu Thielemann in das Jesuiten Colleg, wo ihm Wallraf seine Sachen zeigt. Dann gehe ich mit ihm u. seinen Söhnen zu Fochem, über dessen Sammlung er sich sehr freut. Wir gehn zusammen in den Kaiserlichen Hof zu Tisch. Bey uns zu Haus speist der Turnmeister Jungnickel u. die beyden jungen Grashof; ich aber speise bey Thielemann in Gesellschaft seiner Damen u. Söhne, General Endes, Wallrafs u. Fochem sehr angenehm. Die Schwägerinn Thielemann's, Frl. Carpentier,[141] ist eine recht interessante u. vernünftige Dame, mit der ich mich viel unterhalte. Wir fahren nachher ins Theater, wo Esslair den Otto von Wittelsbach sehr schön spielt.[142] Von da ziehe ich mich still nach Haus zurück.

Den 2. Octobris [1817].

Nach einer verträumten Nacht versuche ich eine Szene zu schreiben, wie in Horazens Reise nach Brundisium.[143] Wallraf kommt bald, u. wir unterhalten uns über die alte Topographie von Cöln. Er ist heute schon bey Thielemann gewesen, u. hält mich ab hin zu gehn. Letzterer wollte heute noch seinen Damen Fochem's Sammlung zeigen, u. dann nach Bonn fahren, von wo er hierhin zurückkommt. |32v| Auch der Vergolder Walzer kommt, u. besieht den Ramen um das

---

Köln, 31. Dez. 1817: „Unsre Klagen über das unverändert theuer gebliebene Briefporto müssen wir zu unserm Leidwesen erneuern und dringend bitten, daß denselben Aufmerksamkeit geschenkt werden möge. Der Haupt-Verkehr des hiesigen Platzes ist nach Süd-Deutschland und der Schweiz und wird mühsam gegen Frankfurt errungen, welcher Platz sich im Ganzen einer billigern Posttaxe zu erfreuen hat, während unsre Briefe die Reise durch verschiedener Herren Länder theuer empfinden. So ist z.B. das Porto der Briefe aus Pfalz-Baiern theurer als unter der franz. Verwaltung und der Postenlauf selbst langsamer. Auch über die Fahrende sowohl ordinäre als Extra-Post hören wir häufig Klagen und daß dabei mehr auf die Conveniez der Post als des Publikums geachtet werden soll" (RWWA 1–15–1, Bl. 62v). Zu Post-Taxen und Portozahlungen: Matthias, Darstellung des Postwesens, Bd. 2, S. 115–158.

[141] Frl. von Charpentier war eine Schwester von Thielmanns Ehefrau Wilhelmine; beide waren Töchter des Geologen Johann Friedrich Wilhelm von Charpentier.

[142] Köln. Zeitung, Nr. 156, 30. Sept. 1817: „Theater-Anzeige. Mittwoch, den 1. Okt. 1817, zum Vortheil des Hrn. Eßlair: Otto von Wittelsbach, Trauerspiel in 5 Akten, von Babo." Die Schauspieltruppe von J. Derossi verbrachte die Wintersaison in Düsseldorf; die Gesellschaft von C. Müller hatte sich aufgelöst.

[143] Horaz (Quintus Horatius Flaccus), Reise nach Brundisium (Iter Brundisinum). Der satirische, in Hexametern verfasste Text entstand um 35 v. Chr. Vgl. Radke, Betrachtungen, 1989. Möglicherweise las Groote die Satire in einem Horaz-Exemplar, das er selbst im Juli 1815 als „Kriegsbeute" aus der Bibliothek des Schlosses in Le Plessis-Piquet mitgenommen hatte (Groote, Tagebuch, Bd. 1, 4. Juli 1815, S. 116 f.).

Bild von Lebrun. Er glaubt, die Reparation desselben würde wohl 100 Rthl. kosten. Bald gehe ich nun in die Elendskirche, wo das Anniversarium schon angefangen hat.[144] Ich gehe mit den Meinigen von da. |: 16 S.:| Ich erhalte einen etwas verwirrten Brief von Sulpitz Boisserée, der wieder krank war.[145] Er schreibt von Arndt, u. giebt mir in meinem Benehmen gegen ihn Recht. – Kreuser kommt von Coblenz, wo Ocken seyn soll, der vielleicht auch hierin kommt. Mittags ist Herr Fochem bey uns. Später kommt Herr Regierungs Rath Delbrück, der wirklich ein recht lieber freundlicher Mann ist. Ich lese Schlossers Hefte über die Ständeverfassung in Lippe u. über die Forderungen der Katholiken in Frankfurth zu Ende. Abends kommt Denoël zu mir, u. wir lesen erst den Universitäts-Aufsatz in der *Isis*, worüber wir nochmal recht lachen, dann liest mir Denoel seine Schilderung der hiesigen Gewerbe u. der Exposition der Manufakturen vor, die recht hübsch gefaßt ist.[146]

Den 3. Octobris [1817].

Frühe kommte Herr Reusch zu mir, wegen des Abbonnements der Bierbrauer, worüber sie eine Vorstellung an die Regierung eingegeben.[147] Ich verspreche ihm, mit Regierungs Rath Schleefke deshalb zu reden, u. im vorkommendem Falle, mich auch in der Regierung deshalb zu verwenden. Ich gehe zu Herrn RegierungsRath Delbrück, den ich im weißen Thurm noch einen Augenblick spreche. In der Regierung|A 1/15–29; 1r|zeichne ich selbst mit den Hauptetat pr. 1817, auf dem ich leider im Innern immer noch nicht stehe.[148] Dr. Sotzmann sagt mir, daß er mein Schreiben an die Regierung zu Aachen gezeichnet habe.[149] Das ist mir ganz lieb. Der Vater, die Schwestern, u. Carl, Caspar u. Joseph sind in die Obstlese nach Kendenich. Ich esse mit Herrn Nußbaum allein zu Mittag, u. erhalte dabey das Urtheil von Schroeder contra Fonk vom Gericht zu Krefeld, wozu eine ziemlich kühne Einleitung geschrieben ist.[150] Nachher [gestrichen: arbeite

---

[144] Vermutlich hatte man das am 27. Sept. abgesagte Anniversarium auf den 2. Okt. 1817 verschoben.

[145] Ein Brief von S. Boisserée an E. von Groote von Ende Sept. 1817 konnte nicht ermittelt werden. Vgl. S. Boisserée, Tagebücher, Bd. I, 29. Sept. 1817, S. 465: „Briefe an Groote und Schlegel". Zu seiner Krankheit: S. Boisserée an J. W. von Goethe, Heidelberg, 24. Sept. 1817 (in: S. Boisserée, Briefwechsel, Bd. II, S. 190; S. Boisserée, Tagebücher, Bd. I, bes. 7. bis 21. Sept. 1817, S. 438–464.

[146] Denoël, Uebersicht der Ausstellung, Teil 1 u. 2.

[147] Wahrscheinlich handelte es sich bei diesem Abonnement um den „Haustrunk" der Brauer, ein Deputat, das steuerfrei war. Die Bierbrauer beantragten also die weitere Steuerfreiheit ihres Deputates. Ich danke Ulrich Soénius und Marc Chudaska für ihre Hinweise.

[148] Groote war Regierungsassessor ohne Gehalt, während sein Bruder Joseph von Groote als Konsistorialassessor 200 Rtlr. pro Jahr erhielt (Fr. L. Chr. zu Solms-Laubach, Konduitenliste, Köln, 20. Sept, 1817; GStA PK, I. HA Rep. 74, Nr. 103, Bl. 211r).

[149] Dieses Schreiben ließ sich nicht identifizieren.

[150] Obgleich die Geschäftsbücher von Fr. Schröder und P. A. Fonck bereits Anfang des Jahres durch das Kölner Handelsgericht geprüft worden waren, forderte Schröder eine erneute Untersuchung.

ich einige Zeit in meinen Sachen] gehe ich zu Elkendorf, ihm einige Bücher zurück zu bringen, finde ihn aber nicht. Dann gehe ich mit Denoël in den Verkauf bey Heinius, wo aber die moeubles, die wir kaufen möchten, nicht vorkommen.[151] Ich bleibe nachher zum Thee, Louise zeigt mir ihr zu ernst gehaltenes Portrait von Beckenkamp,[152] u. da nachher mehrere ins Theater gehn, gehe ich nach Haus, u. suche lang noch in den Papieren nach der Bourscheidtschen Obligation wegen der Vicarie zu Walberberg. Spät kommen die Meinigen wohl u. munter zurück.

Den 4. Octobris [1817].

Joseph u. Carl gehn früh zur Jagd mit v. Stolzenberg auf die andre Seite.[153] Ich arbeite mit ziemlicher Ruhe in den Kölnischen Sachen. Dann lasse ich Herrn Gadé auf Nachmittag zu uns bescheiden. Von Bonn kommt der Notarietätsakt wegen der Transdorfer Capelle. Gegen 11 gehe ich nochmal zu Ammons; allein, der Verkauf ist schon geschlossen, u. jene Moeubles kommen erst Dienstag vor. – Nach Mittag kommt Herr Gadé, u. wir |1v| notiren alle aktiven u. passiven Punkten der Erbschaften im allgemeinen, u. bringen eine ziemlich klare Uebersicht zu stande, auf welchem Wege die ganze Sache nun zu vergleichen möglich ist. Auf nächsten Montag soll Herr Sitt zu einer neuen Conferenz zugezogen werden. Um 7 U. gehe ich in die Olympische Gesellschaft, wo ein fremder Candidat und ein junger gelehrter aus Göttingen sind. Letztrer ist ziemlich interes-

---

Diese fand am Handelsgericht des Kreises Krefeld statt, das Urteil wurde am 31. Aug./20. Sept 1817 gefällt. (Fonk, Der Kampf um Recht und Wahrheit, Heft 1, S. 87–94). Möglicherweise gab es zum Urteil eine Druckschrift, die Groote zur Verfügung stand. Die Ermittlungen in Köln zum Mordfall Fonck mussten aufgrund einer Entscheidung des Revisionshofes in Koblenz Anfang Oktober beendet werden, stattdessen wurden sie den Gerichten in Trier übergeben (Reuber, Mordfall, S. 47).

[151] Welt- u. Staatsbote zu Köln, Nr. 153, 25. Sept. 1817: „Dienstag den 30. und die folgenden Tage, um die gewöhnlichen Vor- und Nachmittagsstunden, werden in dem Sterbhause des verlebten Herrn Joh. Peter Heinius, auf der Hochstraße am Eck der großen Budengasse dahier, Nro. 2099 jetzt 136, sämmtliche von demselben hinterlassene Mobiliar-Gegenstände, bestehend in Kupfer, Zinn, Porzellan und sonstigen Haus- und Küchengeräthschaften, Oefen, Spiegeln, Stühlen, Kanapees, Schränken, Tischen, Hausuhren, Fußteppichen, Gemälden, Kupferstichen und Bücher, so wie auch mehrere gut gehaltene Weine, öffentlich den Meistbietenden gegen baare Zahlung versteigert werden." Welt- u. Staatsbote zu Köln, Nr. 157, 2. Okt. 1817: „In der Meubeln-Versteigerung im Sterbhause von Hrn. J. P. Heinius, werden heute und morgen Nachmittag unter andern auch Stühle, Kanapee's, Schränke, Kommoden, Gläser, Porzellan etc. versteigert." Köln. Zeitung, Nr. 159, 5. Okt. 1817: „Am Dinstag den 7. dieses kommen bei der Versteigerung im Sterbhause des Herrn J. P. Heinius schöne Fußteppiche, ein neuer Sophakronleuchter, Spiegel, Kommoden, Tische und Stühle vor. Am Mittwoch den 8. Nachmittags wird damit fortgefahren, auch eine neue Kutsche und eine Birutsche versteigert."

[152] B. Beckenkamp, Porträt der Luise Agnes Margarete von Ammon. Der Verbleib des Porträts, das bei Mosler, Beckenkamp, 2003 nicht erwähnt wird, ist wohl unbekannt.

[153] Andere Seite, hier: rechtsrheinisch.

sant. Bey Gelegenheit der Frage über die Theologische Fakultät, trage ich Delbrücks Meinung mit Bestimmtheit vor, daß hier wohl am besten, eine rein streng katholische Theologische Fakultät errichtet werden dürfte. Bruch scheint dieser Meinung nicht zu seyn. Die Jäger sind dabey gewesen, daß ein schöner Hirsch erlegt wurde.

Den 5. Octobris [1817]. Sonntag.

Ziemlich frühe schon kommt General Thieleman zu mir, der seit gestern von Bonn zurück ist. Er besieht mit vielem Vergnügen das Jabachsche Bild u. einige Manuskripte; will um die Vestung fahren, früher zu Lievensberg gehn, u. dann seine Frau in den Dom führen. Er bittet mich zu Tisch. Im Dom finde ich ihn mit den Seinigen, nach der Messe fährt er zu den Vestungswerken, ich gehe mit den Damen und Knaben zu Lievensberg, den sie früher nicht fanden, u. dann zum St. Peter. |:–10:| Von da gehn wir zu Tisch. Der General Ende speist mit uns; die Gesellschaft ist ganz angenehm. |2r| Bey den Damen scheine ich mich wohl empfohlen zu haben. Nach Tisch gegen 4 Uhr fährt der General gleich nach Düsseldorf ab, wohin er mich freundlichst einladet. Ich gehe später noch aus, um v. Harff zu besuchen. Simon begegnet mir; mit ihm sehe ich bey Dumont die neuesten Taschenbücher an,[154] begleite ihn nachher weithin, gehe endlich in die Andreaskirche,[155] wo eine schlechte Musik-Komplet[156] ist; bey Harff finde ich niemand. Auf der Straße begegnet mir Steingass,[157] der von Jena, wo er liest, in den

---

[154] Vgl. eine Annonce der Buchhandlung DüMont u. Bachem: „So eben sind bei uns angekommen: Anekdoten-Almanach auf das Jahr 1818. Herausgegeben von K. Müchler. Mit 1 Titelkupfer. 12. Berlin, Dunker u. H. 1 Rt. 48 St. / Frauentaschenbuch für das Jahr 1818, von de la Motte Fouque. gr. 12. Nürnberg. geb. mit Futteral 2 Rt. 40 St. / Frauenzimmer-Almanach zum Nutzen und Vergnügen für das Jahr 1818. 12. Leipzig. geb. mit Futteral 1 Rt. 48 St. / Taschenbuch für Damen für das Jahr 1818. Von Göthe, Lafontaine, la Motte Fouque, Pichler, J. P. Richter und Andern. 12. Tübingen. geb. mit Futteral 2. Rt. 12 St." (in: Beiblatt d. Köln. Zeitung, Nr. 18, 5. Okt. 1817).

[155] Zu St. Andreas vgl. Köln und Bonn mit ihren Umgebungen, 1828, S. 120 f.: „Das alte Gebäude brannte im Jahre 1220 ab, die noch vorhandenen Theile, so wie auch der etwas vernachlässigte Kreuzgang (beide im byzantinischen Style) verdienen Aufmerksamkeit. Schon von aussen zeigt sich das Chor als ein vom Schiffe der Kirche ganz verschiedener Anbau und als ein Denkmahl aus dem sechszehnten Jahrhundert ist das, im sogenannten cinquecentirten Style neben dem Altar sich befindliche Sacramentshäuschen nicht zu übersehen, obwohl es jetzt mit Oelfarben ganz übertüncht ist. Die Merkwürdigkeiten dieser Kirche sind ein Altarblatt von Fouckerath, einige Gemälde von Barthol. de Bruyn, und ein kunstreich aus Holz geschnizter Altar, der früher in der Maccabäerkirche stand." Die ehemalige Stiftskirche St. Andreas war seit 1803 Pfarrkirche, eine Sukkuralkirche des Doms. Zu St. Andreas: Ewald/Rahtgens, Die kirchlichen Denkmäler (1916), S. 20–90; Schäfke, Kirchen, S. 26–37; Kosch, St. Andreas, 1995; Fraquelli, Die romanischen Kirchen im Historismus, Bd. 1, S. 32–63.

[156] Komplet: in der katholischen Tradition die Schlussandacht, das Stundengebet zur Nacht; die Andacht kann mit einem Gesang verbunden sein.

[157] Johann Baptist Joseph Steingaß, geboren 1790, stammte aus Mülheim am Rhein; nach seinem Studium in Jena und Heidelberg lehrte er 1818/19 an der Universität in Bonn, wo er sich in der

Ferien hier ist, u. mich zu besuchen verspricht. Ich gehe bald nach Haus, lese dort, u. bleibe den Abend da.

Den 6. Octobris [1817].

Ich schicke zu den Advokaten, daß sie nach Tisch zu mir kommen. Dann schreibe ich nach dem Wunsch des Vaters an General Vicar Klinkenberg wegen der Besetzung der Vikarie Transdorf durch Herr Franz Werner Sieger. – Endlich sehe ich noch einige Briefe von Th.B.C.[158] nach, und freue mich in Erinnrung vergangener Tage. Mit Denoël, der mich abholt, gehe ich zu Herrn Walzer, mit ihm die Reparatur des Rahmens vom JabachBild zu besprechen. Es scheint das Beste, daß dieser ganz neu vergoldet werde. In der Sitzung schreibe ich an Graf Solms nach Laubach, wegen der Dombibliothek in Darmstadt[159] u. wegen der Papiere, die, wie mir Boisserée schreibt, noch |2v| in Aachen liegen. Dann mache ich den Entwurf zu dem Briefe an den Akademischen Senat in Heidelberg wegen des Tristans, den ich haben möchte.[160] Ersteren Brief übergebe ich an Arndts. Bald nach Tisch kommen Gadé u. Sitt, u. wir werden einig, dem General den Vergleichsentwurf mit zutheilen. Leider hat Gadé, ungeachtet meiner Erinnrung, wieder die Papiere wegen des Capitals zu Merheim, u. den Schlüssel zu dem Koffer der Erbschaftspapiere vergessen, u. wir müssen manches wieder ununtersucht lassen. Dem Vater, der bald aus seiner Sitzung des Schulraths kommt, theile ich unsre Verhandlungen mit. – Es sind v. Kettler u. Thresette Wenge angekommen, u. wollen später die Schwestern noch besuchen. – Haxthausen sagt mir, der ältere Schlosser[161] wolle heute ankommen, u. ich könne ihn Abends bey ihm sehen. Seit heute ist die Postadministration in dem andern Hause.[162] –

---

gerade erst gegründeten Burschenschaft engagierte. Mit dem Beginn der „Demagogenverfolgung" ging Steingaß, der eine enge Verbindung zu Görres hatte, Ende 1819 ins Exil (Fink-Lang, Görres, S. 196 u. vielerorts).

[158] Während seiner Studentenzeit in Heidelberg hatte Groote sich in eine junge Frau mit den Initialen Th. B. C. verliebt.

[159] E. von Groote an Fr. L. Chr. zu Solms-Laubach, Köln, 6. Okt. 1817 (Privatarchiv d. Grafen zu Solms-Laubach, XVII, 117, Nr. 171). Siehe Briefe u. Schriften. Vgl. den Entwurf zu diesem Schreiben: HAStK, Best. 1553, A 1, Bl. 53r.

[160] Groote folgte also im Versuch, die in der Heidelberger Bibliothek aufbewahrte Handschrift des Tristan auszuleihen, dem Rat seines Freundes Carové.

[161] Groote irrt hier: Christian Friedrich Schlosser, geboren 1782, war der jüngere Bruder von Johann Friedrich Heinrich Schlosser, geboren 1780.

[162] Köln. Zeitung, Nr. 158, 4. Okt. 1817: „Vom Montag Morgens den 6. d. M. an wird das Ober-Post-Amt aus seinem gegenwärtigen Lokale in das sonstige Dr. Peipersche, jetzige königl. Posthaus, Glockengasse 4824, verlegt seyn, und von dort aus alle Brief-Posten und Diligencen abgefertigt werden. Indem wir das Publikum hiervon in Kenntniß setzen, bemerken wir zugleich, wie zu mehrerer Bequemlichkeit desselben am Thore des neuen Lokals ein Briefkasten angebracht seyn wird, worin sowohl bei Tage, als besonders zur Nachtzeit die unfrankirten Briefe hineingeworfen werden können. Köln, den 3. Septbr. 1817. Königl. Preuß. Ober-Post-Amt." Siehe auch: Welt- u. Staatsbote zu Köln, Nr. 158, 4. Okt. 1817.

Gegen 6 kommt Haxthausen mit Herrn Christian Schlosser zu mir, der mich sehr freundlich bewillkommt. Wir gehn noch an den Rhein spazieren, dann zu Haxthausen. Wir sind über dem lebhaften Gespräch auch auf den Koenig, Kronprinz, meine, u. Arndts Gedichte gekommen, u. ich gehe noch einen Augenblick zu Haus, diese zu hohlen. Dort sind Frau v. Kettler, u. Thresette, letztere übertrieben wild u. lustig. Sie bleiben nicht lang. |3r| Ich führe sie nach Haus. Dann gehe ich zu Haxthausen, wo wir uns lang mit lesen u. beurtheilen der Gedichte beschäftigen. Es kommt noch manches recht interessante zur sprache, über Boisserée, Universität etc. – Ich bleibe zum Thee u. Abendbrot, bis gegen 11 Uhr.

Den 7. 8bris [Octobris 1817].

Der Maurer putzt meine Ofenpfeiffe.[163] Herr Fochem kommt zu fragen, wann Minister Altenstein hierhin zurückkomme, da er Briefe an ihn habe. Auch will er wissen, Sacchi kaufe Bettendorfs Sammlung in Aachen.[164] Bald kommt Schlosser, u. versichert, der Minister werde heute noch hier erwartet.[165] Wir sehn unser

---

[163] Zu den Öfen in Köln vgl. Elkendorf, Topographie: „Was die Struktur der Kamine betrifft, so bestehen dieselben aus 10 à 18 Zoll im Lichten weiten und einen halben Fuß stark ausgemauerten Röhren, welche im Innern abgeglättet sind und durch alle Stockwerke durchlaufen. Die Ofenröhren werden auf allen Etagen nach Belieben in diese Schornsteinröhren eingeführt. Die Feuerheerde sind denen in allen übrigen Ländern ganz ähnlich. Es wird übrigens hier seit nicht unlanger Zeit durchgängig mit eisernen Oefen mit mehrern Oeffnungen, einem kleinen Backofen, Windofen etc. gekocht und mit Gries geheitzt" (in: Becker-Jákli, S. 65). Der im Herbst in Köln angekommene K. D. Hüllmann stellte fest: „Von der Gelindigkeit des Winters ist es ein gutes Zeichen, dass mit den Oefen so wenige Umstände gemacht werden: sie sind alle von Eisen, beweglich, in Gestalt der Kanonen, werden im Herbst in die Zimmer gestellt, und im Frühjahre wieder heraus genommen" (K. D. Hüllmann, an J. G. Scheffner, Köln, 7. Nov. 1817; in: Warda, Briefe, S. 378).
[164] Demian, Handbuch, S. 303 f.: „Unter den Natur- und Kunstkabinetten in Aachen verdient vorzüglich die schöne und mannigfache Gemäldesammlung der Frau Bettendorf bemerkt zu werden. Sie ist besonders an alten Gemälden sehr reich, und enthält überhaupt gegen 400 Stücke, worunter sich Meisterwerke der Gebrüder van Eyk, Johan Hemmelink, Albert [sic] Dürer, Hugo von der Goes, Bernard von Orley, Roger van der Weyden, Corregio, Titian, Rubens und vieler andern befinden." Die Köln. Zeitung, Nr. 133, 21. Aug. 1817 berichtete: „Se. k. Hoheit der Kronprinz begaben sich am 16. [August] in das Haus der Frau Wittwe Bettendorf, um die dort befindliche sehr schöne Gemälde-Sammlung noch einmal, und zwar mit derjenigen Aufmerksamkeit, zu besehen, welche alle hier durchreisende Kenner oder Verehrer der Malerkunst dieser seit kurzem erst wieder aufgestellten ausgezeichneten Privatsammlung zu widmen pflegen. Auch hier bewährte sich wieder des Prinzen feiner Sinn für die bildende Kunst; und das viele Gediegene aus den herrlichen Fundgruben der altdeutschen Malerei [...] haben dem regen Kunstgefühle des erhabenen Prinzen so genügend zugesagt, daß der Ordner und Erhalter dieser Sammlung, Herr Leopold Bettendorf, eben so entzückt über die ihm von dem Prinzen mehrmals lebhaft ausgedrückte Zufriedenheit, als über die Ehre des hohen Besuches, dankbar erfreut ist."
[165] Fr. L. Chr. zu Solms-Laubach war Ende Sept. nach Laubach gefahren und kehrte am 26. Okt. 1817 nach Köln zurück. Vgl. einen Brief seiner Frau Henriette an ihn, Köln, 11. Ok. 1817: „Vor einigen Tagen war der Minister von Altenstein bei mir, er kam des Abends 8 Uhr, als wir eben am The Tisch saßen, und blieb 1 Stunde bei uns und war den Tag zuvor von Aachen gekommen; er trug mir auf,

Gemälde, unsre Bücher, etc. u. gehn bald zu Wallraf in's Colleg, wo wir Herrn Prediger Abegg[166] von Heidelberg mit seinem Sohne, der Artillerieoffizier in Baadischen Diensten ist, einer Tochter[167] u. noch einigen Verwandten finden, die ihn auf seiner Rückreise aus Hannover bis Coblenz begleiten. Er kennt mich, so wie Wallraf gleich Schlosser, wieder, und gehört auch zu denen, die, wie fast alle in Heidelberg, durch Wilken wegen meines Treibens in Paris, mir die größte Achtung beweisen, u. auch er giebt schon ungefragt die Meinung ab, daß ohne mein unbiegsames erstes Durchdringen, wohl an die Vatikanische Bibliothek gar nicht würde haben gedacht werden dürfen. Ich benutze dieß, ihm meinen Wunsch wegen des Tristans in jener Bibliothek zu eröffnen, u. er versichert, ich dürfte mich nur an den Senat |3v| wenden, u. man würde es für Pflicht halten, ja sich eine Ehre daraus machen, mir das Buch zu leihen. Das ist nun freilich mehr, als ich erwartete, u. ich muß es nur bedauern, daß Abegg in 2–3 Stunden schon wieder weg fährt, sonst würde ich gern sein Erbiethen, meinen Brief zu besorgen, angenommen haben.[168] Diesen hatte ich wirklich schon gestern entworfen. Uebrigens will er mündlich die Sache schon einleiten, was mir recht lieb ist. Nachdem wir nun alle Sammlungen durchlaufen sind, gehe ich mit Schlosser noch zu v. Gymnich, wo er Briefe von seinem Freunde Wilhelm v. Mirbach, bey dem er in Harff war, abholt. Später gehen wir zu Haxthausen, der noch nicht da ist, bleiben in traulichem Gespräch über unsere nächsten Verhältniße im Garten, bis jener kommt, wo wir dann später recht angenehm zusammen speisen. Nach Tisch reden wir noch manches über die Verfassung des Landes, über die Sendung des Minister Altenstein, u. nachdem wir noch einige Leute zur Sprache gebracht, die dem Minister gute Ansichten hätten mittheilen können, verlangt Schlosser durchaus, ich solle ihn heute noch aufsuchen, und mit ihm reden. Ich gehe des-

---

dir zu sagen, daß er es sehr bedaure seine Rükreise nach Berlin schneller antreten zu müssen, als er es früher glaubte, aber er habe sehr bestimmte Nachrichten von B. erhalten, denen zu Folge er den 16ten dieses, dort eintreffen müsse. Wie ich nun gestern gehört habe, so soll die Konferenz in Godesberg nun früher statt haben als den 27ten. Du wirst also nun nicht dabei sein; noch habe ich vergessen dir zu sagen, daß Minister von Altenstein mit Ober P. Vincke unterwegens eine Zusammenkunft hat, ich erinnere mich nicht mehr genau wo? Ich denke bei Vinckens Schwieger Vater. Stolzenberg freut sich sehr deiner glüklichen Jagd Begebenheiten, wird aber nicht zu dir kommen, er könne nicht abkommen, ich glaube aber, es ist mehr aus Sorge für seine Gesundheit" (Privatarchiv d. Grafen zu Solms-Laubach, XVII, 104, Nr. 101).

[166] S. Boisserée an F. Fr. Wallraf, Heidelberg, 25. Aug. 1817: „Viel und Hochverehrter Freund. Ich wünsche durch gegenwärtiges dem Herrn KirchenRath Abegg von hier Ihre schätzbahre Bekanntschaft zu verschaffen. Und somit empfehle ich Ihnen denselben als einen unserer werthesten und liebsten Freunde zur gütigen Aufnahme und Einführung in Ihre KunstSammlung. Mich selbst Ihrem theuren freundschaftlichen Andenken empfehlend Sulpitz Boisserée" (HAStK, Best. 1105, A 2, Bl. 82r).

[167] Der evangelische Theologe Johann Fiedrich Abegg und seine 1. Frau Elisabeth Charlotte de Prée hatten acht Söhne und zwei Töchter. Elisabeth Charlotte Abegg starb am 28. Okt. 1817 in Heidelberg.

[168] E. von Groote an S. Boisserée, Köln, 10. Okt. 1817. Siehe Briefe u. Schriften.

halb an die Stadt Maynz, u. wirklich ist der Minister eben angekommen. Rhefues u. ein gewisser Simon von Bonn,[169] fast zugleich. Letzterer ist lang beim Minister, Rhefues spreche ich einen Augenblick, allein, er weicht mir aus, wohl ahndend, daß ich mit ihm nicht in gleicher Absicht da bin.[170] Noch geht der Polizeypräsident zum Minister. |4r|
Ich warte wohl 1 kleine Stunde. Endlich lasse ich mich melden, u. werde beschieden, noch einen Augenblick zu warten. Dann werde ich gerufen u. der Minister ist ganz allein, u. hat eben abgespeist. Ich rede ihm gleich über seine Sendung, u. über die Leute, die er gesprochen. Er hat manchen wackren Mann gesehn, von manchem ist er auch unrecht berichtet. Ich rede ihm von Kesselstadt[171] in Trier, Umbscheiden[172] in Coblenz, er kennt beide. Hier u. dort glaubt er den besten Geist nicht gefunden zu haben. Er lenkt das Gespräch auf Universitaet[173] u. Kunstanstalt. Fochem kommt, ihm Briefe zu überge-

---

[169] Möglicherweise handelte es sich um den vermögenden Bonner Fabrikanten und Unternehmer Simon Baruch, auch Baruch Simon, geboren 1755, Sohn des Hoffaktors der Kölner Kurfürsten Baruch Simon. Letzterer war Großvater des Schriftstellers Ludwig Börne. Vgl. Schulte, Bonner Juden, S. 107–115; Schnee, Baruch Simon, 1964.

[170] Kurz nach dieser Begegnung mit Altenstein schrieb Ph. J. Rehfues an J. von Gruner, Bonn, 1. Nov. 1817: „Ex. von Altenstein hat gewiß sehr merkwürdige xxxxxxxxx mit nach Berlin gebracht. Er schien die Sachen wirklich aus ihrem richtigen Gesichtspunct anzusehen, und hat die meisten Menschen dieser Provinzen gesehen, welche urtheilen können. Er hat mir ausserordentlich viel Liebe und Zutrauen bewiesen, und ich glaube, daß er nicht ganz umsonst für mich wirken wird. Der erste Anfang war freylich ein etwas unfruchtbares Werk. Denn wir erhielten die nachträglichen Denkmünzen von 1815. Indeß hoff' ich, daß Besseres nachkommen wird. – xx v. Schuckmann hat mir persönlich die besten Hoffnungen gemacht, und sich auch in diesem Sinne gegen den Gfen v. Solms geäussert, der sich wirklich herzlich für mich interessirt" (Universitäts- u. Landesbibliothek Bonn, Autographensammlung: Rehfues, Philipp Joseph (1779–1843). Über Rehfues Beziehung zu Altenstein: Ph. J. Rehfues an J. Fr. von Tscharner, Bonn, 4. Mai 1823 (in: Kaufmann, Rehfues, S. 453).

[171] Der katholische Geistliche Edmund Jodoc Willibald von Kesselstatt, geboren 1765 in Trier, war ab 1814 einflussreicher Berater u.a. von Staatskanzler von Hardenberg, General von Gneisenau, Fr. K. vom und zum Stein und Fr. L. Chr. zu Solms-Laubach (Faber, Rheinlande, S. 61–63).

[172] Vermutlich: Heinrich Ludwig Umbscheiden von Ehrencron, Kanoniker an St. Florin in Koblenz.

[173] In diesen Tagen schrieb Daniels an Savigny: „Mit unsern gelehrten Anstalten, worauf die Rheinprovinzen ihre Hoffnungen gesetzt hatten, geht es nicht richtig von statten. So viel man hier weiß, ist selbst die Vorfrage, in welcher Stadt die rheinische Universität ihren Sitz haben soll? noch unentschieden, und man macht schon die Bemerkung, daß man in Zukunft unrecht haben wird, den Holländern ihre Langsamkeit vorzuwerfen. Sie sind mit der Einrichtung dreier Universitäten schon fertig und wir wissen nicht einmal, wo einst die unsrige ihren Sitz haben soll. Herr Professor Hüllmann sieht hier, Herr Arndt hingegen in Bonn dieser Nachricht entgegen. Vor Kurzem fragte man, ob es nicht möglich sey, einstweilen so viele freiwillige Lehrer zusammen zu bringen, um für den bevorstehenden Winter wenigstens etwas zu leisten, man fühlte aber die Richtigkeit der Bemerkung, daß man auf diese Weise der Regierung vorgreifen, und Gefahr laufen würde, bei dem besten Willen ihr zu mißfallen. Allem Vermuthen nach wird xxx zwar Herr Professor Hüllmann sich zu einigen Privat-Vorlesungen entschließen, daß aber sonst was zu Stande kommen werde, läßt sich nicht erwarten. Noch ein Paar Monate, und man wird anfangen zu glauben, daß es der Regierung mit der ganzen Anstalt kein wahrer Ernst sey. Ihre Unentschlossenheit ist wenigstens

ben.¹⁷⁴ Der Minister entwickelt Ansichten über Kunst u. deren Zweck u. deren Tendenz in die Zukunft, mit einer Klarheit u. einem Scharfsinne, zugleich aber wahrhaft frommen Bescheidenheit, die mich zur Verwundrung bringen. Er hat mit Schelling über diese Dinge gesprochen, u. spricht nun äußerst angenehm. Dann geht Fochem fort; ich komme nochmal auf die Stimmung der Provinzen; deute auf Rhefues in Bonn, widerspreche das vom Minister behauptete relativ ausserordentlich große Sittenverderbniß von Köln,¹⁷⁵ u. rede noch über manches, bleibe auch so lange, als es die Bescheidenheit erlaubt. Als ich abtrete, stehn schon Rhefues, Simon etc. wieder vor der Thür, u. treten gleich hinein. Schwerlich gehn sie mit so reiner Absicht hin, als ich hin ging. Ich kann diesen Menschen nicht trauen! – Ich gehe nun nach Haus, u. richte ein, daß Schlosser u. Haxthausen morgen bey uns essen. Dann gehe ich zu diesen zurück, wir sitzen bis gegen 10 Uhr |4v| noch zusammen, u. ich referire meine Conferenz mit dem Minister.

---

ganz unbegreiflich, und schadet vielleicht der guten Suche mehr, als man in der Hauptstadt sich vorstellt. Mir wenigstens macht das alle[s] manche unangenehme Stunde" (H. G. W. Daniels an Fr. C. von Savigny, Köln, 9. Okt. 1817; Universitätsbibliothek Marburg, Nachlass Fr. C. von Savigny, Ms. 725/237). Vgl. K. D. Hüllmann an J. G. Scheffner, Köln, 7. Nov. 1817: „Cöln, wiewohl es nicht so schnöde behandelt zu werden verdient, als es mit unter geschieht," schicke sich „doch zum Musensitze nicht. Das fällt freilich den Bewohnern nicht zur Last; diese würden sich sehr geehrt mit der Universität finden; unter den Gebildeten ist Sinn für Wissenschaft nicht zu verkennen. Eine Gesellschaft, bestehend aus Mitgliedern der Regierung, Lehrern am Gymnasium, Advokaten, Hauslehrern, Kaufleuten, hat mich durch den Buchhändler du Mont ersucht, geschichtliche Vorträge zu halten. Da ich nicht wissen kann, wie lange mein Bleibens hier seyn werde, so würde ich es abgelehnt haben, wenn nicht unser eifriger Graf zu Solms-Laubach mich ebenfalls dazu aufgefordert hätte" (in: Warda, Briefe, S. 377).

¹⁷⁴ Ein Brief Fochems an K. vom Stein zum Altenstein von Anfang Okt. 1817 konnte nicht ermittelt werden.

¹⁷⁵ Zur „Sittlichkeit" der Kölner Bevölkerung vgl. Zeitungs-Bericht der Reg. Köln für April, 10. Mai 1817: „In der niedern Klasse vorzüglich in der Stadt Cöln" äußert sich „eine Abneigung gegen Arbeit, welche, soll sie nicht den sittlichen Zustand für immer verderben, mit allem Ernste und zwar insbesondere bei der Jugend bekämpft werden muß" (Bl. 61v). Zeitungs-Bericht der Reg. Köln für Juni, 13. Juli 1817: „Das Volk beträgt sich im Allgemeinen gut, bei aller Noth, die es drückte. Indessen ist auch nicht zu läugnen, daß Theurung und Mangel einen üblen Einfluß auf die Sittlichkeit gehabt haben. Viele Menschen hatten keinen zureichenden Verdienst; nicht allen konnte die Unterstützung gewährt werden, die sie begehrten; viele ergriffen daher den Bettlerstab, und wurden selbst zu Diebereyen verleitet. Aber auch der Hang zur Trägheit, oder vielmehr die Scheu vor der Arbeit führt manchen zur Bettelei, die in der Stadt Cöln, wo mannigfaltige Gelegenheit zur Arbeit vorhanden ist, und über Mangel an tüchtigen Arbeitern geklagt wird, immer mehr überhand nimmt, welches kein günstiges Licht auf den sittlichen Zustand der hiesigen geringern Volksklasse wirft. Hat nun auch bei vielen die Sittlichkeit durch die Zeitumstände gelitten, so ist doch im Allgemeinen der Sinn und das Gefühl für das Gute und Rechte in dieser Nothzeit nicht erloschen" (GStA PK, I. HA Rep. 89, Nr. 16278, Bl. 77v–78r). Zeitungs-Bericht der Reg. Köln für Juli, 12. Aug. 1817: „Sittlicher Zustand. Hierbei ist nichts vorzügliches, wenigstens in Ansehung der Sittlichkeit der niederen Volksklassen nichts Vortheilhaftes zu bemerken. Mit der Vervollkommung des Schulwesens wird auch die Volksbildung Fortschritte machen" (Bl. 92v). Zur „Sittenverderbniß" in Köln: Neigebaur, Statistik, S. 57 f.

Dann theilen wir dem Schlosser aus, was er morgen während unserer Sitzung zu sehn hat, u. ich gehe nach Haus. Dort sind die Papiere wegen der Transdorfer Landständischen MessenObligation berichtigt angekommen; ferner auch das Intret[176] u. die Approbation für Herrn Busch, mit der wir nicht [un?]zufrieden zu seyn Ursache haben. Ich sehe diese Dinge durch, und gehe ziemlich müde zu Bette.

Den 8. Octobris [1817].

Carl geht nach Transdorf. Der Vater ist frühe bey mir, u. klagt wieder über manches seiner nunmehrigen Dienstverhältniße; ich soll zu Mittag noch Fochem bitten. Bey Dumont frage ich nach dem Catalog der Bibliothek zu Heidelberg;[177] allein, er hat ihn nicht. Fochem ist nicht da; ich bitte ihn schriftlich. In der Sitzung bringe ich meinen Brief an den akademischen Senat in's Reine, in der Meinung, ihn Christian Schlosser mit nach Frankfurth zu geben. – Ich muß mich ärgern, daß man für den Unwillen, der sich bey hiesiger Stadt gegen das Polizeypräsidium regt, gar keinen Sinn hat. Die Sitzung währt ziemlich lang. Gegen 2 holt Haxthausen Herrn Schlosser ab; zu Hause finde ich schon Wallraf u. Fochem, u. wir essen recht angenehm zusammen, während Schlosser viel von Rom erzählt.[178] Später gehn wir zu Fochem |5r| dessen Gemälde zu sehen, worüber es uns aber bald dunkel wird. An Andreas verliert Schlosser einen Ring. Wir gehn noch bey Gymnich einen Brief an v. Myrbach abzugeben.[179] Haxthausen geht zum Minister Altenstein. Nachher gehn wir zu Haxthausen wieder zusammen, wo wir noch manches über das Wogen der Ideen über Verfassung etc. bereden. Simon kommt zu uns, u. kann unter andern die von der Regierung gefaßte Meinung über die Ueberweisung der Jagdgerechtsame an den Fiscus nicht billigen.[180] Gegen 10 gehe ich weg, u. bringe Abends noch einen Brief an den Regierungs Rath Ritz in Aachen, wegen der Bücher, Dokumente, u. der Quittungen

---

[176] Intret, Dimissiorale: Bescheinigung der Gemeinde, bei der Busch zuvor tätig war.
[177] Katalog der Bibliothek Heidelberg: Friedrich Wilken, Geschichte der Bildung, Beraubung und Vernichtung der alten Heidelbergischen Büchersammlungen: ein Beytrag zur Literärgeschichte vornehmlich des funfzehnten und sechszehnten Jahrhunderts [...], Heidelberg 1817. Ich danke der Universitätsbibliothek Heidelberg für diesen Hinweis.
[178] Chr. Fr. Schlosser hatte sich ab 1808 längere Zeit in Rom aufgehalten.
[179] J. W. von Mirbach-Harff, Tagebuch, Freitag, 10. Okt. 1817: „Nach dem Frühstück gearbeitet (Bemerkungen zu Schl. Auftrag) bis 11 Uhr. Dann spaziren, nach Tisch unbedeutend bis 6 Uhr. Abends Brief von Schlosser aus Köln, der mich sorgen macht. Abends schrieb ich noch an xxxxxx u. an H. v. Stein, ihn um ein Rendezvous in Köln bittend." Samstag, 11. Okt.: „Morgens abgefahren nach Hemmersbach. Zu Bergheim fand ich Brief von H. v. Stein, der mich auf Morgen nach Köln begehrt" (Archiv von Mirbach-Harff).
[180] Vgl. Regierung Köln an die Immediat-Justiz-Kommission, Köln, 13. Sept. 1817 (GStA PK, I. HA Rep. 74 Nr. 2393, Bl. 117r u. v) sowie Stellungnahme der Immediat-Justiz-Kommission an K. A. von Hardenberg, Köln, 3. Apr. 1818 (Bl. 40r–41r).

u. Rechnungen in Ordnung, die Sulpitz Boisserée nachgewiesen hat;[181] u. fange einen andern an Sulpitz Boisserée an, mit dem ich ihm den an den Academischen Senat schicken will.

Den 9. Octobris [1817].

Ich schreibe ein Rezipisse[182] u. Brief wegen der empfangenen Landständischen Obligation an Somya[183] in Aachen. Wallraf kommt, mit dem ich viel wegen seiner Sachen berede. Nachher kommt der Präses Seminarii, wegen der zum Militair aufgeforderten Seminaristen[184] u. andrer Sachen. Ich gebe dem Vater die Briefe an Ritz u. an Somya zur Besorgung, u. vollende meine Briefe an Boisserée etc., die nun wohl nicht Schlosser, sondern v. Kempis mitnehmen wird, der am |5v| Sonntag direkt von hier nach Heidelberg abgehen wird.[185] Der Präses speist

---

[181] Die Archive des Kölner Domkapitels, des Kölner Erzbistums und des Generalvikariats waren 1794 ins Rechtsrheinische gebracht und 1817 noch nicht aus ihren unterschiedlichen Lagerungsorten zusammengeführt worden; ein Teil befand sich zu diesem Zeitpunkt in Aachen. Groote recherchierte dort auf Bitten S. Boisserées nach Dokumenten, die dieser wohl für sein Projekt zur Baugeschichte des Doms benötigte. Wie Boisserée an Goethe schrieb, bemühte er sich zu diesem Zeitpunkt, „die schon lang entworfene Abhandlung über die altdeutsche Baukunst" für die erste Ausgabe seines Domwerks fertigzustellen (S. Boisserée an J. W. von Goethe, Heidelberg, 17. Okt. 1817 (in: S. Boisserée, Briefwechsel, Bd. II, S. 196). Der 1. Band des Domwerks erschien 1821: S. Boisserée, Ansichten, Risse und einzelne Theile des Doms von Köln, mit Ergänzungen nach dem Entwurf des Meisters, nebst Untersuchungen über die alte Kirchen-Baukunst und vergleichenden Tafeln ihrer vorzüglichsten Denkmale. Der Textband zum 1. Band wurde 1823 veröffentlicht: S. Boisserée, Geschichte und Beschreibung des Doms von Köln, nebst Untersuchungen über die alte Kirchenbaukunst. Zu Grootes Recherchen für Boisserée: E. von Groote an S. Boisserée, Köln, 10. Okt., 18. Nov. u. 29. Dez. 1817. Siehe Briefe u. Schriften. Zu Boisserées Domwerk vor allem: Wolff, S. Boisserée, Ansichten, Risse, 1979; Wolff, Briefwechsel, 2008; Wolff, Ansichten, Risse, 2011; zu Ansichten des Doms von 1842 siehe: Kramp/Euler-Schmidt/Schock-Werner, Der kolossale Geselle, 2011.

[182] Rezipisse, récépissé: Quittung, Bescheinigung des Erhalts.

[183] Gottfried Somya war laut Aachener Einwohnerliste von 1812 „employé à la prefecture"; vermutlich war er 1817 Beamter in preuß. Dienst.

[184] Zeitungs-Bericht der Reg. Köln für September, 9. Okt. 1817: „Es suchen gegenwärtig viele im Dienstpflichtigen Alter befindlichen jungen Leute der Auswahl für das stehende Heer dadurch zu entgehen, daß sie sich dem geistlichen Stande widmen, welchem bisher Dienstfreiheit bewilligt war, indem sie in späterm Alter, wenn die Gefahr zum stehenden Heere gezogen zu werden, vorüber ist, wieder aus demselben herauszutreten beabsichtigen. So nothwendig die Schonung des geistlichen Standes ist, so muß doch andrerseits zur Ehre desselben selbst sorgfältig darüber gewacht werden, daß selbiger nicht zum Mittel diene, sich der Erfüllung einer Bürgerpflicht zu entziehen, und werden mithin dagegen die erforderlichen Maasregeln, wozu die bisher bestehende Gesetzgebung Stoff bietet, veranlaßt werden" (GStA PK, I. HA Rep. 89, Nr. 16278, Bl. 129r u. v).

[185] Philipp von Kempis kehrte zum Studium nach Heidelberg zurück. Über seine Beziehung zu Joseph und Eberhard von Groote hatte er ein Jahr zuvor an seine Mutter geschrieben, Heidelberg, 23./28. Juli 1816: „Joseph v. Groote kam vor 8 Tagen auf einmal mit dem Rector am Elend hier an. Ich machte eigenlich zum erstenmal seine Bekanntschaft, wir giengen sehr viel mit einander um, und

bey uns. Nachher reite ich mit Auer, den ich treffe, aus. Dessen kleiner Hund. Stolzenberg läßt seinem Mäxchen einen Vogel auf.[186] Ich komme bey dem anmuthigen Wetter nach 5 nach Haus. Von Schlosser u. Haxthausen sehe ich niemand, sondern bringe den Abend still zu Hause zu.

Den 10. Octobris [1817].

[Eine halbe Zeile gestrichen] Morgens schreibe ich an Levin v. Wenge, von dem ich durch einen Mönch ein Schreiben erhielt. Vor der Sitzung gehe ich noch zu Fochem, der mir einen Auszug aus seiner Approbation giebt, wegen Busch. Auf der Hauptkasse kann ich noch kein Geld haben, weil das Papier von Bonn abschriftlich beygelegt werden muß. Butte ladet mich ein, auf eine goldene Uhr, die ein armer Teufel ausspielen läßt, zu setzen.|: 3 Fr.:| Nach der Sitzung gehe ich zu Reusch, dem ich seine Petition zurück gebe. Ich sehe Schlosser vorbey gehn, u. gehe mit ihm in die Gereonskirche. Nach Tisch zeigt mit der Vater ein Schreiben von Somya, daß es mit den Reklamationen der Privaten schlecht stehe; dann mehreres vom Consistorio. Ich gehe zu Schlosser, mit ihm zu Mehring, wo ich den Entschluß fasse, in einem statiosen[187] Briefe die Rubensche Löwenhetze[188]

---

ich habe ihn ungemein lieb gewonnen, vielleicht um so mehr als ich mir weit weniger von ihm vorgestellt hatte, u. wirklich etwas gegen ihn, weiß Gott wodurch, eingenommen war. Er ist wirklich ein recht reeler Mensch der den Verstand und das Herz, in jedem Sinne, auf dem rechten Flecke hat, u. überhaupt der mir in aller Hinsicht gefällt; wir waren beständig zusammen und haben mehrere Partien mit einander gemacht, bis er endlich gestern wegreiste, wo wir ihn noch bis Manheim begleiteten. Jezt ist sein ältester Bruder Everhard auf seiner Reise mit Geh. Baurath Schinkel hier angekommen, u. wird sich vermuthl. 8 Tage hier aufhalten und dann langsam nach Kölln gehn, ich kenne ihn noch wenig" (Archiv Haus Rankenberg, Best. Kendenich, Nr. 641). Zu diesen Tagen in Heidelberg: Groote, Tagebuch, Bd. 2, S. 262–287. Zur Beziehung von Ph. von Kempis zu E. von Groote: Spiertz, Groote, S. 305 f.

[186] Vermutlich handelte es sich um einen Papiervogel (Papierdrachen). Papierdrachen waren schon im 18. Jh. als Spielgerät für Kinder verbreitet.

[187] statios, statiös: ansehnlich, hier wohl: eindrucksvoll.

[188] Fr. Ev. von Mering schrieb 1834: „Bis zur Ankunft der Franzosen wurden noch viele andere Kunstsachen, die den Erben der Jabachen zugehörten, worunter sich Vasen, 36 Stück Harnische und auch mehrere Gemälde von Rubens eine Löwenhetze von diesem Meister, welche später in der großen Gemäldesammlung unseres kunstsinnigen Vaters [Everhard Oswald von Mering] zu sehen war, befanden, im Jabach'schen Hofe [in der Sternengasse] aufbewahrt" (Mering, Peterskirche, S. 36 f.). Groote dachte also daran, das Gemälde, das er bei Ev. O. von Mering sah, als Erbe der von Groote'schen Familie zu beanspruchen. Tatsächlich war das Bild wohl Mitte des 18. Jh.s als direktes Erbe aus der Familie Jabach an die Familie von Mering gelangt, sodass es keinen rechtlichen Anspruch von Seiten der Grootes gab. Es handelte sich um die Ölskizze, die 1820 nach dem Tod Ev. O. von Merings in der Auktion seiner Sammlung angeboten wurde: „Eine grosse Skizze in grauer Farbe, eine Löwenhetze vorstellend; verschiedene Soldaten zu Pferd mit Spiesen streiten sich gegen wüthende Löwen [...] auf Holz, hoch 2 Fuss 6 Zoll, breit 3 Fuss 7 Zoll, von Peter Paul Rubens". Von einem Käufer des Werks bei der Auktion erwarb es 1826 Robert Peel; mit der Peel Collection ging es 1871 in den Besitz der National Gallery, London über, wo es sich noch heute befindet (P. P. Rubens, A Lion Hunt, 1614/15, Größe 73,6 x 105,4 cm). Ich danke Ulrich Heinen, Wuppertal für seine Information.

zu reklamiren. Wir gehn dann noch die Apostelkirche[189] zu sehn, dann zum alten Mumm, über dessen eigene Art von Religiosität[190] wir nachher noch lang reden, wobey Joseph zu uns kommt bis um 9 U. Meine Briefe an Sulpitz u. den Senat nimmt Kempis morgen mit. |6r|

Den 11. Octobris [1817].

Ich sollte Schlosser um 9 erwarten. Ich schreibe inzwischen wegen Walberberg an's Consistorium. Gegen 9 ½ kommt Benzenberg, in dessen Gesellschaft mir so wenig heimlich wird, als je. Er will nach Coblenz. Später um 10 ½ kommt erst Schlosser. Benzenberg schiebt sich, u. wir gehen auf die Post, wegen des Wagenplatzes,[191] dann zu Fochem, wo wir die Bilder u. Bücher, bis nach 1 ansehn. Bey Haxthausen speist Simon u. ein einquartirter Offizier[192] mit uns, u. es wird viel über Gegensatz religiöser Systeme geredet. Nachher habe ich ein Billet für den Postwagen für Schlosser; finde dann Herrn Mumm bey Haxthausen. Die Herrn gehen später zu Daniels, ich erwarte sie zu Haus, wo sie gegen 7 ½ zum Thee zusammen kommen. Noch später gehn wir in den Olymp, wo wir uns bis 10 mit Schaaffhausen, xxxxx, Denoel, Wallraf wohl unterhalten. Später nach Tisch entwerfe ich noch mein Schreiben an v. Mehring.

---

[189] Gereonskirche und Apostelkirche waren durch Unwetter beschädigt worden. Zeitungs-Bericht der Reg. Köln für Oktober, 10. Nov. 1817: „Zu Köln ist die Ausbesserung der Beschädigungen, welche die St. Apostel und Gereonskirche durch frühere Sturmwinde erlitten haben, da dieselbe ohne großen Nachtheil für diese kostbaren Gebäude nicht länger unterbleiben konnte, nach einem von dem Stadtbaumeister entworfenen Plane verordnet worden, und werden die Kosten in Ermangelung hinreichender Kirchenfonds aus städtischen Mitteln bestritten werden" (GStA PK, I. HA Rep. 89, Nr. 16278, Bl. 144r).

[190] Der Weingroßhändler Elias Mumm, geboren 1751, war reformierter Konfession.

[191] Matthias, Darstellung des Postwesen, Bd. 2, S. 3: „Von dem Reisen auf der ordinairen Post. § 1 Vom Einschreiben und der Annahme der Passagiere. Nach den Vorschriften der Post-Ordnung [...] ist ein jeder Passagier verpflichtet, beim Einschreiben zur Reise mit der ordinairen Post, seinen wahren Namen und Stand, auch seine Wohnung anzuzeigen, und im Personenbuche eintragen zu laßen, um bei einer Nachfrage darüber Bescheid geben zu können. Verweigert der Reisende die vollständige Auskunft, so ist der Postbeamte gesetzlich befugt, ihn entweder abzuweisen, oder als Verdächtigen unterweges beobachten zu laßen."

[192] Wahrscheinlich war bei W. von Haxthausen, dessen beide Wohnsitze (Hohe Str. 53 und Bayenstr. 27) in der I. Stadtsektion lagen, ein Offizier des 25. Infanterie-Regiments einquartiert. Vgl. Köln. Zeitung, Nr. 161, 9. Okt. 1817, Königliche Servis- und Einquartierungs-Deputation: „Wir benachrichtigen hiedurch unsere Mitbürger, daß morgen den 10. das 25ste Infanterie-Regiment und in einigen Tagen noch mehrere andere Truppen-Abtheilungen hier einrücken werden; daß demnach die Bewohner der ersten und zweiten Section der Stadt sich zur Aufnahme von Einquartierung bereit halten müssen. Diejenigen, welche die ihnen zu Theil fallende Mannschaft auszumiethen wünschen, belieben sich heute in ein auf dem Sekretariat dazu eröffnetes Register einschreiben zu lassen, wo ihnen die von uns festgesetzten Preise werden bekannt gemacht werden. Den ankommenden Herren Offizieren vom 25sten Regiment wird gleichfalls auf drei Tage Natural-Quartier gegeben, nach welcher Zeit sich diese selbst Quartiere zu verschaffen haben." Zur Tätigkeit der Servis- Deputation 1817 vgl. etwa: HAStK, Best. 400, A 2049, Bl. 1r–7r.

Den 12. Octobris [1817]. Sonntag.

Wir sollten mit Schlosser um 9 zu Schaafhausens Bildern gehn, daraus wird nichts. Ueber die Theilungsinventarien, worin die Löwenhetze vorkommt,[193] erhalte ich von dem Vater sehr gute Aufschlüsse. In der Zeitung erscheint der Theil I des Aufsatzes von Denoël über unser Manufakturwesen.[194] Klenze bringt seinen Bruder aus Berlin, um meine Manuscripte zu sehn, er geht aber sehr oberflächlich darüber her. Ich gehe in den Dom, weil Schlosser immer noch nicht gekommen ist. Es |6v| kommt Haxthausen mit Schlosser sehr spät hin, ich aber gehe mit Schaafhausen weg, der mich u. Joseph auf den 15ten nach Kitzburg ladet, wofür er jedoch auch schon eine Charte geschickt hat. Ich schreibe zu Haus den Brief an Herrn v. Mehring zurecht. Nachher gehe ich zu v. Haxthausen, wo Wilhelm v. Mirbach, der mit uns über die Zeitverhältniße nicht ohne Kenntniß spricht. Ich gehe mit Schlosser nachher zu Wallraf, Abschied zu nehmen, kann ihm aber nicht verhehlen, daß ich glaube, es sey mit dem vielen Reden über allgemeine Prinzipien nicht viel gethan, wenn die Leute, wie so viele, nicht wissen, wo es zunächst gilt, u. sich im Werke nicht zu helfen wissen. Noch später gehn wir in die Gereonskirche. Auf der Post hat Halberg nach mir gefragt. Stein wird vergebens erwartet, der Mirbach hierhin beschieden hat, u. heute noch kommen soll. Mirbach kommt gegen 9 ½ noch wieder zu uns zu Haxthausen. Allein, ich gehe bald nach Haus, da ich die Schwestern u. den Vater noch sehen möchte.

Den 13. Octobris [1817].

Die Schwestern reisen mit Herrn u. Frau v. Mylius nach Moeddersheim [Müddersheim],[195] der Vater bleibt hier. Ich entwerfe Ideen, gegen die Eingriffe des Consistorii in die Familien-Stiftungen, u. gehe nach 9 zu Gadé u. Fuchs, die ich nicht finde, dann zu Dumont, wegen der Coblenzer Loose. Der Maler Fuchs will Herrn v. Stein auf- |7r| suchen, der aber noch immer nicht gekommen.[196] Tabak. |:–4–:| Ich gehe in die Sitzung, wo ich es mit Sombart durchsetze, daß dem J. Arndts 6 Thl. gegeben werden. Der Regierungs Rath Fuchs unterschreibt mir die

---

[193] Die Bemerkung bezieht sich wohl auf eine Erbteilung, die die Familien Groote, Jabach und Mering betraf.

[194] Denoël, Uebersicht der Ausstellung, Teil 1.

[195] Karl Joseph von Mylius war mit Maria Agnes Walburga Antonetta von Geyr zu Schweppenburg verheiratet, deren Familie das Schloss Müddersheim gehörte.

[196] Fr. K. vom und zum Stein war am 13./14. Okt. 1817 in Köln, am 13. Okt. hatte er hier ein Treffen mit Mirbach-Harff. J. W. von Mirbach-Harff, Tagebuch, 13. Okt. 1817: „Heut Morgen mußte Schlosser nach Ffurt zurück. Erst heut Nachmittag kam H. v. Stein an. Ich blieb den ganzen Abend mit ihm zusammen, und redete alles mit ihm" (Archiv von Mirbach-Harff). Vgl. Beusch, Standespolitik, S. 137. Siehe auch zwei Briefe Steins vom 14. Okt. 1817 aus Köln an Nesselrode (der Vorname ist nicht genannt) und J. W. von Mirbach-Harff, in: Freiherr vom Stein, Briefe, Bd. 5, S. 662 f.

nöthigen Papiere u. ich erhalte nun mit Abzug der Hälfte der % für Koerffgen die erste Zinszahlung für die Transdorfer Obligation von Rth. 450. Haxthausen geht mit mir zu Tisch, ich mit ihm nachher bey Dumont das Geld und die übrigen Billets für Coblenz zu holen. Ich erhalte es, der junge Heymann begegnet mir, u. nimmt noch 12, Herr Neumann[197] noch 3 Billets. Ich schreibe nun zu Haus an Klinkenberg wegen des Herrn Busch, u. die Note über die Obligation für das Cassenbuch u. dergl. Abends spät bringt mich der Böse Feind noch in seine Schlingen. ∽

Den 14. Octobris [1817].

Ich bringe viele gute Zeit, theils mit wegräumen vieler unnützer Briefe, theils mit Berechnung u. Verpackung des Coblenzer Geldes zu, und schreibe an Görres. Denoël ist bey mir, u. freut sich der guten Aufnahme seines Aufsatzes über die Gewerbe. Haxthausen, den ich wegen der Loose fragen lasse, hält mich noch wieder auf, weil er mit Dumont noch sprechen will. Ich packe aber das ganze zusammen. Mit Denoël überlegen wir, morgen zusammen zu Schaaffhausen zu fahren. Nach Tisch reitet Joseph nach Gleuel zur Kirmeß, Peter, den ich verschiedentlich ausschicken müßte, geht weg u. kommt gar nicht wieder bis um 9. Um 7 gehe ich zu Haxthausen, der wieder viel über Verfaßung, ältere und |7v| neuere spricht, wovon er aber wohl nicht viel mehr als ich versteht. Ich äußere ihm dieß; er aber glaubt, das verstehe leicht jeder genug, u. man müsse nur reden. Ich kann nicht läugnen, daß mir die projektirte Manier mit heimlicher Berufung von Gutgesinnten u. Sammlung von Unterschriften, Entwerfung von Proklamationen, was man alles will, gar zu revolutionair aussieht, besonders für jemand, wie Er und ich, die dazu weiter gar nicht berufen sind u. am Ende doch nicht verstehn, wie so etwas gemacht werden soll. – Ich gehe später mit dem Paket an Görres auf die Post, u. bestelle zu Morgen Abend einen Wagen.

Den 15. 8bris [Octobris 1817].

Der junge Mehring[198] ist gestern mit seinem Sachwalter mehrmals zu Haus gewesen; seine Absicht (wegen des Rubensschen Bildes) weiß ich nicht, da keiner ihn gesprochen hat. Denoël, nach ihm Wallraf kommen, wegen Nachmittag an-

---

[197] Franz Christoph Neumann, Mitglied des Rats, Makler.
[198] Friedrich Everhard von Mering, 1799 als Sohn von Everhard Oswald von Mering u. Elise von Wecus geboren, wurde Historiker und wie sein Vater Sammler. Er publizierte eine Reihe von Schriften zur Geschichte Kölns und des Rheinlandes, unter denen vor allem zwei mit Ludwig Reischert verfassten Werke von Bedeutung sind: Mering/Reischert, Zur Geschichte der Stadt Köln am Rhein. Von ihrer Gründung bis zur Gegenwart, Köln 1838 bis 1840; Mering/Reischert, Die Bischöfe und Erzbischöfe von Köln nach ihrer Reihenfolge, nebst Geschichte des Urspunges, des Fortganges und Verfalles der Kirchen und Klöster der Stadt Köln, Bd. 1 u. 2, Köln 1844.

zufragen; wir bereden manches wegen der Anmaßungen des Consistorii u. dergl. In der Sitzung wird Arens als Assessor eingeführt,[199] u. erhält den Platz neben mir. Uebrigens wird wenig vorgetragen, u. es ist sehr langweilig; doch sitzen wir bis nach 2. Nach Tisch kommen die Herrn Fochem u. Busch, u. es wird über die morgen zu inventarisirenden u. abzuliefernden Effekten der ElendsKirche abgeredet. Vor 5 Uhr kommt der Wagen, Joseph u. ich holen Denoël, Wallraf u. Fuchs ab, u. fahren zu Schaaffhausen, wo schon viele Leute sind; noch mehr |8r| kommen. Es wird konversirt, getanzt, Feuerwerk abgebrannt, soupirt, u. wieder getanzt, bis gegen 3 Uhr.[200] Die Therese v. Stolzenberg ist wieder so anschmiegend, wie früher, obschon ich mich nicht eben viel um sie kümmere, u. sie nur einmal zum Tanzen bringe. Anton Sandt von Düsseldorf ist da, u. so ledern wie vor 8 Jahren.[201] Wir fahren mit unsrer Gesellschaft [zwei Worte gestrichen] zurück, u. sind ziemlich ermüdet.

Den 16. 8bris [Octobris 1817].

Erst gegen 10 kommt man einigermaßen wieder zurecht; der Wagen wird bezahlt, der für jeden |: 3–6 :| macht. Gegen 11 Uhr gehe ich mit dem Rektor Busch zu Herrn Langen auf das Rathhaus, und überlege mit ihm und Herrn Weyer, wie der Catharinenplatz gereinigt und die Mauer am ElendsKirchhof hergestellt werden kann. Ich bringe ein, an der FranziskanerKirche[202] noch stehendes großes Gitterwerk in Vorschlag, um es in jene Mauer zu fügen, u. der Vorschlag wird für's erste recht gut aufgenommen. Von da gehe ich zum v. Mehring, u. frage ihn wegen des Bildes; er bescheidet mich nur mit der Antwort, das ganze sey seinem Sohne u. dem Anwald Dünnbach[203] übergeben, die schon mehrmals bey uns gewesen, uns aber nicht zu Haus getroffen hätten. Ich insistire noch ein Paar Mal, um nur seine Meinung zu erfahren. Dieß nimmt er übel, u. sagt, es sey närrisch, so oft auf Eine Sache zurück zu kommen, auf die man schon Bescheid

---

[199] Regierungs-Sekretär Chr. Arndts wurde am 23. Sept. 1817 zum Assessor bei der Kölner Regierung ernannt (Amtsblatt d. Königl. Reg. zu Köln, Nr. 43, 4. Nov. 1817, S. 390). Im Dez. 1817 empfahl ihn Solms-Laubach für eine Stelle als Landrat in Iserlohn (Fr. L. Chr. zu Solms-Laubach an Fr. L. von Vincke, Köln, 22. Dez. 1817, Abschrift; Landesarchiv NRW R, BR 0002, Nr. 1436, Bl. 106r u. v). Arndts erhielt die Stelle nicht.

[200] Das Fest am 15. Oktober fand in der Kitschburg, Schaaffhausens Landhaus, statt.

[201] Groote kannte den etwa gleichaltrigen Franz Anton Hubert von Sandt wahrscheinlich aus ihrer gemeinsamen Schulzeit in Köln.

[202] Die um 1610 errichtete Kirche St. Agnes gehörte zum Franziskanerkloster ad olivas (Zu den Oliven) nahe des Neumarkts. Das Kloster wurde 1802 in der Säkularisierung aufgelöst, Kirche und Gebäude umgenutzt und teilweise abgebrochen. Ab 1818 dienten die verbliebenen Gebäude dem preuß. Militär als Kaserne und Magazin (Mering/Reischert, Bischöfe, Bd. 2, S. 60–66; Hardering, St. Agnes, bes. S. 39–44). In der Kirche befand sich das Grabmal für Elias von Becker und seiner Frau Maria Esther Genoveva von Berberich (Hardering, St. Agnes, S. 55). Diese waren die Großeltern von Eberhard von Grootes Mutter, Henriette von Becker.

[203] Vermutlich: Anwalt und Notar Johann Heinrich Dünnbach, geboren 1767 in Köln.

erhalten. Ich verbitte mir dese Redensarten recht sehr, u. da er seine Hausthüre weit auf macht, um mich heraus zulassen, bleibe ich ruhig stehn, u. rede fort bis er |8v| es endlich für besser hält, mich in ein Zimmer zu lassen. Hier schwätzt er wieder viel ungeschliffenes Zeug über Sich und seine Sachen, wobey ich jede Gelegenheit wahrnehme, seine Ritterlichkeit, Christenthum etc. in Anspruch zu nehmen, welche sich mit fremdem Eigenthum nicht vertrügen. Endlich frage ich nochmal wegen seines Sohns, u. er sagt mir, er sey verreist, werde wohl morgen zurück kommen, u. werde dann wieder bey uns zusprechen. Darauf gehe ich von dem Narren weg, doch mit dem Vorsatz, das Mögliche zu versuchen, unser Bild zurückzubekommen. Bald nach Tisch kommt Pastor Fochem, u. ich gehe mit ihm u. dem Vater, nach dem Gitter an den Franziskanern zu sehn, welches 30 Fuß mißt, u. sich sehr gut machen würde. Dann gehen wir ans Elend, wo die Ueberlieferung der Kirchenutensilien von Herrn Fochem an Herrn Busch geschieht, bis auf die Papiere u. Bruderschafts Rechnungen, welche Fochem sich noch vorbehält.[204] Wir bleiben bis gegen 6 ½. Später gehe ich noch zu v. Ammon, wo eine Frau Nierstraß.[205] Louise u. ihre Tante sind weg. Carl will morgen fort. Alles ist ziemlich gestört u. zerstreut, u. sehnt sich nach Haus. Ich bleibe bis gegen 8 ½.

Den 17. Octobris [1817].

Wie ich erwache, ertönt mir gleich etwas unangenehmes entgegen. Prof. Nussbaum will auf's Land, u. ich soll ihm meine Pfeife leihen. Er besorgt u. verwahrt solche Sachen schlecht, u. mir ahnt, daß auch dieß Geschenk von Nettchen Wenge, wie so manche andere, verderben oder verloren werden soll. Doch läßt sichs nicht abschlagen. Der Vater fährt nach Liblar, die Schwestern |9r| abzuholen.[206] Walter,[207] von Heidelberg kommend, besucht uns. Er bleibt nun hier, u.

---

[204] Ewald/Rahtgens, Die kirchlichen Denkmäler (1916), S. 314 vermerkt: Im 1751 eingerichteten Archiv der Elendskirche, das sich „in der Wohnung des Rektors" befand, wurden die Statuten und weitere Dokumente zu Bruderschaft und Kirche aufbewahrt.

[205] Vermutlich eine Angehörige der Kölner protestantischen Familie Nierstraß/Nierstrass. Die Familie, deren Firma mit „Drogen und Farbstoffen" handelte, war sehr vermögend. Adresse: Am Hof 18 (Verzeichnis der 1819 in Köln wohnhaften evang. Christen; Archiv der Evangelischen Kirche Köln, 01–4,1; AK 1822). Vgl. Pohl, Wirtschaftsgeschichte, S. 141; Thielen, Partizipation, S. 618; Becker-Jákli, Protestanten, S. 181 u. vielerorts.

[206] E. von Grootes Schwestern hatten sich möglicherweise zu Besuch auf Schloss Gracht aufgehalten. Dort wurde am 16. Oktober Friedrich Wolff Metternich zur Gracht geboren, Sohn von Mathilde Clementine Marie von der Wenge zur Beck und Maximilian Werner Wolff Metternich zur Gracht.

[207] Ferdinand Walter war in Mülheim bei Köln aufgewachsen, hatte in Köln die höhere Schule besucht und war dort Schüler Wallrafs gewesen. Nach einem Jura-Studium, das er 1814 in Heidelberg begonnen hatte, kam er nach Köln zurück. In seinen Erinnerungen schrieb er: „Ich that einige Schritte zum Eintritt in die Advocatur. Allein weder die ältern Männer, mit denen ich dadurch in Berührung kommen sollte, noch die jüngeren eben im Justiz- und Verwaltungsfache Angestellten sagten mir irgendwie zu. In der wahrhaft trostlosen Verlassenheit, worin ich mich fühlte, waren

wünscht, sich bey der Justitz anstellen zu lassen. Er gefällt mir recht gut, u. ich bitte ihn, uns öfter zu besuchen. Nach der Sitzung zeigt uns der Director Sotzmann an, daß er auch zu der Conferenz der Präsidenten nach Godesberg gehe,[208] u. pp. Gossler einstweilen dirigiren würde. Haxthausen lade ich ein, allein, er sagt, er müsse nach Mühlheim. Gegen 5 kommen erst die unsrigen an, u. speisen mit Herrn u. Frau v. Mylius bey uns. – Ich schreibe an Wyttenbach in Trier[209] u. Clotten[210] in Echternach, Antwort auf deren alte Briefe. Wir bleiben lang bey Tisch; u. ich lese u. schreibe nachher noch einiges, u. wollte später zu Simon. Allein, gegen 7 kommt Wallraf u. bleibt vielredend sitzen bis gegen 8 ½ Uhr. Die Ernennung des Herrn Sieger zum Vicar zu Transdorf kam heute an, u. wir wissen noch nicht, ob er es werden will. (Für die Haar zu schneiden) |:–18:|.

Den 18. Octobris [1817].[211]

Von Max v. Geyr kommt eine Einladung zum Mittagessen auf Morgen in Wesslingen. Ich weiß nicht, ob ich es annehmen kann, da ich auch zu Mertens gebe-

---

mit zwei Männer eine wahre Wohlthat. Der Eine ist Eberhard von Groote. Er war zwar um mehrere Jahre älter und hatte die Universität Heidelberg schon verlassen, als ich dieselbe bezog. Allein wir waren schon von früherher befreundet, und sein Kunstsinn, seine poetische Neigung und seine Beschäftigung mit den altdeutschen Dichtern, verbunden mit seiner Schlichtheit und biedern Herzlichkeit boten mir eine wahre Erfrischung dar. [...] Der Andere ist [...] Ludwig von Mühlenfels, den ich schon als Staatsprocurator angestellt vorfand. Er wurde von dem würdigen Oberpräsidenten Grafen von Solms-Laubach sehr geschätzt, und er machte mich auch mit Simon, dem bekannten Mitgliede der Immediat-Justiz-Commission, einem ebenso wohlwollenden als wissenschaftlich gebildeten Manne, genau bekannt" (Walter, Aus meinem Leben, S. 102 f.).

[208] Köln. Zeitung, Nr. 170, 25. Okt. 1817: „Zur Regulirung verschiedener wichtiger, das Abgabe-System in den Rheinprovinzen und Westphalen, namentlich die Grundsteuer, betreffenden Angelegenheiten, ist höhern Orts eine Konferenz der obersten Provinzial-Behörden angeordnet worden, welche gegenwärtig in Godesberg bei Bonn Statt findet." Ph. J. Rehfues an J. von Gruner, Bonn, 1. Nov. 1817: „Der Congress in Godesberg ist vorbey, und die 40 Oberpräsidenten, Präsidenten, Directoren u. Räthe sind wieder nach Hause gezogen. Was sie beschlossen haben, wird wahrscheinlich in Berlin nicht sehr gefallen. Die Herren wollen diese Congresse wieder hohlen, wenn nichts dazwischen kömmt" (Universitäts- u. Landesbibliothek Bonn, Autographensammlung, Rehfues, Philipp Joseph). Zeitungs-Bericht der Reg. Köln für Oktober, 10. Nov. 1817: „Von der in Godesberg statt gefundenen Versammlung der Ober Präsidenten und mehrerer Präsidial-Mitglieder aus den Rhein-Provinzen und der Provinz Westphalen, welche durch die Kataster Angelegenheit veranlaßt wurde, sind dieserhalb bei den betreffenden Ministerien gemeinschaftlich Vorschläge eingereicht worden" (GStA PK, I. HA Rep. 89, Nr. 16278, Bl. 141r).

[209] E. von Groote an J. H. Wyttenbach, Köln, 18. Okt. 1817. Siehe Briefe u. Schriften.

[210] Johann Michael Aloys Clotten, Jurist, Historiker, Antiquar in Echternach.

[211] Zum Gedenktag der Schlacht bei Leipzig am 18. Okt. 1813 erschien auf der Titelseite der Köln. Zeitung ein Gedicht von F. Schubert: Deutschlands achtzehnter Oktober. Daraus die 8. Strophe: „Triumph! es ist gelungen / Das große Ziel errungen / Durch unsrer Brüder Hand! / Mit Gott das Werk begonnen, / Ward Freiheit uns gewonnen, / Ward uns ein Vaterland" (Köln. Zeitung, Nr. 166, 18. Okt. 1817). In der nächsten Ausgabe der Zeitung befasste sich ein Artikel mit der Bedeutung des 18. Okt. 1813 für die Entwicklung von Gesellschaft und Politik in den seitdem vergangenen Jahren (Köln. Zeitung, Nr. 167, 19. Okt. 1817).

then bin. Ich bleibe den ganzen Morgen ungestört zu Haus, u. lese in Minolas Buch über die Geschichte der Rheinufer.[212] Denoël bringt mir seinen Antheil an den Wagenkosten von Kitzburg, u. liest mir einiges tolle Zeug vor. Nach Tisch sollte ich mit Weyer die Mauer am ElendsKirchhoff besichtigen, allein, er ist am Werth,[213] wo ein Kranschiff vom Stapel gelassen wird.[214] Ich gehe hin, treffe auf dem Weg den Bürgermeister mit seiner Frau, u. Herrn v. Bigesleben,[215] auf dem Werth selbst viele Leute aus der Stadt. |:–4:| Man arbeitet lang, ehe endlich das Schiff das Ufer hinabgleitet, dieß |9v| aber ist interessant zu sehn. Ich gehe nachher, um Arns u. Klenze aufzusuchen, die ebenfalls sollen nach Wessling eingeladen seyn. Ich finde keinen. Um 7 ½ gehe ich zum Olymp, wo verschiedene Freunde sind, unter ihnen Seger, Apotheker in Jülich.[216] Bruch giebt mir sein Gedicht, bey der Jubelfeyer des Pastors zu Frechen gemacht.[217] Ich rede mit ihm

---

[212] Vermutlich las Groote die Neuausgabe von: Alexander Bertram Minola, Kurze Uebersicht dessen, was sich unter den Römern seit Jul. Cäsar bis auf die Eroberung Galliens durch die Franken am Rheinstrome Merkwürdiges ereignete. Mit besonderer Hinsicht auf die vaterländischen Alterthümer, zweyte vermehrte und verbesserte Auflage, bei J. Mathieux, Köln 1816. Die Darstellung war zuerst 1804 erschienen. Vgl. auch: Alexander Bertram Minola, Beiträge zur Uebersicht der Römisch-deutschen Geschichte, bei J. Mathieux, Köln 1818.

[213] Werth oder Werthchen wurde die schmale Insel Rheinau genannt, die sich vom Bayenturm bis St. Maria Lyskirchen hinzog (Meynen, Werthchen, S. 26 f.; Häfen, S. 20–26). Weyden, Köln, S. 6: „Einer Düne gleich, an einzelnen Stellen von mageren Grasplätzen unterbrochen, die Bleichstätte des ganzen Stadtviertels, zieht sich die Insel, das sogenannte ‚Werthchen' hin. Mephitische Dünste steigen im Sommer aus dem verschlammten Rheinarme der Stadtseite. Ein paar Schiffs-Oberdecke sind zu Residenzen der Bleichwärterinnen umgewandelt. Monoton klingt in seinem stets einförmigen Tacte der weitschallende Hammerschlag einiger Schiffbauern, die sich das Werthchen zum Werft erkoren".

[214] Zeitungs-Bericht der Reg. Köln für Oktober, 10. Nov. 1817: „Am 18ten Oktober ist das neu erbaute Schiff des in der Arbeit befindlichen Wasserkrahns glücklich vom Stapel gelassen worden" (GStA PK, I. HA Rep. 89, Nr. 16278, Bl. 144v).

[215] Möglicherweise: Caspar Joseph von Biegeleben, Jurist und Diplomat, zunächst für das Kurfürstentum Köln, später für das Großherzogtum Hessen-Darmstadt tätig. Zu seiner Biografie: Rudolf, Karriere, 2012; Gosmann, Biegeleben, 1994.

[216] Wilhelm Seger/Seeger praktizierte in der Nachfolge seines Vaters seit 1817 als Apotheker in Jülich. Er hatte 1807 bis 1809 naturwissenschaftliche Fächer an der Sekundarschule in Köln besucht und war daher mit Wallraf und seinem Kreis bekannt. Ich danke dem Stadtarchiv Jülich für seine Auskunft.

[217] Johann Andreas Gottfried Charlier amtierte seit 1767 als Pfarrer der reformierten Gemeinde in Frechen. Welt- u. Staatsbote zu Köln, Nr. 167, 19. Okt. 1817: „Frechen den 16. Oktober 1817. Gestern feierte die hiesige reformirte Gemeinde das fünfzigjährige Jubelfest ihres würdigsten Predigers J. A. Charlier. Treflich waren alle Anstalten, die der Vorstand derselben getroffen hatte, sowohl in kirchlicher Hinsicht, als äußeren Einrichtungen zur Verherrlichung dieses feierlichen Tages. Nicht sehen, nicht schildern, nicht hören: nur denken und fühlen ließ sich der wahre Gehalt, des herzerhebenden Festes, das jenem edlen Greis am Abend seines Lebens einen Vorgeschmack überirdischer Empfindungen bereitete. So einen Tag, der so viele Thränen der reinsten Freude und der herzlichsten Theilnahme sah, aus dem goldenen Zeitalter der Duldung; erhöht durch die Anwesenheit christlicher Seelsorger aller Confessionen; verherrlicht durch die Gegenwart des hochwürdigsten Consistoriums, und gekrönt durch die Gnade des edelsten der Könige, dessen

wegen den seltsamen Eingriffen des Consistoriums in die Schul- u. unsre Familien Stiftungssachen. Die Nachricht, daß der Kronprinz an den Rhein kommen solle, bestättigt sich.[218] Engers[219] soll für ihn zurecht gemacht werden. – Tabak. – |:1.8:|

Den 19. Octobris [1817]. Sonntag.

Ich lese den Schluß des Aufsatzes über die Manufakturausstellung von Denoël in dem Beyblatt der Kölnischen Zeitung.[220] Dann kommt Arens, der auch nach Wessling gebethen ist, u. hin zu gehn wünscht. Er übernimmt es, ein Cabriolet[221] zu bestellen, u. um 11 Uhr wieder hier zu seyn. Ich gehe daher in die Columba-Kirche. Um 11 kommt er; allein, als er das bestellte Cabriolet abholen wollte, hatte der Verleiher es einem Andern gegeben. Wir wußten daher nicht, wie wirs anfangen sollten. Klenze kommt auch. Ich proponire zu Fuß zu gehn; dieß nimmt Arens gleich an, Klenze will nicht. So gehe ich also mit Jenem in dem etwas kalten Wetter recht vergnügt fort, u. wir unterhalten uns viel über Arnsberg,[222] über die Dombibliothek in Darmstadt, worüber Arens[223] genau Bescheid weiß u. die wir wahrscheinlich zurück bekommen werden, u. kommen so sehr angenehm bis Godorf, wo uns Joseph mit dem Schimmel |10r| erst einholt. Wir kommen zu v. Geyr, wo nur der Inspektor Schmitz, der junge Klein, u. einige andre sind, Geyr aber beklagt sich sehr, daß ihm fast alle Gäste hätten absagen lassen. Später kommt noch Haxthausen von Bonn, wohin er gestern mit Simon

---

Vaterhuld sich auch hier so liebreich ausgesprochen hat, zählt die hiesige Gemeinde zu ihren denkwürdigsten Ereignissen."

[218] Zeitungs-Bericht der Reg. Köln für Oktober, 10. Nov. 1817: Es „verbreitete sich, durch einen Artikel in der Hamburger Zeitung veranlaßt, ziemlich allgemein ein [...] Gerücht, nach welchem die Rheinprovinzen unter der Leitung des Kronprinzen Königliche Hoheit ein eignes Gouvernement bilden sollten" (GStA PK, I. HA Rep. 89, Nr. 16278, Bl. 149v). Vgl. Herres, Köln, S. 64.

[219] Das spätbarocke Schloss Engers am Rhein, heute zu Neuwied gehörend, wurde um 1760 als Lust- und Jagdschloss des Trierer Kurfürsten errichtet. Ab 1815 war es Eigentum des preuß. Staates, heute gehört es der Stiftung Villa Musica Rheinland-Pfalz.

[220] Denoël, Uebersicht der Ausstellung, Teil 2.

[221] Cabriolet: zweirädrige, von nur einem Pferd gezogene Kutsche.

[222] Nachdem die Familie von Groote 1794 vor der franz. Armee aus Köln in rechtsrheinisches Gebiet geflohen war, hielt sich Henriette von Groote mit ihren Kindern kurz in Arnsberg auf, zog aber bald zu ihrem Mann Oberpostmeister von Groote, der sich als Vertreter der Thurn und Taxischen Post in Siegen niedergelassen hatte (Trippen, Oberpostmeister, 1987). 1802 kehrte die Familie von Groote nach Köln zurück. E. von Groote hatte also einen Teil seiner Kindheit in Arnsberg verlebt. Zur Bedeutung Arnsbergs als Asyl für die Exilanten, Institutionen und Kunstschätze aus dem Kurfürstentum Köln vgl. den Sammelband: Gosmann, Zuflucht, 1994.

[223] Grootes Kollege Chr. Arndts war in Arnsberg geboren und hatte, so Solms-Laubach in einem Empfehlungsschreiben für Arndts, drei Jahre bei der „vormaligen Großherzoglichen Hessischen Hofkammer zu Arnsberg practisch gearbeitet" (Fr. L. Chr. zu Solms-Laubach an Fr. L. von Vincke, Köln, 22. Dez. 1817, Abschrift; Landesarchiv NRW R, BR 0002, Nr. 1436, Bl. 106r).

gegangen. Simon war uns, von da zurückkommend, allein an den Todten Juden[224] begegnet. Wir essen vergnügt zusammen. Der berüchtigte Pastor Wolff, nunmehr Frühmesser von Wessling,[225] ist von der Gesellschaft. Später wird es sehr wüstes Regenwetter. Doch sind eine Menge Wagen mit Fremden aus Cöln da, u. in dem kleinen Wirtshause[226] tanzen die Zöglinge von Schug aus Brühl mit recht hübschen Mädchen. Schug selbst ist auch da, u. renommirt schrecklicher als je. Schon hatte ich mich um einen Wagen umgesehn, als Herr v. Prang ganz allein von Bonn kommt, u. sich freut, uns Plätze in seinem Wagen anzubiethen. So fahren wir gegen 6 wieder fort u. sind um 8 in Köln zurück. |:–18:| Arens bleibt noch bey mir. – Joseph will morgen nach Walberberg.

Den 20. Octobris [1817].

Dem Vater übergebe ich die erste Zinszahlung für die Landständische Obligation zur wöchentlichen Mess in Transdorf. Der Schneider kommt, dem ich meinen blauen Ueberrock übergebe, ihn mir etwas zurecht zu machen. In der Sitzung geht es schnell zu Ende. Gossler präsidirt, viele fehlen. Jener spricht mir wegen des armen Arens, den ich ihm zugeschickt hatte, u. scheint dieß fast übel genommen zu haben. Ich glaube überhaupt, daß er in seiner großen Zärtlichkeit doch nicht immer so gutmüthig ist, wie er aussieht. Ich gehe noch zu Fochem, ihn wegen verschiedener Geschäfte zu sprechen. Er klagt |10v| fortwährend über den Rektor Busch, der ihm nicht Alles thut, wie er es wünscht. Nach Tisch gehe ich, den Baumeister Weyer aufzusuchen, aber wieder umsonst.[227] Der junge Spiess[228] begegnet mir, der in 8 Tagen nach Göttingen zurück will. Auch Steingass sehe ich wieder, der ebenfalls nach Jena zurückgeht; beyde wollen mich früher noch besuchen. Ich gehe zu Gadé, der mir unverzüglich den Entwurf zum Vergleich mit

---

[224] Seit dem Mittelalter bis Ende des 17. Jh.s wurde ein Areal vor dem Severinstor und damit außerhalb der Reichsstadt Köln als jüdischer Begräbnisplatz genutzt, bis man um 1700 einen jüdischen Friedhof in Deutz einrichtete. Das Gelände vor dem Severinstor wurde bis ins 20. Jh. „Am Toten Juden" oder „Am Judenbüchel" genannt (Asaria, Juden, S. 290–293; Becker-Jákli, Der jüdische Friedhof, S. 20 f.).
[225] Die Identität dieses Pastors Wolff ließ sich nicht klären. Die Frühmesse in der Wesselinger Pfarrkirche St. Germanus wurde seit Mitte des 18. Jh.s vor allem durch Stiftungen finanziert. Zu den namentlich bekannten Frühmesser in Wesseling: Dietz, Chronik, S. 74–76.
[226] Zu den Gasthöfen in Wesseling im 18. u. 19. Jh.: Drösser, Gaststätten, 2009.
[227] Baumeister Weyer, offiziell noch Gehilfe des Stadtbaumeisters Peter Schmitz, war 1817 mit einer Reihe Projekten beauftragt und daher vielbeschäftigt. Zeitungs-Bericht der Reg. Köln für Oktober, 10. Nov. 1817: „Von dem Stadt-Baumeister ist auf Veranlassung des Handelsstandes ein Plan zur Verschönerung und angemessener Einrichtung der auf dem Heumarkte, nahe bei der erweitert werdenden Markmannsgasse erbauten Börse angefertigt worden, mit dessen Ausführung unverzüglich vorgeschritten werden soll" (GStA PK, I. HA Rep. 89, Nr. 16278, Bl. 144v).
[228] Möglicherweise: Carl Maria Friedrich Joseph Spies-Büllesheim, geboren 1792, jüngerer Bruder des Mülheimer Landrats Ludwig Joseph Fortunatus von Spies-Büllesheim.

dem General v. Mylius macht, u. den Brief ans Consistorium unterschreibt. Mit beydem eile ich nach Haus, u. rede Abends noch mit dem Vater darüber.

Den 21. Octobris [1817].

Joseph ist früh noch nicht zurück, obschon Consistorial Sitzung ist. Ich bringe gegen 9 dem Vater die Sachen von Gadé; allein, er will auf den Vorschlag deshalben nicht eingehn, wodurch Mylius uns das Jabachs Bild abtreten soll,[229] sondern will erst von ihm eine bestimmte Schuldanerkennung. Das Schreiben an das Consistorium schicke ich an Sitt, der es mir gleich unterschreibt, u. ich schicke ihn [es] ab. – Denoel ist bey mir, u. erzählt mancherley. Bey Tisch läßt mir Weyer sagen, er gehe schon an's Elend wegen des Gitters. Ich gehe ihm bald nach, u. wir finden den ganzen Plan, das Gitter an die vordre Mauer zu stellen, sehr zweckmäßig. Wir gehn von da an die Franziskaner, das Gitter selbst zu sehn, – auf den Neumarkt, ins Posthaus, wo die Arbeit langsam weiter geht, dann auf den Platz, wo wir bis gegen 6 Herrn Lange umsonst erwarten. Ich lese später Minolas Buch zu Ende. Der kleine Fuchs kommt noch zu mir, 45 Stbr. zu zahlen.[230] Der junge Spiess ist vor Tisch bey mir und nimmt einen Brief an Benecke in Göttingen mit.[231] |11r|

Der 22. Octobris [1817].

Früh entwerfe u. schreibe ich ein neues Schreiben an Herrn v. Mehring wegen der Rubens Skitze zurecht. Ich habe mit Joseph gesprochen, der der Meinung ist, man könne die Bemerkungen dem General v. Mylius allgemeiner stellen. Ich ändere daher den letzten Passus in Gadés Schrift ab, u. Caspar schreibt sie ins Reine. In der Sitzung wird ein Herr v. Dohm als Referendar aufgenommen.[232] Sie währt nicht lang, weil viele Räthe fehlen. Nach Tisch kommt Herr Fochem auf einen Augenblick. Ich gehe zu Gadé, der das abgeänderte Schreiben an v. Mylius billigt u. unterzeichnet. Er will es selbst heute noch an Sitt abgeben. Zu Haus gehe ich noch einiges der Trierer Handschriften durch. Carl kommt von der Jagd.

---

[229] Caspar Joseph Carl von Mylius war Miteigentümer des Bildes von Charles Lebrun, Die Familie Jabach.
[230] Der folgende Satz ist am linken Seitenrand vermerkt.
[231] Der Germanist Georg Friedrich Benecke lehrte seit 1814 an der Universität in Göttingen. Der Brief Grootes vom 21. Okt. 1817, mit dem er wohl erstmals mit Benecke in Kontakt trat, ist nicht überliefert. Benecke antwortete vier Wochen später: G. Fr. Benecke an E. von Groote, Göttingen, 19. Nov. 1817; HAStK, Best. 1552, A 4/1.
[232] Friedrich Wilhelm von Dohm, geboren um 1792, war protestantisch (Verzeichnis der 1819 in Köln wohnhaften evang. Christen; Archiv der Evangelischen Kirche Köln, 01–4,1.). Vgl. seine Prüfungsakte, 1823: GStA PK, I. HA Rep. 125, Nr. 1124.

Den 23. Octobris [1817].

Ich sitze bey meinen Handschriften, darüber kommt der Prof. u. Akustiker Chladni[233] zu mir, den ich wohl in Berlin einmal bey Zelter gesehen habe. Er bringt mir einen Brief von General Thielmann, u. wünscht hier seine Instrumente u. Experimente zu zeigen, u., wo möglich wie in Münster, einen kleinen Cursus über Akustik zu geben. Ich werde es versuchen, ihm dazu behülflich zu seyn.[234] – Später kommt der Canonicus Lüninghausen wegen des Hauses des Herrn v. Beck,[235] woran Herr v. Caspars noch zu fordern hat. Ich weise ihn an den RegierungsRath Gossen. Nach Tisch redet der Vater viel gegen Schultz u. die Preußischen Einrichtungen, versichert, daß täglich alles schlechter würde,[236] u. sagt mit Thränen in den Augen, er habe nicht Lust, guten Namen und Gesundheit

---

[233] Ernst Florens Friedrich Chladni, ein Pionier der Akustik, lebte von seinen Vorträgen, zu denen er Europa durchreiste. Daher drängte er auch in Köln auf möglichst viele Veranstaltungen und zahlende Zuhörer. 1817 hob ein Artikel in der Isis die Bedeutung Chladnis hervor, dessen Arbeiten ihm zwar die Unsterblichkeit sicherten: „Aber was hat er von der Unsterblichkeit, wenn man ihn der aussichtslosen Sterblichkeit hinwirft? Hat sich in Deutschland auch nur eine Akademie bemüht, ihren Kreis mit diesem Mann zu zieren? Hat sich in Deutschland auch nur eine Regierung nach diesem Mann umgesehen? Hat in Deutschland auch nur ein Fürst sich dadurch geehrt, daß er diesem Manne, der unter die ersten Physiker der Welt gehört, eine Besoldung ertheilte?" (Isis, 1817, Heft I, Stück 8, Sp. 63 f.). 1817 veröffentlichte Chladni: Neue Beyträge zur Akustik.

[234] Chladni war von Benzenberg an Wallraf empfohlen worden. J. Fr. Benzenberg an F. Fr. Wallraf, Düsseldorf, 2. Okt. 1817: „Dr. Benzenberg in Düsseldorf empfiehlt dem Herrn Professor Wallraf in Cölln seinen Freund den Herrn Dr. Chladni aus Wittenberg welcher in Cölln einen Meteorstein vermuthet, von dem sich Nachrichten im Rheinischen Antiquarius finden. Auch weis vielleicht Herr Prof. Wallraf noch einige andere Nachrichten von vom Himmel gefallenen Steinen mitzutheilen" (HAStK, Best. 1105, A 1, Bl. 108r). Chladni gilt auch als einer der Begründer der Meteoritenforschung. Chladni, Ueber Feuer-Meteore und über die mit denselben herabfallenden Massen, S. 84: „Friedrich von Dalberg sagt nämlich in seiner Schrift: Ueber Meteor-Cultus der Alten, es finde sich in der Domkirche zu Cöln ein Stein, welcher durch das Gewölbe der Decke geschlagen habe, von welchem er also vermuthet hat, daß es ein Meteor-Stein gewesen seyn möchte. Ich habe, um die Sache zu untersuchen, im Jahre 1807 einen Gang von Düsseldorf nach Cöln gemacht, aber gefunden, daß der Stein nichts anders, als ein sehr großer, von dem unvollendeten Thurme herabgefallener Baustein war, welcher noch an der Stelle lag, wohin er gefallen war, so wie auch das durch das Gewölbe geschlagene Loch noch zu sehen war. Späterhin ist der Stein weggeschafft, und das Loch im Gewölbe zugemacht worden."

[235] Vermutlich: Peter Heinrich von Beck, Kanoniker an St. Gereon; AK 1822: Rentner, Streitzeuggasse 8.

[236] Regierung Köln an Finanzminister von Bülow, Köln, 23. Okt. 1817, Abschrift: „Wir kommen nicht selten in den Fall, den Grund oder Ungrund der über das Benehmen der Post-Officianten eingehenden Beschwerden nicht gehörig beurtheilen zu können, weil wir nicht wissen, und es uns wenigstens nicht officiell bekannt geworden ist, welche von den älteren Post-Verordnungen hier noch in Kraft sind, und welche von den neueren hier Anwendung finden müssen. Ew. Exzellenz bitten wir daher ganz gehorsamst, es hochgeneigt vermitteln zu wollen, daß uns die für das Publicum Interesse habenden, dermahlen hier bestehenden Post-Verordnungen zu unserer Disposition mitgetheilt werden. Auch bitten wir uns hochgeneigt zu belehren, an welche Ober-Post-Behörde, wir unsere Anträge um Abstellung von willkührlichen Verfahren der Postämter und Postwärtereien zu richten haben, da so viel uns äußerlich bekannt ist, nur ein geringer Theil der auf

|11v| länger über diesem ärgerlichen Wesen aufzuopfern. Ich sage ihm, er könne ja in Berlin klagen, auf Versetzung des Schultz u. im entgegen gesetzten Fall, auf seine Entlassung u. Pension antragen. Dieser Vorschlag gefällt ihm u. Joseph wohl, u. ich mache mich bald darüber, das Schreiben zu entwerfen. – Der alte Heymann läßt uns ein Häuschen antragen, welches er neben dem Hof des Posthauses besitzt.[237] Doch ergiebt sich nachher, daß es erbärmlich seyn soll. Später bringen Wallraf u. Denoël mir einen jungen Herrn von Arnswald,[238] Sohn des Hannöverschen Ministers u. Curators der Göttinger Universität.[239] Er sieht lange unser Bild an, dann sagt Wallraf mir, er interessire sich auch für alte Handschriften. Ich biethe ihm an, einige zu zeigen, u. nun findet sich, daß er ein genauer Freund von Benecke ist, mit dem er eben erst lange in Heidelberg zusammen war, u. daß er sehr gut in dieser Sache Bescheid weiß. Benecke hat den Heidelberger Tristan mit der Müllerschen Sammlung verglichen. Doch glaubt Arnswald, er habe nicht den Plan, dieß Gedicht herauszugeben, wisse vielmehr um meinen Apparat[240] dazu, u. würde mir vielleicht gar seine Vergleichungen mitheilen. Benecke beschäftige sich zunächst mit Iwein,[241] wovon er eine kost-

---

den beiden Rhein Seiten unsers Regierungs-Bezirks befindlichen Post-Aemter etc. von dem hiesigen Ober-Post-Amte ressortiret" (GStA PK, I HA Rep. 103, Nr. 1226, Bl. 132r u. v).

[237] Ein Hausbesitz von J. Fr. C. Heimann neben dem Posthaus in der Glockengasse ließ sich nicht belegen.

[238] Vgl. G. Fr. Benecke an F. Fr. Wallraf, Heidelberg, 4. Okt. 1817: „Hochgeehrter Herr Professor, Sie erhalten diese Zeilen aus der Hand des Hrn von Arnswald, Sohnes des Hannoverischen Ministers u. Curators unserer Universität. Ich nehme mir die Freyheit diesen wohl unterrichteten und liebenswürdigen jungen Mann Ihrer gütigen Aufnahme bestens zu empfehlen. Die Hauptabsicht bey seiner Reise nach Cöln ist die Bekanntschaft eines so ausgezeichneten Kunstkenners zu machen, als Sie, mein theuerster Freund, sind. Es thut mir leid, daß ich ihn nicht begleiten kann; allein für dieses Mahl halten mich die altdeutschen Handschriften hier bis zum Ende unserer Ferien fest […]. Möge mir Hr. von Arnswald die Nachricht von der Fortdauer Ihres Wohlseyns u. Ihres freundschaftlichen Andenkens an mich von Cöln nach Göttingen mitbringen! Mit der größten Hochachtung habe ich die Ehre zu seyn Ihr gehorsamster Diener, G. F. Benecke, Professor zu Göttingen" (HAStK, Best. 1105, A 1, Bl. 106r). August Friedrich Ernst von Arnswaldt, geboren 1798, stammte aus Hannover, wo sein Vater Minister war. Von 1816 bis 1820 studierte er in Göttingen Jura, interessierte sich zugleich für philologische und historische Themen. 1817 arbeitete er mit August von Haxthausen u.a. an der Vorbereitung zur Herausgabe der „Wünschenruthe", einer literarischen Zeitschrift, die von Januar bis Juni 1818 erschien. 1830 heiratete er Anna von Haxthausen, eine Schwester W. von Haxthausens. Arnswaldt war Sammler niederdeutscher Handschriften.

[239] S. Boisserée an J. W. von Goethe, Heidelberg, 24. Sept. 1817: „Das Wallfahrten von hier aus nach Köln und den Niederlanden ist seit Ende dieses Sommers bei allen Kunstfreunden vollkommen im Gange, wir befördern es auf's Beste. – Ueberhaupt zeigt sich eine große Bewegung in dem Kunst- und Sammlerwesen. Die meisten Regierungen regen sich, um etwas dafür zu thun. So unter anderen namentlich auch die hannoverische, von welcher wir ein würdiges Mitglied, den Minister Arnswald, Curator der Göttinger Universität, als einen sehr unterrichteten, sinnvollen Kunstfreund haben kennen lernen" (in: S. Boisserée, Briefwechsel, Bd. II, S. 191).

[240] Groote fertigte im Rahmen seines Projektes der Tristan-Edition einen wissenschaftlichen Apparat an.

[241] Zehn Jahre später veröffentlichte G. Fr. Benecke, gemeinsam mit K. Lachmann das Gedicht Hermanns von der Aue: Iwein. Der Riter mit dem Lewen, Berlin 1827.

bare Handschrift in 12²⁴² habe. Monné in Heidelberg beschäftige sich mit Herausgabe eines Gedichts über Carl [den] Großen in Versen.²⁴³ So reden wir manches. Noch kommen zu uns Fritz Ammon²⁴⁴ u. mein Bruder Joseph. Ammon sah in Coblenz Goerres, der sehnlichst auf Antwort wegen des Briefs, den Mühlenfels geschickt hat, erwarte, u. einen dummen Jungen darauf |12r| gesetzt haben soll,²⁴⁵ wenn man sich der Sache, nehmlich der Stimmensammlung für die Landständische Verfassung nicht annehmen [werde]. Die Menschen kennen die Lokalität zu wenig, um über solches Unternehmen mit gehöriger Klarheit zu Werk zu gehn. Was können ihnen die Unterschriften einiger schwärmender junger Leute u. überredeten Bauern u. Handwerker helfen? Andere lassen sich auf nichts ein, was in friedlichen Zeiten das Ansehn einer Verbündung gegen die Regierung haben könnte. Doch nehmen wir uns vor, mit Haxthausen, wenn er zurückkommt, darüber zu reden. – So blieben wir zusammen bis 9. Abends schreibe ich auch den Brief ans General Postamt²⁴⁶ fast zu Ende.

Den 24. Octobris [1817].

Ich übersehe den Brief nochmal, u. gehe damit zu Joseph, daß er ihn durchsehe. In der Sitzung schreibe ich ihn nochmal ordentlicher zu Recht. Ich hoffte, Arnswald noch im Dom zu finden, aber vergebens. Nach Tische geht der Vater mit den Schwestern u. Joseph zu Schaaffhausen auf Kitzburg. Ich durchgehe meinen Brief nochmal, u. gehe dann, Chladni zu besuchen, den ich nicht finde. Ich gehe zu Fritz Ammon, dessen Vater ich bereden helfe, das Heiniussche Haus nicht dem Juden Wahl²⁴⁷ zu verkaufen, der es eben besehn, u. schon 12.000 Thl. dafür

---

²⁴² Buchformat 12 (Duodez).
²⁴³ Der Historiker Franz Joseph Mone habilitierte sich im Mai 1817 in Heidelberg, im Jahr darauf wurde er Sekretär an der dortigen Universitätsbibliothek. 1817 veröffentlichte er: Geschichte und Beschreibung von Speyer; 1818: Einleitung in das Nibelungen-Lied zum Schul- und Selbstgebrauch; 1822: Ueber die Sage vom Tristan, vorzüglich ihre Bedeutung in der Geheimlehre der britischen Druiden.
²⁴⁴ Friedrich Ferdinand von Ammon studierte an der Heidelberger Universität Jura.
²⁴⁵ einen dummen Jungen darauf setzen: eine Münze mit niedrigem Wert setzen.
²⁴⁶ Dieser Brief Grootes ist nicht nachgewiesen.
²⁴⁷ Joseph Wahl, geboren 1779 in Pirmasens, war Sohn des ehemaligen „Pfalz-Zweibrückischen Hof- und Kammeragenten" Saul Wahl; er hatte 1815/1816 Betti Meilert, Witwe des Bankiers Moses Abraham van Offen geheiratet; um 1816/17 wohnte das Ehepaar in Koblenz. Wahl hatte im April 1817 bei Polizeipräsident Struensee um „das gesetzlich vorgeschriebene Juden-Patent als Großhändler" nachgesucht. Struensee teilte dies Oberbürgermeister von Mylius mit (G. C. Ph. Struensee an K. J. von Mylius, Köln, 26. Apr. 1817; HAStK, Best. 400, A 793, Bl. 33r); dieser setzte die Regierung Köln im Juli in Kenntnis, dass der Stadtrat den Antrag Wahls abgelehnt hatte (K. J. von Mylius an Regierung Köln, Juli 1817, Entwurf; (Bl. 59r u. v). Die Regierung teilte daraufhin mit: „Auf Ihren Bericht vom gestrigen Dato machen wir Ihnen hiermit bekannt, daß wir den Israelitischen Kaufmann Joseph Wahl aus Coblenz mit seinem Gesuche um Ertheilung eines vorläufigen Erlaubniß Scheins zum Handeln in hiesiger Stadt, als nach den bestehenden gesetzlichen Vor-

gebothen hatte.²⁴⁸ Es werden 14.000 gefordert. Ich gehe nun mit Ammon, Arnswald aufzusuchen, aber auch umsonst. Dieser will morgen um 4 fort. Auch Haxthausen finden wir nicht, dessen Bedienter krank ist. Mit v. Auer gehn wir auf den Neumarkt; dieser sagt uns, daß er Sonntag auf dem Platz²⁴⁹ ins Kästchen komme,²⁵⁰ u. also bald heyrathen würde. Wir gehn nun zu Ammons zum Thee, wo mir Fritz noch manches von |12v| Heidelberg erzählt. Dann gehe ich gegen 8 zu Simon, wo ich erst allein bin, dann kommt Haxthausen u. es wird noch weidlich disputirt, besonders in streitigen Religionssachen, über Einwirkung des Staats in die Verordnungen der Kirche u.s.w., bis gegen 11. – Der Landrath begegnet uns noch spät.

Den 25. Octobris [1817].

Ich durchsehe frühe meinen Brief nochmal, u. schicke ihn wieder an Joseph, der damit einverstanden ist, u. nun übergebe ich ihn dem Vater zu weitern Besorgung. Joseph u. Carl gehen auf die Jagd. Der Halfen vom Quadter Hof zu Poll²⁵¹ zahlt abschlägig für die Vicarie zu Walberberg. Ich fahre nun in Untersuchung alter Handschriften fort. Nach Tisch kommen Walter u. Ammon zu mir, u. wir gehn zusammen aus, durch die Vestungswerke, bis zum Montalemberger Thurm.²⁵² Walter geht noch mit mir nach Haus, u. wir bereden manches. Abends ist es im Olymp sehr leer, vielleicht, weil die Bürger deklamirt.²⁵³ ～ ～

---

schriften unstatthaft, abgewiesen" (Regierung Köln, Abt. I, an K. J. von Mylius, Köln, 18. Juli 1817; unterzeichnet von Sotzmann und Auer; Bl. 60r). Joseph Wahl kaufte das Heiniussche Haus nicht. Zur Geschichte J. Wahls u. seiner Familie: Kleber/Offerhaus, Ich will als Jud Jud bleiben, 2017. Vgl. Elkendorf, Topographie: „Die Bevölkerung von Cöln besteht [um 1825] aus 51.575 Katholiken, 1.959 Evangelischen und 637 Juden, die alle in der größten Eintracht mit einander leben, weil von Oben herab der wahre Zweck des Staates ins Auge gefaßt worden ist und durchgreifend gehandhabt wird" (in: Becker-Jákli, Köln, S. 120).

[248] Welt- u. Staatsbote zu Köln, Nr. 155, 28. Sept. 1817, Annonce: „Montag den 13. Oktober d. J., Nachmittags 3 Uhr, wird das auf der Hochstraße an der Ecke der großen Budengasse unter Nummer 2099 (136) gelegene, von dem Herrn J. P. Heinius nachgelassene große Haus unter annehmlichen Bedingungen öffentlich in dem Hause selbst versteigert werden. Dasselbe enthält ein geräumiges Vorhaus, dreißig große und kleine Zimmer, große Küche und Waschküche, mehrere geräumige Speicher und vorzügliche Keller. Es ist ferner mit einer Auffahrt, großem Hofraum, Stallungen, Remisen, Hintergebäuden, Garten, Pumpen zu Brunnen- und Regenwasser etc. versehen und eignet sich daher, auch wegen seiner vortheilhaften Lage zu jedem ansehnlichen Geschäfte. Man kann es täglich in Augenschein nehmen und auch aus der Hand kaufen. Man beliebe sich deshalb an den Eigenthümer oder den Unterzeichneten zu wenden. A. Steinberger der Jüngere, Notar."

[249] Platz, hier: Rathausplatz. Die Ziviltrauungen fanden im Rathaus statt.

[250] Ins Kästchen kommen, hier: heiraten.

[251] Die Familie von Quadt zu Buschfeld besaß einen Hof in Poll.

[252] Der franz. Ingenieur Marc-René de Montalembert beeinflusste durch seine Entwürfe zum Festungsbau auch das preuß. Befestigungssystem. Der sogenannte Montalembertsche Turm war mit einer hohen Zahl, auf mehreren Ebenen angeordneten Geschützen ausgestattet.

[253] Die Schauspielerin und Schriftstellerin Elise Bürger war vor allem wegen ihrer Deklamationen

Den 26. Octobris [1817]. Sonntag.

Prof. Chladni kommt schon gegen 9 wieder zu mir, u. sagt mir manches über seine Meteorsteine, u. ladet mich ein, ihn zu besuchen. Ich entwerfe ein Schreiben an Pistor,[254] welches wieder an das General Postamt abgeschickt werden soll. Um 10 gehe ich in den Dom, wo v. Ammon bey mir steht; die Musik ist schlecht. Wir gehen nachher nach St. Ursula, wo aber die Messe schon vorbey ist. Bey Chladni finden wir Bettendorf. Er zeigt sein Musikalisches Instrument, u. nachher seine vielen Meteorsteinstücke. Bey Tische ist Wallraf bey uns. Nachher kommt der Halfen vom Weingut aus des Canonici de Groote Erbschaft, u. ich rede mit ihm, u. sende ihn zu Sitt. Später gehe ich in den Dom u. in St. Ursula; aber ein böser, wilder |13r| Geist treibt mich wüst umher, u. ich bin unglücklich. – Abends sind die Meinigen bey Nagel. Ich lese zu Haus in dem hiesigen Journal für Gesetzgebung.[255] Später kommt der junge Max v. Loë zu mir, der mir von einigen Eigenen alten Handschriften u. besonders von einer Handschrift des Tristan sagt, die er bey einem Graf Rennes zu Eldern[256] bey Mastricht [Maastricht] gesehn habe. Ich erhalte von ihm die Erlaubniß, die erstern kommen zu lassen, u. nehme mir vor, wegen letzerer an jenen Grafen u. an Loë's Bruder zu schreiben.[257] Loë bleibt bey uns zum Nachtessen.

---

bekannt, bot aber auch mimische Darstellungen und Lustspiele. Zu ihren Aufführungen Ende Okt./Anfang Nov. 1817 in Köln vgl. Köln. Zeitung, Nr. 169, 23. Okt. 1817: „Deklamatoriums-Anzeige. Künftigen Samstag [25. Okt.], Abends 6 Uhr, werde ich im Lempertzschen Saale aufm Domhof eine musikalisch-deklamatorische Abend-Unterhaltung in 6 Abtheilungen zu geben die Ehre haben. Ich lade die Kunstfreunde hochachtend dazu ein. Den Inhalt werden die Tageszettel näher bezeichnen, und Billets können täglich zu 44 Stüber im Mainzer-Hof abgeholt werden. Elise Bürger." Köln. Zeitung, Nr. 173, 30. Okt. 1817: „Theater-Anzeige. Frau Elise Bürger wird mit einigen Mitgliedern der Schauspieler-Gesellschaft, die bis jetzt hier spielten, dem Wunsche mehrerer Theaterfreunde gemäß, am Sonntag den 2. Novbr. eine Vorstellung im Schauspielhause geben, von welcher der Anschlagzettel das Nähere besagen wird; sie selbst wird unter andern Rollen auch die der schwäbischen Bäuerinn im Dialekt geben. Logenbestellungen sind vorher beim Theater-Kassirer, Herrn Müller, zu machen; die Preise wie im Theater, der Anfang 6 Uhr." Als wohl letzte Präsentationen im Kölner Schauspielhaus waren Ende des Jahres „magische und mechanische Belustigungen" und „optische Illusionen" zu sehen, die der „Mechanikus" Weis aus Breslau vorstellte (Welt- u. Staatsbote zu Köln, Nr. 180, 11. Nov. u. Nr. 183, 16. Nov. 1817).

[254] Der Brief E. von Grootes an C. Ph. H. Pistor v. 27. Okt. 1817 ist nicht nachgewiesen.

[255] Niederrheinisches Archiv für Gesetzgebung, Rechtswissenschaft und Rechtspflege.

[256] Clemens Wenzeslaus Graf von Renesse, Heer van Elderen.

[257] Maximilian von Loë hatte mehrere Brüder, einer von ihnen antwortete Groote. von Loë an E. von Groote, Mheeren, 12. [Nov.?] 1817: „Bis zu diesem Augenblick habe ich Ihrem Wunsche gemäß Ihr Anliegen an Graf Rennes des Tristans wegen noch nicht mittheilen können, da dieser Mitglied der General-Staaten zur versamlung im Haagen [Den Haag] ist; so bald ich ihn aber sehen werde, werde ich es ihm so nahe als möglich legen, doch für dem erfolg darf ich nicht versprechen. Zu jeder andern Gelegenheit stehe ich immer zu befehl u. verbleibe mit aller Hochachtung Ihr ergebenster Diener Freyherr von Loë" (HAStK, Best. 1552, A 36/1). Das Kasteel van Mheer, Provinz Limburg, gehörte und gehört der Familie von Loë.

Den 27. Octobris [1817].

Ich schreibe gleich die beyden Briefe, u. schicke sie frankirt weg. Auch den Brief an Pistor schicke ich dem Vater. Dann zahle ich an Bruch wegen des Olymps meinen Beytrag, |: Fr. 6 :| u. gehe nun die akustische Merkwürdigkeit, das redende Seeweibchen, auf dem Domhof zu sehn,[258] die in der That äußerst merkwürdig u. schwer verständlich ist. |: xx 15 :| – Vor dem Regierungsgebäude finde ich den jungen v. Mehring u. Dünnbach, dem ich gleich tüchtig zu Leibe gehe, bis er mir verspricht, mit dem alten v. Mehring wegen der [ein Wort gestrichen] Skitze von Rubens zu reden u. mir Bescheid zu sagen. In der Sitzung ist Sotzmann noch nicht, obschon der Congress in Godesberg geschlossen, u. Graf Solms schon seit gestern zurück ist. Ich begegne vor 2 Uhr Elkendorf, u. gehe mit ihm nochmal das redende Seeweibchen zu sehn, der über diese akustische Merkwürdigkeit ebenfalls sehr erstaunt, u. sie nicht zu erklären weiß. [13v u. 14r sind unbeschrieben]. |14v| Ich sehe v. Auer u. Frl. von Krauss in dem Proklamationskasten am Rathhaus. Nachher sehe ich mit Herrn Sieger noch einiges unserer Walberberger Vicarie Sachen durch, u. lese dann still auf meiner Stube. Walburg bringt mir eine Note, die sie von dem Frl. v. Zuydtwyk erhalten hat. Sie ist von Herrn v. Keverberg aus Gent, der allerley von Bildern von Hemmling aus Brügge schreibt, u. über unser Dombild Notitzen haben will, die er mich zu geben bittet. Ich beginne bald darauf zu antworten.[259] Später kommt noch v. Ammon, dem ich manche meiner Gedichte lese, auch er rezitirt mir einiges; nachher lesen wir verschiedenes aus der *Isis*, u. Joseph ist bey uns bis um 9. Nach dem Abendessen redet der Vater noch über die Postsachen, u. daß Schultz sich herausgenommen, auf die zur Begutachtung von der Immediat Kommission an das Postamt eingesandten Postgesetze, zu berichten, u. zu moniren.[260] Ich kann mich nicht enthalten, ihm zu sagen, daß dieß seine eigene Schuld sey, u. daß er es sich selbst vorzuwerfen habe, wenn er zu schwach oder zu indolent sey, ein so wichtiges

---

[258] Wobei es sich bei dieser Präsentation eines „redenden Seeweibchen" handelte, ließ sich nicht klären. Vgl. Amtsblatt d. Königl. Reg. zu Köln, Nr. 43, 4. Nov. 1817: Pietro Baccigalupo erhielt für den Regierungsbezirk eine Genehmigung zur „Vorzeigung eines See-Löwen". Fahrende Schausteller zeigten oft seltene oder „merkwürdige" Tiere. Köln. Zeit., Nr. 110, 12. Juli 1817, Annonce: „Unterzeichneter macht einem geehrten Publikum bekannt, daß er seinen Tigerochsen, welcher in Servien in der Türkei erkauft wurde, heute und die folgenden Tage bis zum 21. d. M. zu zeigen die Ehre haben wird. Dieses so seltene große Thier mißt 7 Fuß in der Höhe, hat 13 Fuß in der Länge, und wiegt 3.000 Pfund. Das Schauspiel ist bei Herrn Lemperz aufm Domhof. Sollten sich Liebhaber finden, dieses Wunderthier zu kaufen, belieben sie sich zu melden bei Herrn Weninger."

[259] Diese Briefe konnten nicht nachgewiesen werden.

[260] Da Schultz Anfang 1817 in Bezug auf das Postwesen im Rheinland zum Berater der Immediat-Justiz-Kommission ernannt worden war, war er auch zu schriftlichen Berichten verpflichtet. Seine Berichte an die Behörden von Mai bis Dez. 1817 finden sich in: GStA PK, I. HA Rep. 103, Nr. 1226. Vgl. bes. „Actum Cöln den 28. Oct 1817", unterzeichnet von A. H. Simon und Schultz (Bl. 173r–174v), sowie Bemerkungen von Seiten Schultz' zu Ansichten der Immediat-Justiz-Kommission, 28. Okt. 1817 (Bl. 175r–177r).

Schreiben wie das der Immediat-Kommission einem Menschen wie Schultz zur Begutachtung zu überlassen, wo dann natürlich die Schande, die aus einer schlechten Arbeit, wie die des Schultz, nothwendig erfolgen muß, hauptsächlich mit auf ihn selbst falle. Er kann dagegen nichts sagen, seufzt, wie gewöhnlich sein: ‚Es wird wohl einmal besser werden', ich aber kann nicht läugnen, daß dieß ein elender Wunsch ist für den, der die Hände lediglich in den Schooß legt.

Den 28. Octobris [1817].

Ich vollende meinen Brief an v. Keverberg, u. schicke ihn gleich auf die Post. Dann lese ich das nieder- |15r| Rheinische Archiv für Gesetzgebung, u. nachher die Isis ungestört. Vor Tisch sehe ich die nun abgeschriebenen Berichte an das Postamt, u. an Pistor in Berlin nach, u. rede mit Christian Marx von Kendenich. Nach Tisch kommt ein kleiner v. Wenge von Seringhausen,[261] mit einem Geistlichen von dort, der mir einen Brief von Levin Wenge bringt. Der Junge Mensch soll hier im Gymnasium studiren. Ich führe ihn auch zum Herrn Vicar, u. schreibe bald nachher an Wenge, was der Vicar mitnehmen soll. Wallraf kommt gegen 6 u. bleibt in seinen gewöhnlichen Redseeligkeiten bis nach 8 U. sitzen. Ich ging heute gar nicht aus.

Den 29. Octobris [1817].

Ich beginne einen Journalartikel über das Preußische Postwesen zu schreiben. Dr. Chladni kommt, um wegen des Lokals seiner Vorlesungen nochmal nach zu fragen. Da es aber das Ansehn hat, als ob sich dazu viele Zuhörer melden würden, so sage ich ihm, daß sich alsdann in unserm Hause wohl schwerlich Platz finden würde, es werde dieß aber wohl anderwärts nicht schwer werden. Ich stelle ihn dem Vater vor. In der Sitzung äußert auch Haxthausen keine Lust, seinen Saal zu den Vorlesungen her zu geben. Graf Solms sagt mir, er habe meinen Brief erhalten,[262] auch gehe in Darmstadt alles vorwärts mit der Dombibliothek; er selbst aber werde erst nächsten Monat hin gehn, u. wolle dann das Werk noch zu beschleunigen suchen. Es werden die Hefte über |15v| die Jubelfeyer des Reformations Festes[263] vertheilt, die mit hinreichender Anmaßung geschrieben sind. –

---

[261] Seringhausen, heute ein Stadtteil von Erwitte.
[262] E. von Groote an Fr. L. Chr. zu Solms-Laubach, Köln, 6. Okt. 1817 (Privatarchiv d. Grafen zu Solms-Laubach, XVII, 117, Nr. 171). Siehe Briefe u. Schriften.
[263] Zu den Vorbereitungen der Reformationsfeier: Obgleich das Innenministerium am 8. Okt. 1817 das Reskript (Kabinettsorder v. 27. Sept. 1817) veröffentlicht hatte, war es bis Mitte Oktober noch nicht offiziell bei den Kölner Behörden eingetroffen. In der Köln. Zeitung, Nr. 165, 16. Okt. 1817 und im Welt- u. Staatsboten zu Köln, Nr. 165, 16. Okt. 1817 wurde es jedoch gedruckt. Grashof, Mitglied des Konsistoriums, hatte bereits tausend Exemplare des königlichen Aufrufs anfertigen lassen, um sie nach Eintreffen des Reskripts in Köln an die Gemeinden der Provinz Jülich-Kleve-Berg zu versenden. Da ihm nun unklar war, ob er den Aufruf bereits verteilen sollte, bat er Solms-

Ich habe das Glas auf meiner Uhr zerbrochen, u. lasse mir ein schönes, klares, flaches, englisches darauf machen. |:–1–10:| Dabey zeigt mir der Uhrmacher[264] eine neue schöne silberne Repetiruhr,[265] für die er nur 120 Fr. oder auch meine Uhr u. 4 Louisd'or fordert; ich bringe sie Joseph an, der sich auch näher darum erkundigt. Nach Tische reite ich aus, vor dem Hahnen- u. Ehrenthor.[266] Später lese u. schreibe ich noch etwas in meinen Sachen, u. gehe dann zu v. Geyr, wo die Schwestern u. der Vater sind. – Abends schreibe ich noch ziemlich lang über dem Artikel wegen des Preußischen Postwesens.

Den 30. Octobris [1817].

Ich vollende jenen Artikel u. treibe andere Sachen. Joseph u. Carl gehn auf die Jagd, da das Wetter schön ist.[267] Prof. Nussbaum kommt u. bringt mir meine Pfeife, doch nicht im besten Zustande, wieder; überdieß hatte er sie mir fast verloren, da er sie in Gymnich liegen ließ. Böses Geschick liegt über diesen, u. allen Sachen, die ich von Nette Wenge erhielt. Ich bringe xxxxxxx die Pfeife wieder in Ordnung. Ueberdieß kommt Herr Pastor Fochem, der unter andern durch Willmes wissen will, daß v. Mehring das verlangte Bild herausgeben wolle. Der Vater ist noch lange bey mir, u. spricht unter anderm von der Notwendigkeit durch das Consistorium die Erlaubniß des Begräbniß am Elend nachzusuchen; er kommt darauf, weil |16r| unsre Schwester Caroline[268] wieder oft nicht wohl ist, und vielleicht nicht lange mehr lebt; ich soll darüber mit Joseph reden. Wir besprechen noch manches wegen des Postwesens. Gestern versprach mir

---

Laubach um eine Entscheidung (K. Fr. A. Grashof an Fr. L. Chr. zu Solms-Laubach, Köln, 19. Okt. 1817; Landesarchiv NRW R, BR 0002, Nr. 747, Bl. 10r u. v). Solms-Laubach ordnete die Verteilung der Schrift am 22. Okt. an (Fr. L. Chr. zu Solms-Laubach an K. Fr. A. Grashof, Godesberg, 22. Okt. 1817; Landesarchiv NRW R, BR 0003, Nr. 144, Bl. 38r). Vgl. den gedr. Aufruf von Friedrich Wilhelm III., Potsdam, 27. Sept. 1817: „Aufforderung an die Konsistorien, Synoden und Superintendenturen der Monarchie" (Bl. 31r–32r) u. den gedr. Aufruf des Konsistoriums Köln: „An die geistlichen Obern und sämmtlichen Pfarrer der beiden evangelischen Kirchen der Herzogthümer Jülich, Cleve, Berg", Köln, 16. Okt. 1817 (Bl. 33r u. v). Zur bevorstehenden Feier erschienen zahlreiche Publikationen; einige von ihnen wurden auch von den Kölner Buchhandlungen beworben. Der Düsseldorfer Regierungsrat Delbrück veröffentlichte die Schrift: Ueber das Jubelfest der Reformation. Zur Feier der dritten Wiederkehr desselben. Eine Einladung an die evangelische Kirche, Berlin 1817. Zur Korrespondenz des Kölner Konsistoriums über die Reformationsfeier in Köln bzw. in den Rheinlanden 1817: Landesarchiv NRW R, BR 0003, Nr. 144.

[264] Das Kölner Adressbuch von 1813 führt 19, das von 1822 23 Uhrmacher auf. Zu den Kölner Uhrmachern Ende des 18., Anfang des 19. Jh.s: Giersberg, Uhrmacher, S. 289–291.

[265] Eine Repetieruhr (Wiederholungsuhr) enthält einen Mechanismus, mit dessen Schlägen man die Uhrzeit abrufen kann.

[266] Hahnentor und Ehrentor: mittelalterliche Torburgen der Stadtmauer im Westen Kölns.

[267] Zeitungs-Bericht der Reg. Köln für Oktober, 10. Nov. 1817: „Der Monat October zählte 15 heitere und 16 theils trübe, theils regnerische Tage. Am 2ten und 4ten, 11ten, 14ten, 21ten, 26ten und 27ten war Morgens Nebel" (GStA PK, I. HA Rep. 89, Nr. 16278, Bl. 140r).

[268] Maria Carolina Walburga von Groote starb am 20. Dez. 1819 in Köln.

Ammon, mich heute Abend zu besuchen, allein, er bleibt aus. Ich lese im Wilthemy xxxx Luxenborg. – Die Protestanten läuten ihr morgiges Fest gewaltig ein. – Dr. Chladni brachte mir heute eine Bekanntmachung seiner Vorlesungen zur Sammlung von Unterschriften. Ich rede mit Joseph wegen des Begräbniß am Elend.

Den 31. Octobris [1817].

Die Protestanten läuten u. lärmen sehr mit ihrem Reformationsjubel.[269] Ich lese zu Haus in Wiltheim, u. erhalte ein freundliches Schreiben von Goerres,[270] zahle auch an Peter noch einigen Rückstand für Kleinigkeiten |:–5:|]:–12:|, u. gehe aus in die Protestantische Kirche, wo nach einer natürlich die Herrlichkeit der Reformation selbstgefällig schildernden, übrigens aber nicht schlechten Rede des Pfarrers Kraft,[271] die Gemeinde theils aus der Kirche geht, theils, – auch Graf Solms u. seine Familie, u. viele von der Regierung etc. gar andächtiglich zum Abendmal schreiten.[272] – Zu Haus finde ich nebst einem Schreiben von Netz 46

---

[269] Sinn und Ablauf der Reformationsfeier wurde vom Kölner Konsistorium in einer Bekanntmachung erläutert: „Abkündigung [sic] am 21sten Sonntage nach Trinitatis, den 26sten October 1817". Hier hieß es: „Der König unser Herr, in welchem die evangelische Kirche den mächtigsten ihrer treuen Beschützer unter den Großen der Erde ehrt, hat befohlen, daß das gedachte hohe Jubelfest in allen evangelischen Kirchen der Königlichen Lande aufs Feierlichste, und zwar in zweien auf einander folgenden Tagen, mit Gottesdienst, Gebet und Lob Gottes begangen werden soll. Am Vorabend, Donnerstag den 30sten October, wird, bei Sonnenuntergang, das Fest mit allen Glokken feierlich eingeläutet werden. Der Haupttag des Festes, Freitag der 31ste October, wird Vor- und Nachmittags gottesdienstlich gefeiert werden; auch sollen an diesem Tage alle bürgerlichen Geschäfte und Werktagsarbeiten ruhen. Gleichmäßig soll am 2ten Tage der Feier, Sonnabend den 1sten November, Vormittags in allen evangelischen Kirchen öffentlicher Gottesdienst seyn, zu solchem die Schuljugend, in feierlicher Procession, in die Kirche geführt, und zu derselben und der christlichen Eltern Erweckung in Beziehung auf den Segen, welchen auch das Schulwesen der Reformation zu danken hat, eine Schulpredigt gehalten werden." Der Text endete: „O Herr, hilf; o Herr, laß Alles wohl gelingen!" (Archiv der evangelischen Kirche Köln, 21–6,1, o. P.; Landesarchiv NRW R, BR 0003, Nr. 144, Bl. 13r u. v). Siehe auch den gedr. Text: Liturgie bei der Feier des Reformations-Jubelfestes, den 31sten October 1817 (Landesarchiv NRW R, BR 0003, Nr. 144, Bl. 14r–15v) sowie den detaillierten Entwurf der Kölner Gemeinden für den Ablauf der Feier (Archiv der evangelischen Kirche Köln, 21–6,1, o. P.).

[270] Diesen Brief von J. Görres verlor Groote in den folgenden Tagen. Der Brief ist nicht erhalten.

[271] Die Predigt wurde im Verlag J. M. Heberle als Broschüre gedruckt: J. G. Krafft, Predigt bei der dritten Jubel-Feyer der Reformation gehalten am 31. Oktober 1817, Köln [1817]. Krafft predigte zum Zitat: „Siehe, ich komme bald. Halte, was du hast, daß Niemand deine Krone nehme!" (Offenbarung des Johannes, 3, 11).

[272] Die Kölner protestantischen Gemeinden berichteten dem Konsistorium ausführlich über den Gottesdienst: „Gehorsamster Bericht über die Feier des Reformations Jubiläi", Anfang Nov. 1817 (Abschrift). Der Bericht betonte die während des Gottesdienstes herrschende einmütige Stimmung, den „Geist der Andacht, der sich unter der großen Menge, welche die Kirche füllte, durch die tiefe Stille ausprach […]. Jenes Drängen zum Tische des Herrn, wo ohne Unterschied des Stands und der Confession immer zwei und zwei hinzutraten um die geheiligten Pfänder der Liebe

Thl., die er mir als zweyvierteljährige Rate von 50 Thl., nach Abzug der 4, die er an Zeune für die wöchentlichen Nachrichten gegeben, ergo bis November inclusive schickt. Er hat dafür 25 GGr. Porto bezahlt. Ich aber soll nebst dem Traglohn |:–6:| noch 5 GGr. dafür zahlen, weil das Postamt behauptet, das Gewicht sey zu leicht angegeben. Allein, ich schicke die Adresse zurück, weil ich dem Ding nicht traue, u. sie mögen sie nach Nimpsch [Nimptsch, heute Niemcza][273] zurückschicken, wo inzwischen Netz nicht mehr ist. Ich sacke also mein Geld ruhig aus, u. bin froh, es zu haben. |16v|
Nachmittag kommt Denoël zu mir, u. erzählt mir besonders über das Altarbild in Linz,[274] welches der Passion bey Lyversberg[275] sehr ähnlich seyn soll. Später kommt Walter zu mir, u. wollte zu Simon gehn, was aber wegen der Kirchenfeyer nicht seyn kann. Noch später kommt Ammon, u. wir bleiben bey Joseph bis um 9 zusammen. Dieser giebt mir Ruckstuhls Schriftchen über das Turnwesen,[276] welches ich zum Theil Abends noch lese.

Jesu aus der Hand der Diacone des Sacraments zu empfangen" (Archiv der evangelische Kirche Köln, 21–6,1, o. P.). Zeitungs-Bericht der Reg. Köln für Oktober, 10. Nov. 1817: „Die hiesige reformirte und lutherische Gemeinde haben das Säcularfest der Reformation auf eine würdige Weise gefeyert, […] und haben ihre Geneigtheit zu der gewünschten Confessions-Vereinigung zurnächst durch den gemeinsamen Genuß des heiligen Abendmahls zu erkennen gegeben" (GStA PK, I. HA Rep. 89, Nr. 16278, Bl. 154r). Vgl. Fr. L. Chr. zu Solms-Laubach an E. Ch. zu Solms-Laubach, Köln, 2. Nov. 1817: „Das Reformationsfest haben wir Gestern u. vorgestern ruhig mit Würde, u. in brüderlicher Eintracht mit den Katholiken gefeiert. Auch nicht ein Wort ist gefallen, aus welchem Religionshaß abgenommen werden könnte, u. es waren wenigstens 50 Katholiken in unsrer Kirche. Ich bin am 31. mit meiner Frau zum Abendmahl gegangen, u. habe es, […] mit gebrochener Hostie, genoßen. In den pr. Provinzen am Rhein u. Westphalen wird die Vereinigung nächstens zu stand gebracht seyn" (Privatarchiv d. Grafen zu Solms-Laubach, XVII, 106, Nr. 338). H. zu Solms-Laubach an ihren Sohn Otto, Köln, 16. Nov. 1817: „Wir ginngen auch alle zum heil. Abendmahl in Gemeinschaft mit den ehemaligen Reformirten, und der 2te Gottesdienst hatte am Abend statt, wo auch die ganze Kirche erleuchtet war und unsere Geistlichen herrliche Reden hielten" (Privatarchiv d. Grafen zu Solms-Laubach, XVII, 119, Nr. 16).

[273] Der Ort Nimptsch gehörte 1816 bis 1919 zur preuß. Provinz Schlesien.

[274] Vermutlich ist das Triptychon des Marienaltars von 1463 gemeint, das ursprünglich für die Linzer Ratskapelle gestiftet wurde und sich dort bis zu deren Abbruch 1816/18 befand. Danach war das Triptychon bis 1953 in der Linzer Kirche St. Martin, seit 1967 befindet es sich am Hauptaltar der Pfarrkirche St. Marien. Wie Denoël vermutet man auch heute, dass es sich um eine Kölnische Malerei des 15. Jh.s handelt, ein Werk des Meisters der Lyversberg-Passion, der um 1460 in Köln tätig war. Vgl. Andrea Rönz (2014, 7. Dezember). Der Linzer Marienaltar. Stadtarchiv Linz am Rhein. Abgerufen am 7. Juni 2024, von https://doi.org/10.58079/cvtc.

[275] Passionsaltar, um 1465; acht Tafeln gehörten zur Sammlung Lyversberg.

[276] Karl Ruckstuhl, Prolog auf die Errichtung eines Turnplatzes zum Schluß des Schuljahrs und zur Feyer der Herbst-Prüfung 1817 am Königlichen Gymnasium zu Bonn, Bonn 1817. Ruckstuhl propagierte darin, sich auf Friedrich Ludwig Jahn beziehend, die Ausbreitung der Turnbewegung im Rheinland. 1816 war bei G. Reimer in Berlin erschienen: Jahn/Eiselen, Die deutsche Turnkunst, zur Einrichtung der Turnplätze dargestellt. Groote war Jahn in Paris und Berlin begegnet. Zu Ruckstuhl am Bonner Gymnasium vgl. Zeitungs-Bericht der Reg. Köln für September, 9. Okt. 1817: „Der Oberlehrer Ruckstuhl wirkt mit Besonnenheit und Thätigkeit" (GStA PK, I. HA Rep. 89, Nr. 16278, Bl. 131v).

Jahresende: Offene Fragen und eine Reise nach Düsseldorf

Nur wenige Tage nach der Reformationsfeier wurde in Köln eine umfassende Neuregelung der Provinzialverwaltungen bekannt,[1] deren Veröffentlichung, wie Groote vermerkte, „große Sensation" machte.[2] Auch für die Rheinprovinzen brachte diese Verordnung tiefgreifende Veränderungen, da sie Organisation, Zuständigkeit und Zusammensetzung staatlicher Behörden im Sinne des preußischen Zentralisierungsbestrebens neu ordnete. Für Joseph von Groote war vor allem die „Dienst-Instruktion für die Provinzialkonsistorien" von Bedeutung,[3] für Eberhard von Groote die „Instruktion zur Geschäftsführung der Regierungen".[4] Letztere bestimmte die „Befugnisse und Obliegenheiten" der Regierungskollegien, darunter auch die Aufgaben der Abteilung I, der Groote angehörte. Am 11. November notierte er abfällig:

> „Wir erhalten in der Gesetzsammlung die neuen Verwaltungsinstruktionen u. die Veränderungen im Ministerio. Viel von Oben herab dekretirtes Zeug; wenig aus dem Bedürfniß der Zeit u. des Volks hervorgehende Maßregel. Die ausgedehnte Gewalt der Oberpräsidenten ist das Beste."[5]

Eine weitere wichtige Veränderung auf dem Gebiet staatlicher Verwaltung vollzog sich kurz darauf in Bezug auf die bisherige Zuständigkeit des Innenministeriums.[6] Dazu meldete die *Kölnische Zeitung*:

> „Das Departement für den Kultus und öffentlichen Unterricht und das damit in Verbindung stehende Medizinalwesen, welches bisher zum Ministerio des Innern gehört, haben Seine Majestät der Leitung eines besondern Ministerii für die geistlichen Sachen, den öffentlichen Unterricht und das Medizinal-Wesen übergeben und selbigem den Staatsminister Freiherrn von Altenstein als Chef vorgesetzt".[7]

---

[1] Verordnung wegen Bekanntmachung und Ausführung der für die Oberpräsidenten, Provinzialkonsistorien, Provinzial-Medizinalkollegien und für die Regierungen vollzogenen Dienst-Instruktionen. Vom 23ten Oktober 1817 (in: Gesetz-Sammlung, 1817, Nr. 15, S. 229–282).

[2] Groote, Tagebuch, 9. Nov. 1817.

[3] Dienst-Instruktion für die Provinzialkonsistorien (in: Gesetz-Sammlung, 1817, Nr. 15, S. 237–245).

[4] Instruktion zur Geschäftsführung der Regierungen in den Königlich-Preußischen Staaten (in: Gesetz-Sammlung, 1817, Nr. 15, S. 248–282).

[5] Groote, Tagebuch, 11. Nov. 1817. Vgl. Köln. Zeitung, Nr. 182, 15. Nov. 1817: „Durch diese Verordnungen wird den betreffenden Behörden ihr Wirkungskreis schärfer als bisher bezeichnet, hauptsächlich aber die Einwirkung der Oberpräsidenten merklich erweitert."

[6] Allerhöchste Kabinetsorder vom 3ten Nov. 1817, wegen der Geschäftsführung bei den Oberbehörden in Berlin (in: Gesetz-Sammlung, 1817, Nr. 16, S. 289–292).

[7] Köln. Zeitung, Nr. 181, 13. Nov. 1817.

Der zum ersten Kultusminister Preußens avancierte von Altenstein war nun für die Entscheidung zum Standort der rheinischen Universität zuständig, ebenso für die staatliche Politik gegenüber den rheinischen Katholiken und Protestanten.

Mitte Dezember traf Groote ein großer persönlicher Verlust: Am 13. Dezember erreichte ihn die Nachricht, dass Max von Schenkendorf nach längerer Krankheit, aber doch plötzlich, gestorben war. Mit ihm verlor Groote einen „theuren Freund", den er sowohl als Dichter wie auch seiner politischen Haltung wegen bewundert hatte. Groote widmete ihm ein pathetisches Gedicht mit dem Titel „Totenopfer".[8] Trotz seiner Trauer trat Groote nicht von einer gemeinsam mit Fochem bereits geplanten Reise zurück. Am 15. Dezember mittags bestiegen beide eine Kutsche und fuhren „in angenehmer Unterhaltung nach Düsseldorf",[9] wo sie gegen 8 Uhr Abends im Bönnschen Hof auf der Hafenstraße, einem renommierten Gasthaus, ihr Logis nahmen. Anlass der Reise war eine Einladung Joseph von Grootes, der sich seit einigen Wochen zur Erledigung dienstlicher Angelegenheiten in Düsseldorf aufhielt.[10] In seinen Briefen[11] hatte er amüsante Erlebnisse im dortigen Bekanntenkreis geschildert und über die Düsseldorfer Galerie und Gemäldeausstellung berichtet.

Im Vergleich zu Köln war Düsseldorf mit ca. 16.000 Einwohnern[12] ein kleiner Ort, der zwar auf eine glanzvolle Periode als Residenzstadt zurückblicken konnte, doch während der letzten Jahrzehnte stark gelitten hatte und nun – ebenso wie Köln – von der Zugehörigkeit zu Preußen einen neuen Aufschwung erhoffte. Wilhelm Smets Reiseführer von 1818 vermerkte:

„Düsseldorf, die Hauptstadt des preußischen Herzogthums Berg und Sitz einer Regierung, liegt in einer anmutigen Ebene und wird an der Südseite von dem Bache, die Düssel, woher es den Namen hat, umspült. Das mutwillige Bombardement von ohngefähr, in der Nacht des 8. Octobers 1794, zerstörte eine große Anzahl der schönsten Gebäude, und das ehedem so

---

[8] E. von Groote, Sängers Scheiden. Totenopfer meinem theuren Freunde M. von Schenkendorf an seinem 34. Geburtstage den 11. December 1817 (in: Hagen, Schenkendorf's Gedichte, S. 508–510 u. Spiertz, Groote, S. 310 f.). Siehe Briefe u. Schriften.

[9] Groote, Tagebuch, 15. Dez. 1817.

[10] Zeitungs-Bericht der Regierung Köln für November, Köln, 9. Dez. 1817 (Anlage Kirchen u. Schulwesen im Allgemeinen, 6. Dez. 1817): „Gleich nach Eingang der hohen Ministerial-Verfügung vom 18ten October c., die Theilung des Bergischen Schuldfonds betreffend, ist dem Konsistorial-Assessor von Groote ein Commissorium und eine besondere Instruction zugefertiget worden. Derselbe ist demnach bereits in Düsseldorf mit der Verhandlung dieses für das gesammte Schulwesen der Provinz so wichtigen Gegenstandes beschäftigt" (GStA PK, I. HA Rep. 89, Nr. 16278, Bl. 175v–176r).

[11] Vgl. J. von Groote an E. von Groote, Düsseldorf, 4. u. 5. Dez. 1817 (Archiv Haus Londorf, Herr von Groote, Familienbriefe, 1.1., Nr. 81).

[12] Demian, Handbuch, S. 351: „Die Einwohnerzahl von Düsseldorf betrug gegen Ende des Jahrs 1816, mit Ausschluß des Militärs, 15.469 Seelen, worunter sich 12.973 Katholiken, 1.112 Lutheraner, 1.082 Reformirte und 302 Juden befanden." Vgl. auch: Mindel, Wegweiser, S. 6. Zu Düsseldorf in Reiseberichten Anfang des 19. Jh.s: Vollmer, Düsseldorf, S. 62–88.

schöne Schloß wurde in einen Schutthaufen verwandelt. Die Häuser sind meist regelmäßig gebaut und haben einen freundlichen Anstrich."[13]

Groote, der Düsseldorf offenbar zum ersten Mal besuchte, sah seinem Aufenthalt erwartungsvoll entgegen. Eigentliche Ziele der Reise waren, neben gesellschaftlichen Kontakten, die Düsseldorfer Gemäldegalerie, die Akademie der schönen Künste und die Landesbibliothek. Schon am Morgen nach ihrer Ankunft wurden die zwei Kölner von Joseph Lambert Cornelius, Bruder des bereits berühmten Historienmalers Peter Cornelius, von ihrem Gasthof abgeholt und zum ehemaligen Franziskanerkloster an der Schulstraße begleitet. Dort waren seit 1806 Gemäldegalerie und Kunstakademie, diese mit einer eigenen Sammlung, untergebracht.[14] Beide Institutionen befanden sich seit Jahren in einem steten Niedergang. Von der ehemals europaweit berühmten kurfürstlichen Gemäldesammlung war nach den Kriegen und Territorialveränderungen der vorangegangenen Jahrzehnte nur noch ein kleiner Restbestand vorhanden. Der weitaus größte Teil der Sammlung war 1795 aus Düsseldorf abtransportiert worden und befand sich nun, als annektiertes Eigentum der bayerischen Monarchie, in München. Versuche von Seiten Düsseldorfs, die Sammlung zurückzuerhalten, scheiterten.[15] Auch die 1773 gegründete Kunstakademie[16] hatte ganz wesentlich an Bedeutung verloren. 1817 unterrichteten hier nur noch drei Lehrkräfte: Joseph Lambert Cornelius, Zeichenlehrer und von 1800 bis 1822 Inspektor der Akademie, Karl Friedrich Schäffer, Architekt, und Ernst Carl Thelott, Kupferstecher und Maler. Schäffer hatte Groote schon in Köln kennengelernt, mit Thelott mehrfach zusammengearbeitet.

---

[13] Smets, Taschenbuch, S. 111. Zur kulturellen Entwicklung Düsseldorfs zu Beginn des 19. Jh.s: Pöggeler, Untergang, 1984.

[14] Für die Sammlung von Kurfürst Johann Wilhelm von der Pfalz (1658–1716) und seiner Frau Anna Maria Luisa de' Medici (1667–1743) wurde um 1710 in nächster Nähe des Schlosses ein eigenes Gebäude errichtet. Zur Geschichte der Düsseldorfer Gemäldegalerie: Baumstark, Galeriewerk, 2009; Koch, Gemäldegalerie, 2015; Koch, Über die Düsseldorfer Gemäldegalerie, 2015; Niehoff, Malerei, S. 5 f.; Holtei, Malerschule, S. 9–17.

[15] Die ehemalige kurfürstliche Sammlung wurde zu einer Grundlage der Münchner Pinakothek; Düsseldorf verzichtete 1870 auf seine Ansprüche.

[16] Die 1773 als „Kurfürstlich-Pfälzische Akademie der Maler, Bildhauer- und Baukunst" gegründete Einrichtung hatte von Anfang der 1780er-Jahre bis 1806 ihren Sitz im Palais Hondheim. Dann, so berichtete K. Fr. Schäffer, „eignete sich der damalige Minister des Innern das große Academiegebäude zu, und wir wurden in ein enges Franziskanerkloster verwiesen, wo schon das Liceum eingerichtet war und grade Raum hatte" (K. Fr. Schäffer an Regierung Düsseldorf, Düsseldorf, 18. Dez. 1816; Landesarchiv NRW R, BR 0004, Nr. 1524, Bl. 45v). Zur Situation der Akademie Ende des 18./Anfang des 19. Jh.s: Bl. 43r– 48r. Vgl. K. Fr. Schäffer an Regierung Düsseldorf, I. Abt., Düsseldorf, 23. Febr. 1817: „Der Profeßor und Architect Schaeffer überreicht hier einen Plan zur Vervollkommung der hiesigen Academie der Künste und zur Errichtung einer Polytechnischen Schule" (Landesarchiv NRW R, BR 0004; Nr. 1524, Bl. 53r–115r). Siehe auch: Roettgen, Kunstakademie, 2023; Thimann, Neubeginn, 2023; Overdick, Lehr- und Vorbildsammlungen, S. 33–35; Klapheck, Kunstsammlungen, S. 7–15; Mai, Kunstakademie, S. 197–210; Schaarschmidt, Geschichte, S. 22–44; Holtei, Malerschule, S. 17–32; Trier, Zweihundert Jahre, 1973 (Sammelband). Demian, Handbuch, S. 365: 1817 hatte die Akademie 153 Schüler.

Groote und Fochem besichtigten zunächst die verbliebenen Gemälde der kurfürstlichen Galerie und die Ausstellung der Bilder aus Privatbesitz, die man im Sommer 1817 zum Besuch des Kronprinzen und des Königs zusammengetragen hatte, sowie eine große Sammlung von Gipsabgüssen antiker Skulpturen. Insbesondere die Besichtigung dieses Bestands hatte Groote ungeduldig erwartet, da er 1815 in Paris an der Beschaffung der Abgüsse unmittelbar beteiligt gewesen war.[17] Anschließend suchten die beiden Kölner die öffentliche Landesbibliothek auf,[18] die seit ihrer Gründung 1770 in Teilen des Galeriegebäudes untergebracht war. In Begleitung des Bibliothekars Joseph Schram verschafften sie sich einen Überblick über die Bestände. Eine Beschreibung der ca. 30.000 Bände umfassenden Bibliothek aus dem Jahr 1818 gibt nicht nur einen Eindruck vom Umfang der Sammlung, sondern auch von ihrer Aufbewahrung.[19] Einen „bedeutenden Teil ihrer literarischen Schätze" hatte die Bibliothek, so der Autor Carl Wilhelm Grote, „durch die in dem Jahre 1803 erfolgte Aufhebung der Stifter, Klöster und Abteien des bergischen Landes" erhalten. Nachdem diese Klosterbücher lange Zeit „in den Eingängen, Nebenzimmern, und selbst in dem Hauptsaale in Haufen übereinander gelegen" hatten, führte man schließlich eine „Absonderung der auserlesensten Werke von den minder Bedeutenden" durch und erledigte damit „alle die nöthigen Vorarbeiten, um nur einige Ordnung in dieses Chaos zu bringen". Der „unermüdeten Sorgfalt" Schrams hatte die Bibliothek dabei „die Erhaltung mancher Seltenheit" zu verdanken. Inzwischen wurden diese Bücher jedoch unter besseren Bedingungen aufbewahrt, sie waren,

> „abgesondert von dem Urbestande der Bibliothek, in einem Nebensaale, aber aus Mangel an Raum, in doppelten Reihen aufgestellt. Dieses Musäum gewährt, in Betracht seines alterthümlichen Ansehens, in der That einen ehrwürdigen Anblick."

Auch Groote war beeindruckt: Es gebe zwar wenige mittelalterliche Handschriften, registrierte er, es schienen aber „sehr viele u. gute alte Sachen" vorhanden zu sein. Nach dem Besuch der Bibliothek hatten Groote und Fochem noch Gelegenheit, zwei Privatsammlungen zu besichtigen, die übrige Zeit verbrachte man mit geselligen Begegnungen.[20]

Eine für ihn persönlich wichtige Neuigkeit erfuhr Groote in Düsseldorf von seinem Bruder: Antoinette von der Wenge zur Beck, mit der er sich lange emotional verbunden

---

[17] Vgl. Groote, Tagebuch, Bd. 1, Sept. u. Okt. 1815, vielerorts. Siehe auch: Platz-Horster, Geschichte, 1979.
[18] Demian, Handbuch, S. 346: Im Galeriegebäude war die „öffentliche Landesbibliothek, welche an 30.000 Bände, und darunter viele Seltenheiten enthält, und ihre Entstehung dem Kurfürsten Carl Theodor verdankt, der sie im Jahr 1770 gestiftet hat." Zur Bibliothek bis um 1810 zusammenfassend: Stosch, Bibliotheque, 1984; um 1817: Liewert, Büchersaal, S. 87–97.
[19] Grote, Fragmente, S. 215–217.
[20] Ein kurzer Blick auf einen Zeitgenossen Grootes: Vermutlich hielt sich Heinrich Heine, für einige Zeit aus Hamburg zurückgekommen, im Winter 1817 in Düsseldorf auf. Heine war seit dem gemeinsamen Schulbesuch eng mit dem gleichaltrigen Christian Carl Theodor Sethe, Sohn des Präsidenten der Immediat-Justiz-Kommission Sethe, befreundet.

gefühlt hatte, werde Fürst Franz Thaddäus Joseph von Waldburg-Zeil und Trauchburg heiraten. Groote notierte: „Durch diese Aenderung erhalte ich übrigens eine volle junge Freyheit wieder, die ich doch so ganz bisher nicht hatte."[21] Mit diesem Gefühl der Ungebundenheit kehrte Groote am 17. Dezember nach Köln zurück.

Hier spitzte sich der Konflikt zwischen den staatlichen Behörden und Oberbürgermeister von Mylius, der weiterhin an seinem Entlassungsgesuch festhielt, zu.[22] Schon Ende November hatte sich die Kölner Regierung veranlasst gesehen, Innenminister von Schuckmann in die Klärung der Situation einzubeziehen.[23] Dieser legte gegenüber Staatskanzler von Hardenberg dar, Mylius sei „zwar ein Mann von Einsicht und unbescholtenem rechtlichen Character", er besitze aber „wegen seines Eigensinnes, und seines hochfahrenden und unzugänglichen patricischen Wesens keinesweges die allgemeine Zuneigung der Bürgerschaft". Schuckmann hielt es deshalb für ratsam, Mylius bei den Justizbehörden „eine anständige Stelle zurückzugeben."[24] Angesichts dieser Entwicklung meldete sich Ende Dezember die politische, wirtschaftliche und gesellschaftliche Führungsschicht Kölns zu Wort. In einem Schreiben an die Kölner Regierung sprachen sich ca. 130 Kaufleute und Fabrikanten, Gutsbesitzer und Stadträte, Bürgerliche wie Adelige für den Verbleib von Mylius im Amt aus:

> „Wir würden es als ein grosses Unglück betrachten, wenn diese Entlassung angenommen und der Mann uns entrissen werden sollte, der mit dem Willen zum Guten auch das Wissen zur Beförderung desselben in sich vereiniget. Denn in entscheidenden Augenblicken wie der gegenwärtigen, bedarf es des kundigen Steuermannes, das Schif zu leiten auf dem bewegten Element, um es zu bewahren vor Klippen und Untergang. Wir sehen uns daher veranlaßt Eine Königliche Hochlöbliche Regierung inständigst zu bitten, die geeigneten Maasregeln zu ergreifen, um diesen Mann zu erhalten, den die Bürgerschaft als ihren Hort und kräftigen Vertheidiger verehrt, und der uns mit der freudigen Hofnung erfüllt hat, daß aus diesem Sturm der Zeiten noch manches gerettet werden könne".[25]

Weder Eberhard von Groote noch ein anderes Mitglied seiner Familie gehörten zu den Unterzeichnern der Eingabe. Als Assessor der Regierung konnte Groote selbst nicht öffentlich für Mylius eintreten; in seinen Aufzeichnungen wird jedoch mitunter eine Parteinahme für dessen Interessen deutlich – allerdings auch Kritik am Verhalten des Oberbürgermeisters gegenüber den staatlichen Behörden. Da er im privaten Kreis mit Mylius zusammentraf, war er über die städtischen Standpunkte gut informiert, wurde

---

[21] Groote, Tagebuch, 15. Dez. 1817.
[22] K. J. von Mylius an Regierung Köln, Abt. I, Köln, abgegangen 24. Nov. 1817, Abschrift (HAStK, Best. 400, A 3376, Bl. 3r); Regierung Köln an K. J. von Mylius, Köln, 15. Dez. 1817 (Bl. 8r).
[23] Vgl. eine ausführliche Stellungnahme zum Entlassungsgesuch: Regierung Köln an Fr. von Schuckmann, Köln, 15. Dez. 1817 (GStA PK, I HA Rep. 77, Tit 444, Nr. 3 Bd. 1, o. P.).
[24] „Extract" aus einem längeren Bericht: Fr. von Schuckmann an K. A. von Hardenberg, Berlin, 11. Nov. 1817 (GStA PK, I HA Rep. 77 Tit 444, Nr. 3 Bd. 1, o. P.).
[25] Kölner Bürger an Regierung Köln, Köln, 18. Dez. 1817, eingereicht 24. Dez. 1817, Abschrift (HAStK, Best. 400, A 3376, Bl. 4r–5v). Vgl. auch: Bl. 6r–7v.

aber offenbar nicht in Entscheidungen einbezogen. Immerhin konnte er Mylius gelegentlich seine Ansichten mitteilen.[26] Eine Lösung des Konflikts gab es bis Ende des Jahres nicht. Am 27. Dezember bekräftigte Mylius seinen Entschluss zum Rücktritt,[27] am 31. Dezember schrieb Groote in sein Tagebuch: „In der Plenarsitzung geht es wieder hart über Bürgermeister u. Stadtrath her, die sich über einiges zu derb verantwortet haben."[28]

Nicht nur dieser spezielle Konflikt zwischen Stadt und Staat beeinflusste Ende des Jahres die Stimmung in Köln, hier wie im ganzen Rheinland fühlte man sich in den, insbesondere mit den Besuchen von Kronprinz und König verbundenen Hoffnungen enttäuscht, da Fortschritte in Hinblick auf die „Wünsche und Bitten" Kölns und der neuen Provinzen insgesamt ausblieben. Grootes politische Haltung während dieser Zeit läßt sich als tief verunsichert und verwirrt beschreiben. Zu seinen Vorstellungen und Befürchtungen äußerte er sich – deutlicher als in allen anderen erhaltenen Aufzeichnungen und Korrespondenzen dieses Jahres – vor allem in seinen Briefen an Görres. So erklärte er in einem Schreiben vom 3. November:[29] Es könne kein Zweifel darüber sein, „daß durchgegriffen werden muß, und nicht mehr gewartet werden kann, bis es einmal den Fürsten gefallen wird, Ihre Pflicht zu thun und dem Volke Wort zu halten". Allerdings hielt er keine „Klasse" fähig zu einer wirklichen Reform, vor allem, da sich in der Gesellschaft die „jüdische Art" verbreitet habe. Untauglich zu grundlegenden Veränderungen der Gesellschaft war Grootes Ansicht nach auch der Adel, denn in diesen Kreisen seien nur wenige „noch wahrhaft rein und edel und ehrenwerth erhalten". „Bey keiner Klasse", urteilte Groote, „ist vielleicht weniger Vertrauen auf die bessere Zukunft, als gerade bey dieser."[30] Er blieb daher weiterhin misstrauisch gegenüber den Aktivitäten des regionalen Adels und dessen geplanter Petition.

Die Brisanz seines Briefwechsels mit Görres war ihm in diesen Wochen sehr bewusst. Als er Anfang November feststellte, dass er einen Brief von Görres verloren hatte,[31] notierte er beunruhigt: „Nach Tisch suche ich den verlorenen Brief noch lange umsonst. Ist er in unrechte Hände gerathen, so könnte es unangenehm werden." Wenig später schrieb er an Görres, seine Adresse, für die dieser inzwischen 3.000 Unterschriften gesammelt hatte, sei „gut, bündig, ernst und eindringlich",[32] sie zu unterzeichnen oder die Kölner Regierung zur Unterschrift zu drängen, wagte Groote jedoch nicht. Sein Brief an

---

[26] Vgl. etwa: Groote, Tagebuch, 30. Aug. 1817.
[27] K. J. von Mylius an Regierung Köln, Köln, 27. Dez. 1817, Abschrift (HAStK, Best. 400, A 3376, Bl. 9r–10r). Zu den Spannungen zwischen von Mylius und Stadtrat einerseits und Regierung andererseits im Dezember 1817: Protokoll der Sitzung des Stadtrats v. 2. Dez. 1817 (HAStK, Best. 410, A 1). Vgl. auch: eine Niederschrift von Fr. L. Chr. zu Solms-Laubach, Köln, 24. Dez. 1817 (Landesarchiv NRW R, BR 0002, Nr. 1449, Bl. 34r–35r).
[28] Groote, Tagebuch, 31. Dez. 1817.
[29] E. von Groote an J. Görres, Köln, 3. Nov. 1817. Siehe Briefe u. Schriften.
[30] E. von Groote an J. Görres, Köln, 3. Nov. 1817. Siehe Briefe u. Schriften.
[31] Es handelt sich vermutlich um den Brief, den Groote am 31. Okt. 1817 von Görres erhalten hatte (Groote, Tagebuch, 31. Okt. 1817).
[32] E. von Groote an J. Görres, Köln, 20. Nov. 1817. Siehe Briefe u. Schriften.

Görres am letzten Tag des Jahres 1817 endete: „allein, ich weiß einmal keinen Rath: gebt ihn mir, und ich bin zu jeder Wagniß bereit."[33]

Die Unsicherheit und Unruhe, die Groote empfand, entsprach dem allgemein verbreiteten Gefühl, in der kritischen Zeit eines politischen und gesellschaftlichen Übergangs zu leben, ein Gefühl, das eng mit einer angespannten Erwartung verbunden war. Dabei fokussierte sich ein Großteil dieser Erwartung auf die lang erhoffte, bisher noch nicht erfolgte Ankunft des Staatskanzlers in den Rheinprovinzen. Für viele schien Hardenberg derjenige zu sein, der willens und fähig war, endlich entscheidende Entwicklungen in Gang zu setzen.[34] Der Zeitungs-Bericht der Kölner Regierung für Dezember gab diesem Gefühl knappen Ausdruck:

> „Der Wunsch, daß die definitive Organisation des Justizwesens, der Gesetzgebung, Städte Verfassung, Verwaltung p.p. nicht lange mehr ausbleiben möge, spricht sich allgemein aus; denn allgemein fühlt man das Bedürfniß eines verbesserten, fest begründeten Zustandes. Man erwartet viel Gutes von der Anwesenheit des Fürsten Staatskanzlers Durchlaucht in den Rheinprovinzen."[35]

Als Hardenberg Ende Dezember in Koblenz eintraf und seinen Sitz auf Schloss Engers nahm, war man allgemein erleichtert und hoffnungsvoll. Am 12. Januar 1818 übergab Joseph Görres dem Staatskanzler seine Petition,[36] im Februar konnte der rheinisch-westfälische Adel seine Denkschrift überreichen.

---

[33] E. von Groote an J. Görres, Köln, 31. Dez. 1817. Siehe Briefe u. Schriften.

[34] In den Rh. Blättern, Nr. 191, 30. Nov. 1817 hieß es: „Ein schöner beneidenswerther Sieg ist Blücher geworden; der schönste ist Hardenberg vorbehalten. Er wird ihm werden; das hoffen und glauben wir. Auf ihm, des guten Königs vertrauten Rathgeber, ruhen alle unsre großen Erwartungen." Vgl. J. Görres an Justus von Gruner, Koblenz, 30. Dez. 1817: „Der Kanzler ist nun hier seit einigen Tagen. Ich habe ihn gesehen vorgestern, eine ganz ansehnliche Ruine. Ich soll öfters nach Engers zu ihm kommen, und ihm auslegen, was dem Lande diene. Seine Ankunft hat noch durchaus keine Sensazion gemacht, die Leute wollen durchaus Thaten sehen" (in: Fink-Lang, Görres. Briefe, Bd. 3, S. 222). Benzenberg hatte Anfang des Jahres in einem Brief geurteilt: „Der Kanzler ist 66 Jahre, er hat in der letzten Zeit, besonders in Wien sehr angestrengt gearbeitet und ist müde. Dazu kommt, daß er in allerhand Verhältnisse mit Frauen verstrickt war, und so etwas wirkt dann immer hindernd und bindend im Leben. Er ist sonst eine herrliche, reiche Natur, aber ich glaube nicht, daß man es ihm anmuten darf, eine Verfassung einzuleiten, bei der eine von der jetzigen ganz verschiedene Regierungsart eingeführt würde und bei der die Gesetzgebung so stark, daß die Minister nur die Macht haben, entweder gar nicht zu regieren oder im Sinne der öffentlichen Meinung" (J. Fr. Benzenberg an Doris Focke, Berlin, 5. Jan. 1817; in: Heyderhoff, Benzenberg, S. 61).

[35] Zeitungs-Bericht der Reg. Köln für Dezember, Köln. 10. Jan. 1818 (GStA PK, I. HA Rep. 89, Nr. 16278, Bl. 190v). Vgl. auch: Zeitungs-Bericht der Reg. Köln für November, 9. Dez. 1817: „Die Nachricht von der Ankunft und dem längeren Aufenthalte des Herrn Fürsten Staats-Kanzlers Durchlaucht in den Rhein Provinzen hat die Gemüther in große Spannung versetzt, indem alle hoffen und erwarten, daß dadurch die Beendigung des, sowohl der damit verbundenen Ungewißheit als der noch bestehenden zur allgemeinen Beschwerde gereichenden großen Kosten im gerichtlichen Verfahren verfaßten, provisorischen Zustandes, und der Eintritt einer in Form und Materie übereinstimmenden Gesetzgebung werde beschleunigt werden" (Bl. 171r u. v).

[36] J. Görres, Die Uebergabe der Adresse der Stadt Coblenz und der Landschaft an Se. Majestät den König in öffentlicher Audienz bei Sr. Durchl. dem Fürsten Staatskanzler am 12. Januar 1818. Als

Für Eberhard von Groote vergingen die letzten Wochen des Jahres 1817 unspektakulär mit alltäglichen Arbeiten „am Tristan", mit Recherchen zur Kölner Geschichte und mit Bemühungen um familiäre Angelegenheiten. Weder die Erbschaftskonflikte mit den Verwandten General von Mylius und Heinrich Joseph Melchior von Groote noch die Auseinandersetzungen um den Kendenicher Pächter waren am Jahresende beigelegt. Den Abend des 31. Dezembers verbrachte Eberhard von Groote wie schon 1816 auf einem Ball, sang dort beim Abendessen einige Lieder vor und hatte mit seinem Kollegen Regierungsrat Butte „eine bedeutende Unterredung."

Bericht für die Theilnehmer, 1818. Vgl. J. Görres an J. von Gruner, Koblenz 30. Dez. 1817: „Ich habe eine Adresse an den König um Verfassung und Zubehör durchs ganze Land auf zwanzig Stunden in die Runde von Dorf zu Dorf unterzeichnen laßen, das soll ihm [von Hardenberg] in diesen Tagen übergeben werden, und sie werden daraus sehen, wo der Geist herkömmt und wo er hin will" (in: Fink-Lang, Görres. Briefe, Bd. 3, S. 222).

|A 1/15–29; 16v| **Tagebuch 1. November bis 31. Dezember 1817**

Den 1. 9bris [Novembris 1817].

Chladni kommt schon wieder wegen seiner Vorlesungen. Ich sage ihm, daß seine Einladung dazu zirkulire. Um 10 ½ gehe ich in den Dom, |:–4:| von da, wo die Musik elend war, zu Lange u. Weyer, die wegen des Gitters an den Franziskanern mit Buschius reden wollen; ich soll Redtel darum angehn. Mit dem Secretar Fuchs rede ich wegen der Dekrete über Privatbegräbniße,[37] u. nehme abschriftlich, was darüber besteht, mit. Nach Tisch besuche ich den Referendar v. Dohm, der mir ein trockner Philistriger Kerl zu seyn scheint, dem man in keiner Hinsicht zu fürchten, noch auf ihn zu zählen haben wird. Dann suche ich Redtel umsonst auf, gehe zum Vicar Diricks,[38] wo ich den kleinen v. Wenge nicht finde, aus den Vorschriften des Domherrn u. der ganzen Anstalt[39] wohl aber sehe, daß aus ihm nur ein schüchternes Kerlchen gemacht werden soll. Ich gehe noch in den Dom, |:–6:| nachher mit Ammon, den ich abhole, wieder zu Redtel, der mir wegen des Gitters wenig Hoffnung giebt, weil es dem Militair übergeben sey.[40] Dr. Schmitz begegnet uns, u. ist ganz voll von meinem Aufsatz in der Isis, den er uns, natürlich ohne zu ahnen, daß er von mir ist, auf die komischste Art erzählt, worüber wir recht lachen müssen. Uebrigens gefällt er ihm recht gut. Walter finden wir nicht. Abends gehe ich mit den Schwestern zu Solms, wo Geyrs, u. v. Mylius. Der Graf spricht mir wieder von der Dombibliothek, mit der es recht im werden seyn soll; auch von den Aachener u. Trierer Sachen. Ich frage ihn, wegen des Begräbniß am Elend,[41] u. er glaubt, die Sache müsse an den König gehn. Wir spielen Lotto Dauphin[42] mit den Damen, |:–11:| welches ziemlich langweilig ist, u. kommen gegen 10 ½ nach Haus zurück. – Mylius weiß auch schon um die Isis.[43] |A 1/15–30; 17r|

---

[37] Entsprechend dem Erlass Napoleons von 1804 (Décret impérial sur les sépultures) war die Bestattung in Kirchen und generell innerhalb von Städten verboten.

[38] Franz Xaver Dierickx war seit 1785 Vikar des Stifts St. Gereon; AK 1822: Gereonstr. 40.

[39] Der junge von der Wenge: ein Mitglied der Familie von der Wenge. Vermutlich ist mit „Anstalt" eine private Unterbringung von Jungen bei Domherrn Dierickx gemeint.

[40] Die Gebäude des ehemaligen Franziskanerklosters wurden in der Folgezeit als Kaserne genutzt (Mering/Reischert, Bischöfe, Bd. 2, S. 66).

[41] Da Bestattungen innerhalb der Stadt Köln verboten waren, überlegte die Familie von Groote, wie sie eine Ausnahmegenehmigung erhalten konnte.

[42] Das Dauphin-Lotto entstand in Frankreich zur Zeit Ludwigs XVI., der es für seinen Sohn, den Dauphin, erfunden haben soll. Es wurde häufig mit dem Einsatz von Geld als Glückspiel gespielt.

[43] Am 1. November, dem katholischen Fest Allerheiligen, besuchte Groote also nicht die Familienkirche im Elend. Dort wurde das Fest u.a. mit feierlichem Hochamt um 8 Uhr Morgens sowie mit sakramentalischem „Umgang und Station auf dem Kirchhofe" begangen (Busch, Andachts-Buch, S. 68 f.). E. von Grootes Großonkel, Kanonikus Ev. A. de Groote, hatte in seinem Testament, Köln, 18. Febr. 1794 (Abschnitt 27) verfügt, es „solle alle Jahre auf Aller Heiligen Tag, wann das Seelenamt anfängt, auf dem Familiengrab von der Kirchen am Elendt eine zweipfündige weiße Wachskerze gestellet werden, so auch auf aller Seelen Tag bis Abends nach gegebenem Segen brennen soll."

Den 2. Novembris [1817]. Sonntag.

Ich gehe, leider erst um 7 Uhr, ad + in die Jesuiten Kirche, u. komme gegen 8 ½ zurück. Der Vicar Klein kommt, mir seinen Aufsatz zum Todtendienst des Dr. Küpper zu zeigen, der am Nervenfieber gestorben ist.[44] Ich gehe das Blatt questionis der Isis[45] nochmals durch. – Bey Dumont bestelle ich mir Hagens u. Büschungs Grundriß, Grimms altdeutsche Wälder,[46] und Beneckens Edelstein.[47] Mit Nückel rede ich vorläufig wegen des Prozesses mit den Juden, der wohl diese Woche wieder vorkommen wird. Zu Tische ist Herr Sieger bey uns, der bey seinem Vorsatz bleibt, nicht Vicar zu Transdorf zu werden, doch kann noch nicht geschrieben werden, weil wir keinen andern haben. Nach Tische gehe ich bald in's Elend, wo die Metten gehalten werden.[48] Der neue Rektor hält den Dienst ziemlich ordentlich. Wir kommen um 7 U. nach Haus, u. ich arbeite noch etwas an dem Aufsatz über das Preußische Postwesen.

---

[44] Carl Otto Küpper, Advokat am Oberappellationshof und Kreisgericht, starb, 32 Jahre alt, am 1. Nov. 1817 am „Nervenfieber" (Sterbetabelle pro 1817; HAStK, Best. 540 A 16). J. G. von Sandt erinnerte in seiner Rede bei der Eröffnungssitzung des Appellhofes am 4. Nov. 1817 an Küpper: Dieser „zeichnete sich durch gründliche Kenntniß der ältern und neueren Rechte, mehr aber noch durch eine, über alle Proben erhabene Gewissenhaftigkeit in Erfüllung seiner Berufspflichten auf das Vortheilhafteste aus. Mit Treue, Ordnung und Unverdrossenheit besorgte er das Interesse seiner Clienten; rein, schlicht und fromm war seines Lebens Wandel, und obgleich der Schleier der Bescheidenheit seine Verdienste deckte, so zollte man ihm doch allgemein Achtung, Vertrauen und Liebe" (von Sandt, Rede, S. 10).

[45] Mehrere aufeinander folgende Ausgaben der Isis 1817 gaben einen Überblick über die in verschiedenen europäischen Ländern von Akademien und Universitäten ausgeschriebenen Preisaufgaben (Isis, Nr. I, Stück 5 bis Stück 8). Eine Aufgabe der Universität Göttingen galt der „historisch philologischen Klasse" und war für den Nov. 1817 terminiert. Sie lautete „Geschichte der schönen Griechischen Kunst in Syrien vom Anfang der Herrschaft der Seleuciden bis zum dritten Jahrhundert nach Christus" (Isis, 1817, Nr. I, Stück 7, Sp. 55). Die Ausgabe enthält auch einen Aufsatz über die wissenschaftliche Bedeutung Chladnis (Isis, Stück 8, Sp. 61–64).

[46] Brüder Grimm (Hg.), Altdeutsche Wälder, Bd. 1, Kassel 1813; Bd. 2 u. 3, Frankfurt 1815 u. 1816.

[47] G. Fr. Benecke, Der Edel Stein, getichtet von Bonerius aus Handschriften berichtigt und mit einem Wörterbuch versehen, Berlin 1816.

[48] Am 2. November wird in der katholischen Kirche der Allerseelentag begangen. Zur Feier des Tages in der Elendskirche vgl. Busch, Andachts-Buch, S. 71 f.: „2. Nov. Gedächtnißtag aller in Gott ruhenden Seelen. Da der Sinn und der Geist unsrer Erzbruderschaft vorzüglich dahin zielt, sich der Verstorbenen durch thätige Liebeswerke zu erinnern, […] so ist es also auch in diesen Tagen der gemeinsamen Todtenfeier ihr einziges Bestreben: alles aufzubiethen, um den Geist der Andacht, der Wohlthätigkeit, der Erbarmung in den Herzen der Verbrüderten zu erwecken; damit Viele der Leidenden Hülfe, Trost und Befreiung erhalten möchten. […] An diesem Tage ist des Morgens um 6 Uhr die Erste H. Messe mit Segen, um 9 Uhr die erste Predigt; nach dieser sakramentalischer Umgang und Station auf dem Kirchhofe, hierauf das Hohe-Meß-Amt für die Verstorbenen. Nach diesem sind die Bethstunden vor dem hochwürdigsten Gute, die von den Brüdern in habitu gehalten werden; um 4 Uhr ist die zweite Predigt, und um halb 6 Uhr die feierliche Seelen-Andacht; doch ohne Anrede."

Den 3. Novembris [1817].

Ich habe den Brief von Goerres[49] verloren, welches mich in einige Verlegenheit setzt, wegen seines Inhalts. Wallraf kommt, u. erschreckt mich einigermaßen mit der Ankündigung: Ihr Ding in der Isis ist heraus! Er wollte nur sagen, das Heft X sey hier. Den Brief weiß ich durchaus nicht zu finden. Ich gehe zu Haxthausen, ihm davon zu sagen, der sich sehr wundert, daß Goerres seinen Brief, den er vor mehreren Tagen schickte, nicht erhalten haben soll.[50] – Chladni kommt zu ihm, dem ich rathe, erst seine öffentliche Vorstellung zu geben, weil sich da bessre Gelegenheit giebt, zu den andern Subscribenten zu sammeln. Im Elend wohnen wir dem Umgang bey, u. gehn dann in den Dom, wo das Mozartsche Requiem[51] gehalten wird. Dann bis gegen 3 in die Sitzung. |17v|
Nach Tisch suche ich den verlorenen Brief noch lange umsonst. Ist er in unrechte Hände gerathen, so könnte es unangenehm werden. – Im Elend höre ich noch einen Theil der, eben nicht ausserordentlichen Predigt des Herrn Fochem,[52] bleibe auch bis zum Ende des Dienstes, u. finde nachher Denoël, den ich auf einige Gläser Punsch bey De Thomis setze, |: Fr. 2 :| u. mit ihm wegen der Isis etc. rede. Abends gehe ich noch mit ihm zu Heimsoeth,[53] u. wir unterhalten uns von Allotrii.

Den 4. Novembris [1817].

Ich schreibe an Goerres[54] u. an v. Netz. Der Bediente von Geyr kommt, u. meint, ich könne ihm zu einer Anstellung beym Zollwesen helfen. Ich sage ihm, wie diese Sache liegt, u. weise ihn an Herrn v. Geyr. Dann kommt Chladni schon wieder, u. will nun Sonnabend oder Montag seine Vorstellung geben.[55] Ich gehe an's Tribunal, wo v. Sandt eine Eröffnungsrede hält,[56] die Arbeiten aber bis

---

[49] Dieser Brief von J. Görres an E. von Groote von Ende Okt. 1817, ist nicht nachgewiesen.

[50] Ein Brief W. von Haxthausens an J. Görres von Ende Okt. 1817 ist nicht nachgewiesen.

[51] W. A. Mozart, Requiem in d-moll (KV 626), 1791. Bereits für dem 3. Nov. 1809 (Allerseelen) ist eine Aufführung des Requiems im Dom belegt. (Gehring, Trommelschlag, S. 122).

[52] G. C. Fochem hielt, gegen Honorar, auch nach seiner Ernennung zum Pfarrer an St. Ursula zuweilen Gottesdienste an der Elendskirche.

[53] Der Jurist Marcus Heimsoeth, seit 1810 mit Elisabeth Denoël, der Schwester M. J. Denoëls, verheiratet, wohnte Am Hof 5 bzw. 3 (AK 1813 u. 1822). Zur Biografie Heimsoeths: Wegener, Leben, Teil 1, S. 162.

[54] E. von Groote an J. Görres, Köln, 3. Nov. 1817. Siehe Briefe u. Schriften.

[55] Köln. Zeitung, Nr. 177, 6. Nov. 1817: „E. F. F. Chladni wird Montag den 10. Nov., Abends um 6 Uhr, im Saale des Hrn. Lempertz aufm Domhof, seinen Klavicylinder hören lassen, und einige der ebenfalls von ihm entdeckten Versuche über die Sichtbarmachung des Klanges vorzeigen. Billets zu 44 Stbr. sind am Eingange und auch bei ihm im Gasthofe zum weissen Thurme zu haben. Diejenigen, welche an den bald nachher anfangenden Vorlesungen über die Akustik und über die von Himmel fallenden Massen Antheil nehmen wollen, können dort, oder bei ihm sich unterzeichnen und das Nähere ersehen." Ähnlich: Köln. Zeitung, Nr. 179, 9. Nov. 1817.

[56] J. G. von Sandt, Rede, welche am 4. Novbr. d. J. (1817) bei Eröffnung der Sitzungen des Ober-

künftige Woche ausgesetzt werden. Ich gebe auf dem Platz eine Charte ab, Herrn v. Mylius Glück zu wünschen.[57] In den Jesuiten, u. in den Collegien wird die Eröffnung des neuen Curses gefeyert.[58] Ich gehe nicht hin; Grashof soll sehr gut geredet haben. Ich schreibe zu Haus meine Briefe zu Ende. Carl u. Joseph gehen nach Transdorf. Bald nach Tisch kommt Fochem, dem ich meinen Brief an Goerres u. den Artikel der Isis mittheile. Später gehe ich zu Fuchs, die von Goerres verlangte Nachricht über seine Bilder einzuhohlen, schreibe diese auf, u. bringe nun meine Briefe zur Post. Später gehe ich zu v. Mylius, wo ich mit den Mädchen Kinderreyen treibe. Die kleine Walburga Best scheint mir.[59] Haxthausen kommt hin, geht mit uns nach Haus, schläft aber mehr, als daß er essen u. reden sollte. Heute |18r| haben Stoltzenberg unser Haus besehen, um es zu miethen. Ich erhalte allerley Akten, u. einen Mahnungsbrief wegen des Berichts über die Handschriften vom Oberpräsident.[60]

Appellationshofes zu Köln von dem Königl. General-Advokaten gehalten worden. Die Rede befasste sich u.a. mit der vom preuß. Staat erwarteten Gesetzgebung: Wir „hoffen und vertrauen, daß gewisse große liberale Ideen, welche aus der Zerstörung, die der Umwälzungsgeist, einem verheerendem Vulkane gleich, weit um sich her verbreitete, erblühten, wie die herrliche Pflanze auf der Lava-Asche gedeiht, nicht untergehen werden, weil sie große liberale Ideen, weil sie einmal vorhanden, und im Wunsche des rheinischen Volkes sind. Eine gute Gesetzgebung ist unstreitig der erste Grundstein, worauf das Glück der Staatsbürger ruhen muß" (S. 11 f.).

[57] Der 4. November ist der Namenstag des Heiligen Karl Borromäus. Groote besuchte Karl Joseph von Mylius zur Gratulation.

[58] Köln. Zeitung, Nr. 169, 23. Okt. 1817: „Ankündigung in Schulsachen. Indem ich einem verehrten Publikum bekannt mache, daß das neue Schuljahr am 4. November dieses Jahrs mit einem Hochamt und einer Rede werde eröffnet werden, ermangele ich nicht, dasselbe hierzu ergebenst einzuladen. Diese Feier hat am genannten Tage, Morgens um 10 Uhr, Statt, für die vier obern Klassen des Gymnasiums und für das Jesuiten-Kollegium in der Jesuiten-Kirche, für das Karmeliter-Kollegium in der St. Georgs-Kirche. Köln, den 22. Oktober 1817. Der Direktor des hiesigen Gymnasiums, Seber." Hüllmann schrieb über diese Feier an Scheffner: „Neulich wurden [...] zur Einweihung des neuen Schul-Jahres im Gymnasium, in einem Athem fünf [Reden] gehalten, und zwar nach einer Messe in der Jesuiterkirche, die auch eine Stunde gedauert hatte, die aber durch eine schöne Musik von Haydn gehoben ward. Als nach Beendigung der ganzen Feyerlichkeit der Herr Graf zu Solms an mich herantrat, sagte ich ihm im Laufe des kurzen Gesprächs: wenn in Königsberg das Krönungsfest, oder des Königs Geburtstag, bevorstand, äusserte unser Herr Curator zuweilen: ‚wenn nur alle die Reden erst überstanden wären!' Da erwiederte der offene Mann ganz treuherzig: ‚Die Wahrheit zu sagen, mir gehts eben so'" (K. D. Hüllmann an J. G. Scheffner, Köln, 7. Nov. 1817; in: Warda, Briefe, S. 378).

[59] Satz sic.

[60] Fr. L. Chr. zu Solms-Laubach an E. von Groote, Köln, 28. Okt. 1817, Abschrift, mundiert am 2. Nov. 1817: „In der Voraussetzung, daß die Notizen über die von Frankreich restituirten Kunstschätze und Alterthümer aus den Rheinprovinzen vollständig verhanden sind, bringe ich Ihnen meinen Auftrag vom 20t. v. M. hiermit in Erinnerung, und wünsche nunmehr baldigst Ihre Ansichten über die künftige Benutzung dieser interessanten Gegenstände zu erfahren" (Landesarchiv NRW R, BR 0002, Nr. 404, Bl. 103r u. v). Vgl. eine Notiz, Köln, 14. Nov. 1817: „Der Herr Assessor DeGroote hat seinen Vortrag über den künftigen Gebrauch der von Frankreich zurückerhaltenen Gegenstände noch nicht erstattet" (Bl. 104r); darunter eine Anmerkung von Solms-Laubach, Köln, 14. Nov. 1817: „Es muß abgewartet werden daß die in Achen verwahrten Kisten hierher kommen. Nach deren Ankunft ist Ass. v. Groote zu excitiren [aufzufordern]."

Den 5. Novembris [1817].

Ich schreibe an meinem Aufsatz über das Preußische Postwesen, u. gehe zur Sitzung. – Tabak. |:–4:| Dort zeichnet Sotzmann mein Schreiben nach Aachen wegen der Handschriften u. es wird auch dem Grafen vorgelegt, wodurch sich das Monitorium erledigt. Ich lese in der Magdeburger Zeitung die Feyerlichkeit der Studenten auf der Wartburg.[61] Nach Tische lese ich die Isis, Heft 8 u. schreibe jenen Postaufsatz zu Ende, gehe auch Abends nicht mehr aus.

Den 6. Novembris [1817].

Frühe sehe ich einige Akten nach, lese dann in Wilheim, u. suche später für den Vater Sachen in den Kendenicher Büchern u. Papieren nach. Joseph ist frühe wieder von Transdorf gekommen; Carl kommt gleich nach Tisch. Herr Lyversberg kommt, diesem in der 8va[62] Glück zu wünschen. – Abends wollte ich den Praeses Seminarii besuchen, treffe ihn nicht; gehe zu Dr. Schmitz, mit dem ich mich nochmal über den Aufsatz in der Isis lustig mache, so wie über manche der Preußischen Manuövers. Ich rathe ihm, wegen des immer noch nicht entschiedenen Kreuzbrüder Musikfonds[63] an den Grafen Solms zu schreiben. Abends höre ich von Joseph, daß diese Sache durch die Versäumniß Gossens immer noch

---

[61] Die Magdeburgische Zeitung, Nr. 130, 30. Okt. 1817 berichtete ausführlich über das Wartburgfest, eine kürzere Version dieses Artikels veröffentlichte die Köln. Zeitung, Nr. 179, 9. Nov. 1817: „Von Seiten der Studierenden in Jena war vor kurzem eine Einladung an die Studierenden sämmtlicher deutschen Universitäten ergangen, Deputirte nach Eisenach zu senden, um den Jahrstag der Schlacht bei Leipzig, mit Beziehung auf das nahe Reformationsfest auf der Wartburg zu feiern, auch um sich bei dieser Gelegenheit über gewisse Grundsätze zu vereinigen, welche zu einer zweckmäßigen Organisation des deutschen Burschen-Wesens, vielleicht auch zu höhern Zwecken führen sollten. Soviel bekannt geworden, haben die meisten deutschen Universitäten der Einladung Genüge geleistet, und mehr oder weniger Abgeordnete gesendet, welche am 17. Oktober in Eisenach eintrafen; auch die aus entfernten Gegenden, aus Königsberg, Rostock, Kiel und Kopenhagen waren nicht ausgeblieben. Es waren aber nicht bloß solche erschienen, welche jetzt wirklich die Universitäten frequentiren; auch viele andere, welche die Akademie längst verlassen, welche bereits Aemter bekleiden, viele Militärs, welche den Befreiungskrieg mit gekämpft, mit schwarzem Kreuz und andern Ehrenzeichen geziert waren, waren herbeigeeilt, vom alten Burschengeiste angefacht."

[62] Carl von Groote hatte am 4. November Namenstag, am Tag des Heiligen Karl Borromäus. Lyversberg gratulierte ihm am 6. November und damit innerhalb der Oktav (innerhalb von acht Tagen).

[63] Ende 1817 waren die Fragen zur Groote'schen Musikstiftung noch nicht geklärt. Der Kirchenvorstand von St. Kolumba beanspruchte weiterhin Kapital und Zinsen der Stiftung für sich; diese Gelder waren allerdings festangelegt und nicht freigegeben. Vgl. Kirchenvorstand von St. Kolumba an K. J. von Mylius, Köln, 12. Nov. 1817 (HAStK, Best. 400, A 4111, Bl. 56r u. v). Auf eine Anfrage von Mylius an das Konsistorium antwortete dieses am 25. Nov. 1817, „daß die desfallsigen Verhandlungen der Königlichen Hohen Ministerien des Innern und der Finanzen zur Verfügung vorliegen, wovon Sie zur Zeit in Kenntniß gesetzt werden sollen" (Bl. 58r). Zur Korrespondenz über die Groote'sche Musikstiftung bis Ende 1818: Bl. 60–101v; vgl. auch: Landesarchiv NRW R, AA 0635, Nr. 1284-II.

nicht nach Berlin geschickt ist. – Wegen der Papiere der Vicarie zu Walberberg ist ein neues Schreiben vom Consistorium eingegangen. – Diese Sache muß nun wohl endlich zu Ende gebracht werden.[64] |18v|

Den 7. Novembris [1817].

Prof. Chladni kommt, u. wünscht vor Montag, wo er seine öffentliche Vorstellung geben will, die Namen derjenigen zu wissen, die sich für seine Vorlesungen unterschrieben haben. In der Sitzung sehe ich seinen Subscriptionszettel wieder, aber es ist noch niemand mehr darauf bemerkt. Mir ist etwas trüb u. schwer zu Muthe, u. ich sitze nach Tische still bey meinen Büchern bis um 7, wo ich, da Walter nicht kommt, den ich erwartete, zu Simon gehe. Regierungs Rath Tryst ist da, der mir diesen Morgen in der Sitzung viel von der Langweile gesprochen, die er bey unsren Akten ausstehe, mir einige Beyträge aus alten Büchern zusagte, wenn wir unser Taschenbuch[65] fortsetzen wollten, u. mir unter andern auch die Vermuthung geäußert, daß ich, oder wenigstens einige der Olympischen Gesellschaft, den Aufsatz über die Rheinische Universität im Heft X der Isis geschrieben hätte. Doch bringe ich ihn ziemlich wieder davon ab. Abends bey Simon, nachdem v. Haxthausen auch hingekommen, ist wieder die Rede davon. Simon hat ihn nicht gelesen, hat aber, nachdem er sich davon erzählen lassen, Vermuthung gegen Haxthausen. Dieser erklärt kurz, er habe ihn nicht geschrieben. Nun soll ich es seyn, u. da ich nichts davon wissen will, will Simon, ich solle auf Ehrenwort versichern, ihn nicht geschrieben zu haben. Das lehne ich ab, weil der Gegenstand zu unbedeutend sey. Allein, er scheint die Vermuthung gegen mich zu behalten. Es sind noch Schwarz, Cherobini, u. der junge Schieffer da, u. es wird nachher derb philosophirt u. disputirt, über Glauben u. Erkenntniß, u. über die Statthaftigkeit philosophischer Beweise über Glaubenssachen, z.B. durch Naturphilosophie. Wir bleiben bis gegen 10 xx. Ich nehme für Cassel eine Ausgabe des Tacitus wieder mit. – |19r|

Den 8. Novembris [1817].

Frühe kommt Wallraf, dem ich die gestern ernstlich von Simon geäußerte Vermuthung mittheile, daß die Universität nach Cöln komme. Berliner Briefe sollen dieß als gewiß melden. – Später kommt Klein von Kendenich, dem ich wegen

---

[64] Am 6. Nov. 1817 wurde auf der Kitschburg der Familie Schaaffhausen ein Theaterstück präsentiert; ein Prolog dazu befindet sich im Nachlass Wallrafs, der möglicherweise Autor des Textes war: „Prologus. Gesprochen vor der Aufführung der Comidragodia Roswitha auf der Kitschburg d. 6ten Novemb. 1817." Das Stück wurde von Familienmitglieder und Freunden aufgeführt, die Personen und Rollen sind im Prolog genannt (HAStK, Best. 1105, A 158, Bl. 46r–47v). Groote wurde zu dieser Aufführung nicht eingeladen.

[65] E. von Groote/Fr. W. Carové, Taschenbuch für Freunde, 1815.

einigen Dingen, z.B. wegen seinem schlechten Gesinde, derb den Text lese. Er spricht von Nachlaß an Korn, den er haben wolle; ich mache ihm es aber ziemlich begreiflich, daß davon nichts werden könne. Er will am Dienstag abschlägige Geldzahlung bringen. Dann schreibe ich den Pachtbrief für den langen Benden,[66] u. lasse ihn von ihm unterschreiben.[67] Der Transdorfer Halfe hat heute schon einen Theil Pacht gebracht.[68] Klein beginnt den Wasserlauf durch den Hof zu Kendenich zu machen.[69] – Nach Tisch lese u. arbeite ich bis um 6, wo der Vicar Klein[70] zu mir kommt, und mich mit allerley Zeug unterhält, über seine Stiftungsraths Sachen, Administration etc. etc.

Um 7 ½ gehe ich in die Olympische Gesellschaft, wo Bruchs Sohn als Fremder.[71] Denoël liest allerley Schnurriges Zeug vor, z.B. einen sehr witzigen Almanach des Cassinos von Bingen vom Jahr 1816,[72] u.a. Dann wird einiges über Magnetismus vorgelesen, u. über Wunderkuren gesprochen.[73] – Es sollen schon mehrere Vermuthungen wegen des Isisaufsatzes gegen mich sich geäußert haben. Der kleine Fuchs will sich bald an unser Bild machen.

---

[66] Der Lange Benden: Bezeichnung eines bestimmten Landstücks in oder bei Kendenich, das Eigentum der Familie von Groote war.

[67] Rechnungsbuch der Familie von Groote: „Die Kopfweiden auf dem Langen Benden sind dem Paulus Engels in pfacht gegeben worden auf 6 Jahr den 5ten Februar 1812, a 3 Krohnthlr p. Jahr" (HAStK, Best. 1042, B 60, S. 79). Das Grundstück wurde also nun an Peter Joseph Klein verpachtet. S. 289: „L. Pachtbrief vom 8. 9bris 1817 zahlt Klein vom langen Benden und den darauf stehenden Weiden jährlich 24 rh. spec."

[68] Für einige der Groote'schen Pächter war der 9. November Stichtag für Pachtzahlungen. Vgl. Rechnungsbuch der Familie von Groote; HAStK, Best. 1042, B 60, vielerorts.

[69] Rechnungsbuch der Familie von Groote: „Berechnung mit dem Burghalbwinner P. J. Klein." Klein stellte der Familie von Groote eine Reihe von Ausgaben für 1817 in Rechnung, darunter für Dachdecker- und Schreinerarbeiten sowie verschiedene Arbeiten am „Wasserlauf und der steinernen Kübel." Vermerkt ist auch: „Herr Oberpostdirector v. Groote hat ihm einen Nachlaß ertheilt von 130 Rthr. P. Klein zahlte den 11. 9bris 1817 baar 400 Rthlr." (HAStK, Best. 1042, B 60, S. 289).

[70] Vikar Peter Klein, Bevollmächtigter der Familie Wolff Metternich zur Gracht, amtierte als Mitglied des Stiftungsrats des Schul- und Stiftungsfonds.

[71] Bruchs Sohn, vermutlich: Carl Friedrich August Bruch, geboren 1799; Vater des Musikers Max Christian Friedrich Bruch.

[72] Hermann Joseph Gottfried Faber, Binger Casinokalender, Kreuznach 1816. Das Buch enthält Humoresken und andere unterhaltende Texte.

[73] Das Amtsblatt d. Königl. Reg. zu Köln, Nr. 12, 25. März 1817, S. 107 f. veröffentlichte die Verordnung des Innenministers v. 23. März 1812 zum Mißbrauch magnetischer Kuren sowie die Anordnung der Regierung Köln v. 9. März 1817: „Vorstehende ministerielle Verfügung wird hiermit zur Nachachtung für sämmtliche magnetisirende Aerzte unseres Verwaltungs-Bezirks bekannt gemacht, und zufolge einer nähern allerhöchsten Kabinets-Ordre vom 7ten Februar c. festgesetzt, daß, um den Mißbrauch magnetischer Kuren einstweilen möglichst zu verhüten, nur gesetzlich approbirten Aerzten erlaubt seyn soll, dergleichen vorzunehmen, und daß diejenigen Aerzte, welche sich damit abgeben, jedes Vierteljahr über den Verlauf der magnetisch behandelten Krankheiten und über die Beobachtung der dabei vorkommenden Thatsachen genauen und abgesonderten Bericht an die resp. Physiker und Distrikts-Aerzte zu erstatten haben, welche dieselben durch die landräthl. Kommissarien spätestens 14 Tage nach Ablauf jeden Quartals an uns gelangen lassen werden."

Den 9. Novembris [1817]. Sonntag.

Dem Prof. Chladni, der schon wieder kommt, weiche ich aus, da ich seine Liste noch nicht zurück|19v| habe. Dann gehe ich gegen 9 ½ in die Elendskirche.[74] Dort mit dem Umgang,[75] u. bleibe in der Messe des Pastor Schüller.[76] Nach Tische kommt Chladni[77] wieder, u. ich vertröste ihn auf morgen. Spät am Abend kommt Walter zu mir, mit dem ich bis um 6 spazieren gehe. Dann gehe ich in's

---

[74] Groote sah 1817 in etwa dieselbe Innenausstattung der Elendskirche, wie sie Mering/Reischert 1844 und Ewald/Rahtgens um 1916 beschrieben. Mering/Reischert, Bischöfe, Bd. 1, S. 236 f.: „Der Raum der Kirche ist sehr beschränkt, das Innere derselben aber biethet einen überaus freundlichen Anblick. Gegenstände von besonderem Interesse sind in derselben nicht vorhanden. Die beiden Seiten-Altäre, welche sich vormals in der hiesigen Karthaus befanden, sind von vorzüglichem Schnitzwerk aus Marmor und Alabaster; dagegen aber ist der Hauptaltar – zwar schön in seiner Darstellung – doch nur aus Marmor ähnlichen Steinmassen gefertigt. Die lebensgroßen Bilder des Erzengels Michael und Papst Gregors des Heiligen – die Schutzheiligen der Kirche – befinden sich auf dem Altar. [...] Die nahe Begräbnißstätte verschiedener Mitglieder der Familie v. Groote, ist durch einige im Chor befestigte Wappen angedeutet; [...]. In der kleinen Sakristei werden kostbare Kirchen-Paramente und Gefäße von Gold und Silber u.s.w. aufbewahrt, wie solche sich bei einer so kleinen Kirche kaum vermuthen lassen." Rathgens, Die kirchlichen Denkmäler (1916), S. 319 f.: „Das Innere zeigt ein Schiff, auf ionischer Pilasterordnung ein dreijochiges Tonnengewölbe mit Stichkappen und einen Chor mit Kreuzgewölbe und flacher Apsisnische. [...] Über dem Triumphbogen die beiden von Groote'schen Wappen mit der Jahreszahl 1766. [...] Auf der Nordseite des Chors eine schlichte Herrschaftsempore. Nördlich ein Anbau mit Sakristei, Küsterwohnung und Wendeltreppe, südlich die Everharduskapelle. [...] Die Ausstattung ist bis auf wenige Stücke noch die ursprüngliche von der Zeit der Erbauung [...]. Hochaltar. Reicher Barockaufbau aus graugrünem und rötlichem Marmor. In der Mitte in flacher Nische Gruppe der Pieta: Holz, weiss bemalt. Unter dem Kreuz Maria, den Leichnam Christi auf dem Schoß, ein Schwert in der Brust, das Haupt schmerzhaft zum Kreuz erhoben, die Linke zur Seite ausgebreitet. [...] Links von der Nische der h. Gregor d. Gr. mit Buch, eine Taube auf der Schulter, rechts der h. Michael, auf den Teufel tretend: Holz, weiss bemalt. Über der Nische die Wappen von Groote (nach 1780) und von Pütz."

[75] Umgang, Prozession. Der 9. Nov. 1817 ist der zweite Sonntag, der in die mit dem 1. November beginnende Oktav fällt. Vgl. Busch, Andachts-Buch, S. 80 f. zu den Feiern am Vormittag: „An dem Sonntage in der Oktav wird, mit 13stündigem Gebethe, das Dankfest der im Jahre 1771 zum Troste der Verstorbenen geschehenen Konsekration unsrer Kirche gefeiert. Des Morgens um 6 Uhr ist die Erste H. Messe mit sakramentalischem Segen, um 9 Uhr die erste Predigt, um 10 Uhr das feierliche Hochamt; dann sind die gestifteten Bethstunden. [...] Ist dieser Sonntag der Zweite des Monates, dann wird des Morgens nach der Predigt der gewöhnliche Umgang gehalten." Vgl. Mering/Reischert, Bischöfe, Bd. 1, S. 237: „Vor dem Haupteingange zur Kirche, auf dem eigentlichen elendigen Kirchhofe, dessen Mauern ehemals mit symetrisch aufgestellten Todtengebeinen umgeben waren und durch dieses ,memento mori' bis dahin einen wirklich schauerlichen Anblick gewährten, erblickt man ein steinernes Krucifix, an welchem die Bruderschaft ihre Stationen zu halten pflegt."

[76] Möglicherweise: J. Hubert Schüller, Pfarrer an St. Johann Baptist in Köln.

[77] Vgl. Beilage zu Nr. 180 der Köln. Zeitung, 11. Nov. 1817: „Meine 12 Vorlesungen über die Akustik und über die vom Himmel gefallenen Massen werden Montags, Dinstags, Donnerstags und Freitags um 4 Uhr im Jesuiten-Kollegium, eine Treppe hoch rechter Hand, gehalten, und fangen Donnerstags den 13. Nov. an, wo auch noch Unterzeichnung angenommen wird. C. F. F. Chladni."

Theater, |:1.2:| wo die Bürger schlechte Plastische u. Pantomimische Darstellungen unter dem Namen Mimischer giebt,[78] zwischen welchen ein sehr schlechtes Lustspiel von Kotzebue gespielt wird.[79] Am Ende deklamirt sie einige Gedichte. Joseph war bey v. Monschaw, wo der Graf Solms ihm die neue Instruktion für Oberpräsidium, Regierung etc. etc. mittheilte, die in der Gesetzsammlung abgedruckt ist.[80] Dieß macht große Sensation.

Den 10. 9bris [Novembris 1817].[81]

Ich lese in Alexander Wiltheim. In der Regierung ist die Ankunft der Instruktion noch nicht bekannt. Ich bringe die Nachricht zu allgemeinem großem Aufsehn hin. Dort erhalte ich auch Chladnis Liste zurück, wozu sich 7–8 unterschrieben haben. Ich bringe sie ihm an sein Haus zurück. Nach Tisch schreibe ich an's Consistorium wegen der in Aachen deponirten Rechnungen u. Quittungen aus dem Domarchiv, um die etwa davon vorhandnen Akten zu haben. Denoël kommt; u. wir schwätzen allerley Allotria. – Spät um 6 ½ gehe ich zu Chladnis Vorstellung, |:2.4:| wo er von einer nicht zahlreichen, doch ausgesuchten Gesellschaft seine Clavicylinder hören läßt u. dann seine Klangfiguren auf Glas u. Holz zeigt, worin er es wirklich zu einer merkwürdigen Fertigkeit gebracht hat, indem er vielleicht 30 verschiedene Figuren hervorbringt.[82] Graf Hompesch[83] opponirt

---

[78] Welt- u. Staatsbote zu Köln, Nr. 177, 6. Nov. 1817, Annonce: „Nächsten Sonntag den 9ten dieses wird Frau Elise Bürger in dem Schauspielhause mimische Darstellungen geben, auf welche dann zwei Lustspiele folgen werden. Das Nähere werden die Tageszettel bestimmen."

[79] Wahrscheinlich wurde ein ähnliches Programm geboten wie am 2. November. Vgl. Köln. Zeitung, Nr. 174, 1. Nov. 1817: „Dramatische Kunst-Anzeige. Morgen Sonntag den 2. Novbr. wird im Schauspielhause von Frau Elise Bürger gegeben: Das Geständniß, von Kotzebue; Der Verräther, von Holbein; Die antike Statue aus Florenz, und Die schwäbische Bäuerinn, von Frau Elise Bürger, wozu sie die Schauspielfreunde ergebenst einladet. Der Anfang um 6 Uhr."

[80] Verordnung wegen Bekanntmachung und Ausführung der für die Oberpäsidenten, Provinzialkonsistorien, Provinzial-Medizinalkollegien und für die Regierungen vollzogenen Dienst-Intruktionen. Vom 23sten Oktober 1817 (in: Gesetz-Sammlung, 1817, Nr. 15, S. 229– 282). Darin: Instruktion für die Oberpräsidenten, S. 230–236; Dienst-Instruktion für die Provinzialkonsistorien, S. 237–245; Dienstanweisung für die Medizinalkollegien, S. 245–248; Instruktion zur Geschäftsführung der Regierungen in den Königlich-Preußischen Staaten, S. 248–282. Die Gesetz-Sammlung, 1817, Nr. 16, S. 289–292 enthielt zudem: Allerhöchste Kabinetsorder vom 3ten November 1817, wegen der Geschäftsführung bei den Oberbehörden in Berlin.

[81] Zeitungs-Bericht der Reg. Köln für Oktober, 10. Nov. 1817: „Von der neuen Gesetzgebung erwartet man diejenigen StaatsEinrichtungen, welche ganz dazu geeignet sind, die noch nicht fest begründete Vereinigung der Rheinländer mit ihrer neuen Regierung zu bewirken, wohin denn vorzüglich die Errichtung einer wahren VolksRepräsentation gehört, so wie denn auch in dem Zeitungs Bericht des hiesigen Oberbürgermeisters die Bemerkung gemacht wird, daß ohne Zweifel in Zukunft alles werde vermieden werden, was die Gemüther zu dem Glauben berechtigen könnte, daß an den höchsten Stellen ein Unterschied zwischen Alt- und Neu-Preußen gemacht, und erstere für fähiger zur Leitung der öffentlichen Angelegenheiten auch in den neuen Provinzen gehalten werden" (GStA PK, I. HA Rep. 89, Nr. 16278, Bl. 150r).

[82] Der von Chladni 1799 erfundene Clavicylinder erzeugt durch Metallstäbe, die einen rotierenden

ihm wegen einiger Erklärungen. Es |20r| sind mit der Gräfinn Solms daselbst eine Fürstinn Solms-Braunfels,[84] u. eine junge recht hübsche Fürstinn von Wied-Wied.[85] Haxthausen ist bei den Damen an Servin.

Den 11. Novembris [1817].

Chladni kommt schon früh wieder, u. klagt wegen dem geringen Zuspruch. Ich kann nichts dafür. In den Heidelbergischen Jahrbüchern lese ich Kreutzers gelehrte Rezensionen über Schellings Buch über Samothracische Mythen u. zwey andere ähnliche mystische Schriften.[86] Glücklich, wen die Vorsehung mit Kraft u. Muße begabt u. in die herrlichen Verhältniße gesetzt hat, sich mit so herrlichen Dingen beschäftigen zu können. – Der Pachter Klein kommt u. bezahlt abschlägig auf seine Pacht Rth. 400.[87] Dieß und die Unterredung beym Vater mit ihm, der ihm besonders vorhält, daß er viel schlechtes Gesindel in seinem Hofe arbeiten lasse, nimmt mir viel Zeit weg. Joseph kommt aus dem Konsistorium u. sagt, Graf Solms habe den Aufsatz in Heft X der Isis gelesen, u. gesagt: „es ist eine verfluchte Persiflage! ich habe recht gelacht." – Wenn es bey dem Lachen bleibt, so geht es noch. Wir erhalten in der Gesetzsammlung die neuen Verwal-

---

Zylinder berühren, Klänge. Isis, 1817, Heft I, Stück 8, Sp. 61: „Der Clavicylinder […] enthält vorn eine Tastatur, und hinterwärts eine gläserne Walze, welche vermittelst eines Fußtrittes und eines Schwungrades umgedreht wird, und nicht selbst klingender Körper ist, sondern durch ihr Streichen die Töne der innern mechanischen Einrichtung hervorbringt." Die „Chladnischen Klangfiguren", die Groote bewundert, entstehen, wenn man mit einem Geigenbogen oder einer Stimmgabel eine Metallplatte berührt, auf die Sand gestreut ist.

[83] Vermutlich: Ludwig Graf von Hompesch-Rurich.

[84] Möglicherweise: Friederike Luise Caroline Prinzessin von Mecklenburg-Strelitz, Fürstin zu Solms-Braunfels. Zur Verwandtschaft der Familien zu Solms-Braunfels und zu Solms-Laubach vgl. Solms-Laubach, Geschichte, S. 100–109.

[85] Sophie Auguste Fürstin zu Wied-Neuwied, geb. zu Solms-Braunfels war die Großnichte von Oberpräsident zu Solms-Laubach. Seit 1812 war sie mit Johann August Fürst zu Wied-Neuwied verheiratet. Fr. L. Chr. zu Solms-Laubach an E. Ch. zu Solms-Laubach, Köln, 15. Nov. 1817: „Die Fürstin von Lich [Solms-Hohensolms-Lich] war hier ganz vergnügt, aber sehr preßirt, weil sie bald nach Steinfurt zu kommen wünschte. Sophien von Neuwied war mit ihr hier, u. ist ganz hübsch geworden, u. hat sich überhaupt recht sehr zu ihrem Vortheil geändert. Bei der Rückkehr werden sie hier einige Tage verweilen" (Privatarchiv d. Grafen zu Solms-Laubach, XVII, 106, Nr. 340).

[86] Fr. W. J. Schelling, Ueber die Gottheiten von Samothrace. Eine Abhandlung in der zur Feyer des Allerhöchsten Namensfestes Sr. Majest. des Königes von Baiern gehaltenen öffentlichen Versammlung der Akademie der Wissenschaften, am 12. Oct. 1815, Stuttgart/Tübingen 1815. Vgl. die Rezension dazu: Georg Friedrich Creuzer, Ueber einige mythologische und artistische Schriften von Schelling, Ouwaroff, Millin und Welcker" (in: Heidelbergische Jahrbücher der Litteratur, 1817, Nr. 47–52, S. 737–823). Creuzers Rezension endete: „Uebrigens sollte doch die Verlagshandlung schon aus Nationalgefühl für besseres Papier künftig Sorge tragen. Denn was wird wohl das Ausland zu dem Löschpapier dieses ersten Heftes sagen?" (S. 823). Zu Creuzers Rezension: Wirtz, Mythologie, S. 214–217.

[87] Rechnungsbuch der Familie von Groote. „Klein zahlte den 11ten 9bris 1817 baar 400 Rthr." (HAStK, Best. 1042, B 60, S. 289).

tungsinstruktionen[88] u. die Veränderungen im Ministerio.[89] Viel von Oben herab dekretirtes Zeug; wenig aus dem Bedürfniß der Zeit u. des Volks hervorgehende Maßregel. Die ausgedehnte Gewalt der Oberpräsidenten ist das Beste. Wallraf ist nach Tisch bey uns, u. redet wegen Universität etc. viel. Das Schulwesen ist nun Altenstein übergeben,[90] der sehr für Bonn ist. Ich gehe am Abend zu Nückel, mit ihm wegen unseres Judenprozesses zu reden. Es sind bey dessen Frau die Frl. v. Monschaw u. der von Meurs, der Bauch redet. Ich bleibe nicht lang. – Billet zu Rameaus Ball.[91] |:2 Fr.:| – |20v|

Den 12. Novembris [1817].

Ich erhalte die Akten über die Manuscripte u. Urkunden zurück. Das letzte Schreiben nach Aachen ist erst den 8. currens abgegangen. – Ich gehe vor der Sitzung zu Obristlieutenant Schetz. In der Sitzung giebt mir Haxthausen einen freundlichen Brief von Grimm,[92] mit der Subscriptionsanzeige seines Reinhard

---

[88] Verordnung wegen Bekanntmachung und Ausführung der für die Oberpräsidenten, Provinzialkonsistorien, Provinzial-Medizinalkollegien und für die Regierungen vollzogenen Dienst-Instruktionen. Vom 23sten Oktober 1817 (in: Gesetz-Sammlung, 1817, Nr. 15, S. 229–282).

[89] Allerhöchste Kabinetsorder vom 3ten November 1817, wegen der Geschäftsführung bei den Oberbehörden in Berlin (in: Gesetz-Sammlung, 1817, Nr. 16, S. 289–292).

[90] Gesetz-Sammlung, 1817, Nr. 16, S. 290: „Der Minister des Innern giebt das Departement für den Kultus und öffentlichen Unterricht und das damit in Verbindung stehende Medizinalwesen ab. Die Würde und Wichtigkeit der geistlichen und der Erziehungs- und Schulsachen macht es räthlich, diese einem eigenen Minister anzuvertrauen, und Ich ernenne dazu den Staatsminister Freiherrn von Altenstein." Altenstein, der nun auch für die Errichtung der rheinischen Universität zuständig war, amtierte zwanzig Jahre als Leiter des Kultusministeriums. Das preuß. Schul- und Bildungswesen wurde in dieser Zeit grundlegend reformiert.

[91] Beilage zu Nr. 180 der Köln. Zeitung, 11. Nov. 1817: „Die Redoute von Herrn Rameaux wird Samstag den 15. November im Lempertz'schen Saale Statt haben. Eintrittspreis 2 Franken die Person."

[92] J. Grimm an E. von Groote, Kassel, 6. Nov. 1817: „Liebster Freund, ich habe Ihnen so lange nicht geschrieben, daß sogar noch nicht einmal für die mir aus dem Tristan erbetenen und voriges Frühjahr empfangenen Varianten gedankt worden ist. Das macht, ich bin theils verreist, theils zu fleißig in anhaltendem Arbeiten gewesen. Ich habe hauptsächlich eine deutsche Grammatik der alten Sprache zustand gebracht, die mir viel Müh gekostet, aber auch viel Licht verschafft hat. Wie ganz anders erscheinen mir nun manchmal frühere Arbeiten, meine und fremde! und wie wunderbar das Wesen und die Geschichte unsrer trefflichen Sprache! Nächstdem ist ein zweiter Band der deutschen Sagen zum Druck fertig und der erste des Reinhart Fuchs. Da aber letzteres Werk Subscribenten braucht, so bitte ich Sie um die Freundlichkeit, dafür in Ihrem Umkreis so viele zu werben, als Sie nur können. Ich lege die Anzeige bei, die Namen melden Sie mir oder dem Verleger bis Ende dieses Jahrs. Den Carové hab ich zu Heidelberg kennen gelernt und ihn einfach und herzlich gefunden, auch einen andern Cöllner, Klein, der schön componirt. Ich höre, daß Carové zur Wartburg gereist war, er hat mich jedoch auf dem Rückweg nicht besucht, warum sind Sie nicht dahin gegangen? was dort die Studenten gethan haben, ist lebendig, frisch und ehrlich gewesen, so daß es allen guten Leuten nicht misfallen kann. Wie steht es mit Ihren Arbeiten und wie haben Sie Sich mit dem Tristan zu Hagen gesetzt? Seine Anzeige steht im Meßcatalog, aber

Fuchs.[93] Zu Haus finde ich einen großen Brief von Sulpitz Boisserée,[94] |:17:| der mir den Tristan ankündigt, u. Aufträge zu Historischen Forschungen in den hiesigen Archiven giebt. In unserm Archiv suche ich noch lang vergeblich nach dem Beweis wegen der Schaaftrift zu Kendenich. Später gehe ich Tabak zu kaufen, |:–14:| dann zu Bachem, wo ich den letzten Leipziger Meßkatalog hole, worin v.d. Hagen die Herausgabe des Tristan auf künftig ankündigt.[95] Den Tristan hat er, wie mir Sulpitz Boisserée schreibt, von Heidelberg haben wollen, allein, die Professoren haben vorgezogen, ihn mir zu schicken. Ich gehe noch ans Handelstribunal, wo mir Nückel sagt, daß unser Judenprozeß auf Dienstag versetzt ist. Zu Haus schreibe ich wegen Walberberg ans Consistorium, u. lese im Meßkatalog.[96]

---

das beweist noch nicht für die baldige Herausgabe. Wißen Sie nicht, ob Dumbeks Werk über die Geographie gedruckt erschienen ist und bei wem? Ich grüße von ganzem Herzen Ihr Jacob Grimm" (Brüder Grimm-Museum Kassel, Gr. Slg. Autogr. 722; gedr. in: Reifferscheid, E. von Groote, S. 40 f. u. Reifferscheid, Erinnerungen, S. 161). Siehe auch den einen Tag zuvor verfassten Brief: J. Grimm an Fr. C. von Savigny, Kassel, 5. Nov. 1817 (Universitätsbibliothek Marburg, Nachlass Fr. C. von Savigny, Ms. 0784/104); Schoof/Schnack, Briefe, S. 263–265).

[93] Das umfangreiche Werk erschien erst 1834: J. Grimm, Reinhart Fuchs, Verlag G. Reimer, Berlin 1834. Vgl. J. Grimm an J. Görres, Kassel, 18. Juni 1817 über seine Projekte und die seines Bruders: „Zunächst liegt uns der Reinhart Fuchs und die Thierfabel; es sind aber mehrere Bände, für welche erst Subscribenten gesammelt werden müssen, ehe ein Buchhändler sich dazu Muth faßt" (in: Binder, J. von Görres, Gesammelte Schriften, Bd. 2, Freundesbriefe, S. 534; vgl. Fink-Lang, Görres. Briefe, Bd. 3, S. 451).

[94] S. Boisserée, Tagebücher, Bd. I, 7. u. 8. Nov. 1817, S. 470: „an Groote"; 9. Nov. 1817, S. 470: „Paket an Groote. ‚Tristan'." 11. Nov. 1817, S. 470: „2. Brief an Groote". Am 11. Nov. 1817 hatte S. Boisserée aus Heidelberg an seinen älteren Bruder Bernhard Boisserée in Köln geschrieben, er füge einen Brief an E. von Groote bei (HAStK, Best. 1018, A 34). Vgl. Personalnotizen, 1815: „Boisère, Bernard. Kaufmann, vormals Beigeordneter des Bürgermeisters v. Wittgenstein. Hat sich während seiner Function als Beigeordneter beim Publico gar nicht beliebt gemacht, wohl eher verhaßt. Er ist herbe, sogar hart in seinen Umgange, unternehmend und kühn sehr fähig und hat viele Erfahrungen. Ein geborner Deutscher, aber eifriger Anhänger der Franzosen und Napoleons und kann seine Gefühle hierinn nicht leicht verbergen, er hat mehrere Brüder, die jedoch den Ruf haben, gute Deutsche, geschickte und sehr brauchbare Leute zu sein, unter andern der p. Zulpitz Boisère ist als geschikter Alterthumsforscher und guter Deutscher bekannt und geachtet. Dieser wäre also von Bernard Boisère wohl zu unterscheiden. [...] Als Adjunct der Mairie hat er sich als Bürgerfeind und Tirann bewiesen; er ist mit dem allgemeinen Verdacht beladen, sich auf Kosten der Stadt bereichert zu haben. Napoleons würdiger Zögling" (Landesarchiv NRW R, BR 0002, Nr. 1534, Bl. 22v–23r). B. Boisserée, bereits um 1817 einer der erfolgreichsten Unternehmer Kölns, übte in den folgenden Jahrzehnten einen maßgeblichen Einfluss auf die lokale und regionale Wirtschaft und Wirtschaftspolitik aus (Herres, Bernhard Boisserée, 2014; Deres, Kölner Rat, S. 45; Thielen, Partizipation, S. 601 f.; Kuhn, Jakobiner, S. 101).

[95] Allgemeines Verzeichniß der Bücher, welche in der Frankfurter und Leipziger Ostermesse des 1817 Jahres entweder ganz neu gedruckt, oder sonst verbessert wieder aufgelegt worden sind, auch inskünftige noch herauskommen sollen; S. 498: „Hagen, Fr. H. von der, Tristan und Isalde, ein altdeutsches Rittergedicht. In der Ursprache herausgegeben u. mit einem vollständ. Wörterbuche. gr. 8. Breslau." Zur Beziehung zwischen von der Hagen und Groote: Spiertz, Groote, S. 169 f.; Grunewald, Fr. v.d. Hagen, S. 172–177.

[96] J. W. von Mirbach-Harff hielt sich wieder kurz in Köln auf. Vgl. seinen Tagebucheintrag, 13. Nov.

Den 13. Novembris [1817].

Es ist mir klar, daß ich werde den Heidelberger Tristan als Grundlage des ganzen Werks abschreiben müßen. Chladni kommt, dem ich sein Honorar gebe. |:20 Fr.:| Der Pachter Hinzen kommt, mit dem ich wegen einiger Sachen zu reden habe. – Der Pachter von den 8 Morgen von Bertzdorf kommt, u. fragt, an wen er die Pacht zu zahlen habe. Ich schreibe an Herrn Bodenstaff, daß er die Pacht, abge- |21r| redeter Maaßen ad dies vitae[97] ziehen soll. Wieder suche ich lange umsonst in unserm Archiv nach den Schweidsachen.[98] –
Bald kommen unsre Gäste. Die Herren Pastoren Frangenheim u. Fochem, Herr Kaerp, Busch, Brouhon, Gadé, Nückel, Denoël, Sieger, u. es giebt ein recht muntres Mittagessen, wo des Pastors Frangenheim gothische Perücke[99] zum Maß dient. Ich gehe nach 4 mit Kaspar zu Chladni in die Vorlesung, wo ziemlich viele Zuhörer sich versammeln, unter ihnen auch Präsident Fischenich u. Appellations Rath Boelling. – Nachher finde ich unsre Gesellschaft noch zusammen. Merkwürdiges Gespräch mit Busch, Fochem u. Kaerp über die Quiseln,[100] das Anwerben derselben, deren Zeichen u. Zusammenkünfte; einige sind noch hier der Akatianer Sekte[101] zugethan! – Dann gehe ich noch mit Denoël aus. – Mir ist übrigens sehr unwohl und beklommen auf der Brust. Denoël geht mit mir nach Haus zurück zu einer Pfeife Tabak. Dann gehe ich noch den Meßkatalog ganz durch.

Den 14. Novembris [1817].[102]

Der Teufel macht gleich beym Erwachen einen glücklichen Angriff auf meine arme Seele. ∽ Ich schreibe an Herrn Beissel wegen Kendenich, u. an den Herrn v. Mehring. Dann gehe ich zu Herrn Fuchs auf das Bürgermeisteramt, mit ihm wegen der Anfragen des Sulpitz Boisserée[102] zu sprechen; er ist sehr willig, u. führt mich in die Mittwochs Rentkammer,[103] wo ich jedoch von alten Papieren

---

[1817:] „Donnerstag, 13. Morgens nach Köln, um mit der Tante wegen Schultheiß u. meiner Andern Angelegenheit zu sprechen u. Sie gab mir recht. Ich fühlte durch ihre liebevolle Theilnahme mich so erleichtert. Um Mittags H. u. Fr. v. Spies hier. Abends kam Haxhausen zu mir, mit ihm zu Westphalen. Freitag, 14. Morgens bei Haxhausen. Um 10 Uhr nach Hemmersbach zurück" (Archiv von Mirbach-Harff).

[97] ad dies vitae: auf Lebenszeit.
[98] Schweid: Weidebezirk.
[99] Gotische Perücke: der Sinn ist hier unklar.
[100] Quiseln: Bedeutung unklar.
[101] Akatianer Sekte: von der katholischen Kirche abweichende Gruppe, Anhänger des Akatius.
[102] Vgl. E. von Groote an S. Boisserée, Köln, 18. Nov. 1817. Siehe Briefe u. Schriften.
[103] Rentkammern waren Institutionen der städtischen Finanzverwaltung. In Köln gab es in reichsstädtischer Zeit entsprechend dem Wochentag, an dem Zahlungen vorgenommen wurden, eine Mittwochs- und eine Freitagsrentkammer. Die Zustände, die Groote in den Räumen der Rentkammer vorfand, schilderte er anschaulich in einem Brief an S. Boisserée (E. von Groote an S. Boisserée,

wenig finde. Er giebt mit auch einen Auszug der RathsProtokolle über den Platzthurmbau.[104] Nach 11 gehe ich in die Sitzung, wo mir Sotzmann, mit dem ich reden wollte, etwas |21v| barsch zu seyn scheint; etwa wegen der Isis? Nach Tisch gehe ich wieder auf unser Archiv, wegen der Kendenicher Sachen, wovon mir einige Convolute fehlen. Um 4 U. gehe ich zu Chladni, wo jedoch nicht alle von gestern zusammenkommen. Dann gehe ich zu Bodenstaff, der mich jedoch wegen der Schweidtgerechtigkeit zu Kendenich nur auf das Weisthum[105] zu verweisen weiß. Dieß solle ich nach den letzten Protokollen nachsehn. – Ich kaufe nun bey Jungfer Wirtz Papier zum Tristan, |:3 Fr.:| den ich doch der Sicherheit wegen ganz nach der Heidelberger Handschrift abzuschreiben gedenke. Dann mache ich mir dieß Papier schon ganz zur Abschrift fertig, u. arbeite an dem Wörterbuch des Tristan.

Den 15. Novembris [1817].

Ich sitze früh bey dem Wörterbuch, u. es kommt Herr Fuchs zu mir, mich einzuladen, um 11 Uhr mit ihm in das große, u. das Freytagsrent Kammerarchiv zu gehn. – Ich erhalte einen Brief von Herrn Fr. v. Loë, |:–9 Sl.:| der mir schreibt, er könne noch mit dem Graf Rennes wegen des Tristan nicht reden, da der Graf im Hag [Den Haag] sey; sobald er wieder komme, wolle er es thun, könne jedoch für den Erfolg nicht stehn. –
Ich gehe später noch wieder auf unser Archiv, wo ich einige der Kendenicher Sachen in ganz unrechten Schossern[106] suche, u. finde. Auch sind viele alte Kölnische Sachen in unserm Archiv. Um 11 gehe ich auf das Rathaus, u. mit Herrn Fuchs in das Große Rathsarchiv, wo sonst unvereidet niemand hineinkam. Es sind dort verschiedene Urkunden, |22r| welche bey Angelegenheit des Baues der RathsKappelle[107] gegeben wurden, namentlich hinsichtlich des Pfarrers xxx an Sankt Laurenz. Auch zeichnete ich mir einige Notitzen über die Rentkammern auf. Auf der Post ist mein Tristan von Heidelberg angekommen, u. ich schicke nach Tisch hin, ihn holen zu lassen.[108] Er ist von Sulpitz Boisserée[109] an den Vater

---

Köln, 18. Nov. 1817). Siehe Briefe u. Schriften. Zwei große, mit Metallbeschlägen gesicherte Truhen, die wohl zum Mobeliar der Rentkammern gehörten, befinden sich heute im Bestand des Kölnischen Stadtmuseums (Schäfke/Trier, Mittelalter, S. 36 f.).

[104] Groote bezieht sich hier auf den Bau des Rathausturms und die Geschichte der Rathauskapelle. Vgl. E. von Groote an S. Boisserée, Köln, 18. Nov. 1817. Siehe Briefe u. Schriften.

[105] Weistum, hier: schriftliche Unterlage, rechtliches Dokument.

[106] Schossern, hier: Laden oder Mappen.

[107] Zur Geschichte und Architektur der Ratskapelle: Kier, Ratskapelle, 1988; Kier, St. Maria in Jerusalem, 1996; Kirgus, St. Maria in Jerusalem, 2005.

[108] Groote lieh sich das Manuskript des Tristan vom 15. Nov. 1817 bis zum 27. März 1818 aus. Ich danke der Universitätsbibliothek Heidelberg für Auskünfte dazu. Vgl. Spiertz, Groote, S. 167.

[109] S. Boisserée hatte bei der Universitätsbibliothek Heidelberg für Groote gebürgt, damit dieser das Manuskript des Tristan ausleihen konnte. S. Boisserée, Tagebücher, Bd. I, 22. Okt. 1817, S. 468:

adressirt, u. thut doch hohes Porto (19 GGr). |: 3 Fr.:| Walter kommt zu mir, u. will später mit zum Rameauschen Balle fahren. Wir reden vielerley, ich soll ihn morgen zu Simon führen, wohin er mich gestern umsonst abholen wollte. Es war mir zu schlecht Wetter.[110] Wir sind auf morgen zu Geyr eingeladen. Ich kaufe zwey Paar Handschuh für viel Geld. |: 5.10 :| Es war heute auf dem Rathhaus und in der Mauritz Kirche[111] v. Auers Verehlichung.[112] —
Um 6 fahre ich mit Joseph u. Carl zum Ball, wohin wir Walter abholen. Es ist dort ziemlich munter. Die Mademoiselle Kniffler erregt Aufsehn, weil sie wirklich

---

"Bürgschaft für de Groote". Dazu: E. von Groote an S. Boisserée, Köln, 18. Nov. 1817. Siehe Briefe u. Schriften. Am 18. Nov. 1817 notierte S. Boisserée in sein Tagebuch: „Oken ‚Isis'. Artikel gegen uns und Goethe bei Gelegenheit der preußischen Universität am Nieder-Rhein. Böse Buben-Streiche" (in: S. Boisserée, Tagebücher, Bd. I, S. 471).

[110] Zeitungs-Bericht der Reg. Köln für November, 9. Dez. 1817: „Der Anfang des Monats November war heiter, die folgenden Tage aber trübe und regnerisch. Einige Nachtfröste abgerechnet, war übrigens die Witterung gelinde. Man zählte 9 ganz heitere Tage, fünf regnerische oder trübe, und 15 gemischte, das heißt zum Theil heitere zum Theil trübe und regnerische Tage. Am 25ten fiel Hagel und wenig Schnee" (GStA PK, I. HA Rep. 89, Nr. 16278, Bl. 158r).

[111] Die romanische, um 1140 errichtete Kirche St. Mauritius war seit 1806/08 eine Sukkuralkirche der Hauptpfarrei St. Peter. Das Gebäude wurde 1830 teilweise abgebrochen, 1859 völlig niedergelegt. 1865 entstand ein neogotischer Neubau, der im 2. Weltkrieg weitgehend zerstört wurde. In den 1950er Jahren errichtete man ein neues Kirchengebäude. Zur Geschichte von Kirche und Kloster: Mering/Reischert, Bischöfe, Bd. 1, S. 264–278; S. 272: „Der Hauptaltar, von wohlgelungenem Schnitzwerk in Holz, mit den de Groot'schen und von Junkersdorf'schen Wappen versehen, ließ Agatha von Junkersdorf, verehelichte de Groote, eine Schwester der 1758 verstorbenen Abtissin von Junkersdorf, errichten, und versah denselben gleichzeitig mit ansehnlichen Stiftungen". Siehe auch: Arntz/Neu/Vogts, Die Kunstdenkmäler der Stadt Köln, Ergänzungsband (1937), S. 86–101; Kempkens, St. Mauritius, bes. S. 258–262.

[112] Fr. L. Chr. zu Solms-Laubach an E. Ch. zu Solms-Laubach, Köln, 15. Nov. 1817: „Heute habe ich den W. v. Auer u. seine hübsche Braut 3mal copuliren sehen 1. bürgerlich vor dem Bürgermeister 2. katholisch in der Kirche 3. protestantisch im Haus. Wenn dies nicht hält, dann ist nichts mehr haltbar in dieser Welt. Auer hat übrigens eine recht brave Frau bekommen, u. ich hoffe es wird ihm so wohl gehen, als er es verdient. Wir haben nach der Copul. ein déjeuner dinatoire eingenommen – er hat sich mit seiner Neuvermählten in den Wagen gesezt, u. ist auf 3 Wochen, aus und davon nach Mainz gefahren. Wenn man schon 20 Jahre ein Ehekrüppel ist, kommen einem solche Dinge ganz sonderbar vor. Es ist mir manchmal als hätte ich erst vor 6 Monaten die schwäbische Predigt des Eybacher [Erbacher] Geistlichen gehört. – Dann kommt mir wieder die Zeit, die von diesem Augenblick verflossen ist, lang vor" (Privatarchiv d. Grafen zu Solms-Laubach, XVII, 106, Nr. 340). Köln. Zeitung, Nr. 184, 18. Nov. 1817: „Unsere heute vollzogene eheliche Verbindung zeigen wir unsern Freunden und Bekannten hierdurch ergebenst an. Köln, den 15. November 1817. Der Regierungsrath von Auer. Franciska v. Auer, geb. von Kraus." Trauregister 1817; Archiv der Evangelischen Gemeinde Köln: „Am 15ten Novembris Mittags 11–12 Uhr copulirte ich priv. im Hause der Braut, und in Gegenwart einer hochansehnlichen Versammlung, die Verlobten, den Herrn Ferdinand Wilhelm August von Auer, königl. Regierungsrath hieselbst, ehelicher Sohn des Hr. Carl Albrecht Wilhelm von Auer, königl. Geheim. Reg. Rath, gegenwärtig in Mainz, und dessen Gattin Charlotte Friderica geb. von Goldbeck; Evangel. Conf. und Fräulein Maria Anna Francisca Johanna Antonia Josepha von Kraus eheliche Tochter weil. des Herrn Ignaz von Kraus, und dessen Gattin Frau Gudula von Kraus geb. Coomans hies. r. k., nachdem ihre Ehe an demselbigen Tage vor hiesigem Bürgermeisteramte und in der kathol. Kirche zu S. Mauritius geschlossen worden war."

hübsch ist. Zwey Frl. Koenig sind auch hübsch, es sind Preußische Majors Töchter, u. tanzen Cavotte.[113] Wir speisen zu Nacht, was Joseph einstweilen bezahlt. Dieser ist sehr hinter der Gräfinn Montigny her. Gegen 12 kommen wir zurück; ich lege das Trinkgeld für den Kutscher aus. |:1.10:| –

Den 16. [Novembris 1817]. Sonntag.

Ich gehe frühe zur Kirche, dann später mit dem Schreiben von Heidelberg zu Dr. Sotzmann, der es mir zur Bearbeitung zuschreibt, u. mir das Paket zu eröffnen gestattet. Er will morgen nach Düsseldorf u. verlangt |22v| Briefe an Prof. Schäffer daselbst. Er zeigt mir die Apostel Holzschnitte vom Anton von Worms mit den Kölnischen Wappen, u. gemacht in Köln 1526.[114] Ich schreibe nun zu Haus die Briefe für Sotzmann u. nach Heidelberg. Herr v. Caspars kommt, hat aber nichts bedeutendes. Dann kommt Walter, den ich zu Schwartz u. Simon führe. Beyde rathen ihm zu Promoviren, weil dann seine Anstellung sicherer seyn werde. So geht der Morgen hin bis nach 1, wo ich zu Geyr gehe, u. mit Mylius etc. dort zu Mittag esse. Es ist der Vermälungstag von Frau u. Herrn v. Geyr.[115] Wir sind dort recht munter. Nach Tisch kommt v. Haxthausen, der nun auch bald nach Westphalen will.[116] Um 5 gehe ich nach Haus, u. öffne das Paket, das nun

---

[113] Gavotte: beliebter Gesellschaftstanz mit langer Tradition, der in ganz unterschiedlichen Formen getanzt werden konnte.

[114] Anton von Worms (Anton Woensam) schuf zwei Blattfolgen mit sechs Blätter, die je zwei der zwölf Apostel darstellen. Zu diesen Werken: Merlo, Anton Woensam, S. 55 f. S. 56: „Von Sotzmann, der sämmtliche sechs Blätter besass, vernimmt man, dass jedes derselben mit dem Monogramm bezeichnet sei; auf dem ersten hängt an einem Baume ein Täfelchen mit drei Kronen, dem Wappen der Stadt Köln, und das letzte hat unten die Adresse: Coloniae anno M DXXIX per Anthonium de Vormacia. Bei der Versteigerung der Sotzmann'schen reichen Sammlung von Kupferstichen, Radirungen, Holzschnitten, etc., welche in zwei Abtheilungen im Februar und April 1861 bei R. Weigel in Leipzig Statt gefunden, erlangte diese schöne und seltene Folge […] den Preis von neun Thalern." Vgl. J. D. F. Sotzmann, Catalog der reichen Sammlung von Kupferstichen, Radirungen, Holzschnitten, Kunstbücher, Leipzig 1861. Merlo, der um 1864 die Darstellung von Petrus und Johannes besaß, hielt es für möglich, dass Woensams Werk sich Mitte des 18. Jh.s „als Wandschmuck im Krankenzimmer des Jesuiten-Collegiums" befand (ebd., S. 17). Vgl. auch: E. von Groote an S. Boisserée, Köln, 18. Nov. 1817. Siehe Briefe u. Schriften. Zu Werken von Anton von Worms im Wallraf-Richartz-Museum & Fondation Corboud: Zehnder, Katalog, S. 550–563. Vgl. zu Woensam: Merlo, Künstler, Sp. 971–1099.

[115] Cornelius Joseph von Geyr zu Schweppenburg und Anna Maria Franziska von Becker, die Schwester der Mutter Eberhard von Grootes, hatten am 16. Nov. 1790 geheiratet. Als Neffe des Ehepaars war E. von Groote zur Feier eingeladen.

[116] W. von Haxthausen reiste einige Wochen, bis kurz vor Jahresende, durch Westfalen, um Meinungen zur Verfassungsfrage einzuholen. Dazu schrieb er an J. Görres, Köln, 28. Febr. 1818: „Die alten Sachsen wollen sich selbst constituiniren. Sie finden nothwendig, das Alte zu verbessern, Neues aufzunehmen etc., allein sie meinen, das könnten sie selbst am Besten; der König habe ihnen keine neue Konstitution zu schenken, weil sie weder eine neue noch eine geschenkte haben möchten" (in: Fink-Lang, Görres. Briefe, Bd. 3, S. 498; vgl. S. 220).

den Tristan in Optima Forma enthält. – Ich fange schon bald daran an zu schreiben. Es kommt später noch ein Regierungs Direktor Heuer von Coblenz, der mir einen Brief von Schenkendorf bringt. Er hat einige oberflächliche Kenntniße von Gemälden, u. geht nach Stralsund. Er will morgen mit seiner Frau wieder kommen.[117] Ich schreibe bis spät. Abends erhalte ich durch Einschlag noch ein Briefchen von Sulpitz Boisserée, worin er etwas, was ich ihm früher gesagt hatte, über Maurergeheimnisse in Cöln u. Magdeburg, genau wissen will.[118] Ich gehe recht müde zu Bette. |23r|

Den 17. Novembris [1817].[119]

Ich habe kaum noch etwas geschrieben, als schon der Vater zu mir kommt, u. das Antwortschreiben auf seine Klage gegen Schultz aus Berlin erhalten hat.[120] Es enthält dieß theils Vorwürfe, theils Zufriedenheitsäußerungen. Nachher kommt Heuer mit seiner Frau. Sie sehn das Le Brunsche Bild, u. nachher führe ich sie zu Wallraf, der nicht wohl ist, u. zu Fochem, wo ich ihnen eine Adresse an Lyversberg gebe. Bey der Regierung sind meine Aachener Kisten angekommen. So ist fast des Guten zu viel auf einmal, u. ich weiß kaum, wohinaus. Ich benutze die Sitzung, schnell an Sulpitz Boisserée zu schreiben, u. sende die Kisten zu mir nach Haus. Dann hole ich mir noch von Haxthausen, der in der Sitzung nicht war, aber morgen nach Westphalen will, meinen Muskatblut[121] zurück. Nachmittag erhalte ich einen Brief von Görres, der mir wegen eines Verstoßes in den Loterieloosen schreibt,[122] u. mir die Adresse der Coblenzer an den König zu-

---

[117] Heuer, Regierungsrat in Koblenz, war zuvor Regierungsrat in Stettin; er wurde 1817 nach Stralsund versetzt.

[118] Vgl. Groote, Tagebuch, Bd. 2, 18. März 1816, S. 131.

[119] Am 17. Nov. 1817 schrieb Fr. L. Chr. zu Solms-Laubach an E. Ch. zu Solms-Laubach: „Gestern habe ich ein Schreiben vom St.K. erhalten, nach welchem er spätestens hier in 3 Wochen eintrifft, Da ich nicht weis wie lang er bleiben wird, u. schiklich, während seiner Anwesenheit, nicht wohl abkommen kann, so habe ich beschloßen, von hier baldmöglichst abzureisen, u. zwar am 22. früh, u. die Jagdanstalten auf den Montag den 24. zu bestellen. Ich hoffe gewiß am 23. Abends in Utphe zu seyn, bitte aber nicht in Angst zu gerathen, wenn ich etwa den 24. ganz früh ankomme, weil es seyn kann, daß ich mich in Koblenz aufhalten muß. Regnet es nicht so, daß man nicht jagen kann, und sind die Felder nicht zu naß, so fangen wir am Montag gleich an" (Privatarchiv d. Grafen zu Solms-Laubach, XVII, 106, Nr. 339).

[120] Dieses Schreiben aus Berlin ließ sich nicht ermitteln.

[121] Groote hatte 1815 in Paris bei G. J. Oberlin ein Manuskript der Lieder des Muskatblut gekauft (Groote, Tagebuch, Bd. 1, 20. Sept. 1815, S. 201), das sich heute im Historischen Archiv der Stadt Köln befindet (HAStK, Best. 7020, Handschriften W*, Nr. 8). 1853 veröffentlichte E. von Groote im Verlag DuMont-Schauberg seine Edition: Lieder Muskatblut's. Siehe Spiertz, Groote, S. 265–268, S. 291; Haustein/Willms, Die Lieder Muskatbluts, 2021. Vgl. Fr. H. von der Hagen, Noch unbekannte Altdeutsche Handschriften: „Noch hat de Groote von H. Oberlin zu Paris eine Handschrift des Muscaplut gekauft, von welcher wir hoffentlich bald mehr sagen können" (in: Büsching, Wöchentliche Nachrichten, 2. Jg., Hornung/Februar 1817, Stück 58–61, S. 123–131; hier S. 131).

[122] Ein Schreiben von J. Görres an E. von Groote, das einige Tage vor dem 17. Nov. 1817 abgesandt

schickt.¹²³ – Im Archiv finde ich nicht nur die mir noch fehlenden Kendenicher Sachen, sondern auch unter Papieren von Zülcher noch ein fehlendes Stück der Kitzburger Vicarie Sachen; dann eile ich zu Chladni, nach dessen Vorlesung ich erst ruhig wieder an die Abschrift meines Tristan gehen kann. Ich stelle noch |23v| Haxthausen wegen der fehlenden Coblenzer Billets zu Rede, allein, er will auch nichts davon wissen. Abends schreibe ich noch einiges an Sulpitz Boisserée.

Den 18. Novembris [1817].

Frühe schon sehe ich noch Sachen für Boisserée nach, u. schreibe am Tristan. Von Joseph erhalte ich die mit Noten versehnen Papiere wegen der Klage gegen Schultz zurück, u. erinnre ihn an die Akten über die Domrechnung.¹²⁴ Dann gehe ich zu Nückel, der aber heute wieder unsre Judensache nicht vorbringt. Ich eile nach Haus zurück. Gegen 12 kommt Haxthausen, bringt Chladnis Honorar, u. einiges Geld zum Wohlthätigkeits-Verein in Coblenz; von den Billets will er nichts wissen. Ich gehe mit ihm nach Haus, wo der Dr. Sotzmann seiner schon wartet. Dieser sagt mir, daß das Begleitungsschreiben der 3 Kisten von Aachen¹²⁵ ebenfalls angekommen sey. Auch Graf Westphal kommt. Haxthausen hat noch viel zu thun. Interessant ist die Erzählung Sotzmanns, wie v.d. Hagens Frau¹²⁶ den ersten lang vermißten Vers der Niebelungen in der Hohenemser Handschrift¹²⁷ im ersten großen gemalten Anfangsbuchstaben des zweiten Verses gefunden, u. dergl. Erst gegen 1 fahren Haxthausen u. Sotzmann nach Düsseldorf ab. Nach Tisch ordne ich noch einiges auf dem Archiv; gehe zu Chladni, dann zu Bochem,¹²⁸ den ich wegen der Loose frage, die doch dem Anschein nach Haxt-

---

wurde, ließ sich nicht auffinden. Fink-Lang verweist auf ein an E. von Groote in Köln adressiertes „Couvert ohne Poststempel, aber später mit Datum 14.11.1817 versehen" (Fink-Lang, Görres. Briefe, Bd. 3, S. 214).

[123] Denkschrift der Stadt Koblenz an den König vom 18. Okt. 1817; in Köln veröffentlicht in: Welt- u. Staatsbote zu Köln, Nr. 192, 2. Dez. 1817 u. in: Beilage zu Nr. 194 der Köln. Zeitung, 6. Dez. 1817. Siehe auch: Die preußische Verfassungsfrage, S. 30 f.

[124] J. von Groote sollte sich beim Konsistorium nach den von S. Boisserée im Domarchiv vermuteten Dokumenten erkundigen. E. von Groote an S. Boisserée, Köln, 18. Nov. 1817: „Schließlich muß ich dir noch sagen, daß unsre Domrechungen und Quittungen von Aachen wahrscheinlich schon hier beim Consistorii liegen, worüber ich in diesen Tagen genaue Nachricht haben soll" (siehe Briefe u. Schriften).

[125] Dieses Begleitschreiben ließ sich nicht ermitteln.

[126] Fr. H. von der Hagen war mit Marie Josephine Reynack verheiratet.

[127] Zu den verschiedenen Handschriften und Editionen des Nibelungenliedes, vor allem durch Fr. H. von der Hagen: Grunewald, Fr. H. von der Hagen, S. 34–122. Die Editionen des Epos durch von der Hagen, die Groote vermutlich kannte: Der Nibelungen Lied, Berlin 1807; Der Nibelungen Lied in der Ursprache mit den Lesarten der verschiedenen Handschriften, Berlin 1810; Der Nibelungen Lied zum erstenmal in der ältesten Gestalt aus der St. Galler Handschrift mit Vergleichung aller übrigen Handschriften herausgegeben, Breslau 1816. Siehe auch: Fink-Lang, Görres. Briefe, Bd. 3, S. 145.

[128] Vermutlich: Johann Christian Bochem, seit 1815 Rendant im Verwaltungsrat des Schul- und Stiftungsfonds.

hausen zu Last stehn; suche Herrn Heuer auf, der aber heute schon nach Aachen |24r| abgereist ist, u. schreibe nun zu Haus noch lange am Tristan, u. später an Boisserée, letzterem auch über die Maurerfragen rücksichtlich des Doms zu Köln u. Magdeburg, die ich zu Berlin den 18. März 1816 aufzeichnete. – Preußischer Thaler mit dem N.[129] in des Adlers Klauen.

Den 19. Novembris [1817].

Wallraf kommt schon früh, mit allerley Klagen u. Anliegen. Ich ende meinen Brief an Boisserée u. gebe ihn zur Post. Ich schreibe noch an meinen Sachen, gehe per Carte um 10 bey Harf vorbey, an der Fräulein Namenstag,[130] u. in die Sitzung. Der Graf fragt mich dort wegen der Kisten u. Schreiben von Aachen, u. ob nicht Kostbarkeiten u. dergl. unter diesen Sachen seyn. Mich verwundert das, er aber glaubt anderwärts her einen kostbaren Topas wieder zu erhalten.[131] Ich gebe mehre Schreiben nach Aachen u. sonst an. v.d. Hagen sagt, er habe Hoffnung,

---

[129] N.: Napoleon.

[130] Der 19. November ist der Namenstag der Heiligen Elisabeth, also wurde Elisabeth Antonia von Harff zu Dreiborn gratuliert.

[131] Anfang November hatte sich der Domänenrat und Rentmeister in Bonn Franz Bernhard Wilhelm de Claer an L. Ph. W. vom Hagen mit folgendem Bericht gewandt: „Jüngsthin war ein gewißer Arnstein, Juwelenhändler und seltener Kenner von Edelsteinen bei mir, um seine Waaren zu zeigen. Während ich mit ihm über Edelsteine im allgemeinen sprach, erzälte er mir, daß er vor einem Jahre in dem Museum zu Darmstadt gewesen, wo ihm, als Kenner von Pretiosen, von dem Herrn Großherzoge selbst, und dem Kabinetsrathe Schleiermacher, mehrere seltene Steine gezeigt worden; unter andern ein großer Topas von sehr bedeutendem Werthe. Arnstein versicherte, daß er in England sehr viele Pretiosen gesehen, und auch die seltenen Steine der verschiedenen Europäischen Höfe kenne, sich aber nicht erinnere, irgend einen Topas von dem Werthe und der Schöne, wie jener, gesehen zu haben, und er glaube nicht, daß in der bekannten Welt ein schönerer existire. Auf meine Frage, wie der Großherzog an diesen seltenen Stein gekommen, sagte er mir, daß dieser Topas ehedem an dem Sarge der heiligen 3 Könige in Cöln gewesen, und daß man während der Emigration dieser Gebeine nach Arnsberg denselben abgenommen, und einen ähnlichen von derselben Größe, der aber in keinem Vergleiche zum Werthe des erstern stehe, an die Stelle desselben gesetzt habe. Absichtlich habe ich diesen Mann nicht näher über diese Sache, deren er nur zufällig erwähnte, befragt, sondern gleich den Entschluß gefaßt, dieses höhern Orts anzuzeigen, um den Spitzbübereyen auf den Grund zu kommen, die an dem Privateigenthume der Domkirche zu Cöln durch Instigation [Anstiftung] des Darmstädter Kabinetes verübt worden sind, und jener, als Patriot, möglichst zu ihrem Eigenthume zu verhelfen. Euer Hochwohlgeborn wollen daher gefälligst veranlassen, daß Arnstein, der übrigens ein sehr kluger Jude ist, über obige Aussage näher inquirirt werde; vielleicht gibt derselbe befriedigende Aufschlüße" (Fr. B. W. de Claer an L. Ph. W. vom Hagen, Bonn, 4. Nov. 1817; Landesarchiv NRW R, BR 0002, Nr. 408, Bl. 1r u. v). Solms-Laubach wies daraufhin Assessor Chr. Arndts an, ein Gespräch mit Arnstein zu führen (Bl. 1r). In einem zweiten Brief vom Dez. 1817 wiederholte de Claer seine Angaben und fügte hinzu: „Ich muß Ihnen, lieber Freund, jedoch bemerken, daß Arnstein ein durchtriebener Jude ist, welches man ihm auf den ersten Anblick nicht absieht; man muß es also klug anstellen, um der questionirten Geschichte auf den Grund zu kommen" (Bl. 2r). Da Arnstein sich auf Reisen befand, konnte er bis Ende 1817 nicht befragt werden (Bl. 2r–5r).

unser Haus zu miethen. Nach Tisch rede ich deshalb mit dem Vater, u. wegen dem Capital bey den Jesuiten, das beym Consistorio monirt werden muß; dieß geschieht. Ich erhalte einen Brief von Graf Beissel, wegen der Kendenicher Schaaftrift, u. gehe deshalb zu Herrn Correns,[132] an den er mich verwiesen hat, in den weißen Thurm,[133] finde ihn aber nicht. Abends schreibe ich noch an meinen Sachen, u. später an Görres,[134] dem ich auch das Geld von Haxthausen beylege.[135]

Den 20. Novembris [1817].

Der Teufel besucht u. verführt mich schon ganz früh. ⁓ Dann schreibe ich gleich schon an meinem Tristan, u. schicke später den Brief an Goerres fort. Wally, Therese u. Carl speisen bey Geyr, bey uns Herr |24v| Sieger, der nun wegen Transdorf dem General Vicariat völlig abgeschrieben hat. – Ich öffne mit Caspar

---

[132] Vermutlich: Johann Theodor Correns, Amtmann und Sekretär des Schlosses Frens; er lebte auf der Marienburg, der Rentei des Schlosses, die er 1797 als Schenkung von Franz Ludwig Karl Anton Beissel von Gymnich erhalten hatte. Personalnotizen, 1815: „Correns. Theodor in Iggendorff [Ichendorf] bei Bergheim. Rechtsgelehrter, practischer Advocat und Consulent des Landadels, vorzüglich des Herrn von Beissel Gymnich." Er war, so die Notizen, charakterisiert durch „sein eisernes Bestreben, die in Streit befangenen Familien möglichst auszugleichen; manche adliche, manche Bauer Familie segnet ihn schon deshalb jezt und wird seiner noch länger gedenken. [...] Sehr brav." In anderer Hand: „Das Orakel des ganzen Landes. Kein Beamter hat die Achtung und Liebe aller Bewohner des Jülicher Landes in dem Grade. Seine genauen Lokal Kenntnisse, seine gründliche Bildung. Seine Rechtlichkeit, sein Fleiß sein zuverläßiger deutscher Character sind zum Spruchworte des Landes geworden" (Landesarchiv NRW R, BR 0002, Nr. 1534, Bl. 39r).

[133] Gasthof weisse Thurm auf der Breite Straße (Demian, Ansichten, S. 331).

[134] E. von Groote an J. Görres, Köln, 20. Nov. 1817. Siehe Briefe u. Schriften.

[135] G. Fr. Benecke an E. von Groote, Göttingen, 19. Nov. 1817: „Es war mir sehr angenehm, durch Herrn v. Spiess einige freundschaftliche Zeilen von Ihnen zu erhalten. Daß Sie mit einer Ausgabe des Tristan beschäftigt sind, war mir schon früher, u. auch vor kurzem durch H. Sulp. Boisserée bekannt geworden. Das Gedicht – u. besonders die Arbeit Gottfrieds ist mir so werth, daß ich Ihrem Unternehmen von ganzem Herzen den glücklichsten Erfolg wünsche. Was ich dazu beytragen kann, werde ich mit dem größten Vergnügen thun, u. ohne Zweifel hat Ihnen schon Boisserée diese meine Bereitwilligkeit gemeldet. Wahrscheinlich haben Sie schon dafür gesorgt, eine Vergleichung der Florent. Handschrift zu erhalten. Da sie nachlässig abgeschrieben u. eben so nachlässig abgedruckt ist, so möchte eine neue Vergleichung, auch selbst bey Ihrem Reichthume an Hilfsmitteln zur Berichtigung des Textes, nicht überflüssig seyn. Hier u. in meiner Nähe ist für den Tristan nichts zu finden; daher ich auch zu meinem Privatgebrauche die Heidelb. Hdschr. verglichen habe. – Ich bin gegenwärtig mit einer Ausgabe des Wigalois beschäftigt, die Ostern erscheinen, u. ungefähr eben so eingerichtet seyn wird wie der von mir besorgte Bonerius. Auch diesen Wigalois wird ein mit aller Sorgfalt ausgearbeitetes Wörterbuch begleiten: eine mühselige Arbeit, die aber für einen Herausgeber beynahe eben so vortheilhaft ist wie für die Leser; vorausgesetzt, daß beide nicht oberflächlich zu Werke gehen. Sie würden mich sehr verbinden, wenn Sie mir gelegentlich meldeten, in wessen Besitz jetzt die Cölnische Handschrift des Wigalois ist. Ich habe sie durch den Prof. Dumbeck erhalten, weiß aber nicht, wem sie eigentlich gehört. Ich habe die Ehre mit der aufrichtigsten Hochachtung zu seyn Ihr gehorsamster Diener, G. F. Benecke" (HAStK, Best. 1552, A 4/1; gedr. in: Reifferscheid, E. von Groote, S. 41 f. u. in: Reifferscheid, Erinnerungen, S. 162, jeweils mit kleinen Abweichungen).

nachher die Bücherkisten. Auffallend ist mir schon gleich ein Codex der 4 Evangelien, der ganz mit Gold geschrieben ist,[136] wovon im Verzeichniß nichts bemerkt ist; in diesem sind auch mehre Sachen als Manuscript angegeben, die alte Drucke sind. Die Bücher scheinen vollständig da zu seyn. Vor 4 gehn wir zu Chladni, von da eile ich zu Harff, die mich haben ersuchen lassen, hin zu kommen; nur das Fräulein ist da, u. es ist, wie ich fast schon dachte, wieder nur um einiges Schnickschnack auf der Gräfinn Solms Geburtstage die Rede. Ich rede mich mit meiner geringen Zeit heraus, wie ich kann, soll aber morgen wieder kommen. Ich werde mich aber davon los machen, denn man soll dem Volk immer mit solchem Zeug zu Dienst seyn, u. von ihnen hat man nicht einmal Dank dafür. Ich gehe nach Haus, u. sehe meine Handschriften nach. Wallraf kommt, u. will wissen, daß schon nun eine Scheidung zwischen Büchern etc., welche für die Universität bestimmt sein könnten, vorgenommen werde. So arbeite ich bis in die Nacht.

Den 21. Novembris [1817].

Ich muß nun mehreres meiner Regierungs Akten ansehn. Bey Fuchs finde ich einiges Nachzusuchende für die Regierung nicht, noch auch bey Nückel. Ich gehe noch wieder zu Harff, wohin ich eigentlich wieder vergebens komme, da die Frau Mertens, mit der die Sache überlegt werden soll, nicht da ist. Warum konnten sie mir das nicht sagen lassen? In der Regierung bin nur ich, mit Geheimrath Gossler, Tryst u. Fuchs. |25r| Tryst sagt mir viel über seine geschichtlichen Sammlungen, besonders über die Bergische Geschichte, u. will morgen zu mir kommen, die Handschriften zu sehn. Nachher gehe ich noch zu Fuchs auf das Bürgermeister Amt, wo ich die nachzusehenden Sachen finde. Nach Tisch schreibe ich an meinem Tristan, u. mache später den Bericht nach Berlin für den Vater.[137] Walter, der, wie ich glaubte, mich zu Simon abholen würde, bleibt aus, was mir auch ganz lieb ist. Ich arbeite bis spät hin.[138]

---

[136] Vermutlich: sogenannter „Evangeliar aus Kleve" aus dem 9. Jh., der 1802 aus dem Kloster Prüm nach Paris gebracht wurde. Es wird heute in der Staatsbibliothek Berlin aufbewahrt. Dazu: E. von Groote an J. Grimm, Köln, 4. Dez. 1817. Siehe Briefe u. Schriften.

[137] Dieser Bericht ist bisher nicht nachgewiesen.

[138] Am 16. Nov. 1817 hatte H. zu Solms-Laubach an ihren Sohn Otto geschrieben: „Am 21. Nov. [in] 4 Tagen reißt der Vater schon wieder nach Laubach [...], er wird im Ganzen 3 Wochen ausbleiben; wenn die Ankunft des Staats Kanzler diesen Plan nicht umändert, es scheint nun ganz bestimmt zu sein daß dieser noch in diesem Jahr die Rein Provinzen besuchen wird, er soll wie man vermuthet in Engers wohnen u. von da aus die Geschäfte besorgen und die Städte besuchen, wo seine Gegenwart nöthig ist; in diesem Fall will der Vater seinen Siz in Neuwied nehmen, bei dem Fürsten wegen der Nähe von Engers; der Himmel gebe daß die Anwesenheit des Staats Kanzlers wohlthätige Folgen auf die Verwaltung des Landes haben möge; die Ober-Presidenten haben nun eine neue Instruktion erhalten nach welcher die 3 Regierungen von Kölln, Düsseldorff u. Cleve dem Vater untergeordnet sind, dabei ist eben doch so manches Fehlerhafte geblieben, daß die Stellung eines

Den 22. Novembris [1817].

Ich habe jenen Bericht ziemlich zu Ende gebracht, u. gehe zum Vater, den Plan des Hauses dort von Carl copiren zu lassen. Vicar Klein kommt, u. salbadert viel; das Haus scheint an v. Hagen ungefähr fest vermiethet zu seyn.[139] Dann kommt Herr Correns, wegen der Schweidtgerechtigkeit zu Kendenich, u. wünscht, daß ich mit Nückel zu ihm komme, die Klage gegen die pp. Pilgram auf zu setzen. Später kommt der Regierungs Rath Tryst, u. freut sich an dem Gemälde, den Handschriften u. Urkunden sehr. Er bleibt bis nach 12. – Nach Tisch reite ich gleich aus nach Mülheim hin. Nachher finde ich die Frau v. Hagen hier, die das Haus wieder besieht. Abends im Olymp zeigt uns Wallraf die Kupfer über die eiserne Hand von Götz von Berlichingen,[140] Cranachs Stammbuch,[141] u. dergl.

Ober Presidenten immer sehr mangehaft bleiben wird und selbst izzo daraus der Nachtheil entstehen kann daß die Einigkeit zwischen ihm und den Regierungen gestört werden kann" (Privatarchiv d. Grafen zu Solms-Laubach, XVII, 199, Nr. 16).

[139] Als das Oberpostamt im Herbst 1817 aus dem Metternicher Hof verlegt wurde, die Familie von Groote ihren Auszug vorbereitete und das Haus neu vermietet werden sollte, forderte Vikar Klein als Bevollmächtigter Oberpostdirektor von Groote auf, die Schäden am Gebäude, die durch die Nutzung für Zwecke der Post entstanden waren, zu beseitigen. Insbesondere die Nutzung durch die Postwagen hatten, so Klein, Schäden verursacht: „diese postwagen haben auch inzwischen im Hauße verschiedenen Schaden angerichtet, besonders am Boden würde es deren Herstellung von seiten des Ober postamts Billigkeit und Gerechtigkeit erfordern." Klein verlangte daher, „die beschädigten Localitaeten jetzt wo das wetter diese reparationen noch zuläßt, wieder herstellen zu lassen, oder Es mir zu überlassen, die widerherstellung zu besorgen, die Ich dann auf Ehre und Gewissen auf die billigste wohlfeilste Art vornehmen werde" (Archiv Wolff Metternich zur Gracht, Nr. 261, o. P.). Die Auseinandersetzungen dauerten schließlich Monate. Erst im Sommer 1818 zogen die Grootes schließlich aus, sodass das Haus frei wurde. Im Rechnungsbuch der Familie Wolff Metternich zur Gracht ist angegeben: „Am 1. Septem. 1818 ist das Köllnische Hauß an den Chef Regierungs Presidenten vom Hagen vermietet worden" (Archiv Wolff Metternich zur Gracht, Nr. 829, S. 75). Ein Vertragsentwurf für die Vermietung an vom Hagen zeigt im Wesentlichen dieselben Bedingungen, wie sie für die Vormieter gegolten hatten. Als spezielle Punkte wurden aufgeführt: „Wünscht Hr. Anmiether, den Ofen, so Hr. von Groote zwarn nicht im Miethbriefe gehabt, aber doch permissive benutzt hat, eben auch zu benutzen, dies wird unter dem Beding zugesagt, daß Er selbe so zurücklassen muß, wie Er selbe beim Anmiethen gefunden [...]; wird das innere Hauß, wo Es nöthig ist, geweist und reparirt, und muß in demselben Zustande nach erloschener Mieth Zeit Hrn. Vermiether zurückgeliefert werden [...]; macht Herr Anmiether Sich anheischig ein 1/3del der Kosten, welche das Tapeziren des Saals kostet, zu tragen [...]; der Garten ist rücksichtlich des Obst in der Miethe mitbegriffen, doch kann selber von Hrn. Vic. Klein zu seinem Vergnügen benutzt, und der Bleichplatz daran zum Bedarf des gräflichen Haußes und personale gebraucht werden. [...] Die Mieth Zeit geschieht auf 3 folgende Jahren. Sollte binnen dieser Zeit Hr. Anmiether eine Dienstwohnung erhalten, oder anderswohin in Dienst versetzt werden, so muß Hr. Anmiether Hrn. Vermiether für die Mieth Zeit einen andern Hrn. Anmiether anständiger Miethman [Satz sic] stellen, oder Hrn. Vermiether das Hauß, wenn Er Es verlangt, zur eigener Disposition überlassen. Die Miethe Zeit fängt an, wenn Hr. v. Groote auszieht" (Archiv Wolff Metternich zur Gracht, Nr. 261, o. P.). Vgl. AK 1822: L. Ph. vom Hagen, Brückenstr. 5.

[140] Vermutlich zeigte Wallraf Groote die Druckschrift: Christian von Mechel, Die Eiserne Hand des tapfern deutschen Ritters Götz von Berlichingen wie selbige noch bei seiner Familie in Franken

Den Abend spät treibt der Teufel mit mir noch ein gefährlich Spiel. Gott, wie schwach, wie erbärmlich, wie nichtwürdig sind deine Menschen! ∼

Den 23. Novembris [1817]. Sonntag.

Mir ist höchst schlecht u. elend zu Muth; daran bin ich nur selbst Schuld. Ich lese u. sehe allerley nach, |25v| u. gehe später zum Vater, dem ich meinen Bericht zeige, womit er auch einverstanden ist, u. den Carl gleich zu mundiren übernimmt. Ich gehe in den Dom, auch hier wird mir um nichts besser. Selbst zum Troste u. zu aller Erbauung sperrt die Sünde dem Menschen allen Weg, fast alle Rückkehr. Nückel ist auf die Jagd. Zu Haus ist Carl mit dem Bericht fast fertig; ich sehe ihn nach. Wallraf kommt. Er muß in Noth seyn, denn er scheint auf die von der Regierung vorgeschossenen 50 Thl. anschlagen zu wollen, die zur Aufstellung seiner Sammlungen bestimmt sind. Ich mache ihm aber ernstlich begreiflich, daß das nicht gehen könne. Bey Harff ist nur Frau Frege. Es wird viel von Aufführung einer Komedie zum Geburtstag der Gräfinn Solms gesprochen, von Vorstellung von Marionetten, von Wachsfiguren u. dergl. Doch entschieden wird Gott dank noch nichts. Die Frau Mertens ist nach Coblenz gereist. Die Frege weiß in solchem Zeug gut Bescheid. Ich mache mich nach Tisch bey Gelegenheit, wo Major Grollmann kommt, schnell fort, mir ist noch gar nicht wohl, obgleich ich diesen Morgen Naphta[142] genommen. – Landsberg,[143] der mit zu der Komedienparthie gehören soll, war diesen Morgen bey mir, u. ist damit eben so wenig aufgeschickt als ich, obschon es bey den Weibern heißt, er fände groß Vergnügen daran. Ich schreibe von 5–9 ein gutes Stück an meinem Tristan. Von Joseph hören wir aus Düsseldorf noch nichts. |26r|

---

aufbewahrt wird, sowohl von Aussen als von Innen dargestellt, nebst der Erklärung ihres für jene Zeiten von fast dreihundert Jahren sehr merkwürdigen Mechanismus; ferner einer kurzen Lebensgeschichte des Ritters besonders in Bezug auf die Hand, und endlich der Denkschrift, die bei der Hand verwahrt wird, theils in Versen theils in Prosa, zu Ehren der Hand von den besten Dichtern verfasset, Berlin 1815. Die Schrift enthält Abbildungen der eisernen Hand, die Berlichingen als Prothese trug. Mechel gibt zu den Abbildungen an, sie seien „von ihm selbst gezeichnet und in Kupfer gebracht".

[141] Christian von Mechel, Lucas Cranach`s Stammbuch enthaltend die von Ihm selbst in Miniatur gemahlte Abbildung des den Segen ertheilenden Heilandes und die Bildnisse der vorzüglichsten Fürsten und Gelehrten der Reformations-Geschichte. Nebst kurzen biographischen Nachrichten von denselben, den Handschriften der vier Theologen und dem Vorladungs- und Sicherheitsbrief Kaiser Carl V., wodurch Luther auf den Reichstag zu Worms entboten ward, Berlin 1814. Christian von Mechel starb am 4. Apr. 1817 in Berlin. Zu von Mechel: Wüthrich, Christian von Mechel, 1956.

[142] Naphtha: Welches Produkt Groote als Medizin einnimmt, war nicht näher zu bestimmen. Unter der Bezeichnung versteht man im allgemeinen Roherdöl oder ein Erdöldestillat.

[143] Die Familien von Landsberg und Wolff Metternich zur Gracht waren eng verwandt: Theresia Maria Wolff Metternich zur Gracht, Schwester von Maximilian Werner Wolff Metternich zur Gracht, hatte 1784 Paul Joseph von Landsberg geheiratet. Möglicherweise ist hier einer der beiden Söhne des Ehepaars gemeint: Johann Ignaz Franz von Landsberg, geboren 1788, oder Engelberg Alexander von Landsberg, geboren 1796.

Den 24. Novembris [1817].

Ich sehe einige der Handschriften nach. Denoël kommt, sieht auch einiges davon, u. wir schwätzen viele allotria, bis es fast Zeit zur Sitzung ist. Joseph schreibt mir einige Zeilen aus Düsseldorf,[144] wo er im Bönnschen Hofe wohnt.[145] In der Sitzung mache ich viele Sachen ab. Dann schreibe ich nach Tisch noch ein Paar Worte an Joseph, und gehe dann zu Nückel, mit dem ich berede, um 5 Uhr zu dem Herrn Correns zu gehn, wegen der Kendenicher Schaafgeschichte. Nach der Vorlesung bey Chladni gehen wir hin, u. die Berathung geht dahin, daß auf Nückel eine gemeinschaftliche Vollmacht ausgestellt wird, um die Klage gegen die pp. Pilgram beym Friedensgerichte in Brühl einzuleiten. Allein, Nückel will trinken, u. ich muß anstandswegen auf 2 Flaschen Wein[146] setzen. |: Fr. 6:| Korrens erzählt recht angenehm, z.B. über den Ursprung der Beisselschen Familie,[147] die eigentlich von einem jungen Gymnich herkommen. Dieser that in einem Kreuzzug dem Kaiser, welcher den Wahlspruch hatte, forte nodo, fortus adhibendus est cuneus,[148] große Dienste, u. erhielt den Namen cuneus Beissel.[149] So ist noch die Rede von vielen alten Geschichten in den Adelichen Häusern Gymnich, Beissel, Blankenheim, u. wir bleiben bis gegen 9 Uhr zusammen. Correns scheint auch ein strenger christlicher Mann zu seyn, u. er, u. nach ihm der Hausherr Imhof in seiner mönchischen Weise, halten dem Dr. Nückel eine Art von Strafpredigt,[150] der aber davon nichts hören mag. Abends spät lese ich noch von Clarenbach.[151] |26v|

Den 25. Novembris [1817].

Der Direktor Sotzmann erzälte mir gestern, daß er unter dem Gemälde in der Gallerie,[152] welches dem Herrn Siebel zugehöre, [und] den Heiligen Elichius vorstelle, u. für Habert Eick ausgegeben werde, die Inschrift Petro XPSti fecit me

---

[144] Dieser Brief ist nicht nachgewiesen.
[145] Demian, Handbuch, S. 375: „Gasthöfe besitzt Düsseldorf 20. Die besten sind: der Zweybrücker-Hof in der Volkerstrasse; bey Breidenbach in der Friedrichsstrasse; der Anker auf dem Burgplatz; der römische Kaiser in der Benratherstrasse; die drey Reichskronen auf dem alten Markt; der Bönnische Hof in der Hafenstraße."
[146] Handelsbericht für November, Köln, Nov. 1817: „Die Weinernte ist abermals ganz mislungen, ein harter Schlag für die Rhein-Mosel- und Nahe Bewohner! Die Weinpreise sind daher in den geringern Gattungen um 25 Pzt gestiegen. Auf alte Weine ist der Eindruck weniger fühlbar, weil die Keller davon noch vielen Vorrath besitzen" (RWWA 1–15–1, Bl. 57v).
[147] Zur Familie Beissel von Gymnich: Weber, Erftstadt-Gymnich, S. 283–287.
[148] Sinn des Satzes möglicherweise: Für einen starken Knoten braucht man einen starken Keil/Beitel.
[149] Beissel, hier: Beitel, Stemmeisen.
[150] Zur Beurteilung des Lebenswandels von Joseph Adolph Nückel siehe S. 78.
[151] Vielleicht las Groote einen Text über den protestantischen Märtyrer Adolf Clarenbach, der aufgrund seiner Lehrtätigkeit im Sinne der Reformation 1529 in Köln hingerichtet wurde.
[152] Sotzmann berichtete von seinem Besuch der Gemäldeausstellung in Düsseldorf.

anno 1448 entdeckt habe, welcher Maler ein Schüler von Eick sein soll.[153] Ich habe Joseph gebethen, mir die Inschrift zu kopiren. Die Gypsbilder sollen wirklich sehr schlecht u. verdorben seyn. – Heute mache ich mich bey Zeiten an meinen Tristan, an dem gestern nichts geschehn, u. schreibe fast bis Mittag. Ich werde auf Donnerstag zu Herstadt zum Thee gebethen, werde aber wohl nicht hin gehn. – Gestern Abend hat Frau v. Harff noch zu mir geschickt, ich solle hin kommen; vermuthlich, weil Landsberg, der mir auf dem Hinweg begegnete, da war. Ich bin recht froh, daß ich nicht zu Haus war. Walter kommt, mir zu sagen, daß er den Heidelberger Preis für die Juristische Aufgabe erhalten.[154]
Nach Tisch gehe ich bald zu Chladni, wo viele nicht sind, wahrscheinlich, wegen dem Essen, was heute Herrn Daniels gegeben wird, der als Appellationsgerichts Präsident eingeführt wurde.[155] Ich gehe zu Herrn Consistorial Rath Poll, der die

---

[153] Der Elberfelder Kaufmann Gerhard Siebel hatte eine bedeutende Sammlung vor allem niederländische und italienischer Gemälde aus dem 15. bis 17. Jh. zusammengetragen. Eine Anzahl von ihnen hatte er bereits seit einiger Zeit der Düsseldorfer Galerie ausgeliehen und sie auch für den Besuch des preuß. Königs in Düsseldorf zur Verfügung gestellt. Eine der Leihgaben war das Gemälde von Petrus Christus, Der Heilige Eligius in seiner Werkstatt, entstanden 1448 (Petro XPSti fecit me a. 1448: Petrus Christus schuf mich im Jahr 1448). Petrus Christus, der seit ca. 1444 in Brügge arbeitete, war vermutlich kein Schüler Jan van Eycks, doch stark von ihm beeinflusst. Zur weiteren Geschichte des Bildes: 1823 verkaufte Siebel seine Gemälde an den Kölner Bankier Salomon Oppenheim; 1918 wurde die Sammlung der Familie Oppenheim versteigert. Das Bild erwarb ein Mainzer Sammler, der es an die Familie Lehman in New York veräußerte. Die Robert Lehman Collection verkaufte es 1975 an das Metropolitan Museum of Art in New York, wo es sich heute befindet Vgl. Effmert, Sal. Oppenheim, S. 122–124; Teichmann, Familie Oppenheim, S. 225–230.

[154] F. Walter schilderte in seinen Erinnerungen die Bedeutung des Preises als Wendepunkt für sein Leben. Im Herbst 1817 hielt er sich in Köln auf, unglücklich, weil er für sich keine Zukunft sah: „Ich befand mich in einem Zustande der größten innern Bedrängniß, woraus mich aber der gute Stern rettete, der so oft über mir geleuchtet hat. Ich war in Heidelberg durch einen reinen Zufall im letzten Jahre veranlaßt worden, mich an der aufgegebenen Preisfrage zu versuchen. Ich erhielt von Thibaut einen herzlichen Brief und Glückwunsch, daß ich am 22. November 1817 neben einem tüchtigen Mitbewerber als Sieger renuntiirt worden. Dieses entschied auf der Stelle meinen Entschluß, mich der wissenschaftlichen Laufbahn zu bestimmen, in Heidelberg zu promoviren und dort als Privatdocent aufzutreten. Es wurden nun auch sofort in Cöln die tüchtigsten Vorbereitungen zur Doctoratprüfung begonnen, und in Bonn, wohin meine Mutter der größeren Wohlfeilheit wegen übersiedelte, fortgesetzt. So machte ich durch einen sonderbaren Zufall diese Vorbereitungen in derselben Stadt, worin man damals noch nicht an die Universität dachte, an welcher ich bald den Sitz meiner Lebensthätigkeit erhalten sollte" (Walter, Aus meinem Leben, S. 103). Die Preisschrift „Ueber Ehre und Injurien nach Römischen Recht" wurde veröffentlicht in: Neues Archiv des Criminalrechts, Band IV, 1820, S. 108–140, 241–308. Jahrzehnte später veröffentlichte Walter eine Studie zu Verfassung und Recht im Erzstift und der Reichsstadt Köln (Walter, Erzstift, 1866).

[155] Rh. Blätter, Nr. 200, 16. Dez. 1817: „Köln, vom 10. Dez. Die Ernennung des hochgeschätzten und vielverdienten geheimen Staatsrats Daniels zum Präsidenten des hiesigen Appellationshofs hat einen sehr angenehmen freudigen Eindruck auf alle Gemüther gemacht. Die dankbaren frohen Gefühle und die allgemeine Verehrung dieses Mannes haben, am Tage seiner Einführung (den 25. November), der Hr. Generaladvokat von Sandt, und Hr. Gade als Vorstand des Advokatencorps auf

Walberberger Papiere bey uns einsehn will. Er ist sehr unzufrieden mit seiner Anstellung hierselbst. Wegen mancher Sachen reden wir recht angenehm zusammen. Er giebt mir einen sonderbaaren Wein, den er nicht-mußirenden rothen Champagner nennt. – Nückel schickt die entworfene Vollmacht, die der Vater |27r| unterschreibt u. Herrn Correns zustellt. Abends entwerfe ich noch ein Schreiben an Pastor Ernst in Afden, wegen Büchern u. Urkunden.

Den 26. Novembris [1817].

Ich schreibe bis zur Sitzung an meinen Sachen. Dort fällt wenig interessantes vor, als dass v. Mylius auf seine Entlassung wiederholt drängt.[156] Nachher rede ich mit v. Stolzenberg wegen der Comediengeschichte bey Solms, u. er ist auch der Meinung, daß wir es besser ließen. Nach Tisch schickt mir Nückel die Anzeige, daß morgen unsre Sache am Appellhof vorkommen werde. Ich schreibe erst den Brief an Pastor Ernst, u. nachher bey Licht[157] fast bis zur Ermüdung am Tristan.

Den 27. Novembris [1817].

Bey Herstadt lasse ich absagen. Den Brief an Ernst schicke ich Herrn Fouveaux. Um 10 gehe ich an den Appellhof, wo Daniels präsidirt. Es kommen ganz interessante Sachen vor, aber für unsre Sache gegen die Juden, wird es zu spät, u. sie soll morgen vorgenommen werden. Bey Tisch ist Herr Fochem bey uns. Nachher kommen Herr Sieger u. Carl von Kendenich, wo sie Grundpfachten empfingen.[158] Chlodni trägt ganz interessante Dinge über das Echo u. den Bau von

---

eine würdige herzliche Weise ausgedrückt." Drei der Reden, die bei Einführung gehalten wurden, erschienen Anfang 1818 im Niederrheinischen Archiv für Gesetzgebung, Rechtswissenschaft und Rechtspflege: J. G. von Sandt, Rede des General-Advokaten, S. 87–89. J. J. Gadé, Anrede des Vorstandes des Advokatenkorps, S. 90–92. H. G. W. Daniels, Erwiederung des Herrn geheimen Staatsraths, S. 92–94. Vgl. Elkendorf, Topographie: „Daniels, Geheimer Staatsrath und erster Präsident des rheinischen Appellationsgerichtshofes, einer der ersten Rechtsgelehrten unserer Zeit, hat sich in der schriftstellerischen Welt sowohl durch eigene juridische Werke als auch durch Verdeutschungen der französischen Gesetzbücher einen ehrenvollen Platz erworben" (in: Becker-Jákli, Köln, S. 117 f.).

[156] K. J. von Mylius hatte erneut um die Entlassung aus seinem Amt ersucht. K. J. von Mylius an Regierung Köln, Abt. I, Köln, abgegangen 24. Nov. 1817, Abschrift: „Da ich bereits öftere Beweise erhalten habe, und mir sogar aus öffentlichen Blättern ersehen muß, daß die hohen Behörden mir das Zutraun nicht mehr schenken, dem zufolge ich an diese Stelle berufen worden bin, so giebt es keine Rücksicht mehr die mich zu Fortfahrung derselben bewegen könnte. Ehre und Gesundheit in diesem Amte aufzuopfern kann Mir weder als Beamter noch als Bürger zugemuthet werden" (HAStK, Best. 400, A 3376, Bl. 3r). Vgl. die Antwort der Regierung Köln, 15. Dez. 1817 (Bl. 8r).

[157] Elkendorf, Topographie: „Das gewöhnliche Beleuchtungsmaterial der Haushaltungen besteht in Oel-Lampen von Blech und Kupfer mit langem Schnabel und baumwollenen Wicken oder Dochten. [...] Die wohlhabenden Bewohner brennen Talglichter auf zinnenen, kupfernen oder lackirten Leuchtern. Die Reichen brennen Wachs oder sperma ceti Lichter auf bronzenen, silbernen oder vergoldeten Leuchtern so wie Liverpool und Astral-Lampen" (in: Becker-Jákli, Köln, S. 67).

[158] Zu Martini, dem 11. November, wurden häufig Pachtabgaben bezahlt. Vermutlich hatten der Geistliche W. Fr. Sieger und Carl von Groote solche Abgaben verspätet eingenommen.

Conzertsälen vor. Um 7 gehe ich zum Conzert, dem ersten, was dieß Jahr die Direktion giebt. Es ist dort sehr voll, obschon bey Herstadt große Gesellschaft ist. Ich finde den Consistorial Assessor Schmitz daselbst, und erinnre ihn, mir die Akten über die Domarchivsachen, die von Aachen gekommen, zu schicken.

Den 28. Novembris [1817].

Chladni kommt schon früh, um mir die Charten |27v| für die Regierungs Räthe zu geben, die sich zu seinen Vorlesungen unterschrieben, aber nicht gekommen sind, damit ich ihm für die Zahlung sorge. Dann schreibe ich an dem Tristan, bis um 10, wo ich wieder an den Appellhof gehe. Es wird da nur Eine Sache plaidirt, die aber sehr lang aufhält. Ich gehe daher zur Sitzung, u. von da wieder ans Tribunal; um 12 ist jene Sache zu Ende, aber die unsre kommt wieder nicht vor, sondern es wird noch ein Urtheil gesprochen, u. es ist am Ende. Ich gehe bis nach 1 in die Sitzung zurück. Nun soll unsre Sache am Dienstag die erste seyn. Zu Haus finde ich die von Graf Beissel zurückgesandte u. unterschriebene Vollmacht für Nükkel, wegen der Kendenicher Schaafgeschichte. Ich gehe zu Chladni, gebe ihm seine Listen u. Charten zurück, weil die Herrn kein Geld bey sich hatten, u. bitte ihn, es morgen bey ihnen holen zu lassen. Nachher bringe ich Nückel die Vollmacht, lese u. schreibe zu Haus, u. da mich Walter zu Simon nicht abholt, [gehe ich] nicht wieder aus. Ich lese die interessante Allgemeine Literatur Zeitung.[159]

Den 29. Novembris [1817].

Ich arbeite ganz ungestört zu Haus bis Mittag. Ich wollte ausreiten; doch Peter muß nach Immendorf reiten, Stroh zu bestellen. Nach Tisch fährt Carl mit Schultz auf die Wolfsjagd nach Friessheim [Friesheim]. Der Vater schickt Sachen nach Frankfurth u. ich schicke den Aufsatz für die Rheinischen Blätter in Wiesbaden, über das Preußische Postwesen, mit. |:16:| Auch schreibe ich an den Archivar Holzmacher in Aachen, wegen der Domarchiv- |28r| sachen, weil ich in den, von Assessor Schmitz mir mitgetheilten Akten nichts über die, die ich wünsche, enthalten ist.[160] Später lese ich noch in dem Oppositionsblatt,[161] was nur schon etwas alt ist, u. gehe um 7½ in den Olymp, wo wir den eignen Spaß haben, daß der Prediger Bruch aus dem Heft X, welches der Secretar Fuchs mitbrachte, den Aufsatz über die Rheinische Universität vorliest. Bruch, Goebel etc. scheinen sich daran zu ärgern; den beyden Fuchs, Denoël u. mir macht es viel Spaß, mir besonders, weil der wohlbeleibte Prediger das Ding sehr pathetisch liest, u. die protestantischen Dinge, die darin vorkommen, gerade so klingen, als sey es

---

[159] Die Jenaische Allgemeine Literatur-Zeitung umfasste im Nov. 1817 die Nummern 193–210, die jeweils aus vier Seiten bestanden.
[160] Satz sic.
[161] Oppositions-Blatt oder Weimarische Zeitung.

sein voller Ernst damit. Auch kommen noch einige interessante Dinge vor, z.B. die Anzeige des verrückten Herrn v. Dein über sein neues StaatsRecht.[162]

Den 30. Novembris [1817]. Sonntag.

Ich arbeite an meinen Sachen ungestört bis zur Dommesse. Nach dieser gehe ich zu v. Landsberg Visite machen, wo General v. Mylius, Cassinone etc., u. bleibe daselbst bis gegen Mittag. Nach Tisch gehe ich xx xx in die Predigt, die sehr viele Menschen nach Columba zieht, mir jedoch heute nicht gefällt. Der Cappellan Kaerp bemüht sich nehmlich zu beweisen, daß jeder Sünder nothwendig ein Atheist u. ein Abgötterer seyn müsse; dieß scheint mir sehr gesucht.[163] Nachher sind die Metternichschen Damen[164] angekommen; ich gehe zu ihnen, und der

---

[162] Der in Jena lebende Schriftsteller und Jurist Georg Heinrich von Deyn galt aufgrund seiner politischen Theorien als Sonderling und als „verrückt". J. Grimm nannte ihn „halbwahnwitzig" (J. Grimm an Fr. C. von Savigny, Kassel, 11. Dez. 1816; Universitätsbibliothek Marburg, Nachlass Fr. C. von Savigny, Ms. 0784/100; in: Schoof/Schnack, Briefe, S. 254). Groote meinte hier wohl eine der 1816 in Jena erschienenen Publikationen: G. H. von Deyn, Die Einführung der wahren Rechtsverfassung als der zweyte nothwendige Schritt zur Begründung des Weltfriedens oder Die nothwendigen Erfordernisse zur schnellen und dauerhaften Friedensstiftung.

[163] Zu Kaplan Mathias Wilhelm Kerp und seinen Predigten: Rheinisch-Westphälischer Anzeiger, Nr. 105, 31. Dez. 1817: „Köln den 20sten Dez. 1817. […] Kaplan K[erp], ein junger Geistlicher, der sich durch eine angenehme Gestalt und einen lebhaften Vortrag, einen bedeutenden Zulauf erworben hat, ließ es sich beygehen, unter andern Strafgerichten, die er am vorigen Sonntage über die Weltkinder herabdonnerte, seine höchste Mißbilligung über das unbedingte Bibellesen auszusprechen. Nach ihm gibt es echte und falsche Bibeln, deren Unterscheidungszeichen er für sich behielt, wegen ihrer Untersuchung aber (bescheiden genug) die besorgliche Menge an seinen Pfarrer verwies, und zugleich die Aeusserung beyfügte, daß auch dieser die andächtigen Seelen mit bessern Erbauungsbüchern zu versehen geneigt sey. – Hiebey nun entfuhr ihm Folgendes: ‚Christus habe gesagt: Gehet hin in alle Welt und predigt das Evangelium! aber nicht: Theilt Bibeln aus!' Die würdige Anerkennung des vermeintlichen Witzes war ein schallendes Gelächter unter den Zuhörern. Wohin jenes zielte? – Es galt nichts Geringerem, als das Verfahren der hiesigen Bibelgesellschaft verdächtig zu machen und ihren Vorstehern, den evangelischen Predigern B[ruch] und K[rafft] die falsche Absicht der Proselitenmacherey unterzuschieben." Unterzeichnet: „Ein Katholik". Zur überkonfessionellen Kölner Bibelgesellschaft siehe: Köln und Bonn mit ihren Umgebungen, 1828, S. 234 f.: „Köln ist auch der Sitz einer am 7. December 1814 gestifteten Bibelgesellschaft, deren Präsident der Graf Ernst zur Lippe Biesterfeld und deren Vicepräsident der Consistorialrath Bruch ist. Die Zahl der von den Mitgliedern derselben seit ihrer Stiftung ausgetheilten Bibeln belief sich im Jahre 1817 auf 223 Bibeln der lutherischen Uebersetzung, auf 1.582 neue Testamente nach der lutherischen und katholischen Uebersetzung, und auf 340 Psalter der Tübing. Ausg." Vgl. zur Bibelgesellschaft und der 1816 gegründeten Traktatgesellschaft: Becker-Jákli, Protestanten, S. 245–249. 1817 verteilte die Traktatgesellschaft 2.578 kleine Schriften „gottseeligen Inhalts" an protestanische wie katholische Gläubige (S. 246 f.).

[164] Möglicherweise: Mathilde Clementine Marie Wolff Metternich zur Gracht, geb. von der Wenge zur Beck (1786–1869), 2. Ehefrau von Maximilian Werner Wolff Metternich zur Gracht; Maria Antoinette Franziska Wolff Metternich zur Gracht, geb. von der Asseburg (1744–1827), Mutter von Maximilian Werner Wolff Metternich zur Gracht; dessen Tochter aus seiner 1. Ehe: Antoinette Augusta (Nette) Wolff Metternich zur Gracht (1797–1858), die noch unverheiratet war.

Graf, der sie überrascht, kommt von seiner Jagdparthie bald nachher. |28v| Nachher gehe ich mit Walter, der mich abholt, zu v. Kempis,[165] wo wir bey ihm u. den Damen, bey denen noch Frau u. Frl. v. Siersdorf[166] sind, bis nach 9 sitzen; er ist wieder ziemlich wohl, nur noch sehr schwach.[167] – Clemens Metternich[168] ist sehr groß u. stark.[169]

Den 1. Decembris [1817].

Ich bleibe ungestört bey meinen Sachen, bis zur Sitzung. Vor dieser gehe ich, dem Vater zum Geburtstag Glück zu wünschen,[170] dann zu Meister Führer, um mir neue Seidene West- u. Hosenzeug zu bestellen, u. einiges andere. In der Sitzung ist nicht viel zu thun; ich entwerfe daselbst einen Brief an Jacob Grimm. Gestern

---

[165] Das von Maximilian Joseph und Anna Lucia Philippina von Kempis 1794 erworbene Haus Glockengasse 9 ging auf Vorbauten aus dem 14. u. 15. Jh. zurück; nach dem Kauf wurde das Haus umgebaut (Vogts, Die profanen Denkmäler, S. 454 f.). In franz. Zeit schätzte man seinen Wert auf 12.000 Francs (Vogts, Kölner Wohnhaus, Bd. I, S. 346; als Hausnummer ist hier 15 angegeben), 1889 wurde es abgebrochen.

[166] Frau und Fräulein von Francken-Siersdorf/Sierstorpff. Die Familien von Francken-Sierstorpff und von Kempis waren nahe verwandt: Maximilian Joseph von Kempis war Sohn von Johann Reiner von Kempis und Maria Theresia von Francken-Sierstorpff. Zur Genealogie der Familie: Boley, Stifter und Stiftung v. Francken-Sierstorpff, S. 7–65.

[167] Philipp von Kempis war in Heidelberg wenige Wochen zuvor schwer erkrankt. Anna Lucia Philippina von Kempis an ihren Sohn, Köln, 15. Nov. 1817: „Liebster, theuerster Philipp! Diesen morgen erhielt deine liebe Schwester, deinen lieben großen Brief vom 9ten und 11ten datirt. Ich ersah daraus mit einem unbeschreiblichen Vergnügen, daß es sich täglich, und zusehends mit deiner theuren gesundheit beßert; meine Freude darüber, kann nur gefühlt, nicht ausgedrückt werden; Danck, innigster Danck, sey Gott dem Allgütigen gebracht, der dich, theuerster Sohn, mir und allen deinen Freunden wiederschenckt. Daß ich dir diese meine unaussprechliche Freude, über deine Wiedergenesung nicht früher schriftlich bezeugte, mußt du mir nicht übel deuten, sondern auf Rechnung meiner unlust am schreiben setzen, [...] wie ich mich darauf freue, die Tage, und bald die stunden, bis zu deiner wiederkehr ins Elterliche Hauß, zähle, kannst du dir kaum dencken; deine liebe Schwester und ich sprechen fast von nichts anderm, und jeden Abend, sagen wir, jezt ist die Rückunft unseres lieben, Herzens Philipps wieder um einen Tag näher. Ich hoffe, deine Magerheit, wird sich bald hier verliehren, und du, mit dem Beystande Gottes, und einer liebevolle pflege, dich recht erhohlen" (Archiv Haus Rankenberg, Best. Kendenich, Nr. 641). Ph. von Kempis litt während seiner Jugend zeitweilig an „Brustschwäche" und „Reizbarkeit seiner Respirations-Organe" (Spiertz, Groote, S. 305).

[168] Clemens August Wolff Metternich zur Gracht, geboren 1798: Sohn von Maximilian Werner Graf Wolff Metternich zur Gracht u. dessen 1. Ehefrau Maria Franziska von der Wenge zur Beck; Bruder von Maria Luise von Loë, geb. Wolff Metternich zur Gracht. Er war österreichischer Offizier und auf Urlaub von seinem im Mähren stehenden Regiment.

[169] Ein Ereignis Anfang November 1817 vermerkt Groote nicht: Eines der ersten Dampfschiffe, die „Caledonia", passierte Köln von Düsseldorf kommend mit dem Ziel Koblenz, das es am 13. Nov. 1817 erreichte. Das erste Dampfschiff „The Defiance" war am 12. Juni 1816 in Köln eingetroffen. Groote hatte sich zu diesem Zeitpunkt in Berlin aufgehalten. Vgl. Looz-Corswarem, An Düsseldorf vorbei, S. 150–158.

[170] Everhard Anton von Groote wurde am 1. Dez. 1756 geboren.

Abend erhielt ich noch einen großen unbedeutenden Brief von Levin v. Wenge.
|:–8:| – Chladni nahm vor einigen Tagen ein Stück Stein von mir mit, das er für einen Meteorstein hielt; es war zwischen den Kohlen im Ofen gewesen. Heute kamen vor der Vorlesung Daniels u. Elkendorf zu mir, u. letzterer, dem ich das andere Stück jenes Steins gab, macht sich den Spaß, es Chladni mit zu nehmen, u. es für ein Stück Meteorstein auszugeben, daß in den 1770er Jahren in der Gegend von Brühl gefallen, von wo er es auch bekommen habe. Chladni scheint in diesen Dingen sehr leichtgläubig zu seyn; wir lachen sehr darüber. Nach 6 kommen die v. Geyr zum Thee. Auch Metternichs, die bey Carl Lippe zu Mittag speisten, kommen zu uns; die Gräfin Nette ist doch wahrlich ein schönes Frauenbild.[171]
|29r| Dann ist noch Wallraf, u. v. Landsberg bey uns. Ich höre nun erst, daß ich auf morgen zu v. Mylius zum Thee gebethen bin, u. zum Abendessen. Unsere Gesellschaft währt nur bis gegen 9 Uhr. Ich rede mit dem alten Geyr wegen seines Sohns, u. sonst Manches. – Tabak. |:4:|

Den 2. Decembris [1817].

Ich bleibe bey meinen Sachen bis gegen 10, u. gehe dann an den Appellhof, wo unsre Sache gegen die Juden plaidirt wird. Dieß währt bis gegen Mittag. Dann bin ich noch bey Metternichs, bis sie zu v. Harff zu Tisch fahren. Bey Chladni lachen wir noch viel wegen der Meteorsteine. Spät am Abend gehe ich noch wieder zu Metternichs, u. dann später um 6 ½ zu von Mylius, wo zum Thee, Spiel u. Abendessen ein Obrist Lesser mit seiner Frau, u. ein Frl. v. Hertlingen, dann der General v. Mylius, v. Geyrs, von Herwegh, Münch etc, sind. Ich verliere etwas im Spiel. |:–16:| Das lustige Souper währt bis gegen Mitternacht. – Rauchtabak. |:–14:| –

Den 3. Decembris [1817].

Ich habe von dem französischen Wein starke Kopfschmerzen bekommen. – Von Goerres erhalte ich einen Brief nebst der Adresse an den Bundestag.[172] |:Fr. 5:|

---

[171] Vermutlich: Bernhardine Agnete Klara Luise Gräfin zur Lippe-Biesterfeld, geb. von Sobbe, verheiratet mit Johann Carl zur Lippe-Biesterfeld.
[172] J. Görres an E. von Groote, Koblenz, 1. Dez. 1817: „Die Beschreibung von Kisten und Kasten sammt Inhalt, macht allerdings große Lust zum Kommen. Indeßen, da der Kanzler nun endlich in diesen Tagen anlangen soll, so kann ich doch nicht so fortlaufen, und muß schon abwarten, bis der Schauer vorbeygezogen. Dann aber denke ich zu kommen, und vom freundlichen Anerbiethen Gebrauch zu machen. Was die Loose betrifft, so ist das Ihrige allerdings in bester Ordnung, aber der confuse Regierungsrath [W. von Haxthausen] hat würklich große Unordnung hineingebracht. Er hat allerdings von 8800 zurückgesendet, die ich selbst ins Buch eingetragen, und die sich auch beym Vereine noch vorfinden. Ich weiß wohl, daß an der Adresse von Cöln nicht sonderlich viel ist, und die von Trier hat mir auch in ihrer Fassung nicht sonderlich angestanden. Inzwischen knüpfe ich immer gern an schon Bestehendes an, die huldreiche Aufnahme war eine kleine List nach oben

Metternichs fahren gegen 10 weg. In Pleno kommen neue wichtige Denuntiationen gegen Baersch vor.[173] – Der Vater sagt mir, daß im Postamte viel Unordnung

> und unten, und es macht überdem noch den Nachbarn Muth, wenn man aus ihren zaghaften Schritten etwas Absonderliches macht. Es ist nun so weit gediehen, daß alles Volk von der Nahe bis gegen Malmedy hin unterzeichnet hat. Der Kanzler kömmt um abzuholen. Der Apparat zu Tristan ist allerdings stattlich, nur bald an die Arbeit. Hagen kündigt alles an, damit niemand sich an die Sache macht. Gott befohlen. Ihr Er. J. Görres". Zusatz über der Anschrift: „Beyliegend die Adreße für den Bundestag, die Jassoy übergeben wird. Eine Anzahl Unterschrifften aus eurer Gegend wird heilsam seyn" (in: Fink-Lang, Görres. Briefe, Bd. 3, S. 214). Vgl. Fink-Lang, Görres, S. 176. W. von Haxthausen an J. Görres, Köln, 28. Febr. 1818 über den Vorwurf der „Confusion": „Die Confusion mit den Loosen muß Groote oder Dumont, mit dem er sie hin und her gekramt hat, verantworten. Meine sind in Ordnung. Weil diese Brüder aber nicht einig darüber werden können, und am Ende deine Eifeler nicht darunter leiden dürfen, ich auch als Vorsteher aller Irren- und Armenanstalten in Köln nicht zugeben darf, daß diese Schande auf Köln sitzenbleibt und du sagen müßtest die Irren und Armen confusion ist da noch ärger als in Coblenz und allen übrigen Orten, so übernehme ich den Trödel, verkaufe meine Kupferstiche, die doch nichts werth sind und decke den Kölnischen Loosen-Defekt. Schreibe mir also wie viel Geld dir noch fehlt aus dieser Geschichte, dann will ich dir alles schicken" (in: Fink-Lang, Görres. Briefe, Bd. 3, S. 498).

[173] Bärsch hatte auf die Umwandlung seiner kommissarischen Anstellung in eine dauerhafte gehofft: „Der Minister von Schuckmann", so Bärsch, „an welchem ich mich deshalb gewendet hatte, benahm mir aber bald meinen Irrthum" (Bärsch, Erinnerungen, S. 116). Schuckmann teilte ihm diese Entscheidung durch ein Reskript vom 19. Nov. 1817 mit, am 17. Dezember benachrichtigte ihn auch die Kölner Regierung. In seinen Erinnerungen schilderte Bärsch einen Vorfall aus diesen Wochen, der einiges an Aufsehen erregte: „Bevor ich meine Amtsthätigkeit in Lechenich beschloß, mußte ich mich noch über eine Anklage wegen angeblichen Kirchenraubes rechtfertigen. Mein Freund Freiherr Werner von Haxthausen […] hatte mich auf einer Kreisreise nach Euskirchen begleitet. Hier fanden wir in einem Winkel der Kirche einige Gemälde, welche die Aufmerksamkeit meines Freundes auf sich zogen und die derselbe für seine Sammlung zu erwerben wünschte. Pastor Carmann war sogleich bereit meinem Freunde ein Geschenk mit den Gemälden, die er für werthlos hielt, zu machen. Dagegen protestirte ich und machte den Pfarrer und den Kirchenrath darauf aufmerksam, daß die Gemälde doch immer einigen Werth hätten und daß er nicht befugt sei, solche unentgeltlich weg zu geben. Haxthausen erbot sich einen angemessenen Werth für die Gemälde zu zahlen und erhielt dieselben. Daraus schmiedete nun der von Vorlatti [Borlatti?] instigirte Bürgermeister Maus eine Denunciation gegen mich." Bärsch informirte Haxthausen darüber, der ihm am 12. Jan. 1818 antwortete: „Die Denunciation wegen des Euskirchener Kirchenraubs ist ein neuer Beweis von der Schlechtigkeit des dortigen Gesindels. Die Bilder standen in der Sakristei, waren beschädigt und unvollständig, von zwei verschiedenen Altären, aus welchen man einen gemacht hatte, übrig und daher nicht einmal zusammend passend. Ich bitte, sie mir zu verkaufen, man will sie mir als unnütze Bretter schenken, ich bestehe auf den ordentlichen Verkauf, sie werden zu einigen Thalern, höchstens 20 Franken taxirt; ich schicke über das Taxatum noch das Fünffache und übersende 18 Kronenthaler, in der Absicht, um dem Kirchenvorstande zu zeigen, daß ich gewiß mehr gezahlt, als der Werth betragen und sie gefordert haben. – Der Pfarrer schreibt: – Er und die übrigen Kirchenvorstände, auch der Bürgermeister danken mir für die Mehrgabe, welche sie als unerwartete und liebe Schenkung an die Kirche betrachten und nun – eine Denunciation, Beschuldigung des Kirchenraubs; es ist keiner im Kollegio, der es nicht gleich für die abscheulichste Verläumdung und Schickane ausgegeben habe, aber Sie können denken, wie unangenehm mir als Regierungsrath die Geschichte sein muß" (Bärsch, Erinnerungen, S. 116 f.). Haxthausen bat Bärsch in seinem Schreiben um eine Bestätigung dieser Umstände durch den Pfarrer und die Kirchenvorstände (S. 117). Vgl. Brandts, Inventar, S. 41: „Erwerb (An-

zwischen Schultze u. Helbart[174] vorgefallen. Auch mehrere Unterschleifen der Packer u. Knechte werden eingeklagt; es ist nun ein wahres Gesindel bey dem Dienst angestellt. Wir sitzen bis gegen 2. Nach Tisch schreibe ich an meinem Tristan, bis gegen 5 Wallraf zu mir kommt u. bis gegen 6 bleibt. Um 7 fahre ich mit dem Vater u. den Schwestern in die Gesellschaft zu Solms, wo |29v| aber der Graf noch nicht zurück ist.[175] Es sind viele Leute da. Ich spiele abwechselnd mit der Gräfinn Solms u. Degenfeld, Frau v. Stolzenberg, welche sehr ausgelassen ist, Frl. Harff, u. Jette Geyr, u. verliere wieder. |: 5 F.6 :| Wir kommen erst gegen 10 ½ zurück, u. mir geht es toll im Kopf herum.

Den 4. Decembris [1817].

Nachdem ich bis gegen 10 U. an meinem Tristan gearbeitet habe, gehe ich an den Appellhof, wo aber unser Urtheil gegen die Juden Ochs[176] u. Consorten nicht gesprochen, sondern, wie mir Herr v. Sandt durch den Huissier sagen läßt, bis auf nächsten Donnerstag verschoben wird. Ich arbeite also zu Haus fort, u. erhalte das vollständige Exemplar von Grimms alt deutschen Wäldern. Auch ein Heft von den Heidelbergischen Jahrbüchern bekomme ich, und mir ist besonders Grimms Rezension von Benekens Teuto darin Merkwürdig, die sehr heruntergemacht wird.[177] Ich schreibe nun nach u. nach meinen Brief an Grimm zurecht,

---

kauf) von alten bemalten Altarflügeln des Petersaltares, die sehr verschmutzt teils hinter dem Altar, teils in der Kirche unter der alten Orgel im Staube lagen, sowie von Glasscheiben aus den Fenstern des Anna-Chores durch den Regierungsrat W. Freiherrn von Haxthausen." Zu diesen Vorgängen: Deichmann, Säkularisation, S. 267 f. Zu Gemälden aus Euskirchen in der Sammlung Haxthausens: Schaden, Bei Haxthausen, S. 206; Kier/Zehnder, Lust und Verlust II. Corpus-Band, S. 295. Hier werden sechs Teile, wahrscheinlich Bestandteile eines Schnitzaltars, genannt; ihr Verbleib ist ungeklärt.

[174] Helbart war Postsekretär (Verzeichnis der 1819 in Köln wohnhaften evang. Christen; Archiv der Evangelischen Kirche Köln, 01–4,1).

[175] Fr. L. Chr. zu Solms-Laubach an E. Ch. zu Solms-Laubach, Köln, 10. Dez. 1817: „Noch beste Mutter, habe ich Ihnen meine am 4. hier erfolgte Ankunft nicht angezeigt. Ich bin glücklich u. wohl in Koblenz und hier am Tag und zur Stunde angekommen, wo ich ankommen wollte, und dies ist alles was man in dieser Welt verlangen kann. Auch die Zeit welche ich zur xxxxxx xxxxxx [Jagd] gewählt hatte, war gut gewählt, denn seit dieser Zeit, ist das Wetter täglich schlimmer geworden, und ich hätte wohl seitdem nicht 200 Hasen en passant aus den Feldern in die Küchen wandern laßen können, wie es diesesmal geschehen" (Privatarchiv d. Grafen zu Solms-Laubach, XVII, 106, Nr. 351).

[176] Es handelte sich vermutlich um den jüdischen Bewohner eines der Dörfer um Kendenich.

[177] Rezension von J. Grimm zu: G. W. Fr. Beneken, Teuto, oder Urnamen der Deutschen, gesammelt und erklärt von Georg Wilh. Frieder. Beneken, Prediger zu Nienhagen bey Zelle, Erlangen 1816 (in: Heidelbergische Jahrbücher der Litteratur, Nr. 56, 1817, S. 889–892). Diese Rezension Grimms bezog sich nicht, wie Groote zunächst irrtümlich annahm, auf eine Schrift von Georg Friedrich Benecke. J. Grimm an E. von Groote, Kassel, 26. Dez. 1817: „Es würde mir sehr leid thun, wenn ich ein Misverständniß, das Sie mir zumuthen, nicht auf der Stelle beseitigen könnte. Das Werk über die Urnamen der Deutschen, was ich in den Heidelb. Jahrb. recensirt, rührt von einem gewißen

wo ich ihn wegen der Bearbeitung des Tristan um Rath frage. – Chladni giebt heute seine letzte Vorlesung über die Meteormasse, worin ich mich mit Elkendorf noch an unserm Spaß mit jenen Steinen ergötze; es währt bis gegen 5 ½. Im Conzert sind viele Leute, auch Ammon von Düsseldorf, u. Schaaffhausen, der von Paris zurückgekommen. Abends schreibe ich meinen Brief fast zu Ende.[178]

Den 5. Decembris [1817].

Ich vollende meinen Brief. Chladni kommt, um Abschied zu nehmen. – Ich habe meine Scheermesser zurecht machen lassen. |:–9:| In der Sitzung schreibe ich nach Trier wegen ihrer Handschriften u. Urkunden.[179] Der Vater läßt mich fragen, ob ich nach Kendenich |30r| reiten, oder den Peter hin schicken wolle, wegen des künftige Woche zu haltenden Holzverkaufs. Ich will selbst hin, u. reite gleich nach Tisch. Klein hat daselbst seinen Wasserlauf fast fertig. Ich bestelle Alles, u. reite auch schnell wieder zurück, schreibe noch etwas, gehe dann zu Walter, um ihn zu Simon abzuholen, u. da er nicht will, gehe ich allein, u. bald nach mir kommt Appellations Rath Schwarz u. sonst niemand mehr. Wir sind in angenehmem Gespräch bis gegen 11 Uhr zusammen. Simon will wissen, daß Bülow sein Ministerium niedergelegt habe.[180] Schwarz macht auf dem Rückweg noch einige sehr gute Bemerkungen über die Oekonomie der Preußen. Meinen Brief an Grimm habe ich heute abgeschickt.

Den 6. Decembris [1817].

Bis Mittag schreibe ich ununterbrochen an meinem Tristan. Nach Tische lese ich verschiedenes im Grimms alt deutschen Wäldern u. Wallrafs[181] u. Aldenbrücks[182]

Beneken, nicht von Profeßor Beneke zu Göttingen, der mein sehr guter Freund ist und deßen gründliche Kenntniße in dem altd. Sprachfach niemand bezweifelt" (in: Reifferscheid, E. von Groote, S. 50).

[178] E. von Groote an J. Grimm, Köln, 4. Dez. 1817. Siehe Briefe u. Schriften.

[179] Dieser Brief konnte nicht aufgefunden werden.

[180] Durch Kabinettsorder vom 3. Nov. 1817 wurden verschiedene Ministerien umgebildet. Ludwig Friedrich Viktor Hans von Bülow wurde Ende 1817 seines Amtes als preuß. Finanzminister „enthoben" und zum Leiter des Ministeriums für Handel und Gewerbe ernannt. Leiter des umgestalteten Finanzministeriums wurde W. A. Klewitz. Vgl. Köln. Zeitung, Nr. 181, 13. Nov. 1817; Welt- u. Staatsbote zu Köln, Nr. 181, 13. Nov. 1817. Die Rh. Blätter, Nr. 201, 18. Dez. 1817 meldeten: „Die Beförderungen der Herren von Klewitz und von Altenstein haben hier allgemeine Freude verursacht. Beide haben die Rheinprovinzen bereist, beide haben die Rheinländer kennen gelernt und sich ohne Zweifel überzeugt, daß nur die Absicht, die Eingeborenen aus allen Stellen zu verdrängen, gewisse Menschen vermögen konnte, den Karakter und die wissenschaftliche Bildung derselben in einem gehässigen und falschen Lichte darzustellen."

[181] Zu den Publikationen Wallrafs zur Geschichte Kölns: Ennen, Zeitbilder, S. 259–281; Wegener, Leben, Teil 1, S. 267.

[182] Der Jesuit Augustin Aldenbrück (1724–1796), Lehrer am Gymnasium Tricoronatum, hatte Werke

Köln Sachen durch u. gehe um 7 in die Olympische Gesellschaft, wo Schaaffhausen ganz interessante Sachen aus Paris erzählt, nachher aber über eine daselbst ausgewirkte Prozess-vergleichs-Geschichte, wie mir scheint, etwas übertreibt. – Ich erhielt heute einen Brief von Joseph aus Düsseldorf,[183] |:–4:| der dort in seinen Geschäften zwar vom Fleck kommt, doch noch lange nicht zu Ende ist. – Abends spät hat böses u. gutes Prinzip noch einen tollen Kampf in mir, aber der Teufel siegt, weil der ganze Mensch in seiner Schlechtigkeit ihm nachgiebt. ~

Den 7. Decembris [1817]. Sonntag.

Vor der Messe im Dom, wo ich an meinem Tristan arbeite, |30v| erhalte ich noch einen Brief von Sulpitz Boisserée,[184] |:18:| u. einen andern von Obrist Lieutenant Grollmann, welcher mir anzeigt, daß ich nun im 1. Bataillon des 2. Landwehr Regiments Gemeiner sey, weil durch eine Cabinetsordre des Königs diejenigen, welche sich geweigert haben, in die Landwehr zu treten, nicht Offiziere werden dürften. Ich entwerfe für diesen Kerl ein derbes Antwortschreiben[185] wegen seiner Lüge u. Verläumdung gegen mich. Nach der Dommesse gehe ich noch mit Frau v. Geyr Henricks nach Haus, die in ihrer gewöhnlichen unbefangenen Zerstreuung lebt. – Nach Tisch gehe ich in die Predigt zu Sankt Columba, u. nachher zu Stolzenbergs, die ich nicht finde, dann zu Comans, wo eben Auer mit seiner Frau, die vorige Nacht wieder gekommen sind, weggehn. Es kommen dort noch viele andre Leute hin. Ich rede mit Daniels über unsern Judenprozeß, der eine schiefe Richtung nehmen könnte, weil kein gültiger Akt den Engels als unsern Pächter, u. uns folglich als Privilegirt an seinen Sachen beurkundet, im Augenblick, wo die Juden sein Vieh etc. kaufen. Noch reden wir viel über politische Dinge, worin sich das durchdringende Urtheil des Daniels überall aus-

---

zur Geschichte Kölns in lateinischer Sprache verfasst; 1817 lagen noch keine deutschen Übersetzungen vor. Möglicherweise las Groote in: De religione antiquorum Ubiorum, 1749 oder in: De ponte Constantiniano Agrippinensi disquisitio historico-critica, 1767. Vgl. J. W. Brewer, Augustin Aldenbrück's Geschichte des Ursprungs und der Religion der alten Ubier, bei J. M. Heberle, Köln 1819.

[183] J. von Groote an E. von Groote, Düsseldorf, 4. u. 5. Dez. 1817 (Archiv Haus Londorf, Herr von Groote, Familienbriefe, 1.1., Nr. 81).

[184] Vgl. S. Boisserée, Tagebücher, Bd. I, 3. Dez. 1817, S. 473: „Brief an Groote". Der Brief ist nicht nachgewiesen. Am 8. Dez. 1817 schrieb S. Boisserée über die Haltung Berlins zum Ankauf der Sammlung an J. W. von Goethe: „Man schreibt uns nämlich, daß die Regierung keineswegs den Gedanken aufgegeben habe, unsere Sammlung zu erwerben, sondern daß die Aussichten dazu jetzt weit günstiger seyen, als sie seit dem vorigen Winter je gewesen; ja man wünschte, daß wir mit einer Bitte um Entscheidung einkämen. Diese Wendung ist sehr begreiflich, schon wegen der allgemeinen Verminderung der Noth und Theurung, und noch ganz besonders wegen Herrn v. Altensteins Eintritt ins Ministerium. Dieser hat wie Sie wissen die Unterhandlung mit uns geleitet und jetzt gehört das zu seinem Geschäftskreis" (in: S. Boisserée, Briefwechsel, Bd. II, S. 203).

[185] Das Schreiben ließ sich nicht nachweisen.

spricht. – Abends ist mir gar unwohl, u. ich lege mich halb frevelnd zu Bette. Traurig, wird vielleicht einer sagen, der diese Zeilen erblickt; aber an seinen Leiden u. hypochondrischen Ideen ist der Mensch gewiß eben so sehr selbst Schuld, als nicht Schuld. |31r|

Den 8. Decembris [1817].

Ich schreibe bis gegen 9 ½ am Tristan. Herr Nussbaum will mir entdecken, daß unser Peter wahrscheinlich etwas Krätze habe, das ist gerade nicht angenehm. Ich gehe zu Nückel, der sich in obige Ansicht des Herrn Daniels noch nicht recht geben will, doch die Sache für gefährlich hält. Fochem, den ich wegen Josephs Brief sprechen will, finde ich nicht, u. gehe also zur Regierung. Dort zeige ich den Entwurf zu meiner Antwort an den Obristlieutenant v. Grollmann, Tryst u. Sombart, u. da diese damit ganz einverstanden sind, schicke ich dieselbe gleich fort. – Dann gehe ich nochmal zu Fochem, der von seiner neuen Schuleinrichtung u. dergl.[186] sehr voll ist. Ich berede mit ihm das nöthige, was an Joseph zu schreiben ist. Er möchte wohl gleich diese Woche nach Düsseldorf; allein, ich kann nicht wohl. Nach Tisch rede ich mit dem Vater wegen Peter, der den Bette[187] hierhin bescheiden will. Ich warte daher mit dem Brief an Joseph. Uebrigens ist mir gar gewaltig unwohl, u. ich arbeite u. lese in meinen Sachen zu Haus, u. gehe nicht mehr aus der Stube.

---

[186] Fochem bemühte sich als neuer Pfarrer an St. Ursula intensiv um die Einrichtung von Schulen. Am 13. Aug. 1817 hatte er sich als Schulvorstand von St. Ursula an die städtische Schulkommission gewandt und erklärt, man könne „die sittenlose Verwilderung der Jugend" dieses Stadtviertels nicht dem Schulvorstand zur Last legen, „indem die städtische Gemeinde ungeachtet der deshalb schon vorlängst eingereichten triftigsten Vorstellung, die Mittel zum Unterrichte, und zur Bildung anzuschaffen unterlassen hat. Es fehlt vor Allem an einem anständigen Lokal zu einer sowohl täglichen als Sonntags-Schule für Knaben und Mädchen". Fochem schlug vor, das in der Pfarre liegende ehemalige Klostergebäude von St. Ignatius zum Schulgebäude zu bestimmen (HAStK, Best. 550, A 269, Bl. 1r u. v). Ende November erhielt der Schulvorstand von St. Ursula eine abschlägige Antwort; die Verhandlungen über andere Räumlichkeiten zogen sich weiter hin. Vgl. etwa: HAStK, Best. 550, A 269, Bl. 3r–6r. B. Beckenkamp fertigte 1822 ein Porträt Fochems an, das ihn mit Symbolen seines Engagements für die Pfarre St. Ursula zeigte; dazu Moses, Beckenkamp, S. 74 f.: „Bildnis des Pastor Fochem, 1822. Kniefigur in Lebensgröße im Ornat. Die Rechte hält die Kappe, die Linke liegt auf dem Tisch auf einigen Plänen mit der Unterschrift: ‚Grundrisse der Elementar Schulgebäude in der Pfarre St. Ursula projektiert am 2ten August 1822' und ‚Plan der Caplanei und der Küsterwohnungen'". Zu diesem Porträt auch Arntz/Rahtgens u.a., Die kirchlichen Denkmäler (1934), S. 105. Der Verbleib des Bildes ist unbekannt, gleiches gilt für ein Porträt Fochems, das Beckenkamp bereits 1814 malte (Mosler, Beckenkamp, S. 251 f., 268).

[187] AK 1822: Peter Joseph Bette, Wundarzt, Marzellenstr. 86.

Den 9. Decembris [1817].

Ich schreibe am Tristan; u. wollte um 10 zu Nückel gehn. Allein, Denoël kommt, u. bleibt lange. Schaffhausen hat, wie ich höre, Agars ganze Besitzung zu Morsbruch für 500.000 Fr. gekauft.[188] – Da Bette nicht kommt, schließe ich meinen Brief an Joseph u. schicke ihn weg.[189] Nach Tisch gehe ich mit Packenius, mit Nückel u. Pelzer wegen unseres Prozesses zu reden, höre aber nicht viel. Daniels bringe ich die Prozeßakten gegen Engels, woraus aber nichts zu entnehmen ist; u. so muß ich den Spruch, der Donnerstag erfolgen soll, erwarten. Zu Haus |31v| schreibe ich schnell noch an Levin v. Wenge. Uebrigens ist mir Kopf u. Eingeweide gespannt, als wenn alles zerspringen wollte, u. ich weiß mich für Unbehaglichkeit gar nicht zu retten. Warum mögen doch dem Menschen solche Leiden gegeben seyn, die ihn geistig u. körperlich gleich stumpf und unfähig zu allem Guten machen! Das einförmige, lieblose Leben ist auch mit Schuld daran. Ich gäbe gleich 10 solcher reitzlosen Jahre für einen Blüthenmonat der Lust u. der Liebe hin! –

Den 10. Decembris [1817].

Ich schreibe bis ziemlich spät an meinem Tristan. In der Plenarsitzung fragt mich Graf Solms wegen den Handschriften u. will nächstens kommen, sie anzusehn.[190] Sotzman ist krank[191] u. nicht da. Zu Haus finde ich Benekens Bornerius Edelstein, u. das Heft X der Isis.[192] In letzterem unterhalte ich mich nach Tische, bis

---

[188] Nachdem der preuß. Staat Schloss Morsbroich an J. A. M. Agar rückerstattet hatte, verkaufte es Agar 1817/18 an Abraham Schaaffhausen. Vgl. die Korrespondenz im Jahr 1817: Landesarchiv NRW R, BR 0002, Nr. 997. Das Schloss, das in Schlebusch bei Leverkusen liegt, wird seit 1951 als Museum für moderne Kunst genutzt.

[189] E. von Groote an J. von Groote, Köln, 8. u. 9. Dez. 1817. Siehe Briefe u. Schriften.

[190] Fr. L. Chr. zu Solms-Laubach besaß auf Schloss Laubach eine umfangreiche, auf das 16. Jh. zurückreichende Bibliothek, die er durch zahlreiche Erwerbungen zu Politik, Rechtswissenschaft und Literatur vergrößerte. Sein Sohn Otto zu Solms-Laubach erweiterte die Sammlung erheblich. Vgl. Fabian, Handbuch der historischen Buchbestände: Gräflich Solms-Laubach'sche Bibliothek, 2003; Wellenkötter, Laubach, S. 83–90.

[191] Zeitungs-Bericht der Reg. Köln für November, Köln, 9. Dez. 1817: „Die hitzigen Krankheiten, welche im November Monat geherrscht haben, waren entzündlich und rheumatisch, einzelne zum Nervös werden geneigt. Der Synochus [eine Art Fieber] mit gastrischer Form zeigte sich zuweilen, doch in keinem bedenklichen Grade. Entzündungen der BauchEingeweide, der Gedärme, hepotische Complicationen, ruhrartige Durchfälle, Rosen, falsche Pocken, kamen im Monat November vorzüglich vor" (GStA PK, I. HA Rep. 89, Nr. 16278, Bl. 168v).

[192] Isis, Nr. X des Jahres 1817 umfasst Stück 166–179. Unter den behandelten Themen waren für Groote vermutlich von besonderem Interesse: Uebersicht der Arbeiten für die altdeutsche Literatur seit 1800, in der u.a. auf Publikationen von Benecke, Büsching, Grimm, von der Hagen u. Fr. Schlegel hingewiesen wurde (in: Stück 169 u. 170), sowie eine scharfe Satire auf die politischen Verhältnisse: Wahrhafter Bericht vom Zauber-Sabbathe der St. Walpurgisnacht des dritten Reformations-Jubel-Jahres, enthaltend Satan's Reden an die auf dem Blocksberge versammelten Un-

gegen 5 Uhr Mühlenfels u. Walter kommen. Ich lasse Wein holen, |:–Fr. 3–:| u. wir bleiben bis 7 zusammen. Dann lese ich die Isis durch, u. mir ist etwas wohler als die vorigen Tage. Ich schickte den Brief an v. Wenge heute weg.

Den 11. Decembris [1817].

v. Münch läßt die Undine[193] holen für v. Kempis. Ich schreibe bis gegen Mittag am Tristan, u. nehme dann die General Akten zur Hand, um den Bericht über die Handschriften u. Urkunden zu machen. Dieß beschäftigt mich bis gegen 7 Uhr. Ich gehe in's Conzert, u. mir ist ziemlich wohl. Fuchs sagt mir, er werde die nächste Woche unser Jabachisches Bild abholen zum Herstellen. Von Pakenius höre ich, daß wirklich am Appellhofe interloquirt[194] worden sey, wir also den Beweis zu führen |32r| haben, daß Engels im Jahre 1815 unser Pachter war. Dieß wird nicht thunlich seyn; aber lustig wäre es, wenn man den Juden die Einrede machen könnte, daß sie nicht patentisirt waren.[195] – Wir kommen erst spät gegen 10 Uhr nach Haus. – Zum nächsten Ball will niemand kommen. Das Advent hindert die Damen.

Den 12. Decembris [1817].

Ich berichtige bis spät den Catalog der Inkunabeln, die von Düsseldorf kamen, und gehe zur Sitzung, die nicht sehr lange dauert. Zu Haus trage ich noch einiges in jenem Catalog nach. Herr Pastor Fochem kommt, u. bald auch Wallraf u. bleiben bey uns zu Tische. Nachher will ich ernsthaft am Tristan schreiben. Aber bald kommt Denoël u. hat viel gegen die Preußischen Herrn, gegen Redtel, Struensee u. andere zu sagen. Bald nachher kommt Mühlenfels u. wir holen Walter zu Simon ab, wo auch ausser uns niemand mehr ist. Simon beweist eine merkwürdige Fertigkeit, willkührliche Chiffren, in welchen man einen Satz geschrieben hat, aufzulösen. Es wird darüber viel geredet, dann wird Schach gespielt. Noch spät in der Nacht macht sich der böse Feind an mich heran, und gewinnt mir die Seele ab. ∼ Brief v. Holzmacher aus Aachen. |:5:|

---

holde Teutschlands nebst vielen Parallel-Stellen von Dr. Martin Luther. Brockenhaus 1817 (in: Stück 175).
[193] Fr. de la Motte-Fouqué, Undine, 1811. Groote las das Buch im Febr. 1816 auf seiner Reise nach Berlin.
[194] interloquieren: eingreifen, ein Zwischenurteil fällen, einen vorläufigen Bescheid geben.
[195] Entsprechend dem Dekret von 1808 garantierte erst der Besitz eines „Juden-Patentes" die Rechtsfähigkeit seines Inhabers. Juden ohne Patentierung waren nicht geschäftsfähig und nicht als klagende Partei vor Gericht zugelassen (Müller, Juden, S. 51).

Den 13. Decembris [1817].

Trauriges Erwachen mit dem Bewußtseyn der Schuld! Gott, warum schufst du nicht die Menschen wie deine Blumen, mit lieblichem Daseyn, aber ohne Verdienst u. ohne Schuld! Ersteres ist ja so gering, letzteres so drückend zum Tode hin! Ach, wie schwer ist der Gedanke, die Vorsicht kannte Sünde, Schuld u. ewiges Ver- |32v| derben an den Wesen, die nicht da waren, u. die sie in's Daseyn rief, – u. sie rief sie doch! Ich frevle nicht; aber ich stöne im Bewußtsein und weine. – Ich arbeite in meinen Sachen bis Mittag und erhalte zwey Briefe, einen von Joseph, |:5:| der Mittwoch, den 17. zurückkommen will von Düsseldorf; u. mich einladet, ihn mit Fochem abzuholen; den andern von Dr. Lange, |:7:| der mir unseres theuren Freundes Schenkendorf an seinem Geburtstag dem 11. dieses schleunig an einem Nervenschlag erfolgten Tod meldet.[196] Gott, was ist der Mensch, u. wie sollte er in seiner unsichern Existenz hienieden nicht jeden Augenblick beben, u. beten und sich bereiten zum Hintritt! Die Meinigen sind über die Nachricht sehr bestürzt. Ich gehe nach Tisch schnell zu Fochem, rede mit ihm die Ueberfarth nach Düsseldorf auf Montag nachmittag ab, u. auch er ist über Schenkendorfs Todt sehr gerührt. – Willmes, der dort ist, gebe ich die

---

[196] Max von Schenkendorf, geboren 11. Dez. 1783 in Tilsit, starb am 11. Dez. 1817 in Koblenz. Dazu: E. von Groote an J. von Groote, Köln, 13. Dez. 1817 (Archiv Haus Londorf, Herr von Groote, Familienbriefe, 1.1., Nr. 46). Siehe Briefe u. Schriften. J. Görres an G. A. Reimer, Koblenz, 13. Dez. 1817: Schenkendorf „ist vor zwey Tagen einem wahrscheinlichen organischen Übel erlegen, und wir begraben ihn heute. Es war ein wackrer, braver Mensch, wir hätten wohl sieben Andre von unserer Regierung um ihn gegeben, und hätten doppelten Gewinn davon gehabt" (in: Fink-Lang, Görres. Briefe, Bd. 3, S. 216). Vgl. Kaufmann, Schenkendorfs Kampf, S. 34 f. J. Görres an J. Smidt (Senator in Frankfurt a. M.), Koblenz, 12. Dez. 1817: „Gestern Abend starb hier Max von Schenkendorf. Er hat, wie Sie wißen schon lange mit bedenklichem Schwindel und anderm Übel sich geschleppt. Seit acht Tagen kamen die Anfälle häufiger. Gestern war sein Geburtstag, mitten unter Kränzen und Blumen, bekam er Abends um fünf Uhr einen neuen Anfall, den man wie gewöhnlich für vorübergehend hielt. Als inzwischen nach einer Viertelstunde der Arzt kam, fand er ihn leblos; eine geschlagene Ader gab kein Blut, und er war auf dem Gesichte liegend sanft und wahrscheinlich ohne Bewußtseyn verschieden, ob er gleich schon lange die Ahndung eines solchen Tods gehabt. Er war, wie Sie ihn kennen, ein wackrer, braver Mann, wie ihrer Preußen nicht Viele zu verlieren hat. Seine Frau ist, wie Sie sich denken können, in großem Leide, sie ist herzlich zu bedauern. Es geht eben in alle Wege nicht zum Besseren" (in: Fink-Lang, Görres. Briefe, Bd. 3, S. 215 f.). Kurz nach Schenkendorfs Tod schilderte seine Witwe Henriette Elisabeth von Schenkendorf in einem Brief an ihre Schwester ausführlich die lange Krankheit ihres Mannes, die mit Ohnmachten, Atembeklemmungen, Angstattacken und Depressionen verbunden war. Zu seinen letzten Stunden schrieb sie: „Er rang wie gewöhnlich nach Luft, wobei er so ächzte, daß es einem ins Herz schnitt. Die äußerliche Erscheinung war dabei nicht abschreckend. Dann fing er leise zu stöhnen an, als wenn jemand einschläft. Nun wurde er plötzlich ruhig, der Athem stand still und die Augen waren sanft geschlossen, so daß wir es für eine Ohnmacht hielten und fast erfreut waren über die Ruhe, die er in den Augenblicken genösse. – Da kam der Arzt und in seinen bestürzten Mienen lasen wir unser schreckliches Urtheil" (in: Hagen, Schenkendorf's Leben, S. 233). M. von Schenkendorf wurde auf dem Hauptfriedhof in Koblenz bestattet. Zu seinem Begräbnis: Ebd.: S. 234.

gehörigen Instruktionen für Mering. – Auf den Ball will niemand gehen. Ich bleibe bis gegen 7 zu Haus. – Tabak. –|:–12:| Ich gehe einen Augenblick auf den Ball, wo mir der General v. Mylius zu meiner großen Verwunderung sagt, er habe das Memoire von Gadé durch Sitt noch nicht erhalten, wolle aber gleich morgen hin gehn. Es kommen Haxthausen, Dobeneck, u. Baer der ehemaligen Russisch deutschen Legion[197] hin. Ich gehe nachher noch in den Olymp, wo es aber auch langweilig ist, da auch Wallraf nicht da ist. Ich bin gegen 10 zu Haus. |A 1/16–31; 1r|

Den 14. Decembris [1817]. Sonntag

Ich schreibe bis gegen 10 ½ an meinem Tristan. Es kommt Herr Zehnfenning zu mir, wegen seines Sohns, der in der Landwehr ist. Dann gehe ich mich anzuziehen, u. in den Dom; nachher zu Weyer, der mir u. H. Krauss einige alte Bilder und Steinstücke zeigt. Nach Tisch reite ich gleich aus. Für Morgen habe ich schon den Wagen bestellt. — Dann arbeite ich noch bis nach 6 u. gehe dann zu Cassinone, wo ich erst bey der alten Frau[198] allein sitze, die sehr viel spricht; nachher kommt noch Frantz zu uns. Als Neuigkeit sagt sie mir, daß die Therese v. Houtem in Aachen einen gewissen Joseph Beissel heyrathe,[199] der mit Cassinones verwandt ist. Herr Fouveaux sagte mir heute, daß der Pfarrer Ernst in Afden auch gestorben sey;[200] so hört also meine latein Correspondenz auch auf. Es starb mit ihm ein gelehrter Mann. Zu Haus ist Jette u. Nettchen Geyr, mit denen ich noch etwas schäckere, u. dann an Lange nach Coblenz schreibe. Carl war bey Kendenich auf einem Treibjagen, wo viele Haasen u. Füchs geschossen, sehr viele Rehe gesehn worden. Ich bin müde vom Gewirre des Tags.

---

[197] 1812 wurde die Kaiserlich Russisch-Deutsche Legion gegründet, die aus Deutsch sprechenden Freiwilligen bestand. Mitte 1814 wurde sie teilweise aufgelöst, zum Teil als Deutsche Legion dem III. preuß. Armeekorps angegliedert und im Frühjahr 1815 offiziell aufgehoben. Groote war Baer und Dobeneck 1815 mehrfach begegnet.

[198] Maria Johanna Ludovika Louise Cassinone, geb. Foveaux, geboren um 1758.

[199] Maria Therese van Houtem, geboren 1792, heiratete im Juni 1818 in Aachen Aegidius Joseph Anton Beissel. Ihre Eltern Ignaz van Houtem und Maria Josephine Schwendel gehörten zu den erfolgreichsten Textilproduzenten Aachens.

[200] Der Historiker und Augustiner Chorherr Simon Peter Ernst starb am 11. Dez. 1817. Auf seinem Totenzettel heißt es: „Jesus, Maria, Joseph, Augustinus. Im Jahre 1817, den 11ten Dezember, Abends ein Viertel vor Neun starb im 74ten Jahre seines thätigen und verdienstvollen Alters, nach einem langwierigen mit vollkommener Geduld überstandenen Nervenfieber, endlich an einer Brustwassersucht, mit den heiligen Sakramenten mehrmals versehen mit ungemeiner Geistes-Gegenwart der Wohlehrwürdige und Hochgelehrte Herr Simon Petrus Ernst, regulirter Kohrherr der ehemaligen Abtei Klosterrath, viele Jahre hindurch Lehrer der heiligen Schrift und Theologie; im 31ten Jahre eifrigster Seelsorger der Pfarre Afden, welcher freigebigster Gutthäter er war, Mitglied der akademischen Gesellschaft der schönen Wissenschaften zu Brüssel. Die der Schmeichelei wenigst verdächtige Lobrede dieses Mannes, verbreiten genugsam, die häufigen Zähren der Armen, das empfindlichste Leidwesen der Pfarrgenossen, der tiefste Schmerz seiner Mitbrüder und das allgemeine Beyleiden aller Bekannten, besonders der Gelehrten". Nachruf in: Köln. Zeitung, Nr. 205, 25. Dez. 1817.

Den 15. Decembris [1817].

Ich schreibe früh am Tristan, u. schicke einen Brief an Lange nach Coblenz. Die Sitzung wird abgesagt, u. ich lasse mich auch für Mittwoch entschuldigen. Dann schicke ich zu Pastor Fochem, daß er früher komme. Ich bestelle den Wagen früher,[201] und, |1v| da Fochem gegen 12 kommt, essen wir schnell etwas, packen, u. fahren gegen 12 ½ ab. Auf dem Wege reitzt mich nichts, als die liebliche Schönheit der Tochter des Wirths Schweb zu Opladen;[202] ein jugendlich aufblühendes geschämiges Mägdlein. Dort trinken wir Caffee,[203] u. fahren nun in angenehmer Unterhaltung nach Düsseldorf,[204] wo wir gegen 8 Uhr im Bönnschen Hof ankommen. Joseph ist ausgegangen. Ich gehe bald Metternichs[205] zu

---

[201] Groote bestellte die Kutsche eines Fuhrunternehmers. Matthias, Darstellung des Postwesens, Bd. 2, S. 51: „Reisen mit verdungener Fuhre. […] Das Gewerbe der Fuhrleute schließt bekanntlich die Ausübung des nehmlichen Zwecks in sich, zu welchem die Postanstalten eigentlich errichtet und vorhanden sind, nemlich Personen und Pakete fortzubringen. Damit diese Befugniß nicht das Postregal beeinträchtige und dadurch zur Schmälerung der Posteinkünfte gereiche: so sind gesetzliche Vorschriften vorhanden, welche die Pflichten und Verbindlichkeiten der Fuhrleute enthalten; die Uebertretung derselben hat bestimmte Strafen zur Folge."

[202] Eigentümer des Gasthofs war Peter Theodor Schweppe; seine Tochter Anna Sophia Cecilia Schweppe wurde als sein drittes Kind 1803 geboren. Sie war also bei der Begegnung mit Groote 14 Jahre alt. 1840 heiratete sie (Stand: Gastwirtin) den Bierbrauer und Gastwirt Maximilian Schwieger aus Opladen. Ich danke dem Stadtarchiv Leverkusen für die Hinweise.

[203] Handelsbericht für November, Köln, Nov. 1817: „Caffe hat seit unserm vorigen Bericht zwar keine Veränderung erlitten, doch ist dieser Artikel mehr ausgeboten als gefragt. Eine seit einigen Tagen verbreitete Nachricht, daß englische Spekulanten in der Havannah und in andern westindischen Besitzungen meist alle Vorräthe hätten aufkaufen lassen, findet noch keinen grossen Glauben und bleibt daher ohne Einfluß" (RWWA 1-15-1, Bl. 57r). Handelsbericht für Dezember, Köln, 31. Dez. 1817: „Die letzten Unternehmungen in Colonialwaaren bringen theils keinen Gewinn, theils wirklichen Verlust. Ersteres dürfen wir vom Caffe, letzteres vom Zuker behaupten. Caffe ist hier nicht theurer als er auf den ersten Märkten gehalten wird, wo sich die Meinung zum Vortheil desselben vollkommen ausgesprochen hat, so daß vornehmlich in England viele reiche Capitalisten, verlegen um die Anwendung ihrer Gelder, denselben aufgekauft haben in der Hoffnung, sey es auch spät nach Jahren, gute Zinsen für ihr Capital zu erhalten. Diese vortheilhafte Meinung wird begründet durch die Behauptung, daß die alten angehäuften Vorräthe von Caffe verzehrt seyen und daß die neue Produktion mit der Consumtion nicht gleichen Schritt halte" (RWWA 1-15-1, Bl. 61r u. v).

[204] Rosenwall, Ansichten, S. 151: „Düsseldorf ist eine freundliche, schöne Stadt […]. Ohne gerade ausgezeichnet prächtig zu seyn, hat sie eine gute Bauart, die reinlichen Straßen wimmeln von wohlgekleideten, lebensfrohen Menschen, kein schmuzziger bettlender Pöbel belästiget den Fremden, und überall, wohin man blikt, wird man Spuren von Wohlhabenheit und Lebensmuth gewahr. Neue geschmakvolle Häuser werden gebauet, Kunststraßen angelegt, das Straßenpflaster gebessert, Bäume gepflanzt und alles, was man hier siehet, deutet auf die erfreuliche, in den gegenwärtigen Zeiten so seltene Erscheinung, eines wachsenden Wohlstandes."

[205] Die Familie Wolff Metternich zur Gracht hatte um 1817 vermutlich in Düsseldorf eine Wohnung gemietet. Clemens August Wolff Metternich zur Gracht an seinen Vater Maximilian Werner, Brünn, 10. Sept. 1817: „Nesselrode hat mir gesagt daß ihr in Düsseldorff sehr eng logirt seyt. Doch hoffe ich werdet ihr mich nicht aus dem Hause einquartieren" (Archiv Wolff Metternich zur Gracht, Nr. 261).

grüßen; allein, sie sind bey den jungen Nesselrode,[206] wohin ich auch gehe,[207] u. dort den größten Theil des hohen Adels zu sammenfinde;[208] nehmlich Frau Gräfinn Metternich mit Gemal, Sohn u. Tochter, Frau v. Kettler mit 2 Töchtern, Frau u. Frl. Nesselrode, von Spiess,[209] Frl. Frentz, Herrn v. Schell.[210] Man sitzt zum Thee zusammen, u. scheint sich übrigens sehr zu langweilen. Gegen 11 gehn wir auseinander. Joseph ist immer noch nicht zu Haus. Ich esse mit dem Rektor zu Nacht, bis er kommt. Er hatte uns nicht mehr erwartet, ist übrigens mit seinen Sachen ziemlich in Ordnung. Unter die Wichtigsten Nachrichten, die er mir ertheilt, gehört, daß Nette Wenge einen Fürsten oder Grafen Truchsez-Zeil heyrathe, einen Wittwer mit mehrern Kindern.[211] Möge es ihr gut gehn, denke ich; mir könnte sie bey aller ihrer Vortrefflichkeit weder werden, noch wünschenswerth seyn. Mit den Ihrigen würde ich mich nie in die langweiligen Zirkel gepaßt haben, u. Sie ganz davon zu trennen, ging nicht wohl an. Wie Gott will! |2r| Durch diese Aenderung erhalte ich übrigens eine volle junge Freyheit wieder, die ich doch so ganz bisher nicht hatte. Mir habe ich, soviel ich weiß, nichts vorzuwerfen. Auch ihr werfe ich nichts vor, denn es hatte uns keine Art von Band, als eine

---

[206] Vermutlich: einer der Söhne von Karl Franz Alexander Graf von Nesselrode-Ehreshoven u. Josepha Gräfin von Hatzfeldt-Wildenbruch. Der älteste Sohn Franz Bertram von Nesselrode-Ehreshoven war seit 1816 mit Marie Luise von Hanxleden verheiratet. Am 20. Dez. 1817 wurde der Sohn des Ehepaars Maximilian geboren (Rümmler, Haus Nesselrode, S. 115 f.; Thielen, Partizipation, S. 563).

[207] Nesselroder Palais: Das Ende des 17. Jh.s errichtete Palais an der Schulstr. 4 kam 1707 in Besitz der Familie von Nesselrode. Ende des 18. Jh.s wurde es erweitert und gehörte zu den prachtvollsten Wohnsitzen Düsseldorfs. Ein Teil des Hauses war ab 1809 Sitz der Präfektur des Rhein-Departements; in Teilen wurde es bis ca. 1850 von Mitgliedern der Familie von Nesselrode-Ehreshoven genutzt. Die 1942 durch Bomben fast völlig zerstörten Gebäude wurden in den 1960er Jahren nach Bauplänen von 1775 wiederaufgebaut; seit 1969 ist hier das Hetjens – Deutsches Keramikmuseum untergebracht.

[208] Zum bergischen Adel vgl. Rosenwall, Ansichten, S. 154 f.: „Der Adel besitzt in dem Herzogthum Berg Vorrechte, wie vielleicht in keinem andern deutschen Lande, und diese sind es, die ihn über die andern Stände erheben, und einen Kastengeist in ihm unterhalten, den seine Geschliffenheit zwar zu verbergen weiß, der sich aber doch sehr oft in seinen Handlungen äußern soll. Wie man sagt, hofft dieser Stand alle seine Privilegien, die er ehmals unter kurpfälzischer Regierung besessen hat, unter preussischer Hoheit erhalten zu sehen; und aus dieser Rüksicht siehet er die Einverleibung seines Vaterlandes mit Preussen sehr gern. Indessen dürfte diese Hoffnung wohl so ganz nicht in Erfüllung gehen, da eine solche Bevorrechtung dem Zeitgeiste widerstrebend, und mit der nöthigen Einheit des Staates unvereinbar ist."

[209] Ein Teil der Familie von Landrat Ludwig Joseph Fortunatus Spies-Büllesheim lebte in Düsseldorf, seinem Geburtsort.

[210] Möglicherweise: Clemens August von Vittinghoff genannt Schell, verheiratet mit Maria Theresia von Merveldt, oder der Sohn des Ehepaars: Maximilian Friedrich von Vittinghoff, genannt Schell, verheiratet mit Marie Elisabeth Auguste Gräfin von Spee, der Schwester von Franz Anton von Spee (Thielen, Partizipation, S. 566, 570 f.).

[211] Antoinette (Nette, Nettchen) von der Wenge zur Beck heiratete 1818 den Witwer Franz Thaddäus Joseph Fürst von Waldburg-Zeil und Trauchburg.

freundliche Zuneigung je verbunden. – Abends lachen wir noch viel über Josephs launige Schilderung des Grafen Trips.[212]

Den 16. Decembris [1817]. Düsseldorf.

Nach genommenen Frühstück kommt bald der Gallerie Inspektor Cornelius[213] zu uns, u. wir gehn in die Gemälde Ausstellung,[214] wo sehr schöne Sachen sind.[215] Die hohe Maria von v. Eyck[216] ist sehr vortrefflich; eben so der Quintin

---

[212] Ein Mitglied der gräflichen Familie Berghe von Trips. Vermutlich: Clemens August Berghe von Trips, geboren 1789.

[213] Joseph Lambert Cornelius, Bruder des Historienmalers Peter Cornelius, war Zeichenlehrer an der Kunstakademie Düsseldorf, von 1800 bis 1822 deren Inspektor. K. Fr. Schaefer an Regierung Düsseldorf, Düsseldorf, 18. Dez. 1816, Bericht über die Akademie der Künste: „Unser Inspector, Herr Cornelius, ist zugleich Lehrer der Anfangsgründe in der Kunst, und hat die Aufsicht über die Academie im Allgemeinen und die Polizey über die Schüler ins besondere. Täglich früh von 10 bis 11 Uhr, Nachmittags, Mittwochs und Sonnabends von 2 bis 4 Uhr, und an den übrigen Tagen der Woche, von 2 bis 3 Uhr; im Sommer von 5 bis 7 Uhr beyläufig im Antikensaal in der Zeichnung nach Gips hat derselbe zu unterrichten. Im Modellsaale im Winter Abends, und Sonn und Feyertags Nachmittags muß er gegenwärtig seyn" (Landesarchiv NRW R, BR 0004, Nr. 1524, Bl. 47r).

[214] Der 1817 veröffentlichte Wegweiser Düsseldorf's informierte: „Die Bilder-Gallerie in der Mahler-Zeichen und Bau-Kunst-Academie. (Gestiftet im Jahre 1777.) Sie enthält Gemählde, welche dem Staate angehören, zum freien Studium der Künstler. Sie zerfällt in mehrere Abtheilungen, und enthält diese Partien 65 Gemählde und 263 Skizzen in Oehl auf Leinwand und Papier. Es sind meist Arbeiten von italienischen Künstlern, vom ehemaligen Director Krahe gesammelt. Ferner sind 14.241 Original-Zeichnungen und Skizzen, 23.445 Kupferstiche und 155 Kupferplatten vom ehemaligen Director Krahe vorhanden, der sie an die Bergischen Landstände für 30.000 Rthl. überlassen hat" (Mindel, Wegweiser, S. 56). Vgl. fast identisch: Demian, Handbuch, S. 346 f. Möglicherweise kannten Groote und Fochem den 1778 erschienen Katalog der kurfürstlichen Galerie: Nicolas de Pigage, La Galerie Électorale De Dusseldorff Ou Catalogue Raisonné Et Figuré De Ses Tableaux, Basel 1778. Vielleicht waren ihnen auch die beiden vereinfachten Neuauflagen von 1781 und 1805 bekannt.

[215] Die Angaben der obengenannten Reiseführer entsprechen im Wesentlichen den im Bericht von K. Fr. Schaefer an die Regierung Düsseldorf angegebenen Daten, Düsseldorf, 23. Febr. 1817: „Plan zur Vervollkommnung der hiesigen Academie der Künste und zur Errichtung einer Polytechnischen Schule", mit Beilagen (Landesarchiv NRW R, BR 0004, 1524, Bl. 53r–115r). Der Bericht enthält ein „Verzeichniß über die Galleriewürdigen Gemählde, welche der Düsseldorfer Academie der bildenden Künste angehören" (Beilage A, Bl. 101r–103r) und eine: „Allgemeine Übersicht aller Gemählde, Original Zeichnungen und Kupferstiche, die zur Academischen Sammlung gehören" sowie der dortigen Kupferplatten (Beilage D, Bl. 110r–112r, 15r: hier liegt ein Fehler in der Paginierung vor). Darüber hinaus umfasst der Bericht Verzeichnisse der Bilder in Privatbesitz, die in Düsseldorf bereits ausgestellt oder für eine Ausstellung versprochen waren: „Verzeichniß über diejenigen Originalgemählde, welche der Herr Hofkammerrath Beuth in Düsseldorf der Bildergallerie auf bestimmte Zeit leihen wird" (Beilage B, Bl. 104r–105v); „Verzeichniß über eine Sammlung von Originalgemählden, welche dem Architecten Schaeffer angehören" (Beilage B, Bl. 106r–108v); „Verzeichniß über die Gemählde, welche der Herr Kaufmann Gerhard Siebel in Elberfeld, vor der Hand, auf unbestimmte Zeit hier ausstellen wird" (Beilage C, Bl. 109r u. v). Vgl. Hermann Josef Friedrich Beuth über seine Sammlungen an K. Fr. Schäffer, Düsseldorf, 28. Nov. 1816, Abschrift (Bl. 113r–114r).

[216] Im Verzeichnis der Gemälde v. G. Siebel, heißt es: „Eine Madonna mit dem Kinde in einer weit-

Messis,²¹⁷ u. der etwas retouchirte Pietro Χρίςτι.²¹⁸ Auch neuere Bilder, ein Hieronimus von Salvator Rosa,²¹⁹ der Ritter von Velasquez,²²⁰ u.a.²²¹ Die Gypse

läufigen Landschaft. Hub. van Eyk" (Landesarchiv NRW R, BR 0004, Nr. 1524, Bl. 109v). Das Werk wurde später dem Meister mit dem gestickten Laub zugeschrieben; der Verbleib ist unbekannt (Stand 1995). Teichmann, Familie Oppenheim, S. 234, Abb.: S. 228. Vgl. ein Verzeichnis von 26 Bilder Siebels mit Angaben zu ihrem Verbleib (Stand 1995) in: Teichmann, Familie Oppenheim, S. 234 f.

²¹⁷ Quentin Massys, flämischer Maler. Es handelt sich offenbar um eine Version des Gemäldes Die Steuereintreiber aus den 1520er Jahren. Im Verzeichnis der Gemälde von G. Siebel taucht das Gemälde nicht auf, es war jedoch zeitweise in Siebels Besitz, gelangte von dort in die Sammlung Oppenheim und wurde bei deren Versteigerung 1918 verkauft. Der Verbleib ist unbekannt (Stand 1995); vgl. Teichmann, Familie Oppenheim, S. 234, Abb.: S. 228.

²¹⁸ Im Verzeichnis der Gemälde von G. Siebel ist angegeben: „Ein Goldschmied, mit einer Aureola um das Haupt, sitzt in seinem Laden mit vielen köstlichen Sachen umgeben. An der Seite ein Aedelmann mit einer jungen Frau die einen Ring kaufen. Dieses Bild besitzt als eine Seltenheit das Monogramm des Künstlers und die Jahreszahl. J. van Eyck" (Landesarchiv NRW R, BR 0004, Nr. 1524, Bl. 109r). Es handelt sich um: Petrus Christus, Der Heilige Eligius in seiner Werkstatt, 1448 (Teichmann, Familie Oppenheim, S. 228 f., 234 f.).

²¹⁹ Salvator Rosa (1615–1673), italienischer Maler und Dichter. Verzeichnis der Gemälde von G. Siebel, Bl. 109r: „Der Heilige Hieronimus beugt sich vor dem Kreuze. Koloßale Figur. Salvator Rosa" (Landesarchiv NRW R, BR 0004, Nr. 1524, Bl. 109r). Grootes Bruder Joseph vermerkte in seinem Brief v. 5. Dez. 1817 das Bild als Darstellung des Heiligen Antonius von S. Rosa. Der Verbleib des Gemäldes Der heilige Hieronymus ist unbekannt (Stand 1995). Vgl. Teichmann, Familie Oppenheim, S. 234.

²²⁰ Diego Velazquez (1599–1660), spanischer Maler. Verzeichnis der Gemälde von G. Siebel: „Das Bild eines spanischen Aedelmanns in ganzer Figur in übernatürlicher Größe dargestellt. Velasques" (Landesarchiv NRW R, BR 0004, Nr. 1524, Bl. 109r). Der Verbleib des Gemäldes von Velazquez, Junger Edelmann in ganzer Figur, ist unbekannt (Stand 1995); vgl. Teichmann, Familie Oppenheim, S. 234.

²²¹ J. von Groote hatte am 5. Dez. 1817 aus Düsseldorf an seinen Bruder geschrieben: „Auf der Gallerie sind einige sehr schöne, aber viele mittelmäßige Sachen. Unter die schönsten gehören die dir bekannte Himmelfahrt Mariae von Rubens, die die erste Stelle einnimmt, u. sonst in der Stiftskirche hinng. Ein spanischer Ritter in Lebensgröße, auch von einem Spanier, ich glaube, er heißt Velasquez, gemahlt; ein Savator Rosa, einen heiligen Antonius den Einsiedler vorstellend; ein mir ausserordentlich gefallender Quintin Massis, zwey alte Köpfe in Lebensgröße mit Geldzählen und rechnen beschäftigt; – Der angebliche Joh. v. Eyck, ein junges reiches Braut- oder Ehepaar, das zu einem Juwelier kommt, um Kostbarkeiten zu kaufen. Das Bild ist auffallend: Die Köpfe sind sehr schön; allein, es kommt mir in vielen Theilen sehr verdächtig vor. Das Gewand des Juweliers scheint mir ganz neu gemahlt zu seyn. So wie viele kleine Nebensachen, als Ringe mit Steinen, und Koralle, mehrere Poliersteine etc. Die beiden Käufer scheinen aber besser erhalten und ächter zu seyn. Dieses ist das Bild, welches den kölnischen Herrn, die hier waren, namentlich Haxthausen u. Sotzmann so merkwürdig vorkam, weil unten darauf geschrieben steht. Sotzmann hat sich deshalb mit Prof. Schaeffer in Correspondenz gesetzt, u. der ächte Name soll nun durch Kunstwörterbücher ausgemittelt seyn. Schaeffer hat die Buchstaben für Sotzmann treu abgezeichnet, u. deshalb halte ich es für besser, daß ich dich an den verweise als daß ich mich selbst noch einmahl daran gebe, die Schrift nachzumachen. […] Der Inspector Cornelius behauptet, die Kölnischen Kunstrichter haben daraus gemacht: Petrus Christe me etc. – 1449 ist unläugbar. Das Zeichen mag auch wohl zu finden seyn. Wie ich aber schon gesagt habe, ich traue dem Bilde nicht recht. Das schönste aus der altdeutschen Schule und mir von allen das liebste aus der ganzen Gallerie, ist eine

sind nicht so verdorben, als man glaubte. Schaeffer hat dieß ausgestreut, weil man viele davon gegen seine Meinung in die Ausstellung gebracht, u. von Seinen Bildern deshalb einige weggelassen. Wir gehen nun noch in die Bibliothek,[222] wo ich den Bibliothekar Schramm kennen lerne, der zum künftigen Universitäts Bibliothekar bestimmt seyn soll.[223] Auch der Sekretar ist ein artiger Mann.[224] Ich frage nach Handschriften, er hat aber bis jetzt von altdeutschen Gedichten nur ein Lobgedicht auf die Jungfrau Maria gefunden, welches ein Mönch, der sich Hans v. Lothringen nannte, gemacht hat.[225] Es besteht großentheils aus vier- |2v| zeiligen Strophen, u. ist in mehrern Abtheilungen. Der Sekretar hat es fast abgeschrieben u. weiß wohl Bescheid darüber. Ich bitte ihn, eine Anzeige davon an Büsching zu schiken. Der Mönch scheint aus Liebe zur Heiligen Jungfrau einer frühern Geliebten entsagt zu haben, und empfielt diese, ohne sie zu nennen, meist am Schluß jeder Abtheilung der Heiligen Jungfrau. Ausserdem sehn wir

---

Madonna in halber Lebensgröße in einer schönen Landschaft sitzend. Ein Hauptbild, das allein eine Reise nach Düsseldorf lohnt. Es hat sehr entfernte Aehnlichkeit mit Rectors Maria am Brunnen, aber ganz mehr Verwandtschaft mit vielen Bildern in Rectors Gebetbuch. Ich glaube daher gern, daß dieses ein Hubert v. Eyk ist, wofür es ausgegeben wird. Ein Viehstück von Roos und mehrere Sachen der Art, sind gewiß allzeit sehr des Betrachtens werth, aber nicht von so hohem Interesse für uns. Ich denke, du und Fochem kommt einmahl auf einen Tag herüber. Es lohnt auch wahrhaftig die Reise. Der ganze Saal macht einen größern Eindruck, als unsere Ausstellung, weil das Local sich besser dazu eignet, und viele große Bilder da sind. Doch hätte ich unsere Sammlung gegen diese nicht getauscht, aber vieles für die Madonna hergegeben" (Archiv Haus Londorf, Herr von Groote, Familienbriefe, 1.1., Nr. 81). Zum Bild Maria Himmelfahrt von Rubens vgl. das „Verzeichniß über die Galleriewürdigen Gemählde, welche der Düsseldorfer Academie der bildenden Künste angehören": „Eine Himmelfahrt der Heiligen Maria. (Dieses Gemählde blieb beim Gallerieraube zurück, weil man zu viele Schwierigkeiten fand es fortzubringen). Rubens" (Landesarchiv NRW R, BR 0004, Nr. 1524, Bl. 102r). Das Gemälde von 1616–1618 befindet sich heute im Düsseldorfer Kunstpalast. Bei dem von J. Groote genannte „Viehstück" von Roos handelt es sich um: Johann Heinrich Roos, Figurenreiche Landschaft. Im „Verzeichnis der Gemälde von G. Siebel" heißt es dazu: „Der Zug des Erzvaters Jacob mit vielen Figuren und Vieh. Unter dem Bilde Jacobs hat sich der Künstler selbst dargestellt so wie unter den übrigen Figuren seine Familie. Capitales Bild. H. Roos" (Landesarchiv NRW R, BR 0004, Nr. 1524, Bl. 109v). Der Verbleib ist unbekannt (Stand 1995); siehe Teichmann, Familie Oppenheim, S. 234.

[222] 1818 veröffentlichte C. W. Grote eine Beschreibung der Bibliothek: Grote, Fragmente, S. 213–217.

[223] Joseph Schram war seit 1805 an der Düsseldorfer Bibliothek tätig, ab 1818 amtierte er an der Universitätsbibliothek in Bonn (Liewert, Büchersaal, S. 87–97; Faber, Rheinlande S. 58). Vgl. den Bericht Schrams über Geschichte und Zustand der Bibliothek, Düsseldorf, 25. Juni 1817: „Übersicht einiger vorzüglichern Werke und Seltenheiten in der Königlichen Bibliothek zu Düsseldorf" (Landesarchiv NRW R, BR 0004, Nr. 641, Bl. 24r–31r).

[224] Regierungssekretär Pourroy war seit Herbst 1817 als Assistent des Bibliothekars Schram tätig (Liewert, Büchersaal, S. 92–94).

[225] Hans von Lothringen/Bruder Hans, Dichter von Marienliedern, 14. Jh. Die Schrift, die Groote sah, stammt vermutlich aus der Bibliothek des Kreuzherrenkonvents Marienfrede und kam mit dessen Auflösung in die Hofbibliothek Düsseldorf. Das Werk befindet sich heute in der Universitäts- und Landesbibliothek Düsseldorf (Sign. MS-C–93). Ich danke der Universität- u. Landesbibliothek Düsseldorf für ihre Auskünfte.

einige alte gemalte Bücher, von geringem Werth.[226] – Dann alte Drucke. Unter diesen ist merkwürdig ein Traktat vom Heiligen Augustin De singularitate Clericorum, worin der Druckort Coeln, bey Ulrich Zell 1467 steht, u. welches das erste in Cöln gedruckte Buch seyn soll.[227] – Ein andres kleines, ebendaselbst gedrucktes Büchlein, enthält die Beschreibung des Reichstags, den der Kaiser Max anno 1505 in Cöln auf Gürtzenich hielt, verfaßt von einem Rathsherrn Rönngen.[228] – Ueberhaupt scheinen sehr viele u. gute alte Sachen in dieser Bibliothek zu seyn.[229] – Wir sehn Herrn Delbrück daselbst.[230] – Nun gehn wir zu einem Herrn Farina,[231] wo wir einige, doch nicht ganz vorzügliche Gemälde sehn. – Danach zum geistlichen Regierungs Rath Brach,[232] mit dem Joseph zu

---

[226] Siehe Schram, Übersicht: „Seltenheiten" (Landesarchiv NRW R, BR 0004, Nr. 641, Bl. 29v–30v) sowie: „Alte Handschriften" (Bl. 31r).

[227] Schram, Übersicht, Bl. 30v: „Augustini de singularitate Clericor. Colonia per Obicium [ofizin] Zel 1467. – De vera vita cognitione – De vita christiana. Beide bei Faust u. Schöffer in Maynz. – De civitate Dei. Ibidem 1473." Das Werk: Augustinus (Pseudo-Augustinus), De vita christiana. Item de singularitate Clericorum, Coeln 1467, gedr. bei Ulrich Zell, war das erste in Köln gedruckte Buch Zells, in dem das Jahr des Drucks ausgewiesen wurde. Es befindet sich in der Universitäts- und Landesbibliothek Düsseldorf.

[228] Groote verwechselt hier den Verfasser mit dem Drucker, denn er sieht vermutlich: Mertin Fucker, Dit is der koninglicher richsdach in der hilliger Stat Coellen up dem Rijne. Die Flugschrift, die 32 Blatt umfasst, wurde 1505 in Köln von Ludwig van Renchen gedruckt. Es sind nur drei Exemplare der Schrift belegt: in London, Berlin und in der Universitäts- und Landesbibliothek Düsseldorf. Zu Ereignis und Schrift: Merlo, Haus Gürzenich, S. 35–47; zu Ludwig von Renchen: Schüling, Drucker, 1992.

[229] C. W. Grote 1818 zur Sammlung: „Daß der größte Theil dieser Bücher, dem Ursprunge ihrer Erwerbung gemäß, in das Fach der Hagiologie der katholischen Kirche gehört; daß sich darunter mehrere alte Handschriften und alte Drucke, zumal seltene Ausgaben von Bibeln und Kirchenvätern, Legenden, Homilien, Missalen, Vokabularien, Chroniken, u.s.w.; sodann die Hauptwerke der scholastischen Philosophie, und der biblischen Philologie, und eine beträchtliche Anzahl merkwürdiger ascetischer, mystischer, liturgischer, polemischer, jesuitischer und antijesuitischer, und überhaupt das Kirchenrecht, die Dogmen- und Kirchengeschichte älterer und neuerer Zeit beleuchtender Schriften; ferner mehrere Editiones principes der Klassiker, und der ältern Commentarien derselben, mehrere wichtige philologisch-antiquarische, auch ältere naturhistorische, medicinische, archäologische, mathematische, astrologische, geographische, und manche seltene ästhetische, ethologische und bibliographische Werke befinden, versteht sich von selbst. Vernehmlich sollen die Vorarbeiten des Katalogs nunmehr vollendet seyn" (Grote, Fragmente, S. 216 f.). Zur Entwicklung der Düsseldorfer Bibliothek ab Juli 1816 bis Ende 1817: Landesarchiv NRW R, BR 0004, Nr. 641, Bl. 15r–34r.

[230] Regierungsrat Delbrück hatte im Sommer 1817 gegen den Plan, die Bibliothek zu teilen, Einspruch erhoben und sich für ihren Verbleib in Düsseldorf eingesetzt (Liewert, Büchersaal, S. 90 f.).

[231] Vermutlich: Julius Caesar/Cäsar Farina, Kaufmann für Galanteriewaren und Parfüm, ein Verwandter der in Köln lebenden Familie Farina. Mindel, Wegweiser, S. 42: „J. J. Maria Farina, Galant. Choc., Eau de Cologne, Alte Markt 728."

[232] Der katholische Geistliche und Pädagoge Johann Vinzenz Joseph Bracht amtierte seit 1802 als Schulrat im Herzogtum Berg, 1816 wurde er in Düsseldorf zum Regierungs- u. Schulrat ernannt, 1820 bis 1840 war er als Konsistorial- und Schulrat tätig. Er gehörte zu den reformorientierten Bildungspolitikern in der Region (Thielen, Partizipation, S. 549 f.; Apel/Klöcker, Schulwirklichkeit,

thun hat, u. ihn als einen verschlagenen, schlangenartigen, auf sonderbare Weise den Protestanten zugethanen katholischen Geistlichen schildert, wie wir ihn zum Theil auch finden. Er hat schöne Zeichnungen nach Rubens Galleria Mediges,[233] von einem dessen besten Schüler, u. einige andre. |3r| Joseph ärgert sich, weil er in seinem Geschäft noch immer nicht mit ihm fertig werden kann.[234]
Wir gehn noch ein wenig im Hofgarten,[235] begegnen nachher Metternichs, die uns sehr bitten, doch auf den Ball zu kommen, gehn zu Tisch, u. gleich nachher, die Farben für Jette Geyr[236] zu kaufen; |:–15:| dann zu Schulte den wir nicht finden, u. auf den Abend zu uns bestellen; nun in die Gallerie, wo uns Thelott erwartet. Mit ihm gehn wir dann nach Haus, um seine Arbeit an dem Kupfer nach unserm Peter von Rubens zu sehn,[237] die schon weit vorgerückt ist, u. gewiß

S. 19; Speth, Aufklärung, S. 53; Pilger, Entwicklung, S. 20). Bracht wohnte 1817 am Lambertus Kirchhof 139 (Mindel, Wegweiser, S. 25).

[233] Vermutlich: P. P. Rubens, Bilderzyklus von 24 Gemälden zum Leben von Maria de Medici und Heinrich IV., gedacht für das Palais du Luxembourg in Paris. Rubens erhielt den Auftrag im Herbst 1621.

[234] J. von Groote klagte in einem Brief an seinen Bruder über die langweilige Arbeit, mit der er in Düsseldorf beauftragt war. Sie „vertrocknet und vermopst einem das Gehirn dermaßen, daß Hände und Füsse auch für jede andere, als die verdammte Dienstbarkeit steif und unbeholfen werden. So habe ich denn nun seit vollen vierzehn Tagen gesessen entweder mit ungeheuern Aktenstössen von drei Jahrhunderten her umlagert, oder, wenn ich mich durch diese durchgebissen hatte, gequält von der Unverdaulichkeit der Brocken, die ich bei dieser Arbeit verschlungen hatte, oder oft auch geängstigt durch die Lücken, die ich nach allem Fraß und Füllerei noch in dem Aktenmagen spürte, und zu deren Vollstopfung ich die Materialien nicht beizuschaffen wußte. [...] Indessen fängt es doch an, mir klar vor den Augen zu werden, und ich empfinde, daß das ärgste, wenn ich nicht rückfalle, überstanden ist. – Bei diesen Umständen magst du dir vorstellen, daß ich von den Freuden, dir mir mein hiesiger Aufenthalt verschaffen könnte, wenig genossen habe" (J. von Groote an E. von Groote, Düsseldorf, 4. Dez. 1817; Archiv Haus Londorf, Herr von Groote, Familienbriefe, 1.1., Nr. 81).

[235] Rosenwall, Ansichten, S. 153: „Der Hofgarten, der einst weit größer gewesen seyn soll, hat ohne sehr gekünstelt zu seyn, viele angenehme und schattigte Parthien. Er ist der Sammelplaz der hiesigen feinen Welt, die sich darin zu allen Tageszeiten sehr zahlreich einfindet." Vgl. auch: Demian, Handbuch, S. 375.

[236] Vermutlich kaufte Groote Malfarben.

[237] Der Maler und Kupferstecher E. C. Thelott hatte 1815 eine Radierung nach dem Gemälde von Rubens, Kreuzigung des Petrus geschaffen, seit einiger Zeit arbeitete er an einem entsprechenden Kupferstich, war allerdings mit der Fertigstellung im Rückstand. Köln. Zeitung, Nr. 18, 1. Febr. 1817: „Ich halte mich verpflichtet, meinen Herren Subscribenten anzuzeigen, dass unvorhergesehene Hindernisse so wohl als die Absicht der erwarteten Vollkommenheit möglichst zu entsprechen, die Heraugabe des Kupferstichs, die Kreuzigung des h. Petrus, nach Rubens, vorstellend, bis zum künftigen Monat Juli verspäten werden. Daher finde ich mich bewogen, das Ziel der Subsciption bei allen in dem Prospectus bezeichneten Buchhandlungen (für Köln bei Hrn. Th. F. Thiriart) bis Ende k. M. März auszusetzten. Düsseldorf den 26. Jänner 1817. Prof. Thelott." Joseph von Groote hatte seinem Bruder am 5. Dez. 1817 aus Düsseldorf mitgeteilt: „Thelott, der mich auf die Gallerie begleitete, sitzt fleißig über seinem Petrusbilde. Er scheint sich daran recht zeigen zu wollen. Die Platte ist in Grabstichel Manier mit ungeheurem Fleiß, und, wie ich davon urtheilen kann, ganz in dem kräftigen Geiste des Originals gearbeitet. Ich verspreche mir viel davon und

recht gut wird. – Noch gehn wir später zu Schaefer,[238] wo wir aber im Dunkel nur wenig mehr sehn können. Er ist immer noch in seinem wunderlichen Pomadewitz, u. will sich, wie er sagt, nun in Cöln niederlassen. Abends gehe ich noch einen Augenblick zu Metternich, die aber über Nette Wenge's Heyrath nichts sagen. Vor dem Ball fahren wir noch zu Pestel;[239] der Ball wird nach u. nach ziemlich zahlreich. Jette Ammon ist das interessanteste Mädchen daselbst. Die adlichen Familien nehmen eine wunderliche fremde Stellung gegen die Uebrigen. Militair ist wenig. Ich freue mich, die Familie Ammon, besonders Fritz, wieder zu sehn. Dann ist von Bekannten noch Hilgers,[240] Sandt etc. da. Es wird wacker getanzt. – Wir nehmen nachher etwas zum Nachtessen, u. fahren mit einigen Offizieren, die Joseph kennt, nach Haus.[241] |:–15:|

---

habe mich deshalb hinter den Kupferdrucker gesteckt, daß er mir einen der allerbesten Abdrücke verschaffe, welches er mir heilig versprochen hat" (Archiv Haus Londorf, Herr von Groote, Familienbriefe, 1.1., Nr. 81). Siehe auch Wallrafs Aufsatz: Die Kreuzigung des Petrus. Beschreibung der gestochenen Abbildung. Er erschien in der kleinen Druckschrift: Getreue nach dem Original fein in Kupfer gestochene Abbildung, die 1815 zur feierlichen Rückführung des Gemäldes in die Kölner St. Petruskirche veröffentlicht wurde. Siehe auch: Wallraf, Kreuzigung, 1861; Neudruck in: Rubens in Köln, 2015. Zu Thelott vgl. K. Fr. Schäffer an Regierung Düsseldorf, Düsseldorf, 18. Dez. 1816, Bericht über die Situation der Akademie: „Herr Professor Thelott unterrichtet in freyem Zeichnen, und zählt, nebst dem Herrn Inspector Cornelius, 89 Schüler. Täglich früh von 11 bis 12 Uhr Zeichnen nach guten Originalen. Im Sommer Abends von 5 bis 7 Uhr Zeichnen nach der Antike – so späth, weil die Sonne da erst von den Fenstern des Saales weg ist (!) Im Winter Abends ebenso im Zeichnen nach der Natur. 14 Schüler, die schon junge Künstler zu nennen sind, nehmen daran theil. Feyertags und Sonntags Nachmittags von 2 bis 3 Uhr ist Unterricht an junge Handwerker. Herr Professor Thelott ist ferner verbunden angehende Kupferstecher auf seinem Zimmer arbeiten zu laßen, und da für ihre förmliche Ausbildung Sorge zu tragen. Ihm ist endlich die Inspection über die Kunstsammlung vertraut, welche Zeitaufwand kostet. Der Mannn will leben und versäumt seinen Erwerb um der öffentlichen Sache willen" (Landesarchiv NRW R, BR 0004, Nr. 1524, Bl. 46v u. 47r). Siehe auch: Steckner, Kölner Bilder, S. 179; Nagler, Künstler-Lexicon, Bd. 18, S. 301.

[238] K. Fr. Schäffer wohnte im Akademiegebäude.

[239] Philipp von Pestel, 1816 bis 1831 Regierungspräsident in Düsseldorf, residierte in der Mühlenstr. 207, dem ehemaligen Statthalterpalais (Mindel, Wegweiser, S. 25; Romeyk, Verwaltungsbeamten, S. 666).

[240] Lieutenant Heinrich Joseph Philipp Johannes von Hilgers. Vgl. Anna Lucia Philippina von Kempis an Ph. von Kempis, Köln, 10. Jan. 1817: Hilgers sei „noch eher dicker, als magerer geworden, jetzt steht er in Düsseldorff" (Archiv von Kempis, Best. Kendenich, Nr. 854).

[241] Joseph von Groote hatte seinem Bruder am 4. Dez. 1817 über sein geselliges Leben in Düsseldorf berichtet: „Ammon und Trips habe ich am meisten besucht. An der Jette kann man sich nie satt sehen, und mit der Trips kann man sich nie ausreden. Am Sonntag habe ich mit einem hiesigen Herrn bei Trips gegessen, und brachte den ganzen Nachmittag bis sieben Uhr da zu. Dann ginng ich zu Ammon, wo ich wußte, daß Hymmen mit seiner Luise war. Die beiden sind wie die Kinder zusammen; sie lachen unaufhörlich über sich selbst und über ihre Seeligkeit. Es ist eine wahre Lust um sie zu seyn. – Am Dienstag war hier ein lederner Ball, ich glaube der erste – sechszehn Paare waren mit Mühe zusammenzutreiben und von den Honoratioren war, wie allzeit, niemand da. [...] Im Theater, wo ich der Sargine [vermutlich: Sargines, ou l'élève de l'amour. Comédie en quatre actes, Nicolas-Marie Dalayrac u. Jacques-Marie Boutet de Monvel], und gestern Abend, dem

Den 17. Decembris [1817].

Früh schon beendigt Joseph mit Herrn Brach, der zu |3v| ihm kommt, seine Geschäfte; Rektor berichtigt mit dem Kupferdrucker Schulte[242] unsere Rechnung. Joseph bezahlt einstweilen unsre Zehrrechnung. |:Fr. 2–:| Trinkgeld dem fidelen Hausknecht; u. nun fahren wir ab, unterhalten uns im Wagen bey dem schändlichen Wetter recht gut; essen in Opladen zu Mittag, wobey uns die liebliche Sophie Schweb bedient, und, wie mir scheint, allen 3 Reisegenossen, selbst dem geistlichen Herrn, gar wohl gefällt. Die Reise geht langsam.[243] Wir fahren in Deutz gegen doppelt Fährgeld über, weil die letzte Brücke schon weg ist, u. kommen gegen 7 U. zu Haus an, grüßen die Schwestern u. gehn später auch nach Solms, wo große Gesellschaft ist. Der Graf ist sehr freundlich. Ich unterhalte mich lang mit Graf Westphal, der besonders in den Westphälischen Familien, namentlich in der Wengischen, wohl Bescheid weiß, von Thresette genau Notiz hat, Nette sehr lobt, etc. Wir kommen gegen 10 ½ nach Haus, u. finden Vater u. Geschwister recht wohl. Die Reise Kosten sollen erst berechnet werden. |:Fr. 32.13:|

Den 18. Decembris [1817].

Ich bringe langsam meine Sachen wieder etwas in Ordnung, u. schreibe an meinem Tristan. Nach Tische bringt mir ein Herr Gussenhoven die von Herrn Holtzmacher aus Aachen geschickten alten Domquittungen, die aber alle aus dem 16. Jahrhundert sind. Ich sehe die alten Abrechnungen mit Paul Engel durch, finde aber keinen Akt, der mir vor Gericht |4r| etwas nutzen könnte. – Um 7 Uhr gehe ich ins Conzert, wo sich unter andern zwey brave Clarinettisten hören lassen.[244] – Herr Schieffer sagt mir, Sophie Goerres solle einen Herrn

---

Clemens Metternich zu lieb, ein Stück von Graf Benjowsky, einer Kotzpoesie, ansah, erscheint mir das Volk, wie Wilde, denen man Glasscherben und anderes Blendwerk darreicht. Sie haschen danach mit Ungestüm, und halten solchen Bettel für ächte Waare. Das gestrige Stück und Spiel war zum Kotzen schlecht, und doch war des Zuklatschens kein Aufhören." J. von Groote berichtete auch von Einladungen zur Jagd, von Verhandlungen mit dem Kupferdrucker Schulte und bat darum, ihm sein Gewehr zu schicken (Archiv Haus Londorf, Herr von Groote, Familienbriefe, 1.1., Nr. 81). Vgl. dazu die Antwort: E. von Groote an J. von Groote, Köln, 8. Dez. 1817. Siehe Briefe u. Schriften.

[242] Zu den Abrechnungen mit dem Kupferdrucker Schulte: J. von Groote an E. von Groote, Düsseldorf, 5. Dez. 1817 (Archiv Haus Londorf, Herr von Groote, Familienbriefe, 1.1., Nr. 81) u. E. von Groote an J. von Groote, Köln, 8. u. 9. Dez. 1817. Siehe Briefe u. Schriften.

[243] Demian, Handbuch, S. 388: „Von Sohlingen führt eine schöne Kunststrasse nach Langenfeld, wo man auf die von Düsseldorf nach Köln ziehende Poststrasse gelangt. Man folgt nun dieser Postroute und erreicht nach einer halben Stunde das schöne Kirchdorf Opladen, welches 510 Einwohner hat, und der Sitz einer Kreisbehörde ist. [...] Von Opladen zieht die Heerstrasse theils durch öde Haiden, theils durch schöne Acker-Felder nach Mühlheim am Rhein, von wo es noch dreyviertel Stunden bis Deutz und Köln sind."

[244] Köln. Zeitung, Nr. 201, 18. Dez. 1817: „Köln, 17. Dez. Die rühmlich bekannten Klarinettisten bei

Forsheim aus Bonn heyrathen.²⁴⁵ – Mir ist seit mehren Tagen wieder gar unwohl zu Muth.

Den 19. Decembris [1817].

Dumont hat mir Hagens u. Büschings Grundriß der Geschichte der altdeutschen Poesie²⁴⁶ geschickt, den ich mit zum Buchbinder nehme.²⁴⁷ Ich hole bey Joseph die Nürnberger Chronik,²⁴⁸ die Herr Heinen zurück begehrt.²⁴⁹ Vor der Sitzung gehe ich noch zu Nückel, mit ihm wegen unsrer Sachen zu reden. Er will sich vom Appellhof die Papiere zurückgeben lassen, um ausführlicher die Sache mit mir überlegen zu können. – An der Regierung schreibe ich den Bericht wegen der Handschriften u. Urkunden nochmal ins Reine; übrigens ist da wenig Interessantes. Wir kommen spät nach Haus. – Abends kommt die Kutschers Frau ihr Geld für die Farth nach Düsseldorf zu holen. Sie verlangt Rth. 2 mehr, weil sie behauptet, nur auf 2 Tage akkordirt²⁵⁰ zu haben. Nun erhält sie 14 Rth., der Knecht 2 Rth., macht 16.

---

    der kaiserl. russischen Hofkapelle, Herren Brüder Bender (aus Koblenz gebürtig), sind hier angekommen, und werden nächsten Montag ein Konzert geben." Wahrscheinlich fand das Konzert am 18. Dezember im Lempertz'schen Saal statt, wo auch das Konzert am Montag, den 22. Dezember aufgeführt wurde.

²⁴⁵ Sophie Görres, geboren 1802, Tochter von Joseph Görres u. Maria Katharina von Lassaulx heiratete 1824 Johann Baptist Joseph Steingaß (Binder, Erinnerungen, S. 404–406; Fink-Lang, Görres, S. 205, 217 f.).

²⁴⁶ Fr. H. von der Hagen u. J. G. Büsching, Literarischer Grundriß zur Geschichte der Deutschen Poesie von der ältesten Zeit bis in das sechzehnte Jahrhundert, Berlin 1812. Aus der Vorrede, S. III: „Der Zweck dieses Werkes ist eine literarische Grundlage zu einer ausgeführten Geschichte der älteren Deutschen Poesie. Nur die Werke und Überbleibsel, welche dieser angehören, d.i. innere und zugleich äußere poetische Form haben, kommen hier in Betracht: beides ist urspünglich unzertrennlich, und die poetische Prosa, so wie prosaische Poesien, sind neue Undinge. Der bei weitem größte und bedeutendste Theil der Deutschen Literatur bis in das sechzehnte Jahrhundert, gehört der Poesie an, und dieser ganze Zeitraum ist vorzugsweise der poetische; denn die eigentliche Bildung der Prosa fällt erst in's funfzehnte und sechzehnte Jahrhundert, zugleich mit der Buchdruckerkunst". Zu Büschings Biografie und seiner Bedeutung als Sammler „altdeutscher" Gemälde: Krüger, Frühe Sammler, S. 338–357.

²⁴⁷ Das Kölner Adressbuch von 1813 (S. 236) führt 22 Buchbinder (relieurs) auf, das Adressbuch von 1822 (S. 319) 31 Buchbinder.

²⁴⁸ Hartmann Schedel, Register des Buchs der Croniken und Geschichten mit Figuren und Pildnussen von Anbeginn der Welt bis auf dise unnsere Zeit, Nürnberg 1493. Die Nürnberger Chronik oder Schedelsche Weltchronik wurde von Hartmann Schedel geschaffen und 1493 in einer deutschen und einer lateinischen Ausgabe in Nürnberg gedruckt. Die ca. 1.800 Holzschnitte stammen von Michael Wohlgemut und seiner Werkstatt.

²⁴⁹ Hermann Josef Heinen, ehemaliger Hauslehrer der Familie von Groote, 1811 Pfarrer in Rheindahlen, 1814 in Hasselsweiler.

²⁵⁰ akkordieren: vereinbaren, sich geeinigt haben.

Den 20. Decembris [1817].

Ich schreibe an Herrn Pastor Heinen, der seine Nürenberger Chronik zurückverlangt hat, dann an Herrn Archivar Holzmacher in Aachen, wegen der Domurkunden; dann noch am Tristan. Gegen Mittag kommt Herr v. Haysdorf. Er war in Wien, u. will wissen, daß Oestereich ganz |4v| den Franzosen Elsas nehme, u. dann alle Rückstände für dieselben übernehme. Er bleibt bey uns zu Tische. Um 5 ½ kommt Joseph zu mir, gegen 7 gehn wir zusammen nach dem Ball, der ziemlich hübsch ist. Die Gräfinn Solms fürchtet [sich] auch vor dem Gerüchte, daß der Graf versetzt werde.

Den 21. Decembris [1817]. Sonntag.

Während ich am Tristan schreibe, kommt der Canonicus Lüninghausen, wegen des Ankaufs der Canonikalhäuser.[251] Nach der Dommesse ist das Wetter gar zu schlecht, u. ich gehe stille nach Haus zurück. Nachmittag gehe ich zu General von Mylius, der mir nun gradezu sagt, er werde bey weiterer Auseinandersetzungen unserer Geschäfte bis zu Ankunft seines Sohns verschieben,[252] der gegen 3 Königen kommen soll. Infame Verschleppung! Später gehe ich mit Joseph zu v. Auer; dann aber nicht mit [einige Worte gestrichen] zu Witthof,[253] wohin die Schwestern geladen sind, sondern zu v. Kempis; dem es ziemlich gut geht. Die Madame Skeni[254] mit ihren Töchtern ist da; eine rechte Klatschpartie. – Ich gehe zu spät weg, um noch zu Witthof zu gehn, wo es recht schön gewesen seyn soll.

Den 22. Decembris [1817].

Ich mache die Nürenberger Chronic (von Hartman Schedel 1493) zurecht, um sie Herrn Heinen |5r| zurückzuschicken. In der Sitzung heißt es, der Fürst Staats-Kanzler werde hierhinkommen,[255] u. nicht in Engers oder Godesberg bleiben.

---

[251] Kanonikalhäuser: Gebäude, die von den Kanonikern eines Dom- oder Stiftskapitels bewohnt wurden. Während der Säkularisation wurden die Gebäude verstaatlicht und damit zu Domänen, die umgenutzt oder verkauft werden konnten.

[252] Satz sic.

[253] Möglicherweise: Familie des Kaufmanns Franz Joseph Witthoff und seiner Ehefrau Cäcilia, die in der Breite Str. 4 wohnte, einem 1780 errichteten Gebäude (Vogts, Kölner Wohnhaus, Bd. II, S. 759). Fr. J. Witthoff starb 1818 (Sterbetabelle für 1818; HAStK, Best. 540, A 17). Die Familie Witthoff hatte eine enge Verbindung zur Familie von Wittgenstein; Personalnotizen, 1815: „Witthoff. Großhändler und Spediteur. Ein rechtlich geschickter Mann. […] protegirt von v. Wittgenstein" (Landesarchiv NRW R, BR 0002, Nr. 1534, Bl. 44r). AK 1822: Cäcilia Witthoff, Witwe, Firma Heinrich Josef von Wittgenstein.

[254] Susanne Jakoba Theodora Skene, Witwe des 1794 gestorbenen Alexander Skene. Das Ehepaar hatte drei Töchter: Johanna Carolina, Johanna Catharina und Louisa Jakoba Skene.

[255] Vgl. Köln. Zeitung, Nr. 200, 16. Dez. 1817: „Berlin, 9. Dez. Des Herrn Fürsten Staatskanzlers von Hardenberg Durchlaucht sind nach den Rhein-Provinzen von hier abgegangen. Der Professor

Ich erhalte einen breiten Brief von Levin v.d. Wenge. Nach Tisch erhalte ich einen gar frommen Brief von Frau v. Schenkendorf, die in unserer Kirche einige Seelenmessen für den verstorbenen Max begehrt. Sonderbar![256] Doch der Vater, dem ich den lieben Brief vorlese, willigt gleich ein, am Elend ein ordentliches Seelenamt für unsern verewigten Freund zu halten. – Abends gehe ich zu v. Mylius auf das Rathhaus wegen der Adresse von Coblenz.[257] Er hält es nicht für gut, Unterschriften dazu zu sammeln. Er sagt mir zuerst, daß in den Rheinischen Blättern ein Aufsatz für Ständische Verfassung in Darmstadt gestanden, der darin öffentlich dem Grafen Solms zugeschrieben seye.[258] – Ich gehe in das Con-

---

Doktor Koreff hat auf Verlangen des Fürsten Staats-Kanzlers die Erlaubniß erhalten, denselben in die Rheinprovinzen zu begleiten, der Fürst verdankt seine Genesung der treuen und einsichtsvollen Sorgfalt desselben und hat daher gewünscht durch ihre Fortsetzung die möglichste Befestigung seiner Gesundheit bewirkt zu sehen." Rh. Blätter, Nr. 201, 18. Dez. 1817: „Nach Briefen aus Berlin sollen einige Veränderungen im Ministerium die Abreise des Fürsten von Hardenberg verzögert haben. Ein Theil seiner Bedienung ist aber schon am Rheine angekommen und befindet sich im Schlosse zu Engers, welches der Herr Staatskanzler bewohnen wird. Öffentliche Nachrichten aus Berlin vom 9. zufolge, hatte derselbe die Reise nach den Rheinprovinzen nun wirklich angetreten." Ein ausführlicher Artikel in den Rh. Blättern, Nr. 191, 30. Nov. 1817 unter dem Titel „Köln, vom 24. Nov." schilderte die Enttäuschung der Rheinländer durch die bisherige preuß. Politik und die Erwartungen, die man an Hardenberg knüpfte. Als Fazit hieß es: „Vieles ist geschehen, was man hätte vermeiden können, Nichts, was nicht wieder gut zu machen wäre. [...] Man lasse uns nur unser eignes Leben, unsre Art zu seyn und uns auszusprechen, wie man uns unsren Himmel, unsren Boden und unsre Vergangenheit lassen muß. [...] Ich will nicht sagen, daß Europa über einem Vulkan liege, daß wir auf einer geladenen Mine stehen; aber sagen darf und muß man, daß sich viel, sehr viel geändert hat; daß die Menschen nicht mehr sind, was sie waren; daß sie andre Begriffe und Bedürfnisse haben, und daß bedenkliche Zeichen eine bedenkliche Zeit verkünden. Sollen wir von Preußen fürchten, daß es diese Zeit und diese Menschen nicht begreife, da es in ihr und durch sie so Großes gethan? Nein voll Hoffnung und Vertrauen sehen wir der Zukunft entgegen, und die Anwesenheit des Fürsten Staatskanzlers in unsren Landen wird in unsrer Geschichte eine wichtige Epoche bilden, auf welche die späte Nachwelt noch segnend blicken wird." Vgl. Mainzer Zeitung, Nr. 154, 25. Dez. 1817: „Mainz, vom 23ten Dezember. Gestern hat uns Se. Durchlaucht der Fürst von Hardenberg, welcher am Sonntage angekommen war, wieder verlassen, um sich nach Rheinpreußen zu begeben, wo niemals ein Staatsmann mit größerem Verlangen erwartet wurde. Das Zutrauen der dortigen Rheinländer in seine liberalen Gesinnungen, in seine Erfahrung, ist unbeschränkt, und wird durch die wohlthätigsten Resultate gerechtfertigt werden. [...] Es giebt kein zutraulicheres und gehorsameres Volk als die Rheinländer, wenn man ihm gleichfalls Zutrauen beweißt und einzuflößen versteht. [...] Für Preußen ist es aber von unverkennbarer Wichtigkeit, diese große westliche Provinz, nicht allein auf der Karte, sondern im Geiste mit sich zu vereinigen, und wer vermöchte das besser, als der Staatsmann, dessen Weisheit sich nicht allein für das preußische Reich, sondern selbst für Europens Ruhe so kräftig bewieß?" Der Artikel erschien – gekürzt um eine darin geäußerte Kritik an der preuß. Politik, in: Welt- u. Staatsbote zu Köln, Nr. 207, 28. Dez. 1817.

[256] Max von Schenkendorf war protestantischer Konfession.
[257] Groote bezieht sich auf die von Görres vorbereitete Petition, für die dieser Unterschriften sammelte.
[258] In den Rh. Blättern, Nr. 195, 7. Dez. u. Nr. 196, 9. Dez. 1817 erschien unter dem Titel „Darmstadt vom 4. Dez." ein zweiteiliger Artikel zur neuen Justizverfassung im Großherzogtum Hessen-

zert der Herrn Bender, die sehr gut Klarinette spielen.[259] |: Fr. 3:| Eine verfluchte Praxis haben nun die Mädchen angenommen; keine Engagements auf Tänze zu nehmen, sondern alles hinzuhalten, um die Wahl zu haben. Man sollte doch gar nicht tanzen, als wenn man verliebt ist, u. nur mit seinem Mädchen.

Den 23. Dec*embris* [1817].

Ich arbeite an meinen Sachen bis gegen 11 ½, wo ich mit Joseph zur Gräfinn Solms gehe. Dort sind viele Leute zum GeburtstagsCompliment.[260] Nachher

---

Darmstadt. In Nr. 197, 11. Dez. 1817 hieß es unter dem Titel „Das politische Treiben in Deutschland": „Die Mainzer Zeitung sagt in einem Artikel aus Darmstadt vom 2. Dezember: ‚Während der Herr Graf Friedrich von Solms-Laubach sich hier befindet und mit dem Großherzog von Hessen über die künftigen staatsherrlichen Verhältnisse der Standesherren unterhandelt, zirkuliert in sämmtlichen Gebieten der Mediatisirten eine Vorstellung an den Bundestag, mit der Bitte um die schleunigste Konstituirung der Landstände." Dazu: Fr. L. Chr. zu Solms-Laubach an E. Ch. zu Solms-Laubach, Köln, 28. Dez. 1817: „Den saubern Zeitungsartikel habe ich gelesen. Ihm ist ein noch saubrer, wo ein Darmst. Pferdefuß herausgukt, am 22. in der Mainzer Zeitung gefolgt, worüber ich aber in einem vertraulichen Brief nach Darmstadt bitter Lauge gegoßen habe. Wir wollen nun sehen, wie es weiter her geht" (Privatarchiv d. Grafen zu Solms-Laubach, XVII, 106, Nr. 337). Vgl. Mainzer Zeitung, Nr. 154, 25. Dez. 1817: „Darmstadt, vom 22ten Dezember. Ein in Nro. 146 der Mainzer Zeitung eingerückter Artikel, datirt von Darmstadt den 2ten Dezember, giebt die Nachricht: ‚daß der Herr Graf Friedrich von Solms-Laubach sich dort befinde und mit dem Großherzog von Hessen über die künftigen staatsherrlichen Verhältnisse der Standesherren unterhandle.' Man hört viele Dinge in der Welt, von denen man nur die Hälfte glauben darf. Dieses alte Sprichwort findet auf den vorliegenden Artikel seine buchstäbliche Anwendung. Wahr ist nemlich dessen erste Hälfte: es ist gewiß, daß sich der Herr Graf zu jener Zeit in Darmstadt befunden hat. Falsch ist aber die letzte: daß mit des Großherzogs königliche Hoheit der Herr Graf über bemerkten Gegenstand unterhandelt habe, oder sich auch nur in dem Falle hätte befinden können, zu unterhandeln. […] Der Einsender des Artikels vom 2ten d. hat […] entweder die wahren Verhältnisse nicht gekannt, oder nicht kennen wollen." Zeitungs-Bericht der Reg. Köln für November, 9. Dez. 1817: „Im Großherzogthum Darmstadt ist die neue für die alten und neuen Provinzen möglichst gleichförmige Justiz Verfassung zu Stande gekommen, deren Grundzüge aus öffentlichen Blättern bekannt sind. Um so mehr hält man sich auch in den Königlich Preußischen Rhein Provinzen zu der Erwartung berechtigt, daß damit nicht länger werde gezögert werden" (GStA PK, I. HA Rep. 89, Nr. 16278, Bl. 171v). Der Bericht ist auch von Groote unterzeichnet.

[259] Köln. Zeitung, Nr. 203, 21. Dez. 1817: „Morgen den 22. Dez. 1817 werden die Gebrüder Bender, erste Klarinettisten der russisch-kaiserlichen Hofkapelle zu St. Petersburg, im Saale bei Hrn. Lempertz aufm Domhof, Ein Vokal- und Instrumental-Konzert zu geben die Ehre haben. Erste Abtheilung. 1) Simphonie, von Haydn. 2) Konzertante für zwei Klarinetten, komponirt von Bender jun., vorgetragen von ihm und seinem Bruder. 3) Adagio und Polonaise, komponirt von Hrn. Meell, vorgetragen von Gebrüder Bender. Zweite Abtheilung. 4) Ouverture. 5) Romanze über das Gedicht: ‚Die Sehnsucht,' von Schiller, mit obligater Klarinette, komponirt von Mad. Bender, begleitet von Bender jun. 6) Fantasie über verschiedene Schäferlieder, unterbrochen von einer herannahenden Jagdmusik, für zwei Klarinetten, komponirt von Bender jun., vorgetragen von ihm und seinem Bruder. Billets sind zu 3 Franken im Kassino auf dem Neumarkt und Abends an der Kasse zu haben. – Anfang um 6 Uhr."

[260] Henriette zu Solms-Laubach wurde am 23. Dez. 1776 geboren. Ihrem Sohn Otto in Berlin berich-

wollten wir zu Westphal u. v. Hagen gehn, finden aber keinen. Zu Haus ist ein Hauptmann v. Holleben, der uns zum Militairball |5v| einladet. Dann ist der nun mehrige Major Schoenermark[261] da, der mit einem Militairtransport nach Trier durchgeht. Er bleibt bey uns zum Essen nebst einem andern Offizier, den er bey sich hat. Er steht nun in Bielefeld ohnweit Münster. Abends um 6 gehe ich zu v. Harff, wo die Unterhaltung in 2 elenden, zum Theil abgeschmackt zotenhaften Lustspielen besteht, die in ächt Berliner Geschmack, von der Familie Frege u. Stolzenberg als Anführerinnen des Ganzen, dann 2 Frl. Mylius, Madame Mertens, Oettinger, Brandt, Arens, Klenze, u. v. Sandt aufgeführt werden. Gott behüthe uns vor dem Einreißen solcher Liebhaberey. – Mir ist überdieß so hypochondrisch im Leibe, daß ich froh bin, um 10 zu Haus zu seyn. Walter u. Mühlenfels waren bey mir. Ersterer verlangte angelegentlich meinen Faust.[262]

Den 24. Decembris [1817].

Haarschneiden. |: –18 :| – Die Sitzung dauert bis gegen 2. Zu Haus finde ich Herrn Rektor Busch, mit dem ich die Exequien für Max v. Schenkendorf verabrede, die aber wohl erst Sonnabend über 8 Tage können gehalten werden. – Nachher kommt Herr Brasser[263] wegen des Meteorsteines von Chladni, der ihm von Noeggerath[264] ist geschildert worden. – Dann bringt Waltzer die Rahmen zu dem Lebrunschen Bild u. die Nota von 334 Fr. – Nach 5 gehe ich in die Jesuiten Kirche ad + u. von da gleich wieder nach Haus, wo ich noch in Taulers Ser-

---

tete sie am 29. Dez. 1817: „Nun will ich dir auch erzählen auf welche Art ich meinen Geburtstag zugebracht habe, ich war des Morgens ziemlich trübe erwacht, wegen dem abermahligen Uebelsein der guten Tante, ich wurde aber doch zum Frühstück zu ihr gerufen, wo mich der Vater, deine Geschwister und Karl Roedelh. erwarteten und sie mir alle ihre hübschen Geschenke überreichten; bis 1 Uhr Mittags wurde es nun in meinen Zimmern von Gratulanten nicht leer; auf den Abend war ich zu Frau von Harff gebethen und wurde dadurch verstimmt daß ich diesen Tag nicht mit der Tante u. den Kinder zubringen sollte, es wurde aber fast darauf bestanden ich müßte hin, wie groß war also meine Verwunderung als ich hinkam und man mir meldete es wäre eine Schauspieler Gesellschaft angekommen, welche uns unterhalten wolle. Es war in einen Saale ein niedliches Theater aufgeschlagen, das Spiel begann und ich erkannte unter dem Personale lauter Freunde und Bekannte die alle ihre Rollen ganz herrlich auffführten, so daß die ganze Gesellschaft sich vortrefflich unterhielt" (Privatarchiv d. Grafen zu Solms-Laubach, XVII, 199, Nr. 18).

[261] Schoenermark, den Groote bereits länger kannte, war 1816 zum Ingenieurdienst kommandiert worden (Zander, Befestigungs- und Militärgeschichte, Bd. I,2, S. 327).

[262] E. von Groote, Faust's Versöhnung mit dem Leben, Köln 1816.

[263] Gerhard Anton Brassart.

[264] Der Geologe und Mineraloge Johann Jakob Nöggerath, seit 1814 Geheimer Bergrat, wurde 1818 Professor für Mineralogie, später für Geologie an der Universität Bonn. Ende der 1820er-Jahre war er einer der Autoren des Reiseführers: Köln und Bonn mit ihren Umgebungen. Für Fremde und Einheimische [hrsg. v. Karl Georg Jacob, Matthias Joseph de Noel, Johann Jakob Nöggerath], Köln 1828.

monen[265] lese. Spät rede ich noch mit Joseph über die Craßheit u. den Mangel an ordentlicher Bildung fast des ganzen Regierungspersonals.[266] |6r|

Den 25. Decembris [1817].

Ich gehe früh in die Sankt Columbakirche; u. schreibe nachher am Tristan. Nach 10 kommt Denoël, um das, was er über die Komedie bey Harff in der Stadt erfahren hat, zu konferiren. Er scheint sich ein Geschäft daraus zu machen, darüber zu raisonniren. – Im Dom ist die Messe sehr schön. |:–5:| Nachher gehe ich mit den 2 Cassinone[267] u. v. Münch auf den Heumarkt. Bruno hat keine Ruh, ich solle auf eine frische Wurst mit ihm nach Haus essen gehn. Ich thue es, u. habe bey der alten Frau[268] einen ganz angenehmen Mittag. Um 4 gehe ich mit Mademoiselle Cassinone in Columba, wo der pp. Kaerp über die Menschwerdung Christi ungewaschenes Zeug sagt; z.B. über seinen vollen Verstand im Mutterleib schon, u. dergl. Ich gehe nun nach Haus zum Arbeiten. Fünf Bücher einzubinden pro 17 St. |:4–5:|

Den 26. Decembris [1817].

Ich habe ein Todtenopfer für Max v. Schenkendorf zu schreiben angefangen, das ich vollende, u. ins Reine bringe.[269] Ich schreibe am Tristan. Einladung zu Heiman. Klein kommt, wegen seinem Wassertrog, u. sonstigem. Dem Schmied Schöngen aus Kendenich, der bey Joseph ist, u. noch immer darüber klagt, was er an Paul Engels verliert, lese ich den Text darüber,[270] weil er ohnehin so viel von ihm gezogen. Er weiß nicht viel dagegen einzuwenden. Dem armen J. Arns schenkt Joseph einen alten Ueberrock u. Stiefel. – Nach Tisch trägt uns der Vater ein Schreiben aus Berlin vor, worin ihm vom General Postamt, die Untersuchung des Streits zwischen Schultz u. Helbart aufgetragen wird.[271] Er soll letztern zu Protokoll vernehmen. Es ist traurig, daß er so wenig Kraft und |6v| Selbständigkeit, u. so wenig Geschäfts Kenntniß hat. Er hätte wohl Lust, einem von uns die Abhaltung des Protokolls aufzutragen, aber das geht doch nicht an. Die Fragepunkte aber, die doch Satz für Satz klar aus Schultz Klage hervorgehn, soll ich ihm ausziehen; was eine langweilige u. unnütze Arbeit ist. Gegen 3 gehe ich

---

[265] Vermutlich: Predigten des Dominikaners Johannes Tauler, Mystiker und Prediger.
[266] Eine Aufstellung des gesamten Kölner Regierungspersonals 1817 findet sich in: Provinzial-Blätter, Bd. 1, Heft 1, 1817, S. 78–81.
[267] Vermutlich: die Brüder Bruno Johann Franz und Anton Franz Cassinone.
[268] Maria Johanna Ludovika Louise Cassinone, geb. Foveaux.
[269] E. von Groote, Sängers Scheiden. Totenopfer meinem theuren Freunde M. von Schenkendorf an seinem 34. Geburtstage den 11. December 1817. Siehe Briefe u. Schriften.
[270] Den Text lesen, hier: zurechtweisen.
[271] Dieser Brief ließ sich nicht ermitteln.

noch Dr. Nückel aufzusuchen, finde ihn aber nicht. Zumbach, dem ich begegnet, bittet mich, das Interlocut des Appellhofes in unserer Sache gegen die Juden ihm zu kommuniziren. Um 6 fahre ich mit Vater u. Geschwister zum Ball, den die Offiziere geben, u. wo bis gegen 12 recht lustig getanzt wird. Die Herren scheinen sich hier recht ordentlich benehmen zu wollen. Graf Westphal fragt mich wegen eines Geistlichen zum Beichtvater und zum Religions Unterricht seiner Kinder.[272] – Die Fürstinn v. Neuwied u. die Gräfinn Solms Braunfels sind wieder hier; Erstere tanzt recht wacker; sie sieht angenehm aus; doch Westphal sagt, sie sey etwas beschränkt. Der Staub ist schrecklich.

Den 27. Decembris [1817].

Ich muß einiges in Oekonomxxxx anordnen. Dann schreibe ich an meinen Sachen. Später im Morgen kommen die Professoren Ohm[273] u. Walter[274] zum Antrittsbesuch zu mir, u. gehn auch zu Joseph. Sie sind etwas kraß. Nachmittag lese u. schreibe ich, gehe aber erst Abends in den Olymp, wo ein Maler Kolbe[275] aus Düsseldorf; dann liest Denoël einige witzige Stellen aus des Satyrikers Friedrich[276] |7r| kleine Schriften vor. Ausserdem ist da nichts neues.

---

[272] Vermutlich: Joseph Clemens von Westphalen zu Fürstenberg. Er hatte 1816/17 Elisabeth Anna von Thun und Hohenstein, die Witwe seines 1809 gestorbenen Bruders Friedrich Wilhelm geheiratet. Sie hatte aus 1. Ehe die Söhne Clemens August, geboren 1805, u. Otto Franz Raban, geboren 1807.

[273] Der Physiker und Mathematiker G. S. Ohm wurde 1817 als Lehrer am Marzellengymnasium angestellt; er traf Anfang Dezember in Köln ein. Göller hatte ihn kurz zuvor auf die vielen Visiten, die in Köln zu machen waren, vorbereitet: „Die Visiten machen mir viel zu schaffen. Ich wurde so empfangen, daß mir bange wird, den Erwartungen nicht entsprechen zu können. Dasselbe gilt von Ihnen. Man will das ganze Gebäude durch uns bauen. Nehmen Sie, ich sag es voraus, einen guten Anlauf. Hier oder nirgends!" (Fr. Göller an G. S. Ohm, Köln, 20. Sept. 1817; in: Schnippenkötter, Ohm, S. 94).

[274] Der zum Lehrer am Marzellengymnasium berufene Franz Walter aus Bamberg war am 27. Okt. 1817 in Köln eingetroffen (Schnippenkötter, Ohm, S. 107).

[275] Heinrich Christoph Kolbe, Historien- und Porträtmaler; geboren in Düsseldorf, lebte von 1801 bis 1811 in Paris, kehrte dann wieder nach Düsseldorf zurück, zog aber 1818 erneut nach Paris. Ab 1822 lehrte er an der Düsseldorfer Kunstakademie. H. Kolbe an Regierung Düsseldorf, Düsseldorf, Januar 1817: „Gesuch um Anstellung als Professor bey der Akademie der schönen Künste in Düsseldorf (Landesarchiv NRW R, BR 0004, Nr. 1524, Bl. 49r). Zu seiner Biografie: Hackmann, Kolbe, 2013.

[276] Theodor Heinrich Friedrich veröffentlichte eine Reihe satirischer und humoristischer Schriften, die einen großen Leserkreis erreichten. 1816 war sein Almanach lustiger Schwänke für die Bühne erschienen. Vgl. auch den von Friedrich herausgegebenen Satyrischen Zeitspiegel. Eine Erbauungsschrift in zwanglosen Heften für Freunde des Witzes und lachenden Spottes, von dem 1816 u. 1817 mehrere Hefte erschienen. Das 6. Heft enthielt u.a.: Philosophische Betrachtungen über eine Käsemade.

Den 28. Decembris [1817]. Sonntag.

Ich schreibe bis um 10 ½. Im Dom ist alles sehr xxxxx, nachher gehe ich zu Nückel, mit ihm wegen unsres Prozesses zu reden. Schoenwald kommt hin, u. dann wird nichts als Zoten erzählt. – Joseph u. Carl wollten mit Schultz auf die Jagd fahren, kehren aber wegen des schrecklichen Wetters am Niephaus[277] wieder um. Ich gehe erst Abends aus zur Gesellschaft bey Heimann, wo viele Leute sind.

Den 29. Decembris [1817].

Früh kommt Herr Fochem, bringt mir sein Quantum für die Reise nach Coblenz,[278] u. wünscht mir ganz ernsthaft Glück zu meiner nahen Heyrath mit Mademoiselle Lieversberg. Wer diese Erfindung nun wieder ausgeheckt, möchte ich wissen. Fochem behauptet sogar, daß mein Vater sehr oft zu Herrn Lieversberg hingegangen, u. gestern noch den Abend da zugebracht. Unsinniges Zeug! – Herr Busch kommt u. bringt die Nota über die Exequien für Max v. Schenkendorf; doch wir setzen seine Forderung von Rth. 24 auf 18 herunter. Der Vater erhält Briefe von Berlin, worin a) wegen der Caution monirt wird, b) uns gegen Schultz das höchste Recht gegeben, er in die Schranke verwiesen und hart bedroht, uns der Garten ganz u. 14 Zimmer gegeben werden.[279] Das freut den Vater u. mich u. alle sehr. – Joseph u. Carl|7v| sind mit Schultz auf der Jagd, wozu es das schönste Wetter ist.[280] In unserer Sitzung geht es von Anfang etwas hart her. pp. Gossler wünscht, daß Herr von Mylius zurechtgewiesen werde, weil auf seine Veranlassung der Rath der Gewerkverständigen gedruckte Fragen über das alte Zunftwesen an die Meister herum geschickt,[281] welche auch bis nach Bonn gekommen, worüber Belderbusch Anzeige macht. RegierungsRath Fuchs opponirt sich, u. mir scheint er Recht zu haben. Der alte Gossler ist aber zu heftig, als daß sich gut mit ihm reden ließe. Nach Tisch unterhalte ich mich mit dem Vater noch lang über die Schreiben aus Berlin. Ich erhalte von Madame Clave Briefe aus Jülich, mit Einschlägen an mich u. an Mühlenfels; Görres hat die wieder verkehrt geschickt, mit den Verloosungslisten. – Später suche ich Mühlenfels u.

---

[277] Niep: feuchtes, sumpfiges Gelände. Niephaus: wahrscheinlich ist ein Anwesen an einem Weiher zwischen Niehler Kirchweg und Neusser Straße im heutigen Stadtteil Nippes gemeint. Ich danke Reinhold Kruse für seinen Hinweis. Vgl. Irsfeld, Nippes, S. 9.

[278] Fochem zahlte nicht für die Reise nach Koblenz, sondern nach Düsseldorf.

[279] Der Brief ließ sich nicht nachweisen.

[280] Zeitungs-Bericht der Reg. Köln für Dezember, 10. Jan. 1818: „Die Luft war im Monat December meistentheils naß, doch gelinde, erst in der letzten Hälfte desselben trat Frost ein. Man zählte 7 heitere, 3 gemischte, theils heitere, theils trübe, und 21 theils trübe theils regnerische Tage. Am 6ten, 10ten, 21ten, 22ten, 26ten und 27ten fiel Schnee" (GStA PK, I. HA Rep. 89, Nr. 16278, Bl. 178r).

[281] Zu diesem Vorgang: E. von Groote an J. Görres, Köln, 31. Dez. 1817. Siehe Briefe u. Schriften. Das Original, das sich in Privatbesitz befindet (Familienarchiv Görres-Jochner, Nr. 82), war nicht zugänglich.

Walter auf, aber sie sind in Mühlheim. Ich schreibe nun noch am Tristan, u. später an Boisserée.[282] Die Brüder haben bey Langenfeld mit vielen Herren aus Düsseldorf zusammen gejagt, u. viel Vergnügen gehabt.

Den 30. Decembris [1817].

[eine halbe Zeile gestrichen] Ich schreibe an meinen Sachen, u. gehe später zum Vater, mit ihm über verschiedenes zu reden. Ich erhalte einen großen Brief von Grimm aus Cassel.[283] Es wird beschlossen, den Hauptmann Holleben, der uns zum Ball einlud, zum Abendessen am Neujahrstagsball zu bitten. – Nach Tisch kommt bald Denoël, u. bleibt noch bis spät bey mir u. Joseph sitzen. Abends fahren wir zu v. Geyr zur |8r| Gesellschaft, wo mir die Mädchen, z.B. die Cassinone, die Jette Geyr u.a. mit Gratulationen, zu meiner nahen Heyrath entgegenkommen. Ich denke mir schon, sie haben von der Geschichte gehört, die Fochem vorbrachte, und bin schon auf alles gefaßt, um den Scherz recht weit zu treiben. Allein, nun soll es die v. Kempis seyn, die ich heyrathe, ja, dieß Gerücht scheint schon ganz allgemein zu seyn. Ich mache mir nun noch das Vergnügen, die

---

[282] E. von Groote an S. Boisserée, Köln, 29. Dez. 1817. Siehe Briefe u. Schriften. S. Boisserée, Tagebücher, Bd. I, 2. Febr. 1818, S. 476: Brief „von Groote".

[283] J. Grimm an E. von Groote, Kassel, 26. Dez. 1817 (in: Reifferscheid, E. von Groote, S. 47–50) Grimm antwortete auf Fragen Grootes in dessen Brief vom 4. Dez. 1817 und teilte ihm seine Meinung zu Fr. H. von der Hagen und zu einer Herausgabe des Tristan mit: „Um gleich mit der Hauptsache, nämlich Ihrer vorhabenden Herausgabe des Tristan anzufangen, so ist folgendes meine aufrichtige Meinung. Wenn Ihre frühere, ich weiß nicht, wie fest oder los, geschlossene Vereinigung dazu mit Hagen wieder aufgelöst ist; (unfreundlich bleibt auf jeden Fall, daß er bei seiner neusten Ankündigung Ihrer als Mitherausgebers völlig geschwiegt) so fragt sich: wer von Ihnen alleinstehend die besten Materialien zu einer critischen Ausgabe hat" (S. 48). Im weiteren gibt Grimm eine Einschätzung der Quellen, die von der Hagen zur Verfügung standen, und fügt hinzu: „Haben Sie nun, liebster Groote, den ernsten Willen, ans Werk zu gehen, so rathe ich: 1) Ihr Vorhaben öffentlich bekannt zu machen. 2) ein Wörterbuch zum Tristan zu machen, je vollständiger je beßer und sicherer. Ein Auszug davon wird sodann beigegeben. 3) eine Grammatik für den Tristan zu entwerfen. Und zwar, weniger für die Formen, als in Bezug auf Syntax und Wortbildung, z.B. alle Fälle zu sammeln, wo der Conjunctiv steht. […] Nach diesen Vorarbeiten wird es leicht seyn, den critischen Text zum Druck niederzuschreiben. Ich bin völlig Ihrer Meinung und Ansicht, daß eine Auflösung in Prosa wegbleiben muß, sie geht nicht an und hilft zu nichts rechtem. […] Wo ich Ihnen in Worterklärung oder Grammatik rathen und helfen kann, will ichs von Herzen gern thun. Eilen Sie nirgends damit, es liegt an einem Jahr und halben Jahr wenig. Da wo mir Hagen etwa einen Vorzug voraus zu haben scheint, das wird die historische und literarische Einleitung über die ganze Sage von Tristan seyn. In dergleichen pflegt er fleißig und scharfsichtig zu seyn, wiewohl er mitunter des Plunders zu viel aufgabelt. Auch hier will ich Ihnen meine Gesichtspunkte mittheilen und wenn ich Zeit dazu habe (denn die gehört dazu) ausführen. Meine Grammatik soll sehr bald, vielleicht Ostern schon, gedruckt erscheinen. […] Daß es Ihnen mit dem Sagensammeln schwer geht, begreife ich wol, glaube aber bei allem dem, daß es im Cölnischen, Jülichschen und Bergischen mancherlei vorräthig gibt. […] Ostern erscheint der 2te Band unsrer Sagen, hernach noch ein dritter. […] Ich grüße herzlich und verbleibe Ihr Grimm" (S. 49–50).

beyden Gerüchte so durcheinander zu werfen, daß nun vollends keiner mehr weiß, was er glauben soll. – Ich habe eine ziemlich langweilige Parthie; |:–11:| mit Herrn v. Kempis rede ich unsre Eintragung in die Liste zum Souper ab.[284] – Tabak. |:–4:|

Den 31. Decembris [1817].

Ich schreibe einen Brief an Frau v. Schenkendorf, um ihr einigermaaßen zu sagen, wie sie die katholische Leichenfeyer für den verstorbenen Max anzusehn habe, u. schicke ihr auch das Gedicht. Dann schicke ich das Ganze mit einem Briefe an Goerres.[285] – Klein kommt, wegen eines Steintrogs an die Fontaine zu Kendenich. Ich schicke ihn deshalb zu verschiedenen Steinmetzen. In der Plenarsitzung geht es wieder hart über Bürgermeister u. Stadtrath her, die sich über einiges zu derb verantwortet haben. Tryst ärgert sich wieder gewaltig. Es |8v| wird spät. Nachmittag arbeite ich noch etwas, u. dann fahren wir um 6 zum Ball,[286] der recht ordentlich ist. Nachher singe ich beym Abendessen einige Lieder vor. Wir kommen um 2 Uhr nach Haus. Graf Solms war von Coblenz zurück[287] u. auf dem Ball. Mit Butte habe ich daselbst eine bedeutende Unterredung.

Damit enden die Aufzeichnungen Eberhard von Grootes für das Jahr 1817.

---

[284] Am 30. Dez. 1817 meldete der Welt und Staatsbote zu Köln, Nr. 208: „Koblenz vom 24. Dez. Unsere Wünsche, den Staatskanzler Fürsten von Hardenberg in diesen Provinzen zu sehen, sind endlich in Erfüllung gegangen; denn seine Durchlaucht sind gestern Abend im besten Wohlseyn hier eingetroffen." Rh. Blätter, Nr. 308, 30. Dez. 1817: „Koblenz, vom 24. Dez. Der Staatskanzler, Fürst von Hardenberg [...] wird in einigen Tagen das Schloß zu Engers beziehen. Nach einem verbreiteten Gerüchte wird Se. Durchlaucht sich mit einem Rath umgeben, der größtentheils aus Eingebornen gebildet werden soll."

[285] E. von Groote an J. Görres, Köln, 31. Dez. 1817. Siehe Briefe u. Schriften.

[286] Der Ball fand vermutlich bei R. Lieber statt. Welt- u. Staatsbote zu Köln, Nr. 207, 28. Dez. 1817: „Ich mache meinen Freunden, denen allenfalls die Abonnementsliste zur diesjährigen Redoute nicht zugekommen ist, bekannt, daß die erste Mittwoch den 31ten dieses beginnen wird; bis dahin bleibt das Abonnement offen. R. Lieber, in der Komedienstraße." Siehe auch: Köln. Zeit, Nr. 206, 27. Dez. 1817.

[287] Fr. L. Chr. zu Solms-Laubach an E. Ch. zu Solms-Laubach, Köln, 28. Dez. 1817: „Karl von Rüdelheim ist heute auf der Jagd, u. ich reise morgen nach Koblenz zum StaatsKanzler, um am 31. wieder hier zu seyn" (Privatarchiv d. Grafen zu Solms-Laubach, XVII, 106, Nr. 337).

Briefe und Schriften

Dieser Teil der Publikation enthält Briefe und weitere Texte, die Eberhard von Groote während des Jahres 1817 verfasste. Anders als in den beiden vorhergegangenen Bänden sind sie nicht chronologisch, sondern nach der Textart geordnet. Die Schreibweise wird jeweils beibehalten, Abkürzungen werden aufgelöst, Satzzeichen teilweise verändert. Briefe und Texte werden nur kurz annotiert.

Briefe

E. von Groote an Friedrich Carl von Savigny, Köln, 16. Januar 1817, S. 598

E. von Groote an Sulpiz Boisserée, Köln, 25. Januar 1817, S. 602

E. von Groote an Jakob Grimm, Köln, 18. März 1817, S. 605

[E. von Groote] an das Konsistorium Köln, Köln, 22. Mai [1817], S. 607

E. von Groote an Friedrich Ludwig Christian zu Solms-Laubach, Köln, 24. Mai 1817, S. 608

E. von Groote an das Oberpräsidium Köln, Köln, 14. Juni 1817, S. 610

E. von Groote an Johann Hugo Wyttenbach, Köln, 5. Juli 1817, S. 611

E. von Groote an Joseph Görres, Köln, 6. Juli 1817, S. 612

E. von Groote an Joseph Görres, Köln, 24. Juli 1817, S. 615

E. von Groote an Sulpiz Boisserée, Köln, 18. August 1817, S. 617

E. von Groote an Sulpiz Boisserée, Köln, 2. September 1817, S. 620

E. von Groote an Friedrich Ludwig Christian zu Solms-Laubach, Köln, 6. Oktober 1817, S. 622

E. von Groote an Sulpiz Boisserée, Köln, 10. Oktober 1817, S. 623

E. von Groote an Johann Hugo Wyttenbach, Köln, 18. Oktober 1817, S. 626

E. von Groote an Joseph Görres, Köln, 3. November 1817, S. 628

E. von Groote an Sulpiz Boisserée, Köln, 18. November 1817, S. 632

E. von Groote an Joseph Görres, Köln, 20. November 1817, S. 639

E. von Groote an Jakob Grimm, Köln, 4. Dezember 1817, S. 640

E. von Groote an Joseph von Groote, Köln, 8. und 9. Dezember 1817, S. 644

E. von Groote an Joseph von Groote, Köln, 13. Dezember 1817, S. 646

E. von Groote an Sulpiz Boisserée, Köln, 29. Dezember 1817, S. 647

E. von Groote an Joseph Görres, Köln, 31. Dezember 1817, S. 652

Schriften

E. von Groote, Die Universität in den preußischen Rheinprovinzen, Juli/September 1817, S. 654

E. von Groote an das Ministerium des Kultus und des öffentlichen Unterrichts, Bericht über den Verbleib der aus Paris zurückgekehrten Handschriften, Bücher und Aktenstücke, o. O, o. D., Dezember 1817, Entwurf, S. 669

E. von Groote, Über das preußische Postwesen, 1817/1818, S. 672

Gedichte

E. von Groote, Prolog bei der Anwesenheit Seiner Excellenz des Königlich Preußischen wirklichen Geheimen Raths Herrn von Klewiz im Theater zu Köln am 3. Januar 1817, S. 676

E. von Groote, Glückliche Zeichen, April/Mai 1817, S. 677

E. von Groote, Seiner Königlichen Hoheit dem Kronprinzen von Preußen, bei Seiner Ankunft in Köln a. R. den 6. August 1817, S. 679

M. J. Denoël und E. von Groote, Standrede dem Kronprinzen von Preußen zu Altenberg gehalten am 10. August 1817, S. 680

E. von Groote, An des Kronprinzen von Preußen Königliche Hoheit zum Abschiede von Köln, den 11. August 1817, S. 683

E. von Groote, Die Versuchung, August 1817, S. 684

E. von Groote, Seiner Majestät dem Könige von Preußen Friedrich Wilhelm III. beim Besuch in den Rhein-Provinzen (Köln, den 10. September 1817.), S. 687

E. von Groote, Sängers Scheiden. Todtenopfer meinem theuren Freunde Max von Schenkendorf an seinem 34. Geburtstage, den 11. Dez. 1817, S. 689

Maskenspiel

M. J. Denoël und E. von Groote, [J. A. Nückel], Wohlweislich durchdachter Verbesserungs-Plan, Februar 1817, S. 692

Briefe

Eberhard von Groote an Friedrich Carl von Savigny, Köln, 16. Januar 1817

Universitätsbibliothek Marburg, Nachlass Friedrich Carl von Savigny, Ms. 725/374, S. 1–6

|1| Cöln, den 16. Jänner 1817.

Es war mir recht leid, aus Ihrem gütigen Schreiben vom 26. November vorigen Jahres zu bemerken, daß mein junger Freund Georg v. Rolshausen sich Ihnen damals noch nicht vorgestellt hatte. Als er gegen die Hälfte des Octobers von hier abreiste, bat er mich um einige Briefe nach Berlin, und ich nahm mir die Freyheit, ihn an Sie und die Ihrigen freundlich zu empfehlen, und Ihnen in jenem Briefe zugleich einige Skitzen von unsrem hiesigen Treiben zu geben. Seitdem habe ich von dem jungen Manne auch gar nichts mehr vernommen, und ich muß ihm dieß zum Vorwurf machen, da ich an ihm und seinem Schicksal von jeher einigen Antheil genommen. Er ist voll guten Willens von hier abgereist, u. schien in Berlin etwas tüchtiges lernen zu wollen, welches auch sehr zu wünschen wäre, da seine früheren Studien durch die mancherley Begebenheiten der stürmenden Zeit vielfach zerrissen worden sind. Ich erlaube mir daher, Ihnen u. Frau v. Savigny meinen jungen Freund, wenn er sich Ihnen sonst schon vorgestellt hat, nochmal zu empfelen, und darf hoffen, daß er sich Ihres Wohlwollens nicht unwerth beweisen wird. –

Ich mag nun gerne gleich das berühren, was uns doch alle mehr u. [gestrichen: weniger] mehr angeht, die geistlichen Geschäfte des Herrn Niebuhr in Rom nehmlich. Es liegt mir eben ein Schreiben von spätem Datum verflossenen Mondes vor, welches nebst manchen guten Hoffnungen auch einige trübe Aussichten eröffnete. Zu den letztern gehört, daß Niebuhr selbst bis zu diesem Augenblick immer noch vergebens auf seine Instruktion wartet, so daß also in eigentlichen, offiziellen Geschäften, bis heran noch fast gar nichts hat geschehen können. Dagegen machen andere Nachbarstaaten schnelle Fortschritte zu einem festen, sichern Bündniß mit dem heiligen Stuhl, und unter diesen vorzüglich der Bayerische. Die freudenreiche Schilderung, welche der geistliche Mann[1] von diesem glücklichen Ereigniß macht, ist wirklich rührend, und er erkennt darin eine wunderbare Fügung Gottes, daß er gerade einen Staat den anderen vorantreten läßt, den man aus manchen Gründen |2| für den hartnäckigsten und wi-

---

[1] Vermutlich bezieht sich Groote auf den Gesandten des Königreichs Bayern beim Vatikan, Johann Casimir von Häffelin, der mit dem Papst über ein Konkordat verhandelte. Eine im Juli 1817 getroffene Vereinbarung mit dem Papst wurde im Oktober 1817 für Bayern gültig.

derstrebendsten hätte halten mögen. Ferner heißt es in dem Briefe, von Preußischer Seite seyen schon einige Anträge gemacht worden, welche den heiligen Vater sehr betrübt, und deren ernste Behauptung die Vereinigung sehr erschweren und verzögern würde. Er läßt sich im einzelnen nicht auf diese Punkte ein, aber man sieht doch im Ganzen, daß, so sehr auch Niebuhr durch sein Benehmen, Gelehrsamkeit u.s.w. eine gute Meinung von sich verbreitet hat, man sich doch übrigens noch ziemlich fremd gegenübersteht, und einander wenig vertraut. Die verzögerten Instruktionen scheinen mir hierzu noch mehr beyzutragen, und nothwendig müßen die Römer daraus schließen, daß es uns um unsre Geschäfte mit ihnen noch gar nicht recht Ernst ist.

Hier spricht sich das Bedürfniß eines Bischofs täglich dringender aus, und es wird stets klarer, daß die Verhältniße des Consistoriums zur Geistlichkeit und umgekehrt, vorzüglich aber die Einwirkung des Ministeriums auf die kirchlichen (besonders disziplinar-) Sachen, unmöglich ohne die vermittelnde Dazwischenkunft des Bischofs länger Bestand haben kann. Unser Herr Oberpräsident, den man hinsichtlich seiner Kenntniße und seines tiefen, liberalen und praktischen Sinnes gar nicht genug loben kann, spricht sich über jenes Bedürfniß oft sehr laut aus, und gewiß ist es nicht seine Schuld, wenn es immer noch unbefriedigt bleibt. Aber so wie in diesem Punkte, so kann ich überhaupt in allen Geschäften nicht über Mangel des besten Willens, sondern überall nur über die unbegreiflichste Langsamkeit klagen, mit welcher alles betrieben wird. Gerne will ich gestehn, daß meine Erfahrung in den Geschäften noch sehr jung und schwach ist, und mag es daher nicht entscheiden, ob der Fehler in der Art der Geschäftsführung selbst, oder in einer absoluten Nothwendigkeit alles RegierungGangs liegt; aber wieweit jenes Zögern geht, davon mag (inter me & te dictum)² Ihnen nur ein einziges Beyspiel hinreichen.

Als vor anderthalb Jahren zuerst die Entscheidung des Königs kam, welche unsre Stadt zur Veste bestimmte, so fing man mit Abmessung der Werke, Graben, Schanzungen, u.s.w. an. Das zunächst um die Stadt liegende, äußerst kostbare |3| Gartenland, wurde dazu unverzüglich in Beschlag genommen. Was wäre vernünftiger u. billiger gewesen, als diese Grundstücke gleich in rechtem Werthe anzuschlagen und [gestrichen: gleich] zu bezahlen, um so mehr da sie oft die einzige Nahrungsquelle und das einzige ärmliche Besitzthum geringer Leute ausmachten? Was soll man aber sagen, wenn dieses nicht nur bis jetzt noch nicht geschehen, sondern diese Leute bis heran selbst noch die Steuern für ihr weggenommenes Eigenthum zu bezahlen, und wenn sie dieß nicht können, Exekution zu erleiden haben. Heulend und jammernd sind mehrere solcher Menschen zu dem Grafen Solms gekommen, einen Büschel Pfandzettel vorzeigend, die sie im Leihhaus für ihre letzten Lumpen erhalten hatten, die nun verkauft werden sollten. Allein, das alte vivat justitia,³ tritt da auch ein, und es scheint, man

---
² inter me & te dictum: zwischen mir und dir gesagt.
³ vivat justitia: Die Gerechtigkeit lebt oder es lebe die Gerechtigkeit.

könnte sich über das Verhungern des armen Volkes trösten, wenn man es nur Aktenmäßig hätte, daß es verhungert sey, weil der Gang der Geschäfte es nicht erlaubt habe, etwas ohne Akten vorzunehmen. – Dieß ist aber der Fehler bey der verfluchten Zwängung verschiedener, weit entfernter u. in ihrem ganzen Wesen durchaus verschiedener Länder unter Eine einzige Oberadministration.

Diese Langsamkeit des Geschäftsgangs, über die sich auch niemand hinwegzusetzen wagt, scheint mir unerträglich, und doch auch wieder unvermeidlich, so lange den Regierungen nicht größere Macht oder den Provinzen nicht ein eigenes Ministerium gegeben ist. Mit Recht würde es vorlaut heißen, wenn ich es wagen wollte, meine Ansichten über so manches, was vorgeht, kühner aussprechen zu wollen. Ich bescheide mich gerne, daß meine Kenntniße dahin nicht reichen; – bey Ihnen mag das Gesagte weiter nicht übel gedeutet werden. – –

Ich habe seit kurzem Briefe von Schinkel und von Boisserée. Beyde scheinen darüber einig, daß rücksichtlich der Uebertragung der Sammlung nach Berlin von beyden Seiten noch so viele Schwierigkeiten gemacht werden, daß sich über den Ausgang des ganzen Geschäfts noch gar nichts bestimmtes sagen lasse. Neuerdings bin ich nun an Boisserée wieder ganz irrig geworden, durch einen Brief eines Freundes aus Frankfurt. Dieser schrieb mir: |4| Es ist hier der reiche und berühmte Kunstsammler Staedel gestorben und hat der Stadt Frankfurt nebst seinen Sammlungen u. Kabinetten eine Kapitalsumme von 1.300.000 Fl. hinterlassen, aus welcher eine Kunstschule, ein Museum u. dergl. gestiftet werden soll, etc. Am Schluß des Briefes heißt es: Den Herrn Boisserée ist von der Stadt der Antrag geschehen, mit ihren Gemälden hierhin zu kommen, u. sie haben sich dazu willig erklärt, wenn man ihnen nebst Lokal u. Kosten der Einrichtung, eine Jahrrente von 10.000 Fl. geben wolle. In diesem Schreiben ist von allen andern Anträgen und Unterhandlungen mit Preußen, etc. so durchaus nicht mehr die Rede, als wenn dergl. nie Statt gehabt, oder sich gänzlich zerschlagen hätte. –

Noch schreibt mir der Nehmliche: Aeußerst Genußreiche Abende gewährt uns Herr Schlosser, welcher mit ungemeiner Liebe und Kunde einer Gesellschaft von Männern den Dante vorträgt. Man kann sich gar nicht angenehmer und interessanter unterhalten, und wir freuen uns auf jeden dieser Abende, wie auf einen Festtag. Etc.

Mit unsern hiesigen Kunstfreunden ist es lange nicht so, wie es sollte. Wallraf scheint freylich nunmehr besser gestimmt als je, seine Sachen zum Besten der Stadt hinzugeben, u. öffentlich aufzustellen. Die andern, Fochem, Lyversberg, etc. sind, wie es das Ansehn hat, von dem Verfluchten Geldteufel, der überall wüthet, angesteckt, u. jagen nun eben so nach dem lieben Mammon, wie sie sonst nach Kunstsachen jagten. Freylich ein Beweis, daß sie nie gewußt, was es mit der Kunst solle u. worin ihr Werth liege, daß vielmehr eine sündliche Eitelkeit, eine Sucht, genannt u. gerühmt zu werden, die Triebfeder ihres Strebens war, das man irrig für frommen, stillen Sinn für die alten Schätze u. Heiligthümer hielt. Es wäre wohl Zeit, daß von oben wenigstens in so weit diesem Heillosen Wesen Einhalt geschähe, daß man für Land u. Volk, u. Geschichte u. Studium rettete und festhielt, was die Liebe und der Glaube und die Treue derer, denen die Vorsicht es übergeben zu haben schien, daß sie es schützen und bewahren möchten, nun so gänzlich verloren hat, daß sie es für eitel Gold gerne los werden möchten.[4]

Ueber unsre übrigen Wünsche und Hoffnungen, höre ich fast gar nichts mehr. Von der Universität geschieht weiter keine Meldung, nur wollte Graf Beust in Bonn jüngst wieder Nachricht aus Berlin haben, daß Bonn sicher |5| dazu bestimmt sey. Dieß schreckte uns freylich weniger, weil Beust ähnliche Nachrichten schon vor einem Jahr ausgestreut hat, die aber bis heran ganz unbestättigt blieben.

Alles ist auf die Ankunft des Königes gespannt, der mit dem Prinzen den Gerüchten zufolge mit dem Frühling auf 6 Wochen in den Rhein Provinzen verweilen soll. Ich verspreche mir weniger davon, als von dem stillen Wirken, was im Einzelnen geschieht. So glaube ich z.B., daß aus den eifrigen Arbeiten der Immediatjustitz Commission etwas recht Gutes hervorgehen wird, und kann den Wunsch nicht laut genug ausdrücken, daß doch Jeder deutsche Mann, dem Talent und Wissenschaft vom Himmel dazu verliehen wurde, zu diesem bedeutenden Werke freudig die Hand biethen möge. Traurig sind zwar die Erscheinungen, welche im Einzelnen hier und dort aufgestiegen, wie z.B. Neigebaurs elendes Schreibwerk, dem noch viel zu viel Ehre geschah, daß Männer von großem Ruf, wie Thibaut, dagegen schrieben. In diesem ist auch der alte Hass noch nicht gestorben, u. selbst in der Rezension, kann er es nicht lassen, sich noch einmal feindlich gegen Sie über zu stellen. Doch ist darin Anderes gewiß auch sehr richtig, und gerade die Verweise, die Er hier und da der übertriebenen Eitelkeit der Preußen giebt, gewiß oft sehr treffend u. verdient. –

Ziemlich günstig und befriedigend kündigt sich eine Zeitschrift in ihrem ersten, eben erschienenen Hefte an, welche von zweyen hiesigen Justitzbeamten unter dem Titel: Niederrheinisches Archiv für Gesetzgebung, Rechtswissenschaft u. Justizverwaltung herausgegeben wird. Es enthält nebst einigen nützlichen Winken für die Immediat Commission schon verschiedene recht gelungene Aufsätze zur näheren Beleuchtung der Verhältniße und Bedürfniße der Rheinlande in Beziehung auf die Gesetzgebung. Ueberdieß freut sich die Commission, u. namentlich unser wackrer, sehr liebe Freund Simon, sehr über die vielen, oft sehr tüchtigen Mittheilungen, die von verschiedenen Seiten her zur Förderung des großen Werkes gemacht werden. Zu wünschen wäre es, daß unser würdiger Landsmann Daniels, u. vielleicht noch ein Paar Männer, denen Kraft und Liebe und Tüchtigkeit dazu gegeben ist, recht thätig darin eingreifen möchten. |6|

Bey der großen Mangelhaftigkeit, woran unser hiesiger Buchhandel noch krankt, habe ich bis jetzt noch weder ihre Zeitschrift Band 3, Heft 1 noch Göthes

---

[4] Satz sic.

neusten Band erhalten können, erwarte sie aber täglich und mit Ungedult. – An Schinkel werde ich in den nächsten Tagen schreiben. Wenn sich gleich die laufenden Geschäfte bey der Regierung nicht so drängen, daß sie alle Zeit raubten, so giebt es doch so mancherley zu thun und zu besorgen, daß mir Wochen u. Monde wirklich vorbeystürmen. Wohlthätig wird hoffentlich die Anwesenheit des Herrn v. Klewitz für unser Land wirken. Die Noth ist beym Volke schon sehr groß, u. wird wahrscheinlich immer größer. Wir haben alles aufgebothen, Seine Exzellenz so feyerlich als möglich hier zu bewillkommen, u. es schien mir fast, als ob Hochdieselben davon etwas hielten.

Durch den steigenden Mangel vermehren sich die Criminal-Verbrechen, die ohnehin jedem großen Kriege zu folgen pflegen, noch mehr, u. wirklich ist die Sicherheit in der Stadt und mehr noch auf dem Lande äußerst gefährdet, wozu die elende Gensd'armerie, die nun an die Stelle der äußerst guten, wachsamen und zuverläßigen Französischen getreten ist, nicht wenig beyträgt.

Ich schließe nun, damit Ihnen an meinem langen Gerede nicht endlich zuviel wird. Allein, mir geht's meist so: ich komme schwer zum Schreiben, u. schwer davon. Sagen Sie ihrer Frau Gemahlinn meinen freundlichsten Gruß, u. empfelen sie mich Ihr bestens. Auch Clemens bitte ich zu grüßen, der wohl einmal etwas von sich hören lassen könnte, um so mehr, da er, wie er damals sagte, im Laufe dieses Sommers an den Rhein kommen will. Dann bitte ich noch mir Ihre lieben Kinder, Herrn Eichhorn, Reimer u. jeden, der sich meiner vielleicht noch freundlich erinnern wird, herzlich zu grüßen. Clemens muß der Ganzen Maykäferiana, wenn sie noch blüht und gedeiht, mein herzliches Andenken melden; besonders auch Gerlachs, Bülow u. Goetze. Behalten Sie mich ein wenig lieb und seyen sie meiner vorzüglichen Achtung u. Ergebenheit versichert.

v. Groote

Eberhard von Groote an Sulpiz Boisserée, Köln, 25. Januar 1817

Historisches Archiv der Stadt Köln, Best. 1018, A 118

|1| [Anmerkung links oben:] 15. Juny Musikalische Künstler Familie Veltheim recommendirt.[5]

Köln, den 25. Januar 1817.

Um allem weiteren Mißverständniß vorzubeugen, halte ich es für's Beste, Dir die Stelle aus Lützenkirchens Brief, der eben vor mir liegt, genau mitzutheilen. Vor-

---

[5] S. Boisserée, Tagebücher, Bd. 1, 15. Juni 1817, S. 409: „die musikalische Familie Veltheim an Eberhard de Groote empfohlen."

läufig muß ich noch bemerken, daß ich es zwar für unrecht halte, daß Fuchs solche Dinge ohne weiteres aus fremden Briefen mittheilt, doch kann ich auch versichern, daß jener Brief von Wallraf nicht öffentlich in der Olympischen Gesellschaft ist gezeigt, sondern nur von Fuchs, Denoël u. mir ist gesehen worden. Nachdem Lützenkirchen über den Tod des Herrn Staedel, dessen Hinterlassenschaft von großen Kunstsammlungen etc., u. vorzüglich von einer Capitalsumme von 1.300.000 Fl. geschrieben, welche zur Stiftung einer Kunstschule bestimmt sey, sagt er weiter: „Die Herrn Boisserée säumten nicht, das Ereigniß zu benutzen und trugen ihre Sammlung zum Ankauf an, gegen eine Leibrente von 10.000 Fl., aber die Meinung der Testaments Executoren ist diesem Antrag nicht günstig. – Dieß alles größtentheils im Publikum bekannt, ist mir dieser Tagen von Herrn Dr. Grams executor testamenti bestättigt worden."

Dann kommt noch einiges unbedeutende, und am Schluß noch etwas über Schlosser's Vorlesungen über Dante. Du siehst daraus, daß dieß ziemlich mit dem, was Fuchs geschrieben, übereinstimmt, nur war es von diesem unbescheiden, eine Sache sogleich weiter zu bringen, von der es gleich jedem einleuchten muß, daß sie ungegründet sey. Uebrigens werde ich mich wohl hüthen, auch nur ein Wort darüber zu verlieren, denn, wer es gehört, vergißt es am schnellsten, wenn nicht weiter Rede davon ist, u. wer es nicht gehört, erfährt |2| lieber gar nichts davon. –

Die Verzögerung der Entscheidung von Berlin über Eure Sachen, ist freylich an allem Geschwätz schuld. Allein, wie gesagt, es geht damit, wie mit allen Sachen, die der unmittelbaren Genehmigung des Königs bedürfen; keiner wagt es, sie ihm vorzutragen, weil er zu rasch ist, schnell eine Entscheidung pro oder contra giebt, wo dann nachher nichts mehr zu machen ist. Ich habe dieß selbst in vielen Dingen erfahren, u. so möchte es Euch wohl gehen wie uns mit der Universität, die wir nun schon 3 Jahre lang betreiben. Ich fürchte zwar, sie ist für uns verloren, u. zwar für immer verloren, durch die unermüdeten Verwendungen des hiesigen Militairs, des krassen Generals Ende, u.a., die natürlich bey dem soldatisch gesinnten Könige eher, als jeder Andere Gehör finden. Würde es indessen Euch auch so gehen, so möchtet Ihr Euch nur immer trösten, denn in jeder Hinsicht würdet Ihr doch nicht gewinnen, u. so gut Ihr es in Heidelberg hattet, schwerlich trotz allem Glanz in Berlin es je finden; das mögt Ihr nur kühn glauben. –

Auch unsre ersten u. nothwendigsten Anstalten zu einem wissenschaftlichen u. Kunst-Verein kann ich, aller Mühe ungeachtet, noch nicht zu Stande bringen. Leider stehen die schönen, mit soviel Sorge in Paris zurückgenommenen Bücher, Manuscripte, Urkunden etc., u. die vom König für uns gekaufte vollständige Gypsensammlung, noch theils in Aachen, theils in Düsseldorf, unausgepackt, u. ich kann nichts zur Stelle bringen.

Ueberhaupt fühle ich mich entsetzlich einsam hier, u. alles weit mehr verschlossen, getrennt, unfreundlich u. kalt gegeneinandergestellt, als je! Ich sehe kaum, wie etwas zu thun ist, denn der Einzelne, sich allein überlassen, kann ja nur gar zu wenig, selbst mit dem besten Willen. Ach, die Trennung ist im Ganzen gar zu groß, u. ich sage und bleibe dabey, aus den heterogenen Zusammenstellungen der Menschen erwächst so wenig etwas Gutes, wie |3| ein Madonnenbild noch Wunder wirken wird, oder trösten, oder erbauen kann (wofür es doch vom Künstler gemalt wurde), wenn es nun zwischen Nymphen und Bachanalen in dem Kabinett aufgehängt ist! O, die Zeit ist wohl schwer und trüb; nirgend wächst die schöne Crystalle in ihrer Mutter heimlich u. still mehr weiter –; nein, alles ist losgerissen, u. wird geschliffen u. anatomirt, u. gefaßt in schnödes Gold, daß es der Eitelkeit und der schändlichen Gier der TagesKinder fröhne. Mag es immer ein großer Zweck seyn, der aus diesem allem gefördert werden soll; unglücklich ist der, dessen Tage gerade in diese Periode der Kälte u. der Kritik gefallen sind. – Parce mihi Domine – nihil enim sunt dies mei![6]

Mit der Dombibliothek geht es vielleicht noch schneller und besser, als wir erwarteten. Ich weiß durch den Grafen Solms, daß du dich andrer Rücksichten wegen, nicht gerne unmittelbar damit befassen magst, allein, es ist schon anderer Weg versucht, u. ich kann dir darüber vielleicht bald etwas näheres sagen. –

Was ich von Lieversberg und dem Rektor sagte, ist nicht so leicht zu nehmen, wie du glaubst. Ersterer sagt es jedem, der es hören mag, daß er seine Sammlung verkaufen werde, sobald Er einen Guten Preiß dafür haben könne; denn er habe Kinder, denen mit einem solchen todten Capital nicht gedient sey; der Rektor aber hat wohl seine Kräfte etwas überstiegen, u. da er eine eigentliche Liebhaberey nie gehabt, dazu auch nicht fähig ist, so giebt Er gewiß seine Sachen früher oder später ab, wenn er gleich sehr hoch damit hinaus will. –

Ich habe nicht viel Zeit |4| und schließe darum für itzt. Doch kann es dich vielleicht intereßiren zu wissen, daß von Seiten des Consistorii, ich weiß selbst nicht auf wessen Betreiben, dem Pastor Spitz oder Schmitz in Reinmagen [Remagen] schon mehrmals ist bedeutet worden, Er könne seine Sankt Apollinaris Reliquie in Düsseldorf wieder bekommen, u. dürfte sie nur da abholen. Allein, er rührt sich gar nicht darum, da es doch wohl anzunehmen ist, daß er dem Volke dadurch einen großen Dienst erzeigen würde. Vielleicht thut er es nicht, weil er denkt, er müsse dann die Reliquie auch wieder in Eure Kirche auf den Berg geben, u. hätte dann doch wenig davon. Ist Euch aber vielleicht etwas daran gelegen, so würde ich rathen, daß Ihr sie unverzüglich beym Graf Solms oder beym Consistorium als Euer Eigenthum reklamirtet, u. auch etwas verbindlich machtet, sie in ihrer alten Ruhestätte auf dem Berg wieder zu Ehren zu bringen. – Es klebt mir noch so von meinen Pariser Geschäften an, alles, wo möglich wieder an Ort u. Stelle, wohin es gehört, zu fördern; u. so möchte ich es auch mit dem

---

[6] Parce mihi Domine nihil enim sunt dies mei: Lass ab von mir, Herr, denn meine Tage sind eitel (Altes Testament, Buch Hiob, Kapitel 7, Vers 16).

Heiligen Apollinaris noch, – der mich übrigens nichts angeht, als daß mir meine selige Mutter einmal gesagt hat, ich sey in seine Bruderschaft geschrieben. –

Lebt wohl, alter lieber Freund. Gruß an Melchior, Bertram, Carové, Geyr, Schülgen, Kempis, u. wer sich von den lieben Heidelbergern sonst unser noch erinnert. – Hat denn der schöne holdselige Knabe von Fr. de Rhon sein Caninchen mit nach Heidelberg gebracht. Empfiel mich auch dort. – Joseph grüßt freundlich. – Gelegentlich schreibe mir doch, ob es wahr ist, daß die Frau Bolognaro geheiratet hat?

Ebbo

Eberhard von Groote an Jakob Grimm, Köln, 18. März 1817

Der Brief wird hier wiedergegeben nach: Alexander Reifferscheid (Hg.), Eberhard von Groote. Mitteilungen aus seinem Briefwechsel mit G. Fr. Benecke, J. Fr. Böhmer, M. und S. Boisserée […] aus den Jahren 1815–1859, Bonn 1875, S. 35–37;[7] vgl. auch: Alexander Reifferscheid, Erinnerung an Eberhard von Groote, in: Monatsschrift für rheinisch-westfälische Geschichtsforschung und Alterthumskunde, Jg. 1, Bonn 1875, S. 156 f.

|35| Cöln, den 18. März 1817.

Mein viel lieber Freund.

Ihren Brief vom 28. Februar letzthin habe ich mit vieler Freude erhalten, und mich alsobald an die Arbeit gemacht, um Ihnen die verlangten Wörter nach meinen beyden Handschriften des Tristan möglichst zu erklären. Ich hoffe, Sie werden mit der Art, wie ich es gethan, zufrieden seyn, und nach der einen oder andern Handschrift wird es |36| Ihnen nun leicht seyn, das Rechte herauszubringen. […] Aus der Vergleichung der verschiedenen Lesarten überhaupt aber, wird Ihnen klar werden, wie sehr die Handschriften von einander abweichen, und wie sehr es nöthig ist, bey einer künftigen Ausgabe, alle recht zu vergleichen. Ich glaube nunmehr im Stande zu seyn, über alle Handschriften des Tristan, die mir bisher vorgekommen sind, ein ziemlich richtiges Urtheil zu fällen. […] Soviel einstweilen über den Tristan, den ich recht gerne Ihrer freundlichen Ermunterung zufolge, bearbeiten und für eine künftige Herausgabe vorbereiten möchte, wenn mir das isolirte Studium, ohne alle andern Hilfsquellen, als die ich mir mit geringer Kenntniß und wenigen Mitteln selbst zu verschaffen im Stande bin, nicht gar zu schwer und mühsam würde. Dumbek, welcher sehr zurückgezogen lebte, und nun gar seinem Rufe nach Loewen [Löwen], wo ihm sehr bedeutende Anerbiethen gemacht sind, folgend, für uns ganz verloren ist, war nicht recht

---

[7] Die Auslassungen in diesem Text beruhen auf Kürzungen in der Edition A. Reifferscheids.

dazu gemacht, um mit ihm arbeiten zu können. Außerdem aber kümmert sich hier niemand um unsre alten deutschen Schriftsachen. Würde ich endlich die Pariser Handschrift noch erhalten, so würde ich nochmal alles, was ich bis jetzt habe, vergleichend zusammenstellen, und alsdann wird es mich freuen, bey dunkelbleibenden Stellen mich bei Ihnen Raths erholen zu dürfen.

Seither habe ich nun noch eine hübsche Handschrift 41 Blätter klein Folio auf Papier, jede Seite 42–44 Zeilen erhalten, von welcher Ihnen vielleicht Carové schon geschrieben, der sie 1816 abgeschrieben hat. Den Verfasser weiß ich nicht; das ganze aber ist ein großes, meist allegorisches Gedicht über die Minne, in welchem Anspielungen auf die Niebelungen, auf den Gral, den Tristan, Wigliß (Wigolais), Blantschiflor, Laurin und Lancelot vorkommen. […] Wenn es Ihnen der Mühe werth scheint, so theile ich Ihnen nächstens eine Probe daraus mit. Auch hoffe ich ehestens noch mehrere andere gute Sachen zu bekommen. –

Das Leben treibt sich hier ziemlich still und gleichförmig fort. Die praktischen Arbeiten füllen zwar nicht meine ganze Zeit aus, unterbrechen mich aber mannigfaltig, so daß ich selten recht, wie sonst wohl, etwas tüchtiges ganz ungestört zu Ende bringen kann. Mein Bruder grüßt Sie bestens. Der Rektor Fochem hat jüngst wieder gegen ein halbes Dutzend Bilder erhalten, die zu den besten seiner Sammlung gehören. Von Boisserées Geschäften ist alles sehr |37| still. Manchen, selbst in Berlin, will es unwahrscheinlich bedünken, daß das Geschäft mit der Preußischen Regierung geschlossen werden dürfte. Doch scheint es auch noch nicht abgebrochen, sondern nur eine große Gegenparthey in Berlin die Sache zu hintertreiben. –

Graf Solms Laubach ist seit einigen Tagen nach Berlin abgereist, wohin alle Oberpräsidenten, wie es heißt, zur Eröffnung des Staatsrathes berufen sind. Er ist mit vielen guten Planen und begleitet von unsern besten Wünschen abgereist, und Gott möge geben, daß er einiges wenigstens von dem Vielen, was für diese Provinzen zu wünschen übrig bleibt, zum Ziele fördere. Die Noth ist in diesem traurigen Jahr nur zu groß im Volke. 8 Pfd. Roggenbrod haben schon 2 Fr., also mehr als 13 GG., gekostet. Seit einigen Tagen sinken die Preise etwas.

Leben Sie recht wohl, lieber Freund, und bleiben Sie mir gut,
Ihrem Eberhard v. Groote.

[Eberhard von Groote], Inspektor der de Grooteschen Familienstiftungen an das Konsistorium Köln, Köln, 22. Mai [1817]

Historisches Archiv der Stadt Köln, Best. 155A A 96/8, S. 77 f.

|77| An ein Königliches Hochwürdiges Consistorium Hierselbst. Expeditum.

In der am 13. November 1816 statt gehabten, nun also länger als ein halbes Jahr verfloßenen Konferenz über die Wiederöffnung der hiesigen Sonntagsschulen, welche ein Hochwürdiges Consistorium in dem verehrlichen Schreiben vom 19ten laufenden Monats zu erwähnen beliebt, kam man gemeinschaftlich dahin überein, daß die Ansprüche auf die Competenz zur künftigen Verwaltung der Fundatio Jacob de Groote pro Catechistis, sowohl von der hiesigen Schulverwaltung, als von meiner Seite eingereicht, und in einem allgemeinen Berichte dem Hofe zur Entscheidung vorgetragen werden sollten. Auch habe ich nicht ermangelt, alsbald mein pro memoria darüber einem Hochwürdigen Consistorio zuzustellen; und es ist mir wahrhaft unbegreiflich, warum der vor seinem Abgang mir zur Einsicht versprochene Bericht in dieser geraumen Zeit mir immer noch nicht zu gekommen ist.

Ehe aber meine alten, unerloschenen Rechte zur Administration dieser meiner ehrwürdigen Familienstiftung öffentlich anerkannt, und dieselbe mir also in ihrem ganzen Inhalte wieder übergeben ist, wird ein Hochwürdiges Consistorium mir die wiederholte Erklärung nicht übel deuten, daß ich mich nicht für befugt halte, einen einzigen Punkt gegen die Stiftungs-Urkunde, also auch nicht die Besetzung der Sonntags Lehrerstellen durch Candidaten des bischöflichen Seminars, nachzugeben. Sollte aber ein Hochwürdiges Consistorium, mit Zuziehung der bischöflichen Behörde, für die Zeit, wo jene Stiftung sich noch unter der Verwaltung des hiesigen Schulverwaltungsrathes befindet, es für zulässig, oder gar unvermeidlich halten, jene Lehrerstellen durch Candidaten des bischöflichen Seminars versehen zu lassen, |78| so muß ich dieß, mit Vorbehalt aller künftigen und gegenwärtigen Rechte und Verbindlichkeiten der Stiftung, einem höheren Ermessen anheim stellen.

Cöln, den 22. May.
Der Inspektor der de Groote'schen Famillienstiftungen.

Eberhard von Groote an Friedrich Ludwig Christian zu Solms-Laubach, Köln, 24. Mai 1817

Landesarchiv NRW R, BR 0002, Nr. 404, Bl. 86r–87v
Vgl. den Entwurf des Schreibens: Historisches Archiv der Stadt Köln, Best. 1553, A 1, o. O., o. D., Bl. 47r–47v

|86r| An den Königlich Preußischen Oberpräsidenten der Herzogthümer Jülich, Cleve u. Berg, Grafen zu Solms-Laubach Exzellenz in Berlin.

Euer Exzellenz werden ohne Zweifel die, an die hiesige Königliche Regierung ergangene Ministerielle Verfügung eingesehen haben, zufolge welcher uns die Anzeige geschah, daß die pp. Regierung von Düsseldorf angewiesen sey, uns 3, mit der Aufschrift Rheinisches Archiv versehene, bey Ihr deponirte Kisten zu übersenden, welche hier eröffnet, deren Inhalt inventarisirt, das etwa darin befindliche fremde Eigenthum den Eigenthümern zurückerstattet, die Verzeichnisse aber an das pp. Ministerium eingereicht werden sollten. – Auch haben wir nicht verfehlt, augenblicklich diese 3 Kisten uns von der Düsseldorfer Regierung zu erbitten, obschon es mir nicht bekannt war, daß je unter dieser Rubrik, solche daselbst deponirt worden sind, diese Aufschrift also entweder irrig angegeben oder später darauf angebracht worden seyn muß. Hierüber wird nun der Erfolg des weitern kund geben. In der Voraussetzung aber, daß ein hohes Ministerium durch obiges Reskript eigentlich die Restitution aller aus Paris zurückgekommenen, theils in Aachen, theils in Düsseldorf aufbewahrten, Gegenstände der Wissenschaft an die nunmehrigen rechtmäßigen Eigenthümer, und zugleich die zweckmäßige Inventarisirung, Aufbewahrung und Benutzung der übrigen beabsichtigte, haben wir in einem Berichte, der Eurer Exzellenz ebenfalls zugekommen seyn wird, unverzüglich auf die allgemeinere Fassung jener Verfügung angetragen, wodurch die pp. Regierungen von Aachen und Düsseldorf angewiesen werden möchten, uns alle in obige Categorie gehörenden Gegenstände zu gleichem Zwecke zu verabfolgen.

Es ist dieß um so wichtiger, da dieselben, theils in Düsseldorf nur schlecht aufgehoben seyn sollen, theils diese Stadt gar keinen, Aachen aber nur sehr geringe Ansprüche darauf hat; die meisten jener Gegenstände aber hierher, und nach Trier gehören, in deren schöne Bibliothek auch |86v| die Rückgabe der mit so großer Unbilligkeit geraubten Bücher mit allem Rechte angemessen zu seyn scheint. Ich erlaube mir Eurer Exzellenz diese Sache nochmal auf das Dringendste zu empfelen, und dabey noch gehorsamst zu bemerken, daß nur ja bey dem Ministerio nicht speziell von Trierer oder Kölner Seltenheiten geredet werden dürfe, weil selbst auch nach Trier, welches Euer Exzellenz in Ihrem verehrlichen Schreiben vom 7. May letzthin namentlich und einzig erwähnen, nur sehr weniges gehört, und wir die Conzentrirung alles, nunmehr Herrenlos gewordenen, selbst ursprünglich nicht in Köln gewesenen wissenschaftlichen Apparats, hierselbst beabsichtigen. Am besten würde es heißen, wie auch Euer Exzellenz im Verfolge Ihres Schreibens sich auszudrücken belieben: „Alle in Düsseldorf und Aachen verwahrte, und früher bey dem Generalgouvernement deponirte Sachen." –

Ob etwa die plötzliche, nunmehr völlig verschwundene Krankheit unseres alten Wallraf, oder was sonst, der Grund davon seyn mag, wüßte ich wirklich nicht anzugeben: wirklich aber hat sich seit jener Zeit seyn Sinn und ganzes Wesen so sehr gemildert und gefaßt, daß Herr Denoël und ich, mit Seiner besten und freundlichsten Beyhülfe, nun schon seit fast 4 Wochen täglich bey ihm arbeiten, und nach und nach das ausführlichste Inventar seiner Sachen, wobey wir mit den Gemälden zuerst angefangen und fast schon zu Ende gekommen sind, – zu Stande zu bringen hoffen dürfen. Zwar hielte ich es auch für billig und gerecht, zum Besten des Mannes selbst, der vielleicht den Abend seines thätigen Lebens schon erreicht hat, recht bald, und früher etwas zu erwirken, als unsre, immer doch nur langsam fortschreitende Arbeit, vollendet seyn wird. Allein, ich hoffe seine nunmehrige gute Stimmung auch dazu benutzen zu können, um von Ihm die näheren Bedingungen zum Uebertrag seiner Sammlungen an den Staat, in einer bestimmten, deutlichen, schriftlichen Erklärung zu erhalten. Ich werde Ihn mit den Beweggründen, welche Eure Exzellenz sehr richtig noch besonders herausheben, alsobald bekannt |87r| machen, und alsdann nicht ruhen, bis alles so zurecht gestellt seyn wird, daß sich etwas Festes und Zweckmäßiges darauf gründen läßt. Zu wünschen wäre dann nur, daß das Königliche Ministerium recht bald auf die zu machenden Vorschläge eingehen mögte, weil, wie gesagt, dem alten Herrn wohl nur noch geringe Zeit zum Genusse des Ihm zugedachten Guten übrig bleiben dürfte.

Rücksichtlich des zu errichtenden Rheinischen Museums wüßte ich Euer Exzellenz in der That einstweilen nichts anderes, als den Plan nochmal abschriftlich vorzulegen, den ich schon früher auf Deren Veranlassung einzureichen mich beehrte. Ich kenne alle Vorakten zu diesem Gegenstande ganz genau, und erlaubte mir damals zugleich einen vollständigen Bericht aus und über diese Akten zu übergeben. Als erste Grundlage scheint mir einstweilen nur das, was ich damals entwarf, genommen werden zu können, woraus sich sofort dann nach und nach das Weitere von Innen heraus bilden und gestalten wird. Nach dem Vielen, was in den hiesigen Provinzen seither theils zu Grunde gegangen, theils anderwärts hin verschleppt worden ist, thäte es wahrhaft Noth, für die Erhaltung des Uebrigen und noch Bestehenden etwas Ernstliches vorzunehmen. Auch sehe ich nicht ab, was das Königliche Ministerium der Errichtung eines solchen Museums und der mit Einrichtung desselben anzuordnenden Kommission, mit Grund entgegen setzen könnte, da dieselben weder bedeutende Kosten, noch andre Bedenklichkeiten erschweren können, vielmehr eine offizielle Autorisation zur Constituirung derselben eigentlich das Hauptsächlichste ist, was einstweilen zu erwirken wäre. Was den Ankauf von Privatsammlungen, Einrichtung von Lokalen, u.s.w. betrifft, ist nachher eine Sache für sich, worüber man die gutachtlichen Vorschläge der Commission vernehmen, und sodann das weitere Zweckmäßige einleiten könnte. –

In der |87v| frohen Erwartung, daß die guten Absichten Eurer Exzellenz auch für diesen Gegenstand den besten Erfolg haben, und wir Hochdieselbe sodann bald wieder in unserer Mitte besitzen werden, habe ich die Ehre mich mit vorzüglichster Verehrung zu nennen Eurer Exzellenz gehorsamster Diener

Eberhard v. Groote.
Cöln, den 24. May 1817.

Eberhard von Groote an das Oberpräsidium Köln, Köln, 14. Juni 1817

Landesarchiv NRW R, BR 0002, Nr. 405, Bl. 33r u. 33v

|33r| Die Inventarisirung und Aufstellung der Wallrafischen Sammlungen betreffend.

Nachdem Herrn Denoël und dem Unterzeichneten der Auftrag geworden, gemeinsam die Inventarisirung und vorläufige zweckmäßige Aufstellung der verschiedenen Sammlungen des Herrn Professors Wallraf vorzunehmen, ist dieß Geschäft bereits so weit gediehen, daß das Verzeichniß der Gemälde geschlossen, und nur noch eine genaue Revision und Anordnung desselben im Einzelnen nöthig ist, um diesen ersten Theil unseres Auftrages als erledigt ansehen zu können. Um aber die vielen, großentheils noch in der Wohnung des p.p. Wallraf befindlichen Gemälde, in die dazu bestimmten Lokale des Jesuiten-Kollegs zusammenzubringen; und nun sofort auch die übrigen Gegenstände, z.B. Antiquitäten, Mineralien, u.s.w. einigermaaßen aus dem Moder und der Unordnung, worin sie noch ruhen, hervorzuziehen, sind kleine Ausgaben, z.B. Tagelohn für einige Träger, und die Kosten einiger Tischler-Arbeit zur nöthigsten Einrichtung der Lokale selbst, u. dergl. unvermeidlich. Daher finde ich mich veranlaßt bey Einem Königlichen hohen Ober-Präsidio ganz gehorsamst darauf anzutragen, |33v| daß zu obigem Zwecke ein kleiner Fonds von etwa Rthr. 50 zur Disposition des Herrn Denoël gestellt werden möge, welcher nicht verfehlen wird, über die Verwendung desselben genaue Rechnung zu halten, diese aber bey dessen Erschöpfung oder mit Beendigung unseres Geschäftes gehorsamst vorzulegen.

Cöln, den 14. Juny.
v. Groote

Eberhard von Groote an Johann Hugo Wyttenbach, Köln, 5. Juli 1817

Wissenschaftliche Bibliothek der Stadt Trier, Nr. 360

|1r| Wohlgeborner Herr, Verehrter Freund.

Meinen lieben Freund, den Herrn Hauptmann v. Below, der Ihnen dieß Blatt bringen wird, wollen Sie mir zu liebe recht freundlich aufnehmen, und Ihn mit Ihren schönen Sachen ein wenig bekannt machen. Er wird Ihnen von mir sagen, wie Er mich über Ihren Trierischen Büchern und Handschriften beschäftigt gesehen, die ich nicht ohne viel Mühe und Geduld endlich von den Orten, wohin sie nicht gehörten, fast eben so schwer wieder losgeeist habe, wie damals von Paris. Ich darf Ihnen nicht erst sagen, daß ich alles, was an mir ist, gewiß gerne thun will, um Alles an die Stelle, wohin es von Gott und Rechts wegen hingehört, zurückzubringen, und es hat nunmehr auch keinen Zweifel, daß dieß gelingen wird. Nur muß ich Sie, so wie dieß auch schon bey Ihrer dortigen Regierung geschehen, recht dringend bitten, uns so lange Frist u. Ruhe zu gönnen, bis wir uns völlig des Auftrags entledigt haben, den wir in Rücksicht der fraglichen Gegenstände von dem Königlichen Ministerium erhielten. Man verlangt nehmlich die vollständigen Verzeichnisse derselben, und will, daß aus diesen nachgewiesen werde, auf welche Art und an welche Orte man die Restitution des Einzeln verfügen wolle. Nur Privateigenthümer, und bestehende Institute können unbedinglich das Ihrige zurückerhalten. Was aber aus aufgehobenen Klöstern und untergegangenen Sammlungen etc. herrührt, bleibt dem künftigen Rhein-Museum aufgehoben. Hierüber künftig mehr.

Einstweilen freut es mich sehr, Sie versichern zu können, daß der bedeutendste Theil Ihres Bibliotheks-Eigenthums sich in meiner Verwahrung befindet, aus welcher es auch mit meinem Willen nicht anders, als in Ihre Hände überliefert |1v| werden soll. Zu jenem gehören die Bücher der beyden Wiltheim über Luxenburg, von Hontheim redigirt, und einige geistliche alte Handschriften. Wie es mit den Urkunden werden soll, muß noch näher aufgeklärt werden. Sie sind zum Theil sehr schön und merkwürdig, z.B. die von Dagobert und die von den Ottonen. Nach meiner Ansicht können auch diese nur in Trier so genutzt werden, wie sie es verdienen, und besonders haben die zwischen denselben befindlichen speziellen Chroniken einzelner Klöster, und die Libri fundationum und Annalen für den künftigen Geschichtschreiber Ihrer Gegend großes Interesse. Ich kann nicht leugnen, daß ich Sie über diese reiche Fundgrube, in welcher man ein ganzes thätiges, nützliches Menschenleben hindurch fortarbeiten möchte, wahrhaft beneide. –

Ich werde Ihnen von dem Verfolg meiner hiesigen Arbeit über jenen Sachen, von Zeit zu Zeit Nachricht geben. Sehr würde es mich aber freuen, wenn Sie, sobald hier Alles vorbereitet ist, selbst zu uns herunter kommen wollten, um das Ihrige in Empfang zu nehmen. Der Gegenstand ist allerdings wichtig genug, und schon scheint die Regierung es zu beabsichten, für jenes Geschäft einen eigenen Commissarius zu senden, wozu ich gerne nur Sie gewählt sehen möchte. Es ließe sich dann noch manches recht schön berathen. –

Von Ihren Mitbürgern freuen wir uns sehr, Ihren Herrn Schwartz nun bey uns zu haben. Es ist ein eben so verständiger, als lieber Mann, der sich, wie mir scheint, sehr gut hierhin paßt. –

Leben Sie wohl. Geben Sie mir bald etwas Nachricht von Sich, aber seyen Sie nochmal gebethen, unsre Geschäfte nicht zu übereilen.

Cöln, den 5. July 1817.

v. Groote

Eberhard von Groote an Joseph Görres, Köln, 6. Juli 1817

Der Brief wird hier wiedergegeben nach: Alexander Reifferscheid (Hg), Eberhard von Groote. Mitteilungen aus seinem Briefwechsel mit G. Fr. Benecke, J. Fr. Böhmer, M. und S. Boisserée [...] aus den Jahren 1815–1859, Bonn 1875, S. 37–39 und Monika Fink-Lang, Joseph Görres. Briefe. Von 1814 bis zum Exil, Bd. 3, S. 456 f. Vgl. auch: Alexander Reifferscheid, Erinnerung an Eberhard von Groote, in: Monatsschrift für rheinisch-westfälische Geschichtsforschung und Alterthumskunde, Jg. 1, Bonn 1875, S. 157–159 sowie eine Abschrift mit längeren Auslassungen: Universitäts- und Landesbibliothek Münster, Nachlass K. Schulte-Kemminghausen, Kapsel 71,6. Das Original, das sich in Privatbesitz befindet (Familienarchiv Görres-Jochner, Nr. 82), war nicht zugänglich.

|37| Cöln, den 6. Juli 1817.

Denken Sie sich meine Lust, ich sitze nun hier in unserm großen Saale mitten zwischen den endlich mit Mühe von Düsseldorf losgeeisten Trierischen und Kölnischen Büchern, Handschriften und Urkunden, unter denen wirklich sehr merkwürdige Dinge sind. Vieles habe ich erst noch zu erwarten, denn in dem ministeriellen Rescripte heißt es, daß alle jene von Paris zurückgekommenen, den Rheinprovinzen angehörenden Gegenstände hieher zusammengebracht, inventarisirt und das Privatleuten oder noch bestehenden Instituten genommene den respektiven Eigenthümern zurückgegeben, das Uebrige aber für eine künftige rheinische öffentliche Bibliothek bestimmt bleiben solle. Aus Trier und den Klöstern der Gegend sind kostbare Dinge hier, z.B. die geschichtliche und antiquarische Beschreibung von Luxemburg von den beiden Jesuiten Wiltheim, und eine Menge |38| uralter Dokumente aus Prüm, St. Paulin, St. Maximin u.s.w., wovon mehrere wohlerhaltene von Dagobert (640) sind; von den Ottonen liegen noch mehrere dabei. Ueberdieß sind zwischen den Urkunden, in den nämlichen Kästchen, viele schöne Spezialchroniken, Annalen, Fundationsbücher aus einzelnen Klöstern und Abteien, worin ganz vortreffliche Sachen vorkommen. So z.B. finde ich zwischen den Urkunden S. No. 172 eine Handschrift unter dem Titel: Chronicae relationes rerum gestarum prumiensium, conscriptae per fratrem Servatium Otlerum, imperialis monasterii S. Salvatoris Prumensis professum a.D. 1623;[8] und daselbst fol. 6 folgende Notiz:

„Ea propter etiam in libro, quem nos aureum adpellamus, pipinus gloriosissimus rex francorum et Carolus invictissimus Rom. Imperator filius illius, ut primarii Prumensis Ecclesiae fundatores atque patroni in expresso et perpulchro typo figurati, tenentes Ecclesiam dictam in manibus suis et sancto salvatori hominum desuper prospicienti, sic offerentes ajunt: Domine dilexi decorem etc. ad concinendum nomini tuo Ecclesiam Prumiensem fundavimus nec non et ipsam cum personis. – a quo similiter et audiunt sibi responderi: Venite benedicti patris mei etc. Itemq. illi posteris suis eandem Ecclesiam in perpetuum commendant, his verbis: Per tempora futura heredibus nostris usque in finem romani imperii perlegendam et conservandam scripto atque nostris privilegiis commisimus."[9]

In dem nehmlichen Manuscript fol. 6ᵇ:

„Scribitur de eodem (Carolo M.) a certissimis autoribus, atque in antiquissimis manuscriptis codicibus apud nos fideliter annotatum habetur, quod ad numerum elementorum seu literarum in alphabeto coenobia fundaverit, inter quae prumiensis ex primariis unum est, – et in unoquoque per ordinem fundationis unam literam de puro auro fabricatam, plus quam 100 ℔ turon. valentem reliquerit in sempiternum monumentum, ut ex ordine literarum sic tempus fundationis unius cuiusque monasterii cognosceretur, quae literae adhuc in quibusdam, quae ab incursibus hostium et vastationibus libera esse potuerunt, reperiri

---

[8] Chronicae relationes rerum gestarum Prumiensium conscriptae per fratrem Servatium Otlerum Imperialis Monasterii S. Salvatoris Prumensis professum, Anno Domini 1623. Die Chronik der Abtei Prüm befindet sich heute in der Wissenschaftlichen Bibliothek der Stadt Trier (Hs 1712/428 2). Vgl. Finken, Geschichte der Prümer Abtei, 2008.

[9] Vgl. für diesen von Groote gekürzten Absatz die Übersetzung von A. Finken: „Deshalb sagen auch auf dem Einband des sogenannten Goldenen Buches der ruhmreiche Frankenkönig Pippin und sein Sohn, der unbesiegbare Kaiser der Römer, die als Hauptstifter und Schutzherren besonders prachtvoll dargestellt sind, während sie die Kirche in Händen halten und sie dem von oben herabschauenden Erlöser schenken: ‚Herr, ich liebe den Ort, wo dein Tempel steht, die Stätte deiner Herrlichkeit. Um deinem Namen Lob zu singen, haben wir die Kirche und das Kloster gegründet.' Gott antwortet ihnen: ‚Kommt, ihr Gebenedeiten meines Vaters, und besitzet das Reich, das euch von Anbeginn der Welt bereitet ist. Was ihr dem Geringsten meiner Brüder getan habt, das habt ihr mir getan.' Die Stifter wiederum empfehlen die Kirche ihren Nachfolgern auf ewig mit den Worten: ‚Für alle Zeiten bis zum Ende des Römischen Reiches haben wir ihren Schutz und Schirm mit den beurkundeten Privilegien unseren Erben übertragen'." (Finken, Geschichte der Prümer Abtei, S. 38 f.).

dicuntur. Ad haec 4 Episcopatus i.e. trevirensem, coloniensem, moguntinensem et salisburgensem diuitiis et honoribus ampliavit."[10]

Sie werden zugeben, daß diese und dergleichen Nachrichten |39| ganz angenehme Entdeckungen sind, und ich kann nicht leugnen, daß ich zwar den Trierern recht gerne alles das Ihrige zurücksenden will, daß mir einstweilen jedoch die Untersuchung derselben viele Freude macht. Auch muß man hoffen, daß jene Sachen nicht wieder so ungenützt hingelegt werden, sondern als unschätzbare Materialien zur alten Geschichte in recht gute Hände gerathen. Aeußerst merkwürdig sind die Werke über Luxemburg, die ich oben berührte. Sie sind beyde ganz zierlich zum Druck zurecht geschrieben, und mit getuschten Blättern, welche Monumente, Inscriptionen etc. darstellen, versehen. Ich glaube, daß sich die Herausgabe so interessanter Werke auch nun noch sehr wohl veranstalten ließe, und werde Wyttenbach dazu zu bewegen suchen. – Uebrigens ist das Meiste jener Gegenstände noch gar nicht hier, und was von altdeutschen Handschriften darunter ist, habe ich daher noch nicht wieder gesehen. Nur etwa 20 Handschriften, meist Mönchsbücher, und eine Menge erster Drucke ex officina Zell hieselbst 1450–60 sind dabey.[11] –

Ich wollte nun, daß ich Ihnen wegen Ihrer Loose auch etwas Erfreuliches sagen könnte; aber die ewige Einrede, welche man immer hören muß, ist, daß die Noth in Cölln selbst zu groß sey, und man daher für anderwärts nichts geben könne. Von Elberfeld, Jülich u. Aachen habe ich noch keinen Bescheid erhalten; die Vertheilung aber habe ich dort recht wackern Leuten aufgetragen.

90 Loose habe er, schrieb Groote weiter, nach Düren gegeben,[12] an einen Mann, der sich gewiß alle Mühe darum gegeben hat, allein, ich erhielt vor einigen Tagen das ganze Packet zurück, weil sich dort ein eigener Hilfsverein gebildet hat, der durch sehr bedeutende Beyträge der Noth mit kräftiger Hand wehrt, sich aber auch auf weiteres nicht einläßt. Zudem haben Sie hierhin fast zu viel gegeben. Die hohe Regierung hat am ersten welche genommen. Die, so viel ich weiß, an einen Sekretär kamen, dann hat Haxthausen noch, – doch wir wollen thun,

---

[10] Finken, Geschichte der Prümer Abtei, S. 40: Kaiser Karl habe, „berichten zuverlässige Autoren, und so steht es auch in unseren ältesten Handschriften, so viele Klöster gegründet wie das Alphabet Buchstaben zählt. Das Prümer gehört dabei zu den ersten. In jedem Kloster habe er in der Reihenfolge der Gründung einen Buchstaben aus purem Golde im Werte von mehr als 100 Turoner Pfund zur ewigen Erinnerung zurückgelassen, so dass man an der Stellung des Buchstabens im Alphabet die Gründungszeit des Klosters erkennen konnte. Diesen Buchstaben soll man heute noch in einigen Klöstern finden, die von feindlichen Einfällen und Plünderungen verschont blieben. Außerdem stattete er die vier Bistümer Trier, Köln, Mainz und Salzburg mit Reichtümern aus und erhöhte ihren Rang".

[11] Der folgende Abschnitt fehlt in der Edition A. Reifferscheids, er wird hier wiedergegeben nach: Fink-Lang, Görres. Briefe, Bd. 3, S. 457.

[12] Dieser Satzteil ist bei M. Fink-Lang nur in indirekter Form wiedergegeben.

was wir können.¹³ Von der Anzeige Nro II hätte ich gerne mehrere gehabt, wie ich auch neulich schrieb.¹⁴ –

Nun grüßt alle lieben Freunde und Bekannte, und macht, daß ihr herunter kommt. Bey mir ist Raum zu wohnen und nach Lust und Liebe den ganzen schönen alten Kram zu durchmausen.

Lebt recht wohl.

v. Groote

Eberhard von Groote an Joseph Görres, Köln, 24. Juli 1817

Das Schreiben wird hier wiedergegeben nach: Alexander Reifferscheid (Hg), Eberhard von Groote. Mitteilungen aus seinem Briefwechsel mit G. Fr. Benecke, J. Fr. Böhmer, M. und S. Boisserée […] aus den Jahren 1815–1859, Bonn 1875, S. 39 f. sowie nach der Abschrift des Briefs in: Universitäts- und Landesbibliothek Münster, Nachlass K. Schulte-Kemminghausen, Kapsel 71,7. Vgl. auch: Alexander Reifferscheid (Hg.), Erinnerung an Eberhard von Groote, in: Monatsschrift für rheinisch-westfälische Geschichtsforschung und Alterthumskunde, Jg. 1, Bonn 1875, S. 160 und Monika Fink-Lang, Joseph Görres. Briefe. Von 1814 bis zum Exil, Bd. 3, S. 460 f. Das Original, das sich in Privatbesitz befindet (Familienarchiv Görres-Jochner, Nr. 82), war nicht zugänglich.

|39| Köln, 24. Juli 1817.

Seit wir die 3 Kisten mit Büchern und Urkunden von Düsseldorf erhielten, und dorthin und nach Aachen seither ein neues Rescript von Berlin erging, alles übrige noch an uns zu senden, ist alles ganz still geblieben. Nur haben die Aachener angezeigt, sie haben nichts mehr als den Codex Aureus Sancti Maximini,¹⁵ und haben nach Berlin gemeldet, es sey ihnen dieser als Depositum vom Staatskanzler überwiesen, bis zur Eröffnung der Rheinischen Universität.¹⁶ Ich aber werde die Trierer hetzen, daß sie ihn in Berlin reklamiren, denn mit der Universität wird es ja doch einmal nichts als ein – Gemach. Sie können sie so wenig machen, als sie sonst noch etwas haben machen können; was gutes irgend noch geworden, haben sie ja gar nicht gemacht, sondern es ist überall gegen ihr Wissen

---

¹³ Satz sic.
¹⁴ Die folgenden Sätze sind bei A. Reifferscheid und M. Fink-Lang identisch.
¹⁵ Codex aureus quatuor evangeliorum (Ada-Handschrift) aus der Abtei St. Maximin in Trier. Siehe S. 341.
¹⁶ Der nächste Abschnitt fehlt bei A. Reifferscheid; er wird ergänzt aus einer Abschrift des Briefes (Universitäts- und Landesbibliothek Münster, Nachlass K. Schulte-Kemminghausen, Kapsel 71,7).

und Willen, ja gerade gegen ihren Plan und Absicht entstanden. Was sie machen, wird schon deswegen schlecht, weil sie es machen; was irgend in der Welt Gutes ist, ist nicht – wie eine neue Residenz, die offenbar nicht zum Guten gehört – gemacht worden, sondern es ist erwachsen aus dem Bedürfniß u. entstanden aus dem Drange der eigenen Kraft und Lust. Darum scheint mir das Machen vom Teufel zu seyn, und nur durch Teufelsbund kann man machen, was der liebe Gott ohne des Menschen kühnes Zuthun zur Zeit herauführt. Wird aber doch nun eine Universität gemacht, so wird es ein Machwerk seyn, oder ein Gemach, und am Ende wieder so gut, als ob keine gemacht wäre.[17] –

|39| Von den Trierern wird nun ferner der Codex aureus von Prüm[18] ernstlich reklamirt, allein, ich habe ihnen geschrieben, daß dieser in Paris nicht sey gefunden worden, und daß er sich weder in den |40| Verzeichnissen, noch unter den Reklamationsgegenständen befinde. Die Düsseldorfer haben inzwischen gar nichts mehr von sich hören lassen, und ich weiß nicht, ob und was wir von da noch zu erwarten haben, auf allen Fall ist es literärisch das Wichtigste. Die Trierer drangen in mehreren schnell sich folgenden Briefen auf ihre Sachen; wir haben sie aber gebeten, sich solange zu gedulden, bis wir erst alles hier zusammengebracht und gesondert hätten. Dann wäre es gut, wenn sie Herrn Wyttenbach herunterschickten, um ihre Schätze in Empfang zu nehmen. Ich will Euch ferner über den Hergang mit den Sachen bescheiden.

Scharnhorst, den Ihr von uns grüßen mögt, versprach die Kupfer zu den Liedern zu schicken, hat aber noch nicht Wort gehalten. – Von Heidelberg möchte ich so gerne den Tristan auf ein paar Monate haben, allein, Carové schreibt mir eben, welche ungeheuren Formalitäten dazu nöthig seyen. Inzwischen will ich es doch versuchen. Jean Paul ist dort angekommen, und mit einem Fackelzug bewillkommt worden, wobey Carové eine Rede gehalten. Der ganze Hergang wird im Morgenblatt gemeldet.[19] –

v. Haxthausen, Kreuser, Simon, mein Bruder grüßen freundlichst Euch alle und die lieben Coblenzer Freunde.

Gott zum besten Gruß.

v. Groote.

---

[17] Der folgende Text beruht auf A. Reifferscheid, Eberhard von Groote. Mitteilungen aus seinem Briefwechsel, Bonn 1875.
[18] Liber aureus Prumiensis; Das Goldene Buch von Prüm (Wissenschaftliche Bibliothek der Stadt Trier, Hs 1709). Die Handschrift wurde von den Franzosen nach Paris gebracht, 1820 gelangte sie durch eine Schenkung an die Trierer Bibliothek (Nolden, „Das Goldene Buch", bes. S. 76 f.).
[19] Morgenblatt für gebildete Stände, Nr. 173, 21. Juli 1817.

Eberhard von Groote an Sulpiz Boisserée, Köln, 18. August 1817

Historisches Archiv der Stadt Köln, Best. 1018, A 118

|1| Köln, den 18. August 1817.
Lieber Freund.
Die Zeit, wo ich deinen Brief vom 24. vorigen Monats erhielt, war theils zu wichtig u. bedeutend, theils zu sehr angeregt von manchfaltiger Geschäftigkeit, als daß ich nicht erst die nöthige Ruhe u. Muße hätte abwarten müssen, um dir nun übersichtlich davon reden zu können. Wenn unsre liebe alte Stadt seit Menschengedenk wahrhaft herzliche, volksthümliche, aufrichtige Feste in ihren Mauern gefeyert hat, so war es wohl in dieser Periode, wo uns der Kronprinz mit seiner Gegenwart erfreute. Wenn ich die fast durchaus vergriffenen Blätter noch auftreiben kann, so kann ich mir nicht versagen, alles, was irgend von Belang öffentlich darüber ist gesagt worden, beyzuschließen, wenn auch dießmal das Päckchen etwas groß werden sollte.

Vielleicht hast du auch schon andere Mittheilungen darüber erhalten, u. so will ich dir einstweilen zuerst sagen, was dich vielleicht am meisten interessirt, über Hirt nehmlich. Dieser Herr Hofrath war mit dem Kronprinzen schon in Coblenz zusammengetroffen, wohnte hier bey Ihm im nehmlichen Gasthof, war mit Ihm überall zusammen, nutzte alle Zeit, um Kirchen, Bilder, Sammlungen, etc. schnell vor dem Prinzen zu sehn, und führte diesen nachher auch hin, wobey er dann mit einer Effronterie u. Anmaßung den Exegeten machte, daß es fast nicht zu ertragen war. Mir scheint es gerade nicht, als ob deine guten Lehren und Ermahnungen auf seinen starren Sinn einen bleibenden Eindruck gemacht hätten. Denn was Er Euch dort widersprochen und geläugnet hat, das hat er hier in jeder Sammlung wiederholt. Ich kannte Ihn von Berlin her, leider fast schon zu gut. Hier sah ich ihn zuerst wieder, als wir mit der Einrichtung einer großen Kunstausstellung im Jesuitenprüfungs-Saal beschäftigt waren, wozu Herr Fochem, Tossetti, Dumont, v. Herwegh, Buchhändler Schmitz, Willmes, u.a. Ihre besten Sachen gegeben haben, u. die auch nun noch zu großer Freude der Stadt wahrscheinlich bis nach der Anwesenheit des Königs erhalten werden wird. Er hat die Art, gleich alles zu betrachten, legte sich zu den Bildern an die Erde, |2| und schrieb kleine Notizen auf, ich weiß nicht, ob eigentlich für sich, oder um nachher beym Kronprinzen gleich Text zu haben. Kunst-Kenntniß wird Ihm niemand absprechen können, er hat gewiß sehr viel und mit Studium gesehen, allein, seine Frechheit im Urtheil geht dafür auch ins Weite. Trotz den mancherley Zweifeln, die er von Euch gegen sein System hat aufwerfen gehört, schien er doch wieder ganz fertig und in sich einig u. geschlossen, und sprach wie ein Diktator.

Von einer deutschen Schule u. Kunst vor dem 15. Jahrhundert will er durchaus nichts hören. Die Sachen, welche dem Jan van Eick zugeschrieben werden, oder welche wenigstens in dessen Zeit gehören, setzt er ebensowohl an den Schluß des 15. u. Anfang des 16. Jahrhunderts als das Dombild und die gleichzeitigen. Mit den Namen ist er eben so wenig einverstanden. Wenn man z.B. über Fochems kleines Bildchen, Joseph u. Maria, fragte, so hieß es, „daß dieß von dem Meister des Danziger Bildes ist, leidet keinen Zweifel"; wer dieser aber war, ist eine andere Frage. Die angebliche Jahrzahl des Dombildes 1410 läßt Er gar nicht gelten. „Es war nicht möglich im Anfang des 15. Jahrhunderts wie Titian zu malen." „Die Zeichen sind nicht Zahlen; eher heißen sie: M. Nox." Das Bild läßt er übrigens für das Vollendetste gelten, was ihm je vorgekommen; den Meister, so wie noch unendlich vieles, müssen wir durchaus aus den städtischen Archiven ausmitteln. Dieß letzte mag in mancher Hinsicht richtig und mit der Zeit möglich seyn. Den Prinzen verfolgte Er, wie Sein Schatten. In den Sammlungen, z.B. in der Ausstellung, bey Wallraf, bey Lyversberg u.s.w. kam niemand leicht zu Wort. Er war der einzige Cicerone, er allein that, als ob er bey diesen Sachen Bescheid wisse. Dieß ging oft so weit, daß die Adjudanten des Prinzen sich darüber beklagten. Wallraf aber, dem er besonders bey den Italienischen Bildern fast beständig widersprach, wurde oft so bös, daß wenn der Prinz nach etwas fragte, er Ihn an Hirt verwieß, der ja alles besser und allein verstehe.

Gewiß mag Hirt zuweilen Recht gehabt haben, indem er nehmlich in Italien die Orte nachwieß, wo die Originale der Gemälde seyn sollen, die |3| Wallraf hier nicht will für Copien gelten lassen. Sehr oft aber, und namentlich bey altdeutschen Sachen, hatte er so schreyend Unrecht, daß man ihm seine Behauptungen durch die auffallendsten historischen Unrichtigkeiten widerlegen konnte. Oft aber beschied er sich auch, wenn auch mit unsren Meinungen nicht einig zu seyn, doch sein eigenes Urtheil bis dahin verschieben zu wollen, wo er in den Niederlanden die Sachen gesehn, über deren Meister und Zeiten Brief und Urkunde allen Zweifel verdrängen. – Ich erwarte nichts geringeres, als daß er ehestens, sobald er wieder zur Ruhe gekommen, mit neuen, paradoxen, und gehörig frechen Beyträgen zur Kunstgeschichte, auftreten wird, und das mag etwas Gutes werden! –

(Nach Tisch.) Es meldet sich so eben ein Prof. Grimm aus Weinheim bey mir, und wünscht bis morgen, wo er mit dem Marktschiff wieder weg will, etwas von Cöln zu sehn. Ich werde ihm kaum willfahren können, möchte ihm aber doch dieß Schreiben an Euch mitgeben, wenns möglich ist. –

Auch wir hören von Berlin wenig, namentlich über Euch und Eure Sachen gar nichts. Die allgemeine Noth mag freylich der Hauptgrund der Verzögerung seyn. Es wird für Berlin rasend gekauft; ein Italiener Sacchi hat für wenigstens 80.000 Fr. hier zusammengeschleppt, gut u. schlecht, wie es vorkommt, u. alles nach Berlin. Der Kronprinz, mit dem ich sehr viel zusammen war, hat für unsre Universität dadurch die Hoffnung sehr belebt, daß er behauptet, u. an den König berichtet hat, das einzige wahrhaft schöne, u. für ein etwaiges Residenzschloß zu erhaltende Gebäude sey in Bonn, die andern Schlösser seyen gleichgültig. Somit also fiel Bonns Hoffnung sehr. Alles ist noch unentschieden. Des Grafen Solms unmittelbare Vorträge an den König und geschriebene Eingabe von 32 Bogen[20] mögen wohl auch nicht ohne Wirkung seyn. Von den Ministern, die wir in Kurzem erwarten, wird alles abhängen. –

Der KronPrinz war auf den Domgallerien außen u. innen. Am Dach machte er das glückliche alte Zeichen auf einen Schiefer, |4| in welchem wohl viel u. alles Gute geschah u. zu hoffen ist, dieß nehmlich ☧. Der Bau geht zwar langsam, doch ununterbrochen fort. Es ist nicht gut, daß du in dieser ganzen Zeit nicht hier warst; du hättest wohl viel zum Guten rathen können. Auch in Altenberg war ich mit dem Prinzen. Das Dach ist wieder aufgeschlagen. Die Kirche wird auf öffentliche Kosten hergestellt u. erhalten. Ausser der Kirche ist alles schöne ganz hin. Die Kirche selbst hat innerlich u. äußerlich sehr gelitten. –

Wegen den Apollinaris Reliquien wird einstweilen Alles beym Alten bleiben. – Ich sitze nun in den kostbaren Trierischen u.a. Rheinischen Manuskripten u. Dokumenten, die wir aus Paris zurücknahmen, u. nun inventarisirt u. an Ort u. Stelle, wohin sie gehören, remittirt werden. – Ueber die Dichtungen u. über die ganze Feyer, wie Ihr sie aus den Anlagen sehn werdet, erbitte ich mir bald Euer Urtheil, besonders über die beyden Gedichte, die ich mit Fleiß I u. II gezeichnet habe, weil sie zwey verschiedene Tendenzen schroff gegen einander stellen.[21] Eins von Bonn, von geringerem Belang, hab ich nicht mehr.

Noch ist hier bei uns Reimer u. seine Familie aus Berlin, die auch bey Euch waren. Dann die gewesene Nantchen Kléhe, die an einen Dumont aus Maynz verheirathet, u. bey ihren Verwandten zum Besuch ist. – Der Kronprinz kommt im 7br. [Septembris] hierhin zurück; der König wahrscheinlich den 9.–11. 7bris. [Septembris]. Der Rektor ist Pastor, u. wir haben noch keinen andern. Er thut, wie zu erwarten war, für seine neue Kirche sehr viel. Schreibt recht bald wieder, damit auch ich wieder schreiben kann. Ich müßte noch recht viel sagen, wenn mich in diesem Augenblick die Zeit nicht sehr drängte; künftig hoffentlich desto mehr. Carové erhält das verlangte Taschenbuch durch Grimm; das an Jean Paul hoffe ich, hier ihm selbst geben zu können, wenn er kommt.

Lebt alle wohl u. bleibt uns gut. Mein Bruder Joseph grüßt.
Ebbo.

---

[20] Vermutlich bezog sich E. von Groote auf den Bericht von Fr. L. Chr. zu Solms-Laubach, Uebersicht der merkwürdigsten statistischen Verhältniße, Kunst und Naturgegenstände des Oberpräsidial-Bezirkes von Jülich, Kleve und Berg, Köln, 5. Aug. 1817 (Landesarchiv NRW R, BR 0002, Nr. 127, Bl. 162r–177v) sowie die damit verbundenen Anlagen (Bl. 181r–184r).

[21] Es handelte sich um das Gedicht E. M. Arndts: Rheingruß und das Gedicht Grootes: Die Versuchung.

Eberhard von Groote an Sulpiz Boisserée, Köln, 2. September 1817

Historisches Archiv der Stadt Köln, Best. 1018, A 118

|1| Köln am 2. 7bris [Septembris] 1817.
Liebster Freund.
Ich sehe mich veranlaßt, dir nachträglich, d.h. in der Voraussetzung, daß du das Päckchen, welches ich Herrn Prof. Grimm an dich mitgab, erhalten hast, noch fragmentarisch einiges mitzutheilen, was mir eben so durch den Kopf geht.

Herr Lyversberg denkt nun ernsthafter als je darauf, alle seine Sachen zu verkaufen. Du wirst wissen, daß ihm durch einen apoplektischen Anfall, den man Ihm freylich nur für einen starken Fluß angegeben hat, das Gesicht ganz schief gezogen ist. Er traut aber der Sache selbst gar nicht, ist ängstlich und gar zurückgezogen geworden, und ergiebt sich einsamen Betrachtungen und Gebeten, weil er glaubt, er könne leicht plötzlich sterben. Ueberdieß versichert er, die viele Unruhe, durch den Besuch von Fremden, etc., sey ihm höchst verdrießlich, und er habe davon obenein noch den Nachtheil, daß sein Haus durch den großen Ruf in allen Lasten, Einquartirung etc. aufs Höchste angeschlagen werde. Dem Kronprinzen der Niederlande, der vor Kurzem hier war, und das Lyversbergische Kabinet ausserordentlich bewunderte, hat der Besitzer, auf Verlangen, Vorschläge gethan, und für's erste 100.000 Fl. Holländisch dafür gefordert, worauf nun eine Correspondenz angeknüpft ist; auch sagt er, er würde sich noch handeln lassen. Es ist traurig, wie Eins um's andre verschwindet. –

Um unsre Schulanstalten siehts nicht besser aus. Ausser den 3 Professoren, welche nach Niederland gingen, u. denen es dort nach Cassels Briefen ganz vortrefflich geht, starben dieses Jahr schon 2, nehmlich Herr Klein vor ¼ Jahr, Herr Strung, ein geschickter junger Mensch, vor 3 Tagen. Mit Seber ist es noch nicht sicher, ob er bleibt oder zieht. Er ist in stäter Spannung mit Grashof, dieser personifizirten Karrikatur an Leib und Seele. Er ist eine verstockte Protestantische Seele, auf die auch wohl seit der Taufe, kein Tröpfchen himmlischen Thaues gekommen. So wie er nie eine andre, als eine verdrehte Figur zeigt, er mag nun stehn oder sitzen, so in seinem Reden u. Thun. Was ich Hier sage, mag wohl inter privatissimos[22] bleiben, wie sich von selbst versteht, u. ich muß davon kein Uebel befürchten dürfen: aber ist etwas unsinnigeres zu denken, als daß Grashof in dem Consistorio den Antrag machen durfte, es sey zweckmäßig, daß die |2| nahe 3te Reformations-Jubelfeyer, wo auch nicht von den katholischen Kirchen, doch von allen Schulen mit gefeyert würde, weil doch jeder Aufgeklärte es zugeben

---
[22] inter privatissimos, hier: im Privatesten.

müße, daß Luthers Einfluß auf alles Schulwesen ganz ausserordentlich bedeutend gewesen sey. Nur die standhafte Erklärung des Konsistorial Rath Poll, so wie meines Bruders, daß dieß durchaus nicht zugegeben werden könne, hat ihn endlich bewogen, von dieser Idee abzulassen.

Was sagst du zu solchen Auftritten. Man möchte weinen, heulen um diesen Despotismus, der, schlimmer als ein früherer, nun unter der Larve der höchsten Tolleranz, dieß arme Land beschleicht! Es läßt sich der gleiche Sinn und Zweck überall nachweisen. Wir können es z.B. bey den mancherley frommen Stiftungen unserer Familie oft wahrnehmen: wo eine Vikarie auf dem Lande mit Schule und Geistlichen Verrichtungen, Messen, Beichtstuhl, etc. verbunden ist, da geht immer die Tendenz dahin, die Fonds zu trennen, die Schule einzurichten, das Uebrige seinem Schicksal zu überlassen; und nur die kühne Einrede von unserer Seite, berechtigt zu seyn, die ganzen Stiftungen, laut der Urkunde, einzuziehen, wenn durch äußere Verhältniße der Zweck derselben nicht völlig erreicht werden könne, hat einigemal gute Wirkung gethan. –

Arndt ist wegen seines, durch meine Veranlaßung im Beyblatt der Kölnischen Zeitung, wie du gesehn haben wirst, derb angefeindeten Liedes, im innersten ergrimmt, mit ihm viel seines Anhangs. Allein, das Volk jubelte darüber, und bot mir die Hand, und rannte zu den Verlegern u. kaufte den Teufel mit seinem Gegner, u. las sich den Kampf vor, u. schickte ihn in alle Gegenden, damit man sich daran ergötze.

Der Minister des Innern ist seit 4–5 Tagen hier. Wie mir Goerres schreibt, und wie er sich selbst versteckt hier äußerte, ist uns die Universität verloren; Er will sie nach Bonn legen. Vielleicht ist uns der Kronprinz nur noch ein guter Engel, wie man fast hoffen dürfte, wenn des Volkes Stimme, Gottes Stimme ist. Fürwahr, des Volkes fast unerklärliche Liebe, Verehrung für ihn, und der blinde feste Glaube, daß von Ihm für uns nur einiges Heil zu erwarten sey, berechtigt fast zu solchem Vertrauen. Wegen der Universität könnte wirklich sein Einfluß bedeutend werden, da er in seinem Berichte das Schloß von Bonn als einzig werth, zum etwaigen Residenz Schloß in diesen Provinzen eingerichtet |3| zu werden, erklärte. Ging der König darauf ein, so würde natürlich für Bonn die Universität verloren seyn. – Uebrigens haben wir nichts versäumt, dem Minister unsre Lokale etc. zu zeigen, und ihm unsre Ansprüche nochmal warm ans Herz zu legen. Auch war er im Ganzen recht willig u. bestimmte z.B., was bisher immer nicht gelingen wollte, daß wenigstens unsre Kirchen u. Schulgüter auf der andern Rheinseite, welche noch keine Bestimmung erhielten, hierhin zurückgegeben werden sollten; über die übrigen solle berichtet werden, inwieweit das aerarium[23] verbunden sey, dafür die hiesigen beeinträchtigten Institute zu entschädigen. –

Den König erwarten wir am 10. laufenden Monats. Von Festlichkeiten kann nicht viel die Rede seyn, da er nach den bisherigen Nachrichten nur 1 Tag bleiben

---

[23] aerarium, hier: Staatsvermögen.

will, u. an diesem auch noch die Landwehren will manöuvriren lassen. Die Stadt veranstaltet nur einen großen Zug der Gewerbe u. Handwerke etc. u. eine große Exposition von Fabrikaten auf dem Kaufhaus-Tanzsal Gürtzenich. Es ist dieß in der That ein prachtvolles Lokal, welches nun, da es gesäubert u. geputzt ist, sich wahrhaft würdig zeigt, daß einst Kaiser Friedrich u. König Max darin Ihre Feste gaben. Die 16 großen Fenster, in denen kein Glas ist, werden mit feinem weißen Tuch bespannt, worauf jedesmal 4 der Hanseatischen Städtewappen in bunten transparenten Farben gemalt werden, was dann also die ganze Reihe der 64 Wappen darstellt. Im Volke hat sich bey dieser Gelegenheit neu der Wunsch geäußert, daß doch etwas der alten Zunftverfassung, u. eine Art von Innung ihm wieder gegeben würde, da bey der unseeligen Vereinzelung alles Gewerkes, so schwer eine Vereinigung und ein gemeinsames Wesen zu erhalten sey. – Sie wollen beym Könige darum einkommen. –

Der Kronprinz kommt morgen wieder, reist dem Könige bis Brüssel entgegen, u. wird mit Ihm wieder bey uns seyn, als unser guter Genius. – Du hättest gerade noch Zeit, wenn du dieß Blatt liest, schnell zu packen u. zur Anwesenheit des Königs hier zu seyn. Ich könnte mich darüber sehr freuen. –

Christian Schlosser u. seine Frau waren einige Tage bey uns, und sind noch bey Verwandten in Remscheidt; von wo sie noch einige Tage hier verweilen wollen. Ich habe Schlossers Büchlein über die Ständische Verfassung mit vielem Vergnügen gelesen, u. freue mich recht, auf das größere Werk, dessen Episode dieß ist. –

Lebe recht wohl, u. grüße Melchior u. Bertram, die Meinen grüßen auch. Laßt bald etwas freundliches von Euch hören, und haltet fest; die Zeit ist gar zu ernst u. schwer. – Gott zum besten Gruß.

Ebbo

Eberhard von Groote an Friedrich Ludwig Christian zu Solms-Laubach in Laubach, Köln, 6. Oktobris 1817

Privatarchiv der Grafen zu Solms-Laubach, XVII, 117, Nr. 171
Vgl. den Entwurf des Schreibens: Historisches Archiv der Stadt Köln, Best. 1553, A 1, Bl. 53r

Köln, den 6. Octobris 1817.

Bey der Nähe des augenblicklichen Aufenthalts Eurer Exzellenz bey Darmstadt, erlaube ich mir Hochderselben eine Angelegenheit in Erinnerung zu bringen, deren Berichtigung mir, und allen Liebhabern des Kölnischen Alterthums, immer sehr nahe am Herzen liegt. Es ist die Rückgabe der hiesigen Dombibliothek, welche noch immer in Darmstadt steht, und deren Reklamation als äußerst wichtig und wünschenswert, mir von Herrn Sulpitz Boisserée, der sich sehr dafür interessirt, durch ein beständiges praetereo censeo[24] in lebhaftem Andenken erhalten wird. Haben Euer Exzellenz doch die Gewogenheit diesem Geschäfte gelegentlich noch einige Aufmerksamkeit zu schenken. –

Auch stehen nach Angabe des Herrn Sulpitz Boisserée auf dem Speicher des Departements-Archivs in Aachen noch mehrere Fäßer mit Quittungen und Rechnungen über den Dombau, welche allerdings noch einiges historisches Interesse für die Entstehung, Förderung und sonstige Schicksal des alten Bauwerks große Wichtigkeit haben können. Bey Gelegenheit der Rückgabe mehrerer aus Paris zurückgekommener Bücher, Handschriften und Urkunden, welche nach Angabe der von Eurer Exzellenz mir gütigst mitgetheilten Generalakten, noch in Aachen stehen, und von uns schon verlangt worden sind, halte ich es für zweckmäßig, auch die Rücksendung obiger Papiere zu veranlassen, und werde mich beehren, Hochdieselben zur Zeit von dem Erfolge zu benachrichtigen. Mit aller Hochachtung Euer Exzellenz gehorsamster Diener

v. Groote

Eberhard von Groote an Sulpiz Boisserée, Köln, 10. Oktober 1817

Historisches Archiv der Stadt Köln, Best. 1018, A 118

|1| Cöln, den 10. 8bris [Octobris] 1817.

Liebster Freund.

Ich habe deinen Brief vom 29. vorigen Monats mit vielem Vergnügen erhalten; die Nachrichten über deine Gesundheit aber befremdeten mich um so mehr, da ich früher darüber gar nichts gehört, vielmehr vermuthete, daß es dir wohl gehe. Ich benutze die Gelegenheit der Abreise des Herrn Christian Schlosser von hier nach Frankfurth, um dir dieß Blatt und Beilage zugehen zu lassen, die ich der Post nicht gerne übergeben mochte.

Wegen des Briefs an den Akademischen Senat zähle ich fest auf deine freundschaftliche Mitwirkung. Er enthält die ergebenste Bitte, um Mittheilung der Handschrift des Gedichts Tristan u. Isote für dessen Bearbeitung ich mich vielfältig aufgefordert sehe. Würde mir von dem Senat mein Gesuch gewährt, so wäre ich im Stande, meiner Bearbeitung 6 Exemplare zum Grunde zu legen. 1.

---

[24] Vermutlich: pretereo censeo: außerdem beantrage ich.

die Pergament Handschrift v. 1323, die ich schon längst habe, u. die du kennst, 2. die Oberlinsche, welche ich in Paris kaufte. 3. eine schöne Pergament Handschrift, welche unter den Kölnischen Manuskripten in der Bibliothek zu Paris zurückgenommen wurde, u. mir nun ebenfalls zur Hand ist; 4. die Müllersche Sammlung, worin sich der Abdruck nach der Florentiner Handschrift befindet. 5. die von Jacob Grimm mir freundlichst mitgetheilten Vergleichungen der Wiener Handschrift. – Ich berühre hier gar nicht ein Französisches Exemplar, gedruckt in Folio in ungebundenem Text, welches sich noch in einer hiesigen, mir zugänglichen Bibliothek befindet. – Die große Liebe, welche ich stets für dieß Gedicht hatte, u. die Studien, die ich deshalb schon längst machte, scheinen das Vertrauen für mich zu begründen, daß ich die Bearbeitung desselben bey obigen Mitteln so betreiben würde, wie sie schwerlich an einem andern Orte zu betreiben möglich seyn dürfte. – Herr Prediger u. Kirchen Rath Abegg von Heidelberg blieb so gar kurze Zeit in unserer Stadt, daß ich ihm diese Angelegenheit nur mündlich empfehlen konnte, wie gern ich ihm auch mein Schreiben an den Senat übergeben hätte. Inzwischen hege ich das Zutrauen, daß er seiner Versicherung zufolge, mich bestens unterstützen wird. –

Die Brüder Schlosser aus Frankfurt, deren der ältere früher mit seiner Frau, der andere diese letzten Tage bey uns waren, haben uns |2| mit Ihrem Besuche recht sehr erfreut. Es sind recht liebe Menschen von dem besten Willen und vieler Thätigkeit. Wir haben über die Angelegenheiten unsres Landes manches besprochen, und uns vereint, nach Kräften das Gute zum Ziele fördern zu helfen. – Sehr wichtig scheint mir die Anwesenheit des Ministers v. Altenstein in unsern Provinzen gewesen zu seyn, der sich über alle ältern und neueren Verfassungsgegenstände unterrichtet hat, und zum Theile, aber auch freilich, leider! nur zum Theile, mit recht wackern Menschen zusammengekommen ist. Ich kann es nur bedauern, daß ich manches, was sich schriftlich nicht wohl berühren läßt, mit dir nicht einmal mündlich besprechen kann; manches könnte da von Wichtigkeit berathen werden. –

Ueber Euere näheren Verhältniße hast du mir gar nichts geschrieben. Meine Unterredungen mit dem Minister, u. namentlich meine Letzte v. 7. 8bris [Octobris] gab mir darüber einige bedeutende Winke, die ich mir freilich nicht erwartet hatte. Der Minister schien wenig Hoffnung zu hegen, daß Euere Unterhandlungen mit Berlin den erwünschten Erfolg haben dürften, obgleich er mir versicherte, daß sie durchaus nicht abgebrochen seyen. Bei näherer Erforschung scheint sich zu ergeben, daß jener Kunsthändler Sacchi nicht bloß in Privat-, sondern auch in Geschäften der Regierung reist u. kauft, und daß man etwa durch diese Ankäufe im Einzelnen, eine bedeutende große Anschaffung umgehen möchte. Auch auf Bettendorfs Sammlung ist ein Anschlag gemacht worden, allein, wie ich bis jetzt höre, mit ungünstigem Erfolg. Bettendorf soll gegen 90^m. Laubthaler fordern; ob aber die Unterhandlung abgebrochen ist, weiß ich nicht. Inzwischen hat Sacchi hier sehr viel, und Einzelnes sehr Gute gekauft; so viel, daß er über den letzten Transport noch 8 Tage einpackte. –

Wegen der Universität wagt nun die Wage wieder mit gleichen Schalen. Der Minister des Innern scheint mit bessren Gesinnungen für Köln weggegangen zu seyn, als er hierhinkam. Fonds u. Gebäude, überhaupt Oekonomische Gründe, scheinen nun wieder den Ausschlag geben zu sollen. Wegen |3| der Dombibliothek habe ich zwar früher schon, neuerdings aber bei dem Grafen Solms, der sich nun in Laubach befindet, das nöthige veranlaßt, und hoffe, daß es guten Erfolg haben wird. Wäre Hardenberg nicht ausgeblieben, so hätte man auf die Entscheidung dieser Sache in seiner Gegenwart antragen können; jetzt ist dazu vielleicht langwierige Correspondenz nöthig. Auch nach Aachen habe ich wegen der Quittungen und Rechnungen geschrieben, um Erkundigungen darüber einzuziehen; befindet sich alles noch da, so werde ich die Rückgabe auf offiziellem Wege veranlassen. –

Der alte v. Kempis ist noch immer nicht ausser Sorge wegen seines Sohns. Er will erfahren haben, daß er neben seiner Krankheit, auch einen Hieb über das Gesicht erhalten habe, woraus er zwar nicht neu Besorgniß, doch unangenehme Empfindungen scheint geschöpft zu haben. Er wünscht ihn, wenn er einigermaaßen hergestellt sein wird, hierhin abholen und bis zu seiner völligen Herstellung hier bleiben zu lassen.

Ich hätte allerdings noch eine große Menge wichtiger Gegenstände zu berühren, wobey das Schreiben aber weniger helfen kann. Ich wünschte wohl, über Eure nächsten Plane etwas sicheres zu wissen, da ich immer fürchten muß, daß jeder andere Plan, als der mit Berlin, Euch und das Eurige, Uns und dem Vaterlande nur noch ferner entrücken möchte. Ich für mein Theil habe mich fest entschieden, mir hier einen bestimmten, ja nicht einmal gar zu weiten Wirkungskreis zu bilden, und nie darüber hinauszustreben, wenn die Gewalt der Verhältniße ihn nicht unerbittlich zerreißt. Manches sträubt sich fürchterlich dem Bessern entgegen; das war wohl immer so. Doppelt süß aber ist dann auch der Genuß, durch eigene Mitwirkung Einiges schön aufblühen und gedeihen zu sehn. |4| Sehr würde es mich daher schmerzen, wenn Ihr Euer weiteres Schicksal künftig gar zu weit von dem des Vaterlandes entfernen wolltet. Mir scheinen immer unsre Provinzen unter den deutschen Ländern noch zu den glücklichsten u. hoffnungsreichsten zu gehören, und große Lust liegt in dem Gedanken, zu ihrem gehobeneren Wohl auch selbst nur Geringes beitragen zu können.

Professor Hüllmann aus Königsberg ist seit einiger Zeit nun bey uns. Er ist dem Fache der Geschichte bey der künftigen Universitaet bestimmt, u. beginnt vielleicht diesen Winter schon einen vorläufigen Lehrkurs. Er gefällt sich sehr hier, u. möchte wohl für immer Hier bleiben. Mit dem Direktor Seber ist alles wieder beygelegt, u. er bleibt, zur großen Freude der ganzen Stadt. Inzwischen sind die abgegangenen Professoren in Brabant mir ihrer jetzigen Lage sehr zufrieden, u. sollen sich mit einigem Wohlbehagen über das Treiben in unsern Ländern erheben, weil man zu nichts Festem noch kommen könne. Fast scheinen deutsche Blätter von dieser, theils Schaden- theils Jubelfreude über das eigene Behagen, nach zu tönen. –

Scharf spricht sich der verschiedene Geist des Spree und des Rheines in der Feyer von Arndts Hochzeit, wie sie die letzten Berliner Zeitungen melden, aus. Hätte er hier geheirathet, man möchte ihm wohl lieber Spreue vor die Thüre geworfen, als ihn mit Bechern und Kränzen beschenkt haben. Der Frühling und seine Rosen sind mit den Nachtigallen von Island und fast auch aus Schweden fortgezogen, so auch aus seinem starren Gemüthe, das wohl eine Schneelawine einmal loswälzen, aber nicht fernhin wohlthätig in friedlichen Regionen ruhen kann.

Sorge für deine Gesundheit. Grüße Melchior u. Bertram u. alle Freunde herzlich. Nochmal bitte ich dich, hilf mir zu der Handschrift. Gieb zuweilen einige Nachricht von Euch. Lebe mit Gott und denke unser und unserer heimischen Gefilde mit Liebe und Vertrauen. Ewig Dein

Ebbo Groote

Eberhard von Groote an Johann Hugo Wyttenbach, Köln, 18. Oktober 1817

Wissenschaftliche Bibliothek der Stadt Trier, Nr. 361

|1| Cöln, am 18. Octobris 1817.

Ich bin Ihnen, mein sehr werther Freund, auf Ihr freundliches Schreiben vom 7. August laufenden Jahres länger als billig Antwort schuldig geblieben. Allein, gerade die Gegenstände, welche Sie, u. mich so sehr interessiren u. fortwährend beschäftigen, trugen daran mehr die Schuld, als meine Versäumniß. Es war mir lieb, durch Sie Nachricht von unserm Freunde Below zu erhalten, und hätte wohl gewünscht ihn hier wieder zu sehn. Allein, von seinem weiteren Schicksale ist mir nichts bekannt geworden, und ich vermuthe fast, daß er schon seine Rückreise nach Berlin angetreten hat. –

Um nun auf unsre Dokumente und Handschriften zu kommen, so kann ich Ihnen zwar sagen, daß die Zusammenstellung hierselbst, und die Verzeichnung derselben, so wie sie uns von dem Minister aufgetragen ist, sehr bald beendigt seyn wird. Allein, selbst mit dem besten Willen würde ich nicht darauf antragen dürfen, die aus trierischen u. luxenburgischen Klöstern, Abteyen, etc. herrührenden Gegenstände an die Stadtbibliothek von Trier abzugeben, wenn, wie wir dieß auch schon unter dem 23. July laufenden Jahres an die dortige Regierung geschrieben haben, die Stadtbibliothek sich nicht urkundlich als Eigenthümerinn derselben legitimirt. Das Ministerielle Reskript verlangt ausdrücklich, alles Nicht-Privateigenthum fraglicher Gegenstände vereinigt zu lassen, bis später darüber verfügt werden würde. Kann ein solcher Beweis für die Stadtbibliothek geliefert werden, so würde ich Ihnen rathen, dafür zu sorgen und uns denselben offiziell durch die Regierung zugehen zu lassen; widrigenfalls glaube ich kaum, daß der Minister, welcher auf die Zusammenstellung eines recht grossen wissenschaftlichen Apparats an Einem Ort (wahrscheinlich auf der Rheinischen Universitäts Bibliothek), großes Gewicht zu legen scheint, von der allgemeinen Bestimmung abgehen wird. Hierauf beruht eigentlich noch die ganze Sache; denn |2| obschon ich immer noch eine Menge von Sachen von Aachen her zu erwarten habe, so glaube ich doch, daß alles in Trier und die dortige Gegend Gehörende, sich schon in meinen Händen befindet. –

Es ist mir leid, daß Sie mir die Hoffnung schwächen, Sie selbst als Beauftragten dieser Uebernahmegeschäfte bey uns zu sehen. Es hätte sich da manches noch näher besprechen lassen, und besonders hätte ich gewünscht, Ihnen Eine Bitte recht nahe an's Herz zu legen. Es wäre dieß nehmlich die, daß Sie, und wer sonst Liebe für die alte Zeit und Ihre Geschichte hat, sich für die Herausgabe der Wiltheimischen Handschriften verwenden möchten. Es scheint mir, daß dieß Unternehmen sich hinreichend belohnen würde, da gewiß jede große Bibliothek, ja selbst mancher Privatmann sich darüber sehr freuen müßte. Die Zeichnungen könnten sehr gut in Umrissen in Flaxmannscher Manier[25] oder auch in Steindruck gegeben werden, der Text aber bedürfte wohl nur noch geringer Revision, und eignete sich übrigens ganz zum Druck. Wenigstens mit dem interessanteren und wissenschaftlich bedeutenderen Buche des Alexander Wiltheim sollte man diesen Versuch machen, und wenn dieser gelänge, dann das andere folgen lassen. Hätte ich erwarten dürfen, solange in Besitz dieser kostbaren Handschriften zu bleiben, so glaube ich, daß ich mir den Plagiat erlaubt haben würde, mir das ganze, oder wenigstens das für mich Interessanteste daraus abschreiben zu lassen. Nun blieb mir nichts übrig, als Einzelnes zu exzerpiren, und die Hoffnung zu hegen, das Ganze einst gedruckt besitzen zu dürfen. Vielleicht würde der Weg der Subskription zu diesem Zwecke der sicherste seyn. Ich darf nicht vermuthen, daß der wissenschaftliche Handwerkseid, der freylich viel verführerisches hat, Sie verleiten könnte, diesen Plan, wenn Sie Ihn sonst für ausführbar halten, zu ergreifen und mir recht, recht bald Ihre Ansicht darüber mitzutheilen. –

Ich kann nun nicht umhin, |3| Sie mit einer Arbeit bekannt zu machen, die mich sehr lebhaft beschäftigt, und mir gar sehr am Herzen liegt. Zwar weiß ich nicht, ob Sie an der Bearbeitung altdeutscher Litteratur, besonders der Poesie irgend reges Interesse haben, mich aber fesselt diese gar sehr, und um so mehr, da ich bey einzelnen dahingehörenden Apparaten ganz ungemein glücklich bin. Zu diesen gehört nehmlich vorzüglich das Gedicht Tristan u. Isote, von Gottfried von Straßburg, Ulrich von Türheim und Vribert, vielleicht schon im 10.–11.

---

[25] Der britische Bildhauer und Zeichner John Flaxman (1755–1826) war für seine Konturzeichnungen und deren Druck berühmt.

Jahrhundert aus dem Provenzalischen ins Deutsche übertragen, u. etwa in 26.000 gereimten Versen beschrieben. Schon vor 6 Jahren erhielt ich von den äußerst seltenen Handschriften dieses Gedichts ein schönes Exemplar aus dem XIII. Jahrhundert, ein anderes kaufte ich von Oberlin in Paris; ebendaselbst erhielten wir eines von den Franzosen am Rhein geraubtes zurück; ferner hoffe ich, nächstens eines aus der Heidelberger Bibliothek zu bekommen. Jacob Grimm in Cassel sandte mir seine Vergleichungen einer xxxxx[26] Handschrift, und zum Schluß besitze ich den, leider sehr fehlerhaften A[bdruck][27] der Florentiner Handschrift in der Sammlung von Müller. Durch so viel gutes Glück [ist] mir das an sich schon äußerst liebe Gedicht, noch lieber geworden, u. seine Bearbeitung gehört zu meinen Lieblingsbeschäftigungen.

Wenn es mir nun einestheils sehr angenehm seyn würde, durch Sie nach und nach zu erfahren, was sich in Ihrer Gegend überhaupt von altdeutscher Literatur u. besonders von Poesie findet, so wäre mir doch vor allem jede Notitz über obiges Gedicht das willkommenste Geschenk von Ihrer Hand. Auch im Provenzalischen u. altfranzösischen ist es sehr häufig und verschiedentlich behandelt, und kommt in der Bibliothèque des Manuscrits in Paris vielleicht in 10 verschiedenen Bearbeitungen vor. Selbst auch was sich bey Ihnen etwa in andern Sprachen davon findet, könnte mich sehr freuen gelegentlich zu vernehmen. –

Und nun Gott befohlen, mein werther Freund, verzeihen Sie meine Freyheit, daß ich Ihnen ein kleines Blatt des Herrn pp. Clotten, der durch pp. Below an mich geschrieben, beylege, weil ich seine Adresse nicht recht weiß, u. gönnen Sie mir, wo möglich, noch die Freude Sie hier zu sehen.
Hochachtungsvoll
v. Groote

Eberhard von Groote an Joseph Görres, Köln, 3. November 1817

Familienarchiv Görres-Jochner, Nr. 82; mit kleinen Abweichungen gedruckt in: Monika Fink-Lang, Joseph Görres. Briefe. Von 1814 bis zum Exil, Bd. 3, S. 475–477

|1| Cöln, den 3ten Novembris 1817.

Ich habe mich nicht leicht in einer unsicherern Lage befunden, als nun bey der wunderlichen Stellung der Dinge. Daß durchgegriffen werden muß, und nicht mehr gewartet werden kann, bis es einmal den Fürsten gefallen wird, Ihre Pflicht

---
[26] Ein Wort fehlt aufgrund einer Beschädigung des Papiers.
[27] Das Wort fehlt aufgrund einer Beschädigung des Papiers.

zu thun und dem Volke Wort zu halten, darüber kann kein Zweifel seyn. Darum bin ich auch mit denjenigen nicht einig, die da glauben, das Ganze müsse mit gehöriger Umsicht und Langsamkeit getrieben werden; einzelne Bezirke, Provinzen, Landstriche sollen sich erst zusammenthun, damit so nach und nach sich größeres gestalte. Nein! man verzweifle entweder an der Uebermacht des guten Prinzips, welches sich auch in diesen Ländern erhalten habe, und gewiß durchdringen will; oder man bringe muthig die gährenden Stoffe mit Einem Male zusammen, damit sich zeige, wo der gute Geist, ob, und wieviel davon übrig geblieben. Das ist meine Meinung; allein, auch selbst nur das Zusammenbringen hält gar zu schwer. Abgesehn davon, daß gewiß von oben nicht nur nicht mitgewirkt, sondern wohlweißlich entgegengearbeitet und aufgehalten wird, ist auch in den Menschen selbst die Ansicht der Dinge durch das schreckliche Gewirre, worin sie durch 30 Jahre umgetrieben wurden, so manchfaltig geworden, daß der Einigungspunkt nur gar zu schwer zu finden ist.

Die da behaupten, es stecke in unsern Gegenden noch viel Franzosenthum, haben in einer Art Recht; nicht als ob man die Franzosen und ihre ganze Verfassung wieder zurückverlange. Aber das Lockere, Ungebundene, wahrhaft jüdische Wesen in allen Dingen, welches darin besteht, daß jeder auf seine Hand und in seine Tasche rücksichtslos betreiben kann, was er will, und im entsetzlichsten Egoismus nur seinen eigenen Vortheil sucht, das ist der Teufel, dem ungeheuer viele Menschen opfern, und dem sie schwer entsagen. Das ist der Geist der jetzigen wahrhaften Judenwirtschaft des Kaufmannsstandes, in denen aller reinere Gemeinheitssinn längst erstickt ist, und die deswegen nur auch eine Art von Stand und Verein bilden, weil sie sich über gewisse Dinge vereinigt haben, die sie gemeinschaftlich handhaben müssen, um gemeinsam ihre niedrigen Zwecke erreichen zu können.

An einen Bund zu wahrhaft liberalen, allgemeines Wohl beabsichtigenden Zwecken, ist nicht zu denken. Dazu sind ohnehin schon zuviele bedeutende Juden unter ihnen, und solche, |2| die durch jüdische Art in der jüdischen Zeit reich geworden sind. Von dieser Klasse hoffe ich kaum noch irgend einiges Heil zum Gedeihen des Bessern. Aber leider ist es um das Handwerk nicht viel besser bestellt; dieß geht ungefähr gleichen Schritt mit dem Adel. Die alten und würklich noch redlichen und treuen unter ihnen, wovon wir gerade bey uns noch die erfreulichsten Beyspiele haben, sind in der wilden Zeit rostig und stumpf geworden, und wenn sie gleich die Herrlichkeit ihrer früheren Verfassung noch in recht warmen Andenken bewahrt haben, so sind sie doch nicht im Stande, sich über manches förmliche hinauszusetzen, welches doch nun einmal nicht mehr passen kann; sie sind scheu geworden und haben sich zurückgezogen, weil die Neulinge, die von der Gelegenheit profitirten, durch Mittel, die jene für unwürdig hielten, reich und ansehnlich geworden, und es vielleicht in äusserer Eleganz und Zierlichkeit weiter gebracht, als die Alten, die bey dem Herkommen zu fest hielten.

Das neue Patentvolk selbst aber ist gar zu seelig in seiner Ungebundenheit, die ihm die unbeschränkteste Freyheit giebt, für's Geld zu treiben, was und wie es will; ja, es ist schon zu wenig Treue und Biederkeit in ihm, als daß sie irgend in eine große Gemeinschaft gutgesinnter Menschen hineingehörten. Das Aeußerste, wozu sie sich verstehn wollen, ist so eine Art von Handwerkspolizey, wie sie bey den Franzosen und nun noch in Berlin besteht, wodurch den Arbeitern ein gewisser Ausschuß von Sachverständigen vorgesetzt ist, die ihre Händel unter sich und mit den Meistern schlichten. Uebrigens wollen sie, selbst die Gesellen und Knechte, von keiner Beschränkung wissen. Von einem geselligen Familienverhältniß, wo der Meister die Seinigen, als gehörten sie bleibend zu seinem Hause, betrachtete, wollen sie nicht hören. Von einer eigentlichen Meisterschaft, die sich auf eine feste Kundschaft gründet, ist nicht mehr die Rede. Der Meister ist nur Entrepreneur; übernimmt die Arbeit im ganzen, und verdingt sie Stückweise wieder den einzelnen Arbeitern. Ist das Werk gethan, so geht jeder frey wieder seines Wegs, und sucht etwas neues zu übernehmen.

Und nicht anders ist es mit dem Adel, dem wenigen nehmlich, der sich noch wahrhaft rein und edel und ehrenwerth erhalten hat. Zurückgezogen leben sie, meist von allen |3| öffentlichen Geschäften entfernt, und müssen sehn, daß ihnen die Günstlinge der Zeit, mit Patent, Orden und Titel versehn, vorgezogen werden. Bey keiner Klasse ist vielleicht weniger Vertrauen auf die bessere Zukunft, als gerade bey dieser. Aus Langweile und Eitelkeit werden meist die Söhne Offiziere bey den stehenden Heeren, und kehren, wenn sie daran genug haben, auf die elterlichen Güter zurück. –

Was sich endlich von jüngern und älteren Leuten an die jetzige Regierung anschließt, mit diesen wüßte ich vollends nichts anzufangen. Scheu sind sie, und nach oben sehend, froh, wie sie meinen, eine sichere Aussicht zu haben, übrigens willenlos und zu keiner Aufopferung fähig, weil sie ihre Existenz sichern zu müssen glauben. Das ist das Bild unseres ganzen Referendariats, Unterpersonales, und was sich sonst noch an die Regierung anschließt; die meisten obenein noch Fremde, die sich wenigstens schwerlich an etwas anschließen würden, was in einem Lande entsteht, das ihnen mehr oder weniger fremd und gleichgültig ist. –

Der Bauer, wenigstens derjenige, der ferner von den großen Städten unverdorbener geblieben, wäre übrig, und den möchte ich auch nicht aufgeben. Diejenigen, welche näher der Stadt, große Höfe bauen, sind meist auch nicht mehr, was sie seyn sollten; Spekulanten, Früchtenhändler mehr, als wirkliche Ackerleute, und deswegen dem allgemeinen Zuge folgend. Allein, die Bessern sind gewiß noch in diesem Stande, und wenn es irgend noch gelingt, eine große, laute Stimme zum erwünschten Zwecke zu vereinigen, so ist es wohl nur in ihm. –

Sehr gerne möchte ich nun mit Ihren näheren Planen bekannt werden, um auf gleichem Wege fortschreiten zu können. Denn was mich persönlich angehört, so gehöre ich zu denen, die sich um das Bestehende wenig kümmern, und ohne

Beachtung der eigenen gegenwärtigen Existenz gerne Hand anlegen wollen, um das Allgemeine zu berathen und zum Ziele zu fördern. Nur muß es erst fest stehn, wie es im Einzelnen angefangen und gehalten werden soll.

Werner Haxthausen ist in Verlegenheit, daß Sie, wie sie mir unter dem 29. schreiben, seinen ausführlichen Brief noch nicht hatten, der damals schon seit mehreren Tagen zur Post gegeben war. Lassen sie uns daher umgehend wissen, ob |4| Sie ihn auch noch nicht erhielten, daß dann gleich das Nöthige veranlaßt werden kann, um zu erforschen, was damit geworden.

Was die Liebe Polizey angeht, so kümmern wir uns nicht eben sehr darum, und würden uns nöthigen Falls laut gegen Sie erklären. Wie wenig wir uns vor ihr scheuen, würde sich durch sehr sprechende Beweise selbst aus den letzten Tagen darthun lassen, wenn es hier etwas nützen könnte, dieß weiter auszuführen. Daß die allgemeine Stimme gegen sie ist, ist bekannt genug, und der beste Beleg dazu die in den letzten Heften des Niederrheinischen Archiv's für Gesetzgebung cum notis[28] abgedruckte Adresse unsres Stadtrathes an den König.

Ich erwarte also Ihre bestimmteren Nachrichten, besonders auch wegen des Briefes von Haxthausen umgehend, und gebe Ihnen hiermit die wiederholte Versicherung, daß sie mich zum guten Zwecke stets und thätig bereit finden sollen.

Die lange erwarteten Handschriften u. Urkunden von Aachen sind immer noch nicht hier. Ich habe erst heute wieder darum geschrieben. Die Trierischen Sachen stehn noch bey mir, und ich wünschte sehr, daß sie sie hier noch sehen könnten. – Einer meiner Freunde hat in Brabant noch eine Handschrift des Tristan gefunden, um die ich gleich geschrieben, und die ich Hoffnung habe zu erhalten. Das wäre dann das 6te bekannte Exemplar dieses Gedichts.

Lebt wohl, und habt mit allen Freunden und Bekannten unsern herzlichen Gruß. Wegen der Loose weiß ich nichts näheres zu sagen; mehrern Anfragen wegen der Ziehung habe ich einstweilen nur darauf zu verweisen gewußt, daß wohl das Nähere davon werde bekannt gemacht werden.

NebenBemerkung: Herr Fuchs hat eben die Zeichnungen zu noch 4 Figuren für den Thurm des Herrn v. Stein beendigt, u. versichert mir, Ihre Bilder sollen nun zu erst vorgenommen u. ununterbrochen beendigt werden. Ich will ihn treiben. –

Ebbo

---

[28] cum notis: mit Hinweis.

Eberhard von Groote an Sulpiz Boisserée, Köln, 18. November 1817

Historisches Archiv der Stadt Köln, Best. 1018, A 118

|1| (Verzeih vor allem meine Eile!)

Cöln, den 18. Novembris 1817.

Liebster Freund.

Deine beyden freundlichen Schreiben vom 7. u. 11., so wie das Manuskript habe ich in diesen Tagen richtig erhalten, und danke Dir und allen, die sich dafür verwandt haben, auf das verbindlichste. Heute wird die Empfang Anzeige von der Königlichen Regierung an Herrn Schlosser ebenfalls abgehn. –

Deine Aufträge will ich nach Verfolg, wie ich es möglich machen kann, bestthunlichst ausführen; einen Theil davon erhältst du schon im Context dieses Briefs. Thu mir dafür nur die Liebe, wo möglich, zu sorgen, daß es mit der Frist, wo mir der Codex vergönnt ist, nicht gar zu genau genommen wird. Diese Handschrift ist zwar nichts weniger als korrekt; ja ich habe keine gesehn, die mit äußrer Zierlichkeit soviele Lücken durch Auslassung einzelner Verse, u. so viele Schreibfehler hat. Da ist meine von 1223 viel exakter, nur in der Sprache zu niederländisch. Uebrigens bin ich überzeugt, daß eine vollständige Ausgabe des Gedichts nur hier, und zwar mit Benutzung der wirklich unvergleichlichen Materialien, die mir das Glück dazu zugeworfen hat, veranstaltet werden kann; denn ausser den 6 Exemplaren, theils in Natura, theils in Abdruck u. Vergleich, die ich dir neulich schon nannte, ist mir seitdem noch die Anzeige einer 7ten Handschrift dieses Gedichts in der Gegend von Mastricht [Maastricht] bey einem meiner Bekannten gemacht worden, die ich auch noch zu erhalten Hoffnung habe. Du wirst gestehen, daß so viel Glück, mit einem sonst so seltenen Werke, nicht leicht wieder vorkommen wird. Mache dieß allen, die sich irgend dafür interessiren, bekannt, so wie ich es |2| denjenigen schreiben werde, die sich mit der Bearbeitung desselben befassen, damit nicht einer etwas unternehme, was doch gewiß nirgend ordentlich zu Stande kommen kann. –

Du glaubtest, mir durch Adressirung an meinen Vater einen Vortheil zu verschaffen; allein, mit dem schönen Portofreythum auf in- u. ausländische Posten ist es ganz aus; die Königliche Regierung hätte wenigstens für die Preußische Post nicht zu zahlen gehabt. – Doch dieß ist ganz einerley. – Daß ich nun bey den Arbeiten bey der Regierung und besonders bey denen, die mir noch immer wegen der Pariser schönen Handschriften u. Urkunden obliegen, mit meinem Tristan, den ich recht con amore[29] bearbeiten will, und mit deinen Aufträgen, die mir

---

[29] con amore: mit Liebe.

auch sehr am Herzen liegen, nicht so schnell vom Fleck kann, als ich gerne möchte, wirst du gar gut begreifen; schenke mir daher für Letztere einige Geduld, u. suche für erstere, wo möglich, die nicht gar zu strenge Befolgung der gegebenen Vorschrift, die 3 monatliche Frist betreffend, zu bevorworten.

Nun schnell noch einige Notitzen, daß ich sie nachher nicht vergesse. Unser Director Sotzmann hat seine kostbare Kupfer- und Holzstich Sammlung, in welcher sich schon der herrliche große Stich von unserer Stadt von Anton v. Worms 1513 befand, durch die 12 Apostel von demselben Meister vermehrt. Diese sind bisher hier auch ganz unbekannt, u. nur Harzheim führt sie als existirend an. Sie sind etwa ½ Fuß hoch; an einzelnen Bäumen auf verschiedenen Blättern, ist das Wappen der Stadt, ganz zierlich, nehmlich das weiße Feld mit den 3 Kronen, in kleinen Schildchen aufgehängt; unter jedem Blatt steht ein Artikel des Credo. Unter dem letzten Coloniae excudit MDXXVI.[30] Diese Blätter sind wunderschön. Es scheint, Sotzmann hat das Glück, für unsre |3| Stadt historische Dinge zusammen zu bringen, die andere trotz lebenslanger Bemühung, gar nicht kannten. –

Die Gypse aus dem Louvre, welche vom König 1815 gekauft u. von Sack nach Düsseldorf geschickt wurden, sind größtentheils durch unverzeihliche Nachläßigkeit, durchnäßt und zerrieben. – Bettendorf aus Aachen schreibt, er habe einige Miniaturen, nachweislich von Haemmling, erhalten, welche neuerdings beweisen, daß Fochems Buch ebenfalls von diesem Meister ist. – v. Keverberg aus Gent schreibt mir über 3 sehr kostbare Bilder desselben Meisters aus Brügge. Dieser Mann scheint mir zwar gar kein Eingeweihter in die alte Kunst zu seyn; allein, nach seiner begeisterten Schilderung sind diese Bilder vortrefflich. Er glaubt unter andern, eine große Aehnlichkeit darin mit unserm Dombild (!) zu finden, was mir über sein Urtheil nicht große Vorstellung giebt. Eine Anbethung der 3 Könige.[31] Eine Jungfrau mit dem Kinde,[32] ein Martertod der Heiligen Ursula,[33] sind die 3 Bilder. In letzterm will er die Nothwendigkeit entdecken, dass Haemmling sich viel in unserer Stadt aufgehalten, u. gemalt habe, weil in dem Hintergrunde des Bildes, welches die Flügel zu einem Reliquiarium der Ursula-Gesellschaft bildet, die Stadt Köln sehr zierlich gemalt seyn soll. (Daraus folgt jenes aber meiner Meinung gar nicht.) Er schreibt mir, er werde über Haemmling ein eigenes Werkchen schreiben,[34] u. verlangt historische Notitzen

---

[30] Coloniae excudit MDXXVI: gedruckt in Köln 1526.
[31] Hans Memling, Die Anbetung der Heiligen Drei Könige, Triptychon, 1479; heute im Museum Sint-Janshospitaal, Brügge.
[32] Hans Memling, Jungfrau mit dem Kinde: Linke Tafel des Diptychons des Maarten van Nieuwenhove, 1487; rechte Tafel: Porträt des Donators Maarten van Nieuwenhove, 1487; heute im Museum Sint-Janshospitaal, Brügge.
[33] Hans Memling, Sechs Gemälde zum Martertod der Heiligen Ursula auf einem Reliquienschrein, 1482–1489; heute im Museum Sint-Janshospitaal, Brügge.
[34] Charles-Louis Guillaume Josephus de Keverberg, Ursula, princesse britannique, d'après la légende et les peintures d'Hemling; par un ami des lettres et des arts, Gand 1818.

über das, was wir hier über diesen Meister haben u. wissen. Ich habe ihn (inter nos)³⁵ ein wenig in die Schule geschickt, u. ihn gebeten, sich mit dem Schreiben nicht zu übereilen, da namentlich bey Euch, bey Bettendorf u. Fochem Sachen seyen, die jenen die Wage halten, und daß es mit seiner Behauptung, Haemmling könne |4| nur in Brügge studirt u. verstanden werden, so ganz seine Richtigkeit nicht haben dürfte. Noch habe ich ihn auf die schönen Sachen in Loewen [Leuven] aufmerksam gemacht. –

Ich hatte wohl sehr gewünscht, dich in diesen Tagen hier zu haben. Ich habe nun die köstlichen Handschriften u. Urkunden, die wir in Paris zurücknahmen, vollständig hier zusammen, u. es kommen darin sehr gute Sachen vor. So z.B. enthält das große Werk Luxenburgum Romanum, Handschrift in 2 Foll. von den Jesuiten Alexander u. Wilhelm Wiltheim über manches aus der Römischen u. fränkischen Zeit, über den WasserKanal u. sonstige Aufschlüsse, die ich sonst nirgend fand. Dieß Werk konnte ich nur flüchtig benutzen u. exzerpiren; nun geht es an die Bibliothek zu Trier zurück, doch bleiben auch sehr viele jener Sachen einstweilen hier, bis zur Bestimmung der künftigen Universität nehmlich.

Du wirst wissen, wie nun die neue Geschäftsvertheilung u. andere Veränderungen in unsern Ministerien vorgegangen, u. Altenstein alles Kirchen- u. Schulwesen erhalten. Die Macht der OberPräsidenten ist sehr gestiegen, worüber wir uns Glück wünschen. Allein, Altenstein ist bekanntlich sehr für Bonn, u. deswegen ist also für uns wenig zu hoffen; doch ist die Sache gewiß noch nicht entschieden. Hardenberg erwarten wir nun gewiß in 3 Wochen; er soll lange in den Rhein Provinzen bleiben. Erfreulich ist es zu sehn, wie endlich nun auf allen unsern großen Kirchen u. Thürmen die langverschobenen Reparaturen vorgenommen werden. Auf Apostel, Gereon, Andreas wird gearbeitet. Der abgetragene Thurm auf Cunibert soll im Laufe des Winters noch wieder aufgebaut werden. Unser junger Stadtbaumeister Weyer arbeitet recht brav. –

Von niemand aber kann ich dir mehr gutes sagen, als von unserm Stadtsekretar Fuchs. Eine treuere, ruhigere, dabey gründlichere u. ausdauerndere Seele, mit viel Liebe u. Kraft ist |5| mir nicht leicht vorgekommen. Du könntest dich mit allem Vertrauen an ihn wenden; ja ich würde es dir rathen, weil er sich freut, wenn man ihn trotz seiner Schüchternheit aufsucht, u. ihn anerkennt. Ich bin viel mit ihm, ja ich würde es noch weit mehr seyn, wenn es meine Zeit gestattete. Gegen die Preußen hat er übrigens große Abneigung, u. alles ist umsonst, sobald nur ein Fremder ihm zu nahe kommt. Ein solcher kriegt auch gar nichts von ihm. Mich hat er schon in allen Gewölben und Archiven herum geführt, selbst in denen, wohin man sonst nur unter schweren Bedingungen und hartem Eide gelangen konnte. Aus seinen Mittheilungen weiß ich nun schon a) daß die Verwaltungen der Freytags u. Mittwochs-Rentkammern ganz getrennt waren. Erstere hatte eigentlich nur das Stadt-Aktiv- u. Passiv-Schuldenwesen, zahlte die Renten an

---

³⁵ inter nos: unter uns.

die Stadtgläubiger; daher die Menge von alten Quittungen. Sie nahm die accise ein, zahlte aber nur wenige zu ihr gewiesene Gehälter. In ihrem Archiv fand ich daher nichts, was sich auf die Städtischen Bausachen bezog. b) Die Mittwochs Kammer hatte die öffentlichen Bauten, alles Handwerkswesen u. dergl. so wie die meisten Besoldungen u.s.f. zu zahlen. Es sind dort die alten kostbaren Gewichte, Maaße u. xxxxx Taxen aufgestellt; von denen nichts fehlt, wie man sonst wohl geglaubt hat. c) Allein, ein großer Jammer ist, daß meist alles, was sich dort von alten Quittungen u. Rechnungen befand, Gott weiß, zu welchem Zwecke, zu Französischer Zeit auf ein Lokal im Stadtthurm gelegt, und nach Angabe des Registrator Imhof, von Wittgenstein wahrscheinlich (vielleicht weil es Pergament war, an Eau de Cologne Händler) verkauft wurde, so daß nichts mehr davon übrig seyn soll. Ho rerum status![36]

Von Rechnungen |6| u. Quittungen aus der Zeit, wie wir sie wünschen, fand ich auch gar nichts mehr in diesem Archiv. Doch immer bleibt es wahr, daß überall in den einzelnen Archiven noch nicht alles gehörig durchforscht, ja nicht einmal ordentlich zusammengestellt ist, jedes, wohin es gehört. Ueberall stehn kleine Kasten, Körbe, Schreine, mit bestaubten Papieren u. dergl., deren Inhalt niemand weiß, und die keiner untersucht hat. Da ist es nun schlimm, daß man nicht in den Archiven so ganze Tage lang allein bleiben kann, und daß die Leute, die es dürfen, nicht Lust noch Zeit dazu haben. Was ich also einstweilen über den Bau des Thurms und der neuen Kapelle erfahren habe, ist Folgendes. Das was in dem Rathsprotokoll von 1406 darüber vorkommt, welches ich hierhin setze, wann du es nicht etwa schon haben solltest:

„van dem Raitzthorne.

Item hant unse hrn vam Raide besunnen dat zo der stade Ere und ouch eyn gemeine beste syn sulle, dat die hofstat an der Burg huss bezymmert werde. Also haint unse hrn eyndrechtlich verdragen, dat man zu dem neestzukommenden sommer die hofstat wulwen sulle, und dar ynne machen eine Kelre zo der stede wynen, eyne Raitkammer, eyn gewulwe zo der stede privilegien ind ouch eyne Kamer of gewulwe zo der stede reysschap. Concordatum anno quo supra feria quinta post assumpt. btae. Mariae."[37]

Nach der Meinung des Herrn Fuchs war aber die alte Rathskappelle dort, wo jetzt das kleine Archiv ist, wo nehmlich, wenn du dich besinnst, die Farragines Gelleny stehn u. die geschriebenen Croniken liegen. Dieß Gebäude ist freylich nun vielfach durchbrochen, |7| allein, sowohl in dem ersten kleinen freyen Raum, wenn man vor dem großen Saal unten im Rathhaus steht, als auch wenn man auf die Gallerie des Höfchens zwischen dem Rathhaus u. dem Thurm tritt, sieht man, daß dieß Gebäude des Kleinen Archivs nicht nur ganz verschiedener, son-

---

[36] Ho rerum status: Dies ist der Stand der Dinge.
[37] Dieser Ratsbeschluss in Bezug auf den Bau des Rathausturms vom 19. Aug. 1406 ist gedr. in: Stein, Akten, Bd. II, S. 149.

dern auch viel älterer Bauart ist als das übrige, u. daß es von jeder dieser zwey Seiten zwey große gothische Fenster hat, ganz in der Form der Kirchenfenster, von den übrigen gothischen Fenstern des Gebäudes durch viel größere Zierlichkeit merklich unterschieden. Diese Meinung scheint mir viel für sich zu haben. In dem Hauptstadtarchiv, in welches man leider nie allein hineingelassen wird, u. wo es solchen Pinseln, wie der Imhof ist, gleich zu kalt, zu feucht, zu langweilig ist, wo aber gewiß – besonders in den vielen mit der Rubrik Varia bezeichneten Gefächern, u. in den Kasten, welche unausgesuchte Pergament Urkunden enthalten, – noch manches sich finden ließe, wenn man es nur untersuchen dürfte, fand ich folgende zwey Urkunden, welche sich auf den Bau der neuen Kappelle beziehen:

Lit. blau. t.[38]

Urkunde von 1426.[39]

Vertrag zwischen dem p.t.[40] Pastor von Sankt Laurenz und dem Rath, eine Kappelle u. Altar zu Ehren Gottes und seiner zarten Mutter auf die Stelle der alten Judenschule zu erbauen.

ebendaselbst unter dem nehmlichen Datum.

„Consensus Gerardi de monte, praepositi & archidiacon Colon. in erectionem sacelli hyerosolim. ante curiam ubi quondam fuit schola vel synagoga Haebreorum."[41]

Geschäftliches kommt in diesen Urkunden nichts weiter vor. Ich las sie ganz.|8| Soweit für diesmal meine Forschungen. Sobald ich nur etwas Muße gewinne, will ich mich auch in das Archiv der Spitalverwaltung begeben, um wegen des Ursela Convents nachzusuchen. Ich denke, dieß soll mir durch Herrn v. Herwegh nicht schwer werden, u. was ich entdecke, theile ich dir gleich mit. Sehr reitzen mich auch die 3 geschriebenen Chroniken auf dem Stadtarchiv u. noch ein Paar, die ich anderwärts in der Stadt entdeckt habe, und die alle sonst ganz fälschlich für gleichlautend mit der gedruckten gehalten wurden. Mir ahndet, daß darin manches stecken könnte, was uns nun merkwürdiger ist, als dem Verfasser der gedruckten, der jene vielleicht doch auch kannte. Ich kann jene 3 leider nur auf dem Rathhaus ansehn, da sie nicht verabfolgt werden. –

---

[38] Die Abkürzung beruht auf einem, zu dieser Zeit gültigen System der Urkundenlagerung: Lit. für littera (Urkunden), blau. t. für das Fach, in dem die Urkunde lag. Ich danke Max Plassmann für seine Erläuterung.

[39] Vertrag zwischen der Stadt Köln und Johannes Hyndale, Pfarrer von St. Laurentius, Köln, 23. Juni 1426 (HAStK, U 3/10286).

[40] p.t., pro tempore: zur Zeit.

[41] Concensus D. Gerhardi de Monte praepositi et archidiaconi Colon. in erectionem sacelli hyerosolimitani ante curiam, ubi quondam fuit schola sive synagoge haebreorum (Zustimmung des Gerhard van dem Berge, Kölner Probst und Achidiakon, zur Errichtung einer Jerusalem-Kapelle vor dem Hof auf dem sich die Schule oder Synagoge der Juden befand, 7. Sept. 1426; HAStK, U 2/10308).

Hüllmann ist ein recht wackerer und humaner Mann. Er möchte gerne in Köln bleiben, lieber als anderwärts; Er liest diesen Winter hier schon über neuere Geschichte u. Politik. Auf dem Rathhaus hat er sich anfänglich ein wenig umgethan, allein, Fuchs geht in seiner strengen Verschlossenheit so weit, daß er auch ihn nicht gar zu weit führte, u. sich wahrscheinlich erst näher mit ihm bekannt machen will. Viel Freude hatte Hüllmann an den alten Urkunden der Trierischen Abteyen bey mir, wo er die ältesten, z.B. die von Dagobert (646), u. die der Ottonen fast wie Heiligthümer verehrte.

Ich eile nun noch deinen letzten Wunsch, wegen der Aeußerungen Süverns, zu erfüllen u. freue mich bey dieser Gelegenheit, wie bey mancher andern, meiner Tagebücher, die ich bey meiner Wanderschaft in Paris u. Berlin etc. sorgfältig geführt, wenn ich gleich in diesem Speziellen Fall, als Uneingeweihter in die Mysterien, nicht hinreichend genau auffaßte u. bemerkte, was eigentlich das Wichtige war. Hätte ich in Berlin mehr Geld gehabt, so hätte ich gewiß Süverns Anerbiethen, mich in die Loge zu führen, schon des historischen Interesses wegen nachgegeben, denn er versicherte mir, daß das Maur-Archiv in Berlin nicht unbedeutend sey; allein, die Aufnahme war dort gar zu theuer; anderwärts scheint es mir nicht der Mühe werth. Wie ich nun |9| in meinem Büchlein unter dem 18. Maerz, meinem Geburtstage,[42] 1816 bemerkt finde, so steht daselbst so:
„Mit dem StaatsRath Süvern unterhalte ich mich über altdeutsche Kunst, bis in die Freymaurerey hin. Interessant sind mir seine Mittheilungen, wo er unter andern sagt, im alten Maurerkatechismus stellte man die Frage: wo liegt unser Geheimniß verborgen? Antwort im Dom zu Magdeburg. Wo liegen unsre Heiligthümer? Im Dom zu Köln. Wer hat die Königliche Kunst nach Europa gebracht? (nach verstelltem Altenglisch) Peter Gorel (Pitagoras)."[43]

Hätte ich mehr von der Sache verstanden, so hätte ich wahrscheinlich noch vieles von ihm erfragen können; denn von allen, die ich über solche Dinge habe reden hören, schien er mit bey weitem der Ehrlichste u. gründlich unterrichtetste zu seyn, ohne Aufschneiderey. – Ich führe hier noch an, was ich dir damals glaube schon gesagt zu haben, daß im Dom zu Magdeburg bey der Kanzel eine kleine 8 eckige Kapelle steht, etwa 12 Fuß hoch, schön u. zierlich von Stein gebaut. Es sitzen der Angabe der Beschreibung des Doms zufolge Otto I. u. seine Gemalinn darin, was auch wohl wahrscheinlich ist. Thüre u. Fenster sind so niedrig, daß man nur hineinsehn, nicht gehn kann. Otto soll sie, oder vielmehr nach ihrem Modell in Magdeburg die erste Christliche Kirche erbaut haben, weil sein Heer in Burgund eine ähnliche 8 eckige Kirche zerstört habe. Mir ist dabey sehr unser Sankt Gereon eingefallen, dem die Kapelle in der Form sehr glich. – Ueber die 8eckige Form der ältesten Kirchen muß ich dir doch einen Aufsatz mit erläuternden Kupfern in den wöchentlichen Nachrichten für Kunst u. Gelahrt-

---

[42] 1816 vermerkte Groote am 18. März: „mein Geburtstag" (Groote, Tagebuch, Bd. 2, S. 130); 1817 notierte er am 19. März: „mein 29ter Geburtst[ag". Groote wurde am 19. März 1789 geboren.
[43] Vgl. Groote, Tagebuch, Bd. 2, 18. März 1816, S. 131.

heit des Mittelalters etc. von Büsching, in einem der letzten Hefte, von ihm selbst geschrieben, empfehlen;[44] dieser scheint mir zum Besten u. Gründlichsten zu gehören, was ich noch von ihm sahe.

|10| Ich muß nun sehn, wie ich mit Hagen auseinander komme, denn ich habe selbst keine Lust, mich weiter mit ihm einzulassen. Ich habe es unartig gefunden, daß, da ich doch früher mit ihm in Unterhandlung wegen der etwaigen gemeinschaftlichen Herausgabe des Tristan getreten, er in dem letzten Meßkatalog von Leipzig nun schon ohne weiteres, das Gedicht ankündigt, als werde er es allein besorgen. Deine gütige Verwendung bey Beneke werde ich gewiß zu benutzen suchen. Ich hatte ihm auch schon vor 4 Wochen durch einen Studenten freundlich zu geschrieben, allein, bisher keinen Bescheid erhalten. Der junge v. Arnswald war lang bey uns, und versprach mir auch, mich Beneke zu empfehlen. Dieser ist ein recht lieber kenntnisreicher junger Mann, den ich sehr achte. Er munterte mich ebenfalls bey den vielen schönen Materialien auf, die Bearbeitung meines Gedichts selbst zu betreiben, wobey mir gewiß die Unterstützung der kundigen deutschen Gelehrten nicht fehlen würde. Eben so schreibt mir immer Grimm, von dem ich erst unter dem 12. Nov. noch einen sehr freundlichen Brief erhielt, worin er mir unter andern seinen Reinhard Fuchs,[45] den andern Band seiner Sagen,[46] u. was mich sehr freut, seine altdeutsche Grammatik[47] ankündigt. –

Schließlich muß ich dir noch sagen, daß unsre Dom-Rechnungen u. Quittungen von Aachen wahrscheinlich schon hier beym Consistorii liegen, worüber ich in diesen Tagen genaue Nachricht haben soll. Wenigstens wird sich aus den Akten ergeben, was damit geworden, u. ich werde nicht ruhen, bis ich sie habe. Noch Erfreulicheres hoffe ich dir bald wegen der Dombibliothek sagen zu können, worüber nur nichts geschwätzt werden muß, da alles sehr still betrieben wird. – StaatsRath Daniels ist Präsident des Appellhofes hierselbst geworden, u. saß heute zuerst zu Gerichte. – Den StaatsKanzler erwarten wir in 3 Wochen. Goerres hat ihm ein gutes Bekomplimentirungsschreiben drucken lassen!

Lebe recht wohl, u. erfreue mich recht bald wieder mit deinem mir sehr lieben Brief. Grüße Alle.

Ebbo

---

[44] Büsching, Ueber die achteckigte Gestalt der alten Kirchen, mit besonderer Berücksichtigung von Breslau, in: Büsching, Wöchentliche Nachrichten, 2. Jg., Ostermond/April, 1817, S. 225–226.
[45] J. Grimm, Reinhart Fuchs, Berlin 1834.
[46] Brüder Grimm (Hg.), Deutsche Sagen, Bd. 1 u. 2, Berlin 1816 u. 1818.
[47] J. Grimm, Deutsche Grammatik, Göttingen 1819.

Eberhard von Groote an Joseph Görres, Köln, 20. November 1817

Der Brief ist hier wiedergegeben nach: Alexander Reifferscheid (Hg), Eberhard von Groote. Mitteilungen aus seinem Briefwechsel mit G. Fr. Benecke, J. Fr. Böhmer, M. und S. Boisserée [...] aus den Jahren 1815–1859, Bonn 1875, S. 42 f.; vgl. auch: Alexander Reifferscheid (Hg.), Erinnerungen an Eberhard von Groote, in: Monatsschrift für rheinisch-westfälische Geschichtsforschung und Alterthumskunde, Jg. 1, Bonn 1875, S. 163 sowie zusammengefasst in: Monika Fink-Lang, Joseph Görres, Briefe. Von 1814 bis zum Exil, Bd. 3, S. 482 f. Das Original, das sich in Privatbesitz befindet (Familienarchiv Görres-Jochner, Nr. 82), war nicht zugänglich.

|42| Köln, 20. Novembris 1817.

Nun laßt Eure Soldatenpresserei und was Ihr sonst treibt, auf eine Zeit ruhen, faßt einen raschen Entschluß und kommt zu mir herunter. Ich habe nun den ganzen lang gehofften Kram hier, und es sieht in meinen Stuben und Sälen, und sogar noch im Hausflur so erbaulich aus, daß Vater und Schwestern glauben, keinen ehrlichen Menschen ins Haus führen zu können. Vier Kasten mit alten Handschriften und Büchern, drei mit Urkunden habe ich um mich stehen; braucht es mehr, um die Seligkeit voll zu machen? Mein Bruder ist in Commission des Consistorii, vielleicht auf lange Zeit in Düsseldorf: sein Stübchen, oder auch ein anderes, wenn Ihr wollt, könnt Ihr gleich beziehen und braucht Euch übrigens um die ganze Stadt und Welt nicht zu bekümmern, wenn Ihr nicht wollt.

Ich verpasse[48] meine ganze Muße im Tristan, mit dem ich wirklich unsäglich viel Glück habe. Wo wollte man wohl in der Welt zu diesem köstlichen Gedichte, wovon die Handschriften doch sonst gewiß äußerst selten sind, mehr Materialien zusammenbringen, als ich nun um mich habe? Diese sind: a) meine alte Pergamenthandschrift von 1323. b) Die Oberlinsche Handschrift. c) Die Heidelberger, die mir das badische Mi |43| nisterium und der akademische Senat wirklich mit größter Bereitwilligkeit geschickt haben, obschon sie dem v. d. Hagen, ich weiß nicht warum, verweigert wurde. d) Die Müllersche Sammlung. e) Die Vergleichungen des Wiener Codex, welche ich durch Jacob Grimm erhielt. f) Die unter den in Paris zurückgenommenen Pergamenthandschrift. g) Endlich in spe, noch eine, die sich in der Gegend von Lüttich befindet. – Wüßte v. d. Hagen um diesen Schatz, er hätte wohl im letzten Leipziger Meßcatalog dieß Gedicht noch nicht angezeigt; nun denke ich ihm zu schreiben, daß er sich nicht übereile, da doch etwas Vollendetes erst durch Vergleichung aller hier befindlichen Manuscripte geliefert werden kann. –

---

[48] Verpassen: verbringen.

Eure Adresse ist gut, bündig, ernst und eindringlich. Grüßt alle die lieben Eurigen, auch Schenkendorfs alle. Kommt bald, denn sonst ist mein Reichthum wieder dahin. Gott zum besten Gruß.

Ebbo von Groote.

Eberhard von Groote an Jakob Grimm, Köln, 4. Dezember 1817

Der Brief wird hier wiedergegeben nach: Alexander Reifferscheid (Hg), Eberhard von Groote. Mitteilungen aus seinem Briefwechsel mit G. Fr. Benecke, J. Fr. Böhmer, M. und S. Boisserée [...] aus den Jahren 1815–1859, Bonn 1875, S. 43–47;[49] Vgl. auch: Alexander Reifferscheid (Hg.), Erinnerung an Eberhard von Groote, in: Monatsschrift für rheinisch-westfälische Geschichtsforschung und Alterthumskunde, Jg. 1, Bonn 1875, S 164–166

|43| Köln, den 4. Decembris 1817.

Werthester Freund.

Ihren lieben Brief vom 6. November habe ich mit großem Vergnügen erhalten. Sehr dankenswerth sind Ihre neuen Bemühungen um unsre Sprache; besonders wird die Grammatik, – wenn Sie dieselbe sonst zur Herausgabe bestimmen, – von jedem Freunde des deutschen Alterthums mit größter Freude aufgenommen werden. Ich wenigstens sehne mich recht sehr danach, und bitte mir doch recht bald zu sagen, wie Sie es mit diesem Werke halten werden. Ich habe die Anzeige von Reinhart Fuchs, dieser nicht minder erfreulichen Erscheinung, an die Dumont-Bachemsche Buchhandlung hierselbst, zur Bekanntmachung gegeben, wenngleich zu wenige sich noch bey uns um die altdeutsche Poesie bekümmern, und also die Subscription vielleicht nicht sehr zahlreich ausfallen dürfte. Einstweilen steht außer mir der Regierungs-Rath Tryst auf der Liste, ein Mann, der eine schöne Sammlung alter Werke, und viel Liebe zur alten Sprache besitzt. –

Rücksichtlich der Sagen endlich müssen Sie es mir zu gut halten, wenn ich Ihrer freundlichen Einladung dafür zu sammeln, nicht besser nachgekommen bin. Es ist ein wunderlich Ding damit in unsern Gegenden. Ob ich kein Glück, oder nicht den rechten Takt darin habe; oder ob, wie mir fast scheint, Lieder und Mähren bei dem Volke hier in den |44| Störungen der Zeit, mehr verstummt und verschollen sind als anderswo, ich weiß es nicht. Allein, es wäre wohl der Mühe werth, den Grund dieser Erstarrung zu erforschen, da doch unverkennbar in alter Zeit hier Töne und Dichtung grünten und blühten, sowohl bey den höheren Ständen als bey dem Volke selbst, so gut als sonst irgend. Ein Beweis statt vieler

---

[49] Die Auslassungen in diesem Text beruhen auf Kürzungen in der Edition A. Reifferscheids.

möchte hiervon schon die ungeheure Sammlung für alte Dichtung und Geschichte seyn, welche wenigstens schon im Anfang des 14. Jahrhunderts auf dem Schlosse Blankenheim in der Eifel 12 Stunden von hier, bey den Grafen Manderscheidt Blankenheim, nahe verwandt mit dem uralten Kölnischen Geschlechte von Kleingedank, (Clematii v. Epimathei)[50] bestand. – Nach dem unendlich Vielen, was ich von dieser Sammlung gehört und selbst gesehen, und hier und da in traurigen Resten und Fragmenten entdeckt habe, kann ich jener untergegangenen Herrlichkeit nicht ohne tiefe Achtung und innige Wehmuth denken. Einiges davon habe ich noch in diesem Augenblick zu bewundern Gelegenheit, da mir nun nehmlich die ganze Ausbeute der durch Ihre verdienstvollen Bemühungen in Paris zurückgenommenen alten Urkunden von der hiesigen und der Trierischen Gegend, so wie die der Handschriften und alten Drucke vorliegt. Das Ministerium des Innern verlangt nehmlich Bericht darüber, den ich erstatten werde; freylich in der traurigen Aussicht, daß bey Verlegung der Universität nach Bonn, auch diese Sachen größtentheils von hier dorthin abgegeben werden. Sie werden Sich der schönen Handschriften von Barlaam und Josaphat, Wilhelm von Orleans, vom Grafen von Holland, von Tristan und Isote, die alle nebst andern nach Blankenheim gehörten, und in welchen Sie Tag und Datum der Rückgabe bemerkten, erinnern, sowie des schönen Clever Codex aureus, des Speculi humanae salvationis[51] u.a.

Ueber das Letztere muß ich Ihnen doch hier zunächst etwas sagen, was mir merkwürdig scheint. Das Buch selbst ist wie das in Holz gestochene; Wallraf besitzt es auch noch in einer Handschrift in 8.[52] Allein, es ist daran hinten die höchst sonderbare Legende der heiligen Maria Magdalene, in paarweise gereimten, ziemlich guten deutschen Versen geheftet, überall mit |45| ziemlich gut gezeichneten, illuminirten Umrissen durchschossen. Ich möchte nur wissen, ob sonst etwas von diesem interessanten Gedichte bekannt ist, und weil ich dieß fast nicht vermuthe, so will ich hier einige der im Text vorkommenden Rubriken hinschreiben. Nehmlich nach der Einleitung:

1. Hie furre maria magdalena myt yrme here
geyn marsiligen ober mere.

---

[50] Groote bezieht sich hier wohl auf die – legendenhafte – Identifizierung eines auf einer Inschriftentafel in der St. Ursulakirche genannten Clematius mit Clematius Kleingedank de Mommersloch, der auf einem Grabmal im Altenberger Kloster erwähnt wurde (Düntzer, Weiheinschrift, S. 145). Ich danke Max Plassmann für seinen Hinweis.

[51] Speculum humanae salvationis: Spiegel des menschlichen Heils; diese Handschriften waren spätmittelalterliche Erbauungsbücher. In dem von Groote angefertigten „Verzeichniß der Bücher welche sich in der von Düsseldorf hierhin gesandten, mit No 10 bezeichneten Kiste befinden" ist aufgeführt: „Speculum vitae humanae von Roderich Bischof v. Zamora. Martin Flachen zu Basel. klein fol. (aus dem Domstift zu Aachen.)" (HAStK, Best. 1553, A 1, Bl. 50r) sowie: „Roderici Zamorensis speculum humanae vitae" (Bl. 52r).

[52] Diese in der 2. Hälfte des 14. Jh.s entstandene Handschrift aus dem Besitz F. Fr. Wallrafs befindet sich im Historischen Archiv der Stadt Köln (Best. 7020, Handschriften, W*, Nr. 105).

2. Hie bleb maria und ir broder
   vor der stat ane tzer.
3. Hie prediget maria die vil reyn
   dem heydenschen folke gemeyn.
4. Hie bracht eyn knecht der konneginnen
   die spyse marien magdalenen.
5. Alhie maria die vil reyn
   des nacht dem konig und der konigin erschein.
6. Hie liesz der konig bereiden sin habe
   vnd wolde faren zo dem heiligen grabe.[53]
8. (so!) Hie wart die konigin vil reyn
   mit yrme kint glach uff den stein.
9. Hie quam der konig zo hant
   do her sant Petern fand.
10. Hie wart der konig mit siner schar
    uff dem steyn des jungen kindes gewar.
11. Hie fand der konig das kindelin
    an der doden mutter brost sin.
12. Hie bat der konig den almechtigen got
    das er im die frauwe lebendig wedergab.

u.s.w., eine Geschichte, die hier und da an die Genofeva erinnert. Das ganze Gedicht kann etwa aus 2.300 Versen bestehen. –

Dann muß ich nun aber gleich auf meinen Tristan kommen, an den Ihr liebes Schreiben mich so gütig erinnert. Ich kann nicht läugnen, daß ich mich in dieß Gedicht, für dessen Bearbeitung mein gutes Geschick mir so reichliche Materialien gab und noch giebt, und das auch für sich, wie mir scheint, zu den reichsten und künstlichsten seiner Art gehört, innigst verliebt habe. […]

v. d. Hagens Anzeige im Leipziger Meßkatalog habe ich gelesen. Es ist wahr, daß ich früher ganz im allgemeinen auf seine |46| Vorschläge zu einer gemeinschaftlichen Bearbeitung einging, wobey ich denn das Gedicht in neuer ungebundener Sprache, zu einem Volksbuche zu gestalten versuchen sollte. Diese Idee schien mir einen Augenblick ausführbar, bald aber durchaus nicht mehr, da ich mich nämlich überzeugte, daß manche Gründe dasselbe dem Volke oder den Schülern und Anfängern in die Hand zu geben verbieten, wenigstens in der ganzen Ausdehnung der Mähre. Hierüber, glaub ich, kann weiter kein Zweifel seyn, wenn auch nicht überhaupt eine Uebertragung in neuere Sprache einem solchen Werke einen großen Theil seines Werthes raubte. Auch habe ich dieß v.d. Hagen gesagt; da er aber dennoch das Gedicht ohne meine fernere Zuziehung angekündigt hat, so glaube ich auch keine weitere Verbindlichkeit gegen ihn zu haben. Indessen werde ich ihm wohl noch einmal darüber schreiben. […]

---

[53] Ein siebter Vers fehlt.

Sie müssen mir nun erlauben, Ihnen hier gleich einige Zweifel vorzutragen, welche sich mir bey der Urkunde in Behandlung meines Unternehmens aufdrängen, und deren richtige Entscheidung für dasselbe gewiß von größter Wichtigkeit ist. [...]
Sie sehen, daß Sie es mit einem Anfänger zu thun haben, dem es noch sehr an eigenem Urtheil fehlt, und der nur die innigste Liebe zur Sache, und wie ich mir gestehn darf, vollen guten Willen, und Geduld und Ausdauer genug mitbringt. Nehmen Sie daher meine Zudringlichkeit nicht übel, sondern erlauben Sie mir, daß ich im Lauf der Arbeit, besonders bey dem Wortverzeichnisse, mich noch einigemale an Sie wenden darf. Sie haben mich einmal zu dem Werke angefeuert, zu dem ich eigentlich aus mir so leicht nicht Muth gefaßt hätte. Und an wen dürfte und könnte ich mich sonst sicher wenden, und wessen Zufriedenheit könnte mir erreicht zu haben genügen, da Sie ja, wie im September Hefte der Heidelberger Jahrbücher selbst Männer, die es in der Kunst schon zu einiger Meisterschaft gebracht haben mußten, schwer verklagen.[54] Und gerade an Beneke war ich von mehreren Seiten her als an einen kundigen und sehr freundlichen Mann verwiesen worden, und hatte wohl Lust, mich vertrauensvoll an ihn zu wenden, um so mehr da ich weiß, daß er den vaticanischen Codex in Heidelberg genau verglichen, worin ich |47| anfangs die Absicht zur Herausgabe vermuthete, bis ich nun durch von Arnswald hörte, daß Benecke daran nicht gedenke. [...]
Werthester Freund, werden Sie nicht in unsere Gegenden noch einmal wiederkehren? Es wäre wohl noch manches hier zu erforschen, und könnten wir nicht, besonders gegen das Frühjahr hin, von hier aus recht schöne Exkursionen in das kunstreiche Niederland machen? wo ganz gewiß die Ausbeute für jeden Zweig alter Kunst noch außerordentlich groß seyn würde. Dieß Land ist eine wahre, zum Theil noch unerforschte Schatzkammer, in die ich immer mit großer Lust und Sehnsucht hinüber sehe.
Es freut mich sehr, daß Sie Carové kennen lernten. Er hat sich recht verdient gemacht um das Burschenwesen, und wird nun wohl an Frieses Zeitschrift recht thätig Antheil nehmen. Auf der Wartburg hätte ich wohl seyn mögen. Um aber dort irgend mitwirken zu können, hätte es wohl einer genaueren Kenntniß des jetzigen deutschen Universitätswesens bedurft, als ich sie mehr habe, nachdem ich schon 6 Jahre von da weg bin. [...]
Leben Sie nun recht wohl und erfreuen Sie mich bald, und so oft es nur Ihre Zeit erlaubt, mit Ihrer werthen Zuschrift. Eben erhalte ich ein neues vollständiges Exemplar der altdeutschen Wälder, froh mich darin nochmal mit Ihnen auf einige Zeit unterhalten zu können.
Gott zum besten Gruß.
Ihr Eberhard v. Groote.

---

[54] Dazu: Groote, Tagebuch, 4. Dez. 1817.

Eberhard von Groote an Joseph von Groote, Köln, 8. u. 9. Dezember 1817

Historisches Archiv der Stadt Köln, Best. 1552, A 20/21

|1| Köln, den 8. Decembris 1817.

Charissime.

Mit v. Ammon habe ich selbst gesprochen, u. es ergab sich, daß das Haus, woran wir die Fahr[55] haben, nicht das große Heiniussche, sondern ein anderes nebenan ist, welches Heinius früher ebenfalls besassen. – Die Frauen bey Geyr Henrickx lassen dich grüßen, u. meinen, du könntest ihnen wohl einmal schreiben, sie wollten auch gleich wieder schreiben. Vor allem möchtest du bey Metternichs zu erfahren suchen, welches Alter ihr Hund Pitt habe, indem, wie ich glaube, gehört zu haben, davon die Rede ist, ihm eine Pension zu erwirken. Unser theurer Ober Präsident ist seit 3 Tagen wieder hier, u. recht wohl. Gestern war das lang projektirte Fressen bey Heimann junior, wobey alle Honoratioren waren. v. Auer ist auch wieder hier, u. befindet sich mit seiner jungen Frau recht wohl. – Gestern war ich bey Coomanns. Daniels war den ganzen Abend in der Gesellschaft u. sehr freundlich. Er hat einige Dubia[56] wegen unseres Prozesses, welche demselben leicht eine ganz andere Wendung geben könnten, als wir gehofft. Es fehlt nehmlich an einem hinreichenden act authentique,[57] welcher den Engels vor der Zeit, als die Juden von ihm kauften, als unsern Pachter, und also unser Privilegium an den invectis sicher stellt. Da kein Pachtbrief vorhanden, der Kaufakt der Juden aber schon von Juny 1816, mithin älter, als unsre erste Proceder[58] gegen Engels ist, so wird jene Schwierigkeit schwer zu heben seyn. Das äußerste, aber sehr beschwerliche wäre dann noch, das Fraudulose[59] des Verkaufs an die Juden darzuthun. Bis Donnerstag werden wir wissen, woran wir sind.

Der erste Ball wird auf nächsten Sonnabend bestimmt festgesetzt bleiben. Ob u. von wem hingegangen wird, möchte wohl schwer noch zu sagen seyn, weil, wie du weißt, das oft erst kurz vor der Zeit ausgemacht wird. Es kommt dabey a) der erste Ball, wohin man nicht zu gehn pflegt, b) das advent,[60] in Frage. – Mit v. Mylius ist es einstweilen beym Alten. Geht er ab, so werde ich, u. mehrere, die meiner Meinung sind, das mögliche versuchen, den Secretar Fuchs an seine Stelle zu bringen.

---

[55] Fahr, Grundfahr: auf Grundstücken oder Häusern liegende Belastung, Abgabenpflicht.
[56] Dubia: Zweifel.
[57] act authentique, hier: offizielle Bestätigung.
[58] Proceder, hier: Vorgehen, Maßnahme.
[59] das fraudulose: das Betrügerische.
[60] Advent, adventus Domini: im christlichen Jahr Vorbereitungswochen vor Weihnachten.

|2| Mit deinen Jagd Geschichten weiß ich nicht recht Rath. Carl will so wenig wie dein Peter von einem Auftrage wissen, den du Ihnen wegen deines Gewehrs gegeben hättest. Zudem ist Carls einfache Flinte, wie er mir sagt, ebenfalls beym Schwertfeger. Ich hoffe, du kommst bis zum Ende der Woche vielleicht herüber, oder läßt mich wenigstens wissen, wie ichs halten soll.

Mit Fochem habe ich wegen des Schulten conferirt. Die Rechnung stimmt ganz mit der, welche Fochem bezahlt hat, überein. Es wurden aber Rth. 141, Stb. 50 statt Rth. 149, Stb. 16 bezahlt, weil Fochem einige Posten nicht glaubte passiren lassen zu können. Hierzu gehörte z.B. das, was Schulte für die großen Abdrücke des Domkupfers mehr verlangte, als für die kleinen, welches beträgt: Rt. 1, Stb. 10. Fließpapier, welches Schulte nach eigenem Gutbefinden zwischen die Bilder legte: Stb. 48; Fracht, welche Schulte ackordwidrig, berechnet haben soll: Stb. 16. Endlich kleine Abdrücke, welche Fochem behauptet, bloß für sich abgedruckt erhalten zu haben: Rth. 2, Stb. 42 [insgesamt] Rt. 4, Stb. 56.

Fochem findet billig, das von Thelott genommene Taschen Buch[61] sich bezahlen zu lassen, weil dieser auch uns gewiß nichts geschenkt, u. glaubt, wenn dieß Schulte noch bezahle, nehmlich mit Rt. 2, Stb. 50. Und indem er obige Summe von 4.56 ebenfalls ganz, mithin 7.46 oder doch wenigstens zum Theile, in Abzug bringe, so würde es entweder nichts oder doch nicht sehr viel mehr betragen, was er noch zu erhalten habe, u. es werde leicht seyn, dieß mit ihm zu arrangiren. Kurz, das Buch von Thelott ist zu bezahlen, u. das übrige quovis meliori modo[62] zu berichtigen. [Am Seitenrand eingefügte Bemerkung: Wir sind der Meinung, daß die Umschlagplatten einstweilen nicht mehr abdruckt werden, weil es noch nicht sicher ist, daß wir die ungebundenen Exemplare, so wie die ersten, binden lassen u. verkaufen können.] –

Fochem war guten Willens, noch diese Woche nach Düsseldorf zu kommen; allein, es ist mir nicht wohl möglich, ihn zu begleiten, weil Graf Solms am Mittwoch das erste Plenum wieder mit seiner Gegenwart beehrt, Donnerstag unser Urtheil gesprochen werden soll, wegen der Judengeschichte, u. du vielleicht Sonnabend selbst kommst. Wir wollen sehn, was es später wird. Dein übriges Vieh ist in gutem Stand, u. ich suche dem Schimmel trotz dem schändlichen Wetter, möglichst viele Bewegung zu schaffen. Vor einigen Tagen war ich mit ihm in Kendenich. Weniger Grund habe ich mit Peter zufrieden zu seyn. Als ich vor einigen Tagen in der Sitzung war, hatte er u. Consorten in dem Stalle zwischen |3| den Latirbäumen[63] ein Seil zu einer Schaukel befestigt, u. solchen Lärm gemacht, daß Vicar Klein zum Vater schickte, damit Ruhe gestiftet würde. Da hat nun Carl mit der Hetzpeitsche dazwischen gehaut, u. es ist schade, daß er nicht noch einige Risse mehr gethan. Nachher hat ihm der Vater gedroht, ihn wegzuschicken, wenn er sich weiter solche Unordnungen zu Schuld kommen ließe.

---

[61] Groote/Carové, Taschenbuch für Freunde, 1815.
[62] quovis meliori modo: auf irgendwie bessere Weise.
[63] Latierbaum: waagerecht angebrachter Holzbalken zwischen den Ständen im Pferdestall.

Den 9. December, 1 Uhr.

Gerade Peters wegen hielt ich den Brief bis heute auf. Herr Nussbaum wollte nehmlich, Gott weiß durch wen, wissen, daß er eine Art von Krätze habe, woran Bette kurire. Ich habe letztern heute hier hin bescheiden lassen, allein, er blieb aus. Die nähere Nachricht hierüber also nächstens.

Ich habe recht freundliche Briefe von Goerres u. Sulpitz Boisserée erhalten. Letzterer schreibt mir wegen seiner geschichtlichen Forschungen; ersterer schickte die Adresse die [bey] dem Bundestag eingereicht werden soll, u. will zu uns herunter kommen, wenn der StaatsKanzler erst weg ist, um die Manuscripte u. Urkunden einzusehen.

Coomans bey H. v. Beywegh ist gestorben.[64]

Peter ist eben dabey, dein Gewehr zu putzen.

Alle grüßen freundlichst. Lebe recht wohl, u. laß uns nicht gar zu lange ohne einige Nachricht von dir.

Dein Ebbo

Eberhard von Groote an Joseph von Groote, Köln, 13. Dezember 1817

Haus Londorf, Herr von Groote, Familienbriefe, 1.1., Nr. 46

Köln, den 13. Decembris 1817

Charissime.

Ich muß meinen Brief diesmal mit einer recht traurigen Nachricht anfangen. Unser wackrer Freund Max von Schenkendorf ist todt. Mit deinem Briefe vom 12. erhielt ich einen von Lange vom nehmlichen Datum, worin er mir sein Hinscheiden folgender Maaßen meldet: „Gestern war unsres lieben Max Geburtstag. Wir hatten ihm wie gewöhnlich alle etwas geschenkt, u. ihm auf mancherley Art unsre Liebe bezeugt. Die Seinigen hatten die Tische mit Blumen geschmükt; alle Bilder an den Wänden waren zierlich bekränzt. Das sah er alles beym Erwachen. Wir sollten zu Mittag bey ihm essen; er bekam aber sein Kopfweh wieder, an dem er seit mehreren Wochen recht ausgestanden. Gegen 5 Uhr Abends hatte er wieder einen heftigen Anfall, nach dem er in eine Ohnmacht fiel, wie wir glaubten. Es hatte ihn aber ein Nervenschlag getroffen, und – er ist nicht wieder erwacht. u.s.w. Am Sonntage denken wir ihn recht feyerlich zu beerdigen."

---

[64] Sterbeurkunde für Hermann Joseph Kaumans, Vikar im ehemaligen Cäcilienstift, 62 Jahre alt, Hohe Str. 113 (HAStK, Urk. 1563/1817 Köln). Hohe Str. 113 war Wohnsitz der Familie von Beywegh.

Du kannst dir denken, welche Bestürzung bey dieser Nachricht alle befiel, die Schwestern weinten lauf auf. An Solms schickte Lange einen besondern Brief, um ihm den Fall anzuzeigen, Alle, denen ich bisher diese traurige Neuigkeit mitheilte, nahmen den innigsten Antheil daran. Wir verlieren einen recht lieben Freund, und die Kunst und das Vaterland, und die ganze Menschheit einen treuen Bürger und xxxxxxxx. Gott gebe seiner Seele Ruhe, und Friede u. Segen seinem Andenken!

Ich schreibe eben bey Herrn Fochem, dem ich über den traurigen Fall, u. dann auch über deine Einladung sprach; wir nehmen sie an, u. kommen Montag Abend, oder Dienstag bestimmt herunter, um Mittwoch bey Zeiten wieder hier zu seyn.

Uebrigens lebe bis dahin wohl. Poll hat seine Entlassung nachgesucht, und von Graf Solms schon die Zusage dazu erhalten. Auch dieß ist ein höchst unangenehm Ding; man weiß nicht, wie er zu ersetzen ist. Von Berlin haben wir bis jetzt noch gar nichts. Gott zum besten Gruß.
Ebbo

Eberhard von Groote an Sulpiz Boisserée, Köln, 29. Dezember 1817

Historisches Archiv der Stadt Köln, Best. 1018, A 118

|1| Köln, am 29. Dec*embris* 1817.

Liebster Freund.

Wenn ich deine Wünsche gleich noch nicht alle, wie du wohl erwartest, befriedigen kann, so finde ich in meinem Notitzbüchlein seither doch schon wieder einiges bemerkt, welches hinreichen mag, ein Paar Briefseiten auszufüllen, und dessen Kunde dir zum Theil interessant seyn wird.

Für's Erste jedoch nach treuem christlichem und freundlichem Brauch, dir und deinem Bruder und Bertram den herzlichsten Glückwunsch zu dem scheidenden und dem kommenden Jahr. Möge Euch und uns allen der liebe Gott bey allem Wechsel der Zeiten den Trost, und den Frieden, und die Ruhe im Innern vergönnen, die das Einzige, Höchste und Wünschenswerthe ist, was in allem Sturm des wilden Lebens dem sehnenden Herzen aus der Fülle des Glaubens und der Liebe gegeben werden kann, daß es hingegeben mit unserm Jacob Boehme spreche:

Wem Zeit ist wie die Ewigkeit,

Und Ewigkeit wie Zeit,
der ist befreit,
von allem Streit. – (Lebenslauf.)

Was habt ihr nur dazu gesagt, daß zwey unserer lieben Freunde nur zu schnell bey diesem Jahresschluß in die Gefilde der Ruhe und des Friedens hinübergewandert sind. Des guten Max schnelles Scheiden hat mich recht im Innersten ergriffen. Alle seine nahen und fernen Freunde sind in tiefe Trauer versenkt. Seine fromme, wahrhaft Gottergebene Frau schrieb mir vor wenigen Tagen über ihren Verlust; aber mit einer Seelengröße, christlicher Stärke und Ergebenheit, daß ihr Brief mir selbst zum |2| Troste gereichte, ohne jedoch im Mindesten etwas von jener stoischen Kälte und Unempfindlichkeit an sich zu tragen, die bey so vielen, selbst bey Frauen, besonders bey Protestantischen nun üblich geworden, und für christliche Tugend angepriesen wird. Ich habe deren hier bey den Leichen ihrer nächsten Blutsfreunde stehn sehn, und ohne auch nur eine Thräne zu vergießen, mit einer Gefühllosigkeit, die das Innerste des Herzens zerriß, sagen hören: „Es war der Wille Gottes!" Das hat der Herr nicht gewollt, als er uns sein Gebet lehrte; denn, hat er doch selbst mit der armen Wittwe zu Naim geweint! – Ich habe dem verewigten Freunde ein frommes Todtenopfer geschrieben, und seinen guten Frauen zum Troste hingesandt. Ich theile es dir wohl einander Mal mit. –

Aber auch des wackern Peter Ernst von Klosterrath, Pastor zu Aftden schneller Tod hat mir recht leid gethan. Zwar habe ich ihn persönlich wenig gekannt; allein, seit mehrern Jahren war ich mit ihm in Correspondenz, und mußte ihn immer als einen tiefgelehrten, u. zugleich äußerst treuen u. rechtschaffenen Mann bewundern. Er hinterläßt seine Geschichte von Limburg ganz zum Druck bereit, u. hat einem nahen Verwandten deshalb seinen Willen schriftlich hinterlassen. In seinem Testamente vermachte er, wie ich hörte, seine große Bibliothek dem Kloster, wo er wohnte, bis keiner seiner Ordensbrüder mehr übrig ist; dann soll sie an das Seminarium in Lüttig [Lüttich] kommen. – So gehen die guten Menschen einer nach dem Andern zu den Vätern hinüber; wer weiß, wie viele unserer Tage noch sind! Wohl dem, der wacht und betet, weil keiner weiß, wann der Herr kommen wird. – |3|

Gerne hätte ich nun gleich deine Aufträge wegen des Ursula Convents ungesäumt ins Werk gesetzt; allein, ich mag mich einrichten wie ich will, ich komme in den gar zu kurzen Tagen nicht dazu. Viel Zeit geht mit den Arbeiten für die Regierung u. in den langen Sitzungen verloren; überdieß ängstigt mich die etwas kurz zugemeßene Frist zum Vergleich der Handschrift nicht minder, u. hierzu kann ich wieder höchstens nur 2 Stunden nach einander Abends bey Licht arbeiten, weil das Vergleichen die Augen gar zu sehr angreift. Noch ein starkes Drittheil und ich bin mit dem Schwierigsten zu Ende; doch werde ich deinem Rath zufolge den Versuch machen, ob mir ein Monat zugesetzt werden kann. –

Ich will dir nun zunächst sagen, wie und mit welchem Erfolge ich mich in Aachen wegen der alten Dom-Rechnungen u. Quittungen umgethan. Ich wandte mich deshalb schon im vorigen Monat an Herrn Holzmacher, und gab ihm von deinen Notitzen Kenntniß, damit er genau wissen sollte, wovon die Rede war. Er antwortete mir zuerst folgender Maaßen – Es fänden sich wirklich in seinem Archiv vier große, durch die Länge der Zeit fast ganz vermoderte Verschläge, welche Quittungen auf Pergament von dem Domkapitel in Köln enthalten. Doch seyen diese Kasten in ihrem jetzigen Zustand nicht transportabel, wegen ihrer Größe und Verdorbenheit, und es müßten auf diesen Fall wenigstens 7 neue Kisten gemacht werden. – Jedoch seyen diese Quittungen alle aus dem 16. u. 17. Jahrhundert. Hiervon überzeugte ich mich durch einige 10–12 dieser Pergamente, welche Holzmacher mir mitschickte, u. welche sämmtlich Quittungen für bezahlte Erbrenten aus dem 16. Jahrhundert enthielten. |4| Dann schrieb er weiter: „Die wenigen Rechnungen, welche sich unter diesen Quittungen damals befanden, sind benutzt worden, und finden sich in der summarischen Uebersicht, die ich den 31. October vorigen Jahres an den pp. Grafen Solms eingeschickt habe, angeführt". –

Diese Uebersicht aller eingeschickten Archivalien des Domkapitels habe ich mir vorlegen lassen; allein, dieß sind bloß ganz neue Sachen, die nur zur Aufstellung und Ueberschlagung der etwa noch flüßigen oder flüßig zu machenden Domrenten dienen können u. sollen. Doch dieser erste Brief von Holzmacher genügte mir nicht, und war auf meine Anfragen keine hinreichende Antwort. Ich schrieb daher gleich wieder, und zwar noch spezieller wegen den Fässern, auf dem Speicher des Departements-Archiv, und ob es sicher sey, daß nicht etwa doch in Einer der 4 Kisten ältere Sachen sich befinden. Darauf erhielt ich nun vor einige Tagen folgenden Bescheid: „Auf das etc. beehre ich mich anzuzeigen, daß die fraglichen Quittungen des Domkapitels, welche, soviel ich mich noch erinnern kann, meistens nur aus dem 16. u. 17. Jahrhundert sind, früherhin in Fäßer gepackt waren. Selbe sind aber später in Verschläge, worin sie sich noch befinden, gelegt worden, weil durch den unter der Französischen Regierung häufig stattgehabten Transport, diese Fäßer ganz zusammengefallen waren. Ich habe die etc."

Soweit meine Nachrichten von Holzmacher. Ich bin nun in der Unsicherheit, was ich weiter vornehmen soll. Sind jene Sachen aus dem 16., 17. Jahrhundert werth, daß dafür neue Kisten gemacht, u. hierhergeschickt werden? sind sie überhaupt diejenigen, welche du meintest? oder sollen noch andere Nachrichten eingezogen werden? Hierüber möchte ich gerne deine Meinung wissen, indem ich |5| aus mir nicht gerne die Unkosten, welche die Ueberbringung jener Sachen veranlaßen würde, unnützer Weise machen, noch auch gerne etwas möchte zu Grunde gehen lassen, was irgend noch ein wissenschaftliches Interesse haben könnte. Im äußersten Fall wird Holzmacher das Ganze gewiß gut aufbewahren, und kommt man einmal wieder nach Aachen hin, so könnte man näher nachsehn; doch bitte ich mir deine fernere Ansicht der Sache aus. –

Sehr schöne Sachen habe ich in Düsseldorf gesehn, wo ich vor einigen Tagen meinen Bruder abholte, der daselbst lange in Consistorial-Angelegenheiten kommittiert gewesen war. Dort hat man die, bey Anwesenheit des Kronprinzen u. des Königs, aus den Privatsammlungen vieler Kunstliebhaber zusammengebrachte Gemälde-Ausstellung, bisher noch erhalten, und hofft, daß sie auch künftig zusammen bleiben wird. Ich mag mich auf die vielen neuern, niederländische, italienische u. spanische Bilder nicht einlassen, die sich daselbst befinden. Aber für mich und für Euch sind daselbst sehr interessante altdeutsche Sachen. Den ersten Rang verdient wohl eine Madonna, nach allem Urtheil von van Eick, etwa 3 Fuß hoch in einer köstlichen Landschaft sitzend, mit dem Kinde. Sie [ge]hört zum Ausgeführtesten, was man sehen kann, u. hat mit Euern großen Eickschen Bildern die unverkennbarste Aehnlichkeit. – Dann kommt ein prächtiges Bild von Quintin Messis: zwey alte Männer, mehr als Bruststücke, welche mit Geldzählen beschäftigt sind, um sie herum Gold- u. Silbermünzen, Edelsteine, Papiere etc. Diese 2 Figuren sind mit solcher Rundung u. Vollendung gemahlt, daß man sich unenttäuscht dicht davor stellen kann, und jedes Barthärchen daran erkennt. – Dann kommt |6| ein sonderbares Bild, zwey Braut- oder junge Ehe-Leute vorstellend, welche in die Werkstätte eines Juweliers treten, um Schmuck zu kaufen. Dieß Bild war gewiß sehr schön u. von der besten Manier; allein, es hat sehr gelitten, u. ist schlecht restaurirt, so daß einzelne ganz übermalte Gewandpartien, gegen andere kostbar gearbeitete alte, schändlich abstechen. Dieß Bild wurde für Hubert Eick ausgegeben. Allein, es befindet sich in litera petri[65] folgende alte Unterschrift darunter: pietro xpe. me fecit a. 1449.[66]

Der Director Sotzmann, der an allerley Kunstnachrichten und Meisterlexicis u. dergl. reich ist, will entdeckt haben, daß dieser pietro Christi ein Schüler von van Eick gewesen, u. wirklich um das Jahr 1449 sehr gute Sachen gemalt haben soll. – Diese, nebst noch einigen 20 der besten neuern Stücke gehören dem Staatsprokurator Siebel in Elberfeld, der schon sehr viel Geld an Kunstgegenstände gelegt haben soll. –

Ich komme nun noch auf deine Anfrage wegen des v. Keverberg. Dieser ist wirklich der ehemalige Souspréfet von Cleve, u. ist nunmehr Gouverneur de la Flandre orientale zu Gent. Neuerlich schickte er mir seinen neuesten Discours,[67] den er daselbst in der Akademie gehalten hat. Allein, dieser schien mir eben so flach, wie seine Kunstansichten, u. ich habe ihn noch gar nicht gelesen. – v. Haxthausen ist von seiner Reise aus Westphalen, wohin er schon vor 6 Wochen abging, noch nicht zurück. Sobald er kommt, will ich ihn wegen der Geschichte

---

[65] Littera Sancti Petri: Schriftform vor allem des 16. u. 17. Jh.s.
[66] Daneben ist ein kleines Herz mit Kreuz gezeichnet.
[67] Keverberg, Charles-Louis Guillaume Josephus de, Discours prononcé le 4 août 1817, par S. E. M. le Baron De Keverberg-De Kessel, Gouverneur de la Flandre-Orientale, Chevalier de l'Ordre du Lion Belgique; à l'occasion de la Distribution des Prix proposés au concours de l'académie royale de dessin, peinture, sculpture et architecture de Gand, Gand 1817.

eures Bildes fragen. Der kleine Fuchs sprach mir auch schon davon, u. wollte wissen, daß Euer |7| Bruder Bernhard die Sache ernsthaft nehmen würde, sobald erst v. Haxthausen wieder da sey.[68] Uebrigens glaube ich, daß Haxthausen, sobald er sich erst über den Zusammenhang der Sache wird überzeugt haben, keine Schwierigkeiten machen wird.

Nun noch eine historische Notiz, die ich in einem der Pariser Manuskripte fand, die noch immer bey mir auf ihre weitere Bestimmung warten. Sie steht in den Annalen des AugustinerKlosters hierselbst. Es heißt nehmlich:

„Anno 1404, consq. structura areæ S. Sebastiani promota erat, ut Sacristia & Sacello S. Sebastiani perfectis, ut supra ostium, quo ex hoc in illam introitus patel in vacuo infra lato supra orali sit artificiose pieta imago D. Virginis puerum Jesum tenentis, ad cujus Dexteram S. Paulus & Petrus, apost. ad Sinistram S. Joannes Bapt. & S. Catharina virgo. Cui pictoree haec subscripta leguntur verba Haec pictura facta est in festo assumptionis gloriosee Virginis sub anno MCCCCIIII. Adjecta quoque duo insignia sine dubio eoram, qui pingi curarunt. Unum a dexteris simile est illi, quod in insignium Nobilium centuria apud Gelenium est quartum, & alterum a Sinistris aureum habens hircum."

Diese Annalen selbst sind von einem Augustiner Mönch 1676 geschrieben, u. sehr unbedeutend.[69] Die Nota von dem Gemälde schrieb ich bloß aus, weil dasselbe doch mit dem Dombilde ziemlich gleichzeitig ist, u. die Wappen vielleicht einige Aufklärung geben könnten, |8| wenn es etwa möglich wäre, dem Bilde selbst auf die Spur zu kommen.[70]

Wegen diesen u. dergl. Sachen, woran ich in diesem Augenblick noch sehr reich bin, jedoch ohne zu wissen, wie lange es noch dauern kann, hätte ich wohl gewünscht, dich auf einige Zeit hier zu sehn. Der StaatsKanzler ist nunmehr in Engers, u. alles auf das gespannt, was er uns Gutes bringen soll. Kann denn auch das dich nicht reitzen, etwa nun noch zu kommen? Oder habt ihr nun vollends Allem, was da Preußisch ist und ihm angehört, abgeschworen, um auch nie wieder einen Fuß auf dieß Gebieth zu setzen? – Goerres, der nun noch sehr mit seinen Adressen beschäftigt ist, die dem StaatsKanzler übergeben werden sollen,

---

[68] S. Boisserée befand sich in den folgenden Monaten in einem Konflikt mit W. von Haxthausen um ein Gemälde. In dieser Auseinandersetzung nahm er die Unterstützung Grootes in Anspruch. Vgl. für diesen Zeitraum die Briefe von E. von Groote an S. Boisserée (HAStK, Best. 1552, A 7) sowie die Briefe von S. Boisserée an seinen Bruder Bernhard Boisserée in Köln (HAStK, Best. 1018, A 34–35).
[69] Universität- und Landesbibliothek Bonn: Monasterii Coloniensis FF: Eremitarum S. P. Augustini historiae quinque-saecularis libri sex., 1676, Bl. 177r. Ich danke Joachim Oepen und Max Plassmann für ihre Hinweise.
[70] Die Wandmalerei befand sich in der Sebastians-Kapelle im Kölner Augustinerkloster. Arntz/Neu/Vogts, Die Kunstdenkmäler der Stadt Köln, Ergänzungsband (1937), S. 138: „Über dem Zugang der S. Sebastianskapelle war in einem Spitzbogenfeld ‚kunstvoll' gemalt das Bild der Mutter Gottes mit dem Kinde, zu ihrer Rechten die h. Petrus und Paulus, zur Linken der h. Johannes Bapt. und die h. Catharina. Unter dem Gemälde die Inschrift: Haec pictura facta est in festo Assumptionis Gloriosae Virginis sub Anno MCCCCIII." Ich danke Roland Krischel für seinen Hinweis.

versprach mir herabzukommen, sobald Seine Durchlaucht weg ist. Goerres will auch in den Handschriften mausen.

Habt ihr nicht zufällig den etwas impertinenten Aufsatz in dem Heft X der Isis gesehn? Da erhalten ja eure Bilder eine allerliebste Bestimmung! Das Ding ist unterhaltend, obschon der Witz etwas derb. Mit Freude hat man vernommen, daß dieß Journal nicht, wie es erst hieß, ganz unterdrückt, sondern nur einige Blätter konfiszirt worden sind.

Lebe wohl, liebster Freund; grüße unsre Freunde herzlich und nimm Gott zum besten Gruß

Dein v. Groote

Eberhard von Groote an Joseph Görres, Köln, 31. Dezember 1817

Der Brief wird hier wiedergegeben nach einer Abschrift in: Universität- und Landesbibliothek Münster, Nachlass K. Schulte-Kemminghausen, Kapsel 71,8. Vgl. auch: Monika Fink-Lang, Joseph Görres, Briefe. Von 1814 bis zu Exil, Bd. 3, S. 489 f. Das Original, das sich in Privatbesitz befindet (Familienarchiv Görres-Jochner, Nr. 82), war nicht zugänglich.

|1| Köln, den letzten Decembris 1817.

In Eurer letzten Sendung muß es etwas übereilt hergegangen sein, denn die Briefe, die für mich und Mühlenfels bestimmt waren, erhielt ich vorgestern von Jülich. Die Pakete waren also wohl irrig überschrieben. Inzwischen hab ich mich über Eure Verwaltung recht gefreut; Ihr habt alle Ehre davon, und des Himmels Lohn kann Euch dabei nicht fehlen. Ich habe nach Eurem Verlangen die Listen an alle Hauptinteressenten, die durch uns Loose erhielten, zugesandt, und wußte freilich nicht, daß Ihr nach Jülich, vielleicht auch nach Aachen und Elberfeld die Exemplare unmittelbar hattet abgehn lassen. Nun wird noch des Zuschreibens wegen der Gewinnste kein Ende sein, und dieser letzte, auch eben nicht sehr angenehme Theil des Geschäftes, bliebe Euch noch übrig.

Da hättet Ihr ja nun den Kanzler endlich, wie er leibt und lebt, bei Euch, und könnt ihm einheizen. Das wenigstens werdet Ihr zugeben, daß er fürnehmer und anständiger aussieht, als gewöhnlich dieß preußische Volk pflegt. Auch ist er umgänglich, weich und redselig; das weiß ich alles aus Erfahrung. Allein, ebendarum auch allen neuen und immer den neuesten Eindrücken empfänglich und nachgebend. Schriftlich, schriftlich muß verhandelt werden; d.h. nicht in langen Correspondenzen, aber nicht eher abgelassen, ehe nicht Siegel und Unterschrift in optima forma[71] gegeben ist, damit nachher immer unverwerfliche Documente

---

[71] optima forma: in bester/höchster Form.

aufgelegt werden können. Hätte ich es früher so gehalten, |2| und nicht dem platten Wort zu sehr vertraut, ich hätte manches, was ich nun nicht habe.

Wegen der Adresse bin ich in nicht geringer Schwulität. Weiß Gott, daß mir an mir u. meiner ganzen äußern Existenz so durchaus gar nichts gelegen ist, daß ich im Stande wäre, alles, was ich habe und bin, daran zu wagen, wenn es sonst etwas helfen könnte. Aber im Ernste, ich weiß nicht wohinaus. Das Sammeln von Privatunterschriften, ohne alle Beipflichtung eines städtischen Collegs oder bürgerlicher Corporation würde einestheils nur von geringem Belang sein, u. anderntheils bin ich überzeugt, daß es auch nicht 24 Stunden in Gang gesetzt sein würde, daß nicht alle Teufel los wären.

Diese Behauptung ist nicht aus der Luft gegriffen; einen Beleg will ich gleich liefern. Jüngst wollte der hiesige Bürgermeister und Stadtrath sich gerne von einigem, was das alte Zunftwesen betrifft u. inwieweit dieß nun wieder Anwendung finden könne, unterrichten, u. wandte sich deßhalb an den Rath der Gewerkverständigen; diese luden die Meister und Gewerbvorsteher auf einige Fragen, die darauf Bezug hatten, u. bei diesen Leuten circulirten, zu antworten. Diese Fragen gelangten auch bis nach Bonn, von da wieder bis zu unserer lieben Polizei, von dieser bis zu höherem Ort, und nun wurde die Frage, ob der Bürgermeister ohne höhere Autorisation Recht gehabt, solche Nachforschungen anzustellen, aufgeworfen und – negativ entschieden. Was sagt ihr dazu? Nicht blos Sachen von höherer und allgemeiner Wichtigkeit, sondern sogar, was der Bürgervorstand zu eigener Notiz und nöthigster Kenntniß seiner innern Verwaltung bedarf, soll er nicht aus eigenem Antrieb mit seinen Bürgern berathen dürfen; nicht in seiner Stadt sich darum umthun, und darauf seine Vorschläge zu künftiger besserer Einrichtung gründen dürfen! Was soll nun aus wichtigeren, mehr in das Volk u. seine Verhältnisse eingreifenden Unternehmungen werden? –

Genug, ich habe den wiederholten Versuch gemacht, die Sache wegen der Adresse bei userm Bürgermeister und Stadtrath in Anregung zu bringen. Dieß sind Leute, die weder furchtsam noch indolent sind, wie Ihr mir aus früherm wohl zugeben werdet. Allein, bei bewandten Umständen, waren sie für die Adresse und deren Unterschrift nicht zu bewegen. Was soll ich nun thun? Auf dem Lande würden die Bürgermeister und Landräthe in ihrer Angst es ebenso halten, selbst nichts wagen und dienstwilligst unterdrücken, anzeigen, Lärm schlagen, sobald sich etwas zeigte. Das ist meine vollste Ueberzeugung. Soll ich endlich das Letzte versuchen: nemlich frisch von der Brust die Adresse in der Regierung vorlegen u. verlangen, daß die Sammlung der Unterschriften amtlich genehmigt werde? Aber des Erfolgs bin ich gewiß, daß man nicht nur sich weigern, sondern den Antrag schon als etwas Gesetzwidriges ahnden wird. – Genug, ihr mögt meine Unkunde oder den Mangel an Praxis in dem Geschäfte rügen, ich muß es mir gefallen lassen; allein, ich weiß einmal keinen Rath: gebt ihn mir, und ich bin zu jeder Wagniß bereit. –

Gott zum Gruß!

Schriften

Eberhard von Groote, Die Universität in den preußischen Rheinprovinzen, Juli/September 1817

In: Isis oder Encyclopädische Zeitung, 1817, Stück X, Nr. 173, Sp. 1377–1384 u. Nr. 174, Sp. 1385–1392

|Sp. 1377| Die Universität in den preußischen Rheinprovinzen.[72]

Frankfurt a. M. im July 1817.

In der Isis, Heft II, No. 25 steht die Schilderung einer Naturbegebenheit, welche, fast wie damals die schreibende Hand dem biblischen Könige Balthasar, so nun der preußischen Regierung einen himmlischen Wink gab, um die so lang versprochene, und immer noch nicht erfolgte Gründung der Rhein-Universität zu beschleunigen. Zwar wird die ganze Naturbegebenheit in einem späteren Stück, No. 32 beim Schluß, mit dürren Worten für ein Mährchen erklärt; desto schlimmer, das arme Publikum, durch die langgetäuschte Erwartung ermüdet und geärgert, und durch die schreckliche Erscheinung, die nun nicht erschienen ist, umsonst geängstigt, weiß gar nicht mehr, woran es sich vor lauter himmlischen Ankündigungen und Versprechungen halten soll.

Da wir uns nun in Stand gesetzt finden, ein ernstes Wort noch zu rechter Zeit zu verkünden und endlich dem harrenden Volke zu sagen, was es eigentlich zu erwarten hat, und daß es mit der Rhein-Universität nicht gehe, wie mit dem Ostseegetreide, welches immer in herrlichen Proklamationen und Zeitungsartikkeln, wie in einem Optikkasten, vor seinen Augen schwebte, während der Magen nach und nach einschnurrte. Es ist längst bekannt, und fast schon wieder vergessen, was solide Leute, d.h. Leute, die nie Chamäleon gewesen, Leute, die nie die Farbe gewechselt, Leute, die stets als deutsche Leute nie ein undeutsches Wort geredet, Leute, die einen so deutschen Namen tragen, wie Fuß ein deutsches Wort ist,[73] solide Leute also solide Hefte über die Nothwendigkeit geschrieben haben, daß die Universität nach Bonn, und nur Bonn gelegt werden könne. Freilich war es nicht zu läugnen, daß |Sp. 1378| in jenen Heften, ungefähr so wie neulich die Möglichkeit, daß Meteorsteine in Bonn gefallen, so auch damals nur die Möglichkeit nachgewiesen wurde, daß wo nicht große Sammlun-

---

[72] Als Anmerkung: „Schier verspätet, wegen des Hin- und Herschreibens aus Furcht vor der Preßfreyheit."
[73] Verweis auf die Publikation von Philipp Joseph Rehfues, Die Ansprüche und Hoffnungen der Stadt Bonn, vor dem Thron ihres künftigen Beherrschers niedergelegt, Bonn 1814.

gen, doch Lokale dafür, wo nicht ein botanischer Garten, doch Boden dafür, wo nicht eine Bibliothek, doch Holz zu Schränken dafür u.s.w. in dem schönen lustigen, luftigen, duftigen Bonn aufzutreiben wäre, während zugleich klar dargethan wurde, daß in dem obscuren Cöln gar keine Universität bestehen könne, und daß es nur eine Fiction wie mit den Himmelssteinen sey, daß jemals eine solche oder wohl gar eine sehr berühmte dort gewesen.

Allein der Streit wurde von allen Seiten lebhaft geführt, und wären deutsche Worte, wie es billig scheint, so gut wie deutsche Documente und unverwerfliche Urkunden, so wäre alles Geschrei ungeachtet, nachher von Paris aus, so wie im 14. Jahrhundert im 19ten nun zum zweyten Mal die alte Universität zu Cöln wieder hergestellt worden. Der Mann nehmlich, welcher dieß nebst Gott und dem Könige einzig vermochte, erklärte mit deutschen Worten, daß es so seyn solle, nachdem er sich durch eine bündige Denkschrift von der Billigkeit und Ausführbarkeit der Sache überzeugt hatte. Die Worte waren deutsch, und waren gesprochen, wurden auch aufgezeichnet, – allein sie waren nicht unterschrieben, und deßwegen am Ende doch nichts mehr werth, als französische Worte. – Jeder weiß es, wie nun später in Frankfurt und in Berlin die Universitätsgeschichte sich weiter fortgesponnen, und gewiß ein Actenfascikel von einem Rieß Papier darüber angelegt seyn kann, ohne daß dennoch bisher etwas entschieden worden wäre.

Daher freuen wir uns recht sehr, endlich die Resultate der ganzen Verhandlungen hier aus sehr zuverlässigen Quellen, aus den Mittheilungen eines unserer israelitischen Correspondenten in Berlin nehmlich, der Welt vorlegen zu |Sp. 1379| können, und thun dieß um so lieber, da wir uns schon das Vergnügen versprechen können, jeder Parthey, und wären deren auch noch so viele, etwas ganz Unerwartetes, Neues und Ueberraschendes sagen zu dürfen.

Dieser berichtet uns nehmlich, daß, als es mit der Rhein-Universität in Berlin gar nicht mehr vor sich wollte, sich einer seiner Glaubensgenossen, dem es nicht an Einfluß fehle, entschlossen habe, einen christlichen Plan zu der christlichen und wo möglich universalen Universität zu entwerfen, und ihn entweder an den rechten Mann zu bringen, oder wenn das wider Erwarten noch nicht in das Faire marcher zu bringen seyn sollte, ohne weiter an das großmüthige deutsche Publikum zu appelliren, das, versteht es gleich nicht zu helfen, doch zu geben versteht, wenn es geziemend anproclamirt wird.

Der Plan lautete aber so: doch fürs erste die Versicherung, daß das, was man sonst so schlechtweg Universität zu nennen pflegt, und was man bisher darunter verstand, weder nach Bonn, noch nach Cöln, noch an sonst einen Ort in den Rheinprovinzen verlegt werden wird. Denn man hat nach dem nicht vergessenen Vorgang der Franzosen gar zu klar die Unzulässigkeit einer solchen Anstalt, die ihrem Wesen nach in die finsteren Zeiten des Feudal- und Zunftwesens hineingehört, eingesehen, als daß man ein solches Unding neben den vielen seiner, sich selbst überlebenden Schwestern, noch neu vorschlagen und mithin erschaffen sollte. Nicht ohne Mitleid müssen wir deßhalb auf unsere Nachbarstaaten, z.B.

die Niederländer, hinüber sehen, welche ihre Universitäten ganz nach jenem alten Zuschnitt wieder herstellen, und dazu sogar mit großer Freigebigkeit deutsche Professoren hinüberziehen, wodurch sie andern Lehranstalten, selbst schon in den Rheinprovinzen, nicht geringen Schaden zufügen.

Vielmehr glaubt der Planmacher bemerkt zu haben, oder aus der schweren Geburt zu wittern, daß man bey uns sich darüber auch verstehen wird, daß den Wissenschaften im Einzelnen nichts so förderlich sey, als wenn jede auf ihre eigene Hand und selbstständig konstituirt, und von den übrigen ganz unabhängig, mithin ungehemmt sich ausbilden kann. Ferner ist ein Hauptpunkt bey einer Universität die Finanz-Wohlthat, da sie als Goldgrube, sey es auch nur Studentengold, eine ganze Gegend, wo sie eröffnet wird, und wäre das Land auch so arm wie eine zerfallende Residenzstadt, in der kein Hof mehr gehalten wird, alsbald in den blühendsten Lustgarten zu verwandeln vermag. Aus diesen beiden vollwichtigen Gründen hat daher der weise Mann aus Judäa nach einer hohen sehr weisen Bestimmung die milde Vertheilung dieses Seegens durch die ganzen Rheinprovinzen, und dieß zwar nach einem Plane entworfen, den wir uns nicht versagen können, seiner durchdachten Gründlichkeit wegen, allen, die sich für den Gegenstand interessiren, hier in seinen Hauptpuncten vorzulegen.

Jeder wird überdieß noch darin die wohlmeinende Absicht des deutschen Patrioten erkennen, welche, indem sich so das Gute in die einzelnen Städte der Provinzen vertheilt, keiner derselben das |Sp. 1380| Uebel, welches sonst bey allen Universitäten unvermeidlich ist, allein aufgebürdet wird. Keine jener Städte wird auf diese Art Gefahr laufen, ganz und gar zum Tummelplatz des tollen Burschenwesens angewiesen, und so dem Uebermuthe wilder Studenten überantwortet zu werden. Jede bekommt nur eine Anzahl reicher, ordentlicher junger Leute, die zum Besten des armen Philisteriums wohlgespickte Beutel und wichtige Wechsel, wo möglich von Spreegold, in Ruhe verzehren, und nach und nach von einer Stadt zur andern ziehen, je nachdem sie sich dem einen oder andern gelehrten Fache zu widmen geneigt sind. Unübersehbar scheint fürwahr der Nutzen, welcher aus dieser Einrichtung nothwendig für Studirende und Professoren, für Regierung, Militär, Geistlichkeit, Gerichtsbehörden, Polizey, ja sogar für Forstverwaltung, Bauwesen und Bergbau, endlich herab bis zu Stubenverleihern und Aufwärtern erwachsen wird, was hier übergangen werden kann, da die Erfahrung es erhärten muß. Wir eilen also nun die Vertheilung der Gelehrsamkeit in die einzelnen Städte, wie sie uns so eben von guter Hand gemeldet worden, und zur Realisirung und Einsegnung ihr Verfasser meynt, nur noch der Ankunft der hohen Herrschaften in den Rheinprovinzen zu bedürfen, im Auszuge vorläufig hier vorzulegen.

Lange scheint er gezweifelt zu haben, ob man den ursprünglich Einen Lichtstrahl des Wissens, so wie in den dunkeln Zeiten der Scholastik, in 7 Farben und 7 Künste spalten sollte, was allerdings bei der Anzahl der vorzüglicheren Städte in diesen Provinzen eine bequeme Zahl gewesen wäre, um jeder ihre Farbe und

Kunst zu bestimmen, oder ob man sich an der späteren Eintheilung in Fakultäten halten sollte, wobey nur 4 Städte begnadigt wurden, während die übrigen leer ausgehen mußten. Da aber die Verbannung alles dessen, was an jene Zeiten der Finsterniß gränzt, schon an sich Hauptzweck der wiederauflebenden Wissenschaft seyn muß, so scheint er auch hier aller Gegengründe ungeachtet, von der abergläubischen Siebenzahl abgegangen, und also 4 Städte als Sitze der 4 Fakultäten, welche zusammengenommen die rheinische Universität bilden, vorgeschlagen zu haben. Für die Wahl derselben werden folgende Gründe besonders auseinandergesetzt: Es sollen nehmlich eben erwähnter Ansicht zufolge, keine Städte gewählt werden, welche schon durch die Milde der Natur oder der Regierung auf andere Weise hinreichend unterstützt sind; deßhalb wurden davon ausgeschlossen: a) diejenigen Städte, welche zu Bischofssitzen bestimmt, oder mit Bädern, Spielbänken, Festungsanlagen, mit reicher Klerisey oder andern Vortheilen versehen sind; b) solche, die wegen den schon in ihnen etablirten Regierungen, Oberpräsidien, Militärkommandos, Bergbaudeputationen, oder andern dergleichen Instituten, nicht mehr Raum haben würden, auch noch den Lehrstuhl einer Fakultät, mit Allem, was diesem folgen muß, in sich aufzunehmen; endlich aber bescheidet er sich c) sehr gerne, in die Mysterien der Kabinette und der tiefen dort herrschenden Politik nicht so eingeweiht |Sp. 1381| zu seyn, um entscheiden zu können, was überdieß noch mit der Auswahl der Einen, und mit der Hintansetzung der andern der rheinischen Städte hinsichtlich der Universität bezweckt werden könnte. – Genug aber, die Vorsicht wollte; der vorgeschlagene Plan soll folgende Städte bedacht haben, und ungefähr folgendermaßen lauten:

I. Jurisprudenz, Cleve.

Es würde sehr überflüssig seyn, beweisen zu wollen, wie glücklich die Wahl der Regierung wäre, wenn sie auf diesen angenehmen Ort fallen sollte, indem sie denselben zum künftigen Sitze der Rechtsgelehrsamkeit bestimmte. Fürs erste, ist Cleve eine ächt altpreußische Stadt, und als solche also schon besser mit dem preußischen Landrecht und dem ganzen Verfassungssystem bekannt, als eine ihrer Schwestern, die alle mehr oder weniger unter den mancherley Gesetzen, denen sie gehorchten, so verwirrt geworden sind, daß sie kaum noch wissen mögen, was Gottes und Rechtens ist. Soll also einmal in die verwilderten Provinzen wieder ein Recht und eine Ordnung kommen, so wäre es wohl die klügste Maßregel eines weisen Hofes, eine feste Stütze des preußischen Rechtes in jener gar wohl gesinnten Stadt zu errichten, um von da aus dann nach und nach, was von unsinnigen Rechtsideen in den übrigen noch spuckt, sicher zu entfernen oder zu berichtigen.

Es ist zwar hier ein Einwurf gleich ein für allemal zu beantworten, welcher leicht rücksichtlich des Mangels an Wohnungen und Lokalen, an Anlagen, Einrichtungen, Sammlungen und Apparaten bey einzelnen, zu Musensitzen bestimmten Städten, gemacht werden könnte. Was nehmlich die Räume zu Aufnahme von Studenten und Professoren, zu Lehrsälen, Kabinetten und dergl. betrifft, so ist zu erwarten, daß die Regierung mit bekannter Liberalität zur Beschaffung derselben bedeutende Vorschüsse anweisen wird. Was aber andere Gegenstände, z.B. Bücher, physikalische, chemische, botanische Apparate, Stipendien, Freybursen und dergl. anbelangt, so muß es unumstößlicher Grundsatz werden, wenn es noch nicht geworden, daß bey den nunmehrigen liberaleren Ansichten von Eigenthum, Herkommen, Gerechtsamen, gar nicht mehr die Rede davon seyn kann, daß eine der zum nämlichen Staate gehörenden Städte sich weigern dürfte, was durch veraltete und so wahnheilige Stiftungen, Institute, wohlthätige Schenkungen ihrer Mitbürger in ihren Mauren verschlossen liegt, zum Besten der nun neu aufblühenden Aufklärung mit Freuden herauszulassen. Man muß selbst Privatleute wissen zu bewegen, daß sie diese Ansicht theilen und finden hinreichende Gründe, nützliche Sammlungen auf zweckmäßige Art umsonst öffentlich zu machen, wobey vor allem der nun allgemein verbreitete Patriotismus geschickt zu benutzen seyn wird. So wird z.B. das finstere Köln, welches bey jetziger Zeit durchaus nicht mehr zu wissenschaftlichen Einrichtungen paßt, sich glücklich schätzen, aus seinen großen Magazinen die jüngeren Schwestern auszusteuern, die dann als die Enkelinnen in dem neugefaßten Schmuck |Sp. 1382| der Großmutter sich recht lieblich ausnehmen werden.

Nach Cleve also gehen erstens die kölnischen alten juristischen und historischen Werke, Handschriften, Inscriptionen, Urkunden, Archivstücke, dann natürlich ein Theil ihrer Bursen, Stiftungen und Studienfonds; andere Theile an andere zu Facultäten angewiesene Städte. Sollte aber dennoch, wie sich von einer noch etwas eigensinnigen alten Reichsstadt fast erwarten läßt, vielleicht von einer Weigerung und Widersetzung, vielleicht im äußersten Falle gar von einer Klage am Bundestage, ad imitationem der Hofmannischen,[74] die Rede seyn können; so müßte man die guten Kölner mit einem freundlichen Worte bald beschwichtigen, indem man den guten Leuten sagte: „Ihr Bürger von Köln, oder ihr kölnischen Bürger, oder ihr Einwohner von Köln, oder ihr kölnischen Landsleute, oder Landsleute, oder Leute, oder gute Leute, oder wie man sonst sagt, – wie könnt ihr doch in der Aufklärung, in der Cultur, in dem Patriotismus, in dem Eifer für die deutsche Sache, u.s.w. u.s.w., so weit zurück seyn, daß ihr nicht das kleine Opfer zum Besten der Kunst und der Wissenschaft bringen wollt, und euch weigert, Dinge, die ihr zwar bisher benutztet, über die aber vielleicht der Staat einzig und allein zu verfügen hätte, zum allgemeinen Besten euern Nachbarstädten freywillig abzutreten? Ist es denn nicht gleichviel, wo das Gute ge-

---

[74] Der Jurist und Politiker Heinrich Karl Wilhelm Hoffmann (1770–1829), Vertreter des Verfassungsgedankens und demokratischer Ideen, gründete 1815 den Hoffmannschen Bund, eine geheime, deutsch-national ausgerichtete Gesellschaft. Anfang 1817 veröffentlichte er die Schrift: Wird Teutschland eine Revolution haben? (in: Nemesis. Zeitschrift für Politik und Geschichte, IX. Bd., 10. Stück, 1817, S. 107–126.

wirkt und gefördert wird, und sollte auch nur einer unter euch in der mönchischen Albernheit noch so festsitzen, daß ihr glaubt, alle Einrichtungen und Fundationen genau nach dem Worte der Stifter deuten, und so lange als möglich buchstäblich handhaben zu müssen? Laßt doch endlich ab von so veralteten Ideen, die euch in ein dunkeles Licht stellen, und euch in den Ruf struppiger Unterthanen bringen könnten. Und ist denn für euer Wohl nicht schon hinreichend gesorgt; habt ihr nicht eine Regierung, sogar ein Oberpräsidium; hat man zur Sicherheit euerer Stadt nicht kostbare Festungswerke angelegt, die den Staat jeden Tag wenigsten 1.000 Thlr. sage Tausend Rthlr. berliner Courrant kosten? Ist euer Dom nicht noch immer im Bauen, hat man seine Vollendung nicht kürzlich sehr lebhaft zur Sprache gebracht, könnt ihr nicht euere Plätze und Straßen nun auf das Herrlichste erweitern und verschönern? Mit der Zeit soll noch weit mehr geschehen als ihr erwartet, gebt Euch daher nur zufrieden."

So muß man die Kölner anproclamieren, und wenn sich dann alles zum Besten der Facultät in Cleve zusammenthun wird, wie denn endlich auch die Werke der Immediatkommission, wovon der 6te Theil schon zum Druck bereit liegen soll, dort verlegt werden, so ist nicht abzusehen, was dieser Stadt zu einem würdigen Sitze der Rechtsgelahrtheit mangelt. Jeder wird sich also völlig von der Zweckmäßigkeit der hier getroffenen Wahl überzeugen, und uns erlauben, um zu den Stühlen der übrigen Facultäten in den Rheinprovinzen überzugehen. Unsere Nachrichten nennen uns hier zunächst für die

|Sp. 1383| II. Gottesgelahrtheit, Düsseldorf.

Wir wissen nicht, ob es äußerlich hinreichend bekannt seyn mag, wie sehr sich Düsseldorf schon hinsichtlich seines innersten Geistes von jeher als zu theologischen Anstalten besonders geeignet, bewiesen hat. Wenn wir hier nehmlich diese Behauptung aufstellen, so wollen wir nicht gerade von einem activen Princip reden, durch welches sich diese Stadt geschichtlich in religiöser Hinsicht besonders ausgezeichnet hätte. Allein gerade die große Passivität, der eigentliche, wahre, nun so nöthige Geist der Milde, der Nachgiebigkeit, der Toleranz und allgemeinen Menschenliebe, welcher stets dort herrschte, und die Einwohner von jeher hinderte, an religiösen Streitigkeiten und unsinnigen Schwärmereyen Antheil zu nehmen, gerade dieß ist es, was eine Stadt zu unserer Zeit zum Sitze der Theologie ganz vorzüglich qualificirt. (Dafür werden nun allerley erbauliche Reden geführt, die wir aber nicht aufzunehmen wagen, um nicht der deutschen Freyheit zu schaden. Dann fährt der Planmacher so fort.) Diese Einwürfe kommen aber, wie gesagt, bey den Ansichten der neuesten Theologie gar nicht mehr in Frage, und sollte eine alte Perücke hierüber noch etwas einzuwenden haben, so wird man sich über dergleichen Lappalien wegsetzen, oder den Knoten quovis meliori modo[75] zerhauen, lösen, oder ungelöst liegen lassen. Soweit diese Episode. – –

---

[75] quovis meliori modo: auf irgendwie bessere Weise.

Düsseldorf ist ferner hinsichtlich seiner Lage dem Studium der Theologie äußerst günstig. Die schöne Natur, durch herrliche Anlagen verschönert, wird die jungen Leute zu dem ersten, wahren Urprincip aller Religion und Gottesgelahrtheit zurückführen. Es ist überdieß hier nicht zu befürchten, daß die Studierenden durch Reste des Barbarismus, die in anderen Städten noch immer in unzähligen alten Kirchen und Thürmen, die Bewunderung modesüchtiger Schwärmer auf sich ziehen, von dem Wege der lieben, reinen, klaren Natur abgeleitet werden. In der ungestörten Einwirkung des blauen Himmels gedeiht ein frommes Gemüth besser zu richtigen Ansichten von dem Höchsten, als in dem öden Dunkel alter, feuchter, gothischer Bauwerke, und zwischen den engen Straßen einer traurigen, großen Stadt. Allein es kommen hier auch noch ganz andere Dinge zur Sprache, die auf die Bestimmung rücksichtlich Düsseldorfs in der genauesten Beziehung stehen. Hierzu gehört z.B., daß unter den 4 zur künftigen Rhein-Universität bestimmten Städten, Düsseldorf die einzige ist, auf deren Theater fast beständig gespielt wird. Keiner bezweifelt in unseren Tagen mehr den außerordentlichen Einfluß des Schauspiels, namentlich der Tragödie, auf die Bildung des jungen Geistlichen. Wie wollte er in Seminarien und Collegien lernen, was ihm dort gleichsam unmittelbar in die Seele geflößt wird! Das Trauerspiel ist eine Schule der Welt. Hier lernt der junge Prediger sich der Herzen seiner Zuhörer bemeistern und mit den rührendsten Worten ihr Innerstes tief rühren, daß man glaube, er leide selbst mit. Hier lernt er, wie es eigentlich um die unterdrückte Tugend und |Sp. 1384| um das triumphirende Laster stehe, und erhält überhaupt in nuce,[76] was er sonst auf langen, mühsamen Pfaden der Erfahrung im wirklichen Leben erjagen müßte.

Man wird sich vielleicht wundern, wenn wir mit raschem Schritte nun bey den beyden Städten Köln und Bonn vorbey eilen, ohne dieselben auch nur eines Blickes zu würdigen. Allein wir haben hierüber theils früher schon das Nöthige zu unserer Rechtfertigung im Allgemeinen gesagt, und zu den übrigen Gründen den einen Hauptgrund angeführt (den wir nicht sagen); theils wollen wir hier auch noch einiges nachholen, was allerdings die Sache in das helleste Licht stellen wird. – Nichts ist nehmlich in dieser außerordentlichen Zeit wichtiger, als die religiöse Ansicht so scharf und richtig zu fassen, als nur immer möglich, damit jeglichem Mißgriffe für die Zukunft vorgebeugt werden könne. Bey keinem Manne, der mit dem Geiste der Geschichte nur etwas vertraut ist, leidet es wohl noch einen Zweifel, daß der morsche Stuhl Petri seinem Einsturz sehr nahe gekommen, und daß es dem neuen und neuesten Zeitgeiste gelingen wird, durch Verstand, Kraft und Einigkeit und zwar in Deutschland, wo nicht gar (– doch wir wollen nicht vorgreifen, –) etwas Festeres und Bleibenderes zu gründen, als jenes unselige Bauwerk, welches bloß aus Selbstsucht entstand, nur in Eigennutz, Herrschsucht und Intrigue sich bisher erhielt. Wie will jene vermoderte Politik,

---

[76] in nuce: im Kern.

die man in Deutschland so durchschaut, als säße man selbst in der Rota,[77] und die man berechnen kann, eben so wie die Rückkehr eines Cometen, wie will dieß veraltete Wesen vor den scharfsinnigen Entwürfen unserer gelehrtesten Männer noch bestehen können, die mit dem Zeitgeiste fortgeschritten, mit dem Geiste aller neuesten Philosopheme, mit allen irdischen und überirdischen Triebfedern der Ereignisse völlig vertraut sind, und denen nur die Umgestaltung der christlichen Liturgie, wenn nicht gar auch Dogmatik, beschieden ist? Ferner aber bedarf es wohl keiner Erwähnung mehr, daß das, was seit anderthalb Jahrzehend in Deutschland so buntscheckig auftauchte, und sich als neu poetisches Element der Religion, im Gegensatze der Prosa des eingerissenen Lebens ankündigte, eben so scheinlos und langweilig wieder verschwand, wie es erschien.

Es war dieß hoffentlich der letzte trübselige Nebelstreif, welcher dem gänzlichen Siege der neuen Aufklärung über das Dunkel der Vergangenheit noch einmal kecklich in den Weg trat. Und wer weiß es nicht, daß die Zeit selber die leeren Träumereyen der zu jener neu poetischen Parthey sich bekennenden Schwärmer durchaus vernichtet hat? Denn war das, was sie als die alleinige Realität anpriesen, in der ganzen Zeit, welche mit Recht das Mittelalter, das Alter zwischen Finsterniß und Licht genannt worden, wohl etwas anderes, als der dürftige Nothanker, der berauschende Sinnenkitzel, das leider unvermeidliche Blendwerk, durch welche man der Kindheit und Schwäche des unaufgeklärten, halb noch thierischen Geistes zu Hilfe zu kommen suchte, und ihn so gleichsam in einer Art von trunkenem //Nr. 174, Sp. 1385// Zauber zu einer sittlichen Höhe und reinmenschlichen Würde zu erheben suchte, wozu eigentlich nur der reine Verstand in klarem Denken den aufgeklärteren Menschen hinantragen und erhalten darf? Diesen Theaterpopanz noch festhalten, oder gar neu aufputzen und hinstellen wollen, hieße gerade so viel, als wollte man den ganzen Despotismus und die willkührliche Gewalt, welche der Herr jener Zeit über seine Leibeigenen ausübte, wieder herbeyführen, nachdem man mit vieler Mühe das Volk, und selbst den gemeinen Mann, in Kirchen und Schulen so weit gebracht, daß er von selbst, aus eigenem Rechtsgefühl thue, wozu er sich sonst nur gezwungen verstand.

Jenes ganze Zerrbild, was man gewöhnlich mit dem schönen Namen der Poesie in der Religion zu bezeichnen pflegte, ist es in der Kirche etwas anders gewesen, als die Leibeigenschaft im Feudalsystem, wieviel auch in unseren Tagen dagegen ist geschrieen und demonstrirt worden? Beyde waren ein von außen gegebenes Surrogat für das, was Innen fehlte, mit gewaltigem Spuck und Schreck bedeutungsvoll umgeben, um das eben erst erwachende Volk gewaltsam dahin zu führen, wohin es die Klarheit der Idee noch nicht bringen konnte. Aber nichts von allem diesem kann als bleibend, fesselnd, und nothwendig für die ganze

---

[77] Rota, hier: Sacra Romana Rota (Heiliges römisches Rad): oberste juristische Behörde der katholischen Kirche.

Zukunft gedacht werden, und wie man sich über die Linde und Leichte der Bande, die eigentlich nur noch Schmach der mündig gewordenen Menschheit genannt werden konnten, in Liedern, Sonetten, Balladen und Schauspielen ergießen mag, so werden sie doch nicht wieder die einmal befreyte Menschheit umschlingen; und wir fragen, ob die neue Zeit nicht das Lob verdient, alle Art von Freyheit, religiöse wie politische errungen zu haben, ob sie nicht der glorreiche Triumph des Lichtes über das trübe Gewölke der Barbarey und thierischen Sinnlichkeit sey?

Unaufhaltsam wird dieses active Princip fortwirken; und erst der nächst kommenden Zeit |Sp. 1386| wird es vergönnt seyn, so wie durch Volksthum und Verfassung die letzten Schrecken der Despotenmacht und Tyranney, so durch das reine Licht der allgewaltigen Vernunft die letzten Fessel des Aberglaubens, des Pfaffenthums und Mönchstruges sinken, um sodann die neugeborne Menschheit durch die bloße Idee zu der wahren Würde und Höhe ihres Wesens und ihrer Bestimmung hinansteigen zu sehen. Das ist der wahre, tiefe, einzig richtige Sinn und Zweck der neuen Zeit, welche wir, obgleich unbewußt, haben erkämpfen helfen. Desto überraschender ist der Blick, wenn die Frucht ganz eine andere ist, als die man säen wollte; wenn man erkennt, daß eine höhere Hand im Spiel ist, die der Wähne und Wünsche der armen Menschlein spottet. Glückliche Welt, wenn du erst zu jener kaum noch zu ahnenden Reife wirst gediehen seyn, wo es endlich keine Poesie und keine Begeisterung, und keine Kunst und keine Religion mehr, sondern nur noch einen streng nothwendigen Vernunftschluß geben wird!

Wir müssen es bedauern, daß uns die Reichhaltigkeit unseres Stoffes auf so manche Abwege leitet, die sich aber nicht wohl vermeiden lassen, da sie in so naher Beziehung auf unseren Gegenstand stehen. Wenigstens wird man in dem eben gesagten leicht einen Beleg für die Richtigkeit der Ansicht des Vorschlagers finden, wodurch alte, noch von dem Spuck der Gespenstigkeit überall grausende, von den Kärkern der Geistestyranney in hundert gothisch-barbarischen Kirchen und Thürmen verfinsterte Städte, nicht zu Pflanzschulen der neuen, einzig als wahr und beglückend erprobten Lehre gewählt werden können. Eine neue, wenigstens erneuerte Stadt, wie Düsseldorf, wird jenem Zwecke weit besser entsprechen.

Und überdieß wird diese Bestimmung der theologischen Facultät, nicht einmal wie die übrigen vielleicht, zum Aerger und zur Eifersucht der Nachbarstädte besonders Anlaß geben. |Sp. 1387| Denn bey den neueren Systemen des theologischen Studiums bedarf es eigentlich des alten, wissenschaftlichen, historischen Apparats nicht, den, wie wir oben sagten, die Rechtsgelahrtheit allerdings aus anderen Städten, z.B. aus Köln sich wird erbitten müssen. Mit der Gottesgelahrtheit ist es anders. Für den Bedarf der Schule braucht die theologische (u.s.w. u.s.w. folgt allerley verbotenes Geschwätz).

Selbst von Stipendien, Freytischen, und Donationen zu Seminarien und dergl. wird man nach Düsseldorf nur wenig aus anderen Städten hinüberziehen, da schon alles, was Kirchen und Schulen auf der linken Rheinseite an Güthern, Grundstücken, Capitalien, auf dem rechten Ufer besaßen, und welches ihnen von den Franzosen abgesprochen, nun aber, da beyde Ufer zur nämlichen Monarchie gehören, gegen die Domainen reklamirt wurde, ohne weiteres den neuen Besitzern auf dem rechten Ufer zuerkannt und durch einen kurzen Beschluß des Finanzministerii, die dringenden Entschädigungsgesuche der benachtheiligten frommen und milden Institute der linken Rheinseite abschläglich beschieden wurden. Aus diesem also kann man nun vorläufig schon etwas zur Unterstützung der Theologie in Düsseldorf anweisen.

III. Heilkunde. Neuwied.

Es wird vielleicht so auf den ersten Augenblick niemand errathen, welche Gründe die Erhebung Neuwieds zum Sitz einer Fakultät, und zwar der medicinischen, veranlassen sollte. Allein die Sache ist ganz einfach. Jedoch hierüber später; denn wir können nicht umhin, ehe wir bey dem schönen Bonn gänzlich vorüberziehen, auf dasselbe noch einen forschenden Blick zu werfen, weil wir immer die leise Frage noch hören, was wohl die Ursache der gänzlichen Uebergehung Bonns bey Vertheilung der Facultäten seyn möge; und diese Frage wird fast um so lauter, da eine große Parthey, besonders die, welche die Himmelszeichen noch immer nicht für ein Mährchen halten will, sich schon überzeugt hatte, daß Bonn, und nur Bonn der alleinige, einzig mögliche Sitz der rheinischen Universität seyn könne. Erstens geben wir also hier, unserer Einleitung gedenkend, zu betrachten, daß für diese Stadt durch eine Bergbaudeputation und durch die Hoffnung, dereinst auch ein Oberlandesgericht zu erhalten, schon so ziemlich gesorgt ist. Allein eine andere frohe Aussicht, welche jeden Wunsch, dem gesunkenen Wohlstande dieser Stadt aufzuhelfen, völlig befriedigen wird, wollen wir hier um so lieber eröffnen, da sie theils gewiß dem Leser noch ganz unbekannt, für Bonn aber mehr werth seyn wird als eine Facultät, gegen deren Aufnahme manche von den Eingangs angeführten allgemeinen Hindernissen sich in den Weg stellten.

Zur Sache also. Als ein unglückliches Werk des wilden Faust- und Feudalrechts hat Cöln sich in alter Zeit ohne Grund und Fug mit himmelschreyender Gewalt zum gezwungenen Stapelplatz aufgeworfen, und nöthigt, selbst bis auf diesen Tag, durch diese fast verjährte Anmaßung, |Sp. 1388| zu Berg und zu Thal alle Schiffe des Rheines, in seinem Haven anzuhalten, zu zollen und umzuladen. Vieles wurde schon versucht, um diesem Unfug Grenzen zu setzen, zur Zeit, als die alten Kurfürsten von den starrköpfigen Bürgern aus Köln vertrieben, ihre Residenz nach Bonn verlegen mußten, vieles in späterer Zeit, aber immer umsonst. Endlich wußte Köln sogar das Vorurtheil für sich zu gewinnen und zu verbreiten, daß in seiner Bucht der natürlichste und sicherste Stapelplatz des ganzen Niederrheins sey, und daß man ohne größten Nachtheil der Schifffarth weder größeren Fahrzeugen höher, noch kleineren tiefer als Köln zu fahren gestatten dürfe, sondern daß für alle dort der nothwendige Umladort bestehen müsse. Der tieferen Einsicht der neuen Zeit aber sey es vorbehalten, diesen unsinnigen Wahn zu vernichten, nach genau untersuchter Sache, der Gewaltthätigkeit zu steuern, und Sachverständige zu dem Beweise zu veranlassen, daß ein solcher Stapelpunkt eben so gut, und vielleicht vortheilhafter bey Bonn, als bey Köln zu finden sey.

Sollte es aber mit der Verlegung des Stapelplatzes auch nicht so leicht seyn, als es auf den ersten Anblick das Ansehn hat, ja sollte es auch mit einigen Kosten verbunden seyn, so müsse man dieß dennoch durchsetzen, um der alten Reichsstadt zu zeigen, daß es mit ihrer willkührlichen Macht und Gewalt nun zu Ende, und sie um nichts besser sey, als die übrigen Städte der großen Monarchie. Bonn also, das ist gewiß, soll künftig, so viel Köln auch auf seine kaiserlichen Privilegien und natürlichen Vorzüge pochen mag, – der große einzige Stapelplatz des Niederrheins, somit also der Mittelpunkt alles Verkehrs, aller Niederlagen, Speditionen, usw. werden. Daß hiermit nun eine Universität, oder auch nur eine Fakultät sich nicht wohl verbinden läßt, daß eine solche sogar höchst überflüssig wird, nachdem für das Wohl der Stadt Bonn so glänzende Aussichten eröffnet sind, das liegt am Tage, und nachdem wir also Alles, was wir hinter uns lassen, mit den herrlichsten Hoffnungen künftiger Glückseeligkeit vertröstet haben, eilen wir muthvoll weiter, und werfen unseren Anker erst bey dem reizenden Neuwied wieder aus.

Wir sind nehmlich noch die Erörterung der Gründe schuldig geblieben, in welchen wir die weisen Absichten bey Aufstellung des medicinischen Lehrstuhls in Neuwied auf das deutlichste glaubten nachweisen zu können. Wir wagen den Talisman dieses ganzen Geheimnisses in dem Magnetismus zu entdecken. Die Höhe, welche die Heilkunde durch die wichtige Entdeckung dieses außerordentlichen Arkanums erreichte, ist unseren Lesern wahrscheinlich durch die vielen erstaunenswerthen Experimente, die in unzähligen Journalen und Brochüren in wenigen Jahren über die Wirkungen dieses Wundermittels zur öffentlichen Kunde gekommen, bekannt genug, als daß wir hier darüber noch etwas sagen dürften, (was, im Vorbeygehen gesagt, ohnehin zu weit führen könnte, da wir mit Thatsachen und Versuchen aus eigener Erfahrung aufwarten dürften, die das meiste des bisher bekannten weit |Sp. 1389| an Schauderhaftigkeit überträfen, wovo[n] also bey anderer Gelegenheit.) Daß nur aber diese stille, anspruchslose, um das etwas veraltete Wort hier zu brauchen, diese wahrhaft mystische Heilmethode, welche nun nach und nach alle ältern und neueren Systeme profaner Medicin verdrängen, und die Nichtigkeit derselben beweisen wird, im Schooß der eben so stillen, anspruchslosen zu frommem Mysticismus hinneigenden Brüdergemeinde zu Neuwied, zur schönsten Blüthe und Entfaltung gedeihen, und aus diesem wohlgewählten Mittelpuncte ihre wohlthätige

Kraft über das übrige rheinische Gefilde ausbreiten wird; dieß ist doch fürwahr eine Aussicht, welche jedes gottergebene Gemüth mit der innigsten Freude und dem aufrichtigsten Danke erfüllen muß! Dieß also wäre der strengmedicinische Zweck.

Allein auch für andere mit der Heilkunde mehr oder minder verbundene Fächer finden wir in dem schönen Neuwied und dessen reichen Umgebung die ergiebigste Ausbeute, wenn gleich alle jene Studien, in soweit sie nicht Liebhabereyen sind, und am Ende also doch wieder zum Behuf der Heilkunde dienen sollen, wie schon gesagt, durch die Eine Entdeckung des Magnetismus, fast durchaus überflüssig werden. Es bedarf hier also wohl nur einer flüchtigen Erinnerung an die nahen Heilquellen, an die Bergwerke, Kohlengruben, Kräuter- und Blumenreichen Thäler, und die übrigen in den Schatzkammern der Natur in dieser reichen Gegend aufgehäuften naturhistorischen Apparate, und wir können diese wichtigen Hilfsquellen medicinischer Studien nun übergehn, um noch auf andere, nicht minder bedeutende Materialien aufmerksam zu machen. Was wir hier sagen, könnte vielleicht manchem auffallend, ja unglaublich scheinen; allein wir führen die schon oben erwähnte sichere Quelle unserer Correspondenz an, und fahren unbekümmert fort.

Wir wissen nicht, ob es durch Zeitungen und öffentliche Anzeigen schon hinreichend zur Kunde des Publikums gekommen, daß die (preussische) Regierung die Anträge der Herrn Boisseree in Heidelberg, welche ihre Sammlung altdeutscher Gemälde nach Berlin zu überbringen gewünscht hatten, aus 3 Hauptgründen, deren Auseinandersetzung leider wieder nicht hieher gehört, gänzlich abgelehnt hat. Die nähere Ansicht der wirklich merkwürdigen Sammlung und das einstimmige Urtheil vieler gelehrter Kenner hat endlich die Besitzer derselben selbst nach und nach von der Realität Eines, von Berlin aus entgegengestellten Grundes, überzeugt, und sie zugleich von dem Wahn zurückgebracht, als ob diese Werke altdeutscher Kunst an sich so bedeutenden Werth hätten, wie man dieß eine geraume Zeit hindurch geglaubt. Es hat sich nehmlich nun klar gezeigt, daß das einzige höchste Ideal aller Kunst, das Griechische nehmlich, aller Mühe ungeachtet, stets umsonst in diesen Bildwerken gesucht werde, und daß sie am Ende, wie dieß fast wohl vorher zu sehen war, nichts als die Darstellung finsterer Träumereyen und abergläubischer Le- |Sp. 1390| genden des Mittelalters enthalten, die, nachdem der magische Schleyer, der diese ganze Periode so lange verhüllte, endlich vor ernsterer Kritik sank, so wie die ganze Zeit, welche sie gebar, nun in ihrer traurigen Armuth und Erbärmlichkeit da stehen. In historischer Hinsicht mögen sie daher auch der neuesten Zeit als Beweisstücke menschlichen Irrthums noch merkwürdig seyn; allein Göthe und andere Naturkundige haben neuerdings bewiesen, daß sie für die Chemie ein ganz vorzügliches Interesse haben.

Einzelne Experimente haben es nehmlich dargethan, daß die Maler jener Zeit im Besitze seltsamer Geheimnisse müssen gewesen seyn, indem sie zu ihren

Farben sich gewisser Materialien bedienten, deren innere Substanz selbst den schärfsten Forschern neuerer Zeit zu zersetzen schwer fällt. Daher sind die achtungswerthen Besitzer jener Gemäldesammlung nun schon seit langer Zeit bloß mit chemischer Untersuchung über die Farbstoffe der Alten beschäftigt, wodurch sie sich mit der Zeit in den Stand zu setzen hoffen, die wichtigsten Entdeckungen über das Wesen, die Schönheit und Dauerhaftigkeit jener Stoffe, deren Bearbeitern nothwendig fast alle Naturreiche zu Gebot gestanden haben müssen, öffentlich bekannt zu machen. Manchem Reisenden und Kunstfreunde wird es also nun einleuchten, warum er in den letzten Jahren jene weltberühmte Sammlung in Heidelberg, nicht mehr so wie früher, in schönen Sälen aufgestellt fand, und warum die Besitzer derselben nicht mehr die Erklärung der einzelnen Gegenstände und Kunstschönheiten in liebenswürdiger Geschwätzigkeit sich angelegen seyn ließen. Wie gesagt, Göthe und andere Naturforscher haben erst den wahren Werth jener Bilder für die Wissenschaft bekannt gemacht, und obgleich nun mehrere davon, und gerade die ältesten und bedeutendsten, unter der Hand sachkundiger Chemisten anatomirt und macerirt werden müssen, um die Substanzen der Farben zu ergründen, so wird doch selbst der Historiker und der, welcher jene Gegenstände mit kindischem Vergnügen betrachtete, gestehen müssen, daß sie nun erst ihren wahren Zweck für unsere Zeit gefunden haben, und sich freuen, wenn er hört, daß fürs Erste immer noch ein ziemlich bedeutender Theil zu anderen Untersuchungen übrig bleiben wird.

Allen Freunden der Kunst und Wissenschaft wird es also angenehm seyn zu vernehmen, daß diese Sammlung im Laufe dieses Sommers, größtentheils an den Niederrhein zurück, und zwar auf den sogenannten Appollinarisberg, eine Besitzung der Herrn Boisseree, gebracht wurde, wo sie in der Nähe von Remagen, also nicht gar zu weit von dem Sitze der medicinischen Facultät sehr hübsch aufgestellt ist, und wo künftig an zu bestimmenden Tagen, über jene wichtigen Entdeckungen der Chemie, von einem der Herrn Boisseree Experimente an den Bildern gemacht werden sollen, wozu die Candidaten der medicinischen Facultät freyen Zutritt haben. Allein auch denjenigen, welche die Sammlung etwa noch zu historischen Studien, oder aus Neugierde, oder |Sp. 1391| um sich an den bunten Farben ein liebliches Augenspiel zu verschaffen, besuchen wollen, zeigen wir hiemit an, daß sie seit dem zweyten Pfingsttage dieses Jahres in der eben erwähnten Probstey St. Appollinarisberg zwischen Bonn und Coblenz dem Publikum eröffnet wurde. Dort ist sie in anmuthigen Sälen aufgestellt; man erhält beym Eintritt gegen Erlegung eines Dukaten eine Einlaßkarte, und für 8 ggr. berliner Courrant einen Katalog, worin die Bilder, wie in anderen Sammlungen, der Nummer nach beschrieben sind; wobey man also wirklich ein Paar angenehme Stunden hinbringen kann, besonders da die schöne Aussicht den Genuß gar sehr erhöht. Daß die Besitzer nicht mehr wie ehemals, den Eintritt gratis verstatten können, wird jeder um so natürlicher finden, da man dieß ja selbst von den größten Fürsten nicht verlangt, die, wie z.B. in Berlin und Potsdam, für den

Eintritt in jedes ihrer Schlösser und Kunstkabinette wenigstens einen Dukaten bezahlen lassen. Dann aber müssen wir noch bemerken, daß im Katalog gleich zu Anfang die Anzeige steht, das Geld solle theils für die Aufseher, theils für Rahmen, theils auch zur Beschaffung neuer Bilder, die man aus Niederland immer zum Ersatz für diejenigen, welche zu chemischen Versuchen gebraucht worden, wolle nachkommen lassen, verwendet werden. – Wir sind überzeugt, daß unsere Leser uns für Mittheilung dieser, meist wahrscheinlich noch unbekannten Nachrichten Dank wissen; und da wir nun auch über die medicinische Fakultät mehr als zuviel glauben gesagt zu haben, um die auf Neuwied gefallene Wahl zu rechtfertigen, so gehen wir endlich zur 4ten und letzten Fakultät über.

IV. Weltweisheit.

Wir können uns bey diesem Fache um so viel kürzer fassen, theils weil wir uns bey den übrigen so unwillkührlich lang aufgehalten, daß unser Raum verbraucht ist, theils aber, weil unser hebräischer Correspondent, uns entweder aus Unwissenheit oder aus Dummheit gänzlich im Stich gelassen. Er behauptet zwar, der Vorschlager habe, weil er gar keinen Wind bekommen, ob und wie man sich einstweilen in den betreffenden Ministerien über den Ort, oder über die Art, wo und wie diese Fakultät konstituirt werden solle, vereiniget habe, nicht gewagt, darüber eine Meynung zu äußern. Allein solche Meynung scheint nicht zulässig, und man muß wohl eher hier die Schuld auf den Juden schieben, der über Dinge, die, wie Philosophie, ihm zu erhaben waren, bey seiner Nachspürung am Orte, wo man alles weiß, nicht verstand, wovon die Rede war, so tief er auch die Nase in alle Acten stecken, und so scharf er auch aufhorchen mochte auf alles, was verhandelt wurde. Und natürlich, denn es war ja weder von alten Büchern, noch von Geld, noch vom Kornhandel die Rede, sondern von der lieben, nackten Philosophie. Jedoch versichert er, man glaube in keinem Fache vorsichtiger seyn zu müssen, als gerade in diesem, besonders zu einer Zeit, und in einem Lande, wo ohnedieß schon ein so wildes durcheinan-|Sp. 1392| der, Toben und Gähren der Ideen gefunden wird, dessen Ziel und Zweck man gar nicht absehen kann. Er glaubt sogar ausgewittert zu haben, es sey die Ernennung einer Commission auf dem Tapet, welche die Abfassung eines philosophischen Handbuchs für die Rheinprovinzen zum Zweck hat. Die Commission soll aus nicht weniger noch mehr als 12 Mitgliedern bestehn, welche aus verschiedenen Fächern nach folgendem Verhältniß gewählt werden sollen:

2 wirkliche Prediger.

2 ausübende Rechtsgelehrte.

1 Finanzrath.

1 Professor der Medicin, welcher sich viel mit Magnetismus und Behandlung der Wahnsinnigen abgiebt.

3 Mitglieder des Militärdepartements.

1 mit Patent versehener Verleger.
1 Professor der Oekonomie.
1 noch zu bestimmendes und mit dem Präsidium zu beauftragendes Mitglied.

Der Plan des Handbuches aber soll höchstens auf 2 Bände, jeder zu 30–40 Bogen angelegt, und die Vollendung des Werks nicht über zwey Jahre hinausgesetzt werden. Die Professoren sollen, wo möglich, aus Altpreußen so wie die Beamte gezogen werden, damit sich die Rheinländer allmählich an Bildung gewöhnen, und sie besonders die Kunstgriffe, wie die Wissenschaften mit dem größten Vortheil zu treiben sind, sich eigen machen mögen. Vielleicht bleibt die Eröffnung der Universität selbst bis dahin verschoben, wenn man es nicht zweckmäßiger finden sollte, provisorisch die übrigen Fakultäten schon in Wirksamkeit treten zu lassen, in welchem Falle bey der nun sicher Ernst werdenden Durchreise einiger Minister durch die Rheinprovinzen, wann der rüstige Kronprinz die Wege gebahnt und die Gemüther milder gestimmt haben wird, die Eröffnung der Universität noch im Laufe des Herbstes, und zwar in allen 3 dazu bestimmten Städten, in Anwesenheit der Herren an Einem und demselben Tage zugleich gefeyert werden könnte. Soweit für dießmal unsere Nachrichten.

[Zusatz am Ende des Artikels:]

Mit der preußischen Rheinuniversität ist die Sache unsers Bedünkens schon so gut als verdorben, weil preußische Regierungsindividuen nach ihrer bekannten Manier dabey wieder stückweise verfahren sind. Eine Universität muß aus einem Guß hervorspringen, wenn die Theile zusammenpassen sollen. Nun sind aber schon ein Dutzend Professoren ernannt, die zwar alle tüchtige Leute sind, denen man aber, wie einer in den Wurf kam, die Versicherung zur Anstellung gegeben, statt sich einige Wochen hinzusetzen, und ein und das andere Hundert deutscher Gelehrten, auf einem Bogen Papier vor sich, mit einander zu vergleichen, was zusammen wirken kann, und will. Nun wird diese Universität ein zufällig, wie durch den Wind zusammengetriebenes Gerölle, das doch wahrscheinlicher einem unordentlichen Haufen gleichen wird, als einer schönen Mosaik. – So die Kinder der Stückelgeschäfte und Stückelkenntnisse. – In Deutschland kann man einmal nicht bauen!

Eberhard von Groote an das Ministerium des Kultus und des öffentlichen Unterrichts, Bericht über den Verbleib der aus Paris zurückgekehrten Handschriften, Bücher und Aktenstücke, o. O, o. D., Dezember 1817, Entwurf[78]

Historisches Archiv der Stadt Köln, Best. 1553 A 1, Bl. 54r–55v

|54r| An Ein Königliches Hohes Staatsministerium des Cultus u. des öffentlichen Unterrichts in Berlin.

Durch die verehrlichen Reskripte Eines Königlichen hohen Ministerium des Innern vom 1. May und v. 5. Juny laufenden Jahres wurden wir angewiesen, von den Regierungen zu Düsseldorf u. zu Aachen alle dort noch befindlichen, aus Paris zurückgekommenen, von den Franzosen in den Rheinprovinzen geraubten Handschriften, Bücher und Aktenstücke enthaltenden Kisten in Empfang zu nehmen, den Inhalt zu inventarisiren und respektive an die rechtmäßigen Eigenthümer zu restituiren, und wie solches geschehen, unter Einreichung eines Verzeichnißes aller übrig gebliebenen Gegenstände näher zu berichten. Wir würden nicht verfehlt haben, dieser hohen Verfügung schon früher Genüge zu leisten, wenn es unsern unausgesetzten Bemühungen gelungen wäre, eher als vor wenigen Tagen, die Zusammenstellung der betreffenden Gegenstände hierselbst zu vollenden.

Was nun für's Erste die Restitution verschiedener dieser Gegenstände ad locum onde[79] betrifft, so glaubten wir dabey denjenigen Grundsatz befolgen zu müssen, der auch damals schon von dem General Gouvernement des Nieder- u. Mittel-Rheins aufgestellt wurde; nehmlich diesen, daß bestehenden Instituten, Corporationen u. Collegien zugehörende Gegenstände auch diesen obrückgegeben werden müßten.

So wie also zufolge dieses Grundsatzes der Stadt Cöln im Jahr 1815 die aus Klöstern und Stiftern ihres Weichbilds herrührenden Urkunden u. Bücher, nahmentlich auch 52 Bände mit Kupferstichen, restituirt wurden, so glaubten wir auch der Stadt Aachen die Urkunden ihres Doms u. anderer Stifter, welche |54v| seither in dem dortigen Stadtarchiv schon wieder deponirt wurden, belassen zu müssen.

Eben so halten wir es für billig, daß diejenigen Bücher und Handschriften, welche nachweisliches Eigenthum der schönen Stadtbibliothek von Trier sind, z.B. die Werke über Luxenburg unter den Römern von den Verfassern Alexander

---

[78] Vgl. Groote, Tagebuch, 19. Dez. 1817. Der abgesandte Bericht konnte nicht ermittelt werden, daher wird hier der Entwurf wiedergegeben.
[79] ad locum onde: an den Ort, woher.

u. Wilhelm Wiltheim, dem berühmten Hontheim, und von diesem der Trierischen Stadt Bibliothek ausdrücklich geschenkt, diesem ehrenwerthen Institute unverzüglich zurückgestellt werden.[80] Das große Verdienst, welches der dortige Bibliothekar Wyttenbach und andere vorzügliche Männer, sowohl um diese Bibliothek, als auch um die Bearbeitung der Trierischen Geschichte und Alterthums-Kunde sich erworben haben, scheint freylich den Wunsch jener Männer sehr zu unterstützen, daß auch die, unter Aufschrift Rhein. Archiv bisheran in Düsseldorf deponirt gewesenen, nun hierhin abgegebenen, kostbaren alten Urkunden, Diplome, Bullen, Annalen, etc. der Klöster und Abteyen der Gegend von Trier, z.B. Prüm, Maximin, Paulin, an jene Bibliothek abgegeben würden. Dieser Wunsch wird noch durch die, wenn auch nicht amtlich erwiesene, Angabe der Stadt Trier unterstützt, daß jene Dokumente gleich bey Aufhebung der Stifter und Klöster, mit der dortigen Stadtbibliothek vereinigt, nachher also von den Franzosen als wirkliches Städtisches Bibliotheks-Eigenthum, geraubt worden seyen. Wenn nun gleich diese Angabe auf unsre wiederholte Veranlaßung bis dahin nicht näher erwiesen wurde, wir also die Entscheidung dieses Gegenstandes Einem hohen Ministerium gehorsamst anheimstellen müssen, so scheinen uns doch für die Restitution jener Objekte an die Bibliothek von Trier folgende Billigkeits-Gründe zu sprechen:

a) Haben diese Urkunden größtentheils für Trier und deren Gegend, so wie für die dortige Landesgeschichte reines Lokalinteresse, und würden schwerlich irgend mit solchem Vortheil benutzt werden können, als in Trier selbst, da gerade die Bibliothek an Geschichtsquellen |55r| des Landes so ungemein reich ist.

b) würde ein Theil dieser Dokumente doch billig immer der Stadt Trier zurückfallen, weil sie aus Klöstern und Stiftern ihres Weichbildes herrühren; es sey denn, daß man für Trier den obigen Grundsatz nicht wollte gelten lassen, der doch für Cöln und Aachen angenommen wurde.

c) Haben Seine Exzellenz der Minister des Innern sich bey Hochihrer Anwesenheit hierselbst, mündlich mit der Ansicht einverstanden geäußert, daß diese Gegenstände nach Trier abgegeben werden sollten. [zwei Zeilen sind gestrichen].

Inzwischen bitten wir ein Königliches Hohes Ministerium – – – ergebenst, uns in dieser Hinsicht mit näherer Weisung versehen zu wollen, und werden eventualiter alle dahin gehörenden Gegenstände hier aufbewahren.

Dann aber beehren wir uns nun anliegend die Verzeichniße derjenigen Bücher Handschriften u. Urkunden einzureichen, welche aus aufgehobenen Klöstern u. Abteyen dieser Provinzen theils nachweislich, theils unbekannten Ortes herrühren, alle aber ohne einstweilige Bestimmung sind, und werden uns nur erlauben, über einige wenige derselben unsre gutachtlichen Bemerkungen hinzuzufügen, insoweit nehmlich besondere Veranlassungen dieß nöthig zu machen scheinen.

---

[80] Satz sic.

Das Verzeichniß sub I nehmlich enthält großentheils in Köln gedruckte Inkunabeln aus verschiedenen Offizinen. Wo diese Sammlung sich ehemals befand, geht aus den Akten nicht hervor. Der größte Theil derselben ist aus den äußern Decken gerissen, und würde, um öffentlich aufgestellt werden zu können, neuer Einbände bedürfen. Sie wurden mit andern Kisten, unter der Rubrik Rheinisches Archiv N. 10 von dem Geheimen StaatsRath u. General Gouverneur Sack schon im Februar 1816 nach Düsseldorf geschickt u. daselbst bis heran aufbewahrt.[81] In einem wahrscheinlich noch in Paris sehr nachläßig angefertigten Verzeichniß, welches uns mit dieser Kiste von Düsseldorf zukam, ist ausser den angeführten, noch folgendes Buch: Boetius de consolat. Philos.[82] (nicht selten) verzeichnet, welches sich aber hier nicht mehr vorfand. Zwey andere in diesem Verzeichniß vorkommende NNo. befinden sich unter den Büchern des Verzeichnißes II Nr. 78 u. 81.[83]

Das Verzeichniß sub II enthält, nachdem die 3 ersten Nummern von der Regierung in Aachen daselbst zurückbehalten wurden, weil die No. |55v| 48 zweymal, u. 69 dreimal vorkommt, im Ganzen noch 101 Handschriften, u. zwey alte gedruckte Bücher. Hierbey ist nicht zu verkennen, daß die No. 4 bis 15 inclusive reines Lokalinteresse für Köln, u. übrigens höchstens nur geringen typographischen Werth haben. Die Handschriften N. 66, 68, 69 B.C. wünscht unser Assessor v. Groote noch einige Zeit zum Vergleiche mit andern hier befindlichen Handschriften gleicher Art, benutzen zu dürfen.

Das Verzeichniß III, von welchem in Achen wieder die No. 1, 2, 3, 4 getrennt wurden, enthält ausser diesen noch 76 Urkunden verschiedener Klöster der hiesigen Provinzen, die aber bey der nunmehrigen Umgestaltung der Dinge, von keinem praktischen, u. selbst nur von geringem geschichtlichen Werth seyn werden. Endlich:

Das Verzeichniß IV enthält noch 12 Handschriften, die aus dem Kloster Lach bey Coblenz herrühren, von da nach Bonn, u. endlich nach Paris entführt wurden. Von Bonn aus wurden diese oftmals reklamirt; nach unsrer Ansicht aber können sie lediglich nur zu denjenigen gehören, über deren weitere Bestimmung, die Entscheidung Eines Königlichen hohen Ministeriums zu erwarten steht.

Der berühmte Codex aureus aus dem Kloster Sankt Maximin bey Trier, wurde uns nach wiederholter Bitte, ihn mit den übrigen Gegenständen an uns abzusenden, von der Regierung zu Aachen mit der Bemerkung vorenthalten, daß darüber ein besonderer Bericht an das Königliche hohe Ministerium des Innern erstattet worden sey.[84]

---

[81] Der folgende Satz ist aus einer Randnotiz in den Text eingefügt.
[82] Boethius, De consolatione philosophiae, entstanden Anfang des 6. Jh.s.
[83] Ein dem vorangegangener Absatz ähnlich lautender Text ist durchgestrichen.
[84] Auf Bl. 55v findet sich in Grootes Hand der Entwurf zu einer Übersetzung des Gebets Stabat mater. Groote übergab seine Übersetzung im März 1818 seiner Braut (Groote, Tagebuch, 19. März 1818).

Eberhard von Groote, Über das preußische Postwesen, 1817/1818

In: Rheinische Blätter, Nr. 4, 6. Januar und Nr. 5, 8. Januar 1818

Ueber das preußische Postwesen.[85]

Unter dieser Aufschrift sind uns Bemerkungen zugekommen, von denen wir den wesentlichen Inhalt hier mittheilen wollen, damit sie berichtigt werden, wenn sie falsches, einseitiges oder übertriebenes enthalten, das Wahre aber zur Kenntniß des Publikums gelange, dessen Beurtheilung wir die Sache um so lieber überlassen, da sie uns selbst ganz fremd und unbekannt ist. Daß wir auch hier, wie stets, nur Wahrheit suchen, und sie von Andern dankbar empfangen, wo wir sie, mit dem besten Willen, nicht geben können, wäre überflüssig zu sagen, könnte man falschen Deutungen und gehässigen Anschuldigungen immer entgehen.

Es muß gewiß auffallen, sagt der Einsender, daß in einer Haupt- und Residenzstadt von beinahe 200.000 Einwohnern und einem Umfange von zwei Meilen, nur ein einziges Postbureau ist, und in diesem fahrende und reitende Posten zusammen, und noch ein Akzisbureau eingerichtet sind! In diesem einzigen Lokale nun muß jeder Bürger, deren manche eine Stunde entfernt wohnen, seine Briefe an einem kleinen Fenster in die Hand eines Postoffizianten, und ebendaselbst seine Postwageneffekte, abgeben. Doch hat das Publikum diese Befugniß keineswegs den ganzen Tag; nicht gar zu frühe wird das Fenster geöffnet, dann mit dem Schlage 12 wieder geschlossen bis 2, oder nach Umständen auch bis 3 Uhr Nachmittags. Nun darf auch heute nur der Brief abgegeben werden, der heute, oder längstens morgen abgeht; wer einen andern bringt, ist genöthigt, seinen Brief wieder mitzunehmen; denn er kann heute nicht angenommen werden, und es ist kein Lokal vorhanden, ihn bis morgen aufzubewahren.

Daß nun eine solche Einrichtung in einer Stadt, wo nur sehr wenig Handelsverkehr, und überhaupt die Korrespondenz ins Ausland verhältnißmäßig unbedeutend ist, mag bestehen können, wollen wir zugeben. Allein Anfangs sollte diese ganze Verfassung auch ohne alle Rücksicht in den neuen Provinzen eintreten, und nur mit äußerster Noth gelang es, hie und da einstweilen und provisorisch noch Einiges davon abzuwehren.

Zu tadeln möchte seyn, daß oft aus Sparsamkeit, vielleicht auch aus andern Gründen, die Angestellten der fahrenden Post Briefe zur Besorgung übergeben, die durch die reitende besorgt werden sollten. Was nun die dadurch verursachte Verzögerung betrifft, so muß man bedenken, daß diese in einem Lande, wo kein Handel getrieben wird, von gar geringer Bedeutung ist. Ein Liebesbrief, ein Neu-

---

[85] E. von Groote begann den Artikel am 29. Oktober und sandte ihn am 29. Nov. 1817 ab; Anfang Januar 1818 wurde er veröffentlicht.

jahrswunsch, eine Heiraths- oder Entbindungsanzeige, kommt morgen so angenehm, wie heute. Daß aber dies in großen Handelsstädten, wo bei einer einzigen ankommenden oder abgehenden Post leicht eine halbe Million Gulden auf dem Spiele steht, und es also nicht einerlei ist, ob ein Wechsel heute oder morgen präsentirt wird, eine Anzeige um 8 Tage früher oder später anlangt, wo man endlich auch nicht, wie anderwärts, für jedes Geschäft einen Kurier schicken kann, weil deren zu viele sind, – auch statt haben solle, ist wahrlich mit dem allgemeinen Interesse nicht wohl vereinbar. –

Nach vielen Diskussionen wurden an einigen wenigen Orten, jedoch provisorisch, die bei der französischen und nachherigen Fürstlich Taxischen Administration üblichen Briefkasten (boêtes aux lettres) beibehalten, wodurch dem Publikum die Bequemlichkeit gegeben ist, zu jeder beliebigen Stunde, Tag und Nacht seine Briefe abzugeben. Von dem vielen Mißbrauch, den man dieser Einrichtung Schuld gab, hat die lange Erfahrung durchaus nichts bewährt. Und wie sollte es auch, da ja Tag und Nacht eine Schildwache bei der Post steht, oder doch stehen sollte?

Was aber eigentlich dagegen sprechen sollte, war

a) daß es doch eine französische Einrichtung sey, die also schon deswegen abgeschafft werden müsse. (Wie Vieles wäre so in Deutschland noch abzuschaffen!) b) Daß der Briefkasten in der preußischen Postordnung nicht vorkomme.

c) Daß der König, die Prinzen, die Minister u.s.w. keine unfrankirte Briefe annehmen; und solche eben so wenig ins Ausland, wenigstens nicht nach denjenigen, zum Theil auch deutschen Staaten, geschickt werden können, mit denen man bisher nicht für gut gefunden hat, ein ordentliches Postkartel zu schließen.

Der letzte Grund bedurfte freilich bei der schlimmen Lage der Dinge, einer Berücksichtigung; allein man ließ sich endlich doch dahin bescheiden, daß hier durch eine öffentliche Bekanntmachung der Personen und Länder, deren Briefe frankirt werden müssen, nachgeholfen werden könne, und daß es am Ende doch besser sey, dem ganzen Publikum eine große Bequemlichkeit zu verschaffen, als einen Einzelnen in die Unmöglichkeit zu versetzen, einen Brief in den Kasten zu werfen, den er hätte frankiren müssen. Läßt er sich dennoch diese Unvorsichtigkeit zu Schulden kommen, so ist der ganze Schaden dabei, daß sein Brief an dem Fenster ausgestellt wird, damit er sehe, daß er unfrankirt nicht abgehen könne.

Wir kommen ferner zu der Sicherheitsmasregel der preußischen Post, die zwar unsres Wissens keine andre Postverwaltung kennt, welche aber auch in den Rheinprovinzen eingeführt worden ist, zu dem Inchartiren der Briefe nämlich. In einem Lande, wo theils kein Handel, theils die Zahl der auf einmal zu spedirenden Briefe verhältnißmäßig gering ist, kann man allenfalls jede Adresse in drei Charten eintragen, ohne den Geschäftsgang zu sehr aufzuhalten; daß dies aber auch bei großem Handel, wo jede Hauptpost 1.000 bis 1.500 Briefe bringt und versendet, und wo daran gelegen ist, daß jeder Brief so bald als möglich abgehe, durchzuführen sey, wird Niemand behaupten, der nicht in verrosteten Formen und verjährten Vorurtheilen ganz und gar befangen ist.

Worin besteht der Vortheil des Inchartirens? Jeder aufgegebene Brief wird in drei Charten eingetragen, und es wird der Name dessen, der ihn erhalten soll, der Ort wohin er geht, und das Porto welches er bezahlt, darin bemerkt. Eine dieser Charten behält das Postamt; die andre geht mit den Briefen an den Bestimmungsort als Kontrolle; eine dritte wird jedes Vierteljahr an das Generalpostamt eingesandt.

Der andere Vortheil besteht darin, daß im Falle ein Brief zu spät, oder gar nicht ankommt, der Aufgeber sich die Charte kann vorzeigen lassen, als Beweis, daß er den Brief wirklich aufgegeben. Dies ist nämlich der Zweck der beim Postamt bleibenden Charte. Allein worin liegt denn die hierdurch bezweckte Sicherheit? Kann man sagen: Der Brief findet sich in der Charte, folglich ist er auch – angekommen? Hieße es: folglich ist er auch – aufgegeben; so wäre der Schluß richtig; allein das wußte der Aufgeber auch früher schon. Größere Sicherheit erhält er nicht. Das ehemalige Rekommandiren der Briefe, wobei dem Aufgeber ein Empfangschein gegeben, der Brief in eine besondere Liste eingetragen, und wieder nur gegen einen Empfangschein abgegeben wurde, ist abgeschafft, und kann auf der reitenden und fahrenden Post nur für Briefe und Pakete, welche baares Geld enthalten, Statt finden. (Als ob andre Dinge nicht eben so viel und weit mehr Werth für den Aufgeber haben könnten!) Die ganze Rekommandation besteht nunmehr blos in einem kleinen NB, welches auf Verlangen mit Rothstift auf den Brief gezeichnet wird.

Uns scheinen die Zeit, die Kosten des zahlreichen zu diesem Inchartirungsgeschäfte besoldeten Personals, und des dazu nöthigen Materials, mit der unbedeutenden Sicherheit in gar keinem Verhältniß zu stehen. Wie unbedeutend diese ist, läßt sich leicht nachweisen, So z.B. kommen, nach Verhältniß der Handelsspekulationen, oft 50 Briefe mit gleicher Adresse zur Post. Geht nun einer derselben verlohren, was nutzt die Charte, um genau den verlornen nachzuweisen? Oder um einen andern möglichen Fall anzuführen: Gefällt es einem Postbeamten, einen Brief irgend eines Umstandes wegen, deren sich tausend denken lassen, gar nicht einzutragen noch abzuschicken, wo ist dann die ganze Sicherheit des Inchartirens, da im Gegentheil der Aufgeber, wenn er einen Empfangschein erhalten könnte wie ehemals, immer seinen Regreß an das Postamt offen hätte, den er nun nicht hat?

Rheinische Blätter, Nr. 5, 8. Januar 1818

Eben so überflüssig ist die zur Kontrolle mit den Briefen gehende Charte. Schwerlich wird wohl das empfangende Postamt sich die Mühe geben sie nachzulesen, wenn nur die Zahl der angegebenen Briefe richtig ist. Auf den nichtpreußischen Postämtern aber wird sie gewiß nicht zu Rathe gezogen. Die Angabe der Zahl wäre hinreichend.

Welch ein Geschäft endlich für das Generalpostamt, alle Briefcharten der Monarchie zu durchgehen, um das Porto zu berechnen! Welche Kosten, welcher Zeitverlust, diese Charten zu schreiben und zu kontrolliren! Dies Geschäft allein erhöht und vervielfältigt die preußischen Verwaltungskosten wenigstens um das Doppelte; der Nachtheile gar nicht zu gedenken, daß durch die Unmöglichkeit von einer Post zur andern mit dem Eintragen fertig zu werden, die Korrespondenz oft aufgehalten werden muß. Ob endlich überhaupt durch Auswahl und Stellung der Beamten, durch Kaution und eine vernünftige Art der Kontrollirung derselben, u. dergl. im Einzelnen überall die Sicherheit des Ganzen und des Publikums so berathen ist, wie sie es seyn könnte, lassen wir unerörtert, da dies einzig der Verantwortlichkeit der Oberbehörde und in vorkommendem Falle dem etwa Beeinträchtigten zur Untersuchung überwiesen bleiben muß.

Mag es aber an diesen kurzen Erörterungen genügen. Jeder wird daraus leicht einsehen, wie viel hier noch zu wünschen übrig bleibt, bevor es nur wieder so gut wird, wie es ehemals war; an andere Vorschläge wichtiger Staatsmänner noch nicht zu denken, die da das Postwesen gar nicht mehr als Steuerzweig wollen gelten lassen, sondern verlangen, daß aus dem Porto nur die Administrationskosten, und höchstens ein Theil der Wegeunterhaltungskosten bestritten werden sollen. Eben so weit möchte man noch von der Realisirung anderer Vorschläge entfernt seyn, nach welchen alle reitenden Posten abgeschafft, und blos die englischen Schnellwagen für Personen, Briefe und Effekten eingeführt werden sollen, wozu indessen der schlimme Zustand der Straßen einstweilen noch wenig Aussicht gewährt. Für jetzt glauben wir die allgemeinen Wünsche des Publikums kurz in den wenigen Worten ausdrücken zu können: daß doch die Schnelligkeit, Sicherheit, Gewissenhaftigkeit und Wohlfeilheit der ehemaligen Verfassung zurückkehren möge; daß das fahrende Wesen lieber in Entreprise gelassen werde, als daß durch seine Verbindung mit dem reitenden, in beiden Mangel an Ordnung, schneller Beförderung und an Richtigkeit der Korrespondenz entstehe, wodurch denn überdies noch für die Verwaltung der Schaden erwächst, daß gewiß die Kosten der fahrenden Post ihren Ertrag bei der nunmehrigen Einrichtung zehnfach übersteigen. Aus diesem Umstande aber könnte endlich noch der Nachtheil für das Publikum sich ergeben, daß wenn erst die von den Unternehmern übernommenen schönen und bequemen Wagen verbraucht seyn würden, man auch in den neuen Provinzen die altpreußischen Rippenstößer einzuführen für gut finden könnte, deren Bequemlichkeit, wie jüngst erst ein vielgereister Mann sich ausdrückte, man erst dann recht zu genießen vermöge, wenn man die Glückseligkeit empfinde, bei erträglichem Wetter nebenher zu Fuß zu gehen.

Gedichte

Eberhard von Groote, Prolog bei der Anwesenheit Seiner Excellenz des Königlich Preußischen wirklichen Geheimen Raths Herrn von Klewiz im Theater zu Köln am 3. Januar 1817

Gedruckt in: Beiblatt der Kölnischen Zeitung, Nr. 1., 5. Januar 1817

Wer mag des Schicksals dichten Schleier heben,
Der alles Daseyn unerforscht verhüllt;
Wem ist die Kraft, und wem der Sinn gegeben,
Zu schaun den Quell, dem Schmerz und Lust entquillt?
Wer kennt den Pfad, auf welchem alles Leben
In ernstem Gang zu seinem Zwecke zielt? –
Der Mensch verehre bethend die Gewalten,
Die in der Allmacht heil'gem Dunkel walten!

Allein, dem Menschen steht die Menschheit nah,
Der Bruder soll sich gern zum Bruder wenden.
Wohl Ihm, der nimmer fremdes Leiden sah,
Dem Er nicht Trost und Rettung durfte spenden!
Er selbst nur weiß, wie ihm dabei geschah,
Und was es heiße, Noth und Jammer enden.
Groß ist, wer gern des Bruders Leiden theilt,
Noch größer der, der seine Wunden heilt.

Doch wer vermag's, in treu gefaßten Bildern
Das Weh zu malen, das ein Volk verzehrt,
Wenn alle Elemente starr verwildern,
Und die Natur ihr eignes Werk zerstört!
Wer will den unbegrenzten Jammer schildern,
Der rettungslos ein ganzes Land verheert!
Wer soll alsdann, ihr unbarmherz'gen Götter,
Erstehn, der armen Menschheit Trost und Retter?

O, diese Lust ist Wenigen gegönnt!
Sie ist's, die Könige zu Kön'gen krönet;
Vom Purpur ist die Herrlichkeit getrennt,
Wenn ihn die Lust des Wohlthuns nicht verschönet.
Drum doppelt froh das Volk den Namen nennt,

Der ihm so süß wie Himmelslaute tönet:
Dich, Friedrich, Dich! Der in des Volkes Noth
So gern, so reichlich Schutz und Hilfe both.

Verehrter Segensbote, sey gegrüßet,
Den unser König uns zum Heil gesandt,
Durch den des Lebens Freude neu genießet
Ein trauerndes, zu schwer getroffnes Land!
So manche Thräne, die im Stillen fließet,
Du trocknest sie mit trosterfüllten Hand.
O leihe uns am Throne fort und fort
Dein mächtiges, Dein liebevolles Wort.

So wird dies Land, so werden diese Zinnen
Der alten Stadt erstehn zu neuem Glanz,
So wird auch Köln den alten Ruhm gewinnen,
Den es genossen in der Schwestern Kranz,
So wird zum Schuz gen jegliches Beginnen
Des kühnen Feindes, in der Waffen Tanz,
Es sich wie einst in seiner Kraft beweisen,
Und als Mäzen Dich, Klewiz, ewig preisen.

Eberhard von Groote, Glückliche Zeichen, April/Mai 1817

Gedruckt in: Friedrich Raßmann (Hg.), Musenalmanach aus Rheinland und Westphalen, 3. Jg., bei Du-Mont-Schauberg in Cöln a.R. 1823, S. 151 f.

Glückliche Zeichen.
Zu den stillen dunkeln Lauben
Folgte zagend Sie und bang,
In dem zarten Busen rang
Neue Lieb' mit altem Glauben.
Ach, Sie wollte nichts erlauben!
Doch verrieth den spröden Mund
Bebendes Seufzen in des Herzens Grund.

Weiche Hände, weiche Arme,
Wehrten jedem Liebespiel,
Fast war Ihr das Wort zu viel,

Daß Sie meiner sich erbarme.
Doch bewies, wie schwer die Arme
Mächt'ger Liebe widerstand
Bebendes Seufzen in des Herzens Grund.

Wie die Blumen sich erlaben
In der Dämmrung süßem Thau,
So wollt' an der Augen Blau
Heiße Lippe Kühlung haben.
Ach! was nicht die Augen gaben,
Gab beseligend mir kund
Bebendes Seufzen in des Herzens Grund.

Höher glühten sanfte Wangen,
Luden ein zu raschem Kuß; –
Doch vor holdem Zürnen muß
Ruhn das zärtlichste Verlangen.
Ach! bei solchem Liebesbangen
Schafft nur Trost und macht gesund
Bebendes Seufzen in des Herzens Grund.

Nun entbrannt' das kühne Streben,
Riß umarmend mit sich fort
Ein unendlich theures Wort:
Fesselnd Ja für's ganze Leben.
Nun war Lieb' um Lieb' gegeben,
Und es schloß den heil'gen Bund
Bebendes Seufzen in des Herzens Grund.

Eberhard von Groote, Seiner Königlichen Hoheit dem Kronprinzen von Preußen, bei Seiner Ankunft in Köln a. R. den 6. August 1817

Gedruckt in: Kölnische Zeitung, Nr. 125, 7. August 1817

Du weilst bei uns! – O weile oft und länger,
Verehrter, allgeliebter Königssohn,
Im Land am Rhein, im Land der alten Sänger!

Ach nur zu schwer erreicht der Liebe Ton,
Der Ton des Dankes, wie der Ton der Klage,
Den fernen, gar zu weit entrückten Thron!

Es war die Zeit, es waren schöne Tage,
Wo einst die Fürsten rings im ganzen Land
Mit eignem Auge Wohlstand sah'n und Plage;

Als jeder Gute Recht bei Ihnen fand,
Als jede Lust den Bürger doppelt freute,
Weil sie sein König stets mit ihm empfand.

Warum ist's nicht mehr so, nicht so wie heute?
Warum steht immer noch der Rhein verwaist,
Seit seine Saaten wurden Frankreichs Beute;

Seit seine Flur nicht Reich noch Land mehr heißt,
Und keinen Fürsten mehr in ihrer Mitte
Und keinen Thron in ihren Gränzen weist? –

So klagt das Kind, wenn es in ferner Hütte
Die Mutter einsam ließ der fremden Huth,
Nicht horchend seiner Thränen, seiner Bitte.

So klagt dies Land an seines Stromes Fluth,
Und klagt mit Recht. O weile Fürstensprosse!
Verwandt ist ja dem Rhein dein Fürstenblut,

So wie Du selbst der heil'gen Kunst Genosse,
Die Du so gern an seinen Ufern schaust,
An manchem Dom, an manchem Ritterschlosse.

Bei unsern Thürmen, die der Sturm umbraust,
Magst Du in Kraft des Volkes Kraft beleben,
Wie Du die heil'gen Werke weiter bau'st.

Wenn Du das wilde, richtungslose Streben
In neuem Bund und treuer Innung einst,
Dann wird die alte Zeit sich jung erheben;

Dann schließen sich die Bande froh dereinst,
Im Frieden, wie im Kampfe, wieder enger,
Weil Du es treu mit allen Treuen meinst.

O weile bei uns, weile oft und länger,
Verehrter, allgeliebter Königssohn,
Im Land am Rhein, im Land der alten Sänger!

– ßß–

Matthias Joseph Denoël und Eberhard von Groote, Standrede dem Kronprinzen von Preußen zu Altenberg gehalten am 10. August 1817

In: Matthias Joseph Denoël, Meine Poeterei; Historisches Archiv der Stadt Köln, Best. 1078, A 1, S. 131r– 132v

|131r| NB Die in die Kolonne zurückgeschriebenen Strophen sind nur von mir [M. J. Denoël], die übrigen von Everhard De Groote.

Kurzweilige Beschreibung des Alt-deutsch-Kirchen-abgebrannten-Dach-Bau-Wesens.
Das Bauen wäre nun vollendet,
Und ich bin zu Euch hergesendet,
Um, Gnäd'ger Prinz und Herr'n, Euch all'
Auch Frau'n und Jungfrau'n allzumal
Zu kündigen, wie Gott der Herr
Gethan nach unseres Herzens B'gehr
Und Rath und Kraft uns hat gegeben,
Das Werk zu neuer Pracht zu heben.

          Die Zeit anmuthig zu vertreiben,
          Laßt, Hohe Herr'n mich nun beschreiben
          So kurz wie möglich und genau
          Den Altenberger Kirchenbau
          |131v| Was mit demselben sich begeben
          Vor Euch und andrer Leute Leben,
          Und selbst wie vor dem Bau der Welt
          Es mit dem Bauen war bestellt.
          Denn vor dem warn (wohl verstanden)
          Ja weder Kirch noch Haus vorhanden,
          Weshalben dann zu jener Frist
          Die Welt erschaffen worden ist.
          Wovon der Meister, wie zu lesen,
          Der liebe Herr Gott ist gewesen;
Der hat aus Liebe Stein gemacht,
Und hat aus Güte Holz erdacht,
Und hat zur Gnade dann gesagt:
Dein fester Mörtel mir behagt,
          Da war der Bau der Welt vorhanden,
          Der nun so lange schon gestanden.
          Ihm der so wohl zu bauen weiß,
          Sey ewig Dank, Lob, Ehr und Preis.
          Um nun auf unsern Bau zu kommen,
          Ein schön Exempel hat genommen:
          Wie Vater Noe wohl bedacht
          Das Schif der Arche hat gemacht.
Dran that er bauen hundert Jahre,
(O daß Euch Gott so lang uns spare)
Und that auch pred'gen früh und spät:
Ihr Menschen beß're Wege geht!
          Der Mann besaß nebst Frau und Kinder
          Viel Schaafe, Esel, Küh' und Rinder,
          Auch Kälber, Katzen, Hunde, Pferd'
          Und alles, was Eu'r Herz begehrt.
          Demselben war vor Schnee und Regen
          An einem Obdach viel gelegen,
          Weshalb er also, wie gesagt,
          Die Arche Noe hat gemacht,
Draus seht und merkt, Ihr Herren, nun
Der Mann, er that, wie wir noch thun.
|132r| Er schützte sich und all' das Seine

Vor Regen und vor Sonnenscheine,
Bis endlich, wie Ihr wohl gehört,
Die Sündflut Alles hat zerstört.
So also von der Kirch zu sagen
Die war schon lange aufgeschlagen.
Es sind fünfhundert Jahr und mehr,
Nicht wahr, das ist wohl lange her?
Da lebten gute, fromme Leute,
Die Welt war nicht so bös, wie heute,
Da dachte jeder: Gottes Gnad'
Ist doch das Beßte, was man hat.
Nun ist schon viel in schweren Zeiten
Von allen jenen Herrlichkeiten
Zerstört durch bösen Feindes Hand,
Gleich Altenberg auch abgebrannt.
Allein Gott Dank, die Zeit kommt wieder
Was wankte, brannte, stürzte nieder,
Es wird von frommer Fürsten Hand
Gesetzt in einen beßern Stand.
Noch mehr, das unnütz eitle Streben
Und Kunst und Weisheit wie im Leben,
Es schwindet wieder aus der Welt,
Und alter Ernst wird hergestellt.
Drum seht Ihr Hohen Herr'n und schauet
So ward das Werk auf's neu erbauet
Ein neu Exempel alter Tage,
Mit Urlaub Prinz, daß ich es sage,
Das Werk Euch selber gleichen thut:
Ihr sproßt aus altem deutschen Blut
Auf's neu der beßern Zeit entgegen.
Ein frommer Sinn sich thut erregen
Und Alles kehrt in neuer Pracht
Zur Zeit, die solch ein Werk erdacht
|132v| Gönnet uns noch lange Eure Güte
Daß Gott Euch alle Weg behüte
Und Euch, wie heut noch manchesmal
Führ' in dies Altenberger Thal,
So sey es, Prinz! und Langes Leben
Und Glück vom Himmel Euch gegeben.
Es lebe etc.

Eberhard von Groote, An des Kronprinzen von Preußen Königliche Hoheit zum Abschiede von Köln, den 11. August 1817

Gedruckt in: Kölnische Zeitung, Nr. 128, 12. August 1817

Ist Dir an unserm Rheine wohl gewesen,
Wo Du des Volkes reine Lust geschaut,
So laß das goldne Band sich nimmer lösen!

Ein festes Denkmal hast Du Dir gebaut,
In tausend Herzen steht Dein Bild geschrieben,
Dein Ruhm ertönt von tausend Lippen laut. –

Die Jungfrau weint; – ist's Hochgefühl, ist's Lieben?
Der Sänger saget nicht, warum sie weint,
Um nicht im Wort das schöne Bild zu trüben. –

Die Männer stehen sinnend noch vereint,
Und denken alter, denken künft'ger Zeiten,
Und Jeder spricht, wie er es redlich meint. –

O Königssohn, wer möchte alles deuten,
Was sich in Deines Volkes Herzen regt,
Wer weiß, wie viele Wünsche Dich begleiten!

Das Lied verstummt. Die Menge schaut bewegt
Dem Scheidenden noch nach auf allen Wegen,
Bis Ihn der Zug in weite Fernen trägt. –

Genieße stets den hundertfachen Segen,
Laß von der Trennung Schmerz uns bald genesen
Und froh uns das Bewußtseyn ewig hegen,

Daß Dir an unserm Rheine wohl gewesen,
Wo Du des Volkes reine Lust geschaut. –
So wird das goldne Band sich nimmer lösen.

–ßß–

Eberhard von Groote, Die Versuchung, August 1817

Gedruckt in: Beiblatt der Kölnischen Zeitung, Nr. 15, 17. August 1817

Die Versuchung.
Es war hinausgezogen,
So mild und fromm gesinnt,
An ferne Rheineswogen
Ein edles Königskind,
Das Herz voll Lieb' und Treue,
Den Sinn voll reiner Lust,
Ein königlicher Leue,
Voll Jugendkraft die Brust.

Wo einst die Väter hausten
In Burgen fest und kühn,
Wo wilde Fehden sausten
Auf Auen bunt und grün,
Wo hohe Dome klangen
Vom schweren Choreston,
Dahin thät heiß verlangen
Der fromme Königssohn.

Und als Er hingekommen
Ins alte Minneland;
Als Er den Wein genommen,
Den zeugt des Rheines Strand;
Und als das Volk in Schaaren,
Mit freudigem Gesang,
Kam zu Ihm hingefahren
Und jede Höh' erklang;

Da ward Sein Herz erschlossen,
So freudig ward Sein Muth,
Die hellen Augen flossen
In süßer Thränenflut.
Was alte Zeit gesungen,
Was heil'ge Andacht schuf,
Davon stand Er umklungen,
Wie von des Himmels Ruf.

„O kehret endlich wieder
„Ihr Tage alter Zeit,
„Tönt wieder Minnelieder,
„Woran das Herz sich freut.
„Mit Meisseln und mit Kellen
„Kommt an das Werk zurück,
„Ihr Meister und Gesellen,
„Und zeigt das Meisterstück!"

„Und Du, im Himmelsthrone,"
So sprach das Königskind,
„Du gnädig uns verschone,
„Wenn wir auch Sünder sind;
„Erfülle diese Mauern
„Auf's neu mit frommem Sang,
„Der hier in heil'gen Schauern
„So oft zum Himmel drang."

Und als Er so gesprochen,
Da stand ein heidnisch Bild,
Das war noch unzerbrochen
Vom Christen-Speer und Schild.
Dem öffnete der Böse
Den lang verschlossnen Mund,
Da that's in stolzer Größe
Die Frevelworte kund:

„Laß doch, Du Fürst der Erde,
„Die alte Zauberei,
„Denn ich Dir zeigen werde
„Was Deiner würdig sey:
„Du stammst von Götterblute,
„In dem Olymp gezeugt,
„Vor Deinem hohen Muthe
„Bald eine Welt sich beugt.

Dein sind die Reich' und Lande
„Die Du hier um Dich siehst
„Am ganzen Rheinesstrande,
„Wenn Du nur vor mir kniest.

„Der Glaube alter Zeiten,
„Ist eitel Dunst und Tand;
„Du mußt Dir neu bereiten,
„Was keiner noch gekannt.

„Sieh hier die süßen Früchte
„An der Erkenntniß Baum,
„Ich führe Dich zum Lichte
„Aus Deiner Kindheit Traum.
„Die Gegenwart erfasse;
„Die kühne That beschwört,
„Was noch die dumme Masse
„So zauberhaft bethört."

So sprach aus dunkeln Räumen
Das Bild zum Königssohn,
In unbeholfnen Reimen,
In ungelenkem Ton.
Allein der Jüngling kehret
Zum Himmel sich, und spricht:
„Gott, den ich stets verehret,
„Verlaß auch nun mich nicht!"

Und sieh, der Himmel machte
Sein Ohr dem Zauber taub,
Und auf der Stelle krachte
Das Trugbild in den Staub.
Im nahen Dom erschallte
Der milde Orgelton;
Dorthin, zu beten, wallte
Der fromme Königssohn.

Eberhard von Groote, Seiner Majestät dem Könige von Preußen Friedrich Wilhelm III. beim Besuch in den Rhein-Provinzen (Köln, den 10. September 1817.)

Gedruckt in: Kölnische Zeitung, Nr. 145, 11. September 1817

An Deutschlands lang getrübtem Himmelsbogen
Ist ein Gestirn, ein wunderbares Bild
Aus dunkeln Wolken klar hinaufgezogen,
Und Kampf und wilde Fehde sind gestillt.
Ein Adler ist dem Waffenklang entflogen,
Und lugt von seinen Höhen ernst und mild;
Er hebt zu dem Gestirne seine Blicke,
Schaut vorwärts, schaut nach dem, was war, zurücke.

Wer hat des Bildes tiefen Sinn erfaßt,
Und wer vermag das Zeichen uns zu deuten?
Was forscht der Aar in unbewegter Rast,
Sein Blick im Dunkel weit entfernter Zeiten?
Schaut er zu denen, die schon längst erblaßt,
Um scheidend beß're Zukunft zu bereiten?
Schaut er entgegen kommendem Geschlecht,
Prophetisch sinnend auf Gesetz und Recht?

Erhab'ner König, an die heil'ge Stelle,
Die dieses Räthsels Lösung uns verheißt,
Hob Dich, – das Haupt umstralt von Blitzeshelle, –
Der ew'gen Vorsicht tief verhüllter Geist.
Schon nahest ahnend Du des Tempels Schwelle,
Die Pforten öffnen sich, der Vorhang reißt:
Im Heiligthume steht das Wort geschrieben,
Das nur zu lange war verkannt geblieben.

<u>Das Seine Jedem!</u> also heißt der Spruch,
Der neue Wahlspruch in dem neuen Bunde.
Für jeden Frevler ein gewalt'ger Fluch,
Ein Wonneruf in jedes Guten Munde.
In ihm verschwindet aller arge Trug,
In ihm vernarbet manche schwere Wunde.

„O sey er uns des Segens sich'res Pfand!"
So tönt der Ruf durch's weite Vaterland.

So tönt er auch an unsers Rheines Strande,
Der Dich, o König, freudenreich begrüßt.
Schon nahen Männer Dir aus jedem Stande,
Aus allen Gegenden, und Alles schließt
Zum Wohl des Ganzen enge Eintrachtsbande,
Woraus gewiß die schönste Blüthe sprießt.
O möchtest Du vom Lande selbst es hören,
Warum noch manche seiner Leiden währen!

<u>Das Seine Jedem!</u> – Sey es drum vergönnt,
Daß diese Stadt es mit dem Lande sage!
Wer ist's, der ihre große Vorzeit kennt,
Und nicht mit ihr die Gegenwart beklage!
O König, den sie ihren Retter nennt,
Sey ihr auch Schöpfer neuer, schön'rer Tage! –
Im stillen Strome der Vergangenheit
Dort liegt versenkt der Hort der bessern Zeit.

Und hast Du selber nicht dahin verwiesen
Das große Werk für unsers Landes Recht,
Hast würdigen Verein dazu erkiesen,
In dem der Vorzeit tiefer Sinn sich regt!
So hat das Nachbarland sich nicht bewiesen,
Nicht solchen Sinn für deutsche Treu gehegt:
Gefesselt wälzt der Rhein zum Meer die Wogen,
Um Namen und um Freiheit gleich betrogen.

O kehrte doch dem deutschen Land zurück,
Was sich in Bund und Hansa einst gestaltet!
In ihnen lag des Volkes Kraft und Glück,
Wofür der Sinn noch wahrlich nicht veraltet!
Die Trennung tödtet. Jedes Mißgeschick
Zermalmt, ist Treu und Bürgersinn erkaltet.
Die beß're Zeit wird dann erst bleibend gut,
Wenn in Gemeinsamkeit ihr Anker ruht.

Wohl haben einst die Väter es verstanden,
Und Recht und Ordnung fest darauf gebaut

Aus Eintracht und Verbrüderung entstanden
Die Werke, die das Aug' noch staunend schaut.
In ihren sichern Mutterarmen fanden
Die großen Zeiten Halt. – „Auf Gott vertraut,"
Rief jeder, „und auf treue Amtsgenossen,
Dann ist auf ewig unser Bund geschlossen!"

Daraus nur kann sich wieder ächte Kunst
Und reine, ernste Wissenschaft erzeugen.
Darin liegt freie Kraft, die nicht durch Gunst,
Sich nicht durch feile Habbegier läßt beugen;
Vor der die schnöde Lust zerfließt in Dunst,
Die gar zu gern sich möchte schuldlos zeigen;
Sie schließt die Tempel endlich wieder auf,
Indem sie stört des Lasters freien Lauf.

Nimm diese Wünsche, König, an dem Rheine,
Wie sie gesprochen sind, mit Liebe hin!
Daß im Vertrauen erst sich fester eine,
Zu Schutz und Trutz der treue Bürgersinn;
Laß schnell in Kraft des Königs-Worts erscheinen
Des neuen Lebens köstlichen Gewinn!
Dann wird ein jubelnd Volk <u>Dir</u> stets begegnen,
Der späte Enkel <u>Deinen</u> Namen segnen.

–ßß–

Eberhard von Groote, Sängers Scheiden. Todtenopfer meinem theuren Freunde Max von Schenkendorf an seinem 34. Geburtstage, den 11. Dez. 1817

Gedruckt in: Friedrich Raßmann (Hg.), Rheinisch-westfälischer Musenalmanach, auf das Jahr 1822, 2. Jg, Hamm/Münster 1822, S. 14–16

Zu des heil'gen Tages Feier
Der ins Leben ihn gesandt,
Nimmt der Sänger seine Leier
Dankerfüllet in die Hand;

Grüßt die Freunde in der Runde,
Schaut zum Himmel still hinan,
Betend aus des Herzens Grunde,
Doch – er hebt das Lied nicht an.

Wie schwebt so banges Stöhnen
Rings durch den ganzen Kreis;
Warum erglänzen Thränen
Im Auge schwer und heiß;
Wie tönt es durch die Saiten,
Als tönt' es Abschiedsklang;
Wer weiß es uns zu deuten,
Was zu dem Herzen drang?

Schön ist rings der Saal bekränzet
Und die Gaben stehn bereit,
Und der Becher wird kredenzet,
Daß der Wein das Herz erfreut.
Und es blickt der fromme Sänger
Stets noch auf zur Sternenbahn,
Bebt und seufzet bang und bänger,
Doch – er hebt das Lied nicht an.

Willst du uns nicht verkünden
Was deine Brust erfüllt?
Magst du das Wort nicht finden,
Das deine Sehnsucht stillt?
O starret nicht, ihr Blicke,
So stumm und thränenschwer!
O Sänger, kehr' zurücke
Aus fernen Träumen her!

Doch wie aus des Himmels Räumen
Klingt ein lieblicher Gesang,
Und der Sänger will nicht säumen,
Winkt den Freunden Gruß und Dank;
Es verklären sich die Züge,
Keiner waget, ihm zu nahn.
O, daß er nicht länger schwiege!
Doch – er hebt das Lied nicht an.

Der heil'gen Engel Schaaren
Und seiner Treuen viel
Zu ihm gekommen waren
Als er da saß so still;
Die haben ihn geladen
Zu des Geburtstags Mahl
Zum Vater hoher Gnaden
In Gottes Himmelssaal. –

O ihr Guten, o ihr Lieben,
Die er auf der Erde läßt,
Weint nicht, daß ihr hier geblieben
Und nicht mit ihm geht zum Fest!
Er will alles nur bereiten
Und uns bald dort auch empfahn.
Hört, es rauschen schon die Saiten!
Hört, – er hebt das Lied schon an!

Maskenspiel

Matthias Joseph Denoël, Eberhard von Groote, [Joseph Adolph Nückel], Wohlweislich durchdachter Verbesserungs-Plan, Februar 1817[86]

Historisches Archiv der Stadt Köln, Best. 1552, A 60/4, o. P.

Verfaßt von M. J. Denoël und E. v. Groote.

Spielende Personen:

Stimmeister Blafferts	H. Denoël.
dessen Gemahlinn	Fr. Coomanns.
Bannerherr Schnüffel	E. v. Groote.
dessen Gemahlinn	Fr. Mertens.
Anne-Goedchen Blafferts	
Tochter des Stimmeisters	Frl. v. Harff.
Hauptmann Schnüffel	
Bruder des Bannerherrn	Louis v. Mirbach.
Bartholom. Schnüffel	
Sohn des Bannerherrn	H. Poppey.
Bonifac. Speckman [u.]	H. v. d. Leyen.
Cunigunde Speckmann	Prinz Salm Krautheim.
Geschwister (aus Paris kommende Verwandte der Vorigen.)	
Ein Kölnischer Kappesbauer	Hr. Dr. Nückel.

Das Ganze wurde vorgestellt den 17. Febr. 1817. Abends gegen 8 Uhr bey dem Herrn Oberpräsidenten Grafen Solms-Laubach in Großer Tanzgesellschaft.

---

[86] Der Text, der als Mitverfasser nur Denoël, nicht auch Nückel nennt, ist in der Hand E. von Grootes geschrieben. Eine zweite, von Denoël niedergeschriebene Version des Fastnachtsspiels, enthält eine Reihe von Abweichungen, vor allem werden oft andere Schreibweisen zur Wiedergabe des Kölnischen genutzt (Denoël, Meine Poeterei; HAStK, Best. 1078, A 1, Bl. 124r–130v). Eine dritte Version, ebenfalls mit Unterschieden gegenüber Grootes Text sowie einer anderen Schreibvariante für die Kölnische Sprache, ist gedr. in: Bayer, DeNoël, S. 239–247. Erläuterungen, die im Folgenden zu einzelnen Worten angegeben sind, beruhen auf Erklärungen bei Bayer.

Wohlweislich durchdachter
Verbesserungs-Plan
worinnen
ausführlich man lesen kann,
Wie und auf was Weis und mit welchen Manieren
Ein neu Regiment wieder ein ist zu führen,
Wobey Vierundvierz'ger, Bürgermeister und Rath
Nebst werther Gemalinn, regierten den Staat.

Das ist:
Ein Gemälde ehmaliger Sitten,
Worinnen der Kölnischen Bürger und Britten,
Der leid'gen Franzosen sogar wird gedacht,
Und jämmerlich ihnen den Garaus gemacht.

und item:
Wie's werden muß, war, ist gewesen,
für fürnehme Leute anmuthig zu lesen,
Mit kurzweil'ger Redensart reichlich gespickt,
In Reimlein gar mühsam zusammengeflickt,
Im Achtzehnten Hundert u. siebzehnten Jahre,
Zwey Tage zu vor als es Carnaval ware.
In Demuth geschrieben und versifiziert
Dem Grafen von Solms nach Gebühr dediziert.

Erste Szene.

Personen:
Der Stimmmeister Blaffert.
Der Bannerherr Schnüffel.
Die Frau Stimmmeisterinn Blafferts.
Die Frau Bannerherrinn Schnüffels.
Juffer Anne Goedchen Blafferts.

Frau Blafferts (verneigt sich bey jeder Apostrophe.)
Herr Exzellenz! mer kummen uns he presentere.
Herr Blaffert
Frau Gräfinn des Gliche, zu gratelere.
Frau Blafferts
Auch Euch Hochgeborne;

Herr Blaffert
Wie sonst war der Fall,
Frau Blafferts
Zu einem glückseligen Carnaval.
Herr Blaffert
Ich hoffe Sie werden's nicht übel nehmen –
Frau Blafferts
Du thust ja, als wann mit dem Hänschen [Handschuh] wir quämen!
Das ist wohl bey gringigen Leuten der Brauch.
Frau Schnüffel
No höhr ens, Ma Soeurche, dat sin mer jo auch.
Frau Blafferts
Oh! Lantsam, wir dörfen uns auch noch wal zeige,
Seit wann heißt man eine Frau Stimmmeistrinn schweigen!
Der Blaffert, ma Soeur, wor der Ersten em Rath,
Durch In han ich of do mi Woth vörgebrat.
Herr Schnüffel
Ihr Weiber, was führet Ihr hier für 'ne Sprach,
So seyd doch manierlich, was soll das Gelag [Lärm]!
Frau Blafferts
Noh schwigt ens, – loth mich dem Här Grofen ens sage,
Wat mer für en Sach Im he vör han zu drage.
Herr Schnüffel
Ja Sachen von wichtiger – – Wichtigkeit. –
Frau Blafferts
Die Stadt Köln ist gewiß keine Kleinigkeit.
Vörerst ist, Her Grof, et en klüftige [spassige] Sach,
Seht wann mer dat Dinge vernünftig betrag,
Dat jetz die Madamme,
Frau Schnüffel
Saht Frauen,
Frau Blafferts
Niks han ze sage.
Darüvver han ich alt mänch Minsch höre klage,
Dat es mingem domme Verstand nach nit Räch,
Dröm geith et ouch jetz en der Welt esu schläch.
Frau Schnüffels
Alav noch dä Lord [Lord Philipps], wie mer letz han gelesse,
Dä uns doch uns Platz widder an hat gewesse!
(+) sieh am Ende)
(aus der Köln. Zeitung N. 19, 1817.)[87]

---

[87] Ein ironischer Artikel in der Köln. Zeitung, Nr. 19, 2. Febr. 1817 hatte über die Forderung eines

[Beginn der Einfügung]
Ich han mer der vun jet Kopeches [Abschrift] gemat,
Un han et em Büggel he met mer gebrat.
Do sät der Her Philipps (hä wohr nit betrunke),
Die Frauen, die wäre gewaldig gesunke.
Die Könnengenn Lisbeth soß doch zo gerech,
Wat domols wohr rächt, es uns auch noch räch.
Die Frauen, hät die dann nit auch Gott erschaffe?
Könne jo redde, un dat wohl rächschaffe.
Der Mann hät doröm jo et Räch nit apat
Wel Gott Vater den Adam et esch hät gemat.
Un dann feet Hä fot, et üch klor ze bewise,
Wie Heiden un Jüdden uns huh däte prise,
Und dat viles künftig ens Mangel noch wär
An Könninge, hilt ehr nit räch uns en Ehr.
Die Frau sollt' dä Männer de Strümp eckesch flecke,
Un dat se regeden, dat soll sich nit schecke.
Noch hät geine Molar enen Engel gemolt,
Hä hät vun de Wiever der Stale [Modell] geholt.
No sitt nor Vernünftig, un loht üch gesage
Un doht wat Här Philipps uns vör hät gedrage.
[Ende der Einfügung]
<u>Frau Blafferts</u>
Perfosch [par force] welt dä em Parlement drop beston,
Dat mer widder met en der Roth solle gon.
<u>Frau Schnüffels</u>
Dat wöhre dem Bonapart sing Kunklevuse [Einwendungen]
Met alles däth dä jo su spetzbövisch huse.
<u>Frau Blafferts</u>
Dat es wat ich sage, dröm gink et eso: –
Här Grof, ich verlange – der Statius quo!
<u>Herr Schnüffel</u>
Ihr Frauen habt gut von den Staatsachen reden.
<u>Herr Blaffert</u>
Wat Staat [Kleiderstaat] betriff, lot Ehr die Frauen gewäden!
<u>Herr Schnüffel</u>
Cumfrater, vernehmt ein vernüftiges Wort:
Laßt jetzt nur die Kurzweil an ihrem Ort!

Herrn Philipps in Großbritannien zu Frauenrechten berichtet. Die folgende Sequenz ist vom Ende des Textes hier eingefügt.

Zweyte Szene

Personen:
Die Vorigen.
Hauptmann Schnüffel.
Bartholomaeus Schnüffel.
Bonifacius Speckmann.
Marie Francisca Cunigunde Speckmann.

Herr Schnüffel (zum Grafen)
Seht da meinen Sohn auch.
Barthol. Schnüffel
Herr Graf, Sie verzeihen,
daß wir auch an Ihre Gesellschaft uns reihen.
Herr Blaffert
Herr Grof, ich kann Sage, dat git ene Mann,
Do weht die Stadt Köllen ehr Freud noch an han!
Hä wohr op en Dotzend Universitaeten,
Un es promovet en drei, ver Fakultäten,
Ist sattsam en allerley Sproche gewandt
Sogar auch schon röhmlich als Autor bekannt.
Un dat welt wahrhaftig en unseren Tage
Vun esu enem Bellbeck [Grünschnabel] doch wohl alt jät sage.
Herr Barth. Schnüffel
Sie machen, Herr Oncle, der Worte zu viel,
Es scheint Sie lieben poetischen Styl.
Herr Blaffert
Loht dat esu goth sin; – ich kenne Studere,
Suvil kunnt mer bei de Muntaner [Gymnasium Montana] nit lehre.
Wat hätt' ehr nit do für en Ehr engelat,
Un mänch golden Buch dann no Hus metgebrat.
Barth. Schnüffel
Nach deren Methode war wenig zu lernen;
Vom wahren Gesichtspunkt sich nicht zu entfernen,
Verstand ja kein Lehrer damaliger Zeit
Das Lehren war sonst nur Erbärmlichkeit.
Jetzt aber, wo jeder den Schelling u. Fichte,
Tieck, Goethe, Novalis, u. Schillers Gedichte
Als Knabe verschlinget mir heißer Begier
Da bildet der Gen'ius sich für und für!
Der muß unbedingt sich nach jenen gestalten,

Will jemand die Krone des Wissens erhalten.
Bonfac. Speckmann
Ach schweigt mit dem charivari detestable
Considerez la societé respectable
Cunig. Speckman
Ce gallimathias [wirres Geschwätz] me fait mal au coeur!
Ick falle in Ohnmacht! J'aurai des vapeurs!
Bonif. Speckm.
Permettez de présenter à Votre Excellence:
ma soeur –
Cunig. Speckm.
Agréez ma très humble reverence.
Herr Blaffert
Wat soll he dat Cauderwelsch! Mordzapperment,
'nem dütsche Grof mät mer en dütsch Cumplement!
Mehr hant esu lang ob französch müsse sage
Wat mer dem Landshärn vör hatt' zu drage.
Frau Schnüffel
Oh! Jüming! wie ben ich des Jungs esu möd,
Of dat Bahnschlon [Eisbahn schliddern, Kinderei] noch nit bal op enhöth!
Frau Blafferts
Ehr nemt mehr, ma soeur, grad et Woth us dem Mung,
Dat wohr, eh hä fot ging, enen andere Jung;
Do, meinen ich, hatt hä noch ander Manere,
Bedrog sich en hübscher Gesellschaf en Ehre.
Jetz hät dat jung Volk jo der Mung esu voll,
Se machen uns Ahle noch met der Kop doll.
Anne Goedchen Blafferts
Ach ja, liebe Mutter, ich fand den Herr Vetter
Auch vor seiner Reise viel art'ger u. netter.
Er trug sonst doch zierlich gepudert das Haar,
Was an einem Jüngling so einnehmend war.
Da kommt er jetzt ganz nach französischer Art,
Mit struppigen Haaren und Backenbart.
Dezenz und Bescheidenheit sind ganz vergessen,
Als wollt' er mit jeglichem Wildfang sich messen;
Paris ist an alle dem Unfug nur schuld, – –
Ich will nichts mehr sagen, – mir reißt die Geduld.
(sie weint.)
Frau Bafferts
Der auch, Anne Goedche, welt dä nit gefalle?

Anne Goedche Blafferts
Mir gar nicht, Frau Mutter! am mind'sten von Allen.
Ich weiß noch, wie über mein Tanzen und Tracht
Er auf der Redoute hat Chikane gemacht.
Zu arg ist zu arg! Mutter, solch einen Knaben,
Mag ich um die Welt nicht zum Ehemann haben.
Seit ich den Herr Syndicus Bleystift gekannt, –
Hat nie mehr ein Flämmchen im Herz mir gebrannt.
(Sie weint wieder)
Frau Schnüffel
Och, Goedchen, do muß dich öm den nit mieh kränke,
Loß nötzer [besser] uns jetz an jät Löstiges denke.
Anne Goedchen Blafferts
Was Lustiges! – Daß ich bekennen es muß!
Mein Herz schlägt noch immer dem Syndicus.
Der wäre nun längst Bürgermeister geworden,
Und trüg' auf dem Rock jetzt, Gott weiß wieviel Orden.
Noch seh ich im Geiste das Notenblatt,
Das er im Conzert mir gewendet hat!
(Weint.)
Frau Blafferts
Jo, zum Bürgemeister hätt' ich der in kräge,
Oem Stemme, do wohr ich noch keinmohl verlege,
Dat koste mehr eine Portchaise Gang [Gang mit dem Tragstuhl]
Un Bürgemeister wohr hä op Levenslang. –
No sag ens, do bes zwohr noch nit op de Johre,
Wiewohl verundressig bränk mänchem grieß Hohre.
Dröm döch mich et wär doch ens bahl op der Zick,
Do däts der doch ens ene Minsch op die Sick.
Anne Goedecke Blafferts
Ja, kann mir ein Männchen Mama proponiren,
So könnt ich mich auch wohl dazu resolviren.
Herr Blafferts
Ich weiß der wohl eine, nor köhm et drop an,
Of hä dehr gefilt, för der künftige Mann.
Dä hilt dehr die Stüvercher riethlich zesamme,
Un bruch sich auch singer Figör nit zu schamme.
Anne Goedchen Blafferts
Der wäre?
Herr Blaffert
Här Bathel, ens Här, op e Woth,

Nit genog dat Ehr grad wie en Drüchleeg [Truglicht] doh stoht.
<u>Herr Barth. Schnüffel</u>
Was hat der Herr Oheim mir Neues zu sagen?
<u>Herr Blaffert</u>
Ich meinen, ich hätt' üch gät vör zu schlage.
Seht, wann ich bedenke, bei jetziger Zick,
Es mäncher alt gän ens e Mädche quick.
Noh kickt ens gät öm Uech! ja wat Zackerlöthche,
Wat däch Üch do vun? Wat döch dich, Anne Goedche?
Betrag ens dä Minsch; es dat keine Mann,
Den e Mädche noch lang nit verwerfe kann?
<u>Barth. Schnüffel (begeistert.)</u>
Mir werden zur Wirklichkeit kindliche, liebliche Träume,
Die einst meines Herzens empfindsame Räume
So innig erfüllten mit freudigem Schmerz,
Ich fühle erhoben mich Himmelwerts!
Gedenk ich der Tage,
Wo Seufzer und Klage
Mit gräßlicher Plage
Mir Nächte und Tage
Gewaltsam geraubt!
Ich nimmer geglaubt,
Daß Sehnsucht und Liebe,
Die wonnigen Triebe,
Gewesen die Diebe.
Nun hab ich's gefunden!
Jetz soll ich gesunden!
Von brennenden Wunden,
Ich werde verbunden
Und fühle zurück-
kekehren mein Glück!
<u>Hauptmann Schnüffels</u>
Potz Bley und Granaten! Potz Himmel u. Wetter!
Das heiß ich mir doch karessiren, Herr Vetter!
Wer, Teufel, hätt' das hinter Ihnen gesucht!
Schwer Noth! – doch da hätt ich für Freud' bald geflucht.
Das nenn ich sponsiren, in Versen zu lieben,
Das Ding, das verlang ich mir abegeschrieben.
Davon mach' im Nothfall ich selbst noch Gebrauch,
Im Frühjahr und Herbst karessire ich auch.
Das ist militairisch nach Herzen geschossen,

Wie damals als Philippsburg ein war geschlossen;
Da hielten wir Funken [Kölner Stadtsoldaten] uns kaum noch so gut,
Wie jetz der Herr Vetter sich halten thut.
Frau Schnüffel
Här Bonifaz, höth ens, dat Ding es am Drügge [im Trocknen],
Weil hübsche Manns Kinder Uech he jo nit mügge,
Dröm währ minge Roth, wann et Üch nit verdrüß,
Er packten Üch op, un gingt no Paris.
Hauptmann Schnüffels
Ihr seht wohl, ich habe, Ihr habet, sie haben,
Wir haben zum Haben hier andere Knaben,
Drum denkt den Gedanken zu Denken, Ihr denkt,
Daß Ihr Ewer Herz einer anderen schenkt.
Cunigunde Speckmann
Eh bien, grace à Dieu, daß mit guten Manieren
Ich kann diese triste Liaison evitiren
Am besten, wir setzen sogleich uns en Chemin,
Qui peut habiter ce pays de pequins!
Bonifac. Speckmann
Bedauernd, daß nun mit französischen Sitten
Und Bildung man nimmermehr hier ist gelitten.
Et que tout à coup ont repris ces contrés
L'ancienne Barbarie comme les loups enragés,
Allons donc mon frère, montons en diligence.
Beide:
Nous nous recommandons à votre Excellence.
(gehn beide ab.)

Dritte Szene.

Personen:
Die Vorigen.
Ein Kappesbauer Jan Flittorf.

Anna Goedche Blafferts
Da klopft es.
Frau Schnüffels
Saht, höth ens, et klop an der Döhr.
Frau Blafferts
Wat es dat?
Der Bauer
Ma Frau saht –

Frau Blafferts
Och blievt Eer dovör.
Der Bauer
Ich moß met Üch kalle, ich han Oeder [Order] kräge,
Von wegen des Kappesfeld –
Frau Blafferts
Dran es niks gelege,
Davon jetz zu redde, han ich nit die Zeit.
Der Bauer
Ma Frau, 't es die schönste Gelegenheit
Ehr künnt vun dem Augenbleck jo profitere,
Die Sach dem Här Gnaden ens vör proponere:
Frau Blafferts
Her Grof, saht, dä Boor he wath noch op si Geld,
Wo kritt ä dat, – saht, für si Kappesfeld?
Et es mingen Halfe.
Der Bauer
Nu saht ens Her Gnade
Wie lang loht Eer uns op die Penninge wahde
Do löuf mer von Puntius un ze Pilatus,
Wat es der Bescheid dann: „Ihr steht ja im Status."
Wat dun ich met dem Status ston,
Domet künnt Eer nit zom Bäcker gon.
Su halden s' en ehlich Minsch för 'ne Geck.
Su geiht et auch met dem stadtkölschen Dreck.
Loht Eer doch dä Schröfelsdräck [Abfall] uns en den Hänge,
Wat hof [braucht] sich 'nen Entrenneur dren zu menge?
Den han mer vun Ahls [früher] ömmesöns fot gebrat,
Mänch Stüverche woht do der Stadt met gespat.
Der Dräck fot, et Land fot, wat sall dat noch gevve,
Wovun sall am Eng dann der Kappesboor levve?
Frau Blafferts
Ich meinen, et wär wal am besten Her Grof
Eer schafft mehr niks der niks dä Vestungskrom af.
Dann kräg jeder Mallig auch widder si Land,
Un Eer hilt et Geldchen dervör en der Hand.
Der Bauer
Un wegen dem Dräck, dä muß doch vun der Stroße,
Dröm sollt Eer die Drecksach dem Boor üvverloße.
Dann käm doch ens widder die Stroß en Fazung
Un mer hätt dann erus ze gon ens Amelung [Lust].

Dat es jo enen Tudder [Matsch], et enes nit ze sage,
Eer mirkt et vlees nit, dann Eer hat öhre Wage.
Ich kann et Üch sagen, et es een Matsch,
Eer dot keine Schrett, of Eer hat Üch beplatsch.
Herr Blaffert
Nun schweigt auch Jan Flittorp, von allen den Dingen,
Es ist hier der Ort nicht, das vor zu bringen.
Frau Blafferts
Saht Flittorp, nu saht ens, wie kummt Eer hieher?
Der Bauer
Ich fragten öhr Lisbeth, wo es unsre Här.
Do säht die mer, dat Eer Visitt he däth mache,
Do dach ich, do künst dann zoglich vun dä Sache
Ens kalle; dat wöhr esu räch minge Senn,
Ich schellden, ich klopden, matsop, quohm eren!
Nu sin ich, Eer setzt he esu en Parade, –
Ma Frau, ich kann jo op die Anwot jet wade.
(tritt zurück.)
Frau Schnüffels
Nuh seht Eer Her Grof, wat ich auch han gesaat,
Dat Dingen dat weht en gein Odnung gebraat,
Eer müßt ens dem Boor för die Stüvere sorge,
Söns bränk hä gein Pach, und ich sülver muß borge;
Allav noch die Ahle, die wohre gescheit,
Die wußten, dat ohne den Boor niks gedeiht.
Git Eer eren Dräck nor den Boorbänke widder,
Rießt Schanzen un Moore, wie söns, lever nidder,
Helft Roth, Rentenerer un Geistlichkeit op,
Maht, das den Zaldate der Mung weht gestop.
Versorgt uns jät Handels, frei Scheffath un Stabel [Stapel],
Setzt op den Domkrahnen uns widder der Schnabel.
Dat schrift ens dem Künig, saht halt üch jet frieth [ausdauernd]
Dat künnt Eer jo, wie mer en Hand eröm drieth.
Herr Schnüffel
Ihr Frauen, jetzt lasset das Reden uns enden,
Und höret wohin sich das Streiten soll wenden,
Laßt uns dem Herr Grafen nur sicher vertraun,
Und auf seine Sorgfalt mit Zuversicht baun.
Thut nicht mit unnöthigem Kummer uns quälen,
Es wird dem Herr Grafen an Mitteln nicht fehlen,
Das Wohl unsrer Stadt auf die schicklichste Weis

Zu schützen und bringen in's alte Geleis.
Warum sollten wir denn das Beste nicht hoffen,
Durch Ihn steht der Weg uns zum Throne ja offen.
Das Schwatzen ist leicht, doch zum Herrscher bestellt
Der Himmel den, welchen er aus hat erwählt.
Auch soll ihren Antheil den Frauen man gönnen,
Die wir als den Born alles Schönen erkennen.
Doch nie sey ihr Reich die Gewalt und das Recht,
Durch Liebe und Anmuth nur herrscht ihr Geschlecht.
So seht doch, drum hat ja die Vorsicht Euch eben,
Auch in der Frau Gräfinn ein Muster gegeben
Mit Tugend und lieblicher Würde geziert,
Drum gebet die Ehre, wem Ehre gebührt!
(Im Abgehen.)
Der Bauer
Nu saht ens, wat sall dat, ich meinen, ich sagen,
Wat ich dem Här Grofen eesch vör han gedrage?
Et blief doch dobei, un mer krigen uns Geld
Ich meinen alt, ov Eer mer jetz et noch zält.
Ich sagen esu, sagen ich, sät ich, ich sagen,
Dat uns eckesch joh nit dat Geld weet verdragen.
Wie wohl der Här Grof hät en eelich Geseech,
Ich meinen esu, hä vergiß et nit leech.
Ma Frau ich gohn met; evver doht doch bedenke,
Mehr können den Hären dat Geldche nit schenke!
Adjüß dann Här Grof! Neet, Eer denkt ens daran,
Un nemt ming Visittekaht sälver alt an.

(Ueberreicht eine Karte u. geht mit den Andern ab.)

1817.

den 1. Jan.

Mit Reghsehwanzen stehe ich auf, untum meinen Haus-
küss, gehe in die Kirchen, u. als ich eben nachher die
Schauspieler u. den Theater zum neuen Jahr bewillkommen, erhalte ich mit der petite poste einen
hessisch unartigen Brief von einer sich zum Faro,
die mich beÿ Salms erst will gesehen haben, u. mir auch
heute nach ausmittlung 4. Uhr beÿ Haxth. wo sie be-
sich zum neuen Jahr machen will, rendez vous giebt.
Ich denke lang hin und her, und übersende zurück
die zwey Regierungs Räthinnen, die Suchers, v. St.
u. die silen R. Ich ziehe Frf. in das Geheimnuß, und
diesen entscheidet ganz für die Latharn. Ich nehme
mir nur alles anzuwenden, um diese Geschichte herant-
zu bringen. der Brief ist klar u. mit unverstellten
Zügen, des einzigen geschrieben. Erst gegen 12. Uhr
gehe ich aus, u. zwar auf Haus der R. doch ohne sie
zu finden. Ich gehe zu gege, wo ich die Schauspieler finde. Nach Tisch kommt Wallraf u. Rettel zu mir
um zu überlegen, wie dem Geschft. v. Klewitz von
der Buch ein endtlch. statt zumenstellt werden
könne. Ich mache ihm die ganze Geschichte, u. sorge
die Herrn aus los zu werden, da es bald 4. ist. Merk-
auf muß ich nachgehen, bald mit ihm nachher zum
———————————— da kommen wir zu Haxth.

E. von Groote, Tagebucheintrag vom 1. Januar 1817
(HAStK, Best 1552, A 1/10–20; Bl. 25r)

Coblenz den 26. May Coblenz

Wir fahren den Rhein u. die schöne Landschaft von Laach entlang, gehn bei Niedermennig vorbei nach Frauenkirch. Dort beten bei der H. Genoveva viele Leute, u. suchen tief ergriffen von des Lebens Freuden dem Grabfelsen. In Ochtendung nahmen wir ein kleines Frühstück, u. mir that die Ruhe sehr wohl, weil meine Füße mich dieses schmerzten. Wir gehn nun dem gegen 2 Uhr wieder weg, u. zwar zu Fuß nach bis Coblenz. Wir nehmen Logis im Schenkendorf, u. fassen bei ihrer freundlichen Aufnahme gleich festes Quartier. Die H. Goerres ist die rechte, die wir uns immer vorstellten sehn, u. die immer gleich den Scherz anzustimmen weiß. Als auch gehn wir hin. Es kommen da zu Immediatkommission bestimmt, Schwarzenstein mit seiner Frau, Maushaus, Buchhorn etc. Man will auch, wenigstens Maß, heut im Quartier behalten u. hat schon alles dazu bereitet; allein ich muß wegen Schenkend. nicht bleiben. Die S. drängt sich gar sehr zu mir an, u. ich kann mir nicht versagen ihr scheinend eine Freude Küsse zu geben. Abends sitzen wir noch lange mit Sch. zusammen.

Coblenz, den 27. May. Coblenz

Es wird Morgens ehe ich mit meinem Auszug fertig werde, wegen meinem wahren Pistols wegen. Ich lasse uns einen schönen Kamm, kann aber seinen Einfall nicht brauchen. Wir gehn gegen Mittag zu Clausewitz die uns nicht finden, dem zu Gen. Scharnhorst, der herzlich gut ist, auch zu C. Groeben, der mit seiner Frau, Schwiegermutter u. u. gar traurig u. fraglich zusammenlebt. Es soll noch Carolinestift Chef der Generalstabs. Noch gehn wir zu Gen. Muffling, wo stadt. einem Bekannten uns freyend findet. Wir wurden dort auch mancherz zu Mittag gebeten. Abends gehn wir noch zu Goerres, wo wir alte Bekanntschaft u. Liebe nachsehn. Nach Mittag kommt zu Schenkend. Lange, der attous zu geitzig geworden zu sein scheint. Auch Scharnh. zeigt dort. — Ich habe meinem Hinzausheim Schwiegermutter zu machen gegeben. Nach Tisch gehn wir wieder zu

bestattet. — die Abgeschlossenh. Luider bei Schmitz
so wie für die Rückreise des Gemäldesaals,
müssen wir auf morgen besorgen. Ich bin von
der langen Arbeit recht müd.

Den 7. August.

Der Rektor kommt früh, u. wir gehen nach 8. in die
Gemäldesaal Halbzg, wohin bereits einige Bilder von
dem Kunsthändler Schmitz gebracht worden. Nachdem diese
aufgestellt sind, gehe ich nach Haus. Es ist noch mancherlei
bei zu thun. Gegen 10 ½ gehe ich abermals zurück
mit Jozef, wir holen den Apoth. Schmitz ab, u. gehen
in den Saal, wo eben die verschiedenen Exemplare
untergebracht sind. Mir werden bald vorgestellt, die
Prinz aber unterhält sich nur mit v. Hagen, u. den
Erzbisch. Rectoren Grashof u. Pütt. Nachher eilen wir
nach Haus, und einige Bäder. Metternich sind vorgekommen. Mein Gedicht in der heutigen Zeitung hat
gute Wirkung. Ich gehe später zu Clausewitz,
dem ich beigen Kronigen mit Scheck u. Roeder schon
gesehen habe. Bei ihm höre ich noch einer Weile
noch die Prinz rückkehren, die Gemäldesammlung
zu sehen. Ich eile hin, u. wirklich wollte er gehen
über den Gemäldes. sind Ich komme mit
Sachen zugleich in dem Institutensaal an, wo
der Prinz eben abgestiegen ist, u. Malnatt also

wir bey des sehr vortheilig scheinen, der aushauer gewinnt
einigen u. f. So den Tönig zu sehen haben würde; die Ver-
stellung der Pfunde aber während der Portfonaden,
nicht von ihm, sondern vom Palizzy gruißvit, ihm ab-
springen müßte. Es läßt sich aber schwer beyspielen.
den 11. September. *Spitter und Senne u. Trinck*

Heut ebben kommt das Circulare der Regierung
zum Trabantzimacher. Heut hatten wir um 9. alle auf
der Regierung, u. zwar in Pontificalibus zu versehen. Ich bin sowohl als Jockoß ausstellten, aber
nicht hin zu gehen. Gregory. Kommt oben fitzes, um
die Pfunde Links den König, der um 3. wieder wegwill
zu erhalten. Woher gehe ich mit Jockoß auf, u. zwar
nach dem Zinstrichausstellung, wo sie, wie ob heißt
der König um 10. kommen will. Uon 8 1/2 bis nuu
sieht er die Hauggau auf dem Neumarkt, alsem M. d.
Grun. der Wallraff sitzt bey seinen Büchern, den
Tönig zu empfangen. Es kommen guten Offizirin,
der ab und aber zu krug sind, gehen mir nut zu
Loven ein glas Wein zu trinken. der Tönig ist
in der Aufstellung auf dem Koelfpruid. Wir sehn
ihn vorstehtehen, nach dem Jossut Sollay. Jh gehe
menster Kleine Petitionen zu Pall. die Gruße Regierung u. der Tumpfbonna ist um 10. aufliehen worden,
weil der Tönig sie nicht sehen will. Es hütte uns also
nicht nur die Unbequmlichkeit des Aushardnad, sondern
viel mehr ist, da a 100 Th. gespart, die die Uniform
kosten sollten, u. gebene doch eine so genal wie die der
andere. — Pall sent die Vorstellung um genarpsyh
gegeben, daß dann eines des dem Gefolges des
Tönigs eroluf, der sie gewiß gt bestorgen wirkung

E. von Groote, Tagebucheintrag vom 31. Dez. 1817
(HAStK, Best 1552, A 1/16–31; Bl. 8r)

Anhang

Bibliografie

Archive

Archiv der Evangelischen Kirche Köln
Archiv Haus Londorf, Herr von Groote
Archiv Haus Rankenberg, Herr von Kempis
Archiv von Mirbach-Harff
Archiv Wolff Metternich zur Gracht
Beethoven-Haus Bonn
Brandenburgisches Landeshauptarchiv Potsdam
Brüder Grimm-Museum Kassel
Geheimes Staatsarchiv Preußischer Kulturbesitz Berlin
Graphische Sammlung, Stiftung preußische Schlösser und Gärten Berlin-Brandenburg, Potsdam
Historisches Archiv der Stadt Köln
Historisches Archiv des Erzbistums Köln
Landesarchiv Nordrhein-Westfalen, Abteilung Rheinland
Landesarchiv Thüringen-Hauptstaatsarchiv Weimar, Nachlass A. H. Simon
New York Public Library, Bestand Ludwig Spohr
Pfarrarchiv St. Walburga, Walberberg
Privatarchiv der Grafen zu Solms-Laubach, Laubach
Rheinisch-Westfälisches Wirtschaftsarchiv zu Köln
Staatsarchiv Münster, Nachlass, F. A. Graf von Spiegel
Stadtarchiv Hürth
Thüringisches Hauptstaatsarchiv Weimar
Universitätsbibliothek Marburg, Nachlass Friedrich Carl von Savigny
Universitäts- und Landesbibliothek Bonn, Autographensammlung
Universitäts- und Landesbibliothek Münster, Nachlass K. Schulte-Kemminghausen
Universitäts- und Stadtbibliothek Köln, Totenzettel-Sammlung
Vereinigte Westfälische Adelsarchive, Nachlass Freiherr vom Stein
Wissenschaftliche Bibliothek der Stadt Trier

In Tagebuch, Briefen und Schriften ausdrücklich genannte Literatur bzw. die Literatur, auf die sich Eberhard von Groote vermutlich bezog

Allgemeines Verzeichniß der Bücher, welche in der Frankfurter und Leipziger Ostermesse des 1817 Jahres entweder ganz neu gedruckt, oder sonst verbessert wieder aufgelegt worden sind, auch inskünftige noch herauskommen sollen, Leipzig [1817]
Augustini de singularitate Clericorum, Colonia per Obicium Ulrich Zel 1467

Bossart, Peter Anton, Securis ad radicem posita, oder Gründtlicher Bericht Loco libelli, Warin der Statt Cöllen am Rhein Ursprung und Erbawung klär- und umbständlich vorgestellt, auch ferner angewiesen ist, wasmassen dieselbe darsieder biß ins fünffte Saeculum in der Römischen Kayseren Beherrschung gestanden, Bonn 1687

Büsching, Johann Gustav Gottlieb (Hg.), Wöchentliche Nachrichten für Freunde der Geschichte, Kunst und Gelahrtheit des Mittelalters, Breslau 1816/1817

Butte, Wilhelm, Grundlagen der Arithmetik des menschlichen Lebens, nebst Winken für deren Anwendung auf Geographie, Staats- und Natur-Wissenschaft, Landshut 1811

Carové, Friedrich Wilhelm, Erster Vortrag am 28. Februar 1817 bei Darstellung eines Verfassungs-Entwurfs für eine allgemeine Burschenschaft zu Heidelberg, Heidelberg 1817

Creuzer, Georg Friedrich, Ueber einige mythologische und artistische Schriften Schellings, Ouvaroffs, Millins und Welckers, in: Heidelbergische Jahrbücher der Litteratur, 1817, Nr. 47–52, S. 737–823

Delbrück, [Johann Friedrich] Ferdinand, Ein Gastmahl. Reden und Gespräche über die Dichtkunst, Berlin 1809

Denoel, Mathias Joseph, Uebersicht der Ausstellung von Kölnischen Industrie- und Kunst-Erzeugnissen, welche während der Anwesenheit Sr. Majestät des Königs auf dem hiesigen Rathhause Statt hatte, Teil 1, in: Beiblatt der Kölnischen Zeitung, Nr. 19, 12. Okt. 1817; Teil 2, in: Beiblatt der Kölnischen Zeitung, Nr. 20, 19. Okt. 1817

Die Gedichte Ossians. Englisch und deutsch. Neue Verdeutschung von J. F. Arnauld de la Perière, königl. Regierungs-Sekretär, 3 Bände, Köln, Verlag H. Rommerskirchen 1817

Die geuerlicheiten vnd eins teils der geschichten des loblichen streytparen vnd hochberümbten helds vnd Ritters herr Tewrdannckhs, Nürnberg 1517

Grimm, Jacob, Rezension zu Teuto, oder Urnamen der Deutschen, gesammelt und erklärt von Georg Wilh. Frieder. Beneken, Prediger zu Nienhagen bey Zelle, Erlangen 1816 (in: Heidelbergische Jahrbücher der Litteratur, Nr. 56, 1817, S. 889–892

Dumbeck, Franz Joseph, Geographia pagorum vetustae Germaniae cisrhenanorum, Berlin 1818

Faber, Hermann Joseph Gottfried (Hg.), Binger Casinokalender, Kreuznach 1816

Fiorillo, Johann Dominicus, Geschichte der zeichnenden Künste in Deutschland und den vereinigten Niederlanden, Bd. 1, Hannover 1815; Bd. 2, Hannover 1817

Fouqué, Friedrich de la Motte, Undine, Berlin 1811

Fucker, Mertin, Dit is der koninglicher richsdach in der hilliger Stat Coellen up dem Rijne, Coellen 1505

Görres, Joseph, Mythengeschichten der asiatischen Welt, Heidelberg 1810

Görres, Joseph (Hg.), Altteutsche Volks- und Meisterlieder aus den Handschriften der Heidelberger Bibliothek, Frankfurt a. M. 1817

Goethe, Johann Wolfgang von, Bekenntnisse einer schönen Seele. Sechstes Buch des Romans Wilhelm Meisters Lehrjahre, Frankfurt/Leipzig 1795

Goethe, Johann Wolfgang von, Die natürliche Tochter, Trauerspiel; uraufgeführt 1803 in Weimar; gedruckt 1803

Goethe, Johann Wolfgang von, Ueber Kunst und Alterthum in den Rhein und Mayn Gegenden, 1. Bd., 1. u. 2. Heft, Stuttgart 1816 u. 1817

Grimm, Brüder (Hg.), Altdeutsche Wälder, Bd. 1, Kassel 1813; Bd. 2 u. 3, Frankfurt 1815 u. 1816

Grimm, Brüder (Hg.), Deutsche Sagen, Bd. 1, Berlin 1816

Hagen, Friedrich Heinrich von der/Johann Gustav Büsching, Literarischer Grundriß zur Geschichte der Deutschen Poesie von der ältesten Zeit bis in das sechzehnte Jahrhundert, Berlin 1812

Hebel, Johann Peter, Allemannische Gedichte. Für Freunde ländlicher Natur und Sitten, Karlsruhe 1803

Hontheim, Johann Nikolaus von, Historia Trevirensis diplomatica et pragmatica, 3 Bde., Augsburg 1750

Hontheim, Johann Nicolaus, Prodromus Historiae Trevirensis diplomaticae et pragmaticae exhibens origines Trevericas, 2. Bde., Augsburg 1757

Klinger, Friedrich Maximilian, Fausts Leben, Thaten und Höllenfahrt, Leipzig 1791

Mechel, Christian von (Hg.), Lucas Cranach's Stammbuch enthaltend die von Ihm selbst in Miniatur gemahlte Abbildung des den Segen ertheilenden Heilandes und die Bildnisse der vorzüglichsten Fürsten und Gelehrten der Reformations-Geschichte. Nebst kurzen biographischen Nachrichten von denselben, den Handschriften der vier Theologen und dem Vorladungs- und Sicherheitsbrief Kaiser Carl V., wodurch Luther auf den Reichstag zu Worms entboten ward, Berlin 1814

Mechel, Christian von, Die Eiserne Hand des tapfern deutschen Ritters Götz von Berlichingen wie selbige noch bei seiner Familie in Franken aufbewahrt wird, sowohl von Aussen als von Innen dargestellt, nebst der Erklärung ihres für jene Zeiten von fast dreihundert Jahren sehr merkwürdigen Mechanismus; ferner einer kurzen Lebensgeschichte des Ritters besonders in Bezug auf die Hand, und endlich der Denkschrift, die bei der Hand verwahrt wird, theils in Versen theils in Prosa, zu Ehren der Hand von den besten Dichtern verfasset, Berlin 1815

Minola, Alexander Bertram, Kurze Uebersicht dessen, was sich unter den Römern seit Jul. Cäsar bis auf die Eroberung Galliens durch die Franken am Rheinstrome Merkwürdiges ereignete. Mit besonderer Hinsicht auf die vaterländischen Alterthümer, zweyte vermehrte und verbesserte Auflage, bei J. Mathieux Köln 1816; (1. Auflage Thal Ehrenbreitstein 1804)

Mnemosyne. Taschenbuch des Andenkens. Erstes Heft, zum Besten der Armen, Berlin 1817

Raumer, Friedrich von, Gewisheit eines hochberühmten Deutschen Künstlers aus Köln in Italien im dreizehnten Jahrhundert, in: J. G. G. Büsching, Wöchentliche Nachrichten für Freunde der Geschichte, Kunst und Gelahrtheit des Mittelalters, 1. Jg., 42. Stück, 17. Weinmonat 1816, S. 241–248

Rippel, Gregorius, Alterthumb, Ursprung und Bedeutung aller Ceremonien, Gebräuchen und Gewohnheiten der H. Catholischen Kirchen: welche in und ausser denen Kirchen bey allen Gottesdiensten Genuß der H.H. Sacramenten, Andachten, Processionen, Weihungen und anderen Solennitäten das Jahr hindurch auff Sonn- und Feyertäg wie auch zu allen anderen Zeiten üblich [...]. In drey Theil getheilt und beschrieben, Straßburg 1723

Ruckstuhl, Carl, Von der Ausbildung der Teutschen Sprache, Beziehung auf neue, dafür angestellte, Bemühungen, in: Nemesis. Zeitschrift für Politik und Geschichte. Achter Band, III. Stück, 1816, S. 337–386

Ruckstuhl, Karl, Prolog auf die Errichtung eines Turnplatzes zum Schluß des Schuljahrs und zur Feyer der Herbst-Prüfung 1817 am Königlichen Gymnasium zu Bonn, Bonn 1817

Schedel, Hartmann, Register des Buchs der Croniken und Geschichten mit Figuren und Pildnussen von Anbeginn der Welt bis auf dise unnsere Zeit, Nürnberg 1493

Schelling, Friedrich Wilhelm Joseph, Ueber die Gottheiten von Samothrace. Eine Abhandlung in der zur Feyer des Allerhöchsten Namensfestes Sr. Majest. des Königes von Baiern gehaltenen öffentlichen Versammlung der Akademie der Wissenschaften, am 12. Oct. 1815, Stuttgart/Tübingen 1815

Schelver, Franz Joseph, Von dem Geheimniße des Lebens, Frankfurt a. M. 1815

Schlegel, Friedrich Wilhelm (Hg.), Deutsches Museum, 4 Bände, Wien 1812–1813

Schlosser, Christian Friedrich, Ständische Verfassung, ihr Begriff, ihre Bedingung, Frankfurt am Mayn 1817

Schlosser, Christian Friedrich (Hg.), Ueber Staatsverfassung und Staatsverwaltung. Aus dem Französischen von Fiévée übersetzt und mit Anmerkungen begleitet, Erstes Bändchen, Frankfurt a. M. 1816

Schlosser, Johann Friedrich Heinrich, Ueber das Verhältniss der Justizverwaltung zu dem Ganzen der öffentlichen Verwaltungszweige in Frankfurt, Frankfurt a. M. 1816

Schlosser, Johann Friedrich Heinrich, Geschichtliche und rechtliche Darstellung der in dem Fürstlich-Lippe-Detmoldischen Lande rechtmäßig und vertragsmäßig bestehenden, jedoch dem Lande willkührlich vorenthaltenen Landständischen Verfassung und der pflichtmäßigen aber vergeblichen Schritte der Landstandschaft die Wiederherstellung derselben herbeyzuführen. – Der Hohen Deutschen Bundes-Versammlung mit angehängter Bitte ehrerbietigst überreicht von dem Bevollmächtigten der Landstände von Ritterschaft und Städten des Fürstenthums Lippe-Detmold, Frankfurt a. M. 1817

Schubert, Gotthilf Heinrich, Ansichten von der Nachtseite der Naturwissenschaft, Dresden 1808

Schubert, Gotthilf Heinrich, Altes und Neues aus dem Gebiet der innren Seelenkunde, Bd. 1, Leipzig 1817

Steffens, Heinrich, Die gegenwärtige Zeit und wie sie geworden mit besonderer Rücksicht auf Deutschland, 2 Theile, Berlin 1817

Stolberg, Friedrich Leopold zu, Leben Alfred des Grossen, Königes in England, Münster 1815

Tacitus, Werke. Deutsch mit Abhandlungen u. Anmerkungen von Karl Ludwig von Woltmann, 6 Bde., Berlin 1811

Tiedemann, Friedrich, Anatomie und Bildungsgeschichte des Gehirns im Foetus des Menschen: nebst einer vergleichenden Darstellung des Hirnbaues in den Thieren, Nürnberg 1816

Wilken, Friedrich, Geschichte der Bildung, Beraubung und Vernichtung der alten Heidelbergischen Büchersammlungen: ein Beytrag zur Literärgeschichte vornehmlich des funfzehnten und sechszehnten Jahrhunderts; nebst einem [...] Verzeichniß der im Jahr 1816 von dem Papst Pius VII. der Universität Heidelberg zurückgegebenen Handschriften und einigen Schriftproben, Heidelberg 1817

In Tagebuch, Briefen und Schriften von Eberhard von Groote erwähnte Schauspiele, Opern und Singspiele

Babo, Joseph Marius, Otto von Wittelsbach, Pfalzgraf in Bayern. Ein vaterländisches Trauerspiel in fünf Aufzügen, gedruckt: Berlin/Leipzig 1782

Drieberg, Friedrich von, Der Sänger und der Schneider, Singspiel in einem Aufzuge, Libretto: Julius von Voß, Uraufführung 1814

Iffland, August Wilhelm, Dienstpflicht, Schauspiel in fünf Aufzügen, Uraufführung 1795

Kleist, Heinrich von, Käthchen von Heilbronn, Schauspiel, Uraufführung 1810

Kurländer, Franz August von, Der Lügner und sein Sohn. Eine Posse in einem Aufzuge nach Jean-François Collin d'Harleville (1791); frei bearbeitet von Franz August von Kurländer, Uraufführung 1811

Müllner, Adolph, Die Schuld, Uraufführung 1813

Schiller, Friedrich von, Die Verschwörung des Fiesco zu Genua. Ein Republikanisches Trauerspiel, Uraufführung 1783

Schiller, Friedrich von, Wallensteins Tod. Trauerspiel in fünf Aufzügen, Uraufführung 1799

Schiller, Friedrich von, Maria Stuart. Trauerspiel in fünf Aufzügen, Uraufführung 1800

Schletter, Salomo Friedrich, Der Dienstfertige, oder Er mengt sich in Alles. Ein Lustspiel in drey Aufzügen, Uraufführung 1781

Sesso, Karl Borromäus Alexander, Unser Verkehr oder Die Judenschule, eine Posse in 1 Act, Uraufführung 1813, gedruckt: 4. Aufl., 1817

Törring-Seefeld, Joseph August von, Kaspar der Thorringer. Ein vaterländisches Ritter-Schauspiel in 5 Aufzügen, gedruckt: Leipzig/Wien 1785

Weigl, Joseph, Die Schweizer Familie, Singspiel; Libretto: Ignaz Franz Castelli, Uraufführung 1809

In Tagebuch, Briefen und Schriften von Eberhard von Groote genannte Gemälde, die zweifelsfrei identifiziert werden konnten

Benedikt Beckenkamp, Zwei Kopien eines Porträts von August Wilhelm Anton Graf Neidhardt von Gneisenau 1817 nach einem Originalgemälde von François-Josèphe Kinson/Kinsoen 1815; die Kopien gelten als verschollen

Benedikt Beckenkamp, Porträt der Clara Henriette Wilhelmine Franziska (Jette) von Ammon, 1817; befindet sich heute in Privatbesitz

Benedikt Beckenkamp, Porträt der Luise Agnes Margarete von Ammon (1817?); der Verbleib ist unbekannt

Petrus Christus, Der Heilige Eligius in seiner Werkstatt, 1448; heute im Metropolitan Museum, New York

Matthias Joseph Denoël, Allegorische Figur der Colonia, 1817; heute in der Graphischen Sammlung, Stiftung preußische Schlösser und Gärten Berlin-Brandenburg, ausgestellt im Schloss Charlottenhof, Potsdam

Maximilian Heinrich Fuchs, Die Abtei Altenberg nach dem Brand von Süden, aquarellierte Federzeichnung, 1817; heute in der Graphischen Sammlung, Stiftung preußische Schlösser und Gärten Berlin-Brandenburg Potsdam

Charles Lebrun, Die Familie Jabach, 1660; das Original ist heute im Metropolitan Museum, New York; die zweite Ausfertigung verbrannte im 2. Weltkrieg in Berlin

Stephan Lochner, Die Muttergottes in der Rosenlaube, um 1440–42; heute im Wallraf-Richartz Museum & Fondation Corboud

Stephan Lochner, Altar der Stadtpatrone/Dreikönigsaltar/Dombild, um 1445; heute im Kölner Dom

Meister der Lyversberg-Passion (zugeschrieben), Marienaltar, Triptychon, 1463; heute in der Pfarrkirche St. Marien in Linz am Rhein

Meister der Lyversberg-Passion, Passionsaltar, um 1465; heute im Wallraf-Richartz-Museum & Fondation Corboud

Hans Memling, Die Anbetung der Heiligen Drei Könige, Triptychon, 1479; heute im Museum Sint-Janshospitaal, Brügge

Hans Memling, Jungfrau mit dem Kinde: Linke Tafel des Diptychons des Maarten van Nieuwenhove, 1487; rechte Tafel Porträt des Donators Maarten van Nieuwenhove, 1487; heute im Museum Sint-Janshospitaal, Brügge

Hans Memling, Sechs Gemälde zum Martertod der Heiligen Ursula auf einem Reliquienschrein, 1482–1489; heute im Museum Sint-Janshospitaal, Brügge

Salvator Rosa, Der Heilige Hieronymus; der Verbleib ist unbekannt

Peter Paul Rubens, Die Kreuzigung des Heiligen Petrus, um 1638; heute in der Kirche St. Peter, Köln

Peter Paul Rubens, Die Himmelfahrt Mariae, 1616/18; heute im Kunstpalast Düsseldorf

Peter Paul Rubens, Löwenhatz, 1618/19; heute in der National Gallery, London

Diego Velazquez, Junger Edelmann in ganzer Figur; der Verbleib ist unbekannt

J. B. Nicolaus Zimmermann, Zwei Kopien nach dem Altar der Stadtpatrone/Dreikönigenaltar/Dombild von Stephan Lochner („Marie mit dem Kind in kleinerem Maßstab"), um 1817; der Verbleib der Kopien ist unbekannt

Zeitungen und Zeitschriften

Aachener Intelligenz-Blatt, 1817
Allgemeine musikalische Zeitung, 1815
Amts-Blatt der Königlichen Regierung zu Coblenz, 1817
Amtsblatt der Königlichen Regierung zu Köln, 1816, 1817

Beiblatt der Kölnischen Zeitung, 1817
Berlinische Nachrichten von Staats- und gelehrten Sachen, 1817
Bonner Wochenblatt, 1817
Colonia. Ein Unterhaltungsblatt für gebildete Leser, 1818, 1821, 1822
Der Verkündiger, 1806, 1816, 1817
Deutscher Beobachter oder privilegirte hanseatische Zeitung, 1817
Heidelbergische Jahrbücher der Litteratur, 1817
Isis oder Encyclopädische Zeitung, 1817
Jenaische Allgemeine Literatur-Zeitung, 1817
Kölnische Zeitung, 1805, 1816, 1817, 1818
Magdeburgische Zeitung, 1817
Mainzer Zeitung, 1817
Morgenblatt für gebildete Stände, 1817, 1821
Nemesis. Zeitschrift für Politik und Geschichte, 1817
Niederrheinisches Archiv für Gesetzgebung, Rechtswissenschaft und Rechtspflege, 1817, 1818
Provinzial-Blätter für die Preussischen Länder am Rhein und in Westphalen, 1817
Rheinische Blätter, 1817, 1818
Welt- und Staatsbote zu Köln, 1817
Wöchentliche Nachrichten für Freunde der Geschichte, Kunst und Gelahrtheit des Mittelalters, 1817

Kölner Adressbücher

Gemeinnüziger, zur grösten Bequemlichkeit der Inn- und Aus-Städtischen eingerichteter Adresse-Kalender der Stadt Köllen. Mit Obrigkeitlicher Freyheit. Köllen, in dem Bureau des französischen Journals 1795
Verzeichnus der Stadt-Kölnischen Einwohner, nebst Bemerkung [...] zum grösten Nutzen der In- und Auswaertigen herausgegeben. Mit Obrigkeitlicher Erlaubnis, Kölln 1797
Verzeichnus der Stadt-Kölnischen Einwohner, nebst Bemerkung [...] zum grösten Nutzen der Einwohner und Fremden herausgegeben. Mit obrigkeitlicher Erlaubniss, Köln 1798
Itinéraire de Cologne, hrsg. v. Th. F. Thiriart, Cologne 1813
Adress-Buch oder Verzeichniss der Einwohner der Stadt Cöln, hrsg. v. Th. F. Thiriart, Cöln 1822

Gedruckte Quellen und Literatur

A
Abt, Josef/Wolfgang Vomm, Der Kölner Friedhof Melaten. Begegnung mit Vergangenem und Vergessenem aus rheinischer Geschichte und Kunst, Köln 1980
Adenauer, Konrad, Johann Peter Weyer (1794–1864), in: Rheinische Lebensbilder, Bd. 13, Köln 1993, S. 115–136

Aders, Günther, Die Düsseldorfer Erinnerungen des Freiherrn Ludwig Spies von Büllesheim (1785–1860), in Düsseldorfer Jahrbuch, Bd. 47, 1955, S. 144–176

Ahrendt, Tanja, 200 Jahre Kölner Gymnasial- und Stiftungsfonds. Die zentrale Verwaltung der Studienstiftungen und des alten Schulvermögens, in: Bildung stiften. Kölner Gymnasial- und Stiftungsfonds, hrsg. v. Kölner Gymnasial- und Stiftungsfonds, Köln 2000, S. 58–83

Aldenbrück, Augustin, De religione antiquorum Ubiorum, 1749

Aldenbrück, Augustin, De ponte Constantiniano Agrippinensi disquisitio historico-critica, 1767

Anonym, Die Wünsche und Hoffnungen der neupreussischen Staatsbürger in dem Großherzogthume Niederrhein und in den Herzogthümern Jülich, Cleve und Berg, bei Gelegenheit der für die Rhein-Provinzen verordneten Königlichen Immediat-Justiz-Commission. – Ein Seitenstück zu der jüngst erschienenen Schrift: „Die Wünsche der neuen Preussen bei der zu erwartenden Justiz-Reform in den Rheinländern". Von einem Rheinländer, Köln 1817

Anonym, Einige Worte über die von einem Pseudo-Neu-Preußen herausgegebenen Wünsche bei der zu erwartenden Justiz-Reform in den Rheinländern, Köln 1816

Apel, Hans-Jürgen/Michael Klöcker, Schulwirklichkeit in Rheinpreußen. Analysen und neue Dokumente zur Modernisierung des Bildungswesens in der ersten Hälfte des 19. Jahrhunderts, Köln/Wien 1986

Apel, Hans-Jürgen, Karl Friedrich August Grashof (1770–1841), in: Rheinische Lebensbilder, Bd. 11, 1988, S. 101–124

Arlt, Joachim (Hg.), Das Lippesche Landhaus Bonn-Oberkassel, Stuttgart 1982

Arndt, Ernst Moritz, Rheingruß dem Kronprinzen von Preussen bei Seiner Anwesenheit in Bonn und Köln in den ersten Tagen des Augusti, Köln 1817

Arndt, Ernst Moritz, Erinnerungen aus dem äußeren Leben, Leipzig 1840

Arndt, Ernst Moritz, Nothgedrungener Bericht aus seinem Leben und aus und mit Urkunden der demagogischen und antidemagogischen Umtriebe, 1. Teil, Leipzig 1847

Arntz, Ludwig/Hugo Rahtgens/Heinrich Neu/Hans Vogts (Bearb.), Die kirchlichen Denkmäler der Stadt Köln, Düsseldorf 1934

Arntz, Ludwig/Heinrich Neu/Hans Vogts (Bearb.), Die Kunstdenkmäler der Stadt Köln, Ergänzungsband, Düsseldorf 1937

Asaria, Zvi (Hg.), Die Juden in Köln, von den ältesten Zeiten bis zur Gegenwart, Köln 1959

Ascher, Saul, Die Germanomanie. Skizze zu einem Zeitgemälde, Berlin 1815

Ascher, Saul, Die Wartburgs-Feier. Mit Hinsicht auf Deutschlands religiöse und politische Stimmung, Leipzig 1818

Asmus, Helmut, Die studentischen Burschenschaften in der Auseinandersetzung um die bürgerliche Umgestaltung Deutschlands, in: Studentische Burschenschaften und bürgerliche Umwälzung. Zum 175. Jahrestag des Wartburgfestes, hrsg. v. Helmut Asmus, Berlin 1992, S. 11–35

B

Bär, Max, Die Behördenverfassung der Rheinprovinz seit 1815, Bonn 1919

Bär, Max, Aus der Geschichte der Stadt Koblenz 1814–1914, Koblenz 1922

Bärsch, Georg Friedrich, Erinnerungen aus meinem vielbewegten Leben. Als Manuscript für meine Freunde, Aachen 1856

Baldus, Manfred, Rechtsgeschichtliche Anmerkungen zu Stefan Lochners Altar der Stadtpatrone, in: Kölner Domblatt, Bd. 75, 2010, S. 203–225

Bank, Matthias von der/Hildegard Brog/Marcus Leifeld, ‚Freiheit und Gleichheit im Narrentum'. Das Bild Napoleons und Frankreichs im rheinischen Karneval des 19. Jahrhunderts, in: Frankreich am Rhein. Die Spuren der „Franzosenzeit" im Westen Deutschlands, hrsg. v. Kerstin Theis/Jürgen Wilhelm, Köln 2009, S. 95–117

Barry, Henry, Excursion to the Rhine. Eines englischen Landpfarrers Eindrücke von Köln im Jahre 1822, hrsg. v. Josef Giesen, in: Jahrbuch des Kölnischen Geschichtsvereins, Heft 14, 1932, S. 185–223

Barthelemy, Eric (Bearb.), Findbuch zum Bestand 3.01 Adelsarchiv von Groote, Hürth 1996

Barthelemy, Eric, Die rheinische Adelsfamilie von Groote und ihr Familienarchiv im Stadtarchiv Hürth, in: Hürther Heimat, Bd. 77, Jg. 1998, S. 7–13

Bartsch, Gisela, Johann Balthasar Kreuser (1795–1870) – ein Beitrag zu seiner Biographie, in: Jahrbuch des Kölnischen Geschichtsvereins, Heft 62, 1991, S. 174–222

Baudin, Helma, Kirchliche und weltliche Aspekte in Stefan Lochners Altar der Kölner Stadtpatrone, in: Stefan Lochner. Meister zu Köln. Herkunft – Werke – Wirkung. Eine Ausstellung des Wallraf-Richartz-Museums Köln, hrsg. v. Frank Günter Zehnder, Köln 1993, S. 215–220

Bauer, Joachim/Carmen Kohls, Köln unter französischer und preußischer Herrschaft, in: Vom Botanischen Garten zum Großstadtgrün. 200 Jahre Kölner Grün, hrsg. v. Werner Adams/Joachim Bauer, Köln 2001, S. 18–24

Bauer, Wilhelm, Der Rhein und seine Ufer bei Köln von der französischen Zeit bis zum Beginn der Stadterweiterung (1794–1881), in: Neue Werft- und Hafen-Anlagen zu Köln, Köln 1898, S. 31–46

Baum, Dajana, Johann Friedrich Benzenberg (1777–1846). „Doktor der Weltweisheit" und „Professor der Konstitutionen". Verfassungskonzeptionen aus der Zeit des ersten preussischen Verfassungskampfes, Essen 2008

Baumeister, Wilhelm, Das Jabachsche Familienbild im Berliner Museum, in: Wallraf-Richartz-Jahrbuch, Bd. 10, 1938, S. 195–205

Baumstark, Reinhold, Souverän gewünscht und formvollendet erhalten. Das Galeriewerk des Christian von Mechel und des Nicolas de Pigage, in: La Galerie électorale de Dusseldorff. Die Gemäldegalerie des Kurfürsten Johann Wilhelm von der Pfalz in Düsseldorf, Nachdruck der Ausgabe Basel 1778, München 2009, S. 7–27

Bayer, Josef (Hg.), Köln um die Wende des 18. und 19. Jahrhunderts (1770–1830). Geschildert von Zeitgenossen, Köln 1912

Bayer, Josef, Matthias Joseph DeNoël und seine Dichtungen in Kölnischer Mundart, in: Beiträge zur Kölnischen Geschichte, Sprache, Eigenart, Bd. 1, Heft 4 u. 5, Mai 1915, S. 191–273

Bayer, Josef, Die Franzosen in Köln. Bilder aus den Jahren 1794–1814, Köln 1925

Bayrhammer, Joseph Carl, Erinnerungen an nahrhafte Pflanzen, welche im Brode genossen, einen Theil des Brodkorns ergänzen, und in ganz Europa theils wild wachsen, theils als Gemüse und Futterkräuter in großer Anzahl gebaut werden, Nürnberg 1817

Becker, Andreas, Napoleonische Elitenpolitik im Rheinland. Die protestantische Geistlichkeit im Roerdepartement 1802–1814, Köln/Weimar/Wien 2011

Becker-Jákli, Barbara, Die Protestanten in Köln. Die Entwicklung einer religiösen Minderheit von der Mitte des 18. Jahrhunderts bis zur Mitte des 20. Jahrhunderts, Köln 1983

Becker-Jákli, Die Antoniterkirche – erste Evangelische Kirche in Köln, in: 600 Jahre Antoniterkirche in Köln 1384–1984, hrsg. v. der Evangelischen Gemeinde Köln, Köln 1984, S. 33–49

Becker-Jákli, Barbara, Köln um 1825 – ein Arzt sieht seine Stadt. Die medizinische Topographie der Stadt Köln von Dr. Bernhard Elkendorf, Köln 1999

Becker-Jákli, Barbara, Der jüdische Friedhof Köln-Bocklemünd. Geschichte, Architektur und Biografien, Köln 2016

Becker-Jákli, Barbara/Alwin Müller, Zur Religionszugehörigkeit Kölner Unternehmer (1810 bis 1870), in: Kölner Unternehmer und die Frühindustrialisierung im Rheinland und in Westfalen (1835–1871), hrsg. v. Rheinisch-Westfälischen Wirtschaftsarchiv zu Köln, Köln 1984, S. 217–231

Beckmann, Johannes, „Die ganze Bewegung war die Bewegung aufsteigender Elemente." Neue Forschungen zur Familie und Jugend von Friedrich Joseph Haas (1780–1853), in: Medizingeschichte in Schlaglichtern. Beiträge des „Rheinischen Kreises der Medizinhistoriker", hrsg. v. Dominik Groß/Axel Karenberg u.a., Kassel 2011, S. 145–178

Becks, Leonie/Rolf Lauer, Die Schatzkammer des Kölner Domes, Köln 2000

Becks, Leonie/Matthias Deml/Klaus Hardering (Hg.), Caspar – Melchior – Balthasar. 850 Jahre Verehrung der Heiligen Drei Könige im Kölner Dom, Köln 2014

Beer, Manuela/Iris Metje/Karen Straub u.a. (Hg.), Die Heiligen Drei Könige. Mythos, Kunst und Kult. Katalog zur Ausstellung im Museum Schnütgen Köln 2015, München 2014

Behr, Hans-Joachim (Hg.), Karl Freiherr von Müffling. Offizier – Kartograph – Politiker (1775–1851). Lebenserinnerungen und kleinere Schriften, Köln 2003

Bellot, Christoph, St. Kolumba, in: Colonia Romanica, X (Kölner Kirchen und ihre mittelalterliche Ausstattung, Bd. 1), Köln 1995, S. 241–255

Bellot, Christoph, Für Auge und Verstand. Grafische Sammlung und physikalisches Kabinett des ehemaligen Kölner Jesuitenkollegs, in: Bildung stiften. Kölner Gymnasial- und Stiftungsfonds, hrsg. v. Kölner Gymnasial- und Stiftungsfonds, Köln 2000, S. 120–147

Bellot, Christoph, St. Gereon, in: Colonia Romanica, XVI/XVII (Kölner Kirchen und ihre Ausstattung in Renaissance und Barock, Bd. 1), Köln 2001/2002, S. 33–102

Bellot, Christoph, Ehemalige Jesuitenkirche St. Mariae Himmelfahrt Köln, Lindenberg 2015

Bemmann, Katrin, Die katholische Kirchenmusik Johann Gottlieb Naumanns (1741–1801). Ein Beitrag zur Überlieferungs- und Rezeptionsgeschichte, Hamburg 2008

Bendel, Johann, Die Gottestracht zu Mülheim am Rhein, Mülheim am Rhein 1914

Bendel, Johann (Hg.), Köln-Mülheim in der Franzosenzeit oder Das Tagebuch des Hofkammerrats K. J. Z. Bertoldi, 1802–1824, Köln-Mülheim 1925; Faksimiledruck: Köln 1974

Benecke, Georg Friedrich/Karl Lachmann (Hg.), Iwein. Der Riter mit dem Lewen getihtet von dem Hern Hartman Dienstman ze Ouwe, Berlin 1827

Beneken, Georg Wilhelm Friedrich, Teuto, oder Urnamen der Deutschen gesammelt und erklärt, Erlangen 1816

Bennemann, Nils, Rheinwissen. Die Zentralkommission für die Rheinschifffahrt als Wissensregime, 1817–1880, Göttingen 2021

Benzenberg, Johann Friedrich, Der Dom in Cöln. Mit 2 Kupfern vom Prof. Thelott, Dortmund 1810

Benzenberg, Johann Friedrich, Wünsche und Hoffnungen eines Rheinländers, I. Heft, Paris 1815

Berghausen, Gregor, Wirtschaftliche Verflechtungen der Kölner Sammler zwischen der französischen Besetzung Kölns und dem Vormärz, in: Lust und Verlust. Kölner Sammler zwischen Trikolore und Preußenadler, hrsg. v. Hiltrud Kier/Frank Günter Zehnder, Köln 1995, S. 149–162

Bergmann, Ulrike, Die Goldene Kammer in St. Ursula, in: Colonia Romanica, XI (Kölner Kirchen und ihre mittelalterliche Ausstattung, Bd. 2), Köln 1996, S. 225–231

Berkenkamp, Wilhelm Anton, Catalogus Plantarum Horti Botanici Coloniensis, bei Th. Fr. Thiriat, Coloniae Agrippinae 1816

Beschreibung einiger im Kabinette des verstorbenen Hermann Isaac van Aussem, auf dessen Gute Drimborn bei Aachen befindlichen Alterthümer, in: Vaterländische Chronik der Königlich-Preußischen Rhein-Provinzen im Allgemeinen und der Stadt Köln insbesondere. Eine Zeitschrift in zwanglosen Heften, hrsg. v. Johann Wilhelm Brewer, Köln 1825, S. 201–205

Beusch, Carl Heiner, Adlige Standespolitik im Vormärz: Johann Wilhelm Graf von Mirbach-Harff (1784–1849), Münster 2001

Beyrer, Klaus (Hg.), Zeit der Postkutschen. Drei Jahrhunderte Reisen 1600–1900, Karlsruhe 1992

Bezold, Friedrich von, Geschichte der Rheinischen Friedrich-Wilhelms-Universität von der Gründung bis zum Jahre 1870, Bonn 1920

Bianco, Franz Joseph von, Versuch einer Geschichte der ehemaligen Universität und der Gymnasien der Stadt Köln, so wie der an diese Lehr-Anstalten geknüpften Studien-Stiftungen, von ihrem Ursprunge bis auf die neuesten Zeiten, in zwei Theilen, Köln 1833

Binder, Franz, Erinnerungen an Marie Görres, 1. Teil, in: Historisch-politische Blätter für das katholische Deutschland, Bd. 70, München 1872, S. 397–419

Binder, Franz (Hg.), Joseph von Görres, Gesammelte Briefe, Bd. 2, Freundesbriefe (Von 1802–1821), München 1874

Blöcker, Susanne, Matthias Joseph De Noël (1782–1849). Sammler und Bewahrer Kölnischer Altertümer, in: Lust und Verlust. Kölner Sammler zwischen Trikolore und Preußenadler, hrsg. v. Hiltrud Kier/Frank Günter Zehnder, Köln 1995, S. 457–472

Blöcker, Susanne, Die Antikensehnsucht der Sibylle Mertens-Schaaffhausen (1797–1857), in: Lust und Verlust. Kölner Sammler zwischen Trikolore und Preußenadler, hrsg. v. Hiltrud Kier/Frank Günter Zehnder, Köln 1995, S. 283–302

Blöcker, Susanne, „Ehr sitt doch als Docter ne krestelich Mann". „Medizinae Doctor Joseph Kerp": Wundarzt und Sammler (1773–1841), in: Lust und Verlust. Kölner Sammler zwischen Trikolore und Preußenadler, hrsg. v. Hiltrud Kier/Frank Günter Zehnder, Köln 1995, S. 377–378

Blöcker, Susanne, Der Ausverkauf der Kölner Schätze. Kunstwerke aus Kirchengütern im Zeitalter der Säkularisation, in: Klosterkultur und Säkularisation im Rheinland, hrsg. v. Georg Mölich/Joachim Oepen/Wolfgang Rosen, Essen 2002, S. 373–394

Blunck, Jürgen, Das Kölner Pressewesen in der Napoleonischen Zeit, in: Jahrbuch des Kölnischen Geschichtsvereins, Heft 40, 1966, S. 51–105

Bock, Ulrich/Thomas Höltken, St. Ursula. 11 000 Jungfrauen im Veedel, in: Drunter und Drüber. Der Eigelstein, hrsg. v. Mario Kramp/Marcus Trier, Köln 2014, S. 82–87

Boebé, Sabine, Schloß Gracht in Erftstadt-Liblar, Neuss 1990

Boecker, Wilhelm Heinrich, Ueberbringungs- und Wiedereinführungs-Geschichte der Häupter und Gebeine der heiligen drey Könige. Wobey zugleich eine kurze Beschreibung des berühmten kölnischen Domgebäudes, der die heil. Gebeine umschliessenden prachtvollen Tumba, und andere darauf sich beziehende Gegenstände vorkommen. Gedruckt auf Kosten des Verfasser bey Erben Schauberg, Köln 1810

Böhm, Elga, Matthias Joseph De Noël (1782–1849), in: Rheinische Lebensbilder, Bd. 7, Köln 1977, S. 109–131

Böhm, Elga, Matthias Joseph De Noël (1782–1849). Erster Konservator des Kölner Museums „Wallrafianum", in: Wallraf-Richartz-Jahrbuch, Bd. 41, 1980, S. 159–221

Böhn, Georg Friedrich, Die preußische Verfassungsfrage, in: Zeugnisse rheinischer Geschichte. Urkunden, Akten und Bilder der Geschichte der Rheinlande. Redaktion Franz Josef Heyen/Wilhelm Janssen, Neuss 1982, S. 78–80

Börsch-Supan, Helmut/Arno Paffrath (Hg.), Altenberg im Bildwerk des 19. Jahrhunderts, Bergisch-Gladbach 1977

Boisserée, Sulpiz, Briefwechsel/Tagebücher, Bd. I u. II, Neudruck nach der 1. Aufl. von 1862, hrsg. v. Heinrich Klotz, Göttingen 1970

Boisserée, Sulpiz, Tagebücher 1808–1854, Bd. I (1808–1823), hrsg. v. Hans-Joachim Weitz, Darmstadt 1978

Boisserée, Sulpiz, Ansichten, Risse und einzelne Theile des Doms von Köln, mit Ergänzungen nach dem Entwurf des Meisters, nebst Untersuchungen über die alte Kirchen-Baukunst und vergleichenden Tafeln ihrer vorzüglichsten Denkmale, Stuttgart/Paris 1821

Boisserée, Sulpiz, Geschichte und Beschreibung des Doms von Köln, nebst Untersuchungen über die alte Kirchenbaukunst, als Text zu den Ansichten, Rissen und einzelnen Theilen des Doms von Köln, Stuttgart 1823

Boley, Karl H., Stifter und Stiftung v. Francken-Sierstorpff u. Rensing, Köln-Porz 1982

Boley, Karl H. Stiftungen des Kölner Gymnasial- und Stiftungsfonds, Sammelband 3, Bd. 14, Köln-Porz 1989

Boley, Karl H., Stiftungen des Kölner Gymnasial- und Stiftungsfonds, Bd. 4, Köln-Porz 1981

Bonati, Anton, Auszüge in alphabetischer Ordnung aus den königlich-preussischen Stempel-Gesetzen, Dorsten 1814

Bonnemann, Anne (Hg.), Zwischen antiquarischer Gelehrsamkeit und Aufklärung. Die Bibliothek des Kölner Universitätsrektors Ferdinand Franz Wallraf (1748–1824), Köln 2006

Bräuner, R., Geschichte der preußischen Landwehr. Historische Darstellung und Beleuchtung ihrer Vorgeschichte, Errichtung und späteren Organisation. Nach den besten vorhandenen Quellen, 2. Halbband, Berlin 1863

Brandts, Rudolf (Bearb.), Inventar des Archivs der Pfarrkirche St. Martin in Euskirchen, hrsg. v. Landschaftsverband Rheinland, Archivberatungsstelle, Düsseldorf 1956

Braubach, Max, Verschleppung und Rückführung rheinischer Kunst- und Literaturdenkmale 1794 bis 1815/1816, in: Annalen des Historischen Vereins für den Niederrhein, Heft 176, 1974, S. 93–153

Braubach, Max, Franz Peter Cassel und Franz Schmitz. Zwei Kölner aus dem Umkreis Wallrafs und der Boisserées, in: Annalen des Historischen Vereins für den Niederrhein, Heft 177, 1975, S. 333–375

Braubach, Max, Ernst Moritz Arndt (1769–1860), in: Rheinische Lebensbilder, Bd. 7, Köln 1977, S. 83–107

Braun, Martin Otto, An den Wurzeln der Tugend. Rheinischer Adel und Freimaurerei 1765–1815, München 2015

Braun, Martin Otto/Elisabeth Schläwe/Florian Schönfuß (Hg.), Netzbiographie – Joseph zu Salm-Reifferscheidt-Dyck (1773–1861), (DOI: https://dx.doi.org/10.18716/map/00005), in: mapublishing, 2014 (Abruf 22.05.2024)

Braunfels, Wolfgang, Sulpiz Boisserée (1783–1854), in: Rheinische Lebensbilder, Bd. 4, Düsseldorf 1970, S. 159–174

Breidenbend, Janine, Wallraf, Joseph Hoffmann und die Weimarer Preisaufgaben, in: Wallrafs Erbe. Ein Bürger rettet Köln (Wallraf im Fokus), Köln 2018, S. 188–196

Brewer, Johann Paul, Peter Anton Fonck und seine Vertheidiger, zur Rechtfertigung der Oeffentlichkeit der Gerichte und der Geschwornen-Anstalt gewürdigt von Johann Paul Brewer, Professor zu Düsseldorf, Köln 1823

Brewer, Johann Wilhelm, Augustin Aldenbrück's Geschichte des Ursprungs und der Religion der alten Ubier. Aus dem Lateinischen übersetzt und mit Zusätzen vermehrt von Joh. Wilh. Brewer, bei J. M. Heberle, Cöln 1819

Bringemeier, Martha, Priester- und Gelehrtenkleidung. Tunika, Sutane, Schaube, Talar. Ein Beitrag zu einer geistesgeschichtlichen Kostümforschung, Münster 1974

Brog, Hildegard, Was auch passiert: D'r Zoch kütt. Die Geschichte des rheinischen Karnevals, Frankfurt a. M. 2000

Brog, Hildegard, Die Roten Funken und die Preußen. Parodie und Wirklichkeit in der Festungsstadt Köln, in: Vom Stadtsoldaten zum Roten Funken. Militär und Karneval in Köln, hrsg. v. Heinz-Günther Hunold/Winfried Drewes/Michael Euler-Schmidt, Köln 2005, S. 157–181

Brog, Hildegard, Neue Herren übernehmen die Macht am Rhein. Die Hahnentorburg als Teil der preußischen Festungsstadt, in: Die Hahnentorburg, hrsg. v. Axel Schwarz u. Marcus Leifeld, Köln 2008, S. 64–85

[Bruch, Christian Gottlieb], Dem Andenken an J. C. Schug in Brühl geweiht, in: Beiblatt der Kölnischen Zeitung, Nr. 19 u. 20, 18. u. 25. Okt. 1819

Buck, Elmar, Theater in Köln: topographisch, in: Theater seit dem 18. Jahrhundert in Köln, hrsg. v. Elmar Buck/Bernd Vogelsang, Köln 1989, S. 56–73

Buck, Elmar/Bernd Vogelsang (Hg.), Theater seit dem 18. Jahrhundert in Köln, Köln 1989

Buck, Elmar/Daniela Franke u.a. (Hg.), Köln. Die Stadt und ihr Theater. Orte und Personen. Oper, Schauspiel, Tanz. Dokumente der theaterwissenschaftlichen Sammlung Schloss Wahn, Universität zu Köln, Kassel 2007

Büttner, Nils, Die Kreuzigung Petri im Kontext von Leben und Werk des Malers Rubens, in: Die Kreuzigung Petri von Rubens, hrsg. v. Andrea Pufke, Berlin/München 2022, S. 55–71

Busch, Johann Ludwig Theodor, Andachts-Buch zum Gebrauche der römischen Erzbruderschaft für die Seelenruhe der Verstorbenen in der Kirche am Elend in Köln. Verbessert und vermehrt von J. L. Th. Busch. Gedruckt bei J. G. Schmitz an den Minoriten. Verlegt von der Erzbruderschaft, Köln 1821

Busch, Tobias, Herrschen durch Delegation. Reichsgräfliche Herrschaft zu Ende des 17. und im 18. Jahrhundert am Beispiel der Reichsgrafschaft Solms-Rödelheim, Darmstadt/Marburg 2008

Buschmann, Joseph, Das höhere Schulwesen, in: Die Rheinprovinz 1815–1915. Hundert Jahre preußische Herrschaft am Rhein, Bd. 2, hrsg. v. Joseph Hansen, Bonn 1917, S. 26–56

Butenschön, Marianna, Die Preußin auf dem Zarenthron. Alexandra, Kaiserin von Russland, München 2011

Butte, Wilhelm, Grundlagen der Arithmetik des menschlichen Lebens, nebst Winken für deren Anwendung auf Geographie, Staats- und Natur-Wissenschaft, nebst IX Tabellen, Landshut 1811

Butte, Wilhelm, Politische Betrachtung über die großen Vortheile, welche die von Frankreich ausgegangene Verwüstung Europas in der besseren Zukunft gewähren kann und soll, Leipzig 1814

Butte, Wilhelm, Ideen über das politische Gleichgewicht von Europa mit besonderer Rücksicht auf die jetzigen Zeitverhältnisse, Leipzig 1814

Butte, Wilhelm, Erinnerungen an meine teutschen Landsleute, welche versucht seyn sollten aus Europa zu wandern, Köln 1816

Butte, Wilhelm, Einleitung zu den künftig zu liefernden Abhandlungen: über Theurung, Mangel, Getreide-Handel, Frucht-Sperre und verwandte Gegenstände im Allgemeinen, sodann insbesondere: über das am Rhein und in Westphalen instehende Mißjahr 1816 auf 1817, in: Provinzial-Blätter, Bd. 1, Heft 2, Köln 1817, S. 97–114

Butte, Wilhelm, Meine Ansicht, betreffend die Vervollständigung der in den Rhein-Provinzen und in Westphalen zur Verhütung des Mangels theils angekündigten und theils getroffenen Anstalten, in: Provinzial-Blätter, Bd. 1, Heft 2, Köln 1817, S. 115–150

Butte, Wilhelm (Hg.), Provinzial-Blätter für die Preussischen Länder am Rhein und in Westphalen (Großherzogthum Nieder-Rhein; Herzogthum Jülich, Cleve, Berg; Provinz Westphalen), Köln 1817

C

Campbell, Charles, The Traveller's Complete Guide Through Belgium & Holland: Containing Full Directions for Gentlemen, Lovers of the Fine Arts, and Travellers in General: with a Sketch of a Tour in Germany, 2. Edition, London 1817

Cardauns, Hermann, Aus dem alten Köln vor 60 und 120 Jahren, Köln 1920

Carové, Friedrich Wilhelm, Drei Reden gehalten an die Burschenschaft zu Heidelberg und ein Gedicht über die Leipziger Völkerschlacht, Eisenach 1817

Carové, Friedrich Wilhelm, Rede gehalten am 19ten October 1817 zu denen, auf der Wartburg versammelten, deutschen Burschen durch Friedr. Wilh. Carové, der Philosophie Beflissenen auf der hohen Schule zu Heidelberg, Eisenach 1817

Carové, Friedrich Wilhelm, Entwurf einer Burschenschafts-Ordnung und Versuch einer Begründung derselben, Eisenach 1818

Cassel, Franz Peter, Lehrbuch der natürlichen Pflanzenordnung, Frankfurt a. M. 1817

Cassel, Franz Peter, Morphonomia botanica, sive observationes circa proportionem et evolutionem partium plantarum, bei M. DuMont-Schauberg, Köln 1820

Catalog der Lyversberg'schen Gemälde-Sammlung in Cöln, deren öffentliche Versteigerung an den Meistbietenden am 16. August 1837 (vorbehaltlich einer frühern Veräusserung im Ganzen unter der Hand) Statt haben soll, DuMont-Schauberg'sche Buchdruckerei in Cöln 1837

Catalog des Kunst-Nachlasses des verstorbenen Buchhändlers Herrn Johann Georg Schmitz, bestehend in einer ausgezeichneten Gemälde-Gallerie, einer Sammlung von Miniaturen, Kupferstichen, Büchern mit Holzschnitten, alten Möbeln etc. etc., welche Gegenstände am 20. September 1846 und die folgenden Tage im Sterbehause (Minoritenstrasse Nro. 17) öffentlich gegen gleich baare Zahlung versteigert werden sollen (bei J. M. Heberle), Köln 1846

Chézy, Helmina von, Die altdeutsche und altniederländische Malerkunst. Geschichtliche Uebersicht alter Gemälde, im Besitz der Herren Fochem in Cöln, Wallraf ebendaselbst, Boisserée in Heidelberg, Freiherr von Mehring und Lieversberg in Cöln, Bettendorf in Aachen, Obrist Rühle von Lilienstern in Berlin, und einiger Gemälde in der Schloßgallerie zu Aschaffenburg, in: Aurikeln. Eine Blumengabe von deutschen Händen, Bd. 1, Berlin 1818, S. 300–362

Chézy, Helmina von, Eßlair in Wien, Wien 1824

Chladni, Ernst Florens Friedrich, Neue Beyträge zur Akustik, Leipzig 1817

Chladni, Ernst Florens Friedrich, Ueber Feuer-Meteore, und über die mit denselben herabfallenden Massen, Wien 1819

Clemen, Paul, Die Denkmalspflege in der Rheinprovinz, Düsseldorf 1896

Clemen, Paul (Bearb.), Die Kunstdenkmäler des Kreises Mülheim am Rhein, Düsseldorf 1901

Clemen, Paul (Bearb.), Die Kunstdenkmäler der Stadt und des Kreises Bonn, Düsseldorf 1905
Clemen, Paul, Die Kunstdenkmäler von Altenberg und Odenthal; erweiterter Nachdruck der Ausgabe v. 1901, Köln 2003
Corley, Brigitte, Maler und Stifter des Spätmittelalters in Köln 1300–1500, Kiel 2009
Creutz, Max, Das Kölner Wohnhaus seit der Renaissance, in: Mitteilungen des Rheinischen Vereins für Denkmalpflege und Heimatschutz, Jg. 5, Düsseldorf 1911, S. 121–131
Croon, Helmuth, Rheinische Städte, in: Das Rheinland in preussischer Zeit. 10 Beiträge zur Geschichte der Rheinprovinz, hrsg. v. Walter Först, Köln/Berlin 1965, S. 87–108
Cumberland, Richard, Der Jude. Ein Schauspiel in fünf Aufzügen. Aus dem Englischen übersetzt von Brockmann, Wien 1795
Custodis, Paul-Georg, Preußen an Rhein und Mosel. Rheinische Kunststätten, Köln 2015
Czymmek, Götz, Ferdinand Franz Wallraf im Bild, in: Wallraf-Richartz-Jahrbuch, Bd. 69, 2008, S. 271–302

D

Dahmen, Elisabeth, Peter Michels und seine Vorfahren, in: Jahrbuch des Kölnischen Geschichtsvereins, Heft 15, Köln 1933, S. 168–183
Daniels, Alexander von (Hg.), Handbuch der für die Königl. Preuß. Rheinprovinzen verkündigten Gesetze, Verordnungen und Regierungsbeschlüsse aus der Zeit der Fremdherrschaft, Bd. V, Köln 1837
Daniels, Heinrich [Gottfried Wilhelm], Ueber das Stapelrecht zu Kölln und Mainz, Kölln 1804 u. 1812
Daniels, Heinrich Gottfried Wilhelm, Erwiederung des Herrn geheimen Staatsraths auf die vorstehenden Anreden, in: Niederrheinisches Archiv für Gesetzgebung, Rechtswissenschaft und Rechtspflege, hrsg. v. Johann Gottfried von Sandt/Carl Anton ZumBach, Bd. 3, Heft 1, Köln 1818, S. 92–94
Deeters, Joachim (Bearb.), Ferdinand Franz Wallraf. Katalog zur Ausstellung des Historischen Archivs der Stadt Köln 1974 bis 1975, Köln 1974
Deeters, Joachim (Bearb.), Der Nachlaß Ferdinand Franz Wallraf (Bestand 1105), Köln/Wien 1987
Deeters, Joachim (Bearb.), Die Bestände des Stadtarchivs Köln bis 1814. Eine Übersicht, Köln/Weimar/Wien 1994
Deeters, Joachim, Eine Kirche in städtischem Eigentum. Die Geschichte von St. Mariä Himmelfahrt 1773 bis 1814, in: Geschichte in Köln, Bd. 58, 2011, S. 81–104
Deeters, Joachim (Bearb.), Rat und Bürgermeister in Köln 1396–1797. Ein Verzeichnis, Köln 2013
Deeters, Joachim, Wer zahlt für welche Schule? Bildungskosten der höheren Schulen Kölns im 19. Jahrhundert, in: Geschichte in Köln, Bd. 67, 2020, S. 173–185
Deeters, Joachim, Ferdinand Franz Wallraf, in: Internetportal Rheinische Geschichte: https://www.rheinische-geschichte.lvr.de/Persoenlichkeiten/ferdinand-franz-wallraf/DE-2086/lido/57c831c97d97e1.25310331 (Abruf 15.05.2024)

DeGreck, Peter, Leben und Wirken von Aegidius Gelen, aus Kempen, dem letzten Historiographen des Erzstiftes Köln, mit Bezug auf seinen Bruder Johann, General-Vikar in Köln, und ihr Zeitalter. Nebst erläuternden historischen Bemerkungen, Köln 1835

Deichmann, Andrea, Säkularisation und Kunst in Köln. Die Entdeckung und Rettung der Tafelbilder der Alten Meister und ihre frühen Sammler, Berlin/München 2023

Demian, Johann Andreas, Statistisch-politische Ansichten und Bemerkungen auf einer Reise durch einen Theil der neuen preussischen Provinzen am Nieder- und Mittelrheine, Köln 1815

Demian, Johann Andreas, Neuestes Handbuch für Reisende auf dem Rhein und in den umliegenden Gegenden, Frankfurt a. M. 1820

Demian, Johann Andreas, Geographisch-statistische Darstellung der deutschen Rheinlande, nach dem Bestande vom 1. August 1820, Koblenz 1820

Demian, Johann Andreas, Gemälde von Koblenz. Nebst Ausflügen nach Ems, Bertrich, Trier und dem Laacher-See, Mainz 1822

Deml, Ingo Matthias, Das barocke Dreikönigenmausoleum im Kölner Dom, in: Kölner Domblatt, Bd. 68, 2003, S. 209–290

Denkler, Horst, „Lauter Juden". Zum Rollenspektrum der Judenfiguren im populären Bühnendrama der Metternichschen Restaurationsperiode (1815–1848), in: Conditio Judaica. Judentum, Antisemitismus und deutschsprachige Literatur vom 18. Jahrhundert bis zum Ersten Weltkrieg, 1. Teil, hrsg. v. Hans Otto Horch/Horst Denkler, Tübingen 1988, S. 149–163

Denoel, Mathias Joseph, Beiträge zur vaterländischen Geschichte, in: Beiblatt d. Kölnischen Zeitung, Nr. 6, 22. März 1835

De Noel, Mathias Joseph, Geschichtliche Beschreibung des Kaufhauses Gürzenich in Cöln und der darauf Statt gehabten Feierlichkeiten früherer Zeiten. Von einem vaterländischen Geschichtsfreunde, Köln 1828

Der Neumarkt in Köln, in seiner frühern Gestalt und wie er seine jetzige erhalten hat, in: Vaterländische Chronik der Königlich-Preußischen Rhein-Provinzen im Allgemeinen und der Stadt Köln insbesondere, 1825, S. 512–520, 552–560 u. 698–704

Deres, Thomas, Der Kölner Rat. Biographisches Lexikon, Bd. I, 1794–1919, Köln 2001

Deyn, Georg Heinrich von, Die Einführung der wahren Rechtsverfassung als der zweyte nothwendige Schrift zur Begründung des Weltfriedens, Jena 1816

Deyn, Georg Heinrich von, Die nothwendigen Erfordernisse zur schnellen und dauerhaften Friedensstiftung, Jena 1816

D'hame, Anton Engelbert, Historische Beschreibung der berühmten Hohen Erz-Domkirche zu Cöln am Rhein nebst ihren Denkmälern und Merkwürdigkeiten, mit Vaterländischen Geschichten der Vorzeit begleitet, bei J. M. Heberle, Köln 1821

D'hame, Anton Engelbert, Geschichte über die Erbauung und Stiftung der Kirche zum heiligen Gereon in Köln gewidmet den frommen Christen, Kunstkennern und Freunden, Köln, gedruckt bei Christoph Mennig, sel. Wittwe, auf der Apernstraße Nro 11, im Jahre 1824

Die Cölner Köchinn. Oder: Sammlung der besten und schmackhaftesten Speisen für den herrschaftlichen so wohl als bürgerlichen Tisch, Zweite verbesserte u. vermehrte Auflage, Cöln 1806

Die Cronica van der hilliger stat van Coellen 1499, in: Die Chroniken der Stadt Cöln, hrsg. v. der Historischen Commission bei der Königl. Academie der Wissenschaften, Leipzig 1876, S. 211–639

Die geuerlicheiten und eins teils der geschichten des loblichen streytparen vnd hochberümbten helds und Ritters herr Tewrdanncks, Nürnberg 1517

Die preußische Verfassungsfrage, Sammlung aller auf die Verordnung vom 22. Mai 1815 bezügl. Aktenstücke, Gesetze, Petitionen, Landtags-Abschiede, Denkschriften u.s.w., so wie die bedeutendsten Stimmen von Staatsmännern und Publicisten über dieselbe, Leipzig 1845

Die Vorsteher der Romanischen Erzbruderschaft zum Troste der Verstorbenen in der dem H. Gregor dem Großen verehrten von Grootischen Familien-Kirche am Elend, zum Glückwunsche ihrem bisherigen Rektor, Herrn Gerard Cunibert Fochem, am Tage Seiner Einführung als Pfarrer bei St. Ursula in Köln am Rhein, – 26. Juni 1817. Gedruckt bei M. DuMont-Schauberg, Köln 1817

Dietz, Josef, Chronik von St. Germanus. Geschichte der Pfarre Wesseling, Wesseling 1928

Ditgen, Peter, Illustrierte Kölner Postgeschichte von den Anfängen bis 1874. Mit Belegen aus der Sammlung Peter Ditgen, Köln 1998

Ditsche, Magnus, Karl Dietrich Hüllmann, in: Bonner Gelehrte. Beiträge zur Geschichte der Wissenschaften in Bonn, Bonn 1968, S. 36–48

Dodd, Charles Edward, An Autumn near the Rhine; Sketches of Courts, Society, Scenery, etc. in some of the German States bordering on the Rhine, London 1818

Dötsch, Annika, Zur Kranken- und Totengeschichte des rheinischen Adels (1780–1840). Wissenschaftliche Qualifikationsarbeit. Universität zu Köln 2008; Vereinigte Adelsarchive im Rheinland e. V. – Rheinische Adelsgeschichte digital – https://adelsarchive-rheinland.de/files/content/Publikationen/D%C3%B6tsch_20200218.pdf (Abruf 10.07.2024)

Dorn, Ulrike, Öffentliche Armenpflege in Köln von 1794–1871. Zugleich ein Beitrag zur Geschichte der öffentlichrechtlichen Anstalt, Köln/Wien 1990

Dotzauer, Winfried, Die Mitglieder der Kölner Freimaurerloge der Loge „Le Secret des trois Rois" vom Ende des alten Reiches bis zu den Freiheitskriegen. Ein Beitrag zur Entwicklung der städtischen Gesellschaft vom Ancien régime zum Zeitalter Napoleons, in: Jahrbuch des Kölner Geschichtsvereins, Heft 44, 1973, S. 123–231

Draaf, Rainer, Geschichte der Familie von Kempis bis zum Jahre 1881, in: Hürther Heimat, Nr. 71/72, 1993, S. 45–67

Drösser, Wolfgang, Wesseling, Berzdorf, Keldenich, Urfeld. Geschichte, Bilder, Fakten, Zusammenhänge, Wesseling 2008

Drösser, Wolfgang, Historische Gaststätten in Wesseling, Berzdorf, Keldenich und Urfeld, Wesseling 2009

Düding, Dieter, Organisierter gesellschaftlicher Nationalismus in Deutschland (1808–1847), Oldenbourg 1984

Düntzer, H., Die Weiheinschrift des Clematius in der Ursulakirche zu Köln, in: Jahrbücher des Vereins von Alterthumsfreunden im Rheinland, Bd. 55/56, 1875, S. 136–145

Düwell, Kurt, Das Schul- und Hochschulwesen der Rheinlande. Wissenschaft und Bildung seit 1815, in: Rheinische Geschichte in drei Bänden, Bd. 3: Wirtschaft und Kultur im 19. und 20. Jahrhundert, hrsg. v. Franz Petri/Georg Droege, Düsseldorf 1979, S. 465–552

E

Ebeling, Dietrich, Bürgertum und Pöbel. Wirtschaft und Gesellschaft Kölns im 18. Jahrhundert, Köln/Wien 1987

Eckstein, Markus, Cologne. Wiege der Eau de Cologne, Köln 2013

Effmert, Viola, Sal. Oppenheim jr. & Cie. Kulturförderung im 19. Jahrhundert, Köln/Weimar/Wien 2006

Egan-Krieger, Wolter von, Zwischen Weitsicht und Widersinn. Theodor Freiherr von Hallberg-Broich. Eine Lebensbeschreibung, Norderstedt 2007

Ehrhardt, Wolfgang, Das Akademische Kunstmuseum der Universität Bonn unter der Direktion von Friedrich Gottlieb Welcker und Otto Jahn, Opladen 1982

Ehrhardt, Wolfgang, Gründung und Aufbau des akademischen Kunstmuseums zu Bonn, in: Das Akademische Kunstmuseum der Universität Bonn, Wiesbaden 1982

Ein Buch ist ein Ort. Wallrafs Bibliothek für Köln, hrsg. v. der Universitäts- und Stadtbibliothek Köln, Köln 2024

einFLUSSreich. Köln und seine Häfen. Begleitband zur Ausstellung im Historischen Archiv der Stadt Köln 2018, Köln 2018

110 Jahre Kölner Turnerschaft von 1843, [Köln] 1953

Elsholtz, Franz, Wanderungen durch Köln am Rhein und seine Umgegend. In einer Reihe von Briefen an Sophie, Erstes Heft, Köln 1820

Elten, Josef van, Die Kölner Dommusik im Spannungsverhältnis zwischen Erzbischof, Domkapitel, kirchenmusikalischen Ansprüchen und liturgischen Normen, in: 1863 – Der Kölner Dom und die Musik, hrsg. v. Arnold Jacobshagen/Annette Kreutziger-Herr, Würzburg 2016, S. 75–93

Eltester, Leopold von, Die ehemalige Renesse'sche Sammlung, in: Jahrbücher des Vereins von Alterthumsfreunden im Rheinlande, 1876, Heft 58, S. 90–95

Ennen, Edith, Ernst Moritz Arndt 1769–1860, in: Bonner Gelehrte. Beiträge zur Geschichte der Wissenschaften in Bonn, Bonn 1968, S. 9–35

Ennen, Hubert, Die Olympische Gesellschaft zu Köln. Ein Beitrag zur Kölner Literaturgeschichte der Neuzeit, Würzburg 1880

Ennen, Leonard, Zeitbilder aus der neueren Geschichte der Stadt Köln, mit besonderer Rücksicht auf Ferdinand Franz Wallraf, Köln 1857

Ennen, Leonard, Das alte Pfarrsystem in der Stadt Köln, Annalen des Historischen Vereins für den Niederrhein, Heft 23/24, 1871, S. 23–45

Ennen, Leonard, Geschichte des Postwesens in der Reichsstadt Köln, in: Zeitschrift für deutsche Kulturgeschichte, Neue Folge, Jg. 2, Hannover 1873, S. 425–445

Ennen, Leonard, Die Kreuzigung Petri von Peter Paul Rubens, in: Annalen des Historischen Vereins für den Niederrhein, Heft 25, 1873, S. 219–227

Euler-Schmidt, Michael/Marcus Leifeld, Der Kölner Rosenmontagszug 1823–1948, Köln 2007

Ewald, Wilhelm/Hugo Rahtgens (Bearb.), Die kirchlichen Kunstdenkmäler der Stadt Köln, Bd. I, Düsseldorf 1916

Eyll, Klara van, Wirtschaftsgeschichte Kölns vom Beginn der preußischen Zeit bis zur Reichsgründung, in: Zwei Jahrtausende Kölner Wirtschaft, Bd. 2, hrsg. v. Hermann Kellenbenz/Klara van Eyll, Köln 1975, S. 163–266

F

Faber, Karl-Georg, Die Rheinlande zwischen Restauration und Revolution. Probleme der rheinischen Geschichte von 1814 bis 1848 im Spiegel der zeitgenössischen Publizistik, Wiesbaden 1966

Fabian, Bernhard (Hg.), Handbuch der historischen Buchbestände in Deutschland, Österreich und Europa. Digitalisiert von Günter Kükenshöner, Hildesheim 2003 https://fabian.sub.uni-goettingen.de/fabian (Abruf 10.07.2024)

Fabbri, Francesca, Sibylle Mertens-Schaaffhausen, in: Internetportal Rheinische Geschichte: https://www.rheinische-geschichte.lvr.de/Persoenlichkeiten/sibylle-mertens-schaaffhausen/DE-2086/lido/65e706849c1845.63339519 (Abruf 15.05.2024)

Faust, Manfred, Stadt Hürth, Neuss 1993

Faust, Manfred, Geschichte der Stadt Hürth, Köln 2009

Feldmann, Reinhard, Anfänge von Denkmalpflege im Rheinland 1814–1816. Zur geplanten Bildung einer „Zentralkommission für Kunst und Altertum" in Köln, in: Jahrbuch des Kölnischen Geschichtsvereins, Heft 59, 1988, S. 233–247

Ferrier, Conrad Heinrich, Die St. Columba-Pfarre zu Köln. Ein Beitrag zur kölner Specialgeschichte, Köln 1878

Fiegenbaum, Thea, Die Universitätsdenkschrift Wallrafs, aus: Gudrun Gersmann, Stefan Grohé (Hg.), Ferdinand Franz Wallraf (1748–1824) — Eine Spurensuche in Köln (DOI: https://dx.doi.org/10.18716/map/00001), in: mapublishing, 2016, Seitentitel: Die Universitätsdenkschrift Wallrafs (Abruf 30.05.2024)

Finger, Heinz, Die Kölner Dombibliothek und der gegenwärtige Stand ihrer wissenschaftlichen Erschließung, in: Analecta Coloniensia, Bd. 1, Köln 2002, S. 27–43

Finken, Aloys (Hg.), Die Geschichte der Prümer Abtei. 1623 verfasst v. Pater Servatius Otler, Mönch der Prümer Salvatorabtei (Chronicae relationes rerum gestarum Prumiensium, conscriptae per fratrem Servatium Otlerum), Prüm 2008

Fink-Lang, Monika, Joseph Görres. Die Biografie, Paderborn/München/Wien/Zürich 2013

Fink-Lang, Monika (Hg.), Joseph Görres. Briefe, Bd. 3. Von 1814 bis zum Exil, Paderborn 2022

Finzsch, Norbert, Obrigkeit und Unterschichten. Zur Geschichte der rheinischen Unterschichten gegen Ende des 18. und zu Beginn es 19. Jahrhunderts, Stuttgart 1990

Firmenich, Heinz, Staatliche Denkmalpflege im Regierungsbezirk Köln, in: 150 Jahre Regierungsbezirk Köln, Berlin 1966, S. 183–188

Firmenich, Heinz, St. Peter und St. Cäcilien in Köln, 4. veränderte Aufl., Neuss 1980

Firmenich-Richartz, Eduard, Die Brüder Boisserée. Sulpiz und Melchior Boisserée als Kunstsammler. Ein Beitrag zur Geschichte der Romantik, Bd. 1, Jena 1916

Flach, Dietmar, Urkunden und Akten. Die Provinzialarchive in Düsseldorf und Koblenz, in: Zeugnisse rheinischer Geschichte. Urkunden, Akten und Bilder der Geschichte der Rheinlande, Redaktion Franz Josef Heyen/Wilhelm Janssen, Neuss 1982, S. 377–379

Fleischhauer, Werner, Die Boisserée und Stuttgart, in: „Kunst" und „Staat" (Kunst als Kulturgut, Bd. II), hrsg. v. Elisabeth Weisser-Lohmann, München 2011, S. 64–119

Förster, Otto H., Kölner Kunstsammler vom Mittelalter bis zum Ende des bürgerlichen Zeitalters. Ein Beitrag zu den Grundfragen der neueren Kunstgeschichte, Berlin 1931

Fonk, Peter Anton (Hg.), Der Kampf für Recht und Wahrheit in dem fünfjährigen Criminal-Processe gegen Peter Anton Fonk, von Cöln, von ihm selbst herausgegeben und seinen Mitbürgern zur Beherzigung gewidmet, 1. u. 2. Heft, Koblenz 1822

Franz, Gunther, Eine wertvolle Handschrift kehrt zurück. Die Odyssee der Beda-Handschrift, in: Karolingische Beda-Handschrift aus St. Maximin, hrsg. v. Anne Boeck/Günther Franz, Trier 1990, S. 7–10

Franz, Gunther, Johann Nikolaus von Hontheim, in: Internetportal Rheinische Geschichte: https://www.rheinische-geschichte.lvr.de/Persoenlichkeiten/johann-nikolaus-von-hontheim/DE-2086/lido/57c8337debfa45.45401302 (Abruf 28.05.2024)

Fraquelli, Sybille, Im Schatten des Domes. Architektur der Neugotik in Köln 1815–1914, Köln/Weimar/Wien 2008

Fraquelli, Sybille, Die romanischen Kirchen im Historismus, Bd. 1 (Colonia Romanica, XXV), Köln 2010

Fraquelli, Sybille, St. Ursula, in: Colonia Romanica, XXVI (Die romanischen Kirchen im Historismus, Bd. 2), hrsg. v. Sybille Fraquelli, Köln 2011, S. 131–176

Fraquelli, Sybille, Kirchliche und staatliche Denkmalpflege in Köln. Konflikt oder Zusammenarbeit?, in: Colonia Romanica, XXVI (Die romanischen Kirchen im Historismus, Bd. 2), hrsg. v. Sybille Fraquelli, Köln 2011, S. 201–217

Frede, Ulrike/Raphaël von Loë, „Mauern im Strome der Zeit". Schloss Wissen und die Familie von Loë, in: Die Freiherren und Grafen von Loë auf Schloss Wissen. Beiträge zur Familiengeschichte im 19. und frühen 20. Jahrhundert, hrsg. v. der Gemeinde Weeze, Weeze 2015, S. 155–177

Freiherr vom Stein, Briefe und amtliche Schriften, Bd. 5, bearb. v. Erich Botzenhart, neu hrsg. v. Walther Hubatsch, Stuttgart 1964

Frenken, Johann Wilhelm, Das Schicksal der im Jahre 1794 über den Rhein geflüchteten Werthgegenstände des Cölner Domes, insbesondere die Zurückführung der Manuscripten-Bibliothek. Aktenmässige Denkschrift, Cöln/Neuss 1868

Friedrich, Theodor Heinrich, Almanach lustiger Schwänke für die Bühne, Berlin 1816

Friedrich, Theodor Heinrich (Hg.), Satyrischer Zeitspiegel. Eine Erbauungsschrift in zwanglosen Heften für Freunde des Witzes und lachenden Spottes, Berlin 1816, 1817

Frohn, Christina, Der organisierte Narr. Karneval in Aachen, Düsseldorf und Köln, von 1823 bis 1914, Marburg 2000

Frommann, Friedrich Johannes, Das Burschenfest auf der Wartburg am 18ten und 19ten October 1817, Jena 1818

Fuchs, Johann Baptist (1757–1827), Erinnerungen aus dem Leben eines Kölner Juristen, hrsg. v. Julius Heyderhoff, Köln 1912

Füllner, Karin, Theater in Düsseldorf, in: Düsseldorf als Stadt der Kunst 1815–1850. Quellensammlung, hrsg. v. Bernd Füllner u.a., Düsseldorf 1987, S. 181–243

Fuss, Johann Dominikus, Roma. Elegia Augusti Guilielmi Schlegel. Latinitate donata notisque illustrata a J. D. Fuss […]. Adjectus est Textus Germanicus, Coloniae Agrippinae, Henr. Rommerskirchen 1817

G

Gadé, Johann Jakob, Anrede des Vorstandes des Advokatenkorps, Herrn Dr. Gadé, in der Sitzung vom 25. November, wo der geheime Staatsrath Daniels das Präsidium des Appellations-Hofes angetreten hat, in: Niederrheinisches Archiv für Gesetzgebung, Rechtswissenschaft und Rechtspflege, hrsg. v. Johann Gottfried von Sandt/Carl Anton Zum Bach, Bd. 3, Heft 1, 1818, S. 90–92

Gampp, Thomas, Das Friedrich-Wilhelm-Gymnasium. Ein preußisches Gymnasium für Köln, in: Köln und Preußen. Studien zu einer Beziehungsgeschichte, hrsg. v. Stefan Lewejohann/Georg Mölich, Köln 2019, S. 71–86

Gechter, Marianne/Schütte, Sven, Ursprung und Voraussetzungen des mittelalterlichen Rathauses und seiner Umgebung, in: Köln: Das gotische Rathaus und seine historische Umgebung, hrsg. v. Walter Geis/Ulrich Krings, Köln 2000, S. 69–195

Gehring, Alain, Zwischen Trommelschlag und Böllerschuss. Die Kölner Dommusik zur Zeit der französischen Herrschaft, in: Musik im französischen Köln (1794–1814), hrsg. v. Arnold Jacobshagen/Wolfram Steinbeck/Robert von Zahn, Kassel 2010, S. 93–131

Geis, Walter/Ulrich Krings (Hg.), Köln: Das gotische Rathaus und seine historische Umgebung, Köln 2000

Gerhartz, Joseph/Peter Wedekind (Hg.), Die Abiturienten und Lehrer des Marzellen-Gymnasiums 1815–1911, Köln 1911

Gerning, Johann Isaac von, Die Rheingegenden von Mainz bis Cölln, Wiesbaden 1819

Gerschler, Walter, Das preußische Oberpräsidium der Provinz Jülich-Kleve-Berg in Köln 1816–1822, Köln/Berlin 1967

Gersmann, Gudrun, Aufbruch in die Moderne?! Der rheinische Adel in der Sattelzeit. Überlegungen zu einem deutsch-französischen Forschungsprojekt, in: Rheinische Vierteljahrsblätter, Bd. 73, 2009, S. 244–251

Gersmann, Gudrun, Von „Honvlez" zum „Baron von Hübsch". Die (auto)biographischen Metamorphosen eines Kölner Sammlers im 18. Jahrhundert, in Geschichte in Köln, Bd. 67, 2020, S. 145–171

Gersmann, Gudrun/Stefan Grohé (Hg.), Ferdinand Franz Wallraf (1748–1824). – Eine Spurensuche in Köln (DOI: https://dx.doi.org/10.18716/map/00001), in: mapublishing, 2016, erweitert 2019 (Abruf 30.05.2024)

Gersmann, Gudrun/Hans-Werner Langbrandtner unter Mitarbeit von Ulrike Schmitz (Hg.), Im Banne Napoleons. Rheinischer Adel unter französischer Herrschaft. Ein Quellenlesebuch, Essen 2013

Gesetz-Sammlung für die Königlichen Preußischen Staaten 1812, 1815, 1817

Gethmann-Siefert, Annemarie (Hg.), Die Bildersammlung der Brüder Boisserée. Von privater Kunstbegeisterung zur kulturellen Akzeptanz der Kunst (Kunst als Kulturgut, Bd. I), München 2011

Gier, Ralf, St. Claren – Ein Obstgut inmitten der Stadt, in: Am Römerturm. Zwei Jahrtausende eines Kölner Stadtviertels, hrsg. v. Werner Schäfke, Köln 2006, S. 137–203

Giersberg, Josef, Kölner Uhrmacher im 15. bis 19. Jahrhundert, in: Beiträge zur Kölnischen Geschichte, Sprache, Eigenart, Bd. 1, Heft 4 u. 5, Mai 1915, S. 274–291

Giesen, Josef, Der Maler P. J. Lützenkirchen, ein Freund Wallrafs, in: Jahrbuch des Kölnischen Geschichtsvereins, Heft 8/9, 1927, S. 122–134

Giesen, Adolf, Eberhard von Groote. Ein Beitrag zur Geschichte der Romantik am Rhein, Gladbach-Rheydt 1929

Goebel, Klaus, Evangelische Kirchengeschichte seit 1815, in: Rheinische Geschichte in drei Bänden, Bd. 3: Wirtschaft und Kultur im 19. und 20. Jahrhundert, hrsg. v. Franz Petri/Georg Droege, Düsseldorf 1979, S. 413–464

Görres, Joseph, Die Uebergabe der Adresse der Stadt Coblenz und der Landschaft an Se. Majestät den König in öffentl. Audienz bei Sr. Durchl. dem Fürsten Staatskanzler am 12. Januar 1818. Als Bericht für die Theilnehmer, Koblenz 1818

Görres, Joseph, Das Heldenbuch von Iran aus dem Schah Nameh des Firdussi, 2 Bde., Berlin 1820

Görres, Marie (Hg.), Joseph von Görres, Gesammelte Schriften, Bd. 3, Abth. 1, Politische Schriften, München 1855

Goethe, Johann Wolfgang von, Ueber Kunst und Alterthum in den Rhein und Mayn Gegenden, 1. Heft, Stuttgart 1816

Goethe, Johann Wolfgang von (Hg.), Ueber Kunst und Alterthum in den Rhein- und Mayn-Gegenden. 2. Heft, Stuttgart 1817

Goethe, Johann Wolfgang von/Johann Heinrich Meyer, Neu-deutsche religios-patriotische Kunst, in: Ueber Kunst und Alterthum in den Rhein- und Mayn-Gegenden, hrsg. v. Johann Wolfgang von Goethe, 2. Heft, 1817, S. 5–62

Golsch, Gabriele, Zur Systematik der Bibliothek Wallraf, in: Zwischen antiquarischer Gelehrsamkeit und Aufklärung. Die Bibliothek des Kölner Universitätsrektors Ferdinand Franz Wallraf (1748–1824), hrsg. v. Anne Bonnemann, Köln 2006, S. 49–60

Gosmann, Michael (Hg.), Zuflucht zwischen Zeiten 1794–1803. Kölner Domschätze in Arnsberg, Arnsberg 1994

Gosmann, Michael, Geheimrat Caspar Josef Biegeleben (1766–1842), in: Zuflucht zwischen Zeiten 1794–1803. Kölner Domschätze in Arnsberg, hrsg. v. Michael Gosmann, Arnsberg 1994, S. 186–188

Gothein, Eberhard, Geschichtliche Entwicklung der Rheinschiffahrt im XIX. Jahrhundert, Leipzig 1903

Gothein, Eberhard, Verfassungs- und Wirtschaftsgeschichte der Stadt Cöln vom Untergange der Reichsfreiheit bis zur Errichtung des Deutschen Reiches. Die Stadt Cöln im ersten Jahrhundert unter Preußischer Herrschaft. 1815 bis 1915, Bd. I, Teil 1, Cöln 1916

Grashof, Karl Friedrich August, Aus meinem Leben und Wirken, zugleich als Beitrag zur Geschichte der Rheinprovinz unter preußischer Landeshoheit in Hinsicht auf Kirche und Schule, Bd. 1, Essen 1839

Graumann, Sabine, Französische Verwaltung am Niederrhein. Das Roerdepartement 1798–1814, Essen 1990

Grempler, Martina, Köln hat ein Schauspielhaus, aber kein Theater (1813–1829), in: Oper in Köln. Von den Anfängen bis zur Gegenwart, hrsg. v. Christoph Schwandt, Berlin 2007, S. 47–77

Grimm, Jacob, Deutsche Grammatik, Göttingen 1819

Grimm, Jacob, Reinhart Fuchs, Berlin 1834

Gronau, Günter, Das Kölner Domkapitel und die Hl. Drei Könige im Sauerland, in: Zuflucht zwischen Zeiten 1794–1803. Kölner Domschätze in Arnsberg, hrsg. v. Michael Gosmann, Arnsberg 1994, S. 19–23

Groote, Constantin von/von Groote'sche Familienstiftung Am Elend zu Köln (Hg.), Stiftungsgeschichte der Familie von Groote, unveröffentlichte Schrift, Köln 2022

Groote, Eberhard von, Der Exstudent und der Papiermüller. Ein Fastnachtspiel im Jahre 1812, in: Willi Spiertz, Eberhard von Groote. Leben und Werk eines Kölner Sozialpolitikers und Literaturwissenschaftlers (1789–1864), Köln/Weimar/Wien 2007, S. 334–341

Groote, Eberhard von, Virginia. Römisches Trauerspiel, 1815 (unveröffent. Manuskript)

Groote, Eberhard von, (Faust's) Versöhnung mit dem Leben. Meinen Jugendfreunden zum Andenken gewidmet, Köln 1816

Groote, Eberhard von, Die Universität in den preußischen Rheinprovinzen, in: Isis oder Encyclopädische Zeitung, 1817, Stück X, Nr. 173, Sp. 1377–1384 u. Nr. 174, Sp. 1385–1392

Groote, Eberhard von, Über das preußische Postwesen, in: Rheinische Blätter, Nr. 4 u. Nr. 5, 6. u. 8. Jan. 1818

Groote, Eberhard von/Friedrich Wilhelm Carové (Hg.), Taschenbuch für Freunde altdeutscher Zeit und Kunst auf das Jahr 1816, Köln 1815

Groß, Guido, Das Schicksal der Kloster-Bibliothek von St. Maximin zu Trier in den Jahren 1794 bis 1818, in: Trierer Zeitschrift für Geschichte und Kunst des Trierer Landes und seiner Nachbargebiete, Bd. 21, 1952, S. 369–379

Grote, Carl Wilhelm, Fragmente über den Zustand Westfalens, in: Historisch-geographisch-statistisch-literarisches Jahrbuch für Westfalen und den Niederrhein, Bd. 2, 1818, S. 198–234

Grütjen, Dietrich, Von der Erweckung zur Aufklärung, in: 400 Jahre evangelisch in Mülheim am Rhein 1610–2010, hrsg. v. Wilma Falk-van Rees, Rheinbach 2010, S. 75–89

Günther, Johann Jakob, Etwas über den Werth des warmen Badens, nebst einigen Bemerkungen über das Luftbad, vorzüglich in Hinsicht auf die physische Erziehung, Frankfurt a. M. 1804

Günther, Johann Jakob, Einige vorläufige Bemerkungen über Köln und seine Bewohner, in medizinisch-physischer Hinsicht, als Einleitung zu einer vollständigen medizinischen Topographie desselben, gedruckt bei J. M. Heberle, Köln 1824

Grunewald, Eckhard, Friedrich Heinrich von der Hagen 1780–1856. Ein Beitrag zur Frühgeschichte der Germanistik, Berlin/New York 1988

Grupe, Heinz, Peter Heinrich Merkens (1778–1854), in: Rheinisch-Westfälische Wirtschaftsbiographien, Bd. V, Münster 1953, S. 1–26

Gutknecht, Dieter, Ein neues Haus und alte Probleme (1829–1853), in: Oper in Köln. Von den Anfängen bis zur Gegenwart, hrsg. v. Christoph Schwandt, Berlin 2007, S. 79–100

H

Haberland, Detlef, „Eine Gegend wie ein Dichtertraum". Aspekte der deutschen literarischen Rheinromantik, in: Vom Zauber des Rheins ergriffen... Zur Entdeckung der Rheinlandschaft vom 17. bis 19. Jahrhundert, hrsg. v. Klaus Honnef/Klaus Weschenfelder/Irene Haberland, München 1992, S. 135–146

Hachenberg, Karin, Die Entwicklung der Polizei in Köln von 1794 bis 1871, Köln/Weimar/Wien 1997

Hackmann, Lisa, Kolbe, Heinrich Christoph, in: Pariser Lehrjahre. Ein Lexikon zur Ausbildung deutscher Maler in der französischen Hauptstadt, Bd. 1, 1793–1843, hrsg. v. France Nerlich/Bénédicte Savoy, Berlin/Boston 2013, S. 149–152

Häfen in Köln.100 Jahre Rheinauhafen, Köln 1998

Haehling von Lanzenauer, Heinz, Reiner v. Klespe, Bürgermeister der freien Reichsstadt Köln, in: Beiträge zur Kölnischen Geschichte, Sprache, Eigenart, Bd. 2, Heft 12, 1917, S. 319–327

Hagen, August (Hg.), Max von Schenkendorf's Gedichte. Mit einem Lebensabriß und Erläuterungen, 3. Aufl., Stuttgart 1862

Hagen, August, Max von Schenkendorf's Leben, Denken und Dichten. Unter Mittheilungen aus seinem schriftstellerischen Nachlaß dargestellt, Berlin 1863

Hagen, Friedrich Heinrich von der (Hg.), Der Nibelungen Lied, Berlin 1807

Hagen, Friedrich Heinrich von der (Hg.), Der Nibelungen Lied in der Ursprache mit den Lesarten der verschiedenen Handschriften, Berlin 1810

Hagen, Friedrich Heinrich von der (Hg.), Der Nibelungen Lied zum erstenmal in der ältesten Gestalt aus der St. Galler Handschrift mit Vergleichung aller übrigen Handschriften herausgegeben, Breslau 1816

Hagen, Friedrich Heinrich von der, Noch unbekannte Altdeutsche Handschriften: Gottfrieds, Heinrichs und Ulrichs Tristan, Gravenbergs Wigoleis, Eschenbachs und Ulrichs Wilhelm von Orange, Hugo's Renner, die Heimonskinder und Muskablut, in: J. G. G. Büsching, Wöchentliche Nachrichten für Freunde der Geschichte, Kunst und Gelahrtheit, 1. Jg., 1816, 35. Stück, 29. Aehrenmonat, S. 133–141; 43. Stück, 24. Weinmonat, S. 266–269 u. 2. Jg., 1817, 58.–61. Stück, Hornung, S. 123–131

Hagendorf-Nußbaum, Lucia, St. Maria im Kapitol. Kirche des Damenstifts, in: Colonia Romanica, XX (Kölner Kirchen und ihre Ausstattung in Renaissance und Barock, Bd. 3), Köln 2005, S. 114–174

Hagspiel, Wolfram, Lexikon der Kölner Architekten vom Mittelalter bis zum 20. Jahrhundert, Köln 2022

Hahn, Rolf, Das „schändliche Dekret" vom 17.3.1808 und seine Auswirkung auf die rechtliche Stellung der Kölner Juden, Köln 1967

Hallberg-Broich, Theodor Maria Hubert von, Reise durch Skandinavien: Dänemark, Schweden, Norwegen im Jahr 1817, Leipzig 1818

Hansen, Joseph, Das Historische Archiv, in: Die Stadt Köln im ersten Jahrhundert unter preußischer Herrschaft 1815–1915, Bd. 2 (Die Verwaltung der Stadt Cöln seit der Reichsgründung in Einzeldarstellungen), hrsg. v. Stadt Cöln, Cöln 1915, S. 135–143

Hansmann, Wilfried, Schloss Falkenlust in Brühl, Worms 2002

Hansmann, Wilfried, Schloss Augustusburg in Brühl, Worms 2002

Hanstein, Mariana, Peter Paul Rubens' Kreuzigung Petri. Ein Bild aus der Peterskirche zu Köln, Köln/Weimar/Wien 1996

Hardering, Klaus, St. Agnes. Kirche des Franziskanerobservanten Klosters Ad Olivas oder Mons Olivarum, in: Colonia Romanica, XVI/XVII (Kölner Kirchen und ihre Ausstattung in Renaissance und Barock, Bd. 1), Köln 2001/2002, S. 39–57

Hardering, Klaus, St. Maria im Pesch. Pfarrkirche, in: Colonia Romanica, XX (Kölner Kirchen und ihre Ausstattung in Renaissance und Barock, Bd. 3), Köln 2005, S. 193–205

Hauschild, Stephanie, Stefan Lochner. Erster deutscher Maler, Köln 2021

Hauser, Ulrich, Georg Simon Ohm (1789–1854), das Ohmsche Gesetz und das Physikalische Kabinett der alten Kölner Universität, in: Naturwissenschaften und Naturwissenschaftler in Köln zwischen der alten und der neuen Universität (1798–1919), hrsg. v. Martin Schwarzbach, Köln/Wien 1985, S. 49–75

Haustein, Jens/Eva Willms (Hg.), Die Lieder Muskatbluts, Stuttgart 2021

Haxthausen, August von (Hg.), Schelmuffskys Wahrhaffte Curiöse und sehr gefährliche Reisebeschreibung zu Wasser und Lande. Erster Theil, und zwar die allervollkommenste und accurateste Edition in hochteutscher Frau Mutter Sprache, eigenhändig und sehr artig an den Tag gegeben von E.S. Gedruckt zu Schelmerode in diesem Jahr (1817)

Heddrichs, Heide-Marie, Geschichte der Kölner Ursulinen und ihrer Schulen von 1666 bis zum Zweiten Weltkrieg, in: Ursulinenschule Köln (Hg.), Erzbischöfliche Ursulinen-Schule Köln seit 1639. Festschrift zum 375-jährigen Bestehen der Ursulinenschule Köln, Köln 2014, S. 85–132

Hegel, Eduard, Die katholische Kirche in den Rheinlanden 1815–1945, in: Rheinische Geschichte in drei Bänden, Bd. 3: Wirtschaft und Kultur im 19. und 20. Jahrhundert, hrsg. v. Franz Petri/Georg Droege, Düsseldorf 1979, S. 329–412

Hegel, Eduard, Das Erzbistum Köln zwischen Barock und Aufklärung: vom Pfälzischen Krieg bis zum Ende der französischen Zeit 1688–1814, Bd. 4 (Geschichte des Erzbistums Köln), Köln 1979

Hegel, Eduard, Das Erzbistum Köln zwischen der Restauration des 19. Jahrhunderts und der Restauration des 20. Jahrhunderts 1815–1962, Bd. 5 (Geschichte des Erzbistums Köln), Köln 1987

Hegel, Eduard, St. Kolumba in Köln. Eine mittelalterliche Großstadtpfarrei in ihrem Werden und Vergehen, Siegburg 1996

Heinen, Wilhelm Joseph, Der Begleiter auf Reisen durch Deutschland. Frei nach dem Französischen bearbeitet, mit einer Vorrede und Zusätzen, die Achen, Bonn, Coblenz und Cöln betreffen, vermehrt, Cöln am Rhein 1808

Helbach, Ulrich, Das Erzbistum nach dem großen Umbruch 1815/21–1837, in: Kleine illustrierte Geschichte des Erzbistums Köln, hrsg. v. Ulrich Helbach/Joachim Oepen, Köln 2013, S. 112–119

Helvig, Amalie von, Der Gang durch Cöln. Sage, in: Taschenbuch der Sagen und Legenden, hrsg. v. Amalie von Helvig/Friedrich de la Motte Fouqué, Bd. I, Berlin 1812, S. 135–178

Henn, Volker, Zum Welt- und Geschichtsbild des unbekannten Verfassers der Koelhoffschen Chronik. „Dye historie is ouch als eyn Spiegell zo vnderwijsen dye mynschen …", in: Rheinische Vierteljahrsblätter, Jg. 51, 1987, S. 224–249

Hennes, Johann Heinrich, Andenken an Bartholomäus Fischenich. Meist aus Briefen Friedrichs von Schiller und Charlottens von Schiller, Stuttgart/Tübingen 1841

Henry, Avril, Acht spätmittelalterliche Glasmalereien aus Köln in der Marienkapelle der Kathedrale von Exeter, in: Kölner Domblatt, Bd. 62, 1997, S. 207–244

Hermle, Siegfried, Vom Brauhaus zur Antoniterkirche – Das Ende der Unterdrückung der Kölner Protestanten, in: Religiöse Vielfalt in Köln. Beiträge des Begleitprogramms der Ausstellung „Hilliges Köln 2.0 – Auf dem Weg zur religiösen Toleranz?", Köln 2019, S. 33–48

Herres, Jürgen, Das Karl-Marx-Haus in Trier. 1725 – heute. Bürgerliches Wohnhaus – Politisches Symbol – Historisches Museum, Trier 1993

Herres, Jürgen, „Und nenne Euch Preußen!" Die Anfänge preußischer Herrschaft am Rhein im 19. Jahrhundert, in: Fremde Herrscher – fremdes Volk. Inklusions- und Exklusionsfiguren bei Herrschaftswechseln in Europa, hrsg. v. Andreas Gestrich/Helga Schnabel-Schüle, Frankfurt a. M. 2006, S. 103–137

Herres, Jürgen, Denkschrift des Kölner Stadtrats an den preußischen König vom 11. September 1817, in: Quellen zur Geschichte der Stadt Köln, Bd. III. Das 19. Jahrhundert (1794–1914), hrsg. v. Jürgen Herres/Georg Mölich/Stefan Wunsch, Köln 2010, S. 84–98

Herres, Jürgen, Erster „Zeitungs-Bericht" der Regierung zu Köln an den preußischen König, 14. Juni 1816, in: Quellen zur Geschichte der Stadt Köln, Bd. III. Das 19. Jahrhundert (1794–1914), hrsg. v. Jürgen Herres/Georg Mölich/Stefan Wunsch, Köln 2010, S. 69–83

Herres, Jürgen, Köln in preußischer Zeit 1815–1871, Köln 2012

Herres, Jürgen, Der „geborene Kölner" und Unternehmer Bernhard Boisserée (1773–1845), in: Für Köln. Leben für die Stadt. Gedenkschrift für Hanns Schaefer, hrsg. v. Werner Eck, Köln, 2014, S. 127–137

Herres, Jürgen/Bärbel Holtz, Rheinland und Westfalen als preußische Provinzen (1814–1888), in: Rheinland, Westfalen und Preußen. Eine Beziehungsgeschichte, hrsg. v. Georg Mölich/Veit Veltzke/Bernd Walter, Münster 2011, S. 113–208

Herrmann, Alfred, Graf zu Solms-Laubach, Oberpräsident der Provinz-Jülich-Cleve-Berg, in: Annalen des Historischen Vereins für den Niederrhein. Heft 87, Köln 1909, S. 138–161

Herzfeld, Hans, Wilhelm Anton von Klewiz, in: Mitteldeutsche Lebensbilder, Bd. 1, Magdeburg 1926, S. 12–30

Herzog, Harald, Burgen und Schlösser. Geschichte und Typologie der Adelssitze im Kreis Euskirchen, Köln 2005

Hetzrodt, Johann Baptist Michael, Nachrichten über die alten Trierer, Trier 1817

Heyden, Otto, Das Kölner Theaterwesen im 19. Jahrhundert 1814–1872, Köln 1939

Heyden, Sylva van der, Willmes, Engelbert, in: Pariser Lehrjahre. Ein Lexikon zur Ausbildung deutscher Maler in der französischen Hauptstadt, Bd. 1 (1793–1843), hrsg. v. France Nerlich/Bénédicte Savoy, Berlin/Boston 2013, S. 311 f.

Heyderhoff, Julius (Hg.), Benzenberg. Der Rheinländer und Preusse 1815–1823. Politische Briefe aus den Anfängen der preussischen Verfassungsfrage, Bonn 1928

Hillesheim, Franz Karl Joseph von, Sätze und Fragen aus der Cöllnischen Kirchen- und Staatshistorie, aufgestellt zu akademischen Vorlesungen, Köln 1791

Höhlbaum, Konstantin, Zur Geschichte der sog. Koelhoffschen Chronik, in: Mitteilungen aus dem Stadtarchiv von Köln, Heft 19, 1890, S. 103–112

Hömig, Herbert, Altenstein. Der erste preußische Kulturminister. Eine Biographie, Münster 2015

Hoffmann, Godehard, Rheinische Romantik im 19. Jahrhundert. Denkmalpflege in der Preußischen Rheinprovinz, Köln 1995

Hoffrath, Christiane, Wallrafs Bücher, in: Wallrafs Erbe. Ein Bürger rettet Köln (Wallraf im Fokus), Köln 2018, S. 158–165

Holtei, Christa, Die Düsseldorfer Malerschule. Kunst, Geschichte, Leben, Düsseldorf 2017

Holtz, Bärbel, Das Kultusministerium und die Kunstpolitik 1808/17 bis 1933, in: Das Kultusministerium auf seinen Wirkungsfeldern Schule, Wissenschaft, Kirchen, Künste und Medizinalwesen. Darstellung, Berlin 2010, S. 399–634

Holtz, Bärbel, Preußens Zensurpraxis von 1819 bis 1848 in Quellen. Acta Borussica. Neue Folge, 2. Reihe; Preussen als Kulturstaat, Abteilung II: Der preußische Kulturstaat in der politischen und sozialen Wirklichkeit, Bd. 6, 1. Halbband, Berlin 2015

Houben, Heinrich Hubert, Die Rheingräfin. Das Leben der Kölnerin Sibylle Mertens-Schaaffhausen. Dargestellt nach ihren Tagebüchern und Briefen, Essen 1935

Huch, Gaby, Zwischen Ehrenpforte und Inkognito: preußische Könige auf Reisen. Quellen zur Repräsentation der Monarchie zwischen 1797 und 1871. Acta Borussica. Neue Folge, 2. Reihe, Abteilung II, Bd. 7, 1. Halbband, Berlin/Boston 2016

Hüllmann, Karl Dietrich, Ursprünge der Besteuerung, Köln 1818

Huyskens, Albert, Die Aachener Gemäldesammlung Bettendorf, in: Aachener Kunstblätter, XIV, 1928, S. 37–63

I

Ikari, Yuki, Wallfahrtswesen in Köln vom Spätmittelalter bis zur Aufklärung, Köln 2009

Irsfeld, Franz, Nippes – eine Geschichte mit Zukunft, in: Nippes gestern und heute. Eine Geschichte des Stadtbezirks und seiner Stadtteile Nippes, Bilderstöckchen, Mauenheim, Weidenpesch, Longerich, Niehl, Riehl, hrsg. v. Franz Irsfeld, Köln 1983, S. 9–44

J

Jacobshagen, Arnold, Zum Strukturwandel des Kölner Musiklebens um 1800, in: Musik im französischen Köln (1794–1814), hrsg. v. Arnold Jacobshagen/Wolfram Steinbeck/Robert von Zahn, Kassel 2010, S. 41–60

Jacobshagen, Arnold, Musik im Rheinland der „Franzosenzeit". Anmerkungen zur Bestandsaufnahme und Wirkungsgeschichte, in: Napoleon am Rhein. Wirkung und Erinnerung einer Epoche, hrsg. v. Jürgen Wilhelm in Zusammenarbeit mit Georg Mölich u. Alexander Schmalz, Köln 2012, S. 75–86

Jacobshagen, Arnold/Wolfram Steinbeck/Robert von Zahn (Hg.), Musik im französischen Köln (1794–1814), Kassel 2010

Jahn, Friedrich Ludwig/Ernst Eiselen, Die Deutsche Turnkunst zur Einrichtung der Turnplätze dargestellt, Berlin 1816

Jansen, Lutz, Schloß Frens. Beiträge zur Kulturgeschichte eines Adelssitzes an der Erft, Bergheim 2008

Johann Peter Jakob Fuchs zum Gedenken. Seine vaterländische Wirksamkeit als Obersekretär und Archivar der Stadt Köln, in: Alt Köln. Heimatblätter für die Stadt Köln, Jg. 10, 1956, S. 40–42

Jülich, Theo, Jean Guillaume Adolphe Fiacre Honvlez – alias Baron von Hübsch, in: Lust und Verlust. Kölner Sammler zwischen Trikolore und Preußenadler, hrsg. v. Hiltrud Kier/Frank Günter Zehnder, Köln 1995, S. 45–56

Jung, Claudia Anneliese, Die barocken Gartenanlagen von Schloss Gracht in Liblar, in: Die Gartenkunst, Nr. 23, 2/2011, S. 215–248

Juraschek-Eckstein, Markus, Crossover Rubens. Der Altar der Stadtpatrone und der Kölner Dom im Taschenbuch für Freunde altdeutscher Zeit und Kunst, in: Kölner Domblatt, Bd. 80, 2015, S. 188–211

Jureczko, Lisa, Die Grabmäler aus Wallrafs Zeit, aus: Gudrun Gersmann, Stefan Grohé (Hg.), Ferdinand Franz Wallraf (1748–1824) — Eine Spurensuche in Köln (DOI: https://dx.doi.org/10.18716/map/00001), in: mapublishing, 2016, Seitentitel: Die Grabmäler aus Wallrafs Zeit (Abruf 03.05.2024)

K

Kaeding, Peter, August von Kotzebue. Auch ein deutsches Dichterleben, Stuttgart 1988

Kahl, Wilhelm, Die Volksschule, das mittlere und höhere Schulwesen, in: Die Stadt Köln im ersten Jahrhundert unter preußischer Herrschaft 1815–1915, Bd. 2 (Die Verwaltung der Stadt Cöln seit der Reichsgründung in Einzeldarstellungen), hrsg. v. Stadt Cöln), Cöln 1915, S. 30–74

Kaiser, Jürgen, PilgerOrte im Rheinland. Fotografiert von Florian Monheim, Köln 2017

Kalender für den Regierungs-Bezirk Koblenz für das Jahr 1817, Koblenz [1817]

Kames, Josef Martin, Das Elementarschulwesen in Köln von 1815–1850, Köln 1992

Kastner, Dieter, Kinderarbeit im Rheinland. Entstehung und Wirkung des ersten preußischen Gesetzes gegen die Arbeit von Kindern in Fabriken von 1839, Köln 2004

Kaufmann, Alexander, Rehfues über die Anfänge seiner administrativen Thätigkeit in den preussischen Rheinlanden, in: Deutsche Zeitschrift für Geschichtswissenschaft, Bd. 2, Freiburg 1889, S. 449–458

Kaufmann, Leopold, Canonicus Franz Pick. Ein Beitrag zur rheinischen Kunstgeschichte, in: Annalen des Historischen Vereins für den Niederrhein, Heft 21/22, 1870, S. 1–26

Kaufmann, Paul, Preußische Anfänge am Rhein. Besuch des Kronprinzen Friedrich Wilhelm im Sommer 1817, Berlin 1928

Kaufmann, Paul, Ungedruckte Briefe aus dem musikalischen Biedermeier – Anton Friedrich Justus Thibaut und Bernhard Joseph Klein, in: Die Musik, Jg. 27, Heft 7, April 1935, S. 500–504

Keferstein, Mara, Joseph Salm-Reifferscheidt-Dyck – Die Einrichtung des Majorats und die Ernennung zum Comte d'Empire im Kontext der Bildung der napoleonischen Adelsgesellschaft. Magisterarbeit, Universität zu Köln 2009; Vereinigte Adelsarchive im Rheinland e. V. – Rheinische Adelsgeschichte digital – Wissenschaftliche Qualifikationsarbeiten 2020 (Abruf 22.05.2024)

Keller, Robert, Altenberg und seine Merkwürdigkeiten, Bensberg 1882

Kemmerling, Frauke, He wed Hännesche gespillt! Die Puppentheater des Heumarktviertels, in: Drunter und Drüber. Der Heumarkt, hrsg. v. Mario Kramp/Marcus Trier, Köln 2016, S. 190–195

Kemper, Dorothee, Die Goldschmiedearbeiten am Dreikönigenschrein. Bestand und Geschichte seiner Restaurierungen im 19. und 20. Jahrhundert, Bd. 1, Köln 2014

Kempis, Max von, Ölporträts älterer Zeit, in: Mitteilungen der Westdeutschen Gesellschaft für Familienkunde, Bd. 1, Nr. 7, Apr. 1916, S. 234–236

Kempkens, Holger, Hl. Kreuz. Klosterkirche der Kreuzbrüder, in: Colonia Romanica, XVIII/XIX (Kölner Kirchen und ihre Ausstattung in Renaissance und Barock, Bd. 2), Köln 2003/2004, S. 287–297

Kempkens, Holger, St. Kunibert. Kirche des Chorherrenstifts, in: Colonia Romanica, XVIII/XIX (Kölner Kirchen und ihre Ausstattung in Renaissance und Barock, Bd. 2), Köln 2003/2004, S. 299–340

Kempkens, Holger, St. Mauritius. Kirche des Benediktinerinnenklosters, in: Colonia Romanica, XX (Kölner Kirchen und ihre Ausstattung in Renaissance und Barock, Bd. 3), Köln 2005, S. 258–270

Kempkens, Holger, Die Dompfarrkirche St. Johann Evangelist und das „Seminarium Clementinum", Teil I, in: Kölner Domblatt, Bd. 70, 2005, S. 133–180; Teil II, in: Kölner Domblatt, Bd. 71, 2006, S. 107–132

Kerp, Mathias Wilhelm, Betrachtungen und Gebethe über das Leiden und Sterben Jesu Christi. Als Andachtsübungen zunächst zum Gebrauche bei der sogenannten Römerfahrt, Köln 1823

Keuffer, Max/Gottfried Kentenich, Beschreibendes Verzeichnis der Handschriften der Stadtbibliothek zu Trier. Achtes Heft. Handschriften des historischen Archivs. Unveränderter Nachdruck der Ausgabe von 1914, Wiesbaden 1973

Keussen, Hermann, Die älteren Straßennamen der Stadt Köln, in: Mitteilungen des Rheinischen Vereins für Denkmalpflege und Heimatschutz, Jg. 8, Heft 2, 1914, S. 77–107

Keverberg, Charles-Louis Guillaume Josephus de, Discours prononcé le 4 août 1817, par S. E. M. le Baron De Keverberg-De Kessel, Gouverneur de la Flandre-Orientale, Chevalier de l'Ordre du Lion Belgique; à l'occasion de la Distribution des Prix proposés au concours de l'académie royale de dessin, peinture, sculpture et architecture de Gand, Gand 1817

Keverberg, Charles-Louis Guillaume Josephus de, Ursula, princesse britannique, d'après la légende et les peintures d'Hemling; par un ami des lettres et des arts, Gand 1818

Kier, Hiltrud (Bearbeit.), Denkmälerverzeichnis, Köln Stadtbezirk 9 (Mülheim), hrsg. v. Landeskonservator, Köln 1979

Kier, Hiltrud, Die Kölner Ratskapelle und Stefan Lochners Altar der Stadtpatrone, in: Baukunst des Mittelalters in Europa. Festschrift Hans Erich Kubach, hrsg. v. Franz J. Much, Stuttgart 1988, S. 757–778

Kier, Hiltrud, St. Maria in Jerusalem (Ratskapelle), in: Colonia Romanica, XI (Kölner Kirchen und ihre mittelalterliche Ausstattung, Bd. 2), Köln 1996, S. 77 f.

Kier, Hiltrud, Das Kölner Museum zwischen Trikolore und Preußenadler, in: Lust und Verlust II. Corpus-Band zu Kölner Gemäldesammlungen 1800–1860, hrsg. v. Hiltrud Kier/ Frank Günter Zehnder, Köln 1998, S. 9–23

Kier, Hiltrud/Frank Günter Zehnder (Hg.)., Lust und Verlust. Kölner Sammler zwischen Trikolore und Preußenadler, Katalogteil, Köln 1995, S. 506–683

Kier, Hiltrud/Frank Günter Zehnder (Hg.), Lust und Verlust II. Corpus-Band zu Kölner Gemäldesammlungen 1800–1860, Köln 1998

Kirgus, Isabelle, St. Maria in Jerusalem. Kapelle des Rates der Stadt Köln, in: Colonia Romanica, XX (Kölner Kirchen und ihre Ausstattung in Renaissance und Barock, Bd. 3), Köln 2005, S. 103–114

Kirschbaum, Cornelia, Wohnbauten des Hofadels in der kurkölnischen Residenzstadt Bonn im 17. und 18. Jahrhundert, Münster 2019

Klaes, Silke, Die Post im Rheinland. Recht und Verwaltung in der Franzosenzeit (1792–1815), Köln/Weimar/Wien 2001

Klapheck, Richard, Die Kunstsammlungen der Staatlichen Kunstakademie zu Düsseldorf, Düsseldorf 1928

Kleber, Peter/Ulrich Offerhaus, Ich will als Jud Jud bleiben. Die Vor- und Nachfahren des Hofjuden Herz Wahl (ca. 1699–1764). Aufstieg, Niedergang und Neuorientierung einer jüdischen Familie, in: Jahrbuch für westdeutsche Landesgeschichte, Jg. 43, 2017, S. 253–319

Klein, Adolf, Hardenbergs letzte Reform. Die Gründungsgeschichte des Rheinischen Appellationsgerichtshofes, in: Rheinische Justiz. Geschichte und Gegenwart. 175 Jahre Oberlandesgericht Köln, hrsg. v. Dieter Laum/Adolf Klein/Dieter Strauch, Köln 1994, S. 9–55

Klein, Adolf/Justus Bockemühl (Hg.), Weltgeschichte am Rhein erlebt. 1770–1815. Erinnerungen des Rheinländers Christoph Wilhelm Henrich Sethe aus der Zeit des europäischen Umbruchs, Köln 1973

Klein, August, Friedrich Graf zu Solms-Laubach. Preußischer Oberpräsident in Köln (1815–1822), Köln 1936

Klein, August, Die Bemühungen Kölns um die Wiedererrichtung seiner Universität (1798–1818), in: Festschrift zur Erinnerung an die Gründung der alten Universität im Jahre 1388, hrsg. v. Hubert Graven, Köln 1938, S. 329–383

Klein, August, Werner von Haxthausen (1780–1842) und sein Freundeskreis am Rhein, in: Annalen des Historischen Vereins für den Niederrhein, Heft 155/156, 1954, S. 160–183

Klein, August, Anfänge rheinischer Denkmalpflege, in: Aus Mittelalter und Neuzeit, hrsg. v. Josef Engel/Hans Martin Klinkenberg, Bonn 1957, S. 351–371

Klein, August, Die Kölner Regierungspräsidenten 1816–1966. Ihr Leben und Wirken, in: 150 Jahre Regierungsbezirk Köln, Berlin 1966, S. 62–121

Klein, August, Die Personalpolitik der Hohenzollernmonarchie bei der Kölner Regierung. Ein Beitrag zur preußischen Personalpolitik am Rhein, Düsseldorf 1987

Kleinertz, Everhard, Die Bau- und Bodenspekulanten in Köln 1837 bis 1847, in: Kölner Unternehmer im Rheinland und in Westfalen (1835–1871), hrsg. v. Rheinisch-Westfälischen Wirtschaftsarchiv zu Köln, Köln 1984, S. 147–170

Klersch, Joseph, Von der Reichsstadt zur Großstadt. Stadtbild und Wirtschaft in Köln 1794–1860, Köln 1925; neu hrsg. v. Heribert A. Hilgers, Köln 1994

Klingemann, Ernst August Friedrich, J. B. F. Eßlair; eine biographisch-characteristische Skizze vom Herausgeber, in: Allgemeiner deutscher Theater-Almanach für das Jahr 1822, Braunschweig 1822, S. 257–300

Klocke, Friedrich von, Die ständische Entwicklung des Geschlechtes Geyr (v. Schweppenburg). Ein Beitrag zur Patriziatsgeschichte Westfalens, in: Mitteilungen der Westdeutschen Gesellschaft für Familienkunde, Bd. 2, Nr. 1, Juli 1818, S. 3–12; Nr. 2, Jan. 1919, S. 48–54; Nr. 4, Aug. 1919, S. 100–109

Klösges, Stefan/Christoph Müller-Oberhäuser, Die Musikaliensammlung Leibl, Köln 2016

Klother, Eva-Maria, St. Maria ad Gradus. Stiftskirche, in: Colonia Romanica, XVIII/XIX (Kölner Kirchen und ihre Ausstattung in Renaissance und Barock, Bd. 2), Köln 2003/2004, S. 398–401

Klueting, Harm, Reichsgrafen – Stiftsadel – Landadel. Adel und Adelsgruppen im niederrheinisch-westfälischen Raum im 17. und 18. Jahrhundert, in: Adel in der Frühneuzeit. Ein regionaler Vergleich, hrsg. v. Rudolf Endres, Köln/Wien 1991, S. 17–47

Klug, Clemens, Die mittelalterliche Herrlichkeit Kendenich, Hürth 1972

Klug, Clemens, Die restaurierte Burg Kendenich, in: Hürther Heimat, Heft 51/52, 1984, S. 7–24

Klug, Clemens, Heinrich Gottfried Wilhelm Daniels, ein Diener des Rechts, in: Hürther Heimat, Heft 63/64, 1989, S. 18–21

Klug, Clemens, Die Familie von Groote, Hürth 1988

Klupsch, Tina, Johann Hugo Wyttenbach. Eine historische Biographie, Trier 2012

Knipping, Richard, Zu den Farragines des Gelenius, in: Mitteilungen aus dem Stadtarchiv von Köln, Heft 24, 1893, S. 208

Kober, Adolf, History of Jews in Cologne, Philadelphia 1940

Koch, Sabine, Die Düsseldorfer Gemäldegalerie, in: Tempel der Kunst. Die Geburt des öffentlichen Museums in Deutschland 1701–1815, hrsg. v. Bénédicte Savoy, Köln 2015, S. 87–115

Koch, Sabine (Bearbeit.), Über die Düsseldorfer Gemäldegalerie, in: Tempel der Kunst. Die Geburt des öffentlichen Museums in Deutschland 1701–1815, hrsg. v. Bénédicte Savoy, Mainz 2015, S. 383–395

Köln und Bonn mit ihren Umgebungen. Für Fremde und Einheimische. Aus den besten, und vorzüglich aus noch unbenutzten Quellen bearbeitet. Erster Stadtführer Kölns [hrsg. v. Karl Georg Jacob, Matthias Joseph de Noel, Johann Jakob Nöggerath], Köln am Rhein 1828

Kölnischer Geschichtsverein (Hg.), Georg Simon Ohm als Lehrer und Forscher in Köln 1817 bis 1826. Festschrift zur 150. Wiederkehr seines Geburtstages, Köln 1939

Köpke, Rudolf, Ludwig Tieck. Erinnerungen aus dem Leben des Dichters nach dessen mündlichen und schriftlichen Mittheilungen, Erster Theil, Leipzig 1855

Körschner, Dieter (Hg.), Medizinische Topographie des Kreises Bonn. Eine Beschreibung von Land und Leuten um 1825, Bonn 1988

Koester, Christian Philipp, Ueber Restauration alter Oelgemälde, Heidelberg 1827–1830

Kosch, Clemens, St. Andreas, in: Colonia Romanica, X (Kölner Kirchen und ihre mittelalterliche Ausstattung, Bd.1), Köln 1995, S. 41–62

Kotzebue, August von, Geschichte des Deutschen Reiches von dessen Urspunge bis zu dessen Untergange, Bd. 1, Leipzig 1814

Košenina, Alexander/Harry Liivrand/Kristel Pappel (Hg.), August von Kotzebue. Ein streitbarer und umstrittener Autor, Hannover 2017

Krafft, J. G., Predigt bei der dritten Jubel-Feyer der Reformation gehalten am 31. Oktober 1817 von J. G. Krafft, Konsistorialrath und Evang. Pfarrer zu Köln am Rhein. Auf Verlangen herausgegeben, Köln 1817

Krahnke, Holger, Archivar in den Nebenstunden. Der Kölner Stadtsekretär Johann Peter Fuchs (1782–1857) als Förderer der deutschen Geschichtsforschung im 19. Jahrhundert, in: Das Schatzhaus der Bürger mit Leben erfüllt. 150 Jahre Überlieferungsbildung im Historischen Archiv der Stadt Köln, hrsg. v. Historischen Archiv der Stadt Köln, Köln 2011, S. 61–76

Kramer, Johannes, Strassennamen in Köln zur Franzosenzeit 1794–1814, Gerbrunn b. Würzburg 1984

Kramp, Mario, „Style Gautique" zwischen Deutschland und Frankreich. Der Architekt Franz Christian Gau (1789–1853), der Kölner Dombau und der Beginn der Neugotik in Paris, in: Kölner Domblatt, Bd. 60, 1995, S. 131–218

Kramp, Mario, Unter Gottes Gnaden wohl behütet – Ein verschüttetes Zeugnis Kölner Kulturgeschichte, in: ZeitTunnel. 2000 Jahre Köln im Spiegel der U-Bahn-Archäologie, hrsg. v. Marcus Trier/Friederike Naumann-Steckner, Köln 2012

Kramp, Mario, Köln/Nil. Die abenteuerliche Orient-Expedition des Kölners Franz Christian Gau 1818–1820, Köln 2013

Kramp, Mario, „Musjö Ampmann" und „Schnäuzerkowski". Französische und preußische Obrigkeit im Kölner Hänneschen-Theater, in: Achtung Preußen! Beziehungsstatus: Kompliziert. Köln 1815–2015, hrsg. v. Stefan Lewejohann/Sascha Pries, Mainz 2015, S. 60–65

Kramp, Mario/Michael Euler-Schmidt/Barbara Schock-Werner (Hg.), Der kolossale Geselle. Ansichten des Kölner Doms vor 1842 aus dem Bestand des Kölnischen Stadtmuseums, Köln 2011

Kretzschmar, Denis, Zwei Seiten einer Medaille. Säkularisation und Denkmalpflege in der „Franzosenzeit" im Rheinland, in: Colonia Romanica, XXVI (Die romanischen Kirchen im Historismus, Bd. 2), hrsg. von Sybille Fraquelli, Köln 2011, S. 185–200

Kreuser, J. P. [Johann Peter Balthasar], Ueber Peter Anton Fonk und das Gerücht von Cönens Ermordung. Ein Wort an meine Mitbürger, Köln 1821

Kriedte, Peter, Taufgesinnte und großes Kapital. Die niederrheinisch-bergischen Mennoniten und der Aufstieg des Krefelder Seidengewerbes, Göttingen 2007

Krischel, Roland, „Hardy, den Gelehrten Wallraf in Wachs bossierend". Ein Bild und sein Maler, in: Kölner Museums-Bulletin, Heft 4, 1993, S. 18–27

Krischel, Roland, Die Rückkehr des Rubens – Kölns Kunstszene zu Beginn der preußischen Epoche, in: Lust und Verlust. Kölner Sammler zwischen Tricolore und Preußenadler, hrsg. v. Hiltrud Kier/Frank Günter Zehnder, Köln 1995, S. 91–112

Krischel, Roland, Kölner Maler als Sammler und Händler, in: Lust und Verlust. Kölner Sammler zwischen Tricolore und Preußenadler, hrsg. v. Hiltrud Kier/Frank Günter Zehnder, Köln 1995, S. 237–262

Krischel, Roland, Die Privatgalerie des Kölner Stadtbaumeisters Johann Peter Weyer, in: Lust und Verlust. Kölner Sammler zwischen Tricolore und Preußenadler, hrsg. v. Hiltrud Kier/Frank Günter Zehnder, Köln 1995, S. 473–482

Krischel, Roland, Stefan Lochner: Die Muttergottes in der Rosenlaube, Leipzig 2006

Krischel, Roland, Ein „vergiftetes" Meisterwerk? Theologie und Ideologie im Altar der Stadtpatrone, in: Kölner Domblatt, Bd. 80, 2015, S. 88–187

Kröger, Lisa, Wallrafs Straßenneubenennung, aus: Gudrun Gersmann, Stefan Grohé (Hg.), Ferdinand Franz Wallraf (1748–1824) — Eine Spurensuche in Köln (DOI: https://dx.doi.org/10.18716/map/00001), in: mapublishing, 2016, Seitentitel: Wallrafs Straßenneubenennung (Abruf 15.05.2024)

Krombholz, Ralf, Köln: St. Maria Lyskirchen, Stadtspuren – Denkmäler in Köln, hrsg. v. der Stadt Köln, Köln 1992

Kronenberg, Mechtild, Zur Entwicklung des Kölner Kunsthandels, in: Lust und Verlust. Kölner Sammler zwischen Tricolore und Preußenadler, hrsg. v. Hiltrud Kier/Frank Günter Zehnder, Köln 1995, S. 121–140

Kruchen, Karl, Die Zensur und deren praktische Anwendung bei rheinischen Zeitungen in der vormärzlichen Zeit 1814–1848 (Düsseldorfer Jahrbuch, Bd. 34), Düsseldorf 1928, S. 1–136

Krüger, Enno, Frühe Sammler „altdeutscher" Tafelgemälde nach der Säkularisation von 1803, Heidelberg 2009

Kuczynski, Jürgen/Ruth Hoppe/Heinrich Waldmann (Hg.), Hardenbergs Umfrage über die Lage der Kinder in den Fabriken und andere Dokumente aus der Frühgeschichte der Lage der Arbeiter, Berlin (Ost) 1960

Künstler-Brandstädter, Karen, St. Ursula. Die romanische Kirche des 12. u. frühen 13. Jahrhunderts, in: Colonia Romanica, XI (Kölner Kirchen und ihre mittelalterliche Ausstattung, Bd. 2), Köln 1996, S. 208–224

Küntzel, Astrid, Fremde in Köln. Integration und Ausgrenzung zwischen 1750 und 1814, Köln/Weimar/Wien 2008

Küsters, Jan, Johann Wilhelm von Mirbach-Harff – Die Gründung der rheinischen Ritterschaft und die Diskussion um die Stellung des ritterschaftlichen Adels in Preußen und der Rheinprovinz von 1816 bis 1837. Staatsarbeit, Universität zu Köln 2012; Vereinigte Adelsarchive im Rheinland e. V. – Rheinische Adelsgeschichte digital – Wissenschaftliche Qualifikationsarbeiten 2020 (Abruf 22.05.2024)

Kuhlmann, Bernhard, 275 Jahre Johann Maria Farina gegenüber dem Jülichs Platz. Zur Geschichte der ältesten bestehenden Kölnisch-Wasserfabrik, in: Geschichte in Köln, Bd. 16, 1984, S. 67–86

Kuhlmann, Bernhard, „Jedenfalls schmeckt Eau de Cologne besser als Petroleum", in: Oh! De Cologne. Die Geschichte des Kölnisch Wasser, hrsg. v. Werner Schäfke, Köln 1985, S. 9–52

Kuhn, Axel, Jakobiner im Rheinland. Der Kölner konstitutionelle Zirkel von 1798, Stuttgart 1976

Kupka, Andreas, Die innere Umwallung. Verstärkung und Umbau der vorhandenen Befestigungsanlage, in: Festungsstadt Köln. Das Bollwerk im Westen, hrsg. v. Henriette Meynen, Köln 2010, S. 44–49

Kurzweg, Martina, Presse zwischen Staat und Gesellschaft. Die Zeitungslandschaft in Rheinland-Westfalen (1770–1819), Paderborn 1999

L

Lademacher, Horst, Die nördlichen Rheinlande von der Rheinprovinz bis zur Bildung des Landschaftsverbandes Rheinland (1815–1953), in: Rheinische Geschichte in drei Bänden, Bd. 2: Neuzeit, hrsg. v. Franz Petri/Georg Droege, Düsseldorf 1976, S. 475–866

Läufer, Erich, Gezelinus, der Selige aus dem Dhünntal, Moers 1986

Lambert, Birgit, St. Maria ad gradus, in: Colonia Romanica, XI (Kölner Kirchen und ihre mittelalterliche Ausstattung, Bd. 2), Köln 1996, S. 61–75

Landsberg, Ernst, Das rheinische Recht und die rheinische Gerichtsverfassung, in: Die Rheinprovinz 1815–1915. Hundert Jahre preußischer Herrschaft am Rhein, hrsg. v. Joseph Hansen, Bd. 1, Bonn 1917, S. 149–195

Lang, Astrid, Stefan Lochners Altar der Stadtpatrone im Spiegel räumlicher und ritueller Repräsentation des Kölner Rates, in: Kölner Domblatt, Bd. 86, Köln 2021, S. 110–147

Langbrandtner, Hans-Werner, Alexandrine von Loë (1766–1812). Gewöhnlich sind die Weiber muthloser wie Euer Geschlecht, aber hier ist es das Gegentheil. Briefe an ihren ältesten Sohn Friedrich Carl, in: Die Freiherren und Grafen von Loë auf Schloss Wissen. Beiträge zur Familiengeschichte im 19. und frühen 20. Jahrhundert, hrsg. v. der Gemeinde Weeze, Weeze 2015, S. 31–54

Langbrandtner, Hans-Werner, Übersicht über die Familienzweige der Grafen und Freiherren von Loë ab 1800, in: Die Freiherren und Grafen von Loë auf Schloss Wissen. Beiträge zur Familiengeschichte im 19. und frühen 20. Jahrhundert, hrsg. v. der Gemeinde Weeze, Weeze 2015, S. 202–204

Lange, Eduard, Geschichte der Preußischen Landwehr seit Entstehung derselben bis zum Jahre 1856, Berlin 1857

Lauer, Rolf, Der Schrein der Heiligen Drei Könige, Köln 2006

Lauer, Rolf/Christa Schulze-Senger/Wilfried Hansmann, Der Altar der Stadtpatrone im Kölner Dom. Beobachtungen zur Geschichte und Kunstgeschichte des Altares, in: Kölner Domblatt, Bd. 52, 1987, S. 9–80

Laufner, Richard, Johann Hugo Wyttenbach (1767–1848), in: Rheinische Lebensbilder, Bd. 5, Köln 1982, S. 45–56

Lauing, Paul, Die Geschichte der Kölner Polizei vom Mittelalter bis zur Gegenwart, Köln 1926

Lehmann, Carl-Matthias, Das Schicksal der Kölner Dombibliothek (1794–1867), in: Zuflucht zwischen Zeiten 1794–1803. Kölner Domschätze in Arnsberg, hrsg. v. Michael Gosmann, Arnsberg 1994, S. 153–158

Leyen, Gustav Franz, von der, Das Geschwornen-Gericht, die Mängel und Nachtheile desselben, nach der bestehenden Anordnung im Criminal-Prozesse; nebst Vorschlägen, wie man dieser Anstalt mehr Würde und Zuverlässigkeit geben könne, Cöln 1817

Liermann, Stephan, Heinrich Gottfried Wilhelm Daniels, der erste Präsident des rheinischen Appellationsgerichtshofes in Köln, in: Recht und Rechtspflege in den Rheinlanden. Festschrift zum 150jährigen Bestehen des Oberlandesgerichts Köln, hrsg. v. Josef Wolffram/Adolf Klein, Köln 1969, S. 57–77

Liewert, Anne, Vom öffentlichen Büchersaal zur Landes- und Stadtbibliothek (1770–1904). Eine Festschrift zum 250-jährigen Bestehen der Universitäts- und Landesbibliothek Düsseldorf, Düsseldorf 2020

Limper, Wilhelm, Aus der Geschichte des Kölnischen Gymnasiums, in: Georg Simon Ohm als Lehrer und Forscher in Köln 1817 bis 1826. Festschrift zur 150. Wiederkehr seines Geburtstages, hrsg. v. Kölnischen Geschichtsverein, Heft 21, 1939, S. 10–62

Limper, Wilhelm, Wallraf und Grashof. Zugleich ein Beitrag zur Geschichte des kölnischen Schulwesens, in: Jahrbuch des Kölnischen Geschichtsvereins, Heft 21, 1939, S. 111–141

Limper, Wilhelm, Das Dreikönigsgymnasium in der preußischen Zeit. Von 1815 bis zum 1. Weltkrieg, in: Tricoronatum. Festschrift zur 400-Jahr-Feier des Dreikönigsgymnasiums, Köln 1952, S. 49–78

Löwenstein, Sophie, Die Sammlungen des Ferdinand Franz Wallraf, in: Zwischen antiquarischer Gelehrsamkeit und Aufklärung. Die Bibliothek des Kölner Universitätsrektors Ferdinand Franz Wallraf (1748–1824), hrsg. v. Anne Bonnemann, Köln 2006, S. 33–39

Looz-Corswarem, Clemens von, Köln und Mülheim am Rhein im 18. Jahrhundert. Reichsstadt und Flecken als wirtschaftliche Rivalen, in: Civitatum Communitas. Studien zum europäischen Städtewesen, Teil 2, hrsg. v. Helmut Jäger/Franz Petri/Heinz Quirin, Köln/Wien 1984, S. 543–564

Looz-Corswarem, Clemens von, Die politische Elite Kölns im Übergang vom 18. zum 19. Jahrhundert, in: Bürgerliche Eliten in den Niederlanden und in Nordwestdeutschland. Studien zur Sozialgeschichte des europäischen Bürgertums im Mittelalter und in der Neuzeit, hrsg. v. Heinz Schilling/Herman Diederiks, Köln/Wien 1985, S. 421–444

Looz-Corswarem, Clemens von, An Düsseldorf vorbei. Die ersten Dampfschiffe auf dem Rhein 1816–1825, in: Düsseldorfer Jahrbuch, Bd. 86, 2016, S. 145–169

Lüttichau, Mario von, Charles Le Brun. Everhard Jabach und sein Familienbild, in: Lempertz-Bulletin, Einleger, 01, 2018

M

Maaßen, German Hubert Christian, Geschichte der Pfarreien des Dekanates Bonn, 1. Teil, Köln 1894

Magen, Ferdinand, Der Kirchenkreis Mülheim am Rhein (1817–1894), Rödingen 2002

Malachowski, Carl von, Erinnerungen aus dem alten Preußen. Nach einer hinterlassenen Autobiographie, Leipzig 1897

McDaniel-Odendall, Claudia, Die Wachsbossierungen des Caspar Bernhard Hardy (1726–1819), Köln 1990

Mädger, Susanne, Jakob Johann Nepomuk Lyversberg, Kaufmann und Kunstsammler, in: Lust und Verlust. Kölner Sammler zwischen Trikolore und Preußenadler, hrsg. v. Hiltrud Kier/Frank Günter Zehnder, Köln 1995, S. 193–204

Mai, Ekkehard, Die Düsseldorfer Kunstakademie im 19. Jahrhundert – Cornelius, Schadow und die Folgen, in: Düsseldorf in der deutschen Geistesgeschichte (1750–1850), hrsg. v. Gerhard Kurz, Düsseldorf 1984, S. 197–237

Manuskript, welches von St. Helena auf unbekannte Weise herübergekommen ist. Verdeutscht von Dr. F. M. Willmann, 1817

Massenbach, Christian Karl August Ludwig, Der Obrist Massenbach den Thronen, Pallästen und Hütten Teutschlands. Was ist ein konstitutionelles oder gesetzmäßiges Fürsten- oder Königthum? Was für eine Stellung gebührt dem Adel in den neu zu konstituirenden Staaten Teutschlands? Von der Verwaltung der Volkshülfsgelder in den neu zu konstituirenden Staaten Teutschlands, 3 Hefte. Teutschland 1817

Matthias, Wilhelm Heinrich, Darstellung des Postwesens in den Königlich Preussischen Staaten, Bd. 2, 2. Aufl., Berlin 1816

Matz, Reinhard/Wolfgang Vollmer (Hg.), Köln von Anfang an. Leben – Kultur– Stadt bis 1880, Köln 2020

Mawman, Joseph, A Picturesque Tour Through France, Switzerland, on the Banks of the Rhine, and Through Part of the Netherlands in the Year 1816, London 1817

Mennekes, Friedhelm, Ein „Rubens" für Sankt Peter, in: Peter Paul Rubens' Kreuzigung Petri. Ein Bild aus der Peterskirche zu Köln, hrsg. v. Mariana Hanstein, Köln/Weimar/Wien 1996, S. 1–18

Mering, Friedrich Everhard von, Die Peterskirche und Caecilienkirche in Cöln am Rhein. In ihren Denkwürdigkeiten beschrieben, Cöln 1834

Mering, Friedrich Everhard von/Ludwig Reischert, Zur Geschichte der Stadt Köln am Rhein. Von ihrer Gründung bis zur Gegenwart, nach handschriftlichen Quellen und den besten gedruckten Hülfsmitteln bearbeitet, 4 Bde, Köln 1838–1840

Mering, Friedrich Everhard von/Ludwig Reischert, Die Bischöfe und Erzbischöfe von Köln nach ihrer Reihenfolge, nebst Geschichte des Urspunges, des Fortganges und Verfalles der Kirchen und Klöster der Stadt Köln, mit besonderer Bezugnahme auf die Kirchen und Klöster der Erzdiözese, Bd. 1 u. 2, Köln 1844

Merlo, Johann Jacob, Die Familie Jabach zu Köln und ihre Kunstliebe, Köln 1861

Merlo, Johann Jacob, Anton Woensam von Worms; Maler und Xylograph zu Köln. Sein Leben und seine Werke. Eine kunstgeschichtliche Monographie, Leipzig 1864

Merlo, Johann Jacob, Die Buchhandlungen und Buchdruckereien Zum Einhorn in der Straße Unter Fettenhennen zu Köln, vom sechzehnten Jahrhundert bis zur Gegenwart, in: Annalen des Historischen Vereins für den Niederrhein, Heft 30, 1876, S. 1–60

Merlo, Johann Jacob, Das Haus zum Palast auf dem Domhof zu Köln, in: Annalen des Historischen Vereins für den Niederrhein, Heft 42, 1884, S. 61–70

Merlo, Johann Jacob, Haus Gürzenich zu Köln, sein Saal und dessen Feste. Nach den Urkunden, in: Annalen des Historischen Vereins für den Niederrhein, Heft 43, 1885, S. 1–79

Merlo, Johann Jacob, Zur Geschichte des Kölner Theaters im 18. u. 19. Jahrhundert, in: Annalen des Historischen Vereins für den Niederrhein, Heft 50, 1890, S. 145–219

Merlo, Johann Jacob, Kölnische Künstler in alter und neuer Zeit. Neu bearbeitete und erweiterte Nachrichten von dem Leben und den Werken Kölnischer Künstler, hrsg. v. Eduard Firmenich-Richartz/Hermann Keussen, Düsseldorf 1895

Merrem, Theodor, Die Verwaltung der Medizinalpolizei im General-Gouvernement vom Nieder- und Mittelrhein, in: Jahrbuch der Staatsarzneikunde für das Jahr 1817, hrsg. v. Johann Heinrich Kopp, Frankfurt a. M. 1816, S. 3–19

Merrem, Theodor (Hg.), Medizinische Jahrbücher der Herzogthümer Jülich, Cleve und Berg, Bd. 1, bei DuMont und Bachem, Köln 1817

Mettele, Gisela, Das Kölner Bürgertum und sein Stadttheater in der ersten Hälfte des 19. Jahrhunderts, in: Geschichte in Köln, Bd. 38, 1995, S. 81–96

Mettele, Gisela, Das Bürgertum in Köln 1775–1870. Gemeinsinn und freie Association, München 1998

Meyer, Jörg F., Verehrt, Verdammt, Vergessen. August von Kotzebue. Werk und Wirkung, Frankfurt a. M. u. a. 2005

Meynen, Henriette, Wasserburgen, Schlösser und Landsitze im Erftkreis, Köln 1979

Meynen, Henriette, Das ehemalige Werthchen. Rheinau-Anlage, in: Vom Botanischen Garten zum Großstadtgrün. 200 Jahre Kölner Grün, hrsg. v. Werner Adams/Joachim Bauer, Köln 2001, S. 26 f.

Meynen, Henriette (Hg.), Die Kölner Stadtbefestigungen. Einzigartige Zeugnisse aus Römerzeit, Mittelalter und Neuzeit. Touren entlang der historischen Stadtbefestigungen, Daun 2021

Michaelis, Alfred (Hg.), Die Rechtsverhältnisse der Juden in Preußen seit dem Beginne des 19. Jahrhunderts. Gesetze, Erlässe, Verordnungen, Entscheidungen, Berlin 1910

Michel, Fritz, Die Kunstdenkmäler der Stadt Koblenz. Die profanen Denkmäler und die Vororte, Berlin/München 1954

Miller, Cordelia, Die Anfänge evangelischer Kirchenmusik in Köln, in: Musik im französischen Köln (1794–1814), hrsg. v. Arnold Jacobshagen/Wolfram Steinbeck/Robert von Zahn, Kassel 2010, S. 133–148

Milz, Herbert, Das Kölner Grossgewerbe von 1770–1835, Köln 1962

Mindel, Carl Heinrich August, Wegweiser Düsseldorf's oder Grundlage zur Geographisch-, Statistisch-, Topographisch-, Historischen Darstellung von Düsseldorf, nach seinen frühern und derzeitigen Verhältnissen. Aus den zuverläßigsten Quellen entnommen, zusammengetragen und aufgestellt vom Königlich-Preußischen Kreis-Polizey Inspektor Carl Heinrich August Mindel, Düsseldorf 1817

Minola, Alexander Bertram, Beiträge zur Uebersicht der Römisch-deutschen Geschichte, bei J. Mathieux, Köln 1818

Mirbach, Ernst von, Die Freiherren und Grafen von Mirbach. Ueberblick über die Geschichte des Geschlechts und Darstellung des Zusammenhangs der noch blühenden Linien, Berlin 1887

Mölich, Georg, Preußische Kulturpolitik am Rhein nach der „Besitzergreifung" – eine Skizze, in: Lust und Verlust. Kölner Sammler zwischen Trikolore und Preußenadler, hrsg. v. Hiltrud Kier/Frank Günter Zehnder, Köln 1995, S. 163–167

Möllendorff, Nathalie-Josephine von, Bildtopographien und Raumkontexte: Das Thomas-Retabel an seinen historischen Orten der Kölner Kartause, der Sammlung Lyversberg und des ersten Wallraf-Richartz-Museums, Bd. 1, 2019 https://biblio.unibe.ch/download/eldiss/17vonmoellendorff_nj.pdf (Abruf 10.09.2024)

Molitor, Hansgeorg, Die Juden im französischen Rheinland, in: Köln und das rheinische Judentum. Festschrift Germania Judaica 1959–1984, hrsg. v. Jutta Bohnke-Kollwitz/Willehad Paul Eckert/Frank Golczewski/Hermann Greive, Köln 1984, S. 87–94

Mone, Franz Joseph, Geschichte und Beschreibung von Speyer, Speyer 1817

Mone, Franz Joseph, Einleitung in das Nibelungen-Lied; zum Schul- und Selbstgebrauch, Heidelberg 1818

Mone, Franz Joseph, Ueber die Sage vom Tristan, vorzüglich ihre Bedeutung in der Geheimlehre der britischen Druiden, Heidelberg 1822

Monschaw, Adolf, von, Die Familie von Monschaw in Köln bis zum Anfang des 19. Jahrhunderts, in: Mitteilungen der Westdeutschen Gesellschaft für Familienkunde, Bd. 2, Nr. 6, März 1920, S. 175–180; Nr. 7, S. 206–210; Nr. 8, Okt. 1820, S. 243–249; Nr. 10, Apr. 1921, S. 297–311

Monz, Heinz, Karl Marx. Grundlagen der Entwicklung zu Leben und Werk, Trier 1973

Moses, Elisabeth, Caspar Benedikt Beckenkamp (1747–1828), in: Wallraf-Richartz- Jahrbuch, Bd. 2, 1925, S. 44–77

Mosler, Bettina, Benedikt Beckenkamp (1747–1828). Ein rheinischer Maler, Köln 2003

Mosler, Bettina, Benedikt Beckenkamp, in: Internetportal Rheinische Geschichte: https://www.rheinische-geschichte.lvr.de/Persoenlichkeiten/benedikt-beckenkamp-/DE-2086/lido/57c57698abc095.47296864 (Abruf 21.05.2024)

Müffling, Friedrich Carl Ferdinand, Aus meinem Leben, Berlin 1851

Mühlberg, Fried, Bau- und Kunstgeschichte des alten Rathauses zu Köln, in: Das Rathaus zu Köln. Geschichte, Gebäude, Gestalten, hrsg. v. Peter Fuchs, Köln 1994, S. 71–100

Müller, Alwin, Die Geschichte der Juden in Köln von der Wiederzulassung 1798 bis um 1850. Ein Beitrag zur Sozialgeschichte einer Minderheit, Köln 1984

Müller, Klaus, Säkularisation und städtische Gesellschaft in Köln, in: Klosterkultur und Säkularisation im Rheinland, hrsg. v. Georg Mölich/Joachim Oepen/Wolfgang Rosen, Essen 2002, S. 285–305

Müller, Klaus, Köln von der französischen zur preußischen Herrschaft 1794–1815, Köln 2005

Müller, Rüdiger, 200 Jahre J. P. Bachem. Eine Kölner Familie schreibt Geschichte, Köln 2018

Münkler, Herfried, Die Deutschen und ihre Mythen, Berlin 2009

Mylius, Johann Carl, Geschichte der Familien Mylius. Genealogisch-biographische Familienchronik der Mylius aller Zeiten und Länder, Buttstädt 1895

N

Nagel, Matthias, Stationen eines Unermüdlichen. August Burgmüller, der erste Musikdirektor des Regensburger Theaters, in: Mälzels Magazin. Zeitschrift für Musikkultur in Regensburg, 2004, Nr. 4 (http://maelzels-magazin.de/2004/4_04_burgmueller.html) (Abruf 10.09.2024)

[Nagel zur Gaul, Franz Adolph Joseph von], Auflösung der Rechtsfrage, ob den geistlichen und weltlichen öffentlichen Anstalten und Gemeinden der einen Rheinseite Entschädigung für diejenigen Güter und Einkünfte gebühre, welche sie auf der andern Rheinseite ehemals besessen haben?, gedruckt beim Verlag DuMont, Köln 1816

Nagler, Georg Kaspar, Neues allgemeines Künstler-Lexicon oder Nachrichten von dem Leben und den Werken der Maler, Bildhauer, Baumeister, Kupferstecher, Formschneider, Lithographen, Zeichner, Medailleure, Elfenbeinarbeiter, etc., Bd. 18, München 1848

Nahmer, Ernst von der, Beiträge zur Geschichte der Kölnischen Zeitung, ihrer Besitzer und Mitarbeiter, Teil 1 (Marcus DuMont 1802–1831), Köln 1920

Namen-Verzeichniß der BBr: Mitglieder der im System der Hochw. Gr. Nat. Mutter zu den drei Welt Kugeln im Or. von Berlin arbeitenden ger. und vollk. St. Johannis zum vaterländischen Verein im Or. von Köln, Gedruckt bei M. DuMont-Schauberg in Köln 5820/1820

Napp-Zinn, Klaus, Die „Kölner Botanik" zwischen alter und neuer Universität, in: Naturwissenschaften und Naturwissenschaftler in Köln zwischen der alten und der neuen Universität (1798–1919), hrsg. v. Martin Schwarzbach, Köln/Wien 1985, S. 119–168

Naumann-Steckner, Friederike, Ferdinand Franz Wallraf und die Antike, in: Wallrafs Erbe. Ein Bürger rettet Köln (Wallraf im Fokus), Köln 2018, S. 110–121

Neeb, Johann, Einige Worte über den Rangstreit der Städte Köln und Bonn um den Sitz einer Universität für die Preußischen Rheinlande, 1817, in: Johann Neeb, Vermischte Schriften, Erster bis Dritter Theil, Frankfurt a. M. 1817–1821; Dritter Theil, 1821, S. 73–78

[Neigebaur, Johann Daniel Ferdinand), Die Wünsche der neuen Preussen bei der zu erwartenden Justiz-Reform in den Rheinländern; und zu welchen Erwartungen die ernannte Immediat-Justiz-Commission berechtigt?, Köln 1816

[Neigebaur, Johann Daniel Ferdinand), Statistik der Preußischen Rhein-Provinzen, in den drei Perioden ihrer Verwaltung: 1) Durch das General-Gouvernement vom Niederrheine; 2) Durch jenes vom Nieder- und Mittelrheine; 3) Nach Ihrer jetzigen Begränzung und wirklichen Vereinigung mit dem Preußischen Staate. Aus officiellen Quellen. Von einem Preußischen Staatsbeamten, Köln 1817

Neubauer, Hans-Joachim, Judenfiguren. Drama und Theater im frühen 19. Jahrhundert, Frankfurt a. M./New York 1994

Neuhoff, Stephan, Feuer und Flamme. Die Geschichte des Brandschutzes in Köln, Köln 2014

Newman, Louis Israel, Richard Cumberland: Critic and Friend of the Jews, New York 1919

Nicke, J., Die Familie Herstatt, insbesondere das Haus Johann David Herstatt in Köln, Köln 1885

Nicolin, Friedhelm, Hegel als Professor in Heidelberg. Aus den Akten der philosophischen Fakultät 1816–18, in: Hegel-Studien, hrsg. v. Friedhelm Nicolin/Otto Pöggeler, Bd. 2, 1963, S. 71–98

Nicolovius, Alfred, Ferdinand Delbrück. Ein Lebensabriß, Bonn 1848

Niehoff, Rolf, Malerei in Düsseldorf, in: Düsseldorf als Stadt der Kunst 1815–1850. Quellensammlung, hrsg. v. Bernd Füllner u.a., Düsseldorf 1987, S. 5–127

Niehr, Klaus, Ästhetische Norm und nationale Identität. Fiorillo und die Kunst des Hochmittelalters in Deutschland, in: Johann Dominicus Fiorillo. Kunstgeschichte und die romantische Bewegung um 1800, hrsg. v. Antje Middeldorf Kosegarten, Göttingen 1997, S. 328–335

Niemöller, Klaus Wolfgang, Ferdinand Franz Wallraf (1748–1824). Gelehrter, Sammler und Musikfreund, in: Musik im französischen Köln (1794–1814), hrsg. v. Arnold Jacobshagen/Wolfram Steinbeck/Robert von Zahn, Kassel 2010, S. 61–92

Niemöller, Klaus Wolfgang, Musiker im französischen Köln. Ein biographisches Lexikon, in: Musik im französischen Köln (1794–1814), hrsg. v. Arnold Jacobshagen/Wolfram Steinbeck/Robert von Zahn, Kassel 2010, S. 255–322

Noelke, Peter, Die Altertumssammlung des Ferdinand Franz Wallraf und ihre Rezeption, in: Lust und Verlust. Kölner Sammler zwischen Trikolore und Preußenadler, hrsg. v. Hiltrud Kier/Frank Günter Zehnder, Köln 1995, S. 429–456

Nolden, Reiner, „Das Goldene Buch von Prüm". Liber aureus Prumiensis (StB Trier, Hs 1709). Ein Kopiar mit Urkundenschriften des 11. bis 12. Jahrhunderts, Trier 2013

O

Oepen, Joachim, Das Schicksal der Archive des Domkapitels, des Erzstiftes sowie des Generalvikariates, in: Zuflucht zwischen Zeiten 1794–1803. Kölner Domschätze in Arnsberg, hrsg. v. Michael Gosmann, Arnsberg 1994, S. 159–171

Oepen, Joachim, Religiöse Bruderschaften des 18. Jahrhunderts, in: Hirt und Herde. Religiosität und Frömmigkeit im Rheinland des 18. Jahrhunderts, hrsg. v. Frank Günter Zehnder, Köln 2000, S. 59–94

Oepen, Joachim, Frömmigkeit im Zeitalter der Säkularisation: Bruderschaften in Köln und im Rheinland, in: Klosterkultur und Säkularisation im Rheinland, hrsg. v. Georg Mölich/Joachim Oepen/Wolfgang Rosen, Essen 2001, S. 171–190

Oepen, Joachim, Die Säkularisation – Untergang des Erzbistums? – 1794–1815/21, in: Kleine illustrierte Geschichte des Erzbistums Köln, hrsg. v. Ulrich Helbach/Joachim Oepen, Köln 2013, S. 100–111

Oidtman, Ernst von, Die Familie von Hallberg, in: Mitteilungen der Westdeutschen Gesellschaft für Familienkunde, Bd. 1, Nr. 7, Apr. 1916, S. 237–242

Opitz, Marion, St. Maria Lyskirchen. Pfarrkirche, in: Colonia Romanica, XX (Kölner Kirchen und ihre Ausstattung in Renaissance und Barock, Bd. 3), Köln 2005, S. 175–190

Opitz, Marion, St. Ursula. Kirche des Damenstifts, seit 1804 Pfarrkirche, in: Colonia Romanica, XX (Kölner Kirchen und ihre Ausstattung in Renaissance und Barock, Bd. 3), Köln 2005, S. 408–434

Ost, Hans, Bildnisse von Caspar Benedikt Beckenkamp – Mit einem Exkurs zur Gemäldesammlung des Clemens August Maria von Merle, in: Lust und Verlust. Kölner Sammler zwischen Trikolore und Preußenadler, hrsg. v. Hiltrud Kier/Frank Günter Zehnder, Köln 1995, S. 263–281

Otzen, Hans, Burgen und Schlösser rund um Bonn, Bonn 2000

Overdick, Michael, Die Lehr- und Vorbildsammlungen der Düsseldorfer Akademie bis zum Beginn der preußischen Herrschaft, in: Die Kunstakademie Düsseldorf 1773–2023. Kunstgeschichte einer Institution, hrsg. v. Johannes Myssok, Berlin 2023, S. 27–37

P

Pabst, Klaus, Der Kölner Universitätsgedanke zwischen Französischer Revolution und Preußischer Reaktion (1794–1818), in: Kölner Universitätsgeschichte, Bd. II: Das 19. und 20. Jahrhundert, hrsg. v. Bernd Heimbüchen/Klaus Pabst u.a., Köln/Wien 1988, S. 1–99

Parent, Thomas, Die Hohenzollern in Köln, Köln 1981

Pawlik, Anna, Annäherung und Distanz. Zur Objektgeschichte der Kreuzigung Petri, in: Die Kreuzigung Petri von Rubens, hrsg. v. Andrea Pufke, Berlin/München 2022, S. 73–93

Perthes, Clemens Theodor (Hg.), Friedrich Perthes' Leben nach dessen schriftlichen und mündlichen Mittheilungen aufgezeichnet, Bd. 2, 6. Aufl., Gotha 1872

Peter Anton Fonk, Der Kampf für Recht und Wahrheit, 1. u. 2. Heft, Koblenz 1822

Peter Anton Fonck. Eine getreue und vollständige Darstellung seines Prozesses. Herausgegeben und mit einem Vorwort begleitet von C. v. F., Braunschweig 1823

Petersdorff, Herman von, General Johann Adolph Freiherr von Thielmann, ein Charakterbild aus der napoleonischen Zeit, Leipzig 1894

Pfotenhauer, Angela, Köln: Der Gürzenich und Alt St. Alban (Stadtspuren – Denkmäler in Köln, Bd. 22), Köln 1993

Philipp, Guntram, Christoph Andreae (1753–1804), in: Rheinisch-Westfälische Wirtschaftsbiographien, Bd. 12, 1986, S. 48–78

Pigage, Nicolas de, La Galerie Électorale De Dusseldorff Ou Catalogue Raisonné Et Figuré De Ses Tableaux, Basel 1778

Pilger, Kathrin, Die Entwicklung des Zentral-Dombau-Vereins bis zur Vollendung des Kölner Domes, in: Kölner Domblatt, Bd. 81, 2016, S. 18–35

Piontek, Uwe, Kölsch Militär. Legionäre, Spiessbürger, Gardisten. 2000 Jahre Soldaten in Köln, Köln 2016

Plassmann, Max, Virtuelle Ordnungen? Verzeichnisse, Inventare und Kataloge zu Wallrafs Sammlungen, in: Wallrafs Erbe. Ein Bürger rettet Köln (Wallraf im Fokus), Köln 2018, S. 102–108

Plassmann, Max, Wallraf als Sammler. Kulturelle, politische und gesellschaftliche Hintergründe einer Leidenschaft, in: Religiöse Vielfalt in Köln. Beiträge des Begleitprogramms der Ausstellung „Hilliges Köln 2.0 – Auf dem Weg zur religiösen Toleranz?", Köln 2019, S. 117–123

Plassmann, Max, Köln – die Stadt am Hafen in Mittelalter und Früher Neuzeit, in: Am Strom. Köln und seine Häfen von der Antike bis in die Gegenwart, Köln 2021, S. 55–67

Platz-Horster, Gertrud, Zur Geschichte der Sammlung von Gipsabgüssen in Berlin, in: Berlin und die Antike. Architektur – Kunstgewerbe – Malerei – Skulptur – Theater und Wissenschaft vom 16. Jahrhundert bis heute. Katalog, hrsg. v. Willmuth Arenhövel, Berlin 1979, S. 93–98

Pletz, Charlotte, Die Dokumentation der Antikensammlung Wallrafs in den „Kölner Alterthümern", aus: Gudrun Gersmann, Stefan Grohé (Hg.), Ferdinand Franz Wallraf (1748–1824) — Eine Spurensuche in Köln (DOI: https://dx.doi.org/10.18716/map/00001), in: mapublishing, 2017, Seitentitel: Dokumentation in den »Kölner Alterthümern« (Abruf 30.05.2024)

Plotzek, Joachim M., Zur Geschichte der Kölner Dombibliothek, in: Glaube und Wissen im Mittelalter. Katalogbuch zur Ausstellung, hrsg. v. Joachim M. Plotzek/Ulrike Surmann, München 1998, S. 15–64

Pöggeler, Otto, Untergang und Neuanfang am Rhein. Düsseldorf und die westdeutschen Zentren der Umbruchszeit um 1800, in: Düsseldorf in der deutschen Geistesgeschichte (1750–1850), hrsg. v. Gerhard Kurz, Düsseldorf 1984, S. 11–36

Pohl, Hans, Wirtschaftsgeschichte Kölns im 18. und beginnenden 19. Jahrhundert, in: Zwei Jahrtausende Kölner Wirtschaft, Bd. 2, hrsg. v. Hermann Kellenbenz/Klara van Eyll, Köln 1975, S. 9–162

Powell, Cecilia, Turner und der Rhein, in: Vom Zauber des Rheins ergriffen... Zur Entdeckung der Rheinlandschaft vom 17. bis 19. Jahrhundert, hrsg. v. Klaus Honnef/Klaus Weschenfelder/Irene Haberland, München 1992, S. 219–240

Powell, Cecilia, William Turner in Deutschland, München/New York 1995

Pries, Sascha, J. P. Bachem. Verlegerdynastie in der Marzellenstraße, in: Drunter und Drüber. Der Eigelstein, hrsg. von Mario Kramp/Marcus Trier, Köln 2014, S. 185–189

Pries, Sascha, Von den Karotten zum Doppelmops. Aufstieg und Fall des Tabakhändlers Foveaux, in: Drunter und Drüber. Der Heumarkt, hrsg. v. Mario Kramp/Marcus Trier, Köln 2016, S. 135–139

Pufke, Andrea (Hg.), Die Kreuzigung Petri von Rubens, Berlin/München 2022

Puls, Michael, Caspar Bernhard Hardy (1726–1819), Mentor und Weggefährte Ferdinand Franz Wallrafs, in: Wallrafs Erbe. Ein Bürger rettet Köln (Wallraf im Fokus), Köln 2018, S. 58–69

Puls, Michael, Sibylle Mertens-Schaaffhausen (1797–1857). Eine Dame von Welt, Geist und Herz und die Herren vom Kölner Dom, in: Kölner Domblatt, Bd. 86, Köln 2021, S. 190–233

Q

Quadflieg, Eberhard, Spaziergänge durch Alt-Aachen. Straßen, Häuser und Familien, Heft 2, Aachen 1941

Quarg, Gunter, Handakten des Eberhard von Groote aus den Jahren 1815 bis 1821, in: Annalen des Historischen Vereins für den Niederrhein, Heft 190, 1987, S. 147–160

Quarg, Gunter, „Ganz Köln steckt voller Bücherschätze". Von der Ratsbibliothek zur Universitäts- und Stadtbibliothek 1602–2002, Köln 2002

Quarg, Gunter, Catalogus codicum manuscriptorum. Ecclesiae Metropolitanae Coloniensis. 250 Jahre Handschriftenkatalog der Dombibliothek 1752–2002, in: Kölner Domblatt, Bd. 67, 2002, S. 305–315

R

Radke, Gerhard, Topographische Betrachtungen zum „Iter Brundisinum" des Horaz, in: Rheinisches Museum für Philologie, Neue Folge, Bd. 132, 1989, S. 54–72

Rahtgens, Hugo (Bearb.), Die kirchlichen Denkmäler der Stadt Köln, Bd. II, Düsseldorf 1911

Rave, Paul Ortwin, Anfänge preussischer Kunstpflege am Rhein, in: Wallraf-Richartz-Jahrbuch, Bd. 9, 1936, S. 181–204

Reder, Dirk, „Im Felde Soldat mit Soldat, daheim Männerbund mit Männerbund, Frauenverein mit Frauenverein". Der Patriotische Frauenverein Köln in Krieg und Armenpflege 1813–1826, in: Geschichte in Köln, Bd. 32, 1992, S. 53–76

Reglement wegen der unmittelbar angeordneten Civil-Uniformen für die Provinzial-Landes-Collegia, De Dato Berlin den 14. Februar 1804

Rehfues, Philipp Joseph, Reden an das deutsche Volk, Erste Rede, Deutschland 1814 [Nürnberg 1814]

[Rehfues, Philipp Joseph], Die Ansprüche und Hoffnungen der Stadt Bonn, vor dem Thron ihres künftigen Beherrschers niedergelegt, Bonn 1814

Reiberg, Ludger, Die soziale Lage in Mülheim am Rhein um 1800, in: Das andere Köln. Demokratische Traditionen seit der Französischen Revolution, hrsg. v. Reinhold Billstein, Köln 1979, S. 9–28

Reifferscheid, Alexander (Hg.), Eberhard von Groote. Mitteilungen aus seinem Briefwechsel mit G. Fr. Benecke, J. Fr. Böhmer, M. und S. Boisserée [...] aus den Jahren 1815–1859, Bonn 1875

Reifferscheid, Alexander (Hg.), Erinnerung an Eberhard von Groote, in: Monatsschrift für rheinisch-westfälische Geschichtsforschung und Alterthumskunde, Jg. 1, 1875, S. 30–44, S. 138–166, S. 539–560

Reimer, Doris, Passion & Kalkül. Der Verleger Georg Andreas Reimer (1776–1842), Berlin/New York 1999

Reisinger-Selk, Nicole, Heinrich Gottfried Wilhelm Daniels (1754–1827). Leben und Werk. Ein Jurist in drei Zeitaltern, Berlin/Münster 2008

Renger, Christian, Die Gründung und Einrichtung der Universität Bonn und die Berufungspolitik des Kultusministers Altenstein, Bonn 1982

Reuber, Ingrid Sibylle, Der Kölner Mordfall Fonk von 1816. Das Schwurgericht und das königliche Bestätigungsrecht auf dem Prüfstand, Köln/Weimar/Wien 2002

Reuter, Christian, Schelmuffskys warhafftige curiöse und sehr gefährliche Reisebeschreibung zu Wasser und zu Lande, 2 Theile, 1696/97

Rey, Manfred van, 850 Jahre Burg und Ort Dransdorf, in: Dransdorfer Bote. Mitteilungen des Ortsausschusses. Sonderdruck: 850 Jahre Dransdorfer Burg [Bonn 1988], S. 9–20

Rheineck, Willibald [Johann Andreas Demian], Rheinreise von Mainz bis Düsseldorf. Nebst ausführlichen Gemälden von Frankfurt, Mainz, Koblenz, Bonn, Köln und Düsseldorf mit ihren Umgebungen, Mainz 1822

Richartz, Johann Heinrich (Hg.), Ausgewählte Schriften von Ferdinand Wallraf. Festgabe zur Einweihungs-Feier des Museums Wallraf-Richartz, Köln 1861

Ritter, Margaret, Maximilian Friedrich Weyhe 1775–1846. Ein Leben für die Gartenkunst, Düsseldorf 2007

Roessle, Jochen, St. Peter. Pfarrkirche, in: Colonia Romanica, XX (Kölner Kirchen und ihre Ausstattung in Renaissance und Barock, Bd. 3), Köln 2005, S. 322–339

Rößner-Richarz, Maria (Bearb.), Archiv Graf Wolff Metternich zur Gracht. Bestand: Archiv Schloss Gracht (Akten), o. O. 2001

Rößner-Richarz, Maria (Bearb.), Archiv Haus Rankenberg, Herr von Kempis. Bestand: Burg Kendenich, Akten, o. O. 2003

Rößner-Richarz, Maria (Bearb.), Archiv der Herren von Groote (Haus Londorf). Bestand: Burg Hermülheim, o. O. 2006

Rößner-Richarz, Maria (Bearb.), Archiv Haus Londorf (Herr von Groote). Familienbriefe 1809–1818, o. O. 2009

Rößner-Richarz, Maria, Selbstzeugnisse als Quellen adliger Lebenswelten in der Sattelzeit. Eine Bestandsaufnahme, in: *zeitenblicke* 9, Nr. 1, [10.06.2010], URL: https://www.zeitenblicke.de/2010/1/roessner-richarz/index_html, URN: urn:nbn:de:0009-9-21027 (Abruf 20.05.2024)

Roettgen, Steffi, Die Düsseldorfer Kunstakademie unter Lambert Krahe (1773–1790). Vorbilder, Programm und Wirkung, in: Die Kunstakademie Düsseldorf 1773–2023. Kunstgeschichte einer Institution, hrsg. v. Johannes Myssok, Berlin 2023, S. 15–25

Rombach, Bernd, Der Regierungspräsident in Köln. Staatliche Verwaltungsbehörde der Mittelinstanz, in: 150 Jahre Regierungsbezirk Köln, Berlin 1966, S. 122–139

Romeyk, Horst, Die leitenden staatlichen und kommunalen Verwaltungsbeamten der Rheinprovinz 1816–1945, Düsseldorf 1994

Rosellen, Robert Wilhelm, Geschichte der Pfarreien des Dekanates Brühl, Köln 1887

Rosenwall, P. [Gottfried Peter Rauschnick], Malerische Ansichten und Bemerkungen, auf einer Reise durch Holland, die Rheinlande, Baden, die Schweiz und Würtemberg, 1. Theil, Mainz 1818

Rothkirch, Malve, Prinz Carl von Preussen. Kenner und Beschützer des Schönen 1801–1883. Eine Chronik aus zeitgenössischen Dokumenten und Bildern, Osnabrück 1981

Roth-Wiesbaden, F. W. E., Zur Geschichte einiger Glasmalereisammlungen zu Köln im Anfang des 19. Jahrhunderts, in: Annalen des Historischen Vereins für den Niederrhein, Heft 70, 1901, S. 77–84

Rudi, Thomas, Christian Philipp Koester (1784–1851). Maler und Restaurator. Monographie mit kritischem Oeuvreverzeichnis, Frankfurt a. M. 1999

Rudolf, Sarah, Eine ständische Karriere? Der Aufstieg Caspar Joseph Biegelebens (1766–1842) zwischen 1789 und 1832 in kurkölnischen und hessen-darmstädtischen Diensten, in: Geschichte in Köln, Bd. 59, 2012, S. 129–156

Rümmler, Else, Haus Nesselrode und seine Bewohner, in: Von Straßen, Häusern und Menschen. Aufsätze zur Topographie und Geschichte des alten Düsseldorf, bearb. v. Elisabeth Scheeben, Düsseldorf 1992, S. 112–117

Rüther, Martin/Eva Maria Martinsdorf, Brügelmann in Köln. Geschichte eines Familienunternehmens von 1820 bis heute, Köln 1998

Ruland, Josef, Kulturpflege in der Rheinprovinz, in: Das Rheinland in preussischer Zeit. 10 Beiträge zur Geschichte der Rheinprovinz, hrsg. v. Walter Först, Köln 1965, S. 187–204

Rummel, Walter, Bürokratische Herrschaft im ländlichen Raum. Ein französisch-preußisches Projekt des 19. Jahrhunderts, in: Das Rheinland auf dem Weg nach Preußen 1815–1822, hrsg. v. Thomas P. Becker/Dominik Geppert/Helmut Rönz, Köln/Weimar/Wien 2019, S. 145–167

Rumpf, Johann Daniel Friedrich, Der Preußische Secretär. Ein Handbuch zur Kenntniß der preußischen Staatsverfassung und Staatsverwaltung, Achte vermehrte u. verbesserte Ausgabe, Berlin 1817

Rumpf, Johann Daniel Friedrich, Die Stempelgesetze der Preußischen Monarchie, in einem vollständigen Handbuche, mit Tabellen und alphabetischem Register, Berlin 1817

Rupp, Paul Berthold, Die Bibliothek Ferdinand Wallrafs (1748–1824). Entstehung und Fortbestand, in: Jahrbuch des Kölnischen Geschichtsvereins, Heft 47, 1976, S. 47–114

S

Sachse, Margit, „Als in Dyck Kakteen blühten…". Leben und Werk des Dycker Schlossherrn Joseph Altgraf und Fürst zu Salm-Reifferscheidt-Dyck (1773–1861), Pulheim 2005

Sammlung Zimmermann. Sammlung von Gemälden, Emaillen, alten Waffen, Ritter-Harnischen, Antiken etc. des verstorbenen Herrn Nic. Zimmermann, Maler in Köln, welche Montag, den 10. Juni 1833, Nachmittags 3 Uhr, im Sterbehause desselben, Blindgasse No. 2, nebst mehreren andern Kunstgegenständen, öffentlich versteigert und dem Meist- und Leztbietenden gegen gleich baare Zahlung verabfolgt werden sollen, Köln 1833

Sandt, Johann Gottfried, Rede des General-Advokaten bei Einführung des geheimen Staatsraths Daniels als Präsidenten des Appellationshofes zu Köln, gehalten am 25. Nov. 1817, in: Niederrheinisches Archiv für Gesetzgebung, Rechtswissenschaft und Rechtspflege, hrsg. v. Johann Gottfried von Sandt/Carl Anton ZumBach, Bd. 3, Heft 1, Köln 1818, S. 87–89

Sandt, Johann Gottfried von, Rede, welche am 4. Novbr. d. J. (1817) bei Eröffnung der Sitzungen des Ober-Appellationshofes zu Köln von dem Königl. General-Advokaten gehalten worden, in: Niederrheinisches Archiv für Gesetzgebung, Rechtswissenschaft und Rechtspflege, hrsg. v. Johann Gottfried von Sandt/Carl Anton ZumBach, Bd. 3, Heft 1, Köln 1818, S. 7–16

Sardemann, Ute Beatrix, Ein freies und modernes Rheinufer für das alte Köln! Die Umgestaltung des Kölner Altstadtufers im Zuge der Neuordnung der Kölner Hafenanlagen und des Ausbaus der Rheinuferstraße, Köln 2016

Satzinger, Georg (Hg.), Das kurfürstliche Schloß in Bonn. Residenz der Kölner Erzbischöfe – Rheinische Friedrich-Wilhelms-Universität, München/Berlin 2007

Satzinger, Georg (Hg.), Höfische Repräsentation und kirchliche Auftraggeberschaft der wittelsbachischen Erzbischöfe im Kurfürstentum Köln im 18. Jahrhundert, Münster 2019

Savoy, Bénédicte, Kunstraub. Napoleons Konfiszierungen in Deutschland und die europäischen Folgen. Mit einem Katalog der Kunstwerke aus deutschen Sammlungen im Musée Napoléon, Köln/Weimar/Wien 2011

Schaarschmidt, Friedrich, Zur Geschichte der Düsseldorfer Kunst, insbesondere im XIX. Jahrhundert, Düsseldorf 1902

Schaden, Christoph, „Bei Haxthausen viel Bilder-Plunder ...". Das Schicksal des städtischen Regierungsrats und Kunstsammlers Werner Moritz von Haxthausen in Köln 1816–26, in: Lust und Verlust. Kölner Sammler zwischen Trikolore und Preußenadler, hrsg. v. Hiltrud Kier/Frank Günter Zehnder, Köln 1995, S. 205–213

Schäfer, Alfred, Die Befestigungen des römischen Köln, in: Die Kölner Stadtbefestigungen. Einzigartige Zeugnisse aus Römerzeit, Mittelalter und Neuzeit. Touren entlang der historischen Stadtbefestigungen, hrsg. v. Henriette Meynen, Daun 2021, S. 16–93

Schäfke, Werner (Hg.), Oh! De Cologne. Die Geschichte des Kölnisch Wasser, Köln 1985

Schäfke, Werner (Hg.), Johann Peter Weyer. Kölner Alterthümer, Bd. 1 u. 2, unter Mitarbeit v. Ulrich Bock, Köln 1993

Schäfke, Werner, Kölns romanische Kirchen. Architektur. Kunst. Geschichte, Köln 2004

Schäfke, Werner (Hg.), Köln von seiner schönsten Seite, Bd. 2: Das Kölner Stadtpanorama von 1791 bis 1939 in der Druckgraphik der Graphischen Sammlungen des Kölnischen Stadtmuseums und der Kreissparkasse Köln, Köln 2005

Schäfke, Werner, Vom Aufstand zum Untergang – Kölns Häfen von 1000 bis 1945, in: Hafenstadt Köln, hrsg. v. Werner Schäfke, Köln, 2012, S. 76–149

Schäfke, Werner, Kunsthaus Lempertz. Eine Kulturgeschichte, Köln 2015

Schäfke, Werner/Marcus Trier (Hg.), Mittelalter in Köln. Eine Auswahl aus den Beständen des Kölnischen Stadtmuseums, unter Mitarbeit von Bettina Mosler, Köln 2010

Schaller, Jaroslaus, Kurzgefaßte Beschreibung der königl. Haupt- und Residenzstadt Prag für die Ausländer, Durchreisende, und alle diejenigen, welche sich mit allen darinn befindlichen sehenswürdigen Merkwürdigkeiten geschwind bekannt machen wollen, Prag 1798

Schenkendorf, Max von, Max von Schenkendorf's sämmtliche Gedichte. Erste vollständige Ausgabe, Berlin 1837

Schier, Christian Samuel, Kunstwanderungen durch Cöln, in: Colonia, Nr. 36, 24. März 1822, S. 143 f.; Nr. 37, 27. März 1822, S. 146–148, Nr. 38, 29. März 1822, S. 149 f.

Schissler, Hanna, Preußische Finanzpolitik nach 1807. Die Bedeutung der Staatsverschuldung als Faktor der Modernisierung des preußischen Finanzsystems, in: Geschichte und Gesellschaft, 8. Jg., Heft 3, 1982, S. 367–385

Schläwe, Elisabeth, Ins Gedächtnis geschrieben. Leben und Schreiben der Eleonora Wolff Metternich zur Gracht (1679–1755), Stuttgart 2020

Schläwe, Elisabeth, Transkription: Brief des Prinzen Wilhelm von Preußen, 19. Mai 1817, aus: Martin Otto Braun, Elisabeth Schläwe, Florian Schönfuß (Hg.), Netzbiographie – Joseph zu Salm-Reifferscheidt-Dyck (1773–1861), (DOI: https://dx.doi.org/10.18716/map/00005), in: mapublishing, 2014, Seitentitel: Brief Prinz Wilhelm, 1817 (Abruf 15.05.2024)

Schleicher, Herbert M. (Bearb.), Die genealogisch-heraldische Sammlung des Kanonikus Joh. Gabriel von der Ketten in Köln. 80.000 Totenzettel aus Rheinischen Sammlungen, Bd. II u. III, hrsg. v. der Westdeutschen Gesellschaft für Familienkunde, Köln 1987 u. 1988

Schlemmer, Martin, … beynahe gänzliche Vernachlässigung der Einländer? Kommunale und staatliche Verwaltung im Übergang vom Empire français zum Königreich Preußen, in: Das Rheinland auf dem Weg nach Preußen 1815–1822, hrsg. v. Thomas P. Becker/Dominik Geppert/Helmut Rönz, Köln/Weimar/Wien 2019, S. 119–143

Schlief, Wilhelm, Die stadtkölnische Gottestracht und die Fronleichnamsprozession in Köln im Lichte ihrer Geschichte, in: Kölner Domblatt, Bd. 56, 1991, S. 155–178

Schlimbach, Guido, „Eines der besten Bilder, die meine Hand geschaffen hat". Peter Paul Rubens Die Kreuzigung Petri. Zum 200-jährigen Jubiläum der Rückkehr des Gemäldes in die Pfarrkirche Sankt Peter Köln, hrsg. v. Kunst-Station Sankt Peter, Köln 2015

Schloss Gracht: Einst und Jetzt, hrsg. v. Verein zur Förderung des Universitätsseminars der Wirtschaft e. V., Erftstadt-Liblar 1976

Schlosser, Johann Friedrich Heinrich (Hg.), Actenmäßige Darlegung eines in der katholischen Kirchen- und Schul-Commission zwischen denen Herrn Director Senator von Guaita und sämmtlichen übrigen Mitgliedern derselben eingetrettenen Vorganges die Einrichtung und innere Leitung des zerrütteten hiesigen katholischen Gemeinde-Schulwesens betreffend, Frankfurt a. M. 1816

Schluß-Acte des wiener Congresses, vom 9. Juni 1815 und Bundes Acte oder Grundvertrag des teutschen Bundes, vom 8. Juni 1815, hrsg. v. Johann Ludwig Klüber, 2. Aufl., Erlangen 1818

Schmid, Wolfgang, Stefan Lochners „Altar der Stadtpatrone". Zur Geschichte eines kommunalen Denkmals im Heiligen Köln, in: Wallraf-Richartz-Jahrbuch, Bd. 58, 1997, S. 257–284

Schmidt, Klaus, Glaube, Macht und Freiheitskämpfe. 500 Jahre Protestanten im Rheinland, Köln 2007

Schmidt, Klaus, Großkaufleute zwischen Aufbruch, Glanz und Krise, in: 400 Jahre evangelisch in Mülheim am Rhein 1610–2010, hrsg. v. Wilma Falk-van Rees, Rheinbach 2010, S. 49–74

Schmidt, Monika/Bjoern Weigel, Unser Verkehr (Posse von Karl Borromäus Sessa, 1815), in: Handbuch des Antisemitismus. Judenfeindschaft in Geschichte und Gegenwart,

Bd. 7, Literatur, Film, Theater und Kunst, hrsg. v. Wolfgang Benz, Berlin 2014, S. 509–511

Schmitt, Michael, Generalvikar Johann Hermann Joseph Freiherr von Caspars zu Weiß (1744–1822), in: Zuflucht zwischen Zeiten 1794–1803. Kölner Domschätze in Arnsberg, hrsg. v. Michael Gosmann, Arnsberg 1994, S. 189

Schmitz, Christian, Die Vorschläge und Entwürfe zur Realisierung des preußischen Verfassungsversprechens 1806–1819. Eine rechtliche Bilanz zum Frühkonstitutionalismus der Stein-Hardenberg'schen Reformen, Göttingen 2010

Schmitz, Wolfgang, Privatbibliotheken in Köln zwischen Trikolore und Preußenadler, in: Lust und Verlust. Kölner Sammler zwischen Trikolore und Preußenadler, hrsg. v. Hiltrud Kier/Frank Günter Zehnder, Köln 1995, S. 355–371

Schmitz, Wolfgang, Die Kölner Gymnasialbibliothek. Buchbestände und Handschriften aus sechs Jahrhunderten, in: Bildung stiften. Kölner Gymnasial- und Stiftungsfonds, hrsg. v. Kölner Gymnasial- und Stiftungsfonds, Köln 2000, S. 84–93

Schneider, Otto, Köln als Schifffahrtsort vom Ende des 18. Jahrhunderts bis zum Jahre 1913, Unkel 1928

Schnippenkötter, Josef, Ohm in Köln. Beiträge zur Geschichte der Mathematik und Physik zu Beginn des 19. Jahrhunderts, in: Georg Simon Ohm als Lehrer und Forscher in Köln 1817 bis 1826. Festschrift zur 150. Wiederkehr seines Geburtstages, hrsg. v. Kölnischen Geschichtsverein, Köln 1939, S. 63–172

Schnütgen, Alexander, Vom preußischen Königshaus und dem Rheinland unter Friedrich Wilhelm III. Rheinische Briefe des Kronprinzen an die Kronprinzeß, in: Annalen des Historischen Vereins für den Niederrhein, Heft 140, 1942, S. 60–111

Schock-Werner, Barbara, Mein Melaten, Fotografien von Nina Gschlößl, Köln 2022

Schoenen, Gerhard, Die Kölnischen Studienstiftungen, Köln 1892

Schönfuß, Florian, Offizier der preußischen Landwehr, aus: Martin Otto Braun, Elisabeth Schläwe, Florian Schönfuß (Hg.), Netzbiographie – Joseph zu Salm-Reifferscheidt-Dyck (1773–1861), (DOI: https://dx.doi.org/10.18716/map/00005), in: mapublishing, 2014, Seitentitel: Landwehr (Abruf 25.05.2024)

Schönfuß, Florian, Edmund Freiherrr von Loë (1749–1813), in: Die Freiherren und Grafen von Loë auf Schloss Wissen. Beiträge zur Familiengeschichte im 19. und frühen 20. Jahrhundert, hrsg. v. der Gemeinde Weeze, Weeze 2015, S. 17–30

Schommers, Annette, Rheinische Reliquiare. Goldschmiedearbeiten und Reliquieninszenierungen des 17. und 18. Jahrhunderts, Rheinbach 1993

Schoof, Wilhelm/Ingeborg Schnack (Hg.), Briefe der Brüder Grimm an Savigny. Aus dem Savignyschen Nachlaß, Berlin/Bielefeld 1953

Schopenhauer, Johanna, Ausflucht an den Rhein und dessen nächste Umgebungen im Sommer des ersten friedlichen Jahres, Leipzig 1818

Schopenhauer, Johanna, Ausflug an den Niederrhein und nach Belgien im Jahr 1828, 1. Theil, Leipzig 1831

Schrapel, Claudia, Johann Dominicus Fiorillo: Grundlagen zur wissenschaftsgeschichtlichen Beurteilung der „Geschichte der zeichnenden Künste in Deutschland und den vereinigten Niederlanden", Hildesheim 2004

Schreiber, Aloys, Anleitung auf die nützlichste und genußvollste Art den Rhein von Schafhausen bis Holland [...] zu bereisen, Heidelberg 1816

Schröder, Willi, Die Gründung der Jenaer Burschenschaft, das Wartburgfest und die Turnbewegung 1815–1819, in: Studentische Burschenschaften und bürgerliche Umwälzung. Zum 175. Jahrestag des Wartburgfestes, hrsg. v. Helmut Asmus, Berlin 1992, S. 70–79

Schubert, Ferdinand, Geschichte, Religionsgrundsätze und staatsbürgerliche Verhältnisse der Juden. Ein Noth- und Hülfsbüchlein für die gegenwärtige Zeit, Cöln bei M. Dümont-Schauberg 1820

Schubert, Gotthilf Heinrich, Die Symbolik des Traumes, Bamberg 1814

Schüling, Joachim, Der Drucker Ludwig von Renchen und seine Offizin. Ein Beitrag zur Geschichte des Kölner Buchdrucks, Wiesbaden 1992

Schuermans, H., Die ehemalige Renesse'sche Sammlung. Der Rheinische Theil derselben, in: Jahrbücher des Vereins von Alterthumsfreunden im Rheinlande, Heft 58, 1876, S. 96–119

Schulte, Klaus H. S., Die Rechtslage der Juden in Köln und am Niederrhein 1815–1847, in: Köln und das rheinische Judentum. Festschrift Germania Judaica 1959–1984, hrsg. v. Jutta Bohnke-Kollwitz/Willehad Paul Eckert/Frank Golczewski/Hermann Greive, Köln 1984, S. 95–101

Schulte, Klaus H. S., Zur gewerblichen Betätigung der Juden in Köln und im ländlichen Rheinland, in: Köln und das rheinische Judentum. Festschrift der Germania Judaica 1959–1984, hrsg. v. Jutta Bohnke-Kollwitz/Willehad Paul Eckert/Frank Golczewski/Hermann Greive, Köln 1984, S. 125–140

Schulz, Andreas, Enttäuschte Erwartungen. Der „Kulturstaat" Preußen in der Kritik (1815–1859), in: Preussen als Kulturstaat im 19. Jahrhundert, hrsg. v. Gisela Mettele/Andreas Schulz, Paderborn 2015, S. 39–55

Schuncken, F. Wilhelm, Ueber die Rechtsverhältniße zwischen Herrschaften und Gesinde nach den Bestimmungen der Gesinde-Ordnung vom 8. November 1810 und der dahin einschlagenden besonderen Bestimmung der Königl. Preußischen Gesetze, Elberfeld 1816

Schupp, Volker, Vitae parallelae Kettenbrüder: Joseph von Laßberg und Werner von Haxthausen, in: Badische Heimat, 3, 2004, S. 354–369

Schurz, Carl, Lebenserinnerungen, Bd. I (Bis zum Jahre 1852), Berlin 1906

Schwank, Heinz, Peter Heinrich Merkens. Unternehmer und Politiker, Köln 1973

Schwann, Mathieu, Geschichte der Kölner Handelskammer, Bd. 1, Köln 1906

Schwartz, Karl, Leben des Generals Carl von Clausewitz und der Frau Marie von Clausewitz geb. Gräfin von Brühl. Mit Briefen, Aufsätzen, Tagebüchern und anderen Schriftstücken, Bd. 2, Berlin 1878

Schwarz, Johann, Das Armenwesen der Stadt Köln vom Ende des 18. Jahrhunderts bis 1918. Ein Beitrag zur westdeutschen Wirtschafts- und Sozialgeschichte, Köln 1922

Schwemer, Richard, Geschichte der Freien Stadt Frankfurt a. M. (1814–1866), Bd. 1, Frankfurt a. M. 1910

Schwering, Max-Leo, Vor den Toren Kölns, in: Köln: Braunsfeld – Melaten, hrsg. v. Max-Leo Schwering, Köln 2004, S. 13–109

Seber, Franz Joseph, Einladungsschrift zu den Oeffentlichen Prüfungen des Gymnasiums und der beiden Collegien zu Köln, welche auf den 25, 26, 27, September 1816 festgesetzt sind, und in dem großen Sale des Jesuiter-Collegiums Vormittags von 9 und Nachmittags von 3 Uhr vorgenommen werden, gedruckt bei Th. F. Thiriart, Köln 1816

Seber, Franz Joseph, Eine Einladungsschrift zu den öffentlichen Prüfungen des hiesigen Gymnasiums, welche auf den 22. und 23. September 1817 festgesetzt sind, und in dem großen Saale des Jesuiten-Collegiums Vormittags von 9 und Nachmittags von 3 Uhr an vorgenommen werden, gedruckt bei Th. F. Thiriart, Köln 1817

Seber, Franz Joseph, Von der Religion als der höchsten Angelegenheit der Schulen überhaupt, so wie der gelehrten Schulen insbesondere, in: Eine Einladungsschrift zu den öffentlichen Prüfungen des hiesigen Gymnasiums, welche auf den 22. und 23. September 1817 festgesetzt sind, Köln 1817, S. 1–18

Seber, Franz Joseph, Sammlung von Mustern deutscher Dichter für Gymnasien, Köln 1817

Seber, Franz Joseph, Eine Einladungsschrift zu den öffentlichen Prüfungen des hiesigen Gymnasiums, welche auf den 10ten und 11ten September 1818 festgesetzt sind, und, wie gewöhnlich, im großen Saale des Jesuiten-Kollegiums Vormittags von 9, und Nachmittags von 3 Uhr an vorgenommen werden, gedruckt bei Th. F. Thiriart, Köln 1818

Seynsche, Gudrun, Der Rheinische Revisions- und Kassationshof in Berlin (1819–1852). Ein rheinisches Gericht auf fremdem Boden, Berlin 2003

Signon, Helmut, Brücken in Köln am Rhein, Köln 1966

Skwirblies, Robert, De Noël, Matthias Joseph, in: Pariser Lehrjahre. Ein Lexikon zur Ausbildung deutscher Maler in der französischen Hauptstadt, Bd. 1, 1793–1843, hrsg. v. France Nerlich/Bénédicte Savoy, Berlin/Boston 2013, S. 50–52

Smets, Wilhelm, Taschenbuch für Rheinreisende. Historisch, topographisch und poetisch bearbeitet von W. Smets, Koblenz 1818

Soénius, Ulrich S., Melissengeist und Aspirin. Zur Geschichte der Pharmaindustrie in Köln, in: Krank und gesund. 2000 Jahre Krankheit und Gesundheit in Köln, hrsg. v. Thomas Deres, Köln 2005, S. 318–333

Soénius, Ulrich S., Wirtschaftliche Selbstverwaltung – ein Erbe der französischen Zeit, in: Frankreich am Rhein. Die Spuren der „Franzosenzeit" im Westen Deutschlands, hrsg. v. Kerstin Theis/Jürgen Wilhelm, Köln 2009, S. 145–159

Solms-Laubach, Rudolph zu, Geschichte des Grafen- und Fürstenhauses Solms, Frankfurt a. M. 1865

Sommer, Rainer, Baugeschichte der Antoniterkirche, in: 600 Jahre Antoniterkirche in Köln 1384–1984, hrsg. v. der Evangelischen Gemeinde Köln, Köln 1984, S. 9–16

Sonderbeilage der Universität zu Köln im Kölner StadtAnzeiger u. in der Kölnischen Rundschau, 2023/2024; https://wallraf200.de (Abruf: 30.06.2024)

Sotzmann, J. D. F., Catalog der reichen Sammlung von Kupferstichen, Radirungen, Holzschnitten, Kunstbüchern etc. des Geheimen Oberfinanzrath, Ritter etc. Dr. Sotzmann,

18. Februar und 3. April 1861 und folgende Tage im R. Weigel'schen Auctionslocale versteigert worden, Leipzig 1861

Speth, Volker, Katholische Aufklärung, Volksfrömmigkeit und „Religionspolicey". Das rheinische Wallfahrtswesen von 1816 bis 1826 und die Entstehungsgeschichte des Wallfahrtsverbots von 1826. Ein Beitrag zur aufklärerischen Volksfrömmigkeitsreform, Frankfurt a. M. 2008

Spiegel, Elisabeth, Im Schutz der römischen Stadtmauer. Das Gebiet des Clarenklosters in römischer Zeit, in: Am Römerturm. Zwei Jahrtausende eines Kölner Stadtviertels, hrsg. v. Werner Schäfke, Köln 2006, S. 9–22

Spiertz, Willi, Eberhard von Groote. Leben und Werk eines Kölner Sozialpolitikers und Literaturwissenschaftlers (1789–1864), Köln/Weimar/Wien 2007

Spiller, Armin Gottlieb, Kanonikus Franz Pick. Ein Leben für die Kunst, die Vaterstadt und die Seinen, Bonn 1967

Sporbeck, Gudrun, St. Peter, in: Colonia Romanica, XI (Kölner Kirchen und ihre mittelalterliche Ausstattung, Bd. 2), Köln 1996, S. 182–195

Staatz, Peter, Kerpen-Türnich. Zur Baugeschichte von Schloss Türnich, in: Denkmalpflege im Rheinland, Jg. 13, Nr. 1, 1996, S. 5–13

Stader, Karl Heinz, Bonn und der Rhein in der englischen Reiseliteratur, in: Aus Geschichte und Volkskunde von Stadt und Raum Bonn, hrsg. v. Edith Ennen/Dietrich Höroldt, Bonn 1973, S. 117–153

Städtisches Gymnasium und Realgymnasium in der Kreuzgasse zu Köln. 1828–1928. Festschrift zur Jahrhundertfeier der Anstalt 13. bis 15. Oktober 1928, Köln 1928

Stamm-Kuhlmann, Thomas (Hg.), Karl August von Hardenberg 1750–1822. Tagebücher und autobiographische Aufzeichnungen, München 2000

Steckner, Cornelius, Kölner Bilder nach Bildern, in: Lust und Verlust. Kölner Sammler zwischen Trikolore und Preußenadler, hrsg. v. Hiltrud Kier/Frank Günter Zehnder, Köln 1995, S. 179–181

Steckner, Cornelius, Kölner Sammlungen in Reisehandbüchern, in: Lust und Verlust. Kölner Sammler zwischen Trikolore und Preußenadler, hrsg. v. Hiltrud Kier/Frank Günter Zehnder, Köln 1995, S. 169–178

Steckner, Cornelius, Ferdinand Franz Wallraf. Domstadt Köln, Köln 2020

Steidele Angela (Bearb.), Sibylle Mertens-Schaaffhausen (1797–1857). Zum 150. Todestag der „Rheingräfin", hrsg. v. Ingrid Bodsch/StadtMuseum Bonn, Bonn 2007

Steidele, Angela, Geschichte einer Liebe: Adele Schopenhauer und Sibylle Mertens, Berlin 2012

Stein, Albert Gereon, Die Pfarre zur heiligen Ursula in Köln, vormals Pfarre von Maria Ablaß, Köln 1880

Stein, Walther (Bearb.), Akten zur Geschichte der Verfassung und Verwaltung der Stadt Köln im 14. und 15. Jahrhundert, Bd. II, Bonn 1895

Stein von Kamienski, Gottfried, Bonner Kuratoren 1818 bis 1933, in: 150 Jahre Rheinische Friedrich-Wilhelms-Universität, hrsg. v. Karl Th. Schäfer, Bonn 1968, S. 527–563

Steinberg, Rolf, Friedrich Joseph Haas 1780–1853, in: Annalen des Historischen Vereins für den Niederrhein, Heft 210, 2007, S. 103–164

Stelzmann, Arnold, Franz Carl Joseph von Hillesheim. Ein Beitrag zur rheinischen Geistesgeschichte des 18. Jahrhunderts, in: Annalen des Historischen Vereins für den Niederrhein, Heft 149/150, 1951, S. 181–232

Stephan, Heinrich, Geschichte der Preußischen Post von ihrem Ursprunge bis auf die Gegenwart. Nach amtlichen Quellen, Berlin 1859

Stern, Alfred, Die Preussische Verfassungsfrage im Jahre 1817 und die Rundreise von Altenstein, Klewiz, Beyme, in: Deutsche Zeitschrift für Geschichtswissenschaft, Sonderheft. Festgabe zur Versammlung deutscher Historiker, Freiburg/Leipzig 1893, S. 62–99

Steuer, Heiko, Das Wappen der Stadt Köln, Köln 1980

Stöcker, Wolfgang, Die letzten Räume. Sterbe- und Bestattungskultur im Rheinland seit dem späten 18. Jahrhundert, Köln/Weimar/Wien 2006

Stosch, Manfred von, Düsseldorfs „öffentliche „Bibliotheque" 1770–1809, in: Düsseldorf in der deutschen Geistesgeschichte (1750–1850), hrsg. v. Gerhard Kurz, Düsseldorf 1984, S. 37–53

Stracke, Gottfried, St. Aposteln, in: Colonia Romanica, X (Kölner Kirchen und ihre mittelalterliche Ausstattung, Bd. 1), Köln 1995, S. 70–93

Strauch, Dieter, Die Entwicklung des Rheinschifffahrtsrechts zwischen 1815 und 1868, in: Der Rhein als Verkehrsweg. Politik, Recht und Wirtschaft seit dem 18. Jahrhundert, hrsg. v. Clemens von Looz-Corswarem/Georg Mölich, Bottrop 2007, S. 61–92

Strauch, Dieter, Rheinische Gerichte in zwei Jahrhunderten. Die Entwicklung der ordentlichen Gerichtsbarkeit in den Rheinprovinzen und ihren Nachfolgestaaten von 1798 bis 2005, Düsseldorf 2007

Strauch, Dieter, Der Einfluss des französischen Rechts auf die rheinische und deutsche Rechtsentwicklung im 19. Jahrhundert, in: Frankreich am Rhein. Die Spuren der „Franzosenzeit" im Westen Deutschlands, hrsg. v. Kerstin Theis/Jürgen Wilhelm, Köln 2009, S. 160–180

Straus-Ernst, Luise, Josef Hoffmann. Ein Kölnischer Maler des Klassizismus, in: Wallraf-Richartz-Jahrbuch, Bd. 2, 1925, S. 78–87

Switalski, Martina, Wandlungen im Theater des 18. Jahrhunderts am Beispiel der Reichsstadt Köln, in: Die Bühnen des Rokoko. Theater, Musik und Literatur im Rheinland des 18. Jahrhunderts, hrsg. v. Frank Günter Zehnder, Köln 2000, S. 66–85

T

Täube, Dagmar, Vom Dunkel ans Licht. Meisterwerke rheinischer Glasmalerei, in: Rheinische Glasmalerei. Meisterwerke der Renaissance, Bd. I, Essays, hrsg. v. Dagmar Täube, Regensburg 2007, S. 15–32

Teichmann, Gabriele, Die Familie Oppenheim als Kunstsammler 1800–1850, in: Lust und Verlust. Kölner Sammler zwischen Trikolore und Preußenadler, hrsg. v. Hiltrud Kier/Frank Günter Zehnder, Köln 1995, S. 225–236

Teichmann, Gabriele, Mehr als eine Bank. Oppenheim in Köln, Köln 2014

Teplitzky, Thesy, Kölner Porträts vom späten Mittelalter bis zur Romantik. Lebensbilder, Stadtgeschehen, Museumsgeschichte, Köln 2015

Teschner, Ulrike, Bartholomäus Fischenich. Ein rheinischer Philosoph und Jurist der Aufklärungszeit, Bonn 1968

Thiele, Gerhard, Gneisenau. Leben und Werk des Königlich-Preußischen Generalfeldmarschalls. Eine Chronik, 2. Aufl., Berlin 2007

Thielen, Katharina, Politische Partizipation in der preußischen Rheinprovinz 1815–1845. Eine Verflechtungsgeschichte, Wien/Köln 2023

Thierhoff, Bianca, Ferdinand Franz Wallraf (1748–1824). Eine Gemäldesammlung für Köln, Köln 1997

Thimann, Michael, 1819 – Neubeginn unter Peter Cornelius. Monumentale Historienmalerei aus dem Geist „Neudeutsch-religios patriotischer Kunst", in: Die Kunstakademie Düsseldorf 1773–2023. Kunstgeschichte einer Institution, hrsg. v. Johannes Myssok, Berlin 2023, S. 39–48

Tieck, Ludwig, Leben und Tod der heiligen Genoveva. Ein Trauerspiel, 1799

Toepke, Gustav (Hg.), Die Matrikel der Universität Heidelberg, 5. Teil. Von 1807–1846, Heidelberg 1904

Trier, Eduard (Hg.), Zweihundert Jahre Kunstakademie Düsseldorf. Anläßlich der zweihundertsten Wiederkehr der Gründung der Kurfürstlichen Akademie in Düsseldorf im Jahre 1773, Düsseldorf 1973

Trippen, Peter Paul, Der letzte Thurn und Taxis'sche Oberpostmeister von Köln als „Emigrant" im Siegtale, in: Hürther Heimat, Nr. 59/60, 1987, S. 5–21

Trippen, Peter Paul, Die Familie von Groote, in: Beiträge zur Kölnischen Geschichte, Sprache, Eigenart, Bd. 3, Heft 15/16, 1919, S. 205–226

Tümmers, Horst Johannes, Rheinromantik. Romantik und Reisen am Rhein, Köln 1968

Tümmers, Horst Johannes, Die patriotische Rheinromantik, in: Vom Zauber des Rheins ergriffen… Zur Entdeckung der Rheinlandschaft vom 17. bis 19. Jahrhundert, hrsg. v. Klaus Honnef/Klaus Weschenfelder/Irene Haberland, München 1992, S. 91–106

Thurnburg, Sabine, Institutionelle Fürsorge für Kölner Geisteskranke von 1815 bis 1872, in: Geschichte in Köln, Bd. 33, 1993, S. 57–72

U

Uebersicht der musikalischen Anstalten zu Cöln am Rhein, 1815, in: Allgemeine musikalische Zeitung, Nr. 52, 27. Dez. 1815, Sp. 861–871

Urbanek, Regina, „… Zur Vermehrung der Gottesdienste und zur Verbesserung der Kirche …" Der Neubau der Goldenen Kammer von St. Ursula, in: Köln in unheiligen Zeiten. Die Stadt im Dreißigjährigen Krieg, hrsg. v. Stefan Lewejohann, Köln/Weimar/Wien 2014, S. 215–221

Urkundenbuch der zur Verwaltung der Gymnasial- und Stiftungsfonds in Cöln gehörigen Stiftungen, hrsg. v. Verwaltungsrat des Gymnasial- und Stiftungsfonds, Bd. I, 2. Aufl., Köln 1914

V

Vaterländische Chronik der Königlich-Preußischen Rhein-Provinzen im Allgemeinen und der Stadt Köln insbesondere. Eine Zeitschrift in zwanglosen Heften, hrsg. v. Johann Wilhelm Brewer, Köln 1825

Venderbosch, Friedrich Gerhard (Hg.), Die Protokolle der Tagungen der Kreissynode Mülheim am Rhein, Düsseldorf 1967

Verzeichniß über die nachgelassene Kunstsammlung des verstorbenen Freiherrn Everhard Oswald von Mering zu Köln, bestehend in vorzüglichen zum Theil sehr kostbaren Gemählden in Oel, älterer und neuerer Schulen, dann in schönen Kupferstichen in Rahmen mit Glas, gebrannten Gläsern, eingefaßten Gobelins, Savonneries und Mosaiques, so wie auch in sehr schönen Figuren von Elfenbein, Holz, Alabaster und Bronze, nebst sonstigen schätzbaren Antiquitäten, Köln (1821)

Vey, Horst, Zeugnisse der Rubens-Verehrung in Köln während des 19. Jahrhunderts, in: Wallraf-Richartz-Jahrbuch, Bd. 31, 1969, S. 95–134

Vogts, Hans (Bearb.), Die profanen Denkmäler der Stadt Köln, Düsseldorf 1930

Vogts, Hans, Alte Wohnungskunst in Mülheim am Rhein, in: Mitteilungen des Rheinischen Vereins für Denkmalpflege und Heimatschutz, Jg. 8, Heft 2, 1914, S. 145–163

Vogts, Hans, Die ehemalige von Geyrsche Gemäldesammlung in Unkel, in: Heimat-Kalender für den Kreis Neuwied, hrsg. v. Kreisausschuss Neuwied, 1961, S. 86–89

Vogts, Hans, Das Kölner Wohnhaus bis zur Mitte des 19. Jahrhunderts, Bd. I u. II, Neuß 1966

Vollmer, Gisela (Bearb.), Düsseldorf. Beschreibung einer Stadt (1600–1850), Teil II (1686–1856), in: Düsseldorfer Jahrbuch. Beiträge zur Geschichte des Niederrheins, Bd. 63, 1991, S. 9–159

Voß, J. H., Die kleine aber gefüllte Vorrathskammer für Alle, die sich zur Zeit der Theurung und des Mangels ehrlich zu ernähren wünschen. Wie auch Mittel und Vorschläge für die, welche helfen können und wollen. Nebst Anweisungen und Winken zur Eröffnung nicht unbedeutender Erwerbsquellen für die Armen, als Erleichterungsmittel der Noth und des Mangels, Elberfeld 1817

Voß, Ursula, Everhard IV. Jabach. Ein Kölner Sammlerfürst des Ancien Régime, Köln 1979

W

Waagen, G. Fr., Altdeutsche Gemälde aus der Sammlung des Hrn. Pf. Fochem zu Kölln, in: Morgenblatt für gebildete Stände, Kunstblatt, Nr. 96, 29. Nov 1821, S. 383 f.

Wacker, Bernhard, Die Preußen kommen – Die Festung Köln innerhalb des preußischen Festungssystems, in: Festungsstadt Köln. Das Bollwerk im Westen, hrsg. v. Henriette Meynen, Köln 2010, S. 34–35

Wacker, Bernhard, Eine neue Zeit bricht an – Die neupreußische Befestigung und die Stadtentwicklung, in: Festungsstadt Köln. Das Bollwerk im Westen, hrsg. v. Henriette Meynen, Köln 2010, S. 38–41

Wagner, Daniela, Alles bleibt anders? Die Kölner Häfen im 19. Jahrhundert zwischen Wandel und Beharren, in: Am Strom. Köln und seine Häfen von der Antike bis in die Gegenwart, Köln 2021, S. 69–81

Wagner, Rita, Waschen in Köln, in: Köln der Frauen. Ein Stadtwanderungs- und Lesebuch, hrsg. v. Irene Franken/Christiane Kling-Mattey, Köln 1992, S. 141–152

Wagner, Rita, Gross und klein am Eigelstein, in: Drunter und Drüber. Der Eigelstein, hrsg. v. Mario Kramp/Marcus Trier, Köln 2014, S. 145–151

Wagner, Rita, Geschlechter, Bürger, Freimaurer. Leben rund um den Heumarkt, in: Drunter und Drüber. Der Heumarkt, hrsg. v. Mario Kramp/Marcus Trier, Köln 2016, S. 126–133

Wallraf, Ferdinand Franz, Das berühmte Gemälde der Stadtpatronen Kölns, ein Werk altdeutscher kölnischer Kunst von 1410, in der hohen Domkirche daselbst, in: Taschenbuch für Freunde altdeutscher Zeit und Kunst auf das Jahr 1816, hrsg. v. Eberhard von Groote/Friedrich Wilhelm Carové, Köln 1815, S. 349–389

Wallraf, Ferdinand Franz, Getreue nach dem Original fein in Kupfer gestochene Abbildung des prachtvollen von den Franzosen im Jahre 1794 hinweggenommenen Altarblattes unserer St. Peters-Pfarrkirche, die Kreuzigung des Apostels Petrus vorstellend, Köln 1815; Neudruck in: Rubens in St. Peter, Köln 2015

Wallraf, Ferdinand Franz, Drei Gruppen in einer alabasterartigen festen Wachsmasse, ausgemeisselt von der Hand unseres cölnischen Kunst-Nestors, des Herrn Domvicars B. C. Hardy. Im Besitze des Herrn Negt. Oetgen am Mallsbühel [Malzbüchel], Köln 1816

Wallraf, Ferdinand Franz, Das Verschwinden der Kirchenmusik in Köln (Schrift von 1805), in: Sammlung von Beiträgen zur Geschichte der Stadt Köln und ihrer Umgebungen. Erster Band, enthaltend Schriften von Prof. Wallraf, Köln 1818, S. 200–212

Wallraf, Ferdinand Franz, Vorschlag zur Errichtung der stadtkölnischen Prozession, Köln 1818

Wallraf, Ferdinand Franz, Die Kreuzigung des Apostels Petrus. Gemälde von Rubens, in: Ausgewählte Schriften von Ferdinand Wallraf. Festgabe zur Einweihungs-Feier des Museums Wallraf-Richartz, hrsg. v. Johann Heinrich Richartz, Köln 1861, S. 327–336

Wallrafs Erbe. Ein Bürger rettet Köln (Wallraf im Fokus), Köln 2018

Walter, Ferdinand, Aus meinem Leben, Bonn 1865

Walter, Ferdinand, Das alte Erzstift und die Reichsstadt Cöln, ihre geistliche und weltliche Verfassung und ihr Recht. Ein Beitrag zur Geschichte des deutschen Staats- und Privatrechts, des deutschen Kirchenrechts und des rheinischen Adels, Bonn 1866

Warda, Arthur (Hg.), Briefe an und von Johann George Scheffner, Bd. 1, München/Leipzig 1918

Warden, William, Napoleon Buonaparte auf St. Helena; oder Briefe, geschrieben am Bord des brittischen Linienschiffs Northumberland und aus St. Helena, Frankfurt a. M. 1817

Weber, Heinz, Baden in Köln, in: Jahrbuch des Kölnischen Geschichtsvereins, Heft 46, 1975, S. 139–170

Weber, Matthias, Erftstadt-Gymnich, Köln 1984

Wedel, Hasso von, Heinrich von Wittgenstein (1797–1869). Unternehmer und Politiker in Köln, Köln 1981

Wegener, Gertrud, Literarisches Leben in Köln 1750–1850, Teil 1 (1750–1814), Köln 2000, Teil 2 (1815–1840), Köln 2005

Wehsener, Emil, Das Cölner städtische Orchester. Festschrift anlässlich seines 25jährigen Bestehens, Cöln 1913

Weinhold, Kurt, Verlag M. DuMont-Schauberg, Köln. Die Geschichte eines Zeitungshauses 1620–1945, Köln 1969

Weitz, Hans-Joachim, Die Sammlung Boisserée in den Tagebüchern des Sulpiz, in: Die Bildersammlung der Brüder Boisserée. Von privater Kunstbegeisterung zur kulturellen Akzeptanz der Kunst (Kunst als Kulturgut, Bd. I), hrsg. v. Annemarie Gethmann-Siefert, München 2011, S. 61–84

Weitz, K. Reinhold, Der niederrheinische und westfälische Adel im ersten preußischen Verfassungskampf 1815–1823/24. Die verfassungs- und gesellschaftspolitischen Vorstellungen des Adelskreises um den Freiherrn vom Stein, Bonn 1970

Weitz, K. Reinhold, Die Denkschrift des niederrheinischen und westfälischen Adels vom 26. Februar 1818. Eine Untersuchung zur Verfassungs- und Sozialgeschichte des 19. Jahrhunderts, in: Rheinische Vierteljahrsblätter, Jg. 35, 1971, S. 201–273

Weitz, K. Reinhold, Die preussische Rheinprovinz als Adelslandschaft. Eine statistische, sozialgeschichtliche und kulturräumliche Untersuchung zum frühen 19. Jahrhundert, in: Rheinische Vierteljahrsblätter, Jg. 38, 1974, S. 333–354

Wellenkötter, Trautel, Laubach – Schloss und Stadt, Eigenverlag 2014

Wendels, Claudia, Die Bevölkerungs- und Sozialstruktur der Stadt Köln um die Jahrhundertwende 1800/1801. Wiedergabe und Auswertung einer Bevölkerungsliste aus französischer Zeit, Bde. 1–3, Köln 2017

Wenig, Otto, Buchdruck und Buchhandel in Bonn, Bonn 1968

Westphalen, Ludger Graf von (Bearb.), Die Tagebücher des Oberpräsidenten Ludwig Freiherrn Vincke 1813–1818, Münster 1980

Weyden, Ernst, Köln am Rhein vor fünfzig Jahren. Sitten-Bilder nebst historischen Andeutungen und sprachlichen Erklärungen, Köln 1862

Weyer, Johann Peter (Hg.), Sammlung von Ansichten öffentlicher Plätze, merkwürdiger Gebäude und Denkmäler in Köln. Als Zugabe Aphorismen aus Köln's Geschichte von Th. J. J. Lenzen, Köln 1827

Wiedemann, Alfred, Geschichte Godesbergs und seiner Umgebung, Godesberg 1920

Wiefling, Christian, Die preußische Personalpolitik am Rheinischen Appellationsgerichtshof bis 1879 – Borussifizierung oder Rheinischer Sonderweg?, Wien/Köln 2023

Wild, Markus, Das Schicksal des Domschatzes nach der Flucht in das Kloster Wedinghausen bei Arnsberg (1794–1804), in: Zuflucht zwischen Zeiten 1794–1803. Kölner Domschätze in Arnsberg, hrsg. v. Michael Gosmann, Arnsberg 1994, S. 145–151

Wilhelm, Jürgen/Frank Günter Zehnder, Der Rhein. Bilder und Ansichten von Mainz bis Nijmegen, Köln 2002

Williamson, Paul, „Most Valuable and Unique". Sammlungen deutscher Glasmalereien in England, in: Rheinische Glasmalerei. Meisterwerke der Renaissance, hrsg. v. Dagmar Täube, Bd. I (Essays), Regensburg 2007, S. 111–120

Wilton, Andrew, Turner Abroad. France, Italy, Germany, Switzerland, London 1985

Wirtz, Carolin, „Dass die ganze Umgebung des Domes eine würdige Gestaltung erhalte". Der Zentral-Dombau-Verein und die Freilegung des Kölner Domes (1882–1902), Köln 2009

Wirtz, Fernando Gustavo, Die Mythologie bei F. W. J. Schelling und F. Creuzer, Tübingen 2020

Wittich, Christine/Valentin Kockel, Sybille Mertens-Schaaffhausen (1797–1857). Sammlerin, Kennerin und „Kollegin" der Altertumswissenschaftler, in: Daktyliotheken. Götter und Caesaren aus der Schublade, hrsg. v. Valentin Kockel/Daniel Graepler, München 2006, S. 102–107

Wittmütz, Volkmar, Preußen und die Kirchen im Rheinland 1815–1840, in: Preußens schwieriger Westen. Rheinisch-preußische Beziehungen, Konflikte und Wechselwirkungen, hrsg. v. Georg Mölich/Meinhard Pohl/Veit Veltzke, Duisburg 2003, S. 134–161

Wolf, Klaus, Stadtbild im Umbruch. Öffentlichkeit und Kölner Bauwerke 1763–1814, Regensburg 2010

Wolff, Arnold (Hg.), Sulpiz Boisserée, Ansichten, Risse und einzelne Theile des Doms von Köln. Tafelband u. Begleitheft, neu hrsg. Köln 1979

Wolff, Arnold (Hg.), Sulpiz Boisserée. Der Briefwechsel mit Moller, Schinkel und Zwirner; unter Verwendung der Vorarbeiten von Elisabeth Christern und Herbert Rode, Köln 2008

Wolff, Arnold, Ansichten, Risse und einzelne Theile des Doms von Köln. Das „Domwerk" des Sulpiz Boisserée, in: Von privater Kunstbegeisterung zur kulturellen Akzeptanz der Kunst (Kunst als Kulturgut Bd. I), München 2011, S. 281–298

Wolff Metternich, Michael, Auf den Spuren der Wölffe. Familiengeschichte derer Wolff Metternich zur Gracht, Selbstverlag 2011

Wolff-Wintrich, Brigitte, Kölner Glasmalereisammlungen des 19. Jahrhunderts, in: Lust und Verlust. Kölner Sammler zwischen Trikolore und Preußenadler, hrsg. v. Hiltrud Kier/Frank Günter Zehnder, Köln 1995, S. 341–354

Wolfson, Michael, Vor „Stefan Lochner"? Über den Maler des Kölner Dombildes und den Meister des Heisterbacher Altares, in: Stefan Lochner. Meister zu Köln. Herkunft – Werke – Wirkung, hrsg. v. Frank Günter Zehnder, Köln 1993, S. 97–107

Wolthaus, Martin, Ahnengalerien und Bildnissammlungen des rheinischen Adels. Regionale Adelsporträts aus vier Jahrhunderten, Teil 1 u. 2, Düsseldorf 2022; https://docserv.uni-duesseldorf.de/servlets/DerivateServlet/Derivate-66805/Diss.Wolthaus_Text_Bilder_A.pdf (Abruf 10.08.2024)

Wündisch, Fritz, Die Schicksale des Schlosses Falkenlust in der Franzosenzeit, in: Brühler Heimatblätter, 13. Jg., Nr. 1, 1956, S. 1–4

Wündisch, Fritz, Zur Geschichte des Jagdschlosses Falkenlust, in: Brühler Heimatblätter, 36. Jg., Nr. 3, 1979, S. 19–24

Wuerst, E. A., Bonn und seine Umgebungen. Ein Handbuch für Fremde und Einheimische, Bonn 1869

Wüthrich, Lucas Heinrich, Christian von Mechel. Leben und Werk eines Baslers Kupferstechers und Kunsthändlers 1737–1817, Basel/Stuttgart 1956

Wunderlich, Heinke, Studienjahre der Grafen Salm-Reifferscheidt (1780–1791). Ein Beitrag zur Adelserziehung am Ende des Ancien Régime, Heidelberg 1984

Z

Zadow, Mario, Karl Friedrich Schinkel. Leben und Werk, Berlin 1980

Zander, Ernst, Befestigungs- und Militärgeschichte Kölns, Bd. I,1 u. I,2, Köln 1944

Zehnder, Frank Günter (Hg.), Stefan Lochner. Meister zu Köln. Herkunft – Werke – Wirkung. Eine Ausstellung des Wallraf-Richartz-Museums Köln, Köln 1993

Zehnder, Frank Günter, „Mehrere sehenswerthe Gemälde aus der kölnischen Schule". Die Sammlung Johann Georg Schmitz, in: Lust und Verlust. Kölner Sammler zwischen Trikolore und Preußenadler, hrsg. v. Hiltrud Kier/Frank Günter Zehnder, Köln 1995, S. 215–224

Zehnder, Frank Günter/Herman Kühn, Katalog der Altkölner Malerei, Köln 1990

Zittartz, Suzanne, Von der Frühen Neuzeit bis zur Judenemanzipation, in: Geschichte der Juden im Rheinland und in Westfalen, hrsg. v. Michael Zimmermann, Köln 1998, S. 79–140

Zittartz-Weber, Suzanne, Zwischen Religion und Staat. Die jüdischen Gemeinden in der preußischen Rheinprovinz 1815–1871, Essen 2003

Zuccalmaglio, Vincenz Jacob von, Das Kloster Altenberg im Dhünthale und das Mönchswesen, Solingen 1838

Zum Bach, C. A., Ideen über Recht, Staat, Staatsgewalt, Staatsverfassung und Volksvertretung, mit besonderer Beziehung der letzten auf die preussischen Rheinprovinzen, in 2 Theilen, bei H. Rommerskirchen, Köln 1817

Zurstraßen, Annette, Altenberg, Köln 1996

Zurstraßen, Annette, Von der Säkularisation zur simultanen Nutzung. Das Schicksal des Altenberger Domes nach 1803, in: Klosterkultur und Säkularisation im Rheinland, hrsg. v. Georg Mölich/Joachim Oepen/Wolfgang Rosen, Essen 2002, S. 163–168

Abkürzungen

AK	Adressbuch Köln
alb.	Albus
Bd.	Band
Bde.	Bände
Best.	Bestand
betr.	betrifft
Bl.	Blatt
bzw.	beziehungsweise
c.	currens
d. J.	dieses Jahr
d. M.	diesen Monat
dergl.	dergleichen
Dr.	Doktor
ebd.	ebenda
etc.	et cetera
Ew	Euer, Eure
Fl.	Florin: Gulden
Fl., Frl.	Fräulein
Fr., fr.	Francs
franz.	französisch
GG., GGr., Ggr.	Gute Groschen
Gr.	Groschen
GStA PK	Geheimes Staatsarchiv Preußischer Kulturbesitz Berlin
HAStK	Historisches Archiv der Stadt Köln
Jh., Jh.s	Jahrhundert, Jahrhunderts
Köln. Zeitung	Kölnische Zeitung
l. J.	laufenden Jahres
l. M.	laufenden Monats
Mad.	Madame
Mlt., Mltr.	Malter
Mstr.	Meister
NB.	Nebenbemerkung
No.	Nummer
Nr.	Nummer
p., pr.	per, pro
Pf., Pfd.	Pfund
p., pp.	statt Namen, Titel oder anderer Angaben
pp.	und so weiter
Pr.	Preußen
pr., preuß.	preußisch

Prof.	Professor
r.	recto, Vorderseite
Rh., rh.	rheinisch
Rt., Rth., Rthl., Rthlr.	Reichsthaler
S.	Seite
S., Sls.	Sol, Sols
St., Stb., Stbr.	Stüber
Thl., Thlr.	Thaler
tno.	termino
U.	Uhr
u.	und
u.a.	unter anderem/anderen
u.a.m.	und andere/anderes mehr
u.s.f.	und so fort
u.s.w.	und so weiter
v.	verso: Rückseite
v.	von: Adelspräfix
v. J.	vorigen Jahres
v. M.	vorigen Monats
vgl.	vergleiche
vol.	volumen, volumina
z. B.	zum Beispiel
z. T.	zum Teil

Dank

Ich bin einer Vielzahl von Archiven, Bibliotheken, Museen, Geschichtsvereinen und anderen historischen Institutionen für ihre Unterstützung meiner Recherchen dankbar. Besonders danke ich der Gesellschaft für Rheinische Geschichtskunde, dem Historischen Archiv der Stadt Köln, dem Historischen Archiv des Erzbistums Köln, dem Landschaftsverband Rheinland und seinem Archiv sowie verschiedenen Familienarchiven.

Mein herzlicher Dank gilt vor allem Florian Hofmann, der große Teile der Transkription des Tagebuchs mit engagierter Gründlichkeit übernommen hat.

Jürgen Herres stand mir, wie in den vorangegangenen Jahren, mit Auskünften und Hinweisen zur Seite.

Des Weiteren danke ich Keywan Klaus Münster und Alexander Olenik für ihre Unterstützung, darüber hinaus den Kolleginnen und Kollegen Marion Fey, Manuel Hagemann, Mario Kramp, Hans-Werner Langbrandtner, Georg Mölich, Max Plassmann, Astrid Sürth und Rita Wagner. Zur Lösung besonders kniffliger Fragen konnte ich mich an Joachim Deeters, Roland Krischel, Joachim Oepen, Ulrich S. Soénius und Johannes Wachten wenden. Bei der Suche und Beschaffung von Literatur war mir Björn Raffelsiefer eine unverzichtbare Hilfe; Rainer Stach las einen Teil der Texte Korrektur.

Ihnen allen danke ich herzlich!!!

Für ihre professionelle Kompetenz, die mir auch in den letzten Jahren meine Arbeit wesentlich erleichtert hat, bin ich Aristoteles Alexandridis, Anja Breer und Ulrike Kaltenbrunner dankbar; für lange Gespräche und viele Emails danke ich Hildegard Wrobel-Sachs, Klaus Hardering, Aaron Knappstein, Ursula Reuter und Martin Rüther. Karin Richert und Emanuel Stein, mit denen ich oft über Eberhard von Grootes Tagebuch gesprochen habe, ist dieser Band in Erinnerung an ihre Freundschaft gewidmet.

Der Familie von Groote, vor allem Constantin von Groote, sowie Thomas von Kempis bin ich für ihr Interesse an der Edition des Tagebuchs dankbar.

Julia Beenken und Kristi Doepner beim Böhlau Verlag sowie dem pagina Team, hier in erster Linie Thomas Ziegler, danke ich für die gute Zusammenarbeit bei der Fertigstellung des Buches.

Meinem Mann bin ich wie immer für alles und viel, viel mehr dankbar.

Köln, Oktober 2024　　　　　　　　　　　　　　　　　　　　　　　Barbara Becker-Jákli

Personenregister

Für dieses Register wurden biografische, familiengeschichtliche und genealogische Darstellungen sowie standesamtliche Dokumente, Adressbücher, Lexika und Webseiten genutzt. Familiennamen, die in den Aufzeichnungen Eberhard von Grootes und in Anmerkungen der Verfasserin mehr als hundert Mal erwähnt werden – nahe Verwandte und Mitglieder seines engen Umfelds – sind im Folgenden aufgeführt, aber nicht mit Seitenzahlen ausgewiesen. Aufgeführt wird auch eine Anzahl Personen, die Groote in seinen Texten zwar nicht nennt, die aber zum Verständnis seines Netzwerks wichtig sind.

A

Abegg, Elisabeth Charlotte de Prée (gest. 1817), verh. mit Johann Friedrich Abegg · 504

Abegg, Johann Friedrich (1765–1840), protest. Geistlicher, seit 1808 Pfarrer in Heidelberg; verh. in 1. Ehe mit Elisabeth Charlotte de Prée · 504, 624

Adolph's, Gertrud, 1815 Köchin im Haushalt der Familie von Groote · 27

Agar, Jean Antoine Michel (1771–1844), franz. Staatsmann; 1806 bis 1808 Finanzminister im Großherzogtum Berg; danach bis 1815 Finanzminister im Königreich Neapel · 238 f., 573

Albrecht, Daniel Ludwig (1765–1835), Jurist, preuß. Staatsmann; seit 1810 Leiter des Zivilkabinetts, 1817 Ernennung zum Mitglied des Staatsrats · 459

Aldenbrück, Augustin (1724–1796), kath. Geistlicher, Jesuit, Historiker, Subregens des Gymnasiums Tricoronatum · 570 f.

Aldenkirchen, Johann Michael Joseph (1763–1840), 1803 bis 1840 Pfarrer an St. Gereon; AK 1813: Rue Jean de Weert 3/Am Klingelpütz 3; AK 1822: Gereonsdriesch 2 · 453

Almenräder, Carl Wilhelm (1786–1843), Fagottist, Musiklehrer, Instrumentenbauer; 1817 am Mainzer Theater tätig; Sohn von Johann Conrad Almenräder u. Anna Magdalena Mays · 237

Almenräder, Johann Conrad (1763–1844), Flötist, Pianist, Musiklehrer; seit 1809 Lehrer an der Elementarschule der protest. Gemeinden; verh. mit Anna Magdalena Mays; AK 1822: An den Antonitern 18 · 237

Almenräder, Johann Heinrich (1790–1824), Musiker, Kaufmann; Sohn von Johann Conrad Almenräder u. Anna Magdalena Mays; AK 1822: Musikalien- u. Instrumentenhändler, Schildergasse 26 · 237

Almenräder, Johann Jakob (1792–1867), Musiker, Musikalien- u. Instrumentenhändler; Sohn von Johann Conrad Almenräder u. Anna Magdalena Mays · 237

Almenräder, Wilhelmine (1799–1867), Sopranistin; Tochter von Johann Conrad Almenräder u. Anna Magdalena Mays; heiratete um 1830 Karl Friedrich August Bruch, Sohn von Christian Gottlieb Bruch (1771–1836) u. Katharina Charlotte Umbscheiden (1770–1832) · 237

Almenreder *siehe* Almenräder

Altenstein, Karl Sigmund Franz vom Stein zum (1770–1840), Jurist, preuß. Staatsmann; 1808 bis 1810 Finanzminister, 1817 bis 1838 Minister der geistlichen, Unterrichts- u. Medizinalangelegenheiten · 305, 410, 432, 467, 486 f., 492, 503 f., 506 f., 530 f., 548, 570 f., 624, 634

Ammon, von, aus Düsseldorf · 570, 584

Ammon, von; Ammons, von, Familie von · 250, 302, 318, 320, 322, 324 f., 330 f., 336, 339, 344 f., 351 f., 363, 391, 438, 479 f., 483, 486 f., 495, 500, 514, 523, 584, 644

Ammon, Fräulein von · 300

Ammon, die junge von · 318, 322

Ammon, die beiden Frauen von · 429

Ammon, Bernhardine Henriette Friederike von, geb. von Oven (1765–1830), seit 1789 verh. mit Johann Georg Heinrich von Ammon (1760–1836); 1817 Verleihung des Luisenordens · 250, 341 f., 344, 351, 366, 479

Ammon, Clara Henriette Wilhelmine Franziska

(Jette) von (1801–1887), Tochter von Johann Georg Heinrich von Ammon u. Berhardine Henriette Friederike von Oven; heiratete 1822 Louis/Ludwig Anton Friedrich von Hymmen (1784–1854) · 250, 302, 331, 345, 351, 584

Ammon, Charlotte Albertine Friederike Henriette von (1803–1869), Tochter von Johann Georg Heinrich von Ammon u. Berhardine Henriette Friederike von Oven; heiratete 1836 Carl Heinrich Eduard von Delius (1809–1861)

Ammon, Elisabeth Bernhardine Johanna (Elise) von *siehe* Camphausen, Elisabeth Bernhardine Johanna (Elise)

Ammon, Friedrich Ferdinand (Fritz) von (1794–1874), 1817 Student in Heidelberg; Jurist, Appellationsgerichtsrat, Senatspräsident, Mitglied des Rhein. Provinziallandtags; Sohn von Johann Georg Heinrich von Ammon u. Bernhardine Henriette Friederike von Oven; heiratete 1832 Clara Sophia Maria Henriette Delius (1811–1879) · 469, 522–525, 528 f., 538, 584

Ammon, Georg Friedrich von (1723–1765), seit 1757 verh. mit Marie Elisabeth Heinius (1736–1813) · 226

Ammon, Johann Georg Heinrich von (1760–1836), Jurist, preuß. Staatsbeamter; seit 1788 Kriegs- u. Domänenrat in Kleve, Wesel u. Hamm; Sohn von Georg Friedrich von Ammon u. Marie Elisabeth Heinius; seit 1789 verh. mit Bernhardine Henriette Friederike von Oven (1765–1830) · 226, 250, 336, 344, 391, 479

Ammon, Luise Agnes Margarete von (1791–1856), Tochter von Johann Georg Heinrich von Ammon u. Berhardine Henriette Friederike von Oven; heiratete am 8. Nov. 1817 Karl Franz Johann von Hymmen (1788–1857) · 479, 487, 500

Ammon, Marie Elisabeth von, geb. Heinius (1736–1813), seit 1757 in 1. Ehe verh. mit Georg Friedrich von Ammon (1723–1765); seit 1771 in 2. Ehe mit Gottlieb Ludwig von Plessmann (1722–1793) · 226

Ancillon, Johann Peter Friedrich (1767–1837), protest. Geistlicher, Historiker, preuß. Staatsmann; 1810 bis 1814 Erzieher des Kronprinzen Friedrich Wilhelm, seit 1814 Geh. Legationsrat, 1817 Ernennung zum Staatsrat, 1832 Außenminister · 354, 359, 379, 385 f., 389

André, Johann (1741–1799), Komponist · 383

André, Mademoiselle
eine Tochter der Familie Andreae · 123

Andreae, Familie · 123, 215 f.

André, Andreä

Andreae, Karl Christian (1783–1868), Samt- u. Seidenfabrikant, Kaufmann in Köln u. Mülheim a. Rh., Teilhaber der Firma Christoph Andreae; Sohn von Christoph Andreae (1735–1804) u. Maria Christina Katharina Scheibler (1740–1807); 1818 Heirat mit Johanna Theresia Rhodius; AK 1813: fabricant de velours, Rue Maximin 24/Maximinstr. 24; AK 1822: Maximinstr. 24 · 123

Anstel, von

Anstell, Franz Joseph von, 1817 Referendar bei der Regierung Köln; AK 1822: Hohepforte 13 · 137, 153

Anton von Worms, Anton Woensam (um 1500–1541), Grafiker, Holzschneider, Maler 553, 633

Anxillon, Johann Peter Friedrich *siehe* Ancillon, Johann Peter Friedrich

Arndts · 76, 502

Arns · 443

Arnds, Arns, der arme

Arndts, Joseph · 116, 366, 420, 435, 487, 511, 591

Arndt, Carl Moritz, genannt Carl Treu (1801–1885), Sohn von Ernst Moritz Arndt u. Johanna Maria Charlotte Quistorp · 422

Arndt, Ernst Moritz (1769–1860), Schriftsteller, protest. Geistlicher, Historiker, Dichter; lehrte ab 1818 an der Bonner Universität; 1820 wegen demokratischer Einstellung entlassen, 1840 rehabilitiert; 1848/49 Mitglied der Nationalversammlung in Frankfurt a. M.; heiratete 1801 in 1. Ehe Charlotte Quistorp (1780–1801), 1817 in 2. Ehe Anna Maria Schleiermacher (1786–1869) · 86, 181, 190, 362, 387, 389, 391 f., 399, 420–423, 426, 428, 432, 453, 484, 487, 499, 503, 505, 619, 621, 626

Arends, Arendts, Arns, Arndt

Arndts, Christian (1789–1853), Jurist, seit 1816 Sekretär bei der Regierung Köln, Sept. 1817 Ernennung zum Assessor; heiratete 1824 Margaretha Farina; AK 1822: Asses-

Personenregister

sor u. Kassa-Rat bei der Regierung, Drususgasse 11 · 116, 285, 445 f., 513, 516 f., 556
Arnauld de la Perière, Johann Friedrich (geb. 1784), 1817 Sekretär bei der Regierung Köln, Übersetzer · 245, 367
Arnim, Achim Ludwig von (1781–1831), Schriftsteller, Lyriker · 280, 410
Arnstein, Juwelenhändler · 556
Arnswald
Arnswaldt, August Friedrich Ernst von (1798–1855), Jurist, Schriftsteller, Sammler; 1816 bis 1820 Studium an der Universität in Göttingen; Sohn von Karl Friedrich Alexander von Arnswaldt; heiratete 1830 Anna von Haxthausen · 521–523, 638, 643
Arnswaldt, Karl Friedrich Alexander von (1768–1845), Jurist, Minister des Königreichs Hannover, Kurator der Universität in Göttingen · 521
Ascher, Saul (1767–1822), Schriftsteller, Verleger, Buchhändler · 470
Artaria
Artaria & Fontaine, Buchhandlung, Musik- u. Kunstverlag in Mannheim · 256, 301
Auer, Fräulein · 381
Auer, Carl Albrecht Wilhelm von (1748–1830), preuß. Beamter, Provinzialzolldirektor für Kleve, Moers u. Geldern, Geh. Zoll- u. Regierungsrat; verh. mit Charlotte Friederike von Goldbeck · 71, 553
Auer, Charlotte Friederike von Goldbeck (1764–1844), verh. mit Carl Albrecht Wilhelm von Auer · 71, 553
Auer, Ferdinand Wilhelm August von (1786–1877), seit 1814 Mitglied der Rhein. Schifffahrtskommission in Mainz, 1816 bis 1832 Regierungsrat in Köln; „Neupreuße"; Sohn von Carl Albrecht Wilhelm von Auer u. Charlotte Friederike von Goldbeck; heiratete am 15. Nov. 1817 Maria Anna Francisca von Krauss; 1819: In der Höhle 14; AK 1822: Regierungsrat, Hohe Str. 154 · 35 f., 71, 76, 80, 87, 95 f., 107, 116 f., 130, 137, 140, 148, 158, 166, 168 f., 205, 208, 221 f., 246, 250, 260, 269, 274, 289, 298, 307, 309, 313, 326, 328, 334, 346, 391, 439, 448, 463, 479, 490, 509, 523, 525, 552, 571, 587, 644
Aussem, Hermann Isaac von (1744–1825), Fabrikant, Sammler · 155, 162

B
Babo, Joseph Marius von (1756–1822), Schriftsteller, Dramatiker 498
Baccigalupo, Pietro, Schausteller 525
Bachem · 426
Bachem, Franz Anton (1756/57–1828), kath. Geistlicher; Jurist, Assessor beim kurfürstlichen Offizialat, Vikar an St. Gereon; AK 1822: Gereonsdriesch 7 · 44, 106, 113
Bachem, Johann Peter (1785–1822), Verleger, Buchhändler; 1815 mit Marcus Theodor DuMont Gründung der DuMont-Bachem'schen Buchhandlung, Brückenstr. 4585 (Nr. 8); 1818 Trennung der Partnerschaft u. Gründung der Firma J. P. Bachem, Verlag u. Buchhandlung auf der Hohe Straße; AK 1822: Buchdrucker u. Buchhändler, Hohe Str. 136 · 421, 549
Baer, 1815 Mitglied der Kaiserlichen Russisch-Deutschen Legion · 576
Baerensprung
Bärensprung, Friedrich Wilhelm Leopold von (1779–1841), Jurist, preuß. Beamter; 1814 bis 1831 Bürgermeister, 1832 bis 1834 Oberbürgermeister von Berlin · 263
Baersch
Bärsch, Georg Friedrich (1778–1866), Rittmeister, preuß. Beamter, Historiker; 1816 beim Oberpräsidium in Köln tätig; 1816 bis 1818 Landrat im Kreis Lechenich, seit 1819 Landrat im Kreis Prüm, seit 1834 Regierungsrat in Trier; in 1. Ehe verh. mit Juliane Wilhelmine Eltze · 109, 181, 185, 228, 276 f., 306, 392, 568
Bärsch, Juliane Wilhelmine, geb. Eltze (1786–1836), verh. mit Georg Friedrich Bärsch
Balg, Jakob (1762–1860), Königl. Domänen-Rentmeister, Sammler; 1820 aus dem Dienst entlassen; 1817: Gereonstr. 49 · 50, 135, 321, 451, 461, 477, 479, 485
Baratinsky
Barjatinski, Iwan Iwanowitsch (1772–1825), russ. Diplomat; seit 1809 Gesandter in München · 336
Barry, Henry (1782–nach 1846), engl. Pfarrer, Reisender, Schriftsteller · 257, 260, 370
Bartmann, Franz Joseph (1754–1833), Kaufmann; 1805 bis 1814 Mitglied des Munizipalrats, 1814 bis 1832 Mitglied des Stadtrats; zeitweise Mitglied des Verwaltungsrats

des Schul- u. Stiftungsfonds; um 1791 Heirat mit Elisabeth Lyversberg • 44, 358
Baumann, Sternengasse • 128
Beck, von • 520
vermutlich
Beck, Peter Heinrich von (1753–1828), kath. Geistlicher, Kanoniker an St. Gereon; AK 1822: Rentner, Streitzeuggasse 8
Beckenkamp, Anna Maria, geb. Zipperlin (1751–1831), seit 1786 2. Ehefrau von Benedikt Beckenkamp • 99
Beckenkamp, Benedikt (1747–1828), Maler; verh. in 1. Ehe mit Katharina Josepha Breitbach (gest. 1784), in 2. Ehe seit 1786 mit Anna Maria Zipperlin; AK 1813: peintre en portraits, Rue St. George 1/St. Georgsstr. 1; AK 1822: Porträt- u. Historienmaler, St. Georgsstr. 1 • 33, 41, 50, 99 f., 105, 125, 146, 223, 240, 250, 252, 262, 265, 274, 298, 344 f., 382, 390, 443, 451, 458, 500, 572
Becker, die Herren von • 73
Becker, um 1817 Arzt in Bergheim; ehemaliger Stabsarzt • 150
Becker, Anton Josef (1781–1830), kath. Geistlicher; Kaplan, seit 1820 Pfarrer an St. Maria Lyskirchen; AK 1822: An Lyskirchen 12 • 329
Becker, Elias von (1673–1739), Thurn u. Taxischer Oberpostmeister in Köln; verh. m. Maria Esther Genoveva von Berberich; Urgroßvater Eberhard von Grootes • 513
Becker, Franz Felix von (1722–1786), seit 1745 Thurn u. Taxischer Postverwalter in Köln; seit 1754 Oberpostdirekor; Sohn von Elias von Becker u. Maria Esther Genoveva von Berberich; 1750 Heirat mit Maria Ursula Walburgis von Herwegh; Eberhard von Grootes Großvater
Becker, Johann Jakob, von 1815 bis 1818 Pfarrer in Walberberg • 450
Becker, Maria Esther Genoveva, geb. von Berberich (1692–1751), verh. mit Elias von Bekker; Urgroßmutter Eberhard von Grootes • 513
Becker, Maria Ursula Walburgis von, geb. von Herwegh (1726–1785), Tochter von Johann Peter von Herwegh u. Clara Catharina von Junckersdorff; seit 1750 verh. mit Franz Felix von Becker; Eberhard von Grootes Großmutter • 311

Beethoven, Ludwig van (1770–1827), Komponist • 324
Behrnauer, Karl Gottlieb (1765–1831), 1804 bis 1810 Bürgermeister von Zittau; später Geh. Oberregierungsrat u. vortragender Rat im Innenministerium, Mitglied des Staatrats • 441–444
Beissel, Aegidius Joseph Anton (1783–1840), heiratete 1818 Maria Therese van Houtem • 576
Namensvarianten: Beissel, Beissel von Gymnich
Beissel von Gymnich, Clemens; gest. 1816/17 • 252
Beissel von Gymnich, Franz Ludwig Karl Anton Graf (1761–1837), preuß. Beamter; 1816 bis 1837 Landrat im Kreis Bergheim, 1815/16 Erhebung in den Grafenstand; seit 1792 in 1. Ehe verh. mit Johanna von Freyberg-Eisenberg (1776–1803), seit 1809 in 2. Ehe mit Maria Magdalena von Ritter zu Grünstein • 229, 239, 241, 245, 247, 284, 296–298, 318, 550, 557, 564, 576
Beissel von Gymnich, Maria Anna (1797–1875), heiratete am 5. Juni 1817 Ferdinand von Dannenberg (1786–1867) • 214
Belderbusch, Anton Maria Karl Graf von (1758–1820), 1772 Kurkölnischer Kämmerer; 1805 bis Mai 1816 Maire/Bürgermeister von Bonn, ab Mai 1816 Kommissarischer Landrat in Bonn, 1818 Ernennung zum Landrat • 162, 254, 261, 275, 283, 296, 376, 390, 394, 593
Below, Gustav Friedrich Eugen von (1791–1852), preuß. Militär, Diplomat; 1815 Generalstabsoffizier, 1816 Adjutant des Kronprinzen Friedrich Wilhelm, ab 1840 Adjutant von König Friedrich Wilhelm IV. • 329–331, 426, 611, 626, 628
Bemberg, Kaufmannsfamilie • 199
Bemberg, Caspar Heinrich (1744–1824), Kaufmann, Baumwollfabrikant; 1817: Brückenstr. 7; AK 1822: Brückenstr. 7 • 456
Bender, Gebrüder, Klarinettisten der russisch-kaiserlichen Hofkapelle • 586, 589
Bender, Madame, Musikerin, Komponistin • 589
Beneke
Benecke, Georg Friedrich (1762–1844), Philologe, Mediävist, seit 1814/15 Professor u.

Bibliothekar an der Universität in Göttingen · 51, 198, 519, 570, 573, 643
Beneken, Georg Wilhelm Friederich, Prediger in Nienhagen · 569 f.
Bensberg, Karl Joseph (geb. 1780), Sänger, Violinist, Kapellmeister, Chorleiter · 211
Benzenberg, Johann Friedrich (1777–1846), Physiker, Landvermesser, Schriftsteller · 70, 118, 183 f., 238 f., 243 f., 510, 520, 536
Berdolet, Marc-Antoine (1740–1809), kath. Geistlicher, 1802 bis 1809 Bischof in Aachen · 386
Berghe von Trips, Clemens August Graf (1789–1854), Sohn von Franz Adolph Berghe von Trips (1749–1804) u. Charlotte Caroline Antoinette von Rathsamhausen; verh. seit 1812 mit Friederike Marie Pauli (1789–1850); Besitzer von Burg Hemmersbach · 579, 584
Bergrath, Präfekt · 321
Bergt, Christian Gottlob August (1771–1837), Organist, Komponist · 178
Berkenkamp, Wilhelm Anton (1769–1826), Gärtner, Gartenarchitekt, Leiter des Botanischen Gartens in Köln; verh. mit Anna Margaretha Weyhe (geb. 1781) · 377 f.
Bernauer *siehe* Behrnauer
Berlichingen, Götz von (um 1480–1562), fränkischer Reichsritter · 559 f.
Bertoldi, Karl Joseph Zacharias (1754–1827), Beamter im Herzogtum Berg, Hofkammerrat, Zolleinnehmer, Pächter der Mülheimer Fliegenden Brücke; 1808/09 Stadtdirektor/Maire von Mülheim; seit 1787 verh. mit Maria Magdalena Zabelborn (gest. 1805); Freiheitstr. 36/Mülheimer Freiheit 36 · 24, 207, 300, 331, 350, 355, 380, 385, 395, 398, 402, 405, 458 f., 463, 480
Bertram, Johann Baptist (1776–1841), Kunsthistoriker, Kunstsammler; Mitbegründer u. Miteigentümer der Boisserée'schen Kunstsammlung · 190, 342, 622, 626, 647
Best, Maria Gabriele Ursula, geb. von Beywegh (1762–1823), Tochter von Johann Friedrich Franz von Beywegh (1730–1790) u. Maria Agnes Walburga von u. zum Pütz (um 1739–1812); heiratete 1790 Paul Best; Schwester von Maria Adelgunde Therese von Geyr zu Schweppenburg, geb. von Beywegh (1763–1789) 31, 168

Best, Maria Walburga (1801–1861), Tochter von Paul Best u. Maria Gabriele Ursula von Beywegh; heiratete 1818 Carl Klenze · 168, 217
Best, Paul (1753–1806), Mediziner, Professor an der Kölner Universität; seit 1790 verh. mit Maria Gabriele Ursula von Beywegh · 31, 168
Bethofen *siehe* Beethoven
Bethmann · 125
Bettendorf · 524
Bettendorf, Familie von · 63
Bettendorf, Franz Theodor (1743–1809), Kaufmann, Kunstsammler in Aachen; verh. mit Johanna Maria Thekla (Jeanette) Denys Bettendorff
Bettendorf, Jakob Leopold (1779–1839), Tuchfabrikant, Kunstsammler in Aachen; Sohn von Franz Theodor Bettendorf u. Johanna Maria Thekla (Jeanette) Denys · 297, 503, 624, 633 f.
Bettendorf, Johanna Maria Thekla (Jeanette), geb. Denys (1759–1821); verh. mit Franz Theodor Bettendorf · 503
Beust, Ernst August Graf von (1783–1859), Geologe, seit 1816 Geh. Oberbergrat in Bonn · 394, 601
Beuth, Christian Peter Wilhelm (1781–1853), preuß. Staatsbeamter; Reformer der preuß. Gewerbepolitik; seit 1814 Geh. Oberfinanzrat im Finanzministerium · 51, 71 f., 159
Beuth, Hermann Josef Friedrich (1734–1819), Hofkammerrat, Naturwissenschaftler, Sammler in Düsseldorf · 579
Beyme, Karl Friedrich von (1765–1838), Jurist, preuß. Staatsmann; 1817 Ernennung zum Mitglied des Staatsrats; Leiter des Ministeriums für Gesetzesrevision; 1819 Rücktritt · 37
Beywegh, Familie von · 167 f., 204
Beywegh, Eberhard/Everard Anton Caspar von (1739–1833), 1800 bis 1813 Departementalsrat des Roer-Departements; Sohn von Ferdinand Joseph von Beywegh (1688–1756) u. Maria Gabriele Ursula de Groote (1705–1770); 1764 Heirat mit Maria Ursula Helena von Geyr zu Schweppenburg (1740–um 1800); AK 1813: rentier, Rue Haute 113/Hohe Str. 113; AK 1822: Rentner, Hohe Str. 113 · 31, 81, 89, 91, 117 f., 159, 164 f., 167, 383, 442, 646

Beywegh, Ferdinand Joseph von (1688–1756), verh. mit Maria Gabriele Ursula de Groote (1705–1770) · 31

Beywegh, Johann Friedrich Franz von (1730–1790), Sohn von Ferdinand Joseph von Beywegh u. Maria Gabriele Ursula de Groote; seit 1760 verh. mit Maria Agnes Walburga von u. zum Pütz (um 1739–1812) · 57, 168

Beywegh, Maria Adelgunde Therese von siehe Geyr zu Schweppenburg, Maria Adelgunde Therese

Beywegh, Maria Agnes Walburga, geb. von u. zum Pütz (um 1739–1812), verh. mit Johann Friedrich Franz von Beywegh (1730–1790)

Beywegh, Maria Gabriele Ursula, von siehe Best, Maria Gabriele Ursula

Beywegh, Maria Gabriele Ursula von, geb. de Groote (1705–1770), Tochter von Franz de Groote u. Agatha von Junckerstorff; verh. mit Ferdinand Joseph von Beywegh (1688–1756) · 31, 168

Beywegh, Maria Ursula Helena, geb. von Geyr zu Schweppenburg (1740–um 1800), seit 1764 verh. mit Eberhard/Everard Anton Caspar von Beywegh (1739–1833) · 81

Bianco, Franz Joseph von (1794–1855), Jurist, Historiker; 1817 Referendar bei der Regierung Köln; zeitweise Sekretär des Verwaltungsrats des Schul- u. Stiftungsfonds; Sohn von Johann Anton Jakob von Bianco u. Maria Eulalia Lucia von Braumann; heiratete 1854 Elisabeth Jodoca von Mering; AK 1822: Regierungsreferendar, Friesenstr. 45 · 104, 244

Bianco, Johann Anton Jakob von (1753–1823), Jurist, Hofrat, Syndikus der Stadt Köln; seit 1794 verh. mit Maria Eulalia Lucia von Braumann (1759–1820) · 104

Biegeleben · 516
möglicherweise
Biegeleben, Caspar Joseph von (1766–1842), Jurist, Diplomat, zunächst für das Kurfürstentum Köln, seit Beginn des 19. Jh. für das Großherzogtum Hessen-Darmstadt tätig

Biermann, Johann Philipp (1767–1850), Jurist, Seifenfabrikant; 1794/95 Ratsherr, 1819 bis 1846 Mitglied des Stadtrats; 1817 Mitglied der Einquartierungs-Kommission; AK 1813: Marché au Bois 73/Holzmarkt 73; AK 1822: Holzmarkt 73 · 66

Birkenbusch, Pfarrer an St. Ursula · 338

Blanchard, Anna Maria, geb. Epmundi; seit 1792 verh. mit Johann Wilhelm Blanchard · 68, 152

Blanchard, Johann Wilhelm (1765–1832), Jurist; Professor an der Kölner Universität; bis 1797 Ratsherr, ab 1803 Präsident des Tribunals 1. Instanz; 1817 Präsident des Kölner Kreisgerichts; ab 1820 Geh. Oberrevisionsrat am Rhein. Revisions- u. Kassationshof in Berlin, 1831 Ernennung zum Staatsrat; Sohn von Anton Blanchard u. Maria Helena Lucas; seit 1792 verh. mit Anna Maria Epmundi; AK 1813: Président du tribunal de 1ère instance; Place de la Métropole 1/Domkloster 1 · 143, 148, 152

Blankenheim, Geschwister; Weinzäpfer, Komödienstr. 8 · 217

Blankenheim · 561

Blücher, Gebhard Leberecht von, Fürst von Wahlstatt (1742–1819), preuß. Militär, Generalfeldmarschall · 205, 314, 339, 536

Bochem, Johann Christian (1771–1848), Studium an der Kölner Universität, seit 1814/15 Rendant des Verwaltungsrats des Schul- u. Stiftungsfonds; seit 1806 verh. mit Maria Elisabeth Dresen (1773–1847); AK 1813: secrétaire contrôleur près l'administration du Collège, Rue du Lycee 15/Marzellenstr. 15; AK 1822: Rendant des Schul- u. Stiftungsfonds, Marzellenstr. 32 · 45, 555

Bodenstaf

Bodenstaff, Johann Josef Domenicus (1742–1822), Jurist, Fiskalrichter, Appellationskommissar; bis 1797 Ratsherr; AK 1822: Rentner, Johannisstr. 51 · 167, 346, 550 f.

Boecker, Johann Arnold (1773–1857), Kaufmann; verh. in 1. Ehe mit Maria Magdalena Boisserée (1779–1809), seit ca. 1810 in 2. Ehe mit Maria Anna Francisca Josepha Boisserée (1777–1838); Schwager von Melchior u. Sulpiz Boisserée; AK 1813: commissionaire, négociant et maître de forges de fer, Rue des Teinturiers 16/Blaubach 16; AK 1822: Handlung in Gewürzen, Kommission u. Spedition, Blaubach 16 · 480

Boecker, Maria Anna Francisca Josepha (Marianne), geb. Boisserée (1777–1838), um 1810 Heirat mit Johann Arnold Boecker; Schwester von Melchior u. Sulpiz Boisserée

Boecker, Wilhelm Heinrich (1767–1846), kath. Geistlicher, Kanoniker am ehemaligen Stift St. Andreas • 44, 457
Boehme
Böhme, Jakob (1575–1624), Philosoph, Mystiker • 647
Namensvarianten: Boecking, Boeking
Boeking • 334, 422
Boecking, Elisabeth Wilhelmine, geb. von Eicken (1790–1870), verh. mit Louis/Ludwig Boecking • 86
Böcking, Boeking
Boecking, Louis/Ludwig (1786–1843), Besitzer einer Ölmühle; verh. mit Elisabeth Wilhelmine von Eicken (1790–1870); Bruder von Richard Bernhard Boecking; Hohe Str. 76 • 86, 108, 166, 205, 302, 304, 368, 439 232
Boecking, Richard Bernhard (1781–1824), Fabrikant in Monschau; von Mai 1816 bis 1824 Landrat in Monschau; Bruder von Louis/Ludwig Boecking • 166
Bögemann, Johann Gottfried, Drucker; Gründer der Düsseldorfer Zeitung • 182
Boelling
Bölling, Moritz Friedrich Heinrich (1775–1824), Jurist, preuß. Staatsbeamter; seit 1814 Kommissar des Generalgouvernements in Aachen; seit 1816 Mitglied der Rhein. Immediat-Justiz-Kommission in Köln, ab 1819 Generaladvokat, ab 1824 Generalprokurator am Appellationsgerichtshof in Köln; seit 1805 verh. mit Wilhelmina Carolina Elisabeth Sehlhoff (1790–1871); 1819: Am Hof 5; AK 1822: Geh. Oberrevisionsrat u. erster Generaladvokat am Appellationsgerichtshof, Cäcilienstr. 4 • 37 f., 138, 169, 181, 208, 225, 240, 260, 550
Boisserée, Gebr.
hier: Melchior u. Sulpiz Bosserée
Boisserées
hier: Melchior u. Sulpiz Bosserée
Boisserée, Gertrud *siehe* Stark, Gertrud
Boisserée, Johann Bernhard Caspar (1773–1845), Jurist, Kaufmann; 1798 bis 1800 Mitglied der Munizipalverwaltung; 1800 bis 1815 Beigeordneter der Stadt, 1815 bis 1843 Mitglied des Stadtrats, 1828 Mitglied des Rhein. Provinziallandtags; Sohn von Nicolaus Boisserée (1736–1792) u. Maria Magdalene Brentano

(1743–1790); seit 1799 verh. mit Anna Maria Elisabeth Cornille (1777–1845); Bruder von Melchior u. Sulpiz Boisserée; Schwager von Adam Joseph Schülgen u. Jakob Stark; AK 1813: Rue des Teinturiers 14/Blaubach 14; AK 1822: Blaubach 14
Boisserée, Johann Sulpiz Dominikus (1783–1854), Kunstsammler, Kunstschriftsteller, Kunsthistoriker; 1810 Umzug mit Melchior Boisserée u. Johann Baptist Bertram nach Heidelberg, 1819 nach Stuttgart; 1827 Verkauf der Kunstsammlung an Ludwig I. von Bayern u. Umzug nach München; 1835 Ernennung zum bayerischen Generalkonservator u. Oberbaurat, 1845 Rückkehr in das Rheinland; 1828 Heirat mit Augusta Mathilde Rapp
Boisserée, Josephine, geb. von Uphoff (1783–1856), Miniaturmalerin; 2. Ehefrau von Wilhelm Johann Boisserée (1775–1813); AK 1813: Rue St. Jean 39/Johannisstr. 39; AK 1822: Witwe, Rentnerin, Frankenplatz 1 u. 3
Boisserée, Katharina Theresia *siehe* Schülgen, Katharina Theresia
Boisserée, Maria Anna Francisca Josepha (Marianne) *siehe* Boecker, Maria Anna Francisca Josepha (Marianne)
Boisserée, Melchior Hermann Joseph Georg (1786–1851), Kunstsammler u. Kunstschriftsteller; 1810 Umzug mit Sulpiz Boisserée u. Johann Baptist Bertram nach Heidelberg, 1819 nach Stuttgart; 1827 Verkauf der Kunstsammlung an Ludwig I. von Bayern
Boisserée, Wilhelm Johann (1775–1813), Bruder von Melchior u. Sulpiz Boisserée; verh. in 2. Ehe mit Josephine von Uphoff; AK 1813: Receveur de l'arrondissement de Cologne, Rue St. Jean 39/Johannisstr. 39
Bollerstaedt • 331
Bolognaro Crevenna, Frau
Mitglied der Familie Bolongnaro-Crevenna in Frankfurt a. M. • 316, 605
Bourscheidt, Familie von • 430
Bourscheid, Burscheidt • 158, 161, 284, 440 *vermutlich*
Bourscheidt, Johann Ludwig von (1763–1836), Militär, Politiker; Besitzer von Burgbrohl; heiratete 1819 Maria Anna Francisca von der Vorst-Lombeck; AK 1822: Rentner, Weyerstr. 2

Boutet de Monvel, Jacques-Marie (1745–1812), franz. Schauspieler, Dramatiker · 584
Boyen, Ludwig Leopold Gottlieb Hermann von (1771–1848), preuß. Militär, Politiker; 1814 bis 1819 u. 1841 bis 1847 Kriegsminister · 336, 413
Brach
Bracht, Johann Vinzenz Joseph (1771–1840), kath. Geistlicher, Pädagoge; seit 1802 Schulrat im Herzogtum Berg, ab 1816 preuß. Regierungs- u. Schulrat, seit 1820 Konsistorial- u. Schulrat in Düsseldorf; 1817: Am Lamberti Kirchhof 139 · 582 f.
Brandt, in Walberberg · 12
Brandt, Joseph von, 1817 Referendar bei der Regierung Köln · 220, 228, 242, 376, 590
Brang, von · 482
Brasser, Brassert
Brassart, Gerhard Anton, Eigentümer eines Geschäfts für Antiquitäten u. naturhistorische Objekte; AK 1813: marchand en objects d'antiquité et d'histoire naturelle, Rue du Lycée 76/Marzellenstr. 76 · 109, 264, 268, 417
Braumann, Ludwig, Schneider; AK 1813: tailleur, Rue Ste. Ursule 23/Ursulastr. 23 · 165
Breidt, Anton, Gastwirt in Deutz · 207
Brenken, von u. zu Familie · 446
Brenke · 370
vermutlich
Brenken, Franz Joseph von u. zu (1757–1832), Sohn von Friedrich Wilhelm von u. zu Brenken (1716–1761) u. Franziska Wilhelmine Schorlemer-Herringhausen (1725–1815); verh. mit Sophie Eleonore Wolff Metternich (1768–1848)
oder
Brenken, Friedrich Carl Dominik von u. zu (1790–1867), Sohn von Franz Joseph von u. zu Brenken u. Sophie Eleonore Wolff Metternich
Brenner, Peter, Beurtschiffer · 403
Breuer, Madame · 138
Breuer, Peter, Pächter der Familie von Groote in Berzdorf · 167
Breuer/Brewer, Anna Maria Juliane, geb. von Haupt (1787–1861), heiratete 1842 Matthias Joseph Denoël · 428
Breuer/Brewer, Peter Andreas (gest. 1841), Assessor; 1825 bis 1841 verh. mit Anna Maria Juliane von Haupt (1787–1861) · 428

Brewer, Herr · 364
Brewer, Johann Wilhelm (1758–1844), Kaufmann, Historiker, Publizist, Übersetzer; AK 1813: Rue Large 3/Breite Str. 3 · 571
Broegelman, Brögelmann *siehe* Brügelmann
Brouhon, Ludwig (1747–1831), kath. Geistlicher; Kanonikus an den Stiftskirchen St. Cäcilien u. St. Ursula, Domprediger, Präses der von Groote'schen Katechisten-Stiftung; seit 1812 Präses des Erzbischöflichen Priesterseminars, seit 1815 Mitglied des Stiftungsrats des Schul- u. Stiftungsfonds; ab 1823 Domkapitular; AK 1822: Domhof 45 (Erzbischöfliches Priesterseminar) · 33, 45, 76, 93, 95, 146, 217–219, 329, 434, 550
Bruch, Carl Friedrich August (1799–1861), Sohn von Christian Gottlieb Bruch u. Katharina Charlotta Umbscheiden; heiratete um 1830 Wilhelmine Almenräder · 237, 544
Bruch, Christian Gottlieb (1771–1836), seit 1803 lutherischer Pfarrer in Köln, seit 1816 Konsistorialrat; 1815 bis 1836 Religionslehrer am Marzellengymnasium; Mitglied der Olympischen Gesellschaft; verh. mit Katharina Charlotta Umbscheiden (1770–1832); AK 1813: Rue de la Paix 14/Hinter St. Anton 14; AK 1822: An den Antonitern 16 · 34, 40 f., 114, 138, 180, 238, 241 f., 288, 324, 364 f., 365, 389, 482, 501, 516, 525, 564 f.
Bruch, Johann Friedrich, Neffe von Christian Gottlieb Bruch · 242
Bruch, Katharina Charlotta, geb. Umbscheiden (um 1770–1832), Sopranistin, Musiklehrerin; verh. mit Christian Gottlieb Bruch · 482
Bruch, Max Christian Friedrich (1838–1920), Komponist, Dirigent; Sohn von Carl Friedrich August Bruch u. Wilhelmine Almenräder · 238, 544
Brügelmann, Friedrich Wilhelm (1778–1842), Kaufmann, Textilfabrikant; gründete 1820 in Köln eine Blechwarenfabrik, später das Textilunternehmen F. W. Brügelmann Söhne · 266
Bruyn, Bartholomäus, der Ältere (1493–1555), Maler · 501
Bubenheim, Carl, Haarkräusler; AK 1813: perruquier, Rue Marie-Louise 55/Gereonstr. 55; AK 1822: Gewürzkrämer u. Perückenmacher, Gereonstr. 55 · 27
Bülow, Friedrich Carl von (1789–1853), Jurist, Diplomat · 602

Bülow, Ludwig Friedrich Viktor Hans Graf von (1774–1825), Jurist, preuß. Staatsmann; seit 1813 Finanzminister, ab 1817 Leiter des Ministeriums für Handel u. Gewerbe; 1825 Oberpräsident von Schlesien; Cousin des Staatskanzlers Karl August von Hardenberg · 149, 158 f., 190, 244, 329, 520, 570

Bürgers · 79, 83

Bürgers · 144, 309

vermutlich

Bürgers, Johann Joseph (1755–1821), Jurist; 1817 Friedensrichter der IV. Kölner Stadtsektion; AK 1813: Juge de paix de la 4ème section, Rue Marie-Louise 19/Gereonstr. 19; AK 1822: Notar, Gereonstr. 19

Büsching, Johann Gustav Gottlieb (1783–1829), Jurist, Archäologe, Mediävist, Philologe · 73, 95, 159, 184, 225, 247, 306, 308, 328, 456, 554, 573, 581, 586, 638

Büschler, Heinrich (gest. 1851), Buchdrucker, Buchhändler, Zeitungsverleger in Elberfeld · 25

Bulle, Erzieher der Söhne von Friedrich Ludwig Christian und Henriette zu Solms-Laubach · 354 f.

Burgmüller, August Franz (1766–1824), Kapellmeister, Komponist, Schauspieler, Pianist; 1807 Mitgründer der Düsseldorfer Musikakademie, 1811 bis 1824 städtischer Musikdirektor in Düsseldorf, Initiator der Niederrhein. Musikfeste · 267

Burgsdorf

Burgsdorff, Wilhelm Friedrich von (1772–1822), Kunstliebhaber, Reisender, Förderer von Ludwig Tieck · 254, 259 f., 432

Buri

Bury, Johann Friedrich (1763–1823), Maler, Porträtmaler · 365

Busch, Schauspieler, Sänger · 70

Busch, Johann Ludwig Theodor (1788–um 1842), kath. Geistlicher; um 1814 Pfarrer in Kierdorf, ab 1817 Rektor der Kirche St. Gregorius am Elend, ab 1838 Pfarrer in Bedburg · 87, 292, 351 f., 373, 430, 479, 483, 488, 507, 509, 512–514, 518, 550, 590, 593

Buschius, Ludwig Carl Friedrich (gest. 1819), 1816 Landbauinspektor für den rechtsrhein. Teil des Regierungsbezirks Köln; 1816 bis 1819 Landbaumeister für Königl. Schlösser u. Gebäude mit Sitz in Köln; 1816 bis 1819 Leiter des Wiederaufbaus des Kölner Doms; 1817: Marzellenstr. 24 · 134 f., 310, 317, 319, 448, 538

Buschman

Buschmann, Anton Ignaz von (1776–1832), 1813 bis 1815 Beigeordneter der Stadt; 1816 Ernennung zum Landrentmeister bei der Regierung Köln; 1817 Rendant u. Land-Rentmeister bei der Regierungs-Hauptkasse; seit 1812 verh. in 1. Ehe mit Elisabeth Augusta Raitz von Frentz zu Schlenderhan (1773/74–1823); in 2. Ehe verh. mit Elisabeth von Marien; AK 1813: rentier, Quartier des Orfèvres 1/Unter Goldschmied 1; AK 1822: Minoritenstr. 9 · 133, 165

Buschman

Buschmann, Elisabeth Augusta, geb. Raitz von Frentz zu Schlenderhan (1773/74–1823), seit 1812 verh. mit Anton Ignaz von Buschmann · 165

Butte, Wilhelm (1772–1833), protest. Geistlicher, Staatswissenschaftler, Statistiker, Schriftsteller; 1796 bis 1804 Pfarrer in Hessen; seit 1807 Professor für Statistik u. Staatswissenschaft in Landshut; seit 1816 Regierungsrat in Köln; „Neupreuße"; ab 1826 Professor an der Universität in Bonn; Mitglied der Olympischen Gesellschaft; 1819: An den Dominikanern 25; AK 1822: Gereonsdriesch 10 · 35 f., 76, 149, 169, 180 f., 183, 208 f., 215, 224 f., 237 f., 240 f., 254, 298, 305 f., 329, 341, 441, 448, 481, 484, 509, 537, 595

C

Caesar, von (gest. 1816), 1816 Geh. Regierungs- u. Geh. Legationsrat in Köln, „Neupreuße" · 35

Kamphausen

Camphausen, Elisabeth Bernhardine Johanna (Elise), geb. von Ammon (1790–1869), Tochter von Johann Georg Heinrich von Ammon u. Berhardine Henriette Friederike von Oven; seit 1815 verh. mit Johann Wilhelm Gerhard Camphausen (1781–1818) · 344

Cardauns, Hermann (1847–1925), Schriftsteller, Historiker · 231 f.

Carmann, Johann Wilhelm, kath. Geistlicher; 1770 bis 1820 Pfarrer an St. Martin in Euskirchen · 568

Carové, Friedrich Wilhelm (1789–1852), Jurist, Germanist, Religionsphilosoph; 1809 bis 1811 Advokat am Appellationsgerichtshof in Trier; bis 1816 in verschiedenen Verwaltungsstellen; 1816 Einnehmer der Rheinschifffahrtsgebühren in Andernach; 1816 Beginn des Philosophiestudiums in Heidelberg, 1818 Promotion; Tätigkeiten als Privatgelehrter u. Schriftsteller; Burschenschaftler, Förderer der studentischen Reformbewegung u. der internationalen Friedensbewegung; Sohn von Johann Philipp Alexander Carové u. Felicitas Perpetua von Kriffenstein · 51, 91, 96, 159, 238, 246, 262, 295, 297, 323, 334, 336, 347, 376, 425 f., 469 f., 491, 497, 502, 543, 548, 605 f., 616, 619, 643, 645

Carové, Johann Philipp Alexander (1759–1823), kurtrierischer Hofbeamter, Inspektor u. Haupteinnehmer des Rheinschifffahrts-Oktroi; seit 1783 verh. mit Felicitas Perpetua von Kriffenstein; AK 1813: Petite Cour du Palais/Burghöfchen 38; AK 1822: Thurnmarkt 42 · 334, 376

Carpentier *siehe* Charpentier

Carrachi · 241

Carracci, Agostino (1557–1602), italien. Maler, Kupferstecher

oder

Carracci, Annibale (1560–1609), italien. Maler, Kupferstecher

Caspars · 204

Caspars zu Weiss, Familie · 33

Caspars zu Weiss, Heinrich Jakob von (gest. 1727), verh. mit Margarete de Groote (geb. 1665) · 33

Caspars

Caspars zu Weiss, Johann Hermann Joseph von (1744–1822), kath. Geistlicher; Jurist; seit 1796 Domkapitular; 1801 Wahl zum Generalvikar des Erzbistums Köln; leitete bis 1805 den rechtsrhein. Rest des Kölner Erzbistums von Arnsberg aus; wohnte danach in Deutz, später wieder in Köln; Sohn von Kaspar Franz Joseph von Caspars zu Weiss (1699–1767) u. Maria Elise/Elisabeth von Mylius (gest. 1776); AK 1813: Enclos St. Géréon 16/Gereonskloster 16; AK 1822: Gereonskloster 16 · 33 f., 100, 102, 146, 170, 207, 216, 223, 245, 267, 326, 339, 382, 428, 441, 487, 520, 553

Caspars zu Weiss, Kaspar Franz Joseph von (1699–1767), Sohn von Heinrich Jakob von Caspars zu Weiss (gest. 1727) u. Margarete de Groote (geb. 1665); verh. mit Maria Elise/Elisabeth von Mylius (gest. 1776) · 33

Caspars zu Weiss, Margarete von, geb. de Groote (geb. 1665), Tochter von Heinrich de Groote dem Jüngeren (1629–1694) u. dessen 1. Ehefrau Anna von Brassart (1633–1666); verh. mit Heinrich Jakob von Caspars zu Weiss (gest. 1727); Schwester von Franz de Groote (1661–1721) · 33

Cassel, Franz Peter (1784–1821), Mediziner, Botaniker, Naturwissenschaftler; Sohn des konvertierten Arztes jüdischer Herkunft Reiner Joseph Anton Alexander Cassel; 1806 bis 1817 Lehrer an der Sekundärschule bzw. am Marzellengymnasium; Mitglied der Olympischen Gesellschaft, seit 1817 Professor an der Universität in Gent; wohnhaft 1817 vermutlich bei seinem Vater; AK 1813: Rue Haute 51/Hohe Str. 51 · 42 f., 95, 152 f., 167, 171, 180 f., 216, 302 f., 313, 321 f., 543, 620

Cassinone · 442, 565, 594

Cassinones, Cassinonis · 216, 316, 576

Cassinone, Familie · 120

Cassinone, Herr · 228, 266

Cassinone, Mademoiselle · 591

Cassinone, Anton Franz (1785–1873), Kaufmann (Firma Peter Joseph Cassinone); 1832 bis 1846 Mitglied des Stadtrats; 1846 bis 1849 Gemeindeverordneter; Sohn von Tilman Peter Joseph Pius Cassinone u. Maria Johanna Ludovika Louise Foveaux; AK 1813: négociant épicier en gros; Juge au tribunal de Commerce, Place Agrippa 28/Marienplatz 28; 1822: Heumarkt 49 · 119, 228, 427, 576, 591

Cassinone, Bruno Johann Franz (um 1793–1855), Sohn von Tilman Peter Joseph Pius Cassinone u. Maria Johanna Ludovika Louise Foveaux; unverheiratet; Heumarkt 43/49 (Wohnhaus der Witwe Maria Johanna Ludovika Louise Cassinone) · 119, 228, 341, 438, 591

Cassinone, Maria Henriette Frederike *siehe* Molinari, Maria Henriette Frederike

Cassinone, Maria Johanna Ludovika Louise, geb. Foveaux (um 1758–1832), verh. mit Tilman Peter Joseph Pius Cassinone (gest. um 1806); Heumarkt 43/49 • 120, 228, 576, 591

Cassinone, Maria Josepha Henriette Louise (geb. 1791), Tochter von Tilman Peter Joseph Pius Cassinone u. Maria Johanna Ludovika Louise Foveaux • 120

Cassinone, Tilman Peter Joseph Pius (gest. um 1806), Kaufmann; verh. mit Maria Johanna Ludovika Louise Foveaux (um 1758–1832); AK 1797: Aufm Heumarckt 1691 (Nr. 49); später: Heumarkt 43/49 • 120

Catalani, Angélica (1780–1849), italien. Sängerin, Koloratursopranistin • 222

Charlier, Johann Andreas Gottfried (1742–1818), protest. Geistlicher; seit 1767 Pfarrer in Frechen • 516

Charlier u. Remy, Textilfabrikanten • 244

Chézy, Helmina (Wilhelmine) Christiane von, geb. von Klencke (1783–1856), Schriftstellerin, Dichterin, Journalistin, Reisende • 49, 176, 232 f.

Carpentier

Charpentier, Fräulein von, Schwester von Wilhelmine von Thielmann, geb. von Charpentier • 498

Charpentier, Jonann Friedrich Wilhelm von (1738–1805), Geologe • 498

Chissel, von; Chissels von *siehe* Ghisel, von; Ghisels, von

Chladni, Ernst Florens Friedrich (1756–1827), Physiker, Begründer der experimentellen Akustik, Astronom • 520, 522, 524, 526, 528, 538–540, 543, 545–547, 550 f., 555, 558, 561 f., 564, 567, 570, 590

Claire, de

Claer, Franz Bernhard Wilhelm de (1785–1853), preuß. Domänenrat in Bonn • 233 f., 556

Christel, Karl, Schauspieler • 155

Christus, Petrus (um 1410/20–um 1475), flämischer Maler • 562, 580

Claren, Bernhard (1763–1824), kath. Geistlicher, Pfarrer an St. Maria im Kapitol; Onkel Bernhard Elkendorfs; AK 1813: Place Agrippa 15/Marienplatz 15; AK 1822: St. Marienplatz 15 • 115, 315 f.

Clarenbach, Adolf (um 1497–1529), protest. Märtyrer, hingerichtet in Köln • 561

Classen, Matthias (1726–1816), Jurist, Schreinsschreiber, Historiker • 339

Claudius, Matthias (1740–1815), Dichter, Publizist • 383

Klausewitz

Clausewitz, Carl Philipp Gottfried von (1780–1831), preuß. Militär, Militärtheoretiker; ab 1815 Stabschef beim Generalkommando in Koblenz; 1818 bis 1830 Verwaltungsdirektor der Allgemeinen Kriegsschule in Berlin; 1831 Chef des Generalstabs unter General August Wilhelm Anton Neidhardt von Gneisenau; seit 1810 verh. mit Marie Sofia von Brühl • 48 f., 89, 187 f., 252, 270, 277, 377, 386–388, 467 f., 471

Klausewitz

Clausewitz, Marie Sofia von, geb. Gräfin von Brühl (1779–1836), seit 1810 verh. mit Carl Philipp Gottfried von Clausewitz; nach dessen Tod Oberhofmeisterin der Prinzessin Marianne von Preußen • 99 f., 125, 144, 146, 154, 251–254, 277 f., 284, 296, 300 f.

Clavé de Bouhaben, Alexandre (1770–1835), Regimentschirurg, 1813/14 Maire der Stadt Jülich; 1813 Heirat in 3. Ehe mit Josepha Maria Theresia Walburga von Münch-Bellinghausen • 316

Clavé de Bouhaben, Josepha Maria Theresia Walburga, geb. von Münch-Bellinghausen (1784–1832), Tochter von Johann Joachim Georg von Münch-Bellinghausen (1745–1811) u. Johanna Alide Walburga von Kempis (1756–1813); verh. mit Alexandre Clavé de Bouhaben; Schwester von Franz Theodor von Münch-Bellinghausen (1787–1863) • 316, 346, 593

Clotten, Johann Michael Aloys (1758–1829), Jurist, Historiker, Kaufmann, Antiquitätenhändler in Echternach • 426, 515, 628

Coels, Elisabeth (Lisette) von (1783–1842), Tochter von Joseph von Coels u. Theresia von Haes; Stieftochter von Johann Jakob Hermann von Wittgenstein; seit 1801 verh. mit Peter Heinrich Merkens • 366

Collin d'Harleville, Jean-François (1755–1806), franz. Dichter, Dramatiker • 201

Cols, von • 22, 317

möglicherweise

Coels, Friedrich Hugo Joseph von (1784–1856), Jurist; preuß. Staatsbeamter; Mai 1816 Ernennung zum Landrat in Blankenheim, 1818 bis 1831 Polizeidirektor in Aachen; Sohn von Joseph von Coels u. Theresia von Haes; Stiefsohn von Johann Jakob Hermann von Wittgenstein; heiratete 1820 Eugenie von der Brügghen

Coenen, Leonard *siehe* Koenen, Leonard

Cönen, Wilhelm, Kaufmann in Krefeld; ermordet im Nov. 1816 · 110 f., 132

Coomans, Madame mit Töchtern · 345

Coomanns · 644

Coomans, bey Beywegh *siehe* Kaumans, Hermann Joseph

Coomans, Catharina Franzisca, geb. Daniels (um 1781–1862), Tochter von Heinrich Gottfried Wilhelm Daniels (1754–1827) u. Maria Elisabeth Pümmerl (1756–1825); verh. mit Johann Mathias Coomans (geb. um 1774); Glockengasse 30 · 121 f., 127–129, 157, 216, 478, 692

Coomans, Gudela Christine (1802–1885), Tochter von Johann Mathias Coomans u. Catharina Franzisca Daniels; heiratete 1842 als dessen 2. Ehefrau Caspar Joseph Heinrich Gregor Spoletus von Groote, Bruder Eberhard von Grootes · 121

Coomanns

Coomans, Johann Mathias (geb. um 1774), verh. mit Catharina Franzisca Daniels (um 1781–1862); AK 1822: Rentner, Glockengasse 30 · 121, 157, 159, 478 f., 481

Coomans, Luise Pauline (1805–1840), Tochter von Johann Mathias Coomans u. Catharina Franzisca Daniels; heiratete 1831 als dessen 1. Ehefrau Caspar Joseph Heinrich Gregor Spoletus von Groote, Bruder Eberhard von Grootes · 121

Coomans, Sibylla Gudula Johanna *siehe* Krauss, Sibylla Gudula Johanna

Cornelius, Joseph Lambert (1778–1823), Maler, Zeichenlehrer; lehrte von 1800 bis 1823 an der Kunstakademie in Düsseldorf; Bruder von Peter Cornelius · 532, 579

Cornelius, Peter (1783–1867), Maler, Zeichner; 1819 bis 1824 Direktor der Kunstakademie in Düsseldorf, 1825 bis 1841 Leiter der Akademie der Bildenden Künste in München · 532, 579 f., 584

Corregio

Correggio, Antonio (1489–1534), italien. Maler · 503

Correns, Franz Carl (1788–1862), 1817 Ernennung zum Oberförster u. Forstmeister in Brühl; Sohn von Johann Theodor Correns u. Maria Magdalena Aly; 1816 Heirat mit Frederike Juliane Charlotte Friedel; Enkel von Jakob Correns u. Anna Margaretha Coenen (um 1720–1795) · 229

Correns, Johann Theodor (1749–1823), Jurist in Ichendorf; Amtmann des Schlosses Frens; Sohn von Jakob Correns (1702–1756) u. Anna Margaretha Coenen (um 1720–1795); um 1785 Heirat mit Maria Magdalena Aly (um 1755–1833) · 557, 559, 561, 563

Corschillgen *siehe* Korschillgen

Coschkul *siehe* Koschkol

Cranache

Mitglieder der Malerfamilie Cranach · 297

Cranach, Lucas, der Ältere (1472–1553), Maler, Zeichner · 152, 559

Cremer, Engelbert, Fabrikant, Sammler; AK 1813: Rue des Cloches 1/Glockengasse 1; AK 1822: Glockengasse 1

Cremer, Witwe von Anton Cremer, Weinhändlerin, Ehrenstr. 3994 (Nr. 20)

Creuzer, Georg Friedrich (1771–1858), Philologe, Mythologe, Archäologe; lehrte seit 1804 an der Universität in Heidelberg · 348, 547

Crevelt, Johann Heinrich (1751–1818), Arzt, Literat, Sammler in Bonn · 275

Cumberland, Richard (1732–1811), engl. Dramatiker · 177

D

Dagobert I. (um 610–639), seit 629 König der Franken · 324, 611, 613, 637

Dahlen, Joseph, 1815 Bedienter im Haushalt der Familie von Groote · 27

Dalayrac, Nicolas-Marie (1753–1809), franz. Komponist · 584

Daniels, Heinrich Gottfried Wilhelm (1754–1827), Jurist; 1804/05 bis 1813 stellv. Generalprokurator am Kassationshof in Paris, 1813 bis 1817 Generalprokurator am Appellationsgerichtshof in Brüssel; 1817 Ernennung zum Staatsrat; 1819 bis 1827 Erster Präsident des Appellationsgerichtshofs in Köln; seit 1781 verh. mit Maria Elisabeth Pümmerl (1756–1825); 1817: Glockengasse 30; AK 1822: Geh. Staatsrat u. erster Präsident des Appellationsgerichtshofs, Glockengasse 30

Dannenberg, Ferdinand von (1786–1867), preuß. Militär; heiratete am 5. Juni 1817 Maria Anna Beissel von Gymnich (1797–1875) · 214, 252

Dante Alighieri (1265–1321), italien. Dichter · 600, 603

Decker, Herr · 228 f.

Degenfeld-Schönburg, Familie zu · 308

Degenfeld-Schönburg, Friedrich Christoph Graf von (1769–1848), Sohn von August Christoph von Degenfeld-Schönburg (1730–1814) u. Friederike Helena Elisabeth von Riedesel (1742–1811); seit 1797 verh. mit Luise Charlotte Polyxene zu Erbach-Erbach (1781–1830); Bruder von Henriette zu Solms-Laubach, geb. von Degenfeld-Schönburg (1776–1847) · 81

Degenfeld-Schönburg, Luise Charlotte Polyxene von, geb. zu Erbach-Erbach (1781–1830), Tochter von Franz I. Graf zu Erbach-Erbach (1754–1823) u. Luise zu Leiningen-Dagsburg (1755–1785); seit 1797 verh. mit Friedrich Christoph Graf von Degenfeld-Schönburg · 81, 200, 230, 250, 308, 509

DeGreck

Degreck, Peter; Arzt; AK 1822: ausübender Arzt, Unter Käster 10 · 114

De Groote, DeGroote, de Groote, deGroote, Dgroote *siehe* Groote

Delbrück, Johann Friedrich Ferdinand (1772–1848), Philosoph, Pädagoge, Philologe; 1816 Ernennung zum Regierungs- u. Schulrat in Düsseldorf, ab 1818 Professor an der Universität in Bonn; 1817: Düsseldorf, Kurzestr. 671 · 197, 210–213, 218–220, 224, 266, 489 f., 499, 501, 527, 582

Delbrück, Johann Friedrich Gottlieb (1768–1830), Theologe, Pädagoge · 210

Delius, Daniel Heinrich (1773–1832), Jurist; preuß. Staatsbeamter; April 1816 bis 1825 Regierungspräsident in Trier, 1825 bis 1832 Regierungspräsident in Köln · 317, 323, 335

Demian, Johann Andreas (1770–1845), Geograf, Statistiker, Schriftsteller · 15, 17, 49, 88, 202, 211, 234, 236, 252 258, 270, 276, 282 f., 314, 335, 358, 379, 421, 437, 444, 460, 462, 503, 531–533, 557, 561, 579, 583, 585

Namensvarianten: DeNoël, De Noël, Denoel

Denoël, Johann Heinrich (1749–1812), verh. mit Maria Helena Krakamp (1757–1846); AK 1813: Rue Royal 2/Königstr. 2

Denoël, Maria Helena, geb. Krakamp (1757–1846), Tochter von Nikolaus Krakamp (1699–1778), verh. mit Johann Heinrich Denoël

Denoël, Matthias Joseph (1782–1849), Kaufmann, Maler, Schriftsteller, Mundartdichter, Kunstsammler; Mitbegründer der Olympischen Gesellschaft; erster Konservator des Wallrafianums; Vorstandsmitglied des Dombauvereins; Sohn von Johann Heinrich Denoël u. Maria Helena Krakamp; heiratete 1842 Anna Maria Juliana Haupt, verwitwete Brewer; Neffe von Jakob Johann Nepomuk Lyversberg; Königstr. 2

Derossi, Joseph (1768–1841), Schauspieler, Schauspieldirektor · 76 f., 497 f.

DeThomis

De Thomis, Carl, Schokoladefabrikant, Kaffeehausbesitzer; AK 1813: fabricant de chocolat, Place Jules César 2/Gülichplatz 2; AK 1822: Schokoladefabrikant, Gülichplatz 2 · 440, 540

Deyn, Georg Heinrich von (1770–1839), Jurist, Schriftsteller · 565

D'hame, Anton Engelbert, Schriftsteller, Kunsthändler; AK 1813: Rue de l'Aigle 2/Eigelstein 2; AK 1822: handelt mit Kunstgegenständen, Stolkgasse 5 · 258, 299

D'hame, Johann Nepomuk Konstantin (1767–1838), Arzt; 1816 bis 1818 Regierungs- u. Medizinalrat in Köln; „Neupreuße"; AK 1813: Quartier des Orfèvres 26/Unter Goldschmied 26; Sept. 1816: Breite Str. 103; AK 1822: Marzellenstr. 24 · 35 f., 153, 230, 262, 313, 448

Dierickx, Franz Xaver (geb. 1749), seit 1785 Vikar an St. Gereon; AK 1813: Rue Marie-Louise 40/Gereonstr. 40; AK 1822: Gereonstr. 40 · 538

Dieterici, Karl Friedrich Wilhelm (1790–1859), Staatswissenschaftler, Statistiker; 1815 Offizier im Hauptquartier des Generalfeldmarschalls von Blücher; um 1817 Regierungsassessor in Potsdam; 1831 Ernennung zum Geh. Oberregierungsrat, seit 1834 Professor an der Berliner Universität · 205

Dieterici, Wilhelm (1758–1837), Buchdrucker, Verleger in Berlin; Vater von Karl Friedrich Wilhelm Dieterici · 205

Dietz, Hermann Joseph (1782–1862), Kaufmann, Fabrikant, Kunstsammler in Koblenz; 1817 Mitglied des Koblenzer Stadtrats · 271

Dilschneider

Dillschneider, Johann Joseph (um 1793–1868), ab 1815 Lehrer am Marzellengymnasium; AK 1822: Kunibertskloster 2 · 171

Dobeneck, Friedrich Ludwig Ferdinand von (1770–1810), Jurist, Schriftsteller · 576

Dörnberg, Julie von, geb. von Münster-Meinhövel (1776–1839), seit 1796 verh. mit Wilhelm Kaspar Ferdinand von Dörnberg · 277

Dörnberg, Selma Tusnelda von siehe Groeben, Selma Tusnelda von der

Dörnberg, Wilhelm Kaspar Ferdinand von (1768–1850), Militär, Diplomat; 1818 bis 1850 Gesandter in St. Petersburg; seit 1796 verh. mit Julie von Münster-Meinhövel · 277

Dohm, Friedrich Wilhelm von (geb. um 1792), 1817 Referendar bei der Regierung Köln · 519, 538

Dominichino

Domenichino (1581–1641), italien. Maler · 281, 297

Droste-Hülshoff, Annette von (1797–1848), Dichterin, Schriftstellerin, Komponistin · 270

Dümler

Dümmler, Ferdinand (1777–1846), Verleger, Buchhändler; Besitzer der Ferd. Dümmlerschen Verlagsbuchhandlung in Berlin · 91, 146

Dünnbach, Johann Heinrich (geb. 1767), Jurist · 513, 525

Dürer, Albrecht (1471–1528), Maler, Kupferstecher · 232, 297, 503

Düssel, Glaser-, Glasmalerei-Familie · 172

Düssel, Wilhelm (1765–1856), Glaser, Spiegelmacher, Domglasmeister, Optiker; AK 1813: vitrier et miroitier, Rue de l'Université 7/Am Hof 7; AK 1822: Glaser, Glasschleifer u. Optikus, Am Hof 7 · 50, 172, 198, 200, 348

Dufay, Dusais

Dufais, Daniel Jean (geb. um 1790), Kaufmann, Mitinhaber der Firma J. J. Schüll; 1819: Stephanstr. 6 · 334

Duqué

Ducqué, Johann Gerhard, Cachet-Schneider/Stempelschneider; AK 1797: Schildergasse 5839 (Nr. 65) · 94, 98, 151, 154, 157, 160, 163, 218, 224, 263

Dumbec, Dumbek

Dumbeck, Aloys Franz Joseph (1791–1842); Altphilologe, Historiker, Lyriker; seit 1815 Geschichtslehrer am Marzellengymnasium, 1817 Berufung an die Universität in Löwen · 42 f., 95, 153, 181, 206 f., 216, 220, 260, 370, 549, 557, 605

Namensvarianten: Dümont, Dumont, Du-Mont, Du Mont

DuMont, Johann Anton Albert (um 1790–1824); AK 1822: Gerichtsschreiber beim Landgericht, Bollwerk 1 · 322, 422

DuMont, Anna Maria, geb. Klehe (1794–1872), heiratete 1816 in Frankfurt a. M. Johann Friedrich DuMont (1772–1839) · 420, 619

DuMont, Heinrich/Henrich Joseph Matthias/Mathias (1777–1838), Tabakfabrikant- u. händler; Sammler; 1817 bis 1827 Mitglied des Stadtrats; Sohn von Franz Heinrich Joseph DuMont (1751–1787) u. Maria Anna Richmundis Sandt (1751–1785); heiratete 1803 in 1. Ehe Maria Josephine Sophia Henriette Reynier (1780–1807); um 1809 in 2. Ehe deren Schwester Josepha Henrietta Maria Sophia Reynier (1789–1862); Bruder von Johann Michael Joseph DuMont (1782–1865) u. Marcus Theodor DuMont (1784–1831); AK 1813: négociant, Rue des Cavernes 34/In der Höhle 34; AK 1822: In der Höhle 21 u. 23 · 47, 370–372, 375, 401, 412, 420–422, 425, 435, 441, 449, 481, 494 f., 617

DuMont, Johann Friedrich (1772–1839), Kaufmann in Mainz; heiratete 1816 in Frankfurt a. M. Anna Maria Klehe (1794–1872) · 420, 619

DuMont, Johann Michael (1746–1818), kath. Geistlicher, Jurist; lehrte an der Kölner Universität; Dechant an St. Aposteln, seit 1806 Domdechant; seit 1815 Mitglied im Verwaltungsrat des Schul- u. Stiftungsfonds; Sohn von Heinrich Joseph DuMont (1716–1794) u. Maria Sophia Daelen (1719–1768), Bruder von Franz Heinrich Joseph (1751–1787), Onkel von Marcus Theodor

DuMont; AK 1813: curé du Dôme/Dompfarrer; Rue des Francs 4/Trankgasse 4 (Domdechanei) · 41, 44, 300, 321, 379, 382 f., 390, 421
DuMont, Josepha Henrietta Maria Sophia, geb. Reynier (1789–1862), Tochter von August Benedict Reynier (1759–1792) u. Maria Anna Christine Henriette DuMont (1748–1792), 2. Ehefrau von Heinrich/Henrich Joseph Matthias DuMont (1777–1838) · 371, 422
DuMont, Katharina, geb. Schauberg (1779–1845), Tochter von Joseph Schauberg u. Theresia Zapp; seit 1805 verh. mit Marcus Theodor DuMont (1784–1831) · 67, 337
Dumont-Schauberg
DuMont, Marcus Theodor (1784–1831), Drukker, Buchhändler, Verleger; gründete 1815 mit Johann Peter Bachem den DuMont-Bachem'schen Verlag, Brückenstr. 8; 1818 Trennung der Geschäftspartner u. Gründung der Firma M. DuMont-Schauberg; Mitglied der Olympischen Gesellschaft; Sohn von Franz Heinrich Joseph DuMont (1751–1787) u. Maria Anna Richmundis Sandt (1751–1785); Bruder von Heinrich Joseph Matthias DuMont (1777–1838) u. Johann Michael Joseph DuMont (1782–1865); seit 1805 verh. mit Katharina Schauberg (1779–1845); AK 1813: imprimeur; Rue du Pont Romain 8/Brückenstr. 8; ab Herbst 1816: Hohe Str. 133; AK 1822: Buchdrucker, Buchhändler, Verleger der Köln. Zeitung, Hohe Str. 133
DuMont, Maria Sophie Franziska (geb. 16. Juli 1817–1856), Tochter von Heinrich/Henrich Joseph Matthias DuMont (1777–1838) u. Josepha Henrietta Maria Sophia Reynier (1789–1862) · 371
Dussault, Heumarkt 40 · 130
Dyk
Dyck, Anthonis van (1599–1641), flämischer Maler · 297, 449

E
Eck, von *siehe* Heck, von
Eckhart
Eckart, Johann Wilhelm, Wirt des Gasthofes Zum Prinzen Karl in Deutz; Mitglied der Bruderschaft an der Kirche St. Gregorius am Elend · 234, 396 f., 403

Eckendahl, Eckendal
Ekendahl, Daniel Georg von (1792–1857), Historiker, Übersetzer, Schriftsteller; Teilnehmer an den Befreiungskriegen, Gymnasiallehrer in Frankfurt a. M., lebte ab 1825 in Weimar · 86, 106, 155, 166, 208, 221, 347, 481
Ehl, Johann, Betreiber eines Festhauses; AK 1797: Aufm Domhof 2587 (Nr. 9) · 58, 320
El Labrador *siehe* Fernández, Juan
Eichhorn, Herr in Berlin · 602
Eichhorn, Ambrosius Hubert (1769–1852), Jurist, Staatsprokurator beim Landgericht in Koblenz; verh. seit 1803 mit Rosa Johanna von Nell · 277
Eichhorn, Johann Albrecht Friedrich (1779–1856), Jurist, preuß. Staatsmann; seit 1815 Geh. Legationsrat im Außenministerium, 1817 Ernennung zum Mitglied des Staatsrats; 1840 bis 1848 Minister der geistlichen, Unterrichts- u. Medizialangelegenheiten · 188
Eichhorn, Rosa Johanna, geb. von Nell (1778–1844), verh. mit Ambrosius Hubert Eichhorn · 277
Namensvarianten: Eick, Eik, Eyck, Eyk
Eik, Eyck, Eyk van · 233, 260, 297, 380, 579
Eyk, Gebrüder van · 503
Eick, Eyk
Eyck, Hubert van (um 1370–1426), flämischer Maler · 561, 580 f.
Eyk
Eyck, Jan van (um 1390–1441), flämischer Maler · 562, 580
Elkendorf, Bernhard (1789–1846), Arzt, seit 1819 Stadtphysikus; 1817: St. Marienplatz 15; AK 1822: ausübender Arzt u. Stadt-Physikus, St. Marienplatz 15 · 16, 19, 25, 32, 53, 55, 80, 88, 114 f., 119–121, 321, 136, 139, 150, 166, 169, 171, 173, 180 f., 201, 208, 214–216, 218, 221, 223–225, 236, 240, 245, 248, 254, 256, 259, 262 f., 269, 278, 295, 315, 321, 324, 375, 425, 440, 500, 503, 523, 567, 570
Elkendorf, Franz Anton, Küster, Sakristan an St. Maria im Kapitol, Lichhof 5 · 115
Elzholtz, Elzholz
Elsholtz, Franz (1791–1872), Schriftsteller, Reisender; seit 1816 Sekretär bei der Regierung Köln; 1839 Erhebung in den Adels-

stand; AK 1822: Unter Fettenhennen 5 · 176, 198–201, 203, 216, 299, 376, 482
Eltz-Kempenich, Graf von · 271, 281
Emans, Anna Sibylla, geb. Schwend (1773–1852), Küsterin am Dom; seit 1801 verh. mit Mathias Emans · 379
Emans, Mathias (1778–1853), seit 1803 Küster, seit 1823 Oberküster am Dom; seit 1801 verh. mit Anna Sibylla Schwend; AK 1822: Auf der Litsch 4 · 379, 383
Ende, Friedrich Albrecht Gotthilf von (1763–1829), preuß. Militär u. Militärreformer; 1815 bis 1825 Generalmajor, Kommandant von Köln; 1815 bis 1820 Inspekteur der Landwehr; AK 1822: Generalmajor u. 1. Kommandant, Am Hof 5 · 130, 189, 207, 218, 252, 294, 320, 324, 327, 371, 382 f., 401, 405–407, 463, 501, 603
Engelberg, Catharina Elisabeth von, geb. von Mylius (um 1748–1826), Tochter von Johann Heinrich Arnold von Mylius u. Maria Albertine Josefa Sydonie von Lampertz; verh. mit Johann Theodor Engelberg (1730–1788); Schwester von Caspar Joseph Carl von Mylius (1749–1831); AK 1813: veuve, rentière, Rue des Peintres 49/Schildergasse 49; AK 1822: Witwe, Rentnerin, Schildergasse 49 · 74, 76, 223
Engels, Geschwister; in Kendenich · 143, 154
Engels, Paulus, Pächter der Familie von Groote, Halfe in Kendenich · 62, 77, 100, 102–104, 115, 122, 125, 144–146, 148, 160, 170, 229 f., 252, 296, 302, 305–308, 311 f., 318, 335, 368, 424, 433 f., 544, 571, 573 f., 591, 644
Erbach-Erbach, Familie zu · 308
Erbach-Erbach, Charlotte Luise Polyxene zu, geb. zu Leiningen-Dagsburg (1755–1785), Tochter von Karl Friedrich Wilhelm zu Leiningen-Dagsburg (1724–1807) u. Luise zu Solms-Rödelheim (1736–1803); heiratete 1776 Franz II. Graf zu Erbach-Erbach (1754–1823)
Erbach-Erbach, Franz II. Graf zu (1754–1823), Kunstsammler, Archäologe; Sohn von Georg Wilhelm zu Erbach-Erbach (1686–1757) u. Leopoldine Sophie zu Salm-Grumbach (1731–1795); heiratete 1776 Charlotte Luise Polyxene zu Leiningen-Dagsburg (1755–1785)
Erbach-Erbach, Luise Charlotte Polyxene zu (1781–1830), Tochter von Franz II. Graf zu Erbach-Erbach (1754–1823) u. Charlotte Luise Polyxene zu Leiningen-Dagsburg (1755–1785); heiratete 1797 Friedrich Christoph von Degenfeld-Schönburg (1769–1848) · 81
Erbach-Fürstenau, Dorothea Luise Marianne zu, geb. von Degenfeld-Schönburg (1765–1827), Tochter von August Christoph von Degenfeld-Schönburg (1730–1814) u. Friederike Helena Elisabeth von Riedesel (1742–1811); seit 1786 verh. mit Christian Carl zu Erbach-Fürstenau (1757–1803) · 309
Erbach-Schönburg, Familie zu · 308
Erbach-Schönburg, Ferdinande Sophie Charlotte Gräfin zu, geb. zu Solms-Rödelheim (1793–1859), Tochter von Volrath Friedrich Carl Ludwig zu Solms-Rödelheim (1762–1818) u. Sophie Philippine Charlotte zu Solms-Laubach (1771–1807); seit 1815 verh. mit Maximilian zu Erbach-Schönburg · 309
Erbach-Schönburg, Maximilian Graf zu (1787–1823), Sohn von Gustav Ernst zu Erbach-Schönburg (1739–1812) u. Henriette zu Stolberg-Stolberg (1753–1816); seit 1815 verh. mit Ferdinande Sophie Charlotte zu Solms-Rödelheim (1793–1859) · 309
Erbprinz von Weimar · 336
Erhard, Christian Daniel (1759–1813), Jurist, Dichter, Publizist · 171
Ernst, Simon Peter (1744–1817), kath. Geistlicher, Historiker; seit 1787 Pfarrer in Afden · 78 f., 82 f., 99, 326 f., 333–335, 563, 576, 648
Erzbischof von Köln Ferdinand August von Spiegel (1764–1835), im Amt 1824 bis 1835 · 41, 45, 165, 455, 171
Esser, Wilhelm, Inhaber der Hutmanufaktur Esser et Comp.; AK 1813: chapelier, Ruisseau du Moulin 52/Mühlenbach 52; AK 1822: Mühlenbach 52 · 459
Esser · 379
möglicherweise
Esser, Wilhelm Heinrich (gest. 1841), Dachdecker, ab 1824 Mitglied der Dombauhütte
Essingh, Anna Sophia, geb. Tils/Giels; seit 1780 verh. mit Hermann Joseph Essingh (um 1753–1807); AK 1813: Quai du Pont Romain 14/Steinweg 14; AK 1822: Rentnerin, Neumarkt 37 · 113

Essingh, Anton Joseph (1787–1864), Kaufmann, Kunstsammler; Sohn von Hermann Joseph Essingh u. Anna Sophia Tils/Giels · 113

Essingh, Catharina Walburga, geb. Englerth (1788–1847), verh. mit Karl Johann Theodor Essingh · 113

Essingh, Hermann Joseph (um 1753–1807), Kaufmann; verh. mit Anna Sophia Tils/Giels; Firma 1813: Quai du Pont Romain 14/Steinweg 14 · 113

Essingh, Karl Johann Theodor (1788–1847), Kaufmann, Material- u. Farbstoffhändler, Firma Hermann Joseph Essingh; 1836 bis 1846 Mitglied des Stadtrats; Sohn von Hermann Joseph Essingh u. Anna Sophia Tiels/Giels; seit 1815 verh. mit Catharina Walburga Englerth (1788–1847); Firma 1813: Quai du Pont Romain 14/Steinweg 14; AK 1822: Steinweg 14 · 113

Eßlair

Esslair, Ferdinand (1772–1840), Schauspieler, Direktor einer Schauspielergruppe · 176 f., 454, 465, 492, 496–498

Euler, Joseph Mathias (geb. 1795), ab 1817 Student in Heidelberg; Jurist; nach dem Studium Gerichtsschreiber beim Kölner Landgericht; Sohn von Anton Euler u. Maria Magdalena Catharina Pellmann; AK 1822: Gereonstr. 69 · 165, 170, 215

Evers, Heinrich, Brückenmeister, 1817 Betreiber der Fliegenden Brücke nach Deutz; AK 1822: Thurnmarkt 36 · 405

F

Faber, Hermann Joseph Gottfried (1767–1851), Notar, Schriftsteller in Kreuznach · 544

Falkenstein, Fabrikant, Kunstsammler in Bonn · 275, 283

Falkenstein, Gertrud u. Heinrich, in Bonn · 429

Falkenstein, Sibilla (1794–1872), Tochter von Heinrich u. Gertrud Falkenstein · 429

Fallenstein, Georg Friedrich (1790–1853), seit 1816 Sekretär bei der Regierung in Düsseldorf, ab 1832 Regierungsrat in Koblenz · 308, 330, 333, 423, 460

Farina, Familie · 296, 582

Farina, in Düsseldorf · 582
vermutlich

Farina, Julius Caesar (1750–1829), Kaufmann für Galanteriewaren u. Parfüm

Farina, Carl · 296
vermutlich

Farina, Carl Anton (1770–1850), Sohn von Johann Maria Farina u. Maria Magdalena Brewer; Miteigentümer der Firma J. M. Farina, Obenmarspforten 23

Farina, J. J., in Düsseldorf · 582

Farina, Johann Maria (1785–1766), Fabrikant von Kölnisch Wasser, Gründer der Firma J. M. Farina Köln, dem Jülich-Platz gegenüber; AK 1813: Rue de la Porte de Mars 23/Obenmarspforten 23; AK 1822: Obenmarspforte 23 · 91, 296, 445, 496

Federhen, Verleiher von Karnevalskostümen, Hohe Str. 71 · 131

Fernández, Juan, genannt El Labrador (vor 1629–1657), span. Maler · 233

Fichte, Johann Gottlieb (1762–1814), Philosoph, Pädagoge · 208, 696

Fiévée, Joseph (1767–1839), franz. Schriftsteller, Politiker · 436

Fiorillo, Johann Dominicus (1748–1821), Maler, Kunsthistoriker · 86, 92, 97, 100, 104, 211, 262, 279

Firmenich, Johann Heinrich (1755–1834), Kaufmann, Konditor; AK 1813: Jean Henri Firmenich, confiseur, Place de Mars 10/Marsplatz 10; AK 1822: Joh. Jos. Jac. Firmenich, Zuckerbäcker, Marsplatz 10 u. 12 · 136

Firmenich, Johann Laurenz (1770–1832), Jurist; 1827 bis 1832 Mitglied des Stadtrats; AK 1813: avocat-avoué; Rue du Pont Romain 10/Brückenstr.10; AK 1822: Advokat u. Anwalt beim Landgericht, Brückenstr. 10 · 227

Fischenich, Bartholomäus Ludwig (1768–1831), Jurist, lehrte an der alten Universität in Bonn; ab 1811 Präsident des Tribunals 1. Instanz in Aachen; seit 1816 Mitglied der Rhein. Immediat-Justiz-Kommission in Köln; 1819 Ernennung zum Geh. Oberrevisionsrat am Rhein. Revisions- u. Kassationshof in Berlin; 1825 Mitglied des Staatsrats · 37 f., 138, 146, 169, 181, 208, 240, 550

Flaxman, John (1755–1826), britischer Bildhauer, Zeichner · 627

Fochem, Apollonia Gertraude, geb. Baumann

(um 1739–1817), verh. mit Lambert Fochem; Mutter von Gerhard Cunibert Fochem; wohnhaft bei ihrem Sohn Am St. Katharinengraben 3 · 35

Fochem, Gerhard Cunibert (1771–1847), kath. Geistlicher, Kunstsammler u. Kunsthändler; bis Mitte 1817 Rektor der Kirche St. Gregorius am Elend, 1817 Ernennung zum Pfarrer an St. Ursula; AK 1813: ecclésiastique, Fossé Ste. Catherine 3/Am St. Katharinengraben 3; AK 1822: Ursulaplatz 14

Focke, Henriette Marie Dorothea (Doris), geb. Olbers (1786–1818) · 536

Fonck, Maria Catharina Jacobina, geb. Foveaux (1789–1834), Tochter von Heinrich Joseph Foveaux (1763–1844) u. dessen 1. Ehefrau Anna Clara Hermana Molinari (1756–1789); seit 1809 verh. mit Peter Anton Fonck (1780–1832) · 110, 120, 162

Fonck, Martin Wilhelm (1752–1830), kath. Geistlicher; seit 1803 Generalvikar in Aachen, seit 1825 Dompropst in Köln; Onkel von Peter Anton Fonck · 33, 439, 449, 476, 487

Fonk

Fonck, Peter Anton (1780–1832), Kaufmann, Fabrikant, Kunstsammler; Mitglied der Olympischen Gesellschaft; seit Ende 1816 Mittelpunkt des „Mordfalles Fonck"; heiratete 1809 Maria Catharina Jacobina Foveaux; AK 1813: fabricant de céruse et négotiant commissionaire; Rue des Cloches 3/Glockengasse 3; 1817: Follerstraße · 110–112, 129, 132, 135, 162, 164, 190, 180, 228, 256, 345, 439, 495, 499 f.

Forst, Margaretha, Pächterin des Zaunhofs der Familie von Groote in Immendorf · 228

Fouckerath

Fuckeradt, Bernhard (1601–1662), kath. Geistlicher, Jesuit, Maler · 501

Fouque

Fouqué, Friedrich Heinrich Karl de la Motte (1777–1843), Dichter, Schriftsteller · 501, 574

Namensvarianten: Fouveau, Fouveaux

Foveaux, Familie · 120, 255

Fouveaux, Mademoiselle · 345

Foveaux, Franz (geb. 1787), Sohn von Heinrich Joseph Foveaux u. dessen 1. Ehefrau Anna Clara Hermana Molinari · 120

Foveaux, Heinrich Joseph (1763–1844), Tabakfabrikant, Tabakhändler; 1805 bis 1814 Munizipalrat; Sohn von Franz Foveaux u. Catharina Coutelier; seit 1787 in 1. Ehe verh. mit Anna Clara Hermana Molinari (1755–1789), in 2. Ehe seit 1792 mit Maria Katharina Ignatia Scholl (um 1767–1826); AK 1813: rentier, Rue Anséatique 2/Bolzengasse 2; AK 1822: Bolzengasse 2 · 120, 123, 129, 162, 345, 563, 576

Foveaux, Henriette Katharina Stephanie Foveaux (geb. 1805), Tochter von Heinrich Joseph Foveaux u. dessen 2. Ehefrau Maria Katharina Ignatia Scholl · 120

Foveaux, Maria Aloysia Ludovika/Luise Franziska (geb. 1794), Tochter von Heinrich Joseph Foveaux u. dessen 2. Ehefrau Maria Katharina Ignatia Scholl · 120

Foveaux, Maria Catharina Jacobina siehe Fonck, Maria Catharina Jacobina

Foveaux, Ludwig Joseph (um 1735–12. Sept. 1817), Tabakfabrikant, Tabakhändler; 1800 bis 1801 Munizipalrat; Sohn von Michael Foveaux u. Maria Antonetta le Bourg; verh. mit Catharina Theresia Frings (gest. vor 1817); Onkel von Heinrich Joseph Foveaux; AK 1813: rentier, Rue du Rhin 2/Rheingasse 2; 1817: Am Malzbüchel/Rheingasse 2 · 255, 405

Foveaux, Maria Katharina Ignatia, geb. Moll (um 1767–1826), seit 1792 verh. mit Heinrich Joseph Foveaux (1763–1844) · 68

Frambach, Johann Heinrich (1771–1821), Schriftsteller, Dramatiker, städt. Beamter; 1811 bis 1814 Leiter des Finanzbüros der Stadt Köln, seit 1816 Sekretär bei der Handelskammer; AK 1813: chef du bureau à la mairie, Place des Victoires 29/Neumarkt 29; 1819: Neumarkt 29 · 176, 203, 324, 481

Francken-Sierstorpff, Familie von · 566

Francken-Sierstorpff, Maria Theresia von siehe Kempis, Maria Theresia · 343, 566

Franckenstein, Franziska Henrica von u. zu (1800–1872); heiratete 1818 Georg Karl Friedrich von Rolshausen · 427

Frangenheim, Johann Friedrich (1759–1826), kath. Geistlicher; seit 1803 Pfarrer an St. Kolumba; AK 1813: curé de Ste. Colombe, Rue du Pont-Romain 16/Brückenstr. 16; AK 1822: Brückenstr. 16 · 95, 550

Frantz & Sohn Hasselkus, Unternehmen in der Textilherstellung · 386, 404

Frege, Familie · 140, 590
Frege, Anne Elisabeth, verwitwete Dufour, geb. Favreau; seit 1814 in 2. Ehe verh. mit Christian Gottlob Frege (1747–1816); Mutter von Therese von Stolzenberg, geb. Dufour · 140 f., 463, 560
Frege, Christian Gottlob (1747–1816), Bankier; verh. mit Anne Elisabeth, geb. Favreau · 140
Frens · 307
Namensvarianten: Frentz, von Frentz, Frenz, von Frenz
Mitglieder der rhein. Adelsfamilie Raitz von Frentz
Frentz, die beiden · 167
Frentz, Fräulein; in Düsseldorf · 578
Frentz, Kunigunde von *siehe* Raitz von Frentz zu Schlenderhan, Kunigunde
Frenz, von · 138
Frenzen, die · 131
Frenz, Adolf Carl Hubert *siehe* Raitz von Frentz zu Schlenderhan, Adolf Carl Hubert
Frenz, Edmund *siehe* Raitz von Frentz zu Schlenderhan, Edmund
Frenz, Emmerich Joseph *siehe* Raitz von Frentz zu Schlenderhan, Emmerich Joseph
Freysleben, Karl Friedrich August von (1785–1847), preuß. Militär, 1813 als Hauptmann Adjutant des Generallieutenant von Zastrow · 59, 95, 117, 130
Friedrich, Theodor Heinrich (1776–1819), Jurist, Schriftsteller · 592
Friedrich Wilhelm III. (1770–1840), 1797 bis 1840 König von Preußen; verh. mit Luise zu Mecklenburg-Strelitz
Friedrich Wilhelm (1795–1861), Kronprinz von Preußen, 1840 bis 1861 König von Preußen
Fries, Jakob Friedrich (1773–1843), Philosoph, Naturwissenschaftler, Publizist · 643
Frohn, Schmied in Dransdorf · 162
Fuchs, Jakob, Holzhändler; Vater von Johann Baptist Fuchs; Severinstr. 214 · 484
Fuchs, Johann Baptist (1757–1827), Jurist, Kaiserl. Hofrat; seit 1782 Advokat in Köln, ab 1803 Advokat am Appellationsgerichtshof in Trier u. in Lüttich; 1810 Eröffnung einer Advokatur in Köln; seit 1811 Vermögensverwalter der Grafen zur Lippe-Biesterfeld; 1816 Ernennung zum Regierungsrat; „Neupreuße"; 1781 Heirat mit Sabina Marie Antoinette von Neukirch; Vater von Johann Peter Jakob Fuchs; AK 1797: An St. Laurenz 2017 (Nr. 40); AK 1813: Quartier des Orfèvres 40/Unter Goldschmied 40; AK 1822: Unter Goldschmied 40/St. Laurenzstr. 40
Fuchs, Johann Peter Jakob (1782–1857), Jurist; seit 1815 Ober-Sekretär der Stadt, ab 1819 Leiter des Stadtarchivs; Mitglied der Olympischen Gesellschaft; einer der Testamentsvollstrecker von Ferdinand Franz Wallraf; Sohn von Johann Baptist Fuchs u. Sabina Marie Antoinette von Neukirch; heiratete 1837 Maria Theresia Josepha Walburga Plasman/Plasmann (1790–1866); AK 1822: erster Sekretär am Oberbürgermeisteramt, Ehrenstr. 4
Fuchs, Maximilian Heinrich (1767–1846), Maler, Architekturzeichner, Restaurator; AK 1813: peintre en tout genre; Rue des Etoiles 64/Sternengasse 64; Okt. 1816: Johannisstr. 24 bei Dr. Kerp; AK 1822: Maler, Sternengasse 64
Fuchs, Sabina Marie Antoinette, geb. von Neukirch (1759–1832), seit 1781 verh. mit Johann Baptist Fuchs · 443
Führer, Autor · 495
Führer, Schneidermeister · 324, 327, 333, 345, 347, 349, 366
Führer, Johann Wilhelm, Schneider; AK 1822: Jülichplatz 3
oder
Führer, Matthias, Schneider; AK 1813: tailleur; Quartier des Orfèvres 25/Unter Goldschmied 25
oder
Führer, Vincent; AK 1813: tailleur et marchand de draps; Rue Large 14/Breite Str. 14; AK 1822: Breite Str. 14 · 327
Fürstenberg, Familie von · 244
Fürstenberg, Franz Egon zu (1626–1682), 1650 Ernennung zum Ersten Minister im Kurfürstentum Köln; seit 1663 Bischof von Straßburg u. Dompropst in Köln; 1671 Kauf der Kitzburg · 73
Fuggert · 240
möglicherweise
Fugger-Glött, Anton Ignaz Graf von (1711–1787), Domherr in Köln, Kanoniker u. Scholaster an St. Gereon
Funck
Funk, Franz Ernst Theodor (1768–1820), Ar-

chitekt; ab 1816 Geh. Oberbaurat, Mitglied der Oberbaudeputation · 434
Fuss
Fuß, Johann Dominikus (1781/82–1860), Altphilologe, Dichter, Lehrer am Marzellengymnasium; lehrte ab 1817 lateinische Literatur u. Sprache an der Universität in Lüttich · 42, 56, 95

G
Gadé, Advokat in Lüttich; Bruder von Johann Joseph Gadé · 483
Gade
Gadé, Johann Joseph; Jurist, Anwalt; 1830 Ernennung zum Justizkommissionsrat; AK 1813: advocat-avoué; Rue des Cavernes 14/ In der Höhle 14; AK 1822: Advokat u. Anwalt am Appellationsgerichtshof in Köln, In der Höhle 14 · 62, 99, 102, 150, 157, 170, 172, 200, 219, 223, 234, 237, 240, 308 f., 318 f., 324, 331, 335, 367, 371, 437, 483 f., 496, 500, 502, 511, 518 f., 550, 562 f.
Gall, Elisa Gertrud Benigna von siehe Nückel, Elisa Gertrud Benigna · 214
Gall, Gottfried Joseph von (1756–1826), Jurist; bis 1797 Mitglied des Stadtrats, 1809 bis 1814 Munizipalrat, 1814 bis 1826 Mitglied des Stadtrats; 1817 Mitglied der Wohltätigkeitsverwaltung; AK 1813: rentier, Quartier des Orfèvres 48/Unter Goldschmied 48; AK 1822: Rentner, Unter Goldschmied 48 · 47, 213 f., 218
Gau, Franz Christian (1790–1853), Architekt; Studium in Paris; bereiste 1818 bis 1820 Ägypten u. Nubien · 201 f.
Geisselbrunn, Jeremias (um 1595–um 1659), Bildhauer · 73
Gellen
Gelenius · 81, 114, 313 f., 431, 438
Gelenius, Aegidius (1595–1656), kath. Geistlicher, Historiker · 78, 114
Gelenius, Johannes (1585–1631), kath. Geistlicher, Historiker · 78, 114
Gerlach, Ernst Ludwig von (1795–1877), Jurist, preuß. Politiker · 419
Gerlachs · 602
Gerning, Johann Isaak von (1767–1837), Diplomat, Schriftsteller, Reisender, Kunstsammler; 1817/18 Mitglied des 1816 gegr. Gesetzgebenden Körpers in Frankfurt a. M. · 91, 208, 273, 334

Gervasi · 85, 461
Namensvarianten: Geyr; Geyrs; von Geyer; von Geyr; von Geyrs; von Geyr zu Schweppenburg
Geyr zu Schweppenburg, Anna Maria Franziska von, geb. von Becker (1763–1820), seit 1790 2. Ehefrau von Cornelius Joseph Ägidius von Geyr zu Schweppenburg (1754–1832); Schwester der Mutter Eberhard von Grootes, also seine Tante
Geyr zu Schweppenburg, Carl Theodor von (1801–1875), preuß. Militär; seit 1816 Kanonier bei der preuß. Artillerie; 1820 Sekondelieutenant, 1841 Rittmeister, 1864 Generallieutenant; Sohn von Joseph Heinrich Emanuel von Geyr zu Schweppenburg (1774–1814) u. Maria Agnes Klara Hendrickx (1782–1834)
Geyr zu Schweppenburg, Clementine Auguste Henrike von, geb. von Wassenaer (1784–1857), seit 1802/03 verh. mit Hermann Maximilian Joseph von Geyr zu Schweppenburg (1777–1856)
Geyr zu Schweppenburg, Cornelius Joseph Ägidius von; Spitzname in der Familie: St. Joseph (1754–1832), Besitzer der Güter Röttgen u. Müddersheim sowie des Hauses Breite Str. 92/98; 1805 bis 1809 Munizipalrat, 1817 bis 1832 Mitglied des Stadtrats, 1817 Mitglied der Zentral-Wohltätigkeits-Kommission; 1826 bis 1830 stellv. Mitglied des Rhein. Provinziallandtags; Sohn von Ferdinand Joseph Balthasar von Geyr zu Schweppenburg (1709–1784) u. Alida Agnes de Fays (1711–1787); heiratete 1788 in 1. Ehe Maria Adelgunde Therese von Beywegh (1763–1789), 1790 in 2. Ehe Anna Maria Franziska von Becker (1763–1820); Cornelius Joseph Ägidius von Geyr zu Schweppenburg war Eberhard von Grootes angeheirateter Onkel u. Schwiegervater von Karl Joseph von Mylius; AK 1813: rentier; Rue Large 98; AK 1822: Rentner, Breite Str. 98
Geyr zu Schweppenburg, Everhard Anton Heinrich von (1793–1873), seit 1815 Student an der Universität in Heidelberg; 1832 bis 1846 Mitglied des Stadtrats; Sohn von Cornelius Joseph Ägidius von Geyr zu Schweppenburg u. dessen 2. Ehefrau Anna Maria Franziska von Becker (1763–1820);

heiratete 1823 Maria Eva Lyversberg, Tochter von Jakob Johann Nepomuk Lyversberg; Cousin Eberhard von Grootes

Geyr zu Schweppenburg, Hermann Maximilian Joseph von (1777–1856), seit 1821 Bürgermeister von Hersel/Wesseling; Sohn von Rudolph Constantin Joseph Felix von Geyr zu Schweppenburg (1735–1795) u. Maria Anna Isabella von Backum (um 1740–1811); seit 1802/03 verh. mit Clementine Auguste Henrike von Wassenaer (1784–1857); wohnhaft um 1817: Wesseling, Haus Mariengarten, Dorfstr. 20

Geyr zu Schweppenburg, Joseph Heinrich Emanuel von (1774–1814), Sohn von Rudolph Constantin Joseph Felix von Geyr zu Schweppenburg (1735–1795) u. Maria Anna Isabella von Backum (um 1740–1811); verh. mit Maria Agnes Klara Hendrickx (1782–1834); AK 1813: Rue Large 98/Breite Str. 98

Geyr zu Schweppenburg, Maria Adelgunde Therese von, geb. von Beywegh (1763–1789), Tochter von Johann Friedrich Franz von Beywegh (1730–1790) u. Maria Agnes Walburga von u. zum Pütz (um 1739–1812); seit 1788 1. Ehefrau von Cornelius Joseph Ägidius von Geyr zu Schweppenburg

Geyr Henrickx/Geyr Henrix, von

Geyr zu Schweppenburg, Maria Agnes Klara von, geb. Hendrickx (1782–1834), seit 1790 2. Ehefrau von Joseph Heinrich Emanuel von Geyr zu Schweppenburg (1774–1814); Breite Str. 98

Geyr zu Schweppenburg, Maria Agnes Walburga Antonetta von *siehe* Mylius, Maria Agnes Walburga Antonetta von

Geyr zu Schweppenburg, Maria Antoinette Josephine Caroline Henriette (Nette) von (1797–1863), Tochter von Cornelius Joseph Ägidius von Geyr zu Schweppenburg u. seiner 2. Ehefrau Maria Anna Franziska von Becker (1763–1820); blieb unverh.; Cousine Eberhard von Grootes

Geyr zu Schweppenburg, Maria Henriette Konstantine Walburga (Jette) von (1791–1859), Tochter von Cornelius Joseph Ägidius von Geyr zu Schweppenburg u. seiner 2. Ehefrau Maria Anna Franziska von Becker (1763–1820); heiratete 1833 Ernst Leist; Cousine Eberhard von Grootes

Geyr zu Schweppenburg, Maximilian Heinrich von (1712–1789), kath. Geistlicher, Domherr in Köln; 1773 bis 1776 Rektor der Kölner Universität; Sohn von Rudolph Adolph von Geyr zu Schweppenburg (1672–1752) u. Maria de Groote (1675–1745), Bruder von Joseph Heinrich Emanuel von Geyr zu Schweppenburg; Onkel von Maximilian Hermann Joseph von Geyr zu Schweppenburg (1803–1835)

Geyr zu Schweppenburg, Maximilian Hermann Joseph von (1803–1835), Sohn von Joseph Heinrich Emanuel von Geyr zu Schweppenburg (1774–1814) u. Marie Agnes Hendrickx (1782–1834); heiratete 1830 Agnes Everhardina Walburga von Geyr zu Schweppenburg (1804–1889)

Geyr zu Schweppenburg, Maximilian Joseph von (1799–1887), Sohn von Cornelius Joseph Ägidius von Geyr zu Schweppenburg (1754–1832) u. dessen 2. Ehefrau Maria Anna Franziska von Becker; heiratete 1827 Maria Franziska von Bylandt-Rheydt; Cousin Eberhard von Grootes

Geyr zu Schweppenburg, Rudolph Adolph von (1672–1752), verh. mit Maria de Groote (1675–1745), Tochter von Heinrich de Groote dem Jüngeren (1629–1694) u. Anna von Brassart (1633–1666)

Geyr zu Schweppenburg, Rudolph Constantin Joseph Felix (1735–1795), Sohn von Ferdinand Joseph Balthasar Geyr zu Schweppenburg (1709–1784) u. Alida Agnes de Fays (1711–1787); verh. mit Maria Anna Isabella von Backum (um 1740–1811); Bruder von Cornelius Joseph Ägidus von Geyr zu Schweppenburg

Giambologna, Giovanni da Bologna (1529–1608), flämisch-italien. Bildhauer · 316

Gibsone, Alexander (1770–1836), schottischer Kaufmann in Danzig, 1814 Ernennung zum britischen Konsul · 471

Ghisels, von · 121, 364

Ghisel, Joanette von · 2, 274
vermutlich
Schwester von Johann Nicolaus Franz Xavier von Ghisel

Ghisel, Johann Nicolaus Franz Xavier von (1789–1866), verh. mit Maria Helena von u. zum Pütz; AK 1813: Rue Haute-Porte 11/

Hohe Pforte 11; AK 1822: Rentner, Hohe Pforte 11 · 121, 274
Ghisel, Maria Helena von, geb. von u. zum Pütz; Tochter von Everhard/Eberhard Johann Melchior von u. zum Pütz; verh. mit Johann Nicolaus Franz Xavier von Ghisel
Gießen · 30
vermutlich
Giesen, Anton, Schreiner; AK 1822: Rheingasse 26
Gneisenau, August Wilhelm Anton Graf Neidhardt von (1760–1831), preuß. Militär, Militärreformer; 1815 bis 1816 Generalkommandeur am Rhein in Koblenz, seit 1818 Mitglied des Staatsrats, 1825 Ernennung zum Generalfeldmarschall · 48 f., 70, 99 f., 118, 125, 144, 146, 187 f., 216, 223, 250, 262, 270, 274, 280, 294, 298, 387, 430, 467 f., 471, 505
Gneisenau, Karoline Juliane Neidhardt von, geb. von Kottwitz (1772–1832), verh. mit August Wilhelm Anton Graf Neidhardt von Gneisenau · 216
Goebel, Johann Karl Ludwig (1772–1840), 1812 Bürgermeister in Solingen; seit 1800 verh. mit Johanna Maria Theodora Huyssen (1778–1846); Schwester von Johann Friedrich Huyssen · 161, 167, 233, 461, 564
Goedecke, Johann Jacob (1770–1837), Kaufmann, Inhaber einer Zuckersiederei u. Stärkefabrik; AK 1813: négociant en gros, commissionaire; Rue St. Matthieu 9/Matthäistr. 9 u. Fossé Ste. Catherine 58/Am Katrinengaben 58; 1819: St. Mathias 9; AK 1822: Matthäistr. 9 · 259
Göller, Franz (1790–1853), Philologe, Pädagoge, seit 1817 Lehrer am Marzellengymnasium · 42 f., 512
Goes, Hugo von der (1435/1440–1482), flämischer Maler · 503
Görschen
Goeschen, seit Ende 1815 Regierungsrat bei der Regierung in Aachen · 137
Goerres
Görres, Johann Joseph (1776–1848), Publizist, Historiker; lehrte 1806 bis 1808 an der Universität in Heidelberg, 1814 bis 1816 Herausgeber des Rhein. Merkurs in Koblenz; 1819 Exil in Straßburg; lehrte ab 1827 an der Universität in München; 1839 geadelt; seit 1801 verh. mit Maria Katharina von Lassaulx

Goerres
Görres, Maria Katharina, geb. von Lassaulx (1779–1855), Tochter von Adam von Lassaulx (1753–1813) u. Marie Christine Volmar (geb. 1761); Enkelin von Johann Claudius Lassaulx (1723–1791) u. Anna Katharina Sarbourg (1725–1795); Cousine von Johann Claudius von Lassaulx (1781–1848); heiratete 1801 Johann Joseph Görres
Goerres
Görres, Sophie (1802–1854), Tochter von Johann Joseph Görres u. Maria Katharina von Lassaulx; heiratete 1824 Johann Baptist Joseph Leopold Steingaß (1790–1854) · 276, 585
Göthe
Goethe, Johann Wolfgang von (1749–1832), Schriftsteller, Dichter · 93, 118, 207, 282, 263, 301, 338, 351, 365, 445, 449, 508, 521, 552, 571, 601, 665 f.,
Goetze
Götze, Arnold; AK 1822: Ober-Post-Sekretär, Breite Str. 111 · 465
Goetze · 385, 602
vermutlich
Goetze, August Wilhelm (1792–1876), Jurist, in Berlin
Gossen, Franz Heinrich (1776–1834), 1816 Ernennung zum Regierungsrat in Köln; „Neupreuße"; AK 1822: Regierungsrat, Gereonstr. 42 · 35 f., 227, 303, 309, 520, 542
Gossler
Goßler, Wilhelm Christian (um 1755–1835/36), Jurist; 1816 Ernennung zum Geh. Regierungsrat in Köln, „Neupreuße"; verh. mit Eunike Sendler (geb. um 1777); 1819: Mühlenbach 30; AK 1822: Geh. Regierungsrat, Mühlenbach 30 · 244, 250, 332, 350, 424, 428, 430, 448, 480, 485, 515, 518, 558, 593
Gottfried von Straßburg (2. Hälfte 12. Jh.–Anfang 13. Jh.), Dichter · 197, 627
Gram, Inhaber eines Marionetten-Theaters · 136
Grams
Grambs, Johann Georg (1756–1817), Jurist, 1817 Administrator des Städelschen Kunstinstituts in Frankfurt a. M. · 603
Grandy

Granthil, Louis, Traiteur, Koch, Wirt; AK 1813: Obenmarspforten 26 • 161
Grashof, die beiden jungen Söhne von Karl Friedrich August Grashof u. Dorothea Luisa Brüder • 498
Grasshof
Grashof; einer der Söhne von Karl Friedrich August Grashof u. Dorothea Luisa Brüder • 269
Grashof, Carl (geb. 1799), Sohn von Karl Friedrich August Grashof u. Dorothea Luisa Brüder • 170, 485
Grashof, Dorothea Luisa, geb. Brüder (1778–1848), seit 1797 verh. mit Karl Friedrich August Grashof • 170, 218, 269
Grashof, Julius, Sohn von Karl Friedrich August Grashof u. Dorothea Luisa Brüder • 170
Grashof, Karl Friedrich August (1770–1841), protest. Geistlicher, Mathematiker, Pädagoge; 1814 bis 1816 prov. Direktor des öffentlichen Unterrichts am Niederrhein beim Generalgouvernement in Aachen, 1815 prov. Direktor des Marzellengymnasiums; 1816 Berufung zum Konsistorial- u. Schulrat im Konsistorium Köln; ab 1826 Konsistorial- u. Schulrat an der Schulabteilung der Regierung Köln; seit 1797 verh. mit Dorothea Luisa Brüder; 1819: Gereonskloster 14; AK 1822: Severinstr. 225 • 40, 42, 102, 105, 146, 170, 181, 212, 218, 247, 267–269, 309–311, 376 f., 382, 444, 447, 489, 492, 526 f., 541, 620
Grass, Heinrich, Huissier; AK 1813: huissier près le tribunal de 1ère instance, Rue des Francs 15/Trankgasse 15; 1817: Gerichtsvollzieher beim Kreisgericht Köln; AK 1822: Gerichtsvollzieher, Sternengasse 73 • 115, 117, 154–158, 160, 162, 208, 216
Graun, Carl Heinrich (1704–1759), Sänger, Komponist • 78, 209, 375
Grimm, Albert Ludwig (1786–1872), Schriftsteller, Pädagoge • 425 f., 618–620
Grimm, Brüder • 539, 638
Grimm, Jakob Ludwig Karl (1785–1863), Philologe, Schriftsteller, Begründer der Germanistik; 1815 in Paris beauftragt mit der Reklamation geraubter Kunstwerke; ab 1816 mit seinem Bruder Wilhelm Karl Grimm Bibliothekar in Kassel; lehrte seit 1830 an der Universität in Göttingen, 1841 bis 1848 an der Berliner Universität; 1848/49 Abgeordneter in der Nationalversammlung in Frankfurt a. M. • 10, 51, 148, 150, 153, 163, 198, 272, 297, 348, 423, 425, 469 f., 539, 548 f., 558, 565 f., 569 f., 573, 594, 605, 624, 628, 638–640
Grimm, Wilhelm Karl (1786–1859), Philologe, Schriftsteller, Begründer der Germanistik; seit 1816 gemeinsam mit seinem Bruder Jakob Ludwig Karl Grimm Bibliothekar in Kassel, lehrte seit 1831 an der Universität in Göttingen, 1841 bis 1852 an der Berliner Universität • 272, 281, 425
Gröben
Groeben, Carl von der (1788–1876), preuß. Militär; 1815 bis 1817 in Koblenz stationiert, Mai 1817 Versetzung nach Schlesien; 1829 Ernennung zum Adjutanten des Kronprinzen Friedrich Wilhelm, 1843 zum Generaladjutanten von Friedrich Wilhelm IV.; seit 1816 verh. mit Selma Thusnelda von Dörnberg • 48, 270, 277 f., 280 f., 284
Groeben, Georg Reinhold von der (geb. 16. Juni 1817–1894), preuß. Militär, General • 277
Groeben, Selma Tusnelda von der, geb. von Dörnberg (1797–1876), Tochter von Wilhelm Kaspar Ferdinand Dörnberg u. Julie von Münster-Meinhövel; seit 1816 verh. mit Carl von der Groeben • 277, 280
Grollmann, Major • 560
Grollmann, Johann Karl Heinrich von (1769–1864), preuß. Militär; ab 1815 Oberstleutnant im Rhein. Landwehr-Regiment • 323 f., 337, 352, 366, 384, 571 f.,
Namensvarianten: De Groote, de Groote, DeGroote, deGroote, DGroote, von Groote, Groote zu Kendenich, Groote zu Pesch
Groote, Agatha de, geb. von Junckerstorff (1680–1750), Tochter von Franz von Junckerstorff u. Ursula Richmodis von Schnellen/Snellen; seit 1704 verh. mit Franz de Groote (1661–1721)
Groote, Anna Francisca Ferdinandina de (1708–1774), Äbtissin des Benediktinerinnenklosters St. Mauritius; Tochter von Franz de Groote (1661–1721) u. Agatha von Junckerstorff (1680–1750), Schwester von Franz Jakob Gabriel von Groote (1721–1792) u. Everhard Anton Jacob Balthasar de Groote (1718–1796); Großtante Eberhard von Grootes

Groote, Anna Maria de (1624–1701), Tochter von Heinrich de Groote dem Älteren (1585–1651) u. Sibilla von Duisterloe (1597–1636), seit 1648 verh. mit Everhard IV Jabach (1618–1695)

Groote, Anna Maria de, geb. van Breusigam (1559–1633), verh. mit Nicolaus de Groote (1549–1613)

Groote, Carolus Alexander Joseph Felix (Carl) von (1792–1860), Bruder Eberhard von Grootes

Groote zu Pesch, Caspar Franz von (1794–1883), 1817 Student an der Universität in Heidelberg; Sohn von Heinrich Joseph Anton Melchior von Groote zu Pesch (1762–1823) u. Maria Walburga Adelgunde von Herresdorf (1771–1840); Cousin Eberhard von Grootes

Groote, Caspar Joseph Heinrich Gregor Spoletus (Caspar) von (1798–1878), um 1817 Schüler, Student; Jurist; Geh. Oberjustizrat u. Generaladvokat am Appellationsgerichtshof in Köln; heiratete 1831 in 1. Ehe Luise Pauline Coomans (1805–1840); in 2. Ehe 1842 Gudela Christine Coomans (1802–1885); Bruder Eberhard von Grootes

Groote, Clara Catharina Rudolphina Walburgis de (1752–1811), Tochter von Franz Jakob Gabriel von Groote (1721–1792) u. Maria Ursula Columba von u. zum Pütz (1734–1768); Tante Eberhard von Grootes; blieb unverheiratet

Groote, Eberhard Anton Rudolph Hermann Joseph Melchior von (1789–1864), Autor des Tagebuchs; seit 1816 Assessor bei der Regierung in Köln

Groote, Everhard Anton Hermann Joseph Melchior von (1756–1820), Kaiserl. Oberpostmeister; preuß. Oberpostdirektor, Sohn von Franz Jakob Gabriel von Groote (1721–1792) u. Maria Ursula Columba von u. zum Pütz (1734–1768); verh. mit Maria Henriette Carolina Josepha Walburga von Becker (1759–1815); Vater Eberhard von Grootes; 1817: Brückenstr. 5 (Metternicher Hof)

Groote, Everhard Anton Jacob Balthasar de (1718–1796), kath. Geistlicher, Kanonikus an St. Gereon u. St. Maria im Kapitol, Stifter; Sohn von Franz de Groote (1661–1721) u. Agatha von Junckerstorff (1680–1750), Bruder von Franz Jakob Gabriel von Groote (1721–1792), Großonkel Eberhard von Grootes

Groote, Franz de (1661–1721), Bürgermeister; Sohn von Heinrich de Groote dem Jüngeren (1629–1694) u. Anna von Brassart (1633–1666); seit 1704 verh. mit Agatha von Junckerstorff (1680–1750)

Groote, (Maria) Franz Jakob Gabriel von (1721–1792), Bürgermeister; Sohn von Franz de Groote (1661–1721) u. Agathe von Junckerstorff (1680–1750); verh. mit Maria Ursula Columba von u. zum Pütz (1734–1768), Großvater Eberhard von Grootes

Groote, Franz Jacob Caspar Hermann Joseph von (1787–1802), Bruder Eberhard von Grootes

Groote zu Pesch, Franz Jakob Maria Gabriel (Jacob) von (1792–1853), Sohn von Heinrich Joseph Melchior von Groote zu Pesch (1762–1823) u. Maria Walburga Adelgunde von Herresdorf (1771–1840); heiratete 1826 Anna Margarete Gertrude Sieger (1802–1781); Cousin Eberhard von Grootes

Groote, Heinrich de, der Ältere (1585–1651), Sohn von Nicolaus de Groote (1549–1613) u. Maria von Breusigam (1559–1633), seit 1616 verh. mit Sibilla von Duisterloe (1597–1636)

Groote, Heinrich de, der Jüngere (1629–1694), Bürgermeister; Sohn von Heinrich de Groote dem Älteren (1585–1651) u. Sibilla von Duisterloe (1597–1636); verh. in 1. Ehe mit Anna von Bassart (1633–1666), seit 1669 in 2. Ehe mit Anna Elisabeth von Fourment (1649–1700)

Groote zu Pesch, Heinrich Joseph Melchior von; seit 1794 Groote zu Pesch; in der Familie genannt: Bürgermeister de Groote (1762–1823), Bürgermeister; Sohn von Franz Jakob Gabriel von Groote (1721–1792) u. Maria Ursula Columba von u. zum Pütz (1734–1768); seit 1789 verh. mit Maria Walburga Adelgunde von Herresdorf (1771–1840); Onkel Eberhard von Grootes

Groote, Jacob de, der Ältere (1587–1663), Kaufmann; Begründer der Fundatio theologicae Jacobi de Groote senioris; Sohn von Nicolaus de Groote (1549–1613) u. Maria

von Breusigam (1559–1633); verh. mit Sibilla von Duisterloe (1597–1636); Bruder von Heinrich de Groote dem Älteren (1585–1651)
Groote, Jacob de, der Jüngere (1627–1681), Kaufmann; Sohn von Heinrich de Groote dem Älteren (1585–1651) u. Sibilla von Duisterloe (1597–1636)
Groote, Joseph Cornelius Alois Anton (Joseph) von (1791–1866), Jurist, seit 1815 Mitglied des Verwaltungsrats im Schul- u. Stiftungsfonds; seit 1816 Assessor beim Konsistorium in Köln; später Konsistorialrat; erzbischöflicher Kanzler beim Generalvikariat Köln; heiratete 1821 Margarete Auguste Schaaffhausen (1802–1890), Bruder Eberhard von Grootes; AK 1822: Konsistorialrat, Stolkgasse 4
Groote, Maria Carolina Walburga (Caroline) von (1785–1819), Schwester Eberhard von Grootes
Groote, Maria Henrica Agnes Walburga (Wally) von (1794–1853), Schwester Eberhard von Grootes
Groote, Maria Henriette Carolina Josepha Walburga von, geb. von Becker (1759–1815), Tochter von Franz Felix von Becker (1722–1786) u. Maria Ursula von Herwegh (1726–1785); seit 1784 verh. mit Everhard Anton Hermann Joseph Melchior von Groote (1756–1820); Mutter Eberhard von Grootes
Groote, Maria Henriette Therese Clementine Walburga (Therese) von (1800–1881); heiratete 1821 ihren Schwager Philipp Johann Josef von Kempis; Schwester Eberhard von Grootes
Groote, Maria Ursula Columba de, geb. von u. zum Pütz (1734–1768), Tochter von Johann Caspar Joseph von u. zum Pütz (1708–1770) u. Maria Theresia von Daemen (1705–1735); verh. mit Franz Jakob Gabriel von Groote (1721–1792); Großmutter Eberhard von Grootes
Groote zu Pesch, Maria Walburga Adelgunde von, geb. von Herresdorf (1771–1840), verh. mit Heinrich Joseph Melchior von Groote zu Pesch (1766–1823); Tante Eberhard von Grootes
Groote, Nicolaus de (1549–1613), Kaufmann, Zuwanderer aus Gent; verh. mit Anna Maria van Breusigam (1559–1633); Vater von Jacob de Groote dem Älteren (1587–1663) u. Heinrich de Groote dem Älteren (1585–1651)
Groote, Nicolaus de (1631–1669), kath. Geistlicher, Mitglied des Kreuzbrüderordens; Sohn von Heinrich de Groote dem Älteren (1585–1651) u. Sibilla von Duisterloe (1597–1636)
Großfürst Nikolaus Pawlowitsch (1796–1855), 1825 bis 1855 Zar von Russland; heiratete 1817 Prinzessin Friederike Luise Charlotte von Preußen • 356
Großherzog Ludwig I. von Hessen-Darmstadt (1753–1830) • 475, 556, 589
Großherzog von Berg, Joachim Murat (1767–1815) • 239
Grote, Carl Wilhelm (1796–1818), Schriftsteller, Publizist • 121, 533, 581 f.
Günther, Johann Jakob (1771–1852), Arzt, Schriftsteller, Medizinalrat; AK 1813: Rue des Etoiles 2/Sternengasse 2; AK 1822: Bürgerstr. 1 • 19, 192, 315
Guizes
Guisez, Johann Nepomuk Wilhelm Josef (1784–1848), 1814 Kreispolizeikommissar im Arrondissement in Mülheim am Rhein, 1817 Polizeirat in Köln u. Stellvertreter von Polizeipräsident Georg Carl Philipp von Struensee, ab 1843 Polizeidirektor in Aachen; AK 1822: Kreuzgasse 8 • 264, 300
Gruner, Justus von (1777–1820), preuß. Staatsbeamter, Jurist, Diplomat; 1809 Polizeipräsident von Berlin, 1813 Gouverneur des Generalgouvernements Berg, 1814 im Generalgouvernement Mittelrhein, 1815 in Paris mit der Rückführung der geraubten Kulturgüter befasst; 1816 bis 1819 Gesandter in der Schweiz • 105, 410, 460, 468, 505, 515, 536 f.
Gymnich • 365
Gymnich, von • 504, 507
Gymnich, Familie von • 437, 561
Gymnich, Clemens August Ferdinand von (1739–1806), Sohn von Karl Otto Ludwig Theodatus von Gymnich (1715–1785) u. Katharina Elisabeth Maria von Franckenstein; verh. mit Clementina von Velbück • 124, 437
Gymnich, Clementina von, geb. Gräfin von Velbrück (gest. 1818), verh. mit Clemens

August Ferdinand von Gymnich; AK 1813: veuve, rentière, Place des Victoires 1/Neumarkt 1 (Gymnicher Hof) · 79, 124, 159, 437 f.
Gymnich, Elise Auguste Marie, geb. Gräfin von Geldern (1775–nach 1841), verh. mit Johann Gottfried Gymnich (1772–1841) · 144
Gymnich, Johann Christian Joseph, Gastwirt; Ak 1822: Weinzäpfer, An den Dominikanern 28 · 248, 332
Gymnich, Johann Gottfried (1772–1841), Jurist, Advokat, 1816 bis 1835 Landrat im Landkreis Köln; Sohn von Christian Gymnich u. Ursula Eiffeler; seit 1808 verh. mit Elise Auguste Marie Gräfin von Geldern (1775–nach 1841); 1817: Breite Str. 118; AK 1822: Breite Str. 116–118 · 144, 235, 438 f. 483, 489
Gymnich, Johanna Maria Magdalena Felicitas von (1755–1825), Tochter von Karl Otto Ludwig Theodatus von Gymnich (1715–1785) u. Katharina Elisabeth Maria von Franckenstein · 438 f.
Gymnich, Karl Otto Ludwig Theodatus von (1715–1785), verh. mit Katharina Elisabeth Maria von Franckenstein · 438

H
Haag, der junge · 237
Haamann, Haemann in Aachen
Namensvarianten: Haas, Haass, Haaß
Haass
Haas, Familie · 145, 237
Haas, Friedrich Joseph Florentin (1754–1827), Mediziner, lehrte an der Kölner Universität; in 1. Ehe verh. mit Constantine Adelheidis Breuer/Brewer, in 2. Ehe seit 1785 mit Maria Elisabeth Stock (1768–1794); Onkel von Hermann Joseph u. Johann Baptist Haas; AK 1813: Rue des Cavernes 18; AK 1822: ausübender Arzt u. Lehrer der Geburtshilfe, In der Höhle 18
Haass
Haas, Hermann Joseph (1782–1862), Jurist; Sohn von Peter Haas (1740–1814) u. Katharina Brewer (1750–1816); Bruder von Johann Baptist Haas; AK 1822: Landgerichtsrat, Domkloster 5 · 145
Haas, Jacob (1793–1870), 1813 bis 1816 Student in Heidelberg; Jurist, Anwalt; Sohn von Friedrich Joseph Florentin Haas (1754–1827) u. Maria Elisabeth Walburga Stock (1768–1794); Cousin von Hermann Joseph u. Johann Baptist Haas · 198 f., 234, 378
Haaß · 44, 237
vermutlich
Haas, Johann Baptist (1790–1876), Jurist, Studium in Heidelberg; Anwalt am Rhein. Appellationsgerichtshof; Mitglied der städtischen Armenverwaltung; Sohn von Peter Haas (1740–1814) u. Katharina Brewer (1750–1816); verh. mit Charlotte Wolff; Bruder von Hermann Joseph Haas
Hache, Hacke siehe Hake, Karl Georg Albrecht Ernst von
Häffelin, Johann Casimir von (1737–1827), kath. Geistlicher, Kardinal, Diplomat; Gesandter des Königreichs Bayern beim Vatikan · 598
Haemmling siehe Memling, Hans
Namensvarianten: v. Haagen, v. Hagen, von Hagen, v. d. Hagen, vom Hagen
Haagen, Familie v. · 253
Hagen, die Fräulein von · 297, 217
Hagen, Fräulein von · 138, 493
Hagen, Christiane Friedericke Caroline vom, geb. Winzler (gest. 1826), seit 1792 verh. mit Ludwig Philipp Wilhelm vom Hagen · 76, 133, 209, 559
Hagen, von; Hagen v. d.; Hagen vom
Hagen, Ludwig Philipp Wilhelm vom (1770–1842), preuß. Staatsbeamter; Jurist; um 1815 Geh. Regierungsrat im Finanzministerium Berlin; 1816 Ernennung zum 1. Regierungsdirektor in Köln u. Leiter der Abt. II; „Altpreuße"; 1817 Ernennung zum Regierungsvizepräsidenten, 1818 zum Regierungspräsidenten in Köln, 1825 Versetzung nach Erfurt; seit 1792 verh. in 1. Ehe mit Christiane Friedericke Caroline Winzler (gest. 1826), in 2. Ehe mit Friederike Wilhelmine von Westernhagen (1795–1868); 1818: Brückenstr. 5; AK 1822: Brückenstr. 5 (Metternicher Hof) · 35 f., 75, 151, 157 f., 160 f., 165 f., 194, 202, 207, 220, 269, 284, 298, 306, 308, 329, 331, 334, 342 f., 349 f., 367, 377, 455, 463, 491, 498, 556, 559, 568, 590
Hagen, Friedrich Heinrich von der (1780–1856), Germanist; lehrte seit 1810

an der Universität in Berlin, seit 1818 Professor an der Universität in Breslau, seit 1824 an der Universität in Berlin · 51, 75, 198, 539, 548 f., 554–556, 573, 586, 594, 638 f., 642

Hagen, Marie Josephine, von der, geb. Reynack; verh. mit Friedrich Heinrich von der Hagen · 555

Haisdorf, von; Haysdorf, von; Haysdorff von · 219, 250, 339, 448 f., 477, 587
vermutlich

Haysdorf, Heinrich Werner von; seit 1816 Oberpostdirektor in Aachen; Sohn des Thurn u. Taxischen Oberpostamtsdirektors in Augsburg Johann Heinrich Haysdorf; verh. mit Maria Theresia Oexle von Friedenberg

Haisdorf

Haysdorf, Karl Heinrich Franz Xaver von (geb. 1799), Sohn von Heinrich Werner von Haysdorf · 449

Hache, Hacke

Hake, Karl Georg Albrecht Ernst von (1769–1835), preuß. Militär, seit Mai 1816 Kommandierender General am Rhein; 1819 bis 1833 Kriegsminister · 49, 294, 327, 329, 331, 424, 454

Hallberg-Broich, Elisabeth Caroline von, geb. von u. zu Olne (1796–1832), seit 1811 verh. mit Karl Theodor Maria Hubert von Hallberg-Broich · 205

Halberg, Hallberg

Hallberg-Broich, Karl Theodor Maria Hubert von (1768–1862), Schriftsteller, Reisender; seit 1811 verh. mit Elisabeth Caroline von u. zu Olne · 93 f., 103, 131, 134, 139, 205 f., 511,

Hamacher, Adam, Fuhrmann, Maurer · 132, 228

Hamacher, Christian, Fassbinder · 111, 132, 228

Hamm, Jakob (1745–1831), kath. Geistlicher; Domkapitular, Lehrer für Kirchenrecht in Köln; AK 1813: Rue Ste. Colombe 3/Kolumbastr. 3; AK 1822: Kolumba Kirchhof 3 · 82, 220, 230, 428, 482, 489

Haners · 425

Hansen, Johann Caspar; kath. Geistlicher; Vikar an St. Gereon, Buchhändler, Antiquar, Auktionator; 1805 bis 1823: Burgmauer 7/ Ecke Burgmauer/Pfaffenpforte · 200, 228

Hardenberg, Karl August Fürst von (1750–1822), preuß. Politiker, Reformer; 1810 bis 1822 Staatskanzler; seit 1807 in 3. Ehe verh. mit Charlotte Schöneknecht

Hardi

Hardy, Caspar Bernhard (1726–1819), kath. Geistlicher, Domvikar, Wachsbossierer, Maler; AK 1813: ecclésiastique; Enclos Sainte Marguerite 13/Margarethenkloster 4 · 50, 239 f., 325, 364, 405, 424, 457, 491

Namensvarianten: von Harf, von Harff, von Harff zu Dreiborn

Harf, von, Harff, von
107, 128, 137, 139, 221, 252, 478, 501, 556, 558, 560, 562, 567, 590 f.

Harff, die Damen von · 495

Harff, Familie von · 107

Harf, Harff von

Harff zu Dreiborn, Clara Elisabeth von, geb. von Kerpen (1751–1825), seit 1774 verh. mit Franz Ludwig von Harff zu Dreiborn (1747–1814); AK 1822: Rentnerin, Johannisstr. 59 (Harffer Hof) · 96, 107, 125, 159, 161, 168, 377, 381, 413, 458, 462 f., 495, 497, 569, 590, 592

Harff zu Dreiborn, Clemens Wenceslaus Philipp Joseph von (1775–1835), Sohn von Franz Ludwig von Harff zu Dreiborn u. Clara Elisabeth von Kerpen; verh. mit Anna Katharina Kirschgens (1790–1870) · 107

Harff zu Dreiborn, Elisabeth Antonia (Betty) von (1787–1862), Tochter von Franz Ludwig von Harff zu Dreiborn u. Clara Elisabeth von Kerpen; heiratete 1825 Werner Moritz von Haxthausen · 107, 121, 127, 148, 381, 462, 556, 569

Harff zu Dreiborn, Franz Ludwig von (1747–1814), seit 1774 verh. mit Clara Elisabeth von Kerpen; AK 1813: Baron de l'Empire, rentier; Rue St. Jean 59/Johannisstr. 59 (Harffer Hof) · 107

Haase

Hase, Karl Benedikt (1780–1864), Bibliothekar, Konservator in der Abteilung für Manuskripte an der Nationalbibliothek in Paris · 432

Hauff, Johann Karl Friedrich (1766–1846), Mathematiker, Pädagoge; ab 1815 Lehrer der Mathematik am Marzellengymnasium, 1817 Ernennung zum Professor der Chemie an der Universität in Gent · 42 f., 268, 346

Haussmann
Hausmann, Conrad, Sekretär der Steuerregistratur; 1817: Andreaskloster 5; AK 1822: städtischer Angestellter, Andreaskloster 5 · 323 f.
Haxthausen, August Franz von (1792–1866), Jurist, Agrarwissenschaftler, Sammler von Volksliedern; 1815 bis 1818 Studium an der Universität in Göttingen; 1834 Ernennung zum Geh. Regierungsrat; Sohn von Werner Adolph von Haxthausen u. Marie Anne von Wendt zu Papenhausen
Haxthausen, Dorothea Wilhelmine von siehe Wolff Metternich zur Gracht, Dorothea Wilhelmine
Haxthausen, Moritz Maria Elmerhaus von (1775–1841), um 1806 Landrat in Brakel; Sohn von Werner Adolph von Haxthausen u. Marie Anne von Wendt zu Papenhausen; seit 1807 verh. mit Sophie Louise Albertine von Blumenthal (1785–1864); wohnhaft in Bonn
Haxthausen, Werner Moritz von (1780–1842), Jurist, Mediziner, Philologe, Kunstsammler, preuß. Staatsbeamter; 1815 bis 1826 Regierungsrat in Köln; „Neupreuße"; Erhebung durch den bayerischen König in den Grafenstand; Sohn von Werner Adolph von Haxthausen u. Marie Anne von Wendt zu Papenhausen; heiratete 1825 Elisabeth Antonia von Harff zu Dreiborn; 1816/17: Hohe Str. 53 u. Bayengasse 27/Bayenstr. 27; AK 1822: Bayengasse 27/Bayenstr. 27 (Bremter Hof, Pützsche Haus)
Heberle, Johann Mathias (1775–1840), Buchdrucker, Verleger, Auktionator, Antiquar; Apostelnstr. 30/Alte Mauer bei St. Aposteln 30 · 113, 157, 182, 185, 232, 342, 367, 429, 451, 528, 571
Heck, Familie von; AK 1797: Johann Christian von Heck, Neumarkt 4800 (Nr. 6) · 247
Hedeman
Hedemann, Lieutenant · 109
Namensvarianten: Heereman, Heeremann; Zudtwyck, Zudwig, Zuidwick, Zuydwick, Zuydwyck, Zuydtwyk, Zuydtwick, Zuydtwyik, Zuydtwyck Els
Heereman von Zuydtwyck, Familie · 413, 416, 455
Heereman von Zuydtwyck, Engelbert Anton Alois (1769–1810), Sohn von Franz Ernst Hyazinth Heereman von Zuydtwyck u. Maria Anna Catharina von Wrede; seit 1805 verh. mit Fernandine von Haxthausen; Gereonstr. 12/18 (Palais Zuydtwyck) · 455
Heereman von Zuydtwyck, Fernandine, geb. von Haxthausen (1781–1851), Tochter von Werner Adolph von Haxthausen u. Marie Anne von Wendt zu Papenhausen; 1805 Heirat mit Engelbert Anton Alois Heereman von Zuydtwyck; Gereonstr. 12/18 (Palais Zuydtwyck) · 63, 68, 70, 455
Heereman von Zuydtwyck, Maria Alexandrine Barbara von (gest. 1820), Tochter von Theodor Joseph Ludwig Heereman von Zuydtwyck (1763/64–1813) u. Maria Charlotte von Eltz-Rübenach (1766–1836); heiratete am 12. Febr. 1817 Karl Frederik Joseph van Keverberg (1769–1835) · 122
Heereman von Zuydtwyck, Maria Charlotta, geb. von Eltz-Rübenach (1766–1836), verh. mit Theodor Joseph Ludwig Heereman von Zuydtwyck (1763/64–1813); Gereonstr. 12/18 (Palais Zuydtwyck) · 68, 70, 455
Heereman von Zuydtwyck, Theodor Joseph Ludwig (1763/64–1813), Sohn von Franz Ernst Hyazinth Heereman von Zuydtwyck u. Maria Anna Catharina von Wrede; verh. mit Maria Charlotta von Eltz-Rübenach; Besitzer von Schloss Wahn; Gereonstr. 12/18 (Palais Zuydtwyck) · 122, 455
Hegel, Georg Wilhelm Friedrich (1770–1831), Philosoph, lehrte von 1816 bis 1818 an der Universität in Heidelberg · 348, 469
Namensvarianten: Heiman, Heimann, Heyman, Heymann
Heiman · 591
Heimann, Familie · 48
Heymann · 106, 255, 337, 368, 390
Heimann, Johann Friedrich Carl (1757–1835), Kaufmann, Fabrikant; 1792 bis 1797 Ratsherr; 1805 bis 1814 Munizipalrat; 1814 bis 1832 Mitglied des Stadtrats; 1797 u. 1799 Präsident des Handelsvorstandes; 1806 bis 1812, 1817 Vizepräsident der Handelskammer; in 1. Ehe verh. mit Christine Martini (1761–1803); in 2. Ehe seit 1806 mit Marie Susanne Trombetta (1779–1854); Vater von Johann Philipp Heimann (1779–1832); AK 1813: négociant en épiceries et en vins, fait la banque, l'expédition et la commission, Rue de la porte de Mars 15/Obenmarspfor-

ten 15; AK 1822: Kaufmann, Spedition u. Kommission, Kolonialwaren, Rheinweine; Schiesspulver-Fabrikant, Obenmarspforten 15 · 48, 104 f., 318, 358, 366, 521
Heimann, Johann Philipp (1779–1832), Kaufmann; 1816 Ernennung zum Kommerzienrat; seit 1815 Mitglied des Stiftungsrats des Schul- u. Stiftungsfonds; Sohn von Johann Friedrich Carl Heimann u. Christine Martini; verh. mit Klara Anna Therese Kertell (1784–1845); AK 1813: banquier, négociant en épiceries et en vin, commissionaire; Juge suppléant au tribunal de Commerce, Rue de l'Université 20/Am Hof 20; AK 1822: Kaufmann in Kolonialwaren, Wein, Spedition u. Kommission, Trankgasse 9 · 45, 104 f., 366, 152, 644
Heimsoeth, Johann Marcus (1780–1855), Jurist, Gerichtsschreiber am Handelsgericht, Bevollmächtigter der Familie von Heereman-Zuydtwyck, Mitglied der Olympischen Gesellschaft; seit 1810 verh. mit Elisabeth Denoël, der Schwester von Matthias Joseph Denoël; AK 1813: greffier du tribunal de commerce; Rue de l'Université 5/Am Hof 5; AK 1822: Gerichtsschreiber am Handelsgericht, Am Hof 3 · 180, 540
Heine, Heinrich (1797–1856), Dichter, Schriftsteller · 533 f.
Heinen, Hermann Josef (1756–1840), kath. Geistlicher; Hauslehrer in der Familie von Groote; 1811 Pfarrer in Rheindahlen, seit 1814 in Hasselsweiler · 586 f.
Heinen, Wilhelm Joseph, Schriftsteller · 109, 377 f., 444
Heinius, Johann Peter (um 1735–1817), Kaufmann; Sohn von Peter Heinius u. Anna Elisabeth van Geel; unverheiratet; 1817: Hohe Str. 136 · 226, 500, 522 f., 644
Heinrich von Freiberg (2. Hälfte des 13. Jh.s), Dichter · 627
Heinrich IV. (1553–1610), 1589 bis 1610 König von Frankreich · 583
Heinsberg, Fräulein Alb. von · 235
möglicherweise
Heinsberg, Albertina Francisca von (1777–1851), Tochter von Eugen Ignaz von Heinsberg (1737–1781) u. Maria Anna Josepha von Mylius (1744–1812)
Heis, Eduard (1806–1877), Mathematiker, Astronom · 268

Heiss
Heis, Georg Friedrich, Apotheker, Mineraloge; Vater von Eduard Heis; AK 1822: Hohe Str. 12 · 268
Helbart, Postsekretär; 1819: Schildergasse 33 · 569
Heller, Max · 59
vermutlich
Heller, Meyer (geb. um 1757), Handelsmann, um 1805 Zuzug von Bonn nach Köln; AK 1813: Maximilien Heller, fripier/Trödler, Rue Ste. Agathe 29/An St. Agatha 29; 1817: Hosengasse
Hellmond
Helmont, Johann Franz van (gest. um 1756), Bildhauer · 73
Helvig, Hellwig
Helwig-Imhof, Amalie von, geb. von Imhof (1776–1831), Schriftstellerin, Übersetzerin, Salonnière, Hofdame; seit 1803 verh. mit Karl Gottfried von Helwig · 85, 225
Hembach, Servandus, kath. Geistlicher; ehemaliger Franziskanermönch, Vikar · 441, 443, 445
Hemling, Hemmelink, Hemlink, Hemmling *siehe* Memling, Hans
Heneckens · 462
Hennekens · 482
Herfort, Vicarius · 25
Hermans · 236
vermutlich
Hermanns, Maria Anna; Lehrerin; AK 1822: Vorsteherin einer Erziehungs-Anstalt für junge Frauenzimmer, Johannisstr. 41
Hermskerck
Heemskerck, Maarten van (1498–1574), niederl. Maler, Zeichner · 250
Herrgotts
Herregouts, Hendrik (1633–1704), flämischer Maler · 460
Herresdorf, Franz Caspar von (1737–1804), Sohn von Franz Joseph Ignaz von Herresdorf u. Susanna Gertrud von Stoesberg; seit 1769 verh. mit Maria Elisabeth Josepha zum Pütz (1745–1810) · 30, 236
Herresdorf, Franz Joseph Ignaz von (1687–1771), verh. mit Susanna Gertrud von Stoesberg (1701–1737) · 131
Herri met de Bles (um 1500–nach 1560), flämischer Maler · 374
Herriger · 443

möglicherweise
Herrger, Johann Joseph; Kaufmann; AK 1813: négociant et marchand des grains, Coline du Palais 2/Am Domhügel/Auf der Litsch
Hertlingen, Fräulein von · 567
Herstadt
Herstatt, Familie · 23, 69
Herstatt · 134, 446, 562–564
Herstatt von der Leyen, Frederike, geb. von der Leyen (1774–1821), Tochter von Johann von der Leyen u. Katharina Goyen; seit 1801 verh. mit Friedrich Peter Herstatt von der Leyen · 69
Leyen van der, Herstadt von der Leyen, Herstadt
Herstatt von der Leyen, Friedrich Peter (1775–1851), Bankier, Seidenfabrikant, Mitinhaber der Firma Johann David Herstatt; 1815 bis 1817 Beigeordneter der Stadt, 1816 Ernennung zum Kommerzienrat, 1817 bis 1826 Mitglied des Stadtrats; Sohn von Johann David Herstatt (1740–1809) u. Adelheid von der Leyen (1737–1808); seit 1801 verh. mit seiner Cousine Friederike von der Leyen (1774–1821); AK 1813: chef de la maison de Jean David Herstatt; Rue Haute-Porte 25/Hohe Pforte 25; AK 1822: Bankier, Hohe Pforte 25–27 · 46 f., 50, 123, 126, 128, 130, 137, 159, 161, 412, 435, 448–450, 454, 481, 692
Herstadt
Herstatt, Johann Jakob (1743–1811), Bankier, Kaufmann, Betreiber einer Zuckerraffinerie; Sohn von Isaak Herstatt u. Gertrud Lomberg; verh. mit Margaretha von der Leyen (1735–1811) · 448
Herwegh, Anna Franziska von, geb. von Hilgers (1739–1799); verh. mit Everhard Joseph Melchior von Herwegh (gest. 1777)
Herwegh, Everhard Joseph Melchior von (gest. 1777), seit 1760 verh. mit Anna Franziska von Hilgers; Bruder Maria Ursula Walburgis von Becker, geb. von Herwegh (1726–1785), Großonkel Eberhard von Grootes · 31, 133, 146, 343
Herweg
Herwegh, Franz Jakob Joseph von (1773–1848), 1801 bis 1814 Munizipalrat, 1800 bis 1816 Beigeordneter der Stadt, 1814 bis 1846 Mitglied des Stadtrats; 1813 bis 1825 Präsident der städtischen Hospitälerverwaltung; Präses der Armenverwaltung; 1826 bis 1841 Mitglied des Rhein. Provinziallandtags; Sohn von Everhard Joseph Melchior von Herwegh u. Anna Franziska von Hilgers; seit 1800 verh. mit Maria Agatha von Weise (1773–1847); Bruder von Anna Lucia Philippina Walburgis von Kempis, geb. von Herwegh; Großcousin Eberhard von Grootes; AK 1813: rentier; Rue de la Porte de Mars 7/Obenmarspforten 7; AK 1822: Rentner, Obenmarspforten 7 · 31, 47, 50, 82, 91, 116 f., 125, 131, 201, 345 f., 350, 358 f., 375, 401, 411 f., 425, 435, 444, 459 f., 567, 617, 636
Herwegh, Maria Agatha von, geb. von Weise (1773–1847), seit 1800 verh. mit Franz Jakob Joseph von Herwegh; Trägerin des Luisenordens · 68, 82, 116 f., 146
Herzog Bernard von Sachsen-Weimar (1792–1862) · 336
Herzog von Wellington (1769–1852), engl. Feldmarschall, Außen- u. Premierminister · 278
Heuer, Regierungsrat in Koblenz, zuvor Regierungsrat in Stettin, 1817 Versetzung nach Stralsund · 554, 556
Heuser, Adolph Rudolph Joseph (1760–1823), kath. Geistlicher, Pädagoge; Lehrer für Philosophie u. Theologie am Marzellengymnasium, ab 1819 Direktor der Schule; AK 1822: Sachsenhausen 20 · 42, 44, 336, 347
Heyman, Heymann *siehe* Heimann
Hildesheim *siehe* Hillesheim
Hilgers, Franz Jakob Joseph von (1745–1821), seit 1784 verh. mit Maria Ferdinande Antoinette von Francken (1754–1802)
Hilgers, Heinrich Joseph Philipp Johann Nepomuk von (1795–1874), 1817 Lieutenant in Düsseldorf; Sohn von Franz Jakob Joseph von Hilgers (1745–1821) u. Maria Ferdinande Antoinette von Francken (1754–1802) · 252, 584
Hilgers, Maria Clara (Klärchen) von (1797–1869), Tochter von Franz Jakob Joseph von Hilgers u. Marie Ferdinande Antoinette von Francken; heiratete Caspar Joseph Hubert von Weise (1764–1845) · 222, 493
Hillesheim, Franz Carl Joseph von

(1731–1803), kath. Geistlicher, Jurist, Historiker, Domkapitular; lehrte an der Kölner Universität · 339
Himmen *siehe* Hymmen
Hinzen
Hintzen, Johan, Pächter der Familie von Groote in Holz · 47 f., 479, 550
Hirn, Johann Baptist (um 1756–1805), Weinhändler, Wolltuchfabrikant; verh. mit Maria Franziska Pleunissen · 70, 171
Hirn, Maria Franziska, geb. Pleunissen, Tochter von Johann Heinrich Pleunissen; verh. in 1. Ehe mit Wilhelm Schieffer (gest. 1791), in 2. Ehe mit Johann Baptist Hirn (um 1756–1805); Trägerin des Luisenordens; 1817: Filzengraben 12 u. 14 · 68, 70, 340, 364, 381
Hirsch · 327
vermutlich
Hirsch, Friedrich (1769–1825), kath. Geistlicher, Minoritenmönch, Pädagoge, Schriftsteller; seit 1803 Inspektor der Elementarschulen im Bergischen Land, später Oberschulinspektor
Hirschmann · 76, 102, 428
vermutlich
Hirschmann, C. J. (gest. 1834), Pfarrer an St. Gereon, später Pfarrer in Steele
Hirt, Aloys (1759–1837), Archäologe, Kunsthistoriker; seit 1810 Professor für Archäologie an der Universität in Berlin · 360, 365, 376, 379–382, 385 f., 407 f., 419, 617 f.
Hittorf
Hittorff, Franz Alexander (1767–1823), Blechschläger, Bauunternehmer, Unternehmer im Bestattungswesen; verh. mit Maria Agnes Hansmann (1766–1811); AK 1822: Gereonsdriesch 6 · 345
Hittorff, Jakob Ignaz (1792–1867), Architekt; Sohn von Franz Alexander Hittorff u. Maria Agnes Hansmann · 345
Hochstaetter, Diakon · 365
Hof, Aufwärter der Olympischen Gesellschaft · 329
Hofmann
Hoffmann, Heinrich Karl Wilhelm (1770–1829), Jurist, Politiker · 658
Hoffmann, Josef (1764–1812), Maler, Sammler · 462
Hohenlohe-Waldenburg-Schillingsfürst, Franz Karl Joseph zu (1745–1819), kath. Geistlicher, Domkapitular in Köln, seit 1802 Weihbischof in Augsburg, 1818 Bischof in Augsburg · 104
Holbein, Franz Ignaz von (1779–1855), Schauspieler, Dramatiker, Theaterdirektor · 546
Hollbeine · 297
Holbein, Hans, der Ältere (1465–1524), Maler *und/oder*
Holbein, Hans der Jüngere (1497/98–1543), Maler
Holleben, Major · 453
Holleben, von, Hauptmann · 590, 594
Holtzmacher
Holzmacher, Peter Joseph (1777–um 1834), Archivar der Präfektur in Aachen, dann in preuß. Diensten · 194 f., 564, 574, 585, 587, 649
Hompesch · 88, 546 f.
vermutlich
Hompesch-Rurich, Ludwig Graf von (1759–1833)
Hontheim, Johann Nikolaus von (1701–1790), kath. Geistlicher, Jurist, Historiker; Weihbischof von Trier · 317, 333, 611, 670
Horaz (Quintus Horatius Flaccus) (65–8 v. Chr.), römischer Dichter · 498
Hornthal, Johann Peter von (1794–1864), Jurist, Dichter, Verleger · 348
Horst, Johann Jacob Georg, Arzt; AK 1813: Rue Haute 52/Hohe Str. 52; AK 1822: ausübender Arzt, Hohe Str. 52 · 428
Houtem, Maria Therese van (1792–1867), Tochter von Ignaz van Houtem (1764–1812) u. Maria Josephine Schwendel (1759–1839); heiratete im Juni 1818 in Aachen Aegidius Joseph Anton Beissel (1783–1840) · 576
Huber, in Aachen · 136
Hüllmann, Karl Dietrich (1765–1846), Historiker; seit 1808 Professor an der Universität in Königsberg, ab 1818 an der Universität in Bonn, 1818/19 deren erster Rektor; verh. mit Marie Hüllmann · 486, 492, 496, 503, 505 f., 541, 625, 637
Hüllmann, Marie (gest. 1850), verh. mit Karl Dietrich Hüllmann · 496
Humbold
Humboldt, Wilhelm von (1767–1835), preuß. Diplomat, Kulturpolitiker, Sprachforscher; 1803 bis 1808 preuß. Gesandter beim Va-

tikan, 1816 Vertreter Preußens beim Deutschen Bund in Frankfurt a. M., seit 1817 Botschafter in London · 476 f.
Hummel, Johann Erdmann (1769–1852), Maler · 365
Hunnius, Friedrich Johann Wilhelm (1762–1835), Schauspieler, Sänger · 205
Himmen
Hymmen, Karl Franz Johann von (1788–1857), Sohn von Johann Peter Arnold von Hymmen (1749–1822) u. Johanna Jeanette Isabelle Agnes Küchmeister von Sternberg (1750–1795); heiratete am 8. Nov. 1817 Luise Agnes Margarete von Ammon (1791–1856) · 487
Himmen
Hymmen, Louis/Ludwig Anton Friedrich von (1784–1854), Jurist, seit 1816 Landrat im Siegkreis, ab 1820 Landrat in Bonn; Sohn von Johann Peter Arnold von Hymmen (1749–1822) u. Johanna Jeanette Isabelle Agnes Küchmeister von Sternberg (1750–1795); heiratete 1822 Clara Henriette Wilhelmine Franziska von Ammon (1801–1887) · 386, 388
Hüssen
Huyssen, Johann Friedrich (1782–1871), Kaufmann, Textilfabrikant; Mitglied der Olympischen Gesellschaft; seit 1806 verh. mit Katharina Friederike Laar (1785–1875); AK 1813: fabriquant et filateur de coton, Rue du Roi de Rome 24/Sachsenhausen 24 · 48, 167, 180, 371, 423, 432, 461
Huyssen, Katharina Friederike, geb. Laar (1785–1875), verh. mit Johann Friedrich Huyssen; Tochter von Heinrich Wilhelm Laar (geb. 1757) u. Christina Friederika Vorster (geb. 1764) · 432

I
Ibel, Joseph, Rheinschiffer · 323, 335
Iffland, August Wilhelm (1759–1814), Schauspieler, Dramatiker, Theaterintendant in Berlin · 177
Imhoff, Catharina; AK 1822: Papier- u. Parfümerie-Händlerin, Breite Str. 23 · 58
Imhoff, Demoiselle, Kauffrau, Laurenzstraße · 58
Imhof
Imhoff, Johann Arnold Joseph (1756–1824), Stadtregistrator, Archivar, Buchhändler, Buchdrucker; verh. mit Katharina Imhoff (gest. um 1808); AK 1813: archiviste de la mairie, Quartier des Orfêvres 38; 1817: Laurenzstr. 2018 (Nr. 38); AK 1822: Inhaber einer Leih-Bibliothek, Stadt-Registrat, Portalsgasse 2 · 78, 561, 635 f.
Imhof
Imhoff, Peter Joseph (1768–1844), Bildhauer; AK 1813: sculpteure et artiste mouleur, Rue des Bobineurs 26/Spulmannsgasse 26; AK 1822: Cäcilienstr. 7 · 50, 204, 259, 457
Imhof, Imhoff-Schwarz
Imhoff-Schwartz, Cornelius Urban; Buchhändler, Buchdrucker, Inhaber einer Leihbibliothek; AK 1813: marchand-papetier; Rue Large 105/Breite Str. 105; AK 1822: Schildergasse 105 · 185, 429
Ingersleben, Karl Heinrich Ludwig von (1753–1831), preuß. Staatsbeamter, Politiker; seit 1812 Oberpräsident der Provinz Pommern, seit 1816 Oberpräsident des Großherzogtums Niederrhein u. Präsident der Regierung in Koblenz, seit 1822 der ganzen Rheinprovinz; Amtssitz in Koblenz; verh. mit Ulrika Albertine Sophia Ottilie Adamine von Brause (1765–1846) · 74, 80, 187, 280, 407, 414, 418

J
Jabach · 204
Jabach, Familie · 255 f., 316, 424, 454, 509, 511, 519, 556
Jabach, Anna Maria, geb. de Groote (1624–1701), Tochter von Heinrich de Groote dem Älteren (1585–1651) u. Sibilla von Duisterloe (1597–1636); verh. mit Everhard IV Jabach (1618–1695) · 301
Jabach, Everhard IV (1618–1695), Kaufmann, Kunstsammler; 1648 Heirat mit Anna Maria de Groote (1624–1701) · 255, 301, 556
Jabach, Everhard V (1656–1721), Sohn von Everhard IV Jabach u. Anna Maria de Groote · 556
Jacobi, 1815 preuß. Kriegskommissar, in Paris mit den Reklamationen der geraubten Kunstwerke befasst · 310
Jacobi, Peter Philipp (1785–1872), kath. Geistlicher; 1815 bis 1845 Pfarrer in Kendenich · 367
Jaeckel, Johann Christian (1761–1820), Chirurg, Geburtshelfer, Prosektor an der Kölner

Universität; AK 1813: Rue du Roi de Rom 22/Sachsenhausen 22 · 268

Jäger, Johann Joseph, Wirt, Weinzäpfer, Inhaber des Jäger'schen Saales (Neuer Kuhberg), Ehrenstr. 20; AK 1822: Ehrenstr. 20 · 58, 108, 128

Jahn, Friedrich Ludwig (1778–1852), Pädagoge, Begründer der Turnbewegung, Burschenschaftler; 1819 Verhaftung im Rahmen der Demagogenverfolgung, 1848/49 Mitglied der Nationalversammlung in Frankfurt a. M. · 268, 278, 529

Janson, Rittmeister; Adjutant von Generalmajor Friedrich Albrecht Gotthilf von Ende · 130, 136 f.

Jasmund, Emma Marie Hedwig, von, geb. Blumenbach (1783–1819), seit 1807 verh. mit Carl Wilhelm Friedrich Theodor von Jasmund (1782–1847) · 277

Jassoy, Ludwig Daniel (1769–1831), Publizist, Jurist · 568

Jean Paul, eigentlich Johannes Paul Friedrich Richter (1763–1825), Schriftsteller, Pädagoge · 419, 616, 619

Jungbluth, Hofrat · 170

Jungnyckel

Jungnickel, Friedrich (geb. um 1793), Referendar bei der Regierung Köln; 1819: Eigelstein 49 · 268 f., 320, 324, 498

Junkersdorf, Junckerstorff, Familie von · 81, 92

Junkersdorf

Junckerstorff, Agatha von *siehe* Groote, Agatha de · 31–33, 92, 522

K

Kaiser Friedrich III. (1415–1493), seit 1440 römisch-deutscher König, seit 1452 römisch-deutscher Kaiser · 622

Kaiser Karl der Große, Carolus Magnus (747/748–814) · 614

Kaiser Karl V. (1500–1558), seit 1520 römisch-deutscher Kaiser · 560

Kaiser Maximilian I. (1459–1519), seit 1486 römisch-deutscher König, seit 1508 römisch-deutscher Kaiser · 249, 431, 582

Kaiser Napoleon, Napoleon Bonaparte (1761–1821), 1804 bis 1815 franz. Kaiser · 48, 51, 67, 102, 251, 257, 332, 360, 424, 461, 538, 549, 556

Kaiser Otto I. (912–973), seit 962 römisch-deutscher Kaiser · 637

Kanitz, August Wilhelm Karl Graf von (1783–1852), preuß. Militär, seit 1815 Flügeladjutant von Friedrich Wilhelm III., 1848 Kriegsminister · 413

Kassel, Franz Peter *siehe* Cassel, Franz Peter

Katz, Franz Michael (1782–1851), Maler, Zeichenlehrer, Kunstsammler; Inhaber einer Zeichenschule, Mitglied der Olympischen Gesellschaft; verh. mit Karolina von Uphoff; AK 1813: Rue (grande) des Boutiques 23/ Große Budengasse 23; 1816: Am Hof 24; Brückenstr. 5; AK 1822: Hohe Str. 132 · 50, 382 f.

Katz, Karolina, geb. von Uphoff; Miniaturmalerin, Zeichnerin; verh. mit Franz Michael Katz · 382

Kaumans, Hermann Joseph, Vikar im ehemaligen Cäcilienstift; 1817: Hohe Str. 133 · 646

Keil, Mariänchen, Strickerin · 27

Kellermeister von der Lund, Friedrich Wilhelm (1781–1859), preuß. Militär, im Febr. 1816 Ernennung zum 2. Kommandaten in Köln, 1828 Oberst, 1844 Generallieutenant; verh. seit 1811 mit Ulrike Philippine von Gersdorff (1788–1863) · 148

Kempis, von · 574

Kempis, Familie von · 29, 47, 77, 344, 477, 566

Kempis, Anna Lucia Philippina Walburgis von, geb. von Herwegh (1768–1833), Tochter von Eberhard Joseph Melchior von Herwegh u. Anna Franziska von Hilgers; seit 1793 verh. mit Maximilian Joseph von Kempis (1757–1823); ab 1818 Schwiegermutter Eberhard von Grootes; Glockengasse 9 · 214, 222, 252, 343 f., 566, 584

Kempis, Johann Reiner von (1720–1775), Jurist, kurkölnischer Beamter, seit 1752 verh. mit Maria Theresia von Francken-Sierstorpff (1727/28–1795) · 343, 566

Kempis, Maria Franziska Walburga von (1797–1868), Tochter von Maximilian Joseph von Kempis u. Anna Lucia Philippina Walburgis von Herwegh; heiratete 1818 Eberhard von Groote · 153, 256, 343, 594

Kempis, Maria Theresia Walburgis von, geb. von Francken-Sierstorpff (1727/28–1795), verh. mit Johann Reiner von Kempis (1720–1775) · 343, 566

Kempis, Maximilian Joseph von (1757–1823),

Jurist, kurkölnischer Hofrat; 1797 Präsident der Munizipalverwaltung; 1815 bis 1823 Mitglied des Stadtrats; Sohn von Johann Reiner von Kempis u. Maria Theresia von Francken-Sierstorpff; seit 1793 verh. mit Anna Lucia Philippina Walburgis von Herwegh; ab 1818 Schwiegervater Eberhard von Grootes; AK 1813: rentier; Rue des Cloches 9/Glockengasse 9; AK 1822: Rentner, Glockengasse 7 · 47, 77, 343 f., 358 f., 364, 369, 390, 411 f., 435, 449, 566, 595, 625

Kempis, Philipp Johann Josef von (1794–1868), Sohn von Maximilian Joseph von Kempis u. Anna Lucia Philippina Walburgis von Herwegh; heiratete 1821 seine Schwägerin Maria Henriette Therese Clementine Walburga von Groote; ab 1818 Schwager Eberhard von Grootes · 77, 343, 469, 508–510, 566, 584, 587, 605

Kerp, Franz Joseph Engelbrecht (1773–1841), Wundarzt, Sammler; AK 1813: officier de santé et accoucheur, Rue de St. Jean 24/Johannisstr. 24; AK 1822: ausübender Arzt, Johannisstr. 24 · 150

Kaerp

Kerp, Mathias Wilhelm (1788–1847), kath. Geistlicher; seit 1814 Kaplan an St. Martin, seit Mitte 1816 Kaplan an St. Kolumba, ab 1824 Pfarrer an St. Alban, 1846 bis 1847 Hauptpfarrer an St. Kolumba; AK 1822: Kaplan an St. Kolumba, Kolumba Kirchhof 2 · 168, 210, 320, 550, 565, 591

Kesselstadt

Kesselstadt, Edmund Jodoc Willibald (1765–1840), kath. Geistlicher; seit 1815 Berater preuß. Politiker · 505

Kettler

Ketteler, Familie von · 253

Ketteler, Frau von · 495, 502 f., 578

Ketteler, Franziska Clementine Maria von, geb. von der Wenge zur Beck (1778–1844), Tochter von Clemens August Franz von der Wenge zur Beck (1740–1818) u. Maria Ludovica von Eynatten (1748–1803); heiratete 1801 Maximilian Friedrich von Ketteler · 253

Ketteler, Maximilian Friedrich von (1779–1832), 1804 Landrat in Warendorf, 1816 preuß. Kammerherr; seit 1801 verh. mit Franziska Clementine Maria von der Wenge zur Beck · 253

Keverberg, Familie van 130

Keverberg, Karl Frederik Joseph van (1769–1835), niederl. Politiker; 1815 bis Okt. 1817 Mitglied der 2. Kammer der Generalstaaten, 1817 bis 1830 Mitglied der 1. Kammer; heiratete am 12. Febr. 1817 in Köln Maria Alexandrine Barbara Heereman von Zuydtwyck · 122, 124

Keverberg, Karl Ludwig Wilhelm Joseph van/ Charles-Louis Guillaume Josephus de (1768–1841), niederl. u. belg. Politiker; 1815 bis 1817 Gouverneur der Provinz Antwerpen, 1817 bis 1819 Gouverneur der Provinz Ost-Flandern; Kunsthistoriker; heiratete 1811 in 1. Ehe Sophie Louise Franziska von Loë (1768–1814), 1818 in 2. Ehe Mary Lodge (1789–1879) · 246, 525 f., 633, 650

Namensvarianten: Kinson, Quinceau

Kinsoen, François-Josèphe; flämischer Portrait- u. Historienmaler (1770–1839), 1808 bis 1813 Hofmaler König Jérômes in Kassel, 1819 bis 1830 Hofmaler der Könige Louis XVIII. u. Charles X. · 99

Kircheisen, Friedrich Leopold von (1749–1825), Jurist; preuß. Staatsmann; 1810 bis 1825 Justizminister · 451

Klausewitz *siehe* Clausewitz

Klein, in Godorf · 83, 517

Klein (gest. 1817), Lehrer am Marzellengymnasium · 42, 620

Klein, Bernhard (1793–1832), Musiker, Komponist; leitete seit 1808/09 musikalische Aufführungen im Dom; 1812/13 Aufenthalt in Paris, 1816 in Heidelberg, 1818 Studium in Berlin · 39, 348, 548

Klein, Heinrich Josef, kath. Geistlicher, Vikar; AK 1813: ecclésiastique, Rue des Peintres 79/Schildergasse 79; AK 1822: Schildergasse 79 · 45

Klein, Peter (gest. 1829), kath. Geistlicher, Vikar, Kirch- u. Baumeister der Pfarre St. Kolumba; seit circa 1793 Geschäftsführer der Familie von Wolff Metternich zur Gracht; Mitglied des Stiftungsrats des Schul- u. Stiftungsfonds; 1817: Brückenstr. 5; AK 1822: Brückenstr. 5 · 22, 81, 24, 430, 539, 544, 559, 645

Klein, Peter Joseph, Pächter der Familie von Groote, Halbwinner in Kendenich

Kleingedank, Familie von · 641

Kleist, Heinrich von (1777–1811), Dichter, Dramatiker · 115
Klemmer
Klemmert, von; Major, Stadtkommandant von Köln · 129
Klenze, Carl (um 1788–1840), Sekretär bei der Regierung Köln; heiratete 1818 Maria Walburga Best (1801–1861); AK 1822: Gereonsdriesch 15 · 168, 220, 439, 480, 482, 511, 516 f., 590
Klespe
Klespé, Reiner Joseph Anton von (1744–1818), 1791 bis 1794 Bürgermeister; 1804 bis 1814 Unterpräfekt des Arrondissements Köln; AK 1813: Rue Porte de Mars 13/Obenmarspforten 13 · 127
Klewiz
Klewitz, Karoline Henriette Augusta von, geb. Rumpff; seit 1794 verh. mit Wilhelm Anton von Klewitz · 68, 70, 72, 74
Klewiz
Klewitz, Wilhelm Anton von (1760–1838), Jurist, Verwaltungs- u. Steuerrechtler, preuß. Staatsmann; 1816 Ernennung zum Wirklichen Geh. Rat; 1816/17 Reise durch die Rheinlande; seit 1817 Finanzminister, seit 1824 Oberpräsident der Provinz Sachsen; seit 1794 verh. mit Karoline Henriette Augusta Rumpff · 53 f., 65, 68–74, 80, 89, 190, 570, 602, 676 f.
Klinger
Klinge, Regierungsrat u. Kassen-Kurator in Düsseldorf · 215
Klinger, Friedrich Maximilian von (1752–1831), Dramatiker, Dichter · 333, 336
Klinkenberg, Michael (1752–1822), seit 1803 Pfarrer an St. Mariä Himmelfahrt, seit 1807 2. Generalvikar des Bistums Aachen · 33, 449, 453, 460, 502, 512
Kneisel, Karl Moritz (1794–1872), Gymnasiallehrer, Dichter in Bonn · 361
Koch, Georg Heinrich (1783–1834), Kaufmann, 1815 bis 1834 Mitglied des Stadtrats; Mitglied der Olympischen Gesellschaft; AK 1813: négociant, associé de la maison E. G. Schüll, Place Agrippa 4/Marienplatz 4; AK 1822: Kaufmann in Gewürzen, Spedition-, Kommission- u. Wechselgeschäften, Rheingasse 24 · 46 f., 180, 366, 411, 481
Koenen, Anna Elisabeth, geb. Dentgen; verh. mit Leonard Koenen · 138, 483

Coenen, Könen
Koenen, Leonard (um 1770–1817), Jurist, 1815 bis 1817 Präsident des Appellationsgerichtshofs in Köln; verh. mit Anna Elisabeth Dentgen · 216, 441, 482–484
Koenen, Wilhelm *siehe* Cönen, Wilhelm
Koenig, die zwei Fräulein · 553
König Max *siehe* Kaiser Maximilian
König von Württemberg
Wilhelm I. (1781–1864), 1816 bis 1864 König von Württemberg · 484
Königin Elisabeth I. (1533–1603), 1558 bis 1603 Königin von England · 129
Königin Anna Stuart (1665–1714), seit 1707 Königin von Großbritannien · 129
Königin Luise von Preußen, geb. von Mecklenburg-Strelitz (1776–1810), verh. mit Friedrich Wilhelm III. · 349
Körfgen
Koerfgen, Johann Wilhelm (1769–1829), Jurist; 1804 bis 1814 Generalsekretär des Roer-Departements in Aachen, dann für die preuß. Verwaltung tätig; 1816 Bevollmächtigter der Staatsgläubiger des ehemaligen Roer-Departements · 141–145, 223, 228, 479
Koester, Christian Philipp (1784–1851), Maler, Restaurator · 69, 263
Kolbe, Heinrich Christoph (1771–1836), Historien- u. Porträtmaler; ab 1822 Lehrer an der Düsseldorfer Kunstakademie · 592
Konrad von Würzburg (um 1230–1287), Dichter · 110
Koops, 1815 Unterküster, Küster an St. Mariä Himmelfahrt · 27
Koreff, Johann Ferdinand (David) (1783–1851), Mediziner, Schriftsteller, Leibarzt u. Vertrauter des Staatskanzlers von Hardenberg; lehrte seit 1816 an der Universität in Berlin · 466, 588
Corschillgen
Korschillgen, Martin Peter Joseph; Jurist; AK 1822: Advokat u. Anwalt beim Landgericht, Am Hof 12 · 433
Kortüm, Karl Johann Wilhelm (1787–1859), Pädagoge; 1813 bis 1827 Direktor des Lyzeums/Gymnasiums in Düsseldorf, seit 1822 Konsistorial- u. Schulrat in Düsseldorf; 1830 Berufung zum Ministerialrat in Berlin · 210 f.
Koskoul

Koschkol, Obristlieutenant von · 130, 142
Coschkul, Koskoul
Koschkol, Obristin von · 130
Kotzebue, August Friedrich Ferdinand von (1761–1819), Schriftsteller, Dramatiker; wurde 1819 ermordet · 106, 140, 470, 546
Kräuser, Kraeuser, Johann Peter Balthasar *siehe* Kreuser, Johann Peter Balthasar
Kraft
Krafft, Johann Gottlob (1789–1830), protest. Geistlicher; seit 1814 als reformierter Pfarrer in Köln, 1816 Ernennung zum Mitglied des Konsistoriums in Köln; in 1. Ehe verh. mit Sophie Strauß (gest. 1816), in 2. Ehe mit Louise Vorster (1797–1864); AK 1822: An den Antonitern 14 · 40, 138, 180, 171, 208, 225, 302, 528
Kramer, Hermann Joseph; Jurist; seit 1815 Mitglied des Stiftungsrats des Kölner Schul- u. Stiftungsfonds; AK 1813: Juge au tribunal de 1ère instance; Rue Thomas d'Aquin 14/ An den Dominikanern 14; AK 1822: Landgerichtsrat, An den Dominikanern 14 · 45, 77
Kramer, Johann Balthasar; Jurist; AK 1822: Advokat u. Anwalt am Appellationsgerichtshof, Schildergasse 99 · 77, 100, 147, 296
Kranache *siehe* Cranache
Kraus, die kleine · 117
Kraus, Fl. · 80 f.
Krauss, H. · 576
Kraus, Krauss, Familie von · 79 f., 214, 246, 298, 307
Kraus, von
Krauss, Ignaz von (1756–1815), verh. mit Sibylla Gudula Johanna Coomans; AK 1813: rentier, Place des Victoires 27/Neumarkt 27 · 80, 209, 552
Kraus, von
Krauss, Maria Anna Francisca von, Tochter von Ignaz von Krauss u. Sibylla Gudula Johanna Coomans; heiratete am 15. Nov. 1817 Ferdinand Wilhelm August von Auer · 80 f., 140, 154, 221, 246, 479, 525, 552
Kraus, von
Krauss, Sibylla Gudula Johanna von, geb. Coomans (um 1768–1842), verh. mit Ignaz von Krauss · 80, 209, 552
Kräuser, Kraeuser
Kreuser, Johann Peter Balthasar (1795–1870), Historiker, Altphilologe, Schriftsteller; seit 1814 Lehrer an der Sekundärschule, seit 1815 am Marzellengymnasium, 1817 bis 1820 Studium in Berlin, danach bis 1860 Lehrer am Marzellengymnasium · 42, 65, 67 f., 70 f., 111, 152, 166, 169, 171, 181, 208, 216, 221, 224 f., 256, 260, 262, 347, 349, 352, 375, 445, 481, 490, 499, 616
Kreutzer, Georg Friedrich *siehe* Creuzer, Georg Friedrich
Krist, Anna, 1815 Küchenmagd im Haushalt der Familie von Groote · 27
Kronprinz von Preußen *siehe* Friedrich Wilhelm, Kronprinz von Preußen
Kronprinz der Niederlande · 445, 620
Kuhfuß, Rechnungsrat u. Kontroll-Dirigent bei der Regierung Köln · 207, 428
Kurfürst u. Erzbischof von Köln Clemens August (1700–1761), im Amt von 1723 bis 1761 · 227, 385
Kurfürst u. Erzbischof von Köln Joseph Clemens (1671–1723), im Amt 1688 bis 1723 · 38
Kurfürst Carl Theodor (1724–1799), seit 1742 Pfalzgraf u. Kurfürst von der Pfalz u. Herzog von Jülich-Berg, seit 1777 Kurfürst von Bayern · 461, 533
Kurfürst Johann Wilhelm von der Pfalz (1658–1716), seit 1690 Kurfürst von der Pfalz; verh. in 2. Ehe mit Anna Maria Luise de' Medici (1667–1743) · 387, 532
Kurländer, Franz August von (1777–1836), österr. Dramatiker, Schriftsteller · 201

L
Laar · 316, 352, 422 f., 432, 443, 438, 445
Lachmann, Karl Konrad Friedrich (1793–1851), Mediävist, Altphilologe · 521
Landsberg, Engelberg Alexander von (1796–1878), preuß. Politiker; Sohn von Paul Joseph von Landsberg (1760–1800) u. Theresia Maria Wolff Metternich zur Gracht (1765–1805); heiratete 1829 Hermine Gräfin von Hatzfeldt-Trachenberg (1809–1889) · 560
Landsberg, Johann Ignaz Franz von (1788–1863), Sohn von Paul Joseph von Landsberg (1760–1800) u. Theresia Maria Wolff Metternich zur Gracht (1765–1805); seit 1813 verh. mit Louise Friederike Gräfin von Westerholt u. Gysenberg · 560

Landsberg, Paul Joseph von (um 1760–1800); heiratete 1784 Theresia Maria Wolff Metternich zur Gracht (1765–1805) · 560

Landsberg, Theresia Maria von, geb. Wolff Metternich zur Gracht (1765–1805), Tochter von Johann Ignaz Franz Wolff Metternich zur Gracht (1740–1790) u. Maria Antonette Franziska von der Asseburg (1744–1827); heiratete 1784 Paul Joseph von Landsberg (1760–1800) · 560

Lange, Johann Friedrich Heinrich (1786–1854), Altphilologe, Pädagoge, Übersetzer des Herodot; seit 1816 Konsistorialassessor, 1817 Konsistorialrat in Koblenz; seit 1831 Mitglied des Provinzialschulkollegiums für die Rheinprovinz in Berlin; seit 1813 verh. mit Juliane Wilhelmine Wetzel · 279, 299

Lange, Juliane Wilhelmine, geb. Wetzel (geb. um 1791), seit 1813 mit Johann Friedrich Heinrich Lange verheiratet · 278 f., 299

Langen, Caspar Joseph (1774–1824), Sayett- u. Wollgarn-Fabrikant, Beigeordneter der Stadt, 1817 Mitglied der Zentral-Wohltätigkeits-Kommission; seit 1803 verh. mit Johanna Sophia Sugg (1777–1861); AK 1822: Schildergasse 72 · 47, 359, 367, 449, 513

Langen, Franz Joseph (1745–1841), Flötist, Altviolinist · 238

Lang, der junge · 238

vermutlich

Langen, Karl (geb. 1791), Sohn des Flötisten Franz Joseph Langen

Lanzendorf, Helmine von (1799–um 1845), Stieftochter von Lucia Anna Wilhelmine Christina von Pappenheim · 442

Lassaulx, Johann Claudius von (1723–1791), kurtrierischer Hofrat; verh. mit Anna Katharina Sarbourg (1725–1795), Großvater von Maria Katharina Görres, geb. Lassaulx · 278

Lasseaux

Lassaulx, Johann Claudius von (1781–1848), Architekt, seit 1812 Kreisbaumeister in Koblenz, seit 1816 preuß. Stadt- u. Bezirksbauinspektor; Sohn von Peter Ernst von Lassaulx (1757–1809) u. Anna Barbara Welter (1756–1799); seit 1804 verh. mit Anna Maria Müller (1780–1855), Cousin von Maria Katharina Görres, geb. Lassaulx · 282

Lauterborn · 316

vermutlich

Lauterborn, Joseph, Fabrikant; AK 1813: fabricant de fil et de toile de coton, Rue Haute 45/Hohe Str. 45; AK 1822: Rentner, Hohe Str. 45

Lebrün

Lebrun, Carl August (1792–1842), Dramatiker, Schauspieler · 140, 155

Namensvarianten: leBrün, Le Brün, Lebrün

Lebrun, Charles (1619–1690), franz. Maler, Kupferstecher, Architekt · 255, 301, 454, 494, 499, 519, 554

Leerode · 134

Leerod

Leerodt zu Leerodt, Maximilian Karl Hubert Franz Theodor von (1787–13. Febr. 1817), seit 1810 verh. mit Maria Theresia Auguste Frederike Josepha von Eynatten-Trips (1793–1882) · 125, 128, 130

Lehman

Lehmann, Familie in den USA; Stifter der Robert Lehman Collection in New York · 562

Leist, Ernst, Jurist, Oberrevisionsrat; heiratete 1833 Maria Henriette Konstantine Walburga (Jette) von Geyr zu Schweppenburg (1791–1859) · 63, 235

Lemperz

Lempertz, Johann Peter, Gastwirt; AK 1813: cafetier-limonadier, Place Charlemagne 9/Domhof 9; AK 1822: Weinzäpfer u. Kaffeeschenk, Domhof 9 · 58, 125, 136, 150, 179, 246, 320, 324, 332, 373, 524 f., 540, 548, 586, 589

Lenné, Peter Joseph, der Ältere (1756–1821), Botaniker, Gärtner; 1811 bis 1821 Leiter des botanischen Gartens in Koblenz · 280

Leonardo da Vinci (1452–1519), Maler, Bildhauer, Ingenieur · 297

Lesser, Obrist · 47

Leven, Johann Alois (1759–1832), Kaufmann; 1800 bis 1814 Munizipalrat, 1814 bis 1832 Mitglied des Stadtrats; Kirchmeister des Doms; AK 1813: Rue grande des Boutiques 4/Große Budengasse 4; AK 1822: Weinhändler, Große Budengasse 4 · 47, 370, 372, 456

Ley, der junge · 427 f.

Ley, van der · 125

Ley, von der

Leyen, von der *siehe* Herstatt von der Leyen
Leyen, Gustav Franz von der (1773–1854), Schriftsteller; Sohn des Krefelder Kaufmanns u. Fabrikanten Conrad von der Leyen · 450 f.
Lich, Fürstin *siehe* Solms-Hohensolms-Lich, Henriette Sophie Fürstin zu · 547
Liebelein
Lieblein, Franz Joseph (1776–1817), Domänenrentmeister in Bergheim, Sammler · 243 f.
Lieber, Richard (geb. um 1765), Gastwirt; 1817: Komödienstr. 34; AK 1822: Weinzäpfer, Komödienstr. 34 · 58 f., 70, 83, 95, 102, 109, 118, 125, 179, 373, 399, 595
Lieversberg, Liversberg *siehe* Lyversberg
Lille, Assessor in Koblenz · 320–322
Lynck
Link, Heinrich Joseph (geb. 1768), kath. Geistlicher, 1814 Lehrer an der Apostel-Schule, seit 1817 Lehrer am Marzellengymnasium, 1817 Bewerbung um das Rektorat an der Kirche St. Gregorius am Elend · 42, 335, 349
Linnartz, Heinrich Josef; Kaplan an St. Mariä Himmelfahrt; AK 1813: Vicaire de l'Assomption, Rue du Roi de Rome 17/Sachsenhausen 17; AK 1822: Marzellenstr. 36 · 208
Namensvarianten: Lippe, zur Lippe, zur Lippe-Biesterfeld
Lippe · 116, 120, 158, 218, 274, 304, 453
Lippe-Biesterfeld, Familie zur · 31
Lippe-Biesterfeld, Bernhardine Agnete Klara Luise zur, geb. von Sobbe (1784–1843), verh. mit Johann Carl zur Lippe-Biesterfeld; 1817 Verleihung des Luisenordens · 80, 340 f., 567
Lippe-Biesterfeld, Dorothea Christiana Modeste zur, geb. von Unruh (1781–1854), seit 1803 verh. mit Wilhelm Ernst zur Lippe-Biesterfeld · 68, 79, 237
Lippe-Biesterfeld, Elisabeth Johanna zur, geb. von Meinertzhagen (1752–1811), Tochter von Johann Gerhard von Meinertzhagen u. Margaretha du Fay; seit 1770 verh. mit Friedrich Wilhelm zur Lippe-Biesterfeld · 237
Lippe-Biesterfeld, Friedrich Wilhelm Graf zur (1737–1803), verh. mit Elisabeth *Johanna* von Meinertzhagen · 237

Lippe-Biesterfeld, Johann Carl Graf zur (1778–1844), Sohn von Carl Ernst Kasimir zur Lippe-Biesterfeld (1735–1810) u. Ferdinande Henriette Dorothea von Bentheim-Tecklenburg (1734–1779); aufgewachsen mit seinem Bruder Wilhelm Ernst bei ihrem Onkel Friedrich Wilhelm zur Lippe-Biesterfeld in Köln; verh. mit Bernhardine Agnete Klara Luise von Sobbe; AK 1813: rentier, Rue des Teinturiers 30/Blaubach 30; AK 1822: Rentner, Blaubach 30 (Lippe'scher Palais) · 80, 106, 158 f., 161, 385 f., 391, 567
Lippe-Biesterfeld, Wilhelm Ernst Graf zur (1777–1840), Sohn von Carl Ernst Kasimir zur Lippe-Biesterfeld (1735–1810) u. Ferdinande Henriette Dorothea von Bentheim-Tecklenburg (1734–1779); gemeinsam mit seinem Bruder Johann Carl bei ihrem Onkel Friedrich Wilhelm zur Lippe-Biesterfeld in Köln aufgewachsen; 1797 bis 1799 Studium an der Universität in Göttingen; seit 1803 verh. mit Dorothea Christiana Modeste von Unruh; AK 1813: rentier, Rue Haute 47/Hohe Str. 47; AK 1822: Hohe Str. 47 · 79 f., 158 f., 303, 455, 565
Lochner, Stephan (um 1410–1451), Kölner Maler · 117, 258
Loë, von · 524
Loë, Fr., von · 551
Loë, Familie von · 31, 88, 163, 524
Loë, Franz Carl von (1789–1838), Offizier in franz. Dienst, 1815 preuß. Rittmeister; Sohn von Edmund Gerhard Anton Aspherus von Loë-Imstenraedt u. Marie Alexandrine von Merveldt 88, 312
Loë, Friedrich Karl Alexander Clemens von (1787–1849), bis 1810 Militär in franz. Dienst; 1813 bis 1817 Maire/Bürgermeister in Weeze; Sohn von Edmund Gerhard Anton Aspherus von Loë-Imstenraedt u. Marie Alexandrine von Merveldt; heiratete 1816 Maria Louise Wolff Metternich zur Gracht · 88, 312, 346
Loë, Juliane (Julie) von (1797–1865), Tochter von Edmund Gerhard Anton Aspherus von Loë-Imstenraedt u. Marie Alexandrine von Merveldt; heiratete 1820 Nikolaus Zichy von Zich · 100, 156, 312, 346, 367, 381, 446 f., 449
Loë, Maria Louise/Luise von, geb. Wolff Met-

ternich zur Gracht (1800–1837), Tochter von Maximilian Werner Wolff Metternich zur Gracht u. dessen 1. Ehefrau Maria Franziska von der Wenge zur Beck; Schwester von Clemens August Wolff Metternich zur Gracht (1798–1820); heiratete 1816 Friedrich Karl Alexander Clemens von Loë; das Ehepaar lebte zeitweise auf Schloss Wissen bei Kleve • 312

Loo

Loë, Maximilian von (1801–1850), 1817 bis 1821 Studium an den Universitäten in Heidelberg u. Göttingen; ab 1837 Landrat im Kreis Siegen; Sohn von Edmund Gerhard Anton Aspherus von Loë-Imstenraedt u. Marie Alexandrine von Merveldt • 88, 100, 108, 133, 163, 469, 524 f.

Loë, Maximilian August von (20. Juni 1817–1879), Sohn von Friedrich Karl Alexander Clemens von Loë u. Maria Louise/Luise Wolff Metternich zur Gracht

Loë-Imstenraedt, Edmund Gerhard Anton Aspherus von (1749–1813), 1804 franz. Staatsrat, 1808 Erhebung in den franz. Grafenstand; verh. mit Marie Alexandrine von Merveldt • 88, 100

Loë-Imstenraedt, Marie Alexandrine von, geb. von Merveldt (1766–1812), Tochter von Clemens August von Merveldt u. Antonia Sophie Wolff Metternich zur Gracht; verh. mit Edmund Gerhard Anton Aspherus von Loë-Imstenraedt • 88, 100

Löhnis, Helena Carolina Jacobina, geb. Maurenbrecher (1765–1824), verh. mit Johann Hermann Löhnis (1766–1817); AK 1822: Witwe; Firma: Herm. Löhnis, Kaufmann in Kolonialwaren, Spedition u. Kommission, Elogiusplatz 2 • 222

Löhnis, Johann Hermann (1766–28. Nov. 1817), Kaufmann, 1817 Mitglied des Stadtrats, Handelsrichter; verh. mit Helena Carolina Jacobina Maurenbrecher (1765–1824); AK 1813: négociant-épicier en gros et commissionnaire, Place Clovis 10/Elogiusplatz 10 • 46 f., 111, 411

Lövens

Lövens, Theatermaler in Düsseldorf • 115

Ludowigs, Peter Engelbert (1766–1819), Kaufmann, Inhaber der Firma J. H. Pleunissen u. P. E. Ludowigs, Sammler; 1815 bis 1819 Mitglied des Stadtrats; Handelsrichter, Kirchmeister von St. Maria im Kapitol, Mitglied der Armenverwaltung; AK 1813: marchand de vins, Ancien Quai du Rhin 7/Vor St. Martin 7 • 47, 50, 358, 422 f.

Ludwig XVI. (1754–1793), 1774 bis 1791/92 König von Frankreich • 538

Ludwig XVIII. (1755–1824), 1814 bis 1824 König von Frankreich • 278

Lüninghausen, Luninghausen

Lüninckhausen, Carl Anton Joseph von (geb. 1776), Kanonikus an St. Maria im Kapitol • 245, 267, 520, 587

Lützenkirchen, Peter Joseph (1775–1820), Maler, Kupferstecher • 103, 603

Luther, Martin (1483–1546), Theologe, Reformator • 560, 574

Lutz

Lütz, Franz, Sattler; AK 1797: Unter Fettenhennen 3 • 330

Namensvarianten: Lieversberg, Liversberg

Lieversberg, Mademoiselle • 593

Lyversberg, Anna Elisabeth, geb. Bennerscheid (1770–1832), verh. mit Jakob Johann Nepomuk Lyversberg

Lieversberg, Liversberg

Lyversberg, Jakob Johann Nepomuk (1761–1834), Kaufmann, Kunstsammler; 1805 bis 1814 Munizipalrat, 1814 bis 1832 Mitglied des Stadtrats; 1826, 1828, 1830 stellv. Mitglied des Provinziallandtags; seit 1793 verh. mit Anna Elisabeth Bennerscheid; Onkel von Matthias Joseph Denoël; ab 1823 Schwiegervater von Everhard Anton von Geyr zu Schweppenburg; AK 1813: rentier, Place de la Bourse 10/Heumarkt 10; AK 1822: Großhändler in Tabaksblättern, Heumarkt 10 • 47 f., 50, 152, 198, 204, 254 f., 259, 268, 301, 330, 360, 380 f., 401, 407, 431, 434, 445, 529, 542, 554, 593, 600, 604, 618, 620

M

Macpherson, James (1736–1796), schottischer Autor • 245

Maevis, Rudolph (geb. 1741), kath. Geistlicher, Kanonikus an St. Andreas; AK 1822: Andreaskloster 31 • 477

Maîtrié, Louis; AK 1813: receveur principal des douanes, Rue des Francs 9/Trankgasse 9 • 337

Manderscheid

Manderscheid-Blankenheim, Grafen von · 249, 641
Manskirsch, Gebrüder · 25
vermutlich
Manskirsch, Bernhard Gottfried (1736–1817), Maler; seit 1769 Hofmaler des Kölner Kurfürsten; Sohn von Jakob Manskirsch
und
Manskirsch, Peter Joseph (1742–1809), Blumenmaler; Sohn von Jakob Manskirsch
Maria von Medici (1575–1642), 2. Frau des franz. Königs Henri IV., lebte seit 1631 im Exil; sie starb in Köln · 301
Martens, Lieutenant · 385 f.
Marx, Christian, Pächter der Familie von Groote in Kendenich · 83, 143, 145, 148, 229 f., 311, 526
Marx, Heinrich (1777–1838), Jurist in Trier; Vater von Karl Marx · 37
Marx, Karl (1818–1883), Philosoph, Historiker, Journalist · 37
Massenbach, Christian Karl August Ludwig von (1758–1827), preuß. Militär, Schriftsteller; 1816 bis 1817 Mitglied der Württemberger Ständeversammlung; Befürworter einer parlamentarischen Verfassung; 1817 Verhaftung u. Auslieferung an Preußen, 1819 Verurteilung wegen Landesverrats, 1826 Begnadigung · 484
Massis, Messis
Massys, Quentin (um 1466–1530), flämischer Maler · 580
Maus, Bernhard Joseph; Konditor; AK 1813: pâtissier-confiseur, Quartier des Chapeliers 27/Unter Hutmacher 27; AK 1822: Zuckerbäcker, Unter Hutmacher 27 · 56 f., 60
Maus, in Euskirchen · 568
Mayer, Miniatur- u. Landschaftsmaler in Bonn · 275
Meyer
Mayer, Anton, Zimmermeister; AK 1813: charpentier, Rue des Armuriers 12/Streitzeuggasse 12; AK 1822: Streitzeuggasse 12 · 361, 375, 380, 386
Maigny
Mazois, François (1783–1826), franz. Archäologe, Architekt · 201
Mechel, Christian von (1737–1817), Schweizer Kupferstecher, Kunsthändler · 256, 259 f.
Meinertzhagen, Elisabeth Johanna von *siehe* Lippe-Biesterfeld, Elisabeth Johanna zur

Meinertzhagen, Johann Gerhard von (1682–1761), verh. mit Margaretha du Fay; Eltern von Elisabeth Johanna Meinertzhagen (1752–1811) · 237
Meinerzhagen, von · 80
Meister, Frau, aus Wiesbaden · 433
Hemling, Hemmelink, Hemlink, Hemmling
Memling, Hans (um 1435–1494), Maler · 633
Mengershausen, Karl Albert Adalbert von; heiratete 1817 Anna Sophia Leopoldine Antoinette von Wittgenstein · 214
Mennig, Catharina; Verlegerin, Druckerin; Ehefrau von Franz Xaver Mennig; AK 1822: Witwe, Buchdruckerin, Verlegerin der Zeitung Der Verkündiger, St. Apern-Str. 11 · 182
Mennig, Gebrüder · 157, 182
Mennig, Christoph; Drucker, Verleger; AK 1813: graveur sur métaux et sur bois, Rue St. Apre 11/St. Apern-Str. 11
und
Mennig, Franz Xaver; Drucker, Verleger; AK 1813: fondeur de cuivre, potier d'étain etc., Rue des Peintres 81/Schildergasse 81
Mering, Familie von · 369, 509, 511
Mehring, von
Mering, Everhard Oswald von (um 1754–1820), Kunstsammler; um 1802 Heirat mit Elise von Wecus (gest. um 1807); bis 1800 wohnhaft im Jabacher Hof, Sternengasse 25, dann Severinstr. 162/218 · 50, 233, 238, 369, 495, 509–513, 519, 527, 550, 576
Mering, Friedrich Everhard von (1799–1861), Historiker, Schriftsteller, Sammler; Sohn von Everhard Oswald von Mering u. Elise von Wecus; AK 1822: Rentner, Severinstr. 162/218 · 509, 512, 525
Merkens, Elisabeth Lisette, geb. von Coels (1783–1842), Tochter von Joseph von Coels (gest. 1790) u. Theresia von Haes (1758–1835), Stieftochter von Johann Jakob von Wittgenstein; verh. mit Peter Heinrich Merkens · 366, 368
Merkens, Peter Heinrich (1777–1854), Unternehmer, Politiker; verh. mit Elisabeth Lisette von Coels · 366
Merlo, Johann Jacob (1810–1890), Schriftsteller, Historiker, Sammler · 232, 553
Merlo, Nikolaus (gest. 1820), Jurist, Notar; verh. mit Maria Katharina Thelen

(1789–1831); Vater von Johann Jacob
Merlo; AK 1813: notaire impériale, Rue du
Temple 15/Unter Fettenhennen 15; AK
1822: Witwe Maria Katharina Merlo, Unter
Fettenhennen 15 · 231 f., 255, 309, 338,
421
Merheim, Merhem
Merrem, Daniel Karl Theodor (1790–1859),
Arzt; seit 1816 Medizinalrat, seit 1818 Regierungs- u. Medizinalrat in Köln; 1816: Auf
dem alten Markt 44; 1819 Johannisstr. 61;
AK 1822: Regierungsrat u. ausübender
Arzt, Zeughausgasse 2 · 74, 318
Mertens · 48, 121 f., 124, 126–130, 378
Mertens, Joseph Ludwig/Louis (1782–1842),
Bankier, Kaufmann; Associé von Johann
Abraham Anton Schaaffhausen, ab 1820
Hauptteilhaber der Bank; seit 1816 verh.
mit Sibylle Schaaffhausen; AK 1813: Rue
grande des Boutiques 19/Große Budengasse 19; seit 1816: Trankgasse 25/21 · 49,
121, 462
Mertens-Schaaffhausen, Familie · 48
Mertens-Schaaffhausen, Sibylle, geb. Schaaffhausen, genannt Rheingräfin (1797–1857),
Archäologin, Numismatikerin, Sammlerin,
Salonnière; Tochter von Johann Abraham
Anton Schaaffhausen u. dessen 1. Frau
Maria Anna Giesen; verh. seit 1816 mit
Joseph Ludwig/Louis Mertens; Trankgasse
25/21 · 49, 121 f., 124–126, 253, 378,
423, 462, 558, 560, 590, 692
Mertens, Mathias, Schneider; AK 1822: Hohe
Str. 162 · 301
Mestrum, Paul (1778–1825), Maler, Dekorateur, Zeichner, Kupferätzer · 50, 369
Metternich *siehe* Wolff Metternich
Meusebach, Ernestine von, geb. von Witzleben
(1784–1863), seit 1804 verh. mit Karl Hartwig Gregor von Meusebach · 277
Maeusebach
Meusebach, Karl Hartwig Gregor von
(1781–1847), Jurist, preuß. Staatsbeamter,
Literaturwissenschaftler, Schriftsteller,
Sammler; 1815 Ernennung zum Präsidenten des Rhein. Revisionshofs in Koblenz, ab
1819 Geh. Oberrevisionsrat am Rhein. Revisions- u. Kassationshof in Berlin; seit 1804
verh. mit Ernestine von Witzleben · 270 f.,
277, 279
Meyer, Johann Heinrich (1760–1832), Schweizer Maler, Schriftsteller · 251

Meyer, Karl Franz Leonhard (1763–1821), Archivar der Stadt Aachen, Historiker, Diplomatiker · 491
Michels, Anna Maria, geb. Simons; seit 1800
verh. mit Matthias Michels
Michels, Matthias (1775–1824), Kaufmann;
1824 Mitglied des Stadtrats; Handelsrichter, Mitglied der Armenverwaltung; seit
1800 verh. mit Anna Maria Josepha Simons;
AK 1813: marchand de draps, Rue de l'École de Droit 20/An der Rechtschule 20; AK
1822: An der Rechtschule 22 · 122,
124–126
Milder-Hauptmann, Anna Pauline
(1785–1838), Sängerin; 1816 bis 1829 an
der Königl. Hofoper in Berlin engagiert ·
174, 260, 264, 267, 278
Minderjahn, Hyazinth Heinrich Mathaeus;
Jurist in Eschweiler; verh. mit Anna Maria
Fell · 218
Minderjahn, Johann Joseph (geb. 1792), Jurist;
Sohn von Hyazinth Heinrich Mathaeus Minderjahn u. Anna Maria Fell; heiratete am 9.
April 1817 in Köln M. A. Bingel; AK 1822:
Advokat u. Anwalt beim Landgericht, Am
alten Ufer 47 · 214, 218
Minola, Alexander Bertram Joseph
(1759–1829), kath. Geistlicher, Historiker,
Pädagoge; 1786 bis 1804 Lehrer am Gymnasium in Koblenz, 1812 bis 1818 Lehrer
am Gymnasium in Bonn · 338, 516
Mirbach-Harff, Familie von · 107, 124, 152
Mirbach-Harff, Augusta Maria Elisabeth von,
geb. von Velbrück-Lanquit (gest. 1814),
verh. mit Gerhard Johann Wilhelm von Mirbach-Harff · 124
Mirbach-Harff, Friedrich von · 159
Mirbach, von, Myrbach, von
Mirbach-Harff, Johann Wilhelm von
(1784–1849), Jurist; 1840 Erhebung in den
Grafenstand; Sohn von Gerhard Johann
Wilhelm von Mirbach-Harff u. Augusta
Maria Elisabeth von Velbrück-Lanquit (gest.
1814); heiratete 1819 Antoinette Augusta
Wolff Metternich zur Gracht (1797–1858);
Wohnsitz: Schloss Harff · 79, 124 f., 127,
130 f., 132–134, 152, 204, 471 f., 504,
507, 511, 549 f.
Mirbach
Mirbach-Leers, Louis/Ludwig Wilhelm Joseph
Hubert von (1793–1856), Sohn von Carl

Christian Adolph Josef von Mirbach u. Luise Antonetta Hubertina von Leers · 124 f., 128 f., 133, 139 f., 152, 236, 692

Mittag, April 1816 Post-Commissarius in Düsseldorf; dann Post-Organisations-Commissarius in Koblenz, 1817 Commissarius u. Postmeister, 1818 bis 1838 Oberpostdirektor · 97 f., 323

Molinari, Familie · 120, 162, 442

Molinari, Anna Clara Hermana *siehe* Foveaux, Anna Clara Hermana

Molinari, Jacob Hermann Joseph (1768–1831), Kaufmann; 1800 bis 1814 Munizipalrat, 1814 bis 1831 Mitglied des Stadtrats; Sohn von Michael Molinari u. Anna Susanna Speck; seit 1797 verh. mit Maria Sibilla Gallo (1775–1835); AK 1822: Kaufmann in Kolonialwaren, Spedition u. Kommission, Brückenstr. 2 · 119 f.

Molinari, Maria Henrietta Frederike, geb. Cassinone (1787–1836), Tochter von Tilman Peter Joseph Pius Cassinone u. Maria Johanna Ludovika Louise Foveaux; seit 1812 verh. mit Tobias Molinari; Schwester von Anton Franz Cassinone u. Bruno Johann Cassinone · 119 f., 162

Molinari, Tobias, Kaufmann; seit 1812 verh. mit Maria Henrietta Friederike Cassinone; AK 1813: négociant-commissionnaire et expéditeur, Rue des Cavernes 4/In der Höhle 4; AK 1822: Kaufmann in Spedition u. Kommission, Großer Sandkaul 10 · 119 f.

Moll, Anstreicher · 461

Moll, Familie · 48

Moll, Sohn · 455

Moll · 334

möglicherweise

Moll, Conrad Jacob (1756–1829), Kaufmann; Mitinhaber der Firma Gerhard Isaac Moll; Sohn von Gerhard Isaac Moll u. Helena Katharina Gülcher; verh. mit Johanna Petronella Gertrud Kempken (1771–1824); AK 1813: droguiste, Ancien Quai du Rhin 32/ Vor St. Martin 32

oder

Moll, Johann Jacob (1771–1826), Kaufmann, Mitinhaber der Firma Gerhard Isaac Moll; Handelsrichter, Vizepräsident der Handelskammer; 1819 bis 1826 Mitglied des Stadtrats; Sohn von Gerhard Isaac Moll u. Helena Katharina Gülcher; Bruder von Conrad Jacob Moll; AK 1813: droguiste, Rue du Cirque 9/Kleiner Sandkaul 9

Moll, Anna Sara Helene *siehe* Rhodius, Anna Sara Helene

Moll, Js · 347

möglicherweise

Moll, Isaac (geb. 1792), Kaufmann, Mitinhaber der Firma Gerhard Isaac Moll; Sohn von Conrad Jacob Moll (1756–1829) u. Johanna Petronella Gertrud Kempken (1771–1824)

Mone, Franz Joseph (1796–1871), Historiker, Bibliothekar, Archivar; 1818 Sekretär an der Universitätsbibliothek in Heidelberg, lehrte ab 1819 an der Heidelberger Universität; amtierte ab 1835 als Direktor des Badischen Generalarchivs in Karlsruhe · 522

Monschaw, von · 314

Monschaw, Familie von · 66

Monschaw, die Fräulein von · 548

Monschau, von

Monschaw, (Maria) Franz Rudolph Johann Nepomuk von (1760–1841), kurpfälzischer Major, 1815 bis 1841 Erster Beigeordneter der Stadt; 1817 Mitglied der Einquartierungskommission; Sohn von Johann Heinrich Joseph von Monschaw (1725–1794) u. Maria Catharina Regina von Bentzel zu Sternau (1733–1821); seit 1787 in 1. Ehe verh. mit Josephine von Maercken (um 1762–1792), seit 1794 in 2. Ehe mit Maria Ursula Carolina von Erlenwein; Bruder von Peter Joseph von Monschaw (1768–1840); AK 1797: In der Rheingasse 949 (Nr. 24); AK 1813: rentier, Rue Haute 81/Hohe Str. 81; AK 1822: Hohe Str. 81 · 46, 66, 76, 154 f., 359. 390, 444, 449, 455, 546

Monschaw, Heinrich von (1689–1768), Jurist, Hofrat in Bonn, Amtmann in Deutz; verh. mit Maria Elisabeth von Helman (1702–1756), Vater von Maria Anna Franziska von Monschaw (1722–1800) u. Johann Heinrich Joseph Monschaw (1725–1794) · 369

Monschaw, Johann Heinrich Joseph von (1725–1794), Sohn von Heinrich von Monschaw (1689–1768) u. Maria Elisabeth von Helman (1702–1756); verh. mit Maria Catharina Regina von Bentzel zu Sternau (1733–1821) · 569

Monschaw, Maria Anna Franziska von (1722–1800), Tochter von Heinrich von

Monschaw (1689–1768) u. Maria Elisabeth von Helman (1702–1756); unverheiratet; Schwester von Johann Heinrich Joseph von Monschaw (1725–1794), Tante von Peter Joseph von Monschaw (1768–1840) u. Franz Rudolph Johann Nepomuk von Monschaw (1760–1841) · 154, 369
Monschaw, Maria Catharina Regina von, geb. von Bentzel zu Sternau (1733–1821), verh. mit Johann Heinrich Joseph von Monschaw (1725–1794) · 369
Monschaw, Maria Franziska Angela von (1794–1818), Tochter von Franz Rudolph Johann Nepomuk von Monschaw u. Maria Ursula Carolina von Erlenwein · 154
Monschaw, Maria Ursula Carolina von, geb. von Erlenwein (1771–1846), seit 1794 verh. mit Maria Franz Rudolph Johann Nepomuk von Monschaw (1760–1841) · 155
Monschaw, Peter Joseph von (1768–1840), Jurist, 1816 bis 1838 Landrat im Kreis Kempen; Sohn von Johann Heinrich Joseph von Monschaw (1725–1794) u. Maria Catharina Regina von Bentzel zu Sternau (1733–1821); seit 1793 verh. mit Maria Anna Thekla Pauli (1768–1849) · 369
Montaigny · 482, 553
vermutlich
Montigny, Maria Anna Josepha Antonetta (Marianne) von, geb. van der Maesen (1793–1875), seit 1816 verh. mit Franz Ludwig Eugen von Montigny (1791–1868)
Moseler
Mosler, Karl Josef Ignatz (1788–1860), Maler, Kunsthistoriker; 1816 bis 1819 Aufenthalt in Rom; lehrte ab 1821 an der Kunstakademie in Düsseldorf · 201 f.
Mourot, Madame, franz. Kunststickerin aus Metz · 494
Mozart, Wolfgang Amadeus (1756–1791), Komponist · 174, 178, 246, 395 f., 452, 540
Müffling, Friedrich Karl Ferdinand von (1775–1851), preuß. Militär, Geodät, Sammler; 1815 Gouverneur von Paris · 271, 278
Mühlfels, Mülenfels
Mühlenfels, Ludwig von (1793–1861), Jurist; Literaturhistoriker, Burschenschaftler; 1815 bis 1816 Studium an der Universität in Heidelberg; 1817 Tätigkeit als Staatsprokurator am Kreisgericht in Köln; 1819 Verhaftung während der Demagogenverfolgung, 1821 Emigration, Lehrer an der Universität in London, 1829 Freispruch in Deutschland u. Rückkehr; ab 1830 Ämter im preuß. Justizwesen · 85 f., 103 f., 166, 169, 208, 218, 224 f., 232, 237, 254, 275, 302, 347, 419, 425, 469, 515, 522, 574, 590, 593, 652
Mülheim, Johann Balthasar Joseph (1701–1775), Bauherr des Palais Gereonstr. 12/18 · 455
Müller · 433
Müller, Familie · 337
Müller, Frau, Leiterin einer Mädchenerziehungsanstalt · 236
Müller, Kreiseinnehmer · 210
Müller, Theater-Kassierer · 441 f., 524
Müller, Caroline, geb. Vogel; Schauspielerin, circa 1813 bis 1817 Direktorin einer Schauspielergruppe · 70, 140, 168, 174, 176, 205, 222, 241, 498
Müller, Johann Friedrich, Jurist, 1817 Mitglied der Rhein. Immediat-Justiz-Kommission in Köln; AK 1822: Appellations-Gerichtsrat, Sternengasse 7 · 37 f.
Müller, Johann Friedrich (geb. um 1770), 1817 Geh. Sekretär u. 1. Kanzlei-Inspektor an der Regierung Köln; AK 1822: Kanzlei-Inspektor, Eigelstein 18 · 163, 490, 498
Müller, Johann Gottfried (1772–1823), kath. Geistlicher, 1809 bis 1820 Pfarrer an St. Maria Lyskirchen; AK 1822: Pfarrer an St. Maria im Kapitol, Marienplatz 5 · 321
Müller, Johann Joseph (1751–1826), Bierbrauer, Kaufmann, Sammler; 1800 bis 1814 Munizipalrat, 1814 bis 1826 Mitglied des Stadtrats; AK 1822: Heumarkt 68 · 401, 425
Müllner, Amandus Gottfried Adolph (1774–1829), Jurist, Schriftsteller, Dramatiker · 70, 454
Münch · 117, 567
Münch, Johann, 1817 Referendar bei der Regierung Köln · 242, 275
Münch, von
Münch-Bellinghausen, Franz Theodor von (1787–1863), 1817 Referendar bei der Regierung Köln, seit 1818 Assessor, später Regierungsrat in Köln; 1820/21 kurzzeitig Landrat in Mülheim am Rhein; Sohn von

Johann Joachim Georg von Münch-Bellinghausen u. Johanna Alide Walburga von Kempis; AK 1822: Regierungsassessor, Obenmarspforten 21 · 88, 104, 138, 153, 155, 215, 242, 320, 343, 367, 371, 574, 591

Münchhausen · 347

möglicherweise

Münchhausen, Friedrich Wilhelm von (1780–1839), seit 1805 Theaterdirektor in Würzburg

Mumm, Familie · 23, 48, 284, 422

Mumm, Elias (1751–1839), Weinhändler; Sohn von Johann Peter Mumm (1696/97–1775) u. Katharina Christina Schaaf (1705–1778); seit 1786 verh. mit Anna Christina Gertrud Schlösser (geb. 1755); AK 1813: marchand de vin, Ruisseau du Moulin 14/Mühlenbach 14; AK 1822: Mühlenbach 14 · 422, 426, 510

Mumm, Elisabeth, Elise, geb. Heydweiler (1787–1870), Tochter von Friedrich Heydweiler u. Elisabeth Ronstorff; verh. mit Philipp Friedrich Mumm; erhielt 1817 den Luisenorden · 68, 340 f.

Mumm, Jacob (1777–1836), Weinhändler; 1832 bis 1836 Mitglied des Stadtrats · 422

Mumm, Philipp Friedrich (1782–1819), Weinhändler; Sohn von Peter Arnold Mumm u. Elisabeth Ziegeler; verh. mit Elisabeth Elise Heydweiler; 1819: Brückenstr. 12 · 422

Muscaplut

Muskatblut (um 1390–nach 1438), Dichter, Minnesänger · 219, 302, 312, 554

Mylius, Caspar Joseph Carl von (in der Familie genannt: der General) (1749–1831), Militär in kaiserl. Dienst; Sohn von Johann Heinrich Arnold von Mylius (1709–1774) u. Maria Albertine Josefa Sydonie von Lampertz (1711–1788); Heirat 1781 in 1. Ehe mit Maria Anna Henriette Walburga de Groote (1759–1785); 1802 in 2. Ehe mit Henriette von Wyhe (1768–1823); Bruder von Hermann Joseph von Mylius u. Catharina Elisabeth von Engelberg, geb. von Mylius; Onkel Eberhard von Grootes u. Onkel von Karl Joseph von Mylius; Besitzer von Schloss Reuschenberg; AK 1797: Aufm Rathplatz 1992/Rathausplatz 9; AK 1822: pensionierter General in österr. Diensten, Gereonsdriesch 13

Mylius, Clara Salesia von (1784–1665), Tochter von Caspar Joseph Carl von Mylius (1749–1831) u. Maria Anna Henriette Walburga de Groote (1759–1785); heiratete 1825 Friedrich August von Rummel; Cousine Eberhard von Grootes

Mylius, Eberhard Gereon von (1784–1865), Militär im kaiserl. Dienst; Sohn von Caspar Joseph Carl von Mylius (1749–1831) u. Maria Anna Henriette Walburga de Groote (1759–1785); Cousin von Karl Joseph von Mylius u. Eberhard von Groote

Mylius, Eugen Franz Alois von (1776–1849), Major; Sohn von Hermann Joseph von Mylius (1738–1786) u. Maria Elisabeth Walburga von Heinsberg (1744–1805); Bruder von Karl Joseph von Mylius (1778–1838)

Mylius, Henriette Eugenie von (geb. 1817), Tochter von Karl Joseph von Mylius (1778–1838) u. Maria Agnes Walburga Antonetta von Geyr zu Schweppenburg (1789–1872); heiratete Georg von Hilgers

Mylius, Hermann Joseph von (1738–1786), verh. mit Maria Elisabeth Walburga von Heinsberg (1744–1805); Vater von Eugen Franz Alois von Mylius (1776–1849) u. Karl Joseph von Mylius (1778–1838)

Mylius, Karl Joseph von (1778–1838), Jurist, Politiker; ab 1812 Senatspräsident am Appellationsgerichtshof in Düsseldorf; 1815 bis 1819 Kommissarischer Oberbürgermeister von Köln; 1815 bis 1819 Präsident der Handelskammer; seit 1819 Vorsitzender des Verwaltungsrats des Schul- u. Stiftungsfonds; ab 1831 Senatspräsident am Appellationsgerichtshof in Köln; Sohn von Hermann Joseph von Mylius (1738–1786) u. Maria Elisabeth Walburga von Heinsberg (1744–1805); seit 1812 verh. mit Maria Agnes Walburga Antonetta von Geyr zu Schweppenburg (1789–1872); bis 1817 hatte das Ehepaar vier Kinder: Eberhard Franz, geb. 1813; Josephine Dorothee, geb. 1814; Hermann Anton Balthasar Hubert, geb. 1816; Henriette Eugenie, geb. 1817; Wohnsitz ab 1816: Machabäerstr. 17 (Haus des Grafen von Hompesch); AK 1822: Machabäerstr. 17

Mylius, Maria Agnes Walburga Antonetta von, geb. von Geyr zu Schweppenburg (1789–1872), Tochter von Cornelius Joseph

Ägidius von Geyr zu Schweppenburg u. dessen 1. Ehefrau Maria Adelgunde Therese von Beywegh (1763–1789); seit 1812 verh. mit Karl Joseph von Mylius

Mylius, Maria Anna Henriette Walburga, geb. de Groote (1759–1785), Tochter von Franz Jakob Gabriel von Groote ((1721–1792) u. Maria Ursula von u. zum Pütz (1734–1768); 1. Ehefrau von Caspar Joseph Carl von Mylius (1749–1831), Tante Eberhard von Grootes

Mylius, Sophia Albertina von (1782–1867), Tochter von Caspar Joseph Carl von Mylius (1749–1831) u. Maria Anna Henriette Walburga de Groote (1759–1785); Cousine Eberhard von Grootes; heiratete 1819 Karl Anselm von Heinsberg-Backenhof

Müller

Myller, Christoph Heinrich (1740–1807), Herausgeber mittelalterlicher Dichtung · 438, 521, 624, 628, 639

N

Nagel, von

Nagel zur Gaul, Franz Adolph Joseph von (1741–1821), 1815 bis 1821 Mitglied des Stadtrats, seit 1815 Dirigent/Präsident des Verwaltungsrats des Schul- u. Stiftungsfonds; in 1. Ehe verh. mit Maria Franziska Agnes von Weichs zur Wenne; seit 1806 in 2. Ehe verh. mit Maria Franzisca Nicoletta von Weise (um 1761–1822); AK 1813: rentier, Rue des Peintres 70/Schildergasse 70 · 44, 47, 106 f., 108, 411–413, 154, 284, 358 f., 440, 472, 524

Nagel zur Gaul, Maria Franzisca Nicoletta, geb. von Weise (um 1761–1822), seit 1806 verh. mit Franz Adolph Joseph von Nagel zur Gaul · 154

Nakatenus · 458

Nakatenus, Anton; AK 1822: Mietkutscher, Komödienstr. 21

oder

Nakatenus Johann Adam; AK 1822: Mietkutscher, Glockengasse 26

Napoleon I., Napoleon Bonaparte (1769–1821), 1804 bis 1815 franz. Kaiser · 48, 51, 67, 90, 102, 251, 257, 332, 360, 424, 460 f., 538, 549, 556

Nazemer

Natzmer, von, Major · 429

Naumann, Johann Gottlieb (1741–1801), Komponist, Kapellmeister · 178, 380, 395 f., 407

Neigebauer

Neigebaur, Johann Daniel Ferdinand (1783–1866), Jurist, Schriftsteller, Reisender; preuß. Staatsbeamter; 1814/15 beim Generalgouvernement in Aachen tätig; 1816 Oberlandesgerichtsrat in Kleve, 1820 in Hamm, 1822 in Münster; 1832 Landgerichtsdirektor in Fraustadt · 37, 90, 122, 144, 494 f., 506, 601

Nesselrode · 511, 577

Nesselrode, Frau u. Fräulein · 578

Nesselrode · 578

vermutlich

Nesselrode-Ehreshoven, Franz Bertram Graf von (1783–1847), Sohn von Karl Franz Alexander von (1752–1822) u. Josepha von Hatzfeldt-Wildenbruch (1761–1816); seit 1816 verh. mit Marie Luise von Hanxleden (1799–1851)

Nesselrode-Ehreshoven, Karl Franz Alexander Graf von (1752–1822), preuß. Militär; Sohn von Karl Franz von Nesselrode (1713–1798) u. Anna von Loë (1721–1794); 1782 Heirat mit Josepha von Hatzfeldt-Wildenbruch (1761–1816) · 578

Nesselrode-Ehreshoven, Maximilian von (20. Dez. 1817–1898), Sohn von Franz Bertram von Nesselrode-Ehreshoven u. Marie Luise von Hanxleden · 578

Nesselrode, Rud. · 132

vermutlich

Nesselrode-Ehreshoven, Rudolph Carl Godfried von (geb. 1799), Sohn von Karl Franz Alexander von Nesselrode-Ehreshoven u. Josepha von Hatzfeldt-Wildenbruch · 578

Netz, August von, preuß. Militär · 49, 119, 146, 159, 242 f., 245, 300, 308, 350 f., 528 f., 540

Neuendorf, Constantin Heinrich (um 1710–1797), kath. Geistlicher; bis 1797 Rektor der Kirche St. Gregorius am Elend · 82

Neumann, Franz Christoph (1769–1840), Wechselmakler; 1805 bis 1814 Munizipalrat, 1814 bis 1832 Mitglied des Stadtrats · 47, 512

Nierstraß, Familie; 1819: Am Hof 18 · 514

Niebuhr, Barthold Georg (1776–1831), Historiker, Diplomat; lehrte seit 1810 an der Berliner Universität; 1816 bis 1823 Gesandter beim Vatikan, ab 1825 Professor an der Universität in Bonn; seit 1816 in 2. Ehe verh. mit Margarete Hensler · 440, 598 f.

Neusser, Peter (1772–1843), Buchhändler, Buchdrucker, Zeitungsverleger in Bonn; seit 1801 in 1. Ehe verh. mit Catharina Rommerskirchen (1774–1803), Tochter des Hofdruckereibesitzers u. Zeitungsverlegers Ferdinand Rommerskirchen (gest. 1777); verh. in 2. Ehe mit Anna Gertrud Spratel (geb. 1780) · 182, 272 f., 283, 361

Noeggerath

Nöggerath, Johann Jacob (1788–1877), Geologe, Mineraloge, Schriftsteller; 1814 Ernennung zum Geh. Bergrat; lehrte seit 1818 an der Universität in Bonn · 590

Nolden, Heinrich, Hafenkommissar, Rheinkommissar; 1822: Maximinstr. 28 · 203

Nollen · 438

Norrenberg · 114

Novalis, eigentlich Friedrich Leopold von Hardenberg (1772–1801), Dichter · 696

Nückel, Elisa Gertrud Benigna, geb. von Gall (um 1796–1824), Tochter von Gottfried Joseph von Gall (1756–1826); heiratete am 9. April 1817 Joseph Adolph Nückel (1788–1847) · 214, 218

Nückel, Johann Caspar (1754–1814), Jurist; bis 1795 Mitglied des Stadtrats; Professor an der Kölner Universität, Fiskalrichter; seit 1768 verh. mit Maria Elisabeth Dolleschall; AK 1797: An St. Laurenz 2048 (Nr. 5); AK 1813: Quartier des Orfèvres/Unter Goldschmied 5 · 78, 214

Nückel, Joseph Adolph (1788–1847), Jurist; Sohn von Johann Caspar Nückel u. Maria Elisabeth Dolleschall; heiratete am 9. April 1817 Elisa Gertrud Benigna von Gall; AK 1813: Quartier des Orfèvres 5/Unter Goldschmied 5; AK 1822: Advokat u. Anwalt am Appellationsgerichtshof in Köln, Unter Goldschmied 48

Nussbaum, Jacob (1771–1830), kath. Geistlicher; seit 1815 Lehrer für alte Sprachen u. Religion am Marzellengymnasium; AK 1822: Marzellenstr. 32 · 42, 164, 171, 210 f., 514, 527 f., 646

O

Oberlin, Georg Jeremias (1770–1829), Bibliothekar, Buchhändler in Paris · 219, 250, 554, 624, 628, 639

Ochs, jüdischer Einwohner in der Gegend um Kendenich · 569

Odenthal, ehemaliger Kanonikus · 143

Oetgen, Oettgen

Oettgen, Leonhard Joseph, Kaufmann in Farbwaren; AK 1813: Colline du Palais 3 u. 5; AK 1822: Malzmühle 5 · 239 f., 405

Oettingen-Baldern, Franz Wilhelm Graf von (1725–1798), Dompropst in Köln, Groß-Statthalter des Erzstifts Köln · 273

Oettinger, August Joseph Ludwig von, 1817 Referendar bei der Regierung Köln · 88, 97, 104, 153, 215, 242, 590

Offerman, Herr aus Bergheim · 115

Ohm, Georg Simon (1787–1854), Physiker, Mathematiker; seit 1817 Lehrer am Marzellengymnasium, ab 1826 an der Kriegsschule in Berlin tätig; ab 1833 Professor an der Polytechnischen Schule in Nürnberg; 1817: Marzellenstr. 32; AK 1822: Marzellenstr. 32 · 42 f., 592

Ocken

Oken, Lorenz (1779–1851), Mediziner, Naturforscher, Publizist · 184, 222 f., 288, 332 f., 374 f., 466 f., 470, 477, 479, 499, 552

Olfers, Ignaz Franz Werner Maria (1793–1872), Mediziner, Diplomat, Naturwissenschaftler; seit 1839 Generaldirektor der Königl. Museen in Berlin · 151–153

Oppenheim, Familie · 562, 580

Oppenheim, Salomon (1772–1828), Kaufmann, Gründer der Bank Sal. Oppenheim Jr. & Cie. in Köln; 1801/02 Mitgründer der Kölner jüdischen Gemeinde; verh. mit Therese Stein (1775–1842); AK 1813: banquier, Rue des Boutiques 8/Budengasse 8; AK 1822: Bankier u. Kaufmann, in Kommission. u. Spedition, Große Budengasse 8 · 48 f. 562

Orley, Bernard von (um 1491–1542), flämischer Maler · 503

Ostgen, 1817 Präfekt der Bruderschaft an der Kirche St. Gregorius am Elend · 86

Otterstedt, von, Herr in Wiesbaden · 344

P

Pappenheim, Lucia Anna Wilhelmine Christina Gräfin von, geb. von Hardenberg-Reventlow (1776–1854), verh. in 1. Ehe mit Karl Theodor Friedrich Pappenheim; nach der Scheidung 1817 heiratete sie Hermann von Pückler-Muskau · 442

Papst Gregor

Papst Gregorius der Große (um 540–604), von 590 bis 604 Papst · 488, 545

Pauli, Posthalter- u. Fuhrunternehmerfamilie · 244

Paulmann, Carl Ludwig Friedrich (1789–1832), Schauspieler, Opernsänger · 140–142, 177

Pfuel, Ernst Heinrich Adolf von (1779–1866), preuß. Militär, 1815 Kommandant von Paris; lehrte seit 1816 an der Berliner Allgemeinen Kriegsschule; 1825 Ernennung zum General, 1830 Kommandant der Festung Köln · 137

Peipers, Goswin Friedrich (1771–1822), Arzt; Sohn von Heinrich Wilhelm Joseph Peipers u. Anna Sophia Bürgers (um 1747–1812); verh. mit Johanna Catharina Hoddick; AK 1813: Rue de Cloches 27/Glockengasse 27; AK 1822: ausübender Arzt, Sternengasse 5 · 180, 243, 309, 338

Peipers, Johanna Catharina, geb. Hoddick (1783–1821), verh. mit Goswin Friedrich Peipers (1771–1822) · 243, 247, 309, 319, 338

Pelzer, Demoiselle aus Aachen · 478

Pelzer

Peltzer, Theodor, Jurist; 1819: Eigelstein 17; AK 1822: Appellations- u. Landgerichtsrat, Gereonstr. 13 · 104, 216, 573

Perger, Johann Heinrich Josef Gustav (1783–1853), 1816 landrätlicher Kommissar im Landkreis Trier, seit April 1817 bis 1847 Landrat in Trier · 304 f.

Perthes, Friedrich (1772–1843), Verleger, Buchhändler · 185, 295, 333, 468

Pestel, Philipp von (1767–1835), 1816 bis 1831 Regierungspräsident in Düsseldorf, 1831 bis 1834 Oberpräsident der Rheinprovinz; 1817: Düsseldorf, Mühlenstr. 207 · 285, 317, 326, 414, 443, 584

Phuel, Ernst Heinrich Adolf von *siehe* Pfuel, Ernst Heinrich von

Pick, Franz (1750–1819), kath. Geistlicher, Sammler, Freund u. Rivale von Ferdinand Franz Wallraf · 273, 275, 282 f.

Pilgeram

Pilgram, Caspar Heinrich, Pächter der Familie von Groote, Burghalbwinner auf der Kitzburg · 72

Pilgram, Geschwister, in Kalscheuren · 326, 336 f., 339, 343, 559, 561

Pipin

Pippin der Mittlere (um 635–714), fränkischer Hausmeier · 258

Pisano, Giovanni (um 1248–um 1315), italien. Bildhauer, Baumeister · 73

Pistor, Carl Philipp Heinrich (1778–1847), preuß. Staatsbeamter, Geh. Postrat; Mechaniker, Astronom, Produzent wissenschaftlicher Instrumente; Pionier der optischen Telegrafie · 172, 98, 200 f., 524–526

Plectrudis (vor 660–725), Ehefrau von Pippin dem Mittleren · 258

Plenchmacher, Sänger · 70

Plettenberg, Gräfin von · 252 f.

möglicherweise

Plettenberg-Lenhausen, Bernhardine Antonia Gräfin von, geb. Droste zu Vischering (1776–1848), verh. mit August Joseph Graf von Plettenberg-Lenhausen (1767–1805)

Pleunissen, Johann Heinrich (1731–1810), Kaufmann 423

Plotho, von · 103, 161, 207

möglicherweise

Plotho, Karl Christoph Friedrich Wilhelm von (1770–1839), Rittmeister

Poll, Jakob (1768–1838), kath. Geistlicher; Pfarrer in Neuß; 1816 Ernennung zum Konsistorialrat in Köln · 39 f., 94, 102, 146 f., 267, 302, 309–311, 320 f., 377, 382, 384, 389 f., 434, 440, 448, 450, 457, 489, 562, 621, 647

Poll, van der, 1817 Präfekt der Bruderschaft an der Kirche St. Gregorius am Elend · 86

Pollac · 384

Pollack · 438

vermutlich

Pullack, Matthias, Schreiner; AK 1813: menuisier, Rue Culture Ste. Marie 1/Mariengartengasse 1

Poppey, Friedrich Wilhelm, 1817 Sekretär an der Regierung Köln; 1819: Maximinenstr. 19; AK 1822: Regierungssekretär, Gereonstr. 63 · 65, 126, 692

Prang, von • 137, 495, 518
Prinz Carl von Mecklenburg-Strelitz
   (1785–1837), preuß. Militär; Schriftsteller;
   Bruder von Königin Luise, geb. von Mecklenburg-Strelitz • 413
Prinz Friedrich Carl Alexander von Preußen,
   Carl von Preußen (1801–1883), Militär,
   Sammler; 3. Sohn von König Friedrich Wilhelm III. u. Luise von Mecklenburg-Strelitz •
   348
Prinzessin Charlotte
Prinzessin Friederike Luise Charlotte von Preußen, Zarin Alexandra Fjodorowna
   (1798–1860), Tochter von Friedrich Wilhelm III. u. Luise von Mecklenburg-Strelitz;
   Schwester von Kronprinz Friedrich Wilhelm;
   heiratete 1817 Großfürst Nikolaus Pawlowitsch, ab 1825 Zar Nikolaus I. • 210, 356,
   358, 360, 379, 386, 407 f.
Prinzessin Friederike Luise Caroline von Mecklenburg-Strelitz *siehe* Solms-Braunfels, Friederike Luise Caroline
Prinzessin Wilhelm
Prinzessin Marianne (Marie Anna Amalie) von
   Preußen, geb. Prinzessin von Hessen-Homburg (1785–1846), seit 1804 verh. mit Prinz
   Friedrich Wilhelm Karl von Preußen
   (1783–1851) • 348 f.
Prinzessin von Braunschweig • 336
Prinz u. Prinzessin von Oranien • 336
Prittwitz, Emilie • 58
Namensvarianten: zum Pütz, Zumpütz, von u.
   zum Pütz
Pütz, von u. zum, Familie • 63, 151, 168, 230,
   393, 545
Pütz, Everhard/Everard Johann Melchior von u.
   zum, Bürgermeister • 121
Pütz, Heinrich Joseph Caspar, von u. zum
   (1753–1819), kath. Geistlicher, Kanonikus
   u. Scholaster an St. Severin; Kirchmeister
   von St. Kolumba; Mitglied des Verwaltungsrats des Schul- u. Stiftungsfonds, Mitglied
   der Bruderschaft an der Kirche St. Gregorius
   am Elend • 45, 230–232, 234
Pütz, Johann Caspar Joseph, von u. zum
   (1708–1770), Bürgermeister, Sohn von
   Johann Caspar von u. zum Pütz (geb. 1676)
   u. Maria Elisabeth von Rensing
   (1689–1747); verh. in 1. Ehe mit Maria Theresia von Daemen (1705–1735), in 2. Ehe
   mit Marie Adelgunde von Hettermann

(1721–1786), Vater von Maria Ursula Columba de Groote (1734–1768); Urgroßvater Eberhard von Grootes • 231
Pütz, Maria Helena von u. zum, Tochter von
   Everhard/Everard Johann Melchior von u.
   zum Pütz; verh. mit Johann Nicolaus Franz
   Xavier von Ghisel (1789–1866) • 121
Pütz, Maria Theresia, von u. zum, geb. von
   Daemen (1704/05–1735), 1. Ehefrau von
   Johann Caspar Joseph von u. zum Pütz
   (1708–1770), Mutter von Maria Ursula Columba de Groote (1734–1768), Urgroßmutter Eberhard von Grootes • 231
Pütz, N.N. von u. zum, Tochter von Everhard/
   Everard Johann Melchior von u. zum Pütz;
   verh. mit Franz Georg von Leykam • 121
Pullem, Huissier, Gerichtsvollzieher; AK 1813:
   huissier près le tribunal de 1ère instance,
   Rue de l'École de Droit 14/An der Rechtschule 14; AK 1822: Gerichtsvollzieher
   beim Kreisgericht • 143 f., 158

Q
Quadt, Familie von • 523
Quentel, Herren von, von 1682 bis 1757 Besitzer der Kitzburg in Walberberg • 73

R
Rafael
Raphael (1483–1520), italien. Maler • 297
Raitz von Frentz zu Schlenderhan, Adolf Carl
   Hubert (1797–1867), preuß. Staatsbeamter; 1817 Sekonde-Lieutenant bei der Landwehr; seit 1837/38 Landrat im Kreis Berheim; Sohn von Franz Carl Anton Johann
   Raitz von Frentz zu Schlenderhan
   (1763–1821) u. Maria Franziska Agnes Antonetta von Nagel zur Gaul (1773–1840);
   heiratete 1824 Amalie von Bissingen-Nippenburg (1804–1848) • 125, 138
Raitz von Frentz zu Schlenderhan, Caroline
   Anna Huberta (1792–1855), Tochter von
   Emmerich Joseph Raitz von Frentz zu
   Schlenderhan (1764–1841) u. Franziska von
   Olmüssen (gest. 1798); heiratete am 15.
   April 1817 Ludwig Joseph Fortunatus Spies
   von Büllesheim 123, 252
Raitz von Frentz zu Schlenderhan, Edmund
   Carl (1790–1842), Sohn von Emmerich
   Joseph Raitz von Frentz zu Schlenderhahn
   u. Franziska von Olmüssen; verh. mit Kuni-

gunde Beissel von Gymnich (1794–1861); Bruder von Caroline Anna Huberta Spies von Büllesheim, geb. Raitz von Frentz zu Schlenderhan • 133
Raitz von Frentz zu Schlenderhan, Emmerich Joseph (1764–1841), verh. mit Franziska von Olmüssen (gest. 1798); Bruder von Franz Carl Anton Johann Nepomuk Raitz von Frentz zu Schlenderhan (1763–1821) u. Caroline Liobe von Mylius, geb. Raitz von Frentz zu Schlenderhan (1759–1821) • 79, 125
Rauch, Christian Daniel (1777–1857), Bildhauer • 72
Rauch, Gustav von (1774–1841), preuß. Militär, Chef des Ingenieurkorps, Generalinspekteur der Festungen, 1830 Ernennung zum General, 1831 zum Mitglied des Staatsrats; 1837 bis 1841 Kriegsminister • 16 f.
Rauschnick, Gottfried Peter, Pseudonym: P. Rosenwall (1778–1835), Arzt, Schriftsteller, Reisender • 18, 210, 213–215, 577 f., 583
Reche, Johann Wilhelm (1763–1835), protest. Geistlicher, Schriftsteller, Sammler; 1795/96 bis 1830 Pfarrer der lutherischen Gemeinde in Mülheim; 1816 bis 1830 Konsistorialrat • 39
Rector, Rektor *siehe* Fochem, Gerhard Cunibert
Redtel • 161
Redtel, Frau; verh. mit Carl Wilhelm Redtel • 32, 64, 71 f., 76, 96 f., 137, 215, 328, 365, 383, 463
Redtel, Carl Wilhelm (1783–1853), Architekt; Schüler von Karl Friedrich Schinkel; 1814 Ernennung zum Landbaumeister in Halberstadt, 1816 zum Regierungs- u. Baurat in Köln; „Altpreuße"; 1818 Versetzung nach Potsdam • 32, 35 f., 64 f., 68, 73, 76, 80, 84, 94, 215, 236, 243, 246, 266 f., 269, 310, 318–320, 325, 329 f., 349, 370, 374, 383–388, 433, 439, 443, 463, 538, 574
Rehfuß, Rhefues
Rehfues, Philipp Joseph (1779–1843), Schriftsteller, Reisender; seit 1814 Kreisdirektor in Bonn; ab 1818 bis 1842 Kurator der Universität in Bonn, 1826 nobilitiert; heiratete 1817 Caroline Eleonora von Meusebach • 283, 304 f., 329, 351, 505 f., 515, 654
Reiche, August Friedrich Ludwig von (1775–1855), preuß. Militär, Militärschriftsteller, 1815 Obristlieutenant, ab 1842 General • 116
Reiche, von • 116., 145 f., 165, 170, 216 f., 236, 310, 324
möglicherweise
Reiche, Jobst Christoph Ernst von (1772–1833), preuß. Militär; Schriftsteller, 1816 Oberkriegskommissar beim Generalkommando in Münster
Reimann
Reiman, Johann Gerhard August von (1771–1847), Jurist; preuß. Staatsbeamter; seit 1814 beim Generalgouvernement in Aachen tätig; 1816 bis 1834 Regierungspräsident in Aachen; seit 1804 in 2. Ehe verh. mit Anna Albertine von Tschirschky • 193, 286, 390, 443
Reimer, Georg Andreas (1776–1842), Berliner Verleger, Buchhändler, Eigentümer der Realschulbuchhandlung Reimer u. des Verlags G. Reimer; seit 1800 verh. mit Wilhelmine Reinhardt • 91, 159, 206, 218, 419–426, 432, 464, 488, 491, 529, 549, 575, 602, 619
Reimer, Wilhelmine, geb. Reinhardt (1784–1864), seit 1800 verh. mit Georg Andreas Reimer • 420, 426
Reinhard, Christine von, geb. Reimanus (1771–1815), seit 1796 verh. mit Karl Friedrich Reinhard • 227
Reinhard, Karl Friedrich Graf von (1761–1837), Diplomat, Politiker, Schriftsteller; 1815 bis 1829 Gesandter beim Deutschen Bundestag in Frankfurt a. M.; seit 1796 verh. mit Christine Reimanus • 104, 227
Reitmeyer, Josef, Schauspieler • 205
Rennes
Renesse-Breitbach, Clemens Wenzeslaus Graf von, Heer van Elderen (1774–1833) • 271, 280, 524, 551
Reusch, Heinrich Adolph (1781–1864), Bierbrauer; 1824 bis 1846 Mitglied des Stadtrats; AK 1813: Rue de Roi de Rome 49/Sachsenhausen 49; AK 1822: Sachsenhausen 49 • 241, 499, 509
Reuter, Christian (1665–um 1712), Schriftsteller • 312
Rey, Johanna Maria, geb. Correns; Pächterin des der Familie von Groote gehörenden Frentzenhofs in Kendenich; Tochter von Jakob Correns u. Margaretha Coenen • 229

Rhodius, Johanna Theresia (1800–1881), Tochter von Johann Christian Rhodius u. Anna Sara Helene Moll, heiratete 1818 Carl Christian Andreae (1783–1868) · 216
Rodius
Rhodius, Johann Christian (1757–1829), Kaufmann; verh. mit Anna Sara Helene Moll (1762–1843); Mülheim, Wallstr. 100 · 28, 216
Ribbentrop, Friedrich Wilhelm Christan (1768–1841), Jurist, preuß. Militär; 1815 Generalintendant der preuß. Armee in Paris · 310, 330 f.
Riegeler, Philipp Jacob (geb. um 1776), Kaufmann, Mitglied des Handelsgerichts; 1815 bis März 1817 Beigeordneter der Stadt; 1817, 1824 Mitglied des Stadtrats; AK 1813: Juge suppléant au tribunal de Commerce, Rue du Roi de Rome 8/Sachsenhausen 8; AK 1822: An der Rechtschule 2–4 · 47, 68, 87, 203, 227
Rittmann · 433
Rittmann, Ferdinand (Rittmann Sohn), Jurist; AK 1822: Advokat beim Appellationsgerichtshof, Gereonstr. 63
oder
Rittmann, Franz, Jurist; AK 1822: Advokat u. Anwalt am Appellationsgerichtshof, Neumarkt 14
Ritz, Peter Ludwig Wilhelm (1789–1858), seit 1816 Regierungsrat in Aachen, später Oberregierungsrat; 1830 Mitglied des Rhein. Provinziallandtags, 1848 der preuß. Nationalversammlung in Berlin · 493, 507 f.
Rodius *siehe* Rhodius
Roeder, Carl Ferdinand Heinrich von (1787–1856), preuß. Militär; seit 1816 2. Adjutant des Kronprinzen Friedrich Wilhelm, 1817 Ernennung zum Major, 1835 zum Oberst, 1840 zum Flügeladjutanten von Friedrich Wilhelm IV. · 49, 359, 377, 380 f., 384, 386–389
Rödelheim, Roedelheim, zu *siehe* Solms-Rödelheim, zu
Roitzsch, Jurist, preuß. Staatsbeamter; 1816 Geh. Regierungsrat in Köln; „Altpreuße"; 1816 aus Köln abberufen · 35, 86, 392
Rolshausen, Familie von · 427
Rolshausen, Georg Karl Friedrich von (1795–1868), Sohn von Maximilian Felix von Rolshausen u. Maria Anna von u. zu Franckenstein; heiratete 1818 Franziska Henrica von u. zu Franckenstein (1800–1872) · 112, 427, 598
Rolshausen, Maximilian Felix von (1764–1819), seit 1800 Mitglied des Departementsrats; 1803 Präsident der Kantonsversammlung Kerpen; seit 1791 verh. mit Maria Anna von u. zu Franckenstein (1772–1835) · 79, 112, 120
Rolshoven, Herr aus Meschenich · 128 f.
Romberg · 133
Romberg, Bernhard (1767–1841), Violoncellist, Cellist, Komponist; seit 1805 Mitglied der Berliner Hofkapelle, von 1816 bis 1822 Hofkapellmeister · 246
Rommerskirchen, Heinrich (1770–1823), Buchhändler, Verleger, Buchdrucker in Köln; Sohn von Ferdinand Rommerskirchen in Bonn; AK 1813: Rue du Temple 13/Unter Fettenhennen 13; 1822: Unter Fettenhennen 13 · 84, 90, 95, 206, 222, 240, 245, 283, 362, 399, 421, 424, 487, 494 f.
Roos, Johann Heinrich (1631–1685), Maler, Tiermaler · 581
Rhon, de · 139
Rhon, Frau de · 605
möglicherweise
Ron, Marianne Katherine de, geb. von Imhoff (1782–1840), seit 1810 verh. mit Carl Gustav de Ron
Rosa, Salvator (1615–1673), italien. Maler, Dichter · 580
Rosenwall, P., *siehe* Rauschnick, Gottfried Peter
Roth · 125
Roth, von · 133, 157–159, 371
Roth, von · 120
möglicherweise
Roth, von, 1817 Appellationsrat am Kassationshof in Düsseldorf
Roth, Nicolaus von · 79
Rothert, Polizeiinspektor, Polizeikommissar in Minden · 461
Rubens, Peter Paul (1577–1640), flämischer Maler · 213, 257 f., 260, 297, 379, 503, 509, 519, 525, 580 f., 583 f.
Rudeler
Rudler, François Joseph (1757–1837), Jurist, franz. Staatsbeamter; 1797 bis 1799 Kommissar der Direktorialregierung der besetz-

ten Länder an Rhein, Maas u. Mosel · 238 f., 339

S

Saam, Franz, Pächter der Kitzburger Mühle in Walberberg, dem Eigentum der Familie von Groote · 112
Sacchi, Lorenzo, Kunsthändler in Berlin · 343, 503, 618, 624
Sack, Johann August (1764–1831), Jurist, preuß. Staatsbeamter; 1815 bis März 1816 Leiter des Generalgouvernements Mittel- u. Niederrhein u. des Generalgouvernements Jülich-Kleve-Berg, 1816 Ernennung zum Oberpräsidenten der Provinz Pommern · 37, 44, 110, 191, 193, 297, 429, 633, 671
Salm, Frau · 123
Salm-Reifferscheidt-Bedburg, Familie zu · 75
Salm-Reifferscheidt-Dyck, Familie zu · 123, 378
Salm-Reifferscheidt-Dyck-Krautheim, Familie zu · 123
Salm-Reifferscheidt-Bedburg, Sigismund Graf zu (1735–1798), verh. mit Eleonore von Waldburg-Zeil-Wurzach (1735–1804) · 80
Salm-Reifferscheidt-Dyck-Krautheim, Joseph Franz Maria Fürst zu (1773–1861), 1816 in den Fürstenstand erhoben; Privatgelehrter, Botaniker; im April 1817 zum Major u. „Bataillons-Commandeur" in der Rhein. Landwehr ernannt; Sohn von Franz Johann Wilhelm von Salm-Reifferscheidt-Dyck (1714–1775) u. Auguste von Waldburg-Zeil-Wurzach (1743–1776); Bruder von Franz Joseph August Fürst zu (1775–1826); seit 1803 in 2. Ehe verh. mit Marie Constance de Theis (1767–1845) · 378
Salm-Krautheim, Prinz
vermutlich
Salm-Reifferscheidt-Dyck-Krautheim, Konstantin Dominik Franz zu (1798–1856), Sohn von Franz Wilhelm Joseph Anton zu Salm-Reifferscheidt-Dyck-Krautheim (1772–1831) u. Franziska Luise zu Hohenlohe-Bartenstein (1770–1812); heiratete 1826 Charlotte Sophie Mathilde Henriette zu Hohenlohe-Jagstberg (1808–1873) 124, 128, 692
Sand, Karl Ludwig (1795–1820), Burschenschaftler, ermordete 1819 August Friedrich Ferdinand von Kotzebue · 106

Sandt · 584, 590
Sandt, Franz Anton Hubert von (1788–1862), Jurist, Advokat u. Anwalt am Appellationsgerichtshof in Düsseldorf; Sohn des kurkölnischen Amtmanns in Deutz Johann Stephan von Sandt (1853–1808) u. Caroline Weiler (um 1864–1820); Bruder von Johann Gottfried Alexander Maria Hubert von Sandt (1786–1839); 1817: Düsseldorf, Breitestr. 1058 · 429, 462, 513
Sand
Sandt, Johann Gottfried Alexander Maria Hubert von (1786–1839), Jurist, bis 1816 Generaladvokat am Appellationsgerichtshof in Düsseldorf, seit 1816 Generaladvokat am Appellationsgerichtshof in Köln; Sohn des kurkölnischen Amtmanns in Deutz Johann Stephan von Sandt (1753–1808) u. Caroline Weiler (um 1864–1820); heiratete in 1. Ehe Anna Elisbetha Saur (um 1790–1817); um 1817: Eigelstein 37; AK 1822: Zeughausgasse 9 · 90, 111, 132, 137, 145, 163, 183, 341, 345, 378, 429, 481, 483, 491, 495, 497, 539 f., 562 f., 569
Sauvage, Margaretha, 1815 Kammerjungfer von Henriette von Groote · 27
Savigny, Friedrich Carl von (1779–1861), Jurist, preuß. Staatsbeamter, Begründer der Historischen Rechtsschule; lehrte seit 1810 an der Berliner Universität; 1817 Mitglied des Staatsrats, 1842 bis 1848 Minister für Gesetzgebungsrevision; verh. mit Kunigunde Brentano (1780–1863) · 10, 35, 38, 51, 94, 103, 112, 148, 185, 188, 190 f., 198, 253, 259, 505 f., 549, 565, 598
Saydenfaden *siehe* Seidenfaden
Namensvarianten: Schaaffhausen, Schaafhausen, Schaffhausen, Schafhausen
Schaaffhausen, Familie · 23, 121, 268, 543
Schaaffhausen, Franz Carl (1801–1850), Sohn von Johann Abraham Anton Schaaffhausen u. Maria Theresia Lucie de Maes; heiratete 1826 Henriette Katharina Stephanie Foveaux (1805–1878) · 461
Schaaffhausen, Johann Abraham Anton (1756–1824), Bankier; Sammler; bis 1794 Ratsherr, 1810 bis 1814 Munizipalrat, 1814 bis 1824 Mitglied des Stadtrats; 1801 bis 1824 Präsident des Handelsgerichts, seit 1815 Mitglied des Verwaltungsrats des Schul- u. Studienfonds; Mitglied der Olym-

pischen Gesellschaft; Sohn von Johann Wolter Schaaffhausen u. Maria Sibylla Knaben; Heirat 1794 in 1. Ehe mit Maria Anna Giesen; 1800 in 2. Ehe mit Maria Theresia Lucie de Maes; ab 1821 Schwiegervater von Joseph Cornelius Alois Anton Balthasar von Groote; ab 1829 Schwiegervater von Johann Heinrich Joseph von Wittgenstein; AK 1797: Trankgasse 2418 (Nr. 25); AK 1813: Rue des Francs 25/Trankgasse 25; AK 1822: Trankgasse 25 · 44 f., 47, 50, 75, 87, 137, 139, 180, 205, 227, 241, 253, 260, 268, 331, 337, 358 f., 364, 381, 413, 461 f., 495, 511–513, 522, 570 f., 573

Schaaffhausen, Johann Wolter (1726–1786), Bankier, Kaufmann; verh. mit Maria Sibylla Knaben (um 1730–1815); AK 1797: Unter Karbender auf der Bach 83/Mühlenbach 4; AK 1813: Marie Sibille Schaaffhausen, Ruisseau du Moulin 4/Mühlenbach 4; AK 1822: Theresia Schaafhausen, Rentnerin · 331

Schaaffhausen, Margarete Auguste (1802–1890), Tochter von Johann Abraham Anton Schaaffhausen u. Maria Theresia Lucie de Maes, heiratete 1821 Joseph Cornelius Alois Anton Balthasar von Groote · 364, 422

Schaaffhausen, Maria Theresia Lucie, geb. de Maes (1777–1867), seit 1800 2. Ehefrau von Johann Abraham Anton Schaaffhausen (1756–1824) · 68, 331, 364

Schack, Ferdinand Wilhelm Carl von (1786–1831), preuß. Militär; seit 1814 Obristlieutenant u. Adjutant des Kronprinzen Friedrich Wilhelm · 49, 354, 359, 377, 386

Schaefer

Schäfer, Franz, Direktor einer Schauspielgruppe · 441 f., 481

Schaeffer, Heinrich (um 1772–26. Jan. 1817), Maler; 1817: Brückenstr. 23 · 107

Schaeffer

Schäffer, Karl Friedrich (1779–1837), Architekt; lehrte 1805 bis 1838 an der Kunstakademie in Düsseldorf · 197, 462, 489, 491, 493–495, 532, 553, 579–581, 584

Schäffers, Maria, 1815 Magd im Haushalt der Familie von Groote · 27

Schaesberg, Gräfin · 430

Schaesberg zu Kerpen, Lommersum u. Tannheim/Tübingen, Marie Sophie von, geb. von der Wenge zur Beck (1777–1841), Tochter von Clemens August Franz von der Wenge zur Beck (1740–1818) u. Maria Ludovica von Eynatten (1748–1803); verh. mit Martin Richard von Schaesberg zu Kerpen, Lommersum u. Tannheim (1778–1856) 254

Schaetz, Herr · 230

Scharnhorst, Heinrich Wilhelm Gerhard von (1786–1854), preuß. Militär; 1817 Major beim Generalkommando in Koblenz, 1849 Ernennung zum Gouverneur von Rastatt; heiratete 1818 Agnes von Gneisenau · 49, 270, 277–279, 281, 330 f., 616

Scheiffgen, Johann Anton Joseph (1780–1847), kath. Geistlicher, Sammler; seit 1812 Kaplan an Groß St. Martin, dann an St. Maria im Kapitol; ab 1820 Pfarrer an St. Pantaleon, ab 1830 Pfarrer an St. Maria in der Kupfergasse u. Generalvikariatsrat; AK 1813: Vikar an St. Martin, Rue de la Rubanerie 15/Lintgasse 15; AK 1822: Pfarrer zum heiligen Pantaleon in der Schnurgasse; Vor den Siebenburgen 2 · 56, 223

Schell, Geheimrat · 413

Schell, Herr von · 578

möglicherweise

Schell, Clemens August von Vittinghoff, genannt Schell (geb. 1746), verh. mit Maria Theresia von Merveldt

oder

Schell, Maximilian Friedrich von Vittinghoff, genannt Schell (1779–1835), Militär, Politiker; verh. mit Marie Elisabeth Auguste Gräfin von Spee (1785–1834)

Schelver, Franz Joseph (1778–1832), Botaniker, Mediziner, Naturphilosoph, Anhänger des Mesmerismus; lehrte seit 1806 an der Universität in Heidelberg · 200 f.

Schenck

Schenk, Michael (1783–1867), Jurist, Notar; 1842 bis 1843 Mitglied des Stadtrats, 1843 bis 1851 Beigeordneter der Stadt, 1843 bis 1845 stellv. Mitglied des Rhein. Provinziallandtags; verh. mit Brigitte Beckers; AK 1813: avocat; commis-greffier au tribunal de 1ère instance et traducteur juré, Rue Large 138/Breite Str. 138; AK 1822: Advokat u. Anwalt beim Landgericht, Apostelstr. 3 · 44, 62, 153, 223, 230, 236, 247, 302, 311, 433

Schenkendorf, Gottlob Ferdinand Maximilian

Gottfried von (1783–1817), Jurist, Staatsbeamter, Dichter; seit Ende 1815 Regierungsrat in Koblenz; seit 1812 verh. mit Henriette Elisabeth Dittrich · 51, 153, 199, 254, 270 f., 276–282, 361 f., 381 f., 391, 421, 426 f., 432, 531, 554, 575, 588, 590 f., 593, 646, 689

Schenkendorf, Henriette Elisabeth von, geb. Dittrich, verwitwete Barclay (1774–1840), seit 1812 verh. mit Gottlob Ferdinand Maximilian Gottfried von Schenkendorf · 270, 277, 421, 575, 588, 595

Schetz, Obristlieutenant · 316, 548

Schieffer, Frau · 109

Schieffer, Herr · 135, 205, 585

Schieffer, Heinrich/Henrich (1780–1847), Kaufmann, Tuchfabrikant, Sammler; Sohn von Johann Wilhelm Schieffer u. Maria Franziska Pleunissen, Stiefsohn von Johann Baptist Hirn; AK 1822: Associé der Firma Joh. Bapt. Hirn, Filzengraben 12 · 50, 70, 171, 240, 338, 440

Schieffer, Johann Baptist (1797–1854), Wollwarenfabrikant; 1844 bis 1846 Mitglied des Stadrats, 1846 bis 1853 Gemeindeverordneter · 171, 543

Schieffer, Maria Franziska *siehe* Hirn, Maria Franziska

Schiele, Wilhelmine, Schauspielerin · 492

Schiller, Friedrich von (1759–1805), Dramatiker, Dichter · 82, 174, 203, 352, 496, 589

Schinkel, Karl Friedrich (1781–1841), Architekt, Maler, Stadtplaner, Bühnenbildner; 1815 Ernennung zum Geh. Oberbaurat, 1830 zum Geh. Oberbaudirektor; verh. mit Susanne Henriette Eleonore Berger (1782–1861) · 51, 65, 112, 115, 190, 237, 270, 276, 280, 301, 352, 361, 365 f., 369, 379, 382, 424, 509, 600, 602

Schirmer, Friedrich (gest. 29. Apr. 1817), Schauspieler, Direktor einer Schauspielgesellschaft; verh. mit Sophie Schirmer · 241

Schirmer, Sophie, Schauspielerin, Direktorin einer Schauspielergesellschaft; verh. mit Friedrich Schirmer · 241

Schleefke

Schlaefke, Carl (geb. 1766), preuß. Staatsbeamter, 1816 bis 1825 Regierungsrat in Köln, „Altpreuße"; AK 1822: Gereonstr. 29 · 35 f., 161, 316, 499

Schlegel · 499

Schlegel, August Wilhelm von (1767–1845), Altphilologe, Übersetzer, Literaturhistoriker · 225, 234

Schlegel, Friedrich Wilhelm von (1772–1829), Kulturphilosoph, Literatur- u. Kunstkritiker, Historiker, Altphilologe · 223, 225, 227, 234, 375, 486, 573

Schleiermacher, Anna Maria Louise (1786–1869), Halbschwester von Friedrich Ernst Daniel Schleinermacher, heiratete 1817 Ernst Moritz Arndt · 422

Schleiermacher, Ernst Christian (1755–1844), Kabinettsrat, Kulturpolitiker in Darmstadt · 556

Schleiermacher, Friedrich Ernst Daniel (1768–1838), protest. Theologe, Philosoph · 305, 422

Schletter, Salomo Friedrich (1739–1801), Dramatiker, Schauspieler · 201

Schlosser, Schlossers · 432 f., 483 f., 487 f., 503 f., 506–512, 600, 632

Schlosser, Christian Friedrich (1782–1829), Pädagoge, Schriftsteller; Studium in Jena u. Göttingen; ab 1808 Aufenthalt in Rom, dort 1812 Konversion vom Protestantismus zum Katholizismus; nach der Rückkehr aus Rom als Gymnasiallehrer in Frankfurt tätig; 1818/19 Gymnasialdirektor in Koblenz; Bruder von Johann Friedrich Heinrich Schlosser; heiratete 1818 Johanna Helene Gontard (1790–1820) · 432, 436 f., 472, 502 f., 507, 622–624

Schlosser, Johann Friedrich Heinrich (Fritz) (1780–1851), Jurist in Frankfurt a. M., Pädagoge, Schriftsteller, Sammler, Kaiserl. Rat; ab 1799 Studium der Rechtswissenschaft in Halle, Jena u. Göttingen; 1814 Konversion vom Protestantismus zum Katholizismus; seit 1815 Mitarbeit an einem Verfassungsentwurf für die Freie Stadt Frankfurt; Bruder von Christian Friedrich Schlosser; seit 1809 verh. mit Sophie Charlotte Johanna Du Fay (1786–1865) · 431 f., 436, 483 f., 486–488, 499, 502, 624

Schlosser, Sophie Charlotte Johanna geb. Du Fay (1786–1865), seit 1809 verh. mit Johann Friedrich Heinrich Schlosser (1780–1851) · 432, 483

Schmedding, Johann Heinrich (1774–1846), Jurist, kath. Theologe, preuß. Staatsbeamter, Dichter; seit 1809 Staatsrat für Kirchenangelegenheiten im Innenministerium; lehrte von 1811 bis 1820 an der Berliner Universität; ab 1817 im Ministerium der geistlichen, Unterrichts- u. Medizinalangelegenheiten tätig · 205, 253

Schmitz · 95

Schmitz, A., Kirchmeister · 135

Schmitz, Ambrosia/Ambrosina (um 1785–5. März 1817), 1817: Breite Str. 3 · 150

Schmitz, Arnold Joseph (1782–1841), 1816 Ernennung zum Assessor beim Konsistorium Köln; AK 1822: Konsistorial-Assessor u. Vorsteher einer weibl. Unterrichtsanstalt, Straßburgergasse 16 u. 18 · 40, 202, 212, 377, 564

Schmitz, Franz Palmatius (1780–1821), Arzt; ab 1819 Medizinalrat beim Medizinalkollegium Köln; heiratete 1816 Walburga Gertrudis Schülgen; AK 1813: Rue Haute 134/Hohe Str. 134 · 67, 316, 446, 476, 480, 538, 542

Schmitz, Friedrich Joseph (1788–1852), 1817 Hilfslehrer am Marzellengymnasium · 372

Schmitz, Johann Georg (1761–1845), Buchhändler, Buchdrucker, Verleger des Welt- u. Staatsboten zu Köln, Kunstsammler; AK 1813: imprimeur, Rue des Mineurs 17/Minoritenstr. 17; AK 1822: Minoritenstr. 17 · 50, 87, 182, 231, 340, 342, 359, 376 f., 401, 425, 436, 617

Schmitz, Johann Jacob (1724–1810), Maler · 81, 257, 347, 350

Schmitz, Johann Peter, Knopfmacher · 202

Schmitz, Johann Wilhelm (1774–1841), kath. Geistlicher; seit 1812 Sekretär von Johann Hermann Joseph von Caspars zu Weiss, 1816 Ernennung zum apostolischen Pronotar, 1822 bis 1825 Kapitularvikar für die rechtsrhein. Gebiete des Erzbistums Köln als Nachfolger von Caspars zu Weiss; AK 1813: Rue du Lycée 48/Marzellenstr. 48; AK 1822: Gereonskloster 16 · 33

Schmitz, Peter (1760–1822), Architekt, Stadtbaumeister in Köln; AK 1813: architecte de la ville, Rue de l'Arsenal 12/Zeughausstr. 12; AK 1822: Stadtbaumeister, Quatermarkt 3 · 367, 518

Schmitz, Richard Benedikt, Pseudonym Roderich Schmitz (1755–1840), 1808 Ernennung zum städtischen Schulinspektor, 1816 zum Mitglied der städtischen Schulkommission;

Andreaskloster 6 · 41 f., 45, 165, 171, 202, 517

Schmitz, Walburga Gertrudis, geb. Schülgen; Tochter von Adam Joseph Schülgen u. Katharina Theresia Boisserée; Nichte von Melchior u. Sulpiz Boisserée; heiratete 1816 Franz Palmatius Schmitz · 67, 480

Schmitz-Grollenberg

Schmitz-Grollenburg, Franz Edmund Joseph von (1776–1844), seit März 1816 Abteilungsdirektor bei der Regierung Koblenz, Nov. 1817 Ernennung zum Regierungsvizepräsidenten in Koblenz, 1818 zum Regierungspräsidenten · 270, 278, 342 f., 463 f., 477

Schneiders, Kammerjungfer von Clara Catharina Rudolphina Walburgis von Groote · 248, 250, 305 f., 308

Schön, Mademoiselles · 30, 236, 477

Schön, Charlotte und Sophie, Lehrerinnen, Vorsteherinnen einer Unterrichtsanstalt für Mädchen, Cäcilienstr. 4

Schoenermark, Major · 590

Schöngen, Schmied in Kendenich · 591

Schoening

Schöning, Albin Joseph, Polizei-Kommissar; im Herbst 1817 Ernennung zum Polizei-Inspektor; AK 1813: Commissaire de Police de la 3ème section, Rue des Harnois 41/Hämergasse 41; AK 1822: Polizei-Inspektor, Hohe Str. 127 · 10, 298, 302

Schoenwald

Schönwald, Ludwig (geb. um 1784), 1816 Assessor bei der Regierung Köln; AK 1822: Regierungsrat, Unter Käster 10 · 98, 161 f., 593

Scholl, Karl Adam Joseph, Arzt, 1809 bis 1817 Bürgermeister von Hürth · 229 f.

Scholtz, Sekretär · 449

Schopenhauer, Johanna, geb. Trosiener (1766–1838), Schriftstellerin, Reisende, Salonnière · 104, 256, 431

Schorlemmer

Schorlemer, Mitglied der westfälischen Familie von Schorlemer · 446–449

Schram, Appellationsrat in Düsseldorf · 392

Schramm

Schram, Joseph; Bibliothekar an der Landesbibliothek in Düsseldorf; bis 1815 Gymnasiallehrer, amtierte ab 1818 an der Universitätsbibliothek in Bonn · 533, 581 f.

Schreiber, Aloys Wilhelm (1761–1841), Schriftsteller, Reiseschriftsteller; lehrte von 1803 bis 1813 an der Universität in Heidelberg · 17, 49, 211, 217, 258, 272, 427, 431, 491
Schroeder
Schröder, Franz, Kaufmann u. Fabrikant in Krefeld; seit 1816 in den Mordfall um Peter Anton Fonck verwickelt · 110, 112, 499
Schubert, Ferdinand (geb. 1788), Schriftsteller, Publizist; 1816 bis 1822 Registrator bei der Regierung Köln, dann Geh. Sekretär u. Registrator in Bonn; AK 1822: Blaubach 43 · 71, 345, 373, 515
Schubart
Schubert, Gotthilf Heinrich von (1780–1860), Mediziner, Naturforscher, Mystiker · 115, 119, 163, 166 f., 233, 235, 254
Schuckman
Schuckmann, Friedrich von (1755–1834), Jurist, Staatsrechtler, preuß. Staatsmann; 1814 bis 1819, nach kurzer Unterbrechung bis 1830 Innenminister; 1819 bis 1830 auch Polizeiminister · 149, 188 f., 191, 195 f., 257, 261, 264, 288, 325, 353, 392, 410–412, 415, 432, 439–441, 443 f., 473 f., 488, 505, 534, 568
Schülgen, Adam Joseph (1768–1819), Kaufmann, Fabrikant; 1805 bis 1809 Munizipalrat, seit 1790 verh. mit Katharina Theresia Boisserée, Achterstr. 10 · 480,
Schülgen, Heinrich Severin Apollinaris (1798–1856), 1817 Student in Heidelberg; Sohn von Adam Joseph Schülgen u. Katharina Theresia Boisserée; Neffe von Melchior u. Sulpiz Boisseree · 605
Schülgen, Katharina Theresia, geb. Boisserée (1770–17. Sept. 1817), Tochter von Nicolaus Boisserée u. Maria Magdalene Brentano; verh. seit 1790 mit Adam Joseph Schülgen; Schwester von Melchior u. Sulpiz Boisserée; 1817: Achterstr. 10 · 109, 480
Schülgen, Walburga Gertrudis *siehe* Schmitz, Walburga Gertrudis
Schüll, Frau · 26
Schüll, Johann Jacob (1723–1784), Rheinschiffer, Kaufmann, Fabrikant; AK 1822: Blaubach 41 · 334
Schüll, Sophia Helena Cornelia, geb. von Rappard (1763–1816), verh. mit Eberhard Caspar Schüll (1754–1812) · 68

Schüller, Pastor · 545
vermutlich
Schüller, Johann Hubert (1759–1834), Pfarrer an St. Johann Baptist; AK 1813: curé de St. Jean, Rue des Bobineurs 1/Spulmannsgasse 1; AK 1822: Spulmannsgasse 1
Schütz, Christian Wilhelm von (Lacrimas-Schütz) (1776–1847), Jurist, Schriftsteller; Bruder von Karl August von Schütz · 307, 309
Schütz, Karl August von (1777–1837), preuß. Staatsbeamter, 1809 Regierungsrat in Potsdam, 1812 Oberfinanzrat in Berlin, 1815 an der Reklamation des geraubten Kulturguts in Paris beteiligt; ab 1823 Provinzialsteuerdirektor in der Rheinprovinz · 307
Schug, Johann Caspar (1766–1818/19), Pädagoge, Gründer der Olympischen Gesellschaft; 1784 bis 1790 Erzieher der Söhne von Johann Friedrich Franz von Beywegh; seit 1803 Lehrer an der Privatschule der Brüder Schuhmacher · 122, 518
Schugt, Joseph Anton, Schlosser, Mechanikus; AK 1822: Komödienstr. 19 · 241
Schuller, Heumarkt · 478
Schumacher, Gerhard Joseph (1777–1861), Pädagoge, leitete mit seinem Bruder Johann Joseph Schumacher eine private Schule in Köln · 122
Schumacher Johann Joseph (1776–1839), Pädagoge, leitete mit seinem Bruder Gerhard Joseph Schumacher eine private Schule in Köln · 122
Schulte, Kupferdrucker in Düsseldorf · 583 f., 645
Schultze, Prediger · 269
vermutlich
Schultze, Brigadeprediger in der preuß. Armee
Schulz, Schultze
Schultz, Postkommissar in Köln · 92, 97–99, 169, 293, 310, 317, 319 f., 479, 486, 520 f., 525 f., 554 f., 564, 569, 591, 593
Schultz
Schultze, Konsistorial-Assessor in Trier · 280
Schulze, Caroline, geb. Rößler (1784–1846), verh. mit Johannes Karl Schulze · 277
Schultze
Schulze, Johannes Karl (1786–1869), protest. Theologe, Pädagoge; März 1816 Ernennung zum Konsistorial- u. Schulrat in Koblenz, 1818 Berufung in das Ministerium

der geistlichen-, Unterrichts- u. Medizinalangelegenheiten; seit 1815 verh. mit Caroline Rößler (1784–1846) · 281
Schütt
Schut, Cornelius (um 1597–1655), flämischer Maler, Kupferstecher, Schüler von Peter Paul Rubens · 460
Schwarz, Albert Gereon, Domschatz-Kustos, Domkaplan, seit 1822 Pfarrer an Groß St. Martin · 379
Schwartz
Schwarz, Peter (1777–1851), Jurist, seit 1814 Appellationsgerichtsrat in Trier, 1817 Ernennung zum Mitglied der Rhein. Immediat-Justiz-Kommission in Köln, 1819 Ernennung zum Geh. Justizrat, u. zum Senatspräsidenten am Appellationsgerichtshof in Köln, ab 1832 Chefpräsident des Appellationsgerichtshofs in Köln; seit 1806 verh. mit Gertrud Haan (1785–1856); AK 1822: Schildergasse 66 · 37 f., 277, 302, 315, 322, 352, 439, 553, 570, 612
Schweinem, Franz Josef; AK 1822: Küster an St. Mariä Himmelfahrt, Marzellenstr. 28 · 27
Schweppe, Anna Sophia Cecilia (geb. 1803), Tochter des Gastwirts Peter Theodor Schweppe (1767–1828) in Opladen; heiratete 1840 Maximilian Schwieger · 577
Schoorel
Scorel, Jan van (1495–1562), niederl. Maler · 250
Seber, Franz Joseph (1777–1827), kath. Geistlicher, Pädagoge, Schriftsteller; 1815 Ernennung zum Direktor des Marzellengymnasiums; lehrte seit 1819 Theologie an der Bonner Universität; ab 1825 an der Universität in Löwen tätig · 41–44, 93, 95, 170 f., 181, 372, 485, 489, 541, 620, 625
Seegebarth, Johann Friedrich von (1747–1823), preuß. Staatsbeamter, 1803 Geh. Oberfinanz-, Kriegs- u. Domänenrat, 1808 bis 1821 Generalpostmeister · 21, 98, 243
Seeger
Seger, Wilhelm (geb. 1786), seit 1817 Apotheker in Jülich; Sohn von Friedrich Wilhelm Seeger (1756–1816) · 516
Saydenfaden
Seidenfaden, Johann (1780–1851), Ackersmann auf dem Klosterhof in Walberberg; verh. mit Agnes Schmitz (1785–1840) · 483
Selner, Clemens August (geb. 1753), Gastwirt des Kaiserl. Hofs; 1800 bis 1814 Munizipalrat, 1814 bis 1820 Mitglied des Stadtrats; AK 1813: aubergiste à l'hôtel de la cour Imperiale, Rue Large 36/Breite Str. 36 · 46 f., 151 f.
Sessa, Karl Borromäus Alexander (1786–1813), Mediziner, Dramatiker · 175
Sethe, Christian Carl Theodor (1798–1857), Jurist; Sohn von Christoph Wilhelm Heinrich Sethe u. Henriette Philippine Helene Sack; Freund Heinrich Heines · 533
Seethe
Sethe, Christoph Wilhelm Heinrich (1767–1855), Jurist, ab 1812 Generalprokurator am Appellationsgerichtshof in Düsseldorf; Staatsrat im Großherzogtum Berg, 1816 Ernennung zum Präsidenten der Rhein. Immediat-Justiz-Kommission in Köln, 1819 Berufung zum Präsidenten des Rhein. Revisions- u. Kassationshofes in Berlin, 1850 Nobilitierung; seit 1796 verh. mit Henriette Philippine Helene Sack (1772–1830) · 37 f., 138, 225, 260, 318, 340, 437, 533
Seethe
Sethe, Henriette Philippine Helene Sack (1772–1830), 1817 Verleihung des Luisenordens; verh. mit Christoph Wilhelm Henrich Sethe; Schwester von Johann August Sack (1764–1831) · 340
Seidewitz
Seydewitz, Friedrich Ferdinand Leopold von (1787–1872), preuß. Staatsbeamter, 1816 Regierungsrat, 1818 Geh. Oberregierungsrat in Magdeburg; 1826 bis 1834 Vizepräsident der Provinz Sachsen, 1834 bis 1848 Regierungspräsident in Stralsund · 116 f., 170
Sidow, Franz Theodor von siehe Sydow, Franz Theodor von
Siebel, Johann Gerhard (1784–1831), Kaufmann in Elberfeld, Schriftsteller, Kunstsammler, Politiker · 561 f., 579–581, 650
Sieger, Franz Werner (geb. 1760), kath. Geistlicher, seit 1806 Subsidiar an St. Kunibert, seit April 1817 in Oberaußem tätig · 208 f., 311, 367, 497, 502, 515, 525, 539, 550, 557, 563

Siersdorf, Sierstorpff, von *siehe* Francken-Sierstorpff, von
Simons
Simon, August Heinrich (1780–1857), Jurist, preuß. Staatsbeamter; 1816 Justizkommissar beim Kammergericht; Ernennung zum Mitglied der Rhein. Immediat-Justiz-Kommission in Köln; verh. mit Mariane Isabelle Charlotte Wilhelmine Rhode
Simon, Mariane Isabelle Charlotte Wilhelmine, geb. Rhode; verh. mit August Heinrich Simon · 85 f., 138, 221
Simrock, Peter Joseph (1792–1868), Kaufmann für Musikalien u. Musikinstrumente, Inhaber eines Musikverlags; AK 1822: Hohe Str.132 · 452
Sitt, Johann Jacob; Jurist; AK 1813: avocat-avoué, Place Agrippa 7/Marienplatz 7; AK 1822: Advokat u. Anwalt beim Landgericht, St. Marienplatz 7 · 62, 99, 115, 117, 143. 172, 234, 240, 308 f., 318, 324, 331, 335, 367, 437, 500, 502, 519, 524, 576
Sittmann, Leonard; Gastwirt, Weinzäpfer; AK 1813: cabaretier, Rue Théophanie 5/Vor den Siebenburgen 5; AK 1822: Vor den Siebenburgen 5 · 58 f., 128, 130–132, 396, 398, 401
Sittmann, Leonhard; Maler, ab 1819 Ausbildung in München; Sohn von Leonard Sittmann · 398
Skene, Alexander (1755–1794), Jurist, Diplomat; verh. mit Susanne Jakoba Theodora Hoffmann · 587
Skene, Johanna Carolina, Johanna Catharina u. Louisa Jakoba, Töchter von Alexander u. Susanne Jakoba Theodora Skene · 587
Skene, Susanne Jakoba Theodora, geb. Hoffmann; verh. mit Alexander Skene · 587
Smets, Wilhelm (1796–1848), kath. Geistlicher, Schriftsteller; 1814 Hauslehrer in der Familie von Mylius, ab 1819 Studium der Theologie, 1822 Priesterweihe in Köln, 1822 bis 1825 Kaplan an der Dompfarre, später Religionslehrer am Marzellengymnasium; 1844 Kanonikus am Dom in Aachen · 49, 174, 202, 204, 262, 271, 274–276, 281, 531 f.
Smidt, Johann (1773–1857), protest. Geistlicher, Politiker · 575
Snyers, Pieter (1681–1752), flämischer Maler, Zeichner, Sammler · 449

Söhngen, Schneidermeister in Mülheim · 331
Solms, Carl *siehe* Solms-Rödelheim, Carl Friedrich Ludwig zu
Solms-Braunfels, Familie zu · 80, 454, 547
Solms-Braunfels, Fürstin, Gräfin 547, 592 *möglicherweise*
Solms-Braunfels, Friederike Luise Caroline Fürstin zu, geb. Prinzessin von Mecklenburg-Strelitz (1778–1841), spätere Königin von Hannover; seit 1799 verh. mit Friedrich Wilhelm Ernst II. zu Solms-Braunfels (1770–1814); Schwester von Königin Luise
Solms-Braunfels, Friedrich Wilhelm Ernst I. zu (1721–1783), Sohn von Friedrich Wilhelm Ernst zu Solms-Braunfels (1696–1761); verh. mit Sofie Christine zu Solms-Laubach (1741–1772)
Solms-Braunfels, Friedrich Wilhelm Ernst II. zu (1770–1814), Sohn von Friedrich Wilhelm Ernst I. zu Solms-Braunfels (1721–1783), u. Sofie Christine zu Solms-Laubach (1741–1772); seit 1799 verh. mit Friederike Luise Caroline von Mecklenburg-Strelitz (1778–1841)
Solms-Braunfels, Sofie Christine zu, geb. zu Solms-Laubach (1741–1772), Tochter von Christian August zu Solms-Laubach (1714–1784) u. Elisabeth Amalie Friederike zu Isenburg-Büdingen (1714–1748), seit 1756 verh. mit Friedrich Wilhelm Ernst I. zu Solms-Braunfels (1721–1783); Schwester von Georg August Wilhelm zu Solms-Laubach (1743–1772), Tante von Friedrich Ludwig Christian zu Solms-Laubach
Solms-Braunfels, Wilhelm Christian Carl zu (1759–1837), Sohn von Friedrich Wilhelm Ernst I. zu Solms-Braunfels (1721–1783) u. Sofie Christine zu Solms-Laubach (1741–1772); verh. mit Auguste Franziska von Salm-Grumbach (1771–1810)
Solms-Hohensolms-Lich, Henriette Sophie Fürstin zu, geb. von Bentheim-Steinfurt (1777–1851), seit 1802 verh. mit Karl Ludwig August Fürst zu Solms-Hohensolms-Lich (1762–1807) · 547
Solms-Laubach, Christian August zu (1714–1784), Sohn von Friedrich Ernst zu Solms-Laubach (gest. 1723) u. Friederike Charlotte zu Stolberg-Geldern; seit 1738 verh. mit Elisabeth Amalie Friederike zu Isenburg-Büdingen (1720–1748); Vater von

Georg August Wilhelm zu Solms-Laubach (1743–1772) u. Sophie Philippine Charlotte zu Solms-Rödelheim, geb. zu Solms-Laubach (1771–1807)

Solms-Laubach, Elisabeth Amalie Friederike, geb. zu Isenburg-Büdingen (1720–1748), verh. mit Christian August zu Solms-Laubach (1714–1784); Mutter von Georg August Wilhelm zu Solms-Laubach (1743–1772) u. Sophie Philippine Charlotte zu Solms-Rödelheim, geb. zu Solms-Laubach (1771–1807)

Solms-Laubach, Friedrich Ludwig Christian Graf zu (1769–1822), Jurist, preuß. Staatsbeamter; 1814 bis 1815 Berater des Staatskanzlers von Hardenberg auf dem Wiener Kongress, seit April 1816 Oberpräsident u. Regierungspräsident in Köln; „Neupreuße"; Dez. 1817 Niederlegung des Präsidiums der Regierung Köln, ab 1818 erster Kurator der neuen Universität in Bonn; Sohn von Georg August Wilhelm zu Solms-Laubach (1743–1772) u. Elisabeth Charlotte Ferdinande zu Isenburg-Büdingen (1753–1829); Enkel von Christian August zu Solms-Laubach (1714–1784) u. Elisabeth Amalie Friederike zu Isenburg-Büdingen (1720–1748); seit 1797 verh. mit Henriette von Degenfeld-Schönburg (1776–1847); 1816 bis 1822: Glockengasse 3

Solms-Laubach, Georg zu (1805–1870), Sohn von Friedrich Ludwig Christian zu Solms-Laubach (1769–1822) u. Henriette von Degenfeld-Schönburg (1776–1847)

Solms-Laubach, Georg August Wilhelm zu (1743–1772), Sohn von Christian August zu Solms-Laubach (1714–1784) u. Elisabeth Amalie Friederike zu Isenburg-Büdingen (1720–1748); seit 1767 verh. mit Elisabeth Charlotte Ferdinande zu Isenburg-Büdingen (1753–1829)

Solms-Laubach, Henriette zu, geb. Gräfin von Degenfeld-Schönburg (1776–1847), Tochter von August Christoph von Degenfeld-Schönburg (1730–1814) u. Helene Elisabeth Riedesel (1742–1811); seit 1797 verh. mit Friedrich Ludwig Christian zu Solms-Laubach (1769–1822)

Solms-Laubach, Ottilie zu (1807–1884), Tochter von Friedrich Ludwig Christian zu Solms-Laubach u. Henriette von Degenfeld-Schönburg; heiratete Friedrich Wilhelm Ferdinand zu Solms-Braunfels (1797–1873) · 60, 136, 236, 344, 452, 483

Solms-Laubach, Otto zu (1799–1872), Sohn von Friedrich Ludwig Christian zu Solms-Laubach u. Henriette von Degenfeld-Schönburg · 24, 59 f., 74, 96, 174, 236, 269, 355, 372, 418, 432, 459, 483

Solms-Laubach, Reinhard zu (1801–1870), Sohn von Friedrich Ludwig Christian zu Solms-Laubach u. Henriette von Degenfeld-Schönburg · 60, 236, 268, 404, 452

Solms-Laubach, Rudolph zu (1803–1884), Sohn von Friedrich Ludwig Christian zu Solms-Laubach u. Henriette von Degenfeld-Schönburg · 60, 24, 60, 96, 269, 355

Solms-Laubach, Sofie Christine zu *siehe* Solms-Braunfels, Sofie Christine Wilhelmine zu

Solms-Laubach, Sophie Charlotte zu *siehe* Solms-Rödelheim, Sophie Charlotte

Namensvarianten: Rödelheim, Roedelheim, Solms-Rödelheim, Solms-Roedelheim, Solms-Rüdelheim

Solms-Rödelheim, Familie zu · 80 f., 96, 308, 454

Solms-Rödelheim, zu · 168, 221

Solms-Rödelheim, die beiden Grafen zu · 80, 87, 127

Solms-Rödelheim, Carl Friedrich Ludwig (Carl) Graf zu (1790–1844), 1815 in preuß. Militärdienst, dann Verwaltungsausbildung bei seinem Onkel Friedrich Ludwig Christian zu Solms-Laubach in Köln; Sohn von Volrath Friedrich Carl Ludwig Graf zu Solms-Rödelheim (1762–1818) u. Sophie Philippine Charlotte zu Solms-Laubach (1771–1807); heiratete 1824 Luise Amalie zu Solms-Laubach (1795–1875) · 80, 113, 142, 453

Solms-Rödelheim, Ferdinande Sophie Charlotte zu *siehe* Erbach-Schönburg, Ferdinande Sophie Charlotte zu

Solms-Rödelheim, Franz Friedrich Carl (Franz) Graf zu (1796–1852), Sohn von Volrath Friedrich Carl Ludwig Graf zu Solms-Rödelheim (1762–1818) u. Sophie Philippine Charlotte von Solms-Laubach (1771–1807) · 80

Solms-Rödelheim, Friedrich Ludwig Heinrich Adolf (Fritz) Graf zu (1791–1859), seit 1813 Militär in österr. Dienst, 1816/17 Referendar bei der Regierung in Münster, seit Sept.

1817 als Premierlieutenant in der preuß. Armee; 1853 Generalmajor; Sohn von Volrath Friedrich Carl Ludwig Graf zu Solms-Rödelheim (1762–1818) u. Sophie Philippine Charlotte von Solms-Laubach (1771–1807) · 80, 97, 107, 140, 142
Solms-Rödelheim, Sophie Philippine Charlotte zu, geb. zu Solms-Laubach (1771–1807), verh. mit Volrath Friedrich Carl Ludwig Graf zu Solms-Rödelheim · 80, 309
Solms-Rödelheim, Volrath Friedrich Carl Ludwig Graf zu (1762–1818), seit 1789 verh. mit Sophie Philippine Charlotte zu Solms-Laubach (1771–1807), der Tochter von Georg August zu Solms-Laubach (1743–1772) u. Elisabeth Charlotte Ferdinande zu Isenburg-Büdingen (1753–1829); seit 1811 in morganatischer Ehe verh. mit Marie Christine Hoffmann (1783–1843) · 80, 309
Sombart, Ludwig Bernhard (1775–1834), seit 1816 Regierungsrat in Köln; „Altpreuße"; 1819: Kolumbastr. 9; AK 1822: Maximinstr. 19 · 35 f., 85 f., 286, 290 f., 311, 320, 345, 351 f., 383, 420, 424, 572
Somya, Gottfried (geb. um 1787), 1812 Angestellter der Präfektur in Aachen, dann in preuß. Dienst · 508 f.
Sotzman
Sotzmann, Johann Daniel Ferdinand (1781–1866), Jurist, preuß. Staatsbeamter, Kunsthistoriker; 1816 bis 1819 Regierungsdirektor in Köln; „Altpreuße"; 1819 Ernennung zum Geh. Oberfinanzrat in Berlin; verh. mit Dorothea Margaretha Sotzmann; 1819: Sachsenhausen 1
Spee, Franz Anton Graf von (1781–1839), Jurist; 1815 Kreisdirektor in Düsseldorf, 1826 bis 1837 Mitglied des Rhein. Provinziallandtags; seit 1808 verh. mit Sophia Maria Franziska von Merveldt (1786–1848) · 578
Spies, Herr u. Frau von · 550
Spiess
Spies-Büllesheim, Carl Maria Friedrich Joseph von (geb. 1792), 1817 Student an der Universität in Göttingen; Sohn von Heinrich Wilhelm Joseph von Spies-Büllesheim u. Marianne von Rolshausen-Türnich; Bruder von Ludwig Joseph Fortunatus Spies-Büllesheim · 518 f., 557
Spiess

Spies-Büllesheim, Ludwig Joseph Fortunatus von (1785–1860), Jurist; 1813 Unterpräfekt des Arrondissements Mülheim, 1816 bis 1820 Landrat des Kreises Mülheim am Rhein; Sohn von Heinrich Wilhelm Joseph von Spies-Büllesheim u. Marianne von Rolshausen-Türnich; heiratete am 15. April 1817 Caroline Anna Huberta Raitz von Frentz zu Schlenderhan (1792–1855) · 79, 123–125, 127, 131, 221, 386, 405, 518, 550, 557, 578
Spiess Maubach · 132
Staedel
Städel, Johann Friedrich (1728–1816), Bankier, Stifter, Kunstsammler in Frankfurt a. M. · 103, 600, 603
Staegemann, Friedrich August von (1763–1840), Jurist, preuß. Staatsbeamter · 188
Stark, Gertrud, geb. Boisserée (1766–1829), seit 1796 verh. mit Jakob Stark (1761–1806); Schwester von Melchior u. Sulpiz Boisserée
Steffen, Niclas von, Postmeister in Trier · 465
Steffens, Heinrich/Henrich (1773–1845), Philosoph, Naturwissenschaftler, Schriftsteller · 134, 141 f., 153, 155, 160, 166
Stein, Albert Gereon (1809–1881), kath. Geistlicher, Kirchenmusiker; 1838 bis 1849 Rektor der Kirche St. Gregorius am Elend, seit 1862 Pfarrer an St. Ursula
Stein, Friedrich Karl vom u. zum (1757–1831), preuß. Staatsmann, 1807 bis 1808 Staatskanzler · 75, 118, 259, 281, 301, 305, 410, 472, 477, 505 f., 511, 631
Stein, Jacob, Burghalbwinner (Pächter) der Familie von Groote in Dransdorf · 92, 283 f., 507
Steinberger, Johann Adolph (1777–1866), Jurist, Notar; 1817 bis 1823 Mitglied des Stadtrats,1823 bis 1848 Oberbürgermeister; seit 1806 verh. mit Agnes Kauhlen · 358, 523
Steingaß, Johann Baptist Joseph (1790–1854), Jurist, Historiker, Pädagoge; 1817 Student an der Universität in Jena; lehrte 1818/19 an der Bonner Universität; seit 1823 Gymnasiallehrer in Frankfurt a. M.; heiratete 1824 Sophie Görres (1802–1854) · 469, 501 f., 586
Stirtz, Franz Martin (1761–1817), kath. Geist-

licher, Kanonikus an St. Ursula, 1809 bis 1817 Pfarrer an St. Ursula; AK 1813: curé de Ste. Ursule, Place Ste. Ursule 14 · 316, 339
Stollberg
Stolberg-Stolberg, Friedrich Leopold zu (1750–1819), Jurist, Schriftsteller, Übersetzer · 161, 163
Stoll, Johann Wilhelm Friedrich (1763–1807), Botaniker, Mineraloge, Zoologe; Leiter des Botanischen Gartens in Köln · 377
Stoltzenberg
Stolzenberg, Carl Friedrich von (1782–1845), preuß. Staatsbeamter; 1816 bis 1820 Regierungs- u. Forstrat, Oberforstmeister in Köln; „Altpreuße"; legitimierter Sohn von Marie Magdalene Charlotte Kramann (1763–1838); diese war seit 1784 2. Ehefrau des Markgrafen Friedrich Heinrich von Brandenburg-Schwedt (1709–1788); 1786 Nobilitierung unter dem Namen von Stolzenberg; seit 1811 verh. mit Elisabeth Therese Dufour (1789–1869); 1819: Neumarkt 27
Stolzenberg, Elisabeth Therese, geb. Dufour (1789–1869), Tochter von Jacques Marc Anton Dufour u. Anne Elisabeth Favreau; seit 1811 verh. mit Carl Friedrich von Stolzenberg; 1819: Neumarkt 27
Stolzenberg, Friedrich Maximilian von (1813–1885), Sohn von Carl Friedrich von Stolzenberg u. Elisabeth Therese Dufour
Stosch, Theodor Ferdinand von (1784–1857), preuß. Militär, Adjutant von General Neidhardt von Gneisenau in Koblenz; verh. mit Caroline von Woltersdorf · 49, 330 f.
Struense, Struensée
Struensee, Georg Carl Philipp (1774–1833), preuß. Staatsbeamter; Ende 1816 Ernennung zum Polizeipräsidenten von Köln u. Landrat des Stadtkreises Köln; seit Frühjahr 1817 oberster Zensor in Köln; 1820 nobilitiert; ab 1831 Oberregierungsrat in Breslau; verh. mit Friederike von Laurenz; AK 1822: Schildergasse 84 · 55, 57, 110, 116, 137, 141, 161, 184, 186, 264, 289–291, 302, 361, 389, 392, 396, 436, 455, 458, 480 f., 495, 522, 574
Strung, Johann Conrad (um 1791–1817), Lehrer am Marzellengymnasium · 42, 347, 620
Süvern, Johann Wilhelm (1775–1829), preuß. Staatsbeamter, Pädagoge, Reformator der preuß. Schulgesetzgebung; seit 1809 Staatsrat im Innenministerium, Sektion für Kultus u. öffentlichen Unterricht; ab Ende 1817 im Ministerium der geistlichen-, Unterrichts- u. Medizinalangelegenheiten tätig · 411 f., 637
Suwaroff, russ. General · 336
Sidow
Sydow, Franz Theodor von (geb. um 1761), Kanonikus an St. Apostel · 230–232, 234, 317

T
Tazitus
Tacitus, Publius Cornelius (um 58 n. Chr.–um 120 n. Chr.), röm. Politiker, Historiker · 112, 225, 313, 543
Tannenberg, Ferdinand von *siehe* Dannenberg, Ferdinand von
Tauler, Johannes (um 1300–1361), kath. Geistlicher, Dominikaner; Mystiker · 590 f.
Teniers · 297
Teniers, David, der Ältere (1582–1649), flämischer Maler
oder
Teniers, David, der Jüngere (1610–1690), flämischer Maler
Thelott, Ernst Carl (1760–1834), Kupferstecher, Maler, Lehrer an der Kunstakademie in Düsseldorf · 238, 532, 583 f., 645
Thibaut, Anton Friedrich Justus (1772–1840), Jurist, Musiker; lehrte seit 1805 an der Universität in Heidelberg · 348, 562, 601
Thielmann, Franz von (1799–1868), preuß. Militär; Sohn von Johann Adolph von Thielmann u. Wilhelmine von Charpentier · 497
Thieleman, Thielemann
Thielmann, Johann Adolph von (1765–1824), preuß. Militär; 1815 Kommandant des III. Armeekorps, seit 1816 Kommandierender General in Münster, 1820 in Koblenz; seit 1791 verh. mit Wilhelmine von Charpentier · 48 f., 156, 223–225, 228, 230, 429, 455, 497 f., 501, 520
Thielmann, Karl von (1801–1883), preuß. Militär; Sohn von Johann Adolph von Thielmann u. Wilhelmine von Charpentier · 479
Thielmann, Wilhelmine von, geb. von Charpentier (1772–1842), seit 1791 verh. mit Johann Adolph von Thielmann · 56, 498

Thiriart, Theodor Franz (1770–1827), Buchdrucker, Zeitungsverleger, Kaufmann; in franz. Zeit Geschäftsführer des Schul- u. Stiftungsfonds; AK 1813: imprimeur-libraire, Rue de la Comédie 26/Komödienstr. 26; Procureur-gérant des fonds et domaines de l'Université Impériale, Rue du Lycée 32/Marzellenstr. 32; AK 1822: Buchdrucker, Tapetenhändler, Komödienstr. 22, 24 u. 26 · 15, 45, 183, 206, 243, 368, 451, 583

Tieck, Ludwig (1773–1853), Schriftsteller, Dichter, Übersetzer · 254, 259–261, 348, 432, 696

Tiedemann, Friedrich (1781–1861), Mediziner, Physiologe; ab 1816 Direktor des Anatomischen Instituts der Universität in Heidelberg · 436

Timm, Geh. Kämmerer von Friedrich Wilhelm III. · 414

Titian

Tizian (um 1490–1576), italien. Maler · 297, 503, 618

Tossetti

Tosetti, Thomas Jacob (1760–1825), Kaufmann, Handelsrichter, Kunstsammler; AK 1813: Place Clovis 5/Elogiusplatz 5; AK 1822: Kaufmann in Spedition u. Kommission, Elogiusplatz 5 · 50, 375, 401, 425, 617

Thurn u. Taxis, Fürst von · 22, 244, 428

Trips, Graf siehe Berghe von Trips

Triest, Trist

Tryst, Heinrich Julius Joseph (gest. 1824), Jurist; preuß. Staatsbeamter; 1814 Rat beim Appellationsgerichtshof in Lüttich, seit Sommer 1817 Regierungsrat in Köln, „Neupreuße"; AK 1822: Domkloster 8 · 35 f., 392, 423, 434, 543, 558 f., 572, 595, 640

Tscharner, Johann Friedrich von (1780–1844), Schweizer Staatmann, Kaufmann, Schriftsteller · 304, 505

Turner, William (1775–1851), englischer Maler, Zeichner · 51, 423 f.

U

Ulrich von Türheim (um 1195–1240), Dichter, Verfasser des Tristan · 627

V

Velasques

Velazquez, Diego (1599–1660), span. Maler · 580

Verkenius, Erich Heinrich (1776–1841), Jurist, Musiker; 1810 Richter in Köln; ab 1820 Kammerpräsident beim Landgericht; AK 1813: Juge instructeure, Rue du Temple 11/ Unter Fettenhennen 11; AK 1822: Landgerichtsrat, Unter Fettenhennen 11 · 132

Vesperman

Vespermann, A. Wilhelm (1784–1837), Schauspieler; verh. mit der Schauspielerin u. Sängerin Clara Metzger (1799–1827) · 70–72, 82

Vincke, Friedrich Ludwig von (1774–1844), Jurist, preuß. Staatsbeamter, Wirtschafts- u. Sozialreformer; 1816 bis 1844 Oberpräsident der Provinz Westfalen; Verwaltungssitz: Schloss in Münster · 74, 156, 213, 414, 504, 513, 517

Visser · 317, 332

Vogt, Martin (1781–1854), Organist, Kirchenmusiker · 95

Volmerange, Franz, Kaufmann; AK 1813: marchand d'eau-de-vie et débitant de tabacs, Rue des Cloches 10/Glockengasse 10; AK 1822: Kaufmann in Wein u. Liqueur, Glockengasse 10 · 494

Vorlatti/Borlatti · 568

Vribert siehe Heinrich von Freiberg · 627

Vrints-Berberich, von, Familie · 428

Vrints von Treuenfeld, Carl von (1765–1852), Kaiserl. Postmeister in Bremen, 1813 bis 1838 Thurn u. Taxis'scher Oberpostmeister in Frankfurt a. M. · 428

W

Waagen, Gustav Friedrich (1794–1868), Kunsthistoriker · 250

Wahl, Josef (geb. 1779), Sohn des ehemaligen Pfalz-Zweibrückischen Hof- u. Kammeragenten Saul Wahl (gest. 1791) u. Friederika Dahl (um 1745–1831); heiratete 1815/16 Betti Barbara Beline Meilert, Witwe des Bankiers Moses Abraham van Offen; das Ehepaar wohnte um 1817 in Koblenz · 522 f.

Waldburg-Zeil u. Trauchburg, Franz Thaddäus Joseph Fürst von (1778–1845), in 1. Ehe verh. mit Christiane Henriette Polyxene von Löwenstein-Wertheim-Rosenberg; 1818 Heirat in 2. Ehe mit Antoinette (Nette) von der Wenge zur Beck (1790–1819); heiratete in 3. Ehe 1820 deren Schwester Maria Theresia (Thresette) von der Wenge zur Beck (1788–1864) · 502, 534, 578

Waldeck, Graf · 453
vermutlich
Waldeck u. Pyrmont, Karl Graf zu (1778–1849), Sohn von Josias Graf zu Waldeck-Bergheim (1733–1788) u. Christine Gräfin zu Isenburg-Büdingen (1756–1826); Enkel von Josias Graf zu Waldeck-Bergheim (1696–1763) u. Dorothea Sophia Gräfin zu Solms-Rödelheim-Assenheim (1698–1774)
Wallraf, Anton Joseph (gest. 1840), seit 1794 Archivar am Domarchiv · 476
Wallraf, Ferdinand Franz (1748–1824), kath. Geistlicher, Gelehrter, Kunstsammler, Stifter; AK 1813: Rue de l'Université 1/Am Hof 1; AK 1822: Professor der schönen Künste u. Wissenschaften, Am Hof 1 (Dompropstei)
Walter, Ferdinand (1794–1879), Jurist, Burschenschaftler; seit 1814 Student an der Universität in Heidelberg, 1817 Aufenthalt in Köln; lehrte ab 1819 an der Bonner Universität · 469, 514 f., 523, 538, 543, 545, 552 f., 558, 562, 574, 590, 594,
Walter, Franz; Pädagoge, seit 1817 Lehrer am Marzellengymnasium · 42 f., 592
Walzer
Waltzer, Christian; Maler, Vergolder, Lackierer, Haus-Nummerierer der Stadt Köln; AK 1813: Cloître Ste. Marie 6/Mariagartenkloster 6; 1817: „in dem ehemaligen Mariengartenkloster"; AK 1822: Mariagartenkloster 6 · 50, 496, 498, 502
Warden, William (1777–1849), Chirurg, Arzt in der britischen Marine · 332
Weber, Max (1864–1920), Soziologe, Nationalökonom · 308
Wehler, Regierungsrat · 280
möglicherweise
Wahlert, Regierungsrat in Koblenz
Weichs, M. von · 93, 96 f., 103
vermutlich
Weichs zu Rösberg, Maximilian Friedrich von u. zu (1769–1834), Sohn von Clemens August von Weichs (1730–1809) u. Auguste Clementine von Steinen (1742–1822)
Weigel, Rudolph (1804–1867), Buch- u. Kunsthändler, Auktionator in Leipzig · 553
Weise, Caspar Joseph Hubert von (1764–1845), Obrist; heiratete 1820 Maria Clara von Hilgers (1797–1869) · 493
Weiß, Gaspare; Eigentümer der Kunsthandlung Gaspare Weiß u. Comp., Berlin, Unter den Linden · 91

Weitz, Johann Peter, genannt Anastasius (1753–16. Apr. 1817), kath. Geistlicher, Karmelitermönch; lehrte 1783 bis 1785 an der Bonner Universität · 226
Namensvarianten: von Wenge, von der Wenge, von der Wenge zur Beck
Wenge, von der · 309
Wenge, der kleine von · 526, 538
Wenge zur Beck, Antoinette (Nette, Nettchen) von der (1790–1819), Tochter von Clemens August Franz von der Wenge zur Beck (1740–1818) u. Maria Ludovica von Eynatten (1748–1803); heiratete 1818 Franz Thaddäus Joseph Fürst von Waldburg-Zeil u. Trauchburg · 156, 252–254, 514, 527, 533, 578, 584
Wenge zur Beck, Clemens August Franz von der (1740–1818), kurkölnischer Geh. Rat, Gouverneur der Stadt Münster; Sohn von Florenz Johann Theodor Raban von der Wenge (1702–1775) u. Maria Caroline Clara Charlotte von Harff (1707–1740); in 1. Ehe verh. mit Maria Ludovica von Eynatten (1748–1803), in 2. Ehe mit Klara Pocke (1783–1856); wohnhaft: Stadthof in Münster, Hörsterstr. 20 · 253
Wenge zur Beck, Franziska Clementine Maria von der *siehe* Ketteler, Franziska Clementine Maria von
Wenge zur Beck, Levin Johann Wilhelm Franz von der (1772–1822), kath. Geistlicher, Domkapitular in Münster u. Halberstadt; Sohn von Clemens August Franz von der Wenge zur Beck (1740–1818) u. Maria Ludovica von Eynatten (1748–1803) · 115, 300, 509, 567, 573 f., 588
Wenge zur Beck, Maria Franziska von der *siehe* Wolff Metternich zur Gracht, Maria Franziska
Wenge zur Beck, Maria Ludovica von der, geb. von Eynatten (1748–1803), verh. mit Clemens August Franz von der Wenge zur Beck (1740–1818) · 253
Wenge zur Beck, Maria Theresia (Thresette) von der (1798–1864), Tochter von Clemens August Franz von der Wenge zur Beck (1740–1818) u. Maria Ludovica von Eynatten (1748–1803); heiratete 1820, nach dem Tod ihrer Schwester Antoinette, deren Witwer Franz Thaddäus Joseph Fürst von Waldburg-Zeil u. Trauchburg · 495, 502 f., 585

Wenge zur Beck, Mathilde Clementine Marie von der *siehe* Wolff Metternich zur Gracht, Mathilde Clementine Marie

Wenner, Johann Friedrich (1772–1835), Buch- u. Kunsthändler, Verleger in Frankfurt a. M. · 202

Wery, Franz Anton, Pächter der Familie von Groote in Wüschheim · 148

Westen, von der · 364

Westphalen, Familie von · 245

Westphalen zu Fürstenberg, Clemens August von (1805–1885), Sohn von Friedrich Wilhelm von Westphalen zu Fürstenberg (1780–1809) u. Elisabeth Anna von Thun u. Hohenstein (1783–1860) · 592

Westphalen zu Fürstenberg, Elisabeth Anna von, geb. von Thun u. Hohenstein (1783–1860), in 1. Ehe verh. mit Friedrich Wilhelm von Westphalen zu Fürstenberg (1780–1809), seit 1816/17 in 2. Ehe mit dessen Bruder Joseph Clemens von Westphalen zu Fürstenberg (1785–1863) · 245, 592

Westphalen zu Fürstenberg, Friedrich Wilhelm von (1780–1809), Sohn von Clemens August von Westphalen (1753–1818) u. Maria Eleonore Antoinette Waldbott von Bassenheim (1757–1786), verh. mit Elisabeth Anna von Thun u. Hohenstein (1783–1860); Bruder von Joseph Clemens von Westphalen zu Fürstenberg (1785–1863) · 592

Westphal

Westphalen zu Fürstenberg, Joseph Clemens von (1785–1863), 1817 Oberstleutnant im preuß. Husarenregiment; Sohn von Clemens August von Westphalen zu Fürstenberg (1753–1818) u. Maria Eleonore Antoinette Waldbott von Bassenheim (1757–1786); heiratete 1816/17 die Witwe seines Bruders, Elisabeth Anna von Thun u. Hohenstein · 245, 247, 449, 450, 585, 590, 592

Westphalen zu Fürstenberg, Otto Franz Raban von (1807–1856), Sohn von Friedrich Wilhelm von Westphalen zu Fürstenberg (1780–1809) u. Elisabeth Anna von Thun u. Hohenstein (1783–1860) · 592

Weyden, Ernst (1805–1869), Lehrer, Schriftsteller · 18–20, 23–25, 127, 168, 232, 238, 319 f., 375, 516

Weyden, Rogier/Roger van der (1399/1400–1464), flämischer Maler · 503

Weyer, Johann Peter Joseph (1794–1864), Architekt, Kunstsammler; 1813 bis 1816 Architekturstudium in Paris, seit 1816 Gehilfe des Stadtbaumeisters Peter Schmitz, 1822 bis 1844 Stadtbaumeister; 1816: Große Budengasse 25; AK 1822: beigeordneter Stadtbaumeister, An St. Agatha 5 · 38, 50, 367, 412, 431, 449, 457, 518 f., 538, 634

Way, Wey, Weyh

Weyhe, Maximilian Friedrich (1775–1846), Gärtner, Gartenarchitekt; 1801 bis 1803 in Köln tätig, seit 1804 Hofgärtner in Düsseldorf, 1820 Königl. Gartenbauinspektor, 1833 Königl. Gartendirektor; Sohn von Joseph Clemens Weyhe dem Älteren u. Johanna Gertrud Lenné; Vater von Joseph Clemens Weyhe dem Jüngeren (1807–1871) · 17, 280, 378, 462

Wicbold, Wichbold, Wichboldus

Wikbold Dobilstein (1312–um 1398), 1363 bis um 1385 Bischof von Kulm · 247

Wiebel, Johann Wilhelm (1767–1847), Militärchirurg, seit 1814 Leibarzt von Friedrich Wilhelm III. · 413 f.

Wied-Neuwied, Sophie Auguste Fürstin zu, geb. zu Solms-Braunfels (1796–1855), Tochter von Wilhelm Christian Carl zu Solms-Braunfels (1759–1837) u. Auguste Franziska von Salm-Grumbach; seit 1812 verh. mit Johann August Fürst zu Wied-Neuwied (1779–1836) · 457, 592

Wilken, Friedrich (1777–1840), Historiker, Orientalist, Bibliothekar; lehrte 1805 bis 1817 an der Universität in Heidelberg, seit 1808 Direktor der Heidelberger Universitätsbibliothek; ab 1817 an der Universität in Berlin tätig u. Oberbibliothekar der Königl. Bibliotheken · 504, 507

Willmann, Benedikt (1783–1844), Althistoriker, Philologe, Schriftsteller; seit 1815 Lehrer am Marzellengymnasium; AK 1822: Auf der Sandbahn 6 · 42, 171, 313, 347

Willmann, F. M., Übersetzer · 332

Wilmes

Willmes, Engelbert (1786–1866), Maler, Radierer, Kunstsammler, Kunsthändler; Sohn von Johann Benedikt Willmes u. Maria Theresia Cösterus; AK 1822: Maler u. Kunsthändler, An der Rechtschule 8 · 50, 231,

261, 305, 369, 401, 425, 449, 493, 527, 575, 617
Willmes, Johann Benedikt (1743–1823), Jurist, Professor an der Kölner Universität; seit 1775 verh. mit Maria Theresia Cösterus; AK 1813: Juge-de-paix de la 2e section, Rue de l'École de Droit 8/An der Rechtschule 8; AK 1822: Rentner, An der Rechtschule 8 · 231
Willmes, Peter Ludwig (1790/92–1867), Schriftsteller; Sohn von Johann Benedikt Willmes u. Maria Theresia Cösterus · 231
Wilmans, Friedrich (1764–1830), Buchhändler, Verleger in Frankfurt a. M. · 272
Wilsen, Pfarrer aus Darmstadt · 440
Namensvarianten: Wiltheim, Wilthemi, Wilthemy
Wiltheim, Alexander (1604–1684), kath. Geistlicher, Jesuit, Historiker, Archäologe · 317, 327, 528, 546, 611 f., 627, 634, 669
Wiltheim, Johann Wilhelm; kath. Geistlicher, Jesuit, Historiker, Archäologe · 317, 327, 528, 611 f., 627, 634, 670
Windeck, Karl, Notar, Gastwirt in Deutz · 207, 388, 395–397, 403
Windeck, Martin Joseph (1765–1839), 1817 bis 1839 Oberbürgermeister von Bonn · 390
Winter, Peter von (1754–1825), Komponist, Kapellmeister · 211
Winters, Johann Christoph (1772–1862), Puppenspieler, Gründer des Kölner Hänneschen-Theaters · 136
Wirnt von Gravenberg (12./13. Jh.), Dichter · 242
Wirtz, Jungfer · 551
Wirz, Herr, Wirt der Casino-Gesellschaft am Neumarkt · 97
Wittgenstein, Anna Sophia Leopoldine Antoinette von (1793–1852), Tochter von Johann Jakob Hermann von Wittgenstein u. Maria Theresia von Haes; heiratete 1817 Karl Albert Adalbert von Mengershausen · 214
Wittgenstein, Johann Jakob Hermann von (1754–1823), Jurist, Kaufmann, Bankier; 1790 bis 1795 Bürgermeister von Köln, 1796/97 Präsident der Munizipalverwaltung, 1803 bis 1814 Maire von Köln, 1803 bis 1815 Präsident der Handelskammer, 1815 bis 1823 Mitglied des Stadtrats; verh. mit Maria Theresia von Haes, verwitwete von Coels (1758–1835); AK 1813: Trankgasse 9/später Nr. 6 (Wittgenstein'scher Hof); AK 1822: Rentner, Trankgasse 6 · 47, 66, 82, 138, 222, 300, 366, 384, 549, 587, 635
Wittgenstein, Maria Theresia von, geb. von Haes (1758–1835), in 1. Ehe verh. mit Joseph von Coels (gest. 1790); in 2. Ehe mit Johann Jakob Hermann von Wittgenstein · 67, 138
Witthoff, Cäcilia, geb. Mevis/Medis; verh. mit Franz Joseph Witthoff (um 1785–1818); AK 1822: Witwe, Firma: Heinr. Jos. von Wittgenstein, handelt in Spedition u. Kommission, Breite Str. 4 · 587
Witthoff, Franz Joseph (um 1785–1818), Kaufmann; verh. mit Cäcilia Mevis/Medis, Breite Str. 4 · 587
Wohlgemut, Michael (1434–1519), Maler · 586
Wolf, Melchior, Schriftsteller; AK 1822: Rentner, Sternengasse 6 · 416
Wolff Metternich zur Gracht
Metternich, Metternichs · 336, 366 f., 377, 380, 448 f., 567 f. 583 f., 644
Wolff Metternich zur Gracht, Familie · 21, 31, 265 f., 312, 374, 437, 446, 544, 559 f., 577
Wolff Metternich zur Gracht, Antoinette Augusta (Nette) (1797–1855), Tochter von Maximilian Werner Joseph Anton Wolff Metternich zur Gracht (1770–1839) u. dessen 1. Ehefrau Marie Franziska von der Wenge zur Beck (1775–1800); heiratete 1819 Johann Wilhelm von Mirbach-Harff (1784–1849) · 565
Wolff Metternich zur Gracht, Clemens August (1798–1820), österreichischer Offizier, 1815 Mitglied der alliierten Truppen gegen Napoleon, Juli 1815 im besetzten Paris, 1817 stationiert in Mähren; Sohn von Maximilian Werner Joseph Anton Wolff Metternich zur Gracht (1770–1839) u. dessen 1. Ehefrau Maria Franziska von der Wenge zur Beck (1775–1800); Bruder von Maria Louise Wolff Metternich zur Gracht · 312, 566, 577, 585
Wolff Metternich zur Gracht, Eleonore Maria Anna, geb. von Wetzhausen (1679–1755), verh. mit Johann Adolph Wolff Metternich zur Gracht (1651–1722) · 21
Wolff Metternich zur Gracht, Franz Joseph (1710–1741), Sohn von Johann Adolph

Wolff Metternich zur Gracht u. Eleonore Maria Anna von Wetzhausen; verh. mit Maria Isabella von Gymnich (1718–1761) · 21

Wolff Metternich zur Gracht, Friedrich (16. Okt 1817–1863), Sohn von Maximilian Werner Joseph Anton Wolff Metternich zur Gracht (1770–1839) u. dessen 2. Ehefrau Mathilde Clementine Marie von der Wenge zur Beck (1786–1869) · 265, 514

Wolff Metternich zur Gracht, Ignaz (1813–1824), Sohn von Maximilian Werner Joseph Anton Wolff Metternich zur Gracht (1770–1839) u. dessen 2. Ehefrau Mathilde Clementine Marie von der Wenge zur Beck (1786–1869) · 265

Wolff Metternich zur Gracht, Johann Ignaz Franz (1740–1790), Sohn von Franz Wolff Metternich zur Gracht u. Maria Isabella von Gymnich (1718–1761); verh. mit Maria Antoinette Franziska von der Asseburg (1744–1827), Vater von Maximilian Werner Joseph Anton Wolff Metternich zur Gracht

Wolff Metternich zur Gracht, Levin Wilhelm Anton (1811–1869), Sohn von Maximilian Werner Joseph Anton Wolff Metternich zur Gracht (1770–1839) u. dessen 2. Ehefrau Mathilde Clementine Marie von der Wenge zur Beck (1786–1869) · 265

Wolff Metternich zur Gracht, Maria Antoinette Franziska, geb. von der Asseburg (1744–1827), verh. mit Johann Ignaz Franz Wolff Metternich zur Gracht (1740–1790) · 565

Wolff Metternich zur Gracht, Maria Franziska, geb. von der Wenge zur Beck (1775–1800), Tochter von Clemens August Franz von der Wenge zur Beck (1740–1818) u. Maria Ludovica von Eynatten (1748–1803); heiratete 1795 Maximilian Werner Joseph Anton Graf Wolff Metternich zur Gracht (1770–1839); Mutter von Maria Luise Wolff Metternich zur Gracht (1800–1837) · 566

Wolff Metternich zur Gracht, Maria Isabella, geb. von Gymnich (1718–1761), Tochter von Maximilian Heinrich von Gymnich u. Maria Franziska Theresia von Loë, verh. mit Franz Wolff Metternich zur Gracht (1710–1741); Mutter von Johann Ignaz Franz Wolff Metternich zur Gracht (1740–1790), Großmutter von Maximilian Werner Joseph Anton Wolff Metternich zur Gracht

Wolff Metternich zur Gracht, Maria Louise *siehe* Loë, Maria Louise

Wolff Metternich zur Gracht, Mathilde Clementine Marie, geb. von der Wenge zur Beck (1786–1869), Tochter von Clemens August Franz von der Wenge zur Beck (1740–1818) u. Maria Ludovica von Eynatten(1748–1803); heiratete nach dem Tod ihrer Schwester Maria Franziska von der Wenge zur Beck 1805 deren Witwer Maximilian Werner Joseph Anton Wolff Metternich zur Gracht. Das Ehepaar hatte drei Kinder: Levin Wilhelm Anton (1811–1869), Maximilian Felix (1814–1871) u. Maria Felicitas Walburga (1822–1870) · 68, 265, 346, 367, 437, 447, 514, 565, 578

Wolff Metternich zur Gracht, Maximilian Felix (1814–1871), Sohn von Maximilian Werner Joseph Anton Wolff Metternich zur Gracht (1770–1839) u. dessen 2. Ehefrau Mathilde Clementine Marie von der Wenge zur Beck (1786–1869) · 265, 438

Wolff Metternich zur Gracht, Maximilian Werner Joseph Anton Graf (1770–1839), Sohn von Johann Ignaz Franz Wolff Metternich zur Gracht (1740–1790) u. Maria Antoinette Franziska von der Asseburg (1744–1827); heiratete 1795 in 1. Ehe Maria Franziska von der Wenge zur Beck (1775–1800), 1805 in 2. Ehe deren Schwester Mathilde Clementine Marie von der Wenge zur Beck (1786–1869); AK 1813: rentier, Rue du Pont Romain 5/Brückenstr. 5 (Metternicher Hof) · 21 f., 79, 145 f., 265, 312, 383, 437, 447, 449, 514, 560, 565 f., 577 f.

Wolff Metternich zur Gracht, Theresia Maria *siehe* Landsberg, Theresia Maria von

Wolfram von Eschenbach (um 1170–um 1220), Minnesänger, Dichter · 247, 281

Woltman

Woltmann, Karl Ludwig von (1770–1817), Historiker, Schriftsteller · 112

Wouvermann

Wouverman, Philips (1619–1668), niederl. Maler · 297

Wurm, Albert Aloys Ferdinand (1783–1834), Schauspieler, Sänger, Tänzer · 168, 174–177, 200 f., 203

Wyttenbach, Johann Hugo (1767–1848), Pädagoge, Historiker, Bibliothekar, Sammler; ab 1799 Bibliothekar u. Lehrer; Gründer der Trierer Stadtbibliothek · 193 f., 286, 330, 341, 426, 475, 515, 614, 616

Z

Zacharia
Zachariae, Karl Salomo (1769–1843), Jurist, Hofrat, lehrte seit 1807 an der Heidelberger Universität · 348
Zahn, Conrad (geb. um 1790), Kaufmann; 1819: Obenmauren 1 · 334
Zastrow, von, preuß. Militär · 59
Zaun, Joan, Pächter der Familie von Groote; Pächter des Zaunhofs in Immendorf · 228
Zehnfenning, Herr · 576
Zell, Ulrich (gest. um 1507), Buchdrucker in Köln · 582, 614
Zeune, Johann August (1778–1853), Geograf, Germanist, Pädagoge; Gründer u. Leiter der Berliner Blindenanstalt; lehrte seit 1810 an der Berliner Universität · 73, 95, 160, 247, 306, 308, 328, 351, 456, 460, 529
Zimmermann, Ferdinand (geb. um 1768), Inhaber einer Badeanstalt; AK 1813: brasseur, tient des bains de santé chauds et froids, Rue St. Apre 28/St. Apern-Str. 28; 1819: St. Apern-Str. 28 · 315
Zimmerman
Zimmermann, J. B. Nicolaus (1766–1833), Maler, Restaurator, Kopist, Sammler; AK 1822: Blindgasse 4 · 50, 262, 458
Zipp, Polizei-Sergant · 458
Zülcher, Joan/Johann Peter (gest. um 1811), Ende des 18. Jh.s Notar in Köln · 144, 367, 555
Zum Bach
Zumbach, Carl Anton (1769–nach 1846), Jurist, Publizist; ab 1798 Richter am Zivilgericht des Roerdepartements, 1803 Richter am Gericht 1. Instanz in Köln, seit 1814 Richter am Kölner Kreisgericht; 1820 bis 1828 Obergerichtsrat in Magdeburg, ab 1828 Appellationsgerichtsrat in Köln · 90, 137, 183, 592
Zumpütz, zum Pütz *siehe* Pütz, von u. zum
Namensvarianten: Zudwig, Zuidwick, Zuydtwyck, Zuydwick, Zuydtwyik, Zuydwyck *siehe* Heereman von Zuydtwyck

Ortsregister

Nicht mit Seitenzahlen ausgewiesen sind Ortsnamen, die in den Texten mehr als einhundert Mal erwähnt werden: Aachen, Berlin, Bonn, Düsseldorf, Heidelberg, Koblenz, Köln, Trier

A
Ahrenthal · 275
Altenberg · 247, 269, 336, 355, 357, 360 f., 374 f., 380, 382, 384–387, 404 f., 407 f., 619, 680, 682
Amsterdam · 241, 452
Andernach · 254, 275, 369
Antwerpen · 246, 260, 349
Apollinarisberg · 104
Augsburg · 43, 174

B
Bamberg · 42, 592
Barmen · 292
Bergheim · 115, 151, 239, 243, 428, 451, 455, 508, 557
Berzdorf · 27, 167
Bielefeld · 590
Bingen · 20, 544
Blankenheim · 222, 250, 641
Bornheim · 27, 47, 73, 344
Brandenburg · 354
Bremen · 207
Brühl · 123, 160, 227, 230, 250, 265, 358, 377, 406 f., 420, 478, 483, 518, 561, 567
Brüssel · 39, 183, 251, 261, 297, 414, 423, 430, 452, 576, 622

C
Calais · 260, 452

D
Danzig · 228
Darmstadt · 440, 475 f., 517, 526, 556, 588 f., 622 f.
Den Haag · 494, 524, 551
Deutz · 15–17, 102, 155 f., 202, 207, 215, 218, 234, 245, 252, 259 f., 268, 299 f., 307, 311, 313–315, 318, 325, 329, 331, 337, 345, 350, 353, 567, 371, 383, 386–388, 395 f., 401, 403, 405, 407 f., 423, 429, 445, 458, 518, 585
Dortrecht · 424
Dransdorf · 23, 27, 34, 92, 97, 162, 172, 249, 251, 254, 263, 267, 273, 282 f., 284, 303, 305, 327, 427, 450, 453, 502, 507, 515, 518, 539, 541 f., 557
Düren · 215, 218, 242, 316, 364, 368, 371, 468

E
Eisenach · 542
Elberfeld · 65, 266, 316, 352, 392, 442, 579, 614, 650, 652
Erftstadt · 438, 446
Erfurt · 354, 418
Euskirchen · 27, 148, 163, 568 f.

F
Frankfurt am Main · 86, 91, 103, 113, 151, 201, 207, 218, 245, 316, 339, 343 f., 348, 420, 428, 431, 472, 476 f., 480, 484, 486, 498, 575, 600, 624, 654
Frankfurt an der Oder · 268
Fraukirch · 270, 276

G
Gent · 29, 42 f., 56, 85, 260, 302 f., 525, 633, 650
Gießen · 348, 354
Godesberg · 98, 100, 103, 108, 160, 214 f., 218, 220, 230, 232, 244, 253, 275, 296, 355, 358, 368, 376, 382, 394, 421, 504, 515, 525, 527, 587
Göttingen · 66, 312, 348, 500, 518 f., 521, 539, 557, 570
Grevenbroich · 27

H
Halberstadt · 65, 244, 354
Halle · 348, 483
Hamburg · 184, 207, 238, 533
Hannover · 352, 504, 521
Hersel · 248
Holz bei Jüchen 147 f., 479
Hürth · 27, 30, 44, 77, 229 f.

I
Immendorf · 27, 83 f., 228, 564
Iserlohn · 513

J
Jena · 35

K
Kalscheuren · 298, 326, 343
Karlsbad · 35, 414, 440
Kassel · 148, 163, 297, 348, 418, 470, 554, 548 f., 554, 565, 569, 594, 628
Kitzburg/Walberberg · 26 f., 72 f., 108, 112, 150, 223, 251, 374, 460–462, 555
Kleve · 53, 74, 107, 110, 194, 241, 250, 341, 351, 432, 466, 471, 484, 494, 558, 650, 657–659
Köln
– Agrippaplatz · 237
– Altermarkt · 18, 154, 416, 456, 478, 561
– Am Andreaskloster · 477
– Am Domhügel · 443
– Am Katharinengraben · 82, 135, 259
– An den Minoriten · 87, 150, 342
– An der Rechtschule · 122, 231, 261
– An St. Agatha · 59
– Apostelnstraße · 157, 223, 429
– Auf der Litsch · 379, 443
– Bayengasse/Bayenstraße · 63
– Blaubach · 80
– Blindgasse · 262
– Breite Straße · 25, 58, 64, 100, 144, 150 f., 223, 256, 260, 316, 327, 413, 421
– Brückenstraße · 20, 22, 107, 243, 245, 256, 266, 292, 421, 439, 456, 559
– Burgmauer · 200, 311
– Domhof, Aufm Domhof · 58, 93, 125, 136, 150, 179, 209, 294, 319 f., 324, 332, 373, 384, 524 f., 540, 589
– Domkloster · 143, 423
– Ehrenstraße · 52, 58, 108, 128, 264, 316, 320, 452
– Eigelstein · 145, 254, 378, 435
– Elogiusplatz · 375
– Follerstraße · 228
– Gereonsdriesch · 76, 345, 453
– Gereonstraße · 455
– Glockengasse · 24, 29, 60, 129, 157, 168, 243 f., 251 f., 255 f., 292, 309, 338, 343, 381, 418, 454, 478, 494, 502, 521, 566
– Große Budengasse · 500, 523
– In der Höhle · 99, 237, 371, 496
– Herzogstraße · 421
– Heumarkt · 17 f., 56, 130, 136, 228, 237, 252, 254 f., 305, 341, 360, 377, 416, 442, 456, 478, 518, 591
– Hohe Pforte · 121, 123, 383
– Hohe Straße · 63, 67, 79, 81, 131, 155, 168, 226, 268, 422, 439, 480, 500, 510, 523, 646
– Holzmarkt · 66, 335
– Komödienstraße · 15, 58 f., 70, 83, 95, 109, 173, 179, 217, 241, 373
– Krebsgasse · 237
– Lintgasse · 136 f.
– Machabäerstraße · 88 f., 303, 413
– Malzbüchel · 255
– Malzmühle · 239
– Marzellenstraße · 20, 23, 41, 94, 114, 191, 256, 310, 572
– Margaretenkloster · 205
– Markmannsgasse · 17, 102, 236, 303, 518
– Maximinenstraße · 65
– Minoritenplatz · 329
– Neumarkt · 17 f., 23, 79, 97, 103, 106, 113, 124, 132, 146, 161, 167, 181, 205, 209, 211, 214 f., 221, 237, 242, 247, 252, 257, 266, 298 f., 303, 307, 313, 315, 324, 327, 329, · 334, 337, 344, 346, 364, 388, 401, 416, 429 f., 437, 445, 448, 455 f., 457, 462, 480, 495, 513, 519, 523, 589
– Obenmarspforten · 58, 82, 88, 127, 162, 317
– Quatermarkt · 317, 368, 431
– Rathausplatz · 38, 76, 443, 523
– Sachsenhausen · 34, 241, 365
– Schildergasse · 74 f., 77, 94, 110, 112, 133, 138, 352, 437, 452
– Schnurgasse · 59, 128, 210, 314
– Severinstraße · 23, 41, 82, 300, 369, 484
– Sternengasse · 66, 128, 237, 256, 369, 424, 479, 509
– Streitzeuggasse · 237, 375, 520
– St. Apern-Straße · 311, 315
– St. Marienplatz/Marienplatz · 99, 115
– Stolkgasse · 34
– Trankgasse · 18, 38, 75, 84, 104, 121, 138, 243, 337, 413, 428, 462
– Unter Fettenhennen · 132, 205, 231 f., 311, 330, 421
– Unter Goldschmied · 78, 214, 327, 484
– Unter Hutmacher · 57, 449

- Vor den Siebenburgen · 59
- Vor St. Martin · 423
- Waidmarkt · 41
- Zeughausstraße · 311

L
Laach · 270, 275, 316, 432
Langenfeld · 585, 594
Leipzig · 114, 429, 470, 515, 542, 638
Leverkusen · 76, 373, 386, 577
Liblar · 446, 514
Löwen · 42 f., 206, 605
London · 51, 139, 222, 254, 256, 261
Lübeck · 207
Lüttich · 95, 171, 322, 452, 483, 639, 648
Lützen · 86

M
Magdeburg · 116, 170, 183, 210, 307, 354, 554, 556, 637
Mannheim · 256, 301
Mainz · 51, 272, 276, 282, 323, 355, 385, 419 f., 424, 441, 552, 554, 588, 614, 619
Maria Laach · 163
Mechelen · 260
Metz · 494
Minden · 354, 461
Mülheim am Rhein · 15, 24, 39, 128, 155, 215 f., 232, 252, 268 f., 299 f., 328, 331, 355, 360, 367 f., 372, 382, 385 f., 398, 403–408, 432, 463, 473, 486, 501, 514 f., 518, 559, 585, 594
München · 532
Münster · 49, 97, 116, 145, 151, 156, 165, 216, 221, 224, 236, 250, 294, 310, 324, 354, 356, 418, 481, 520, 590

N
Nassau · 259, 281, 484
Neukirchen · 27
Neuss · 39, 437
Niedermennig · 275 f.
Niederzissen · 275

O
Oberkassel · 432
Oberwinter · 270, 275
Opladen · 577, 585

P
Potsdam · 64 f., 205, 353, 371 f., 418, 527, 666

R
Remagen · 104, 270, 275, 604, 666
Rodenkirchen · 228, 302, 489
Rom · 87, 169, 201 f., 254, 385, 427, 440, 507, 598
Rotterdam · 51, 262, 339
Rüdesheim · 344, 355

S
Salzburg · 614
Schlebusch · 573
Siegburg · 108, 110, 147, 265
Siegen · 517
Sinzig · 275
Solingen · 65, 585
Stralsund · 86, 554
Straßburg · 174
Stuttgart · 118, 183

T
Tübingen · 183, 222, 348

V
Vatikan · 440, 598
Vettweiß · 339, 486

W
Walberberg · 26 f., 112, 251 f., 264 f., 292, 322, 341, 344, 347, 367, 430, 450, 453, 462, 464, 483, 500, 510, 518, 523, 525, 549, 563
Waterloo · 136, 311, 415
Weimar · 86, 183, 338, 496
Wesel · 354, 356, 358, 360, 407–409
Wesseling · 27, 108, 120, 167, 273, 284, 482, 516–518
Wetzlar · 109, 443
Wien · 70, 118 f., 222, 267, 316, 320, 443, 452, 536, 587
Wittenberg · 418, 520
Würzburg · 347
Wüschheim · 27, 148

Z
Ziegenhain · 278